Patrologiae Latina Cursus Completus ...
Series Secunda, Volume 83...

Jacques Paul Migne (abbé)

PATROLOGIÆ
CURSUS COMPLETUS

SIVE

BIBLIOTHECA UNIVERSALIS, INTEGRA, UNIFORMIS, COMMODA, ŒCONOMICA,

OMNIUM SS. PATRUM, DOCTORUM SCRIPTORUMQUE ECCLESASTICORUM

QUI

AB ÆVO APOSTOLICO AD INNOCENTII III TEMPORA

FLORUERUNT;

RECUSIO CHRONOLOGICA

OMNIUM QUÆ EXSTITERE MONUMENTORUM CATHOLICÆ TRADITIONIS PER DUODECIM PRIORA ECCLESIÆ SÆCULA,

JUXTA EDITIONES ACCURATISSIMAS, INTER SE CUMQUE NONNULLIS CODICIBUS MANUSCRIPTIS COLLATAS, PERQUAM DILIGENTER CASTIGATA;
DISSERTATIONIBUS, COMMENTARIIS LECTIONIBUSQUE VARIANTIBUS CONTINENTER ILLUSTRATA;
OMNIBUS OPERIBUS POST AMPLISSIMAS EDITIONES QUÆ TRIBUS NOVISSIMIS SÆCULIS DEBENTUR ABSOLUTAS DETECTIS, AUCTA;
INDICIBUS PARTICULARIBUS ANALYTICIS, SINGULOS SIVE TOMOS, SIVE AUCTORES ALICUJUS MOMENTI SUBSEQUENTIBUS, DONATA;
CAPITULIS INTRA IPSUM TEXTUM RITE DISPOSITIS, NECNON ET TITULIS SINGULARUM PAGINARUM MARGINEM SUPERIOREM DISTINGUENTIBUS SUBJECTAMQUE MATERIAM SIGNIFICANTIBUS, ADORNATA;
OPERIBUS CUM DUBIIS TUM APOCRYPHIS, ALIQUA VERO AUCTORITATE IN ORDINE AD TRADITIONEM ECCLESIASTICAM POLLENTIBUS, AMPLIFICATA;
DUOBUS INDICIBUS GENERALIBUS LOCUPLETATA: ALTERO SCILICET RERUM, QUO CONSULTO, QUIDQUID UNUSQUISQUE PATRUM IN QUODLIBET THEMA SCRIPSERIT UNO INTUITU CONSPICIATUR; ALTERO SCRIPTURÆ SACRÆ, EX QUO LECTORI COMPERIRE SIT OBVIUM QUINAM PATRES ET IN QUIBUS OPERUM SUORUM LOCIS SINGULOS SINGULORUM LIBRORUM SCRIPTURÆ TEXTUS COMMENTATI SINT.

EDITIO ACCURATISSIMA, CÆTERISQUE OMNIBUS FACILE ANTEPONENDA, SI PERPENDANTUR: CHARACTERUM NITIDITAS, CHARTÆ QUALITAS, INTEGRITAS TEXTUS, PERFECTIO CORRECTIONIS, OPERUM RECUSORUM TUM VARIETAS TUM NUMERUS, FORMA VOLUMINUM PERQUAM COMMODA SIBIQUE IN TOTO OPERIS DECURSU CONSTANTER SIMILIS, PRETII EXIGUITAS, PRÆSERTIMQUE ISTA COLLECTIO, UNA, METHODICA ET CHRONOLOGICA, SEXCENTORUM FRAGMENTORUM OPUSCULORUMQUE HACTENUS HIC ILLIC SPARSORUM, PRIMUM AUTEM IN NOSTRA BIBLIOTHECA, EX OPERIBUS AD OMNES ÆTATES, LOCOS, LINGUAS FORMASQUE PERTINENTIBUS, COADUNATORUM.

SERIES SECUNDA,

IN QUA PRODEUNT PATRES, DOCTORES SCRIPTORESQUE ECCLESIÆ LATINÆ A GREGORIO MAGNO AD INNOCENTIUM III.

Accurante J.-P. Migne,

BIBLIOTHECÆ CLERI UNIVERSÆ,

SIVE

CURSUUM COMPLETORUM IN SINGULOS SCIENTIÆ ECCLESIASTICÆ RAMOS EDITORE.

PATROLOGIÆ TOMUS LXXXIII.

SANCTI ISIDORI HISPALENSIS

TOMI QUINTUS, SEXTUS ET SEPTIMUS.

VENEUNT QUATUOR VOLUMINA 28 FRANCIS GALLICIS.

PARISIIS, VENIT APUD EDITOREM,
IN VIA DICTA D'AMBOISE, PROPE PORTAM VULGO D'ENFER NOMINATAM,
SEU PETIT-MONTROUGE.

1850

PATROLOGIÆ
CURSUS COMPLETUS

SIVE

BIBLIOTHECA UNIVERSALIS, INTEGRA, UNIFORMIS, COMMODA, OECONOMICA,

OMNIUM SS. PATRUM, DOCTORUM SCRIPTORUMQUE ECCLESASTICORUM

QUI

AB ÆVO APOSTOLICO AD INNOCENTII III TEMPORA

FLORUERUNT;

RECUSIO CHRONOLOGICA

OMNIUM QUÆ EXSTITERE MONUMENTORUM CATHOLICÆ TRADITIONIS PER DUODECIM PRIORA ECCLESIÆ SÆCULA,

JUXTA EDITIONES ACCURATISSIMAS, INTER SE CUMQUE NONNULLIS CODICIBUS MANUSCRIPTIS COLLATAS, PERQUAM DILIGENTER CASTIGATA;
DISSERTATIONIBUS, COMMENTARIIS LECTIONIBUSQUE VARIANTIBUS CONTINENTER ILLUSTRATA,
OMNIBUS OPERIBUS POST AMPLISSIMAS EDITIONES QUÆ TRIBUS NOVISSIMIS SÆCULIS DEBENTUR ABSOLUTAS DETECTIS, AUCTA;
INDICIBUS PARTICULARIBUS ANALYTICIS, SINGULOS SIVE TOMOS, SIVE AUCTORES ALICUJUS MOMENTI SUBSEQUENTIBUS, DONATA;
CAPITULIS INTRA IPSUM TEXTUM RITE DISPOSITIS, NECNON ET TITULIS SINGULARUM PAGINARUM MARGINEM SUPERIOREM DISTINGUENTIBUS SUBJECTAMQUE MATERIAM SIGNIFICANTIBUS, ADORNATA;
OPERIBUS CUM DUBIIS TUM APOCRYPHIS, ALIQUA VERO AUCTORITATE IN ORDINE AD TRADITIONEM ECCLESIASTICAM POLLENTIBUS, AMPLIFICATA;
DUOBUS INDICIBUS GENERALIBUS LOCUPLETATA: ALTERO SCILICET RERUM, QUO CONSULTO, QUIDQUID UNUSQUISQUE PATRUM IN QUODLIBET THEMA SCRIPSERIT UNO INTUITU CONSPICIATUR; ALTERO SCRIPTURÆ SACRÆ, EX QUO LECTORI COMPERIRE SIT OBVIUM QUINAM PATRES ET IN QUIBUS OPERUM SUORUM LOCIS SINGULOS SINGULORUM LIBRORUM SCRIPTURÆ TEXTUS COMMENTATI SINT.

EDITIO ACCURATISSIMA, CÆTERISQUE OMNIBUS FACILE ANTEPONENDA, SI PERPENDANTUR: CHARACTERUM NITIDITAS, CHARTÆ QUALITAS, INTEGRITAS TEXTUS, PERFECTIO CORRECTIONIS, OPERUM RECUSORUM TUM VARIETAS TUM NUMERUS, FORMA VOLUMINUM PERQUAM COMMODA SIBIQUE IN TOTO OPERIS DECURSU CONSTANTER SIMILIS, PRETII EXIGUITAS, PRÆSERTIMQUE ISTA COLLECTIO, UNA, METHODICA ET CHRONOLOGICA, SEXCENTORUM FRAGMENTORUM OPUSCULORUMQUE HACTENUS HIC ILLIC SPARSORUM, PRIMUM AUTEM IN NOSTRA BIBLIOTHECA, EX OPERIBUS AD OMNES ÆTATES, LOCOS, LINGUAS FORMASQUE PERTINENTIBUS, COADUNATORUM.

SERIES SECUNDA,

IN QUA PRODEUNT PATRES, DOCTORES SCRIPTORESQUE ECCLESIÆ LATINÆ A GREGORIO MAGNO AD INNOCENTIUM III.

Accurante J.-P. Migne,

BIBLIOTHECÆ CLERI UNIVERSÆ,

SIVE

CURSUUM COMPLETORUM IN SINGULOS SCIENTIÆ ECCLESIASTICÆ RAMOS EDITORE.

PATROLOGIÆ TOMUS LXXXIII.

SANCTI ISIDORI HISPALENSIS

TOMI QUINTUS, SEXTUS ET SEPTIMUS.

VENEUNT QUATUOR VOLUMINA 28 FRANCIS GALLICIS.

PARISIIS, VENIT APUD EDITOREM,
IN VIA DICTA D'AMBOISE, PROPE PORTAM VULGO D'ENFER NOMINATAM,
SEU PETIT-MONTROUGE.

1850

SANCTI ISIDORI

HISPALENSIS EPISCOPI

OPERA OMNIA

ROMÆ ANNO DOMINI MDCCXCVII EXCUSA

RECENSENTE FAUSTINO AREVALO,

QUI

ISIDORIANA PRÆMISIT; VARIORUM PRÆFATIONES, NOTAS, COLLATIONES, QUA ANTEA EDITAS, QUA TUNC PRIMUM EDENDAS, COLLEGIT; VETERES EDITIONES ET CODICES MSS. ROMANOS CONTULIT,

NOVA NUNC ET ACCURATIORI EDITIONE DONATA PRETIOSISSIMISQUE MONUMENTIS AUCTA

ACCURANTE J.-P. MIGNE,

BIBLIOTHECÆ CLERI UNIVERSÆ,

SIVE

CURSUUM COMPLETORUM IN SINGULOS SCIENTIÆ ECCLESIASTICÆ RAMOS EDITORE.

TOMUS QUINTUS.

VENEUNT QUATUOR VOLUMINA 28 FRANCIS GALLICIS.

—

PARISIIS, VENIT APUD EDITOREM,

IN VIA DICTA D'*AMBOISE*, PROPE PORTAM VULGO *D'ENFER* NOMINATAM,

SEU PETIT-MONTROUGE.

1850

ELENCHUS OPERUM

QUÆ IN QUINTO S. ISIDORI OPERUM TOMO CONTINENTUR.

Ex typis MIGNE, au Petit-Montrouge.

SANCTI ISIDORI

HISPALENSIS EPISCOPI

DIFFERENTIARUM,

SIVE

DE PROPRIETATE SERMONUM,

LIBRI DUO.

Præfatio.

ISIDORUS LECTORI SALUTEM.

1 *Plerique veterum sermonum differentias distinguere studuerunt, subtilius inter verba et verba aliquid indagantes. Poetæ autem gentiles* [Al. *Gentilium*] *necessitate metrica confuderunt sermonum proprietates* [Al. *proprietatem*]. *Sicque ex his consuetudo obtinuit pleraque ab auctoribus* [Al. *auctoritatibus*] *indifferenter accipi, quæ quidem quamvis similia videantur, quadam tamen propria inter se origine distinguuntur. De his apud Latinos Cato primus scripsit, ad cujus exemplum, ipse paucissimas partim edidi, partim ex auctorum libris deprompsi, tibique, lector, pro delectatione* [legentium] *subnotavi.*

LIBER PRIMUS.

DE DIFFERENTIIS VERBORUM.

2 *De littera A.*

1. Inter *Aptum* et *utile*. Aptum ad tempus, utile ad perpetuum.

2. Inter *Amicum* et *socium*. Amicus constat affectu, socius re, quia consortio constat.

3. Inter *Arrogantem* et *abrogantem*. Arrogans superbus, abrogans humilis. Arrogans assumit sibi fiduciam, abrogans demit, id est, negans.

4. Inter *Avarum* et *cupidum*. Avarus est qui suo [*Al.* sua] non utitur, cupidus qui aliena desiderat.

5. Inter *Amorem* et *cupidinem*. *Aliud est*, inquit A Cato, *Philippe, amor longe, aliudque cupido. Accessit illico alter ubi alter recessit : alter bonus, alter malus.* Alii verius amorem et bonum dixerunt et malum, cupidinem semper malum. Amoris [*Al.*, Jam horum] quadripartita differentia est. Est enim justus amor; pius, crudelis, obscenus. Justus amor est uxorum, pius filiorum, crudelis contra naturam, ut Pasiphae, obscenus meretricum.

6. Inter *Auspicia* et *auguria*. Auspicia sunt quæ inchoantur et ultro veniunt, auguria quæ consuluntur et consequuntur.

* Differentiarum.—De libris Differentiarum verborum et rerum fuse disputatum fuit in Isidorianis, cap. 56. Cum duo sint exempla libri de differentiis verborum, aliud ordine alphabetico, quod Grialius primo loco cum notis P. Pantini posuit, aliud sine eo ordine, quod idem Grialius ex Editione Bignæana sumpsit, primum exemplum a nobis tanquam genuinum profertur, alterum ad Appendices tanquam dubium rejicietur. Pantini notas ac varias lectiones sæpe obscure collocatas in meliorem ordinem, ut potui, redegi. Barthius, lib. xxxix Adversar., cap. 6, præfationem ex quodam suo ms. Codice protulit cum nonnulla scripturæ discrepantia, ut *Poetæ necessitate confuderunt... tibique lecturo.* Alias conjecturas addit, quæ infra suis locis indicabuntur. In ms. Codice Vaticano 3321, quem identidem allegabo, hæ sunt variæ lectiones : *Plerumque veteres... origine distinguantur... ipse paucissima... deprompsi, et pro delectatione legentium subnotavi.* Arev.

Præf.—Servius, ad ill. 1 Æn.: *Nemora inter frondea.*

1. C. Fronto : *Aptum loco venit, et tempori; utile usus fecit.*

Ibid. Vat. *et utile quid interest?* Et ita in singulis differentiis addit *quid interest.* Arev.

B 3. *Abrogans* pro humili fortasse apud alios non reperitur, sed non invenustum est, ait Barthius; pleraque enim Latina, quæ *ad* in adjectione, ea *ab* in detractione admittere, observari potest. Arev.

4. Etymolog. lib. x, *Littera A et C.*

Ibid. Vat. omittit *desiderat.* Arev.

5. Vid. Non. in voce *Cupido.*

Ibid. Vat. omittit *ubi* post *illico alter.* Idem Ms., *amor ex uxoribus.* Elegantissima esse verba Catonis, ait Barthius; nam ubi cupido intrat, exit amor honestus et Socraticus. Legit vero *Philippi*, et suspicatur, denotari aliquam Catonis invectivam in Philippum, seu Philippicam. In Codice Barthii erat *obcenus in æternum;* et quamvis Barthius corrigebat *obscenus meretricum*, tamen dubitabat an legi posset *obscenus in tenerum*, quasi sermo sit de venere aversa, ut in differentia *impuri* et *impudici*. Melius esset *Pasiphaes.* Arev.

6. Malim : *Quæ inchoanti quid ultro ven.*

Ibid. *Consolantur.* Al. *consulantur.* Al. *consultantur.*

* Omnes notæ quarum auctor nominatus non est, Pantini sunt, cui etiam tribuendæ variantes lectiones quæ in textu inter uncinos leguntur. Edit.

7. Inter *Argumentum* et *argumentationem*. Argumentum est quod in principio libri breviter causam pandit, argumentatio est quæ in disputatione fidem assertionibus [*Al.*, assertionemque] facit.

8. Inter *Artem* et *artificium*. Ars est natura liberalis, artificium vero gestum manibus [*Al.*, gestu et manib.] constat.

9. Inter *Absconditum* et *absconsum*. Absconsum est cujuslibet arte celatum, absconditum vero naturaliter abditum. Conditum est enim, non consutum. Inde et consuere dicitur, quando rupta [*Al.*, erupta] atque aperta quæque texuntur [*Al.*, trahuntur]. Porro occultum [*Al.*, occultatum] ab occulendo, id est, claudendo, dictum. Arcanum vero ab arca vel ab arcendo, eo quod ab eo omnes arceantur, id est, prohibeantur. Inde et arces dicuntur, a quibus arcentur hostes. Inde et arca, eo quod arceat furem. Inde et arcus, eo quod arceat adversarium.

10. Inter *Ante* et *antea*. Ante locum significat et personam, antea tantum tempus.

11. Inter *accubuit* et *recubuit*, hæc differentia est : accubuit in triclinio conviva, recubuit in cubiculo dominus, decubuit languidus. Accubare enim est corpore toto, accumbere cubito.

12. Inter *abscedit* et *discedit*. Abscedit quod a parte qualibet se subtrahit, quod vero a medio dividitur, discedit.

13. Inter *Adulterium* et *fornicationem*. Quod adulterium est alienam uxorem appetere, fornicatio vero non est adulteratio matrimonii fœderis, sed cum aliis solutis mœchari.

14. Inter *Altum* et *excelsum*, *sublime* et *arduum*. Altum ex superiori parte et inferiori est, excelsum ex superiori tantum; sublime excelsum est cum aliqua dignitate; arduum, excelsum est cum aliqua difficultate. Item altus puteus, murus excelsus. Summa videbis in excelso, ima in alto.

15. Inter *Adnisum*, *innixum*, *subnixum* et *obnixum*. Adnisum, conantem [*Al.*, conari] ad aliquid, innixum innitentem in aliquid [*Al.*, inniti ad], ut si quis baculo innitatur, aut columnæ. Subnixum vero instructum aliquo consilio, aut suffultum ex omni parte, obnixum autem obstinatum, vel perseverantem [*Al.*, perseverans].

16. Inter *Alloqui*, *obloqui*, *eloqui*. Alloqui hortantis et jubentis, obloqui obtrectantis, eloqui oratoris.

17. Inter *Amare* et *Diligere* putat differre Cicero, sæpiusque sic utitur, ut distinguat, atque amare ponat pro ardenter amare, at diligere pro levius amare, sicut in epistolis ad Brutum : *Vale*, inquit, *et nos ama ; vel, si id majus* [*Al.*, *minus*] *est, dilige* [*Al.*, *diliges*]. Et rursus : *Sic igitur facies ; me aut amabis, aut quo contentus sum, diliges*. Item ad Dolabellam : *Quis erat qui putaret ad eum amorem quem erga te habebam, posse aliquid accedere? Tantum accessit, ut mihi nunc denique amare videar, antea dilexisse*. Alii dixerunt amare nobis naturaliter insitum, diligere vero electione.

18. Inter *Abjicere* et *projicere* distat. Quod enim in despectione est, et neglectum, abjicitur, quod vero foris est penitus a salute, et a beatitudine alienum, hoc projicitur. Projicere autem dictum, quasi porro abjicere.

19. Inter *Arguere* et *coarguere*. Coarguere est coercere et compescere, arguere modo accusare, modo aliquid ostendere, et patefacere est. Virgilius (Æneid. IV) : *Degeneres animos timor arguit*. Unde et argumenta dicuntur quæ causam ostendunt.

20. Inter *Allidere* et *elidere*. Allidit quis proxime, eliditur longe.

7. Vat. *pandit : argumentatio, quæ in disputatione fidem assertionibus constat, et facit*. Arev.
8. Vat. *mensa liberalis*, et mox *manibus constans*. Arev.
9. *Arcanum*. Serv., ad illud. Æneid. : *Arcana movebo*. Ipse, Etymolog., lib. XX, cap. 9.
— *Arces*. Etymolog., lib. XV, cap. 2.
— *Arca*. Varro, IV de Ling. Lat., dict. *Arca*; et ipse, lib. Etymolog. XX, cap. 9.
— *Arceat*. Visum est in Etymolog.
— *Arcus*. Etymolog. lib. XVIII, cap. 9.
Ibid. Cod. Vat., *quæ exuuntur* pro *quæque texuntur*. Arev.
11. Vide Acron., ode 27, lib. III Horatii.
Ibid. Al. : *Inter accubuit, recubuit et decubuit*. Barthius existimat vocem *dominus* ad *decubuit* retrahendam esse, quod non placet. De cubito vero ex more Romano excitat Horatium : *Et cubito remanete presso*. In Codice bibliothecæ veteris Vaticanæ 3984, in quo charactere semigothico describuntur regulæ vice cancellariæ per Joannem XXII, hi præmittuntur versiculi :

> Sanus eo cubitum, sed læsus vado cubatum ;
> Accumbens dormit, discumbens fercula sumit ;
> Concumbit, violat ; procumbit, numen adorat ;
> Occumbit, moritur ; victus succumbere fertur ;
> Qui cubat, ille jacet, vigil excubat, incubat ales. Arev.

13. Etymolog. lib. V, cap. 26.
Ibid. Vat. omittit hanc differentiam : *Inter adulterium*, etc. Arev.
14. Servii verba sunt, ad ill. II Æn., *Terris jactatus, et alto* :—*Altum tamen sciendum est, quod et superiorem, et inferiorem altitudinem significat*.
— *Sublime*. Etymolog. lib. X, L, T, S.
— *Arduum*. Sic Serv. interpretatur illud Georg. II : *Ardua palma, aut alta, aut ad quam difficile pervenitur*.
15. *Adnixum* in uno ms. Servius tamen, quem Isidorus fere sequitur, alteram scripturam magis probat, ad illud I Æn. : *Triton adnixus acuto*, etc.
— *Obnixum*. Vetus glossarium, ἀντιέχοντα. Nonius, *contra adversarium colluctantem*.
Ibid. Vat. *conantem aliquid... et columnis*. Arev.
16. Ex Agrœtio.
Ibid. Vulpius, ad Catullum, carm. 38, observat *alloqui* aliquando usurpari pro *consolari*. Arev.
17. Vid. Non., dict. *amare* et *diligere*.
— *Ad Dolab*. Fam., lib. IX, epist. 24.
— *Diligere vero*, Etymolog. lib. X, littera *D*.
Ibid. Similia Ciceronis verba indicat Barthius, ex lib. IX Famil. epist. 14, et addit *diligere* egregie amare non uno loco Suetonio valere. Arev.
18. Macrob., lib. Satur. VI, cap. 4.
19. Ex Agrœtio, in quo male pro *compescere est compensare*, desuntque illa, *modo accusare, modo aliquid*, sicut in Parisiensi Editione.
— *Causam*. Causam causæ est in Agræt.
Ibid. Vat. *causas ostendunt*. Arev.
20. Ms. Vat., *quisque proxime*. Et infra : *Item circumspicit* (forte *circumspiciens*) *quærit cernere. Nam*, etc. Arev.

21. Inter *Aspicere et respicere*, etc. Aspicimus A ante nos, respicimus retro; suspicimus sursum, despicimus deorsum, inspicimus introrsum, prospicimus [*Al.*, perspicimus] longe, conspicimus circumquaque. Item aspicimus præsentia, respicimus præterita, prospicimus futura. Qui autem in dexteram lævamque se convertit, hæc aspectat, non aspicit. Notandum sane, quod si et despiciens discrimus, nonnunquam diligenter inquirere significamus. Item circuminspicere [*F.*, circumspicere], quæ nec cernere possis [*Al.*, quærit cernere]. Nam circuminspicere [*F.*, circumspicere] est quærere.

22. Inter *Attendere et intendere*. Attendere aspicere est, intendere vero criminari, aut ad eamdem, aut ad injuriam. Perraro [*Al.*, pro raro] ta- B men in bono est.

23. Inter *Audire et exaudire*: quod tam boni quam mali audiuntur, exaudiuntur tantum boni.

24. Inter *Adolescere* et *inolescere*. Adolescere augmenti est, inolescere consuescere.

25. Inter *Annuntiatur*, *nuntiatur* [*Al.*, enuntiatur], et *denuntiatur* [*Al.*, denuntiatur et renuntiatur]. Annuntiatur de futuro, nuntiatur [*Al.*, enuntiatur] de longinquo; denuntiatur de [*Al.*, in] præsenti, renuntiatur de excusando et repudiando.

6 26. Inter *Advocatur*, *invocatur* et *evocatur*. Advocatur daturus patrocinium, invocatur præstiturus auxilium, evocatur præbiturus [*Al.*, præstiturus] obsequium.

27. Inter *Abducitur*, *perducitur* et *deducitur*. C Abducitur quis ad rem inhonestam, perducitur ad studia [*Al.*, studium] deducitur ad honorem.

28. Inter *Adficimur* et *afficimur*. Adficimur [*Al.*, afficimur] honore, afficimur [*Al.*, Adficimur] injuria.

29. Inter *Adversum te* et *adversus te*. Adversum te adversarius, adversus te imitator.

30. Inter *Alterum* et *alium*. Alter de duobus dicitur, alius de multis. Alter enim sine uno esse non potest.

31. Inter *Apparet* et *paret* [*Al.*, adparet et apparet]. Apparet [*Al.*, adparet] qui videtur, paret [*Al.*, apparet] qui obsequitur non regulæ ratione, sed discernendi intellectus gratia.

32. Inter *Aditum* et *ostium*. Aditus quibus admittitur [*Al.*, admittimur], ostium quo excluditur [*Al.*, excludimur].

33. Inter *Arbitrum* et *judicem*. Arbiter ex voluntate fit, judex ex lege.

34. Inter *Advenam* et *convenam*. Advenæ de uno B loco venientes, convenæ de diversis.

35. Inter *Album* et *candidum*. Album natura, candidum studio sive cura; Albos ergo capillos, veram candidam dicimus. Item candidum est quadam nitenti [*Al.*, ante] luce perfusum, album vero quod auroræ constat esse vicinum.

7 36. Inter *Albentem* et *albescentem*. Albentem dicimus eum qui jam albatus [*Al.*, albus], albescentem eum qui incipit.

37. Inter *Animum* et *animam* hoc interest, quod animus consilii est, anima vitæ. Ista semper eadem est, ille pro affectu mutatur. Item mentem antiqui ab animo separaverunt: mentem, ut sciat, animum vero, ut velit, aut possit discere. Præterea nonnunquam, et animus pro viribus ponitur.

38. Inter *Alvum* et *ventrem*, et *uterum*. Alvus C interius receptaculum cibi est, quo sordes defluunt, ut Sallustius, *Simulans sibi alvum purgari*. Venter est aspectus ipsius partis extrinsecus, ut Juvenalis: *Montani quoque venter adest*. Uterus autem proprie

21. Ex Agrætio, in quo male est *aspicimus sursum*, qui hinc emendandus.

—*Notandum*. Ex Serv., ad illud I Æn.: *Despiciens mare velivolum*.

— *Quod si*. Al., *quia si*. Servius.

— *Nonnunquam*. Serv.

— *Inquirere*.-*Inquirens*, Servius.

22. Interpretes Terent., act. III, scen. 4, Eunuch.: *Proprie intendere est crimen in adversarium jacere*.

Ibid. Vat. *in bonum est*. AREV.

24. Ex Agrætio. Vid. etiam Non. in dict. *Adolere*.

—Forte legi possit ex Serv., ad illud VI Æn., *Modis inolescere miris*, CONCRESCERE. Propius tamen vero existimo, ut ex Agrætio legamus *inolescere coaugmenti*, addamusque tertium membrum: *exolescere evanescendi*. D

25. Ex Agrætio.

Ibid. Vat. *in præsenti*. AREV.

26. Ascon. Pedian. in Divinationem.

27. Ex Agrætio, in quo pro *abducitur*, est *adducitur*.

28. Agræt,: *afficimus honore*, *afficimus injuria*, qui hinc forte emendandus.

Ibid. Cod. Vat. *in honore*... *in injuriis*. AREV.

29. Ex Agrætio.

30. Ex Agræt. Vid. Serv., ad ill. XII Æn.: *Harum unam inveni*, et ipse Etymolog. lib. X, littera *A*.

31. Ex Agrætio, et Serv., ad ill. I Æn.: *Apparent rari nantes*. Vid. etiam Fest., dict. *Apparet*.

— *Non reg*... Hæc ab Agrætio absunt, et recte.

Ibid. Ms. vat. *sed discernendo*. AREV.

32. Videtur differentiam concinnasse ex pluribus verbis Servii, ad ill. VI Æn., *Ostia jamque domus patuere*. Habes hæc etiam lib. Etymolog. V, cap. 7.

Ibid. Vat., *ostia quibus excluduntur*. AREV.

33. Varro, IV de Ling. Lat.

34. Ex Serv., ad ill. VIII Æn. *Tum manus Ausonia*. Ipse Etymolog. lib. X, littera *A*.

35. Ex C. Front. et ipse Etymolog. lib. X littera *C*.

— *Item*... Ex Serv., ad ill. III Georg.: *Color deterrimus albis*. Ex quo pro *auroræ* leg. *pallori*.

Ibid. Hispanis adhuc *alba* auroram notat, atque ita fere Italis, quod animadvertit Barthius, ad verba: *Album vero quod auroræ constat esse vicinum*; et plura observaverat ad Apuleium, qui auroræ *album lacertum* laudat. AREV.

36. Vat., *qui albus est*; *albescentem qui jam incipit*. AREV.

37. Etymolog. lib. XI, cap. 1.

— *Præterea*... Etymolog. lib. X, littera *A*: *Animosus quod sit animis, et viribus plenus*.

Ibid. Ms. vat., *affectu immutatur*. In Ms. Barthii, *ista semper in essendo*; corrigit Barthius, *ista semper in esse uno*. Elegantem vocat hujus differentiæ observationem. AREV.

38. Ex Serv., ad ill. II Æn.: *Uterumque armato milite complent*. Ipse Etymolog. lib. XI, cap. 1.

— *Sallustius*. Ex fragmentis incertorum lib.

prægnantis est. Sed et hoc a poetis metri necessitate A variatur.

39. Inter *Arma* et *tela*. Arma sunt quibus defendimur [*Al.*, defendimus], tela quæ mittimus [*Al.*, emittimus]. Item arma belli sunt, armamenta navium.

40. Inter *Alluvium* et *colluvium*. Alluvium consumptio est riparum ex aquis, colluvium autem congregatio sordium, quæ fit a fluxione multa.

41. Inter *Aquatum* et *aquosum*. Aquatam potionem recte dicimus, aquosum locum qui ex se aquam fundit. Ita et meracam potionem, merosum autem vinum appellamus.

8 42. Inter *Apricum* et *opacum*. Apricum contrarium est opaco, quasi apertum cœlo, vel soli sine [*Al.*, in] horrore frigoris. Et est apricum, quasi [*Al.*, quia] B sine flatu et frigore. Hinc et Africam dici quidam existimant, quasi Apricam. At contra opacum condensum est, et umbrosum, sicut et amœnum. Amœna autem dicta eo quod amentur.

43. Inter *Acerbum* et *acervum*. Acervus per duas *vv* scribitur, et significat molem. Acerbus per *b* scriptus significat immaturum.

44. Inter *Arbos* et *arbor*. Arbor interdum et sine fructu, arbos vero nonnisi fructifera. Similiter *silva* et *nemus*. Silva interdum est fructuosa, nemus vero arbores umbrosæ et infructuosæ intelliguntur.

45. Inter *Acerbum* et *immaturum*. Acerbum est longe a maturitate positum, immaturum vero proximum maturitati.

46. Inter *Avenam* et *habenam*. Avena per *v* lit- C teram herba est. Habena per *d* litteram lorum est. Habenas autem ab habendo dictas putant, quod his equos habemus, hoc est tenemus, unde et equi habiles dicti.

47. Inter *Avem* et *volucrem*. Aves dicimus quæ per aera levibus [*Al.*, levius] volitant pinnis [*Al.*, pennis], volucres autem non solum aves vocamus, sed quadrupedes nimia pernicitate currentes, sed tamen cum adjectione, ut puta volucrem equum, volucrem tigridem. Ut est illud Pacuvii : *Volucri currit axe quadriga*. Nam [*Al.*, sed] et sagittæ volucres dicuntur, quod his pinnæ [*Al.*, pennæ] conglutinantur. Nam sine adjectione tantum alitem sonat.

9 48. Inter *Anguem*, *serpentem* et *draconem*. In mari angues, in terra serpentes, in templo dracones. Ut Virgilius : *Tranquilla per alta angues* ; et paulo post : *Serpens amplexus uterque*. Item : *Delubra ad summa dracones*.

49. Inter *Aureum* et *auratum*. Aureum auro factum, auratum ex alia materia factum, et mistum auro operitur.

50. Inter *Animalia* et *animantia*. Animalia sunt quæ habent animam, animantia tantum ad animos pertinent.

51. Inter *Austrum* et *ostrum*. Austrum ventum significat, ostrum vero purpuram.

52. Inter *Annuit* et *abnuit*. Annuit consentit, abnuit denegat.

53. Inter *Æs* et *es*. Æs metalli materia, es vero verbum est.

54. Inter *Animum* et *animam*. Anima sine differentia, animus vero varius est ; quod animo sapimus, anima qua vivimus.

55. Inter *Ad* et *at*. Ad præpositio est, at vero conjunctio.

56. Inter *Adjuro* et *abjuro*. Adjuro rogo, abjuro nego.

57. Inter *Apud* et *penes*. Quod apud te tunc dico, cum aliquam partem omnem significo. Nam penes possessionem significat, apud autem quasi corpus et librum, non possessio [*Al.*, possessionem]. Dicimus autem, *apud te habeo argentum meum*, non *penes te*; quæ ergo redduntur, apud te habeo; quæ possidentur, penes te habeo.

58. Inter *Amburere* et *comburere*, et *sepelire*. Comburere est igni dare, amburere ex utraque adurere ; urere est igni adurere penitus, et ad medullam

39. Etymolog. lib. XVIII, cap. 5. Aliud discrimen apud Fest. dict. *Arma*.

—Serv., ad ill. IX Æn. : *Telorum effundere contra omne genus*.

Ibid. Vat. post hanc differentiam inserit : *Inter aquam et undam*, etc., ut num. 63. AREV. D

40. Etymolog. lib. XIV, cap. 9.

Ibid. *Consumptio est riparum*. Eleganter, ait Barthius ; perduntur enim ut non videantur ripæ. Ita *mori flumina* exposuit idem apud Petronium Arbitrum. In Vat. Cod., *consummatio est*. AREV.

41. Ex Agrætio, in quo tamen pro *aquatum* est *aquaticum*.

— *Dicimus*. F. Addendum ex Agrætio, *quæ aquam aliunde recepit*, *aquos*.

42. Al. : *Est opacum quasi opertum cœlo*.

— *Sine flatu*. Puto mendum subesse, scribendumque ἄνευ φρίκης, id est, *sine frigore*, sic et in Serv. leg. ad ill. V Æn. : *Apricis statio gratissima mergis*, et VI Æn., ad ill. *Terris immittit apricis*. Vid. Fest. dict. *Apricum*. Ipse Etymolog. lib. III, cap. 18.

—*Opacum condensum*. Sic Fest., dict. *Opacum*.

—*Amœnum*. Sic etiam vetus Glossar. *Amœnum* interpretatur σύσκιον τόπον.

— *Amœna autem*. Ipse Etymolog. lib. XIV, cap. 8. Fest., dict. *Amœna*. Servius ad illud. V Æn., *amœna piorum*, et VI, *amœna vireta*.

43. Ex Agræt. ; ipse Etymolog. lib. XVII, cap. 6.

— *Molem*. Al. *mobilem*. Agrætius male.

44. Ex Agræt., et ipse Etymolog. lib. XVII, cap. 6.

Ibid. Vat., *et fructuosæ*. AREV.

46. Ex Agræt. 46 ; ipse Etymolog. lib. XX, cap. 16.

47. *Volucri currit*. Al. : *Volucris erit ex quad*.

Ibid. Cod. vat. omittit, *nimia pernicitate... sonat* ; et num. 49 et 50, et ita alios. Barthius in suo Codice legebat : *Volucri currit citata quadriga;* emendabat, *cita* pro *citata*, ut sit anapæstus. AREV.

48. Ex Servio, ad locum II Æn. citatum ad verbum.

50. C. Fronto : *Animantia animus facit*, *animalia animam habent*.

52. Vid. Non. dict. *Innuere*, et *Annuere*.

— Sic veteres membranæ vocum in Terentio explicatar. : *Abnuo*, *nego*, *subtraho*.

54. Non. Marc., dict. *Animus*, et *Anima*.

Ibid. Vat. *anima spiritus*, *quo vivimus*. AREV.

55. Etymolog. lib. I, cap. 26.

57. Vid. Fest., dict. *Apud*.

58. F. Legend. : *Uri est penitus et ad medullam ignem sentire*. Nam dictiones *est igni adurere* ex illis superioribus, *est igni dare*, sic male irrepserant.

ignem sentire. Sepelire est sepulcro cingere, vel A corpus humo tegere et ossa. Inde Virgilius (*Æneid.* x): *Corpus humo patiare tegi* : Aut (Æneid. ix) :

Si qua id fortuna vetabit,
Absenti ferat inferias, decoretque sepulcro.

10 59. Inter *Audacem* et *temerarium*. Audax non timet, temerarius non æstimat periculum.

60. Inter *Ad forum ire* et *in forum ire*. Ad forum significatur aliquis locus in quem imus; in forum, in ipsum forum.

61. Inter *Afrum* et *Africum*, et *Africanum*. Afrum dicimus civem, Africum ventum, Africanum negotiatorem.

62. Inter *Agnoscere* et *cognoscere*. Agnoscimus notos, cognoscimus ignotos.

63. Inter *Auferre, adimere* et *eripere*. Auferimus B rem quam dedimus, adimimus jus, eripimus quod ab aliquo [*Al.*, alio] rapimus.

64. Inter *Agere causam* et *dicere*. Quod agit patronus, dicit reus.

65. Inter *Aquam* et *undam*. Unda semper in motu est, aqua vero stativa. Porro imbres nubium sunt, latices fontium. Nam latex proprie liquor fontis est; et dictus, quod in venis terræ lateat.

66. Inter *Æquora* et *maria*. Æquora, non tantum aquæ, sed et campi propter æqualitatem dicti, mare autem tantum congregatio aquarum.

67. Inter *ævum* et *sæculum*. Ævum tantum tempus ostendit, sæculum vero perpetuitatem et tempus. Unde et *in sæcula sæculorum* dicimus.

68. Inter *Æquum* et *justum*. Justus quippe ex lege C est, quasi jus custodiens, æquus autem est qui secundum naturam justus. Etenim justus a jure vivendo, id est, juxta quod jus est faciendo, vocatur.

69. Inter *ægrum* et *ægrotum*. Æger proprie animo mœstus, nam corpore ægrotus dicitur. Proinde æger est, et tristis, **11** et male valens, ægrotus autem, sive ægrotans tantummodo male valens.

70. Inter *Ægritudinem* et *ægrotationem*. Sicut ægrotatio in corpore, sic ægritudo in animo nomen habet non sejunctum a dolore. Dolor igitur ægritudo, id est, causa efficiens ægritudinem in animo, tanquam ægrotationem in corpore.

De littera B.

71. Inter *Benignitatem* et *bonitatem*. Stoici ita definiunt [*Al.*, distinguunt] : quod benignitas sit virtus ad benefaciendum exposita, lenis, blanda, dulcis alloquio, ad omnium bonorum familiaritatem invitans, bonitas autem bene quidem facere et præstare quod poscitur parata est; non tamen novit suavis esse consortio, et sua cunctos invitare dulcedine.

72. Inter *Beatum* et *felicem*. Beatus sibi tantum est, felix, et aliis [*Al.*, sequenter et aliis], ut est illud Virgilianum :

Sis felix nostrumque leves quæcunque [*Al.*, quemcunque] laborem.

Felix autem dicitur, per quem datur et accipitur felicitas, ut *felix tempus, felix locus, felix eventus.*

73. Inter *Beatus, honestus, fortunatus*. Beatus animo, honestus moribus, fortunatus substantia.

74. Inter *Bibere* et *potare*. Bibere naturæ est, potare luxuriæ.

75. Inter *Balineum* et *balneum*. In prosa quotidiano sermone balineum, in versu balneum dicimus.

76. Inter *Barbam* et *barbas*. Barbam hominum, barbas pecudum vel herbarum dicimus. Barbas et hominum, ut apud Virgilium : *Barbas incanaque menta regis Romani.*

12 77. Inter *Bucinam* et *bucinum*. Bucina est tuba qua signum datur in hostes [*Al.*, hostem], Bucinus ipse clangor canoris.

78. Inter *Bellum* et *prælium*. Bellum indicitur, prælium geritur. In bello enim non statim prælium; in prælio autem statim et bellum. Unde et apud antiquos tuba prælii signum erat, belli buccina. Item bellum totum est, id est, totus conflictus, ut Jugurthinum [*Al.*, jurgium), civile, Punicum. Pugna unius diei, prælium pars pugnæ, licet et pugna duorum sit

— *Sepelire.* Etymolog. lib. xi, cap. 22.

Ibid. Fortasse legendum *ex utraque parte*, Arev.

59. Ex Agrætii mente, *temeritas sine consilio, audacia post consilium.* C. Fronto hinc forte emendandus : *Audax non timet, temerarius non providet;* nam male alioqui, *audax non providet, temerarius non timet.*

62. Serv., ad illud viii Æn. : *Accipio, agnoscoque libens.*

63. C. Fronto : *Aufert qui dedit, adimit imperio coactus, eripit, qui plus valet.*

— *Jus.* F., *Jussi*, ut infra littera R.

66. Ex Serv., ad ill. ii Æn. : *Quæ me æquora possunt.*

— Non., dict. *Æquor.*

67. Serv., ad ill. vi Æn. : *Quem tibi longævo* : — *Ævum* (inquit) *proprie æternitatis est.* Unde quis in Isidoro forte legendum censeat : *Ævum tantum perpetuitatem* ostendit.

68. Etymolog. lib. x, dict. *Æquus*, littera A.

69. Ex C. Fronton. et Agrætio.

— Ex. Serv., ad ill. i Æn. : *Curisque ingentibus æger.* Interpretes Terentii, Act. i, scen. 2, Andr.

70. Al. ut Cicero, Tuscul. iii.

Ibid. Nota Pantini quid sibi velit, nescio. Arev.

71. Vat. *et omnium.* Arev.

72. Hoc sensu et Fronto : *Beatus, qui apud Græcos* μακάριος.

— *Sis felix.* Ex Serv. videtur, ad ill. i Æn. : *Sis felix*, et illud eclog. 5 : *Sis bonus, o felixque.*

Ibid. Cod. Vat., *felix sequenter et aliis... et adipiscitur felicitas.* Arev.

D 74. In Codice Regiovaticano 1838, in quo Differentiæ aliquando copiosiores sunt, quam in Excusis, id ita refertur : *Inter bibere et potare : bibimus necessitate, potamus voluntate; alii dicunt : Bibere naturæ est, potare luxuriæ.* Arev.

76. Ex Serv., ad ill. iii Georg. : *Barbas, incanaque menta.* Porro locus quem Isidorus citat. est ex vi Æn., in quo, pro *crines, barbas* legisse constat.

77. Barthius putat *bucinus* esse adjectivum nomen, et rescribendum, *bucineus canor est ipse clangor.* Pro eo sonitu *bucinatus* exstat apud Papiam. Idem Barthius, alio loco, scilicet lib. xxxvi, cap. 13, observat *bucinum* de sono bucinæ dici, ut ex fragmento Fl. Capri, et ex hac Isidori differentia colligit. Arev.

78. Vide Serv., ad illud viii Æn. : *Qui sese in bella sequantur.*

— *In bello.* C. Fronto.

— *Tuba prælii.* Ex Serv., xi Æn., ad illud : *Bello dat signum*, et ipse Etymolog. lib. xviii, cap. 1 et 4.

— *Prælium pars.* Sic Non. dict. *Bellum.*

aliquando, et sine ferro, unde et a pugno dicta est.

79. Inter *Balsamum* et *opobalsamum*. Balsamum est arbor ipsa, opobalsamum succus collectus ex arbore. Nam opos dicitur succus. Probatio autem balsami, ut dicit Plinius, hæc est : quod si contra solem feratur, et corruptum non sit, manum ferentis exurit.

80. Inter *Bassos* et *bassus*. Bassos nomina propria sunt, Bassus [*Al.*, Balsos] vero appellativa nomina sunt.

81. Inter *Barbarismum* et *solœcismum*. Barbarismus fit in una loquela, solœcismus in pluribus.

De littera C.

82. Inter *Cœlum* et *æther* ita distinguitur. Quod non tantum ille astriferus [*F.*, astrifer] locus, sed et iste aer cœlum vocatur. Æther autem sublimior cœli pars est, in quo sidera constituta sunt. Sane et æther
13 aer igneus est superior, æthra vero lux et splendor est ætheris.

83. Inter *Cras* et *crastinum*. Cras ad tempus pertinet, crastinum ad opus ejusdem temporis.

84. Inter *castitatem* et *continentiam* hoc interest. Quod castitas est corporis incorruptio, continentia vero post corruptionem sexui renuntiatio. * Primum ex his felicitatis est, non esse quod metuas; secundum virtutis est, prosternere hostem libidinis, a quo toties victus atque dejectus es. Quo primum cedere humilitatis est, secundum patientiæ. * Harum prima felicitatis est, non nosse in totum a quo postea liberari optabis; secunda vero virtutis contemnere vitium quod optime noveris. Alii continentiam in conjugiis [*Al.*, conjugibus] specialibus, castitatem in virginibus intelligunt. Item quidam castitatem accipiunt in mente, virginitatem vero in corpore. Illa est autem vera castitas, quæ nec corpore, nec mente polluitur.

85. Inter *Clamorem* et *clangorem*. Clamor rationabilium, clangor irrationabilium, ut anserum, vel tubarum.

86. Inter *Criminatorem* et *criminantem* hoc interesse auctor Orbilius putat, quod criminator sit qui alteri crimen inferat, et id sæpius faciat, criminans autem qui crimen inferat, et cum suspicione quoque id faciat quare quis magis noxius videatur. Ut Afranius : *Non sum*, inquit, *tam criminosa* [Al., *criminosus*], *quam tu* [Al., *quantum*], *vipera, gannire ad aurem nunquam didici dominicam* [Al., *domini*].

87. Inter *Callidum* et *versutum*. Callidus est in disputando subdolus, versutus autem cujus mens in negotiorum actu ad quamlibet fraudem facile vertitur. Ergo callidum non pro astuto tantum, 14 sed pro astute docto dicimus, versutum autem ab eo
B quod animum cito vertat. Unde et Plautus :

Versutior es quam rota figularis [Al. figulari].

88. Inter *Curam* et *sollicitudinem*. Sollicitudo moderata est, atque temperabilis, cura vero sine moderatione est; unde et cura dicta est, eo quod cor urat.

89. Inter *Cognitionem* et *agnitionem* quidam sic distinguunt, quod cognitio eorum sit quæ ante non scivimus, et ea postea scire permittimur, agnitio vero eorum quæ prius scientes, deinceps scire desivimus, eorumque postea recordamur.

90. Inter *Commentarium* et *commentum*, et *comicum* [*F.*, commaticum]. Commentarium liber, commentum, vel commentatum volumen, id est, ex
C diversis libris comatum, scilicet, ex Veteri et Novo Testamento.

91. Inter *Coram* et *palam*. Coram ad personam refertur, dicimus enim *coram illo*, palam autem persona caret, quia id ipsum significat quod omnes sciunt. Ergo coram ad personam certam refertur, palam ad omnes.

Ibid. Vat. omittit, *id est, totus conflictus*. Barthius memoria hæc digna esse ait, sive ea ex sua observatione Isidorus promat, sive more suo aliunde describat. Quod autem Barthius sæpe lectionem sui Codicis conjectura emendare conatur, actum plerumque agit; nam jam ea fere omnia in Editione Grialiana correcta erant, saltem cum Adversaria Barthii in lucem venerant, quem aliquando Editionem Grialii vidisse constat. AREV.

79. Ex Serv., ad illud III Georg. : *Balsamaque et baccas.*

80. Vetus Glossar. Bassus εὔχυλος.

81. Etymolog. lib. I, cap. 32. Vid. Agell., lib. V, cap 20.

82. Utrumque ostendit Varro, lib. IV ling. Lat., dict. *Cœlum.*

— *Sane*... Ex Servio, ad illud III Æn. : *Nec lucidus æthra siderea polus.*

84. Al. : *Sexus. Primum ex his;* et infra : *contemnere ea quæ optima noveris.*

Ibid. In Editione Grialii indicatur, deesse in aliquibus exemplaribus verba, *Primum... secundum patientiæ* Ac revera in vetustissimo Codice Vaticano 3321 ita continuatur oratio : *sexui renuntiatio. Horum prima felicitatis est*, etc. Mox idem Cod. *in conjugiis parentibus intelligunt, castitatem in virginibus.* AREV.

86. Citat alterum versum Non., dict. *Gannire*, ex prosa (Catii, *Rosa*) Affranii.

Ibid. Barthius suspicatur legendum *cum suspicione occulte id faciat*. In suo Ms. invenit : *tam criminosus, quam tu vituperas.* Alii habent, *tam criminosa, quantum vipera.* AREV.

87. Vid. Donat., in Terent., act. III, scen. 3. Adelph. — Sic Fest., dict. *Versutus*, et ipse lib. X Etymolog., littera *C*, et littera *R*.

— *Plautus*. In Epidico, scena cujus princip. *Fecisti jam.*

88. Aliter distinguit Donat., act. II, scen. 4, Phorm.

— *Cura vero*. Ex Serv., ad illud I Æn. : *Curisque*
D *ingentibus æger*, et IV Æn. : *Jam dudum saucia cura.*

Ibid. Vat., *cura vero sine sollicitudine est.* AREV.

90. In uno Manuscripto hæc tantum : *Inter commentarios et commentaria. Commentarii libri, commentaria volumina.*

— *Comatum*. F., *concinnatum*, aut *commatum.*

Ibid. In Ms. Vat. 3321 solum hoc est, *Commentarium liber, commentum volumen.* In Editis differentia non plene explicatur, cum prætermittatur explanatio verbi *comicum*. Legendum ergo videtur : *Commentum volumen, id est, ex diversis libris commentatum, Comicum ex Veteri, et Novo Testamento. Comicus, Commicus*, et *Comes* liber ecclesiasticus erat, *Lectionarius* quoque dictus, de quo vide Ducangium, verbo *Commes*, primo loco. AREV.

92. Inter *Cavum* et *cavatum*. Cavum naturaliter, cavatum manu.

93. Inter *Circiter*, *circa* et *circum*. Circiter ad numerum referendum est, circa ad locum et tempus, circum vero undique. Ergo dicimus [*Al.*, dicamus] circumisse nos orbem, non circasse [*Al.*, circaisse].

94. Inter *Circumpedes* et *antepedes*. Circumpedes sunt obsequia servorum, antepedes amicorum.

15 95. Inter *Contingit*, *obtingit*, *evenit*, et *accidit*. Contingit eventu, obtingit sorte, accidit casu, evenit vel malo, vel bono.

96. Inter *Corripere*, *objurgare*, et *castigare*. Corripimus verberibus, objurgamus verbo, castigamus verbis, cædibus et verberibus.

97. Inter *Cupere* et *ambire*. Cupere est terrena lucra, vel quælibet mundi desideria inaniter quærere, ambire vero honorum gradus, vel ordines potestatum appetere.

98. Inter *Cantare* et *canere*. Cantare tantum vocibus vel clamore insonare est, canere autem interdum modulari, interdum vaticinari est, id est, futura prædicere.

99. Inter *Conscribere*, *exscribere*, et reliqua. Placidus: *Conscribere*, inquit, *est multa simul scribere*. Exscribere, quod alibi scriptum sit transferre, transcribere, cum jus nostrum in alium transit, Inscribere accusationis est, ascribere assignationis. Describere dictionis [*F.* ditionis], vel ordinis.

100. Inter *Construere* et *destruere*. Construere est ædificare, destruere vero exterminare.

101. Inter *Commodare* et *accommodare*. Commodare est præstare aliquid, accommodare vero aptare.

102. Inter *Consuere* et *suere*, vel *assuere*. Consuere vestium, suere codicum, assuere coriorum.

103. Inter *Consequimur* et *assequimur*. Consequimur pedibus, assequimur studio.

104. Inter *Consuescimus*, *assuescimus*, *insuescimus*. Consuescimus 16 bona, insuescimus mala, assuescimus utraque [*Al.*, utrumque].

105. Inter *Capio* et *capesso*. Capio aliquando, capesso frequenter.

106. Inter *Cunctos* et *omnes*. Cuncti omnes sunt, si modo juncti sunt, et simul faciunt aliquid. Aliter omnes dicuntur non cuncti.

107. Inter *Cæteros* et *alios*. Quod cæteri ex eodem numero sunt, alii ex alio.

108. Inter *Curulem* et *curialem*. Curiales officiales publici, curules vero sellæ, in quibus magistratus sedentes jura reddunt.

109. Inter *Censorem* et *censualem*. Censores enim [*Al.*, tantum] judices vocantur, censuales vero officiales qui censum provincialem exigunt. Interim [*Al.*, interdum] et censorium [*Al.*, censorem] hominem pulchrum dicimus.

110. Inter *Cognatum* et *affinem*, et *propinquum*. Cognatus ejusdem generis, affinis nuptiis veniens, propinquus sanguine vel affinitate conjunctus.

111. Inter *Columem* et *incolumem*. Incolumem animo accipimus, columem corpore. Columen autem sanitas, vel sustentaculum est, quod [*Al.*, quia] a columna est factum, unde et culmen, unde et culmus.

112. Inter *Comptum* et *compositum*. Comptum cura, compositum natura.

113. Inter *Crassum* et *grassum*. Crassum corporis est pinguedinis [*Al.*, pinguendo]. Nam grassari animi nimiæ crudelitatis.

114. Inter *Crassum* et *obesum*. Crassus pinguis est, obesus plus est quam pinguis.

17 115. Inter *Cærulum* et *cæruleum*. Cærulus est color, cæruleus qui ex eo colore confectus est natura. Nam cærulum ipsum colorem dicimus.

116. Inter *Corpus* et *carnem*. Quod in omni carne corpus est, non in omni corpore caro. Caro enim proprie ossa et sanguis est, quod tamen et corpus est. Corpus autem et lapis, et lignum est, quod tamen

93. Cod. Vat., *non circa esse* pro *non circasse*, vel *circaisse*, quod melius videtur. Arev.

94. Ex Agræt. ad verbum.

95. Vide aliud discrimen apud Agrætium.

96. Al.: *castigamus cum credimus*.

98. Serv., in III. I Æn.: *Arma virumque cano*; et VIII Æn.: *In limine adesse canebat*.

99. Ex Agræt. omnia.

— *Accusationis*. - *Vel occasionis*. Agræt.

— *Assignationis*. - *Significationis*. Agræt., male.

— *Ordinis*. - *Ordinationis*, ms. 1, et Agræt.

Ibid. In nota Pantini erat: *Forte, dictionis*; quod correxi ad ejus mentem, ut puto, *forte, ditionis*. Barthii Codex sic erat interpolatus: *Exscribere, quod alibi scriptum est, quod verbum medicorum est, transcribere*. Pro his, *quod verbum medicorum est*, Barthius subrogabat, quod verbum indecorum est, pertinet enim ad plagiarios. Observat idem *dictionem* esse declamatoriam exercitationem, quales dictiones Ennodii ad nos venerunt. Arev.

100. Leg. *destruere*, nisi malis, praeeunte Agrætio, *exstruere vero in excelsum struere*.

101. Agræt., dict. *Commodatum*.

— Non., dict. *Accommodat*.

103. Agræt.: *Consequimur studio, assequimur voto*.

104. Ex Agrætio.

106. Vid. Front., dict. *Omnes*. Festus eadem fere habet cum Isidoro, dict. *Cuncti*, et Ascon. Ped. ms. in Divinationem.

— Apertior erit lectio: *Aliter omnes dicuntur, non cuncti*. Vid. Serv., ad illud I Æn.: *Tota armenta sequuntur*.

Ibid. Vat., *al ter omnes dicuntur cuncti*. Arev.

109. In Ms. Barthii: *Censorium hominem vultum dicimus*. Conjiciebat Barthius *vultuosum*; nam vultuosus severum notat apud Sidonium et alios. De severitate censoria res nota est. Ego malim, *censorium hominem pulchre dicimus*. Arev.

111. Vetus glossar., *columnina*, ἐπιστηρίγματα, et *columen*, ἐπίστυλον, dict. *Columnæ*. Ipse Etymolog. lib. x, littera *C*.

113 Ex Agræt., *Crassari*, *grassari*.

— Animi... Agræt.: *Aut animi*, *aut crudel.*

Ibid. *Nimiæ crudelitatis*. Vat. omittit, *nimiæ*. Arev.

115. Ex C. Frontone: dictio autem *Natura* loco mota possessioni suæ restituenda, legendumque, *Cærulus est color naturæ*.

116. Sic lib. Etymolog. xi, cap. 1.

caro non est. Dictum autem corpus a corruptione, et caro a carendo, vel a cadendo. A

117. Inter *Capillos* et *capillamenta*. Capilli capitis sunt, capillamenta summitates arborum. [*Al.*, arboris].

118. Inter *Collum* et *cervicem*. Collum [*Al.*, Collus] semper cervicem, cervix [*Al.* collus] autem dum singulari numero dicitur, significat collum; dum plurali, superbiam, ut Cicero in Verrem (*Lib.* v): *Prætorem tu accusas? Frange cervices.*

119. Inter *Concidit* et *concidit*. Concidit, correpta media syllaba, significat cecidisse, concidit, producta media, significat separasse.

120. Inter *Cassidem* et *galeam*. Cassis de lamina est, galea de corio [*Al.*, corio fit].

121. Inter *Clypeum* et *clupeum*. Clypeum sentum, clupeum ornamentum [*Al.*, ornamenta] dicimus. B Inter *Clypeum* et *clupeum*: Clypeus masculino genere est quem scutum dicimus, clupeum neutro dicitur imago, ab eo quod clueat, id est, dicatur et nominetur, et clara sit. Sic et inclytus præclarus dicitur.

18 122. Inter *Consuetudinem* et *ritum*. Consuetudo est solitæ rei usus, ex consensu duorum, pluri-morumque factus. Ritus vero ad justitiam pertinet, quasi [*Al.*, pendet, quia] rectum, ex quo pium, æquum, sanctumque [*Al.* s. respicimus].

123. Inter *Cognitorem* et *procuratorem*. Cognitor non nisi præsens a præsente præsenti datur, procurator autem et absens constituitur [*Al.*, quem a. constituit] adversus absentem. Item cognitor adversus C eum solummodo lite [*Al.*, litem] contendit [*Al.*, defendit] adversus quem ad agendum constitutus est, procurator vero apud omnes. Item cognitor liti tantum dari solet, id est [*Al.*, item], judicii expediendi gratia, procurator vero et res omnes administrat.

124. Inter *Cochlearium* et *cochleare*. Cochlearius qui vendit, cochleare vero species.

125. Inter *Cœtum* et *cetum*. Cœtus multitudo cetum belluam dicimus.

126. Inter *Commune* et *epicœnum*. Commune generis [*Al.*, gentis] est, epicœnum vero animalium.

127. Inter *Capillatum* et *capillosum*. Capillatus capillo grandi, capillosus pilosus et hirsutus.

128. Inter *Cornua* et *corna*. Cornua animalium, vel antemnarum, corna vero pomorum genus.

129. Inter *Cœpit* et *cepit*. Cepit de capiendo, cœpit de incipiendo.

130. Inter *Calvum* et *calvatum*. Calvus est natura, calvatus manu. Inde et decalvatus dicimus valide manu decalvator.

19 131. Inter *Circa*, *circum* et *circiter*. Quod circa est incerti loci de aliqua parte, circum certi undique, circiter numeri pene infiniti.

132. Inter *Causam* et *rationem*. Quod causa rem vel rationem antecedit, ratio in ipsa re est. Item causa est, propter quam fit aliquid, ratio per quam fit.

133. Inter *Civile* et *civicum*. Civile est quod ad civitatem pertinet, civicum, quod ipsi cives faciunt.

134. Inter *Cognoscimus* et *agnoscimus*. Cognoscimus ignoratos mores, agnoscimus quæ nobis exciderant.

De littera D.

135. Inter *Diurna*, *diutina* et *diuturna*. Diurna a die facta sunt, ut diurna merces, diutina dicta ab eo quod est, quod diu duraverit, diuturna vero a perpetuitate dicta, quasi æterna.

136. Inter *Disertum* et *discretum* [*Al.*, dissertum]. Disertus orator est, discretus est doctus, a discendo dictus.

137. Inter *Divitem* et *locupletem*. Dives est pecuniis, locuples [*Al.*, locis plenus] autem fundis, quasi locorum divitiis plenus.

— *Carendo.-Creando* in Etymolog.

117. *Capillamenta seminum*, lib. v.

118. Ex Serv., ad ill. II Æn. *Cervici imponere nostræ*. Etymolog. lib. XI, cap. 1.

— *Frange.* In altero exemplari: *Frangere cervices, et superbiam inclinare*, quæ, ut glossematon, inducenda.

119. Sic Acron., od. 3, lib. I Horatii, in illo versu: *Nequicquam Deus abscidit*, exponit *abscidit*, *separavit.*

Ibid. Barthii membranæ ita: *Inter cassidem et cassidam nihil interest. Galea vero cassis est, quæ de corio fiebat.* Arev.

121. *Clypeum.* Ex Carisio in C. Frontone, male. *Clupeum armorum, clypeum imaginis.*

— *Clypeus.* Locus mutilus, quem sic ex Carisio suppleri posse existimo: « Clypeus masculino genere est, quem scutum dicimus, ab eo quod est clepo, καλύπτω, id est, celo, cum clupeum imago dicatur, et nominetur a clueo, quod clara sit. » Sic et in Serv., ad ill. VII Æn.: *Nec clypei cursusque sonant:— Dicti ab eo quod celent corpus ἀπὸ τοῦ κλέπτω.*

122. *Al.*, *Solito rei consensu usus d.*

Ibid. Vat. *ad justitiam pendet*. Et *æquum semper præspicimus*, pro *æquum*, *sanctumque*. Arev.

123. Fest., dict. Cognitor: *C. enim præsens a præsenti præside datur.*

—*Nisi*... Al.: *Jussu præsidis præsentis præsenti d.*

Ibid. Nemo veterum melius differentiam inter procuratores et cognitores in sensu proprio expressit, ut advertitur in not. ad Brissonium, lib. IV, cap. 20, Select. Antiquit. In Ms. Vat., *præsens a præsenti datur*; et omittit *Item cognitor*... *omnes administrat.* Arev.

125. Vat., *belluam dicit.* Arev.

126. Sic lib. I Etymolog., cap. 6.

Ibid. Cod. Vat., *commune genus est hominum; epicœnum.* Epicœna a communibus differunt, quia communia duos habent articulos, ut *hic et hæc sacerdos*, epicœna vero unum tantum, ut *passer*, *lepus*, etc. Vide Cledonium, in Arte, pag. 1862, Pustsch. Arev.

D 130. Decalvationis mentio Concil. Tolet. XVI, cap. 3; Emeritens. cap. 15, et alibi, passim vero in legibus Visegothorum eratque perpetuæ infamiæ nota.

Ibid. De pœna decalvationis plura Ducangius, verb. *Decalvare*, et *decalvatio*. Apud Isidorum verba *valide manu Decalvator* fortasse ex aliquo alio auctore petita sunt exempli loco. Arev.

131. In uno ms.: *Inter circa et circum, quod circa est de aliqua parte loci, circum undique.*

132. C. Fronto: *Causa docet factum, ratio solvit obscura.*

133. Acron. et Porph. in od. lib. II Horat. ita tantum distinguunt, quod *civicum* antiqua figura dicatur, *civile* non item.

135. Al., *adjecta*, nullo sensu pro a die.

136. Ex Agrætio.

— *Discretus est.* Lege: *Desertus, est derelictus, a*

138. Inter *Defensorem* et *ultorem*. Defensor curat, ne A fiat injuria, ultor id facit, ne impune sit facta injuria.

139. Inter *Deformem* et *turpem*. Deformis ad corpus pertinet. Turpis ad animum.

20 140. Inter *Dementem* et *delirum*. Demens est cujuscunque ætatis amens, et [*F.*, id est] sine mente, delirus autem per ætatem mente defectus: dictus autem ita, eo quod recto ordine, quasi lira, aberret. Lira enim est arationis genus, cum [*Al.*, cum qua] agricolæ facta [*Al.*, jacta] semente dirigunt sulcos.

141. Inter *Dirum* et *atrocem*. Dirus immisericors, quasi divina ira in id adactus. Atrox, crudelis, hoc est, crudus, neque suavis [*Al.*, suasibilis].

142. Inter *Dolum* et *dolorem*. Dolor est corporis incommoditas, sive molestia. Dolus vero occulta malitia, blandis sermonibus adornata.

143. Inter *Dolum*, *insidias*, et *fraudes*. Dolus animo fit, insidiæ loco, sive telo, fraus circa fidem mutuam [*Al.*, injuria].

144. Inter *Dementiam* et *amentiam*. Dementia temporale vitium est, amentia perpetuum. Dementia autem dicta, quasi diminutio mentis.

145. Inter *Distinctionem* et *subdistinctionem*. Distinctio finem sensus facit, subdistinctio suspendit [*Al.*, mentem susp.].

146. Inter *Dimidium* et *dimidiatum*. Dimidium est æqua pars divisa, dimidiatum utique pars, sed [*Al.*, si] non æqualis.

147. Inter *Divertit* et *divortit*. Divortio [*F.*, divortium] est separatio, cum mulier a viro discedit, divertit vero, qui a via vel ratione deflectit.

21 148. Inter *Deluit* et *diluit*: Deluit purgat, diluit temperat. [Livius, de morte Mitridatis: *Quod cum diluisset*.

149. Inter *Dilectum* et *delectum*. Dilectum a diligendo, delectum ab deligendo [*Al.*, eligendo].

150. Inter *Directum* et *derectum*. Derectum per latum est, directum per longum.

151. Inter *Discernere* et *secernere*. Discernit qui in duas partes dividit, secernit, qui ex multis seorsum multa eligit.

152. Inter *Dicere* et *memorare*. Dicit enim, qui semel idem pronuntiat, memorat, non qui semel dicit, sed qui sæpius idem, memoriæ conservandæ B causa, facit.

153. Inter *Derigere* et *dirigere*. Derigimus quæ curva sunt, dirigimus, cum aliquo tendimus.

154. Inter *Deportare*, *comportare* et *exportare*. Deportare est aliquid afferre, comportare in unum locum conferre, exportare tollere.

155. Inter *Discedere* et *abscedere*, et cætera. Discedere per divortium dicimus, abscedere per absentiam, secedere per singularitatem, decedere per mortem.

156. Inter *Deduco* et *diduco*. Deduco de amico producendo [*Al.*, perducendo]. Diduco autem distraho, vel divido. Item quantum ad equos triumphales 22 refertur, si equi, duxere triumphos; si boves,

deserendo dictus. Ex Agrætii mente neutra harum lectionum, quas ms. habent, tolerari potest. Al.: *Disertus est doctus a disserendo*, etc.

137. Rectius forte Fronto: *Dives, quia dividendi facultatem habet*. Varro a *divo* deducit.

— *Locorum*. Sic fere Fronto, IX Terent., Scaurus; et ipse Etymolog. lib. X, littera *L*.

Ibid. Vat., *quasi loci plenus*. AREV.

138. Sic et Fronto: *Ultio vindicat factum; vindicta, vel vindicatio, futura prohibet*.

139. Al., *Animam*. *Crimen*, al. ms.

140. Fest., dict. *Mente captum*. Ipse Etymolog. lib. X, littera *D*.

— Non., dict. *Delirus*, et ipse in Etymologiis.

— *Sulcos*. In Etymolog. additur: *In quos omnis seges decurrit*, quod cum minime verum sit, fortassis et illic ea verba tollenda, aut scribendum ex Non.: *In quos omnis uligo decurrit*.

Ibid. Vat., *sine mente defectus; delirus autem pro ætate*. De verbis quæ in Etymologiis adduntur post *dirigunt sulcos*, dixi suo loco. AREV.

141. *Indignatus*; f., *natus*, ut Festus. Vide Serv., ad illud II Æn.: *Quæ mens tam dira*.

— Fest., dictione *Atroces*.

Ibid. Pantinus pro *in id adactus* indicat ex var. lect. *indignatus*, et ex conjectura *natus*. Barthius, lib. XXXVIII Adversar., cap. 2, legit *neque suasibilis*, et exponit *consultus*, *ratione utens*, ut apud Apicium, et Phœbadium. AREV.

142. Sic Cic., Tusc. II: *Dolor motus asper in corpore, a sensibus alienus*.

— Ipse Etymolog. lib. X, littera *D* dicit *dolosus*.

Ibid. Vat. *adornat* pro *adornata*. AREV.

144. Lib. X Etymolog. littera *D*.

145. Etymolog. lib. I, cap. 18.

— *Sensus*. Al., *Mentis*, *vel sensus*.

146. Agræt., et copiose Agell., lib. III, cap. 14.

— Non, dict. *Divortium*.

C — *Divertit*. *Sunt enim diverticula*, *quæ ab hoc verbo*, *semitæ transversæ a latere*, *viæ militares*, ait Serv., ad illud IX Æn. *Ad divortia nota*.

Ibid. Ms. Vat., *vel a ratione deflectit*. AREV.

148. Ex Agrætio.

— *Purgat*, Al., *purgat vel lavat*, quod tamen abest ab Agrætio.

— *Livius*. Ex lib. CII, ut constat ex Flori epitome, erat locus.

Ibid. Barthius, lib. XXXIX, cap. 14, potius Festo vel Paulo assentitur, qui *deluere* solvere exponit a *luendo*, non a *lavando*. AREV.

149. Ex eadem mente Agrætius: *diligi affectionis*, *deligi judicii*.

150. Hinc legendum constat apud Agrætium unde sumptus quoad sensum locus: *Directum in latera aptatum*. Sic et Etymolog. lib. X, lit. *D*: *Directus eo quod in rectum vadit*.

Ibid. Elegantem hanc differentiam Barthius vocat. D AREV.

152. Fest., dict. *Memorare*.

Ibid. Vat., *sæpius id*. AREV.

153. Sic Paulus ex Festo: *Dirigere apud Plautum invenitur pro discedere*, sed *discindere* legit vir erudit.; Et *cum aliquo*. Al., *cum ad aliquem*.

154. Forte scribendum ex mente Agrætii: *Deportare*, *ea deferre*; male tamen ipse, *deponere*. *Apportare est aliquid afferre; comp.*, etc.

— *Tollere*.-*De loco tollere*. Agræt.

156. Sic Serv., ad ill. I Æn.: *Despiciens mare velivolum*: — *Deduco*, *prosequor*; *diduco*, *divido*.

— *Vel divido*. Al. *seu pono*, id est, f. *seu dispono*.

— *Equos*. Malim *currus*.

— *Subducere*. Ex Serv., ad ill. I Æn. *Subducere classem*.

— *Deducunt*. III Æn. Al., *diducunt*.

Ibid. Vat., *deduco pro animo deducendo*. AREV.

deduxere [*Al.*, duxere]. Item quantum ad naves, subducere in terram dicimus, deducere [*Al.*, diducere] autem in mare, ut : *Deducunt socii naves.*

157. Inter *Duo* et *ambo* [*Al.*, duos ambos]. Utique qui dicit duo [*Al.*, duos ambos], numerat; qui ambo, jungit.

158. Inter *Disparem* et *imparem*. Dispar est inæqualis, vel dissimilis, impar vero, sine pari.

159. Inter *Duo* et *bina*. Cicero, in epistolis ad filium, duas epistolas, non binas; binas litteras, non duas. Quia numeri tantum pluralis est nomen litteræ quæ epistolam significant. Nam non dicimus bina, nisi ea quæ singularem numerum non admittunt, ut *bina castra*, *bina arma*. Ea autem dicimus duo quæ singularem numerum admittunt.

160. Inter *Domum* et *hospitium*. Domus ad proprios habitatores pertinet. Nam hospitium tunc vocatur, cum aut aliquem recipimus, aut cum ab aliquo ipsi recipimur; unde et qui venit, et ad quem venitur, hospes dicitur. Sic Plautus:

Hospes necavit hospitem captum manu.

161. Inter *Decentem* et *speciosum* et *formosum*. Decens motu corporis probatur, speciosus specie, formosus, natura, sive forma.

162. Inter *Deformem* et *informem*. Deformis est cui deest forma, [*Al.*, fœda form.] informis ultra formam.

163. Inter *Decus* et *decorem*. Decus ad animum refertur, decor ad corporis speciem.

164. Inter *Delatorem* et *dilatorem*. Delator, qui defert ad accusandum [*Al.*, causandum]; **22** dilator, qui differt ad proferendum.

165. Inter *Draconem* et *traconem* [Al., *truaconem*]. Draco est immanis bellua, tracones [*Al.*, truacones] vero sunt hiatus terræ.

166. Inter *Divitem*, *potentem*, *fortunatum*, *locupletem* et *honestum*. Dives est potentia et virtute, potens, quasi Deo proximus, locuples fundis, quasi locis plenus, fortunatus, subito [*F.*, substantia] factus beatus, honestus moribus et honore usus.

167. Inter *Do* et *cedo*. Qui dicit do significat quibus detur; qui dicit cedo, de se tantum dicit.

168. Inter *Deum* et *divum*. Quod Deus semper est, divus fit.

169. Inter *Damnum* et *jacturam*, et *detrimentum*. Jacturam scientes [*Al.*, scienter] et ultro patimur, damnum subito, et non credentibus nobis, fit; detrimentum, leve damnum fit in parte.

170. Inter *Donum* et *munus*. Donum Deo offertur, munus hominibus.

171. Inter *Delicta* et *delecta*. Delicta peccata, delecta electa.

172. Inter *Delictum* et *injustitiam*. Delictum quidam leve putaverunt esse peccatum, quasi negligentis [*F.*, negligentia] derelictum, injustitiam vero immane aliquod sævumque commissum.

173. Inter *Dolum* et *dolorem*. Dolus tergiversatio, dolor vero corporis inquietudo.

174. Inter *Dolosum* et *inimicum*. Dolosus est qui occulta machinatione grassatur, inimicus vero qui mala facit apertius.

175. Inter *Deduco* et *diduco*. Deduco, amicum, diduco, distraho.

24 176. Inter *Directum* et *derectum*. Directum [*Al.*, derectum] in rectum vadens; derectum [*Al.*, directum] in latere rectum.

177. Inter *Disco* et *doceo*. Discit qui non novit, docet vero qui novit.

De littera E.

178. Inter *Externum* et *hesternum*. Hesternum dicimus pridianum, externum autem extraneum, hoc est, alienum.

179. Inter *Eloquentem* et *loquacem*. Sinceritas facundiæ eloquentum est, offusa et incondita temeritas, loquacium. Unde est Sallustius : *Loquax magis quam facundus.* Et Cicero : *Hunc loquacem esse habitum, nunquam disertum.*

159. Ex Serv., ad illud viii Æn. : *Frenaque bina.* Vide eumdem, ad illud i Æn. :

Bina manu lato crispans hastilia ferro.

Al., *Cic. epistolarum ad fil.*

Ibid. Barthius futilissimum esse ait, quod non dicamus *bina*, nisi quæ numerum singularem non admittunt. Isidorus Servium aliosque grammaticos sequitur, quamvis alioquin verum sit quod sæpe *bini* pro *duo* promiscue usurpetur. AREV.

160. Ex Serv., ad illud viii Æn. : *Ne vero hospes, ne quære.*

— Et Mostellaria, scen. cujus initium *Habeo, Neptune, mag. grat.*

161. C. Fronto : *Decens in gestu est, et motu corporis, speciosus*; male legitur : *formosus ab excellenti specie dicitur, forma naturæ bonum, unde etiam formosus dicitur.*

162. Lib. 10 Etymolog. littera I.

164. Ex Agrætio.

Ibid. Vat., *ad offerendum*. AREV.

165. Poeta anonymus, laudatus a Joanne de Janua : *Terrarum tracones, animalia dico dracones.* Vide Ducangium, verb. *Tracones*. AREV.

166. C. Fronto : *Cui forte aliquid contingit.*

Ibid. Vat., *et virtutibus*. AREV.

167. C. Fronto : *Cedo sibi poscit, et est immobile; dat qui non finire facit datum.*

168. Ex Serv., ad illud v Æn. : *Genus alto a sanguine divum.*

169. *Subito*, etc. Al. : *Insolito et nobis nescientibus fit.*

— *Detrimentum*. Sic Ascon. Pedian., 3 orat. contra Verr. : *Detrimentum vel unius partis dici potest.*

170. Serv., ad illud v Æn. : *Strueremque suis altaria donis : — Dona*, ait, *superorum, munera inferorum*; et clarius. C. Fronto : *Donum quod diis datur; munus, quod amicis vel cliens, vel libertus officii causa mittunt.* Ipse ead. libro Etymolog. vi, cap. 19.

Ibid. Cod. Vat., *munus omnibus*. AREV.

175. Ms. Vat., *distribuo* pro *distraho*. AREV.

178. Vat., hic et alibi, quasdam differentias diverso ordine collocat, et nonnullas hoc loco addit. Littera *E* ita incipit : *Inter æquora et maria*, etc., ut num. 66 ; *inter ævum et sæculum*, etc., ut num. 67; *inter externum*, etc., ut hoc n. 178; *inter hæresim et schisma*, ut n. 282. Hæc varietas ex diverso scribendi modo oritur; nam medio ævo scribebatur *equora*, *evum*, *eresis*, etc. AREV.

179. Varr., iv de Ling. Latin. : *Loquax, qui nimium loquitur; eloquens, qui copiose loquitur.* Ipse, Etymolog. lib. x, littera C et *L*.

— *Sallustius*. Citatur idem fragmentum ab Agell., lib. i, cap. 15. Incertum unde.

180. Inter *Expertem* et *expertum*. Si enim expertum rerum dixerimus, significamus peritum, si expertem, ignarum.

181. Inter *Exercitatum* et *exercitum*. Exercitus, laboribus fatigatus, exercitatus, vel arte, vel studio peritus.

182. Inter *Exosum* et *odiosum*. Exosus dicitur qui aliquem odit, odiosus, qui oditur.

183. Inter *Ebrietatem* et *ebriositatem*. Quod ebrietas aliquando est, ebriositas frequens temulentia vini est. De qua Apostolus ait (*I Cor.* VI): *Neque ebriosi regnum Dei possidebunt*. Pulchre autem quidam non ignobilis orator, cum ebrium e [*Al.*, a] somno describeret excitatum, ait: *Neque dormire excitatus, nec vigilare ebrius poterat*. Qua sententia **25** expressit quodammodo nec mortuum eum fuisse, nec vivum.

184. Inter *Eventum* et *eventa*. Eventus ipsa res est, Eventa autem dicuntur quæ ab eventu veniunt.

185. Inter *Egestatem* et *paupertatem*. Quod egestas pejor est quam paupertas, paupertas enim potest esse honesta, nam egestas semper turpis est.

186. Inter *Experientiam* et *scientiam*. Experientia in malo dici potest, ut pœnas expertus, scientia autem in bono tantum.

187. Inter *Emittit* et *admittit*. Emittimus alios a nobis, admittimus alios ad nos. Sic quidam virgini cuidam ait: *Murum sexui tuo exstrue, qui nec tuos emittat oculos, nec admittat alienos*.

188. Inter *Existimare* et *arbitrari*. Existimare apud animum nostrum est, arbitrari judicium animi [*Al.*, animi nostri est] proferre.

C 189. Inter *Emere* et *redimere*. Id differt quia qui emit alienum emit, qui autem redimit, id emit proprie quod suum fuit, et suum esse desiit.

190. Inter *Exspectare* et *spectare*. Exspectatur venturus, spectatur qui videtur, vel approbatur.

191. Inter *Efferunt* et *eferunt*. Efferunt qui exportant [*Al.*, asportant], per duo *ff*. Eferunt autem, qui

A laudandum [*F.*, laudando] extollunt, per unum *f*. Cicero: *Nimium fortasse hæc illi eferunt*.

192. Inter *Exsequimur*, *persequimur* et *prosequimur*. Exsequimur mortem, in qua vindicta est, persequimur fugientem, prosequimur, cum fungimur officio.

193. Inter *Extemplo* et *illico*. Extemplo, repente, vel statim, vel subito, illico, mox vel continuo.

26 194. Inter *Exstinctum* et *restinctum*. Exstinctum dicimus lumen, ut Cicero: *Lumina civitatis exstincta sunt*, restinctum vero incendium, ut idem Cicero: *Subjectos prope jam ignes, circumdatosque restinximus*.

195. Inter *Equitem* [Al. *equum*], *equestrem* et *sequestrem*. Sequestris dicitur, qui certantibus medius intervenit, per quem utraque pars æquam fi-

B dem sequatur [*Al.*, æqua fide æquatur]. Eques autem est qui equo sedet in armis. Equestris vero locus, vel ordo, ut si dicas: *Ille homo equestris est*. Item: *Militat* [Al., *miles*] *ille in equestri ordine*.

196. Inter *Exanimem* et *exanimatum*. Exanimis est mortuus, exanimatus vero timens. Ut est illud:

Exanimata sequens impingeret agmina muris.

197. Inter *Eu* et *heus*. Eu interjectio dolentis est, heus adverbium vocantis.

198. Inter *Ensem* et *gladium*. Ensis est ferrum tantum, gladius vero totus. Mucro autem non tantum gladii, sed et cujuscunque teli acumen est. Item gladium generaliter dicimus, ensem in prælio, mucronem in opere.

199. Inter *Exuvias* et *spolia*. Exuviæ ducum sunt, spolia privatorum.

200. Inter eum qui in insulam relegatur, et eum qui deportatur, magna differentia est: primo, quod relegatum [*Al.*, qui relegatum] bona sequuntur, nisi fuerint sententia adempta, deportatum non sequuntur, nisi palam ei fuerint concessa. Ita fit, ut relegato, mentionem bonorum in sententia habe-

180. Ex Serv., ad illud in Æn.: *Exercite fatis*. Ipse Etymolog. lib. X, littera *E*, dictionibus *Expertus*, et *Expers*.

— *Ignarum*. *De re vel causa quæ agitur*. Ut glossema rejiciendum, nec Servius agnoscit.

181. Ex Servii loco citato: *Exercite*, inquit, *fatigate*. *Exercitatus peritus; exercitus laboribus; exercitatus studiis*.

Ibid. Vat., *labore fatigatus*. AREV.

183. Innuit idem discrimen Cicero. Tusc. Quæst. lib. IV.

Ibid. *Non ignobilis orator*. Cœlii verba annotari ait Barthius, qui totum locum ex Quintiliano petitum illustravit lib. XIV, cap. 18. Sermo autem Cœlio erat de M. Antonio. AREV.

184. Non., dict. *Eventus*; ex libro I Lucretii: *Eventum dici poterit quodcunque erit actum*.

185. Epitheton Virgilianum, *turpis egestas*.

187. Al.: *A nobis ad alios*.

188. Non. dict. *Arbitrii*.

189. Vat.: *Inter emere et redimere quid interest. Qui emit*, etc. AREV.

190. Ex Servio, ad illud I Georg. *Multo exspectata labore*; quin et *exspectare* pro *probare* ab eodem usurpatur II Georg.: *Crassaque terga exspecta*.

191. Eadem Agrætius; nihil tamen de duplici *ff*: *Effertur*, inquit, *qui portatur; et efferunt, qui laudando extollunt*.

193. Varr., lib. VI de Ling. Latin.: *Extemplo est continuo*. Al.: *Extemplo, subito, illico, continuo*.

— Non.: *Illico significat statim, mox*.

195. Serv., ad illud XI Æn.: *Et pace sequestra*: — *Sequester est medius inter duos altercantes, apud quem aliquid ad tempus seponitur*. Et sic fere Fest.

D — Duæ illæ voces, *in armis*, ab Isidoro, lib. IX Etymolog., cap. 3, ubi agit de militibus equestribus, omittuntur, et sane mihi suspectæ sunt. Fortassis adjecerat equitem etiam pro equo ipso sumi, adducto Virgilii loco, III Georg.: *Atque equitem docuere sub armis, Insultare solo*. Non., dict. *Equitem*, et *Equites*.

— *Ordine*. Al.: *Sequester suspector penoris dicitur*. F. *susceptor pignoris*.

196. Ex Serv., ad illud I Æn.: *Exanimumque auro corp*. Et interpretibus Terentii, actu. I, scen. 4, Andriæ, et alibi.

197. Ex Agrætio.

198. Lib. VIII Etymolog., cap. 6.

199. Videtur ex Serv., ad illud XI Æn.: *Ipsos ferre duces*.

200. Etymolog. lib. V, cap. 27.

— *Haberi non prosit*. Lego *non haberi possit*.

Ibid. Aliena videtur ab hoc loco hæc differentia inter *relegatum* et *deportatum*; et abest a veteri Co-

ri, non prosit, deportato noceat. Item distant **27** et in loci qualitate. Quod cum relegato quidem humanius transigitur, deportatis vero solent insulæ assignari quæ sunt asperrimæ, quæque sunt paulo minus summo supplicio comparandæ. A

201. Inter *Eremum* et *desertum*. Eremus est in via solitudo, ubi nunquam habitatum est, desertum ubi aliquando habitatum et derelictum est.

202. Inter *Exsecrationem* et *jurationem*. Exsecratio, ut puta : *Si malum non patior* [F., *ut malum non patiar*]; Juratio : *Si bonum mihi evenit*.

203. Inter *Expertum*, et *experrectum*. Expertum, aliquid agnitum, experrectum a somno.

204. Inter *En* et *em*. En, cum ostendis, em, cum increpas.

205. Inter *Ebrium* et *ebriosum*. Ebrius ad tempus multum bibit, ebriosus semper multum bibit. B

206. Inter *Æquum* et *equum*. Equus, quod est animal, per *e* et *u*. sola scribendum. Quod vero pro justo scribitur [*F.*, accipitur] per *æ* diphthongon geminata *u u* est scribendum.

De littera F.

207. Inter *Fidelem* et *fidum*. Fidus amicus dicitur, fidelis famulus. Item infidelis est qui caret firmitate, infidus, qui fide.

208. Inter *Famosum* et *infamem*. Famosus est, de quo fama loquitur seu bene seu male, infamis vero tantum malæ famæ est.

209. Inter *Ferocem* et *ferum*. Ferox dicitur animus, ferus leo.

210. Inter *Fallacem* et *mendacem*. Omnis homo fallax id agit, **28** unde quisque fallatur; non autem omnis vult fallere qui mentitur. Sicut mimi et comœdiæ, et multa poemata, ubi mendacium delectandi potius studio quam fallendi voluntate scribitur. Nam et omnes fere qui jocantur [*Al.*, pene qui loquuntur], mentiuntur. C

211. Inter *Furiatum* et *furiosum*. Furiosus est qui ferarum ritu fertur, et ab eo furor nunquam recedit, furiatus qui furit ex causa.

212. Inter *Furiosum*, *furentem* [Al., *furientem*] et *iratum*. Furiosus est corde, furens [*Al.*, furiens] causa, iratus merito.

213. Inter *Ferocitatem* et *feritatem*. Ferocitas sæpe laudi habetur. Est enim ferocitas militum, et ferox juventus dicitur. Feritas autem dirus animi habitus.

214. Inter *Formidinem*, *pavorem*, et *metum*, sive *timorem*. Formido objicitur, vel oculis, vel animo, sine adhibita ratione, et maxime parvulis, pavor autem cum timiditate animi subita est conturbans occasio, quæ tamen solvitur ratione, vel tempore, nec stat, item metus est motus interior animi subitus, sive cordis, factus ex aliqua tristi recordatione. Timor vero est accedens dolor mentis extrinsecus, ex aliqua accidenti occasione. Porro timiditas animi vitium sempiternum est. Nam timor, pro tempore est. Itaque in viro forti est aliquando timor, timiditas nunquam. Est autem et bonus timor et malus. Malus est, cum temporalia bona quisque sibi subtrahi perhorrescit [*Al.*, abstrahi pertimescit]; bonus, cum quanto quis Deum ardentius diligit, tanto eum diligentius offendere pertimescit. Nam timere interdum prodest, et decet, pro qualitate temporum atque causarum.

215. Inter *Facinus* et *flagitium* ita videtur distinguere Augustinus. *Quidquid enim*, inquit, *agit indomita cupiditas ad corrumpendum animum et corpus suum*, *flagitium vocatur*, *quidquid vero agit ut alteri noceat, dicitur facinus. Et hæc duo genera sunt omnium* [Al., *hominum*] *peccatorum. Sed flagitia priora sunt, quæ cum corruperint animum in facinora prosiliunt.*

29 216. Inter *Phantasiam* et *phantasma*. Phantasia est imago alicujus corporis visa, et cogitando postea in animo figurata, ut puta, avi vel patris species, quem aliquando vidimus, ac dum cogitando memoramus, phantasiam dicimus. Phantasma vero est ex imagine cognita, aliqua, quam vidimus, imago formata, ut puta, species avi quem nunquam vidisse meminimus; sed tamen ejus species non memoria, sed motu animi figuratur. De cognitis ergo speciebus memoria collecta, phantasia est; de incognitis species animo figurata, phantasma. Nam figurata phantasmata nihil aliud sunt quam de specie corporis, corporeo sensu abstracta; figmentoque memoriæ, ut accepta sunt, vel partiri, vel multiplicare, vel contrahere, vel distendere, vel ordinare, vel turbare, vel quidlibet figurare cogitando facillimum est, sed, cum verum quæritur, cavere et vitare difficile. Item phantasia est incognitarum rerum ex cognitis conjectura, phantasma vero rerum incognitio cognitarum.

217. Inter *Fiduciam* et *confidentiam*. Fiducia in bonis rebus, confidentia in malis est.

---

dice Vaticano 3321. Barthius eam reperit in suo Codice, ubi erat *magna est differentia, ut ait Orenius primo* etc. Conjicit, *ut ait Herennius*, scilicet Modestinus JC.; et mox, *ita in relegato si mentio non fit bonorum, homini prosit, deportato noceat*. Arev.

202. Videtur ex Serv., ad illud II Æn. : *Vos aræ, ensesque nefandi :— Exsecratio est adversorum deprecatio; jusjurandum vero optare prospera.* D

203. Ex C. Frontone : *Expertus est aliquid aut in bona parte, aut in mala; experrectus de somno.*

206. Innuitur vetus mos scribendi *ecus*, et deinde *equs* pro *equus*, ut *qis* pro *quis*, etc. Arev.

207. Ex Interpretibus Terentii, act. I, scen. 2, Phorm.

Ibid. Vat., *qui caret infirmitatem*, *fidus*, *qui fidem*. Mendum est *infirmitatem* pro *firmitate*; sed accusativus pro ablativo, ut in *utor*, fortasse ferri posset. Arev.

208. Vid. Non., dict. *Fama*.

209. Ex C. Frontone.

211. Ex Serv., ad illud II Æn. : *Furiata mente Chorebus*.

Ibid. *Qui fuerit ex causa*, scilicet, quia, ut ait Barthius, furiatur cui stimuli ad iram subjiciuntur. Arev.

212. *Iratus*... Ex interpretibus Terentii, act. I, scen. 1, And., et act. III, scen. 1, Hecyræ.

216. Breviter hæc in Codice Vaticano 3321 : *Inter phantasia et phantasma quid interest? Phantasia incognitarum rerum ex cognitis conjectura; phantasma rerum incognitio cognitarum*. Arev.

217. Ex Serv., ad illud I Æn. : *Generis fiducia vestri*.

218. Inter *Famam* et *gloriam*. Gloria quippe virtutum est, fama vero vitiorum. Ennius in Achille : *Summam tu tibi pro mala vita famam extolles, et pro bona paratam gloriam*. [Al., *parata gloria*]...; malevolentes [*Fort.*, male viventes] enim famam tollunt, benevolentes [*Fort.*, bene viventes] gloriam.

219. Inter *Fatum* et *fortunam* pagani ita separabant : quod enim fortuitu venit, nulla palam causa, fortunam vocabant, fatum vero quidquid appositum singulis, et statutum erat, ut puta, fati esse dicebant quod nascimur, quod occidimus; fortunæ quidquid in vita varietatis accidit [*Al.*, occiderit].

220. Inter *Falsitatem* et *mendacium*. Negare quod verum [*Al.*, vere] est, falsitas est, fingere quod verum [*Al.*, vere] non est, mendacium est. Unde **30** et Cato : *Tu*, inquam, *si verum supprimis* [Al., *vera nobis supprimis*], *falsarius agnosceris; si falsa confingis, mendax esse videris* [Al., *judicaberis*].

221. Inter *Falsum* et *fictum*. Falsum ad oratores pertinet, ubi veritas sæpe ita luditur, ut quæ facta sunt negentur; fictum vero ad poetas, ubi quæ facta non sunt facta dicuntur. Falsum est ergo quod verum non est; fictum quod tantum verisimile est.

222. Inter *Fertilem* et *fructuosum*. Fertilis, est ager; fructuosum, quod cuique compendium est.

223. Inter *Frondeum* et *frondosum*. Frondeum est totum factum de frondibus, ut torus, frondosus vero est locus [*Al.*, lucus]. Licet enim abundet frondibus, non tamen est de frondibus totus. Sic et gramineum, et graminosum [*Al.*, germinem et germinosum].

224. Inter *Flecti* et *deflecti*. Flecti est retro [*Al.*, a recto] et in proximum; deflecti vero longius et in devium.

225. Inter *Frui* et *uti* hæc distinctio est. Quod fruimur quo nequaquam carere possumus; utimur quæ aliquando nec semper habemus. Ac per hoc uti temporale est, frui vero æternum.

226. Inter *Fremere* et *frendere*. Fremere est furorem mentis, usque ad vocis tumultum excitare, frendere vero proprie, dentes comprimere et concutere. Unde frena dicta, quod hæc equi frendant, id est, premant [*Al.*, imprimant] dentibus, et mordeant. Hinc et frenetici dicti, eo quod dentes concutiant.

227. Inter *Flere* et *plorare*. Flere est ubertim lacrymas fundere, quasi fluere, plorare est quasi cum voce flere, plangere, cum lacrymis pectus aut faciem tundere. Lamentari, est cum aliquibus dictis miserabilibus flere. Mœrere, cum silentio dolere. Lugere est cum habitus mutatione. Lacrymas autem a laceratione mentis dictas. Lugentes vero dicti, quasi luce egentes, unde et luctus [*F.*, lucus] dicitur.

31 **228.** Inter *Fodere* et *effodere*. Fodere est tantum sollicitare terram, effodere, hoc ipsum faciendo eruere aliquid, vel invenire, cui contrarium est infodere.

229. Inter *Famulari* et *obsequi*. Famulari est debiti; obsequi, voluntatis proprie.

230. Inter *Flagitare* et *flagitiare*. Quod flagitare idem est quod acriter interpellare, flagitiare vero est impurare.

231. Inter *Fugiunt* et *diffugiunt*. Fugiunt pariter, diffugiunt divisi.

232. Inter *Fatemur* et *confitemur*. Confiteri proprii arbitrii est; nam fateri, coacti est animi, non voluntatis [*Al.* profiteri, id est...].

233. Inter *Fecisti?* et *nunquid fecisti?* percontandi differentia est. Nam quo loco volumus nobis responderi factum esse, quod est imperatum, dicimus : *Fecisti?* Quo loco volumus negari, hoc modo dicimus : *Nunquid fecisti?*

234. Inter *Fluit* et *defluit*. Fluit quod naturaliter decurrit, ut humor, defluit autem quod ætate, vel vetustate dissolvitur, ut ætas hominum, folium arboris. Fluere autem tribus modis dicimus : humore rerum, sanie vivorum, tabe mortuorum.

235. Inter *Funebre*, *funereum*, et *funestum*. Funebre, luctuosum; funereum, quod ex funere constat; funestum vero, quod funere [*Al.*, in funere] inquinatum est. Itaque funestus famulus dicitur, qui aliquo funere pollutus est, quo minus sacra peragere potest.

236. Inter *Fragrat* et *flagrat*. Fragrat per *r* litteram ad odorem refertur; per *l* ad flammam et ignem. Nam quando incendium significat, quod flatu alitur, per *l* dicimus; et quando odorem, quia fracta [*Al.*, qui a fracta] specie major est, per *r* enuntiatur [*Al.*, pronuntiatur].

237. Inter *Fratrem* et *germanum*. Fratres dicuntur, qui ex eodem patre nascuntur, et non ex eadem matre. Qui vero **32** ex eodem patre et matre [*Al.*,

219. Ex Serv. mente, ad ill. IV Æn. : *Quem dederat cursum fortuna peregi.*

Ibid. An vox *fatum* a Christianis adhiberi possit, nonnulli quærunt, catholico sensu a plerisque eam adhiberi constat. AREV.

221. Ex interpretum Terentii mente, act. I Eunuch., scen. 2.

223. Ex Serv. ad ill. II Æn. : *Nemora inter frondea;* unde locus antea mutilus, restitutus.

Ibid. Pantinus ex varia lectione notat *locus*, quod ipsum in textu Grialius edidit. Fortasse Pantinus in nota voluit *lucus* pro *locus*. AREV.

226. Lib. X Etymolog., littera *F*.

Ibid. Scribendum potius *phrenetici*, quod non est a *frendeo*, sed a Græco *phrenesis*. AREV.

227. Fest., dict. *Plorare*.

— *Plangere*. Sic vetus glossar., *plangoribus*.

230. Vetus glossar., *flagitaverit* pro *acriter*.

— Male *impurare*. In mss. *impura res est* pro *imputare*.

232. Non., dict. *Confiteri*.

— Serv., ad illud IV Æn. : *Anna fatebor enim*.

234. Serv., ad ill. VIII Æn. : *Sanie taboque fluentes*, contra sentit : *Sanies mortui est, tabum viventis, scilicet sanguinis*.

Ibid. Vat., *ut ætas hominis*. AREV.

236. Ex Serv., ad ill. I Æn. : *Fragrantia mella*, in altero ms. erat : *Nam quando flammam et ignem, qui incendium significat*. Forte legendum: *Nam quando flammam et incendium significat*, præeunte Servio.

237. Sic lib. Etymolog. IX, cap. 6.

—*Ex eodem*... Ex eod. lib. citato videtur legendum

eadem matre et patre], germani appellantur. Et est germanus ex eadem genitrice, vel ex eodem germine manans.

238. Inter *Firmum* et *valentem*. Firmus ex firmitate naturæ, valens vero ex præcipuis viribus, ut athleta.

239. Inter *Figuram* et *formam*. Figura est artis, forma naturæ [*Al.*, hominis].

240. Inter *Fœtum* et *partum*. Fœtum dicimus qui non est editus, et intra ventrem jacet, partum qui editus est.

241. Inter *Fessum* et *fatigatum*, et *lassum*. Fessum animo et cura [*Al.*, corpore], fatigatum, ex itineris longitudine, lassum, labore.

242. Inter *Frameam* et *machæram*. Framea appellatur gladius, ex utraque parte acutus, quem vulgo spatam dicunt [*Al.*, vocant], machæra autem gladius est longus, ex una parte acutus.

243. Inter *Fœdus* et *pacem*. Fœdus namque pacem prævenit. Nam posterius pax accipitur, prius fœdus initur.

244. Inter *Flumen* et *fluvium*, *flumen*, *torrentem*, etc. Fluvius, perennis aquarum decursus generaliter, a fluendo dictus. Et proprie flumen ipsa aqua; fluvius, cujus aqua; torrens autem inde dictus, quia pluvia crescit, siccitate torrescit, id est, arescit. Unde et Pacuvius: *Flammeo vapore torrens torret*. Porro rivus vocatur **23** qui subito ex pluvia fit, celeriterque decurrit ac deficit, fons autem est caput [*Al.*, corpus] aquæ nascentis. Amnis autem fluvius est nemore et [*Al.*, ex] frondibus redimitus, et ex ipsa amœnitate amnis vocatur.

245. Inter *Fulgura* et *fulmina*. Fulgur est splendor micantis nubis [*Al.*, micantibus nubibus], flumen autem, mucro est fervidus, ventorum violentia e nubibus ad terras emissus. Tria sunt autem hæc, fulgor [*Al.*, fulgus *F.* fulgos], fulgur, et fulmen. Fulgor [*Al.*, fulgus], qui tangit; fulgur, quod incendit et urit; fulmen, quod findit. Et ideo cum trinis radiis finguntur.

246. Inter *Florida* et *florulenta*. Florida sunt arbores et herba, florulenta campi, vel prata. Sic et alia intelliguntur similia.

247. Inter *Frumenta* et *fruges*. Frumenta sunt arida et sicca, fruges vero liquidæ. Frumenti autem nomen tractum est a frumine, id est, eminente gutturis parte.

248. Inter *Feras* et *bestias*. Omnis bestia fera, non omnis fera bestia. Bestiæ namque sunt, quæ morsu, vel unguibus sæviunt, ut pardi, leones, tigrides, a vastando dictæ. Feræ autem etiam illæ sunt quæ etsi non [*Al.*, a vi quæ] sæviunt, tamen silvestres sunt; dictæ autem feræ, quod et naturali utantur libertate, et desiderio suo ferantur.

249. Inter *Fastos* et *fastos* [*Al.*, fastus] *dies*. Fasti universaliter comprehensi, tam boni, quam mali, dies fasti [*Al.*, fastus], quibus sunt contrarii nefasti.

250. Inter *Fastos dies* et *nefastos dies*. Quod fasti dies sunt quibus judicia exercere et causam dicere vel agere licet, nefasti dies dicti ab eo quod nefas sit quidquam his diebus agere, vel dicere, vel sacrum facere. Ergo festis diebus contrarii sunt nefasti.

251. Inter *Festos dies* et *solemnes*. Festi dies ex consuetudine dicuntur, solemnes vero qui ad omnes pertinent, ut parentalia. Ut **24** cum quis defuncti officia expleverit, dicitur solemnia præstitisse.

252. Inter *Fulmen*, *fulgorem* et *fulgur*. Fulmen, quod ferit, fulgor est, quod apparet, fulgur, quod conditur, si cadat de cœlo.

253. Inter *Fœdus* et *fœdus*. Fœdus turpis, fœdus placitum.

254. Inter *Fides* et *fidis*. Fides in fide, fidis de chorda.

255. Inter *Fenum* et *fœnus*. Fenum palea, fœnus lucrum est.

ex eadem matre, non patre, et infra: *est enim germanus ex eadem genitrice, non ex eodem germine manans.* Alioqui sibi contrarius Isidorus his duobus locis, et Serv., unde sumpsit, ad illud v Æn.: *Hæc germanus Erix.*

Ibid. Vat., *ex eodem mare et matre.* Arev.

238. Interpretes Terentii, actu iii, scen. 5, Hecyr.: *Validus, robustus, et habilior corpore.*

239. C. Fronto. *Figura artis opus, forma naturæ bonum.*

241. Vid. Serv. lib. viii Æn., ad ill.: *Ter fessus valle resedit.* Etymolog., lib. x, littera *F*. Aliter Verrius apud Diomedem lib. i: *Quod fatigatus sit, cum quis per alium laborare compellitur; fessus vero, cum quis labore deficit, ut lassus.*

242. Sic lib. xviii Etymolog., cap. 6.

244. C. Fronto contra: *Flumen idem fluit, et manet; fluvius temporibus siccatur.* Est autem totus fere hic locus ex lib. xiii Etymolog., cap. 21. Ex quo verba *fluvius cujus aqua* in *fluvius decursus aquæ*, mutanda videntur.

— *Pacuvius*... Fest., dict. *Torrens*, ex Antiopa citat; porro dictio *torret*, et hic et in Etymolog. in *terræ* mutanda, legendumque: *flammeo vapore torrens terræ fetum exusserit.*

— *Fons autem.* Varr., lib. iv Ling. Lat., dict. *Fons*, et Festus a fundendo.

— *Et ex ipsa*... Varr. et Fest., melius, a *circumeundo*, aut *circumnando*.

Ibid. In Etymologiis legitur nunc *fluvius cursus aquæ*, non *decursus*, ut Pantinus exhibet; sed infra, n. 491, legitur *decursus*. Arev.

245. Sic fere Non, dict. *Fulmen*.

Ibid. Vat. *terram emissus.* Et mox *ternis radiis.* Arev.

247. A Serv. dissentit, qui, ad ill. i Æn.: *Frugesque receptas*, frumenta et fruges confundit, et lib. i Georg. *Siliqua quassante legumen.*

— *Eminente*... Ex Serv. lege: *Sub mento gutturis parte*; sunt hæc lib. vii Etymolog., cap. 3.

248. Etymolog. lib. xii, cap. 2.

— *Naturali*. Ex Serv., ad ill. i Æn.: *Pinguisque ferinæ*, et in Etym.

249. Festus, dict. *Fasti*, et Serv., ad illud iii Æn.: *Stirpis Achilleæ fastus.*

Ibid. Vat., *quibus est contrarius nefastus.* Arev.

250. Fest., dict. *Festis diebus.* Varr., lib. v de Ling. Lat., dict. *Fasti dies.*

Ibid. Ms. Vat., *hic diebus agi.* Arev.

253. F.: *Inter fœdum et fœdus: fœdum turpe, fœdus placitum.*

254. Forte ex Agrætio legend.: *Fides de fidelitate, fidis de chorda.*

256. Inter *Fragrat* et *flagrat*. Fragrat redolet, flagrat verberat.

257. Inter *Favorem* et *favum*. Favor adjutorium est, favum vero mel.

258. Inter *Furatum* et *furtatum*. Furatum eum qui furtum fecit; furtatum, quod furatur fur.

259. Inter *Fatuum* et *fatuum*. Fatuum segnem, fatum vero fortunæ decretio est.

260. Inter *Fastos* et *fastus*. Fastus de superbia, fastos de libris.

261. Inter *Feminam* et *femina*. Feminam de homine, femina femora sunt.

262. Inter *Forfices* et *forcipes*. Forfices, id est, tisorias, forcipes, tenaces.

263. Inter *Fornicationem* et *adulterium*. Adulterium est conjugalis tori inquinamentum, fornicatio vero amor legitimo conjugio solutus, et vagus, explendæ libidinis consectando licentiam. Scripturæ autem solent fornicationem vocare omnem illicitam corruptionem, sicut est idololatria, et avaritia, ex quibus fit transgressio legis, propter [*Al.*, per] illicitam concupiscentiam. Fornicatio autem sumpsit nomen a quibusdam ædificiis arcuatis quos fornices antiqui vocabant, **35** in quibus meretrices constitutæ prostituebantur. Meretrices autem dicuntur a merendo, id est, promerendo stipendia libidinis. Unde et milites, cum stipendia accipiunt, mereri dicuntur.

De littera G.

264. Inter *Grates* et *gratias*. Grates Deo aguntur, gratiæ vero hominibus, quoniam referri possunt [*Al.*, non possunt]. Idcirco optime Deo convenit, quod relationem significat ad latriam [*Al.*, latam].

265. Inter *Gaudium* et *lætitiam*. Stoici sic distinguunt : gaudium quippe esse aiunt elationem animi [*Al.*, animæ], in his quæ digna sunt exsultantis, lætitiam vero effrenatam animi [*Al.*, animæ] elationem, quæ modum nesciat; et in his quoque quæ vitia sunt mista lætetur. Unde et Scriptura : *Non est gaudium* [Al., *gaudere*] *impiis, dicit Dominus.*

266. Inter *Gravitatem* et *gravitudinem*. Gravitas ex pondere animi, et ex sententia constat, gravitudo autem corporis est. Inter *Grave* et *gravidum*. Grave de natura dicitur; gravidum de accidenti [*Al.*, accidentis] fecunditate, ut arbor gravida pomis.

267. Inter *Garrire* et *loqui*. Loquitur qui recte et temperanter dicit; garrit qui aut multa verba dicit, aut sordide loquitur.

268. Inter *Gerere* et *ferre*. Gerimus nostra, et veluti natura aliqua, quæ in nobis sunt, ferimus vero imposita nobis, veluti onus. Sed Virgilius permiste utitur (I *Æneid.*) : *Fidus quæ tela gerebat Achates.* Gerebat pro ferre posuit.

36 269. Inter *Gravatur* et *ingravatur* [Al. *ponderatur*]. Ingravatur [*Al.*, ponderatur] pondere alieno, gravatur suo.

270. Inter *Gentem* et *gentes*, et *genus*. Gens nationis est, ut Græciæ, Assyriæ. Hinc et gentilitas dicitur. Gentes autem familiæ, ut Juliæ, Claudiæ. Genus vero ad qualitatem refertur, ut pecoris, pomi.

271. Inter *Græcum*, *Græcanicum*, et *Græcense*. Græcus homo dicitur; Græcanica res; Græcense, quale in Græcia solet fieri.

272. Inter *Gallum* et *Gallicum*, et *Gallicanum*. Gallum in Gallia natum, Gallicum ex Gallia latum, Gallicanum, quod aliquid ex Gallia affert.

273. Inter *Germanam* et *sororem*. Soror enim ab eodem germine, non ab eodem utero; germana vero ex utriusque manans germine.

274. Inter *Genitorem* et *patrem*. Genitor naturæ vocabulum est, sive originis; nam pater dignitatis et honoris nomen est. Unde et sanctos viros ac seniores patres dicimus. Genitores vero nostri a quibus [*Al.*, nonnisi a quibus] nati sumus.

275. Inter *Generat* et *parturit*. Generare masculos dicimus, parturire feminas. Ut puta : *Ille generavit, illa parturiit.*

276. Inter *Gubernatorem* et *nautam*. Quod omnis gubernator, nauta esse potest, omnis nauta gubernator esse [*Al.*, dici] non potest.

256. Hinc flagratores, quod mercede flagris cædebantur. Fest., dict. *Flagratores.*

260. Ex Agrætio.

262. Melius Serv., ad illud VIII *Æn.* : *Versantque tenaci forcipe ferrum* :—*Forfices sunt quibus incidimus. Forcipes quibus aliquid forvum tenemus, nam forvum est calidum.* Fest., dict. *Forcipes*

Ibid. Tisorias. Hispanismus hic est *tijeras*, ut mox *tenaces*, *tenazas*. Sed *tisoriæ* neque apud bonæ Latinitatis lexicographos, neque apud Ducangium reperitur, nisi quod in auctario Ducangii est *tissor* pro *textor*. In Codice Vaticano 3321 legitur *forcices incesurias*, fortasse *incisorias*. Hactenus ex schedis v. c. Cajetani Marinii varias lectiones ejus Codicis excerpere licuit; nam desunt alia. AREV.

263. Etymolog. lib. V, cap. 26.

—*Scripturæ*... Ezechiel. XVI, multis locis; Oseæ II, cap. 14, al.

265. Cic., Tusc. IV : *Cum ratione animus movetur placide, atque constanter, tum illud gaudium dicitur; cum autem inaniter et effuse animus exsultat, tum illa lætitia gestiens, vel nimia dici potest, quam ita definiunt : sine ratione animi elationem.*

— *Scripturæ*... Isaiæ XVIII et LVII. Ubi in Vulgat. : *Non est pax imp., dicit Dominus.*

266. Non., dict. *Grave.* Serv., ad ill., VIII *Æn.* : *Nodisque gravatum.*

267. Ex Varronis Sententia, lib. V de Ling. Latina, qui *loqui* a *loco* derivat, quod suo quoquo loco verba dicantur.

— *Garrit.* Non., dict. *Garrire.*

Ibid. In Grialii Editione textus et nota exhibent *temperanter*. Pantinus videtur voluisse *temperate* pro una lectione, et pro alia *temperanter*. In verbis Varronis apud Grialium erat *suæ quoque*. AREV.

268. Vid. Non., dictionibus, *Ferre*, et *Gerere.*

270. *Gens et nationis, et familiæ*, Serv., ad ill. I *Æn.* : *Gens inimica mihi.*

271. C. Fronto fere eodem sensu : *Corinthium civem dicimus, Corinthiacum vas, Corinthiensem fontem.*

Ibid. Hæc, et similia discrimina, ut *Hispanus*, *Hispanicus*, *Hispaniensis*, observari non solent. AREV.

272. Sic Fronto : *Gallus nationis, Gallicus ex Gallia.*

— F. scrib. : *Gallicanus qui aliquid.*

273. Sibi ipsi contrarius Isidorus supra.

274. Servius tamen, ad ill. I *Æn.* : *Prospiciens genitor* : — *Venerabilis, inquit, ut Tibri Pater; ergo nomen et ad verum pertinet, et ad honorem refertur.*

277. Inter *Grande* et *maximum*. Grande ad corpus pertinet, maximum ad animum.

37 *De littera* H.

278. Inter *Hodie* et *hoc die*. Hodie est quasi primum fiat, hoc die quasi aliquando factum referamus.

279. Inter *Hunc diem* et *hanc diem*. Dies masculini generis bonum tempus apud veteres indicabat; femininì malum, veluti in Job, *maledicta dies*.

280. Inter *Habeo* et *ab eo*. Habeo, retineo ; ab eo, hoc est, ab ipso.

281. Inter *Hos* et *os*. Si hos cum *h* scribimus, significamus personam, sine *h* significat vultum.

282. Inter *Hæresim* et *schisma*. Schisma esse eadem opinantem, atque eodem ritu colentem quo cæteri, solo congregationis delectari discidio : hæresim autem esse longe alia opinantem quam cæteri, aliamque sibi ac longe dissimilem perversi dogmatis instituere culturam. Hæresis autem Græce ab electione dicitur, quod scilicet unusquisque id sibi eligat quod melius esse videtur. Secta autem a divisione dicta est, quasi sectio. Unde et sectæ philosophorum vel hæreticorum dicuntur.

283. Inter *Honos* et *onus*. Honos de honore, onus de onere.

284. Inter *Hora* et *ora*. Hora cum *h* littera, dierum, sine *h* regionum, vel finium, sive oris significatio, quo locutio exprimitur.

285. Inter *Honustus* et *oneratus* hoc interest, quod oneratus est qualicunque pressus pondere, honustus vero, cui ipsum onus honori est, ut si quis spolia hostium ferat. Sed oneratus aspirationem non habet, quia ab onere venit ; honustus vero, quia ab honore descendit, retinet aspirationem.

286. Inter *Hauritur* et *exhauritur*. Hauritur aqua, exhauritur puteus.

287. Inter *Herbidum* et *herbosum*. Herbidum dicimus locum, **38** in quo herbarum viriditas nunquam cessat, herbosum autem, qui facile herbam generat, et ad tempus arescit.

De littera I.

288. Inter *Inferum* et *infernum*. Pars superior inferni inferus est, ubi quieverunt ante adventum Christi animæ justorum. Pars vero inferior infernus, in quo truduntur [*Al.*, traduntur] animæ impiorum qui plurimum peccaverunt. De quo Propheta animam suam liberatam esse gaudet [*Al.*, congaudet], dicens : A *Quia liberasti animam meam ab inferno inferiori*.

289. Inter *Initium* et *principium*. Initium est rerum a quo quid incipit, ut fundamenta domus, carina navis ; principium autem verborum exordium est.

290. Inter *Judicium* et *justitiam*. Justitia est studium recte vivendi, judicium vero æquitas recte judicandi; quisquis ergo bene vivendo servit [*Al.*, vivendi serviat], justitiam facit ; quisquis recte judicat in subditis, judicium custodit. Profanatur autem judicium astutiæ tempore, non dignitate. Nam primum oportet quemque esse justum, providere rectitudinem, et post hoc assequitur in judiciis æquitatem. Horum primum virtutis est, alterum honoris. Neque enim quisquam potest pervenire ad honorem, nisi per virtutem. Differt enim justitia a judicio. B Solet enim dici judicium pravum, quod injustum est ; justitia vero nunquam [*Al.*, iniqua] et injusta esse non potest.

291. Inter *Incantatorem*, *magum*, *aruspicem* et *maleficum*. Incantatores sunt qui rem verbis [*Al.*, verbo] peragunt. Magi, qui de sideribus philosophantur. Malefici, qui sanguine utuntur et victimis, et sæpe contingunt corpora mortuorum. Aruspices, qui exta [*Al.*, secta] pecudum inspiciunt, et ex eis futura prædicunt.

292. Inter *Indoctum* et *indocilem*. Indocilis est, qui penitus non **39** potest discere [*Al.*, docere. *F.*, doceri]. Indoctus, qui nondum discit, et tamen discere potest. Ad hanc formam [*Al.*, ab hac forma] similia distingue, ut puta, immotus, et immobilis, et C his similia.

293. Inter *Innoxium* et *innocuum*. Innocuus est cui non nocetur ; innoxius, qui non novit nocere.

294. Inter *Impurum* et *impudicum*. Impudicus [*Al.*, impurus], qui turpitudinem flagitii infert ; impurus [*Al.*, impudicus], qui patitur.

295. Inter *Immemorem* et *ignarum*. Immemor est, qui oblitus est ; ignarus, qui inscius. Unde et nares dictæ, quæ nos odore [*Al.*, ad odorem] admonent ut cognoscamus [*Al.*, noscamus] aliquid et sciamus. Unde et olfecisse, scisse [*Al.*, olfari res] veteres dicebant.

296. Inter *Inertem* et *segnem*. Iners sine arte, et ob hoc neque operis quidem ullius [*Al.*, operique utilis]. Segnis, quasi sine igne; quomodo securus, sine cura, D id est frigidus, per quod inutilem accipimus.

297. Inter *Insanum* et *insanientem*. Insanus est qui

277. C. Fronto : *Grande incremento, magnum amplitudine.*

283. Al. : *Honus regionum*, sed vox *regionum* irrepsit ex sequenti articulo.

284. Ex Agrætio.

285. Ex Serv., ad ill. I Æn. : *Spoliis orientis onustum.* — Vetus gloss., *Honus honor.* Τιμὴ θεῶν, τιμὴ ἀνθρώπων. Varro etiam, 4 de Ling. Lat. : *Dictum onus et honos qui sustinet remp.*

287. Fusius hæc differentia exponitur in libro sine ordine alphabetico, num. 134, ubi nonnihil annotabo ex Goldasto. AREV.

288. *Inferi infernum est* uterque Ms., mendose. —*Dicens*... Psalm. LXXXV : *Et eruisti animam meam.* *Ibid.* Barthius, lib. XL Adversar., c. 10, in suis membranis verba corrupta invenit *et sæpe cogunt corpora*, et ex conjectura reponebat, *et qui surgere cogunt corpora*, etc. AREV.

291. Etymolog. lib. VIII, cap. 9.

292. Ex Serv., Æn. : *Is genus indocile.* Al., *indocibilis.*

— *Discit.* - *Didicit*, ex Serv.

293. Ex Serv., ad ill. X Æn. : *Omnes innocua.*

295. Ex Serv. ad ill. I Æn. : *Neque enim ignari sumus ante malorum.* Ipse Etymolog. lib. X, littera *I.*

296. Fest., dict. *Iners*, est autem ex Serv., ad ill. I Æn. : *Instant ardentes Tyrii*; ipse Etymolog. lib. X, littera *I.*

— Etymolog. lib. X, littera *S.*

perpetuo animi furore tenetur; insaniens subito incitatus indignatione, vel ira.

298. Inter *Impium* et *peccatorem* hoc distare solet, quod omnis impius peccator, non tamen omnis peccator impius habendus est. Impius quippe est quisquis a fidei pietate alienus efficitur, peccator vero qui prava actione fœdatur.

299. Inter *Iniquitatem* et *peccatum* sic distare dicit Ambrosius, quod iniquitas ad mentis acerbitatem refertur, peccatum vero ad prolapsionem corporis. Præcedit igitur iniquitas, peccatum sequitur. Sed gravior est iniquitas, tanquam materia peccatorum, in cujus comparatione levius est peccatum. Item peccatum est quod admittitur; piaculum autem id quod admissum est, et id quod expiatur admissum. Iniquitatis autem tres sunt differentiæ: **40** suggestionis, delectationis, et consensus. Inter iniquitates et peccata sanctus Hieronymus hanc differentiam facit: iniquitates dicimus quæ ante susceptam fidem, sive per ignorantiam, sive per scientiam committuntur. Peccata vero, quæ post cognitionem fidei, vel gratiam baptismatis contrahuntur; totidemque et peccata, verbi, operis et consensionis.

300. Inter *Invidum* et *invidiosum*, quod invidus feliciori invidet, invidiosus autem is est [*Al.* idem est] qui ab alio patitur invidiam [*Al.* malum]. Nihil autem honestum, quod non invidiosum. Nemo quippe invidet misero; quis autem bonus et non invidiosus?

301. Inter *Iram* et *iracundiam*. Ira præsens est, et ex causa nascitur; iracundia autem vitium naturale et perpetuum est. Item iratus pro tempore concitatur; iracundus autem frequenter [*Al.* frequens] irascitur, et ad levem sermonis auram, quasi a vento folium, commovetur. De talibus dicit Scriptura: *Vir iracundus inhonestus est.* Et iterum: Iracundus effodit peccata.

302. Inter *Ignominiam* et *infamiam*. Ignominia ponitur potestate [*Al.*, in potestate] alicujus, infa- A mia autem fit multorum consentiente sermone.

303. Inter *Incusare* et *accusare*. Incusamus potiores, accusamus pares. Item incusamus verbo, accusamus crimine et facto.

304. Inter *Jubere* et *imperare*. Jubere apud veteres non idem erat quod imperare; nam jubere ibi dicebatur, ubi voluntatis erat obsequium; imperare autem, ubi debito [*Al.*, dubio] quisque imperio parebat.

41 305. Inter *Jactamur* et *fatigamur*. Jactamur in maris fluctibus, fatigamur in terris.

306. Inter *Jaceo* et *jacio*. Jaceo accubantem significat, jacio vero mitto demonstrat.

307. Inter *Ignem* et *focum*. Ignis ipsa flamma est, focus vero fomes, ac nutrimentum ignis. Nam Varro: *Focus*, ait [*Al.*, autem], *dictus, quod foveat*
B *ignem*. Focus ergo dictus a fotu.

308. Inter *Januam* et *ostium*. Janua est aditus primus in domum, ostium in quemlibet locum domus. Similiter vero janua, vel est clausa [*Al.*, cum claustris], vel patens; fores autem et valvæ ipsæ clausæ [*Al.*, ipsa claustra] sunt, sed fores quæ foras vertuntur, valvæ, quæ intus aperiuntur, et duplices, multiplices, complicabilesque sunt. Portæ vero proprie murorum dicuntur; atque ideo [*Al.*, inde] dictæ eo quod antiquitus portato aratro designabantur [*Al.*, portatura rotæ designat], quando circumducebatur gyrus, atque urbs [*Al.*, Urbo] signabatur.

309. Inter *Illius similis* et *illi similis*. Illius similis ad mores refertur, illi similis ad vultum.

310. Inter *Juventam* et *juventutem*. Juventus est
C juvenum multitudo; juventa [*Al.*, juventas] autem hominum est ætas. Juventas vero decus juventutis, sed auctores in plerisque locis aliter posuerunt.

311. Inter *Inficere* et *officere*. Inficere est colorem mutare, officere est alicui nocere.

312. Inter *Invenire* et *reperire*. Invenimus inquisita, reperimus ultro occurrentia.

298. Ex Ambrosio.

Ibid. Hæc est ratio cur sanctissimi Patres docent impios in extremo judicio non esse judicandos, quia jam judicati sunt, sed eos qui medii sunt inter pios et impios. Vide Prudentiana mea, n. 179. AREV.

299. In textu Pantinus fortasse legebat *totque*, aut *totidem et*, pro quo varia lectio assignatur *totidemque*. AREV.

300. Etymolog. lib. x, littera *I*.

Ibid. In Ms. Barthii: *Feliciori invidet, et sibi nocet. Invidiosus, qui ab aliquo patitur malum.* Legit Barthius: *qui ab aliquo petitur malo.* Mox, ibid., *bonis* pro *bonus*, et Barthius interpretatur, *bonis abundans, locuples*. AREV.

301. Terentii interpretes, act. IV, scen. 6, Heauton.: *Ira de causa est, iracundia de vitio multum irascentis.* Distinguit etiam Cicero, IV Tusc.; et Fronto: *Iratus ex offensa est, iracundus natura.*

Ibid. Verba Scripturæ fortasse sunt ex Proverb. XV, 18, ubi Vulgata: *Vir iracundus provocat rixas*; et cap. XXVI, 21: *Vir iracundus suscitat rixas.* Barthius prope hunc locum indicat differentiam inter *jacturam et damnum*, quæ littera *D* jam exposita fuit. AREV.

302. Ex C. Fronto.: *Ignominia imponitur ab eo qui potest animadversione notare, infamia ex multorum sermone nascitur.*

303. Ex Serv., ad ill. I Æn.: *Talibus incusat*, qui tamen amplius quam noster.

305. Ex Serv., ad ill. I Æn.: *Terris jactatus et alto.*

Ibid. In nota Pantini est *mars* pro varia lectione, sed fortasse Pantinus voluit *mare*. AREV.

307. Fest., dict. *Focus*, et Serv., ad ill., XII Æn.: *In medioque focos.*

308. Ex Serv., ad ill. I Æn.: *Foribus cardo stridebat ahenis.*

D — *Portæ*, etc. Vid. Serv., ad ill. II Æn.: *Jamque propinquabant portis*; et lib. V Æn., ad illud: *Urbem designat aratro.* Ipse, Etymolog., lib. XV, cap. 2.

Ibid. Hanc differentiam elegantem, et pro multorum antiquitatis locorum meliore captu, præsertim comicorum, utilem esse ait Barthius, qui inanem operam ponit, ut veram lectionem restituat in Editione Grialiana jam constitutam. AREV.

310. Ex Serv., ad ill. I Æn.: *Lumenque juventæ.*

— *Decus*. Leg. *juvenum*, ex Serv.

— *Hominum*. Leg. *Deus*, ex mente Serv. et Acron., in Od. 3 lib. I Horatii. Hæc est ἥβη, et sic fere Agrætius. Vid. et Non., dict. *Juventus*.

311. Ex C. Fronto.: *Infector colorem mutat, offector officio obest.*

312. C. Fronto: *Invenimus nostra, reperimus aliena.*

Ibid. In Editione Grialii, a num. 312, gradus fit ad n. 314. Propterea, ex n. 12, duos feci, ut numeri suo ordine procederent. AREV.

42 313. Inter *Inquirere* et *quærere*. Inquirimus ea de quibus dubitamus, quærimus ignota.

314. Inter *Impendere* et *impendere*. Impendere correpte ab eo venit, quod est impendo, impendere; impendere autem, si *e* litteram producas, significat imminere, ab eo quod est impendeo.

315. Inter *Juvat* et *jubat*. Juvat, delectat; jubat, adjuvat.

316. Inter *Illicem* et *ilicem*, illicem cum duobus *ll* significat inductorem; ilicem per unum *l* arborem indicat.

317. Inter *It* et *id*. Id pronomen est; it vero, vadit.

318. Inter *Inquit* et *inquid*, ut puta ubi inquit dictum.

319. Inter *Insitum* et *insertum*. Insitas arbores dicimus, insertas vero causas [*Al.*, cautes], aut fabulas.

320. Inter *Illud* et *illuc*. Illud pronomen, illuc adverbium est.

321. Inter *Imprecari* et *deprecari*. Imprecari, maledicere; deprecari, excusare et expurgare.

322. Inter *Incolam* et *inquilinum*. Incola quidem et [*Al.*, qui et] inquilinus signum est perditæ patriæ; sed inquilinus dicitur quandiu peregrinatur, incola cum invenerit sedem.

323. Inter *Indigenam* et *indigentem* [Al., *indigetem*]. Indigentes [Al., *indigetes*] egeni sunt; indigenæ, inde geniti.

43 *De littera* L.

324. Inter *Libertatem* et *liberalitatem*. Libertas conditionis est, liberalitas vero beneficentiæ et largitatis, ut nudum vestire, captivos redimere, pauperi victum [*Al.*, *add.* tribuere vel] administrare.

325. Inter *Laudabilem* et *laudandum*. Laudabilis est qui laudari potest, laudandus qui laudari debet.

326. Inter *Luxuriosum* et *prodigum*. Luxuriosus, quasi solutus in voluptates, unde membra loco mota luxa dicuntur; prodigus autem sumptuosus, qui omnia porro agit, et quasi projicit.

327. Inter *Lascivum* et *petulantem*. Lascivus luxu, A petulans temeritate. Petulantia autem libido dicitur, ab eo quod petit male alienum pudorem.

328. Inter *Litigiosum* et *litigatorem*. Litigiosus est de quo litigatur, quasi ager; litigator qui litigat.

329. Inter *Lætitiam* et *exsultationem*. Lætitia est mentis gaudium, exsultatio vero verborum atque membrorum. Rursus exsultatio a jubilatione [*Al.*, ad jubilationem] distinguitur. Ubi enim verba sufficiunt lætitiæ, et lingua idonea est mentis gaudium explicare, exsultatio est. Ubi vero non potest quisque conceptum gaudium verbis annuntiare [*Al.*, nuntiare], sed ipsam animi effusi [*Al.*, diffusi] lætitiam in vocem quamdam exsultationis erumpit, jubilatio est.

330. Inter *Lethum* et *mortem* quidam tentaverunt B facere discretionem, dicentes : Lethum per se venit, mors vero infertur.

331. Inter *Libidinem* et *lividinem* [Forte, *libidinem*]. Libido per *b* cupiditas est animi; livido [*Forte*, livedo] per *v* livor est corporis. Sunt autem multæ variæque libidines, sicut libido ulciscendi, quæ ira vocatur; sicut libido habendi pecuniam, quæ avaritia nominatur; sicut libido quomodocunque vincendi, quæ pertinacia dicitur; sicut libido gloriandi, quæ jactantia nuncupatur. Et cum sint multarum libidines rerum, **44** neque cujus rei libido sit adjicitur, non solet animo occurrere, nisi illa tantum qua obscenæ partes corporis ad flagitiorum immunditias excitantur. Sed merito ista inter cætera hoc sibi nomen proprie obtinuit, quia in carne corruptibili plus cæteris sævit. Dicta C autem libido, eo quod libeat alienum pudorem, sive quamcunque rem appetere.

332. Inter *Laudem* et *laudationem*. Laus est ejus qui laudatur; Laudatio vero ejus qui laudat. Item laus est in qua virtus enitet; laudatio, ipsa laudantis oratio [*Al.*, laudatio orationum]. Laus et lætitia [*Al.*, laudem lætitiam,] sine celebratione vocis in animi admiratione consistit : laudatio vero rei cujusque prædicatio est, adminiculo orationis ornata.

333. Inter *Largitatem* et *largitionem*. Largitas humanitatis est, largitio ambitionis.

---

313. Ex C. Frontone.
— *Ignota*. Al. : *Nota disciplinam*, Fronto.

315. Puto inter *juvat* et *juvat*, ut supra inter *paret* et *paret*, ut tantum juvat, discrimen significationis sub eadem voce, ut inter *nobilis* et *nobilis*, *notus* et *notus*, sed hoc in uno tantum Codice.

Ibid. In nota Pantini fortasse legendum *ut tantum sit juvat*. Arev.

316. Ex Fest., dict. *Inlex*.

318. Corruptus locus, atque hoc quoque abest ab altero ms.

Ibid. In textu Grialii erat *inquid, et inquid... ubi inquid*. In voce *inquid* intellige *in quid*. Arev.

319. Ex Serv., ad ill. II Georg. : *Mutatamque insita mala ferre pyrum*, sed in altero lib. : *Insertas vero caules, aut fabulas*, ut amplius de Servii loco deliberandum censeam.

Ibid. *Non satis assequor*, ait Barthius, *cur* INSERTAS *causas, vel fabulas dicat, nisi quod sciam* INSERTAS *priscos emblemata nuncupasse, quod ornamento inseruntur aliis, velut ligneæ assulæ, aut gemmæ*. Vox *inserta* apud Macrobium et Gellium ab aliis alio modo explicatur, neque eodem modo ab omnibus scribitur. Arev.

321. Agræt. Vid. Agell., cap. 16, lib. VI.

D 322. Vid. Etymolog., lib. VIII, cap. 4; Fest., dict. *Inquilinus*.

323. Ex Serv., ad ill. VIII Æn. : *Tum manus Ausoniæ*.

326. Vid. Non., dict. *Luxum*, et dict. *Luxuria*, ipse lib. Etymolog. X, littera *L*.
— Fest., dictione *Prodegeris*, et dict. *Prodiguæ hostiæ*.

329. In textu et in nota pro varia scriptura est *exsultationis*. Utrolibet loco videtur reponendum *exsultatione*. Arev.

331. *Pertinacia*. Non., dict. *Pervicacia*.

Ibid. In nota Pantini erat *forte libidinem*, quod mutavi ad ejus mentem, ut opinor, in *f. livedinem*. Barthius e suo Ms. corrupto emendabat *immundicinam*; sed melius est *immunditias*. Arev.

332. Al., *Ejus ipsa virtus enitens*. F. *Ejus in quo virtus enitet*.

333. Ex Agrætio.

334. Inter *Lætari* et *gratulari*. Lætamur de nostris bonis, gratulamur de amicorum [*Agræt.*, alienis].

335. Inter *Legere* et *lectitare*. Legere ad tempus refertur, lectitare ad frequentiam. Interdum et legere nauticum verbum est, quia et navis dicitur legere quidquid transit.

336. Inter *Labium* et *labrum*. Labium superius dicimus, labrum inferius. Rostrum, non nisi avium, quod incurvum est. Vanissime autem quidam nititur [*Al.*, tentant] facere discretionem, ut virorum labra, mulierum labia dicantur [*Al.*, dicant].

337. Inter *Lactantem* et *lactentem*, quod lactans est quæ lac præbet, lactens cui præbetur.

338. Inter *Leges* et *jura*. Jus dicitur, lex scribitur. Unde et Virgilius: *Jura dabat legesque viris.* Item leges humanæ, jura **45** divina sunt. Ideoque et juramentum dicitur id est, sacramentum in Deo [*Al.*, Domino]. Hinc et Virgilius:

Fas mihi Graiorum sacrata resolvere jura.

339. Inter *Leges* et *mores*. Lex est scriptis edita, mos autem lex quædam vivendi, nullo vinculo astricta [*Al.*, astrictus], sive lex non scripta, sed tantum cum usu retenta.

340. Inter *Latronem* et *furem*. Qui alienum involat [*Al.*, aliquid subtrahit], fur est; qui furatur et occidit, latro est. Proprie autem latro a latitando insidiis [*Forte*, in insidiis] dictus; fur autem a furvo vocatus, id est, nigro; nam noctis utitur tempore. Pulchre autem Plautus cuidam [*Al.*, de quodam] qui furabatur ait (*Plaut. Aulularia*): *Tu trium litterarum homo*, id est, fur.

341. Inter *Locum religiosum*, et *sacrum*, et *sanctum*, quod sacrum vocamus, quod ad deos superos pertinet; religiosum, quod ad deos inferos; sanctum vero, quod aliqua sanctitate sanctum est, ut sunt tauri apud Homerum (Ὀδυσσ. μ) soli sancti, sacri, sacrosancti.

342. Inter *Labat* et *lavat*. Labat nutat, lavat lotorem esse.

343. Inter *Lætum* et *lethum*. Lætum gaudentem, lethum mors dicitur.

344. Inter *Labium* et *labrum*. Labium oris; labrum vasis, a rostro, quod incurvum est.

345. Inter *Lympham* et *nympham*. Lympham aquam, nympham deam.

346. Inter *Litem* et *rixam*. Lis inter duos committitur, et mota finitur; Rixa inter multos et jurgio [*Al.*, injuria] constat.

347. Inter *Ligat* et *legat*. Ligat quis vinculo, legat testamento.

46 348. Inter *Limen* et *limitem*. Limen ædium est, limes regionum vel finium.

349. Inter *Libat* et *immolat*. Veteres immolare dicebant, quando victimas in mole [*Al.*, mola] altaris ponentes ignem sacrificiis [*Al.*, sacrificium] subjiciebant. Libare autem quando pateras mero plenas aris fundebant. Nam libare proprie fundere est. Unde et Liber vocatur qui [*Al.*, quia] vini usum in Græcia ostendisse fertur. Nos ergo juxta verborum distinctionem immolamus panem, libamus calicem.

De littera M.

350. Inter *Misericordiam* et *miserationem*. Bene velle misericordiæ est; bene facere, miserationis. Dicitur enim miseratio, quasi misericordiæ actio. Nam misericordia affectus tantum cordis est quo compellimur ut miseris subveniamus. Quapropter misericordia condolere misero novit, etsi non sit unde tribuatur; miseratio autem ex opere comprobatur.

351. Inter *Memorare* et *commemorare*. Memorantur pauca, commemorantur multa.

352. Inter *Mansuetum* et *modestum*. Mansuetus est qui nulli injuriam irrogat, modestus qui nec læsus irascitur.

353. Inter *Miserum* et *misellum*. Miserum viventem adhuc dicimus, misellum mortuum.

354. Inter *Miserandum* et *miserabilem*. Miserabilis est cui misereri possumus, miserandus cui misereri debemus.

355. Inter *Memoriosum* et *memorem*. Memoriosus

---

334. Ex Agrætio.
335. Ex Serv., ad ill. I Georg.: *Primi lege littoris oram*; et ill. III Æn.: *Littoraque Epiri legimus*; et II Æn. *Pars cætera pontum pone legit.*
336. Ex Agrætio.
— *Non est av. nisi quod incurvum est*, Agræt.
— *Vanissime.* Ex Serv., ad ill. II Eclog.: *Calamo trivisse labellum.*
337. Ex Serv., ad ill. I Georg.: *Lactentia turgent.*
Ibid. In Barthii Codice, *lactens, qui ducit*; quod verbum *ducit* elegans est, ut ait Barthius, et lactenti maxime congruum. Arev.
338. Ex Serv., ad citata verba ab Isidoro, quæ sunt I et II Æn.
— Serv., ad locum citatum, qui est II Æn.
339. Sic fere ipse, lib. II Etymolog., cap. 10, et lib. IV, cap. 3.
340. Sic ipse Etymolog. lib. X, littera *L.* Varro, *quod circa latera ferrum habeat.* Fest., *quod a latere adoriatur*, aut ἀπὸ λατρείας.
—Serv., ad ill. III Georg.: *Nocturnum stabulis furem.*
341. Vid. Fest., dict. *Religiosus*, et Macrob. lib. III Saturn., cap. 3.
— *Soli*, etc. F. *Solisancti*, duæ sequentes dictiones forte glossema.
342. Forte *lotorem* aut *lavatorem*.
Ibid. Pantinus in not. conjicit *lotorem*, quod exstat etiam in textu. Fortasse in textu veteri nota legendum *lutorem*. Vox *lutor* et *lotor* apud quædam vetera monumenta reperitur: de voce *lavator* minus id liquet. Arev.
345. Etiam Fest. distinguit dict. *Lympha.*
348. Ex Agrætio, qui forte ex Isidoro supplendus.
349. Eadem fere lib. Etymolog. VI, cap. 16.
Ibid. Melius est *mola* quam *mole*: nam vere *immolo* a mola deducitur. Arev.
350. *Quippe videtur* in altero ms.
Ibid. In nota Pantini fortasse legendum est, *al.*, *miseratio*, ut, scilicet, varia lectio discrepet a textu. Arev.
352. Fest., dict. *Mansuetus*. Non., dict. *Mansuetum.*
— Non., dict. *Modestus*. Ipse Etymolog. lib. X.
353. Ex lib. X Etymolog., littera *M*. Potius legendum videtur: *Misellum viventem adhuc, miserum mortuum.*
354. Etymolog. lib. X, littera *M*.
355. Ex C. Front., qui paulo copiosius: *Memoriosus habet ad dicta, factaque referenda memoriam; memor beneficii memoriam vel injuriæ refert.* Unde in Isidoro pro *defensionis* malim *offensionis* reponi.

memoriam habet, memor vero beneficii vel defensionis memor est.

47 356. Inter *Moram* et *tarditatem*. Mora est quæ impedit, tarditas quæ impeditur. Mora in re, tarditas in homine.

357. Inter *Mendum* et *mendacium*. Mendum in libro proprie dicitur, unde et emendare dicimus. Nam mendacium in cæteris rebus est.

358. Inter *Malitiam* et *malignitatem*. Cogitatio quippe prava mentis malitia dicitur, malitiæ votum vel opus malignitas appellatur.

359. Inter *multationem*, *pœnam*, et *supplicium*. Multatio potest esse, et sine sanguine, in damno pecuniæ. Supplicium cum sanguine; pœna vero dolor sine sanguine.

360. Inter *Munus* et *donum*. Munus est debitum, ut [*Al.*, in] patrono; donum, honorarium est. Item donum dantis est, munus accipientis. Dictum autem donum a dando, munus a muniendo, vel a monendo.

361. Inter *Meruit* et *promeruit*. Meruit commune est et ad pœnam et ad præmium, promeruit tantum ad præmium. Nam promeritus dicitur qui bene facit, sic immeritus qui male.

362. Inter *Magnum* et *grandem*. Magnum ad animum referimus [*Al.* refertur], grandem ad corpus.

363. Inter *Mutuum* dare [*Al.*, mutuare] et *commodare*. Qui mutuum dat, aliud recepturus est; qui commodat, utique idem sibi reddi desiderat.

364. Inter *Monere* et *admonere*. Monet qui præcipit, Admonet **48** qui quod exciderat memoriæ reducit.

365. Inter *Meretur* et *mæret*. Qui meretur dignus est aliquo beneficio; qui mœret, tristis est.

366. Inter *Miramur* et *admiramur*. Admiramur virtutes, miramur opera.

367. Inter *Miseremur* et *miserescimus*. Miseremur quantum necesse est, miserescimus amplius quam necesse est. Item miseremur rogati, miserescimus ultro.

368. Inter *Monemus*, *admonemus* et *commonemus*. Monemus futura, admonemus præsentia, commonemus præterita.

369. Inter *Multitudinem* et *numerum*. Multitudo numero fit, turba loco posita. Possunt enim pauci in angusto turbam facere.

370. Inter *Mihi* et *mi*. Mihi dativus casus est, mi vocativus.

371. Inter *Municipem* et *municipalem*. Municipes sunt curialium majores, dicti eo quod fisci munera accipiant; municipales autem originales [*Al.*, originis] cives sunt, et in locum [*Forte*, loco] officium gerentes.

372. Inter *Mamillas* et *mammas*, et *ubera*. Mamillæ virorum sunt, mammæ mulierum, ubera pecorum [*Al.*, pecudum]. Papillæ autem sunt nuclea summa mammarum, quæ sugentes comprehendunt.

373. Inter *Matronam* et *matrem familias*, Melissus grammaticus arbitratur hoc interesse, quod matrona dicatur mater primi pueri; mater familias, quæ plures peperit. Alii dixerunt matronam dici quæ in matrimonium cum viro convenerit, et in eo [*Al.*, ideo] matrimonium **49** actum [*Al.*, dictum]; matrem vero familias eam esse quæ in mariti manu, mancipioque est, aut in cujus maritus manu mancipioque esset, quoniam in familiam quoque mariti et sui hæredis venisset. Matronæ autem et virgines nubiles dicuntur, quæ matres jam fieri possunt. Quoniam per quamdam juris solemnitatem in familiam migrant mariti.

374. Inter *Mortuum* et *emortuum*. Mortuum jam

357. Carisius sic fere *mendum* et *mendam* discriminat: *Mendum in mendacii significatione distinguitur, menda in culpa operis, aut corporis.*

358. Sic Cicero, III de Natur. deor.: *Est enim malitia versuta et fallax nocendi ratio.*

359. Ex Varronis mente, V de Ling. Lat.: *Multa a pecunia, quæ a magistratu dicta, ut exigi possit ob peccatum.*

— *Pœna.* Varro., ibid.: *Pœna a puniendo, aut pœnitendo, quod post peccatum sequitur.*

360. Ex Front., et Etymolog. lib. VI, cap. 19. Vide supra.

— *Item donum.* Ex Agrætio, ad verbum.

— *Monendo. Movendo*, Agrætius, male opinor.

361. Interpretes Terent., act. II, scen. 2: *Promeruit, adjuvit, profuit.* Cui contrarium est *commeruit;* unde quis pro *immeritus commeritus* legendum suspicari possit. Vel ex illo loco Hecyr., actu. III, scen. 5:

Quæ nunquam quidquam erga me ommerita est pater.

Ubi iidem interpretes *mereri bona dicimus, commereri mala.* Vid. Serv., ad ill. IV Æn.: *Nunquam Regina negabo-Promeritam.*

363. Ex Agrætio abbreviatum.

364. C. Front.: *Monet propter benivolentiam, admonet ut confirmet memoriam.*

366. Ex Agrætio.

367. Ex Serv. sensus expressus, ad ill. II Æn.: *Miserescimus ultro.*

369. Lege (inducta dictione) *numerum*, quæ male ex sequenti versu irrepserat *turbam*.

— *Loco posita.* F., *loci positu.* C. Fronto: *Turbam angustus locus facit.*

371. Etymolog. lib. IX, cap. 4.

Ibid. Error videtur irrepsisse in nota Pantini, ac legendum *originis* post *originales*, et *loco* post *locum*. AREV.

372. Ex Etymolog. lib. XI, cap. 1.

Ibid. In Editione Grialii erat *mammillas*. AREV.

373. Leg. Helius Melissus ex Agel., lib. XVIII, cap. 6. Ubi hæc ejus opinio recensetur. Vid. etiam lib. Etymolog. IX, cap. 18.

— *In cujus.* Al., *in ejus.* In cujus Agell., apertius.

— *Venisset. Locum venisset*, Agell.

— *Matronæ*, etc. Vid. Servium, ad illud IX Æneid.: *Multis e matribus ausa.*

— Locus non integer, et ex Servio, unde est ad illud, XI Æn.: *Tirrhena per oppida matres*, ita explendus: *Matres familias vero, quæ in matrimonium convenerunt per coemptionem, quoniam*, etc. Nam alioqui descriptio illa minime matronis convenit, sed matribus familias tantum. Vid. etiam Serv., ad ill. VII Æneid.: *Quæritur hæres.* Et forte etiam tertium membrum de matre desideratur; consule lib. IX, cap. 8, Etymolog. Vid. Fest., dict. *Mater familias*, et Non., dict. *Matronæ*, et *Matres familias.*

Ibid. In textu Grialii erat *Mesius*. De Melisso vide catalogum scriptorum ab Isidoro laudatorum, ex Bar-

exanimatum [*Al.*, exanime] corpus, emortuum vero A
vicinum morti.

375. Inter *Mare* et *maria*. Mare elementum est totum, maria vero partes maris. Sicut terræ sunt, terra vero tantum elementum.

376. Inter *Montes* et *colles*. Montes tumores terrarum, colles prominentiora juga montium, quasi colla.

377. Inter *Malogranatam* et *Malogranatum*. Malogranata, feminini generis, arbor est; malogranatum vero, generis neutri, pomum est. Sicut persicus et persicum: persicus, generis feminini, arbor; persicum, generis neutri, fructus est. Sicut buxus et buxum: nam buxum neutrum [*Al.*, neutri], lignum est: buxus femininum [*Al.*, feminini], arbor est.

378. Inter *Magis* et *potius*. Magis est alterum ex duobus præferre, utrum comparet; potius alterum B
damnat.

379. Inter *Mala* et *malas*. Mala poma sunt, malæ vero maxillæ.

380. Inter *Marem* et *mare*. Marem, masculum; mare elementum est aquæ.

381. Inter *Mentientem* et *fallentem*. Considerandum est quod ille mentitur qui vult videri quod non est: qui [*Forte* quia] autem non volens aliud putat quam est, non mentitur, sed fallitur. Inest ergo **50** omni mentienti voluntas fallendi: res autem fallendi, voluntas non est mentiendi. Nam et lapis fallit, et multa corpora specie fallunt, ut remi fracti in unda, dum sint integri: sed et turres, quasi currentes, oculos navigantium fallunt. Et tamen hoc naturæ agunt specie non mentiendi voluntate. C

382. Inter *Monile* et *munile*. Monile dicitur harpago a monendo, eo quod moneat mulierem esse sub potestate viri; munile vero dicitur vestimentum, a muniendo, vel munile dicitur ornamentum ex gemmis quod solet ex feminarum pendere collo: dictum a munere.

De littera N.

383. Inter *Necessitatem* et *necessitudinem*. Necessitas aliquid fieri cogit, necessitudo autem affectus est vel vinculum propinquitatis.

384. Inter *Nihil* et *nihili*. Nihil adverbium est, nihili autem homo nullius momenti.

385. Inter *Nudum* et *nudatum*. Ea enim nudata dicuntur quæ vestiri solent, ea nuda quæ non solent tegi. Item nudus illius rei aut illa re bene dicitur. Nudatus vero ab illo denuntiatur [*Al.*, denuntiamus].

386. Inter *Negamus* et *abnegamus*. Negamus, si quid objicitur; abnegamus, si quid petitur.

387. Inter *Neminem* et *nullum*. Neminem ad hominem referimus, nullum ad omnia.

388. Inter *Nomen*, *prænomen*, *cognomen* et *agnomen*. Nomen [*Al.*, prænomen] est vocabulum propriæ appellationis; prænomen, quod nominibus, ob dignitatem [*Al.*, dignitate] generis præponitur: ut Publius Virgilius. Non enim possumus dicere [*Al.*, dicimus] Virgilius Publius. Cognomen, quod ex familia generis venit, ut puta Scipio Cornelius, a Cornelia familia ortus. Agnomen, **51** quod ex virtute, vel vitio trahitur: ut Scipio Africanus, pro eo quod Africam vicerit: vel Lentulus Sura, pro eo quod majores habuerat suras. Proinde nomen a proprietate venit, prænomen a dignitate, cognomen ab origine, agnomen vero a specie vel actione.

389. Inter *Nascitur* et *enascitur*. Nascitur, quod ab utero decidit; enascitur, quod ex terra, aut aqua exsurgit.

390. Inter *Nautam* et *navitam*. Navita poeticum est. Nam dictus est a nauta, sed causa metri a poetis una littera addita est.

391. Inter *Num* et *nunc*. Num, nunquid; nunc, modo.

392. Inter *Ne* et *næ*. Næ, si præponitur, adverbium est et acuto accentu pronuntiatur, ne vero si subjungatur, conjunctio est, et presso accentu.

393. Inter *Nigro* et *migro*. Nigro nigrum facio, migro demutatio [*Al.*, de loco mutatio] est.

394. Inter *Neutrum* et *neutralem*. Neutrum nomen, aut pronomen, vel participium; neutrale vero verbum est.

395. Inter *Notus* et *notus* [*Al.*, notu]. Notus, cognitus, notus judicio; Notus, Auster.

396. Inter *Nobilem* et *nobilem*. Nobilis, generosus; nobilis, notus omnibus.

397. Inter *Nomina* et *Numina*. Nomina sunt vocabula, numina, potestas.

thio et Fabricio, in Isidorianis, cap. 53, num. 2. Melissi quoque sive ejusdem, sive alterius meminerunt Chalcidius, Plinius et Donatus. Correxi *in mariti* pro *in matri*. Arev.

375. Ex Serv., ad ill. VI Æn.: *Tot maria intravi.*

376. Varro, a *colendo*, IV de Ling. Lat.

Ibid. Quasi colla. Ita etiam lib. XIV Etymolog., cap. 8, num. 19. Arev.

381. *Res autem*, etc. *Al.*, *res autem fallunt, quibus tamen vol.*

— *Specie*, etc. *F.*, *species etiam fallunt ut.*

— *Naturæ*, etc. F., *Natura ag. species.*

Ibid. Fortasse Pantinus in textu legebat *quia autem.* Arev.

383. Eodem sensu C. Fronto, et Scaurus de Orthographia.

384. Agrætius, et Carisius fere eadem.

385. Ex Serv. sensus expressus ad illud XII Æneid., *Nudato capite.*

387. Breviter Frontonem expressit: *Nullus tam in re quam in persona: nemo in persona dicitur, ut nemo homo*, F. *ne homo.*

388. Testibus Sosipatro, Donato, Diomedo, et aliis: D
Nomen est, quod originem gentis declarat, ut Cornelius. Prænomen, quod nomini gentilitio præponitur, ut Publius. Cognomen, quod nominibus Gentilitiis subjungitur, ut Scipio. Agnomen, quod extrinsecus addi solet, aliqua ratione, vel eventu quæsitum, ut Africanus. Hic vero in utroque Manuscripto cognomen et agnomen sedes permutarant; reduximus tamen utrumque in suum locum, non modo iis quos dixi auctoribus, sed ipso etiam Isidoro lib. I Etymolog., cap. de Nomine.

389. Ex Agrætio

390. Fest., in dict. *Navita.*

396. Ex Non., dict. *Nobile:*

— Sic Titinnius; male *factis nobilitarent, quod notificarent* Non. exposit.

397. Ex Serv., ad illud Eclog. IV: *Stabili fatorum numine Parcæ.*

De littera O.

398. Inter *Osculum* et *pacem*. Pacem amicis [*Al. add.* amicis vel] filiis osculum dari dicimus : uxoribus basium, scorto suavium [*Al.* savium]. Item osculum charitatis est, basium blanditiæ [*Al.*, blanditium], suavium voluptatis. Quod quidam etiam **52** versibus his distinxit :

> Basia conjugibus, sed et oscula dantur amicis :
> Suavia lascivis miscentur grata labellis.

399. Inter *Occasionem* et *opportunitatem*. Convenienter in litteris ponitur, occasio arrisit. Opportunitas se præbuit, vel secunda successit.

400. Inter *Observationem* et *observantiam*. Observatio curæ, doctrinæ et artis est, observantia vero cultus et religionis est.

401. Inter *Opus* et *operationem*. Opus dicitur ipsum quod fit, operatio autem ipsa rei actio est.

402. Inter *Omne* et *totum*. Omne ad multitudinem et ad numerum pertinet : [*Al. add.* ut omnis] ad numerum, ut omnes homines; ad multitudinem, ut omnis familia, omnis exercitus, omne pecus dicimus. Totum vero ad magnitudinem pertinet, ut totum corpus, tota terra, totum cœlum. Ergo totus homo, si ad corpus referamus; omnis homo, si de universis. Proinde omne in diversis partibus ponitur, totum autem sine partibus debet esse.

403. Inter *Orare* et *exorare*. Orare est poscere; exorare, impetrare.

404. Inter *Obesse* et *officere*. Qui obest nocet, qui officit vult nocere.

405. Inter *Officere* et *inficere*. Officere est alicui velle nocere, inficere colorem mutare.

406. Inter *Olet* et *redolet*. Olet res [*Al.*, olent], vel male, vel bene; redolet [*Al*, redolent] tantum bene.

407. Inter *Oracula* et *delubra*. Oracula templa sunt ubi oratur, **53** unde et responsa redduntur. Delubra autem templa fontes habentia ad purificandos et abluendos fideles. Et inde delubra a diluendo appellata. Unde et prius hæc loca altaria non habebant, ut tantum delubra essent, non templa.

A 408. Inter *Orbum* et *cæcum*. Orbus est qui filios amittit, cæcus est qui oculos perdit.

409. Inter *Occidit* et *occidit*. Occidit, correpta media, eum qui mortuus est significat; occidit autem, producta media, eum qui interficit.

410. Inter *Oleam* et *olivam* auctores ita distinguunt, ut olea sit fructus, oliva arbor, quia multitudo dicitur olivetum, ut quercetum [*Al.*, querquetum] et pometum [*Al.*, vinetum]. Enimvero sine discrimine poetæ [*Al.*, crimine poetarum] et oleam et olivam pro fructu sæpe posuerunt. Sed consuetudo obtinuit olivam fructum dicere. Nec [*Al.*, dicere nec] vetat quominus et arboris et fructus idem nomen sit [*Al.*, sumpsit].

411. Inter *Odorum*, *odorabile* et *odoriferum*. Quod
B enim per se odorem mittit odorum est, odorabile [*Serv.* odoratum] vero, quod aliunde [*Serv.* alieunde] accipit odorem; odoriferum, quod odorem sequitur.

412. Inter *Operam* et *opera*. Operam, quæ sit; opera vero, quod fit.

413. Inter *Ostium* et *hostiam*. Ostium quod aperitur, hostia sacrificium.

414. Inter *Ortus* et *hortos*. Ortus processus, hortos agros dicit [*F.*, dicimus].

415. Inter *Oblitum* et *oblitum*. Oblitum, correpto, perfusum; oblitum, producto, immemorem.

416. Inter *Offerre* et *inferre*. Offerre est ultro præbere, inferre importare.

54 *De littera* P.

417. Inter *Prudentiam* et *sapientiam*. Prudentia
C in humanis rebus, sapientia in divinis distribuitur [*Al.*, tribuitur].

418. Inter *Pudorem* et *pudicitiam*. Pudor corporis est, pudicitia mentis.

419. Inter *Pietatem* et *affectionem*. Pietas inter devinctos sanguine exhibetur, affectio inter extraneos.

420. Inter *Patientiam* et *tolerantiam*. Tolerantia animi [*Al.*, animæ] est patientia corporis. Ut Sallustius [*Al.*, Catilina] *Corpus patiens inediæ, algoris*.

421. Inter *Peritum*, *prudentem*, *callidum* et *facundum*. Peritus usu doctus; prudens, veluti providens, utilis rerum futurarum ordinator; callidus,

398. Interpretes Terentii scen. 2 act. III, Eunuch : *Oscula officiorum sunt, basia pudicorum affectuum, suavia libidinum.* Servius ad illud I Æn. : *Oscula libavit natæ* : — *Sciendum osculum religionis esse, suavium voluptatis.*

— *Basia.* Al., *basia conjugibus sedet oscula d.*

Ibid. In nonnullis Ms. : *Inter basium et suavium hoc interest, quod basium uxori datur, suavium scorto. Item basium blanditiarum esse, suavium voluptatis. Quidam etiam versibus hoc distinxit :*

> Conjugis interea basium, oscula dantur amicis,
> Suavia lascivis miscentur grata labellis.

Hi versiculi de basio, osculo et suavio exstant apud alios quoque grammaticos. Quisnam eorum auctor, adhuc latet. Discrimen tamen non semper observatur. Vide Glossarium Isidorianum, verbo *Savium*. Variæ lectiones Pantini confusæ videntur. Arev.

400. Recte Ascon II in Verr. : *Observant modo speculantur, alias venerantur.*

402. Vid. Servium, in illud I Æn. : *Tota armenta sequuntur.*

D 403. Ex Serv., ad illud III Æn. : *Exorat pacem divum.*

405. Supra, ex C. Frontone.

407. Etymolog. lib. XV, cap. 4.

— Vid. Servium, ad illud II Æn. : *Delubra ad summa dracones*; et ill. IV : *Delubra adeunt*. Ascon. Ped. in Divinationem Cicer.

408. Vid. Fest., dict. *Orba*.

410. Vide Servium, ad illud II Georg. : *Sed Truncis oleæ melius.*

411. Ex Serv., ad ill. IV Æn. : *Odora cànum vis*, ex quo pro *odoriferum*, *odorisequum* leg. videtur.

412. Vel potius : *Opera quæ facit, opus quod fit.*

417. Lib. II Differentiarum, 36.

418. Sic fere distinguit Non, inter castitatem et pudicitiam, dict. *Castitas*.

420. Intellige, in Var. lect, Pantini, *Sallustius, de Bello Catilinario.* Arev.

421. Sic Cicer., VI de Repub., prudentiam ait nomen nactam a *providendo*.

— *Callidus.* Interpretes Terentii, act. III, scen. 3, Adelph. : *Callidus dicitur, qui callum sibi usu artis induxerit.*

per exercitationem [*Al.*, pro exercitatione] artis instructus; facundus, qui facilè possit fari. A

422. Inter *Pudentem* et *verecundum* hoc interest, quod pudens opinionem veram falsamque metuit: Verecundus autem non nisi veram [*Al.*, vera] timet.

423. Inter *Profanum*, et *nefandum*, et *nefarium*. Nefarius, ut Varro existimat, non dignus farre. Quo primo cibi genere vita hominum sustentabatur [*Al.*, sustinebatur]. Nefandus, id est, nec nominandus quidem. Profanus autem, cui sacris non licet interesse. De quo Sallustius: *Sacra polluet profanus*. Profanus ergo, porro, id est, longe a fano.

424. Inter *Peccatorem* et *immundum*, quod omnis peccator immundus est; non tamen omnis immundus peccator. Peccator enim est qui transgreditur præcepta Dei, et necesse est hunc et immundum B esse quia transgreditur. Immundus autem est et qui **55** cum uxore sua dormierit, aut mortuum tetigerit, non tamen ideo peccator est.

425. Inter *Ploratum*, *planctum*, et *fletum*. Ploratus tantum lacrymarum est, planctus tantum vocum, fletus ad utrumque pertinet.

426. Inter *Pigritiam* et *torporem*. Torpor dormitantis est, pigritia vigilantis.

427. Inter *Perseverantiam* et *pertinaciam*. Perseverantia in virtute est, pertinacia in vitio.

428. Inter *Præsidium*, *auxilium* et *subsidium*. Præsidium est aliquo loco utili positum, auxilium quod ab exteris datur, subsidium quod postea supervenit.

429. Inter *potentiam* et *potentatum*. Potentia est C sui cujusque solius, potentatus vero auctoritas [*Al.*, auctoritatis] est judicialis.

430. Inter *Pestem* et *pestilentiam*. Pestis ipsum est nomen morbi [*Al.*, verbi], pestilentia vero id quod ex se efficit. Pestilentiæ autem tres modi sunt: aut ex terra, aut ex aqua, aut ex aere.

431. Inter *Passionem* et *propassionem* Hieronymus in Matthæum distinguit, dicens: quod passio reputatur in culpa; propassio, licet culpam habeat [*Al.*, pro culpa habeatur], tamen non tenetur [*Al.*, retinetur] in crimine. Ergo qui viderit mulierem, et anima ejus fuerit titillata, hic propassione percussus est: Si vero consenserit, et de cogitatione affectum fecerit (sicut scriptum est in David: *transierunt in affectum cordis*), de propassione transit ad passionem, et huic non voluntas deest, sed occasio.

432. Inter *Percunctationem* et *interrogationem* Augustinus hoc interesse **56** existimat, dicens: quod ad percunctationem multa responderi soleant, veluti quid est hoc, aut illud? ut respondeantur diversa, vel varia. Ad interrogationem non multa respondentur, sed aut non, aut etiam pronuntiabitur. Veluti factum dictumve est? Verum aut falsum est? Respondetur: aut non, aut etiam.

433. Inter *Perfectum* et *consummatum* hoc distat quod perfectum est cui jam addi nihil aliud potest. Consummatum vero est quodlibet opus in finem deductum.

434. Inter *Patens* et *patulum*. Patulum dicimus quod naturaliter semper patet, ut nares, arbor. Patens vero quod aperitur et clauditur, ut ostium, oculi. Sic lucidum et lucibile: lucidum est quod aliunde illuminatur, lucibile quod per se lucet.

435. Inter *Penetrale* et *penetrabile*. Quod penetrat penetrale dicitur; quod autem penetratur, penetrabile. Penetralia autem sunt domorum secreta, et dicta ab eo quod est penitus.

436. Inter *Post* et *pone* hoc videtur interesse quod post semper chronicis ponimus, cum dicimus: Post tempus veniam; pone vero, post tergum.

437. Inter *precari*, et *imprecari*, et *deprecari*. Precari est rogare, imprecari est optare [*Al.* exoptare], deprecari est excusare, vel expurgare. Cicero (*lib.* II *in Verr.*). Quid, inquit, faciat Hortensius? Avaritiæne crimina frugalitatis laudibus deprecetur?

438. Inter *Poscere* et *exposcere*. Poscere minus est quam exposcere. Nam poscunt qui simpliciter petunt, exposcunt qui desiderant.

439. Inter *Polliceri* et *promittere*. Polliceri dicimur **57** quod sponte promittimus nec rogati, promittere

423. Ascon. Pedian. III, in Verr. Non., dict. *Nefarius*; ipse Etymolog. lib. X, littera *N*.

Ibid. Fortasse *ne nominandus quidem*. Ita certe melius. AREV.

427. Varr., IV de Ling. Lat., initio. Non., dict. *Pervicacia*.

428. C. Front.: *Subsidium quod subest deficientibus*, D *præsidium imponitur, auxilium repentinum est, ita subsidium ad secundos casus præparatur. Præsidium ad custodiam, auxilium, ut possit, ex insperato venit.* Vid. Fest.

429. *Al. suæ* 2 Mss. pro *sui*.

Ibid. Varia lectio *efficit* cum textu Grialii congruit. Legi poterit *facit*, aut aliquid simile pro *efficit*. AREV.

431. In Codice Regiovaticano 1838 differentiæ sunt alphabetico quidem ordine dispositæ, sed alibi contractiores, alibi copiosiores, et nonnullæ additæ, ut, exempli gratia: *Inter pati et perpeti: pati brevis est, perpeti longioris est temporis. Inter passum et expertum: patimur voluntate, experimur necessitate.* Malim *Experimur voluntate, patimur necessitate.* AREV.

432. Ex interpretibus Terent. videtur sumpsisse D. Augustinus, act. V, scen. 4, *Andriæ*.

— *Aut etiam pron.* Al., *Sic pronuntiabitur*, forte, *etiam pron.*

Ibid. Pantinus in textu legisse videtur *aut et pronuntiabitur*, pro quo conjicit *aut etiam*; quæ genuina est lectio. AREV.

434. Ex Serv. ad ill. Eclog. I, *Tityre, tu patulæ.*

— Ex Serv. ad ill. VI Æn., *Lucentemque globum lunæ*, ex quo videtur legendum *lucens*, non *lucidum*. Fronto tamen ita etiam fere distinguit inter *lucidum* et *luminosum*.

435. Ex Serv. lib. X Æn. ad ill., *Nostrum penetrabile telum.*

— *Penetralia.* Ex Serv., ad ill. VII Æn.: *Penetralibus altis*, et ill. VI: *Regnis penetralia nostris.*

436. Fest., dict. *Pone*, et Serv. ad ill. II Æn., *Pone subit conjux.*

— *Tempus.* F. dictio *tempus* superat.

437. Ex Agræt. qui hinc forte augendus.

438. Serv. ad ill. IX Æn.: *Si tibi, quæ posco*, aliter quam Isidorus.

439. Ex Serv. ad ill. I Æneid., *Ditione tenerent, Pollicitus.*

quod petitur. Ergo promittimus rogati, pollicemur A ultro. Item pollicemur scriptura, promittimus verbo.

440. Inter *Properare* et *festinare*. Marcus Cato sic distinguit dicens : Qui unumquodque mature transigit, is properat. Qui multa simul incipit, neque perficit, is festinat. Ego unumquodque quod adortus eram transigebam °.

441. Inter *Primum* et *priorem*. Primus e multis, prior e duobus, primarius a dignitate.

442. Inter *Plures* et *pluris*. Pluris est quod majori summa laxatur, plures vero de multitudine scribimus [*Al.*, scribitur].

443. Inter *Petivit* et *expetivit*. Petivit pro parum [*F. add.* petivit] ponitur, expetivit pro satis petivit. Et inimicissime ac vehementer adnisus est. Ex enim B pro valde ponitur.

444. Inter *Pyram* et *rogum* : Pyra est constructio lignorum, antequam ignis admotus est. Rogus est dum ardet. Bustum vero posteaquam arsit.

445. Inter *Plebem* et *populum*. Plebs a populo eo distat, quod populus est generalis universitas civium cum senioribus, plebs autem pars humilis et abjecta.

446. Inter *Pauperiem* et *paupertatem*, Pauperies damnum est, paupertas ipsa conditio.

447. Inter *Proclivum* et *declivum*. Proclivus est ascensus ; declivus, descensus facilis.

448. Inter *Puerperam* et *puellam*. Puellam investem dici **58** et ætate parvulam, quasi pullam ; puerperam vero, quæ primum puerum enixa est, et in an- C nis puerilibus parit. Unde et Horatius (*Lib.* IV, *od.* 4) :

Laudantur simili prole puerperæ.

449. Inter *Pampineum* et *pampinosum*. Pampineum est totum de pampinis, pampinosum quod pampinis plenum est.

450. Inter *Populum* et *populos*, cum enim populos numero plurali dicimus, urbes significamus; cum populum, unius multitudinem civitatis intelligimus.

451. Inter *Pontificem* et *vatem*. Pontifex tantum summum sacerdotem significat, vates autem plura significat, aut sacerdotes, aut poetas, aut prophetas.

452. Inter *Profugum* et *exsulem*. Profugus voluntate, exsul necessitate.

453. Inter *Patrium* et *paternum*. Paternum est quod patris fuit, ut fundus paternus. Patrius dicitur patri similis [*Al.* patri affectus], ut patrius animus [*Al.*, amor.]

454. Inter *Proprius* et *propius* [Al., *proprium*]. Proprius est nomen, propius vero juxta me.

455. Inter *Prægnantem* et *gravidam* hæc differentia est : prægnantem esse quæ concepit ; gravidam, quam uteri gravedo proximam partui ostendit.

456. Inter *Pignera* et *pignora*. Pignera sunt rerum, pignora filiorum et affectuum.

457. Inter *Portentum* et *monstrum*. Portentum est quod **59** ex formis diversis proponitur, monstrum, quod extra naturam nascitur, vel nimis grande, vel nimis breve.

458. Inter *Portentum* et *portentosum*. Portentum dicitur quod ex omni parte naturæ mutationem sumens aliquid portendere futurum videtur, sicut biceps caput in corpus unum, vel sicut in Xerxis regia ex equa vulpem ferunt creatam (*Herodian.*) ; per quod ejus solvi regnum ostensum est. Nam portentosa dicuntur quæ ex parte corporis sumunt mutationem [*Al.*, notationem]; ut, exempli causa, cum sex digitis nati, sive cum aliqua pravitate [*F.*, parvitate] membrorum.

459. Inter *Portentum* et *ostentum*. Portentum nascitur et in sua permanet qualitate ; ostentum vero subito offertur oculis, et subducitur. Sic portentum dicitur a portendendo, id est porro ostendendo, sicut et prodigium, quod porro dicat, id est futura de longe prædicat. Monstrum sane a monitu vel monstrando dictum, quod aliquid significando demonstret et statim. Quinque sunt autem genera prodigiorum, ut

— *Scriptura*. Al., *Minus*. F. *minis*.

Ibid. Hæc est prima differentia quæ in altero libro non alphabetico occurrit, brevior tamen quam hoc loco. AREV.

440. In oratione quam de suis virtutibus habuit. Agell. lib. VI, cap. 14. Non., dict. *festinare*. Fest., dict. *properare*. C. Front. *Qui properat, apparet non esse defessus, qui festinat, videtur esse defatigatus.* D

— *Unumquodque*. Al., *Nunquam quidquam*, *quod adortus eram, transibam*. Ortus Ms. Forte, *orsus*.

441. Ex Agrætio.

442. Ex Agrætio.

443. [*Inimicissime*. Lego *enixissime*, aut *intensissime*.

444. Ex Serv., ad ill. II Æn., *Constituere pyras*.

— Fest., dict., *bustum*.

445. Sic 9 Terent. Scaurus de Orthograph. : *Populus est in quo omnis pars civitatis, omnes ejus ordines continentur* : plebs ea dicitur, in qua gentes civium patritiæ non insunt.

446. Fest., dict. *Pauperies*; ex quo forte scribendum, *paupertas est damn. quod quadrupes facit.*

448. Lib. X Etymolog., littera P. *Puella est parvula, quasi pupilla*, et lib. XI, cap. 1. *Pupilla, quod pura sit et impolluta, ut sunt puellæ*. Et sic dictionem *pullam* in *pupillam* forte quis mutandam censeat, cum et Græcis ἡ κόρη utrumque et pupillam et puellam significet. Vox tamen *pullam* non temere rejicienda, quandoquidem et Non. *pullum*, inquit *ætatis novellæ, ab antiquo verbo pullare*, quod vetus glossarium agnoscit, estque παραφυάδας βάλλειν, pulli παραφυάδες. Ipse certe hanc eamdem lectionem superiore libro habet.

— Etymolog. lib. II, cap. 2.

449. Serv. ad ill. I Æn., *Nemora inter frondea*.

Ibid. *Pampinosum*. Adhibetur hæc vox a Columella et Plinio. AREV.

451. Lib. Etymolog. VII, cap. 12.

452. Vid. Serv. ad ill. I Æn. *Profugus, Lavinaque venit littora*.

456. Ex Agrætio.

457. Fronto. Sic : *Portentum, quod porro, et diutius manet, futurumque postmodum aliquid significat ; monstrum est contra naturam, ut est Minotaurus*, et infra, *in monstro rectus ordo naturæ vertitur : in portento differtur eventus*. Non., dict. *monstra*.

458. Etymolog. lib. II, cap. 3.

Ibid. Pantinus in textu legebat, ut puto, *parvitate*, pro quo conjiciebat *pravitate*. AREV.

459. C. Fronto eodem sensu *ostentum, quod præter consuetudinem offertur*, et infra, *in ostento raritas administrationem* (Lego *admirationem*) *facit*.

Varro dicit, id est : portentum, ostentum, prodigium, A miraculum et monstrum.

460. Inter *Pueritiam* et *pubertatem*. Pueritia est tenera et parva ætas, a puritate ita vocata ; Pubertas autem ætas adulta est quæ jam gignere potest ; dicta a pube, id est a pudendis corporis, quod hæc loca tunc primum lanuginem inducunt [*L.*, induunt]. Pueritia autem a septimo anno, pubertas a quarto decimo incipit.

461. Inter *Percussum* et *perculsum*. Percussum corpore dicimus, perculsum animo. Cicero, de Signis : Tanquam ipsa illa face perculsus esset [*Agræt.*, perculsos esse].

462. Inter *Parricidam* et *paricidam*. Parricidam dicimus qui occidit parentem ; paricidam, qui socium atque parem.

463. Inter *Procellam* et *tempestatem*. Procellas non tam terrarum **60** quam cœli esse, tempestates autem fluctuum sunt.

464. Inter *Plantas* et *plantaria*. Quod plantæ sunt raptæ de arboribus, plantaria vero, quæ ex seminibus nata sunt, et cum radicibus et terra propria transferuntur.

465. Inter *Pomarium* et *pometum*. Pomarium est ubi poma ponuntur [*Al.*, transponuntur], pometum ubi poma nascuntur, pomerium ubi poma inveniuntur [*Al.*, ipse locus arborum].

466. Inter *Pyram* et *pyrum*. Pyra est rogus [*Al.*, robur] ardens, pyrum vero pomum.

467. Inter *Piscatorem* et *piscarium*. Piscator est C qui capit, piscarius est qui vendit.

468. Inter *Pulvereum* et *pulverulentum*. Pulvereum, factum ; pulverulentum est, pulvere plenum.

469. Inter *Pennas*, et *pinnas*, et *pennum*. Pinnæ sunt murorum, pennæ avium, a pendendo ; pennum extremitas ferri acuti.

470. Inter *Prædam*, *lucrum* et *compendium*. Præda ex hoste, lucrum ex negotio, compendium proprie ex pondere.

471. Inter *Pompeii porticum*, *Pompeiam*, *et Pompeianam*. Pompeii, est ipsius Pompeii ; Pompeia, publicata ; Pompeiana, si ad aliam domum transit.

472. Inter *Populum* et *plebem*. Quod populus est universus cum senatu et civibus Romanis, plebs tantum vilior numerus.

473. Inter *Partem* et *partim*. Partem nomen, partim adverbium est.

474. Inter *Postremum* et *posteriorem*. Postremus de multis, posterior de duobus.

475. Inter *Principium* et *initium*. Principium, prima pars ; initium, uniuscujusque rei incipientis cœptum.

476. Inter *Pendent* et *pendunt*. Pendent suspensi, pendunt aliquid ponderantes.

61 477. Inter *Pene* et *pene*. Pene adverbium est, pene turpissima [*Al.*, novissima] pars corporis.

De littera Q.

B 478. Inter *Quatenus* et *quatinus*. Quatenus adverbium est, quatinus conjunctio causalis, ut si dicas : *Quatinus hoc sine plaga non facis, en tibi plagas*. Adverbium est autem quatenus, aut temporis, aut loci ; temporis cum dicimus : *Quatenus hoc modo res exercebis*.

479. Inter *Quoniam* et *quia*. Quoniam præponitur, et sic sequentem sensum alligat, ut : *quoniam dicis* [*Al.*, dicit], dico. Quia postponitur, et superiorem sensum confirmat, ut : *Scias quia didici*.

480. Inter *Quamdudum* et *jamdudum*. Quamdudum interrogantis est, jamdudum respondentis.

481. Inter *Quæritur* et *quiritur*. Quiritur de implorando, quæritur de inquirendo.

482. Inter *Questus* et *quæstus*. Quæstus lucri, questus lacrymarum.

483. Inter *Quæ* et *que*. Quæ pronomen est, que vero conjunctio est.

484. Inter *Quod* et *quot*. Si per *d* scribitur quod, pronomen personale est ; si per *t* quot, numerus.

De littera R.

485. Inter *Recens* et *novum*. Recens nascitur ; novum fit. Unde et Virgilius :

Lac mihi non æstate novum, non frigore defit.

62 486. Inter *Religionem* et *fidem*. Fides est credulitas qua Deum confitemur, religio est cultus quem illi credentes exhibemus. Dicta autem fides ab eo quod fit id quod inter utrosque placitum est. Quasi

460. Hæc eadem fere Etymolog. lib. II, cap. 2, et D libro secundo Different.
— *Pubertas autem*. Fest., dict. *Pubes*.
— *Pueritia autem*. Lib. II, Different.
461. Ex Agrætio.
— *De signis*. 2 Ms., *designat*.
462. Lib. V, Etymolog., cap. 25.
Ibid. *Paricida* et *patricida* pro eodem accipi solent. Vide Festum. Arev.
463. Ex Serv. ad ill. I. Æn., *Creberque procellis Africus*, et ipse Etymolog. lib. XIII, cap. 11.
464. Ex Serv. ad ill. II, Georg., *Hic plantas tenero abscindens de corpore*.
465. Ex Sosipatro Carisio.
— *Pomerium*, etc. Puto glossema proxime præcedentium verborum.
468. Lego *ex pulvere factum*.
470. C. Fronto., *præda rictos spoliat*.
— *Compendium*. C. Fronto., *Compendium utique ad pondus pertinet*.
471. Ex C. Frontone.
— *Pompeiana*. 2 Ms. *Pompeigena*.
— *Domum*. *Dominationem transiit*, Lego ex Frontone.
477. Fest., dict. *Penem*.
478. C. Fronto : *Quatenus*, *quatine*, *quatinus*, *quoniam*. Fest., dict. *Quatenus*.
Ibid. *Quatenus* et *quatinus* proprie non differunt, quidquid Festus aliique dicant ; sed quia apud veteres *e* et *i* inter se facile commutabantur, idcirco *quatenus* et *quatinus*, *protenus* et *protinus*, et similia occurrunt. Arev.
481. Ex Agræt., unde legendum constat : *Inter quæritur et queritur : queritur deplorando, quæritur de inquirendo*, nisi malis *quiritur* in *quiritatur* mutandum.
Ibid. Conjecturam Pantini, legendum *quiritatur*, confirmat locus Varronis, l. V de Ling. lat., cap. 7 : *Quiritare dicitur is qui Quiritium fidem clamans implorat*. Arev.
482. Ex Agrætio, in quo male est *lucro*.
486. Cicer., Off.

inter Deum et hominem dicta quoque religio, eo quod ea homines religantur vinculo serviendi ad cultum divinitatis. Religio autem est in virtute, superstitio vero in cultu illicito.

487. Inter *Rationale* et *rationabile*. Rationale et [*Al.*, ut] angelus et homo, rationabile quod ratione vel agitur vel dicitur.

488. Inter *Rusticum* et *rusticanum*. Rusticus operarius dici potest, rusticanus pater familias.

489. Inter *Rusticitatem* et *rusticationem*. Rusticitas morum est, rusticatio operis.

490. Inter *Rationem* et *ratiocinationem*. Ratio est mentis motus [*Al.*, motum] in his quæ dicuntur [*Al.*, discuntur], discernere vel connectere valens; ratiocinatio autem rationabilis est subtilisque disputatio, atque a certis ad incertorum [*Al.*, *add.* aut incertis ad certorum] indagationem nitens cogitatio.

491. Inter *Regium* et *regale*. Regium est ipsius regis, regale dignum rege. Sic et regia et regalis. Regia domus in qua est, regalis rege digna.

492. Inter *Rubor*, *robur*, *robor*. Ruber coloris est, robur virtutis, robor arboris.

493. Inter *Reptilia* et *repentia*, Reptilia aquarum sunt, repentia terræ.

494. Inter *Rivum*, *fontem*, *torrentem*, et *flumen*. Rivus subito fit: fons est caput atque decursus in quem naturalis manat aqua, torrens pluviæ fluctus præceps [*Al.*, pluvia fluctus et præceps], fluvius aquæ decursus generaliter.

De littera S.

495. Inter *Sidera*, *astra*, *stellas*, et *signa*. Sidera illa dicuntur quibus navigantes considerant quod ad cursum dirigant consilium; **63** astra autem sunt stellæ grandes, ut Orion; stellæ autem, multijuges, ut Hyades, Pleiades; signum vero quo animantis imago formata est, ut Taurus, Scorpio et hujusmodi.

496. Inter *Sempiternum* et *perpetuum* hoc distat [*Al.*, discrepat], quod sempiternitas ad Deum pertinet, perpetuitas ad angelos, vel ad animas [*Al.*, animam] hominum. Primum enim semper fuit, nec unquam esse desinit; alterum esse cœpit, sed esse perpetuum non desinit.

497. Inter *Sensum* et *intellectum*. Sensus ad naturam refertur, intellectus ad artem.

498. Inter *Sacrum*, *religiosum*, et *sanctum*. Sacrum vocamus quod ad Deum pertinet; religiosum quod ad homines justos; sanctum vero quo aliquid sancitur, quoque violato, pœna committitur. Sacrum vero et sanctum est, sanctum vero non continuo sacrum. Item sanctum in bonam partem ponitur; sacrum vero duo significat, et bonum, et malum: bonum, ut illud (*Virg.*, *Eclog.* 1): *Inter flumina nota, et fontes sacros*; malum, ut: *Auri sacra fames* (*Æneid. lib.* III). Et: *Sacræ panduntur portæ* (*Æneid. lib.* II). Et: *Leno sacer* (*Plaut.*). Et: *sacer hircus* (Ovid.). Unde et ignis sacer dicitur hulcus horribile. Alma autem ab alende dicta. Unde et apud paganos alma Ceres dicta est, alimentorum inventrix.

499. Inter *Sapientem* et *prudentem* ita discerni solet, ut sapiens vocetur is qui intellectum æternorum rimatur, prudens vero qui ea quæ sensibus corporis experiuntur.

500. Inter *Stultum*, *fatuum*, et *stupidum*. Quidam veterum fatuum existimant qui nec quod fatur ipse, nec quod alii dicunt, intelligat; stultum vero hebetiorem corde. Unde Afranius: *Ego*, inquit, *me stultum existimo, fatuum esse non opinor*. Id est, obtusis quidem sensibus, non tamen nullis. Stupidus vero dictus est quasi lapideus, quasi stolidus.

501. Inter *Sævum* et *crudelem*. Sævus in ira, crudelis in sanguine.

502. Inter *Stuprum*, *incestum*, et *adulterium*. Stuprum in virgine, **64** incestum in parente vel vidua, adulterium in nupta. Dictum autem incestum quasi incastum.

503. Inter *Satietatem* et *saturitatem*. Satietas vario genere spectaculorum contingit, saturitas vero ciborum est.

504. Inter *Superbiam* et *arrogantiam*. Arrogantia est inanis gloria de eo quod quisque est. Superbia vero, supergrediens elatio mentis de eo quod non est. Superbiæ autem gemina est differentia: Una quæ spirituales ac summos viros per virtutum jactantiam dejicit, altera quæ carnales erga seniorum imperium inobedientes reddit. Dicta autem superbia, quia super vult quam quod est.

505. Inter *Scientem* et *sciolum*. Sciens est peritus scientia et rebus; sciolus, simulator scientiæ ac peritiæ, scienti contrarius est; et quidquid alius sciat, ipse videri vellet scire: aut qui se profitetur scire omnia, aut etiam futura prædicere.

506. Inter *Spurcum* et *spurium*. Spurcus non tantum impurus, sed et sævus; spurius autem patre incerto, matre vidua genitus, quasi tantum

— *Superstitio vero*. Non., dict. *Superstitionis*.

491. Ex C. Front., dict. *Regium*.

492. Vetus Glossar., *robur*, εἶδος ξύλου μελάνδρυς.

493. Etymolog. lib. XII, cap. 6.

494. De hac differentia, vide n. 244. Arev.

495. Etymolog. lib. III, cap. 59 et 70.

Ibid. In aliis Mss. *quæ navigantes considerant*. Arev.

496. Lib. Sententiarum D. Isidor.

498. Serv., ad ill. I Æn.: *Templis indicit honorem*. Et illud III Æn.: *Auri sacra fames*.

500. Etymolog. lib. X, littera S, interpretes Terentii act. V, scen. 9, Eunuch.

— *Stupidus*. Non., dict. *Stupidus*.

502. *Cum viduis*, Non., dict. *Stuprum*.

— Etymolog. lib. X, littera *I*.

— Etymolog. lib. V, cap. 26, et lib. X, littera A.

503. Carisius: *Saturitas in cibo tantum dicitur, in cæteris vero satietas*. C. Fronto brevius. *Saturitas ventris, satietas animi*.

504. C. Fronto: *Superbia a superhabendo: arrogantia etiam in pauperem cadit*.

— *Super vult*, etc. Al. *Semper vult*, *quod non est*.

505. *Dissimulare* est astute celare, et occultare, quod quis scit, quamvis non dicat, se nescire. Arev.

506. Non., dict. *Spurcum*.

— *Spurius autem*. Etymolog. lib. IX, cap. 5.

Ibid. *Spurium vocabant*. In Etymologiis, loco citato, litteris Græcis σπόριον *vocabant*. Arev.

spurii filius. Quia muliebrem naturam antiqui [*Al. add.* jurisconsulti] spurium vocabant. Eosdem et favonios quidam appellant, quia quædam animalia favonii spiritu hausto concipere existimantur.

507. Inter *Sceleratum*, *scelestum*, et *scelerosum*. Grammatici dicunt sceleratum illum esse in quo fit [*Al.*, sit] scelus; ut Cicero: *O te* [Al., *tu*] *scelerate, qui subactus et prostitutus es.* Scelestum autem per quem fit. Ut Terentius: *scelesta, ovem lupo commisisti.* Scelerosus, qui facit: ut idem: *Ego illum scelerosum misera nolens pertuli.* Sed hæc auctores non usquequaque custodiunt.

65 508. Inter *Salutem* et *salubritatem.* Salus est integritas corporis; salubritas, saluti conveniens causa, per quam sanitas, vel reservatur, vel restauratur.

509. Inter *Super* et *supra* hoc interest: Super est quod imminet [*Agrætius* eminet], supra quod substratum aliquid habet. Item super interdum, aut nimium, aut satis accipimus.

510. Inter *Subter* et *subtus.* * Subter est quod re aliqua superiore deprimitur, et proculcatur [*Al.*, conculcatur]; subtus quod demissum altius non contingitur.

511. Inter *supremi* et *supprimi.* Supremi et summi significat et imi; supprimi autem, occultari.

512. Inter *Sumere* et *accipere* [Al., *præcipimus*]. Sumimus ipsi, accipimus ab alio. Cum enim damus, dicendum est, Accipe; cum permittimus [*Al.*, præcipimus] ipsi tollere, dicimus [*Al.*, dicendum est], Sume. Item sumimus per nos, accipimus a volentibus, tollimus a non volentibus [*Al.*, nolentibus]. Item auferimus [*Leg.* adimimus], jure quidquid dedimus assumimus jussu, eripimus vi.

513. Inter *Sperare* et *exspectare.* Exspectamus et bona et mala; speramus autem tantum bona. Miro autem modo Virgilius verbi hujus proprietatem a propria significatione secernit, dicens (*Æneid.* IV):

Hunc ego si potui tantum sperare dolorem;

dum omne quod exhorret animus rectius timere dicatur [*Al. add.* quam sperare]. Sed grammatici hoc exponunt, dicentes: Sperare dixit pro timere. Quod et Lucanus distinguens ait: *Liceat sperare timenti.*

514. Inter *Scire* et *nosse.* Scire est reddere ratio-

A nem quam noveris; nosse, referre tantummodo quod audieris.

515. Inter *Simulare* et *dissimulare.* Dissimulamus nota: simulamus ignota. Qui enim fingit se scire quod nescit, simulat; **66** qui autem quod scit nescire se dicit, dissimulat. Unde et Sallustius: *Ille simulator incerti, ac certi dissimulator erat.*

516. Inter *Sistere*, et *consistere*, et *assistere.* Sistere est interdum resistere, vel prohibere, id est, qui aliquam rem in loco stare facit. Ut Virgilius: *Sistere aquam fluviis.* Assistere vero et ante unum, et coram multis; consistere in medio adesse.

517. Inter *Servire* et *inservire. Servire* tantum dominis: inservire cujusque præceptis.

518. Inter *Spirare* et *exspirare.* Spirare vivere

B est, exspirare mori.

519. Inter *Surgere* et *exurgere*, et reliqua. Surgitur a loco, exsurgitur a somno, insurgitur ad vindictam, consurgitur ad auxilium.

520. Inter *Subjicitur* et *supponitur.* Subjicitur cito, supponitur lente.

521. Inter *Simul* et *semel.* Semel ad numerum pertinet, ut, semel bis; simul ad congregationem, ut, *Globati* [*Al.*, conglobati] *simul feruntur in arma viri.*

522. Inter *Sepulcrum* et *monumentum.* Sepulcrum tantummodo tumulus defunctorum est, monumentum vero, nunc sepulcrum, nunc historia rerum gestarum: dictum eo quod mentem moneat, vel ad memoriam defuncti, vel ad recordationem rei scri-

C ptæ. Porro tumulus bifarie, nunc tumens tellus, nunc sepulcrum vocatur. Sepulcrum autem a sepulto dictum. Sepultus vero, eo quod sine palpitatione, vel pulsu sit, id est, sine motu. Cadaver autem a cadendo dictum.

523. Inter *Sacrificium* et *hostiam* hæc vetus erat discretio, quod sacrificium spontanea oblatio erat; hostia vero quæ devictis hostibus immolabatur. Hæc et victima vocabatur. Alii victimam **67** ideo dictam putant, quia ictu percussa cadit, vel quia vincta ad aras perducitur.

524. Inter *Sedes* et *thronos.* Sedes non tantum unius, sed multorum est. Nam solium unius tantum est, et regum; sedes quibuscunque [*Al.*, illud cujuscunque] proprium. Solium autem, vel a solius

---

507. Sic interpretes Terentii act. IV, scen. 3, Eunuch.: *Scelerosus, est multorum: scelestus, vel unius: scelerosus, proprie auctor sceleris: sceleratus, in quo scelus sit commissum, vel constitutum.*

508. Al. *Ætas, vel salvatur, vel reservatur.*

509. Ex Agrætio.

— *Super interdum.* Serv. ad ill. III, Æn., *O mihi sola mei super Astyanactis imago.*

510. Ex Agrætio.

511. Fest., dict. *Supremum.* Non., dict. Supremum.

512. Sic C. Fronto: *Sumimus quæ posita sunt, accipimus quæ porriguntur.*

— *Assumimus*, etc. Ex Front. qui ita, *aufert, qui dedit, adimit* (legoin Isidoro *adimimus*) *imperio coactus; eripit qui plus valet.*

513. Ex interpretibus Terentii act. II, scen. 6, *Andriæ.*

— *Miro*, Serv. ad versum citatum.

515. Ex Serv. ad ill. I Æn., *Dissimulant, et nube*

D *cava speculantur amicti.* Al., *Dissimulamus notum, simulamus ignotum.*

— *Qui enim.* C. Fronto, *Qui simulat probare vult quod non est.*

— *Ille simulator.* Puto Isidorum scripsisse adducto loco ex bello Catilinario et exposito: *Cujuslibet rei simulator, ac dissimulator. Simulator incerti, ac certi dissimulator erat.* Nisi forte ab alio glossema adjectum.

516. Nescio an scripserit Isidorus: *assistere vero ante unum, consistere coram multis.* Et reliqua quæ alteri exemplari deerant, omittenda.

518. Ex Agrætio, qui forte hunc emendandus.

522. Fest., dict. *Sepulcrum.* Etymolog. lib. XV, cap. 11.

Ibid. Dictum. Serv. ad ill. VI, Æn., *illa hæc monumenta reliquit.*

— Etymolog. lib. XV, cap. 11.

— Etymolog. lib. XI, cap. 2.

sessione, vel a soliditate dictum. Solium Latini, Græci thronum dicunt. Sedes autem dictæ, quia apud veteres Romanos non erat usus accumbendi. Unde et consedere antiquo more dicitur. Nam veteres sedentes epulabantur. Postea, ut ait Varro, de Vita populi Romani, viri discumbere cœperunt, mulieres sedere. Quia turpe illis erat discumbere mulierem [*Al.*, discumbere visum].

525. Inter *Servum* et *famulum*. Servi sunt in bello capti, quasi servati; sicut mancipium ab hostibus, quasi manu captum. Famuli autem ex propriis familiis orti.

526. Inter *Servitutem* et *servitium*. Servitus est conditio serviendi, servitium numerus servientium [*Al.*, servorum est].

527. Inter *Socerum* et *socrum*. Socerum virum dicimus, socrum feminam.

528. Inter *Similitudinem* et *figuram*. Similitudo est cum secundum aliquam speciem visam imago vel pingitur, vel formatur. Figura est cum impressione formæ alicujus imago exprimitur, veluti si in cera ex annulo effigiem sumat, aut si figulus in argillam manum vultumque aliquem imprimat, et fingendo figuram faciat.

529. Inter *Sanguinem* et *cruorem*. Sanguis est dum in corpore manet, effusus vero cruor fit. Cruor autem a cruditate vocatur, unde et crudelitas dicta, et crudus. Alii dicunt cruorem victimarum esse, sanguinem hominum. Ut Virgilius (*Æneid.* II) :

> Sanguine placastis ventos, et virgine cæsa;

id est, sanguine virginis occisæ.

530. Inter *Sinum* et *gremium*. Sinum dicimus sinuatæ vestis receptaculum, gremium interius accurtatæ [*Al.*, accuratæ].

68 531. Inter *Senium* et *senectutem*. Senectus est gravior ætas post juventutem succedens, senium autem ultima ætas post gravitatem veniens. Sic senex et senior. Nam senior adhuc viridior. Ut illud Virgilianum :

> Jam senior, sed cruda deo viridisque senectus.

Et Terentius : *Quo jure sum usus adolescentior; non utique magis adolescens, sed minus.* Ut senior, minus senex. Senecta autem est ipsa sors, sive [*Al.*, atque] conditio senectuti accedens.

532. Inter *Sonum* et *sonitum*. Sonus [*Al.*, sonitus] est quidquid auditur sensibile, sonitus [*Al.*, sonus] vero confusio [*Al.*, confusæ] vocis tubarum.

533. *Spolia* ad exspoliantes, *exuviæ* ad exspoliatos.

534. Inter *Stillam* et *guttam* Palæmon grammaticus ita distinguit : *Gutta*, inquit, *stat ; stilla cadit.*

535. Inter *Stationem* et *portum*. Statio est, ubi ad tempus stant naves, portus ubi hiemant. Nam portus locus ignotus est ab accessu ventorum, ubi hiberna opponere solent.

536. Inter *Serenum* et *tranquillum*. Serenum enim ad cœlum referri potest, ad mare non potest. Serenum enim cœlum dicimus, tranquillum mare.

537. Inter *Saxa* et *lapides*. Saxa tantum durissima, nam lapis et dura et mollis est petra.

538. Inter *Specum* et *antrum*. Specum Latini, Græci antrum dicunt. Sunt autem loca ex quibus repercussæ voces imaginem referunt.

539. Inter *Semitam*, *callem* et *tramitem*. Semita hominum est, callis vero pecorum vel ferarum est. Callis etiam dicitur via stricta, a **69** calcando ita dicta. Tramites vero transversa sunt in agris itinera, proprie ergo callis semita tenuis, callo pecorum prædurata. Semita autem quasi semis via. Semita [dicta, qua potest ire unum vehiculum. Hujus [*Al.*, cujus] duplex actus vocatur : propterea quod duo capit, vel propter euntium et venientium vehiculorum occursus.

540. Succipere est, de superiori aliquid cadens corporale, suscipere causam incorporaliter. Suspicere sursum aspicere, aut venerari.

541. Inter *Simulare* et *dissimulare*. Qui simulat vult videri facere quæ non facit, qui dissimulat non vult videri facere quæ facit.

542. Inter *Somnum* et *somnium*. Somnus quo dormimus, somnium quod dormientes videmus.

543. Inter *Sum* et *suum*. Sum verbum est, suum pronomen est.

544. Inter *Sævit* et *sevit*. Sævit, irascitur; sevit satorem dicit.

523. Etymolog. lib. VI, cap. 19.

524. Etymolog. lib. XX, cap. 11.

— *Solium*. Serv., ad illud I Æn. : *Solioque alte subnixa resedit.*

— *Sedes autem unius*. Isidor., proxime citato loco.

525. Etymolog. lib. VIII, cap. 4.

526. Ex Sosipatro Caris.

529. Etymolog. lib. XI, cap. 1.

— *Cruor*. Serv., ad illud VIII Æn. : *Tepidusque cruor fumabat ad aras.*

Ibid. In textu Grialii erat *cruor victimarum*, per errorem, ut puto, pro *cruorem*. AREV.

531. Etymolog. lib. XI, cap. 2.

— *Sic senex*. Forte legendum, ex citato loco Isidori, *sed sene minus est senior.*

— *Jam senior*. Vid. Serv., ibidem, Æneid. VI.

Ibid. De variis ætatis gradibus plura dixi in prolegomenis ad Dracontium, pag. 21. In textu Grialii erat : *Sic senes* pro *sic senex*. AREV.

534. Ex C. Fronto., qui tamen Palæmonem non nominat.

535. Ex Servio, ad ill. II Æneid. : *Statio male fida carinis*; et ill. X :

> Frangere, nec tali puppes statione recuso.

— Forte legend. *locus remotus*, ex Etymolog. lib. XIV, cap. 8.

536. Sic Virg., Georg. I : *Cœlo properanda sereno*; et *Hiemes optate serenas*; et alibi : *Unde serenas Ventus agat nubes*; et sæpe alias.

— *Tranquillum*. *Tranquilla per alta*. II Æneid.

538. Agnoscit etiam hanc vocem vetus glossarium.

539. Ex Serv., ad ill. IV Æneid. : *Convectant calle augusto*; et ipse Etymolog. lib. XV, cap. 16.

— *Semis via*. Varr., IV de Ling. Lat. : *Quasi semi iter*. Ipse Etymolog. lib. citato, *a semi itu.*

— *Semita dicta*. Legend. *Via dicta*, neque enim semita vehiculum, sed via capit.

— *Actus vocatur*. Paulus, ad Festum, dict. *Actus*. Varr., IV de Ling. Lat., duobus locis. Ipse Etymolog., lib. XV, cap. 15.

542. Ex Serv., ad ill. V Æn. : *Tibi tristia somnia portans*, qui tamen : *Somnium, quod dormientes videmus.*

545. Inter *suus* et *sus*. Suus pronomen est, sus A animal est.

546. Inter *Syram* et *suram*. Syra gentis suæ femina, sura pars pedis.

547. Inter *Sartorem* et *sarcinatorem*. Sartorem, agrum sarrientem; sarcinatorem, vestes sarcientem.

548. Inter *Similem* et *simulantem*. Similem, talem; simulantem, talem mentientem.

549. Inter *Strenuum* et *externum*. Strenuum, fortem; externum, extraneum dicimus.

550. Inter *Statum* et *staturam*. Statum, quæstionem vel scenicam vestem; staturam, quantitatem cujusque rei.

70 551. Inter *Scripturam* et *lectionem*. Lectio in opere est, scriptura in affectu, vel pictura.

De littera T.

552. Inter *Terram*, et *tellurem*, et *humum*. Terra squalida est et inculta, tellus fructifera; humus autem, inferior, et deorsum, et humida [*Al. add.* tellus]. Unde et humati, sepulti. Generaliter autem ubique terra est, non ubique humus. Et in parietibus terra est, hoc est in lateribus, et non est humus. Humus autem terra humida est, et ab humore vocata, sicut et terra, quod naturali siccitate torreat, sicut et tellus. quod fructus [*Al.*, fructum] ejus tollimus.

553. Inter *Temperantiam* et *temperationem* sic discernitur, ut temperantia animorum sit, temperatio rerum.

554. Inter *Timentem* et *timidum*. Timidus est qui semper timet, timens vero qui ad tempus formidat ex causa. Tali intellectu distinguuntur pavidus et pavens, C providus et providens, superbus et superbiens, languidus et languens, furibundus et furens, et cætera similia.

555. Inter *Tremulum* et *trementem*. Tremulus est natura, tremens tempore.

556. Inter *Temeritatem* et *audaciam*. Temeritas sine consilio dicitur; audacia, post consilium.

557. Inter *Tum* et *tunc*. Tum temporis est futuri; tunc, præteriti.

558. Inter *Tribuere* et *attribuere*. Tribuimus cum aliquid donamus, attribuimus, dum ordines officiaque distribuimus.

559. Inter *Tulit*, *Aabstulit*, et *sustulit*. Tulit qui fert, abstulit qui ab alio tulit, sustulit qui sursum tulit.

560. Inter *Tumidum* et *turgidum*. Tumet corpus ægroti. Turget cadaver.

71 561. Inter *Testor*, *contestor*, et *obtestor*. Testor sæpenumero ad jusjurandum pertinet, ut Virgilius, *per sidera testor*; contestor autem ad judices, obtestor ad adversarios.

562. Inter *Terga* et *tergora*. Terga sunt hominis, quod singulariter tergum facit; tergus vero quadrupedum est. Unde pluraliter tergora coria dicuntur.

563. Inter *Tumultum* et *bellum*. Bellum est contra hostes exortum, tumultus vero domestica appellatione concitatus. Hic et seditio nuncupatur. Nam seditio est discessio [*Al.*, dissensio] civium. Quod enim B seorsum alii ad alios eunt, seditio dicitur. Alii putant propter dissensionem animorum seditionem vocari [*Al.*, vocatam], quam Græci diastasin vocant.

564. Inter *Turbidum* et *turbulentum*. Turbidum de natura est, turbulentum fit.

565. Inter *Terrenum*, *terrestre*, et *terrosum*. Terrenum opus dicimus, terrestre, ut maritimum, terrosum vero frumenti genus arenosum.

566. Inter *Tuus* et *tus*. Tuus pronomen est, tus vero pigmentum.

Inter *Tuum* et *tum*. Tum adverbium est, tuum pronomen.

567. Inter *Tempore* et *tempori*. Tempore, ablativo casu, tempori adverbium est.

568. Inter *Tristitiam*, et *mœstitiam*. Mœstitia cordis est, tristitia vultus. Mœstum ergo vel mœrentem animo dicimus, tristem aspectu. Item mœstitia temporis est, et fit aliquando ex aliquo accidenti dolore. Tristitia vero, vitium naturæ perpetuum est.

De littera V.

569. Inter *Vetus* et *antiquum*. Vetus annis enumeratur, antiquum sæculis.

72 570. Inter *Virtutem* et *fortitudinem*. Virtus in animi vigore et habitu est, cujus pars est fortitudo mentis. Quæ ex quatuor virtutibus una est, licet et corporis robur fortitudo vocetur.

571. Inter *Vecordem* et *vesanum*. Vecors mali cordis, sicut vesanus non probe [*Al.* proprie] sanus.

545. Vide supra.

547. Ex Non. videtur dict. *Sartores*.

—*Sarcinatorem*. C. Fronto, *Sarcinatrix, quæ sarcinas servat*.

Ibid. *Sartor* non solum accipitur pro eo qui *sarrit* agrum, hoc est, qui sarculo herbas inutiles evellit, sed etiam pro eo qui *sarcit* vestes. Arev.

550. Interpretes Terentii act. III, scen. 5, Eunuch. *Statura corpori ascribitur, status ad habitum refertur*. Ergo status est σχῆμα, statura longitudo corporis: pro *quæstionem* autem, malim *quæstionis*, aut *quæstionum*. Porro dictiones *scenicam vestem* forte in σχῆμα contrahendæ, legendusque locus: *statum quæstionis, vel schema*; aut, *statum quæstionis, vel schema, sive vestem*. Vid. Ascon. Pædian. in III Oration. contra Verrem.

551. Quid si legamus, *Inter scripturam et scriptionem: Scriptio in opere, scriptura in affectu*, V. p.?

552. Etymolog. lib. IV, cap. 5. Varr. IV de Ling. Lat., dict. *Terra*.

553. Ex Agræt. qui addit *temperies ventorum*.

554. Ex Serv. ad ill. Eclog. 7, *Timidisque super-* D *venit Ægle*.

556. Vide supra.

557. Al. *Tum temporis est præsentis, tunc temporis futuri est*.

561. Sic Serv. ad ill. II Æn., *Testor numen ait*.

Ibid. In nonnullis Mss. est: *Inter contestari et obtestari hoc interest, quod contestamur ad adversarios, obtestamur amicos*. Arev.

562. Caris. brevius: *Tergum hominis, tergus pecoris nominatur*. Vid. Serv. ad illud Æn., *Tergora diripiunt costis*. 593. *Tumultus* propriam significationem vide apud Serv. ad ill. I Æn., *Ut belli signum*, VIII, etc. et illud, VII, *Ipse vocat pugnas*.

Ibid. De *tumultu* fusius in Etymologiis, lib. XVIII, cap. 1. Arev.

569. C. Fronto sic: *Antiquum est, quod excessit patrum memoriam. Vetus annorum multorum sentit utilitatem*.

571. Sic Fest. dict. *Vecors*.

Ibid. De vocibus quæ ex *ve* componuntur, videndus Gellius, lib. V, cap. 12, et lib. XXVI, cap. 15. Arev.

572. Inter *Velocitatem* et *celeritatem*. Velocitas pedum est, celeritas animorum.

573. Inter *Vastitatem* et *vastitudinem*. Vastitas corporis est; vastitudo, solitudo.

574. Inter *Voluptatem* et *voluntatem*. Voluntas est desiderium nondum adeptæ rei, voluptas vero rei adeptæ delectatio, vel bonæ, vel malæ.

575. Inter *Verbera* et *flagella*. Verbera quodlibet genus flagellorum est, nam flagella proprie virgarum sunt, et dicta eo quod flatu agitentur et sonent.

576. Inter *Valetudinem* et *infirmitatem*. Valetudo prospera esse potest et adversa, infirmitas semper infesta est.

577. Inter *Vulnus* et *ulcus*. Vulnus ad animum refertur, ulcus ad corporis injuriam. Item vulnus corporis recens plaga, ulcus vero inveteratum vulnus.

578. Inter *Verbum* et *Sermonem*. Verbum unius pars orationis est, juxta grammaticos. Nam sermo plurimorum verborum oratio est. Sermo autem a serendo dictus, quod nos cum præpositione dicimus a disserendo. Hinc et sermo sancti Hilarii et Augustini dicitur, id est dissertio Hilarii et Augustini.

579. Inter *Ultra* et *citra*. Ultra illuc vel amplius, citra huc ad nos, intra nos.

73 580. Inter *Ulcisci* et *vindicare*. Ulciscimur injuriam factam; vindicamus, ne fiat.

581. Inter *Videre*, *aspicere*, et *intueri*. Videmus natura, aspicimus voluntate, intuemur cura.

582. Inter *Veneunt* et *vendunt*. Vendunt qui venundant, veneunt qui venduntur.

583. Inter *Volo*, et *opto*, et *cupio*. Volo minus est quam opto, Opto minus est quam cupio.

584. Inter *Unum* et *unicum*. Unus, ex multis; unicus, solus est. Solus itaque unus numeratur, unicus intra numerum finitur.

585. Inter *Unum* et *solum*. Unus ad numerum pertinet, solus e multis intelligitur.

586. Inter *Uter* et *utrum*. Si enim dicimus: *Utrum vis*, eligere significat, aut hoc, aut illud. Uter autem accipitur pro personis, sicut, verbi gratia: *Uter vult, veniat ad me*, id est, qui vult de duobus.

587. Inter *Urbem* et *civitatem* ita distinguit Cicero, ut urbem mœnia civitatis significent, civitas incolas urbis. Nam ad Dolabellam sic scripsit: Liberasti urbem a periculo, civitatem a metu. Urbem autem ab urbo, quem aratrum vel sulcum veteres dicebant, aut ab orbe dictam putant, cujus in se imaginem respublica contineret. Porro oppidum ad habitantes pertinet, civitas ad leges, urbs ad utrumque.

588. Inter *Virum* et *hominem*. Vir mas est, non femina; Homo mas est, et femina. Femina autem naturale nomen est, generale mulier, speciale virgo, vel nupta, vel quæ etiam ætatis nomina accedunt.

74 589. Inter *Vultum* et *faciem*. Facies est naturalis oris habitus immutabilis, vultus vero pro rerum ac temporum qualitate varius et mutabilis [*Al.*, commutabilis], et secundum affectionem animi modo lætus, modo tristis. Unde et vultuosi dicuntur qui vultum sæpe commutant. Itaque Lucilius hæc quasi distinguens ait: *Quæ facies, qui vultus viro.* Dicimus autem et vultum cœli et vultum maris, quia et mare sæpe in varios motus ventorum flatibus mutatur, et cœli vultus ex luce in tenebras, et ex sereno in nubilum commutatur, sicut et hominum cum mentibus vultus.

590. Inter *Virginem* et *viraginem*. Virgo est quæ virum nescit, virago autem quæ virum agit, hoc est opera virilia facit. Non autem solum virgines viragines, sed et corruptæ mulieres, quæ virilia faciunt, viragines recte dicuntur.

591. Inter *Vivum* et *viventem*. Vivum de victuro dicimus; viventem, de morituro.

592. Inter *Ve* et *que*. Ve distinguit, que conjungit.

593. Inter *Væ* et *ve*. Ve sine a conjunctio conjunctiva est. Væ cum *a*, interjectio dolentis est.

594. Inter *Vocem* et *Sonum*. Vox est hominis, sonus crepidinis.

595. Inter *Uvidum* et *humidum*. Humidum est,

---

572. Ex Agræt. qui amplius, *Velocitas pedum et corporum, celeritas animorum atque factorum.*

574. Fronto brevius.: *Voluntas facto gaudet, voluptas fieri cupit*, quem Isidor. velut explicavit.

575. Etymolog. lib. v, cap. ultim.

— *Et dicta*. C. Ex Serv. ad ill. II Georg.; *Neve flagella summa pete.* Etymolog. lib. XVII, cap. 5, 6.

577. Agrætius: *Ulcus est quod nascitur, vulnus quod ab alio infertur* Et Serv. *Ulcus tecta et clausa est malignitas, vulnus hians, et patens.*

578. Etymolog. lib. v, cap. 8.

580. Ex Frontone, qui ita: *Ultio vindicat factum, vindicta vel vindicatio futura prohibet.*

581. Ex Frontone, in quo tamen pro *aspicere* et *aspicimus*, rectius est *spectare* et *spectamus*, nam *aspicere ex improviso*, idem auctor docet.

586. Lego *eligo* pro *eligere*.

587. Ex Serv. ad ill. II Æn.: *Festa velamus fronde per Urbem.* Vid. Non. dictionibus. *Inter Urbem, et Civitatem.* Al. *Ut urbe mœnia civitatis significet, civitate incolas urbis.*

— *Urbem autem*. Serv. ad ill. I En., *Urbs antiqua fuit*: et Donat. ad ill. v *Urbem designat aratro.*

— *Aratrum*, *vel.* Pars aratri non aratrum, neque sulcus, sed quod sulcus fit, melius distinctiusque ipse lib. Etymolog. XV, cap. 2.

— *Ab orbe*. Servius, loco citato, *ab orbe*, quod antiquæ civitates in orbem fiebant.

588. *Vir maris, non feminæ: homo, maris et feminæ.* Ms. mendose.

589. Ex veteribus Terentii interpretibus, in quibus tamen pro *facies*, *forma* est. Vid. Non. d. *facies*, et potissimum dict. *vultus*, et *facies*, et Serv. ad ill. I Æn. *Tu faciem illius.*

— *Vultuosi*. Non., dict. *Vultuosum.*

— *Vultum maris*. Æneid. v:

> Mene salis placidi vultum fluctusque quietos
> Ignorare jubes?

Et ibi Serv.

591. Ex Agrætio.

592. Cod. Vat. Inter QUE et VE *hoc interest*, *quod* QUE *conjunctio est*, VE *disjunctio*. AREV.

595. Ex Serv. ad ill. 10 Eclog.

> Uvidus hiberna venit de glande Menalcas.

quod extrinsecus habet aliquid humoris, uvidum vero quod intrinsecus; unde et uvæ dictæ.

596. Inter *Valles* et *convalles*. Valles sunt depressa loca [*Al.*, colla] camporum, convalles, montium intervalla.

597. Inter *Undam* et *aquam*. Unda semper in motu est, aqua vero stativa. Porro imbres nubium sunt, latices fontium. Nam latex proprie liquor fontis, et dictus quod in venis terræ lateat.

598. Inter *Vicum*, et *Viam*, et *plateam*. Vici dicuntur ipsæ **75** habitationes in urbibus; viæ autem, spatia angusta quæ inter vicos sunt, quarum perpetuas et latiores plateas vocamus. Nam plata juxta proprietatem linguæ Græcæ a latitudine nomen accepit.

599. Inter *Viridia* et *virentia*. Viridia sunt ligna; virentia sunt campi, vel prata [*Al.*, prati].

600. Inter *Visus* et *visos*. Visos, participia dicta; Visus, nomina appellativa.

601. Inter *Virum* et *virus*. Virum, hominem; virus, venenum dicit.

602. Inter *Vivit* et *bibit*. Vivit de vita, bibit de potione.

603. Inter *Vinctum* et *victum*. Vinctus, vinculatus; victus, superatus.

604. Inter *Vis* et *bis*. Vis, quæ ad voluntatem pertinet; bis, duabus vicibus.

605. Inter *Ullam* et *ollam*. Ullam, aliquam: ollam, vas.

606. Inter *Vallum* et *murum*. Non quod murus etiam vallum. Nam utique quod vallum murus est.

607. Inter *Vagire*, *mugire*, et cætera. Infans vagit, bos mugit, equus hinnit, asinus ragit vel rudit, leo rugit, elephas barrit, sus grunnit, ovis balat, serpens sibilat, rana coaxat, corvus crocitat, grus arsat, milvus jugit, canis baubat, vel latrat, vulpes gannit.

608. Inter *Vesperescit* et *vesperascit*. Vesperescit, id est, sero fit; vesperascit, sol ad Occasum declinat.

609. Inter *Viperinum* et *vipereum*. Viperinus, pullus; Vipereus, ad similitudinem serpentis.

De littera Z.

610. Inter *Zelum* et *invidiam*. Zelus interdum et in bonam partem accipi potest, cum quis nititur ea quæ meliora sunt æmulari; invidia vero, ut dictum est, aliena felicitate torquetur, et in duplicem scinditur passionem, cum aut quod ipse est aliud esse **76** non vult, aut alium videns esse meliorem, dolet se non esse consimilem. Pulchre autem quidam Græcum versum transferens elegiaco metro, de Invidia lusit dicens:

> Justius invidia nihil est, quæ protinus ipsum
> Auctorem rodit, excruciatque animum.

Invidiæ autem nomen dictum est a nimis intuendo felicitatem [*Cicer.* fortunam] alterius, ut est illud: *Quisnam florem invidit meum?*

596. Etymolog. lib. XIV, cap. 8. Fest., dict. *Convallis*.
597. Lib. XIII Etymolog., cap. 20.
— *A lapsu*. Fest., dict. *Latex*.
598. Etymolog. lib. XV, cap. 2, dict. *Vicus*, et dict. *Plateæ*.
607. *Ragit vel*, puto glossema. Vide carmen Ovidio attributum de variis animalium vocibus.
Ibid. De sonitu avium vide appendicem 17 ad Etymologias ex Codice Palatino 281. AREV.

610. Cujus auctoris sit versus Græcus incertum.
— *Invidiæ autem*. Cic., Tusc. III.
— *Illud*. Actii ex Menalippo, sed detruncatus versus, qui apud Ciceronem ita legitur:

> Florem quisnam liberum invidit meum?

Apud Non., dict. *Invidia*:

> Unde aut quis mortalis florem liberum invidit meum?

Trochaicis numeris.

LIBER SECUNDUS

DE DIFFERENTIIS RERUM.

DIFFERENTIA PRIMA.

77 1. Inter *Deum* et *Dominum* ita quidam definierunt, ut in Dei appellatione Patrem, in Domino Filium intelligerent. Scriptura autem sacra utrumque et Deum affirmat et Dominum.

2. Sed tamen invicem hæc vocabula discernuntur. Primum enim naturæ nomen est pertinens ad amorem; secundum potestatis, congruens ad timorem. Denique ex Dei vocabulo adverte quid diligas, ex Domini appellatione cognosce quid metuas.

II.

3. Inter *Trinitatem* et *unitatem* hæc distinctio est, quod unitas propter inseparabilem deitatis substantiam, trinitas vero **78** propter personarum diversitatem vocatur. In personis enim discretio est, in Divinitate nulla distinctio. Est enim gignens, genitus et

1. *In Domino Filium*. Unde hi occasionem sumpsisse potuerint, indicat August., II de Trinit., cap. 10.
Ibid. Hæ differentiæ aliquando rerum, aliquando spirituales vocantur, ut fusius expositum fuit in Isidorianis, c. 56. Notas in Editione Grialii Rolandus Wicelius apposuit, quas propterea Wicelii nomine describam. Varias lectiones ad finem voluminis rejicio. AREV.
3. *Tria quidem nomina*. Nihil hic periculi a Sabellio. Jam enim dixerat in personis esse discretionem, et extrema verba hujus capitis sunt: *Trinitatem in personis non distinguere impium est*. Et capite sequenti cur tam laboratur in discretione personarum, si cum Sabellio consentiret, nihil fuit. Sed hæc multo plura quam opus est in re minime dubia. Ita tamen veteres Patres interdum locutos ostendunt D. Eucherii verba immerito ipsi ab hominibus minime malis adempta. Non enim tollenda, sed explicanda fuerunt, aut ex August., qui, serm. 192, ita ait: *Non enim nomina tantummodo, sed nominum etiam proprietates, id est, personas confitemur*; et XI de Civit., cap. 10: *Neque vero sola est ista nominis Trinitas, sine subsistentia personarum, sicut Sabelliani hæretici putaverunt*; aut etiam ex Gregorio Theologo, qui, ne in id incideret, *non personarum nomina, sed nominum personas vere constare* dixit: *Neque verbum* (inquit) *sine re velut sonum vocis accipimus, sed tria nomina, et tres personas unius essentiæ, unius majestatis, atque potentiæ credimus.*
Ibid. *Tria quidem nomina*. Observandum nomina

procedens. Tria quidem nomina, sed substantia una. Sicut enim ignis, candor et color, tria quidem sunt vocabula, sed res una.

4. In relatione enim personarum trinitas est, in substantia vero naturæ unus Deus est: Pater scilicet, et Filius, et Spiritus sanctus. De Patre quia Deus est testatur Apostolus dicens, *Unus Deus Pater, ex quo omnia;* ita de Filio, quia Deus est, alibi ipse dicit: *Quorum patres, et ex quibus Christus secundum carnem, qui est super omnia Deus benedictus in sæcula.*

5. De Spiritu autem sancto, quia Deus est, idem qui et supra sic dicit: *Divisiones donationum sunt, idem autem Spiritus; et divisiones operationum sunt, idem vero Deus.* Ecce Pater, et Filius, et Spiritus sanctus Deus, sed non triplex deorum numerus in hac Trinitate est credendus.

6. Scriptum est enim: *Ego sum Deus, et non est alius Deus præter me.* Et illud: *Audi, Israel, Dominus Deus tuus unus est.* Tres ergo deos credere profanum est; trinitatem in personis non distinguere impium est.

III.

7. Inter personam *Patris*, et *Filii*, et *Spiritus sancti*, ita secernitur. Quod pater, nec factus, nec natus est. Filius natus, non factus; Spiritus sanctus, nec factus, nec natus, sed ex Patre Filioque procedens est. Proinde Pater æternitatem habet sine nativitate, Filius nativitatem cum æternitate; Spiritus vero sanctus processionem sine nativitate, cum æternitate.

8. Pater ex nullo exordium ducit, Filius ex Patre originem **79** sumit, Spiritus vero sanctus ex Patre Filioque procedit. Hæc tamen a nobis ita dicuntur de Trinitate, ut potest humana natura capere. Nam quis considerare sufficiat ipsius Trinitatis interna mysteria? Quomodo Pater, Filius, et Spiritus sanctus tres personæ sunt, una natura?

9. Quomodo Pater ingenitus, Filius genitus, Spiritus sanctus nec ingenitus, nec genitus? Quomodo Filius de Patre natus est, Spiritus sanctus de Patre procedit et Filio? Quomodo Filius nascendo procedit, Spiritus autem sanctus procedendo non nascitur? Quomodo Pater nunquam sine Filio, et tamen sine Filio Pater genuit Filium?

10. Quomodo Filius nunquam sine Spiritu sancto, et tamen ait: *Nisi ego abiero, Paracletus non veniet ad vos?* Quomodo Filius non de se sed de Patre est, nec tamen ei est posterior de quo est? Quomodo Spiritus sanctus de Patre procedit et Filio, nec tamen ab eis præceditur a quibus procedit?

11. Quomodo tria unum sunt, et unum tria? Quomo- A do ad se invicem relative tria sunt, et essentialiter unum sunt? Quis ista consideret? Quis ista comprehendat? Si enim humanæ nativitatis Christi secreta non capimus, divinæ naturæ mysteria quomodo capiemus?

IV.

12. Inter *substantiam* et *essentiam* Dei hoc quidam definierunt, quod substantia est hoc quod non est ab alio, sed semper ex sese est, hoc est propria intra se virtute subsistit; essentia vero in Deo idcirco est dicta, quia semper est, nec incipiens quando, nec desinens est, sed esse semper proprium ejus est.

V.

13. Inter hoc quod Filius nunc *æqualis*, nunc *minor* est Patre, ista est differentia. Primum æternæ substantiæ est, alterum **80** humanæ naturæ. In forma enim B servi, quia factus est ex muliere, Pater major illo est; in forma autem Dei, in qua erat ante carnis assumptionem, Patri coæqualis est. Propter illud dictum est, *Pater major me est;* propter hoc, *Ego, et Pater, unum sumus.* Æqualis ergo Patri in quantum Deus est, subjectus vero in quantum homo est.

VI.

14. Quid differt inter id quod Christus nunc *unigenitus*, nunc *primogenitus* esse prædicatur? Horum primum ad Patrem pertinet, alterum ad nos. Nam secundum divinitatis excellentiam Unigenitus est a Patre juxta Evangelium, quod dicit: *Et vidimus gloriam ejus, gloriam quasi Unigeniti a Patre, plenum gratiæ et veritatis.*

15. At vero, secundum fraternam societatem, pri- C mogenitus universæ creaturæ, juxta id quod Apostolus ait: *ut sit ipse primogenitus in multis fratribus.* Est ergo unigenitus in substantia deitatis, primogenitus in susceptione humanitatis: primogenitus in gratia, unigenitus in natura; primogenitus, juxta Apostolum, in multis fratribus; unigenitus tantum ex Deo solus. Inde est quod Frater nuncupatur et Dominus: Frater, quia primogenitus; Dominus vero, quia unigenitus.

VII.

De variorum nominum distinctione, quæ Filio Dei attribuuntur.

16. Jam vero differentiæ vel significationes nominum quæ in Dei Filio distinguuntur plurimæ sunt. Sed ex his quædam sunt naturalia ad divinitatis ejus excellentiam pertinentia, quædam vero accidentia. D Naturalia sunt: Deus, Omnipotens, Perfectus, Filius Dei, Verbum, Principium, Virtus, Sapientia, Imago, Splendor sive Figura, Brachium.

81 17. Accidentia sunt ista: Agnus, Sacerdos,

pro personis sæpe accipi. Vide not. *a* ad Hymnod. Hispan., die 4 Aprilis, pag. 274. Arev.

4. Apud Grialium *patres, ex quibus:* apud alios *patres, et ex quibus*, ut in Vulgata. Arev.

5. In Vulgata: *Divisiones vero gratiarum sunt, idem autem spiritus. Et divisiones ministrationum sunt, idem autem Dominus. Et divisiones operationum sunt, idem vero Deus.* Arev.

7. Theodulfus Aurelianensis ad probandam processionem Spiritus sancti ex Patre Filioque utitur his Isidori verbis, quæ paulo aliter legit, ut dixi in Isidorianis, cap. 33. Arev.

13. Quo sensu intelligendum sit Filium minorem esse Patre, non una est veterum Patrum sententia; nam nonnulli docuerunt majorem Filio Patrum appellari, propterea quod Filius a Patre genitus est. Sed communior interpretatio fuit præsertim episcoporum Occidentis, majorem Filio Patrem ideo nominari quia Filius, homine suscepto, minoratus est, non a Deo solum, sed etiam ab angelis. Hanc interpretationem, quæ certe præferenda est, Isidorus tenet cum multis aliis, quos Petavius recencet de Trinit. lib. II, cap. 2 Arev.

16. *Jam vero.* Pleraque ex Aug. serm. 2, de Trinit.

17. Filius Dei et hoc ipsum, quod Pater, non tamen ipse qui Pater. Hoc innuit eamdem esse Filii et

Petra, Lapis, Homo, Leo, Vitulus, Aquila, et his similia. Deus dicitur quia ex Deo genitus est, Omnipotens ab Omnipotente, Perfectus a Perfecto : Filius Dei est, quia dum hoc ipsum sit quod Pater, non tamen ipse est qui Pater.

18. Verbum est Filius Dei, quia proprie de divino ore processit, vel quia nihil in substantia naturæ suæ visibile vel corporeum est, vel pro eo quod Pater per eum omnia condidit sive jussit, vel quia per illum innotuit. Pater principium ex eo quod rerum omnium origo et causa sit. Dextera, propter effectum totius creaturæ, quæ per ipsum formata est.

19. Brachium, quia ab ipso omnia continentur. Virtus pro eo quod omnem potestatem Patris in semetipsum habeat, et omnem cœli terræque creaturam gubernet, contineat atque regat. Sapientia est pro eo quod ipse revelet omnia mysteria scientiæ, et arcana sapientiæ. Imago est propter similitudinis veritatem.

20. Species enim Patris indifferens est, habens in se indiscretam naturam, sive essentiam. Splendor appellatur, quia dum sit ipse Pater lux, ita Filius ab eo inseparabiliter quasi splendor ex luce procedit. Figura est, quia, suscipiens formam servi, operum virtutumque similitudine Patris in se imaginem atque immensam magnitudinem designavit.

21. Mediator est, quia inter hominem et Deum medius est, habens in se substantiam utriusque naturæ, id est, humanæ humilitatis formam, et divinitatis excellentiam. Porro, Agnus propter innocentiam, et passionem carnis appellatur. Sacerdos, quia semetipsum Patri hostiam pro nobis obtulit. Petra, quod firmitas sit credentium, offensio et ruina incredulorum. Lapis angularis, quia Vetus et Novum Testamentum, veluti duo parietes ex adverso venientes, tanquam angulus, sibimet copulavit ac fidei unitate conjunxit.

22. Homo, quia secundum carnem ex Virgine natus est passibilis atque mortalis. Leo, propter regnum et potentiam, per quam **82** in morte Zabulum vicit. Vitulus, quia propter salutem gentium immolatus est. Aquila, pro eo quod resurgens ad astra cœli remeavit, et ad sedem paternam unde venerat iterum rediit.

VIII.

23. Inter *nativitatem Christi* et *nostram* hoc interest, quod omnis homo ex delicti lege invenitur esse conceptus, ille autem non ex concupiscentia carnis, vel ex virilu coitu, sed de Spiritu sancto natus est. Naturam quippe traxit originis, non culpam prævaricationis. Corpus ex Virgine sumpsit, virginitatem maternæ carnis non abstulit. Item, nos ex una generatione subsistimus; ille autem ex duabus, divinitatis et humanitatis.

24. Ex prima nativitatem sumpsit, ex altera creationem. Natus enim divina generatione, factus humana. Primum fuit sine tempore, secundum in plenitudine temporis. Nos ex duabus subsistimus substantiis, corporis, videlicet, atque animæ; ille vero ex tribus : verbi, corporis, et animæ. Inde est quod perfectus prædicatur Deus et homo, habens in se geminam substantiam, et divinitatis suæ, et humanitatis nostræ.

IX.

25. Item hoc distat inter *mortem Christi* et *nostram*. Nos enim in mortem pro merito prævaricationis incurrimus, ille autem **83** sponte mortem pro nostra salute suscepit secundum quod ipse testatur dicens : *Potestatem habeo ponendi animam meam, et nemo eam tollit a me, sed ego pono eam.*

X.

26. Inter *resurrectionem Christi* et *nostram* sic discrepat : quod nobis resurrectionis tempus usque in finem sæculi differtur, illius vero die tertio celebratur; ille nullius eguit ut resurgeret, nos illo miserante resurgimus.

XI.

27. Inter *creationem mundi* et *formationem ejus* hæc est differentia, quod originaliter secundum materiæ substantiam simul cuncta creata sunt, juxta illud quod dicitur : *Qui vivit in æternum creavit omnia simul.*

28. At vero secundum distinctionem specierum per sex dierum alternationem formata sunt. Totius enim creaturæ origo simul exstitit, species tamen et forma per temporum incrementa processerunt.

29. Nam primum materia facta cœli et terræ confusa atque informis, quam Græci chaos appellant. De qua postmodum singillatim per species varias formasque proprias prodierunt. De qua materia Scriptura loquitur: *Qui fecisti mundum de materia informi.* Quæ ob hoc informis, quia adhuc confusa erat atque obscura, et necdum per visibiles species, variasque formas discreta.

30. Sed materia facta est de nihilo. Mundi autem species de informi materia. Proinde duas res ante omnem diem et tempus condidit Deus omnipotens :

Patris naturam, non eamdem personam. Vide notas meas ad Sedulium, l. I, vers. 519. De hujusmodi vero nominibus, quæ Filio Dei attribuuntur, agit etiam Isidorus l. VII Etymologiar., cap. 2. AREV.

24. *Ille vero ex tribus.* Apposite in concilio Toletano XV, præside sancto Juliano, propugnata fuit assertio quod tres in Christo sint substantiæ : *Tres in Christo substantias diximus, quod et majores nostros docuisse monstravimus, honorantes videlicet et sequentes sententiam doctoris egregii, Hispalensis sedis episcopi, quam in libris suis de differentia naturæ Christi, vel nostræ disseruit, ubi ait*, etc. Patres concilii Francofordiensis, anno 794, hanc loquendi rationem minus probabant, ut constat ex libello episcoporum Italiæ contra Elipandum, ex concilii decreto misso ad episcopos Hispaniæ, tom. VII Labb., col. 1028 : *Sunt etiam plerique qui astruunt ex tribus substantiis unam mediatoris personam Verbi, carnis et animæ, cum in causa fidei non videatur necessarium sophistica disputatione sæcularium litterarum calculos syllogistica spargere manu.* Verum jam olim sanctus Julianus Toletanus causam suam acriter defenderat, ac Romano etiam Pontifici probaverat, quamvis nonnulli tres in Christo substantias in nullo sensu admitti posse asseruissent. Vide Florezium, Hisp. sacr. tom. V, pag. 297, et tom. II Patrum Toletan. AREV.

27. *Quod originaliter secundum materiæ substantiam.* Processerunt ex Gregor., XXXII Moral., cap. 9.

Ibid. Simul cuncta creata sunt. Id quo pacto intelligi debeat, explicatur a Loaisa in not. ad lib. I Senteut., cap. 11. AREV.

angelicam, videlicet, creaturam, et informem materiam; quæ quidem dum sit ex nihilo facta, præcessit tamen res ex se factas non æternitate, sed sola origine, sicut sonus cantum.

31. Nam qui vivit in æternum, creavit omnia simul. Itaque non omnia ex nihilo condidit Deus, sed quædam ex aliquo, **84** quædam autem ex nihilo. De nihilo mundum, angelum et animas; ex aliquo hominem et cæteras mundi creaturas.

XII.

De duplici paradiso.

32. Unus est *terrenus*, ubi primorum hominum corporaliter vita exstitit, alter *cœlestis*, ubi animæ beatorum, statim ut a corpore exeunt, transferuntur, atque, digna felicitate lætantes, exspectant receptionem corporum suorum. De hoc paradiso Dominus ad latronem dixit: *Hodie mecum eris in paradiso.* Originaliter autem primi hominis culpa nos de paradiso expulit, et in hanc exsilii peregrinationem dejecit.

33. Inde est quod prævaricationis suæ reatu astringimur. Unde et merito sententiæ debito pœnam paternæ prævaricationis exsolvimus. Nam ita primus homo est conditus, ut per augmentum ætatum sine media morte de vita corporalis paradisi commutaretur ad vitam paradisi cœlestis.

34. Sed quia hoc bono contentus esse noluit, protinus suæ conditionis merito caruit, mortemque geminam animæ et corporis invenit. Ignorantiam veri et vetustatem obtinuit, atque in omnem progeniem peccati sui prævaricationem transmisit, non tantum in hos qui proprio delinquunt arbitrio, sed etiam in illos qui nondum implicari valent actuali peccato.

35. Inde est quod parvulis lavacri gratia conceditur. Quia etsi non est illis peccatum proprii operis, inest tamen originaliter noxa paternæ prævaricationis. Unde et propheta David ex semetipso humanum genus deplorans conqueritur dicens: *Ecce in iniquitatibus conceptus sum, et in peccatis peperit me mater mea.*

XIII.

De rerum gradibus.

36. Gradus vel differentiæ rerum sex sunt. Id est, *non viventia,* **85** *viventia, irrationabilia, rationabilia, mortalia, immortalia;* novissimus Deus, *qui est super omnia benedictus in sæcula.* Primus gradus est eorum quæ non crescunt, vita motuque carent, qualis est in lapidibus.

37. Secundus gradus, in iis quæ crescunt, vitam motumque sine sensu habent, qualis est in herbis, vel in arboribus, quibus si minime vita insensi- A bilis, motusque inesset, nec germinare utique, neque crescere possent; atque ista quæ vitam sine sensu habent lapidibus præponuntur et terræ.

38. Tertius gradus est in iis quæ non solum crescunt et vivunt, sed etiam sentiunt, at non intelligunt, qualis est in pecoribus. Quartus gradus est in iis quæ crescunt, vivunt, sentiunt, et intelligunt, sed tamen mortalia, ut animalia sunt, qualis est in hominibus.

39. Quintus est in iis quæ sentiunt, et intelligunt, et immortalia sunt, qualis est in angelis. Sextus, id quod immutabile et infinitum, et simplex est, a quo omnis hæc natura inspiratur, movetur, gubernatur, et regitur, quod est Deus.

40. Sed hæc quidem omnia, sicut gradibus crescunt, ita sibi qualitate naturæ præcellunt. Nam ar- B bor præfertur lapidi, et pecus arbori, et homo pecori, angelus homini, et Deus præponitur angelis.

XIV.

41. Inter *angelos, dæmones,* et *homines* hanc differentiam veteres scripserunt, quod angeli sint spiritualis substantiæ, ante omnem creaturam creati, natura mutabiles conditi, sed contemplatione Dei immutabiles facti, animo impassibiles, mente rationales, tempore æterni, beatitudine perpetui, felicitate securi, futuri præscii, jussi mundum regunt, missi corpora ex excellenti aere sumunt, in cœlestibus commorantur.

86 42. Dæmones sunt impuri spiritus, subtiles et vagi, animo passibiles, mente rationabiles, corpore aerei, tempore æterni, humanitatis inimici, no- C cendi cupidi, superbia tumidi, fallacia callidi, semper in fraude novi. Commovent sensus, fingunt affectus, vitam turbant, somnos inquietant, morbos inferunt, mentes terrent, membra distorquent, sortes regunt, præstigiis oracula fingunt, cupidinem amoris illiciunt, ardorem cupiditatis infundunt, in consecratis imaginibus delitescunt; invocati adsunt, veris similia mentiuntur, mutantur in diversis figuris, interdum in angelorum imaginibus transformantur. Hi quondam a sede cœlesti ob superbiam lapsi, nunc in aere commorantur.

43. Homines sunt ratione capaces, intellectu sapientes, ore loquaces, natura magis quam doctrina valentes, statu rigidi, vultu erecti, figura universi similes, et inter se dissimiles singuli, ani- D mo immortales, sensu imbecilli, corpore fragiles, mente leves, diversi moribus, impares erroribus, ad studia inertes, proni ad voluptates, cassi labore, divitiis caduci, sollicitudine anxii, singillatim morta-

35. *Peperit me mater mea,* ita apud Greg., lib. VII Reg., cap. 53, et lib. XII, cap. 10.

Ibid. Vulgata: *In peccatis concepit me mater mea.* AREV.

36. Samson abbas Cordubensis, in Apologetico, lib. II, cap. 23, quinque differentias creaturarum ex Augustino enumerat; tum addit: *Sed et egregius doctor Isidorus in libro Differentiarum dicit: Quot sunt gradus vel differentiæ rerum? Sex. Quæ? Non viventia, viventia, sentientia, rationabilia, immortalia; novissimum, quod est super omnia, Deus. Primus gradus,* etc., cum levi quodam nonnullarum vocum discrimine. AREV.

39. *Quæ sentiunt et intelligunt, et immortalia sunt.* Eodem modo Augustinus, VIII de Civit., cap. 6: *Vel etiam, quæ nutritorio subsidio non indiget, sed tantum continet, sentit, intelligitque, qualis est in angelis.*

40. *Corpore aerei.* August., de Divinat. Dæmon., cap. 3: *Dæmonum ea est natura, ut aerei corporis sensu terrenum corporis sensum facile præcedant.*

43. *Denuo alii ad gloriam.* Hæc non sunt in manu scriptis libris.

les, prole mutabiles, vita queruli, tempore celeres, tardi ad sapientiam, veloces ad mortem, de præteritis nudi, de præsentibus exigui, de futuris incerti; concipiuntur in iniquitate, in peccato nascuntur, in labore vivunt, in dolore moriuntur; denuo alii ad gloriam, alii ad pœnam de favilla surgentes debitum solvunt.

XV.

Inter prævaricationem angelicam et humanam.

44. Quæ sit discretio *prævaricationis angelicæ* et *humanæ naturæ*, cur ista redimitur, illa sine fine damnatur? Prævaricatores quippe angeli ideo veniam non habent, eo quod fragilitatis carnalis nulla graventur infirmitate. Homines autem post peccatum idcirco ad veniam reverti possunt, propterea quod pondus infirmitatis ex lutea traxerunt materia.

87 45. Probat Psalmista quod propter carnis conditionem reditus eis pateat ad salutem; sic enim dicit: *Ipse scit figmentum nostrum. Memento, Domine, quod terra sumus.* Et iterum: *Memorare quæ mea substantia.* At vero diabolus, vel maligni spiritus, nec possunt habere veniam, nec merentur, sicut scriptum est de eodem apostata, cujus cor, quasi lapis, indurabitur, scilicet, ut pœnitentiæ compunctione non emolliatur.

XVI.

46. Inter *hominem* et *pecus* ista est discretio. Homo est animal ex corpore animaque vivente compositum, atque spirituali compactione formatum, subsistens ratione, liberique arbitrii voluntate, vitiorum capax, atque virtutum; at contra pecus est animal irrationale, mortale, motu carnis et sanguinis animatum; unde et anima eorum post mortem simul cum carne dissolvitur. (Adde et aliud, per quod ab eis distinguitur. Illa prona sunt, et ad terram vergentia; nobis naturaliter vultus in cœlum erectus est; illis otium et opulentia; nobis ratio et sermo concessus est, per quæ intelligere et Deum confiteri possimus.)

XVII.

Inter humani corporis membra.

47. Rationem autem humani corporis singulorumque membrorum differentiam Lactantius, sive plerique auctorum, ita definierunt, dicentes: *Homo dictus est ab humo.* Hic ex diversis subsistit substantiis, ex mortali et immortali. Corpus autem ejus ex ossibus et carnibus constat, dividiturque in quatuor elementa.

48. Habet enim in se aliquid ignis, aeris, aquæ et terræ. Ratio autem terræ in carne est: humoris in sanguine, aeris in spiritu, ignis in calore vitali. Siquidem quadripartita humani corporis **88** ratio quatuor elementorum designat speciem. Caput namque ad cœlum refertur, in quo sunt duo oculi, quasi duo luminaria solis et lunæ.

49. Pectus aeri conjungitur, quia sic inde emittitur spiraminis flatus, sicut ex aere ventorum spiritus. Venter autem mari assimilatur, propter collectionem omnium humorum, quasi congregationem aquarum. Vestigia postremo terræ comparantur, eo quod sunt ultima membrorum arida, sive sicca, sicut et terra. Jam vero in capitis arce mens collocata est, tanquam in cœlo Deus, ut ab alto speculetur omnia, atque regat.

50. Factus est autem homo ad contemplationem cœli rigidus, et erectus, non sicut pecora in humum prona, atque vergentia; in cujus summitate caput est collocatum, datumque illi hoc nomen, quod hinc capiant initium sensus et nervi. Capilli autem capitis, vel ad speciem sunt decoris, vel ad arcendam frigoris injuriam, sive caloris.

51. In capite autem, ut ait sanctus Augustinus, *Tres tanquam ventriculi cerebri constituti sunt: unus anterior ad faciem, a quo sensus omnis; alter posterior ad servicem, a quo motus omnis; tertius inter utrumque, in quo memoria vigere demonstratur, ne cum sensum sequitur motus, non connectat homo quod faciendum est, si fuerit oblitus quod fecit.*

52. Facies dicta est, eo quod notitiam faciat hominis. Inter faciem autem et vultum hæc est differentia, quod facies naturalis et certus oris habitus est; vultus vero varius et secundum affectionem animi modo lætus, modo tristis. Unde et vultuosi dicuntur qui vultum sæpe commutant.

53. Jam vero barbæ ratio quantam vultus confert decentiam? Barba est decoris signum, virilitatis indicium, quæ et juventutem significat, et sexus naturam distinguit. Oculi autem in facie concavis foraminibus inclusi sunt, a quo foratu frons nominata est. Iidem quoque oculi gemmarum habentes similitudinem membranis perlucentibus conteguntur. Per quas membranas, quasi per vitrum, vel speculum refulgentes, mens ea quæ foris sunt transpicit.

89 54. In medio autem horum orbium scintillæ luminum conclusæ tenentur, quas pupillas vocamus, quibus cernendi gratia continetur; et ut oculi munitiores essent ab injuria, eos Opifex summus tegminibus occuluit. Unde et oculos esse dictos, quasi occultatos (id est, undique munitos) quibus adhibitæ sunt palpebræ a palpitando dictæ. Quia concurrentes invicem oculorum obtutum reficiunt, pilis in ordine astantibus ad munitionem eorum.

55. Supercilia quoque pilis brevibus adornata sunt, quasi quibusdam aggeribus oculis præbentes custodiam, ne quid superne incidat. Aurium inde dictum nomen est, a vocibus hauriendis. Per immutationem enim litteræ aures veluti audes, sunt nominatæ. Per has enim sonum vocemque, quasi

45. Eadem sententia apud Greg., IV Moral., cap. 9 et 21.

Ibid. Vulgata: *Quoniam ipse cognovit figmentum nostrum. Recordatus est quoniam pulvis sumus.* AREV.

46. *Adde et aliud... confiteri possumus.* Hæc in uno tantum libro leguntur.

47. Hæc eadem pleniora Etymolog. lib. XI, cap. I, ubi indicati loci e quibus sumpta sunt; locus Augustini de cerebri ventriculis lib. VII de Genes. ad litter., cap. 18.

Ibid. Sive plerique pro *et plerique*. AREV.

52. Differentia inter *faciem* et *vultum* iisdem fere verbis expressa est in Differentiis verborum, num. 589, ubi quædam annotata sunt. AREV.

per cochleam descendere. Quod aer ictus in circulum orbemque moveatur.

56. Genæ, a genibus dictæ. Quia complicatum in utero gigni formarique hominem aiunt, ita ut genua sursum sint, quibus oculi formentur, ut cavi ac reconditi fiant. Ideoque et qui alicujus lacrymas elicere cupiunt, genua tangunt, ac per ea deprecantur, quod in utero formaverint oculos, atque enutrierint. Ipse genarum tumor instar collium leniter exsurgens ab omni parte contra imminentes ictus, oculos efficit tutos.

57. Nares dictæ, quod per eas aer, vel spiritus nare non desinit. In his enim tria sunt officia : unum ducendi spiritus, alterum capiendi odoris, tertium purgamenta cerebri defluendi. Os dictum est, quasi corporis ostium. Cujus species in duobus constat officiis : sumendi victum, et loquendi lingua.

58. Labia a lambendo nominata. Quod autem superius est labium dicimus; quod inferius, labrum. Linguæ nomen a ligando cibo impositum. Hæc interpres animæ vocem motibus suis in verba distinguit, vel illisione palati, ac dentium, vel compressione labiorum.

59. Dentes dicti, quasi cibos dividentes. Siquidem escam incidunt et comminuunt, opportunius gutturi et stomacho tradunt. Horum priores, qui cibum præcidunt, adversi dentes dicuntur; molares intimi, qui cibos subigunt; canini, qui vigesimo ætatis anno existunt.

90 60. Gingivæ a gignendis dentibus nominatæ, quæ magnam pulchritudinem ori conferunt, dum nuditatem dentium tegunt. Fauces sunt angustæ fistulæ, quasi foces, per quas vocalis spiritus ab intimo pectore exiliens sonum vocis emittit.

61. Mandibulæ maxillarum partes sunt quibus mandimus. Dicta autem maxilla per diminutionem, sicut paxillus a palo. Collum ad instar columnæ vocatum. Est enim rigidum et rotundum. Duæ sunt in eo fistulæ : una ciborum, altera aeris. Harum superior rumen vocatur, qua cibus et potio devoratur; unde bestiæ quæ cibum revocant ac remandunt ruminare dicuntur : altera inferior vocatur gurgulio ex ossibus compacta, et cohærentibus et flexuosis; hæc a naribus ad pulmonem patens ob transmeantem spiritum. Cujus operculum sublinguium dicitur, quasi parva lingua, quæ foramen ejus recludit et aperit, ne per partes juncta fistula impetu veniens, violenter aer interna corrumpat.

62. Manus dictæ eo quod munus sint omni corpori, et quod ab ipsis mandimus. Palma manus est dispansis digitis, sicut et arbor dispansis ramis. Item, sicut contractis digitis, pugnus.

63. Digitorum quoque numerus perfectus est, et ordo decentissimus. Ex his primus rector omnium et moderator pollex vocatur, eo quod plurimum inter cæteros polleat, id est prævaleat. Secundus index et salutaris vocatur, quia eo fere ostendimus et salutamus. Tertius medius vel impudicus, quartus me- A dicus, quod eo tritum collyrium a medicis colligitur. Quintus auricularis, quod eo aurem scalpimus.

64. Porro pectus hominis ab aspectu vocatum. In mutis enim animantibus ad terram oppressum est, atque ab aspectu remotum; hominis autem aspectui patens et erectum. Plenum enim ratione non decebat esse latens et humile.

65. Papillæ sunt mammarum capitula. Mammæ autem tumores pectoris leviter exsurgentes : hæc sunt feminis ad alendum fetum datæ, maribus ad solum decus, ne informe pectus esse videretur. Neque enim decebat in feminis alibi esse, quam ut animal intelligens ex corde alimoniam sumeret.

66. Porro umbilicus est nota impressa quæ medium ventrem designat. Ad hoc factus, ut per eum B fetus dum est in utero nutriatur. Splenis autem et jecoris viscera quasi ex conturbato sanguine **91** videntur esse concreta. Juxta eos autem qui de physicis disputant, voluptatem venereæ concupiscentiæ consistere dicunt in jecore, affectum autem iracundiæ in felle, pavoris in corde, in splene lætitiæ. In pulmonibus vero aerem contineri, qui a corde per venas quas arterias vocant, diffunditur, ut paulatim inspirandi et respirandi tractu totum animet corpus.

67. In jecore ignis habet sedem, qui velut subvolare ostenditur in excelsum cerebri locum, tanquam in cœlum corporis nostri. Unde et radii emicant oculorum, et de cujus medio, velut centro quodam, quædam non solum ad oculos, sed cæteros sensus tenues fistulæ deducuntur. Siquidem in eo volunt esse C officium voluptatis, et decoctionis ciborum complexu, et calefactu suo in sanguinem mutandorum.

68. Intestinorum autem ratio : idcirco longis anfractibus in circulorum ordinata sunt modum, ut susceptos cibos paulatim egerant, et ex ipsis ea quæ intrinsecus sunt, humorem sensim suscipiant. Alvus dictus eo quod in eum, quasi in alveum, omnis humor cibo permistus defluat ac recurrat, et inenarrabili modo ciborum succo universum corpus, quasi e latere valles vicinas irrigando adimpleat.

69. Porro alvus venter, et uterus differunt. Venter enim est qui apparet extrinsecus, pertinetque a pectore ad inguen. Alvus est interior pars, qua cibus recipi et purgari solet. Uterum solæ mulieres habent in quo concipiunt. Confundunt tamen hæc au- D ctores, et uterum pro utriusque sexus ventre ponunt.

70. Genitalia autem, sicut ipsum nomen docet, a gignendo dicta. Natium caro conglobata sedendi officio facta est, ne, premente corporis mole, ossibus cederet. Femina sunt femorum partes, quibus in equitando tergis equorum adhæremus. Unde et præliatores feminibus equos admisisse dicuntur.

71. Genua a genis dicta, eo quod in utero cohæreant, et cognata sint oculis. Unde Ennius, *genua comprimit arta gena*. Tibiæ dictæ sunt quasi tubæ. Plantæ vero a planitie nuncupatæ, quia non rotundæ, ut in

57. Fortasse legendum *purgamenta cerebri dejiciendi*. Arev.

58. *A ligando*. Ita etiam in Etymologiis. Alii aliter. Arev.

73. Hæc differentia in uno tantum *Ms*. legitur.

quadrupedibus, ne stare non possit homo, sed planæ A et longiores formatæ sunt, ut stabile corpus efficerent. Calces autem a callo pedum sic nominatæ sunt.

72. Pedum digiti et decorem et usum ferunt. Nam currere **92** non possemus, nisi digitis in humum pressis soloque nitentibus impetum saltumque capiamus. Reliqua ossa corporis, velut columnæ quædam, quibus caro sustentatur, inserta sunt, et nervorum vinculis colligata, ut aptissimo motu flectantur. Hæc Lactantius cæterique de *ratione* corporis scripserunt.

XVIII.

73. Inter *virum* et *hominem* quidam distinxerunt hoc interesse, quod vir utraque scientia præditus eloquentiam cum sapientia retinet: Homo loquacitate tantum naturæ bestiis præpollet. Virum autem dixerunt ἀπὸ τῆς ἀρετῆς, id est a virtute. Virtus autem apud veteres scientia rerum omnium nuncupatur. Nos autem unum eumdemque et virum, et hominem nuncupamus. Juxta quod et de Christo legitur, qui tam vir in sanctis Scripturis quam et etiam homo vocatur.

XIX.

74. Inter *infantiam* et *pueritiam*, et reliquas ætates, sapientes ita definierunt. Prima hominis ætas infantia, secunda pueritia, tertia adolescentia, quarta juventus, quinta senectus, sexta senium. Duæ primæ ætates singulis annorum terminantur hebdomadibus, propter simplicem vitam. Nam infantia septimo anno finitur, quartodecimo pueritia, dehinc sequens adolescentia duabus constat hebdomadibus propter intellectum et actionem. Quæ duæ nondum erant in C pueris, et porrigitur hæc ætas a quinto decimo anno usque ad XXVIII.

75. Post hæc succedens juventus tribus hebdomadibus permanet, propter tria illa, intellectum et actionem, corporisque virtutem. Ista ætas a XXVIII anno exoritur, et quagragesimo nono consummatur, quando et in feminis partus deficit.

76. Porro senectus quatuor hebdomadibus completur propter accedentem illis tribus animi et corporis gravitatem. Incipit enim hæc ætas a quinquagesimo anno, et septuagesimo septimo terminatur. Ultima vero senium nullo certo annorum tempore definitur, sed solo naturæ fine concluditur.

XX.

93 77. Inter *senectutem* et *senium* hoc differt, quod D senectus vergens ætas a juventute in senium, nondum tamen decrepita; senium vero est fessa atque extrema ætas, et vitam ultimam anhelans.

XXI

78. Inter *infantem* et *puerum* quidam ex sapientibus distinxerunt. Infans, inquiunt, dicitur, qui nondum fari potest. Puer autem a puritate vocatus quasi purus, sive quia nondum lanuginem floremque genarum inducunt.

79. Puella autem a parvitate vocata, quasi pulla. Unde pupillos et pupillas non pro conditione, sed pro ætate puerili vocamus. Puer olim et masculus et femina appellabatur, sicut infans. Hinc consuetudo communis puerperam vocat. Proprie autem puerperas dici quæ primum enixæ sunt pueros, eo quod puellæ admodum pariant.

80. Egressi pueritiam masculi, puberes appellantur, quia jam gignendi potestatem sumunt; feminæ vero vir-B gines vel viragines dicuntur. Dicta autem virago, vel quod a viro sumpta sit, vel quod sit masculini vigoris. Simul pubertatem egressi, adolescentes appellantur. Adolescentes autem dicti ab adolescendo atque crescendo. Unde et quidam, de agricultura loquens, maturescentem fructum adolescentem vocavit.

81. Post adolescentiam quoque juvenes fiunt. Juvenes autem dicti, quod juvare posse incipiunt, ut bobus juvencus dicitur, cum a vitulo discedit.

82. Jam vero mediæ ætatis proprie dicuntur vir et mulier. **94** Vir itaque nuncupatus, ut ait Lactantius, quia major in eo vis sit quam in feminis, et hinc virtus nomen accipit. Item mulier a mollitie dicta, immutata et detracta littera, quasi mollier.

83. Sed ideo viris plus roboris datum est, ut facilius ad patientiam conjugalem feminæ cogerentur. Mulier autem non pro corruptela integritatis, sed pro sola maturitate ætatis mulier nominatur; sicut et vir pro sola virilitate, etiamsi ab opere femineæ admixtionis habeatur immunis.

84. Extremæ jam ætatis, senes et anus vocantur. Senes autem quidam dictos putant, eo quod se nesciunt, et per nimiam ætatem delirent atque desipiant. Unde et Plato: *In pueris crescit sensus, in juventibus viget, in senibus minuitur.* Anus autem ex multis annis dicta est, quasi annosa.

XXII.

85. Inter *rationabile* et *rationale* hoc interesse sapiens quidam dixit: *Rationale est quod rationis utitur intellectu, ut homo; rationabile vero quod ratione dictum vel factum est.*

XXIII.

86. Inter *mentem* et *rationem* hoc differt. Mens est pars animæ præstantior, a qua procedit intelligentia.

---

78. *A puritate.* Non., *Pueritia, id est puritas.* Varro Rerum divinar. lib. I, *Quæ pueritia est infrequens polluta.*

Ibid. Quia nondum lanug. Fest., *Puer, impubes tantum dicitur.*

79. *Quasi pulla. Pullum est ætatis novellæ*, ait Non.

Ibid. Puerilitate, ita Codex Hisp. Varro de Liber. educand., *Velim, me Hercle, ipse usu magno puerilitatis formulam audire. Al. puerili ætate.*

Ibid. Notæ Wicelii in Grialii Editione perturbatæ sunt, et extra ordinem suum collocatæ. Notas, *A puritate*, etc., et quia *nondum lanugo*, facile fuit ad suum locum revocare. Notæ *puerilitate; ita Codex*, etc., et *al.*, *puerili ætate*, videntur positæ pro verbis *pro ætate puerili*. AREV.

81. In Editione Grialii mendum clarum erat *juventus* pro *juvencus*; in aliis desunt hæc verba, *ut in bobus*, etc. AREV.

82. *Quasi mollier.* Non male alii, *quasi mollior.* AREV.

85. *Rationale est.* Verba sunt August. II de Ordin., cap. 11.

89. *Intelligibile esse... sentiuntur*, verba August. VIII de Civit., cap. 6.

Ratio vero est motus quidam animi visum mentis A acuens, veraque a falsis distinguens.

XXIV.

87. Inter *memoriam*, *mentem*, et *cogitationem*, talis distinctio est, quod memoria præterita retinet, mens futura prævidet, cogitatio præsentia complectitur.

XXV.

88. Inter *sensum* et *memoriam* hoc interest. Sensus, rei cujusque adinventio; memoria, rei inventæ recordatio: ille excogitat et reperit, hæc reperta custodit.

XXVI.

95 89. Inter *intelligibilia* et *sensibilia* taliter veteres discreverunt: intelligibilia esse quæ mente animoque percipiuntur; sensibilia autem, quæ visu tactuque corporeo sentiuntur.

90. Sunt autem sensus corporei quinque: visus, B auditus, odoratus, gustus, tactus. Visui subjacet habitus, et color, seu magnitudo mensuræ. Auditui voces et sonus, odoratui odorum fragrantia, vel quæ aliter se habent, gustui sapor amarus seu dulcis, tactui calida vel frigida, aspera vel mollia, seu lenia.

91. Hi autem quinque sensus ex partibus elementorum sunt, sed non ex omnibus elementis quatuor, sed ex aere terraque gignuntur. Ex aere quidem visus, odoratus, auditus; ex terra tactus saporque nascitur.

XXVII.

92. Inter *animam* et *corpus* ita secernitur: anima est substantia incorporea, intellectualis, rationalis, invisibilis, atque mobilis, et immortalis, habens ignotam originem, nihil tamen in natura sua mixtum concretum, vel terrenum, nihil humidum, nihil flabile, C vel igneum; at contra corpus est substantia visibilis, atque mobilis, mortalis, habens semen ex vitio, et ex terrena fæce materiam. Sed anima, quia spiritualis creatura est, initium novit, finem habere non novit. Sicut enim angeli, ita et animæ sunt. Habent enim initium, finem nullum. Corpus autem, quia ex quatuor elementis constat, ignis, aeris, aquæ, et terræ, dum fuerit excedente anima resolutum, redit rursus unde fuerat ortum. Inde et partim mortales, partim immortales sumus. Animæ enim naturam communem habemus cum angelis, carnem vero cum pecoribus.

XXVIII.

93. Inter *carnem* et *corpus* quidam sapiens distinxit dicens: Caro est quæ proprie sanguine, nervis, ossi- D busque distinguitur; corpus vero, quanquam et caro dicatur, interdum tamen et aereum 96 nominatur, quod tactui visuique non subjaceat, et plerumque est visibile atque tangibile. Paries corpus est, sed non caro; lapis corpus est, sed non caro. Sic et Apostolus corpora cœlestia appellat, et corpora terrestria. Cœleste corpus solis, lunæ et stellarum, terrestre ignis, aeris, aquæ, terræ, et reliquorum, quæ absque anima iis censentur elementis.

XXIX.

94. Inter *animum* et *animam* Lactantius distinguere philosophos quosdam ita existimat: « Quidam, inquit, aiunt aliud esse animam qua vivimus; aliud animum quo sentimus et sapimus, quia, valente in corpore anima, nonnunquam animus perit, sicut accidere dementibus solet.

95. Addunt quoque animam morte sopiri, animum somno. Ob hoc inde putant esse divisum, eo quod actionis officio separentur. Qui vero utrumque indifferenter accipiunt, veracius argumentantur: Quod nec vivere sine sensu possumus, nec sentire sine vita.

96. Idcirco nequaquam posse esse divisum quod a se minime separatur. Sed idem unum, et vivendi habere vigorem, et sentiendi perfrui ratione; et dum sunt utraque unum, varia sumpsere vocabula, pro diversitate effectionum. Sicut enim spiritus pars animæ est per quam imagines rerum corporalium imprimuntur, sic animus pars ejusdem animæ est, quo sentitur et sapitur; sicut et mens ejusdem portio est, per quam omnis ratio intelligentiaque percipitur.

97. Sicut voluntas, qua intellecta consentiuntur; sicut memoria, qua meditata rememorantur. Et hæc quidem dum multiplici constant appellatione, non tamen ita dividuntur in substantia sicut in nomine, quia eadem una est anima. Quæ dum contemplatur, spiritus est; dum sentit, sensus est; dum sapit, animus est, dum intelligit, mens est; dum discernit, ratio est; dum consentit, 97 voluntas est; dum recordatur, memoria est; et dum membra vegetat, anima est et modo sapit, modo desipit, modo remotis paulisper curis, corporis sopore definita quiescit, rursusque commota ad contemplandas rerum imagines protinus excitata recurrit.

XXX.

98. Inter *animam* et *spiritum* hoc differre doctores dixerunt, quod anima ipsa vita est hominis, præstans sensum motumque corporis: spiritus autem ipsius animæ est quædam vis et potentia rationalis, per quam lege naturæ præstare videtur cæteris pecoribus. Proinde anima flatus vitæ est, animalem hominem faciens; spiritus autem, vis quæ carnales concupiscentias calcat, atque mortalem ad immutabilitatem vitæ hominem provocat.

99. Certissime autem spiritum animam esse evangelista testatur, quia animam quam Christus in carne suscepit spiritum nominavit. Nam cum dixisset Dominus, *Potestatem habeo ponendi animam meam*, hanc sine dubio tunc posuit, quando in cruce, inclinato capite, spiritum tradidit. Omnis autem anima spiritus esse potest, non tamen omnis spiritus anima. Nam ipse Deus spiritus est, et tamen anima non est; angeli quoque et venti spiritus sunt, et tamen animæ non sunt.

100. Ipsa autem anima, quid sit, qualis sit, ubi sit, quam formam habeat, vel quam vim, nullo modo certissime

94. Confer de his Etymol. lib. XI, cap. 1, num. 13. AREV.

97. Multa, quæ de anima hic dicuntur, repetita sunt in libro quodam de Numeris, quem nondum editum puto, et inter appendices exhibebo, ut dixi in Isidorianis, cap. 63, num. 10 seqq. AREV.

100. De his agit Isidorus lib. I Sentent., cap. 12, quem ad locum videndæ sunt Loaisæ notæ, quæ huc quoque faciunt. AREV.

sapientes hujus mundi definierunt. Alii namque ignem animam, alii sanguinem esse dixerunt, alii incorpoream, neque habere ullam figuram. Nonnulli quoque eamdem divinæ naturæ esse partem impia temeritate crediderunt.

101. Nos autem eamdem non ignem, vel sanguinem, sed incorpoream dicimus, passibilem, atque mutabilem, carentem pondere, figura, sive colore. Nec dicimus animam partem, sed creaturam esse Dei, nec de substantia Dei, vel de qualibet subjacenti elementorum materia, sed ex nihilo fuisse creatam.

102. Nam, ut ait quidam, si eam Deus ex semetipso fecisset, nequaquam vitiosa, vel mutabilis, vel misera esset. Item, si ex elementis **98** esset visibilibus facta, haberet utique vel ex terra soliditatem, aut ex aqua humorem, aut flatum ex aere, aut calorem ex igne; sed quia his omnibus caret, apparet eam inde non esse, quia cum illis nihil probatur habere commune.

103. Unde et prave a quibusdam creditur esse corporea, quæ propter id ad imaginem Dei facta est ut si non immutabilis ut Deus esset, tamen incorporea ut Deus existeret. Si enim corpoream credimus animam, ergo et Deum credimus habere corporis formam, quia eadem ad suam condidit imaginem.

104. Hujus autem animæ partes nonnulli veteres tres esse dixerunt : rationale, irascibile, et concupiscibile. Rationale, per quod invisibilia conspicit ; irascibile, per quod impetus iræ suæ emendat et corrigit ; concupiscibile, per quod concupiscentiam carnis spirituali virtute compescit. Cujus domicilium quidam in pectore esse voluerunt, quidam vero in capitis arce eam habitare dixerunt, tanquam in cœlo rectorem, ut a summo omnia contempletur. Alii nullum ei certum locum definierunt, sed eam per omnes artus infusam discurrere dicunt.

105. De origine ejus variæ habentur opiniones : verum tamen, sine affirmandi præsumptione, quid inde Patrum disputatio senserit, referamus. Inter quos sanctissimus Fulgentius incertam de hac quæstione sic profert sententiam, cujus breviter verba ponenda sunt : « Utrum, inquit, sicut caro nascentium, sic omnes animæ ex Adam venire credantur, an novæ fiant, et ex parentibus minime propagentur? Quæ quæstio in definiendo difficilis est, quia contrariis objectionibus destruitur.

106. Nam illi qui novas animas contendunt singulis corporibus dari, cum illis opponi cœperit cur anima parvuli, quæ non propagatur, ut caro, cum carne originalis peccati teneatur consortio? Nunquid injustus est Deus, ut cum carne mittat animam in ignem æternum, quæ cum carne non habet commune peccatum? Hoc cum illis opponitur, omnino deficiunt. At contra illi qui asserunt animas cum ipsis corporibus propagari, possunt quidem in parvulis justum Dei judicium firmare, ut commune habeant peccatum originale, sicut communem vindicant utriusque esse propagationem. Sed in consideratione seminum quæ non concepta pereunt, et ipsi penitus obmutescunt.

99 107. Animam quippe humanam certum est in ipso conditionis suæ munere percepisse. Quæ necesse est ut corpus in quo hic quantulumcunque tempus vixerit, in resurrectione recipiat. Quis ergo dicat animata semina profluxisse, sive illa quæ non concipiuntur, sive illa quæ nocturna illusione funduntur? Quod omnis sapiens videt quam sit absurdum et a ratione omnibus modis alienum. His ergo propositionibus de origine animæ partes se invicem vincunt, quia unaquæque earum alteram propositionem destruit, et ipsa non valet astruere quod proponit.

108. Ob hoc de hac quæstione cautius quærendum est : maxime quod a sanctis viris nihil certius definitum est, nec sanctarum Scripturarum auctoritate quidquam manifestius pronuntiatur. Illud tamen tenendum est parvulorum animas nexu peccati originalis esse astrictas, quæ nisi percipiant baptismatis sacramentum, regni cœlestis participes esse non possunt ; sed cum carne commune habebant peccatum, et pari judicio damnabuntur in ignem æternum.

XXXI.

109. Inter *concupiscentiam carnis* et *spiritus* hoc interest : concupiscentia carnis est motus animæ turpis in effectum sordidæ delectationis ; concupiscentia vero spiritus, ardens intentio mentis in desideria sanctæ virtutis. Ista sibi consentientes mittit ad regnum, illa ad supplicium sempiternum. Illa lex peccati est, de primi hominis damnatione descendens, ista lex mentis est de munere Redemptoris nostri procedens. Hæ autem sibi invicem pro affectu virtutum ac vitiorum, quotidiana colluctatione lethaliter adversantur.

110. Concupiscentia namque carnis primum illecebras vitiorum in cogitationibus gignit, concupiscentia vero spiritus e contrario cogitationes sanctas indesinenter opponit. Illa fabulis vanis oblectatur et verbis, ista Scripturarum meditationibus atque præceptis ; illa gaudet spectaculis rerum terrestrium ; ista contemplatione **100** cœlestium gaudiorum. Illa terrena gaudia quærit, ista gemitus et suspiria trahit : illa torpore somni atque pigritia corpus relaxat, ista vigiliis et competentibus orationibus elaborat.

111. Illa per ingluviem illecebris ventris et desideriis gutturis æstuat, ista semetipsam jejuniis et abstinentiæ cruciatibus macerat. Illa luxuriæ subdita turpium perpetrationum affectus, quos intentione cogitationis agit, perfectione voluptatis explere contendit ; ista castitatis et pudicitiæ pulchritudinem diligit. Illa avaritiæ flamma succensa appetit lucrum et fugit damna temporalium rerum ; ista contemnens mundum solum sibi vindicat Christum. Illa invidia nullum sibi superiorem vel æqualem esse permittit, sed interno livore vulneris de cunctorum profectu

108. Ita etiam hæret Isidorus cum Augustino, lib. II Offic., cap. 24. Vide not., et lib. I Sent., cap. 12, ubi recte astruit *animam creari quando et corpus creatur, cui admisceri videtur*. AREV.

109. Vid. Cassian. lib. de Concupisc. carn. et spirit., cap. 11 et seq.

tabescit; ista de cunctorum virtutibus gaudet, et minores sibi per charitatem præponit.

112. Illa, ira exæstuans, nihil æquanimiter portat, sed perturbatam mentem usque ad vocis tumultum exaltat; ista nulla exasperatione movetur, sed per tranquillitatem et mansuetudinem patienter omnia sustinet. Illa tristitia inficitur, dum quælibet adversa persenserit; ista nullo mœrore frangitur, sed etiam mala de proximis portans, ab interiore gaudio non movetur. Illa ambitione honorum, inficitur humanis laudibus, vel illecebris vanæ gloriæ delinitur; ista humilitatem amat, et soli Deo suo, qui inspector est mentis, placere delectat. Illa inflata superbiæ fastu cor miserum elevat; ista, ne a celsitudine sua corruat, usque ad infima seipsam humiliat.

113. Sed quid plura? Concupiscentia carnis in omnium vitiorum multitudinem consentientes sibi præcipitat, concupiscentia vero spiritus mentem lapsam ne deficiat, spe futuræ gloriæ corroborat. Proinde illa, quamvis superet, nullatenus desperandum est, quia, reparato certamine, possumus de ea etiam gloriosius triumphare. Ista quamvis vincat, de victoria non est secura, quia callidus hostis, etsi devictus interdum, tamen victores ultimo vincit. Et quos prima congressione non percutit, decipere in finem contendit.

114. Hinc est etiam quod ipsa concupiscentia carnis usque in hujus vitæ terminum dimicare non cessat. Sed si concupiscentia spiritus usque in finem superet, victoriæ pace secura in æternum **101** cum suis victoribus regnat. Quando, consummato concupiscentiæ aculeo, nec carni spiritus, neque caro spiritui adversabitur. Sed utræque invicem æternæ pacis concordia copulatæ, Redemptori suo sine oppugnatione in perpetuum adhærebunt.

XXXII.

115. Inter *gratiæ divinæ* infusionem et *humani arbitrii* voluntatem hoc interest: arbitrium est voluntas liberæ potestatis, quæ per se sponte, vel bona, vel mala appetere potest; gratia autem est divinæ misericordiæ donum gratuitum, per quod et bonæ voluntatis initium et operis promeremur effectum. Nullus autem liberi arbitrii quidquam potest prævalere virtute, nisi supernæ gratiæ sustentetur juvamine. Divina quippe gratia prævenitur homo, ut bonus sit, nec humanum arbitrium Dei gratiam antecedit; sed ipsa gratia Dei volentem hominem prævenit ut etiam bene velit.

116. Nam pondere carnis homo sic agitur, ut ad peccandum sit facilis, et ad pœnitendum piger. Habet de se unde corruat, et non habet unde consurgat, nisi, gratia Conditoris, ut erigatur manum jacenti extendat. Denique homini per Dei gratiam liberum restauratur arbitrium, quod primus homo perdide- A rat. Nam ille habuit inchoandi boni liberum arbitrium, quod tamen Dei adjutorio perficeretur. Nos vero, et inchoationem liberi arbitrii, et perfectionem de Dei sumimus gratia. Quia et incipere et perficere bonum de ipso habemus, a quo et gratiæ donum datum, et liberum arbitrium in nobis est restauratum.

117. Dei est ergo bonum quod agimus propter gratiam prævenientem, et subsequentem. Nostrum vero est, propter obsequentem liberi arbitrii voluntatem. Nam si Dei non esset, cur illi gratias agimus? Et si nostrum non est, quare retributionem bonorum operum **102** exspectamus? Proinde ergo in eo quod gratia prævenimur, Dei est, in eo vero quod bene operando prævenientem gratiam sequimur, nostrum est. Nemo autem Deum meritis antecedit, ut tenere eum quasi B debitorem possit. Sed miro modo æquus omnibus conditor alios prædestinando præeligit, alios in suis moribus pravis justo judicio derelinquit. Unde verissimum est gratiæ munus non ex humana virtute vel ex merito arbitrii consequi, sed solius divinæ pietatis bonitate largiri.

118. Quidam enim gratissimæ misericordiæ ejus prævenientis dono salvantur, effecti vasa misericordiæ; quidam vero reprobi habiti, ad pœnam prædestinati, damnantur, effecti vasa iræ. Quod exemplum de Esau et Jacob nondum natis colligitur. Qui dum essent una conceptione vel partu editi, parique nexu peccati originalis astricti, alterum tamen eorum ad se misericordiæ divinæ prævenientis bonitas gratuita traxit, alterum quadam justi- C tiæ severitate odio habitum in massa perditionis relictum damnavit. Sicut per prophetam idem Deus loquitur dicens: *Jacob dilexi, Esau autem odio habui.*

119. Unde consequens est nullis prævenientibus meritis conferri gratiam, sed sola vocatione divina. Neque quemquam salvari sive damnari, eligi vel reprobari, nisi ex proposito prædestinantis Dei, qui justus est in reprobatis, misericors in electis. Universæ enim viæ Domini misericordia et veritas.

120. Ante gratiæ enim donum liberum quidem est in homine arbitrium, sed non bonum, quia sine gratiæ adjutorio manet infirmum. Nam sicut oculus videre non valet, si caret officio luminis, ita humanæ voluntatis arbitrium nihil valet, si luminis gratia indigeat; illud utique quod illuminat omnem hominem D venientem in hunc mundum. Liberum autem arbitrium ad omne malum promptum est per semetipsum, ad bonum vero nequaquam nisi per gratiæ donum: et eadem præstat homini et bona velle et facere, mala præterita flere, tam a cogitatione quam ab opere delicta præsentia cavere, quod etiam Apostolus manifestius scribit dicens: *Non sumus sufficientes cogitare aliquid ex nobis, quasi ex nobis, sed sufficientia nostra*

115. Honorius Augustodunensis, in opere. De libero arbitrio inter sententias Patrum hac etiam Isidori in rem suam utitur. AREV.

116. *Liberum arbitrium... quod primus homo perdiderat.* Eodem modo Aug. in Enchirid. cap. 30: *Nam libero arbitrio male utens homo, et se perdidit et ipsum.* Quæ quomodo accipienda sint, ex ipso Augustino satis constat et ex Isidoro, qui paulo post ita subjicit: *Ante gratiæ donum liberum quidem est in homine arbitrium, sed non bonum, quia sine gratiæ adjutorio manet infirmum.*

120. In aliis Excusis post verba *misericordia et veritas*, omissis aliis, sequitur, *omne autem donum gratiæ*, etc. ut num. 122. AREV.

ex Deo est. Itaque non in omne genus hominum **103** gratiæ beneficium tenditur, sed in illis tantum qui per fidem illuminantur; nec enim in cunctis gentibus fidei pervenit auditus.

121. Unde et Apostolus: *Quomodo*, inquit, *invocabunt in quem non crediderunt? Aut quomodo credent ei quem non audierunt?* Ipsius etiam gratiæ donum quibuscunque datur, non æqualiter conceditur, sed ad mensuram pro merito accipientium distribuitur, juxta quod scriptum: *qui reddet unicuique secundum opera sua.*

122. Omne autem donum gratiæ non omnibus ad integrum datur, sed singulis dona singula distribuuntur, ut scilicet, quasi membra corporis singula officia habeant, et alter indigeat altero quod non habet alter; proinde omnia fiunt communia, dum fiunt sibimet membra invicem necessaria.

XXXIII.

123. Inter *Legem* et *Evangelium* hoc interest, quod in Lege littera est, in Evangelio gratia: illa habuit umbram, ista imaginem; illa data est propter transgressionem, ista propter justificationem; illa ignorantiæ demonstrat peccatum, ista agnitum adjuvat, ut vitetur; illa flagitiis deditos increpat, ista peccantes bonitate propria liberat; illa talionem reddendum decrevit, ista etiam pro inimicis orare jussit: illa, conjugiorum indultis habenis, crescere et generare præcepit, ista continentiam suasit.

124. Illic prædicatur circumcisio sola carnis, hic lavacrum in ablutione cordis et corporis; illic Chananitidis regnum et promissiones rerum temporalium continentur, hic vita æterna regnumque cœlorum promittitur; illic sabbati otium et requies celebratur, hic ipsa sabbati requies in Christo habetur, qui dixit: *Venite ad me, omnes qui laboratis et onerati estis, et ego reficiam vos, et invenietis requiem animabus vestris.* Illic esus animalium immundorum prohibetur, hic in corpore Christi, id est in sanctis suis, non admittitur quidquid per illa animalia immunda in mores hominum figurabatur.

125. Illic, pecoribus immolatis, carnis et sanguinis hostiæ offerebantur, hic sacrificium carnis et sanguinis Christi offertur, quod **104** per illa animalia figurabatur; illic ex carne Agni Pascha celebratur, hic Pascha nostrum immolatus est Christus, qui est verus Agnus immaculatus. Illic Neomeniæ, id est novæ lunæ principia celebrantur, hic nova creatura in Christo accipitur, sicut Paulus apostolus ait: *Si qua in Christo nova creatura, vetera transierunt, ecce facta sunt nova.*

126. Quid plura? In lege per figuram res gestæ in significationem futurorum annuntiabantur, in gratia vero, evangelicæ veritatis, quæ illic denuntiata fuerunt, explentur. Item in lege mandata scripta sunt et promissa, sed mandata legem implere vel conservare jubebant, promissa vero, figuris obtecta A sacramentorum, futuram Evangelii gratiam prædicabant. In lege ergo mandata tenentur, promissa vero in Evangelii plenitudine consummantur. Legem enim Evangelia complent, et significationem præcepti plenitudo Testamentorum.

127. Item nihil aliud lex præstitit, nisi quod solum peccata monstravit, non abstulit, et sub suo terrore redactos omnes servos effecit, et inde spiritum servitutis habuisse priorem populum Apostolus docuit. Evangelium vero veniens crudelitatem legis amovit; peccata, quæ lex puniebat per spiritum servitutis, laxavit per spiritum adoptionis, filios ex servis reddidit, amorem implendæ legis omnibus condonavit, et, si deinceps punienda commiserunt, per eumdem spiritum adoptionis indulget: formam bene agendi præ- B buit, et ut possint agi quæ docuit adjutorem Spiritum infudit.

128. Nam præcepta legalia quæ illi populo data sunt, comparatione meliorum, etiam non bona dicuntur, quia quæ præcipiunt non perficiunt; gratia vero Evangelii quod exterius imperat, interius ut perficiatur juvat. Ezechielis etiam testimonio dicitur: *Dedi eis præcepta non bona.* Utique quia in eis quædam inutilia infirmioribus sensibus agenda permissa sunt, sicut illud, ubi Deus Israelitarum cupiditatem spoliis Ægyptiorum satiari permisit.

129. Nam pro eo quod carnalis populus modum egrederetur vindictæ, lex permittit carnalibus vicem rependere mali, quod Evangelia firmioribus vetant. Proinde ergo dicuntur non bona, quoniam Evangelio C comparata, legis præcepta inferiora noscuntur. **105** Ante adventum enim Redemptoris nostri, gentilis populus ideo non obtemperavit legi, quia nondum intelligebatur sensu spirituali. Lex enim gravia atque dura secundum litteram jubebat, ideo contemnebatur. Venit autem gratia Evangelii, temperavit legis austeritatem, applicavitque sibi gentilem populum.

XXXIV.

130. Inter *activam* et *contemplativam vitam*, hæc distinctio est: activa vita est quæ in operibus justitiæ et proximi utilitate versatur; contemplativa, quæ vacans ab omni negotio, in sola Dei dilectione defigitur. Harum una in opere bonæ conversationis, altera in contemplatione immutabilis veritatis est; una, quæ ex fide in hac peregrinatione vivit, altera D quæ bene viventes usque ad regnum perducit.

131. Activæ enim vitæ magna sunt præmia, sed contemplativæ potiora. Activa vita ex bonis operibus incipit, contemplativa pervenit ad quod intendit. Activæ vitæ opera cum corpore finiuntur, contemplativæ autem gaudia in fine amplius crescunt. Illa autem, quamvis utilis et bona, tamen cum requies venerit, transitura; ista vero boni operis transituri merces est, et requies permansura.

132. Contemplativa vita per Rachel ostenditur, quæ erat pulchra et sterilis, quia per contempla-

125. Vulg.: *Omnia nova.* Exprimitur *sacrificium sanguinis et corporis Christi.* AREV.

128. *Nam præcepta legalia*, etc., e Greg. XXVIII Moral., cap. 9.

130. Opusculum de differentia inter activam et contemplativam vitam Isidori nomine in Codice Regiovaticano 281 a me repertum, ad appendices rejicio, de quo etiam dixi in Prolegom. cap. 85. AREV.

tionis etiam minus operum filii generantur. Activam autem vitam monstrabat Lia sine oculis, sed fecunda. Quia actio laboriosa quidem est, minusque alta considerans. Sed in eo quod se erga proximi utilitatem plus exhibet, fecundior operibus, quasi in filiis crescit. Sic Martha et Maria, quarum una virtutibus mentem exercebat in opere, altera requiescebat defixa in contemplatione.

133. Ii autem qui ad contemplationis otium venire contendunt, prius se in stadio activæ vitæ exercere debent, ut dum opera justitiæ fæces peccatorum exhauriunt, cor mundum exhibeant ad videndum Deum. Nam mens quæ adhuc temporalem gloriam **106** quærit, aut carnalis concupiscentiæ tentationibus cedit, a contemplatione proculdubio prohibetur. Unde et populus dum legem acciperet a monte, id est a sublimi contemplatione, quasi carnalium curiositas removetur. Et in Evangelio curatus a legione vult Dominum per contemplationem sequi; sed jubetur domum reverti, et in activæ vitæ operatione versari.

134. In ipso autem contemplationis et actionis usu interdum magna differentia animorum est. Nam quibusdam sola contemplatio proficit, quibusdam vero activa sola est consolatio. His media et de utrisque composita utilior est magis ad refovendas mentis angustias, quæ solent per unius intentionem nutriri, ut de utriusque partibus melius temperentur. Nam quod Salvator per diem signis et miraculis coruscabat in urbibus, activam nobis vitam commendabat. Quod vero in monte orationis studio pernoctabat, vitam contemplationis significabat.

135. Idcirco Dei servus juxta imitationem Christi, nec actualem vitam amittit, et contemplativam vitam agit. Aliter enim incedens offendit. Sicut enim per contemplationem amandus est Deus, ita per actualem vitam diligendus est proximus. Ac per hoc sic non possumus sine utraque esse vita, sicut et sine utraque in dilectione esse nequaquam possumus.

XXXV.

136. Inter *Fidem* et *Opus* hoc distat: per fidem possibilitas boni operis inchoatur, ex opere ipsa fides perficitur. Opus enim fide prævenitur, fides ex operibus consummatur. Opera autem ante fidem nequaquam prodesse, quia nihil valet a malo declinare et agere quod pertinet ad salutem ei qui ipsum salutis vel negat vel nescit auctorem. Item fides sine operibus nequaquam prodest, quia non potest per fidem Deo placere qui Deum contemnit in opere.

137. Ob hoc etiam fides sine operibus mortua est, juxta Jacobum; et opus extra fidem vacuum est, juxta Paulum. Horum enim alter fidei studium, alter opus laudat. Paulus prædicat ante fidem **107** nullo modo esse opus bonum, Jacobus narrat fidem nihil valere sine opere bono. Ac per hoc, juxta primum, opera fidem præcedentia nihil prosunt; juxta alterum, subsequentia multum prosunt.

138. Jacobus dicit: *Abraham pater noster ex operibus justificatus est.* Paulus dicit: *Credidit Abraham Deo, et reputatum est ei ad justitiam.* Quid ergo? Utrique se destruunt? Absit. Sed utrique nos instruunt. Nam secundum Paulum, Abraham ex fide justificari meruit, quando credidit Deo; secundum Jacobum, ex operibus placuit, quando tentatus immolandum filium non recusavit.

XXXVI.

139. Inter *fidem*, *spem* et *charitatem* hoc differt: fides est divinitatis confessio, et religionis solidum fundamentum; spes est bonorum exspectatio futurorum; charitas est perfecta dilectio in Deum et proximum. Harum prima credulitatem fovet præsentem, secunda promissa præstolatur futurorum, tertia amorem complectitur æternum. Quæ quidem tria in hujus vitæ tempore ita copulantur, ut altera sine altera stare non possit.

140. Denique veraciter credere non possumus, nisi ea quæ promissa sunt speremus; nec poterimus sustinere promissa, nisi sit fidei credulitas firma; nec aderit fructus spei, vel stabilitas fidei, nisi fuerit perfecta charitas Christi, quæ et fidem ut credat, adjuvet et spem spectationis corroboret. Cujus specialiter secundum Apostolum inter has virtutes traditur principatus, et cultus manet æternus.

141. Nam et fides cessabit, dum futura quæ creduntur advenerint; et spes finem habebit, dum beatitudinem quam quisque bonus præstolatur acceperit. Sola charitas in æternum perseverabit, ipsa sola utramque perducens ad Christum, ipsa sola gaudio perfruens sempiterno.

XXXVII.

142. Inter *amorem* et *dilectionem*, sive charitatem, hoc differt, quod amor et dilectio media sunt, et ad utrumque parata, modo in bonum, modo in malum vertuntur. Charitas autem non nisi in bonum; cujus etiam nomen eo usque extollitur, ut ipse Deus **108** Charitas appelletur. Illa est enim perfecta charitas, quæ inimicos et patienter sustinet, et benigne refovet. Qui vero hæc non agit, longe a charitate discedit. Hæc enim summa sola sunt bona. Nam a quibus habentur, utique veraciter habentur. Aliæ vero virtutes media bona sunt, et quæ ad utilitatem possunt ab aliquibus haberi, et ad perniciem, si de his arrogantes tumuerint.

143. Quatuor autem sunt diligenda: Deus scilicet, atque proximus, caro nostra, atque anima. Prior est autem amor Dei, sequens vero est et proximi. Sed sicut per amorem Dei amor fit proximi, sic per amorem proximi amor ostenditur Dei. Dilectio in Deum origo est dilectionis in proximum; et dilectio in proximum cognitio est dilectionis in Deum. Porro dilectio Dei a timore inchoat, sed non sub timore perseverat. Nam dilectio ex timore servilis est, non libera, quia non constat ex amore Dei, sed ex timore supplicii.

144. In tribus autem his rebus dilectio Dei expri-

136. *Nequaquam prodesse*, supplendum *possunt*, aut *constat*, ut sæpe accidit in operibus Isidori, præsertim in Etymologiis. AREV.

mitur, ut nihil remaneat in homine quod non divinæ A dilectioni subdatur. Nam dum dicitur : *Diliges Deum ex toto corde tuo*, omnes cogitationes in Deum referendas præcipit ; dum vero dicitur, *ex tota anima*, omnes affectiones animæ ad Deum referri jussit ; dum vero adjecit, *ex tota mente*, indicat omnem rationem humanam, qua intelligimus et discernimus, in rebus divinis esse occupandam.

145. Item duo sunt erga dilectionem proximi servanda : ut ipse præstet aliis quæ sibi præstari et ab aliis vult, et quæ sibi inferri pertimescit non inferat. Ex hac gemina dilectionis virtute in proximum omnes oriuntur virtutes, quibus aut utiliter ea quæ sunt appetenda cupimus, aut quæ vitanda sunt præcavemus.

146. Quod enim Dominus dicit ; *Omnia quæcunque* B *vultis ut faciant vobis homines, et vos facite illis*, pertinet ad boni impensionem in proximum. Item quod in Veteri Testamento legitur : *Quod tibi non vis, alteri ne feceris*, pertinet ad cavendum ne quis malum inferat proximo. Ex his ergo duobus articulis congrue diligitur proximus, dum et beneficii impensione fovetur, et nulla malitia læditur.

XXXVIII.

109 147. Inter *scientiam* et *sapientiam* hoc interest : scientia ad agnitionem pertinet, sapientia ad contemplationem. Scientia temporalibus bene utitur, atque in vitandis malis, seu intelligendis vel appetendis bonis versatur : sapientia autem tantummodo æterna contemplatur. Item nonnulli visi inter sa- C pientiam et prudentiam intelligi voluerunt, ut sapientiam in divinis, prudentiam autem vel scientiam in humanis negotiis ponerent. Perfecta autem est scientia multa agere bona, et de illis laudem terrenam non quærere quæ Deus præcepit facere, et servum inutilem ante oculos Dei se existimare.

XXXIX.

148. Inter *sapientiam et eloquentiam* ita distinguunt: quod eloquentia constat ex verbis. Sapientiam sine eloquentia prodesse non est dubium. Eloquentia sine sapientia valere non potest. Melior enim est indiscreta prudentia quam stulta loquacitas. Rerum enim studia prosunt, non ornamenta verborum. Eloquentia enim, ut diximus, scientia est verborum ; sapientia autem, cognitio rerum et intellectus causarum.

149. Porro sapientiam veteres philosophiam vocaverunt, id est omnium rerum humanarum atque divinarum scientiam. Hujus philosophiæ partes tres esse dixerunt, id est, physicam, logicam, ethicam. Physica, naturalis est ; Ethica, moralis ; Logica, rationalis. Harum prima naturæ et contemplationi rerum deputatur, secunda in actione et cognitione recte vivendi versatur, tertia in discernendo verum a falso ponitur.

150. Hoc trimodum philosophiæ genus, juxta sapientes mundi in partibus suis, ita distinguitur. Ad physicam pertinere aiunt disciplinas septem, quarum prima est arithmetica, secunda geometria, tertia musica, quarta astronomia, quinta astrologia, sexta mechanica, septima medicina. Ratio autem earumdem disciplinarum breviter, ista est.

110 151. Arithmetica namque est definitio per quam numerorum omnium ratio vel ordo consistit. Geometria est disciplina magnitudinis, et figurarum notis lineamentisque propriis distincta, vel formis. Dicta autem Geometria a dimensione terræ, per quam uniuscujusque termini delineari solent. Hanc primum Ægyptii invenerunt pro necessitate terminorum terræ, quos Nilus inundationis tempore confundebat. Musica est ars spectabilis voce vel gestu, habens in se numerorum ac soni certam dimensionem cum scientia perfectæ modulationis. Hæc constat ex tribus modis, id est sono, verbis et numeris.

152. Astronomia est lex astrorum. Astrologia est ratio quæ conversionem cœli et signorum definit, potestatesque et ortus siderum, et occasus. Hanc mathematici sequuntur. Mechanica est quædam peritia, vel doctrina, ad quam subtiliter fabricas omnium rerum concurrere dicunt. Medicina est scientia curationum, ad temperamentum corporis, vel salutem inventa. E quibus quidem omnibus quædam religioni conveniunt, quædam vero longe modis omnibus aliena sunt.

153. Digestis generibus, sive differentiis physicæ artis, nunc partes logices exsequamur. Constat autem ex dialectica et rhetorica. Dialectica est ratio sive regula disputandi, intellectum mentis acuens, veraque a falsis distinguens. Rhetorica est ratio dicendi, jurisperitorum scientia, quam oratores sequuntur. Hac, ut quidam ait *sicut ferrum veneno, sententia armatur eloquio*.

154. Post logicam sequitur ethica, quæ ad institutionem pertinet morum. Hæc enim bene vivendi magistra est, dividiturque in quatuor principales virtutes : prudentiam, scilicet, atque justitiam, fortitudinem, et temperantiam. Prudentia est agnitio veræ fidei, et scientia Scripturarum, in qua intueri oportet illud trimodum intelligentiæ genus. Quorum pri- D mum est per quod quædam accipiuntur historialiter sine ulla figura, ut sunt decem præcepta ; secundum est per quod quædam in Scripturis permixto jure accipiuntur, tam secundum finem rerum gestarum, quam etiam juxta figurarum intellectum, sicut de Sara et Agar. Primum quod vere fuerint, dehinc quod tropice duo Testamenta figurentur.

155. Tertium genus est quod tantum spiritualiter accipitur, sicut de Canticis canticorum. Quæ si juxta sonum verborum 111 vel efficientiam operis sen-

146. Verba Tobiæ in Vulgata hæc sunt : *Quod ab alio oderis fieri tibi, vide ne tu aliquando alteri facias.* Sententia eadem est. AREV.

150. De arithmetica, geometria, musica, etc., uberius Isidorus agit in libris Etymologiarum, ubi opportunæ notæ suis locis adhibentur. AREV.

tiantur, corporalis magis luxuria quam virtus sacramentorum accipitur.

156. Definito prudentiæ genere, nunc partes justitiæ subjiciamus, cujus primum est Deum timere, religionem venerari, honorem referre parentibus, patriam diligere, cunctis prodesse, nocere nulli, fraterna charitatis vincula amplecti, pericula aliena suscipere, opem ferre miseris, boni accepti vicissitudinem rependere, æquitatem in judiciis conservare.

157. Fortitudo est animi magnitudo, atque gloria bellicæ virtutis, contemptus honorum et divitiarum. Hæc adversis aut patienter cedit, aut fortiter resistit, nullis emollitur illecebris, adversis non frangitur, non elevatur secundis, invicta est ad labores, fortis ad pericula, pecuniam negligit, avaritiam fugit, contra improbos animum ad pericula præparat, molestiis nullis cedit, gloriæ cavet appetitus.

158. Temperantia est modus vitæ in omni verbo vel opere. Hæc verecundiæ comes est, humilitatis regulam custodit, tranquillitatem animi servat, continentiam et castitatem amplectitur, fovet decus et honestatem, restringit ratione appetitum, iram comprimit, nec rependit contumeliam. Sed ex his prudentia agnitione veri delectatur, justitia dilectionem Dei et proximi servat, fortitudo vim virtutis habet metumque mortis contemnit, temperantia affectiones carnis moderatur, et restinguit appetitum. Prima credit et intelligit, secunda diligit, tertia appetitum cohibet, quarta modum imponit.

XL.

De distinctionibus quatuor vitiorum.

159. Contra hæc tamen quatuor virtutum genera, totidem vitia philosophi opposita dicunt: metum, et gaudium, cupiditatem, et dolorem; nos autem hæc ipsa non perfecta vitia, sed media nuncupamus, eo quod propter diversitatem morum ad utrumque parata sunt, et modo ad bonum, modo ad malum, pro arbitrii voluntate, vertuntur. Sic enim nonnullæ male usæ virtutes ex se **112** vitia gignunt: veluti si ex mansuetudine interdum nascatur torpor, et ex pietate dissolutio disciplinæ, vel ex justitia crudelitatis immoderata vindicta. Ita quatuor ista, si bene utantur, virtutes sunt; sin minus, ex virtutibus in vitia transeunt.

160. Hoc modo denique, cum quisque metuit peccare, vel cupit beatificari, dolet pro peccatis, gaudet in bonis operibus, jam tum hi motus, qui ab amore studioque procedunt, pro virtutibus accipiuntur. At contra, dum quisque metu carendi re aliqua terrena tenetur, vel dolore amissæ rei frangitur, dumque rerum temporalium cupiditate inflammatur, aut gaudio adeptæ rei extollitur, tunc non virtutes sed vere vitia nuncupantur. Ex his autem duo sunt futuri temporis, antequam quid eveniat, metus et cupiditas; alia duo præteriti, cum quid acciderit, gaudium et dolor.

161. Octo sunt autem perfecta, vel principalia vitia, quæ omne genus humanum inquietant, ex quibus vitiorum turba exoritur copiosa, id est: gulæ concupiscentia, fornicatio, avaritia, invidia, tristitia, ira, inanis gloria, novissima dux ipsa et harum radix superbia. Ex quibus omnibus duo sunt carnalia, fornicatio et ingluvies ventris; reliqua spiritualia.

162. Quæ quidem in membris suis taliter distinguuntur. Gulæ concupiscentia in quinque modis distinguitur: primo modo, si ante tempus cibos quis appetat, sicut Jonathan gustu mellis jejunium solvit. Secundo modo, si lautiores escas quærat, sicut populus, eremi manna contempto, carnes Ægyptias concupivit. Tertio modo, si diligentius quisquam communes cibos procuret, sicut filii Heli extra morem crudam ab offerentibus carnem tollebant, quam sibi accuratius præpararent. Quarto modo, si viles escas nimium quisque sumat. Unde et propheta Sodomam de panis saturitate accusat. Quinto modo, si quis ex desiderio quodcunque sumat, sicut Esau pro lenticulæ concupiscentia perdidit primogenita sua.

163. Fornicatio quoque trimodo genere discernitur. Primo quidem, dum per voluptatem luxuriæ commistio carnis expletur; altero, dum sola attrectatione luxus carnis per immunditiam provocatur; **113** tertio, dum intentione turpis cogitationis nocturna quisque illusione polluitur. Est et quartum genus fornicationis juxta Scripturam, omnis, scilicet, illicita corruptio mentis, sicut idololatria et avaritia, ex quibus fit prævaricatio legis propter illicitam concupiscentiam.

164. Porro avaritia in geminam distingutur pœnam, id est in concupiscentiam augendæ rei, et in metum rei carendæ. Sicut etiam quidam ait: Non enim unquam expletur neque satiatur cupiditatis sitis. Neque solum ea quæ habent amore augendi excruciantur, sed etiam amittendi metu.

165. Ipsa quoque invidia duplici afficitur flamma, id est, cum aut meliori invidet in id quod ipse non est, aut dum quemlibet consimilem esse sibi æqualem dolet.

166. Sequitur tristitia, cujus tria sunt genera, quarum prima, ut ait Cassianus, temperata et rationabilis, de delictorum pœnitudine veniens; altera perturbata, irrationabilis, de anxietate mentis seu desperatione peccatorum exoriens; tertia de iracundia, vel de illato damno, vel desiderio præpedito procedens.

167. Jam vero inanis gloria quadripartitam habet jactantiam. Nam sunt qui habent dona et donantem

159. Virgilius, lib. VI Æneid. vers. 733: *Hinc metuunt, cupiuntque, dolent, gaudentque.* Verbum *utantur* passiva significatione adhibetur. AREV.

161. De his vitiis principalibus fusius lib. II Sententiar., cap. 38 seqq., ubi videri possunt eruditæ et copiosæ notæ Loaisæ. AREV.

167. *Per tumorem.* Phrasis est hæc ecclesiasticorum scriptorum, ut superbiam tumorem appellent, quia superbi tument. AREV.

ignorant. Et sunt qui se dicant dona accepisse præcedentibus meritis, non pro gratia largientis. Item quidam sunt qui quod non habent se habere per tumorem existimant. Item quidam sunt qui, contemnendo alios, se aliquid habere singulariter putant. Perniciosior autem est elatio de singularitate jactantiæ veniens.

168. Ultima superbia, trimodam habet differentiam : primum namque genus superbiæ est eorum qui per transgressionem culpæ contemptui habent divina præcepta; secundum genus eorum qui ex observatione attolluntur mandatorum, et elatione virtutum; tertium genus est eorum qui per contumaciam mentis subdi dedignantur seniorum imperiis.

169. Quæ quidem vitia, divinitus divina adjuvante gratia, e contrario curantur virtutibus. Gulæ concu- A piscentiam reprimunt vigiliæ et compunctio cordis; fornicationem exstinguit contritio cordis, et corporis afflictio, et oratio assidua, vel laboris exercitium, 114 metus gehennæ, et amor cœlestis patriæ; invidiam superat amor dilectionis fraternæ. Et quia cœleste regnum non accipiunt nisi concordes, abjicere invidiam convenit et diligere fratrem.

170. Iram temperat patientia, et ratio æquanimitatis. Avaritiam subjugat eleemosyna, et spes æternæ retributiònis. Tristitiam subjugant fraterna alloquia, et consolatio Scripturarum. Arrogantiam calcat metus, ne vana gloria delinitum animum a virtutibus cunctis excludat, et per jactantiam perdat semetipsum, et pereat. Jam superbiam deprimit exemplum humilitatis Christi, atque diabolicæ metus ruinæ. Qui dum vult esse quod non erat, et ipsum quod erat perdidit, et Tartari inferna promeruit.

170. Nonnulli omittunt verba, *qui dum vult... inferna promeruit*, et post *metus ruinæ* illico subjungunt : *Expliciunt Differentiæ spirituales beati Isidori.* B Nam hoc etiam nomine vocantur Differentiæ rerum. AREV.

---

115 SANCTI ISIDORI

HISPALENSIS EPISCOPI

ALLEGORIÆ QUÆDAM SACRÆ SCRIPTURÆ

Præfatio.

DOMINO SANCTO AC REVERENDISSIMO FRATRI OROSIO ISIDORUS.

1. *Quædam notissima nomina legis evangeliorumque, quæ sub allegoria imaginarie obteguntur, et interpretatione aliqua egent, breviter deflorata contraxi celeriter, ut plana atque aperta lectoribus redderem. Quæ, quia inexplicata sunt, annotata brevis materiola dicendi coegit, et nec libelli modum permisit efficere, nec plenissime figurarum mysteria explicare. Erat quidem sensus ita, ut ex dictis quæ posita sunt et præcedentia et subsequentia intelligantur.*

2. *Hæc itaque cognitioni tuæ tractanda atque probanda offerimus, ut quod in ratione verborum ac sensuum inerudite dependet, emendandum sollicite cures. Ego enim, mihi charissime, in hujus operis reprehensione excusabilem meipsum æstimabo, quia hæc non meo conservavi arbitrio, sed tuo commisi corrigenda judicio.*

1. De Allegoriarùm opere disserui in Isidorianis, cap. 60. Allegorias in sacram Scripturam inter veteres explicuit etiam Rabanus Maurus, inter recentiores Hieronymus Lauretus, edita Silva Allegoriarum sacræ Scripturæ; de qua hoc exstat judicium sancti C Caroli Borromæi apud Possevinum, lib. II Biblioth. select., cap. 46 : *Carolus autem Borromæus cardinalis vir sanctus, cum hujus Silvæ usum cuperet faciliorem, ac fructuosiorem, statuerat rerum quæ vocibus allegoricis designabantur, ac primo ponuntur, vocabula præ-*

EX VETERI TESTAMENTO.

116 3. Adam (*Genes.* I) figuram Christi gestavit; nam sicut ille sexta die formatus ad imaginem Dei, ita sexta mundi ætate Filius Dei carnis formam induit, hoc est, formam servi accepit, ut reformaret hominem ad similitudinem Dei.

4. Eva (*Ibid.*) designat Ecclesiam factam per mysterium lavacri, quæ **117** de latere in cruce morientis Christi fluxit, sicut Eva de costa hominis dormientis.

5. Abel, pastor ovium (*Genes.* IV), Christi tenuit typum, qui est verus, et bonus pastor, sicut ipse dicit: *Ego sum pastor bonus, qui pono animam meam pro ovibus meis*, venturus rector fidelium populorum.

6. Cain, frater ejus (*Ibid.*), ætate major, qui eumdem Abel occidit in campo, priorem significat populum qui interfecit Christum in Calvariæ loco.

7. Enoch, filius Cain (*Ibid.*), in cujus nomine pater condidit civitatem, significat impios in hac tantum vita esse fundatos.

---

ponere: *quem laborem fortasse pius aliquis et doctus suscipiet, Allegoriasque ipsas meliore ordine disponet, ut reipublicæ litterariæ in proximorum salutem commodet.* Notæ ad Allegorias sancti Isidori in Editione Grialiana auctorem habent Cyprianum Suarez, S. J., cujus nomine a me proferentur. In eadem Matritensi Editione regia et aliis erat: *Nomina leguntur legis*; omisi cum Codice Veronensi *leguntur*, ut sensus planior procederet; quod abest etiam a prima Allegoriarum Editione Haganoensi. Cæterum in allegoriis deinde exponendis et illustrandis diligentia Cypriani Suarii annotatoris efficiet, ne uberiores annotationes nostræ desiderentur. Paucas proinde interserere est animus. AREV.

3. *Adam figuram gestavit Christi.* Hæc allegoria est Apostoli I Cor. XV. Sic enim ait: *Factus est primus homo Adam in animam viventem; novissimus Adam in spiritum vivificantem.* Et quidem Genes. II legimus factum esse primum hominem in animam viventem, hoc est, efficaciter operantem, cui membra corporis serviant, cujusque voluntati ac efficaciæ auscultent, ut exponit beatus Chrysostomus. Atque, ut scribit Theodoretus, non vocavit secundum Adam spiritum viventem, sed vivificantem. Omnibus enim vitam largitur. Talem autem Deus hominem creavit, quo per rationem ac intelligentiam omnibus esset animalibus præstantior, quæ mentem hujusmodi non habent, ut luculenter scribit beatus Augustinus, XII de Civit., c. 23. SUAR.

Ibid. Ita sexta mundi ætate. Perfectio senario numero comprehenditur, propterea Deus sex diebus mundum perfecit, ut docet beatus Augustinus, lib. XI de Civit. Dei, c. 30. Causa autem cur extremo, id est, sexto die conditus fuerit homo, ut scribit eleganter Gregorius Nyss., lib. I de Homine, cap. 2, fuit: *Quoniam decebat, ut veluti quoddam regni domicilium futuro regi Deus efficeret, et deinde hominem animo quidem immortali, corpore vero mortali præditum, in mundum introduceret, ut miraculorum mundi horum spectator, horum dominus esset, et Deo quidem frueretur per diviniorem naturam; bonis vero, quæ in terra sunt, per sensum uteretur similem et terrenum.* Eadem fere scribit Damascenus, lib. II, cap. 11. Secundum autem Adam, id est, Christum Dominum nostrum sexta ætate, quæ a beato Joanne Baptista ad mundi usque occasum et interitum pertinet, natum esse ait Eucherius in c. I Genes. Deinde, ut inquit beatus Hieronymus, in Amos c. 5, omnes labores et molestiæ septimo numero conquiescent, sicuti requievit Deus die septimo ab omni opere, quod patrarat, Gen. II. Quæ requies, et septimi diei sanctificatio, et benedictio post opera sua valde bona, ut notat Junilius, designat quod et nos singuli post opera bona, quæ in nobis Deus operatur, ad requiem tendimus vitæ cœlestis, quæ, quia sempiterna est, merito idem dies septimus vesperam habuisse non traditur. SUAR.

4. *Per mysterium lavacri.* Hanc allegoriam docuit etiam, et illustrem fecit Apostolus; nam cum, Genes. II, scriptum sit: *Immisit ergo Dominus Deus soporem in Adam, cumque obdormisset, tulit unam de costis ejus, et replevit carnem pro ea. Et ædificavit Dominus Deus costam quam tulerat de Adam, in mulierem*, etc.: sacramentum hoc magnum esse in Christo et Ecclesia scripsit Ephes. V. Nam, ut præclare ait Prosper in lib. de Promissionibus et prædictionibus Dei: *Hoc est magnum sacramentum, quod promissum speravit Adam, et futurum prævidit formandam scilicet Ecclesiam ex latere Christi in cruce pendentis.* Unde Theophylactus enarrans verba illa beati Joannis, cap. XIX: *Ad Jesum autem cum venissent, ut viderunt eum mortuum, non fregerunt ejus crura; sed unus militum lancea ejus latus aperuit, et continuo exivit sanguis et aqua*, sic ait: *Non simpliciter hæc sunt, sed quia Ecclesia per hæc duo et fit et consistit. Nam per aquam quidem generamur, per sanguinem autem et corpus pascimur.* De quo uberius scribit beatus Augustinus XII cont. Faustum Manichæum. SUAR.

5. *Abel, pastor ovium.* In hac allegoria plenior est lectio in ms. quam in impress. lib., nam citatur testimonium beati Joan., c. X, quod valde ad rem facit. Fuisse autem pastorem Abel declarat IV cap. Gen., qui primus mortalium omnium fuit clarus virginitate, martyrio et sacerdotio, quibus ornamentis Dominum expressit, auctore beato Augustino in lib. de Mirabilib. sacræ Script., qui *venturus rector fidelium populorum* propterea dicitur, quod tandem futurus pastor sit unius ovilis, id est, Judæorum, et gentium ad Rom. XI et Joan. X. SUAR.

6. *Cain, frater ejus ætate major.* Etsi Philo episcopus sine causa putat geminos fratres fuisse. Est autem imprimis pulchra hæc allegoria. Occiditur enim Abel pastor ovium a fratre majore, occiditur Christus pastor et caput populi minoris natu a Judæorum populo natu majore: Abel in campo, Christus in Calvariæ loco; occiditur autem uterque post sacrificium, uterque, diabolo funestæ invidiæ facibus parricidarum animos incendente. Et quidem sanguis Abel Deum ad justam vindictam suo clamore provocavit, itaque Cain vagus et profugus erat in terra, vel στένων καὶ τρέμων, id est, gemens et tremens, ut verterunt LXX. Sed longe melius clamat sanguis Christi propter causas quas exponit egregie beatus Augustinus cont. Faust. Manichæum, ubi ornatissime hanc explicat allegoriam, cujus meminit beatus Ambrosius, in l. I de Cain et Abel. SUAR.

7. *Enoch*, non *Enos* legendum esse perspicuum est. Beatus autem Augustinus in lib. XV de Civitate Dei, vel non fuisse Enoch primogenitum Cain (nam et Judas fuit quartus filius Jacob, a quo tamen Judæa nominata est, et Judæi), vel longo post intervallo temporis, postquam natus est, conditam esse de illius nomine civitatem existimat, cum jam scilicet tam numerosum esset genus humanum, ut civitas posset ædificari, quæ nihil aliud est quam hominum

118 8. Seth (*Ibid.*), qui resurrectio interpretatur, demonstrat Christum Jesum, in quo est vera resurrectio, et vita fidelium.

9. Enos, filius ejus (*Ibid.*), qui spe invocavit nomen Domini, declarat in spe viventem Ecclesiam, donec ad beatitudinem promissæ felicitatis perveniat.

119 10. Lamech sæculi hujus figuram tenuit, cujus peccatum Christus per sanguinis sui effusionem post LXXVII mundi generationes absolvit, juxta quod

A eas Lucas evangelista descripsit (*Luc.* III).

11. Henoch (*Genes.* V), qui fuit septimus ab Adam, et translatus est, significat septimam requiem futuræ resurrectionis, quando transferentur sancti in vitam perpetuæ immortalitatis.

12. Noe, qui interpretatur requies, similitudinem præfert Domini, in cujus Ecclesia requiescunt quicunque ab hujus sæculi excidio liberantur, sicut in arca.

---

multitudo aliquo societatis nomine collигata. Beatus autem Chrysostomus, cum, Genes. IV, scriptum sit ædificatam esse civitatem a Cain, qui vocavit nomen ejus ex nomine filii sui Enoch, non dissimiliter atque beatus Isidorus ait : *Vide quomodo paulatim deteriores fiunt. Quippe hominibus factis mortalibus, studium fuit ut immortalem suam memoriam facerent, partim ex filiis, quos generabant, partim ex locis, quibus filiorum nomina imponebant.* Hæc omnia recte quis diceret peccatorum, et ruinæ primæ monumenta, qua e pristina gloria exciderunt. SUAR.

Ibid. In Vulgata nostra scribitur *Henoch*. AREVAL.

8. *Seth, qui resurrectio interpretatur.* Divinæ litteræ, ut notavit etiam beatus Hieronymus in Quæst., nominis Seth etymologiam tradunt iis verbis : *Vocavitque nomen ejus Seth, dicens : Posuit mihi Deus semen aliud pro Abel, quem occidit Cain.* Itaque Seth proprie θέσις, id est, positio dicitur a verbo שית Seth, id est, posuit, sed quia quodammodo suscitatus est Abel in fratre Seth, nam parentum luctum temperavit, et talis erat futurus (ut ait Eucherius) ut impleret Abel sanctitatem, ideo LXX sic converterunt : Ἐξανέστησε γάρ μοι ὁ Θεός σπέρμα ἕτερον, id est, *suscitavit enim mihi Deus semen alterum*, quo circa beatus Chrysostomus sic ait : *Vide verbi diligentiam, non dixit, Dedit mihi Deus, sed Excitavit mihi Deus. Vide quomodo obscure nobis hoc verbo resurrectionis exordia hic ostendit.* Hoc secutus beatus Isidorus : *Seth*, inquit, *qui resurrectio interpretatur.* Neque enim tam respexit ad verbi Hebraici etymologiam, quam ad arcanum ejus sensum, sicuti fecerunt LXX, quod postea Rupertus secutus est. Denique beatus Augustinus hanc ipsam allegoriam his verbis illustravit in lib. XV de Civit. Dei : *Ex duobus*, inquit, *illis hominibus, Abel, qui interpretatur luctus, et ejus fratre Seth, qui interpretatur resurrectio, mors Christi et vita ejus ex mortuis figuratur.* SUAR.

9. *Enos, filius ejus.* Libri mss. sic habent : *Enos, filius ejus, qui cœpit invocare nomen Domini.* Quod convenit cum nostra ex Hebræo versione. At libri impressi habent hoc modo : *Enos, filius ejus, qui spe invocavit nomen Domini.* Quæ lectio congruit cum interpretatione LXX, qui hoc modo sunt interpretati, οὗτος ἤλπισεν ἐπικαλεῖσθαι τὸ ὄνομα κυρίου τοῦ Θεοῦ, id est : *Hic speravit invocare nomen Domini Dei.* Itaque Græci scriptores, et beatus Augustinus, qui hac versione utebantur, hujus loci arcanum sensum similiter atque beatus Isidorus prodiderunt. Nam Greg. Nazianz. sic ait : *Præclara res est fides, spes, charitas, tria hæc. Et de fide testimonium attulit Abraham, qui justus est habitus propter fidem. De spe Enos, qui primus speravit invocare nomen Domini.* Et apertius beatus Augustinus, in lib. de Civit. Dei XV, inquit : *Quid sibi hoc vult,* SPERAVIT INVOCARE, *nisi quia prophetia est exorturum populum qui secundum electionem gratiæ invocaret nomen Domini Dei?* Sic beatus Augustinus, qui hanc causam esse putat ut huic proprie tribuatur quod piorum omnium fuerat commune. Sunt tamen qui putent ejus tempore instauratum fuisse Dei cultum, ritumque cœpisse Deum cæremoniis colendi, ut scribit Lipomanus. Quidam autem celebres Græci scriptores propter ignorationem linguæ Hebraicæ existimarunt reddi etymologiam nominis Enos, cum dicitur, hic speravit, etc. Cum Enos,

quod notavit beatus Hieronymus, homo, vel vir dicatur, sicut Adam homo dicitur. SUAR.

Ibid. Quid significet *Enos*, dixit jam Isidorus in Etymologiis, lib. VII, cap. 6, ubi disserit *de hominibus qui quodam præsagio nomen acceperunt.* Ex quo capite multa huc afferri possent. AREV.

B 10. *Lamech sæculi hujus figuram tenuit.* Multa concurrerunt in Lamech Caini nepotem (errant enim qui filium Mathusalæ accipiunt) et in ejus liberos, quæ vitam humanam depravarent, ut notat præclare beatus Hieronymus. Nam ipse sanguinarius et homicida primus unam carnem in duas divisit uxores, et ejus liberi ea repererunt quæ animos hominum vel ad voluptatem, vel ad crudelitatem inflammarent. Non est autem certum unumne, atque eum Cain, an duos occiderit. Illud certum est, dixisse ipsum duabus uxoribus suis, de se expetendam vindictam septuagies septies. Cujus loci arcanum sensum sic Damaso scripsit beatus Hieronymus : *Quæritur quæ sint* LXXVII *vindictæ quæ in Lamech exsolvendæ sunt. Aiunt ab Adam usque ad Christum generationes* LXXVII. *Lege Lucam evangelistam, et invenies ita esse ut dicitur.* Et paulo post : *Lamech peccatum, id est, totius mundi, atque sanguinis, qui effusus est, Christi solvetur adventu, qui tulit peccata mundi.* Idem postea Nicolaus

C pontif. Lotario regi scripsit, et Alcuinus secutus est. SUAR.

11. *Henoch, qui fuit septimus ab Adam.* De Henoch scriptum est Gen. V : *Ambulavitque cum Deo, et non apparuit, quia tulit eum Deus.* Septuaginta postremam hanc partem sic verterunt, ὅτι μετατέθηκεν αὐτὸν ὁ Θεός, id est, *quia transtulit illum Deus.* Unde Apostolus, Heb. XI, hæc ipsa LXX verba citavit. Beatus Chrysostomus et Theodoretus putant curiosum esse inquirere quo Deus transtulerit Henoch, et num usque ad tempus præsens vivat. Sed utrumque docet Spiritus sanctus, Eccl. XLIV, his verbis : *Henoch placuit Deo, et translatus est in paradisum, ut det gentibus pœnitentiam.* Notandum autem est Enoch quidem filium Cain, de cujus nomine prima civitas appellata est, improbos significare, qui (ut recte ait Strabus) in præsenti vita suæ spei radicem figunt; Henoch vero hunc, qui fuit septimus ab Adam, qui tanquam sexta die, sexta ætate sæculi per Christi adventum ad sanctitatem formatur, eos significat qui septima ætate in

D vitam immortalem transferentur, ut alibi ait idem Isidorus. Exposuit etiam hanc eamdem allegoriam beatus Augustinus in lib. XV de Civit. Dei, cap. 19. SUAR.

Ibid. De Henoch, qui septimus ab Adam septimam requiem significat, Isidorus in commentariis suis, videlicet Quæst. in Genes. cap. VI. Illi etiam commentarii Isidori ad allegorias has explicandas conferunt quod semel monuisse satis sit. AREV.

12. *Noe, qui interpretatur requies.* נח *requies* interpretatur. B. Hieronymus : *Ab eo igitur, quod omnia opera retro quieverunt per diluvium, appellatus est requies.* Similiter beatus Chrysostomus sic appellatum puerum inquit, ut ex interpretatione vocabuli omnes discerent generalem interitum imminere, ut vel timore castigati arcerentur, et virtutem amplecterentur. Sed, ut recte scribit Cajetanus : *Si Lamech verba etymologiam nominis Noe exponentis perpendantur, de agricultura labore videtur esse sermo; ait enim :*

120 13. Sem vero prophetarum et apostolorum A tenuit typum, qui ex ejus stirpe nascuntur.

14. Japheth figuravit populum gentium, qui versatur in ecclesiis israelitarum.

15. Cham Judæos significat, qui Christum incarnatum atque mortuum derident.

16. Chanaam, filius ejus, qui pro patris delicto maledictione damnatur (*Genes.* IX), posteritatem indicat Judæorum, qui in passione Domini damnationis sententiam exceperunt, clamantibus Judæis : *Sanguis ejus super nos, et super filios nostros.*

17. Nemrod gigas diaboli typum expressit, qui superbo appetitu culmen divinæ celsitudinis appetivit, dicens : *Ascendam super altitudinem nubium, et ero similis Altissimo.*

18. Heber, in cujus domo propria loquela remansit, cæteris linguis **121** divisis, Redemptorem nostrum insinuat, in cujus Ecclesia unitas fidei sine schismate perseverat.

19. Melchisedech (*Genes.* XIV), qui de fructibus terræ sacrificium Domino obtulit, regnum Christi, qui est verus rex justitiæ, et sacerdotium figuravit, cujus corporis et sanguinis sacramentum, id est, oblatio panis et vini in toto orbe terrarum offertur.

20. Abraham Dei patris gestavit typum, qui filium suum dilectum pro mundi salute tradidit immolandum.

21. Tres angeli ad eum venientes (*Genes.* XVIII) divinam historialem insinuant Trinitatem.

22. Duas autem uxores, quas habuit Abraham (*Gen.* XVI, XXI), id est, liberam, **122** et ancillam, Apostolus duo esse Testamenta designat (*Galath.* IV).

23. Isaac et Ismael duos populos ex utroque Testa-B mento procedentes significant.

24. Puer Abraham imaginem priscæ legis designat, per quem prophetice Domino nostro Jesu Christo Ecclesia sponsa præparata est.

Iste consolabitur nos ab operibus manuum nostrarum in terra cui maledixit Dominus. In quibus tamen verbis suberat prophetia de ecclesia et de Christo. Illud constat, a Spiritu sancto per beatûm Petrum, Epist. I, c. III, hanc allegoriam insignem et illustrem esse factam. SUAR.

13. *Sem vero.* Genes. IX, ait Noe : *Benedictus Dominus Deus Sem.* Quibus verbis pater Noe Sem pietatem prædixit propter veri Dei cultum apud ejus posteros permansurum, ut præclare scribit Theodoretus. Liquet igitur Noe vaticinatum fuisse; nam Abraham et patriarchæ, ac denique salus et decus generis humani, Christus Jesus ex Sem orti sunt. C SUAR.

14. *Japheth figuravit populum gentium.* Genes. IX, dixit Noe : *Dilatet Deus Japheth, et habitet in tabernaculis Sem.* In quibus verbis recondita est egregia hæc allegoria. Nam, ut scribit beatus Hieronymus : *De Sem Hebræi, de Japheth populus gentium nascitur. Quia igitur lata est multitudo credentium, a latitudine, quæ Japhet dicitur, nomen accepit. Quod autem ait : Et habitet in tabernaculis Sem, de nobis prophetatur, qui in eruditione et scientia Scripturarum, ejecto Israel, versamur.* Et, ut recte inquit beatus Augustinus : *In ecclesiis Christi habitat gentium latitudo, et gentes fruuntur iis quæ Judæis parata erant*, ut in IX Genes. scribit etiam beatus Chrysostomus. SUAR.

15. *Cham Judæos.* Hujus loci allegoriam, id est, altiorem sensum, luculenter declarat beatus Augustinus contra Faustum Manich. lib. XII, et XII de Civit. Dei, c. 2. SUAR.

17. *Nemrod gigas.* De Nemrod legimus Genes. X : *Chus genuit Nemrod. Ipse cœpit esse potens in terra, et erat robustus venator coram Domino*, pro גבור *Gibbor* LXX verterunt γίγας *gigas.* Noster vero interpres *potens* vertit, et paulo post *robustus.* Venator autem ideo dicitur quod rapto viveret, et crudelis esset tyrannus. Cujus imperii initium fuit Babylon, quæ mundum, qui totus in maligno positus est, significat, ideoque Apocalyp. XVIII vocatur habitatio dæmoniorum. De Nemrod autem legendus est beatus Chrysostomus XI Gen., et beatus Augustinus, in XVI de Civit. Dei, c. 3. SUAR.

18. *Heber, in cujus familia.* In lib. ms. est *unitas fidei*, rectius quam in impressis, *fides unitatis.* Ab Heber autem magis quam ab Abraham Hebræos dictos esse, qui Hebræam linguam conservarunt, existimat beatus Augustinus, in loco supradicto. In quo populo civitas Dei in sanctis peregrinata est, et in omnibus sacramento adumbrata. Ideo autem non est linguæ suæ amissione multatus, quod expers fuerit criminis turrim ædificantium, quæ ab eventu Babel appellata est, Gen. XI. SUAR.

19. *Melchisedech, qui de fructibus.* In lib. imp. est, *vel sacerdotium;* sed melius in ms. *et sacerdotium*, cum sacerdotium Christi et regnum significaverit Melchisedech, de quo scriptum est Gen. XIV : *At vero Melchisedech rex Salem proferens panem et vinum* (*erat enim sacerdos Dei altissimi*), *benedixit ei*, scilicet Abram. Et quamvis Hebræi, et quidam alii putent aliter, multo tamen rectius sentiunt qui affirmant Melchisedech sacrificium Deo pro Abrahæ nobili victoria obtulisse. הוציא enim, hoc est, proferens, vel offerens, verbum est, quod usurpatur sæpe in sacrificando. Itaque noster interpres pulchre vertit id, quod sequitur : *Et ipse sacerdos Dei altissimi. Erat enim sacerdos Dei altissimi.* Nam sæpe *et* sumitur pro *enim.* Refert autem beatus Hieronymus, in longa et erudita epist. Quam scripsit Evagrio, constantem esse Hebræorum opinionem Melchisedech fuisse Sem filium Noe. Et addit illum pane et vino, puro, simplicique sacrificio, Christi dedicasse sacramentum. Nobilitavit autem hanc allegoriam Apost., Hebr. 7, et illud psalm. 109 : *Tu es sacerdos in æternum secundum ordinem Melchisedech.* SUAR.

Ibid. Etsi retineretur *vel sacerdotium* pro *et sacerdotium*, adhuc idem esset sensus, quem Suarius tuetur : nam apud Isidorum et alios ejusdem temporis, atque etiam superioris, sæpe *vel* pro *et* occurrit. AREV.

20. *Abraham Dei patris gestavit typum.* Similiter exposuit hanc allegoriam Origenes in XXII Gen., et beatus D Augustinus, lib. XII contra Faustum, et serm. 71. SUAR.

21. *Tres Angeli.* Beatus Augustinus in serm. de tempore 68, sic ait : *In eo quod tres vidit Abraham, Trinitatis mysterium intellexit. Quod autem quasi unum adoravit, in tribus personis unum esse Deum cognovit.* Idem scribit beatus Hilarius in IV et V lib. de Trin., beatus Gregorius, in hom. 18. SUAR.

Ibid. Tres angeli ab Abrahamo hospitio suscepti, an tres personas sanctissimæ Trinitatis exhibuerint, an Filium medium inter duos angelos, an solum tres angelicos spiritus, varia est interpretum sententia. Adisis Pererium, et Calmetum, in comment. AREV.

22. *Duas autem uxores.* Huic allegoriæ magnam auctoritatem dedit Apostolus, qui ubi rem gestam exposuisset, de duabus uxoribus Abram, Spiritu sancto afflatus, adjecit illa esse per allegoriam dicta, id est, aliud esse gestum, aliud figuratum, ut ait beatus Ambros., qui una cum Ruperto perspicue totam allegoriam exponit. SUAR.

25. Esau, hispidus atque rufus (*Genes.* xxv), po- A
pulus est Judæorum, in Christum et prophetas impia persecutione sanguineus, et indicio pilosæ cutis tegmine peccatorum horribilis.

26. Jacob autem (*Ibid.*) Christum demonstrat, sive populum gentium, qui Dei Patris benedictione prælatus est priori populo Judæorum.

27. Laban legis et diaboli habuit typum, ex cujus corpore assumpsit sibi Christus duas conjuges, plebis scilicet circumcisionis et gentium.

28. Lia Synagogæ figuram habuit, quæ infirmis oculis cordis sacramenta Dei speculari non potuit.

29. Rachel vero clara aspectu Ecclesiæ typum tenuit, quæ contemplationis acie Christi mysteria cernit.

30. Vir, qui cum Jacob luctam iniit, Christi certamen cum populo Israel figuravit; nam sicut Jacob claudicavit in certamine, ita Judæi claudicaverunt fide in Domini passione.

123 31. Lot (*Genes.* xix) typum habuit sanctorum qui in fine sæculi ab impiorum incendio liberabuntur.

32. Uxor Lot (*Ibid.*) eorum tenuit typum qui, per gratiam Dei vocati, postmodum retro respiciunt.

33. Consequenter ipse Lot legis gestavit personam de qua infidelitatis opera pariunt qui ea carnali intellectu utuntur (*Vide var. lect.*).

34. Filiæ ejus duæ (*Genes.* xix) Samariam significant et Jerusalem, quæ fornicantur in lege per adulterium illicitæ doctrinæ.

35. Ruben (*Genes.* xxxi) primogenitus interpretatur visionis filius; populum figuravit qui violavit cubile Dei Patris, quando carnem quam sibi Christus desponderat confixit in patibulo crucis.

36. Simeon scribas designat Judæorum, qui in furore suo occiderunt prophetas, et in dolore suo suffoderunt fixuris clavorum Christum, firmissimum murum, in quo credentes stabili robore communiuntur.

124 37. Levi et auctor et figura est principum sacerdotum qui Christum crucifixerunt.

38. Judas significat Christum, qui in cubili sepulcri,
B quasi leo, securus, corporis somno victoque mortis imperio, post triduum resurrexit.

39. Issachar Ecclesiæ tenuit typum, quæ subjecit humerum suum ad crucis onus portandum.

40. Zabulon eamdem significat Ecclesiam, quæ, secus fluctus hujus vitæ inhabitans, omnes tentationes et turbines sæculi portat.

41. Nephthalim exprimit omnes sanctos prædicatores, qui, instar cervi transilientes, ad superna se erigunt, cunctisque credentibus doctrinæ eloquia conferunt.

25. *Esau hispidus.* Emendate scriptum est in lib. ms. *Impia persecutione sanguineus*, vitiose autem in impr.: *Impia persecutione sanguinis.* Porro Esau, quod totus in morem pellis hispidus natus sit, Gen. xxv, Seir est appellatus. Nam cur Edom vocatus sit, disertis verbis docent sacræ litteræ, Gen. c. eodem. Dixit enim fratri Jacob : *Da mihi de coctione hac rufa,* C
quia oppido lassus sum, quam ob causam vocatum est nomen ejus Edom. Sed rufus etiam natus est, ad quod alludit allegoria. Itaque falluntur qui hinc nomen Edom sortitum esse putant. Eucherius autem et Rupertus similiter scribunt Esau Judæorum populum præsignasse, qui Dominum et prophetas occiderunt, I Thes. II. Suar.

26. *Jacob autem.* Hanc allegoriam tractat etiam beatus Augustinus in lib. xviii de Civit. Dei, c. 37. Suar.

30. *Vir qui cum Jacob.* Cum angelus in specie humana luctaretur cum Jacob, xxxii Genes., *videretque quod eum superare non posset, tetigit nervum femoris ejus, et statim emarcuit. Et benedixit ei in eodem loco.* Quo circa præclare inquit beatus Augustinus, in lib. xvi de Civit. Dei, c. 39 : *Erat unus atque idem benedictus Jacob, et claudus, benedictus in eis qui ex eodem populo in Christum crediderunt, atque in infidelibus claudus, de quibus prædictum est : Et claudicaverunt* D
a semitis suis. Causam autem hujus luctæ fuisse ait Theodoretus : *Ut timenti fratrem Esau fiduciam injiceret, qui etiam se superari ab illo passus est. Ac si diceret : Me vicisti, et hominem vinces.* Suar.

31. Suarius constanter scripsit *Lot*, pro quo alii malunt *Loth*. In Vulgata est *Lot*. Arev.

32. *Uxor Lot.* Idem significatum esse arcano sensu, cum uxor Lot versa est in statuam salis, scribit Orig. in v c. Job. Imo Dominus, Luc. xvii, hoc testatus est, cum ait : *Mementote uxoris Lot.* Quo loco Theophilactus : *Præclare* (inquit) *ad exemplum posteritatis, quasi columnæ inscriptum fuisse malum, quod illa perpessa est. Josephus quidem, qui tam multis sæculis fuit posterior, se hanc statuam vidisse affirmat. Salis autem propterea fuit, aut, quoniam prudentiæ symbolum sal est, et ciborum condimentum, mortalium hoc exemplo condirentur affectus, et mores ad prudentiam formarentur, quæ elucet in divinis præceptis custodiendis, quæ si servasset uxor Lot, non pœnæ, sed profectus sui posteritati exemplum reliquisset.* Suar.

33. *Consequenter Lot.* In lib. impr. vitiose scriptum est : *Qui etiam* pro *qui ea*, quod est in ms. Hanc autem perobscuram allegoriam sic perspicue tradit beatus Augustinus pro sua excellenti scientia : *Lot* (ait lib. xxii cont. Faust.) *futuræ legis videtur gestasse personam, quam quidam, ex illo procreati, et sub lege positi, male intelligendo quodammodo inebriantes, atque non legitime utendo, infidelitatis opera pariunt.* De toto autem facto ejus et filiarum idem scribit eruditissime in eodem libro. Suar.

35. *Ruben primogenitus.* Emendate est in lib. ms. *desponderat*, vitiose autem in impr. *spoponderat.* Ideo autem Ruben, id est, visionis filius a matre Lia est appellatus, ut filii nomine admoneretur se Dei beneficio, qui ejus angorem viderat, illum genuisse, cum a viro despiceretur, unde nominis etymologiam interpretans, dixit : *Vidit Dominus humilitatem meam*, Gen. xxix. Suar.

36. *Simeon scribas designat.* Jacob gravissimis verbis increpavit filios Simeon, et Levi, Gen. xlix, quod contra fœderis religionem in cæde Sichimitarum sint crudelissime bacchati ob stuprum Dinæ oblatum a Sichem. In quibus verbis Spiritus sancti instinctu pronuntiavit sanctus senex illustrem prophetiam contra scribas et sacerdotes, qui communi sententia Dominum occiderunt. Illi enim ex Simeon, hi ex Levi orti sunt, ut ait Cyrillus, et Origenes in c. supradictum. Sunt autem aliquot verba ex ipso vaticinio replicata in hac allegoria. Suar.

39. *Issachar Ecclesiæ typum tenuit.* Mendose sequitur in lib. imp. *qui subjecit*, emendate autem in Ms. *quæ subjecit.* Suar.

40. *Zabulon.* Non minus gravis error est in hoc loco, *Quæ secus fluctus hujus vitæ inhabitantes.* Legendum enim est *inhabitans*, ut habent ms. exemplaria. Exponit hanc allegoriam præclare beatus Ambrosius de Benedict. patriarcharum, c. 5. Suar.

41. *Nephthalim.* De Nephthali dixit pater Jacob,

42. Dan Antichristum significat, qui in via vitæ hujus ungulas equi, id est, extrema sæculi supplantare nititur morsu pestiferæ prædicationis, ut ejiciat eos qui extolluntur in hujus mundi deliciis et divitiis.

43. Gad Christum demonstrat, qui in secundo adventu suo contra Antichristum succinctus virtute judicis præliaturum se nuntiat.

44. Aser eumdem demonstrat Dominum Jesum Christum, cujus **125** pinguis est panis in ore fidelium.

45. Joseph (*Genes.* XXXVII), qui venditus est a fratribus, et in Ægypto sublimatus, Redemptorem nostrum significat a populo Judæorum in manus persequentium traditum, et nunc in gentibus exaltatum.

46. Benjamin Pauli apostoli imaginem prætulit, quia et novissimus et minimus omnium apostolorum fuit electione, et de tribu ejus descendit: iste est lupus rapax, mane persecutor diripiens, vespere doctor pascens.

47. Manasses prioris populi figuram gestavit.

48. Ephraim autem gentium, qui per benedictionem patriarchæ præpositus est majori populo Judæorum.

49. Thamar (*Genes.* XXXVIII) Ecclesiæ imaginem gestat, quæ a Christo per annulum fidei et virgam crucis conceptionem sanctæ meruit ubertatis.

50. Duo gemini in utero Thamar (*Ibid.*) duos populos figuraverunt, quorum posterior natus, qui manum prior ex utero misit, quia **126** gentium populus antea quidem est per prophetas ostensus, sed postea revelatus, cujus ideo obstetrix ligavit dexteram cocco, quia idem populus per sanguinem Christi crucis notatus est signo.

51. Dina, filia Jacob (*Genes.* XXXIV), Synagogam, vel animam, significat: quam in exterioribus sæculi curis repertam Sichem princeps terræ opprimit, id est, diabolus vitio concupiscentiæ carnalis corrumpit.

52. Bala, concubina Jacob (*Genes.* XXXV), quam Ruben incesto crimine polluit, significat legem Veteris Testamenti, quam populus Israel prævaricando commaculavit.

53. Job in factis dictisque suis personam exprimit Redemptoris.

54. Uxor ejus (*Job.* II), quæ eum ad maledicendum provocat, carnalium pravitatem designat.

55. Tres amici Job typum tenuerunt hæreticorum, qui sub specie consolandi studium seducendi gerunt.

56. Eliud vero doctorem superbum et arrogantem demonstrat, qui durius increpationem suam fidelibus intra sanctam Ecclesiam irrogat.

57. Pharao figuram habuit diaboli, qui hujus sæ-

Genes. XLIX. *Nephthali cervus emissus dans eloquia pulchritudinis.* Ubi Eucherius, de apostolis et Evangelii prædicatoribus arcano sensu intelligi hoc ait, qui cum cervis, quod veloci cursu ad cœlestia contendant, et de latibulis animorum virulentos quodammodo extrahant, et necent, rectissime comparantur, Marc. XVI. SUAR.

42. *Dan Antichristum significat.* In lib. impr. est *in hujus mundi deliciis*, sed luculentius in ms. *in hujus mundi deliciis et divitiis.* Pulchre et copiose exposuit hanc ipsam allegoriam beatus Gregorius, XXIX Mor., c. 18. Theodoretus etiam, quæst. 109 in Genes., ait Spiritum sanctum hæc de Antichristo prænuntiasse, quæ a patriarcha Jacob de Dan dicta sunt. Idem etiam sentit beatus Ambrosius, in lib. de Benedict. patriarch., cap. 7, ubi Antichristum de tribu Dan futurum scribit. SUAR.

43. *Gad Christum demonstrat.* Tam in lib. imp. quam in ms. *præliandum se nuntiat*; forte fuit error librariorum pro *præliaturum.* Eucherius inquit Gad ante et retro accinctum ad præliandum Christi Domini personam exprimere, qui ante et retro contra Antichristum præliabitur gladio verbi Dei, de quo gladio mentio fit psal. XLIV, et Matth. XX. Addit etiam beatus Ambrosius Moysen explicuisse Deut. XXXIII, hanc prophetiam evidenter esse de Christo. SUAR.

44. *Aser eumdem demonstrat.* De Aser dixit pater Jacob: *Aser panis pinguis, et præbebit delicias regibus*, quod vaticinium similiter de sacrosancta Eucharistia intelligunt beatus Ambrosius, in lib. de Benedict. patriarch., c. 9, et Eucherius cum Ruperto in XLIX c. Gen. SUAR.

46. *Benjamin Pauli apostoli.* In lib. impress. est *qui et minimus apostolorum*; sed plenius in Ms. *quia et novissimus et minimus*, etc. Et quidem minimum apostolorum se ipse appellat *I Cor.* XV, et novissimum. De Benjamin autem sic dicit pater Jacob, Gen. XLIX: *Benjamin lupus rapax, mane comedet prædam, et vespere dividet spolia.* Quæ verba, quod ad mysticum sensum pertinet, de Paulo apostolo manifestissimam prophetiam esse scribit beatus Hieronymus, in Quæst. Hebr., quod in adolescentia sua persecutus Ecclesiam, in senectute prædicator Evangelii fuerit. Copiose autem imprimis et ornate de hoc ipso disserit beatus Ambrosius, de Benedict. patriarch., c. 12. Fuisse autem Paulum de tribu Benjamin constat ex c. III Epist. ad Philipp. SUAR.

Ibid. In textu Grialii omissum fuerat *et novissimus*, contra mentem, ut videtur, Suarii. AREV.

47. *Manasses prioris populi.* Connexa est hæc allegoria cum sequenti, in qua mendum est in lib. impr. *præpositus est major pro majori.* Breviter autem beatus Cyrillus has allegorias complexus est his verbis: *Præfertur Ephraim Manasse, hoc est, gentes Judæis, qui adversus Servatorem impie egerunt, atque novissimi fiunt primi, et primi novissimi.* Ducit etiam beatus Ambrosius ex etymologia nominum argumentum hoc modo, de Benedict. patriarch.: *Manasse* EX OBLIVIONE *Latina interpretatione significatur, eo quod populus Judæorum oblitus est Deum suum, qui fecit eum. Ephraim autem* FECUNDITATEM *fidei interpretatione nominis pollicetur, quod proprium est populi junioris, qui corpus est Christi augens patrem, et Deum proprium non derelinquens.* SUAR.

49. *Thamar Ecclesiæ.* Sapienter docet beatus Augustinus, in lib. XXII cont. Faust., cur de quibusdam malis operibus hominum in Scripturis sanctis quædam non mala, sed bona futura significentur. Ibidem etiam docet typum gessisse Thamar. SUAR.

51. *Dina filia Jacob.* Eleganter enarrat hanc allegoriam beatus Gregorius, lib. de Cura past., p. III, c. 30, de mente, quæ, sua studia negligens, actiones alienas curat. SUAR.

56. *Eliud vero.* Pulchre ponitur ante oculos arrogantia Eliud, c. XXXII Job., et quam inflatus atque ira percitus invectus sit in amicos suos, et in sanctum virum Job. SUAR.

Ibid. De allegoriis ad librum Job pertinentibus videndi Pineda, Corderius, etc., uti de aliis alii interpretes, qui fuse sensum allegoricum sacræ Scripturæ persequuntur. AREV.

57. *Pharao figuram.* Opera carnis, de quibus Apostolus agit, c. V ad Galat., comparat cum luto et la-

cum captivitate populum Dei perdere et terrenis vitiorum operibus prægravare tentavit.

58. Filia Pharaonis (*Exod.* II), quæ Moysen expositum ad ripam fluminis collegit, Ecclesia gentium est, quæ Christum ad flumen salutaris lavacri reperit.

59. Moyses (*Exod.* XIII) typum Christi gestavit, qui populum Dei a jugo diabolicæ servitutis eripuit, et ipsum diabolum in æterna pœna damnavit.

60. Aaron sacerdos, qui cruore victimarum populum expiabat, **127** significat Christum, qui sacrificio sanguinis sui peccata diluit mundi.

61. Maria, soror Moysi (*Num.* XII), Synagogæ speciem prætulit, quæ leprosa propter detractionem et murmurationem contra Christum exstitit.

62. Uxor Moysi Æthiopissa (*Exod.* II), figuravit Ecclesiam ex gentibus Christo conjunctam, cujus ob causam zeli Synagoga obtrectans adversus Christum, illico contagio lepræ perfunditur.

63. Amalech designat diaboli figuram, qui, obvius Dei populo, per signum crucis evincitur.

64. Sehon quoque, rex Amorrhæorum, qui vertitur in Latinum *tentatio oculorum*, eumdem diabolum significat, qui mendacio fallendi sese in angelum lucis transfigurat. Ipse est Og, rex Basan, qui interpretatur *conclusio*, qui intercludere molitur difficultate vitiorum viam fidei nostræ, ne pateat nobis transitus ad regnum promissum vitæ æternæ.

65. Viri septuaginta duo seniores, super quos cecidit Spiritus Dei, septuaginta duas nationum linguas in
A hoc mundo diffusas **128** ostendunt, ex quibus multi credentes gratiam Spiritus sancti acceperunt.

66. Dathan et Abiron, et cæteri, qui, se a Moyse et Aaron segregantes, sacrificium usurpare conati sunt (*Num.* XVI), hæreticorum pravitatem designant, et perniciem eorum qui se a sacerdotibus Christi et a societate Ecclesiæ dividunt, et sacrificia profana assumunt.

67. Balaam, qui cadens apertos oculos habuit (*Num.* XXII), typum eorum tenuit qui per fidem cognitionem Dei habent, sed obscurati malis operibus corruunt.

68. Phinees, qui Zambri et scortum in adulterio conversantes pariter interemit (*Num.* XXV), figuram
B tenuit sanctorum doctorum, qui Judæos et hæreticos spirituali mucrone in amplexu falsæ doctrinæ concurrentes feriunt.

69. Ille qui, in Sabbato ligna colligens, lapidari jubetur, significat eum quem Christus inveniet cum peccato in die judicii.

70. Duodecim exploratores scribarum et pharisæorum imaginem tenuerunt, qui Israeliticum populum averterunt ne confiderent divinæ repromissionis gratiam adipisci posse per Christum.

71. Duo portitores, qui de terra promissionis botrum in ligno humeris gestaverunt (*Num.* XIII), duorum populorum significantiam expresserunt, quorum prior Judaicus gradiens aversus terga dat Chri-

---

teribus, de quibus fit mentio Exod. I. Hanc autem allegoriam copiose persequitur beatus Augustinus in serm. 84 de temp., et 85, et beatus Cyrillus in supradict. c. Exodi. SUAR.

61. *Maria, soror Moysi.* Cur, cum Aaron socius fuerit peccati, sola Maria lepra affecta sit, causam exponit Theodoretus, in Quæst. Num., q. 23. SUAR.

62. *Uxor Moysi Æthiopissa.* Beatus Augustinus, in lib. Quæst. super Num., q. 20, recte sentit solam fuisse Moysi uxorem Sephoram Madianitidem filiam Jethro, cæterum eam vocari Æthiopissam quod Madianitæ aliquando appellentur Æthiopes in sacris litteris, ut II Paralip. XIV, cum Josaphat bellum gessit contra illos. Idem scribit Theodoretus, in q. 22 in eumdem lib. Num. confutata opinione, vel potius fabula, Josephi et Apollinarii. Causa ergo convicii fuit quod alienigenam Moyses duxisset uxorem; Aaron autem Israelitidem. Hanc autem ipsam allegoriam præclare exponit beatus Augustinus in serm. 86 de temp., et Theodor., in q. 4 in lib. Exodi. SUAR.

63. *Amalech designat.* Res gesta narratur Exod. XVII. Est autem Amalechites regio in deserto ad meridiem Judææ trans urbem Petram, ut scribit beatus Hieronymus, de Loc. Hebraicis. Amalech porro, nepos Esau, nominis et generis auctor fuit huic genti, Gen. XXXVI. Tractat autem nobilem hanc allegoriam beatus Augustinus, in serm. 93 de tempore, ubi ait Moysem ipsa elevatione manuum mysterium crucis ostendisse. Et, ut erudite ait Theodoretus, in q. 34 in Exod., quemadmodum, cum famulus Domini manus tenderet, cadebat Amalech, ita Domino manus tendente in cruce, diaboli castra jugulata sunt. SUAR.

64. *Sehon quoque.* Hic quoque correctiora sunt exemplaria ms. quæ sic habent: *Ipse est Og, rex Basan.* Nam in lib. impr. est *ipse est rex Basan.* Utraque autem hæc allegoria ex etymologia præcipue nominum Sehon et Og orta est. SUAR.

65. *Septuaginta duo viri seniores.* In ms. lib. sic scriptus est locus hic: *Septuaginta duo viri seniores,*
C *super quos cecidit Spiritus Dei, septuaginta duas nationum linguas*, cum in lib. impr. utrobique *duo* desiderentur. Et quidem fuisse septuaginta duos illos viros, quos divinus afflavit Spiritus, numeratis Eldad et Medad, perspicuum est legenti c. XI lib. Num. Totidem etiam fuisse gentes quæ ex tribus filiis Noe ortæ sunt, docet diligenter beatus Augustinus, in lib. XVI de Civit. Dei, c. 3, computatis gentibus quæ numerantur Gen. X; et sane hac de causa existimatur Dominus LXXII discipulos elegisse Luc. X, quos significabant LXXII palmæ repertæ in Elim, Exod XV, ut notat Theophylactus, in dictum c. Lucæ.

Ibid. De hac allegoria vide Editionem Coteleriaanam Patrum apostolicorum anni 1698, pag. 738, tom. I. AREV.

66. *Dathan et Abiron.* Principes seditionis contra Moysen et Aaron exstiterunt Core et Dathan, atque Abiron cum Hon, aliique ducenti quinquaginta viri proceres Synagogæ, Num. XVI. Et quidem quod
D Core seditionem moverit, minus fortasse mirum; erat enim ex tribu Levitica; de cæteris vero tribus seditionis principibus eam rationem affert Theodoretus, in q. 33. in Num., quod cum orti essent ex Ruben primogenito, illi sacerdotium adhuc competere existimabant. Notandum autem est in Theodoreto perperam poni Eliab pro Hon filio ejus. SUAR.

67. *Balaam, qui cadens.* Hanc egregiam allegoriam noster Isidorus a beato Gregorio, cujus fuit studiosissimus, mutuatus est. Is enim, lib. XXV, c. 14, in XXXIV c. Job sic ait: Unde etiam de Balaam scriptum est, qui cadens apertos habet oculos, cadens quippe in opere, apertos tenuit oculos in contemplatione. Ita ergo hi etiam oculos aperientes in fide, et non videntes in opere, intra Ecclesiam positi pia specie, extra Ecclesiam positi sunt impia conversatione. SUAR.

sto, **129** posterior, Christianus, eum quem vehit A inspicit et sequitur Christum.

72. Jesu Nave imaginem Salvatoris expressit, qui nos in terram repromissionis induxit, et in regnum cœlestis gloriæ collocavit.

73. Raab meretrix figuram tenuit Ecclesiæ, quæ per coccum, id est, per passionis dominicæ signum, ab interitu mundi salvatur.

74. Duo exploratores missi a Jesu in Jericho, quos suscepit Raab (*Josue* II), duo intelliguntur Testamenta in mundum missa quæ suscepit Ecclesia ex gentibus congregata.

75. Acham, qui de Jericho anathemate concupivit, significat nequam, et peccatorem, qui post fidem sæculares mores, vel mundi illecebras appetit.

76. Gedeon, qui cum trecentis viris perrexit ad B prælium (*Judic.* VII), typum Christi gestavit, qui in signo crucis de mundo victoriam reportavit. Trecentorum enim numerus in Tau littera continetur, per quam crucis species ostenditur.

77. Sisara typus diaboli fuit. Jahel autem, quæ tempora ejus clavo et malleo transfodit, Ecclesiæ typum expressit, quæ per vexillum crucis diaboli imperium interfecit.

130 78. Ipsa quoque Debbora, ejusdem Ecclesiæ typum portans, devicto in Sisara diabolo, canticum cœlestis gloriæ proclamat.

79. Jephte, qui pro victoria obtenta filiam immolavit (*Judic.* XI), Redemptoris ostendebat figuram, qui, ex mundo triumphans, carnem propriam in sacrificium obtulit. C

80. Samson Salvatoris nostri mortem et victoriam figuravit, sive quia de faucibus diaboli gentes, quasi favum ab ore reperti leonis, abstraxit, sive quia post mortem plures lucratus, plurimosque moriens quam vivens exstinxit.

81. Dalila, quæ Samson verticem decalvavit (*Judic.* XVI), Synagogam significat, quæ Christum in loco Calvariæ crucifixit.

82. Ruth alienigena, quæ Israelitico viro nupsit, Ecclesiam ex gentibus ad Christum venientem ostendit.

83. Booz autem Christum verum Ecclesiæ sponsum expressit.

84. Anna, quæ fuit sterilis, et postmodum fecunda facta est (*I Reg.*, I) Ecclesiam Christi significat, quæ prius in gentibus erat sterilis, nunc largiter pollet per universam terram prole numerosæ fecunditatis.

85. Heli sacerdos reprobatus (*I Reg.* III) abjectionem sacerdotii Veteris Testamenti præfiguravit.

86. Samuel vero, qui reprobato Heli in ministerio sacerdotali successit (*Ibid.*), novi sacerdotii successionem, abjecto veteri sacerdotio, prænuntiavit.

87. Duo filii Heli sacerdotes, qui capta a gentibus arca perempti sunt (*I Reg.* IV), significant posteritatem sacerdotii prioris fuisse exstinctam, et legis Testamentum ad cultum gentium esse translatum.

131 88. Saul regni Judaici insinuat repromissionem, vel reprobationem, sive ejusdem populi æmulationem, qui David, id est, Christum injusto odio invidiæ conatus est occidere.

89. David filii Dei et Salvatoris nostri expressit imaginem, sive quod insectatione Judæorum injustam persecutionem sustinuit, sive quia Christus ex ejus stirpe carnem assumpsit.

90. Urias Hethæus typum habuit diaboli, cujus

72. *Jesu Nave.* Josue, filium Num, quem LXX Jesum, filium Nave, vocant, virum insigni animi fortitudine, Moyses et vivus habuit ministrum, et moriens imperii successorem. Ejus primum mentio fit Exod. XVII, cum nobilem pugnam inivit cum Amalech, in qua etiam victor fuit. Quocirca præclare ait Origenes in illum ipsum locum : *Usque ad hunc locum beati nominis Jesu nusquam facta est mentio; hic primum vocabuli hujus splendor effulsit.* Idem cum undecim sociis terram promissam exploravit, et Judæos fractos metu ac debilitatos confirmavit, Num. XIII. Quo loco Osee, id est, Servator appellatur, id quod notavit in q. 25 in Num. Postremo populo Dei post devictum unum et triginta reges in terram promissam introducto, illam divisit. Et cum nomine, tum rebus præclarissime gestis, Christi Jesu Salvatoris nostri imaginem expressit. SUAR.

73. *Raab.* Nam Jericho, id est, luna, mundum significat, qui totus in maligno positus est, I Joann. cap. ult. A cujus exitio Christi sanguine liberamur. SUAR.

76. *Gedeon.* De littera *T* Græca sermo est. Hanc autem allegoriam egregie tractat beatus Augustinus his verbis in q. 37 in lib. Jud. : *Numerus, quia trecenti erant, signum insinuat crucis propter litteram* T *Græcam, qua iste numerus significatur, per quos etiam gentes magis in Crucifixum credituras præfiguratum est, quod littera Græca est. Unde Græcorum nomine Apostolus omnes gentes significat, cum dicit : JUDÆO PRIMUM, ET GRÆCO; quod in linguis gentium Græca ita excellat, ut per illam omnes decenter significentur.* SUAR.

Ibid. Hanc allegoriam expressit sacer poeta Prudentius, in præfat. ad Psychomachiam, vers. 56, quem locum in Prudentianis, cap. 20, fuse explicui. AREV.

79. *Jephte.* Beatus Hieronymus ait in vovendo illum fuisse stultum, et in reddendo impium. In eadem sententia est beatus Thomas. Sed beatus Augustinus, q. 49, in lib. Jud., quæstionem hanc magnam esse ait, et ad judicandum difficillimam, de qua ipse copiose in primis et erudite disserit. Utcunque sit, certum est de quibusdam malis operibus hominum in Scripturis sanctis quædam non mala, sed bona futura significari; id quod erudite probat idem beatus Augustinus, in lib. XII, cont. Faustum. SUAR.

80. Fort., *pluresque moriens.* AREV.

86. *Samuel vero.* Samuelem non fuisse sacerdotem, sed levitam, multi existimant; ortus enim est ex Abiathar filio Core, I Paral. VI, cum sacerdotes D necesse fuerit originem ducere ex Aaron. Atque id videtur innuere Psalm. XCVIII, his verbis : *Moyses et Aaron in sacerdotibus ejus*; de Samuele autem ait : *Et Samuel inter eos qui invocant nomen ejus.* At beatus Augustinus hoc ipso loco affirmat sacerdotem, et quidem magnum, fuisse Samuelem. Et II lib. Retr., c. 43, ait Samuelis patrem non fuisse quidem sacerdotem, reperiri tamen in filiis Aaron. SUAR.

90. Quod Urias typum habuerit diaboli, et Bersabee typum Ecclesiæ, difficultatem aliquam præ se ferre videtur; sed quæ ipsa rei explicatione satis diluitur, ut in multis aliis similibus allegoriis accidit. Hanc de Uria Hethæo Isidorus sumpsit ex sancto Augustino, cujus verba late exscribit Quæstion. in Reg., lib. II, cap. 2. Observandum interea quod neque figura in omnibus debet repræsentare figuratum, neque in eo quod repræsentat perfectionem figurati

conjugio prius erat copulata Ecclesia, quam Christus concupivit lavantem a sordibus sæculi semetipsam, et per lavacri undam purificantem.

91. Salomon Christi prænuntiat figuram qui ædificavit domum Deo in cœlesti Jerusalem, non de lignis et lapidibus, sed de sanctis omnibus.

92. Regina Austri, quæ venit ad audiendam sapientiam Salomonis (*III Reg.* X; *II Paral.* IX), Ecclesia intelligitur, quæ ad verbum Dei ab ultimis finibus terræ congregatur.

93. Roboam, filius Salomonis, et Jeroboam servus, quibus Israel in duas partes divisus est, significant divisionem illam in Domini adventu factam, in qua pars credentium ex Judæis regnat cum Christo, qui est ex David genere ortus; pars vero secuta Antichristum, cujus ad cultum nefandæ servitutis errore constricti sunt.

94. Golias (*I Reg.* XVII) designat diabolum, cujus elevationis superbiam Christi prostravit humilitas.

95. Elias Christum demonstrat, quia sicut igneo curru ad superna sublatus est, ita Christus ministeriis angelorum assumptus est in cœlum.

96. Vidua, ad quam mittitur Elias pascendus (*III Reg.* XVII), Ecclesia est, ad quam per fidem venisse legitur Christus, cujus farinæ et oleo benedicitur, et non deficit, id est, gratia corporis Christi, et chrismatis unctio, **132** quæ toto mundo quotidie impenditur, et nunquam minuitur.

97. Elisæus eumdem Redemptorem Dominum figuravit, qui de montis altitudine, id est, cœlorum descendens sublimitate, humiliavit seipsum a forma Dei usque ad formam hominis, ac mortuis membris sua membra composuit, et nostram mortalitatem sui corporis medicina sanavit.

98. Pueri qui, insultantes Elisæo, clamabant : *Ascende, calve, ascende, calve*, et invasi ab urso perierunt (*IV Reg.* II), indicant populum Judæorum, qui puerili stultitia deriserunt Christum in loco Calvariæ crucifixum, et capti a duobus ursis, id est, Tito et Vespasiano, interierunt.

99. Puer Elisæi cum baculo ad resuscitandum mulieris filium missus (*IV Reg.* IV), typum priscæ legis ostendit, quæ generi humano transmissa nihil præstitit, nisi quod in virga solam auctoritatem severitatis monstravit.

100. Sunamitis filius mortuus (*Ibid.*) humani generis figuram tenet, super quod Christus septies oscitans A Spiritum septiformis gratiæ spiritualiter aspirat, per quem a morte peccati reviviscat.

101. Septem millia viri, de quibus dictum Eliæ, quod non curvaverunt genua ante Baal, significant numerum sanctorum, qui, Spiritu septiformis gratiæ adimpleti, diabolo renuntiaverunt.

102. Naaman Syrus significat populum ex gentibus, maculis delictorum pollutum, atque a Christo per sacramentum baptismi purificatum.

103. Ozias rex, qui, ob meritum scelerum suorum, in fronte contagio lepræ perfunditur (*II Paral.* XXVI), regnum indicat Judæorum, qui dedecus **133** et malum perfidiæ in fronte gerunt, ubi crucis signum portare debuerant.

104. Ezechias rex, cui pro bono opere quindecim B anni ad vitam adjiciuntur (*IV Reg.* XX; *II Par.* XXXII; *Is.* XXXIX; *Eccl.* XLVIII), significat omnes sanctos, quibus ad acquirendam vitam æternam quinque libri legis cum decem verbis Decalogi dati sunt, ut per complementum legis et præceptorum regni cœlestis plenitudinem consequantur.

105. Josias rex, qui celebravit pascha, et de templo Domini idola multa depulit (*IV Reg.* XXIII; *II Par.* XXXV), significat Christum, qui pro nobis passionem suscepit, atque omnia exsecrabilia gentium de templis corporis nostri dejiciens, igne virtutis suæ exusta comminuit, atque in hujus sæculi torrentem projecit.

106. Sedecias, cujus oculos in Reblatha rex Babylonis evulsit (*IV Reg.* XXV), divites et peccatores C hujus mundi significat; in Latinum enim vertitur Reblatha *multa hæc*, ideoque iste significat eos qui in hujus mundi multa actione et affectione involvuntur, atque, a diabolo capti, intelligentiæ oculos perdunt.

107. Isaias formam evangelistarum et apostolorum expressit, qui universa sacramenta Christi, non quasi futura, sed quasi præsentia prædicavit.

108. Jeremias autem in verbis et passionibus suis mortem et passionem figuravit Domini Salvatoris.

109. Ezechiel imaginem Christi gestavit, qui positus in terrena peregrinatione populum salutaribus præceptis instigat.

110. Daniel, qui vitam cælibem tenuit, similitudinem habuit continentia sua eorum qui sunt in otio D sancto, et terrenis copiis non abutuntur.

111. Oseas Christi demonstrat figuram, qui ex

attingere. Vide append. 16 ad Etymolog., num. 10, tom. IV, pag. 522. AREV.

96. *Vidua, ad quam mittitur Elias.* Duas has allegorias de Elia et Christo tractat præclare beatus Augustinus in serm. 201 de tempore, qui sermo est 2 in Dom. 3 de Trinitate. SUAR.

98. *Pueri qui per stultitiam.* Rectius est in lib. ms. *qui puerili stultitia*, quam in Imp. *qui per stultitiam*. Id quod docent hæc verba beati Augustini, quæ ab illo mutuatus est noster Isidorus; ait enim in lib. XII contra Faust. : *Elisæo pueros insultantes, et clamantes* CALVE, CALVE, *bestiæ comedunt; puerili stultitia deridentes Christum in loco Calvariæ crucifixum, invasi a dæmonibus pereunt.* Superiorem autem de eodem Elisæo et Domino allegoriam exponit beatus Ambrosius in epist. ult. lib. IV. SUAR.

102. *Naaman Syrus.* Exponit hanc allegoriam beatus Augustinus in serm. 108 de tempore, ubi egregie ait : *Audivit Naaman puellam, et venit ad Elisæum, audivit populus gentium prophetiam, et venit ad Christum. Naaman veniens ad Elisæum sanatur a lepra, et populus gentium veniens ad Christum ab omni peccatorum lepra purgatur.* SUAR.

107. De Isaia aliisque prophetis multa Isidorus repetit in libro Procemiorum. AREV.

111. *Oseas.* Hanc allegoriam illustravit, et multis similibus exemplis locupletavit beatus Hieronymus in procem. ad Pammach. in Oseam Prophet. SUAR.

fornicatione gentium assumpsit in corpore suo Ecclesiam. A

112. Joel, qui interpretatur *incipiens*, indicat typice eos qui fidei ostium, et divinæ scientiæ incipiunt cognoscere sacramentum.

113. Amos, pastor et rusticus, Christi est typus, qui ab officio pastorali pecorum, id est, ab Hebræorum regimine translatus, nunc alios greges pascit in gentibus.

134 114. Abdias, qui in Samaria centum pavit prophetas (*III Reg.* XVIII), significat omnes fidei prædicatores, qui in hoc mundo alimentis sacrarum Scripturarum omnes credentes reficiunt.

115. Jonas (*Jon.* II) Christi mortem figuravit, qui tribus diebus ac noctibus in corde terræ, quasi in ventre ceti, quievit.

116. Habacuc, luctator fortis, populus est fidelis, qui, super excelsa constitutus, in cruce Dominum contemplatur, dicens : *Cornua in manibus ejus, ibi confirmata est virtus gloriæ ejus.*

117. Sophonias, qui interpretatur *speculator*, vel *absconditum Domini*, significat eos qui per contemplationis arcanum ad perfectum perveniunt meritorum.

118. Aggæus et Zacharias figuram gestaverunt sanctorum, qui nobis in hujus peregrinationis vita futurum tempus liberationis declarant.

119. Malachias, qui *angelus Domini* interpretatur, typum Salvatoris nostri tenuit, qui Angelus magni consilii dicitur.

120. Jesus, sacerdos magnus, figuram gerebat Christi, per quem ex peregrinatione sæculi hujus ad cœlestem Jerusalem nobis patet ingressus.

121. Zorobabel, sacerdos (*II Esdr.* II *seqq.*), typus est Domini Salvatoris, qui reduxit de captivitate populum, et de vivis lapidibus construxit Domino templum.

122. Judith et Esther typum Ecclesiæ gestant, hostes fidei puniunt, ac populum Dei ab interitu eruunt.

123. Tobias priscæ legis imaginem tenuit, cujus oculos Judaicæ hirundines 135 obcæcant, dum eos luminis sacramenta male intelligentes obcæcant.

124. Tobias, filius ejus, Domini nostri Jesu Christi imaginem habuit, qui velut absconditam et obcæcatam figuræ caligine legem claritate suæ virtutis illuminat.

125. Tres pueri (*Dan.* III) prætulerunt figuram
B sanctorum, qui corpus suum in persecutionem pro Christi nomine obtulerunt.

126. Susanna (*Dan.* XIII) figuram Ecclesiæ habet, quam testes falsi Judæi, quasi adulteram legis, accusant.

127. Nabuchodonosor rex (*IV Reg.* XXV) typus diaboli fuit, qui hæreticorum plebem, erroris captivitate devictam, de Jerusalem, id est, de Ecclesia in Babyloniam, id est, in ignorantiæ confusionem abduxit.

128. Princeps coquorum, qui muros Jerusalem subvertit, hoc significat, quod omnes qui ventris desiderio serviunt, virtutes animæ destruunt.

129. Machabæi septem, qui sub Antiocho acerbissima perpessi tormenta, gloriosissime coronati sunt
C (*II Machab.* VII), significant Ecclesiam septiformem, quæ ab inimicis Christi multam martyrum stragem pertulit, et gloriæ cœlestis coronam accepit.

116. *Habacuc.* Ait beatus Hieronymus in prooem. in Joelem, περιλαμβάνων, id est, *amplexans*, sive *amplexatio*, sive *luctans*. Atque, ut idem ait in prooem. in Habacuc, vel ex eo quod amabilis Domini est, vocatur *amplexatio*, vel quod in certamen et luctam, et, ut ita dicam, amplexum cum Deo congreditur, *amplexantis*, id est, luctantis sortitus est nomen. Nullus enim tam audaci voce ausus est Deum ad disceptationem vocare justitiæ. Ibidem Græcos et Latinos notat, quod apud eos corrupte nomen Ἀββακούμ, id est, *Habacum* legeretur, qui apud Hebræos dicitur חבקוק *Habacuc*. SUAR.

Ibid. Verba Habacuc, in Vulgata, cap. III, 4 : *Cornua in manibus ejus. Ibi abscondita est fortitudo ejus.* AREV.

117. *Sophonias.* Nomen Sophoniæ, inquit beatus Hieronymus, in I c. ejusdem prophetæ, *alii speculam,* D *alii arcanum Domini transtulerunt.* SUAR.

118. *Aggæus et Zacharias.* Causam dedit huic allegoriæ, quod hi duo prophetæ, secundo anno Darii regis Persarum, filii Histaspis, cum septuagesimus annus vastitatis templi, quem prædixerat Jeremias, esset completus, Judæos ad templi instaurationem mirifice incitaverunt. SUAR.

128. *Princeps coquorum.* Hæc allegoria cum LXX versione congruit. Id enim quod Hebraice dictum est de Nabuzardam, IV Reg. ult. רב טבחים *rabtabbahim*, noster interpres vertit *princeps exercitus* : LXX vero, ἀρχιμάγειρος, id est, *princeps coquorum*. Causam hujus varietatis docte exponit Lippomanus, in caten., XXXVII Genes. Beatus quidem Hieronymus, in Quæst. Heb., sic ait : *In plerisque locis* ARCHIMAGIROS, *id est*, COQUORUM PRINCIPES *pro* MAGISTRIS EXERCITUS *Scriptura commemorat*, μαγειρεύειν *quippe Græce interpretatur* OCCIDERE. Beatus etiam Augustinus, in quæst. in Gen., sic scribit : *Nolunt quidam* PRÆPOSITUM COQUORUM *interpretari, qui Græce* ἀρχιμάγειρος *dicitur, sed* PRÆPOSITUM MILITIÆ, *cui esset potestas occidendi. Nam sic appellatus est ille quem Nabuchodonosor misit, penes quem potius invenitur primatus fuisse militiæ.* SUAR.

129. Allegoria de Machabæis clarius exponitur in fine mysticæ Expositionis sacramentorum, sive Quæstion., cap. de Machabæis. Quo in opere plura quæ Isidorus in Allegoriis Veteri Testamenti breviter perstringit fusius explicantur, ut jam monui. AREV.

EX NOVO TESTAMENTO.

136 130. Quatuor evangelistæ Jesum Christum sub quatuor animalium vultibus figuraliter exprimunt.

130. De quatuor insignibus evangelistarum varias sententias protuli in not. ad Juvencum, lib. I, vers. 5. Isidorus communiorem opinionem sequitur in vultibus animalium exprimendis qui singulis evangelistis ascribuntur. Eamdem tenuit Sedulius in carmine Paschali, lib. I, vers. 355. AREV.

131. Matthæus enim eumdem Redemptorem nostrum natum et passum annuntians, in similitudinem hominis comparat. A

132. Marcus, a solitudine exorsus, leonis figuram induit, et Christi regnum invictum potentiamque proclamat.

133. Lucas quoque per vituli mysticum vultum Christum pro nobis prædicat immolatum.

134. Joannes autem per figuram aquilæ eumdem Dominum post resurrectionem carnis demonstrat evolasse in cœlum.

135. Petrus personam Ecclesiæ gestat, quæ habet potestatem dimittendi peccata, atque reducendi ab inferis homines ad cœlestia regna (*Matth.* VI).

136. Apostoli quoque omnes totius Ecclesiæ portant typum, quia et iidem in dimittendis peccatis si- B
milem acceperunt potestatem, habentes quidem et formam patriarcharum, qui per verbum prædicationis in toto orbe terrarum Deo populos spiritualiter genuerunt.

137. Septuaginta duo discipuli significant illustrationem totius orbis per Evangelium Trinitatis. Viginti quatuor enim horis mundus omnis peragitur, qui numerus triplicatus propter eamdem Trinitatem in LXXII deducitur. Idcirco autem mittuntur bini, propter prædicandum Dei amorem, et proximi, vel mysteriorum gemina Testamenta.

137 138. Joseph typice Christi gestavit speciem, qui ad custodiam sanctæ Ecclesiæ deputatus est, quæ non habet maculam, aut rugam.

139. Maria autem Ecclesiam significat, quæ cum C
sit desponsata Christo, virgo nos de Spiritu sancto concepit, virgo etiam parit (*Matth.* I).

140. Zacharias sacerdos, qui, angelo jubente, obmutuit (*Luc.* I), silentium legis et prophetarum, adveniente Christo, ostendit.

141. Joannes formam habuit legis, qui Christum annuntiavit, et remissionem peccatorum per lavacri gratiam prædicavit.

142. Magi figuraverunt gentium populos, lucem fidei cognituros, indicantes sacramentorum muneribus Christum, per thus esse Deum, per myrrham hominem passum atque sepultum, per aurum regem omnium sæculorum (*Matth.* II).

143. Herodes, qui infantibus necem intulit (*Matthæus* II), diaboli formam expressit, vel gentium, qui, cupientes extinguere nomen Christi de mundo, in cæde martyrum sævierunt.

144. Muti in Evangelio significant illos qui fidem Christi non confitentur.

145. Cæci illos signant qui fidem quam credunt nequaquam intelligunt.

146. Surdi illos figurant qui non exhibent obedientiam præceptorum.

147. Claudi illos demonstrant qui implere præcepta salutaria negligunt.

148. Homo prudens, qui ædificavit domum suam supra petram, significat doctorem fidelem, qui in Christo doctrinæ suæ et vitæ suæ stabilimentum constituit.

149. Ille vero, qui ædificavit domum suam super arenam, hæreticum designat, qui ædificat doctrinam falsam, ut ruinam faciat magnam.

138 150. Leprosus, quem Christus descendens de monte primum curavit (*Matth.* VIII), humanum indicat genus delicti contagio maculosum.

151. Hoc Redemptor, dum de cœlorum altitudine quasi de monte descendit, a vario dæmonum cultu detraxit, atque in unitatem fidei reparavit.

152. Centurio (*Ibid.*) fidem gentium significat, quæ salutem filii sui infirmi ad mortem petens, humiliter dixit: *Domine, non sum digna ut intres sub tectum meum, quæ persecuta sum Ecclesiam tuam.*

153. Puer autem Centurionis, et filia Chananææ mulieris, quos Christus non veniens ad eos salvat (*Matth.* XV), easdem gentes ostendunt, quas Dominus non corporali præsentia visitavit, sed per fidem verbi salvavit.

154. Ipsa quoque mulier Chananæa (*Ibid.*) Ecclesiæ ex gentibus gerit figuram, quæ tanquam canis quærebat micas de mensa dominorum, id est, satiari doctrinis apostolorum et prophetarum.

155. Socrus Petri febriens (*Matth.* VIII) significat Synagogam, æstu carnalium desideriorum accensam, cujus filia est pars illa credentium quæ data est Petro regenda.

156. Scriba repudiatus, qui propter quæstum Dominum sequebatur (*Ibid.*), significat eos qui Christi

134. *Joannes autem.* Hæ primæ quinque allegoriæ sumptæ sunt ex I c. Ezech.; quo loco beatus Hieronymus erudite disserit de hoc argumento, quod uberius tractat in procemio in commentarios super Matth. Congruunt autem cum vaticinio Ezechielis ea quæ de eisdem animalibus scribit beatus Joann., Apoc. IV. SUAR.

137. *Septuaginta duo.* Mundum peragi XXIV horis perinde est, ac si diceret, motu primi cœli (empyreum excipio) XXIV horis inferiores omnes cœlestes orbes circumagi. SUAR.

142. De Magis ac munerum oblatione, qua Jesum Christum Deum adoraverunt, commentatus sum ad Prudentium, hymn. 12 Cathem., vers. 69. Vide etiam notas ad Juvencum, lib. I, vers. 285, et ad Sedulium, lib. II, vers. 96. AREV.

149. *Ille vero.* Beatus Chrysostomus, in cap. VII, Matth., tractat hanc allegoriam, et tres causas D
reddit cur impii homines cum arena conferantur: quod steriles sint et infecundi, quod in varias opiniones distracti non cohæreant inter se, et quod sint innumerabiles, sicut arena, Apoc. XX. Beatus autem Hieronymus proprie putat hoc hæreticis convenire. SUAR.

150. *Leprosus.* Hanc allegoriam videtur a beato Isidoro Beda sumpsisse, qui fuit ejus imprimis studiosus, et centum annis posterior. SUAR.

152. Notat autem beatus Augustinus, centurionem, cum jam Judæa Romanorum præsidiis teneretur, gentilem fuisse; quem ait beatus Hieronymus principem exstitisse gentium crediturarum. SUAR.

156. *Scriba repudiatus.* Beatus Hieronymus ait scribam repudiatum, quod signorum videns magnitudinem, sequi voluerit Salvatorem, ut lucra ex operum miraculis quæreret, hoc idem desiderasse quod et Simon Magus a Petro emere voluerat. SUAR.

fidem non propter Dominum, sed propter lucrum sæculi appetunt.

157. Dæmoniacus quem Dominus in regione Gerasenorum a dæmonum legione curavit (*Ibid.*), significat gentilem populum multorum cultibus dæmoniorum obnoxium.

158. Pastores porcorum fugientes, qui ea quæ gesta sunt nuntiant in civitatem (*Ibid.*), significant principes impiorum, qui dum fidem Christi fugiunt, virtutes tamen ejus stupentes mirantur et prædicant.

159. Paralyticus, jacens in lectulo (*Matth.* IX), anima est vitiis dissoluta in **139** corpore suo, quæ dum fuerit gratia Christi per peccatorum remissionem sanata, confestim, pristino robore recepto, resurgit, et lectum carnis, in quo debilis ante jacebat, ad domum virtutum reportat, ut se intra conscientiæ suæ secreta constringat, et nequaquam in exterioribus ultra voluptatibus dissoluta discurrat.

160. Archisynagogi filia, ad quam dum curandam pergeret Dominus, tamen priusquam ad eam veniret, tetigit eum a tergo mulier, quæ profluvio sanguinis laborabat (*Ibid.*), figuram habuit Ecclesiæ venientis ex gentibus, quæ dum post prædicationem, et post passionem, et post ascensionem Christi credidit, quasi a tergo Dominum tetigit, et ante accipere salutem quam Synagoga, promeruit.

161. Duo cæci, juxta viam sedentes (*Ibid.*), significant utrosque populos Judæorum, atque gentilium, per fidem Christo appropinquantes, qui dixit: *Ego sum via, veritas et vita.*

162. Dæmonium habens, cæcus et mutus, qui scribitur a Salvatore curatus (*Ibid.*), indicat eos qui ex idololatria gentium ad fidem dominicam convertuntur, quibus tamen, expulso a corde dæmonum cultu, dum primum lucem perceperint fidei, postea ad laudandum Deum eorum lingua resolvitur, ut confiteantur eum quem antea negaverunt.

163. Homo manum habens aridam (*Matth.* XII) significat Synagogam, vel animam misericordiæ operibus infructuosam, cui cum dicitur *Extende manum tuam*, admonet semper porrigendam eleemosynam pauperibus.

164. Homo de quo immundus spiritus exiens, rursus eum occupat (*Ibid.*), significat populum Judæorum, et hominem pœnitentem, cui per subsecutam negligentiam acrius mentem occupat carnis **140** voluptas, adjunctis secum aliis septem spiritibus vitiorum, id est, iracundia, avaritia, invidia, atque ventris ingluvie, inani gloria, fornicatione atque superbia.

165. Paterfamilias, proferens de thesauro suo nova et vetera (*Matth.* XIII), Christus est, proferens de impenetrabili sapientia sua gemina Testamenta, scilicet Vetus, in quo felicitas terrena promittitur, et Novum, per quod regnum cœlorum speratur.

166. Homo qui seminavit in agro suo granum sinapis (*Luc.* XIII) Christus est, qui seminavit fidem in mundo, in quo volucres cœli, id est, spirituales animæ requiescunt.

167. Mulier quæ fermentum abscondit in satis tribus (*Ibid.*) significat sapientiam spiritualis doctrinæ, ferventem in Trinitatis amore.

168. Homo, qui absconditum thesaurum in agro reperit (*Matth.* XIII), ille est qui in isto mundo, venditis omnibus, Christum vitamque æternam acquirit.

169. Quinque millia viri qui quinque panibus et duobus piscibus **141** pasti sunt (*Joan.* VI), Ecclesiæ

159. *Paralyticus.* Correctiores sunt lib. ms., qui habent *anima vitiis dissoluta*, quam Impr., in quibus est *anima vitiis desolata*; nam alludit ad etymologiam Græcæ vocis. Paralyticus enim dictus est quod paralysi laboret, qui morbus sic est Græcis appellatus, quod nervos laxet et dissolvat, ἀπὸ τοῦ παραλύειν, quod est dissolvere. Itaque Tertullianus proprie et eleganter dixit in Apologia de Christo paralyticos *restringere* pro *sanare*. SUAR.

Ibid. In Etymologiis, lib. IV, cap. 7, num. 25, Paralysis dicitur *a corporis impensatione* nominari. Sed in notis observatur aliter legendum, ut corporis *solutio* aut *dissolutio* intelligatur. AREV.

160. *Archisynagogi filia.* Recte autem scribit beatus Chrysostomus feminam non esse ausam coram ad Dominum accedere, quod ex legis præscripto immunda esset. Nobilitatum autem est divinum illud miraculum plane divino miraculo, et lectu dignissimo, quod narrat Euseb., lib. VII Hist. Eccl., cap. 14. SUAR.

162. In textu Grialii, uti etiam in aliis impressis scribitur *idolatria* pro *idololatria*, quod restituendum. AREV.

167. *Mulier quæ fermentum abscondit.* Isychius, lib. I in Levit., cap. 2, sic ait: *Abscondit in farina sata tria, Ecclesiam significans, quæ in Trinitatis verbo fermentat theologiæ mysteria.* Hanc allegoriam interpretans beatus Hieronymus, præmisit nunquam parabolas et dubiam ænigmatum intelligentiam ad auctoritatem dogmatum proficere. Sed fortasse alius auctor recte reprehenditur, qui non ad animum pietate informandum, sed ad stabiliendum sanctæ Trinitatis mysterium, hanc adhibuit allegoriam, contra quam docet beatus Augustinus, in epistola ad Vincent. Donat. Illud obiter notandum est *satum*, cui apud Hebr. respondet nomen סאה *Seach* (neque enim Hebraicum, aut Græcum, sed Syrum nomen est), genus fuisse mensuræ, quæ continebat tertiam partem ephi. Et quidem beatus Hieronymus aliquando satum vertit, ut Gen. cap. 18, ubi etiam fit mentio trium satorum. Sic enim Abraham ait Saræ: *Accelera, tria sata similæ commisce*; nonnunquam vero modium, ut IV Reg. VII: *Cras modius similæ statere uno, et duo modii hordei uno.* Hic enim habent Hebræa *seach*, id est, *satum*. Itaque fortasse quis miretur cur idem Hieronymus, enarrans hanc parabolam Matth. XIII, scripserit: *Satum genus est mensuræ juxta morem provinciæ Palestinæ, unum et dimidium modium capiens.* Quod proculdubio sumpsit ex Josepho, qui, lib. IX Antiq., cap. 4, ait: *Satum fert modium unum, et semis Italicum.* Sed ne viro summe docto nota inuratur, dicendum erit non eumdem fuisse modium, sed alium atque alium pro regionum varietate. Probabiliter autem suspicatur Jansenius, cap. 57, præclari operis quod Concordiam evangelicam appellavit, ideo Dominum trium satorum farinæ in hac parabola meminisse, quod mos fortasse fuerit in Judæa, ut tantumdem panis in usum familiæ semel conficeretur. Id quod congruit cum loco prædicto Gen. XVII, et aliquot aliis sacræ Scripturæ locis. Si quis autem rationem diligenter iniverit, inveniet ephi, sive sata tria, paulo plus capere quam capiunt in Hispania celemini X. SUAR.

Ibid. Ad quæstionem quam Suarius excitat de sato explicandam, conferenda est doctrina Isidori cum notis lib. XVI Etymol., cap. 26. AREV.

sunt populi, qui per quinque corporis sensus, alimento legis spiritualis a Christo reficiuntur, et duplici Testamento, quasi gemellis piscibus, saturantur.

170. Quatuor autem millia viri qui aliis septem panibus aluntur (*Marc.* VIII), eadem gentium Ecclesia est, quæ in quatuor mundi partibus diffunditur, atque ubertate septiformis gratiæ recreatur.

171. Ille qui sæpe nunc in ignem, nunc in aquam cadebat (*Matth.* XVII), mundum significat. Ignis autem inflammantem cupiditatem, aqua carnis voluptatem demonstrat, in quibus semper arreptus quotidiano lapsu præcipitatur.

172. Moyses et Elias, qui apparuerunt cum Domino in monte (*Ibid.*; *Luc.* IX; *Marc.* IX), lex et prophetia intelliguntur, quarum vocibus passio, et resurrectio, et gloria Domini declaratur.

173. Homo habens centum oves, qui, relictis illis, ovem perditam quærit, ac repertam humeris revehit (*Luc.* XV), figuram Christi expressit, qui, relictis millibus angelorum in cœlo, ovem quæ perierat in Adam, ut bonus pastor, quæsitam in gentibus reperit, atque crucis suæ humeris ad paradisum reportavit.

174. Mulier, quæ perditam reperit drachmam, Ecclesia est, quæ animam diaboli laqueis abstractam et perditam, dum invenerit per pœnitentiam, et angelorum et hominum facit lætitiam.

175. Debitor decem millium talentorum (*Matth.* XVIII) significat homines qui Deo sunt obnoxii per transgressionem decem præceptorum, sed sicut nobis poscentibus a Domino peccati vincula relaxantur, ita unusquisque nostrum dimittat exemplo Domini, ne dum minima debita in nos peccantibus non concedimus, majora nostra exsolvere cum usuris pœnarum cogamur.

176. Dives, qui camelo comparatur (*Matth.* XIX; *Marc.* X), personam indicat Judæorum, qui de legis potentia gloriantur, quanquam propter terrena, quæ colunt, non habent regnum cœlorum, ubi facilius gentium populus criminibus tortuosus, et sarcinis peccatorum gravatus, ingreditur per foramen acus, quasi per angustias passionis, dolorum ac laborum.

177. Paterfamilias qui operarios ad vineam conducit, et denarium **142** promittit (*Matth.* XX), Christus est, qui vocat omnes ad cultum fidei, promittens eis præmium perfectæ beatitudinis.

178. Operarii hora prima conducti hi sunt qui a rudimentis infantiæ cultum fidei consecuti sunt.

A 179. Qui autem hora tertia, hi sunt qui ab adolescentia ad fidem accesserunt.

180. Qui vero hora sexta conducti sunt, hi sunt qui in juventutis ætate crediderunt.

181. Qui autem hora nona accesserunt, illi sunt qui, jam a juventute in senectutem declinantes, gratiam perceperunt.

182. Qui vero ultima hora iverunt (*Ibid.*), illi sunt qui jam decrepiti, et in extremo vitæ suæ tempore vocati, ad Christum venerunt. Qui tamen prioribus parem mercedem beatitudinis accipiunt, in illis conservans Christus justitiam, qui prima hora nativitatis operati sunt; in istis impendens misericordiam, qui una vitæ hora laboraverunt.

183. Duo filii missi ad operandum vineam
B (*Matth.* XXI) duorum populorum typum demonstrant. Primus enim missus vocatur gentium populus per naturæ intelligentiam ad operis divini culturam, qui prius tamen contumax exstitit, et sese iturum negavit. Adveniente autem Domino, priorem contumaciam sequente emundat obedientia. Secundus autem missus Judæorum per legis cognitionem respondit: *Omnia, quæcunque dixerit Dominus, faciemus*; sed idcirco damnatur, quia non solum in professionem legis prævaricatus est, sed in ipsum Dominum vineæ parricidales manus exercuit.

184. Homo qui vineam plantavit (*Matth.* XXI; *Luc.* XX), Deus est, qui condidit Jerusalem, in qua ædificavit turrim, et torcular fodit, videlicet templum, et altare, et sæpe circumdedit, id est, ange-
C lorum munitione vallavit.

185. Coloni autem quibus vineam locat (*Ibid.*), populus est Israel, qui sub divino cultu possedit Jerusalem.

186. Servi autem qui tempore frugum missi interfecti sunt a **143** colonis (*Ibid.*), prophetæ intelliguntur, quorum sanguis effusus est a Judæis, dum ab eis quærerent justitiæ fructum et legis.

187. Filius autem novissime missus, quem ejectum coloni extra vineam occiderunt (*Ibid.*), Christus est, quem crucifixerunt Judæi, ejicientes eum extra portas Jerusalem.

188. Coloni quoque, quos Dominus vineæ perdit (*Ibid.*), populi Judæorum intelliguntur, qui olim, ut videntur, dispersi atque perempti sunt. Illi autem
D agricolæ ad quos vinea transferri præcipitur, significant apostolos, vel successores apostolorum.

189. Rex qui fecit nuptias filio suo (*Matth.* XXII), Deus Pater intelligitur, qui copulavit ex virgine car-

173. Allegoria hæc de Christo, tanquam bono pastore, ovem quæ perierat humeris suis portante, primis Christianis imprimis grata erat, ut in picturis veterum monumentorum quæ adhuc restant cernere licet. AREV.

182. Notandus hoc loco est nominativus pro ablativo absoluto, *in illis conservans Christus... in istis impendens* pro *in illis conservante Christo... in istis impendente*. Hæc loquendi ratio in Mss. Isidori sæpius occurrit quam in Impressis, e quibus, ut arbitror, Editores eam sustulerunt, quod Isidori non esse sibi persuaderent. Sed aliter judicandum. AREV.

188. Isidorus his verbis *ut videntur* fortasse innuit dispersionem Judæorum suo tempore, ut nostro etiam, perseverantem. AREV.

189. *Rex qui fecit.* Tractat beatus Gregorius in homil. diserte, ut solet, hanc allegoriam, sed securius dici putat regem patrem regi filio nuptias fecisse, cum ei per incarnationis mysterium sanctam Ecclesiam sociavit in utero Virginis, sicut in thalamo. Et causa est quia ex duabus personis fieri solet nuptiarum conjunctio, nefarium est autem in Christo duas credere personas. SUAR.

nem virginem Christo. Servi vero, qui missi sunt vocare invitatos, apostoli sunt atque prophetæ, qui Judæos per legem et Evangelium vocaverunt; sed illi modo terrenis voluptatibus, modo carnis et legis onere pressi, solemnitatem adventus Domini contempserunt, ex quo se indignos existimaverunt vita æterna, gentes autem introisse manifestantur.

190. Rex iratus, qui misit exercitus suos, et perdidit interfectores illos, et civitatem illorum incendit (*Ibid.*), Deus Pater est, qui suscitavit Vespasianum Cæsarem Romanorum, qui et populum gladio vastavit, et civitatem Jerusalem funditus cum suis universis evertit, ita ut ulterius belligerare non possit.

191. Homo autem non habens vestem nuptialem in accubitu, qui, loquente rege, obmutuit; quem jubet servis ablatum mitti in tenebras exteriores (*Ibid.*), ille est qui in fide quidem cum cæteris requiescit; sed si inventus fuerit in die judicii vestem carnis habere pollutam, confestim jubetur ab angelis tolli, et mergi in gehennam ignis æterni.

192. Duo debitores, ex quibus unus debebat feneratori denarios quingentos, et alter quinquaginta (*Luc.* VII), significant utrumque populum, Judæorum, scilicet, et gentium, ex quibus ille qui quinquaginta denarios debuit Judæorum typum habuit; ille vero qui **144** quingentos, gentium figuram expressit, qui ab initio mundi debitor semper existens, chirographum peccati per pœnitentiam non solvit. Adveniente itaque Christo, tandem credidit, atque uberiorem misericordiæ fructum accepit, unde quia plus illi concessum est a Christo, amplius diligit Christum, sicut scriptum est: *Cui plus dimittitur, plus diligit.*

193. Septem vero fratres qui uni mulieri nupserunt, et sine filiis mortui sunt (*Marc.* XII), homines infideles intelliguntur, qui per septem mundi ætates, in hac terra totam vitam suam sine fructu justitiæ consumpserunt.

194. Duo in lecto (*Matth.* XXIV) illos figurant qui remoti a turbis in otio quodammodo vitæ vacare videntur.

195. Duæ molentes (*Ibid.*) illi intelliguntur qui negotiis temporalium rerum circumferuntur.

196. Duo in agro (*Ibid.*), illi sunt qui in ministerio Ecclesiæ, tanquam in agro dominico, operantur, ex quibus, adveniente nocte, id est, sæculi adversitate, quidam permanent in fide, et assumuntur ad vitam, quidam discedunt, et relinquuntur ad pœnam.

197. Quinque virgines sapientes (*Matth.* XXV) omnes animæ sanctæ intelliguntur, quæ quoniam per quinque sensus corporis nullam admittunt cordis corruptionem, idcirco quinario numero computantur.

198. Quinque autem virgines fatuæ, quæ non habent in vasis oleum (*Ibid.*), illæ animæ sunt quæ habent quidem integritatem corporum, sed non servant intra conscientiam boni operis testimonium, dum in facie gloriantur apud homines, et non corde apud Deum. Ideoque, quia in vasis pectorum suorum mentis splendorem non gerunt, adveniente Domino, a regni ejus gaudio excluduntur.

199. Homo peregre proficiscens, qui tradidit bona sua servis suis (*Ibid.*), Christus est, qui post resurrectionem suam ad cœlos regrediens, tradidit evangelicam gratiam evangelicis negotiatoribus fenerandam. Sed primus servus in quinque talentis sibi datis quinque libros legis accepit, quod doctrina et opere decem præceptorum amplificavit.

200. Alius duobus talentis duo Testamenta promeruit, eaque **145** morali ac mystico sensu pie dispensando duplicavit.

201. Tertius, sub figura unius talenti, gratiæ donum acceptum in terrenis voluptatibus obscuravit, ideoque projectus est in infernum, quia nullum inde operatus est fructum.

202. Alii in primo servo sensus cordis et corporis acceptos, in secundo intelligentiam et opus, in tertio rationem intellexerunt.

203. Juvenis filius viduæ quem Dominus mortuum extra portas urbis suscitavit (*Luc.* VII), significat eum qui palam quodlibet mortiferum crimen admittit; quique nonnunquam audito verbo Dei a morte peccati resurgit, et per pœnitentiam Christi vivere incipit; redditurque viduæ matri suæ, id est, Ecclesiæ.

204. Homo qui descendebat a Jerusalem in Jericho, et incidit in latrones (*Luc.* X), ipse Adam figuratur in genere suo, qui dum descendit de paradiso cœlesti in mundum, incidit in angelos tenebrarum.

205. Samaritanus descendens, qui vulnera ejus curavit (*Ibid.*), Christus est custos noster, qui de cœlo descendit, et genus humanum a vulneribus peccatorum curavit.

206. Stabularius (*Ibid.*) apostoli sunt, vel successores eorum qui infirmitatem nostram prædicatione evangelica recreant.

207. Martha, quæ excepit Christum in domum suam, et in hac ministrabat (*Ibid.*), significat Ecclesiam, in hac vita Christum in corde excipientem, et in opere justitiæ laborantem.

208. Maria, soror ejus, quæ sedebat secus pedes

200. In textu Grialii erat *ea quæ* pro *eaque*, ut in aliis quoque Editis recte apparet impressum, et apud Grialium mendum videtur irrepsisse. AREV.

202. *Alii in primo servo.* Divum Gregorium significat, cujus fuit in primis studiosus; is enim ad hunc modum tractat præsentem allegoriam. SUAR.

204. *Homo qui descendebat.* Per paradisum cœlestem, ut error vitetur, Jerusalem civitas pacis illa cœlestis intelligenda est, a cujus beatitudine lapsus est Adam, miser factus per peccatum. Descendit autem in Jericho, id est, in mundum, in quo omnia orta occidunt, sicut luna, quam significat Jericho. Adam enim, qui divino præcepto obtemperans, divino etiam beneficio fuisset immortalis, illo violato, mortis miseriam et plurimas alias acerbitates merito perpessus est. Sic enim exponit hanc allegoriam beatus Augustinus in lib. de Quæst. evang. SUAR.

Christi, et audiebat verbum (*Ibid.*), demonstrat A eamdem Ecclesiam, in futuro sæculo ab omni opere cessantem, et in sola contemplatione sapientiæ Christi requiescentem.

209. Homo qui media nocte postulabat ab amico tres panes (*Luc.* XI), similitudinem exprimit cujusque in media tribulatione Dominum postulantis, ut det ei scientiam Trinitatis.

146 210. Dives, cujus uberes fructus ager attulit (*Luc.* XII), significat hominem luxuriis deditum, et abundantem peccatis, quem immoderate plus amplius peccare desiderantem arguit Dominus dicens: *Stulte, hac nocte auferunt animam tuam abs te; quæ parasti, cujus erunt?*

211. Quinque illi in domo una, id est, pater, mater, filius, filia, nurus, ex quibus duo in tres, et B tres in duos dividuntur (*Ibid.*), significant humanum genus fide et religione invicem separatum, partim in discissione schismatis, quod duo significant, partim in numero trinitatis, quod tria demonstrant. Divisus est enim filius adversus patrem suum, id est, populus ex gentibus veniens adversus diabolum, cum quo antea fuerat sociatus. Divisa est et filia adversus matrem suam, id est, plebs ex Judæis credens adversus impiam Synagogam. Divisa est et nurus adversus socrum suam, Ecclesia videlicet ex gentibus adversus matrem sponsi sui Synagogam, de qua secundum carnem Christus fuerat procreatus. Qui homines separantur sibi invicem, alii terrenam, alii cœlestem gloriam appetentes.

212. Galilæi XVIII super quos cecidit turris in Si- C loe, et occidit eos (*Luc.* XIII), interitum plebis Judæorum insinuat. Decem et octo enim apud Græcos ex iota, ι, et eta, η, litteris exprimuntur, quibus figuris nomen Jesus scribitur, in quem illi credere nolentes pariter a Romanis cum sua urbe prostrati sunt.

213. Homo qui arborem fici in vinea sua plantavit, Christus est, qui Synagogam in Judaico populo condidit, quam cum Dominus, quasi inutilem, jussisset abscidi, fit illi a colonis apostolis fossa humilitatis, adhibetur stercus, id est, confessio peccatorum; sicque in novissimo excidendo commutabitur in melius, dabitque fructus justitiæ copiosos.

214. Mulier quæ, decem et octo annos infirmitatem habens, a Domino curata est (*Luc.* XIII), Ecclesiæ typus est, quæ in fine temporum salutem fidei consecuta est. Sex enim ætatibus mundus iste completur **147** cujus tamen tempus habet tripertitam discretionem, unam ante legem, alteram in lege, tertiam sub gratia. Sexies ergo terni decem et octo efficiunt, quo numero tempus hoc nostræ salutis insinuatur, quando, a Satanæ vinculis soluti, quibus curvati eramus, donum salutis et spem supernæ contemplationis accipimus.

215. Hydropicus quem Dominus curavit (*Luc.* XIV) demonstrat eos quos fluxus carnalium voluptatum exuberans aggravat.

216. Homo habens duos filios (*Luc.* XV) Deus est, habens duos populos, quorum major figuram tenuit Judæorum, qui permansit in Dei cultu; alter junior gentium, qui, conditore deserto, servus factus est idolorum, quem per egestatem fidei revertentem clementer suscepit Deus Pater, et pro conversione ejus sub vituli typo immolat Filium unicum; tribuit etiam annulum fidei, et stola immortalitatis induit eum, quanquam Judæus frater livoris torqueatur invidia, propter salutem tamen ejus gaudium concinit angelorum symphonia.

217. Dispensator prodigus, quem dominus a villicatione removeri præcepit, et fraudem faciens domino suo, relaxavit debitoribus partem, ut haberet unde in posterum viveret (*Luc.* XVI), hæc comparatio ad exemplum nostrum proposita est; nam si ille a domino suo laudari promeruit, quia, fraudem ei faciens, in posterum sibi de alienis rebus providit, quanto magis Christo placere possumus, si ex propriis nostris misericordiam indigentibus faciamus, a quibus recipi in æterna tabernacula possimus?

218. Dives qui induebatur purpura et bysso (*Ibid.*) significat Judæorum superbiam, florentem quondam imperii claritate, vel honoris excellentia.

148 219. Mendicus ulcerosus (*Ibid.*) demonstrat gentilem populum, confessionibus peccatorum humiliatum.

220. Quinque fratres divitis illius qui apud inferos torquebatur (*Ibid.*) Judæi intelliguntur, qui sub quinque libris positi sunt.

---

210. In Evangelio sancti Lucæ, cap. 12, 20, sic nunc legitur: *Stulte, hac nocte animam tuam repetunt a te; quæ autem parasti, cujus erunt?* AREV.

212. Duæ primæ litteræ Græcæ nominis Jesu ι et η, habitæ fuerunt a veteribus Christianis pro compendio nominis Jesu. Scriptores qui numerum decem et octo in his duabus litteris ad interpretationem aliquam mysticam seu allegoricam agnoverunt, recensui in Prudentianis, num. 194 et seqq. cum notis. Pro *insinuat* fortasse legendum *insinuant*. AREV.

218. *Dives qui induebatur purpura et bysso significat.* Theophylactus, eruditus in primis scriptor, non dubitavit affirmare divitis et Lazari non quidem historiam, sed fictam esse parabolam, quæ narratur a Domino; cui tamen nomen Lazari perspicue repugnat. Nam egregie ait beatus Chrysostomus, in hom. in Luc., de patre et duobus filiis: *In parabola non sunt dicenda nomina.* Parabolæ enim sunt illæ, in D quibus exemplum ponitur, et tacentur nomina. Præclare etiam Origenes, cap. I Job, inquit: *Necessario nominis Job, mentionem fecit Moyses, qui libri auctor est, ne, si hominem solum diceret, argumentum aliquod fingere existimaretur.* Eadem sententia est de divite et Lazaro, Ambrosii, Cyrilli, Damasceni, atque Euthymii, qui etiam ait divitis quidem nomen silentio fuisse præteritum ab Evangelista, tanquam odio digni; scriptum est enim, ps. XV: *Non accipiam nomina eorum per labia mea;* mendici vero nomen memoriæ proditum, tanquam amore digni. Aiunt autem quidam ex traditione Hebræorum, quod per id tempus dives ille fuerit Nineusis appellatus, et mendicus iste Lazarus. Hæc Euthymius. Quod si, ut in plerisque omnibus, sic etiam in hoc Theophylactus Chrysostomum, virum excellenti doctrina et sanctitate, esset imitatus, næ ille a communi sententia nunquam descivisset. SUAR.

221. Decem leprosi, qui mundantur a Domino (*Luc.* A xvii), hæretici significantur, qui in varietate colorum diversitatem habent schismatum, quique ideo ad sacerdotes mittuntur, ut, detersa omni varietate errorum, unitatis percipiant sacramentum.

222. Judex iniquus, qui Dominum non timebat, assidue tamen deprecantem viduam exaudivit (*Luc.* xviii), similitudo est qua demonstratur quantam spem habere debeat qui Dominum indesinenter exposcit, cum etiam apud aures iniqui judicis valuerit frequens instantia viduæ deprecantis. Ipsa autem vidua significare potest Ecclesiam, perseverantia sua petentem ultionem de inimicis suis, diabolo, vel hæreticis.

223. Pharisæus orans in templo (*Ibid.*) Judæorum est populus, qui ex justificationibus legis extollit me- B rita sua.

224. Publicanus vero (*Ibid.*) gentilis est populus, qui longe a Deo positus confitetur peccata sua, quorum unus superbiendo recessit humiliatus, alter confitendo Deo appropinquare meruit exaltatus.

225. Cæcus sedens secus viam (*Ibid.*) populum demonstrat gentilem, qui per Christi gratiam fidei meruit claritatem.

226. Zachæus (*Luc.* xix) gentilis est populus, gratia meritorum pusillus, qui tamen, a terrenis actibus sublevatus, per lignum dominicæ crucis Christi mysterium contemplatur.

227. Homo nobilis qui in longinquam abiit regionem accipere sibi regnum (*Ibid.*), Redemptor noster est, qui usque ad fines terræ pervenit accipere regnum C in populis gentium.

228. Cives qui noluerunt eum regnare (*Ibid.*) Judæi intelliguntur, qui Christum regem spreverunt.

229. Servus qui mnam unam accipiens, decem acquisivit (*Ibid.*), significat doctores qui, accepta gratia Evangelii, in decem verborum Decalogi prædicamentis bene usi sunt, et docendo multos in **149** fide acquisierunt, idcirco, adveniente Domino, laudabuntur, quia lucrati sunt.

230. Qui vero ex una quinque acquisivit (*Ibid.*), illos demonstrat qui mandatum Dei servantes consequuntur scientiam legis, in quinque libris Moysi scriptam, eamque docendo ad usum salutis necessarium fenerantur.

231. Qui vero mnam ipsam in sudario conservavit D (*Ibid.*), ostendit eum qui creditum sibi gratiæ donum delicate otioseque tractavit, unde et recte amittit collatam gratiam, quia per negligentiam prædicare contempsit, ut ei augeretur quod laboravit.

232. Vidua quæ in gazophylacio duo jecit minuta (*Luc.* xxi), animam fidelem demonstrat ejus qui in thesauro cordis sui fructum dilectionis Dei et proximi servat.

233. Sponsus (*Joan.* ii) Christus est; cujus nuptiæ cum Ecclesia celebrantur, in cujus conjunctione aqua in vinum mutatur, quia credentes per lavacri gratiam transeunt ad passionis coronam.

234. Architriclinus (*Ibid.*), Moyses intelligitur, qui miratur meliorem et sanctiorem populum per Jesum in Evangelium congregatum, quam illum priorem ab Ægypto deductum; finitum enim vinum ostendit sublatam esse gratiam Spiritus sancti a Judæis, et per apostolos in gentibus contributam.

235. Mulier Samaritana (*Joan.* iv) mystice intelligitur Synagoga quinque libris legis, quasi quinque viris, secundum sensum carnis, subjecta, quam misericorditer Dominus provocat haurire aquam vivam, lavacri scilicet percipere gratiam, vel secretam legis intelligentiam.

236. Mulier adultera, quæ offertur a Judæis Domino lapidanda (*Joan.* viii), est Ecclesia ex gentibus, quæ, prius relicto Deo, in idolis fuerat fornicata, hanc volebat Synagoga zelans interfici, et Christus eam salvat per remissionem delicti, nec sinit eam perire, qui novit veniam condonare peccantibus.

237. Simon leprosus (*Matth.* xxvi) gentilis est populus, qui est a Redemptore mundatus.

238. Mulier quæ unguento caput Domini unxit (*Ibid.*) Ecclesia est, quæ fructus sui operis fideique odorem ad laudem Dei et Christi gloriam refert.

239. Angelus ille ad cujus descensum movebatur aqua, quinque porticibus cincta (*Joan.* v), Christus est, in cujus adventu turbatus est **150** Judæorum populus quinque libris conclusus: descendente enim angelo, commovebatur aqua, et sanabatur infirmus; descendente de cœlis Christo, commotus est in passione ejus idem populus, et sanatus est mundus.

240. Cæcus a nativitate, quem Dominus, postquam unxit oculos, ad piscinam Siloe misit lavandum (*Joan.* ix), significat genus humanum a nativitate, id est, a primo homine errorum tenebris vitiatum, cujus oculos Dominus de sputo et luto linivit, quia verbum caro factum est. Et lavari oculos in piscina jussit, ut baptizatus in Christo, acciperet legem fidei, et crederet in eum qui humilis in mundo apparuit.

241. Lazarus, quem Dominus quatriduanum fetentem de monumento suscitavit (*Joan.* xi), significat mundum, quem gravissima peccati consuetudo corruperat, qui tamen quarta die mortis resuscitatur. Prima enim dies est mortis, tracta ex Adam propago mortis; altera dies mortis est transgressio legis naturalis; tertius est dies mortis prævaricatio datæ legis; quartus dies mortis est contemptus evangelicæ prædicationis, in quo die Dominus, suum opus respiciens, misericorditer resuscitare dignatus est.

242. Servus principis sacerdotum, cujus dextra amputatur auricula (*Matth.* xxvi), Israeliticus est populus, propter incredulitatem servus effectus. Hic dexteram aurem amittit, dum ad sinistram per in-

240. Sæpe hic cæcus a nativitate, de quo sermo est in Evangelio, repræsentatur in monumentis veteribus Christian., ut videri potest apud Bottarium, Rom. Subterran. tom. I, pag. 179. Arev.

tellectum, litteræ transit, cui Dominus in his cui A credunt auditum restaurat fidei, et obedientem evangelici facit mandati.

243. Princeps sacerdotum, qui scidit vestimentum suum in Domini passione (*Ibid.*), indicat Hebræum populum nudatum sacerdotio, et evacuatum regno scisso.

244. Barabbas, qui Judæis dimittitur (*Matth.* XXVII), significat Antichristum, quem illi errantes meruerunt suscipere pro Christo.

245. Herodes et Pilatus, qui, cum essent discordes, in passione Domini amicitia fœderantur (*Luc.* XXIII), indicant primum divisos fuisse utrosque populos circumcisionis et gentium, qui tamen per passionem Domini in fide concordaverunt.

246. Simon Cyrenæus, cui gestandam crucem B imposuerunt (*Ibid.*), **151** gentium populus intelligitur, qui peregrinus in lege, obediens efficitur Evangelio, crucis ipse Christi vector, et fidei bajulus factus.

247. Duo latrones (*Ibid.*) populum exprimunt Judæorum et gentium: quorum unus incredulus blasphemat Christum in cruce pendentem, alter fidelis Judæos increpat blasphemantes.

248. Quatuor milites, qui quatuor partes sibi de Jesu vestimentis fecerunt (*Psal.* CXVIII, 162), præfiguraverunt quatuor partes mundi, qui diviserunt sibi eloquia Christi, sicut scriptum est: *Lætabor ego super eloquia tua, sicut qui invenit spolia multa.*

249. Mulieres quæ apostolis Domini resurrectionem annuntiant, lex et prophetia intelliguntur, quæ gloriam resurrectionis Christi, antequam revelaretur, quasi præcursores prædicaverunt.

250. Septem discipuli, cum quibus Dominus post resurrectionem suam convivasse describitur, septimam indicant post resurrectionis futuræ requiem, per quam omnes sancti per Christum æterna beatitudinis refectione saturabuntur, ad quam saturitatem nos perducat Christus. Amen.

250. In Isidorianis, cap. 94, num. 18, notavi quamdam varietatem lectionis in fine Allegoriarum ex Codice Vaticano 629, quem ibi descripsi. AREV.

SANCTI ISIDORI

HISPALENSIS EPISCOPI

DE ORTU ET OBITU PATRUM

QUI IN SCRIPTURA LAUDIBUS EFFERUNTUR.

152 Præfatio.

1. *Quorumdam sanctorum patrum nobilissimorumque virorum ortus vel gesta cum genealogiis suis in hoc libello indita sunt; dignitas quoque, et mors eorum, atque sepultura, sententiali brevitate notata. Quæ, quamvis omnibus nota sint qui per amplitudinem percurrunt Scripturarum, facilius tamen ad memoriam redeunt dum brevi sermone leguntur.*

EX VETERI TESTAMENTO.

I.	Adam.	XVII.	Dan.	XXXIII.	David.
II.	Abel.	XVIII.	Gad.	XXXIV.	Salomon.
II.	Enoch.	XIX.	Aser.	XXXV.	Elias.
IV.	Noe.	XX.	Nephtalim.	XXXVI.	Eliseus.
V.	Melchisedech.	XXI.	Benjamin.	XXXVII.	Isaias.
VI.	Abraham.	XXII.	Ephraim.	XXXVIII.	Jeremias.
VII.	Isaac.	XXIII.	**153** Manasses.	XXXIX.	Ezechiel.
VIII.	Jacob.	XXIV.	Job.	XL.	Daniel.
IX.	Loth.	XXV.	Moyses.	XLI.	Osee.
X.	Joseph.	XXVI.	Aaron.	XLII.	Joel.
XI.	Judas.	XXVII.	Josue.	XLIII.	Amos
XII.	Ruben.	XXVIII.	Phinees.	XLIV.	Abdias.
XIII.	Simeon.	XXIX.	Gedeon.	XLV.	Jonas.
XIV.	Levi.	XXX.	Jephte.	XLVI.	Micheas.
XV.	Zabulon.	XXXI.	Samson.	XLVII.	Nahum.
XVI.	Issachar.	XXXII.	Samuel.	XLVIII.	Habacuc.

CAP. I. 1. *De his vid. Hieron. Epiphan. Doroth. Synopsin, et Josephum.* FONTIDONIUS.

Ibid. Librum de ortu et obitu Patrum cum octo mss. libris Petrus Fontidonius contulit ac breves quasdam C notas adjecit, quas proinde Fontidonii nomine subscripto allegabo. Quid de hoc libro sentiendum, uberrime expositum fuit in Isidorianis, cap. 61. AREV.

XLIX.	Sophonias.	LV.	Addo.	LX.	Esdras.
L.	Aggæus.	LVI.	Azarias.	LXI.	Zorobabel.
LI.	Zacharias.	LVII.	Zacharias.	LXII.	Esther.
LII.	Malachias.	LVIII.	Tobias.	LXIII.	Judith.
LIII.	Nathan.	LIX.	Tres pueri.	LXIV.	Machabæi.
LIV.	Achias.				

CAPUT PRIMUM.

A 2. Adam protoplastus, et colonus paradisi, princeps humani generis et delicti, ad imaginem Dei factus, universitati prælatus, qui creaturis nomina dedit atque in eis potestatem dominandi accepit.

3. Hic in deliciis florentis paradisi constitutus, inter redolentes aromatum sylvas ac vernantia floribus arva, ruris habitator, novæ vitæ gaudia peragebat: ubi tellus fecunda viret perpetuo vere, ubi fons decurrens quadrifluo labitur amne.

4. Sed postquam serpentis dolo, lingua etiam pollutus feminea, per tactum ligni, loci beatitudinem profanavit, paradiso projectus, terram sentibus squalentem operarius gemens incoluit. Amissaque immortalitate, in pulverem, unde carnis sumpserat ortum, post cursum annorum nongentorum B triginta rediit. Hinc jam **154** posteritas in crimine hujus parentis exsulem se paradiso factam, ac labori mortique subactam ingemuit.

5. Sepultus est autem in loco Arbee, qui locus nomen a numero sumpsit, hoc est quatuor; nam tres patriarchæ ibidem sunt sepulti, et hic quartus Adam. Distat autem locus iste non procul ab Hebron, metropoli urbe Allophylorum, in qua fertur quondam fuisse habitatio gigantum, ubi etiam et David postea unctus est in regem. Est autem civitas sortis Judæ in sacerdotibus separata, distans ad australem plagam millibus XXII ab Hierusalem.

CAPUT II.

6. Abel filius Adam et pastor ovium, in vita innocens, C in morte patiens, post mortem non silens, in martyrio primus, in obedientia summus, in sacrificiis Deo placens, in meritis fratri displicens; quem Cain impius, et parricida novus, stimulante invidia innocuum ferro nondum sanguine maculato prostravit, cum adhuc innocens ferrum cruoris humani facinus non haberet.

CAPUT III.

7. Enoch filius Jared, septimus ab Adam, placens Deo, malorum nescius, mortis ignarus, qui sceleratorum hominum non ferens angustias, a perniciosis contractibus [*Al.*, contactibus] mundi substractus, meruit in eum locum transferri vivens unde fuerat protoplastus expulsus. Sublatus est autem annorum trecentorum sexaginta quinque. Manet autem hactenus in corpore; in consummatione mundi restituet [*Al.*, sæculi restituens] cum Elia mortalem vitæ conditionem.

155 CAPUT IV.

8. Noe filius Lamech, decimus ab Adam, secundus pater orbis atque reparator, justitia insignis, longanimis in spe, sapiens in opere, solus in terris justus. Iste jussus arcam condidit, admonitus introivit, nec horruit turbulentos diluvii fluctus, nec fragores ventorum, vel murmura cœli expavit, gestaturque per procellas, nec mergitur, serpentibus sociatur et bestiis, nec terretur; cui feræ colla submittunt, alites famulantur.

9. Namque avem misit, redeuntem sustinuit, B sed perfida fraude corvi decipitur, ministerio columbæ gestantis ore ramum paciferæ arboris edocetur. Reseratisque foribus arcæ bestias et cuncta animantia per septem dies abire permittens, ipse postmodum egressus cum liberis, Deum collaudat ac lætus victimas immolat. Cujus arcam veteres resedisse testantur in Armenia super montes Ararath. Hic nongentesimo quinquagesimo anno mortuus est.

CAPUT V.

10. Melchisedech rex Salem, sacerdos Dei altissimi primus, verique oblator sacrificii, cujus origo secreta. Hunc esse aiunt Hebræi Sem primogenitum Noe, tritavum Abrahæ. Ipse est enim pater patrum, prophetarum et apostolorum origo, ipse est qui paternæ pietatis benedictione, dominus fratris esse promeruit. C Quique versis incedens vestigiis patris genitalia texit, nec derisit ebrium, ut procax et reprobus filius, sed velavit, ut verecundus.

11. Unde accidit, in lege Judæorum parentes a filiis nunquam videri nudatos. Iste Abrahæ revertenti post victoriam benedixit, idem in typo veri sacrificii de frugibus terræ prior panem et **156** vinum Deo hostiam obtulit, quia sacerdotium et regnum vere primogenitis debebatur, antequam Aaron sacerdotio fungeretur.

12. Hic etiam prior omnium post diluvium urbem Salem condidit, in qua etiam et regnavit, quæ postea Jebus sive Solyma dicta est, et nunc derivato voca-

5. Recepta apud veteres post Origenem, et probata fuit opinio Adamum fuisse sepultum in monte Calvariæ, in quo etiam excitatum sacellum est, cultui et venerationi Adami consecratum. Vide Bolland., tom. IV Febr., pag. 449. Traditiones Rabbinicas, de Arbee sepulcro Adami, Abraham, Isaac et Jacob, refert sanctus Hieronymus, Quæst. Hebr. in Genesin. AREV.

6. Quo instrumento occisus fuerit Abel incertum. Pictores mandibula armatum Cainum contra fratrem plerumque exhibent, sed nullo prorsus fundamento. Prudentius sarculo Abelem interfectum asserit in præfat. Hamartigeniæ, vers. 16, quem ad locum plura in hanc rem ex interpretibus sacræ Scripturæ indicavi. AREV.

D *Ibid.* Apud Grialium est *substractus* pro *subtractus*. AREV.

9. Marchio Joannes de Serpos, qui pro Armenorum catholicorum causa eruditos nonnullos libros in vulgus edidit, aut edi curavit, in Compendio historico Armeniæ, lib. I, num. 6, auctores refert qui reliquias arcæ Noe adhuc in monte Ararath asservari contendunt. AREV.

10. Hieron., epist. ad Evagrium. Isidorus, XV lib. Etymolog., cap. 1. FONT.

Ibid. Allegatur in Editione Grialii lib. XV Etym., c. 1, quo loco nulla de Melchisedecho mentio; de quo tamen agitur lib. VII, cap. 6, et lib. VIII, cap. 5. AREV.

bulo Jerosolyma vocitatur; vixit annis sexcentis, et A perduravit usque ad septuagesimum ætatis Isaac annum, mortuusque est ac sepultus in civitate sua Jerusalem.

CAPUT VI.

13. Abraham pater gentium, filius Thare, de stirpe Sem, natione Chaldæus, fide primus, exsul spontaneus, obediens in præceptis, credulus in promissis, pauper in patria, in peregrinatione locuples, in præliis victoriosus, in victoria non avarus. Reges quinque superavit, et spoliis exuit, captivumque parentem reduxit.

14. Eo summus ut Trinitatem in typo videret, et unitatem in mysterio veneraretur; eo fidelis, ut in promisso genere contra spem naturæ Deo crederet: adeo justus atque devotus, ut indulgentiam unici pignoris divinitati non præponeret; sed incunctanter B præcipienti parens ad immolandum filium religiosus parricida gladio dexteram armaret.

15. Qui dum distrinxit ferrum, unicum pignus in victimam oblaturus, nec natum perdidit, nec hostiam amisit. Filium enim in sacrificium obtulit, et arietem pro filio immolavit. Vixit autem centum septuaginta quinque annos, sepultusque est in agro Ephron, in spelunca duplici in cujus interiori parte sepultum ferunt Adam, in exteriori vero Abraham. Distat autem hic locus, ut Josephus edocet, septimo ab urbe Hebron stadio, ibique asserit Abraham et filios ejus sepulcrum habere pulcherrimo instructum marmore.

16. Illic etiam, et terebinthum magnam arborem a constitutione **157** mundi fuisse asseverat. Hanc beatus Hieronymus usque ad Constantini imperium per- C durasse scribit, ipsa est enim quercus Mambræ Amorrhæi, qui fuit amicus Abrahæ, quæ apud gentiles in tanta exstitit veneratione, ut eam muri ambitu circumseptam solemni veneratione colerent.

CAPUT VII.

17. Isaac filius Abrahæ ex promissione in terra Chanaan genitus, semen æternum vocatus, conjugalis vitæ castimonia clarus, promptus ad gratiam, ad ignoscendum paratus, qui excludentes non armis expulit, sed patientia vicit; qui pœnitentes cum bonitate recepit, qui per amorem Dei eo usque detulit honorem parenti, ut ad aram sponte sacrificandus accederet, atque in figuram Christi mortem non recusaret. Obiit centum octoginta annorum, sepultusque est juxta patrem suum.

CAPUT VIII.

18. Jacob filius Isaac, natus in terra Chanaan, dilectus matris, supplantator fratris, humilis quoque, et simplex, et innocentem habitans domum. Ille autem, postquam primogeniti præripuit benedictionem, obedivit matri, et fraternæ iracundiæ patienter cessit, patriamque et parentes relinquens, exsul effectus servitutem longam sustinuit, laborem famis pertulit et frigoris, servivit socero, ut pastor mercenarius pavit gregem, exspectans non de divisione sed de gregis lucro mercedem; qui peregre profectus, dum consortio egeret hominum, comitatum meruit angelorum.

19. Hic Domino colluctatus prævaluit, hic facie ad faciem Deum vidit; hic famis inopia pulsus, cum præclara progenie ingressus est in Ægyptum. Emensis centum quadraginta septem annis, naturæ reddidit debitum, sepultusque est cum patribus suis.

158 CAPUT IX.

20. Lot filius Aram consanguineus Abrahæ, pater Moab, et Amon, apud Chaldæos natus, homo justus, hospitalis, in Sodomis pie casteque inter nefariam gentem conversatus, qui propter solum hospitalitatis officium etiam susceptor effectus est angelorum. Sulphureumque exitium ac Sodomitarum evasit incendium, mansitque postmodum in urbe Segor, quæ est juxta mare Mortuum, ubi balsamum gignitur, et copiosa poma palmarum.

CAPUT X.

21. Joseph princeps Ægypti, filius Jacob ex Rachel, ortus in terra Chanaan, benedictus in primogenitum Israel, et accipiens primatum Ruben, dilectus patri, et solus præ cæteris hæres paternæ possessionis.

22. Hic zelo sublatus a fratribus in lacum mittitur, ob invidiam venditur, factus humilis usque ad servitutem, patiens usque ad carcerem, pudicus usque ad passionem, fit in interpretatione sapiens, in consilio futuri prudens, in regno particeps, in fecunditate ordinator providus, in fame dispensator justus, ad reddendam pro malo bonæ retributionis gratiam promptus, dum injuriam fratribus non rependit, sed fame depulsa necessitatis subsidia contulit.

23. Principatus est in Ægypto annis octoginta. Exactisque ætatis centum et decem annis, longæ quietis gratia diem ultimum clausit. [Sepultusque est in Ægypto, D cujus ossa transtulerunt filii Israel in Sichem civita-

13. Parentem, id est cognatum, vel consanguineum, ut inf. cap. 9. FONT.

Ibid. Quod Isidorus ait, *fide primus*, Prudentius, in præfat. Psychomachiæ, explicuit primo hoc versiculo: *Abraham fidelis prima credendi via.* Cod. Florent. nonnihil addit: *Spontaneus, qui Trinitatem in typo vidit, et unitatem in mysterio veneratus est; hic fuit obediens*, etc. AREV.

16. De sepulcro Abraham dictum num. 5. De quercu Mambre, quam alii *terebinthum* ex verbo Hebraico vertunt, præter sanctum Hieronymum agunt Eusebius, Josephus et alii, in Dictionario biblico Calmeti laudati. AREV.

17. Pœnitentes Abimelech, et Ochozach, et Phicol. Genes. XXVI. FONT.

Ibid. In Editione Grialii erat *sacrifandum*, pro quo fidenter posui *sacrificandus*, quod etiam apud Breulium aliosque exstat. AREV.

18. Al. *Innocens habitans domi*. Al. *Innocenter*. FONT.

20. Isidorus accedere videtur opinioni illorum qui urbem Segor in littore meridionali maris Mortui collocant, ut ad Arabiam pertineat. Eamdem urbem, statim ac Lot ex ea recessit, terra hiscente absorptam, nonnulli tradunt, sed non satis firmis rationibus. Verum de his fusius interpretes. AREV.

23. Vulgata, cap. XLVIII, Genes., XXII, sic habet: *Do tibi partem unam extra fratres tuos.* Pro quo Septuaginta referunt: *Do tibi Sichmum, præcipuam super fratres tuos.* Alii legunt *Sichimam*. Hebræum verbum est *Sechem*, aut *Sichem*, quod alibi Vulgata retinet, et Isidorus hoc loco. AREV.

tem patris sui Jacob, quam nunc tam Latini quam Græci Sichimam vocant. Ipsa est autem quæ nunc vocatur Neapolis urbs Samaritanorum, ubi sepulcrum ejus usque in hodiernam diem cernitur.

159 CAPUT XI.

24. Judas regalis successionis insignis prosapia, cui ducatus bellorum, et Israel traditur regnum, qui nomen genti ex suo nomine dedit, præpotens ut leo in regni virtute, et clarus splendore potentiæ. Cujus quidem imperii posteritas non cessavit, quousque Christus, quasi catulus leonis, ex germine ejus ortus ascenderet, atque spes gentium ex virginali procedens utero mirabiliter coruscaret.

CAPUT XII.

25. Ruben primogenitus filius Israel, ætate fratribus major, sed posteritatis numero minor, paternum torum polluit, atque ordinem primogenitæ dignitatis amisit.

CAPUT XIII.

26. Simeon princeps scribarum, et violatæ pudicitiæ vindex, non habens hæreditatem, sed manens in tribu Juda, particeps in possessione.

CAPUT XIV.

27. Levi sacerdotalis auctor originis, cum tribu Juda permixtione generis junctus, sed in Israel toto divisus, carens propriæ sortis funiculo, et habitans in universis sortibus fratrum.

CAPUT XV.

28. Zabulon, possessor maris magni, et littorum, et dominans in cunctis urbibus Phœnicum et Sidoniorum.

160 CAPUT XVI

29. Issachar studiosus in laboribus terræ, possidens Galilæam, et de benedictionis suæ fructibus dona porrigens regibus.

CAPUT XVII.

30. Dan, cujus ex germine Samson, sceptrum tenet Israel, fortis Nazaræus, et triumphator in hostibus, obsidens in morem serpentis Philistinorum semitas, et equitatum ejus, ut regulus, spiritu oris sui depopulans.

CAPUT XVIII.

31. Gad, in procinctu prælii expeditus, pro fratribus trans Jordanem relictis adversus hostes gentesque dimicat, et forti brachio victor triumphat.

CAPUT XIX.

32. Aser, divitiis insignis, replens deliciis principes.

CAPUT XX.

33. Nephthalim in pinguedine terræ uberrimus, et in doctrina legis abundans.

CAPUT XXI.

34. Benjamin inter fratres ortu posterior, imperio
A prior, cujus nativitatis processus matri dedit occubitum. Ipse est lupus vorax et sanguinarius, qui super basem sortis suæ mane hostiæ sanguinem fudit, et ad vesperam escas principibus et sacerdotibus dividit.

CAPUT XXII.

35. Ephraim semen Joseph, et adoptivus filius Israel, atque in numero **161** patriarcharum benedictioni testamento relictus; minor ætate fratre, sed majori prælatus gratia benedictionis, in cunctis tribubus fortior, et inter fratres dominator invictus. Hic partem tribus levitarum accepit.

CAPUT XXIII.

36. Manasses dilatatus in millibus, una cum Joseph patre suo mystice passus tributum [*Al.* possedit tri-
B bum]. Hi sunt patres [*Al.* propagines] apostolorum et principes populi Judæorum, tribus Jacob, et præclara progenies Israel. Quibus pater moriens pro divitiarum copiis, sanctificationis gratiam dereliquit, Quique, regnante Joseph in Ægypto, regnaverunt, ibique etiam post longam vitæ quietem occubuerunt atque sepulti sunt.

CAPUT XXIV

37. Job filius Zaræ de Bosra rex Idumæorum, quartus post Esau, successor Balach filii Beor, homo gentilis, fide clarus, humilitate summus, hospitalitate præcipuus, in disciplina mansuetus, in eleemosynis largus, dives in censu, extemplo factus egenus, locuples in liberis, repente orbus : tentationi traditur, sed
C contra tentationem fidei lorica armatur [*Al.* fide religionis armatur], factus gloriosus in certamine, æquanimis in dolore, damna rerum pertulit, funera pignorum doluit, corporisque vulnera patienter accepit [*Al.* excepit], et inter supplicia semper Deum glorificavit, male suadentem insuper sapienter sustinuit conjugem; verba amicorum ratione superavit; unde, et pro tanta virtute patientiæ, duplici in fine remuneratione sublevatur, recipiens post rerum casum multiplicem claritatem bonorum [*Al.* donorum].

38. Post noctem enim tristitiæ, diem genuit; post fetores ulcerum, casiæ fragrantiam edidit, post abjectionem, cornu unctionem regni promeruit, et tibiam in accentu laudis assumpsit. Vixit autem post plagam centum quadraginta annis, et fuerunt omnes
D dies vitæ ejus ducenti quadraginta octo anni, et mortuus est **162** atque sepultus in regione sua. Hunc Hebræi asserunt non fuisse de genere Esau, sed de Nachor fratris Abraham descendisse stirpe, et fuisse eum temporibus patriarcharum. Nachor enim genuit Hus, de cujus stirpe creditur generatus, secundum quod in exordio voluminis ejus notatur : *Vir erat in terra Hus nomine Job.*

24. Pro *imperii posteritas* malim *imperii potestas*. AREV.

26. CAP. XIX, Josue, 1 et 2 : *Et egressa est sors secunda filiorum Simeon per cognationes suas; fuitque hæreditas eorum in medio possessionis filiorum Juda*. Quod satis Isidorus expressit. AREV.

28. Plerique Editi exhibent *Sidonum*, quod videtur approbare Munckerus in not. ad Mythologicon Fulgentii, pag. 29, quia scilicet Editionem Grialii non viderat. AREV.

37. Isidorus cum Ambrosio et August. putat eumdem Job et Joab Genes. XXXVI; aliter Hieronym., in Heb. Quæst. et quæst. 38 in Genes.

— Al. *Sua damna insuper, patientem sustinuit conjugem.*

CAPUT XXV.

39. **Moyses** filius Amram ex tribu Levi, dux et propheta Israel, regis filiæ adoptivus, Dei amicus, Pharaonis dominus, in rubo flammante et non urente, vocibus angelicis evocatur, quem ut exemplo firmaret Deus, insinuatam ejus manum jussit emori, et rursus retractæ vigorem et motus reddidit, et caloris [*Al.*, coloris] : cujus facies spe [*Forte* specie] futuræ gloriæ illuminatur, humilis, ut ait quidam sapiens, in recusando ministerio, subditus in suscipiendo, in conservando fidelis, in exquirendo pervigil, in regendo populo vigilans, in corrigendo vehemens, in amando ardens, in sustinendo patiens, qui pro subjectis se Deo interposuit consulenti, opposuit irascenti.

40. Hic pro populi libertate propriam objecit salutem, regis sævissimi non minas, non tela trepidavit. Quin etiam extulit contra dracones ejus virgam, ac per manum Dei oppugnatores Israel decem plagis ejus imperium verberavit. Primum in cruorem vertit fontes et flumina, dehinc ranarum multitudine urbes, muscarum nubibus aera complevit, locustis vastavit cuncta virentia, mortem intulit jumentorum, percussit ulcere homines, vastavit grandine terras, obduxit tenebris cœlum, eorumque primogenita valido terrore peremit.

41. Post hæc exspoliavit Ægyptios, eductisque populis eremi pandit iter flammea præcedente columna. Nec mora, mare transiens dividit, refrenatisque hinc inde aquarum cumulis, pergenti populo viam sicco vestigio præbuit. Hostes dehinc operuit fluctibus, atque amaras aquas per tactum ligni in suavitatem convertit. Quin etiam inter hæc esurienti Israel cœleste præbuit pabulum, volucrumque escis replevit loca castrorum.

163 42. Percussit insuper petram, atque extemplo dura saxorum crepidine copiosa fluenta manarunt. Ascendit quoque verticem montis Sinai, faciem Domini contemplaturus, ibi quadraginta dierum jejunia pertulit; descendens incendit vitulum, sacrilegos prostravit gladio, legem acceptam a Deo populo tradidit, ritumque religionis instituit.

43. Inter hæc quoque bella gessit, victoriis claruit, virgam in manu tenens; hostes quos non contigit, superavit : lethiferos aspidum morsus ærei serpentis aspectu sanavit. Dathan et Abiron, terræ compagibus ruptis, viventes profundo hiatu dejecit. Ad extremum conscendit montem Nebo, terramque repromissionis, demonstrante Domino, aspicit. Mortuusque est, jubente Domino, in monte Abarim; sepultusque est a Domino in valle Moab, quæ est in Arabia.

44. Rexit autem populum Dei in eremo annis quadraginta, obiitque annorum centum viginti. Quidam autem eum vivere testantur, pro eo quod sepulcrum ejus non reperitur. Et quia apparuit Domino in monte Thabor cum Elia, mortuum autem illum esse, non raptum, certissime sacra Scriptura testatur.

CAPUT XXVI

45. Aaron frater Moysi, et insignis miraculorum socius, atque in Lege sacerdos Domini primus, cujus virga sorte electa, fronde et germine floruit. Quique thuribulum in dextra gestans, furenti se flammæ opposuit, atque stans inter vivos et mortuos, objectu sui corporis transire ignem ad agmen viventium non permisit. Hic per hostiam victimarum, et sacrificium sanguinis, futuram Christi passionem expressit : hic jus et principatum sacerdotii per ordinem generis et successionis suæ transmisit.

46. Anno autem quadragesimo egressionis filiorum Israel de terra Ægypti, cum esset annorum centum viginti trium, mortuus est juxta præceptum Domini in monte Hor, qui est juxta Petram, insignem Arabiæ urbem. Ibi et sepulta jacet soror ejus Maria, ubi etiam et nunc usque ostenditur rupes, qua percussa, Moyses aquas sitienti populo præbuit. Est autem hic locus in extremis finibus Idumæorum.

CAPUT XXVII.

164 47. Josue filius Nun, ex tribu Ephraim in Ægypto natus, Moysi discipulus, et potestatis successor, novique prælii triumphator. Qui, quousque expediret victoriam ut sol staret, cœlo imperavit. Jordanis etiam cursum transitu suo resistere [*Al.*, stare] fecit. Jericho inexpugnabiles muros clangentium tubarum sono dejecit.

48. Chananæorum evertit regna, reges exstinxit, ac populum Dei solus in terram repromissionis induxit, eamque sorte distribuit. Viginti septem annis præfuit in Israel. Occubuitque centum et decem annorum atque sepultus est in Tamnathsare civitate sua, quæ sita est in latere montis Gaas, contra Aquilonem, ubi usque hodie insigne monumentum ejus ostenditur. Est autem in tribu Dan.

CAPUT XXVIII.

49. Phinees sacerdos, filius Eleazari sacerdotis, filii Aaron, zelum Domini agens, Zambri coeuntem impudicum simul cum scorto Madianitide telo percussit, atque perpetuas sacerdotii infulas præmiumque victimarum in generationibus Israel meruit, pro eo quod zelo divini amoris accensus iram Domini feriendo placavit.

CAPUT XXIX.

50. Gedeon filius Joas ex tribu Manasse, genitus in solitudine, liberator populi, et multorum pater exstitit filiorum, manu fortis, consilio strenuus, signis explorans futuræ documenta victoriæ, potentiamque Dei in vellere. Hic cum trecentis viris aquam lingua lambentibus, non tela in dextris, sed tubas, nec læva clypeum, sed hydrias præferentibus, hostem terrore perculit, ac victor de Amalech fortiter triumphavit. Judicavit Israel annos quadraginta, mortuusque est senex, et sepultus in sepulcro Joas patris in Ephra de familia Ezri.

39. Nomen esse Ægyptiacum Moyses aiunt Philo, Josephus et Aben Ezra.

40. Notatu digna occurrit nonnulla Scripturæ discrepantia, quæ inter varias lectiones videri potest. Legendum videtur *Dei propugnatoris Israel*. AREV.

50. De hoc Isidori capite conferendi sunt Bollandiani, ad diem 7 Septembris, pag. 85. AREV.

CAPUT XXX.

165 51. Jephte Galaadites, felix in præliis, fidelis in promissis, affectum pietatis exsuperans tolerantia mentis. Hic enim voverat Deo, ut si quid illi post victoriam revertenti primum occurreret, immolaret. Nam rediens ex hostibus, Ammonitarum triumphator, ne pollueretur labe perjurii, pollicitam sponsionem complevit, ac filiam, quæ victori occurrerat, immolavit. Judicavit Israel sex annis, et mortuus est sepultusque in civitate Galaad, quæ est in dimidia tribu Manassæ.

CAPUT XXXI.

52. Samson, filius promissionis, genitus patre Manue ex tribu Dan, Nazaræus vocatus, liberator Israel, et omnium fortissimus. Iste rugientem mactavit leonem, favumque ab ore mortui tulit, seras quoque portarum humeris tollens, in vertice montis imposuit. Vulpium caudis igne vinctis totam regionem Philistinorum succendit. Vinctus etiam rescissis funibus, maxilla asini mille viros peremit. Nervis intexta vincula, ut lanea fila, disrupit.

53. Post hæc avaritia illecebrosæ mulieris deceptus, detonsis crinibus, vim suæ virtutis amisit: nec mora, effossis oculis, columnas templi concutiens, ruina oppressus pariter cum hostibus defecit. Judicavit Israel annis viginti et positus est in sepulcro patris sui in civitate Esthaol, quæ est in tribu Juda, decimo procul lapide ab Eleutheropoli, contra septentrionalem plagam, juxta viam quæ ducit Nicopolim.

CAPUT XXXII.

54. Samuel propheta, filius Elcana, de Ramatha, ex tribu Ephraim, connumeratus Moysi in sacerdotibus Dei, ab ipsis cunabulis Domino **166** consecratus, sedulus in ministerio, in gente princeps, in templo vates, cujus verbo obtemperaverunt cœli, occurrerunt nubila, effusi sunt imbres.

55. Hic triumphator ex hostibus, Adjutorii lapidem posuit; hic primum principem in regno unxit. Sepultus est autem in vico suo Ramatha quæ est in Bethlehem; cujus ossa Arcadius Augustus de Judæa in Thraciam transtulit, et super tumulum ejus Christi aram erexit.

CAPUT XXXIII.

56. David, rex idem atque propheta, ortus de genere Juda, filius Jesse, natus in Bethlehem, puer pastor ovium inter fratres ætate minor, virtute præstantior, a Domino in regnum vocatus, a propheta in regem unctus, belliger juvenis, in certamine singularis, in triumpho gloriosus, vincendo veteranus, patiens in adversis, prudens in periculis, in peccato proprio dolens, in alieno funere lugens, pronus ad pœnitentiam, velox ad veniam, in convicio mitis, ad misericordiam facilis.

57. Qui inimicum regem, dum posset, innocuum non tantum reservavit traditum, sed et vindicavit occisum.

A Hic leonem et ursum sine gladio interfecit, citharæ suavitate immundum spiritum pepulit, gigantem expugnavit. Igitur quadragesimo regni, et septuagesimo ætatis anno, diem vitæ supremum consummavit, sepultusque est in civitate sua Bethlehem, quæ alio vocabulo dicitur Ephrata, ubi etiam Dominus noster Jesus Christus secundum carnem est natus.

58. Ibi quoque, et Rachel, cum Benjamin peperisset, occubuit. Ibi etiam sepulcrum Jesse patris David ostenditur. Est autem hic locus in tribu Juda sexto ab Jerusalem milliario positus contra meridiem in itinere quo pergitur in Hebron.

CAPUT XXXIV.

59. Salomon filius David editus ex Bethsabee in Jerusalem, antequam nasceretur, vocatus sapientissimus B omnium, et dominici dedicator templi: felix imperio, paternis meritis impar, dilectus a Deo, sapiens in judicio, in sententia justus, pacificus in regno. Qui poposcit **167** sapientiam, et impetravit, ut sciret dispositionem orbis terrarum, et virtutes elementorum, naturas animalium, et cogitationes hominum.

60. Hic quoque mores composuit, rerum naturas reperit, sacramenta Christi et Ecclesiæ revelavit. Cujus principia bona fuerunt, novissima vero mala. Nam, post multarum virtutum gloriam, amore depravatus femineo, et acceptam sapientiam perdidit, et in profundum idololatriæ flenda ruina demersus est. Quadraginta annis regnavit, quinquaginta et duobus ætatem peregit. Dehinc finem imperio et vitæ dedit, sepultusque est in civitate patris sui Bethlehem.

C CAPUT XXXV.

61. Elias Thesbites sacerdos magnus atque propheta, habitator solitudinis, fide plenus, devotione summus, in laboribus fortis, industria solers, excellenti ingenio præditus, in exercitatione disciplinæ structus, in sancta meditatione assiduus, metuque mortis intrepidus, verberavit tyrannos, sacrilegos interfecit, multisque signis virtutum effulsit. Triennii namque siccitate clausit imbribus cœlum. Oravit rursum, et cœlum dedit pluvias, mortuumque mulieris filium suscitavit.

62. Cujus virtute hydria farinæ non defecit, vas olei perpetuo fonte manavit. Cujus verbo super sacrificium ignis de cœlo descendit. Hic duos quinquagenarios cum militibus cœlesti igne combussit. Jordanem transiens, tactu melotis abrupit. Post D igneo curru in cœlum raptus ascendit, venturus juxta Malachiam prophetam in fine mundi, ac præcessurus Christum, nuntiaturus ultimum ejus adventum cum magnis virtutibus prodigiisque signorum: ita ut etiam in terra bellum gerat Antichristus adversus eum, vel qui cum eo venturus est, et occidet eos, cadavera quoque eorum in plateis insepulta jacebunt.

63. Dehinc suscitati a Domino regnum Antichristi

51. Laudat Isidorus, quod Jephte fidelis in promissis filiam immolaverit. Quæ sententia a nonnullis sanctis Patribus recentioribusque theologis probata, testimonio sancti Pauli, Hebr. XI, 32, 33, confirmari potest. Alii in alias abeunt sententias, quæ exponuntur a Calmet in erudita Dissertatione de Voto Jephte. AREV.

53. Al., *inter Sara, et Esthaol*. Jud. XVI. FONT.

60. Cantica Canticorum videtur innuere Isidorus, dum ait Salomonem sacramenta Christi et Ecclesiæ revelasse. AREV.

62. *Adversus eum, vel qui cum eo*: hoc est, adversus eum et qui cum eo; nam *vel* pro *et* ponitur. AREV.

63. Tertullianus, lib. de Anima, c. 35 et 50, de Elia et Henoch: *Morituri reservantur ut Antichri-*

plaga magna **168** percutient. Post hæc veniet Dominus, et interficiet Antichristum gladio oris sui, et eos qui adoraverunt eum. Et regnabit Dominus cum omnibus sanctis suis in gloria sempiterna.

64. *Item.* Elias Thesbites de terra Arabum, de tribu Aaron, cum esset in utero matris suæ Galaath, Sobac pater ejus somnium vidit, quod nascentem Eliam viri candidis vestibus salutabant, igneisque eum vestimentis [*Al.* institis] obvolvebant, atque pro cibo ignem ei ad nutriendum subministrabant. Hoc visum pater ejus prophetis in Jerosolymis indicavit, hocque ab eis accepit responsum : Ne timueris, inquiunt, erit enim natio ejus lumen, verbumque ejus fixis sententiis. Judicabit enim Israel in gladio et igne.

CAPUT XXXVI.

65. Elisæus Eliæ discipulus, ex Abel Meula oppido, ex tribu Ruben, in cujus ortu aurea vitula in Galgalis mugitum dedit, ejusque vox in Jerusalem personavit. Tunc quidam præsagus vates prædixit : Hodie in Israel natus est propheta, qui cuncta eorum destruet idola.

66. Hic gemino Eliæ glorificatus spiritu, plurimis atque magnis virtutum signis emicuit. Jordanem transitu suo divisum, refrenatis undis, retro convertit; aquas Jericho steriles, demerso vasculo, ad fecunditatem perduxit; pueros insultantes sibi verbo tradidit bestiis repente vorandos; sanguineas aquas in necem hostium decurrere fecit : inter hæc sterilem conceptionem verbo fecundavit, ejusque filium mortuum suscitavit; ciborum temperat amaritudinem, **169** denique ex decem panibus plebe refecta reliquias collegit.

67. Et Naaman lepræ stigmatibus lavacro Jordanis purgavit; lepra quoque maledictum aspersit discipulum : ferrum securis in Jordane mersum, ligno in aquas misso, supernatare fecit. Hostes Syriæ cæcitate percussit, mortem incredulo prædixit, fragore quadrigarum fugavit hostem, obsidionem dispersit, famem repulit.

68. Postremo post mortem exanimis cadaveri vitam dedit. Cujus sepulcrum usque hodie in Sebastia civitate ostenditur honore satis dignum, et digna habitum veneratione.

CAPUT XXXVII.

69. Isaias filius Amos, non Amos prophetæ, sed alA terius, qui simili nuncupatus est nomine : ille enim ex numero pastorum fuit de oppido Thecue, hic autem genere nobili ortus in Jerusalem; quem etiam aiunt Hebræi socerum fuisse Manasse. In quo tanta fuit sanctitatis et vitæ excellentia, ut unam tantum dicatur habuisse tunicam, et hanc cilicinam, quaque etiam postmodum pro delicto populi abjecta, sacco membra cooperuit.

70. Sed, et hoc ad extremum deposito, juxta Domini imperium nudo corpore nudoque vestigio in conventu populorum versatus est, sicque fervorem æstivum hiemisque pruinas atque imbrium tempestates sustinuit, ut, et Dei præceptis obediret, et populi deploraret delicta.

71. Hic quindecim gradibus ascendentem umbram B retrodescendere jussit. Hujus oraculo rex Ezechias mortis dilationem promeruit. Hunc autem Manasses extensum a vertice per medium secuit, atrocique supplicio excruciatum exstinxit.

72. Tradunt autem Hebræi duabus ex causis interfectum fuisse **170** Isaiam : una, quod eos appellaverit principes Sodomorum et populum Gomorrhæ; altera, quod, testante Domino ad Moysem : *Non poteris videre faciem meam*, iste ausus est exclamare : *Vidi Dominum sedentem super solium excelsum et elevatum;* non animadvertentes cæcati mente Judæi, quod in sequentibus faciem et pedes Dei Seraphim texisse narraverat, ac media tantum ejus vidisse propheta ascribat. Jacet sub quercu Ragel, juxta decursus aquarum, quas Ezechias rex Juda C mole constructa terræ exposuerat.

CAPUT XXXVIII.

73. Jeremias ex tribu sacerdotali ortus, in vico Anathot, qui est tribus millibus ab Jerusalem, sacerdos in Judæa positus, propheta in gentibus consecratus, antequam plasmaretur agnitus, antequam procederet sanctificatus, et ut virgo permaneret, admonitus. Hic prædicare puer cœpit, arguens populum ob delicta, et sæpius cohortans ad pœnitentiam, sed plebis perfidæ sævientis crudelitate afficitur sæpe atque ligatur, in carcerem etiam mittitur, projicitur in lacum, catenis cingitur, ad ultimum apud Taphnas in Ægypto a populo lapidatur.

---

stum sanguine suo exstinguant. Quod dehinc suscitandi erunt a Domino, ut regnum Antichristi magna plaga percutiant, fortasse non alio innititur fundamento, nisi his verbis Tertulliani. Certum tamen est, quod resurgent ad gloriæ immortalitatem. AREV.

64. Hæc addebantur in tribus exemplaribus Isidori, et habet Epiphan. in Vita Eliæ.

65. *Abel Meula*, III Reg. XIX. *Abel Muth*, in Epiphanio. *Abel Buel*, in Dorotheo.

Ibid. In Vulgata scribitur *Abel mehula.* In Dorotheo Tyrio mendum est *terra Rubim* pro *ex tribu Ruben.* Opusculum inscribitur *De sanctis prophetis, apostolis et LXX Christi discipulis*, ac falso Dorotheo ascriptum creditur. Editum fuit ab Alberto Fabricio simul cum Isidori et aliorum de simili argumento libris, qui etiam aliud anonymum opusculum de XII apostolis in Bibliotheca ecclesiastica inseruit. Vaticinium præsagi vatis, quod Isidorus refert, in eo Dorothei opere similiter narratur. AREV.

68. *Sebastopoli Samariæ*, ait Epiphanius.

D 69. Hebræi asserunt Amos patrem Isaiæ fuisse fratrem Amasiæ regis Juda, de quo IV Reg. XIV.

70. An nuditas Isaiæ ad litteram accipienda sit, dissident interpretes, ad cap. XX Isaiæ, 2. AREV.

71. Isaiam serra per medium sectum, constans traditio veterum est. Vide Calmetum in Dissertat. de suppliciis Hebræorum ad Deuteronomium, et in Prolegomenis ad Isaiam. AREV.

72. *Tradunt.* Origen. in Isaiam, et Hieronym.

Ibid. Exposuerat. — *Obstruxerat*, ait Hieronym.

Ibid. Notandum etiam hoc loco, quod sæpe alibi notavi, Isidorum interdum nominativum pro ablativo absoluto adhibuisse, ut *non animadvertentes Judæi* pro *non animadvertentibus Judæis*, nisi referas ad *tradunt*, quod præcessit. De sepulcro Isaiæ Dorotheus sic refert : *Conditusque sub quercu est prope fontem Rogel, juxta transitum aquarum, quas Ezechias rex pulvere obstruxerat.* Alii narrant translatum corpus prophetæ fuisse Paneadem ad fontes Jordanis inde Constantinopolim. AREV.

74. Sepultus est in eo loco, ubi Pharao rex Ægypti A habitavit. Verumtamen, quia precibus suis serpentibus ab eo loco effugatis, Ægyptios a noxio aspidum morsu eripuit, insigni cum veneratione amplissimoque honore iidem Ægyptii colunt, sepulcrumque ejus insigni cultu hactenus venerantur.

CAPUT XXXIX.

75. Ezechiel sacerdos, filius Buzi, genitus in terra Sarira, in typo Christi filius hominis nuncupatur. Hic captivus cum Joachim in Babyloniam ductus, ad concaptivos prophetavit, corripiens eorum **171** offensiones, et zelo Dei motus cuncta eorum crimina turpitudinesque arguens. Quem dux populi Israel interfecit, pro eo quod severitate et auctoritate pontificali corriperetur ab eo ob impietatem sacrilegii. Sepultus est a populo in agro Maurim, in sepulcro Sem et Arphaxat. B

CAPUT XL.

76. Daniel, de tribu Juda in Betheron superiore natus, genere nobilis, princeps omnium Chaldæorum, regumque prosapia et florens patriæ nobilitate. Hic sub Joachim rege Juda, post excidium Jerusalem, cum tribus pueris admodum puer in Babylonem translatus, et princeps Chaldæorum effectus est, vir gloriosus, et aspectu decorus, mente humilis, corpore castus, perfectus in fide, egregius in opere, in virtute summus, in prodigiis clarus, terribilis in signis, cognitor secretorum cœlestium, præscius futurorum, visionum interpres, vindex castimoniæ; qui continuatis jejuniis et orationis instantia futura prænoscere meruit sacramenta.

77. Hic inter cætera visionum mysteria, his virtu- C tum gestis atque signis effulsit. Principio sceleratorum senum mendacium reprehendens, castitatem feminæ revelavit; tribus hebdomadibus dierum exorans pro populo jejunavit; simulacrum Bel divinæ aspirationis argumentis elisit : draconem Babyloniæ numen ejusdem gentis, offa pice, et adipe, et capillis confecta, divinæ mentis instinctu, incredibili admiratione disrupit; in lacum quoque missus, rabiem mitigavit ferarum, atque virtute animi fortis inter frementes securus epulatur leones.

78. Hunc Darius, postquam Babylonium subvertit imperium, honore maximo habitum, secum tulit et in Medos abduxit. Qui etiam fertur dedisse signa in montibus super Babyloniam, dicens : Dum montes a Borea fumaverint, finem instare Babyloniæ; dum visi D fuerint incendiis conflagrare, finis erit totius mundi. Item dum ad partem Noti refluxerit Tigris, regressio erit populi ad Jerusalem. **172** Vixit autem usque ad tempus Darii regis Persarum, annis centum et decem, sepultusque est jam senex in spelunca regia, solus in captivitate cum gloria.

CAPUT XLI.

79. Osee de tribu Issachar, ortus in Belemoth; hic prænuntians dedit signum : Veniet Dominus in terram suam, si quercus, quæ est in Silo, ex semetipsa in duodecim divisa fuerit partes, totidemque quercus effecerit. Hic in terra sua sepultus, placida quiete dormivit.

CAPUT XLII.

80. Joel, hic fuit de tribu Ruben, natus in agro Betheron, ubi etiam in pace mortuus est atque sepultus.

CAPUT XLIII.

81. Amos, pastor, et rusticus, et ruborum mora distringens, propheta non genere, sed gratiæ vocatione. Hic autem fuit ex oppido Tecue, quod distat ad australem plagam sex millibus contra Bethlehem. Ultra autem nulla est habitatio, sed sola eremi diffusa vastitas patens, usque ad mare Rubrum, atque Judæorum [*Al.*, Indorum] fines, solis tantum pastoribus conscia, et late vagantium pecorum.

82. Ex hac, itaque pastorali regione fuit Amos, unus de numero pastorum, quem Dominus ablatum inde misit ad populum Israel, præcipiens ei ut in Samariam pergeret, et ibi quæ ventura erant prophetaret, quem Amasias rex frequenter plagis affecit; novissime Ozias filius ejus, vecte per tempora transfixo, crudeli morte necavit. Post hæc semivivus, evectus in terram suam, post aliquot dies dolore nimio vulneris animam cunctanter [*Al.*, cunctantem] efflavit, sepultusque est cum patribus suis.

173 CAPUT XLIV.

83. Abdias, de terra Sichem, ortus in agro Bethacaram. Iste est ille, qui sub Ochozia rege Samariæ, centum pavit prophetas. Iste est tertius ille dux cui pepercit Elias, qui postmodum, relicto Ochoziæ regis ministerio, Eliæ factus discipulus prophetavit. Quique etiam morte propria obiit, sepultus cum patribus suis in Sebastia civitate, ubi et Elisæus propheta et Joannes Baptista venerabiliter requiescunt.

CAPUT XLV.

84. Jonas, columba, et dolens, filius Amathi, qui fuit de Geth, quæ est in Opher, ad gentium præconia mittitur, missus contemnit, contemnens fugit, fugiens dormit : propter quem periclitabatur navis, sed magister navis latentem reperit, cetus abjectum devoravit, orantem revomuit; rejectus prædicavit subversionem.

85. Sed contristatus in pœnitentia urbis, et sa-

74. *Aspidum*. Hieronym., *crocodilorum* ait Epiphan. et Doroth.

Ibid. Jeremiam lapidibus a Judæis obrutum fuisse, consentit etiam Tertullianus, Scorpiac. cap. 8. AREV.

76. *De tribu Juda*. Vid. Epiph., Hieronym., Joseph.

Ibid. Pro *prænoscere* alii habent *prænotescere*, quod Isidorianum puto pro *prædicere, notum prius reddere;* nam supra jam est *præscius futurorum*. In Cod. Palat. est *promeruit* pro *prænotescere*, aut *prænoscere*. AREV.

77. Forte, *mendacium deprehendens*. Consonat his Dorotheus. Vide etiam Josephum, De Antiq., cap. ult. l. 10. AREV.

79. *Belemoth* etiam Epiphan. et Doroth.

—*Si quercus*. Al. *Quasi quercus, quæ est in Silo, cum ex semetipsa*.

80. *De tribu Ruben*. Hieronym. Epiphan.

83. Quo tempore prophetaverit Abdias, inquirit Mariana in not. ad librum Prœmiorum, n. 67, qui etiam similes de aliis prophetis quæstiones explicat in notis ad eumdem librum, a nobis suo loco describendis. AREV.

luti gentium invidit; gaudet etiam sub hederæ virentis umbraculo, et dolet subito arescente. Tradunt Hebræi, hunc esse viduæ filium quem a mortuis suscitavit Elias. Cujus sepulcrum in quodam urbium Geth viculo demonstratur, quod est in secundo milliario a Sephorim in itinere quo pergitur Tiberiadem.

CAPUT XLVI.

86. Michæas, de tribu Ephrem in Morasthi ortus est. Hic quoniam peccantem Achab sæpius arguebat, sub Joram filio ejus de præcipitio magno projectus occubuit. Sepultus est in terra sua juxta Polyandrum, quod est prope Naim.

174 CAPUT XLVII.

87. Nahum, de tribu Simeon, in Helcesi trans Betharim natus, ibique mortuus, suo jacet in tumulo.

CAPUT XLVIII.

88. Habacuc, de tribu Simeon, in agro Bethsachar ortus est; hic ante biennium regressionis filiorum Israel de captivitate, in agro Sabarith, qui est in Cella, a vita decessit.

CAPUT XLIX.

89. Sophonias, de tribu Simeon, filius Chusi, in agro Sarabath ortus, et gloriosa majorum suorum stirpe progenitus, prophetavit, mortuusque est atque sepultus in agro suo.

CAPUT L.

90. Aggæus, natus in Babylonia, juvenculus Jerusalem venit, ædificationem templi ex parte aspexit, ac juxta sacerdotum monumenta gloriose sepultus requiescit.

CAPUT LI.

91. Zacharias de regione Chaldæorum valde senex in terram suam reversus est, in qua et mortuus est ac sepultus juxta Aggæum, quiescit in pace.

CAPUT LII.

92. Malachias post egressionem populi, in Sophia est genitus; vir justus et aspectu decorus, quem Judæi Malachiam, id est angelum Domini ideo asserunt vocitatum, quia quæcunque prædicebat, **175** confestim, angelo de cœlis veniente confirmabantur. Hic autem admodum juvenis moritur, atque in agro proprio sepelitur.

CAPUT LIII.

93. Nathan propheta, ex Gabaonitis, qui David regem legem Dei docuit, et peccatum quod esset in Bethsabee prævaricatus manifestavit. Hic etiam quod non ædificaret David Domino templum prædixit. Hic Salomonem ungens, in principem consecravit. Obiit autem senex in terra sua, sepultusque est cum dignitate.

CAPUT LIV.

94. Achias Silonites de civitate Heli sacerdotis, ubi primum tabernaculum et arca Dei erat, Salomoni regi prædixit, quod per mulieres gentium a mandatis Dei declinaret, et divisionem populi in prole non tacuit.

A Mortuus est ergo Achias, atque sepultus juxta quercum in Silo.

CAPUT LV.

95. Addo in Samaria [*Al.*, Sama Samariæ] natus est. Hic est qui ad Jeroboam immolantem vitulum missus, in sermone Domini venit, eumque arguit immolantem. Hunc ad propria revertentem propter inobedientiam leo in via strangulavit, sepultumque tenet Bethel et prophetam illum qui eum fefellerat.

CAPUT LVI.

96. Azarias in terra oritur Sabatha, mortuusque est ac sepultus in agello suo.

CAPUT LVII.

97. Zacharias propheta atque sacerdos, filius Joiadæ sacerdotis, **176** qui et Barachias cognominatus est,
B quem congregatus in atrio domus Domini populus, juxta Joas regis imperium, missis in eum lapidibus exstinxit. Hunc sublevatum continuo sacerdotes juxta patrem suum sepelierunt in Jerusalem.

CAPUT LVIII.

98. Tobias filius Ananiel, ex tribu Nephthalim de civitate Cibel, quæ est in regione Galilææ. Hic captivus ductus est a Salmanasar rege Assyriorum in Ninive. Vir in timore Dei summus, in opere magnificus, in misericordia gloriosus, in exsequiarum curis devotus; qui dum mortuos sepeliret, et inopes pasceret, cæcitate lumine caruit, et post tenebras reseratis oculis, lumen claritatis promeruit. Jacet in Ninive civitate sepultus in pace.

CAPUT LIX.

C 99. Tres pueri, ex stirpe regia clari, memoria gloriosi, scientia eruditi, fide pares, devotione stabiles, incorrupti corpore, sobrii mente, judices provinciarum, et regionum principes, paternarum quoque memores legum, et a cibis gentilium vel immolatis nequaquam polluti, leguminibus vitam degentes et oleribus.

100. Hi vigore virtutis contempserunt mortem, idolorum non adoraverunt ritum, regem sævissimum fidei virtute vicerunt, restinxerunt quoque camini flammantis incendia, et inter horrendas spissa caligine flammas hymnum apertis vocibus cecinerunt. Jacent in Babylonia pariter sub uno specu positi, et cum magna veneratione sepulti.

CAPUT LX.

D 101. Esdras sacerdos Dei, qui a plerisque Malachias, id est angelus Dei vocatur. Hic sacræ scriptor exstitit historiæ, atque alter lator legis post Moysem, namque post captivitatem legem incensam ex gentibus renovavit, Hebraicarumque litterarum elementa **177** invenit. Hic reduxit Israel, et reædificare fecit Jerusalem. Mortuus est autem ac sepultus cum patribus suis humatus in Jerusalem.

---

87. Dorotheus: *Et in terra sua sepultus.* Arev.

91. Hoc caput deest in aliis. Vide, infra, cap. 97.

95. Propheta a leone strangulatus, de quo III Reg. XIII, a Dorotheo vocatur Joath; in Constitutionibus Apostolicis, lib. IV, cap. 6, Adonias, quem ad locum videndus Cotelerius. Alii Semeam eum prophetam appellant, alii Jeamum. Nonnulli Achiam fuisse suspicantur. Non facile est, nec refert, verum nomen investigare. Arev.

101. Nonnullos existimasse Malachiam fuisse Esdram, legitur etiam in Prœmiis, ubi quædam Mariana annotavit. Arev.

CAPUT LXI.

A 102. Zorobabel et Nehemias, ex tribu Juda, sub Dario rege templum Domini ædificant, muros Jerusalem exstruunt, atque Israel ad pristinum statum reducunt, cultum quoque religionis jusque sacerdotum et Levitarum restituunt. Item et ipsi in Jerusalem sepulti quiescunt.

CAPUT LXII.

103. Esther regina, filia fratris Mardochæi, de stirpe Benjamin, captiva de Jerusalem in urbem Susim translata est, atque aspectu formæ, et perspicua virginitatis excellentia regi Persarum connubiis copulata. Hæc, ut populum suum a periculo liberaret, morti se obtulit, amicumque regis adversus populum Dei nefaria persuadentem, cruci tradendum per- B suasit, gentemque liberam ab excidio eruit atque a servitute eripuit. Jacet sepulta in Susis, urbe Medorum, in qua etiam regnavit.

CAPUT LXIII.

104. Judith vidua, filia Merari, de tribu Simeon, magnanimis in gloria, viris præstantior. Hæc pro salute populi morti se obtulit, nec trepidavit furorem regium. Nam dormientem necavit principem, salvo pudore suis civibus triumphum victoriæ reportavit. Vixit autem annis centum et quinque, sepultaque est in spelunca viri sui Manasse in Bethulia civitate, quæ est in tribu Juda inter Dothain et Balmon [*Al.*, Babylon.]

178 CAPUT LXIV.

105. Machabæi septem fratres, in fide stabiles, in spe fortes, divinæ legis constantissimi observatores, inter tormenta acerbissima patientes, ab Antiocho rege pro lege Dei cum matre eorum atrociter interempti, coronas martyrii meruerunt.

106. Machabæi quoque, quos triumphos gesserint adversus gentem Persarum, vel de circumfinitimis aliis nationibus, et quomodo pro legis observantia plurimum sunt puniti, eorum plenissime narrat historia.

104. Fontidonius diversam lectionem indicat *Aapali* pro *Bethulia*. Sed quid sit *Aapali*, non intelligo. Græcus et Syrus ferunt Manassem sepultum fuisse in agro inter Dothaim et Belmon. Pro *Belmon* alii legunt *Belmaim*, *Belma*, *Belem*, *Baalmeon*. Putant nonnulli sermonem esse de *Abila*, *Abelina*, aut *Abilina*. Verum non satis hæc cohærent cum Vulgata nostra, quæ præferenda est, Judith, VIII, 3: *Mortuus est* (Manasses) *in Bethulia civitate sua, et sepultus est illic cum patribus suis*. Et cap. XVI, 28: *Ac sepulta* (Judith) *cum viro suo in Bethulia*. AREV.

105. In Cod. Veron. ita de Machabæis legitur: *Machabæi septem fratres ab una matre nomine Machabæa geniti, custodientes legem, patria traditione non manducantes carnes porcinas. Ob hoc ab Antiocho rege sævissimo in Antiochia martyrii gloria coronati sunt cum matre sua, atque sepulti cum magna veneratione.* AREV.

In sex exemplaribus hoc posterius tantum legitur.

EX NOVO TESTAMENTO.

LXV.	Zacharias.	LXXIII.	Philippus.	LXXX.	Simon Zelotes.
LXVI.	Joannes.	LXXIV.	Thomas.	LXXXI.	Duodecim Apostoli.
LXVII.	Maria.	LXXV.	Bartholomæus.	LXXXII.	Lucas Evangelista.
LXVIII.	Simon Petrus.	LXXVI.	Matthæus.	LXXXIII.	Marcus Evangelista.
LXIX.	Paulus.	LXXVII.	Jacobus Alphæi	LXXXIV.	Barnabas.
LXX.	Andreas.	LXXVIII.	Judas Jacobi.	LXXXV.	Timotheus.
LXXI.	Jacobus Zebedæi.	LXXIX.	Matthias:	LXXXVI.	Titus.
LXXII.	Joannes.				

CAPUT LXV.

C 107. Zacharias et Elisabeth ante Deum justi, steriles in juventute, fecundi in senio, requiescunt in Jerusalem.

179 CAPUT LXVI.

108. Joannes Baptista filius Zachariæ, ex tribu Levi, in Jerusalem ortus, angelo denuntiante conceptus, prænuntius Christi, præco Judicis, propheta Altissimi, vox Verbi, amicus Sponsi, testis Domini, lucerna Luminis, terminus prophetarum, baptismatis initium; qui prænuntiatus parentis vocem abstulit, genitus officium linguæ resolvit; qui necdum editus Christum prophetavit, salutavit in utero, in columba agnovit, in deserto monstravit.

109. Cujus vestimentum lanugo fuit camelorum, habitatio eremus, victus mellis, et locustarum cibus. Hic, dum Herodi prohiberet fraternum violare connu- D bium, carceralibus tenebris mancipatur. Cujus caput regis filia ludi præmium a patre postulavit; at ille desectum male poscenti filiæ ebrius inter pocula dedit.

110. Sepultus est in Sebastia oppido Palæstinæ, quæ olim Samaria vocabatur; quam Herodes rex Judææ, Antipatri filius, ob honorem Cæsaris Augusti Græco sermone Augustam vocavit.

CAPUT LXVII.

111. Maria (quæ interpretatur Domina, sive Illuminatrix), clara stirpe David, Virga Jesse, Hortus conclusus, Fons signatus, Mater Domini, Templum Dei, Sacrarium Spiritus sancti, Virgo sancta, Virgo fœta, virgo ante partum, virgo post partum, salutationem ab angelo accepit, et mysterium conceptionis agnovit: partus qualitatem inquirit, et contra legem naturæ obsequii fidem non renuit, quam Dominus ipse in cruce positus, per sanguinem Testamenti virgini commendavit discipulo, ut ipsum mater haberet vitæ comitem quem filius noverat integritatis esse custodem.

112. Hanc quidam crudeli necis passione asserunt ab hac vita migrasse, pro eo quod justus Simeon complectens brachiis 180 suis Christum, prophetaverit, matri

112. *Quidam*. Vid. Ambros.

Ibid. Hic Isidori locus laudatur ejus nomine ab auctore sermonis de Assumptione Mariæ virginis, qui a nonnullis Ambrosius Autpertus esse creditur; cujus verba protuli in Isidorianis, cap. 61, num. 12. Quod ait Isidorus, *nec obitus ejus uspiam legitur*, Autpertus, sive quis alius auctor, ita explicat: *Nec invenitur apud Latinos aliquis tractatorum de ejus morte quidpiam aperte dixisse.* Sanctus Epiphanius probabilius esse censebat Deum gratiam immortalitatis

dicens : *Et tuam ipsius animam pertransibit gladius.* Quod quidem incertum est, utrum pro materiali gladio dixerit an pro verbo Dei valido et acutiori omni gladio ancipiti. Specialiter tamen nulla docet historia, Mariam gladii animadversione peremptam, quia nec obitus ejus uspiam legitur. Dum tamen reperiatur ejus sepulcrum, ut aliqui dicunt, in valle Josaphat.

CAPUT LXVIII.

113. Simon Petrus filius Joannis, frater Andreæ, ortus in vico Bethsaida provinciæ Galilææ, qui est juxta stagnum Genesareth, cujus prima vocatio nominis Barjona, legis directa generatio est. Petrus in Christo Ecclesiæ firmamentum est. Cephas corporis Christi principatus et caput est. Simon Joannis, virginitatis regeneratio incorrupta est.

114. Qui dum juxta Joannem habeatur tertius, juxta Matthæum eligitur primus : nec immerito, quia Apostolorum princeps est. Et confessor primus Filii Dei, et discipulus, et pastor humani gregis, Petra Ecclesiæ, clavicularius regni, amator Domini, atque negator : confitendo laudatus, præsumendo elatus, negando lapsus, lacrymando purificatus, confitendo probatus, patiendo coronatus, cui nomen ex opere datur, titulus ex merito potestatis imponitur.

115. Hic in Galatia, Ponto, Cappadocia, Bithynia, Asia, atque Italia Evangelium prædicavit, atque harum virtutum signis effulsit. Pendulo gressu fervidum mare calcavit, præteriens umbra sua mortuos **181** animavit, claudis pristinum reiteravit officium, paralyticis fluida membra in proprium reparavit statum.

116. Inter hæc defunctam viduam suscitavit. Ananiam et Saphiram reos perfidiæ, mortis animadversione damnavit. Simonem etiam magicis artibus cœlum conscendentem ad terram elisit. Hic postquam Antiochenam Ecclesiam fundavit, sub Claudio Cæsare contra eumdem Simonem Magum Romam pergit, ibique prædicans Evangelium vigintiquinque annis, ejusdem urbis tenuit pontificatum.

117. Sexto autem et tricesimo anno post passionem Domini, a Nerone Cæsare in urbe Roma deorsum, ut ipse voluit, crucifixus est. Sicque post apostolicum meritum, etiam martyrio coronatur. Sepultus Romæ in Vaticano, secus viam Triumphalem, tertio lapide ab Urbe, ad orientalem plagam.

CAPUT LXIX.

118. Paulus, qui ante Saulus, apostolus gentium, advocatus Judæorum, a Christo de cœlo vocatus, in terram prostratus, qui oculatus cecidit, cæcatus surrexit, ex persecutore effectus est vas electionis, ex lupo ovis, inter apostolos vocatione novissimus, prædicatione primus. In lege Gamalielis discipulus, in Evangelio Christi servus. Cujus patria Tharsus fuit, genus Benjamin.

119. Hic secundo post Ascensionem Domini anno baptizatus, dignitatem meruit apostolatus, atque plus omnibus laborans, multo latius inter cæteros verbi gratiam seminavit, atque doctrinam evangelicam sua prædicatione implevit.

120. Incipiens enim ab Jerosolymis, usque ad Illyricum, et Italiam Hispaniasque processit, ac nomen Christi multarum manifestavit gentium nationibus, quibus ante nondum fuerat declaratum, cujus miracula ista esse noscuntur.

182 121. Raptus sursum in tertium cœlum conscendit, demersus deorsum nocte et die in profundo maris fuit, seducentem Pythonis spiritum imperata discessione damnavit, adolescenti mortuo vitalem redintegravit spiritum, cæcitate percussit magum, claudo proprium reformavit incessum; diri quoque serpentis nec sensit nec horruit morsum, sed igni dedit arsurum, patrem etiam Publii a febribus orando sanavit.

122. Hic ob amorem Christi multas passiones graviaque corporis sustinuit tormenta. In primis Judaicas persecutiones, et gentium miserias, et laborem, famem, sitim, frigus, et nuditatem, naufragia, et mille pericula, rabiem ferarum, verbera, carcerales tenebras, et tormenta catenarum, squalores, et vincula.

123. Inter hæc ligatur a Judæis, traditur gentibus, lapidatur ad necem, in sporta per murum demittitur, virgis cæditur, pœnis arctatur, in carcere vinctus terræmotu facto resolvitur, ad ultimum a Nerone gladio cæditur eo die quo et Petrus crucifixus est. Sic enim oportuerat ut hi qui simul confessi sunt uno die coronarentur. Sepultus Romæ in via Ostiensi, anno post passionem Domini tricesimo sexto, tertio ab urbe milliario, contra occidentalem plagam.

beatissimæ Virgini concessisse, sed Ecclesiæ universæ sensus repugnat, et solum controversia est inter scriptores, utrum Ephesi an Hierosolymæ obierit; quam fuse persequitur Tillemontius, tom. I, sex primor. Eccles. sæcul., in Vita Deiparæ, et in notis. AREV.

113. *Caput.* Quasi κεφαλή.

Ibid. Quod innuit Isidorus, *Cephas* esse ex Græco κεφαλή, *caput*, multi alii veteres crediderunt. Joannes XXII, in Bulla contra Marsilium et Joannem : *Cephas autem Græce interpretatur Latine caput.* Verum nomen *Cephas* Syrum est, et petram significat, ut Isidorus quoque agnoscere videtur lib. VII Etymolog., c. 9. Quinam auctores de apostolis et LXX discipulis generatim, et de nonnullis apostolis singulatim, scripserint, recenset Zaccaria in Bibliotheca selecta Historiæ ecclesiasticæ, part. II, cap. 8. Illud vero animadversione dignum, quod de sancto Jacobo Majore loquens ait : *Antonii Rojo historia de sancto Diego de Alcala criticis viris placere vix poterit.* Quid sancto Jacobo Majori apostolo cum sancto Didaco, sive Jacobo Complutensi ordinis Minorum de Observantia laico? AREV.

117. De sepulcro sancti Petri in Vaticano superfluum est verba facere post eruditissimum opus eminentiss. cardinalis Borgiæ de Confessione Vaticana. Vide etiam Bosium, Rom. Subterr. II, 2, et Bottarium I, 27. Notandum quod milliaria a foro Romano incipiebant, et erant minora milliaribus Italicis. Non vero satis intelligitur quo sensu sepulcrum sancti Petri dicatur esse *ad orientalem plagam.* AREV.

120. Adventus sancti Pauli in Hispanias antiquissimis testimoniis comprobatur Hippolyti, Epiphanii, Chrysostomi, aliorum; negant alii, et adhuc sub judice lis est. AREV.

123. Paulum gladio cæsum eodem anno eodemque die quo Petrus crucifixus est, communis est opinio. Prudentius tenuit eodem die, sed non eodem anno Petrum et Paulum martyrio coronatos fuisse. Vide comment. ad hymn. 12 Peristeph., vers. 5. Paulus contra occidentalem plagam dicitur sepultus, quod non facile explicatur. Alii exhibent *contra orientalem plagam.* AREV.

CAPUT LXX.

124. Andreas, qui interpretatur decorus, frater Petri, secundum Joannem primus, juxta Matthæum a primo secundus. Hic in sorte prædicationis Scythiam atque Achaiam accepit, in qua etiam civitate Patris cruce suspensus occubuit.

CAPUT LXXI.

125. Jacobus filius Zebedæi, frater Joannis, quartus in ordine, **183** duodecim tribubus quæ sunt in dispersione gentium scripsit, atque Hispaniæ, et occidentalium locorum gentibus Evangelium prædicavit, et in occasu mundi lucem prædicationis infudit. Hic ab Herode tetrarcha gladio cæsus occubuit. Sepultus in Marmarica.

CAPUT LXXII.

126. Joannes, apostolus et evangelista, filius Zebedæi, frater Jacobi, virgo electus a Domino, atque inter cæteros magis dilectus, qui etiam super pectus Magistri recumbens, et Evangelii fluenta de ipso sacro dominici pectoris fonte potavit, et quasi unus de paradisi fluminibus, verbi Dei gratiam in toto terrarum orbe diffudit. Quique in locum Christi, Christo jubente, successit, dum suscipiens matrem Magistri discipulus, etiam ipse pro Christo alter quodammodo derelictus est filius.

127. Hic, dum Evangelium Christi in Asia prædicaret, a Domitiano Cæsare in Pathmos insulam metallo relegatur, ubi etiam positus Apocalypsim scripsit. Interfecto autem a senatu Domitiano, exsilio resolutus, recessit Ephesum, ibique ob hæreticorum refutandas versutias, efflagitatus ab Asiæ episcopis Evangelium novissimus edidit.

128. Cujus quidem inter alias virtutes, magnitudo signorum **184** hæc fuit. Mutavit in aurum sylvestres frondium virgas littoreaque saxa in gemmas. Item gemmarum fragmina in propriam reformavit naturam, viduam quoque ad precem populi suscitavit, et redivivum juvenis corpus revocata anima reparavit. Bibens lethiferum haustum, non solum evasit periculum, sed eodem prostratos poculo in vitæ reparavit statum.

A 129. Hic anno sexagesimo septimo post passionem Domini Salvatoris sub Trajano principe longo jam vetustatis senio fessus, cum diem transmigrationis suæ imminere sibi sentiret, jussisse fertur effodi sibi sepulcrum, atque inde vale dicens fratribus, facta oratione vivens tumulum introivit, deinde tanquam in lectulo in eo requievit.

130. Unde accidit ut quidam eum vivere asserant, nec mortuum in sepulcro, sed dormientem jacere contendant, maxime pro eo quod illic terra sensim ab imo scaturiens, ad superficiem sepulcri conscendat, et, quasi flatu quiescentis, deorsum ad superiora pulvis ebulliat. Quievit autem apud Ephesum sexto Kalendas Januarii.

CAPUT LXXIII.

B 131. Philippus a Bethsaida civitate, unde et Petrus, Gallis prædicat Christum, barbarasque gentes, vicinasque tenebris, et tumenti Oceano conjunctas, ad scientiæ lucem fideique portum deducit. Deinde in Hierapoli Phrygiæ provinciæ urbe crucifixus, lapidatusque obiit, rectoque sepultus cadavere, simul cum filiabus suis ibidem requiescit.

CAPUT LXXIV.

132. Thomas apostolus Christi, Didymus nominatus, et juxta Latinam linguam Christi geminus, ac similis Salvatori, audiendo incredulus, videndo fidelis. Hic Evangelium prædicavit Parthis, et Medis, **185** et Persis, Hyrcanisque, ac Bactrianis, et Indis tenentibus Orientalem plagam, et intima gentium penetrans, C ibique prædicationem suam usque ad titulum suæ passionis perducens; lanceis enim transfixus occubuit in Calamina civitate Indiæ, ubi et sepultus est in honore.

CAPUT LXXV.

133. Bartholomæus apostolus, nomen ex Syra lingua suscipiens, Lycaoniam in sorte prædicationis accepit, atque Evangelium juxta Matthæum apud Indos in eorum linguam convertit. Ad ultimum in Albano [*Al.* Abano] Majoris Armeniæ urbe, vivens a crudelibus...

124. Vera fortasse est lectio nonnullorum Codicum, *civitate Patras*, quasi indeclinabile sit *Patras*, ut similia urbium nomina aliquando apud Isidorum et alios occurrunt. In Asia passum fuisse Andream nonnulli tradunt. AREV.

125. Assentimur iis qui verbum *scripsit* alienum censent. Reliqua ex iis quæ Hieronymi Catalogo a Græcis adjecta sunt sumpta videntur.

Ibid. Marmarica. Al., *Carmarica*, vel *Archis Marmaricæ*, vel *Achimarmarica*.

Ibid. Quæ hoc loco de prædicatione sancti Jacobi Majoris in Hispania annotari possent, præoccupata a nobis sunt in Isidorianis, cap. 61. Aliis de hoc argumento scriptoribus addendus est elegans et eruditus Hispanus Joannes Joseph Tolra : *Justificacion historicocritica de la venida de Santiago el Mayor a España, y de su sepulcro en Compostela.* Matriti, 1797, in-4°. Pro *ab Herode tetrarcha* fortasse legendum *ab Herode Agrippa*. His quæ dixi cit. cap. 61 adde Martyrologium Gellonense, sive sancti Guillelmi de Deserto, scriptum anno circiter 804, tom. III Dacherii, initio : *Jacobus, qui interpretatur supplantator, filius Zebedæi, frater Joannis. Hic Hispaniæ, et occidentalibus locis prædicavit, et sub Herode gladio cæsus occubuit, sepultusque est in Achaia Marmarica, VIII Kal. Augustas.* Et Hildebertum Cenomanensem, qui sæculo XI et XII floruit, col. 1350, in Editione Beaugendrii, de sancto Jacobo Majori :

D Gallicizæque solum se gaudet habere colonum.

In Codice Vaticano Reginæ 332, pag. 27, exstat narratio anonyma de Jacobi Majoris capite in monasterio Veneto sancti Felicis ad manes existente, in qua asseritur reliquum corpus Compostellæ existere. In Codice Ottoboniano 124, et in Codice Reginæ 1222, descriptus est hymnus in honorem sancti Jacobi, in quo adventus ejus in Hispaniam et sepulcrum Compostellæ astruitur. AREV.

130. An sanctus Joannes evangelista obierit, an post obitum resurrexerit, ut adversus Antichristum prædicet in fine mundi, a nonnullis quæsitum est. Communis Ecclesiæ sententia est, vere eum, ut cæteros homines, obiisse, neque resurrexisse, aut resurrecturum, nisi die extremi judicii. Vide Benedictum XIV, de Beatif. lib. I, cap. 14, et Serarium, qui doctum opusculum edidit de XII Apostolis. AREV.

131. De sancto Philippo apostolo confer Patres apostolicos cum notis Cotelerii, pag. 334 tom. I. AREV.

lissimis gentibus barbaris decoriatur, sicque terræ A conditur.

CAPUT LXXVI.

134. Matthæus apostolus et evangelista, qui etiam ex tribu sua Levi sumpsit cognomen, ex publicano a Christo electus, ex peccante translatus. Hic primum quidem in Judæa evangelizat, postmodum in Macedonia prædicat, requiescit in montibus Parthorum.

CAPUT LXXVII.

135. Jacobus Alphæi, episcopus Jerosolymorum primus, cognomento Justus, sororis matris Domini filius, unde et frater Domini vocatus, homo lucis et operarius veritatis, tantæque etiam sanctitatis, ut fimbriam vestimenti ejus certatim cuperent attingere populi.

136. Hic, dum in Jerusalem Christum Dei Filium prædicaret, de templo a Judæis præcipitatus, lapidibus B opprimitur, ibique juxta templum humatur. Quem Josephus tantæ sanctitatis et venerationis in Judæa perhibet exstitisse, ut propter ejus interfectionem Jerosolyma credatur esse diruta.

186 CAPUT LXXVIII

137. Judas Jacobi frater in Mesopotamia, atque interioribus Ponti evangelizans, feras et indomitas gentes, quasi belluarum naturas suo dogmate mitigat, et fidei dominicæ subjugat, sepultus est autem Berytho Armeniæ urbe.

CAPUT LXXIX.

138. Matthias, de septuaginta discipulis unus, et pro Juda Iscarioth duodecim inter apostolos subrogatus, electus est sorte, et solus sine cognomine. Huic datur Evangelii prædicatio in Judæa.

CAPUT LXXX.

139. Simon Zelotes, qui prius dictus est Chananæus, zelo Domini fervens, par in cognomento Petri, et similis in honore, accepit Ægypti principatum, et post Jacobum Justum cathedram tenuit Jerosolymorum. Post annos autem centum viginti meruit sub Trajano per crucem sustinere martyrii passionem. Jacet in Bosphoro.

CAPUT LXXXI.

140. Hi fuerunt Christi discipuli, prædicatores fidei, et doctores gentium, qui cum omnes unum sint, singuli tamen eorum propriis certisque locis in mundo ad prædicandum sortes proprias acceperunt.

141. Petrus namque Romam accepit, Andreas Achaiam, Jacobus Hispaniam, Joannes Asiam, Thomas Indiam, Matthæus Macedoniam, **187** Philippus Galliam, Bartholomæus Lycaoniam, Simon Zelotes Ægyptum, Mathias Judæam, Jacobus frater Domini Jerosolymam, Judas frater Jacobi Mesopotamiam.

142. Paulo autem cum cæteris apostolis nulla sors propria traditur, quia omnibus gentibus magister et prædicator eligitur. Nam sicut Petro et reliquis circumcisionis est apostolatus datus, ita Paulo præputii in gentibus. Hic autem septem Ecclesiis et tribus evangelizat discipulis.

CAPUT LXXXII.

143. Lucas Antiochenus, evangelista, et apostolicæ conscriptor historiæ, natione Syrus, arte medicus, Græco eloquio eruditus, quem plerique tradunt proselytum fuisse, et Hebræas litteras ignorasse. Hic tamen fuit Pauli discipulus et individuus comes peregrinationis ejus.

144. Quique ab ineunte pueritia castissimus fuit, et evangelicæ prædicationis opus exercuit. Obiit septuagesimo quarto vitæ suæ anno. Sepultus in Bithynia, cujus quidem ossa regnante Constantino Constantinopolim fuerunt translata.

CAPUT LXXXIII.

145. Marcus evangelista, Petri discipulus, ejusque in C baptismate **188** filius. Cujus quidem Evangelium nonnulli a Petro Romæ dictatum ferunt. Hic, ne ad sacerdotium promoveretur, abscidisse sibi pollicem fertur.

146. Primus autem Alexandriæ cathedram tenuit, primusque Ecclesias Ægyptiorum fundavit, tantis doctrinæ et continentiæ virtutibus florens, ut omnes discipuli Christi ejus imitationem sequerentur. Mortuus est octavo Neronis anno in Alexandria, placida quiete sepultus.

134. In Cod. Flor. sancti Marci ita exhibetur hoc caput : *Matthæus in Hebræo donatus exprimitur. Idem appellatur Levi ex tribu, a qua ortus fuit ; in Latino autem ex opere publicani nomen accepit, quia ex publicanis fuit electus, et in apostolum translatus*, etc. AREV.

137. *Beritho*. Sic Dorotheus ; alii, *Nerito*.

139. Ex adjectis Hieronymi Catalogo a Græcis, D quæ tamen non huic Simoni, sed Simeoni conveniunt.

Ibid. Quod Simon Apostolus in Bosphoro jacuerit, incertum aliunde est. Eum in Ægypto prædicasse, et in Perside martyrio coronatum, certioribus documentis constat. AREV.

140. De septuaginta discipulis, aut septuaginta duobus scripsit Dorotheus Tyrius, qui singillatim eos recenset. David Blondellus notas adjecit, et crassiores Dorothei nævos indicat. AREV.

144. Dorotheus perperam asserit Lucam Ephesi obiisse. Nonnulli apud Patras Achaiæ defunctum tradunt, alii Thebis Achaicis. Sed verior est sententia Isidori. Evangelium sancti Lucæ Græco sermone scriptum esse, uti Evangelia sancti Joannis et Marci, communis est opinio, quam Isidorus quoque tenet in Prooemiorum libro, num. 91, ubi quædam annotata sunt in hanc sententiam. AREV.

Ibid. Ossa sancti Lucæ Constantinopolim, non Constantino, sed Constantio imperatore, translata fuisse, multorum est opinio. Quibus fundamentis utraque sententia innitatur, videri potest in Bibliotheca ecclesiastica Fabricii ad caput sancti Hieronymi de sancto Luca, apud quem plerique legunt *Constantio*, alii reponunt *Constantino*. In Editione hujus libri sancti Isidori, de ortu et obitu Patrum, quam Fabricius cum aliis ejusdem argumenti adornavit, notatur sanctum Hieronymum in præfat. super Lucam assignare quoque obitum sancti Lucæ anno 74, sed, in catalogo Scriptorum ecclesiast., dicere eum annos vixisse LXXXIV sine uxore ; credibile vero esse hæc verba addita fuisse, cum in antiquis Codicibus non habeantur ; Glossam ordinariam vitio librariorum accidisse existimare. AREV.

145. In Editione laudata Fabricii hæc est nota ad verbum *abscidisse*, etc. « Dist. 55 : Si quis abscidit, in glossa super verb. *Clericus*. Et habetur etiam in prologo Evangelii ipsius sancti Marci. Sed hoc cujusdam Marci anachoretæ factum falso tribui Marco evangelistæ docet Baronius, tom. I Annal., sub ann. Christi 45, num. marg. 46. » AREV.

146. De translatione corporis sancti Marci Venetias videndus, præter alios, Flaminius Cornelius, tom. XIII Ecclesiar. Venetar. AREV.

CAPUT LXXXIV.

147. Barnabas, qui et Joseph, natione Cypriæ civitatis, a Cypro rege Persarum conditæ, cum Paulo in gentibus apostolatum adeptus, deinde propter Joannem discipulum, qui etiam cognomento Marcus appellatur, sejunctus a Paulo, nihilominus evangelicæ prædicationis injunctum sibi opus exercuit.

CAPUT LXXXV.

148. Timotheus Ephesiorum episcopus de civitate Listrensium, patre Græco, id est, ethnico, matre autem Judæa, ut refert Apostolus dicens : *Quia habitavit fides in avia tua Loide, et matre* A *tua Eunice, certum autem scio, quod in te quoque.*

149. Hic autem fuit discipulus Pauli, ejusque spiritualis filius, quem puerum prope secum idem Paulus assumpsit. Qui pudicus et virgo permansit, quique apud Ephesum in monte qui vocatur Phion, cum magno honore sepultus quiescit.

189 CAPUT LXXXVI.

150. Titus, Pauli discipulus, et in baptismo filius, natione Græcus, ex gentibus solus a Paulo apostolo post Evangelium circumcisus, quem ad instruendas Cretæ Ecclesias præfatus reliquit Apostolus. Ibique in pace defunctus est, atque sepultus.

147. De sancto Barnaba Apostolo, ejusque epistola, vide Editionem Cotelerii Patrum apostolic., et Bibliothecam ecclesiasticam Gallandii, tom. I. AREV.

148. *Dicens*, etc. Cod. Alban. : *Dicens : Recordationem accipiens ejus fidei, quæ est in te non ficta; quæ et habitavit primum in avia tua*, etc. AREV.

149. Dorotheus Tyrius inepte Timotheum inter septuaginta Christi discipulos recenset, cum puer a sancto Paulo apostolo secum assumptus fuerit. AREV.

B 150. Neque Titus inter septuaginta Christi discipulos cum Dorotheo collocandus, qui fuit potius Pauli discipulus. Vide Pauli Epist. ad Titum, cap. I, 7. Codex Veron. post *sepultus* addit : *De nominibus duodecim apostolorum, qui ad universum orbem terrarum dimissi sunt ad prædicandum. Duodecim fuerunt Christi discipuli*, etc. *Tribus evangelistis discipulis*, ut supra, cap. 81. AREV.

SANCTI ISIDORI

HISPALENSIS EPISCOPI

IN LIBROS VETERIS AC NOVI TESTAMENTI PROŒMIA.

190 Prologus.

1. Plenitudo Novi et Veteris Testamenti, quam in canone catholica recipit Ecclesia, juxta vetustam priorum traditionem ista est.

2. In principio videlicet, quinque libri Moysi, Genesis, Exodus, Leviticus, Numeri, Deuteronomium, C id est, recapitulatio legis et quasi secunda lex.

3. Huic succedunt libri Jesu Nave, Judicum, et libellus cujus **191** est titulus Ruth, qui non ad historiam Judicum, ut Hebræi asserunt, sed magis ad principium Regum pertinere videtur.

1. *Quam in canone.* Hoc libro castigando septem exemplaribus utebamur : tria Hispali adjecta erant, duo chartacea, tertium in membranis. In duobus chartaceis legitur : *Quam in canone sacro.* Verum dictio *sacro* redundare visa est, et Hieronymus ubique *in canone* tantum ait, ut in prologo Galeato, his verbis : *Igitur Sapientia, quæ vulgo Salomonis inscribitur, et Jesu filii Sirach liber, et Judith, et Tobias, et Pastor, non sunt in canone.* Augustinus, lib. II de Doctrina Christ., c. 8 : *Totus autem canon Scripturarum, in quo istam considerationem versandam dicimus, his libris continetur.* Erat enim moribus receptum, ut fere in conciliis canon ederetur, omnes divinas Scripturas comprehendens. Ab eo canone libri *canonici* vocabantur. Quemadmodum e contrario *apocryphi* libri, id est, absconditi dicti sunt, quoniam eorum lectione, cum prohibiti essent, occulte tantum, et in latebris utebantur, et in divinis libris absconditi vox aliquando in vetiti significatione sumitur, ut in ps. XVI, vers. 14 : *De absconditis tuis adimpletus est venter eorum, id est:* Quæ lege erant prohibita comederunt. Sic sane locum intelligit Apollinarius in Psalmorum Metaphrasi, his verbis :

Τῶν κρυφίων ἔπλησαν ἑὴν πολυχανδέα νηδὺν-Πλησθέντες σιάλων. MARIANA.

Ibid. Eruditis notis hic liber in Editione Grialii D illustratus fuit, ut facile Marianam agnoscere possis, cujus nomine expresso aut indicato proferentur. Fusius de hoc opere disserui in Isidorianis, cap. 62, ubi præfationem quoque a Zaccaria in hos libros præparatam descripsi. In editione Hagonoensi post *ecclesia* additur *quæ Isidorus senior exposuit*, quasi usque ad verba *ista est* sit titulus operis. AREVALUS.

2. *Id est, Genesis*, etc... *Numeri*, al., *Numerus*. MAR.

3. *Qui non ad historiam Judicum, ut Hebræi asserunt, sed magis ad principium Regum pertinere videtur.* Hieronymus, in prologo Galeato Hebræorum, canonem referens, ait : *Deinde subtexunt Sophetim, id est, Judicum librum, et in eumdem compingunt Ruth, quia in diebus Judicum facta ejus narratur historia.* Nimirum Hebræi Abesan, qui post Jephten Judæorum populo præfuit, Booz Ruth maritum fuisse, persuasum habent. Hanc Hebræorum opinionem Isidorus refellit, sequiturque Augustini sententiam, II de Doctrina Christian., c. 8, ubi ait : *Totus autem canon Scripturarum, in quo istam considerationem versandam dicimus, his libris continetur; quinque Moyseos, id est, Genesi, Exodo, Levitico, Numeris, Deuteronomio, et uno libro Jesu Nave, uno Judicum, uno libello qui appellatur Ruth, qui magis ad Regnorum principia videtur pertinere.* Quo loco suspicor Augustini lectio-

4. Hos sequuntur quatuor libri Regum. Quorum quidem Paralipomenon libri duo e latere annectuntur, quia earumdem gestarum rerum continent causas quæ in libris Regum esse noscuntur,

5. Quanquam et alia sunt volumina quæ in consequentibus diversorum inter se temporum texunt historias, ut Job liber, et Tobiæ, et Esther, et Judith, et Esdræ, et Machabæorum libri duo.

192 6. Sed hi omnes, præter librum Job, Regum sequuntur historiam, deinceps Judæorum annales suis quibusque temporibus persequuntur, continentes tristia, sive læta, quæ post excidium Jerusalem judaico populo acciderunt.

7. Ex quibus quidem Tobiæ, Judith, et Macha-A bæorum Hebræi non recipiunt. Ecclesia tamen eosdem inter canonicas scripturas enumerat.

8. Occurrunt dehinc Prophetæ, in quibus est Psalmorum liber unus, et Salomonis libri tres, Proverbiorum scilicet, Ecclesiastes, et Cantica canticorum. Duo quoque illi egregii, et sanctæ institutionis libelli, 193 Sapientiam dico, et alium qui vocatur Ecclesiasticus; qui dum dicantur a Jesu filio Sirach editi, tamen propter quamdam eloquii similitudinem Salomonis titulo sunt prænotati. Qui tamen in Ecclesia parem cum reliquis canonicis libris tenere noscuntur auctoritatem.

9. Supersunt libri sedecim prophetarum, ex qui-

nem esse vitiatam, et castigandam ex hoc loco Isidori. Alioqui comparatio *magis* inepte poni videretur. Favet opinioni Augustini Josephus, lib. v Antiquit. c. 11, cum Heli sacerdotis ætate Ruth historiam accidisse ait. Isidorus ipse eam tantum dicti rationem inferius affert, quod in eo libello genus regis David referatur. Mar.

4. *Quia earumdem gestarum rerum continent causas.* Causæ nomen varie sumitur; inter alia argumentum significat. Unde rhetoribus triplex causarum genus. Hoc loco negotium, eventum, successumque significare mihi videtur; Hispanorum more, quibus causæ nomen, hoc est, *cosa*, latissime patet linguæ vernaculæ usu et proprietate, ac rem omnem significat, a qua significatione *αἰτία* vox non multum differt. Julianus certe imperator latissima ejus vocis significatione usus est, cum Proæresium ad historiam scribendam hortatur, seque, si id suscipiat, pollicetur de actionibus suis commentarios ad eum curaturum: *Τὰς αἰτίας εἰ μὲν ἱστορίαν γράφεις ἀκριβέστατα ἀπαγγέλλω σοι.* Utitur inferius eadem voce Isidorus in eadem significatione, cum dicit: *Deuteronomium autem repetitionem eorumdem librorum, et quasi quoddam legis meditatorium dicunt; ea duntaxat ratione, pro eo quod illi quatuor proprias rerum gestarum contineant causas, iste vero omnium.* Locus ex Hieronymo desumptus est, nisi glossæ ordinariæ auctor fallit initio Deuteronomii: *Sicut liber*, inquiens, *Deuteronomii repetitio est quatuor librorum legis; illi enim proprias continent in se causas, iste replicat universa.* Cassian., lib. iii de Inst. cœnob., c. 5, et col. 21, c. 14, *causam* pro re, seu conditione posuit. Mar.

5. *Esdræ et Machabæorum libri duo.* Mallem legeretur *Esdræ duo, et Machabæorum libri duo*, ut Aug., unde hæc desumpta sunt, dixit ii de Doctr. Christ., c. 8, his verbis: *Job, et Tobias, et Esther, et Judith, et Machabæorum libri duo, et Esdræ duo.* Vox certe *duo* ad utrumque referatur necesse est, alioqui summa librorum quadraginta quinque Veteris Testamenti Isidoro non constabit. Neque movere debet quod in Etymologiis, lib. vi, cap. 2, hæc verba leguntur: *Nec quemquam moveat quod unus Esdræ dicitur liber, quia secundus, tertius et quartus non habentur apud Hebræos, sed inter apocryphos deputantur.* Quæ verba manifeste corrupta sunt. Nam quamvis Hebræi Esdræ et Nehemiæ sermones uno libro comprehendant, quod forte Isidorus in Etymologiis secutus est, apocryphi tamen Esdræ non tres libri, sed duo tantum sunt. Mar.

Ibid. In nonnullis mss. deest *duo* post *Machabæorum libri.* De verbis Etymologiarum, quæ corrupta censet Mariana, nonnihil suo loco annotavi ad lib. vi, cap. 2, num. 28. Cum eo capite Isidori ac notis initium hoc Prœmiorum conferri debet. De numero vero et auctoribus librorum sacræ Scripturæ passim interpretes. Arev.

6. *Sed hi omnes, præter librum Job, Regum sequuntur historiam.* Augustinus, loco citato, sic ait: *Sicut*

B *est Job, et Tobias, et Esther, et Judith, et Machabæorum libri duo, et Esdræ duo, qui magis subsequi videntur ordinatam illam historiam usque ad Regnorum vel Paralipomenon terminatam.* Quod Augustinus de Esdræ libris intellexit, adnecti Regum et Paralipomenon libris, Isidorus ad Tobiam, Esther, Judith, Esdræ, et Machabæorum libros extendit; unde locus subobscurus redditur, quod, ut alii libri omittantur, de Tobia præsertim nescio quomodo possit intelligi, cum constet tempore Salmanasar et Senacherib ejus filii, ante eversam Jerosolymam, in Assyria vixisse. Nisi forte Isidorus Regum sequi historiam eos omnes libros credidit, quod post omnes, aut post aliquot reges, res in iis libris explicatæ contigerint. Porro Judæorum annales, Josephi historiam, aliosque Hebræorum de rebus suis libros intelligit, unde Sederholam, hoc est, Hebræorum Chronicon ante quadringentos amplius annos conflatum est. — *Ibid. Persequuntur.* Al., *prosequuntur.* — *Acciderunt.* Al., *accesserunt.* Mar.

C 8. *Qui dum dicantur a Jesu filio Sirach editi.* Codex divi Laurentii pro *dum dicantur* legit, *dum sint.* Juxta utramque lectionem (quod frequens in Isidoro est) particula *dum* pro *cum* accipitur, quod veteribus etiam usitatum fuit, ut in illa verba Æneidos i.

Cum venit, aulæis jam se Regina superbis
Aurea composuit sponda, mediamque locavit.

Servius ait: *Sane sciendum, cum, et dum malo errore a Romanis esse confusa.* Quod vero Sapientiam et Ecclesiasticum Jesu filio Sirach tribuit, et idem inferius repetit, ex Augustino desumpsit, ii de Doctr. Christian., cap. 8, ubi ait: *Nam illi duo libri, unus, qui Sapientia, et alius, qui Ecclesiasticus inscribitur, de quadam similitudine Salomonis esse dicuntur. Nam Jesus filius Sirach eos scripsisse constantissime perhibetur*; unde et ex ejusdem August. verbis, lib. xvii de Civit. Dei, c. 20, intelligitur proximis verbis le-
D gendum, *propter quamdam eloquii similitudinem*, non autem *propter grandem eloquii similitudinem*, ut duo chartacei Hispalenses legebant. Verum non animadvertit Isidorus, Augustinum ii Retract., c. 4, eam opinionem, quod spectat ad Sapientiæ librum, retractasse. Sane et Hieronymus præfatione in libros Salomonis de Sapientiæ libro ait: *Nonnulli scriptorum veterum hunc esse Philonis affirmant*, quod Isidorus ipse se ipso prudentior secutus est, vi Etymol., c. 2, Philonis, ut ego suspicor, non Alexandrini, sed Biblici, de quo frequens in Eusebio mentio, libris de Præparat. evang. Mar.

9. *Ex quibus quatuor sunt, qui majora volumina condiderunt.* Sequitur hoc loco Græcorum et Latinorum opinionem, qui libros omnes prophetarum ab eisdem prophetis quorum nomina præferuntur, compositos esse credunt, cum, vi Etymolog., c. 2, Ezechielis et Danielis libros affirmet a quibusdam viris sapientibus scriptos esse, quæ est constans Hebræo-

bus quatuor sunt, qui majora volumina condiderunt, A id est, Isaias, Jeremias, Ezechiel et Daniel.

10. Reliqui vero duodecim breves sunt, et contigui, et ob hoc uno volumine coarctati, quorum nomina hæc sunt: Osee, Joel, Amos, Abdias, Jonas, Michæas, Nahum, Habacuc, Sophonias, Aggæus, Zacharias et Malachias. Quidam autem Jeremiæ Lamenta segregantes, de volumine ejus resecuerunt, sicque quadraginta quinque libros Veteris Testamenti suscipiunt.

11. Hinc occurrit Testamentum Novum, cujus primum Evangeliorum libri sunt quatuor, scilicet, Matthæus, Marcus, Lucas et Joannes. Sequuntur deinde Epistolæ Pauli apostoli quatuordecim, id est, ad Romanos, ad Corinthios duæ, ad Galatas, ad Ephesios, ad Philippenses, ad Thessalonicenses duæ, ad Colossenses, ad Timotheum duæ, ad Titum vero, et ad Philemonem, et ad Hebræos singulæ.

12. Epistolæ quoque Joannis apostoli tres, Petri duæ, Judæ, et Jacobi singulæ.

194 13. Actus etiam apostolorum, et Apocalypsis Joannis. Fiunt ergo in ordine utriusque Testamenti libri septuaginta et duo.

14. Hæc sunt enim nova et vetera, quæ de thesauro Domini proferuntur, e quibus cuncta sacramentorum mysteria revelantur. Hi sunt duo Seraphim, qui in confessione sanctæ Trinitatis jugiter decantantes τρὶς ἅγιος hymnum erumpunt.

15. ⁜ Hæc [*Forte* hæ] etiam duæ olivæ in Zacharia, quæ a dextris, et sinistris lampadis astant, atque pinguedine et splendore Spiritus sancti totum orbem doctrinæ claritate illuminant.

16. Hæ litteræ sacræ, hi libri integri numero et auctoritate: aliud cum istis nihil est comparandum. Quidquid extra hos fuerit, inter hæc sancta et divina B nullatenus est recipiendum.

17. Disposito igitur Veteris ac Novi Testamenti ordine librorum et numero, nunc cursim breviterque in eos parva procemia narrationum subjiciamus.

INCIPIUNT PROOEMIA.

De Genesi.

18. Genesis, juxta fidem historiæ, describit fabricam mundi, et hominis conditionem, cataclysmum, et divisionem terræ, confusionem quoque linguarum, gestaque omnium patriarcharum, usque ad ingressionem Israel in Ægyptum.

De Exodi.

19. Exodus continet Hebræorum servitutem, ac decem plagas **195** Ægypti, egressum populi, et nubem protegentem, transitum etiam Rubri maris, C mersumque cum curribus Pharaonem, et gloriæ decantationem, ingressum quoque eremi, cibum mannæ, ⁜ quo aliti sunt, percussionem quoque rupis, ⁊ et fluenta in dulcedinem versa, pugnam Amalec, mandata etiam Decalogi, et arcam Testamenti, dedicationemque tabernaculi et oblationem.

De Levitico.

20. In Levitico autem lex sacrificiorum, hostiarumque diversitas, indumenta pontificum, et levitarum ministeria describuntur: ciborum etiam discretio, et diversæ peccatorum purgationes, vel hostiæ ordinantur.

De Numeris.

21. In Numeris vero egressæ de Ægypto tribus enumerantur, profectionesque eorum, perfectorum ætate virorum, qui egressi sunt de Ægypto, computatio tenetur inserta, Prophetia Balaam, quadraginta quoque duarum per eremum mansionem sacramenta signantur.

De Deuteronomio.

22. In Deuteronomio autem, quæ est secunda lex, narrantur ea quæ inter Pharan, et Tophel, et Laban, et Naseroth, usque ad Cades Barne fuerunt populo dicta a Moyse: mandata, videlicet, atque promissa, maledictiones peccatorum, et promissiones beatitudinis. Ibi canit canticum Moyses. Ibi dat benedictio-

---

rum sententia. Rabbi Isaac Harama, præfatione in Cantica, et Rabbi Moyses Kimhi, lib. de Auctoribus sacrorum librorum viros congregationis magnæ librum Ezechiel, duodecim prophetarum, Danielis, et Esther scripsisse aiunt. Quo magis miror ex hoc numero Danielem solum inter Chethubim, id est, hagiographa ab Hebræis poni. Hieronymus, prologo in Danielem, et præfatione comment. ad eumdem prophetam, Porphyrium ait occasionem arripuisse calumniandi religionem nostram, quod negaret, Danielis prophetiam a propheta ipso editam fuisse, sed a quodam, qui in Judæa vixit tempore Antiochi Epiphanis, affirmaret scriptam. MAR.

10. Al. *Lamentationes*, pro *Lamenta*; et *secernunt*, pro *resecuerunt*. MAR.

14. Matth. XIII, 52, Isai. VI, 3. *Trishagios hymnum erumpunt*. Sic legit Hispalensis in membranis. Septimancensis: *Ter hagios hymnum erumpunt*. Duo chartacei Hispalenses, et Tarraconensis: *Hagios, Hagios, Hagios dicentes hymnum erumpunt*. Alludit autem ad illa verba Isai. VI, 3, ubi de duobus Seraphinis ait: *Clamabant alter ad alterum, et dicebant: Sanctus, Sanctus, Sanctus, Dominus Deus exercituum*. Porro *hymnum erumpunt* dixit pro *in hymnum erumpunt*, qua D locutionis forma Virgilius est usus, cum, in Æneid., ait:

Interdumque atram prorumpit ad æthera nubem.

MAR.

15. *Hæc etiam duæ olivæ*. Hæc olivarum comparatio in uno tantum Laurentiano Codice erat, et in altero Hispalensi ad marginem, neque utriusque lectio consentiebat. Nos locum expungere omnino ausi non sumus, obelo notasse contenti argumento suspectæ lectionis. MAR.

16. Al., *computandum*, pro *comparandum*. MAR.

18. *Conditio* pro creatione, et *cataclysmus* pro diluvio verba sunt scriptorum ecclesiasticorum, *cataclysmus* etiam Varronis et Hygini. AREV.

19. Indicat Mariana deesse in nonnullis Mss. verba, *quo aliti sunt, percussionem quoque rupis*. AREV.

20. Al.: *Et diversitas peccatorum, purgationesque*. MAR.

21. Al., fortassis, *earum* pro *eorum*. MAR.

22. *Populo dicta*. Septimancensis et Tarraconensis legunt *populo data*. Et alioqui *dare* dicere est, ut apud Virgilium, *da Tityre nobis*, et *da, non indebita posco*. Et contra *accipere* pro *audire* sumitur, Æneid. I:

nem filiis Israel; ibique, terra repromissionis conspecta, moritur atque sepelitur.

23. Nonnulli autem Hebræorum quatuor tantum libros computant legis, id est, Genesim, Exodum, Leviticum, Numeros. **196** Deuteronomium autem repetitionem eorumdem librorum, et quasi quoddam legis meditatorium dicunt. Ea duntaxat ratione, pro eo quod illi quatuor proprias rerum gestarum continent causas, iste vero omnium.

De Jesue.

24. In Jesu Nave libro filii Israel, duce Jesu, Jordanem transeunt, ac secundo circumciduntur, subversisque dehinc Chananæorum gentibus, divisione terræ eorum hæreditatis sortes suscipiunt.

De libro Judicum.

25. In libro Judicum continentur peccata et servitutes Israel, exclamationesque populi, et miserationes Dei. ⊢ Describuntur prospera, atque adversa bellorum ꓶ.

De libro Ruth.

26. Liber Ruth ejusdem Moabitidis texit historiam, de cujus stirpe familia David descendit. Hunc Hebræi libellum ad Judicum librum subjungunt, pro eo quod in diebus Judicum gesta esse commemorant quæ in eo scripta sunt; at contra Latini, pro eo quod genus regis David retexat, ortum ex eadem Moabitide Ruth, ad corpus libri Regnorum veracius eum pertinere contendunt.

De libro Regum.

27. Regum liber, quanquam apud Latinos propter A prolixitatem sui **197** in quatuor partibus sit desectus, apud Hebræos tamen in duobus divisus est voluminibus. Quorum primus Samuel scribit, arcam Domini a Judæis transisse ad gentes, Heli quoque sacerdotium in Samuel mystice fuisse translatum, et in David Saulis regis imperium.

28. Malachim vero reges Judææ, et Israeliticæ gentis, gestaque eorum per ordinem digerit temporum, ipsum quoque Israel ob errorem idololatriæ narrat in Assyrios transmigratum; ad extremum edocet venisse Nabuchodonosor in Jerusalem, captivumque duxisse principem, ac populum, et subvertisse urbem et templum.

De Paralipomenon.

29. Paralipomenon apud Hebræos sub unius libri B volumine continetur, appellaturque ab eis *Dibrehaiamin*, id est, *Verba dierum*, apud nos autem propter prolixitatem sui in duabus decisus est partibus. Hæc est autem historia ordinem generationum et temporum continens. In qua scilicet non parva sanctarum Scripturarum eruditio continetur.

30. Namque in historia Veteris Testamenti in locis suis aut omnino **198** omissa sunt, aut fortasse non plene digesta, in isto summatim ac breviter explicata sunt, cujus quidem series e latere legis, sive Regnorum adjuncta procedit, perveniens ad illud usque tempus quo et regnorum textus finitur. ⊢ Namque ab exordio fabricæ mundi incipiens, protenditur per ordinem rerum gestarum usque ad ruinam Jerusalem in annis tribus mille septuaginta duo- C bus per generationes septuaginta duas.

Qua facere id possis, nostram nunc accipe mentem.

23. *Nonnulli autem Hebræorum quatuor tantum libros computant legis.* Fuisse qui negarent Deuteronomium a Moyse conscriptum esse, Nicolaus de Lyra, ad primum Deuteronomii cap., initio, docet, his argumentis: quod initio libri dicatur: *Hæc sunt verba quæ locutus est Moyses*, non scripsit; quod dicat quæ locutus est trans Jordanem quem fluvium nunquam Moyses transmisit; quod in fine Moysis describatur mors. Quæ argumenta refellere opus non est, et eam tamen opinionem ab antiquis Hebræis derivatam arbitror. Nam recentiores Judæi quinque libros legis, et omnes a Moyse conscriptos esse constanter affirmant. Nam Deuteron. XXXI, 9, dicitur: *Scripsit itaque Moyses legem hanc, et tradidit eam sacerdotibus filiis Levi*, et rursus vers. 24: *Postquam ergo scripsit Moyses verba legis hujus in volumine, atque complevit, præcepit Levitis*, etc. MAR.

24. Al., *divisionem terræ eorum hæreditatis sorte.* MAR.

25. Notantur tanquam dubia a Mariana verba *describantur prospera atque adversa bellorum.* AREV.

26. Al., *commemorantur* pro *commemorant.* MAR.

27. Al., *partes*, pro *partibus.* — *Primus*, etc., al., *primum Samuel scripsit.* — *Heli quoque sacerdotium in Samuel mystice fuisse translatum.* Hæc est Augustini sententia, lib. XVII de Civit. Dei, cap. 4, ubi ait: *Nam Heli sacerdote reprobato, substitutus est in Dei ministerium Samuel, simul officio functus sacerdotis et judicis, et Saule abjecto, rex David fundatus in regnum, hoc, quod dico, figuraverunt: nempe Veteris Testamenti in Novum commutationem*, quod Isidorus illo adverbio *mystice* significare voluit. Hieronymus, I contra Jovinian., ex illis verbis psal. XCVIII, 6: *Moyses et Aaron in sacerdotibus ejus, et Samuel inter eos qui invocant nomen ejus*, colligit Samuelem non sacerdotem, sed Levitam tantum fuisse. Quæ sententia eruditis magis probatur. Qui enim esset sacerdos, præsertim summus, cum non esset de posteritate Aaronis? Idem, epist. ad Paulinum, quæ instar est generalis præfationis in sacros libros, sacerdotii mutationem non ab Heli in Samuelem, sed ab Abiatar in Sadoch factam esse, competenter ait, eaque re legis veteris in novam transitionem significari affirmat. MAR.

28. Al., *ab errore*, pro *ob errorem.*

29. *Paralipomenon apud Hebræos sub unius libri volumine continetur.* Hæc ex Hieronymo sumpta sunt præfatione altera in libros Paralipomenon. Illud de suo auctor addidit, *in duabus decisus est partibus*; casuum permutatione, ut sæpe consuevit. Paulo inferius, ubi nos legimus *explicata sunt*, duo chartacei *expleta sunt*. Verum nostram lectionem veriorem esse, tum ex plurium Codicum fide, tum ex ea Hie- D ronymi præfatione intelligitur, tametsi sententia non discrepat, utrovis modo legatur. MAR.

30. *Namque ab exordio mundi incipiens*, etc. Locum obelo confiximus, quamvis trium Codicum lectione subnixum, qui neque in annorum numero, neque in generationum conveniebant. Nos de annorum ratione non magnopere laboramus, cum in ea re, ut in qua maxime, scriptores varient. Eusebius, ab initio mundi usque ad Jerosolymæ excidium sub Nabuchodonosor annos numerat 4610. Hebræi in Sederholam 3338. Nos, cum in ea re nonnihil operæ esset consumptum, annos inveniebamus 3390. Atque hæc de annorum ratione. Quod vero septuaginta duæ generationes, seu progenies ab exordio mundi usque ad excidium Jerosolymæ fuisse ait, suspicor lectionem esse vitiatam, et quinquaginta duas generationes poni debere, nempe quot in Luca, quot-

De libro Job.

31. Job liber continet ejusdem sancti viri damna, funera, vel flagella, et contumeliosa consolantium dicta, lamenta quoque ejus, in quibus totius mundi deplorat miseriam; consolationes etiam Dei ad eum per turbinem, ejusque duplicem bonorum in fine remunerationem. Hic autem ex suis passionibus et verbis Christi expressit imaginem; conjux vero ejus carnalium typum designat, qui, intra Ecclesiam positi, vitam spiritualium moribus suis scandalizant.

32. Amici vero ejus speciem præbuerunt hæreticorum, figuramque dogmatum perversorum. Porro Eliu, qui adversus Job gravi exprobratione innititur, significat eos qui intra sanctam Ecclesiam arroganter prædicant, et per tumorem cordis ac scientiæ fastum, quidquid proferunt superbiæ exemplis ostentant.

De Psalterio.

33. Liber Psalmorum, quanquam uno concludatur volumine, **199** non est tamen editus uno eodemque auctore. Decem enim prophetæ sunt qui eos diverso tempore scripserunt, id est, Moyses, David, Salomon, Asaph, Eman, Ethan, Idithun, et filii Core Asir, Elcana, Abiasaph, sive Esdras. Nonnulli etiam Aggæi et Zachariæ esse existimantur.

34. De iis autem qui sine titulis sunt, traditio veterum talis est, ut cujus auctoris præscriptio præcesserit, cæteri, qui sine titulo sequuntur, ipsius esse credantur. Est autem hic liber allegoricis ac typicis sacramentis signatus; specialiter autem, quod natus, quod passus, quod resurrexit Christus, pene hoc omnium psalmorum resonat organum.

35. Sciendum autem quod apud Hebræos omnes A psalmi permisti fuerunt, et inordinati, quos tamen prius Esdras in unum volumen coegit, et in ordinem, numerumque disposuit, ac perocculto mysterii sacramento aliis alios prætulit ordine, dum posteriores videantur in tempore. Nam secundum historiæ cursum tertius psalmus quinquagesimo posterior est, sed propter mysterium in **200** ordine prior est. Sic enim habentur et cæteri, quia Spiritus sanctus eos præordinavit, ut voluit.

De libris Salomonis.

36. Salomon tria volumina edidit: primus ex his Proverbiorum liber est; secundus, qui appellatur Ecclesiastes; tertius, cujus titulus est Cantica canticorum. In quibus quidem tribus libris trium generum disciplinas composuit, quibus ad rerum scientiam pervenitur. B In primis namque ethicam, id est, moralem; post hæc physicam, quæ qualitatem naturæ comprehendit; ad ultimum theoricam, id est, contemplativam. In Proverbiis enim moralia docens, per communem quemdam loquendi usum altiorem intelligentiam edidit, conservationemque mandatorum et doctrinæ cœlestis institutionem succinctis versibus brevibusque sententiis coaptavit.

37. Sunt autem proverbia sub verbis aliis res alias explicantia, vel significantia, quæ aliter quam dicuntur intelliguntur, plus in virtute sententiarum quam in sono verborum, quæ Græci parœmias vocant. In Ecclesiaste vero rerum naturam discutiens, cuncta in mundo caduca et vana esse reprehendit [*Forte*, deprehendit]; rerumque omnium fragilitate C perspecta, renuntiare mundo admonuit.

38. In Canticis autem canticorum supergressus visibilia, atque contemplans ea quæ sunt cœlestia,

que ab Hebræis ex veteri Testamento ab Adamo ad illud tempus numerantur. MAR.

32. Al., *prætulerunt*, pro *præbuerunt*, et *ostendunt*, pro *ostentant*. MAR.

Ibid. Amicos Job speciem hæreticorum præbuisse, in Allegoriis quoque notatur, num. 55. In quo opere multa sunt cum Prooemiis communia, quod semel monuisse satis sit. AREV.

33. *Decem enim prophetæ sunt, qui eos diverso tempore scripserunt.* Sententia est Hieronymi, non omnes psalmos a Davide fuisse editos, epistola ad Cyprianum, et epistola ad Sophronium, et prima contra Ruffinum. Cum Hieronymo omnes Hebræi conveniunt. Augustinus varius est initio commentar. in Psalmos, et XVII de Civitate Dei, cap. 14. Cæteri ferme Græci et Latini expositores, omnes psalmos a Davide fuisse editos tuentur. De re hac nihil in præsentia statuo. Nomina sane prophetarum, a quibus Isidorus psalmos esse compositos ait, in omnibus exemplaribus D corruptissime posita erant. Nos veram lectionem restituimus, tum ex Codicum inter se collatione, tum ex prim. Paralip. VI, 22. In filiis Core denarius prophetarum numerus completur. Esdras, Aggæus et Zacharias sub dubio ab Isidoro inter auctores psalmorum numerantur, conjectura tum verborum, tum VI Etymologiarum, cap. 2, ubi cum de re eadem agatur, eorum nomina prætermittuntur. Rabbi Isaac Harama, in Cantic. præfatione, decem quidem psalmorum auctores numerat, longe tamen aliter quam Isidorus: nempe, Adam, Melchisedech, Abraham, Moysen, Heman, et Idithun, et tres filios Core, quæ ad Judæorum fabulas ablegamus. Porro præcipua auctoritate et eruditione viri, Esdram non tantum, ut Hieronymus, epist. ad Sophronium, ait, psalmos omnes in unum volumen collegisse affirmant, sed etiam pro certo ponunt, ab eodem primum psalmum fuisse compositum, ut esset instar præfationis in universum opus, provocaretque lectorem ad divinæ legis lectionem. MAR.

34. *De iis autem qui sine titulis sunt.* Sententia est cum Hebræorum, tum Hieronymi, epistola ad Cyprianum, eo argumento contendentis, undecim omnino psalmos Moysen auctorem habere, a psalmo octuagesimo nono, ubi ejus nomen præfertur, cum decem psalmi sequentes sine titulo sint apud Hebræos. MAR.

35. Al., *collegit*, pro *coegit*. MAR.

Ibid. Coegit, etc. Alii: *Collegit; de inde septuaginta seniores quodam spiritualis intelligentiæ mysterio, dum eos ex Hebræo in Græcum transferunt, et in ordinem numerumque disponunt.* AREV.

36. *Trium generum disciplinas composuit.* Sic sentit Hieronymus initio commentariorum in Ecclesiast. et epistola ad Paulam Urbicam, nisi quod pro *theorice*, quam ponit Isidorus, Hieronymus priori loco theologiam, posteriori logicam posuit. Utramque lectionem conjunxisse videtur Isidorus ipse, II Etymolog. cap. 24, cum ait: *In his quippe tribus generibus philosophiæ etiam eloquia divina consistunt. Nam aut de natura disputare solent, ut in Genesi et Ecclesiaste, aut de moribus, ut in Proverbiis, et in omnibus passim libris, aut in logica, pro qua nostri theologiam sibi vendicant, ut in Cantic. canticor. et in Evangeliis.* — *Ibid. Institutionem*; al., *imitationem*. MAR.

38. Al., *perveniendum* pro *provehendam*. — *Apud*

vel divina, sub specie sponsi et sponsæ, Christi Ecclesiæ unitatem declarat, atque animam ad **201** amorem cœlestium excitans provehendam ad consortium Dei provocat. Illud etiam non est omittendum, quod a doctoribus nostris traditur, apud Hebræos hanc fuisse observationem, ne cuiquam librum hunc legere permitterent, nisi viro jam perfectæ scientiæ, et laboratæ fidei, ne forte per imbecillitatem infantiæ, et fidei imperitiam, non tam erudiret cognitio lubricas mentes, quam potius ad concupiscentias corporales converteret.

39. Omnes enim Scripturas a doctoribus eorum tradi pueris solitum est, etiam eas quas *deuterosis* vocant. Quatuor tantum ista ad ultimum reservari, id est, principium Genesis de mundi creatione, Ezechielis quoque principia, in quibus de cherubim B scripsit, et finem ejus, in quo templi descriptio continetur, et Cantica Canticorum.

De libro Sapientiæ.

40. Liber Sapientiæ, qui vocatur *Panareton*, Christi adventum, qui est sapientia Dei Patris, passionemque ejus aperta manifestatione denuntiat. ⊢ Hunc edidit Jesus, filius Sirach, in quo etiam nonnulla vivendi præcepta composuit.

202 *De Ecclesiastico.*

41. Ecclesiasticus vero morum pene omnium disciplinam, et sanctæ religionis conversationem affatim copioseque conscripsit. Dictus est autem Ecclesiasticus, pro eo quod in medio cœtu populi, id est, coram ecclesia fuerit habitus. Hic enim propter nimiam sensus similitudinem et eloquii parilitatem C Salomonis titulo prænotatur. Constat autem et hunc librum a Jesu filio Sirach editum fuisse, et inter reliquos sacrarum Scripturarum libros pari habitum veneratione.

De Isaia.

42. Isaias propheta, qui interpretatur *salus Domini*, hic, postquam de altari missus calculus labia ejus purgavit, dignus efficitur Spiritus sancti prophetia. Speculaturque duo seraphim in ænigmate duorum Testamentorum, cum duodecim alis, id est, apostolis, qui prædicatione sua totum mundum volucri celeritate discurrunt, tegentes faciem et pedes sedentis in throno Dei, id est, occultantes ea, sive quæ ante sæculi fuerunt exordia, sive quæ post transactam hujus mundi figuram futura sunt.

43. Hic tamen post visionem Judæ et Jerusalem adversus cæteras gentes, quæ in circuitu ejus sunt, prophetiæ convertit sermonem, et juxta qualitatem locorum, et vitæ diversitatem, quæ essent eis mala ventura denuntiat. Post captivitatem enim Jerusalem ruinam Babyloniæ comminatur.

203 44. Deinde necem Philisthiim, vastitatem Moab, exterminium Damasci, et Ægypti commotionem, et solitudinem maris deserti, obsidionem quoque Edom, fugam et interitum Arabiæ, excidium vallis Sion, subversionem etiam Tyri, sive quadrupedum. Sed figuraliter in visione Judæ Synagoga projicitur, et Ecclesia Domino copulatur. In ruina Babyloniæ confusio totius mundi superbiaque arguitur, et finis ejus monstratur. In vastitate Moab error scientiæ sæcularis in silentium luctumque mutatur.

Hebræos hanc fuisse observationem. Sic Hieronymus, ad Paulinum, de Genesi, et principio atque fine Ezechielis, et Origenes, homil. 1 in Cantica, totidem ferme verbis, quos Isidorus in hunc modum : *Aiunt enim observari etiam apud Hebræos, quod nisi quis ad ætatem perfectam maturamque pervenerit, libellum hunc ne quidem in manibus tenere permittatur. Sed et illud ab eis accepimus custodiri, quandoquidem moris est apud eos omnes Scripturas a doctoribus et sapientibus tradi pueris, simul et eas quas δευτερώσεις appellant. Ad ultimum quatuor ista reservari, id est, principium Genesis, in quo mundi creatura describitur, et Ezechielis, etc.* Porro ætas perfecta XXX annorum erat, ut ait Hieronymus loco citato, et δευτερώσεις, ut ipse Hieronymus docet epistola ad Algasiam, q. 10 et in Ezech. cap. XXXVI, Judaicæ traditiones, et fabulæ erant. Primo Institut. apost., c. 7, Clemens traditiones seniorum vocat δευτερώσεις. Eas Epiphanius hæres. 33, contra Ptolemaitas, apud Hebræos quatuor libris cumprehensas esse ait. Nostra ætate Thalmud babylonicum in Misna, et Chemara distributum est, auctore Elia in Thisbi. Misna autem et deuterosis, quod vis utriusque nominis declarat, repetitionem significantis, idem sunt, ac proprie significant præcepta vel expositiones legis, quæ post Moysen ab Hebræis inventa sunt, qua ratione inter Moysis libros Deuteronomium hoc nomen habet, quod sit velut repetitio præcedentium librorum, et quasi secunda lex, ut ipsis Isidori verbis utamur. MAR.

Ibid. Animadvertendum etiam Hebræos existimasse non oportere ut sacræ Scripturæ libri omnes promiscue omnibus legendi traderentur. Et illo quidem tempore quo librorum copia non ita facilis erat, quippe cum manu omnes scriberentur, fortasse non ita magnum periculum imminebat ; at nostro tempore, quo typographiæ beneficio innumera librorum exemplaria facillime in vulgus prodeunt, quis neget sanctissime ab Ecclesia constitutum fuisse ne vulgaris sacrorum bibliorum lectio cuivis sine delectu permitteretur? AREV.

39. *Omnes*, etc. Alii : *Quandoquidem moris est apud eos, omnes Scripturas a doctoribus et sapientibus tradi pueris, simul et eas quas deuteroseis appellant, ad ultimum quatuor ista reservari.* AREV.

40. *Liber Sapientiæ, qui vocatur Panaretos.* Sic legit Tarraconensis. In aliis Codicibus vox *Panareton* corrupta erat, nisi quod in *on* omnes terminabant. Ea verba ex Hieronymo, prologo in Salomonis opera, errore quodam sumpta ab Isidoro sunt. *Fertur*, inquit Hieronymus, *et Panæretos Jesu filii Sirach liber, et alius pseudepigraphus, qui Sapientia Salomonis inscribitur.* Quod ergo Hieronymus de Ecclesiastico dixit, Isidorus ad Sapientiæ librum transtulit, non eadem prorsus voce. Nam *Panæretos*, qua voce Hieronymus est usus, eximium ac præcipuum significat, D ab ἀρέσκω, *Panareton* autem ἀπὸ τῆς ἀρετῆς quasi virtutum omnium apothecam. Rabanus, prolog. in Ecclesiast., Isidori etymon secutus, non gignendi casu, ut ipse, sed nominandi, neque de Sapientiæ libro, sed Ecclesiastico, propter excellentiam, inquit, virtutum suarum Panaretos, id est, omnium virtutum capax appellatur. MAR.

Ibid. Verba *Hunc... composuit* obelo a Mariana tanquam dubia notantur. AREV.

42. *Totum mundum volucri celeritate discurrunt.* Hispanismus est, pro *Per totum mundum.* MAR.

44. *Excidium vallis Sion.* Sic constanter legebant omnia exemplaria præter unum Laurentianum, cui, quod recens esset descriptum, non multum fidei tribuebamus, in quo *excidium vallis visionis* legebatur. Isai. XXII, 1. Hieronymus et Vulgata *Onus vallis visionis* legunt. Septuaginta interpretes ῥῆμα τῆς φάραγγος

45. In eversione Ægypti totius mundi idololatriæ destruuntur, templique Domini ædificatio prædicatur. In contritione Philisthiim luctus eorum monstratur, qui abjiciunt jugum Christi, et elevant se contra scientiam Dei. Porro per Damascum prædicatio gentium, et ruina ostenditur populi Judæorum. Per onus maris deserti hujus sæculi tentatio declaratur, et quæ illi ventura sunt ostenduntur.

46. Per Idumæam oritur sol justitiæ gentium, et tenebræ veniunt populo Judæorum. Per Arabiam prædicatur aqua baptismatis præbenda iis qui fugerunt gentium errores, vel eorum blasphemias. Per vallem Sion perditio prædicatur Jerusalem, et hæreticorum, qui de sublimitate Ecclesiæ ceciderunt. Per Tyrum gentibus prædicatur, ut, sæculi errore deposito, ad Christum Dominum convertantur.

47. Reliqua vero ejus vel de Christo, vel de Ecclesia gentium sunt, sive de consummatione mundi. Prophetavit autem annis ferme LXX, sub regibus quatuor Judæ, ordine atque genere sibimet **204** succedentibus, id est, Ozia, Joathan, Achaz, ad ultimum Ezechia: sub quo pars magna voluminis ejus usque ad calcem texitur prophetiæ.

De Jeremia.

48. Jeremias propheta, qui interpretatur *excelsus Domini*, simplex in loquendo, et ad intelligendum facilis; qui in omnibus dictis et passionibus suis Redemptoris nostri imaginem prætulit. Hic, postquam in typo Christi regna destruxit diaboli, justitiæque vel fidei ædificavit imperium, jubetur prophetare super omnes gentes, Ægyptum videlicet et Palæstinos, Moab et Ammon, Edom et Damascum, et Cedar, et super regna Assur, necnon super Helan, et Babyloniam.

49. Inter hæc autem videt virgam vigilantem divinæ correptionis et potestatis. Ollam quoque succensam, id est, Judaicam plebem igne carnalium desideriorum ardentem. Aspicit et duos cophinos ficorum in præfiguratione duorum populorum.

50. Descendit et in domum figuli, et videt diminutionem vasis prioris, et novi instaurationem ad designandum defectum prioris populi, et successionem futuri. Sumit etiam calicem supplicii, atque universis gentibus porrigit. Accipit et lumbare sub exemplo populi Judæorum, atque putrefactum projicit illud in dispersionem trans flumina gentium. Ostendit et calicem aureum Babylonis, per quem

A inebriatus est mundus lethifero idololatriæ haustu.

51. Jubetur et projicere in Euphratem volumen lapidi alligatum, ad demonstrandum interitum Babylonis, vel figuraliter totius mundi. Increpat etiam delinquentes, et ad conversionem provocat.

52. Ad ultimum plangit ruinam Jerusalem, templique excidium, et dispersionem gentis; quæque non tantum prænuntiavit, sed etiam præsentia vidit. Exorsus est autem duodecimo anno Josiæ regis Judæ eo tempore quo et Olda mulier prophetiaque ejus per quatuor reges extensa est, sub Josia, et Eliacim, et Joachin, et **205** Sedecia, sub quo eversa est Jerusalem. Annis LXXII et tribus mensibus prophetavit, excepto illo tempore quo post eversam Jerusalem in Ægypto cum populo fuit.

B *De Ezechiele.*

53. Ezechiel, qui in Latinum vertitur *fortitudo Dei*; hic figurans typice Christum, stat juxta fluvium sæculi, et præclara contuetur mysteria.

54. Cernit similitudinem gloriæ Dei, et quatuor animalia in similitudinem evangeliorum, et rotas se invicem continentes in typo testamentorum. Videt et aurigam, id est, Christum, deorsum igne judicii, sursum electri, id est, divinitatis fulgore rutilantem. Comedit quoque librum divinæ legis, in quo scriptum est lamentum pœnitentium, et carmen justorum, et væ eorum qui post peccatum pœnitentiam non egerunt.

55. Dehinc accipit laterem, in quo obsessa Jerusalem pictura describitur, vel in quo sub typo Christi ejusdem Jerusalem, id est, totius Ecclesiæ, quæ
C est e latere Christi formata, mysteria describuntur. Capit et hic propheta somnium sinistri lateris, in typo mortis peccatorum, qui ad lævam positi æterna supplicia sustinebunt: ac demum a sinistro in dextro latere dormire jubetur propter spem eorum qui per mutationem morum resurrectionis gloriam obtinebunt. Aspicit interea et duas virgas sibimet copulatas, in similitudinem circumcisionis, et gentium, sive aquilam sub Nabuchodonosor, velut Antichristi figura, magnis alis, et volucri celeritate totius mundi imperia occupantem.

56. Plangit præterea sub specie principis Tyri beatitudinem diaboli, quam amisit, et ruinam ejus magnam [*Forte*, magna] cum lamentatione deplorat.
D Ad ultimum, arundinem vel funiculum gestans metitur sub specie sanctorum mystice Jerusalem.

Σιών, id est, *verbum vallis Sion*, quo loco suspicor, Hebraicam lectionem, ut in plerisque aliis locis, ab antiquo esse mutatam, et pro גיא חזיון ut habent Codices Hebraici hoc tempore, et Hieronymus, Septuaginta legisse גיא הציון facili inter se litterarum permutatione, lectio commutari potuit; sententia non dissimilis est, cum Rabbi Salomo et Rabbi David Kimhi, commentariis ad eum locum, contendant vatem de valle Sion, atque Jerosolyma esse locutum. MAR.

45. Jam alibi monui in textu Grialii fere semper *idolatria* scribi pro *idololatria*. AREV.

47. *Prophetavit autem annis ferme* LXX. Quot annis singuli prophetæ vaticinati sint, haud promptum est explicare. In Eusebii Chronico, nisi locus est vitiatus, ab initio vaticinii Isaiæ usque ad ejus interitum, centum ferme anni elabuntur. Neque minor est difficultas in Jeremia, quem Isidorus annis LXXII et tribus mensibus prophetasse ait, et suspicor vel meliter locum esse corruptum. Nam Hieronymus, comment. ad I ejus prophetæ cap., uno et quadraginta annis vaticinatum esse ait, præter illud tempus, quando ductus est in Ægyptum; ex Eusebii Chronico, ab initio Jeremiæ prophetiæ usque ad eversam Jerusalem, colliguntur anni XLV. MAR.

50. *Diminutionem vasis prioris.* Diminutionem pro comminutione dixit, juxta illud Terentii: *Diminuam ego caput tuum hodie, nisi abis.* MAR.

55. Al., *typum mortis: et Antichristi figuram.* MAR.

57. Inter hæc mystica subjicit quædam moralia, falsos criminatur prophetas, atque speculatoribus præcipit ne reticeant malitiam. Quatuor etiam ultionum pœnas peccatoribus prædicat, animasque redire ad corpora sua prophetat. Ostendit quoque unumquemque **206** pro se rationem Domino redditurum, nec in progeniem posse ultra diffundi labem paterni delicti.

58. Objurgat inter hæc sub Oolla et Oolliba omnem turpitudinem Samariæ et Jerusalem; nativitatemque objicit contumeliosam. Sæpe etiam ad pœnitentiam captivos provocat populos, et post prævaricationem admonet populum redire conversum. Hic autem ætatis suæ anno 35, et captivitatis quinto in Chaldæa exsulans prophetavit: ibique vaticinium consummavit.

De Daniele.

59. Daniel, qui interpretatur judicium Dei, quique etiam de Christo cunctorum manifestior prophetarum est. Denique iste non solum venturum prædicavit, ut cæteri, sed etiam et tempus incarnationis et passionis per ordinem regum et numerum definivit annorum, ita ut potius non videatur futurum prædicere, sed quasi transacta narrare. Hic autem quatuor regnorum cernit frequentius visiones, eorumque differentias sub diversis imaginibus intromittit.

60. De Antichristo quoque ostendit quod ipse sit cornu pusillum, id est, parvo tempore regnaturus, ⊢ et, decem regibus subjugatis, solus postremis temporibus regnaturus. ⅃ De consummatione Jerusalem vel mundi plura scribit, sive de die judicii, et regno sanctorum. In fine autem voluminis prophetiæ suæ Susannæ historiam et Belis draconisque fabulas ponit.

61. Hic autem liber apud Hebræos Hebraicis quidem litteris, **207** sed Chaldaica lingua scriptus est. Prophetavit autem in Babylone, quando et Ezechiel.

De Osee.

62. Osee propheta, qui intelligitur *salvans*, in duodecim prophetis primus, profundior reliquis in sen- A tentiis, et operosior intellectu. Iste ad eas tribus quæ vocantur Ephraim et Samaria, domum Joseph et Israel, loquitur, sed per Ephraim hæreticos arguit, qui recedentes ab Ecclesiæ unitate, participes facti sunt idolorum.

63. Per Samariam autem eorumdem hæreticorum demonstrat figuram, qui præceptorum Dei custodes esse mentiuntur, et sub prætextu veritatis mendacium colunt. Hic historialiter Judæos in Christo ultimo tempore credituros pronuntiavit. Tertium quoque resurrectionis dominicæ diem prædixit. Prophetavit autem in diebus Oziæ regis Juda, sive Jeroboam regis Israel, quando et Isaias.

De Joele.

B 64. Joel propheta, qui interpretatur *incipiens*. Iste, ad Judam tantum et Jerusalem vaticinium proferens, in principio sui voluminis, post voluptuosa convivia ad luctum provocat Jerusalem, excidiumque ejus pronuntiat. Prædicat quoque vocationem gentium, et super congregatos credentes superventurum Spiritum sanctum. Prophetavit autem sub Joatham rege Juda, quando et Michæas.

De Amos.

65. Amos, qui interpretatur *onus*, vaticinavit in Samariam et Jerusalem, tria et quatuor scelera gentium sub totius mundi figura describens. Primum itaque scelus, quia omnes in Adam peccaverunt. Secundum, quia insitam naturæ legem immemores rationis **208** non intellexerunt. Tertium quoque C eorum qui datæ legi non obedierunt. Quartum inexpiabile eorum qui in Christo non crediderunt, pro quibus sceleribus intonat Dominus ignem, id est, sententiam æterni judicii illaturum.

66. Hic autem adventum Christi sub dominica voce ita prædicat: *Ego firmans tonitruum, et creans spiritum, et annuntians in hominibus Christum.* Reliqua autem, quæ de Amasia et Jeroboam, sive Israel loquitur, tropologice ad hæreticos sunt referenda. Prophetavit autem sub rege Ozia, eo tempore quo Osee et Isaias.

---

57. Al., *comminatur* pro *criminatur*. Mar.

58. Al., *vaticinium suum consummavit*. Mar.

60. *Et Belis draconisque fabulas ponit.* Plerique Codices pro fabulis *fabulam* legebant. Hieronymus tamen prologo in Danielem, unde hæc Isidorus est mutuatus, Susannæ historiam negat, hymnum trium puerorum, Belis et draconis fabulas in Hebræo esse. Eodem modo loquitur proœmio commentariorum ad eumdem prophetam, neque vocis insolentia moveri quis debet, ut credat Hieronymi et Isidori testimonio Danielis vaticinium ea parte falsi accusari. Nam fabula, quæ a fando dicitur, ut ait Varro v de Lingua Latina, est res passim vulgata, sive vera, sive falsa sit. Itaque passim ea vox in utramque partem accipitur. Origenes, homil. 5 in Genes.: *Hic jam* (inquit) *refertur famosissima illa fabula Loth.* Eusebius, III Hist. Ecclesiast., cap. 23: *Audi fabulam, et non fabulam, sed rem gestam de Joanne apostolo.* Hieronymus, ad Philipp. II: *Longum est*, inquit, *si velitem Samsonis fabulam ad Christi trahere sacramentum.* Mar.

Ibid. In nota Marianæ erat *ut sit Varro*, quod mutavi in *ut ait Varro*, quia ita ab eo scriptum puto. Arev.

D 62. Al., *peritior* pro *operosior*. Mar.

63. Al., *eorum* pro *eorumdem*. — *Ibid.*, *Præceptorum*, al., *præceptorum Dei legem custodisse se mentiuntur. In Christo ultimo tempore credituros.* Archaismus est, pro *in Christum*, ut Æneid. II, *Talis in hoste fuit Priamo.* Simili libertate dicendi superius dixit, *transmigratum* pro *transmigrasse*, *invisi sunt* pro *inviderunt*, et alia, quorum inire rationem longum esset. Mar.

65. Al., *Samaria*. Mar.

66. Al., *formans* pro *firmans*. *Annuntians in hominibus Christum.* Sic quatuor Codices correctiores; tres alii legebant *annuntians in hominibus Christum suum*, ut est in ipso contextu Septuaginta interpretum, et ut legit Augustinus, XVIII de Civit. Dei, cap. 28. Totus locus ex Amos IV, 13, desumptus est, ubi Vulgata Editio habet: *Quia ecce formans montes, et creans ventum, et annuntians homini eloquium suum*, nimirum, ut docet Hieronymus, comment. ad eum locum ubi ejus et nostro tempore Hebræi legunt

De Abdia.

67. **Abdias**, qui interpretatur *servus Domini*, inter omnes prophetas brevior numero verborum, sed gratia mysteriorum æqualis. Iste contra Idumæam loquens increpat mystice superbiam Edom, prioris videlicet populi audaciam, quod Jacob fratrem suum, id est, Christum ex Hebræorum stirpe creatum occiderit. In monte autem **209** Sion, quæ est Jerusalem, futuram salutem et Sanctum, qui est Christus, annuntiat, atque in monte Esau, per quem figuratur ecclesia gentium, futurum intonat Domino regnum. Prophetavit sub Josia rege Juda, quando et Michæas.

De Jona.

68. Jonas, qui interpretatur *columba*, tam sermone quam naufragio suo passionem Christi mortemque, et resurrectionem, figurat, sive quod de navi in mare, tanquam de cruce in terram, projectus est, sive quod, in ventre ceti exceptus, tanquam in sepultura terræ tribus diebus ac noctibus reconditus est, vel quod in figura Ninive pœnitentiam mundo prædixerit. In sequentibus autem typum gerit Judæorum, qui salutem gentium, non tantum advenire noluerunt, sed dum venit, invisi [*Al.*, invidi] sunt. Ninive quoque gentium significat speciem, Jonas vero in hoc loco Judæorum.

69. Nam quemadmodum Ninivitarum salus ad æmulationem provocavit Jonam, ita redemptio gentium scandalum exstitit Judæorum. Merito et contra Orientem civitatis sedisse legitur sub umbra hederæ, quia eadem plebs separans se a salute Ecclesiæ, dolore tabida, contra Christum, id est, Orientem Ecclesiæ, linguam suam movere nititur, sedens sub umbra legis, quæ umbra a verme arefacta est, quia, adveniente Christo, vetera transierunt, et ecce facta sunt omnia nova. Prophetavit autem sub Ozia rege Juda, quando et Osee, et Amos, et Isaias prophetaverunt.

De Michæa.

70. Michæas propheta interpretatur *quis iste?* Comminatur Samariæ iram Domini ob causam simulacrorum, interitumque populo Israel **210** venturum denuntiat. Locum etiam in quo nasceretur Christus demonstrat. Prophetavit autem sub Josia, quando et Sophonias.

De Nahum.

71. Nahum, qui est *consolator*, simulacra gentium exterminanda pronuntiat, necnon urbem sanguinum Jerusalem, post cujus interitum pedes annuntiantis pacem, id est, Salvatoris adventum proclamat.

De Habacuc.

72. Habacuc, *amplexans*, sive *luctator fortis*, in principio voluminis sui describit diabolum cum membris ac moribus suis; in fine vero prænuntiat adventum passionemque Salvatoris.

De Sophonia.

73. Sophonias, *speculator mysteriorum Domini*, et *abscondens*, cernit captivitatem urbis Jerusalem a Romanis futuram, per vocem clamoris a porta piscium, et per collium contritionem, id est, montis Sion, qui est collis Jerusalem; necnon et aliarum gentium eversionem prædicat, terroremque divini judicii intonat.

74. Loquitur etiam contra Moab et Ammon, sed per ipsos tanquam finitimi populo Dei, et proximi

שׁוד כם, Septuaginta legerunt משׁיוד, atque ea fuit variæ interpretationis occasio. MAR.

Ibid. In altero ex meis exemplaribus Hebrææ voces notæ incipiunt a ם. AREV.

67. Al., *servum stirpe creatum. Prophetavit autem sub Josia.* Locus est implicatissimus. Hebræi, ut Hieronymus ait, initio in eumdem prophetam, sentiunt hunc esse Abdiam illum qui Achab tempore prophetas pavit in specubus. Dorotheus in Synopsi eumdem tertium ducem quinquagenarium ad Eliam missum ait. Utrumque Isidorus ipse sequitur, de Vita et morte sanctor. Hæc si vera sunt, non Oziæ tempore vaticinatus est, sed Josaphat, ut habent Codices Septimancensis, Laurentianus, et Hispalensis in membranis. Hieronymo, in Osee I, Oseas, Isaias, Joel, Amos, Abdias, Jonas, Michæas σύγχρονοι fuerunt. Cum hac opinione convenit lectio quæ est in duobus chartaceis Hispalensibus, nempe sub Ozia esse vaticinatum. Isidorus ipse Abdiam Michææ coætaneum, Michæam Sophoniæ facit. Sophonias sub Josia vaticinatus est, quo tempore Jeremias. Itaque Codices Tarraconensis et Parisiensis prophetam hunc sub Josia vaticinatum esse aiunt. Hanc nos lectionem secuti sumus, tametsi de Joele ait paulo superius: *Prophetavit autem sub Joatham rege Juda, quando et Michæas.* Nisi hoc etiam fortassis loco *Joatham* legendum sit *Josia.* MAR.

Ibid. Arbitror Marianam scripsisse *Joatham legendum sit pro Josia*, vel certe hoc voluisse. Vide var. lect. AREV.

68. Al., *indicat* pro *figurat*. MAR.

69. *Quia adveniente*, etc. II Cor. v, 17. *Prophetavit autem sub Ozia*, IV Reg. IV, 15. Jeroboam filii Joas regis Israel, qui fuit æqualis Oziæ, ætate Jonam vixisse constat. Falluntur enim qui Jonam eum puerum fuisse aiunt quem Elias ad vitam revocavit, IV Reg. IV. Tametsi Dorothei, Hieronymi magnorumque aliorum virorum auctoritate nitantur. MAR.

70. Al., *populi Israel. Prophetavit autem sub Josia, quando et Sophonias.* Alii Codices legunt *sub Osia.* Neutrum placet, mallem *sub Ezechia*, propter locum Jerem. XXVI, 18: *Michæas de Morasthi fuit propheta in diebus Ezechiæ regis Juda.* Ipse initio suæ prophetiæ ait: *Verbum, quod factum est ad Michæam Morasthitem, in diebus Joatham, Achaz et Ezechiæ, regum Juda.* Fortassis ad Josiæ regnum pervenit, quando Sophoniam vaticinatum esse constat, quem Isidorus Michææ æqualem facit, Michæam Joeli et Abdiæ. MAR.

71. *Nahum, qui est consolator.* Sic Septimancensis; at Tarraconensis et Hispalensis, in membranis, *consolatus*, quæ lectio haud contemnenda est. Porro in Seder-holam Hebræi asserunt Joel, Nahum et Habacuc vaticinatos esse Manassis tempore, et quoniam improbus erat, subticuisse ejus nomen. Hieronymus prologo in duodecim prophetas: *In quibus autem*, ait, *tempus non præfertur in titulo, sub illis eos regibus prophetasse, sub quibus et hi qui ante eos habent titulos prophetaverunt.* Quam opinionem unde desumpsit Hieronymus non invenio. Isidorus sane vaticiniis Nahum et Habacuc nulla tempora designavit. MAR.

Ibid. E duobus meis exemplaribus Editionis Grialianæ in altero erat *jejunio*, in altero recte *invenie* in nota Marianæ; quod observatum a me alibi etiam est, ut constet, inter exemplaria ea formis excudenda nonnullas correctiones additas fuisse. AREV.

72. Al., *pronuntiat adventum*. MAR.

catholicis sacramentis, **211** hæretici arguuntur. A Illic tertium diem resurrectionis Christi prophetat, atque in adventu Christi totum orbem sub uno jugo Domino serviturum annuntiat. Prophetavit autem sub Josia, quando et Jeremias.

De Aggæo.

75. Aggæus, qui interpretatur *solemnis*. Hic in vaticinii sui textu templum Domini restaurandum præcepit, contritionem prædicat gentium, vel commotionem totius mundi prædicit, ac sub figura Zorobabel Christi vaticinatur adventum. Septuagesimo autem anno captivitatis populi prophetavit, duobus tantum mensibus Zachariam vaticinio suo præcedens.

De Zacharia.

76. Zacharias, qui nominatur *memoria Domini*, B postquam jam Domini patribus prophetavit, vidit virum sedentem super equum rufum, in figura corporis Christi, roseum sanguine passionis, sive myrteta, gentium populum significantia; aspicit et cornua quatuor, sive fabros in figura gentium, quæ Judam et Israel dispergentes, gravi pondere depresserunt.

77. Intuetur similiter et Jesum, sordibus carnis et mortalitate vestitum, quibus ablatis, indutum immortalitate et gloria. Cernit et lapidem, qui est Christus, septem habentem oculos, id est, septiformis spiritus plenitudinem. Inter hæc intuetur torrem et titionem exstinctum, id est, diabolum. Candelabrum videt in figura Christi cum lucernis septem, quæ sunt Ecclesiæ; necnon et duas olivas, ad dexteram et ad sinistram candelabri positas, duorum C Testamentorum typum significantes.

78. Assumit quoque idem duas virgas funiculi et decoris in typo Judæorum et gentium. Aspicit deinde duas mulieres, id est, hæreticorum plebes, sive Judæorum, in alis suis levantes amphoram, id est, diabolicam doctrinam, massamque plumbi, quod est **212** pondus peccati gravissimum, sive volumen volans, in quo peccata hominum et supplicia describuntur.

79. Videt et quadrigas quatuor, uno prædicationis evangelicæ jugo currentes. Post hoc aspicit equos missos ad prædicationem mundi: primum rufum, passione martyrii. Secundum nigrum, squalore pœnitentiæ. Tertium album, candore baptismatis. Quartum varium, expositione et doctrina fidei. Cernit D quoque et tubas, sanctorum gestantes figuram, per quas Dominus mundo canit, atque angulum, in quo duo ex adverso populi conjunguntur, sive paxillum, figuraliter Christum, infixum in cordibus populorum, describit et pastorem, Antichristum, opus et intentionem in sinistro habentem.

80. Equum quoque in figura plebis hæreticorum, et ascensorem ejus diabolum. Prædicat etiam fontem in domo veri David, patentem in lavacro regenerationis. Alia quæcunque scribit, aut de adventu Domini, aut de ejus passione sunt, aut de sæculi fine, sive judicio. Prophetavit autem secundo anno Darii regis Medorum, iisdem temporibus quibus et Aggæus, anno septuagesimo desolationis templi et captivitatis populi.

De Malachia.

81. Malachias, qui interpretatur *angelus Domini*, in principio vaticinii sui demonstrat odium Judæorum in Esau, et dilectionem junioris populi in Jacob. In sequentibus autem veteres Judæorum victimas reprobat. Et sacrificium transferri ad gentes annuntiat. In fine vero adventum Domini, diem quoque judicii justorumque præmia, et impiorum pœnas. Joannem etiam prædicat ante primum adventum Domini missum, et Eliam ante secundum adventum annuntiat esse mittendum.

82. Inter hæc nonnulla moralia et disciplinis congruentia explicat, in quibus corripit populum, sive sacerdotes despicientes nomen Domini, atque ejus sacramenta pollutis oblationibus et sacrificiis **213** violantes. Præmonet etiam episcopos doctos, et sine macula esse debere, et citra personarum acceptionem populos veritatem instruere; discordes quoque arguit, decimas et primitias reddendas in prædicatoribus a populis Ecclesiæ præcipit.

83. Objurgat et eos qui conjuges suas despiciunt, et aliarum amore nectuntur. Similiter et illos qui, miseriam suam dolentes, felicitatem laudant eorum qui hujus mundi prosperis perfruuntur. Prophetavit autem novissimus in Babylone, quando Aggæus et Zacharias.

De Esdra.

84. Esdras scribit populum, expleto captivitatis tempore, imperante Cyro rege Persarum, in Jerusalem fuisse reversum; ac sub Zorobabel et Jesu filio Josedech, sacerdote magno, sive Nehemia, muros Jerusalem templumque et altare renovatum, jus quoque sacerdotum restitutum, et sanctæ religionis cultum, multisque opibus gentium principumque Persarum muneribus perornatum.

De Machabæis.

85. Machabæorum libri, licet non habeantur in canone Hebræorum, tamen ab Ecclesia inter divinorum voluminum annumerantur historias. Præno-

76. Al., *in patribus*. MAR.

77. Inter *torrem* et *titionem* nullum discrimen reperiri puto. AREV.

78. Al., *Diabolum, massamque pro diabolicam doctrinam, massamque*. MAR.

79. In textu Grialii erat *infixio* pro *infixum*, quod ex aliis et sensu ipso correxi. AREV.

81. Al., *Angelus Dei.—Fine*. Al., *finem annuntiat*. Al., *denuntiat*. MAR.

82. Al., *bonos, et sine crimine esse d.— Reddendas*, etc. Al., *reddenda a populis præcipit*. MAR.

83. *Suas despiciunt, et aliarum amore nectuntur*. Duo Hispalenses post hæc verba addunt: *Hunc autem Malachiam Hebræi Esdram intelligunt sacerdotem. Nam et complura quæ in hac prophetia scribuntur in ejus volumine continentur*. Quæ verba tametsi Hieronymi, præfat. in hunc prophetam, et Augustini xx de Civit., c. 25, auctoritate defendi poterant, tanquam male assuta loco movimus, rejecimusque in hunc locum. MAR.

84. Al., *scripsit, populum*. MAR.

tant autem prælia inter Hebræorum duces gentesque Persarum, pugnam quoque Sabbatorum, et nobiles Machabæi triumphos, fœdus quoque amicitiarum cum Romanorum ducibus, actaque legationum.

De quatuor Evangeliis.

86. Evangeliorum prædicatio, quamvis quadrifaria sit, una est tamen, **214** quia ex uno eodemque ore Divinitatis processit. Hæc sunt enim quatuor flumina, de uno paradisi fonte manantia, quæ quadrupli unione decurrunt, ac per totum mundum cœlestis prædicationis ministrant fluenta, gratiæ ac fidei virorem infundunt.

87. Hæc est illa in Zacharia quadriga Domini, in qua per omnem orbem evectus leni jugo colla sibi cunctarum gentium subjicit. Hi sunt etiam, et quos sub quatuor animalium specie visio prophetalis descripsit, id est, hominis, leonis, bovis et aquilæ.

88. Namque primus, scilicet Matthæus, ut homo, ordinem humanæ nativitatis designat. Secundus, scilicet Marcus, ad instar rugientis leonis statim in principio sui divinæ potestatis fortitudinem intonat. Tertius, scilicet Lucas, victimam sacerdotis præmittens, quasi vituli mortem insinuat. Quartus, scilicet Joannes, more aquilæ aspectans cœlum, terram avidus transvolat, atque nativitatem verbi occulta mysterii intelligentia penetrat; sed ex his tria illa animalia, quæ in terra gradiuntur, actualem vitam sequentes, ea tantummodo persecuti sunt quæ homo Christus in terris temporaliter gessit. Quartum autem animal contemplationis acie cœlestia inspicit, et pauca operum, plurima divinitatis sacramenta digessit.

89. ⊢ Matthæus itaque in principio regalem Christi sequens prosapiam, et moralem, tamen deinceps potius disciplinam secutus, pauca signorum et plura vivendi præcepta composuit. Item Marcus abbreviator Matthæi, ea quæ in itinere ad rationem vitæ regendæ docebat Petrus, veloci stylo retexuit, gradiens pariter **215** inter Lucam atque Matthæum, A plura tamen ex Matthæo commemorat, non tantum rerum, sed et verborum ordinem servans.

90. Lucas vero historiæ magis ordinem tenens, copiosius cæteris gestorum Christi virtutes enuntiat. Ad ultimum Joannes, naturalia explicans, transvolavit cœlos, et angelos, Verbumque Dei reperit, et in principio fuisse annuntiavit.

91. Ex his primus et ultimus ea prædicaverunt quæ ex ore Christi audierunt, vel quæ ab illo facta vel gesta audierunt. Reliqui medii duo ea tantummodo quæ ab apostolis cognoverunt: quorum quidem Matthæus Evangelium in Judæa primus scripsit, deinde Marcus in Italia, tertius Lucas in Achaia, ultimus Joannes in Asia. Ex quibus solus tantum Matthæus prædicationis suæ historiam Hebraico perstrinB xit stylo. Reliqui vero Græci sermonis eloquio ediderunt.

De Epistolis Pauli.

92. Paulus apostolus quatuordecim Epistolis prædicationis suæ perstrinxit stylum. Ex quibus aliquas propter typum septiformis Ecclesiæ septem scripsit Ecclesiis, conservans potius nec excedens numerum sacramenti propter septiformem sancti Spiritus efficaciam. Scripsit autem ad Romanos, ad Corinthios, ad Galatas, ad Ephesios, ad Philippenses, ad Colossenses, ad Thessalonicenses, ad Hebræos, reliquas vero postmodum singularibus edidit personis, ut rursus ipsum illum septenarium numerum ad sacramentum unitatis converteret.

93. Argumenta autem earumdem Epistolarum hæc C sunt: imprimis Romanæ plebis fidem collaudat; Corinthios gemina doctrina **216** castigat, apud Galatas per gratiam fidei excludit opera legis, Ephesios magnificat in fide, quam acceperunt; laudat Colossenses pro eo quod in fide perstiterunt; Philippenses Evangelium custodisse gratulatur; Thessalonicenses, in prima Epistola, fide crevisse et operibus, in secunda, persecutiones tolerasse fortiter gloriatur.

94. Instruit quoque per Timotheum et Titum Ecclesias. Philemonem de emendato servo Onesimo rogat.

86. Al., *Quadrifariam sit.* — *Virorem.* Al., *rorem.* Al., *vigorem.* MAR.

Ibid. Nonnulli Editi titulum præmittunt: *Præfationes librorum Novi Testamenti.* Comparationem quatuor fluminum paradisi adhibuit Isidorus, lib. VI Etymol., cap. 16: *Inter cætera autem concilia quatuor esse scimus venerabiles synodos, quæ totam principaliter fidem complectuntur, quasi quatuor Evangelia, vel totidem paradisi flumina.* Vide etiam Sedulium, lib. III, vers. 173. Pro *virorem* melius fortasse est *vigorem.* AREV.

87. Al., *Subegit*, vel *subjugavit* pro *subjicit*, et *describit* pro *descripsit.* MAR.

88. Al., *Vitulum* pro *vituli mortem.* MAR.

Ibid. Insignia evangelistarum eodem modo relata sunt in Allegoriis, n. 130 et seqq. AREV.

89. *Matthæus itaque.* Hæc verba, usque ad illud: *Et in principio fuisse annuntiavit*, in duobus Hispalensibus tantum erant, et suspectæ fidei esse visa sunt, quocirca obelo sunt jugulata, quemadmodum totus ille locus de Epistolis beati Petri, cui initium est: *In prima autem Epistola*, usque ad extremum. Præterea nonnulla alia verba toto opere obelo notata sunt, de quibus ut propria mentio fieret, et singulorum ratio redderetur, non judicavimus fore necessarium. MAR.

Ibid. Mendum irrepsit in utroque meo exemplari Editionis Grialianæ *verum* pro *rerum.* AREV.

91. *Reliqui vero Græci sermonis eloquio ediderunt.* Hæc multo commodior opinio est, omnes evangelis- D tas, præter Matthæum, Græce scripsisse, quam quæ nuper prodiit, Marcum Latine scripsisse, nullo satis idoneo argumento fundata. MAR.

Ibid. Marcum Latine scripsisse tenent nonnulli, qui putant autographum Evangelii sancti Marci asservari Venetiis. Verum somnium est quidquid de autographo hoc dicitur, de quo videri potest P. Blanchinii Evangeliarium quadruplex, et Zaccariæ Historia litteraria Italiæ, tom. I, pag. 14 et seq. Non solum Marcum, sed alios quoque evangelistas Latine scripsisse magis absurda opinio est. AREV.

92. *Ad Thessalonicenses, ad Hebræos.* Hebræos non ponit in numero Ecclesiarum, quoniam ad eos scripsit, ut paulo inferius ait, qui a fide recesserunt. *Reliquas.* Al., *reliquas vero quatuor.* MAR.

93. Al., *Steterunt* pro *perstiterunt*, et *gratulatur* pro *gloriatur.* MAR.

Ad ultimum Hebræos, qui in Christo crediderunt, et postmodum persecutionibus Judaicis territi a fide recesserunt, confortat, atque ad gratiam Evangelii revocat.

De Epistolis beati Petri.

95. Petrus apostolus scripsit duas Epistolas, quæ canonicæ nominantur. Scripsit autem iis qui, ex circumcisione credentes, in dispersione gentium erant, quæ quidem videntur quibusdam esse planiores; dum tam profundis repletæ sint sensibus, ut per eas qui possunt perscrutari divinæ scientiæ sensum, quasi per breve quoddam receptaculum, magnas sententias et magna sibi mysteria revelari contueantur.

96. ✠ In prima autem Epistola scribit regenerationis potentiam, et prophetas, qui prænuntiaverunt futuram Ecclesiæ in passionibus tolerantiam. Admonet deinde pontifices in castitate vivere, et, ut parvulos, sine dolo manere. Demonstrat etiam sanctos lapides esse vivos, et populum acquisitionis, et regale sacerdotium. Inter hæc popularibus bene vivendi ordinem instituit; hortatur mulieres subditas esse, cultuque pretioso non incedere, viros quoque ad modicum uxoribus adhærere, orationem frequentare, et cum omnibus unanimiter vivere. Præterea scribit arcæ mysterium, sive baptismi sacramentum, per quod homo a mundi actibus liberatur.

97. Imperatque fidelibus solius divinæ voluntatis obedire præceptis, nec ultra carnis inservire desideriis. Docet etiam clerum ac populum sibi ministrare vicissim, passionesque Christi nullum pavescere; et de domo Dei inchoare judicium, et coronari sanctos, **217** mansuetudinem quoque et humilitatem alternam invicem admonet observare, insidiasque diaboli omni sollicitudine præcavere, adjiciens omne opus bonum incipientis per Deum ad consummationem perduci.

98. In secunda autem Epistola alloquitur fideles, in hoc mundo quasi interfectos, atque exhortatur omnes de pejoribus ad meliora transire. Scribit etiam justorum memorias refovendas, memoratque pseudoprophetas utriusque Testamenti, qui sunt magistri mendacii. Deinde infert diluvii exemplum ad signandum interitum impiorum, et eorum qui, voluptatibus peccatorum injecti, servi corruptionis effecti sunt.

99. Scribit etiam abundare novissimis temporibus derisores, et apud Deum mille annos unum diem haberi prædicat. Inter hæc resurrectionem elementorum, novitatemque cœli et terræ. Ad extremum de Epistolis Pauli loquitur, quas cum quidam indocti non intelligunt, pravo eas sensu evertunt.

De Epistola beati Jacobi.

100. Jacobus frater Domini scripsit unam Epistolam, ad ædificationem Ecclesiæ pertinentem, cujus sententiæ immensam scientiæ claritatem legentibus videntur infundere.

De Epistolis beati Joannis.

101. Joannes apostolus tres scripsit Epistolas, quarum prima, officium charitatis commendans, tota in amore Dei et fraterna dilectione versatur.

102. Secunda quoque, quam Electæ dominæ scripsit, dilectionis hortatur studium; denotat etiam seductores, et ab hæreticis admonet declinandum.

218 103. Tertiam autem Caio scribit, in qua collaudat eum in studio veritatis et opere misericordiæ; deinde denotat proterviam cujusdam Diotrepis, et Demetrio testimonium perhibet veritatis.

De Epistola sancti Judæ apostoli.

104. Judæ Epistola increpat blasphemantes in Christo, et quosdam impudicos sub exemplo impiorum, qui per superbiam et luxuriam sempiternis ardoribus traditi sunt, pro quibus admonet Ecclesiam ut eos arguat, et ad pœnitentiam cohortetur.

De Actibus apostolorum.

105. Apostolorum historia nascentis Ecclesiæ fidem opusque describit, cujus quidem scriptor Lucas evangelista monstratur. Continet autem ea quæ in Judæa vel gentibus per gratiam Spiritus sancti, tam a Petro quam ab aliis apostolis, et specialiter a Paulo, operata vel gesta sunt.

De Apocalypsi.

106. Joannes, postquam scribere septem jubetur Ecclesiis, aspicit filium hominis sedentem in throno, et viginti quatuor seniores, et quatuor animalia procedentia ante thronum, in dextera quoque sedentis librum septem sigillis signatum, in quo bellum, egestas, mors, clamor interfectorum, finis quoque mundi notatur et sæculi.

107. Describit deinde duodena millia servorum Dei, qui signantur in frontibus; ibi septem angeli tubis canunt sequenti grandine et igne cum sanguine in terra. Tertia quoque pars terræ ibi comburitur, et tertia pars maris sanguis efficitur; astraque ipsa rutilantia tertiam fulgoris partem amittunt; ibi de fumo putei locustæ producuntur dæmoniorum, accipientes potestatem lædendi qui non sunt agni cruore signati.

108. Præterea comedit Evangelista librum Testamenti oris prædicatione suavissimum, et operis difficultate amarum. Metiturque cœleste templum, describitque verba viginti quatuor seniorum, **219** et arcam Testamenti, ac mulierem amictam sole, pugnamque in cœlis Michaelis cum dracone, ruinamque draconis.

96. De verbis quæ hoc numero et tribus seqq. continentur, paulo ante Mariana, ad num, 89. Quod dicitur, *sanctos* esse lapides vivos, etc., alluditur ad verba sancti Pauli: *Dilectis Dei, vocatis sanctis.* AREV.

98. Forte, *voluptatibus peccatorum illecti.* MAR.

102. *Secunda quoque, quam Electæ dominæ scripsit.* Primam Joannis Epistolam ad Parthos scriptam esse, Hyginus in sua epistola decretali, et Augustinus, II Quæst. evang., q. 39, affirmant. Cassiodorus, lib. de Divin. lect., cap. 14, ait: *Epistola Petri ad gentes; Judæ, Jacobi et Joannis ad Parthos.* MAR.

Ibid. In Haganoensi Editione: *secunda quoque, quæ electis scribitur.* Sed inscriptio est: *Electæ dominæ et natis ejus.* De qua sancta femina Electa sermo alicubi fit in Actis martyrum. AREV.

106. Al., *procidentia* pro *procedentia.* MAR.

Conspicit præterea et Antichristi figuram, habentem A capita regni septem, et cornua potestatis, et numerum nominis.

109. Narrat inter hæc et canticum Testamenti novum, speculaturque angelos gestantes pateras, cernitque similiter interitum bestiæ, et beatitudinem eorum qui corporis sui vestimenta absque carnis voluptate munda servaverunt. Exsequitur deinde interitum meretricis Babyloniæ, et nuptias Agni, adventum judicii, interitumque Antichristi, et sempiternam punitionem diaboli. Ad ultimum memorat resurrectionem mortuorum, cœlique novitatem, et terræ, descriptionemque Jerusalem, flumen etiam baptismi mundum, lignumque vitæ Dominum Jesum Christum.

109. Al., *phialas;* alii, *citharas* pro *pateras*. Mar. *Ibid*. Nonnulli Editi addunt: *Jesum Christum, cui est honor, gloria et imperium in sæcula sæculorum. Amen*. Quæ verba in melioribus desunt. Arev.

SANCTI ISIDORI

HISPALENSIS EPISCOPI

LIBER NUMERORUM

QUI IN SANCTIS SCRIPTURIS OCCURRUNT.

220 CAPUT PRIMUM.

Quid sit numerus.

1. Non est superfluum numerorum causas in Scripturis sanctis attendere. Habent enim quamdam scientiæ doctrinam, plurimaque mystica sacramenta. Proinde regulas quorumdam numerorum, ut voluisti, placuit breviter intimare.

2. In principio autem, quid sit numerus definiendum est. Numerus est congregatio unitatis, vel ab uno progrediens multitudo, cujus quidem universitas infinita est, nec ulla potest multitudine terminari.

3. *Par* numerus est qui in duabus æquis partibus dividi potest; *impar* vero, qui dividi æquis duabus partibus nequit, uno medio vel deficiente, vel superante. Pariter *par* numerus est qui secundum parem numerum pariter dividitur, quousque ad indivisibilem C perveniat unitatem, ut puta, *sexaginta quatuor*. Habet enim **221** medietatem *triginta duo;* hic autem *sedecim, sedecim* vero *octo*, *octonarius* vero *quatuor*, *quaternarius duo*, *binarius unum*, qui singularis indivisibilis est.

CAPUT II.

De unitate.

4. *Unitas* est pars minima numerorum, quæ secari non potest. Idem autem unus semen numerorum, non numerus. Ex ipso enim cæteri manant, vel procreantur; eumdemque solum esse (constat) mensu- B ram, et incrementorum causam, statumque decrementorum. Nam omnium incrementa ab ipso incipiunt, rursusque usque ad ejus unitatem perveniunt.

5. Nam et post decem, nisi ab uno rursus incipiatur, nequaquam deinceps numerorum incrementa consurgunt. Idem etiam insecabilis est, nec per ullas partes dividi potest, quia ubique pars est, ubique totus est, ad cujus exemplum unus est Deus, unus est mediator Dei et hominum Homo Christus Jesus. Paraclitus quoque Spiritus unus; una est Mater Ecclesia, fecunditatis successibus copiosa, pro cujus unitatis formula insinuanda angelus ille apud Ezechielem limen portæ Jerusalem calamo uno metitur.

6. Sed et arca Noe desuper collecta in unum cubitum coarctatur; in latere quoque arcæ fit ostium unum. Unum est etiam in Ecclesia baptismum; fides eadem una est. Mundus idemque unus. Solis etiam, quem cernimus, lumen unum. Quam unitatem rite sapientes hujus mundi concordiam, vel pietatem, amicitiamque dixerunt, quod ita nectatur, ut non secetur in partes.

7. Itaque quia divisionem sui unitas non capit, deinde cum unum factum in quocunque defluxerit, licet ejus linea insecabilis, ac sine una latitudinis significatione habeatur, tamen conjunctis binarium D reddet.

1. Quæ ad hunc librum præfationis loco illustrandum facere maxime possent, ea omnia sedulo a nobis in Isidorianis, cap. 63, exposita sunt, ubi etiam auctores indicantur qui de allegorica seu mystica numerorum interpretatione agunt, quique cum Isidoro nostro ab iis quibus id otium fuerit, conferri poterunt. Quod ait Isidorus, *ut voluisti*, indicat opus ad aliquem fuisse directum; sed quisnam is fuerit, incertum omnino est. Cum liber nunc primum edatur, et ex uno tantum ms. exemplari Taurinensi descriptus sit, neque enim aliud exemplar alibi exstare novi, nullas varias lectiones afferre licet, ac solum nonnullas conjecturas in locis obscurioribus apponam. In multis locis sacræ Scripturæ numeros mysterio aliquo gaudere tradit etiam Isidorus, Etymol. lib. III, cap. 4. Sanctus Augustinus, quæst. 152 in Genes., lib. I: *In numeris, quos in Scripturis esse sacratissimos et mysteriorum plenissimos, ex quibusdam, quos inde nosse potuimus, dignissime credimus.*

3. *Par*, etc. Etymolog. lib. III, cap. 5.

4. Addidi *constat*, quod in Isidori operibus solet abesse, ut sæpe animadverti.

5. Sanctus Leander, Isidori frater, in homilia de conversione Gothorum in Actis concilii Toletani III: *Unus est enim Christus Dominus, cujus est una per totum mundum Ecclesia*, etc. De cujus fecunditate multa ibi Leander.

6. Posset legi *unus.... baptismus*. Sed nihil muto.

7. Malim *sine ulla... conjunctio binarium reddit*.

222 CAPUT III.

De binario numero.

8. *Binarius* numerus prima numerorum procreatio, primaque est forma, parilitatis corporatio, motusque primi, sociusque præcedentis, et frater, est etiam medietatis capax. Nam bona malaque participat quadam discordia, qua sibi invicem adversantur; utpote quæ prima poterit ab adhærente separari, ut bina illa et munda quæ figuraliter introducuntur in arcam, quæ quidem, dum ex parilitate consistant, in se tamen mystice videntur esse divisa.

9. Ad hoc genus pertinent et illi duo in agro, qui invicem discernuntur, quia, adveniente sæculi tribulatione, ex ipsis quidam pertinent in fidem, et rursum vocantur, quidam vero tentationibus cedunt, atque relicti in profunda laxantur. Præterea concordant et in bonam partem utraque, juxta quod sunt duo Testamenta legis et Evangeliorum; sunt et duæ tabulæ lapideæ, in quibus præcepta legis scripta sunt, totidemque tubæ argenteæ legis et gratiæ erant, in quibus patres ad promovenda castra canebant.

10. Duo etiam Seraphim scribuntur, qui ante thronum sedentes, jugiter hymnum decantantes erumpunt; duæ etiam olivæ a dextra lævaque lampadis in Zacharia leguntur. Sunt et duo ubera Testamentorum sponsæ, id est, Ecclesiæ in Canticis canticorum; ibi etiam et duo hinnuli gemelli pascuntur inter lilia agri.

11. In Apocalypsi quoque duo testes prophetare jubentur, et in Jeremia duo de cognatione gentis assumuntur. In Evangelio quoque bini de septuaginta discipulis ante faciem Christi mittuntur, et duo pisces in eremo populo dividuntur. Duo sunt et charitatis præcepta, quibus lex tota pendet, atque prophetæ. Unde idem numerus societas est, quo vinculo animæ connectuntur, et quod minus quam inter duos charitas non habetur. Idem quoque numerus etiam justitiæ, quo æquis gaudeat pariter ponderatis.

12. Præterea duo sunt et quæ hominem ad beatam vitam **223** perducunt, fides, scilicet, atque opus; sed fides constat ex divinitate, opus autem in rectitudine vitæ; quin etiam et duæ vitæ nobis in Ecclesia prædicantur, una temporalis, in qua ex fide vivimus, alia æterna, in qua Deum plena veritatis intelligentia contemplabimur.

CAPUT IV.

De ternario numero.

13. *Ternarius* princeps est imparium numerus, perfectusque census; nam iste prior initium, mediumque finemque sortitur, et centro medietatis principiumque finemque æquali jure componit, qui A dum vere constet ex tribus, secundum aliquid tamen unus est, quia tres unum sunt; unum utique in Divinitate, tres in personarum distinctione; in natura unum, tres in appellatione.

14. Jure ergo hic numerus Trinitatis speciem significat; eodem namque numero in toto orbe sacrosancta Trinitas atque Divinitas prædicatur, eodemque numero trisagion hymnus ab angelis in cœlestibus canitur. Arca etiam diluvii tricamerata construitur, ex tribus filiis Noe cunctæ gentes post diluvium reparantur. Hic etiam numerus decies multiplicatus altitudinem arcæ mystica ratione concludit, centies computatus ejusdem longitudinem efficit; cujus quidem numeri exempla in sacris eloquiis copiosa sunt.

B 15. Tres namque angelos Abraham sub Trinitatis imagine vidit; tres Isaac puteos effodit; tres Jacob virgas in aquas ob aspectum pecorum misit; trina dies Jonam in corde ceti gestavit; tribus diebus per pœnitentiam Ninivitarum populus Dei iram mitigavit. In Evangelio autem tribus servis sumptum Dominus credidit. Lazari quoque mortem idem post triduum superavit. Dilectionis fermentum evangelica mulier in satis tribus abscondit.

16. Tertio Deus, ut calix passionis transiret, oravit. Tertio Petrus Christum negavit. Tertio idem confitendo amavit. Tribus diebus Dominus noster Redemptor in sepulcro quievit. Tertio **224** se discipulis, cum a mortuis resurrexisset, ostendit. In tribus etiam tria sunt quæ commendat Apostolus, in quibus omC nis prophetia constat, fides, spes et charitas. Tres sunt evangelici fructus, primus, qui et centenus, martyrum; secundus, sexagenarius, virginum; tertius, tricenarius, conjugatorum.

17. Tria sunt etiam et quæ [*Forte*, ea quæ] in Deum non cadunt, mensura, locus et tempus. Tres sunt species animæ, sive motus, cupiditas, ira, vel ratio. Sacræ legis lingua triplex est, Hebræa, Græca, et Latina. Triplex est etiam intelligentiæ sensus, historicus, moralis et mysticus. Unde et philosophi mundi tres sapientiæ partes esse dixerunt: physicam, quæ naturalis; logicam, quæ rationalis; ethicam, quæ moralis.

18. Tria sunt et apud musicos genera sonorum, vox, flatus et pulsus: vox in faucibus, flatus in tiD biis, pulsus vero in citharis. Porro genera rationabilium creaturarum tria sunt, angelorum in cœlo, hominum in terra, spirituum immundorum. Tria sunt inter hæc tempora mundi, ante legem, in lege, sub gratia. Tres quoque partes habentur et orbis, Asia, et Europa, vel Libya. Ternis quoque mensibus

8. Multa huc ex Allegoriis Isidori, aliisque ejus operibus biblicis afferri possent; sed nihil est necesse passim in his immorari, cum constet eum sæpe sua repetere.

10. Relege Prœmia, n. 42.

13. *Quia tres unum sunt.* In Ms. erat *qui tres*, etc. Innuitur testimonium sancti Joannis Ep. I, cap. v, 7: *Tres sunt, qui testimonium dant in cœlo*, PATER, VERBUM, ET SPIRITUS SANCTUS, *et hi tres unum sunt.* Quod authenticum esse ex hoc quoque loco probatur. Verum de eo satis superque interpretes, aliique viri docti, qui peculiaribus dissertationibus auctoritatem eorum verborum ex antiquissimis Codicibus sustinuerunt, ut Natalis Alexander, Calmetus, etc.

18. Librarius fortasse omisit *in aere* post *spirituum immundorum*. Sanctus Hieronymus, in Ephes. vi, 12: *Hæc omnium doctorum opinio est, quod aer... plenus sit contrariis potestatibus.* Ita alii veteres passim. Quod dicitur *vel Libya*, Isidoriano more *vel* pro *et* ponitur.

anni tempora distinguuntur, et coram tribus testibus actio cuncta finitur.

CAPUT V.

De quaternario numero.

19. Quid *quatuor* dicam, in quo numero soliditatis certa perfectio est? Nam ex longitudine, et latitudine, et profunditate componitur decas, quæ plenum efficit; decem enim ex quatuor numeris gradatim surgentibus integratur. Unum enim, et duo, et tria, et quatuor decem faciunt. Similiter et centum ex **225** decade quaternario cumulatus, id est, decem, et viginti, et triginta, et quadraginta, qui sunt centum. Item ac quatuor numeri mille reddunt; id est c, cc, ccc, cccc. Sic decem millia, cæteraque eodem incremento complentur.

20. Numerus autem iste quadratus evangelistarum quatuor deputatur, qui in quatuor partes, vel in angulos mundi fusi sunt. Quanquam et quatuor sunt paradisi flumina, quæ totum orbem circumfluunt. Arca quoque Noe quadratis lignis construitur. Testamenti denique arca quatuor aureis circulis vehebatur.

21. Vestis etiam sacerdotalis in lege quatuor coloribus, id est, hyacintho, bysso, cocco, purpuraque ex auro contexitur. Præterea et quatuor venti terræ in Ezechiele aspirant, ut in figuram futuræ resurrectionis arida ossa consurgant; totidemque venti cœli, id est, angelicæ potestates, apud Danielem pugnantes, irruunt in mare hujus sæculi magnum. Idem quoque Daniel quatuor regna mundi sub diversis figuris exponit.

22. Similiter Zacharias quatuor cornua regnorum totidemque fabros describit, et quatuor quadrigas Evangelii, missas in quatuor cardines cœli. Item apud Joannem quatuor animalia vultus sibi differentis describuntur, qui in senis alis numerum viginti quatuor seniorum efficiunt. In creaturis autem rerum quatuor sunt terræ partes, quatuor cœli frontes, Oriens, Occidens, Septentrio, sive Meridies.

23. Quatuor etiam mundi elementa habentur, ex quibus universa subsistunt, ignis, aer, aqua, et terra. Annus quoque quatuor temporibus volvitur, æstatis, autumni, hiemis atque veris. Ipsa denique hominis natura ex quatuor est elementis concreta, ex calido et frigido, humido atque sicco. Virtutes quoque animi quatuor scribuntur, justitia, prudentia, fortitudo et temperantia; totidemque e contrario vitia, cupiditas, metus, dolor et gaudium.

24. Mortalium quoque rerum quatuor vitæ sunt, initium, augmentum, status et declinatio. Quatuor etiam genera animalium in mundo habentur, id est, cœlestia, pennigera, aquatilia, sive terrestria. Iris et ipse cœlestis quadricoloris splendore variatur. Quatuor quoque quadrantibus ratio bissexti colligitur.

CAPUT VI.

226 *De quinario numero.*

25. Sequitur *Quinarius* numerus, qui, sive cum aliis imparibus, sive cum suo genere sociatur, se semper ostendit. Nam quinque per quinquies faciunt viginti quinque, et quinquies terni quindecim, et quinquies septem triginta quinque; et quinquies novem quadraginta quinque. Hic præterea numerus legi est attributus; lex enim quinque libris complectitur [*Forte* comprehenditur]. Unde etiam et Apostolum in Ecclesia quinque verba loqui delectat.

26. Sed et quinque cubitis altare in lege per quadrum construitur; totidemque urbes in Isaia Chananæa lingua loquuntur. Sunt et quinque virgines prudentes in Evangelio, sunt et aliæ quinque fatuæ. Panes quoque divisi populo quinque. Mnas præterea quinque et talenta quinque. Item secundum mundi philosophos zonæ terræ quinque, et apud Latinos vocales litteræ quinque.

27. Sensus quoque corporis quinque, visus, auditus, odoratus, gustus et tactus; totidemque habitatorum mundi genera, id est, homines, quadrupedes, vel reptantes, natantes, sive volantes. Præterea et quinquennio lustrum finitur, olympias quinquennio terminatur.

CAPUT VII.

De senario numero.

28. *Senarius* numerus primus et perfectus, et partibus suis primus impletur. Nam sextam sui intra continet, quod unus; tertiam, **227** quod duo; et dimidium, quod tres; hæc enim summa in unum ducta, id est, unum, et duo, et tria sex faciunt. Nullus autem ante senarium invenitur qui suis partibus, dum dividitur, impleatur, cujus perfectio etiam ipso opere mundi clarescit.

29. Sex enim diebus perfecit Deus opera sua. Primo die condidit lucem, secundo firmamentum, tertio speciem maris et terræ, quarto sidera, quinto et pisces, et volatilia, sexto hominem, atque animantia.

---

19. In Ms. magis videbatur *plenam*, quam *plenum*. Fortasse Isidorus scripsit *plenam perfectionem*, et paulo ante *profunditate et sublimitate*. Denarii perfectionem sæpissime sanctus Augustinus commendat, quem in hac numerorum mystica expositione Isidorus libenter sequitur.

22. In Ms. erat *differentiæ*. Fortasse Isidorus scripsit *vultu sibi differentia*. De re ipsa vide Apocalypsin, cap. IV.

24. Fortasse, *quadricolori splendore*. Irin, sive arcum cœlestem colorum familiam omnem parere, nigro alboque coloribus exceptis, tradunt ii qui phænomeni hujus naturam accurate expresserunt; qua de re, præter physices et optices scriptores, nonnulli peculiares tractatus exstant. Isidorus fortasse innuit quatuor esse præcipuos colores, qui in iride apparent, qui tamen inter se varientur.

25. De quinario numero sanctus Augustinus enarrat. in psalm. CXLVII, n. 10, et alibi. Quod Apostolum in ecclesia quinque verba loqui delectet, nescio sane quo pertineat.

28. Infra etiam, num. 48: *Octonarius primus et perfectus est.* Non male hoc loco esset: *Senarius numerus primus est perfectus.* Præstaret etiam legere: *Nam sextam sui partem intra se continet.*

29. De sex ætatibus mundi alibi etiam Isidorus in Etymologiis, in Chronico, etc. Sed hic locus fortasse integer non est, satis tamen intelligitur.

Sex etiam dies sunt, quibus ætatibus mundus perficitur, quarum prima est ab Adam usque ad Noe, secunda hinc usque ad Abraham, tertia usque ad David, quarta usque ad Transmigrationem, quinta usque ad adventum Christi, sexta, quæ nunc ætas est, usque in finem mundi. A

30. Annus quoque ipse senario numero consummatur; sexagenarius enim numerus dierum sexta pars est, cujus summa per senarium primi versus multiplicata, id est, sexies sexaginta, CCCLX. Residui sunt quinque dies, quibus si adjiciuntur quadranæ partes, totum senarium numerum faciunt. Siquidem et ipse quadrans ex his consistit.

31. Idem ipse Senarius numerus quadro et solido quaternario sociatus, horas diei noctisque metitur. Nam quater seni viginti quatuor efficiunt. Præterea B hujus numeri perfectio et in ætatibus hominum, et in rerum gradibus invenitur. Sex enim ætatibus cursus mortalium consummatur, hoc est, infantia, pueritia, adolescentia, juventute, senectute, senio. Sex sunt et gradus omnium rerum, id est, non viventia, ut lapides; viventia, ut arbores; sensibilia, ut pecudes; rationabilia, ut homines; immortalia, ut angeli. Novissimus et summus gradus est, qui est super omnia Deus.

32. Item naturalia officia, sine quibus esse nihil potest, sex sunt; id est, magnitudo, oculi, figura, intervalla, status et motus. **228** Item ipsius motus sex differentiæ sunt. Nam movemur ante, a tergo, dextra, lævaque, sursum, atque deorsum. Sunt quoque C exempla multa hujus numeri in sacris eloquiis. Nam sexto die homo ad Dei formatur imaginem, et sexta ætate mundi Salvator venit in carnem, et sex diebus jussum est populo in deserto manna colligere.

33. Hinc et Ezechiel quoque in dextera viri calamum sex cubitorum vidisse se narravit. Ipse etiam templi frontes sex cubitis in altum scripsit. Idem sex agnos in holocaustis principem offerre mandavit. In Evangelio quoque sex hydrias plenas aquis Christus in vini saporem convertit. Sex etiam dies idem ante Passionem ingrediens in Jerusalem super asinum sedit. Sunt et alia plura, sed propter legendi fastidium omittuntur.

CAPUT VIII.

De septenario numero.

34. *Septenarius* numerus a nullo nascitur, nec generat, nec generatur. Nam omnes numeri intra decem positi aut gignunt alios, aut gignuntur ab aliis. Iste nec gignit, nec gignitur. Sex enim et octo generantur tantummodo. Quatuor autem, et duo et creant, et creantur. Septem nihil gignit, nec ab altero gignitur.

35. Hic autem numerus septenarius juxta legitimum est; sive cum testificatur, ut septuaginta, et septingenti, sive cum toties in sese septies centeni septem; quique etiam juxta sapientes mundi ea ratione perfectus habetur, eo quod ex primo pari, ac primo impari constat. Primus autem impar ternarius est, primus par quaternarius, **229** ex quibus duobus ipse septenarius consummatur; qui etiam partibus istis multiplicatus duodenarium reddit. Nam sive ter quaterni, sive quater terni duodecim faciunt. Sed per *tres* Trinitatis mysterium, per *quatuor* virtutum actio illustratur; ac per hoc in his partibus, ut per Trinitatis speciem actio virtutum perficitur, et per repræsentationem virtutum usque ad Trinitatis notitiam pervenitur. Rursus autem cum ad duodenarium surgit, et duodecim apostolos septiformis gratiæ Spiritus perfectos ostendit, quorum prædicatio [*Forte* prædicatione] per quatuor virtutum genera Trinitatis fides in toto orbe crescit.

36. In Scripturis autem sanctis iste numerus interdum omne tempus sæculi hujus, interdum requiem significat, nonnunquam Ecclesiæ unitatem demonstrat. Pro universo ponitur, ut est illud: *Septies in die laudem dixi tibi* (*Psalm.* CXVIII, 164), id est, omni tempore. Idem enim propheta hoc alibi significat pro toto tempore, dum dicit: *Semper laus ejus in ore meo* (*Psalm.* XXXIII, 1). Hinc alibi legitur: *Septuplum accipiet in isto sæculo.* Item æterna requies septenario numero significatur, cum dies septimus in requiem Domini sanctificatus vocatur, in quo jam fit vespera, quia nullis finibus temporum requies æternæ beatitudinis coarctabitur.

37. Inde etiam et in lege septimus dies feriatus esse præcipitur, ut requies in ea æterna significetur. Inde est, quod post resurrectionem suam Dominus

30. *Quadranæ partes* quid sit, non intelligo. Legerem *quadrantis partes.* Lumen afferet Plinius de anni diebus loquens: *Ad* CCCLXV (*dies*) *adjiciunt etiamnum intercalarios diei noctisque quadrantes.* Ex quo apud Isidorum reponendum censeo: *Siquidem et ipse quadrans sex horis consistit;* nam quadrans diei sex horæ sunt, et ante correctionem Kalendarii Gregoriani CCCLXV diebus ad annum complendum sex integræ horæ adjiciebantur.

31. Deerat in ms. conjunctio *et* post *ætatibus hominum.*

33. Mutavi *offerri*, quod ms. exhibebat, in *offerre.* Vide Ezechielis verba, cap. XLVI, 4.

34. De numero septenario mira passim narrantur, nonnunquam etiam superstitiosa. Fluddius De microcosmi historia, tract. I, sect. I, lib. I: *Ego*, inquit, *hominem doctissimum novi, qui virtute hujus numeri septenarii, cujusdam quasi oraculi assistentia, quæ-* D *stiones dubias atque ancipites resolvere non dubitavit, atque etiam de occultis tam præsentibus quam futuris quodammodo divinare pollicitus est.*

35. Fortasse, *septenarius jure legitimus est.* Deest aliquid in verbis, *sive cum toties*, etc. Mox substitui *per quatuor virtutum genera*, cum in ms. esset, *et quatuor virtutum genera*, nullo sensu. De numero septenario confer sanctum Augustinum, serm. 51, cap. 23, et aliis etiam in locis.

36. Verba *septuplum accipiet in hoc sæculo*, non reperio quo in loco existant. Fortasse pertinent ad caput IV Genesis, 15: *Omnis qui occiderit Cain, septuplum punietur.* Sanctus Augustinus, serm. 114, hæc verba omisit, superiora protulit: *Quid est ergo septies? semper, quotiescunque peccaverit, eumque pœnituerit. Hoc enim est: Septies in die laudabo te, quod est in alio psalmo: Semper laus ejus in ore meo.*

cum septem discipulis convivasse describitur. Tertio igitur genere septenario numero sanctæ Ecclesiæ universitas figuratur, dum per speciem ad genus transitur.

38. Unde et Joannes in Apocalypsi septem scribit Ecclesiis, dum septem sint solæ quæ specialiter nominantur, sed una Ecclesia, quæ septiformis gratia Spiritus perfecte in toto mundo diffunditur; scriptum est enim : *Una est columba mea, una perfecta mea* (*Cantic.* VI, 8); his enim tantis significationibus numerus iste in Scripturis eminentior est præ cæteris, utpote quem Dominus in requiem suam sanctificavit, et in qua futuræ resurrectionis requiem repromisit.

230 39. Convenienter itaque septenario numero significatur Spiritus sanctus; unde et sanctificatio in lege ad diem septimum pertinet. Nam nullum diem Deus sanctificavit operis sui, sed sanctificavit tantum septimum, in quo requievit ab operibus suis. Jure ergo septiformis Spiritus imaginem portat, qui per divinitatis plenitudinem in Christo inhabitat, Isaia testante propheta : *Et requiescet*, inquit, *Spiritus Domini, Spiritus sapientiæ et intellectus, Spiritus consilii et fortitudinis, Spiritus scientiæ et pietatis, et replebit eum Spiritus timoris Domini* (*Isa.* XI, 2).

40. Unde et Zacharias sub imagine Christi lapidem habentem oculos septem scribit. Hujus ergo numeri exempla in divinis voluminibus copiosa sunt. Septimus enim ab Adam transfertur Enoch. Et septimus computatur Lamech, qui septem vindictas solvit Cain. Septimo die ingressionis Noe diluvium fuit, et septimo mense residens arca quievit. Septena quoque animalia introierunt in arcam; et septem diebus in veteri lege celebrari præcipitur pascha. Candelabrum autem septem ramorum in tabernaculo testimonii Moyses legislator constituit.

41. Arca quoque Testamenti clangentibus tubis septies circumacta Jericho muros subvertit. Elisæus namque septies super mortuum puerum excitavit. Septem quoque mulieres in Isaia virum unum apprehenderunt; totidemque fratres apud Sadducæos mulieri nubunt, sibimet succedentes. Septem etiam panes populo in Evangelio dividuntur, et septem sportæ superfuerunt.

42. Septem etiam Ecclesiis apostolus Paulus scribit, id est, Romanis, Corinthiis, Galatis, Ephesiis, Philippis, Colossis, Thessalonicis. Et Joannes in Apocalypsi vidit stantem Christum in medio septem candelabrorum, id est, Ecclesiarum Ephesiorum, Smyrnensium, Pergamorum Thyatirarum, Sardium, Philadelphiorum, et Laodiciorum.

42. Item apud eumdem septem in dextera Dei stellæ leguntur, et septem signacula libri Agnus occisus resolvit, et septem angeli **231** tubis canunt, et septem accipiunt potestatem septem plagarum. Septemplici quoque muro Jerusalem cœlestis fundatur, et septem levitæ ab apostolis eliguntur. Hic numerus multiplicatus per septena, de uno quoque ter mysterio unitatis adjectio quinquagenarium efficit, in quo die post Ascensionem Domini promissus a Patre Spiritus sanctus super credentes descendit. Item per annorum curricula septies in sese multiplicatus, adjecta monade una, ad quinquagenarium pervenit, ac perpetuam requiem jubilæi ostendit; quanquam sit et in eo aliquid contrarium, ut legimus bestiam septem capita habentem. Sunt et septem dæmonum principalia vitia. Infinita quippe exempla hujus numeri in sacris eloquiis.

44. Sed iterum transeamus ad alia, quæ numerum assignant. Septem apud veteres annumerantur genera philosophiæ, prima arithmetica, secunda geometria, tertia musica, quarta astronomia, quinta astrologia, sexta mechanica, septima medicina. Idem quoque septenarius numerus formam lunæ complectitur; tot enim habet luna figuras : prima namque bicornis est, et secunda sectilis, quæ medilunia appellatur, tertia dimidia, quarta plena, quinta, id est, dimidia ex majore, sexta id est sectilis, septima vix, quod et prima, bicornis. Nam tres formas prædictas eadem figura definiens repetit. Hic etiam numerus et nomina lunæ significat. Nam unum, duo, tria, quatuor, quinque, et sex, et septem viginti octo faciunt.

45. Item tot sunt circuli, tot planetæ cœli, tot dies mundi, totque transfusiones elementorum. Nam ex igne aer, ex aere aqua, ex aqua terra, id est ascensio, ex terra aqua, ex aqua aer, et ex aere ignis. Porro septimana partus hominem absolutum perfectumque dimittunt. Septima quoque die ægri periclitantur. Vocales quoque Græcæ litteræ septem habentur.

46. Ipse autem homo septem meatus habet in capite sensibus præparatos, duos oculos, auresque, et nares totidem, et os unum. Parvulis etiam septimo mense dentes emergunt, septimo anno mutantur. Item secunda hebdomada, id est, quarto decimo anno infans pubescit, et possibilitatem gignendi accipit. Tertia vero lanuginem **232** et florem genarum producit. Quarta incrementa staturæ definiuntur; quinta juvenilis ætatis plena perfectio datur; sexta defluxio est, septima senectutis initium.

47. Item septem naturas abstrusas membra mortalium, id est, linguam, cor, pulmonem, lienem, jecur, et duos renes. Item septem corporis partes hominem perficiunt, id est, caput, collum, pectus, venter, duæ manus, totidem pedes, et in vertice axis cœlestis.

39. In Vulgata : *Et requiescet super eum Spiritus*, etc.

41. Quod de Elismo dicitur, depravatum videtur. Lib. IV Reg., cap. IV, 33 et seqq., cum Elisæus bis aut ter super puerum mortuum incubuisset, *oscitavit puer septies*, quod fortasse innuere voluit Isidorus.

43. *Per septem de uno quoque*, etc. Mendum certe subest, quod ita emendari potest : *Per septem, uno quoque propter mysterium unitatis adjecto, quinquagenarium efficit.* Aut *per septem monade una propter*, etc.

44. Corrigendum puto *septima bis, quod*, etc.

45. *Septimana partus*, etc. Obscurum id et forte mendosum.

46. Melius videretur *sexta deflexio est.*

CAPUT IX.

De octonario numero.

48. *Octonarius* primus et perfectus est; nam ex primo motu, id est, ex duobus per duos quatuor generat, et bis facit ocdoadum perfectum. Hic autem numerus sanctus est, et in figura veræ circumcisionis ascriptus. Quin etiam et septenario numero primus est, et ex septem est, sicut in principio idem, qui fuit octavus in creatione mundi, et perfectio unitatis est.

49. Sed sicut in septenario numero præsens vita volvitur, et designatur, ita per octonarium spes æternæ resurrectionis ostenditur. Hoc enim die Dominus a mortuis resurrexit, qui scilicet a passione Domini computatur tertius; in ordine creationis mundi, ut prædictum est, post septimum reperitur octavus ad demonstrandam utique futuræ resurrectionis beatitudinem; quod non immerito Scriptura sic ait: *Da partem septem, nec non et octo, quia ignoras quid mali futurum sit super terram;* quasi diceret: *Sic dispensa sollicite temporalia, ut studeas cogitare æterna: necesse est namque ut bene agendo præcogites, quia de futuris judicii malis quid denuo tibi incurrat, incertus es* (*Eccle.* XI, 2). Convenit denique numerus iste et Domino, et ejus corpori, quasi uni, et septem.

50. Inde est, quod octo animæ cum Noe introierunt in arcam. Sed in illis septem septiformis Ecclesia designatur, in octavo Noe **223** Christus, qui est caput Ecclesiæ, figuratur. Ad hoc etiam pertinet quod in Michæa legitur, *septem pastores*, et octavus utique Christus cum septiformi corpore suo. In Evangelio quoque de hoc numero legitur, quod post dies octo coram tribus discipulis suis facies Domini in monte refulsit.

51. Idem etiam Salvator post octo dies resurrectionis Didymo se non credenti manifestavit. In sese triplicatus iste numerus propter Trinitatem viginti quatuor seniores efficit qui coronas suas efferunt coram Agno. At contra octavus scribitur in Apocalypsi diabolus, qui inter septem reges Romanorum a Joanne visus est, quasi occisus, octavus utique, sed in proditione. Denique et octo principalia vitia describuntur, ex quibus multitudo omnium vitiorum exoritur, id est, invidia, iracundia, tristitia, avaritia, ingluvies, luxuria, inanis gloria, superbia.

CAPUT X.

De novenario numero.

52. *Novenarius* secundum se perfectus numerus est, et inde magis perfectus dicitur, quoniam ex tribus perfectis per formam ejus multiplicatus completur. At vero secundum alios imperfectus est; nam ut primi versus finem teneat, uno tamen semper indigus est, qui si adjiciatur ad novem, certam perfectionis atque integritatis regulam complet, in quo novenario numero illi accipiuntur, qui imperfecti sunt, et ad decem præcepta legis nequaquam perveniunt.

53. Ex hoc numero sunt illi novem leprosi in Evangelio, qui ab unitatis consortio seclusi, mundatori suo per superbiam gratias non egerunt. Ex eodem numero accipiuntur a quibusdam et illi nonaginta novem, qui non indigent pœnitentia, dum inaniter semetipsos justificant; quamvis in eis quidam cœlestes figuras intelligant. Præterea [*Forte*, Propterea] Hebræi novem libros esse propheticos dicunt, et **224** gentiles novem musas finxerunt, quibus perfecta scientia consistit modulationum.

CAPUT XI.

De denario numero.

54. *Denarius* vero ultra omnes habendus est numerus, quia omnes numeros diversæ virtutis ac perfectionis intra se continet; qui licet primi versus finis sit, secundæ monadis complet auspicium, et formulam unitatis adimplet; in quo tantus fit complexionis terminus, ut ultra numerus nequaquam procedat, sed denuo ad unitatem recurrat, sicque deinceps pro infinita numerorum multitudine habeatur.

55. Est autem in Scripturis sanctis legitimus, sicut et septimus, nunc perfectionem significans, nunc aperte totum demonstrans, sicut Daniel, qui omnem Ecclesiam, sive angelorum multitudinem infinitam denario numero complexus est, dicens: *Millia millium ministrabant ei* (*Dan.*, VII, 10). Unde et psalmus: *Currus*, inquit, *Dei decem millibus multiplex millia lætantium* (*Ps.* LXXII, 18).

56. Denique hic numerus Decalogi legi ascribitur. Decem enim notissima præcepta legis. Ab Adam progenies usque ad Noe denario numero terminatur; in cujus numeri figura et David propheta in Psalterio decem chordarum cantavit, in cujus typum Salo-

48. Cum *pro octava* multi inscribantur psalmi, nata hinc occasio est indagandi mysticas interpretationes hujus numeri, quas fere Isidorus complectitur ex Ambrosio, Augustino et aliis. Vide Onomasticum Burii et Hierolexicum Macri.

52. Quædam hic verba mutavi, ut sensum redderem; nam in Ms. erat *magis perfectio dicitur... secundum alias... nam dum primi versus teneat... indigus est, quasi adjciatur ad novam certam.*

53. Allegoria de numero novem leprosorum explicatur latius a sancto Augustino, lib. II Quæstion. Evang., quæst. 41, n. 4. Pro *quamvis in eis* in Ms. erat *quam in eos.*

54. Substitui *primi versus* pro *primus versus*, quod erat in Ms. Versus primus est veluti prima decas. Scripsi etiam *secundæ monadis* pro *secundi monadis*, quod, opinor, librarii error est. Quod autem denarius secundæ monadis auspicium complet, denotat, ut arbitror, denarium complere unam decadem, quæ est unitas decadum, sicut primus numerus, sive origo numerorum est unitas numerorum.

55. Librarius, ut par est credere, omisit verba Danielis quæ sequuntur: *Et decies millies centena millium ministrabant ei.* Nam in hoc *decies* Isidori ratio versatur.

56. Quædam hic mutavi, ut commodum sensum redderem. Codex ms. sic habebat: *Decalogi legis ascribitur. Decem... Ab Adam pro genere est usque ad Noe denarius numerus terminatur.* Vide n. 62.

mon rex decem candelabra in domo Dei dextra læ- A vaque constituit.

57. Denique in Zacharia decem sunt homines, sub specie omnium gentium fimbriam Christi tenentes. Decem sunt et in Evangelio virgines, quæ in sensibus carnis et spiritus, quinario numero geminato, **235** intelliguntur. Decem etiam leprosi mundantur a Domino, novem ex eis ab unitate seclusis. Decem sunt præterea urbes, quas si bene rexeris, cordis et corporis sensus duplicato numero accipies in futurum.

58. At contra in Exodo decem plagis percussa est Ægyptus, et in Apocalypsi decem cornua procedunt ex mari, et decem dies pressurarum Ecclesiæ scribuntur, in quibus status hujus vitæ, et tempus ostenditur. Apud Salomonem autem decem mensibus infans coagulatur in sanguine. Sunt et alia sexcenta. B Sed hactenus de denario dixisse sufficiat.

59. Hæc est primi versus numerorum regula, hæc sacramenta, genera et species differentiæ perfectionis. Omnes autem primi versus numeros recapitulantes sub hac veritate tractemus. *Unus* numerus non est, sed origo numerorum omnium est. *Binarius* prima pars est, *ternarius* ordine et virtute primus. *Quaternarius* duobus paribus constat. *Quinarius* sibi genius est. *Senarius* in opere mundi perfectus est, et ab imparibus par est. *Septenarius* legitimus est, et interdum pro toto est.

60. *Octonarius* a paribus par est. *Novenarius* a perfectis imparibus impar est. *Denarius* perfectus atque finalis est. Termini autem numerorum, vel limites isti sunt: unus, decem, centum et mille. C Hucusque ad regulam primi versus disputatum est. Nunc de secunda [*Forte*, nunc de secundo] tractemus.

CAPUT XII.

De undenario numero.

61. *Undenarius* numerus prima secundi versus monas est, qui imparibus suis non habet amplius, nisi solam undecimam, quod est, sicut quinarius solam quintam, et ternarius solam tertiam. In Scripturis autem undenario numero transgressio præcepti significatur, sive diminutio sanctitatis. Unde et undecimus psalmus sic inchoat, dicens: *Salvum me fac, Domine, quoniam defecit sanctus.* **236** Sicut enim per denarium scribitur perfectio beatitudinis, ita per undenarium transgressio legis.

62. Hinc est quod Adam progenies per Cain us- D que ad diluvium undenario numero terminatur, ad significandum scilicet peccatum, quod per transgressionis superbiam fit. Nam et vela cilicina, quibus tabernaculum tegebatur, undecim fieri jubentur, ut et per numerum peccatum, et per cilicium punctiones atque lamenta peccatorum significarentur. In Daniele quoque undecimum bestiæ cornu esse docetur, ad demonstrandum illum auctorem transgressionis diabolum, et filium ejus Antichristum, cujus regni virtus in peccati potentia exaltatur.

63. Nam et Petrus, cadente Juda, ne in undenario numero apostolorum summa permaneret, duodecimum Matthiam sorte electum constituit, metuens ne in numero transgressionis consisteret summa apostolicæ veritatis, licet et hic numerus in ratione temporum reperiatur ascriptus. Undecimo namque Kalendas Aprilis factus fuisse legitur mundus. Undecim etiam perhibentur dierum epactæ, quæ per singulos annos ad cursum lunæ adjiciuntur.

CAPUT XIII.

De duodenario numero.

64. *Duodenarius* numerus inter alios numeros legitimus ex legitimis numeris est. Propterea septenarii partes altera pro altera multiplicatur. Nam quater terni, vel ter quaterni eumdem numerum faciunt, hic autem partibus suis simul ductus non tam consummatur, sed exceditur. Ampliorem quippe de se ipsum **237** numerum reddit; nam partes ejus usque ad sedecim perveniunt. Habet enim has quinque, duodecimam, quod est unum, sextam, quod duo, quartam, quod tres, tertiam, quod quatuor, dimidiam, quod sex.

65. Itaque unum, et duo, et tria, et quatuor, et sex, in summam ducta, sedecim sunt. Tali ergo ratione plusquam perfectus habetur. Hic autem duodenarius numerus, ut prædiximus, in Scripturis legitimus, sive cum pro toto ponitur, sive cum in se multiplicatur: pro toto ponitur, ut XII throni, et XII tribus, dum per XII thronos omnes judicantes, et per duodecim tribus omnes gentes significantur.

66. Pro se ipso autem, sicut duodecim per duodecim centum quadraginta quatuor efficiunt, quo numero omnis Ecclesia designatur. Idem autem frequentior est in Scripturis, et inter omnes numeros habetur insignior propter summam patriarcharum et apostolorum.

67. Duodenarius est numerus apostolorum, idem etiam et patriarcharum; sunt enim et totidem minores prophetæ. Lapides etiam duodecim, quos sacerdotes gestabant in pectore. Duodecim præterea in

57. In Ms. erat *accipiet* pro *accipies*.

58. In Ms., hic et alibi, *in Apocalypsin* pro *in Apocalypsi*.

59. *Sibi genius est*. Id est, ut puto, quod num. 25, *se semper ostendit*.

61. Forte, *qui in partibus suis... quod est unum, sicut*.

Ibid. In Ms. *monades* pro *monas*.

Ibid. Ex sancto Augustino serm. 51, cap. 23 et alibi.

62. Progenies ab Adam usque ad Noe dicuntur decem supra, num. 56. Hic dicuntur undecim progenies usque ad filios Noe. Rationem explicat Isidorus, cap. 6 in Genesin, n. 29. Reposui *undecimum bestiæ cornu* pro *undecim bestiæ cornu*. Posset quoque legi *undecim bestiæ cornua*. Sed ex Daniel. VII, 20, præferendum videtur *undecim bestiæ cornu*.

63. Nonnulli veterum mundum autumno conditum asseruerunt; sed plerique Patres verno tempore creatum mundum tenent, Cyrillus Hierosolymitanus, Basilius, Nazianzenus, Ambrosius, Theodoretus et alii. Confer concilium jussu Victoris papæ a Theophilo Alexandrino celebratum in append. 8, tom. III, pag. 515.

.64. In Ms. erat *nam quaterni* pro quo lego *nam quater terni*. Pro *exciditur* posui *exceditur*. Fortasse legendum *simul ductis*, et *non tantum consummatur*.

lege apostolici fontes leguntur, juxta quos septuaginta creverunt palmæ; duodecim namque Israel tribus vocantur. Duodecim etiam exploratores ad terram sanctam mittuntur, quibus botrus in ligno sub typo Christi defertur.

68. Denique et propter æternitatis testimonium de Jordanis amne lapides duodecim auferuntur, qui ponuntur in loco ubi secundo circumcisus est Israel. Porro Elias ex duodecim lapidibus ædificavit altare, et apud Matthæum XII fragmenta cophinorum superfuerunt in solitudine. Item in Apocalypsi de singulis patriarcharum tribubus duodecim millia signantur in frontibus. Super caput quoque Agni corona duodecim stellarum resplendet, et fundamenta etiam Jerusalem ex duodecim pretiosis lapidibus sunt, et ipsa civitas XII stadiis est undique versum, et ejusdem civitatis XII portarum ingressus habetur.

69. Hic duodenarius numerus sexies multiplicatus facit septuaginta duos discipulos, qui missi sunt ad prædicandum per totum mundum in septuaginta duabus linguis divisum. Item multiplicatus in sese efficit centum quadraginta quatuor, qui est mensura murorum Jerusalem.

238 70. Idem ipse quoque multiplicatus facit centum quadraginta quatuor millia signatorum, id est, universitatem sanctorum. Præterea et in temporibus et in partibus mundi convenit numerus iste. Duodecim enim mensibus explet sol iste visibilis annum: duodecim etiam flabra ventorum universum peragrant mundum. Duodecim etiam horæ sunt diei, totidemque horæ sunt noctis.

CAPUT XIV.

De denario ternario numero.

71. *Denarius ternarius* numerus propter tria et decem designat legem, et legislatorem, Decalogum, videlicet, et Trinitatem. Competenter autem hic numerus apostolo Paulo ascribitur, qui ejusdem tenet numeri locum in ordine apostolorum.

72. Nam idem ante legis doctor, postea divinæ Trinitatis in gentibus exstitit evangelicus prædicator, quasi decem et tria tenens. Unde et ipse Benjamin, de cujus stirpe Paulus est ortus, in tribu tertia decima computatur, Ephraim et Manasse annumeratis pro Joseph in ordine patriarcharum.

CAPUT XV.

De denario quaternario numero.

73. *Denarius quaternarius* numerus, quia ex duobus septenariis constat, gemitum nobis insinuat, sive hunc temporalem, quem veteres in otio figuraliter utebantur, sive illum æternum, in quo a laboribus suis omnes sancti exspectant requiem. Reperitur autem juxta Evangelium in generationibus temporum. A Ab Abraham namque usque ad David quatuordecim generationes annumerantur. Item a David usque ad transmigrationem totidem generationes reperiuntur; **239** rursusque usque ad Christum generationes quatuordecim computantur.

74. In lege quoque quarto decimo die mensis primi pascha celebrari jubetur de carne agni immaculati. In Ezechiele autem quatuordecim extenditur cubitis crepido cœlestis altaris (*Ezech.* XLIII, 17). Quatuordecim præterea annis servivit Jacob Laban. Quatuordecim anni fuerunt ubertatis [*Forte*, sterilitatis et ubertatis] in Ægypto sub Joseph.

75. Paulus quoque apostolus post annos quatuordecim ad evangelizandum ascendit in Jerusalem, Barnaba secum et Tito assumptis. Idem quatuorde- B cim Epistolis prædicationis suæ sermonem conclusit. Porro Job pro tolerantiæ meritis quatuordecim millia ovium in fine recepit. Puer quoque in adolescentiam post annum quartum decimum transit, atque gignendi virtutem anno quarto decimo sumit.

CAPUT XVI.

De quindenario numero.

76. *Quindenarius* numerus juxta decisionem suavem rationum, quia ex tribus partibus constat, imperfectus est. Habet enim primam, et tertiam, et quintam tantummodo. Sed prima ejus unum est, quinta ejus tria sunt, tertia vero quinque, qui efficiunt novem. Hic autem mystice in duabus decisus partibus et præsens tempus significat, et æternum demonstrat.

C 77. Constat enim ex septem et octo, qui faciunt quindecim, sed et septem ejus ad temporum cursum pertinent, quod duobus septenis peragitur, octo vero ad fidem rationis, ubi in æterna pace gaudebitur. Octavo enim die, qui est post Sabbatum primus, Dominus resurrexit, cujus figuræ mysterio æternitas futuræ resurrectionis manifestatur. Siquidem et septem ejus pro Sabbati cultu Testamentum Vetus insinuant. Octo vero ejus dominicam resurrectionem Novum Testamentum demonstrant.

78. Recte ergo hic numerus societatem significat Testamentorum. Hinc est quod apostolus Paulus quindecim diebus in Jerosolymis cum **240** Petro se commorasse testatur, ut cum eo utrumque Testamentum conferret, et septenarium propter tempus vitæ præ- D sentis, et octonarium propter futuræ resurrectionis æternam beatitudinem, ut animadverteret qualiter et temporalia temperaret, et æterna inhianter appeteret.

79. Hic autem quindenarius numerus mystice dominico ascribitur templo. Quindecim gradus erant in circuitu templi, in quibus sacerdotes et Levitæ

70. Duodecim horæ diei in Evangelio commemorantur. Nox quoque quatuor vigiliis constabat, unaquæque vigilia tribus horis. Inæquales autem erant diei noctisque horæ pro temporum varietate.

73. *Quem utebantur.* Isidoriana phrasis est, ut ex ejus præsertim mss. operibus sæpe constat. Sed pro *gemitum* aliud videtur reponendum, quod requiem denotet; fortasse *geminum*, ut subaudiatur *septenarium*.

76. Forte, *suarum* pro *suavem*.

77. In Ms., *septem vero ad fidem*. Fortasse, *dominicam resurrectionem, et Novum Testamentum*, vel potius *pro dominica resurrectione Novum Testamentum*.

secundum ordinem meritorum astabant, ad quorum etiam exemplum quindecim graduum cantica decantavit propheta, per quos a terrenis paulatim crescendo usque ad templum Jerusalem superne [*Forte*, supernæ] conscenditur. Quanquam si per denarium iste numerus computatus consurgat, centum quinquaginta psalmos, quos cecinit Propheta, demonstrat.

80. Certe si paulatim ab uno usque ad se ipsum per incrementa consurgat, cxx fideles designat, super quos infusus est Spiritus sanctus, qui et per septenarium numerum septiformis spiritus gratiam acceperunt, et per octonarium numerum æternæ spei gloriam mundo prædicaverunt.

81. Sunt etiam pleraque in Scripturis numeri hujus exempla. Quinta decima enim die solemnitates incipiunt Domini, et quinta decima die mensis festivitas Tabernaculorum est, in qua filii Israel azyma primum comederunt in eremo, fixeruntque tentoria. Siquidem et Ezechias moriens quindecim annos commeatum vitæ recepit. Altitudo etiam diluvii excrescens totidem cubitis montium juga conscendit. Incrementum autem quinta decima luna tenet; quinto decimo anno indictio solaris finitur.

CAPUT XVII.

De denario senario numero.

82. *Denarius senarius* constat ex duobus perfectis, qui tamen his partibus continetur. Habet enim sextam decimam, quod est **241** unum; octavam, quod duo; quartam, quod quatuor; dimidiam, quod octo; qui faciunt sedecim.

83. Hic tamen per mysterium prophetis creditur assignatus. Eorum enim libri sedecim esse probantur, id est, Isaias, Jeremias, Ezechiel, Daniel, Osee, Joel, Amos, Abdias, Jonas, Michæas, Nahum, Habacuc, Malachias, Sophonias, Aggæus et Zacharias, quorum figuram sedecim bases illæ gestabant argenteæ, in quibus deauratæ tabulæ stabant contra occidentalem plagam.

84. Bases quidem prophetas intelligimus, super quorum splendidissimum vaticinii fundamentum consistit amplissima doctrina apostolorum.

CAPUT XVIII.

De duodevicesimo numero.

85. *Duodevicesimus* a senario per denarium [*Forte*, per ternarium] adimpletur, qui sex ætates sunt mundi, cujus senaria series tripertita ratione temporum distribuitur, id est, ante legem, sub lege, sub gratia, in qua tertia ostenditur sacramentum fidei, quod ad salutem animarum suscipimus. Hujus numeri mysterium evangelica mulier illa, typum Ecclesiæ gerens, expressit, quæ a Domino post octo et decem annos erecta atque sanata est.

86. Redemptor enim noster sexta ætate descendit ad salutem nostram, cujus senarii numeri formis illa A ratio adjecta, ter seni decem et octo efficiunt, et explent mulieris ejusdem typicum sacramentum.

CAPUT XIX.

De undevicesimo numero.

87. *Undevicesimus* numerus lunaris cycli enucleatius rationem perstringit; denique in ejus cursu paschales quartæ decimæ lunæ in omnium annorum revolutione sine ulla ambiguitate repetuntur, recurrente semper in sese ejusdem decem novenalis cycli cursu, qui dum usque ad finem circuitus sui peragitur, rursus eisdem lineis, quibus a principio cœpit, revolvitur.

242 CAPUT XX.

De vicenario.

88. *Vicesimus* quoque numerus, secundi versus B finem faciens, partibus suis plusquam perfectus habetur. Hic autem ex duplici decalogo constans, designat geminam legis scientiam, quasi apertum et absconditum, simplex et mysticum. Pertinet autem ad tabernaculi dominici sacramentum.

89. Ibi namque ad australem et septentrionalem plagam bis denæ tabulæ super bases stabant argenteas; et in templo, quod Salomon ædificavit, alæ duorum cherubin xx cubitorum mensura diffundebantur. Datur etiam et hic numerus Israel atque Levi; viginti enim annorum ad prælia eliguntur, et xx annorum tabernaculo deservire mandantur.

CAPUT XXI.

De vicesimo quarto numero.

90. *Vicesimi quarti* summa multa in semetipsa C Scripturarum continet sacramenta; unde et sacratus commendatur hic numerus. Viginti enim quatuor sunt libri legis et prophetarum. Patres quoque viginti et quatuor sunt. Duodecim apostoli, et patriarchæ totidem. Viginti quatuor etiam classes sacerdotum fuerunt ab initio legis in populo Judæorum, quæ vicissim in templo hostias immolabant.

91. Singulæ classes singulos pontifices summos habebant, quorum nominibus classes nuncupabantur. Apud Joannem quoque sedilia viginti quatuor sunt, et viginti quatuor seniores tenentes citharas et phialas, et adorantes Agnum, nempe et quatuor animalia xxiv alas habebant. Ipse autem viginti quatuor seniorum numerus, si ab uno incipiens paulatim addendo D usque ad vicesimum quartum pervenias, trecenti efficiuntur, per quos longitudo arcæ, id est, fides Ecclesiæ significatur, in qua infinita sanctorum multitudo omnium continetur.

92. Præterea ex duobus duodenis numeris vicesimi quarti numeri **243** summa completur, per quos significatur Ecclesia et ex circumcisione et ex gentibus congregata. Itaque et si octavus numerus tripliciter computatur, in quo veræ et sanctæ circumcisionis figura est, vicesimum quartum numerum facit, in quo figuraliter edocemur, in amputatione vitiorum credere

84. Ms. Codex sic habebat: *In elementum autem quinta decima luna terræ, quinto decimo anno inditio solaris finitur.*

82. *Sextam decimam*. Intellige *partem*. Mox legendum videtur *qui faciant quindecim.*

87. In Ms. erat *cycli circuli cursu*; delevi *circuli*, quod videtur glossa.

nos debere in Patrem, et Filium, et Spiritum sanctum.

93. Idem etiam numerus septuaginta duos discipulos ostendit, quos Dominus binos ante faciem suam præmisit, ternario numero in se multiplicato. Denique ter vicies quaterni septuaginta duo faciunt. Nam et si sexies quartum numerum supputes, et quatuor præferre elementa mundi, in quibus cuncta subsistunt, et qui sunt in operibus mundi hujus, in quo ipsa elementa subsistunt.

CAPUT XXII.

De tricenario numero.

94. *Tricenarius* numerus ex denario triformiter posito consummatur. Habet enim denarium ter propter Patrem, et Filium, et Spiritum sanctum, et propter decem præcepta legis, quæ nobis dono ejusdem Trinitatis ad conservationem vitæ concessa sunt. Hinc est quod arcæ altitudo triginta cubitis erigitur, quia Ecclesia Decalogi mandato fide Trinitatis perficitur, cujus exempla in Scripturis talia reperiuntur.

95. In Zacharia enim Dominus triginta argenteos pretium suæ mortis accepit, et in Evangelio Christum Judas totidem argenteis venundavit. Ipse quoque Dominus et Salvator noster eadem ætate in Jordanem descendit, et mundo Evangelium prædicavit. Siquidem et tricesimus fructus conjugatorum datur propter carnis conflictum, ne libidine superentur.

96. Menses quoque tricenis diebus consistunt; horæque totidem **244** momentis conficiuntur, atque in omnium rerum personarumque repetitione tricennalis annorum objectio finem ponit.

CAPUT XXIII.

De quadragenario numero.

97. *Quadragenarius* numerus plenitudinem indicat temporum, tanquam eo sæcula consummantur, cujus numeri typo et lex, et prophetæ, et Evangelia monstrantur; quadragenis enim diebus Moyses, et Elias, et Dominus jejunaverunt, præbentes nobis significationem, ut quandiu in hoc sæculo consistimus, a cunctis illecebris carnalium vitiorum nosmetipsos abstineamus, manentes sub conservatione Decalogi præceptorum, qui per fidem in quatuor mundi partes diffunditur, ut decies quater ducta quadraginta dies impleantur.

98. Hoc significaverunt quadraginta dies diluvii, procellas scilicet, et turbines sæculi hujus, quæ patitur Ecclesia. Hoc etiam et quadraginta anni in eremo, quibus significatur laboriosum nos in sæculo habere cursum, dum ad promissum cœlestis patriæ A prætendimus regnum. Nam illud, quod quadraginta diebus Dominus tentatur in eremo, id declarat, quia quandiu in hoc corpore sumus, tentationes portamus. *Tentatio est enim*, ut ait Job, *vita humana super terram* (*Job.* VII, 1).

99. Hinc est quod Ezechiel quadraginta diebus solis peccata Judææ pronuntiavit, quia tantum in hoc mundo licitum est remissionis fructum consequi pœnitentiam. In futuro autem nihil præstat confessio, sed sola sanctorum et piorum futura est retributio.

CAPUT XXIV.

De quadragesimo sexto numero.

245 100. *Quadraginta*, scilicet, et *sex* numerorum ratio in Evangelio pro templo ædificatur; qui refertur ad fabricam dominici corporis, propter quam B templi mentio facta est; in cujus figuram templum a Judæis destructum triduo citaturum se esse dicebat. Numerus enim ipse senarius multiplicatus conceptum Virginis et partum ostendit. Dixerunt enim ei: *Quadraginta et sex annis ædificatum est templum* (*Joan.* II, 20).

101. Quadragies sexies seni fiunt ducenti septuaginta sex, qui numerus dierum complet octo menses [*Forte*, novem menses], et sex dies, quibus feminarum perfectum tempus pariendi comperitur, non quia partus hujus numeri termino compleatur, sed quia in conceptione dominici corporis usque ad partum idem numerus invenitur. Octavo enim Kalendas Aprilis prædicatur esse conceptus, et octavo Kalendas Januarii natus esse probatur.

C 102. Ab illo ergo die usque ad istum ducenti septuaginta et sex dies inveniuntur, quibus computatis per senarium numerum quadragies sexies adimpletur. Quo numero et ædificatio templi, et perfectio corporis declaratur, de quo specialiter dixerat, *Et in triduo suscitabo illud* (*Joan.* II, 20). Hoc autem dicebat de templo corporis sui, quod, mortis passione devicta, post triduum suscitaretur. Sicut per quadragenarium temporis hujus labor, vel terminus, ita per quinquagenarium æterna illa beatitudo significatur.

103. Denarius enim additus ad quadragenarium laborantibus in hoc sæculo fidelibus merces illa persolvitur, quam acceperunt primi et novissimi operantes in vinea, sicque quinquagenarius in illa D requie ac lætitia sempiterna. Hinc est, quod in lege quinquagesimo anno jubilæi requies celebatur, ad significandum quia post laborem hujus mundi pervenitur ad futuri requiem sæculi.

93. *Supputes, et quatuor*, etc. Non satis percipitur sensus, et aliquid, ut opinor, deest.

95. Isidorus fortasse scripsit, *venumdedit*.

96. *Momentum* pro exiguo temporis spatio sumitur; sed quod horæ dividerentur in triginta partes, quæ *momenta* vocarentur, nescio an alibi scriptum reperiatur. Quod *tricennalis objectio* annorum finem in rerum repetitione ponat, exprimitur etiam in concilio Hispalensi II, cui sanctus Isidorus præfuit, c. 2, ubi usurpatur hoc ipsum verbum *tricennalis objectio*, ut videri potest in append. 4 ad tom. II, pag. 590.

97. Expositio mystica numeri quadragenarii his et similibus rationibus apud sanctissimos Patres passim occurrit, quod hic numerus quadraginta dierum jejunio quodammodo a Christo consecratus fuerit. Legi poterit: *Tanquam eo sæculo consummentur.*

98. *Et quadraginta anni.* Scilicet, significaverunt. In Ms. erat *et quadraginta annos*. Verba Jobi in Vulgata sunt: *Militia est vita hominis super terram.*

99. In Ms. *soli* pro *solis*.

100. Forte legendum, *triduo suscitaturum*.

102. In Vulgata nostra: *Et in tribus diebus suscitabo illud.*

CAPUT XXV.

De quinquagenario numero.

246 104. Hic autem numerus in sanctis Scripturis sacratus est propter Spiritum sanctum. Quinquagesimo enim die egressionis Israel ex Ægypto datæ sunt tabulæ legis in vertice montis Sina, et post passionem Christi quinquagesimo die descendit super cxx fideles Spiritus sanctus; ideoque et quinquagesimus psalmus indulgentiæ et remissionis est.

105. Unde et in Evangelio quinquaginta etiam denarii debitoribus relaxantur. Nam quod in diluvio quinquaginta cubitis arcæ altitudo diffusa est, ejusdem sancti Spiritus dilatatam in mundo gratiam designabat, sicut dicit Apostolus : *Gratia Dei diffusa est in cordibus nostris per Spiritum sanctum, qui datus est nobis* (*Rom.* v, 5).

CAPUT XXVI.

De sexagenario numero.

106. *Sexagenarius* numerus, cujus summa a perfecto senario per denarium adimpletur, significat omnes sanctos, qui per observationem decem mandatorum perfectionem sanctitatis accipiunt. Hæc Salomon de Christo in Canticis canticorum eloquitur : *Sexaginta*, inquit ille, *reginæ* (*Cant.* vi, 7), sanctorum scilicet animæ, fidei vinculo Christi amore connexæ, qui dum Salvatori... (per) obedientiam copulantur, quasi sexagenario numero computantur.

107. Hi sunt quibus et ille in Evangelio sexagesimus fructus permittitur, qui divinis mandatis perfecti agonem adversus carnis concupiscentiam gerunt; sed idcirco sexagenarium percipiunt fructum, quia ad hanc usque ætatem congressio exaltat [*Forte*, exsultat] libidinum. Quandiu ergo certamen, tandiu corona. Hinc est quod et milites in **247** procinctu positi post sexagesimum annum certaminibus bellicis subtrahuntur, et in otio consenescunt.

A

CAPUT XXVII.

Ratio de sancto Pentecoste.

108. Quadragenarius numerus ex se etiam quinquagenarium gignit, additis partibus, per quas partes quinquaginta efficiuntur ita; assei quadraginta. Bis deni quadraginta. Quaterni quadraginta. Quinquies octoni quadraginta. Octies quini quadraginta. Decies quaterni quadraginta. Vicies bini quadraginta, et additis x, efficiuntur quinquaginta.

109. Per hos numeros significatur in quadragenario numero præsens vita, in quinquagenario vero futura, qui numerus quinquagenarius triplicatus facit illum numerum perfectorum, qui ad eam in vitam æternam prædestinati sunt. Ter enim ductus facit cl, additis etiam tribus. Ipsi ostendunt illam sententiam Evangelii, B in qua cliii pisces ad littus educti sunt, qui erant pondere magni, id est, actibus et vita præclari. Septimus decimus vero numerus incipit ab uno, et pervenit usque ad x et vii, et facit eosdem cliii. Tres autem qui adduntur, ipsi ante legem, sub lege et sub gratia.

110. Ideo in psalmo septimo decimo sic dicitur : *Cum eripiet eum de manu omnium inimicorum ejus*, et de manu Saulis, ut ostenderetur jam ab omnibus tentationibus præsentis vitæ caruisse, et in illo numero esse sanctorum, id est, in illis cliii piscibus qui in littore separati sunt, id est, qui functi hac vita, omnibus tentationibus hujus mundi, qui quasi pelagus est, caruerunt, et jam in illa æterna beati sunt.

C 111. Numero autem qui dicitur computari ab uno usque **248** xvii multiplicato, fiunt cliii, id est, ad unum adde duo, et fiunt tres. Adde tres, et fiunt sex; adde iv, et fiunt decem; adde v, et fiunt xv, adde vi, et fiunt xxi. Adde vii, et fiunt xxviii; adde viii, et fiunt xxxvi; adde ix, et fiunt xlv; adde x, et fiunt lv; adde xi, et fiunt lxvi; adde xii, et fiunt lxxviii; adde xiii, et fiunt nonaginta unum. Adde xiv, et fiunt cv; adde xv, et fiunt cxx; adde xvi, et fiunt cxxxvi; adde xvii, et fiunt cliii.

105. In Vulgata : *Charitas Dei diffusa est*, etc.

106. In Ms. erat *illæ reginæ*. In parva lacuna supplevi *per*, ut sensum redderem, et fortasse aliud non deest, nisi *per fidelem*.

108. Corruptum videtur *assei quadraginta, bis deni quadraginta*. Pro quibus verbis hæc tantum legere præstaret, *bis viceni quadraginta*.

109. Forte, *qui a Deo in vitam*, etc.

110. Verba psalmi in Vulgata hæc sunt initio : *In die qua eripuit eum Dominus de manu*, etc. Pro *caruisse* legi poterit *cavisse*, quamvis iterum occurrat *caruerunt*.

111. Hæc fere totidem verbis ex sancto Augustino in psalm. xlix : *Centum ergo quinquaginta tres pisces non tantum numerum sanctorum significat*, etc. *Decem autem, et septem, si numeres ab uno usque ad decem et septem, addendo numeros omnes gradatim, ut ad unum addas duo, addas tria, addas quatuor, ut fiant decem, addendo quinque, ut fiant quinque*, etc., *addendo decem et septem, efficiuntur centum quinquaginta tria.*

SANCTI ISIDORI

HISPALENSIS EPISCOPI

DE VETERI ET NOVO TESTAMENTO

QUÆSTIONES.

QUÆSTIO PRIMA. A

249 1. Dic mihi, quid est inter Novum et Vetus Testamentum? Respondit: Vetus est peccatum Adæ; unde dicit Apostolus: *Regnavit mors ab Adam usque ad Moysen* (*Rom.* v, 14), et reliqua. Novum est Christus de Virgine natus.

2. Unde Propheta dicit: *Cantate Domino canticum novum*: quia homo novus venit; nova præcepta attulit, id est, Novum Testamentum.

QUÆSTIO II.

3. Dic mihi, quanti libri intelliguntur in Novo Testamento? Respondit: XXVII, et in Veteri Testamento legis Moysi XLV libri sunt; juxta septuaginta duas linguas septuaginta duo libri intelliguntur.

4. Vetus est, quando res alienas tollit homo; Novum, quando propria largitur. Vetus est, quando B malum pro malo redditur, unde dicitur: *Oculum pro oculo, dentem pro dente*, et cætera, quæ ad vindictam pertinent. Novum est inimicos diligere. Dominus dixit in Evangelio: *Diligite inimicos vestros; benefacite his qui oderunt vos* (*Matth.* v, 44).

250 5. Vetus est, peccatores in infernum descendere; Novum est, conversos in regnum Domini introire. Et Vetus erit omnes peccatores et impios ad diem judicii in infernum descendere, ubi semper manebunt. Novum est omnes justos in regnum Domini introire; unde sanctus Petrus dicit: *Novus homo, et nova terra* (*II Petr.* III, 13); et nova erunt in memoria priora.

6. Et Vetus erit in igne purgatorio pro minutis peccatis purgari; Novum, quando purgatus exinde C fuerit in regnum Domini.

QUÆSTIO III.

7. Dic mihi, liber quibus modis dicitur. Respondit: Quatuor: *libri* dicuntur ad legendum, vel liberandum. *Codex* dicitur ad condiendum. *Volumen* dicitur ad volvendum.

QUÆSTIO IV.

8. Dic mihi, prima littera *a* pro quo accepit nomen *a*? De *angelis*, de *ante sæcula*, de *Adam*, de *anima*.

QUÆSTIO V.

9. Dic mihi, quibus nominibus dicitur *a*? Respondit: Tribus, id est, *aleph* in Hebræo, *alpha* in Græco, *a* in Latino.

QUÆSTIO VI.

10. Dic mihi, *Evangelium* in cujus lingua dicitur? In Græca; et in Latina, id est, bona nuntiatio.

QUÆSTIO VII.

11. Dic mihi, pro quo dixit Dominus ad Abraham: *Exi de* **251** *terra tua, et de cognatione tua, et de domo patris tui* (*Gen.* XII, 1)? Abraham personam Christi gerebat. Sicut Abraham dimisit terram, et cognationem, et domum patris sui; venit in terram, quam ignorabat: ita et Christus dimisit gentem suam, hoc est, Judæorum.

12. Ita eximus de terra nostra nos, quando de divitiis hujus mundi, et de facultatibus contemnimus, et de cognatione nostra, hoc est, vitiis, et de domo patris nostri, hoc est, de memoria hujus mundi.

QUÆSTIO VIII.

13. Dic mihi, nomen *apostolorum* cujus lingua dicitur? Respondit: In Græca; in Latina *missi* interpretantur.

QUÆSTIO IX.

14. Dic mihi, *episcopus* in cujus lingua dicitur? Respondit: In Græca; in Latina *speculatores*. *Episcopus* autem nomen est operis, non honoris. Sciat se non esse episcopum, qui præesse desiderat, non prodesse.

QUÆSTIO X.

15. Dic mihi, *clerus* in cujus lingua dicitur? Re-

Num. 1. De hoc opere, et de rationibus quæ persuadent fetum esse genuinum sancti Isidori, quamvis adhuc publicam lucem non viderit, abunde disputavi in Isidorianis, cap. 64. In eo autem describendo ita librarii errores correxi, ut nonnunquam aperta vitia intacta reliquerim, ex quibus genius scribentis colligi possit. Pro *respondit*, quod est in Ms., reponi posset *respondet*, aut *respondetur*.

3. Ms., *lex Moysi*. Libros Veteris et Novi Testamenti eodem modo septuaginta duos Isidorus numerat in Proœmiis, initio.

5. Verba sancti Petri sunt: *Novos vero cœlos et novam terram, secundum promissa ipsius, exspectamus*.

6. In Ms. *pro minuta peccata*; sic passim occurrit nominativus pro ablativo: ac fortasse legendum erit *in regno Domini*, nisi aliquod verbum desit. Numeri 4, 5, 6, videntur collocari debere ante num. 3.

7. Forte *a legendo*... *a condendo*, etc.

8. Ms., *pro quid*; sic etiam num. 11. Forte *propter quid*.

11. In Vulgata: *Egredere de terra*, etc.

12. Pro *contemnimus* forte *recedimus*, vel *concedimus*, vel *contendimus exire*.

14. Sanctus Augustinus, de Civit. Dei, c. 19: *Intelligat, non se esse episcopum, qui præesse dilexerit, non prodesse*. Vide etiam Quæstionum dialogum sub Augustini nomine quæst. ultim.

spondit : In Græca; in Latina sors Domini interpretatur.

QUÆSTIO XI.

16. Dic mihi, *abba* qua lingua dicitur? Hebraice, Græce *pater*, Latine *genitor*.

QUÆSTIO XII.

17. Dic mihi, qui primus fuit clericus? Respondit : Sanctus Petrus.

QUÆSTIO XIII.

252 18. Dic mihi, quanta sunt quæ ex nihilo creavit omnipotens Deus? Respondit : IV, id est, angelus, et anima, cœlum, et terra. Reliquæ vero creaturæ ex ipsis procedunt.

QUÆSTIO XIV.

19. Dic mihi, cœlum quid intelligitur? Respondit : Angelus, et terra, id est, sancta Ecclesia. Et cœlum animæ justæ, et terra peccatores.

QUÆSTIO XV.

20. Dic mihi, quibus modis creditur Deus? Respondit : Tribus sive quatuor, id est, Deus bonus, perfectus, omnipotens, sempiternus debetur credi, quia sine his dici non potest Deus.

QUÆSTIO XVI.

21. Dic mihi, quibus modis adoratur Deus? Respondit : Tribus : qui adoratur, non adorat; qui creator est, et non creatura ; qui sine peccato est, et peccata dimittit.

QUÆSTIO XVII.

22. Dic mihi, quibus modis facit Deus justitiam cum sanctis suis? Respondit : Tribus : monstrat, ut sciant ; persuadet, ut diligant ; adjuvat, ut perficiant.

QUÆSTIO XVIII.

23. Dic mihi, cur Adam accepit mandatum? Respondit : Ne se Deum putaret, sed subditum.

QUÆSTIO XIX.

253 24. Dic mihi, cur vultus Moysi terribilis erat in populo? Respondit : Quia peccatoribus legem dabat.

QUÆSTIO XX.

25. Dic mihi, in Apocalypsi pro quo dicit : *Accipe librum, et comede illum ; et erit in ore meo dulcis, quasi mel, et amarus in ventre* (*Apoc.* X, 9, 10)? Respondit : Mellica est Scriptura in ore Ecclesiæ, qui sunt sapientes, et fideles ; amara est in hæreticis sævientibus.

QUÆSTIO XXI.

26. Dic mihi, cur circumcisus est Dominus, et circumcidere non debent homines? Respondit : Quia circumcisionem ad finiendum Vetus Testamentum A facit, baptismum vero ad incipiendum Novum.

QUÆSTIO XXII.

27. Dic mihi, cur esuriit Salvator? Ut illuderet Satanam.

QUÆSTIO XXIII.

28. Dic mihi, cur non amplius XL diebus jejunavit Christus? Respondit : Ut Moysi et Eliæ concordaret.

QUÆSTIO XXIV.

29. Dic mihi, quomodo pater Judæorum mendax fuit? Id est : Cain pater Judæorum vocatus est, qui dixit Domino : *Nescio ubi est frater meus*, quem occiderat. Et pater Cain, id est, diabolus, qui mentitus est Adæ : *Quod non morte morieris, si præceptum dominicum transgressus fueris*.

QUÆSTIO XXV.

B 254 30. Dic mihi, cur dictum est : *Oculum pro oculo, dentem pro dente*, et reliqua quæ ad vindictam pertinent? Respondit : Ut esset timor in populo, ne quidquam liceret quod sibi nolebat.

QUÆSTIO XXVI.

31. Dic mihi, justitia quibus vel quantis modis dicitur? Respondit : Quinque . justitia Veteris Testamenti, justitia Novi Testamenti, justitia ad judicandum, justitia ad misericordiam, justitia, quæ videtur ab hominibus esse.

QUÆSTIO XXVII.

32. Dic mihi, quanta continet ignis in se? IV, id est, urit, illuminat, calefacit et sanctificat. Sanctificare autem proprie in sua natura non habet, licet C figuram Spiritus sancti teneat, qui urit vitia, calefacit frigidam animam, sanctificat peccatorem, illuminat cor, unde tenebras ignorantiæ fugat.

QUÆSTIO XXVIII.

33. Dic mihi, quid intelligitur in hoc quod dicitur : *Da partes* VII, *necnon et* VIII. Respondit : Judæi non dederunt partes VIII, denegantes resurrectionem diei Dominicæ ; sed dederunt partes VII, credentes Sabbato. Tu vero crede et honora utrumque, id est, nova et vetera legis, ut non sis Judæus, neque gentilis.

QUÆSTIO XXIX.

34. Dic mihi, cur caput nominatur? Respondit : Eo quod hinc capiunt initium sensus et nervi.

QUÆSTIO XXX.

D 255 35. Dic mihi, *eleemosyna* qua lingua dicitur, vel quid interpretatur? Græce dicitur *eleemosyna*, quod Latine dicitur *Dei mei muneratio*. *Misericordia* a *misero corde* dicta : unde Dominus misericors dicitur, et quod subvenit homini misero corde habenti.

18. Legi potest *Dominus* pro *Deus*; et mox *angeli* ; in Ms. est *angelos* et *reliquas ... creaturas*.

20. Cod., *credetur... Deum bonum*, etc., *debetur credere*.

21. Melius videretur *quia adoratur*, etc. Et iterum ac tertio, *quia* pro *qui*.

23 Forte legendum *se Dominum*.

25. Verba Apocalypsis : *Accipe librum , et devora illum... et erat in ore meo tanquam mel dulce, et cum devorassem eum, amaricatus est venter meus*.

26. Forte *circumcidi non debent omnes*; prius fuit *homnes*.

30. Forte *licere* pro *liceret*.

32. In Ms. *lecit* pro *licet*, et *tenit* pro *teneat*.

33. Ms., *vetera legem*. Forte *novam et veterem legem*. Quid sibi velint hæ *partes septem et octo* indicatum fuit in libro de Numeris, ad cap. 9.

34. Vet. Cod., *capiuntur initium sensi*.

35. Forte *eo quod subvenit homini miserum cor*.

QUÆSTIO XXXI.

36. Dic mihi, quantos, vel quales spiritus creavit omnipotens Deus? Respondit : Tres : unum, qui carne non tegitur, id est, angelorum; alium, qui carne tegitur, et non cum carne morietur, id est; hominum; tertium, qui carne tegitur, et cum carne morietur, id est, jumentorum et brutorum animalium. Homo itaque sicut in medio creatus est, ut esset inferior angelorum, superior jumentorum.

QUÆSTIO XXXII.

37. Dic mihi, dilectio vel charitas in quot modis consistunt? In IV. Hoc est, primum in Dei timore, vel dilectione. Secundum, sicut nosmetipsos, sic Deum amamus. Tertium proximos. Quartum etiam inimicos.

38. Deum ergo plus quam nos diligere debemus : proximum, sicut nos : inimicum, ut proximum. Et nisi Deum primum dilexerimus, nosmetipsos minime diligere poterimus.

QUÆSTIO XXXIII.

39. Dic mihi, regnum Dei quibus modis intelligitur? Respondit : Quinque : id est, Christus, fides, Evangelium, Ecclesia præsens, vel ipsum regnum cœlorum. Non fuit pœnitentia prædicata ante Joannem, quia ipse dixit : *Pœnitentiam agite; appropinquavit enim regnum cœlorum* (*Matth.* III, 2).

QUÆSTIO XXXIV.

256 40. Dic mihi, pro quibus causis se voluit Dominus a Joanne baptizari? Respondit : Pro IV : prima ut quia homo natus est, ut omnem justitiam impleret et humilitatem. Secunda baptismus, ut suum baptismum Joannes confirmaret. Tertia, ut aquas Joannes sanctificaret. Quarta, ut nullus dedignetur a servo suo baptizari, dum ipse Dominus a servo suo baptizatus est.

QUÆSTIO XXXV.

41. Dic mihi, quomodo, vel quando implevit Christus septem gradus? Respondit : Primus gradus lector, quando aperuit librum Isaiæ prophetæ, et dixit : *Spiritus Domini super me* (*Luc.* IV, 18).

42. Secundus gradus exorcista, quando ejecit VII dæmonia de Maria Magdalene.

43. Tertius gradus subdiaconus, quando fecit vinum de aqua in Chanaan Galilææ.

A 44. Quartus gradus diaconus, quando lavavit pedes discipulorum suorum.

45. Quintus gradus presbyter, quando benedixit panem, et fregit, dedit discipulis suis. Istos quinque gradus ante passionem implevit Christus.

46. Sextus gradus ostiarius, quando dixit : *Tollite portas, principes, vestras, et elevamini, portæ æternales* (*Psalm.* XXIII, 7).

257 47. Septimus gradus episcopus, quando levavit manum suam super capita discipulorum suorum, et benedixit eos.

QUÆSTIO XXXVI.

48. Dic mihi, quid est hoc quod dixit Dominus in Evangelio : *Facilius est camelum per foramen acus transire, quam divitem in regnum Dei introire?* B Respondit : Quid per camelum, nisi gentiles homines significat? quia antequam Christus veniret, tortuosi, et gembrosi erant, idola adorando, vel colendo.

49. Quid per illud foramen, nisi incarnatio Christi in utero sanctæ Mariæ describitur? Quid per illum divitem, nisi Judæi, qui de legis littera se divites sperabant?

50. Tria refugia Domini habebant, id est, in monte, in deserto, et in mare. Exemplum nobis ad altiorem justitiam ascendere tanquam in monte; contemplativa sectari, tanquam in deserto; fugere, tanquam in mare.

QUÆSTIO XXXVII.

51. Dic mihi, quibus substantiis constat homo? Respondit : Tribus, id est, anima et corpore. Una C est anima quæ, dum contemplatur, spiritus est; dum sentit, sensus est; dum sapit, anima est; dum intelligit, mens est; dum discernit, ratio est; dum consentit, voluntas est; dum recordatur, memoria est; dum membra vegetat, anima est.

QUÆSTIO XXXVIII.

52. Septem sunt modi prædicationis, id est, docendo, persuadendo, increpando, arguendo, terreado, mulcendo et promittendo : hoc est, docendo discipulos, persuadendo personis, increpando superbos, arguendo contrarios, terrendo trepidos, mulcendo iracundos, **258** promittendo pravis et bonis, pravis tormenta, bonis vitam æternam.

QUÆSTIO XXXIX.

53. Dic mihi, qui primus prophetavit? Respondit :

---

37. Cod., *consistent* pro *consistunt*, et *secunda, quarta*, pro *secundum, quartum*.

38. In Ms., *potemus* pro *poterimus*.

40. Præstabit legere, *ut aquas Joannis sanctificaret;* nam *i* facile vertitur in *e*.

41. Septem gradus, sive ordines plerique theologi distinguunt, sed alio modo eos percensent.

42. Exorcistæ gradus inchoatus, et denotatus quoque fuit, cum Jesus Christus tetigit aures surdi et muti, dicens : *Ephpheta, quod est adaperire*.

43. Alii dicunt subdiaconatum institutum a Christo in ultima cœna.

44. Ex aliorum opinione Christus diaconatum instituit cum in ultima cœna corpus suum et sanguinem discipulis dispensavit.

45. Forte, *deditque discipulis suis*.

46. Censent alii ostiariatum ante passionem a D Christo institutum fuisse inchoative, et denotative, ut aiunt, cum ementes et vendentes ejecit de templo; completive, cum in ultima cœna primam sacerdotii potestatem discipulis suis contulit.

47. Episcopatum verum esse ordinem a presbyteratu distinctum, tenent jam cum canonistis plerique recentiores theologi.

48. Forte *et gibbosi erant*. Alii *camelum* de fune explicant.

50. Videtur id pertinere ad aliam quæstionem, cujus desit initium.

51. Reponendum censeo *duabus* pro *tribus*. Mutila in fine erat hæc quæstio sic, *dum membra vegetat;* supplevi ex Opere imperfecto *de Numeris* fortasse sancti Isidori in Ms. Vatic. Reginæ 199, in quo hæc ipsa sunt, et supra legitur *dum sapit, animus*, etc.

52. Deest initium hujus quæstionis.

Adam, quando dixit: *Hoc nunc os ex ossibus meis, et caro de carne mea.* A

QUÆSTIO XL.

54. Dic mihi, infans parvulus quantas virtutes habet? Respondit: IV: Non læsus meminit; non perseverat in ira; non delectatur pulchra femina; non aliud cogitat vel aliud loquitur.

QUÆSTIO XLI.

55. Dic mihi, quare fuit diluvium super terra? Respondit: Filii Dei acceperunt filias hominum ex omnibus quas sibi elegerant; natique sunt ex eis filii. Illi fuerunt gigantes, et multa mala fecerunt in terra, et non placuit Domino. Propterea delevit eos Dominus per aquas diluvii.

SANCTI ISIDORI

HISPALENSIS EPISCOPI

MYSTICORUM EXPOSITIONES SACRAMENTORUM

SEU

QUÆSTIONES IN VETUS TESTAMENTUM.

IN GENESIN.

PRÆFATIO.

259 1. Historia sacræ legis non sine aliqua prænuntiatione futurorum gesta atque conscripta est. Nisi pertineret ad præfigurationis mysterium tam multiplex rerum umbra gestarum, nec docens Apostolus diceret: *Lex umbram habet futurorum bonorum, non ipsam imaginem rerum.*

2. Proinde quædam, quæ in ea figuratim dicta vel facta sunt, et sunt plena mysticis sacramentis, adjuvante superna gratia, in hoc opusculo exsequentes intexuimus, veterumque ecclesiasticorum sententias congregantes, veluti ex diversis pratis flores lectos ad manum fecimus, et pauca de multis breviter perstringentes, pleraque etiam adjicientes, vel aliqua ex parte mutantes, offerimus non solum studiosis, **260** sed etiam fastidiosis lectoribus, qui nimiam longitudinem sermonis abhorrent.

3. Brevi enim expositione succincta non faciunt de B prolixitate fastidium. Prolixa enim et occulta tædet oratio; brevis et aperta delectat. Et quia jam pridem juxta litteram a nobis sermo totus contextus est, necesse est ut, præcedente historiæ fundamento, allegoricus sensus sequatur. Nam figuraliter quædam ex his intelliguntur, vere tanquam prophetica indicia præcedentia futurorum.

4. Sane non omnia quæ in lege et prophetis scripta sunt mysteriorum ænigmatibus obteguntur; sed pro his quæ aliquid significant, etiam quæ nihil significant connectuntur. Sicut enim in citharis, et hujusmodi organis musicis, non quidem omnia quæ tanguntur, canorum aliquid resonant, sed tantum chordæ, cætera tamen in toto citharæ corpore ideo facta sunt, ut esset ubi connecterentur et quo ten- C derentur illa quæ ad cantilenæ suavitatem modulaturus est artifex: ita in his propheticis narrationibus quæque dicuntur aut aliquid sonant in significationem

Mysticorum. Arevalus hic scripserat *Secretorum*; sed in aliis hujus operis titulis, Grialii editionem secutus, reposuit *Mysticorum*, « quamvis, ait, fortasse magis genuinum sit *Secretor.* » Retinuimus secundam lectionem. Cæterum, huic loco notam sequentem subjungit Arevalus: — « De secretorum, sive, ut Grialius edidit, mysticorum Expositionibus sacramentorum quid hoc loco monere expediret, peti potest ex prolegomenis, cap. 65, ubi de hoc opere multa verba feci. Satis nunc sit indicare Grialium auctorem esse earum notarum quibuscum nostras non ita multas interseremus. Neque vero argumentum ejusmodi est ut longa explicatione opus sit; et ubi sensus commodus ex Isidori verbis eruitur, non est nimis anxie quærendum, an omnino ea ipsa verba illius auctoris quem sequitur expresserit, aut etiam exprimere voluerit. » EDIT.

2. *Et sunt plena mysticis sacramentis.* Ex his et sancti Ildefonsi verbis, quæ subjiciemus, titulum prorsus jam abolitum huic operi restituimus. Ita enim Ildefonsus in Vita Isidori: *Collegit etiam de diversis auctoribus quod ipse cognominat secretorum expositiones sacramentorum; quibus in unum congestis, idem liber dicitur Quæstionum.* Plura in præfat. ad Opera Isidori. GRIAL.

Ibid. Qui nimiam longitudinem sermonis abhorrent; ita Palent. et duo Oxonienses. *Quibus nimia longitudo sermonis abhorret*, Valent. *Quos nimia longitudo sermonis abhorret*, Guadalup. *Quorum nimia longitudo sermonis abhorret*, Laurentian. et Complut. Idem Isidorus, in Regul. monach.: *Philargyriæ contagium, ut lethiferam pestem* (monachus) *abhorreat.* GRIAL.

Ibid. Veterum ecclesiasticorum nomina, quorum sententias congregat, paulo post, num. 5 recenset Isidorus. AREV.

3. *Et quia jam pridem juxta litteram.* Ita Sigebertus de eo: *Totum Vetus Testamentum simpliciter exponenda percurrit.* D Hoc nobis deesse magnæ dividiæ est, nisi forte id Glossæ sunt quæ vocantur Ordinariæ. GRIAL.

4. *Sane non omnia*, usque ad *connectantur*, verba sunt Augustini duobus ex locis aptata, ex XV de Civit., c. 2, et XXII contra Faust., c. 94. GRIAL.

futurorum, aut, si nihil sonant, ad hoc interponuntur, ut sit unde illa significantia tanquam sonantia connectantur.

5. Has autem rerum gestarum figuras de mysticis thesauris sapientium, ut prædiximus, depromentes, in unam formam compendio brevitatis contraximus; in quibus lector non nostra leget, sed veterum releget. Quod enim ego loquor, illi dicunt; et vox mea ipsorum est lingua. Sumpta itaque sunt ab auctoribus Origene, Victorino, **261** Ambrosio, Hieronymo, Augustino, Fulgentio, Cassiano, ac nostri temporis insigniter eloquenti Gregorio.

CAPUT I.

Præmissio operis usque ad expulsionem hominis de Paradiso.

1. Creatura cœli et terræ quomodo historialiter ab exordio principii condita sit legimus; sed qualiter in Ecclesia spiritualiter a doctoribus accipiatur, intelligamus.

2. *In principio fecit Deus cœlum et terram.* Principium Christus est, sicut ipse in Evangelio Judæis interrogantibus respondit: *Ego principium, qui et loquor vobis* (*Joan.* VIII, 25). In hoc igitur principio fecit Deus cœlum, id est, spirituales, qui cœlestia meditantur et quærunt; in ipso fecit et carnales, qui necdum terrenum hominem deposuerunt. *Terra autem erat inanis et vacua.* Terra scilicet carnis nostræ inanis erat et vacua, priusquam doctrinæ acciperet formam. *Et tenebræ erant super faciem abyssi,* quia delictorum cæcitas et ignorantiæ profunda obscuritas corda nostra tegebat.

3. *Et spiritus Dei ferebatur super aquas.* Spiritus autem Dei super cor nostrum tenebrosum et fluidum, quasi super aquas, jam **262** superferebatur; in quo subsistentes requiesceremus, cujusque vivificaremur flatu, et cujus unda ablueremur.

4. *Dixit quoque Deus: Fiat lux,* id est, illuminatio A credulitatis appareat. Prima enim die lucem fidei dedit, quia prima est in conversione fides. Unde et istud primum in Dei præceptis mandatum est: *Dominus Deus tuus Deus unus est.* Propter quam fidem ipse Dominus etiam visibiliter in mundo apparere voluit.

5. *Et divisit lucem a tenebris;* nam tunc Deus juxta præscientiæ suæ gratiam divisit justos, id est, filios Dei et lucis, a peccatoribus, tanquam a tenebris; justos vocans diem, et illos noctem; nam quod in Ecclesia lucis nomine justi appellentur, audi Apostolum: *Fuistis,* inquit, *aliquando tenebræ, nunc autem lux in Domino* (*Ephes.* V, 8).

6. Deinde secunda die disponit Deus firmamentum, id est, solidamentum sanctarum Scripturarum; firmamentum B enim in Ecclesia Scripturæ divinæ intelliguntur, sicut scriptum est: *Cœlum plicabitur, sicut liber* (*Isai.* XXXIV, 4). Discrevitque super hoc firmamentum aquas, id est, cœlestes populos angelorum, qui non opus habent hoc suspicere firmamentum, ut legentes audiant verbum Dei.

7. Vident enim eum semper, et diligunt, sed superposuit ipsum firmamentum legis suæ super infirmitatem inferiorum populorum, ut ibi suspicientes cognoscant qualiter discernant inter carnalia et spiritualia, quasi inter aquas superiores et inferiores.

8. Post hæc die tertio collegit in unum aquas inferiores salsas: hoc est, homines infideles, qui cupiditatum tempestate et tentationum carnalium fluctibus quatiuntur, et in se ipsis, quasi amaritudo, in- C cluduntur. Segregavitque ab eis aridam, populum scilicet fontem fidei sitientem, fixitque dehinc superborum limites, et coercuit eos, ne turbulentis iniquitatum suarum fluctibus aridam, id est, animam sitientem Deum, conturbent; liceatque ei germinare bonorum operum fructus secundum genus suum, diligendo proximum in subsidiis necessitatum carna-

Ibid. Quæque dicuntur. Ita Mss. o., hoc est, quæcunque dicuntur, quomodo non solum Isidorus, sed interdum etiam optimi Latinitatis auctores loquuntur. Hoc qui non viderunt, haud veriti sunt addere, *quæ obteguntur,* ut *quæque dicuntur* adnecteretur. GRIAL.

5. *Cassiano.* Aliqui libri *Cassiani* loco *Fulgentium* habent. In aliis uterque ponitur, et utriusque Isidorum perstudiosum fuisse constat. Sed in toto hoc opere Fulgentii (quod sciamus) verbum nullum; Cassiani exstant aliquot a nobis indicati loci. GRIAL.

Ibid. Fulgentii nomen cur non sit omittendum, quamvis Grialius illud omiserit, dixi in prolegomenis, c. 65, n. 19 et 20. Certe auctoritas Joannis Diaconi, qui in Vita sancti Gregorii hæc Isidori verba protulit et Fulgentium post alios nominat, tanti ponderis esse debet ut ab ea non sit recedendum. AREV.

CAP. I. N. 1. *Creatura cœli et terræ.* Veterem interpretem imitatus est; quod enim Vulgatus: *Istæ sunt generationes cœli et terræ,* ille reddens verba LXX interpretum: Αὐτὴ ἡ βίβλος γενέσεως οὐρανοῦ καὶ γῆς: *Hic est liber creaturæ cœli et terræ* dixit. GRIAL.

2. *In principio fecit,* ex LXX. *Creavit* Valent. et Comp., ex Vulg. GRIAL.

Ibid. Ego principium, qui et loquor. Quod et loquor, August., cujus sunt hæc, lib. I de Gen. contra Manich., cap. 2, eodemque modo apud Ambrosium initio operis Hexaem. GRIAL.

Ibid. Spirituales... carnales. Ex Augustino, XIII Confess., c. 12. GRIAL.

Ibid. Terra autem erat inanis et vacua. Ita quidem libri omnes manuscripti et excusi, etiam apud Eucherium et Bedam; sed explicatio, sive allegoria, non adhibetur his verbis, sed illis potius quæ sunt ex LXX: *Terra autem erat invisibilis et incomposita.* Augustinus loco proxime citato: *Quia et apud nos in Christo suo fecit Deus cœlum et terram, spirituales et carnales Ecclesiæ suæ, et terra nostra, antequam acciperet formam doctrinæ, invisibilis erat et incomposita, et ignorantiæ tenebris tegebamur,* etc. GRIAL.

D *Ibid.* Sanctus Augustinus sæpe eodem modo ait: *In principio fecit,* etc. Apud eumdem sanctum Augustinum alii legunt *Principium, quia et loquor vobis.* AREV.

4. *Prima die,* usque ad *apparere voluit,* Augustinus I de Genes. contra Manich., c. 23. GRIAL.

5. Apostolus: *Eratis enim aliquando,* etc. In Grialii textu mendum erat *filios Dei et luces.* AREV.

6. *Deinde secunda die,* usque ad *superiores, et inferiores,* carptim ex ejusd. XIII Confess., cap. 15, et ex I contra Manich., c. cit. GRIAL.

Ibid. Vulgata: *Complicabuntur, sicut liber, cœli.* AREV.

8. *Post hæc die tertio,* usque ad *valido robore justi judicii,* ex eod. lib. Confess. c. 17. GRIAL.

lium; habeatque in se semen **262** secundum similitudinem, ut ex sua infirmitate compatiatur ad subveniendum indigentibus.

9. Producat et lignum forte robore, et fructiferum, id est, beneficium ad eripiendum eum qui injuriam patitur de manu potentis, et præbendum protectionis umbraculum valido robore justi judicii.

10. Deinde quarta die emicuerunt luminaria firmamento legis infixa, id est, evangelistæ et doctores, Scripturæ sanctæ cohærentes disputando, et omnibus inferioribus lumen sapientiæ ministrantes. Protulit etiam et cæteram micantium siderum turbam, id est, diversarum virtutum in Ecclesia numerositatem, quæ in hujus vitæ obscuritate, tanquam in nocte refulgentes, dividant in hoc firmamento Scripturæ sensibilia et intelligibilia, quasi inter lucem perfectorum et tenebras parvulorum, et sint in signis virtutum et miraculorum, sint etiam in tempora et annos, quia prædicatores propriis temporibus vivunt et transeunt, verbum autem Domini manet in æternum.

11. Quare autem primo terra germinavit, deinde facta sunt luminaria? nisi quia post opera bona venit illuminatio lucis ad contemplandam speciem supernæ virtutis?

12. Inter hæc die quinta facta sunt in aquis reptilia animarum vivarum, homines, scilicet, renovati in vitam per baptismi sacramentum. Facta sunt et volatilia, id est, sanctæ animæ ad superna volantes.

13. Post hæc sexta die produxit terra animam vivam, quando caro nostra, abstinens ab operibus mortuis, viva virtutum germina parturit, secundum genus scilicet suum, id est, vitam imitando sanctorum, sicut Apostolus ait: *Imitatores mei estote*. Secundum nostrum quippe genus vivimus, quando in opere bono sanctos viros, **264** quasi proximos, imitamur. Deinde produxit terra bestias, homines in potentia rerum, sive ferocitate superbiæ. Similiter et pecora; fideles in simplicitate vitæ viventes; serpentes quoque innoxios, sanctos videlicet viros, astutiæ vivacitate bonum a malo discernentes, et, in quantum fas est, reptando scrutantes terrena, per quæ intelligant sempiterna, non illos venenosos qui se in hujus mundi cupiditatibus terrenis collocant.

14. Post hæc fecit Deus hominem ad imaginem suam: perfectum scilicet virum, qui non quemlibet sanctorum virorum imitando, sed ipsam veritatem contemplabiliter intuendo, operatur justitiam, ut ipsam intelligat, et sequatur, ad cujus imaginem factus est, veritatem. Iste etiam accepit potestatem piscium maris, et volatilium cœli, pecorumque, ferarum quoque, atque repentium, quia spiritualis quisque effectus, et Deo similis factus, secundum Apostolum, judicat omnia, ipse autem a nemine judicatur (*I Cor.* II, 15).

15. Quod vero sequitur: *Masculum et feminam fecit eos*, spirituales in Ecclesia, et obedientes ostendit, quia sicut viro subdita est mulier, sic spirituali et perfecto viro obediens est is qui minus perfectus est, sicut Apostolus ait: *Rogamus vos, fratres, ut cognoscatis eos qui in vobis laborant, et præsunt vobis in Domino* (*I Thess.* V, 12). Dicitur autem eis: *Crescite et multiplicamini*, sive in linguis, sive in spiritualibus intelligentiæ gradibus, ut dominentur per rationis intellectum omnium carnalium perturbationum, quasi insensibilium animantium.

16. Omnis autem herba seminalis, et omne lignum fructuosum, quod hominibus datum est in escam, fideles sunt de oblationibus sanctorum necessitatibus communicantes. Unde et Apostolus ait: *Nam si in spiritualibus participes facti sunt gentiles, debent et in carnalibus ministrare eis* (*Rom.* XV, 27). Hæc sunt fructifera ligna. In istis ergo **265** gradibus, tanquam in quibusdam diebus, vespera est ipsa perfectio singulorum operum, et mane inchoatio sequentium.

17. Post istorum itaque quasi sex dierum opera bona valde sperat homo quietem mentis, constitutus in spirituali paradiso, quo significatur vita beata, ubi fons est sapientiæ, divisus in quatuor partes virtutum; ubi edat ligni vitæ gratiam, ubi utiles disciplinas morum, quasi fructus lignorum carpat. Est namque paradisus vita beatorum, quatuor flumina quatuor virtutes, ligna ejus omnes utiles disciplinæ, lignorum fructus mores piorum, lignum vitæ ipsa bonorum omnium mater est sapientia, de qua scriptum est, Salomone dicente: *Lignum vitæ est his qui apprehendunt illam, et qui tenuerit eam, beatus* (*Proverb.* III, 18). Lignum scientiæ boni et mali transgressio est mandati.

9. *Protectionis umbraculum*. Ita Augustinus, et sic est apud Bedam. GRIAL.

10. *Deinde quarta die*. Ex XIII Conf., cap. 18, et I de Gen. cont. Manich., c. 25, et Origene, hom. 1 in Gen. GRIAL.

Ibid. *Scripturæ sanctæ cohærentes*. *Appareamus, sicut luminaria in mundo, cohærentes firmamento Scripturæ tuæ*. Augustinus, XIII Conf., c. 18. Est autem apud Eucherium et Bedam *demonstrantes*, apud Augustinum tamen, *ministrantes*. GRIAL.

Ibid. *Tenebras parvulor*. Verba sunt ejusdem Augustini, cap. 19. *Pravorum* tamen habent plerique Mss. GRIAL.

Ibid. *Quia prædicatores*. Idem, c. 16: *Transeunt prædicatores verbi tui ex hac vita in aliam vitam; scriptura vero tua usque in finem sæculi super populos extenditur*. GRIAL.

Ibid. In not. Gr. erat *quarto die*. AREV.

14. *Pecorumque, ferarum quoque, et repentium*. Ita Beda et impress., ex veteri tralatione, alii aliter ex Vulg. GRIAL.

Ibid. Multi versantur theologi ac sacri interpretes in hac sententia Genesis exponenda, quod homo factus sit ad imaginem et similitudinem Dei. Varias de hoc argumento opiniones collegit Pererius ad hunc locum. Vide etiam Editionem Patrum apostolicorum cum notis Cotelerii, pag. 60. AREV.

15. In Vulgata nunc: *Ut noveritis eos qui laborant inter vos*. AREV.

16. Vulgata: *Nam si spiritualium eorum participes facti sunt*, etc., *ministrare illis*. AREV.

17. *Post istorum*, usque ad *sperat homo quietem*, verba sunt Augustini, I de Gen. contra Manich., c. 25. GRIAL.

Ibid. *Quo significatur vita beata*. Ejusdem, lib. II, c. 9. GRIAL.

CAPUT II.

De operibus sex dierum.

1. Expleta hactenus sex dierum opera, qualiter in Ecclesia spiritualiter intelligantur, explicata sunt; deinde, quid in figuram sæculi significent, subjiciendum est. Sex diebus consummavit Deus omnia opera sua, et septimo requievit. Sex ætatibus humanum **266** genus in hoc sæculo per successiones temporum Dei opera insigniunt. Quarum prima est ab Adam usque ad Noe; secunda a Noe usque ad Abraham; tertia ab Abraham usque ad David; quarta a David usque ad transmigrationem in Babyloniam; quinta deinde usque ad humilem adventum Domini nostri Jesu Christi; sexta, quæ nunc agitur, usquequo mundus finiatur, donec Excelsus veniat ad judicium.

2. Septima vero intelligitur in requie sanctorum, quæ scilicet non habet vesperam, quia eam jam nullus terminus claudet. Pergamus ergo breviter per eas omnes mundi ætates, replicantes ordinem temporum eorum, et mystice differentias distinguamus.

3. Primo enim sæculo factus est, tanquam lux, homo in paradiso. In qua ætate filios Dei in lucis nomine divisit Deus a filiis hominum, quasi a tenebris; fitque hujus diei vespera diluvium.

4. Secundum sæculum factum est, quasi firmamentum inter aquam et aquam; arca utique illa quæ natavit inter pluviam et maria; hujus vespera fuit confusio linguarum.

5. Tertium sæculum factum est quando separavit Deus populum suum a gentibus per Abraham, discernens eum, quasi aridam ab aquis, ut proferret germen herbarum atque lignorum, id est, fructus sanctarum Scripturarum. Hujus vespera fuit peccatum, et malitia pessimi regis Saul.

6. Inde quartum sæculum cœpit a David, quando constituit Deus luminaria in firmamento cœli, id est, splendorem regni, tanquam solis excellentiam, et in lunæ specie obtemperantem tanquam lunam Synagogam, et stellas principes ejus. Cujus ætatis fit vespera in peccatis regum, quibus gens illa meruit captivari.

7. Porro quinto sæculo, id est, in transmigratione Babyloniæ, facta sunt quasi animalia in aquis, et volatilia cœli, quia tunc Judæi inter gentes, tanquam in mari, vivere cœperunt, nec habebant stabilem locum, tanquam volantes aves. Hujus diei quasi vespera est multiplicatio peccatorum in populo Judæorum, quando sic excæcati sunt, ut etiam Dominum Jesum non possint agnoscere.

267 8. Jam sextum sæculum fit in adventu Domini nostri Jesu Christi. Nam sicut in illa sexta die primus homo Adam de limo terræ ad imaginem Dei formatus est, sic in ista sexta ætate sæculi secundus Adam, id est, Christus, in carne de Maria virgine natus est: ille in animam viventem, hic in spiritum vivificantem. Et sicut in illa die fit anima viva, sic in isto sæculo vitam desiderantes æternam.

9. Et sicut in illa sexta die serpentium et ferarum genera terra produxit, ita et in hac sexta ætate sæculi gentes vitam appetentes æternam Ecclesia generavit. Quem etiam sensum vas Petro ostensum manifestavit (*Act.* X). Et quemadmodum die sexta creatur masculus et femina, sic in ista sæculi ætate manifestatur Christus et Ecclesia.

10. Et sicut præponitur homo in die illa pecoribus, serpentibus et cœli volatilibus, ita et Christus in hac ætate sæculi gentibus, populis et nationibus, ut ab eo regantur, vel carnali concupiscentiæ dediti, sicuti pecora, vel terrena curiositate obscurati, quasi serpentes, vel elati superbia, quasi aves.

11. Et sicut in illa die pascitur homo, et animalia quæ cum illo sunt, herbis seminalibus, et lignis fructiferis, et herbis viridibus, sic et ista sæculi ætate spiritualis homo, qui bonus minister est Jesu Christi, cum ipso populo spiritualiter pascitur sanctarum Scripturarum alimentis, et lege divina ad concipiendam fecunditatem rationum, atque sermonum, tanquam herbis seminalibus, partim ad utilitatem morum conversationis humanæ, tanquam lignis fructiferis, partim ad vigorem fidei, spei et

Ibid. Divisus in quatuor partes virt. Ejusdem, c. 10. GRIAL.

Ibid. Breulius post *quatuor virtutes* hæc addit: *Virtus est animi habitus, naturæ decus, vitæ ratio, morum pietas, cultus Divinitatis, honor hominis, æternæ beatitudinis meritum. Cujus scilicet partes quatuor principales, quæ designantur per quatuor paradisi flumina, prudentia, fortitudo, justitia, temperantia. Prudentia est rerum divinarum humanarumque, prout homini datum est, scientia: per quam intelligitur quid cavendum sit et quid agendum. Et hoc est, quod in psalmo* (CXVIII) *legitur*: MIRABILIA TESTIMONIA TUA. *Fortitudo est animi patientia, et longanimitas, et perseverantia in bonis operibus, et victoria contra vitiorum genera. Justitia est animi nobilitas, unicuique rei propriam tribuens dignitatem. In hac Divinitatis cultus, et humanitatis jura, vera judicia, et æquitas totius vitæ conservatur. Temperantia est vitæ modus, ne quid nimis homo vel amet, vel odio habeat; sed omnes hujus vitæ varietates considerata temperet diligentia. Hæc sunt quatuor flumina. Ligna omnes utiles virtutes*, etc. Hæc in quibusdam Mss. non exstare animadvertit Breulius. In verbis Salomonis Vulgata exhibet *qui apprehenderint eam.* AREV.

CAP. II. N. 1. *Deinde quid in figuram sæculi*, etc. Reliqua hujus capitis contexta sunt ex ejusdem verbis lib. I de Genes. contra Manich., c. 23, ordine tantum immutato. GRIAL.

Ibid. Sex diebus, usque ad *non habet vesperam*, verba sunt Augustini, XII contra Faust., c. 8. GRIAL.

Ibid. De sex mundi ætatibus in Etymolog., lib. V, cap. 38, n. 5. AREV.

2. *Sanctorum, quæ scilicet.* Nonnulli addunt: *Sanctorum, n·n in hac vita, sed in alia, ubi vidit requiem præsentem dives ille, cum apud inferos torqueretur, quæ scilicet.* AREV.

4. In Editione Grialii mendose *inter pluviam maria.* AREV.

10. *Terrena curiositate. Tenebrosa curiositate*, Augustinus. GRIAL.

11. *Concipiendam*, ex Augustino. *Concupiscendam*, Eucherius et Manuscripti, mendose. GRIAL.

Ibid. Non prætermittenda varietas lectionis in Cod. Albornoz., *homo, cui minister est Christus.* Quod pertinet ad Matth. XX, 28: *Non veni ministrari, sed ministrare.* AREV.

charitatis in vitam æternam, tanquam herbis viridibus, quæ nullo æstu tribulationum arescunt.

12. Sed spiritualis sic istis spiritualibus cibis alimentisque pascitur, ut multa intelligat. Carnalis autem, id est, parvulus in Christo, tanquam pecus Dei, ut multa credat, quæ necdum intelligere **268** potest, tamen eosdem cibos omnes habent. Hujus autem ætatis quasi vespera utinam nos non inveniat! Illa est enim de qua Dominus dicit : *Putasne veniens Filius hominis inveniet fidem super terram* (*Luc.* XVIII, 8)?

13. Post illam vesperam fiet mane, quando ipse Dominus in claritate venturus est. Tunc requiescent cum Christo ab omnibus operibus suis ii quibus dictum est : *Estote perfecti, sicut Pater vester qui in cœlis est* (*Matth.* V, 48). Tales enim faciunt opera bona valde. Post talia enim opera speranda est requies in die septimo, qui vesperam non habet.

14. Sequitur : *Istæ generationes cœli et terræ, quando creatæ sunt, in die qua fecit Deus cœlum et terram, et omne virgultum agri, omnemque herbam regionis, antequam esset super terram.* Superius septem dies numerati sunt; nunc unus dies dicitur, quo fecit Deus cœlum et terram, et omne virgultum agri, et omnem herbam regionis.

15. Hujus diei nomine secundum prophetiam omne tempus hujus vitæ significatur, in quo cœlum et terra factum, id est, in quo creaturæ visibiles disponuntur. Sed quid sibi vult, quod nunc, nominato cœlo et terra, adjecit *virgultum agri, et herbam regionis*, et tacuit cætera quæ sunt in cœlo et terra, vel etiam in mari, nisi quia per virgultum agri invisibilem creaturam demonstrat intelligi, sicut est anima?

16. Dicta autem est virgultum, propter vigorem vitæ; herba, propter eamdem vitam nunquam marcescentem. Deinde quod addidit, antequam esset super terram, intelligitur antequam anima peccaret. Terrenis enim cupiditatibus sordidata, tanquam super terram nata, vel super terram esse, recte dicitur.

17. Unde et adjecit : Nondum enim pluerat Dominus Deus super : terram, quasi aperte diceret : Antequam peccaret anima, nondum **269** nubibus Scripturarum pluviam doctrinæ Dominus ad animam irrigandam concesserat; nondum propter hominem, qui est terra, Dominus noster nubem carnis nostræ assumpserat, per quam imbrem sancti Evangelii largissimum infudit.

18. Quod vero subjunxit : *Et homo non erat, qui operaretur terram*, quia nullus homo operatus est in virginem, unde natus est Christus. Ipse est enim lapis de monte abscissus sine manibus (*Dan.* II), id est, absque coitu et humano semine de virginali utero, quasi de monte humanæ naturæ, et substantiæ carnis abscissus. *Sed fons ascendebat de terra, irrigans universam superficiem terræ.* Terra mater virgo Domini Maria rectissime accipitur, de qua scriptum est : *Aperiatur terra, et germinet Salvatorem* (*Isai.* XLV, 8). Quam terram irrigavit Spiritus sanctus, qui fontis et aquæ nomine in Evangelio significatur.

CAPUT III.

De paridisi conditione, vel hominis.

1. *Formavit igitur Deus hominem de limo terræ*, id est, factus est Christus, juxta quod ait Apostolus, ex semine David secundum carnem (*Rom.* I), tanquam de limo terræ. *Et inspiravit in faciem ejus spiraculum vitæ*, utique infusionem sancti Spiritus, qui operatus est hominem Christum. *Et factus est homo in animam viventem*, scilicet, ut qui perfectus erat Deus, perfectus videretur et homo.

2. *Plantaverat autem Dominus Deus paradisum voluptatis a principio.* Paradisus Ecclesia est; sic enim de illa legitur in Canticis canticorum : *Hortus conclusus soror mea* (*Cant.* IV, 12). A principio autem paradisus plantatur, quia Ecclesia catholica a Christo, qui est principium omnium, condita esse cognoscitur. Fluvius de paradiso exiens imaginem portat Christi, de paterno fonte fluentis, qui irrigat Ecclesiam suam verbo prædicationis, et dono baptismi.

3. De quo bene per prophetam dicitur : *Dominus Deus noster* **270** *fluvius gloriosus exsiliens in terram sitientem.* Quatuor autem paradisi flumina quatuor sunt Evangelia ad prædicationem cunctis gentibus missa.

4. Ligna fructifera, omnes sancti sunt; fructus eorum, opera eorum; lignum autem vitæ, Sanctus sanctorum, Christus, scilicet, ad quem quisque si porrexerit manum, vivet in æternum. Lignum autem scientiæ boni et mali, proprium est voluntatis arbitrium quod in medio nostri est positum ad dignoscendum bonum et malum. De quo qui relicta Dei gratia gustaverit morte morietur.

5. *Tulit igitur Deus hominem, et posuit eum in pa-*

---

12. *Sed spiritualis*, usque ad *potest*, emendatus est hic locus ex Augustino et Beda. GRIAL.

Ibid. In Vulgata : *Filius hominis veniens, putas inveniet fidem super terram?* AREV.

13. In nostra Vulgata : *Estote ergo vos perfecti, sicut et Pater cœlestis perfectus est.* AREV.

14. Vulgata : *Istæ sunt generationes... creata sunt in die quo fecit Dominus Deus... virgultum agri, antequam oriretur in terra, omnemque herbam regionis, priusquam germinaret.* AREV.

15. *Hujus diei nomine secundum prophetiam.* Hæ duæ voces *secundum prophetiam* non sunt apud Augustinum, a quo sunt reliqua, lib. II de Gen. cont. Manich., c. 3; leguntur tamen in omnibus libris, et apud Eucherium et Bedam. GRIAL.

17. *Nubem carnis nostræ. Nubilum carnis nostræ*, Augustinus; *nebulam*, apud Bedam. GRIAL.

Ibid. Vulgata : *Non enim pluerat.* AREV.

18. *Homo non erat*, usque ad *significabatur*, ex eod. lib. Augustini, cap. 24. GRIAL.

CAP. III. N. 2. *Paradisus Ecclesia est*, ex eod. lib., cap. 14. GRIAL.

3. Propheta fortasse est Isaias, cap. XLIV, 3 : *Effundam enim aquas super sitientem, et fluenta super aridam.* Quatuor Evangelia quatuor paradisi fluminibus alibi etiam comparat Isidorus. AREV.

radiso. Assumpsit Deus carnem, et factus est caput A Ecclesiæ, ut operaretur et custodiret illum, id est, voluntate Patris ex omnibus gentibus Ecclesiam impleret. Dixit quoque Deus: *Non est bonum esse hominem solum.* Arguuntur hæretici, qui Christum solum hominem putant, et non etiam Deum.

6. *Faciamus ei adjutorium simile sui*, quia in ipso homine suscepto Ecclesia Deo copulata est. *Appellavit autem Adam nominibus suis cuncta animantia, et volatilia cœli, et bestias terræ*, significans gentes, quæ salvæ fierent in Ecclesia, et per Christum nomen Christianitatis erant accepturæ, quod prius non habuerant, sicut scriptum est: *Et vocabo servos meos nomine alio* (*Isai.* LXV, 15).

7. *Adæ vero non inveniebatur adjutor similis ejus.* Utique quoniam quamvis fidelis aut justus sit quis- B que, Christo tamen æquari non potest. *Quis enim*, inquit Moyses, *similis tibi in diis, Domine* (*Psalm.* LXXXV)? nam et David ait: *Speciosus forma præ filiis hominum* (*Psalm.* XLIV). Nemo enim poterat a morte genus humanum liberare, et ipsam mortem superare, nisi Christus, sicut et in Apocalypsi dicitur: *Nemo inventus est dignus, neque in cœlo, neque in terra, neque infra terram, aperire librum, nisi leo de tribu Juda.*

8. *Immisit ergo Dominus Deus soporem in Adam; cumque obdormisset, tulit unam de costis ejus, et ædificavit costam, quam tulerat* **271** *de Adam, in mulierem.* Dormit Adam, et fit illi mulier de latere. Patitur Christus in cruce, pungitur latus lancea, et profluunt sacramenta sanguinis, ex quibus formetur C Ecclesia. Hanc dormitionem cantat Propheta, dicens: *Ego dormivi, et quievi, et resurrexi, quoniam Dominus suscitavit me* (*Psalm.* III, 6).

9. Sequitur: *Et posuit carnem pro ea.* Sic Christus carnem suam moriendo posuit in patibulo crucis pro Ecclesia. *Dixit quoque Adam: Hoc nunc os ex ossibus meis, et caro de carne mea.* Quia sive sancti spirituales et fortissimi in tentationibus, sive minus perfecti, utrique unum corpus Christi sunt, et una Ecclesia.

10. *Hæc vocabitur virago, quoniam de viro sumpta est.* Sic et Christus Ecclesiæ nomen dedit Christianum, quæ de ejus latere sumpta est. Hæc ergo omnia facta sunt in figura, quæ erant in Ecclesia proditura. *Quamobrem relinquet homo patrem et matrem, et adhærebit uxori suæ; et erunt duo in carne una.* Hoc interpretans Apostolus ait: *Sacramentum hoc magnum est, ego autem dico in Christo et in Ecclesia* (*Ephes.* V).

11. Ergo quod per historiam completum est in Adam, per prophetiam significatur in Christo, qui reliquit Patrem, cum dicit: *Ego a Patre exivi, et veni in mundum* (*Joann.* XVI). *Qui cum in forma Dei esset, non rapinam arbitratus est esse se æqualem Deo* (*Philipp.* II). Reliquit et matrem, id est, Synagogam Judæorum, Veteri Testamento carnaliter inhærentem, quæ illi erat mater ex semine David secundum carnem, et adhæsit uxori suæ, id est, sanctæ Ecclesiæ, ut pace Novi Testamenti essent duo in carne una, quia cum sit Deus apud Patrem, per quem facti sumus, factus est per carnem particeps noster, ut illius capitis corpus esse possimus.

CAPUT IV.

De præceptis Dei, et consensione serpentis.

272 1. Jam dehinc præceptum, quod accepit figuraliter Adam, nos accepimus in Christo, quia unusquisque Christianus non incongrue gestat personam Christi, dicente ipso Domino: *Quod fecistis uni ex minimis meis, mihi fecistis* (*Matth.* XXV, 40). Dicitur ergo illi: *Ex omni ligno paradisi comede. De ligno autem scientiæ boni et mali ne comedas.*

2. Præcipitur enim nobis ut fruamur omni ligno paradisi, quo significantur spirituales deliciæ, de quibus ait Apostolus: *Fructus autem spiritus est charitas, gaudium, pax, longanimitas, bonitas, mansuetudo, continentia, castitas* (*Galat.* V). Sicut Apostolus dicit. Et non tangamus lignum in medio paradisi plantatum scientiæ boni et mali, id est, ne velimus superbire de natura arbitrii nostri, quæ media est, ut, decepti per scientiam, experiamur et malum. Serpens autem ille, sapientior omnium bestiarum, indicat diabolum, qui inde serpens dicitur quod volubili versetur astutia.

3. Sed quid est quod ipse per mulierem decepit, et non per virum? Quia non potest ratio nostra se-

6. Vulgata: *simile sibi.* Et mox, *Appellavitque Adam ..., et universa volatilia cœli, et omnes bestias terræ.* Et apud Isaiam: *Et servos suos vocabit nomine alio.* AREV.

7. In psalmo LXXXV, qui a Breulio indicatur et inscribitur, *Oratio ipsi David*, vers. 8, dicitur: *Non est similis tui in diis, Domine.* Apocalypsis sententia exprimitur verbis aliquatenus commutatis. AREV.

8. Verba psalmi in Vulgata: *Ego dormivi, et soporatus sum, et exsurrexi, quia Dominus suscepit me.* AREV.

10. *Quæ erant in Ecclesia proditura. Profutura*, apud Bedam. GRIAL.

Ibid. Quamobrem relinquet, usque ad *corpus esse possemus*, ex eod. Augustini lib., cap. 44, vel ex XII contr. Faust., cap. 8; utrobique enim eadem leguntur, atque utrumque locum sibi proposuisse videtur Isidorus. Legitur vero tam apud Augustinum quam apud Paulum *propter hoc*, non *quamobrem*. GRIAL.

Ibid. Grialius in nota *possemus*; sed in textu *possimus*, quod alii retinent. AREV.

CAP. IV. N. 1. *Jam dehinc præceptum*, usque ad D *mihi fecistis*, ejusd. Augustini sunt verba, cap. 25 lib. II cont. Manich. Quæ ante hæc leguntur in plerisque libris, *Post hæc vocatur Heva*, etc., non sunt hujus loci, sed capitis sexti (imo quinti) ubi eadem totidem verbis ponuntur. GRIAL.

Ibid. Omni ligno paradisi, usque ad *experiamur et malum*, ex eod. Augustini loco. Quod autem Augustinus dixerat, *ne vellemus superbire de natura nostra*, Isidorus interpretatus est de natura arbitrii nostri, quod et superius fecerat. GRIAL.

Ibid. In nostra Vulgata: *Quandiu fecistis uni ex his fratribus meis minimis, mihi fecistis.* AREV.

2. *Serpens autem*, usque ad *astutia*, ex cap. 24 ejusdem lib. II contra Manich. GRIAL.

Ibid. In verbis Apostoli Vulgata nonnihil variat. Quod additur, *sicut Apostolus dicit*, non puto ad ea quæ sequuntur referri, sed ad ea quæ præcedunt. AREV.

3. *Sed quid est, quod per mulierem*, usque ad *te-*

duci ad peccandum, nisi præcedente delectatione in carnalis infirmitatis affectu, qui obtemperare debet rationi, tanquam viro dominanti. Hoc enim in unoquoque homine geritur in occulto quodam secretoque conjugio.

4. Suggestionem quippe, serpentem accipimus; mulierem vero, **273** animalem corporis sensum; rationem autem, virum. Ergo quando occurrit mala suggestio, quasi serpens loquitur. Sed si sola cogitatio oblectetur illa suggestione, et, refrenante ratione, consensus explendi operis non succedat, sola mulier videtur comedisse illicitum.

5. Quod si ipsum peccatum etiam et mens perpetrandum decernat, jam vir deceptus est, jam mulier cibum dedisse viro videtur; illecebræ enim consentire de ligno prohibito manducare est. Tunc quippe jure a vita beata, tanquam a paradiso, expellitur homo, peccatumque ei imputatur, etiamsi non sequatur effectus: quia etsi non est in factis culpa, in consensu tamen rea tenetur conscientia. Hæc secundum anagogem.

6. Cæterum juxta metaphoram poterit callidus serpens iste hæreticorum versutiam designare. Nulli enim loquacius atque subtilius promittunt illicita curiositate secretorum adapertionem, atque scientiam boni et mali; et in ipso homine, tanquam in arbore quæ plantata est in medio paradisi, suam dignoscentiam nituntur demonstrare.

7. Contra hunc serpentem clamat Apostolus, cum dicit: *Metuo ne sicut serpens Hevam seduxit astutia sua, sic sensus vestri corrumpantur* (*II Cor.* XI, 3). Seducitur verbis hujus serpentis carnalis nostra concupiscentia, et per illam decipitur Christianus Adam, non Christus. *Dicit ergo serpens ad mulierem: Cur præcepit vobis Deus ut non comederetis ex omni ligno paradisi?* Sic hæreticorum curiosa cupiditas, sic pravi prædicatores, ad diligendam erroris fallaciam, auditorum carnalium corda succendunt, dicentes: Quare fugitis scientiam habere latentem? nova semper exquirite, boni malique scientiam penetrate.

8. Unde apud Salomonem mulier illa, hæreticorum speciem tenens, dicit: *Aquæ furtivæ dulciores sunt, et panis absconditus suavior* (*Proverb.* IX, 17)? Subjecit deinde idem serpens: *Quacunque die comederitis, ex* **274** *eo statim aperientur oculi vestri, et eritis ut dii scientes bonum et malum.*

9. Sic et omnes hæretici divinitatis meritum profitentur, atque scientiæ pollicitatione decipiunt et reprehendunt eos quos simpliciter credentes invenerint. Et quia omnino carnalia persuadent, quasi ad carnalium oculorum apertionem conantur adducere, ut interior oculus obscuretur.

CAPUT V.

De peccato primorum hominum, sive supplicio.

1. *Vidit igitur mulier quod bonum esset lignum, tulitque de fructu illius et comedit.* Mulier comedit antea, non vir; ideo, quia facilius carnales persuadentur ad peccatum, nec tam velociter spirituales decipiuntur. *Et dedit viro suo, et comedit*; utique quia post delectationem carnalis concupiscentiæ nostræ, etiam nostra ratio subjicitur ad peccandum. *Cumque cognovissent se esse nudos, consuerunt folia ficus.* Foliis fici se contegunt, qui sæculum asperum amplectuntur, qui prurigine voluptatis carnalis aruntur, quique decepti hæretica pravitate, et gratia Dei nudati, tegumenta mendaciorum, tanquam ficus folia, colligunt, facientes sibi succinctoria pravitatis, cum de Domino vel Ecclesia mentiuntur.

2. *Cumque audissent vocem Dei deambulantis in paradiso ad auram post meridiem.* Deambulat Deus in illis, et non stat, qui stabiles in ejus præcepto non perseverant. Et bene ad auram post meridiem, quia jam ab eis aufertur lux illa ferventior veritatis, appropinquantibus errorum tenebris. *Absconderunt se a facie Dei in medio ligni paradisi.* In medio namque ligni se abscondit, qui aversus a præcepto Creatoris, in erroris atque arbitrii sui voluptatibus vivit.

3. *Vocavitque Deus Adam: Ubi es?* Hic ostendit quod si qui **275** a fide vel bonis operibus ad mendacia sua desideriaque labuntur, non despicit illos Deus, sed adhuc ut redeant ad pœnitentiam vocat, quia non vult mortem peccatoris, sed ut convertatur, et vivat (*Ezech.* XXXIII, 11). Ergo non est desperandum quibuslibet peccatoribus, dum et ipsi impii ad spem indulgentiæ provocantur.

4. Dicitur autem posthæc serpenti: *Maledictus eris inter omnia animantia. Super pectus tuum et ventrem gradieris.* Nomine pectoris significatur superbia mentis, nomine autem ventris significantur desideria carnis; his enim duabus rebus serpit diabolus adversus eos quos vult decipere, id est, aut

netur conscientia, ex Augustino, cap. 14. GRIAL.

Ibid. Seduci ad peccandum. Deduci ad consensum peccati, Augustinus. GRIAL.

6. *Cæterum juxta metaphoram*, usque ad *demonstrare*, ex c. 25. GRIAL.

Ibid. Nulli enim loquacius, atque subtilius. Loquacius, atque jactantius, Augustinus. GRIAL.

Ibid. Suam dignoscentiam. Eam dignoscentiam, Augustinus. GRIAL.

7. *Contra hunc serp.*, usque ad *non Christus*, ex cap. 26. GRIAL.

Ibid. Sic hæreticor. curiosa cupiditas. Calliditas, Valent. *Superba et curiosa cupiditas*, Augustinus, c. 28. GRIAL.

Ibid. In Vulgata: *Timeo autem ne.* AREV.

9. *Sic et omnes hæretici*, usque ad *obscuretur*, ex cap. 25. GRIAL.

CAP. V. N. 1. *Foliis fici*, usque ad *mentiuntur*, ex cap. 15. Est autem *foliis fici* apud Augustinum, *foliis ficus* apud Ambrosium. GRIAL.

2. *Et bene ad auram post meridiem.* Quis non videat magis congruere allegoriam, si *ad vesperam*, ex LXX, legas cum Augustino, c. 16? GRIAL.

Ibid. Lux illa ferventior. Lux illa interior, Augustinus. GRIAL.

4. *Nomine pectoris*, usque ad *vult decipere*, ex cap. 17. GRIAL.

terrena cupiditate, et luxuria aut superbiæ insana ruina.

5. *Et terram manducabis*, id est, ad te pertinebunt, quos terrena cupiditate deceperis. *Omnibus diebus vitæ tuæ*, id est, omni tempore quo agis hanc potestatem ante illam ultimam pœnam judicii. *Inimicitias ponam inter te et mulierem, et semen tuum et semen illius.* Semen diaboli est perversa suggestio. Semen autem mulieris fructus est boni operis, quo perversæ suggestioni resistitur.

6. Ipsa caput illius conteret, si eum mens in ipso initio malæ suggestionis excludit. Ille insidiatur calcaneo ejus, quia mentem, quam prima suggestione non decipit, decipere in finem tendit. Quidam autem, quod dictum est, *Inimicitias ponam inter te et mulierem*, de Virgine de qua Dominus natus est, intellexerunt, eo quod illo tempore ex ea Dominus nasciturus, ad inimicum devincendum, et mortem, cujus ille auctor erat, destruendam, promittebatur.

276 7. Nam et illud quod subjunctum est : *Ipsa conteret caput tuum, et tu insidiaberis calcaneo ejus*, hoc de fructu ventris Mariæ, qui est Christus, intelligunt; id est: Tu eum supplantabis, ut moriatur. Ille autem, te victo, resurget, et caput tuum conteret, quod est mors. Sicut et David dixerat ex persona Patris ad Filium : *Super aspidem et basiliscum ambulabis, et conculcabis leonem et draconem* (*Psalm.* CX).

8. Aspidem dixit mortem, basiliscum peccatum, leonem Antichristum, draconem diabolum. De pœna autem mulieris quid significat, quod ei dicitur : *In dolore paries filios*, nisi quia voluntas carnalis, cum aliquam malam consuetudinem vult vincere, patitur in exordio dolores, atque ita per meliorem consuetudinem parit bonum opus, quasi filios.

9. Quod vero adjecit : *Et conversio tua ad virum tuum, et ipse dominabitur tui* : hoc significat, quod illa carnalis voluntas, quæ cum dolore reluctaverat, ut faceret consuetudinem bonam, jam ipsis erudita doloribus, cautior fit, et ne corruat, obtemperat rationi, et libenter servit quasi viro jubenti.

10. Post hæc vocatur Heva *vita*, et mater vivorum, quæ de viri sui latere facta est, et dicit Dominus in Evangelio : *Si quis non manducaverit carnem meam, et biberit sanguinem meum, non habebit in se vitam*, et omnia quæ illic intelliguntur, enucleate minutatimque tractata Christum et Ecclesiam præloquuntur, sive in bonis Christianis, sive in malis. Neque enim frustra dixit Apostolus : *Adàm, qui est forma futuri* (*Rom.* V, 14), et illud : *Relinquet homo patrem*; et reliqua

11. Vocaturque dehinc mater vivorum, id est, recte factorum, quibus contraria sunt peccata, quæ nomine mortuorum significantur. Jam vero per sententiam quæ in virum infertur, ratio nostra arguitur, quæ et super peccati concupiscentia seducta, et a paradiso **277** beatitudinis remota, habet maledictiones terrenæ operationis, habet et dolores temporalium curarum, quasi spinas et tribulos.

12. Sic tamen dimittitur de paradiso beatitudinis, ut operetur terram, id est, ut in corpore isto laboret, et collocet sibi meritum redeundi ad vitam beatam, quæ paradisi nomine significatur, possitque aliquando manum porrigere ad arborem vitæ, et vivere in æternum. Manus autem porrectio bene significat crucem, vel cruciatum pœnitentiæ, per quem vita æterna recuperatur. Accipit etiam tunicam pelliceam divino judicio, quo nomine corporis mortalitas significatur in historia.

13. In allegoria autem de carnalibus sensibus abstractæ voluptates, quæ carnaliter viventem divina lege consequuntur, et contegunt. Qui si aliquando ad Deum convertitur per flammeam frameam, id est, per temporales tribulationes, peccata sua agnoscendo et gemendo, et per cherubim, id est, per plenitudinem scientiæ, quod est charitas, perveniet ad arborem vitæ Christum, et vivet in æternum.

14. Cherubim namque plenitudo scientiæ inter-

5. *Et terram manducabis*, usque ad *pœnam judicii*, ex cap. 18. GRIAL.

Ibid. Semen diaboli, usque ad *resistitur*, ex eod. c. GRIAL.

Ibid. Cod. ms. Regiovatic. 293, ad marg., et Florent. 4, post *cupiditate deceperis* addit : *Quando autem dictum est diabolo : Terram manducabis, dictum est et peccatori : Terra es, et in terram ibis. Datus est ergo in cibum diaboli peccator. Sicut enim quod manducavimus, in corpus nostrum convertitur, ut cibus ipse secundum corpus hoc efficiatur, quod nos sumus, sic per nequitiam et impietatem hoc efficitur quisque, quod diabolus, id est, similis ejus, et subjicitur ei, sicut subjectum est nobis corpus nostrum; et hoc est quod dicitur manducari a serpente. Quod autem adjecit*, etc. AREV.

6. *Ipsa caput*, usque ad *decipere in finem tendit*, Augustinus : *Et ideo observat ipse plantam mulieris, ut si quando in illicita labitur delectatio, tunc illam capiat. Et illa observat caput ejus, ut eum in initio malæ suasionis excludat.* GRIAL.

Ibid. Post *promittebatur* alii addunt, *Sicut in David scriptum est, De fructu ventris tui ponam super sedem tuam.* (*Psalm.* CXXXI.) AREV.

8. *De pœna autem mulieris*, usque ad *viro jubenti*, ex c. 19. GRIAL.

9. *Et conversio.* Aliter Vulgata. AREV.

10. *Post hæc vocatur Heva*, usque ad *patrem et matrem*, ex XII contra Faust., c. 8. Atque hujus loci esse verba hæc, frustraque capite quarto in quibusdam Mss. legi, cum hic repetenda essent, et res ipsa indicat, et Augustinus, II de Gen. cont. Manich., c. 21, ita scribens : *Quem autem non moveat, quod post peccatum et sententiam judicis vocat Adam mulierem suam vitam, quia vivorum ipsa sit mater, posteaquam meruit mortem?* etc. GRIAL.

11. *Vocatur dehinc mater vivor.*, usque ad *significantur*, ejusdem sunt verba, II de Gen. contr. Manich., c. 21. GRIAL.

12. *Sic tamen dimittitur*, usque ad *recuperatur*, ex cap. 22. GRIAL.

13. *Abstractæ voluptates. Attracta phantasmata*, cap. 27 Augustini. GRIAL.

Ibid. Quæ carnaliter viventem. Ita o. l.; *quæ carnaliter mentientem*, Augustinus ibid., quia tunicas pelliceas mentiendi libidinem interpretatus fuerat; itaque nihil mutamus. GRIAL.

Ibid. Qui si aliquando, usque ad *charitas est*, totus locus concinnatus ex verbis, c. 23. GRIAL.

pretatur. Framea vero versatilis, posita ad custodiendam viam ligni vitæ, temporales pœnæ intelliguntur. Nemo enim potest pervenire ad arborem vitæ, nisi per has duas res, tolerantiam scilicet molestiarum et scientiæ plenitudinem, id est, per charitatem Dei et proximi. Plenitudo enim legis charitas est (*Rom.* XIII, 10).

CAPUT VI.

De Cain et Abel, eorumque progenie.

1. Adam vero cognovit Hevam uxorem suam, quæ concepit, et peperit Cain. Rursumque peperit fratrem ejus Abel. Nativitates **278** duorum filiorum Adam similitudinem habent duorum populorum, qui erant diversis temporibus ad fidem venturi, pari opere, et dissimili charitate ante Deum. Fuit autem Abel pastor ovium, et Cain agricola.

2. Sed sicut Cain sacrificium ex terræ fructibus reprobatur, Abel autem sacrificium ex ovibus et earum adipe suscipitur, ita Novi Testamenti fides ex innocentia grata Deum laudans Veteris Testamenti terrenis operibus anteponitur. *Dixit Deus ad Cain, si recte offeras, recte autem non dividas, peccasti.* Utique quia etsi Judæi antea recte illa fecerunt, in eo tamen infidelitatis rei sunt, quia, Christo veniente, jam tempus Novi Testamenti a tempore Veteris Testamenti non distinxerunt.

3. Quod si obtemperasset Deo Cain dicenti: *Quiesce, sub te erit appetitus tuus, et tu dominaberis illius*, ad se convertisset peccatum suum, sibi hoc tribuens, et confitens Deo; ac sic adjutus indulgentiæ gratia ipse peccato suo dominaretur, non illo sibi dominante servus esset peccati, nec fratrem occidisset innocentem, sic et Judæi, in quorum hæc figura gerebantur, si quiescerent a sua perturbatione, et, tempus salutis per gratiam in remissionem **279** peccatorum cognoscentes, audirent Christum dicentem: *Non veni vocare justos, sed peccatores ad pœnitentiam*, tunc ad se converterent peccatum suum in confessione, sicut in Psalmo XL scriptum est, medico dicentes: *Ego dixi, Domine, miserere mei; sana animam meam, quia peccavi tibi* (*Psal.* XL, 5); eidemque peccato, quandiu in eorum corpore esset adhuc mortali, per spem gratiæ liberi dominarentur.

4. Nunc autem ignorantes Dei justitiam, et suam volentes constituere, elati de operibus legis, non humiliati de peccatis suis, non quieverunt; sed offenderunt in lapidem offensionis, et exarserunt iracundia adversus Christum, cujus opera videntes accepta Deo esse, doluerunt.

5. Itaque post hæc occiditur Abel minor natu a fratre Cain majore natu. Occiditur Christus caput populi minoris natu a populo Judæorum majore natu, ille in campo, iste in Calvariæ loco.

6. Interrogat Deus Cain, non tanquam ignarus eum a quo discat, sed tanquam judex reum quem puniat, et dicit: *Ubi sit frater ejus?* ille respondit nescire se, nec ejus se esse custodem. Usque nunc quid nobis respondent Judæi, cum eos sanctarum Scripturarum voce interrogamus de Christo? Illi nescire se Christum respondent. Fallax enim Cain ignoratio, Judæorum est falsa negatio.

7. Essent autem quodam modo Christi custodes, si Christianam fidem accipere ac custodire voluissent. *Dixit Deus ad Cain: Quid fecisti? vox sanguinis fratris tui clamat ad me de terra.* Sic arguit in Scripturis sanctis vox divina Judæos. Habet enim magnam vocem Christi sanguis in terra; cum enim, sacramento accepto, ab omnibus gentibus respondetur *Amen*, hæc est vox clara, vox sanguinis, quam sanguis iste exprimit ex ore fidelium eodem sanguine redemptorum.

8. *Dixit Deus ad Cain: Et nunc maledictus eris a terra, quæ* **280** *aperuit os suum, et suscepit sanguinem fratris tui de manu tua.* Maledictus est enim populus Judæorum infidelis a terra, id est, ab Ecclesia, quæ aperuit os suum in confessione peccatorum accipere sanguinem Christi, qui effusus est in remissionem peccatorum omnium de manu persecutoris,

CAP. VI. N. 1. *Nativitates duorum filiorum*, usque ad *plantatus paradisus*, desumpta sunt omnia ex Augustini XII contra Faustum, cap. 9, et quatuor sequentibus, unde sunt quædam emendata. GRIAL.

3. *Ex innocentia grata. Gratiæ* Augustinus *ex innocentiæ gratia*, impress. GRIAL.

Ibid. Anteponitur. Post hæc verba interjiciuntur quædam in Codic. Val. et Compl., quæ aliena esse, locus Augustini interruptus, et alii libri mss. et impressi, a quibus absunt, satis ostendunt; et si quid in eis sani est, paulo post repetitur. Quæ tamen hic referri nihil obfuerit: *Iste autem filius Cain, qui vocatur Enoch, in cujus nomine condita est civitas, interpretatur dedicatio; impiorum enim dedicatio in hac vita fundata est. Enoch autem justus ab Adam septimus et ipse dedicatio item dicitur. Sed translatus ostendit justos (per quod ipse est septimus) in fine, hoc est in septimo millesimo annorum ab hac dedicatione terrenæ civitatis abituros.* De qua sententia paulo post, hoc eodem cap., et in expositionibus Exod. c. XXIX, importune repetita, quid sentiamus, mox dicemus. GRIAL.

Ibid. In Vulgata: *Nonne si bene egeris, recipies; sin autem male, statim in foribus peccatum aderit? Sed sub te erit appetitus ejus, et tu dominaberis illius.* De versione quam sequitur Isidorus, vide commentar. ad Prudentium, pag. 495. Codex Florent. 1, post *anteponitur* hæc addit: *Quæritur autem cur Deus sacrificium Abel suscepit, et a sacrificio Cain oculos suos avertit, nisi quia non fuit charitas in Cain, et nisi esset charitas in Abel, non acciperet Deus sacrificium ejus. Cum enim ambo obtulissent, ille de fructibus terræ, ille de fructibus ovium, nemo putet quia Deus fructus terræ neglexit, et fetus ovium elegit. Non intendit Deus ad munus, sed in corde vidit, et quem vidit cum charitate offerre, ipsius sacrificium respexit; quem vidit cum invidia offerre, ab ipsius sacrificio oculos avertit.* Alia, quæ hoc loco affert Grialius ex Ms. Val. et Compl., in Flor. 1 exstant num. 22, ubi de Henoch agitur. AREV.

3. *Eidemque peccato. Ei denique*, Augustinus, facili lapsu. GRIAL.

Ibid. Post verbum *dicentem*, alii addunt: *Non est opus sanis medicus. Et iterum: Omnis qui facit peccatum, servus est peccati. Et iterum: Si vos Filius liberaverit, vere liberi eritis. Et iterum: Non veni.* AREV.

7. *Cum enim, sacramento accepto. Cum, eo accepto*, Augustinus. GRIAL

Ibid. Respondetur Amen. Ita respondebatur in utriusque speciei communione. Ambrosius de corpore, lib. IV de Sacram.; *Dicit tibi sacerdos: Corpus Christi, et tu dicis: Amen. Hoc est verum; quod confitetur lingua, teneat affectus.* GRIAL.

nolentis esse sub gratia, sed sub lege, ut esset ab Ecclesia maledictus, id est, ut ostenderet eum Ecclesia maledictum, testificante Apostolo: *Quicunque enim ex operibus legis sunt, sub maledicto legis sunt.*

9. Deinde, cum dixisset: *Maledictus tu a terra, quæ aperuit os suum accipere sanguinem fratris tui de manu tua*, non dixit quoniam operaberis eam, sed ait, quoniam operaberis terram, et non adjiciet virtutem suam dare tibi.

10. Unde non est necesse intelligere eamdem terram operari Cain, quæ aperuit os accipere sanguinem fratris de manu ejus. Sed ideo maledictus intelligitur ab hac terra, quoniam operatur terram, quæ nondum adjiciet virtutem suam dare illi. Id est, ideo populum Judæorum maledictum agnoscit, et ostendit Ecclesia, quoniam, occiso Christo, adhuc operatur terrenam circumcisionem, terrenum Sabbatum, terrenum azymum, terrenum pascha, quia omnis terrena operatio habet occultam virtutem intelligendæ gratiæ Christi, quæ non datur Judæis in impietate et infidelitate perdurantibus, quia Novo Testamento revelata est.

11. *Cum operatus fueris terram, non dabit tibi fructus suos;* in ipsa enim terra quam Christus portavit, id est, in ejus carne, ipsi operati sunt salutem nostram, crucifigendo Christum, qui mortuus est propter delicta nostra. Nec tamen eis dedit eadem terra virtutem suam, qui non justificati sunt in virtute resurrectionis ejus qui resurrexit propter justificationem nostram, quia etsi crucifixus est ex infirmitate carnis, sed vivit in virtute Dei

12. Hæc est ergo virtus terræ illius, quam non ostendit impiis et incredulis. Unde nec resurgens eis a quibus erat crucifixus apparuit tanquam Cain operanti terram, ut granum illud seminaretur. *Vagus et profugus eris;* sive, ut in Septuaginta scriptum est, *gemens et tremens eris super terram.*

281 13. Nunc ecce quis non videat, quis non agnoscat, in tota terra, quacunque dispersus est ille populus, quomodo sit vagus in gentibus, et profugus a Jerusalem? quomodo gemat mœrore amissi regni, et tremat tremore sub innumerabilibus populis Christianis? ideoque respondit Cain dicens: *Major est iniquitas mea quam ut veniam merear. Ecce ejicis me hodie a facie terræ, et a facie tua abscondar, et ero vagus et profugus in terra. Igitur omnis qui invenerit me, occidet me.*

14. Vere inde vagus et profugus gemit et tremit, A ne etiam, regno terreno perdito, ista visibili morte occidatur. Hanc dicit majorem causam, quam illam quod terra nostra non dat virtutem suam, ne spiritualiter moriatur. Carnaliter enim sapit, et abscondit se a facie Dei, id est, iratum habere Deum grave non putat, sed hoc timet, ne inveniatur et occidatur. Carnaliter enim sapit, tanquam operans terram, cujus virtutem non accipit.

15. Sapere autem secundum carnem mors est; quam non intelligens ille, amisso regno, gemit, et corporalem mortem tremit. Sed quid ei respondit Dominus? *Nequaquam ita fiet; sed omnis qui occiderit Cain, septuplum punietur;* sive, ut Septuaginta transtulerunt, *septem vindictas exsolvet;* id est, non sic, quomodo dicis, non corporali morte interibit B genus impium carnalium Judæorum.

16. Quicunque eos ita perdiderit, septem vindictas exsolvet, id est, auferet ab eis septem vindictas, quibus alligati sunt propter reatum occisi Christi, ut hoc toto tempore, quod septenario dierum numero volvitur, magis quia non interiit genus Judæorum, satis appareat fidelibus Christianis, sed solam dispersionem meruerint, **282** juxta quod ait Scriptura: *Ne occideris eos, nequando obliviscantur populi mei legis tuæ; disperge illos in virtute tua, et depone eos* (*Psalm.* LVIII, 12).

17. *Posuit Dominus in Cain signum, ut non eum interficeret omnis qui invenisset eum.* Hoc revera mirabile est, quemadmodum omnes gentes quæ a Romanis subjugatæ sunt, in ritum Romanorum sacrorum C transierint, eaque sacrilegia observanda, et celebranda susceperint; gens autem Judæorum sive sub paganis regibus, sive sub Christianis, non amiserit signum legis, et circumcisionis suæ, quo a cæteris gentibus populisque distinguitur.

18. Sed et omnis imperator, vel rex, qui eos in suo regno invenit, cum ipso signo eos invenit, et non occidit; id est, non efficit ut non sint Judæi certo quodam et proprio suæ observationis signo a cæterarum gentium communione discreti, nisi quicunque eorum ad Christum transierit, ut jam non inveniatur Cain, neque exeat a facie Dei, neque habitet in terra Naid.

19. *Exiit ergo a facie Domini, et habitavit in terra Naid*, quod dicitur interpretatum *commotio*, sive in-D stabilis, et fluctuans, et sedis incertæ. Contra quod malum Deus rogatur in psalmo: *Ne dederis in motum pedes meos* (*Psalm.* LXV); et: *Manus peccatorum*

9. *Deinde cum dixisset*, usque ad *revelata est*, male absunt a veteribus lib. Val. et Comp., cum sint Augustini et legantur in Excusis et reliquis Ms. GRIAL.

13. *Major est iniquitas mea q. u. v. m.* Mirum, non vidisse, quisquis vulgatam Editionem suffecit, non cohærere quæ sequuntur verba: *Hanc dicit majorem causam.* Legendum ergo: *Major est causa mea*, ex LXX et Augustino. Idem paulo post conjunxit utramque interpretationem, cum dicit: *Vere inde vagus et profugus gemit et tremit*, cum Augustinus tantum verba LXX interpretum retulerit: *Vere inde gemit et tremit, ne regno etiam terreno*, etc. GRIAL.

Ibid. In hac Judaici populi mirabili dispersione et conservatione gravissimum argumentum constituitur ad veritatem religionis Christianæ astruendam. AREV.

15. *Amisso regno, gemit et corporalem mortem tremit.* Oportuit mendacem memorem esse. Quorsum enim *gemit et tremit?* si hæc verba explicanda nusquam sibi proposuit? Id tamen provisum apud Eucherium. GRIAL.

Ibid. Sive, ut LXX transtulerunt. Hoc recte; vidit enim non respondere reliqua verbis Vulg. Ed. Vid. Hieronymum, epist. 125, ad Damas., q. 1. GRIAL.

16. In Vulgata: *Ne occidas eos.* AREV.

18. Breulius, ad marg., notat neque in Cod. ms., neque in impresso Coloniæ 1530, haberi hæc verba, *ut jam non... habitet in terra Naid.* AREV

non moveant me (*Psalm.* XXXV); et : *Qui tribulant me, exsultabunt, si motus fuero* (*Psalm.* XII); et : *Dominus a dextris est mihi, ne commovear* (*Psalm.* XV). Nunc vero Judæi, et omnes qui diversis erroribus contumaces sunt, resistendo veritati, exeunt a facie Dei, id est, a misericordia dilectionis ejus vel a participatione lucis ejus, et habitant profugi in terra commotionis; id est, in conturbatione carnali contra jucunditatem Dei; hoc est, contra Edem, quod interpretatur *epulatio*, ubi est plantatus paradisus.

20. *Cognovit autem Cain uxorem suam, et concepit, et peperit Henoch, et ædificavit Cain civitatem.* Quid ergo sibi per figuram vult, quod impiorum progenies civitatem in ipsa mundi origine construxit? nisi quod noveris impios in hac vita esse fundatos, sanctos vero hospites esse et peregrinos. Unde et Abel tanquam peregrinus in terris, id est, populus Christianus non condidit civitatem. **283** Superna enim est sanctorum civitas, quamvis hic pariat cives, in quibus peregrinatur, donec regni ejus tempus adveniat.

21. Nam et Petrus propterea reprehenditur, quod tabernacula in monte fieri cogitavit, quia sancti in hoc mundo tabernaculum non ædificant. Ædificavit autem eam ex nomine filii sui Henoch. Iste filius, in cujus nomine condita est Henoch, id est, terrestris Jerusalem, quæ interpretatur *dedicatio*, significat istam civitatem et initium et finem habere terrenum, ubi nihil plus quam quod cernitur speratur.

22. *Porro Henoch genuit Irad, et Irad genuit Maviahel, et Maviahel genuit Mathusael, et Mathusael genuit Lamech. Qui accepit duas uxores; nomen uni Ada, et nomen secundæ Sella.* Notandum autem quod in progenie Seth, cum genuisse filios filiasque dicatur, nulla ibi genita femina nominatim exprimitur, sed tantum in progenie Cain femina commemoratur. Quo significatur terrenam civitatem usque in finem sui carnales habituram generationes, quæ marium ac feminarum conjunctione proveniunt.

23. Dixit quoque Lamech uxoribus suis : *Audite verba mea, et auscultate sermonem meum. Quoniam occidi virum in vulnus meum, et adolescentulum in livore meo, septies vindicabitur de Cain, de Lamech septuagies septies.* Jam alibi secundum historiam dictum est, eo quod ab Adam usque ad Christum septuaginta septem generationes inveniantur, in quibus peccatum Lamech, id est, totius mundi sanguinis Christi effusione solutum est.

24. Siquidem et in populo Judæorum propter interfectionem Christi septuaginta septem vindictæ sunt statutæ, juxta illud evangelicum, **284** in quo dictum est Petro apostolo : *Non solum septies, sed etiam septuagies septies, si pœnituerit, fratri remittendum* (*Matth.* XVIII); id est, Judæum revertentem post septuaginta septem vindictas statutas recipiendum ad indulgentiam Christi.

25. *Cognovit quoque adhuc Adam uxorem suam, et peperit filium, vocavitque nomen ejus Seth. Sed Seth natus est filius, quem vocavit Enos.* Seth quippe interpretatur *resurrectio*, qui est Christus, et Enos filius ejus interpretatur *homo*, qui cœpit invocare nomen Domini.

26. Quid per hoc intelligitur, nisi quia in confessione vivit omnis homo, qui est filius resurrectionis, quandiu peregrinatur in terris? Item ex duobus illis hominibus, Abel, qui interpretatur *luctus*, et ejus fratre Seth, quod interpretatur *resurrectio*, mors Christi et vita ejus ex mortuis figuratur.

27. Ergo, ut brevius dicam, Abel *luctus*, Seth *resurrectio*, Enos *homo*, quia post luctum resurrectio, de resurrectione homo invocans Deum. Item Enos genuit Cainan, Cainan autem genuit Malalehel, Malalehel genuit Jared; Jared genuit Henoch. Hic autem Henoch septimus ab Adam, qui placuit Deo, et translatus est, septimam requiem significat, ad quam transfertur omnis qui tanquam sexta die, id est, sexta ætate sæculi, per Christi adventum formatur.

28. Transactis enim sex millibus annis, facto etiam judicio, et renovatis cœlo et terra, transferentur sancti in vitam perpetuæ immortalitatis. Quod autem per Seth ab Adam usque ad Noe denarius numerus insinuatur, complementum mandatorum in Ecclesiæ operibus **285** figuratur, cui numero si adjiciantur tres filii Noe, medio reprobato, duodenarius consummatur, qui in patriarcharum apostolorumque numero insignis habetur propter septenarii partes, altera per alteram multiplicatas. Nam ter quaterni, vel quater terni ipsum faciunt.

20. *Et ædificavit Cain civitatem*, ex Augustino, XV de Civit., c. 17 et seq., et Gregorio, VI Moral., c. 4, et lib. XVI, c. 5. GRIAL.

21. *Iste filius*, usque ad *speratur*, Augustini sunt verba. GRIAL.

Ibid. Cod. Regiovatic. 293, ad marg., post *speratur* addit : *Iste autem filius Cain, qui vocatur Henoch, interpretatur* DEDICATIO. *Impiorum enim dedicatio in hac civitate fundata est. Henoch autem justus ab Adam septimus et ipse* DEDICATIO *etiam dicitur. Sed translatus ostendit justos per id, quod ipse est septimus, in fine, hoc est, in septimo millesimo die ab hac dedicatione supernæ civitatis abituros.* AREV.

22. *Cum genuisse filios filiasque dicatur.* Hæc verba deerant in omnibus libris, reposita sunt autem ex Augustino c. 17 et Eucherio. GRIAL.

Ibid. Quo significatur, usque ad *proveniunt*, verba sunt Augustini, ibid. GRIAL.

Ibid. Advertit Breulius digamiam quinta generatione a Cain profectam fuisse. AREV.

23. *Jam alibi secundum historiam*, etc. Innuit Isidorus se etiam sensum litteralem Genesis exposuisse. Confer præfationem. AREV.

25. *Enos filius ejus interpretatur* HOMO. *Enos autem sic interpretatur* HOMO, *ut hoc nomine non posse feminam nuncupari, periti linguæ illius asseverent*, ait Augustinus, lib. XV de Civit., c. 17. GRIAL.

27. *Hic autem Enoch sept.*, usque ad *formatur*, verba sunt ejusdem, XII cont. Faustum, c. 14. GRIAL.

Ibid. Post *formatur* Regiovat. addit : *Sex millia enim anni in hujus sæculi ætatibus deputantur.* AREV.

28. *Transactis enim*, usque ad *perpetuæ immortalitatis*. Hæc neque eadem sunt in omnibus libris, et in Val. et Compl. bis in hoc capite ponuntur. Ego vero Isidori hæc esse neutiquam puto. Nam neque Augustinus, de his ætatibus sæpius agens, eas annorum numero ullo, sextam præsertim, definit; neque Gregorius aut etiam Origenes. Neque verisimile est

29. Quod vero progenies ex Adam per Cain undenario numero finitur, transgressio mandatorum, sive peccatum ostenditur. Nam dum Lamech septimus ab Adam reperiatur scriptus, adduntur ei tres filii, et una filia, ut undenarius numerus compleatur, per quod demonstratur peccatum.

30. Nam et ipse numerus femina clauditur, a quo sexu initium peccati commissum est, per quod omnes morimur, scilicet ut voluptas carnis, quæ spiritui resisteret, sequeretur. Unde et ipsa filia Lamech Noema, id est, *voluptas* interpretatur. Nam quod de Mathusalem secundum Septuaginta ultra diluvium numerantur anni, hoc significat ut, quoniam solus est Christus, cujus vita nullam sensit ætatem, in majoribus quoque illis non sensisse diluvium videretur.

CAPUT VII.

De arca Noe et diluvio mundi.

1. Noe autem per omnia omnesque actus ejus Christum significat. Noe autem *requies* interpretatur, et Dominus dicit : *Discite a me quia mitis sum et humilis corde, et invenietis requiem* **286** *animabus vestris* (*Matth.* XI, 29). Solus justus invenitur Noe in illa gente, cui septem homines donantur propter justitiam suam.

2. Solus Christus justus est atque perfectus, cui septem Ecclesiæ propter septemplicem spiritum illuminantem in unam Ecclesiam condonantur. Noe per aquam et lignum liberatur; lignum quippe et aqua crucem designat et baptisma. Sicut enim ille cum suis per lignum et aquam salvatur, sic familia Christi per baptismum et crucis passionem sanatur. Arcam instruxit Noe de lignis non putrescentibus, Ecclesia construitur a Christo ex hominibus in sempiternum victuris.

3. Arca enim ista Ecclesiam demonstrabat, quæ natat in fluctibus mundi hujus. Quod autem eadem arca de lignis quadratis fieri jubetur, undique stabilem vitam sanctorum significat, ad omne opus bo-A num paratam. Quocunque enim verteris, quadratum firmiter stat.

4. Quod bitumine conglutinantur arcæ ligna extrinsecus, et intrinsecus, ut in compage firmetur unitatis, significatur tolerantia charitatis, ne scandalis Ecclesiam tentantibus, sive ab his qui intus sunt, sive ab eis qui foris sunt, cedat fraterna junctura, et solvatur vinculum pacis; est enim bitumen ferventissimum et violentissimum gluten, significans dilectionis ardorem vi magna fortitudinis ad tenendam societatem spiritualem omnia tolerantem.

5. Quod arca trecentis cubitis longa est, ut sexies quinquaginta compleantur, sicut sex ætatibus omne hujus sæculi tempus extenditur, in quibus omnibus Christus nunquam destitit prædicari, in quinque per B prophetiam prænuntiatus, in sexta per Evangelium diffamatus, potest quidem et in his trecentis cubitis signum ligni passionis ostendi. Ipsius enim litteræ T numerus crucis demonstrat signum, per quod socii Christi passionis effecti per baptismum longitudinem vitæ æternæ percipimus.

287 6. Quod vero cubitis quinquaginta latitudo ejus expanditur, sicut dixit Apostolus : *Cor nostrum dilatatum est* (*II Cor.* VI, 11)? unde, nisi charitate spirituali? propter quod ipse iterum dicit : *Charitas Dei diffusa est in cordibus nostris per Spiritum sanctum, qui datus est nobis* (*Rom.* V, 5). Quinquagesimo enim die post resurrectionem suam Christus Spiritum sanctum misit, quo corda credentium dilatavit.

C 7. Quod autem ejus altitudo in triginta cubitis surgit, quem numerum decies habet in trecentis cubitis longitudo, quia Christus altitudo nostra, qui, triginta annorum gerens ætatem, doctrinam evangelicam consecravit, contestans legem non se venisse solvere, sed implere. Legis autem cor in decem præceptis agnoscitur. Unde decies tricenis arcæ longitudo perficitur, unde et ipse Noe ab Adam decimus computatur.

Isidorum longius progressum, cum lib. I Sent., c. 31, ita scribat : *Judicii diem novit Christus, sed in Evangelio dicere, et scire discipulos suos noluit.* Itaque hanc annorum circumscriptionem importune hoc loco, et ad Exod. XXIX in 3 præcepto, et lib. II advers. Judæos, c. 15, repetitam, Isidori esse nunquam ego crediderim. Hujus rei magnum etiam indicium, quod apud Eucherium et in Codic. Oliv. nihil horum visitur. Ambrosius, ad Luc. IX, ita scribit : *Sed Matthæus et Marcus post dies sex assumptos hos esse memorarunt. De quo possemus dicere post sex millia annorum. Mille enim anni in conspectu Dei tanquam dies una. Sed plures quam sex millia computantur annorum. Sed malumus sex dies per symbolum intelligere, quod sex diebus mundi opera sunt creata, ut per tempus opera, per opera mundum intelligamus.* Elegantissime vero divus Augustinus, XVIII de Civit., c. 53 : *Omnium* (inquit) *de hac re calculantium digitos resolvit et quiescere jubet ille qui dicit : Non est vestrum nosse tempora vel momenta quæ Pater posuit in sua potestate*, et lib. I de Genes. contra Manich., c. 24 : *Senectus vero, sicut in nobis, nullo statuto annorum tempore definitur, sed post quinque illas ætates quantum quisque vixerit, senectuti deputatur; sic et in ista ætate sæculi non apparent generationes, ut etiam* D *occultus sit ultimus dies, quem utiliter Dominus latere oportere demonstravit.* GRIAL.

Ibid. Quod autem per Seth, usque ad *voluptas interp.*, ejusdem lib. XV de Civit. c. 20. GRIAL.

Ibid. Quæ de numeris passim in his commentariis attinguntur, ea ab Isidoro data opera exposita sunt in peculiari libro de Numeris, quem supra edidi. AREV.

CAP. VII. N. 2. *Noe per aquam*, usque ad *par litteram* (cap. seq.), hæc omnia, paucis, quæ notabimus, exceptis, sunt Augustini verba ex lib. XII contra Faust., a cap. 14 usque ad 24, e quo sunt nonnulla restituta. GRIAL.

Ibid. Grialius habet *condonatur* mendose, ut puto, pro *condonantur*, quod in aliis quoque impressis exstat. AREV.

4. *Vi magnæ fortitud... Vi magna*, apud Augustinum. GRIAL.

Ibid. Ut in compage firmetur, etc. Sic restituo locum ex Bononiensi Albornoziano Codice. Grialius, cum aliis Editis, *ut in compage unitatis significetur tolerantia*, etc. AREV.

5. *In quinque per proph.* Ita in plerisque Mss. et apud Eucher. *In quinta* apud August. et Bedam, et in Val. et Compl. GRIAL.

8. Quod sexies longa ad latitudinem suam, et decies ad altitudinem suam, humani corporis instar ostendit, in quo Christus apparuit. Corporis enim longitudo, a vertice usque ad vestigia, sexies tantum habet quam latitudo, quæ est ab uno latere ad alterum latus; et decies tantum quantum altitudo, cujus altitudinis mensura est in latere a dorso ad ventrem.

9. Velut si jacentem hominem metiaris supinum seu pronum, sexies tantum longus est a capite ad pedes, quam latus a dextera in sinistram, vel a sinistra in dexteram; et decies quam altus a terra. Unde facta est arca trecentorum cubitorum in longitudine, et quinquaginta in latitudine, et triginta in altitudine. Item quod eadem arca collecta ad unum cubitum desuper consummatur, sic Ecclesia corpus Christi in unitate collecta sublimatur et perficitur.

10. Unde dicitur in Evangelio: *Qui mecum non congregat, spargit* (*Luc.* XI, 23). Quod autem aditus fit ei a latere; nemo quippe intrat Ecclesiam, nisi per sacramentum remissionis peccatorum, quod de Christi latere aperto manavit. Quod inferiora arcæ bicamerata et tricamerata construuntur, sic ex omnibus gentibus vel bipertitam multitudinem congregat Ecclesia propter circumcisionem et præputium, **288** vel tripertitam propter tres filios Noe, quorum progenie repletus est orbis.

11. Et ideo arcæ inferiora dicta sunt, quia in hac terrena vita est diversitas gentium. In summo autem omnes in unum consummantur, et non est varietas, quia omnia et in omnibus est Christus, tanquam nos in uno cubito desuper cœlesti unitate consummans. Quod cuncta animalium genera includuntur in arca, significat quia ex omnibus gentibus et nationibus congregatio fit in Ecclesia.

12. Quod etiam Petro demonstratus ille discus (*Act.* X) significat quod munda et immunda ibi sint animalia, sic in Ecclesia et sacramentis boni et mali versantur. Quod septena sunt munda, et bina immunda, non quia pauciores sunt mali quam boni, sed quia boni servant unitatem spiritus in vinculo pacis. Sanctum autem Spiritum divina Scriptura in septiformi operatione commendat, sapientiæ et intellectus, consilii et fortitudinis, scientiæ et pietatis, et timoris Dei.

13. Unde et ille numerus quinquaginta dierum ad adventum sancti Spiritus pertinens in septies septenis, qui fiunt quadraginta novem, uno addito, consummatur. Propter quod dictum est: *Studentes servare unitatem spiritus in vinculo pacis.* Mali autem in binario numero ad schismata faciles, et quodammodo divisibiles ostenduntur (*Ephes.* IV, 3).

14. Quod ipse Noe cum suis octavus numeratur, quia in Christo spes nostræ resurrectionis apparuit, qui octava die, id est, post Sabbati septimum primo a mortuis resurrexit; qui dies a passione tertius, in numero autem dierum qui per omne tempus volvuntur et octavus et primus est.

15. Quod post septem dies, ex quo ingressus est Noe in arcam, factum est diluvium, quia in spem futuræ quietis, quæ septimo die significata est, baptizamur. Quod præter arcam omnis caro quam terra sustentabat diluvio consumpta est, quia præter **289** Ecclesiæ societatem, aqua baptismi, quamvis eadem sit, non solum non valet ad salutem, sed valet potius ad perniciem

16. Quod quadraginta diebus et quadraginta noctibus pluit, quia omnis reatus peccatorum in decem præceptis legis admittitur per universum orbem terrarum, qui quatuor partibus continetur. Decem quippe quater ducta quadraginta fiunt; sive ille reatus qui ad dies pertinet ex rerum prosperitate, sive qui ad noctes ex rerum adversitate contractus sit, sacramento baptismi cœlestis abluitur.

17. Quod Noe quingentorum erat annorum, cum ei locutus est Dominus, ut arcam sibi faceret, et sexcentos habebat annos, cum in eam est ingressus; unde intelligitur per centum annos arca fabricata; quid aliud hic videntur centum anni significare, nisi ætates sæculi singulas? Unde ista sexta ætas, quæ completis quingentis usque ad sexcentos significatur in manifestatione evangelica, Ecclesiam construit.

18. Et ideo qui sibi ad vitam consulit, sit velut quadratum lignum, paratus ad omne opus bonum, et intret in fabricam sanctam, quia et secundus mensis anni sexcentesimi, quo intrat Noe in arcam, eamdem senariam ætatem significat; duo enim menses sexagenario numero concluduntur.

19. A senario autem numero et sexaginta commemorantur, et sexcenta, et sex millia, et sexaginta millia, et sexcenta millia, et sexcenties, et quidquid deinceps in majoribus summis per eumdem articulum numeri in infinita incrementa consurgit.

20. Et quod vicesimus et septimus dies mensis commemoratur, ad ejusdem quadraturæ significationem pertinet, quæ jam in quadratis lignis exposita est; sed hic evidentius, quia nos ad omne opus bonum paratos, id est, quadratos, quodammodo trinitas perficit, in memoria, qua Deum recolimus, in

8. *Corporis enim longitudo*, usque ad *altus a terra*. Hæc non sunt apud Augustinum. Sunt tamen in o. l., et apud Eucherium. Grial.

9. *Item quod arca collecta ad unum cub.* ex c. 16. Grial.

10. Verba Lucæ in Vulgata: *Qui non colligit mecum, dispergit.* Arev.

11. *Consummantur. Consummamur*, Aug. Grial.

Ibid. Quod cuncta animalium genera, ex c. 15. Grial.

12. *In Ecclesia et sacramentis. In Ecclesiæ sacramentis*, Aug. Grial.

15. *Quod post septem*, ex c. 17. Grial.

Ibid. Quia in spe futur. quiet. Ita Aug., Euch., Bed., Val. Al., *in specie.* Grial.

Ibid. Grial. in textu *spem*, in not. *spe.* Arev.

16. Apud Grialium erat *pertinent.* Alii Editi, *quod ad dies pertinet sive quod ad noctes*, etc. Arev.

17. *Quod Noe quingentor.*, c. 18. Grial.

20. *Et quod vicesimus et sept.* Ex c. 19. Grial.

Ibid. Quadratos. Et conquadratos. Aug. Grial.

intelligentia, qua cognoscimus, in voluntate, qua diligimus.

21. Tria enim ter, et hoc ter, fiunt viginti et septem, qui est **290** numeri ternarii quadratus. Quod septimo mense arca sedit, hoc est, requievit, ad illam septimam requiem significatio recurrit, qua perfecti requiescunt. Ibi quoque illius quadraturæ numerus iteratur.

22. Nam vicesima et septima die mensis secundi commendatum est hoc sacramentum. Et rursum vicesima et septima die septimi mensis eadem commendatio confirmata est, cum arca requievit.

23. Quod enim promittitur in spe, hoc exhibetur in re. Porro quia ipsa septima requies cum octava resurrectione conjungitur; neque enim corpore reddito finitur requies, quæ post hanc vitam excipit sanctos, sed potius totum hominem, non adhuc in spe, sed jam in re ipsa omni ex parte et spiritus et corporis perfecta, immortali salute renovatum, in æternæ vitæ munus assumit.

24. Quia igitur septima requies cum octava resurrectione conjungitur, et hoc in sacramento regenerationis nostræ, id est, in baptismo altum profundumque mysterium est. Quod quindecim cubitis supercrevit aqua, excedens altitudinem montium. Octo itaque et septem quindecim faciunt. Sed octo significant resurrectionem, septem quietem.

25. Hoc igitur sacramentum resurrectionis et quietis transcendit omnem sapientiam superborum, ita ut nulla gens possit indicare scientiæ suæ altitudine resurrectionis quietem. Et quia septuaginta a septem, et octoginta ab octo denominantur, conjuncto utroque numero, centum quinquaginta diebus exaltata est aqua, eamdem commendans nobis atque confirmans altitudinem baptismi in sacrando novo homine ad tenendam quietis et resurrectionis fidem.

26. Quod post dies quadraginta emissus corvus non est reversus, aut aquis utique interceptus, aut aliquo supernatante cadavere illectus, significat homines in immunditia cupiditatis teterrimos, et ob hoc ad ea quæ foris sunt in hoc mundo nimis intentos, aut rebaptizari, aut ab his, quos præter arcam, id est, præter Ecclesiam baptismus occidit, seduci et teneri.

27. Quod columba emissa, non inventa requie, reversa est, ostendit per Novum Testamentum requiem sanctis in hoc mundo **291** non esse promissam. Post quadraginta enim dies emissa est; qui numerus vitam quæ in hoc mundo agitur significat. Denique post septem dies dimissa, propter illam septenariam operationem spiritualem olivæ fructuosum surculum retulit.

28. Quo significaret nonnullos etiam extra Ecclesiam baptizatos, si eis pinguedo non defuerit charitatis, posteriori tempore, quasi vespere, in ore columbæ, tanquam in osculo pacis, ad unitatis societatem posse perduci. Quod post alios septem dies dimissa non est reversa, significat finem sæculi, quando erit sanctorum requies, non adhuc in sacramento spei, quo in hoc tempore consociatur Ecclesia, quandiu bibitur quod de Christi latere manavit, sed jam in ipsa perfectione salutis æternæ, cum tradetur regnum Deo, et Patri, ut in illa perspicua contemplatione incommutabilis veritatis nullis ministeriis corporalibus egeamus.

29. Cur sexcentesimo primo anno vitæ Noe, id est, peractis sexcentis annis aperitur arcæ tectum? Finita quippe sexta ætate sæculi revelabitur absconditum sacramentum atque promissum.

30. Cur vicesimo septimo die secundi mensis dicitur siccasse terram, tanquam finita esset baptizandi necessitas in numero dierum quinquagesimo et septimo? Ipse enim est dies secundi mensis vicesimus septimus, qui numerus ex illa conjunctione spiritus et corporis septies octonos habet, uno addito, propter unitatis vinculum.

31. Cur de arca conjuncti exeunt, qui disjuncti intraverunt? Sic enim dictum erat quod intraverunt in arcam Noe, et filii ejus, uxor ejus, et uxores filiorum ejus. Cur seorsum viri, seorsum feminæ commemoratæ sunt? nisi quod in hoc tempore caro concupiscit adversus spiritum, et spiritus adversus carnem? Postmodum autem exeunt Noe et uxor ejus, et uxores filiorum ejus.

32. Hoc est, commemorantur conjuncti masculi et feminæ, quia in fine sæculi, atque in resurrectione justorum, omnimoda et perfecta pace spiritui corpus adhærebit, nulla mortalitatis indigentia, **292** vel concupiscentia resistente. Cur animalia, quamvis munda et immunda in arca fuerint, tamen post egressum de arca non offeruntur Deo in sacrificio, nisi munda?

33. Quid deinde velit sibi, Deo loquente ad Noe, et tanquam rursus ab exordio? Quia multis modis eam significare oportebat figuram Ecclesiæ, commendante quod progenies ejus benedicitur ad implendam terram. Quod dantur eis in escam cuncta animalia, sicut in illo disco Petro dicitur: *Macta et manduca* (*Act.* x).

21. *Arca sedit.* Ita Augustin. *Resedit*, Eucher., Val. *Sedit*, Ambros. GRIAL.

Ibid. Qua perfecti requiescunt. Ibi quoque, etc. Eodem modo legendus et interpungendus hic Augustini locus, qui mendosus circumfertur, ex emendatione Lovaniensi. GRIAL.

23. Alii, *porro ipsa*, omisso *quia*. AREV.

25. *Ut nulla gens.* *Ut nullatenus*, apud Bed. et Palent. GRIAL.

26. *Quod post dies quadrag.* Ex c. 20. GRIAL.

28. *Consociatur Ecclesiæ.* Ita August., Bed. et Cod. *Satiatur*, Val, mendose. GRIAL.

Ibid. Grialius in nota *consociatur Ecclesiæ*, in textu *consociatur Ecclesia*. AREV.

29. *Cur sexcentesimo.* E c. 21. GRIAL.

30. *Siccasse terram.* Ita August. et plerique lib. *Siccata esse*, Val. GRIAL.

32. *Cur animalia*, usque ad *ad implendam terram*, absunt a Val. et plerisque, sunt tamen apud Aug. GRIAL.

Ibid. Cur animalia, etc. Desunt hæc etiam in Editione Coloniensi 1530. AREV.

34. Quod ejecto sanguine jubentur manducare, A ne vita pristina, quasi suffocata in conscientia teneatur, sed habeat tanquam effusionem per confessionem. Quod vero testamentum Deus posuit inter se et homines, atque omnem animam vivam, ne perdat eam diluvio, arcum, qui appareret in nubibus, qui nunquam nisi de sole resplendet. Illi enim non pereunt diluvio, qui in prophetis et in omnibus divinis Scripturis, tanquam in Dei nubibus, agnoscunt Christi gloriam, et non quærunt suam.

CAPUT VIII.

De Noe et benedictionibus ejus, maximo minimoque collatis filiis.

1. Jam vero illud quod post diluvium de vinea quam plantavit, inebriatus est Noe, et nudatus in domo sua, cui non appareat Christi esse figuram? B qui inebriatus est, dum passus est; nudatus est, dum crucifixus est; in domo sua, id est, in gente sua, et in domesticis sanguinis sui, utique Judæis.

2. Tunc enim nudata est infirmitas carnis ejus, Judæis scandalum, gentibus autem stultitia, ipsis autem vocatis Judæis, et gentibus tanquam Sem et Japheth, Dei virtus, et Dei sapientia, quia **293** *quod stultum est Dei, sapientius est quam homines, et quod infirmum est Dei, fortius est quam homines* (*I Cor.* I, 15).

3. Proinde in duobus filiis, maximo et minimo, duo populi figurantur, scilicet circumcisio et præputium, unam vestem fidei a tergo portantes, sacramentum scilicet jam præteritæ dominicæ passionis, neque nuditatem patris intuentur, quia in Christi necem non consentiunt, et tamen honorant velamento, tan- C quam scientes unde sint nati.

4. Quam nuditatem, id est, passionem Christi, videns Cham derisit, et Judæi Christi mortem videntes subsannaverunt. Sem vero et Japheth, tanquam duo populi ex circumcisione et præputio credentes, cognita nuditate patris, qua significabatur passio Salvatoris, sumentes vestimentum posuerunt super dorsa sua, et intuentes aversi operuerunt nuditatem patris, nec viderunt quod verendo texerunt.

5. Quodam enim modo passionem Christi tegimus, id est, sacramento honoramus, ejusque mysterii rationem videntes, Judæorum detractionem operimus. Vestimentum enim significat sacramentum, dorsa memoriam præteritorum, quia passionem D Christi transactam celebrat Ecclesia, non adhuc prospectat futuram.

6. Medius autem frater Cham, id est, populus impius Judæorum (ideo medius, quia nec primatum apostolorum tenuit, nec ultimus in gentibus credidit) vidit nuditatem patris, quia consensit in necem Domini Salvatoris. Post hæc nuntiavit foras fratribus. Per eum quippe manifestatum est, et quodammodo publicatum, quod erat in prophetia secretum. Ideoque fit servus fratrum suorum.

7. Quid est enim hodie aliud gens ipsa, nisi quædam scriniaria Christianorum, bajulans legem et prophetas ad testimonium assertionis Ecclesiæ, ut nos honoremus per sacramentum, quod nuntiat illa per litteram? Post hæc benedicuntur duo illi qui nuditatem patris honoraverunt. *Benedictus*, inquit, *Dominus Deus Sem*, quanquam ipsis etiam gentibus sit Dominus Deus Israel.

294 8. Et unde hoc factum est, nisi ex benedictione Japheth? in populo enim gentium, totum orbem terrarum occupavit Ecclesia. Hoc prænuntiabatur, cum diceretur: *Dilatet Deus Japheth, et habitet in tabernaculis Sem.*

9. Ecce quomodo dilatat Deus Japheth, et habitat in tabernaculis Sem, ut Paulus dicit: *Non estis peregrini et hospites, sed estis cives sanctorum et domestici Dei, ædificati super fundamentum apostolorum et prophetarum* (*Ephes.* II, 19). *Benedictus*, inquit, *Deus Sem; sit Chanaan puer illius. Dilatet Deus Japheth, et habitet in tabernaculis Sem.* Hic Sem major natu ipse est, ex quo patriarchæ, prophetæ, et apostoli generati sunt.

10. Japheth autem gentium est pater, quia etiam *latitudo* interpretatur. Cum ingenti enim multitudine dilatatus est populus ex gentibus, qui cum prophetis et apostolis erat habitaturus. Siquidem et vidimus, juxta Noe patris propheticam benedictionem, in tabernaculo Sem transisse habitationem Japheth, hoc est, in domo legis et prophetarum Ecclesiam potius justificari, minorem quidem tempore, sed gratiæ lege majorem.

11. Cham porro, qui interpretatur *calidus*, medius filius, tanquam ab utroque discretus, nec in primitiis Israelitarum, nec in plenitudine gentium permanens, significat non solum Judæorum, sed etiam hæreticorum genus calidum, non spiritu sapientiæ, sed impatientiæ, quo solent hæreticorum fervere præcordia, et pacem perturbare sanctorum.

12. Sed et omnes qui Christiano vocabulo gloriantur, et perdite vivunt, ipsius figuram gestare videntur. Passionem quippe Christi, quæ illius hominis nuditate significata est, et annuntiant bene

34. *Habeat tanquam effusionem.* Ita August. *Habeant* lib. o.; quod ferri potest, ut ad ipsos, non ad vitam, referatur. Quid si legas. *Sed habeat tanquam effusione per confessionem?* GRIAL.

CAP. VIII. N. 1. *Jam vero illud.* Ex c. 23. GRIAL.

2. *Judæis scandalum*, usque ad *unde sint nati*, ex Aug. describere maluimus, astipulantibus impressis libris, quam ex veteribus aliquantum imminuta ponere. GRIAL.

Ibid. Quia quod stultum est... unde sint nati. Hæc non habentur in cit. Editione Coloniensi. In Vulgata: *Sapientius est hominibus... fortius est hominibus.* AREV.

4. *Sem vero et Japheth*, usque ad *prospectat futurum.* Ex XVI de Civit., c. 2. GRIAL.

6. *Medius autem frater*, usque ad *per litteram.* Ex XII contr. Faust., c. 23. GRIAL.

7. *Post hæc benedicuntur... prophetar.* Ex cap. 24. Quod autem hæc a manuscriptis nostris omnibus absint, initium benedictionis repetitum fefellisse putamus librarios. GRIAL.

11. *Cham porro... quam opus eorum?* Ex XVI de Civit., c. 2. GRIAL.

Ibid. Hæreticorum fervere præcordia. Ita apud August. *Primordia* in libris nostris. GRIAL.

profitendo, et male agendo exhonorant. De talibus enim scriptum est: *A fructibus eorum cognoscetis eos* (*Matth.* VII, 16). Ideo et Cham in filio suo maledictus est, tanquam in fructu suo, id est, in opere suo, unde convenienter et ipse filius ejus Chanaan interpretatur motus eorum. Quod quid aliud est, quam opus eorum?

13. Item quod, Cham peccante, posteritas ejus damnatur, significat quod reprobi hic quidem delinquunt, sed in posterum, **295** id est, in futurum, sententiam damnationis excipiunt. Sicut et plebs Judæa, quæ Dominum crucifixit, etiam in filiis pœnam damnationis suæ transmisit. Dixerunt enim: *Sanguis ejus super nos et super filios nostros* (*Matth.* XXVII, 25).

14. Benedictis igitur duobus filiis Noe, atque uno eorum medio maledicto, deinceps generationes eorum texuntur, ex quibus septuaginta duæ gentes sunt ortæ, id est, quindecim de Japheth, triginta de Cham, viginti septem de Sem.

CAPUT IX.

De Nemrod gigante et confusione linguarum.

1. Primus post diluvium inter homines Nemrod filius Chus nova imperii cupiditate tyrannidem arripuit, regnavitque in Babylonia, quæ ab eo, quod ibi confusæ sunt linguæ, *Babel* appellata est, quod interpretatur *confusio*. Cujus ædificandæ turris idem Nemrod exstitit auctor; qui pro eo quod ultra naturam suam cœli alta penetrare contendit, non incongrue diabolo comparatur, qui, cogitatione cordis sui intumescens, super sidera exaltare se voluit, id est, super omnem potestatem angelorum, Deo se coæquare disponens, dum dicit: *Ascendam super altitudinem nubium, et ero similis Altissimo.*

2. Quod autem dicitur *venator*, quid significatur hoc nomine, nisi terrigenarum animarum deceptor, et capiens homines ad mortem? Turris ejus superbia hujus mundi est, vel impia dogmata hæreticorum, qui postquam moti sunt ab Oriente, id est, a vero lumine recesserunt, et venerunt in campum Sennaar, qui interpretatur *excussio dentium*, statim adversus Deum impietatis suæ ædificant turrim, ac dogmata superbiæ nefario ausu confingunt, volentes curiositate non licita ipsius cœli alta penetrare.

3. Sed sicut illi per superbiam ab una lingua in multas divisi sunt, ita et hæretici, ab unitate fidei confusione segregati, inter se, **296** diversitate erroris, quasi per dissonantiam linguæ, invicem secernuntur; et quos armat adversus Deum elatæ conspirationis perniciosa consensio, rursus, intercedente dogmatum discordia, dividit oborta repente confusio.

4. Quos quidem ipsa Trinitas damnat, in quam offendunt, ipsa eos dispergit, dum dicit: *Venite, descendamus, et confundamus linguas eorum;* in varietate utique erroris, sive schismatum. Eo autem tempore, quando linguarum facta est varietas, in sola domo Heber, quæ antea fuit, lingua remansit. Nunc quoque in sola Ecclesia, quæ est domus Christi, unitam esse confessionis et fidei pacem, divisis omnibus reprobis, agnoscimus.

CAPUT X.

De egressu Abrahæ a Chaldæis.

1. Restat deinde de actibus Abrahæ, vel de his quæ illi repromiserat Dominus, exponendum. Locutus est enim ei Dominus: *Egredere de terra tua, et de cognatione tua, et de domo patris tui.* Quis autem alius exiit in Abraham de terra, et de cognatione sua, ut apud exteros locupletaretur, et esset in gentem magnam, nisi Christus, qui, relicta terra, et cognatione Judæorum, præpollet nunc, ut videmus, in gentibus?

2. Sed et nobis ad exemplum Christi exeundum de terra nostra est, id est, de facultatibus hujus mundi, opibusque terrenis, et de cognatione nostra, id est, de conversatione, et moribus, vitiisque prioribus, quæ, nobis a nostra nativitate cohærentia, velut affinitate quadam et consanguinitate conjuncta sunt; et de domo patris nostri, id est, de omni memoria mundi, ut ei renuntiantes possimus in populo Dei dilatari, et in terram promissionis cœlestis, cum tempus advenerit, introduci.

297 3. Duæ autem promissiones Abrahæ dantur: una, per quam terram Chanaan possessurum semen ejus promittitur, dum dicit Deus: *Vade in terram quam demonstrabo tibi, faciamque te in gentem magnam.* Alia vero longe præstantior est, non de carnali, sed de spirituali semine, per quod pater est non unius gentis Israeliticæ, sed omnium gentium quæ fidei ejus vestigia consequuntur, quod promitti cœpit his verbis: *Et benedicentur in te universæ cognationes terræ.*

4. Egressus autem Abraham de Carra venit ad Sichem, acceptoque secundo oraculo de promissione terræ ipsius, ædificavit altare. Et profectus inde habitavit in eremo, atque inde, famis inopia expulsus,

14. *Benedictis*, usque ad *maledicto*, verba sunt Aug., ibid. GRIAL.

Ibid. Ex quibus septuaginta duæ gentes. Vid. not. ad c. 2 lib. IX Etym. GRIAL.

CAP. IX. N. 1. *Primus post diluvium*, usque ad *confusio*, Hieronym., trad. in Gen., c. 10. GRIAL.

2. *Quod autem dicitur venator*, usque ad *superbia*, verba sunt Aug., XVI de Civit., c. 4. GRIAL.

4. *Eo autem tempore*, usque ad *lingua remansit*, ejusd. cap. 11. GRIAL.

Ibid. Grialius *in solo*, quod mendum clarum videtur. AREV.

CAP. X. N. 1. *Quis autem alius*, usque ad *in gentibus*, Augustini sunt verba, XII contr. Faust., c. 25. GRIAL.

2. Grialius, et alii impressi *operibusque*. Melius Cod. Albornozian. *opibusque.* AREV.

3. *Duæ autem promissiones*, usque ad *cognationes terræ*, ejusd., XVI de Civit., c. 16. GRIAL.

4. *Egressus Abraham*, usque ad *terræ ipsius*, ejusd., XVI de Civ., c. 18. GRIAL.

Ibid. Ædificavit altare, usque ad *sanguine*, ejusd., c. 19. GRIAL.

descendit in Ægyptum, ubi uxorem suam dixit esse sororem. Nec mentitus, quia propinqua erat sanguine.

5. Quam tamen Pharao rex Ægypti volens accipere, gravissimis territus monstris, multisque propter eam malis afflictus, ubi esse ejus divinitus uxorem didicit, confestim illæsam cum honore restituit. Hoc itaque, cum de Abimelech dicere cœperimus, exponemus.

CAPUT XI.

De victoria Abrahæ et Melchisedech.

1. Reverso igitur Abraham ex Ægypto, unde venerat, tunc Lot fratris filius ab illo in terram Sodomorum salva charitate secessit, vitans discordiam, quia divites facti erant, et pastores eorum invicem rixabantur. Permansit autem Abraham in terra Chanaan, habitavitque juxta quercum Mambre.

298 2. Deinde a quinque regibus, qui Sodomis irruerant, captum Lot liberat, habens secum in prælio trecentos decem et octo vernulas. Sed quid hæc victoria Abrahæ de quinque regibus indicabat, quos ille fidei pater mysterio superavit, nisi quod fides nostra, si confirmata sit in spiritu principali, totidem corporis nostri sensus verbo Dei subigat [*Forte*, subigit]? Nam sicut ille de proximo in regibus victor, ita et fides nostra per animam victrix de exteriore homine triumphat.

3. Quod vero ille non multitudine, nec virtute legionum, sed tantum trecentis decem et octo comitantibus, adversarios principes debellavit, jam tunc in sacramento crucis, cujus figura per *Tau* litteram Græcam numero trecentorum exprimitur, imaginabatur, quod nos Christi passio liberaret a dominatu quinque carnalium sensuum, qui nos antea variis vitiis captivantes exsuperaverant.

4. Revertenti igitur a cæde hostium Abraham occurrit ei mox Melchisedech, rex Salem sacerdos Dei, inenarrabili parente progenitus; benedixitque Abraham, offerens panem et vinum in sacrificium Deo. Hunc Melchisedech apostolus Paulus sine patre et sine matre commemorans, figuraliter refert ad Christum (*Hebr.* VII). Ipse est enim solus de patre sine A matre genitus per divinitatem, ipse de matre sine patre per humanitatem.

5. Ipse quoque sacerdos æternus, ad quem dicitur: *Tu es sacerdos in æternum secundum ordinem Melchisedech* (*Psalm.* CIX). Utique propter mysterium sacramenti, quod Christianis celebrare præcepit, ut non secundum Aaron pecudum victimas, sed oblationem panis et vini, id est, corporis et sanguinis ejus sacramentum, in sacrificium offeramus.

6. Quod vero patriarcha magnus decimas omnis substantiæ suæ Melchisedech sacerdoti post benedictionem dedit, sciens spiritualiter melius sacerdotium futurum in populo gentium quam Leviticum, quod de ipso in Israel erat nasciturum, futurumque, ut sacerdotium Ecclesiæ habens præputium benediceret B in Abraham **299** circumciso sacerdotium Synagogæ. Qui enim benedicit, major est quam qui benedicitur.

7. Unde et sacerdotes ex semine Abrahæ nati fratres suos benedicebant, id est, populum Israel, quibus illi decimas dabant secundum mandatum, vere ut majoribus et eminentioribus suis. Nomen autem ipsum Melchisedech *rex pacis*, vel *rex justitiæ* interpretatur, quod bene refertur ad Christum.

8. Ipse est enim rex pacis, quia per ipsum reconciliamur Deo. Ipse est rex justitiæ, quia ipse veniet, ut discernat sanctos ab impiis. Idem quoque unus sacerdos, et rex, quia ad redemptionem omnium hostiam Deo Patri se ipsum obtulit, et ut verus rex in præsenti sæculo populum suum regit, et in futuro judicabit.

C

CAPUT XII.

De sacrificio Abrahæ et promissione Dei.

1. Post hanc victoriam factum est verbum Domini ad Abraham in visu, dum esset de posteritate sollicitus, et sibi videret non nasci filium, et tamen semini suo factam promissionem teneret, statim fit illi in figura duplex promissio seminis ejus, id est, in similitudinem arenæ maris, vel in multitudinem stellarum cœli futura.

2. Ejiciens ergo Abraham Deus foras, ostendit illi stellas cœli, dicens: *Sic faciam semen tuum*, id est, christianam gentem, cujus tu pater in fide subsistis, sic faciam lumine resurrectionis coruscare. Deinde

5. *Quam tamen Pharao*, usque ad *restituit*, ejusd., XXII cont. Faust., c. 33. GRIAL.

Ibid. Cod. Regiovatic. 293, post *restituit* ad marg. addit: *Hoc itaque... exponemus*; et addit: *In Sara enim Christi Ecclesia figurabatur, quam violare infidelitatis error non poterat, quia sine macula est et ruga. Monstra autem quibus Pharao territus est, virtus miraculorum est, quæ dum mundus aspicit, confusus obstupuit.* Ita etiam Cod. Florent. 1. De Abimelech cap. 16. AREV.

CAP. XI. N. 1. *Reverso rixabantur.* Ejusd. c. 20. GRIAL.

Ibid. Permansit usque ad Mambre. Et mansit in alio ejusdem terræ loco, id est, juxta quercum Mambre. Aug. c. 22. GRIAL.

2. *Deinde a quinque regibus*, usque ad *vernaculos*, Aug., ibid. GRIAL.

Ibid. Grialius in textu *vernulas*, in not. *vernaculos*. Sic etiam mox *per Tau*, et *per T.* AREV.

3. *Cujus figura per T litteram.* Id repetit aliquoties D Aug. et Greg. Vid. inf., Jud. V. GRIAL.

Ibid. Hanc allegoriam eleganter Prudentius persecutus fuit. Vide mea Prudentiana, pag. 166. AREV.

6. *Habentis præputium*, aliquot Mss., et Impr., haud male. GRIAL.

7. *Nomen autem ipsum Melchisedech rex pacis, vel rex justitiæ.* Vox Melchisedech regem tantum justitiæ significat. Sed quia idem rex erat Salem, Salem autem pacem significat, non absurde utrumque conjunxit. GRIAL.

CAP. XII. N. 2. Inter Epistolas Pauli Alvari Cordubensis ad Auderium Flavium Joannem, episcopum Hispalensem, sæculo IX, quas edidit Florezius, tom. XI Hisp. sacr., epist. 4, pag. 114, allegatur hic Isidori locus cum aliquo verborum discrimine: *Audi*, ait Alvarus, *tuum Isidorum inquientem: Multiplicabo semen tuum, sicut stellas cœli, id est, Christianam gentem... et dixit: Sic multiplicabo semen tuum, hoc est*, etc. AREV.

monstravit illi arenam maris, et dixit: *Sic erit in* A *multitudine semen tuum*, hoc est, erit quidem copiosa gens Judæorum, sed sterilis et infecunda manebit, sicut arena.

3. Post hæc cum repromitteret ei Deus quod esset possessor repromissionis terræ futurus, signum petiit, per quod agnosceret, **300** non quasi dubitans an fieret, sed quomodo futurum esset exquirens.

4. Cui Dominus hanc similitudinem proposuit: *Sume*, inquit, *mihi vaccam triennem, et capram trimam, et arietem annorum trium, turturem quoque et columbam.* Tollens ergo Abraham universa hæc, divisit ea per medium, et utrasque partes contra se altrinsecus posuit, aves autem non divisit.

5. Descenderuntque volucres super cadavera, et abigebat eas Abraham. Cumque occubuisset sol, pa- B vor irruit super Abraham, et horror magnus, et tenebrosus invasit eum; apparuitque clibanus fumans, et ignis transiens inter media illa quæ divisa erant. Dictumque est ei: *Cognoscendo scies quia peregrinum erit semen tuum in terra non sua, et serviet, et affligetur*, etc. Iste est itaque modus promissi seminis Abrahæ, et ista est figura.

6. Per vaccam enim significata est plebs posita sub jugo legis. Per capram eadem plebs peccatrix futura. Per arietem eadem plebs regnatura. Animalia ideo trima dicuntur, quia per articulos temporum ab Adam usque ad Noe, et inde usque ad Abraham, ac inde usque ad David, tanquam tertiam ætatem gerens ille populus adolevit.

7. Per turturem et columbam spirituales in eo C populo figurati sunt, individui filii promissionis, et hæredes regni futuri, quorum ætas temporalis ideo tacetur, quia æterna meditantes transgressi sunt desideria temporalia. Sed quid est quod animalia illa tria dividuntur adversus se invicem partibus constitutis, nisi quod carnales et in populo veteri, et nunc inter se dividuntur?

8. Porro aves idcirco non dividuntur, quia spirituales individui sunt. Schisma non cogitant, non seducuntur ab hæreticis, sed pax est semper in ipsis. Sive a turbis se removeant, ut turtur, sive inter illas conversentur, sicut columba: utraque tamen avis est simplex et innoxia. Volucres autem descendentes super corpora, quæ divisa erant, spiritus immundi significantur, pastum quemdam suum de carnalium D divisione quærentes.

9. Quod autem illis considens abigebat illas Abraham, significat **301** multos carnales merito sanctorum in fine mundi ab angustiis liberandos. Quod autem circa solis occasum pavor irruit in Abraham, et horror magnus, et tenebrosus, significabat circa hujus sæculi finem magnam perturbationem ab Antichristo in sanctis futuram. De qua dicit Dominus in Evangelio: *Erit enim tunc tribulatio magna, qualis non fuit ab initio* (*Matth.* XXIV, 21).

10. Quod vero adjungitur: *Cum occubuisset sol, facta est caligo tenebrosa, et apparuit clibanus fumans, et lampas ignis transiens inter media illa, quæ divisa erant*, significat post finem sæculi futurum diem judicii, quo per ignem segregabuntur sanctorum populi et iniquorum. Quod vero dictum est ad Abraham: *Sciendo scies quia peregrinum erit semen tuum in terra non propria, et in servitutem redigent, et affligent eos quadringentis annis*, hoc de populo Israel, qui erat in Ægypto serviturus, apertissime prophetatum est.

11. Non quod sub Ægyptiis quadringentis annis servierunt, sed quoniam iste numerus in eadem afflictione completus est, qui computatur ab illo tempore quo ista Abrahæ promittuntur.

CAPUT XIII.

De Agar et circumcisione Abrahæ

1. Jam tunc propter peregrinationem futuram, ne commisceretur semen ejus inter gentes, datur ei circumcisio in signum his verbis: *Circumcidetur in vobis omne masculum. Infans octo dierum circumcidetur in vobis, tam vernaculus quam emptitius. Masculus autem, cujus præputii caro circumcisa non fuerit, delebitur anima illa de populo suo, quia pactum meum irritum fecit.*

2. *Sed et Sarai non vocabitur Sarai, sed Sara, et dabo tibi ex ea filium, et benedicam illum, et erit in nationes, et reges gentium ex eo erunt.* Hic jam declaratur promissio de vocatione gentium in Isaac filio promissionis, quo significatur gratia, non natura, quia de sene patre et sterili matre.

302 3. Et quia hoc non per generationem, quæ est in Ismaele, sed per regenerationem futurum erat, ideo imperata est circumcisio, quod de Sara promittitur filius in typo Ecclesiæ, non quando Ismael, qui typum gerit Judæorum. Quid enim aliud circumcisio significat, nisi renovatam naturam per baptismum post expoliationem veteris hominis? Et quid est octavus dies, nisi Christus, qui hebdomada completa, hoc est, post Sabbatum resurrexit?

4. Quod vero non solum filios, sed et servos, et vernaculos, et emptitios, circumcidi præcepit, ad omnes gratiam redemptionis pertinere testatur. Parentum mutantur nomina, ut omnia resonent novitatem. Nam Abram, quod antea vocabatur, interpretatur *pater excelsus.* Abraham autem *pater multarum gentium*, quo nomine prænuntiabatur quod multæ gentes fidei ejus vestigia sequerentur.

5. Illud autem quid sit, quod dictum est: *Masculus qui non circumcidetur octava die, peribit anima illa de populo suo, quia pactum meum irritum fecit?* Cur enim pereat anima parvuli incircumcisi, dum ipsa

6. *Per vaccam*, usque ad *Abrahæ promittuntur*, Aug., lib. XVI de Civit., c. 24. GRIAL.

9. *Significat multos.* Ita Manuscripti omnes recte. August.: *Quod autem illis consedit Abraham, significat etiam inter illas carnalium divisiones veros usque in finem sæculi perseveraturos fideles.* Mendose ergo in Excusis *nullos*. GRIAL.

CAP. XIII. N. 1. De hac ratione, cur circumcisio instituta fuerit, confer Patres apostolicos, tom. I, pag. 27 seq. cum notis Cotelerii. AREV.

2. *Hic jam declaratur*, usque ad *resonent novitatem*, e c. 26. GRIAL.

5. *Masculus, qui non circumcid.*, usque ad *ipse peccavit*, e c. 27. GRIAL.

pactum Dei irritum non fecit, sed qui eum circumcidere **A** neglexerunt? nisi ut significaret quod parvuli non secundum opus, sed secundum originem in primo homine pactum Dei dissipaverunt, in quo omnes peccaverunt.

6. Nascitur enim omnis non proprie, sed originaliter peccator (*Vide var. lect.*). Quem nisi regeneratio liberet, peribit anima ejus de populo suo, quia pactum Dei irritum fecit, quando in Adam originaliter etiam ipse peccavit.

CAPUT XIV.

De tribus viris qui venerunt ad ilicem Mambre.

1. Deinde apparuit Dominus Abrahæ in convalle Mambre sedenti in ostio tabernaculi sui; cumque levasset oculos, apparuerunt ei tres viri stantes juxta eum. Quos cum vidisset, adoravit, et ait: *Domine,* **B** *si inveni gratiam in oculis tuis, laventur pedes vestri, et requiescite sub arbore.*

2. Et abiit Abraham ad Saram, et jussit eam ex tribus satis facere subcinericios panes, quos apposuit illis cum vitulo, quem **303** paraverat, similiter et lac et butyrum. Ipse vero stabat juxta eos sub arbore. Cumque comedissent, dixerunt ad eum: *Ubi est Sara uxor tua? At ille: Ecce,* inquit, *in tabernaculo est; cui dixit: Revertens veniam ad te tempore isto, et habebit filium Sara uxor tua.*

3. Quo audito, Sara risit. Notandum quippe quod Abraham triplicem habeat figuram in semetipso. Primam Salvatoris, quando, relicta cognatione sua, venit in hunc mundum; alteram Patris, quando immolavit unicum filium; tertiam vero, quæ in hoc **C** loco est, figuram gestavit sanctorum qui adventum Christi cum gaudio susceperunt.

4. Tabernaculum autem illud Abrahæ typum terrenæ Jerusalem habuit, ubi primo tempore prophetæ et apostoli habitaverunt; ubi et primum Dominus adveniens a credentibus exceptus, ab incredulis est in ligno suspensus.

5. In tribus autem viris qui venerunt ad illum, Domini Jesu Christi prænuntiabatur adventus, cum quo duo angeli comitabantur, quos plerique Moysen et Eliam accipiunt, unum priscæ legis latorem, qui per eamdem legem adventum Domini indicavit; alium, qui in fine mundi venturus est, denuntiaturus secundum Christi adventum, atque ejus Evangelium Judæis prædicaturus; unde et in monte Dominus **D** cum fuisset transfiguratus, hi duo, Moyses et Elias, cum eo ab apostolis visi sunt (*Matth.* XVII).

6. Quod vero Abraham tres videns, unum adoravit, Dominum scilicet Salvatorem ostendens, cujus etiam adventum est præstolatus, juxta quod etiam Dominus in Evangelio ait: *Abraham quæsivit diem meum videre, vidit, et gavisus est* (*Joan.* VIII, 56). Tunc enim futuri aspexit mysterium sacramenti.

7. Unde et pedes eorum lavit, ut in extremo mundi lavacri vivificationem demonstraret futuram. Pedes enim novissima significant. Siquidem et convivium præparat, vitulum scilicet saginatum. Iste autem vitulus tener saginatus Domini Jesu Christi est corpus. Hic est vitulus Domini, qui propter salutem credentium ad arborem crucis est immolatus. Hic est vitulus dominici corporis, qui in Evangelio pro peccatore occiditur filio (*Luc.* XV).

8. Sed et butyrum et lac cum carne vituli apposuit. Lac quippe priscæ legis habuisse figuram Apostolus nos admonet, dicens: *Lac vobis potum dedi, non escam; nondum enim poteratis, sed* **304** *nec adhuc quidem potestis* (*I Cor.* III). Tradiderat enim illis legis mandatum, quasi lac de uberibus duarum tabularum expressum, hoc est, Testamentum fidei.

9. Necdum enim poterant propter infantiam sensus sui Evangelicæ doctrinæ solidam et robustam escam accipere. Butyrum autem uberrimum et pinguissimum Evangeliorum est testimonium, quod veluti oleum fidelibus in signum datur. Sed proinde vitulum cum lacte, et butyrum Abraham edendum apposuit, quia nec corpus Domini, quod est vitulus, sine lacte legis, nec lac legis sine butyro, hoc est, sine Evangelii testimonio esse potest.

10. Tria autem sata, unde Sara panes subcinericios fecit, trium filiorum Noe imaginem indicaverunt, ex quibus omne genus humanum natum est, qui, divinæ Trinitati credentes, ex aqua baptismatis per Ecclesiam, cujus imago Sara erat, conspergendi essent, et in uno pane Christi corporis redigendi.

11. Hæc sunt illa tria sata quæ mulier in Evangelio cognoscitur fermentasse (*Matth.* XIII; *Luc.* XIII). Azymi autem panes, eo quod sine fermento malitiæ, et sine angore nequitiæ, sine fervore perversæ doctrinæ oportebat esse credentium unitatem. Subcinericii autem ideo, ut per pœnitentiam præteritorum delictorum Spiritus sancti vapore decocti, velut esca beneplacita Deo, acceptabiles efficiantur.

12. Sub arbore autem eos sedisse, passionis dominicæ erat signum, cujus ipsi sunt prædicatores. Quod autem promittit Deus Saræ sterili filium, dicens: *Circa hoc tempus veniam*, non de temporibus significat, sed de qualitate adventus sui, quando per filium repromissum fidelis erat populus nasciturus. Ista est enim Sara sterilis, cui per Prophetam Dominus dicit: *Lætare, sterilis, quæ non paris; erumpe et clama, quæ non parturis, quoniam plures filii desertæ magis quam ejus quæ habet virum.*

13. Risus autem Saræ non est dubitatio, sed prophetia. Qui risus duplicem habet significantiam. Sive quod risus esset futurus **305** incredulis Christus, sive quod omnes inimicos in judicio suo esset risurus. Unde et ipse qui natus est de Sara,

CAP. XIV. N. 11. *Languore*, Complut. et apud Eucher. GRIAL.

Ibid. Retinendum *vapore* pro calore, ardore, igni. Adisis Prudentium, pag. 917 et 1035. AREV.

13. *Risus autem Saræ non est dubitatio.* At Ambros., epist. 50 lib. IV: *Sara* (inquit) *quia risit, incredulitatis coarguta est.* Et Aug., XVI de Civit., c. 31: *Quod risus ille etiam si gaudii fuit, tamen plenæ fidei non fuit.* GRIAL.

risus nomen accepit. Isaac enim ex Hebræa lingua A in Latinum sermonem *risus* interpretatur.

14. Deinde rursum idem Isaac promittitur filius futurus in gentem magnam: *Et benedicentur in eo omnes gentes terræ.* Quibus verbis duo historialiter illi promissa sunt, gens Judæorum secundum carnem, et omnes gentes secundum fidem.

CAPUT XV.

De Sodomis, et Lot, et filiabus ejus.

1. Post hanc promissionem vertitur in cinerem Sodoma, liberato Lot cum filiabus suis. Sed quid significat quod a quinquaginta justis usque in decem, si invenirentur in Sodomis, dixit Dominus urbem esse salvandam? Numerum quippe quinquagenarium propter pœnitentiæ posuit signum, si forte converterentur et salvarentur.

2. Quinquagenarius enim numerus semper ad pœnitentiam refertur. Unde et David in eodem numero psalmum scripsit pœnitentiæ. Proinde quando aspicit Deus delinquentium vitam nequaquam velle reverti ad pœnitentiam, quam quinquagenarius numerus præfigurat, confestim ardorem immoderatæ luxuriæ compescit igne gehennæ.

3. Usque ad decem autem justos non perire Sodomam dixit, quasi in quolibet per decem præceptorum custodiam Christi nomen inveniatur, iste non perit. Denarii enim numeri figura crucem Christi demonstrat. Nam et quod quinque civitates sunt, quæ imbribus igneis conflagratæ sunt, illud (nisi fallor) significat quod omnes qui quinque sensus corporis sui tractaverunt libidinose, in illo futuro incendio concremandi sunt.

4. Ipse autem Lot frater Abraham justus et hospitalis in Sodomis, qui ex illo incendio, quod erat similitudo futuri judicii, **306** meruit salvus evadere, typum gerebat corporis Christi, quod in omnibus sanctis, et nunc inter iniquos atque impios gemit, quorum factis non consentit, et a quorum permistione in sæculi fine liberabitur, illis damnatis supplicio ignis æterni.

5. Uxor autem ejus eorum, scilicet, genus figuravit, qui, per gratiam Dei vocati, retro respiciunt, et ad ea quæ reliquerant redire contendunt. De quibus Dominus: *Nemo*, inquit, *ponens manum suam super aratrum, et respiciens retro, aptus est regno Dei.* Unde et illi prohibetur retro respicere, ut per id ostenderet, non esse redeundum ad veterem vitam, qui per gratiam regenerati ultimum cupiunt evadere judicium.

6. Quod vero eadem respiciens remansit, et in salem conversa est, exemplum præstat ad condimentum fidelium, unde alii salliantur. Nam et ipsum non tacuit Christus dicens: *Mementote uxoris Lot*, scilicet, ut nos tanquam sale condiret, ut non tanquam fatui negligeremus, sed prudentes caveremus. Hoc enim et illa admonuit, cum in statuam salis conversa est. Illud vero notandum est, quod Lot, ardentem Sodomam fugiens, Segor venit, et nequaquam ad montana conscendit.

7. Ardentem quippe Sodomam fugere est illicita carnis incendia, vel mundi desideria declinare. Altitudo vero montium speculatio est perfectorum; sed quia multi sunt justi, qui mundi quidem illecebras B fugiunt, sed tamen in actione positi, contemplationis apicem subire nequeunt, hoc est, quod exiit quidem Lot de Sodomis, sed tamen ad montana non pervenit, quia licet jam damnabilis vita relinquitur, sed adhuc celsitudo speculationis subtiliter non tenetur.

8. Inde idem Lot ad angelum dicit: *Est civitas hæc juxta, ad quam possum fugere, parva, et salvabor in ea. Numquid non modica est, et vivet anima mea in ea?* Juxta igitur dicitur, et tamen ad salutem tuta esse perhibetur, quia actualis vita nec a mundi curis ex toto discreta est, nec tamen a gaudio æternæ salutis aliena.

9. In ipso autem actu Lot, quando filiæ concubuerunt cum eo, **307** non illud, quod cum a Sodomis C liberatus est, sed aliud figuratum est. Tunc enim ipse Lot futuræ legis videbatur gestare personam, quam quidam ex illa procreati, et sub lege positi, male intelligendo, quodammodo se inebriant, eaque non legitime utendo, infidelitatis opera pariunt. *Bona est enim lex*, inquit Apostolus, *si quis ea legitime utatur* (*I Tim.* I, 8).

CAPUT XVI.

De Abimelech et Sara.

1. Sequitur dehinc historia de Abimelech, quando Abraham tacuit Saram uxorem suam esse, et dixit sororem, ne, se occiso, ab alienigenis captiva possideretur; certus de Deo, quod eam violari non permitteret, sicut nec primum a Pharaone. Unde et Abimelech, somno commonitus, non commaculavit D eam concubitu, sed intactam restituit marito.

2. Verumtamen quis tunc in illo figurabatur viro,

CAP. XV. N. 3. Alii, fortasse melius, *quia si in quolibet.* In Ms. Florent. 1 est *concrematuri*, pro *concremandi*, quæ loquendi ratio simili modo nonnunquam occurrit in mss. Codicibus Etymologiarum, et alicubi etiam in Impressis. AREV.

6. *Illud vero not. quod Lot*, usque ad *salutis aliena*, verba sunt Greg., Pastoral. III p., c. 28. GRIAL.

9. In Ms. 2 Florent. bis *utor* cum accusativo *eam*, ut in aliis quoque Isidori operibus non raro accidit. In Cod. Flor. 2, post *legitime utatur* hoc fragmentum additur: *Possumus super filias Lot intelligere superbiam et vanam gloriam, quæ duæ filiæ sequuntur illos qui carnis incentiva reliquerunt, et bonis adhæserunt operibus, quia plerumque de bono opere superbimus, et laudes hominum quærere satagimus; quas filias necesse est fugiamus. Quia non fecimus* (forte, *si non fugiamus*) *inebriabunt nos, et facient procreare filios, id est, mala opera.* AREV.

CAP. XVI. N. 1. Totum caput e lib. XXII contra Faust. GRIAL.

Ibid. Tacuit Saram, usque ad *marito*, e cap. 33. GRIAL.

Ibid. Apud Grialium et alios est *restauravit marito*; sed melius est *restituit marito* cum Ms. Albornoziano. AREV.

2. *Quis tunc*, usque ad *adimpletur*, e c. 38. GRIAL.

Ibid. Honor honori, August. GRIAL.

scire volo; et cujus sit uxor quæ in hac peregrinatione atque inter alienigenas pollui macularique non sinitur, ut sit viro suo sine macula et ruga? In gloriam quippe Christi recte vivit Ecclesia, ut pulchritudo ejus honor sit viro ejus, sicut Abraham propter Saræ pulchritudinem inter alienigenas honorabatur.

3. Eique ipsi, cui dicitur in Canticis canticorum: *O pulchra inter mulieres* (*Cant.* I, 7), ipsius pulchritudinis merito reges offerunt munera, sicut Saræ obtulit rex Abimelech, plus in ea mirans formæ decus, quod amare potuit, et violare non potuit. Est enim et sancta Ecclesia Domino nostro Jesu Christo in occulto uxor. Occulte quippe **308** atque intus in abscondito secreto spirituali anima humana inhæret verbo Dei, ut sint duo in carne una, quod
B magni conjugii sacramentum in Christo et in Ecclesia commendat Apostolus (*Ephes.* V).

4. Proinde regnum terrenum sæculi hujus (cujus figuram gerebant reges, qui Saram polluere non sunt permissi) non est expertum, nec invenit ecclesiam conjugem Christi, nisi cum violare tentavit. Divino enim testimonio per fidem martyrum cessit, correptamque etiam in posterioribus regibus honoravit munere, quam corruptioni suæ subdere in prioribus non valuit.

5. Nam quod tunc in eodem rege prius ac posterius figuratum est, hoc in isto regno prioribus et posterioribus regibus adimpletur. Cum autem dicitur de patre esse soror Christi Ecclesia, non de matre, non terrenæ generationis, quæ evacuabitur, sed gra-
C tiæ cœlestis, quæ in æternum manebit, cognatio commendatur. Secundum quam gratiam genus mortale non erimus, accepta potestate, ut filii Dei vocemur, et simus. Neque enim gratiam hanc de Synagoga matre Christi secundum carnem, sed de Deo patre percepimus.

6. Hanc vero cognationem terrenam vocans in aliam vitam, ubi nemo moritur, negare nos Christus docuit, non fateri, cum discipulis ait: *Ne vobis dicatis patrem in terra, unus est enim pater vester, qui in cœlis est* (*Matth.* XXIII, 9). Quod autem Ecclesia cujus uxor sit occultatur alienigenis, cujus autem soror non tacetur, hæc interim causa facile non occurrit, quia occultum est et difficile ad intelligen-
D dum, quomodo anima humana verbo Dei copuletur, sive misceatur, sive quid melius et aptius dici potest, cum sit illud Deus, ista creatura; secundum hoc enim sponsus et sponsa, vel vir et uxor, Christus et Ecclesia dicuntur.

7. Qua vero cognatione sint fratres Christus et omnes sancti, gratia divina, non consanguinitate terrena, hoc est, de patre, non de matre, et effabi-
A lius dicitur, et capacius auditur. Nam inter se **309** omnes sancti per eamdem gratiam fratres sunt, sponsus autem in eorum societate nullus illorum est.

CAPUT XVII.

De Isaac et Agar.

1. Centenarius itaque Abraham genuit ex Sara uxore sua filium, quem vocavit Isaac. Hunc cum vidisset mater ejus ludentem cum Ismael, dixit ad Abraham: *Ejice ancillam et filium ejus, non enim hæres erit filius ancillæ cum filio meo Isaac.* Nunc igitur quærendum est cur antea Sara voluit maritum de ancilla suscipere filium, aut cur nunc cum matre jubet expelli domo, quod fecit non zelo accensa, sed mysterio prophetiæ compulsa. Agar quippe, secundum quod ait Apostolus, in servitute genuit carnalem populum.

2. Sara vero libera populum genuit qui non est secundum carnem, sed in libertatem vocatus est, qua libertate liberavit eum Christus. Hoc igitur mysterio figurabatur priorem populum in servitute peccatorum generatum, in domo Saræ, id est, in Ecclesia non manere in æternum, neque esse hæredem vel consortem cultoribus Christi, nec cum filio nobili, id est, fideli populo, regnum cœlestis gloriæ possessurum.

3. Cum igitur ejiceret Abraham Agar de domo, accepit panes et utrem aquæ, et dedit Agar, et imposuit super humeros ejus infantem, et dimisit eam. Exiens autem Agar, errabat in solitudine, et cum morientem siti filium projecisset sub arbore, apparuit ei angelus Domini, et demonstravit fontem aquæ, et potavit filium suum. Quid ergo significat quod exiens Agar infantem in humeros suos imposuit? nisi quod peccator populus et insipiens cervicem matris suæ Synagogæ gravavit, dum dixit: *Sanguis ejus super nos et super filios nostros* (*Matth.* XXVII, 25)? Panes autem hoc indicabant, quod vetus sacerdotium panes propositionis, sicut scriptum est, portaret secum, et veterascerent.

4. Uter vero aquæ, qui deficit, Judaica purificatio significabatur defectura; sive doctrina eorum carnalis in pelle mortua clausa, id est, in carne veteris hominis prævaricationis sententia damnata,
310 quæ nec refrigerium præstat, nec satiat sitim, sed æstu tepido vomitum facit. Quod vero in solitudine errat Agar cum filio suo, significat Synagogam cum populo suo expulsam de terra sua, sine sacerdotio et sacrificio in toto orbe errare, et viam, quæ est Christus, penitus ignorare. Quod filius illius siti deperit, ostendit populum nullam habentem spiritualem purificationem.

5. Quod vero filium morientem siti sub arbore

---

3. Vulgata: *O pulcherrima inter mulieres.* AREV.
4. *Correptam.* Al., *Correctam.* GRIAL.
5. *Cum autem*, usque ad *qui in cœlis est*, e c. 39. GRIAL.
6. *Quod autem Ecclesia*, usque ad *illorum est*, e c. 40. GRIAL.
Ibid. Vulgata: *Et patrem nolite vocare vobis super terram.* AREV.
7. *Capacius*, Aug. et Bed.; al., *Cautius.* GRIAL.
CAP. XVII. N. 1. Vulgata: *Ejice ancillam hanc.* AREV.
3. Verba Joannis hæc sunt: *Si quis sitit, veniat ad me, et bibat. Qui credit in me*, sicut dicit Scriptura, *flumina de ventre ejus fluent aquæ vivæ.* AREV.

projecit, et sic, demonstrante angelo, aspicit fontem, significabat quosdam ex eo populo ad umbram ligni crucis refugium petituros. Quod exclamat puer plorans, et exaudivit eum Deus, et sic, demonstrante angelo, aspicit fontem, hoc pro illis dicit, qui ex Judæis ad Christum convertuntur, ac flentes retro actos errores, exaudiuntur, reseratisque oculis cordis, vident fontem aquæ vivæ, id est, Christum Filium Dei, qui dicit: *Ego sum fons aquæ vivæ; qui sitit veniat, et bibat* (*Joan.* VII, 37). Unde et Ismael *exauditio* interpretatur.

6. Angelus autem iste similitudo est Eliæ, per quem populus iste crediturus est sicut per Malachiam dicitur: *Ecce ego mitto vobis Eliam, qui convertat corda patrum in filios*. Verum quod statim vocavit angelus Domini Agar, dicens: *Surge, tolle puerum,* B *quia in gentem magnam faciam eum*, hoc significabat, sive quod copiosus Judæorum populus esset regnaturus in sæculum, sive quia cœlestis regni gloriam consecuturi essent, qui ex eis credidissent in Christum.

7. Quod autem eumdem angelum, qui loquitur ad Agar, prius angelum Scriptura prænuntiat, deinde Deum, Filium Dei eum fuisse credendum est, qui per legem et prophetas semper locutus est. Qui propter obedientiam paternæ voluntatis angelus vocatur; Deus autem secundum naturam Patris, quia vere et ipse Deus, sicut et Pater.

311 CAPUT XVIII.

De eo, quod obtulit Abraham filium suum.

1. Jubetur deinde Abraham immolare unicum filium suum. Ille autem obtemperans Deo solvit votum, C stravit asinum, imposuit ligna, servos longe dimisit, solus cum filio ascendit, triduo ad locum pervenit. Antequam veniret filius ad locum sacrificii, ipse sibi immolandus ligna portavit.

2. Deinde Abraham gladio armatur, et cum jam pene feriret, admonetur ut parceret; et non tamen sine sacrificio, sine sanguine fuso recedit. Apparet namque aries in vepre inhærens cornibus, immolatur, peragiturque sacrificium. Peracto sacrificio, dicitur ad Abraham: *Benedicam tibi, et multiplicabo semen tuum, sicut stellas cœli, et velut arenam maris. Possidebit semen tuum portas inimicorum suorum, et benedicentur in semine tuo omnes gentes terræ, quia obedisti voci meæ.*

3. Age nunc, videamus quid sub hujus sacramenti lateat mysterio. Iste enim Abraham, quando unicum filium suum perduxit ad immolandum, habebat personam Dei Patris. Sed quid est, quod eum senex A suscepit? non enim senescit Deus, sed ipsa prænuntiatio de Christo jam quodammodo senuerat, quando natus est Christus.

4. Inchoata est enim ab Adam, ubi dictum est: *Erunt duo in carne una*. Sacramentum illud magnum in Christo et in Ecclesia, et completum est sexta ætate sæculi, quæ senecta significabatur Abrahæ, quia ipsum sacramentum Dei jam longævum erat. Et senectus Saræ in plebe Dei, hoc est, in multitudine prophetarum, **312** hoc idem significat, quia in fine temporum ex ipsa plebe sanctarum animarum natus est Christus.

5. Sterilitas autem ejus intimat quod in hoc sæculo spe salvi facti sumus, et in Christo tanquam in Isaac omnes nati sumus. Quem partum Ecclesia in fine temporum mirabili Dei gratia, non naturali fecunditate, procreavit. Jam deinde sequentis historiæ sacramentum quid imaginarie portendebat, inspiciendum est. Quis ergo in Abraham, ut prædictum est, per illam immolationem figurabatur, nisi Pater excelsus? Quis in Isaac, nisi Christus?

6. Nam sicut Abraham unicum filium et dilectum Deo victimam obtulit, ita Deus Pater unicum filium suum pro nobis omnibus tradidit. Et sicut Isaac ipse sibi ligna portavit, quibus erat imponendus, ita et Christus gestavit in humeris lignum crucis, in quo erat crucifigendus. Duo autem servi illi dimissi, et non perducti ad locum sacrificii, Judæos figurabant, qui cum serviliter viverent, et carnaliter saperent, non intelligebant humilitatem Christi, non intelligebant passionem Christi, ideo non pervenerunt ad locum sacrificii.

7. Cur autem duo servi, nisi quia populus ipse in duas partes dividendus erat? quod factum est, Salomone peccante, quando divisus est idem populus loco regni, non errore impietatis; quibus etiam sæpe per prophetam dicitur: *Adversatrix Israel, et prævaricatrix Juda* (*Jerem.* III, 6, 7). Asinus autem ille insensata est stultitia Judæorum. Ista insensata stultitia portabat omnia sacramenta, et quod ferebat nesciebat?

8. Jam quod dictum est eis: *Exspectate hic cum asino: postquam adoraverimus, revertemur ad vos*, Apostolum audi dicentem: *Cæcitas*, inquit, *ex parte in Israel facta est* (*Rom.* XI, 25). Quid est, *exspectate* D *hic cum asino?* ut plenitudo, inquit, gentium intraret, hoc est, postquam adoraverimus, ubi sacrificium dominicæ crucis impletum per gentes fuerit prædicatum, hoc est, ut plenitudo gentium intraret.

9. Quid est *revertemur ad vos?* et sic omnis Israel

---

7. *Filium Dei*. Idem lib. I adversus Judæos, c. 1 et 3. GRIAL.

CAP. XVIII. N. 1. *Ligna portavit*. Quæ post hæc leguntur in Impressis: *Quis alius in Isaac, qui lignum sibi portabat ad victimam, nisi Christum Jesum, qui crucem sibi ad passionem ipse portavit?* et paulo post: *Quis alius aries immolandus in vepre cornibus adhærebat? nisi qui crucis patibulo pro nobis offerendus affigebatur?* sunt quidem verba Augustini XII, contra Faustum, cap. 25, sed recte absunt a Manuscriptis melioris notæ. Neque enim sunt hujus loci; et Isidorus hac de re paulo post eadem prope dicet. GRIAL.

2. Vulgata, *arenam, quæ est in littore maris*. AREV.

3. *Age nunc, videam.*, usque ad *personam Dei Patris*, atque alia, carptim e sermone August. 71 de tempore. GRIAL.

6. *Et sicut Isaac*, usque ad *locum sacrificii*. Ex eod. serm. GRIAL.

8. Vulgata: *Cæcitas ex parte contigit in Israel, donec plenitudo gentium intraret*. AREV.

salvus fieret. Triduum autem illud, in quo venerunt A ad locum immolationis, **313** tres mundi significat ætates : unam ante legem, aliam sub lege, tertiam sub gratia. Ante legem, ab Abraham usque ad Moysen ; sub lege, a Moyse usque ad Joannem ; inde jam ad Dominum. Et quidquid restat, tertius dies gratiæ est. In qua tertia ætate, quasi post triduum, sacramentum sacrificii Christi completum est.

10. Deinde Isaac, ligatis pedibus, altari superponitur, et Dominus in ligno suspensus cruci affigitur. Sed illud, quod figuratum est in Isaac, translatum est ad arietem. Cur hoc, nisi quia Christus ovis? ipse enim filius, ipse agnus. Filius, quia natus; aries, quia immolatus. Sed quid est, quod in vepribus hærebat aries ille? crux cornua habet; sic enim duo ligna compinguntur in se, cum speciem crucis reddunt.

11. Unde scriptum est de eo : *Cornua in manibus ejus sunt* (*Habacuc* III, 4). Cornibus ergo hærens aries crucifixum Dominum significabat. Vepres autem spinæ sunt. Spinæ iniquos, et peccatores significant, qui suspenderunt Dominum in cruce. Inter spinas itaque peccatorum Judæorum suspensus est Dominus, sicut per Jeremiam dicit idem : *Spinis peccatorum suorum circumdedit me populus hic.* Alii hunc arietem cornibus in vepribus obligatum, eumdem Christum senserunt, antequam immolaretur, spinis a Judæis coronatum.

12. Peracto igitur sacrificio, dicitur ad Abraham : *In semine tuo benedicentur omnes gentes.* Quando enim hoc factum est, nisi quando dicit ille aries : *Foderunt manus meas, et pedes meos, dinumeraverunt omnia ossa mea* (*Psalm.* XXI, 17, 28)? Hoc enim quando factum est, in Psalmis sacrificium, tunc in ipso psalmo dictum est : *Commemorabuntur, et convertentur ad Dominum universi fines terræ, et adorabunt in conspectu ejus omnes patriæ gentium, quando Domini est regnum, et ipse dominabitur gentium.*

13. Immolato igitur Abraham ariete pro Isaac filio suo, vocavit nomen loci illius, *Dominus videt*, pro eo quod est, Dominus videri se fecit, utique per incarnationem. Deinde moritur Sara centesimo vigesimo anno vitæ suæ, et empto agro ab Ephron, **314** sepelivit eam. Sed quid sibi vult, quod Sara in sepulcro duplici sepelitur, nisi quia anima, quæ sæculo moritur, ut Deo vivat, gemina vitæ requie suscipitur, id est, actione boni operis, et contemplatione Divinitatis?

CAPUT XIX.

De Isaac et Rebecca.

1. Erat autem Abraham senex, dierumque multorum. Dixitque servo suo seniori, qui super omnia ejus erat : *Pone manum tuam subter femur meum, ut adjurem te per Dominum Deum cœli et terræ, ut non accipias uxorem filio meo de filiabus Chananæorum, sed ad terram et cognationem meam proficiscaris, et inde accipias uxorem filio meo Isaac.*

2. Sed quid sibi velit quod Abraham servo suo dixit postulans jure jurando fidem : *Pone*, inquit, *manum tuam sub femore meo, et adjuro te per Deum cœli?* Quid vult Deus cœli ad femur Abrahæ, nisi ut cognoscatur sacramentum? Per femur enim genus intelligitur. Ergo quæ fuit illa conjuratio, nisi quia B significabatur de genere Abrahæ venturum in carne Deum cœli?

3. Senior autem iste servus imaginem habuit legis, per quam sponsa Christi Ecclesia despondebatur: qui tamen propter antiquitatem senior nuncupatur. Abiit itaque puer in Mesopotamiam in civitatem Nachor ; stetitque circa fontem, quærens sponsam filio domini sui. Sic et lex, quæ post fidem est, venit ad fontem baptismatis ; et ibi adorans, occurrit ei virgo Rebecca, id est, Ecclesia.

4. Vidit autem Rebecca puerum, id est, sermonem propheticum, deponit de humero hydriam, utique elatam sæculi facundiam, et ad humilem propheticum se inclinat sermonem. Accepit autem a puero inaurem auream, id est, suscepit fidei ornamenta, C vel morum, accepit aureos Scripturarum sensus, et clarum argenti eloquium. Sicque secuta puerum Rebecca, venit ad Isaac. Secuta verbum propheticum Ecclesia, venit ad Christum.

315 5. Quæ tamen cameli dorso deducitur, quia, ad Christum ex gentilitate Ecclesia properans, in tortis vitiosisque vitæ veteris conversationibus invenitur. Quæ, Isaac viso, descendit, quia, Deo agnito, vitia sua gentilitas deseruit, et ab elatione celsitudinis viam veræ humilitatis petivit.

6. Quæ etiam et verecundata pallio velatur, quia coram eo de erroribus prioris vitæ confunditur. Quod vero inclinato jam die egressus est in agro Isaac, hoc significabat quod, extremo hujus mundi tempore, veluti diei fine, veniens Christus, quasi in D agrum foras exiit, quia, cum sit invisibilis, se tamen visibilem in hoc mundo venienti ex gentibus Ecclesiæ demonstravit.

7. Invenit autem eum Ecclesia ad puteum visionis, id est, in contemplatione et intelligentia verita-

11. *Cornua in manibus ejus sunt.* Ita in Cod. vetustissimo Vaticanæ Bibliothecæ κέρατα ἐν χερσὶ αὐτοῦ ὑπάρχει. Habac. III. GRIAL.

12. *Peracto igitur sacrificio*, usque ad *dominabitur gentium*, verba sunt Aug., serm. 72 de tempore. GRIAL.

Ibid. Vulgata : *Reminiscentur, et convertentur... universæ familiæ gentium, quoniam Domini*, etc. AREV.

CAP. XIX. N. 2. *Quid vult*, usque ad *Deum cœli*, verba sunt Aug., XVI de Civ., c. 35. GRIAL.

3. *Et ibi adorans*, pro *et ibi adorante*, ut alibi etiam Isidorus nominativum pro ablativo absoluto adhibet. AREV.

4. *Accepit autem*, etc. Sic Alborn. Codex. Grialius et alii : *Accipit fidei ornamenta*, etc., omissis aliis: AREV.

5. *Quæ tamen cameli dorso*, usque ad *confunditur*, Gregorii verba, lib. I Moral., c. 7. GRIAL.

6. *Quod vero inclinato*, usque ad *et regno*, ejusdem lib. XXXV, c. 11. GRIAL.

Ibid. Forte, *egressus est in agrum.* AREV.

tis, ubi intellectum percipiat altiorem, sive lavacrum aquæ, ubi purificetur; sicque dehinc copulatur sponso suo Christo, adhærens illi gloria, æternitate et regno.

CAPUT XX.

De Cethura, sive de morte Abrahæ.

1. Quid autem sibi vult quod Abraham post obitum Saræ Cethuram duxit uxorem? Nunquid ob incontinentiam, dum esset ætate grandævus? Absit. Sed propter filiorum procreationem, dum illi semen, quasi stellæ cœli, ex Isaac filio promitteretur? Ergo quid sibi vult ista Cethura, nisi quia sicut Agar et Ismael significaverunt carnales Veteris Testamenti, sic et Cethura, et filii ejus significabant hæreticos, qui se ad Testamentum novum existimant pertinere?

2. Sed utræque concubinæ dicuntur. Sola Sara semper vocatur uxor, sicut scriptum est: *Una est enim columba mea, perfecta mea* (*Cant.* VI, v. 8). Dedit autem Abraham cuncta quæ possidebat filio suo Isaac, filiis autem concubinarum largitus est munera, et separavit eos ab Isaac filio suo.

3. Quid hoc significat, nisi quia dantur nonnulla munera filiis **316** concubinarum, id est, carnalium? sed non perveniunt ad regnum promissum nec hæretici, nec Judæi, quia carnalia lucra sectantur. Præter Isaac enim nullus est hæres, utique quia non carnis filii, sed filii promissionis deputantur in semine. Deinde mortuus est Abraham centum septuaginta quinque annorum, sepultusque est in spelunca duplici, in cujus interiori parte Adam esse positum traditio Hebræorum testatur.

CAPUT XXI.

Quod Isaac cum Rebecca lusit.

1. Orta dehinc fame super terram, abiit Isaac ad Abimelech regem Palæstinorum in Gerara, ex præcepto, et benedictione Domini; ibique Rebeccam uxorem suam timoris causa finxit sororem. Quam rex alienigena Isaac conjugem tunc esse cognovit, quando eum cum ea ludentem vidit.

2. Quid autem sibi velit in sacramento Christi et Ecclesiæ, quod tantus patriarcha cum conjuge luserit, conjugiumque illud inde sit cognitum? Videt profecto quisquis (ne aliquid errando in Ecclesiam peccet) secretum viri hujus in Scripturis sanctis diligenter intuetur, et invenit, eum majestatem suam, quo in forma Dei æqualis est Patri, paulisper abscondisse in forma servi, ut ejus capax esse humana infirmitas posset, eoque modo se conjugi congruenter aptaret.

3. Quid enim absurdum? imo quid non convenienter futurorum prænuntiationi accommodatum, si propheta Dei aliquid carnale luserit, ut eum ca- A peret affectus uxoris, cum ipsum Verbum Dei caro factum sit, ut habitaret in nobis?

CAPUT XXII.

De puteis quos fodit Isaac.

1. Post hæc refert Scriptura verbum, quod Isaac, postquam benedixit eum **317** Dominus, et magnificatus est valde, aggressus est opus, et cœpit fodere puteos quos foderant pueri patris ejus Abrahæ. Sed invidentes ei Palæstini, obstruxerunt eos, implentes humo. Quis est iste Isaac, nisi Salvator noster? qui cum descendisset in istum torrentem Gerara, primo omnium illos puteos fodere vult, quos foderant pueri patris ejus, id est, Moyses, qui puteum legis foderat, David, Salomon et Prophetæ, qui libros scripserunt Veteris Testamenti, quos tamen B terrena et sordida repleverat intelligentia Judæorum.

2. Hos cum vellet purgare Isaac, id est, Dominus noster, et Salvator, ut ostenderet quia quæcunque lex et prophetæ dixerunt, de se dixerunt, rixati sunt cum eo Philistiim, id est, Judæi a regno Dei alieni, sed discedit ab eis. Non enim potest esse cum eis, qui in puteis aquam habere nolunt, sed terram. Et dicit eis: *Ecce relinquetur domus vestra vobis deserta.*

3. Fodit ergo Isaac novum puteum, imo pueri Isaac fodiunt. Pueri Isaac sunt Matthæus, Marcus, Lucas, Joannes, Petrus, Jacobus, Judas, et apostolus Paulus. Qui omnes Novi Testamenti puteum foderunt, et invenerunt aquam vivam, quæ sit fons aquæ salientis in vitam æternam. Sed pro his adhuc alter- C cantur illi qui terrena sapiunt, nec nova condi patiuntur, nec vetera purgari: evangelicis puteis contradicunt, et apostolicis adversantur, et quoniam in omnibus contradicunt, in omnibus litigant, dicitur ad eos: *Quoniam indignos vos fecistis gratia Dei, ex hoc jam ad gentes ibimus.*

4. Post hæc fodit tertium puteum Isaac, appellavitque nomen loci illius *latitudo*, dicens: *Nunc dilatavit nos Dominus, et fecit crescere super terram;* vere enim dilatatus est Isaac, et implevit omnem terram scientia Trinitatis, et in toto orbe latitudinem Ecclesia collocavit. Prius tantum in Judæa erat notus Deus (*Psalm.* LXXV), et in Israel nominabatur; nunc autem in omnem terram exivit sonus eorum, et in fines orbis terræ verba eorum.

D 5. Exeuntes enim pueri Isaac per universum orbem terræ, **318** foderunt puteos, et aquam vivam omnibus ostenderunt, baptizantes omnes gentes in nomine Patris, et Filii, et Spiritus sancti. Sed quid est quod puteos, quos aperuit Abraham, Isaac sic vocavit eos, sicut pater ejus, nisi quia Moyses apud nos etiam Moyses appellatur, et propheta unusquisque suo nomine appellatur, nec mutantur, quasi eo-

CAP. XX. Totum caput e XVI de Civit. c. 34. GRIAL.

CAP. XXI. Totum caput e lib. XXII contr. Faust., c. 46. GRIAL.

CAP. XXII. N. 1. Omnia usque ad *commutavit*, ex hom. 13 Orig. in Gen. GRIAL.

Ibid. In istum torrentem Gerara. In istam terram Gerar. Impr. *In istam vallem Gerara.* Ruffinus. GRIAL.

Ibid. Moyses, qui puteum. Ita Alborn. Grialius: *Moyses puteum.* AREV.

2. *Hos cum vellet. Quam cum vellet,* Ruffinus, ut ad intelligentiam referatur. GRIAL.

rumdem vocabula puteorum? non enim Christus in A
eis nomina, sed intelligentiam commutavit.

6. Hæc mystice. Moraliter autem Isaac apud alienigenam gentem puteos fodisse describitur, quo videlicet exemplo discimus, ut in hac peregrinationis ærumna positi, cogitationum nostrarum profunda penetremus, et quousque nobis veræ intelligentiæ aqua respondeat, nequaquam nostræ inquisitionis manus ab exhaurienda cordis terra torpescat. Quos tamen puteos allophyli, id est, immundi spiritus insidiantes replent, quia nimirum immundi spiritus, cum nos studiosius cor fodere conspiciunt, molestas nobis tentationum cogitationes ingerunt.

CAPUT XXIII.

De Esau et Jacob.

1. Igitur Isaac, dum rogaret Dominum ut pareret B
uxor ejus, quæ sterilis erat, concessit Dominus quæ postulabat. Illidebanturque gemini in utero ejus inclusi angustia. Quæ, dum angeretur, interrogavit Dominum, accepitque responsum: *Duæ gentes in utero tuo sunt, et duo populi de ventre tuo dividentur, populusque populum superabit, et major serviet minori.* Quod figuraliter factum, etiam ipsis Judæis non credentibus notum est, qualiter populus Ecclesiæ Synagogæ populum superavit, et quomodo plebs Judæorum tempore major servit minori populo Christianorum.

2. Siquidem et in singulis nobis hoc dici potest, quod duæ gentes et duo populi sunt intra nos, vitiorum scilicet atque virtutum; **319** sed iste minor est, ille major. Semper enim plures sunt mali C
quam boni, et vitia numerosiora virtutibus sunt. Sed tamen et in nobis gratia Dei populus populum superat, et major servit minori. Servit enim caro spiritui, et vitia virtutibus cedunt; procedit autem Esau primus rufus, et totus tanquam pilis hirsutus.

3. Deinde exiit frater ejus Jacob, et manus ejus implexa erat calcaneo Esau. Sed cur ille totus rufus, et hispidus, nisi quia prior populus prophetarum et Christi fuit cruore pollutus, ac peccati et nequitiæ squalore exstitit circumdatus? Cujus ideo minor calcaneum tenuit, quia mystice majorem populum minor superaturus esset.

4. Nam quod iste Esau primogenita sua propter escam fratri suo eidem juniori venumdedit, ac postmodum paterna benedictione sibi promissa privatus D
est, significat eumdem Israeliticum populum, qui, ut Exodi indicat liber, primogenitus filius nuncupatus est (*Exod.* IV, 22); qui propter præsentis sæculi lucra non solum primatus sui honorem amisit, verum etiam et regni cœlestis præmium præparatum adipisci non meruit, Domino quodammodo eidem exprobrante, cum dicit: *Auferetur a vobis regnum Dei, et dabitur genti facienti fructum ejus* (*Matth.* XXI, 43). Primogenita autem ipsa vestis erat sacerdotalis, quam majores natu cum benedictione patris induti victimas Deo, velut pontifices, offerebant.

5. Hoc dono terreni amoris desiderio caruerunt Judæi cum gloria regni futuri. Jam sequitur deinde ipsa benedictio in Jacob. Quæ tamen quid figuraliter indicaverit, Hippolyti martyris verba, sicut ea excellentissimæ scientiæ ac doctrinæ Hieronymus replicavit, in hoc loco ponenda sunt. Isaac, inquit, portat imaginem Dei patris, Rebecca Spiritus sancti, Esau populi prioris, et diaboli, Jacob Ecclesiæ, sive Christi. Senuisse Isaac consummationem orbis ostendit; oculis caligasse, fidem periisse de mundo, et religionis lumen ante eum neglectum esse significat.

6. Quod filius major vocatur, acceptio legis est Judæorum. Quod escas ejus atque capturas diligit pater, homines sunt ab errore salvati, quos per doctrinam justus quisque venatur. Sermo **320** Dei benedictionis est repromissio, et spes regni futuri, in quo cum Christo sancti regnaturi sunt, et verum Sabbatum celebraturi. Rebecca plena Spiritu sancto, et sciens quod audisset antequam pareret, quia major serviet minori, magis autem forma Spiritus sancti, quæ futura noverat in Christo, in Jacob ante meditatur.

7. Loquitur ad filium minorem: *Vade ad gregem, et accipe mihi inde duos hædos*, præfigurans carneum Salvatoris adventum, in quo eos vel maxime liberaret qui peccatis tenebantur obnoxii. Siquidem in omnibus Scripturis hædi pro peccatoribus accipiuntur. Quod autem *duos* jubetur afferre, duorum populorum significatur assumptio.

8. Quod *teneros* et *bonos*, dociles et innocentes animos significat. Stola Esau fides et Scripturæ sunt Hebræorum, quæ illis primo datæ sunt, et postmodum gentilium indutus est populus. Pelles autem, quæ ejus brachiis circumdatæ sunt, peccata utriusque plebis, quæ Christus in extensione manuum cruci secum affixit.

9. Quod Isaac quærit a Jacob cur tam cito venerit, admiratur celerem credentium fidem. Quod cibi delectabiles offeruntur, hostia placens Deo salus est peccatorum. Quod post esum sequitur benedictio, et ejus odore perfruitur, virtutem resurrectionis et regni aperta voce pronuntiat. Taliter enim benedicitur: *Ecce odor filii mei, sicut odor agri pleni.* Odore nominis Christi, sicut ager, mundus impletur, cujus est benedictio *de rore cœli*, hoc est, de verborum pluvia divinorum.

---

6. *Isaac apud alienig.*, usque ad *ingerunt*, verba sunt Greg. XXXI Moral., c. 13. GRIAL.

Ibid. Ab exhaurienda cordis terra. Ita Greg. *ad exhaurienda cordis interna*, Val. Compl., et apud Euch. *Cordis terrena*, Impr. GRIAL.

Ibid. Studiosius cor fodere. Ita apud Greg. Al., *confodere*, et pro *molestas*. Val. *congestas*. GRIAL.

Ibid. Cogitationes ingerunt. Ita Greg. *Immergunt*, lib. o., et apud Euch. GRIAL.

CAP. XXIII. N. 4. *Primogenita autem ipsa vestis erat sacerdotalis*; ex Hieronymi Hebraicis traditionibus in hunc locum. GRIAL.

Ibid. Vulgata: *Facienti fructus ejus.* AREV.

5. *Hieronymus replicavit*; epist. 125. q. 3. *Explicavit*, apud Bedam. GRIAL.

9. *Ecce odor*, usque ad *salvus erit*, verba sunt August., XVI de Civit., cap. 37, nonnullis tamen immutatis. GRIAL.

10. *Et de pinguedine terræ*, hoc est, de congregatione populorum. *Multitudinem frumenti, et vini*, hoc est, multitudo, quam colligit frumentum et vinum in sacramento corporis et sanguinis sui. Illi serviunt populi ex omnibus gentibus ad eum conversi. Ipsum adorant tribus, id est, populi ex circumcisione credentes. Ipse est Dominus fratrum suorum, quia plebi dominatur Judæorum. **321** Ipsum adorant filii matris ejus, quia et ipse secundum carnem ex ea natus est. Ipsum qui maledixerit maledictus est, et qui benedixerit, benedictionibus replebitur.

11. Christus, inquam, noster ex ore populi Patrem ignorantis benedicitur, id est, veraciter dicitur. Sed alius a Judæis benedici putatur, qui ab eis errantibus exspectatur. Ecce benedictionem promissam repetente majore, expavit Isaac, et alium se pro alio benedixisse cognoscit; nec tamen indignatur revelato sibi sacramento, sed confirmat benedictionem in filio, dicens: *Benedixi eum, et benedictus est.*

12. Hæc est benedictio prima Isaac, quæ data est minori populo Christianorum, sed neque tamen majorem filium constat penitus fuisse despectum, quia cum intraverit plenitudo gentium, tunc omnis Israel salvus erit. Cujus tamen secundæ benedictionis prophetatio hæc est: *In pinguedine terræ, et in rore cœli desuper erit benedictio tua;* et in pinguedine terræ, id est, in fecunditate rerum, et potentia regni, quæ in illo populo fuit; et in rore cœli erit benedictio tua, id est, in eloquiis Dei.

13. Ipsis enim primum credita sunt eloquia Dei, et legis Testamentum. *Vives gladio*, id est, quia sanguini populus iste deditus necem in Christo vel prophetis exercuit. *Et fratri tuo servies*, minori utique scilicet populo Christiano. Tempusque veniet quando excutias et solvas jugum de cervicibus tuis, dum, per cognitionem fidei ad gratiam Christi conversus, deposueris onus legis, quando jam non servus populi minoris, sed per fidem frater vocaberis.

14. Igitur Esau post benedictionem patris invidiæ stimulis concitatus, necem fratri suo Jacob fraudulenter excogitat. Hoc nimirum et Judaicus populus in Christo præmeditatus, non solum Dominum patibulo crucis tradidit, verum etiam credentes in illo usque ad effusionem sanguinis persecutus est. Jacob autem dolos fugiens fratris, **322** relicta domo patria, vel parentibus, vadit in regionem longinquam, ut acciperet sibi uxorem.

15. Non aliter Christus, relictis parentibus secundum A carnem, id est, populo Israel, et patria, id est, Jerosolyma, et omnibus regionibus Judææ, abiit in gentes accipiens sibi inde Ecclesiam, ut impleretur quod dictum est: *Vocabo plebem meam non plebem meam, et non dilectam plebem dilectam. Et erit in loco ubi dictum est: Non plebs mea vos, ibi vocabuntur filii Dei vivi.*

CAPUT XXIV.

De scala quam in visione vidit Jacob.

1. Pergens autem Jacob in Mesopotamiam, venit in locum ubi nunc Bethlehem vocatur, et posuit sub capite suo lapidem magnum. Et dormiens vidit scalam subnixam, innitentem cœlo, et angelos Dei ascendentes et descendentes. Hoc viso, evigilavit, unxitque lapidem, dicens: *Vere hic domus Dei est,* B *et porta cœli.* Et his dictis discessit somnus.

2. Somnus iste Jacob, mors, sive passio Christi est. Lapis ad caput ejus, qui nominatim quodammodo dictus est etiam unctus, Christum significat; caput enim viri Christus est. Quis enim nescit Christum ab unctione appellari? Domus autem Dei, quia ibi natus est Christus in Bethlehem. Porta vero cœli, quia ibi in terram descendit: inde iterum ad cœlum ascendit. Erectio autem lapidis resurrectio Christi est.

3. Porro scala Christus est, qui dixit: *Ego sum via.* Per hanc ascendunt, et descendunt angeli, in quibus significati sunt evangelistæ, et prædicatores Christi. Ascendentes utique, cum ad intelligendam ejus supereminentissimam divinitatem excedunt universam creaturam, ut eum inveniant in principio verbum, C Deum apud Deum, per quem facta sunt omnia.

4. Descendentes autem, ut eum inveniant factum ex muliere, factum sub lege, ut eos qui sub lege erant redimeret. In illa enim **323** scala a terra usque in cœlum, a carne usque ad spiritum, carnales proficiendo, velut ascendendo, spirituales fiunt; ad quos lacte nutriendos etiam ipsi spirituales descendunt quodammodo, cum eis non possunt loqui, quasi spiritualibus, sed quasi carnalibus.

5. Ipse est sursum in capite suo; ipse deorsum in corpore suo, quod est Ecclesia. Ipsum ergo scalam intelligimus, quia ipse dixit: *Ego sum via.* Ad ipsum ergo ascenditur, ut in excelsis intelligatur. Et ad ipsum descenditur, ut in membris suis parvulus nutriatur. Et per illum se erigunt, ut eum sublimiter D spectent. Per ipsum etiam se humiliant, ut eum sublimiter ac temperanter annuntient.

6. Post hanc visionem inde Jacob iter faciens vidit oves, et pastores, et puteum aquæ vivæ, et lapidem

10. *Multitudinem frumenti*, πλῆθος σίτου καὶ οἴνου, LXX. *Abundantiam* dixit Vulg. Sed mirum apud Ambrosium, lib. de Jacob, *abundantiam* legi, cum *multitudinem* apud Augustinum legamus. Nam eadem tralatione videntur ambo usi. GRIAL.

Ibid. Quam colligit, ita Aug. et Impr. *Quæ colligit*, Mss. o., mendose; colligitur enim multitudo communione Eucharistiæ.

Ibid. Filii *matris ejus* ex Vulg. *Patris*, August., ex Septuaginta. GRIAL.

11. *Ex ore populi Patrem ignorantis*, ex Impress. et Augustin. *Ex ore Patris*, Mss. GRIAL.

Ibid. Repetente majore, ex August. et Impress. *Petente*, Mss. GRIAL.

12. *Sed neque majorem*, usque ad *salvus erit*, verba sunt Hieronymi, ibid. GRIAL.

13. *Servus populi minoris*, al., *servies populo minori*. GRIAL.

14. Grial., mendose, *non solum Domino patibulo*. AREV.

CAP. XXIV. N. 2. *Somnus iste Jacob*, usque ad *temperanter annuntient*, hæc ex lib. XII contra Faust., c. 26, vel serm. 79 de tempore; nam eadem utrobique. GRIAL.

magnum superpositum puteo. Figuraliter per oves justorum populi significabantur : sicut illud, quod dictum est in Evangelio : *Statuit oves ad dexteram* (*Matth.* xxv, 33).

7. Pastores vero prophetæ sunt, qui usque ad adventum Domini Spiritu sancto mundati, Israel populum doctrinæ prædicatione gubernabant. Lapis puteo superpositus figuram Domini præferebat. Puteus gratiam Spiritus sancti præfigurabat per prædicationem Christi venturam ad Ecclesiam ex gentibus, quæ obtecta erant, nondum adveniente et homine facto Christo.

CAPUT XXV.

De Lia, et Rachel, et duabus famulabus.

1. Igitur Jacob, pergens Mesopotamiam, accepit uxores duas, filias Laban fratris Rebeccæ. Hoc est, primo Liam, secundo Rachel. Inde sibi accepit Liæ ancillam nomine Zelpham, et ancillam Rachel Balam. Ex quibus quatuor genuit duodecim filios, et unam filiam. De Lia scilicet genuit Ruben, Simeon, Levi, Judam, Issachar, Zabulon. De Rachel autem Joseph, et Benjamin. De Bala, ancilla Rachel, Dan et Nephthalim. De Zelpha, ancilla Liæ, Gad et Aser.

324 2. Hi sunt duodecim filii Israel. Nunc autem quid rerum figuraverint quatuor uxores Jacob, quarum duæ liberæ et duæ ancillæ fuerunt, rimemur? Videmus enim Apostolum in libera et ancilla quas habebat Abraham duo Testamenta intelligere; sed ibi in una et in una facilius apparet quod dicitur. Hic autem duæ sunt, et duæ.

3. Deinde etiam ibi ancillæ filius exhæredatur, hic vero ancillarum filii simul cum filiis liberarum terram promissionis accipiunt. Unde hic procul dubio aliquid aliud significatur, quanquam enim duæ liberæ uxores Jacob ad Novum Testamentum, quo in libertatem vocati sumus, existimentur pertinere, non tamen frustra duæ sunt, nisi quia duæ vitæ nobis in Christi corpore prædicantur.

4. Una temporalis, in qua laboramus; alia æterna, in qua delectationem Dei contemplamur. Lia namque interpretatur *laborans*, Rachel autem *visum principium*, sive *verbum*. Actio ergo hujus vitæ, in qua vivimus ex fide, laboriosa est operibus, et incerta, quo exitu perveniat ad utilitatem eorum quibus consulere volumus.

5. Ipsa est Lia prior uxor Jacob, ac per hoc et infirmis oculis fuisse commemoratur. Cogitationes enim mortalium timidæ, et incertæ providentiæ nostræ. Spes vero æternæ contemplationis Dei, habens certam intelligentiam veritatis, ipsa est Rachel. Unde etiam dicitur : *Bona facie, et pulchra specie* (*Isai.* I, 18). Hanc enim amat omnis pie studiosus, et pro pter hanc servit gratiæ Dei. Qua peccata nostra, etsi fuerint sicut phœnicium, tanquam nix dealbabuntur.

6. Laban quippe interpretatur *dealbatio*; cui servivit Jacob **325** propter Rachel; neque enim se quisque convertit sub gratia remissionis peccatorum servire justitiæ, nisi ut quiete vivat in verbo, ex quo videtur principium, quod est Deus.

7. Ergo propter Rachel, non propter Liam, servitur. Nam quis tandem amaverit in operibus justitiæ laborem actionum, atque passionum? quis eam vitam propter seipsam expetiverit, sicut nec Jacob Liam? Sed tamen sibi nocte suppositam in usum generandi amplexus, fecunditatem ejus expertus est. Dominus enim eam, quia per se ipsam diligi non poterat, primo, ut ad Rachel perveniretur, tolerari fecit.

8. Deinde propter filios commendavit. Ita vero unusquisque utilis Dei servus, sub dealbationis peccatorum suorum gratia constitutus, quid aliud amans in conversatione sua meditatur, nisi doctrinam sapientiæ? Quam plerique se percepturos putant, statim ut se in septem præceptis legis exercuerunt, quæ sunt de dilectione proximi, ne cuiquam noceatur, id est : *Honora patrem tuum et matrem tuam, Non mœchaberis, Non occides, Non furaberis, Non falsum testimonium dices, Non concupisces uxorem proximi tui, Non concupisces rem proximi tui.*

9. Quibus observatis, posteaquam homini pro concupita delectatione doctrinæ, per tentationes varias, quasi per hujus sæculi noctem, tolerantia laboris adhæserit, velut pro Rachel Liæ inopinatæ conjungitur. Et hanc sustinet, ut ad illam perveniat, si perseveranter amat, acceptis aliis septem præceptis, ac si dicatur : *Servi alios septem annos propter Rachel*, ut sit pauper spiritu, mitis, lugens, esuriens, sitiensque justitiam, misericors, mundicors, pacificus.

10. Vellet enim homo, si fieri posset, sine ulla tolerantia laboris, quæ in agendo patiendoque amplectenda est, statim ad pulchræ contemplationis delicias pervenire. Sed hoc non potest in terra morientium. Hoc enim videtur significare, quod dictum

6. In Vulgata, *statuet oves*. Et ita etiam nonnulli impressi. AREV.

7. In Alb. est *obtectæ*, ut gentes intelligantur obtectæ. AREV.

CAP. XXV. N. 2. *Nunc autem quid rerum figuraverint*, omnia, usque ad Victorini interpretationem, sunt Aug., lib. XXII, contr. Faust., a cap. 51, usque ad 58. GRIAL.

3. Per Liam et Rachel duas vitas intelligi fuse exponitur in libro Differentiarum rerum, differentia 34. Inter activam et contemplativam vitam. AREV.

4. In Cod. Florent. 1, post *contemplamur* multa adduntur, quæ in nostra Editione collocantur in fine quæstionum in Genesin, scilicet : *Deinde a quibusdam quæritur*, usque ad *super omnem carnem*. AREV.

5. Isaias : *Si fuerint peccata vestra ut coccinum, quasi nix dealbabuntur*. Coccus, coccinum et coccineus color est color purpureus, qui etiam *Phœniceus* dicitur; nam *Phœnix* aliquando rubrum significat. AREV.

6. *Neque enim se quisque convertit*. Ita Aug. *Submittit*, Val. GRIAL.

8. *Aliud amans in conversatione*. Ita lib. o. *In conversione*, Aug. GRIAL.

9. *Sæculi noctem*. *Noctes*, Aug. GRIAL.

Ibid. Lia inopinata, August. *Liæ inopinatæ*, apud Eucher. et Mss. GRIAL.

Ibid. Misericors et mundicors. Ita August., eleganter. Al., *mundicordis*. GRIAL.

Ibid. Mundicors. Sic cap. 1 libri contra Judæos, impii, duricordes. AREV.

est Jacob : *Non est moris in hoc loco, ut minor nubat prius quam major.*

326 11. Quia non absurde major appellatur, quæ tempore prior est. Prior est autem in hominis eruditione labor boni operis, quam requies contemplationis. Ad unum ergo tendendum, sed propter hoc multa ferenda sunt. Itaque duæ sunt uxores Jacob liberæ; ambæ quippe sunt filiæ remissionis peccatorum, hoc est, dealbationis, quod est Laban.

12. Verumtamen una amatur, altera toleratur. Sed quæ toleratur, prius ipsa et uberius fecundatur, ut si non propter seipsam, certe propter filios diligatur. Labores enim justorum maximum fructum habent in eis quos regno Dei generant, inter multas tentationes et tribulationes prædicando Evangelium, et eos propter quos sunt in laboribus abundantius, in plagis supra modum, in mortibus sæpius, propter quos habent foris pugnas, intus timores, gaudium et coronam suam vocant.

13. Nascuntur autem eis facilius atque copiosius ex illo sermone fidei quo prædicant Christum crucifixum. Rachel autem clara aspectu mente excedit Deo, et videt in principio Verbum Deum apud Deum, et vult parere, et non potest, quia generationem ejus quis enarrabit? Ideoque contemplandi otia appetit, ut divinitatem ineffabilem cernat.

14. Vacare vult ab omni negotio, et ideo sterilis, quia in variis pressuris non subvenit. Sed quia et ipsa interdum procreandi charitate inardescit, vult enim docere quod novit, videt sororem labore agendi atque patiendi filiis abundantem, et dolet potius currere homines ad eam virtutem qua eorum necessitatibus consulitur, quam ad illam unde divinum aliquid discitur.

15. Hic dolor figuratus videtur in eo quod scriptum est : *Et zelavit Rachel sororem suam.* Proinde quia purus intellectus spiritualis substantiæ verbis carne editis exprimi non potest, eligit doctrina sapientiæ per quaslibet corporeas similitudines utcunque cogitanda insinuare divina, sicut elegit Rachel ex viro suo et ancilla suscipere filios, quam sine filiis omnino manere.

327 16. Bala quippe, ancilla Rachel, interpretatur *inveterata*. De veteri quippe vita carnalibus sensibus dedita corporeæ concitantur imagines, etiam cum aliquid de spirituali et incommutabili substantia divinitatis auditur. Suscipit et Lia de ancilla sua filios, amore habendi numerosiorem prolem accensa.

17. Invenimus autem Zelpham ejus ancillam interpretari *os hians*; quapropter hæc ancilla eos figurat quorum in prædicatione fidei evangelicæ os hiat, et cor non hiat. De quibus scriptum est : *Populus hic labiis me honorat, cor autem eorum longe est a me* (*Isai.* XXIX, 13; *Matth.* XV). Et de quibus Apostolus ait : *Qui prædicas non furandum, furaris* (*Rom.* II, 21).

18. Verumtamen ut etiam per hanc conditionem libera illa uxor Jacob laborans filios hæredes regni suscipiat, ideo Dominus dicit : *Quæ dicunt, facite; quæ autem faciunt, facere nolite* (*Matth.* XXIII, 3). Unde Apostolus : *Sive*, inquit, *occasione, sive veritate Christus annuntietur, et in hoc gaudeo, sed et gaudebo* (*Philipp.* I); tanquam et ancilla pariente, de prole numerosiore lætatur.

19. Est vero quidam Liæ fetus ex beneficio Rachel editus, cum virum suum secum debita nocte cubiturum, acceptis a filio Liæ mandragoricis malis, cum sorore cubare permisit. Quid enim de mandragora dicendum est? Proinde rem comperi pulchram, et suave olentem, sapore autem insipido. Et ideo in illo mandragorico pomo figurari intelligam famam bonam popularem. Unde dicit Apostolus : *Oportet etiam testimonium habere bonum ab eis qui foris sunt* (*I Tim.* III).

20. Qui licet parum sapiant, reddunt tamen plerumque labori eorum per quos sibi consulitur, et splendorem laudis, et odorem bonæ opinionis. Nec ad istam gloriam popularem primi perveniunt eorum qui sunt in Ecclesia, nisi quicunque in actionum periculis et labore versantur. Propterea Liæ filius mala mandragorica invenit exiens in agrum, hoc est, honeste ambulans ad eos qui foris sunt.

21. Doctrina vero illa sapientiæ quæ a vulgi strepitu remotissima in contemplatione veritatis dulci delectatione defigitur, hanc popularem gloriam quantulamcunque non assequeretur, nisi per eos
328 qui in mediis turbis agendo ac suadendo populis præsunt, non ut præsint, sed ut prosint; quia dum isti actuosi et negotiosi homines, per quos multitudinis administratur utilitas, et quorum auctoritas populis chara est, testimonium perhibent etiam remotiori vitæ, propter studium conquirendæ et contemplandæ veritatis otiosæ, quodammodo mala mandragorica per Liam perveniunt ad Rachel; ad ipsam vero Liam per filium primogenitum, id est, per honorem fecunditatis ejus, in qua est omnis fructus laboriosæ atque inter incerta tentationum periclitantis actionis.

22. Quam plerique bono ingenio præditi, studioque flagrantes, quamvis idonei regendis populis esse possint, vitant tamen propter turbulentas occupationes, et in doctrinæ otium toto pectore tanquam in speciosæ Rachel feruntur amplexum.

11. *Ad unum ergo tendendum, sed propter hoc multa fer. s.*, ex Aug. *Ad unum ergo tenendum multa f. s.*, apud Eucher. GRIAL.
14. *Atque patiendi*, ex Aug. GRIAL.
Ibid. Ad eam virtutem, ex Aug. Al., *vitam*. GRIAL.
15. *Utcunque cogitandi*, ex August. et Euch. Absunt hæ duæ voces a mss. o. GRIAL.
Ibid. Suscipere filios. Liberos, August. GRIAL.

18. Sensus verborum Matthæi et Pauli expressus est, verba ipsa aliquatenus variant. AREV.
19. *Est vero quidam Liæ fetus*, ex Aug. *Affectus*, Mss. GRIAL.
21. *Agendo, ac suadendo. Ac sudando*, Euch. GRIAL.
22. *Feruntur amplexum.* Ita Aug. *Fruuntur amplexibus.* Val., Eucher. GRIAL.

23. Sed quia bonum est ut etiam hæc vita latius innotescens popularem gloriam mereatur, injustum est autem ut eam consequatur, si amatorem suum administrandis ecclesiasticis curis aptum et idoneum in otio detinet, nec gubernationi communis utilitatis impertit, propterea Lia sorori suæ dicit . *Parum est tibi quod virum meum accepisti, insuper et mandragoras filii mei vis accipere?*

24. Per unum virum significans eos omnes qui, cum sint agendi virtute habiles, et digni quibus regimen Ecclesiæ committatur ad dispensandum fidei sacramentum, illi, accensi studio doctrinæ atque indagandæ et contemplandæ sapientiæ, se ab omnibus actionum molestiis removere atque in otio discendi atque docendi volunt considere. Ita ergo dictum est : *Parum est tibi quod accepisti virum meum, insuper et mandragoras filii mei vis accipere?* ac si diceretur : Parum est quod homines ad laborem rerum gerendarum necessarios in otio detinet vita studiosorum, insuper et popularem gloriam requirit.

25. Proinde, ut juste eam comparet, impertit Rachel virum sorori suæ illa nocte, ut scilicet qui virtute laboriosa regimini populorum accommodati sunt, etiamsi scientiæ vacare delegerint, suscipiant experientiam tentationum, curarumque sarcinam pro utilitate communi, ne ipsa doctrina sapientiæ, cui vacare statuerant, blasphemetur, neque adipiscatur ab imperitioribus populis existimationem bonam, **329** quod illa poma significant, et quod necessarium est ad exhortationem discentium.

26. Sed plane ut hanc curam suscipiant vi coguntur, satis et hoc significatum est quod cum veniret de agro Jacob, occurrit ei Lia, eumque detinens, ait : *Ad me intrabis, conduxi enim te pro mandragoris filii mei.* Tanquam diceret : Doctrinæ, quam diligis, vis conferre bonam opinionem? noli defugere officiosum laborem. Hæc in Ecclesia geri quisquis adverterit cernit, et experimur in exemplis quod intelligimus in libris.

27. Quis non videat hoc geri toto orbe terrarum, venire homines ab operibus sæculi, et ire in otium cognoscendæ et contemplandæ veritatis, tanquam in amplexum Rachel, et excipi de transverso ecclesiastica necessitate, atque ordinari in laborem, tanquam Lia dicente : *Ad me intrabis?*

28. Quibus caste mysterium Dei dispensantibus, in nocte hujus sæculi filios generent fidei, laudatur a populis etiam illa vita, cujus amore conversi spem sæculi reliquerunt, et ex cujus professione ad ministerium regendæ plebis assumpti sunt. Id enim agunt in omnibus laboribus suis, ut illa professio quo se converterant (quia tales rectores populis dedit) latius et clarius glorificetur, tanquam Jacob non recusante noctem Liæ, ut Rachel pomis suave olentibus et clare nitentibus potiatur.

29. Quæ aliquando et ipsa, præstante misericordia Dei, per se ipsam parit; vix tandem quidem, quia perrarum est, ut : *In principio erat Verbum, et Verbum erat apud Deum, et Deus erat Verbum,* et quidquid de hac re pie sapienterque dicitur, sine phantasmate carnalis cogitationis et salubriter vel ex parte capiatur.

30. Alio quoque sensu Liam et Rachel Victorinus martyr, et cæteri in similitudine Ecclesiæ vel Synagogæ interpretati sunt. Liam enim majorem natu Synagogæ tenuisse existimant typum, quia prior Dei genuit populum. Et quidem et oculis legitur gravida, quia lex per Moysen data cooperta est atque signata.

330 31. Rachael autem junior et pulchra, prius sterilis, et postmodum fecunda, similitudo est Ecclesiæ. Junior, quia tempore posterior. Pulchra, quia corpore et spiritu sancta. Oculi ejus decori, quia Evangelium prospicere meruerunt. Quæ etiam tandiu sterilis fuit, quousque Synagoga populum generabat.

32. Cur autem Jacob pro Rachel servivit, et supponitur ei Lia major, nisi quia Dominus, ut Ecclesiam assumeret, prius sibi Synagogam conjunxit? Servitus itaque ipsius Jacob septem annorum pro duabus uxoribus hujus vitæ præsentis tempus significat, quæ per septem dies volvitur, in qua Dominus formam servi accepit, factus obediens paternæ voluntati usque ad mortem. Ille enim pro ovibus servit, et Dominus noster ait : *Non venit Filius hominis ministrari, sed ministrare.*

33. Ille oves pavit, et Dominus in Evangelio dicit : *Ego sum pastor bonus.* Ille mercedis lucro varium sibi pecus abstulit, Christus diversarum gentium varietatem sibimet congregavit. Ille tres virgas amputatis corticibus in alveis aquarum opposuit, ut earum contemplatione multiplicarentur ejus oves. Et Dominus noster in aqua baptismatis trium personarum nomina Patris, et Filii, et Spiritus sancti, populo fideli proposuit, ut quisque hoc pleno corde perspexerit, efficiatur ovis Dei.

CAPUT XXVI.

De fuga Jacob et Rachel, quæ furata est deos patris sui.

1. Post longam igitur servitutem, quam Jacob apud socerum suum pro uxoribus, velut mercede, sustinuit, præcepit ei Dominus ut reverteretur in patriam suam. Tunc, ignorante socero, cum uxoribus et comitatu properavit. Laban autem consecutus est eum in montem Galaad cum furore, atque idola quæ Rachel furata erat apud eum requisivit, nec reperit.

26. *Defugere officiosum laborem,* ex Aug. et Impr. *Fugere officii laborem,* Mss., non ita eleganter. GRIAL.

28. *Filios generent fidei,* August. et Impr. *Filios generent Dei,* Mss. GRIAL.

Ibid. A populis, Aug. *ab apostolis,* Mss. GRIAL.

Ibid. Ad ministerium regendæ plebis. *Ad misericordiam,* Aug. et Impr. GRIAL.

Ibid. Quo se convert., August. Al., *qua se.* GRIAL.

33. *Quisque* retinendum videtur, tametsi nonnulli

2. Quid igitur sibi hoc ipsum figuraliter velit, in- A spiciendum est. **331** Dum Laban superius aliam gerat personam, nunc tamen diaboli typum figurat. Laban quippe interpretatur dealbatio. Dealbatio autem diabolus non inconvenienter accipitur, qui cum sit ex merito tenebrosus, transfigurat se in angelum lucis.

3. Huic servivit Jacob, id est, ex parte reproborum Judaicus populus, ex cujus carne incarnatus Dominus venit. Potest etiam per Laban mundus hic exprimi, qui cum furore Jacob persequitur, quia electos quosque, qui Redemptoris nostri membra sunt, persequendo opprimere conatur. Hujus filiam, id est, seu mundi, seu diaboli, Jacob abstulit, cum sibi Christus Ecclesiam ex gentilitate conjunxit, quam et de domo patris abstrahit, quia ei per prophetam di- B cit: *Obliviscere populum tuum, et domum patris tui* (*Psalm.* XLIV, 11).

4. Quid vero in idolis, nisi avaritia designatur? unde et per Paulum dicitur: *Et avaritia, quæ est idolorum servitus* (*Coloss.* III). Laban ergo veniens apud Jacob, idola non invenit, quia, ostensis mundi thesauris, diabolus in Redemptore nostro vestigia concupiscentiæ terrenæ non reperit. Sed quæ Jacob non habuit, ea Rachel sedendo cooperuit.

5. Per Rachel quippe, quæ ovis dicitur, Ecclesia figuratur. Sedere autem est humilitatem pœnitentiæ appetere, sicut scriptum est: *Surgite, postquam sederitis* (*Psalm.* CXXVI). Rachel ergo sedendo idola cooperuit, quia sancta Ecclesia Christum sequens, vitia terrenæ concupiscentiæ per humilitatem pœni- C tentiæ cooperuit. De hac coopertione vitiorum per Prophetam dicitur: *Beati quorum remissæ sunt iniquitates, et quorum tecta sunt peccata* (*Psalm.* XXXI).

6. Nos igitur Rachel illa signavit, qui idola sedendo premimus, si culpas avaritiæ pœnitendo damnamus. Quæ utique avaritiæ immunditia non illos qui viriliter currunt impedit, quibus dicitur: *Viriliter agite, et confortetur cor vestrum* (*Psalm.* XXVI, 14). Sed his maxime evenit qui, quasi effeminato gressu gradientes, per blandimenta sæculi resolvuntur.

7. Unde et illic ejusdem Rachelis hæc verba sunt: *Juxta consuetudinem feminarum nunc accidit mihi*; id est, quasi muliebria se habere innotuit. Laban autem postquam persecutus esset Jacob, **332** et invenisset D eum, et locuti essent inter se ineuntes fœdus, tulit Jacob lapidem, et erexit illum in titulum, dixitque fratribus suis: *Afferte lapides.*

8. Qui congregantes fecerunt tumulum, quem vocavit Laban tumulum testis, et Jacob acervum testimonii. Inter fideles enim, tam Judæos, quam gentes, testis est lapis eminens in similitudinem Christi, et acervus lapidum, qui est multitudo credentium.

CAPUT XXVII.

De lucta Jacob cum angelo.

1. His transactis, Jacob mittit nuntios ad Esau fratrem suum, mittit et munera. Post hæc, transductis omnibus suis per torrentem, ipse remansit solus. Et ecce vir luctabatur cum illo, prævaluitque ei Jacob, nec dimisit eum, donec benedictionem extorqueret, sacrumque Israel nomen acciperet.

2. In quo principaliter sacramenti dominici imago præfigurata est. Vir enim ille typum Christi evidentissime gesserat. Cui tamen ideo prævaluit Jacob utique volenti, ut mysterium figuraret passionis Christi, ubi visus est Jacob in Judæorum typo, hoc est, in corporis sui sobole prævaluisse Deo, et quasi cum infirmo, ita cum carne ejus luctamen inire, et invalescere in passione ejus, sicut scriptum est, cum dicerent: *Crucifige, crucifige.*

3. Et tamen Jacob benedictionem ab eodem angelo, quem victor superaverat, impetravit. Cujus nominis impositio utique benedictio fuit. Interpretatur autem Israel *videns Deum*, quod erit in fine præmium sanctorum. Tetigit porro illi idem angelus latitudinem femoris, et claudum reddidit. Sicque erat unus et idem Jacob, et benedictus, et claudus.

4. Benedictus in his qui in Christum ex eodem populo crediderunt, atque in infidelibus claudus. Nam femoris ejus nervus, vel latitudo, generis multitudo est. Plures quippe sunt in stirpe, **333** qui degenerantes a fide patrum, et a præceptis auctoris sui deviantes, in erroris sui semitis claudicant.

5. De quibus prophetice dictum est: *Et claudicaverunt a semitis suis.* Qui tamen populus post, subtractis sibi viribus, non solum claudicat, sed et torpescit, ne ultra jam generare filios possit. Denique quod adjecit idem patriarcha, vidisse se Deum facie ad faciem, cum superius virum secum narret fuisse luctatum, id significat quidem, quod idem Deus homo erat futurus qui cum Jacob populo luctaretur.

CAPUT XXVIII.

De Dina, et partu Rachel, et incestu Ruben.

1. Post hæc Sichem, filius Hemor, Dinam filiam Jacob violavit. Qui post concubitum ejus familiæ Israel voluerat sociari. Quem Simeon et Levi fratres, virginitatis sororiæ vindices, dolo cum omni populo

Impressi exhibent *quisquis*; nam *quisque* pro *quisquis* satis usitatum est. AREV.

CAP. XXVI. N. 2. *Laban quippe*, usque ad *accidit mihi*, verba sunt Greg., lib. XXX Moral, c. 16. GRIAL.

5. *Sedere autem est.* Apud Grialium desideratur *est.* AREV.

7. *Innotuit* pro *notum fecit.* Isidorus et nonnulli etiam eo antiquiores *innotescere* active usurpabant. Quamvis ferri possit *inientes*, quod Grialius exhibet, malui tamen reponere cum Alborn. *ineuntes.* AREV.

CAP. XXVII. N. 1. *Et ecce vir luctabatur cum illo*, usque ad *claudicaverunt a semitis suis*, ex XVI de Civit., cap. 39. Vid. item serm. 80 de tempore. GRIAL.

5. *Subtract. sib. viribus*, ex Pal. Al., *tactis sibi nervis.* GRIAL.

Ibid. Narret. Ita vetus Editio. Grialius edidit *narrat.* AREV.

CAP. XXVIII. N. 1. *Sed quid sibi velit*, usque ad *gaudet etiam in delictis.* Verba sunt Gregor., Pastor. part. III, admonitione 30. GRIAL.

ejus interfecerunt. Sed quid sibi velit, quod scriptum est : *Egressa est Dina, ut videret mulieres regionis illius. Quam cum vidisset Sichem, filius Hemor, princeps terræ illius, adamavit, et rapuit, dormivitque cum illa, vi opprimens virginem, et conglutinata est anima ejus cum ea, tristemque blanditiis delinivit?*

2. Dina quippe ut mulieres videat extraneæ regionis egreditur, quando unaquæque mens, sua studia negligens, actiones alienas curans, extra habitum atque extra ordinem proprium evagatur. Quam Sichem, princeps terræ, opprimit, quia videlicet inventam in curis exterioribus diabolus corrumpit.

3. Et agglutinata est anima ejus cum ea, quia unitam sibi per iniquitatem respicit; et quia cum mens a culpa resipiscit, humiliatur, atque admissum flere conatur; corruptor autem spes ac securitates vacuas ante oculos vocat, quatenus utilitatem tristitiæ **334** subtrahat; recte illic adjungitur *tristemque blanditiis delinit.*

4. Modo enim facta aliorum graviora, modo nihil esse quod perpetratum est, modo misericordem Deum loquitur, modo adhuc tempus subsequens ad pœnitentiam pollicetur. Ut dum per hæc decepta mens ducitur, ab intentione pœnitentiæ suspendatur, quatenus tunc nulla bona percipiat, quam nunc mala nulla contristant; et tunc plenius obruatur suppliciis, quæ nunc gaudet etiam in delictis.

5. Dehinc loquitur Deus ad Jacob, ut habitaret in Bethel. Ibi Rachel cum pareret Benjamin, mortua est. Sed quid sibi vult quod eum eumdem Benjamin Rachel pareret, vocavit nomen ejus, *filius doloris mei*, nisi futurum prophetans ex ejus tribu Paulum, qui affligeret filios Ecclesiæ persecutionis suæ tempore?

6. Aliter per Benjamin terrestris figurabatur Jerusalem, quæ est in tribu ejusdem Benjamin, cujus populus gravi matrem dolore affecit, effundendo sanguinem prophetarum. Insuper etiam in necem Christi impiis acclamando vocibus : *Sanguis ejus super nos, et super filios nostros* (*Matth.* XXVII, 25). Interea Ruben concupiscentiæ motus libidinis, in concubina patris sui præceps efferbuit; quod incestus crimen non scriberetur, nisi futura perversitas Israelitici populi prænuntiaretur.

7. Quanquam et in illo qui hoc commisit consideretur esse flagitium, in Scripturis tamen prophetia est futurorum. Namque per Ruben primogenitum populus primogenitus Israel ex circumcisione significatur, qui torum concubinæ polluit, id est, legem Veteris Testamenti sæpe prævaricando commaculavit.

8. Quod autem in concubina lex Veteris Testamenti ponatur, Paulus apostolus docuit, dicens : *Abraham duos filios habuit : unum de ancilla, et unum de libera.* Hæc autem sunt duo Testamenta. In quo Agar, quæ concubina fuit, in Veteris Testamenti ponitur typo. Una est enim perfecta columba genitrici suæ, quæ virgo casta, regina, sponsa regi Ecclesiæ per Evangelium jungitur Christo.

335 CAPUT XXIX.

De Juda, quando dormivit cum nuru sua.

1. Jam deinde Judæ factum consideremus, qui cum sua nuru concubuit, quid significaverit futurum. In Thamar ergo nuru Judæ intelligitur plebs Judæa. Cui de tribu Juda reges tanquam mariti adhibebantur, merito nomen ejus *amaritudo* interpretatur. Ipsa enim Domino fellis poculum dedit.

2. Duo enim genera principum qui non recte operabantur in plebe, unum eorum qui oberant, alterum eorum qui nihil proderant, significabantur in duobus filiis Judæ, quorum unus erat sævus ante Deum, alter in terram fundebat semen, ne semen daret ad fecundandam Thamar.

3. Nec sunt amplius quam duo genera hominum inutilia generi humano : unum nocentium, alterum præstare nolentium, et, si quid boni habent in hac terrena vita, perdentium, tanquam in terra fundentium. Quia in malo prior est qui nocet, quam ille qui non prodest, ideo major dicitur malignus, ille autem sequens, qui fundebat in terram.

4. Nomen quoque majoris, qui vocabatur Her, interpretatur *pellicius*, qualibus tunicis induti sunt primi homines, in pœnam damnationis suæ dimissi ex paradiso. Sequentis autem nomen, qui vocabatur Onan, interpretatur *mœror eorum.*

5. Quorum, nisi quibus nihil prodest, cum habeat unde prodesse possit, atque id perdat in terra? Majus porro malum est ablatæ vitæ, quod significat pellis, quam non adjutæ, quod significat *mœror eorum*; Deus tamen ambos occidisse dictus est. Ubi figuratur regnum talibus hominibus abstulisse.

6. Tertius vero filius Judæ, quod illi mulieri non jungitur, significat tempus ex quo reges plebis Judæorum cœperunt de tribu Juda non fieri.

336 7. Ideo erat quidem filius Judæ; sed eum Thamar maritum non accipiebat, quia erat eadem tribus Juda, sed jam in populo nemo inde regnabat. Unde et nomen ejus Sela interpretatur *dimissio ejus.* Non pertinent sane ad hanc significationem viri sancti et justi, qui, licet illo tempore fuerint, ad Novum tamen pertinent Testamentum, cui prophetando scienter utiles fuerunt, qualis David fuit eo sane tempore quo jam Judæa cœperat reges ex tribu Juda non habere.

3. *Humiliatur*, Greg. *Ad se ducitur*; f., *addicitur*; sic enim alibi loquitur, ut ostendimus ad c. 19 exposit. Deuteronom. GRIAL.

Ibid. Florent. Cod. 1, *resipiscit*, *addicitur*, *atque humiliatur*. Flor. 2, *resipiscit*, *addicitur*, *id est humiliatur*; quo comprobatur Grialii conjectura, apud sanctum Gregorium legendum *addicitur*. AREV.

CAP. XXIX. N. 1. *Jam dehinc*, usque ad *fatebuntur*, verba sunt Aug., lib. XXII contra Faust., a cap. 83, usque ad 87. GRIAL.

Ibid. Deinde. Grial. in not. *dehinc.* AREV.

2. *Sævus ante Deum. Nequam*, Vulg. : Πονηρὸς, LXX. *Malignus, vel sævus*, apud Bedam. *Malignus et sævus ante Dominum*, Aug. Hebraicæ רע. GRIAL.

5. *Quam non adjutæ*, ex Aug. et Impress. *Quam non habitæ*, Mss. GRIAL.

8. Non est computandus Herodes Major in regibus ejus, tanquam maritus Thamar. Erat enim alienigena, nec ei sacramento illo mysticæ unctionis, tanquam conjugali fœdere cohærebat, sed tanquam extraneus dominabatur; quam potestatem a Romanis, et a Cæsare acceperat, et sic ejus filii tetrarchæ, quorum erat unus Herodes patris nomine appellatus, qui cum Pilato in passione Domini concordavit.

9. Isti ergo alienigenæ usque adeo non deputabantur in regno illo mystico Judæorum, ut ipsi Judæi publice clamarent frendentes adversus Christum: *Nos non habemus regem, nisi Cæsarem* (*Joan.* XIX, 15). Neque hoc verum, nisi illa universali dominatione Romanorum. Quippe etiam Cæsar rex erat non proprie Judæorum, sed ut Christum negarent, et ut huic adularentur, ideo se tali voce damnarunt. Illo enim tempore, quo jam de tribu Juda regnum defecerat, veniendum erat Christo vero Salvatori Domino nostro, qui non obesset, multumque prodesset.

10. Sic enim fuerat prophetatum; *Non deficiet princeps ex Juda; neque dux de femoribus ejus, donec veniat, cui repositum est, et ipse erit exspectatio gentium*. Jam isto tempore omne quoque magisterium Judæorum, et mystica, unde *Christi* vocabantur, unctio ipsa defecerat, secundum prophetiam Danielis. Tunc venit *cui repositum* (*Dan.* IX, 24), **337** qui est exspectatio gentium, et unctus est Sanctus sanctorum oleo exsultationis præ participibus suis.

11. Natus est enim Herodis Majoris tempore, passus est autem Herodis Minoris tetrarchæ. Hujus itaque venientis ad oves quæ perierant domus Israel, figuram gessit iste Judas, cum iret ad tondendas oves suas in Thanna, quod interpretatur *deficiens*. Jam enim defecerat princeps ex Juda, et omne magisterium, atque unctio Judæorum, ut veniret cui repositum erat.

12. Venit autem cum suo pastore Odollamite, cui nomen Hiras. Et interpretatur Odollamites testimonium in aqua. Cum hoc plane testimonio Dominus venit, habens quidem testimonium majus Joanne. Sed tamen propter oves infirmas hoc testimonio est usus in aqua. Nam et ipse Hiras, quod nomen illius pastoris fuit, interpretatur fratris mei visio.

13. Vidit omnino fratrem suum Joannes. Fratrem secundum semen Abrahæ, secundum cognationem Mariæ matris ejus, et Elisabeth matris suæ, eumdemque Dominum et Deum suum. Quia sicut ipse ait: *Ex plenitudine ejus accepit*. Vidit omnino, et ideo in natis mulierum major illo non surrexit.

A Quia ex omnibus prænuntiantibus Christum ipse vidit, quod multi justi, et prophetæ cupierunt videre, et non viderunt.

14. Salutavit ex utero, agnovit perfectius ex columba; et ideo tanquam Odollamites vere testimonium perhibuit in aqua. Venit autem Dominus ad oves tondendas, hoc est, exonerandas sarcinis peccatorum, ex quibus Ecclesiæ laudatæ in Canticis canticorum dentes essent velut grex detonsarum (*Cant.* IV).

15. Jam deinde Thamar habitum mutat, nam et *commutans* interpretatur. Thamar mutat habitum, mutat et nomen, et fit de Synagoga Ecclesia. Sed ut in ea nomen prorsus amaritudinis maneat. Non illius amaritudinis, in qua Domino fel ministravit: B sed illius in qua Petrus amare flevit; nam et Juda Latine confessio est. Confessioni ergo amaritudo misceatur, ut vera pœnitentia præsignetur.

16. Hac pœnitentia fecundatur Ecclesia in omnibus gentibus constituta. Oportebat enim Christum pati, et resurgere tertia die, **338** et prædicari in nomine ejus pœnitentiam et remissionem peccatorum per omnes gentes, incipientibus a Jerusalem. Nam et ipse habitus meretricis confessio peccatorum est. Typum quippe Ecclesiæ gerit Thamar ex gentibus evocatæ, sedens cum hoc habitu ad portam Henam, vel Henaim, quod interpretatur *fontes*.

17. Cucurrit enim, velut cervus ad fontes aquarum, pervenire ad semen Abrahæ. Illic a non agnoscente fetatur, quia de illa prædictum est: *Populus*, C *quem non cognovi, servivit mihi*. Accepit in occulto annulum, monile et virgam, quia vocatione signatur, justificatione decoratur, glorificatione exaltatur.

18. *Quos enim prædestinavit, illos et vocavit; quos autem vocavit, illos et justificavit; quos autem justificavit, illos et glorificavit* (*Rom.* VIII). Sed hæc, ut dixi, adhuc in occulto, ubi fit et conceptio sanctæ ubertatis. Mittitur autem promissus hædus, tanquam meretrici. Hædus exprobratio peccati. Per eumdem Odollamitem, tanquam increpantem, et dicentem: *Generatio viperarum*. Sed non eam invenit peccati exprobratio, quam mutavit confessionis amaritudo.

19. Post vero jam publicatis signis annuli, monilis et virgæ, vicit temere judicantes Judæos, quorum jam personam Judas ipse gestabat. Qui hodieque D dicunt, non hunc populum esse Christi, nec habere nos semen Abrahæ, sed prolatis certissimis documentis nostræ vocationis, justificationis et glorificationis, sine dubio confundentur; et nos magis quam se justificatos esse fatebuntur. Pignora enim refert habere secum Ecclesia. Accusatur enim a Judæis,

8. Herodis Magni, seu Majoris, genealogiam exhibet Calmetus in Diction. Bibl. Herodes Antipas, ejus filius, fuit qui cum Pilato in passione Domini concordavit. AREV.

9. *Et huic adularentur*, ex Aug. et Mss. *Et hunc adorarent*, apud Bedam. GRIAL.

Ibid. Veniendum erat Christo vero Salvatori Domino nostro, ex Aug. et Impress. *Veniendum erat ad Christum verum Salvatorem Dominum nostrum*, Mss. GRIAL.

10. *Cui repositum erat*. Retinuimus verba LXX, quibus utitur Aug. et inferius bis repetuntur, quod non advertit, qui Vulg. Ed. verba substituit. GRIAL.

11. *Herodis minoris. Herodis tetrarchæ*, Aug. et Impress. GRIAL.

16. *Ad portam Henam, vel Henaim*. Reliquerunt LXX vocem Hebræam *Henaim*, quæ oculos, vel fontes significat. Pro qua Vulg. *in bivio* reddidit. Vid. Hier. trad. Hebr. in cap. XXXVIII Gen. GRIAL.

19. *Post vero jam publicatis. Jam publicis*, Aug. GRIAL.

quasi adulteratrix legis; sed ostendit virgam, signum passionis, et monile legis legitimæ, et annulum pignus immortalitatis.

20. Quod autem Scriptura inducit parientem Thamar, et duos in utero geminos habentem, quorum scilicet primus, qui dicitur Zara, misit manum suam, et obstetrix ligavit coccinum; et dehinc illo manum intrinsecus retrahente, posterior, qui Phares vocatur, porrexit manum, et nascendo præcessit, figuraliter congruit, quod ostenderit Israel in legis opera manum suam, et eam prophetarum, **339** et ipsius Salvatoris pollutam cruore contraxerit. Postea vero proruperit populus gentium, scilicet ut futuri essent novissimi qui erant primi, et primi futuri essent qui erant novissimi.

CAPUT XXX.

De historia Joseph.

1. Dehinc historia sequitur Joseph, qui, venditus a fratribus, in Ægyptum perductus, atque ibidem sublimatus est. Joseph unus ex duodecim filiis Jacob, quem pater præ cæteris filiis dilexit, Christum Dominum figuravit. Quem Deus Pater secundum carnem natum cæteris fratribus ex Abraham stirpe genitis prætulit. Unde et ibi dicitur : *Amabat eum Jacob, eo quod in senectute genuisset eum.*

2. Senescenti enim mundo illucens Dei Filius per Mariæ virginis partum serus advenit, tanquam filius senectutis, secundum sacramentum suscepti corporis, qui erat ante per substantiam deitatis semper cum patre. Tunica autem polymita, quam fecit ei pater, varietatem populorum ex omnibus gentibus in corpore Christi congregatam significavit.

3. Somnium vero illud, per quod fratrum manipuli adoraverunt manipulum ejus, illud est, quod in Christo completum est : *Adorabant eum omnes reges terræ, omnes gentes servient ei.* Scilicet per fidem fructum bonorum operum offerentes. Ipse est, quem sol et luna et stellæ adorant, de quo sole dictum est : *Laudate eum, sol et luna, laudate eum, omnes stellæ.*

4. Ipsum enim excellentia sanctorum in solis nomine, et Ecclesiæ claritas sub imagine lunæ, et omnium numerositas populorum in figura stellarum adorant. Unde pater suus increpavit eum dicens : *Nunquid ego et mater tua, et fratres tui adorabimus te?* Objurgatio ista patris duritiem populi Israel significat, pro eo quod ex se natum Christum esse co-

A gnoscunt, adorare contemnunt. **340** Jacob mittit Joseph filium suum, ut de fratribus sollicitudinem gereret.

5. Et Deus Pater misit Filium suum unigenitum, ut genus humanum peccatis languidum visitaret. Mittitur utique ab illo patre, de quo scriptum est : *Misit Deus filium suum in similitudinem carnis peccati;* ut videret si recte agerentur oves. Et Dominus, inquit in Evangelio : *Non veni, nisi ad oves perditas domus Israel*

6. Invenit ergo Joseph fratres suos in Dothain. Dothain interpretatur defectio; vere in grandi defectione erant, qui de fratricidio cogitabant : cumque vidissent Joseph fratres sui procul, occidere eum cogitaverunt. Et Judæi videntes verum Joseph, Dominum

B Jesum Christum, ut eum crucifigerent, uno omnes consilio statuerunt, dicentes : *Crucifige eum.* Fera pessima devoravit eum, id est, Judaica plebs interfecit eum; de qua Dominus in Evangelio dicit : *Ecce ego mitto vos, sicut oves in medio luporum.*

7. Nudaverunt Joseph fratres sui tunica polymita, et talari, et Judæi Christum per mortem crucis expoliaverunt tunica corporali. Polymitam autem, id est, decoratam omnium virtutum diversitate. Resperserunt autem tunicam hædi sanguine, quia falsis eum testimoniis accusantes, in invidiam deduxere populi omnium peccata donantem.

8. Mittitur dehinc in cisternam, id est, in lacum, et Christus, exspoliatus carne humana, descendit in infernum. De cisterna quoque levatus ille Ismaelitis,

C id est, gentibus, venditur, et Christus, postquam de inferno egreditur, ab omnibus gentibus fidei commercio comparatur. Ille per Judæ consilium triginta argenteis distrahitur, et hic Christus per consilium Judæ Iscariotis eodem numero venundatus est.

341 9. Dehinc Jacob posteritatis suæ deplorans dispendia, quasi pater, filium lugebat amissum, quasi propheta flebat interitum Judæorum. Denique scidit vestimentum suum, quod in passione Domini legimus factum a principe sacerdotum. Sed et velum templi scissum est, ut propheta et nudatum populum suum, et divisum ostenderet regnum. Igitur Joseph descendit in Ægyptum, et Christus in mundum.

10. Emit eum Eunuchus, id est, castus in disciplinis evangelicis populus Christianus. Erat autem

D Joseph pulchra facie; ita et de Christo David ait : *Speciosus forma præ filiis hominum; diffusa est gratia*

20. *Quod ostenderit.* Ita Mss. *Quod extenderit,* apud Bed. Grial.

Cap. xxx. N. 1. Vid. Aug., serm. 81 de temp. Grial.

3. *Somnium vero,* usque ad *adorabimus te*, verba sunt Aug., ibid. Grial.

4. *Objurgatio* usque ad *contemnunt,* verba sunt Ambros., c. 2 de Joseph. Grial.

Ibid. Jacob mittit, usque ad *visitaret*, August., ibid. Grial.

6. *Invenit ergo Joseph,* usque ad *statuerunt,* ejusd. Grial.

. *Nudaverunt,* usque ad *tunica corporali,* ejusd. Grial.

Ibid. Polymitam, usque ad *virtutum diversitate,* Ambros., c. 3. Grial.

8. *Mittitur dehinc in cistern.,* usque ad *venundatus est,* August., ibid. Grial.

Ibid. Florent. 1 sic hæc refert : *De cisterna levatus ille, et Ismaelitis venditus Joseph, missus in puteum, et eductus de puteo, quid aliud, nisi mortem Domini resurrectionemque prætendit?* Ita etiam Cod. Regiovatic. 293, ad marg. post *comparatur* addit, *Joseph missus in puteum,* etc. Verbum *distraho,* quod mox occurrit pro *vendo,* ab aliis quoque usurpatur. Infra, n. 17, *distractus* eodem sensu. Arev.

9. *Dehinc Jacob,* usque ad *ostenderent regnum,* Ambros., c. 3. Grial.

in labiis tuis. Sed mulier, inquit, in eum oculos injecit, ut adulterium cum illa perpetraret.

11. Ista mulier figura erat Synagogæ, quæ sæpe, sicut scriptum est, mœchata est post deos alienos, similiter volebat et Christum in adulterii sui scelere retinere, ut negaret se esse Deum, et Pharisæorum magis et scribarum quam legis præcepta servaret, quæ illi velut maritus erat. Christus autem non acquiescens illicitæ doctrinæ, id est, adulterinæ Synagogæ, manu veste corporis apprehensus, carne se exuit, et liber mortis in cœlum ascendit.

12. Calumniata est meretrix, ubi eum non potuit tenere, dicens quod templum Domini blasphemaret, et legis diceretur transgressor. Sed illum non carcer terruit, non inferna tenuerunt, cum etiam, ubi velut puniendus descenderat, inde alios liberavit.

13. Denique invenit Joseph duos eunuchos de domo regis in carcere vinctos, duorum populorum credentium, vel incredulorum figuram gestantes: qui conclusi sub peccato Adæ, transgressione obnoxii tenebantur. Qui ideo dicuntur eunuchi, quia castam acceperant regulam disciplinæ. *Eloquia*, inquit, *Domini casta*.

14. Denique post trinam lucem Domino ab inferis resurgente, et legis obscura, ut Joseph, somnia revelante, solutus est a peccatis credentium populus, et inferni carcere liberatus redditur ministerio divinæ legis. Incredulus autem, et impius populus Judæorum, quia in conversionis ligno non credidit, transgressionis ligno suspenditur, ut illi alteri eunucho contigit, qui Judæorum imaginem indicavit.

15. Præterea narrat Pharao somnium, interpretatur Joseph. **342** Sed quid significant septem anni, qui in septem spicis plenis, seu qui in septem vaccis pinguibus ostendebantur, nisi septem charismatum spiritualium dona, quibus ubertas fidei larga pietate redundat? At contra septem steriles et jejuni famem veritatis et justitiæ novissimis temporibus significabant.

16. Congregavit autem Joseph per septem annos omnem frugum abundantiam, id est, frumenta fidei sanctorum horreis condens, per illa scilicet charismata septem, quasi per septem annos, ut cum septem anni inopiæ cœperint, id est, cum iniquitas occurrerit septem capitalium criminum sub Antichristo, quando fames fide fuerit Salvatoris, tunc sancti pariter et fideles habeant copiosam justitiæ frugem, ne fides eorum inopia sermonis attenuata deficiat.

17. Inde Joseph, qui typum Christi induerat, currum meruit, et præco clamavit ante eum, et constituit illum Pharao super universam terram Ægypti. Et Dominus noster, postquam est distractus a Juda, ut Joseph a fratribus et de inferorum carcere surrexit, ascendit currum regni cœlestis, de quo dictum est: *Currus Dei decem millibus*.

18. Et accepit potestatem a Patre prædicandi et judicandi: sicut Paulus apostolus ait: *Et dedit ei nomen quod est super omne nomen, ut in nomine Jesu omne genu flectatur cœlestium, terrestrium et infernorum*. Accepit quoque et annulum, pontificatum scilicet fidei, quo credentium animæ salutis signo signantur, frontibusque et cordibus nostris per signum crucis figura æterni regis exprimitur.

19. Induiturque stola byssina, id est, carnem sanctam bysso splendidiorem, et stola immortalitatis; accepit quoque torquem auream, id est bonum intellectum. Præco ante eum præcedit, id est, Joannes Baptista, qui iter ejus præcedens præconabat dicens: *Parate viam Domini*.

20. Habebit et alium præconem Eliam, qui ejus futurum prænuntiabit adventum, sive tubam angeli, quia ipse dixit: *Veniet in tuba angeli*. Vocatur quippe Joseph lingua Ægyptiaca Salvator mundi. **343** Quid manifestius de Christo, quando sub figura Joseph Salvator ostenditur, non tantum unius terræ Ægypti, sed etiam totius mundi? Triginta annorum erat Joseph, quando in conspectu regis Pharaonis stetit. Totidemque annis legitur fuisse Christus, quando sub typo Pharaonis in conspectu Herodis apparuit revelatus.

21. Accepit ergo ex gentibus uxorem, id est, Ecclesiam, ex qua genuit duos filios, id est, duos populos ex Judæis et gentibus congregatos. Igitur post ubertatis annos, in universo orbe fames prævaluit. Merito, quia non erat qui faceret bonitatem. Post hæc Joseph a penuria frumenti salvat Ægyptum, et Christus a fame verbi Dei liberat mundum: aperuit enim horrea sua Christus in omni orbe terrarum, et erogatione frumenti sui omnia subjugavit.

22. Nisi enim Joseph fratres vendidissent, defecerat Ægyptus. Nisi Christum Judæi crucifixissent, perierat mundus. Joseph interpretatur augmentatio, sive ampliatio. Sed in illo Joseph ampliationem non habuit, nisi sola Ægyptus; in nostro vero Joseph augmentum habere meruit universus mundus. Ille erogavit triticum, noster erogavit Dei verbum. Et in omnem terram exiit sonus eorum.

23. Dixit Jacob filiis suis: *Est frumentum in Ægypto*. Dicit Deus Pater: *Ex Ægypto vocavi Filium meum* Descendunt igitur decem provectiores fratres, id est, Judæi, quasi sub Decalogo legis et numero constituti:

20. Cod. Regiovatic., ad marg.: *Alium præconem Eliam qui ejus futurum prænuntiabit adventum, sive tubam*. Quoto ætatis suæ anno Christus Dominus passus fuerit, non consentiunt inter se historici, et chronologi. Varias auctorum sententias indicat Zaccaria in Biblioth. Select. Histor. eccles., cap. 2, art. 1, num. 5, ubi pro anno tricesimo primo ætatis inchoato recenset Tertullianum, Clementem Alexandrinum, et Julium Africanum, quibus ait astipulari Sedulium, in hymno. *Lustra sex qui iam peregit*, etc., Sed pro *Sedulio* reponendus *Venantius Fortunatus*, verus ejus hymni auctor. Pro anno tricesimo secundo inchoato refert Apollinarem Laodicenum, Orosium, Isidorum Hispalensem, Zonaram, etc. AREV.

21. *Post hæc Joseph*, usque ad *sonus eorum*, Aug., ibid. GRIAL.

Ibid. Grial. *penuria* sine *a*. AREV.

23. *Dixit Jacob*, usque ad *filium meum*, Ambr., c. 8. GRIAL.

quos ipse cognoscens, non est agnitus ab eis. Cognoscuntur et Hebræi a Christo, ipsi autem non cognoscunt eum.

24. Dederunt illi quidem pecuniam; sed Joseph, id est, Christus, triticum dedit, et argentum reddidit, quia non pecunia emitur Christus, sed gratia. Vidit Joseph Benjamin *fratrem* suum parvulum; mystice quoque vidit Jesus Paulum, quando circumfulsit eum lux.

25. Parvulus dicitur, quia nondum maturam in carne fidei ætatem **844** gerebat. Unde etiam et adolescens legitur fuisse, quando lapidantium Stephanum vestimentum servabat. Flevit Joseph, et cæcitas Pauli fletus est Christi. Lavat faciem suam, ut amissum et lumen restituat; lavit faciem suam Christus, ubi baptizatus est Paulus, per quem Dominus Jesus a plurimis videretur. Dehinc scyphus argenteus soli sacculo junioris inseritur.

26. Sed quid sibi vult, quod inventus est in sacco Benjamin scyphus Joseph, nisi quia in corpore Pauli jam doctrinæ cœlestis præfulgebat eloquium, dum esset eruditus in lege? Sed quia subjectus non erat divinæ gratiæ, intra saccum erat scyphus, doctrina intra legem, lucerna intra modium.

27. Missus tamen Ananias, manum posuit, marsupium solvit. Marsupio soluto, argentum resplenduit, et decidentibus squammis, velut quibusdam sacci vinculis soluto sacco, id est, deposito legis velamine, adeptus est gratiæ libertatem, et revelata facie, sermones Evangelii prædicavit.

28. Dati sunt ei triginta argentei cum quinque stolis optimis. Triginta argenteos a Christo accipit, quicunque prædicat Trinitatem, sive Christi crucem. Ideoque Paulus ait: *Neque enim judicavi scire me aliquid inter vos, nisi Jesum Christum, et hunc crucifixum.* Quinque autem stolas accepit, id est, sapientiæ, omniumque sensuum multiplicem in lege disciplinam.

29. Præcellit igitur Paulus, ejus exuberat portio meritorum; sed tamen habent et fratres, id est, alii prædicatores gratiam suam. Binas stolas, id est, ut confiteantur Christum et Deum esse et hominem, juxta quod in Proverbiis legitur: *Omnes domestici ejus vestiti sunt duplicibus,* id est, mystica, vel morali intelligentia.

30. Mittuntur et patri munera. Filius honorat Patrem, Christus populum suum invitat promissis, invitat muneribus. Portant hæc munera asini: illi gentiles inutiles, et laboriosi ante, nunc autem utiles, A portant in typo Christi munera, portaturi in Evangelio munerum largitorem.

31. Dimisit Joseph fratres suos, qui nuntiaverunt patri, dicentes: *Joseph vivit; et ipse dominus est in omni terra Ægypti.* Expavit autem **845** Jacob, id est, plebs incredula; sed postquam gesta Christi agnoverit, reviviscit spiritus ejus, et qui mortuus videbatur, fide resurrectionis Christi vivificatur.

32. Vocatur ergo a filiis suis, id est, a Petro et Paulo, et Joanne populus Judæorum invitatur ad gratiam. Occurrit illi Judas, quod interpretatum est *confessio*, quia præcedit jam confessio, quos antea perfidia possidebat; et sic Joseph verus Christus occurrit, qui senescentem jam suscipiat ultimis temporibus populum Judæorum, non secundum illius me- B rita, sed secundum electionem suæ gratiæ.

33. Et imponit manum suam super oculos ejus, et cæcitatem aufert. Cujus ideo distulit sanitatem, ut postremus crederet, qui ante non putavit esse credendum in Christo, et prærogativam superioris amitteret. Unde et Apostolus ait: *Quia cæcitas ex parte in Israel facta est, donec plenitudo gentium intraret,* et sic omnis Israel salvus fieret.

34. Tradidit post hæc Joseph parentibus, et fratribus optimam terram Gessen, præbens eis cibaria, quia fames oppresserat terram. Sic et Dominus eligens optimam terram, parentibus, id est patriarchis et prophetis, ex quibus Christus secundum carnem est genitus, sive omnibus sanctis, de quibus in Evangelio dicit: *Hi sunt fratres mei, qui faciunt voluntatem Pa-* C *tris.* His igitur dat terram scilicet repromissionis regni Dei, de qua dicit Propheta: *Credo videre bona Domini in terra viventium.*

CAPUT XXXI.

De benedictionibus patriarcharum.

1. Dehinc Joseph festinans accipere benedictionem patris duos filios obtulit, Manassen et Ephraim, in quibus sicut factum est in Esau et Jacob, dicente Domino: *Major serviet minori,* ita et in **846** istis duobus filiis Joseph. Nam major Manasses, qui interpretatur oblivio, typum gessit Judæorum, qui obliti sunt Deum suum, qui fecit eos.

2. Minor autem Christianorum, qui fecunditatem sonat, quod est proprium populi junioris, qui corpus est Christi, qui fecundatus est in latitudine mundi. D Hos quidem cum benedicere vellet Jacob, posuit Joseph Ephraim ad sinistram, Manassen autem ad dexteram illius constituit.

24. *Vidit Joseph,* usque ad *a plurimis videretur,* Ambros., c. 10. Grial.

25. Nonnulli Editi, *ut amissum et lumen restituat.* Forte, *ut visum et lumen restituat.* Arev.

26. *Sed quid sibi vult,* usque ad *prædicavit,* Ambr., c. 11. Grial.

28. *Quinque autem stolas,* usque ad *vivificatur,* Ambros., c. 13. Grial.

32. *Vocatur ergo,* usque ad *salvus fieret,* Ambros., c. 14. Grial.

33. *Distulit sanitatem,* ex Ambros. Al., *distulit cæcitatem,* eod. sensu. Grial.

Cap. xxxi. N. 1. Vid. Aug., 16 de Civit., c. 42. Et quidem leguntur hæ benedictionum interpretationes in appendicibus operum Augustini. Sed mirum unde essent non olfecisse Lovanienses; Hieronymo vero illas tribuisse, magis etiam mirum. Grial.

Ibid. Rejiciunt Maurini inter appendices Operum sancti Augustini opusculum *De benedictionibus patriarchæ Jacob,* auctoremque volunt esse Alcuinum, ex cujus libro Quæstionum in Genesin excerptum fuerit. Addunt, eamdem expositionem exstare ordine nonnihil diverso, et aliquot permutatis vocibus in commentariis in Genesin, qui olim Eucherio Lugdunensi tribuebantur. Scilicet Maurinos quoque latuit, quod Grialius Lovaniensibus exprobrarat, eas benedictiones ex commentariis Isidorianis esse depromptas. Arev.

3. At ille cancellatis manibus crucis mysterium præfigurans, translata in minorem dextera, majori sinistram figuraliter superposuit. Sicque crucis similitudo super capita eorum denotata Judæis scandalum, Christianis futuram gloriam præsignavit, senioremque per crucis mysterium sinistrum factum de dextro, et juniorem dextrum de sinistro, quia Judæis in nostra deserta labentibus, nos illorum gloriam adepti sumus.

4. Talique sacramento majori populo Judæorum præpositus est minor populus gentium. Unde et idem patriarcha ait: *Hic quidem erit in populum, sed hic exaltabitur*

5. His completis, vocavit Jacob filios suos, ut benediceret eos mystico ordine, loquens vero tanquam futurorum præscius. Dixitque eis, quæ novissimis temporibus futura erant, incipiens ita: *Ruben primogenitus meus.* Secundum mysticam intelligentiam Ruben prioris populi videtur ferre personam. Cui etiam Dominus per prophetam dicit: *Israel primogenitus meus.*

6. Et enim juxta quod primogenitis debebatur, ipsius erat accipere sacerdotium, atque regnum. Additur: *Tu virtus mea*, utique **347** quia ex ipso populo fundamentum fidei, ex ipso virtus Dei, qui est Christus, advenit. *Principium doloris mei.* Quomodo autem ipse sit principium dolorum, nisi dum Deo Patri semper irrogat injuriam, dum convertit ad eum dorsum, et non faciem? *Iste prior in donis*, quia primis ipsis data sunt eloquia Dei: primis ipsis legislatio, et Testamentum, sive promissio. *Iste major in imperio*, utique pro magnitudine virium, qui copiosius cæteris in hoc sæculo populus idem regnavit.

7. *Effusus es autem, sicut aqua*, peccando in Christum, quasi aqua, quæ vasculo non tenetur, voluptatis effusus est impetu. Et idcirco addidit: *Ultra non crescas.* Quia populus ipse postquam in universo orbe dispersus est, valde imminutus atque abbreviatus est.

8. Sed quare talia meruit, ita subjecit: *Quia ascendisti cubile patris tui.* Non sicut Judæi intelligunt, hoc proinde dictum esse, eo quod cum Bala concubina patris sui concubuerit. Prophetia enim futura prænuntiabat, non quæ fuerant gesta, ipso patriar- A cha dicente: *Annuntiem vobis, quæ ventura sunt novissimis diebus.*

9. Et ideo in præteritum non est referendum, quod ille futurum prædixit. Prædicebat enim Domini passionem, et primogenitæ plebis audaciam, quia ascendit cubile Dei Patris sui, et maculavit stratum ejus, quando corpus dominicum, in quo plenitudo divinitatis requiescebat, raptum in cruce suspendit, et ferro commaculavit.

10. Post hæc convertitur ad Simeon et Levi, dicens: *Simeon, et Levi fratres, vasa iniquitatis bellantia.* Per Simeon et Levi scribæ et sacerdotes Judaici populi intelliguntur. De Simeone enim scribæ erant Judæorum. De tribu vero Levi principes sacerdotum. De quibus scriptum est: *Quia consilium fecerunt, ut* B *Jesum morti traderent* (*Matth.* XXVI). De quo consilio iste patriarcha, qui jam mente Deum videbat, dicit: *In consilium eorum non veniat anima mea.* Et reliqua.

348 11. Horrebat enim jam illo tempore sanctus iste patriarcha videre consilia tantorum scelerum, quæ in novissimis temporibus facturi erant Judæi. Sequitur: *Quia in furore suo occiderunt virum*, id est, Christum, juxta quod Isaias ait: *Væ animæ ipsorum* (*Isai.* III, 9), quia cogitatio ipsorum consilium malum adversus se dicentes: *Alligemus justum, quia inutilis est nobis, et in dolore suo suffoderunt murum*, quando lancea confoderunt illum, spirituale et fortissimum propugnaculum, quod custodit Israel.

12. *Maledictus furor eorum, quia pertinax*, utique C ad tantum scelus perpetrandum, quando furore accensi, et ira, obtulerunt Christum Pontio Pilato, dicentes illi: *Crucifige, crucifige* (*Luc.* XXIII); *et, Si hunc dimittis, non es amicus Cæsaris* (*Joan.* XIX). *Et indignatio eorum, quia dura*, dum Barabbam latronem dimittendum peterent, et principem vitæ crucifigendum postularent.

13. *Dividam eos in Jacob, et dispergam eos in Israel.* Hic duo nominantur, divisi et dispersi: idcirco, quia nonnulli ex ipsis Domino crediderunt, quidam in infidelitate permanserunt. Divisi enim dicuntur ii qui ab eis separantur, et veniunt ad fidem. Dispersi autem ii quorum patria temploque subverso, per orbem terræ incredulum genus illorum spargitur.

14. *Juda, te laudabunt fratres tui.* Per hunc enim

3. In Alborn. ms. hæc est peculiaris lectio: *Seniore per crucis mysterium facto de dextro sinistro, et juniore de sinistro dextro, quia Judæi in sinistra, nos in dextera; illis labentibus, nos illorum gratiam adepti sumus.* AREV.

5. *Secundum mysticam intellig.*, usque ad *primogenitus meus.* Ruffini verba sunt, sive mavis, Origenis. GRIAL.

6. *Etenim juxta quod primogenitis debebatur.* Vid., sup., not. ad c. 23. GRIAL.

Ibid. Principium doloris mei. Κεφάλαιον λύπης μοῦ Aquila et vulg. Ἀρχὴ τέκνων μοῦ, *Principium filiorum meorum*, LXX. GRIAL.

Ibid. Quomodo autem ipse sit principium dolorum. Quæ sequuntur: *Nisi, dum Deo Patri*, etc., verba sunt Ruffini, sive Origenis, quæ tamen non videtur interpretatio τοῦ *principium dolorum*, sed verborum LXX: *Durus portari, durus, et temerarius*: σκληρὸς D φέρεσθαι, καὶ σκληρὸς αὐθάδης. GRIAL.

8. *Non sicut Judæi.* Ex Ambr., c. 2 de Bened. patriarch. GRIAL.

10. *Per Simeon et Levi*, usque ad *anima mea*, ex Ruff. GRIAL.

Ibid. Scribæ et sacerdotes, etc. Ita in Allegoriis. Confer Suarii notas, quibus allegoricæ expositiones harum Benedictionum illustrantur. AREV.

11. *Adversus se dicentes*, nominativus pro ablativo absoluto; nisi cum Alborn. legitur, *quia cogitaverunt consilium*, etc. AREV.

14. *Per hunc Judam verus confessor*, ex Ambr., c. 4. GRIAL.

Ibid. Ipsum laudant fratres, usque ad *cohæredes ejus*, ex Aug., XII contr. Faust., cap. 42. GRIAL.

Ibid. Fratres per gratiam, usque ad *Dominus per natur.* Ambros., ibidem; quædam tamen verba mutata, ut *curvavit* pro *subjugavit*. GRIAL.

Judam verus confessor exprimitur Christus, qui ex ejus tribu secundum carnem est genitus. Ipsum laudant fratres sui, apostoli scilicet, et omnes cohæredes ejus, qui per adoptionem filii Deo Patri effecti sunt, et Christi fratres per gratiam, quorum ipse est Dominus per naturam.

15. *Manus tua in cervicibus inimicorum tuorum.* Iisdem enim manibus atque eodem crucis trophæo et suos texit, et inimicos, et adversarias potestates curvavit, juxta quod Pater promittit ei, dicens: *Sede ad dexteram meam, donec ponam inimicos tuos scabellum pedum tuorum* (*Psalm.* CIX).

349 16. *Adorabunt te filii patris tui.* Quoniam multi ex filiis Jacob adorant eum per electionem gratiæ salvi facti. *Catulus leonis Juda.* Quoniam nascendo parvulus factus est, sicut scriptum est: *Parvulus natus est nobis. Ad prædam, fili mi, ascendisti* (*Isai.* IX), id est, ascendens in crucem, captivos populos redemisti. Et quos ille leo contrarius invaserat, tu moriens eripuisti. Denique rediens ab inferis ascendisti in altum, captivam duxisti captivitatem (*Ephes.* IV).

17. *Requiescens accubuisti, ut leo.* Manifestissime in passione Christus recubuit, quando, inclinato capite, tradidit spiritum, sive quando in sepulcro securus, velut quodam corporis somno, quievit. Sed quare, ut leo, et velut catulus leonis? In somno enim suo leo fuit, quia non necessitate, sed potestate hoc ipsum implevit, juxta quod et ipse dixerat: *Potestatem habeo ponendi animam meam, et nemo eam tollit a me, sed ego eam pono* (*Joan.* X).

18. Quod vero addidit, *et ut catulus leonis*, inde enim mortuus, unde et natus. Physici autem de catulo leonis scribunt, quod cum natus fuerit, tribus diebus et tribus noctibus dormit. Tunc deinde patris fremitu, vel rugitu, veluti tremefactus cubilis locus, suscitare dicitur catulum dormientem.

19. Quod valde convenienter de passionis morte aptatur in Christo, qui, tribus diebus et tribus noctibus in cubili sepulcri jacens, somnum mortis implevit. Bene ergo Christus, ut leo, requievit, qui non solum mortis acerbitatem non timuit, sed etiam in ipsa morte mortis imperium vicit. Bene idem iterum ut catulus leonis, quia die tertio resurrexit.

20. Unde et sic adjungitur de resurrectione ejus: *Quis suscitabit eum?* hoc est, nullus hominum, nisi se ipse, juxta quod idem de corpore suo dixit: *Solvite hoc templum, et in triduo suscitabo illud* (*Joan.* II).

350 21. *Non deficiet princeps de Juda, nec dux de femoribus ejus, donec veniant quæ reposita sunt ei, et ipse erit exspectatio gentium.* Hic locus manifestissime ad Judam refertur; tandiu enim fuit ex semine ejus apud Judæos intemerata successio regni, donec Christus ad redemptionem mundi ex Virgine nasceretur.

22. Probant hoc historiæ Judæorum, quibus ostenditur primum alienigenam regem in gente Judæorum fuisse Herodem, quo tempore Christus natus est. Quod si putant Judæi, non venisse Christum, ergo de tribu Juda usque hodie Judæorum permanet regnum. Itaque non defuit rex de populo Juda, donec veniret cui repositum est.

23. Sed quia non solum Judæis profuit, qui mittendus erat, ideo sequitur: *Et ipse erit exspectatio gentium, alligans ad vineam pullum suum.* Pullus suus ex gentibus, populus cui adhuc nunquam fuerat legis onus impositum: hunc copulavit ad vineam apostolorum, qui ex Judæis sunt.

24. Nam vinea Domini Sabaoth domus est Israel (*Isai.* V). *Et ad vitem, o fili mi, asinam suam.* Ipse dixit: *Ego sum vitis vera* (*Joan.* XV). Ad hanc vero vitem alligat asinam suam, cui supersedet, Ecclesiam ex nationibus congregatam. Hanc itaque ad vitem corporis sui alligavit vinculo charitatis, et disciplinæ evangelicæ nexu, ut de imitatione illius vivens, efficiatur hæres Dei, et cohæres Christi.

25. Alii namque hanc asinam Synagogam interpretantur, tardigradam scilicet, et gravi pondere legis oppressam. *Lavabit in vino stolam suam*, sive carnem suam in sanguine passionis, sive sanctam Ecclesiam in illo vino, qui pro multis effunditur in remissionem peccatorum.

26. *Et in sanguine uvæ pallium suum.* Pallium gentes sunt, quas corpori suo conjunxit, sicut scriptum est: *Vivo ego, dicit Dominus, nisi hos omnes induam, sicut vestimentum.* Nos quippe Christus in sanguine uvæ mundavit, quando sicut botrus in ligno crucis pependit. Tunc enim ex latere ejus sanguis et aqua profluxit. Sed aqua nos abluit, sanguis redemit.

351 27. *Pulchriores oculi ejus vino.* Oculi Christi apostoli, et evangelistæ sunt, qui scientiæ lumen universo corpori Ecclesiæ præstant. Hi pulchriores vino probantur, quia doctrina eorum austeritatem vini veteris exsuperat, id est, priscæ legis traditionem.

16. *Id est, ascendens in crucem.* Aug., XVI de Civit., cap. 41: *Ipsum genus mortis, hoc est, sublimitas crucis in uno verbo intelligitur, quod ait, ascendisti.* GRIAL.

Ibid. Alb. quædam interserit: *Salvi facti sunt. Nam hoc ita futurum propheta significat, dicente Domino: Et erit novissimis diebus, effundam de spiritu meo super omnem carnem. Catulus*, etc. Hæc alii ad finem capitis rejiciunt. Grialius, in textu: *Ascendens in cruce.* AREV.

17. *Manifestissime*, usque ad *tradidit*, Aug., ibid. GRIAL.

Ibid. Sive quando in sepulcro, usque ad *quievit*, Ambros. GRIAL.

Ibid. sed quare ut leo, usque ad *potestatem habeo*, Aug., ibid. GRIAL.

18. *Physici autem*, usque ad *resurrexit*, verba sunt Ruffini. GRIAL.

20. *Unde et sic adjung.*, usque ad *suscitabo illud*, ex XVI de Civit., c. 41. GRIAL.

22. *Probant hoc historiæ*, usque ad *pullum suum*, ex XII contr. Faust., c. 42. GRIAL.

25. *Lavabit in vino*, usque ad *vestimentum*, carptim ex Ambros. GRIAL.

26. *Nos quippe Christus*, usque ad *botrus in ligno pep.*, ex XII cont. Faust., cap. 42. GRIAL.

Ibid. Sed aqua nos abl., usque ad *sang. redemit*, Ambr., ibid. GRIAL.

27. *Oculi Christi apostoli*, Ruffin., ibid. GRIAL.

Evangelica enim præcepta longe clariora sunt quam Veteris Testamenti mandata.

28. *Et dentes lacte candidiores.* Dentes prædicatores sancti sunt, qui præcidunt ab erroribus homines, et eos, quasi comminuendo, in Christi corpore transferunt. Nomine autem lactis doctrina legis significatur, quæ carnalem populum, tanquam parvulos, poculo lactis alebat: cujus quidem candidiores lacte effecti sunt doctores Ecclesiæ, quia fortem, et validum cibum verbi mandunt, atque distribuunt.

29. De quibus dicit Apostolus in Epistola ad Hebræos: *Perfectorum autem est solidus cibus* (*Hebr.* v). Et bene candidiores lacte dentes ejus dicit. Omnes enim qui perfecti sunt, et qui, Scripturarum cibos explanantes, subtilem et minutum intellectum, qui spiritualis cibus dicitur, Ecclesiæ corpori subministrant, candidi debent esse, et puri, atque ab omni macula liberi.

30. *Zabulon in littore maris habitabit, et in statione navium.* Zabulon, qui interpretatur habitaculum fortitudinis, Ecclesiam significat fortissimam ad omnem tolerantiam passionis. Hæc in littore maris habitat, et in statione navium, ut credentibus sit refugium, et periclitantibus demonstret fidei portum.

31. Hæc, contra omnes turbines sæculi immobili et inconcussa firmitate solidata, spectat naufragium Judæorum et hæreticorum procellas, qui circumferuntur omni vento doctrinæ, quorum etsi tunditur fluctibus, frangit tamen ipsa fluctus, non frangitur, nec ullis hæresum tempestatibus cedit, nec ulli vento schismatum commota succumbit.

32. Pertendit autem usque ad Sidonem, hoc est, usque ad gentes pervenit. Legitur etiam in Evangelio, inde assumptos esse **352** aliquos apostolorum, et in ipsis locis Dominum sæpe docuisse, sicut scriptum est: *Terra Zabulon, et terra Nephthalim, via maris trans Jordanem Galilææ gentium, populus qui sedebat in tenebris vidit lucem magnam.*

33. *Issachar asinus fortis.* Issachar, quod interpretatur merces, refertur ad populum gentium, quem Dominus sanguinis sui pretio mercatus est. Hic Issachar asinus fortis ascribitur, quia prius gentilis populus, quasi brutum animal et luxuriosum erat, nullaque ratione subsistens. Nunc vero fortis est, Redemptori Domino colla subjiciens, et jugum disciplinæ evangelicæ perferens.

34. *Hic accubans inter terminos, vidit requiem, quod esset bona, et terram, quod optima;* inter terminos namque accubare est præstolato mundi fine requiescere, nihilque de his quæ nunc versantur in medio quærere, sed ultima desiderare, et fortis asinus re-

A quiem videt, et terram optimam, cum simplex gentilitas idcirco se ad robur boni operis erigit, quia ad æternæ vitæ patriam tendit.

35. Unde etiam et *ponet humerum suum ad portandum*, quia dum ad promissam requiem pervenire desiderat, cuncta mandatorum onera libenter portat. Unde et *factus est tributis serviens*, hoc est, regi, et Christo suo fidei dona operumque bonorum munera offerens. *Dan judicabit populum suum, sicut alia tribus in Israel. Fiat Dan coluber in via, et cerastes in semita*, etc. Alii dicunt Antichristum prædici per hæc verba de ista tribu futurum.

36. Alii de Juda, a quo traditus est Christus, hæc scripta pronuntiant, et equitem, et equum Dominum cum carne suscepta designari volunt. Retrorsum au-

B tem cadere, ut in terram reverteretur, unde assumptus est. Sed quoniam die tertia resurrexit, ideo ait: *Salutare tuum exspectabo, Domine*, sicut et per David dicit: *Non relinques animam meam in inferno* (*Psalm.* xv). Hoc quidem ita exponunt.

37. Alii vero hanc prophetiam ad Antichristum transferunt. **353** De tribu enim Dan venire Antichristum ferunt, pro eo quod in hoc loco Dan et coluber asseritur, et mordens, unde et non immerito dum Israeliticus populus terram in castrorum partitione susciperet, primus Dan ad aquilonem castrametatus est, illum scilicet significans qui in corde suo dixerat: *Sedebo in monte Testamenti, in lateribus aquilonis, ascendam super altitudinem nubium, similis ero Altissimo.* (*Isai.* xiv.)

C 38. De quo per prophetam dicitur: *A Dan auditus est fremitus equorum ejus* (*Jerem.* viii). Qui non solum coluber, sed etiam cerastes vocatur. Cerata enim Græce cornua dicuntur; serpensque hic cornutus esse perhibetur, per quem digne adventus Antichristi asseritur, quia contra vitam fidelium cum morsu pestiferæ prædicationis armabitur etiam cornibus potestatis.

39. Quis autem nesciat semitam angustiorem esse quam viam? Fit ergo Dan coluber in via, quia in præsentis vitæ latitudinem eos ambulare provocat, quibus quasi parcendo blanditur. Sed in via mordet, quia eos quibus libertatem tribuit, erroris sui veneno consumit. Fit iterum cerastes in semita, quia quos fideles reperit, et sese ad præcepti cœlestis

D augusta itinera constringentes, non solum nequitia callidæ persuasionis impetit sed etiam terrore potestatis premit. Et in persecutionis languore post beneficia fictæ dulcedinis exercet cornua potestatis.

40. Quo in loco equus hunc mundum significat, qui per elationem suam in cursu labentium tempo-

28. *Nomine autem lactis.* Hæc interpretatio communis Ruffino cum Ambrosio et Augustino. GRIAL.

Ibid. Cujus quidem, etc. Implicata sunt hæc, et clariora in ms. Alborn.: *Quo lacte candidiores facti sunt doctores.* AREV.

30. *Zabulon*, usque ad *pervenit*, ex Ambr., cap. 5. GRIAL.

32. *Legitur etiam in Evang.*, usque ad *lucem magnam*, ex Ruffino. GRIAL.

34. *Hic accubans*, usque ad *libenter portat*, verba Greg., I Moral., c. 7. GRIAL.

35. *Dan.* usque ad *designari volunt*, verba sunt Ruffini. GRIAL.

36. *Pronuntiant.* Ita malo cum Alb., quam *prænuntiant* cum Grialio. AREV.

37. *De tribu Dan*, usque ad *fideliter Christum*, Gregorii verba, xxxi Moral., c. 10. GRIAL.

rum spumat. Et quia Antichristus extrema mundi A apprehendere nititur, cerastes iste equi ungulam mordere perhibetur. Ungulam quippe equi mordere est extrema sæculi feriendo contingere, ut cadat ascensor ejus retro.

41. Ascensor equi est, quisquis extollitur in dignitatibus mundi; qui retro cadere dicitur, et non in faciem, sicut Saulus cecidisse memoratur. In faciem enim cadere est in hac vita suas unumquemque culpas agnoscere, easque pœnitendo deflere. Retro vero, quo non videtur, cadere est ex hac vita repente decidere, et ad quæ supplicia ducatur, ignorare.

42. Et quia Judæa, erroris sui laqueis capta, pro Christo Antichristum exspectat, bene Jacob eodem loco repente in electorum voce conversus est, di- B cens: *Salutare tuum exspectabo, Domine*, id est, non sicut infideles Antichristum, sed eum qui in redemptionem nostram **354** venturus est, verum credendo fideliter Christum.

43. *Gad accinctus prœliabatur ante eum.* Iste Gad accinctus personam Domini exprimit, qui in primo adventu humilitatis suæ ante adventum Antichristi præliaturus occurrit. Accinctus gladio verbi sui circa femur potentissime (*Psalm.* XLIV), quo inimicos divisit, id est, filium a patre, filiam a matre, nurum a socru, juxta quod legitur in Evangelio: *Non veni pacem mittere in terram, sed gladium* (*Matth.* X).

44. Quod autem ait ipse, *accingetur retrorsum*, claritas Domini nostri in secundo regno ejus osten- C ditur, quia cum venerit Antichristus, idem occurret retrorsum, id est, post ejus vestigia Christus celeri adventu progrediens, ut interficiat eum gladio oris sui.

45. Unde et bene idem Gad latrunculus interpretatur, eo quod posterior, id est, secus pedes, quasi latrunculus, rapido atque improviso adventu exsiliat contra apertam Antichristi oppugnationem. Hinc est quod evangelista proclamat, dicens: *Quia dies Domini, sicut fur, ita in nocte veniet* (*I Thess.* V). Christus ergo et ante, et retro præliari contra Antichristum scribitur.

46. Ante eum namque in occulto adventu humilitatis dimicat. Post eum manifestus in gloria majestatis. Demonstrat aperte Moyses prophetiam pa- D triarchæ hujus specialiter pertinere ad Christum. Sic enim ait: *Benedictus*, inquit, *in latitudine Gad.*

47. *Quasi leo requievit, cepitque brachium, et verticem, et vidit principatum suum.* Agnoscant itaque quis requieverit, sicut leo, nisi Christus in sepulcro suo? Quis confregerit verticem, brachiaque potentium, nisi Redemptor noster, qui humiliavit virtutem, et superbiam excelsorum? Quis vidit principatum suum, nisi ille cui datus est principatus, et honor, et regnum?

48. *Aser, pinguis panis ejus, et præbebit delicias regibus.* Aser, cujus nomen significat divitias, idem Christus est, cujus est altitudo divitiarum, sapientiæ, et scientiæ, qui propter nos factus est pauper, cum dives esset; cujus panis pinguis factus est, caro scilicet ejus, quæ est esca sanctorum.

355 49. Quam si quis manducaverit, non morietur in æternum. *Iste etiam præbet delicias sapientiæ regibus*, id est qui sensus proprios bene regunt, qui dominantur vitiorum suorum, qui castigant corpora sua, et in servitutem subjiciunt.

50. Nephthalim, quod interpretatur dilatatio, apostolos et prædicatores sanctos significat, quorum doctrina in latitudine totius mundi effusa est. Ex hac enim tribu fuerunt apostoli, qui sunt principes Ecclesiarum, et duces, et principes Zabulon, et principes Nephthalim, qui sine dubio ad personam referuntur apostolorum.

51. Ipsi filii excussorum (*Psalm.* CXXVI), id est, prophetarum, qui in manu Dei potentis positi sunt, et tanquam sagitta excussa pervenerunt usque ad finem terræ. Unde et bene hinc Nephthalim cervus emissus scribitur, quia nimirum apostoli, sive prædicatores Evangelii, veloci saltu exsilientes, in morem cervorum transcendunt implicamenta sæculi hujus. Sicque, excelsa ac sublimia meditantes, dant eloquia pulchritudinis, id est prædicant cunctis gentibus doctrinam Domini Salvatoris.

52. *Filius accrescens Joseph.* Hæc prophetia post passionem Domini paternæ vocis imaginem tenuit, quia redeuntem in cœlum post victoriam Christum Pater alloquitur dicens: *Filius accrescens Joseph, filius accrescens*, utique in gentibus. Quia cum ob incredulitatem Synagogæ populum reliquisset, innumeram sibi plebem Ecclesiæ ex omnibus gentibus ampliavit.

53. Quod et David cecinit, dicens: *Reminiscentur, et convertentur ad Dominum universi fines terræ* (*Psalm.* XXI). *Filius accrescens decorus aspectu.* Omnes enim superat illius pulchritudo, juxta quod in Psalmis et de ipso canitur: *Speciosus forma præ filiis hominum* (*Psalm.* XLIV). *Filiæ discurrerunt super murum*, id est, gentes, vel Ecclesiæ, quæ crediderunt in Christum.

54. Hæc super soliditatem fidei, quasi super murum, amore pulchritudinis Christi accensæ discurrunt, ut verum sponsum per contemplationem aspiciant, et osculo charitatis illi copulentur, et adhæreant. Sed objurgati sunt eum, quando falsis testimoniis calumniantes, Sanctum Domini opprimere Synagogæ populi tentaverunt. Inviderumtque illi, habentes jacula; neque enim quisque in **356**

46. *Demonstrat aperte Moyses*, etc. Ambrosii hæc sunt, quibusdam additis, cap. 8, de Bened. patriarch. Locus vero Moysis, Deut. XXXIII. GRIAL.

47. *Cœpitque brachium* constanter Edi ti; sed malo *cepitque*, ut in Vulgata; Deuter. XXXIII, 20. Illico sequitur: *Quis confregerit verticem, brachiaque*, etc. AREV.

48. *Aser*, usque ad *vivet in æternum*, ex Ambros. GRIAL.

54. *Objurgati sunt*, pro *objurgarunt*, non facile apud alios reperiretur. Pro *vel aliquod vulneri stelum*, Alb. exhibet: *Vel aliquid vulneris intulit.* AREV

Joseph conjecit sagittam, vel aliquod vulneris telum; sed hoc specialiter evenit in Christo.

55. *Sedet in forti arcus ejus.* Christus enim arcum suum et arma pugnandi posuit in Deo, qui fortis est propugnator, cujus virtute conciditur omnis nequitia perfidorum. *Et dissoluta sunt vincula brachiorum ejus*, quibus fratres ad Pilatum eum vinctum duxerunt, vel quibus eum suspensum ligno crucifixerunt. Rescissa sunt enim per manus Jacob, hoc est, per manum omnipotentis Dei Jacob, ex cujus ore ipse Dominus bonus pastor egressus est, lapis et firmitas credentium in Israel.

56. *Deus patris tui erit adjutor tuus.* Quis adjuvit Filium, nisi solus Pater? qui dixit: *Jacob puer meus, suscipiet eum anima mea. Et omnipotens benedicet tibi benedictionibus cœli desuper, benedictionibus abyssi jacentis deorsum.* Universa enim subjecit ei cœlestia per benedictionem abyssi cœli, et terrena per benedictionem jacentis deorsum, ut omnibus angelis et hominibus dominetur.

57. *Benedictionibus uberum*, sive duorum Testamentorum, quorum altero nuntiatus est, altero demonstratus, sive benedictionibus uberum Mariæ, quæ vere benedicta erat, quia eadem sancta virgo Domino potum lactis immulsit. Unde illa mulier in Evangelio ait; *Benedictus venter qui te portavit, et ubera quæ suxisti* (*Luc.* XI).

58. *Benedictionibus uberum et vulvæ.* Etiam hic benedicitur vulva ejusdem matris, illa utique virginalis, quæ nobis Christum Dominum edidit, de quo partu per Jeremiam dicitur: *Priusquam te formarem in utero, novi te, et antequam exires de vulva, sanctificavi te* (*Jerem.* I). *Benedictiones patris tui confortatæ sunt benedictionibus fratrum tuorum.* Benedictiones, inquit, patris tui cœlestis, quæ datæ sunt tibi a summo cœli, et abyssi confortatæ sunt, id est, prævaluerunt benedictionibus fratrum tuorum.

59. Ultra omne enim sanctorum meritum patriarcharum, sive prophetarum, convaluit benedictio omnipotentis Patris in Filio: **357** ita ut nullus sanctorum ei æquetur. *Donec veniret desiderium collium æternorum.* Colles isti sancti sunt, qui Christi adventum prophetantes, magno cum desiderio incarnationem ejus exspectaverunt, de quibus et Dominus dicit: *Quia multi justi et prophetæ cupierunt videre quæ videtis* (*Matth.* XIII, 17). Hi ergo sancti dicti sunt colles propter excellentiam sanctitatis.

60. Qui etiam æterni vocantur, quia vitam consequuntur æternam, nec intereunt cum mundo, sed esse creduntur æterni. *Fiant in capite Joseph;* omnes scilicet benedictiones istæ super caput Christi ponuntur, quas incarnatus accepit. *Et super verticem Nazaræi;* de quo scriptum est: *Quia Nazaræus vocabitur* (*Matth.* II), id est, sanctus Dei inter fratres suos, quia est caput omnium eminens universorum sanctorum, quos etiam et fratres vocat in Psalmis.

61. *Benjamin lupus rapax, mane comedens prædam, ad vesperam dividet spolia.* Quibus dictis apostolus Paulus designatur, de Benjamin stirpe progenitus, qui mane rapuit prædam, id est, in primordiis fideles, quos potuit, devastavit. Vespere autem spolia divisit, quia fidelis postmodum factus sacra eloquia audientibus discretione mirifica dispensavit: legimus quemdam ex doctoribus ad urbem Jerusalem ea quæ de Benjamin scripta sunt referentem. Benjamin, inquit, *filius doloris* interpretatur.

62. His sorte hæreditatis eum locum accepit, in quo terrena est Jerusalem, quæ nunc propter incredulitatem abjecta est, atque repulsa. Hæc enim in filiis sub persona Benjamin designatur. Nam sicut Benjamin ultimam consequitur benedictionem, ita et idem populus ultimus est salvandus, postea quam plenitudo gentium intraierit.

63. Dicitur enim Benjamin lupus rapax. Lupus, scilicet, quia ipse populus effudit sanguinem prophetarum, atque justorum. Rapax autem propter multam aviditatem dicitur. Ex multa enim fame verbi Dei et inedia veniet; rapax, quia et ipse violenter diripuit regnum Dei. *Hic autem mane comedit prædam.* Mane illud creditur tempus, quo legem accepimus. Tunc enim mundo prima quædam illuminatio scientiæ data est. Comedit autem mane **358** quia lege, quam accepit, edit adhuc, et meditatur, licet sequens legem justitiæ in legem fidei non pervenerit.

64. *Ad vesperam autem dividet spolia.* Vespera est illud tempus novissimum, quo convertetur. Tunc ergo dividet escam, quia tunc intelliget dividendam esse litteram a spiritu, et tunc cognoscet quia littera occidit, spiritus autem vivificat. Quia ergo jam per gratiam Domini illuminatus incipit legis spiritualia dividere, ac separare a corporibus, ideo dicitur *ad vesperam dividet escam*, quod tota die in lege meditans ante non fecit.

65. Quæritur autem de Jacob cur omnes quos de liberis et de ancillis genuit æquali honore filios et hæredes constituerit, nisi ut ostenderet quod Christus Dominus omnibus gentibus, quæ per fidem corpori ejus conciliantur, cunctis pari honore et gloria habitis, cœlestia præmia largiatur? nec est discretio, Judæus an Græcus, barbarus an Scytha, servus an liber sit, quia per omnia et in omnibus Christus.

57. *Benedictionibus uberum, sive duorum Testam.*, usque ad *sanctificavi te*, ex cod. Ambr. GRIAL.

58. *Benedictionibus uberum et vulvæ.* Sunt hæc ex Ambrosio. Sed deest hic alterum membrum; ille enim ubera matri tribuens, vulvam, sinum, cor, intimum quoddam paternæ charitatis naturaque secretum, in quo semper Filius sit, et de quo, tanquam ex genitali alvo, procedat, interpretatur. GRIAL.

Ibid. De quo partu. Ita Ambrosius. *De qua patet*, lib. omn, mendose. GRIAL.

61. *Benjamin lup. rap.*, usque ad *ante non facit*, omnia sunt ex Greg., XVIII Moral., c. 11, et Ruffino. GRIAL.

Ibid. Quia fidelis. In textu Grialii erat *qua fidelis*. AREV.

65. Hunc numerum et seq., usque ad finem commentarii in Genesin, nonnulli omittunt, quia alio loco hæc ipsa verba attulerant. AREV.

66. Propterea enim figuram servi Salvator noster et Dominus induit, et pro libero et servo servivit, ut omnibus credentibus in se æquale donum bonorum cœlestium largiatur. Nec præfertur apud illum qui secundum carnem nobilior sit. Quicunque enim A fidem Domini promeretur, nullis maculis carnalis nativitatis offuscatur. Nam hoc ita futurum etiam per Prophetam significatur, dicente Domino : *Erit in novissimis diebus, effundam de spiritu meo super omnem carnem.*

IN EXODUM.

359 PRÆFATIO.

1. Quædam mysteria ex libro Genesis, et obscuriora rerum gestarum, quæ allegoricis sunt obtecta figuris, ex libris majorum breviter excepta perstrinximus.

2. Nonnulla vero sequentis legis typica et figurata mysteria singillatim ex litteris sanctorum virorum sublata subjungimus, pauca scilicet ex eorum stylo promentes.

3. Nam omnia legis quis poterit indagare; quæ tam immensa sunt, ut nec juxta historiæ textum explicari facile possint? Proinde tantum secuti sumus, quantum contiguo operi sufficiendum putavimus, ne libellus excedat modum, nec lector incurrat fastidium.

CAPUT I.

De septuaginta animabus

1. Primo omnium septuaginta animæ cum Jacob introierunt in Ægyptum. Septuaginta discipuli ad prædicandum verbum Dei totum mittuntur in mundum.

2. Aliter hæ septuaginta animæ, quæ in Ægyptum ingressæ sunt, mystice in numero remissionis accipiuntur, scilicet ut huic **360** sæculo, quod per Ægyptum figurabatur, post tanta peccata et sacrilegia donaretur remissio peccatorum. Ægyptus enim hic mundus esse figuraliter multis prophetarum vocibus approbatur.

CAPUT II.

De morte Joseph.

1. Mortuo Joseph, et fratribus ejus, creverunt filii Israel, et invaluerunt nimis. Sic et noster verus Joseph, postquam pro omnibus gustavit mortem, per quam destruxit diabolum, qui habebat mortis imperium, multiplicatus est fidelium populus. Nisi enim, sicut ipse ait, cecidisset granum frumenti in terram, et mortuum fuisset (*Joan.* XII), non utique fructum hunc plurimum totius orbis terræ Ecclesia attulisset.

CAPUT III.

De afflictione populi.

1. Affligit Pharao filios Israel luto, et latere. Israel similitudo est populi nostri. Pharao autem est diaboli, qui imposuit jugum gravissimum servitutis
B ex luto et latere operari; id est, terrenis et lutulentis operibus incubare, admistis etiam paleis, hoc est, levibus et irrationabilibus factis, ut his vitiorum actibus populum Dei comprimere, et pectora omnium muro incredulitatis posset occludere, ut nemo esset, qui regnum ejus aut disperderet, aut vinceret.

CAPUT IV.

De masculorum nece.

1. Jubet quoque masculos Pharao occidi, et feminas vivere. Sic **361** diabolus ne robur fidei prævaleat conatur, ut interfectis virtutibus vitia remaneant, fortissimosque et viriles animi sensus, unde cœlestia sapimus, et divina, id est, rationem, prudentiam, constantiam, innocentiam et fidem in ho-
C mine occidere; et illud in eo vivere, quod femineum, quod imbecillum, et fragile, et pronum ad vitia cernitur, id est, ambitionem, vinolentiam, libidinem, iracundiam, crudelitatem, furorem, et cætera his similia, quæ in feminarum figura sunt.

CAPUT V.

De inventione Moysi.

1. Deinde Moyses ad ripam fluminis expositus reperitur, et Dominus, cujus Moyses typum induerat, ad flumen lavacri, et ad aquam baptismatis a credentibus invenitur. Plorabat infans, quia Christus Dominus veteris hominis, quem induerat, peccata deflebat; unde ad resuscitandum Lazarum flevit, Judæorum deplorans perfidiam.

2. Filia Pharaonis descendens ad lavacrum fluminis, collegit infantem. Ecclesia ex gentibus lavacri
D salutaris sanctificationem desiderans, Christum excepit a Synagoga matre carnali expulsum, quasi infantem. Quia tunc parvulus videbatur, cum in homine cerneretur.

3. Invenit illa Moysen inclusum in vasculo thibi,

PRÆFAT. N. 2. *Typica.* Ita nonnulli Mss. et Editi. Apud Grialium *typicæ* fortasse mendum est. AREV.

CAP. I. N. 1. *Septuaginta animæ.* Confer de his notam Suarii ad Allegorias, n. 65, ubi causam affert cur Dominus septuaginta duos discipulos elegisse credatur. Sed notandum interdum numerum perfectum seu completum pro imperfecto et incompleto adhiberi. De quo iterum redibit sermo. AREV.

CAP. II. *Mortuo Joseph*, usque ad *Ecclesia attulisset.* Origenes, homil. 1 in Exod. Sed *sustulisset* habent libri nostri omnes, *attulisset* Ruffinus. GRIAL.

CAP. III. *Occludere.* Al., obdurare. GRIAL.

CAP. V. N. 3. *In vasculo thibi*. Al., *thebe*, non male. Græce enim θίβις, et θήβη atque etiam θίβη. De qua voce August., in locutionibus : *Quid sit thibin, ideo difficile est nosse, quia neque Græcus interpres ex Hebræo, neque Latinus ex Græco vertit hoc nomen, sed transtulit ut invenit.* Eam difficultatem sustulere Hieronymus, Ruffinus et Græcus scholiastes, sed sive תבת *thibath*, Hebraica, sive Ægyptiaca potius fuerit vox Græcis postea in usu fuisse constat ex Athenæo. GRIAL.

A quod ex multis agrestibus virgulis fit. Invenit Ecclesia Christum reconditum in cordibus sanctorum, qui in unitatem sui contexti ex multorum fratrum membris, omnes unum in Christo corpus effecti sunt; et eum religiosa observatione suscipientes tuentur.

362 CAPUT VI.

De occiso Ægyptio.

1. Interea Moyses peregrinum fratrem, ab Ægyptio injuriam patientem, inultum esse non ferens defendit, et eumdem Ægyptium occidit. Cujus figura facillime occurrit, injuriosum in hac peregrinatione diabolum a Domino Christo, nobis defensis, occidi.

2. Quod vero in sabulo arenæ obruit interemptum, manifestum est ejus jam morticinam præsentiam in eis latere, qui non habent stabile fundamentum. Unde et Ecclesiam Dominus in petra ædificat, et eos qui audiunt verbum ejus, et faciunt, comparat prudenti viro, qui ædificat domum suam supra petram, ne tentationibus cedat et corruat.

3. Illos autem, qui verbum audiunt, et non faciunt, comparat stulto ædificanti super arenam, cujus tentata domus ruinam efficit magnam (*Matth.* VII).

CAPUT VII.

De igne in rubo.

1. Deinde, dum pasceret Moyses oves Jethro soceri sui, vidit ardere rubum, et non comburi. Apparuit in rubo Dominus Moysi, mittens eum ad gentem, quam præsciebat iniquam futuram. Et erat flamma in rubo, id est, in spinis, et rubus non cremabatur. Rubus spinæ peccatorum Judaicorum. Flamma in rubo verbum Dei.

2. Quod ergo illis lex data est, flamma erat in rubo. Quod data lege non sunt consumpta peccata, rubus nec sub igne concremabatur. Alii in rubo flammante, et non urente, Ecclesiam intelligunt inflammari persecutionibus, et eam, loquente Domino in illa, non perire.

363 3. Quod vero Dominus Moysi in eodem rubo apparuisse legitur, ostendit non alibi quam in Ecclesia eum credentibus apparere. In qua nullus digne consistere vel Deum videre potest, nisi qui cuncta terrena et mortalia deposuerit vitia, quod significabant illa Moysi calceamenta deposita.

4. Habet quippe et aliam figuram id quod Moyses discalceari jubetur. Veterum namque consuetudo erat ut si sponsus sponsam repudiare vellet, discalcearetur ille, et hoc esset signum repudii. (*Deut.* XXV.) Proinde Moyses discalceari jubetur, ne ad Ecclesiam quæ in rubo significabatur, quasi sponsus calceatus accederet.

5. Hoc enim Christo servabatur, qui verus sponsus erat, de quo dicit Joannes: *Cujus non sum dignus solvere corrigiam calceamenti* (*Joan.* I). Utique sicut dictum est Josue et Moysi. Hebræi autem dicunt propterea in rubo apparuisse Deum Moysi, et non in alio ligno, ne forte sculperent in eodem Judæi idolum. Semper enim Deus abstulit illis occasionem idololatriæ.

CAPUT VIII.

De virga in serpentem versa.

1. Mittitur dehinc Moyses ad liberandum populum Israel. Qui dicit Domino: *Quod signum habebo, ut credant mihi, quia tu me misisti?* et Dominus ad illum:
B *Projice*, inquit, *virgam*, *quam in manu gestas*, *in terram*. Et projecit, et facta est serpens. Et expavit Moyses, et fugit. Et ait illi Dominus: *Apprehende caudam ejus*, et apprehendit, et facta est iterum virga.

2. Quid hoc significat? serpens quippe persuasit homini mortem. Ergo mors a serpente. Virga itaque in serpente, Christus in morte. Et tamen expavit, et fugit Moyses. Quid est ab illo **364** serpente fugisse Moysen, nisi quod legitur in Evangelio factum? mortuus est Christus, expaverunt discipuli, et ab illa spe in qua fuerant recesserunt.

3. Sed quod dictum est: *Apprehende caudam ejus*, quid est cauda, nisi posteriora? hoc significavit: *Posteriora mea videbis*. Primo enim factus est serpens
C sed, cauda apprehensa, facta est virga, quia primo occisus est, postea, peractis omnibus, ad id, quod fuerat, resurgendo reversus est, ubi per vitæ reparationem, morte consumpta, nihil in eo serpentis apparuit.

4. Est etiam in cauda serpentis sæculi finis, quia sic mortalitas Ecclesiæ per lubrica temporum volvitur; alii eunt, alii veniunt per mortem, tanquam per serpentem; mors enim per serpentem seminata est. Sed fine novissimo velut cauda sæculi redimus ad manum Dei, atque apprehensi reparabimur, et, novissima inimica morte destructa, resurgentes in dextera Dei virga regni erimus.

CAPUT IX.

De manu Moysis leprosa.

D 1. Item datur aliud signum Moysi, *Mitte*, inquit, *manum in sinum tuum*, et misit. *Produc*, inquit, *eam*. Et produxit, et inventa est alba, id est, immunda; albor enim in cute lepra est, non candor. Ipsa enim

Cap. VI. N. 1. *Interea Moyses.* Totum caput e XXII contr. Faust., cap. 90. Grial.

2. Cod. Alb. *morticina præsentia*. Al., *morticinam præsentem*. Adjectivum est *morticinus*, id est, a se mortuus, non mactatus aut occisus. Arev.

Cap. VII. N. 1. *Deinde, dum pasceret* usque ad *concremabatur*, ex Greg. hom. 7 in Ezech. Grial.

Ibid. Peculiaris est lectio Codicis Alborn., *quam præsciebat suam esse futuram.* Arev.

4. Ambrosius, de Ruth, lib. III de Fide, c. 5: *Designabatur futurus ex Judæis, ex quibus Christus secundum carnem, qui proximi sui, hoc est, populi mortui semen doctrinæ cœlestis semine suscitaret. Cui calceamentum nuptiale Ecclesiæ copulandæ præscripta legis spiritualia deferebant. Non Moyses sponsus; illi enim dicitur: Solve calceamentum pedum tuorum, ut Domino suo cedat*, etc. Grial.

5. *Abstulit illis occasionem.* Ita Alb., et Flor. 1. Grialius, *abstulit illas occasioni*; quod nescio undenam sumpserit, nam alii Editi habent *abstulit occasionem*, omisso *illis*. Arev.

Cap. IX. N. 1. Verba Vulgatæ: *Ut quid avertis manum tuam, et dexteram tuam, etc., de medio sinu tuo?* Arev.

hæreditas Dei, id est, populus, ab eo foras missus, A immundus factus est. Sicut scriptum est de ea : *Ut quid avertis faciem tuam, et dexteram tuam de medio sinu tuo* (*Ps.* LXXIII, 11)? Sed quid illi ait? *Revoca eam in sinum tuum.* Revocavit, et reversa est ad colorem suum.

2. Sic et plebs Judæa nunc aliena est a sinu Dei, et foris immunda remansit; sed revocabit eam, et redibit ad pristinum colorem, dum agnoverit Dominum Salvatorem. Nunc enim cæcitas ex parte contigit in Israel, donec plenitudo gentium introeat, et sic omnis Israel salvus fiat.

CAPUT X.

De aquis conversis in sanguinem.

1. Deinde aquæ missæ in terram a Moyse vertuntur in sanguinem, id est, populi in sanguinis Christi B fidem. Aquæ enim, ait Apocalypsis, quas vidisti, populi sunt, et gentes (*Apoc.* XVII).

365 CAPUT XI.

De ingressu Moysis ad Pharaonem.

1. Post hæc intrant ad Pharaonem Moyses et Aaron petentes viam trium dierum proficisci in deserto populum Israel, et ibi sacrificare Domino Deo. Quæ est via trium dierum, quæ nobis incedenda est, ut exeuntes de Ægypto pervenire possimus ad locum in quo immolare debeamus? Via ista Christus est, qui dixit : *Ego sum via, veritas, et vita* (*Joan.* XIV).

2. Quæ via triduo nobis incedenda est. Qui enim confessus fuerit Dominum Jesum in ore suo, et crediderit in corde suo quod Deus suscitavit eum a mortuis tertia die, salvus erit. Hæc est ergo tridui via, per quam pervenitur ad locum in quo Domino immoletur et reddatur sacrificium laudis. Abominationes, inquiunt, Ægyptiorum immolabimus Domino Deo nostro.

3. Oves quippe Ægyptii edere dedignantur; sed quod abominantur Ægyptii, hoc Israelitæ Deo offerunt, quia simplicitatem conscientiæ, quam sapientes hujus sæculi, hoc est, cives Ægyptii, quasi fatuitatem deputant, hanc justi Deo in sacrificium immolant, et per id Deo placere procurant, quod sæculo et mundo abjectum et contemptibile esse considerant, secundum Apostolum, qui ait : *Nam quæ stulta sunt mundi elegit Deus, ut confundat sapientes* (*I Cor.* I).

4. Ex quo autem cœpit loqui Moyses ad Pharaonem, affligitur magis populus Dei. Ex quo in animam hominis sermo Dei 366 perlatus fuerit, acrius callidus hostis consurgit, et majora vitia, quibus vincatur, immittit. Prius vero quam veniret sermo, qui argueret vitia, in pace durabant. Sed ubi sermo Dei facere cœperit uniuscujusque discrimen, tunc conturbatio magna consurgit.

CAPUT XII.

De virga in draconem versa.

1. Projecit deinde Moyses virgam coram Pharaone, et serpens factus devoravit serpentes Ægyptiorum, significans quod verbum caro fieret, qui serpentis diri venena evacuaret per remissionem et indulgentiam peccatorum. Virga est enim verbum Dei rectum, regale, plenum potestatis, insigne imperii.

2. Virga serpens facta est, quoniam qui erat Filius Dei, ex Deo Patre natus, filius hominis factus est, natus ex virgine, qui quasi serpens exaltatus in crucem, medicinam vulneribus infudit humanis. Unde ipse Dominus ait : *Sicut Moyses exaltavit serpentem in deserto, ita exaltari oportet Filium hominis* (*Joan.* III).

3. Virga enim Moysi, in draconem conversa, magorum absorbuit virgas; et Christus post gloriæ suæ dignitatem factus est obediens usque ad mortem, et per ipsam mortem carnis consumpsit aculeum mortis, attestante propheta : *Ero mors tua, o mors, ero morsus tuus, inferne* (*Osee* XIII).

CAPUT XIII.

De obduratione Pharaonis.

1. Induravit Dominus cor Pharaonis, scilicet quia diabolum ita induravit post peccatum, ut pœnitentiæ compunctione nunquam emolliatur, sicut in Job de eo scriptum est : *Indurabitur, quasi lapis* (*Job.* XLI).

367 CAPUT XIV.

De decem plagis.

1. Dehinc inferuntur plagæ in Ægyptum. Licet C illa in Ægyptiis corporaliter gesta sunt, spiritualiter tamen nunc geruntur in nobis. Ægyptus namque sæculi forma est. Prima plaga, in qua primo aquæ vertuntur in sanguinem. Aquæ Ægyptiæ erratica, et lubrica philosophorum sunt dogmata.

2. Quæ merito in sanguinem vertuntur, quia in rerum causis carnaliter sentiunt. Sed ubi crux Christi mundo huic lumen veritatis ostendit, hujusmodi eum correptionibus arguet, ut ex qualitate pœnarum proprios agnoscat errores.

3. In secunda vero plaga ranæ producuntur, quibus indicari figulariter arbitrantur carmina poetarum, qui inani quadam, et inflata modulatione, velut ranarum sonis et cantibus mundo huic deceptionis fabulas intulerunt. Rana est enim loquacissima va- D nitas; ad nihil enim aliud animal ipsum utile est, nisi quod sonum vocis improbis et importunis clamoribus reddit.

4. Post hæc cyniphes producuntur. Hoc animal quidem pennis suspenditur per aera volitans; sed ita subtile est, et minutum, ut oculi visum, nisi acute cernentis, effugiat. Corpus autem cui insederit acer-

CAP. XI. N. 1. *Quæ est via trium dierum*, usque ad *sacrificium laudis*, Orig., Exod. IV, hom. 3. GRIAL.

2. *Abominationes Ægyptiorum*, usque ad *placere procurant*, Greg., X Moral., c. 16. GRIAL.

CAP. XIV. N. 1. *Dehinc inferuntur plagæ*. Quæ de decem plagis dicuntur, præter pauca quædam, sumpta sunt ex hom. 4 Orig. in c. VII Exod. quæ leguntur etiam apud Augustin., serm. 87 de tempore. GRIAL.

3. *Qui inani*. Ita melius videtur cum Alb. et Augustino, quam *quæ inani*, ut Grialius edidit. AREV.

4. *Cyniphes*. Ita scribitur in Etymolog., lib. XII, cap. 8. Grialius hoc loco edidit *scyniphes*. Mirum, quantum alii in hujus vocabuli scriptura variant. AREV.

bissimo terebrat stimulo, ita ut quem volantem A quis videre non valet, sentiat statim stimulantem.

5. Hoc ergo animalis genus subtilitati hæreticæ comparatur: quæ subtilibus verborum stimulis animas terebrat, tantaque calliditate circumvenit, ut deceptus quisque nec videat, nec intelligat, unde decipiatur. Quod vero in tertio signo magi cessaverunt dicentes: *Hic digitus est Dei*; magi illi typum hæreticorum atque animositatem habuerunt.

368 6. Declarat hoc Apostolus, dicens: *Sicut Jannes, et Mambres restiterunt Moysi, sic et hi resistunt veritati; homines mente corrupti, et reprobi circa fidem, sed ultra non proficient. Dementia eorum manifesta erit omnibus, sicut et illorum fuit* (*II Tim.* III, 8). Hi autem, qui per ipsam corruptionem mentis inquie- B tissimi fuerunt, in signo tertio defecerunt, fatentes sibi adversum esse Spiritum sanctum, qui erat in Moyse.

7. Tertio enim loco ponitur Spiritus sanctus, qui est digitus Dei. Unde et illi deficientes in tertio signo, dixerunt: *Digitus Dei est hic*. Sicut autem conciliatus et placatus Spiritus sanctus præstat requiem mitibus et humilibus corde, ita contrarius adversus immites ac superbos inquietudinem exagitat, quam inquietudinem muscæ illæ brevissimæ significaverunt, sub quibus magi Pharaonis defecerunt, dicentes: *Digitus Dei est hic*.

8. Quarto loco muscis Ægyptus percutitur. Musca enim nimis insolens et inquietum animal est, in qua quid aliud quam insolentes curæ desideriorum car- C nalium designantur? Ægyptus ergo muscis percutitur, quia eorum corda qui hoc sæculum diligunt desideriorum suorum inquietudinibus feriuntur.

9. Porro Septuaginta interpretes cynomyiam, id est, caninam muscam posuerunt, per quam canini mores significantur, in quibus humanæ mentis voluptas et libido arguitur carnis. Potest quidem hic locus significare etiam per muscam caninam forensem hominum eloquentiam, qua veluti canes alterutrum se lacerant.

10. Jam vero quinto in loco animalium nece, vel pecudum Ægyptus verberatur. Vecordia in hoc arguitur, stultitiaque mortalium, qui, tanquam irrationabilia pecora, cultum et vocabulum Dei imposuerunt figuris, non solum hominum, sed et pecudum, D ligno et lapidibus impressis, Ammonem Jovem in ariete venerantes, et Anubem in cane, Apin quoque colentes in tauro, et cætera quoque quæ Ægyptus deorum suorum portenta miratur; et in quibus cultum credebant inisse divinum, in his viderunt miseranda supplicia.

369 11. Ulcera post hæc et vesicæ turgentes cum fervore sexto in verbere producuntur. In ulceribus arguitur dolosa hujus sæculi et purulenta malitia, in vesicis tumens et inflata superbia, in fervoribus ira ac furoris insania. Hucusque enim talia per errorum suorum figuras mundo supplicia temperantur.

12. Post hæc vero verbera veniunt de superis, scilicet voces, tonitrua, et grando, et ignis discurrens. In tonitruis enim increpationes, ac divinæ correptiones intelliguntur, quia non cum silentio verberat; sed dat voces, et doctrinam cœlitus mittit, per quam possit culpam suam castigatus agnoscere mundus.

13. Dat et grandinem, per quam teneræ adhuc vastentur nascentia vitiorum. Dat et ignem, sciens esse spinas et tribulos, quos debeat ignis ille depasci. De quo dicit Dominus: *Ignem veni mittere in terram* (*Luc.* XII). Per hunc enim ignem incentiva voluptatis et libidinis consumuntur.

14. Quod autem locustarum octavo in loco fit mentio, putatur a quibusdam per hoc genus plagæ dissidentis a se et discordantis humani generis inconstantia confutari. Alio quoque sensu locustæ pro mobilitate levitatis accipiendæ sunt, tanquam vagæ et salientis animæ in sæculi voluptates.

15. Nona plaga tenebræ factæ sunt, sive ut mentis eorum cæcitas arguatur, sive ut intelligant divinæ dispensationis et providentiæ obscurissimas esse rationes. Posuit enim Deus tenebras latibulum suum (*Psalm.* XVII), quas illi audacter et temere perscrutari cupientes, et alia ex aliis asserentes, in crassas et palpabiles ignorantiæ tenebras devoluti sunt.

16. Ad ultimum delentur primogenita Ægyptiorum, sive principatus, et potestates, et mundi rectores tenebrarum harum, sive auctores et inventores falsarum, quæ in hoc mundo fuerunt, religionum, quas Christi veritas cum suis exstinxit et delevit auctoribus.

17. Porro quod sequitur: *In diis eorum faciam judicium*, illud Hebræi autumant, quod nocte qua egressus est populus omnia in Ægypto templa destructa sunt, sive motu terræ, sive tactu fulminum. Spiritualiter autem dicimus, quod egredientibus nobis ex 370 Ægypto errorum idola corruant, et omnis perversorum dogmatum cultura quatiatur.

CAPUT XV.

De Pascha.

1. Interea fit pascha: in occisione agni occiditur Christus, de quo in Evangelio dicitur: *Ecce agnus Dei, ecce qui tollit peccata mundi* (*Joan.* I). Vespere immolatur agnus, in vespera mundi passus est Dominus. Prohibentur qui pascha faciunt ossa frangere; non franguntur in cruce ossa Domini, attestante evangelista, qui ait: *Os ejus non comminuetis* (*Joan.*

6. Grialius scribit *Jamnes*, in Vulgata est *Jannes*; et mox *ita et hi*. AREV.

8. *Musca enim nimis insolens*, usque ad *feriuntur*, Greg. verba, XVIII Mor. c. 25. GRIAL.

9. De canina causidicorum facundia agit Isidorus, lib. III Sentent., cap. 57, quem ad locum erudita annotatio est Loaisæ. AREV.

14. *Alio quoque sensu*, usque ad *locustæ*, Greg. XXXIII Moral., c. 27. GRIAL.

Ibid. Apud Grialium fortasse legendum: *Alio quoque sensu usque ad voluptates*. AREV.

19). Sanguine agni illiniuntur Israelitarum postes, ne vastator angelus audeat inferre perniciem.

2. Signantur signo dominicæ passionis in frontibus fideles populi ad tutelam salutis, ut hi soli ab interitu liberentur, qui cruore dominicæ passionis corde et fronte signati sunt, qui etiam opere loquuntur : *Signatum est super nos lumen vultus tui, Domine*. Unde et appellatur ipsa solemnitas *Phase*, quod nos *transitum* possumus vocare, eo quod de pejoribus ad meliora pergentes, tenebrosam Ægyptum derelinquimus.

3. Quod autem ait de agni illius esu : *Omnis alienigena non comedet ex eo, et in una domo comedetur, nec efferetis de carnibus ejus foras*, hoc de Christi corporis sacramento, cujus agnus ille figuram obtinuit, proprie tenetur scriptum : cujus corpus et sanguis in una domo, id est, in una Ecclesia vesci præcipitur, nec efferri foras, in plebibus scilicet hæreticorum, quæ ab eadem Ecclesiæ catholicæ unitate foris vagantur.

CAPUT XVI.

De thesauris Ægyptiorum.

1. Præcepit dehinc populo Deus per Moysen, ut ab Ægyptiis sibi commodata peterent, quæ auferrent. Sicque Moyses et populus proficiscens, auro et argento spoliavit Ægyptios jussu Domini Dei, nihil injuste jubentis.

2. Quid ergo hæc præfiguraverint, nisi quod in auro, et argento, ac veste Ægyptiorum significatæ sunt quædam doctrinæ, **371** quæ ex ipsa consuetudine gentium non inutili studio discuntur? Sed sive hoc significet, sive illud, quod ex ipsis gentibus animæ pretiosæ, tanquam vasa aurea et argentea cum suis utique corporibus, quod vestes significant, adjunguntur populo Dei, ut simul de hoc sæculo, tanquam de Ægypto, liberentur.

CAPUT XVII.

De azymis.

1. Quod vero ait, fermento sublato, sic profectos esse filios Israel de Ægypto, hoc et a nobis modis omnibus, si fieri potest, elaborandum est, ut exeuntes a sæculi hujus illecebris, non ambulemus in fermento veteris malitiæ et nequitiæ, sed in azymis sinceritatis et veritatis, quod est in novi hominis conversatione, relicto pristino homine cum vitiis suis.

2. Et illi quidem septem diebus azyma comedebant. Nos vero si simpliciter, et pure versemur in his septem diebus, quibus mundus iste peragitur, qui semper in suo ordine revolvuntur, et quotidie, nobis agnus occiditur, et pascha quotidie celebratur, si fermentum malitiæ, et nequitiæ non habemus, si innovati, nihil ex veteris corruptionis malitia facere delectemur.

3. Nam quid est aliud fermentum, nisi corruptio naturæ? quod et ipsum prius a naturali dulcedine recedens, adulterino acrore corruptum est. In hac nobis præcipitur mansione, ut semper egressionis ex Ægypto memores simus, ut celebremus pascha, id est, transitum nostrum de prioribus ad meliora, et primogenita nostri uteri, id est, nostrorum operum cunctarumque virtutum principium Domino consecremus.

CAPUT XVIII.

De columna ignis, et nube.

1. Jam tunc videtur Dominus nocte in columna ignis, et per diem **372** in columna nubis, præcedens populum, et dux itineris factus. Nubes ista præcedens Christus est : idem etiam columna, quia rectus, et firmus, et fulciens infirmitatem nostram. Per noctem lucens, per diem non lucens, ut qui non vident videant, et qui vident cæci fiant (*Joan.* IX, 39).

2. Potest et sic non incongrue accipi, quod Christi sacramentum tanquam in die manifestatum est in carne, tanquam in nube; in judicio vero, tanquam in terrore nocturno, quia tunc erit magna tribulatio sæculi tanquam ignis, et lucebit justis, et ardebit injustis.

CAPUT XIX.

De divisione maris

1. Sequentibus inde Ægyptiis, percutit Moyses virga aquas, et transierunt filii Israel per medium mare Rubrum. Quid mare Rubrum, nisi baptismus est Christi sanguine consecratus? Hostes sequentes cum rege, qui a tergo moriuntur, peccata sunt præterita, quæ delentur, et diabolus, qui in spirituali baptismo suffocatur. Premunt quidem Ægyptii; urgent et instant peccata, sed usque ad aquam.

CAPUT XX.

De cantico.

1. Post transitum Rubri maris canit canticum populus Deo, Ægyptiis et Pharaone submersis. Non aliter et fideles, postquam de lavacro conscendunt, exstinctis peccatis, hymnum in voce gratulationis emittunt, dicentes : *Cantemus Domino, gloriose enim honorificatus est; equum et ascensorem projecit in mare.*

2. Quod tamen melius et dignius ille dicit qui habuerit tympanum in manu sua, sicut Maria, id est, carnem suam crucifixerit cum vitiis et concupiscentiis (*Gal.* V), et mortificaverit membra sua quæ sunt super terram (*Coloss.* III).

3. Jam dehinc ducitur post maris transitum populus per desertum. Baptizati scilicet omnes per mundum, non perfruentes promissa patria; sed quod non vident, sperando, et per patientiam **373** exspectando, tanquam in deserto sunt, et illic laboriosæ et periculosæ tentationes, ne revertantur corde in Ægyptum, nec ibi tandem Christus deserit, nam et illa columna non recedit.

CAP. XXIII. N. 1. Fere totum hoc caput exscribitur a Sancto Ildefonso, de cognit. baptismi, Cap. 99, paucis immutatis, ut : *Christus est qui etiam et columna, quia rectitudo, et firmitas, et sustentatio est nostræ infirmitatis.* AREV.

CAPUT XXI.

De aquis amaris.

1. Egresso populo de mari Rubro, occurrit eremus, in qua tribus diebus ingredientes non habuerunt aquam, et pervenerunt ad fontem Marah, qui ex amaritudine nomen accepit. Murmurat populus videns aquas, et potare non sustinens. Mittit lignum Moyses in aquas, et factæ sunt dulces. Intellige amaras aquas occidentis litteræ et legis habere figuram.

2. Quibus si immittatur confessio crucis, et passionis dominicæ sacramentum jungatur, tunc efficitur aqua Maræ suavis, et amaritudo litteræ vertitur in dulcedinem intelligentiæ spiritualis. Unde et scriptum est: *Constituit Dominus populo suo legem, et judicia, et tentavit eum.*

3. Alio quoque sensu, quod aquæ Maræ, ligno in se suscepto, dulcescunt, indicium erat amaritudinem gentium per lignum crucis Christi in usum dulcedinis quandoque esse vertendam.

4. Sciendum vero juxta superiorem sensum, quod primum ductus est Israel ad aquas salsas et amaras, et ligno monstrato a Domino dulcibus effectis, postea venitur ad fontes. Primo enim ducitur populus Israel ad litteram legis, in qua donec permanet, de amaritudine recedere non potest.

CAPUT XXII.

De duodecim fontibus.

1. Cum ergo per lignum vitæ dulcis fuerit effecta, et intelligi **374** lex spiritualiter cœperit, tunc de Veteri Testamento transitur ad novum, et venitur ad duodecim apostolicos fontes. Ubi arbores erant septuaginta palmarum. Non enim duodecim soli apostoli fidem Christi prædicaverunt, sed et alii septuaginta missi ad prædicandum verbum Dei referuntur, per quos palmas victoriæ Christi mundus agnosceret.

2. Siquidem et isti duodecim fontes, septuaginta palmarum arbores irrigantes, apostolicam gratiam præfigurant, populos in septenario numero decuplato rigantem, ut per septiforme Spiritus donum legis decalogus impleatur.

CAPUT XXIII.

De cibis alitum, et manna.

1. Murmurat interea populus in deserto propter famem, et conversus procul in nube respexit gloriam Dei. Aspexitque vespere coturnicem, et mane diei alterius manna. Quid enim per volucrum escas, nisi prædicationes divinitus missæ intelliguntur? Quæ A transcurrunt per verba sonantia, quasi per aerem volatilia pennata, quibus per fidem pascuntur hi qui ad patriam regni cœlestis pervenire contendunt.

2. Potest quidem et volucrum esca veteris significare legis eloquia, quæ plebem carnalem, tanquam carne, alebat per verba divinitus missa, quasi per volatilia. Unde et vespere dantur, quia cuncta quæ carnaliter illis concessa sunt finem erant habitura.

3. Manifestato autem lumine fidei datur manna populo. Manna utique, quod est Christus, qui tanquam panis vivus de cœlo descendit, qui per nubes evangelicas universo orbi pluitur, non jam **375** murmuranti populo, et tentanti Synagogæ, sed credenti et in illo spem ponenti datur Ecclesiæ. Hoc est autem manna indeficiens, hic est panis cœli, et verus cibus B angelorum, quo Dei verbum corruptibiles incorruptibiliter pascit, quod ut manducaret homo, caro factum est, et habitavit in nobis.

4. Quo etiam qui vescuntur, spiritualiter vivunt. Nam illi veterem figuram carnaliter accipientes mortui sunt. Non incongrue per manna etiam cœlestia significantur eloquia. Unde et interpretatio nominis sic sonat; manna enim interpretatur, *quid est hoc?* Cum enim audimus legem Dei recitari in ecclesia, interrogamus doctores dicentes: *Quid est hoc?* Hoc autem manna minutum erat, sicut semen coriandri, et suave. Quid verbo Dei minutius? quidve subtilius? aut quid dulcius et suavius eloquiis Dei, quæ sunt super mel et favum (*Psalm.* CXVIII)?

5. Sed quid est quod sexta die duplum colligi jubetur, C quod etiam sufficiat in Sabbato? Sexta dies ista est sexta ætas mundi, in quo nunc sumus. In hac ergo duplum colligit, qui propter spem vitæ æternæ verbum Dei audit et facit; in hac duplum recondit, qui bene vivit, et aliis misericordiam præbet.

6. Quod et reponebatur pro sabbato, non corrumpebatur. Bona enim opera facta propter futuram requiem in futuro sæculo permanent. Qui vero infideles erant, et præter causam Sabbati servabant de manna, ebulliebant ex eo vermes, et computrescebat; sic et qui propter præsentem vitam et amorem sæculi thesaurizant, his ille vermis ebullit qui nunquam moritur. Isti sunt vermes quos generat avaritia, et divitiarum cæca cupiditas his qui habent pecunias, et videntes in necessitate fratres suos, claudunt ab D eis viscera sua.

7. Sed et iis qui post susceptum verbum Dei pec-

CAP. XXI. N. 1. *Egresso populo.* Ex hom. 7 Orig. in c. XV, vel sermone Aug. 91 de tempore. GRIAL.

CAP. XXII. N. 1. *Cum ergo per lignum,* usque ad *agnosceret,* verba sunt Orig., Ibid. GRIAL.

Ibid. Prudentius in Dittochæo, n. 14, in hac allegoria explicanda versatur, in cujus commentario nonnulla annotavi ex sancto Ildefonso, et sancto Martino Legionensi, qui Isidoro quoque concinunt. Ibi etiam explicui cur discipuli Christi aliquando septuaginta duo dicantur. Pro *fidem Christi prædicaverunt* Codex Regiovat. 693 exhibet *fidem Christi mundo innotuerunt,* quod genuinum arbitror. AREV.

2. *Septiforme.* Alb., *septiformis.* Grialius, mendose, ut arbitror, *septiformem,* quanquam etiam apud sanctum Martinum Legionensem, qui Isidorum exscribit, tom. I, pag. 298, eodem modo septiformem legitur. AREV.

CAP. XXIII. N. 1. *Murmurat,* usque ad *super mel et favum,* sententia ex eod. Orig.; verba diversa. GRIAL.

Ibid. Coturnicem. Alb., *coturnices,* quod videtur præferendum. AREV.

5. *Sed quid est quod sexta,* usque ad *vermis efficitur,* ex eod. loco. GRIAL.

6. Alb.: *Et propter causam sabbati servabant illud, ebulliebant,* etc. Verum *propter* rejiciendum est. Grialius, *præter causas.* AREV.

7. *Sed et iis qui,* etc. Ita Codex Albornoz. Grialius cum aliis Editis: *Sed et is qui post susceptum ver-*

cant, efficitur ipsum verbum Dei vermis, qui eorum semper conscientiam fodiat, et arcana pectoris rodat. Quanquam et vermis sit Christus, **376** ipso loquente : *Ego autem sum vermis, et non homo* (*Psalm.* XXI). Sicut enim ipse est aliis in ruinam, aliis in resurrectionem, ita et ipse in manna fidelibus quidem dulcedo mellis, infidelibus vermis efficitur.

CAPUT XXIV.

De petra virga percussa.

1. Post manna queritur populus sub ardore sitis, et fons de petra erupit. Eadem autem petra, quæ percussa aquam evomuit, Christi figuram habuit. Quo aperto, aquæ cunctæ fluxerunt, ad quem velut virga lignum passionis accessit, ut emanaret credentibus gratia. Percussa enim petra fons manavit. Percussus in cruce Christus sitientibus lavacri gratiam, et donum Spiritus sancti effudit.

2. Petram enim istam figuram habuisse Christi probat Apostolus, cum dixit : *Bibebant autem de spirituali consequenti eos petra, petra autem erat Christus.* Quod autem sitiens populus propter aquam murmurat adversus Moysen, et propterea jubet ei Deus ut ostendat eis petram, de qua bibant, quid hoc significat, nisi quia si quis est qui legens Moysen murmurat adversus eum, et displicet ei lex quæ secundum litteram est scripta, ostendit et Moyses petram, qui est Christus, et adducit eum ad ipsam, ut inde bibat, et reficiat sitim suam?

CAPUT XXV.

De pugna Amalech.

1. Post hæc Moyses ascendit in montem, Josue contra Amalech militat, tenet virgam Moyses, brachiaque sua in modum crucis extendit. Sicque hostis, id est, diabolus, vitam cœlestis patriæ intercludere molitus, signo crucis dominicæ superatur. Dum levaret manus Moyses, vincebat Israel; rursus si inclinasset, superabat Amalech. **377** Elevantibus enim nobis actus nostros ad cœlum, rectores tenebrarum subjiciuntur.

2. At contra remissis orantes manibus, hoc est, terrenam conversationem sectantes, hostis victor insequitur, sedet Moyses super lapidem, qui in Zacharia septem habebat oculos (*Zach.* III), et in Samuelis volumine appellatur Lapis adjutorii (*I Reg.* VII), et utramque manum ejus, Aaron et Hur, quasi duo populi, aut duo Testamenta, sustentant.

CAPUT XXVI.

De cognato Moysis.

1. Devicto autem Amalech, supervenit Jethro socer Moysis, adducit Sephoram, id est, Ecclesiam, utrumque filium ex utroque populo procreatum. Dat A Moysi consilium septuaginta seniorum. Audit eum Moyses, et facit quæcunque dicit. Ubi magnæ admirationis est, ut Moyses propheta Deo plenus, qui cum Domino facie ad faciem loquebatur, ab homine gentili consilium acciperet, et faceret omnia quæcunque diceret illi, nisi ut formam humilitatis populorum principibus daret, et futuri sacramenti designaret imaginem.

2. Sciebat enim quandoque futurum quod per populum ex gentibus congregatum ea quæ in lege deerant, eo suggerente, complerentur, bonumque et spiritualem intellectum afferret ad legem Dei, et sciebat quia audiret eumdem populum lex, et faceret omnia quæcunque diceret, legisque diminutio, suggerente Evangelio, compleretur.

B CAPUT XXVII.

De ascensione Moysis in montem.

1. Successit itaque post hæc populus quadragesima septima die egressionis **378** ex Ægypto ad montem Sina, ibique Moyses ascendit ad Dominum, et Dominus ad eum descendit. Mons quippe altitudo contemplationis nostræ est, in qua ascendimus, ut ad ea quæ ultra infirmitatem nostram sunt intuenda sublevemur. Sed in hanc Dominus descendit, quia sanctis multum proficientibus parum de se aliquid eorum sensibus aperit.

CAPUT XXVIII.

De tonitruis et fulguribus.

1. Jam deinde quinquagesima die post actum pascha data est lex Moysi. Ita et quinquagesima die C post passionem Domini, quam pascha illud præfigurabat, datus est Spiritus sanctus, promissus Paracletus, descendens super apostolos, et qui cum eis erant, in centum viginti Mosaicæ ætatis numero constitutos; et divisis linguis credentium, totus evangelica prædicatione mundus impletus est.

2. Dicitur illic lex scripta digito Dei. Et Dominus dicit de Spiritu sancto : *In digito Dei ejicio dæmonia.* Aspicit illuc cunctus populus voces, et lampades, montemque fumantem, tonitrua, et fulgura, clangoremque buccinæ perstrepentem. In vocibus namque et tonitruis clamor prædicantium intelligitur, in lampadibus claritas miraculorum, in sonitu buccinæ fortis prædicatio sanctorum.

3. Quæ omnia in adventu Spiritus sancti completa D sunt, quando omnes discipuli Christi in varietate linguarum præceptis et signis intonuerunt. Interpretatur autem Sinai rubus, quod significat Ecclesiam, in qua et Dominus loquitur Moysi. Quod autem legem daturus Dominus, in igne et fumo descendit, hoc significat, quia et fideles claritatis suæ ostensione

bum Dei peccat, efficitur ei ipsum verbum Dei vermis, qui ejus semper conscientiam fodiat, etc. Quot etsi implicatum videtur, ferri tamen potest. AREV.

CAP. XXIV. N. 1. *Post manna*, usque ad *sitim suam*, ex eod. GRIAL.

Ibid. Grialius, *queritur populus*. Alb., *ejus aperto latere cuncta fluxerunt*. AREV.

CAP. XXV. N. 1. *Post hæc Moyses*, ex eod. GRIAL.

2. *Lapidem qui*. Alborn., *Lapidem, id est, Ecclesia super Christum, qui*. AREV.

CAP. XXVI. N. 1. *Devicto autem Amalech*, usque ad *compleretur*, Orig., hom. 11 in cap. XVII. GRIAL.

CAP. XXVII. N. 1. *Successit utique*, usque ad *sensibus aperit*, verba sunt Greg., V Moral., c. 27. GRIAL.

Ibid. Descendit. Mons. Alborn. addit : *Descendit. Sed quid est moraliter, quod Moyses in monte ascendit, et Dominus ad montem descendit?* Mons, etc. Grialius in not. *utique*, pro *itaque*. AREV.

CAP. XXVIII. N. 3. *Quod autem legem daturus*, usque ad *obscurat*, verba Greg., VI Moral., c. 17. GRIAL.

illuminat, et infidelium oculos per fumum erroris obscurat.

4. Quod vero videtur in caligine, hoc significat, quia impii, qui terrena sapiunt, caligine malitiæ eum descendentem, id est, **379** in humilitate nascentem, non cognoverunt. Alias in caligine visus legem dedit, quia veritatem suæ legis non secuturis infidelibus quasi per caliginem dixit : *Ut videntes non videant, et audientes non audiant.*

CAPUT XXIX.

De decem verbis.

1. Dat igitur inde Dominus Moysi legem innocentiæ nostræ, et cognitionis suæ. Eamdemque in decem verba constituit, et saxeis tabulis digito suo scripsit. Et hæc quidem præcepta ita sunt distributa, ut tria pertineant ad dilectionem divinæ Trinitatis, septem vero ad amorem fraternum, quibus societas humana non læditur.

2. Primum Decalogi mandatum ad Deum Patrem pertinet, dum dicit : *Dominus Deus tuus Deus unus est.* Utque ut hæc audiens, unum Deum Patrem colas, et in multos fictos deos fornicationem tuam non effundas. In hoc præcepto prohibetur coli aliqua in figmentis hominum Dei similitudo, non quia non habet imaginem Deus, sed quia nulla imago ejus coli debet, nisi illa quæ et hoc est quod ipse, nec ipsa pro illo, sed cum illo.

3. Secundum præceptum ad Filium pertinet, dum dicit : *Non assumes nomen Domini Dei tui in vanum.* Creatura enim mutabilis est, ac propterea dicitur : *Omnis creatura vanitati subjecta est.* Ergo, C ne quisquam Filium Dei Verbum, per quod facta sunt omnia, putaret esse creaturam, ideo dicitur : *Non accipies in vanum nomen Domini Dei tui;* id est, ne æstimes creaturam esse Filium Dei, quoniam omnis creatura vanitati subjecta est; sed credas eum esse æqualem Patri, Deum de Deo, verum Verbum, per quem omnia facta sunt.

380 4. Tertio præcepto legis insinuatur de observatione Sabbati, quod ad Spiritum sanctum pertinet, cujus dono requies nobis sempiterna promittitur. Nam quia Spiritus sanctus dicitur, in quo nobis requies æterna promittitur, propterea et septimum diem sanctificavit Deus. In aliis enim diebus operum non est nominata sanctificatio, nisi in Sabbato, ubi dicitur : *Requievit Deus.*

5. Proinde igitur hoc mandatum pertinet ad Spi- A ritum sanctum, tam propter nomen sanctificationis, quam etiam propter æternam requiem ad donum Spiritus sancti pertinentem. Dicitur enim ibi : *Memento ut diem Sabbati sanctifices : sex diebus operaberis, et facies omnia opera tua; septimus autem dies Sabbatum est nomini Dei tui, non facies omne opus.*

6. In sex dierum opere sex millium annorum operatio continetur. In septimo vero requies illius beati regni et tempus ostenditur, quod carnaliter Judæi sapientes et celebrantes peccant. Et hoc ne nos ad fidem mendacii fallentis aptemus, clamat per prophetam Deus : *Neomenias et Sabbata vestra odivit anima mea* (*Isai.* I).

7. Quomodo ergo sanctificata erunt Sabbata illa, quæ odivit Deus? Illud ergo Sabbatum est sancti- B ficatum ubi post bona vitæ hujus opera requies nobis æterna promittitur. Ideoque quidquid agimus, si propter futuri sæculi requiem facimus, veraciter Sabbatum observamus, non ut jam in ista vita nos requiescere æstimemus, sed ut omnia quæ bene operamur, non habeant intentionem, nisi in requiem sempiternam.

8. Post hæc tria præcepta, quæ ad Deum pertinent, septenarius succedit numerus mandatorum ad dilectionem proximi pertinens, et incipit ab honore parentum. Quod tamen in ordine quartum est : *Honora patrem tuum et matrem tuam.* A parentibus enim suis homo aperit oculos, et hæc vita ab eorum dilectione sumit exordium. Inde hoc mandatum primum est in septem, sicut et Dominus in Evan- C gelio ait : *Honora patrem tuum et matrem tuam, quod est mandatum primum* (*Matth.* XV).

381 9. Sed quomodo primum quod quartum, nisi quia, ut prædictum est, in septenario numero, qui pertinet ad dilectionem proximi, primum est in altera tabula? nam ideo duæ tabulæ legis datæ sunt. Jubetur ergo in hoc præcepto filiis honorare parentes, neque contumeliosos illis existere, sed officio pietatis reverentiam debitam præstare. Nam qui parentibus honorem deferre non novit, quibus parcere poterit, aut quomodo alios diligere poterit, qui suos odit?

10. Quintum : *Non occides.* Etenim non solum opere perpetrans homicidium facit, sed etiam et qui incurrit in eum esurientem, vel nudum, qui mori possit, nisi indumentum cibumque porrigendo D subveniat, et idem homicida tenebitur.

11. Sextum : *Non mœchaberis*, id est, ne quisquam

CAP. XXIX. N. 1. *Scripsit. Et hæc.* Alii : *Scribit ; quare in tabulis lapideis signat, Judæos dura cervice fuisse. Et hæc.* AREV.

2. *In hoc præcepto*, usque ad *sed cum illo*, hæc tantum legebantur in Val. et Compl., quæ propterea recepimus, quia sunt Aug. verba, epist. 119, ad Januar., cap. 11. GRIAL.

Ibid. Codex Regiovat. 293, ad marginem, addit : *Hoc præcepto prohibetur coli in figmentis hominum Dei similitudo; non quia non habet imaginem Deus, sed quia nulla imago ejus coli debet, nisi illa quod hoc est quod ipse, nec ipsa pro illo sed cum illo.* AREV.

3. *Creatura enim*, usque ad *Dei tui*, in solo Val., quæ sunt item Aug. verba. GRIAL.

4. *Tertio præcepto legis.* Omnia ex epist. Aug. citata ad Januar., cap. 11 et seq. GRIAL.

6. *In sex dierum opere sex millium annorum operatio continetur.* Quid de his verbis sentiremus, diximus ad c. VII Gen., adulterina plane esse, neque reperiri usque hujusmodi quidquam in Codice Olivensi, neque apud Aug., unde sunt reliqua. GRIAL.

9. Ex nonnullis Mss. colligitur *jubentur... filii honorare*, etc. AREV.

10. Albornoz. : *Non solum enim qui opere perpetrat, homicidium facit, sed etiam qui claudit viscera sua fratri suo, quem videt pati necessitatem quæ ducat ad mortem, et idem homicida tenetur.* Pro *in eum esurientem* alii habent *in hominem esurientem.* AREV.

præter matrimonii fœdus aliid feminis misceatur ad A explendam libidinem. Nam specialiter adulterium facit qui præter suam conjugem ad alteram accedit.

12. Septimum : *Non furtum facies*, quod est vitium rapacitatis.

13. Octavum : *Non falsum testimonium dices*, quod est crimen mendacii et falsitatis.

14. Nonum : *Non concupisces uxorem proximi tui.* In hoc præcepto vetat intentionem adulterinæ cogitationis. Nam aliud est facere aliquid tale præter uxorem, aliud non appetere alienam uxorem. Ideo duo præcepta sunt, *Non mœchaberis*, et, *Non concupisces uxorem proximi tui.*

15. Decimum : *Non concupisces rem proximi tui.* In quo præcepto damnat ambitionem sæculi, et refrenat concupiscentiam rerum. Itaque horum pri- B mum prohibet superstitionem, secundum errorem, tertium interficit sæculi amorem, quartum impietatem, quintum crudelitatem, sextum allidit fornicationem, septimum rapacitatem, octavum perimit falsitatem, nonum adulterii cogitationem, decimum mundi cupiditatem.

16. Inter hæc igitur omnia decem præcepta solum ibi quod de Sabbato positum est figurate observandum præcipitur. Quam **382** figuram nos intelligendam, non etiam per otium corporale celebrandam, suscepimus. Reliqua tamen ibi præcepta proprie præcepta sunt, quæ sine ulla figurata significatione observantur. Nihil enim mystice significant, sed sic intelliguntur ut sonant. Et notandum quia sicut decem plagis percutiuntur Ægyptii, sic decem præce- C ptis conscribuntur tabulæ, quibus regantur populi Dei.

CAPUT XXX.

De duabus tabulis.

1. Cur autem in duabus tabulis scripta est lex, nisi aut propter duo Testamenta significanda, aut propter illa duo præcepta dilectionis Dei, et dilectionis proximi, in quibus tota lex pendet et prophetæ? Hæc enim in tabulis singulis explicata sunt. In una enim tria præcepta ad Dei pertinentia charitatem; in altera vero septem pertinentia ad proximi societatem.

CAPUT XXXI.

De lapideis tabulis.

1. Sed cur lapideæ eædem tabulæ fuerint, nisi ad significandum cor Judæorum lapideum? Per lapidis D insensibilitatem demonstravit duram eorum mentis stoliditatem, de qua propheta dicit : *Auferam ab eis cor lapideum, et dabo eis cor carneum* (*Ezech.* XXXVI).

2. Unde Apostolus : *Non in tabulis lapideis, sed in tabulis cordis carnalibus* (*II Cor.* III). Neque enim hoc tabulæ carnales volunt, ut carnaliter sapiamus, sed quia in comparatione lapidis, qui sine sensu est, caro sentit, idcirco per lapidis duritiem significatum est cor non intelligens, et per carnalem sensibilitatem significatum est cor intelligens.

383 CAPUT XXXII.

De altari de terra.

1. Quod autem additur ibi a Domino : *Non facietis vobis deos argenteos et aureos, altare de terra facietis mihi.* Altare enim de terra Deo facere est incarnationem Mediatoris sperare; tunc quippe a Deo nostrum munus accipitur, quando in hoc altari nostra humilitas, id est, super dominicæ incarnationis fidem posuerit quidquid boni operatur; in altari ergo de terra oblationum munus offerimus, si actus nostros dominicæ incarnationis fide solidamus.

CAPUT XXXIII.

De non sectis lapidibus faciendo.

1. Deinde adjecit : *Quod si altare lapideum feceris mihi, non ædificabis illud de sectis lapidibus : si enim levaveris super id cultrum, polluetur.* Secti lapides hi sunt qui unitatem scindunt, ac dividunt semetipsos a societate fraterna per odium, vel schismata : tales in corpore suo non recipit Christus, cujus corporis figuram altaris illius constructio obumbrabat.

2. Isti vero non secti lapides, ex quibus altare construi jubetur, hi sunt qui fidei morumque unitate solidantur, de quibus dicit Apostolus : *Vos estis lapides vivi, coædificati in domus spirituales.* His non est injectum ferrum, quia incorrupti sunt, et jacula maligni ignita non receperunt; quique unum altare faciunt, quia unitatem fidei vel concordiam charitatis sequuntur.

384 CAPUT XXXIV.

De non ascendendo ad id per gradus.

1. *Non ascendes per gradus ad altare meum*, id est, non gradatim unum alio præferens, ad me pervenies, neque priorem, neque posteriorem tempore discernes, quia divisum et sequestratum unitatis Dominum propitium non habebis. Hoc enim Ariani faciunt, qui inseparabilem Patris, Filii, et Spiritus sancti substantiam dividunt. Jam deinde quamplura legis præcepta dantur, quibus omissis, quæ opportuniora sunt dicenda sunt.

CAPUT XXXV.

De Hebræo sex annis serviente.

1. Præcipitur enim post hæc in lege ut Hebræus puer, si forte in servitutem devenerit, sex annis serviat, septimo vero anno liber dimittatur. Quod si egredi a servitute noluerit propter uxorem et filios,

16. *Inter hæc igitur omnia*, usque ad *ut sonant*, tantum leguntur in Val. et Compl. Sunt tamen Aug. verba, c. 12, epist. 119, ad Januar. GRIAL.

Ibid. Mendum erat apud Grialium *sol ibi quod.* Pro *inter hæc... ut sonant*, Flor. 2, paucioribus verbis : *Ex his decem præceptis tria pertinent ad amplectendum Deum. Reliqua septem ad amorem fraternum, quibus humana societas non læditur.* Post *regantur populi Dei*, Flor. 2 addit *et dæmones occidantur.* AREV.

CAP. XXXII. N. 1. *Quod autem additur*, usque ad *fide solidamus*, Greg., III Moral., cap. 15. GRIAL.

CAP. XXXIII. In titulo intelligitur *De altari*, etc. Hos titulos non ab auctore, sed ab exscriptoribus factos satis constat. AREV.

CAP. XXXIV. N. 1. In ms. Cod. Alb. est *ascendes*, ut in Vulgata, Exodi XX, 26, et in titulo hujus capitis indicatur *De non ascendendo*, quod propterea retinui, quamvis Grialius cum aliis exhibeat *accedes.* AREV.

perforabitur auricula ejus subula, et erit servus in saeculum.

2. Hoc de præsenti non dicitur sæculo, sed de futuro, quia in sex ætatibus hujus sæculi servientes, in septimo die, id est, æterno Sabbato liberabimur, si tamen voluerimus esse liberi, dum adhuc in sæculo servimus peccato. Si autem noluerimus, perforabitur nobis auricula in testimonium inobedientiæ, et cum uxore et filiis nostris, quos prætulimus libertati, id est, cum carne et operibus ejus, jugiter peccati servi erimus in æternum.

385 CAPUT XXXVI.

De talione.

1. Illud vero quid significat, quod in hac lege oculum pro oculo dari jubetur? Oculus enim est quisque doctor, tanquam vitæ demonstrans iter. Idem autem si intentionem auditoris per aliquam perniciosam doctrinam conetur exstinguere, si oculum lædat animæ, et intellectum ejus turbet, auferatur necesse est ab Ecclesiæ præsulatu, et intellectus ejus turbulentus ac ferox, qui scandalum fidei generat, projiciatur.

2. Sed etsi quis dentem læsit auditoris, per quem Scripturarum cibos comminuebat, et dividens spiritualiter distinguebat, ut subtilem ex his ad interiora animæ transmitteret sensum; quisquis ergo hujusmodi evellens dentem conatur a corpore Christi præcidere, auferatur dens illi.

3. De talibus enim dicitur : *Dentes peccatorum contrivisti* (*Psalm.* III), siquidem et manus pro manu, et pes pro pede deposcitur. Manus est actio operantis, pes est per quem inceditur ad bona opera vel mala. Præcidatur ergo ille qui scandalum facit, non solum in fide, sed etiam in actibus, qui per manum significantur, aut offendiculum præbet, quo pedes intelliguntur.

4. Recipiat etiam combustionem qui combussit, et gehennæ fraternam tradidit animam. Per quæ signacula ostenditur ut iste percussor, omnibus detruncatus membris, a corpore excidatur Ecclesiæ, ut cæteri videntes timorem habeant, et non faciant similiter.

CAPUT XXXVII.

De decimis et primitiis offerendis.

1. Jubetur quoque inter hæc Israeliticus populus decimas frugum, cunctarumque primitias rerum offerre Domino. Spiritualiter **386** quippe primitiæ frugum, vel primogenitorum, principia bonorum operum ostendunt, vel ipsam bonam voluntatem, quæ prior est opere, quam Pelagiani sibi tribuendo offendunt. Deus autem, dum illa sibi a nobis jubet offerri, indicat ad ipsius gratiam pertinere.

2. In decimis porro Domino offerendis denarius numerus perfectionem significat, quia usque ad ipsum

A numerus crescit; ideoque sicut in primitiis principia voluntatum, ita in decimis consummationes nostrorum operum ad Deum referre præcipimur, a quo et boni operis initium et perfectionis percipimus effectum.

3. Verum quod dixit : *Primogenita asini mutabis ove*, per asinum quippe hoc loco immunditia, per ovem vero innocentia designatur. Asini ergo primogenita ove mutare est immundæ vitæ primordia ad innocentiæ simplicitatem convertere, ut postquam omnia illa peccator egit, quæ ut immunda Dominus respuit, ea jam agendo proferat quæ Dei sacrificio ut munda imponat. Quod vero sequitur : *Si non redimes, occidetur*, quia nimirum mens immunda, et delictis obnoxia, si non fuerit in melius commutata,

B necabitur morte perpetua.

CAPUT XXXVIII.

De vitulo combusto igni.

1. Descendens itaque Moyses de monte cum tabulis, dum audisset populum, quod fuerat ad idola consecratus, indignos eos judicans accipere legem, projecit de manibus suis tabulas, quibus confractis, incendit vitulum quem plasmaverant.

2. Sed quid sibi velit iste vitulus quem fecerunt sibi filii Israel in solitudine? Vel quid significet quod Moyses ipsum vitulum igne combussit, minutatimque concidit, et in aquam aspergens potum populo dedit? Si enim tabulas, quas digito Dei, hoc est, operatione Spiritus sancti, scriptas acceperat, ideo fregit quia indignos eos quibus eas legeret judicavit; si denique

C ut ab eis **387** ille vitulus penitus aboleretur, incendit eum, et contrivit, et in aquam sparsit, atque submersit, ut quid et potum hunc populo dedit?

3. Quem non excitet factum hoc ad quærendam et intelligendam propheticam significationem? Occurrat ergo jam intentis mentibus quia diaboli corpus significabatur in vitulo, id est, homines in omnibus gentibus, quibus ad hæc sacrilegia caput, hoc est, auctor est diabolus.

4. Aureum præterea, quia videntur idololatriæ ritus velut a sapientibus instituti. De quibus dicit Apostolus : *Quoniam cognoscentes Deum, non sicut Deum glorificaverunt, aut gratias egerunt, sed evanuerunt in cogitationibus suis, et obscuratum est insipiens*

D *cor eorum*.

5. *Dicentes enim se esse sapientes, stulti facti sunt, et mutaverunt gloriam incorruptibilis Dei in similitudinem imaginis corruptibilis hominis, et volucrum, et quadrupedum, et serpentum* (*Rom.* I, 21, 22). Ex hac quasi sapientia iste vitulus aureus, qualia solebant Ægyptiorum etiam primates, et tanquam docti homines adorare figmenta.

6. Hoc ergo vitulo significatum est omne corpus, id est, omnis societas gentilium idololatriæ deditorum.

CAP. XXXVI. N. 3. *Offendiculum præbet*. Ita Mss. et plerique Editi, et cohæret sensus. Mendum ergo est in Grialio *præbent*. AREV.

CAP. XXXVII. N. 3. *Verum, quod dixit*, usque ad *morte perpetua*, Gregor., XXVII Moral., cap. 11. GRIAL.

Ibid. Grialius, *loco immunditias*. AREV.

CAP. XXXVIII. N. 1. Fortasse præferendum quod est in Alborn. : *Cum tabulis, cum audisset, populum ad idola conversum*. AREV.

4. In Vulgata : *Quia cum cognovissent Deum, non sicut Deum*, etc. AREV.

Hanc sacrilegam societatem Dominus Christus illo A igne comburit, de quo in Evangelio ait: *Ignem veni mittere in terram* (*Luc.* XII), ut quoniam non est qui se abscondat a calore ejus, dum in eum credunt gentes, igne virtutis ejus diabolica eis forma solvatur.

7. Totum deinde corpus illud comminuitur, id est, ab illa malæ conspirationis conflatione discissum verbo veritatis humiliatur, et comminutum in aquam mittitur, ut eos Israelitæ, id est, Evangelii prædicatores ex baptismo in sua membra, id est, in dominicum corpus transferant: quorum uni Israelitarum, id est, Petro de ipsis gentibus dictum est sic: *Macta et manduca* (*Act.* X). Si *macta et manduca*, quare non etiam, *concide et bibe?* ita iste vitulus per ignem zeli, et aciem verbi, et aquam baptismi, ab eis potius B quos absorbere conabatur absorptus est.

388 CAPUT XXXIX.

De interfectis tribus millibus.

1. Nunc autem quid etiam propheticæ significationis habuerit requirendum est, quod ex eis multos, qui sibi, absente ipso, idolum fabricaverant, sine ulla cujusque necessitudinis distinctione jussit interimi. Facile est autem ut intelligatur hominum illorum interemptione significari vitiorum talium insecutionem, qualibus ad eamdem idololatriam defluxerunt; in talia quippe vitia sævire nos jubet Apostolus, cum dicit: *Mortificate membra vestra, quæ sunt super terram, fornicationem, immunditiam, luxuriam, concupiscentiam malam, et avaritiam, quæ est idolorum servitus* (*Coloss.* III). C

2. De porta vero usque ad portam ire est a vitio usque ad vitium, per quod ad mentem mors ingreditur, cum gladio increpationis discurrere. Sed ipse numerus trium millium interfectorum triplicem formam indicat peccatorum. Omne enim peccatum aut facto, aut verbo, aut cogitatione committitur.

CAPUT XL.

De confractione tabularum.

1. Ascendit itaque Moyses denuo in montem. Iterumque dat ei Deus legem in aliis tabulis ad instar priorum præcisis. Sed quid significaverunt eædem tabulæ, quas primum a Domino Moyses accepit, et sine mora confregit?

2. Tabulæ illæ imaginem demonstrabant priscæ legis, non post longum intervallum pro populi pec- D cato cessantis. Aliæ vero, ad instar priorum iteratim incisæ, Novi Testamenti habuere figuram. **389** Istæ non franguntur, ut ostenderentur Novi Testamenti eloquia permansura.

3. Unde et merito decem verbis legenda signantur, ut per eumdem numerum figura crucis exprimeretur. Hujus enim formæ in decem X littera est. Nam recto uno apice a summo usque ad imum ducitur. Rursum alio non dispari per transversa brachiorum componitur. Unde et ipse ait: *Non veni legem solvere, sed implere* (*Matth.* V), utique per passionem crucis, cujus imago fuit in tabulis.

CAPUT XLI.

De quadraginta diebus quos jejunavit Moyses.

1. Quid autem sibi velit quod Moyses quadraginta diebus jejunaverit? Cujus actionis quædam figura est in hujus numeri consideratione; quadragenario enim numero et Moyses, et Elias, et ipse Dominus, jejunaverunt.

2. Præcipitur enim nobis ex lege et prophetis, et ex ipso Evangelio, quod testimonium habet a lege et prophetis (unde etiam in monte inter utramque personam medius Salvator effulsit), ut a mundi illecebris aviditatem nostram tanquam jejunio temperantiæ refrenemus, quandiu perfectio Decalogi legis per quatuor ejusdem mundi partes, id est, toto orbe prædicatur, ut decem quater ducta quadragenarium numerum signent.

CAPUT XLII.

Quod Dominus Deus dixit ad Moysem: Posteriora mea videbis.

1. Quod vero petivit Moyses ut claritatem Domini videret, dicens: *Si inveni gratiam apud te, ostende mihi te ipsum manifeste*. Accepit enim in præsenti congruum responsum quod faciem Domini videre non posset, quam nemo videret, et viveret.

2. Quid est ergo *Faciem meam videre non poteris*, nisi quia quamvis usque ad parilitatem angelicam humana etiam post resurrectionem natura proficiat, et ad contemplandum Deum indefessa **390** consurgat, videre tamen ejus essentiam plene non prævalet? quam nec ipsa perfectio angelica in toto vel integre attingit scire, secundum Apostolum, qui ait: *Pax Dei, quæ exsuperat omnem sensum* (*Philipp.* IV), ut subaudias et angelorum.

3. Sola enim sibi integre nota est Trinitas, et humanitati susceptæ, quæ tertia est in Trinitate persona. Jam deinde in sequentibus verbis Dei, futuri Christi Ecclesiæque mysterium figuratum est. **391** Gestavit quippe Moyses typum populi Judæorum in Christum postea credituri. Ideo illi dictum est: *Cum transiero, posteriora mea videbis.*

CAP. XXXIX. N. 1. *Nunc autem*, usque ad *idolorum servitus*, ex XII contr. Faust., cap. 92. GRIAL.

2. Nonnulli Editi, *numerus viginti trium millium*. Atque ita etiam Grialius ediderat, sed correxit deinde *numerus trium millium*, quod rectum est. AREV.

CAP. XL. N. 2. Alborn. Cod. exhibet *ostendatur*, pro *ostenderentur*, et ex originali Isidori, hoc est, ex vetustiori Codice *ostenderetur*. AREV.

CAP. XLII. N. 3. *Sola enim sibi integre nota est Trinitas, et humanitati susceptæ, quæ tertia est in Trinitate persona.* Hoc est, non qua humanitas est, sed qua subsistit in una ex tribus personis. Sunt autem hæc (quantum conjicimus) Græci alicujus scriptoris verba. Nam repetuntur paululum immutata, utpote ex diversa interpretatione, lib. I Sententiarum, cap. 3; illic enim: *Sola* (inquit) *Trinitas sibi integre nota est, et humanitas a Christo suscepta, quæ tertia est in Trinitate persona.* Utrumque vero in idem recidit. Ob id namque Trinitas humanitati susceptæ integre nota est, quia humanitatis susceptæ nomine Verbum ipsum suscipiens simul intelligimus. Ac propterea humanitas a Christo suscepta ab alio integre nosci non

4. Quidam hunc sensum in Evangelio dicunt fuisse completum, cum ascendisset Dominus in montem, quando apparuit Moyses colloquens cum Jesu, et ideo ibi completam aiunt istam promissionem, quam accepit in monte Sina, cum dictum est : *Posteriora mea videbis.* Vidit ergo posteriora ejus, id est, vidit quæ in posterioribus et novissimis facta sunt.

5. Quod autem ait Dominus ad Moysen : *Est locus apud me, stabis super petram ;* et paulo post : *Tollam manum meam, et videbis posteriora mea ;* quia enim ex sola Ecclesia catholica Christus conspicitur, apud se esse locum Dominus perhibet de quo videatur. In petra Moyses ponitur, ut Dei speciem contempletur : quia nisi quis fidei soliditatem tenuerit, divinam præsentiam non agnoscit. De qua soliditate Dominus : *Super hanc petram*, inquit, *ædificabo Ecclesiam meam* (*Matth.* XVI).

CAPUT XLIII.

De glorificatione Moysis.

1. Quod vero, descendente denuo Moyse cum tabulis, facies ejus glorificata videtur, sed tamen velamine tegitur, hoc significabat ut ostenderet eam legem mystico esse velamine coopertam, tectamque infidelibus et occultam. Sermo quippe legis habet scientiæ gloriam, sed secretam : habet et cornua duorum Testamentorum, **392** quibus contra dogmata falsitatis incedit armata.

2. Cum enim Moyses legitur, velamen est positum super cor eorum. Et manifeste dum legis et prophe- A tarum scripturam per nimiam stoliditatem cordis carnaliter accipiunt infideles, illis tota facies Moysi quodam velamine tegitur, ita ut non possint loquentis legis gloriam sustinere.

3. Sed si conversi fuerint ad Deum, auferetur velamen, occidens littera morietur, vivificans spiritus suscitabitur. Dominus enim spiritus est, et lex spiritualis est. Unde et David orabat in psalmo : *Revela oculos meos, et considerabo mirabilia de lege tua* (*Psalm.* CXVIII).

CAPUT XLIV.

De ædificatione arcæ.

1. Jam nunc arcam Testamenti Domini inspiciamus, in qua erant repositæ tabulæ legis. Per hanc arcam, quam de lignis imputribilibus Moyses fa- B bricavit, Ecclesia Christi significatur, ædificata ex omnibus sanctis, mente et corpore incorruptis, habentibus interius etiam duas tabulas Testamenti, id est, observantiam legis et Evangelii. Intus autem ac foris inauratur arca ; sic et Ecclesia, quasi aurum radiare debet, tam interius vitæ splendore quam exterius doctrinæ et sapientiæ claritate.

2. Corona autem aurea per circuitum et quatuor circuli aurei, **393** qui per quatuor angulos jubentur adjungi, id significant, quia in eo quod in Ecclesia per quatuor mundi partes dilatata tenditur, procul dubio quatuor sancti Evangelii libris accincta prædicatur : quæ tamen intra unius coronæ ambitum, id est, intra ejusdem fidei unitatem concluditur.

---

potest, quia homo ille Deus est. Valetque ad hoc communicatio (quam vocamus) idiomatum. Nam, ut ipse lib. I Sententiarum, cap. 6, ait : *Mediator Dei et hominum homo Christus Jesus, nequaquam alter in humanitate, alter in Deitate est, sed in utraque natura idem unus est.* Vox autem *tertia*, ordinem hoc loco non magis significat, quam cum binarium numerum senarii tertiam partem dicimus, aut cum doctus poeta in epithalamio cecinit :

Virginitas non tota tua est, ex parte parentum est ;
Tertia pars patri data, pars data tertia matri,
Tertia sola tua est : noli pugnare duobus.

Quin etiam Isidorus ipse alibi quoque eadem de Trinitate eodem modo loquitur. Nam lib. I advers. Judæos, cap. 4 : *Cujus Trinitatis* (inquit) *sacramentum et Aggæus propheta ita aperuit ex persona Domini, dicens : Spiritus meus erit in medio vestri. Ecce Deus, qui loquitur, ecce Spiritus ejus. Post hæc de tertia persona, id est, de Filio ita subjecit : Quia ecce ego commovebo cœlum et terram, et veniet desideratus cunctis gentibus.* Et paulo post : *Et nunc Dominus, qui misit me, et Spiritus ejus : ecce duæ personæ, Dominus et Spiritus ejus, qui mittunt, et tertia persona ejusdem Domini, qui mittitur.* Bis itaque Filium tertiam personam, hoc est, unam e tribus dixit. Quo sensu licuit dicere : *In Trinitate divina tertia persona Pater, tertia Filius, tertia Spiritus sanctus.* Sed, cum in hac Trinitate nihil prius sit, aut posterius, nostræ tamen aures, quasi ordinem in divinis ex processionibus requirentes, jam id refugiunt ; itaque has dicendi formas non tam usurpamus quam sobrie interpretamur. Quod vero humanitatem personam quibusdam facere videtur, ii non attendunt provocabulum *qui, quæ, quod*, cum inter diversi generis duo nomina ponitur, non tantum præcedenti, sed sequenti etiam aptari solere, notissimo Sallustii exemplo : *Est locus in carcere, quod Tullianum appellatur.* Quomodo C Isidorus quoque ipse loqui interdum gaudet, ut lib. II Sententiarum, cap. 15 : *Inimicos Dei persequuntur tenebræ, qui intelliguntur dæmones.* Ita est enim in omnibus Manuscriptis, mendose vero in Excusis : *quæ intelliguntur dæmones.* Quare lib. I Sentent., cum posset dicere : *Sola Trinitas sibi integre nota est, et humanitas a Christo suscepta, qui tertia est in Trinitate persona* (id enim volebat) noluit tamen ad præcedentem Christum provocabulum respicere, sed ad personam subsequentem. Quod fecit item hoc loco, cum tamen humanitatis susceptæ nomine Filium ipsum (ut diximus) suscipientem conceperit. Neque est quod de scripturæ veritate aut hic, aut lib. I Sentent. quisquam dubitet. Nam ut hic octo, ita illic sedecim manuscripti libri, tam Langobardicis quam nostris characteribus scripti, omnes omnino cum Editis consentiunt. GRIAL.

Ibid. Alborn. : *Vobis*, pro *verbis* ; et mox : *Hujus enim forma in X est littera.* In nota Grialii erat *sed quia subsistit*, verum sensus exigit *sed qua subsistit.* D AREV.

4. *Posteriora mea videbis.* In Flor. 1, ad margin., eodem charactere est ascriptum : *Et posteriora videre est clarificatum Domini humanitatem contemplari.* AREV.

CAP. XLIV. N. 1. *Ecclesia Christi significatur*, vel etiam mens nostra ex Origene ; ita enim ille, homil. 10 in Numeros : *Et arca aurea, in qua sunt tabulæ Testamenti* (ut opinor) *non aliud quam mens nostra esse declaratur, in qua legem Dei debemus habere descriptam. Hæc autem mens aurea debet esse, hoc est, pura et pretiosa, in qua legem Dei descriptam semper habeamus, sicut Apostolus dicit, scriptam non atramento, sed spiritu Dei vivi, non in tabulis lapideis, sed in tabulis cordis carnalibus.* Ambros. vero carnem Salvatoris esse voluit in c. IX Epist. ad Hebræos. Vid. not. cap. seq. GRIAL.

2. *Corona aurea per circuitum.* Nihil hic de corona aurea Gregorius, e quo sunt reliqua in Pastorali

3. Vectes quoque de lignis Sethim fiunt, qui eisdem ad portandum circulis inseruntur, quia fortes perseverantesque doctores, velut imputribilia ligna, quærendi sunt, qui, instructioni sacrorum voluminum semper inhærentes, sanctæ Ecclesiæ unitatem devinciant, et quasi intromissis circulis arcam portent. Qui auro quoque jubentur operiri, ut cum sermone aliis insonant, ipsi etiam vitæ splendore fulgescant.

CAPUT XLV.

De urna aurea, et tabulis, et virga.

1. In hac Testamenti arca fuit urna aurea, tabulæ quoque, et virga Aaron. Hæc arca, ut prædictum est, Ecclesia est, habens duas tabulas lapideas, id est, duplicis Testamenti perpetuam firmitatem. Urnam quoque auream intelligimus carnem Christi puram B atque sinceram, quæ reconditum in se manna perpetuæ divinitatis conservat, et angelici illius panis perennem cœlestemque gerit dulcedinem; necnon etiam virgam Aaron, id est, ejusdem summi verique pontificis nostri Jesu Christi salutare vexillum immortalis memoriæ semper viriditate frondens.

394 CAPUT XLVI.

De propitiatorio et cherubim.

1. Jam porro per propitiatorium super arcam Testamenti positum idem ipse Christus insinuatur, qui inter Deum et hominem medius propitiator intervenit; de quo dicit Apostolus : *Quem proposuit Deus propitiationem per fidem in sanguine ipsius* (*Rom.* III, 25). Hoc propitiatorium arcæ superponitur, sicut et Christus caput est Ecclesiæ, cujus a dextris et a sinistris duo cherubim assistunt. Cherubim autem plenitudo scientiæ interpretatur, plenitudo scientiæ est charitas, id est, dilectio Dei et proximi, qua Dominus ostenditur; nemo enim potest pervenire ad A Deum, nisi per charitatem; plenitudo enim legis dilectio est.

2. Alii eadem duo cherubim duo intelligunt Testamenta, quæ multitudinis suæ scientia propitiatorium Dei, id est, Christi sacramenta obumbrant, testante propheta : *In medio duorum animalium cognosceris* (*Habacuc* III, 2). Hi versis vultibus se respiciunt, dum in spiritualem sensum vertuntur; tunc enim alterutrum sibi melius concordant, et in omnibus rectius consonant. Siquidem ex utroque latere oraculum, vel propitiatorium, tegunt, quia Vetus et Novum Testamentum tam Christi sacramenta quam Ecclesiæ mysteria sub ænigmatum figuris operiunt.

395 CAPUT XLVII.

De altari.

1. Altare autem illud corpus Christi significabat, sive omnes sanctos, in quibus ardet semper divinus ignis, et semper consumitur caro.

CAPUT XLVIII.

De mensa.

1. Posita vero mensa pacis et fidei Ecclesiæ gestabat typum, in qua pascimur alimentis Scripturarum. Ad cujus unitatem ex toto orbe vocibus apostolicis Dei populus congregatur, Salomone dicente : *Sapientia ædificavit sibi domum, paravit mensam suam, miscuit vinum in cratere* (*Proverb.* IX, 1), et reliqua; dicens rursus : *Venite, edite de meis panibus.*

CAPUT XLIX.

De candelabro et oleo.

1. Candelabrum illud septem ramorum Spiritus sancti gestabat imaginem, qui septiformi gratia illustrat C omnem Ecclesiam in unitate fidei **396** consistentem. Alii idem candelabrum Christum intelligunt, gestantem septem Ecclesias, in quibus septiformis Spiritus sancti splendor emicat. Huic candelabro fiunt emun-

part. II, cap. 10. Et quidem eadem hæc multo aliter et Septuaginta, et eorum Latinus interpres reddidere. Pro his enim apud August. in Quæstionibus in Exodum hæc verba leguntur : *Cymatia aurea tortilia in circuitu.* Sed in hoc opere e variis auctoribus contexto non allegoriæ modo, sed sacræ etiam Scripturæ tralationes permiscentur, quamvis Gregorium hoc loco Vulgata Editione usum vel *vectes* soli satis indicent, pro quibus interpres ille *gestatoria* vel *supportatoria* reddidit. GRIAL.

3. *Devinciant*, ex Bed. et Impress. *Denuntient.* Mss. o., et Greg., mendose, opinor. GRIAL.

Ibid. In Albornoziano quoque exstat *denuntient*, quod mendosum Grialius existimat. AREV.

CAP. XLV. N. 1. *Urnam quoque auream intelligimus carnem Christi*, etc. Hæc quidem ex Ambrosio sumpta videntur, nisi quod ille arcam, noster vero urnam Salvatoris carnem esse vult : ita enim Ambrosius, loco citato : *Arcam Testamenti. Hæc est caro Salvatoris, in qua erat urna aurea, habens manna divinitatis, et virga Aaron, quæ floruit in sacerdotio Christi, et tabulæ duorum Testamentorum.* GRIAL.

CAP. XLVI. N. 1. *Idem ipse Christus insinuatur.* Ita Gregorius, homil. 6 in Ezech. *Quid enim per propitiatorium, nisi Redemptor humani generis designatur?* Atque eodem modo Ambrosius : *Apte autem propitiatorium super arcam positum esse dicitur, quia ipsi Mediatori Dei et hominum a Deo Patre donatum est ut esset propitiatio pro peccatis nostris*, etc. Cur vero super arcam et tota omnino de re elegantissime Aug., quæst. 105 : *In arca poni jussa sunt lex, et manna, et virga Aaron, in lege præcepta sunt; virga potestatem significat, manna gratiam, quia nisi cum gratia non est potestas præcepta faciendi. Veruntamen quia lex a quovis proficiente non ex omni parte completur, propitiatorium est desuper; ad hoc enim opus est ut propitius sit Deus, et ideo desuper ponitur, quia superexaltat misericordia judicium.* GRIAL.

2. *Alii eadem duo cherubim.* Greg., homilia citata. GRIAL.

Ibid. Testante propheta : In medio duorum animalium cognosceris. Inseruit testimonium ex Habacuc D Gregorii allegoriæ. Citavitque illud (quod ei commodum fuit) non ex Vulgata, sed ex Septuaginta Editione. Pro his enim verbis Hieron. *In medio annorum notum facies* vertit. Non solum autem Hebræa diversis punctis notata utramque interpretationem recipiunt, sed Ecclesia utraque etiam in divinis officiis utitur. GRIAL.

CAP. XLVIII. N. 1. *Dicens rursus.* Ita Alborn. Cod. Grialius cum aliis omittit *rursus*. Verba Proverbiorum sunt : *Sapientia ædificavit sibi domum, excidit columnas septem, immolavit victimas suas, miscuit vinum, et proposuit mensam suam.* Et vers. 5 : *Venite, comedite panem meum.* AREV.

CAP. XLIX. N. 1. *Spiritus sancti gestabat imaginem.* Ambr. : *Candelabra vero dona Spiritus sancti sunt, quæ in Ecclesiis lucent intelligentibus, per eum super quem requiescit spiritus sapientiæ et intellectus, spiritus consilii et fortitudinis, spiritus scientiæ et pietatis, et spiritus timoris Domini.* Hier., ad Zachar. IV : *Candelabrum* (inquit) *solidum aureum Hebræi, legem, id*

ctoria, quæ in Isaia forcipes nuncupantur (*Isai.* VI, 6).

2. Et hæc quidem duo Testamenta interpretati sunt, quibus peccata purgantur, quæque inter se Spiritus sancti unione sociantur. Extra velum autem testimonii, quod oppansum est, candelabrum ardere præcipitur, quia sine ullo Veteris Testamenti velamine Spiritus sancti jam veritas fulget.

4. Oleum vero, quod de arboribus olivarum sumendum Dominus præcipit, eamdem gratiam Spiritus sancti ostendit, habentem in se pacem et misericordiam per Salvatoris adventum; unde in cordibus nostris lumen veritatis accenditur.

CAPUT L.

De tabernaculo.

1. Sequitur nunc figura tabernaculi, quod, jubente Domino, Moyses fabricare jubetur. Tabernaculum hoc per allegoriam Ecclesia est in hujus vitæ eremo constituta, de qua Psalmista ait : *Quoniam abscondit me in tabernaculo suo in die malorum* (*Psalm.* XXVI, 5).

2. Variis itaque speciebus tabernaculum instruitur, partim pretiosis, partim vilioribus; per quod monstratur alios sanctos, alios peccatores esse in Ecclesia. Fideles autem omnes intra corpus Ecclesiæ constitutos, infideles vero extra sinum collocatos.

CAPUT LI.

De columnis et earum basibus.

1. Ipsum autem tabernaculum cum in typo Ecclesiæ fieret, columnas ei quatuor fundi argenteas Dominus jussit. Columnæ istæ quatuor Evangelistæ sancti sunt, fidei firmitate fundati. Argenteæ autem **397** dicuntur propter divini eloquii claritatem.

2. Harum columnarum bases prophetæ sunt, qui suo gestamine structuram portant Ecclesiæ; supra fundamentum enim prophetarum evangelistæ collocant Ecclesiam, eorumque auctoritate evangelicam fidem confirmant. Caput autem columnarum aureum ille est, de quo dicit Apostolus quia caput viri Christus.

CAPUT LII.

De tabulis deauratis.

1. Interim et tabulas deauratas erigi præcipit, et fundi earum bases argenteas jubet. Quid enim per tabulas, nisi doctores et apostoli, extensa in mundum prædicatione dilatati? Quid per bases argenteas, nisi, ut prædictum est, prophetæ signantur, qui superimpositas tabulas ipsi firmi ac fusiles sustinent?

2. Quia apostolorum et doctorum vita, dum eorum A prædicatione instruitur, eorum auctoritate solidatur. Unde conjunctæ bases binæ singulis tabulis supponuntur, quia dum prophetæ sancti in verbis suis de Mediatoris incarnatione concordant, subsequentes prædicatores Ecclesiæ indubitanter ædificant. Et cum in semetipsis non discrepant, illos in se robustius firmant.

3. Quod autem argenteas ait bases, et tabulas deauratas, ostendit præcepta apostolorum longe clariora esse quam prophetarum. Tentoria autem, quæ ansulis assuta, et circulis suspensa atque innexa funibus ad modum cortinarum viginti et octo in longum atque in latum quatuor cubitis distenduntur, reliqua credentium plebs intelligitur, quæ hæret et pendet in funibus fidei. Funis autem triplex non rumpitur, B quæ est Trinitatis fides, ex qua dependet et per quam sustinetur omnis Ecclesia.

4. Quod autem viginti et octo cubitorum in longum distenduntur, et in latum quatuor cortinæ unius mensuræ, inserta lex **398** Evangelio designatur. Septenarius namque numerus legem significare solet propter multa septenarii numeri sacramenta. Qui consociatus ad Evangelia quatuor, quater septem consequenter vigesimum octavum numerum faciunt.

CAPUT LIII.

De decem cortinis.

1. Decem autem cortinæ fiunt, ut integrum perfectionis numerum teneant, et legis decalogum significent; qui tamen quinquagenis aureis circulis sibimet C connectuntur, quia omnes fideles per donum Spiritus sancti fidei et charitatis vinculo sociantur. Quinquagenarius enim numerus ad Spiritum pertinet sanctum. Unde et quinquagesimo die post pascha descendit de cœlo Spiritus sanctus.

CAPUT LIV.

De undecim velis cilicinis.

1. Quod vero undecim vela cilicina fieri præcipiuntur, in cilicio peccatum ostenditur, propter hædos ad lævam positos. Quoniam ergo superius in decem cortinis sanctos perfectionem legis tenentes ostenderat, profecto undenarius ciliciorum numerus, quoniam transgreditur denarium, transgressores legis, hoc est, peccatores in Ecclesia futuros significat. Sed tamen et ipsa saga cilicina quinquagenis ansulis D copulantur propter pœnitentiæ signum et spem remissionis peccatorum per indulgentiam.

---

est, νόμον *interpretantur. Lampadem autem, id est, flammam in vertice candelabri lucentem atque fulgentem, Christum, qui caput legis sit, et omnem mundum illuminet. Septem lucernas super candelabrum, septem gratias Spiritus sancti*. Hæc quidem de Hebræorum sensu se dicere profitetur. Ipse vero de ecclesiasticorum virorum commentariis subdit : *Candelabrum aureum de auro purissimo Ecclesiam intelligunt, quæ in Scripturis sanctis sensum ac mentem magis quam verba perquirit*. Grial..

Ibid. Isaias, loc. cit. : *Et volavit ad me unus de seraphim, et in manu ejus calculus, quem forcipe tulerat de altari*. Arev.

2. Grialius aliquando scribit *obpansum*, aliquando *oppansum*, quod magis usitatum est. Arev.

Cap. LII. N. 2. *Unde conjunctæ bases binæ significant*, ex Orig., hom. 9 in cap. XXVIII. Grial.

3. Alborn. : *Quod autem argenteas ait bases, sed tabulas deauratas*. Quod elegantius videtur. Arev.

Ibid. Alb. : *Non facile rumpitur*, et ex originali indicatur *derumpitur*, pro quo alii Mss. *disrumpitur*. Verba Ecclesiastæ sunt : *Funiculus triplex difficile rumpitur*. Grialius, *per quem sustinetur*. Arev.

4. Alii, *qui cum sociatur*. Sed plerique, *qui consociatus*, ut sit nominativus pro ablativo absoluto. Arev.

Cap. LIV. N. 1. *Quod vero*, usque ad *remissionis est*, verba Aug., XV de Civit., cap. 20. Grial..

2. Unde et quinquagesimus psalmus veniæ et re- A missionis est. Possunt quidem et hæc tentoria cilicina (quibus tabernaculum tegitur, et pluvias, et ventos, et turbines tolerant) grossæ hominum mentes accipi, quæ aliquando in Ecclesia occulto Dei judicio, quamvis duræ sint, præferuntur.

399 3. Unde et bene sequenter pelles arietum ibi subjecit, ut per arietes duces præpositosque Ecclesiarum ostenderet. Qui, quia deservire curis temporalibus non timent, oportet ut tentationum ventos et pluvias de hujus mundi contrarietatibus portent, ut qui intra Ecclesiam spiritualiter, quasi byssus, et hyacinthus, et purpura fulgent, securi interius resplendeant, dum præpositi et rectores eorum contra procellas et turbines sæculi foris laborant.

CAPUT LV.

De oppanso velo in medio tabernaculi.

1. Quod vero in medio tabernaculi velum extenditur, et exterior pars ab interiore separatur, illud significat, quod nunc populis Ecclesiæ, quæ promissa sunt, velut oppansa, quousque revelentur, videre non liceat. Sic enim et Apostolus ait: *Nunc videmus per speculum in ænigmate, tunc autem facie ad faciem* (*I Cor.* XIII). Quandiu igitur in hoc mundo sumus, tanquam per speculum veritatem videmus, positi quasi in sancta, nondum pervenientes ad sancta sanctorum.

2. Sancta enim possunt esse ea quæ in præsenti sæculo habere sancta conversatio potest. Sancta vero sanctorum, in quæ semel tantummodo intratur, ad cœlum est transitus, ubi est propitiatorium et che- C rubim; ubi et mundicordibus apparere poterit Deus. In qua tamen conversatione constituti non sine adjutorio Spiritus sancti consistimus. Habemus enim ex uno Spiritus sancti fonte septem lucernas, quæ illuminent populum Ecclesiæ, id est, septemplicem Domini gratiam missam in universum orbem terrarum, quæ populos Ecclesiæ fulgore Spiritus sancti diversa charismatum claritate illustrat.

3. Potest quidem hoc oppansum velum, quod partem tabernaculi interioris occultabat, ne prospicerentur illuc reposita, tempus illud significare quod fuit sub lege. Quia ea quæ lex et prophetæ cecinerunt occulta erant, et interjecto velamine videri non poterant.

400 4. Sed posteaquam Christus adveniens tem- D pore passionis velum illud a summo usque deorsum dirupit, omnia illa quæ antea erant occulta, per Domini passionem ad nostram fidem sunt revelata, dicente Apostolo: *Nobis autem revelavit Deus per Spiritum suum: quia Spiritus omnia scrutatur, et ea quæ sunt alta Dei* (*I Cor.* II, 10).

CAPUT LVI.

De diversis donariis ad constructionem tabernaculi.

1. Offeruntur autem uno studio et tamen diversa donaria ad constructionem tabernaculi, juxta quod scriptum est: *Aurum, argentum, æs, lapides pretiosi.* Tum præterea byssum, coccum, hyacinthum, et purpuram, pelles arietum rubricatas, et pelles hyacinthinas, sed et ligna imputribilia, pilos quoque caprarum ad constructionem tabernaculi.

2. Sed et quidquid in cultum et ad vestes sanctas necessarium erat viri cum mulieribus præbuerunt, armillas, et inaures, et annulos, et dextralia, omne vas aureum in donaria Domini separatum est. Si quis habuit hyacinthum, purpuram, coccum bis tinctum, byssum, et pilos caprarum.

B 3. Figura itaque prioris tabernaculi Ecclesiæ typus est. Per hæc itaque munera significantur meritorum dona, quibus ornatur Ecclesia: fides ejus auro comparatur, sermo prædicationis argento. Quod vero quæ in ornamento, sive tabernaculo necessaria sunt, viri cum mulieribus præbent, hoc significat quia intra Ecclesiam virtutes fortium, quæ per viros exprimuntur, et exigua opera infirmorum, quæ per mulieres intimantur, omnia locum inveniunt, et ad usus sanctæ ædificationis accipiuntur.

4. Collatio vero ipsa non fit necessitate, sed sponte, quia fides spontanea est. Nam per armillas, quæ lacertos astringunt, præpositorum valde laborantium opera demonstrantur. Per inaures subditorum obedientia exprimitur. Per annulos signaculum secretorum ostenditur.

401 5. Unde et quædam minus intelligentibus occultantes, quasi sub signaculo recondunt doctores, ne indignis quibusque Dei sacramenta credantur. Unde et justus lætatur, et dicit: *In corde meo abscondi eloquia tua, ut non peccem tibi* (*Psalm.* CXVIII, 11). Porro per dextralia opera bona et dextra commemorantur.

6. Per vas aureum in donaria Domini separatum divinitatis intelligentia accipitur, quæ tanto ab inferiorum amore disjungitur quanto ad sola quæ æterna sunt amanda sublevatur. Porro per hyacinthum spes cœlestium præmiorum ostenditur. Per purpuram cruor ac tolerantia passionum amore regni perpetui exhibita declaratur. Per bis tinctum coccum charitas demonstratur, quæ pro perfectione sui bis tingitur, quia Dei et proximi dilectione decoratur.

7. Per byssum immaculata carnis incorruptio, et splendidissimus sanctimoniæ candor ostenditur; byssus enim linum est candidum. Per pilos autem caprarum, ex quibus ciliciorum asperitas texitur,

2. *Grossæ hominum mentes.* Ita Grialius cum aliis Editis. Sed fortasse melius est cum Alborn., *crassæ hominum mentes.* Pro *duræ sint* Grialius edidit *duræ sunt.* In Alb., *dura sunt.* Alii, *hominum mentes, qui... duri sint.* AREV.

CAP. LV. N. 2. Alii, *ubi et mundis corde.* Sed *mundicordibus* probum est ex dictis ad cap. 25, in Genesim, num. 10. AREV.

4. Vulgata: *Spiritus enim omnia scrutatur, etiam profunda Dei.* AREV.

CAP. LVI. N. 2. *Sed et quidquid in cultum*, usque ad *irrigatus*, Greg. sunt verba, XXX Moral., cap. 6. Vid. etiam Orig., hom. 13 in c. XXV. GRIAL.

5. Cod. Alb.: *Porro per dextralia bonæ operationis ornamenta, sive opera bona.* AREV.

6. Grialius, *amando sublevatur*; et ita alii Editi. Sed genuinum videtur quod cum Ms. Alborn. teneo, *amanda sublevatur.* AREV.

dura pœnitentiæ afflictio designatur. Dum igitur alii per armillas et annulos forte magisterium exercent, alii per inaures et dextralia devotam audiendi obedientiam rectamque operationem exhibent; alii per vas aureum præclaram subtilioremque Dei intelligentiam tenent; alii per hyacinthum, purpuram et coccum audita cœlestia sperare, credere, amare non desinunt, etiam quæ adhuc subtiliori intellectu minime cognoscunt; alii per byssum incorruptionem carnis offerunt; alii per caprarum pilos deplorant aspere quod libenter admiserunt.

8. Simul ex tanta diversitate operum unum conficitur tabernaculum: sicut ex diverso pulvere unus compingitur globus terræ, infusione Spiritus sancti rigatus. Jam porro ligna Sethim imputribilia omnes sancti intelliguntur mente et corpore incorrupti, neque cum sæculo pereuntes, sed permanentes æterni. Lapides quoque pretiosi, confessores, apostoli, sacerdotes, omnesque justi.

9. Quos etiam lapides vivos beatus Petrus apostolus dicit: *Ut sitis*, inquit, *lapides vivi, coædificati in templo Dei* (*I Petr.* II, 5). Hæc igitur **402** offeruntur omnia in tabernaculo Dei, ut nullus desperet salutem. Offert super hæc et alius aurum, id est, sensum, et alius argentum, id est, eloquium, alius vocem æris. Sicque fiunt multa in tabernaculo, mensa scilicet, et candelabrum, altare, columnæ, bases, tabulæ, crateres, scyphi, thuribula, phialæ, mortariola, emunctoria, paxilli, tentoria, quibus diversitatibus tota illa tabernaculi, id est, Ecclesiæ pulchritudo distinguitur.

10. Nam tabernaculum Ecclesia est, in qua est mensa, id est, unitas fidei, vel certe Scriptura sacra, qua universi fideles spirituali cibo pascuntur. Candelabrum quoque cum septem lucernis Christus est cum septem Ecclesiis. Emunctoria quoque ejus, hoc est, geminum Testamentum. Et columnæ, doctores sancti, fidei firmitate solidati. Necnon et bases, id est, prophetæ suo fundamine structuram gestantes Ecclesiæ.

11. Ibi etiam et tabulæ, apostoli prædicationis latitudine dilatati. Sive tentoria, præpositi, videlicet, et prædicatores, qui exterius laborant contra hujus sæculi turbines. Sunt ibi et crateres, id est, distributiones donorum. Sunt et paxilli, hoc est, principes Ecclesiæ, quibus pendent omnia genera populorum, quasi vasorum; scyphi quoque, doctrinæ eloquia, sive sensus.

12. Necnon et thuribula, virtutes scilicet operum bonorum, vel orationes sanctorum, quibus odor suavitatis ascendit ad Dominum. Phialæ quoque, apostoli et doctores pleni vitalibus aquis. Ibi lilia, virginitatis candor, sive mortariola, laborum passio- A numque tolerantiæ, quibus mortificantur membra pœnitentium, et hæ quidem species dispensationesque donorum sunt divisæ per Spiritum sanctum fidelibus, ut in singulis distributionibus perfectum Christi tabernaculum construatur, in quibus habitet Deus in medio sanctorum.

CAPUT LVII.

De unguento quo perungitur tabernaculum.

1. Porro unguentum quo perungitur tabernaculum chrisma est, quo ungitur populus fidelis in Ecclesia, in quibus divinitas **403** tanquam in tabernaculo habitat. Potest quidem intelligi hoc unguentum etiam virtutes sanctorum, sive odor justitiæ longe lateque diffusus. De quo dicit Apostolus: *Deo autem gratias, qui triumphat nos in Christo Jesu,* B *et odorem justitiæ suæ manifestat per nos in omni loco* (*II Cor.* II, 14).

CAPUT LVIII.

De incenco composito.

1. Incensum autem, quod ex quatuor odoratissimis generibus in maximam subtilitatem comminutis, id est, stacte, onyche, galbano, et thure componitur (*Prud., p.* 129), hæc in forma orationum fidelium constituta esse, beati Joannis Apocalypsis ostendit. Et illi quidem viginti quatuor seniores procidunt ante Agnum, habentes singuli citharas, et phialas aureas plenas incenso, quæ sunt orationes sanctorum (*Apoc.* V).

2. Quanquam et speciem quatuor elementorum horum quatuor odorum naturæ significare videantur, C ut thus, quod perlucidum est, aeri comparetur, stacte vero aquis, galbanus et onyx terræ atque igni, ut per hæc omnium quæ in cœlo, et infra cœlum, et in terra, et in aquis sunt, placitum Deo incensum sit hic creaturæ laudis oratio.

3. Sanguis autem ille, quo Moyses populum aspergit ac purificat, et tabernaculum Testamenti, et omnia quæ in eo erant, dicens: *Sanguis hic, sanguis Testamenti*, mirifice sanguinem Domini Jesu prædicare monstratur, quo omnium credentium corda purgantur, quo fides Ecclesiæ signatur, quo omnis populus Ecclesiæ, id est, corpus omne tabernaculi sanctificatur, dicente Domino discipulis: *Hic est sanguis meus Novi Testamenti, qui pro multis effundetur* (*Matth.* XXVI), ad implendum in veritate id D quod per Moysem fuerat ostensum in imagine.

404 CAPUT LIX.

De veste pontificis.

1. Jam nunc indumenta pontificis quæ sint, quæque potius significent, demonstrandum est. Sacerdos autem Aaron illum significat, ad quem dicitur: *Tu es sacerdos in æternum secundum ordinem Melchisedech* (*Psalm.* CIX, 4). Vestis ejusdem sacerdotis Ec-

9. In Vulgata: *Et ipsi tanquam lapides vivi superædificamini, domus spiritualis.* AREV.

CAP. LVII. Num. 1. Vulg.: *Qui semper triumphat... odorem notitiæ suæ.* AREV.

CAP. LVIII. N. 1. Ostendi in Prudent., pag. 129, *incensum* vocem esse antiquissimam pro thure, aut misto quodam ex diversis odorum generibus. AREV.

Ibid. Pro *hoc in loco* positum est adverbium *hic*; sed alii legunt *hæc*. AREV.

2. Grialius, *stactes vero aquis.* AREV.

3. *Quo omnis populus*, etc. Alb., *quo omne corpus tabernaculi, id est, omnis populus Christi sanctificetur.* AREV.

clesia est, de qua dicit Apostolus : *Ut exhiberet sibi gloriosam Ecclesiam, non habentem maculam aut rugam* (*Ephes.* v, 27).

2. Quatuor colores, ex quibus vestis ejus contexitur, meritorum est diversitas, quæ intra sanctam Ecclesiam in Christi corpore rutilat. Poderem autem illam, id est, sacerdotalem lineam, incarnationem Christi accipimus, quæ de terra est, et significatur in pedibus. Linum enim de terra exoritur. Cidarim super caput ejus, et auream laminam, splendorem divinitatis intelligimus, ut unus atque idem secundum hominem podere, secundum Deum cidari ornatus esse videatur.

3. Feminalia vero illa quibus induitur castitatem corporis Christi et integritatem ostendunt. Cingulum vero illud, quo sacerdotale pectus astringitur, chorus B sanctorum vel concordia figuratur, qui in unitate fidei Christi amplectuntur. Tunica autem illa talaris, a capite usque ad plantas demissa, eadem est Ecclesia Christi, usque ad finem temporum permansura.

4. Hæc vestis fit tota hyacinthina. Hyacinthus enim aereo colore resplendet : scilicet ut omnis Ecclesia quæ sursum sunt sapiat, et tota ad amorem cœlestium surgat. Mala autem Punica in inferioribus posita, ejusdem Ecclesiæ unitatem declarant. Nam sicut in malo Punico sub unico exterius cortice multa interius grana muniuntur, sic innumeros sanctæ Ecclesiæ populos unitas fidei contegit, quos intus diversitas meritorum tenet.

5. Tintinnabula autem inter mala granata conso- C nantia intelliguntur **405** prophetæ, et doctores sancti, in medio Ecclesiæ collocati, quorum lingua, doctrinæ scientia resonans, tangit utrasque acies tintinnabuli, id est, partes legis et Evangelii. Hæc autem tintinnabula in extremo vestimento sunt posita, idcirco ut de fine mundi et de vita futura disputantes nunquam sileant. Superhumerale autem pallium Salvatoris insinuat potestatem et regnum, sicut scriptum est : *Principatus ejus super humeros ejus* (*Isai.* IX, 6).

6. Duo quoque lapides smaragdini, in superhumerali ad dextram et lævam positi, duo sunt populi : gentilis dexter; et Judæus, qui fuit aliquando dexter, sinister; habentes in se sculpta nomina duodecim patriarcharum, D id est, ad imitanda vitæ exempla sanctorum apostolorum.

7. Alii eosdem duos lapides duo Testamenta dixerunt, sive litteram et spiritum, in quibus tenentur legis universa mysteria : in dextra spiritus, in læva littera. Rationale vero pectori superpositum, quaterno lapidum distinctum ordine, sermonem figurat A evangelicum, qui quadruplicato ordine veritatem fidei nobis et doctrinam Trinitatis exponit.

8. Cui convenit in gemmis apostolicus sermo, tam virtute quam numero. Hoc autem rationale duplex est, quia evangelicæ doctrinæ scientia aperta est et abscondita, simplex et mystica. Item idem sacerdos Christus non incongrue interpretatur in membris suis, et maxime in pontifice, qui moratur in sanctis, et offert victimam pro populo carnem immaculati Agni sacro ore conficiens.

9. Primo enim quod in Aaron pectore rationale judicii vittis ligantibus imprimitur, significat ut sacerdotale cor nequaquam cogitationes fluxæ possideant, sed ratio sola constringat. In quo etiam rationali duodecim lapides vigilanter adjunguntur, ut duodecim patriarcharum nomina describantur. Ascriptos etenim sanctos patres semper in pectore ferre debet, quorum exempla imitari non cesset.

10. Et quod in utroque humero sacerdos velamine superhumeralis astringitur, ut contra adversa ac prospera virtutum semper **406** ornamento muniatur. Et quod superhumerale ex auro, et hyacintho, et purpura, et bis tincto cocco, et torta fieri bysso præcipitur, quanta sacerdos clarescere virtutum diversitate debeat demonstratur. In sacerdotis quippe habitu aurum fulget, dum intellectu sapientiæ emicat. Cui hyacinthus, quia aereo colore resplendet, adjungitur, scilicet, ut omne quod tractat ad amorem cœlestium surgat.

11. Huic admiscetur regalis purpura, ut suggestiones vitiorum, veluti ex potestate regia, comprimat. Coccus quoque bis tinctus ipsi superhumerali adjungitur, ut ante interni judicis oculos omnia virtutum bona ex charitate decorentur.

12. Quæ charitas, quia in dilectione Dei et proximi pendet, quasi ex duplici tinctura refulget. Cui bis tincto cocco torta byssus adjungitur; de terra enim byssus nitenti specie oritur, per quod candens nitor et munditia corporalis castitatis designatur. Quæ videlicet torta pulchritudini superhumeralis innectitur, quia tunc castimonia ad perfectum munditiæ candorem ducitur, cum per abstinentiam caro affligitur.

13. Siquidem et balteo præcingitur, per quod renum incentiva et luxuriæ libidinum restringantur. Tabernaculum autem sacerdos ingrediens in tunica tintinnabulis ambitur, ut videlicet voces prædicationis habeat, ne superni inspectoris judicium ex silentio offendat. Mala quoque Punica tintinnabulis conjunguntur, ut per ejus doctrinam unitas fidei designetur.

14. Quod autem in primam partem tabernaculi

CAP. LIX. N. 3. Cod. Florent. 1 : *Ecclesia Christi a principio mundi usque ad finem*, etc. AREV.

4. *Mala autem Punica*, usque ad *meritorum tenet*, Greg., Past. II p., c. 4, et I Registr., epist. 24. GRIAL.

5. *Hæc autem tintinnabula*, usque ad *nunquam sileant*, Origen., hom. 9 in c. XXVIII. GRIAL.

Ibid. Vulgata : *Et factus est principatus super humerum ejus*. Cod. Alb., *potestas*; alii, *imperium*, pro *principatus*. AREV.

6. Alburn. : *Id est, admirandum vitæ exemplum sanctorum apostolorum*. AREV.

9. *Primo enim quod Aaron*, usque ad *unitas fidei designetur*, ex Greg., lib. I Registr., epist. 24. GRIAL.

12. Cod. Flor. 1 : *Per quod candens decore munditiæ corporalis castitas designatur. Quæ videlicet*, etc. AREV.

quotidie sacerdos ad immolandas hostias introibat, instantia nobis quotidiana præcipitur, ut ab hoc loco, ubi populus Dei cœlestibus vocibus eruditur, nunquam abscedamus, sed quotidie confessionis et laudis spirituale sacrificium offeramus, id est, humilitatem animarum nostrarum, quæ sunt veræ hostiæ, sicut scriptum est : *Sacrificium Deo spiritus contribulatus* (*Psalm.* L).

15. Illud autem quod semel in anno pontifex, relicto populo, ingrediebatur in sancta sanctorum, ubi erat propitiatorium, significat Dominum nostrum Jesum pontificem, qui in carne positus, **407** per totum annum erat cum populo, annum videlicet illum, de quo dicit ipse : *Evangelizare pauperibus misit me, et vocare annum Domini acceptum, et diem propitiationis* (*Luc.* IV).

16. Iste ergo semel in anno in die propitiationis intrat in sancta sanctorum, id est, completa dispensatione, penetravit cœlos, intrans ad Patrem, ut eum propitium humano generi faciat, et exoret pro omnibus in se credentibus.

IN LEVITICUM.

408 CAPUT PRIMUM.

De figuris hostiarum.

1. Sequens Leviticus liber hostiarum diversitates exsequitur, quarum typus imaginem passionis Christi præferebat. Nam postquam ipse oblatus est, omnes illæ hostiæ cessaverunt, quæ in typo, vel umbra ejusdem præcesserant, præfigurantes illud sacrificium quod unus et verus sacerdos obtulit, mediator Dei et hominum : cujus sacrificii promissivas figuras in victimis animalium celebrare ante oportebat propter emundationem futuram carnis et sanguinis; per quam unam victimam fieret remissio peccatorum, de carne et sanguine contractorum, quæ regnum Dei non possidebunt, quia eadem substantia corporalis in cœlestem commutabitur qualitatem.

2. Ipse enim in vitulo propter virtutem crucis offerebatur; ipse in agno propter innocentiam, in ariete propter principatum, in hirco propter similitudinem carnis peccati, ut de peccato damnaret peccatum; idem in turture et columba propter Deum et hominem, quia mediator Dei et hominum in duarum substantiarum conjunctione ostendebatur. Porro in simi aginis conspersione credentium per aquam baptismatis collectam Ecclesiam, quæ corpus est Christi, perspicue demonstrabat.

409 3. Nos autem moraliter munus Deo offerimus vitulum, cum carnis superbiam vincimus; agnum, cum irrationabiles motus et insipientes corrigimus; hædum, dum lasciviam superamus; columbam, dum simplicitatem mentis retinemus; turturem, dum carnis servamus castitatem; panes azymos, dum non in fermento malitiæ, sed in azymis sinceritatis et veritatis ambulamus (*I Cor.* V).

CAPUT II.

De igne sacrificii.

1. Ignis autem in sacrificio figuraliter id significabat, velut absorbens mortem in victoria. In eo autem populo hæc rite celebrata sunt, cujus regnum et sacerdotium prophetia erat venturi regis et sacerdotis, ad regendos et sacrandos fideles in omnibus gentibus, et introducendos in regnum cœlorum et angelorum sacrarium ad vitam æternam.

2. Hujus itaque veri sacrificii sicut religiosa prædicamenta Hebræi celebraverunt, ita sacrilega imitamenta pagani, quia quæ immolant gentes, ut ait Apostolus, dæmoniis immolant, et non Deo. Antiqua enim res est prænuntiativa immolatio sanguinis, futuram passionem Mediatoris ab initio generis humani testificans. Hanc enim primus Abel obtulisse in sacris litteris invenitur.

CAPUT III.

Quod mel in Dei sacrificio non offertur.

1. Quod autem mel in Dei sacrificio non offertur, indicat apud Deum nihil voluptuosum, nihil suave hujus mundi placere, nihilque, **410** quod non habeat mordacis aliquid veritatis. Unde et pascha cum amaritudinibus manducatur (*Exod.* XII).

CAPUT IV.

Quod sal in omnibus sacrificiis admiscetur.

1. E contrario admisceri in omnibus sacrificiis sal jubetur, scilicet, ut omnia quæ in Christi honorem offerimus, sal rationis ac discretionis semper accipiant.

CAPUT V.

Quod in sacrificium oleum offertur.

1. Quod vero in sacrificio oleum offerebatur, significat ut quidquid ad cultum Christi et devotionem sanctorum impendimus, totum hilariter facia-

CAP. I. N. 1. Alb. : *Cujus sacrificii promissi varias figuras.* AREV.

2. Alb. : *Collecta Ecclesia, quæ corpus est Christi, perspicue demonstrabat.* AREV.

3. *Nos autem*, usque ad *ambulamus*, verba sunt Orig., c. 1, hom. 2. GRIAL.

CAP. II. N. 1. Totum caput ex XXII contr. Faust., cap. 17. GRIAL.

Ibid. Sacrandos. Ita mss. o. *Congregandos*, Bed. et Impr. *Consecrandos*, August. GRIAL.

Ibid. Sacrarium. Ex Aug. et Bed. Al., *sacrorum*, mendose. GRIAL.

Ibid. In nota Grialii erat *ad sacrarium*, mendose, ut puto; nam in textu recte est *sacrarium* sine *ad*. AREV.

2. *Religiosa prædicamenta.* Ex Aug. Al., *religiosa sacramenta.* GRIAL.

Ibid. Sacrilegia imitamenta. Ex Aug. et Bed. Al. : *Imitati sunt pagani.* GRIAL.

mus, *nihil*, ut ait Apostolus, *ex tristitia, aut ex necessitate. Hilarem enim datorem diligit Deus* (*II Cor.* IX). Oleum enim hilaritatem significat, sicut scriptum est : *Ut exhilaret faciem in oleo* (*Psalm.* CIII).

CAPUT VI.

De quatuor generibus principalium oblationum.

1. In exordio autem Levitici quatuor genera principalium oblationum describuntur, quæ in odorem suavitatis Domino offerri jubentur, id est, primum vitulus de armentis sine macula ; secundum agnus de ovibus ; tertium turtur et columba ; quartum similago conspersa, azyma oleo uncta, clibano cocta. Reliqua autem sacrificia pro qualitatibus causarum in persona populi offerebantur.

2. Primum itaque sacrificium, id est, vitulus ex armentis, Christum demonstrat, ex patriarcharum progenie descendentem. Hic aratro crucis suæ terram carnis nostræ perdomuit, atque Spiritus sancti semine virtutum frugem ditavit. Iste vitulus sine macula est, quia sine peccato ad passionem ducitur. Offertur autem non **411** in tabernaculo, sed ad ostium ejus, quia extra castra passus est Christus. Per filios autem Aaron sacerdotis offertur sanguis ejus.

3. Quod de Anna et Caipha intelligitur, qui, consilium facientes, effuderunt sanguinem Christi. Secunda hostia, de ovibus agnus oblatus, idem Christus propter innocentiam figuratur. Hic est enim agnus qui apud Isaiam in sacrificium adducitur (*Isai.* LIII), et a Joanne omnibus demonstratur, dicente : *Ecce Agnus Dei, ecce qui tollit peccata mundi* (*Joan.* I). Bene ergo in sacrificio agnus offertur, ut innocentiæ et passionis Christi figura demonstraretur. Bene et hædus, quia per ejus mortem auctor peccati diabolus agnoscitur jugulatus.

4. Tertium sacrificium dicitur turtur et columba. Turturem carnem Christi esse manifestum est, Salomone dicente : *Speciosæ genæ tuæ, sicut turturis* (*Cant.* I). Columbam Spiritus sancti figuram habere declarat Joannes Baptista dicens : *Super quem videris Spiritum descendentem, sicut columbam, hic est Filius meus* (*Joan.* I, 32, 33). Ac per hoc turturem et columbam, id est, carnem Christi Spiritui sancto sociatam per mysterium passionis sacrificium Deo in odorem suavitatis accipimus. Ista tria sacrificia offert homo, id est, Christus Jesus.

5. Quartum autem anima offert, id est, Ecclesia offert sacrificium de simila. Simila Ecclesiæ catholicæ figuram prænuntiat, quæ ex convenientibus membris, quasi simila, ex multis credentium granis collecta est, et legis et Evangeliorum mola in littera et spiritu separata, per aquam baptismatis adunata, chrismatis oleo peruncta, sancti Spiritus igne solidata, et per humilitatem spiritus Deo hostia placens effecta. Hæ sunt quatuor oblationes, quadriformem Christi et Ecclesiæ habitum demonstrantes.

CAPUT VII.

De sacrificio ejus qui sacramentum protulit, et oblivione transcendit.

1. De eo autem qui juramentum protulit, ut vel male, vel bene **412** quid faceret, atque hoc ipsum oblivione transcendit, dicitur : *Offerat agnam de gregibus, sive capram, orabitque pro eo sacerdos et pro peccato ejus. Sin autem non poterit offerre pecus, offerat duos turtures, aut duos pullos columbarum : unum pro peccato, et alterum in holocaustum.* Juramentum utique proferre est voto nos divinæ servitutis alligare, et cum bona opera promittimus, bene nos facere spondemus.

2. Cum vero abstinentiam cruciatumque carnis nostræ vovemus, male ad præsens nos nobis facere juramus. Sed quia nullus in hac vita ita perfectus est, ut quamlibet Deo devotus sit, inter ipsa quantulamcunque pia vota non peccet, pro peccato agna offerri de gregibus, sive capra præcipitur.

3. Quid enim per agnam, nisi activæ vitæ innocentia ? quid per capram, quæ in summis extremisque sæpe pendens rupibus pascitur, nisi contemplativa vita significatur ? Qui ergo se conspicit promissa hæc, et proposita non implesse, in sacrificium Dei se studiosius debet, vel innocentia boni operis, vel sublimi pastu contemplationis accingere.

4. Et bene agna de gregibus, capra vero offerri de gregibus non jubetur, quia activa vita multorum est, contemplativa paucorum. Et cum hæc agimus quæ multos agere et egisse conspicimus, quasi agnam de gregibus damus. Sed cum offerentis virtus ad agnam capramque non sufficit, in remedio pœnitentis adjungitur, ut duo columbarum pulli, vel duo turtures offerantur.

5. Scimus quia columbarum pulli, vel turtures pro cantu gemitus habent. Quid ergo per duos columbarum pullos, vel duos turtures, nisi duplex pœnitentiæ nostræ gemitus designatur ? ut cum ad offerenda bona opera non assurgimus, nosmetipsos dupliciter defleamus, quia et recta non fecimus, et prava operati sumus.

6. Unde et unus turtur pro peccato, alter vero offerri in holocaustum jubetur. Holocaustum namque *totum incensum* dicitur. Unum ergo turturem pro peccato offerimus, cum pro culpa gemitum **413** damus. De altero vero holocaustum facimus, cum pro eo quod bona neglеximus, nosmetipsos funditus succendentes igne doloris ardemus.

CAP. VI. N. 4. Flor. ms. 1 : *Tertium ex persona Patris sacrificium.* Et paulo post : *Spiritui sancto sociatam ex persona Patris per mysterium*, etc. AREV.

CAP. VII. N. 1. Totum caput e Greg., XXXII Moral., c. 4. GRIAL.

3. *Nisi activæ vitæ innocentia.* Ita Cod. Alb., et ita exigit sensus. Mendosum quippe videtur apud Grialium, et alios impressos eo antiquiores, *nisi activæ vitæ innocentiam.* AREV.

4. Alb. : *Duo columbarum pulli, aut duo turturis.* AREV.

CAPUT VIII.

De filiis Aaron exstinctis.

1. Filii autem Aaron, qui, imponentes altari ignem alienum, igne divino exusti sunt, illos significaverunt qui, Dei traditione contempta, alienas doctrinas appetunt, et magisteria humanæ institutionis inducunt. Quos increpat Dominus et objurgat in Evangelio, dicens : *Rejecistis mandatum Dei, ut traditionem vestram statuatis.*

2. Videtur et ignem alienum incendere, quisquis, corporeæ vel sæcularis alicujus cupiditatis ignem in sacrario sui cordis accendens, audet altaribus Domini appropinquare. Quæ non recipiunt, nisi illius ignis accensionem de quo ait Dominus : *Ignem veni mittere in terram.* Hoc igne nos Dominus Jesus semper incendat, ut illuminemur in sensibus, ne flagremus in vitiis.

CAPUT IX.

De discretione ciborum.

1. Nunc autem de discretione ciborum subjiciendum est, ubi lex de mundis et immundis loquens, quædam animalia ad esum, quasi munda, concessit; quædam vero interdixit, quasi non munda. Primum enim sciendum est, quidquid a Deo creatum est, mundum esse, in ipsa institutionis auctoritate purgatum, et non esse culpandum, ne in Creatorem culpa revocetur.

2. Deinde ad hoc filiis Israel legem datam, ut per illam proficerent, et redirent ad mores quos, cum ante a patribus accepissent, in Ægypto propter consuetudinem barbaræ gentis perruperant. Ergo, ut homines emendarentur, pecora culpata sunt, 414 scilicet, ut homines qui eadem vitia habebant æquales pecoribus existimentur.

3. Nam in animalibus mores pinguntur humani, et actus, et voluntates, ex quibus ipsi fiunt mundi vel immundi. Hæc itaque munda esse dicit. *Omne,* inquit, *quod habet divisam ungulam, et ruminat, in pecoribus comedetis.* Quod cum diceret, non pecora, sed mores hominum discernebat. Denique hi homines mundi sunt qui ruminant, qui in ore semper portant, quasi cibum, divina præcepta.

4. Hi et ungulam findunt, quia duo Testamenta legis et Evangeliorum credentes, firmo gressu innocentiæ justitiæque incedunt. Item Judæi ruminant quidem verba legis, sed ungulam non findunt : hoc est, quod nec duo Testamenta recipiunt, nec in Patrem Filiumque fidei suæ gressus statuunt. Propterea immundi habentur,

5. Hæretici quoque licet ungulam findant, in Patrem, et Filium credentes, et duo Testamenta recipientes, sed quia doctrinam veritatis in ore non ruminant, nihilominus et ipsi immundi sunt. Nam quod adjecit Scriptura dicens : *Ex omnibus quæ gignuntur in aquis, et habent pinnulas et squamas, hæc comedetis; quidquid autem pinnulas et squamas non habet, abominabile erit vobis.*

6. Nam qui in piscibus squamosi et cum pinnulis, pro mundis habentur, hispidi, et hirti, et fortes in fide, ac graves mores designantur hominum habentes pinnas contemplationis. Quæ autem sine his sunt, dicuntur immunda, in quibus leves, et lubrici, et infidi, et effeminati mores improbantur.

7. Quid autem sibi vult quod lex dicit : *Camelum non manducabis*, nisi quod de exemplo animalis vitam damnat informem, et criminibus tortuosam? Cum autem in cibum suem prohibet, 415 reprehendit cœnosam utique, et luteam, ac gaudentem vitiorum sordibus vitam. Et cum leporem accusat, deformatos utique in feminas viros damnat.

8. Quis autem corpus mustelæ cibum faciat? Sed furtum reprehendit. Quis lacertam? Sed odit vitæ incertam varietatem. Quis postremo stellione vesci possit, ut hoc lex magnopere prohiberet? Sed maculas mentium exsecratur. Quis accipitrem, aut milvum, aut aquilam? Sed odit raptores violento scelere viventes.

9. Quis vulturem? Sed exsecratur prædam de aliena morte quærentes. Sic et cum corvum prohibet, voluptates vel magnitudinem vitiorum vetat. Passerem quoque dum interdicit, intemperantiam coarguit. Quando noctuam, odit lucifugas vanitates. Quando charadrium et gersaulam, nimiæ linguæ intemperantiam. Quando cygnum prohibet, cervicis altæ superbiam denotat. Quando vespertilionem, quærentes tenebris noctis similes errores.

10. Hæc ergo et his paria lex in animalibus exsecratur, quæ in illis non sunt criminosa, quia in hoc nata; sed in homine culpantur, quia contra naturam non ex institutione, sed ex errore quæsita sunt. Sed fuit tempus aliquando antiquum quo istæ umbræ vel figuræ exercendæ erant a populo, vel gerendæ, ut abstinendum esset a cibis quos institutio quidem commendaverat, sed lex interdixerat.

11. Verum jam finis legis Christus advenit, aperiens clausa legis, et obscura reserans, atque omnia sacramenta, quæ nobis texerat antiquitas figuris, magister insignis, et doctor cœlestis et institutor, reserata veritate patefecit. Sub quo dicitur : *Jam omnia munda mundis, inquinatis autem et infidelibus,*

Cap. ix. N. 1. De ciborum discretione confer Patres apostolicos, Editionis Cotelerii tom. I, pag. 35, ac passim theologos. Arev.

6. *Nam qui in piscibus*, etc. Alb. : *Namque in piscibus squamis aspersa pro mundis habentur, hispidi, et hirsuti, et rigidi, et graviores mores hominum approbantur.* In infimo ejusdem Codicis Alb. hæc reperiuntur : *Isidorus in originali dicit sic : Namque in piscibus squamosis et compennulis, qui pro mundis habentur, hispidi, et hirci, et firmi in fide, ac graves mores hominum approbantur.* Existimo igitur, *originale Isidori*, quocum Codex Albornozianus collatus fuit ab ipsomet, ut videtur, cardinali Albornozio, nihil aliud fuisse quam Codicem miræ vetustatis, qui fortasse a nonnullis credebatur *originale* sancti Isidori. Arev.

7. Cur prohibuerit Deus Judæis quædam animalia manducare, et quænam inde allegoriæ exprommantur, vide Patres apostolicos cum notis Cotelerii, tom. I, pag. 30. Arev.

9. Alb. *Cum corvum prohibet, nigras vel impuras respuit voluntates, vel*, etc. Et mox, *lucifugam veritatis*, pro *lucifugas vanitates.* Arev.

nihil mundum, sed pollutæ sunt eorum et mens, et conscientia. A

12. Et alio loco : *Quidquid vobis appositum fuerit, manducate;* ex quibus constat, omnia ista jam suis benedictionibus reddita, quæ carnali populo fuerant pro moribus interdicta. Cavendum est autem ne quis licentiam istam putet in tantum esse permissam, 416 ut et immolata simulacris possit manducare ; quantum enim ad creaturam Dei pertinet, omnia munda sunt ; sed cum dæmonibus immolata fuerint, inquinata fiunt, unde et Apostolus ait : *Si quis autem vobis dixerit : Hoc immolatum est idolis, nolite manducare* (*I Cor.* VIII).

CAPUT X.

De immunditia partuum.

1. Sequitur quæstio de immunditia partus et contagione lepræ. Ait enim : *Mulierem quæ concepit semen, et peperit masculum, septem diebus esse immundam, octavo purificari.* B

2. Quæ autem feminam peperit, bis septem diebus in immunditia scribitur permanere. In talibus ergo quædam mysteria latentis arcani non est dubium contineri. Septimana enim hujus præsentis vitæ tempus videri potest, quia in septimana dierum consummatus est mundus. In quo donec sumus in carne positi, ad liquidum puri esse non possumus, nisi octava venerit dies, quod est futuri sæculi tempus.

3. In quo tamen purgandus est ille qui viriliter egit. Statim enim munda efficitur mater ejus, quæ genuit eum. Purgatam namque vitiis carnem ex resurrectione suscipiet. Qui nihil vero in se habuit C virile adversus peccatum, sed remissus, et effeminatus permanserit in actibus suis, iste nec in præsentis sæculi hebdomada, nec in futura purgabitur ab immunditia sua.

CAPUT XI.

De lepris.

1. Locutus est Dominus ad Moysen et Aaron, dicens : *Homo in cujus carne et cute ortus fuerit diversus color, sive pustula, aut quasi lucens quidpiam,* id est, plaga lepræ, *adducetur ad Aaron sacerdotem, vel ad unumquemlibet filiorum ejus. Qui cum viderit* 417 *lepram in cute, et pilos in album mutatos colorem, plaga lepræ est, et ad arbitrium ejus separabitur.* Lepra doctrina est falsa.

2. Proinde leprosi non absurde intelliguntur hæretici, qui, unitatem veræ fidei non habentes, varias doctrinas profitentur erroris, veraque falsis admiscent, sicut et lepra veris falsisque locis humana corpora variando commaculat.

3. Hujus scilicet lepræ invenimus legislatorem sex species in homine posuisse : primam capitis et barbæ, secundam calvitii et recalvationis, tertiam carnis et cutis, quartam cutis et corporis, et cicatricis albæ cum rubore, quintam ulceris et cicatricis, sextam ustionis.

4. In capite lepram portat, qui in divinitatem Patris, vel in ipso capite, quod Christus est, peccat. Caput enim viri Christus est (*I Cor.* XI). Hanc lepram habent Judæi, Valentiniani, Marcionistæ, Photiniani, Manichæi, Ariani, Sabelliani, Macedoniani, Anthropomorphitæ, Priscillianistæ, Donatistæ, Nestoriani, Eutychiani, qui omnes in calvaria lepram gerunt, quia erroris sui perfidiam aperta pravitate defendunt.

5. In barba lepram gerunt, qui de apostolis et sanctis Christi perverse aliquid sentiunt, atque eos falsum quidlibet prædicasse confingunt. Sicuti enim barba ornamentum est viri, ita sancti apostoli et doctores ornamentum præstant corpori Christi.

6. In calvitio lepram habent, qui Ecclesiæ detrahunt, sicut Carpocratiani, qui negant carnis resurrectionem, sicut Novatiani, qui nuptias damnant, et peccantibus pœnitentiam negant; sicut Hierachitæ, qui inter alios errores regnum cœlorum parvulos habere non credunt ; sicut Aeriani, qui vetant pro defunctis offerri sacrificium.

7. In carne et cute gerunt lepram, qui carnalia vel exteriora suadere conantur, ut Cerinthiani, qui resurrectionem futuram in carnis voluptate existimant; sic Aetiani, qui dicunt in fide manentibus, quamvis carnaliter vivant, non posse computari peccata.

8. In cicatrice sanati ulceris lepram portat, qui post cognitionem Dei, et medicinam, et manifestationem fidei, quam a Christo 418 suscepit, rursum in ipsa cicatrice ascendit aliquod indicium erroris prioris, aut perfidia veteris dogmatis.

9. In carne viva lepram gestat, qui de anima, quæ vita est carnis, aliquod falsum existimat, sicut Luciferiani, qui dicunt animam de carnis substantia propagatam; sicut Arabici, qui animam simul cum corpore mori putant.

10. In cicatrice ustionis lepram habent Manichæi, qui inani abstinentiæ cruciatu corpora sua exurunt, et per infidelitatem non munditiem inde, sed lepram gignunt. De talibus prædicabat Apostolus : *Discedent,* inquit, *quidam a fide, attendentes spiritibus erroris, et doctrinis dæmoniorum, in hypocrisi loquentium menda-* D *cium, et cauteriatam habentium suam conscientiam, prohibentium nubere, et abstinere a cibis, quos Deus creavit ad percipiendum* (*I Tim.* IV, 1 *seqq.*).

11. Sed adhuc adjecit colores leprarum, id est, pallidam, rubentem, albam, lividam, nigram, florescentem. Itaque dum pallidam lepram dicit, imbecillem et fragilem fidem animæ denotat, quæ, perdito colore integræ sanitatis, erroris infirmitate languescit. Cum autem rubicundam lepram ostendit,

12. *Et alio loco,* et cætera, usque ad finem capitis absunt a Beda, et Palentino, et plerisque aliis. GRIAL.

CAP. X. N. 3. *Purgatam namque,* etc. Ms. Alborn. : Purgationem namque a vitiis caro ex resurrectione suscipiet. AREV.

4. Alb. : *Qui in divinitate, vel in ipso capite.* AREV.

8. *Sanati.* Alb., ex Originali Isidori, *sana.* Pro *ascendit.... perfidia,* Alb., *abscondit.... perfidiam.* AREV.

homicidii cruore mentem infectam denotat, et in- A nuit.

12. Cum vero albam, illos hæreticos qui se mundos appellant, sive reliquos, qui de falso merito gloriantur, sicut Pelagius et Novatus. Cum autem macram vel lividam lepram commemorat, invidiæ et livoris notas exsecratur. Cum vero nigram insinuat, sacrificiorum fumo et busto idololatriæ denigratam conscientiam detestatur. Cum autem florescentem toto corpore, et cooperientem omnem pelliculam corporis a capite usque ad pedes dicit, avaritiæ crimen ostendit, quia nunc floridum et jucundum putatur hominem felicem ecce in hoc mundo et divitem videri in sæculo.

13. Hæc enim pestis avaritiæ omne hominum genus, quasi totum corpus, crebro erroris contagio B commaculat. Cum autem lepram quæ habet ruborem cum pallore permistum, eum hominem denotat qui, cum sit imbecillis animo, et mendax, facile in furorem prorumpit, et levitate morum cito perjurat; pallor enim mentientem linguam significat. Rubor autem iracundiam manifestat.

14. Est itaque lepra peccati, quæ sacrificiorum oblationibus emundatur, id est, contrito corde et humiliato: *Sacrificium enim* **419** *Deo spiritus contribulatus* (*Psal.* L). Est et idololatriæ, quæ aqua diluitur baptismi. Est et hæreticorum, quæ septem dierum purgatione extra castra habeatur, id est, per septiformis Spiritus agnitionem purificetur.

15. Est quæ visu sacerdotis aufertur per doctrinam. Genus autem lepræ, quod mundari omnino C non potest, eorum est qui in Spiritum sanctum peccant, nec dicunt pœnitentes posse consequi veniam. De his ait Veritas: *Qui peccaverit in Spiritum sanctum, non remittetur ei, nec in hoc sæculo, nec in futuro* (*Matth.* XII).

16. Quod vero jubetur leprosis ut exeant de castris, et sedeant foris, donec mundetur lepra eorum, intelligitur hæreticos projici debere ab Ecclesia, donec a proprio errore purgentur, et sic revertantur ad Dominum. Ejusmodi vero dissutis tunicis, capite deoperto, et ore obvoluto, sedere jubentur, lepræ mundationem exspectantes; dissutis tunicis, id est, omnibus secretis manifestatis. Capite deoperto, ut a cunctis ejus denudatio videatur. Ore clauso, ne ulterius impia doceat, vel loquatur. Sed adhuc adjecit D Scriptura lepram esse in vasis, in parietibus domus, in vestimento, in trama, in stamine.

17. Lepra in parietibus domus hæreticorum congregatio denotatur, quæ per sacerdotem purgari jubetur. Lepra in vasculis, unicuique homini proprii corporis delicta. Lepra in stamine, vel in vestimento, peccata quæ extra corpus committuntur, vel quæ in ipso corpore perpetrantur.

18. Stamen enim anima hominis intelligitur, et trama mollissimi corporis sensus. Quod vero leprosi in lege ad sacerdotem mittuntur, indicat pro emundatione hæreticorum ante sacrificium Ecclesiam Domino offerre debere, et sic reconciliari unitati Ecclesiæ.

CAPUT XII.

De sacerdote magno, et cultu ejus.

1. Dixit Dominus ad Moysen: *Pontifex, id est, sacerdos maximus* **420** *inter fratres suos, super cujus caput fusum est oleum unctionis, et cujus manus in sacerdotio consecratæ sunt, vestitusque est sanctis vestibus, caput suum non discooperiet, vestimenta non scindet, et ad omnem mortuum omnino non ingredietur.*

2. *Super patre suo quoque et matre non contaminabitur, nec egredietur de sanctis, ne polluat sanctuarium Dei, quia oleum sanctæ unctionis Dei sui fusum est super eum. Ego Dominus: virginem ducat uxorem. Viduam, et repudiatam, et sordidam, atque meretricem non accipiet, sed puellam de populo suo, ne contaminet semen suum.*

3. Sacerdos maximus inter fratres suos hic est, de quo scribitur, cum resurrexisset a mortuis; *Vade ad fratres meos, et dic eis: Ascendo ad Patrem meum et ad Patrem vestrum, Deum meum et Deum vestrum* (*Joan.* XX, 17). *Super cujus caput fusum est unctionis oleum*, juxta quod propheta David ait: *Dilexisti justitiam, et odisti iniquitatem; propterea unxit te Deus, Deus tuus, oleo lætitiæ præ participibus tuis* (*Psalm.* XLIV).

4. *Cujus consecratæ sunt manus.* Iste consecratas habet manus, dum eas in passione extendit pro expiatione totius sæculi. *Vestimentum autem ejus non scinditur*, id est, non patitur dividi in hæreses et schismata Ecclesiam suam, quæ illi inhærendo vestis est propria, cujus indumenti figura fuit tunica illa Jesu inconsutilis, sed per totum textilis, quæ in passione non scinditur, sed a possidente individua servatur.

5. *Ad mortuum non accedat;* quia peccatum non fecit, per peccatum enim mors intelligitur, sicut scriptum est: *Anima quæ peccavit, ipsa morietur. In patre et matre non contaminabitur.* In matre Christus non est pollutus, cum ante sæcula nasceretur de patre.

6. Similiter in patre non est commaculatus, cum in sæculum nasceretur ex matre. Solus enim in sæculo mundus ingressus est, procedens ex utero virginali sine contagione virili. Nam nos omnes, dum peccamus, contaminamur in patre de quo creati sumus, si in hæresim devolvamur. Item in matre contaminamur, si credentes Deo in aliquo Ecclesiam lædi sinimus, vel libertatem matris cœlestis indigna peccati servitute fœdamus.

16. Alb.: *Colligitur hæreticos prohiberi ab Ecclesia... et sic convertantur.* Grialius edidit *adjecit Scripturæ lepram.* Reposui *Scriptura* ex aliis exemplaribus impressis, et mss. Pro *doceat, vel loquatur*, fortasse legendum *doceant, vel loquantur.* AREV.

CAP. XII. N. 1. Alb.: *Et ad hominem mortuum omnino*, etc. AREV.

4. Alb.: *Non scinditur, sed individua possidenda servatur.* AREV.

421 7. *De sanctis non discedat*, quia per susceptionem carnis Christus sic descendit in mundum, ut nunquam desereret cœlum. *Viduam repudiatam, aut meretricem non ducat uxorem, sed virginem.* Vidua et repudiata est Synagoga; de qua loquitur Dominus per Isaiam dicens: *Quis est hic liber repudii matris vestræ, quo dimisi eam* (*Isai.* L.)? Meretrix autem hæresis est, quæ multorum errori vel libidini patet; tales non copulantur Christo, nisi sola Ecclesia virgo, quæ non habet maculam, aut rugam; de qua Apostolus ait: *Despondi enim vos uni viro virginem castam exhibere Christo* (*II Cor.* XI).

8. Dicitur quidem et anima sponsa esse, sed illa quæ fidei simplicitate et actuum puritate incorrupta probatur et virgo. Est et vidua anima quæ, discedens a jugo legis, Evangelii præcepta non servat. B Est etiam repudiata quæ peccando a Christi corpore separatur, etiam si non projiciatur ab Ecclesia. Est et meretrix quæ ad se recipit amatores, id est, contrarias potestates, et dæmones, qui desiderium capiunt pulchritudinis ejus.

9. Pulchra namque a Deo creata est anima, ut satis decora, quæ imaginem habet, et similitudinem Dei. Dehinc sequitur: *De genere suo ducat uxorem*, animam scilicet, quæ ei fide conjungitur. Nec contaminabit semen suum, id est, verbum Dei, quod in Ecclesia prædicatur, sicut in Evangelio scriptum est: *Ne dederitis sanctum canibus, neque mittatis margaritas ante porcos, ne conculcent eas pedibus suis* (*Matth.* VII).

10. Hucusque quæ de summo sacerdote prædicta C sunt mystice ad Christum pertinuerunt. De hinc ea ipsa sic interpretantur in membris suis, et maxime in sacerdotibus, ad quos pertinent spiritualia sacramenta. Qui etiam quantis polleant privilegiis breviter percurrendum est.

11. Dicit enim de eo: *Caput suum non discooperiet*, id est, ut sacramenta Christi, qui caput ejus est, velamento mysteriorum honoret. *Vestimenta sua non scindet*, ne in hæresim vel schismata transeat. *Super omnem animam quæ mortua est non ingredietur*, ad omne peccatum quod ad mortem pertinet non accedat. *Super patre suo et matre non inquinabitur*, scilicet, ne tanta indulgeat pietate parentibus, ut Dominum suum offendat et creatorem, D
422 neque ita misereatur propinquis, ut erga Deum videatur culpabilis.

12. Quanti enim episcopi, quanti monachi, dum curam gerunt parentum, suas animas perdiderunt! *De sanctis non egrediatur*, ut semper in opere et cogitatione sancta moretur. Qui enim loquitur quod otiosum et reprehensione dignum est, de sanctis egreditur, et polluit sanctificationem Dei, quia non A incedit ut servus Christi. *Viduam, et repudiatam, et meretricem non ducat uxorem, sed virginem*; id est, nihil de veteri homine et pristina voluptate amplectatur, sed vitam omni puritate florentem possideat. *De genere suo ducat uxorem*, utique vitam amplectatur sanctorum, quorum per fidem proximus est.

13. Inter hæc præcipitur iisdem ut ministrantes in templo vinum et siceram non bibant, ne ebrietate, et crapula, et curis hujus vitæ prægraventur corda eorum, nec partem habeant in terra, nisi solum Deum, ne, dum de terrenis cogitant, superna obliviscantur. Ab hujus quoque convivio jubentur vicinus, et mercenarius separari, et servis tantum ciborum dari reliquias.

14. Vicinus hæreticus est, qui proximum se titulo christiani hominis asserit; mercenarius Judæum ostendit, qui fructum observantiæ legis carnaliter quærit. Cum istis ergo sacerdos Dei non participet Evangelii pabulum, quod est ad refectionem animarum, sed tantummodo cum servis Christi. Datur de his quæ superferuntur altariis, sacerdoti pectus, et brachium dextrum: in pectore legis mundas cogitationes accipimus, doctrinæque notitiam; in brachio dextro opera bona ad pugnam contra diabolum, et armatam manum, ut quod corde conceperit, operum exemplo perficiat. Datur ei et de privato maxilla, ut eloquentiam habeat. Datur et de victimis venter, cujus indicio discat luxuriam exstinguere, et contemnere gulam.

423 CAPUT XIII.

De sacerdotibus qui non offerunt sacrificium.

1. Inter hæc jubetur ipsis sacerdotibus ut nulla debilitate insignes sint, ne cæcus, ne claudus, vel parvo, aut grandi, vel torto naso, ne fracto pede aut manu, ne gibbosus, nec lippus, nec albuginem habens in oculo, nec jugem scabiem, ne impetiginem in corpore, ne ponderosus. Quæ omnia referuntur ad animæ vitium; mores enim in homine, non natura damnatur.

2. Nam cæcus sacerdos est, quia Scripturæ scientiam non intelligit, et quo gressum doctrinæ vel operis porrigat per ignorantiam nescit. De talibus scriptum est per Isaiam: *Speculatores ejus cæci omnes* (*Isai.* LVI, 10). Claudus quidem est, qui intelligit quid docere debeat, sed tamen præcepta quæ docet non implet. Parvo autem naso est qui ad tenendam mensuram discretionis idoneus non est.

3. Grandi et torto naso est furibundus, et minax cum superbiæ arrogantia vel immoderata discretione. Fracto autem pede vel manu est qui viam Dei quam docet pergere non studet. Gibbosus quoque sacerdos est quem terrenæ cupiditatis pondus de-

8. Alb., *desiderium capiuntur*. Forte, *desiderio capiuntur*. AREV.

12. Ad marginem Alb. Codicis hæc notata erunt: *Quanti enim in monasterio, vel canonica, et episcopatu, dum curam gerunt parentum, suas animas perdiderunt!* AREV.

14. Alb., *armus dexter*, pro *brachium dextrum*: mox *opera bona, et pugnam*, quod exstat etiam in veteri Editione anni 1530. Postremo, *extinguere, et continere gulam*. Isidorus adhibet *altariis* pro *altaribus*, ut alibi *altario* pro *altari*. AREV.

CAP. XIII. N. 1. Integrum caput e Greg., Pastoral. I part. c. 11. GRIAL.

primit, et tardius ad superna intendit. Lippus vero A est cujus ingenium ad cognitionem veritatis emicat, sed hoc carnaliter vivendo obscurat. Albuginem quoque habet in oculo qui arrogantia sapientiæ seu justitiæ encatur.

4. Jugem vero scabiem habet cui carnis petulantia sine cessatione dominatur. Impetiginem quoque habet in corpore qui avaritia vastatur in mente. Quæ, nisi in parvo compescitur, nimirum sine mensura dilatatur. Ponderosus vero est qui, etsi turpitudinem non exercet opere, sed ab hac cogitatione continua sine moderamine gravatur in mente. Talis nec sancta ingredi, nec nomen antistitis poterit possidere, quia et terrenis desideriis gravatur, et expers est scientiæ veritatis.

424 CAPUT XIV.

De ablutione Aaron et filiorum ejus.

1. Præterea quid sit illud quod juxta præcepta Dei lavisse Aaron et filios ejus legitur Moyses? Jam tunc purgationem mundi et rerum omnium sanctitatem baptismi sacramentum significabant.

2. Non accipiunt vestes, nisi prius lotis sordibus, nec ornantur ad sacra, nisi in Christo novi homines renascantur. Quod autem Moyses lavat, legis indicium est. Præceptis enim Dei lavandi sumus; et cum, parati ad induendum Christum, recte tunicas pelliceas deposuerimus, tunc induemur veste linea, nihil in se mortis habente, sed tota candida, ut de baptismo consurgentes, cingamus lumbos in veritate, et tota peccatorum pristinorum turpitudo celetur. Unde et David : *Beati*, inquit, *quorum remissæ sunt iniquitates, et quorum tecta sunt peccata* (*Psal.* XXXI).

CAPUT XV.

De oblatione pro sacerdotis delicto.

1. Quid autem sibi velit lex imaginaria quæ jubet vitulum pro peccato sacerdotis immolari, et sanguine ejus septies digito sacerdotis populum aspergi? Deinde duos hircos offerre debere : unum, in quo sors Domini venit, occidendum esse, et sanguine ejus, vel de sanguine vituli digito sacerdotis populum aspergendum ; alterum vero, in quo omnia peccata et maledictiones totius populi imponendæ essent, in locum desertum perducendum, ibique dimittendum?

2. Sed prius est necesse vituli sacrificium pandere, et tunc etiam et hircorum causam mysteriaque eorum narrare. Vitulus itaque hic qui pro peccato sacerdotis et totius populi emundatione 425 occidi jubetur, figuram Domini et Salvatoris nostri Jesu Christi in semetipso portabat, qui non solum pro peccatis sacerdotalis populi, verum et pro omni genere humano cunctisque nationibus, Deo Patre permittente, est immolatus, sicut Apostolus ait : *Qui filio suo non pepercit, sed pro omnibus nobis tradidit illum* (*Rom.* VIII).

3. Merito et hoc in loco de ejus vituli sanguine septies populus digito sacerdotis aspergi jubetur, ut redemptio et purificatio nostra in Christi sanguine collata per gratiam septemplicis spiritus demonstraretur. Duo autem hirci duorum populorum figuram aperta ratione demonstraverunt, propter originalem peccati prævaricationem, hircorum formam gerentes.

4. Quorum est similitudo in Evangelio, hædi, id est, peccatores ad sinistram futuri (*Matth.* XXV). Sed ex his qui in Christum credidissent, et pœnitentiam delictorum suorum toto corde egissent, baptismi gratiam consecuti, hi in similitudinem unius hirci, qui in sortem Domini venit, figuram accipiunt. Cujus sanguis cum sanguine vituli permisceri jubetur, ut, B consortes passionis Christi effecti, participes gloriæ ipsius efficiantur.

5. Sed quid est hircum in sortem Domini venire, nisi ut populus credentium, cujus ille figuram habebat, consors et cohæres Domini haberetur in regno, sicut Apostolus ait : *Hæredes Dei sumus, cohæredes autem Christi?* Alius vero hircus, qui in sortem Domini non venit, similitudinem tenet infidelium, qui nunquam in Christum credere voluerunt. Hi utique accipiunt maledictionem totius populi, et omnes iniquitates humani generis, et projiciuntur in desertum locum.

6. Sed quid est omnes iniquitates, et maledictiones accipere, nisi quia omnia peccata, quæ ab Adam usque ad Christum humanum genus admisit, illi soli C sunt percepturi, qui nec credere in Christum, nec expiari Christi sanguine voluerunt? Et sic onusti et prægravati iniquitatibus et maledictionibus totius populi, id est, humani generis, in desertum locum projicientur, id est, in tenebras exteriores, ubi fletus et stridor dentium, et in stagnum ignis, quod est gehenna, ubi ignis eorum non extinguetur, et vermis eorum non morietur.

426 CAPUT XVI.

De pecoribus quæ non offeruntur in sacrificio.

1. Diversitas victimarum, et quæ vel offerri debeant, vel non offerri, in hoc libro Levitico dinumerantur. Sed per comparationem pecorum conversatio hominum demonstratur. Homo qui obtulerit victimam pacificorum Domino, vel vota solvens, vel D sponte offerens, tam de bobus quam de ovibus animal immaculatum offerat, ut acceptabile sit; omnis macula non erit in eo.

2. Si cæcum fuerit, si fractum, si cicatricem habens, si papulam , si scabiem, vel impetiginem, non offeretis ea Domino, neque adolebitis ex his super altare Domini : bovem et ovem, auribus et caudis amputatis, voluntarie offerre potes, votum autem ex his fieri non potest. Omne animal quod vel contritis, vel tonsis, vel sectis, ablatisque testiculis est, non

CAP. XIV. N. 2. *Nec ornantur*. Ita Alborn. Ms., et vetus Editio. Grialius, *nec ordinantur*, quod non placet. AREV.

CAP. XV. N. 2. *In semetipso portabat*. Alb. et Flor. 2, *in semetipso liniabat*, seu *lineabat*, quod non displicet. Alii *in semetipso limabat*, quod mendosum puto pro *liniabat*. AREV.

offeretis Domino, et hoc in terra vestra omnino non facietis.

3. De manu alienigenæ non offeretis panes Deo vestro, nec quidquid aliud dare voluerit, quia corrupta et maculata sunt omnia, non suscipietis ea. Primum rejicitur a sacrificio maculosum animal, vel varium, id est, homines, in quibus diversitas est peccatorum, et nunc in libidine et cupiditate, nunc in diversis criminibus demutantur. Rejicitur quidem et cæcum animal, id est, qui nec Deum videt, nec opera ejus facit.

4. Fractum quoque, id est, vitiis carnalibus vexatum ac collisum. Rejicitur et cicatricem habens, qui non digna satisfactione pœnitentiæ vulnera peccatorum deplorat, sed adhuc veteris morbi signum per desideria voluptatis interius gestat. Reprobatur et lingua amputatum, qui Dominum non confitetur, neque divinam legem meditatur.

5. Rejicitur et papulam habens, qui pruritu libidinis et ardore concupiscentiarum exæstuat. Similiter et scabiosum, qui peccatum carnis perficit contagione operis. Jam vero impetiginem habens **427** hæreticorum figurat collectionem, quæ frequenter se in Ecclesiæ corpus immergit, et, ut impetigo, livorem facit. Porro aure amputati sunt qui verbo Dei non obediunt, non faciendo quæ jussa sunt.

6. Qui vero caudam habet amputatam, ille est qui bonum quod incipit perseveranti fine non perficit. Porro desectum, vel testiculis amputatum, indicat eos qui cum corpore viri sint, turpitudinis usu effeminantur. His ergo criminibus involuti, a sacrificio Domini reprobantur, nec efficiuntur consortes passionis Christi, nec cœlestis sanctificationis participes.

CAPUT XVII.

De cæteris cæremoniis.

1. Sed neque panes alienigenæ offeruntur Domino, et doctrinæ hæreticorum, vel studia superstitiosa sæcularium litterarum, quæ, quia extra fidem sunt, et aliena putantur. Tales enim repudiantur hostiæ a Domino, et rejicitur hujusmodi sacrificium ab Ecclesia catholica.

2. Nunc vero jam de quibusdam cæremoniis quid spiritualiter in **428** his habeatur dicendum est. De quibus etiam et Judæi scrupulosissime quærunt, dicentes : Cur eas Christiani non student observare, cum Christus venerit non legem solvere, sed adimplere? Quæritur ergo cur jam non circumcidatur carne Christianus, si Christus non venit legem solvere, sed adimplere.

3. Respondetur : Ideo jam non circumciditur Christianus, quia id quod eadem circumcisione prophetabatur jam Christus implevit. Exspoliatio enim carnalis generationis, quæ in illo tacto figurabatur, jam Christi resurrectione adimpleta est, et quod in nostra resurrectione futurum est, sacramento baptismi commendatur. Si enim Judæi resurrectione Domini justificarentur, cujus resurrectionis iterum, post diem tamen Sabbati, hoc est, post septimum, octavus fuit, profecto spoliarentur carnali velamento mortalium desideriorum, et cordis circumcisione gaudentes, adumbratam figuratamque non jam in carne exprimerent.

4. Cum quæritur Sabbati otium cur non observet Christianus, si Christus non venit legem solvere, sed adimplere, respondetur : Imo et id propterea non observat Christianus, quia quod ea figura prophetabatur jam Christus implevit; in illo quippe habemus Sabbatum, qui dixit : *Venite ad me, omnes qui laboratis et onerati estis, et ego vos reficiam. Tollite jugum meum super vos, et discite a me quia mitis sum et humilis corde, et invenietis requiem animabus vestris* (*Matth.* XI, 28).

5. Cessationem ergo Sabbatorum jam quidem supervacue ducimus observare ex quo spes revelata est nostræ quietis æternæ. Cum quæritur quare non ob-

4. *Qui in sortem.* Sic Alb. Codex. Grialius, *qui in sorte.* Alii, *qui in similitudinem.* Sed verior lectio Albornoziani Codicis videtur; nam iterum redit *in sortem Domini venire.* AREV.

CAP. XVI. N. 5. Alborn., *et scabiosus, qui.* Cæteri, *scabiosum qui,* ut supra : *Cæcum animal, id est, qui.* Paulo post idem Alborn. : *Non obediunt, quæ justa sunt faciendo.* AREV.

CAP. XVII. N. 1. Hoc caput imperfectum hactenus in omnibus Editionibus apparuit, nisi quod in ultima Matritensi Ulloæ supplementum ad appendices rejectum fuit tom. II, pag. 64, ex Codice Bononiensi. Integrum quoque exstat in Codice Vat. 627, quem descripsi in Isidorianis, cap. 94, ubi, num. 11, adverti nonnihil vaticanum Codicem ab Albornoziano discrepare. Mihi ad manus sunt duo exemplaria ex Codice Bononiensi descripta cum variis lectionibus in eodem Codice notatis ex Originali Isidori, sive Codex Bononiensis vere cum autographo ipso sancti Isidori collatus fuerit, sive cum alio Codice veteri, quem collator crediderit, vel appellaverit *Originale Isidori.* In Editione Ulloæ breves quædam notæ sunt ad hoc caput, fortasse a doctissimo Henrico Florezio adnotatæ; nam advertitur fragmentum ex Albornoziano Codice transcripsisse D. Petrum de Castro, Bononiensis Collegii alumnum (qui in extrema ætate nuper in Hispalensi pestilentia exstinctus est, dum canonicatu ejus ecclesiæ metropolitanæ fungeretur), apographum vero a R. P. Henrico Floresio liberaliter communicatum. Jam Editiones veteres solum exhibent initium capitis, *sed neque,* usque ad *Ecclesia catholica.* Apud Grialium est *offerantur* pro *offeruntur.* Expressi lectionem quæ in Alborn. ascribitur ex Isidoro, seu Originali. Nam in textu Codicis est : *Sed neque panis alienigenæ offertur.* Mox Grialius : *Domino, id est, doctrina hæreticorum... quæ extra fidem.* AREV.

2. In duobus meis exemplaribus ex Cod. Alb. *Cum Christus non venit legem.* In Editione Ulloæ notatur quæ sequuntur, *Quæritur ergo,* etc., ad verbum sumpta esse ex Augustino contra Faustum, lib. XIX, cap. 9. AREV.

3. Pro *respondeo breviter : Ideo,* quod exstat in Ms.. Alb., collator ejusdem Codicis ex Isidoro notavit *respondetur : Ideo.* In Editione Ulloæ ex sancto Augustino hæc varietas profertur : *Et quod in nostra resurrectione futurum, sacramento baptismi commendatur.* AREV.

4. *Non observet Christianus.* Ita Originale Isidori. In textu Alb. Cod. *Non observent Christiani.* Pro *imo et id,* ex Augustino, *respondeo imo id* indicatur in Editione Ulloæ, in qua omissum fuit *respondetur,* quod Cod. Alb. exhibet, vel *responderunt,* ex Isidori Originali. Collator advertit *vos* ante *reficiam* positum in Codice inter duas columnas, sequendo lineam, sed diversa alia manu. In Editione Ulloæ ita id exprimitur : Vos in principio lineæ, sed alia manu. AREV.

5. *Cum quæritur,* etc. Hæc sancti Augustini esse,

servet differentiam ciborum, quæ in lege præcipitur, si Christus *non venit legem solvere, sed adimplere*, **429** respondetur : Imo propterea non observat eam Christianus, quia quod in illius figuris prophetabatur Christus implevit, non admittens ad corpus suum (quod corpus in sanctis suis in vitam æternam prædestinavit) quidquid per illa animalia in moribus hominum significatum est.

6. Cum quæritur quare Christianus non, animalibus immolatis, carnis et sanguinis sacrificium offerat Deo, si Christus *non venit legem solvere, sed adimplere*, respondetur : Imo propterea magis hæc Christianus jam offerre non debet, quia ea quæ talibus rerum figuris illi prophetabant immolatione carnis et sanguinis sui Christus implevit. Nam de sacrificiis eorumdem animalium quis nostrum nesciat magis ea perverso populo congruenter imposita, quam Deo desideranter oblata?

7. Sed tamen in his figuræ nostræ fuerunt, quia nostra emundatio et Dei propitiatio nobis in sanguine nulla. Secundum figuram illam veritas Christus est, cujus sanguine redempti sumus. Cum quæritur cur azyma non observet Christianus, si *non venit Christus legem solvere, sed adimplere*, respondetur : Imo propterea magis non observat Christianus hæc, quia quod illa figura prophetabatur, expurgato veteris vitæ fermento, novam vitam demonstrans implevit Christus. Quapropter non manducare azyma per statutos septem dies tempore Veteris Testamenti peccatum fuit; tempore autem Novi Testamenti non est peccatum.

8. Sed in spe futuri sæculi, quam habemus a Christo, qui et animam nostram induens justitia, et corpus nostrum induens immortalitate, totos nos innovat, credere aliquid ex veteris corruptionis **430** necessitate atque indigentia nos passuros, vel acturos, semper peccatum est, quandiu volvuntur isti septem dies quibus peragitur tempus. Sed hoc Veteris Testamenti temporibus in figura occultatum, a quibusdam sanctis intelligebatur; tempore autem Novi Testamenti in manifestatione revelatur, populis prædicatur. Unde Scriptura ipsa tunc erat præceptum, nunc testimonium.

9. Cum quæritur cur de carne agni Christianus A pascha non celebret, si Christus *non venit legem solvere, sed adimplere*, respondetur : Imo Christianus jam sic pascha non celebrat, quia quod illa figura prophetabatur Agnus immaculatus sua passione Christus implevit. Cum quæritur quam ob causam neomenias in lege mandatas non celebrat Christianus, si Christus *non venit legem solvere, sed adimplere*, respondetur : Imo jam propterea Christianus istas non celebrat, quia propter quod prænuntiandum celebrabantur Christus implevit. Celebratio enim novæ lunæ prænuntiabat novam creaturam, de qua dicit Apostolus : *Si qua igitur in Christo nova creatura, vetera transierunt, et facta sunt omnia nova.*

10. Cum quæritur cur illa singularum quarumque immunditiarum baptismata quæ in lege præcipiuntur non observet Christianus, si legem Christus *non venit solvere, sed adimplere*, respondetur : Inde potius hæc non observat Christianus, quia futurorum figura erant, quam Christus implevit. Venit enim consepelire nos sibi per baptismum in mortem, ut quemadmodum Christus resurrexit a mortuis, sic et nos in novitate vitæ ambulemus.

11. Cum quæritur qua causa scenopegia non sit solemnitas Christianorum, si lex a Christo adimpleta est, non soluta, respondetur tabernaculum Dei fideles esse, in quibus charitate sociatis, et quodammodo compactis, habitare dignatur. Et ideo magis illud non observari a Christianis, quia jam Christus in Ecclesia sua quod illa figura prophetice promittebat implevit. Scenopegiam non celebrare aliquando peccatum fuit, nunc non est peccatum; tabernaculum autem Dei, quod est Ecclesia, non compaginari, semper peccatum est; sed quod tunc agebatur sub præcepto figurato, **431** nunc legitur in testimonio revelato. Nam et illud, quod tunc factum est, non diceretur tabernaculum testimonii, nisi alicui veritati, quæ suo tempore declaranda erat, quamdam congruentiam attestaretur.

12. Cum quæritur quæ causæ essent septimum annum remissionis, sive jubilæum non observari, in quo canebant tubæ, et revertebantur omnes ad antiquam possessionem, respondetur jubilæi figuram æternæ beatitudinis requiem significare. Sicut enim dies septimus feriatus esse præcipitur, ut æterna

cit. lib. XIX contr. Faust., cap. 10, in Ulloæ Editione animadvertitur ; uti etiam quod pro *in illius figuris* apud sanctum Augustinum legitur *illis figuris*, omisso *in*. A verbis *propterea non observat eam Christianus, quia quod*, etc., usque ad verba numeri 7, *veritas fuit Christus. Respondetur imo*, in Alb. Codice nota hæc est inter columnas manu antiqui collatoris: *Hoc non inveni in Originali Isidori.* Scilicet in vetustiori Codice, sive mavis autographo Isidori : quod ego minus credo; ac facile fuit antiquioris Codicis exscriptorem, repetitione eorumdem verborum *respondetur imo* deceptum, reliqua media verba reliquisse. AREV.

7. Textus Cod. Albornoziani, quem Ulloæ Editio expressit, mendosus et imperfectus erat hoc modo : *Nostra emundatio et Dei propitiatio nulla est sine sanguine. Sed illarum figurarum veritas fuit Christus. Respondetur : Imo propterea*, etc. Verum hæc in Co- D dice obelo notata sunt, et ad marginem appicta lectio quam tenui, nisi quod est *veritatis* pro *veritas*. AREV.

8. In. Alb. et textu Editionis Ulloæ, *animam induens justitiam;* supplevi *nostram* ex Origin. Isidori, et scripsi *justitia* ex eodem, uti etiam paulo post *Scriptura ipsa*, cum in textu Codicis et citatæ Editionis desit *ipsa*. AREV.

9. *Cur de carne*, etc. Ita ex Origin. Isidori. Cod. Alb., *cur de sanguine agni Christianus pascha non celebrat*. AREV.

11. *Quodammodo... prophetice... figurato... alicui veritati*. Ita Isidorus. Cod. Alb., *quemadmodum.... prophetica.... figurantur.... alicujus civitatis*. AREV.

12. In Mss. scribitur *jobeleum*. In Editione Ulloæ ad verba *Sicut enim dies septimus*, etc., notatur hæc esse ex sancto Gregorio, Moral. lib. XXXV, cap. 8, n. 16. AREV.

per eum requies designetur, sic in jubilæo, qui in annorum curriculo septenario numero septies replicato, et monade addita, in quinquagenarium ducitur, perpetuæ beatitudinis secura requies intimatur.

13. Quando in voce archangeli, novissima clangente tuba resurgentibus cunctis, revertitur ad om- A nes antiqua possessio carnis, tunc revertetur Adam ad antiquam terram carnis suæ, in qua inhabitavit. Tunc Abel ad terram suam, de qua ejectus est per Cain. Tunc Noe, Abraham, Isaac, et Jacob, sed et omnes animæ mortalium tunc recipient corpora sua, a quibus exierunt, ut possideant ea in æternum.

13. *Scripturam Originalis Isidori expressi.* In textu Codicis et Editionis Ulloæ, *Revertitur omnis ad antiquam possessionem carnis. Tunc revertitur ad antiquam... ejectus a Cain.* Post *possideat in æternum* est hæc rubrica : *Explicit liber Leviticus. Incipit lib. Numeri.* Arev.

432 IN NUMEROS.

PRÆFATIO.

1. Ideo hic liber unus ex quinque libris Moysi Numeri appellatus est, eo quod egressæ multitudinis Israeliticæ ex Ægypto in eodem perfectorumque virorum computatio et numerus teneatur insertus.

2. In quo etiam profectiones eorum et mansiones a finibus Ægypti usque ad locum et tempus in quo Moyses defunctus est numerantur. In quo et dies dedicationis tabernaculi, et oblationum modus, non sine mystici numeri sacramento et ratione dinumeratus est.

3. Catalogus autem mansionum filiorum Israel a prima usque ad ultimam numerantur simul quadraginta et duæ. De quibus Matthæus loquitur : *Ab Abraham usque ad David generationes quatuordecim, et a David usque ad transmigrationem Babylonis generationes quatuordecim, et a transmigratione Babylonis usque ad Christum generationes quatuordecim* (*Matth.* I), id est, generationes simul quadraginta et duæ.

4. Per has currit verus Hebræus, qui de terra festinat transire ad cœlum, et Ægypto sæculi derelicta, terram repromissionis ingreditur; nec mirum si illo numeri sacramento perveniamus ad regnum cœlorum, sub quo Dominus atque Salvator a primo patriarcha pervenit ad Virginem, quasi ad Jordanem, quæ, pleno gurgite fluens, Spiritus sancti gratiis redundavit.

433 CAPUT I.

1. Prima mansio est Ramesses urbs, quæ in extremis finibus Ægypti erat, in qua populus congregatus exiit in desertum altera die post pascha in conspectu Ægyptiorum. *Ramesse* interpretari quidam *commotionem*, vel *tonitruum*, putaverunt, quia cum commoti fuerimus ad evangelicam tubam, et excitati tonitruo gaudii, eximus in mense primo, quando hiems præteriit, quando veris exordium est, quando cuncta renovantur.

B 2. Eximus quinta decima die mensis primi, in crastinum paschæ, pleno mensis lumine, post esum agni immaculati, calceatos pedes habentes de Evangelio, vel Apostolo, et accinctos lumbos de pudicitia, et baculos in manibus præparatos (*Ephes.* VI).

CAPUT II.

1. Secunda mansio est Socoth, in qua coquunt panes azymos, et primum tendunt tabernacula. Unde et locus nomen accepit. *Socoth* quippe interpretatur *tabernacula*, sive *tentoria*. Cum ergo exierimus de Ægypto, id est, a sæculo, primum tabernacula figamus, scientes nobis ad ulteriora pergendum, et ad sanctam terram cœlestem iter accelerandum.

CAPUT III.

1. Tertia mansio est Ethan, quæ est in extremo solitudinis, in qua primum videtur Dominus præcedens populum in columna ignis. *Ethan* sonat *fortitudo*, sive *perfectio*. Præparemus ergo nobis fortitu- C dinem assumentes perfectum robur, ut inter errorum 434 tenebras et confusionem noctis scientiæ Christi lumen appareat. Dies quoque noster nubem habeat protegentem, ut his ducibus ad terram sanctæ promissionis pervenire valeamus.

CAPUT IV.

1. Quarta mansio est Phihahiroth, quod est contra Beelsephon. *Phihahiroth* interpretatur *os nobilium*. Proinde assumpta fortitudine, nobilitemur in Domino, contemnentes et Beelsephon, qui interpretatur *dominus aquilonis*, ejusque superbiam declinemus.

2. Ab hac mansione profecti filii Israel transierunt per medium mare in desertum, videruntque Pharaonem cum suo exercitu submersum, præeunte Maria præcinente in tympanis.

CAPUT V.

D 1. Quinta mansio est Marah, ad quam venerunt filii Israel, transito Rubro mari post triduum. *Marah* autem interpretatur *amaritudo*; post prædicationem

Præf. N. 3. *Catalogus autem mansionum.* Pleraque omnia ex Hieronym., epist. 127, ad Fabiolam, et Ambrosii lib. de Mansionibus. Grial.

Cap. I. N. 1. Ex Hieronymo. Grial.

Ibid. Codex Alborn. : *Quia cum commoti fuerimus ad prædicationem evangelicæ tubæ, et excitati tonitruo cum gaudio.* Arev.

2. Alborn. : *Post esum agni immaculati, et calceati, dicente Apostolo, et accincti pudicitia lumbos, et baculos in manibus præparatos habentes.* In textu Grialii mendum erat *et baculos manibus in præparatos.* Arev.

Cap. II. N. 1. Ex Hieronymo. Grial.

Ibid. Sanctam terram cœlestem iter. Alb., *sanctam terram cœleste iter.* Melius fortasse est quod vetus habet Editio, *sanctam terram, id est, cœlestem Jerusalem iter.* Arev.

Cap. III. N. 1. Ex Hieronymo. Grial.

Cap. IV. N. 1. Ex Hieronymo. Grial.

2. *In desertum.* Ita Alborn. Grialius *in deserto.* Arev.

Cap. V. N. 1. Ex Hieronymo. Grial.

enim evangelii et tabernacula transmigrantium, post assumptam fortitudinem fidei, et post baptismum atque victoriam rursus venitur ad amaritudinem, ut voluptas atque luxuria vitæ amaritudine terminetur, et per crucis lignum, quasi per cruciatum, iterum suavitas compensetur.

CAPUT VI.

1. Sexta mansio est Helim, ubi erant duodecim fontes aquarum, et septuaginta palmæ, in figura duodecim apostolorum, et septuaginta discipulorum secundi ordinis : de quorum fontibus doctrinæ potum haurimus, et dulces fructus victoriæ carpimus. Unde et bene *Helim* vertitur in *arietes fortes ;* ipsi enim sunt robusti principes gregis, duces ovium, doctores gentium.

435 CAPUT VII.

1. Septima mansio est iterum ad mare Rubrum, quod est baptismi typus, cruore Domini consecratus. Quæritur hic quomodo post transitum Rubri maris, et fontes amaros, et Helim, rursus ad mare Rubrum venerint ? nisi forte in itinere pergentibus sinus quidam maris occurrit, juxta quem castrametati sunt.

2. Aliud est enim transire mare, aliud in proximo figere tabernacula. Ex quibus monemur post evangelicam disciplinam, et cibos dulcissimos triumphorum, apparere nobis interdum mare, et præterita discrimina poni ante oculos.

CAPUT VIII.

1. Octava mansio est in solitudine Sin, qua tenditur usque ad montem Sinai. Interpretatur autem Sine *rubus*, vel *odium*, quia postea quam venerimus in locum Ecclesiæ, de qua Dominus nobis sit locuturus, grande odium meremur inimici.

CAPUT IX.

1. Nona mansio est in *Depheca*, quæ dicitur *pulsatio*, juxta quod Dominus ait : Pulsate, et aperietur vobis (*Matth.* VII). Sensusque est manifestus, quia postquam venerimus ad locum Ecclesiæ, incipimus sacramenta pulsare.

CAPUT X.

1. Decima mansio est in *Alus*, quod interpretatur *fermentum*, quod tollens mulier commiscuit farinæ satis tribus, donec fermentaretur totum (*Matth.* XIII). In hac solitudine murmurat populus propter famem, accepitque vespere coturnicem, et mane alterius diei manna. Et nota, in decima mansione manna tribui, id est, post Decalogi perfectionem angelorum panem manducari.

436 CAPUT XI.

1. Undecima mansio est in *Raphidin*, quæ interpretatur *dissolutio fortium*, vel *remissio manuum*. In hac sitienti populo fons de petra Oreb in similitudinem Christi aquam erupit. Ibi Jesus in typo Salvatoris contra Amalech militat, et in signo crucis dæmonum adversum nos tentamenta surgentia devincuntur.

2. Ubi venit Jethro cognatus ad Moysen, dans consilium septuaginta seniorum, et in typum Ecclesiæ ex gentibus congregatæ, legis imminutio evangelio suggerente completur. Pulchræ autem dissolutio ac sanitas fortium Raphidin dicitur, vel propter dissipatum Amalech, vel propter sanatum Israel.

CAPUT XII.

1. Duodecima mansio est in solitudine Sinai : statim tibi veniat in mentem apostolicus numerus. Sinai quippe interpretatur *rubus*, quo significatur Ecclesia, in qua nobis apostoli prædicant. In hac mansione Moyses ascendit ad Dominum, ibique descendit Dominus in montem Sinai, dans legem populo suo. Ibi fabricatur tabernaculum, ibi præcipitur varietas hostiarum, vasorum diversitas, indumenta pontificis, sacerdotum ac levitarum cæremoniæ.

2. Ibi numerus populorum et Levitarum, et per singulas tribus populi distributio. Oblationes quoque principum in hac mansione 437 descriptæ sunt. Duæ quoque argenteæ tubæ ad promovenda castra ibidem fieri jubentur.

3. Ibique præcipitur immundis, et iis qui primo mense paschæ interesse non potuerint, ut secundo mense conveniant. Sed quid sibi velit quod hi qui longius habitabant, vel immundi in anima fuerant, in secundo mense pascha jussi sunt facere ? Quo nimirum in typo intelliguntur populi gentium, qui cum, omnibus dæmonibus fornicati, immundi videbantur in anima, salubri vero confessione mundati, ad secundam nativitatem, quasi ad secundum mensem, transire præcipiuntur.

4. Jubetur quoque in hac mansione Nazaræis, ut vinum, et siceram, et omne, quod de uvis est, non bibant, nec comedant, nec uvam quidem passam, vel acetum, quod est ex vino. Sed in Proverbiis præcipitur potentes, qui iracundi sunt, ut vinum non bibant.

Ibid. Transito mari Rubro. Ex Ambros., mans. septima. Al., *transacto*. GRIAL.

CAP. VI. N. 1. Ex Hieronymo. GRIAL.

CAP. VII. N. 1. Quæ de baptismo dicuntur ex Ambros. Reliqua ex Hieronymo. GRIAL.

CAP. X. N. 1. *Post Decalog.* usque ad *panem manducari*. Ex Ambros. GRIAL.

CAP. XI. N. 1. Alb., *aqua erupit*. Verum *aquam erupit* Isidorianum videtur. AREV.

2. *Ubi venit Jethro*. Vid. Origen. hom. 11 in cap. XVIII Exodi. GRIAL.

Ibid. Suggerente. Alborn., *succedente*. AREV.

CAP. XII. N. 1. Ex Ambros. et Hieronymo. GRIAL.

Ibid. Et interpretatur rubus. At Hier. : *Interpretatur autem Sinai rubi, non unus, ut supra in solitudine Sin, sed plures, ut ibi principium sit, hic perfectio ; ibi solitarius numerus, hic multiplex.* Aliud est enim unam, aliud omnes gratias possidere. Sed operæ pretium erit additamentum ex margine referre, qui enim legerat, *interpretatur rufus*, digammo deceptus (quod pro *u*, et *b* in his Codicibus sæpe reperitur) is addidit, *rufus, ex sanguine Christi redempta Ecclesia*, ut est in lib. Valent. GRIAL.

Ibid. Ibi fabricatur, etc. Omnia usque ad finem mansionis sunt Ambrosii. GRIAL.

Ibid. In Alborn. et Florent. Mss. legitur, ut in Valent., *rufus, ex sanguine Christi redempta Ecclesia*. AREV.

3. *Habitabant*. Ita Alborn. Grialius, cum aliis impressis, *habitant*. AREV.

4. *Obliviscantur sapientiæ*. Alborn., *obliviscantur sapientiam*. AREV.

bent, ne cum biberint, obliviscantur sapientiæ (*Proverb.* XXXI). A

5. Quid ergo Nazaræorum nomine, nisi abstinentium continentiumque vita designatur? His in vino luxuria prohibetur, in sicera omnis voluptas terrena. Sicera enim ex diverso conficitur genere, sicut voluptas ex diversa vitiorum oritur colluvie; illi enim vinum non bibunt, et siceram bibunt, qui ad decipiendos homines umbras quasdam et imagines se simulant habere virtutum.

6. Uva passa illi vescuntur, qui propter humanos oculos abstinentiæ pallore inficiuntur, ut gloriam captent ab hominibus. Acetum autem hi bibunt qui post vitæ sanctitatem in vetustatem præteritorum vitiorum labuntur, et corruptione veteris nequitiæ delectantur. Præcepit itaque Deus ut qui sanctitatis B induerint titulum cunctis his careant vitiis, nullamque hujusmodi perturbationem appetant, quæ statum mentis evertat.

7. In hac mansione projiciuntur de castris leprosi, fluxi et immundi. Leprosi hæretici, fluxi cogitatione, immundi opere, ut tanquam coinquinati et morbidi a castris Ecclesiæ separentur, ne contagione morum suorum vitam polluant innocentium.

438 8. Ibi ab anno vicesimo annumerantur populi, qui ad prælium eliguntur. Sed cur ab anno vicesimo, nisi quia ab hac ætate contra unumquemque vitiorum bella nascuntur? Ideoque ad pugnam eliguntur, ut habeant contra libidinem conflictum, ne luxuriis superentur.

9. Ibi etiam ab anno vicesimo et quinto Levitæ C tabernaculo servire mandantur, et a quinquagenario custodes vasorum fiunt. Quid enim per annum quintum, ac vicesimum, in quos flos juventutis oboritur, nisi ipsi contra unumquemque vitiorum bella signantur? Et quid per quinquagenarium, in quo et jubilæi requies continetur, nisi interna quies edomito bello mentis exprimitur? Quid vero per vasa tabernaculi, nisi fidelium animæ designantur?

10. Levitæ ergo ab anno vicesimo et quinto tabernaculo serviunt, et quinquagenario vasorum custodes fiunt, ut videlicet qui adhuc impugnantium vitiorum certamina per consensum delectationis tolerant aliorum curam suscipere non præsumant. Cum vero tentationum bella subegerint, cum apud se jam de intima tranquillitate securi sunt, animarum sor- D tiantur custodiam.

11. Sed quis hæc prælia sibi perfecte subigat, cum Paulus dicat: *Video aliam legem in membris meis, repugnantem legi mentis meæ, et captivum me ducentem in lege peccati* (*Rom.* VII, 23)? Sed aliud est bella fortiter perpeti, aliud bellis enerviter expugnari: in istis exercetur virtus, ne quis extolli debeat; in illis omnimodo exstinguitur, ne subsistat.

12. Præcepit dehinc ibi lex levitis, omnes pilos carnis radere, quia hi qui obsequiis assumuntur divinis debent ante Dei oculos a cunctis carnis cogitationibus mundi apparere, ne illicitas cogitationes mens proferat, et pulchram animæ speciem, quasi pilis fruticantibus, deformem reddat.

13. Post hæc jubentur etiam fieri duæ tubæ, quarum clangore populi moverentur ad prælium. Sic enim scriptum est de **439** his ad Moysen: *Fac tibi duas tubas argenteas ductiles.* Et paulo post: *Cum concisus clangor increpuerit, movebuntur castra.* Per duas enim tubas exercitus ducitur, quia per duo Testamenta, sive per duo præcepta charitatis, ad procinctum fidei populus evocatur.

14. Quæ idcirco argenteæ fieri jubentur, ut prædicatorum verba eloquii nitore refulgeant, et auditorum mentem nulla sui obscuritate confundant. Idcirco ductiles; quia necesse est ut hi qui venturam vitam prædicant, tribulationum præsentium tunsionibus crescant.

15. Bene autem dicitur: *Cum concisus clangor increpuerit, movebuntur castra*, quia nimirum, cum subtilior ac minutior prædicationis sermo tractatur, auditorum mentes contra tentationum certamina ardentius excitantur. Jam abhinc promoventur filii Israel de monte Sina, et transeunt in sepulcra concupiscentiæ.

CAPUT XIII.

1. Tertia decima mansio est in sepulcris concupiscentiæ, ubi populus, fastidiens cœlestem panem, carnes Ægyptias desideravit. Multosque subitum devoravit incendium. E quibus edocemur, qui conversationem reliquimus sæculi, et Ægyptias ollas (id est, carnalium desideriorum fervores contempsimus), non debere murmurare contra cœlestem panem, nec virulentias Ægyptiorum, qui sunt magnarum carnium, sed simplicem mannæ cibum, id est, puram cœlestemque vitam quærere.

5. *Oritur passione.* Oritur colluvie, Ambr. GRIAL.

Ibid. Alb.: *Illi enim vinum et siceram bibunt.* Grialius videtur in textu voluisse apponere *passione*, ut habent alii, pro *colluvie*. AREV.

6. In nonnullis Mss., *uvam passam illi vescuntur*, ut interdum *utor* cum accusativo occurrit. AREV.

9. *Et a quinquagenario custodes vasorum fiunt.* Ita vetus Editio. Grialius per errorem, ut puto, *fiant.* Breulius exhibet *fiant*, sed ita, *ut a quinquagenario... fiant.* AREV.

11. Vulgata, *et captivantem me in lege peccati.* AREV.

12. *Charitas omnes pilos carnis*, usque ad *reddit*, verba sunt Greg., v Moral., cap. 24, ex quo *fruticantibus* legimus, non *fructificantibus*, ut erat in Mss. o. *Excrescentibus.* Ambros. GRIAL.

Ibid. In not. Grialii videtur legendum *levitis* pro *charitas*, et *reddat* pro *reddit.* AREV.

13. *Ad procinctum fidei. Ad prælium fidei.* Ambros. GRIAL.

15. Cod. Bonon. *Cum subtilius ac minutius prædicationis sermo tractatur, contamina, id est, certamina ardentius excitantur. Jam abhinc promovent filii Israel*, etc. Vulgata, *movebunt castra.* AREV.

CAP. XIII. Ex Hieronymi et Ambros. verbis tota conflata est. GRIAL.

Ibid. Qui sunt magnar. carnium. Ita lib. o. et Ambr. *Quæ sunt poetarum carmina*, Hieronym. GRIAL.

Ibid. Alb., *panem, nec purulentias Ægyptiorum, quæ sunt*, etc. AREV.

2. Alioquin si post perceptum angelicum manna, quæ est cœlestis vita, sive doctrina, rursus carnes Ægyptias (quæ sunt carnales hujus sæculi voluptates) et concupiscentias pristinorum morum voluerimus appetere, vorabimus nauseam, et statim Domini igne torquebimur, desideriumque nostrum vertetur in tumulos, ut simus sepulcra dealbata, quæ foris apparent hominibus **440** speciosa, intus autem plena sunt ossibus mortuorum, et omni spurcitia.

3. In hac mansione descendit spiritus super septuaginta viros electos, et tunc Dominus descendit in nube, et retraxit de spiritu qui erat super Moysen, et imposuit super septuaginta viros. Descendente enim in nube carnis Christo, diffusa est per fidem Spiritus sancti gratia super populos, ex septuaginta gentium linguis electos, venitque super omnes donum illud virtutis cœlestis, quod quondam fuerat in Moyse atque prophetis.

CAPUT XIV.

1. Quarta decima mansio in solitudine Aseroth. In hac Aaron sacerdos locum incidens offensionis cum sorore sua Maria, fratri uterque obtrectant, quod alienigenam accepisset uxorem. Unde illico Maria contagio lepræ effloruit.

2. Quo loco evidens fuit figura mysterii, quod sacerdotalis illa plebs patrum Christo Salvatori adversus Ecclesiam congregatam ex gentibus derogaret: ideoque lepræ sorde perfunditur; nec redit ad Dei tabernaculum, donec statutum plenitudinis gentium tempus adimpleatur. Tunc enim eadem plebs pristinam poterit recipere sanitatem, dum eis septiformis spiritualis agnitio ad veniam fuerit suffragata.

CAPUT XV.

1. Quinta decima est in Rethma, quæ transfertur *sonitus*, sive *juniperus*. Fertur autem hoc lignum ignem multo tempore conservare, ita ut si prunæ ex ejus cinere fuerint adopertæ, usque ad annum perveniant. Ex quibus discimus post sepulcra concupiscentiæ, **441** sive atria, transire nos ad lignum multo tempore calens, ut simus ferventes spiritu, et claro sonitu, atque in altum exaltata voce Evangelium Domini prædicemus.

2. Ab hac mansione usque ad tricesimam secundam hæ continentur historiæ quæ, quia non sunt per mansiones singulas distributæ, a nobis quoque in commune dicentur.

3. Duodecim exploratores mittuntur ad terram san-
A ctam. Bótrus refertur in ligno, et Christi passio demonstratur. Murmurat populus Judæorum, gigantum impetum reformidans. Pugnat contra Amalech et Chananæum, nolente Deo; victus intelligit quæ debeat in terra sancta exercere sacrificia. Dathan, et Abiron, et filii Core, consurgunt contra Moysen et Aaron, et terræ voragine glutiuntur.

4. Inter mortuos et viventes pontifex medius thuribulo armatus ingreditur, et currens ira Dei sacerdotis voce prohibetur. Virga Aaron florem profert, et folia, et in æternam memoriam virens siccitas conservatur. Vitula rufa concrematur in holocaustum, et cinis ejus piacularis aspersio est.

5. Quorum quidem figuras breviter annotantes, ex duodecim exploratoribus incipiemus. Duodecim
B exploratores missi ad explorandam terram uberem, qui terruerunt populum, ne crederent posse accipere terram a Domino repromissam, Scribarum et Pharisæorum prætulerunt indicium.

6. Sicut enim illi per Moysen missi sunt, ut soli fecunditatem sollicita consideratione tractarent, ita et isti per legem et prophetas jussi sunt, ut per Scripturarum investigationem dominicum specularentur adventum, in quo erat terra, id est, caro sancta, in qua regnum Dei, et ubertatem fructuum spiritualium, et vitam æternam consequi possent.

442 7. Sed sicut illi desperatione terruerunt populum, ne de Dei promissione confideret, ita et isti Scribæ et Pharisæi suaserunt populo Judæorum ne crederent in Christum, ad Ægyptum sæculi hujus
C redire cupientes, repudiantes manna fidei, quærentes ollas peccatorum nigras, et cepas blasphemiarum putidas, et pepones vitiorum ac libidinum corruptione marcentes.

8. Ille autem botrus uvæ quem in ligno pensilem medio de terra repromissionis duo advexere vectores, quid significat? Botrus iste pendens e ligno utique Christus ex ligno crucis, promissus gentibus salutaris de terra genitricis Mariæ, secundum carnem terrenæ stirpis visceribus effusus.

9. Duo bajuli qui sub onere botri illius incedebant populus est uterque. Cujus prior Judaicus, cæcus, et aversus, ignarus pendentis gratiæ, et pressus onere suspensi, cui subjicietur judicanti; de quibus dicitur: *Obscurentur oculi eorum, ne videant, et*
D *dorsum eorum semper incurva* (*Psalm.* LXVIII). Qui vero posterior veniebat, populi gentium gerebat fi-

2. *Alioquin si post perceptum angelicum manna*, etc. Paulo aliter Ambros. *Alioquin si post præcepta, angelicam escam, mannaque cœlestis vitæ, sive doctrinæ, rursus carnes Ægyptias*, etc. GRIAL.

Ibid. Vorabimus nauseam.—Nauseam mentis, Val.; sed Hieronymus vocem *mentis* non habet. GRIAL.

Ibid. Alb. et Flor. 1: *Vorabimus nauseamentis, et statim... vertemus in tumulos.* AREV.

CAP. XIV. N. 1. Ex iisdem. GRIAL.

CAP. XV. N. 1. Ex Hieronymo. GRIAL.

Ibid. Sive atria. Ita omnino legendum ex Hieronym. mansione 14, et hoc loco. Illic enim *hazeroth in atria vertitur*; hic vero, *post sepulcra concupiscentiæ, et vestibula*. Mendose ergo lib. plerique *antra* habent. Nempe antrum sepulcro affine visum est. GRIAL.

3. *Gigantum impetum*. Ita Hier., Val., Compl., Palentin. Guadal., *gigantum populum*. GRIAL.

Ibid., Alb., *botrus defertur; in ligno hoc Christi passio breviter demonstratur*. AREV.

4. *Virens siccitas conservatur*. Ita Num. XVII et apud Hieron. *Consecratur*, lib. o. mendose. GRIAL.

Ibid Piacularis aspersio. Ita Hieron. *Peculiaris*, lib. o. mendose. GRIAL.

5. *Duodecim exploratores*, ex Ambros., et Aug. serm. 100 de tempore. GRIAL.

7. Alb., *confiderent... crederent Christo*. Alii, *crederent Christum*. Grialius, mendose, *corruptionem arcentes*. AREV.

guram, qui credens, et Christum ante oculos habens, semper eum portans videt, et quasi servus dominum, et discipulus magistrum sequitur, sicut Dominus in Evangelio ait : *Si quis vult venire post me, tollat crucem suam, et sequatur me* (*Matth.* XVI).

10. Hic est autem botrus qui effusus in salutem nostram, vinum sanguinis sui crucis contritione profudit, atque expressum passionis suæ calicem Ecclesiæ propinavit. Hic est botrus quem malogranatum socia muneris gratia secuta est, nostra scilicet Ecclesia mater, habens intra se per granorum numerum multitudinem populorum; per ruborem, sanguinis Christi signaculo coruscantem, habentem etiam intus distincta grana, sicut Apostolus ait : *Divisa charismata, et dona Spiritus sancti gratia distributa* (*I Cor.* XII); quibus omnibus indignos se increduli judicantes, terram carnis Christi fluentem lacte et melle accipere non meruerunt, quam per fidem servi ejus, id est, populi Christiani, consecuti sunt.

11. De cujus doctrina quotidie dicit Ecclesia : *Quam dulcia* **443** *faucibus meis eloquia tua! super mel ori meo* (*Psal.* CXVIII). Ficum autem quam cum botro de terra repromissionis attulerant imaginem legis habuisse evangelicis edocemur exemplis; sicut et botrum constat figuram Salvatoris ostendere, quemadmodum in Canticis canticorum Ecclesia de Christo dicit : *Frater meus ut botrus Cypri*, quia nec est Christus sine lege, nec lex sine Christo esse poterit.

12. Post hæc quidam homo, die Sabbati colligens ligna, necatur a populo. Quid autem insinuat quod tam atrociter jussu Dei fuerit idem ab omni populo trucidatus? Quod facile ab infidelibus proponitur. Intelligant ergo quia hæc omnia in typo acciderunt illis. Scripta sunt autem ad correctionem nostram.

13. Ille enim pristinus carnalisque homo qui diem Sabbati violare ausus est, dum ligna colligeret, propter quod est punitus, formam significabat ejus qui hodie, in Christo signatus, invenitur agere carnale opus, id est, contrahere ligna, fenum, stipulam ad escam ignis æterni convenientem. Quæ dum colligit in suam perniciem, si fuerit deprehensus, pellitur ab omnibus, et statim occiditur, dum judicatur a spiritualibus. Sic ergo omnia quæ illis Judæis per legem acciderunt formaliter intelligenda sunt.

14. Sequitur jam excidium Core, Dathan et Abiron, qui sibi contra Moysen et Aaron sacerdotem sacrificandi licentiam vindicantes, pœnas pro suis conatibus expenderunt. Per eos itaque significantur hi qui hæreses et schismata facere conantur, et multos secum trahendo decipiunt, contemnentes sacerdotes Christi, et se a clero ejus plebisque societate segregantes, constituere audent Ecclesias, et aliud altare, precemque alteram illicitis vocibus faciunt, dominicæ hostiæ veritatem per falsa sacrificia profanantes.

15. Hi, quia contra Dei ordinationem nituntur, ob temeritatis audaciam terræ compagibus ruptis, viventes profundo hiatu merguntur; nec tantum hi qui duces errorum sunt, sed et illi qui consentiendo participes eorumdem effecti sunt, in ignem æterni judicii præparata ultione peribunt.

16. Deinde Aaron sanctus in ruinam mortis populum trahi **444** spectans, thuribulum accipiens, cucurrit obviam quassationi, stansque in medio superstitum ac peremptorum, lethalem plagam objectu sui, quasi quidam murus, exclusit. Iste sacerdos Dominus Jesus Christus est, princeps principum sacerdotum; sacerdos iste ruinam mortis in mundo aspiciens, occurrit a summo cœlo, venitque obviam, quasi gigas ad currendam viam.

17. Stetitque inter vivos et mortuos, quia natus est et mortuus. Sicque thuribulum passionis suæ accipiens, et in odorem suavitatis prætendens, suspendit ignis æterni perniciem, et inimicam perculit mortem.

18. Virga autem Aaron, quæ post siccitatem floruit, caro insinuatur Christi, quæ postquam de Jesse radice succisa est, vivacius mortificata reviviscit. Itaque virga post ariditatem virescens Christus est post mortem resurgens. Ipsum enim virgam, ipsum florem intelligimus, ut in virga regnantis potentia, et in flore pulchritudo ejus monstretur. Unde et in Canticis canticorum idem dicit : *Ego sum flos campi, et lilium convallium* (*Cant.* II).

19. Alii virgam hanc, quæ sine humore florem protulit, Mariam virginem putant, quæ sine coitu edidit Verbum Dei, de qua scriptum est : *Exiet virga de radice Jesse, et flos de radice ejus ascendet* (*Isai.* XI), id est, Christus, qui futuræ typum præferens passionis, candido fidei lumine et passionis sanguine purpurabat flos virginum, corona martyrum, gratia continentium.

20. Restat interea vitula rufa in holocaustum concremata, cujus cinis expiatio populi erat. Sic enim dicitur de illa ad Moysen et Aaron : *Præcipe filiis Israel ut adducant ad te vaccam rufam ætatis integræ, in qua nulla sit macula, nec portaverit jugum; tradetisque eam Eleazaro sacerdoti, qui eductam extra castra immolabit in conspectu omnium, et intinget digitum Eleazar in sanguine ejus, et asperget contra fores tabernaculi septies, comburetque eam cunctis videntibus; tam pellem et carnes ejus quam sanguinem et fimum flammæ tradetis.*

10. Alb., *contritione perfudit.* Apud Grialium mendum videtur *vinum sanguis sui crucis*, etc. Vetus Editio : *botrus, qui effusum in salutem nostram vinum sanguinis sui crucis contritione perfudit.* Paulo post Alborn. : *Per ruborem sacri sanguini Christi signaculum coruscans habens etiam intus*, etc. AREV.

11. *Habuisse.* Ita Alborn. Grialius cum aliis Excusis, *attulisse.* AREV.

14. *Sequitur excidium*, ex Ambros. GRIAL.

Ibid. *Expenderunt*; al., *exceperunt.* GRIAL.

16. *Deinde Aaron sanctus in ruinam mortis populum trahi spectans.* Hæc alio atque alio modo in vetustis libris leguntur, eadem sententia; nos Codicem Palent. secuti sumus, quem fideliorem reliquis experti sumus. GRIAL.

Ibid. *In ruinam mortis populum trahi spectans.* Alb., *ruina mortis in populum trajecta.* Et ex Originali Isidori *ruina mortis populo cœpta.* Alii, *ruina mortis populum videns ruere.* AREV.

19. Alb. : *Christus, qui sponte seipsum offerens obtu-*

21. *Lignum quoque cedrinum, et hyssopum, coccumque bis tinctum* **445** *sacerdos mittat in flammam, quæ vaccam vorat, et tunc demum lotis vestibus et corpore ingredietur in castra, et commaculatus erit usque ad vesperum. Sed et ille qui combusserit lavabit vestimenta sua, et corpus, et immundus erit usque ad vesperum.*

22. *Colliget autem vir mundus cineres vaccæ, et effundet eos extra castra in loco purissimo, ut sint multitudini filiorum Israel in custodiam, et in aquam aspersionis, quia pro peccato vacca combusta est. Cumque laverit, qui vaccæ portaverat cineres, vestimenta sua, immundus erit usque ad vesperum. Et habebunt hoc filii Israel, et advenæ sanctum jure perpetuo. Et qui tetigerit mortuum, et propter hoc septem diebus fuerit immundus, aspergetur ex hac aqua die tertio, et die septimo emundabitur. Si die tertio aspersus non fuerit, vel septimo, non poterit emundari.*

23. Vitula rufa caro est Salvatoris nostri, rosea sanguine passionis, ætatis integræ, qui perfecta ætate passionem suscepit. Quod autem non est impositum super illam jugum, hoc ostendit, quia caro Christi non est subjugata delicto, neque victa ab ullo peccato. Quod autem apprehensam ejecerunt filii Israel extra castra, astante Eleazaro sacerdote, populum Judæorum significat, et consensum sacerdotum in necem Domini, quem ejectum extra Jerusalem crucifixerunt.

24. Sicut ergo qui offerunt vitulam immundi sunt, sic et qui apprehenderunt Dominum, et occiderunt, peccatores habentur. Et sicut is qui colligit cinerem aspersionis mundus est, sic et omnes mundi sunt qui passionem Christi prædicaverunt gentibus, et in toto orbe terrarum doctrinam ejus asperserunt, populosque Domino collegerunt. Lignum autem et hyssopum crucem putamus et baptismum.

25. Per hyssopi enim fasciculum aspergebantur agni sanguine, qui mundari solebant, typice figurantes lavacrum baptismatis, et ablutionem æterni fontis. Coccum autem bis tinctum figuram sacri sanguinis significare, quo peccatores abluuntur. Bis tinctum autem, quia per eum et corpore et corde mundantur. Hæc enim tria ad purgationem peccatorum pertinent. Primo per cedrum fides ligni crucis **446**, secundo per hyssopum baptismus, tertio per coccum sanguinis dominici sacramentum.

26. Sicut autem die tertia illi purgari jubentur, ita et omnis anima purgatur ab omnibus delictorum sordibus, quæcunque credit Christum Dominum die tertia a mortuis resuscitatum. Hujusmodi etiam homo mundus erit in die septima, id est, in regno sanctorum, adveniente Domino, et beatus, ac lætus parte cœlestis illius regni potietur.

27. Qui autem non fuerit aspersus, id est, hujus gratiæ fide munitus, peribit anima illa de cœtu sanctorum, et de populo fidelium. Ex sanguine autem hujus vitulæ ideo septies tabernaculum jubet aspergi, quia septem sunt Spiritus sancti charismata, quæ per Christi sanguinem super Ecclesiæ populos distribuuntur, per quem ab omni delicto purgantur, sicut Apostolus ait : *Jam abluti estis in sanguine Christi et passione ejus* (*I Cor.* VI).

28. Quod vero vitula cum pelle et ossibus suis comburitur, et agnus ille paschalis pari modo concrematur, ne ossa ejus confringantur, hoc ostendit quod Domini Jesu Christi corporis crura in passione non essent confringenda, sicut Evangelista testatur (*Joan.* XIX). Moraliter autem vaccam rufam, cujus cinis expiatio populi est, non aliter immolare et offerre ad altare Domini poterit, nisi qui terrena opera non fecerit, jugumque delicti non contraxerit, nec vinculis peccatorum fuerit alligatus.

29. Jam dehinc post exploratores, et botrum, post excidium superborum et sacerdotale thuribulum, postque virgam florentem, et vitulæ combustæ aspersionem, revertamur ad mansiones.

CAPUT XVI.

1. Sexta decima mansio est in *Ramoth*, quod Latine dicitur *mali Punici divisio*, quæ significabat Ecclesiam. Quæ quasi multa grana uno cortice contegit, dum omnem turbam credentium in fidei unitate concludit.

447 CAPUT XVII.

1. Septima decima mansio est in *Lebna*, quæ Latine transfertur *in laterem*. Legimus Ægyptios lateres, quos populus faciens ingemuit, ex quibus discimus in itinere istius vitæ de alio in aliud transitu nunc nos crescere, nunc decrescere, et post ordinem ecclesiasticum sæpe ad lateres, id est, ad carnalia opera transmigrare.

CAPUT XVIII.

1. Octava decima mansio est in *Ressa*, quæ *in frenos* vertitur. Si enim post profectum rursum ad lutulenta opera descendimus, infrenandi sumus, et sursus vagi, atque præcipites Scripturarum retinaculis dirigendi.

CAPUT XIX.

1. Nona decima mansio est in *Caalatha*, quæ interpretatur *Ecclesia*, scilicet ut vagi currentium gressus frenis ad Ecclesiam retrahantur, ut fores quas antea reliquerant rursus festinent intrare.

CAPUT XX.

1. Vicesima mansio est in monte Sepher, quæ interpretatur *pulchritudo*, id est, Christus. Et vide quid prosint frena. Si a vitiis nos retrahunt, introducunt ad virtutum choros, et in Christo monte pul-

sit passioni candido fidei, etc. AREV.

23. *Vitula rufa caro est Salvatoris.* Vid. August., q. 32 in Num. GRIAL.

24. Alborn., *populos quos Domino collegerunt.* AREV.

25. Pro *significare* Bonon. *habet*, et ex Isidoro *tenet*. AREV.

27. *De cœtu sanctor.* Al., *de regno sanct.* Al., *de regno cœlorum*. Vulg., De medio Ecclesiæ. LXX, ἐκ μέσου τῆς συναγωγῆς. GRIAL.

CAP. XVI. N. 1. Ex Hieronymo cum reliquis omnibus. GRIAL.

CAP. XX. N. 1. Bonon. : *Et vide quod frena, quæ a vitiis nos retrahunt, introducunt.* AREV.

cherrimo habitare faciunt; de quo scriptum est: *Venite, ascendamus ad montem Domini* (*Isai.* II).

CAPUT XXI.

1. Vicesima prima mansio est in *Harada*, quæ vertitur *in miraculum*. Et vide quam pulcher est ordo virtutum. Post frenos **448** in Ecclesiam intromittimur, post habitationem ad montem Christi ascendimus; in quo positi miramur in eis quæ nec oculus vidit, nec auris audivit, nec in cor hominis ascenderunt.

CAPUT XXII.

1. Vicesima secunda mansio est in *Maceloth*, quæ *in cœtus* vertitur, id est, *in ecclesia*. In hac enim consistit multitudo credentium, juxta quod scriptum est: *Ecce quam bonum et quam jucundum habitare fratres in unum* (*Psalm.* CXXXII)!

CAPUT XXIII.

1. Vicesima tertia mansio est in *Tahath*, quæ interpretatur *pavor*, quia dum quisque venit ad Ecclesiam, atque ascendit in montem pulcherrimum Christum, et stupore et miraculo Christi magnitudinem confitetur; adjungat deinde timorem, qui custos est beatitudinis, ut altum non sapiat, quia *Deus superbis resistit, humilibus autem dat gratiam* (*I Petr.* V, 5).

CAPUT XXIV.

1. Vicesima quarta mansio est in *Thare*, quam nonnulli vertunt *in malitiam*, sive *pasturam**.

2. Quod vel ad præpositos Ecclesiarum, vel ad custodiam animæ refertur, ut sollicitus sit quisque, habeatque pavorem, ne leo diabolus in caulas ovium, id est, in Ecclesias per diversa vitiorum foramina introire nitatur.

449 CAPUT XXV.

1. Vicesima quinta mansio est in *Methca*, quæ vertitur *in dulcedinem*. Ascendisti enim in excelsum, admiratus es virtutum choros, timuisti ruinam, abegisti insidiatores, dulcis te fructus protinus laboris insequitur, ut merito dicas: *Quam dulcia faucibus meis eloquia tua! super mel ori meo* (*Psalm.* CXVIII).

CAPUT XXVI.

1. Vicesima sexta mansio est in *Hesmona*, quæ Latine *festinationem* sonat. Scilicet, ut postquam dulces fructus laboris sumpserimus, non simus quiete contenti et otio, sed rursum ad ulteriora properantes, obliviscamur præteritorum, et in futura nos extendamus.

CAPUT XXVII.

1. Vicesima septima mansio est in *Moseroth*, quod interpretatur *vincula*, sive *disciplina*, scilicet, ut festino gradu pergamus ad magistros, eorumque teramus limina, et præcepta virtutum ac mysteria Scripturarum vincula putemus esse æterna.

2. Hæc sunt Christi vincula, de quibus in Isaia legitur: *Viri sublimes ad te transibunt, et tui erunt servi, post te ambulabunt colligati vinculis* (*Isai.* XLV, 14). Sunt et alia diaboli vincula, quibus disruptis, vicit hostes Samson. De quibus Propheta dicit: *Dirupisti vincula mea, tibi sacrificabo hostiam laudis* (*Psalm.* CXV).

450 CAPUT XXVIII.

1. Vicesima octava mansio est *Baneiacam*, quæ per interpretationem transfertur *in filios necessitatis*, seu *stridoris*. Qui sint isti filii necessitatis ipse psalmus nos docet: *Afferte Domino, filii Dei, afferte Domino filios arietum* (*Psalm.* XXVIII). Quæ est tanta necessitas, quæ nolentibus imponatur? cum divinis Scripturis fueris eruditus; et leges earum, ac testimonia, vincula scies veritatis, contendens cum adversariis, ligabis eos, et vinctos duces in captivitatem, et de hostibus quondam atque captivis liberos Dei efficies, ut repente dicas cum Sion: *Ego sterilis, et non pariens, transmigrata, et captiva; et istos quis enutrivit? Ego destituta, et sola; et isti ubi erant* (*Isai.* XLIX, 21)?

2. Porro quod interpretatum est *filios stridoris*, ad illum sensum refertur, quod timore supplicii, et ejus loci ubi est fletus et stridor dentium, deserentes diaboli vincula, Christo Domino credentium turbæ colla submittant.

CAPUT XXIX.

1. Vicesima nona mansio est in monte *Gadgad*, quod interpretatur *nuntius*, sive *accinctio*, vel certe *concisio*. Non enim aliter possumus magistri discipulorum atque credentium eos facere filios necessitatis, nisi præceptores eorum interfecerimus. Crudeles simus in occisione eorum, non parcat manus nostra arinum, aut extremum auriculæ de ore leonis extrahere.

CAP. XXI. N. 1. Bonon., *post ecclesiæ habitationem ad montem*. Et illico, ex Isidoro, *in quo positi miramur in eum*. AREV.

CAP. XXIII. N. 1. Bonon., *custos est beatitudinis, vel humilitatis, ut altum*, etc. AREV.

CAP. XXIV. N. 1. *Mansio est in Thare, quam nonnulli vertunt in malitiam, sive pasturam*. Verba sunt Hieronymi, sed hanc interpretationem rejicientis. Cum autem allegoriæ verba, quæ sequuntur: *Quod vel ad præpositos Ecclesiarum*, etc., ex eodem sint, manifestum est deesse interpretationem quam ipse probat, abactoris scilicet, vel depulsoris. Propterea asterisco locum notavimus, quem explere sibi quivis facile ex Hier. possit. GRIAL.

CAP. XXVII. N. 2. *Viri sublimes ad te transibunt, et tui erunt servi, post te ambulabunt colligati vinculis*. Ex LXX, voce *servi*, addita. Sed miror cur interpres Latinus Editionis LXX, pro χειροπέδαις, *vinculis*, Hieronymus pro *Moseroth manicis* reddiderit, ut ille non Græcæ, sed Hebraicæ vocis rationem habuisse, Hieronymus contra septuaginta Interpretibus præter morem subserviisse videatur. GRIAL.

Ibid. In cod. Alborn., *de quibus in Ecclesiaste, seu Isaia legitur*. Et mox, *vinculis*. *Et alii diaboli intelligunt vincula, quibus disruptis.... De qualibus propheta*. In Vulgata verba Isaiæ sunt: *Viri sublimes ad te transibunt, et tui erunt, post te ambulabunt, vincti manibus pergent*. AREV.

CAP. XXIX. N. 1. *Vel certe concisio*. Hieronym., *vel certe* (*quod nos verius arbitramur*) κατακοπὴ, *id est concisio*. GRIAL.

Ibid. *Extrahere*. Alii, *abstrahere*. Nonnulli addunt; *Extrahere; ne torpeamus Christi inimicos ante diem extremum prece usque blanda auriculari de ore leonis eripere*. Quod ab Isidoro alienum prorsus videtur. AREV.

2. At vero de nuntio et accinctione, hoc breviter A dici potest, quod filiis necessitatis grandes ad virtutes stimulos suggeremus, cum eis nuntiaverimus præmia futurorum, et accinctos inire bella docuerimus. Ilorum trium quidquid magister fecerit, in monte consistit.

451 CAPUT XXX.

1. Tricesima mansio est in *Ietebatha*, quæ interpretatur *bonitas*, quæ est Christus.

CAPUT XXXI.

1. Tricesima prima mansio est in *Hebrona*, quæ interpretatur *transitus*, id est, mundus, de quo Apostolus ait : *Præterit enim figura hujus mundi* (*I Cor.* VII). In hunc venientes sancti Dei cupiunt ad meliora transire. De quibus Psalmista canit : *Et non dixerunt qui præteribant : Benedictio Domini super vos* B (*Psalm.* CXXVIII, 8).

CAPUT XXXII.

1. Tricesima secunda mansio est in *Asiongaber*, quæ transfertur *in ligna viri*. Possunt hæc ligna viri saltuum et arborum omnium genera multitudinem gentium figurare. Usque huc solitudo Pharan decem, et octo continet mansiones, quæ descriptæ in catalogo in superiore itinere non ponuntur.

CAPUT XXXIII.

1. Tricesima tertia mansio est in deserto Sin. Hæc est Cades. *Cades* autem *sancta* interpretatur per antiphrasin, sicut *lucus*, cum minime luceat, vel bellum, quod tamen sit horridum. In hac mansione moritur Maria, et sepelitur.

2. Videtur in Maria prophetia mortua, in Moyse, C et Aaron legi, et sacerdotio Judæorum finis impositus : quod nec ipsi ad terram repromissionis transcendere valeant, nec credentem populum de solitudinibus hujus mundi educere, nisi solus Jesus, id est, Salvator verus Dei Filius.

3. In hac mansione propter aquas contradictionis Moyses offendit Deum, **452** et prohibetur transire Jordanem. Turbatur enim murmure populi, dubitanter petram virga percussit, quasi illud Deus non posset facere ut aqua de petra flueret, quod ante jam fecerat. Quid ergo hic fides Moysi insinuat, quod ad aquam de petra ejiciendam titubaverit? hanc prophetiam recte intelligamus fuisse de Christo.

4. Dum enim Moyses in Scripturis sanctis aliam atque aliam pro re aliqua significanda personam ge- D rat, nunc tamen populi Judæorum sub lege positi personam gerebat, eumque in prophetica prænuntiatione figurabat. Nam sicut Moyses, petram virga percutiens, de Dei virtute dubitavit, ita ille populus, qui sub lege per Moysen data tenebatur, Christum ligno crucis affigens, eum virtutem Dei esse non credidit, sed sicut percussa petra manavit aqua sitientibus, sic plaga dominicæ passionis effecta est vita credentibus.

5. Habemus enim de hac re præclarissimam et fidelissimam vocem apostolicam, cum inde loqueretur, dicens : *Petra autem erat Christus* (*I Cor.* X). Hanc ergo carnalem de Christi divinitate desperationem in ipsius Christi altitudine Deus mori jubet, cum mortem carnis Moysi in monte imperat fieri. Sicut enim petra Christus, ita et mons Christus. Petra humilis fortitudo, mons eminens magnitudo. Quia sicut Apostolus ait : *Petra erat Christus*, ita ipse Dominus : *Non potest civitas abscondi supra montem posita* (*Matth.* V) ; se scilicet montem, fideles autem suos in sui nominis gloria fundatos asserens civitatem.

6. Prudentia enim carnis vivit, cum tanquam petra percussa Christi humilitas in cruce contemnitur. Christus enim crucifixus Judæis scandalum est, gentibus autem stultitia ; et prudentia carnis moritur, cum tanquam montis eminentia Christus excelsus agnoscitur. Ipsis enim vocatis Judæis et Græcis Christus Dei virtus et Dei sapientia est.

CAPUT XXXIV.

1. Tricesima quarta mansio in monte *Hor*, in extremis finibus Edon. **453** In quem ascendit Aaron juxta præceptum Domini, et mortuus est anno quadragesimo egressionis ex Ægypto, eo scilicet anno quo novus populus repromissionis terram intraturus erat. Et quanquam in monte sacerdotium Eleazaro filio dereliquerit, lexque eos qui eam impleverint perducat ad summum, tamen ipsa sublimitas non est trans fluenta Jordanis, sed in extremis terrenorum operum finibus. Et planxit eum populus triginta diebus. Aaron plangitur, Jesus non plangitur. In lege descensus ad inferos, in evangelio ad paradisum transmigratio.

2. Audit quoque Chananæus quod venisset Israel, et in locum exploratorum, ubi quondam populum offendisse noverant, ineunt prælium, et captivum ducunt Israel. Rursusque in eodem loco pugnatur ex voto, victor vincitur, victi superant, per quod intelligimus ut cum nos Dei auxilio destitutos hostes invaserint, duxerintque captivos, non desperemus salutem, sed iterum armemur ad prælium. Potest fieri ut vincamus ubi victi sumus, et in eodem loco triumphemus in quo fuimus ante captivi.

CAPUT XXXV.

1. Tricesima quinta mansio est in *Selmona*.

CAPUT XXXVI.

1. Tricesima sexta mansio est in *Phunon*. Hæ duæ mansiones in ordine historiæ non inveniuntur : in his, mortuo Aaron, murmurant Israelitici populi con-

CAP. XXXIII. N. 1. *Cades autem sancta.* Mendose lib. o. *Sin autem sanctam.* Vid. Hieronym. GRIAL.

2. Alb. : *Nec credentium populum de solitudine hujus mundi educere.* AREV.

3. *In hac mansione propter aquas*, usque ad *sapientia est*, omnia sunt Aug. verb., XVI cont. Faust., cap. 16 et 17. GRIAL.

5. Pro *dicens*, Alb. *dicentem*, Florent. 1, *dicentis*, scilicet *Apostoli*, quod intelligitur in *apostolicam*. Mox Alb., *Deus non liberat, qui mortem*, etc. AREV.

CAP. XXXVI. N. 2. Bonon., ex Origin. Isidori, *imaginem Filii Dei passionemque ejus conspexerint serventur.* AREV.

tra Deum et Moysen, manna fastidiunt, et a serpentibus vulnerantur.

2. Sed quid illud significat quod morsus mortiferi serpentium, exaltato et respecto æneo serpente, sanabantur, nisi quod nunc in typo Salvatoris, qui ferum antiquumque serpentem in patibulo triumphavit, diaboli venena superantur? ita ut qui vere expresseque imaginem Filii Dei passionemque ejus conspexerit servetur. Hoc enim significant et verba ipsius Domini dicentis: *Sicut exaltavit Moyses serpentem in deserto, sic oportet exaltari Filium hominis,* **454** *ut omnis qui credit in eum non pereat, sed habeat vitam æternam.*

3. Quod vero æneus est serpens, ipse Christus intimatur, qui ligno suspensus est; æs quippe metallis cæteris durabilius esse solet. Et apte æneus serpens ligno suspensus est, ut Dominus et in serpente mortalis, et in ære significaretur æternus; videlicet, ut indicaretur mortuus per humilitatem, et tamen esset quasi æneus per divinitatem. Pulchre autem prima mansio *Salmona* interpretatur *imaguncula*, quia nimirum ibi imago expressa est Salvatoris per serpentem æneum, qui ibi, ut imago, in ligno pependit.

4. Pulchre etiam et secunda *Phunon* interpretatur *os*, quia postea quam passionem filii Dei cognoscimus, quod corde credimus ore pronuntiamus, legentes illud Apostoli: *Corde creditur ad justitiam, ore autem confessio fit ad salutem* (*Rom.* x).

CAPUT XXXVII.

1. Tricesima septima mansio est in *Oboth*, quæ vertitur in *Magos*, sive *Pythones*; unde demonstratur quia post imaginem Dei, quæ in cordis ratione monstratur, et confessionem fidei, quæ ore profertur, consurgunt serpentes, et artes maleficæ ad bella nos provocant. Sed nos custodia circumdantes cor nostrum, obturemus aures nostras, ne audiamus voces incantantium, et sirenarum carmina negligamus.

CAPUT XXXVIII.

1. Tricesima octava mansio est in *Jeabarim* in finibus Moab, quæ significat *acervos lapidum transeuntium*, id est, sanctos, per istum sæculum ad alias mansiones transire festinantes.

455 CAPUT XXXIX.

1. Tricesima nona mansio est in *Dibongad*. In hac geritur bellum contra Sehon regem Amorrhæorum, et Og regem Basan. In his regibus licet res gesta cognoscatur, tamen per conditiones virtutesque nominum spiritualis significatio est subjecta. *Sehon* namque interpretatur *tentatio oculorum*. Per quem figuratur diabolus, qui transfigurat se velut angelum A lucis, et per hæresim vel schisma verisimilia mentitur, ut fallat incautos.

2. Hunc *Amorrhæi*, id est, *amaricantes*, habent regem. Nisi enim quædam simulatio veritatis præcedat, non sunt hæreses amaricantes, non schismata exacerbantium in Ecclesia. Iste ergo rex occiditur in unoquoque homine, quando quisque damnat simulationem, et diligit veritatem. *Og* vero rex interpretatur *conclusio*, *Basan* autem *confusio*; id enim agit diabolus semper, ut concludat viam ad Dominum, opponendo idola sua, ne credatur in Christum. Conclusio enim præcedit, ut rex; sequitur confusio, ut plebs: quia quos modo concludit, ne credant in Christum, quando apparuerit Christus, omnes confundentur.

B 3. Mansio autem ista *Dibongad* interpretatur *fortiter intellecta tentatio*, quia nimirum si superetur simulatio, quæ per schisma vel hæresim exercebat Ecclesiam, et conclusio, quæ per sacrilegium claudit fidei viam, nihilominus tentatio intelligitur, ac deinde intellecta fortiter superatur.

CAPUT XL.

1. Quadragesima mansio est de Dibongad in *Helmon Deblathaim*, quæ vertitur *in contemptum palatarum*, sive *opprobriorum*. Et per hoc dicimus omnia dulcia ac illecebras voluptatum prætereuntium **456** in sæculo contemnendas, et opprobria diligenda. Quæ si falso objiciantur, beatitudinem pariunt, Salvatore plenissime docente, qui ait: *Cum exprobraverint vobis homines, beati eritis* (*Luc.* vi).

C

CAPUT XLI.

1. Quadragesima prima mansio est in *montibus Abarim*, contra faciem Nabo, quæ vertitur *in montes transeuntium*, et est contra faciem montis Nabo, ubi moritur et sepelitur Moyses, terra promissionis ante conspecta (*Deut.* xxxiv). *Nabo interpretatur conclusio*, in qua finitur lex, et non invenitur ejus memoria. Porro gratia Evangelii absque ullo fine tenditur: *Et in omnem terram exivit sonus ejus, et in fines orbis terræ verba ipsius* (*Psalm.* xviii).

2. Simulque considerandum quod habitatio transeuntium in montibus sita sit, et adhuc profectu indigeat. Post montes enim plurimos ad campestria *Moab* et *Jordanis* fluenta descendimus, quæ interpretatur *descensio*. Nihil enim tam periculosum est D quam gloriæ cupiditas, et jactantia, et animus conscientia virtutum tumescens.

CAPUT XLII.

1. Quadragesima secunda mansio est in campestribus *Moab*, super Jordanem, juxta Jericho, ubi

3. *Quod vero æneus*, usque ad *esse solet*, ex August., serm. 101 de tempore. GRIAL.

Ibid. De æneo serpente, quo Christus indicabatur, confer Patres apostolicos Cotelerii, tom. I, pag. 40, cum not., et recentiores interpretes. AREV.

CAP. XXXVII. N. 1. *Sirenarum.* Ita etiam alii. Rectum esset *sirenum*. AREV.

CAP. XXXIX. N. 1. *In his regibus*, usque ad *omnes confundentur*, verba August. in psalm. CXXXIV. GRIAL.

CAP. XL. N. 1. *Quæ vertitur in contemptum palatarum.* Recte nostri libri; mendose apud Hieronymum *plagarum*. Sunt autem *palatæ* massæ de recentibus ficubus. Vid. Ambros. hoc loco, et Hieronym. in nominibus de Numer. GRIAL.

Ibid. Pro *in contemptum*, Alb., *in opprobrium*. Florent. 1: *Et per hoc discimus omnia dulcia ac illecebras voluptatum prætereuntes in sæculo*, etc. Quod non displicet. AREV.

fixerunt tentoria a domo solitudinis usque ad Abelsatim in planitie Moab. In quadragesima secunda, quæ extrema mansio est, quædam quæ sunt gesta narremus.

2. Sedens in ea populus a divino Balaam, quem mercede conduxerat Balac, jussu Dei benedicitur, et maledictio mutatur in laudes. Sed quid est quod iste Balaam, dum pervenire ad propositum tenderet, asina cui præsidebat, dum vidisset angelum loquitur?

3. Quæ est enim hæc asina nisi bruta gentilitas? Quam **457** quondam Balaam, id est, seductor idololatriæ, quasi brutum animal, et nulla ratione renitens, quo voluit errore substravit. Sed ista angelum Dei vidit, quem homo videre non potuit; et vidit, et detulit, et locuta est, ut agnosceremus, posterioribus temporibus, sub adventu magni Angeli Dei gentilem illam plebem, mutata duritiæ stoliditatisque natura, solutis Deo linguis, locuturam; ita ut quæ erat subjecta perfidiæ in vocem fidei et confessionis erumperet, licet et caro nostra animalis est.

4. Plerumque enim caro per molestias tacta flagello suæ menti Deum indicat, quem mens ipsa carni præsidens non videbat; ita ut anxietatem spiritus proficere in hoc mundo cupientis, velut iter tendentis, impediat, donec ei invisibilem, qui sibi obviat, innotescat. Unde et bene per Petrum dicitur: *Correptionem habuit suæ vesaniæ subjugale mutum, quod in hominis voce loquens, prophetæ insipientiam prohibuit* (*II Petr.* II).

5. Insanus quippe homo a subjugali muto corripitur, quando elata mens humilitatis bonum, quod tenere debeat, ab afflicta carne memoratur. Sed hujus correptionis donum idcirco Balaam non obtinuit, quia ad maledicendum pergens, vocem, non mentem, mutavit. Consilium quippe dedit regi Balac ut mulieres in meritorio poneret, et ante januas earum aras, ut venientes filii Israel prius sacrificarent idolis, et sic ingrederentur ad mulieres, ut inde fornicentur filii Israel cum filiabus Madian.

6. Sed quid est quod iste Balaam populum Dei posse decipi certa ratione collegit, dans consilium ut ex illa parte, qua infirmari noverat filios Israel, perniciosi eis laquei tenderentur, non dubitans eos, oblata copia feminarum, fornicationis ruina protinus collapsuros, quia concupiscibiles animæ eorum partes sciebat esse corruptas?

7. Ita ergo unumquemque nostrum nequitiæ spirituales versuta **458** malignitate in figura Balaam pertentant, illis præcipue affectibus animæ insidiosos laqueos præstruentes, quibus nos senserint ægrotare, ut, verbi gratia, cum viderint rationabiles animæ nostræ partes esse vitiatas, illo nos ordine decipere moliantur.

8. Sed Phinees sacerdos zelatus, ut Domini furorem placaret, Zambri et scortum Madianitidem pugione transfigit, significans per crucem Christi non solum idololatriam, sed etiam omnem carnis affectum vel concupiscentiam perimi sæculi, et tunc placari Deum, dum carnis exstinguitur desiderium. Post hæc numeratur rursum populus, numerantur et Levitæ, ut, interfectis primo carnalibus, novus Dei populus censeatur, qui per baptisma Jordanis transeat, et cœlestis hæreditatis repromissionem percipiat.

9. Porro quod sexcenta millia armatorum de Ægypto numerantur egressa, et ex ipsis non sunt amplius quam duo terram repromissionis ingressi, hæc figura demonstrat multos per baptismum ad fidem transire; sed ad patriam cœlestem paucissimos pervenire secundum figuram illam in Evangelio, in qua multi vocati, pauci vero inveniuntur electi (*Matth.* XX, 22).

10. Quod vero duo tantum ingrediuntur, aut propter eos qui ex utroque populo regni cœlestis promissionem adipiscuntur, aut propter illos qui per duas vitas, actionis et contemplationis, ad æternam beatitudinem prædestinantur.

11. Interpellant dehinc filiæ Salphaad quinque, et ex judicio Dei hæreditatem accipiunt inter fratres suos. Nec legis plebs ab Evangelii possessione excluditur.

12. Deinde Jesus in monte succedit Moysi, et discit quæ specialiter debeant offerri in Ecclesia. Legi etenim succedit Evangelium, ibique lex facienda præcepta admonet, et gratia complet.

13. Primum quidem quid offerri debeat per singulos dies; dehinc quid in Sabbato propter spem quietis æternæ; quid in kalendis **459** pro invocatione vitæ; quid in pascha, quando consepelimur cum Chri-

CAP. XLII. N. 2. Alb., *dum perveniret, et ad propositum tenderet.* AREV.

3. *Quæ est enim hæc asina*, usque ad *substravit*, verba sunt Greg., lib. I Moral., cap. 7, quæ hoc loco (adjecta voce *pœnitentiæ*, mutatoque *renitens* in *reticens*) sensum nullum reddebant. GRIAL.

Ibid. Sed ista angelum, usque ad *erumperet*, Ambros., lib. IX comment. in Luc., cap. 19: *Nec despicias asinam quoque istam; quondam angelum Dei vidit, quem homo videre non potuit. Et vidit, et detulit, et locuta est. Ut agnosceres, posterioribus temporibus, sub adventu magni Angeli gentiles illis* (forte *illos*), *ante asinos, locuturos.* GRIAL.

Ibid. Multum hic variant mss. exemplaria. Alb., breviter: *Quid est asina, nisi ratione utens, quo voluit*, etc. Alii post *renitens* addunt *pœnitentiæ.* AREV.

4. *Plerumque enim caro*, usque ad *non mentem mutavit*, verba sunt Gregorii, Pastoral. III part., admonit. 13. GRIAL.

Ibid. Alb.: *Donec et invisibilis, qui sibi* objiciat, innotescat. AREV.

5. Alb., *debeat, afflicta carne moratur.* AREV.

7. Grialius, mendose, *spiritualis.* AREV.

8. *Sed Phinees*, usque ad *populus censeatur*, ex Hieronym., quibusdam interjectis. GRIAL.

Ibid. Zambri, etc. Alii, *Zambri, qui ad scortum ingressus est, arripiens pugionem, utrosque transfigit.* AREV.

9. Alb.: *Postea quoque multa millia armatorum.* AREV.

11. *Nec legis plebs. Ne femineus sexus*, Hieronymus. GRIAL.

12. Alb., *admonet, et gratia completur.* AREV.

13. Alb.: *In Kalendis propter invocationem Christi vitæ, quid in pascha, quando sepelimur Christo per baptismum a mortuis.* Flor. 1: *Ad vitæ novitatem*, pro *ad vitæ nativitatem.* AREV.

sto per baptismum, quasi a mortuis transeuntes ad A vitæ nativitatem; quid in Pentecoste propter gratiam Spiritus sancti et indulgentiam remissionis peccatorum; quid in neomenia mensis septimi; quid in jejunio ejusdem mensis decimo die; quid in scenopegia, quando figuntur tabernacula quinto decimo die supradicti mensis.

14. Dehinc texitur bellum contra Madianitas, et mors divini Balaam, in cujus nece error perfidiæ ligno crucis interficitur, fitque deinde Amalech prædæ divisio, et oblatio ex ea animarum tabernaculo Dei.

15. Post hæc filii Ruben et Gad, et dimidia tribus Manassæ, jumenta plurima habentes, citra Jordanem possessionem accipiunt, et in repromissionis terra hæreditatem habere nolunt, figurantes quia quos mundi implicamenta occupant, habitationem cœlestis patriæ nequaquam desiderant.

16. Dehinc populus admonetur, ut in terra sancta idola destruant, et nullus de prioribus habitatoribus servetur, ad significandum, ut dum in terram sanctæ repromissionis per fidem ingredimur, simul cum idololatria omnia etiam vitia exstinguamus.

14. *Divini Balaam.* Sæpe vox *divini* in Scriptura sumitur pro augure, ariolo, pythone. Arev.

15. *Quia quos mundi implicam* usque ad *desiderant* verba sunt Greg. XXVII Moral., cap. 7. Grial.

Ibid. Citra Jordanem. Alb., *contra Jordanem.* Arev.

IN DEUTERONOMIUM.

460 CAPUT I.

Cur Deuteronomium undecim diebus scriptum.

1. Liber Deuteronomii repetitio est præcedentium quatuor librorum legis. Nam dum illi in se proprias contineant causas, iste tamen replicat omnium. Habet autem et ipse propria innumera sacramenta, e quibus pauca pro exercitio lectoris studui memoranda.

2. Deuteronomium autem secunda legis latio dicitur, quod significat Evangelium. In cujus principio notandum est quid indicet quod undecim diebus idem Deuteronomium a Moyse scribitur; significat vero Judaicæ plebis lapsum in Evangelio per transgressionem Decalogi mandatorum.

CAPUT II.

De quadraginta annis deserti, et vestibus non attritis.

1. Quid autem significaverunt illi quadraginta anni, quibus laboriose peractis, filii Israel ad repromissionis terram transierunt? Per hos quadraginta annos totum sæculi tempus significatur, in quo vivit Ecclesia sub laboribus et periculosis tentationibus, sperando quod non vidit per patientiam, quousque ad promissam æternæ felicitatis perveniat patriam (*Matth.* IV).

461 2. Ideo et Dominus quadraginta diebus jejunavit et quadraginta noctibus, et tentatus est in eremo. Corpus enim ejus, quod est Ecclesia, necesse est tentationes laboresque patiatur in hoc sæculo, quoad usque veniat illud tempus ubi post tentationes accipiat consolationes.

3. Porro quod vestis Israel per tot annos in eremo D nulla vetustate corrupta est, et morticina pellis B calceamentorum tandiu sine labe duravit, potest figurare futuram incorruptibilitatem corporum, ubi ea quæ corruptibilia sunt sine corruptione ulla permanebunt.

CAPUT III.

De non plantando ligno juxta altare.

1. *Non plantabis omne lignum juxta altare Dei, nec facies nemus in terra.* Interdicitur quippe ne nemus complantetur in templo. Nemus frondentes arbores et infructuosæ sunt, solum ad delectationem visus plantatæ. Tales sunt et gentiles, qui rationem suam verborum decore componunt, ut non convertant a vitiis, sed delectent, atque istiusmodi seductione persuadeant. C

2. Nos autem secundum præceptum juxta altare Dei nemus non plantamus, si circa dominicam fidem nihil in verbis infructuosum, nihil audientiæ sæculari illecebrosum componimus, sed sola puritate veritatis scientiam prædicationis tenemus. Hoc nemus in prædicatione sapientiæ plantare vitabat Apostolus, cum dicebat: *Loquimur non in doctis humanæ sapientiæ verbis, sed in doctrina spiritus, et virtute* (*I Cor.* II).

462 CAPUT IV.

De auferendo præputio ligni pomiferi.

1. *Quando ingressi fueritis in terram, et plantaveritis in ea ligna pomifera, auferetis præputia eorum, pomorumque germina immunda erunt vobis, nec edetis ex eis* (*Levit.* XIX, 23). Ligna quippe pomifera sunt opera virtutibus fecunda. Præputia lignorum auferi-

Cap. II. N. 3. *Porro quod vestis,* usque ad *duravit. Porro quod vestimenta, aut calceamenta filiorum Israel per tot annos in eremo indetrita et absoluta manserunt, nullaque vetustate consumpta sunt,* Val. et Compl. Reliqui et Beda ut edidimus. Grial.

Ibid. Alb., cum Val. et Compl. *Porro quod vestimenta,* etc., sed *obvoluta* pro *absoluta.* Arev.

Cap. III. N. 1. *Non plantabis,* etc. Cod. Bonon., post finem capitis præced., in nota marginis inferioris, ex Originali Isidori, sic habet: *Permanebunt. Jubentur autem in præceptis hujus libri innumerabilia, ex quibus quæritur quid significet illud quod interdicitur: Non plantabis omne lignum juxta altare Domini, nec plantes nemus in terra. Interdicitur quippe,* etc. Arev.

Cap. IV. N. 1. *Quando ingressi fueritis,* usque ad *comedatur,* omnia sunt Gregorii verba, VIII Moral., cap. 29. Grial.

mus, cum de ipsa inchoationis infirmitate suspecti primordia operum nostrorum non approbamus.

2. Poma autem quæ germinant immunda existimamus, nostrisque cibis non aptamus, quia cum primordia boni laudantur operis, dignum est ut hoc animum non pascat operantis, ne, dum accepta laus suaviter carpitur, fructus operis intempestive comedatur.

CAPUT V.

De non operando in bovis primogenito.

1. *Non operaberis in primogenito bovis, et non tondebis primogenita ovium.* In primogenito quippe bovis operari est bonæ conversationis primordia in exercitio publicæ actionis ostendere. Ovium quoque primogenita tondere est ab occultationis suæ tegmine humanis oculis inchoantia bona nostra denudare.

2. In primogenito ergo bovis operari prohibemur, atque a primogenitis ovium detondendis compescimur, quia etsi quid robustum incipimus exercere, hoc in aperto citius non debemus ostendere. Sed cum vita nostra simplex quid atque innocuum inchoat, dignum est ut secreti sui velamina non relinquat, nec hoc humanis oculis, quasi subducto vellere, ostendat.

3. Ad sola ergo divina sacrificia boum primogenita, oviumque proficiant, ut si quid forte innocuum incipimus, hoc ad honorem intimi Judicis in ara cordis immolemus. Quod ab illo procul dubio **463** tanto libentius accipitur, quanto et ab hominibus occultatum nullo laudis appetitu maculatur.

4. Sæpe autem novæ conversationis primordia adhuc carnali vitæ sunt commista. Et idcirco innotescere citius non debent, ne cum laudantur bona quæ placent, deceptus laude sua animus deprehendere in eis nequeat mala quæ latent.

CAPUT VI.

De non arando in bove et asino.

1. *Non arabis in bove simul et asino.* In bovis nomine populus ex circumcisione positus sub jugo legis accipitur; in asino autem populus gentium pertinens ad Evangelium : in bove quippe et asino simul arat qui sic recipit Evangelium, ut Judaicarum superstitionum, quæ in umbra et imagine præcesserant, cæremonias non relinquat.

2. Item nonnunquam in bove bene operantium vita, in asino stultorum vecordia figuratur. Quid est ergo: *Non arabis in bove simul et asino?* ac si diceret : Fatuum sapienti in prædicatione non socies, ne per eum qui rem implere non valet et illi qui prævalet obsistas.

3. Bovem quippe et asinum, si necesse sit, unusquisque sine detrimento operis jungit. Sapientem vero et stultum (non ut unus præcipiat, et alter obtemperet, sed ut pariter æquali potestate annuntient verbum Dei) non sine scandalo quisque comites facit.

CAPUT VII.

De non alligando ore bovis triturantis.

1. *Non alligabis os bovi trituranti* (*I Cor.* IX, 9; *I Tim.* V, 18). Dictum est quod in bovis **464** nomine vita uniuscujusque operantis exprimitur. Dicit quodam in loco Apostolus Paulus, reprehendens et dolens, quod nemo illi communicaverit in ratione dati et accepti (*Philip.* IV). Quid est in ratione dati et accepti, nisi quod alio in loco aperte exposuit, dicens : *Si nos vobis spiritualia seminavimus, magnum est ut carnalia vestra metamus* (*I Tim.* IX, 11)? Hoc significat : *Non alligabis os bovi trituranti.*

2. Unde et idem Apostolus alio loco dicit : *Dignus est operarius mercede sua* (*I Tim.* VI). Vult ergo Scriptura doctoribus præstare carnalia, a quibus spiritualia consequuntur, quia prædicatores occupati in doctrina necessaria sibi providere non possunt.

CAPUT VIII.

De non coquendo hædo in lacte matris.

1. *Non coques hædum in lacte matris suæ.* Hædus hic sub peccatoris figura introducitur. Proinde peccans graviter non est coquendus in lacte matris suæ, id est, non est purgandus mediocribus tenerrimisque Ecclesiæ disciplinis, sed austerioribus præceptis ejus sunt excoquenda peccata, cujus magna sunt crimina, ut qui per lasciviæ blandimentum se perdidit, fortiori disciplina se redimat.

CAPUT IX.

De non induenda veste ex lana et lino.

1. *Non indues vestem ex lana linoque contextam.* Per lanam quippe simplicitas, per linum vero subtilitas designatur. Et nimirum vestis quæ ex lino lanaque conficitur linum interius celat, in superficie lanam demonstrat. Vestem ergo ex lana linoque contextam induit, qui sub locutione innocentiæ intus subtilitatem celat malitiæ. Hoc secundum moralem sensum.

2. Cæterum secundum allegoriam lineis vestibus misceri lanam, **465** vel purpuram, et linostima veste indui, est inordinate vivere, et diversi generis professiones velle miscere, ut vel sanctimonialis habeat ornamenta nuptiarum, aut ea quæ se non continens nupsit speciem virginis gerat : omnimodo hoc peccatum est, et si quid inconvenienter ex diverso genere vel religione in vita cujusque contexitur. Verum illud tunc figurabatur in vestibus quod nunc declaratur in moribus.

CAP. V. N. 1. *Non operaberis*, usque ad *latent*, totum item caput ex eodem Gregor. capite. GRIAL.
3. *Ut si quid forte*, ex Beda; *Ut quidquid forte*, Gregor. et ms. GRIAL.
CAP. VI. N. 1. *Non arabis*, usque ad *obsistas*, ex eod. lib. I Moral., cap. 7. GRIAL.
3. *Bovem quippe et asin.*, usque ad *comites facit*, verba sunt Aug., VI contr. Faust., c. 9. GRIAL.

CAP. VII. N. 1. Verba Deuteronomii in Vulgata sunt : *Non ligabis os bovis terentis in area fruges suas.* AREV.
CAP. IX. N. 1. *Non indues vestem*, usque ad *malitiæ*, Greg. verba, VIII Moral., cap. 31. GRIAL.
2. *Lineis vestibus*, usque ad *moribus*, Augustini verba, VI contra Faust., cap. 9, e quo sunt nonnulla restituta. GRIAL.

A

CAPUT X.

De non accipienda loco pignoris superiore et inferiore mola.

1. *Non accipies loco pignoris superiorem aut inferiorem molam; accipere* namque aliquando dicimus auferre. Unde et aves illæ quæ rapiendi sunt avidæ accipitres vocantur. Unde et apostolus Paulus dicit: *Sustinetis enim, si quis devorat, si quis accipit* (*II Cor.* XI). Ac si diceret *si quis rapit.* Pignus vero debitoris est confessio peccatoris. A debitore enim pignus accipitur, cum a peccatore jam confessio peccati tenetur. Superior autem et inferior mola est spes et timor.

2. Spes quippe ad alta subvehit, timor autem cor inferius premit. Sed mola superior et inferior ita sibi necessario junguntur, ut una sine altera inutiliter habeatur. In peccatoris pectore itaque incessanter debet spes et formido conjungi, quia pœnitentia incassum misericordiam sperat, si non etiam justitiam pertimescat.

B

3. Incassum justitiam metuit, si non etiam in misericordia confidit. Loco igitur pignoris mola superior aut inferior tolli prohibetur, quia qui prædicat peccatori, tanta dispensatione componere prædicationem debet, ut nec derelicta spe timorem subtrahat, nec subtracta spe in solo eum timore derelinquat.

4. Tollit enim superiorem, si flenti peccatori dicat: Non habebis **466** veniam de commissis. Tollit inferiorem, si peccantem deceptione palpet. Ac si dicat: Age mala in quantum vis absque metu; nam Deus pius est et ad indulgendum paratus. Sed utiliter tunc mola utraque habetur, si et spes sit cum emendante formidine, et emendans formido fuerit cum spe.

C

CAPUT XI.

De non abominando Ægyptio.

1. *Non abominaberis Ægyptium, eo quod fuisti incola in terra ejus;* quamvis enim mundo renuntiantes Ægyptiam terram, id est, pristinam sæculi conversationem, vel concupiscentiam declinemus, tamen, dum præsentis sæculi necessitatibus subdimur, quasi Ægyptiam nationem nequaquam exstinguimus, licet ab ipsa quadam discretione separemur, non de superfluis cogitantes, sed, secundum Apostolum, victu quotidiano indumentoque contenti. Hoc enim singulariter mandabatur in lege: *Non abominaberis Ægyptium.*

D

CAPUT XII.

De non habendis diversis ponderibus.

1. *Non habebis in sacculo diversa pondera, majus et minus; nec erit in domo tua modius major et minor. Pondus habebis justum, et verum, et modius æqualis erit tibi, et verus, ut multo vivas tempore super terram.* Hoc et idem legislator etiam in Levitico interdicit (*Levit.* XIX), Salomone quoque parem super hoc sententiam proferente: *Pondus magnum, et pusillum, et mensuræ duplices, immunda sunt utraque ante Dominum, et qui facit ea, in adinventionibus suis compeditur* (*Prov.* XX).

467 2. Proinde non solum illo corporali, sed etiam spirituali modo studendum est nobis, ut nec diversa pondera in cordibus nostris, nec in domo conscientiæ nostræ mensuras duplices habeamus, id est, ne ipsi ea quæ districtionis regulam molliunt remissiore indulgentia præsumentes, eos quibus verbum Dei prædicamus, districtioribus præceptis et gravioribus quam ipsi perferre possumus obruamus ponderibus.

3. Quod cum facimus, quid nisi diverso pondere atque mensura præceptorum Domini mercedem frugemque vel appendimus, vel metimur? Si enim aliter ea nobis, aliter fratribus nostris dispensemus, recte increpamur a Domino, eo quod stateras diversas aut mensuras duplices habeamus, secundum illam sententiam Salomonis qua dicitur: *Abominatio est Domino pondus duplex, et statera dolosa non est bonum in conspectu ejus* (*Proverb.* XX).

CAPUT XIII.

De testibus.

1. *Non stabit adversus alterum unus testis, sed in ore duorum aut trium testium stabit omne verbum.* Licet historialiter hæc sit divina servanda sententia, tamen et cum contra quoslibet impios vel hæreticos agimus, necesse nobis est Scripturas sanctas in testimonium vocare.

2. Sensus quippe nostri et attestatio sine his testibus non habent fidem. Unde magis convenit ad probationem et firmitatem verbi intellectus mei ut adhibeam duos testes, Novum scilicet et Vetus Testamentum: adhibeam etiam tres, Evangelium, Prophetam, et Apostolum, sicque stabit omne verbum.

CAP. X. N. 1. *Non accipies*, etc. Totum caput e Greg. XXXIII Moral., cap. 11, nonnullis verbis immutatis, retenta tamen sententia. GRIAL.

Ibid. Accipitres vocantur. Eadem sententia exstat in Etymologiis, lib. XII, cap. 7 num. 55, adductis etiam apostoli Pauli verbis: *Sustinetis*, etc. AREV.

4. *Sed utiliter*, etc. Alb.: *Sed inutilis est altera sine altera, utraque vero simul utilis habetur... cum spe remissionis.* AREV.

CAP. XI. N. 1. *Non abominaberis;* e Cass., collat. 5, cap. 19. GRIAL.

Ibid. Apud Grialium titulus capitis est *De non abominando Ægypto.* Reposui *Ægyptio* ex Deuteronomio, quamvis nonnulli mss. apud Isidorum habeant *Non abominabis Ægyptum.* AREV.

CAP. XII. N. 1. *Non habebis in sacculo*, usque ad *in conspectu ejus*, e Cass., collat. 21, cap. 22. GRIAL.

Ibid. Pondus magnum, usque ad *compeditur.* Adnotanda dispunctio diversa ab ea quam secuti sunt correctores Edit. LXX. GRIAL.

2. *Illo corporali.* Al., *etiam ille spiritualis nobis.* AREV.

CAP. XIII. N. 1. *Non stabit adversus alterum unus test.* Vid. Aug., XVI contra Faust., cap. 13. GRIAL.

2. *Et firmitatem.* Al.: *Ut affirmem verbum intellectus mei, adhibeo duos testes.* AREV.

468 CAPUT XIV.

De uxore fratris accipienda.

1. Illud vero, quod uxorem fratris ad hoc frater jussus est ducere, ut non sibi, sed illi sobolem suscitaret, ejusque vocaret nomine, quod inde eidem nasceretur, quid aliud in figura præmonstrat, nisi quia unusquisque Evangelii prædicator ita debet in Ecclesia laborare, ut defuncto fratri, hoc est, Christo suscitet semen, qui pro nobis mortuus est, et quod suscitatum fuerit ejus nomen accipiat?

2. Denique hoc implens Apostolus, non carnaliter in præmissa significatione, sed spiritualiter in completa veritate, quos in Christo Jesu se per Evangelium commemorat genuisse, succensens eis et increpans, corrigit volentes esse Pauli. *Nunquid Paulus*, inquit, *pro vobis crucifixus est? aut in nomine* B *Pauli baptizati estis* (*I Cor.* I)? tanquam diceret: Defuncto fratri vos genui: Christiani vocamini, non Pauliani.

3. At vero qui electus ab Ecclesia ministerium evangelizandi renuerit, ab Ecclesia merito digneque contemnitur. Hoc est enim quod in ejus faciem jubetur expuere, non sane sine signo hujus opprobrii, ut calceamento pedis unius exuatur, ne sit in eorum sorte quibus ipse Apostolus ait: *Et calceati pedes in præparationem Evangelii pacis* (*Ephes.* VI). Et de quibus commemorat Propheta: *Quam speciosi pedes eorum qui annuntiant pacem, qui annuntiant bona* (*Isai.* LII; *Nah.* I; *Rom.* X)!

4. Qui autem sic evangelicam fidem tenet, ut et sibi prosit, et Ecclesiæ prodesse non renuat, bene C intelligitur utroque pede calceatus. Qui autem sibi putat quia credidit satis esse consultum, curam vero lucrandorum aliorum refugit, quasi unius pedis calceamentum cum dedecore amittit.

CAPUT XV.

De formidoloso et pavido.

1. *Homo formidolosus et corde pavido non egredietur ad bellum.* **469** *Vadat et revertatur ad domum suam, ne pavere faciat corda fratrum suorum, sicut et ipse timore perterritus est.* Quibus verbis edocet non posse eos professionem contemplationis vel spiritualis militiæ arripere exercitium, qui adhuc nudari terrenis operibus pertimescunt.

2. Ne rursus infirmitate mentis revertantur, suoque exemplo alios a perfectione evangelica revocent, D et infideli terrore infirment; jubentur itaque tales, ut, discedentes a pugna, revertantur in domum suam, quia non possunt duplici corde bella Domini præliari.

A 3. Vir enim duplex animo, inconstans est in omnibus viis suis. Tales quippe oportet ut ne initium quidem renuntiationis arripiant. Quibus melius est, ut in activa vita consistant, quam trepidi contemplationem exsequentes, majori discrimine semetipsos involvant. Melius est enim non vovere, quam vovere et non reddere.

4. Similiter et ille a tali militia prohibetur, qui uxorem duxerit, qui plantaverit vineam, velut propaginem filiorum, non enim potest servire divinæ militiæ servus uxoris, secundum illud Apostoli: *Qui cum uxore est, sollicitus est quomodo placeat uxori, et divisus est* (*I Cor.* VII).

5. Nec potest inesse quis studio contemplationis, qui adhuc in delectatione defigitur carnis. *Nemo*, inquit Apostolus, *militans Deo, implicat se negotiis sæcularibus, ut ei placeat cui se probavit* (*II Tim.* II).

CAPUT XVI.

De septem gentium interemptione.

1. *Cum introduxerit te Dominus Deus tuus in terram quam possessurus ingrederis, et deleverit gentes multas coram te, Hethæum,* **470** *Gergesæum, et Amorrhæum, et Chananæum, et Pherezæum, et Hevæum, et Jebusæum, septem gentes multo majoris numeri quam tu es, et robustiores te, tradideritque eos Dominus tibi, percuties eos usque ad internecionem.*

2. Septem istæ gentes septem sunt principalia vitia quæ per gratiam Dei unusquisque spiritualis miles exsuperans exterminare penitus admonetur. Quod vero majoris numeri esse dicuntur, hæc ratio est, quia plura sunt vitia quam virtutes. Sed ideo in catalogo quidem dinumerantur septem nationes, in expugnatione vero earum sine numeri ascriptione ponuntur; ita enim dicitur: *Et deleverit gentes multas coram te.*

3. Numerosior est enim quam Israel carnalium passionum populus, qui de hoc septenario fomite vitiorum ac radice procedit. De gastrimargia namque nascuntur comessationes, ebrietates. De fornicatione turpiloquia, scurrilitas, ludicra, atque stultiloquia. De philargyria mendacium, fraudatio, furta, perjuria, turpis lucri appetitus, falsa testimonia, violentiæ, inhumanitas atque rapacitas. De ira homicidia, clamor et indignatio. De tristitia rancor, pusillanimitas, amaritudo, desperatio.

D 4. De accidia otiositas, somnolentia, importunitas, inquietudo, pervagatio, instabilitas mentis et corporis, verbositas et curiositas. De cenodoxia contentiones, hæreses, jactantia, ac præsumptio novitatum. De superbia contemptus, invidia, inobe-

CAP. XIV. N. 1. *Illud vero quod uxorem*, usque ad *dedecore amittit*, verba sunt Augustini, XXXII contr. Faust., cap. 20. GRIAL.

CAP. XV. N. 1. *Homo formidolosus*, e Cass., lib. VII, cap. 15. GRIAL.

4. *Filiorum.* Grialius edidit *florum*, fortasse per errorem. Alii, *vineam, vel propagines filiorum.* AREV.

CAP. XVI. N. 1. *Cum introduxerit te Dominus*, etc. Ex Cassian., collat. 5, cap. 16 et sequentibus carptim, collectum caput hoc. GRIAL.

Ibid. Quam possessurus ingrederis. Ita Cass., Vulg. Et LXX, εἰσπορεύῃ. *Ingredieris*, Mss. o. GRIAL.

Ibid. Hæc pugna virtutum cum vitiis egregie describitur a Prudentio in Psychomachia, adducto etiam exemplo septem nationum, quas Israelitæ per cusserunt usque ad internecionem. AREV.

3. *Ludicra.* Ita Cass. Al., *ludibria.* GRIAL.

Ibid. Homicidia. Homicidium. Cass. GRIAL.

4. *Aliaque complura.* Cass., paulo superius. GRIAL.

Ibid. Septem principalibus vitiis.— *Octo*, Cass., sed cur Isid. immutaverit satis apparet. GRIAL.

dientia, blasphemia, murmuratio, detractio, aliaque complura similia, quæ cum sint multo majoris numeri quam virtutes, devictis tamen illis septem principalibus vitiis, ex quorum natura ista procedunt, omnes protinus conquiescunt, ac perpetua pariter cum his internecione delentur.

5. Quod autem hæ pestes robustiores sint, manifesta naturæ ipsius impugnatione sentimus. Fortius enim militat in membris nostris oblectatio carnalium passionum, quam studia virtutum, quæ nonnisi summa contritione cordis et corporis acquiruntur. Quod vero **471** istarum perniciosarum gentium regiones salubriter possidere præcipimur, ita intelligitur.

6. Habet enim unumquodque vitium in corde nostro propriam stationem; sed si cum spiritualibus populis, id est, virtutibus contra se dimicantibus fuerint vitia superata, locum quem sibi in corde nostro concupiscentiæ vel fornicationis spiritus retinebat, deinceps castitas obtinebit. Quem furor ceperat, patientia vindicabit.

7. Quem tristitia, mortem operans, occupaverat, salutaris et plena gaudio lætitia possidebit. Quem accidia vastabat incipiet excolere fortitudo. Quem superbia conculcabat humilitas honestabit, et ita singulis vitiis expulsis, eorum loca, id est, affectus contrarios possidebunt filii Israel, id est, animæ videntes Deum.

CAPUT XVII.

Cur Abrahæ loquens decem gentes, non septem, dinumeraverit Deus.

1. Illud vero, quod cum ad Abraham de futuris Dominus loqueretur, non septem gentes legitur dinumerasse, sed decem, quarum terra semini ejus danda promittitur. Qui numerus, adjecta idololatria gentium, blasphemia Judæorum, errore hæreticorum, evidentissime adimpletur.

2. Quibus ante notitiam Dei et gratiam baptismi vel impia gentium, vel blasphema Judæorum multitudo subjecta est, donec in intellectuali Ægypto commorantur. Si autem abrenuntians quis, et egressus exinde per gratiam Dei ad eremum pervenerit spiritualem, de impugnatione trium gentium liberatus, contra septem tantum, quæ per Moysem dinumerantur, bella suscipiet.

472 CAPUT XVIII.

De muliere decora capta in bello.

1. *Si*, inquit, *exieris ad bellum contra inimicos tuos, et videris mulierem decora specie, et concupieris eam, rades omnes pilos capitis ejus, et ungulas ejus, et indues eam vestimentis lugubribus, et sedebit in domo, lugens patrem suum, et matrem suam, et domum paternam, et post triginta dies erit tibi uxor.*

2. Dicant ergo Judæi quomodo apud eos ista serventur, quid causæ, quid rationis est decalvare mulierem, et ungulas ejus abscindi? verbi causa, ponamus quod ita invenerit eam is qui dicitur invenisse, ut neque capillos, neque ungulas habeat, quid habuit, quod secundum legem demere videretur?

3. Nos vero, quibus militia spiritualis est, et arma non carnalia, sed potentia Deo, si decoram mulierem, id est, animam, quæ a Deo pulchra creata est, in gentili conversatione invenerimus, et sociare voluerimus eam corpori Christi, deposito idololatriæ cultu, induitur lugubribus pœnitentiæ indumentis, et deplorat patrem, et matrem, hoc est, omnem memoriam mundi, ejusque illecebras.

4. Deinde verbi Dei novacula et doctrina omne peccatum infidelitatis ejus, quod mortuum est et inane, abraditur; hoc enim sunt capilli capitis et ungulæ mulieris. Atque ita demum salutaris lavacri unda purificata conjungitur sanctis Dei, scilicet, cum jam nihil in capite mortuum, nihil in manibus ex illis quæ per infidelitatem mortua dicuntur habuerit, ut neque sensibus, neque actibus immundum aliquid aut mortuum gerat.

5. Quod vero post triginta dies jubet eam duci uxorem, feminæ quippe sanguinis purgationem post mensem habere solent. Post purgationem ergo peccatorum, anima jam effecta munda et purgata ab immunditia sua sociatur viro Israelitæ, corpori scilicet Christi.

473 6. Ternario namque ac denario numero fides opusque significatur. Per fidem ergo Trinitatis atque opus legis recte sociatur quæcunque anima viro Israelitæ, corpori scilicet Christi, adhærens illi sine macula, sinceritate fidei et actuum puritate. Alii putaverunt hanc mulierem captivam, decoram specie, rationabilem aliquam disciplinam significare, quæ sapienter dicta invenitur apud gentiles.

7. Hæc ergo a nobis reperta, oportet primum de ea auferre et resecare omnem superstitionis ejus immunditiam, et sic eam in studio veritatis assumere. Nihil enim mundum habent disciplinæ gentilium, quia nulla apud infideles sapientia est cui immunditia aliqua vel superstitio non sit admixta.

5. *Quod autem hæ pestes robust.* Cass., paulo post. Grial.

Ibid. Quod vero istarum perniciosarum gentium. Cass., cap. 23. Grial.

6. *Spiritus retinebat.* — *Retentabat*, Cass. Grial.

7. *Humilitas honestabit*, ex Cass. *Incipiet excolere humilitas*, mss. o., mendose. Dixerat enim ante, *incipiet excolere fortitudo*. Grial.

Ibid. Id est, affectus, ex Cass. *Effectus*, Ms. Grial.

Cap. xvii. N. 1. *Illud vero, quod cum ad Abraham.* Ex ead. coll., cap. 22. Grial.

2. *Vel impia gentium.*—*Gentilium*, Cassian. Grial.

Ibid. Alborn. facit etiam cum Cassiano, *gentilium*. Arev.

Cap. xviii. N. 3. *Et deplorat patrem et matrem.* Sic reposui, cum apud Grialium legeretur *et deplorat patrem et matrem*. Vetus Editio, *deploratque patrem et matrem*. Arev.

4. Grialius, *abradatur*. Arev.

7. *Hæc ergo a nobis reperta.* Ita ms. Albornoz., ut sit nominativus absolutus, quod melius est quam apud Grialium, *hanc ergo a nobis repertam*. Posset reponi, *hac enim a nobis reperta oportet primum*, etc. Arev.

CAPUT XIX.

De securi manum fugienti.

1. Illud autem quid significet quod Dominus per Moysen præcepit, dicens : *Si quis abierit cum amico suo simpliciter in silvam ad ligna cædenda, et lignum securis fugerit manum, ferrumque lapsum de manubrio amicum ejus percusserit, et occiderit, hic ad unam supradictarum urbium fugiet, et vivet, ne forte proximus ejus, cujus effusus est sanguis, doloris stimulo persequatur, et apprehendat eum, et percutiat animam ejus?* Ad silvam quippe cum amico imus, quoties ad intuenda delicta subditorum convertimur, et simpliciter ligna succidimus cum delinquentium vitia pia intentione resecamus.

2. Sed securis manum fugit, cum sese increpatio plusquam necesse est in asperitatem pertrahit ; ferrumque de manubrio prosilit, cum de correptione sermo durior excedit. Et amicum percutit, et occidit, qui auditorem suum prolata contumelia a spiritu dilectionis interficit. B

3. Correpti namque mens repente ad odium proruit, si **474** hanc immoderata correptio plusquam debuit addicit. Sed is qui incaute ligna percutit, et proximum exstinguit, ad tres necesse est urbes fugiat, ut una earum defensus vivat, quasi ad pœnitentiæ lamenta conversus, in unitate sacramenti sub spe, fide et charitate absconditur, reus perpetrati homicidii non tenetur. Quem exstincti proximus cum invenerit, non occidit, quia cum districtus judex venerit, qui se nobis per naturæ consortium junxit, ab eo procul dubio culpæ reatum non expetit, quem sub ejus tuitionis venia spes, fides et charitas abscondit. C

CAPUT XX.

De pollutione somnii nocturni.

1. *Si fuerit inter vos homo qui nocturno pollutus somnio sit, egredietur extra castra, et non revertetur prius quam ad vesperam lavetur aqua. Et post solis occasum regredietur in castra.* Nocturnum quippe somnium est tentatio occulta, per quam tenebrosa cogitatione turpe aliquid corde concipitur, quod tamen corporis opere non expletur.

2. Sed somnio nocturno pollutus egredi extra castra præcipitur, quia videlicet dignum est ut qui immunda cogitatione polluitur indignum se cunctorum fidelium societatibus arbitretur. Culpæ suæ meritum ante oculos ponat, et ex bonorum se æstimatione despiciat. D

A **475** 3. Pollutum ergo extra castra exire, est turpi impugnatione laborantem sese ex continentium comparatione despicere. Qui ad vesperam aqua lavatur, cum defectum suum conspiciens, ad pœnitentiæ lamenta convertitur, ut fletibus diluat omne quod animum occulta inquinatione accusat.

4. Sed post occasum solis ad castra redeat, quia, defervescente tentationis ardore, necesse est ut iterum fiduciam erga societatem bonorum sumat. Post aquæ quippe lavationem, occumbente sole, ad castra revertitur, qui post lamenta pœnitentiæ frigescente flamma cogitationis illicitæ ad fidelium merita præsumenda reparatur, ut jam se a cæteris longe esse non æstimet, qui mundum se per obitum intimi ardoris gaudet.

CAPUT XXI.

De paxillo egredientis ad requisita.

1. Jubetur præterea Israelitico populo per Moysen ut cum egreditur ad requisita naturæ, mittat paxillum in balteo, et, fossa humo, abscondat quæ egesta fuerint. Naturæ enim corruptibilis pondere gravata mens nostra, quædam cogitationum superflua, quasi ventris gravamina, erumpit.

2. Sed portare sub balteo paxillum debemus, ut videlicet ad reprehendendos nosmetipsos semper accincti, acutum circa nos stimulum compunctionis habeamus, qui incessanter mentis nostræ terram pœnitentiæ dolore confodiat, et hoc, quod a nobis fetidum erumpit, abscondat.

CAPUT XXII.

De quadraginta flagellis.

1. Quod autem pro mensura peccati quadraginta flagellis delinquentes **476** argui jussit, jam prædictum est, quod per quadragenarium numerum figura significetur hujus temporis, in quo Ecclesia per quatuor mundi partes diffusa, sub Decalogo legis vivit. Quadragenario ergo numero delinquentes cædimur, si in hoc tempore pœnitentiæ verberibus flagellemur.

2. Debet ergo quisque peccator temporalibus flagellis atteri, quatenus in judicio purgatus valeat inveniri. Beatus enim homo qui corripitur a Deo. Nulla enim in æternum animadversio affligere poterit quos hic pœnitentiæ disciplina percusserit. Si enim hic pro peccatis cædimur, illic sine peccato inveniemur.

Cap. xix. N. 1. *Illud autem quid significet.* Totum caput e Greg., x Moral., cap. 5. Grial.

3. *Plusquam debuit, addicit.* Ita habent et Gregoriani omnes libri et Isidoriani, tum hic, tum lib. ii Sentent. c. 4 : *Omnis quippe justus spe et formidine nitet, quia nunc illum ad gaudium spes erigit, nunc ad formidinem terror gehennæ addicit.* Et cap. 44 : *Non est corpori adhibenda immoderata abstinentia, ne dum amplius gravatur caro pondere inediæ, malum agat postea, nec benefacere incipiat ; et quæ addicitur ut usu mali careat, simul et boni officium, dum plus premitur, perdat.* Et lib. iii, cap. 5 : *Nam ibi peccamus, ubi cupiditate vel voluntate deflectimus. Ubi vero violenter addicimur, etsi facinus aut flagitium non est, miseria tamen et pro flagitio et facinore est.* Est autem *addicere* (auctore Festo) *damnare* ; aut (quod ad Isidorum et Gregorium attinet) quod nos vulgari lingua dicimus *appremiar*. Grial.

Ibid. Culpæ reatum non expetit. — *Vindictam de culpæ reatu non expetit*, Gregorius. Grial.

Cap. xx. N. 1. *Si fuerit inter vos hom.*, usque ad *ardoris gaudet*, omnia sunt Gregorii verba, lib. ix Moral., cap. 31. Grial.

2. *Ex bonorum se æstimatione.* Ita Greg., Al., *extimatione.* Grial.

3. *Comparatione.* Al., *extimatione.* Arev.

4. *Erga societatem bonorum.* Ita Greg. Al. : *Erga societatis bonum.* Grial.

Ibid. Post aquæ quippe lavationem. Ita Greg. Al., *post aquam quippe.* Grial.

Cap. xxi. N. 1. *Jubetur præterea*, etc. Ex Greg., l. xxx Moral., cap. 13. Grial.

Ibid. Gravata, etc. Al. : *Gravatæ menti nostræ quadam cogitationum superfluitate gravamur.* Arev.

IN JOSUE.

477 CAPUT PRIMUM.

De morte Moysi et principatu Jesu Nave.

1. Post mortem Moysi loquitur Dominus ad Josue, dicens : *Moyses servus meus mortuus est, surge, et transi Jordanem, tu et omnis populus, in terram quam ego dabo filiis Israel.*

2. Defunctus est ergo Moyses, defuncta est lex, legalia præcepta jam cessant, et obtinet Jesus, id est Salvator Christus Filius Dei, principatum : introducit populum in terram de qua dicit Dominus : *Beati mites, quoniam ipsi possidebunt terram* (*Matth.* v).

CAPUT II.

De duobus exploratoribus et Raab meretrice.

1. Iste Jesus filius Nun mittit duos exploratores ad Jericho urbem, qui suscipiuntur a meretrice Raab. Jesus iste dux populi in semetipso Dominum Jesum Christum et vocabulo ostendit et facto. Jericho autem civitas mundus iste est, ad quem Dominus Jesus Christus ad perscrutandos mores hominum duo Testamenta direxit.

2. Nam in eum, ut credentium fidem, aut rebellium pervicaciam plenius comprobaret, ante adventum judicii sui, quasi exploratores duos, 478 legem et Evangelium destinavit. Raab vero typum tenet Ecclesiæ, quæ de extraneis atque alienis gentibus congregata est, quæ antea vivens in desideriis carnis, fornicabatur in idolis. De talibus ait Dominus quod præcedent vos in regno cœlorum. (*Matth.* xxi).

3. Hæc igitur Testamenta Domini sola suscepit, et eadem fideliter conservat, inimicis omnino non tradidit, ipsa potius periclitari optans, dummodo illæsa ac salva servaret. Hæc casurum mundum, sicut illam civitatem, firmiter credidit. Hæc pro se ac suorum omnium salute pactum cum Testamentis Domini fecit. Hæc in domo sua coccum, id est, sanguinis signum posuit. Extra hanc si quis inventus fuerit, ruinam sæculi atque incendium mundi nulla ratione vitabit.

CAPUT III.

De transitu Arcæ et divisione Jordanis.

1. Transit deinde populus cum arca Testamenti trans Jordanem. Sed quid sibi vult quod Jordanem eadem arca transeunte, per sacerdotes et Levitas deducitur turba, sicque, stante aqua fluminis in cumulum, Dei populus iter incedit innoxium? Hæc omnia implentur in Ecclesiæ populis mystica operatione.

2. Dum enim quis ad baptismi venerit fontem, et consistente sacerdotali et levitico ordine initiatus A fuerit mysticis sacramentis, tunc sacerdotum ministeriis per baptismum, quasi per Jordanis fluenta ingreditur, et terram cœlestis repromissionis adipiscitur.

3. Quod vero pars aquarum fluminis retro resilivit perseverans in dulcedine, pars vero in amarum maris gurgitem defluit, hæc figura baptizatorum varietatem designat, quia omnes qui baptizantur, partim quidem ex ipsis acceptam gratiæ cœlestis dulcedinem custodiunt, partim vero in peccatorum amaritudinem convertuntur.

4. Quod vero sacerdotalis ordo et leviticus iter ostendit populo Dei, magisterium sacerdotale monstratur. Ipsi enim et docent populum exire de Ægypto, id est, de erroribus mundi, et 479 transire per eremum vastam, id est, per sæculi tentationes. Quod B vero sacerdotalis et Leviticus ordo assistit arcæ Testamenti, in qua lex portatur, sine dubio, ut ipsi illuminent populum.

CAPUT IV.

De duabus semis tribubus præcedentibus.

1. Duæ semis tribus, quæ trans Jordanem a Moyse acceperant terram, relictis mulieribus et infantibus, cum fratribus transeuntes, præbebant illis pugnandi auxilium, usquequo et ipsi consequerentur hæreditatem. Isti, qui per Moysen accipiunt hæreditatem trans Jordanem, et cum fratribus suis armati et præcincti incedunt, illi hoc loco intelliguntur, qui primum per Moysen hæreditate legis potiti sunt, unde et primogeniti omnes esse memorantur.

2. Ruben quippe primogenitus Jacob est ex Lia, C Gad primogenitus ejusdem de Zelpha, Manasses primogenitus est Joseph, de Ægyptia filia sacerdotis Putipharis. In his ergo primogenitis figuraliter illi ex priori populo designantur, qui per legem placuerunt Deo, quique non requiescunt, sed expediti ad auxilium fratrum suorum consurgunt. Laborantibus enim nobis in agone hujus vitæ atque habentibus certamen adversus contrarias potestates, veniunt in auxilium nobis illi qui ante adventum Christi per legem justificati sunt.

3. Videmus enim Isaiam, Jeremiam, accinctos expeditosque ad auxilium nostrum, de voluminum suorum jaculis cordis nostri acerrimos hostes vulnerantes. Accingitur et Daniel ad auxilium nostrum, cum D nos de regno Christi et de Antichristi futura fraude instruit atque præmonet.

4. Adest et Ezechiel, sacramenta nobis cœlestia in quadriformibus rotarum circulis signans. Ducit et

---

Cap. i. N. 2. *Defunctus*, usque ad *defuncta est lex.* Orig., homil. 1. Grial.

Cap. ii. N. 2. *Raab vero typum tenet Ecclesiæ.* Origenes sæpe, et Ambrosius lib. de Salom., et Augustinus pluribus loc. Grial.

Cap. iii. N. 1. *Transit deinde populus Jordan.* Origen., homil. iv. Grial.

3. *Pars vero*, etc. Al., *pars vero amara defluxit in mare.* Al., *pars vero in amaro confluit gurgite maris.* Arev.

Cap. iv. N. 1. *Duæ semis tribus.* Orig. verba pleraque, hom. 3. Grial.

Ibid. Hæreditate legis potiti sunt. Non gratiæ evangelicæ. Vid. Orig. Grial.

Ibid. Unde et, etc. Al. : *Quod omnes primogeniti fuere* (vel *fugere*) *qui trans Jordanem dimissi sunt.* Arev.

4. *Bissenas.* Al., *bis septem.* Arev.

Osee bissenas agminis turmas, et præcedunt nos succinctis lumbis in veritate, quam prædicant ad auxilium nostrum. Isti ergo viri fortes pugnant nobiscum, quousque cœlestis repromissionis patriam consequamur.

480 CAPUT V.

De duodecim lapidibus.

1. Transeuntes itaque filii Israel Jordanem, sustulerunt de medio fluminis duodecim lapides, quos pro testimonio posuerunt in loco secundæ circumcisionis, ad significandum nobis ut, dum de lavacro consurgimus, apostolicæ vitæ exempla firmissima nobiscum gestare debeamus, quorum semper testimonium ad imitamenta virtutum contueamur.

CAPUT VI.

De circumcisione secunda

1. Post Jordanis autem transitum venit Jesus in Galgala, ibique jubetur facere sibi cultros lapideos, et circumcidere secundo filios Israel. Percunctemur de Judæis, quomodo potest secundo quis circumcidi circumcisione carnali? Semel enim circumcisus ultra non habet quod secundo possit auferri.

2. A nobis autem, quibus lex Christi spiritualis est, convenienter ista solvuntur. Dicimus enim circumcisionem primam fuisse per legem in Ægypto. Sed si a lege transeat quis per baptisma Jordanis ad Evangelium, tunc accipit secundam circumcisionem spiritualem per petram, qui est Christus. Sicque tali circumcisione purgatus caret Ægypti opprobrio, id est, illecebra corporalium vitiorum.

3. Nomen autem loci Galgala, quod interpretatur *revelatio*, ostendit, dum in præputio infidelitatis ambulaverit quisque per hujus vitæ desertum, oculos ei esse cæcatos. Videamus et consequentia. Post Evangelii enim circumcisionem statim in loco revelationis pascha celebratur, immolaturque Agnus ille pro mundi salute 481 occisus, ac deficiente manna typicæ legis, primum comedit populus panem corporis Christi, quem incorrupta repromissionis terra, id est, mater Domini virgo Maria protulit, cujus granum in terra cadens fructum plurimum attulit. Et vide ordinem.

4. Postquam enim sub Jesu Christo duce positi per lavacri fluenta transimus, ac per fidem spirituali circumcisione signamur, tunc his gradibus pervenientes, celebramus pascha, id est, immolatum Christum pro mundi salute credimus, ac deinde credentes, statim illo pane dominici corporis pascimur.

5. Occurrit deinde nobis princeps militiæ virtutum cœlestium Christus, tenens gladium Evangelii ad resecandam carnis nostræ pollutionem. Percunctatio autem Jesue dicentis ad angelum : *Noster es, an adversariorum?* discretionem sanctorum insinuat, qui inter bonum et malum per discretionem dijudicant, ne eos adversarius per speciem boni fallat, unde et Jeremiæ dicitur : *Si separaveris pretiosum a vili, quasi os meum eris* (*Jerem.* XV, 19).

CAPUT VII.

De excidio Jericho et Raab salvatione.

1. Circumdatur post hæc Jericho, expugnaturque, adversus quam gladius non educitur, aries non dirigitur, nec tela vibrantur. Tubæ solummodo sacerdotales septem diebus continuis adhibentur, sicque circumacta arca, muri Jericho subruuntur. Jericho autem per interpretationem *luna* dicitur.

2. Luna vero mundi hujus speciem tenet, quia sicut luna menstruis completionibus deficit, ita hic mundus ad completionem temporum currens, quotidianis defectibus cadit; in arca vero Ecclesia figuratur, in tubis autem æreis prædicatores fortes accipiuntur.

3. Hanc ergo urbem Jericho diebus septem ferentes arcam Israelitæ æneis tubis clangentibus circumeunt, et muri ejus per arcæ præsentiam atque ad ærearum tubarum sonitum cadunt, quia in hoc tempore, quod septem dierum vicissitudine volvitur, 482 dum fertur arca, id est, dum orbem terrarum circumiens movetur Ecclesia ad prædicantium voces, quasi ad tubarum sonitum muri Jericho, id est, elatio mundi, ac superba infidelitatis obstacula corruunt, donec in fine temporum mors novissima inimica destruatur, et ex impiorum perditione unica domus Raab, tanquam unica Ecclesia, liberetur, munda a turpitudine fornicationis per fenestram confessionis, in sanguine remissionis; ista enim meretrix in Jericho, tanquam in hoc sæculo, moratur.

4. Quæ, ut salvari possit, per fenestram domus suæ, tanquam per os corporis sui, coccum mittit, quod est sanguinis Christi signum pro remissione peccatorum confiteri ad salutem. Qui inventi sunt in domo illius, salvi facti sunt ab interitu urbis, et quicunque intra Ecclesiam reperiuntur, ipsi tantum salvantur. Extra hanc autem domum, id est, extra Ecclesiam, nemo salvatur.

CAPUT VIII.

De furto Achan.

1. Furatur interea de anathemate urbis Jericho Achan pallium, et linguam auream, pro quo, irascente Deo, perierunt quidam manu hostili ex populo. Jericho itaque, ut dictum est, mundi gerit figuram. De anathemate ergo ejus fraudans in tabernaculo suo

CAP. VI. N. 1. *Post Jordanis.* Origen., hom. 5 GRIAL.

Ibid. Percontor, an *percunctor* scribatur, perinde est. Grialius *percontemur*, et paulo post *percunctatio*. In nota Grialii erat *post Jordanem.* AREV.

CAP. VII. N. 1. *Circumdatur post hæc Jericho.* Orig., hom. 6. GRIAL.

3. *Elatio mundi*, etc. Sic Alborn. Codex. Grialius, *elati mundi, ac superba infidelitatis*, etc. Vetus Editio, *elati mundi superbia, ac infidelitatis*, etc. AREV.

CAP. VIII. N. 1. *Furatur.* Orig., hom. 7. GRIAL.

Ibid. Et linguam auream. Ita omnino legendum ex LXX, non *regulam* ex Vulg. Neque aliter procedit allegoria, quæ tota est Origenis. Mirum, hoc non vidisse, quisquis hæc olim in pejus reformavit. GRIAL.

Ibid. Linguam auream. Grialius hoc tuetur, neque immerito. Sed observandum, num. 3, occurrere *regulas aureas.* Veteres modo una, modo alia versione bibliorum utebantur. AREV.

abscondit, qui sæculares mores in secretis Ecclesiæ A inserit; qui, sub cultu Dei manens, solemnitates sæculi vel spectacula diligit; qui sortilegos, haruspices et augures inquirit, vel qui cæteros ritus persuadet; qui prius in Jericho, id est, in hoc sæculo habebantur; ipse ergo, quia post fidei indumentum conversationis sæcularis cultum inducit, quasi pallium de anathemate tollit.

2. Sed et ille de anathemate Jericho fraudat, qui in Ecclesia hæreticorum infert dogmata, vel superstitiosa sæcularium litterarum studia. **483** Hæc est enim lingua aurea luculento sermone aptata. Hanc furati sunt Arius, Marcion et Basilides.

3. Furati sunt enim isti regulas aureas de Jericho, qui philosophorum sectam conati sunt in Ecclesiam introducere et maculare omnem Ecclesiam Domini, ita ut disperderentur multi per eos; ideoque abjecti sunt per anathema, et quasi acervo lapidum, ita multitudine peccatorum suorum oppressi atque exstincti sunt. Quorum errore perempto, rex Hai, hoc est, diabolus, qui per illorum impietatem fidelium quosdam vicerat, rursum superatus evincitur, atque a populo Dei suspensus, ligni crucis virtute necatur.

CAPUT IX.

De constructione altaris.

1. Superatis ergo hostibus, ædificavit Jesus altare Deo excelso ex lapidibus integris, in quibus non erat injectum ferrum, sicut præceperat Moyses; et immolavit sacrificium, et scripsit in lapidibus Deuteronomium legis Moysi. Videamus itaque qui sunt isti lapides ex quibus ædificatur altare. Omnes igitur qui in Jesum Christum credunt, lapides vivi dicuntur, de quibus dicit Apostolus: *Vos estis lapides vivi, ædificati in domos spirituales* (*I Petr.* II, 5).

2. His non est injectum ferrum, quia incorrupti et immaculati carne et spiritu sunt, et jacula maligni ignita non receperunt. Hi unum altare faciunt in unitate fidei concordiaque charitatis. In his quoque Deuteronomium, id est, secundam Evangelii legem Jesus Dominus noster scribit.

3. Audiamus itaque eum dicentem: *Dictum est antiquis* (*Exod.* XX): *Non occides, ego autem dico vobis quia omnis qui irascitur fratri suo homicida est;* et iterum: *Non mœchaberis: Ego autem dico vobis: Si quis viderit mulierem ad concupiscendum eam, jam mœchatus est eam* **484** *in corde suo* (*Matth.* V). Hanc igitur Jesus notat legem in cordibus credentium, hanc scribit in eorum mentibus qui altaris constructione digni sunt.

CAPUT X.

De benedictionibus et maledictionibus

1. Post hæc omnis populus, et majores natu, duces ac judices præcedebant hinc et inde arcam, steteruntque, sicut præceperat Moyses in Deuteronomio, sex tribus in monte Garizim, ut benedicerent populum, et ipsæ tribus quæ nobiliores sunt, id est, Simeon, Levi, Juda, Issachar, Joseph et Benjamin.

2. Aliæ vero sex ignobiliores steterunt e regione in monte Hebal, ut maledicerent, inter quos et Ruben, qui maculaverat torum parentis, et Zabulon, ultimus filius Liæ, et ancillarum filii. Et hæc quidem veteris historiæ referunt gesta. Sed inspiciendum est quid in enarratione mysticæ intelligentiæ referatur.

3. Qui sunt ergo isti qui incedunt juxta montem B Garizim? et qui sunt qui incedunt juxta montem Hebal? Illi namque qui in hoc loco juxta montem Garizim incedunt, electi ad benedictionem, eos figuraliter indicant qui non metu pœnæ, sed cœlestis promissionis amore succensi, veniunt ad salutem, illi vero dimidii, qui juxta montem Hebal incedunt, in quo maledictiones prolatæ sunt, illos indicant qui non amore benedictionum, vel promissionum, sed futurorum suppliciorum timore complent quæ in lege scripta sunt, ut perveniant ad salutem.

4. Omnes autem circa arcam incedunt, quia de Ecclesiæ sinu non recedunt, sed nobiliores esse illos dicimus, qui desiderio boni ipsius, æternæ benedictionis amore, quod bonum est agunt, quam qui mali metu bonum sectantur. Solus ergo Jesus potest ex omC nibus populis hujusmodi mentes animosque condiscere.

485 5. Et alios quidem statuerunt in monte Garizim ad benedicendum; alios vero statuerunt in monte Hebal ad maledicendum, non ut maledictiones accipiant, sed ut intuentes perscriptas maledictiones, et pœnas peccatoribus constitutas, incurrere caveant, ac semetipsos timoris supplicio corrigant.

CAPUT XI.

De Gabaonitis.

1. Interea Gabaonitæ, perditionis metu perterriti, cum fraude et calliditate venerunt ad Jesum, pannis calceamentisque veteribus induti, deprecantes ut salvarentur, statimque a Jesu salutem accipiunt. Quorum tamen dolum ut cognovit, ligni cæsores, vel aquæ gestatores, eos constituit; in quorum figura D illi ostenduntur qui, de mundo ad Ecclesiam venientes, habent fidem in Deo, et inclinant caput suum sacerdotibus, sanctis quoque ministrant Ecclesiæ, vel ad ministerium prompti sunt; in moribus

2. *Hanc furati sunt.* Ita Alborn., et melius quidem, quam Grialius, *hanc fraudati sunt.* AREV.

3. *Rex Hai.* Grialius signum hoc loco adjecerat pro aliqua nota, quæ intercidit. AREV.

CAP. IX. N. 1. *Superatis ergo hostib.* Orig. sunt verba omnia, non tamen continenter posita homil. 9. GRIAL.

Ibid. Vulgata: *Et ipsi tanquam lapides vivi superædificamini, domus spiritualis.* AREV.

3. *Hanc mentibus*, etc. Alborn. id omittit, quod suppletur ex Originali Isidori his verbis: *Hanc igitur Christus legem novam in cordibus credentium scribit, in eorum scilicet mentibus.* AREV.

CAP. X. N. 1. Ex eadem homil. Orig. GRIAL.

4. *Æternæ benedictionis amore.* Ita apud Origenem recte. *Beatitudinis amore*, Val. et Comp. GRIAL.

Ibid. Condiscere. — *Discernere* dixit sive Ruffinus, sive Hieronymus. *Conducere* codex Valent. GRIAL.

Ibid. Præclara sententia qua docemur attritionem et dolorem peccatorum ob gehennæ metum bonum ac supernaturalem esse posse. AREV.

CAP. XI. N. 1. Ex homil. 10. GRIAL.

vero suis et conversatione pristina detinentur, induentes veterem hominem cum actibus suis, involuti vetustis vitiis, sicut et isti pannis et calceamentis veteribus obtecti.

2. Et præter hoc, quod in Deum credunt, et erga servos Dei vel Ecclesiæ cultus videntur esse devoti, nihil habent emendationis vel innovationis in moribus. Tales igitur tantummodo quasi quoddam salutis signum intra Ecclesiam temporaliter præferunt; inter Israelitas autem, id est, inter sanctos Dei regnum æternum vel libertatem minime consequuntur.

CAPUT XII.

De prælio in Gabaon.

1. Quod autem in Gabaon, pugnante Jesu Nave, stetisse perhibetur sol et luna, donec Israelis inimici delerentur, dicente **486** Scriptura : *Stetit sol super Gabaon, et luna super vallem Ajalon;* et adjecit Scriptura, et dicit : *Quia nunquam sic audivit Deus hominem.*

2. Jesus igitur noster solem stare fecit, non tunc solum, sed multo magis modo in adventu suo, dum nos bellum gerimus adversus vitiorum gentes, et colluctamur adversus principes et potestates, et rectores harum tenebrarum, adversus spiritualia nequitiæ in cœlestibus. Sol nobis justitiæ indesinenter assistit, nec deserit unquam nos, nec festinat occumbere, quia ipse dixit : *Ecce ego vobiscum sum omnibus diebus usque ad consummationem sæculi.*

3. Quinque autem reges quinque sensus corporeos indicant, qui Gabaonitas, id est, carnales homines expugnant. Hi ad speluncam confugiunt, cum se terrenis in corpore positi actibus mergunt. Qui tamen, pugnante Jesu, id est, prædicatione evangelica superantur, at, ingrediente verbo Dei in nobis, id est, intra speluncam corporis nostri, omnes pariter interficiuntur.

CAPUT XIII.

De exstinctis gentibus et terræ divisione.

1. Exstinctis deinde, vel ejectis gentibus, Josue sorte dividit populis terram repromissionis. Ejecit ergo et Christus a facie fidelium suorum quodammodo gentes, gentilium errorum malignos spiritus, et sorte divisit terram in nobis : omnia operans unus atque idem Spiritus, ac dividens dona propria unicuique, prout vult.

CAPUT XIV.

De divisione terræ.

1. Refertur autem in his divinis eloquiis prima et secunda hæreditatis facta divisio (*Num.* XXXIV). Prima quidem per Moysen; secunda vero, quæ fortior est, per Jesum. Sed Moyses trans Jordanem duabus tantum et semis tribubus, Ruben, scilicet, et Gad, et dimidiæ tribui Manasse, possessionem decrevit; cæteri vero omnes per Jesum suscipiunt.

487 2. Per quod indicatur quod plures per fidem Jesu Christi promissa cœlestia essent percepturi quam qui per legem adepti sunt. Nam illæ duæ semis tribus procul dubio priorem populum adumbrabant; sed ideo duæ semis dicuntur, quia hi qui in lege agebant contigerunt agnitionem Trinitatis, sed perfectam ejus scientiam non habuerunt, sicut et Ecclesiasticus liber loquitur, dicens : *Qui non perfecit primo scire sapientiam, et infirmior non investigavit illam* (*Eccli.* XXIV).

3. Hic autem novem semis tribus quæ per Jesum repromissionem terræ sanctæ suscipiunt, ut prædictum est, figuram novi populi tenuerunt, qui a Jesu Domino nostro per fidem et gratiam æternæ repromissionis hæreditatem post lavacrum, quasi post Jordanis transitum, suscepit. Sed proinde et ipsæ novem semis tribus dicuntur, quæ sub Jesu hæreditate potiuntur, et non integræ decem, qui numerus consummatus dicitur et perfectus, quia nec in ipso adventu Domini, vel incarnatione ejus, cuncta nobis per semetipsum perfecte annuntiata sunt.

4. Unde et ipse dixit discipulis : *Multa adhuc habeo quæ vobis loquar, sed non potestis illa audire modo, Veniet autem Spiritus veritatis, qui a Patre procedit, ille de meo accipiet, et annuntiabit vobis omnia* (*Joan.* XVI). Perfectio itaque ac summa cunctorum bonorum in Spiritu sancto consistit, alioquin nihil in eo perfectum putabitur cui Spiritus sanctus deest.

CAPUT XV.

Quod Levitæ non acceperint hæreditatem.

1. Cur vero Levitæ non acceperunt hæreditatem terræ? Utique quia Dominus noster Jesus Christus ipse est hæreditas eorum, sicut scriptum est : *Ego hæreditas eorum, et possessio non dabitur eis in Israel. Ego enim sum possessio eorum.* Clericorum enim hæreditas **488** et possessio ob hoc se dici voluit Deus, quia ministri altaris ipsius effecti sunt, et sors, propter quod et *clerus sors* interpretatur.

2. Ergo Domini hæreditatem merito possidet, qui, ut absque impedimento deservire Deo valeat, pauper spiritu esse contendit, ut congrue illud Psalmistæ dicere possit : *Dominus pars hæreditatis meæ et calicis mei* (*Psalm.* XV.)

CAPUT XVI.

Quod habitacula Levitarum per omnes tribus decernuntur.

1. Quod vero habitacula Levitis a Jesu per omnes tribus decernuntur, significatur ut hi qui in Ecclesia Dei, scientiæ operam dantes, doctrinæ gratiam administrant, rursum ab omnibus quibus dispensant divina terrena subsidia, quæ non habent, recipiant, ut impleatur illud quod Apostolus præcepit, dicens :

2. Alb., *Vel ecclesiæ cultibus videntur esse devoti.* AREV.

CAP. XII. N. 1. Ex homil. 11. GRIAL.

CAP. XIV. N. 1. Totum caput ex hom. 3, et hom. 17. GRIAL.

2. *Agnitionem Trinitatis.* Al., *cognitionem veritatis.* AREV.

4. Vulgata paulo aliter hanc sententiam exprimit : *Adhuc multa habeo*, etc. AREV.

CAP. XV, N. 1. Ex hom. 21 in cap. XXVI Num., et hom. 17 in Jesu Nav. GRIAL.

Ibid. Cod. Alborn. : *Clericorum enim hæreditatem ob hoc se dici voluit.* Deinde alii : *Ministri altaris ipsius sunt et consortes, propter quod.* AREV.

CAP. XVI. N. 1. Ex ead. hom. 17. GRIAL.

Si nos vobis spiritualia seminavimus, magnum est ut carnalia vestra metamus (*I Cor.* 9)? Et merito isti in cunctis tribubus divisi dicuntur, quia dispensatione cunctorum vivunt.

CAPUT XVII.

Quod quadraginta duas urbes accipiunt Levitæ.

1. Quod autem quadraginta duas urbes accipiunt, indubitanter ipsa prædicatio sanctorum signatur; ipsi enim possident doctrinam, quæ legis Decalogo constat, et quadrifido Evangelii numero, quasi quaterdenas urbes habentes. Quibus etiam duæ adjiciuntur, quia nimirum cuncta quæ prædicant, morali ac mystico sensu annuntiant.

489 CAPUT XVIII.

De Chananæo populo non exstincto.

1. Illud autem, quod cum Israelitico populo percepta repromissionis terra partiretur, Ephraim tamen tribui Chananæus gentilis populus non occisus, sed factus tributarius dicitur, sicut scriptum est in libro Judicum: *Habitavit Chananæus in medio Ephraim tributarius* (*Judic.* I). Quid enim tributarius, quid A Chananæus, gentilis videlicet populus, nisi vitium signat? Sæpe enim in magnis virtutibus terram repromissionis ingredimur, quia spe intima de æternitate roboramur. Sed dum post interempta vitia sublimia, quædam tamen parva retinemus, quasi Chananæum in terra nostra vivere concedimus.

2. Qui tamen tributarius efficitur, quia hoc ipsum vitium quod subjugare non possumus, ad usum nostræ utilitatis humiliter retorquemus, ut eo de se mens et in summis vilia sentiat, quod suis viribus etiam parva quæ appetit non expugnat. Unde bene rursum scriptum est: *Hæ sunt gentes quas Dominus dereliquit, ut erudiret in eis Israelem* (*Judic.* III, 1).

3. Ad hoc namque quædam minima vitia nostra retinentur, ut se nostra intentio sollicitam in certamine B semper exerceat, et eo de victoria non superbiat, quo vivere in se hostes conspicit a quibus adhuc vinci formidat. Israel ergo reservatis gentilibus eruditur, quando in quibusdam minimis vitiis elatio virtutis nostræ comprimitur, et in parvis sibi resistentibus discit quod ex se majora non subigit.

CAP. XVII. N. 1. *Quadraginta duas urbes.* Breulius ad marginem notavit: *Imo quadraginta octo.* Ac revera Josue XXI, 39, id ita exprimitur: *Civitates universæ Levitarum in medio possessionis filiorum Israel fuerunt quadraginta octo.* Verum, ut advertunt interpretes, in hoc numero quadraginta octo urbium recensentur sex urbes refugii, quæ asyli causa cunctis filiis Israel, et advenis qui inter eos habitabant, concessæ fuerant. Mox Alborn. Codex: *Possidentes doctrinam... et quadrifario... urbes habent.* AREV.

CAP. XVIII. N. 1. *Illud autem*, usque ad *subigit*, omnia sunt Gregorii verba lib. IV Moral., cap. 22. GRIAL.

Ibid. Percepta. Al., *præcepto Dei.* AREV.

2. *Hæ sunt gentes.* Tractat etiam hunc locum elegantissime Cass., collat. 2, cap. 6, et collat. 15, cap. 10. GRIAL.

IN LIBRUM JUDICUM.

490 CAPUT PRIMUM.

De servitute populi et liberatione.

1. Historia Judicum non parva mysteriorum indicat sacramenta. Primum, quod post Josue succedunt Judices, sicut et post Christum succedunt apostoli, et Ecclesiarum rectores ad gubernandos et regendos fideles, quos ipse ad spem æternæ repromissionis perducit. Per omnia autem in hoc volumine delicta Judaici populi, et servitutes, clamor quoque eorum, et miserationes Dei describuntur.

2. Nam multis annis pro suis offensis multis regibus servierunt, et iterum conversi liberati sunt. Sed quid est, quod sæpe peccantes in manu hostili traduntur, nisi quod nostra peccata, quando delinquimus, vires hostibus præbent, et quando nos facimus malum in conspectu Domini, tunc confortantur adversarii nostri, id est, dæmones, spiritualium nequitiarum virtutes?

3. Sed iterum, quando convertimur, suscitat Dominus salvatores et judices, hoc est principes et doctores, quos ad subsidium Deus mittit eorum qui ad se toto corde clamaverunt, sicut misit Othoniel, qui expugnavit Chusan Rasathaim regem Mesopotamiæ; sicut misit Aod, qui occidit Eglon regem C Moab; sicut misit Jahel et Debboram, qui interfecerunt Sisaram; quorum historia pro suis mysteriis breviter memoranda est.

491 CAPUT II.

De Debbora et Jahel.

1. Debbora enim prophetis, uxor Lapidoth, judicabat populum in illo tempore, et sedebat sub palma inter Rama et Bethel in monte Ephraim, ascendebantque ad eam filii Israel in omne judicium. *Debbora*, quæ interpretatur *apis*, sive *loquela*, in prophetia et forma accipienda est de qua scribitur: *Quam dulcia faucibus meis eloquia tua* (*Psalm.* CXVIII)! Consideremus ubi locus prophetiæ esse describitur.

2. Sub palma, inquit, sub palma sedem habet prophetia, quia quos suis institutionibus erudit, ad D palmam supernæ vocationis adducit. Inter medium autem Rama et inter medium Bethel sedere prophetia dicitur, quia *Rama* interpretatur *excelsa*, *Bethel* autem *domus Dei*, utique quia nos in domo Dei positos, non quæ in terra sunt quærere docet, sed quæ in cœlis sunt.

3. Hæc misit et vocavit ad se Barac: *Barac* interpretatur *coruscatio*. Coruscatio est quæ habet quidem lucem, sed non permanentem; ad modicum enim

CAP. I. N. 1. Ex Orig., hom. 5. GRIAL.

2. *In manu hostili.* Al., *in manum hostilem.* Et mox *dæmones et spiritualium*, etc. AREV.

CAP. II. N. 1. Ex Orig. hom. GRIAL.

temporis resplendet et desinit. Hic ergo Barac A formam gerit prioris populi, qui primo omnium per prophetiam vocatus, et invitatus ad audienda eloquia Dei, refulsit quidem in legis splendore, et brevi tempore coruscavit, sed non diu permansit.

4. Cum ergo dixisset Debbora ad Barac, id est, prophetia ad priorem populum : *Tibi præcepit Dominus, et tu ascendes in montem Thabor, et accipe decem millia virorum*, respondit Barac ex persona prioris populi ad prophetissam : *Non ascendam, nisi et tu ascenderis mecum.* Dicit ad eum Debbora : *Ibo tecum, sed non erit primatus tuus in via qua incedis, sed in manu mulieris tradet Dominus Sisaram*, evidenter ostendens, quia non est apud illum populum primatus, nec permanet apud eum victoriæ palma, sed apud Jahel mulierem, id est, Ecclesiam ; nam Jahel B ista alienigena, in cujus manu victoria facta est, figuram tenet Ecclesiæ ex gentibus congregatæ.

492 5. Jahel enim interpretatur *ascensio*, quia per Ecclesiam ascenditur ad cœlum. Ista palo Sisaram hostem interficit, id est, ligni crucis virtute diabolum interimit, quod Barac, id est, prior populus per legis præcepta facere non potuit ; sola enim ista per lignum, in quo spiritualibus sacramentis credentium salus est, fidei hostem affigit ; quem deinde mortuum pellibus obtegit, id est, inclusum in carnalium cordibus derelinquit. Non enim latent mortifera ipsius, nisi in corruptibilitate vitæ viventibus, et peccata mortalia perpetrantibus, qui, dum, prave viventes, segregantur a corpore Christi, efficiuntur membra diaboli.

CAPUT III.

De Gedeon et ejus sacrificio.

1. Traditur deinde populus Israel in manu Madian, pro cujus liberatione loquitur angelus Domini ad Gedeon ; cujus gesta quid mystice significent demonstrandum est. Gedeon namque, cum sub quercu tritici messem virga cæderet, et paleis frumenta excuteret, angelum vidit, accipiens ab eo oraculum, ut a potestate hostium populum Dei in libertatem deduceret. Iste Gedeon figuram gestabat Christi, qui sub umbra sanctæ crucis prædestinato incarnationis futuræ mysterio constitutus, rectitudine judicii, quasi per virgam, electionem sanctorum a vitiorum paleis sequestrabat.

2. Hic ergo Gedeon, cum audisset ab angelo quod, deficientibus populorum millibus, in uno viro Domi- D nus plebem suam ab hostibus liberaret, protinus hædum coxit, cujus carnes secundum præceptum angeli simul cum azymis super petram posuit, et jus carnium desuper effudit. Quæ dum angelus virgæ cacumine tetigit, statim de petra ignis erupit, atque ita sacrificium quod offerebatur absumptum est.

3. Quo indicio declaratum videtur quod petra illa typum habuerit corporis Christi, Paulo attestante : *Petra autem erat Christus* (*I Cor.* x). Jam tunc igitur in mysterio declaratum est quia Dominus Jesus in carne sua totius mundi peccata crucifixus aboleret, nec solum delicta factorum, sed etiam cupiditates purgaret animorum. Caro enim **493** hædi ad culpam facti refertur, ejus ad illecebras cupiditatum, sicut scriptum est : *Quia concupivit populus cupiditatem pessimam, et dixerunt : Quis nos cibabit carne?* Quod igitur extendit angelus virgam, et tetigit petram, de qua ignis exivit, ostendit quod caro Domini, spiritu repleta divino, peccata omnia conditionis humanæ exureret.

4. Unde et Dominus ait : *Ignem veni mittere in terram* (*Luc.* XII). Advertit igitur vir doctus et præsagus futurorum superna mysteria. Et ideo secundum oracula occidit vitulum a patre suo idolis deputatum, et ipse septennem alium vitulum immolavit Deo. Quo facto manifestissime revelavit post adventum Domini omnia gentilitatis abolenda esse sacrificia, solumque sacrificium Deo dominicæ passionis pro redemptionis nostræ religione a populis deferendum. Etenim vitulus ille erat in typo Christi, in quo septiformis spiritualium plenitudo virtutum, sicut Isaias dicit, inhabitat.

CAPUT IV.

De vellere et area.

1. Prævidit ergo mysterium victoriæ Gedeon, et C tamen licet fortis et fidus pleniora adhuc de Domino futuræ victoriæ documenta quærebat, ut una nocte lanæ vellus in area poneretur, et esset super illud tantummodo ros, et super omnem terram siccitas. Et rursus similiter poneretur vellus, et super totam terram ros plueret, et siccitas esset in vellere.

2. Quæret fortasse aliquis utrum quasi incredulus esse videatur, qui frequentibus jam fuerat indiciis informatus. Absit. Non enim ille ambiguus erat, sed nimirum futura mysteria prævidebat. Quæ etiam providus diligentissime explorabat, ut amplius crederet et mysterium, dum intellexisset oraculum.

3. Quid ergo vellus compluitum, et area sicca, et postea compluta **494** area sicco vellere significat, nisi quod primo una gens Hebræorum habebat gratiæ mysterium, totus orbis vacuus erat, nunc autem in manifestatione Christi totus habet hoc orbis, illa vacua est? Area enim illa totum orbem terrarum significat.

4. Denique quando totus orbis infructuoso cultu gentilis superstitionis arebat, tunc erat ros ille cœ-

4. Alii, *in via hac quam incedis*. AREV.

CAP. III. N. 1. Ex Orig. homil. 8, et Aug., serm. 108 de temp. GRIAL.

4. *Pro redemptionis nostræ religione a populis deferendum.—Pro religione populi deferendum*, Aug., a quo videntur abesse duæ voces *redemptione nostra*. *Religiose a populis deferendum*, Bed. et Val., non male. GRIAL.

CAP. IV. N. 1. Ex iisdem locis, præter ea quæ notata sunt. GRIAL.

2. *Quæret*. Ita Albornoz. Codex. Grialius, *quærit*. AREV.

3. *Quid ergo vellus*, usque ad *vacua est*, ex XII contr. Faust., cap. 32. GRIAL.

Ibid. Illa vacua est. — *Vacuata est*, Aug. GRIAL.

4. *Infructuoso cultu.* — *Infruct. œstu*, Aug. GRIAL.

Ibid. Id est, in Judæa. Additæ sunt hæ voces ex August. quæ deerant in Mss. GRIAL.

Ibid. Imber ille. — *Meatusque suos fons ille divinus in corda gentium derivavit*, Aug. GRIAL.

lestis visitationis in vellere, id est, in Judæa. Postea vero quam oves, quæ perierunt domus Israel, quæ sub figura velleris demonstrabantur, fontem aquæ vivæ negaverunt, ros fidei exaruit in pectoribus Judæorum, gratiamque suam imber ille divinus in corda gentium derivavit; inde est, quod nunc fidei rore totus orbis humescit, Judæi vero prophetis et omnibus charismatibus caruerunt.

5. Nec mirum si perfidiæ subeunt siccitatem, quos Dominus prophetici imbris ubertate privavit, dicens : *Mandabo nubibus desuper, ne pluant super eam imbrem* (*Isai.* v). Idcirco autem illam gentem velleris nomine significavit, vel quia spolianda esset doctrinæ auctoritate, sicut ovis vellere, vel quia inobauditam eamdem pluviam detinebat, quam nolebat præputio prædicari, id est, incircumcisis gentibus revelari.

CAPUT V.

De prælio Gedeon cum trecentis.

1. Post hanc diligentissimam mysterii explanationem, cum jam contra Madianitas Gedeon dimicare contenderet, et exercitus multitudinem ad bella produceret, divina illa admonitione præceptum est ut ad fluvium veniens, omnes quos flexis genibus aquas haurire conspiceret a bellorum conflictu removeret. Actumque est, **495** ut trecenti viri tantummodo, qui stantes aquas manibus hauserant, remanerent.

2. Cum his Gedeon ad prælium pergit, eosque non armis, sed tubis, lampadibus et lagenis armavit. Nam, sicut illic scriptum est, accensas lampades miserunt intra lagunculas, et tubas in dextera, lagenas autem in sinistra tenuerunt, et ad hostes suos cominus venientes cecinerunt tubis, confregerunt lagunculas, lampades apparuerunt, et hinc tubarum sonitu, illinc lampadarum coruscatione territi hostes in fugam versi sunt.

3. Quid hoc est, quod tale bellum per prophetam ad medium adducitur (*Isai.* IX)? An indicare nobis propheta studuit quod adventum Redemptoris nostri contra diabolum illa sub Gedeone duce pugnæ victoria designavit? Talia illic nimirum acta sunt, quæ quanto magis usum pugnandi transeunt, tanto amplius a prophetandi mysterio non recedunt.

4. Quis enim unquam cum lagenis et lampadibus ad prælium venit? Quis contra arma veniens, arma deseruit? Ridicula nobis hæc profecto fuerant, si

A terribilia hostibus non fuissent. Sed victoria ista attestante, didicimus ne parva hæc quæ acta sunt perpendamus. Gedeon itaque ad prælium veniens Redemptoris nostri signat adventum, de quo scriptum est : *Tollite portas, principes, vestras, et elevamini portæ æternales, et introibit rex gloriæ. Quis est iste rex gloriæ? Dominus fortis et potens, Dominus potens in prælio* (*Psalm.* XXIII).

5. Hunc Redemptorem nostrum non solum opere, sed etiam nomine prophetavit. *Gedeon* namque interpretatur *circuiens in utero*. Dominus enim noster per majestatis potentiam omnia circumplectitur, et tamen per dispensationis gratiam intra uterum Virginis venit. **496** Quid est ergo circuiens in utero, nisi quia omnipotens Deus Christus intra uterum fuit
B per infirmitatis substantiam, et extra mundum per potentiam majestatis? Madian vero interpretatur *de judicio*.

6. Ut enim hostes ejus repellendi destruendique essent, non de vitio repellentis, sed de judicio juste judicantis fuit. Et idcirco de judicio vocantur qui alieni a gratia Redemptoris justæ damnationis meritum etiam in vocabulum nominis trahunt. Contra hos Gedeon cum trecentis pergit ad prælium.

7. Solet in centenario numero plenitudo perfectionis intelligi. Quid ergo per ter ductum centenarium numerum designatur, nisi perfecta cognitio Trinitatis? Cum his quippe Dominus noster adversarios fidei destruit, cum his ad prædicationis bella descendit, qui possunt divina cognoscere, qui sciunt de
C Trinitate, quæ Deus est, perfecte sentire.

8. Notandum vero est quia iste trecentorum numerus in *T* littera continetur, quæ crucis speciem tenet. Cui si super transversam lineam id, quod in cruce eminet, adderetur, non jam crucis species, sed ipsa crux esset. Quia ergo iste trecentorum numerus in tau *T* littera continetur, et per *tau* litteram, sicut diximus, species crucis ostenditur, non immerito in his trecentis Gedeonem sequentibus illi designati sunt quibus dictum est : *Si quis vult post me venire, abneget semetipsum, et tollat crucem suam, et sequatur me* (*Matth.* XVI; *Marc.* VIII).

9. Qui sequentes Dominum tanto verius crucem tollunt, quanto acrius sese edomant, et erga proximos suos charitatis compassione cruciantur. Unde per
D Ezechielem prophetam dicitur : *Signa* tau *super*

Ibid. Et omnibus charismatibus. — *Charismate*, Valent. *At vero Judæi prophetas suos et consiliarios perdiderunt*, Aug. GRIAL.

Ibid. Voces *id est, in Judæa*, aberant a textu Grialii contra ejus mentem. AREV.

5. Vulgata : *Et nubibus mandabo ne pluant super eam imbrem*. AREV.

CAP. V. N. 1. Totum caput e Gregor., lib. XXX Moral., cap. 17. GRIAL.

2. *Lampadarum coruscatione.* Alii, *lampadum coruscatu*. Post *versi sunt* alii addunt : *De hoc enim per prophetam dicitur : Jugum enim oneris ejus, et virgam humeri ejus, et sceptrum exactoris ejus superasti, sicut in d e Madian. Eripiens quippe gentilitatem Dominus, superavit jugum oneris ejus, cum eam adventu suo ab illa dæmoniacæ tyrannidis servitute liberavit. Superavit sceptrum exactoris ejus, cum regnum ejusdem diaboli, qui pro pestifera perpetratione vitiorum consueverat tributa debita pœnarum exigere, de fidelium corde destruxit. Quid hoc est*, etc. Grialius hæc prorsus omitti voluit. AREV.

3. *Quid hoc est.* Quæ ante hæc leguntur in Impressis, sunt quidem Greg. verba e cap. 16. Sed ideo recepta non sunt, quia et sententiam interrumpunt, et a manuscriptis libris absunt, neque dubium quin e margine ascita sint. GRIAL.

6. *Non de vitio repell.* Ita Greg., et apud Bed.; *non de judicio*, Ms. GRIAL.

8. In mss. reperitur aliquando *in T*, aliquando *in T littera*, aliquando *in tau*. Trecentorum numerum in *Tau* contineri, alibi etiam docuit Isidorus. Vide Allegorias, num. 76, cum notis. AREV.

frontes virorum gementium et dolentium (*Ezech.* IX). Vel certe in his trecentis qui in *tau* littera continentur hoc exprimitur, quod ferrum hostium crucis ligno superetur. Ducti itaque sunt ad fluvium, ut aquas biberent, et qui aquas flexis genibus hauserunt, a bellica intentione remoti sunt.

10. Aquis namque doctrina sapientiæ, stante autem genu, recta operatio 497 designatur. Qui ergo, dum aquas bibunt, genuflexisse perhibentur, ab illorum certamine prohibiti recesserunt. Hi sunt qui doctrinam cum operibus rectis non hauriunt. Qui vero doctrinæ fluenta ita hauriunt, ut nequaquam in pravis operibus carnaliter inflectantur, hi Christo duce contra hostes fidei ad prælium pergunt.

11. Vadunt ergo cum tubis, cum lampadibus, cum lagenis; atque iste fuit, ut diximus, ordo præliandi. Cecinerunt tubis, intra lagenas autem sunt missæ lampades; confractis vero lagenis, lampades ostensæ sunt; quarum coruscante luce hostes territi, in fugam vertuntur. Designatur itaque in tubis clamor, in lampadibus claritas miraculorum, in lagenis fragilitas corporum.

12. Tales quippe secum dux noster ad prædicationis prælium duxit, qui, despecta salute corporum, hostes suos moriendo prosternunt, eorumque gladios non armis, sed patientia superant. Armati enim venerunt sub duce suo ad prælium martyres nostri, sed tubis, sed lagenis, sed lampadibus. Qui sonuerunt tubis, dum prædicant; confregerunt lagenas, dum solvenda in passione sua corpora hostium gladiis opponunt.

13. Resplenduerunt lampadibus, dum post solutionem corporum miraculis coruscarunt. Moxque hostes in fugam versi sunt, quia dum mortuorum martyrum corpora miraculis coruscare conspiciunt, luce veritatis fracti, quod impugnaverunt, crediderunt. Cecinerunt ergo tubis, ut lagenæ frangerentur. Lagenæ fractæ sunt, ut lampades apparerent. Apparuerunt lampades, ut hostes in fugam verterentur.

14. Id est, prædicaverunt martyres, donec eorum corpora in morte solverentur; corpora eorum in morte soluta sunt, ut miraculis coruscarent. Coruscaverunt miraculis, ut hostes suos ex divina luce
498 prosternerent. Et notandum quod steterunt hostes ante lagenas; fugerunt ante lampades, quia
A nimirum persecutores sanctæ fidei prædicatoribus adhuc in corpore positis restiterunt.

15. Post solutionem vero corporum apparentibus miraculis in fugam versi sunt, quia pavore conterriti, a persecutione cessaverunt. Intuendum est etiam id quod illic scriptum est, quia in dextera tubas, lagenas autem in sinistra tenuerunt. Pro dextro enim habere dicimus quiquid pro magno pensamus; pro sinistro vero, quod pro nihilo ducimus.

16. Bene ergo illic scriptum est quod in dextera tubas et in sinistra lagenas tenuerunt, quia Christi martyres pro magno habent prædicationis gratiam; corporum vero utilitatem pro minimo; quisquis enim corporis utilitatem plus facit quam gratiam prædicationis, in sinistra tubam atque in dextera lagenam
B tenet. Si enim priori loco gratia prædicationis attenditur, et posteriori utilitas corporis, certum est quia in dextris tubæ, et in sinistris lagenæ tenentur.

CAPUT VI.

De Abimelech.

1. Moritur Gedeon, et reliquit septuaginta filios, et unum nomine Abimelech, natum ex concubina, qui conduxit sibi viros vagos, et abierunt post illum, et intravit in domum patris sui, et occidit fratres suos septuaginta viros super lapidem unum, et remansit Joathan minor, quoniam absconsus erat, etc. Hoc factum, si nihil propheticum indicaret, quid opus erat, ut magnopere præscriberetur utrum Gedeon septuaginta filios et multas uxores habuisset, sed et concubinam, de qua unum et malum susce-
C pisset?

499 2. Quod cum turpe factum sit, tunc etiam turpius esset si hæc posteris ad exemplum in divinis libris scripta viderentur, nisi magnæ alicujus rei imaginem earum rerum gesta per typos et figuras ostenderent. Gedeon igitur, ut superius dictum est, typum Domini tenebat, plurimæ uxores ejus multæ sunt nationes, quæ per fidem Christo adhæserunt. Septuaginta vero filii ejus septuaginta linguæ sunt in hoc mundo diffusæ, in quibus sibi per fidem Dominus filios generaturus erat.

3. Concubinam hoc in loco Synagogam vocat. Quæ in novissimis temporibus Antichristo est creditura, de qua Joannes apostolus in Apocalypsi ait: *Qui dicunt se Judæos esse, et non sunt, sed sunt Syn-*
D *agoga Satanæ* (*Apoc.* II, 9). De qua ultimis tempo-

10. *Ad prælium pergunt.* Codex Albornoz. addit: *Omnes quidem tunc bibisse aquam, sed non omnes recto genu stetisse narrati sunt; reprobatique sunt qui genua flexerunt, dum aquas biberent, quia, attestante Apostolo, non auditores legis justi sunt apud Deum, sed factores legis justificabuntur. Quia enim, ut diximus, dissolutio operum in ipsa genuum incurvatione signatur, recte rursus per Paulum dicitur: Remissas manus et dissoluta genua erigite, et egressus rectos facite pedibus vestris. Sic igitur Christo duce ad bellum prodeunt, qui, quod ore annuntiant, opere ostendunt, qui fluenta doctrinæ spiritualiter hauriunt, nec tamen pravis operibus carnaliter inflectuntur, quia scriptum est: Non est speciosa laus in ore peccatorum.* AREV.

12. *Hostium gladiis.* Sic Alb. Alii, *hostilibus gladiis*; et id fortasse voluit Grialius, apud quem est, *hostibus gladiis.* AREV.

15. Nonnulli Mss.: *Pavore perterriti a persecutione fidelium cessaverunt.* Grialius, *pro dextra . . . pro sinistra.* Alb., *pro dextro. . . pro sinistro.* AREV.

CAP. VI. N. 1. Hoc caput sumptum putamus e sermone aliquo divi Aug., qui non exstat: id indicat recapitulatio subjecta (qua solet ille plurimum uti) ab iis verbis *pariter devorabit*; quæ tamen recapitulatio apud Bedam non legitur, et nos eam valere jussimus, quamvis in plerisque Mss. legeretur; repugnat enim legi, quam sibi ipse in his commentariis brevitatis præscripsit Isidorus, eadem uno in capite bis referre. GRIAL.

2. *Turpe factum.* Forte, *turpe factu.* AREV.

ribus nequissimus filius, id est, Antichristus est generandus. Eritque filius ancillæ, id est, Synagogæ illius peccatricis, quia qui peccatum, inquit, facit, servus est peccati.

4. Hic, inquam, congregatis sibi impiis, sicut Abimelech fecit, regnum improbe usurpavit; interfectisque nobilibus filiis, id est, his qui, ex diversis nationibus et linguis, in Christum credentes, a Deo sunt generati, inducturus est persecutionem, ut pene sanctos omnes interficiat. Sed super septuaginta, inquit, fuit junior filius ex nobili matrimonio, qui se absconderat. Hic, inquit, ascendit in verticem montis Garizim, et exclamavit voce magna ad populum Sichimorum, componens eis parabolam.

5. Hic ergo junior filius, qui fugit, ut gladium inimici evaderet, figura est residui populi Israel, prædicante Elia, extremis temporibus credituri, et Antichristi gladium evasuri. Ascendit, inquit, iste in verticem montis Garizim. Sed cur montem ascendit? Quia nec prophetare, nec persecutionem Antichristi quisquam evadere potest, nisi quis prius in montem benedictionis, id est, in sublimitatem fidei ac virtutum ascenderit. Hic est enim mons Garizim, qui a Moyse in benedictionem deputatur (*Deut.* XXIX).

6. Itaque cum ascendisset, elevata voce clamavit et dixit: *Audite me, viri Sichem.* Ierunt ligna, ut ungerent super se regem, dixeruntque olivæ: *Impera nobis.* Quæ respondit: *Nunquid possum amittere pinguedinem meam, qua dii utuntur et homines, et venire, ut inter ligna promovear?* Dixeruntque ligna
500 ad arborem ficum: *Veni, et super nos accipe regnum.* Quæ respondit eis: *Nunquid possum relinquere dulcedinem meam, fructusque suavissimos, et ire, ut inter cætera ligna promovear?* Locuta sunt quoque ligna ad vitem: *Veni et impera nobis.* Quæ respondit: *Nunquid possum deserere vinum meum, quod lætificat Deum et homines, et inter cætera ligna promoveri?*

7. Cum ergo repudiata fuissent ligna silvæ ab oliva, et ficu, et vite, venerunt ad rhamnum, ut eum sibi facerent regem. Sed prius videamus, cur oliva, ficus et vitis super ligna regnare noluerunt. Ligna quippe silvæ intelligimus homines esse vagos, et vanos, æterno incendio præparatos. His ergo merito noluit nec oliva, nec ficus regnare, nec vitis, quia non merebantur. Oliva enim gratiam Spiritus sancti, et unctionem pacis significat. Ficus autem sacræ legis imaginem tenet, sicut in Evangelio scriptum est: *Quidam paterfamilias plantavit vineam, et in vinea sua plantavit ficum.*

8. Quis paterfamilias, nisi Deus, qui familiæ suæ, id est, omnium credentium pater est? Plantavit ergo vineam, id est, populum, quia vineam ex Ægypto transtulit. Et utique populum, non vineam ex Ægypto transtulerat. In hac vinea plantavit ficum, hoc est, in populo suo posuit legem. Quæ lex primitivum populum, sicut ficus grossos aridos et inutiles dejecit in terram, et postea alios fructus generavit, id est, populum Christianum, quem ad debitam evangelicæ disciplinæ maturitatem et suavissimam pinguedinem Christi cum gloria et honore perduxit.

9. Sed vitis noluit regnare eis. Vitem autem Salvatoris nostri typum habere manifestum est, sicut ipse in Evangelio ait: *Ego sum vitis vera* (*Joan.* XV). Igitur qui jam in reprobum sensum, sicut Apostolus dixit (*Rom.* I), futurus erat populus ille, qui Antichristo est serviturus, quem ligna silvæ appellat, et necesse est ut credat mendacio, id est, Antichristo, qui veritati Christo noluit credere, ideo et a regno vitis, id est, Christi, et ab oliva, id est, Spiritus sancti gratia, et a ficu, id est, divinæ legis dulcedine reprobatus, venit ad rhamnum.

501 10. Rhamnus enim genus rubi est, quam vulgo senticem ursinam appellant, asperum nimis et spinosum, per quod merito typus Antichristi significatur, qui omni asperitate et feritate humanum genus est vastaturus. Sed exiet, inquit, ignis de rhamno, id est, iniquitas de Antichristo, et omnes qui in eo confident cum ipso pariter devorabit.

CAPUT VII.

De Jephte et filia.

1. Adjecerunt deinde filii Israel deservire Baalim et diis alienis, traduntur que in manus filiorum Ammon. Tunc Jephte Galaadites, fugiens a facie fratrum suorum, constituitur in principem ob pugnam filiorum Ammon; qui rediens post triumphum, immolavit filiam, quæ sibi post victoriam prima occurrerat; sic enim votum spoponderat, ut quidquid sibi revertenti primum occurreret, Domino immolaret.

2. Quis ergo in Jephte prænuntiabitur, nisi Dominus Jesus Christus, et Salvator noster, qui a facie

9. *Reprobatus venit ad rhamnum.* Alborn., *reprobatur.* Et omittit *venit ad rhamnum*, et sequentia usque ad cap. 9. Sed vetus collator ad hunc locum id notavit: *Multum plus est in alio libro octavo.* Fortasse hic liber est, qui a Collatore Originalis, sive Originale Isidori aliquando dicitur. AREV.

10. Post *devorabit* in Mss. Florent. 1 et 2 nonnulla adduntur, uti etiam in Editione Matritensi Ulloæ inter appendices, pag. 54, ex Codice, ut asseritur, duodecimi vel decimi tertii sæculi, qui olim pertinuit ad ecclesiam sancti Antonini Pallentiæ. Fragmentum est hujusmodi: *Videtur ergo Gedeon Christi imaginem habuisse. Septuaginta vero filii septuaginta linguæ sunt, vel nationes, quæ credentes, per secundam regenerationem filii Dei esse meruerunt. Abimelech vero filius ancillæ typum Antichristi portasse* (videtur), *qui, congregatis perditis nationibus, regnum sibi improbe usurpavit, omnesque sanctos vi, et persecutionibus, et omni crudelitate trucidavit. Joathan vero junior filius figura sanctorum fuit. Sicut enim Joathan per fugam recessit, et reliqui interfecti sunt fratres, sic nemo evadere poterit persecutionem Antichristi, nisi qui per fugam recesserit, et in montem benedictionis ascenderit. Hic est enim mons quem sancti circumdabunt; quem sanctus Moyses in benedictionibus, sicut jam superius dictum est, in Deuteronomio posuit.* In Mss. Florent. est *per secundam generationem.* Supplevi *videtur* post *portasse.* Codex Pallent., *regnum suum improbe.... et persecutione*, et mox *Joathan vero minor figura*; et versus finem, *sicut jam supra dictum est.* Judicium Grialii vide in not., num. 1. AREV.

CAP. VII. N. 1. Vid. Aug., I de Civ., c. 21. GRIAL.

fratrum suorum, id est, Judæorum abscedens, in A gentibus principatum accepit? Qui omnia humanæ salutis sacramenta, tanquam juratus, explevit, et quasi filiam, ita carnem propriam pro salute Israelis Domino obtulit.

502 3. Jurasse enim Patrem, ac vovisse Unigenitum legimus, Psalmista dicente : *Sicut juravit Domino, votum vovit Deo Jacob* (*Psalm.* CXXXI), scilicet ut sacramentum religionis in carnis suæ passione pro salute generis humani expleret. Hæc ergo secundum historiam gestorum ita per Christum acta sunt, ut videantur pro religione, quam juraverat, esse completa. Post mortem Jephte, traditur Israel in manus Allophylorum, nasciturque Samson, qui liberat Israel.

CAPUT VIII.

De Samson.

1. Samson autem, quondam Domini Nazaræus, habet quiddam in typo gestum Christi. Primum quod ab angelo nativitas ejus annuntiatur ; deinde quoniam Nazaræus dicitur, et ipse liberat Israel de hostibus ; postremo quod templum illorum subvertit, et perierunt multa millia hominum qui illum illuserant.

2. Nativitas ista Samson, quæ per angelum annuntiatur, similitudinem habet primum prophetarum, qui nativitatem Domini secundum carnem annuntiaverunt ; deinceps angeli etiam qui ad Mariam loquitur, dicens : *Maria, invenisti gratiam ante conspectum Domini, et accipies in utero, et paries filium, et vocabitur nomen ejus Jesus ; hic enim salvum* C *faciet populum suum a peccatis eorum* (*Luc.* I, 30).

3. *Samson* autem interpretatur *sol ipsorum*, eorum scilicet quibus lucet, non omnium, sicuti est oriens super bonos et malos sol, sed quorumdam. Sed quia et Redemptor noster sol appellatur, audi ipsum Dominum Jesum per prophetam eo nomine vocitari : *Orietur vobis sol justitiæ, et sanitas in pennis ejus* (*Malach.* IV, 2). Vere enim hic sol justitiæ est, qui omnium credentium mentes cœlesti lumine clarificat.

4. Hic vere Nazaræus, et sanctus Dei, in cujus similitudinem ille Nazaræus est nuncupatus. Iste ergo cum tenderet ad ministerium nuptiarum, leo rugiens occurrit ei. Sed quis primus erat 503 in Samson obvium leonem necans, cum petendæ uxo- D ris causa ad alienigenas tenderet, nisi Christus, qui Ecclesiam vocaturus ex gentibus, vincens diabolum, dicit : *Gaudete, quia ego vici mundum ?*

5. Quid sibi vult ex ore leonis occisi favus extractus, nisi quia, ut conspicimus, reges ipsi regni terreni, qui adversus Christum ante fremuerunt, nunc jam, perempta feritate, dulcedini evangelicæ prædicandæ etiam munimenta præbent? Illud etiam, quod in semetipso Samson expressit, quod paucos quidem, dum viveret, interimit; destructo autem templo, hostes innumeros, cum moreretur, occidit.

6. Quia nimirum Dominus ab elatione infidelitatis paucos, cum viveret, plures vero, cum templum sui corporis solveretur, exstinxit, atque elatos ex gentibus, quos vivendo sustinuit, simul omnes moriendo prostravit. Jam vero reliqua ejus, quod ei mulier subdola caput raserit, et Allophylis illudendum tradiderit, quod captivatus, quod cæcatus, quod ad molam deputatus est ; in his non Christus, sed illi figurantur, qui solo tantummodo in Ecclesia Christi no- B mine gloriantur, et malis actibus jugiter implicantur.

7. Vir enim in nobis sensus rationalis intelligitur. Caro autem quasi in typo mulieris accipitur. Si enim mulieri, id est, carni nostræ, blandiente libidine, vel aliis operibus, consenserimus, gratia spiritus, quæ Nazaræi crine significatur, nudati spoliamur atque decipimur.

8. Ita enim superbis et peccatoribus, violata Christi gratia, sicut Samson incisa coma, diabolus illudit. Sed quid est quod Samson ille ab Allophylis captus, postquam oculos perdidit, ad molam deputatus est ? Quia nimirum maligni spiritus, postquam tentationum stimulis ictus aciem contemplationis offodiunt, foris hominem in circuitum laborum mittunt.

9. Quod si aliquando idem homo agendo pœnitentiam redeat, illi velut coma reducitur, id est, gratia reflorescente, reparatur ad virtutem ; deinde cupiditatis ac luxuriæ subversis columnis, victores hostes 504 dejicit, et reparato certamine in finem fortissime de dæmonibus triumphabit.

CAPUT IX.

De Ruth.

1. Videamus nunc et Ruth. Habet enim ista typum Ecclesiæ. Primum, quod alienigena est ex populo gentili, quæ, relicta patria, et omnibus quæ illic erant, vadit in terram Israel. Et, cum prohiberet eam socrus sua pergere secum, perseverabat, dicens : *Quocunque perrexeris, pergam ; populus tuus, populus meus, et Deus tuus, Deus meus ; quæ te morientem terra susceperit, in ea moriar.*

2. Quæ vox sine dubio typum in illa fuisse Ecclesiæ manifestat. Sic enim Ecclesia ex gentibus ad Dominum convocata, relicta patria sua, quod est idololatria, et omissa universa conversatione terrena, profitetur Dominum Deum suum esse, in quem san-

CAP. VIII. N. 2. In Vulgata : *Ne timeas, Maria, invenisti enim gratiam apud Deum. Ecce concipies in utero... et vocabis nomen ejus Jesum. Hic erit magnus*, etc. Adisis Sabatierium. AREV.

3. In Vulgata : *Orietur vobis timentibus nomen meum sol*, etc. AREV.

4. *Sed quis primum*, usque ad *munimenta præbent*, August., XII contr. Faust., cap. 32. GRIAL.

5. *Ex ore leonis occisi favus extractus.—In ore leonis occisi favus exstructus*, August. GRIAL.

Ibid. In semetipso Samson, usque ad *prostravit*, Gregor., XXIX Moral., cap. 7. GRIAL.

8. *Sed quid est quod Samson*, usque ad *mittunt*, Greg., VII Moral., cap. 13. GRIAL.

Ibid. In nota Grialii erat *amittunt* pro *mittunt*. AREV.

CAP. IX. N. 6. *Quod vero excalceat se*. Vid. supr., Exod. VII. GRIAL.

Ibid. In nota Grialii erat, *quod vero excalceatur*. AREV.

cti crediderunt, et illuc se ituram, ubi caro Christi post passionem ascendit, et ob ejus nomen in hoc sæculo pati usque ad mortem, et cum sanctorum populo, patriarchis scilicet, et prophetis consociandam; de quorum societate, quod sanctis ex stirpe Abrahæ venientibus consociaretur, Moyses in Cantico ostendit, dicens : *Lætamini, gentes, cum plebe ejus*, id est, qui ex gentibus istis credituri, cum illis qui primi electi sunt æterna lætitia exsultate.

3. Ingressa autem Ruth cum socru sua in terram Israel, ob merita obsequiorum suorum providetur, ut homini conjungeretur ex Abrahæ stirpe venienti. Et primum quidem huic quem ipsa propinquum magis esse credebat, qui negat se posse illi nubere. Et, recedente illo, per testimonium decem majorum Booz illi conjungitur, et ab ipsis decem senioribus viris benedicitur.

4. Sed quod prius ille cognatus confitetur se eidem nubere non posse, hoc loco Joannis Baptistæ figuram ostendi æstimamus, qui cum ipse a populo Israel Christus putaretur et interrogaretur quis esset, non negavit, sed confessus est, dicens *Christum se non esse*. Et perseverantibus his qui missi erant, et inquirentibus quis esset, respondit : *Ego sum vox clamantis in deserto* (*Isai* XL ; *Matth.* III ; *Luc.* III ; *Joan.* I ; III), et novissime confitetur ipse de Domino, dicens : *Qui habet sponsam,* **505** *sponsus est*. Se autem amicum sponsi manifestat, cum adjecit : *Amicus autem sponsi est, qui stat, et audit eum, et lætatur propter vocem sponsi.*

5. Hunc ergo Christum existimabant, quia Christum in die visitationis suæ venisse non intelligebant esse Ecclesiæ sponsum, qui propheticis esset vocibus ante promissus. Sed sicut ille propinquus negavit, et postea Ruth jungitur Booz, ita Christus, qui vere sponsus Ecclesiæ est, quem omnium prophetarum oracula cecinerant, dignatus est Ecclesiam assumere, et ex omnibus gentibus per totum orbem terrarum Deo Patri innumeros populos offerre.

6. Quod vero excalceat se cognatus ille, veterum consuetudo erat ut si sponsa sponsum repudiare vellet, discalcearetur ille, ut hoc esset signum repudii. Proinde excalceari jubetur, ne ad Ecclesiam quasi sponsus calceatus accederet; hoc enim Christo servabatur, qui sponsus erat verus. Decem autem majorum natu benedictio hoc ostendit, in nomine Domini Jesu omnes esse gentes salvandas ac benedicendas.

7. Iota enim apud Græcos decem significat, quæ prima littera nomen Domini Jesu summam perscribit. Quæ res, ut diximus, omnes gentes per ipsum salvandas esse ac benedicendas demonstrat. Ne dubitet ergo quisquam hæc, ut dicta sunt, credere, cum videat universa et ab initio figuris antecedentibus præcucurrisse, et per adventum Domini manifeste adimpleta sic esse ; et quæ supersunt, hoc modo perficienda in veritate, consonantibus omnibus et vocibus et figuris sanctarum Scripturarum, quæ adimplebit is qui pollicitus est per Filium suum Jesum Christum Dominum regem et Salvatorem nostrum, cum quo est illi honor et gloria in sæcula sæculorum. Amen.

7. Alii, *Jesu summa perscribit*; alii, *Jesu exprimit*. Pro *præcucurrisse* alii *præcurrisse*. In hoc libro desinit Codex Albornozianus. AREV.

IN REGUM PRIMUM.

506 CAPUT PRIMUM.

De nativitate Samuelis.

1. Post librum Judicum sequitur Regum. Et aspice tempora, primo Judicum, postea Regum, sicut erit primo judicium, postea regnum; in his autem Regum libris multis et variis modis sacramenta Christi et Ecclesiæ revelantur.

2. Nam ab ipso exordio regum commutatum sacerdotium in Samuelem, reprobato Heli, et commutatum regnum in David, reprobato Saule, exclamat prænuntiari novum sacerdotium, novumque regnum, reprobato veteri, quod umbra erat futuri, in Domino Jesu Christo venturi.

3. Nonne ipse David, cum panes propositionis manducavit, quos non licebat manducare nisi solis sacerdotibus, in una persona utrumque futurum, id est, in uno Jesu Christo regnum et sacerdotium figuravit? Itaque ipsa Samuelis sacerdotis successio novum, ut prædictum est, sempiternumque sacerdotium præfigurabat, qui est Jesus Christus, Heli sacerdote reprobato, id est, Judaico sacerdotio abjecto.

4. Mater quoque ipsa Samuelis, quæ prius fuit sterilis, et posteriori fecunditate lætata est, cujus etiam nomen, id est, Anna, **507** *gratia ejus* interpretatur, ipsam religionem Christianam, ipsam postremo Dei gratiam significat, quia nobis Christus oritur; ipsam quoque Ecclesiam, quæ olim sterilis, nunc fecunda in Dei laude lætatur.

5. Quæ nihil aliud in cantico suo prophetare videtur, nisi mutationem Veteris Testamenti, vel sacerdotii in Novum Testamentum, vel sacerdotium, qui est Christus; nisi forte quis dicat nihil Annam prophetasse, sed Deum tantummodo propter filium impetratum exsultante prædicatione laudasse.

CAP. I. N. 1. Leguntur hæ expositiones aliquanto etiam pleniores apud Eucherium, e quo et Beda sunt aliqua correcta, ita tamen, ut multo plura apud utrumque possint e nostris emendari. GRIAL.

2. *Nam ab ipso exordio*, usque ad *figuravit*, verba sunt August., XII contr. Faust., cap. 33. GRIAL.

3. Griallus, *panes propositiones*. AREV.

4. *Mater quoque*, usque ad *in Deo salutari meo*, ex eod. lib. XVII de Civit., cap. 4. GRIAL.

6. Quid ergo sibi vult quod ait : *Arcum potentium fecit infirmum, et infirmi accincti sunt virtute, pleni panibus minorati sunt, et esurientes transierunt terram, quia sterilis peperit septem, et fetosa in filiis infirmata est?* Numquid ipsa septem pepererat, quamvis sterilis fuerit? Unicum habebat, quando ista dicebat. Sed nec postea septem peperit, sive sex, quibus septimus esset ipse Samuel, sed tres mares, et duas feminas.

7. Deinde in illo populo, cum adhuc nemo regnaret, quod in extremo posuit, *dat virtutem regibus nostris, et exaltavit cornu Christi sui*, unde dicebat, si non prophetabat? Dicat ergo Ecclesia Christi, civitas regis magni, gratia plena, prole fecunda Dei, quod tanto ante de se prophetatum per os hujus piæ matris agnoscit : *Confirmatum est cor meum in Domino, et exaltatum est cornu meum in Deo salutari meo.* Interea Samuel erat ministrans in templo Dei, accinctus ephod.

8. Porro filii Heli, divina sacrificia temerantes, peccabant coram Domino, et deridebant per eos multi sacrificium Dei. Unde et Heli sacerdos pro eorum iniquitate damnatus est, quod eos peccantes minus severa animadversione plectebat. Miserum me! et quidem coercuit, et quidem corripuit, sed lenitate et mansuetudine patris, non auctoritate et severitate pontificis.

9. Qua sententia discant sacerdotes quomodo ipsi propter peccata filiorum, id est, propter scelera populi puniantur. Et quamvis sancti sint, culpa tamen subditorum eisdem, si non coerceant, reputatur.

508 CAPUT II.

De propheta ad Heli destinato.

1. Venit autem propheta Dei quidam ad Heli sacerdotem, et dixit ei : *Hæc dicit Dominus : Numquid non aperte revelatus sum domui patris tui, cum esset in Ægypto, in domo Pharaonis, et elegi eum ex omnibus tribubus Israel mihi in sacerdotem, ut ascenderet ad altare meum, et adoleret mihi incensum, et portaret ephod coram me, et dedi domui patris tui omnia de sacrificiis filiorum Israel?*

2. *Quare calce abjecisti victimam meam, et munera mea, quæ præcepi ut offerrentur in templo, et magis honorasti filios tuos quam ut comederetis primitias omnis sacrificii Israel populi mei? Propterea ait Dominus Deus Israel : Loquens locutus sum, ut domus tua et domus patris tui ministraret in conspectu meo usque in sempiternum.*

3. *Nunc autem dicit Dominus : Absit hoc a me; sed quicunque glorificaverit me, glorificabo eum; qui autem* A *contemnunt me, erunt ignobiles. Ecce dies veniunt, et præcidam brachium tuum, et brachium domus patris tui, ut non sit senex in domo tua, et videbis Christum æmulum tuum in templo in universis prosperis Israel.* Quæ prophetia de mutatione sacerdotii non est in Samuele completa, sed adumbrata.

4. Nam post Samuelem prophetam postea sacerdotes fuerunt de genere Aaron, sicut Sadoch, et Abiathar, regnante David, et alii deinceps, antequam tempus veniret ex quo ista de sacrificio mutando per Christum effici oportebat.

5. Nam cum diceret : *Loquens locutus sum, ut domus tua et domus patris tui ministraret in conspectu meo usque in sempiternum. Nunc autem dicit Dominus : Absit hoc a me, sed quicunque glorificaverit me,* B *glorificabo eum; qui autem contemnunt me, erunt ignobiles;* ecce isti sunt dies qui prænuntiati sunt, jam enim venerunt; nullus enim sacerdos est secundum ordinem Aaron. **509** Nam et illud quod ibi sequitur : *Suscitabo mihi sacerdotem fidelem*, de Christo, Novi Testamenti vero sacerdote, dicitur.

6. Quod vero adjungitur : *Et erit qui remanserit in domo tua, veniet, ut oretur pro eo*, non proprie dicitur de domo hujus Heli, sed illius Aaron, de quo usque ad adventum Jesu Christi homines remanserunt. De quo genere etiam hucusque non desunt qui veniant et convertantur. De quibus alius propheta dixit : *Reliquiæ salvæ fient* (*Isai.* x). Unde et Apostolus : *Sic ergo*, inquit, *et in hoc tempore reliquiæ secundum electionem gratiæ salvæ sunt* (*Rom.* xi) ; de talibus C enim residuis bene intelligitur esse quod dictum est : *Qui remanserit in domo tua veniet, ut oretur pro eo.* Profecto qui crediderit in Christo, sicut temporibus apostolorum ex ipsa gente plurimi venerunt, et crediderunt.

7. Neque nunc desunt qui, licet rarissimi, tamen credant, ut impleatur in his quod hic homo Dei locutus est. Quod vero continuo secutus adjungit : *Et offerat nummum argenteum, et tortam panis*, quid per nummum argenteum, nisi oris confessio designatur, quæ fit credentibus ad salutem? Argentum enim pro eloquio poni solet, Psalmista testante, ubi canitur : *Eloquia Domini eloquia casta, argentum igne examinatum, probatum terræ, purgatum septuplum* (*Psalm.* xi).

8. Sed quod dicit iste qui venit : *Dimitte me, obse-* D *cro, ad unam partem sacerdotalem, ut comedam buccellam panis ;* sacerdotalem partem corpus Christi, id est, Ecclesiam dicit. Cujus plebis ille sacerdos est, mediator Dei et hominum, homo Christus Jesus.

6. *Et fetosa in filiis. Multa in filiis*, apud August. et Eucher. ; et LXX, ἡ πολλὴ ἐν τέκνοις. Grial.

7. *Dicat ergo*, et paulo post, *dicat* ex August. *Dicit* lib. o., mendose. Grial.

8. *Miserum me*, ita plerique Mss. *Miserum se*, Val. *Miserrimos*, Beda. Grial.

Cap. ii. N. 4. *Nam post Samuelem*, etc., usque ad finem capitis, omnia sunt ex August., loco proxime citato. Legitur autem apud Euch. integra cantici explanatio, citato August., adhibitaque excusatione, cur LXX interpretum tralatione usus fuerit. Grial.

Cap. iii. (*col. seq.*) N. 1. *Ad tuitionem suam. Ad stationem suam*, apud Euch. et Beil. Grial.

6. *Hæc pœna signum videtur.* Al., *hac pœna significatum videtur.* Grial.

7. *Claritas hominis ut flos feni*, ex veteri interpr. Grial.

Ibid. In nota Grialii per errorem erat *et claritas humanis ut flos feni.* In Vulgata, Isaias, loc. cit. : *Omnis caro fenum, et omnis gloria ejus quasi flos agri... Exsiccatum est fenum, et cecidit flos. Verbum autem Domini nostri manet in æternum.* Arev.

Cui plebi dicit apostolus Petrus : *Plebs sancta, regale sacerdotium* (*I Petr.* II) ; in hac parte sacerdotali postulat comedere buccellam panis. A

9. Quibus verbis ipsum sacrificium Christianorum eleganter expressum est, de quo dicit sacerdos ipse : *Panis quem ego dabo caro mea est pro mundi vita ;* ipsum quippe sacrificium non secundum ordinem Aaron, sed secundum ordinem Melchisedech.

510 CAPUT III.

De arcæ captivitate.

1. Igitur posteaquam hæc in figura mutationis Veteris Testamenti a propheta illo pronuntiata sunt ad Heli, offendente Dominum Israel, instruxerunt aciem Philistæi contra eos. Tollunt Israelitæ arcam ad tuitionem suam. Capta est ab hostibus arca, nec solum ipsi victi sunt, et in fugam versi, imo etiam magna strages facta est occisorum.

2. Nonnihil tamen futurorum significat res gesta hæc. Prophetice enim arca illa ab alienigenis capta indicabat Testamentum Dei transiturum ad gentes. Quando enim nuntiatum est Heli sacerdoti captam fuisse arcam Domini, cecidit de sella, et mortuus est. Transeunte arca Domini ad gentes, periit, atque interiit sacerdotium Judæorum ; duoque filii Heli corruerunt, quorum unius uxor viduata, et mox in partu mortua est propter eamdem perturbationem.

3. Quo evidenti signo præfiguratum est post extinctum sacerdotium Judæorum carnalem interiisse Synagogam, illi carnaliter adhærentem, prostratoque Heli de sella pontificis Judæorum, sedem habere vacuam, et gloriam sacerdotii regnique exstinctam. C Sed quid est quod dum posuissent Philistini arcam Domini in templo Dagonis dei sui, intraverunt templum, et invenerunt deum suum prostratum, atque confractum caput ejus, duasque manus abscissas ?

4. Statim enim ut Testamentum Domini pervenit in gentibus, confestim idola, quæ deceptum possidebant orbem, destructa sunt, omnisque error simulacrorum periit, præsentiam Dei forte non sustinens. Nam in manibus Dagon præcisis, opus idololatriæ amputatum, et in capite ejus superbia diaboli abscisa significabatur, a quo initium peccati fuit.

5. Quod vero in limine : ut certum scilicet præfinitumque suæ idololatriæ finem agnosceret ; limes enim finem itineris significat. Etiam et illud ad magnam pertinet ædificationem, et significationem D 511 in ipsa ruina Dagon dei sui, atque fracturæ, quod dorsum illius solum invenerunt, fractis ejus omnibus membris ; dorsum quippe fugam significat ; quicunque enim fugiunt, persequentibus dorsum dant.

6. Unde et scriptum est de hostibus : *Quoniam pones eos dorsum* (*Psalm.* XX). Ubi sunt enim idola ? Perierunt ; et si aliqua remanentia ab aliquibus absconduntur, fugerunt. Quod autem percussi sunt in posteriora hi qui arcam captivaverunt, hæc pœna signum videtur, quia si qui susceperunt Testamentum Dei, et posteriora vitæ dilexerint, ex ipsis justissime cruciabuntur, quæ, sicut Apostolus ait, existimare debent sicut stercora.

7. Qui enim sic assumunt Testamentum divinum, ut, in posteriora respicientes, veteri se vanitate non exuant, similes sunt hostibus illis qui arcam Testamenti captivam juxta idola sua posuerunt, et illa quidem vetera etiam nolentibus cadunt, quia omnis caro fenum, claritas hominis ut flos feni ; aruit fenum, flos cecidit (*Isai* XL, 6 ; *I Petr.* I) ; arca autem Domini manet in æternum, secretum scilicet Testamentum, regnum cœlorum, ubi est æternum Dei verbum.

8. Vaccæ autem illæ Allophylorum arcam Dei gestantes fugam sanctorum renuntiantium sæculo designaverunt, qui nullum delicti jugum traxerunt. Nam B sicut illæ pignorum affectibus a recto itinere minime digressæ sunt, ita sancti mundo renuntiantes, parentelæ obtentu non debent a bono proposito præpediri.

9. Sicut enim nostra nobis non odienda est anima, sed ejus carnales affectus odio debemus habere, ita nec proximi odio a nobis habendi sunt, sed eorum impedimenta, quibus a recto itinere nos impediunt, sicut et Moyses ait : *Qui dicunt patri suo et matri : Nescio vos ; et fratribus suis : Ignoro illos, et nescierunt filios suos, hi Testamentum Dei et præcepta ejus servaverunt. Judicia tua, Jacob, et legem tuam, o Israel* (*Deut.* XXXIII). Ille enim scire Deum famulatius appetit, qui pro amore pietatis ejus nescire desiderat quodcunque carnaliter scivit.

512 CAPUT IV.

De sacrificio Samuelis, et lapide adjutorii.

1. Samuel autem post mortem Heli regebat Israel. Congregato autem omni populo, exclamavit ad Dominum pro Israel, et exaudivit eum. Et cum offerret holocaustum, accedentibus alienigenis ad pugnam contra populum Dei, intonuit super eos Dominus, et confusi sunt, et offenderunt coram Israel, atque superati sunt.

2. Tunc assumpsit Samuel lapidem unum, et posuit eum inter Masphath et Sicoleg ; et, ut interpretes Septuaginta transtulerunt, inter Masphath novam et veterem, et vocavit nomen ejus *Lapis adjutorii*, et dixit : *Usque ad hunc auxiliatus est nobis Deus. Masphath* interpretatur *intentio*. Lapis ille adjutorii medietas est Salvatoris, per quem transeundum est a Masphath vetere ad novam, id est, ab intentione quæ exspectabatur in carnali regno, quo erat beatitudo falsa carnalis, ad intentionem quæ per Novum Testamentum exspectatur in regno cœlorum, ubi est beatitudo verissima spiritualis, qua quoniam nihil est melius, hucusque auxiliatur Deus.

3. Iste Samuel, invocato nomine Domini, exauditus est, et in tempore messis pluviam impetravit. Pluvia enim in sanctis Scripturis verba sunt Evangelii, sive legis, sicut et Moyses dicit : *Exspectetur, sicut pluvia, eloquium meum, et descendant, sicut ros, verba mea* (*Deut.* XXXIII). Hanc igitur pluviam dedit mundo Christus in tempore messis, id est, quando gentes

9. *Famulatius*. Alii, *familiariter*. AREV.

colligi oportebat, ut sicut frumentum horreis, sic intra Ecclesiæ sinum gentes congregarentur.

CAPUT V.

De unctione Saul.

1. Judicavit autem Samuel Israel omnibus diebus vitæ suæ, fueruntque usque ad eum judices et principes super Israel. Porro filii Samuel declinaverunt post avaritiam, et accipiebant munera, et tam iniqui judices exstiterunt, ut populus, nequaquam ferens, regem sibi in similitudinem cæterarum gentium postularent.

513 2. Quibus dedit Saul regem, ungiturque, jubente Domino, prior a propheta in regnum, qui et ipse quidem in id quod unctus est, imaginem Christi portavit. Unde et beatus David et ipse Christus nuncupatus ait ad eum qui se finxerat Saul occidisse: *Quomodo non timuisti manum tuam injicere in Christum Domini?*

3. Hinc est quod ab humero sursum Saul supereminebat omnibus, quia caput nostrum sursum est supra nos, quod est Christus; in id autem quod reprobatus postea et rejectus est, succedente in regno David, populi, ut prædictum est, Israel personam gestavit. Qui populus regnum adeptum fuerat amissurus, Christo Domino nostro per Novum Testamentum non carnaliter, sed spiritualiter regnaturo.

CAPUT VI.

De jejunio indicto a Saule.

1. Iste autem Saul, dum pergeret dimicaturus adversus Philisthæum, indixit toto exercitui jejunium, quousque reverterentur a prælio. Sed Jonatham filius ejus videns super faciem agri mel, extendit summitatem virgæ, et intinxit in favum mellis, et gustavit, et illuminati sunt oculi ejus, non utique ad videndum illuminati, qui antea videbat, sed ad discernendum quia vetita tetigerat. Tunc enim casus ille, sicut et Adam, fecit illum attentum, reddiditque confusum.

2. Quo facto admonemur omnes illecebras voluptatum in sæculo debere contemnere, qui Deo nitimur militare. Non enim potest contra Allophylos spirituales, id est, adversus principes tenebrarum, viribus animi concurrere, qui adhuc hujus mundi negligit dulcedinem declinare; mel enim distillant labia meretricis, quod est delectatio voluptatis carnalis, de quo putatur juxta mysticos intellectus hunc gustasse Jonatham, et sorte deprehensum, vix precibus populi liberatum.

514 CAPUT VII.

De Agag rege servato.

1. Iniit iterum Saul prælium adversus Amalech, interfectisque cunctis hostibus, pepercit Agag regi, nec voluit disperdere omnia juxta præceptum Do-

A mini, irasciturque ei Dominus. Veniens autem Samuel sumpsit gladium, et in frusta concidit Agag. Quando legunt quidam in Scripturis quod sancti nulli hostium parcunt, efficiunturque crudeles, et humanum sanguinem sitientes, dicunt quia et justi ita percusserunt hostes, ut non relinqueretur ab his qui salvus fieret; et non intelligunt in his verbis adumbrari mysteria, et hoc magis nobis indicari, ut pugnantes adversus vitia, nullum penitus ex his relinquere debeamus, sed omnia interimere.

2. Nam si pepercerimus, reputabitur nobis in culpam, sicut reputatum est Saul, qui vivum servavit regem Agag. Quomodo enim quisque justus manebit, si adhuc aliquid peccati in semetipso servaverit, sicut Saul? At vero sancti in figura Samuelis ita sæviunt
B super hostes suos, id est, super vitia peccatorum, ut non permittant relinqui aliquod peccatum impunitum.

CAPUT VIII.

De abreptione Saulis a spiritu nequam.

1. Igitur recedente a Saul Domino propter inobedientiam, arreptus est maligno spiritu a Domino, irruebatque in eo spiritus Domini malignus. Si Domini, cur malus? si malus, cur Domini? Sed duobus verbis comprehensa est hæc sententia, et in Deo potestas justa, et in diabolo voluntas injusta.

2. Nam idem spiritus malus per nequissimam voluntatem, et idem spiritus Domini per acceptam justissimam potestatem; inde ergo **515** spiritus Domini appellatus est diabolus propter ministerium,
C quia omnibus etiam spiritibus malis bene utitur Deus, vel ad damnationem quorumdam, vel ad emendationem, vel ad probationem.

3. Et quamvis malignitas a Domino non sit, potestas tamen nisi a Deo non est, sicut et alibi dictum est. Etiam sopor Domini, qui occupaverat milites ejusdem Saul, cum David hastam et scyphum abstulisset a capite dormientis; non quia sopor tunc in Domino erat, ut ipse dormiret, sed quia ille sopor qui tunc homines apprehenderat nutu Dei erat infusus, ne David servi ejus in eo loco præsentia sentiretur.

4. Dicitur ergo spiritus Domini malus, hoc est, minister Dei ad faciendum in Saul, quod eum pati judex omnipotentissimus judicabat. Quoniam spiritus ille voluntate qua malus erat non erat Dei; creatura
D vero qua conditus erat, et potestas quam non sua sed Domini omnium æquitate acceperat, Dei erat.

CAPUT IX.

De unctione David.

1. Itaque Saule propter inobedientiam reprobato, mittit Dominus Samuel ad Isai, et sumpto cornu olei, unxit in regem David. Sed videamus eumdem David, quomodo prophetice Christum significaverit;

3. Cap. v. Grialius edidit *regnum adeptus*, quod sustineri potest; sed magis placet cum aliis *regnum adeptum* passiva significatione. Arev.

Cap. viii. N. 1. *In eo spiritus Domini*, etc. Alii, *spiritus Domini malus in eo, et exagitabat eum. Hic juste quæritur, si spiritus Domini, cur malus: Si malus, cur Domini?* Grialius edidit, *et in diabolo potestas injusta*, mendose, ut videtur. Arev.

2. Grialius, *vel emendationem: alii, vel ad emendationem*. Arev.

3. Alii, *sopor Domini occupaverat*, omisso *qui*. Arev.

Cap. ix. N. 2. *Chrismate*. Grialius edidit *charismate*, quod mendum puto. Arev.

David enim interpretatur *manu fortis*, sive *desiderabilis*. Et quid fortius leone illo de tribu Juda, qui vicit mundum? Et quid desiderabilius illo de quo dicitur: *Veniet desideratus cunctis gentibus* (*Agg.* II)?

2. Ungitur iste David in regem, futurum denuntians per unctionem illam Christum: Christus enim a chrismate appellatur. [David ab officio pastorali pecorum ad hominum regnum transfertur: nunc autem David ipse Jesus ab ovibus Judaicæ plebis ablatus, in regnum gentium translatus est; in Judaica enim plebe non est modo Christus, ablatus est inde; nunc gentium greges pascit.

3. Erat autem David in canticis musicis eruditus. Diversorum enim **516** sonorum rationabilis moderatusque concentus concordi varietate compactam ordinate Ecclesiæ insinuat unitatem. Quæ variis modis quotidie resonat, et suavitate mystica modulatur.

4. Iste adhuc puer in cithara suaviter, imo fortiter canens, malignum spiritum, qui operabatur in Saule, compescuit, non quod citharæ illius tanta virtus erat, sed quod figura crucis Christi, quæ de ligno et extensione nervorum mystice gerebatur, ipsaque passio, quæ cantabatur, jam tunc spiritus dæmonis opprimebat. Leonem quoque et ursum idem David necavit, ursum videlicet diabolum, leonem Antichristum; alterum hominibus latenter insidiantem, alterum in posterum manifestissime sævientem.

CAPUT X.
De certamine David cum Goliath.

1. Iste David in prælio gigantem superavit, cum adversus populum Dei alienigenæ dimicarent. Provocavit unus unum, Goliath David; provocavit superbia humilitatem, provocavit diabolus Christum. Accepit arma bellica sanctus David, ut adversus Goliam procederet; hæc arma per ætatem et parvam staturam corporis portare non potuit, abjecit onerantia, accepit quinque lapides de flumine, et posuit in vase pastorali.

2. His armatus processit, et vicit. Hoc quidem ille David. Sed si mysteria perscrutemur, in David Christus intelligitur. Qui, tempus revelationis Novi Testamenti insinuandæ et commendandæ gratiæ prævidens, arma deposuit, quinque lapides tulit. Deposuit ergo corporalia sacramenta legis, quæ non sunt imposita gentibus; deposuit quæ non observamus, sed tamen ad aliquam significationem præmissa et posita intelligimus.

3. Denique hæc arma deposuit, tanquam onera sacramentorum veteris legis, et ipsam legem accepit. Quinque enim lapides quinque libros Moysi significant. Tulit ergo quinque illos lapides de flumine, id est, de sæculo. Labitur enim mortale sæculum **517** et præterfluit quidquid venit in mundum. Erant enim in flumine tanquam in populo illo primo lapides, erant illic inutiles, et vacabant, nihil proderant, transibant super fluvios. Sed quid fecit David, ut lex ipsa utilis esset? Accepit gratiam. Lex enim sine gratia impleri non potest: *Plenitudo enim legis charitas* (*Rom.* XIII; *Eph.* IV).

4. Quia ergo gratia facit impleri legem, significatur gratia lacte. Hoc enim est in carne gratuitum, ubi mater non queritur accipere, sed satagit dare; hoc mater gratis dat, et contristatur si desit qui accipiat. Quomodo ergo ostendit David legem sine gratia operari non posse, nisi cum illos lapides quinque, quibus significabatur lex, in libros quinque, quos conjungere voluit gratiæ, posuit vase pastorali, quo lac mulgere consueverat?

5. His armatus, processit adversus Goliam superbum, se jactantem, de se præsumentem. Tulit unum lapidem, et dejecit diabolum, in fronte percussit, et cecidit ex eo loco corporis ubi signum Christi non habuit. Hoc quoque licet attendas, quinque lapides posuit, unum misit.

6. Quinque libri lecti sunt, sed unitas vicit; *plenitudo enim legis charitas*, ut ait Apostolus. Sufferentes invicem in dilectione, studentes servare unitatem spiritus in vinculo pacis. Deinde illo percusso atque dejecto, gladium ejus abstulit, et deinde caput illi abscidit.

7. Et hoc facit noster David. Dejicit diabolum de suis, quando credunt maligni ejus, quos ille in manu habebat, et de quibus cæteras animas trucidabat, convertunt linguas suas contra diabolum, et sic Goliæ de gladio suo caput inciditur.

CAPUT XI.
De connubio Michol filiæ Saul.

1. Interea victoria David animum Saul regis offendit, indignantis quod sibi in mille, et David in decem millia conclamantium publice gratulationis ora insonarent; hinc invidia Saulis, et semen odiorum adversus David. Quem dissimulator callidus, ut sine insidiis suis posset offerre discrimini, statuit eum Michol filiæ suæ **518** nuptiis alligari, si centum sibi Allophylorum præputia victor offerret.

2. Pro quibus centum, ducenta dedit, et unde creditus est regio perire voto, inde auctus est gloriosiori trophæo. Ita et Judæi, dum contra voluntatem Dei Christum interficere nituntur, per id salutem gentium egerunt per quod crediderunt exstinguere. Quod vero David alienigenarum præputia attulit, et ic denuo filiæ Saul nuptiis hæsit, significabat quod Christus non prius Synagogam connubio suo sponderet, nisi antea gloriosus in gentibus fieret.

3. Prius enim in nationibus resecavit carnis pol-

3. *Diversorum enim*, etc. Alii: *Diversorum enim sonorum rationabiles moderatosque concentus dicimus concordium varietatem compactam et ordinatam, quæ Ecclesiæ insinuat unitatem.* Arev.

Cap. x. N. 2. *Quæ non observamus*. Alii addunt: *Quanta enim in veteri lege et legitima sunt, et non observamus?* Alii: *Quia in veteri lege et legimus, et non observamus*. Hæc fortasse a librariis omissa sunt, ex repetitione verbi *observamus*. Mox forte legendum, *transibat super* (eos) *fluvius*. Alicubi legitur *fluvium*. Arev.

4. Alii, *non quærit accipere*, quod fortasse melius. Et mox *in vase*. Arev.

lutionem, et postea copulatus est Synagogæ. Postquam enim, sicut scriptum est, introierit plenitudo gentium, tunc omnis Israel salvus fiet (*Rom.* XI). Dupla autem, id est, ducenta præputia attulit, sive pro Judæis et gentibus acquisitis, sive quia major est numerus acquisitionis populi gentium quam credentium Judæorum.

CAPUT XII.
De David repellente cithara spiritum.

1. Auxit deinde odium Saul adversus David in tantum, ut rex ad medelam sui spiritus David de more psallentem jaculo conaretur configere. Sed quid est, quod dum Saulem spiritus adversus invaderet, apprehensa David cithara, ejus vesaniam mitigabat?

2. Per Saulem enim Judæorum elatio, per David B autem humilitas Christi significatur. Cum ergo Saul ab immundo spiritu arripitur, David canente, ejus vesania temperatur, quia cum sensus Judæorum per blasphemiam in furorem vertitur, dignum est ut ad salutem mentes eorum quasi dulcedine citharæ, locutionis evangelicæ tranquillitate revocentur.

CAPUT XIII.
De insidiis Saul contra David.

1. Mittit Saul custodes ad domum David, ut custodirent eum, **519** et interficeretur. Abscessit autem David nocte, et fugit, atque salvatus est. Cumque venissent nuntii Saul, invenerunt statuam in lecto David positam, et pellem pilosam caprarum ad caput ejus. Audiamus ergo quid hoc significet, quod miserit Saul ad custodiendam domum David, ut eum C interficeret. Hoc non ad crucem Domini, sed tamen ad passionem ejus pertinet.

2. Crucifixus enim Christus, et mortuus, et sepultus est. Erat ergo illa sepultura tanquam domus ad quam custodiendam misit regnum Judæorum, quando custodes adhibiti sunt sepulcro Christi. Quomodo ergo custodita est domus, si David figurabat Christum, ut Christus interficeretur, dum non in sepultura Christus, sed in cruce sit interfectus?

3. Refertur ergo hoc ad corpus Christi, quia interficere Christum erat tollere nomen Christi. Neque enim crederetur in Christum, si mendacium prævaleret custodum, qui corrupti sunt ut dicerent quia dormientibus nobis venerunt discipuli ejus, et abstulerunt eum (*Matth.* XXVIII); hoc est itaque velle D Christum interficere, nomen resurrectionis ejus extinguere, ut mendacium Evangelio præferretur.

4. Sed sicut illud non valuit Saul ut interficeret David, sic nec hoc potuit regnum Judæorum efficere, ut memoriam Christi deleret. Isti autem qui de Saul virtute, id est, de regno Judæorum in Christum præsumere voluerunt, offenderunt in lapidem offensionis, tanquam in statuam, et hædus eis visus erat agnus, quia in quo peccatum non invenerunt, quasi peccatorem persecuti sunt.

A 5. Igitur David regiæ manus ictum evitans, ejusque persecutionem declinans, fugit, venitque ad Samuelem. Et misit Saul nuntios, qui apprehenderent David. Samuel autem erat inter prophetas, et cœtus prophetarum qui illo tempore prophetabant.

6. Nuntii autem, qui missi sunt, accepto ejusdem spiritu, prophetarunt, missisque aliis hoc contigit, et tertiis nihilominus. Postea vero cum et ipse Saul venisset, factus est super eum spiritus Dei, et ambulabat ingrediens, et prophetabat.

520 CAPUT XIV.
De insidiatoribus prophetantibus.

1. Quæritur autem quomodo et illi, cum missi essent ad tenendum hominem, et ad necem ducendum, tales spiritu effici meruerunt; et Saul ipse, qui miserat, veniens et ipse sanguinem innocentem quærens effundere, accipere meruit spiritum illum, et prophetare.

2. Quantum enim ad litteram attinet, non est mirum hominem reprobum ad momentum transitorie prophetasse, dum etiam multi similes prophetiæ donum legantur habuisse (*II Petr.* II), sicut Balaam ille reprobus, quem non tacet Scriptura judicio divino esse damnatum, sed prophetiam habebat.

3. Nec illa verba parum attestantur huic sententiæ, quæ in Evangelio scripta sunt, multos dicturos in illa die: *Domine, Domine, in tuo nomine manducavimus, et bibimus, et in nomine tuo prophetavimus, et in nomine tuo virtutes multas fecimus;* quibus tamen dicturus est: *Non novi vos, discedite a me, operarii iniquitatis* (*Matth.* VII).

4. Mystice autem exemplum hujus Saul nuntiorumque ejus in hac sententia figurat nonnullos hæreticos, qui aliquid boni de muneribus sancti Spiritus habent, sicut Testamenta legis et Evangelii, sicut baptismi sacramentum. Qui cum ad Ecclesiam catholicam veniunt, non est in eis ullo modo violandum, aut, quasi non habeant, tradendum; sed tamen eos non ideo debere saluti confidere, quia non improbamus quod illos accepisse credimus.

5. Sed oportet eos cognoscere unitatem, et societatem vinculi charitatis, sine qua omnino quidquid habere potuerunt, quamvis sanctum sit atque venerandum, ipsi tamen nihil sunt, tanto indigniores effecti præmio vitæ æternæ, quanto illis donis non bene usi sunt, quæ in hac vita, quæ transitoria est, acceperunt.

6. Item exemplum, atque imago hujus Saul nuntiorumque ejus in hoc loco Judæorum non incongrue gestat personam, qui dum adversari cupiunt Christo, habent in ore sacramenta legis et prophetarum ad testimonium Christi, et cum Ecclesia, quasi cum **521** prophetis, de Scripturis disputant, sicut illi cum prophetis vaticinabantur.

CAP. XIII. N. 4. *Sic nec hoc potuit*, etc., usque ad *deleret*. Alii: *Ita nec istis valuit, ut memoriam Christi delerent*. AREV.

CAPUT XV.

De David et Abimelech.

1. Surrexit itaque David iterum, et fugit in illa die a facie Saul, venitque ad sacerdotem Abimelech, a quo et gladium Goliæ sustulit, et panes propositionis accepit. Quæ res et sacerdoti mortem attulit, et animadversionem religiosæ intulit civitati. Hæc itaque gestorum fides est.

2. Sed quantum ad sacramentum prophetiæ pertinet, in Christo Domino nostro impletum est, qui positus in carne, dum insectationem declinaret Judaicam, ad apostolos transiit, cum quibus et desideratum sibi cibum sumpsit; desiderio enim desideravit manducare pascha.

3. Ex quibus Goliæ, id est diaboli, arma sustulit. Fortis enim spolia ipse diripuit. His ergo, a quibus receptus est Christus, tribulationes induxit diabolus, et mortem. *Omnes enim*, ut ait Apostolus, *qui in Christo volunt pie vivere, persecutionem patiuntur* (*II Tim.* III). Et Dominus ait: *Si me persecuti sunt, et vos persequentur* (*Joan.* XV).

4. In Doech autem Idumæo Judæ proditoris persona consistit, per quam ista operatus est diabolus, ut ejus proditione, facta in Christo, postea persecutionem Ecclesia pateretur, et occiderentur quamplurimi discipuli Christi, et sacerdotes, et pro nomine ejus persecutiones gravissimas perferrent.

CAPUT XVI.

De David et rege Achis.

1. Interea David, cum fugeret Saul, latere voluit apud regem quemdam Geth, nomine Achis. Sed cum gloria ejus fuisset commemorata, **522** ne per livorem rex, ad quem confugerat, aliquid in eum machinaretur, finxit insaniam, et quasi furore correptus, mutavit os suum, defluebantque salivæ in barbam ejus, collabebaturque in manibus eorum, et procidebat ad ostia portæ.

2. Et dixit Achis rex: *Quid huc mihi adduxistis istum? numquid deerant nobis furiosi?* et sic eum dimisit. *Achis* interpretatur, *quomodo est?* per quod significatur ignorantia, et verbum mirantis, et non agnoscentis. Quod in gente Judæorum impletum est, qui dum viderunt Christum, non agnoverunt, coram quibus mutavit os suum, et abiit. Erant enim ibi præcepta legis carnalia, erat sacrificium secundum ordinem Aaron, et postea ipse de corpore et sanguine suo instituit sacrificium secundum ordinem Melchisedech.

3. Mutavit ergo os suum in sacerdotio, mutavit in præceptis, dans aliud Testamentum, evacuata carnali operatione, atque inde collapsus est in manibus eorum, quando eum comprehendentes crucifixerunt. Et procidebat ad ostium portæ, hoc est, humiliabat se, hoc est enim procidere usque ad ostium fidei nostræ, ostium enim portæ, initium fidei; inde incipit Ecclesia, et pervenit usque ad speciem, ut cum credit ea quæ non videt, mereatur perfrui, cum eum facie ad faciem videre cœperit.

4. Quod vero in illo quasi furore salivæ decurrebant super barbam ejus, Apostolus hæc aperit dicens: *Judæi signa petunt, et Græci sapientiam quærunt; nos autem prædicamus Christum crucifixum, Judæis quidem scandalum, gentibus autem stultitiam; ipsis vero vocatis Judæis, et Græcis, Christum Dei virtutem, et Dei sapientiam*, **523** *quia quod stultum est Dei sapientius est hominibus, et quod infirmum est Dei fortius est hominibus.*

5. Non tantum salivæ attendantur, sed attende quia super barbam decurrunt. Quomodo enim in salivis infirmitas, sic in barba virtus ostenditur. Texit ergo virtutem suam corpore infirmitatis suæ, et quod forinsecus infirmabatur tanquam in saliva apparebat; intus autem divina virtus tanquam barba tegebatur.

CAPUT XVII.

De chlamyde Saulis præcisa a David.

1. Dehinc in eremo Engaddi, cum persequendum David Saul appeteret, ingressus est David in speluncam, et ibi latebat. Sed rex improvisis exceptus insidiis, quod innocens moliebatur, inciderat. Scriptum est enim: *Qui fodit foveam proximo suo, ipse incidit in eam* (*Proverb.* XXVI). David autem, bona pro malis retribuens, inimicum non occidit, sed pro testimonio facti oram chlamydis regiæ abstulit, cum facilius esset exceptum insidiis adversarium perdere magis quam fallere.

2. Quid ergo est quod iste fugiens a facie Saul in spelunca latuit? Quare autem latuit, nisi ut occulta-

CAP. XV. N. 1. *Surrexit itaque David.* Grialius mendose, ut arbitror, *surrexit atque David.* AREV.

2. *Transiit.* Grialius, *transit.* AREV.

4. Pro *diabolus* sæpe *zabulus* in Mss. occurrere notum est. AREV.

CAP. XVI. N. 3. *Mutavit os suum in sacerdotio. In sacrificio*, Pal. GRIAL.

Ibid. Et procidebat. Quædam interjecta sunt ante hæc verba in Val. et Compl., quæ cum a reliquis omnibus, et ab Eucherio et Beda, abessent, neque cohærerent cum præcedentibus et sequentibus, recipienda non fuerunt. GRIAL.

Ibid. In sacerdotio. Ita reposui, quamvis Grialius in textu ediderit *in sacrificio*; in nota præferre videtur *in sacerdotio*. Post *crucifixerunt* Mss. nonnulli addunt: *Admonet Dominus, et dicit: Nolite tangere christos meos. Reges itaque in gente Israel christi appellantur. Hoc enim nomen erat in regibus, quod a Saul cœpit, cui David successit in regnum, atque inde cæteri reges Israel continuatione sacratæ consuetudinis ungebantur. In qua unctione figurabatur unus verus Christus, cui dictum est: Unxit te Dominus Deus tuus oleo exsultationis præ participibus tuis...* Pro *procidebat ad ostium* nonnulli mss. Codices *procidebat ad ostia.* AREV.

4. *Apostolus hæc aperit.* Alii: *Apostolus hoc aperuit.* AREV.

5. *Non tantum salivæ attendantur.* Ex Euch. Al.: *Non tanquam salivæ offendant. Non tanquam salivam attendas*, Compl. GRIAL.

Ibid. Non tantum salivæ, etc. Alii: *Salivæ enim significant stultitiam, salivæ significant infirmitatem. Sed quod stultum est Dei fortius est hominibus. Non tanquam salivas attendas* (al., *salivæ offendant*), *sed attende quia subter barbam decurrunt.* Post *tegebatur* alii addunt: *Quid enim deterius pessimo rege Saul, qui etiam per inobedientiam in Deum peccavit? In quem etiam spiritus Domini malus insiliebat.* AREV.

retur, et non inveniretur? Quid est contegi spelunca, nisi contegi terra? qui enim fugit in speluncam, terra tegitur, ne videatur. Portabat autem terram Jesus, carnem, quam acceperat de terra, et in ea se occultabat, ne a Judæis inveniretur Deus. *Si enim cognovissent, nunquam Dominum gloriæ crucifixissent* (*I Cor.* II).

3. Quare ergo Dominum gloriæ non invenerunt? Quia spelunca se texerat, id est, carnis infirmitatem oculis objiciebat, et **524** majestatem divinitatis corporis tegmine, tanquam speluncæ abdito occultabat. Illi ergo, non cognoscentes Deum, persecuti sunt hominem; nec mori potuit, nisi in homine, quia nec teneri potuit, nisi in homine. Opposuit ergo male quærentibus terram, servavit bene quærentibus vitam.

4. Fugit ergo secundum carnem in speluncam a facie Saul, quia passus est usque adeo se occultans Judæis, ut moreretur. Sed quare usque ad mortem voluit esse patiens, ut fugeret a facie Saul in speluncam? Etenim spelunca inferior terræ pars potest accipi. Et certe (quod manifestum est, et notum est omnibus), corpus ejus in monumento positum est, quod erat excisum in petra. Hoc ergo monumentum spelunca erat, illuc fugit noster David a facie Saul.

5. Tamdiu enim persecuti sunt illum Judæi, quoad usque poneretur in spelunca. Sed quid est quod persecutor ad purgandum ventrem speluncam ingreditur, nisi quod Judæi in Christum conceptam mentis malitiam, quasi odorem fetidum emiserunt, et cogitata apud se noxia, factis deterioribus, dum Christum perimunt, ostenderunt?

6. Sed tamen David Saulem occidere noluit, et cum eum in abdito occultatum antro haberet in potestate, reservare potius quam occidere maluit; ita et Christus, dum esset in spelunca carnis, persecutorem populum in potestate habuit, et non occidit. Scriptum enim erat de eis per prophetam: *Ne occideris eos.* Tantum denique David summitatem chlamydis ejus silenter abscidit, ut ostenderet prophetia Christum Judæos non occidisse, sed eis tantum regni gloriam abstulisse, sicque eos persecutione sua vacuos sede vel imperio reliquisse.

7. Chlamydis enim abscisio regni est amputatio: hoc etiam alio loco idem Saul, cum per inobedientiam peccasset, ostendit. Nam cum veniam precaretur, rogaretque Samuelem ut reverteretur cum illo ad placandum Deum, et noluisset, atque, convertens faciem suam, abiisset, tenuit Saul pinnulam vestimenti ejus, et disrupit eam.

8. Et dixit ad eum Samuel: *Disrupit Dominus regnum Israel* **525** *de manu tua hodie, et dabit illud proximo tuo, et dividetur Israel in duo.* Populi ergo Israel personam figurate gerebat rex iste, qui populus amissurus erat regnum, dum persequitur Christum.

CAPUT XVIII.

De hasta ablata Sauli a David.

1. Quod et sequenter iterum demonstratum est, quando idem David fugiens a facie Saul ingressus est in castra regis, et cum dormientem invenisset, non percussit, non occidit, sed solam lanceam, quæ erat ad caput ejus, et lenticulam sustulit, dormientibusque cunctis, egressus de castris, transivit in cacumine montis.

2. Quid est hoc? persequebantur namque Judæi Christum, sed persequendo dormiebant, quia non vigilabant corde. Duritia enim cordis obdormitio est. Dormiunt in vitam veterem, non evigilant in novam.

3. Venit Christus, non eos occidit, sed tulit ab eis scyphum aquæ, id est, gratiam legis; tulit et sceptrum regale, regni scilicet potestatem, quam pro maximo habebant, et unde se protegebant temporaliter, et quam adversus Deum per incredulitatem gerebant. Et deinde victor David noster, de castris eorum regressus, transcendit in altitudinem montis cœlorum.

CAPUT XIX.

De pugna David cum Amalechitis.

1. Interea fugiens David, dum pergeret cum Achis rege Philistinorum in prælium adversus Israel, insurgentes Amalechitæ irruerunt in Siceleg, et succendentes eam, captivarunt omnia quæ erant David et puerorum ejus. Reversus ergo David ad persequendos Amalechitas, invenit Ægyptium puerum lassescentem, quem Amalechitæ ægrotum in itinere reliquerant.

2. Hunc autem David inventum cibo refecit, ducemque sui **526** itineris fecit. Sicque Amalechitas persequitur, epulantesque reperit, et funditus exstinguit. Quid est enim, quod Ægyptius Amalechitæ puer in itinere lassatur, nisi quod amator præsentis sæculi peccati sui nigredine opertus, sæpe ab eodem sæculo infirmus despectusque relinquitur, ut cum eo nequaquam currere valeat, sed fractus adversitate torpescat?

3. Sed hunc David invenit, quia Redemptor noster veraciter manu fortis nonnunquam quos despectos a mundi gloria reperit, suo amore convertit, cibo pascit, quia verbi scientia reficit. Ducem itineris facit, quia suum etiam prædicatorem facit.

4. Et qui Amalechitam sequi non valuit, dux David efficitur, quia is quem indignum mundus deseruit, non solum conversus in suam mentem Deum recipit, sed prædicando hunc etiam usque ad aliena corda perducit. Quo videlicet duce, David Amalechitam convivantem invenit, et exstinguit, quia Christus, ipsis prædicantibus, mundi lætitiam destruit, quos mundus comites habere despexit.

CAP. XVII. N. 3. *Nec mori potuit*, etc. Alii: *Nec mori potuit, nisi in homine; nec crucifigi potuit, nisi in homine. Opposuit*, etc. AREV.

7. Grialius hoc loc. edidit *dirupit*, et n. seq. *disrupit.* AREV.

8. Vulgata, cap. XV, 28, lib. I Regum: *Scidit Dominus regnum Israel a te hodie, et tradidit illud proximo tuo meliori te.* AREV.

CAP. XVIII. N. 1. *Ingressus est*, etc. Al.: *In castra regis, cum dormientem offendisset, non percussit, non occidit.* Pro *cacumine* melius esset *cacumen.* AREV.

CAPUT XX.

De Saule pythonissam consulente.

1 Post mortem autem Samuelis congregati sunt Philistini contra Israel. Consuluitque Saul Dominum, et non respondit ei. Quæsivit autem Saul pythonissam, quæ suscitaret illi Samuelem. Statimque suscitatus ait ad eum : *Quare inquietasti me ut suscitarer?* Et quæritur secundum historiam utrum pythonissa ipsum prophetam de inferno evocaverit, an aliquam imaginariam illusionem fallacia dæmonum factam.

2. De qua quæstione beatæ memoriæ Augustinus episcopus Simpliciano Mediolanensi episcopo ita scripsit : *Inquiris*, inquam, *utrum potuerit malignus spiritus excitare animam justi, et tanquam de abditis mortuorum repagulis, vel receptaculis evocare, et ut videretur, et loqueretur cum Saul.*

527 3. *Nonne majus mirandum sit quod Satanas ipsum Dominum assumpsit, et constituit super pinnam templi? Quolibet enim modo fecerit, factum est. Ita et modus quo Samueli factum est ut excitaretur, similiter latet, nisi forte quis dixerit faciliorem diabolo fuisse licentiam ad Dominum vivum unde voluit assumendum, et ubi voluit constituendum, quam ad Samuelis spiritum defuncti a suis sedibus excitandum.*

4. *Quod si illud in Evangelio nos ideo non conturbat, quia Dominus voluit, atque permisit, nulla diminutione suæ potestatis et divinitatis id fieri, sicut ab ipsis Judæis, quanquam perversis atque immundis, et facta diaboli facientibus, et teneri se et vinciri, et illudi, et crucifigi, atque interfici passus est; non est absurdum credere, ex aliqua dispensatione divinæ voluntatis, permissum fuisse ut non invitus, et dominante magica potentia, sed volens atque obtemperans occultæ dispensationi Dei, quæ pythonissam illam et Saulem latebat, spiritus prophetæ sancti se ostenderet aspectibus regis, divina eum sententia percussurus.*

5. *Quanquam in hoc facto potest esse alius facilior intellectus, ut non vere spiritum Samuelis excitatum a requie sua credamus, sed aliquod phantasma, et imaginariam illusionem diabolicis machinationibus factam; quam propterea Scriptura nomine Samuelis appellat, quia solent imagines earum rerum nominibus appellari quarum imagines sunt. Sicut omnia quæ pinguntur atque* A *finguntur earum rerum quarum imagines sunt nominibus appellantur, sic hominis pictura, cum pingitur, proprium quodque nomine incunctanter adhibetur, et dicitur : Ille Cicero, ille Sallustius, ille Achilles, ille Hector, hoc flumen Simois, illa Roma, cum aliud nihil sint quam pictæ imagines.*

6. *Unde et cherubim, cum sint cœlestes virtutes, fictæ tamen* **528** *ex metallo, quod imperavit Deus super arcam Testamenti magnæ rei significandæ gratia, non aliud quam cherubim illa quoque figmenta vocabantur. Item dum quisque videt somnium, non dicit : Vidi imaginem Augustini, sed : Vidi Augustinum, cum eo tempore quo aliquod tale aliquis vidit ignoraret hoc Augustinus.*

7. *Usque adeo manifestum est non ipsos homines, sed imagines eorum videri. Et Pharao spicas se dixit vidisse* B *in somniis, et boves, non spicarum, aut boum imagines. Si igitur liquido constat nominibus earum rerum quarum imagines sunt easdem imagines appellari, non mirum est quod Scriptura dicit Samuelem visum, etiam si forte Samuelis imago apparuit ficto machinamento ejus qui transfigurat se in angelum lucis, et ministros suos ornat velut ministros justitiæ.*

8. *Jam vero si illud*, inquit, *movet, quomodo a maligno spiritu Sauli vera prædicta sunt, potest et illud mirum videri, quomodo dæmones agnoverunt Christum, quem Judæi non agnoscebant. Cum enim vult Deus, etiam per infimos supremosque spiritus aliquem vera cognoscere, temporalia duntaxat ad istam mortalitatem pertinentia, facile est, et non incongruum, ut omnipotens et justus ad eorum pœnam quibus ista prædicantur (ut* C *malum quod eis imminet antequam veniat prænoscendo patiantur), occulto apparatu mysteriorum suorum, etiam spiritibus talibus aliquid divinationis impertiat, et quod audiunt ab angelis prænuntient hominibus.*

9. *Tantum autem audiunt, quantum omnium Dominus atque moderator vel jubet, vel sinit. Unde etiam spiritus pythonis in Actibus apostolorum attestatur Paulo apostolo, et evangelista esse conatur (Act. XVI, 16). Miscent isti tamen fallacias, et verum, quod nosse potuerunt, non docendi magis quam decipiendi fine pronuntiant. Et forte hoc est quod cum illa imago Samuelis Saulem prædiceret moriturum,* **529** *dixit etiam secum futurum, quod utique falsum est.*

CAP. XX. N. 1. *An aliquam*, etc. Al. : *An aliqua imaginaria illusione fallacia dæmonum facta.* AREV.

2. *Augustinus Simpliciano.* Lib. II, q. 3, et ad Dulcitium, q. 6. GRIAL.

Ibid. Malignus spiritus. Immundus spiritus. Augustinus et Euch., quamvis maligni ibidem postea vocentur. GRIAL.

Ibid. Repagulis vel. Hæ voces non sunt apud Augustin. aut Euch. GRIAL.

3. *Quolibet enim modo fecerit hoc ille, factum est; ita et modus quo Samueli factum est ut excitaretur similiter latet.* Ita omnino legendus hic locus, etiam apud Augustinum mancus, ut τὸ *factum est*, quod semel tantum, sed non eodem in loco apud utrumque positum erat, apud utrumque repetatur, atque alter alteri subsidio sit. GRIAL.

Ibid. Fecerit, etc. Al., *fecerit. Factum est istud, ut excitaretur.* Al. : *Fecerit, factum est, ita ut Samuel excitaretur*, minus bene. Grialius in nota videtur voluisse: *Quolibet enim modo fecerit hoc ille, factum est.* In textu omisit, *hoc ille*, quod certe necessarium non est. AREV.

D 4. *Non conturbat. Non perturbat*, apud Augustin. et Eucher. GRIAL.

6. *Illa quoque figmenta.* Ita apud August. in quæst. ad Dulcitium. *Illæ quoque effigies*, apud eumdem in libr. ad Simplician. GRIAL.

7. *Transfigurat se in angelum.* Ita August. ad Simplic. *Transfigurat se velut angelum*, ad Dulcit. GRIAL.

Ibid. Grialius *in somnis* pro *in somniis;* et *se velut angelum*, quamvis in nota præferre videatur *se in angelum.* AREV.

8. *Etiam per infimos infernosque spiritus aliquem ver. cogn.*, utrobique Augustinus. *Per infirmos supremosque spiritus*, apud Euch. GRIAL.

Ibid. Alii, apud Augustinum, *infirmos infernosque.* Alii, *infimos inferosque.* AREV.

Ibid. Pro *mysteriorum* potiores Mss. Augustini habent *ministeriorum*, ut *ministeria* pro ministris accipiantur. AREV.

10. *Magno quippe intervallo post mortem separari bonos a malis in Evangelio legimus, cum inter superbum illum divitem, cum jam apud inferos tormenta pateretur, et illum, qui ad ejus januam ulcerosus jacebat, jam in requie constitutum, magnum chaos interjectum esse testetur* (*Luc.* XVI, 26).

11. *Aut si propterea Samuel ei dixit : Mecum eris, ut non ad æqualitatem felicitatis, sed ad parem conditionem mortis referatur, quod uterque homo fuerit, et uterque mori potuerit, jamque mortuus vivo mortem prænuntiabat, secundum utrumque igitur intellectum habere exitum hanc lectionem, qui non sit contra fidem, perspicit, opinor, prudentia tua ; nisi forte profundiori inquisitione inveniatur ad liquidum, vel posse, vel non posse animam humanam, cum ex hac vita migraverit, magicis carminibus evocari, et vivorum apparere conspectibus, etiam corporis lineamenta gestantem, ut non solum videri valeat, sed et agnosci. Et si potest, utrum etiam justi anima non quidem cogatur magicis sacris, sed dignetur ostendi, occultioribus mysteriis summæ legis obtemperans, ut si fieri non posse claruerit, non uterque sensus in hujus scripturæ tractatione admittatur ; sed, illo excluso, imaginaria similitudo Samuelis diabolico ritu facta intelligatur.*

12. *Sed, quoniam sive illud fieri possit, sive non possit, tamen fallacia Satanæ atque imaginum simulandarum callida operatio decipiendis sensibus humanis multiformis invigilat, pedetentim quidem, ne inquisitionibus diligentioribus præscribamus, sed tamen potius existimemus, tale aliquid factum maligno spiritu pythonissæ illius ministerio, quandiu nobis aliquid amplius excogitare atque explicare non datur.* Hæc sunt quæ tunc de pythonissa et Samuele scripsit beatissimus Augustinus.

530 CAPUT XXI.

De morte Saulis et Jonathæ.

1. Igitur exorto prælio, percusserunt Philisthæi Israel plaga magna, corrueruntque in prælio Saul et Jonathas. Quos denique pius propheta figuraliter deflet. Qui cum potentes essent, et semper hostibus prævalerent, sauciati illico ac vulnerati, in medio prælio corruerunt.

2. *Quomodo*, inquit, *ceciderunt potentes in medio pugnæ?* Hoc etiam modo pium Christianorum genus deflet eos qui, non repugnantes dæmonibus, labuntur in sæculo, quod est lubricum ; *Gelboe* enim *montes* interpretantur *lubrici montes*.

11. *Occultioribus mysteriis*. Ita August. ad Dulcit. *Imperiis*, ad Simpl., et apud Euch. Grial.

Ibid. Grialius distinguebat : *prænuntiabat. Secundum utrumque igitur*, etc. Quæ distinctio retineri poterit, si legatur : *Aut sic propterea*, etc. Apud sanctum Augustinum deest *igitur* post *utrumque* ; et ita clarior est sensus. Arev.

12. *Hæc sunt quæ tunc de pythonissa*. Sed vide quæ addit postea ad Dulcitium scribens in fine quæstionis. Grial.

Cap. XXI. N. 1. *Qui cum potentes*. Inter hæc leguntur in Val. plurima Gregorii verba e lib. IV Moral., cap. 4, de montium maledictione, quæ recte absunt ab aliis libris, et a Beda. Nam plane non cohærent. Grial.

Ibid. Deflet. Cod. Flor. in-4° et alii hæc addunt, quæ omissa voluit Grialius : « Nam quid est, quod ipse David, qui retribuentibus mala non reddidit, cum Saul et Jonathas bello occumberent, Gelboe montibus maledicit, dicens : *Gelboe montes, nec ros, nec pluvia veniat super vos, nec sint agri primitiarum, quia ibi abjectus est clypeus Saul, quasi non esset unctus oleo*. Quid ergo montes Gelboe, Saul moriente, deliquerunt, quatenus in eis nec ros, nec pluvia caderet, et ab omni eos viriditatis germine sententiæ sermo siccaret? Sed quia *Gelboe* interpretatur *decursus*, per Saul autem unctum et mortuum mors nostri Mediatoris exprimitur, non immerito per Gelboe montes superba Judæorum corda signantur. Quæ dum in hujus mundi desideriis defluunt, in Christi casu, id est, cuncti per mortem aruerunt. Et quia in eis unctus rex corporaliter moritur, ipsi ab omni gratiæ rore siccantur. De quibus et bene dicitur : *Neque sint agri primitiarum*. Primitiæ quippe esse non possunt, quia superbia Hebræorum... primitivos fructus non fert, quia in Redemptoris adventu ex parte maxima in perfidia remanentes, primordia fidei sequi noluerunt. Sancta namque Ecclesia primitiis suis multitudine gentium fecundata, vix in mundi fine Judæos, quos invenerit, suscipit, et extrema colligentes, quasi reliquias frugum ponit. De quibus nimirum reliquiis Isaias dicit : *Si fuerit numerus filiorum Israel quasi arena maris, reliquiæ salvæ fient*. Dehinc iterum deflet idem propheta Saul et Jonathan dicens : *Quomodo ceciderunt potentes in medio pugnæ?* Qui cum potentes essent, et semper hostibus prævalerent, sauciati illico ac vulnerati, in medio prælio corruerunt. Hoc etiam modo pium Christianorum, etc. » Pro *id est*, *cuncti* fortasse legendum, *id est*, *victi* ; nam obscurum est *cuncti*. In Ms. inter verbum *Hebræorum* et *primitivos* videtur scriptum *mente* ; ac fortasse legendum *superba Hebræorum mens*. Hæc, et similia fragmenta, quæ in nonnullis Codicibus exstant, et a Grialio aliquando exscribuntur, aliquando omittuntur, non constat quidem esse Isidori ; sed neque demonstrari potest ejus non esse, cum a stylo Isidori non abhorreant. Arev.

IN REGUM SECUNDUM.

531 CAPUT PRIMUM.

Ne David templum ædificet.

1. Post mortem itaque Saul ungitur David, et regnat, transfertque arcam Testamenti in civitatem suam ; qui cum vellet templum Domini ædificare, admonetur per prophetam a Domino ita : *Non tu ædificabis mihi domum, quia vir sanguinum es.*

2. Quid est igitur, quod erga exteriora bella laboranti David interdicitur ne domus Dei ab eo ædificaretur? Templum quippe Dei nos sumus, qui ad veram vitam in ejus inhabitatione construimur, Paulo attestante, qui ait : *Templum enim Dei sanctum est, quod estis vos* (*I Cor.* III).

Cap. I. N. 1. Totum caput e Greg., VII Moral. cap. 16. Grial.

3. Sed vir sanguinum templum Deo ædificare prohibetur, quia qui adhuc actibus carnalibus incubat, necesse est, ut instruere spiritualiter Ecclesiam non præsumat, quia nequaquam pure maculam in membro considerat oculus quem pulvis gravat, et superjectas sordes tergere non valet manus quæ lutum tenet.

CAPUT II.

De peccato David in Bethsabee.

1. Nunc et peccatum David, quid in prophetia signaverit, quanta possumus brevitate, perstringamus. Nomina quippe interpretata **532** satis ostendunt quid etiam hoc factum præfiguraverit. *David*, ut diximus, interpretatur *manu fortis*, sive *desiderabilis*. *Bethsabee* interpretatur *puteus satietatis*, sive *puteus septimus*.

2. Quamlibet autem harum nominis ejus interpretationem in id quod dicere intendimus assumamus, satis congruit. Nam in Cantico canticorum sponsa, quæ illi Ecclesia est, vocatur puteus aquæ vivæ (*Cant.* IV). Et huic puteo septenarii numeri nomen in Spiritus sancti significatione conjungitur, propter rationem Pentecostes, quo die de cœlo missus Spiritus sanctus venit.

3. Ad quadraginta novem autem, quod est septies septem, unum additur, quo unitas commendatur. In hac ratione vivit apostolica illa sententia : *Sufferentes invicem in dilectione, studentes servare unitatem spiritus in vinculo pacis* (*Ephes.* IV). Dono itaque spirituali, hoc est, septenario, facta est Ecclesia puteus satietatis, quia factus est in ea fons aquæ salientis in vitam æternam, quam qui biberit, non sitiet in æternum (*Joan.* IV).

4. Urias vero, qui fuerit maritus ejus, quid aliud quam diabolum nominis ejus interpretatione significat? Hujus erant pessimo conjugio deligati omnes, quos gratia Dei liberat, ut Ecclesia sine macula et ruga Salvatori proprio copuletur.

5. *Urias* namque interpretatur *lux mea Dei*, *Hethæus* autem *abscisus*, sive quod in veritate non stetit, sed a luce sua superna, quam de Deo habebat, superbiæ merito abscisus est; sive quod cadendo, veris viribus perditis, transfigurat se in angelum lucis, audens adhuc dicere : *lux mea Dei est*. Ergo iste quidem David graviter scelerateque peccavit; quod scelus ejus etiam per prophetam Deus arguit increpando, et ipse abluit pœnitendo.

6. Verumtamen ille desiderabilis omnibus gentibus, quasi in solario deambulans, quia in sole posuit tabernaculum suum, adamavit Ecclesiam super tectum se lavantem, id est, mundantem se a sordibus sæculi, et domum luteam spirituali contemplatione transcendentem, atque calcantem.

7. Et inchoata cum illa primæ conventionis notitia, postea **533** ab eo penitus separatum diabolum occidit, eamque sibi perpetuo connubio copulavit. Oderimus ergo peccatum, sed prophetiam non exstinguamus. Amemus ipsum David, quantum amandus est, qui nos a diabolo per misericordiam liberavit.

8. Amemus istum David, qui tam grave in se vulnus iniquitatis pœnitentiæ et humanitatis confessione sanavit. Sed fortasse quis dicat : Si David imaginem Christi gerebat, quomodo multas uxores et concubinas habuisse scribitur, cum has res Christus et horrescat et damnet? Hoc enim pro figura fiebat; multæ enim uxores David multarum gentium et nationum imaginem indicabant, quæ per fidem Christi consortio jungentur.

9. Concubinæ vero ejus significant hæreticorum ecclesias, quæ sub Christi nominis titulo manere se gloriantur. Sed quia propter carnalia lucra sectantur Christum, non conjuges, sed concubinæ vocantur. Denique nunc reges, si plures habeant uxores, et concubinas, crimen est, quia jam transierunt figuræ, pro quibus uxorum vel concubinarum venia concedebatur; et nunc, quia figuræ transierunt, venia nulla datur.

CAPUT III.

De Absalom.

1. Illud vero quid significet, quod parricida filius Absalom patrem insequens, primo pater ejus declinans fugit ante faciem ejus securus de victoria; qui aspiciebat imperium perire, quem etiam flevit magno luctu, et deploravit exitum parricidæ. Scribitur etiam fugisse David a facie bellantis adversus se filii.

2. Et quoniam scriptum est de populo Jerusalem : *Filios enutrivi, et exaltavi, ipsi autem spreverunt me* (*Isai.* I); filius ergo ejus impius significatur tropice, id est, populus Judaicus, qui eum tradidit. *Absalom* autem, sicut quidam interpretatur, intelligitur *patris pax*. Quod mirum videtur in historia, quemadmodum patris pax possit intelligi, qui patrem bello persecutus est.

534 3. Sed qui diligenter ad allegoriam intendunt, inspiciunt Absalom esse Jerusalem, quæ etiam et ipsa *pax* interpretatur, a cujus facie Christus fugit, quando, eam patiendo deserens, in gentibus per fidem successit. Alii Absalom Judam traditorem intelligunt, quem tanta et tam admiranda patientia

3. *Qui adhuc actibus carnalibus incubat*. Ita lib. o. *Incumbit*, apud Gregorium. GRIAL.

CAP. II. N. 1. Totum caput ex August., lib. XXII contra Faust., cap. 87. GRIAL.

2. Forte, *quæ illic Ecclesia*. AREV.

3. Alii, *quem qui biberit*. Grialius, *quem qui habuerit*. AREV.

4. Alii : *Jam vero qui fuerit*. Quod Urias allegorice diabolum indicaverit, dictum etiam in Allegoriis, num. 90. AREV.

5. *Lux mea Dei*. Al., *lux mundi*. AREV.

7. *Ipsum David*. Al., *illum David*. Quod melius videtur. AREV.

CAP. III. N. 1. *Parricida filius... insequens* pro *parricida filio... insequente*, scilicet nominativus pro ablativo, ut alibi sæpe. AREV.

Ibid. Qui aspiciebat imperium. Al., *quia sciebat impium*. AREV.

3. *Corporis et sanguinis sui figuram*, hoc est, corporis et sanguinis sui sacramentum. Puto autem verba esse Græci alicujus Patris. GRIAL.

Christus pertulit, tanquam bonum, cum ejus cogitationes non ignoraret, cum adhibuit convivio in quo corporis et sanguinis sui figuram discipulis commendavit et tradidit.

4. Quod denique et in ipsa traditione osculum accepit, bene intelligitur pacem Christum exhibuisse traditori suo, quamvis ille tam sceleratæ cogitationis interno bello vastaretur. Et ideo Absalom patris pax dicitur, quia pater habuit pacem, quam ille non habuit.

CAPUT IV.

Quod David sitiens noluit bibere de aqua cisternæ Bethlehem.

1. Item ipse David in prælio Philisthinorum, cum sitiens conversaretur in bello, et aquam quæreret: *Quis mihi*, inquit, *potum dabit de lacu, qui est in Bethlehem?* Et ad portas erat inter lacum et David interfusus hostis, et media hostilium cinxerant septa castrorum. Præciderunt tres viri multitudinem adversariorum, et hauserunt aquam de lacu, qui erat in Bethlehem, et obtulerunt regi bibendam.

2. Sed rex noluit bibere, sed profudit illam Domino, dixitque: *Non contingat mihi hoc facere, ut sanguinem virorum, qui abierunt in animis illorum bibam.* Vicit ergo naturam, ut sitiens **535** non biberet, et exemplum de se præbuit, quo omnis exercitus tolerare sitim disceret. Quod si altius velis spectare, et introspicere mysterium, sitiebat David, non aquam quæ est in Bethlehem, sed oriundum in eadem Bethlehem ex Virgine Christum in spiritu prævidebat.

3. Ergo volebat bibere non aquam fluminis, sed lavacrum ex latere Christi fluens, hoc est, non aquarum sitiebat elementum, sed sanguinem Christi.

A Unde non bibit oblatam aquam, sed Domino fudit, significans sitire se Christi sacrificium, non naturæ fluentum, sed illud sacrificium, in quo esset remissio peccatorum, illum sitire fontem æternum, non qui periculis quæreretur alienis, sed pericula aliena deleret.

CAPUT V.

De psalmo XVII.

1. Quæritur autem cur solus septimus decimus psalmus in libris Regum reperiatur conscriptus. Nec immerito psalmus iste in Regnorum libris solus invenitur, quia regnum illud significatur ubi adversarium non habebimus. Titulus enim ejus est: *In die qua eripuit eum Dominus de manu omnium inimicorum ejus, et de manu Saul.*

2. Quis enim figuratur in David, nisi ille qui venit secundum carnem ex semine David, qui utique B in corpore suo, quod est Ecclesia, adhuc patitur inimicos? Unde illi persecutori, quem voce mactavit, et, in suum corpus trajiciens, quodammodo manducavit, insonuit de cœlo: *Saule, Saule, quid me persequeris?* Quando autem eruetur hoc corpus de manu omnium inimicorum ejus, nisi cum illa novissima inimica destruetur mors, ut perveniatur ad regnum Dei?

536 CAPUT VI.

De catalogo virorum fortium.

1. Dehinc texitur catalogus virorum fortium in figura sanctorum; qui licet virtutum sublimitate proficiant, tamen usque ad excellentiam divinæ Trinitatis nequaquam attingunt. Inde est quod ibi scriptum est: *Usque ad tres non pervenit. Quis enim æquabitur Domino, aut quis similis erit Deo inter filios* C *Dei* (*Psalm.* LXXXVIII)?

4. *Quia pater habuit pacem, quam ille non habuit.* Verba sunt Augustini in Psalm. II. Gregorius vero, in prolog. VII psalm. pœnitential.: *Absalom autem patris pax interpretatur, non quod ei pax ulla cum patre fuerit; sed quia quantæ pacis et patientiæ exstitit, ejus perversitate pater ostendit.* Hieronymus vero et Eucherius non patris pacem, sed patrem pacis interpretantur. Idem (Isidorus), Etymolog. VII, cap. 6, patris pacem per antiphrasin dictum putat. GRIAL.

CAP. IV. N. 2. *In animis illorum bibam.* Ἐν ψυχαῖς αὐτῶν πίομαι, LXX. Ex quibus sunt etiam alia hujus loci verba. *Et animarum periculum bibam?* dixit Vulg. interpr. GRIAL.

3. *Sed lavacrum*, etc. Al., *sed lavacri aquam ex latere Christi fluentem.* Et mox *non naturam aquarum fluentium* pro *non naturæ fluentum.* AREV.

CAP. V. N. 2. *Quem voce mactavit.* Ita Mss. o. *Voce prostravit*, Eucherius, non perinde eleganter; sequitur enim: *Et in suum corpus trajiciens, quodammodo manducavit.* GRIAL.

Ibid. Voce mactavit. Ita etiam vetus Editio. Grialius in textu conservavit *voce prostravit*, quamtumvis in nota præferat *voce mactavit.* AREV.

CAP. VI. N. 1. *Tamen usque ad excellentiam divinæ Trinitatis nequaquam attingunt.* Diversa est apud Eucherium allegoria. GRIAL.

Ibid. In Editione Grialii mendose nota in hunc D locum irrepserat, qua indicabatur totum prope caput ex sancto Augustino sumptum; quæ nota a nobis rejecta est ad cap. 5 lib. seq., ad quod pertinet, quo in loco eadem nota aliqua ex parte repetita erat. AREV.

IN REGUM TERTIUM.

CAPUT PRIMUM.

537 *De Salomone.*

1. Succedit deinde Salomon, in quo quidem nonnulla imago rei futuræ facta est in eo quod templum ædificavit, et pacem habuit secundum nomen suum. *Salomon* quippe interpretatur *pacificus*. Ac per hoc illud vocabulum illi verissime congruit, per quem mediatorem ex inimicis, accepta remissione peccatorum, reconciliamur Deo. Etenim cum inimici essemus, reconciliati sumus Deo per mortem ejus.

2. Idem ipse est ille pacificus qui fecit utraque unum, et medium parietem maceriæ solvens, inimicitias in carne sua, legemque mandatorum decretis evacuans, ut duos conderet in se in unum novum hominem, faciens pacem his qui longe, et pacem his qui prope. Ipse in Evangelio dicit: *Pacem meam relinquo vobis* (*Joan.*, XIV). His et multis aliis testimoniis Dominus Christus pacificus esse monstratur.

CAP. I. N. 1. *In quo quidem*, usque ad *pacificus*, verba sunt Aug., XVII de Civitate Dei, cap. 8. GRIAL.

CAPUT II.

De templi ædificatione.

1. Nam id, quod ædificavit templum excellentissimum Domino, et ibi Christum significat, qui ædificavit domum Deo in cœlestibus. **538** Non de lignis et lapidibus, sed de hominibus sanctis, hoc est, fidelibus, quibus dicit Apostolus: *Templum enim Dei sanctum est, quod estis vos* (*I Cor.* III).

2. Quod vero eadem domus lapidibus dedolatis atque perfectis ædificata est, et malleus, et securis, et omne ferramentum non est auditum in templo Dei, cum ædificaretur; quid enim domus illa, ut prædictum est, nisi sanctam Ecclesiam, quam in cœlestibus Dominus inhabitat, figurabat? Ad cujus ædificationem electorum animæ, quasi quidam expoliti lapides, deferuntur.

3. Quæ cum ædificatur in cœlis, nullus illic disciplinæ malleus resonat, quia dolati atque perfecti illuc lapides ducimur, ut locis juxta meritum congruis disponamur. Hic enim foris tundimur, ut illuc sine reprehensione veniamus. Altitudo autem templi hujus dominici ad fidem refertur, longitudo ad spem, latitudo ad charitatem. His enim tribus virtutibus, quasi lineamentis, sanctæ Ecclesiæ cœlestis instructura consurgit.

4. Porro quod parietes templi interius ligno teguntur, hoc ob mysterium dominicæ crucis imaginatum est, sub cujus tutela proteguntur omnes sancti, qui indisruptæ pacis perseverantia, tanquam lapides vivi in structura Ecclesiæ, unitate fidei solidantur. Et bene interius vestitur ligno templum, quia corde creditur ad justitiam. Quod vero tempore dedicationis gloria Domini implevit domum, gloria Domini intelligitur Christus, cujus fide repletus est universus mundus.

5. De qua gloria cum pro adorato vitulo Dominum precaretur Moyses, ut parceret populo peccatori, respondit Dominus: *Propitius ero illis*; verumtamen vivo ego, et vivit nomen meum, quia implebitur gloria mea omnis terra. Et septuagesimus primus Psalmus canit: *Implebitur gloria ejus omnis terra.* (*Psalm.* LXXI). Unde et angeli clamabant pastoribus: *Gloria in excelsis Deo, et in terra pax hominibus bonæ voluntatis* (*Luc.* II).

6. Quod autem nebula implevit domum Dei, et non poterant sacerdotes ministrare propter nebulam, hæc sententia superbos Judæorum pontifices ac doctores insinuat, qui dum nativitatis Christi sacramenta investigare despiciunt, debitum fidei suæ **539** ministerium per erroris nebulam perdiderunt. Ita enim eorum mentes infidelitatis caligo replevit, ut exigentibus propriis meritis non agnoscant cultum credulitatis.

7. Quod vero Salomon idem in eodem templo duodecim boves æreos fecit, quos in æreo labro constituit, qui facie quidem per diversas partes attendunt, sed in uno loco per posteriora colliguntur; quid enim aliud in duodecim bubus quam duodecim apostolos credimus designari, qui facie quidem per diversa respiciunt, sed ita in labro sunt positi, ut posterioribus adunentur? Qui in hac præsenti vita ad prædicationis officium in diversis mundi partibus sunt divisi; in illa vero vita, quæ huic vitæ posterior est, quia post hanc videbitur, in æterna gloriæ unitate conveniunt.

8. Per diversum ergo mundum prædicando respiciunt, sed in unum perveniendo consistunt. Ideo autem ærei, quia clamor prædicationis eorum in toto mundo insonuit, sicut scriptum est: *In omnem terram exivit sonus eorum* (*Psalm.* XVIII). Labrum autem orbem terræ intelligimus, cujus ambitum lustraverunt apostoli, docentes gentes, ut baptizarentur in nomine Patris, et Filii, et Spiritus sancti.

CAPUT III.

De sapientia Salomonis.

1. Locutus est autem Salomon tria millia parabolas, et fuerunt carmina ejus quinque millia; quid enim per tria millia parabolas, nisi plenitudo fidei in lege et in Evangeliis a Christo tradita designatur? Quæ dum tota multipliciter per allegoriarum sensus sub mysterio Trinitatis disseritur, quasi tria millia parabolæ nuncupantur.

2. Carmina autem ejus quinque millia pro quinque sensibus corporis intelliguntur: quos qui in diversis virtutibus bene regit, beatus est, et per eos quasi quinque millia carmina Domino canit. Disputavit autem Salomon a cedro usque ad hyssopum. Cedri nomine celsitudo gloriæ in electis accipitur, sicut et Propheta testatur, dicens: *Justus, ut palma, florebit, et sicut cedrus, quæ est in Libano, multiplicabitur* (*Psalm.* XCI). Hyssopus autem herba humilis est saxo hærens, qua signatur humilitas Christi.

3. Redemptor quippe noster a cedro usque ad hyssopum disputavit, **540** quia ab altera excellentia cœlestis gloriæ usque ad carnis humilitatem descendendo pervenit, siquidem et cedri nomine pravorum superba elatio designatur, sicut per David dicitur: *Vox Domini confringentis cedros* (*Psal.* XXVIII).

4. A cedro itaque Christus usque ad hyssopum disputavit, quia ipse pravorum corda et humilium judicat. Super ligna autem disputavit, dum in cruce pependit. Tunc enim in cedro sæculi arrogantiam inclinavit, quam etiam ad hyssopi humilitatem, id est, usque ad crucis stultitiam ac contemptibilem fidem deduxit.

CAPUT IV.

De judicio Salomonis.

1. Legitur quoque idem sapientissimus primum habuisse judicium inter duas mulieres de pietate certantes; quarum in una dilectio ardebat, in altera simulatio subripiebat. In illo ergo judicio Salomonis

CAP. II. N. 1. *Nam id, quod ædificavit*, usque ad *estis vos*, August., ibidem. GRIAL.

Ibid. Alii, *excellentissimo*. AREV.

2. *Quod vero eadem domus*, usque ad *veniamus*, verba sunt Greg., XXXIV Moral., cap. 20. GRIAL.

Ibid. Dedolatis. Al., *dolatis*. AREV.

CAP. IV. N. 1. Vid. Aug., serm. 200 de temp. GRIAL.

Christi figura fuit, ubi mulier illa improba, plebs scilicet Synagogæ, vel hæreticorum, veræ matris, hoc est, Ecclesiæ, filium appetebat, quem non ut reservaret, sed revera, ut interimeret, cupiebat.

2. Sed sicut, gladio Salomonis dirimente, propriæ matris gemitu teste verus repertus est partus, ita et spiritu Jesu Christi docente, plerumque hi qui a matre seducti et capti sunt errore hæreticorum, nonnunquam merentur pro semetipsis gementem recognoscere Ecclesiam matrem. Unde satis convenienterque apparet hanc mulierem hæreticorum, vel Synagogæ figurasse impietatem, qui et suos nequiter nutriendo interimunt, et alienos quousque perdant, illiciendo persuadent.

CAPUT V.

De regina Austri.

1. Regina autem Austri, quæ ab intervallis ultimis excitata veniens, Salomonis audire sapientiam concupivit, jam tunc per illam **541** ventura de gentibus regina desiderans Christum figurabatur, quæ juxta Prophetam est circumamicta varietate in vestitu deaurato (*Psal.* XLIV), et populi sui et paternæ domus oblita, currebat cum barbara gente, non animo; quæ in aperto peregrina, sed in occulto sanctorum fieri civis optabat.

2. Unde non solum præmio cœlesti resurrectionis beata, sed etiam potestate apostolica de Judæis adulteris judicandis ipsius ore judicis digna censetur, quia Christum in Salomone mirata, verum reginæ cœlestis affectum in imagine mystica Ecclesiam prævidentis impleverat.

CAPUT VI.

De cæteris operibus Salomonis.

1. Jam porro de cæteris operibus Salomonis quid dicam, quem vehementer arguit sancta Scriptura atque condemnat, et nihil de pœnitentia ejus vel in eum indulgentia Dei omnino commemorat? Nec prorsus occurrit quid saltem in allegoria boni significet hæc ejus flenda submersio. Nisi forte quis dicat mulieres alienigenas, quarum amore exarserat, significare Ecclesias electas de gentibus.

2. Posset hoc fortasse non absurde intelligi, si illæ propter Salomonem desererent deos suos, et colerent Deum ejus. Cum vero ipse propter illas offendit Deum suum, et coluit deos earum, non est quid inde boni conjectari possit.

3. Nec tamen nihil arbitror significare, sed malum, sicut de uxore filiabusque Lot diximus. Apparet enim in persona hujus Salomonis mira excellentia, et mira submersio. Quod igitur in illo diversis

A temporibus exstitit prius bonum, et posterius malum, hoc in Ecclesia in isto sæculo adhuc simul et uno tempore ostenditur.

4. Nam bono illius bonos Ecclesiæ, malo autem illius malos Ecclesiæ significatos puto: tanquam in unitate illius areæ, sic in uno illo homine, bonos in granis, malos in paleis, aut certe in unitate unius segetis, bonos in tritico, malos in zizaniis.

542 CAPUT VII.

De divisione decem tribuum.

1. Illud vero, quod post mortem Salomonis decem tribus a templo separatæ sunt, et duæ relictæ, satis indicat quod de tota illa gente Apostolus ait: *Reliquæ per electionem gratiæ salvæ factæ sunt.*

B

CAPUT VIII.

De Elia et virtutibus ejus.

1. Quid autem significaverunt magni illi ac insignes prophetæ, qui etiam mirabilia multa fecerunt, Elias, et Eliseus discipulus ejus? Pascitur enim Elias tempore famis a corvis mane afferentibus panem, et ad vesperum carnes, ut intelligas illic Christum.

2. Cui quodammodo salutem nostram esurienti confitentur peccatores, fidem primitias spiritus nunc habentes; in fine autem velut ad vesperam sæculi carnis resurrectionem. Mittitur Elias pascendus ad alienigenam viduam, quæ volebat duo ligna colligere priusquam moreretur. Non hic solo ligni nomine, sed etiam numero lignorum signum crucis exprimitur.

C 3. Benedicitur farina ejus et oleum, fructus et hilaritas charitatis, quæ cum impenditur, non defecisse dicitur: *Hilarem enim datorem diligit Deus* (*II Cor.* IX). Vidua autem ista, ut opinor, Ecclesia significatur, quam Christus non frumenti, sed verbi pane pascebat. De qua dicit David: *Viduam ejus benedicens benedicam* (*Psal.* CXXXI). Illam scilicet viduam quam Apostolus ait, mortuo viro, quibus velit nuptiis liberam esse (*Rom.* VII), quia, desinente lege, cui finis est Christus, ad gratiæ libertatem transitum faciens Ecclesia, Christo, quasi vidua legis, nupsit. Hujusnunc in vasis oleum gratiæ et benedictionis farina non deficit, in omnibus foris gentibus famæ manente.

543 4. Quarum cibi vitæ esuriem et fidei Trinitatis
D inediam congrue præfiguravit illa quodam triennio fames. Quod vero per Eliam in tempore siccitatis nubes illa apparuit, et postea futuræ pluviæ signum in vestigio hominis ostensum est, significabat quod, nascente Christo in vestigio hominis, ad terras imber de cœlo descenderet, qui nos a peccato mundaret.

CAP. VI. N. 1. *Jam porro.* Totum caput ex August., XXII contr. Faust., cap. 88. GRIAL.

CAP. VII. N. 1. Ex August., XII contr. Faust., cap. XXXIII. GRIAL.

CAP. VIII. N. 3. *Non defecisse dicitur.* Al., *non deficit.* AREV.

4. *Qui nos a peccato mundaret.* Al., *qui fide sitientes animas irrigaret.* AREV.

IN REGUM QUARTUM.

544 CAPUT PRIMUM.

De duobus quinquagenariis combustis.

1. Mittit rex impius duos quinquagenarios cum subditis suis militibus, ut exhibeant Eliam, qui divino igne consumpti sunt; tertius autem missus salvatur.

2. Quinquagenarius namque numerus pœnitentiæ confessio est, quo declaratur remissio peccatorum. Judæi ergo nolentes Christum Deum esse perfectum, nec principem pœnitentiæ, dicunt ad eum: *Quinquaginta annos nondum habes, et Abraham nosti* (*Joan.* VIII)? Illi futuro divini ignis incendio exstinguuntur. Tertius autem quinquagenarius, quia conversus ad fidem Trinitatis pœnitentiæ sacramenta cognovit, indulgentiam meruit.

3. Quæritur autem cur Elias vir sanctus super B quinquagenarios maledictionis sententiam sic intulit, ut perirent, dum scriptum sit: *Benedicite, et nolite maledicere.* Sanctus ergo Elias nequaquam illos se instigante maledixit, sed quod in divina prædestinatione cognoverat, prophetando prædixit; in Dei enim dispositione erat ita perire et quinquagenarios ad Eliæ vocem, et Simonem ad Petri sententiam. Unde non ultionis voto sancti maledicunt, sed loquuntur quod in Dei voluntate esse noverunt.

545 CAPUT II.

De Eliseo, et aquis sanatis.

1. Postulatur Eliseus a populo, ut aquas Jericho steriles, et malignas sanaret. Accepit vas rude fictile, et adjecit in eo salem, et demersit illud in flumine, et statim sanatæ sunt.

2. Quo facto prænuntiabat propheta quod Verbum caro fieret, et habitaret in nobis: inde in similitudinem Verbi salem, id est, sapientiam dedit; in vas fictile, in corpus scilicet humanum, immittens in aquam demersit, quod quidem significabat quia omnes populi, qui sub figura aquarum in toto mundo steriles erant, per Christi incarnationem fecunditatem et benedictionem accepturi essent.

CAPUT III.

De parvulis maledictis.

1. Ipse quoque Eliseus figuram Christi gessit. Denique vocabulum ipsum *salus Dei* interpretatur. Salus autem Dei quis est alius, nisi Filius ejus, qui et Salvator utique vocatur? Parvuli vero illi illudentes A saluti Dei, id est, Eliseo, Judæorum habuere personam, quia crucem Domini Salvatoris subsannabant. Quod dicunt: Ascende, calve, ascende, calve, quia in Calvariæ loco Christus ascensurus erat in crucem.

2. Quod vero conversus maledixit eos Eliseus, et venerunt duo ursi de silva, et interfecerunt quadraginta duos pueros blasphemantes; ita et Christus post passionem suam, et resurrectionem ex mortuis, postea quam ascendit in cœlos, sicut Eliseus ascendit Bethel, id est, domum Dei, conversus maledixit Judæis. Et quadragesimo secundo anno ascensionis suæ immisit duos ursos de silvis gentium, Vespasianum scilicet, et Titum, eosque crudeli strage dejecerunt.

546 CAPUT IV.

De mortuo resuscitato.

1. Mittit Eliseus per servum baculum super mortuum, et non reviviscit: venit ipse, conjungit, et coaptat se mortuo, et reviviscit. Misit sermo Dei legem per servum suum, et non profuit in peccatis mortuo generi humano.

2. Venit ipse descendens de cœlorum sublimitate, quasi de montis altitudine, humiliavit se ipsum, conformavit se nobis, mortuisque membris sua membra composuit, nostræque mortalitati de suo corpore medicinam aptavit. Denique super mortuum septies oscitat, et septiformem Spiritum humano dat generi, per quod vivificatum a morte peccatum resurgat.

CAPUT V.

De ferro exsiliente e flumine.

C 1. Cum securibus ligna cæderentur, de ligno ferrum exsiliens, in profundum fluminis mersum est, atque in lignum, desuper ab Eliseo projectum, reversum est. Ita cum impios Judæos per corpus operata præsentia Christi, tanquam infructuosas arbores, cæderet, quia de illo Joannes dixerat: *Ecce securis ad radicem arborum posita est* (*Luc.* III), eis interveniente passione corpus ipsum deseruit, atque ad inferni profunda descendit, quo in sepultura deposito, tanquam ad manubrium spiritu redeunte surrexit.

CAPUT VI.

De additione XV annorum Ezechiæ.

1. Decumbentem in lectulo Ezechiam, gravique ægritudine laborantem, **547** ex persona Domini Isaias propheta adorsus est, et prædicans illi quod

CAP. I. N. 2. *Nec principem pœnitentiæ.* Ita libr. o., et Beda. *Nec principem indulgentiæ largitorem*, apud Eucherium, quæ scriptura videtur alterius interpretatio. GRIAL.

3. *Quæritur autem*, etc. In multis Mss. omittitur totus hic numerus usque ad finem capitis. AREV.

CAP. III. N. 1. Vid. August., XII contr. Faust., cap. 35, et serm. 204 de temp. GRIAL.

2. *Sicut Eliseus ascendit.* Al., *sicut Eliseus ascendebat.* AREV.

CAP. IV. N. 1. Ex eod. August. lib. contr. Faust., et sermon. 206. GRIAL.

CAP. V. N. 1. Ex eod. August. capite, et sermone D 210. GRIAL.

Ibid. Alii, *ab eis* pro *eis*. Et postea: *In inferni profundum descendens, quod spiritu redeunte surrexit.* AREV.

CAP. VI. N. 1. *Decumbentem*, etc. Ita omnino legendum ex Cassiano, cujus sunt verba, collat. 17, c. 25, quomodo etiam lib. I, cap. 2, de Ochozia idem dixit: *Decumbenti regi expositu vestis qualitate compertus est.* GRIAL.

Ibid. Decumbentem. Al., *recumbentem.* Al., *recumbente.* Et mox *Ezechia*, et *laborante*. Postea, *ille autem exorans*, ut sit nominativus absolutus. Et, *vitam deprecantis.* AREV.

morerelur; illo autem exorante Dominum in ipso præstituto termino mortis, confestim Dominus vocem ejus audivit, et quindecim annos vitæ deprecantis [*Forte* deprecanti] extendit. Qui numerus quindecim annorum quid sacramenti contineat mysteriique cognoscimus.

2. Nam, ut Apostolus ait: *Secundum quod quis operatus fuerit, ita recipiet* (*Rom.* II). Ideoque iste rex, quia Decalogum legis cum quinque libris Moysi integra conservatione compleverat, ideo quindecim annos secundum legis numerum, quem custodierat, ad vitam auctos accepit: per quod figuraliter sciremus quia quicunque per numeri istius mysterium totius legis plenitudinem custodiunt, æternæ salutis præmium consequuntur, ac per legis consummationem ad vitæ æternæ plenitudinem transeunt.

3. Cujus quidem regis pro signo conferendæ salutis decem gradus domus suæ, in quibus umbra descendere consueverat, sol retrorsum ad ortum, unde descenderat, regressus scribitur. Qui numerus quid mysterii habeat videamus.

4. Nam gradus isti temporum ordines sunt, per quos umbra figurarum Christi descenderat, et per quos iterum sol justitiæ Christus post resurrectionem ascendit.

5. Primus itaque gradus descensionis de Deo in angelo fuit, quia magni consilii angelus erat (*Isai.* IX, 6). Denique et Jacob sic loquitur: *Et dixit*, inquit, *angelus Dei: Ego sum Deus, cui unxisti titulum, et vovisti votum* (*Genes.* XXXI), ut et angelum et Deum ostenderet. Secundus gradus descensionis de angelo in patriarchis fuit, quia in omnibus, ut ait Apostolus, ipse est operatus (*I Cor.* XII).

6. Tertius in legis datione, quia et in lege ipse locutus est. Quartus gradus in Jesu Nave, ut populum in terram repromissionis induceret. Quintus in judicibus, quia eumdem populum per eos ipse regebat. Sextus in regibus Judæorum, quia in eis ipse regnabat. Septimus in prophetis, quia per eos est nuntiatus. **548** Octavus in pontificibus, quia ipse summus sacerdos est Patris. Nonus in homine. Decimus in passione.

7. Per hos enim decem gradus, quos ipse per umbram legis priscæ Christus descendit, ac rursus post resurrectionem suam sol justitiæ Christus per eosdem gradus sursum ascendit in cœlum, et omnem illam umbram legis veritatis radiis illustravit, obscura revelans, clausa reserans, et omnia tecta denudans.

CAPUT VII.
De divitiis Chaldæis ostensis.

1. Quod Ezechias divitias suas Chaldæis jactantia ostentationis prodidit, et propterea perituras per prophetam audivit, significat Dei servum, qui dum virtutes vanæ gloriæ studio manifestaverit et prodiderit, mox eas perdere, et dæmones operum suorum dominos facere, sicut ille per ostentationis appetitum thesauros suos esse sub dominio Chaldæorum fecit.

CAPUT VIII.
De transmigratione Israel in Babyloniam.

1. Jam ipsa in Babyloniam transmigratio, quo etiam spiritus Dei per Jeremiam prophetam jubet ut pergant, et orent pro eis ipsis in quorum regno peregrinantur, quod in illorum pace etiam pax esset istorum, et ædificarent domos, et novellarent vineas, et plantarent hortos, quis non agnoscat quid præfiguraverit, qui attenderit veros Israelitas, in quibus dolus non est, per apostolicam dispensationem cum evangelico sacramento ad regnum gentium transmigrasse?

2. Unde nobis Apostolus tanquam Jeremias replicans dicit: **549** *Volo ergo primo omnium fieri deprecationes, adorationes, interpellationes, gratiarum actiones pro omnibus hominibus, pro regibus, et his qui in sublimitate sunt, ut quietam et tranquillam vitam agamus in omni pietate et charitate. Hoc enim bonum et acceptum est coram Salvatore nostro Deo, qui omnes homines vult salvos fieri et ad agnitionem veritatis venire* (*I Tim.* II).

3. Ex hoc quippe etiam illis credentibus constructa sunt domicilia pacis, basilicæ Christianarum congregationum, et novellatæ vineæ populi fidelium, et plantati horti. Ubi etiam inter omnia olera granum illud sinapis regnat, sub cujus umbraculis longe lateque porrectis etiam altipeta superbia gentium, tanquam in cœli volatilibus, confugiendo requiescit.

5. Locus Isaiæ in Vulgata: *Admirabilis, consiliarius, Deus fortis.* AREV.

CAP. VII, N. 1. *Qui dum.* Fortasse delendum *qui.* AREV.

CAP. VIII. N. 1. *Jam ipsa in Babyloniam transmigr.* Totum prope caput ex XII contr. Faust., a cap. 34 usque ad 36. GRIAL.

Ibid. Qui attenderit. Al., *qui attendere valeat.* Pro *evangelico* Grialius edidit *Evangelio.* Nonnulli Mss. *Evangelio*, omisso *sacramento.* AREV.

2. Vulgata: *Obsecro igitur primo omnium fieri obsecrationes, orationes, postulationes... regibus, et his, qui... pietate, et castitate. Hoc enim,* etc. AREV.

3. *Christianarum.* Grialius edidit, *Christianorum;* et infra *altipetax* pro *altipeta;* aut, ut alii habent, *appetita.* Pro *confugiendo*, Al., *confitendo.* AREV.

IN ESDRAM.

550 CAPUT PRIMUM.
De LXX annis captivitatis.

1. Jam quod post LXX annos secundum Jeremiæ prophetiam reditur ex captivitate, et templum renovatur, quis fidelis Christi non intelligat post evoluta tempora quæ septenarii dierum numeri repeti-

CAP. I. N. 1. *Nam quod etiam,* usque ad *compungar,* verba sunt August., XII contra Faust., c. 36. GRIAL.

Ibid. Grialius in textu *jam quod post,* in not. *nam*

tione transcurrunt, etiam nobis, id est, Ecclesiæ Dei A ad illam cœlestem Jerusalem ex hujus sæculi peregrinatione redeundum?

2. Per quem, nisi per Jesum Christum vere sacerdotem magnum, cujus figuram gerebat ille Jesus sacerdos magnus illius temporis, a quo templum ædificatum est post captivitatem? Quem propheta Zacharias vidit in sordido habitu, devictoque diabolo, qui ad ejus accusationem stabat, ablatam ei sordidam vestem, et datum indumentum honoris et gloriæ; sicut corpus Jesu Christi, quod est Ecclesia, adversario in fine temporum per judicium superato, a luctu peregrinationis in gloriam sempiternæ salutis assumitur.

3. Quod etiam in psalmo dedicationis domus apertissime canitur: *Convertisti luctum meum in gaudium* B *mihi, conscidisti saccum meum, et accinxisti me lætitia, ut cantet tibi gloria mea, et non compungar* (*Psal.* XXIX).

CAPUT II.

De vasis Domini in Babyloniam deportatis.

1. Quod autem vasa Domini sacrificiis, vel sacramentis mysticis deputata, rex quondam Babylonius de Jerusalem abstulisse, **551** pariterque cum captivis abduxisse, et suis usibus deputasse legitur, miserante autem Deo, post solutam captivitatem vasa illa relata sunt non confracta, et divino rursum cultui mancipata, rex Babylonius diabolus est, qui fidelium populum errorum captivitate vinctum de Jerusalem, id est, Ecclesiam, in Babyloniam, id est, confusionem hæreticæ pravitatis, abduxit.

2. Sed et partem vasorum, id est, sacramentorum simul cum captivis asportavit. Nam vasa sacramentorum ipsa sacramenta significant, per quæ divini cultus perfectio adimpletur. Detulerunt namque ex eis nonnulla secum hæretici. In primo nomen ipsum Christi, quo se Christianos utique dicunt, asportaverunt legem, Evangelium, Apostolum, psalterium, baptismum, amen, alleluia.

CAPUT III.

De reditu populi in Jerusalem.

1. Cum autem respectu Dei, ignorantiæ confusione relicta, populus ad Jerusalem, id est, visionem pacis, quæ est Ecclesia Dei vivi, duce Domino, redire festinat, hæc vasa, id est, sacramenta, secum deferens, non immutat, sed reportat utique integra; nec confringit, quasi in melius renovanda; sed ea templo restituit, usibusque divinis accommodat.

2. Ita ut ea secum non perdita, sed etiam apud impios servata fuisse, plebs restituta congaudeat. Nec delemus Evangelium, nec oblitteramus Apostolum, amen quoque et alleluia non commutamus, baptisma non iteramus.

quod etiam post. Alii, *jam quod etiam post.* Pro *Jeremiæ* alii habent *Esdræ.* AREV.

2. Alii, *Christum verum sacerdotem.* Et mox, *stabat ablata ei sordida veste datum.* AREV.

3. Alii: *Cantem tibi gloriam meam.* AREV.

C Cap. II. N. 2. Alii, *quo et Christiani utique dicuntur.* AREV.

CAP. III. N. 1. *Relicta.* Al., *relictus*, ut intelligatur relictus populus. AREV.

DE MACHABÆIS.

552 1. De Machabæis autem quid fratribus loquar, qui sub Antiocho rege pro sacris legibus dira tormenta perpessi sunt? Mater pia cum diversis suppliciis urgeretur, non solum non flevit, sed et gaudens hortabatur ad gloriam passionis.

2. Sic et mater Ecclesia gaudet, atque in martyribus suis collætatur, majoremque gloriam per martyria filiorum consequitur, dum eos per septiformem Spiritum superasse diabolum gratulatur. Quis poterit omnia quæ illis veteribus legis et prophetarum libris figurate annuntiantur, quantalibet brevitate perstringere? Nisi quis forte putat ingenio fieri, ut ea D quæ rerum ordine per sua tempora cucurrerunt ad mysticas significationes interpretando vertantur. Hoc forte Judæi possunt dicere, sive Pagani.

3. Eis autem qui se Christianos esse volunt premit cervicem apostolica auctoritas, dicens: *Omnia hæc in figura contingebant illis* (*I. Cor.* X); et hæc omnia figuræ nostræ fuerunt, in quos finis sæculorum omnium venit, suntque universa mysteriis consummata per Dominum nostrum Jesum Christum, cui laus est, et honor, et gloria, regnum et potestas cum Patre et Spiritu sancto in sæcula sæculorum. Amen.

1. *Quid fratribus loquar?* Al., *fratribus quid eloquamur?* AREV.

2. *Quis poterit omnia*, usque ad *figuræ nostræ fuerunt*, ex eod. lib., c. 37. GRIAL.

3. *Qui se Christianos.* Alii, *qui Christiani*, quod clarius est. Codex Florentinus in-folio, quo sæpe usus sum, exhibet in fine notam, qua asseritur descriptum eum fuisse *ex exemplaribus satis fidis Mathiæ regis Hungariæ.* Quo ejus pretium commendatur. AREV.

APPENDIX AD LIBROS REGUM.

553 *De unitate fidei, et charitate, quæ plenitudo legis est.*

1. Quid vir unus? Non solum ille unus dicitur, sed omnes competentes unus dicuntur. Unam sapientiam omnes habentes unum Christum Jesum confitentur; in uno spiritu Dei replentur; inde dicit Apostolus: *Omnes quidem currunt, sed unus accipit palmam* (*I Cor.* IX, 24).

2. Unusquisque insipientium non est unus, sed multi, quia per Scripturam insipiens, sicut luna mutatur. Luna cum videatur una esse per substantiam, per mutationem dierum semper a semetipsa alia est, et diversa; sic peccatores, qui mutantur semper scientia, et cupiunt diversa.

3. Unus autem dicitur Deus, non de numero, sed quia nunquam a semetipso alter efficitur. Ideo nunquam mutatur, ut est: *Tu autem idem ipse es, et anni tui non deficient* (*Psal.* CI, 28).

4. *De monte Ephraim.* Id est, non de vallibus, neque de campis, non de collibus. De monte Ephraim, qui interpretatur *fructificatio*; id est ergo, de monte frugifero, Dominus inquit: *Dominus montium*, non convallium.

5. Elcana interpretatur *possessio Dei est*. Vir ille habuit duas uxores: prima nobilior Anna sterilis erat, ut fuit prima uxor sterilis Abrahæ Sarra nobilior; secunda Ægyptia Agar ignobilior fuit. Et effectus est Abraham pater de ignobili, sic tamen post de nobili conjuge pater.

6. Ita Elcana, qui *possessio Dei*, prius de secunda uxore efficitur pater, quia clauserat Deus vulvam ejus Annæ, ut prius vulvam Sarræ. Post partum Phenennæ aperuit Deus vulvam Annæ. Phenenna interpretatur *conversio*, Anna *gratia* interpretatur.

7. Qui vult effici possessio Dei ducat has duas uxores, et jungat sibi primum eam quæ nobilior est, gratiam; hæc enim prima per fidem conjungitur, ut Apostolus ait: *Gratia enim Dei salvati estis per fidem* (*Ephes.* II, 8). Secundæ conjungitur Phenennæ, id est, conversioni, quia post gratiam credulitatis morum emendatio fit.

8. Prima filios nobis generat Phenenna, quia primos nobis fructus proferimus. **554** Et nisi convertamur a malo, non poterimus effici patres de Anna. Phenenna filios habet, sed qui non assistunt; nec tamen inanes, nam de sacrificiis divinis edunt.

9. Unusquisque ergo, qui convertitur a peccato, ex conversione generat opera justitiæ. Et postea excitata Anna per zelum bonum precem fundit Domino, ut ipsa filios generet, qui assistant Deo, hoc est, filios gratiæ, qui Deo vacent. In Evangelio hujus historiæ forma ostenditur.

10. Videlicet Martha satagit circa frequens ministerium: expiet opera conversationis, et per hæc velut filios conversationis generat. Et Maria sedens A secus pedes verbi Domini, optimam partem dicitur elegisse, et intelligitur velut gratia gemina procreare.

11. Sic Anna generat filium Samuel, qui Deo assistit, de quo dicitur: *Moyses et Aaron in sacerdotibus ejus et Samuel inter eos qui invocant nomen ejus* (*Psalm.* XCVIII, 6); quod interpretatur: *Ubi ipse Deus.* Ubi enim spiritus gratiæ, ibi dicitur Deus, ut Paulus dicit. Et cadens in faciem adoravit Deum dicens: *Vere Deus in vobis est.*

12. Nisi præcedant opera conversionis, non possumus dona spiritus generare in Silo. *Silum* nomen loci, in quo offerebantur sacrificia, priusquam templum ædificaretur in Jerusalem, et purgatio flebat peccatorum. Silum interpretatur evulsio, sive excalceatio, id est, calceamenti resolutio. Locus autem, in quo purgantur peccata, evulsio nominatur, ubi evellitur cor lapideum; et excalceatio, quia omnes, donec ad locum veniamus sanctum, calceati sumus; cum autem perveniamus ad eum, discalceari ju- B bemur.

13. Ut Moysi dicitur: *Solve corrigiam calceamenti tui, locus enim in quo stas terra sancta est* (*Exod.* III, 5), ut indicia mortalitatis abjiceret, quæ in calceamentis pelliceis designantur. Unde Salvator dicit: *Neque calceamenta in pedibus vestris*, quippe qui illam viam incederent. Qui dicit: *Ego sum via, et veritas, et vita.* Nemo enim viam vitæ cum indicio mortalitatis incedit.

14. Silum, ubi est Heli, vir minus laudabilis; pro peccato enim retrorsum corruens expiravit. Si quis retrorsum convertitur a fide, et veritate, necesse est ut cadat, et continuo moriatur.

15. Heli interpretatur *extraneus*; extraneus quippe a Deo, qui non tenet disciplinam, et filium non cogitat, non corripit, aut emendat, qui indulget vitiis. Filius Heli Ophni interpretatur *excelsus conversionis*, quia longe efficitur ab emundatione, hæc convertit ad Dominum.

C 16. Duos Phinees novimus in Scriptura, illum justum filium Aaron, **555** et injustum filium Heli. significatur Phinees *oris obturatio* et *ori parcens*. Sunt in sacerdotibus hodie uterque: qui parcit ori suo, et omnis sermo malus in sacerdote non procedit, Phinei filio Aaron comparatur. Comparantur filio Heli hi sacerdotes qui obturatum os habent, sive imperitia, vel vitio, sive conscientia peccatorum.

17. *Donec amoveret eum a lacte.* De rationali lacte Annæ Samuel depellitur, quia qui Deo offertur, offerri ante non potuit, quam depelleretur a lacte; quandiu puer est sensibus, Paulus dicit: *Lac vobis potum dedi, non escam.*

18. Omnis qui primo ab hæresi ad fidem vertitur, a lacte alitur: alienus est sermo justitiæ, et non habet sensus ad discretionem boni et mali. Parvulus non potest ascendere ad templum Dei; et ad mini-

---

1. Fragmentum hoc, ut dixi in Isidorianis, cap. 102, n. 25, in Codice Vatic. Palat. 276, commentario Isidori in lib. quartum Regum annexum est eodem contextu. Quamvis titulus sit *De unitate fidei*, etc., re tamen vera est expositio quorumdam locorum librorum Regum, et a primo libro, cap. I, 1, initium ducit, scilicet: *Fuit vir unus de Ramathaim Sophim, de monte Ephraim*, etc. Pro *competentes* fortasse legendum *competenter*, etsi illico negatur insipientes esse unum.

2. In Ms. est *cum videtur*. Insipientes multi dicuntur, quia stultorum infinitus est numerus, et hoc sensu nonnulli intelligunt quod dicitur, *multi multa loquuntur*, quia stulti sunt loquaces.

3. Forte, *ut est scriptum: Tu autem*, etc.

D 8. In Ms. *Phenennæ filios habuit.*

9. In Ms. erat *vacat.*

10. Pro *conversationis* præstiterit legere *conversionis*. Mendosum videtur *gratia gemina.*

13. Ms. *incederat.* Forte *incedebant.* Hæc et seqq. pertinent etiam ad cap. II lib. I Regum. In Vulgata, loc. cit. Exod., est: *Solve calceamentum de pedibus tuis.*

15. Forte, *filium non castigat. . . . longe efficitur ab emendatione.*

16. Forte, *ut omnis sermo malus in sacerdote non procedat.*

18. Forte, *alienus est a sermone justitiæ.*

steria sacerdotum interesse; sed nec mater ejus ascendit, cum posset ascendere; gratia enim est mater ejus, quæ servat eum, et enutrit.

19. Et oravit Anna, et dixit : Non invenitur orare, nisi per duo verba tantum, et dicit : *Lætata sum in salutari tuo*. Et aliud est : *Quia non est Deus præter te*. Apostolus autem dicit : *Orate sine intermissione* (*I Thess.* v, 17).

20. Is, qui in divino versatur officio, omnia gesta ejus, dictaque ad orationem reputantur, quia justus sine intermissione quæ justa sunt agit. Propter hoc sine intermissione justus orabit. Et in Psalmis dicit : *Elevatio manuum meurum sacrificium vespertinum* (*Psalm.* CXL).

21. Elevat manus actus suos. Aliter, Moyse elevante manum, vincebat Israel, demittente vero, vincebat Amalech, quia donec famulus elevat actus suos ad Dominum, vincit plebs Dei; cum autem demiserit actus suos, vincit Amalech inimicus Dei.

22. Anna inquit : *Exsultavit cor meum*. Necessario B addidit, in *Domino*. Ut Paulus dixit : *Gaudete in Domino* (*Philipp.* IV, 4). Quia potest quis gaudere in carnalibus. Cum me homines laudant, non in Domino gaudeo ; si gaudeo, pungar.

23. Propter verbum Domini cornua justorum. Id vel dicentes : *In te inimicos nostros ventilabimus cornu* (*Psalm.* XLIII, 6). In Græco læta testatio. Quia ergo cornu petimus, vel cornu ventilabimus. Cornua justi, quia de crucis Christi apicibus justis conferuntur.

24. In his destruemus adversarias potestates de anima nostra. Dein plantatur in nobis vinea. Dilatatum est os meum, id est, per meditationem verbi Dei ad elevationem cordis veniamus, etiam Apostolo dicente : *Os meum dilatatum est ad vos, o Corinthii* (*II Cor.* VI, 11). Ex altitudine enim cordis ori sapientia ministratur.

25. Quia dilatatus sum in salutari tuo, id est, si lætatus fuero in salutare Domini, tunc dilatatum est os meum. *Non est sanctus, sicut Deus*. Distinctione C utitur : non dixit, *nisi Dominus*, sed *nullus est, sicut Dominus*. *Non est Deus, præter te*, id est, nihil eorum quæ sunt naturaliter. *Qui solus es* ; cui, quod es, a nullo datum est. Nam et umbra 556 ad comparationem corporis non est, et fumus ad comparationem ignis non est.

26. *Nolite multiplicare loqui excelsa*. Ut Salomon dicit : *Altiora te ne quæsiveris* (*Eccli.* III, 22). De quibus præcipitur tibi hæc intelligere : *Nolite multiplicare loqui*, nisi de Patre, et Filio, et Spiritu sancto, ut plenius manifestum fiat, quod loquimur? Post hæc tria nihil loquaris.

27. Non exeat inaniloquium de ore vestro, ut Apostolus ait : *Quis me liberabit de corpore mortis hujus* (*Rom.* VII, 24)? Aliter : *Angelus Satanæ, qui me colaphizet* (*II Cor.* XII, 7). Id est, ne magna de me ipso loquar. Non exeat magniloquium de ore vestro. *Non declines cor meum in verba malitiæ ad excusandas excusationes in peccatis* (*Psalm.* CXL, 4).

28. Et Salomon dicit : *Occasiones quærit piger, et dicit : Leo foris*. Idem dicit : *Diabolus subsannabit me*, D *ut mulier me seduxit* (*Proverb.* XVIII, 1; XXII, 13). Justus primum accusator sui est. Injustus non est sui accusator, sed aliorum. Donec quis peccat, neque justus est, nec accusator sui. Non enim qui agit accusat.

29. *Arcus potentium infirmatus*. Si indutus sis ar- A mis Dei, scuto fidei, et galea salutis, et gladio spiritus, arcus potentium munimentis talibus firmabitur. *Et infirmi accincti sunt robore*, ut est : *Quæ stulta sunt mundi elegit Deus, ut confundat fortia* (*I Cor.* XII, 8).

30. Infirmus populus est gentilis, qui alienus a Testamento Dei adeptus est fortitudinem, ut Propheta dicit : *Fortitudo mea et laudatio mea Dominus* (*Psalm.* CXVII, 14) ; id est, fortitudo ipse Christus est. Usque sterilis mater nostra est Ecclesia. Et hæc peperit septem, id est, septenarium numerum.

31. Et caro mea habens plurimos fructus carnis, fornicationem, immunditiam, impudicitiam, idololatriam, veneficia, contentiones, æmulationes, incitationes, dissensiones. Sterilis, id est, anima ; nam aliquando non afferebat fructus justitiæ ; nec per fidem Christi repleta est spiritu sapientiæ, et intellectus, et consilii, et fortitudinis, et scientiæ, et pietatis, et timoris Dei.

B 32. *Deus mortificat, et vivificat*. Mortificat me, cum essem mortuus peccato, et tunc vivificat me, cum me facit vivere Deo. Verus David, servans oves patris sui, apprehendit leonem, et interfecit. Titulus psalmi est : *Ipsi David, quando filius persequebatur eum*.

33. Hoc factum legimus in libris Regum, illum non dilectum inique, sed humiliatum pie, accepisse a Domino disciplinam, sustinuisse medicinam, non retributionem iniquitati. Ille David laudabilis, sed alius David fortis manu Dominus Jesus Christus.

34. Præterita enim illa facta figuræ futurorum erant. Agnoscamus quemadmodum et Christum filius suus persequebatur. Habebat Christus filios, 557 de quibus dicebat : Non jejunant filii sponsi, quandiu cum illis est sponsus. Inter hos fuit persecutor Judas.

De proximi vel defuncti fratris copula.

35. Ex lege proximo defuncti vel fratri copula C deferebatur ejus uxoris, ut semen fratris vel proximi suscitaret. Inde est quod Ruth, licet ipsa alienigena, tamen quia maritum habuerat ex Judæis, qui reliquerat superstitem proximum, eam colligentem manipulos suæ messis, quibus aleret socrum, Booz vidit, et amavit.

36. Non aliter eam accepit uxorem, nisi calceamentum ejus ante solvisset, cui uxor debebatur ex lege. Historia simplex, sed alta mysteria ; aliud enim gerebatur, aliud figurabatur. Designabatur enim futurus ex Judæis Christus, qui proximi sui, hoc est, populi mortui semen doctrinæ cœlestis semine resuscitaret.

37. Cui calceamentum nuptiale Ecclesiæ copulandæ perscripta legis spiritualia deferebant? Non Moyses sponsus. Illi enim dicitur : *Solve calceamenta* ; ne ex similitudine nominis sponsus Ecclesiæ crederetur. Non alius sponsus, sed solus Christus erat, de quo dixit Joannes : *Qui habet sponsam, sponsus est* (*Joan.* III, 29).

38. Illius igitur calceamentum solvitur ; hujus D solvi non potest, sicut Joannes : *Non sum dignus*, inquit, *solvere corrigiam et reliqua*. Solus ergo sponsus Christus est : cui illa veniens ex gentibus sponsa ante inops, atque jejuna, sed jam Christi messe dives, innubaque, manipulos fecundæ segetis verbi reliquias gremio ligat mentis interno, et exhaustam illam viduam morte filii atque inopem defuncti populi

---

22. Forte : *Si gaudeo, et non in Domino gaudeo, pungar*.

24. Vulgata : *Os nostrum patet ad vos, o Corinthii, cor nostrum dilatatum est*.

26. In Vulgata : *Nolite multiplicare loqui sublimia*.

28. Cap. XVIII Proverb. : *Occasiones quærit, qui vult recedere ab amico*. Et cap. XXII : *Dicit piger : Leo est foris*. In Ms. fortasse deest aliquid.

33. Pro *sustinuisse* mallem *substituisse*, seu *adhibuisse*. Verum non satis hæc cohærent cum expositione Cantici Annæ : *Deus mortificat*, etc.

35. Hæc pertinent ad librum Ruth, qui libri Judicum veluti appendix est, ac præfatio ad libros Regum. In Ms. est *proximi* supra *proximo*, et *fratris* pro *fratri*, et *quia reliquerat*, et *eamque colligentem*.

36. Hic erat mos antiquus in Israel, de quo cap. IV, 7, libri Ruth, ut qui juri suo cedebat solveret calceamentum suum, et daret proximo suo.

38. In Ms., *innubatque, et nobis pascat*.

matrem novis pascat alimentis, non relinquens destitutam, et novos quærens.

39. Solus ergo sponsus est Christus, qui nec synagogæ ipsi manipulos suæ messis invideat. Utinam se non ipsa excluderet, habuit, quos per se collegisset, quia populus ejus mortuus est, quasi filio indigena defuncto per Ecclesiam manipulos, quibus viveret, colligebat, quos venientes in exsultatione portabant, sicut scriptum est, *Venientes autem venient, et reliqua.*

40. Elcana pater venerabilis Samuelis, qui erat possessio Dei; Helcana quippe in possessionem Dei transfertur; animi virtute vir dicitur, et non solum vir, verum etiam vir unus appellatur. Non enim in diversa vagabundus, velut mobilis, atque instabilis, ferebatur, sed firmus, atque inconcussus persistens vir unus erat.

558 41. Et idcirco in monte Ephraim frugifero morabatur, in alta scilicet contemplatione virtutum, ut a nullis subjacentibus et circumlatrantibus vitiorum cogitationibus mentis ejus sublimitas dejiceretur, vel unitas scinderetur.

42. David cum sociis fugiens a facie Saul figurabat Christum, qui cum apostolis principem mundi lateret, nisi tantum sacerdotibus, ut demonstraret sacerdotalem cibum ad usum transiturum esse prophetam. Sive quia omnes vitam sacerdotalem debeamus imitari, sive quia omnes filii Ecclesiæ sacerdotes sunt, offerentes semetipsos Deo hostias spirituales.

43. Ergo intravit David domum sacerdotis, nec sacerdos, periculo mortis proposito, hospitem recusavit; ut sive moraliter hospitalitatis gratia libenter in nos aliena pericula transferamus, sive mystice nec præsumpto mortis exitio Christum hospitio suæ mentis excludant sacerdotes.

44. Ubi Christus spiritualis nequitiæ manubias sumens, illum Goliam suis spoliis armisque (spoliavit), ibi David panes petivit. Sed unum accepit, quia non quinque libris Moysi, sed Christi corpore cibus fidelibus paratur.

45. Doeg autem, camelorum infructuosi gregis custos, Judæ proditoris typos implet. Sed in domo Achimelech solus Abiathar princeps sacerdotum a persecutore Saul immunis est, quia nemo potest nocere Christo, principi sacerdotum.

46. Quid enim? quia David, qui retribuenti mala non reddidit, cum Saul et Jonathas bello occumberent, Gelboe montibus maledicit dicens: *Montes Gelboe, nec ros, nec pluvia veniat super vos, neque sint agri primitiarum, quia ibi abjectus est clypeus Saul, quasi non esset unctus oleo.* Quid ergo, Saul moriente, montes deliquerunt, quatenus in eis nec ros, nec pluvia caderet? Sed quia *Gelboe* interpretatur *decursus*, per Saul unctum et mortuum mors mediatoris exprimitur; non immerito per Gelboe montes superba Judæorum corda signantur: quæ dum in hujus mundi desideriis defluunt, in Christi, id est, uncti, se morte miscuerunt.

47. Et quod in eis unctus rex corporaliter moritur, ipsi ab omni gratiæ rore siccantur, de quibus et bene dicitur ut agri primitiarum esse non possint. Superbæ quippe Hebræorum mentes primitivos fructus non ferentes, quia in Redemptoris adventu ex parte maxima in perfidia remanentes, primordia fidei sequi noluerunt.

48. Sancta namque Ecclesia in primitiis multitudine gentium fecundata 559 vix in mundi fine Judæos, quos invenit, suscipit, extrema colligens, eos quasi reliquias frugum ponit; de quibus Isaias: *Si fuerit numerus filiorum Israel quasi arenæ maris, reliquiæ salvæ fient* (*Isai.* x, 22).

49. Possunt demum idcirco Gelboe montes ex ore prophetæ maledici, ut dum fructus, exarescente terra, non oritur, possessores tamen sterilitatis damno feriantur, quatenus ipsi maledictionis sententiam acciperent, quia apud se mortem regis suscipere, iniquitate sua exigente, meruissent.

50. Sic plerumque res quælibet per historiam virtus est, per significationem culpa. Sicut aliquando res gesta in facto causa damnationis, in scripto autem prophetia virtutis. Quod verum citius ostendimus, si David factum ad medium deducamus, in uno testimonio ad utraque probando.

51. Quisnam audiens non solum fidelium, sed ipsorum quoque infidelium, non detestatur, quod David in solario deambulans Bethsabee Uriæ concupiscit uxorem? quem tamen a prælio revertentem ire ad domum admonet pedes lavare. Qui protinus respondit, dicens: *Arca Dei sub pellibus est, et ego in domo mea requiescam?*

52. Quem David ad mensam propriam suscepit, eique epistolas, per quas mori debeat tradidit. Cujus autem David in solario deambulans typum tenet, nisi ejus de quo scriptum est: *In sole posuit tabernaculum suum* (*Psal.* xviii, 6)? Et quid est Bethsabee ducere, nisi legem litteræ carnali populo conjunctam spirituali sibi intellectu sociare?

53. Bethsabee enim puteus septimus dicitur, quia nimirum per cognitionem legis infusione spiritualis gratiæ perfecta nobis sapientia ministratur. Quem vero Urias, nisi Judaicum populum, significat? cujus nomen interpretatum dicitur *lux mea Dei.* Judaicus autem populus, quia de accepta legis scientia tollitur, quasi de Dei gloriatur luce.

54. Sed huic Uriæ David uxorem abstulit, sibique conjunxit, quia videlicet manu fortis, qui David dicitur, in carne Redemptor apparens, dum de se spiritualiter loqui legem innotuit, per hoc, quod juxta litteram tenebatur, hanc a Judaico populo extraneam demonstravit, sibique conjunxit, qui se per illam prædicari declaravit.

55. Uriam tamen ad domum ire David admonet pedes lavare, quia incarnatus Dominus veniens Judaico populo præcepit ut ad conscientiam redeat, et sordes operum tergat, ut spiritualiter mandata legis intelligat, et post tantam duritiam præceptorum fontem baptismatis inveniens, ad aquam post laborem recurrat.

56. Sed Urias, qui arcam Dei esse sub pellibus meminit, respondit quod domum suam intrare non possit. Ac si Judaicus populus dicat: *Ego mandata Dei in sacrificiis carnalibus video, et redire ad conscientiam per spiritualem intelligentiam non requiro.* Quasi enim arcam esse sub pellibus 560 dicit, qui præcepta Dei non nisi ad exhibendum ministerium sacrificii carnalis intelligit.

57. Hunc tamen etiam redire ad domum nolentem David advocat. Quia quamvis Judaicus populus ad conscientiam reverti contemnat, tamen Redemptor veniens mandata spiritualia prædicat, dicens: *Si crederetis Moysi, crederetis forsitan et mihi; de me enim ille scripsit* (*Joan.* v, 46).

58. Legem itaque Judaicus populus tenet, quia

40. Hæc referenda sunt ad lib. I Regum, cap. I.

42. De fuga Davidis agitur lib. I Reg. xix. Mendosus videtur hoc loco Codex, ac fortasse legendum *prophetæ* pro *prophetam.*

44. In Mss. deerat *spoliavit*, aut simile aliquod verbum. Supra *manubias* erat *manubrias* veteri manu scriptum. Pro *libri* reposui *libris*, aut legend. *Christi corpus.*

45. Quæ de Doeg, sive, ut in Mss. legitur, Doech hic narrantur, exstant lib. I Regum, cap. xxii. In Mss. scribitur *Abimelech.*

46. Forte, *cur David?* cum interrogatione. Pro *occumberent* in Ms. est *accumberent.*

47. Forte, *sequi noluerant.*

48. Vulgata: *Si enim fuerit populus tuus Israel, quasi arena maris, reliquiæ convertentur ex eo.*

51. Allegoria hæc de David, et Bersabee exposita etiam est in Allegoriis, num. 90, sed ita ut Uria typus sit diaboli.

ejus divinitatem loquitur, cui idem populus credere dedignatur. Unde et Urias cum epistolis ad Joab, ex quibus occidi debebat, mittitur, quia idem ipse Judaicus populus legem portat, qua convincente moriatur. Dum enim mandata legis retinens implere nititur, ipse nimirum defert judicium unde damnetur.

59. Gaza enim, et Ascalon, et Accaron diversa supplicia sustinebunt. Gaza interpretatur *fortitudo ejus*. Omnes ergo qui sibi applaudunt in fortitudine corporis, et potentia sæculari, et dicunt cum diabolo: Fortitudinem faciam, diripientur in die iræ Domini, et ad nihilum redigentur.

60. Ascalon quippe, quæ (interpretatur) *pondera*, vel *ignis homicidæ*, cum venerit dies iræ, sceleris sui mensuram sentiet, et eodem quo operatus est pondere deprimetur. Et quia arsit ad effundendum sanguinem, et multas scandalizavit animas, et impletum est in ea: *Virum sanguinum et dolosum abominabitur Dominus*, non diripietur, ut Gaza, sed in solitudinem redacta gehennæ ignibus concremabitur usque ad pulverem.

61. Necnon et Azotus, quæ Hebraice dicitur *es David*, et in lingua nostra sonat *ignis generationis*, clara luce testabitur. Arsit enim libidine, et generationis incendio dissipata est; et quia omnes adulterantes, quasi clibanus, corda eorum, et sagittis ardentibus vulnerati sunt. Non in tenebris, non in occulto judicio, sed in meridie, hoc est, quando sancti plenam recipient claritatem, projicientur in tenebras, et sanctorum consortium non habebunt in die judicii.

62. Sed et Accaron, quæ interpretatur *sterilitas*, vel *eradicatio*, quia nullos fructus habuit, et perversitate doctrinæ suæ eradicavit plurimos, ipsaque eradicabitur. Has omnes varietates intellige in animarum vitiis atque peccatis. Et quod uniuscujusque opus quale sit ignis probabit. Idcirco infirmi dijudicant sæpe multa, quæ a fortibus dicuntur, quia ignorant quod in bubus calcitrantibus inclinata illa Testamenti arca, jamque casuram credens Levites erigere voluit, moxque sententiam damnationis accepit.

63. Quid est namque mens justi, nisi arca Testamenti? quæ gestata bubus calcitrantibus inclinatur, quia nonnunquam etiam qui bene præest, dum subjicietur, populorum confusione concitus, ad dispensationis condescensionem ex sola dilectione permovetur. Sed in hoc, quod dispensatorie **561** agitur, inclinatio ipsa fortitudinis casus putatur imperitis. Unde et nonnulli subditi contra hanc manum reprehensionis mittunt, sed protinus ipsa vitæ merita deficiunt.

64. Recte Oza dicitur, qui videlicet *robustus Domini* interpretatur. Quoniam præsumptores quique, nisi audaci mente robustos se esse in Domino crederent, nequaquam meliorum facta vel dicta velut infirma judicarent.

65. *Dabo tibi reges in furore meo*. Si ergo, irascente Deo, secundum nostra merita rectores accipimus, in illorum actione legimus, quia de sola æstimatione pensemus, quamvis plerumque electi subjacent reprobis. Inde et David Saulem pertulit, quia dignus tunc fuit qui tanta præpositi asperitate premeretur.

A Sic ergo, sicut merita subditorum, tribuuntur personæ regnantium, ut sæpe qui videntur boni, accepto mox regimine permutentur, Scriptura dicente: *Qui cor cum dignitate mutavit*.

66. Unde scriptum est: *Ecce cum esses parvulus in oculis tuis, caput te constitui in tribus Israel*. Sic pro qualitatibus subditorum disponuntur acta regnantium. Ut sæpe pro malo gregis etiam vere boni delinquat vita pastoris. Ille enim, Deo attestante, laudatus, ille supernorum conscius David propheta, populum numerando peccavit. Et tamen vindictam populus, David peccante, suscepit.

67. Cur hoc? videlicet per meritum plebium disponitur ordo rectorum. Justus vero judex peccantis vitium ex ipsorum animadversione corripuit, ex quorum causa peccavit. Sed quia ipsa voluntate superbiens, a culpa alienus non suscipit, vindictam culpæ etiam ipse suscipit. Nam ira sæviens, quæ corporaliter populum perculit, rectorem quoque
B populi intimo cordis dolore prostravit.

68. *Ibant autem in directum vaccæ per viam quæ ducit Bethsames, pergentes, et mugientes, et non declinabant neque ad dexteram, neque ad sinistram*. Quid igitur vaccæ, nisi fideles quosque in Ecclesia designant? Qui dum sacri eloquii præcepta considerant, quasi superimpositam Domini arcam portant.

69. De quibus hoc etiam prænotandum, quia fuisse fetæ memorantur, quia sunt plerique, qui in via Dei intrinsecus positi, foris carnalibus affectibus ligantur, sed non declinant a recto itinere, qui arcam Domini portant. Ecce etenim Baal Bethsames, quippe dicit *domus solis*. Et Propheta ait: *Vobis autem, qui timetis nomen Domini, orietur sol justitiæ* (*Malach.* IV, 2). Si igitur ad æterni solis habitationem tendimus, dignum profecto est ut de Dei itinere pro carnalibus affectibus non declinemus.

70. Tota enim virtute pensandum est, quod vaccæ Dei plaustro suppositæ **562** pergunt, et gemunt; dant ab intimis rugitus, et tamen de itinere non
C declinant gressus. Sic nimirum prædicatores Dei verbi, sic doctores, sic fideles quique esse intra sanctam Ecclesiam debent, ut compatiantur proximis per charitatem, et tamen de via Dei non exorbitent per compassionem.

71. Nix itaque nunc innocentiæ nitor et gratiæ, nunc hiems et frigus charitatis intelligi potest. Quod autem legimus in Regnorum libris, Banaiam quemdam de fortibus Israel descendisse in cisternam, et percussisse leonem in tempore nivis, indifferenter puto in locis illis positam nivem, quia et Christi gratia, quæ in hoc mundo resplenduit, et frigus charitatis Dei, quo refrixerunt homines nivis nomine potuit Scriptura sacra significari.

72. Banaiam vero figuraliter intelligimus *Salvatorem*, quia juxta vim nominis sui ipse ædificator Dominus; de quo propheta vaticinaverat, quia per eum ædificandam Ecclesiam dixit: *Ædificans Jerusalem Dominus*. Itemque: *Ædificavit Sion*; quod
D verbum in factura Hevæ, quæ Ecclesiæ typum habuit, Scriptura propria significatione posuit, dicens: *Et ædificavit dominus Deus costam, quam tulerat de Adam in mulierem*. Et Paulus construi eam videns, ait: *Dei ædificatio estis*.

73. Samuel cur ter vocatur? quia et propheta

59. In Ms., *qui sibi applaudent*.

60. Supplevi *interpretatur*, quod verbum exstat num. præc. In Ms. erat *concremetur*, et supra *concrematur*.

65. Videtur delendum *de* ante *sola*. Quæ hoc et seqq. numeris de rectoribus, sive præpositis et subditis dicuntur, uberius Isidorus pertractat lib. III Sententiar., cap. 48 et seqq.

67. Videretur legendum *a culpa alienus non fuit*, vel *a culpa alienos*.

68. Hæc petuntur ex libro IV Regum, cap. VI.

69. Corruptum videtur *Ecce etenim Baal Bethsames*. Pro *dicit* crederem reponendum *dicitur*. Verba Malachiæ in Vulgata sunt: *Et orietur vobis timentibus nomen meum sol justitiæ*.

71. Banaiæ factum enarratur lib. II Regum, cap. XXIII, 20 et seqq. In Ms. videtur esse *quoniam infrixerunt* pro *quo refrixerunt*.

72. Forte, *qui per eum*. In Ms., *quia verbum*; correxi *quod verbum*.

73. Ita confuso rerum et annorum ordine desinit hoc fragmentum, addita rubrica: *Incipiunt capitula de libro Esdræ. De septuaginta annis captivitatis*, etc., ut apud Isidorum. Sacerdotium Samuelis Isidorus

fuit, sacerdos, et dux. David annis XL primum ex tribu Juda regnavit. Roboam annis... Abia... Assa justus... Joram... Ochozias... Athalia... Johas... Amasias... Azarias... Joatham... Achaz... Ezechias... Manasses... Ammon... Josias... Joas... Eliachim... Joachim... Ezechias... Astraph XIV, III

A annis, XLI, VII annis, L annis, IV annis, XL annis, VI annis, XIV annis, XVI annis, XXIX annis, LV annis.

RUBRICA.

Incipiunt capitula de libro Esdræ.
De septuaginta annis captivitatis, etc.

* alibi testatur; negant alii, ut dictum est in not. ad libr. Allegoriar., num. 86.

VARIÆ LECTIONES.

AD LIBRUM DIFFERENTIARUM RERUM.

Num. 1, ut in Dei; al. *in Dei*, omisso *ut*. Ib., intelligerent; al. *intelligunt*. N. 3, et color; al. *et calor*. N. 7, Spiritus sanctus... procedens; al. *Spiritus ex Patre, et Filio non genitus, sed procedens*. N. 9, nec genitus; alii addunt, *nec genitus, nec creatura esse* B *videtur, sed increatus*. N. 11, relative tria; al. *relativa tria*. N. 14, gratiæ et veritatis; al. *gratia et veritate*. N. 30, facta, præcessit, etc.; al. *facta processit, quæ tamen res ex se facta non æternitate*. Ib., cantum; al. *cantu*. N. 32, receptionem; al. *resurrectionem*. N. 35, genus; al. *genus futuri sæculi*. N. 36, De rerum, etc.; al. om. titulos, hic, et alibi. N. 41, scripserunt; al. *decreverunt*. N. 43, singuli animo immortales; al. *singulari animo mortales*. Ib., impares; al. *pares*. Ib., ad voluptates... caduci; al. *ad voluntatem Dei vita caduci*. Ib., queruli; al. *quasi soli*. N. 53, confert decentiam; al. *conferat dignoscentiam*. N. 55, aggeribus; al. *custodiarum aggeribus*. Ib., aer ictus; al. *erectus*. N. 57, defluendi; al. *defluentis*. N. 61, partes sunt; al. *arces sunt*. N. 68, in circulorum, etc.; al. *in circulorum complexus ordinata sunt modo*. N. 70, admisisse; al. *adivisse*. N. 74, et actionem; al., *et rationem, corporisque virtutem a vicesimo*. N. 75, quadragesimo; al. *quadragesimo nono*. N. 78, inducunt; C al. *induunt*. N. 80, potestatem; al. *possibilitatem*. Ib., pubertatem, etc.; al. *pubertatem autem egressi mox adolescentes*. N. 82, mollier; al. *mollior*. N. 83, virilitate; al. *viriditate*. N. 93, caro est, quæ proprie; al. *omnis caro est corpus, non omne corpus caro est, sed caro est, quia proprie*. Ib., non subjaceat; al. om. *non*. N. 95, sopiri; al. *separari*. N. 98, corporis; forte, *corpori*. N. 101, sive colore; al. *sine calore*. N. 103, Deus esset; al. *Deus non esset*. N. 104, dixerunt, etc.; al. *dixerunt, rationabilem, per quam invisibilem rem concupiscit; irascibilem, per quam impetus iræ sunt, emendat et corrigit; concupiscibilem, per quam*, etc. N. 107, non concipiuntur; al. om. *non*. Ib., alteram propositionem destruit; al. *alienæ propositioni deseruit*. N. 109, procedens; al. *descendens*. N. 112, exaltat; al. *exsultat*. N. 113, lapsam; al. *lassam*. Ib., victores ultimo; al. *victores ultimus*. N. 115, effectum; al. *affectum*. Ib., volentem; al. *nolentem*. N. 116, peccandum; al. *prævaricandum*. N. 117, obsequentem; al. *subsequentem*. Ib., prædestinando; al. D *prædestinatos*. N. 124, esus; al. *esca*. N. 127, omnes servos; al. *homines servos*. N. 131, transituri; al. *transitoria*. N. 136, ei qui; forte, *ejus qui*; vel *ille qui*. N. 138, destruunt; al. *differunt*. N. 140, spectationis; al. *exspectatione*. Ib., cujus; al. *cujus charitati*. N. 146, ad boni; al. *ad unum*. N. 148, ex verbis. Sapientiam; al. *ex verbis, sapientia ex sententiis; sed sapientia*. Ib., indiserta; apud Grialium *indiscreta*, quod mendum puto. N. 153, hac, etc.; al. *hæc, ut quidam ait, sicut ferrum venenum, sic armat eloquium*. N. 156, referre; al. *deferre*, quod fortasse melius. N. 158, restinguit; al. *restringit*. N. 160, studioque; al. *studioque boni*. Ib., tenetur; al. *terretur*. N. 161, octo sunt; al. *septem sunt*. Ib., et harum, etc.; al. *et earum regina ebrietas, et superbia*. N. 165, dum quemlibet; al. *dum quia non libet*. N. 168, genus eorum; al. *genus superbiæ est eorum*. Ib., observatione; al. *conversatione*. N. 169, reprimunt; al. *respuunt*. N. 170, et pereat. Jam superbiam; al. *et per avaritiam. Superbiam*.

AD ALLEGORIAS.

Num. 1, obteguntur; al. *leguntur*. Ib., annotata; al. *mutata*. Ib., brevis, etc., al. *breviter stylo scribendi decrevi*. N. 2, in ratione; al. *in oratione*. N. 5, pastor ovium; al. *pastor, et rector fidelium*. N. 6, ætate; al. *fratre*. N. 9, spe invocavit; al. *primus cœpit invocare*. N. 17, altitudinem; al. *capita*. N. 33, opera pariunt. Sic legendum. Grialius, *opere pereunt*; al. *opere pariuntur*. N. 36, stabili; al. *stabiliores*. N. 38, somno; al. *somno quievit*. N. 55, consolandi studium; al. *consulendi negotium*. N. 69, quem Christus, etc.; al. *quem cum peccato dies judicii invenerit*. N. 70, qui Israeliticum, etc.; al. *a quibus Israeliticus populus colligatur, ne cum gratia confiderent*. N. 80, reperti; al. *præcepti*. N. 81, Dalila. Grialius mendose, *Dalida*. N. 87, sacerdotes; al. *sacerdotis*, quod non displicet. N. 88, æmulationem; al. *imaginem*. N. 94, elevationis; al. *elationis*. N. 95, ita Christus... assumptus est; al. *ita Christus carnem suam, in qua natus est, et passus, et resurrexit, assumpsit*. N. 99, auctoritatem; al. *austeritatem*. N. 104, acquirendam; al. *exsequendam*. N. 110, in otio; al. *in vita*. N. 113, in gentibus; al. *in cantibus*. N. 116, constitutus; al. *elevatus*. N. 120, patet ingressus; al. *fuit regressus*, vel *fuisse regressus comprobatur*. N. 123, Judaicæ hirundines; al. *Judaici passeres*. Ib., dum eos... obcæcant; al. *dum ejus luminis sacramentum male obscurant*. N. 127, devictam; al. *devinctam*. N. 131, comparat; al. *orsus*. N. 137, peragitur; al. *spargitur*. N. 139, parit; al. *parturit*. N. 142, populos... cognituros; al. *populos, qui fidei luce cognita prædicaverunt*. N. 151, detraxit; al. *detrusit*; forte, *retraxit*. N. 160, laborabat, figuram; al. add. *laborabat, et curata est, filia quidem archisynagogi Judæorum typum tenuit, hæc autem, quæ profluvio sanguinis laborabat, et curata est, figuram*. N. 170, recreatur; al. *sanatur*. N. 174, a diaboli laqueis abstractam; al. *diaboli laqueis astrictam*. N. 175, præceptorum, sed sicut; al. *præceptorum sunt fenerati, sed tamen*. N. 182, venerunt; al. *convertuntur*. N. 183, emundat; al. *emendat*. Ib., exercuit; al. *expressit*. N. 188, perdit; al. *perdet*; forte, *perdidit*. N. 189, vocaverunt; al. *provocaverunt*, vel *prædicaverunt*. N. 191, homo autem, etc.; al. *hominem autem non habentem*. Quod sustineri potest, ut *urbem quam statuo, vestra est*. Num. 196, discedunt; al. *decidunt*. N. 200, eaque morali; al. *atque moraliter*. Grialius edidit *ea quæ mortali*. N. 202, corporis acceptos; al. *operis accipitur*. N. 209, postulabat ab amico; al. *postulat amicum*. N. 210, auferunt; al. *repetunt*. Sic Vulgata, Luc. XII, 20. N. 211, humanum... schismatis; al. *humanam fidem, et religionem invicem separatam in dissensionem schismatis*. N. 213, humilitatis; al. *per gratiam humilitatis*. Ib., commutabitur; al. *renovabitur*. N. 214, curata: al. *erecta est*. Ib., quibus... accipimus; al. *quibus curvata erat, erigitur, accipiens*. N. 216, conversione; al. *confessione*. N. 221, ad sacerdotes; al. *ad sacramentum*. Ib., varietate; al. *vanitate*. N. 229, accepta gratia; al. *acceptam gratiam*. Scilicet utor cum accusativo, ut alibi. N. 231, quod laboravit; al. *qui inde plus laboravit.* N. 233, mutatur; al. *misit.* N. 234, per Jesum deductum; al. per *Jesum Evangelio priori de Ægypto inductum.* N. 239, angelo; al. *piscina illa.* N. 240, vitiatum; al. *venumdatum.* N. 241, quatriduanum; al. *triduanum.* Ib., propago mortis; al. *pro plaga mortis.* Ib., contemptus; al. *tempus.* N. 242, servus; al. *similis.* N. 244, Barabbas; Cod. Flor. *Barrabas* cum hac nota: « Si legitur per duo rr interpretatur filius magistri, quia *rabbi* dicitur magister; si vero per unum r, interpretatur filius patris, quia Hebraice *barabas* dicitur pater. » N. 246, peregrinus; al. *ductor.* N. 250, per quam; al. *in qua.*

DE ORTU ET OBITU PATRUM.

Num. 1, sententiali brevitate; al. *sententia, et libri novitate.* Ib., notata; al. *sociata.* Ib., leguntur; al. *leguntur, qui in Scriptura laudibus præfuerunt.* N. 2, dominandi; al. *dominatus.* N. 3, florentis; al. *fluentis.* Ib., fecunda... vere; al. *fecundabatur perpetuo virore.* N. 4, exsulem, etc.; al. *expulsum se e paradisi gaudiis mortisque labore subactum ingemuit.* N. 6, non silens; al. *nobilis.* N. 7, angustias; al. *insaniam.* Ib., contractibus; al. *contactibus*, quod genuinum puto pro *contagionibus.* Ib., expulsus; al. *exclusus; scilicet in æqualem habitationem beatæ vitæ.* Ib., restituet, etc.; al. *restiturus cum Elia ad mortalis vitæ conditionem;* quod verum arbitror, ut *restiturus* sit pro *restituendus* more Isidoriano. Num. 8, iste jussus; al. *iste justus.* Ib., nec horruit; al. *nec horruit turbulentum diluvii fluctum.* N. 9, edocetur; al. *educitur.* Ib., ac lætus; al. *electusque;* al. *electisque.* Forte, *electusque.* N. 10, versis; al. *aversis.* N. 11, vere; al. *jure.* N. 12, Isaac annum; al. *Abrahæ annum.* N. 13, peregrinatione; al. *peregrinis.* Ib., victoria; al. *victoriæ præda.* Num. 14, in mysterio veneraretur; al. *in ministerio demonstraret.* Ib., genere; al. *germine.* Ib., devotus; al. *dilectus.* N. 15, septimo; al. *sexto.* Ib., marmore; al. *marmore, et opere elegantissimo.* N. 16, qui fuit amicus Abrahæ; al. *quæ fuit curia Abrahæ.* Ib., veneratione; al. *consecratione;* vel *sacratione;* vel *sacramentis.* N. 17, amorem; al. *timorem.* N. 18. et innocentem habitans domum; al. *et innocentem abjiciens domum, qui peregre profectus, dum consortium exigeret* (forte, *effugeret*) *hominum, comitatum meruit angelorum. Hic autem;* al. *innocenter habitans domum, nec hispidus, ut frater, nec sanguinarius, ut Edom. Hic autem.* Ib., pertulit; al. *præcipuit.* Ib., dum consortio; al. *dum consortium*, ut accusativus sit pro ablativo. Num. 19, cum patribus suis; al *cum patribus suis, et a filiis reductus est in terram Chanaan, et sepultus juxta patrem.* N. 21, possessionis; al. *successionis.* N. 22, fit... futuro; al. *fit interpretatione sapiens in concilio futuro.* Ib., ad reddendum, etc.; al. *ad reddenda bona pro malis, et ad retributionem gratiæ.* Ib., fame depulsa necessitatis; al. *famis depulsa necessitate.* N. 23, centum, et decem annis; al. cxv *annis.* Ib., quam nunc, etc.; al. *quæ nunc tam Latine, quam Græce Sichima vocatur.* Num. 25, primogenitus; al. *primitivus.* N. 27, junctus; al. *unctus.* Ib., sortibus; al. *sceptris;* vel *sceptis.* N. 29, de benedictionibus, etc.; al. *de benedictionibus fructus donans, porrigensque regibus.* N. 31, pro fratribus; al. *pro filiis Israel.* Ib., hostes gentesque; al. *hostes gentis.* N. 32, replens delicias principes; al. *repletus deliciis principum.* N. 33, abundans; al. *abundantior.* N. 34, escas principibus; al. *suo mystico robore possidet tribuens principibus.* N. 36, una cum Joseph, etc.; al. *una cum fratre possedit Joseph tribum.* Num. 37, clarus; al. *stabilis.* Ib., exemplo; al. *exemplo.* Ib., fidei lorica armatur; al. *fidem religionis armans.* Ib., doluit; al. *non doluit.* Ib., inter supplicia; al. *super dira supplicia.* Ib., male suadentem; al. *malesuadam.* Ib., duplicem claritatem; al. *multiplici claritate.* N. 38, in accentu; al. *in accinctu.* Ib., quadraginta; al. *septuaginta;* al. *septuaginta octo.* Ib., quadraginta octo; al. *sexaginta quatuor.* Ib., notatur; al. *notatur, inquiens: Amram*

A *mater, cujus fuit Tocabet, ex tribu.* N. 39, firmaret; al. *formaret.* Ib., insinuatam; al. *in sinu;* vel *in sinum positam.* Ib., caloris; al. *coloris.* Ib., exquirendo; al. *exsequendo.* Ib., interposuit; al. *interposuit irascenti, consulentique opposuit modum irascendi.* Num. 40, oppugnatores Israel; al. *oppugnatum Israel;* vel *oppugnatoris.* Fortasse *propugnatoris Israel;* vel *expugnatoris* sine *Israel.* Ib., eorumque; al. *ad ultimum.* N. 42, pertulit; al. *adimplevit.* N. 43, non contigit; al. om. *non.* Ib., superavit; al. *separavit.* Ib., Nebo; al. *Thabor.* N. 45, Moysi; al. *Moysi uterinus.* Ib.; electa; al. *ejecta.* N. 46, qua percussa Moyses; al. *quæ percussa a Moyse.* N. 47, expediret victoriam, al. *expediretur victoria.* Ib., resistere. al. *stare;* vel *sistere.* Ib., inexpugnabiles; al. *inæstimabiles.* N. 49, percussit; al. *perculit;* vel *transfixit.* Ib., præmiumque... meruit; al. *primum æternæ memoriæ nomen Israel meruit.* Ib., placavit; al. *accepit.* Num. 50, explorans; al. *exploratus.* N. 51, Galaadites; al. *filius meretricis mulieris Galaaditis;* al. *ortus ex tribu Gad.*

B Ib., exsuperans; al. *spernens.* N. 52, rugientem; al. *fugientem.* Ib., mortui; al. *leonis mortui.* Ib., vinctis, al. *junctis.* Ib., rescissis; al. *rescinctis.* N. 53, viginti; al. xxii. N. 54, connumeratus Moysi; al. *cognominatus cum Moyse.* N. 55, in Bethlehem; al. *secus Bethleem.* N. 57, innocuum non tantum; al. *non nocuit, nec tantum.* Ib., quadragesimo; al. *quadragesimo, atque tertio.* N. 58, in Hebron; al. *contra Hebron.* Num. 59, dispositionem; al. *disputationem.* Ib., cogitationes; al. *iras bestiarum, et cogitationes.* N. 61, Elias; al. *Elias, qui interpretatur dominus Deus.* Ib., disciplinæ structus in sancta; al. *districtus in disciplinæ sanctæ.* N. 62, vel qui cum eo; al. *et Enoch, qui cum ipso.* Ib., jacebunt; al. *tribus diebus, et sex horis jacebunt.* N. 63, suscitati; al. *suscitata.* Id est, cadavera. N. 65, personavit; al. *personuit.* N. 66, vasculo; al. *solis vasculo.* Ib., insultantes sibi; al. *insultantes se.* Ib., plebe refecta; al. *ubertate facta.* Num. 67, lavacro; al. *repletum lavacro.* Ib., misso;

C al. *misso resilire et.* Ib., fecit; al. *cœpit.* Ib., prædixit; al. *prædicavit.* N. 68, cadaveri. Sic Mss. Gratius, *cadaveris.* Ib., satis dignum, etc.; al. *satis digno mortuus est, sepultusque in Samaria digna habitus veneratione.* N. 69, ex numero; al. *ex genere.* Ib., quaque... abjecta; al. *quamque... abiit et;* forte, *abjecit, et.* N. 70, tempestates; al. *potestates.* N. 71, ascendentem; al. *recedentem;* vel *redientem*, pro *redeuntem.* Ib., descendere; al. *ascendere.* Ib., secuit; al. *serra secuit.* Cod. Florent. sancti Marci sic exhibet hanc periodum: *Ultimo a Manasse genero suo a vertice per medium sectus sic perhibetur occisus.* Num. 72, non poteris, etc.; al. *nemo potest videre faciem meam, et vivet.* Ib., narraverat; al. *noverat.* Ib., ac media, etc.; al. *ac mediam tantum ejus vidisse speciem*, omisso *propheta scribat.* Pro *mediam*, al. *nudam.* Ib., exposuerat; al. *operuerat,* N. 74, colunt, etc.; al. *coluerunt, cujus sepulcrum insigni cultura hactenus iidem Ægyptii venerantur.* N. 76, Chaldæorum; al. *Chaldæorum sacerdotum.* Ib., Juda post; al. *Juda filio*

D *Josiæ post.* Ib., instantia; al. *constantia.* N. 77, gestis; al. *portentis.* Ib., mendacium; al. *judicium.* Ib., aspirationis; al. *inspirationis.* Num. 78, subvertit; al. *cum Cyro destruxit.* Ib., montes a Borea; al. *montis arbores.* Ib. ad partem, etc.; al. *ad Parthiam non defluxerit.* N. 79, effecerit; al. *effecerit. Et ita accidit.* N. 80; hic fuit, etc.; al. *filius Phatuel de tribu.* N. 81, ruborum mora distringens; al. *sycomoros vellicans;* vel *roborum moras distribuens.* Ib., ad Australem plagam; al. *ab australi plaga.* Ib., eremi; al. *in eremo.* Ib., usque ad mare, etc.; Cod. Alban. *usque mare Rubrum, atque a mari Rubro usque ad Indorum fines.* Num. 83, prophetavit; al. *prophetavit annis quinque.* N. 84, de Geth, quæ est in Opher; al. *de Geth civitate.* Ib., sed magister; al. *sed sors.* N. 85, in pœnitentia; al. *in præsentia.* Ib., et saluti; al. *et salutem.* Ib., umbraculo; al. *umbram.* N. 86, magno projectus; al. *valde porrecto jactatus.* N. 92, egressionem; al. *regressionem*. Ib., prædicebat; al. *prædicabat*. N. 93, esset; al. *gessit*. Ib., prævaricatus; al. *prædicaturus*. N. 94, gentium; al. *gentium alienigenarum*. Num. 95, sepultumque, etc.; al. *sepultusque est in Bethel, et propheta ille, qui*. N. 97, sacerdotis, qui, etc., al. *sacerdotis* CXXX *annos agens, congregatis... populis... extinctus est*. N. 98, lumine; al. *cæcitatem luminis incurrit*. N. 99, immolatis; al. *immolatitiis*. N. 100, restinxerunt; al. *exstinxerunt quoque caminum flagrantis incendii*. N. 101, fecit Jerusalem; al. *fecit templum in Jerusalem*. N. 102, ius quoque sacerdotum; al. *ejusque sacerdotes*. Num. 103, Susim; al. *Susis*, quod verum puto, ut *Susis* sit velut indeclinabile. Ib., cruci tradendum; al. *trucidandum*. N. 104, viris; al. *virorum*. Quod non displicet. Ib., principem; al. *principem sævum*. N. 108, vox Verbi; al. *dux Verbi*. N. 109, Herodi prohiberet; al. *Herodem prohiberet*. Ib., præmium; al. *promissum*. N. 110, sermone; al. *nomine*. N. 111, clara stirps; al. *clara ex stirpe*; Cod. Veron. *stella clara, sermone Syro Domina, stirps David*. N. 112, crudeli necis; al. *corporalis necis* Ib., pertransibit; al. *pertransiet*. Ib., aut pro verbo, etc.; al. *an per verbum validum, et acutum omni*. Ib., reperiatur; al. *nec reperiatur*. N. 113, Petrus; al. *Petrus obediens, vel agnoscens*. Ib., principatus, et caput; al. *firmamentum*. N. 115; harum virtutum signis; al. *his virtutibus magnus*. Ib., mortuos animavit; al. *infirmos sanavit*. Ib. reiteravit, al. *redintegravit*. N. 116. viduam. al. *filiam*. Num. 117, sexto; al. *septimo*. Ib., deorsum; al. *deorsum verso capite*. Ib., crucifixus est; al. add. *eo die, quo et Paulus apostolus decollatus est*. Ib., tertio... plagam; Cod. Palat. om. N. 118, ovis; al. *agnus*. Ib., Tharsus; al. *Judæa*. Ib., genus; al. *genitus de tribu*. N. 119, verbi; al *verbi Dei*. N. 121, Pythonis, etc.; al. *Pythoni discedere imperavit, ac discessisse damnavit*. N. 222. nuditatem, etc.; al. *nuditatem, die ac nocte profundi maris naufragia, mille pericula ferarum, verbera*, etc. N. 123, sexto; al. *septimo*. Ib., occidentalem; al. *orientalem*. N. 124, decorus; al. *virilis, ac decorus*. Ib., Patris; al. *Patras*, scilicet, ut indeclinabile. Num. 125, Jacobus; al. *Jacobus, qui interpretatur supplantator*. Ib., in Marmarica; al. *in Achaia Marmarica*; vel in *Marmarica Achaiæ*. Vide Isidoriana, cap. 61. N. 126, Joannes; al. *Joannes qui interpretatur gratia*. N. 127, metallo; al. *exsilio*. N. 128, fuit; Cod. Pal. *fecit*. Ib., littoreaque... fragmina; al. *littoreaque saxa in gemmarum fragmina*. N. 129, sexagesimo septimo; al. LXVIII, vel LXXVII. Ib., vetustatis; al. *vetusto*; forte, *vetustus*. N. 131, Philippus; al. *Philippus, qui interpretatur os*. Ib., unde et Petrus; al. *Andreæ, et Petri*. Ib., Gallis; al. *Galatis*, vel *Galliis*. Ib., crucifixus... obiit; al. *crucifixus est, lapidatusque oppetiit*. Ib., requiescit; al. add. *cujus natalis est Kalendas Maias*. Num. 132, Thomas, etc.; al. *Thomas, qui interpretatur abyssus Christi, Didymus Græce nominatus*. N. 133, ex Syra lingua suscipiens; al. *Syra lingua suscepit, interpretatur filius suspendentis aquas*. Ib., in sorte; al. *in sortem*. Ib., conditur; al. *conditus est, cujus natalitium octavo Kalendas Septembris creditur*. N. 134, Matthæus; al. *Matthæus, qui interpretatur donatus*. Ib. electus, etc.; al. *electus est, et in apostolatum translatus*. N. 136, in Jerusalem; al. add. *hic duodecim tribubus, quæ sunt in dispersione gentium, epistolam scribit, qui dum in Jerusalem*. Num. 137, frater; al. add. *qui interpretatur confessor*. Ib., urbe; al. *urbe* v *Kalendas Novembris*. N. 138, septuaginta; al. *septuaginta duobus*. N. 139, Zelotes; al. add. *qui interpretatur zelus*. Ib., Jerosolymorum; al. *pontificalem in Jerusalem*. N. 144, septuagesimo; al. *octogesimo*. N. 145, discipulus; al. *secundus discipulus*. N. 147, sejunctus, al. *derelictus*. N. 148, episcopus; al. *episcopus sanctus*. Ib., Litrensium; al. *Tharensium*; vel *Tabatrensium*. Ib., ethnico; al. *Athenienae*. N. 149, spiritualis; al. *apostoli*. Ib., prope; al. *proprie*; vel *proprio*; forte, *propius*. N. 150 a Paulo apostolo; al. *a populo*. Ib., instruendas Cretæ Ecclesias; al. *instituendas Cretæ Ecclesias*.

AD PROŒMIA.

Num. 1. Testamenti, etc.; al. *Testamenti in canone catholicæ Ecclesiæ tam juxta priorum vetustam traditionem, quam posteriorum*. N. 6, acciderunt; al. *accesserunt*. N. 7, enumerat; al. *commemorat*. N. 13, apostolorum; al. *apostolorum a Luca conscripti*. N. 20, ordinantur; al. *ordinantur ducentorum*. N. 21, signantur; al. add. *profectiones quoque eorum usque in locum in quo sepultus est Moyses*. N. 23, quoddam legis meditatorium; al. *quemdam legis mediatorem*. Ib., omnium; al. *omnia quasi iterando continet*. N. 26, commemorant; al. *memorantur*. N. 29, ab eis; al. *apud Hebræos*. Ib., in duabus, etc.; al. *in duas divisus est partes*. N. 30, textus; al. *tempus*. Num. 32, proferunt; al. *prophetaverunt*. N. 33, existimantur; al. *existimant*. N. 36, Salomon tria; al. *Salomon nomina habuit et tria*. N. 38, in Canticis; al. *in Cantica*. N. 39, descriptio; al. *ædificatio*. N. 44, solitudinem maris; al. *solitudines ejus, onus maris*. Ib., mutatur; al. *mutavit*. N. 45. eversione; al. *conversione*. Ib., tentatio, etc.; al. *tentationes declarantur, quæ venturæ ostenduntur*. N. 46, per vallem; al. *per excidium vallis*. Ib., ut sæculi; al. *quod vetustates*. Ib., convertantur; al. *convertatur*. Num. 47, LXX; al. LXXII. N. 50, porrigit; al. *tradidit etiam Jerusalem*. N. 51, increpat; al. *increpatur*. N. 52, quæque... vidit; al. *quoque non tantum prænuntiavit, sed etiam præsentem vidit*. Ib., per quatuor, etc.; al. *super quatuor regna ostensa*. N. 53, contuetur; al. *constituit*. N. 57, reticeant; al. *recipiant*. N. 59, manifestior; al. *manifestatio*. N. 62, operosior; al. *copiosior*. N. 63, qui præceptorum, etc.; al. *qui præcepta Dei custodire se mentiuntur*. Num. 65, datæ, etc.; al. *datæ legis non obedierunt Dei præceptis*. Ib., ignem; al. *ignem veni mittere*. Ib. judicii; al. *supplicii*. N. 66, tonitruum; al. *cœlos*. N. 67, Christum, etc.; al. *Christum non timuit occidere*. Ib., sub Josia; al. *sub Josaphat*; al. *sub Ozia*. N. 68, qui salutem, etc.; al. *qui ad salutem gentium non tantum Christum advenire*. N. 69, Ozia; al. *Josia*. N. 70, Sophonias; al. *Isaias*. N. 76, roseum, etc.; al. *sive mortem passionis suæ*. Num. 77, sordibus carni; al. *sordibus, vestimentis, id est, carne*. Ib., positas, etc., al. *positas quæ... significant*. N. 79, mundo; al. *in Evangelio*. N. 80, desolationis, etc.; al. *quo solutionem et captivitatem populi prædixit*. N. 81, mittendum; al. *mittendum Jerusalem*. Num. 86, processit; al. *egrediens*. N. 88, intelligentia; al. *ad speculandum*. N. 92, Apostolus, etc.; al. *Apostolus Epistolas prædicationis Græco perstrinxit stylo*. N. 95, canonicæ; al. *catholicæ*. N. 104, ardoribus; al. *doloribus*. N. 105, ab aliis; al. *ab omnibus*. N. 108, cum dracone; al. *contra draconem*. N. 109, canticum; al. *ædificium*.

AD GENESIN.

Præf. Num. 3, et occulta; al. *vel occulta et obscura*. Ib., ut præcedente, etc.; al. *ut præcedentis historiæ fundamentum*.

Cap. I. N. 2, et carnales; al. *terram, id est, carnales*. N. 4, conversione; al. *confessione*. N. 8, eripiendum; al. *diripiendum*. N. 10, sapientiæ ministrantes; al. *scientiæ demonstrantes*, N. 15, gradibus, al. *sacramentis*. N. 17, mandatis; al. *mandati, experimentum pariter veritatis et erroris*.

Cap. II. N. 1, insigniunt; al. *insinuant*. N. 6, speciem; al. *plebem*. Quod fortasse vestigium est veræ lectionis latentis adhuc. N. 15, prophetiam. Grialius in textu *prophetam*. Ib., invisibilem; Albornoz. Cod., *visibilem*. N. 16, marcescentum; al. *arescentem*.

Cap. III. N. 2. fluentis... verbo; al. *fluentis, a quo origo est omnium rerum, qui sitientem Ecclesiam suam unicus irrigat verbo*. N. 7, ait: Speciosus; al. *ait: Quis similis erit Deo inter filios Dei. Et iterum*: Speciosus.

Cap. IV. N. 2, quæ media est; al. *quæ in Ecclesia est*. N. 4, oblectetur illa; al. *delectetur illius*. N. 7, cupiditas; al. *calliditas*. N. 9, obscuretur; al. *excæcetur*.

CAP. V. N. 1, arantur; al. *urantur*. Ib., mendaciorum; al. *mandatorum*. N. 2, vivit; al. *se convertit*. N. 8, leonem, etc.; al. *draconem diabolum, nec occulte insidiantem leonem Antichristum in ultimo aperte sævientem*. Ib., voluntas, al. *voluptas*. Ib., cum aliquam malam; al. *quæ cum dolore reluctaverat, ut faceret consuetudinem bonam, cum aliquam malam*.

CAP. VI. N. 7, vox sanguinis; al. *vox sanguinis Christi*. N. 8, in confessione; al. *in confusione*. N. 16, dispersionem; al. *subjectionem*. Ib., meruerint; al. *meruerunt, qui superbo regno dominum interfecerunt*.

CAP. VII. N. 1, donantur; al. *dominantur*. N. 3, jubetur, undique; al. *jubetur, sic Ecclesia de sanctis construitur, quadratum enim lignorum undique*. N. 4, compage firmetur unitatis significatur; Grialius, *compage unitatis significetur*. N. 5, litteræ *T* numerus; Grialius om. *T*. N. 7, legis autem cor; in Alborn. notatur, ex originali, *lex autem cur*. Ib., tricenis; al. *triginta*; al. *trecentis*. N. 17, quingentis... significatur. Alborn., *quingentis transiit usque ad sexcentos significant, id est, anni istius ætatis*. N. 26, teterrimos; al. *improbos, et peccatis teterrimos*. N. 34, in diluvio; al. *in diluvio separati ab Ecclesia*.

CAP. VIII. N. 4, intuentes; al. *intrantes*. N. 5, præteritorum; al. *peccatorum*. Ib., prospectat; al. *exspectat*. N. 7, assertionis; al. *assensionis*, vel *ascentionis*. N. 11, impatientiæ; al. *insipientiæ*.

CAP. IX. N. 3, confusione; al. *et confessione*.

CAP. XI. N. 2, quos ille; al. *nisi quos ille*. N. 6, nasciturum, etc.; Alborn. *quod nasciturum Ecclesiæ habentis præputium benediceret in Abraham circumcisionis sacerdotium, signatum est*.

CAP. XII. N. 9, considens; al. *considentibus*, quod melius videtur.

CAP. XIII. N. 4, parentum mutantur nomina; al. *ubi parentes mutantur, et nomina*.

CAP. XIV. N. 4, habitaverunt; al. *prædicaverunt*. N. 11, angore; al. *rancore*, vel *languore*.

CAP. XV. N. 3, concremandi; al. *concrematuri*.

CAP. XVI. N. 2, scire volo; al. om., et forte melius. N. 3, pulchritudinis; al. *pulchritudini*, quod magis placet. N. 7, omnes sancti; al. addunt *sicut ipse dixit, ita dici*. Ib., effabilius; al. *affabilibus*.

CAP. XVII. N. 3, veterascerent; al. *vescceretur*. N. 4, Judaica, etc.; Alborn. *Judaicam purificationem significabatur defecturam, sive doctrinam eorum carnalem... clausam... damnatam*.

CAP. XVIII. N. 2, et cum jam; al. *et cum perculeret, et jam*. N. 4, quæ senecta; al. *qua senectute*. N. 6, humilitatem; al. *humanitatem*. N. 7, impietatis; al. *pietatis*. N. 13, gēmina, etc.; al. *geminam vitæ requiem suscipit*.

CAP. XIX. N. 1, subter femur meum; al. *super femore meo*.

CAP. XXI. N. 3, imo quid, etc.; al. *imo quid convenienter accommodatum est Abraham, et Isaac, sic propheta*, etc.

CAP. XXII. N. 3. Paulus; al. *Paulus, et cæteri apostoli, vel doctores*. N. 6, ingerunt; al. *demergunt*.

CAP. XXIII. N. 5, excellentissimæ; al. *clementissimæ*. Ib., et religionis, etc.; al. *et relicto lumine unitatis Deum neglectum significat*. N. 11, ex ore, etc.; al. *ex ea populi parte ignorantis benedicitur*. Ib., ecce, etc.; al. *ecce benedictione promissa, repente major venit: expavit*. Quod fortasse genuinum est.

CAP. XXIV. N. 5, sublimiter; al. *humiliter*. N. 7, mundati; al. *inundati*.

CAP. XXV. N. 2, quarum; al. *quare*, quod fortasse melius. N. 4, delectationem; Alborn., ex Isidoro, *dilectionem*. N. 8, furaberis; al. *perjurabis*. N. 11, tendendum; al. *contradendum*. N. 14, agendi; Alborn., ex Isidoro, *angi*. N. 16, concitantur; al. *cogitantur*. N. 21, incerta; al. *certamina*. N. 28, latius,

A etc.; al. *ratio non infametur, sed potius glorificetur*. N. 30, gravida. Alborn. *infirma*.

CAP. XXVIII. N. 4, obruatur; al. *obsideatur*; vel *absorbeatur*.

CAP. XXIX. N. 5, mœror; al. *memor*; vel *terror*. N. 17, pervenire; al. *pervenire cupiens*.

CAP. XXX. N. 7, decoratam; al. *deauratam*. N. 18, exprimitur, induiturque; al. *imprimitur, induitque*. N. 25, lavat faciem, etc.; Alborn, *lavit faciem suam post fletum, lavit et Christus, ubi baptizatus est*.

CAP. XXXI. N. 1, dicente; al. *benedicente*. N. 5, ferre; al. *ostendisse*. N. 8, gesta, ipso; Alborn. *gesta, et ideo in præteritum non est referendum, ipso*. N. 21, veniant, quæ reposita sunt ei; al. *veniat, qui mittendus est*. N. 27, austeritatem; al. *auctoritatem*. N. 28, comminuendo; al. *comedendo*. N. 40, contingere; al. *constringere*. N. 55, ex cujus ore; Alborn. *ex cujus femore*. N. 64, convertetur; al. *cum venerint*.

B

IN EXODUM.

CAP. II. N. 1, attulisset; al. *sustulisset*.

CAP. IV. N. 1, prævaleat; al. *prævaleret*. In Grialii textu mendum *prævalat*.

CAP. VI. N. 1, ab Ægyptio injuriam; al. *ab Ægypto liberavit, injuriam*.

CAP. VIII. N. 4, volvitur; al. *movetur*.

CAP. XI. N. 1, proficisci; al, *producere*. N. 3, placere procurant; al. *placare curant*.

CAP. XII. N. 3, mortem carnis; al. *mortem crucis*.

CAP. XIV. N. 1, erratica; al. *hæretica*. N. 3, importunis: al. *inopportunis*. N. 5, cessaverunt; al. *cesserunt*; vel *accesserunt*. N. 13, et ignem; al. *et ignem, quo debebat depasci spinas et tribulos*.

CAP. XV. N. 3, efferri; al. *offerri*. Ib., quæ... unitate; al. *qui... veritate*.

CAP. XVII. N. 2, versemur; al. *vescimur*. N. 3, prioribus; al. *pecoribus*.

*CAP. XX. N. 3, perfruentes, etc.; al. *fruentes promissam patriam*.

C

CAP. XXIII. N. 1, prædicationes d. missæ; al. *prædicatores d. missi*. N. 3, corruptibiles; al. *incorruptibile*.

CAP. XXIV. N. 2, est scripta; al. *scripta occidit*.

CAP. XXV. N. 1, extendit; al. *extollit*; vel *ostendit*.

CAP. XXVI. N. 2, eo suggerente; al. *Evangelio suggerente*.

CAP. XXVIII. N. 4, dixit; Alborn. *texit*.

CAP. XXIX. N. 1, innocentiæ; al. *ignorantiæ*. N. 4, diebus, etc.; al. *diebus non est nuntiata operum sanctificatio*. N. 9, quibus parcere; al. *quomodo aliis præstare*.

CAP. XXXI. N. 1, insensibilitatem; al. *insensualitatem*.

CAP. XXXIV. N. 1, inseparabilem; al. *insecabilem*.

CAP. XXXVI. N. 4, signacula; al. *singula*.

D CAP. XXXVII. N. 2, et perfectionis percipimus; al. *et bonæ perfectionis donatur*.

CAP. XL. N. 1, ad instar priorum iteratim; al. *instar priorum rursus*.

CAP. XLII. N. 2, proficiat; al. *perferatur*; vel *proferatur*. Ib., indefessa; al. *indivisa*.

CAP. XLVI. N. 1, jam porro, etc.; al. *erat porro propitiatorium.... positum, id est, ipse Christus*, etc.

CAP. XLIX. N. 1, ramorum; al. *calamorum*. N. 3, accenditur; al. *ostenditur*.

CAP. LIII. N. 1, et legis Decalogum significent; al. *significentque fideles populos per complementum mandatorum legis Decalogo servientes*.

CAP. LIV. N. 1, sanctos..... ostenderat; al. *perfectionem legis tenentes imaginati sunt*.

CAP. LV. N. 2, habere sancta, etc.; al. *sunt, id est, sancta conversatio esse potest*.

CAP. LVI. N. 1, tum præterea; Alborn. *thus præterea*. N. 3, quod vero, etc.; al. *quod vero in orna-*

mento tabernaculi quæ. N. 7, carnis; al. *charitatis*. N. 9, crateres; al. *cathedræ*.

Cap. lix. N. 3, induitur, castitatem corporis; al. *induit, castitatem carnis*. N. 4, muniuntur; al. *tenentur*. N. 10, æreo colore; Alborn. *ærea claritate*. N. 14, eruditur; al. *enutritur*. Ib., humilitatem; al. *humilitatem et castimoniam*.

IN LEVITICUM.

Cap. i. N. 2, damnaret: Alborn. *dominaret*. N. 3, retinemus; al. *ostendimus*.

Cap. ii. N. 1, regnum; al. *Testamentum et regnum*.

Cap. vi. N. 2, perdomuit; al. *perdotavit*. N. 4, tertium; al. *tertium ex persona Patris*. Ib., sociatam; al. *sociatam ex persona Patris*.

Cap. ix. N. 7, suem; al. *porcum suemque*. N. 8, mentium; al. *corruptionis*.

Cap. xi. N. 12, macram; al. *tetram*; vel *acrem*.

Cap. xii. N. 1, consecratæ; al. *unctæ*. N. 8, legis, al. *infidelitatis legis*.

Cap. xiii. N. 1, insignes; al. *debiles*.

Cap. xvi. N. 6, desectum, etc.; al. *desectis, vel amputatis testiculis*.

IN NUMEROS.

Cap. ii. N. 1, ulteriora; al. *interiora*.

Cap. xi. N. 1, dissolutio; al. *desolatio*. N. 2, imminutio; al. *immutatio*.

Cap. xii. N. 5, colluvie; al. *passione*. N. 9, exprimitur; al. *reprimitur*.

Cap. xiii. N. 3, omnes donum; al. *eos bonum*.

Cap. xiv. N. 2, Christo, etc.; Alborn. *Christi Salvatoris Ecclesiæ congregatæ ex gentibus*.

Cap. xv. N. 1, calens; al. *candens*. N. 3, impetum; al. *populum*. N. 4, florem profert, etc.; al. *flores præfert, et folium*. N. 13, formaliter; al. *figuraliter*. N. 16, venitque; al. *venitque inter vivos et mortuos*. N. 18, ipsum florem; al. *ipsum florentem*. N. 24, baptismus; al. *martyrium*. N. 29, combustæ; al. *combustæ, et hyssopi*.

A Cap. xxv. N. 1, in Methca; al. *in Methca, in excelsum patris admiratus est*.

Cap. xxxii. N. 1, non ponuntur; al. *componuntur*.

Cap. xxxiii. N. 4, effecta est vita; al. *effusa est, vitam*. N. 5, habemus, etc.; al. *amenus enim de hac re præclaram vitam, et fidelissimam vocem*. N. 6, in cruce, al. *in carne*.

Cap. xxxiv. N. 2, Israel et in locum; al. *Jesus in locum*.

Cap. xxxvi. N. 3, humilitatem; al. *humanitatem*.

Cap. xlii. N. 4, prohibuit; al. *redarguit*. N. 15, repromissionis; al. *remissionis*. Ib., quia quos, etc.; al. *quia post mundi implicamenta occupati*.

IN JOSUE.

Cap. xi. N. 1, ministrant; al. *ministrant, et serviunt, et aliquid veritatis impendunt ad ornatum Ecclesiæ*, etc.

Cap. xviii. N. 3, retinentur; al. *nos retinent*. Ib.,
B elatio; al. *elevatio*.

IN LIBRUM JUDICUM.

Cap. ii. N. 3, et brevi; al. *et suo*. N. 4, Dominus, etc.; al. *Dominus Deus Israel: Et tu ascende*. N. 5, palo; al. *clavo vel palo*.

Cap. iii. N. 1, deduceret; al. *reduceret*. N. 3, exureret; al. *exueret*.

Cap. iv. N. 3, in manifestatione. etc.; *cum manifestationem Christi totus orbis habeat, illa vacuata est*.

Cap. v. N. 5, circuiens; al. *circumiens*. N. 9, a bellica intentione; al. *ad bella interdictione*. N. 14, prosternerent; al. *præservarent*.

Cap. vi. N. 1, utrum; al. *si*. N. 8, posuit legem; Alborn. *plantavit vineam*. N. 9, vitem autem, etc.; Alborn. *vitis autem Salvatoris nostri typum figurat, ut Evangelium dicit*.

Cap. viii. N. 5, reges ipsi; al. *leges ipsæ*.

Cap. ix. N. 2, ad Dominum; al. *a Domino*.

ORDO RERUM QUÆ IN TOMO QUINTO CONTINENTUR.

SANCTI ISIDORI

HISPALENSIS EPISCOPI

OPERA OMNIA

ROMÆ ANNO DOMINI MDCCXCVII EXCUSA

RECENSENTE FAUSTINO AREVALO,

QUI

ISIDORIANA PRÆMISIT; VARIORUM PRÆFATIONES, NOTAS, COLLATIONES, QUA ANTEA EDITAS, QUA TUNC PRIMUM EDENDAS, COLLEGIT; VETERES EDITIONES ET CODICES MSS. ROMANOS CONTULIT,

NOVA NUNC ET ACCURATIORI EDITIONE DONATA PRETIOSISSIMISQUE MONUMENTIS AUCTA

ACCURANTE J.-P. MIGNE,

BIBLIOTHECÆ CLERI UNIVERSÆ,

SIVE

CURSUUM COMPLETORUM IN SINGULOS SCIENTIÆ ECCLESIASTICÆ RAMOS EDITORE.

TOMUS SEXTUS.

VENEUNT QUATUOR VOLUMINA 28 FRANCIS GALLICIS.

PARISIIS, VENIT APUD EDITOREM,
IN VIA DICTA D'*AMBOISE*, PROPE PORTAM VULGO *D'ENFER* NOMINATAM,
SEU PETIT-MONTROUGE.

1850

ELENCHUS OPERUM

QUÆ IN SEXTO S. ISIDORI OPERUM TOMO CONTINENTUR.

SANCTI ISIDORI

HISPALENSIS EPISCOPI

DE FIDE CATHOLICA

EX VETERI ET NOVO TESTAMENTO

CONTRA JUDÆOS

AD FLORENTINAM SOROREM SUAM.

Epistola dedicatoria.

Sanctæ sorori Florentinæ Isidorus.

1. *Quædam, quæ diversis temporibus in veteris Testamenti libris prænuntiata sunt de nativitate Domini et Salvatoris nostri secundum divinitatem, vel de incorporatione ejus, de passione quoque, et morte, sive de resurrectione, regno atque judicio, pro viribus scientiæ ex innumerabilibus pauca proferenda putavi,* **2** *ut prophetarum auctoritas fidei gratiam firmet, et infidelium Judæorum imperitiam probet. Hæc ergo, sancta soror, te petente, ob ædificationem studii tui tibi dicavi, ut qua consorte perfruor sanguinis, cohæredem faciam et mei laboris.*

PRÆFAT. Inscriptio hujus operis desumpta est ex A duobus Codicibus Gothicis, quos ante sexcentos annos descriptos esse constat. Nam quinque alii Codices, quos his libris castigandis nacti sumus, magnopere variabant. Braulio in Isidori Vita de his libris loquens : *Contra Judæos*, inquit, *postulante Florentina germana sua præposita virginum, libros duos* (supple *scripsit*), *in quibus omnia quæ fides catholica credit ex legis et prophetarum testimoniis approbavit.* Ildefonsus de virorum illustrium scriptis, in Isidoro ait : *Libellos duos* (supple *scripsit*) *ad Florentinam sororem contra nequitiam Judæorum.* MARIANA.

Ibid. Vel de incorporatione ejus. Codex Tarraconensis major pro *incorporatione* legit *corporatione*. Nos aliorum Codicum fidem secuti sumus ; præsertim cum Hilarius can. 6 in Matthæum *incorporationem* Verbi Dei dixerit.

Post epistolam operi præfixam sequebatur elenchus capitum in plerisque Codicibus. Nos, quoniam in secundo libro similis elenchus desiderabatur, tanquam supervacaneum hoc etiam loco expungendum judicavimus, cum satis constet ne ipsas quidem capitum summas ab Isidoro præfixas, sed posteriori tempore adjectas fuisse, et in Codice Tarraconensi minori, cui in primis fidebamus, penitus desiderari. Quocirca in eis quædam ex nostro sensu in meliorem formam mutata esse, lector animadvertet. MAR.

Ibid. Cum in Isidorianis ea omnia congesserimus, quæ ad singula sancti Isidori opera quoquo modo referri possunt, supervacaneum esset hic repetere quæ de his duobus libris contra Judæos, cap. 66, explanavimus. Error ridiculus est in Cod. Ms. Florentino in-folio, quem primum appellabo, ut ab altero in-4° distinguam, quod hæc epigraphe ponatur : *Sanctæ Florentinæ Isidorus episcopus Toletanus*, cum in ipsa operis inscriptione, quæ proxime præcesserat, Isidorus dicatur Episcopus Hispalensis. Idem error in nonnullis aliis Mss. hujus operis reperitur. Marianæ notis nostras more nostro subjiciemus, variis nonnullis lectionibus, et quibusdam fragmentis intermistis. Pro *secundum divinitatem* alii habent *secundum deitatem*. Et in fine præfationis, *ut quam* B *consortem perfruor*, quæ phrasis ab Isidori stilo non abhorret, ut *utor* cum accusativo. AREVALUS.

LIBER PRIMUS.

CAPUT I.

Quod Christus a Deo Patre genitus est.

1. Judæi nefaria incredulitate Christum Dei Filium abnegantes, impii, duricordes, prophetis veteribus increduli, novis obstrusi, adventum Christi malunt ignorare, quam nosse ; negare, quam credere. Quem enim venturum accipiunt, venisse jam nolunt. Quem resurrecturum legunt, resurrexisse non credunt.

2. Sed ideo ista non intelligere se fingunt, quia sacrilegio suo hæc impleta cognoscunt. Ad quorum C refellendam perfidiam quædam ex Veteri Testamento aggregavimus testimonia, quibus Christum gentium ab omnipotente Patre cognoscant, ipso testante : *Tecum principium in die virtutis tuæ, in splendoribus sanctorum, ex utero ante luciferum genui te.* (*Psal.* CIX, 3). Ex utero itaque, id est, ex illa intima et incomprehensibili Patris substantia, sive ex illo divino atque immenso paterni pectoris arcano, quo Pater genitor de corde bonum eructat verbum.

3. Sicut et ipse alias ait : *Eructavit cor meum ver*

CAP. I. N. 1. Al. : *Duri cordis*, vel *duri corde.* MAR.

Ibid. Duricordes. Hoc eodem verbo usus Isidorus est comment. in Genesim, cap. 25, num. 9, et in Exodum, cap. 55, num. 2. Itaque eam vocem retinendam esse, facile quisque perspicit. AREV.

2. Al. : *Quo genitor*, omisso *pater*. MAR.

bum bonum (*Psal.* XLIV, 2). Atque alibi ipse Pater A sic dixit : *Filius meus es tu, ego hodie genui te* (*Psal.* II, 7). **3** Quod non est dictum David, neque ulli sequentium regum. Nam ibi additur : *Pete a me, et dabo tibi gentes hæreditatem tuam, et possessionem tuam terminos terræ.* Quod neque David, neque genti Hebræorum concessum est, nisi tantummodo Christo, cujus nomen est per omnes gentes diffusum, cui et reges obediunt, et gentes serviunt, sicut et alibi de eo scriptum est : *Adorabunt eum omnes reges terræ, omnes gentes servient ei* (*Psal.* LXXI, 11).

4. Item Salomon, dum Patris nomen mysteriumque nativitatis Christi secundum deitatem vellet agnoscere, his verbis intonat in Proverbiis dicens : *Quis ascendit in cœlum, atque descendit? quis colligavit aquas, quasi in vestimento? quis suscitavit omnes* B *terminos terræ? quod nomen est ejus, aut quod nomen filii ejus, si nosti?* (*Prov.* XXX, 4).

5. Hunc Filium Dei in Daniele rex ille impius aspiciens, dixit : *Ecce ego video viros quatuor solutos, et ambulantes in medio ignis, et nihil corruptionis in eis est, et species quarti similis Filio Dei* (*Dan.* III, 92); quem fideliter credimus, nec ullatenus dubitamus Dominum Salvatorem esse. Sed objicitur quod in Daniele iste Filius Dei superius etiam angelus nominatur (*Dan.* III, 49). Assentio. Nam et Christus Filius Dei angelus dicitur. Sic enim ait propheta de ipso : *Veniet ad templum sanctum suum dominator, quem vos quæritis, et angelus Testamenti, quem vos desideratis* (*Malach.* III, 1).

6. Christus enim in eo quod a Patre genitus est, C Filius Dei vocatur ; in eo vero, quod sæpe a Patre missus ad annuntiandum patribus legitur, angelus nominatur. De quo etiam ipse Pater ad legislatorem ita protestatur, dicens : *Ecce mitto angelum meum, qui præcedat, et custodiat te in via, et introducat in locum quem paravi; observa eum, et audi vocem ejus, nec contemnendum putes, quia non dimittet, cum peccaveris, et est nomen meum in illo* (*Exod.* XXIII, 20).

4 7. Quis est ergo iste angelus cui Deus et potestatem suam dedit et nomen? Quod si dicitur : aliqua alia est potestas angelica, *hoc* nefas est credere. *Quis enim in nubibus æquabitur Domino, aut quis similis erit Deo inter filios Dei* (*Psal.* LXXXVIII, 7)? Qui enim non æquatur natura, non potest æquari et nomine. Ipse est enim Filius, qui semper a Patre missus visibiliter apparebat hominibus. Ex ipsa ergo missione recte angelus nuncupatur. Isaias autem apertius Filium a Deo genitum confirmans, ita annuntiat : *Vox Domini reddentis retributionem inimicis suis* (*Isai.* LXVI, 6), ipsis videlicet, qui non credunt, Judæis : *Antequam parturiret, peperit; et antequam veniret partus ejus, peperit masculum* (*Ibid.*, 7).

8. Quasi aperte diceret : antequam Christum Virgo parturiret in carne, generavit filium in divinitate Pater, et antequam tempus Virginis parturiendi veniret, genuit eum sine tempore Pater. Unde inferius ait : *Quis audivit unquam tale? aut quis vidit huic simile* (*Isai.* LXVI, 8)? Revera, quia nihil tale in hominibus accidit, aut quidpiam simile, et post hæc subjungit : *Nunquid qui alios parere facio, ipse non pariam? dicit Dominus ; et qui generationem cæteris tribuo, sterilis ero? ait Dominus* (*Isai.* LXVI, 9). Quibus omnibus testimoniis cogendus est infidelis, ut eligat sibi de duobus, aut Christum Filium Dei credere, aut mendaces putare prophetas, qui ista cecinerunt.

5 CAPUT II.

Quod Christus ante sæcula ineffabiliter a Patre genitus est.

1. Quod si quæritur, quando, vel quomodo, Pater Filium genuerit, respondetur : Cur quæritur tempus, quando sit Dei Filius genitus, dum sit sua nativitate æternus? sicut scriptum est de eo : *Egressus ejus a principio a diebus æternitatis* (*Mich.* V, 2). Et iterum : *Ante solem permanet nomen ejus, et ante lunam sedes ejus* (*Psal.* LXXI, 17).

5. *Quem vos desideratis.* Locus est Malachiæ III, 1. Cæterum in Vulgata legitur : *Quem vos vultis*, et Septuaginta dixerunt : Ὃν ὑμεῖς θέλετε. Commodius autem, et significantius, חפץ verbi Hebraici vis desiderandi voce exprimitur, et patres non volebant modo, sed oppido quam ardenter Christi redemptoris adventum cupiebant ; ab eo verbo nomen חפץ deductum non voluntatem absolute significat, sed beneplacitum, cupiditatem, desiderium. Quod Græci τῆς εὐδοκίας voce significare consueverunt. Atque Isaiæ LVIII, 3, ubi id nomen positum est, et nos legimus : *Ecce in die jejunii vestri invenitur voluntas vestra*, Mozarabes legunt : *Ecce in die jejunii vestri invenitur voluptas.* MAR.

5. Innuitur post *Salvatorem* alios Mss. omittere *esse*. AREV.

6. Al. *Præparavi*, pro *paravi*. Et *Peccaveritis*, pro *peccaveris*. MAR.

7. *Ipse est enim Filius, qui, semper a Patre missus, visibiliter apparebat hominibus.* Nimirum Isidorus in ea sententia est, quæ antiquorum Patrum communis fuit, ab ipso mundi exordio, quoties se Deus humana effigie videndum præbuit hominibus, non Patrem, non Spiritum sanctum, sed Dei Filium apparuisse. Sic sentiunt Tertull., lib. II contra Marcionem ; Clemens Alexandrinus, lib. I Pædag., cap. 7; Irenæus, lib. IV contra hæreses Valentini, c. 17; Euseb., Historiæ Ecclesiasticæ initio ; Hilarius, XII de Trinit.; Basilius, I contra Eunomium. Itaque Dei Filius Adamo locutus est, quod Thargum etiam Jerosolymi- D tanum, cum Genesis III ait : וקרא מימרא דיי אלהים לאדם hoc est, *vocavit verbum Dei Deus Adam.* Ipse Cain increpavit, Abrahamo apparuit, cum Jacob luctatus est. Quod Syrmiensis congregatio, c. 13, his verbis credendum præcepit : *Si quis contra Jacob non Filium tanquam hominem luctatum fuisse, sed ingenitum, aut Patrem ejus dixerit, anathema sit.* Præterea cum Mose e rubo locutus est, filios Israel eduxit ex Ægypto, eisque leges dedit in eremo. Quod ipsum Cassianus, lib. IV de Incarnat. duobus testimoniis confirmat : nimirum Judæ I, 5 : *Scientes semel omnia, quoniam Jesus populum de terra Ægypti salvans, secundo eos qui non crediderunt perdidit, angelos vero*, etc. Et Pauli, I Cor. X, 9 : *Neque tentemus Christum, sicut quidam eorum tentaverunt, et a serpentibus perierunt.* MAR.

8. Al., *uspiam* pro *quidpiam*. MAR.

CAP. II. N. 1. *Dum* pro *cum*. MAR.

Ibid. Ante solem permanet nomen ejus, et ante lu-

2. Sed et Pater eumdem ante luciferum, id est, ante omnia tempora genuisse testatur, quod et ipse Filius Dei, verbum, virtus et sapientia, de sua nativitate confirmat, dicens : *Necdum erant abyssi, et ego jam conceptus eram, necdum fontes aquarum eruperant, necdum montes gravi mole constiterant, ante colles ego parturiebar; adhuc terram non fecerat, et flumina, et cardines orbis terræ : quando præparabat cœlos, aderam; quando certa lege et gyro vallabat abyssos; quando appendebat fundamenta terræ, cum eo eram, cuncta componens* (*Proverb.* VIII, 24).

6 3. Tali igitur auctoritate ante omnia sæcula Filius a Patre genitus esse declaratur, quando a Patre per illum cuncta creata esse noscuntur. Illud denuo quæritur, quomodo idem sit genitus, dum sacræ nativitatis ejus arcana nec Apostolus dicit, nec propheta comperit, nec angelus scivit, nec creatura cognovit, Isaia testante, qui dicit : *Generationem ejus quis enarrabit* (*Isai.* LIII, 8)? Idcirco si ejus nativitas a propheta non potuit enarrari, quis profitebitur nosse quomodo Filius potuit a Patre generari?

4. Hinc est illud in libro Job : *Sapientiam* (Dei Patris) *unde invenies? latet enim ab oculis hominum, et a volucribus cœli absconsa est* (*Job.* XXVIII, 20); id est, etiam ipsis angelis incognita. Item ibi : *Radix sapientiæ cui revelata est* (*Eccli.* I, 7)? origo scilicet Filii Dei. Ideoque quod etiam super angelorum intelligentiam atque scientiam est, quis hominum potest narrare?

5. Scire autem manifestum est solum Patrem quomodo genuerit Filium, et Filium, quomodo sit genitus a Patre. Siquidem et gignendi Filii quæritur ratio, eo quod Filius non nisi ex duobus nascatur; habeat, inquam, sibi hujusmodi generis ortum conditio caduca mortalium; Christus enim ex Patre ita emicuit, ut splendor a lumine, ut verbum ab ore, ut sapientia ex corde.

CAPUT III.

Quia Christus Deus et Dominus est.

1. Post declaratum Christi divinæ nativitatis mysterium, deinde, quia idem Deus et Dominus est, exemplis sanctarum Scripturarum 7 adhibitis demonstremus. Si Christus Deus non est, cui dicitur in Psalmis : *Sedes tua, Deus, in sæculum sæculi, virgo æquitatis, virga regni tui; dilexisti justitiam, et odisti iniquitatem, propterea unxit te, Deus, Deus tuus oleo lætitiæ, præ consortibus tuis* (*Psal.* XLIV, 7)?

2. Quis est igitur iste Deus unctus a Deo? Respondeant nobis Judæi. Ecce Deus unctus a Deo dicitur, et utique Christus ipsa unctione monstratur, cum Deus unctus insinuatur. Dum enim audis Deum unctum, intellige Christum; Christus enim a chrismate, id est, ab unctione vocatur. Hunc Christum sub persona Cyri regis Persarum per Isaiam Pater Deum et Dominum esse testatur, dicens : *Hæc dicit Dominus Christo meo Cyro, cujus apprehendi dexteram, ut subjiciam ante faciem ejus gentes, et dorsa regum vertam, et aperiam ante eum januas, et portæ non claudentur. Ego ante te ibo, et gloriosos terræ humiliabo. Portas æreas conteram, et vectes ferreos confringam, et dabo tibi thesauros absconditos, et arcana secretorum, ut scias quia ego Dominus, qui voco nomen tuum, Deus Israel* (*Isai.* XLV, 1).

3. In persona enim Cyri Christus est prophetatus;

nam sedes ejus. Locus est desumptus ex psalm. LXXI, 17, et priora quidem verba juxta Editionem Vulgatam; posteriora autem ex Psalterio Romano desumpta sunt, quo frequens utitur Isidorus. Erat enim Gothorum tempore in omnibus Hispaniæ Ecclesiis ejus Psalterii usus, ut breviarium Mozarabicum argumento est, non paucis tamen immutatis, ab ipso, ut arbitror, Isidoro. Nam in ejus Vita a Braulione scripta (duobus certe vetustis Codicibus) scriptum invenio quartam eum Psalterii translationem edidisse, nimirum post tres illas famosas, quas divus Hieronymus adornavit, auctore Sigeberto. Hoc Isidori Psalterium, quo Mozarabes utuntur, nos deinde Hispanicum Romani et Gallici comparatione vocabimus. Ex his omnibus Psalteriis toto hoc opere ab Isidoro testimonia adducuntur, prout commodius erat, aut promptius memoria suggerebat. Sed et reliquis divinarum Scripturarum libris promiscue Hieronymi versione, et antiqua Vulgata Latina Editione utitur; utraque enim ejus ætate circumferebatur, ut Gregorius docet initio Moralium, et ipsemet Isidorus indicat lib. VI Etymologiarum, c. 4. Sæpe etiam, ut hoc loco fecit, ex variis interpretationibus unum testimonium contexit. MAR.

Ibid. *Sua nativitate æternus.* Ita reposui ex Editione Haganoensi, et aliis, et ex Mss., cum apud Grialium esset *sua nativitate alternus*, quod errore typographico accidisse credendum est. Verba psalmi in Vulgata hæc tantummodo sunt : *Ante solem permanet nomen ejus.* In antiquis versionibus : *Ante solem permanebit nomen ejus in sæcula, et ante lunam sedes ejus.* An Isidorus quartam Psalterii translationem, ut Mariana opinatur, ediderit, ad examen revocavi in Isidorianis, cap. 87. AREV.

2. *Quod et.* Al., *sicut.* MAR.

Ibid. Al., *Concepta*, pro *conceptus*. MAR.

Ibid. *Conceptus.* Isidorus masculino genere fortasse dixit, ut de Filio Dei intelligeretur. Alioquin *concepta* esset retinendum etiam cum nostris Mss., et Editionibus antiquioribus. AREV.

3. Al., *Didicit*, pro *dicit*. MAR.

Ibid. *Idem sit genitus.* Etiam hoc loco mendum irrepserat apud Grialium *idem sit genus*, quod ex sensu et Editis ac Mss. correxi. AREV.

CAP. III. N. 1. Al., *directionis*, pro *æquitatis*. MAR.

Ibid. *Propterea unxit te Deus, Deus tuus oleo lætitiæ præ consortibus tuis. Quis est igitur iste Deus unctus a Deo.* Vides argumenti vim positam in geminatione vocis *Deus*, ut priori loco sit in vocativo, et referatur ad Christum; posteriori in nominativo, et referatur ad Patrem. MAR.

Ibid. Jure Mariana reprehendit in tractatu pro Editione Vulgata, cap. 25, Pagninum, quod ita verterit hunc locum : *Propterea unxit te Dominus Deus tuus oleo lætitiæ;* atque ita debilitarit argumentum quo Patrem, qui ungit, distinctum esse a Filio, qui ungitur, sanctissimi Patres confirmarunt, Ambrosius, Athanasius, Hieronymus, Augustinus, Isidorus hoc loco, et alii. AREV.

3. *In persona Cyri Christus est prophetatus.* Contendit Isidorus verba Isai. XLV, 1 : *Hæc dicit Dominus christo meo Cyro*, non de Cyro intelligenda esse, sed sub Cyri nomine de Christo tantum, cum absurdum videretur Cyrum, superstitioni deorum servientem, Christum Dominum et Deum nuncupari. Nam

ubi ei subjugatæ sunt gentes in fide, et regna. Præterea, quia nullus in regno Israel Cyrus est dictus. Quod si de Cyro Persarum rege quis hoc crediderit prophetatum, absurdum et profanum esse cognoscat **8** ut homo impius et idololatriæ deditus, Christus, et Deus, et Dominus nuncupetur. Unde et in translatione LXX non habetur *Christo meo Cyro*. Sed *Hæc dicit Dominus Christo meo Domino*. Quod in persona specialiter Christi Domini nostri accipitur.

4. Si Christus Deus non est, dicant Judæi nobis quem sit affatus Deus in Genesi, cum diceret : *Faciamus hominem ad imaginem, et similitudinem nostram?* Sic enim subjungitur : *Et creavit Deus hominem ad imaginem suam; ad imaginem Dei creavit illum* (*Gen.* I, 26). Quærant ergo quis Deus creavit, aut ad cujus Dei imaginem condidit hominem quem creavit?

5. Quod si respondeant, ad angelorum. Num angelus æqualem cum Deo habet imaginem, dum multum distet imago creaturæ ab eo qui creavit? aut nunquid angelus cum Deo potuit facere hominem? quod ita existimare magnæ dementiæ est. Cui ergo dicitur? aut ad cujus imaginem conditus homo creditur, nisi ad ejus, cui una imago cum Deo est, et unicum nomen divinitatis est?

9 6. Item si Christus Dominus non est, quis Dominus pluit in Sodomis ignem a Domino? Sic enim ait in Genesi : *Et pluit Dominus super Sodomam, et Gomorrham sulphur, et ignem a Domino* (*Gen.* XIX, 24). In qua sententia nemo dubitat secundam esse personam. Nam quis est ille Dominus a Domino, nisi

A procul dubio Filius a Patre, qui semper ab eodem Patre missus descendere solitus est et ascendere? Quo testimonio et deitas, et distinctio personarum Patris et Filii luce clarius demonstratur.

7. Item si Christus Dominus non est, de quo dixit David in psalmo : *Dixit Dominus Domino meo : Sede a dextris meis, donec ponam inimicos tuos scabellum pedum tuorum* (*Psal.* CIX, 1)? Qui dum idem Christus secundum carnem sit filius David, in spiritu tamen Dominus ejus, et Deus est. Si Christus Dominus non est, de quo ait David in libris Regum : *Dixit vir, cui constitutum est de Christo Dei Jacob, egregius psalmista Israel : Spiritus Domini locutus est per me, et sermo ejus per linguam meam* (*II Reg.* XXIII, 1)?

8. Item si Christus Dominus non est, quis est ille B Dominus exercituum, qui a Domino exercituum mittitur, ipso dicente in Zacharia : *Hæc dicit Dominus Deus exercituum, post gloriam misit me ad gentes, quæ expoliaverunt vos. Qui enim tetigerit vos, tanget pupillam oculi ejus. Quia ecce levabo manum meam super eos, et erunt præda iis qui serviebant sibi, et cognoscetis quia Dominus exercituum misit me* (*Zach.* II, 8)?

9. Vide nunc cujus sit hæc vox, nisi Salvatoris, quia omnipotens Deus a Patre omnipotente missum se esse testatur. Missus est autem ad gentes, post gloriam Deitatis, quam habuit apud Patrem, quando exinanivit semetipsum, et formam servi accipiens factus est obediens usque ad mortem (*Philipp.* II, 7).

Qui etiam in sequentibus loquitur, dicens : *Lauda,* C *et lætare, filia Sion, quia ecce ego venio,* **10** *et habitabo in medio tui* ...

---

verba illa, quæ sequuntur, *qui voco nomen tuum Deus Israel*, ad ipsum, de quo proxime locutus erat, et quem Christum vocaverat, referenda, ipse equidem Isidorus judicabat. Deinde quod in translatione Septuaginta interpretum non legatur, *hæc dicit Dominus Christo meo Cyro*, sed hæc *dicit Dominus Christo meo Domino*. Quo modo Lactantius, lib. IV divin. Institut., cap. 12, hoc testimonium citavit. Verum Hieronymus, commentariis ad eum Isaiæ locum, censet eam lectionem, quam Isidorus ait in Septuaginta fuisse, vitiosam esse, legendumque Græce, ut modo legitur οὕτως λέγει κύριος ὁ Θεὸς τῷ κυρίῳ μοῦ Κύρῳ, unius autem adjectione litteræ pro κύρῳ, id est, Cyro nonnullos legisse κυρίῳ, id est, Domino. Itaque tum Hieronymus, tum plerique alii expositores, id Isaiæ vaticinium, non nisi de Cyro intelligendum putant. Quin etiam Josephus, lib. XI Antiquit., cap. 1, Cyrum eo vaticinio adductum affirmat Judæos in patriam remisisse. Isidoro favent Hebraici expositores antiqui, qui locum hunc de vero Messia intelligendum esse judicarunt. Ego vero de utroque locum intelligi posse contendo ; de Cyro juxta historiam, de Christo allegoricωs. MAR.

Ibid. Quod in persona specialiter Christi Domini nostri accipitur. Fortassis *spiritualiter* pro *specialiter* legendum est. Nam eodem litterarum compendio utrumque adverbium scribi solet. Sequebantur autem in Tarraconensi majori hæc verba : *Legamus Xenophontis octo librorum Cyri majoris historiam, et prophetiam cernemus expletam. Quæ enim civitas illi non patuit? quis non regum terga subjecit?* etc. Quæ quoniam in aliis Codicibus non erant, et Isidori proposito contraria sunt, tanquam ex Hieronymi commentariis ad eum locum ab alio quopiam translata, manifesto prætermittenda esse duximus. MAR.

Ibid. In Codice Palat. 278 clare et sine nexu legitur *specialiter*, quod Marianæ videbatur in *spiritualiter* commutandum. AREV.

5. *Ad cujus imaginem conditus homo creditur.* Imaginem hoc loco Isidorus personaliter sumit, intelligitque hominem fuisse conditum ad exemplar Dei, et imaginem, quæ est Filius, secutus in eo Ambros., lib. VI Hexaemeron., c. 7 ; Euseb. XI Præparation. evangel., c. 12; Procopium, ad c. II Genes. Tametsi eam sententiam Aug. quidem, III de Genes. ad litteram, cap. 19, impugnandam suscepit. Cyrillus etiam, lib. I contra Julianum nugatoriam vocare non dubitavit. Fortassis eo tempore ea expositione Ariani ad erroris præsidium separandasque Trinitatis personas abutebantur; alioqui nihil periculi est. Theologi quidem certe recentiores hominem ad imaginem totius Trinitatis conditum esse intelligunt, atque imaginis vocem iis verbis non imaginem in Deo, sed potius in nobis impressam significare contendunt, ut D perinde sit : *Faciamus hominem ad imaginem nostram*, ac si diceret, qui sit imago nostri, ad nostræ essentiæ exemplar expressa et conformata. Quod vero ad lectionem spectat, proximis verbis, ubi nos posuimus : *nisi ad ejus, cui una imago cum Deo est*, tres Codices legebant : *cujus una imago cum Deo est*. Et Tarracon. major : *Cujus imago cum Deo est*. MAR.

6. *In qua sententia nemo dubitat secundam esse personam.* In verbis illis Genes. XIX, 24 : *Pluit Dominus super Sodomam, et Gomorrham ignem, et sulphur a Domino*, vocis *Domini* geminationem Isidorus ad primam et secundam Trinitatis personas refert, quod ante eum fecerant Euseb., lib. I ecclesiast. Hist. cap. 1. Irenæus, lib. III, cap. 6; Basil., V contra Eunomium; Marcellinus Pontifex, ad Salomonem episcopum ; Hieron., ad Osee I. MAR.

9. Al., *age nunc, videamus*. MAR.

Ibid. Al., *effectus est obediens*. MAR.

tabo in medio tui, dicit Dominus, et applicabuntur A
gentes multæ ad Dominum in die illa, et erunt mihi in populum, et habitabo in medio tui, et scies quia Dominus exercituum misit me ad te (*Zach.* II, 10).

10. Quis est igitur iste Dominus exercituum a Domino exercituum missus, nisi idem Dominus Jesus Christus? Superest de Spiritu sancto, de cujus deitate sic ait Jacob : *Et quia spiritus Dei est, spiritus Domini fecit me, et spiraculum omnipotentis vivificavit me, ecce et me, sicut et te, fecit Deus* (*Job.* XXXIII, 4). De quo enim dixerat : *Spiritus Domini fecit me*, de eo rursus adjecit : *Ecce et me, sicut et te, fecit Deus*, ut eumdem Spiritum ostenderet esse Deum.

CAPUT IV.

De Trinitatis significantia.

1. Patet Veteris Testamenti apicibus, Patrem, et B
Filium, et Spiritum sanctum esse Deum. Sed hinc isti Filium, et Spiritum sanctum non reputant esse Deum, eo quod in monte Sina vocem Dei intonantis audierunt : *Audi, Israel, Dominus Deus tuus, Deus* **11** *unus est* (*Deut.* VI, 4); ignorantes in Trinitate unum esse Deum, Patrem, Filium, et Spiritum sanctum, nec tres deos, sed in tribus personis unum nomen individuæ majestatis.

2. Quæramus ergo in Scripturis Veteris Testamenti eamdem Trinitatem. In libro quippe secundo Regum ita scriptum est : *Dixit David filius Isai. Dixit vir, cui constitutum est de Christo Dei Jacob, egregius psalmista Israel : Spiritus Domini locutus est per me, et sermo ejus per linguam meam.* Quis autem esset, adjecit : *Deus Israel mihi locutus est, fortis* C
Israel, dominator hominum justus (*II Reg.* XXIII, 1).

3. Dicendo enim Christum Dei Jacob, et Filium, et Patrem ostendit. Item dicendo : *Spiritus Domini locutus est per me*, Spiritum sanctum evidenter aperuit. Idem quoque in Psalmis : *Verbo*, inquit, *Domini cœli firmati sunt, et spiritu oris ejus omnis virtus eorum* (*Psal.* XXXII, 6); in persona enim Domini Patrem accipimus; in Verbo Filium credimus; in spiritu oris ejus Spiritum sanctum intelligimus. Quo testimonio et Trinitatis numerus, et communio cooperationis ostenditur.

4. Sic et in consequentibus idem propheta ait : *Mittet verbum suum, et liquefaciet ea; flabit Spiritus ejus, et fluent aquæ* (*Psal.* CXLVII, 18). Ecce tria, Pater qui mittit, et Verbum quod mittitur, et Spiritus ejus qui flat. Nam et cum dicitur in Genesi : *In principio fecit Deus cœlum et terram, et spiritus Dei ferebatur super aquas* (*Gen.* I, 1, 2), ibi in Dei vocabulo Pater intelligitur; in principio Filius agnoscitur, qui dicit : *In capite libri scriptum est de me, ut faciam voluntatem tuam* (*Psal.* XXXIX, 8, 9); quia dixit Deus, et fecit Deus; in eo vero qui superferebatur aquis, Spiritus sanctus significatur.

5. Nam et cum ibi dicit Deus : *Faciamus hominem ad imaginem* **12** *et similitudinem nostram* (*Gen.* I, 26), per pluralitatem personarum patens significatio Trinitatis est. Ubi tamen, ut unitatem deitatis ostenderet, confestim admonet, dicens : *Fecit Deus hominem ad imaginem et similitudinem suam.* Et cum dicit idem Deus : *Ecce Adam factus est quasi unus ex nobis*, ipsa pluralitas personarum Trinitatis demonstrat mysterium.

6. Cujus Trinitatis sacramentum et Aggæus propheta ita aperuit, ex persona Domini dicens : *Spiritus meus erit in medio vestri* (*Agg.* II, 6, 8). Ecce Deus qui loquitur, ecce Spiritus ejus; post hæc de tertia persona, id est, de Filio, ita subjecit : *Quia ecce ego commovebo cœlum et terram, et veniet desideratus cunctis gentibus.*

7. In Isaia quoque sub propria persona cujusque distinctio Trinitatis, dicente eodem Eilio, ita ostenditur : *Ego primus, et ego novissimus; manus quoque mea fundavit terram, et dextra mea mensa est cœlos*

10. *Ut eumdem Spiritum ostenderet esse Deum.* Post hæc verba in Hispalensi Codice sequebantur illa, *sed hinc isti Christum non putant esse Deum.* Et cætera multa; quæ quoniam lacuna intercisa atque depravata erant, deerantque in aliis Codicibus, et proximi capitis initio ferme ad verbum repetuntur, tanquam addititia loco movimus. Quintum tamen caput, in Excusis Codicibus positum, nos Hispalensem Codi- D
cem secuti ad finem 3 cap. subjunximus, cum quo commodius cohærere visum est, idque sine nova capitis distinctione. Tametsi in aliis Codicibus ea omnia desiderabantur penitus, ac propterea suspecta esse videri poterant. MAR.

Ibid. Verba quæ Mariana in Cod. Hispalensi reperit exstant etiam in Cod. Florent. 1, et in Barberino sæculi prope octavi, et in multis aliis Mss., quæ propterea omnino prætermitti non debent. Ea sunt hujusmodi : ..... *Ostenderet esse Deum. Sed hinc isti Christum non putant esse Deum, eo quod in monte Sinai audierint vocem Dei intonantis : Audi, inquit, Israel : Dominus Deus tuus unus est; et iterum : Ego sum Deus, et præter me non est alius. Et illud : Ego sum Deus, et non mutor, et gloriam meam alteri non dabo. Dum hæc ergo legunt, perfidiæ errore cæcati, Christum Deum esse non credunt. Ergo agnoscunt proinde, illis eo tempore hæc prædicta fuisse, ne forte ab unitate fidei recedentes, in multos fictos deos transirent, atque idola gentilitatis colerent, quod et fecerunt, cum specialiter Christum testimoniis prophetarum reputant esse Deum.* Pro *prædicta fuisse* alii habent *prædicata fuisse, et spiritualiter* pro *specialiter.* Quæ duo adverbia passim in Mss. confunduntur. AREV.

CAP. IV. N. 1. Al., *unum esse Deum* bis pro *esse Deum*. MAR.

2. *In libro quippe secundo Regum.* In Hispalensi, et Tarraconensi minori legebatur, *in libro quoque primo Regum.* Quæ fortassis germana Isidori lectio est. Nam, ut Junilius docet, lib. de *Partibus divinæ legis*, cap. 12, et Hieronym. in prologo galeato, Hebræi duos tantum libros Regum computant, nempe Samuelis librum, quo primus et secundus comprehenditur, et librum Regum, qui continet tertium et quartum; atque hanc computandi rationem Isidorus ipse secutus est, lib. VI Etymolog., cap. 1. Verum quoniam alii Codices discrepant, et Isidorus ipse in libro Prooemiorum quatuor libros Regum facit, diversam lectionem præferendam judicavimus, tanquam Vulgatæ Editioni, et communi usui magis consentaneam. MAR.

4. Al., *Domini ferebatur. Ibi tamen.* MAR.

6. *De tertia persona.* Hoc est, una ex tribus personis; de qua loquendi formula erudita est Grialii nota ad cap. XLII in Exodum, Num. 3. AREV.

(*Isai.* XLVIII, 12, 13, 16). Non a principio in abscondito locutus sum; ex tempore antequam fieret, ibi eram; et consequenter adjecit: *Et nunc Dominus Deus meus misit me, et Spiritus ejus.* Ecce duæ personæ, Dominus et Spiritus ejus, qui mittunt, et tertia persona ejusdem Domini, qui mittitur.

8. Item alibi per eumdem prophetam Trinitatis sic demonstratur significantia. *Ecce,* inquit, *puer meus, suscipiam eum, dilectus meus, complacuit sibi in illo anima mea, dedi spiritum meum super eum* (*Isai.* XLII, 1). Pater Filium dilectum puerum vocat, super quem dedit spiritum suum. De quo Dominus Jesus Christus propria voce testatur: *Spiritus Domini super me.*

9. Alio quoque in loco idem Isaias totam Trinitatem in digitorum numero comprehendens, sic prædicat, dicens: *Quis mensus est pugillo aquas, et cœlos palmo quis ponderavit? quis appendit tribus digitis molem terræ* (*Isai.* XL, 12)? In tribus quippe digitis propheta trinam divinæ omnipotentiæ æqualitatem sub quadam mysterii lance libravit, et ex parilitate virtutis cooperationem potentiæ, et unitatem substantiæ, quæ una eademque in Trinitate est, in tribus digitis declaravit.

10. Cujus Trinitatis mysterium alias se cognovisse testatur idem propheta, dicendo: *Vidi Dominum sedentem super solium excelsum, Seraphim stabant super illud, sex alæ uni, et sex alæ alteri,* **13** *duabus velabant faciem ejus, et duabus velabant pedes ejus, et duabus volabant* (*Isai.* VI, 1); quem ut trinum in personis ostenderet, et unum in divinitate monstraret, sequenter ait: *Et clamabant alter ad alterum, et dicebant: Sanctus, Sanctus, Sanctus, Dominus exercituum; plena est omnis terra gloria ejus.*

11. Ecce trinam sanctificationem sub una confessione cœlestis persultat exercitus: unam gloriam Trinitatis Seraphim trina repetitione proclamant. Nam quid *ter Sanctus* indicat, nisi ejusdem trinæ Omnipotentiæ gloria demonstrata est in deitate trium personarum significatio? Non autem sicut tres personæ, ita et tres dii credendi sunt, sed in eis personis una divinitas prædicanda est secundum Moysi sententiam dicentis: *Audi, Israel, Deus, Deus tuus, Deus unus est* (*Deut.* VI, 4). Et iterum: *Ego sum Deus, et præter me non est alius* (*Isai.* XLV, 21).

12. Sed contra hæc objicit perniciosa Judæorum perfidia, dicens: *Si Pater Deus est, et Filius Deus est; ergo duo dii sunt, et non unus Deus.* Pro me ergo audiant Isaiam, utramque personam unum Deum dicentem: *Tu es Deus, et in te est Deus.* In eo enim quod dicit: *Tu es Deus,* Patrem ostendit; in eo vero quod subjecit: *In te est Deus,* Filium declaravit.

13. Sed tamen, ut eumdem Patrem et Filium unum Deum ostenderet, subjecit: *Non est absque te Deus, vere tu es absconsus Deus, Deus Israel.* Alias quoque unitum nomen Patris et Filii comprobatur, ipso Patre ad legislatorem Moysen ita testante: *Attende illi, et ne inobediens ei fueris; est enim nomen meum in illo.*

14 CAPUT V.

Quia Filius Dei, Deus, homo factus est.

1. Hucusque mysterium cœlestis nativitatis in Christo, et significantiam divinæ Trinitatis ostendimus. Dehinc Scripturæ auctoritate eumdem Filium Dei natum in carne monstremus, manifestantes primum, quia idem Filius Dei propter nostram salutem incarnatus, et homo factus est. Sic enim de eo prædicat Isaias: *Parvulus,* inquit, *natus est nobis, et filius datus est nobis, et factus est principatus ejus super humerum ejus, et vocabitur nomen ejus admirabilis, consiliarius, Deus fortis, pater futuri sæculi, princeps pacis; multiplicabitur ejus imperium, et pacis ejus non erit finis* (*Isai.* IX, 6).

2. Parvulus enim Christus, quia homo; et natus est nobis, non sibi; quod enim homo factus est, nobis profecit, et ideo nobis natus est. Filius autem datus est nobis: cujus, nisi Dei Filius? principatus ejus super humerum ejus: sive quia crucem propriis humeris ipse portavit: sive quia titulum regni super humeros et caput ejus Pilatus scripsit.

3. Erubescant itaque impii Judæi, et agnoscant vocari Christum Filium Dei vivi natum, et per as-

11. *Nam quid* TER SANCTUS *indicat, nisi ejusdem trinæ Omnipotentiæ gloria demonstrata est in deitate trium personarum significatio?* Hoc loco maxime variabant exemplaria. Hispalense legit: *Nisi ejusdem trinæ Omnipotentiæ gloriam, quæ demonstrata est in deitate trium personarum sanctificationem.* Tarraconense minus: *Nisi ejusdem Trinæ Omnipotentiæ gloria demonstrata est, in Dei tamen trium personarum significationem.* In altero Excuso legitur: *Nisi ejusdem trinæ Omnipotentiæ gloriam, quæ demonstrata est in deitate trium personarum sanctificationem.* Ex Parisiensi et Tarraconensi majori lectio, quam posuimus, desumpta est. Suspicor legendum: *Nam quid ter sanctus indicat, nisi ejusdem trinæ Omnipotentiæ gloria demonstrata est, in deitate trium personarum significata?* MAR.

Ibid. Codex Flor. 1 et alii omittunt hunc et sequentem numerum, vel potius eos præmittunt, et hoc loco addunt: *Ut enim personarum Trinitas monstraretur, tertio Sanctus dicitur. Sed ut unam esse Trinitatis substantiam appareat, non Domini Sabaoth, sed Dominus esse perhibetur. David quoque dicit: Benedicat nos Deus, Deus noster, benedicat nos Deus. Qui cum tertio dixisset Deum, ut unum hunc esse ostenderet, subdidit: Et metuant eum omnes fines terræ. Hæc quidem pauca de Trinitate brevitatis causa notavimus, dum copiosissime plurima in voluminibus Scripturarum panduntur.* AREV.

CAP. V. N. 1. Al., *humeros* pro *humerum.* MAR.

3. Al., *invocare* pro *vocari.* MAR.

Ibid. Minuisti eum paulo minus ab angelis. Tarraconensis major: *Minuisti eum paulo minus a Deo.* Nimirum in Hebraico Psalmo VIII, 6, legitur: *Minuisti eum paulo minus ab Elohim.* Quæ dictio sæpe Deum, aliquando etiam angelos significat, unde utrique interpretationi locus. Septuaginta dixerunt: *Minuisti eum paulo minus ab angelis.* Quod Paulus secutus est ad Hebr. II, 7. Hieronym. autem in sua interpretatione dixit: *Minuisti eum paulo minus a Deo.* MAR.

Ibid. Rursum futuram ejus in carne nativitatem ostendens, subjecit, dicens: Et quasi de vulva orietur tibi ros adolescentiæ tuæ. Locus est ex Psalm. CIX, 3. In quo miror Isidorum, cum adduxisset illa verba: *Ex utero ante luciferum genui te,* adjecisse, tanquam sequentia, *et quasi de vulva orietur tibi ros adolescentiæ tuæ,* cum sit potius ejusdem loci diversa interpreta-

sumptionem corporis parvulum factum, de quo David ait : *Minuisti eum paulo minus ab angelis*, quia, *dum in forma Dei esset, non rapinam arbitratus est esse se æqualem Deo, sed semetipsum exinanivit, formam servi accipiens* (*Philipp.* II, 6). **15** Ad quem dum Pater in Psalmis de illa æterna nativitate diceret : *Ex utero ante Luciferum genui te* (*Psal.* CIX, 3), rursum futuram ejus in carne nativitatem ostendens, subjecit, dicens : *Et quasi de vulva orietur tibi ros adolescentiæ tuæ.*

4. Hanc incorporationem Filii Dei et Spiritus sanctus in Psalmis ita prænuntiavit, dicens : *Ad Sion autem dicetur, vir et vir natus est in ea, et ipse fundavit eam Excelsus.* Ecce qui nascitur in Sion, et qui in ipsa civitate factus est humillimus, ipse est qui fundavit eam Excelsus; et quia idem est Dominus, sequitur : *Dominus numeravit, scribens populis, iste natus est ibi.* Quis est iste? vir scilicet, et excelsus, et Dominus. Vir, quia homo factus est. Excelsus, quia eum supra se cœli et angeli suscipiunt. Dominus, quia cuncta cœli terræque creaturæ illi deserviunt.

5. Verum quoties inimici Christi omnem hanc prophetiam nativitatis ejus audiunt, conclusi, dum non habeant quod proponant, argumentantur, dicentes necdum venisse Christum, de quo hæc omnia ora prophetarum præsaga cecinerunt. Quæramus ergo tempus nativitatis Christi, utrum jam advenerit, an venturus adhuc exspectetur? In Daniele igitur tempus adventus ejus certissime ostenditur, et anni numerantur, et manifesta signa ejus pronuntiantur, et post adventum ejus et mortem futura Judæorum excidia ibi certissime manifestantur.

6. Sic enim ait ad eum angelus : *Daniel, adverte sermonem, et intellige visionem. Septuaginta hebdomadæ abbreviatæ sunt super populum tuum, et super urbem sanctam tuam, ut consummetur prævaricatio, et finem accipiat peccatum, et deleatur iniquitas, et adducatur justitia sempiterna, et impleatur visio, et prophetia,* **16** *et ungatur sanctus sanctorum* (*Dan.* IX, 23). Quæ scilicet septuaginta hebdomadæ si a tempore Danielis enumerentur, procul dubio Sanctus sanctorum Dominus Jesus Christus olim venisse cognoscitur.

7. Hebdomada namque in sacris eloquiis septem annis terminatur, dicente Domino ad Moysen : *Numerabis tibi septem hebdomadas annorum* (*Levit.* XXV, 8), id est septies septem, qui simul faciunt annos quadraginta novem. Similiter septies septuaginta

A fiunt quadringenti nonaginta. Ideo tot annos fuisse credendum est a Daniele usque ad Christum. A tempore itaque Danielis prophetæ usque ad præsens tempus plus quam centum quadraginta hebdomadæ enumerantur. Ideoque jam advenit Christus, quem annuntiabat sermo propheticus.

8. Post septuaginta enim hebdomadas et natus et passus ostenditur Christus, et civitatem Jerusalem in exterminationem fuisse, et sacrificium, unctionemque cessasse. Sic enim subjecit idem propheta : *Et occidetur Christus, et civitatem, et sanctuarium dissipabit populus cum duce venturo, et finis ejus vastitas, et post finem belli statuta desolatio.* Post passionem igitur Christi venit Titus, et debellavit Judæos, et destruxit urbem, et templum, et cessaverunt libamina

B et sacrificia. Quæ ultra illic celebrari non potuerunt. Ut impleretur quod fuerat ante a propheta prædictum.

9. Sed, o duritia cordis Judaici! quia ipsi Christum interemerunt, inde eum adhuc venisse non credunt. Probavimus Dominum nostrum Jesum Christum secundum carnem jam natum fuisse. Sed adjicit incredulus cur in carne venit? Audi ergo causam. Deus cum hominem fecisset, summa beatitudine præditum, et divinæ imaginis decore ornatum, posuit eum in paradiso, ut esset Deo subjectus, et cæteris creaturis prælatus.

10. Ille autem rebellis effectus, contempta divinitate, interdictum violavit præceptum : quem projectum ob superbiam Deus non occidit, sed exsulem paradiso fecit, exspectans ut per pœnitentiam reparari

C posset ad veniam; et cum ille non revocaretur ad viam virtutis, dedit legem per Moysen, ut vel per ipsam reverteretur ad amorem Dei, et operationem justitiæ. Sed cum ne hanc quidem continens et incredulus custodiret, venit tandem **17** Filius Dei, et corpus humanum assumpsit, ut dum videretur, crederetur; omissisque mundus dæmonum simulacris reconciliaretur gratiæ Conditoris.

11. Hæc est causa nativitatis Christi, quem Judæi, etsi patiantur natum, scandalizantur tamen crucifixum et mortuum : non intelligentes quia sicut propter redemptionem mundi illum decuit nasci, ita et pati oportuit, cujus passionem et mortem in suo loco Scripturarum testimoniis approbabimus. Nunc vero sequamur debitum ordinem, et cujus demonstrata

D est post gloriam deitatis humana nativitas, demonstretur et genus, et patria incipientes primum de nomine ejus loqui.

tio ex versione Hieronymi. Eodem memoriæ lapsu inferius, cap. 10, utramque interpretationem conjunxit, ubi ait : *Ante luciferum genui te, et quasi de vulva orietur tibi ros adolescentiæ tuæ* MAR.

4. *Ad Sion autem dicetur, Vir et vir natus est in ea,* etc. Locus est ex Psalm. LXXXVI, 5, juxta versionem Hieronymi. Codices Gothici, Romani Psalterii interpretationem secuti, legunt : *Mater Sion dicet, Homo et homo factus est in ea, et ipse fundavit eam Excelsus.* Et fortassis hæc erat Isidori germana lectio. MAR.

Ibid. Al., *Altissimus* pro *Excelsus*, et *populos* pro *populis*. MAR.

Ibid. In versione sancti Hieronymi ex Hebræo ita habetur : *Dominus numeravit scribens populos : iste natus est tibi.* Itaque restitui posset *populos* ex multis Mss. Isidori. AREV.

6. De septuaginta Danielis hebdomadibus passim ecclesiastici scriptores. Adisis Cotelerium, Patr. apostolic. tom. I, pag. 49. Calmetus dissertationem de hoc argumento edidit ante commentarium in Danielem; et in Bibliotheca sacra præmissa Dictionario biblico præcipuos auctores veteres recentesque indicat qui in hac quæstione versati sunt. AREV.

9. Al. *decore honoratum*, pro *decore ornatum*. MAR.

10. Al. *corpus humanum cum anima assumpsit.* MAR.

11. *Incipientes.* Refertur ad *sequamur.* In Editione Haganoensi omittitur *incipientes... loqui.* AREV.

CAPUT VI.

De nomine Jesu.

1. Prima enim appellatio nominis Jesu invenitur in figura Domini nostri Jesu Christi antea prædicata. Nam Auses quidam, qui Nave filius nominabatur, a Moyse Jesus cognominatur (*Num.* XIII, 17). Hic post obitum Moysi dux effectus principatum obtinuit, et terram promissionis hæreditate distribuit. Mutatio nominis quid significabat, nisi quia defuncto Moyse, id est, defuncta lege, et legali præcepto cessante, dux nobis Dominus Jesus Christus erat futurus, qui nos per Jordanis fluenta, id est, per gratiam baptismi sanctificatos, et omnibus vitiorum generibus expulsis, vel angelorum malorum hostibus effugatis, perduceret ad terram cœlestis **18** repromissionis, melle, et lacte manantem, id est, vitæ æternæ possessionem, qua nihil dulcius?

2. Ideo enim vir ille hujus sacramenti imaginem suscepit, ut Jesus nominaretur, ad significandum illum verum Jesum, de quo in Psalmis scriptum est: *Venite, exsultemus Domino, jubilemus Deo salutari* (*Psal.* CXLIX, 4), id est, Jesu patri nostro. Ubi ostenditur Dominum et Deum esse Jesum, de quo et alibi in Psalmis: *Quia placet sibi Dominus in populo suo, et exaltabit mansuetos in Jesu.* Hæc enim in Hebræo sic habentur. ÷ De quo apertius Habacuc intonat dicens: *Ego gaudebo in Domino, et exsultabo in Deo Jesu meo* (*Habac.* III, 18).

CAPUT VII.

Christus ex semine Abrahæ secundum carnem fuit.

1. Quod autem ex semine Abrahæ futurus esset Dominus Jesus Christus, Genesis ostendit, dicente Abraham ad puerum suum: *Pone manum tuam sub* A *femore meo, et jura per Deum cœli* (*Gen.* XXIV, 2). Quo verbo Christum Deum cœli de genere suo testabatur in carne esse venturum. Per femur enim genus intelligitur; significabatur enim de semine Abrahæ futurum in carne Deum cœli: de quo semine per Isaac facta fuerat ei a Domino repromissio. *In semine*, inquit, *tuo benedicentur omnes gentes* (*Gen.* XXII, 18), id est, **19** in Christo, de quo Psalmista ait: *Et benedicentur in eo omnes tribus terræ, omnes gentes magnificabunt eum* (*Psal.* LXXI, 17).

2. De hoc semine, et per ÷ eumdem Isaiam vox Domini loquitur: *Educam*, inquit, *de Jacob semen, et de Juda possidentes montes meos* (*Isai.* LXV, 9). De quo alibi idem propheta: *Nisi Dominus Sabaoth reliquisset nobis semen, quasi Sodoma fuissemus, et* B *quasi Gomorrha similes facti essemus* (*Isai.* I, 9).

CAPUT VIII.

De tribu Juda ortus est Christus.

1. Et quia de tribu Juda secundum carnem Christus exspectandus esset, Jacob patriarcha significat, dicens: *Non deficiet princeps ex Juda, nec dux de femoribus ejus, donec veniat qui mittendus est. Et ipse erit exspectatio gentium* (*Gen.* XLIX, 10). Certum est enim, usque ad ortum Christi non defuisse principes populi Judæorum ex genere Juda, nec duces de femoribus ejus usque ad Herodem alienigenam regem, qui per ambitionem regni irrepserat potestatem.

2. Statim enim ut hoc factum est, et defecit dux ex semine Judæ, advenit ille qui mittendus erat, quem gentes et populi exspectabant. Judæi autem C pervicacia impudicæ frontis dicunt nondum esse id tempus expletum, mentientes nescio quem regem **20** ex genere Judæ in extremis Orientis partibus regnum tenere.

CAP. VI. N. 1. Al., *predicta* pro *prædicata*. MAR.

Ibid. Nam Auses quidam, qui Nave filius nominabatur. Tarraconensis major, et excusi legunt: *Nam Josue quidam*, etc. Nostra lectio in Hispalensi erat, et Tarraconensi minori; et Numer. XIII, 17, ubi nos legimus: *Vocavitque Osee* יהושע *filium Nun Josue;* Septuaginta dixerunt: Ἐπωνόμασε Μωυσῆς τὸν Αὐσῆ υἱὸν Ναυὴ Ἰησοῦν. Hanc Septuaginta interpretationem secutus est Isidorus. Totus vero locus, ac magna cap. 6 pars desumpta est ex Tertulliano, libro contra Judæos, ubi ait: *Dum Moysi successor destinaretur Auses filius Nave, transfertur certe de pristino nomine, incipit vocari Jesus*, etc. Unde colligimus etiam paulo inferius legendum, *Qua nihil dulcius*, potiusquam, *Qua nihil est dulcius.* Tametsi hæc lectio in Tarraconensi minori et Hispalensi erat. MAR.

Ibid. Al., *terram promissæ hæreditatis*. MAR.

2. *Deo salutari, id est, Jesu Patri nostro.* Vocem Latinam per Hebraicam reddidit, id tantum indicare volens, ubi in Latina versione vox *salutare*, vel *salus* invenitur, in Hebraico respondere nomen Jesu. Atque hoc ipsum secutus proximo testimonio, quod ex Psalm. CXLIX, 4 desumptum est, ubi nos legimus: *Exaltavit mansuetos in salutem*, ipse Hieronymi interpretationem secutus, dixit: *Et exaltavit mansuetos in Jesu.* Sequens denique testimonium ex Habacuc III, 18, *Ego gaudebo in Domino, et exsultabo in Deo Jesu meo*, quoniam ad rem in primis facit, adjecimus; obelo tamen notatum, quoniam in Hispalensi tantum invenimus. MAR.

CAP. VII. N. 1. *De quo semine per Isaac facta fuerat ei a Domino repromissio.* Quinque Codices constanter pro *Isaac* legebant *Isaiam.* In Gothicis nihil erat, tantum in Tarraconensi majori Isaiæ nomen subobscure in Isaac mutari videbatur, quam nos lectionem, ut veram, secuti sumus. Tametsi paulo inferius legebatur: *de hoc semine et per eumdem Isaiam*, etc. Nam vocem *eumdem* redundare judicavimus, eamque obelo jugulavimus, prorsus prætermittere sine exemplari non ausi. MAR.

D *Ibid.* Grialius edidit *per Isaiam Isaac* contra mentem annotatoris Marianæ, qui tantum volebat *per Isaac.* Neque utraque vox retineri potest; aut enim solum legendum, *per Isaiam*, aut *per Isaac.* AREV.

CAP. VIII. N. 1. *Nec dux de femoribus ejus.* Sic quinque Codices. Julianus, contra Judæos, Hilarius in Psalmum LIX. Nempe Septuaginta dixerunt ἐκ τῶν μηρῶν αὐτοῦ, id est, *ex femoribus ejus;* quam lectionem secuti sumus. Licet Hispalensis, et Tarraconensis minor, ut est in nostra Vulgata, legebant: *Nec dux de femore ejus.* Tertull. et ipse contra Judæos *de femoribus* legit. MAR.

Ibid. Forte *irrepserat potestati.* AREV.

2. *Mentientes nescio quem regem ex genere Judæ in extremis Orientis partibus.* Hunc locum ferme totidem verbis transtulit Julianus Toletanus archiepiscopus in suum opus contra Judæos, ubi libro primo sic ait: *An forte adhuc in impudicæ frontis pertinacia perdurantes illud objicitis, quod parentes vestri solent mentientes proponere, esse hodie nescio quem regem ex ge-*

3. Nec attendunt, mente cæcati, simulationis suæ A mendacium detegi, quia jam sicut nullum templum, nullum altare, nullum sacrificium, ita nullus rex, nullus sacerdos remansit Judæis; neque enim mendax esse potest Osee propheta, qui dicit: *Sedebunt filii Israel sine rege, sine principe, sine sacrificio, sine altari, sine sacerdotio, sine manifestationibus* (*Ose.* III, 4). Quæ omnia quis non videat nunc in ipsis esse completa?

CAPUT IX.

Quia de stirpe David natus est Christus.

1. Ecce ex qua tribu nasciturus est Christus docemur. Ex David autem stirpe secundum carnem futurus esse per Spiritum sanctum ita prænuntiatus est in Psalmis: *Juravit Dominus David veritatem, et non frustrabitur eum, de fructu ventris tui ponam super sedem tuam* (*Psal.* CXXXI, 11). » Et iterum: *Semel juravi in sancto meo, si David mentiar, semen ejus in æternum manebit, et thronus ejus, sicut sol in conspectu meo, et sicut luna perfecta in æternum, et testis in cœlo fidelis* (*Psal.* LXXXVIII, 36 *seq.*).

2. Item in libro Paralipomenon: *Et factum est verbum Domini ad Nathan, dicens: Vade, et dic servo meo David: Hæc dicit Dominus: Annuntio tibi quod ædificaturus sit domum tibi Dominus, cumque impleveris dies tuos, ut vadas ad patres tuos, suscitabo semen tuum post te, quod erit de filiis tuis, et stabiliam regnum ejus, ipse ædificabit mihi domum, et firmabo solium ejus usque in æternum. Ego ero ei in patrem, et ipse erit mihi in filium, et misericordiam meam non auferam ab eo, sicut abstuli ab eo qui ante te fuit, et* C *statuam eum in domo mea, et in regno meo usque in sempiternum: et thronus ejus erit firmissimus in perpetuum* (*II Reg.* VII, 4; I *Paral.* XVII, 3).

21 3. Hæc omnia quisquis in Salomone putat fuisse impleta, multum errare videtur. Nam qualiter in Salomone intelligendum est, quod dictum est: *Postquam dormieris cum patribus tuis, suscitabo semen tuum post te, quod erit de filiis tuis, et stabiliam regnum illius?* Nunquid de illo Salomone creditur prophetatum? Minime. Ille enim patre suo vivente cœpit regnare. Nam hic dicitur quia *cum completi fuerint dies vitæ tuæ, et dormieris cum patribus tuis, suscitabo semen tuum.* Ex quo intelligitur alius esse promissus, qui non ante mortem David, sed post mortem ejus pronuntiatus fuerat suscitandus.

4. Qui ædificaret domum Domini, non de parietibus manufactis, sed de lapidibus vivis et pretiosis, id est, sanctis et fidelibus. Nam et illud, quod subjecit: *Fidelis erit domus ejus, et regnum ejus usque in sempiternum coram me* (*II Reg.* VII, 16), attendat et aspiciat quisquam non de Salomone esse pronuntiatum. Salomon quippe domum plenam fuisse mulieribus alienigenis colentibus idola, et ipse ab eis rex idololatria seductus, atque dejectus, dum bonus fuisset in initio, malos exitus habuit.

5. Ergo quis est iste cujus domus est fidelis in perpetuum, et qui post mortem David promittitur suscitandus? Ille utique est de quo ipse David exæstuans clamat, dicens in Psalmo octogesimo octavo: *Tu vero distulisti Christum tuum* (*Psal.* LXXXVIII, 39). B Non est ergo ille Salomon, sed nec iste David dilatus est Christus. Ecce apparuerunt promissiones prædictæ, non in Salomone, sed in Christo Domino nostro, qui ex David genere ortus est, fuisse completæ.

6. De quo per Jeremiam ipse Dominus dicit: *Ecce dies veniunt, dicit Dominus, et suscitabo David germen justum, et regnabit rex, et sapiens erit, et faciet judicium et justitiam in terra. In diebus illis salvabitur Juda, et Israel habitabit confidenter, et hoc est nomen quod vocabunt eum, Dominus justus noster* (*Jerem.* XXIII, 5, 6).

7. Iste est qui per Nathan ex semine David promittitur (*I Paral.* XVII; *II Reg.* VII), qui etiam **22** per Isaiam prophetam ita pronuntiat: *Egredietur*, inquit, *virga de radice Jesse, et flos de radice ejus ascendet* (*Isai.* XI, 1). Hæc virga de radice Jesse virgo est Maria, de David radice exorta, quæ genuit florem Dominum Salvatorem, de quo etiam sequitur: *Et requiescet super eum spiritus Domini, spiritus sapientiæ et intellectus, spiritus consilii et fortitudinis, spiritus scientiæ et pietatis, et replebit eum spiritus timoris Domini.*

8. Ideo autem tanta dona spiritus super eum prædicantur, quia in eo non ad mensuram Spiritus inhabitat sanctus (*Joan.* III, 34), sicut in nobis, sed tota inest ei plenitudo divinatis et gratiarum (*Colos.* II, 9). Iste est qui non secundum visionem oculorum et auditum aurium judicat, sed est justitia cingulum lumborum ejus, et fides cinctorium renum ejus (*Isai.* XI, 3). In cujus Ecclesia habitat lupus cum agno: ille utique qui solebat ab ea rapere prædam, dum ad eam D convertitur, cum innocentibus commoratur.

nere Judæ, qui in extremis Orientis partibus videatur regnum tenere? Et alia multa in eamdem sententiam. Et quidem Judæos magno in numero in Oriente intra montes Caspios inclusos contineri, non ipsi solum fabulantur (nam exstat de hac re liber Hebraice, qui Baldad Suhites nuncupatur), sed etiam Prospero fuit persuasum, lib. de Prædictionibus, parte ultima, cap. 9, ubi ait: *Hic ostenditur quod ex Judæis de tribu Dan, quæ hodie quoque in Perside est, veniet Antichristus.* Hanc Judæorum opinionem Porchetus tangit prima part. Vict. contr. Judæos, cap. 2. MAR.

CAP. IX. N. 1. Al., *futurum esse... prænuntiatum est.* MAR.

Ibid. Juravit Dominus. Psalm. CXXXI, 11, in Gothicis: *Juravit Dominus David in veritate, et non frustravit eum: De fructu ventris tui ponam super sedem meam*, quomodo in Psalterio Hispanico legitur. Et fortassis ita etiam legit Isidorus. MAR.

Ibid. Al., *eum, de fructu.* Et, *in æternum manebit.* MAR.

3. Al., *dies vitæ tui.* MAR.

4. *Qui ædificaret domum Domini.* Totus hic locus obelo notatus in Excusis tantum erat, nobis suspectus visus est, neque satis cohærere; reliquimus tamen intactum, nisi quod ubi legebatur *qui dum bonus fuisset*, ut ratio Grammaticæ constaret, relativum *qui* temere positum expunximus. MAR.

Ibid. Fortassis *habuit* pro *fuisse.* MAR.

Ibid. Fortasse legendum *Salomonis quippe... fuisse*, subintellecto *constat*, ut alibi passim. AREV.

9. In cujus ovili pardus cum hœdo accubat, permisti scilicet subdoli cum simplicibus, ibi etiam vitulus de circumcisione, leo de sæculi potestate, ovis de populari ordine, simul morantur, quia in fide communis est conditio omnium. Puer autem parvulus minans eos ille est utique, qui se humiliavit pro nobis, ut parvulus. Bos autem et leo ibi comedent paleas, quia principes cum subjectis plebibus communem habent doctrinam.

10. Delectatur quoque infans ab ubere super foramina aspidis, dum gentes, quæ solebant venena aliquando prædicare, conversi etiam parvuli Christi fidem delectantur audire. Caverna autem reguli corda sunt infidelium, in quibus ille serpens tortuosus requiescebat, quem ablactatus comprehensum exinde captivum traxit, ut in monte sancto ejus, quod est Ecclesia, non noceret.

11. Adhuc idem Isaias de Christo, quia ex semine David nasciturus esset secundum carnem, sic in consequentibus dicit : *In die illa radix Jesse, qui stat in signum populorum, ipsum gentes* **23** *deprecabuntur, et erit sepulcrum ejus gloriosum* (*Isai.* xi, 10). In signum populorum stat radix Jesse, quando Christus signaculum crucis exprimit in frontibus eorum. Ipsum gentes deprecabuntur, quod jam hoc totum cernitur fuisse completum. Sepulcrum autem ejus in tantum est gloriosum, ut excepto quod redempti per mortem ejus gloriam ei exhibemus, etiam locus ipse coruscans miraculis, gloriæ suæ causa ad se omnem contrahat mundum.

12. Hic locus in Hebræo sic habet : *Et erit requies ejus gloriosa.* Utique quia moriens caro ejus non vidit corruptionem secundum Psalmi sententiam : *Quia non derelinques animam meam in inferno, nec dabis sanctum tuum videre corruptionem* (*Psal.* xv, 10). Jam vero quia ore prophetico de Moab nascenti Christo perhibetur testimonium, idem Isaias testatur : *Ponam enim super his qui fugerint de Moab leonem, et reliquiis terræ. Emitte agnum, Domine, dominatorem terræ de petra deserti ad montem filiæ Sion* (*Isai.* xv, 9; xvi, 1).

13. De hac enim gente Moabitarum egressus est Agnus immaculatus, qui tollit peccata mundi, qui dominatur in orbem terrarum. Petra autem deserti Ruth significat, quæ, destituta morte mariti, de Booz A genuit Obed, et de Obed Jesse, et de Jesse David, et de David stirpe Christum. Montem autem filiæ Sion aut historialiter ipsam urbem Jerosolymam dicit, aut juxta tropologiam Ecclesiam in specula, id est, in virtutum sublimitate locatam.

CAPUT X.

Quia Christus de virgine sine virili coitu genitus est.

1. Hactenus de nomine, et gente, et genere Domini nostri Jesu Christi Testamenti Veteris fidem perstrinximus : dehinc generationes ejus secundum carnem de Virgine ostendamus. Isaias enim **24** sancto Spiritu plenus futuræ incarnationis Filii Dei sic prænuntiat sacramentum, sic enim dicit : *Et adjecit loqui ad Achaz Dominus, dicens : Pete tibi signum* B *a Domino Deo tuo in profundum inferni, sive in excelsum supra* (*Isai.* vii, 10). Et subjecit : *Audite itaque, domus David*, id est, genus David.

2. Nam bene ad domum David loquebatur, id est, ad stirpem regiam, de qua stirpe descendit Maria, et adjecit : *Propter hoc dabit Dominus ipse vobis signum : Ecce virgo in utero concipiet, et pariet filium, et vocabitur nomen ejus Emmanuel, quod est interpretatum Nobiscum Deus.* Quia ergo ille, quem in utero Virgo concepit, et peperit, *Nobiscum Deus* vocatur, Deus itaque in utero virginis conceptus natusque cognoscitur. Erubescant itaque Judæi increduli, et Christi gratiæ sua colla submittant.

3. Ecce enim quem Virgo peperit nobiscum Deus appellatur. Quo loco argumentantur Judæi quod in C Hebræo non virginem, sed juvenculam ostendat sermo propheticus parituram. Adversus quos respondetur non esse signum, si juvencula pariat, quod est ætatis. Sed hoc esse signum ad rei novitatem, si Virgo pariat, quod est integritatis. Dum enim dicit : *Dominus dabit vobis signum*, insinuat quoddam insigne miraculum, virginem videlicet parituram, quod procul dubio signum non esset, nisi novum existeret. Oportebat enim Christum propter insigne miraculum secundum carnem nasci de virgine.

4. Sequitur de eo : *Butyrum et mel comedet.* Butyrum fructus est Ecclesiæ venientis ex circumcisione, quasi bovis sub jugo, id est, sub lege positæ; mel vero Ecclesiæ venientis ex gentibus, **25** cujus sua-

D

9. Al., *peccatoribus* pro *simplicibus*. Mar.

10. *Reguli*, hoc est, basilisci. Arev.

11. Al., *natus est* pro *nasciturus esset*. Mar.

Ibid. Signaculum crucis exprimit in frontibus eorum. Hoc refertur sive ad sacramentum confirmationis, cum puerorum frontes chrismate signantur, seu ad consuetudinem qua singuli fideles consueverunt frontes signo crucis munire. De qua Tertull., lib. ii ad uxorem. Cyprian., lib. ii contra Judæos, cap. 21, dixit quod in hoc signo salus sit omnibus, qui in frontibus notantur. Mar.

12. Vulgata : *Ponam enim super Dibon additamenta : his qui fugerint de Moab leonem, et reliquiis terræ.* Arev.

13. *Petra autem deserti Ruth significat.* Hic locus ex Hieronym. desumptus est, ad cap. xvi Isaiæ initio, ubi ait : *De petra deserti, hoc est, Ruth, quæ, mariti morte viduata, de Booz genuit Obed, et de Obed Jesse, et de Jesse David, et de David Christum.* Isidorus dixit *de David stirpe Christum.* Quam lectionem propter auctoritatem Hieronym. diversæ lectioni prætulimus. Nam tres Codices legebant, *Et de David stirpe natus est Christus.* Mar.

Cap. x. N. 2. Al., *vocabit*, pro *vocabitur*. Mar.

3. *In Hebræo non virginem, sed juvenculam*, etc. Non constitui hoc loco de voce *Halma*, qua utitur Isaias vii cap., disputare, cum liceat Hieronymum ad eum locum videre, atque Galat., lib. vii de arcanis catholicæ veritatis cap. 15. Mar.

Ibid. Grialius perperam interpunxerat, *dum enim dicit Dominus : Dabit vobis signum.* Arev.

4. *Sequitur, et dicit : Priusquam cognoscat puer*, etc. Isidorus, sive memoria hallucinante, sive data opera, a vii cap. Isaiæ repente ad viii transiit, explicatque

vitate, et dulcedine operis, et fidei pascitur Christus. Sequitur, et id cit : *Et priusquam cognoscat puer vocare patrem aut matrem.* Quod enim dixit *priusquam cognoscat*, id est, priusquam cognoscere faciat divinitate Deum habere se patrem, et carnis susceptione virginem matrem, juxta illud quod in Genesi scribitur, dicente Domino ad Abraham : *Nunc cognovi quod timeas Deum* (*Gen.* XXII, 12), id est, nunc cognoscere te feci. Absit enim apud Deum esse ignorantiam, ut tunc cognosceret quod ante nesciret.

5. Quantæ autem potestatis existat idem Emmanuel, prædictus propheta frequenter annuntiat, dicens : *Et erit extensio alarum ejus, implens latitudinem terræ, o Emmanuel* (*Isai.* VIII, 8) ; quem quia de virgine natum credimus, Patrem in Psalmis dicentem audiamus. Nam cum dixisset Propheta de Christo : *Dixit Dominus Domino meo : Sede a dextris meis*, confestim vox Patris consecuta est, dicentis ad Filium : *Ante luciferum genui te, et quasi de vulva orietur tibi ros adolescentiæ tuæ. Juravit Dominus, et non pœnitebit eum, tu es sacerdos in æternum secundum ordinem Melchisedec. Dominus a dextris tuis confregit in die iræ suæ reges* (*Psal.* CIX, 1). Et iterum : *Ubi inhabitet*, inquit, *gloria in terra nostra, misericordia et veritas occurrerunt sibi, justitia et pax complexæ sunt se. Veritas de terra orta est, et justitia de cœlo prospexit* (*Psal.* LXXXIV, 10 *seq.*).

6. Quæ est veritas de terra orta, nisi Christus de femina natus, Filius Dei de carne procedens? Nam caro terra est ; quando enim natus est Christus, justitia de cœlo prospexit. Non enim daretur e cœlo justificatio, nisi Christus in carne nasceretur, et ut ostenderet quod ipsa veritas de terra orta homo esset, sequenter adjunxit : *Justitia ante eum præibit, et ponet in via gressus suos.* Item idem David : *Terra*, inquit, *dabit fructum suum* (*Psal.* LXVI, 7, 8). Terra, Maria, dedit fructum suum Christum ; sed quis est iste fructus? *Benedicat nos Deus, Deus noster, benedicat nos Deus.*

7. Hunc terræ fructum prædictus Isaias propheta alibi manifestius annuntiat, dicens : *Rorate, cœli, desuper, et nubes pluant justum ; aperiatur terra, et germinet Salvatorem, et justitia oriatur simul ; ego Dominus creavi eum* (*Isai.* XLV, 8). Cœli ipsi qui et nubes, id est, prophetæ, per quos Christus adveniens prophetabatur ; terra Maria, **26** quæ, fide aperta, non corruptione, genuit Salvatorem, quia solus Do-

A minus eum creavit, non virilis commistio seminis.

8. Unde et Isaias ait : *Generationem ejus quis enarrabit* (*Isai.* LIII, 8)? Nullus enim hominum nativitatis Christi in conceptu conscius fuit ; solo enim verbo Dei virgo prægnans apparuit. Quod etiam Daniel propheta figuraliter prædixerat, dicens : *Vidi lapidem de monte abscissum sine manibus præcidentium, et cum venisset in terram, replevit orbem terræ* (*Dan.* II, 34) : lapis iste Christus est sine manibus abscissus, implens omnem terram, quia in omnibus gentibus regnum ejus est.

9. De quo lapide per Isaiam Deus loquitur : *Ecce mitto in fundamentis Sion lapidem pretiosum, electum, angularem, et qui crediderit in eum non confundetur* (*Isai.* XXVIII, 16). Hunc enim vidit Daniel ab-

B scissum de monte, id est, de populo Judæorum, sine manibus, hoc est, sine operatione virili, ex Maria virgine natum, quam sine dubio virginem fuisse credimus ante partum, virginem permansisse post partum, Ezechiele propheta testante : *Converti me ad viam portæ sanctuarii exterioris, quæ respiciebat ad Orientem, et erat clausa. Et dixit Dominus ad me : Porta hæc clausa erit, non aperietur, et vir non transiet per eam, quoniam Dominus Deus ingressus est per eam, eritque clausa* (*Ezech.* XLIV, 1).

10. Quo testimonio sanctam Mariam et virginem concepisse et virginem permansisse confitetur. Genitalia namque feminea, pro eo quod claustra partus aperiunt, portæ dicuntur, sicut ait Job : *Quia non clausit portas ventris, qui portavit me* (*Job.* III, 10).

C Dominus enim noster Jesus Christus mirabiliter et potentialiter natus, tanquam sponsus processit de thalamo suo (*Psal.* XVIII, 6), id est, ex Virginis utero, post cujus ortum nullum cum Maria convenisse, nullum ex ejus utero genitum exstitisse profitemur.

CAPUT XI.

In Bethlehem natus est Christus.

1. Prædiximus nativitatem Domini nostri ex Virgine, locum quoque **27** originis suæ ostendamus. Nam in Bethlehem natus est, ad quam dicitur per Michæam prophetam : *Et tu, Bethlehem, domus Ephrata, ≻ nunquid parvula es in millibus Juda? ex te mihi egredietur qui sit dominator in Israel, et egres-*

D *sus ejus a diebus æternitatis. Propter hoc dabit eos usque ad tempus in quo parturiens pariet* (*Mich.* v, 2).

illud verbum : *Priusquam cognoscat puer*, id est, priusquam cognoscere faciat se habere patrem Deum, matrem virginem. Subtiliter sane, neque abhorrens a divinarum litterarum usu, Hieronym., ad ea verba, et August., de tempore, serm. 32, facile se expediunt explicantes : Antequam puer sciat vocare patrem et matrem, id est, antequam homo fiat. MAR.

6. Al., *nostra caro*, pro *nam caro*. MAR.

7. Al., *commistione*, pro *commistio*. MAR.

8. *Sine manibus abscissus, implens omnem terram.* Hispalensis interponit quædam verba, sic enim ait : *Sine manibus complectentium concisus, id est, de Virgine solo Spiritu sancto cooperante, sine virilis commistione seminis ortus, implens omnem terram.* MAR.

9. Al., *ingressurus*, pro *ingressus*. MAR.

CAP. XI. N. 1. *Et tu, Bethlehem, domus Ephrata, ≻ nunquid parvula es in millibus Juda?* Sic legebant duo Codices Gothici, sic etiam Julianus, lib. I contra Judæos, præterquam quod genere masculino dixit : *Nunquid parvulus es.* Hieronym., in ipsa versione Septuaginta habet : *Nequaquam minima es, ut sis in millibus Juda.* Cyprian., II contr. Judæos, cap. 11, eumdem Michææ locum sic refert : *Non exigua es, ut constituaris in millibus Juda.* Ipsemet Isidor., lib. II, cap. 3 : *Et tu*, inquit, *Bethlehem, domus Ephrata, non es minima in millibus Juda.* In quam lectionem eo sane loco omnes Codices conspirabant, cum in hoc, de quo agimus, plerique affirmative legant : *Parvula es*, sive *parvulus es.* Tarraconen. minor tantum habebat : *Parvulus non es.* Libet autem suspi-

2. Sicque postquam locum originis ejus prædixit, deinde regnum ejus futurum in toto orbe subjecit, dicens : *Stabit, et videbit, et pascet gregem suum in virtute Domini, et in honore nominis Dei sui erunt, quoniam nunc magnificatur usque ad terminos terræ, et erit iste pax.*

3. De hoc loco nativitatis Christi et Habacuc propheta sic ait : *Deus ab Africo veniet.* Bethlehem enim regio, ubi natus est Christus, de Jerusalem ad meridianam respicit plagam. Merito ergo ab Africo venisse scribitur, quia a Bethlehem venturus esse prævidebatur.

CAPUT XII.

Stellæ indicio Christi nativitas monstratur.

1. Quia stellæ indicio nativitas ejus claruit, in Numeris divinus ille **28** Balaam sic cecinit, dicens : *Orietur stella ex Jacob, consurget homo de Israel.* Magi enim ab Orientis partibus venientes, primi Christi nativitatem stella indice nuntiaverunt, scilicet, ut quem olim princeps artis eorum prædixerat, illi inspecto sidere demonstrarent.

CAPUT XIII.

Munera magi obtulerunt.

1. Quia ei munera obtulerunt magi, et hoc prophetæ nobis narrant; sic enim Isaias ait : *In tempore illo deferetur munus Domino exercituum a populo divulso, et dilacerato, a populo terribili, post quem non fuit alius* (*Isai.* XVIII, 7). Hoc autem dicit propheta propter Persarum robustissimam gentem, ad cujus tunc potentiam nullus populus comparabatur, de quibus magi venientes, Christo munera detulerunt. C

2. Et iterum ipse : *Omnes,* inquit, *de Saba venient,* A *aurum et thus deferentes, et laudem Domino annuntiantes.* De his muneribus et David prædicavit, dicens : *Et dabitur ei de auro Arabiæ* (*Psal.* LXXI, 11). Et **29** rursus : *Reges Tharsis, et insulæ munera offerent, reges Arabum, et Saba dona adducent.* Nam et magos reges habuit Oriens.

CAPUT XIV.

A Deo Patre unctus est.

1. Et quia non oleo isto humano unctus est Christus, sicut cæteri reges et pontifices Hebræorum, sed a paterno Spiritu unctus est, Isaias ex persona ejusdem Christi sic cecinit, dicens : *Spiritus Domini super me, propter quod unxit me, evangelisare pauperibus misit me, prædicare captivis remissionem, et cæcis visum* (*Isai.* LXI, 1).

B 2. Simili modo et Psalmographus, divino afflatus Spiritu, ita ad eumdem Christum loquitur, dicens : *Sedes tua, Deus, in sæculum sæculi, virga æquitatis, virga regni tui. Dilexisti justitiam, et odisti iniquitatem, propterea unxit te Deus, Deus tuus oleo lætitiæ, præ consortibus tuis* (*Psal.* XLIV, 7). In qua sententia primo propheta divinitatem Christi ac perpetuitatem demonstrat.

3. Sequenter per æquitatis virgam sceptrum potestatis ejus regnumque denuntiat. Postremo quod idem Deus a Deo unctus sit, indicat, non quidem oleo communi, sicut cæteri participes sui, id est, principes, qui imaginario præcesserant, sed oleo lætitiæ, quo mystice demonstratur Spiritus sanctus, cujus cœlesti infusione, et virtute Christus est consecratus.

CAPUT XV.

Quod pauper et abjectus primo adventu venit.

1. Quia pauper et abjectus in primo adventu suo

---

cari, Hebraicos Michææ Codices a Judæis esse vitiatos, et Septuaginta olim atque veteres locum eum ut est in Matthæo, cum negatione legisse, tametsi quidam nostra ætate ita conantur Matthæi verba cum Michææ loco conciliare, ut dicant hoc modo Hebraica interpretanda : Et tu, Bethlehem Ephrata, parum (supple *est tibi*) ut sis in millibus Juda. Nimirum vocem *Zahir* Hebraicam, pro qua alii *parvula*, seu *parvulus* reddiderunt, hi neutro genere sumi malunt ; quod si recipiatur, facile Matthæus cum Michæa conciliabitur. Hebraica propter eos, qui eam linguam callent, subjicimus ואתה : להיות באלפי יהירה
ביתלחם אפרתהצעיר Mar.

3. *Deus ab Africo veniet.* Locus est Habacuc III, 3 ; sic August., lib. de Pastor., cap. 15 et 16, dixit : *Deus ab Africo veniet, et Dominus de monte umbroso.* Quæ lectio in omnibus Isidori Codicibus erat, præterquam in Hispalensi, qui legit, ut est in Editione Vulgata : *Deus ab Austro veniet.* Nos aliorum Codicum auctoritatem secuti sumus. Mar. D

Cap. XII. N. 1. *Divinus ille Balaam.* Vox *divinus* anceps est ; Josephus, lib. IV Antiq., cap. 6, Balaam in magnorum et divinorum vatum numero ponere non dubitat, cui tam frequenter Deus loquebatur, per quem Israelitis benedixit, et qui futura tam aperte vaticinatus est. Antiquorum Patrum opinio resistit, Justini, q. 2 ; Chrysos., homil. 21 in Genesim ; Basilii, epistola 80 : Augustin., serm. 103. His accedit divinarum Litterarum auctoritas, cum Josue XIII, 22, vocetur *ariolus* in Hebraico. Mar.

Cap. XIII. N. 1. *De quibus magi venientes.* Remigius, in Matth. II, varias de magis fuisse opiniones ait, a quibusdam Chaldæos putari, ab aliis Persas, a nonnullis Balaam nepotes, quosdam ex ultimis terræ finibus venisse affirmare. Isidorus hoc capite magos Persas facit. Nempe eæ gentes astrorum cognitioni in primis deditæ erant, unde Genethliaci Chaldæi vulgo dicebantur, ut ex Gellio constat, lib. XIV, cap. 1. Ab Helimaide prima Persidis regione magi Helimæi vocabantur. Unde illud Actorum XIII, 8 : *Resistebat autem illis Elymas magus, sic enim interpretatur nomen ejus.* An vero hi reges magi dicti fuerint a sapientia, ut Origenes judicat, tract. 5 in Matthæum, et eo nomine reprehenditur a Theophil., II lib. Paschali, an vero a damnatis artibus, ut Justinus contra Triphonem, et Basilius de Christi ortu arbitrantur, magna quæstio est, neque instituti brevitatis. Hieronym., Dan. II, cum in illa verba : *Præcepit rex ut convocarentur arioli,* ait magos esse, qui de singulis philosophantur ; indicat ea voce non semper damnatas artes significari. Quod vero adjecit : *Nam et magos reges habuit Oriens,* ea verba ex Tertullian. desumpta sunt, libro contra Judæos, et III contra Marcionem. Cicer., I de Divinat. : *Nec quisquam,* ait, *rex Persarum potest esse qui non ante magorum disciplinam scientiamque perceperit.* Magos autem, qui ad Christum venerunt fuisse reges, Cyprian., serm. de baptism. Christi, Athanas., q. 2, Hieronym., in Psalm. VII, August. serm. 43, ad fratres in erem., Christianus Druth., ad cap. II Matthæi docent. Mar.

2. Al., *personat,* vel *præcinit,* pro *prædicavit.* Mar.

Cap. XIV. N. 2. Al. *directionis,* pro *æquitatis.* Mar.

3. Al., *imaginarie præcesserant.* Mar.

Cap. XV. N. 1. *Sanctus Isaias sic indicat dicens : Dicite filiæ Sion.* Illa verba, *Dicite filiæ Sion,* sunt quidem in Isaia, cap. LXII, 11 ; quæ sequuntur, *Ecce rex tuus venit tibi,* ex Zach. IX, 9, desumpta sunt.

venerit, sanctus Isaias sic indicat, dicens : *Dicite filiæ Sion : Ecce rex tuus* **30** *venit tibi justus, et salvator, pauper, sedens super asinum indomitum* (*Isai.* LII, 13). Item apud eumdem ex persona Dei Patris : *Ecce intelliget servus meus, exaltabitur, et elevabitur, et sublimis erit valde ; sicut obstupuerunt super te multi, sic ingloriosus erit inter viros aspectus ejus, et forma ejus inter filios hominum.*

2. *Iste asperget gentes multas, super ipsum continebunt reges os suum, quia quibus non est annuntiatum de eo, videbunt, et qui non audierunt, contemplati sunt. Quis credidit auditui nostro? Et brachium Domini cui revelatum est* (*Isai.* LIII, 1)? *Et ascendet sicut virgultum coram eo, et sicut radix de terra sitienti. Non est species ei neque decor, et vidimus eum, et non erat aspectus, et desideravimus eum despectum, et novissimum virorum ; virum dolorum, et scientem ferre infirmitatem, et quasi absconditus vultus ejus, et despectus, unde nec reputavimus eum.*

3. *Vere languores nostros ipse tulit, et dolores nostros ipse portavit, et nos putavimus eum quasi leprosum, et percussum a Deo, et humiliatum, ipse autem humiliatus est propter iniquitates nostras, et attritus est propter scelera nostra. Disciplina pacis nostræ super eum, et livore ejus sanati sumus. Omnes nos, quasi oves, erravimus.*

4. *Unusquisque in viam suam declinavit, et Dominus posuit in eo iniquitatem omnium nostrum. Oblatus est, quia ipse voluit, et non aperuit os suum ; sicut ovis ad occisionem ducetur, et quasi agnus* **31** *coram tondente se obmutescet, et non aperuit os suum. De angustia, et de judicio sublatus est, generationem ejus quis enarrabit? quia abscissus est de terra viventium, propter scelus populi mei percussi eum, et dabit impios pro sepultura, et divites pro morte sua, eo quod iniquitatem non fecerit, neque dolus fuerit in ore ejus, et Dominus voluit conterere eum in infirmitate ; si posuerit pro peccato animam suam, videbit semen longævum, et voluntas Domini in manu ejus dirigetur.*

5. *Pro eo quod laboravit anima ejus, videbit, et saturabitur, in scientia sua justificabit ipse justus servos meos multos, et iniquitates eorum ipse portabit. Ideo dispertiam ei plurimos, et fortium dividet spolia, pro*
A *eo quod tradidit in mortem animam suam, et cum sceleratis reputatus est, et ipse peccata multorum tulit, et pro transgressoribus oravit.*

6. In qua lectione non solum, quia abjectus apparuit Christus, sed etiam ibi ejus generatio cœlestis exprimitur, infirmitas quoque susceptæ carnis ejus manifestatur, contumelia quoque passionis ejus, crux, mors, sepultura ibi monstratur, et quod innocens damnatur, et tacens ibi patitur.

7. Deus enim suscipiens in carne pauperis formam se humiliare dignatus est, nostrique causa, ut salus perditis redderetur, etiam usque ad mortem obediens factus est, quod alibi idem Isaias præfatus est : *Non clamabit, neque audiet quis in plateis vocem ejus; calamum quassatum non conteret, et linum fumigans*
B *non exstinguet ; sed in veritate proferet judicium, quousque ponam in terra judicium, et in nomine ejus gentes sperabunt* (*Isai.* XLII, 2).

8. Et Jeremias, quod veniret Deus in carne abjectus, et humilis, ita prædixit : *Domine, fac propter nomen tuum, quia multæ sunt aversiones nostræ. Tibi peccavimus, exspectatio Israel, salvator ejus in tempore tribulationis. Quare quasi colonus futurus es in terra? et quasi viator declinans ad manendum? Quare futurus es, quasi vir vagus, et fortis, qui non potest salvare? Tu autem in nobis es, Domine, et nomen tuum invocatum est super nos, ne derelinquas nos* (*Jerem.* XIV, 7).

9. Dum enim dicit, *tibi peccavimus*, exprimit Judæorum personam, **32** qui in Deum peccaverunt,
C quando venientem eum in forma hominis crucifixerunt ; obtulit enim se aspectibus hominum, tanquam vagum hominem, et inquilinum ; illi autem putantes hoc tantum esse quod videbatur, occiderunt hominem, quasi qui non posset salvare.

CAPUT XVI.

Quia signa et virtutes fecit.

1. Genera quoque et virtutes curationum tanto ante præscripta sunt per Isaiam prophetam, dicentem : *Ecce Deus noster, ipse veniet, et salvabit nos. Tunc aperiuntur oculi cæcorum, et aures surdorum audient. Tunc saliet claudus, quasi cervus, et planà erit lingua mutorum* (*Isai.* XXXV, 4). Et iterum : *Spi-*

Isidorus autem utraque tanquam Isaiæ adduxit. Neque mirum, quando, Marci I, 2, Isaiæ nomine citatur testimonium, cujus prima pars, *Ecce ego mitto angelum meum ante faciem tuam*, etc., ex Malachiæ, III, 1, desumpta est. Tametsi (quod Porphyrius reprehendit, ut refert Hieronym. ad Matth. III, et quidam alii ausi sunt comminisci, memoria fuisse lapsos evangelistas, agnoscere nefas est. Cyprianus, II contra Judæos, cap. 28, totum hunc locum, tanquam Zachariæ, citat his verbis : *Quod ipse sit rex in æternum regnaturus, apud Zachariam* (supple *habetur*) : *Dicite filiæ Sion : Ecce rex tuus venit tibi, justus et salvans, mitis, sedens super asinum domitum.* Unde tria suspicabar : primum, Isidorum non Isaiam, sed Zachariam posuisse, et a librariis locum fuisse mutatum ; deinde legendum *justus et salvans*, ubi Hispalensis, et Tarraconensis minor, ut est in nostra Vulgata, legunt *justus et salvator ;* demum, non *asinum indomitum* legendum, *sed domitum*, ut dixit Cyprianus, nempe ὑποζύγιον, quæ vox est in Septuaginta interpretibus. Antiqui *subjugalem* dixerunt, nisi forte Isi-
D dorus ad verba sequentia respexit, *pullum novum*, vel *filium asinarum*, ut *asinum indomitum* diceret. MAR.

Ibid. Quod unius prophetæ nomen pro altero aliquando excidat, evenit etiam in aliis scriptoribus. AREV.

2. Al., *ascendit, sicut virgultum.* Et *consideravimus* pro *desideravimus*. MAR.

3. Al., *vulneratus* pro *humiliatus*. MAR.

4. Al., *ducitur* pro *ducetur*. MAR.

6. Al., *ejus manifestatur* pro *monstratur*. MAR.

7. Al., *carnem pauperis forma*. MAR.

8. Al., *tibi enim peccavimus*. Et *potest salvari*. MAR.

9. Al., *salvari* pro *salvare*. MAR.

CAP. XVI. N. 1. Al., *patebunt*, pro *audient*. Et *clara* pro *plana*. Et *unxit* pro *unxerit*. Et *prædicandum* pro *annuntiandum*. Et *remissionem* pro *redemptionem*. MAR.

ritus Domini super me, eo quod unxerit me, ad annuntiandum mansuetis misit me, ut mederer contribulatis corde, prædicare captivis redemptionem, et cæcis visum (*Isai.* LXI, 1; *Luc.* IV, 18).

2. Hæc omnia sanitatum signa in adventu Christi facta sunt. Statim enim ut natus est, præcedente stella adoraverunt eum magi, et obtulerunt munera. Deinde varia adventus ejus repræsentavit miracula. Cæcis, enim, ut Deum cognoscerent, profundæ noctis caligo detergitur. Defunctis redivivæ lucis gratia redditur, ut animæ vivificarentur.

3. Surdi, ut auditum fidei susciperent, audire cœperunt. Claudi, ut ad Deum currerent, incessu alacri vegetantur. Muti, ut Deum confiterentur, claris vocibus clamaverunt. Leprosi pro abolendis contagiis animæ lurida membra deposuerunt; effectu enim majestatis suæ multa fecit, quæ prætereunda sunt, dum cuncta legantur.

4. Nam excellentiæ suæ virtute pendulis gressibus tumentes æquoris fluctus calcavit, et maris magni procellas suo imperio mitigavit. **33** Jam vero passionis ejus obitum etiam elementa tremuerunt, dum sol fugit, dum tellus concutitur, saxaque sese illidentia dissolvuntur, siquidem et ipsa mors eum tenere non potuit.

5. Nam resurgens die tertia, ad sedem paternam revolavit, ministeriisque angelorum reducitur a terris ad cœlum. Plura quoque, et his similia ejus omnipotentia facta sunt. Sed dicit incredulus quod et prophetæ miracula multa fecerunt. Verum est; nullus tamen eorum mortuus resurrexit, et in cœlum ascendit.

CAPUT XVII.

In corpore videndus erat.

1. Quia idem Deus in corpore ab hominibus esset videndus, per Isaiam testatur dicens: *Propter hoc sciet populus meus nomen meum in die illa, quia ego ipse, qui loquebar, ecce adsum* (*Isai.* LII, 6). Et David: *Ambulabunt de virtute in virtutem, et videbitur Deus Deorum in Sion* (*Psal* LXXXIII, 8). Et iterum: *Visi sunt ingressus tui, Deus, ingressus Dei mei regis* (*Psal.* LXVII, 25): utique quibus venit in mundum, et quibus iterum ascendit in cœlum, tunc enim manifestatus est, et revelatus occursus adventus ejus,

A quem Judæi, si cognovissent, nunquam Dominum gloriæ crucifixissent (*I Cor.* II, 8).

2. De cujus etiam corporali visione supradictus Isaias ita annuntiavit: *Inglorious*, inquit, *erit inter viros aspectus ejus, et forma ejus* **34** *inter filios hominum, quibus non est annuntiatum de eo, videbunt, et qui non audierunt, contemplati sunt.* Et Jeremias, in libro Baruch: *Hic est Deus noster, et non æstimabitur alius ab eo qui invenit omnem viam prudentiæ, et ostendit eam Jacob puero suo, et Israel dilecto suo. Post hæc in terris visus est, et cum hominibus conversatus est.*

3. Et Habacuc: *Domine*, inquit, *audivi auditum tuum, et timui; consideravi opera tua, et expavi, in medio duorum animalium cognosceris; dum appro-
B pinquaverint anni, innotesceris, dum advenerit tempus, ostenderis* (*Habac.* II, 10). Item ipse: *Videbunt te gentes, et dolebunt populi*, id est, Judæi.

4. Siquidem et prædictus Isaias de ipso sic cecinit: *Propter Sion non tacebo, et propter Jerusalem non quiescam, donec egrediatur, ut splendor, justus ejus, et Salvator ejus, ut lampas, accendatur, et videbunt gentes justum tuum, et cuncti reges inclytum tuum.* Et iterum: *Vox speculatorum tuorum levaverunt vocem, simul laudabunt, quia oculo ad oculum videbunt.* Et infra: *Paravit Dominus brachium sanctum suum in conspectu omnium gentium, et videbunt omnes fines terræ salutare Dei nostri* (*Isai.* LXII, 1; LII, 8, 10).

CAPUT XVIII.

Judæi non erant eum agnituri.

C 1. Et quia eum non erant agnituri Judæi, sic prædixerat Jeremias ex persona Domini: *Prævaricatione prævaricata est in me domus Israel, et domus Juda, ait Dominus; negaverunt me, et dixerunt, Non est ipse* (*Jerem.* V, 11). Hoc etiam nunc usque Judæi de Christo dicunt, *Non est ipse*, exspectantes alium, qui est Antichristus.

2. Et Isaias: *Non est species ei, neque decor, et vidimus eum, et non erat aspectus, et desideravimus eum, despectum, et novissimum virorum virum dolorum, scientem ferre infirmitatem, et quasi absconditus vultus ejus, et despectus. Unde nec reputavimus eum* (*Isai.* LIII, 2). Quibus verbis incredulitatem Judæorum significat, quibus visus est Christus non habere speciem, neque decorem, unde nec reputatus est esse
D Deus.

2. Al., *delegitur* pro *detergitur*. MAR.

3. Al., *abluendis* pro *abolendis*. MAR.

Ibid. In nota Editionis Grialianæ erat *abluendas*, quod ex textu mutavi in *abluendis*. AREV.

4. Al., *obitu* pro *obitum*. MAR.

Ibid. Alii, *etiam elementa timuerunt*. AREV.

5. Cod. Flor. hoc loco addit aliud caput: *Quia tentandus erat a diabolo. Quod vero tentandus esset a diabolo, et vinceret diabolum, sanctus Zacharias propheta dicit: Vidi Jesum sacerdotem stantem coram angelo Domini, et Satan stabat a dextris ejus, ut adversaretur ei*, etc. Hæc desumpta sunt ex cap. III Zachariæ, 1 seqq.: *Et ostendit mihi Dominus Jesum sacerdotem*, etc. Quæ verba proferuntur etiam in Etymologiis, lib. VI, cap. 19, n. 55. Sed ubi Vulgata habet *elegit Jerusalem*, Cod. ms. Isidori hoc loco refert *redemit Israel*. AREV.

CAP. XVII. N. 1. Al., *occultus* pro *occursus*. MAR.

2. *Et Jeremias, in libro Baruch.* Cum Baruch fuerit amanuensis Jeremiæ, passim ejus vaticinium tanquam Jeremiæ citatur. Sic Augustinus, oratione contra Judæos, Paganos et Arianos, cap. 13; illa verba Baruch III, 38, *Post hæc in terris visus est*, Jeremiæ nomine adducit; idem facit lib. XVIII de Civitate Dei, cap. 33. Sic Clemens Alexandrinus, lib. I Pædag., cap. 10; Basilius, IV contra Eunom.; Cassiodorus, in Psalm. LXXXI. Sexta synodus, act. 8, similes ex Baruch locos tanquam Jeremiæ citant, quam unam causam fuisse puto cur in catalogo divinarum Scripturarum a Patribus olim et conciliis nulla de Baruch vaticinio propria mentio exstet. MAR.

3. Quem tamen, quia non essent agnituri, neque A recepturi, idem **35** Isaias alias approbat, dicens : *Audite, cœli, et auribus percipe, terra, quia Dominus locutus est : Filios enutrivi, et exaltavi, ipsi autem spreverunt me. Cognovit bos possessorem suum, et asinus præsepe Domini sui. Israel autem me non cognovit, populus autem meus me non intellexit* (*Isai.* I, 2). Et iterum : *Auditione audietis, et non intelligetis, et cernentes videbitis, et non scietis ; incrassatum est enim cor populi hujus* (*Isai.* VI, 9 ; *Matth.* XIII, 14).

4. Unde et Ezechiel : *Factus est sermo Domini ad me dicens : Fili hominis, in medio domus exasperantis tu habitas, qui oculos habent ad videndum, et non vident, et aures ad audiendum, et non audiunt* (*Ezech.* XII, 2). Sic enim excæcati sunt, ut Salvatorem nec agnoscerent, nec susciperent. Et cujus diem Abraham vidit, et lætatus est, et cujus adventum prophetæ magno cum desiderio exspectaverunt (*Joan.* VIII, 56), isti et viderunt, et non cognoverunt, insuper et blasphemaverunt clamantes : *Non habemus regem, nisi Cæsarem*, et cætera quæ sequuntur. Cujus populi duritia sic non mutatur, quomodo nec Æthiopis color, aut pardi varietas, Jeremia testante : *Si mutare potest Æthiops pellem suam, aut pardus varietates suas* (*Jerem.* XIII, 23).

CAPUT XIX.

Quia eum non agnoscentes Judæi, congregati sunt adversus eum.

1. Sed quia eum Judæi non agnoscentes, congregati sunt ad interficiendum eum, et universalem C assensum in passione ejus præbuerunt, ita legitur : *Quare fremuerunt gentes*, id est, Romani, *et populi meditati sunt inania*, hoc est, Judæi. *Astiterunt reges terræ*, hoc est, Herodes et Pilatus ; *et principes convenerunt in unum*, scilicet principes sacerdotum, et seniores Judæorum : *adversus Dominum, et adversus Christum ejus* (*Psal.* II, 1).

2. Et iterum ex ejusdem Domini persona : *Circumdederunt me* **36** *canes multi, concilium malignantium obsedit me* (*Psal.* XXI, 17). Canum autem nomen in eos est etiam per prophetam alterum constitutum. In Isaia enim scriptum est : *Omnes canes cæci, nescientes latrare.* Canum enim mos est, ut ait noster Hilarius, *Pastori alludere, gregem nosse, insidiantes feras persequi.* At vero isti cæci canes, pastorem suum non videntes, officium non intelligentes, latratus suos a feris ad gregem, a furibus ad Dominum retorserunt. Unde et alius propheta de his ita dicit : *Facti sunt mihi in sagittam reciprocam.*

CAPUT XX.

Venundatus est.

1. Quia triginta argentis appretiatus, et venundatus B est, per Zachariam ita ipse prænuntiavit : *Si bonum est, inquit, in conspectu vestro, date mercedem meam, et appenderunt mercedem meam triginta argenteos. Et dixit Dominus ad me : Projice illud ad statuarium, decorum pretium, quod appretiatus sum ab eis.*

37 2. Hæc enim nota omnibus causa est. Judas enim, pœnitentia motus, pecuniam reportavit, et projecit in templum, et abiit, et laqueo se suspendit (*Matth.* XXVII, 4). Ut impleretur, quod dixerat Isaias : *Testis falsus non erit impunitus, pro eo quod vendidit argento Justum* (*Prov.* XIX, 5 ; *Amos.* II, 6).

3. Quam pecuniam bene Dominus mercedem suam dixit ; multa enim opera apud eos fecerat, reddens vitam mortuis, lucem cæcis, surdis auditum, gressum claudis ; pro quibus omnibus Judæi nefanda æstimatione mortem triginta argentorum mercedem illi restituerunt.

CAPUT XXI.

Quia a discipulo suo traditus est.

1. Nam et quia Dominus traditorem suum per panem porrectum ostendit apostolis, etiam in Psalmis commemoravit in se impletum dicens : *Qui edebat panes meos, ampliavit adversum me supplantatio-*

CAP. XVIII. (*col. præced.*) N. 4. Al., *dementia* pro *duritia*. MAR.

CAP. XIX. N. 2, *Omnes canes cæci.* Hispalensis et Tarraconensis minor legebant : *Omnes canes muti*, ut est in vulgata Editione Isaiæ LVI, 10. Nos priorem lectionem secuti sumus, quod inferius dicat : *At vero isti cæci canes. pastorem suum non videntes*, etc. Quæ autem ex Hilario verba subjiciuntur nullibi sunt, quod sciam, in ejus operibus. MAR.

Ibid. Facti sunt mihi in sagittam reciprocam. Hæc verba non inveniuntur in sacris libris, quibus hoc equidem tempore Ecclesia utitur. Nimirum Isidorus Editione Latina utebatur diversa a nostra, unaque ex illis, quas innumeras fuisse, August., II de Doctrin. Christian., cap. 11, affirmat. Unde multi divinarum Scripturarum loci in communi usu, et antiquorum Patrum scriptis relicti sunt, qui modo non inveniuntur, iisdem certe verbis, quale est illud : *Super quem requiescet spiritus meus, nisi super humilem, et quietum, et trementem sermones meos?* Atque illud : *Non ædificabis mihi domum, quia vir sanguinis es. Tentatio est vita hominis super terram. Maledictus qui opus Dei facit negligenter.* Et Ambrosius, I de Officiis, c. 31, ex Proverb. XXI, 1, adducit illa verba : *Quia talia te oportet præparare*, quæ in nostra Vulgata non sunt. Aliique innumera alia, quorum pars maxima, ne in Græcis quidem septuaginta interpretum Codicibus exstant. Verum, ut ad Isidorum redeamus, suspicor ea verba ex Osee VII, 16, desumpta, ubi dicitur : *Reversi sunt, ut essent absque jugo : facti sunt quasi arcus dolosus.* MAR.

Ibid. Ad lib. XVIII Etymolog., cap. 7, Num. 7, notavi sagittam reciprocam vocatam fuisse cateiam : *quam*, ex Servii explicatione, *in hostem jaculantes lineis, quibus eam adnexuerant, reciprocam faciebant.* Vide eam notam, et Isidoriana, cap. 87, n. 25, sed D quæ in Isidorianis ex Nic. Antonio de sagitta reciproca tradita sunt, reformanda potius sunt ex Servio, ut sagitta reciproca intelligatur, non ea quæ percutit eum qui tetendit arcum, sed quæ ab eodem ad se retrahatur. Iterum, cap. 47 hujus libri, locus Osee occurrit. Versio antiqua ita exhibet : *Conversi sunt in nihilum ; facti sunt quasi arcus intentus.* AREV.

CAP. XX. N. 1. *Quod appretiatus sum ab eis.* Locus est Zachariæ XI, 12, ubi in Vulgata legitur : *quo appretiatus sum ab eis*, quæ commodior lectio videbatur. Verum in nullo Codice inventa est, et ipse Hieronymi textus, qui adjunctus est ipsius commentariis in prophetas, habet *quod appretiatus sum.* MAR.

2. *Quod dixerat Isaias.* Cur ita? Verba quæ allegantur sunt Proverbiorum, et Amos prophetæ. Ergo hoc etiam loco nomen Isaiæ importune intrusum fuit, quod infra Mariana, ad cap. 26, num. 2, admonuit. AREV.

3. Al., *mercede illi restituerunt.* MAR.

nem. Et iterum : *Tu vero homo unanimis, dux meus, et notus meus, qui simul mecum dulces capiebas cibos* (*Psal.* XL, 10 ; LIV, 14).

2. De ipso autem Juda proditore Jeremias præscius ita ante prædixit : *Peccatum Juda scriptum est stylo ferreo in ungue adamantino* (*Jerem.* XVII, 1), quod sive ad Judam, sive ad Judæos non incongrue convenit, qui sic peccaverunt in Christum, ut non sit peccatum eorum atramento conscriptum, quod deleri forsitan potest, sed stylo ferreo in ungue adamantino exaratum, id est, quod deleri non possit præ duritia cordis eorum, nisi crediderint.

CAPUT XXII.

A semetipso traditus est.

1. Nam, quia et ipse sponte pro nobis semetipsum tradidit, **38** Isaias dicit : *Oblatus est, quia ipse voluit.* Et infra : *Pro eo quod tradidit in mortem animam suam, videbit semen longævum, et voluntas Domini in manu ejus dirigetur* (*Isai.* LIII, 7). Et ipse per Jeremiam prophetam sic loquitur : *Reliqui domum meam, dimisi hæreditatem meam, tradidi dilectam animam meam in manus inimicorum ejus* (*Jerem.* XII, 7), hoc est, in manus Judæorum, qui eum interfecerunt.

CAPUT XXIII.

Comprehensus est.

1. Quia comprehendendus erat, Jeremias propheta longe ante ita prædixit : *Spiritus oris nostri Christus Dominus captus est in peccatis nostris* (*Thren.* IV, 20). Quo vaticinio demonstravit aperte et Christum Dominum esse, et traditum pro peccatis nostris fuisse.

2. Item Sapientiæ liber dicit : *Dixerunt inter se impii : Comprehendamus Justum, quia inutilis est nobis, et contrarius est operibus nostris : promittit scientiam Dei se habere, et Filium Dei se nominat.* Et infra : *Si est verus Filius Dei, suscipiet illum, et liberabit eum de manu contrariorum* (*Sap.* II, 12, 18). Et infra : *Ut sciamus reverentiam illius, et probemus patientiam ejus, morte turpissima condemnemus eum ;* id est, affixione crucis

CAPUT XXIV.

Judicatus est.

1. Quia judicandus erat, clamat David sub figura populi peccantis in Deum : *Tibi soli peccavi, et ma-* A *lum coram te feci, ut justificeris in sermonibus tuis, et vincas, cum judicaris* (*Psal.* L, 6). Veniens enim Christus in corpore, tanquam reum se constituit, et judex hominum hominibus judicandum se præbuit, sicque mitis, et patiens, dum judicatus est, vicit, quia nihil in eo dignum, quod judicaretur, populus persecutor invenit.

2. Unde et propheta, adventum judicii ejus annuntians, sic comminatur contra eumdem populum, dicens : *Audite quæ Dominus* **39** *loquitur : Surge, et contende judicio adversus montes, et audiant colles vocem tuam. Audiant montes judicium Domini, et fortia fundamenta terræ* (*Mich.* VI, 1 *seq.*). Quia judicium Domini cum populo suo, et cum Israel dijudicabitur, dicens : *Popule meus, quid feci tibi? et quid* B *molestus fui? responde mihi, quia eduxi te de terra Ægypti, et de domo servientium liberavi te, et misi ante faciem tuam Moysen, et Aaron, et Mariam?* Ubi ostendit beneficia Domini præstita in populum suum, et contra hæc adversus eum mala eorum. Et quid juxta hæc eidem populo venturum sit, deinde subjungit : *Audite, tribus, quis approbabit illud? adhuc ignis in domo impii, thesauri iniquitatis.*

CAPUT XXV.

In passione a discipulis deseritur.

1. Quia in passione sua a suis discipulis desolandus esset, per David prophetam idem Dominus loquitur : *Omnes amici mei obliti sunt me, longe fecisti notos meos a me* (*Psal.* LXXXVII, 9). Et Zacharias : *Percute pastorem, et dispergentur oves* (*Zach.* XIII, 7; C *Matth.* XXVI, 31). Tunc discipuli confugerunt.

CAPUT XXVI.

A falsis testibus accusatus est.

1. Quia a falsis testibus accusandus erat, per Osee prophetam idem Dominus sic dicit : *Væ,* inquit, *eis, quoniam recesserunt a me, vastabuntur, quia prævaricati sunt in me. Ego redemi eos, et ipsi locuti sunt contra me mendacia; et ego erudivi eos, et confortavi brachia eorum, et ipsi in me cogitaverunt malitiam, reversi sunt, ut essent absque jugo; facti sunt quasi arcus dolosus* (*Ose.* VII, 13).

2. Et Zacharias : *Si invaluerunt super me verba vestra, dicit* **40** *Dominus, et dixistis : Quid locuti*

CAP. XXI. (*col. præced.*) N. 2. Al., *traditore* pro *proditore.* Et *posset* pro *potest.* MAR.

CAP. XXII N. 1. Al., *morte* pro *mortem.* Et *manu* pro *manus.* MAR.

CAP. XXIV. N. 2. Al., *servitutis* pro *servientium.* MAR.

CAP. XXV. N. 1. *In passione a discipulis.* Hoc caput 25 in Gothicis tantum erat, ideoque obelo signatum est, et in postremis verbis videtur legendum : *Tunc enim discipuli confugerunt.* MAR.

CAP. XXVI. N. 1. Al., *aversi* pro *reversi.* MAR.

2. *Testis falsus non erit impunitus, pro eo quod vendidit argento justum.* Hujus testimonii prior pars sumpta est ex Proverb. XIX, 5. Posterior ex Amos II, 6. Utramque Isidorus Isaiæ tribuit, nisi omnes Codices sunt vitiati, quod non videtur, cum cap. 20 eadem verba eodem Isaiæ nomine referantur. Ubi etiam verba illa : *Si invaluerunt super me verba vestra, dicit Dominus,* etc., quæ sunt ex Malachiæ III, 13, Zachariæ nomine per errorem adducuntur. Simili memoriæ lapsu cap. 29 hujus libri tanquam Jeremiæ citat illa verba : *Posui scapulas meas ad flagella, et maxillas* D *meas ad palmas.* Qui locus ex Isaiæ L, 6, desumptus est. Nam ubi in Vulgata legimus : *Corpus meum dedi percutientibus, et genas meas vellentibus,* quæ verba jam Isidorus citaverat, Septuaginta legebant : *Dorsum meum dedi ad flagella, et genas meas ad alapas.* A Cypriano sane II, contra Judæos, cap. 12, et Lactant., lib. IV divinarum Inst., cap. 18, Isaiæ nomine adducuntur. Jam quod capite 51 hujus libri Isidorus illa verba : *Spinis peccatorum suorum circumdedit me populus hic,* tanquam Jeremiæ adducit, eorum vestigium nullibi potui invenire, quemadmodum quod a Lactantio ejusdem Jeremiæ nomine adducitur de Christo, lib. IV, cap. 8 : *Beatus qui erat antequam nasceretur.* Et cap. 12, illud ex Salomone : *Infirmatus est uterus virginis, et accepit fortem, et gravata est, et facta est in multa miseratione mater virgo,* ubi invenias? MAR.

sumus contra te? Et in Psalmis dicit : *Insurrexerunt in me testes iniqui, et mentita est iniquitas sibi* (*Psal.* xxvi, 12). Et Isaias de Juda dicit : *Testis falsus non erit impunitus, pro eo quod vendidit argento justum.*

CAPUT XXVII.

Clamaverunt Judæi ut crucifigeretur.

1. Quia clamaverunt Pilato ut crucifigeretur, hoc jam per Jeremiam Christus de Synagoga prædixerat, dicens : *Reliqui domum meam, facta est mihi hæreditas mea, quasi leo in silva, dedit contra me vocem suam* (*Jerem.* xii, 7) ; blasphemans utique, et dicens : *Crucifige, crucifige* (*Luc.* xxiii, 21 ; *Joan.* xix, 6).

2. Et alibi ipse dicit : *Super quem aperuistis os vestrum? et adversus quem laxastis linguas vestras* (*Isai.* lvii, 4)? Et Isaias : *Ruit*, inquit, *Jerusalem, et Judas concidit, quia lingua eorum contra Dominum* (*Isai.* iii, 8). Item ipse : *Exspectavi ut facerent judicium, fecerunt autem iniquitatem, et non justitiam, sed clamorem* (*Isai.* v, 7).

41 CAPUT XXVIII.

Judæi posteritatem suam damnaverunt.

1. Nam quia peccantes Judæi etiam in Christo posteritatem suam damnaverunt, dicentes : *Sanguis ejus super nos, et super filios nostros* (*Matth.* xxvii, 25), olim cum objurgatione Isaias illis prædixerat, dicens : *Semen pessimum, præparate filios vestros occisioni in iniquitate patrum suorum* (*Isai.* xiv, 20). Venientibus enim in Judæam gentibus, pro scelere patrum etiam filii trucidati sunt.

2. Sub quorum persona et Jeremias interitum eorum ita deplorat, dicens : *Patres nostri peccaverunt, et non sunt, nos autem iniquitates eorum exsolvimus* (*Thren.* v, 7). Item Jeremias : *Sacerdotes non dixerunt, Ubi est Dominus? et tenentes legem, nescierunt me, et pastores prævaricati sunt in me. Propterea adhuc judicio contendam vobiscum, ait Dominus, et cum filiis vestris disceptabo.*

3. ➤ Item ipse : *Quare ergo est factus in prædam? super eum rugierunt leones, et dederunt vocem suam, posuerunt terram ejus in solitudinem, et civitates ejus exustæ sunt, et non est qui habitet in eis* (*Jerem.* ii, 8, 14).

CAPUT XXIX.

Flagellatus, et palmis cæsus est.

1. Quia flagellatus est, et palmarum sustinuit ictus, Job de eo sic dicit : *Exprobrantes, et conspuentes, percusserunt maxillam meam, satiati sunt pœnis meis* (*Job.* xvi, 11). Et in Psalmis ipse dicit : *Ego ad flagella paratus sum* (*Psalm.* xxxvii, 18). Et iterum : *Congregata sunt in me flagella, et ignoravi* (*Psal.* xxxiv, 15).

2. Similiter et per Isaiam : *Non sum*, inquit, *contumax, neque contradico : corpus meum dedi percutientibus, et genas meas vellentibus : faciem meam non averti ab increpantibus, et conspuentibus in me* (*Isai.* l, 6). Et per Jeremiam dicit : *Posui scapulas meas ad flagella, et maxillas meas ad palmas* (*Thren.* iii, 30). Item de ipso idem Jeremias : *Dabit*, inquit, *percutienti se maxillam, saturabitur opprobriis.*

42 CAPUT XXX.

Arundine Christi caput percussum est.

1. Quia arundine caput ejus percussum est, et sustinuit patienter, Isaias prædixerat, dicens : *Arundinem quassatam non conteret*, ➤ *et linum fumigans non exstinguet, calamum quassatum, sive confractum non conteret, cunctis enim placabilis erit, et veniam dabit peccatoribus, dicens : Confide, filia, dimittuntur tibi peccata* (*Isai.* xlii, 1 *seq.*). Et linum fumigans, sive, ut cæteri transtulerunt obscurum atque tenebrosum non exstinguet.

2. Qui vicini erant exstinctioni, Domini clementia servabuntur. Quæ super Judæis, et nationibus, in supradictis opusculis disseruimus ; sed cum veritate omnia judicabit, nequaquam metuens Scribas et Pharisæos, quos confidenter hypocritas appellabat (*Matth.* xxiii, 13).

CAPUT XXXI.

Spinis coronatus est.

1. Et quia spinea corona capiti ejus imposita est, scribitur hoc in Canticis canticorum ex persona Patris, de contumeliis Filii iniquitatem Jerusalem mirantis, atque dicentis : *Exite, et videte, filiæ Jerusalem, regem in corona, qua coronavit eum mater ejus* (*Cant.* iii, 11), id est, corona spinea, quam capiti ejus imposuit Synagoga.

2. Sed et per Jeremiam idem Filius sic dicit : *Spinis peccatorum suorum circumdedit me populus hic.* Et apud Isaiam : *Plantavi*, inquit, *vineam electam, et exspectavi, ut faceret uvas, fecit autem spinas* (*Isai*, v, 2) ; 43 utique quia degenerans a patriarcharum fructu, non fructus justitiæ, sed spinas mortis et crucis attulit suo Creatori.

CAPUT XXXII.

Veste coccinea indutus est.

1. Nam et quod milites illudentes veste coccinea induerunt eum, prænuntiavit hoc Isaias propheta dicens : *Quis est iste qui venit de Edom, tinctis vestibus de Bosra? quare rubrum est vestimentum tuum, et in-*

Cap. xxviii. N. 1. Al., *vestrorum* pro *suorum*. Mar.

2. Al., *portamus* pro *exsolvimus*. Mar.

Cap. xxix. N. 1. Al., *ignoraverunt* pro *ignoravi*. Mar.

Cap. xxx. N. 1. *Et linum fumigans*, etc. Hæc omnia usque ad finem capitis erant in uno tantum Tarraconensi majore, quæ obelo notata sunt, quoniam non satis placebant, nec erat tamen unde vera lectio restitueretur. Neque satis intelligebam quæ essent supra dicta opuscula, in quibus Isidorus de his rebus disseruisse se dicit. Mar.

Ibid. Pro *et linum*, usque ad *hypocritas appellabat*. Flor. 1 hæc tantum habet : *Et David ait : Quonium quem percussisti, persecuti sunt, et super dolorem vulnerum meorum addiderunt.* Arev.

Cap. xxxi. N. 1. Al., *diademate, quo coronavit.* Mar.

2. *Per Jeremiam.* Jam advertit Mariana, ad cap. 26, n. 2, nullum se apud Jeremiam invenire potuisse vestigium horum verborum : *Spinis peccatorum suorum.* Arev.

dumentum tuum, tanquam calcantium in torculari (*Isai.* LXIII, 1)? At ille respondens: *Torcular*, inquit, *calcavi solus*. Calcare enim torcular solum se dixit, quia solus propter mundi peccatum passionem suscepit, solusque delicta omnium sanguine suo lavit.

CAPUT XXXIII.

Dum pateretur, tacuit.

1. Nam quia dum pateretur, tacuisse scribitur, hoc prophetarum voces testantur. Isaias enim sic de illo ait: *Tanquam ovis ad occisionem ductus est, et sicut agnus coram tondente se, sic non aperuit os suum* (*Isai.* LIII, 7). Hic enim in passione Pilato interroganti nihil locutus est; sed in humilitate judicium ejus sublatum est; de quo et ipse alibi: *Non clamabit, nec audiet quis in plateis vocem ejus* (*Isai.* XLII, 2).

2. Item idem Christus per eumdem prophetam: *Dominus Deus aperuit mihi aurem, ego autem non contradico. Corpus meum dedi percutientibus* (*Isai.* L, 5). Et ipse alibi: *Tacui, silui, nunquid semper tacebo* (*Isai.* XLII, 14)? Primo enim tacuit, ut judicaretur, quando sicut agnus coram tondente se fuit sine voce, nec aperuit os suum, suamque compescuit potestatem.

. In novissimo autem sic de eo scribitur: *Deus manifeste veniet. Deus noster, et non silebit* (*Psal.* XLIX, 3). Tacuit enim ut judicaretur, quando venit occultus; nequaquam autem tacebit quando venerit manifestus ut judicet.

44 CAPUT XXXIV.

Crucem portavit.

1. Quia crucem suam ipse portavit, Isaias prædixit: *Puer natus est nobis, et filius datus est nobis, et factus est principatus super humeros ejus* (*Isai.* IX, 6). Quis enim regum potestatis insignia in humero portat, et non aut in capite coronam, aut aliqua propriæ vestis ornamenta?

2. Sed solus Rex sæculorum Christus gloriam potestatis suæ et sublimitatis in humeris extulit, quod etiam Isaac figuravit, qui cum a patre hostia duceretur, ligna ipse sibi portavit (*Gen.* XXII, 6), Christi eximiam tunc præfigurans passionem, lignum passionis suæ gestantis.

CAPUT XXXV.

Cruci affixus est.

1. Quia ligno crucis suspensus est, atque suffixus, Jeremias propheta ex persona Christi prædixerat, dicens: *Ego, quasi agnus mansuetus, qui portatur ad victimam, et non cognovi, quia super me cogitaverunt consilia, dicentes: Mittamus lignum in panem ejus,*
B 45 *et eradamus eum de terra viventium.* Hæc enim quæ passurus erat Dominus a Judæis, quasi si jam facta fuissent, propheta commendat.

2. Nam quid est lignum in pane mi-sum, nisi Christi affixio carnis in ligno? Panem enim corpus ejus agnoscimus; lignum in pane esse, fides nostra crucem agnoscit in corpore. Quia vita corporis sui panis est. Scriptum est enim: *Et erit vita tua pendens ante oculos tuos, et timebis die ac nocte, et non credes vitæ tuæ* (*Deut.* XXVIII, 66). Sed et in Psalmis iterum, quia extendit manus suas in cruce, sic dicit: *Elevatio manuum mearum sacrificium vespertinum* (*Psal.* CXL, 2). Sive quod veniente quasi mundi vespera, sive quod declinante jam sole ad vesperam, Dominus in cruce animam posuit, elevans manus suas in eodem
C crucis ligno, atque offerens se ipsum Deo pro nobis sacrificium, ut per illud sacrificium delerentur peccata nostra.

3. Apud Isaiam quoque de crucis ejus prædicatione ita scribitur: *Et erit principatus ejus super hume-*

CAP. XXXIII. N. 1. Al., *tondente se, obmutescet, sic non ap. o. s.* MAR.

CAP. XXXIV. N. 1. Al., *humerum ejus.* MAR.

Ibid. Quis enim regum potestatis insignia, etc. Hæc Tertullian. contra Judæos sic ait: *Quis omnino regum insigne potestatis suæ in humero præfert? et non aut in capite diadema, aut in manu sceptrum, aut aliqua proprietate usus nova?* Fortassis legendum in Tertull. ex Isidoro, *aut aliqua proprietate vestis nova.* MAR.

Ibid. Al., *super humeros* pro *in humero.* MAR.

2. *Ligna ipse sibi portavit.* Tarraconensis major, *Ligna ipse portavit.* Tertullianus tamen contra Judæos sic ait: *Itaque in primis Isaac, cum a Patre hostia duceretur, lignumque ipse sibi portans*, etc. Itaque ea lectio placuit. MAR.

CAP. XXXV. N. 1. *Mittamus lignum in panem ejus.* Locus est Jeremiæ XI, 19, *in quo omnium Ecclesiarum consensus est*, ut Hieronymi verbis utar, *sub persona Jeremiæ de Christo hæc dici.* Cyprianus, lib. II contra Judæos, c. 14. Lactant., lib. IV, cap. 18. Tertull., contra Judæos, nisi quod legit: *Mittamus panem ejus in lignum.* Omnes sane ad Christum referunt, in cujus corpus, quod vere panis et vita est, lignum est missum, cum cruci affixus est. Justinus, contra Tryphonem, a Judæis olim hunc locum de ipsorum Codicibus expunctum affirmat in odium Christi. MAR.

Ibid. Jeremias propheta. Cod. Barber. omittit. AREV.

2. Al., *carnis in lignum.* MAR.

Ibid. Al., *in vespera*, vel *ante vesperam*, pro *ad vesperam.* MAR.

3. *Dominus regnavit a ligno.* Locus est ex Psalmo XCV, 10. Nam ubi modo legimus: *Dicite in gentibus quia Dominus regnavit*, olim legebatur: *Dominus regnavit a ligno.* Judæi autem hunc locum, sicut superiorem, abstulerunt, ut Justinus ait contra Tryphonem, quoniam maxime omnium premebat. Exstatque in Psalterio Romano et Hispanico locus integer hoc modo: *Dicite in nationibus quia Dominus regnavit a ligno.* Unde Fortunatus episcopus, in hymno de cruce dixit:

D
> Impleta sunt, quæ concinit
> David fideli carmine,
> Dicens: In nationibus
> Regnavit a ligno Deus

Simili audacia, idem Justinus ait, Judæos ex sacris libris abstulisse illa verba: *Hoc pascha Salvator noster est et refugium nostrum; cogitate, et ascendat in cor vestrum, quoniam habemus humiliare eum in ligno, et post hæc sperabimus in eum, ne deseratur hic locus in æternum tempus, dicit Dominus Deus virtutum.* Quæ verba a Lactantio quidem adducuntur, lib. IV, cap. 18. In sacris libris ne vestigium quidem eorum exstat, ac ne ab Isidoro quidem toto hoc opere citantur. MAR.

Ibid. In Editione Grialii erat *et post hæc superabimus* in verbis a Justino laudatis, *Hoc pascha*, etc., quæ ex libris Esdræ sublata esse dicuntur. Vide ipsum Marianam latius de his disserentem, cap. 7, pro Editione Vulgata. AREV.

ros ejus (*Isai.* ix, 6), id est, vexillum suæ crucis, quod suis prætulit humeris, juxta vaticinium David prophetæ, qui dicit : *Dominus regnavit a ligno.* Habacuc quoque passionem crucis Christi ita prænuntiavit, dicens : *Cornua in manibus ejus sunt* (*Habac.* iii, 4). Quod quid est aliud, nisi tropæum crucis ? Item ipse de ascensione crucis, in qua exaltatus omnia traxit ad seipsum, ita dicit : *Dominus, fortitudo mea, constituit pedes meos in consummationem. Super excelsa imponet me, ut vincam in claritate ejus* (*Habac.* iii, 19).

46 CAPUT XXXVI.

Clavis manus ejus, et pedes affixi sunt.

1. Quia crucifixus est, et manus ejus, ac pedes clavis affixi sunt, per David ipse loquitur, dicens : *Foderunt manus meas, et pedes meos, dinumeraverunt omnia ossa mea, ipsi vero consideraverunt et conspexerunt me.* Quibus utique verbis in cruce corpus significat extentum, manibus pedibusque confixis, et clavorum transverberatione confossis. Quod David passus non est, qui sine ulla corporis passione legitur in pace quiescere.

2. Sed hoc de Christi prædictum est passione, qui a populo Judæorum clavis in ligno confixus est ; manus enim et pedes non confodiuntur, nisi ejus qui in ligno suspenditur. Item in Canticis canticorum : *Manus meæ distillaverunt myrrham, et digiti mei pleni myrrha probatissima* (*Cant.* v, 5). Quod specialiter dixit propter fixuras clavorum.

3. Et per Malachiam, quia crucifigendus erat, ita præmisit idem de semetipso Dominus, dicens : *Si affiget,* inquit, *homo Deum, quia vos configitis me, et dixistis : In quo confiximus te* (*Malach.* iii, 8) ? Et subjecit Deus post hæc dictis : *Me vos configitis gens tota,* quod pertinet ad mysterium dominicæ passionis, in qua Judæi Christum crucifixerunt, quando sceleratas manus injecerunt in eum.

4. Quod etiam per Zachariam iterum Deus sic memorat, dicens : *Et aspicient ad me, quem confixerunt, et plangent eum planctu, quasi super unigenitum, et dolebunt super eum, ut doleri solet in morte primogeniti* (*Zach.* xii, 10). Hoc enim factum deprehendimus in Jesu, quem confixerunt Judæi in cruce, quem dolebunt a se crucifixum in judicii die, cum viderint eum in Patris ac sua majestate regnantem (*Luc.* ix, 26).

47 CAPUT XXXVII.

Inter duos latrones crucifixus est.

1. Nam quod inter duos latrones crucifigendus esset, longe ante per Isaiam prædictum est : *Et inter iniquos deputatus est* (*Isai.* liii, 12). Et Habacuc propheta : *In medio,* inquit, *duorum animalium cognosceris* (*Habac.* iii, 2), id est, in medio duorum latronum.

CAPUT XXXVIII.

Quia divisa sunt vestimenta ejus.

B 1. Post crucis sententiam sequitur rerum divisio, et sors super vestem ; quam per David idem Dominus ante prædixerat, dicens : *Diviserunt sibi vestimenta mea, et super vestem meam miserunt sortem* (*Psal.* xxi, 19). Quæ prophetia, quemadmodum sit expleta, evangelica narrat historia. Nam dum vestimenta alia a militibus fuissent divisa, pro tunica autem dicunt : *Non scindamus eam, sed mittamus sortem, cujus sit* (*Joan.* xix, 24). Erat enim tunica ÷ inconsutilis, ⌐ id est, ex omni parte contexta.

48 CAPUT XXXIX.

Felle et aceto potatus est.

1. Quod autem pendenti in cruce acetum cum felle mistum dederunt, hoc jam fuerat in Psalmis prædictum a Domino : *Dederunt,* inquit, *in escam meam fel,*
C *et in siti mea potaverunt me aceto,* quod quidem et alias ad Jerusalem ipse sic proclamat, dicens : *Ego te plantavi vineam electam ; quomodo facta est in amaritudinem vitis aliena* (*Jerem.* ii, 21) ?

2. Deus enim bonam plantaverat vineam, hoc est, Judæorum gentem : illa autem vitio suo depravata Conditorem amaritudine potavit. Pro quo et Moyses : *Uva,* inquit, *eorum, uva fellis, et botrus amaritudinis ipsi* (*Deut.* xxxii, 32). Unde et superius objurgans eos, dicit : *Sic plebs fatua, et non sapiens, hæc Domino retribuisti* (*Deut.* xxxii, 6) ?

Cap. xxxvi. N. 1. *Foderunt manus meas et pedes meos* Psal. xxi, 18, ubi Christi Redemptoris cruciatus sigillatim recensentur. Verum hunc etiam locum Judæorum perfidia depravavit. Et pro *foderunt manus meas* legunt ipsi Hebraice : *Sicut leo manus meas.* Sane hanc, quamvis Judæus genere, eo libello, in quo pro Hebraicorum Codicum fide disputat, hunc locum esse depravatum confitetur. Mar.

Ibid. Al., *injuria legitur.* Mar.

Cap. xxxviii. N. 1. *Erat enim tunica inconsutilis, id est, ex omni parte contexta.* Locus est Joan. xix, 23, et quidem in Tarraconensi minori tantum vox illa *inconsutilis* legebatur, in aliis omnibus deerat. Quo circa obelo signata est. In Editione vulgata legimus : *Erat enim tunica inconsutilis, desuper contexta per totum :* neque Græca discrepant Ἦν δὲ ὁ χιτὼν ἄῤῥαφος ἐκ τῶν ἄνωθεν ὑφαντὸς δι' ὅλου. Isidorus, ubi Vulgata dixit *per totum, omni ex parte* posuit. Genus autem vestimenti de quo ibi mentio fit a Festo Pomp. vocatur tunica recta, ubi ait : *Recta appellantur vestimenta virilia, quæ patres liberis suis conficienda curant ominis causa, ita usurpata, quod a stantibus et in altitudinem texuntur.* Hanc Græci ὀρθοστάδιον χιτῶνα vocant. Cujus formam Nonnus explicat in eum Evangelii locum, his duobus versibus :

Ὅστις ὅλος καὶ ὕπερθεν ὁμοῦ καὶ ἔνερθε φορῆος
Ἄῤῥαφος ἦεν ὕφαντος ἀπ' αὐχένος εἰς σφυρὰ λήγων.

D Isidorus, lib. xix Etymologiarum, cap. 22 : *Recta,* inquit, *dicitur vestis, quam sursum versus stantesque texunt.* Itaque Isidorus et Festus sursum versus texi rectam tunicam dicunt ; Evangelium et Nonnus a superiori parte inchoari, nimirum deorsum versus. Et fortassis utroque modo id genus vestimenti texebatur. Mar.

Ibid. Lib. xix Etymolog., cap. 22, n. 18 : *Recta dicitur vestis, quam sursum versum stantesque texunt.* Confer notam ad eum locum. Arev.

Cap. xxxix. N. 1. Psalm. lxviii, 22, *esca mea.* Mar.

Ibid. Al., *alienæ* pro *aliena.* Mar.

Ibid. Mariana fortasse voluit indicare variam lectionem *esca mea* pro *escam meam.* Ac re vera in Psalterio Corbeiensi apud Sabatierium legitur : *Et dederunt in esca mea fel.* Arev.

CAPUT XL.

Quia hyssopo circumdederunt spongiam aceto plenam.

1. Nam quod hyssopo circumdederunt spongiam aceto plenam, in Psalmis dictum fuerat: *Asperges me hyssopo, et mundabor* (*Psal.* L, 9). Unde et in lege per hyssopi fasciculum aspergebantur agni sanguine, qui mundari volebant (*Exod.* XII, 22), quo significaretur per passionem Domini peccata ablui mundi.

49 CAPUT XLI.

Quia titulus crucis ejus corruptus non est.

1. De titulo crucis dixerunt Judæi: *Noli scribere Rex Judæorum,* ⟩ *sed quia ipse dixit: Rex sum Judæorum.* ⟨ Et respondit Pilatus: *Quod scripsi, scripsi* (*Joan.* XIX, 21). Jam enim in Psalmo LVI fuerat prophetatum: *Ne corrumpas tituli inscriptionem*, in cujus psalmi serie non solum passio, vel mors, sed etiam resurrectio et ascensio Domini prædicatur.

CAPUT XLII.

In cruce pendens, Patrem pro inimicis suis deprecatus est.

1. Quia in cruce pendens Patrem pro inimicis suis deprecatus est, Isaias dicit: *Ipse peccata multorum tulit, et pro transgressoribus oravit* (*Isai.* LIII, 12). Et in Psalmis sic: *Pro eo*, inquit, *quod eos diligebam, adversabantur mihi; ego autem orabam pro eis* (*Psal.* CVIII, 4).

2. Item Habacuc cum dixisset de eo: *In medio duorum animalium cognosceris*, subjecit: *Cum conturbata fuerit anima mea, in ira misericordiæ tuæ memor eris* (*Habac.* III, 2). Præfiguravit enim propheta sub hac sententia in semetipso Judæorum personam, qui Christum 50 commoti ira crucifixerunt. Ubi tamen ille, *memor misericordiæ suæ* dixit: *Pater, ignosce illis, quia nesciunt quid faciunt* (*Luc.* XXIII, 34).

CAPUT XLIII.

Pro nostris peccatis crucifixus est.

1. Et quia non pro suis, sed pro nostris peccatis A crucifixus est, Isaias dicit: *Pro iniquitatibus populi sui ductus est ad mortem, dabo impios pro sepultura ejus.* Et iterum: *Vulneratus est propter iniquitates nostras, et attritus est propter scelera nostra; livore ejus sanati sumus.* Et iterum: *Omnes nos, quasi oves, erravimus, unusquisque in viam suam declinavit, et Dominus posuit in eo iniquitates omnium nostrum* (*Isai.* LIII, 5 *seq.*). Juxta Apostolum, qui dicit: *Quia cum peccatum non cognovisset, ipse pro nobis peccatum factus est* (*II Cor.* V, 21), id est, sacrificium pro peccatis nostris. Quare autem pro nobis passus est, hæc est causa.

CAPUT XLIV

Quia mortuus est.

B 1. Post flagella et crucem, fellisque et aceti potationem, deinde sequitur mors ejus. Quam lex ipsa non siluit, dicens: *Recubans dormivit, ut leo, et ut catulus leonis; quis suscitabit eum* (*Gen.* XLIX, 9)? Clamat etiam eamdem mortem ejus et LXVII Psalmus: *Deus noster, Deus salvos faciet nos, et Domini mors, et Domini exitus mortis.*

2. Quid apertius diceretur? Dominus enim Jesus, qui interpretatur *Salvator*, ipse est Deus noster, salvos faciens nos, quem 51 quia oportuit nasci, et a vita exire per mortem, ideo subjunctum est: *Domini mors, et Domini exitus.* Item per Isaiam: *Tanquam ovis ad occisionem ductus est, et sicut agnus coram tondente se sine voce, sic non aperuit os suum. Pro peccatis populi sui ductus est ad mortem* (*Isai.* LIII, 7).

C 3. Judæi autem Christum, quem sperant venturum, moriturum non sperant. Ideoque respondeant: Quis est iste quem propheta annuntiat? Item apud Jeremiam sic dicit: *Inebriavi animam lassam, et omnem animam esurientem saturavi, ideo quasi de somno suscitatus sum, et vidi, et somnus meus dulcis mihi* (*Jerem.* XXXI, 25).

CAP. XLI. N. 1. *Ne corrumpas tituli inscriptionem.* Titulus est Psalm. LVI, neque in Græco tamen, ac ne in Editione quidem Vulgata, sed in uno tantum Psalterio Hispanico hæc verba reperio: *In finem, ne corrumpas David in tituli inscriptione.* Augustinus, comment. ad eum Psalmum: *Ne corrumpas ipsi David in tituli inscriptionem.* Commentariis quæ Hieronymi nomine circumferuntur: *Ipsi David in tituli inscriptionem, ne disperdas, hoc est, ne corrumpas tituli inscriptionem;* quæ sunt verba Isidori. Hebraica sic habent: אל תשחת לדוד מכתם hoc est, *ne corrumpas David Michtam*, quæ dictio a nonnullis in aureolæ significatione sumitur. Septuaginta et antiqui Patres tituli inscriptionem significare putarunt, et ad Christi crucem retulerunt. Pagninus in sua versione intactam reliquit, opinionum varietatem veritus. MAR.

Ibid. Allegat Sabatierius Psalterium e Ms. Vatic. apud Hilarium, *ne disperdas;* sed ita ut Hilarius *ne corrumpas* præferre videatur. AREV.

CAP. XLII. N. 2. Al., *dum dixisset.* MAR.

Ibid. Al., *memoratus misericordiæ suæ.* MAR.

CAP. XLIII. N. 1. *Id est sacrificium pro peccatis nostris.* Hæc verba in uno tantum Tarraconensi minori erant. Quod vero sequitur: *Quare autem pro nobis passus est*, existimo adversativam pro illativa sumi, quod vitium Hispanis familiare est. MAR.

CAP. XLIV. N. 1. *Deus noster, Deus salvos faciet nos, et Domini mors, et Domini exitus mortis.* Ex Psalm. LXVII, vers. 21, voce *mortis* ex Tarraconensi minori adjecta, in quo tantum erat. Cujus testimonii priora quidem verba: *Deus noster, Deus salvos faciet nos*, in uno Psalterio Hispanico inveni, posteriora hoc modo in eodem Psalterio legebantur, *et Domini Dei exitus mortis.* Et fortassis ita legendum erat in Isidoro, sed Codices omnes discrepabant. MAR.

D 2. Al., et ad vitam exire. MAR.

3. Al., *est mihi*, pro *dulcis mihi.* MAR.

Ibid. Post verba *somnus meus dulcis est mihi* in Cod. 2 Flor. est satis longum fragmentum, quod hic repræsento: « Et quidem dulcis somnus, quoniam ex illa provenit inebriatione, de qua ibi scribitur: *Inebriamini, charissimi.* Qua inebriatione inebriatus fuit Joseph cum fratribus suis in meridie: hic, Christi tenens figuram, animam lassam inebriavit, et esurientem saturavit, ideoque de somno suscitatus. Et ipse quidem somnus sibi et nobis pariter dulcis, quoniam quidem in Joanne scribitur quod Dominus loquens discipulis volebat gaudium ipsius in eis esse, et gaudiorum impleri debere, quod fit in eis qui post gratiam Christi quieverunt sopore mortis, eadem gratia in gloria resurrecturi. Illorum scilicet intelligendum [*Forte supplendum* gaudium], qui corda sua direxerunt in viam rectam, in qua videlicet ambularunt,

52 4. Danieli quoque angelus de occisione et morte Christi sic loquitur, dicens : *Scito et animadverte, ab exitu sermonis, ut iterum ædificetur Jerusalem, usque ad Christum ducem hebdomadæ septem et hebdomadæ* LXII *erunt, et post hebdomadas* LXII *occidetur Christus;* id est, post quadringentos nonaginta annos, *et non erit ejus populus qui eum negaturus est.* Unde et ibi sequitur clades Judæorum, quæ postea completa est : *Et civitatem, et sanctuarium dissipabit populus cum duce venturo* (*Dan.* IX, 25), id est, Romanus exercitus cum Vespasiano.

5. Item in Sapientia sic legitur de morte ejus : *Contumeliis et tormentis interrogemus eum, ut sciamus reverentiam illius, et probemus patientiam ipsius, morte turpissima condemnemus eum* (*Sap.* II, 19).

CAPUT XLV.

Quia in passione ejus tenebræ factæ sunt.

1. Quod vero media die in passione ejus tenebræ factæ sunt, et sol ipse refugit, hoc etiam divini libri loquuntur, Amos propheta testante : *Et erit in die illa, dicit Dominus, occidet vobis sol meridie, et tenebrescere faciam terram in die luminis* (*Amos* VIII, 9).

2. Et Jeremias : *Exterrita est*, inquit, *quæ parturit*, id est, Jerusalem, *et afflicta est anima ejus : occidit ei sol, cum adhuc medius dies esset; confusa est et maledicta; reliquias eorum in gladium dabo* (*Jerem.* XV, 9). Quod factum est per Vespasianum.

CAPUT XLVI.

Non fregerunt ejus crura.

1. Porro, quia non fregerunt ejus crura, nisi tantum latronum, jam prædictum fuerat : *Os ejus non comminuetis* (*Exod.* XII, 46; *Num.* IX, 12; *Joan.* XIX, 36); præceptum enim fuerat eis celebrare pascha in A ovis similitudine; in qua Dominicæ passionis 53 umbra præcesserat, qui tanquam ovis ad occisionem ductus est (*Isai.* LIII, 7). Illa enim figura agni Christi passionem significabat.

CAPUT XLVII.

Lancea percussus est.

1. Et quia lancea latus ejus percussum est, sic prænuntiatum est ab ipso per Job : *Confregit me, et posuit me quasi in signum; circumdedit me lanceis suis; convulneravit lumbos meos, concidit me vulnere super vulnus* (*Job.* XVI, 13), id est, vulnere lanceæ super vulnus clavorum. Unde etiam et per David : *Super dolorem vulnerum meorum addiderunt* (*Psal.* LXVIII, 27), sic est ab eo prænuntiatum.

2. Et per Jeremiam : *Tetendit arcum suum, et po-* B *suit me, quasi signum ad sagittam, misit in renibus meis filias pharetræ suæ* (*Thren.* III, 12). Et iterum de ipso populo sic ait idem Dominus per prophetam : *Facti sunt mihi in sagittam reciprocam* (*Osee* VII, 16). Et Zacharias : *Videbunt, in quem confixerunt.* Utique hominem quem crucifixerunt. Quo etiam testimonio promissus est Christus in ea qua crucifixus est carne venturus.

CAPUT XLVIII.

De latere manavit sanguis et aqua.

1. Nam quia ex latere ejus sanguis et aqua manavit, Zacharias dicit : *Tu quoque in sanguine Testamenti tui emisisti vinctos tuos de lacu, in quo non est aqua* (*Zach.* IX, 11). Et iterum : *Cum egrederetur vir ab Oriente, ecce aquæ redundantes a latere dextro* C (*Ezech.* XLVII, 3), scilicet, Christi.

2. Item de eadem aqua, quæ ex latere ejus profluit, propheta 54 alius sic dicit : *Flumina aquæ viventis*

qui mentes suas in cœlesti via justitiæ, qua in baptismo ambulaturos se promiserunt, et secundum doctrinam Scripturarum pergere decreverunt, nec devia [*Forte*, nec per viam] erroris, nec per luxus sæculi declinare, ventura vitiorum certamina ex alta prænoscentes consideratione. Quod tunc apertissime designatur, cum sibi mens electi amaritudines ponit præ oculis cordis, quando etiam in virtutum pace constituta, dum mala insidiantia conspicit, secura quiescere non consentit.

« Primo namque statuere intra se firmo proposito habet [*Forte*, debet], ne mala quælibet agat. Secundo vero considerat ne bona incaute faciat; et postquam prava egerit, ipsa etiam recta sibi subjicere contendit, ne si mentis dominium transeat, et in elationis culpam veniant, ex ipsis bonis incuriæ vitio (*aliquantulum obscura hæc erant in Codice*) mala nascantur, ex doctrina arrogantia, ex justitia crudelitas, ex pietate remissio, ex zelo ira, ex mansuetudine torpor, et hujusmodi.

« Attendantque ad illud prophetæ singulare documentum, dicentis : *Dirige*, inquit, *cor tuum in viam rectam*; quæ quidem est semita mandatorum Dei, in qua ambulandum, neque ad sinistram declinandum; sicque de somno tædii et tristitiæ divina revelatione suscitati, somnum quietis et pacis prædictum suscipere possimus, quod divinis promissionibus consolatis dabitur invenire. Unde illud convenienter venit per experientiam, quod promittitur, quemadmodum tenent et illi qui nos præcesserunt. Quod in sacris (Scripturis) scribitur : *Si dormieris, non timebis; quiesces, et suavis erit somnus tuus.* Juxta illud hic securus dormit, et vigilat, quiescit, et ambulat, qui scilicet innocenter apud Deum et juste vivere meminit. Sed et justus cum in morte dormierit, non solum potentias malignorum spirituum non metuit, sed etiam in pace quiescit, et securus dormit, et diem resurrectionis exspectat. Si tam dulcis creaturis hæc agentibus, quam dulcius [*Forte*, dulcior] illi, a quo ista, quæ dicta sunt agi donantur? »

Hactenus Codex 2 Flor., qui tamen omittit *Danieli quoque* usque ad finem capitis *condemnemus eum*. AREV.

CAP. XLV. N. 2. *Per Vespasianum.* Alii *per Vespasianum et Titum.* AREV.

CAP. XLVII. N. 2. *Videbunt in quem confixerunt.* Zachar. XII, 10, ubi Septuaginta dixerunt : *Aspicient* D *ad me pro eo quod insultaverunt.* Joannes evang., XIX, 37, dixit : *Videbunt in quem transfixerunt.* Porro in consequentibus verbis, ubi nos posuimus *Utique hominem quem crucifixerunt*, uterque Tarraconensis legit : *Utique hominem, quem crucifixerunt.* Hispalensis : *Utique hominem quem confixerunt, et non Deum.* Verum illam vocem, *Et non Deum*, ut addititiam expunximus, quia in aliis exemplaribus deerat, et ne favere videretur iis qui communicationem idiomatum negabant, in quo numero fuit Theodoretus, ut constat ex ejus dialogis. MAR.

CAP. XLVIII. N. 2. Al., *quæ a latere ejus profluit*. MAR.

Ibid. Flumina aquæ viventis egredientur de ventre illius. Joan. VII, 38, sic legimus : *Qui credit in me, sicut dicit Scriptura, flumina de ventre ejus*, etc. Quo tamen ex loco Scripturæ divinæ hoc testimonium desumptum sit, non satis constat. Hieronymus prologis in Pentateuchum et Paralipom., absque loci designatione, in Hebræo tantum inveniri ait. Quidam

egredientur de ventre illius, aquæ scilicet baptismatis, quæ credentes vivificant, et quæ sitientibus largiuntur, quando impletur quod scriptum est: *Lavamini, mundi estote* (*Isai.* i, 16); et: *Lavabis me, et super nivem dealbabor* (*Psal.* l, 9).

CAPUT XLIX.

Sepultus est.

1. Quia sepulturæ traditus est, et humatus, in Psalmis dicitur: *Collocaverunt me in obscuris, sicut mortuos sæculi.* Quasi diceret: *Sicut homines*, utique quia ipse Deus erat. Item Isaias: *Et erit Dominus nominatus, in signum æternum, quod non auferetur. Et erit sepulcrum ejus gloriosum.* Et alibi: *Dabo impios pro sepultura ejus, et divites pro morte ejus* (*Isai.* lv, 13; xi, 10; liii, 9).

CAPUT L.

Lapis ad ostium monumenti positus est.

1. Quia postquam sepultus est, lapis ad ostium monumenti positus est, per Jeremiam idem ait: *Lapsa est in lacum vita mea*, **55** *et posuerunt lapidem super me.* Et iterum: *Conclusit vias meas lapidibus quadris, circumædificavit adversum me, ut non egrediar.*

CAPUT LI.

Descendit ad inferos.

1. Quia in infernum descendit, sic idem Dominus in Ecclesiastico dicit: *Penetrabo omnes inferiores partes terræ, et inspiciam omnes dormientes, et illuminabo sperantes in Deum* (*Eccli.* xxiv, 45). Item in Psalmis: *Vita mea inferno appropinquavit, æstimatus sum cum descendentibus in lacum, factus sum sicut homo sine adjutorio inter mortuos liber* (*Psal.* lxxxvii, 4). Descendit enim, sicut homo, in infernum, sed solus inter mortuos liber fuit, quia mors illum tenere non potuit.

CAPUT LII.

Descendens de morte quos voluit liberavit.

1. Quia in infernum descendens eos qui captivi erant a diabolo eruit, et sic iterum ad cœlestia remeavit, idem per Osee ita ante prænuntiavit: *Ego*, inquit, *ego capiam, et vadam; tollam, et non est qui eruat; vadens revertar ad locum meum*; id est, ad cœleste solium. Et infra: *De manu*, inquit, *mortis liberabo eos, de morte redimam illos. Ero mors tua, o mors, ero morsus tuus, inferne* (*Ose.* v, 14; xiii, 14).

56 CAPUT LIII.

Corpus Christi in sepulcro non vidit corruptionem.

1. Quod corpus Christi in sepulcro corruptionem non vidit, sed statim, devicta morte, resurgens, ab inferis remeavit, et hoc per prophetam idem in Psalmis prædixit: *Caro mea requiescit in spe. Quoniam non derelinques animam meam in inferno, nec dabis sanctum tuum videre corruptionem.* De qua resurrectione et in psalmo tertio ita cantatur: *Ego dormivi, et requievi, et resurrexi, quia Dominus suscitavit me.*

2. Ubi quid aliud indicat propheta, quod dormierit, et resurrexit, nisi quod somnus iste mors esset, et evigilatio resurrectio? quod in quadragesimo psalmo manifestius ostenditur, ubi dicit: *Tu autem, Domine, miserere mei, et resuscita me, et retribuam eis* (*Psal.* xl, 11). Et iterum: *Nunquid qui dormit, non adjiciet ut resurgat* (*Psal.* xl, 9)? Item in psalmo quarto: *In pace dormiam, et requiescam, quoniam tu, Domine, singulariter in spe constituisti me.* Singulariter, quia solus ipse sic requievit, ut confestim post mortem resurgeret.

3. Item per Isaiam de eadem resurrectione sua sic clamat: *Nunc exsurgam, dicit Dominus, nunc exaltabor, et nunc sublevabor* (*Isai.* xxxiii, 10). Ubi aperte testimonium resurrectionis et ascensionis ejus ostenditur. Unde et ibi zelum Judæorum subjecit, dicens: *Concipietis errorem et parietis. Spiritus vester, ut ignis, vorabit vos.*

---

putant desumptum ex Proverb. v, 16, ubi dicitur: *Deriventur fontes tui foras.* Verum eo loco Codices Septuaginta ab Hebraicis non discrepant. Chrysostomus ad eum Joann. locum censet nullibi exstare in Veteri Testamento, sed citari ex libro aliquo qui non exstat. Mar.

Ibid. Al., *egredientur de latere, vel de ventre illius.* Mar.

Cap. xlix. N. 1. *Collocaverunt me in obscuris*; psal. cxlii, 3. Cæterum in Psalteriis omnibus singulari numero legitur: *Collocavit me in obscuris.* Isidorus, ut puto, cum hos numeros alternari sæpe videret, locum legit numero multitudinis, quo modo instituto magis favebat. Mar.

Ibid. Al., *dabit impios.* Mar.

Cap. l. N. 1. Al., *laboravit in lacu*, Thren. iii, 53. Mar.

Ibid. Al., *concluserunt* pro *conclusit.* Ibid., vers. 7, 9. Mar.

Ibid. Cod. Flor. 2, post *ut non egrediar* ita pergit: *Hoc totum in carne, quam dum diabolus impetit, quæ* [Forte, *quia*] *patebat, quasi hamo divinitatis ejus captus est, qui* [Forte, *quæ*] *latebat. Est enim in Christo Domino hamus divinitas*, etc. (ut lib. i Sentent., cap. 14, usque ad *revertendi ad cœlos*). *Qui gloriæ splendoribus redimiti non poterunt cor triste gerere de damnatis. Non faciet in futurum justorum cor miserum compassione damnatorum condolendi affectio, ubi tantum erit sanctorum de Deo in contemplatione gaudium, ut tristitiæ nullus tribuatur introitus. Sicut comparatus color candidus nigro colori fit pulchrior, ita et sanctorum requies comparata damnationi malorum gloriosior erit. Sic justitia*, etc. Ita prosequitur Codex, ut lib. i Sententiar., cap. 30, usque ad *ascensuri sumus. Quod cum planum sit, non aliis deduco testimoniis.* Atque ita idem Codex concludit opus Isidori *de Passione dominica.* Arev.

Cap. li. N. 1. Al. *Illuminati omnes sperantes.* Mar.

Ibid. Al. *Appropriavit* pro *appropinquavit.* Mar.

Cap. lii. N. 1. Al., *cœlestem sedem remeavit.* Mar.

Cap. liii. N. 1. *Quoniam non derelinques animam meam in inferno*, Psalm. xv, 10. Quæ verba a Petro, Act. ii, 31, de Christi resurrectione citantur. Mar.

Ibid. Ego dormivi, et requievi, et resurrexi, quia Dominus suscitavit me. Ex Psalm. iii, 6, juxta Psalterium Hispanicum, quod sæpe non a Gallicano tantum, sed etiam Romano discrepat, ut superius dictum est. Mar.

Ibid. Mariana etiam in tract. pro Editione Vulgata, cap. 19, observat discrepantiam inter Psalterium Gothicum et Romanum nonnullis in locis; et ex Psalterio Romano ita allegat hunc locum: *Ego dormivi, et soporatus sum, et exsurrexi, quia Dominus suscepit me.* Confer Isidoriana, cap. 87, num. 15 et 16. Arev.

2. Al., *in idipsum dormiam.* Mar.

3. Al., *sublimabor* pro *sublevabor.* Mar.

57 CAPUT LIV.

Resurrexit ab inferis.

1. Quia ab inferis tertia die resurrexit, Osee propheta prædixerat, dicens : *Venite, et revertamur ad Dominum, quia ipse cepit, et sanabit nos, vivificabit nos post duos dies, in die tertia suscitabit nos, et vivemus in conspectu ejus* (*Ose.* VI, 1). Omnia hæc in Christo ita completa sunt. Quinta enim feria traditus, Parasceve passus, Dominica circa diluculum resurgens, ab inferis remeavit.

2. Unde et subjunxit propheta : *Quasi diluculo præparatus est egressus ejus.* Quod autem dixit *resurgemus et vivemus in conspectu ejus*, hoc propheta de sua persona, vel sanctorum, eloquitur, qui in inferno erant, et cum illo tertia die resurrexerunt.

CAPUT LV.

Apostoli ad prædicandum missi.

1. Quia post resurrectionem suam Christus piscatoribus apparuit, et prædicare eos gentibus misit, per Jeremiam ante sic meminit, dicens : *Ego mittam piscatores multos, dicit Dominus, et piscabuntur eos* (*Jerem.* XVI, 16). Denique secundum Matthæi Evangelium legitur quod Jesus veniens juxta mare Galileæ, vidit Petrum et Andream, fratrem ejus, mittentes retia in mare, quibus dixit : *Venite post me, et faciam vos fieri piscatores hominum* (*Matth.* IV, 18).

2. Similiter et duos alios fratres Jacobum Zebedæi, et Joannem fratrem ejus, dum vidisset in navicula cum patre Zebedæo texentes retia, provocans eos, de piscatoribus piscium piscatores 58 reddidit hominum, scilicet, ut prædicationis reti cunctos credentes de profundo sæculi hujus extraherent. Post hos piscatores sequitur : *Et mittam venatores et venabuntur eos de montibus, et de collibus, et de cavernis petrarum* (*Jerem.* XVI, 16); quod specialiter ad conversionem pertinet gentium, quas undique apostoli ceperunt, qui super assumptionem constituti sunt animarum.

3. Quos quia post gloriam resurrectionis suæ Dominus ad prædicandum in gentibus mitteret, et per Isaiam sic prælocutus est, dicens : *Venio*, inquit, *ut congregem cum omnibus gentibus et linguis, et venient, et videbunt gloriam meam, et ponam in eis signum*, utique crucis ; *et mittam ex eis qui salvati fuerint ad gentes in mare, in Africam, et Lybiam, te-* D *nentes sagittam*, id est, velocem prædicationis sermonem, *in Italiam quippe et Græciam, et ad insulas* A *longe, et ad eos qui non audierunt de me, et non viderunt gloriam meam* (*Isai.* LXVI, 18, 19); in qua sententia specialiter missi apostoli prophetantur.

4. Simulque et quod per totum mundum prædicaverunt Evangelium, id ipsum prophetæ non tacuerunt ; de quibus etiam in Psalmis ante prædictum est : *Non sunt loquelæ, neque sermones, quorum non audiantur voces eorum. In omnem terram exivit sonus eorum, et in fines orbis terræ verba eorum.* (*Psal.* XVIII, 4).

CAPUT LVI.

In cœlum ascendit.

1. Jam vero quia post resurrectionem suam in hominis forma Christus in cœlum usque ad Patrem ascendit, Daniel dicit : *Aspiciebam in visu noctis, et ecce in* B *nubibus cœli quasi filius hominis veniebat, et usque ad Antiquum dierum pervenit;* id est, usque ad Patrem. Post hæc adjecit : *Et in conspectu ejus obtulerunt eum, et dedit ei potestatem, et regnum, et omnis populus, tribus et linguæ ipsi servient, potestas ejus potestas æterna quæ non auferetur, et regnum ejus, quod non corrumpetur* (*Dan.* VII, 13).

59 2. Hujus ascensionem in cœlis rursus Psalmista sic indicat : *Ipse tanquam sponsus procedens de thalamo suo ; exsultavit, ut gigas, ad currendam viam, a summo cœlo egressio ejus, et occursus ejus usque ad summum ejus* (*Psal.* XVIII, 6). Veniens enim de cœlo, usque ad inferos descendit; regressusque, repetiit mansionem suam, ascendens et sedens ad dexteram Patris, de quo antea solus exivit.

C 3. Cujus ascensus in cœlum, vel introitus, quibus gaudiis declaretur, Psalmographus indicat. Videntes enim potestates æthereæ carnem Christi ascendentem in nubibus, et portas cœli ingredientem, dixerunt : *Tollite portas, principes, vestras, et elevamini, portæ æternales, et introibit Rex gloriæ. Quis est iste Rex gloriæ? Dominus fortis et potens, Dominus potens in prælio* (*Psal.* XXIII, 7).

4. Hunc ascensum ejus et alibi commemorans David dicit : *Ascendit super cherubim, et volavit, volavit super pennas ventorum* (*Psal.* XVII, 11). Et iterum : *Ascendit in altum, captivam duxit captivitatem, dedit dona hominibus* (*Psal.* LXVII, 19). Qui utique nisi fuisset in terra, non diceretur ascendere. Sed quid est *captivam duxit captivitatem*, nisi quia, devicta morte, ipsam carnem, quam e terris assumpserat, quasi captivam in cœlum ducebat?

5. Unde et post hæc propheta hortatur omnes

CAP. LIV. N. 2. *Quasi diluculo præparatus est*, Osee VI, 3. Hieronym. et Vulgata, *quasi diluculum* dixere. Isidorus autem, ut his verbis comprobaret, Christum matutino tempore in vitam rediisse (quæ multorum opinio est, tametsi alii magno numero et auctoritate de media nocte putaverunt) casum mutavit. Et quidem Hebraica Isidori lectionem ferre possint, dictione, שחר, adverbii loco sumpta. Nam Græca vox, ὄρθρον, id non recipit, cum ab adverbio πρωὶ distinguatur. MAR.

CAP. LV. N. 2. Al., *spiritualiter*, pro *specialiter*. MAR.

3. Al., *veni*, vel *veniam*, pro *venio*. Et *spiritualiter*, pro *specialiter*. MAR.

Ibid. In Vulgata : *In Africam et Lydiam, tendentes sagittam.* Idem testimonium iterum lib. II, cap. 1, num. 9. AREV.

CAP. LVI. N. 2. Al., *sedem*, pro *dexteram*. MAR.

3. Al., *Christi*, pro *Dei*. [Et *ejus*, pro *Christi*. MAR.

Ibid. Idem locus in Orientis partibus est. Non tantum locus, unde Christus ascendit, in Orientis partibus est, sed etiam facie ad Orientem conversa in cœlum ascendit, ut vestigia pedum indicant, quæ ad hunc usque diem loco impressa cernuntur. De quibus Severus Sulpicius, lib. II Histor., et Paulinus,

gentes, provocans eas ad laudem Dei, eumdemque ascensum Christi eisdem iterum sic prænuntians, ait: *Regna terræ, cantate Deo, psallite Domino, psallite Deo, qui ascendit super cælos cælorum ad Orientem.* Et bene adjecit, *ad Orientem*, quia idem locus in Orientis partibus est, ubi Christus resurrexit, et unde in cœlum ascendit. Et post hæc subdidit: *Visi sunt ingressus tui, Deus, ingressus Dei mei regis* (*Psalm.* LXVII, 25). Videntibus enim omnibus apostolis atque quingentis viris, sic ascendit in cœlum.

60 6. Hujus ascensionem et Salomon in Canticis canticorum prædicat: *Ecce hic venit, saliens supra montes, transiliens supra colles* (*Cant.* II, 8). Et Amos dicit: *Ædificavit Dominus in cœlo ascensum suum, et pollicitationem in terra firmavit* (*Amos* IX, 6). Sed et illud, quod per Isaiam Dominus dicit: *Nunc exsurgam, nunc exaltabor, nunc sublimabor* (*Isai.* XXXIII, 10), testimonium resurrectionis et ascensionis Christi declarat, quasi aperte diceret: *Nunc exsurgam a mortuis, nunc exaltabor in cœlum, nunc sublimabor in regno.* Unde et alibi ipse Isaias: *Ecce intelliget servus meus, exaltabitur, et elevabitur, et sublimis erit valde* (*Isai.* LII, 13). Quod utique ad ascensionem cœli et ad gloriam pertinet regni.

CAPUT LVII.

Sedet ad dexteram Patris.

1. Quia sedet ad dexteram Patris, in Psalmis scriptum est: *Dixit Dominus Domino meo: Sede a dextris meis; donec ponam inimicos tuos scabellum pedum tuorum* (*Psal.* CIX, 1). Inquirant ergo Judæi cui dictum est a Domino *Sede a dextris meis.* Nunquid archangelo? non opinor, neque angelo, neque prophetæ. Nam nullus eorum in ea gloria est, sed ille quem dignum consessu suo invisibilis Deus habet, hic sedet ad dexteram Patris.

2. Qui sicut consessu Dei dignus est, ita et natura dignus est, et nomine. De quo dicit et psalmus: *Regnabit Dominus super omnes gentes, Deus sedit super sedem sanctam suam* (*Psal.* XLVI, 9). Et iterum: *Dominus in cœlo paravit sedem suam, et regnum ejus omnibus dominabitur* (*Psal.* CII, 19).

CAPUT LVIII.

Regnum Christi perpetuum erit.

1. Quia regnum ejus in cœlo, et in terra æternum, ac perpetuum permanebit, Daniel dicit: « Videbam in visione noctis, et ecce **61** in nubibus cœli, quasi filius hominis veniebat, et usque ad Vetustum dierum pervenit, et in conspectu ejus perlatus est, et ipsi datus est principatus, et honor, et regnum, et omnis populus, tribus et linguæ ipsi servient, potestas ejus potestas æterna, quæ non auferetur, et regnum ejus, quod non corrumpetur » (*Dan.* VII, 13).

2. Quo testimonio ostenditur ita accepisse Christum ab omnipotente Deo dominationem et regnum, ut potestas ejus æterna sit, et regnum ejus sine ullo corruptionis fine permaneat. Et iterum idem Daniel: « In diebus illis suscitabit Dominus cœli regem, qui in æternum non commovebitur, et regnum ejus populo alteri non tradetur. Percutiet et conteret universa regna, et ipsum stabit in æternum (*Dan.* II, 44).

3. Et Isaias propheta de eodem: *Multiplicabitur*, inquit, *ejus imperium, et pacis non erit finis* (*Isai.* IX, 7). Et in psalmis sic legitur: *Orietur in diebus ejus justitia, et abundantia pacis, donec extollatur luna* (*Psal.* LXXI, 7); id est, usque ad consummationem sæculi.

CAPUT LIX.

Christus post ascensionem suam Spiritum sanctum super apostolos misit.

1. Quia post ascensionem suam Spiritum sanctum super apostolos misit, David ita dicit: *Ascendit in altum, cepit captivitatem, dedit dona hominibus* (*Psal.* LXVII, 19). Post ascensionem enim suam misit Spiritum sanctum, in quo omnium est plenitudo donorum.

2. De quo et per Joelem prophetam annuntiavit dicens: « Erit, inquit, post hæc effundam de spiritu meo super omnem carnem, et prophetabunt filii vestri, et filiæ vestræ, senes vestri somnia somniabunt, et juvenes vestri visiones videbunt, sed et super servos meos et ancillas in diebus illis effundam de spiritu meo » (*Joel.* II, 28). Et Zacharias: *Effundam*, inquit, *super domum David et super habitantes Jerusalem spiritum gratiæ et precum* (*Zach.* XII, 10).

62 CAPUT LX.

Apostoli variis linguis locuti sunt.

1. Quia apostoli Spiritu sancto repleti, linguis universarum gentium locuti sunt magnalia Dei, et hoc ante prænuntiatum est, dicente Psalmista: « Non sunt loquelæ, neque sermones, quorum non audiantur voces eorum. In omnem terram exivit sonus eorum, et in fines orbis verba eorum » (*Psalm.* XVIII, 4).

CAPUT LXI.

Venturus est ad judicandum.

1. Quod autem venturum Christum de cœlis judicem speramus, et quod ei omne judicium dedit Pater, per Ezechielem ita annuntiatur: « Hæc dicit Dominus Deus: Aufer cidarim, tolle coronam, nonne

epist. 10, scribunt; unde traditio ad orientalem cœli partem conversa facie orandi atque templa ædificandi, ut docet Basilius, lib. de Spiritu sancto, cap. 27. Contra in cruce pendens, faciem ad occasum conversam habuit, ut Sedulius, lib. V Carminum, auctor est, ubi ait:

Quattuor inde plagas quadrati colligit orbis.

MAR.

6. Al., *in cœlo*, vel *in cœlis*, pro *in cœlum*. Et *puer*, pro *servus*. MAR.

CAP. LVII. N. 2. Al., *omnium*, pro *omnibus*. MAR.

CAP. LVIII. N. 1. Vulgata: *Et usque ad antiquum dierum pervenit, et in conspectu ejus obtulerunt eum, et dedit ei potestatem, et honorem, et regnum*, etc. AREV.

3. Al., *pacis ejus non erit finis*. MAR.

CAP. LXI. N. 1. *Nonne hic est qui humiles sublevavit*, Ezech. XXI, 26; nisi quod in linguis omnibus genere feminino legitur: *Nonne hæc est quæ humiles sublevavit*. Verum Hieronym., comment. ad eum locum, ea verba nihilominus de extremo judicio explicat. MAR.

hic est qui humiles sublevavit, et sublimes humiliavit? Iniquitatem, iniquitatem, iniquitatem ponam eam; et hoc non factum est, donec veniat cujus est judicium, et tradam ei. »

2. De quo Isaias: « Dominus, sicut fortis, egredietur, et, sicut vir præliator, suscitabit zelum, vociferabitur, et clamabit, et super inimicos suos confortabitur. Tacui semper, silui, patiens fui, sicut paries, loquar, dissipabo, et absorbebo simul » (*Isai.* XLII, 13). Hoc ad secundùm adventum attinet, in quo non humilis, ut judicetur, sed ut judex fortis egredietur; neque tacebit, quod in priori adventu fecit, aut patiens erit, sicut fuit in passione carnis, sed judicans vociferabitur, loquetur ut paries, quia repente, quasi paries corruens, suos hostes est oppressurus.

63 3. Hoc etiam et testimonio Psalmistæ docetur, ubi dicit: *Deus manifeste veniet, Deus noster, et non silebit* (*Psal.* XLIX, 3); utique quia etsi in primo humilitatis suæ adventu tacuit judicatus, in secundo, dum manifestus venerit, ut judicet, non tacebit, sed clamabit, ut reddat singulis secundum opera eorum.

4. Sequitur: *Ignis ante eum ardebit*, quia, ut ligna, fenum, stipulam, delinquentium consumpturus est opera, ac, sicut aurum, argentum lapidesque pretiosos, justorum probaturus est gesta (*I Cor.* III, 12). Qui dicturi sunt: *Transivimus per ignem et aquam, et induxisti nos in refrigerium. Advocabit cœlum desursum et terram discernere populum suum. Congregate illi sanctos ejus, qui ordinant testamentum ejus super sacrificia, et annuntiabunt cœli justitiam ejus, quoniam Deus judex est* (*Psal.* LXV, 12; XLIX, 4).

5. Et Isaias, *Auditam*, inquit, *faciet Dominus gloriam vocis suæ, et terrorem brachii sui ostendet in comminatione furoris, et flamma ignis devorantis. Allidet in turbine et in lapide grandinis* (*Isai.* XXX, 30). Brachium enim Dei Christus est, qui in flamma et terrore tempestatis ad judicandum venturus est. De cujus iterum judicio idem propheta sic dicit: *Consurge, sicut in diebus antiquis, in generationibus sæculorum. Nunquid non tu percussisti superbum, vulnerasti draconem?* (*Isai.* LI, 9.)

6. Hic secundus Christi prædicatur adventus, ut ea virtute consurgat ad judicium, ad separationem bonorum atque malorum, qua virtute surrexit in generationibus sæculorum. Hoc est in principio, quando percussit superbum, id est, diabolum, separando eum a bonorum consortio angelorum. De quo Christi judicio et Michæas propheta sic loquitur,

A dicens: *Audite, colles, judicium Domini, et fortia fundamenta terræ, quia judicium Domini cum populo suo et cum Israel dijudicabitur*, dicens: *Popule meus, quid feci tibi, aut quid molestus fui tibi? responde mihi* (*Mich.* VI, 1).

7. Tunc enim, juxta Zachariam, *Videbunt, in quem confixerunt, et plangent eum planctu, quasi super unigenitum, et dolebunt super eum, ut doleri solet in morte primogeniti* (*Zach.* XII, 10). Dolebunt enim **64** a se crucifixum, cum viderint judicantem, et in Patris ac sua majestate regnantem. Job quoque, ante legem evangelicis virtutibus clarus, redimendum se, et resuscitandum, et Deo judici, qui venturus est judicare vivos et mortuos, præsentandum, prophetica auctoritate pronuntiat dicens: *Credo enim quod*
B *redemptor meus vivit, et in novissimo die de terra surrecturus sum, et rursum circumdabor pelle mea, et in carne mea videbo Deum* ⋈ *Salvatorem meum.* Quem Deum, nisi qui videndus est in judicio? sicut legimus: *Videbunt in quem confixerunt* (*Zach.* XII, 10).

8. Quem quidam dicunt in eo loco judicaturum impios, ubi ipse est judicatus, Joele propheta testante: *Exsurgant*, inquit, *et ascendant omnes gentes in valle Josaphat, ibi sedebo, ut judicem omnes gentes in circuitu* (*Joel.* III, 12). Nam plerique ibi asserunt futurum judicium, ubi passus est Dominus, Isaia probante: *Consummationem, et abbreviationem Dominus Deus exercituum faciet in medio orbis terræ* (*Isai.* X, 23).

9. Quæ consummatio et abbreviatio præcessura
C quæ potest esse, nisi judicii futuri? Sed ubi sit medium terræ illud, fidele de passione Domini testimonium David ostendit, qui dicit: *Deus autem rex noster ante sæcula operatus est salutem in medio terræ* (*Psal.* LXXIII, 12). Nulla enim alia est salus nostra, nisi redemptio Domini nostri Salvatoris et judicis, quæ in medio terræ orta est.

CAPUT LXII.

Epilogus operis.

1. Ecce novi testimonii judicem et regem de prophetis, ecce Christum ex lege omnium Dominum ostendimus. Tenent ista omnia libri Hebræorum, legunt cuncta Judæi, sed non intelligunt. Quia omnia signata sunt illis, propheta testante: *Et erunt sermones libri hujus, sicut sermones libri signati, quem si*
D *quis dederit homini nescienti litteras, et dicat Lege, respondeat Nescio litteras, et* **65** *rursum det alteri scienti litteras, et dicat Lege; ille vero respondeat Non possum, signatus est enim liber* (*Isai.* XXIX, 11).

2. *Sicut paries loquar*, Isai. XLII, 13. Hispalensis legit *Parturiens loquar*. Tarraconen. minor, *Pariens loquar*. Quæ vera lectio est. Nos autem vitiosam lectionem necessario reliquimus, quoniam inferius, ubi hoc testimonium explicatur, Isidorus ipse ait: *Judicans vociferabitur, loquetur ut paries, quia repente, quasi paries corruens, suos hostes est oppressurus.* MAR.

Ibid. Al., *judicet*, pro *judex*. MAR.

4. Al., *sursum, et terram, ut discerneret populum.* MAR.

5. Al., *lapidibus grandinis.* MAR.

6. Al., *principibus, quando.* MAR.

7. *Credo enim quod Redemptor meus vivit.* Locus est Job, XIX, 25, quo Hieronym. ad Pammachium affirmat nullum apertius in Veteri Testamento exstare ad futuram corporum resurrectionem comprobandam. MAR.

8. Al., *elevationem*, pro *abbreviationem*. MAR.

Ibid. Interdum in Editione Grialii occurrit *consumatio* et *consumationem*, pro *consummatio* et *consummationem*, quæ recta est scriptura. AREV.

2. Hæc sunt Testamenti Veteris signacula, quæ Filius et hæres resignavit, cordis nostri oculos illuminans, sicut scriptum est : *Liga testimonium, signa legem in discipulis meis.* Habemus enim, ad intelligendum Christum, ducem legem, testes prophetas, ex quibus divinitatem ejus et nomen, gentem quoque,
A et genus, patriam, nativitatem, virtutes et curationes, comprehensiones, palmas, flagella, consputationes, fellis et aceti potationem, mortem, sagittam, sepulcrum, infernum, incorruptionemque corporis, resurrectionem carnis, ascensionem ejus in cœlum, regnum atque judicium declaravimus.

CAP. LXII. N. 2. *Comprehensiones, palmas, flagella, consputationes.* Hæc deerant in Hispalensi, et nobis videbantur additilia; reliquimus tamen obelo notata admonendi lectoris causa. MAR.

Ibid. Al., *cœlis* pro *cœlum*. MAR.

Ibid. Totum hoc caput in multis Mss. non *epilogus*, sed *superdictio* vocatur. AREV.

LIBER SECUNDUS.

66 PROŒMIUM.

1. Quia Breviarium præcedentis libri quadam ex parte Domini, et Salvatoris nostri nativitatem, passionem, resurrectionem, cœlique ascensionem explicuit, sequens opusculum utriusque populi prophetiam, id est, Judæorum ac gentium demonstrabit. In quo opere, sancta soror, poteris ex paucis animadvertere, quanta prophetarum voces in abjectione Judaicæ plebis et cæremoniarum cecinerunt, quantaque in laude populi Novi Testamenti intonuerunt.

CAPUT PRIMUM.

De gentium vocatione.

1. In principio autem opusculi hujus de gentium credulitate loquendum est, ut facilius reliqua contueantur, dum ipsa fides Ecclesiæ antea declaratur. Denique cum pro adorato vitulo Dominum precaretur Moyses, ut parceret populo peccatori, respondit Dominus : *Propitius ero illis; verumtamen vivo ego, et vivit nomen meum, quia implebitur gloria mea omnis terra* (*Num.* XIV, 21).

2. Proinde quia omnes gentes ad unius Dei veri cultum essent vocandæ, David propheta testatur, dicens : *Reminiscentur, et convertentur ad Dominum universi fines terræ, et adorabunt in conspectu ejus omnes patriæ gentium, quoniam Domini est regnum, et ipse dominabitur gentium* (*Psal.* XXI, 23). Et rursum : *Cantate Domino canticum novum, quia mirabilia fecit. Notum fecit Dominus salutare suum, ante conspectum gentium revelavit justitiam suam* (*Psal.* XCVII, 1).

3. Quam pluralitatem gentium ita declamat adunari ad unius Dei 67 cultum : *In conveniendo*, inquit, *populos in unum, et regna, ut serviant Domino* (*Psal.* CI, 23). In unum utique, id est, in unum regem, ut qui diversorum ritu simulacrorum regna multa, et populi multi dicebantur, in unam conveniendo fidem, unus Dei populus, unumque regnum vocetur.

4. Hujus populi congregatio ex gentibus ipsa est Ecclesia, cui in Psalmis voce prophetica dicitur : *Audi, filia, et vide, et inclina aurem tuam, et obliviscere*
B *populum tuum, et domum patris tui, quia concupivit rex speciem tuam* (*Psal.* XLIV, 11). Provocat enim propheta plebem gentium oblivisci populum suum, id est, infidelium cœtum et domum patris sui, Babyloniam scilicet, quæ diaboli et domus, et conjux est, et Christo fidei conjugio copulari.

5. Ad cujus populos Isaias clamat, dicens : *Congregamini, et venite, et accedite simul, quia salvati estis ex gentibus; nescierunt enim, qui levant signum sculpturæ suæ, et rogant Deum non salvantem* (*Isai.* XLV, 20). Qui sunt isti salvati ex gentibus, nisi qui crediderunt ex gentibus? Quod vero dicit : *Congregamini et audite simul*, ostendit in unam debere gentes fidem, communionemque conglobari.

6. Item ipse : *Convertimini ad me et salvi eritis,*
C *omnes fines terræ, quia ego Deus, et non est alius. In memetipso juravi, egredietur verbum de ore meo, et non revertetur, quia mihi curvabuntur omnia genua, et jurabit omnis lingua in Domino.* Hoc jam contuemur fuisse completum, quando in omnibus terræ finibus Dei dilatatur Ecclesia. Qua prophetia erubescant Judæi quidem, Deum sibi peculiariter defendentes, dum audiunt : *Jurabit omnis lingua in Domino*, id est, non tantum Hebræorum jam populus, sed et omnis gentium multitudo.

7. Adhuc idem Isaias, posteaquam Christi, quam in carne pertulit, humilitatem digessit, denuo laudem Ecclesiæ gentium, pro qua talia pertulit, ita prædicavit, simulque quod per universum mundum sit ipsa
D una, sic prophetando aperuit dicens : *Lauda, sterilis, quæ non paris, decanta laudem, et hinni, quæ non pariebas : 68 quoniam jam multi filii desertæ magis quam ejus quæ habebat virum, dicit Dominus : Dilata locum tentorii tui, et pelles tabernaculorum tuorum extende, ne parcas; longos fac funiculos tuos, et clavos tuos consolida. Ad dexteram enim et lævam penetrabis, et semen tuum gentes hæreditabit, et civitates desertas inhabitabit* (*Isai.* LIV, 1).

PROŒM. N. 1. Al., *ascensum*, pro *ascensionem*. MAR.

CAP. I. N. 1. Al., *reliqua contineantur*, pro *reliqua contueantur*. MAR.

3. Al., *gregem*, pro *regem*. MAR.

6. Al. omnes (forte *omnia*) fines terræ. MAR.

Ib. Erubescant Judæi quidem. *Hispalensis legit*, Erubescant Judæi quædam in Deum; *Excusi*, Erubescant Judæi, qui dum Deum sibi. *Tarraconensis*, Erubescant Judæi quidem, Deum sibi peculiariter defendentes. *Hanc nos lectionem amplexi sumus.* MAR.

7. Al. ad hæc idem Isaias. MAR.

Ib. Isidorus sequitur Vulgatam : sed hæc exhibet, *quæ habet virum*. AREV.

8. Et iterum : *Creavi fructum labiorum pacem : pacem ei qui longe est, et ei qui prope* (*Isai.* LVII, 19). Hoc et Apostolus exponit, ubi dicit pro Ecclesia ex circumcisione et ex præputio veniente : *Evangelizavit pacem his qui longe, et pacem his qui prope* (*Ephes.* II, 17) ; et iterum : *Quæsierunt me qui ante non interrogabant ; invenerunt qui non quæsierunt me. Dixi : Ecce ego, ecce ego, ad gentem quæ non invocabat nomen meum, expandi manus meas tota die ad populum incredulum* (*Isai.* LXV, 1).

9. Item idem ipse : *Domus mea, domus orationis vocabitur cunctis populis, ait Dominus* (*Isai.* LVI, 7). Ad ultimum autem sic ait : *Venio ut congregem cum omnibus gentibus, et linguis ; et venient, et videbunt gloriam meam, et ponam in eis signum, et mittam ex eis qui salvati fuerint ad gentes, in mare, in Africam, in Libyam tenentes sagittam* (*Isai.* LXVI, 18). Hæc Isaias.

10. Jeremias autem gentium compromissionem sic ostendit : **69** *Et congregabuntur omnes gentes in nomine Domini in Jerusalem, et non ambulabunt post pravitatem cordis sui* (*Jerem.* III, 17). Et post paululum : *Juravit Dominus in veritate, et in judicio, et benedicent eum gentes, ipsumque laudabunt* (*Jerem.* IV, 2). Item idem ipse de vocatione gentium : *Domine*, inquit, *fortitudo mea, ad te gentes venient ab extremis terræ, et dicent : Vere mendacium possederunt patres nostri* (*Jerem.* XVI, 19). Item idem Jeremias ad populum Israeliticum : *Audite vocem tubæ, et dixerunt : Non audiemus. Propter hoc audite gentes* (*Jerem.* VI, 17).

11. Item in Osee : *Et miserebor ejus, qui fuit sine misericordia, et dicam non populo meo : Populus meus es tu, et ipse dicet : Deus meus es tu ; et erit, in loco ubi dictum est ei, Non plebs mea vos, ibi vocabuntur filii Dei vivi* (*Ose.* II, 23). Item in Sophonia : *Quia*

A *tunc reddam populis labium electum, ut vocent omnes in nomine Domini, et serviant ei humero uno* (*Soph.* III, 9). Et post hæc : *Adorabit eum vir de loco suo, omnes insulæ gentium* (*Soph.* II, 11). In quo etiam loco vocatio gentium prophetatur ; nec jam locum orationis unum, in quo carnalis populus Deum quodammodo videbatur includere, sed pro uno omnem locum esse orationis ostendit, dum dicit : *Adorabit eum vir de loco suo.*

12. Michæas quoque congregari omnes gentes prænuntiat, ut fidei disciplinam percipiant, ita : *Et erit*, inquit, *in novissimo dierum mons domus Domini, præparatus in vertice montium, et elevabitur super colles ; et fluent ad eum populi, et properabunt gentes multæ, et dicent : Venite, ascendamus ad montem Do-*
B *mini, et ad domum Dei Jacob, et docebit nos de viis suis, et ibimus in semitis ejus, quia de Sion egredietur lex, et verbum Domini de Jerusalem, et* **70** *judicabit populos multos, et corripiet gentes fortes, usque in longinquo* (*Mich.* IV, 1).

13. Novissimi dies hi sunt, in quibus Salvatoris resplenduit fides. Præparatus autem mons super verticem montium Christus est, quia ipse est caput apostolorum et prophetarum. Domus vero Domini ecclesia Christi est, super eamdem stabilita, ad quam gentium congregatur diversitas. Lex autem de Sion exiit, et verbum Domini de Jerusalem, sive ut veniret in gentes, relictis ob incredulitatem Judæis, sive quia in eadem plebe positus Jesus dixit discipulis suis : *Ite, docete omnes gentes* (*Matth.* XXVIII, 19).

C 14. Item Zacharias de Ecclesia gentium sic dicit : « Lauda, et lætare, filia Sion : quia ecce venio, et habitabo in medio tui, ait Dominus, et applicabuntur gentes multæ ad Dominum in die illo, et erunt

8. Al., *tuum*, pro *meum*. MAR.

Ibid. In nonnullis Mss., ut in Flor. 1, et in Lucensi post verba, *tota die ad populum incredulum*, alia adduntur, scilicet : *Quæsierunt enim nunc gentes, quæ non interrogabant, quia ad eos prophetæ non veniebant, et invenerunt, quando illis Christum nuntiaverunt. Quid vero Judæa plebs, nisi quod sequitur : Expandi manus meas tota die ad populum incredulum? Et iterum de eadem repromissione gentium : Et erunt campestria in caulas gregum, et vallis Achor in cubile armentorum populo meo, qui quæsivit me. Et vos, qui reliquistis Dominum, numerabo gladio, et omnes in*
D *cæde corruetis. Cujus ergo populi sunt istæ compromissiones, nisi gentium, quæ requisierunt Dominum? De quibus superius ait : Quæsierunt me, qui ante non interrogabant. Et qui sunt qui relinquerunt Deum, et corruent cæde, nisi Judæorum populus? De quo ait : Expandi manus meas ad populum incredulum. Contra hunc sunt et quæ sequuntur. Ecce servi mei comedent, et vos esurietis, quia vescente pane verbi Dei vocato ex gentibus populo, Judæa arescit jejunio. Item idem ipse ait, Domus mea*, etc. Conferenda hæc sunt cum fine cap. 6 hujus libri ; sed animadvertendum Isidorum cum in hoc opere sæpe, tum in aliis identidem eadem repetere, ut non propterea existimemus, addititia esse illa omnia, de quibus alibi Isidorus aut uberius, aut contractius disserit. AREV.

9. *In mare in Africam, in Libyam.* Hispalens., *in mare, in Africam, in Lydiam*, quæ lectio commodior erat, nam ita Hebraica, Græca, et Vulgata Editio habent, Isai. LXVI, 19. Verum quoniam hoc loco alii omnes Codices discrepabant, et lib. I, c. 55, ubi idem testimonium affertur, omnes Codices constanter *Libyam* legebant, eam vocem in textu reliquimus. MAR.

10. Al., *repromissionem* pro *compromissionem*. MAR.

Ibid. In nota Marianæ erat *repromissione*, quod in *repromissionem* mutavi ; nam id, ut puto, voluit Mariana, et id nostri Codices mss. exhibent, qui magna ex parte cum Marianæ exemplaribus consentiunt. AREV.

11. Al., *adorabunt eum viri de loco suo*. Et, *sed per omnem mundum locum esse orationis*. MAR.

12. Al., *recipiant*, pro *percipiant*. Et *prophetabunt*, pro *properabunt*. Et *ambulabimus*, pro *ibimus*. MAR.

Ibid. Corripiet gentes fortes usque in longinquo. Locus est Michææ IV, 3. Verum Isidorus inferius, cap. 19, Isaiæ nomine (certe II, 4) illa verba adducit : *Judicabit gentes et arguet populos multos, usque in longinquum.* Quod simili errore facit Julianus, Isidorum imitatus, lib. I contra Judæos ; dictio enim, *usque in longinquum*, Isaiæ verbis adjuncta esse non debet, et in Michæa, ubi ea dictio additur, dici non debuit, *usque in longinquo*, sed *usque in longinquum*, ut est in omnibus versionibus, et ratio grammaticæ postulabat. MAR.

13. Al., *gentibus, relictis*, etc. MAR.

Ibid. Alii, *in gentes, Judæis in sterilitate remanentibus*. AREV.

14. Al., *habitabunt*, pro *habitabo*. Et *populus*, pro *in populum*. Et *ut scias*, pro *et scies*. MAR.

mihi in populum, et habitabo in medio tui : et scies quia Dominus exercituum misit me ad te» (*Zach.* II, 10). Item ibi : « Hæc dicit Dominus exercituum, usquequo venient populi, ut habitent in civitatibus multis, et vadant habitatores unus ad alterum, dicentes : Eamus et deprecemur faciem Domini, et quæramus Deum exercituum, vadam etiam et ego, et venient populi multi, et gentes robustæ ad quærendum Dominum exercituum in Jerusalem » (*Zach.* VIII, 20)?

15. His ergo tot tantisque testimoniis erubescant Judæi gentium conversarum æmulatores, tandemque convicti cognoscant atque audiant in Deuteronomio Dominum proclamantem : *Eritis gentes ad caput, incredulus autem populus ad caudam* (*Deut.* XXVIII, 44).

CAPUT II.

Cunctis gentibus in Christum credere jussum est.

1. Quia in Christo Filio Dei credere cunctis gentibus jussum est, Jacob in benedictionibus patriarcharum dixit : *Non* **71** *deficiet princeps ex Juda, nec dux de femoribus ejus, donec veniat qui mittendus est, et ipse erit exspectatio gentium* (*Gen.* XLIX, 10). Et David ex persona ejusdem Christi in Psalmis : « Dominus dixit ad me, Filius meus es tu, ego hodie genui te ; pete a me, et dabo tibi gentes hæreditatem tuam, et possessionem tuam terminos terræ » (*Psal.* II, 7). Et iterum : *Constitues me in caput gentium, populus, quem non cognovi, servivit mihi, obauditu auris obaudivit mihi.*

2. Similiter et alibi de eodem Psalmographus idem sic dicit : *Ante solem permanet nomen ejus, et ante lunam sedes ejus, et benedicentur in eo omnes tribus terræ, omnes gentes servient ei* (*Psal.* LXXI, 17, 18). De cujus dominatione etiam superius (*Vers.* 8) sic fuerat prælocutus : *Et dominabitur a mari usque ad mare, et a flumine usque ad terminos orbis terræ.*

3. Quod testimonium nec Salomoni congruit, nec David. Notum est enim quibus terminis regnum conclusum exstitit Salomonis. Sed hoc in Christo videmus fuisse completum. Cujus ab ortu solis usque ad occasum magnum est nomen ejus in gentibus. Hic et a flumine dominandi sumpsit exordium, ubi baptizatus est a Joanne, et pervenit per fidem in gentibus usque ad terminos terræ.

4. Item in eisdem Psalmis de ejus æterna nativitate et potestate in gentibus, Dominus loquitur : « Ante luciferum, *inquit*, genui te; tu es sacer-

A dos in æternum secundum ordinem Melchisedech ; judicabit in nationibus, implebit ruinas, conquassabit capita in terra multorum » (*Psal.* CIX, 3). Et Isaias : *In die illa erit radix Jesse, qui stat in signum populorum, ipsum gentes deprecabuntur* (*Isai.* XI, 10). Et post alia : *Levabit signum in nationibus procul, et sibilabit ad eum de finibus terræ.*

5. Item idem Isaias, de Christo Domino nostro in gentibus **72** regnaturo : « Hæc dicit Dominus Deus creans cœlos, et extendens eos, firmans terram et quæ germinant ex ea, dans flatum populo, qui est super eam, et spiritum calcantibus eam, ego Dominus vocavi te in justitia, et apprehendi manum tuam, et servavi te, et dedi te in fœdus populi in lucem gentium, ut aperires oculos cæcorum, et educeres
B de conclusione vinctum, de domo carceris sedentes in tenebris. Ego Dominus, hoc est nomen meum » (*Isai.* XLII, 5 *seq.*). Hoc jam contuemur esse completum per Christum, qui lux factus est in carne ignorantiæ gentium positarum.

6. De quibus et alibi ipse dixit : *Et ducam cæcos in viam quam nesciunt, et in semitis quas ignoraverunt, ambulare eos faciam, ponam tenebras coram eis in lucem*, ut impleretur quod per eumdem prophetam fuerat dictum : *Gentium populus, qui sedebat in tenebris, vidit lucem magnam, habitantibus in regione umbræ mortis lux orta est eis* (*Isai.* IX, 2). Item de gentium vocatione ad Christum sic ait : « Attendite ad me populus meus, et tribus mea me audite, quia lex
C a me exiet, et judicium meum in luce populorum requiescet, prope est justus meus, egressus est Salvator meus (*Isai.* LI, 4).

7. Et post hæc : « Gaudete et laudate simul deserta Jerusalem, quia consolatus est Dominus populum suum, redemit Jerusalem, paravit Dominus brachium sanctum suum in oculis omnium gentium, et viderunt omnes fines terræ salutare Dei nostri » (*Isai.* LII, 9). Ad hæc per prædictum Isaiam vox divina Christum in carne judicem gentium ita annuntiat : « Ecce, *inquit*, servus meus, suscipiam eum, electus meus, complacuit sibi in illo anima mea, dedi spiritum meum super eum, judicium gentibus proferet, non clamabit, neque accipiet personam, nec audietur foris vox ejus, calamum quassa-
D tum non conteret, et linum fumigans non exstinguet. In veritate educet judicium, non est tristis, nec tur-

15. *Erubescant*, etc. Cod. Palatin. 278 sic habet : *Erubescant Judæi; æmulamur eadem quæ victi cognoscant atque audiant, in Deuteronomio Domino proclamante : Eritis gentes*, etc. AREV.

CAP. II. N. 1. *Obauditu auris obaudivit mihi*, psalm. XVII, 45. Hispal., *in auditu auris obedivit mihi*, ut est in Psalterio Gallico. Nos lectionem quæ erat in excusis, prætulimus, quoniam erat in psalterio Hispanico, quo frequens Isidorus toto hoc opere utitur. MAR.

2. Al., *sanctificabunt eum*, pro *servient ei*. MAR.

4. *Et post alia : Levabit signum in nationibus procul, et sibilabit.* Verba, quæ præcesserant, nimirum, *in die illa erit radix Jesse*, etc., leguntur Isai XI, 10. Quæ consequuntur, *levabit signum in nationibus*, etc., ex cap. V, 26, desumpta sunt. Isidorus memoriæ lapsu, et loci similitudine deceptus, quæ priora erant quasi posteriora et consequentia citavit. Tarracon., pro *sibilabit*, legit *sibilabunt*, sed corrupte, ut alii Codices declarant, Vulgatæ in hac parte et Editioni Septuaginta consentientes. MAR.

5. Al., *calcantium*, pro *calcantibus*. Et, *hoc enim contuemur*. MAR.

Ibid. Flor. 1, *in carcere ignorantiæ*, pro *in carne ignorantiæ*, quod est in Editione Grialii. Sed magis placet *in carcere*. AREV.

6. Al., *educam*, pro *et ducam*. MAR.

Ibid. Al., *ambulat*, pro *sedebat*. Et *exivit*, vel *exiit*, pro *exiet*. MAR.

7. Al., *adhuc*, pro *ad hæc*. MAR.

bulentus, donec ponat in terra judicium, et legem ejus insulæ exspectabunt » (*Isai.* XLII, 4).

8. Servus quippe, sed ex susceptione hominis, Christus, qui quoniam prius ad Judæos veniens non est receptus, judicium in gentibus protulit : quale judicium, nisi ut ex fide justificarentur? **73** Ejus vox non audietur foris, hoc est, in hæresibus, et Judæis extra Dei Ecclesiam positis. Item de ipso in Isaia : « Ecce intelliget servus meus, exaltabitur, et elevabitur, et sublimis erit valde, sicut obstupuerunt super te multi, sic ingloriosus erit inter viros aspectus ejus, et forma ejus inter filios hominum, iste asperget gentes multas, super ipsum continebunt reges os suum, quia quibus non est narratum de eo, viderunt, et qui non audierunt, contemplati sunt » (*Isai.* LII, 13).

9. Item qui supra de eo : *Ecce testem populis dedi eum, ducem ac præceptorem gentibus, ecce gentem quam nesciebas vocabis, et gentes, quæ non cognoverunt te, ad te current, propter Dominum Deum tuum, et Sanctum Israel, quia glorificavit te* (*Isai.* LV, 4). Quæ prophetia omnis de vocatione gentium manifesta est, quia in Christo essent crediture.

10. Et Habacuc ita inquit : *Dominus loquitur: Scribe visum aperte, et explana eum super tabulas, ut percurrat qui legerit eum, quia adhuc visus procul apparebit in finem, et non mentietur; si moram fecerit, exspecta illum, quia veniens veniet, et non tardabit.* De incredulis autem Judæis ita sequitur : *Ecce qui incredulus est, non erit recta anima ejus in semetipso* (*Habac.* II, 2, 4).

11. Siquidem et per Aggæum de Christo in gentibus regnaturo sic cecinit idem Dominus, dicens : *Spiritus meus erit in medio vestrum, nolite timere, quia hæc dicit Dominus : Adhuc modicum, et ego commovebo cœlum et terram, et mare, et aridam, et movebo omnes gentes, et veniet desideratus cunctis gentibus* (*Aggæ.* II, 6). Quod si de Antichristo hanc prophetiam infidelis intelligat, mendacium est procul dubio. Illum enim non gentes desiderant, sed soli Judæi exspectant.

CAPUT III.

Judæi et gentes ad Christum vocantur.

1. Quia uterque populus Judæorum et gentium sub Christi **74** regimine vaticiniis prophetarum vocantur, Isaias dicit : *Et erit in die illa, nutriet homo vaccam boum, et duas oves, et præ ubertate lactis comedet butyrum* (*Isai.* VII, 21). Vacca boum plebs est Judææ veniens de semine patriarcharum. Oves duæ Ecclesia veniens de gentibus, et idcirco duæ oves, et una vacca, quia auctior est ex gentibus Ecclesiæ numerus, quam ex Judæis.

2. Homo autem, qui nutriet eas, ipse est Christus

A qui per Jeremiam dicit : *Convertimini, filii revertentes, dicit Dominus, quia ego vir vester, et assumam vos, unum de civitate, et duos de cognatione, et dabo vobis pastores juxta cor meum, et pascent vos scientia et doctrina* (*Jerem.* III, 14). Superbis namque dixerat per Isaiam : *Nutriet homo vaccam unam et duas oves;* quem hominem Deus nunc semetipsum esse ostendit, qui assumet duos de cognatione, et unum de civitate, quia minor est numerus credentium ex circumcisione, quam ex præputio.

3. Hanc autem civitatem Judæam dicit, sive Jerusalem; cognationem vero gentes; pastores autem apostolos, vel Ecclesiæ doctores, Christi gratiam prædicantes. Sic et alio loco idem ipse Jeremias Judæos servire Christo proclamat : *Et erit in die illa, ait* B *Dominus exercituum, conteram jugum meum de collo tuo, et vincula ejus disrumpam, et non dominabuntur eis amplius alieni, sed servient Domino Deo suo, et David regi suo, quem suscitabit eis* (*Jerem.* XXX, 8). De quo Jeremias : « Ecce dies venient, dicit Dominus, et suscitabo David germen justum, et regnabit rex, et sapiens erit, et faciet judicium et justitiam super terram. In diebus illis salvabitur Juda, et Israel habitabit confidenter, et hoc est nomen quod vocabunt eum, Dominus justus noster » (*Jerem.* XXIII, 5).

4. Cujus ortum propter utramque gentem vox patris per Psalmistam ita annuntiat : « Commemorabo superbiæ et Babylonis scientium me. Ecce Palæstina, et Tyrus cum Æthiopia, iste natus est ibi. Ad Sion autem dicetur : Vir et vir natus est in ea, et ipse fundavit C eam Excelsus. Dominus narrabit scribens populos. Iste natus est ibi. » In Babylone, Palæstina, Tyro, Æthiopia gentes significantur. **75** In Sion vero Hebræorum populus, quia pro utrarumque salute gentium natus est Christus.

5. Item Ezechiel Christum sub persona David super utramque gentem sic prædicat regnaturum : « Rex, *inquit*, unus erit omnibus imperans, et non erunt ultra duæ gentes, nec dividentur amplius in duo regna, nec polluentur ultra in diis suis, et abominationibus, et in cunctis iniquitatibus suis, et salvos eos faciam de universis sedibus suis, in quibus peccaverunt; et mundabo eos, et erunt mihi populus, et ego ero eis Deus, et servus meus David rex super eos, et pastor unus erit omnibus eorum (*Ezech.* XXXVII, 22).

D 6. Quia Christus rex Judæorum est, Isaias indicat dicens : *Dicite filiæ Sion : Ecce rex tuus venit tibi justus, et salvans, pauper, sedens super asinum indomitum.* Daniel autem propheta potestatem Christi, non solum super gentes, sed etiam super Judæos a Patre datam, scribens, sic ait : « Aspiciebam in visione noctis, et ecce cum nubibus cœli, quasi Filius hominis veniebat, et usque ad antiquum dierum pervenit,

10. Al., *tabulis*, pro *tabulas*. Et *fine*, pro *finem*. MAR.

11. Al., *vestri*, pro *vestrum*. Et *monebo*, pro *commovebo*. MAR.

CAP. III. N. 1. Al., *Judæa*, pro *Judæis*. MAR.

3. Al., *In terra*, pro *super terram*. MAR.

4. *Commemorabo superbiæ*, *et Babylonis scientium* me. Excusi, *superbiæ Babylonis scientibus me*. Tarracon., *superbiæ et Babylonis scientibus me*. Nos Hispalensis lectionem secuti sumus, quoniam erat in Hieronymi versione, nisi quod pro *commemorabo* legitur *commemorabor*. MAR.

6. Al., *in visu*, pro *in visione*. MAR.

et in conspectu ejus obtulerunt eum (*Dan.* VII, 13). A

7. Nam postea quam dixit assumptum eum in cœlum, et perductum usque ad Patrem, adjecit: *Et data est ei potestas, et honor, et regnum, et omnes populi, tribus et linguæ ipsi servient.* Quæ tribus, nisi Hebræorum populus? Quæ linguæ, nisi gentium nationes? Amos quoque propheta ad Christi regnum Judæos a Deo sic provocat dicens: « Præpara te in occursum Domini Dei tui, Israel, quia ecce ego firmans tonitruum, et creans spiritum, et annuntians in hominibus Christum suum » (*Amos.* IV, 12).

8. Sic et Isaias: *Domus Jacob, venite, et ambulemus in lumine Domini* (*Isai.* II, 5). De quo David ait: *In lumine tuo videbimus lumen* (*Psal.* XXXV, 10). Inter hæc et Michæas propheta, dum locum originis B Christi declararet, ita eum super Israel dominaturum subjunxit: *Et tu,* inquit, *Bethlehem domus Ephrata, non es minima in millibus Juda, ex te mihi prodiet Dominator in Israel* (*Mich.* V, 2).

76 9. Quo loco ostendit Christum dominum esse Judæorum, ejusque regimine eumdem populum subjugandum, ubi et potestatem ejus per universum mundum ita prænuntiavit: « Stabit, *inquit*, et videbit, et pascet gregem suum in virtute Domini, et in honore nominis Dei sui erunt, quoniam nunc magnificatur usque ad terminos terræ, et erit iste pax. »

10. Cujus adventum Judæis prædicandum Isaiæ sic Dominus loquitur: « Super montem excelsum ascende tu, qui evangelizas Sion, exalta in fortitudine vocem tuam, qui evangelizas Jerusalem; dic civitati- C bus Judæ: Noli timere. Ecce Deus vester. Ecce Dominus Deus in fortitudine veniet, et brachium ejus dominabitur. Ecce merces ejus cum eo, et opus illius coram eo, sicut pastor gregem suum pascit, in brachio suo congregabit agnos » (*Isai.* XL, 9).

11. Zacharias autem propheta de Christi regno in Judæis et gentibus ita proclamat: Exsulta satis, filia Sion, jubila, filia Jerusalem, ecce rex tuus veniet tibi, justus et salvator, ipse pauper et ascendens super asinum et super pullum asinæ, et potestas ejus a mari usque ad mare, et a flumine usque ad fines terræ (*Zach.* IX, 9). Quæ prophetia quomodo fuisset completa in Christo, Evangelia ipsa testantur.

CAPUT IV.

De vocatione gentium ad fidem ante Hebræos.

1. Jam et quia prius gentes credere poterant in Christum, et postea Judæi, David propheta ostendit; videns enim quod ad Judæam redimendam venisset Dominus, sed ante gentilitas crederet, et postmodum Judæa sequeretur, dicit: *Æthiopia præveniet manus ejus Deo* (*Psal.* LXVII, 32), id est, priusquam Judæa credat, salvandam se offert **77** omnipotenti Deo peccatis nigra gentilitas. Sicut et Isaias ait: *Donec plenitudo gentium introeat, et sic omnis Israel salvus fiat;* et in Deuteronomio: *Eritis gentes ad caput, incredulus autem populus ad caudam* (*Deut.* XXVIII, 44), quasi in novissimo conversurus.

CAPUT V.

Quia in fine mundi in Christum credituri sunt Judæi.

1. Transeuntibus quidem istis carnalibus Judæis, postea in novissimis temporibus filii eorum in Christo credituri sunt, Osee propheta testante: *Quoniam diebus multis sedebunt filii Israel sine rege, sine principe, sine sacrificio, sine altari, sine sacerdotio, sine manifestationibus* (*Ose.* III, 4, 5). Utique quemadmodum nunc esse videntur; deinde sequenter adjunxit: *Et postea revertentur filii Israel, et inquirent Dominum Deum suum, et David regem suum, et stupescent in Domino, et in bonis suis, in novissimis diebus.*

2. Quæ omnis prophetia procul dubio de Christo est, qui in David nomine significatur. De cujus semine secundum carnem est genitus, de quo Jeremias dicit: *Ecce dies veniunt, dicit Dominus, et suscitabo David germen justum, et regnabit rex, et sapiens erit, et faciet judicium et justitiam in terra. In diebus illis salvabitur Juda, et Israel habitabit confidenter, et hoc est nomen quod vocabunt eum, Dominus justus noster* (*Jerem.* XXIII, 5).

3. Malachias quoque ante finem mundi Eliam sic dicit esse mittendum ad conversionem Judæorum: « Ecce ego mittam vobis Eliam prophetam, antequam veniat dies Domini magnus, et horribilis, et convertet cor patrum ad filios, et cor filiorum ad patres eorum » (*Malach.* IV, 5). Ante adventum enim judicii mittet Dominus Eliam ad convertendum cor filiorum, ad cor patriarcharum et prophetarum, **78** ut credat

7. In textu Grialii erat *Domini Dei tui Israel.* Quæ D sequuntur a Vulgata multum discrepant. AREV.

8. Observat Mariana, in tract. pro Edit. Vulg., cap. 6, in Bibliis Gothicis, quæ in Toletano templo servantur, ita legi locum Michææ, uti ab Isidoro legitur cap. 11 libri I contra Judæos, et simili fere modo a Juliano Toletano, lib. I contra Judæos, scilicet cum interrogatione. Cæterum cum negatione, ut hoc loco Isidorus, legunt etiam Hieronymus, Cyprianus et Origenes. Alii contendunt locum Michææ affirmative esse legendum. AREV.

10. *Dic civitatibus Judæ: Noli timere.* Excusi et Tarracon., *nolite timere*, quæ lectio commodior erat, nisi ordo esse præposterus. In vulgata enim legitur, Isai. XL, 9: *Noli timere, dic civitatibus Judæ.* Itaque *noli timere* ad prophetam referri debet, non ad civitates.

11. Al., *quando fuisset in Christo impleta, Evangelista testatur.* MAR.

CAP. IV. N. 1. *Sicut et Isaias ait: Donec plenitudo*, etc. Illa equidem verba, *Donec plenitudo gentium introeat*, Pauli sunt ad Rom. XI, 25, quæ sententia cum Isai. LIX, 20, iis verbis continuatur: *veniet ex Sion*, etc., Isidorus Isaiæ verba in Pauli commutavit. MAR.

Ibid. Quasi in novissimo conversurus. Id est, *convertendus*. Isidorus enim suo more activis utitur pro passivis, qua de causa Hispalensis lectionem repudiavimus, qui habebat, *quasi in novissimo conversus*, tametsi commodior videbatur. Rursus cap. 5, extremo, ubi Excusi et Hispalensis legebant, *in novissimis conversurus*: nos ex Tarraconen. diximus, *in novissimis convertendus*; et paulo post, ubi iidem Codices legebant *conversuri sunt*, ex eodem Tarraconensi, cui potissimum fidebamus, *conversi fuerint* posuimus. Quam varietatem noluimus lectorem ignorare. MAR.

CAP. V. N. 2. Al., *venient*, pro *veniunt*. MAR.

posteritas eorum in Domino Jesu Christo, quem illi prophetantes exspectaverunt. A

4. Nam si hactenus Judæi recte credunt, quid est, in quo per Eliam converti eos in novissimo propheta testatur? Nunc enim mente cæcati sunt, nec possunt intelligere Salvatorem, qui audiunt, nisi in fine mundi, dum fuerit consummatio sæculi; pronuntiat enim hoc Dominus per Isaiam prophetam dicens: « Audite audientes, et nolite intelligere; et videte visionem, et nolite cognoscere; excæca cor populi hujus, et aures ejus aggrava, et oculos ejus claude, ne forte videant oculis suis, et auribus suis audiant, et corde suo intelligant, et convertantur, et sanem illos » (*Isai.* VI, 9).

5. Et dixit propheta: « Usquequo, Domine? » et dixit Dominus: « Donec desolentur civitates absque B habitatore, et domus sine homine, terra relinquetur deserta, et longe faciet Dominus homines; tunc convertetur, et erit in ostensione, sicut terebinthus, et sicut quercus, quæ expandit ramos suos, semen sanctum erit, quod steterit in ea. » Ecce apparet eos nunc a lumine fidei et veritatis esse alienos; audiunt enim Christum, et non intelligunt; vident, et non agnoscunt.

6. Sed quandiu ita erunt? Quousque subvertantur urbes, et terra pene redeat in desertum; tunc enim conversi videbunt, credituri in Christo, atque intelligentes sanabuntur, et cognoscent omnia. Juxta quod et Jeremias eis dicit: *In novissimo dierum cognoscetis ea* (*Jerem.* XXX, 24). De hac novissima credulitate Judæorum et Sophonias sic dicit: « In tempore illo C salvabo claudicantem, et eam quæ ejecta fuerat congregabo; et ponam eos in laudem, et in nomen in omni terra confusionis eorum, in tempore illo quo adducam vos, et in tempore, quo congregabo vos. Dabo enim vos in nomen et in laudem in omnibus populis terræ, cum convertero captivitatem vestram coram oculis vestris, dicit Dominus » (*Soph.* III, 19).

79 7. Claudicantem plebem Judæam dixit, quæ nunc a semitis fidei claudicat, sicut psalmus testatur dicens: *Claudicaverunt a semitis suis* (*Psal.* XVII, 46); et hanc se salvaturum in novissimo Deus pronuntiat, dum dicit: *Salvabo claudicantem.* Et per Ezechielem: *Post dies*, inquit, *multos visitaberis, et in novissimo annorum venies* (*Ezech.* XXXVIII, 8); et paulo superius quia baptizandi sunt: « Tollam, inquit, vos de gentibus, et congregabo vos de universis D terris, et adducam vos in terram vestram, et effundam super vos aquam mundam, et mundabimini ab omnibus inquinamentis vestris et ab universis idolis vestris mundabo vos, et dabo vobis cor novum, et spiritum novum ponam in medio vestri, et auferam cor lapideum de carne vestra, et dabo vobis cor carneum, et spiritum meum ponam in medio vestri, et faciam ut in præceptis meis ambuletis, et judicia mea custodiatis, et operemini, et habitabitis in terra quam dedi patribus vestris, et eritis mihi in populum, et ego ero vobis in Deum, et salvabo vos ex universis inquinamentis vestris » (*Ezech.* XXXVI, 24).

8. Hic est enim populus in novissimis convertendus, quem Jacob patriarcha sub figura Benjamin lupum mane comedentem prædam, et vespere spolia dividentem prophetat (*Gen.* XLIX, 27). Utique quia initio mundi idem populus quasi in mane legem accepit, in vespere autem mundi, dum fuerit crediturus, dividet inter Novum Testamentum et Vetus. Nam de his quæ ad Israel in futurum promittuntur, ad eamdem partem dicitur, quæ creditura est in Christo quando in novissimis temporibus conversi fuerint, quale est illud apud eumdem Osee: *Et erit in loco ubi dicitur ei: Non populus meus, dicetur ei Filii Dei viventis, et congregabuntur filii Juda, et filii Israel pariter, ponent sibimet caput unum* (*Ose.* I, 10).

9. Hoc in novissimis erit temporibus, quando, Elia prædicante, convertetur Juda ad Christum, ut sit unum cum Israel spiritualiter, hoc est, cum populo gentium, jam Deum ex fide videntium, ponentes sibimet caput unum, quod est Christus, ascendentesque de terra, [illegible] hoc est [illegible] a carnali terrenaque spe ad promissa cœlestia.

80 CAPUT VI.

Plurimi ex Judæorum populo non erant credituri.

1. Sed quia plurimi ex Judæorum populo non essent credituri in Christum, Moyses legislator eamdem eorum incredulitatem ante prænuntiavit: *Et erit vita tua pendens ante oculos tuos, et timebis die ac nocte, et non credes vitæ tuæ* (*Deut.* XXVIII, 66). Unde et Isaias: *Domine, quis credidit auditui nostro? et brachium Domini cui revelatum est? Et vidimus eum, et non erat aspectus* (*Isai.* LIII, 1). Quibus verbis incredulitatem Judæorum designat, qui Christum videntes non receperunt, quem quia nec credere, nec cognoscere potuerunt, illico excidium habituri.

2. Sic Jeremias prædixit: « Ascendite muros ejus, et dissipate, auferte propagines ejus, quia non sunt Domini. Prævaricatione prævaricata est in me domus

4. Al., *Quod per Eliam converti eos in novis.* MAR.

Ibid. *Aures ejus aggrava, et oculos ejus claude.* In Tarracon. deest relativum *ejus*, in Excusis illud *ejus claude* non ponitur, quæ forte vera Isidor. lectio est, nam in Juliano, I contr. Judæos ea duo verba etiam desiderantur. Nos Hispalensis lectionem prætulimus, quoniam erat in Vulgata; porro locus est Isaiæ VI, 10. MAR.

Ibid. Al., *convertantur ad me, et.* MAR.

Ibid. In Editione Grialii nota est *quod* pro *in quo*. Fortasse Mariana voluit *quid est quod*. AREV.

5. Al., *dissolvantur* pro *desolentur*. MAR.

6. Al., *tandiu*, pro *quandiu*. Et *salvabuntur* pro *sanabuntur*. MAR.

Ibid. In textu Grialii, mendose, *crudelitate*, pro *credulitate*. AREV.

7. Al., *meum ponam*, pro *novum ponam*. Et *novum*, pro *carneum*. MAR.

8. Al., *finem autem*, pro *vespere autem*. Et *futuris*, pro *futurum*. MAR.

9. Al., *ponent autem*, pro *ponentes*. MAR.

CAP. VI. N. 1. Al., *non erat ei aspectus*. MAR.

Ibid. Alii, *excidium habituros sic Jeremias prædixit*. AREV.

2. Al., *non est Domini*. MAR.

Juda, ait Dominus, negaverunt me et dixerunt : Non A
est ipse » (*Jerem.* v, 10). Hoc nunc usque Judæi pro Christo dicunt : *Non est ipse*, exspectantes alium, qui est Antichristus. Unde et Dominus : *Ego*, inquit, *veni in nomine Patris mei, et non recepistis me, alius veniet in nomine suo, et recipietis eum* (*Joan.* v, 43).

3. Item apud eumdem Jeremiam : *Ecce sermo Domini factus est eis in opprobrium, et non suscipiunt illud* (*Jerem.* vi, 10). Adhuc quidem quia, gentibus obedientibus Christo, Judæi eum non essent recepturi, in Psalmis ostenditur. Nam cum per prophetam diceret idem Christus : *Constitues me in caput gentium*, et, *populus, quem non cognovi, servivit mihi*, continuo subjunxit incredulitatem Judaicam, dicens : *Filii mentiti alieni sunt mihi, filii alieni inveteraverunt, et claudicaverunt a semitis suis* (*Psal.* xvii, 44). Qui B
sunt alieni, nisi Judæi? qui recte alieni nuncupantur, pro eo quod in perfidia permanentes, ab æternæ vitæ præmiis abdicati sunt, quæ nobis secundum fidem a Dei Filio promittuntur.

4. Hæc quoque in Christo Judæorum prava incredulitas etiam per Isaiam est annotata, dicente Domino illis : « Audite audientes, **81** et nolite intelligere; et videte visionem, et nolite cognoscere; excæca cor populi hujus, et aures ejus aggrava, et oculos ejus claude, ne forte videant oculis suis, et auribus suis audiant, et corde suo intelligant, et convertantur, et sanem illos » (*Isai.* vi, 9). Et alio loco : *Tota die expandi manus meas ad populum non credentem, et contradicentem, qui ambulant vias non bonas* (*Isai.* lxv, 2).

5. Quibus Jeremias : « Audi hæc, popule stulte et sine corde, oculi sunt illis, et non vident, aures sunt illis, et non audiunt; aut me non timebitis, dicit Dominus, aut a facie mea non formidabitis? qui constitui terminum maris arenam, imperium æternum, et non transgredietur illud, et turbabitur, et non poterit, et intumescent fluctus ejus, et non transgredietur illud; populo autem huic factum est cor inobediens et incredulum » (*Jerem.* v, 21).

6. Et alibi idem ipse : *Quomodo dicitis : Sapientes nos sumus, et lex Domini nobiscum est* (*Jerem.* viii, 8)? Vere mendacium operatus est stylus mendax Scribarum, confusi sunt sapientes, et perterriti, et capti sunt. Verbum enim Domini projecerunt, et sapientia nulla est in eis. De quibus Isaias : *Qui peccare*, inquit, *faciebant homines in verbo, et declinaverunt frustra a justo* (*Isai.* xxix, 21). Pro quo eos idem propheta ita increpat dicens : « Audite me duro corde, qui longe estis a justitia, prope feci justitiam meam, non elongabitur, et salus mea non morabitur. Dabo in Sion salutem, et in Jerusalem gloriam meam. »

7. Ipse autem propheta et credulitatem gentium et incredulitatem Judæorum in Christo ita annuntiat : « Quæsierunt me, qui antea non interrogabant, invenerunt me, qui non inquisierunt me; dixi : Ecce ego, ecce ego, ad gentem, quæ non invocabat nomen meum, expandi manus meas tota die ad populum incredulum » (*Isai.* lxv, 1, 2). Quæsierunt enim nunc gentes quæ ante non interrogabant, quia ad eos prophetæ non veniebant, et invenerunt, quando illis Christum nuntiaverunt.

8. Quid vero Judæa plebs, nisi quod sequitur? *Expandi manus meas tota die ad populum incredulum.* Et iterum de eadem repromissione gentium : « Et erunt campestria in caulas gregum, et vallis Achor in cubile armentorum populo meo, qui requisierunt me, **82** et vos, qui reliquistis Deum, numerabo vos gladio, et omnes in cæde corruetis (*Isai.* lxv, 10 *seq.*).

9. Cujus ergo populi sunt istæ repromissiones, nisi gentium, qui requisierunt Deum? de quibus superius ait : *Quæsierunt me, qui ante non interrogabant.* Et qui sunt qui reliquerunt Deum, et corruerunt in cæde, nisi Judæorum populus? de quo jam ait : *Expandi manus meas ad populum incredulum.* Contra hunc sunt et quæ sequuntur : *Ecce servi mei comedent, et vos esurietis*, quia, vescente pane verbi Dei vocato ex gentibus populo, Judæa arescit jejuna.

CAPUT VII.

Ob incredulitatem Judæorum Christus ad gentes erat transiturus.

1. Et quia ob incredulitatem Judæorum Christus C
Judæam desereret, transiretque ad gentes, Jeremias propheta prædixerat, dicens : « Tibi peccavimus, exspectatio Israel, Salvator ejus. Quare sicut colonus futurus es in terra, et quasi viator declinans ad manendum? quare futurus es quasi vir vagus et qui non potest salvari » (*Jerem.* xiv, 8)? Quid enim in hac sententia intelligitur, nisi quia videbat propheta in spiritu quod veniens Christus relicturus esset Judæam, et iret per fidem in gentibus? Idcirco dicebat : *Quare sicut colonus futurus es in terra, et quasi viator declinans ad manendum?* Hoc est, venisti in terram, cito recessurus a Judæis.

2. Sicut et alibi ex persona Domini idem propheta dicit : « Quis dabit mihi in solitudine diversorium viatorum? et derelinquam populum meum, et recedam ab eis, quia omnes adulteri sunt, cœtus prævaricatorum, et extendunt linguam suam, quasi arcum D
mendacii, et non veritatis » (*Jerem.* ix, 2). Vox enim ista Christi est, qui in solitudine gentium diversorium, id est, Ecclesiam constituit, in qua convertentur errantes, derelinquens populum Judæorum. Quibus per Malachiam dicit : « Non est ultra mihi voluntas in vobis, dicit Dominus exercituum, et munus non suscipiam de manu vestra; ab ortu enim

3. Forte, *illum* pro *illud*. In Vulg. est *illud*, quia præcedit *verbum* pro *sermo*. Arev.
4. Al., *ambulant*, pro *ambulabat*. Mar.
5. Al., *resonabunt*, pro *intumescent*. Mar.
Ibid. Fortassis, *an me non timebitis*, etc. In Vulgata deest *aut*. Arev.
6. Al., *est justitia mea*, pro *feci justitiam meam*. Mar.
9. Al., *corruent*, pro *corruerunt*. Et *jejunio*, pro *jejuna*. Mar.
Cap. vii. N. 1. Al., *sicut viator*. Et *potest salvare*. Mar.

solis usque ad occasum magnum est nomen meum in A gentibus » (*Malach.* I, 10).

83 3. Cum illis enim ante fuit Deus, sed postquam pro peccato suo abjecti sunt, Redemptor mundi in populo gentium transiit. Cujus universitas nunc per totum orbem terrarum exsultans dicit: *Magnificavit Dominus facere cum illis, magnificavit Dominus facere nobiscum, facti sumus lætantes* (*Psal.* CXXV, 3). Ad populum enim Israel prius venit Christus, sed quod non essent credituri, propheta non tacuit, dicens: *Prius ad Sion dicet: Ecce adsum, et Jerusalem evangelistam dabo, et vidi, et non erat neque ex istis quisquam, qui iniret consilium, et interrogatus responderet verbum* (*Isai.* XLI, 27). Sed quia ad gentes transiit, sequitur: « Ecce servus meus, suscipiam eum; electus meus, complacuit sibi in illo anima mea, dedi spiritum meum super eum, judicium gentibus proferet » (*Isai.* XLII, 1).

CAPUT VIII.

Quia, projectis Judæis, gentes introierunt.

1. Ecce ostensum est Judæos pro scelere, quo in Christo peccaverunt, abjectos, dispersosque fuisse. Sed quia, projectis illis, gentes in eorum sedibus per fidem erant successuræ, non siluerunt et hæc prophetæ. Isaias enim sic dicit: « Educ foras populum cæcum, et oculos habentem, surdum, et aures ei sunt. Omnes gentes congregatæ sunt simul, et collectæ sunt tribus. Quis in vobis annuntiet istud? et quæ prima sunt, audire nos faciet » (*Isai.* XLIII, 8)? Ecce foras educitur Israel, habens oculos et aures, ad terrenas promissiones; et colligitur in unum diversitas gentium, ut, ubi illi vocati sunt, isti ingrediantur, et ad istos pertineat hæreditas quæ illis fuerat repromissa.

2. Adhuc quia eædem gentes in sedibus Judæorum successuræ erant, idem propheta alio loco approbat, dicens: « In die illa cantabitur canticum istud in terra Juda. Urbs fortitudinis nostræ Sion, Salvator ponetur in ea, murus, et antemurale; aperite portas, et ingrediatur gens justa, et custodiens veritatem, vetus error abiit. Servabis pacem, quia in te speravimus, incurvabit habitantes 84 in excelso, civitatem sublimem humiliabit: humiliabit eam usque ad terram, detrahet eam usque ad pulverem, et conculcabit eam pes pauperis, gressus egenorum » (*Isai.* XXVI, 1). Quo vaticinio ostenditur justum humilemque gentium populum successisse in locum quem superba plebs Judæorum perdiderat.

3. Talia et alibi idem propheta sub gratiarum actione Domino dicit: « Domine, Deus meus es tu, et exaltabo te; confitebor nomini tuo, quoniam fecisti mirabilia et cogitationes antiquas fideles. Amen. Quia posuisti civitatem in tumulum, urbem fortem in ruinam, domum alienorum, ut non sit civitas, et in sempiternum non ædificetur, super hoc laudabit te populus fortis, civitas gentium robustarum timebit te » (*Isai.* XXV, 1).

4. Alio quoque in loco ad eosdem Judæos sub exprobratione ita loquitur, dicens: « Et dimittetur nomen vestrum in juramentum electis meis; vos autem B interficiet Dominus Deus, et servos suos vocabit nomine alio, in quo qui benedictus est super terram benedicetur a Domino, amen, et qui jurat in terra, jurabit in Deo. Amen » (*Isai.* LXV, 15). In terra qui jurat, id est, in carne a Christo accepta, in qua quicunque jurat, vere in Deo jurat.

CAPUT IX.

Judæi propter peccatum in Christum debellati atque dispersi sunt.

1. Quia propter peccatum quod in Christo prævaricati sunt Judæi debellati atque dispersi sunt, Isaias prænuntiavit, dicens: « Ipse redemit eos, et portavit eos, et levavit eos cunctis diebus sæculi, ipsi autem ad iracundiam provocaverunt, et afflixerunt spiritum sancti ejus, et conversus est eis in C inimicum, 85 et ipse debellavit eos » (*Isai.* LXIII, 9). Item per Osee prophetam: « Væ, *inquit*, eis, quia recesserunt a me, vastabuntur, quia prævaricati sunt in me. Ego redemi eos, et ipsi locuti sunt contra me mendacia, et recesserunt a me, et ego erudivi eos, et confortavi brachia eorum. Et ipsi in me cogitaverunt malitiam, reversi sunt, ut essent absque jugo. Facti sunt quasi arcus dolosus, abjecit eos Deus meus, quia non audierunt eum, et erunt vagi in nationibus » (*Ose.* VII, 13; IX, 16).

2. Et Isaias posteaquam prædicaverat de Christo dicens: *Tanquam ovis ad occisionem ductus est* (*Isai.* LIII, 7), subjecit statim: *Propter scelus populi mei percussi eum; et dabo impios pro sepultura ejus, et divites pro morte ejus*, et reliqua. Et per Jeremiam idem

3. Al., *esset crediturus*, pro *essent credituri*. Et *ad Jerusalem*. Et *exiit quisquam*, pro *ex istis quisquam*. MAR.

Ibid. In Editione Grialii, *gentibus profert*, quod mendosum puto. AREV.

CAP. VIII. N. 1. Al., *vos faciet*, pro *nos faciet*. MAR.

2. Al., *et egressus egenorum*. MAR.

3. *Quia posuisti civitatem in tumulum.* Sic lego, quamvis omnibus Codicibus discrepantibus, legentibusque partim *in cumulum*, partim *in tumultum*. Vulgatæ sane lectionem præferendam judicavimus Isai. XXV, 1, 2, præsertim cum inferius, cap. 12, ubi idem testimonium ab Isidoro repetitur, omnes Codices legant *tumulum*, præter Hispalensem, qui legit *tumultum*, vitiose, haud dubium. MAR.

4. Al., *itaque jurat*, pro *qui jurat*. MAR.

D CAP. IX N. 1. Al., *pronuntiavit*, vel *pronuntiat*, pro *prænuntiat*. Et *sanctum ejus*, pro *sancti ejus*. Et *quia oderunt eum*, pro *quia non audierunt, eum*. MAR.

2. *Nunquid avis tincta per totum*, Jeremiæ XII, 9. Hispalensis legit, *nunquid avis distincta per totum?* quæ lectio commodissima videbatur; nam eamdem discolorem prioribus verbis vocarat, et Hebraica consentiebant. נחלתי לי העיט סביב עליה העיט בציע, hoc est, *nunquid avis discolor hæreditas mea mihi, nunquid avis circuitu super eam*, subaudi, *discolor*, sive *distincta*. Hieronymus pavonem putat intelligi, eique Hierosolymam comparari propter insignem plumarum varietatem. Sed neque ipse, neque Vulgata, ac ne alii quidem Isidori Codices Hispalensi consentiebant. Quocirca alteram lectionem prætulimus. MAR.

Filius pro sua passione Judæorum sic infert fuisse A perditionem; dicit enim: *Facta est mihi hæreditas mea, quasi leo in silva, dedit contra me vocem, ideo odivi eam. Nunquid avis discolor hæreditas mea mihi? nunquid avis tincta per totum? Venite, congregamini, omnes bestiæ terræ, properate ad devorandum* (*Jerem.* XII, 8). Congregamini dixit; venerunt enim bestiæ agri, hoc est, feroces principes gentium, et traditi sunt illis ad devorandum populi Judæorum.

3. Propterea quod contra Dominum vocem dederunt, unde et subjungit: *Propter me exterminata est exterminio omnis terra.* Hæc enim Christi vox est. Multa enim peccata prius fecerant filii Israel, sed nunquam sic traditi sunt tam longæ perditioni et captivitati; quando autem compleverunt mensuram patrum suorum, et post prophetarum necem Christum interfecerunt, tunc, peccata peccatis cumulantes, traditi sunt in longam exterminationem. Idcirco nunc dicitur: *Propter me exterminatione exterminata est omnis terra.*

4. Quod, quia non intelligunt, proinde se traditos direptioni, Isaias propheta hoc ante prænuntiavit, dicens: *Effudit Dominus* **86** *super populum suum indignationem furoris sui, et forte bellum; et combussit eum in circuitu, et non cognovit, et succendit eum, et non intellexit* (*Isai.* XLII, 25). Quorum interitum mœrens Jeremias propheta ita deplorat: *Facti sunt,* inquit, *filii mei perditi, quoniam invaluit inimicus* (*Thren.* I, 16). Et iterum: *Quos educavi et nutrivi, inimicus meus consumpsit eos* (*Thren.* II, 22).

CAPUT X.

De ruina Jerusalem.

1. Quia propter quod negaverunt Christum Judæi, subversa est Jerusalem, per Jeremiam sic prædicat idem Dominus, dicens: « Ascendite muros ejus, et dissipate, auferte propagines ejus, quia non sunt Domini, prævaricatione enim prævaricata est in me domus Juda, ait Dominus, negaverunt me et dixerunt: Non est ipse (*Jerem.* V, 10). *Item Isaias:* Ruit Jerusalem, et Judas concidit, quia lingua eorum et adinventiones eorum contra Dominum » (*Isai.* III, 8).

2. Quo testimonio demonstratur urbem Jerusalem et provinciam Judææ pariter concidisse, causamque ostendit sceleris eorum, quia contra Dominum blasphemaverunt, dicentes: *Tolle, tolle, crucifige. Nos non habemus regem, nisi Cæsarem* (*Joan.* XIX, 15). Siquidem et David propheta propter Christi passionem futuram urbis, ac Judæorum calamitatem ex persona ejusdem Christi, ita prædixit: quando illi, sicut Evangelium loquitur, dederunt fel atque acetum: « Dederunt, *inquit*, in escam meam fel, et in siti mea potaverunt me aceto. Fiat mensa eorum coram ipsis in laqueum, et in retributionem, et in scandalum. Effunde super eos iram tuam, et indignatio iræ tuæ apprehendat eos. Fiat habitatio eorum deserta, et in tabernaculis eorum non sit, qui inhabitet (*Psal.* LXVIII, 22).

3. Hoc enim postea expletum est, quod fuerat ante prædictum; factum est enim in hac ipsa urbe Jerusalem; nam postquam Christum amaritudine potaverunt, et postquam clamaverunt adversus Filium Dei, ut occideretur, successit deinde vindicta a Domino, debellata est civitas, expugnati Judæi, multaque millia interfecta; nullusque illuc modo permittitur accedere Judæorum, ubi Christum crucifigendum acclamaverunt.

87 4. Item in Danielo angelus ille, postquam occisionem Christi prædixit, subsecutam protinus sub- B versionem Jerusalem pronuntiavit, dicens: *Et civitatem, et sanctuarium dissipabit populus cum duce venturo* (*Dan.* IX, 26), id est, Romanus exercitus cum Vespasiano. Cujus vastationis Isaias propheta lamentabile carmen composuit, in quo eadem Jerusalem plangitur, et ruina illius perpetua sermone prophetico decantatur sub similitudine vineæ, in qua plantaverat Deus turrem, et torcular, templum scilicet et altare (*Isai.* V, 2).

5. Hæc igitur vinea, quandiu uberrimos attulit fructus, habuit custodem Deum, de quo scribitur: *Non dormitabit neque obdormiet, qui custodit Israel* (*Psal.* CXX, 4); postquam vero spinas attulit Creatori suo, reliquit eam Deus, et statim vastavit eam aper de silva (*Psal.* LXXIX, 14), et vindemiaverunt C eam omnes transeuntes viam, ita dicente Domino: *Et nunc ostendam vobis quid facturus sum vineæ meæ; auferam maceriam ejus* (*Isai.* V, 5), hoc est, tollam angelorum auxilium (de quibus in Psalmis scriptum est: « Emittet angelum Dominus in circuitu timentium eum, et eripiet eos [*Psal.* XXXIII 8]). Et diripietur ab adversariis, destruam muros ejus, ut inimicis gentibus pateat, et nubibus mandabo desuper, ne pluant super eam pluviam » (*Isai.* V, 6).

6. Quod non de priore captivitate prophetatum est; illo enim tempore post captam urbem et Jeremias prophetavit, et Daniel, et Aggæus, et Zacharias futura dixerunt. Sed hoc de novissima captivitate prædictum est, quia post passionem Domini nec prophetas, nec apostolos habuerunt Judæi, qui D imbres præberent virtutum, sed e contrario illud eis accidit quod in Levitico peccantibus eis promisit Dominus: *Ponam cœlum vobis æreum, et terram ferream* (*Levit.* XXVI, 19).

7. Et in Deuteronomio: *Erit cœlum super te æreum, et terra subter te ferrea* (*Deut.* XXVIII, 23). Et rursum: *Dabit Dominus pluviam terræ tuæ, pulverem, et cinis de cœlo descendet super te, donec tradat te*

3. In Vulgata ita id profertur: *Posuerunt eam in dissipationem, luxitque super me; desolatione desolata est omnis terra.* AREV.

4. Al., *ædificavi* pro *educavi.* MAR.

CAP. X. N. 2. Al., *crucifige talem.* MAR.

4. Al., *eamdem in Daniele*, pro *item in D.* Et *venturus*, pro *venturo.* Et *vastitati*, pro *vastationis.* Et *quam plantaverat*, pro *in qua p.* MAR.

5. Al., *pateant*, pro *pateat.* MAR.

6. Al., *pluerent*, pro *præberent.* MAR.

7. Al., *quo vociferatum est*, pro *quo vociferati sunt.* MAR.

deleat (*Ibid.*, 24). Sed quare ista acciderunt illis? quia exspectavit Deus ut facerent justitiam, et largitorem tantorum munerum susciperent. Illi autem fecerunt spinas, quibus Christum coronaverunt, feceruntque **88** clamorem, quo vociferati sunt contra Dominum, ⋈ id est, contra Christum ˥, ut crucifigeretur.

CAPUT XI.

De spretis Judæis et Synagogæ reprobatione.

1. ⋈ De qua civitate ˥ per Isaiam sic Dominus loquitur, dicens: « Quis est hic liber repudii matris vestræ, quo dimisi eam? aut quis est creditor meus, cui vendidi vos? Ecce in iniquitatibus vestris venditi estis, et in sceleribus vestris dimisi matrem vestram (*Isai.* L, 1). » Similiter et per Osee: *Judicate matrem vestram, judicate, quoniam ipsa non est uxor mea, nec ego vir ejus* (*Ose.* II, 2). De cujus populi reprobatione, et per Jeremiam ⋈ sic loquitur Dominus dicens: ˥ « Reliqui domum meam, dimisi hæreditatem meam. Facta est mihi hæreditas mea, quasi leo in silva, dedit super me vocem suam; propterea odivi eam » (*Jerem.* XII, 7).

2. Isaias autem Judæorum captivitatem æternam sic exprimit, dicens: « Terra vestra deserta, civitates vestræ succensæ igni, regionem vestram in conspectu vestro alieni devorant, et desolabitur sicut in vastitate hostili » (*Isai.* I, 7). Quæ captivitas, ⋈ et ˥ licet sub Babylonis tempore ex parte completa sit, plenius tamen sub Romana captivitate impleta est, quando universam Judæam Romanus vastavit exercitus, atque urbs Jerusalem eversa atque succensa est.

CAPUT XII.

De perpetua ruina Jerusalem.

1. Isaias ait: *Desolabitur, sicut in vastitate hostili, et derelinquetur filia Sion, sicut umbraculum in vinea* (*Isai.* I, 7). Ita enim eversa est Jerusalem, et destituta, manifestatis sacramentis Christianæ veritatis, quemadmodum deserunt tabernacula vinearum, expletis vindemiis. **89** Nam sicut tabernaculum non sui causa, sed vindemiæ fit, ita et vetus populus, non suæ causa salutis, sed Christianæ exstitit veritatis.

2. Item ipse: *Super humum*, inquit, *populi mei spinæ, et vepres ascenderunt* (*Isai.* XXXII, 13). Quanto magis super omnes domos gaudii, civitatis exsultationis? « Domus enim, *inquit*, dimissa est, multitudo urbis relicta est, tenebræ et palpatio factæ sunt super speluncas usque in æternum. »

3. Item idem Isaias perpetuam ruinam terrenæ Jerusalem, et vocationem gentium ita pronuntiat, A dicens: « Dominus Deus meus es tu, et exaltabo te, confitebor nomini tuo, quoniam fecisti mirabilia, cogitationes antiquas fideles. Amen. Quia posuisti civitatem in tumulum, urbem fortem in ruinam, domum alienorum, ut non sit civitas, et in sempiternum non ædificetur. Super hoc laudabit te populus fortis, civitas gentium robustarum timebit te, quia factus es fortitudo pauperi, fortitudo egeno in tribulatione sua. Spes a turbine, umbraculum ab æstu. Spiritus enim robustorum, quasi turbo impellens parietem; sicut æstus in siti, tumultum alienorum humiliabis; et quasi calore sub nube torrente, propagines fortium marcescere facies. Et faciet Dominus exercituum omnibus populis in monte hoc convivium pinguium medullatorum, vindemiæ defæcatæ » B (*Isai.* XXV, 1).

4. Et Ezechiel: *Porro cum dedero*, *inquit Dominus*, *gloriam in terra viventium* (*Ezech.* XXVI, 20, 21). Hoc verbo demonstrans futuram Ecclesiæ ex gentibus claritatem, ad terrenam Jerusalem vertit sententiam oraculi, dicens: *In nihilum redigam te, et non eris, et quæsita non invenieris ultra in sempiternum.* De hujus quoque urbis ruina perpetua sic etiam dicit Dominus ad Jeremiam: « Et conteres lagunculam in oculis eorum, qui ibunt tecum, et dices ad eos: Hæc dicit Dominus exercituum: Sic conteram populum istum, et civitatem istam, sicut conteritur vas figuli, quod non poterit ultra restaurari (*Jerem.* XIX, 10).

C 5. Sophonias autem æternam desertionem ipsius civitatis sic prædicat: « Hæc est, *inquit*, civitas gloriosa, habitans in confidentia; **90** quæ dicebat in corde suo: Ego sum, et extra me non est alia amplius; quomodo facta est in desertum cubile bestiæ? omnis qui transit per eam sibilabit, et movebit manum suam. Væ provocatrix et redempta civitas, columba non audivit vocem, et non suscepit disciplinam » (*Soph.* II, 15; III, 1).

6. Ad ultimum quoque Daniel Jerusalem destructionem ita significat usque ad consummationem mundi perseverare: « Post hebdomadas, *inquit*, septuaginta duas occidetur Christus, et non erit ejus populus, qui eum negaturus est, et civitatem et D sanctuarium dissipabit populus cum duce venturo, et finis ejus vastitas, et post finem belli statuta desolatio, et deficiet hostia, et sanctuarium, et in templo erit abominatio desolationis, et usque ad consummationem et finem perseverabit desolatio » (*Dan.* IX, 26).

CAP. XI. N. 2. Al., *devorabunt*, pro *devorant*. Et post *hostili* alii addunt, *derelinquetur filia Sion, sicut umbraculum in vinea*. MAR.

Ibid. Indicat Mariana redundare *et* ante *licet*. Sed fortasse pro *et licet* legendum *etsi*. Verba quæ alii addunt post *hostili* occurrunt cap. seq., n. 1. AREV.

CAP. XII. N. 2. Al., *orbis*, pro *urbis*. MAR.

Ibid. In Vulgata: *Vepres ascendent... gaudii civitatis exsultantis*. AREV.

3. Al., *operuisti*, pro *posuisti*. Et *superborum*, pro *alienorum*. Et *densitate*, pro *defæcatæ*. MAR.

4. Al., *hæc verba demonstrant, futuram*. Et *bibunt*, pro *ibunt*. MAR.

5. Al., *draconum*, pro *bestiæ*. Et *caput*, pro *manum*. Et *vere*, pro *væ*. MAR.

6. Al., *dissolutionis*, pro *desolationis*. Et *dissolutio*, pro *desolatio*. MAR.

Ibid. Vulgata, *sexaginta duas*. AREV.

CAPUT XIII.

De irreparabili desolatione Judæorum.

1. Quia Judæi juxta spem suam nunquam reparabuntur, Jeremias dicit : *Civitates Austri clausæ sunt, translata est omnis Judæa transmigratione perfecta* (*Jerem.* XIII, 19); id est, irrevocabili captivitate. Item ipse : « Quia oblitus est mei populus meus, frustra libantes, et impingentes in viis suis, et in semitis Israel, ut ambularent per eas in itinere non trito; ut fieret terra eorum in desolationem et in sibilum sempiternum. Omnis qui præterierit per eam obstupescet, et movebit caput suum, sicut ventus urens dispergam eos » (*Jerem.* XVIII, 15).

2. Hanc etiam sempiternam carnalis Israel desolationem idem propheta alibi proclamat, dicens : *Argentum reprobum vocate eos, quia Dominus projecit illos* (*Jerem.* VI, 30). Et post paululum : *Et derelinquam populum meum, et recedam ab eis* (*Jerem.* IX, 2). Et alio loco : « Et derelinquam vos, et civitatem vestram, quam dedi vobis et patribus vestris. Et dabo vos in opprobrium sempiternum et in ignominiam æternam, quæ nunquam oblivione delebitur » (*Jerem.* XXII, 39).

3. Amos quoque propheta de his plenissime prædicat, atque **91** ita aversatum Deum dicit ab Israel, ne illis unquam misereatur, sed inseparabiliter in æterna desolatione permaneant. Sic enim ait : « Audite verbum hoc, quod ego levo super vos planctum. Domus Israel cecidit, non adjiciet ut resurgat. Virgo Israel projecta est in terram suam, non est, qui suscitet eam (*Amos.* V, 1). » Ecce ubi sic cecidit plebs illa, ut non resurgat. Siquidem et cæremonias carnales ejusdem plebis sic cadendo evacuat veniente veritate, ne aliquando queant resuscitari, cum dicit : *Projecta est in terram suam, non est qui suscitet eam.*

4. Quod veraciter de ipsa terrena accipitur Judæorum spe; sequiturque in eodem propheta : « Venit finis super populum meum Israel, non adjiciam ultra ut pertranseam per eum, et stridebunt cardines templi in die illa, dicit Dominus Deus. Multi morientur, in omni loco projicietur silentium (*Amos* VIII, 2). » In cujus prophetico textu tertio reperit sic se aversatum fuisse ab Israel Dominum, ne illis, ut prædixi, juxta spem ipsorum unquam misereatur. In prioribus enim dicit : *Cecidit, non adjiciet ut resurgat virgo Israel.* In secundo dixit : *Ecce ego ponam* A *trullam in medio populi Israel, non adjiciam ultra superinducere eum.* Tertio quoque dicit : *Venit finis super populum meum Israel, non adjiciam ultra ut pertranseam per eum* (*Amos.* VII, 8).

5. Quæ omnia pertinent ad carnale ipsius populi regnum, vel observantiam, quia ultra irreparabilia erunt. Nam illæ repromissiones reparationis, quas eorum prophetarum sermo complectitur, illi parti promittuntur quæ ex Judæis in Deum creditura est; nam neque omnes Judæi redimendi sunt, neque omnes salvi erunt. Sed sceleratis, et peccatoribus contritis atque consumptis, hi qui fide electi fuerint salvabuntur. Diximus de populo et de urbe : dicamus quid prophetæ tenuerunt de Novo Testamento.

CAPUT XIV.

B *Quod, Veteri Testamento evacuato, Novum futurum erat.*

1. Sed quia, evacuato carnali eodem Veteri Testamento, novum **92** Testamentum daturus esset Deus, clarissime per Isaiam prophetam Dominus annuntiat, dicens : Ne memineritis, *inquit*, priorum, et antiqua ne intueamini. Ecce ego facio nova, et nunc orientur. Utique cognoscetis ea : ponam in deserto viam, et in invio flumina. Glorificabit me bestia agri, dracones, et struthiones, quia dedi in deserto viam, flumina in invio (*Isai.* XLIII, 18, 22). »

2. Talibus enim vaticiniis legem Veteris Testamenti commendat oblivisci, et novi facit mentionem, dicendo : *Ne memineritis priorum, ecce facio nova;* et ut demonstraret quæ essent nova, tum adjecit : *Po-* C *nam in deserto viam, et in invio flumina.* Quo significaret in gentibus suam dedisse doctrinam, ubi glorificat eum bestia agri, dum ipsum credentes collaudant, et regna mundi, quem populum sibi acquisitum dicit. Cæterum contra Israel quæ sequuntur adjungit : *Non me invocasti, Jacob, nec laborasti in me, Israel.*

3. De cujus quidem Novi Testamenti promissione sequenter idem Dominus per eumdem prophetam ita annuntiat : *Quæ prima fuerunt, ecce evenerunt; nova quoque ego annuntio, antequam orientur, audita vobis faciam* (*Isai.* XLII, 9). Quibus verbis et Vetus Testamentum venisse declarat, et novum annuntiat, quod Christiana ætate completum est. Prima enim sunt, vetera novorum, sed ordine, non dignitate; D unde et pacta quæ tempore posteriora sunt, evacuatis anterioribus, majora priorum habentur.

4. Per Jeremiam quoque prophetam, Testamen-

CAP. XIII. N. 1. Al., *perpetua* pro *perfecta.* Et *tuto*, pro *trito.* Et *disperdam*, pro *dispergam.* MAR.

2. Al., *Jerusalem*, pro *Israel.* MAR.

3. Al., *Jerusalem, ne illis.* MAR.

Ibid. Forte, *sed irreparabiliter.* AREV.

4. Al., *ipsa æterna captivitate Judæorum accipitur*... *projicientur scelerati. In cujus prophetiæ contextu.* Et *ponam tribulationem in medio.* MAR.

5. Al., *reparationes* pro *reparationis.* Et *credituri*, pro *redimendi.* MAR.

CAP. XIV. N. 1. Al., *quæ nunc*, pro *et nunc.* MAR.

3. Al., *venient.* Et *Christi a nativitate*, pro *Christiana ætate.* MAR.

Ibid. Dubium est an Mariana diversam lectionem *venient* adjecerit pro *evenerunt*, an pro *orientur.* Vulgata *venerunt*, pro *evenerunt.* AREV.

4. *Fœdus novum, non secundum pactum*, etc. Jeremiæ XXXI, 31, ut Hieronymus vertit, et ut est in Editione vulgata. Multo autem commodius LXX. *Disponam*, inquiunt, *domui Israel, et domui Juda Testamentum Novum, non secundum testamentum;* id Hebraica dictio *Berith* significat. Sic antiqui Patres hunc locum retulerunt. Cyprianus, I contra Judæos cap. 11. Augustinus, lib. XVIII de Civitate Dei, cap. 33. Sic Paulus ad Hebræos VIII, 8. Quin potius ex propria Testamenti ratione colligit, Christum, qui Novum Testamentum nuncupavit, necessario, ut esset validum, fore moriturum, cap. IX, 16 : *Testamentum*, inquit, *in mortuis confirmatum est; alioqui nondum valet, dum vivit, qui testatus est.* MAR.

tum Novum se daturum, evacuato priore, sic Dominus pollicetur: « Ecce dies venient, dicit Dominus, et feriam domui Israel, et domui Juda fœdus novum, **93** non secundum pactum, quod pepigi cum patribus vestris, in die qua apprehendi manum eorum, ut educerem eos de terra Ægypti, pactum quod irritum fecerunt, et ego dominatus sum eorum, dicit Dominus. Sed hoc est pactum quod feriam cum domo Israel, dicit Dominus, dabo legem meam in visceribus eorum, et in corde eorum scribam eam.

5. In quo loco vaticiniis prophetarum Testamenti Novi est facta commemoratio, quod quia discrepare potuit a Veteri Testamento, inde adjungit: *Non secundum Testamentum, quod dedi patribus eorum.* Est enim in utroque mirabilis differentia præceptorum. In illo, exceptis sacramentis, quæ umbræ erant futurorum, cætera promissa temporalia sunt, Sabbatum scilicet, et circumcisio, et multiplex sacrificiorum ritus, ciborumque observantia, ac dierum cæremoniæ: quæ omnia carnali congruunt vetustati. At contra Testamento Novo cordis bonum promittitur; vitæ æternæ felicitas pollicetur. ⋗ Et non quidem foris in lapideis diptychis, sed intrinsecus in tabulis cordis. ⌉

6. Unde et ita subjungit: *Quia hoc est Testamentum quod ordinabo domui Israel. Post dies illos, dicit Dominus, dabo legem meam in cordibus eorum, et in mente eorum scribam eam* (*Jerem.* XXXI, 33). Quo significaret eam spiritualiter in cordibus nostris operari debere secundum interiorem hominem, vetustate carnalis operationis mutata. Intus enim circumcisio, non præcisione carnis, sed cordis purgatione. Intus Sabbatum, non per abstinentiam servilium operum, sed per abstinentiam peccatorum.

94 7. Quam legem etiam gentibus clarissime revelari, per Isaiam sic Dominus protestatur, dicens: *Lex a me exiet, et judicium meum in lucem gentium requiescet* (*Isai.* LI, 4); per quod ostenditur commune esse fœdus Testamenti Novi Judæis et gentibus, Osee etiam propheta testante: « In die illa, ait Dominus, vocabit me vir meus, non vocabit me ultra Baalim, et referam nomina Baalim de ore ejus, et non recordabitur ultra nominis eorum. Et percutiam eis fœdus in die illa cum bestiis agri, et cum volucribus cœli, et cum reptili terræ, et arcum, et gladium, et bellum conteram de terra, et dormire eos faciam fiducialiter, et sponsabo te mihi in sempiternum, et sponsabo te mihi in justitia, et judicio, et misericordia, et miseratione, et sponsabo te mihi in fide, et scies quia ego Dominus (*Ose.* II, 16). »

CAPUT XV.

De cessatione Sabbati.

1. Merito Sabbatum carnaliter Judæi custodirent, si quid sit Sabbatum nossent. Nomen quidem Sabbati usurpant, sed quid ipsum valeat ignorant. Legem carnaliter custodire delectantur, dum tota spiritualiter intelligatur, dicente Domino per prophetam: *Aperiam in parabolis os meum, loquar propositiones ab initio sæculi* (*Psal.* LXXVII, 2). Ergo si lex et prophetæ in parabolis et in ænigmatibus constat, non est accipienda Sabbati observatio, nisi spiritualiter.

2. Nam carnalia ejus otia a Domino et a Patribus dissoluta sunt. Nam si crimen est Sabbati otium non observare, cur Deus operatur in Sabbato? Sic enim scriptum est in Genesi: *Complevitque Deus die septimo opus suum, quod fecerat* (*Gen.* II, 2); ergo in principio Sabbatum dissolutum est, dum Deus operatur in ipso, explens cuncta in eo, et benedicens ipsi diei, quia universa in illo complevit. Item si crimen est Sabbati otia non observare, cur Jesus Nave, discipulus ac successor Moysi, præcipiente Domino, septem **95** diebus continuis, inter quos utique et Sabbatum erat, exercitum, et arma produxit, atque circumeunte arca, tubisque clangentibus, Jericho muros subvertit (*Josue* VI, 15)?

3. Quid item de Machabæis eloquar? de quibus scriptum est: *Et nolebant Judæi in die Sabbati vindicare se de alienigenis* (*I Machab.* II, 41). Postea consilio accepto, pugnaverunt die Sabbati, et triumphaverunt de hostibus. Quibus testimoniis edocemur non pertinere ad fidem istum Sabbati elementarium diem servare, sed alium spiritualem; nam hoc carnale Sabbatum non est datum propter purificationem, sed propter tentationem, dicente in lege Domino: *Ut tentem eos, utrum ambulent in lege mea, an non. Sex diebus colligetis manna, septimo non colligetis* (*Exod.* XVI, 4, 26).

4. Itaque dum dicit: *Ut tentem eos*, apparet Sab-

Ibid. Al., *quando apprehendi*, pro *qua apprehendi*. MAR.

5. Al., *vaticinii*, vel *vocationis*, pro *vaticiniis*. Et *pactum, quod pepigi cum patribus*. Et *corde bonis vitæ æternæ*, etc. MAR.

Ibid. ⋗ *Et non quidem foris in lapideis dyptychis, sed intrinsecus in tabulis cordis.* ⌉ Hæc omnia verba deerant in Hispalensi Codice, et quia suspecta videbantur, obelo signata sunt. Erant autem δίπτυχα proprie tabulæ ecclesiasticæ, quibus episcoporum nomina scribebantur, ut constat ex divi Gregorii Vita, lib. IV. cap. 22, et Theodor., lib. V Historiæ, cap. 34, 35. Erantque geminæ, ut nomen ipsum declarat, in altera vivorum nomina erant, defunctorum in altera, cujus rei in Missali Mozarabum et Græcorum liturgiis expressa vestigia exstant. Dum enim sacris operantur, duo catalogi referuntur vivorum, et defunctorum pontificum, id δίπτυχα significant. Isidorus tamen hoc loco vocem traduxit ad legis mandata significanda, quoniam duabus etiam tabulis descripta, et a Moyse veteri populo tradita sunt. MAR.

Ibid. De varia diptychi significatione plura Rosweydus, in Onomastico, post Vitas Patrum, ubi etiam hunc Isidori locum allegat. AREV.

6. Al., *vetusta carnis operatione mutata*. MAR.

CAP. XV. N. 1. Al., *non custodirent*, pro *custodirent*. MAR.

Ibid. *Si quid sit Sabbatum nossent*, etc. Flor. 1: *Si otium Sabbati cur datum esset scirent, et non etiam nomen quidem Sabbati usurparent. Sed quid ipsum valeat ignorant, dum legem carnaliter custodire*, etc. AREV.

2. Al., *itidem* pro *item*. MAR.

3. Al., *viis meis*, pro *lege mea*. Et *purificationem*, pro *justificationem*. MAR.

batum non fuisse præceptum propter justificationem, sed propter tentationem. Hinc est, quod loquitur Deus per Ezechielem prophetam, dicens : *Dedi eis præcepta non bona* (*Ezech.* xx, 25); utique quia quædam carnali populo ⊱ carnaliter ˥ agenda permissa sunt, quæ tamen adveniente Evangelio cessaverunt, sicut et per prophetam dicit : *Cessare faciam omne gaudium ejus, et Sabbata ejus* (*Ose* II, 11), quæ quidem alias idem Dominus odisse se dicit : *Noemenias*, inquit, *et Sabbata vestra odivit anima mea* (*Isai.* I, 13).

5. Ideoque si Sabbata æterna sunt, cur ea Deus cessare mandavit? si bona sunt, cur odivit? Sabbatum enim quod Israelitæ acceperunt in munere significabat requiem mentis, ut nullo in hac vita terrenorum desideriorum appetitu fatigetur. Nam Sabbatum *requies* interpretatur. Ista autem Judæorum otiosa festivitas consumitur in luxuriis, et ebrietatibus, et comessationibus, deditis omnibus in libidine, et in fructum temporalis vitæ, ventri venerique servientibus.

6. Sed quæritur : Si non est, inquiunt, custodiendum sabbatum, **96** quare dictum sit in mandatis Dei : « Memento ut diem Sabbati sanctifices, et sex dies operaberis, et facies omnia opera tua, septimo autem die Sabbatum Domini Dei tui est, non facies in eo omne opus (*Exod.* xx, 8)? » In opere enim sex dierum sex millium annorum opera demonstrantur. Mille enim anni apud Deum uni diei comparantur, sicut testatur propheta : *Quoniam mille anni ante oculos tuos tanquam dies una* (*Psal.* LXXXIX, 4). Horum dierum Sabbatum septimi millesimi anni C tempus, ac requies futuri regni ac sæculi est, ubi jam nulla erit operatio rerum, sed requies sola sanctorum.

7. Nam ista temporalia Sabbata odit Deus, dum dicit : *Neomenias et Sabbata vestra odivit anima mea.* Et bene dixit *vestra*, quia non sunt illa quæ Deus præcepit, sed quæ sibi populus carnalis elegit. Nam de illis dixit : *Sabbata mea profanastis* (*Ezech.* XXII, 8). Unde dignoscitur Sabbatum temporale humanum esse, Sabbatum autem divinum illud æternum esse, de quo per Isaiam dicitur : *Et erit*, inquit, *mensis ex mense, et dies ex die, et Sabbatum ex Sabbato, et* A *veniet omnis caro adorare in Jerusalem, dicit Dominus* (*Isai.* LXVI, 23).

8. Secundo etiam quæritur quare dixerit Jeremias : « Custodite animas vestras, et nolite portare pondera in die Sabbati, nec inferatis per portas Jerusalem, et nolite ejicere onera de domibus vestris in die Sabbati (*Jerem.* XVII, 21)? » Ergo audi ejus prophetiæ mysterium : pondera portat in Sabbato, quem dies judicii invenerit cum suo delicto; pondera portat in Sabbato, qui, credens in Christo, non desinit **97** a peccato. Ipse est enim requies animarum, sicut et idem ait : *Discite a me, quia mitis sum, et humilis corde, et invenietis requiem animabus vestris* (*Matth.* XI, 29).

9. Adhuc tertio quæritur quare homo ille qui li-B gna colligebat in die Sabbati tam atrociter jussu Dei fuerit a populo trucidatus? Quod facile ab infidelibus præponitur. Intelligant ergo quia hæc omnia in typo acciderunt illis; scripta sunt enim ad correptionem nostram. Ille enim pristinus carnalisque, qui diem Sabbati violare ausus est, dum ligna colligeret (propter quod est et punitus) formam insinuabat ejus qui in die judicii cum carnali opere fuerit inventus, id est, contraxisse ligna, fenum, vel stipulas ad escam ignis æterni convenientes. Hæc enim colligens in suam perniciem, dum fuerit in die ultimo judicatus, pellendus est ab omnibus angelis, et statim morte novissima puniendus. Sic ergo omnia, quæcunque illis Judæis per legem acciderunt, formidabiliter intelligenda sunt.

CAPUT XVI.

De circumcisionis consummatione.

1. Jam tibi post populi perpetuam captivitatem, post urbis æternam ruinam, carnales Judæorum observantias et celebrationes evacuatas enuntiabo. Accipe ergo primum causam circumcisionis. Quia enim ex semine Abrahæ secundum carnem futurus erat Christus, in quo cunctarum gentium fuerat benedictio repromissa, et ab Abraham usque ad Christum multa erant sæcula post futura, prævidens Deus ne genus Abraham reliquis gentibus misceretur, et paulatim propago ejus fieret incerta, populum Judaicum circumcisionis signo notavit, ut viventes inter

5. *Si bona sunt, cur odivit?* Hispalensis, *cur ea Deus odivit?* ubi hæc sequebantur : *Item quæ prima fuerunt, ecce venerunt.* Isaiæ XLII : *Item Sabbatum non fuit datum, nisi ad probationem.* Exod. 16 : *Item Elias ambulavit quadraginta dies, inter quos ambulabat die sabbati.* Et quædam alia ejusdem formæ, quæ ex margine in contextum procul dubio migrarunt, ideoque rejecta sunt. MAR.

Ibid. Al., *viventibus*, pro *servientibus.* MAR.

6. *Horum dierum Sabbatum septimi millesimi anni tempus, ac requies futuri regni ac sæculi est.* Tarraconensis : *Septimi millesimi anni tempus, requies futuri, regnum sæculi est.* Fuit opinio Judæorum, lib. Sanhedrin. cap. Helith, et lib. Havoda sacra, c. Libne, mundum sex millia annorum fore duraturum, in septimo requiem fore. His argumentis : quoniam sex diebus conditus est mundus, mille anni apud Deum tanquam dies una sunt, psalm. LXXXIX, 4. Aleph, littera, quæ millenarii numeri nota est, in primo Genes. versu sexies ponitur. Enoch septima ab Ada-D mo proles vivus translatus est. Hanc opinionem Patres antiqui secuti sunt : Irenæus, lib. v, extremo; Lactantius, lib. VII, cap. 14; Tertull.; Victorinus; Apollinarius. Eam Epiphanius hæresi 77 impugnat. Papias Joannis apostoli discipulus in errorem induxit, ita se ex Apostolorum ore accepisse confirmans, auctore Eusebio, lib. III Historiæ, cap. 39. Quis enim tantæ auctoritati resisteret? Hanc sententiam Isidorus tangere ac vero sequi hoc loco videri possit. Sed longe aliter est. Tantum contendit Judæorum argumento respondere, Sabbati observationem inducentium, quod in Decalogo esset præcepta; ad mysticas eam significationes traducens, ac requiem futuri sæculi significare contendens, Augustini exemplo, lib. XXII de Civit. Dei, cap. ultimo. Julianus sane primum librum contra Judæos ea opinione convellenda consumit. MAR.

9. Forte, *proponitur*, pro *præponitur.* MAR.

CAP. XVI. N. 1. Al., *enuntiavi*, vel *annuntiavi*, pro *enuntiabo.* MAR.

Ægyptios atque Assyrios, inter Babylonios, sive Chaldæos, hoc signaculo ab iis, vel a cæteris gentibus nationibusque distinguerentur.

2. Denique per quadraginta annos in eremo nullus est circumcisus, soli quippe sine gentis alterius commistione vivebant. At ubi Jordanis alveum populus Israeliticus transmeavit, atque in **98** terram repromissionis pervenit, signum circumcisionis futuro ex commistione gentium providit errori, quam rationabiliter custoditam esse credimus, quousque nasceretur Christus, qui ex semine Abrahæ fuerat repromissus, qui non jam per circumcisionem carnis, sed per amputationem vitiorum mundaret corda omnium gentium.

3. Quod non carnis circumcisionem, sed cordis, Moyses filiis Israel ita futuram prænuntiabat dicens: *In novissimis diebus circumcidet Dominus cor tuum, et cor seminis tui* (*Deut.* xxx, 6). Unde et Jeremias prævidens jam illud proximum tempus, Judæos ad Novum Testamentum et ad circumcisionem cordis, non corporis, ita provocat, dicens: « Hæc dicit Dominus viro Juda, et Jerusalem: Novate vobis novale, et nolite serere super spinas; circumcidimini Domino vestro, et auferte præputia cordium vestrorum, viri Juda, et habitatores Jerusalem, ne forte egrediatur ut ignis indignatio mea, et succendatur, et non sit qui exstinguat (*Jerem.* iv, 3). »

4. Quibus verbis admonetur Jerusalem a vetustate circumcisionis et legis, quæ spinis comparatur, et vepribus, ad gratiam Novi transire Testamenti, et per fidem Evangelii cordis circumcisionem tenere, non carnis, juxta quod legimus, Petro apostolo dicente: *Fide purificans corda eorum* (*Act.* xv, 9). Quam similiter fidem, jam non per prisca signacula carnis, et injuriam corporis, sed per novam gratiam lavacri spiritualis adipiscendam, Dominus per Isaiam annuntiat, dicens: *Ne memineritis priorum, et antiqua ne intueamini. Ecce nova faciam, quæ nunc orientur, et cognoscetis ea*; et ut ostenderet quæ essent ipsa nova, subjecit: *Faciam in deserto viam, et flumina in loco inaquoso, adaquare genus meum electum, et plebem meam, quam acquisivi* (*Isai.* xliii, 18).

5. Quid ergo hoc indicabat, nisi baptismatis purificationem futuram? in qua non jam vetusta circumcisione carnis quisque signatur, sed sola gratia sacræ undæ per fidem abluitur. Verum quia hanc cordis circumcisionem Hebræi non recipiunt, Jeremias prædixit **99** dicens: *Omnes gentes habent præputium, omnis autem domus Israel circumcisus est corde* (*Jerem.* ix, 26).

6. Nam ⊱ quod ⌉ et a Jesu duce secundo legitur populus circumcisus, ut significaret in eremo cessasse circumcisionem, quæ in Ægypto exercebatur,

A et a Domino Salvatore cordis circumcisione postmodum credentes esse mundandos. Et bene cultris lapideis secunda circumcisio fit, quia petra Christus est, per quem spirituali circumcisione credentes purgantur ab omnibus illecebris vitiorum.

CAPUT XVII.

De sacrificiis.

1. Jam vero de sacrificii veteris reprobatione, quod victimæ eorum abjectæ sint, et in abominationem transierint, per Isaiam sic Dominus dicit: « Quo mihi multitudinem victimarum vestrarum? dicit Dominus. Plenus sum holocaustis arietum, et adipe pinguium, et sanguinem vitulorum, et agnorum, et hircorum nolui. Cum veneritis ante conspectum meum, quis quæsivit hæc de manibus vestris, ut ambularetis in
B atriis ⊱ sanctis ⌉ meis? Ne afferatis ultra sacrificium frustra; incensum abominatio est mihi. Neomeniam, et Sabbata, et festivitates vestras alias non feram, iniqui sunt cœtus vestri. Kalendas vestras et solemnitates vestras odivit anima mea; facta sunt mihi molesta, laboravi sustinens, et cum extenderitis manus vestras, avertam oculos meos a vobis, et cum multiplicaveritis orationem, non exaudiam. Manus ⊱ enim ⌉ vestræ sanguine plenæ sunt (*Isai.* i, 11) »

2. Item ipse de Judæorum sacrificiis: *Facta sunt morticinia eorum quasi stercus in medio platearum* (*Isai.* v, 25). Quæ sunt hæc morticinia, nisi veteris legis sacrificia, quæ, quoniam jam remota sunt, velut abjecta stercora reputantur? Unde et idem propheta alias de ipsis eorum sacrificiis sic dicit: *Qui immo-*
C *lat bovem, quasi qui interficiat virum; qui mactat pecus, quasi qui excerebret canem; qui* **100** *offert oblationem, quasi qui sanguinem suillum offerat; qui recordatur thuris, quasi qui benedicat idolo* (*Isai.* lxvi, 3).

3. Item Jeremias de repulsis a Domino victimis et holocaustis Judæorum: « Ut quid mihi thus de Saba offertis, et calamum suaveolentem de terra longinqua? holocaustomata vestra non sunt accepta, et victimæ vestræ non placuerunt mihi. Propterea hæc dicit Dominus: Ecce ego dabo in populum istum ruinas, et ruent in eis patres, et filii simul, vicinus et proximus, et peribunt (*Jerem.* vi, 20). » Vide quia eorum sacrificia non propter se carnaliter commendantur, sed propter solam cordis et fidei obedientiam,
D quam increduli amiserunt.

4. Unde adhuc idem propheta sic dicit: « Holocaustomata vestra addite victimis vestris, comedite carnes, quia non sum locutus patribus vestris, et non præcepi eis in die qua eduxi eos de terra Ægypti, de verbo holocaustomatum, et victimarum. Sed hoc verbum præcepi eis, dicens: Audite vocem meam, et ero vobis Deus, et vos eritis mihi populus, et

3. Al., *Juda, et habitatoribus Jerusalem.* Et *ingrediatur*, pro *egrediatur.* Mar.

Ibid. In notis Marianæ ad verba: *Quod non carnis* appositum erat *fortassis*; sed quænam fuerit conjectura illius, in Editione Grialii excidit, ac nihil omnino post *fortassis* additur. Arev.

4. Al., *Israel a vetustate.* Et *priora*, pro *priorum.* Mar.

6. Al., *exigebatur*, pro *exercebatur.* Mar.

Cap. xvii. N. 1. Al., *abjectione*, pro *reprobatione.* Et *levaveritis*, pro *extenderitis.* Mar.

2. In Vulgata, *morticina.* Arev.

ambulate in omnia, quæ mandavi vobis, et bene sit vobis. Et non audierunt, nec inclinaverunt aurem suam, sed abierunt in voluptatibus, et pravitate cordis sui mali. » In qua sententia subaudiendum est : *Non præcepi eis de verbo holocaustomatum, quasi illa per seipsa diligerem, sed ut eorum fidei obedientiam approbarem* (*Jerem.* VII, 21).

5. Item ipse qui supra : *Scribam*, inquit, *multiplices leges meas, quæ velut alienæ computatæ sunt. Hostias afferent, immolabunt carnes, et comedent, et Dominus non suscipiet eas.* Et post hæc detestans eorum sacrificia : *Non libabunt*, inquit, *Domino vinum, nec placebunt ei sacrificia eorum, quasi panis lugentium; omnes, qui comedent eum contaminabuntur, non intrabunt in domum Domini* (*Ose.* IX, 4).

6. Et Joel : « Interiit de domo Dei vestri sacrificium et libatio (*Joel.* I, 13). » Item Malachias : « Non est mihi voluntas in vobis, ait Dominus, et munus non suscipiam de manu vestra. Ab ortu enim solis usque ad occasum magnum est nomen meum in gentibus, et in omni loco sacrificatur, **101** et offertur nomini meo oblatio munda, quia magnum nomen meum in gentibus, ait Dominus. (*Malach.* I, 13) » Quo testimonio patet sacrificia Judæorum immunda esse, et reprobata, et solam oblationem gentium Domino esse acceptam.

CAPUT XVIII.

De escis.

1. In Regum libro sic dicit : « Factus est sermo Domini ad Eliam, dicens : Surge, et vade in Sarepta Sidoniorum, et manebis ibi. Præcepi enim ibi mulieri viduæ ut pascat te. Et surrexit, et abiit in Sarepta Sidoniorum ; cumque venisset ad portam civitatis, apparuit ei mulier vidua, et accepit ab ea escam, et manducavit (*III Reg.* XVII, 8). » Tunc Elias jussu Dei vasa ejus replevit, et apud ipsam alienigenam hospitatus escis gentilibus vixit, quod fieri non liceret, nisi lex spiritualiter data fuisset.

2. Dum enim quædam in lege, quasi non munda, in cibo damnantur, mores hominum procul dubio significantur, quia non admittit Deus in sanctis suis, qui ad æternam vitam prædestinantur, quidquid per illa immunda animalia in moribus hominum comparatur. Omnia enim quæcunque a Deo in ipsis primordiis mundi creata sunt, suæ vocis auctoritate non tantum bona, sed etiam valde bona probantur. Ideoque quæcunque in genere significantur animalium A immundorum, rectius derivantur in moribus hominum.

CAPUT XIX.

De sacramentis fidei Christianæ.

1. Hactenus ritus Judaicos et celebrationes divinis testimoniis confutavimus ; dehinc sacramenta nostræ fidei perstringamus, manifestantes primum quia non solum propter Judæos Testamentum legis datum est, sed etiam propter omnes gentes. Hæc enim propheta David **102** testatur, dicens : *Annuntiabitur Domino generatio ventura, et annuntiabunt cœli justitias ejus populo qui nascetur, quem fecit Dominus* (*Psal.* XXI, 32). Et iterum ipse : *Donec annuntiem brachium tuum generationi omni quæ ventura est, potentiam tuam, et justitiam tuam Deus* (*Psal.* LXX, 18).

B 2. Et Isaias : « De Sion egredietur lex, et verbum Domini de Jerusalem ; et judicabit gentes, et arguet populos multos usque in longinquum (*Isai.* II, 3). » David etiam in Psalmis : « Tunc dicent inter gentes : Magnificavit Dominus facere cum illis ; magnificavit Dominus facere nobiscum, facti sumus lætantes (*Psal.* CXXV, 2). » Quibus testimoniis manifestatur, prius Judæis Testamentum legis esse concessum, postea vero gentibus ; quod propterea collatum est illis, quia in eo cognoscere poterant Christum, quem Judæi mente cæcati nequaquam intelligunt.

CAPUT XX.

Scriptura non solum historialiter, sed etiam mystice intelligenda est.

C 1. Quod legis scriptura non solum historialiter, sed etiam mystico sensu, id est, spiritualiter sentienda est, docet Dominus in Psalmis : « Attendite, populi mei, legem meam ; inclinate aurem vestram in verba oris mei, aperiam in parabolis os meum, loquar propositiones ab initio (*Psal.* LXXVII, 1). » Quod etiam propheta in alio psalmo confirmat, dicens : *Inclinabo ad similitudinem aurem meam, aperiam in psalterio ænigmata mea* (*Psal.* XLVIII, 5).

2. In similitudine enim, et ænigmate sentiuntur omnia legis ; ænigma enim est obscura similitudo, per quam monetur homo ut cor suum acuat, et ad interiora intelligenda confugiat. Sic quoque Sapientia per Salomonem dicit : *Scribe legem dupliciter, et tripliciter in corde tuo.* Dupliciter enim sentitur lex, D ut prius secundum historiam, **103** deinde secundum sacramentorum intelligentiam sentiatur. Tripliciter autem scribitur, dum non solum historialiter,

5. *Item ipse qui supra.* Etiam hoc libro, hallucinante memoria, alii pro aliis libris citantur, uti hoc loco testimonium Osee VIII, 12, Jeremiæ nomine. Inferius, cap. 22, extremo, illud : *Quia mei oblitus es, ecce ego annuntiabo justitiam tuam*, ex Isai. LVII, 12, ejusdem Jeremiæ nomine adducitur. MAR.

CAP. XVIII. N. 1. Forte, *sic dicitur : Factus.* AREV.

2. Al., *suis ad æternam vitam prædestinatis.* MAR.

CAP. XIX. N. 1. In Cod. Flor. 1 ita effertur titulus hujus capitis : *Quia Testamentum Vetus non solum propter Judæos datum est, sed propter gentes.* Passim hujusmodi inscriptiones in Mss. discrepant ab Editis. AREV.

2. Al., *postea*, pro *propterea.* MAR.

CAP. XX. N. 1. Al., *accipienda*, pro *sentienda.* MAR.

2. *Scribe legem dupliciter et tripliciter in corde tuo.* Proverb. XXII, 20 : *Ecce descripsi eam tibi tripliciter in cogitationibus, et scientia.* Septuaginta : *Describe eam tibi ipsi tripliciter, in consilium, et cogitationem*, quod nisi ex hoc loco, nescio unde ea verba desumi potuerunt. Nimirum Isidorus diversa Editione usus est. Quod, præter ea quæ dicta sunt, declarat locus Habacuc III, vers. ultimo, ab Isidoro adductus superiori lib., cap. 35 ; nam ubi alii omnes legunt *ut vincentem in Cantico ejus*, sive *victor in psalmis canentem*, Isidorus legit *ut vineam in claritate ejus.* MAR.

vel mystice, sed etiam moraliter, quid in unumquodque gerere debeat edocetur.

3. Unde et arca, quæ construebatur a Noe, bicamerata et tricamerata fieri jubetur quod intra Ecclesiam omnis legis materia, et historia locum habeat, et mysticum sensum recipiat, et informationem morum contineat. In parabolis enim et ænigmatibus scripta est lex, et ipsæ parabolæ et propositiones. Hinc est quod Judæis obtecta et clausa sunt omnia; qui nisi crediderint, ad eorum intelligentiam pervenire non possunt.

CAPUT XXI.

Quia Testamentum legis Judæi non intelligunt.

1. Signata enim habent ista omnia sacramenta Scripturarum, et ignorant quod legunt: legunt quippe omnia, et non intelligunt, sicut de eis cecinit Dominus ad prophetam: « Dic, » inquit, « populo huic, auditione audietis, et non intelligetis; et cernentes videbitis, et non scietis; incrassatum est enim cor populi hujus (*Isai.* VI, 9). « Et iterum: « Auferet Dominus a Juda, et a Jerusalem validum, et fortem, judicem, et prophetam, et sapientem de architectis, et prudentem eloquii mystici (*Isai.* III, 1). »

2. Hæc quippe cuncta abstulit ab eis Deus, et signavit illis omnia sacramenta juxta duritiam cordis eorum, ne forte intelligant, eodem Isaia testante de ipsis: « Et erit, » inquit, « vobis visio, sicut verba libri signati, quem cum dederint scienti litteras, dicent: Lege istud, et respondebit: Non possum, signatum est enim (*Isai.* XXIX, 11). « Sed quid adjecit de gentibus? *In illa*, inquit, *die audient surdi verba libri hujus, et de tenebris et caligine oculi cæcorum videbunt* (*Ibid.*, 18). » Patefacta sunt enim legis mysteria.

3. Judæis vero clausa sunt, sicut et Daniel dicit: *Clausa sunt, signatique sermones usque ad tempus consummationis, quousque addiscant* **104** *multi, et impleatur visio, et cognoscant omnia hæc* (*Dan.* XII, 9). Nam quod et Moysi facies velamine tegebatur, dum descenderet de monte cum tabulis, id significabat, quia præ cæcitatis caligine Judaicus populus legem ipsam non posset agnoscere, dum enim legitur Moyses, velamen est positum super cor eorum.

CAPUT XXII.

Quod Judæi, nisi credant in Christum, non intelligent Scripturas.

1. Neque enim possunt legem et prophetas intelligere, nisi ante in Christum crediderint, loquente Isaia: *Si non credideritis, non intelligetis; justus enim ex fide mea vivet*, ait Dominus per prophetam (*Habac.* II, 4). Unde et Abraham pater gentium factus est, quia *credidit Deo, et reputatum est ei ad justitiam* (*Gen.* XV, 6). Isti autem quamvis legem et prophetas teneant, tamen non est indulgendum eis, Jeremia testante: « Et dixit Dominus ad me: Si steterit Moyses, et Samuel coram me, non est anima mea ad populum istum; ejice illos a facie mea, et egrediantur (*Jerem.* XV, 1). »

2. Per Moysen quippe lex, per Samuelem prophetæ intelliguntur. Quos quamvis Judæi habeant, propter erroris tamen impietatem projecti sunt. Opera enim eorum et justitia sine fide Christi nihil eis prodest, testante Domino per Jeremiam: *Quia mei oblitus es, ecce ego annuntiabo justitiam tuam, et opera tua non proderunt tibi* (*Isai.* LVII, 12).

CAPUT XXIII.

Quod duo Testamenta a Deo sunt tradita.

1. Sed quoniam duo Testamenta, Novum scilicet, et Vetus ab omnipotente Deo sunt tradita, Salomon in Canticis canticorum **105** declarat: *In januis nostris omnia poma nova et vetera, frater meus, servavi tibi* (*Cant.* VII, 13). De quibus et Dominus in Evangelio dixit: *Simile est regnum cœlorum patrifamilias, qui profert de thesauro suo nova et vetera* (*Matth.* XIII, 52). Et alio Scripturæ loco ita repromittit Deus: *Dabo*, inquit, *vobis pluviam temporaneam, et serotinam*, Vetus scilicet Testamentum, et Novum, *et utroque imbre vos irrigabo* (*Deut.* XI, 14). Imber enim doctrina accipitur Testamentorum, unde est illud: *Exspectetur, sicut pluvia, sermo meus, et effundet super terram imbrem.*

CAPUT XXIV.

Quod peccatorum remissio futura erat per baptismum.

1. Quod per baptismum erat purgatio peccatorum futura, non per circumcisionem, quæ baptismi fuerat forma, Scripturarum voces idipsum aperte declarant. Isaias enim futurum baptismi mysterium sic præcinebat futuris credentibus, dicens: *Haurietis aquam cum gaudio de fontibus Salvatoris* (*Isai.* XII, 3). Quibus verbis etiam ipsum Salvatorem ostendit propheta, de cujus fontibus aquas purificationis prædicat hauriendas, id est, de fontibus Jesu. Hoc enim nomine Hebræorum lingua Salvator exprimitur.

2. Unde et ipse clamabat: *Si quis sitit, veniat ad me, et bibat* (*Joan.* VII, 37). Ad quod baptismi sacramentum idem Isaias Judæos et gentes ita provocat, dicens: *Omnes sitientes venite ad aquas* (*Isai.* LV, 1). Has aquas et hunc fontem et per Joelem prænuntiabat Spiritus sanctus, dicens: *Distillabunt montes dulcedinem, et colles fluent lacte, et per omnes rivos Juda ibunt aquæ, et fons de domo Domini egredietur, et irrigabit orbem terrarum* (*Joel.* III, 18), id est, universitatem omnium gentium.

3. Al., *constituebatur*, pro *construebatur*. Et *omnia legis mysteria, et historia*. MAR.

CAP. XXI. N. 1. Al., *visionem cernentes*. Et mox *sentietis*, pro *scietis*. MAR.

2. Al., *equidem*, vel *et quidem* pro *hæc quippe*. Et *scientibus*, vel *legentibus*, pro *gentibus*. MAR.

3. Fortassis, *clausi sunt, signatique*, ut in Vulgata. AREV.

CAP. XXII. N. 1 Al., *Christo*, pro *in Christum*. *Et si non credideritis mihi, non intelligetis*. MAR.

2. Al., *non proderunt mihi*. MAR.

CAP. XXIII. N. 1. Al., *dilecte mi*, pro *frater meus*. MAR.

CAP. XXIV. N. 2. Al., *lac et mel*, pro *lacte*. Et *fluent*, pro *ibunt*. MAR.

3. De hoc fonte et Zacharias, *In die*, inquit, *illa erit fons patens domui David, et habitantibus Jerusalem in ablutionem peccatorum, et menstruatæ* (*Zach.* XIII, 1). Dic, quæso, quis est iste fons patens, nisi in quo omnes renascimur, per quem peccatorum purificantur delicta, et sordes menstruatæ, hoc est, immundæ animæ salutari lavacro abluuntur? De cujus aquis et alibi idem propheta testatur: **106** « Et erit, » inquit, » in die illa, exibunt aquæ vivæ de Jerusalem, medium earum ad mare orientale, et medium earum ad mare novissimum. In die illa erit Dominus unus, et nomen ejus unum, et revertetur omnis terra usque ad desertum (*Zach.* XIV, 8). »

4. Quæ sunt igitur istæ aquæ vivæ, nisi baptisma, quod hominem sancti Spiritus infusione vivificat? Sed cur de Jerusalem exire annuntiantur, nisi quia Dominus in populo eodem consistens, ait discipulis: *Ite, docete omnes gentes, baptizantes eos in nomine Patris, et Filii, et Spiritus sancti* (*Matth.* XXVIII, 19)? Sed earum pars media vadit ad mare orientale, id est, ad populum circumcisionis; et media ad mare novissimum, quod est ad populum gentium, fide postremum, ut omnibus sitientibus largiatur tam Judæis, quam gentibus, qui in Domino credunt.

5. De iis aquis adhuc et per eumdem prophetam dicitur, quod egrediantur de domo Domini, et crescant in fluvium, et pergant ad solitudinem, sive ad mare Mortuum, et omnia ad quæcunque venerint, vivificentur atque sanentur. Sic enim idem propheta dicit: « Converti me ad portam domus Domini, et ecce aqua egrediebatur subter limen domus ad Orientem. Facies enim domus respiciebat ad Orientem, aquæ autem descendebant in latus templi dextrum ad meridiem altaris. Et converti me ad viam foras portam exteriorem, quæ respiciebat ad Orientem, et ecce aquæ redundantes a latere dextro (*Ezech.* XLVII, 1 *seq.*), » id est, a Christi latere.

6. Deinde dicit: « Et traduxit me per aquas, et ait ad me: Aquæ istæ, quæ egrediuntur ad orientales, et descendunt ad plana deserti, utique ad gentes, intrabunt mare, et exibunt, et sanabuntur aquæ; et omnis anima vivens, quæ respicit, quocunque venerit torrens, vivet; et erunt pisces multi satis, » id est, regenerati. Et adjecit: « Postquam venerint aquæ illæ, et sanabuntur, et vivent omnia, ad quæcunque venerit torrens. Et stabunt super illa piscatores, » hoc est, apostoli, atque doctores, plurimæ species erunt piscium ejus.

7. **107** Hoc dixit ad significandam varietatem gentium ad undam lavacri venientium; unde et adjecit: « Sicut pisces maris magni, multitudinis nimiæ in ripis A ejus, ex utraque parte omne lignum pomiferum, non deficiet folium ex eo, et non deficiet fructus ejus, per singulos menses afferre primitiva; quia aquæ de sanctuario egredientur, et erunt fructus ejus in cibum, et folia ejus ad medicamina. »

8. Michæas quoque propheta ejusdem baptismi sacramenta sub figura transitus maris ita revelat, dicens: « Secundum diem egressionis tuæ de terra Ægypti ostendam eis mirabilia, videbunt gentes, et confundentur in fortitudine sua, manus suas ponent super os suum, aures suæ surdæ erunt. Dominum Deum nostrum desiderabunt, et timebunt te. Quis Deus similis tibi? qui aufers iniquitatem, et transfers peccatum reliquiarum Israel? Quia misericors est, B convertetur, et miserebitur nostri, deponet iniquitates nostras, et projiciet in profundum maris omnia peccata nostra (*Mich.* VII, 15, 19). »

9. In qua sententia lector animadvertet manifestissime revelari ⊳ sacrosanctum ⌉ mysterium baptismi. *Secundum*, inquit, *diem egressionis tuæ de Ægypto ostendam eis mirabilia, deinde hostes sequentes*, id est, delicta nostra præterita, sicut Ægyptios in mare projectos, ita in baptismo deleta atque exstincta, ita pronuntiat, dicens: *Quoniam misericors est, convertetur, et miserebitur nostri.* ⊳ *Demerget delicta nostra*, ⌉ *et projiciet in profundum maris omnia peccata nostra.*

10. Quid enim clarius hoc testimonio? quidve apertius? omnis enim per fidem verus Israel exit ab Ægy- C pto, dum renuntiat sæculo; ingrediturque mare Rubrum, baptismum, scilicet, Christi cruore signatum. Tunc hostes insequentes intereunt, quia statim delicta moriuntur, ubi animæ regeneratorum resurgunt. Legimus quoque Aaron in præfiguratione baptismi aquis ablutum, cujus filii sacerdotio paterno participes laticis etiam sanctificatione purificantur. (*Exod.* XXX, 18; *Levit.* VIII, 6). Jam tunc quidem purgatio illa baptismi formam gerebat, cujus nunc lavacri sacramento abluitur omnis populus Ecclesiæ, quod est corpus veri et magni sacerdotis, in remissionem peccatorum, et, lotis sordibus, in sanctificationem divino cultui consecrantur.

11. **108** Isaias namque propheta inter cætera ostendit nequaquam posse delicta Judæorum dimitti, nisi D abluti baptismo fuerint. Dicit enim per eumdem prophetam Spiritus sanctus: *Laboravi sustinens, si multiplicaveritis orationes, non exaudiam; manus* ⊳ *enim* ⌉ *vestræ sanguine plenæ sunt. Lavamini, mundi estote* (*Isai.* I, 14). Pro omnibus quippe victimis, quas memoraverat idem propheta, pro cunctis neomeniis, et Sabbatis, atque solemnitatibus solam baptismi pu-

3. Al., *orientale vadit*, etc. Mar.

4. Al., *cœlestis spiritus infusione*. Et *largiantur*, pro *largiatur*. Mar.

5. Al., *respondebat*, pro *respiciebat*. Et *foris portam*, pro *foras portam*. Mar.

Ibid. Idem propheta. Propheta proxime laudatus est Zacharias; sed verba sunt Ezechielis. In Vulgata bis est *convertit me* pro *converti me*. Sed fortasse apud Isidorum quoque legendum *convertit me*. Quod aliquando unius prophetæ nomen pro alio ab Isidoro et aliis antiquis memoriæ errore positum fuerit, non semel supra jam notatum est. Arev.

6. Al., *sanabuntur aqua*. Et *illas piscatores*. Mar.

7. Al., *ejus existent ex utraque*. Mar.

Ibid. Quæ aquæ; forte, *quia aquæ*, cum Vulg.

8. Al., *sanctificabunt*, pro *desiderabunt*. Mar.

9. Al., *animadverte*, pro *animadvertet*. Mar.

rificationem præcepit, pro cunctis quoque inquinamentis peccatorum solum regenerationis lavacrum, quo tantum peccata abluuntur.

12. Quod quia Judæi respuunt, audiant Dominum per prophetam Ezechiel sibi comminantem: « Et factus est, » inquit, « sermo Domini ad me, dicens: Fili hominis, notas fac Jerusalem abominationes suas, et dices: Hæc dicit Dominus: Jerusalem, radix tua, et generatio tua de terra Chanaan; pater tuus Amorrhæus, et mater tua Cethæa, et quando nata es in die ortus tui, non est præcisus umbilicus tuus, et aqua non es lota in salutem (*Ezech.* XVI, 1, 3). » Ubi ostenditur quod in peccatis gravibus sit Jerusalem, et inde peritura esset, quod non sit lota aqua in salutem, quod est plena significatio baptismi. Ad eos autem qui convertuntur ad Christum, et baptizantur, sic ibi sermo Domini sequitur: *Et ingressus sum pactum tecum, ait Dominus, et lavi te aqua, et emundavi sanguinem tuum ex te, et unxi te oleo*, significans per pactum Testamentum Novum, per aquam et oleum baptismum et chrisma.

13. Cujus baptismi purificationem sic Spiritus sanctus per eumdem prophetam illis futuram promittit, dicens: « Tollam quippe vos de gentibus, et congregabo vos de universis terris, et adducam vos in terram vestram, et effundam super vos aquam mundam, et mundabimini ab omnibus inquinamentis vestris. » Et, ut Novum Testamentum suscipiant, sic sequitur: « Et dabo vobis cor novum, et spiritum novum ponam in medio vestri, et auferam cor lapideum de carne vestra, et dabo vobis cor carneum, et spiritum meum ponam in medio vestri et faciam ut in præceptis meis ambuletis, et judicia mea custodiatis, et operemini (*Ezech.* XXVI, 24). »

109 CAPUT XXV.

Quod chrismate gentes santificari debeant.

1. Quia chrismate omnes ⊳ gentes ˥ sanctificarentur, loquitur Dominus ad Moysen, dicens: « Sume tibi aromata prima, et oleum de olivetis, faciesque unctionis oleum sanctum, unguentum compositum, et unges ex eo tabernaculum testimonii, et arcam Testamenti, mensamque cum vasis suis, candelabrum, et utensilia ejus, altaria thymiamatis, et holocausti, et universa quæ ad cultum eorum pertinent, sanctificabisque omnia, et

A erunt sancta sanctorum; qui tetigerit ea, sanctificabitur. Aaron, et filios ejus unges; sanctificabisque eos, ut sacerdotio fungantur mihi, filiis quoque Israel dices: Hoc oleum unctionis sanctum erit mihi in generationes vestras (*Exod.* XXX, 23). »

2. Figura enim hujus prioris tabernaculi ad typum Ecclesiæ ducitur, cujus omnis diversitas populorum in testimonio sanctitatis perungitur, quæ per illam universitatem operum figurabatur, ut sacri chrismatis unctione delibuti omnes sanctificentur, atque santificati in Dei gloriam præparentur.

CAPUT XXVI.

Quia per signum crucis credentes salvarentur.

1. Crucis autem figura, quæ fidelium frontes ad tutelam salutis præsignat, per Ezechielem prophe-
B tam legitur demonstrata: « Et vocavit, » inquit, « virum qui indutus erat lineis, et atramentarium scriptoris habebat in lumbis suis, et dicit ad eum: ⊳ Transi per mediam civitatem, in medio Jerusalem ˥ signa Thau in frontes virorum gementium, et dolentium super cunctis abominationibus quæ fiunt in medio ejus (*Ezech.* IX, 3). » Et post hæc adjecit: « Transite per civitatem, et percutite; non parcat oculus vester, neque misereamini senem, adolescentulum, **110** et virginem, parvulum, et mulieres interficite usque ad internecionem. Omnem autem super quem videritis Thau, ne occidatis (*Ibid.*, 5). »

2. Intelligere ergo nos oportet hanc sententiam. Thau quippe littera speciem crucis demonstrat, cujus signaculo prænotati sunt quicunque ab exitu
C hujus sæculi liberantur; ejusdem typum præfigurabat in Ægypto sanguis ille agni candidi et immaculati, quo imaginarie signantur postes corporis nostri, ut merito loquamur dicentes: *Signatum est super nos lumen vultus tui, Domine* (*Psal.* IV, 7).

3. De hoc signo dicit Isaias ex persona Domini: *Ecce venio, ut congregem cum omnibus gentibus, et linguis, et venient, et videbunt gloriam meam, et ponam in eis signum* (*Isai.* LXVI, 18), utique crucis. Et alibi: *Et erit*, inquit, *Dominus nominatus in signum æternum, quod non auferetur* (*Isai.* LV, 13). Quod etiam et alibi idem propheta significare voluit de Christo, dicens: *Et levabit signum in nationibus* (*Isai.* V, 26). Ubi ostendit quod, elevato signo crucis, gentes ad eum venirent, atque crederent.

4. Cujus sacræ crucis gloria ita est et in Psalmis

12. Al., *despiciunt*, pro *respuunt*. Et *Chananæa*, pro *Chanaam*. Et *sanctificatio*, pro *significatio*. Et *credunt in Christo*, pro *convertuntur ad Christum*. MAR.

Ibid. In Editione Grialii, *ingressus sum pastum*. AREV.

13. Al., *spiritum novum*, pro *spiritum meum*. MAR.

CAP. XXV. N. Al., *Prima myrrha*, *et oleum*. Et *cultum tabernaculi pertinent*. Et *erunt omnia sancta sanctorum*. MAR.

2. Al., *universitate*, pro *universitatem*. Et *gratiam*, pro *gloriam*. MAR.

CAP. XXVI. N. 1. Al., *demonstrantem*, pro *demonstrata*. Et *simul*, pro *senem*. Et *parvulam*, pro *parvulum*. MAR.

2. *Thau quippe littera speciem crucis demonstrat.* Intellige de veteribus Hebræorum characteribus,
D nunc enim alia forma est. Hieronymus ad ea verba, quæ hoc loco ab Isidoro adducuntur ex Ezechielis IX: *Et ut ad nostra*, inquit, *veniamus*, *antiquis Hebræorum litteris, quibus usque hodie utuntur Samaritani, extrema Thau littera crucis habet similitudinem, quæ in Christianorum frontibus pingitur*, etc. Porro ab Esdra veteres characteres Hebræorum fuisse immutatos, Hieronymus ipse testis est in prologo Galeato. MAR.

Ibid. Al., *habet*, pro *demonstrat*. Et *prænotantur*, pro *prænotati sunt*. Et *partes*, pro *postes*. MAR.

3. Al., *ostenditur, quod elevatione crucis gentes ad eum veniunt, quæ crediderunt*. MAR.

4. *Dominus regnavit a ligno*. Post hæc verba in Hispalensi sequebatur illud: *Et alibi: Ecce ponam nomen meum in gentibus*, quæ verba, ut male assuta, in hunc locum rejicienda judicavimus. MAR.

prædicta : *Dicite in nationibus, Dominus regnavit a ligno.* De qua cruce Domini Jesu Christi per Ezechielem ita Dominus loquitur : « Gladius exacutus est, et limatus, ut cædat victimas. Exacutus es, qui moves sceptrum Filii mei, succidisti lignum, et dedi eum ad levigandum, ut teneatur manu (*Ezech.* XXI, 9). » Quo testimonio et Filius Dei crucifixus ostenditur, et crucis ejus signum suscipiendum ab omnibus voce divina prænuntiatur.

5. Cujus crucis figuram de duobus lignis compositam idem Ezechiel ita figuraliter prænotat, dicens : « Factus est sermo Domini ad me, dicens : Et tu, fili hominis, sume tibi lignum unum, et scribe **111** super illud Judæ, et filiorum Israel sociorum ejus, et tolle lignum alterum, et scribe super illud Joseph lignum Ephraim, et cunctæ domus Israel, sociorumque ejus, et adjunge illa unum ad alterum tibi in lignum unum, et erunt in unionem in manu tua (*Ezech.* XXXVII, 16). »

6. Ubi ostenditur Judam et Jerusalem in unum converti debere, et crucis signum suscipere, quod per duo ligna significatum est. Hæc sunt duo ligna quæ illa vidua alienigena, ad quam mittitur pascendus Elias, volebat colligere, priusquam moreretur. Ubi non solum ligni nomine, sed etiam et numero lignorum signum crucis expressum est.

CAPUT XXVII.

Quomodo sacramentum Eucharistiæ præfiguratum est.

1. Et quia panis et calicis sacramentum Deo placitum esset in holocausto, Scripturarum testimoniis non tacetur. Hujus enim sacrificii præfiguratio in sacerdotio Melchisedech antea fuit expressa. Iste enim sacerdos Dei excelsi, cum benediceret Abrahæ, ob mysterium futuri holocausti panem et vinum in sacrificio Domino obtulit. Hoc enim ille primum in typo Filii Dei expressit : ad quem Psalmista ex persona Patris sic dicit : *Ante luciferum genui te. Tu es sacerdos in æternum secundum ordinem Melchisedech* (*Psal.* CIX, 3). Hoc est juxta ritum hujusmodi sacrificii, quod et in passione sua perficiens Christus implevit, quodque etiam apostolis in commemorationem suam fieri jussit.

2. Non ergo jam victimas Judaicas, quales sacerdos Aaron obtulit, credentes offerunt; sed quales idem Melchisedech rex Salem immolavit, id est, panem et vinum, quod est corporis et sanguinis Domini verissimum sacramentum. De quo idem Dominus dicit : *Qui manducaverit carnem meam, et biberit sanguinem meum,* **112** *in me manet, et ego in eo* (*Joan.* IV, 56). Cujus quidem sacrificii sacramentum et in Salomone per immolationem panis ac vini ita monstratur : « Sapientia ædificavit sibi domum, A excidit columnas septem, immolavit victimas suas, miscuit vinum suum, proposuit mensam suam, misit servos suos, dicens : Si quis est parvulus, veniat ad me; et insipientibus loquitur : Venite, comedite panem meum, et bibite vinum quod miscui vobis; derelinquite insipientiam, et vivetis, et ambulate per vias prudentiæ (*Proverb.* IX, 1). »

3. Dei ergo sapientia Christus constituit sibi domum sacrosanctam Ecclesiam, in qua mactavit sui corporis hostias, in qua miscuit vinum sui sanguinis in calice sacramenti divini, et præparavit mensam, hoc est, altare Domini, mittens servos suos apostolos atque doctores ad insipientes, id est, ad omnes gentes verum Deum ignorantes, dicens eis : B *Venite, comedite panem meum, et bibite vinum quod miscui vobis ;* id est, sancti corporis escam sumite; et bibite vinum quod miscui vobis, id est, poculum sanguinis sacri percipite.

4. Cujus quidem gratiam quia gentes sumunt, et Judæi non meruerunt, declarat hoc propheta Isaias dicens : « Hæc dicit Dominus Deus : Ecce servi mei comedent, et vos esurietis ; ecce servi mei bibent, et vos sitietis; ecce servi mei lætabuntur, et vos confundemini. Ecce servi mei lætabuntur præ exsultatione cordis, et vos clamabitis præ dolore cordis, et præ contritione spiritus ululabitis, et dimittetis nomen vestrum in juramentum electis meis, et interficiet te Dominus Deus, et servos, « id est, christianos, « vocabit nomine alio, in quo qui benedictus C est super terram benedicetur in Deo. Amen (*Isai.* LXV, 13). »

5. Interficitur enim Israel, succedit ex gentibus populus. Tollitur illis Vetus Testamentum, redditur nobis Novum ; conceditur nobis salutaris cibi gratia, et poculum sanguinis Christi, illis fame et siti arentibus. Mutatur et novo populo nomen aliud, scilicet *Christianum ;* et omnia quæ sunt gesta novitatem gratiæ resonant.

113 CAPUT XXVIII.

Recapitulatio operis.

1. O infelicium Judæorum deflenda dementia! Ecce Salvatoris adventum nec Testamenti Veteris auctoritate intelligunt, nec eum venisse accipiunt. Gentium conversionem legunt, et de sua reprobatione minime D confunduntur. Sabbati observationem suscipiunt, quam reprobatam Scripturæ testificatione cognoscunt. Circumcisionem carnis venerantur, qui cordis munditiam perdiderunt.

2. Nos autem, sub gratia positi, omnia hæc facta et celebrationes, quæ futurorum erant indicia, jam cognoscimus esse completa. Quidquid enim hujusmodi sacramenti prophetabatur jam Christus imple-

6. Al., *non solo ligni nomine.* MAR.

CAP. XXVII. N. 1. Al., *Deo esset holocaustum, et nolocaustum.* Et *sacerdote*, pro *sacerdotio.* MAR.

Ibid. In holocausto. Simili modo loquendi in Breviario Isidoriano, seu Mozarabico in festo apostolorum Simonis et Judæ; in oratione *Post pridie* dicitur : *Panis ac vini ab unigenito tuo Domino nostro holocausta instituta proponimus.* Quem locum cum Isidoro confert Lesleus in notis ad Breviarium Mozarabicum. AREV.

4. Al., *cordis*, pro *spiritus.* Et *servos suos vocabit nomine alio, id est, Christiano.* MAR.

5. Al., *mittatur*, pro *mutatur.* Et *aliud datur, scilicet.* MAR.

CAP. XXVIII. N. 2. Al., *vitæ*, pro *quietis.* MAR.

vit, *quia non venit solvere legem, sed adimplere* (*Matth.* v, 17). Adveniente ergo veritate, umbra cessavit, ideoque jam carnaliter non circumcidimur, quia in circumcisionis typo promissi baptismatis sacramento mundamur. Sabbati otium supervacuum ducimus, quia revelatam spem quietis æternæ tenemus.

3. Sacrificia veteris legis non immolamus, quia per eadem sacrificia aut Christi passionem, aut carnalium vitiorum mortificationem insinuatam cognoscimus. Azyma non observamus, quia, expurgata veteris vitæ malitia, in nova fidei gratia ambulamus. Differentias ciborum non custodimus, quia cuncta A illa spiritualiter discernimus in moribus hominum quæ immundorum significabat diversitas animalium.

4. De agni esu pascha non celebramus, quia *pascha nostrum* **114** *jam immolatus est Christus*, qui per illum agnum figurabatur, qui *tanquam ovis ad occisionem ductus est, et quasi agnus coram tondente se, sic non aperuit os suum* (*I Cor.* v, 7). Neomenias novæ lunæ non custodimus, quia jam in Christo nova creatura, vetera transierunt, et ecce facta sunt nova. Scenopegias, id est, solemnitates tabernaculorum non observamus, quia tabernaculum Dei sancti ejus sunt, in quibus habitat in æternum.

3. Al., *insinuari*, pro *insinuatam*. Et *in novam fidei gratiam ambulamus*. Et *immundorum significabatur diversitas*. MAR.

4. In nonnullis Mss. hoc loco post ultimum caput apponitur dedicatio Isidori ad Florentinam, tanquam epilogus, quæ rectius in reliquis, tanquam prologus, præcedit. Editiones antiquæ, Haganoensis, Bignæana et Breuliana, post verba, *habitat in æternum*, addunt alia, in Editione Grialiana omnino prætermissa, quæ hoc loco a nobis adjiciuntur. « Dicis formulas spiritualis intelligentiæ componendas, tibique mittendas pro studio paternæ erga te sollicitudinis æstimavi, quibus perceptis, in omni Scriptura divina facile se ad intellectum sensus intenderet. Nam cum littera occidat, Christus autem vivificet, necesse est ad illa spiritualium interiora sermonum, spiritu vivificante, penetrari. Universam porro Scripturam tam Veteris Instrumenti, quam Novi, ad intellectum allegoricum esse sumendam, admonet nos vel illud, quod in Veteri Testamento legimus: *Aperiam in parabolis os meum, loquar ænigmata antiqua;* vel illud item (*quod*) in Novo Testamento scribitur, *hæc omnia locutus est Jesus in parabolis ad turbas, et sine parabolis non loquebatur eis*. Nec mirandum quod sermo divinus, prophetarum, apostolorumque ore prolatus, ab usitato illo hominibus scribendi modo multum recesserit, facilis in promptu habens, magna interioribus suis continens, quia et revera fuit congruum ut sacra Dei dicta, sicut a cæteris scriptis merito, ita et specie discernerentur, nec illa cœlestium arcanorum dignitas passim, atque indiscreta B cunctis pateret, sanctumque canibus, et margaritas porcis exponeret, ut vere est illud columbæ deargentatæ medium, cujus posteriora specie auri splendentis irradiant. Ita Scripturæ divinæ prima quæque argento fulgerent, auro occultiora rutilarent. Recte itaque procuratum est ut illa eloquiorum castitas promiscuis cunctorum oculis abditu suo, quasi quodam velamine pudicitiæ, contegeretur. Hac divina optime dispensatione provisum est, ut scripta ipsa ita tegerentur cœlestibus obumbrata mysteriis, sicut secreto suo ipsa Divinitas operiebatur. Igitur cum in libris sanctis oculi Domini, uterus Domini, pedes, arma etiam Domini scripta reperiantur, longeque absit a catholica Ecclesiarum fide, Deum corpore determinari, qui sit invisibilis, incomprehensibilis, infinitus, requirendum est qualiter ista per Spiritum sanctum figurali expositione reserentur. Hinc enim inveniuntur Dominici interiora templi: hic illa sancta sanctorum. Corpus ergo Scripturæ sacræ, sicut traditur, in littera est. » Hoc fragmentum Isidori non videri dixi in Isidorianis, cap. 86, num 11. In Editione Bignæana, et Haganoensi legebatur, mendose, *in omni Scriptura divina sed ad intellectum se, qua sensus intenderet*. Aliquis correxerat, *facile se ad* C *intellectum spiritualem sensus intenderet*. Pro *columbæ deargentatæ medium* erat in eisdem Editionibus *columbæ deargentatæ modum*. Breulius sic reformavit, *ex, onerel; ut sicut pennæ columbæ deargentatæ apparent, et ejus posteriora specie auri*, etc. Locus est psalmi LXVII. AREV.

SANCTI ISIDORI

HISPALENSIS EPISCOPI

SENTENTIARUM

LIBRI TRES.

LIBER PRIMUS.

115 CAPUT PRIMUM.

Quod Deus summus et incommutabilis sit.

1. Summum bonum Deus est, quia incommutabilis D est, et corrumpi omnino non potest. Creatura vero bonum, sed non summum est **116**, quia mutabilis est; et dum sit quidem bonum non tamen esse potest et summum.

CAP. I. N. 1. Hinc ortum habuit ut hic liber de Summo Bono a quibusdam appellaretur, a prima voce titulum libro imponentibus, more Hebræorum, cum tamen a beato Isidoro inscriptus sit *Sententiarum liber*, ut auctor est Braulio Cæsaraugustanus antistes, consentientibus etiam omnibus Cod. mss. et Gratiano, Ivone Carnotensi, aliisque decretorum collectoribus. In Concil. etiam Tolet. VIII sic scriptum est: *Nostri sæ-*

2. Quid est Dei immortalitas, nisi ejus incommutabilitas? Nam et angeli et animæ immortales sunt, sed immutabiles non sunt; ideoque solus Deus dicitur immortalis, quia solus incommutabilis est. Nam anima moritur, dum, deserente Deo, de bono in malum mutatur, sic et angelus; dum, deserente Deo, est lapsus.

3. Quod materiam habet, unde existat, mutabile est, quia de informi ad formam transit. Quod vero non habet materiam, immutabile est, sicut Deus utique est. Bene, ac substantialiter sunt ista in Deo, id est, incorruptio, immortalitas, incommutabilitas. Unde et merito cunctæ præponitur creaturæ.

4. Opus non consilium, apud Deum (credimus) mutari; nec **117** variari eum, quia per varia tempora diversa præcipit, sed manens idem incommutabilis, A et æternus, quid cuique congruum esset tempori, ab ipsa tamen æternitate in ejus mansit dispositione consilii.

5. Non usu nostro aliud Deum putare, aliud pulchritudinem ejus, atque aliud magnitudinem ipsius (debemus) sicut aliud est homo, aliud pulchritudo; quia, desistente pulchritudine, homo manet. Ac per hoc, qui ita intelligit Deum, corporeum esse credit, dum pulchritudo et magnitudo Dei ipse Deus sit.

6. Ideo Deus dicitur simplex, sive non amittendo quod habet, seu quia non aliud est ipse, et aliud quod in ipso est. Inordinate dici seu conferri vitiis ea quæ ordinata sunt in Deo (patet) utpote simplicitas, quæ aliquando dicitur pro stultitia, et non est. Apud Deum vero summa simplicitas est. Juxta hanc B regulam, et cætera æstimanda sunt.

culi doctor egregius, Ecclesiæ catholicæ novissimum decus, præcedentibus ætate postremus, doctrinæ comparatione non infimus, atque quod majus est, jam sæculorum finitorum doctissimus, cum reverentia nominandus Isidorus, in libro Sententiarum II. Quo in loco Petrus Crabbe, et Joverius pro *sæculorum finitorum*, legunt *in sæculorum fine*. Sententia autem Isidori quæ illic citatur, est lib. II, cap. 31, de Juramento, et habetur apud Grat. 22, q. 4, cap. *Non est observandum*. Loaisa.

Ibid. Creatura vero. Fulg., de Fid. ad Petr., cap. 3, 21, 22, et Aug., de Nat. boni in princip. Loaisa.

Ibid. In Isidorianis duo sunt capita de hoc opere. Alterum 67, sic inscriptum : *Libri tres Sententiarum sancti Isidori, sive de summo bono. Editiones et mss. Codices hujus operis. Versio Hispana. Julianus Toletanus, Taius, Petrus Lombardus, et alii post Isidorum Sententiarum scriptores. Quartus Sententiarum liber num Isidoro suppositus? Eruditæ Bayerii animadversiones de hoc libro.* Alterum caput 68 sic inscribitur : *Præfationes in libros Sententiarum Editionis anni 1538, et Garciæ Loaisæ in suam Editionem. Excerpta ex libris Sententiarum. Præfationes in Excerpta Sententiarum, scilicet in librum de Conversis, et in alium de Prælatis inscriptum.* Loaisæ notis doctissimis quidem, sed interdum prolixioribus quam par sit, meas adjungam, et ex aliorum annotationibus, uti Vezzosii, qui fere in notis cum Loaisa consentit, nisi quod textum Breulianæ Editionis sequitur, et nonnullas Editionum aliarum varietates indicat, Constantini Cajetani in fragmentum de Conversis, et Goldasti in fragmentum de Prælatis, summam colligam. In Taionis Sententiis caput primum inscribitur : *Quod Deus incommutabilis, summus et æternus existat.* Arev.

2. Ex divo Gregorio, quem in his Sententiis potissime sequitur Isidorus, cum propter admirabilem in eo sanctissimo viro morum doctrinam (quæ in ejus scriptis præter cæteras quam plurimas maximasque virtutes mire elucet) tum propter amorem ex mutua familiaritate fratris Leandri et Gregorii conceptum, ut ex lib. I Epist. Greg., indict. 9, epist. ad Leandrum, liquido constat. Inde ejus scripta velut augustissima colit ac veneratur. Greg. itaque, lib. Moral. XXV, cap. 4 : *Quid enim*, inquit, *mutabilitas, nisi mors quædam est?* etc. Totius sententiæ explicationem vide apud August., lib. III contra Maximum cap. 12. Loaisa.

Ibid. Omnes mss. Cod. conjunctionem priorem rejiciunt : *Nam angeli et animæ*; sed retinenda, ut in Editis. Locus est apud Gregor., lib. Moral. 25, cap. 4. Loaisa.

Ibid. August., lib. de duabus Animabus, cap. 8, mortem animæ aversionem esse a Deo dicit, et lib. IV de Trinitate, cap. 3 : *Sicut anima Deo deficiente*, etc. Loaisa.

Ibid. Alii, *sic et angelus in malum mutatur de bono, dum, deserto Deo, est lapsus.* Arev.

3. August., VIII sup. Gen. ad litt., cap. 20, 22. Omnis variatio et permutatio rerum a materia ortum habet, eo quod materia habet concretam privationem; ex privatione autem nascitur appetitus, et ex appetitu impulsus ad aliam formam, ut Aristoteles docuit lib. I Physic. Deus vero alienus est ab omni materia, ut præclare docet D. Thom. lib. I contra Gentes, cap. 16 et 17. Loaisa.

Ibid. Bene ac substantialiter. August., lib. V de Trinit., cap. 1, probat quod aliqua sint quæ proprie prædicentur de Deo, ut est illud : *Ego sum qui sum*, et quod sit immortalis. Loaisa.

Ibid. Ex Greg., lib. Moral. XVI, cap. 4. Et hoc est, quod eleganter asserit Aug., lib. I de Civit. Dei, cap. 13 : *Novit quiescens agere, et agens quiescere, et potest ad opus novum, non novum, sed sempiternum adhibere consilium.* Divus Ambros., lib. II Offic., cap. C 10, probat Deum frequenter mutare sententiam, reprehendens juramentum Herodis, et impium Jephte facinus. Est de hac re longa disputatio in concil. Tolet. VIII. Loaisa.

Ibid. Credimus. Deest id in Mss. plerisque, ut alibi *dicimus, constat*, ac similia verba, quæ ab Editoribus addita sunt, ut sensus clarior reddatur. Cæterum sæpe per verbum infinitum Isidorus loquitur sine alio expresso verbo, a quo regatur. Atque ita in Editis quoque interdum accidit. Arev.

5. Divus Greg., lib. XVIII Moral., cap. 28, Aug. lib. VI de Trin., cap. 6, et lib. V, cap. 8. Loaisa.

6. Ex Eucherio, de Formul. Loaisa.

Ibid. Dici, etc. Est apud Magistrum Sententiarum lib. I, dist. 3, ex Greg., lib. XVI Moral., cap. 20. Loaisa.

Ibid simplicitas. Hieronymus, in libello de his quæ D Deo in Scripturis attribuuntur. Et Isidorus ipse fuse explicat hanc sententiam lib. VII Etymol., cap. 1, de Deo. Quem locum sumpsit ex Greg., lib. XXXII Moral., cap. 6, dum interpretatur illud Jobi : *Commovisti me adversus eum.* Ibi enim inquirit an sit in Deo commotio. Loaisa.

Ibid. Pro stultitia. Gregorius, epist. 78, ad Mauritium Augustum : *Simplicitatis vocabulo*, inquit, *me fatuum appellat.* Et simplex sumitur pro non malo, non versuto. Matth. X : *Estote prudentes sicut serpentes, et simplices sicut columbæ.* Et Proverb. X : *Benedicta omnis anima simplex.* Et : *Qui simpliciter ambulat in fiducia ambulat.* Loaisa.

Ibid. Animadvertit Vezzosius, eamdem sententiam de simplicitate Dei ab Isidoro explicari, lib. VII Etymolog. cap. 1, atque ita ut plura addat quæ rem clariorem reddant. Pro *non est* aliqui exhibent *non est in Deo.* Arev.

CAPUT II.

Quod immensus et omnipotens sit Deus.

1. Non ideo cœlum et terram implet Deus, ut contineant eum ; sed ut ipsa potius contineantur ab eo. Nec particulatim Deus **118** implet omnia, sed cum sit idem unus, ubique tamen est totus. Non ita putandus est esse in omnibus Deus, ut unaquæque res pro magnitudine portionis suæ capiat eum, id est, maxima majus, et minima minus, dum sit potius ipse totus in omnibus, sive omnia in ipso (*Ephes.* IV, 6.)

2. Omnipotentiæ divinæ majestas cuncta potestatis suæ immensitate concludit nec evadendi potentiam ejus quisquam aditum invenire poterit, quia ille omnia circumquaque constringit. Cuncta enim intra divini judicii omnipotentiam coarctantur, sive quæ continenda sunt, ut salva sint, sive quæ amputanda sunt, ut pereant. Nullatenus ergo (dicimus) posse effugere Deum quempiam. Qui enim eum non habet placatum, nequaquam evadere potest iratum.

3. Immensitas divinæ magnitudinis ita est, ut intelligamus eum intra omnia, sed non inclusum ; extra omnia, sed non exclusum. Et ideo interiorem, ut omnia contineat ; ideo exteriorem, ut incircumscripta magnitudinis suæ immensitate omnia concludat. Per id ergo, quod exterior est, ostenditur esse creator ; per id vero quod interior, gubernare omnia demonstratur. Ac ne ea quæ creata sunt sine Deo essent, Deus intra omnia est. Verum ne extra Deum essent, Deus exterior est, ut omnia concludantur ab eo.

A 4. Consummatio alicujus facti dicitur perfectio ; Deus autem, qui non est factus, quomodo est perfectus ? Sed hunc sermonem de usu nostro sumpsit humana inopia, sicut et reliqua verba, quatenus id quod ineffabile est, utcunque dici possit, quoniam de Deo nihil digne humanus sermo dicit.

5. Dum localis non sit Deus, localiter tamen in suis ambulat **119** sanctis, dum de loco in locum prædicatur ab eis. Nam Deus, qui nec loco movetur, nec tempore, in servis tamen suis et tempore et loco movetur, quoties ab eisdem localiter prædicatur.

6. Dum de Deo nec secundum quantitatem, nec secundum qualitatem, nec secundum situm, nec secundum habitum aut motum aliquid digne dicatur, inest tamen ei quodammodo latitudo (*Ephes.* III, 18) cha-
B ritatis, qua nos et ab errore colligit, et continet in veritate. Inest ei et longitudo, qua nos longanimiter portat, donec emendatos patriæ futuræ restituat. Inest ei et altitudo, per quam omnem sensum suæ scientiæ immensitate exsuperat. Inest ei et profundum, quo damnandos inferius justa æquitate disponens præordinat.

CAPUT III.

Quod invisibilis sit Deus.

1. Dum de Deo loquens Scriptura plerumque dicit : *Ecce Deus*, non quasi visibilem ostendit, sed ubique esse præsentem significat. **120** Per id quod dicit : *Ecce Dominus*, vel quod magnitudinem divinitatis ejus nullus possit sensus attingere, etiam nec angelicus,
C ubi exponit illud : *Ecce Deus magnus, vincens scientiam nostram.*

CAP. II. N. 1. Interpretatur locum Jerem. XXV : *Cœlum et terram ego impleo, dicit Dominus.* Quem locum sic fere ad verbum explicat auctor Specul., apud Aug., cap. 21 et 22 ; Greg., hom. 8 super Ezech. ; et Chrys., in hom. de sancto et adorando Spiritu, tom. III. LOAISA.

Ibid. Nec particulatim. Phrasis est auctoris Spec., cap. 2 et 3. Vide Hilar., II de Trinitate. LOAISA.

Ibid. Apud Talonem titulus hujus capitis est : *De immensitate, vel omnipotentia Dei.* AREV.

2. Ex auctore Spec., cap. 22. LOAISA.

Ibid. Omnipotentiæ divinæ majestas. Al. *omnipotentia divinæ majestatis.* Ibid. *evadere potet.* Al., *evadet.* AREV.

3. Ex auctore Spec., cap. 23, et de Essent. Divin., cap. 1 ; et Gregor., II Moral., cap. 16. LOAISA.

Ibid. Petavius, tom. I, lib. III, cap. 9, n. 7, similia verba : *Et ideo interior es*, etc. Ex veteri auctore libri de Speculo inter appendices sancti Augustini allegat, et ab Isidoro, Alcuino et Petro Damiani descripta esse observat. Plures alios Patres more suo Petavius in eamdem sententiam excitat. Auctorem Speculi jam indicarat Loaisa. AREV.

4. Ex auct. Spec., cap. 7. LOAISA.

Ibid. Inopia. August., super Joann., tract. 13, eleganter hoc dixit : *Omnia*, inquit, *possunt dici de Deo, et nihil digne dicitur de Deo ; sed nihil latius hac inopia, quæ congruum nomen non invenit.* LOAISA.

5. Ex lib. de Cognit. ver. vitæ, apud Aug., cap. 29, et de Ess. divin., cap. 1. Et August., epist. 28, ad Hieronym., de Origine animæ, ostendit quo pacto Deus in suis ambulet sanctis. LOAISA.

6. Locus Pauli ad Ephes., III, in Spec., cap. 13 et 14, et in epist. ad Paulinum 112, cap. 13, et a Greg., lib. Moral. X, cap. 7, sicut ab Isidoro explicatur. LOAISA.

Ibid. Taio, lib. II, cap. 15, hoc ipsum exprimit, sed pro *justa æquitate* habet *juxta æquitatem*. Alii etiam apud Isidorum *infernis juxta æquitatem*. AREV.

CAP. III. N. 1. Ex Greg., lib. XXVII Moral., cap. 4,

Ibid. Pax. Locus est Pauli ad Philip. IV. Aug., in Enchir., ad Laur., cap. 63 : *Pax Dei*, inquit, *quæ præcellit omnem intellectum, ut in eo quod dicit omnem, nec ipse intellectus sanctorum angelorum esse possit exemptus, sed Dei solius.* LOAISA.

Ibid. Sola, etc. Videtur respexisse ad Incarnationis mysterium, aut etiam ad illud missionis genus, quo Verbum a Patre et Spiritu sancto mitti perhibetur, qua ratione Christus tertia dicitur ab eodem Isidoro persona, lib. I advers. Jud., cap. 4 : *Cujus Trinitatis sacramentum et Aggæus propheta ita aperuit, ex persona Domini dicens : Spiritus meus erit in medio vestri. Ecce Deus, qui loquitur, ecce Spiritus ejus. Post hæc de tertia persona, id est, de Filio ita subjecit.* Et mox ex Isai. : *Et nunc Dominus meus misit me, et Spiritus ejus ; ecce duæ personæ, Dominus et Spiritus ejus, qui mittunt, et tertia persona ejusdem*
D *Domini, qui mittitur.* Mitti autem Filium non tantum a Patre, sed etiam a Spiritu sancto idem confirmat hoc lib., cap. 15, ex eod. Isai. loco : *Et nunc Dominus misit me, et Spiritus ejus.* Voluit fortasse Isid. hoc genere locutionis Arianorum et Nestorianorum hæresim refellere, quorum illi secundam Divinitatis personam impie negabant, hi quartam quoque (ut Maxentius adversus eosdem ait) nefarie addebant. LOAISA.

Ibid. Taio, in titulo : *De id (pro de eo) quod invisibilis, vel incircumscriptus sit Deus.* Notat Vezzosius, non dici Divinitatem, sed magnitudinem Divinitatis, ut locum accipiamus, non de visione simplici, sed de comprehensiva, ut theologi dicunt, qua res tota, quanta est, comprehenditur. Quæ Dei comprehensio in creaturam non cadit. Quo autem sensu humanitas a Christo suscepta dicatur tertia in Trinitate persona, Grialius abunde explicuit in not. ad Exod., cap. 42, num. 3, videlicet quod Verbum sit una ex tribus personis Trinitatis. AREV.

A quamvis usque ad parilitatem angelicam humana post resurrectionem natura proficiat, et ad contemplandum Deum indefessa consurgat, videre tamen ejus essentiam plene non valet, quam nec ipsa perfectio angelica in totum attingit scire, secundum Apostolum, qui ait: *Pax Dei, quæ exsuperat omnem sensum* (*Philipp.* IV, 7), ut subaudias, etiam angelorum. Sola enim Trinitas sibi integre nota est, et humanitas a Christo suscepta, quæ tertia est in Trinitate persona.

2. Intelligibiliter quodam miro modo Dei essentia sciri potest, dum esse creditur. Opus vero ejus, quod utique æquari ei non potest, atque judicia a nullo penitus sciuntur. Dei secreta judicia non posse sensu penetrari, vel angelico, vel humano (constat). Et ideo quia occulta, sed justa sunt, tantumdem B venerari ea opus est, et timere, non discutere, aut inquirere, secundum Apostolum, qui ait: *Quis enim cognovit sensum Domini, aut quis consiliarius ejus fuit* (*I Cor.* II, 16)?

CAPUT IV.

Quod ex creaturæ pulchritudine agnoscatur creator.

1. Sæpe ad incorpoream Creatoris magnitudinem creaturarum corporea magnitudo componitur, ut magna considerentur ex parvis, et ex visibilibus invisibilia æstimentur, atque ex pulchritudine **121** factorum effector operum agnoscatur, non tamen parilitate consimili, sed ex quadam subdita et creata specie boni.

2. Sicut ars in artificem retorquet laudem, ita rerum Creator per creaturam suam laudatur; et quanto sit excellentior, ex ipsa operis conditione C monstratur. Ex pulchritudine circumscriptæ creaturæ pulchritudinem suam, quæ circumscribi nequit, facit Deus intelligi, ut ipsis vestigiis revertatur homo ad Deum, quibus aversus est, ut qui per amorem pulchritudinis creaturæ, a Creatoris forma se abstulit, rursum per creaturæ decorem ad Creatoris revertatur pulchritudinem.

3. Quibusdam gradibus intelligentiæ per creaturam progreditur homo ad intelligendum Deum creatorem, id est, ab insensibilibus surgens ad sensibilia; a sensibilibus surgens ad rationabilia; a rationabilibus surgens ad Creatorem. Intelligibilia per se collaudant Deum, irrationabilia et insensibilia non per se, sed per nos, dum ea considerantes Deum laudamus. Sed ideo dicuntur laudare ipsa, quia eadem laudem eorum parturit causa.

4. Dixerunt antiqui, quod nihil tam hebes sit, quod non sensum habeat in Deum. Hinc est illud quod ex silice duro scintilla excutitur. Et si ignis in saxo, utique ibi sentitur sensus, ubi se vita non sentit.

122 CAPUT V.

Quod ex usu nostro quædam species ad Deum referantur.

1. Nostro usu zelare Deus dicitur, vel dolere. Horum enim motuum apud Deum perturbatio nulla est, apud quem tranquillitas summa est. Non ita est præcipitanda mentis sententia, ut credamus posse Deo furoris vel mutationis accidere perturbationem; sed ipsam æquitatem justitiæ, qua reos punit, iram sacra lectio nominavit, quoniam quod judicantis æquum est, furor est, et indignatio patientis.

2. Ita ergo intelligere opus est et alias passiones, quas de affectione humana ducit Scriptura ad Deum, ut et juxta se incommutabilis sit credendus, et tamen pro causarum effectibus, ut facilius intelligatur, nostræ locutionis et mutabilitatis genere appelletur.

3. Tam clementer Deus humanæ consulit infirmitati? Ut quia eum sicut est non possumus agnoscere, nostræ locutionis more se ipsum nobis insinuet. Unde et membrorum nostrorum qualitatem habere describitur, et passionum indigna dici de se voluit, **123** quatenus ad sua, per nostra nos traheret, et dum condescendit nobis, consurgeremus ei.

4. Multis modis Deus ad significandum se hominibus de inferioribus rebus species ad se trahit; quem

2. Greg., lib. Moral. V, cap. 20, et lib. Moral. XXVII, cap. 2. LOAISA.

Ibid. Opus. Ex Greg., lib. II Dialog., cap. 15. LOAISA.

Ibid. Et ideo. Greg., lib. XXXII Moral., cap. 5, unde locus Isidori desumptus: *Superna*, inquit, *sententia, etsi non est cognita, non tamen credatur injusta, sed eo saltem justum credatur omne quod patitur, quo nimirum constat quod Deo auctore patitur.* LOAISA.

CAP. IV. N. 1. Ex Gregor., lib. Moral. XXVI, cap. 8. LOAISA.

Ibid. Ab hoc capite Taio diversum ordinem sententiarum servat, et de hac agit, cap. 9: Pro *creaturarum... componitur*, alii *creaturæ... comparatur*. AREV.

2. Similis est sententia in August. lib. II de libero Arbit., cap. 7. LOAISA.

Ibid. Al., *Sicut opus, et ars... ut quia per amorem.* AREV.

3. Ex Aug., psalm. CXLVIII: *Ipsa quidem per se* (loquitur de irrationabilibus) *voce sua et corde suo non laudant Deum, sed ab intelligentibus considerantur, per ipsa laudatur Deus.* LOAISA.

Ibid. Al., *quia eamdem laudem.* AREV.

4. Antiquos philosophos vocat, qui de Dei natura varie scripserunt, et senserunt, ut Cicero in libris de Natura deorum docuit, et inter alia esse Deum animum per omnes mundi partes undique diffusum, et per omnem naturam commeantem, a quo cuncta quæ nascuntur animalia vitam et spiritum capiant, quam sententiam Virgilius mire expressit.

> Principio cœlum, ac terras, camposque liquentes,
> Lucentemque globum lunæ, Titaniaque astra.
> Spiritus intus alit, totamque infusa per artus.
> Mens agitat molem, et magno se corpore miscet.

Vide Salvianum, lib. de Providentia. LOAISA.

D CAP. V. N. 1. Ex D. Greg., lib. XX Moral., cap. 23, et Aug., lib. Quæst. ad Simplic., q. 2. De nominibus quæ Deo attribuuntur divus Hieronymus librum scripsit. Est etiam apud August. liber de Essentia Divinitatis, qui de spiritualibus formulis apud Eucherium appellatur, a quibus Isidorus hic frequenter sententias accipit. LOAISA.

Ibid. Iram. August., lib. I contra adversarium legis et prophet., cap. 20: *Ira Dei non habet perturbati animi ardorem.* E psalm. LXXVIII: *Ira, et zelus, non sunt perturbationes Dei.* Duo Cod. mss.: *Iram sacra lectio nominavit*, unus Ms. consentit cum Excuso. Iram et iracundiam promiscue in divinis litteris invenio Deo attribui. De ira Job. IX: *Deus, cujus iræ nemo resistere potest.* Et psalm. II: *Loquetur ad eos in ira sua.* Paulus: *revelabitur ira Dei.* Et: *Thesaurizas tibi iram in die iræ*; et alia. De iracundia apud Isai. I et XXX: *Me ad iracundiam provocastis.* Et Jerem. IV; et Apocalyp. XV, *plenas iracundiæ Dei* LOAISA.

Ibid. Confer Taionem, cap. 10, de hoc eodem argu-

re vera juxta propriam substantiam invisibilem esse et incorporeum constat. Plerumque de corporibus ad Deum sumuntur qualitatum species, quæ tamen in Deo non sunt, quia in propria natura incorporeus est, et incircumscriptus, sed pro efficientiis causarum in ipso species rerum scribuntur, ut quia omnia videt, dicatur oculus; et propter quod audit omnia, dicatur auris; pro eo autem quod avertitur, ambulat; pro eo quod expectat stat.

5. Sic et in cæteris horum similibus ab humanis motibus trahitur similitudo ad Deum, sicut est obliviscens, et memorans. **124** Hinc est quod propheta dicit: *Juravit Dominus exercituum per animam suam* (*Jerem.* LI, 14). Non quod Deus animam habeat, sed hoc nostro narrat affectu. Et alibi simili figura et vermis et scarabeus intelligitur (*Psal.* XXI, 7).

6. Nec mirum si vilibus significationibus figuretur, qui usque ad nostrarum passionum seu carnis contumelias descendisse cognoscitur. Nam et Christus agnus, non pro natura, sed pro innocentia; et leo, pro fortitudine, non pro natura; et serpens, pro morte et sapientia, non pro natura scribitur. Nam et in propheta plaustri portantis fenum species ducitur ad Deum (*Amos* II, 13). Et hæc omnia

A ideo per figuram Christus, quia nihil est horum ad proprietatem substantiæ ejus.

7. Falluntur quidam stultorum, dum legunt, ad imaginem Dei factum esse hominem (*Gen.* II), arbitrantes Deum esse corporeum, dum non caro, **125** quod est corpus, sed anima, quod est spiritus, Dei imaginem habeat. Non ergo esse corporis formam in Deo credamus, qui hominem ad imaginem suam fecit, quia mentem, non carnem, ad similitudinem suam creavit. Cogita igitur quale corpus habeat veritas, et dum non inveneris, hoc est Deus.

8. Facies Dei in Scripturis sacris, non caro, sed divina cognitio intelligitur, ea quidem ratione, qua per faciem conspectam quisque cognoscitur. Hoc enim in oratione Deo dicitur: *Ostende nobis fa-* B *ciem tuam*, ac si dicatur: Da nobis cognitionem tuam.

9. Os Dei Unigenitus ejus est. Nam sicut pro verbis, quæ per linguam fiunt, sæpe dicimus *illa et illa lingua*, ita pro Dei verbo os ponitur, quia mos est ut verba ore formentur. Et si volueris genere locutionis illo demonstrare, quo is qui efficit per id quod efficitur nominatur, bene os pro verbo ponis, sicut linguam pro verbis, sicut manum pro litteris.

mento. Petavius, t. I, lib. III, cap. 3 n. 17 et seqq. ex his Isidori sententiis, quas ex Augustino Isidorum sumpsisse advertit, contra hæreticum Vorstium disputat, qui voluntate Deum immutabilem esse negare ausus est. Apud Isidorum alii legunt *vel turbationi accedere permutationem*. Et mox, *iracundiam* pro *iram*, quo spectat nota Loaisæ. AREV.

3. Tam clementer Deus. Ex Auctore Spect., cap. 12. LOAISA.

4. Locum mutilum in Excus. ex fide omnium ms. C restitui, et lib. de Speculo apud August., cap. 13, ex quo tota sententia Isidori desumpta est: *Multis siquidem modis*, inquit, *ad significandum te hominibus, de rebus inferioribus ad te species ducis, quem revera, juxta propriam naturam, invisibilem constat esse et in totum incomprehensibilem et incircumscriptum*. LOAISA.

Ibid. Eucherius, de Spiritualibus formul., dupliciter explicat significationem hujus vocis in Deo: *Ambulare dicitur Deus*, inquit, *non de loco ad locum transeundo, quod impium est ita credere, sed deambulatio ejus est in cordibus sanctorum delectari, sicut scriptum est: Et inhabitabo in eis, et inambulabo, et ero illorum Deus. Vel certe ambulare Dei est in sanctis prædicatoribus suis de loco in locum transire.* Hæc Aug. Hujus posterioris acceptionis Isidorus meminit supra, cap. 2, sententia 5: *Dum localis*, inquit, *non sit Deus, localiter tamen in suis ambulat sanctis, dum de loco ad locum prædicatur ab eis.* Aliter vero deambulare Dei interpretatur ab Augustino, sermone 3 de Verbis Apostoli, super illud: *Spiritu ambulate, et desideria carnis ne perfeceritis. Deambulat*, inquit, *in nobis præsentia* D *majestatis, si latitudinem invenerit charitatis.* LOAISA.

5. Locus est apud Hieronymum, ibidem, cap. 51: *Juravit Dominus exercituum per animam suam.* Jurare Dei, Augustino auctore, promissionis est firmamentum. Sic super illud psalm. CIX: *Juravit Dominus*, et sermone 17, de Adventu Domini in carne, et lib. de Civit. Dei XVI, cap. 32. LOAISA.

Ibid. Vermis dicitur psalm. XXI. *Ego sum vermis, et non homo, opprobrium hominum, et abjectio plebis.* Et Oseæ V: *Ego quasi tinea Ephraim, et quasi putredo domui Jacob.* Et Job 25: *Homo putredo, et filius hominis vermis.* Exponuntur hæc ab Augustino, super Joann., tom. II. Vermis significatur abjectus, et contemptus, et sine specie, et decore, Is. XXXIII, et psalm. CVIII. *Et non homo*, id est, non vir fortis et robustus, quam emphasim Chaldæus paraphrastes expressit: *Ego autem sum vermis, et debilis, et non fortis, portans vituperationes hominum.* Greg., lib. XXX Moralium, cap. 29, sic inquit, exponens illud Job XXXIX: *Quis dimisit onagrum liberum? Nec indignum quis judicet, per tale animal Dominum posse figurari, dum constat omnibus quia per significationem quamdam in Scriptura sacra, at vermis, et scarabæus ponuntur. Sicut scriptum est: Ego autem sum vermis, et non homo. Et sicut apud Septuaginta Interpretes dicitur: Scarabæus de ligno clamabit.* Hæc Gregorius. Est autem locus, quem innuit apud Habacuc. II: *Lapis de pariete clamabit.* Pro quo Septuaginta posuerunt: καὶ κάνθαρος ἐκ ξύλου φθέγξεται ταῦτα. Id est: *Scarabæus de ligno loquetur ea.* Symmachus aliter: *Junctura ædificii lignea loquetur ea.* Vide divum Hieronymum. LOAISA.

6. De divinis nominibus prolixa et varia est disputatio. Nam alia essentialiter dicuntur de Deo, ut sunt affirmativa, quæ perfectionem significant; alia de Deo Patre, alia de Spiritu sancto per appropriationem; alia similitudine sumpta ex passionibus et perturbationibus creaturarum; alia vero per figuram qualia sunt agnus, leo, vermis. De his omnibus Dionysius Areopagita primus occulte et laconice disseruit, postea Hieronymus et Eucherius, ultimo divus Thomas via et ratione animum informavit. Neoterici aliqui non indocte in eodem argumento versantur, quamvis dum a Thoma recedunt, nec sibi, nec aliis sunt adjumento. LOAISA.

Ibid. Loaisa in nota fortasse Ludovicum Legionensem innuere voluit, cujus liber de divinis Nominibus passim magnis laudibus extollitur, sed ita ut quædam in eo reprehendantur. AREV.

Ibid. Pessima distinctione locus erat corruptus in aliquibus Excusis. Frequens autem est in divinis litteris mortem, et sapientiam serpentem appellari. August., lib. III de Trinitate, cap. 10: *Per serpentem enim intelligitur mors, quæ facta est a serpente in paradiso, modo locutionis per efficientem id quod efficitur demonstrante.* LOAISA.

Ibid. In propheta. Ex Greg., XXXII, Moral., cap. 6. LOAISA.

Ibid. Substantiæ ejus. Nonnulli addunt *quem re vera juxta propriam substantiam invisibilem esse et*

10. Vestigia Dei sunt, quibus nunc Deus per speculum agnoscitur. Ad perfectum vero omnipotens reperitur, dum in futuro facie ad faciem quibusque electis præsentabitur, ut ipsam speciem contemplentur, cujus nunc vestigia comprehendere conantur; et hoc est quod per speculum videri Deus dicetur (*I Cor.* XIII, 12). Sic et cætera.

126 CAPUT VI.

Quod Deo nulla temporum successio ascribatur.

1. Omnia tempora præcedit divina æternitas, nec in Deo præteritum, præsens, futurumve aliquod creditur, sed omnia præsentia in eo dicuntur, quia æternitate sua cuncta complectitur. Alioquin mutabilis est Deus credendus, si ei successiones temporum ascribuntur. Si semper aliqua essent cum Deo tempora, non esset tempus, sed æternitas; nec mutarentur tempora, sed starent.

2. Præsens, præteritum et futurum nostrum est habere, non Dei. Verbi causa, dicimus pro præsenti, *teneo Codicem*; pro præterito, *tenui*; pro futuro, *tenebo*. Universitatem vero Deus tenet; et pro *tenuit*, et *tenebit*, *tenet* dicitur.

3. Sed nec ipsis angelis decessio accessiove est temporum. Nam duas esse in creaturis res, quibus vicissitudo temporum non valet, angelis scilicet, propter quod incommutabili inhærent Creatori; sive materiæ illi informi, priusquam ex ea omnia ista quæ temporaliter jam volvuntur formarentur, nec ipsi utique valebat tempus. Tempus igitur non ad A eas creaturas, quæ supra cœlos sunt, sed ad eas quæ sub cœlo sunt pertinere (cognoscitur). Non enim angelis accedunt tempora, vel succedunt, sed nobis, qui sub cœlo versamur in hoc infimo mundo.

127 CAPUT VII.

De temporibus.

1. Nulla ante principium mundi fuisse tempora manifestum est, quia, dum sit ipsum tempus creatura, in principio tamen mundi factum esse credendum est. Ideo ergo principium dicitur, quod ex ipso cœpit rerum universarum exordium.

2. Nullum spatium corporaliter habent tempora, quia ante abscedunt pene quam veniant. Ideoque in rebus nullus status est temporum, quia celeri creaturæ motu mutantur. Nec centum anni unum tempus B est; nec unus annus unum tempus est; nec unus mensis unum tempus est; nec dies, nec hora, quia, dum hæc omnia particulis accedunt suis, et decedunt, quomodo unum dicendum est quod non simul est?

3. Utrum sit præteritum, futurumve tempus, sicut præsens; et si est, scire oportet ubi est; sed adverte quod cuncta, et futura et præterita et præsentia, in animo sunt potius requirenda.

4. Tria ista, præterita, præsentia et futura in animo tantum inveniri constat, præterita reminiscendo, præsentia contuendo, futura exspectando. Speramus igitur advenientia, intuemur præsentia, recolimus transeuntia. Hæc non ita in Deo sunt, cui simul omnia adsunt.

incorporeum constat, quod jam præcessit. Hanc pessimam distinctionem Loaisa appellat. Codex vetustior Bibliothecæ Sancti-Marci Florentiæ plura interserit, videlicet, *substantiæ ejus. Non secundum scientiam, sed secundum similitudinem species ducuntur ad Deum, neque pro substantiæ proprietate, sed pro efficientia causarum; unde et apparuisse hominibus non legitur, nisi per assumptam creaturarum speciem. Falluntur*, etc. AREV.

7. Ex auctore Speculi, cap. 13. *Falluntur*, inquit, *Anthropomorphitarum hæresis sectatores, qui dum legunt hominem ad imaginem*, etc. Idem Greg., lib. Moral. XXXII, cap. 6. Cassianus, de Origine hujus hæresis disserit collat. 10; Niceph. lib. XI, cap. 14, et Cyrillus ad episcopum Calosirium. LOAISA.

8. Locus est apud Hieronymum et Euch. de Formul., et Gregor., lib. Moral. XXIV, cap. 3; et adducit illud Gen. XXXII: *Et postquam Jacob cum angelo locutus est, ait: Vidi Dominum facie ad faciem; ac si dicat: Cognovi Dominum, quia me cognoscere ipse dignatus est*. LOAISA.

Ibid. In oratione. Ut nunc in orationibus Ecclesiasticis præponuntur hi versus: *Ostende nobis faciem tuam. Et salutare tuum da nobis*, ex psalm. LXXIX. Et August., vel Eucherius, lib. de Essentia Divinitatis: *Ostende nobis, Domine faciem tuam, et salvi erimus, hoc est*, inquit, *da nobis cognitionem tuam*. LOAISA.

9. *Os Dei*, ex Euch. et Greg., XXVII Mor., cap. 10. LOAISA.

Ibid. Quo is qui. Hujus figuræ usum agnoscit Augustinus, lib. III de Trinitate, cap. 10, explicans locum illum Joannis III: *Sicut exaltavit Moyses serpentem in deserto*, etc. *Sic*, inquit, *per serpentem intelligitur mors, quæ facta est in paradiso, modo locutionis per efficientem, id quod efficitur, demonstrante*. Et rursus, eodem lib., cap. 11, sic exponit locum illum Genes. XXII: *Nunc cognovi quia timeas Deum*. LOAISA.

Ibid. Al., *ita et pro verbo os Dei ponitur*. AREV.

10. Interpretatur locum Pauli I ad Corinth XIII: C *Videmus nunc per speculum in ænigmate*, ut Augustinus, ultimo de Trinitate, cap. 8 et 9. Gregorius vestigia Dei, quibus ad speciem supernam tendimus, multipliciter interpretatur, lib. Moral. X, cap. 6. LOAISA.

CAP. VI. N. 1. Ex August., in Dialog. ad Oros, et Gregor., lib. XX Moral., cap. 23. LOAISA.

Ibid. Si semper. Aug., lib. de Civ. Dei XI, cap. 6. LOAISA.

Ibid. Hæc sententia apud Taionem exstat lib. I, cap. 8. Petavius, t. I, lib. III, cap. 4, cum Isidoro nostro plures alios Græcos, Latinosque Patres de hoc argumento agentes describit. AREV.

3. Ex Augustino, lib. XII Confess., cap. 12. *Duo reperio*, inquit, *quæ fecisti*, etc.; ubi interpretatur locum Genes. I: *In principio creavit Deus cœlum et terram*. Et per cœlum intelligit naturam intellectivam; per terram, primam materiam informem. Terra enim erat inanis et vacua. Est quippe materia prima, auctore Aristotele, I Physicorum, ab omni exspoliata et denudata forma ac specie. LOAISA.

D *Ibid.* Al., *Sed nec ipsorum angelorum discessio*. AREV.

CAP. VII. N. 1. Ex August., lib. I super Genes. ad litt., cap. 5, Genesis primo dicitur: *In principio creavit Deus cœlum et terram*. Ex multis hujus loci interpretationibus, quæ a Basilio, Hilario, Hieronymo et Ambrosio traduntur, illam amplectitur, ut *in principio* significet in exordio temporis formatum cœlum et terram fuisse. LOAISA.

2. Ex Augustino, lib. XI Confess., cap. 12, et sequentibus, ubi dissolvit hanc quæstionem, quod præteritum, et futurum, et præsens, non est spatium in rebus, sed cognoscuntur in animo, qui spectat futurum, attendit præsens, præteritorum meminit. Philosophi mire se torquent in intelligentia illius sententiæ Aristotelis, IV Phys.: *Tempus non est sine anima*. Vide Gregor., lib. Moral. IV, cap. 2. LOAISA.

3. Ex August., lib. XI Confess., cap. 20. Sunt enim hæc in anima tria quærenda. LOAISA.

4. Ex Augustino, in eodem loco. LOAISA.

128 CAPUT VIII.

De mundo.

1. Mundus ex rebus visibilibus, sed tamen investigabilibus constat. Homo autem ex rerum universitate compositus, alter in brevi quodam modo creatus est mundus.

2. Ratio mundi de uno consideranda est homine. Nam sicut per dimensiones ætatum ad finem homo vergit, ita et mundus per hoc quod distenditur tempore, deficit, quia unde homo atque mundus crescere videtur, inde uterque minuitur.

3. Frustra dicitur per tanta retro tempora Deo vacanti novam pro mundo faciendo ortam fuisse cogitationem, quando in suo æterno maneret consilio hujus mundi constructio ; nec tempus ante principium, sed æternitas. Tempus vero a substitutione creaturæ, non creatura cœpit a tempore.

4. Quidam aiunt : Quid faciebat Deus antequam cœlos faceret ? Cur nova voluntas in Deo ut mundum conderet orta est ? Sed nova voluntas in Deo exorta non est, quia etsi in re mundus non erat, in æterna tamen ratione et consilio semper erat.

5. Dicunt quidam : Quid subito voluit Deus facere mundum, quem ante non facit ? Voluntatem Dei immutari arbitrantes, qui aliquando voluit quod aliquando non voluit. Quibus respondendum est : Voluntas Dei Deus est, quia non ipse aliud est, aliud voluntas **129** ejus, sed hoc est illi velle quod ipse est et quod ipse est, utique æternum et incommutabile est. Hæc est ergo voluntas ejus.

6. Materies ex qua formatus est mundus (*Gen. I*), origine, non tempore, res a se factas præcessit, ut sonus cantum. Prior enim est sonus cantu, quia suavitas cantilenæ ad sonum vocis, non sonus pertinet ad suavitatem ; ac per hoc utrumque simul sunt, sed A ille ad quem pertinet cantus prior est, id est, sonus.

7. Materia ex qua cœlum terraque formata est, ideo informis vocata est, quia nondum ea formata erant quæ formari restabant, verum ipsa materia ex nihilo facta erat.

8. Aliud est aliquid fieri posse, aliud fieri necesse esse. Fieri necesse est, quod Deus naturis inservit ; fieri autem posse est, quod extra cursum inditum naturarum Creator, ut faceret, quando voluit, reservavit.

9. Non ex hoc substantiam habere credendæ sunt tenebræ, quia dicit Dominus per prophetam : *Ego Dominus formans lucem, et creans tenebras* (*Isa.* XLV, 6, 7) ; sed quia angelica natura, quæ non est prævaricata, lux dicitur ; illa autem quæ prævaricata est B tenebrarum nomine nuncupatur. Unde et in principio lux a tenebris dividitur. Sed quia et hos et illos Deus creavit, inde dicitur : *Formans lucem et creans tenebras.* Veruntamen bonos angelos non tantum creans, sed etiam formans ; malos vero tantum creans, non formans. Hoc et de hominibus bonis malisque accipiendum est.

10. Post annumeratam cœli terræque creaturam, ideo nominatur in Genesi Spiritus sanctus, ut quia superferri eum dici oportebat, ante illa nominarentur quorum creator Spiritus sanctus superferri diceretur. Quod et Apostolus indicat (*Ephes.* III), dum supereminentem viam charitatis demonstrat.

11. Ideo superferri aquis sanctus dicitur Spiritus, quia donum est Dei in quo subsistentes requiescimus, C atque protegendo nos superfertur nobis.

12. Unaquæque natura suo pondere nititur. Ignis autem et **130** oleum merito superiora semper appetunt, quia per ipsorum figuram superferri universæ creaturæ Spiritus sanctus probatur.

13. Dies prior factus angeli sunt, quorum pro-

CAP. VIII. N. 1. Taio de hoc argumento, cap. 16 libri I, ubi quædam ex Isidoro sumit. AREV.

2. Unde a Paulo appellatur creatura mundi, ad Rom. I : *Invisibilia Dei a creatura mundi*, eo quod sua natura complectatur omnia. Quamvis hunc locum aliter interpretatur Hieronymus, et Theophil. : *a creatura mundi*, inquiunt, id est, a creatione et constitutione, id enim etiam significat vox Græca κτίσις : sed primæ expositioni favet illud : *Quod continet omnia, scientiam habet vocis* ; et Gregorius, lib. Moral. VI, cap. 7, dum de homine interpretatur Marci locum cap. 6 : *Prædicate Evangelium omni creaturæ*, id est, homini, qui commune aliquid habet cum omnibus creaturis ; esse, augeri, sentiendo vivere, et intelligere. LOAISA.

3. Augustin., de Civit. Dei lib. XI, cap. 6, et lib. V super Genes., cap. 5. LOAISA.

4. August., lib. III contra Maxim., cap. 2. LOAISA.

5. August., lib. de Genes. contra Manich., cap. 2. LOAISA.

6. August., lib. XII Confess. cap. 29, et lib. I. LOAISA.

7. *Nondum ea.* Al., *Nondum ex ea.* AREV.

9. Ex Augustino, lib. XI de Civit. Dei, cap. 9, et August., lib. de Genes. ad lit., cap. 3. LOAISA.

11. Ex August. lib. III Confess. cap. 9. LOAISA.

13. Quærit beatus Athanasius in Quæstion. ad Antiochum principem, quæstione prima, unde facti sunt angeli. Creatos vero angelos ante mundi constitutionem censuere multi ex antiquis Patribus, Dionysius Areopagita, lib. de Cœlesti Hierarchia, cap. 10, et divus Maximus in prima Centuria theolog., et Constitut. apostolorum ; Clemens, lib. VIII, et Gregor. Nazianz., in sermone de Natali Christi, et in secundo de Pascha ; et Damascenus, lib. II orthodoxæ Fidei ; et Epiphanius, adversus hæreses, disputans contra hæresim Pauli Samosateni, et in synodica epistola Sophronii patriarcha Jerosolymitani missa ad Honorium principem. Quæ epistola recitata fuit in sexta synodo, actione undecima. Versat questionem hanc Augustinus, lib. I super Genesim ad litteram, cap. 2, et concludit rem esse secretissimam, et humanis conjecturis impenetrabilem. Atque hi omnes in eo consentiunt, quod affirment D angelos creatos ante mundi formationem. LOAISA.

Ibid. Creaturarum apud Luc., pro *creaturæ*. LOAISA.

Ibid. Vesperascebat. Hæc ex Augustino. Nam, ut Auctor est divus Thomas, in p. I, q. 58, art. 6, hoc quod dicitur de cognitione matutina et vespertina angelorum, introductum est ab Augustino, lib. IV super Genesim, cap. 22, et lib. V, cap. 4, et lib. XI de Civitate Dei, cap. 9. Qua de re subtiliter et doctissime disseruit Joannes Picus Mirandula in Heptaplo. Divus Thomas sic explicat sententiam Augustini, ut hic Isidorus : *Sicut in die consuetudo* (inquit) *mane est principium diei, vespere autem terminus ; ita cognitio ipsius primordialis esse rerum, dicitur cognitio matutina. Et hæc est secundum quod res sunt in verbo. Cognitio autem ipsius esse rei creatæ, secundum quod in propria natura consistit, dicitur cognitio vespertina.* LOAISA.

pter unitatem insinuandam non dies primus, sed A dies dictus est unus; et idcirco ipse repetitur semper in executione creaturæ. Qui dies, hoc est, natura angelorum, quando creaturam ipsam contemplabantur, quodammodo vesperascebat; non autem permanendo in ejus creaturæ contuitu, sed laudem ejus ad Deum referens, eamque melius in divina ratione conspiciens, continuo mane fiebat. Si vero permaneret, neglecto Creatore, in creaturæ aspectu jam non vespera, sed nox utique fieret.

14. Dum se creatura melius in Deo quam in se ipsa noverit, ipsa sui cognitio, quæ major in Deo est, dies et lux dicitur. Cognitio vero sua in seipsa, ad compensationem cognitionis illius, quæ est in Deo, quia longe inferior est, vespera nominatur. Ideoque post vesperam mane fiebat (*Gen.* I). Quia B dum suam in se cognitionem sibi satisfacere non agnosceret, ut se plenius nosse potuisset, ad Deum esse referebat creatura, in quo dies se agnoscendo melius fieret.

131 15. Non sic quemadmodum nos transitorie dicimus, fiat aliquid, sic Deus dixit *Fiat cœlum* in principio. Illud enim sempiterne in verbo unico dictum est. Si transitorie dictum est a Deo *Fiat*, erat utique creatura aliqua, unde jam talis fieret vox. Sed quia antequam diceret *Fiat*, nulla exstitit creatura, ipsum *Fiat* quod dictum est, in æternitate Verbi, non in vocis sono, enuntiatum est.

16. Non septies a Deo visa, septiesque laudata est creatura, quæ antequam fieret perfecte ab illo est visa; sed dum nos singula videntes laudamus, fit C tanquam ipse videat, laudetque per nos, sicut est illud: *Non estis vos, qui loquimini, sed Spiritus Patris vestri, qui loquitur in vobis* (*Matth.* X, 20). Proinde sicut ipse et per nos loquitur, ita videt et laudat per nos; sed per se perenniter ac sempiterne videt, per nos vero temporaliter.

17. Attende universaliter creaturam in principio valde bonam vocari, singulariter vero tantum bonam, quia et membra corporis, cum sint singula bona, majus tamen bonum faciunt, dum singula omnia valde bonum corpus efficiunt.

18. Decor elementorum omnium in pulchro et apto consistit; sed pulchrum ei quod se ipsum est pulchrum, ut homo ex anima et membris omnibus constans. Aptum vero est, ut vestimentum et victus. D Ideoque hominem dici pulchrum ad se, quia non vestimento et victui est homo necessarius, sed ista homini; ideo autem illa apta, quia non sibi, sicut homo, pulchra, aut ad se, sed ad aliud, id est, ad hominem accommodata, non sibimet necessaria. Hoc et de cæteris elementorum naturis dicendum est.

19. Cuncta quæ sunt, et facta sunt, mira valde sunt, sed consuetudine viluerunt. Ideoque sic divina scrutare opera, ut semper ea cogites immensa.

132 CAPUT IX.

Unde malum.

1. Malum a diabolo non est creatum, sed inventum; et ideo nihil est malum, quia sine Deo factum est nihil, Deus autem malum non fecit. Non quia alicubi aut aliquando erat malum, unde fieret diabolus malus, sed quia vitio suo, dum esset angelus bonus, superbiendo effectus est malus; et ideo recte dicitur ab eo inventum malum.

2. Nullam esse naturam mali constat, quia natura omnis aut incommutabilis ut Deus est, aut commutabilis ut creatura est. Malum vero ideo natura nulla est, quia accedendo in bonam naturam efficit eam vitiosam, quod cum discedit, natura manet, et malum quod inerat nusquam est. Ex eo quod vitium nocet naturæ, agnoscitur vitium naturam non esse, quia nihil quod naturale est nocet.

3. Dum natura bona damnatur propter voluntatem malam, ipsa voluntas mala testis est naturæ bonæ, quæ in tantum testatur eam esse bonam, ut illam Deus pro malo non relinquat inultam.

4. Creditur ab hæreticis mentem a Deo, vitia a diabolo fuisse creata. Unde et ab ipsis duæ naturæ, bona et mala putantur. Sed vitium natura non est; et dum vere a diabolo sit, non tamen creatum est.

5. Quam ob causam permiserit Deus mali oboriri statum, nisi ut ex contrariis malis bonæ naturæ decor emineret? Modus iste etiam in verbis esse comperitur. Qui modus antitheton Græce dicitur, quod Latine oppositum, vel contrapositum nominatur **133**, et fit pulchra locutio, quando mox contraria positis proferuntur. Ita et in rebus permissum est malum, ut naturæ bonum ad comparationem excelleret mali.

6. Fecit Deus omnia valde bona. Nihil ergo natura malum, quando et ipsa quæ in creaturis videntur esse pœnalia, si bene utantur, et bona, et prospera sunt, si male utantur, nocent. Ita ergo perpendenda est creatura ex nostro usu non bona, nam ex sua natura valde bona.

7. Si radas supercilium hominis, parvam rem

14. August., lib XI de Civit. Dei, cap. 9, et lib. IV super Gen. ad lit. LOAISA.

15. Legebatur antea *Nam sic*, verum male, consentientibus omnibus vet. Cod. et sequenti sententia, et Augustino, lib. I super Genes. ad litteram, cap. 2, et cap. 9, ubi de hac re accurate agit. LOAISA.

Ibid. Transitorie. Pro quo divus Augustinus dicit *utrum temporaliter, an in verbi æternitate*, lib. I super Genesim ad litteram, cap. 2 et 9. LOAISA.

18. *Pulchrum ei, quod.* Al., *pulchrum est, quod.* AREV.

CAP. IX. N. 1. In Codice Goth. secunda sententia est: *Creditur ab hæreticis mentem a Deo, vitia a diabolo fuisse creata; unde ab ipsis duæ naturæ, bona et mala putantur. Sed vitium natura non est, et dum vere a diabolo sit, non tamen creatum est, non quia alicubi, aut aliquando.* Verum hæc sententia est quarta infra. Augustinus, tract. 2 expositionis in Joannem interpretatur illud: *Sine ipso factum est nihil*, de peccato et malo, quod nihil est. Et lib. de Natura boni. LOAISA.

Ibid. Taio, *undenam sit malum*, inquirit cap. 15 lib. I, ex Isidoro proficiens. Theologi in eadem quæstione versantur cum sancto Thoma, part. 1, q. 49. AREV.

2. Ex Augustino, in Enchir. ad Laur., cap. 12, et lib. de Natura boni. LOAISA.

demes, sed totius corporis ingeris fœditatem ; ita et A in universitate creaturæ est : si extremum vermiculum natura malum dixeris, universæ creaturæ injuriam facis.

8. Cuncta mala per peccatum primi hominis pro pœna sunt translata in universum genus humanum. Proinde quæcunque videntur mala, partim nobis sæviunt origine, partim culpa.

9. Mala dicunt multa in creaturis perversi, ut ignem, quia urit; ut ferrum, quia occidit; ut feram, quia mordet, sed commoda ipsorum non intendens homo, accusat in illis quod sibi debet potius imputare; cujus pro peccato ista effecta sunt noxia, quæ illi omni ex parte fuerunt ante peccatum subjecta. Nostro vitio, non sua natura, nobis mala sunt ea quæ nobis nocent. Nam lux, dum sit bona, infirmis oculis B noxia est, et tunc oculorum vitium, non lucis est; sic et cætera.

10. Cum creaturarum stimulis et elementorum adversitatibus homo verberatur, peccati hoc exigere pœnam, ut Deo superbiens homo ea quæ infra ipsum sunt patiatur adversa. Unde et in Sapientia legitur pro Deo : *Pugnabit cum eo orbis terrarum contra insensatos.* Merito ergo peccatorum hoc actum est, ut naturaliter prospera mutentur homini in adversa. Unde et Salomon : *Creatura exardescit in tormentum, adversus injustos, et lenior est ad benefaciendum his qui in Deo confidunt.*

134 11. Non erit caro subjecta animæ, nec vitium rationi, si animus non est subditus Conditori. Tunc autem recte subjiciuntur nobis omnia quæ sub nobis C sunt, si nos subjicimur ei a quo nobis illa subjecta sunt. Nam et quæ videntur esse subjecta ei qui Deo subjectus non est, ille potius subjicitur eis, qui suam voluntatem subjugat amori eorum quæ sibi subjecta existimat.

CAPUT X.

De angelis.

1. Angelorum nomen officii est, non naturæ; nam secundum naturam spiritus nuncupantur. Quando enim de cœlis ad annuntiandum hominibus mittuntur, ex ipsa annuntiatione angeli nominantur; natura enim spiritus sunt. Tunc autem angeli vocantur quando mittuntur.

2. Natura angelorum mutabilis est, quia inest illis mutabilitas in natura ; sed facit eos incorruptos charitas sempiterna. Gratia dicimus, non natura esse incommutabiles angelos. Nam si natura incommutabiles essent, diabolus non utique cecidisset. Mutabilitatem itaque naturæ suffragatur in illis contemplatio Creatoris; inde et privatus est **135** apostata angelus, dum fortitudinem suam, non a Deo sed a se voluit custodiri.

3. Ante omnem creaturam angeli facti sunt, dum dictum est *Fiat lux;* de ipsis enim dicit Scriptura : *Prior omnium creata est sapientia.* Lux enim dicuntur participando luci æternæ. Sapientia enim dicuntur ingenitæ inhærendo Sapientiæ. Et dum sunt mutabiles natura, non tamen sinit eos contemplatio mutari divina.

4. Ante omnem creationem mundi creati sunt angeli, et ante omnem creationem angelorum diabolus conditus est, sicut scriptum est : *Ipse est principium viarum Dei.* Unde et ad comparationem angelorum archangelus appellatus est. Prius enim creatus exstitit ordinis prælatione, non temporis quantitate.

5. Primatum habuisse inter angelos diabolum, ex qua fiducia cecidit, ita ut sine reparatione laberetur. Cujus prælationis excellentiam propheta his verbis annuntiat : « Cedri non fuerunt altiores illo, in para-

6. *Si bene utantur.* Scilicet creaturæ, vel potius passivo more Isidorus *utor* adhibet. AREV.

10. *Creaturæ.* Locus est Sapientiæ XVI : *Creatura* (inquit) *tibi factori deserviens exardescit in tormentum adversus injustos*, etc. Pro *exardescit* autem in aliquibus mss. est *excandescit*. LOAISA.

Ibid. Exigere pœnam. Al., *exigit pœna.* Vetus Editio *exigente pœna.* Pro *pugnabit cum eo*, meus Cod. ms. *pugnabit pro eo.* Deinde pro *lenior* alii *levior*. AREV.

CAP. X. — N. 1. *Nomen.* Ex Greg., hom. 34 in Evang. LOAISA.

Ibid. De angelis agit Taio, cap. 12, 13, 14, lib. I. In Isidorianis, cap. 72, n. 20 et seqq., observavi totum hoc caput in nonnullis Mss. exhiberi sub titulo sermonis sancti Isidori, nonnullis ex sancto Gregorio Magno additis. Monitum quod Constantinus Cajetanus ad hunc sermonem præmisit, loc. cit. repræsentavi. AREV.

2. *Mutabilis.* Gregor., lib. V Moral., cap. 29, et lib. XV, cap. 4, et Fulg., de Fid. ad Pet., cap. 23. L.

Ibid. Charitas. In aliquibus mss. Cod. est *claritas sempiterna*; verum legendum, ut in Editis, *charitas*; sic enim habet Gregor., lib. Moral. V, cap. 29. Unde sententia hæc desumpta est : *Quia ergo ipsa quoque natura angelica est in semetipsa mutabilis, quam videlicet mutabilitatem vicit per hoc quod ei qui semper idem est vinculis amoris alligatur*, etc. LOAISA.

Ibid. Apostata. Gregorius, lib. Moral. IV, cap. 13, de apostata angelo interpretatur illud Apoc. XX : *Vidi Angelum descendentem de cœlo, et habentem clavem abyssi, et catenam magnam in manu sua, et apprehendit draconem, serpentem antiquum, qui est diabolus et Satanas, et ligavit eum per annos mille, et misit eum in abyssum.* Et illud quod est infra : *Cum completi fuerint mille anni, solvetur Satanas*; ubi sic inquit : *Ille enim apostata angelus, qui ita conditus fuerat, ut angelorum cæteris legionibus emineret, ita superbiendo succubuit, ut tunc stantium angelorum ditioni substratus sit. Quatenus, vel nunc ad utilitatem nostram eis ministrantibus religatus lateat, vel tunc ad probationem nostram, eis relaxantibus, totis se suis contra nos viribus solutus exerceat.* LOAISA.

D 4. *Ante omnem.* Gregor., lib. Moral. XXXII, cap. 18. LOAISA.

Ibid. Isæus, in not. ad Lactantium, lib. II de Institut., cap. 9, agit de tempore creationis angelorum, quam multis ante hunc mundum sæculis peractam Isidorum hoc loco docere ait cum multis aliis; ac notat nonnullos ex schola sancti Thomæ male asseruisse hunc errorem esse in fide. Certe antiquissimi quique Patres, præsertim Græci, ante cœlum corporaque omnia angelos conditos fuisse docent. Verum Isidori mentem ambiguam videri Petavius asserit lib. I de Angelis, cap. 15, num. 5. Isidorus, ut ego arbitror, sententiam Gregorii Magni tenet, lib. XXVIII Moral., cap. 14, qui angelos matutina astra vocari ait, quia primi in tempore conditi creduntur, neque tamen prima die una cum luce, sed ante hanc productos indicat. AREV.

5. *Ex qua fiducia cecidit.* Forte, *ex quo fiducia*

diso Dei, abietes non adæquaverunt summitatem illius: Omne lignum paradisi non est assimilatum illi »; quoniam speciosiorem fecit eum Deus.

6. Distat conditio angeli a conditione hominis; homo enim ad Dei similitudinem conditus est, archangelus vero qui lapsus est signaculum Dei similitudinis appellatus est, testante Domino per Ezechielem: *Tu signaculum similitudinis, plenus sapientia, perfectus decore, in deliciis paradisi Dei fuisti.* Quanto enim subtilior est **136** ejus natura, tanto plenius exstitit ad similitudinem divinæ veritatis expressa.

7. Prius de cœlo cecidisse diabolum (creditur) quam homo conderetur. Nam mox ut factus est, in superbiam erupit, et præcipitatus est de cœlo. Nam juxta veritatis testimonium ab initio mendax fuit, et in veritate non stetit, quia statim ut factus est, cecidit. Fuit quidem in veritate conditus, sed non stando confestim a veritate est lapsus.

8. Uno superbiæ lapsu, dum Deo per tumorem se conferunt, et homo cecidit, et diabolus; sed homo reversus ad pœnitentiam Deo se inferiorem esse cognoscit. Diabolus vero non solum hoc contentus, quod se Deo æqualem existimans cecidit, insuper etiam superiorem Deo se dicit, secundum Apostoli dictum, qui ait de antichristo: *Qui adversatur, et extollitur supra omne quod dicitur Deus, aut quod colitur.*

9. Diabolus ideo jam non petet veniam, quia non compungitur ad pœnitentiam; membra vero ejus per hypocrisim deprecantur, quod tamen pro mala conscientia adipisci non merentur.

10. Discat humana miseria quod ea causa citius provocetur Deus præstare veniam, dum infirmo compatitur homini, quia ipse traxit ex parte inferiori peccandi infirmitatem, hoc est, ex carne, qua inclusa anima detinetur.

11. Apostatæ angeli ideo veniam non habent, quia carnalis fragilitatis nulla infirmitate gravati sunt, ut peccarent; homines autem post peccatum idcirco revertuntur ad veniam, propter quod ex lutea materia pondus traxerunt infirmitatis: ideoque pro infirma carnis conditione reditus patet homini ad salutem, sicut et Psalmus dicit: *Ipse scit figmentum nostrum. Memento, Domine, quod terra sumus.* Et iterum: *Memorare*, inquit, *quæ mea substantia.*

12. Postquam apostatæ angeli ceciderunt, cæteri perseverantia æternæ beatitudinis solidati sunt. Unde et post cœli creationem in principio repetitur *Fiat firmamentum*, et vocatum est firmamentum cœlum. Nimirum ostendens quod post angelorum ruinam **137** hi qui permanserunt firmitatem meruerunt æternæ perseverantiæ et beatitudinis quam antea minus acceperant. Unde oportet agnosci quod malorum iniquitas sanctorum serviat utilitati, quia unde mali corruunt, inde boni proficiunt.

13. Bonorum angelorum numerus, qui post ruinam angelorum malorum est diminutus, ex numero electorum hominum supplebitur, qui numerus soli Deo est cognitus.

14. Inter angelos distantia potestatum est, et pro graduum dignitate ministeria eisdem sunt distributa; aliique aliis præferuntur, tam culmine potestatis quam scientia virtutis; subministrant igitur alii aliorum præceptis, atque obediunt jussis. Unde et ad prophetam Zachariam Angelus angelum mittit, et quæcunque annuntiare debeat præcipit.

15. Novem esse distinctiones vel ordines angelorum sacræ Scripturæ testantur, id est: angelos, archangelos, thronos, dominationes, virtutes, principatus, potestates, cherubim et seraphim. Horum ordinum numerum etiam Ezechiel propheta describit, sub totidem nominibus lapidum, cum de primatu apostatæ angeli loqueretur. Omnis, inquit, lapis pretiosus operimentum tuum: sardius, topazius, et jaspis, chrysolithus, et onyx, beryllus, sapphirus, et carbunculus, et smaragdus. Quo numero lapidum ipsi ordines designati sunt angelorum, quos apostata angelus ante lapsum, quasi in vestimento ornamenti sui, affixos habuit, ad quorum comparationem, dum se clariorem cunctis aspexit, confestim intumuit, et cor suum ad superbiam elevavit.

16. Angeli semper in Deo gaudent, non in se. Malus vero ideo est diabolus, quia non quæ Dei, sed quæ sua sunt requisivit. Nulla autem major iniquitas quam non in Deo, sed in se velle quempiam gloriari.

17. Angeli in verbo Dei cognoscunt omnia, antequam in re fiant; et quæ apud homines adhuc futura sunt, angeli jam, revelante Deo, noverunt. Prævaricatores angeli, etiam sanctitate amissa, non tamen amiserunt vivacem creaturæ angelicæ sensum. Triplici enim modo præscientiæ acumine vigent, id est, subtilitate naturæ, **138** experientia temporum, revelatione superiorum potestatum.

18. Quoties Deus quocunque flagello hunc mundo irascitur, ad ministerium vindictæ apostatæ angeli mittuntur: qui tamen divina potestate coercentur, ne

---

cecidit. Nonnulli inserunt, *inter angelos diabolum constat excellentia prælationis, ex qua fiducia*, etc. Quali superbiæ genere, aut qua cogitatione diabolus tumuerit, inquirunt theologi. Vide comment. ad Prudentium, Hamartig., vers. 169:

> Inflatur, dum grande tumens, sese altius effert,
> Ostentatque suos licito jactantius ignes.

AREV.

6. *Distat.* Ex Gregor., ibid. LOAISA.

Ibid. Veritatis. In Editis erat *virtutis*, verum posui *veritatis*, consentientibus omn. mss. C. Et quamvis locus sit deductus ex Gregor., hanc vocem Isidorus addit sententiæ Greg.; sic enim est apud eum, lib. XXXII Moral., cap. 18: *Ut quo subtilior est ejus natura, eo in illo similitudo Dei plenius creditur expressa.* L.

7. *Prius de cœlo.* August., XI de Gen. ad litteram. L.

10. *Discat.* Ex Gregor., lib. Moral. XXII, cap. 5. L.

11. *Memento.* Locus est psalm. CII. In Vulgata habetur: *Recordatus est quoniam pulvis sumus.* L.

15. *Nomen.* Ex Gregor., homil. 34 in Evang., et lib. XXXII Moral., cap. 18. LOAISA.

Ibid. De ordinibus angelorum Vezzosius plura notaverat ad cap. 58 Enchiridii Augustiniani, part II, pag. 443 et seqq. AREV.

17. *Angeli.* Augustin. idem, lib. XII de Civit., c. 1. L

tantum noceant quantum cupiunt. Boni tamen angeli ad ministerium salutis humanæ deputati sunt, ut curas administrent mundi, et regant omnia jussu Dei, testante Apostolo: *Nonne omnes*, inquit, *sunt administratorii spiritus, in ministerium missi, propter eos qui hæreditatem capiunt salutis?*

19. Angeli corpora in quibus hominibus apparent, de superno aere sumunt, solidamque speciem ex cœlesti elemento induunt, per quam humanis obtutibus manifestius demonstrentur.

20. Singulæ gentes præpositos angelos habere creduntur, quod ostenditur testimonio angeli Danieli loquentis: *Ego* (inquit) *veni ut nuntiarem tibi, sed princeps regni Persarum restitit mihi.* Et post alia: *Non est qui me adjuvet, nisi Michael princeps vester.*

21. Item omnes homines angelos habere probantur, loquente Domino in Evangelio: *Amen dico vobis quia angeli eorum semper vident faciem Patris mei, qui est in cœlis.* Unde et Petrus, in Actibus apostolorum, cum pulsaret januam, dixerunt intus apostoli: *Non est Petrus, sed angelus ejus est.*

22. Si Deum angeli contuentur et vident, cur Petrus apostolus dixit: *In quem desiderant angeli Dei conspicere?* Iterum, si eum non contuentur, nec vident, quomodo, juxta sententiam Domini, *angeli eorum semper vident faciem Patris, qui in cœlis est?* Sed bene utrumque est. Nam veraciter credimus quod Deum angeli et vident et videre desiderant, et habent et habere festinant, et amant et amare nituntur.

23. Si enim sic videre desiderant, ut effectu desiderii non perfruantur, desiderium hoc necessitatem habet, necessitas ista pœnalis est; **139** sed a beatis angelis omnis pœna longe est, quia nunquam simul pœna et beatitudo conveniunt. Rursum si eos dicimus Dei visione satiari, satietas fastidium habere solet, et scimus illos Dei visionem, quam et desiderant, fastidire non posse.

24. Quid ergo est nisi ut miro modo simul utrumque credamus, quia et desiderant, et satiantur? Sed desiderant sine labore, et satiantur sine fastidio. Ne enim sit in desiderio necessitas, desiderantes satiantur. Et iterum, ne sit in satietate fastidium, satiari desiderant. Vident ergo angeli faciem Patris per satietatem; sed quia satietas ista fastidium nescit, angeli desiderant in eum prospicere semper.

25. Ubicunque in Scripturis sanctis, pro Deo angelus ponitur, non Pater, non Spiritus sanctus, sed pro incarnationis dispensatione solus *Filius* intelligitur.

26. Ante dominicæ incarnationis adventum discordia inter angelos et homines fuit. Veniens autem Christus pacem in se, et angelis, et hominibus fecit. Eo quippe nato, clamaverunt angeli: *In terra pax hominibus bonæ voluntatis.* Per incarnationem igitur Christi non solum Deo reconciliatus est homo, verum etiam pax inter homines et angelos reformata est.

27. Discordia igitur ante adventum Christi hominum et angelorum fuisse per id maxime agnoscitur, quod salutati in Veteri Testamento ab hominibus angeli, despiciunt se salutari ab eis. Quod in Novo Testamento a Joanne factum non solum reverenter angelus suscipit, verum etiam ne faciat interdicit.

28. Ob hoc homo in Veteri Testamento despicitur, nec resalutatur ab angelo, eo quod homo adhuc nondum transisset in Deum.

29. Suscipitur autem homo a Deo, et reverenter salutatur ab angelo. **140** Nam et Mariam angelus Gabriel legitur salutasse, et Joanni angelum salutanti ab eodem angelo dicitur: *Vide ne feceris, conservus enim tuus sum, et fratrum tuorum.* Per quod agnoscitur **141** per incarnationem dominicam pacem hominibus fuisse et angelis redditam.

---

19. *Angeli.* August., lib. XV de Civitat., cap. 23, et lib. de Mirab. sacræ Scripturæ, lib. III; et Gregor., lib. XVIII Moral., cap. 2; lib. XVII, cap. 8. LOAISA.

21. *Angelos habere.* August., serm. 68, ad fratres in erem. Matth. XVIII. LOAISA.

Ibid. Quod singulæ gentes, et omnes homines angelos tutelares habeant, ostendit Petavius, lib. II de Angelis, cap. 8, iisdem Scripturæ locis quibus innititur Isidorus, ejusdemque Isidori et aliorum Patrum auctoritate. AREV.

22. *Si Deum.* Ex Gregor. tota sententia, lib. XVIII Moral., cap. 28. LOAISA.

23. Sanctus Julianus Toletanus, lib. II Antikeimenon, interrog. 78, eodem modo hanc difficultatem solvit; sed ubi Isidorus habet *necessitatem, necessitas*, etc., Julianus *anxietatem, anxietas*, etc., semper repetit; quod fortasse melius est. AREV.

25. *Ubicumque*, etc. August., lib. II de Trinit. L.

26. *Ante Dom.*, etc Greg., lib. XXVII Mor., cap. 8. L.

29. In sermone quem Isidori nomine editum a Cajetano dixi, post *et angelis redditam* hæc adduntur ex sancto Gregorio deprompta, ut adverti in Isidorianis, cap. 72, n. 20. « Nonnunquam vero etiam per angelum humanis cordibus ita loquitur Deus, ut ipse quoque angelus mentis obtutibus præsentetur. Verbis namque per angelum loquitur Deus, cum nihil in imagine ostenditur, sed supernæ verba locutionis audiuntur; sicut dicente Domino (*Joan.* X): *Pater, clarifica Filium tuum, ut filius tuus clarificet te*; protinus respondetur: *Clarificavi, et iterum clarificabo.* Neque enim Deus, qui sine tempore impulsionis intimæ clamat, in tempore per suam substantiam illam vocem edidit, quam circumscriptam tempore per humana verba distinxit. Sed nimirum de cœlestibus loquens, verba sua, quæ audiri ab hominibus voluit, rationali creatura administrante formavit. Aliquando rebus per angelos loquitur Deus, cum nihil verbo dicitur; sed ea quæ futura sunt, assumpta de elementis imagine nuntiantur. Sicut Ezechiel nil verborum audiens (*cap.* I) electri speciem in medio ignis vidit, ut videlicet, dum solam speciem aspiceret, quæ essent in novissimis ventura, sentiret. Velut ad Danielem angelus Gabriel loquitur, ipso dicente: *Factum est autem, cum viderem ego Daniel visionem*, etc. (Hic multa referuntur ad verbum ex Danielis cap. VIII, X, XII.) Aliquando per angelos verbis simul et rebus loquitur Deus: cum quibusdam motibus insinuat hoc, quod sermonibus narrat. Neque enim Adam post culpam in divinitatis substantia videre Deum potuit, sed increpationis verba per angelum audivit. Aliquando imaginibus cordis oculis ostensis per angelos loquitur Deus, sicut Jacob (*Gen.* XXVIII) subnixam cœlo scalam dormiens vidit, et sicut Petrus linteum reptilibus et quadrupedibus plenum (*Act.* X) in extasi raptus aspexit; qui nisi incorporeis hæc oculis cerneret, in extasi non fuisset; sicut Paulo in visione noctis vir Macedo apparuit (*Act.* XVI), qui transire eum

CAPUT XI.

De homine.

1. Omnia sub cœlo propter hominem facta sunt, homo autem propter se ipsum; inde et omnia per figuram ad ejus similitudinem referuntur. Communia homini omnia naturalia esse cum omnibus quæ constant, et in homine omnia contineri, atque in eo omnium rerum naturam consistere (patet). Universitatis creaturæ homo magna quædam portio est; tantoque gradu est cæteris excellentior, quanto imagini divinæ vicinior. Quantum cæteris creaturis præstat homo dignitate virtutis, ex ipsa reverentia
A discitur creationis, dum per omnia dixit Deus: *Fiat et facta sunt*, creare vero hominem cum quadam æterni consilii deliberatione voluerit, dicens: *Faciamus hominem ad imaginem et similitudinem nostram.*

2. Quia enim boni sumus naturaliter conditi, culpæ quodam modo merito contra naturam mali sumus effecti.

3. Sicut præscivit Deus hominem peccaturum, ita et præscivit **142** qualiter illum per suam gratiam repararet, qui suo arbitrio deperire potuisset.

4. Originaliter Adam et Eva simul creati sunt, specialiter vero postea mulier de latere viri for-

---

Macedoniam rogavit. Aliquando imaginibus, et ante corporeos oculos ad tempus ex aere assumptis per angelos loquitur Deus, sicut Abraham non solum tres viros videre potuit (*Gen.* XVIII), sed etiam terreno habitaculo suscipere; et non solum suscipere, sed eorum usibus etiam cibos adhibere. Nisi enim angeli quædam nobis in terra nuntiantes, ad tempus ex aere corpora sumerent; exterioribus profecto nostris obtutibus non apparerent, nec cibos cum Abraham caperent, nisi propter nos solidum aliquid ex cœlesti elemento gestarent. Nec mirum, quod illic ipsi, qui suscepti sunt, modo angeli, modo Dominus vocantur, quia angelorum vocabulo exprimuntur, qui exterius ministrabant; et appellatione Domini ostenditur, qui eis interius præerat, ut per hoc præsidentis imperium, et per illud claresceret officium ministrantium. Aliquando cœlestibus substantiis per angelos loquitur Deus, sicut baptizato Domino scriptum est (*Matth.* III, XVII): *Quia de nube vox sonuit dicens: Hic est Filius meus dilectus, in quo mihi complacui.* Aliquando terrenis substantiis per angelos loquitur Deus; sicut cum Balaam corripuit (*Num.* XXII), in ore asinæ humana verba formavit. Aliquando simul terrenis et cœlestibus substantiis per angelos loquitur Deus; sicut ad Moysen in monte (*Exod.* III) cum jussionis suæ verba dedit, ignem rubumque sociavit; atque aliud superius, aliud inferius junxit: quod tamen tunc solum agitur, cum ex ipsa aliquid conjunctione signatur. Nam per succensum rubum Moysen alloquens, quid aliud ostendit, nisi quod ejus populi ductor fieret, qui et legis flammam perciperet, et tamen peccati pœnam nequaquam vitaret? Vel quod ex illo populo exiret, qui igne deitatis, carnis nostræ peccata, quasi rubi spinas absumeret, et inconsumptam humanitatis nostræ substantiam, etiam in ipsa divinitatis flamma servaret? Nonnunquam vero humanis cordibus etiam per angelos Deus secreta eorum præsentia virtutem suæ aspirationis infundit. Unde Zacharias ait (*Zach.* I): *Dixit ad me angelus qui loquebatur in me.* Dum ad se quidem, sed tamen in se loqui angelum dicit, liquido ostendit quod is qui ad ipsum verba fecerat per corpoream speciem, extra non esset. Unde et paulo post subdidit: *Et ecce angelus, qui loquebatur in me, egrediebatur.* Sæpe enim non exterius apparent, sed sicut angelici spiritus voluntatem Dei prophetarum sensibus innotescunt, atque ita eos ad sublimia sublevant, et quæque in rebus futura sunt, in causis originalibus præsentia demonstrant. Humanum namque cor ipsum carnis corruptibilis pondere gravatum, hanc ipsam corpulentiam suam quasi obicem sustinens, interna non penetrat, et grave exterius jacet, quia levantem manum interius non habet. Unde fit, sicut dictum est, ut prophetarum sensibus ipsa, ut est, subtilitas angelicæ virtutis appareat, eorumque mens quo subtili spiritu tangitur levetur, et non jam pigra, torpensque in ima jaceat, sed repleta intimis afflatibus, ad superna conscendat, atque inde quasi de quodam rerum vertice, quæ infra se ventura sunt, videat. Per Dominum nostrum Jesum Christum, qui cum Patre, et Spiritu sancto, vivit et regnat in sæcula sæculorum. Amen. Explicit. » AREV.

B CAP. XI.—N. 1. *Communia.* Ita Sancti interpretantur illud Sapientiæ I: *Hoc quod continet omnia scientiam habet vocis.* Et illud Matth. ultimo: *Prædicate Evangelium omni creaturæ*, ut nomine omnis creaturæ homo intelligatur; præsertim Gregorius, homil. 29, in Ascensione Domini, et lib. VI Moral., cap. 7. De hac re supra, cap. 10. LOAISA.

Ibid. Cæteris. Gregor., lib. Moral. IX, cap. 36, et August. super Gen., in lib. Imperfecto. LOAISA.

Ibid. Vezzosius celebrem esse animadvertit sententiam sancti Gregorii, hominem commune aliquid habere cum omnibus creaturis. AREV.

4. *Simul creati sunt.* Id patet ex illo Genes. I: *Faciamus hominem ad imaginem et similitudinem nostram.* Homo enim utrumque sexum comprehendit. Unde Eva vocatur virago, et imago viri, homo vero imago et gloria Dei, a Paulo, I Cor. XI. Ita interpretatur August., lib. de Trinit. XII, cap. 7; et Gen. V dicitur: *Hic est liber generationis Adam. In die qua creavit Deus hominem, ad similitudinem Dei fecit illum, masculum et*
C *feminam creavit eos.* Et Paulus, I ad Cor. XI, cum dicat: *Sicut mulier de viro, ita et vir per mulierem*, concludit: *Omnia autem ex Deo.* Ambros., ibi: *Ambo unum sunt in natura.* Id vocat Isidorus originaliter esse unum, specialiter vero postea mulier de latere viri formata est. Hanc Sententiam probat Gregorius lib. XXXIII Moral., cap. 10: *Rerum quippe*, inquit, *substantia simul creata est; sed simul species formata non est*, etc. Observa obiter Augustinum et Gregorium in rerum formatione dissentire, cum Augustinus multis in locis super Genesim probet omnia esse facta simul secundum substantiam, et secundum speciem, præsertim lib. IV super Genes. ad litteram, cap. 34. Gregorius vero dicit, in substantia esse facta simul, sed non in specie. In qua sententia est Isidorus hic, et lib. II Differentiarum, cap. 10. *In creatione*, inquit, *mundi et formatione, in qua hæc est differentia, quod originaliter secundum materiæ substan-*
D *tiam simul cuncta creata sunt, secundum distinctionem vero rerum per sex dierum alternationem formata sunt.* Philo, lib. I legis Allegoriarum, rusticanæ simplicitatis esse inquit putare sex diebus, aut utique certo tempore, mundum conditum. Refellit hic Isidorus sententiam eorum qui dicunt androgynos creatos Adam et Evam, id est, hominem in quo duo sint corpora maris scilicet et feminæ circa dorsum copulatos, ita ut esset homo a principio geminus, ut Plato, in Convivio, seu de Amore, asseruit, postea vero sectus, ut ex adverso ad prolis procreationem conjungerentur; e latere enim protoplasti, non e costa mulierem formatam affirmant, voce Hebræa, *zela*, latus et costam significante. In hac sententia fuit Franciscus Georgius. Verum divus August. Platonicos insectatur, lib. III de Genes. ad lit., cap. 22, inquiens: *Rursus, ne in homine uterque sexus esse putaretur, sicut in his quos Androgynos vocant, p'uraliter subjecta masculum et feminam creavit eos.* L.

mata est. Pariter ergo conditi sunt uterque, rationis A ordine, non pariter temporis unitate.

5. Vir ad imaginem Dei factus est, mulier ad imaginem viri formata est; unde et illi lege naturæ subjecta est.

6. Item vir propter semetipsum factus est, mulier ob adjutorium viri creata est.

7. Homo propter peccatum tunc traditus est diabolo, quando **143** audivit : *Terra es, et in terram ibis.* Tunc enim dictum est et diabolo : *Terram manducabis.* Unde et propheta ait : *Serpenti pulvis panis ejus.* Serpens enim diabolus est; pulvis, impii ; et ipsi sunt cibus diaboli.

8. Quia prava voluntate ad ima collabimur, recte ad bene agendum cum labore consurgimus : quod non ita esset, si delectatio flagitium primorum hominum non persuasisset quibus ad bene vivendum B tantum velle sufficeret, et sine difficultate statim actio obtemperaret.

9. Divisio et pugna, ut sit in hominis animo, pœna peccati est, ex primo homine in omnes ejus filios propagata, ut qui noluit cum Deo esse unitus, esset in semetipso divisus, et qui imperanti Domino noluit esse subjectus, fieret sibimetipsi rebellis atque contrarius. Unde nec sibi poterit subjugari, si prius Deo non fuerit subjugatus, sibique serviet nolens, qui Deo noluit volens.

10. Quam varie per diversa humanum defluxit genus, dum se ab una stabili semperque manente divinitatis soliditate subtraxit! Nam dum opus quodlibet appetit, quasi ibi jam requiem mentis infigit. Sed dum ei non sufficit, mutata intentione, ad alias atque alias actiones transit; dumque per diversa requiem solidam quærit, nec invenit, in labore miser et varietate vivit, et vacuus a requie manet. Quamvis eadem mutabilitas non sit homini concreata, sed pro merito primæ prævaricationis illi accesserit, jam tamen naturalis facta est, quia originaliter, a primo homine, sicut et mors, in omnes homines transit.

144 CAPUT XII.

De anima cæterisque sensibus.

1. Vita corporis anima, vita animæ Deus est. Et sicut corpus mortuum est sine anima, ita anima mortua est sine Deo.

2. Anima hominis non est homo, sed corpus, quod ex humo factum est, id tantum homo est. Inhabitando autem in corpore anima, ex ipso participio carnis hominis nomen accepit, sicut Apostolus interiorem hominem dicit animam, non carnem, conditam esse ad Dei imaginem. Male ergo a quibusdam creditur animam hominis esse corpoream, quæ propter id ad Dei imaginem facta est, ut si non incommutabilis ut Deus esset, tamen incorporea ut Deus existeret.

145 3. Sicut angeli, ita et animæ; habent enim initium, finem vero nullum. Nam quædam in rebus temporalia sunt, quædam perpetua, quædam vero sempiterna. Temporalia sunt quibus inest ortus et obitus; perpetua quibus ortus, non terminus; sempiterna, quibus nec ortus, nec terminus.

4. Animam non esse partem divinæ substantiæ, vel naturæ; nec esse eam priusquam corpori misceatur,

Ibid. Mendum erat in nota Editionis Grialii : *In* C *die, quæ creavit.* Arev.

5. Ex Paul., I Cor. xi : *Vir imago et gloria Dei est, mulier autem gloria viri.* Mulier dicitur gloria viri, sicut opificium ex viro. August., de Catechiz. rudibus, explicat quo pacto vir potissimum dicatur imago Dei per subjectionem, unde Actorum xvii : *Fecit ex uno omne genus hominum.* Loaisa.

7. *Terram manducabis.* Ita interpretatur Gregorius, in Enarratione in septem psalmos pœnitentiales, psalm. iv, exponens illud : *Et terræ ejus miserebitur : Per terram,* inquit, *accipimus peccatores; unde serpenti a Domino dictum est : Terram comedes omnibus diebus vitæ tuæ.* Idem, lib. ii Moral., cap. 30. Idem et Ambros., lib. de Pœnitentia, cap. 13, et August., lib. de Agone Christ., cap. 1. Loaisa.

Ibid. Propheta. Hieronymus interpretatur locum eodem modo. Loaisa.

10. *In labore miser*, etc. Aureus Isidori locus (ait Vezzosius) Magni Gregorii ingenium redolens. Arev. D

Cap. XII.—N. 1. *Vita corporis.* Ex August. de Spiritu et Anima. Loaisa.

Ibid. De hoc argumento Taio, cap. 21 lib. i. Arev.

2. *Anima... non est homo.* Isidorus vocis Etymologiam consideravit in hac sententia, ut homo dicatur ab humo quod est corpus, et non ab anima. Id explicat lib. Etymolog. xi, cap. 1 : *Homo proprie ab humo dicitur, abusive vero pronuntiatur ex utraque substantia totus homo, id est, ex societate animæ et corporis. Nam proprie homo ab humo.* Idem, lib. ii Differentiarum, cap. 1; divus Greg., lib. xii Moral., cap. 16 : *Eo enim,* inquit, *quod dicitur homo, terrenus exprimitur, et infirmus; homo enim ab humo appellatus est.* Cicero de Natura Deorum : *Deus hominem,* inquit, *humo excitatum, celsum et erectum constituit.* Verum Aug., lib. xix de Civitate Dei, cap. 5, diluit hanc quæstionem ex sententia Varronis, qui hominem dici putat proprie ex utraque substantia compositum, anima et corpore; et lib. de Moribus Eccles., cap. 4, difficile dixit esse hanc controversiam dijudicare; aut si ratione facile, oratione longum est. Idem Hieronymus ad Damasum, in explanatione Symboli, et Magister Sententiarum, in iii, dist. 2, errare eos affirmat qui dicunt hominem non a substantia, sed a proprietate dici. Verum noster Isidorus vocis etymon explicat, non hominis naturam. Et de homine exteriori disserit, de quo Paulus, II ad Cor.: *Licet is qui foris est noster homo corrumpitur, tamen is qui intus est renovatur de die in diem.* L.

Ibid. Male ergo. Id divus August., lib. de Hæres. cap. 86, attribuit Tertulliano. Et refellit lib. de Quantitate animæ. De Tertulliano autem Africæ provinciæ presbytero, qui primo illic illustris habitus est, postea vero in turpem hæresim Montani impostoris et aliorum prolapsus est, Hieronymus in epistola ad Magnum oratorem; Niceph., lib. iv, cap. 34; Vincentius Lirinensis; et Hilarius, in commentariis ad Matthæum. L.

Ibid. Ex humo factum. Observat Vezzosius quod etsi non impugnandum est, quod Isidorus cum sancto Gregorio docet, tamen constat hominem dici suppositum, sive personam ex duabus naturis, anima et corpore constantem. Etsi homo ab humo vocatus est, quod in Genesi dicitur *formatus de limo terræ*, certe quod idem homo dicitur factus ad imaginem et similitudinem Dei, non dicitur, eodem fatente Isidoro, quia de humo est, sed quia et anima constat, quæ de humo non est. Verum his pro Isidoro jam occurrerat Loaisa in sua nota, si recte perpendatur. Arev.

4. *Non esse partem.* August., de spiritu et anima. Et idem Isid., lib. ii Different., cap. 27, et Concil. Bracarens. 1, can. 5. Loaisa.

Ibid. Philosophorum, etc. Animam esse corporis

constat; sed tunc eam creari, quando et corpus creatur, cui admisceri videtur. Philosophorum sententiæ dicunt esse animam, priusquam nascatur in corpore. Quod verum esse nullis approbatur indiciis. Nam utrum antea fuissemus, nec ipsi novimus, nec quis hominum dicat habemus. Non est ergo quærendum quod quærendo magis est irridendum.

5. Gentiles et hæretici de anima disputare conantur, sed quomodo de illa aliquid recte sentire possunt, qui auctorem ad cujus imaginem facta est non noverunt? Et ideo multa errore digna dixerunt.

6. Mutabilis est anima, non localiter, sed temporaliter, suis affectionibus. Corpus autem, et loco, et tempore mutabile est, quia et tempore mutatur, et loco variatur. Quod est ad corpus mutatio locorum, hoc est ad animam mutabilitas cogitationum. B Quæ varietas malæ motionis tunc menti inhæsit, quando ab æternorum contemplatione primus homo recedens in illo stare noluit, a quo male recessit, et justa damnatione inconstans, per rerum raptus varietatem defluxit.

7. Multum ex sua natura splendorem possidet anima, sed fuscatur commistione carnis, qua retinetur inclusa. Ex ejus enim **146** parte vertitur ad peccandi infirmitatem, Salomone docente: *Corpus corruptibile aggravat animam, et deprimit terrena inhabitatio sensum multa cogitantem.*

CAPUT XIII.

De sensibus carnis.

1. Non virtute, non sensu corporis, sed ratione mentis excellimus animalibus cæteris.

C 2. Pro rebus corporeis utendis sufficit sensus carnis, non pro spiritualibus capiendis. Illecti autem homines usu corporearum rerum nihil putant aliter esse præterquam quod carnis sensu concipiunt. Sicut præcellunt sibi corporei sensus diversitate locorum, ita sibimet virtute sentiendi præcellunt; nam sicut præstantior est odoratus sapore, et positione

A loci, et sentiendi longinquitate, sic auris odoratu. Longius enim audimus quam odoramus; et sic oculi auribus: longius enim videmus quam audimus.

3. Animus autem et loco, et merito his universis sensibus superfertur. In arce enim capitis constitutus, quod illi corporaliter non attingunt, iste intellectualiter contuetur. Amplius excellit oculorum sensus cæteris sensibus, quandoquidem quæ ad alios pertinent sensus inde dicamus, veluti cum dicimus: *Vide quomodo sonat, vide quomodo sapit*, etc.

4. Quemadmodum oculus, ita et animus cætera videt, sese non intuetur. Aliarum enim rerum origines, species, et magnitudines perspicit; de se autem tanta veri ignorantia inficitur, ut in his omnibus nihil incertius contempletur.

5. Homo, qui miraris siderum altitudinem, et maris profunditatem, animi tui abyssum intra, et mirare, si potes. Multa cogitantes **147** sine sensu carnis, et sine imaginibus vivis, animo tantum cernentes intuemur, memoriaque mente sibi eas figente, tenemus. Multa quoque intelligimus sensu quæ lingua explere non possumus.

6. Innoxios esse infantes opere, non esse innoxios cogitatione, quia motum quem gerunt mente nondum possunt explere opere, ac per hoc in illis ætas est imbecillis, non animus. Ad nutum enim voluntatis nondum obtemperat illis fragilitas corporis; nec adeo opere nocere possunt, sicut cogitatione moventur.

7. Ex causa vocabulum sortita est cogitatio. Cogendo enim animum reminisci quod memoriæ commendatum est, dicitur cogitatio. Rerum omnium thesaurus memoria est. Ipsa est enim custos rebus inventis, ipsa cogitatis; de qua ad liquidum difficile est aliquem disputare, quia grandis ejus perplexitas est, et animus ipsa est.

8. Imago a sensibus corporis remota, suæ speciei similitudinem relinquit in memoria; beatitudinem autem non per imagines sicut cætera, sed sicut

formam probavit conc. Vienn., sub Clem. V, et conc. Lateran. sess. 8, sub Julio II et Leone X. August., lib. de eccles. Dog., cap. 13, et Greg., lib. VII epist. Regist., cap. 33, Secundino. Omnes fere hæreses de anima in hac sententia Isidorus complexus est, quas neoterici copiose refellunt. LOAISA.

6. *Mutabilis*. Gregor., lib. XXV Moral., cap. 3; et Aug., de veræ vitæ Cognitione, cap. 5. LOAISA.

7. Al., *quod corrumpitur*, pro *corruptibile*, et *habitatio*, pro *inhabitatio*. AREV.

CAP. XIII. — N. 1. Codex Lucensis, omisso titulo, sic caput continuat: *Per sensus carnis morbus irrepit mentis*, etc., ut cap. 28 lib. II. AREV.

2. Ex August., lib. Confess. X, cap. 35. LOAISA.

Ibid. *Sicut præcellunt*. De varia humanorum sensuum positione et præeminentia inter se Galenus, de Usu partium; Cicero in libris de Natura deorum; Basilius, et Ambr., in Hexaemero, et Gregor., lib. Moral. XI, cap. 3. LOAISA.

3. *Excellit*. Id Aristoteles probat lib. II de Anima, cap. ult. *Visus*, inquit, *maxime est sensus*. LOAISA.

Ibid. *Inde*, etc. Integra sententia est ex August., lib. Epistolarum, epist. 112. LOAISA.

5. August., Confess. X, cap. 8. LOAISA.

Ibid. *Memoriaque mente*, etc. Al., *memoriaque mentis ibi eas figente*. Egregie de his Augustinus loc. cit. Confess., cap. 8 et 9. AREV.

7. Cogitatio a *cogendo* dicta, ut August. docet lib. X Confess., cap. 11. Lactantius, lib. VI de vero Cultu: *Cogitatio nihil aliud est quam mentis agitatio*. διάνοια ab Aristotele vocatur, in brutis æstimativa, et inter sensus communes reponitur. LOAISA.

Ibid. *Rerum omnium*. De memoria acutissime scripsit August., lib. X Confes, cap. 8, a quo hæc omnia D fere deprompta sunt, ibidem, cap. 14, quod sit venter animi; et lib. IV de Trinitate, cap. 11, quod non solum sit præteritorum, sed etiam præsentium; idem Isidorus, lib. II Different., cap. 21. Aristoteles, quod sit præteritorum (lib de Memoria et reminiscentia) resumptio alicujus apprehensi sensu vel intellectu. L.

Ibid. *Et animus*. August. id probat lib. X Confess., cap. 14. LOAISA.

8. Aristoteles, lib. de Memoria et reminiscentia, cap. 1, imaginis naturam exprimens, sic inquit: *Ut enim animal pictum in tabula animal est, et imago, et cum unum idemque sit, utraque est; sed tamen ratio diversa exstitit considerarique potest ut animal est, et ut imago. Sic de phantasmate, quod in nobis est, censere oportet, et ipsum quidpiam in se et alterius simulacrum esse. Nam quatenus in se seorsumque spectatur, spectrum ac visum est; quatenus vero ad aliud refertur imago et monumentum*. Hæc de imaginis natura ex Aristotelis sententia maxime ad hujus loci intelligentiam conducunt, et ad quæstionem de imaginum

gaudium sine imagine reminiscimur. Dum oblivionem memoramus, non per seipsam adest. Quod si per seipsam adesset, utique non oblivisceremur.

148 9. Communem hominis animaliumque esse memoriam, nullum autem animalibus irrationabilibus intellectum inesse, nisi homini tantum prædito ratione. Cæteris enim in ipsa qualitate considerationis suæ sensus carnis, non intelligentia mentis est.

CAPUT XIV.

De Christo.

1. Filii Dei perfecta nativitas, nec cœpit esse, nec desiit, ne præterita sit, si desiit, et ne imperfecta sit, si adhuc fit; sed sicut æterna, sic et perfecta, quatenus in ea nativitate æternitas et perfectio habeatur.

2. Ex utero Virginis minor dicitur Patre Christus, videlicet juxta humanam assumptionem, non juxta divinitatem.

3. Christus et in forma servi servus, et in forma servi non servus. In forma quippe servi Domini servus; in forma servi omnium Dominus. Christus in forma servi, propter conceptionis excellentiam, Dominus est omnium, quia etsi suscepit carnem, non tamen ex carnis libidinosa contagione.

4. Mediator Dei et hominum homo Christus Jesus nequaquam alter in humanitate, alter in deitate est, sed in utraque natura 149 idem unus est. Nec purus homo conceptus est, nec purus homo editus est, nec postea meritum ut Deus esset, accepit; sed Deus Verbum, manente incommutabili essentia, quæ illi cum Patre, et Spiritu sancto, est coæterna, assumpsit carnem pro salute humana, in qua et impassibilis pati, immortalis mori, et æternus ante sæcula temporalis posset ostendi.

5. Mediator Dei et hominum homo Christus Jesus, quamvis aliud sit ex Patre, aliud ex Virgine; non tamen alius ex Patre, alius ex Virgine; sed ipse æternus ex Patre, ipse temporalis ex matre; ipse qui fecit, ipse qui factus est; ipse de Patre sine matre, ipse de matre sine Patre; ipse conditoris templum, ipse conditor templi; ipse auctor operis, ipse opus Auctoris; manens unus de utroque, et in utraque natura, nec naturarum copulatione confusus, nec naturarum distinctione geminatus.

6. Ideo Deus in homine venit, quia per seipsum ab hominibus cognosci non potuit. Sed unde nobis consuluit, inde despectionem tulit, quia infirmitatem quam pro nobis suscepit, homo superbus despexit. Ob hoc infirma et stulta mundi elegit, ut fortiora et sapientiora per quæ non cognoscebatur confunderet.

7. Sicut cibum fortem invalidus infans capere non potest, nisi a matre prius editus, in lactis succum vertatur, ut quod in cibo non potuit uti, sugendo potetur in lacte per carnem; ita et nos, dum essemus infirmi ad conspiciendam Verbi æternitatem, factum est ipsum Verbum caro, ut enutriti per carnem, fortioresque effecti, cibum solidum, id est, verbum Domini cum Patre sempiternum contemplando, ut angeli satiemur.

8. Prima Dei dona esse, quibus nos nobis reos esse ostendit. Qui dum jaceremus sub reatu culpæ, justos nos esse credebamus. Venit medicus, patefecit vulnus, composuit semetipsum, et de sua morte 150 nobis medicinam aptavit, ut non esset ostensor tantum vulneris, sed et sanator.

9. Primum ad Israel venit Christus, sicut et ait: *Non sum missus nisi ad oves quæ perierunt domus Israel.* Ad populum enim Israel prius venit, sed quod non essent credituri, propheta non tacuit dicens: *Primus ad Sion dicet: Adsum, et Jerusalem evangelistam dabo. Et vidi, et non erat, neque exstitit quisquam qui iniret consilium, et interrogatus responderet verbum.* Sed quia ad gentes transivit sequitur: *Ecce servus meus, suscipiam eum, electus meus, complacuit sibi in illo anima mea; dedi spiritum meum super eum, judicium gentibus proferet.*

adorationem enodandam adversus hæreses nostri temporis, et tandem divi Thomæ veram sententiam explicandam. Loaisa.

Ibid. Beatitudinem. In Editis est *similitudinem*, sed Gothicus *beatitudinem* habet, et alii mss. Cod.; quam lectionem posui, ductus auctoritate August., lib. Confess. x, cap. 21, unde locus iste desumptus est. Ibi enim probat quod meminimus eorum quorum nunquam speciem habuimus, ut beatitudinis et gaudii. Et infra, cap. 25, inquirens in quo memoriæ gradu reperiatur Deus, sic inquit: *Quia sicut non est imago corporalis, nec affectio viventis, qualis cum lætamur, contristamur, cupimus, metuimus, meminimus, obliviscimur.* Loaisa.

Ibid. Memoramus. Al., *rememoramus.* In nota erat *vi beatitudinis*, pro *ut b.* Arev.

9. *Communem.* Aristoteles id probat lib. de Memoria et reminisc.

Cap. XIV.—N. 1. Tota sententia est ex Greg., Moral. xxix, cap. 1. Verum de duplici Christi Nativitate, Lactant., lib. iv, de vera Sapientia eleganter disserit, cap. 8. Et Damasc., lib. iii de orthodox. Fide, cap. 7. L.

Ibid. Taio de his disserit, cap. 5 lib. i, atque ita fere inverso licet ordine eadem sententiarum argumenta, quæ in Isidoro exstant, persequitur. Arev.

3. *Et in forma*, etc. Al., *et in servi, hominum dominus. Christus in forma servi propter conceptionis excellentiam dominus est*, etc. Arev.

4. *Mediator.* Ex Greg., lib. Moral. xviii, cap. 27. Aug., lib. Medit., cap. 16. Loaisa.

Ibid. Sed in utraque natura. Hoc Christianorum dogma quibus verbis Damascenus loc. cit. a Loaisa explicuerit, omitti noluit Vezzosius. Ea autem sunt hujusmodi: *Quocirca etiam post humanitatem assumptam unum Dei filium ipsum confitemur, eumdemque filium hominis, unum Christum, unum Dominum, unum unigenitum filium, ac Dei Verbum, Jesum dominum nostrum.* Arev.

5. *Mediator.* Ex Greg., ubi supra. Loaisa.

Ibid. Nec naturarum. Al., *nec naturæ*; et similiter paulo post. Arev.

7. *Editum* in aliquibus Mss. Similitudo hæc desumpta est ex Paul., I Cor. iii, et Hebr. v, et I Pet. ii. Loaisa.

Ibid. Post hanc sententiam Cod. Luc. addit: *satiemur. Contra superbiam diaboli succurrit humilitas Christi. Sed qui imitati sunt diabolum, contempserunt humilem Deum. Deus vero humilia elegit, et abjecta per quæ confunderet fortia, ut quia superbi non convertebantur per humilitatem Dei, virtus miraculorum cresceret, quam superbi videntes obstupuerunt, et confusi conversi sunt. Prima Dei dona esse*, etc. Arev.

10. Quamvis ordinem nostræ liberationis nescierit diabolus, scivit tamen quod pro salutatione hominum Christus advenit, sed quod sua idem nos morte redimeret ignoravit; unde et eum occidit. Nam si ille Christum per mortem redimere humanum genus scisset, non eum utique peremisset.

11. Quod noverit diabolus pro salute humani generis Christum venisse, Evangelii testimonio docetur; quem ut vidit, cognoscendo pertimuit, dicens: « Quid nobis et tibi, Fili Dei? Venisti ante tempus perdere nos. »

12. Christus, sicut peccatum, quod pœna dignum est, non admisit; ita pœnam peccati nostri suscepit, ut per indebitam pœnam suam debitam aboleret culpam nostram, ut per hoc amitteret diabolus quos reos tenebat, dum unum interfecit, qui nihil peccati admiserat. Ideoque quos quasi juste tenuit amisit, quia injuste Redemptorem nostrum occidit.

13. Illusus est diabolus morte Domini, quasi avis. Nam ostensa Christus suæ carnis mortalitate, quam interimendam ille appetebat, abscondit divinitatem, ut laqueum quo eum, velut avem improvidam, prudenti irretiret decipula. Nam si innox Christus non occideretur, homo diabolo addictus per prævaricationem non absolveretur.

151 14. Diabolus dum in Christo carnem humanitatis impetit, quæ patebat, quasi homo divinitate ejus captus est, quæ latebat. Est enim in Christo hamus divinitas, esca autem caro, linea genealogia, quæ ex Evangelio recitatur. Tenens vero hanc lineam Deus Pater est, de quo Apostolus: *Caput Christi Deus.* Et Lucas lineam generationis Christi ab imis ad summa contexens inchoat a Joseph, et consummat in Deum, dicens: *Qui fuit Heli;* et perficiens lineam generis, ait: *Qui fuit Dei.*

15. Idcirco Dominus in inferno descendit, ut his qui ab eo non pœnaliter detinebantur viam aperiret revertendi ad cœlos, secundum testimonium Isaiæ dicentis: *Posuisti profundum maris viam, ut transirent liberati.* Viam quippe Christus in profundum maris posuit, quando, in infernum descendens, sanctis iter ad cœlos revertendi monstravit.

16. Sancti ex tempore resurrectionis Christi, statim ut de corpore exeunt, mox ad cœlestem habitationem ascendunt, quod antiquis Patribus non dabatur. Nam ante adventum Salvatoris, quanquam sine pœna supplicii, tamen non in cœlo, sed in inferno sanctorum animæ tenebantur, pro quibus absolvendis Dominus in infernum descendit.

17. Christus in cœlum ascendens discessit quidem carne, **152** sed præsens est majestate, secundum illud quod ait: *Ecce ego vobiscum sum usque ad consummationem sæculi.*

18. Sedet Christus ad dexteram Patris, non ut dexteram corpoream habeat Pater; sed dextera Patris beatitudo est, sicut sinistra miseria.

CAPUT XV.
De sancto Spiritu.

1. Spiritus sanctus creator est, sicut Pater et Verbum, testante propheta: *Spiritus Domini fecit me, et spiraculum omnipotentis vivificavit me.*

2. Spiritus sanctus Patris et Filii est; et inde unum sunt Pater et Filius, quia nihil habet Pater quod non habet Filius. Non enim res una et duorum consubstantialis poterit simul ab eis procedere et simul inesse, nisi unum fuerit, a quibus procedit.

10. Ex Greg., lib. Moral. XXXIII, cap. 7 et 9. LOAISA.

12. Greg., lib. III Moral., cap. 11. LOAISA.

13. *Innox.* Eodem modo inf., cap. 27: *Consumitur a Deo innox,* etc.; et paulo post: *Consumitur innox, et impius.* Et Etymolog. lib. X: *Innox, quod non noceat.* Et Gloss., *Innox,* ἀβλαβής. LOAISA.

Ibid. Innox. Nonnulli styli Isidoriani ignari substituerunt *innoxius*, quod alibi quoque factum. AREV.

14. Ex Greg., lib. XXXIII Moral., cap. 7. LOAISA.

Ibid. Quasi hamo. Ita in mss. omnibus. Quam lectionem amplector testimonio Gregor. ductus, lib. XXXIII Moral., c. 10: *Quasi hamus quippe fauces glutientis tenuit; dum in illo et esca carnis patuit, quam devorator appeteret, et divinitas passionis tempore latuit, quæ noceret.* LOAISA.

Ibid. Est enim in Christo. Ex eodem Greg., lib. XXXIII Moral., cap. 12, ubi exponit illud Job: *An extrahere poteris Leviathan hamo?* Quod etiam Ezechiel, cap. 32, futurum prædixerat: *Extraham te in hamo meo, et extendam te super terram.* Et Habac. I: *Totum in hamo sublevavit; traxit illum in sagena sua.* LOAISA.

15. Refutat hæresim eorum qui dicebant Dominum in infernum descendisse, et omnes ibi eum confitentes extraxisse et salvasse. Quam Greg. improbat lib. VI Epistolarum, epist. 179. LOAISA.

Ibid. Non pœnaliter. Clarius num. seqq. explicat Isidorus quosnam Christus liberavit, cum ad inferos descendit. AREV.

16. Totus sententiæ sensus et ordo est apud Greg., lib. IV Moral., cap. 32. LOAISA.

Ibid. De duplici inferno ita Greg., lib. Moral. XII, cap. 7: *Nec tamen ita justorum animas ad infernum dicimus descendisse ut in locis pœnalibus teneantur. Sed esse superiora inferni loca, esse alia inferiora credenda sunt, ut et in superioribus justi requiescerent, et in inferioribus injusti cruciarentur.* Unde et Psalmista, psalm. LXXXV, propter prævenientem se Dei gratiam dicit: *Eruisti animam meam ex inferno inferiori.* L.

17. *Ad consummationem sæculi.* Bignæus alia addit, parenthesi inclusa, quæ notat deesse in vulgata Editione, haberi tamen in antigraphis Mss. Ea ita se habent: *Ubi forsitan percunctatur quispiam quid sit quod legitur: Nemo ascendit in cœlum, nisi qui descendit de cœlo, Filius hominis, qui est in cœlo? Quomodo promittitur hominibus cœlorum ascensio, et magis, dum ipse dicat: Pater, volo ut ubi sum ego, et ipsi sint mecum, si tamen ipse solus ascendit in cœlum? Sed si membra conjunxeris capiti, unus in se et in nobis Christus. Recte ergo et ipse ascendit solus, quia et nos in ipso ascensuri sumus.* Exstant certe hæc verba in Codice vetusto Florentino sancti Marci, qui sæculo XI antiquior est. AREV.

18. Greg., lib. II Moral., cap. 21: *Dextera Dei angelorum pars electa, sinistra autem Dei pars angelorum reproba designatur.* Idem Isidorus, lib. Officiorum II. LOAISA.

Ibid. De dextra Patris in divinis agit etiam Fulgentius apud Vezzosium, qui quædam in hanc rem annotavit pag. 265 tom. IV Institut. theologic., ex sancto Augustino, cap. 7 de fide et symbolo. AREV.

CAP. XV. — N. 1. Ex August., in Epist. ad Donatum 106. LOAISA.

Ibid. Taio sententias de Spiritu sancto collegit lib. I, cap. 6. Theodulfus, qui in opere de Spiritu sancto sæpe Isidori auctoritatem allegat, hunc etiam locum profert, et pro *spiraculum* legit *inspiraculum*. AREV.

Spiritum sanctum pignus accepit Ecclesia, ut per eum in uno corpore unum fierent credentes, per quem Pater et Filius unum essentialiter sunt, ipso Salvatore ad Patrem dicente : *Ut sint unum, sicut et nos unum sumus.*

3. Christus non tantum a Patre sed etiam a Spiritu sancto **153** se missum testatur, dicente propheta : *Accedite ad me, et audite hoc : Non a principio in abscondito locutus sum : ex tempore, antequam fieret, ibi eram ; et nunc Dominus misit me, et spiritus ejus.*

4. Spiritus sanctus, pro eo quod consolator sit, Paracletus nuncupatur. Nam latine *paraclesis* consolatio dicitur. Et re vera, dum dona sacramentorum distribuit, consolationem animæ præbet. Credo equidem quod magnam lætitiam sentit, qui aliquid, revelante spiritu Dei, dicit.

5. Donum sancti Spiritus in membris Ecclesiæ singillatim dividitur, et in singulis singula dona tribuuntur. Christus autem omnem plenitudinem gratiarum habuit, de quo ita legitur : *Plenus gratia et veritate.* In Christo ergo omnis plenitudo gratiarum est. Nam singulis electis singula dona tribuuntur.

6. In Spiritu sancto omnis gratia donorum consistit. Ipse enim, prout vult, gratiam donorum largitur, aliis dans sermonem sapientiæ, aliis scientiæ, aliis fidem, atque ita unicuique virtute Spiritus sancti divisio gratiarum tribuitur, et in omnibus idem unus A habetur. Ipse enim etiam ineffabilia docet, quæ proferre humanus sermo non potest.

7. Ante adventum Domini tantum prophetæ, et pauci ex omni populo justi, donum sancti Spiritus merebantur ; post adventum autem Domini Spiritus sanctus cunctis est credentibus distributus, juxta quod per prophetam Dominus loquitur, dicens : **154** *Et erit in novissimis diebus, effundam de spiritu meo super omnem carnem, et prophetabunt filii vestri et filiæ vestræ.* Cunctis enim nunc gentibus gratia sancti Spiritus tradita est, neque in paucis, ut in populo Israel, sed in omni credentium multitudine Spiritus sancti gratia manet.

8. Aliquando non dignis et reprobis dona Spiritus sancti conferuntur, sicut Sauli data est prophetia, B et Balaam. Unde et multi in fine dicturi sunt : *Domine, virtutes in tuo nomine fecimus ;* quibus dicturus est Dominus : *Nescio vos unde sitis.*

9. Christi adventum non tantum plebis Judeæ sancti prophetantes exspectaverunt, sed fuisse etiam in nationibus plerosque sanctos viros prophetiæ donum habentes, quibus per Spiritum sanctum Christus revelabatur, et a quibus ejus exspectabatur adventus, sicut Job, sicut Balaam, qui Christi utique prædicaverunt adventum.

155 10. Conversio gentium veteri populo latebat, sed tamen in consilio Dei erat ut fieret ; et tunc a sanctis prophetis occulte per Spiritum sanctum

3. Locus est apud Isaiam XLVIII. Hieronym. in eodem loco : *Brevi versiculo*, inquit, *Trinitatis nobis ostendit mysterium*. LOAISA.

4. Idem Cyprianus, in libello de Spiritu sancto : *Adesto*, inquit, *Sancte Spiritus, et paraclesim tuam exspectantibus illabere cælitus*. Idem Isidor., Etym. lib. VII, cap. 3. LOAISA.

Ibid. Gothus unus habet : *Revelante Spiritu sancto*. Alii Cod. consentiunt cum Edito. LOAISA.

5. Ex August., super Joan. tract., et Greg. lib. XXIV, Moral., cap. 10. LOAISA.

Ibid. Joann. I. cap. *Plenus gratia et veritate*. Vulgata Editio, *plenum gratiæ et veritatis*. Sunt qui legant πλήρης, id est, *plenæ* (scilicet) *gratiæ et veritatis*. L.

6. Paul., I Cor. XII, ad Galat. LOAISA.

7. Ex Tertull. deductum puto, lib. de Trinitate. *Sic*, inquit, *unus ergo et idem Spiritus, qui in prophetis et in apostolis, nisi quoniam ibi ad momentum, hic semper. Cæterum ibi, non ut semper illis inesset : hic, ut in illis semper maneret ; et ibi mediocriter distributus, hic totus effusus*, et affert Joelis prophetæ testimonium ut Isid. LOAISA.

Ibid. Joel. II ; et habetur Actorum II, ubi dicitur a Petro : *Et erit in novissimis diebus. Effundam*, etc. Apud Joelem est : *Et erit, post hæc effundam*. Hieronymus. in Comment. in Joel, adducens locum Actorum II, legit : *Et erit post hæc*, καὶ ἔσται μετὰ ταῦτα, sicut est apud Joelem. Isaias clarius eamdem sententiam expressit, cap. XLIV : *Effundam aquas super sitientem, et flumina super aridam ; effundam spiritum meum super semen tuum, et benedictionem meam super stirpem tuam, et germinabunt inter herbas quasi salices, juxta præterfluentes aquas*. Hæc Isaias. Quod vero dicitur apud Joelem *antequam veniat dies Domini magnus et horribilis* dicitur Act. II : *Antequam veniat dies Domini magnus, et manifestus*. Sic Græca complutensis Editio Bibliorum, τὴν μεγάλην καὶ ἐπιφανῆ, vertit *magnus et illustris*. Theophilacti interpres in Act. apostolorum : *Antequam veniat dies Do-* C *mini ille magnus et illustris*. In Hebraica veritate, dicitur *horribilis*. In versione LXX, *illustris*. Hieronym. diem hunc, aut resurrectionem putat esse, aut certe multa post tempora diem judicii, qui vere magnus et horribilis erit. LOAISA.

8. Sic est apud Tertull. lib. de Anima : *Denique, Saulem*, inquit, *tam Dei spiritus postea vertit in alium virum, id est, in prophetem, cum dictum est : Quid hoc filio Cis : An Saul et in Prophetis? Quem et malus spiritus postea vertit in alium virum ;* scilicet, id constat, I, Reg. X. Causæ damnationis Saul sunt apud Gregorium, lib. Moral. XXXIV, cap. 15. Nempe, quia fastu suspectæ potestatis intumuit, ut constat ex divina increpatione. Reg. I, XV. Nec vere a Judæis excusatur vocabuli ambiguitate, ut in Bibliotheca Sixtus Senens. adnotavit, lib. III, et alii super lib. I Regum. August. lib. XVII Civitatis Dei elegantissime interpretatur disruptionem regni Israelis in persona Saulis. L.

Ibid. *Et Balaam*. Tertull., lib. IV adversus Marcionem, et Gregor., lib. I super Ezech., homil. 10 ; Origenes, homil. 13 in Numeros, affirmat libros Divinationum suarum reliquisse. Ejus doctrinam recenset Apocalyps., cap. X. LOAISA.

Ibid. *Dicturi sunt Domino habent*. Cod. mss. Locus est Matth. VII : *In nomine tuo virtutes multas fecimus*. Illud quod sequitur : *Nescio vos unde estis*, est apud Luc XIII : *Quoque sitis*. Habent cod. mss. sicut ipse Lucas. LOAISA.

Ibid. In nota Loaisæ forte legendum *tunc Dei spiritus*, rejecto uno *inquit*. AREV.

9. *Sicut Job*. Quod probat Gregor., lib. XIV Moral., cap. 29, ex illis verbis : *Scio enim quod Redemptor meus vivit*. LOAISA.

Ibid. *Sicut Balaam*. Numerorum XXIV : *Orietur stella ex Jacob, et consurget virga de Israel*. Quem locum ita exponit Cyprianus in lib. adversus Judæos et in libello de Stella et Magis, in principio. LOAISA

10. Ut habet Paulus ad Ephes. III. *Quod aliis gen-*

prædicabatur adventus Christi, sicut dicit propheta : *Cum appropinquaverint anni, cognosceris; dum advenerit tempus, ostenderis.* Nunc vero revelatum patet, quod tunc carnalibus latebat, spiritualibus vero notum erat, nondum tamen manifeste dicebatur, eo quod tempus ostensionis non esset.

CAPUT XVI.

De Ecclesia et hæresibus.

1. Gemina est Ecclesiæ pulchritudo : una quam hic bene vivendo consequitur; altera, per quam illic ex retributione glorificabitur.

2. Ecclesiæ propter Christum geminæ tribulationes existunt, id est, sive quas a paganis pertulit in martyribus, sive quas ab hæreticis perfert in diversis concertationibus. Utrasque autem per gratiam Dei exsuperat, partim ferendo, partim resistendo.

3. Sancta Ecclesia catholica, sicut male viventes in se patienter tolerat, ita male credentes a se repellit.

4. Sancta Ecclesia contra gentilium atque hæreticorum pervicaciam summopere sapientiam et patientiam opponere studet; sed exercetur ejus sapientia, cum tentatur verbis; exercetur patientia, **156** cum tentatur gladiis. Nunc enim persecutionibus appetitur, nunc falsis assertionibus lacessitur.

5. Causa pravitatis hæreticæ doctrinis est propagata Ecclesia; nam antea simplici tantum fide vigebat. Hæreticorum igitur occasione propagati sunt doctores in fide, et per acumina hæresum Ecclesiæ magistri creverunt. Nam tunc clarius manifestatur veritatis assertio, quando patuerit quælibet dissensio.

6. Sancta Ecclesia ideo dicitur catholica, pro eo quod universaliter per omnem sit mundum diffusa. Nam hæreticorum Ecclesiæ in partibus mundi coarctantur, hæc vero in toto orbe diffusa expanditur, Paulo attestante apostolo : *Gratias* (inquit) *ago Deo meo, pro omnibus vobis, quia fides vestra annuntiatur in universo mundo.* Hæreses autem in aliquo angulo mundi, aut in una gente **157** inveniuntur versari. Ecclesia vero catholica, sicut per totum mundum extenditur, ita et omnium gentium societate construitur.

7. Qui sunt hæretici, nisi qui, relicta Dei Ecclesia, privatas elegerunt societates? De quibus Dominus dicit : *Duo mala fecit populus meus, me dere-*

---

tibus, inquit, *non est agnitum filiis hominum, sicut nunc revelatum est, gentes esse cohæredes, et concorporales, et comparticipes promissionis ejus in Christo Jesu per Evangelium.* Et Act. x, dicitur in conversione Cornelii centurionis cohortis Italicæ, quod *stupuerunt ex circumcisione fideles, qui venerant cum Petro, quia et in nationes gratia Spiritus sancti effusa est.* Et cap. 11, dictum est Petro : *Quare introisti ad viros præputium habentes? Et, audito Petro, tacuerunt omnes, et glorificabant Deum dicentes : Ergo et gentibus pœnitentiam dedit Deus ad vitam.* Greg., lib. x. Moral., cap. 38, probat quod vocatio gentium ab antiquo in Dei consilio abscondita sit. De gentium vocatione vide Isidori elegantem libellum. LOAISA.

Ibid. Verba Habacuc longe diverso modo referuntur in Vulgata. Confer cap. 17 libri I contra Judæos. AREV.

CAP. XVI. — N. 1. Ex divo Greg. Moral. lib. IX, cap. 9. LOAISA.

2. Gregor., ibid. LOAISA.

3. Error est, quoslibet peccatores extra Ecclesiam esse. Vide Turrecrematam, de Ecclesia; Melchiorem Canum, Bellarminum, etc. AREV.

4. Apud Greg., lib. XVIII Moral., cap. 3 et 19, c. 8. L.

Ibid. Nunc enim. Hæc in nullo ms. exstant. Verum retinenda puto, eo quod sunt in antiquo edito, et apud Gregorium, qui lib. XVIII Moral., cap. 1: *Sancta*, inquit, *Ecclesia summopere habere sapientiam et patientiam studet; sed exercetur ejus sapientia, cum tentatur gladiis. Nunc vero de ea persecutione loquitur in qua non gladiis, sed falsis assertionibus lacessitur.* Hactenus Gregorius. LOAISA.

5. Idem Gregorius, lib. VII Epistolarum, epistola ad Anastasium, indict. 1. Leander Hispalensis episcopus sanctissimus, Isidori frater, in homilia habita in tertio concilio Toletano in conversione gentis Gothorum, quam apud me habeo nondum typis excusam, elegantissime propagationem Ecclesiæ depinxit, dum ab hæreticis infestatur. LOAISA.

Ibid. Clarius. Augustinus, tract. in cons. Matth. et Lucæ : *Utiles sunt*, inquit, *hæretici ad inveniendam veritatem, dum calumniantur ad seducendum in errorem; negligentius enim veritas quæreretur, si mendaces adversarios non haberet.* LOAISA.

Ibid. Homilia sancti Leandri quam merito Loaisa laudat, ab ipso in Conciliis Hispaniæ edita fuit, recusa postmodum in plerisque aliis collectionibus conciliorum. AREV.

6. Quid vox *catholica* significet, docuit Pacianus in epist. 1 ad Sempronianum, et Vincentius Lirinensis Gallus in illo libello aureo adversus hæreses. Clemens Alexandrinus, libro Strom. VII, unam esse catholicam Ecclesiam; hæreticorum vero Ecclesiam, seu potius conciliabula, non esse unam, neque catholicam. Nam hæreses hanc unitatem in multitudinem scindunt. Unde aliæ appellantur ex nomine, ut ex Valentino, Marcione et Basilide; aliæ ex loco, ut Peratici; aliæ autem ex gente, ut Phrygum hæresis; aliæ autem ex operatione, ut Encratitarum; aliæ autem ex propriis dogmatibus, ut Docitarum et Hæmatitarum, etc. In quo loco ad vivum aspicere licet nostri temporis hæresum nomina varia, et ancipites repugnantesque sectas, in quas insanum vulgus et indoctum scinditur. LOAISA.

Ibid. Ad Rom. I : *Gratias ago Deo meo per Jesum Christum pro omnibus vobis, quia fides vestra annuntiatur in universo mundo.* Cyprianus vocat Ecclesiam Romanam fortem in fide, eo quod in cathedra Petri sit fundata, et in ejus unitate, lib. de Unitate Ecclesiæ. Notas vero Ecclesiæ catholicæ Augustinus esse in Romana Ecclesia docuit libro contra Epistolam Manichæi, cap. 4. *Multa sunt*, inquit, *quæ me in Ecclesiæ gremio justissime tenent. Tenet me consensio populorum atque gentium; tenet auctoritas miraculis inchoata, spe nutrita, charitate aucta, vetustate firmata; tenet me ab ipsa sede Petri apostoli, cui pascendas oves suas post resurrectionem suam Dominus commendavit, usque ad præsentem episcopatum successio sacerdotum; tenet postremo ipsum catholicæ nomen, quod non sine causa inter tam multas hæreses sola obtinuit.* Hæc Augustinus. LOAISA.

7. Hæresis ab *electione* dicitur, teste Hieronymo, in epistolam ad Galat. V. Et Clemens Alexandrinus, lib. Strom. VII : *Hæresis*, inquit, *electio est.* Et Tertullianus, lib. de Præscript. adversus hæreticos. Elegans descriptio hæreticorum est apud Cyprianum, lib. de Unitate Ecclesiæ. Et inter alia : *Hi sunt*, inquit, *qui se ultro apud temerarios convenas sine divina dispositione præficiunt, qui se præpositos sine ulla ordinationis lege constituunt, qui, nemine episcopatum dante, episcopi sibi nomen assumunt.* Et infra : *Hos eosdem denuo Dominus designat et denotat, dicens : Me dere-*

liquerunt fontem aquæ vivæ, et foderunt sibi cisternas dissipatas, quæ continere non valent aquas.

8. Causa hæresis ob quam rem fit? Ad exercitationem fidei. Via vero per quam fit obscuritas est divinarum Scripturarum, in qua caligantes hæretici aliud quam se res habeat intelligunt; nec esse possunt, quia id ipsum quod existunt hæreses, jam non sunt. **158** Male enim sentiendo scientiam non acquirunt, ad nihilum enim tendunt.

9. Hæretici ingenti studio mendacia sua discunt, et labore vehementi, ne ad unitatem Ecclesiæ veniant, decertant; de quibus per prophetam congrue dicitur: *Docuerunt linguam suam loqui mendacium, et ut inique agerent, laboraverunt.*

10. Dum vicissim hæretici mutuo se lacerant, quando alterutrum sese in proprias sectas inducunt, sic tamen invicem sese collidunt, ut contra Ecclesiam pari erroris spiritu decertent. Et qui invicem divisi sunt, in adversitate Ecclesiæ simul existunt uni; eisque qui pro eo quod tantum valeant hæreses videntur habere veritatem, hoc respondendum est: Non ideo saluti præponendi sunt morbi, quia plerumque ita generaliter mundum occupant, ut parum saluti loci relinquant.

11. Non posse hæreticos habere veniam, nisi per Ecclesiam catholicam (constat), sicut et amici Job non per se placare sibi Deum potuerunt, nisi pro eis Job sacrificium obtulisset.

12. Opera bona, quæ hæretici faciunt, et justitia eorum, nihil eis prodest, testante Domino per Isaiam: *Quia mei oblitus es, ecce ego annuntiabo justitiam tuam, et opera tua non proderunt tibi.*

13. Hæretici, quamvis legem et prophetas adimpleant, ex eo tamen quod catholici non sunt, non est Deus in eorum conventibus; ipso Domino testante: *Si steterit Moyses et Samuel coram me, non est anima mea ad populum istum. Ejice eos a facie mea, et egrediantur.* Per Moysem quippe et Samuelem legem accipe, et prophetas, quos quamvis hæretici opere implere contendunt, propter erroris tamen impietatem a vultu Dei projiciuntur, et a justorum cœtibus separantur.

14. Paganus et hæreticus: ille qui nunquam fuit cum Dei populo; **159** iste, quia recessit a Dei populo; uterque recedentes a Christo, ad diaboli pertinent corpus.

15. Qui ab idololatria ad Judaismum vel hæresim transeunt, juxta prophetam, de malo ad malum egressi sunt, et Dominum non cognoverunt, quia de infidelitatis errore in errorem alium transierunt.

16. Cujus doctrinam quisque sequitur, hujus et filius nuncupatur, sicut et per prophetam Amorrhæum patrem, et Gethæam matrem esse Israel Dominus dicit, non utique nascendo, sed imitando. Sic et in meliorem partem Filii Dei nuncupantur, qui præcepta Dei custodiunt. Unde et nos, non natura, sed adoptione clamamus Deo dicentes: *Pater noster, qui es in cœlis.*

17. Non solum nativitate, sed etiam imitatione filios posse alicujus vocari. Nam Judæi, secundum carnem, filii Abrahæ; secundum conversationem, filii diaboli nuncupantur; ac per hoc illi sunt semen Abrahæ, qui ejus imitantur fidem, non qui ex ejus generati sunt carne.

18. De erroris auctore trahitur a quibusdam et nomen, et culpa, ut ipsius vocabulo censeatur cujus et errorem insequitur, sicut Ecclesiæ Pergami in Apocalypsi dicitur: *Habes tenentes doctrinam Balaam, et Jezabel;* doctrinam igitur Balaam dicitur habere Thyatiris, propter imitationem, non propter præsentiam corporalem.

liquerunt fontem aquæ vivæ, et effoderunt sibi lacus detritos, qui non possunt aquam portare. Augustinus, lib. de Utilitate credendi, ad Honorium, cap. 1: *Hæreticus est, qui alicujus temporalis commodi, et maxime vanæ gloriæ, principatusque gratia, falsas ac novas opiniones, vel gignit, vel sequitur.* Vivam hujus rei his calamitosis temporibus habemus imaginem. Loaisa.

8. Sic Paulus, I Cor. XI: *Oportet hæreses esse, ut et qui probati sunt manifesti fiant in vobis.* Tertullianus, lib. Adversus hæreses, in principio: *Hæreses,* inquit, *ad languorem et interitum fidei productas.* Loaisa.

Ibid. A veritatis obscuritate ortas esse hæreses docet elegantissime Clemens Alexandrinus, lib. Strom. VII, et Tertull., lib. Præscript. adversus hæreticos. Augustinus originem et progressum hæreseon varie tradit; nam lib. de Genesi contra Manichæos, hæreses ortas dicit a superbia: *Mater,* inquit, *omnium hæreticorum est superbia;* lib. LXXXIII Quæst., quod manant a falsa scripturæ intelligentia. *Non posset,* inquit, *error oboriri palliatus nomine Christiano, nisi de Scripturis non intellectis.* Vide Hieronymum, ad Galat. V, et habetur q. 3, c. *Hæresis.* Hæreticum appellat eum qui aliter Scripturam intelligit quam sensus spiritus efflagitat; et Hilarius: *De intelligentia,* inquit, *hæresis, non de scriptura est; sensus, et non sermo, facit crimen.* Tertull., de Præscript. adversus hæreticos a philosophia esse natas hæreses tradit: *Ipsæ denique hæreses,* inquit, *a philosophia subornantur.* Loaisa.

Ibid. Nec esse possunt, etc. Obscura hæc sunt, et fortasse aliqua verba desiderantur. Arev.

10. Innocentius III eleganter hoc idem dixit, facies quidem diversas habere, sed caudas ad invicem colligatas, quia de unitate convenirent in id ipsum. Habetur de Hæres. lib. V, c. *Excommunicavimus.* L.

Ibid. Existunt uni. Al., *existunt uniti,* quod clarius videtur. Arev.

12. In Excusis legebatur per *Jeremiam,* verum emendavi *Isaiam,* consentientibus omnibus Mss. et veritate. Locus est Isaiæ cap. LVII. Ex divo Greg., lib. XXXV Moral., cap. 7. Loaisa.

Ibid. Similis confusio nominum, ut unus propheta pro alio ponatur, non semel notatur in libris contra Judæos, quod ex Marianæ annotationibus facile est colligere. Arev.

15. Cyprian., de Unitate Eccles., Aug., lib. XVIII de Civitate Dei, cap. 5. Loaisa.

16. Justorum variæ sunt in divinis litteris appellationes. Vocantur Filii Dei, ut Joan., VIII, illos dixit deos, ad quos sermo Dei factus est. Joann. I: *Dedit eis potestatem filios Dei fieri.* Rom. V: *In spem gloriæ filiorum Dei;* et VIII: *Quicunque enim spiritu Dei aguntur, hi sunt Filii Dei.* Et Genes. VI vocantur Filii Dei qui in fide unius Dei Altissimi et ejus cultu, virtute, pietate, et observantia mortalibus reliquis ventri deditis, qui vitam ducunt impiam, et exlegem, et idololatris longe ex-

160 CAPUT XVII.

De gentibus.

1. Philosophi gentium non, sicut oportet, Deum quærentes, in angelos inciderunt prævaricatores; factusque est illis mediator diabolus ad mortem, sicut nobis Christus ad vitam.

2. Multum mundi philosophi prædicantur in dimensione temporum, cursuque siderum, ac discussione elementorum; et tamen hoc non nisi a Deo habuerunt. Volando enim superbe, ut aves, aerem; et demergentes se in profundum, ut pisces, mare; et ut pecora gradientes, terram descripserunt, verumtamen tota mente Auctorem eorum intelligere noluerunt.

3. Quare non possunt animalia bruta interrogare? Quia nesciunt ratiocinari. Ideo non dissimiles gentiles homines animalibus exstiterunt; qui talia non considerantes, et ipsa amplius diligentes usque ad eorum cultum evanuerunt.

4. Via Christus est; si quis in ea non graditur, non est quomodo veniat ad Deum. Philosophi autem mundi utique Deum cognoverunt, sed quia displicuit illis humilitas Christi, in invio transierunt, et non in via. Ideoque evanescentes, gloriam Dei in mendacium mutaverunt, et rectitudinem viæ relinquentes, in anfractus inciderunt errorum.

5. Primum unicuique est scire quid appetat; secundum vero est ut id quod appetit apprehendat. Imperfecta quippe sapientia est, quo tendas scire, et nescire iter per quod expediat ire. Quid enim prodest si quis famis tempore ubertatis regionem videat, et viam per quam ad illam pergat ignorat? Ecce patriam quisque quærit, sed qui viam perdidit errando

A graditur, non proficiendo; quantoque plus ambulat, tanto magis ab eo quod quærit elongatur.

6. Qui viam regiam, hoc est, Christum, deserit, etsi videat veritatem, a longe videt, quia nisi per viam non est quomodo ad eam **161** appropinquet. Quod si gradiens per desertum leonem incurrerit, semetipsum redarguat, dum in diaboli faucibus hæserit.

CAPUT XVIII.

De lege.

1. Via, per quam itur ad Christum lex est, per quam vadunt ad Deum hi qui ut est intelligunt eam.

2. Sanctarum Scripturarum altitudo quasi montes pascuæ sunt (*Psal.* VI), ad quos dum quisque justorum conscendit, pascuæ indeficientis refectionem
B invenisse se congaudet.

3. In scripturis sanctis, quasi in montibus excelsis, et viri perfecti habent sublimia intelligentiæ, quibus gressus contemplationis quasi cervi erigant, et simplices quasi parva animalia inveniunt modicos intellectus, ad quos humiles ipsi refugiant.

4. Scriptura sacra infirmis et sensu parvulis, secundum historiam humilis videtur in verbis, cum excellentioribus autem viris altius incedit, dum eis sua mysteria pandit, ac per hoc utrisque, manet communis, et parvulis, et perfectis.

5. Scriptura sacra pro uniuscujusque lectoris intelligentia variatur, **162** sicut manna, quod populo veteri pro singulorum delectatione varium dabat saporem. Juxta sensuum capacitatem singulis sermo dominicus congruit. Et dum sit pro uniuscujusque
C intellectu diversus, in se tamen permanet unus.

6. Ideo in libris sanctis quædam obscura, quædam aperta reperiuntur, ut intellectus lectoris et stu-

cellunt; unde et per excellentiam sunt appellati Filii Dei. Vocatur enim Christus D. N. Filius Dei Altissimi, per naturam; justi autem per gratiam adoptionis. Aliis etiam nominibus justi appellantur, ut filii resurrectionis, Lucæ XX; et filii regni, Marc. XIII; filii nuptiarum, Marc. II; filii sponsi, Luc. V; filii pacis, Luc. X; filii lucis, Luc. XVI, et Joann. XX. Justinus martyr, Josephus Hebræus, Tertullianus, et Lactantius Firmianus angelos, Genes. VI, filios Dei appellatos existimant. Quam sententiam gravissime refellit Theodoretus, Quæst. in Genes., quæst. 47, et sic interpretatur illud de Enos, Genes. IV: *Iste cœpit invocare nomen Domini*, ex versione Aquilæ: *Tunc exorsus est appellatione in nomine Domini*, quæ verba significare videntur quod hic sua pietate primus divinum nomen adeptus est, ut a consanguineis deus appellaretur, a quo deinceps posteri filii dei, perinde ac nos a Christo Christiani. Hæc Theodoretus. LOAISA.

CAP. XVII. — N. 1. Gregor. lib. Moral. XXV, cap. 12. LOAISA.

3. Ad Rom. I: *Evanuerunt in cogitationibus.* L.

5. *Ignorat*, fortasse legendum, *ignoret*. AREV.

CAP. XVIII.—N. 1. Post hanc sententiam Luc. Cod. addit: *Via, per quam ad Deum itur, lectio est sanctarum Scripturarum. Ergo qui vult Deum scire, appetat viam Scripturæ sacræ, per quam possit sapientiam invenire. Per ipsam enim Deus intelligitur, per ipsam quæritur, per ipsam quoque ad contemplationis ejus participium pervenitur.* AREV.

2. Est apud Gregorium, lib. XXX Moral., cap. 15, dum interpretatur locum illum Job. XXXIX: *Circumspicit montes pascuæ suæ, et virentia quæque perquirit.* LOAISA.

3. Sensus est apud Augustinum, dum exponit locum illum Psalm. CIII: *Montes excelsi cervis, petra refugium herinaciis.* Ubi Augustin. legit: *Petra refugium hircis et leporibus.* Perpendit hunc locum divus Hieronymus, super Ezech. lib. XIII, cap. 43: *Hircus*, inquiens, *animal est semper ad excelsa festinans, et nihil periculi sustinens in præcipitiis; et ibi invenit viam, ubi cæteris animantibus interitus est; unde et Græco sermone caprarum et hircorum grex sublimium conversatio dicitur, hoc est, αἰπόλιον, quasi αἰποπόλιον, siquidem αἰπο excelsum, πόλιον conversationem signifi-
D cat.* Idem ad Demetriadem: *Sic*, inquit, *statui supra petram pedes meos, et petra refugium leporibus, pro quo multi herinacios legunt, animal parvum ac fugax, et spinarum sentibus prægravatum.* Et ad Suniam, sephanim animal esse ait, non majus hericio, habens similitudinem muris et ursi, et in Palæstina ἀρκτόμυν dici, magnamque illorum in ea regione esse abundantiam, ac semper in cavernis petrarum et terræ foveis habitare. Hæc ex Hieronymo. Alii cuniculum. LOAISA.

5. Gregor., lib. I Moral., cap. 21, et August., lib. I super Genes. ad litteram, cap. ultimo. LOAISA.

Ibid. Juxta sensum. Gregorius probat homil. 10 super Ezechiel., lib. I, et homil. 6: *Quid autem rota*, inquit, *nisi sacram Scripturam designat, quæ ex omni parte ad auditorum mentes volvitur?* LOAISA.

Ibid. Gregor., lib. I super Ezechiel., homil. 6, et lib. XXXI Moral., cap. 12. LOAISA.

6. Greg., lib. I Moral., cap. 21. LOAISA.

dium augeatur. Nam si cuncta paterent, statim intellecta vilescerent. Rursus si cuncta clausa existerent, confestim diffidentiam gignerent. Ne ergo de obscuris desperatio fiat, ea quæ manifesta sunt satiant; et ne de intellectis fastidium existat, ea quæ clausa sunt desiderium excitant. Nam plerasque quanto magis latent, tanto magis exercitium præbent.

7. In Scripturis sanctis sæpe ea quæ futura sunt quasi facta narrantur, sicut est illud : *Dederunt in escam meam fel, et in siti mea potaverunt me aceto.* Sed cur futura quasi præterita scribuntur, nisi quia ea, quæ adhuc facienda sunt in opere jam facta sunt in divina prædestinatione? Nobis igitur temporaliter accidunt, quæ conditori omnium sine tempore providentur.

8. Propterea prophetia rerum futurarum gesta A præsentibus miscet **163** rebus, ut ita credantur illa futura, quemadmodum ista cernuntur esse completa. More enim suo per præsentia de futuris loquitur, sicut in persona Jerusalem de Ecclesia, et sicut in persona Ephraim de hæreticis.

9. Pro factis divinis plerumque et dicta ponuntur; idcirco, quia non operatione manuum Deus, sed dicendi imperio operatur, sicut scriptum est : *Dixit, et facta sunt; mandavit, et creata sunt.*

10. Quod in Scripturis sacris una δὶς repetitur sententia, aut confirmationis causa est, aut mysterii, sicut lex et gratia, sicut initium et perfectio, sicut bonum et melius.

11. Lex divina in tribus distinguitur partibus : In historia, **164** in præceptis, et in prophetia. Historia est in his quæ gesta sunt, præcepta in his quæ jussa

Ibid. Exercitium præbent. Al., *desiderium præbent.* AREV.

7. De usu præteriti et futuri disserit Gregorius, lib. XXXIV Moral., cap. 3; et Augustinus, lib. de Verbis apostoli, serm. 2, et lib. IV super Num., et in enarratione psalm. CIII; et Tertull., lib. III adversus Marcionem. Quam temporis enallagen frequentem esse in divinis litteris, ut futurum pro præterito ponatur, probat psalm. VI : *Lavabo per singulas noctes lectum meum*, pro *lavi*. Et psalm. LXV : *In flumine pertransibunt pede.* Et Isai. XXXVIII : *Sicut pullus hirundinis, sic clamabo, et meditabor ut columba*, pro *meditatus sum*, et *clamavi*. Præteritum ponitur aliquando pro futuro, ut psalm. LIV : *Ego autem ad Deum clamavi, et Dominus salvavit me;* hoc est, *salvabit me.* Sequitur enim : *Et exaudiet vocem meam.* Futurum pro præsenti psalm. CXLIV : *Gloriam regni tui dicent, et potentiam tuam loquentur.* LOAISA.

8. Id frequens est in divinis litteris, ut constat ex Gregorio, in Cant. VI, et Hieronymo, super Ezech. XVI, et ex Augustino lib. XVII de Civitate Dei, cap. 3 : *Tripartita*, inquit, *reperiuntur eloquia prophetarum, siquidem aliqua sunt ad terrenam Jerusalem spectantia, aliqua ad cœlestem, nonnulla ad utramque.* Hieronymus, super Ezech. XVI : *Quod quatuor modis dicitur Jerusalem, exempla nos ponemus : primo modo dicitur, juxta Judæos, illa civitas terrestris, quam planxit Christus. Matth.* XXIII : *Jerusalem, Jerusalem, quæ occidis prophetas, et lapidas eos, qui ad te missi sunt. Secundo, sanctorum est congregatio. Psalm.* 86 : *Fundamenta ejus in montibus sanctis : diligit Dominus portas Sion super omnia tabernacula Jacob. Tertio, est multitudo angelorum, dominationum, potestatum, et cœlestis paradisi. Paulus ad Galatas* IV : *Quæ autem sursum est Jerusalem, libera est, quæ est mater omnium nostrum. Ad Hebræos* XII : *Sed accessistis ad Sion montem, et civitatem Dei viventis, Jerusalem cœlestem, et hæc est quæ describitur Apocalyp.* XII. *Quarto, pro Ecclesia militante et triumphante. Apocalyp.* XXI : *Vidi civitatem sanctam Jerusalem.* Hieronymus etiam, in Ezech. XXIII, affirmat quod quidquid de Jerusalem τροπικῶς dicitur, ad animam referri possit. LOAISA.

Ibid. Oseæ IV : *Particeps Ephraim idolorum dimitte eum.* Et cap. V : *Calumniam patiens Ephraim, fractus judicio, quia cœpit abire post sordes.* Et illud : *Ero tinea Ephraim, et putredo Jacob.* Tinea enim totum vestimentum consumit. Job XIII : *Sicut vestimentum*, inquit, *quod comeditur a tinea.* Putredo non ita. Sic enim hæresis est tinea Ephraim, peccatum vero putredo Jacob. LOAISA.

9. Psalm. XXXII. Dicere enim jussionem importat multoties in divinis litteris, ut est illud Pauli ad Rom. XII : *Dico autem per gratiam, quæ data est mihi, omnibus qui sunt inter vos, non plus sapere quam oportet sapere.* Græce λέγω, ut Latini dicunt : *Jubeo salvere*, B et *dico salutem.* Et illud : *Dic ut lapides isti panes fiant*, id est, jube ut lapides, etc. LOAISA.

10. Hieronymus, super Ezech. XXXIII, adnotavit in Scripturis sacris hoc observari debere : ubi videtur aliqua similitudo esse sententiæ, non in omnibus eadem dici, sed vel subtrahi plerumque, vel addi, et singulorum inter se verborum discrepantium haberi rationem. LOAISA.

11. Lex a *delectu* dicta : jubet siquidem quæ eligenda, faciendaque sunt, ut Cicero, lib. I de Legibus docuit. Unde Paulus, ad Rom. III : *Per legem*, inquit, *cognitio peccati.* Lex accipitur pro Veteris Testamenti libris. Isai. II : *De Sion exibit lex.* Et apud Paulum ad Rom. I : *Si autem Judæus cognominaris, et requiescis in lege, et gloriaris in Deo, et nosti voluntatem ejus, et probas utiliora, instructus per legem.* Et cap. VII : *Lex sancta.* Et liber Psalmorum lex a Christo D. N. appellatur Joann. X : *In lege vestra scriptum : Quia ego dixi : Dii estis.* Ut August., ibid., tract. 48, annotavit. Et Amalaricus Tauriens., lib. de Officio C Missæ. Distinguitur etiam lex a psalmis et prophetis. Matth. XI : *Lex et prophetæ usque ad Joannem.* Et illud : *Oportet impleri quæ scripta sunt in lege, et prophetis, et psalmis de me.* Matth. XXII. LOAISA.

Ibid. Distinguitur. De partitionibus Veteris et Novi Testamenti vide Epiphanium, lib. de Mensuris et Ponderibus, et Joannem Damascenum, lib. IV de Orthodox. fid., et Gregor. Nazianz. in Carminibus, et Hieron. in præfatione lib. Regum, et Isidor. lib. VI Etymolog., cap. 1. Obiter annotandum duxi, non aliter hic Isidorum de partibus divinæ legis disserere, quam in lib. VI Etymolog. Nam ibi post Veteris Testamenti partitionem in legalia, prophetica et hagiographa, sic inquit : *Summa utriusque Testamenti trifarie distinguitur, id est, in historia, in moribus, in allegoria.* Hæc ille, ut intelligas præcepta ad mores, prophetas ad allegoriam pertinere. Nam divisio illa celebris, ac pervagata, in tres explanationis species, seu partes, allegoricam, tropologicam, anagogicam, juxta tripli- D cem præteriti, præsentis ac futuri differentiam, ab antiquis Patribus traditur, ita ut allegorica expositio præteritarum in veteri lege umbrarum ac figurarum prænotiones et prodigia manifestet, unde prophetæ ad allegoricam exponendi rationem pertineant. Adde etiam merito prophetis tribui dicendi genus allegoricum, propter tropos, verborum ænigmata et translationes, ut Tertullianus annotavit adversus Marcionem, lib. III. LOAISA.

Ibid. In historia. Ita habent omnes Cod. mss. L.

Ibid. Laudatur a Loaisa Amalaricus Tauriensis, qui videtur esse Amalarius Trevirensis, cui a multis ascribitur opus de ecclesiasticis officiis, ab aliis Amalario Metensi, ab aliis Amalario Lugdunensi attributum. Vide Fabric., Bibl. med., cum notis Mansi. AREV.

sunt, prophetia in his quæ futura pronuntiata sunt.

12. Lex divina triplici sentienda est modo. Primo, ut historice: **165** secundo ut tropologice, tertio ut mystice intelligatur. Historice namque juxta litteram, tropologice juxta moralem scientiam, mystice juxta spiritalem intelligentiam. Ergo sic historice oportet fidem tenere, ut eam et moraliter debeamus interpretari et spiritaliter intelligere.

13. Tria et septem decem præcepta sunt; sed tria ad amorem Dei **166** pertinent, septem ad hominem. Illa tria quæ ad Deum pertinent in una tabula scripta fuerunt, reliqua septem in secunda. In prima tabula trium mandatorum hoc primum est: *Diliges Dominum Deum tuum*. In secunda: *Honora patrem tuum et matrem*.

14. Hinc est, quod Salvator scribæ interroganti quod præceptum est primum in lege? ait: *Audi, Israel, Dominus Deus tuus Deus unus est, hoc primum est. Secundum vero simile est huic: Diliges proximum tuum, sicut te ipsum*. Unum namque præceptum de prima tabula dixit, quod ad Dei pertinet amorem; alterum vero de alia tabula, quod ad hominis pertinet dilectionem.

12. Augustinus, lib. unico super Genesim ad litteram, cap. II: *Quatuor modi*, inquit, *a quibusdam Scripturarum tractatoribus traduntur legis exponendæ, secundum historiam, secundum allegoriam, secundum analogiam, secundum etymologiam. Historia est, cum sive divinitus, sive humanitus, res gesta commemoratur. Allegoria, cum figurate dicta intelliguntur. Analogia, cum Veteris et Novi Testamenti congruentia demonstratur. Etymologia, cum dictorum factorumque causæ redduntur*. Idem, de Utilitate credendi, ad Honoratum, cap. 3, dividit Scripturam secundum historiam, etymologiam, analogiam et allegoriam. LOAISA.

Ibid. Historice. Sensus historicus Scripturæ, qui litteralis est, inter omnes est potentissimus, et efficacissimus, et ad probandam fidei auctoritatem reliquis multo illustrior; estque fundamentum et basis omnium expositionum divinæ Scripturæ, cujus difficultatem annotavit Hieronymus in præfatione commentariorum in Abdiam, et Augustinus lib. I Retractationum. Verum si sola historia, et nuda legatur, non intellectus litteræ spiritus, modicam habet utilitatem, et ita appellatur ab Hieronymo, Ezech. IV, vilior intelligentia; et Augustinus lib. 15 de Civitate Dei, cap. 27 non esse illis consentiendum asserit qui solam historiam recipiunt sine allegorica significatione, nec illis qui solas figuras defendunt repudiata historiæ veritate. Sensus enim utilis Scripturæ ad docendum, ad arguendum, ad corrigendum, et ad justa erudiendum, ut perfectus sit homo Dei, ex littera, et spiritu constat; littera enim sola occidit, spiritus autem vivificat, animumque in omne opus bonum instruit. Unde Gregorius, lib. XVI Moral., cap. 10: *Ut*, inquit, *modo nos nuda pascat historia, modo sub textu litteræ velata medullitus nos reficiat spiritualis allegoria*. L.

Ibid. Tropologice. Tropologica expositio idem est quod moralis. Exemplum ponamus aquæ ex illo Geneseos I: *Congregatæ aquæ in locum unum*, significat aquam elementalem, verum tropologice tribulationes significat, ut in illo psalm. LXV: *Transivimus per aquam, et ignem, et eduxit nos in refrigerium*. Et Isai XLIII: *Cum transieris per aquas, tecum ero, et flumina non operient te*. Et illud: *Intraverunt aquæ usque ad animum meam*. Significat etiam tropologice sapientiam. Proverb. XVIII: *Aqua profunda verba ex ore viri, et torrens redundans, fons sapientiæ*. Et illud: *Fiet ei fons aquæ salientis in vitam æternam*. Eccles.: *Aqua sapientiæ salutaris potabit eos*. Significat etiam hæreses, Proverb. IX: *Aquæ furtivæ dulciores sunt*. Et humanas prosperitates, Joann. IV: *Omnis qui biberit ex hac aqua sitiet iterum*. Spiritus sancti infusionem, Joann. VII: *Qui credit in me, sicut dicit Scriptura, flumina aquæ vivæ de ventre ejus fluent*. Evangelista id interpretatur: *Hoc autem*, inquit, *dixit de spiritu quem accepturi erant, credentes in eum*. Significat etiam populos, Apocal. XVII: *Aquæ vero populi sunt*. De sensu tropologico Hieronymus sic scribit in Ezech. IV: *Eisdem litteris historia currit, et tropologia, sed illa humilior est, ista subtilior; illa hæret terræ, ista ad cœlestia sublevat*. LOAISA.

Ibid. Mystice. Mysticum sensum hic Isidorus vocat spiritualem intelligentiam. Hieronymus, cujus divinæ Scripturæ partitionem Isidorus sequitur, sic habet in 12 quæst. in Abdiam: *Triplex in corde nostro descriptio, et regula Scripturarum est: prima ut intelligamus eas juxta historiam; secunda juxta tropologiam; tertia juxta intelligentiam spiritualem. In historia eorum quæ scripta sunt ordo servatur. In tropologia de littera ad majora consurgimus, et quidquid in priori populo carnaliter factum est, juxta moralem interpretamur locum, et ad animæ nostræ emolumenta convertimus. In spirituali θεωρίᾳ ad sublimiora transimus, terrena dimittimus, de futurorum beatitudine et cœlestibus disputamus, ut præsentis vitæ meditatio umbra futuræ beatitudinis sit*. Hactenus Hieronymus. Divus Eucherius, in libro spiritualium formularum, quatuor ponit divinarum expositionum genera, historicum, tropologicum, allegoricum, anagogicum. De historica, tropologica, et allegorica expositione, jam ex mente Augustini disputavimus. Nunc de anagogica expositione, quam Eucherius vocat, quæ ad sacratiora cœlestium figurarum secreta perducit, ut si aquam exponamus de æterna beatitudine, ut in Jeremiæ II: *Me dereliquerunt fontem aquæ vivæ*. Et de angelis, psalm. CXLVIII: *Aquæ, quæ super cœlos sunt, laudent nomen Domini*. Poteris sub mystica et spirituali intelligentia allegoricα et anagogica collocare. Ita Eucherius, Hieronymus, Augustinus et Isidorus consentiunt in multiplici et varia Scripturarum partitione. LOAISA.

13. *Tria et septem decem præcepta* habent omnes Cod. mss., quam lectionem maxime probo. Sic enim est apud Aug., lib. de Decem Chordis, cap. 5 (unde sententiam desumpsit Isid.), et lib. XV contra Faustum, cap. 4. LOAISA.

Ibid. In una tabula. Hanc partitionem præceptorum in tabulis, nempe quod fuerint tria in una, et septem in alia scripta, sequuntur plurimi Latinorum sanctorum, ut August. in locis citatis; et lib. de decem Chordis, cap. 5, probat suam sententiam ex illo Pauli: *Primum mandatum in repromissione*. Verum in hac sententia non est constans, cum lib. Quæstionum Veteris Testamenti, q. 7, quatuor verba affirmet esse exarata in prima tabula, quorum primum statuit: *Non sint tibi dii alieni præter me*; secundum: *Non facies tibi ullam similitudinem*; tertium: *Non sumes nomen Dei tui in vanum*; quartum: *Sabbatum Domini Dei tui servabis, et non facies in eo ullum opus servile*. Reliqua in secunda, ita ut primum verbum secundæ tabulæ sit: *Honora patrem tuum et matrem tuam*, ex illo Apostoli ad Ephes. VI: *Honora patrem tuum et matrem, quod est mandatum primum in repromissione*. Quomodo, inquit, esset primum, nisi in secunda tabula ab ipso cœpisset? *In repromissione* autem ideo dicitur, quia statim subjicitur: *Ut sis longævus super terram, et bene sit tibi*. Hæc est promissio facta iis qui mandata custodiunt. Joseph., lib. III Antiq., cap. 6, et Philos., in lib. *Quis rerum divinarum hæres sit*, in utraque tabula quinque esse præcepta tradita affirmant. Sunt qui dicunt has tabulas tempore ultimi Jerosolymitani excidii sub Romanis imperatoribus

CAPUT XIX.

De septem regulis.

1. Septem esse, inter cæteras, regulas locutionum sanctarum Scripturarum quidam sapientes dixerunt.

167 2. Prima regula est de Domino et ejus corpore, quæ de uno aut ad unum loquitur, atque in una persona, modo caput, modo corpus ostendit, sicut Isaias ait : *Induit me vestimento salutari, quasi sponsum decoratum corona, et quasi sponsam ornatam monilibus suis.* In una enim persona duplici vocabulo nominata caput, id est, sponsum, et Ecclesiam, id est, sponsam, manifestavit.

3. Proinde notandum in Scripturis quando specialiter caput describitur, quando et caput, et corpus; aut quando ex utroque transeat ad utrumque, aut ab altero ad alterum, sicque quid capiti, quid corpori conveniat, prudens lector intelligat.

4. Secunda regula est de Domini corpore vero et permisto. Nam videndum quædam unius convenire personæ, quæ tamen non sunt unius, ut est illud : *Puer meus es tu, Israel, ecce delevi, ut nubem, iniquitates tuas, et sicut nebulam peccata tua; convertere* 168 *ad me, et redimam te.* Hoc ad unum non congruit.

A 5. Nam altera pars est cui peccata delevit, et cui dicit : *Puer meus es tu.* Et altera cui dixit : *Convertere ad me, et redimam te.* Qui si convertantur, eorum peccata deleantur. Per hanc enim regulam sic ad omnes loquitur Scriptura, ut et boni redarguantur cum malis, et mali laudentur pro bonis. Sed quid ad quem pertineat, qui prudenter legerit discet.

6. Tertia regula est de littera, et spiritu, id est, de lege et gratia : lege, per quam præcepta facienda admonemur; gratia, per quam ut operemur juvamur. Vel quod lex non tantum historice, sed etiam spiritaliter sentienda sit. Namque et historice oportet fidem tenere, et spiritaliter legem intelligere.

7. Quarta regula est de specie et genere, per quam pars pro toto, et totum pro parte accipitur, veluti si

B uni genti vel civitati loquatur Deus, et tamen intelligatur omnem contingere mundum, sicut in Psalmis : *Et adorabunt*, inquit, *eum filiæ Tyri in muneribus.* Filiæ Tyri, filiæ gentium, ab specie ad genus; per Tyrum enim vicinam tunc huic terræ ubi prophetia erat significabat omnes gentes credituras Christo.

8. Unde et bene sequitur : *Vultum tuum deprecabuntur omnes divites terræ.* Sic et per Isaiam pro-

in templo Dei fuisse, indeque a Tito Augusto inter cætera captæ urbis spolia in triumphum allatas.

Ibid. Quod ex quorumdam opinione Loaisa refert, tabulas legis a Tito in triumphum Romam fuisse allatas, falsum esse alii putant, cum Josephus referat nihil a Tito inventum in sanctuario templi. Vide Comment. ad Prudent., pag. 654 et 1234, et dissertationem Calmeti de arca fœderis præfixam libris Machabæorum. AREV.

C CAP. XIX. — N. 1. Has septem regulas veluti claves aperiendi sensus divinæ Scripturæ reconditos excogitavit Ticonius. August., lib. III de Doctrina Christiana, c. 30 : *Ticonius*, inquit, *quidam, qui contra Donatistas invictissime scripsit, cum fuerit Donatista*; et lib. II Contra epistol. Parmeniani, cap. 28, vocat eum magistrum, ejusque interpretandi divinam Scripturam, leges et formulas, tanti fecit, ut Cypriani expositionibus prætulerit, ut constat lib. II Retractat., et lib. III de Doctrina Christiana, cap. 30, ubi de harum regularum utilitate sic inquit : *Necessarium duxi ante omnia quæ mihi videntur, libellum Regularum scribere, et secretorum leges, veluti claves et lumina, fabricare; sunt enim quædam regulæ mistæ, quæ universæ legis recessus obtinent, et veritatis thesauros aliquibus visibiles faciunt. Quarum si ratio regularum, sine invidia, ut communicamus, accepta fuerit, clausa quæque patefient, et obscura dilucidabuntur, ut quisque prophetiarum immensam silvam perambulans, his regulis quodammodo quasi lucis tramitibus deductus ab*

D *errore defendatur.* Et subdit : *Caute sane legendus est, non solum propter quædam, in quibus, ut homo, erravit, sed maxime propter illa quæ sicut Donatista hæreticus loquitur.* Meminit et Cassiodorus harum regularum in Præfat. comment. in Psalm. Scripsit idem Ticonius expositiones in Apocalyp. Joannis, ut auctor est Gennadius et Beda in Apoc. Exstat nunc liber Regularum editus in Bibliotheca Sanctorum a Margarino theologo Parisiensi compilata, tom. VI. Floruit Theodosio et filiis ejus imperantibus anno Domini 390. LOAISA.

Ibid. Ticonium Afrum auctorem harum regularum non solum Donatistam, sed etiam Chiliastam fuisse advertit Vezzosius. Multi scribunt *Tichonius*. Loaisa, sive Grialius maluit *Ticonius*, quod alii etiam sequuntur; nonnulli *Tychonius*. De eo Fabricius in Biblioth. med. ævi. AREV.

2. *Quæ de uno ad unum loquitur*, in Excus. est. Quam lectionem non probo. Nam sensus ita est, ut sola ratione discernatur, cum in una persona duo distinguuntur ratione et cogitatione officia. Unde sola ratione complecteris quando a capite ad corpus transitum sit. LOAISA.

Ibid. Isaias. Est hoc exemplum Isai. cap. LXI, apud Ticonium et Augustinum, quamvis LXX utuntur versione : *Sicut sponso imposuit mihi mitram, et sicut sponsam ornavit me ornatu* : Ὡς νυμφίῳ περιέθηκέ μοι μίτραν, καὶ ὡς νύμφην κατεκόσμησέ με κόσμῳ. Isidorus Vulgatam semper amplectitur versionem. LOAISA.

4. Ticonius dixit *de Domini corpore bipartito*: quam vocem Augustinus correxit, affirmans quod non debuit ita appellari, sed potius de Domini corpore vero atque misto, aut vero atque simulato, vel de permista Ecclesia. LOAISA.

6. August., lib. III de Doctrina Christiana ita sentit, quod potius sit magna quæstio quam regula. Ticonius appellat hanc regulam tertiam de Promissis et lege, August. de Spiritu et littera, vel de Gratia et mandato. LOAISA.

7. Tota hæc regula corrupte legitur in Excus. Eam restitui ex cod. Goth. ms. antiquo. Ejus meminit Greg., lib. III Moral., et homil. 26 in Evang., super illud : *Tulerunt Dominum meum, et nescio ubi posuerunt eum.* LOAISA.

Ibid. Psalm. XLIV : *Adorabunt eum filiæ Tyri in muneribus, vultum tuum deprecabuntur omnes divites plebis.* Sic Aug. super psalmos legit : *Adorabunt eum filiæ Tyri*, ita ut sententiæ periodus non claudatur in *adorabunt eum*, ut in multis Codicibus interpunctum invenio. Idem : *Filiæ Tyri, filiæ gentium; a parte refertur ad totum. Tyrus, vicina huic loco ubi prophetia erat, significabat gentes credituras Christo.* Theod., super Psalm. sic legit : *Quoniam ipse est Dominus Deus tuus, et adorabis eum, et filiæ Tyri in muneribus.* Et affert interpretum diversas sententias, et per filias Tyri totam impietatem significari affirmat. *Mos est*, inquit, *sacræ Scripturæ a parte totum demonstrare. Sic alibi per Libanum omnem superstitionis cessationem prædicit; nam Libanus*, inquit, *cum excelsis cadet.* Sic etiam divus Basilius, a quo Theodoretus scholia in Psalmos fere collegit. LOAISA.

8. Isaias, cap. XIV, ubi Hieronym. : *Hoc loco quidam arbitrantur generalem esse contra omnem orbem prophe-*

phetam dum adversus Assyrium **169** Dominus A comminatur, dicens : *Ut conteram Assyrium in terra mea, et in montibus meis conculcem eum. Et erit Babylon illa gloriosa, et regnis inclyta, sicut subvertit Dominus Sodomam et Gomorrham.* Nam licet adversus unam civitatem Babylonem per Isaiam præfatum Dominus comminetur, tamen dum contra eam loquitur, transit ad genus de specie, et convertit generaliter contra totum mundum sermonem.

9. Certe si non diceret adversus universum orbem, non adderet infra generaliter : *Et disperdam omnem terram, et visitabo super orbem mala, et cætera quæ sequuntur ad internecionem mundi pertinentia*; unde et adjecit : *Hoc est consilium, quod cogitavi super omnem terram, et hæc est manus ejus extenta super universas gentes.*

10. Item, dum sub persona Babyloniæ arguit uni- B versum mundum, dicens : *Disperdam omnem terram, et visitabo super orbis mala*, et cætera quæ sequuntur, ad internecionem mundi pertinentia; rursus ad eamdem quasi de genere ad speciem revertitur, dicens quæ eidem civitati specialiter contigerunt : *Ecce ego suscitabo super eos Medos.* Nam regnante Balthasar, a Medis est obtenta Babylonia.

11. Sic et onus Ægypti ex persona ejusdem totum vult intelligere mundum, dicendo : *Et concurrere faciam Ægyptios adversus Ægyptios, regnum adversus regnum*, cum Ægyptus non multa regna, sed unum habuisse scribatur regnum.

12. Quinta regula est de temporibus, per quam aut pars major temporis per partem minorem, aut pars minor temporis per partem majorem inducitur, sicut est de triduo Dominicæ sepulturæ, dum nec tribus plenis diebus ac noctibus jacuerit in sepulcro, sed tamen a parte totum triduum accipitur.

13. Item pars a toto, ut est illud : *Et erunt dies vitæ hominis* **170** *anni centum viginti*, dum tantum centum usque ad diluvium inveniantur, ex quo hæc a Domino statuta sunt; vel sicut illud, quod quadringentos annos prædixerat Deus filiis Israel in Ægypto servituros, et sic inde egressuros : qui tamen quadringentos annos non servierunt, quia, dominante Joseph, Ægypto dominati sunt; ubi iterum a parte totum subjungitur, quia non statim post quadringentos annos egressi sunt, ut fuerat repromissum, sed, quadringentis triginta peractis, ab Ægypto recesserunt.

14. Ad hanc temporum regulam pertinent et illa quæ dum adhuc futura sunt quasi jam gesta narrantur, ut est illud : *Foderunt* **171** *manus meas et pedes meos, dinumeraverunt omnia ossa mea; et diviserunt sibi vestimenta mea*, et his similia. In quibus quæ adhuc facienda erant jam facta narrantur.

15. Sed quando aliquid faciendum esse pronuntiatur, secundum nos dicitur; quando vero quæ futura sunt jam facta dicuntur, secundum Dei æternitatem accipienda sunt, quia quæ nobis adhuc futura sunt, apud Dei prædestinationem jam facta sunt, apud quem omnia facta sunt quæ futura sunt.

tiam. Quibus nequaquam contradicimus, dum sciamus hic omnem terram Assyriorum proprie significari. L.

Ibid. Et erit. Locus est apud eumdem Isai., cap. XIII. LOAISA.

12. Duobus modis dicit Ticonius hanc vigere regulam, aut per synecdochen, aut per legitimos numeros. Vocat legitimos numeros eos quos eminentius Scriptura commendat, ut est septenarius, denarius, duodenarius. Vide ipsum Ticon. et August. LOAISA.

Ibid. De triduo. August., lib. III de Doctrina, et lib. IV de Trinit., cap. 6, et Triconius, in regulis, hunc locum late versant. LOAISA.

13. *Et erunt dies vitæ hominis* CXX, *dum tantum centum usque ad diluvium inveniantur ex quo hæc a Domino statuta sunt. Vel sicut illud quadringentis*, etc. Est vero locus ille Genes. VI : *Dixitque Deus : Non permanebit spiritus meus in homine in æternum, quia caro est, eruntque dies illius centum viginti annorum.* Quem locum Lactantius Firmianus, lib. II divinarum Institution., cap. 14, ita exponit, ut dicat Deum iratum breviori spatio vitam hominum circumscripsisse, et abrogata vivendi longitudine, quam ante diluvium habuerant, intra centum et viginti annorum spatium coercuisse. Idque ex Josepho accipit Firmianus, lib. I Antiquit. Verum aliter interpretatur locum Hieronymus, lib. Quæst. Hebraic. : *Hoc est*, inquit : *Dabo centum viginti annos ad pœnitentiam. Non igitur humana vita, ut multi errant, in centum viginti annos contracta est, sed generationi illi centum viginti anni ad pœnitentiam dati sunt. Quia vero pœnitentiam agere contempserunt, noluit Deus tempus exspectare decretum, sed viginti annorum spatiis amputatis, induxit diluvium anno centesimo agendæ pœnitentiæ destinato.* Quam etiam expositionem Chrysostomus est amplexus, homil. 22 in Genes. Verum eam improbat Gennadius veluti absurdam, et a Deo penitus alienam, cum semper Deus ad vindictam tardo ingrediatur passu. Vide catenam Græcorum

C Patrum in Pentateuchum. Quod vero Deus, ut censet Hieronymus, viginti annos amputavit ex decreto tempore liquet. Nam Genes. V dicitur : *Quingentorum annorum erat Noe cum genuit Sem, Cham et Japhet.* Cap. VI dicitur : *Erunt dies vitæ illius centum viginti annorum.* Deinde cap. VII : *Sexcentorum annorum erat Noe, cum aquæ diluvii inundaverunt super terram.* LOAISA.

Ibid. Vel sicut. Genes. XV dicitur quod quarta generatione reverterentur in terram promissionis, quod etiam ita impletum est. Nam primus Jacob cum filiis ingressus est Ægyptum, Moyses vero quartus a Jacob populum eduxit. De computatione horum annorum, lege scholium nostrum in Chronicon Isidori. LOAISA.

14. In Excusis legitur : *est et alia de temporibus figura per quam quædam quæ futura sunt quasi jam gesta*, etc. Verum Mss. lectionem probo. Omniaque supra cap. 18. de lege numer. 7. posita sunt, ibique adnotatum sententiam esse ab Augustino desumptam, lib. de verb. Apostoli. LOAISA.

D *Ibid. In quibus*, etc. Alii sic hæc reformant : *In quibus futura, tanquam jam facta, ita dicuntur. Sed cur quæ adhuc facienda erant jam facta narrantur? Quia quæ nobis adhuc futura sunt, apud Dei æternitatem jam facta sunt. Quapropter quando aliquid faciendum esse pronuntiatur, secundum nos dicitur; quando vero quæ futura sunt jam facta dicuntur, secundum Dei æternitatem accipienda sunt, apud quem jam omnia facta sunt, quæ futura sunt.* In omnibus his regulis describendis magna est mss. exemplarium discrepantia. AREV.

15. Gothus et alii duo Cod. antiqui sic habent : *In quibus quæ adhuc facienda erant jam facta narrantur. Sed quando aliquid faciendum pronuntiatur, secundum nos dicitur*, etc. Reliqua verba quæ in Editis et aliis Mss. reperiuntur in his duobus non exstant. LOAISA.

16. August. de hac regula sic scribit : *Sextam regulam Ticonius recapitulationem vocat in obscuritate*

16. Sexta regula est de recapitulatione. Recapitulatio enim est, dum Scriptura redit ad illud cujus narratio jam transierat, sicut cum filios filiorum Noe Scriptura commemorasset, dixit illos fuisse in linguis et gentibus suis, et tamen postea, quasi hoc etiam in ordine temporum sequeretur : *Et erat*, inquit, *omnis terra labium unum, et vox una omnibus erat* (*Gen.* XI, 1). Quomodo ergo secundum suas gentes et suas linguas erant, si una lingua erat omnibus, nisi quia ad illud quod jam transierat recapitulando est reversa narratio?

17. Recapitulatio enim est, dum rerum præteritarum causæ futuris miscentur gestis, sicut et in Genesi, dum sexto die hominem dicit factum fuisse, denuo recapitulat formatum dicens : *Formavit Deus hominem ad imaginem suam* (*Gen.* II, 7). Nec non et ubi expletis omnibus operibus, dum Deum dicit septimo die requievisse, recapitulando subjungit : *Istæ generationes cœli et terræ, quando creatæ sunt, in die quo creavit Deus cœlum, et terram, et omne virgultum agri, antequam oriretur super terram. Nondum enim pluerat* **172** *Dominus Deus super terram, et homo non erat qui operaretur terram; sed fons ascendebat de terra irrigans universam superficiem terræ.* Hæc omnia recapitulando in serie narrationis rebus futuris nectuntur ; cum intra sex dies etiam hæc patrata videantur.

18. Septima regula est de diabolo et ejus corpore, quia sæpe dicuntur ipsius capitis, quæ suo magis conveniunt corpori; sæpe vero ejus videntur dicta membrorum, et nonnisi capiti congruunt. Sicut in Isaia, ubi dum contra Babyloniam, hoc est, contra diaboli corpus multa dixisset sermo propheticus, rursus ad caput, id est, ad diabolum, oraculi sententiam derivat, dicens : *Quomodo cecidisti de cœlo, Lucifer, qui mane oriebaris* (*Isai.* XIV, 12).?

19. Ex nomine quippe corporis intelligitur caput, ut est illud in Evangelio de zizaniis tritico admistis, dicente Domino : *Inimicus homo hoc fecit* (*Matth.* XIII,

A 28), hominem ipsum diabolum vocans, et ex nomine capitis significatur corpus, sicut in Evangelio dicitur : *Duodecim vos elegi, sed unus ex vobis diabolus est* (*Joan.* VI, 71); Judam utique indicans, quia diaboli corpus fuit. Apostata quippe angelus omnium caput est iniquorum, et hujus capitis corpus sunt omnes iniqui. Sicque cum membris suis unus est, ut sæpe, quod corpori ejus dicitur, ad eum potius referatur ; rursum quod illi, ad membra iterum ipsius derivetur.

173 CAPUT XX.

De differentiâ Testamentorum.

1. Quidam ideo non recipiunt Vetus Testamentum, pro eo quod aliud in tempore prisco, aliud agatur in novo. Non intelligentes quod Deus quid cuique congruerit tempori magna quadam distributione con-
B cesserit : sicut in lege imperat nuptias (*Deuter.* XXV), in Evangelio virginitatem commendat (*Matth.* XIX); in lege oculum pro oculo auferre (*Deuter.* XIX), in Evangelio alteram præbere percutienti maxillam (*Matth.* V).

2. Sed illa pro tempore fragili populo, ista vero perfecto, utrique tamen pro tempore sua quæque convenientia commodans. Et tamen pro ista mutatione non est credendus Deus mutabilis, sed potius inde admirabilis prædicandus est, quia manens incommutabilis, quid cuique (ut diximus) tempori commodum fuit, magna cum distributione concessit.

3. Sub Veteri Testamento minoris culpæ erant peccata, quia in eo non ipsa veritas, sed umbra veritatis aderat. Nam in Testamento Novo præceptis altioribus manifesta facta quædam, quæ in illo populo umbræ
C veritatis deservierant, deserenda nobis præcipiuntur. Illic enim fornicatio et retributio injuriæ permissa sunt, nec nocebant; in Testamento autem Novo gravi animadversione damnantur, si admittantur.

CAPUT XXI.

De symbolo et oratione.

1. Fidei symbolum et dominica oratio pro tota

scripturarum satis vigilanter inventam. Sic enim dicuntur quædam, quasi sequantur in ordine temporis, vel rerum continuatione narrentur, cum ad priora quæ prætermissa fuerant, latenter narratio revocetur, quod nisi ex hac regula intelligatur, erratur. LOAISA.

Ibid. Sicut cum. Codex Guadal. sic habet : *Sicut in Isaia, ubi dum contra Babylonem, hoc est, contra diaboli corpus multa dixisset sermo propheticus, rursus ad caput, id est, ad diabolum, oraculi sententia derivatur, dicens: Quomodo cecidisti, Lucifer, qui mane oriebaris? Sicut cum filios filiorum Noe Scriptura commemorasset*, etc. Hæc habentur Isai. XIV. Verum ad hanc regulam non pertinent, sed ad septimam de diabolo et ejus corpore, ut patet ex Augustino. LOAISA.

17. Hæc omnia in nullo exstant Cod. ms. eorum quos nactus sum ad hujus operis correctionem, inter quos duo erant membranei antiquissimi litteris Gothicis scripti, unus Ecclesiæ Toletanæ, æra 953 exaratus ; alius ex insigni collegio Ovetensi apud Salmanticam eo antiquior, ut ex litteris miram vetustatem præ se ferentibus colligere licet. Quapropter omnia, velut aliena, a germana lectione rejeci. LOAISA.

Ibid. Recapitulatio enim est... hæc patrata videantur. Bignæus hæc ait a se reperta in Mss. exemplaribus, in quibus deerant præcedentia : *Recapitulatio enim est... reversa narratio.* Hæc quidem ultima exstant in Editionibus antiquioribus. Alia deesse in suis Mss. Loaisa testatur; neque in nostris quidem apparent, nisi quod ita ordo capitum et rerum in multis Mss. turbatus est, ut non mirum videri debeat si in aliquo exstent. AREV.

18. Quæ in parenthesi includuntur in Gothico tantum Cod. Ecclesiæ Toletanæ in margine addita inveni. Locus est Isaiæ, cap. XIV, et apud divum August., in exempla septimæ regulæ, et apud Tichonium. LOAISA.

19. Angelus apostata est Lucifer de quo Isai. XIV : *Quomodo cecidisti de cœlo, Lucifer?* Idem vocatur et
D draco, et serpens antiquus, diabolus, et Satanas, Apoc. XII. LOAISA.

CAP. XX. N. 1. *Quidam.* Al., *quidam hæretici.* Et mox, *incognita quadam* pro *magna quadam.* AREV.

3. *Manifesta.* Al., *veritate manifesta.* AREV.

CAP. XXI. N. 1. Symbolum et dominicam orationem continere fidem, spem, charitatem, docet August. in Enchir., cap. 6 et 7. Symbolum autem illud ab ipsis (Apostolis) editum magna cum cura et Spiritus sancti instinctu, apertum est ex Ruffino in Expositione Symboli, et August., in sermone secundo Dominicæ Palmarum, ubi quam singuli Apostoli partem contulerint docet in hunc modum : *Quod Græce Symbolum dicitur, Latine Collatio nominatur. Collatio ideo dicitur, quia collata in unum totius Catholicæ legis fides Symboli colligitur brevitate, cujus textum vobis modo, Deo annuente, dicemus. Petrus dixit : Credo in unum Deum Patrem omnipotentem. Joannes dixit : Creatorem cœli et terræ. Jacobus dixit : Credo et in Jesum Christum Filium ejus*

lege parvulis Ecclesiæ ad cœlorum regna sufficit capessenda. Omnis enim latitudo **174** Scripturarum in eadem oratione dominica et symboli brevitate concluditur. Unde et propheta Isaias dicit : *Abbreviationem audivi a Domino Deo exercituum, super universam terram. Attendite, et audite eloquium meum* (*Isai.* v, 23).

2. Sed hæc abbreviatio, aut illud intelligitur, quod Dominus dicit : *Omnem legem et prophetas in duobus præceptis dilectionis Dei et proximi pendere* : aut propter ipsam Orationem dominicam, vel symboli brevitatem, in quibus (ut prædictum est) omnem Scripturarum coarctari (cernimus) latitudinem.

175 CAPUT XXII.

De baptismo et communione.

1. Solam Ecclesiam catholicam habere baptismum ad salutem Zacharias propheta testatur : *In die*, inquit, *illa, erit fons patens domui David et habitantibus in Jerusalem, in ablutionem peccatoris et menstruatæ* (*Zach.* xiii, 1). Domus quippe David, et Jerusalem, Christi Ecclesia est in qua manat fons in ablutionem peccatorum. Hæretici autem id solum imaginaria ostentatione faciunt; ideoque illis baptismus non ad remissionem peccatorum, sed ad supplicii testimonium datur.

2. Pro solo originali reatu luunt in inferno nuper nati infantuli **176** pœnas, si renovati per lavacrum non fuerint. Proinde cum causa nuper natus damnatur infans, si non regeneratur, quia originis noxietate perimitur.

3. Cur parvuli peccato originali carentes per baptismum, et necdum proprium habentes delictum, a bestiis pœnisque cæteris laniantur? Hæc igitur causa est : baptismus enim a pœna æterna, non a præsentis vitæ supplicio liberat. Quod si a pœna præsenti homines liberarentur per baptismum, ipsum putarent baptismi præmium, non illud æternum. Ergo, soluto reatu peccati, manet tamen quædam temporalis pœna,

unicum, *Dominum nostrum. Andreas dixit : Qui conceptus est de Spiritu sancto, natus ex Maria Virgine. Philippus ait : Passus sub Pontio Pilato, crucifixus, mortuus et sepultus. Thomas ait : Descendit ad inferna, tertia die resurrexit a mortuis. Bartholomæus dixit : Ascendit ad cœlos, sedet ad dexteram Dei Patris omnipotentis. Matthæus dixit : Inde venturus est judicare vivos et mortuos. Jacobus Alphæi : Credo et in Spiritum sanctum, sanctam Ecclesiam catholicam. Simon Zelotes dixit : Sanctorum communionem, remissionem peccatorum. Judas Jacobi : Carnis resurrectionem. Matthias complevit : Vitam æternam. Amen.* Ambrosius etiam, sermone 38, de jejuniis et quadrages., Symbolum appellat fidei clavem duodecim artificum operatione conflatam : Irenæus, lib. i, cap. 2, tesseram fidei unanimem; et Leo, in epistola ad Pulcheriam Augustam. Ambrosius lib. iii de Virginitate vocat signaculum cordis, et esse antelucanis horis quotidie recitandum. Pro fidei autem Symbolo Apostolorum intelligitur, ut in concil. Laod. cap. 46 : *Baptizatos oportet fidei Symbolum dicere*, et cap. 47. Similiter in concilio Agathensi, can. 9, in concilio Moguntino, sub Carolo Magno, cap. 45. De Symbolo Apostolorum, lege Hieronymum in epistola ad Pammachium, et Augusl., lib. ad Catech., et Clementem Romanum, in epist. ad Jacobum fratrem Domini. Loaisa.

Ibid. Dominica oratio. A Patribus quotidiana oratio dicitur, ut Cypriano in ejus expositione, et Augustino, lib. xxi Civit., cap. 27, et concilio Toletano iv, cap. 9, quia quotidie dicitur, et quia delet minima et quotidiana peccata. Loaisa.

Ibid. Isaias, etc. Locus est apud Isaiam, cap. x, ubi Hieronymus sic inquit : *Pro cunctis caciniosæ legis cæremoniis dedit præceptum brevissimum dilectionis et fidei*. Cyprian. in Expositione orationis dominicæ locum interpretatur de Symbolo fidei, et August., lib. de Perfectione justitiæ hominis, respons. 11; et contra Faustum, lib. xv, cap. 4, diptychium Ecclesiæ appellat duo dilectionis præcepta. Loaisa.

Ibid. In Editione Grialii erat *capescenda* pro *capessenda*; et in nota *ab ipsis editum*; supplevi *apostolis*. Arev.

Cap. xxii. N. 1. Isidorus non damnat baptisma hæreticorum, ut Cyprianus cum episcopis Africæ, de quo Hieronymus in Dialogo contra Luciferianos sic inquit : *Cyprianus lacus contritos fugere, nec bibere de aqua aliena voluit; idcirco hæreticorum baptisma reprobans ad Stephanum tunc Romanæ urbis episcopum, qui a beato Petro vigesimus sextus fuit, super hac re Africanum synodum direxit; sed conatus ejus frustra fuit.* Verum hic Isidorus loquitur de baptismo adultis collato ab hæreticis cum invocatione sanctissimæ Trinitatis, qui licet sit sacramentum, characteremque in animo obsignet, nihil tamen illis ad salutem remissionemque peccatorum prodest, quousque ab Ecclesia suscipiatur. *Non enim illis ad remissionem peccatorum*, inquit, *sed ad supplicii testimonium datur*. Quam sententiam probat Augustinus, lib. iii contra Donatistas, cap. 14, et lib. de Baptismo, cap. 12, et habetur de Consecrat. d. 4, c. *Tunc valere incipit ad salutem baptismus, cum fictio a veraci confessione recessit.* Idem Gregorius ad Quiriacum, Epistola 61, lib. ix, Registri, et Nicolaus pontifex ad consulta Bulgarorum, cap. 5. Quid vero de baptismo ab hæreticis collato senserit Isidorus, liquet lib. ii de Officiis, cap. 24, dum inquit : *Hæretici autem si tamen in Patris et Filii et Spiritus sancti attestatione doceantur baptisma suscepisse, non iterum sunt baptizandi, sed solo chrismate et manus impositione purgandi. Baptismus enim non est hominis meritum, sed Christi. Ideoque nihil interest hæreticus an fidelis baptizet : quod sacramentum tam sanctum est, ut nec homicida ministrante polluatur. Habet enim hæreticus baptismum Christi; sed quia extra fidei unitatem est, nihil prodest. At ubi ingressus fuerit, statim baptisma, quod habuerat foris ad perniciem, incipit illi jam prodesse ad salutem. Quod enim accipitur approbo, sed quia foris accipitur improbo; dum autem venerit, non mutatur, sed agnoscitur. Character est enim regis mei, non error sacrilegus : recorrigo desertorem, non muto characterem.* Hæc Isidorus. Novissime sacra Tridentina synodus, sess. 7, can. 4, verum esse baptisma, inquit, quod datur in forma Ecclesiæ ab hæreticis. Loaisa.

Ibid. In nota Loaisæ erat *quod datur in canone forma*, etc. Arev.

2. Infernus multiplex est, ut adnotavit doctissime, sicut omnia, divus Thomas Aquinas : *Infernus*, inquit, *quadruplex : scilicet damnatorum, puerorum, purgatorium, et sanctorum Patrum. In primo sunt tria, tenebræ gratiæ, tenebræ gloriæ, et pœna sensus. A quo æterno supplicio utinam liberemur. In secundo sola duo prima, tenebræ gratiæ et gloriæ. In tertio tantum secundum et tertium, tenebræ gloriæ et pœna sensus. In quarto tantum secundum, tenebræ gloriæ, vocaturque hic sinus Abrahæ.* De quo Tertullianus adversus Marcionem, lib. iv. Divus Gregor., lib. vii Epistolarum, epist. 53, ad Secundinum, de receptaculo agit animarum parvulorum qui sine baptismo discedunt. Loaisa.

Ibid. Proinde, etc. Ita Codex Goth. et alii Mss. Locus manifestus ad probandum originis maculam esse in pueris a parentibus contractam, et esse omnes natura procreatos filios iræ. Loaisa.

Ibid. Proinde, etc. Al., *proinde Adæ causa nuper natus infans, si non regeneratur, damnatur, quia*, etc. De baptismo non solum cit. loc. de Officiis eccles. agit Isidorus, sed etiam lib. ii contra Judæos, cap. 24. Arev.

ut illa vita ferventius requiratur quæ erit a pœnis omnibus aliena.

4. Nullus negat fidelium etiam post baptismum quo peccata delentur, quotidie, quandiu in isto sæculo sumus, ad Deum nos debere converti. Quod quamvis sine intermissione sit quotidie agendum, nunquam tamen fecisse sufficiet.

5. Qui in maternis uteris sunt ideo cum matre baptizari non possunt, quia qui natus adhuc secundum Adam non est, renasci secundum Christum non potest. Neque enim dici regeneratio in eo poterit quem generatio non præcessit.

6. Qui intra Ecclesiam non ex dignitate Ecclesiæ vivunt, sed fidem, quam **177** verbo tenent, operibus destruunt, de ipsis legitur: *Multiplicati sunt super numerum* (*Ps.* XXXIX, 6), ut subaudias, in regno prædestinatorum.

7. Qui scelerate vivunt in Ecclesia, et communicare non desinunt, putantes se tali communione mundari, discant nihil ad emundationem proficere sibi, dicente propheta: *Quid est quod dilectus meus in domo mea fecit scelera multa? Nunquid carnes sanctæ auferent a te malitias tuas* (*Jer.* XI, 15)? Et Apostolus: *Probet*, inquit, *se homo, et sic de pane illo edat et de calice bibat* (*I ad Cor.* XI, 28).

CAPUT XXIII.

De martyrio.

1. Dei servus adversitate ulla non frangitur, sed pro veritatis defensione ultro se certamini offert, nec unquam pro veritate diffidit.

2. Sæpe ex discipulis ad martyrium eliguntur, qui suos doctores ad coronam præcedunt; et qui sunt ordine postremi, fiunt nonnunquam in certamine primi.

3. Vir sanctus ultro se pro agone certaminis debet offerre justitiæ; sed tamen agonis fructum videns uberrimum, non debet **178** declinare laboris periculum. Quod si major est labor quam animarum lucrum, declinandus est labor, quem minimum comitatur augmentum. Utrumque enim fecit Apostolus qui et periculis se ultro dedit, ubi maximum animarum lucrum

5. Habetur hæc sententia in collectaneis Gratiani de Cons. d. 4, et apud Ivon., p. I, cap. 185, et apud Magistrum, lib. IV Sent., dist. 6. LOAISA.

Ibid. Id non obstat quominus probabilis aut vera sit opinio quorumdam recentiorum, qui docent conferri posse baptismum in casu necessitatis pueris qui in uteris maternis sunt, si ad eos pervenire possit aqua baptismi. AREV.

6. Psalm. XXXIX. Ita interpretatur et Augustinus. Verum Basilius et Theodoretus aliter locum interpretantur in scholiis Psalmorum. LOAISA.

Ibid. Prædestinatorum. Sic habent omnes Cod. mss. et editus antiquus, quam lectionem posui et delevi *in regno reproborum*, ex Gregorio et Augustini expositione, unde Gregorius subjungit de illis qui sunt super numerum: *Hic enim fidelibus per confessionem admisti sunt, sed propter vitam reprobam illic numerari in sorte fidelium non merentur.* LOAISA.

Ibid. Vezzosius asserit Loaisam et Breulium animadvertere legendum potius esse *in regno reproborum*; quam dictionem adoptavit Bignæus. Verum Breulius nihil habet præter Loaisæ notam; et Loaisa aperte docet præferendum *in regno prædestinatorum*, quod allata sancti Gregorii verba confirmant, ut mirum sit Vezzosium in tam perspicua re hallucinatum fuisse. AREV.

7. Habetur tota sententia de Consecr., d. 2, cap. *Qui scelerate vivunt*; fragmentum vero ejusde Cons. d. 4, cap. *Qui in maternis uteris*, in fine capitis. LOAISA.

CAP. XXIII. N. 2. Isidorus martyris nomen hoc capite non tantum illis tribuit qui extremam mortem glorios e pro Christo passi sunt, sed illis etiam qui a confessione nominis Christi nulla tormentorum atrocitate abduci potuerunt. Idem facit ubique Cyprianus, martyrum eximius laudator. Tertullianus autem hos designatos martyres appellat, illos vero absolute martyres. LOAISA.

3. Vet. Cod. ad unum omnes legunt: *Vir sanctus ultro se in agone pro certamine debet offerre justitiæ.* Tollunt enim negationem *non*, verum ita sensus non convenit iis quæ sequuntur: *sed tamen agonis fructum videns uberrimum, non debet declinare laboris periculum.* Quapropter existimo negationem, ut in Editis est, retinendam. Thomas, 2—2, quæst. 124: *Martyrium*, inquit, *oblatum debet tolerari patienter, sed non debet quæri, quia non debet dari occasio agendi injuste.* Hæc ille. Unde Cyprianus fugit martyrium, ut constat ex primo lib. Epistol., et Athanasius, ut patet ex homiliæ super Mathæum cap. X, et ex apologia de fuga sua, prope medium. Hinc eleganter Cyprianus ait, Epist. 83: *Dominus confiteri nos magis voluit quam profiteri.* Verum quid de virginibus illis dicemus quæ ob castitatis et pudicitiæ amorem, ne turpiter violarentur, mortem sibi aqua, vel ferro, vel laqueo consciverunt? Quas etiam sancta Ecclesia inter divas martyres connumerat, ut constat ex divo Ambrosio, lib. III de Virginibus, ad Marcellinam sororem, de Pelagiæ et filiarum morte, et Eusebio Cæsariense, lib. VIII Eccles. Histor., de virginibus Antiochiæ, et Sophronia, quæ se occidit, ne vim a Maxentio pateretur? Hieronymus, super Jonam, exponens illud cap. I: *Tollite me et mittite me in mare*, sic inquit: *Non est nostrum mortem arripere, sed illatam ab aliis libenter accipere, unde in persecutionibus non licet propria perire manu, absque eo ubi castitas periclitatur, sed percutienti colla submittere.* Augustinus vero lib. I de Civit. Dei, multis capitibus probat nulla prorsus causa fas esse sibi mortem inferre. Quod si dixeris id licere ne virginitatis integritas omittatur, respondet corporis sanctitatem, animi sanctitate manente, non amitti. Verum eod m lib., velut de sententiæ suæ rigore nonnihil remittens, quæstionem hanc sic concludit: *Sed quædam, inquiunt, sanctæ feminæ tempore persecutionis, ut insectatores suæ pudicitiæ devitarent, in rapturum atque necaturum se flumen projecerunt, eoque modo defunctæ sunt, earumque martyria in Ecclesia catholica veneratione celeberrima frequentantur. De his nihil temere audeo judicare. Utrum enim Ecclesiæ aliquibus fide dignis testificationibus, ut earum memoriam sic honoret, divina persuasit auctoritas, nescio. Et fieri potest ut ita sit. Quid si hoc fecerunt non humanitus deceptæ, sed divinitus jussæ, nec errantes, sed obedientes? Sicut de Samsone aliud nobis fas non est credere. Cum autem Deus jubet, seque jubere sine ullis ambagibus intimat, quis obedientiam in crimen vocet? Quis obsequium pietatis accuset?* Hæc Augustinus, ex cujus verbis illud adversus hæreticos nostri temporis obiter notandum, Ecclesiam sanctos suos divina persuasione arctam honorare. Hic etiam in quæstionem factum Raziæ (de quo Machabæorum II, 14), solet vocari. Quod divus Augustinus improbat l. II contra secundam epist. Gaudentii, cap. 23, et epist. 61 ad Dulcitium, ubi eum laudari ait, non quia seipsum interfecit, sed quod esset vir strenuus, civitatisque ac patriæ amator. Nam alioqui turpe est et animi impatientis sibi manus inferre, ut docet Arist., III Ethicorum, cap. 10. Unde labitur Cicero, Offic. I, dum, Catonis mortem laudans, honestum ac licitum esse asserit virum fortem, ubi res postulaverit, se violenta manu perimere. LOAISA.

vidit; et sapienter se periculo abstulit, in quo potiorem laborem quam lucrum esse perspexit. Ultro se Paulus apud Ephesum periculis obtulit, quia **179** potius periculo lucrum vidit. Damasci autem ideo periculo subtraxit semetipsum, quia nullum periculi ipsius arbitratus est fructum.

4. Disce quomodo ad martyrium se offerat quisque ultro, vel quomodo juxta sententiam Dei cingatur ab altero, et, quo non vult ipse, ducatur, nisi quod et propter gloriam futuram de certamine justus gaudet, et propter passionis violentiam refugit subire quod dolet.

5. Accipe exemplum adeundi sub trepidatione martyrii de usu bellandi, in quo exercitatus quisque in prælio et per audaciam certamen aggreditur, et per timorem cunctatione movetur.

6. Item accipe exemplum martyrii de reparatione humani corporis ad salutem; dum quisque et de spe reparationis gaudet, et de incisionibus ceu amarissimis poculis mœret.

CAPUT XXIV.

De sanctorum miraculis.

1. Etsi apostolis virtus data est signorum propter fidem gentium nutriendam, Ecclesiæ tamen data est virtus operum propter eamdem **180** fidem ornandam. Et tamen in ipsis apostolis plus erat mirabilis virtus operum quam virtus signorum. Ita et nunc in Ecclesia plus est bene vivere quam signa facere.

2. Quod nunc Ecclesia non ea miracula faciat quæ sub apostolis faciebat, ea causa est, quia tunc oportebat mundum miraculis credere, nunc vero jam credentem oportet bonis operibus coruscare. Nam ideo tunc signa fiebant exterius, ut interius fides roboraretur.

3. Jam in fide miracula quicunque requirit, vanam gloriam, ut laudetur, quærit. Scriptum est enim: *Linguæ in signum sunt, non fidelibus, sed infidelibus* (*I Cor.* XIV, 22). Ecce signum non est fidelibus necessarium, qui jam crediderunt, sed infidelibus, ut convertantur. Nam Paulus pro non credentium infidelitate patrem Publii de infirmitate febrium virtutibus curat (*Act.* XXVIII, 8), infirmantem vero Timotheum fidelem, non oratione, sed medicinaliter temperat, ut noveris, miracula pro incredulis, non pro fidelibus fieri.

4. Antequam Antichristus appareat, virtutes ab Ecclesia, et signa cessabunt, quatenus eam quasi abjectiorem persequatur audacius. Ob hanc utilitatem cessabunt sub Antichristo ab Ecclesia miracula et virtutes, ut per hoc et sanctorum clareat patientia, et reproborum, qui scandalizabuntur, levitas ostendatur, et persequentium audacia ferocior efficiatur.

181 CAPUT XXV.

De Antichristo et ejus signis.

1. Omnis qui secundum Christianæ professionis normam aut non vivit, aut aliter docet, Antichristus est.

2. Plerique autem Antichristi tempora non visuri

Ibid. Paulus, etc. Id liquet ex Actorum XIX. Paulo enim volente egredi ad populum, non permiserunt discipuli ejus. LOAISA.

Ibid. Vezzosius non probat rationem Loaisæ, quod, si tollatur negatio, sensus non convenit iis quæ sequuntur, *sed tamen agonis fructum videns*, etc. In nota Loaisæ mendum erat, *sed tamen si agonis fructum videns*, fortasse inde ortum, quod in nonnullis Editis legitur *sed tamen si agonis fructum videt*, etc. In eadem etiam nota correxi *de sententiæ suæ rigore* pro *de sententiæ vigore*. Cæterum negari nequit, quod commodior sensus eruitur, si apponatur negatio. Florezius, tom. X Hisp. sacr., c. 10, apologiam texit martyrum Cordubensium in persecutione Saracenica, qui se ultro pro veritatis defensione certamini obtulerunt, quos defendit etiam gloriosissimus ipse Christi martyr sanctus Eulogius Cordubensis. Advertit Florezius verba sancti Thomæ a Loaisa citata non reperiri ea quæst. 124, 2—2, qui potius art. 3, ad 1, ait: *ex zelo fidei et charitate fraterna multoties leguntur sancti martyres sponte se obtulisse martyrio.* An et quandonam licita sit spontanea oblatio ad martyrium, magna eruditionis copia explicat Benedictus XIV de Beatif. sanctor. lib. III, cap. 16. AREV.

6. Alii, *de incisionibus malorum*. AREV.

CAP. XXIV. N. 1. *Ex Gregor. homil.* 29. LOAISA.

Ibid. plus erat, etc. Id constat ex Lucæ X: *Ecce dedi vobis potestatem calcandi serpentes, et scorpiones, et super omnem virtutem inimici, et nihil vobis nocebit. Verumtamen in hoc nolite gaudere, quia spiritus vobis subjiciuntur. Gaudete autem, quod nomina vestra scripta sunt in cœlis.* Quod docte etiam probat venerabilis et sanctus Beda, super Joann. I. LOAISA.

Ibid. Plus est bene, etc. Id eleganter probat Cyprianus in oratione de Unitate Ecclesiæ ex illo Matth. VII: *Multi enim dicent in illa die: Domine, Domine, nonne in nomine tuo prophetavimus, et in nomine tuo dæmonia ejecimus et in tuo nomine virtutes multas fecimus? Et tunc dicam illis: Nunquam vos cognovi, recedite a me, qui operamini iniquitatem.* Sic enim legitur apud Cyprianum, pro quibus in Editione Vulgata est: *Multi dicent in illa die*, etc. *Et tunc confitebor illis quia nunquam novi vos. Discedite a me.* Idem probat divus Ambrosius in comment. epist. I ad Corinth., XII, exponens illud: *Et adhuc excellentiorem viam vobis demonstro.* LOAISA.

Ibid. In nota Loaisæ erat: *Ecce dedit vobis*, quod ex Evangelio correxi. AREV.

2. Quare miracula in Ecclesia nunc cessaverint causas etiam reddit August. lib. I Retract., cap. 13, et l. de Vera religione, cap. 25, et Ambros. super primam Epistolam ad Corinth., XII, in fine. Divus Gregorius, lib. XXVII Moralium docet etiam Ecclesiam olim adminiculis miraculorum indiguisse, nunc vero non item: *Paulus*, inquit, *egregius prædicator Miletum veniens, plenam infidelibus, sciens patrem Publii dysenteria febribusque vexatum, orando salvavit; et tamen ægrotanti Timothæo præcepit dicens: Modico vino utere propter stomachum tuum et frequentes tuas infirmitates.* LOAISA.

3. Ex Gregor., lib. XXVII Moral., c. 14. LOAISA.

Ibid. Medicinaliter temperat. Al., *medicinaliter reparat.* AREV.

4. Ex Gregor., lib. XXXIV Moral., cap. 2. LOAISA.

Ibid. Ferocior. Vetus Editio, *fortior.* AREV.

CAP. XXV. N. 1. Antichristus Latine dicitur contrarius Christo, ut auctor est Augustinus in primam canonicam Joann. tract. 3, et in libello de Antichristo, si modo ejus est, et Gregor., lib. XXIX Moral., c. 6. Rebellis Christo vocatur a Tertull., lib. de Præscript. adversus hæret. A Joann. I, II, mendax dicitur. *Quis est*, inquit, *mendax, nisi qui negat, quoniam Jesus non est Christus? hic est Antichristus.* Apoc. XIII Bestia nominatur. Homo peccati, et filius perditionis a Paulo II Thess. II. Hæc aliaque multa

sunt, et tamen in membris Antichristi inveniendi sunt.

3. Antequam veniat Antichristus, multa ejus membra præcesserunt, et pravæ actionis merito caput proprium prævenerunt, secundum Apostoli sententiam, qui jam iniquitatis mysterium operari illum affirmat, etiam antequam reveletur (II *Thess.* II, 7).

4. Magnitudo signorum faciet sub Antichristo ut electi, si fieri potest, in errorem mittantur (*Matth.* XXIV, 24). Sed si electi, quomodo sunt in errorem mittendi? Ergo ibunt in errorem titubationis ad modicum præ multitudine prodigiorum, non tamen dejiciendi sunt a stabilitate sua terrorum impulsu atque signorum. Unde et ideo ponitur *si fieri potest*, quia electi perire non possunt, sed cito resipiscentes cordis errorem religione coercebunt: scientes prædictum **182** a Domino esse, ut dum hoc fecerint adversarii, non conturbentur sancti.

5. Tam mira facturus est prodigia et signa, dum venerit Antichristus, ut etiam electis quidam cordis gignatur scrupulus, quod tamen cito exsuperet in illis ratio, per quam scient in deceptionem reproborum et electorum probationem eadem fieri signa. In quo tempore per patientiam gloriosi erunt sancti, non per miracula, sicut martyres fuerunt priores. Illi enim et persecutores sustinebunt, et facientes prodigia. Proinde et durius bellum sustinebunt, quia non solum contra persequentes, sed etiam contra miraculis coruscantes dimicaturi sunt.

6. Gravius sub Antichristi temporibus contra Ecclesiam desæviet Synagoga, quam in ipso adventu Salvatoris Christianos est persecuta.

7. Dum in martyres diabolus jam exercuerit magnam crudelitatem etiam ligatus, crudelior erit tamen sub Antichristi temporibus, quando etiam erit solvendus. Nam si tanta ligatus, quanta solutus faciet?

8. Quanto propinquius finem mundi diabolus videt, A tanto crudelius persecutiones exercet, ut quia se continuo damnandum conspicit, socios sibi multiplicet, cum quibus gehennæ ignibus addicatur.

9. Quanto breve tempus videt sibi restare diabolus, ut damnetur, tanto in magna persecutionis ira movetur, divina justitia permittente, ut glorificentur electi, sordidentur iniqui, et ut diabolo durior crescat damnationis sententia.

183 CAPUT XXVI.

De resurrectione.

1. Inchoatio pacis sanctorum est in hac vita, non perfectio. Tunc autem erit plenitudo pacis, dum ad Dei contemplationem absorpta carnis infirmitate convaluerint.

B 2. Resurrectio mortuorum, ut Apostolus ait, in virum perfectum, in mensuram ætatis plenitudinis Christi futura est (*Ephes.* IV, 13); in ætate scilicet juventutis, quæ profectu non indiget, et absque inclinatione defectus in perfectione ex utraque parte et plena est, et robusta.

3. Quamvis nunc filiorum Dei nomine homines fideles vocentur (*Rom.* VIII, 14), tamen ex eo quod hanc servitutem corruptionis patiuntur adhuc jugo servitutis addicti, sunt accepturi plenam filiorum Dei libertatem, *Dum corruptibile hoc induerit incorruptionem* (*I Cor.* XV, 53).

4. Nunc Deus per speculum agnoscitur, in futuro autem quisque electus facie ad faciem præsentabitur (*I Cor.* XIII, 12), ut ipsam speciem contempletur, C quam nunc per speculum videre conatur.

5. In hac vita electorum numero ad dexteram pertinentium, et reproborum, qui ad sinistram ituri sunt, Ecclesiam Dei compleri (dicitur); in fine autem sæculi sicut zizania a frumento disjungi.

nomina illi per translationem et allegoriam in divinis litteris tribuuntur. LOAISA.

Ibid. De Antichristo notum est opus doctissimi Malvendæ, ut alios omittam. AREV.

3. Membra Antichristi sunt hæretici et improbi Christiani; qui ore Christum confitentur, factis autem negant, ex August., tract. 3 super primam Epist. Joann. *Quisquis factis*, inquit, *negat Christum, Antichristus est.* Quotquot enim habet Ecclesia perjuros, fraudatores, adulatores, ebriosos, feneratores, aliosque id genus sceleratos homines, antichristos, hoc est, adversarios Christi esse, idem recte asserit. Quod ipsum etiam de hæreticis censet, ex illo ejusdem loci: *Antichristus est qui negat Patrem et Filium. Omnis spiritus, qui solvit Jesum, ex Deo non est, et hic est Antichristus.* LOAISA.

Ibid. Locus Pauli est II Thess. II. *Nam mysterium jam operatur iniquitatis.* In quem locum divus Thomas Aquinas sic ait: *Sicut omnia bona sanctorum ante Christum fuerunt figura Christi, sic in omni persecutione Ecclesiæ tyranni fuerunt, quasi figura Antichristi.* Græci hunc Pauli locum de Nerone dictum accipiunt, in qua sententia etiam divus Ambros. est in hunc locum. LOAISA.

5. Num vera futura sint miracula ac prodigia Antichristi, vide Augustin., lib. XX de Civit. Dei, cap. 19. LOAISA.

Ibid. Durius bellum. Quam atrox Antichristi bellum futurum sit patet ex illo Isai. XIV: *Hic homo, qui concitat terram, commovet reges, qui posuit orbem terræ totum desertum.* Sic enim legit Cyprianus, interpretaturque de Antichristo, lib. III Testimoniorum ad Quirinum. Vulgata Editio ita habet: *Nunquid iste est vir qui turbavit terram, qui concussit regna, qui posuit orbem desertum, et urbes ejus destruxit?* LOAISA.

Ibid. Scrupulus, quod tamen. Melius videretur *scrupulus quem tamen.* AREV.

7. *Crudelior erit*, etc. Al., *crudelior erit tamen sub Antichristi*, etc., *ligatus facere potuit, quanta*, etc. AREV.

9. Ita in Mss. et in Editione veteri. De tempore adventus Antichristi vide piam ac prudentem senten- D tiam August., lib. XVIII de Civit. Dei, cap. 93, et Greg., XXXIV Moral., cap. 10. LOAISA.

Ibid. Al., *quanto brevius.* Codex meus, *videt se regnare diabolus.* AREV.

CAP. XXVI. N. 1. Ex Gregor., lib. IV Moral., cap. 22 et 23. LOAISA.

2. August., lib. 22 de Civit., cap. 14 et 15. LOAISA.

Ibid. Sanctus Augustinus Pauli ad Ephesios locum interpretatur, et de ætate disserit qua resurrecturi sumus. AREV.

3. Fideles vocantur filii Dei per adoptionem Epist. I. Joann. III. *Videte*, inquit, *qualem charitatem dedit nobis Pater, ut filii Dei nominemur, et simus.* Et statim: *Nunc filii Dei sumus* (per gratiam videlicet), *et nondum apparuit quid erimus. Scimus quoniam cum apparuerit, similes ei erimus, quoniam videbimus eum, sicuti est.* LOAISA.

CAPUT XXVII.

De judicio.

1. Judicii diem novit Christus, sed in Evangelio dicere et scire **184** discipulos noluit. Nam dum dicit idem Dominus per prophetam : *Dies ultionis in corde meo* (*Isai.* LXIII, 4), indicat se non nescire, sed nolle indicare.

2. De domo Domini, sicut scriptum est (*I Petr.* IV, 17), incipit judicium, quando electi, id est, domus Dei, hic per flagella judicantur. Impii vero illic ad damnationem judicandi sunt. Unde et sequitur : *Si autem primum a nobis, quis finis eorum qui non crediderunt?*

3. Ad districti examen judicis nec justitia justi secura est, nisi pietate divina, ut et ipsa justitia, qua quisque justus est, Deo justificante, justificetur. Alioquin apud Deum et ipsa peccatum est. Inde est quod ait Job : *Innocentem et impium ipse consumit.* Consumitur quippe a Deo innox, quando ipsa innocentia liquidius requisita, et divinæ innocentiæ comparata nihil efficitur, nisi et ibi per divinæ misericordiæ pietatem homo justificetur. Consumitur item **185** a Deo impius, quando examinis divini subtilitate requiritur, ejusque detecta impietas judicata damnatur.

4. Consumitur innox et impius simul fine carnis, non pœna damnationis.

5. Doctus pariter et indoctus moriuntur, sed morte carnis, non pœna damnationis. Omnia autem pergunt ad unum locum, dum morte corporali in terram et justus et impius revertuntur (*Eccle.* II, 16; III, 20). Retributio autem dissimilis, sicuti per eumdem Salomonem dicitur : *Quid plus habet sapiens a stulto, nisi quod illuc pergit ubi vita est* (*Eccle.* VI, 8)? Ergo omnes in terram pariter redeunt. Nam ubi vita est, non pariter pergunt.

6. Gemina punitur sententia impius, dum aut hic pro suis meritis mentis cæcitate percutitur, ne veritatem videat; aut dum in fine damnabitur, ut debitas pœnas exsolvat.

7. Geminum est divinum judicium : unum quo et hic judicantur homines, et in futuro; alterum, quo propterea hic judicantur, ne illic judicentur. Ideoque quibusdam ad purgationem temporalis proficit pœna; quibusdam vero hic inchoat damnatio, et illic perfecta speratur perditio.

8. In judicio reprobi humanitatem Christi, in qua judicatus est, videbunt, ut doleant, divinitatem vero ejus non videbunt, ne gaudeant. Quibus enim divinitas ostenditur, utique ad gaudium demonstratur.

9. Pro diversitate conscientiarum et mitis apparebit in judicio **186** Christus electis, et terribilis reprobis. Nam qualem quisque conscientiam tulerit, tale et judicium habebit; ut, manente in sua tranquillitate Christo, illis solis terribilis appareat, quos conscientia in malis accusat.

10. Duæ sunt differentiæ vel ordines hominum in judicio, id est, electorum et reproborum; qui tamen dividuntur in quatuor. Perfectorum ordo unus est, qui cum Domino judicat, et alius, qui judicatur·

CAP. XXVII. N. 1. *Sed in Evangelio dicere se scire discipulis noluit Mss.* legunt nonnulli. Cæterum Gothus Toletanus omnium fidelissimus cum Edito consentit. Locus vero est Marc. XIII, his verbis : *De die autem illa vel hora nemo scit, neque angeli in cœlo, neque Filius, nisi solus Pater.* Et Matth. XXIV : *De die autem illa et hora nemo scit, neque Filius hominis.* Quorum locorum interpretationem vide apud August. LXXXIII Quæst., q. 6; et Hieron., in Matth.; Ambros., lib. V de Fide, cap. 8; Theophil., super Marcum, cap. 13; Gregor., lib. III super I Reg. III. Qui omnes Patres ideo dicunt Filium judicii diem nescire, quia eum indicare noluit hominibus. Alii doctores neoterici dicunt Christum, quatenus homo erat, diem judicii non cognovisse naturali notitia. Nam solus Deus novit ex sua naturali notitia tempora et momenta quæ Pater posuit in sua potestate. Unde apud Matth., cap. XXIV, additur, *neque Filius hominis.* Nam, quatenus Verbum, novit, sicut Pater. Quam interpretationem videtur etiam sequi Basilius, in epistola ad Amphilochium, dum Matthæi et Marci hæc loca interpretatur. Cæteris vero omnibus occultum esse, multis sacrarum litterarum testimoniis confirmatur. Matth. XXIV : *Sicut autem in diebus Noe, ita erit et adventus Filii hominis.* Luc. XVI : *Sicut in diebus Lot*, etc. Et I Thess. V : *Cum dixerint homines pax et securitas, veniet repentinus interitus.* Et ibidem. *Dies Domini sicut fur in nocte*, et Luc XII. *Quando non putatis Filius hominis veniet.* Et alibi : *Vigilate, quia nescitis diem, neque horam.* Apoc. III : *Veniam ad te tanquam fur, et nescies qua hora veniam ad te.* LOAISA.

Ibid. De genere cognitionis quo Christus diem judicii novit, consulendus etiam Vezzosius, in not. ad Epiphanii c. 21 Ancorati, part. II Institut. Theolog. AREV.

2. *I Pet.* IV : *Quoniam tempus est ut incipiat judicium de domo Dei*, ubi judicium Græce κρῖμα *pro afflictionibus accipiendum.* LOAISA.

3. Ex Gregor., lib. IX Moral., c. 11 et 12. LOAISA.

Ibid. Ut et ipsa, etc. Pulchre differentiam justitiæ, qua Deus et homo justi dicuntur, expressit adversus vesana hæreticorum hujus temporis dogmata, de qua sic etiam in Conc. Trid., sess. 6, c. 7, scriptum est : *Demum unica formalis causa est justitia Dei, non qua ipse justus est, sed qua nos justos facit; qua videlicet a Deo donati, renovamur spiritu mentis nostræ, et non modo reputamur, sed vere justi nominamur, et sumus, justitiam in nobis recipientes.* LOAISA.

7. *Nec illic judicentur.* Ita est in omnibus Mss.; quæ lectio videtur cum illo Pauli quadrare I Cor. XI : *Si nosmetipsos judicaremus, non utique judicaremur.* Et cum illo Sapient. *Ante justitiam præpara judicium.* LOAISA.

Ibid. Ad purgationem. Joan. XV : *Omnem palmitem in me non ferentem fructum, tollet eum, et omnem qui fert, purgabit eum.* Greg. : *Palmes fructuosus purgari dicitur, quia per disciplinam reciditur ad uberiorem gratiam.* LOAISA.

Ibid. Nonnulli impressi, *nec illi damnentur*, quod recte rejicitur. AREV.

8. Gothus, *in qua judicatus est videbunt*; non male : sententia hæc est apud Augustinum, super Joan., tract. 23, et de Trinit., lib. I, cap. 3, 16 et 17. Est etiam in Magistro Sentent., lib. IV, dist. 48. LOAISA.

Ibid. Divinitatem. *Ex illo Isai.* XXVI : Tollatur impius ne videat gloriam Dei. LOAISA.

9. Gregor., lib. XXV Moral., cap. 5 et 6. Desumitur autem sententia ex illo Pauli, Rom. II : *Testimonium reddente illis conscientia ipsorum, et inter se invicem cogitationum accusantium, aut etiam defendentium, in die cum judicabit Deus occulta hominum.* Quem locum ita etiam Ambrosius interpretatur. LOAISA.

10. Ex Gregor., lib. XXVI Moral., c. 24, et Magistr. in IV, dist. 97. LOAISA.

utrique tamen cum Christo regnabunt. Similiter A ordo reproborum partitur in duobus, dum hi qui intra Ecclesiam sunt mali judicandi sunt et damnandi; qui vero extra Ecclesiam inveniendi sunt, non sunt judicandi, sed tantum damnandi.

11. Primus igitur ordo eorum qui judicantur et pereunt opponitur illi ordini bonorum de quo sunt qui judicantur et regnant. Secundus ordo eorum qui non judicantur et pereunt opponitur illi ordini justorum in quo sunt hi qui non judicantur et regnant. Tertius ordo eorum qui judicantur et regnant illi ordini est contrarius de quo sunt qui judicantur et pereunt. Quartus ordo eorum qui non judicantur et regnant opponitur illi contrario ordini in quo illi sunt qui non judicantur et pereunt.

CAPUT XXVIII.
De gehenna.

1. Duplex damnatorum pœna est in gehenna, quorum et mentem **187** urit tristitia, et corpus flamma juxta vicissitudinem, ut qui mente tractaverunt quod perficerent corpore, simul et animo puniantur et corpore.

2. Ignem gehennæ ad aliquid lumen habere, ad aliquid non habere; hoc est, habere lumen ad damnationem, ut videant impii unde doleant; et non habere ad consolationem, ne videant unde gaudeant.

3. Apta fit comparatio de camino trium puerorum ad exemplum ignis gehennæ. Nam sicut ille ignis non arsit ad trium puerorum supplicium, et arsit ad comburenda ligamina vinculorum, ita ignis gehennæ et lucebit miseris ad augmentum pœnarum, ut videant C unde doleant, et non lucebit ad consolationem, ne videant unde gaudeant.

4. Inter hujus vitæ et futuræ infelicitatis miseriam multa discretio est. Illic enim et miseria est propter cruciationem dolorum, et tenebræ propter lucis aversionem: quorum unum in hac vita, id est, miseria est, aliud non est; in inferno autem utrumque est.

CAPUT XXIX.
De pœnis impiorum.

1. Sicut fasciculi lignorum ad combustionem de similibus colligantur (*Matth.* XIII, 30), ita in judicii die similis culpæ rei suis similibus jungentur, ut ex æquo pœna constringat quasi in fasciculum quos actio similes fecit in malum.

2. Sicut unusquisque sanctus in futuro judicio pro quantitate **188** virtutum glorificabitur, ita et unusquisque impius pro quantitate facinorum condemnabitur; nec deerit in supplicio futuro damnationis ordo, sed juxta qualitatem criminum, Propheta affirmante, discretio erit pœnarum.

3. De charorum quoque suorum suppliciis additur etiam pœna defunctis, sicut apud inferos diviti sermo B prædicat evangelicus (*Luc.* XVI, 19); sicut pro augendo Judæ supplicio dicit etiam psalmus: *Commotione moveantur filii ejus, et mendicent* (*Psal.* CVIII, 9).

4. Impii ex hoc durius in judicio puniendi sunt mentis dolore, ex quo visuri sunt justos gloriæ beatitudinem meruisse.

5. Cunctis videntibus est præcipitandus diabolus, quando sub aspectu omnium bonorum angelorum et hominum cum eis qui de parte ejus erunt in ignem æternum mittendus est.

6. Dum sublatus fuerit diabolus, ut damnetur, multi electi, qui in corpore sunt inveniendi, Domino ad judicium veniente, metu concutiendi sunt, videntes tali sententia impium esse punitum: quo terrore purgandi sunt, quia, si quid eis ex corpore adhuc peccati remanserit, metu ipso quo diabolum damnari conspiciunt purgabuntur. Hinc est quod ait Job: *Cum sublatus fuerit, timebunt angeli, et exterriti purgabuntur* (*Job.* XLI, 16).

7. Multos posse perire ex eis in die judicii, qui nunc electi esse videntur, et sancti, dicente propheta: *Vocabit Dominus judicium ad ignem, et devorabit abys-*

Ibid. Non sunt judicandi: Secundum illud Joann. III: *Qui non credit, jam judicatus est;* et illud Pauli, Rom. II: *Quicunque enim sine lege peccaverunt, sine lege peribunt.* LOAISA.

Ibid. Discrimen inter impios, sive incredulos, et peccatores Christianos, agnoscunt multi alii Patres, qui dicunt peccatores judicandos esse, impios jam esse judicatos. Vide Prudentiana, pag. 153, num. 179. AREV.

CAP. XXVIII. N. 1. Theophylactus, super Matth. X exponens illud: *Timete autem magis eum qui potest et animam et corpus perdere in gehennam. Gehennam,* inquit, *cum dixit, significat perpetuam pœnam; Gehenna enim dicitur a semper nascendo.* Hic est ille vermis de quo ait Isaias: *Vermis eorum non morietur, et ignis eorum non exstinguetur.* Cui convenit illud Tityi (ut est in fabulis):

> .... Rostroque immanis vultur obunco,
> Immortale jecur tundens, fecundaque pœnis
> Viscera, rimaturque epulis, habitatque sub alto
> Pectore, nec fibris requies datur ulla renatis.

LOAISA.

2. Ex Gregor., lib. IX Moral., c. 39. LOAISA.

Ibid. Petavius, lib. III de Angelis, c. 5, ignem inferorum esse corporeum probat præsertim testimoniis Augustini et Gregorii, quibus Isidorum quoque adjungit; sed advertit nullum de eo igne corporeo exstare decretum fidei. AREV.

3. Gregor., ibid. LOAISA.

4. Ex Gregor., lib. IX Moral., cap. 38. LOAISA.

CAP. XXIX. N. 1. Ex Gregor., lib. IX Moral., cap. 39. LOAISA.

D *Ibid. Fasciculi lignorum.* Vide a me notata ad vers. 681 lib. III Dracontii:

> Et grates exceptus agam de fasce malorum.

AREV.

2. Ex Gregorio, ibid. LOAISA.

Ibid. Nec deerit, etc. Ita in Goth. et aliis mss., in uno vero perantiquo sic legitur, *nec deerit in supplicii die futurus damnationis ordo.* LOAISA.

3. Psal. CVIII: legiturque in Editione Vulgata: *Nutantes transferantur filii, et mendicent.* Hebræus sermo habet: *Oberrent liberi ejus. Nutantes* autem est instabiles vagentur, errantes mendicent, fiant vagi et errantes. LOAISA.

5. Apoc. XX ponitur ordo judicii, et apud Paulum, I Cor. XV. LOAISA.

6. *Qui in corpore sunt inveniendi.* Vide sanctum Gregorium, lib. XXXIV Moral., c. 7, et sanctum Augustinum, de Civit. Dei, cap. 20, cum nota Vezzosii, part. III Instit. Theolog., pag. 283 et seq. AREV.

7. Locus est Amos VII: *Ecce vocabit judicium ad*

sum multam, et comedet partem domus. Pars quippe domus devorabitur, quia illos etiam infernus absorbebit, qui nunc se esse in præceptis cœlestibus gloriantur; de quibus Dominus dicit : « Multi dicent mihi in illa die : Domine, Domine, **189** nonne in tuo nomine prophetavimus, et in tuo nomine dæmonia ejecimus, et virtutes multas fecimus? Tunc confitebor illis quia nunquam novi vos. Discedite a me, omnes qui operamini iniquitatem, nescio qui estis (*Matth.* VII, 22, 23). »

CAPUT XXX.

De gloria sanctorum.

1. Non faciet in futurum cor miserum justorum compassione damnatorum condolendi affectio, ubi tantum erit sanctorum de Dei contemplatione gaudium, ut tristitiæ nullus tribuatur introitus.

2. Sicut comparatus color candidus nigro colori fit pulchrior, ita et sanctorum requies comparata damnationi malorum gloriosior erit.

3. Sic justitia injustitiæ, sic virtus vitio crescit. Ergo sanctorum crescet gloria, dum debita damnantur impii pœna.

4. Post resurrectionem sanctis in carne promissa est cœlorum ascensio, dicente ad Patrem Christo : *Volo ut ubi sum ego, et ipsi sint mecum* (*Joan.* XVII, 24). Si enim membra capitis sumus, et unus in se, et in nobis est Christus, utique ubi ipse ascendit, et nos ascensuri sumus.

ignem Dominus Deus, et devorabit abyssum multam, et comedet simul partem. Vox autem *domus*, quæ apud Isidorum est, in nullo Bibliorum exemplari legitur, neque in versione LXX, cujus hæc sunt verba : καὶ ἐκάλεσεν τὴν δίκην ἐν πυρὶ καὶ κατέφαγεν τὴν μερίδα, ubi Hieronymus : *Comedit partem*, inquit, *hoc est, ad sanctos illius pervenit, qui in peculio Domini, et in ejus parte reputantur.* Theodoretus in eumdem locum : *Partem*, inquit, *appellat Israel. Sic enim etiam Moses inquit : Et facta est pars Domini populus ejus Jacob.* Loaisa.

Cap. XXX. N. 1. Ex Gregorio, homilia 40. Est apud Magistrum, in IV, dist. 50. Loaisa.

3. In Excuso erat *sicut*; verum Gothus legit : *Sic justitia injustitia, sic virtus vitio crescit. Ergo sanctorum excrescit gloria*, ut sit superioris sententiæ redditio; similiter est in omnibus fere vet. Cod. Loaisa.

Ibid. Alii, *sic virtus vitio. Crescit ergo sanctorum gloria, dum.* Arev.

LIBER SECUNDUS.

190 CAPUT I.

De sapientia.

1. Omnis qui secundum Deum sapiens est beatus est. Beata vita cognitio divinitatis est. Cognitio divinitatis virtus boni operis est. Virtus boni operis fructus æternitatis est.

2. Qui secundum sæculum sapiens est, secundum Deum stultus est. Unde et propheta : *Stultus*, inquit, *factus est omnis homo a scientia sua* (*Jerem.* X, 14).

3. Primum est scientiæ studium quærere Deum, deinde honestatem vitæ cum innocentiæ opere.

4. Nullus sapientiam Dei plene recipit, nisi qui se ab omni abstrahere actionum cura contendit. Unde et scriptum est : *Sapientia scribæ in tempore otii, et qui minoratur actu, ipse percipiet eam* (*Eccli.* XXXVIII, 25).

5. Non ad parvæ intelligentiæ arcem pervenit, qui scit secreta Dei se penetrare non posse. Tunc autem Deum recte cognoscitur, **191** quando eum perfecte scire nos denegamus.

6. Interdum quædam nescire convenit. Nullus autem in culpa major est quam ille qui Deum nescit.

7. Investigationem veri multorum est quærere, sed paucorum est invenire. Ea autem quæ supra hominis intelligentiam sunt, scrutanda non sunt. Quidquid supra hominis intellectum est quærendum non est. Consilio autem divino reservandum est, ut hoc credatur esse justitia, quod divinæ placuerit voluntati. Non enim poterit esse injustum quod justo complacet judici.

8. Omnis sapientia ex scientia et opinatione consistit. Melior est autem ex scientia veniens quam ex opinatione sententia. Nam illa vera est, ista dubia.

9. Ad majoris culpæ cumulum pertinet scire quemquam quod sequi debeat, et sequi nolle quod sciat. Unde et Dominus : *Servus*, inquit, *sciens voluntatem Domini sui, et non faciens, digne plagis vapulabit multis* (*Luc.* XII, 47). Et Jacobus : *Scienti bonum et non facienti, peccatum est* (*Jac.* IV, 17).

10. Simplicitatem cum ignavia vocari stultitiam,

Cap. I. N. 2. Jeremias, X : *Stultus factus est omnis homo a scientia*; in Editione Vulgata non est *sua*, neque apud Septuagint. : Ἐμωράνθη πᾶς ἄνθρωπος ἀπὸ γνώσεως. Verum apud Hebræos est *a scientia sua*, et ita vertit divus Hieronym., Jerem. X, quamvis cap. 51, *a scientia* tantum. Loaisa.

3. Ex divo Gregor., fere ad verbum, hæc sententia et sequens lib. XVIII Moral., cap. 25. Loaisa.

4. Locus est Eccle. XXXVIII, ubi in Editione Vulgata sic est : *Sapientia scribæ in tempore vacuitatis, et qui minoratur actu sapientiam percipiet.* Dictio *scribæ* non est verbum imperandi, sed genitivus, ut constat ex Græcis : Σοφία γραμματέως ἐν εὐκαιρίᾳ σχολῆς. Et Complut. Editio ita habet : *Sapientia scribæ in opportunitate otii*, scilicet consistit, aut comparatur. Sunt qui *sapientiam* legant, et tunc *scribæ* est nominativus, ita ut sit sensus : scribæ, hoc est, legis doctores, sapientiam percipient in tempore quo vacui et liberi sunt ab operibus servilibus et illiberalibus, totos se veritatis speculationi tradentes. Sed hæc interpretatio, licet a doctis probetur, Græcæ Editioni non convenit. Isidorus locum desumpsit ex divo Gregor., lib. XVIII Moral., cap. 25 : *Nullus quippe*, inquit, *eam plane recipiet, nisi qui ab omni se abstrahere actionum carnalium fluctuatione contendit; unde et alias dicitur : Sapientia scribæ in tempore otii, et qui minoratur actu, ipse percipiet eam.* Loaisa.

9. Sensum de Scriptura sumit, et non verba. Locus est Lucæ XII : *Ille autem servus*, etc. Loaisa.

Ibid. Peccatum est. Al., *peccatum est illi.* Arev.

simplicitatem vero cum prudentia vocari sapientiam.

11. Utile est multa scire et recte vivere. Quod si utrumque non valemus, melius est ut bene vivendi studium quam multa sciendi sequamur.

12. Non pertinere ad beatitudinem consequendam scientiam rerum, nec esse beatum multa scire, sed esse magnum beate vivere.

13. Nihil prodesse omnem scire prudentiam cum ignorantia Dei, et nihil obesse scientibus Deum ignorantiam mundi. Perfecte autem scit, qui potius Deum et ista non pro se, sed pro Deo scit.

14. Nihil obesse cuiquam si per simplicitatem aliquam de elementis indigne sentiat, dummodo de Deo vera pronuntiet. Nam quamvis de incorporeis corporeisque naturis nequeat quisque disputare, beatum tamen illum facit vita recta cum fide.

192 CAPUT II.

De fide.

1. Non posse ad veram beatitudinem pervenire, nisi per fidem; beatum autem esse, qui et recte credendo bene vivit, et bene vivendo, fidem rectam custodit.

2. Deus, si creditur, merito invocatur et quæritur; ac per hoc tunc perfecte laudatur, quando invocatur et creditur.

3. Non tantum id credendum est, quod sensu carnis dignoscimus, sed magis etiam quod intellectu mentis conspicimus, id est, Deum. Sine fide nemo potest placere Deo (*Hebr.* XI, 6) : *Omne enim quod non est ex fide peccatum est* (*Rom.* XIV, 23).

4. Fides nequaquam vi extorquetur, sed ratione atque exemplis suadetur. A quibus autem exigitur violenter, perseverare in eis non potest : exemplo, ut quidam ait, novellæ arboris, cujus si quis cacumen violenter impresserit, denuo, dum laxatur, in id quod fuerat, confestim revertitur

5. Sicut homo, libero arbitrio conditus, sua sponte divertit a Deo, ita ex propria mentis conversione credendo, recurrit ad Deum, ut et libertas agnoscatur arbitrii per propriam voluntatem, et beneficium gratiæ per acceptam fidei veritatem.

6. In corde respicit Deus fidem, ubi se non possunt homines excusare, qui ore simulant veritatis professionem et corde retentant erroris impietatem.

7. Sicut nihil proficit fides quæ ore retinetur, et corde non creditur, ita nihil profutura fides, quæ corde tenetur, si ore non proferatur. De tali enim fide propheta ita quosdam objurgat, dicens : *Periit fides, ablata est de ore eorum* (*Jerem.* VII, 28). Fides enim quæ corde creditur, confessione oris ad salutem profertur (*Rom.* X, 10).

8. Vacuam esse sine operibus fidem, et frustra sibi de sola fide **193** blanditur, qui bonis operibus non ornatur.

9. Qui crucem portat debet et mundo mori. Nam ferre crucem, et mori, mortificare seipsum est; ferre, et non mori, simulatio hypocritarum est.

10. Qui per fidem cognitionem Dei habent, et operibus obscurantur, exemplum Balaam sequuntur; qui cadens opere, apertos oculos habuit per contemplationis fidem.

11. Carnales fidem non pro virtute animi, sed pro commodo quærere temporali. Unde et Dominus dicit: *Quæritis me, non quia vidistis signa, sed quia manducastis de panibus* (*Joan.* VI, 26).

12. Christianus malus, dum secundum Evangelii doctrinam non vivit, etiam ipsam fidem, quam verbo colit, oborta tentatione, facile perdit.

13. Multi fide tantum Christiani sunt, opere vero a Christiana doctrina dissentiunt. Multi quoque fidem Christi ex corde non amant, sed humano terrore eamdem per hypocrisim tenere se simulant. Et qui esse non possunt aperte mali, per terrorem ficte boni noscuntur.

14. Amatores mundi pugnant aliquando pro fide, et aliis quidem proficiunt; ipsi vero, amore terreno implicati, cœlestia non requirunt, sed verbo tantum fidem defendunt.

15. Quidam pro fide etiam hæreticos insequuntur, sed per arrogantiam eos qui intra Ecclesiam sunt contemnunt. Adversarios quidem fidei confutant pro infidelitate, sed fideles premunt fasce superbiæ.

CAPUT III.

De charitate.

1. Quamvis nonnulli fide atque operibus sanctis videantur esse participes, tamen, quia privantur charitate fraternæ dilectionis, **194** nullum habent incrementum virtutis. Nam sicut ait Apostolus : *Si tradidero corpus meum, ut ardeam, charitatem non habuero, nihil mihi prodest* (*I Cor.* XIII, 3).

2. Sine amore charitatis, quamvis quisque recte credat, ad beatitudinem pervenire non potest, quia tanta est charitatis virtus, ut etiam prophetia et martyrium sine illa nihil esse credantur.

---

13. *Prodesse omnem.* Al., *prodest homini.* AREV.

CAP. II. N. 5 : *Fidei veritatem.* Al., *fidei firmitatem.* AREV.

7. In omnibus Editis erat *confessionis oris*, male : sed in omnibus Mss., *confessione oris*, quam lectionem probo; sic est apud Paul., Rom. X : *Corde creditur ad justitiam, ore autem confessio fit.* LOAISA.

Ibid. Proferatur. Al., *profiteatur.* AREV.

9. Gregorius, lib. VIII Moral., cap. 26. LOAISA.

10. Gregor., lib. XXV Moral., cap. 10, ad verbum. LOAISA

11. Joann. VI. Est etiam apud Greg., lib. XXIII Moral., cap. 17. LOAISA.

Ibid. Carnales fidem. Al., *carnalium est fidem.* Sed nihil mutes, quamvis hoc clarius videatur. AREV.

13. Greg., lib. XXI, cap. 10, et lib. XXVII, cap. 6 Moral. LOAISA.

15. *Fasce superbiæ.* Meus Codex ms. *fastu superbiæ*, quod fortasse melius. AREV.

CAP. III. N. 1. Ex Greg., lib. XVIII Moral., cap. 14; affertque id testimonium Pauli, I Cor. XIII. LOAISA.

Ibid. Si tradidero. Sic omnes Codd. mss., et Cyprianus, de unitate Eccl., et Cassianus, collat., 1, de Monach. destin., cap. 6. Locus est apud Paul. I Cor. XIII. Græce, ἵνα καυθήσομαι. LOAISA.

3. Nullum præmium charitate pensatur. Charitas A enim virtutum omnium obtinet principatum. Unde et vinculum perfectionis charitas ab Apostolo dicitur (*Coloss.* III, 14), eo quod universæ virtutes ejus vinculo religentur.

4. Dilectio Dei morti comparatur dicente Salomone : *Valida est ut mors dilectio* (*Cant.* VIII, 6); idcirco, quia sicut mors violenter separat animam a corpore, ita et dilectio Dei violenter segregat hominem a mundano et carnali amore.

5. Qui Dei præcepta contemnit, Deum non diligit. Neque enim regem diligimus, si odio leges ejus habemus.

6. Tenenda est cum sanctis viris unitas charitatis; et quanto se quisque subtrahit mundo, tanto opus est ut se associet bonorum consortio.

7. Charitas in dilectione Dei et proximi constat. Servat autem in se dilectionem Dei, qui a charitate non dividitur proximi. Qui a fraterna societate secernitur, a divinæ charitatis participatione privatur. Nec poterit Deum diligere, qui noscitur in proximi dilectione errare. Christus Deus et homo est. Totum ergo Christum non diligit, qui hominem odit.

8. Bonorum discretionis est, non odire personas, sed culpas; et recte dicta pro falsis non spernere, sed probare.

9. Qui imperfecti sunt in Dei amore, sæpe vitia superare disponunt; sed pondere vitiorum gravati, rursus ad ea vitia quæ optant relinquere revolvuntur.

195 CAPUT IV.

De spe.

1. Qui male agere non desistunt, vana spe indulgentiam de Dei pietate requirunt; quam recte quærerent, si ab actione prava cessarent.

2. Metuendum valde est ut neque per spem veniæ, quam promittit Deus, perseveranter peccemus; neque quia juste peccata distringit, veniam desperemus; sed utroque periculo evitato, et a malo declinemus, et de pietate Dei veniam speremus. Omnis quippe justus spe et formidine nitet, quia nunc illum ad gaudium spes erigit, nunc ad formidinem terror gehennæ addicit.

CAPUT V.

De gratia.

1. Interdum peccantibus nobis sua Deus dona non retrahit, ut ad spem divinæ propitiationis mens humana consurgat. Nam non potest conversum spernere, quem peccantem suis beneficiis provocat ad se redire.

2. Confessionem hominis non esse humanæ virtutis. Nam si confessionem boni operis non in nobis Deus operatur, cur per prophetam dicitur : *Confessio et magnificentia opus ejus* (*Psal.* CX, 3)? Ab illo enim nobis omnia bona, gratia præveniente, donantur. Nam nihil boni operis dedimus, per quod confessionem fidei accipere mereamur.

3. Profectus hominis donum Dei est. Nec a se B potest quisquam, sed a Domino corrigi. Non enim quidquam boni habet proprium homo, cujus via non est ejus, testante propheta : *Scio, Domine, quia non est hominis via ejus; nec viri est ut ambulet et dirigat gressus suos* (*Jerem.* X, 23).

196 4. Sciant liberi arbitrii defensores nihil posse in bonum sua prævalere virtute, nisi divinæ gratiæ sustententur juvamine. Unde et per prophetam Dominus dicit : *Perditio ex te tua, Israel, tantum in me auxilium tuum* (*Ose* XIII, 9). Quasi diceret : *Ut pereas, tuo merito; ut salveris, meo auxilio.*

5. Hominis meritum superna gratia non ut veniat invenit, sed postquam venerit facit; atque ad indignam mentem veniens, facit in ea meritum, quod remuneret qui solum invenerat quod puniret. Quid C enim ex se ille latro meruit, qui de faucibus diaboli crucem ascendit, de cruce paradisum adiit? Reus quidem ille, et fraterno sanguine venit cruentus, sed divina gratia in cruce est mutatus. Sciendum quod et nostra sit justitia in his quæ recte agimus; et Dei gratia, eo quod eam mereamur. Hæc enim et dantis Dei, et accipientis est hominis. Sicut et panem nostrum dicimus, quem tamen a Deo accipere postulamus.

6. Spiritualis gratia non omnibus distribuitur, sed tantummodo electis donatur. Non enim omnium est fides, quam quidem etsi plurimi suscipiunt, opus tamen fidei non consequuntur.

7. In divisione donorum diversi percipiunt diversa

---

3. Ex Gregor., lib. XXVIII Moral., cap. 9. LOAISA.
4. Ex Greg., lib. X Moral., cap. 12, affertque illud Cantic. VIII : *valida*. LOAISA.
9. Greg., lib. XI Moral., c. 5. LOAISA.
Ibid. Alii Editi et Mss. : *Sæpe se a vitiis separare disponunt.* AREV.
CAP. IV. N. 2. Greg., lib. XX Moral., c. 7, et ex lib. XXXIII, c. 11. LOAISA.
Ibid. Alii, *adducit* pro *addicit*; sed *addicit* genuinum est ex notatis ad Deut., XIX, 3. AREV.
CAP. V. N. 2. Ex Greg., lib. XVIII Moral., cap. 23. LOAISA.
4. Ose. XIII. Vulgata Editio sic habet : *Perditio tua, Israel; tantummodo in me auxilium tuum.* In Septuaginta est : *Corruptioni tuæ, Israel, quis auxiliabitur?* quem sensum divus Hieron. in Oseam interpretatur. LOAISA.
Ibid. Nihil posse. Al., *nihil posse homines.* Infra D vetus Editio cum Vulgata facit, excepto *tantum* pro *tantummodo*. AREV.
5. Ex divo Greg., lib. Moral., XVIII, c. 23, fere ad verbum; illud autem de latrone adnotandum, propter fratricidium fuisse in supplicium actum. LOAISA.
Ibid. Latronis, qui in cruce Salvatorem confessus et expertus est, crimen fratricidium fuisse, desumptum, opinor, est ex libris apocryphis et pseudepigraphis qui magna copia primis Ecclesiæ sæculis conficti sunt. AREV.
6. Loquitur de Gratia perseverantiæ; nam de justificante concil. Trid., sess. 6, cap. 17. LOAISA.
Ibid. Opus fidei pro dono perseverantiæ Isidorus accipere videtur. AREV.
7. Greg., lib. XXIV Moral., cap. 6, et homil. 10 in Ezech. LOAISA.
Ibid. Nam quod, etc. Ezech. I. Ita interpretatur Gregor., homil. 3 in Ezech. LOAISA.

Dei munera; non tamen conceduntur uni omnia, ut A sit pro humilitatis studio quod alter admiretur in altero. Nam quod in Ezechiele animalium alæ altera ad alteram percutiuntur (*Ezech.* I), virtutes designantur sanctorum mutuo sese affectu provocantium atque alterno exemplo invicem sese erudientium.

8. Munera gratiarum alii ista, alii vero donantur illa. Nec dantur ita habere uni, ut non egeat alterius.

197 9. Posse fieri non est dubium ut hi quos quidam virtutum excellentia antecedunt, Dei repentina præventi gratia, quosdam compendio sanctitatis præveniant; et dum sint conversione postremi, subito efficiuntur virtutis culmine primi.

10. Dum quisque aliquod donum accipit, non appetat amplius quam quod meruit, ne, dum alterius membri officium arripere tentat, id quod meruit B perdat. Conturbat enim corporis ordinem totum, qui non suo contentus officio subripit alienum.

11. Mali dona ideo ad damnationem accipiunt, quia non ad Dei laudem, sed ad suam vanitatem utuntur. Bonis male utuntur qui ea quæ a Deo illis donata sunt in malos usus assumunt, sicut ingenium, sicut et cætera Dei dona.

12. Multis Dei donis gaudemus, quæ nos ab eo percepisse cognoscimus. Nam quod sapientes sumus, quod potentes existimus, non alterius, sed potius divino munere sumus. Utamur ergo optime divinis beneficiis, quatenus et Deum non pœniteat dedisse, et nobis accepisse sit utile.

13. Auferre Deus dicitur homini donum aliquod, quod homo non habuit, id est, quod accipere non C meruit. Sicut et obdurare dicitur Deus hominem, non ejus faciendo duritiam, sed non auferendo eam quam sibi ipse nutrivit. Non aliter et obcæcare dicitur quosdam Deus, non ut in eis eamdem ipse cæcitatem faciat, sed quod pro eorum inutilibus meritis cæcitatem eorum ab eis ipse non auferat.

14. Plerisque Dei dona dantur, perseverantia vero doni non datur. Et inde est, quod quidam principia habent conversionis bonæ, fine vero malo clauduntur. Electi vero accipiunt et conversionis donum, et perseverantiam doni. Ea ergo causa est, quod quidam et bene incipiunt, et bene finiunt.

198 CAPUT VI.

De prædestinatione.

1. Gemina est prædestinatio, sive electorum ad requiem, sive reproborum ad mortem. Utraque divino agitur judicio, ut semper electos superna et interiora sequi faciat, semperque reprobos ut infimis et exterioribus delectentur deserendo permittat.

2. Sicut ignorat homo terminum lucis et tenebrarum, vel utriusque rei quis finis sit, ita plenius nescit quis ante suum finem luce justitiæ præveniatur, vel quis peccatorum tenebris usque in suum terminum obscuretur, aut quis post lapsum tenebrarum conversus resurgat ad lucem. Cuncta hæc Deo patent, homini vero latent.

3. Quamvis justorum conversatio in hac vita probabilis sit, incertum tamen hominibus esse ad quem sint finem prædestinati, sed omnia reservari futuro examini.

4. Mira dispositio est supernæ distributionis, per quam hic justus amplius justificatur, impius amplius sordidatur (*Apoc.* XXII); malus ad bonum aliquando convertitur, bonus ad malum aliquando reflectitur. Vult quis esse bonus, et non valet; vult alter esse malus, et non permittitur interire. Datur ei qui vult esse bonus; alius nec vult, nec datur ei ut sit bonus. Iste nascitur in errore, et moritur; ille in bono quo cœpit, usque in finem perdurat. Tandiu iste stat, quousque cadat; ille diu male vivendo in fine salvatur, respectusque convertitur.

199 5. Vult prodesse in bono justus, nec prævalet; vult nocere malus, et valet. Iste vult Deo vacare, et sæculo impeditur; ille negotiis implicari cupit, nec perficit.

6. Dominatur malus bono, bonus damnatur pro impio, impius honoratur pro justo. Et in hac tanta obscuritate non valet homo divinam perscrutari dispositionem, et occultum prædestinationis perpendere ordinem.

CAPUT VII.

De conversis.

1. Non inchoantibus præmium promittitur, sed perseverantibus, sicut scriptum est : *Qui persevera-*

9. *Efficiuntur.* Fortasse legendum erit *effidiantur.* AREV.

11. *Quia non ad Dei laudem.* Al., *quia illis non ad Dei laudem.* AREV.

12. Alii, *quod sapientes sumus, quod divites, quod potentes.* AREV.

13. Exod. IV, ad Mosen dicitur de Pharaone : *Ego obdurabo cor ejus.* Gregor., Moral. XI, cap. 5 : *Obdurare,* inquit, *quippe per justitiam dicitur Deus, quando cor reprobum per gratiam non emollit;* et homil. 11, in Ezech. exponens illud : *Ego indurabo cor Pharaonis : Non enim cor peccantis Dominus obdurat, sed obdurare dicitur, cum ab obduratione non liberat.* LOAISA.

CAP. VI N. 1. Ex Greg., lib. XXXIII Moral., cap. 20. LOAISA.

Ibid. Alii, *semperque reprobos infima et exteriora, deserendo, sectari permittat.* Codices mss. plerique, *semperque reprobos, ut infima et exteriora delectentur, deserendo, permittat;* ut dubitari possit an Isidoriani sæculi propria sit hæc locutio, *infima et exteriora delectari,* pro *infimis et exterioribus delectari.* Vide lib. D II Synonymorum, num. 5, cum nota, et Isidoriana, cap. 43, n. 34, et cap. 94, num. 57, ubi ex Cod. Vatic. 657 notavi hanc varietatem, *ut in infima et exteriora delectentur.* Relegendum etiam in Isidorianis caput 30, in quo doctrina sancti Isidori de prædestinatione defenditur contra Hincmarum Rhemensem, qui etiam ipse apud Isidorum legebat : *Ut infima et exteriora delectentur.* AREV.

4. *Datur ei qui vult,* etc. Tota sententia desumitur ex divo Gregor., lib. XXIX Moral., cap. 18. LOAISA.

Ibid. Vitiose nonnulli *datur ei, quod sit malus, qui vult esse bonus.* Minus displicet quod alii exhibent : *Tandiu in bono iste stat, quousque,* etc. AREV.

CAP. VII. N. 1. Conversi in universum vocantur omnes qui in monastica vita Deo militant, ut est apud Pachomium, in regula, et apud Cassian., l. IV de Institutis renuntiantium, cap. 1. Renuntiantes vocantur conversi; nunc in monasticis ordinibus laici appellantur conversi. LOAISA.

verit usque in finem, hic salvus erit (*Matth.* x, 22; xxiv, 13)

2. Tunc enim placet Deo nostra conversio, quando bonum, quod inchoamus, perseveranti fine complemus. Nam sicut scriptum est: *Væ his qui sustinentiam perdiderunt*, id est, opus bonum non consummaverunt (*Eccle.* ii, 16).

3. Indulgentia peccatorum, sciendum, ubi, quando, vel qualibus datur. Ubi quippe? nisi intra Ecclesiam catholicam? Quando, nisi ante venturi exitus diem? *Quia ecce nunc tempus acceptabile, ecce nunc dies salutis* (*II Cor.* vi, 2). Qualibus, nisi conversis, qui per humilitatem **200** ad parvulorum transeunt imitationem? de quibus dicitur: *Talium est enim regnum cœlorum* (*Matth.* xix, 14).

4. Nemo perpendere potest quanti sit ponderis in justitia, vel quanti fulgoris radio justitia clareat, nisi qui prius toto mentis nisu convertatur ad Deum, quatenus ipso lumine quo illustratur et suam fœditatem agnoscat, et lumen quod cæco corde non intuebatur intelligat.

5. Tunc autem inattingibilem intelligi posse divinam justitiam, dum eam quisque sequi conversus tentaverit, quia lux non intelligitur, nisi cum videtur.

6. Judicium quod in hominis potestate consistit conversionis est gratia, per quam nosmetipsos judicamus, quando flentes mala nostra punimus, et bono quod ex Deo nobis est solidius inhæremus.

7. Tripertitus describitur esse uniuscujusque conversi profectus, id est, primus, corrigendi a malo; secundus, faciendi bonum, tertius, consequendi boni operis præmium. Nam quod ait propheta: *Solve fasciculos deprimentes* (*Isai.* lviii, 6), mali est emendatio: Quod vero adjecit: *Frange esurienti panem tuum*, operis boni est actio. In eo vero quod subjungit: *Tunc erumpet matutinum lumen tuum*, operis boni est retributio. Ergo non proficit facere bonum, nisi correctum fuerit malum. Non poterit quisquam ad contemplationem Dei proficere, nisi se prius in bonis studuerit actibus exercere.

8. Multis modis terret Deus homines, ut vel sero convertantur, atque exinde magis erubescant, quod tandiu exspectati sunt ut redirent. Nam nunc minis, nunc plagis, nunc revelationibus quosdam concutit, ut qui voluntate converti despiciunt, commoti terroribus corrigantur.

9. Plerique ex sola mentis devotione convertuntur ad Deum; nonnulli vero coacti plagis convertuntur, qui ex devotione non convertebantur, juxta capitulum psalmi dicentis: *In freno et camo maxillas eorum constringe, qui non approximant ad te* (*Psal.* xxxi, 9).

10. Plerique autem, dum devotione non convertuntur, plagæ **201** stimulis feriuntur; qui tamen nec sub verbere sentiunt, ut aliquatenus corrigantur, sicut Ægyptus, qui et pœnas luit, et emendari nequivit. De talibus enim ait propheta: *Percussisti eos, et non doluerunt; attrivisti eos, et renuerunt suscipere disciplinam* (*Jerem.* v, 3.)

11. Nonnulli viri sæculares elatione mentis tumentes, postmodum conversi ad Deum, religiosa sequuntur obedientia Christum; et qui antea celsitudine mundiali tumebant, postea ipsam elationem in studio humilitatis commutant.

12. Quidam sunt qui jam secrete conversi sunt, quorum conversio, quia non procedit ad publicum, apud æstimationem humanam, quales fuerunt, tales adhuc esse putantur; jam tamen in Dei oculis surrexerunt. Item quidam adhuc humano judicio stare cernuntur; jam tamen in Dei oculis ceciderunt.

13. Multi apud homines reprobi sunt, et apud Deum electi; atque item multi apud homines electi putantur, et apud Deum reprobi existunt, Salomone dicente: *Vidi, inquit, impios sepultos, qui cum adhuc viverent, in loco sancto erant, et laudabantur in civitate quasi justorum operum* (*Eccle.* viii, 10). Nullus ergo se putet electum, ne forte jam apud Deum sit reprobus.

CAPUT VIII.

De primordiis conversorum.

1. Trimodum genus est conversionis ad Deum, inchoationis cum dulcedine, medietatis cum labore, perfectionis cum requie. Sed tamen plerumque alii incipiunt a dulcedine, alii a tentationum amaritudine.

Ibid. Non inchoantibus, etc. Ex veteribus impressis. *Non inchoantibus præmium promittitur, sed perseverantibus datur*, mss. omnes. LOAISA.

Ibid. Alii omittunt *non*, alii addunt *datur* post *perseverantibus*. Meus Cod.: *Non inchoantibus præmia promittuntur, sed perseverantibus dantur*. De conversis alia etiam notavit Loaisa lib. iii, c. 15, n. 3. Exceptum ex his capitibus inscriptum *De conversis* quasi distinctum opus Isidori a nonnullis editum fuit, ut explicui in Isidorianis, cap. 68, num. 7 seqq., ubi etiam excripsi præfationes Canisii et Constantini Cajetani. Hic notas aliquas, seu varias lectiones e suo exemplari ms. adjecit, quarum nonnullæ a nobis indicabuntur: reliquas satius est omittere; nam corruptissimum erat illud exemplar. AREV.

2. Eccle. ii. Greg., lib., vi, exposit. in prim. regulam, cap. 13, interpretatur locum: *Sustinentiam*, inquit, *perdunt qui bona quæ inchoant non consummant*. LOAISA.

Ibid. Perseveranti, etc. Al., *perseverante fine continenti non perdiderimus, id est, opus bonum*, etc. AREV.

3. Id probat Gregor., lib. Moral. v, cap. 8, et lib. ix, c. ult. LOAISA.

9. Locus est psal. xxxi, ubi ita legitur: *In camo et freno maxillas eorum constringe*. Sic Septuag. legunt, et Basil., et Theod., per camum et frenum disciplinam intelligentes. Camus Græcis est genus vinculi, κημὸς. Sunt qui vertant *lupato et freno*, verum in Psalt. Isidor. est *in freno et camo*. LOAISA.

Ibid. Forte, *Ægyptus, quæ*. AREV.

11. Greg., lib. ii Moral., cap. 19, et lib. xviii, cap. 12. LOAISA.

12. Ex Gregor., lib. xxv Moral., c. 7 et 10. LOAISA.

Ibid. Surrexerunt. Al., *se correxerunt*. AREV.

13. *Quasi justorum operum. Ita Goth. Tolet. Quasi justorum animæ, Salm. Goth.* LOAISA.

Ibid. Justorum operum. Al., *justorum opera*. AREV.

CAP. viii. N. 1. Ex Gregor., lib. xxiv Moral., cap. 7. LOAISA.

2. Omnis conversus ante ex fletu inchoet peccato- A rum, et sic transeat ad desiderium supernorum. Prius enim lacrymis purganda sunt vitia quæ gessimus, et tunc munda mentis acie id quod **202** quærimus contemplemur, ut dum antea flendo peccati a nobis caligo detergitur, mundatis cordis oculis libere superna inspiciantur.

3. Ante necesse est timore converti ad Deum, ut metu futurarum pœnarum carnales illecebræ devincantur. Deinde oportet, abjecto timore, ad amorem vitæ æternæ transire. *Perfecta enim charitas foras mittit timorem* (*I Joan.* IV, 18); qui autem timet, pœnam habet, et non est perfectus. Unde et Apostolus: *Non enim accepistis spiritum servitutis iterum in timore, sed accepistis spiritum adoptionis* (*Rom.* VIII, 15); per quem scilicet jam non peccati pœna servos comprimit, sed amor justitiæ liberos reddit. B

4. Necesse est omni converso ut post timorem consurgere ad charitatem Dei debeat, quasi filius, nec semper sub timore jaceat, quasi servus. Tunc enim amorem nostræ conversionis ostendimus, si denuo ut patrem diligimus, quem prius servili mente vere ut Dominum formidabamus.

5. Primordia conversorum blandis refovenda sunt modis, ne si ab asperitate incipiant, exterriti ad priores lapsus recurrant. Qui enim conversum sine lenitate erudit, exasperare potius quam corrigere novit.

6. Conversus quisque antea ab opere corrigendus est, postea vero a cogitatione, ut prius refrenet pravum actum, deinde appetitum delictum, ut quod jam in opere non apparet, in cogitatione nequaquam per- C duret.

7. Omnis nova conversio adhuc pristinæ vitæ habet commistionem: propterea nequaquam ea virtus procedere ad hominum oculos debet, donec conversatio vetus funditus ab animo exstirpetur.

8. Quisquis ex deteriore jam melior esse cœpit, caveat de acceptis extolli virtutibus, ne gravius per vanam gloriam corruat, quam prius per lapsum vitiorum jacebat.

203 CAPUT IX.

De conflictu conversorum.

1. Quisque conversus si mox omnes carnis stimulos calcare cupiat, et summa virtutum subire contendat, si forte adhuc aliqua adversa de carnis molestiis tolerat, non frangatur, quia dispensator bonorum D novit adversitates reprimere vitiorum successione virtutum.

2. Tunc magis gravari se quisque impulsu vitiorum agnoscit, dum ad cognitionem Dei accesserit, sicut populus Israel graviori onere ab Ægyptiis premitur, dum per Moysen divina illi cognitio aperitur (*Exod.* V).

3. Vitia enim ante conversionem quasi pacem in homine habent, quando autem expelluntur, acriori virtute consurgunt. Fiunt autem inimica converso, quæ peccatori prospere blandiebantur; atque item fiunt blanda converso, quæ peccatori adversa exstiterunt.

4. Multos habet conflictus Dei servus ex recordatione operum præteritorum; multique post conversionem etiam nolentes motum libidinis sustinent, quod tamen ad damnationem non tolerant, sed ad probationem, scilicet ut semper habeant pro excutienda inertia hostem, cui resistant, dummodo non consentiant. Unde et noverint servi Dei se etiam a peccatis jam esse mundatos, sed tamen cogitationum turpium adhuc interpellatione pulsari.

5. Ante conversionem præcedit turba peccatorum, post conversionem sequitur turba tentationum. Illa se objiciunt, ne ad Deum convertamur; ista se ingerunt, ne liberis cordis oculis Deum cernamus: utrusque tumultus insolentiam nobis gignit, intentionemque nostram sæpe fraude multimoda intercludit.

6. Utile est Dei servo post conversionem tentari, quatenus a torpore negligentiæ, sollicitantibus vitiis, ad virtutes animum per exercitium præparet vitiorum.

204 CAPUT X.

De remissa conversione.

1. Multos remissa conversio in pristinos errores reducit, ac vivendi tempore resolvit; horum ergo exempla quisque conversus evita, ne dum timorem Dei a torpore incipis, rursus mundanis erroribus immergaris.

2. Tepidus in conversione otiosa verba et vanas cogitationes noxias esse non conspicit; quod si a torpore mentis evigilaverit, ea quæ levia existimabat confestim, quasi horrenda atque atrocia pertimescit.

3. Fraus et desidia in omni bono opere formidanda est. Fraudem facimus Deo, quoties de bono opere nostro nosmetipsos, non Deum laudamus. Desidiam vero agimus, quoties per torporem languide ea quæ Dei sunt operamur.

4. Omnis ars sæculi hujus strenuos amatores habet, et ad exsequendum promptissimos; et hoc proinde fit, quia præsentem habet operis sui remunerationem.

2. *Munda. Ita Salm. Goth. Mundata, Tolet.* LOAISA.
3. Gregor., lib. Moral. IX, cap. 22. LOAISA.
5. Greg., lib. XXIV Moral., c. 7. LOAISA.
6. *Appetitum delictum.* Al., *appetitum ad delictum*; vel, *appetitum ac delictum.* AREV.

CAP. IX. N. 4. Greg., lib. Mor. XXIV, c. 7. LOAISA.
5. Tota hæc sententia desumpta est ex Greg., homil. 2 in Evang. Luc. XVIII, de cæco illuminato exponente illud mystice: *Et qui præibant increpabant eum, ut taceret.* LOAISA.

Ibid. Insolentiam, etc. Al., *insolentia nobis gignit intentionem, quæ nostra sæpe fraude multimoda intra concludit.* AREV.

CAP. X. N. 3. De desidia et fraude fuse disserit Greg., lib. Moral. IX, cap. 17, ex quo loco tota hæc sententia deducitur. LOAISA.

Ibid. Quoties, etc. Al., *quoties de ipsius donis et muneribus gloriam propriam et humanam laudem appetimus et de bono opere*, etc. AREV.
4. *Divini timoris.* Al., *divini amoris.* Ibid. *præparatur.* Al. *prædicatur.* AREV.

Ars vero divini timoris plerosque habet sectatores languidos, tepidos, pigritiæ inertia congelatos; sed hoc proinde, quod labor eorum non pro præsenti, sed pro futura remuneratione differtur. Ideoque dum eorum laborem mercedis retributio non statim consequitur, spe pene dissoluta languescunt. Unde et magna illorum gloria præparatur, qui bonæ conversionis vitæ principia augmento solidiore consummant, atque eo ad promerendam retributionem clariores præparantur, quo firmius duri itineris labores et inchoant et consummant.

5. Quidam primo conversionis calore ad virtutes sese accingunt, accedente vero progressu, dum immoderate terrenis rebus incumbunt, pulvere infimi appetitus obscurantur; unde et Dominus de bonis seminibus dicit: *Quod autem cecidit in spinis, hi sunt qui* **205** *audiunt verbum Dei* (*Matth.* XIII), et sollicitudine sæculi, vel fallacia divitiarum suffocant verbum, et sine fructu efficitur.

6. Nuper conversi nequaquam debent in curis exterioribus provehi. Nam si implicentur, confestim, quasi plantata arbuscula, et necdum radice præfixa, concutiuntur pariter et arescunt.

7. Valet interdum conversis pro animæ salute mutatio loci. Plerumque enim, dum mutatur locus, mutatur et mentis affectus. Congruum est enim inde etiam corporaliter avelli, ubi quisque illecebris deservivit; nam locus ubi prave quisque vixit, hoc in aspectu mentis opponit quod semper ibi vel cogitavit, vel gessit.

CAPUT XI.

De exemplis sanctorum.

1. Ad conversionem seu correctionem mortalium multum prosunt exempla bonorum. Mores enim inchoantium non queunt proficere ad bene vivendum, nisi perfectorum informentur exemplis patrum.

2. Reprobi autem non attendunt documenta bonorum, quæ imitentur ad melius; sed proponunt sibi exempla malorum, quibus ad suorum morum perversitatem utantur in pejus.

3. Ob hanc utilitatem scribuntur sanctorum ruinæ et reparationes, ut spem faciant salutis humanæ, ne quisquam post lapsum **206** pœnitendo desperet A veniam, dum conspicit sanctorum reparationem fuisse etiam post ruinam.

4. Sciant flagitio dediti ad quam utilitatem eorum exempla proponantur sanctorum, scilicet, ut aut sint quos imitentur ad reparationem, aut certe ex eorum comparatione durius de inobedientia puniantur.

5. Propterea virtutes sanctorum ad exemplum nostrum Deus proposuit, ut quanto de imitatione eorum conferri possunt nobis justitiæ præmia, tanto de perseverantia mali sint graviora tormenta.

6. Si enim ad boni incitamentum divina, quibus admonemur, præcepta deessent, pro lege nobis sanctorum exempla sufficerent. At contra, dum et nos Deus præceptis suis admoneat, et vitæ sanctorum boni operis nobis exempla proponat, nulla est B jam de reatu excusatio, quia et lex Dei aures nostras quotidie pulsat, et factorum documenta bonorum cordis nostri intima provocant.

7. Et si pravorum sæpe secuti sumus exempla, cur non imitemur sanctorum digna, et Deo placita facta? et si apti fuimus imitari iniquos in malum, cur pigri sumus imitari justos in bonum?

8. Orandus est Deus, ut virtutes quas sanctis præparavit ad coronam, nobis ad profectum sint positæ, non ad pœnam. Proficient autem ad profectum nostrum, si tot exempla voluerimus imitari virtutum. Certe si ea potius aversati quam imitati fuerimus, ad damnationem nostram erunt, qui ea legendo implere negleximus.

9. Multi vitam sanctorum imitantur, et de moribus C alterius effigiem virtutis sumunt, tanquam si imago quælibet intendatur, et de ejus similitudine species picta formetur; sicque fit ad imaginem similis ille qui ad similitudinem vivit imaginis.

10. Qui sanctum virum imitatur, quasi exemplar aliquod intuetur, seseque in illo, quasi in speculo, perspicit, ut adjiciat quod deesse virtutis agnoscit. Minus enim seipsum homo ex semetipso **207** considerat; sed dum alterum intendit, id quod minus est luminis adjicit.

11. Perfectorum est jam virorum non quemlibet sanctorum imitando, sed ipsam veritatem intuendo, ad cujus imaginem facti sunt, justitiam operari. Hoc

5. *Infimi.* Ita Goth. Tolet. *Infirmi*, Salmant. LOISA. *Ibid. Seminibus.* Al., *seminibus in spinis jactatis.* AREV.

6. *Curis exterioribus.* Al., *curis et externis rebus.* AREV.

7. Est apud Gratianum, dist. 81. In Editis et in decreto Gregoriano est *pro animæ salute.* In Gothicis omnibus mss. est *pro animi salute.* LOAISA.

CAP. XI. N. 1. Gothus Cod. et multi ex Mss. sic habent: *Nam cætera perfectorum exempla mores inchoantium non queunt perficere ad bene vivendum. Reprobi autem non attendunt documenta bonorum*, etc. Unus Cod. legit: *Nam certa.* Illud vero, *nisi perfectorum informetur exemplis patrum*, in nullo Cod. ms. est. Verum retinui lectionem excusi Cod., eo quod sensus est dilucidior, et auctoritate Gregorii nixus; in quo, lib. XXV Moral., cap. 7, sic est: *Nam quasi quædam fomenta igni dare est, in exercitatione charitatis, vel exempla patrum, vel præcepta dominica ministrare.* LOAISA.

Ibid. Bonorum, etc. Al., *sanctorum. Nam ad cætera perfectorum exempla mores inchoantium non* D *queunt proficere ad bene vivendum. Reprobi autem*, etc. In textu Grialii erat *perficere*, sed reposui *proficere*, quod Loaisa voluisse videtur, ac in ejus prima Editione Vezzosius reperit. *Perficere* locum habebit, si legatur, ut in meo Cod. *Nam cætera... non queunt perficere, etc.* AREV.

3. Gregor., homil. 25 in Evangel., in fine. LOAISA.

5. Gregor., lib. IX Moral., cap. 35. LOAISA.

8. Alludit ad illud Gregor., lib. XXIV Moral., cap. 6: *Vira lectio est vita bonorum.* LOAISA.

9. *Imaginis.* Luc. Cod. addit: *Quemadmodum imago homini, non homo imagini similis dicitur, quia non homo ad picturam, sed pictura ad hominis speciem figuratur, ita non ille dicitur similis, ad cujus imaginem alter vivit, sed ille qui exemplum ex alterius virtutibus sumit. Iste enim ex præcedenti specie virtutis vivit; ille enim non est effigies virtutis alienæ, sed inventor, et magister.* AREV.

indicat, quod scribitur : *Faciamus hominem ad imaginem et similitudinem nostram* (*Gen.* I, 26), quia ipsam intelligendo imitatur divinitatem, ad cujus factus est similitudinem. Iste ergo tantus est, ut non egeat homine demonstratore justitiæ, sed ipsam contemplando imitetur justitiam.

12. Exempla sanctorum, quibus ædificatur homo, varias (faciunt) consectari virtutes : humilitatis ex Christo, devotionis ex Petro, charitatis ex Joanne, obedientiæ ex Abraham, patientiæ ex Isaac, tolerantiæ ex Jacob, castimoniæ ex Joseph, mansuetudinis de Moyse, constantiæ de Josue, benignitatis de Samuele, misericordiæ de David, abstinentiæ de Daniele; sic et cætera facta priorum quo labore, quo moderamine, quave intentione, vel compunctione gerantur, vir sanctus imitando considerat.

CAPUT XII.

De compunctione cordis.

1. Compunctio cordis est humilitas mentis cum lacrymis, exoriens de recordatione peccati et timore judicii.

2 Illa est conversis perfectior compunctionis affectio, quæ omnes a se carnalium desideriorum affectus repellit, et intentionem suam tota mentis studio in Dei contemplatione defigit.

3. Geminam esse compunctionem, qua propter Deum anima cujusque electi afficitur, id est, vel dum operum suorum mala considerat, vel dum desiderio æternæ vitæ suspirat.

4. Quatuor esse qualitates affectionum, quibus mens justi tædio salubri compungitur : hoc est, memoria præteritorum facinorum, recordatio futurarum pœnarum, consideratio peregrinationis suæ **208** in hujus vitæ longinquitate, desiderium superA næ patriæ, quatenus ad eam quantocius valeat pervenire.

5. Quisque peccatorum memoria compungitur ad lamenta, tunc Dei se sciat visitari præsentia, quando id, quod se admisisse recolit interius erubescit, suoque judicio pœnitendo jam punit. Nam tunc Petrus flevit, quando in eum Christus respexit (*Matth.* XXVI, 75). Unde et psalmus : *Respexit*, inquit, *et commota est, et contremuit terra* (*Psal.* XVII, 8).

6. Gressus Dei sunt in cor hominis interior via, qua bona desideria surgunt, ut calcentur mala. Quando ergo ista in corde hominis fiunt, sciendum est tunc esse Deum per gratiam cordi humano præsentem ; unde se tunc magis homo aperire ad compunctionem debet, quando sentit et Deum interius operantem.

B 7. Quomodo mens hominis justi ex vera compunctione rapiatur, et qualiter infirmata revertatur degustatæ lucis magnitudine, illum nosse posse qui jam aliquid exinde gustavit.

8. Sunt qui non ex vera cordis compunctione sui accusatores fiunt, sed tantum ad hoc esse se peccatores assignant, ut ex ficta humilitate confessionis locum inveniant sanctitatis.

CAPUT XIII.

De confessione peccatorum, et pœnitentia.

1. Ex eo unusquisque justus esse incipit, ex quo sui accusator exstiterit. Multi autem e contra semetipsos peccatores fatentur, et tamen semetipsos a peccato non subtrahunt.

2. Magna jam justitiæ pars est, seipsum nosse C hominem, quod **209** pravus est, ut ex eo divinæ virtuti subdatur humilius, ex quo suam infirmitatem agnoscit.

3. Bene se judicat justus in hac vita, ne judicetur

12. Gregor., lib. XXVII Moral., cap. 5. LOAISA.

Ibid. Ut hæc sanctorum exempla imitemur, Isidorus suum de Ortu et Obitu Patrum librum adornavit. AREV.

CAP. XII. N. 1. Greg., lib. XXIII Moral., c. 13, et homil. 22 in Ezech. LOAISA.

3. Greg., homil. 22 in Ezech. et alibi. LOAISA.

4. Greg., lib. Moral. XXIII, c. 13. LOAISA.

5. Ex duobus psalmis, psalm. CIII ; *Qui respicit terram, et facit eam tremere* ; et psalm. XVII : *Commota est, et contremuit terra* ; et psalm. LXXVI : *Illuxerunt coruscationes tuæ orbi terræ. Commota est, et contremuit terra.* In Psalterio Isidoriano, in hoc loco psalm. LXXVI, sic est : *Illuxerunt fulgura tua orbi terræ; vidit, et commota est terra.* LOAISA.

Ibid. Quisque peccatorum. Al., *quisque dum peccatorum.* Sed *quisque* accipi etiam solet pro *quisquis.* AREV.

8. Gregor., lib. Moral. XXII, cap. 10, et lib. XXIV, cap. 6. LOAISA.

CAP. XIII, N. 1. Greg., XXII Moral., c. 10 : et lib. XXIV Moral., cap. 6, circa finem. LOAISA.

2. Gothus et alii Mss. habent *seipsum nosse homo.* Obiter observandum est, ad intelligentiam divinæ Scripturæ et hujus loci, quod vox *homo* in divinis litteris multis sumitur modis : aliquando pro natura, aliquando pro culpa, aliquando pro fragilitate. Pro natura humana, Genes. II : *Faciamus hominem ad imaginem et similitudinem nostram.* Pro culpa, psalm. LXXXI : *Vos autem sicut homines moriemini*, hoc est, sicut inobedientes peccatores. Et I Cor. III : *Cum sit inter vos zelus et contentio, nonne carnales estis, et secundum hominem ambulatis ?* Pro fragilitate, Jerem. XVII : *Maledictus homo, qui spem suam ponit in homine* ; ac si aperte dicat, in infirmitate et fragili fundamento innititur. Et Isai. XXXI : *Ægyptus homo, et non Deus.* Homo etiam vocatur qui humana sapit, ut adnotavit Gregorius, lib. XXIV Moral., cap. 6, et adducit illud I Cor. III : *Nonne homines estis ?* Vocatur et qui carnis illecebris et concupiscentiæ ardore vincitur, Ezech. XXIV : *Vos autem grex pascuæ meæ* D *homines estis.* Et Isai. II : *Incurvavit se homo, et humiliatus est vir.* Inde homines carnales jumenta vocantur, et affectus bestiarum illis tribuuntur. Joel. I : *Computruerunt jumenta in stercore suo.* Et illud Jerem. *Unusquisque ad uxorem proximi sui hinniebat*, et Ezech. XXIII : *Ut carnes asinorum carnes eorum, et fluxus equorum fluxus eorum.* Ut Davidicum illud exprimatur psalm. XLVIII : *Homo cum in honore esset, non intellexit, comparatus est jumentis insipientibus, et similis factus est illis.* LOAISA.

Ibid. In omnibus Excusis erat *quod parvus est*, verum consentientibus omnibus Codd. mss. posui *quod pravus est.* LOAISA.

Ibid. Quod pravus est. Sensus erit, inquit Vezzosius, magnam esse justitiæ partem, hominem cognoscere se ad malum inclinatum esse. Cajetanus edidit *nosse. Homo quid nisi cinis est ? ut ex eo.* AREV.

3. Ex illo Pauli : *Quod si nosmetipsos dijudicaremus, non utique judicaremur ; dum judicamur autem,*

a Deo damnatione perpetua. Tunc autem judicium de se quisque sumit, quando per dignam pœnitentiam sua prava facta condemnat.

4. Amaritudo pœnitentiæ facit animum, et sua facta subtilius discutere, et dona Dei, quæ contempsit, flendo commemorare. Nihil autem pejus quam culpam agnoscere, nec deflere.

5. Duplicem habere debet fletum in pœnitentia omnis peccator, sive quia per negligentiam bonum non fecit, seu quia malum per audaciam perpetravit. Quod enim oportuit non gessit; et gessit quod agere non oportuit.

6. Ille pœnitentiam digne agit, qui reatum suum satisfactione legitima plangit, condemnando, scilicet, ac deflendo quæ gessit, tanto in deplorando profusius, quanto exstitit in peccando proclivius.

7. Ille pœnitentiam digne agit, qui sic præterita mala deplorat, **210** ut futura iterum non committat. Nam qui plangit peccatum, et iterum admittit peccatum, quasi si quis lavet laterem crudum, quem quanto magis eluerit, tanto amplius lutum fecit.

8. Quamvis quisque sit peccator, et impius, si ad pœnitentiam convertatur, consequi posse veniam creditur.

9. Nullus de bonitate Dei dubitat, sed sola accipientium pravitas conferri sibi indulgentiam abnegat.

10. In hac vita tantumdem pœnitentiæ patet libertas; post mortem vero nullam correctionis esse licentiam (constat). Unde et Dominus dicit: *Me oportet operari opera ejus qui me misit, donec dies est; veniet autem nox, quando nemo potest operari* (*Joan.* IX, 4). Hinc et propheta: *Date*, inquit, *Domino Deo vestro gloriam, antequam tenebrescat* (*Jerem.* XIII, 16); id est, antequam mors æterna præveniat. In hac vita dum estis, Deum per pœnitentiam glorificate.

11. Adhuc in hoc sæculo pœnitentiam operantibus Dei misericordia subvenit. In futuro autem jam non operamur, sed rationem nostrorum operum ponimus.

12. Per id deteriorantur plerumque iniqui, per quod per patientiam Dei spatium accipiunt emendandi; qua illi mora vivendi non utuntur ad pœnitentiam, sed ad peccandi usurpant audaciam. A malo autem in deterius vadit, qui tempus sibi ad pœnitendum indultum, ad libertatem pravi operis vertit.

13. Festinare debet ad Deum pœnitendo unusquisque dum **211** potest, ne, si dum potest noluerit, cum tarde voluerit, omnino non possit. Proinde propheta ait: *Quærite Dominum, dum inveniri potest, invocate eum, dum prope est* (*Isai.* LV, 6). Et ubi inveniri potest, nisi in hac vita, in qua etiam et prope est omnibus invocantibus se? Nam tunc jam longe erit, quando dixerit: *Ite in ignem æternum* (*Matth.* XXV, 41). Modo enim non videtur, et prope est; tunc videbitur, et prope non erit, quia videri poterit, et non poterit inveniri.

14. Si quando quisque peccare potest, pœnitet, vitamque suam vivens ab omni crimine corrigit, non dubium quod moriens ad æternam transeat requiem.

15. Qui autem prave vivendo pœnitentiam in mortis agit periculo, sicut ejus damnatio incerta est, sic remissio dubia. Qui ergo cupit certus esse in morte de indulgentia, sanus pœniteat, sanusque perpetrata facinora defleat.

16. Sunt qui pœnitentibus securitatem cito pollicentur, quibus bene per prophetam dicitur: *Curant contritionem filiæ populi mei cum ignominia, dicentes pax, pax, et non est pax.* Cum ignominia igitur curat contritionem, qui peccanti et non legitime pœnitenti promittit securitatem. Unde et sequitur: *Confusi sunt, quia abominationem fecerunt:* id est, confusi sunt non pœnitendo, sed pœnas luendo.

17. Aliter enim confunditur coram judice reus, dum plectitur, atque aliter qui de malo opere erubescens corripitur. Ille enim, quia reprehensus est, confunditur; iste, quia se malum fecisse memoratur.

18. Quamvis per pœnitentiam propitiatio peccatorum sit, sine metu tamen homo esse non debet, quia pœnitentiæ satisfactio divino tantum pensatur judicio, non humano. Proinde, quia miseratio Dei occulta est, sine intermissione flere necesse est. Neque enim unquam oportet pœnitentem habere de peccatis securitatem. Nam securitas negligentiam

---

a Domino corripimur, ut non cum hoc mundo damnemur. LOAISA.

4. Ex Gregor., lib. VIII Moral. cap. 11. LOAISA.

7. Est apud Magistr. sent. lib. IV, d. 14 et Smaragd., cap. 4 in Reg. sancti Benedicti. Et in decreto Gratiani, dist. 3, cap. 0, sic habetur: *Ille pœnitentiam digne agit, qui quæ commisit, sic præterita mala deplorat, ut futura iterum non committat; nam qui plangit peccatum, et iterum admittit peccatum, quasi si quis lavet laterem crudum, quia quanto magis laverit, tanto magis lutum facit.* Hujus canonis lectionem a viris doctissimis magno studio et accurata diligentia perspectam in summo loco habeo. Tamen ponam aliorum Codicum lectiones, ut doctus lector intelligat me quoque in emendatione hujus libri omnem curam et studium adhibuisse. Sunt apud me duo Codd. verendæ antiquitatis, alter ex bibliotheca sanctæ et augustæ Ecclesiæ Toletanæ, scriptus æra 953; alter ex insigni collegio Ovetensi apud Salmanticam antiquior, uterque litteris Longobardis in pergameno scriptus, qui sic habent: *Ille pœnitentiam digne agit, qui sic præterita mala deplorat, ut futura iterum non committat* [alius, *admittat*], *nam qui plangit peccatum, et iterum committit peccatum, quasi si quis lavet laterem crudum, quem quanto magis abluerit, tanto amplius lutum facit.* LOAISA.

Ibid. Alii, *quasi lavet lateres... quanto magis laverit.* Vide not. ad cap. 16, n. 3. AREV.

10. Paulo aliter est in Editione Vulgata Joann. IX. LOAISA.

Ibid. Date, etc. Locus est Jerem. XIII, quem Hieronymus de captivitate Babylonica, aut de extremo judicio interpretatur. LOAISA.

Ibid. Tenebrescat. Ita Vulgata. Alii, *contenebrescat.* In nota Loaisæ indicabatur cap. 12, pro quo posui 13. AREV.

15. *Remissio dubia.* Quia dubium est, ait Vezzosius, an qui instante mortis discrimine pœnitet sincere pœniteat. AREV.

16. Locus est Jerem. VI, et tota sententia videtur ex divo Hieronymo desumpta, ibid. LOAISA.

Ibid. Curant. Alii, cum Vulgata, *curabant.* Ibi alii, *non erat pax* pro *non est pax.* AREV.

parit, negligentia autem sæpe incautum ad vitia transacta reducit.

212 19. Dum per pœnitentiam expulsa fuerint ab homine vitia, si forte post hæc, intercedente securitate, quælibet culpa subrepserit, confestim delectationes pristinæ vitiorum mentem avidius irrepunt, pulsantesque hominem in consuetis operibus gravius pertrahunt, ita ut sint *novissima illius pejora prioribus.*

CAPUT XIV.

De desperatione peccantium.

1. Non per locorum spatia, sed per affectum bonum, vel malum itur, recediturve a Deo. Neque enim gressu pedum, sed gressu morum elongamus, vel propinquamus ad Deum.

2. Perpetrare flagitium aliquod mors animæ est; contemnere pœnitentiam, et permanere in culpa, descendere in infernum post mortem est. Ergo peccare ad mortem pertinet, desperare vero in infernum descendere. Unde et Scriptura ait: *Impius dum in profundum malorum venerit, contemnit* (*Proverb.* XVIII, 3).

3. Sæpe diabolus eos quos converti ad pœnitentiam aspicit, immanitate scelerum perculsos ad desperationem deducit, ut, subtracta spe veniæ, trahat in diffidentiam quos non potuit retinere perseveranter in culpa. Sed pœnitens prævidere debet callidas contra se hostis insidias; sicque Dei justitiam metuat, ut tamen, quamvis in magnis sceleribus, de misericordia ejus confidat.

4. Amplius lætatur Deus de anima desperata, et aliquando conversa, quam de ea quæ nunquam exstitit perdita. Sicut de prodigo filio, qui mortuus fuerat, et revixit, perierat, et inventus est, de cujus regressu magnum fit gaudium patris (*Luc.* XV).

5. Non aliter coram Deo et angelis copiosius est gaudium de eo qui a periculo liberatur quam de eo qui nunquam novit peccati periculum. Quanto enim contristat res perdita, tanto magis, si fuerit inventa, lætificat: sicut in Evangelio pastor ille exsultat qui perditam ovem inventam humeris suis gaudens reportat (*Matth.* XVIII, 12; *Luc.* XV, 5).

6. Nullus desperare debet veniam, etiamsi circa finem vitæ **213** ad pœnitentiam convertatur. Unumquemque enim Deus de suo fine, non de vita præterita judicat. Hoc quippe et legis testimonio edocetur, quod homo de suo extremo justificatur, quando Deus pro asini primogenito ovem jussit offerri, hoc est, immunditiam vitæ prioris mutandam in innocentiam boni finis. Unde et cauda jube- A tur offerri in hostiam, id est, vitæ extrema in pœnitentiam.

7. Multi superna respecti gratia in extremis suis ad Deum revertuntur per pœnitentiam, et quæcunque mala gesserant, quotidianis fletibus purgant, atque in bonis factis mala gesta commutant; quibus juste totum quod deliquerant ignoscitur, quia ipsi, quod male gesserunt, pœnitendo cognoscunt.

8. In vita hominis finis quærendus est, quoniam Deus non respicit quales antea viximus, sed quales circa finem vitæ existimus.

CAPUT XV.

De his qui a Deo deseruntur.

1. Deo deserente, nullum pœnitere; Deo respiciente, sua mala unumquemque videre, et plangere, et B unde ceciderit, cogitare. Nam nonnulli ita despiciuntur a Deo, ut deplorare mala sua non possint, etiam si velint.

2. Consilium immundorum spirituum hoc est, ut, quia ipsis negatum est post prævaricationem regredi ad justitiam, obserare aditum pœnitentiæ hominibus cupiant, ne vel ipsi revertantur ad Deum; eosque socios in perditione habere contendunt, quibuscunque fraudibus insistentes, ut aut deserantur a Deo, aut flagelli immanitate desperent.

3. Ingemiscendum est jugiter, et, postposita securitate, lugendum, ne Dei secreto et justo judicio deseratur homo, et perdendus in potestate dæmonum relinquatur. Nam revera, quem Deus deserit dæmones suscipiunt.

C **214** 4. Dominici contemptores præcepti, statim ut avertuntur a Deo, a malignis spiritibus occupantur, a quibus etiam, ut mala faciant, persuadentur. Hinc est illud propheticum: *Inimicos Dei persequuntur tenebræ* (*Nahum.* I, 8), qui intelliguntur dæmones. Unde et in psalmo legitur: *Immissiones per angelos malos* (*Psal.* LXXVII, 49).

5. Quidam reproborum in potestate dæmonum occulto Dei judicio et justissimo rediguntur, Isaia testante: *Ipse misit eis sortem, et manus ejus divisit eis eam in mensura, usque in æternum possidebunt eam* (*Isai.* XXXIV, 17).

6. Quidam electorum dimittuntur divina justitia incidere in errorem peccati, sed tamen miseratione ejus reducti denuo convertuntur. De talibus enim per D prophetam Dominus loquitur: *Et dimisi eum, et reduxi eum, et reddidi ei consolationem* (*Isai.* LVII, 18).

7. Nonnunquam enim revertens Deus, hominem quem deseruerat rursus affligens visitat, et per lamenta lacrymarum ac pœnitentiæ afflictionem a peccatis expurgat, dicente Job ad Deum: *Propter su-*

19. *Illius.* Alii cum Vulgata, *hominis illius.* AREV.
CAP. XIV. N. 1. Alii, *sed gressu operum vel morum.* Forte, *elongamur.* AREV.
6. In Excusis erat, *pro innocentiam boni finis,* pro quo posui *in innocentiam,* consentientibus omnibus Mss. et divo Greg., lib. XXVII Moral., cap. 11. Ex quo loco desumitur hæc sententia: *Asini ergo,* inquit, *primogenita ove mutare, est immundæ vitæ primordia in innocentiæ simplicitate convertere.* LOAISA.

CAP. XV. N. 1. Gregor., lib. XI Moral., cap. 5. LOAISA.
2. Ex Gregor., lib. Moral. IX, cap. 25. *Contra bonos* (inquit) *consilium maligni spiritus ineunt.* LOAISA.
4. Greg., lib. XXV Moral., c. 9. LOAISA.
Ibid. Qui intelliguntur dæmones. Ita recte ex fide Mss. Vide notam Grialii ad Exod. XLII, 3. Alii inepte corrigere voluerunt *quæ* pro *qui.* AREV.
7. Greg., lib. IX Moral., c. 34. LOAISA.

perbiam, inquit, *quasi leænam capies me, reversusque mirabiliter me crucias* (*Job* x, 16). Revertens enim Deus hominem cruciat, quando quem peccantem deseruerat flagellando iterum visitat.

8. Malis actibus contra nos amplius cœlestem iracundiam nequaquam provocare debemus; quin potius, si pœnitendo digna Deo acta gesserimus, severitatem ejus in clementiam commutabimus. Nam ille qui nos malos tolerat, non dubium est quod conversis clementer ignoscat. Nam quod servatur nobis tempus pœnitentiæ, ut non simul morte obruamur præcipiti, sed detur locus satisfactionis, hoc totum de Dei procedit clementia, ut nos non damnet crudeliter, sed exspectet ad pœnitentiam patienter.

CAPUT XVI.

De his qui ad delictum post lacrymas revertuntur.

1. Irrisor est, non pœnitens, qui adhuc agit quod pœnitet; **215** nec videtur Deum poscere subditus, sed subsannare superbus.

2. Canis reversus ad vomitum est pœnitens ad peccatum. Multi enim lacrymas indesinenter fundunt, et peccare non desinunt. Quosdam accipere lacrymas ad pœnitentiam, et effectum pœnitentiæ non habere (constat), quia inconstantia mentis, nunc recordatione peccati lacrymas fundunt, nunc vero, reviviscente usu, ea quæ fleverant iterando committunt.

3. Qui et præterita vult plangere, et actionibus sæcularibus incubare, iste mundationem non habet, quoniam adhuc agit quæ pœnitendo deflere possit.

4. Isaias peccatoribus dicit : *Lavamini, mundi estote* (*Isai.* i, 16). Lavatur itaque et mundus est, qui et præterita plangit, et flenda iterum non admittit. Lavatur itaque, et non est mundus qui plangit quæ gessit, nec deserit, et post lacrymas ea quæ fleverat repetit. Sic denique et alibi animam pœnitentem atque iterum delinquentem sermo divinus increpat, dicens : *Quam vilis facta es nimis, iterans vias tuas* (*Jerem.* ii, 36)! Quisquis ergo culpas præteritas plorat, hunc necesse est modum teneat, ut sic admissa defleat, ne iterum flenda committat. Væ mihi misero Isidoro, qui et pœnitere retro acta negligo, et adhuc pœnitenda committo.

CAPUT XVII.

De peccato.

1. Duobus modis peccatum committitur, id est, aut vi cupiditatis, aut metu timoris, dum vel quisque vult adipisci quod cupit, vel timet ne incurrat quod metuit.

2. Quatuor modis committitur peccatum in corde, quatuor perpetratur et opere. Corde : suggestione dæmonum, delectatione carnis, consensione mentis, A defensione elationis. Opere : nunc latenter, nunc palam, nunc consuetudine, nunc desperatione. Istis ergo **216** gradibus et corde delinquitur, et opere malitia perpetratur.

3. Tribus modis peccatum geritur, hoc est, ignorantia, infirmitate, industria; periculo autem pœnarum diverso. Ignorantiæ namque modo peccavit Eva in paradiso (*Gen.* iii), sicut Apostolus ait : *Vir non est seductus, mulier autem seducta in prævaricatione fuit* (*I Tim.* ii, 14). Ergo Eva peccavit ignorantia, Adam vero industria, quia non seductus, sed sciens prudensque peccavit. Qui vero seducitur, quid consentiat evidenter ignorat. De infirmitate autem Petrus deliquit, quando ad metum interrogantis ancillæ Christum negavit; unde et post peccatum amarissime B flevit (*Matth.* xxvi).

4. Gravius est infirmitate quam ignorantia quemquam delinquere; graviusque industria quam infirmitate peccare. Industria namque peccat qui studio ac deliberatione mentis malum agit; infirmitate autem qui casu vel præcipitatione delinquit. Nequius autem et de industria peccant qui non solum non bene vivunt, sed adhuc et bene viventes, si possunt, a veritate divertunt.

5. Sunt enim qui ignoranter peccant, et sunt qui scienter. Sunt etiam et qui pro ignorantiæ excusatione scire nolunt, ut minus culpabiles habeantur qui tamen seipsos non muniunt, sed magis decipiunt.

6. Nescire simpliciter ad ignorantiam pertinet; noluisse vero scire, ad contumacem superbiam. Vo-C luntatem quippe proprii domini velle nescire, quid aliud est quam velle dominum superbiendo contemnere? Nemo igitur se de ignorantia excuset, quia Deus non solum eos judicat qui a cognitione sua se avertunt, sed etiam illos qui nescierunt, testante eodem Domino per prophetam : *Disperdam*, inquit, *homines a facie terræ, et eos qui avertuntur post tergum Domini, et qui non quæsierunt Dominum, nec investigaverunt eum* (*Soph.* i, 3, 6). Et psalmus : *Effunde*, inquit, *iram tuam in gentes quæ te non noverunt* (*Psal.* lxviii, 25).

217 CAPUT XVIII.

De levioribus peccatis.

1. Multi vitam sine crimine habere possunt, sine D peccato non possunt. Nam quamvis in hoc sæculo magna justitiæ quisque claritate resplendet, nunquam tamen ad purum peccatorum sordibus caret, Joanne apostolo attestante, qui ait : *Si dixerimus quia peccatum non habemus, ipsi nos seducimus, et veritas in nobis non est* (*I Joan.* i).

Cap. xvi. N. 1. Ex August., homil. 41, habetur, apud Gratianum de pœnit. dist. 3, cap. 11, et apud Mag., in iv, dist. 14; tamen in utroque Cod. perantiquo Gothico *est effectum pœnitentiæ non habere, et flenda iterum non admittere.* Loaisa.

3. *Deflere possit.* Alii addunt, *qui plangit peccatum*, etc., ut cap. 13, n. 7, sed in fine, *quanto magis laverit, tanto amplius lutum facit.* Arev.

4. Gregor., lib. Pastor. curæ part. iii, admonit. 31. Estque locus apud Isai. i. Loaisa.

Cap. xvii. N. 1. Apud Magistr. sentent., lib. ii, distinct. 42. Loaisa.

2. Greg., lib. iv Moral., c. 25. Loaisa.

3. Ex Gregor., lib. xxv Moral., c. 11, est apud Magistr. sent., ii, dist. 22. Loaisa.

6. Gregor., ibid. Loaisa.

Ibid. Se avertunt. Al., *revertuntur.* Arev.

Cap. xviii. N. 1. Ex Greg., lib. Moral. xxi, cap. 9 :

2. Quædam sunt facta peccatis similia; sed si bono animo fiant, non sunt peccata, ut puta, potestas, si non se ulciscendi cupiditate, sed magis corrigendi studio ulciscatur in reum.

3. Item sunt peccata levia quæ ab incipientibus quotidiana satisfactione purgantur, quæ tamen a perfectis viris, velut magna crimina evitantur. Quid autem homines peccatores de magnis sceleribus agere debent, quando etiam perfecti levia quæque delicta, quasi gravissima, lugent?

4. Non solum gravia, sed et levia sunt cavenda peccata. **218** Multa enim levia unum grande efficiunt, sicut solent de parvis et minutis guttis immensa flumina crescere. Numerositas enim in unum coacta exundantem efficit copiam.

5. Peccata, quæ incipientibus levia sunt, perfectis B viris gravia deputantur.

6. Tanto enim majus cognoscitur esse peccatum, quanto major qui peccat habetur. Crescit enim delicti cumulus juxta ordinem meritorum, et sæpe quod minoribus ignoscitur, majoribus imputatur.

CAPUT XIX.
De gravioribus peccatis.

1. Experimento minorum peccatorum majora committi peccata, ut durius feriantur pro magnis sceleribus, qui de parvis corrigi noluerunt. Judicio autem divino in reatum nequiorem labuntur qui distringere minora sua facta contemnunt.

2. Multi a crimine in crimen corruunt, qui Dei cognitionem habentes, timorem ejus negligunt; et quem noverunt per scientiam, per actionem non ve- C nerantur. Ideoque cæcantur divino judicio punienda committere, et in pœnam commissi facinoris facinus deterius addere.

3. Sæpe peccatum alterius peccati causa est, quod committitur, cum aliud ex ipso quasi sua soboles oritur, sicut fieri solet, nasci libidinem ex nimia ventris ingluvie.

A 4. Pœna peccati peccatum admittitur, quando pro merito cujusque peccati, Deo deserente, in aliud peccatum deterius itur, de quo amplius qui admiserit sordidetur. Ergo præcedens peccatum causa est sequentis peccati: sequens vero peccatum pœna est præcedentis delicti. Præcedentia itaque peccata sequentium sunt criminum causa, ut illa quæ sequuntur sint præcedentium pœna.

219 5. Præcedentium peccatorum pœna ipsa vocatur induratio veniens de divina justitia. Hinc est quod ait propheta: *Indurasti cor nostrum, ne timeremus te* (*Isai.* LXIII, 17); neque enim dum quicunque justi sunt, a Deo impelluntur, ut mali fiant; sed dum mali jam sunt, indurantur, ut deteriores existant, sicut et Apostolus dicit: *Quoniam charitatem veritatis Dei non receperunt, ut salvi fierent, immisit illis Deus spiritum erroris* (*II Thess.* II, 10). Facit ergo Deus quosdam peccare, sed in quibus talia jam peccata præcesserint, ut justo judicio ejus mereantur in deterius ire. Talia quippe peccata præcedentibus aliis peccatis prolabuntur in pœnam quam peccata merentur.

6. Quædam de ira Dei veniunt peccata, quæ pro merito aliorum compensantur peccatorum. Unde et propheta: *Ecce*, inquit, *tu iratus es, et nos peccavimus, in ipsis fuimus semper* (*Isai.* LXIV, 5); tanquam si diceret: Quia semper in peccatis fuimus, iratus es, ut deterius peccaremus.

7. Quid enim sit iram Dei mereri, quid vero provocare, prudens lector scire debet. Gravior est namque ira quæ provocatur quam ea quæ meretur. Nam meremur, quando ignorando peccamus; provocamus, quando scimus bonum facere, nec volumus.

8. Nunc iram Dei, dum vivimus, vitare possumus. Timeamus ergo ne, veniente illo terrore judicii, sentiri possit, vitari non possit.

Peccatum hic vocat quod non est capitale scelus; crimen vero, quod peccatum ad mortem dicitur. Sic Cassian. explicat collat. 11, cap. 10: *Omnis* (inquit), *qui natus est ex Deo, peccatum non facit, quia semen ipsius in eo est; et non potest peccare, quoniam ex Deo natus est.* Et iterum: *Scimus quia omnis qui natus est ex Deo, non peccat, sed generatio Dei conservat eum, et malignus non tangit eum.* Quod intelligendum est non de omni genere peccati, sed de capitalibus tantum criminibus dici, a quibus quisquis se abstrahere atque emundare noluerit, pro illo in alio loco prædictus Apostolus ne orari quidem debere pronuntiat: *Qui scit*, inquiens, *fratrem suum peccare peccatum non ad mortem, petat, et dabit ei vitam peccanti non ad mortem. Est peccatum ad mortem, non pro illo dico, ut roget quis.* Cæterum de illis quæ pronuntiantur non esse ad mortem, a quibus etiam hi qui fideliter Christo deserviunt, quantalibet semetipsos circumspectione custodiant, immunes esse non possunt, ita dicitur: *Si dixerimus quoniam peccatum non habemus, ipsi nos seducimus, et veritas in nobis non est.* Et iterum: *Si dixerimus quia non peccavimus, mendacem facimus eum, et verbum ejus non est in nobis.* Impossibile namque est quemlibet sanctorum non in istis minutis, quæ per sermonem, per cogitationem, per ignorantiam, per oblivionem, per necessitatem, per voluntatem, per obreptionem, per somnium admittuntur, incurrere; quæ licet ab illo peccato, quod ad mortem dicitur esse, aliena sint, culpa tamen ac reprehensione non carent. LOAISA.

2. *In reum*; alii Codd., *in eum, qui delinquit.* AREV.

D 4. Posui *ex parvis et minutis guttis*: ut est in Goth. Ovet. Similitudo est apud Greg., l. III Past. curæ admonit. 34: *Alios quippe gurgites fluminum parvæ, sed innumeræ replent guttæ pluviarum.* In Tolet., *ex parvis et minimis.* Intelligitur: dispositive levia disponunt ad mortalia. LOAISA.

Ibid. Alii, *solent ex parvissimis guttis.* AREV.

6. Juvenal. *Omne animi vitium tanto conspectius in se crimen habet, quanto major qui peccat habetur.* LOAISA.

CAP. XIX. N. 1. Gregor., lib. XXV Moral., cap. 9. Et est apud Magistr. sent., in 2, distinct. 36. LOAISA.

Ibid. Experimento minorum. Al., *experimento vel contemptu minorum.* AREV.

5. Locus est apud Paul., II Thess. II. *Eo quod charitatem veritatis non receperunt, ut salvi fierent, ideo mittit illis Deus operationem erroris, ut credant mendacio.* LOAISA.

7. Greg., l. XXVI Moral., c. 28. LOAISA.

CAPUT XX.

De manifestis occultisque peccatis.

1. Majoris est culpæ manifeste quam occulte peccare. Dupliciter enim reus est qui aperte delinquit, quia et agit et docet. De talibus Isaias dicit: *Et peccata sua, quasi Sodoma, prædicaverunt, nec absconderunt* (*Isai.* III, 9).

2. Multi enim publice delinquentes, sine ullo pudore sua flagitia prædicant, nec ulla utuntur sceleris verecundia.

3. Quædam enim jam justitiæ portio est iniquitatem suam **220** hominem abscondere, et in semetipso de peccatis propriis erubescere.

4. Peccatum perpetrare crimen est, peccatum prædicare clamor est, de quo etiam dicit Apostolus: *Et clamor auferatur a vobis cum omni malitia* (*Ephes.* IV, 31), id est, cum ipsis peccatis.

5. Ex eo ipso quo quisque peccatum quod agit abscondit, judicii jam est indicium, quia non erubescitur, nisi de conscientiæ reatu. Ergo ex hoc ipso quo quisque de facto suo erubescit, ipse sibi jam judex fit.

CAPUT XXI.

De peccati amore.

1. Aliud est non peccare amore dilectionis Dei, aliud timore supplicii. Qui enim amore charitatis Dei non peccat, horrescit omne malum, amplectendo justitiæ bonum; nec eum delectat peccatum, etiam si sceleris impunitas promittatur. Qui vero pœna sola supplicii in se vitia reprimit, quamvis non expleat opus peccati, vivit tamen in eo voluntas peccandi; doletque sibi illicitum, quod lex prohibere dignoscitur. Ille ergo mercedem boni operis percipit qui amando justitiam facit; non is qui eam solo metu pœnarum invitus custodit.

2. Quidam et diligunt peccatum, et faciunt; quidam diligunt tantum, et non faciunt, plerique vero faciunt tantum, et non diligunt. Nonnulli peccatum non faciunt, et tamen justitiam oderunt. Gravius autem peccat qui non solum peccatum diligit, sed et facit, quam qui non facit, et diligit; graviusque interdum, qui diligit et non facit quam qui facit, et odit. Gravissimum est non solum facere, sed et diligere peccatum.

3. Nam sunt quidam qui confestim peracto flagitio confunduntur, et sunt qui non solum non dolent gessisse malum, sed etiam de ipso malo opere glorian-

A tur. Sicque ad comparationem mali fit deterius, dum de vitiis gratulantes, extolluntur in pejus. **221** De talibus ait Salomon: *Qui lætantur, cum male fecerint, et exsultant in rebus pessimis* (*Proverb.* XI, 14).

CAPUT XXII.

De peccandi necessitate.

1. Interdum mali quod sumus, necessitate potius, non voluntate existimus. Vertenda est autem necessitas mali in voluntatem boni. Plerique non voluntate, sed sola necessitate peccant, pertimescentes temporalem inopiam. Et dum præsentis sæculi necessitatem refugiunt, a futuris bonis privantur.

2. Item nonnulli peccatum voluntate, non necessitate committunt, nullaque coacti inopia existunt iniqui; sed tantum gratis cupiunt esse mali. Neque **B** enim ipsam rem amant, quam appetunt, sed ipsa tantum peccati malitia delectantur.

CAPUT XXIII.

De peccandi consuetudine.

1. Melius est peccatum cavere quam emendare. Facilius enim resistimus hosti a quo nondum victi sumus, quam ei a quo jam superati ac devicti cognoscimur.

2. Omne peccatum, antequam admittatur, amplius pertimescitur. Quantumvis autem grave sit, dum in usu venerit, leve existimatur et sine ullo metu committitur.

3. Istis fomitibus, quasi quibusdam gradibus, coalescit omne peccatum. Cogitatio namque prava delectationem parit, delectatio consensionem, consensio **C** actionem, actio consuetudinem, consuetudo necessitatem. Sicque his vinculis homo implicatus, quadam catena vitiorum tenetur astrictus, ita ut ab ea evelli nequaquam valeat, nisi divina gratia manum jacentis apprehendat.

222 4. Peccatum admittere cadere est in puteum; consuetudinem vero peccandi facere, os putei est angustare, ne is qui cecidit valeat exire. Sed interdum etiam tales Deus liberat, dum eorum desperationem ad conversionem libertatis commutat. Ipso enim miserante, peccata dimittuntur quo protegente fit ne in deterius peccando eatur.

5. Nequissimum est peccare, pejus est peccandi consuetudinem facere. Ab illo facile, ab hoc cum labore resurgitur, dum malæ consuetudini repugna- **D** tur.

6. Male agendi consuetudinem recessum esse

CAP. XX. N. 1. Ex Greg., lib. IV Moral., c. 25, et alib. in cura Past. LOAISA.

4. De clamore vide Gregorium, in expositione secundi psalm. pœnit., in illud, *Quoniam tacui*, et psalm. VII, et III lib. Pastor. curæ, admonit. 10, ibi: *Clamorem libertatem peccandi vocat:* LOAISA.

CAP. XXI. N. 2. *Est non solum*. Alii, minus bene, *non est solum*. AREV.

3. Greg., lib. VI Moral., c. 11. LOAISA.

CAP. XXII. N. 1. Loquitur Isidorus de necessitate, quæ non rejicit voluntarium, cum duplex sit peccatum: absolutum, et ex conditione. Magist., lib. II dist. 36. LOAISA.

CAP. XXIII. N. 1. Ex Gregor., lib. IV Moral., cap. 25. LOAISA.

3. Alludit ad illud socrus Simonis febricitantis, Marc. I. *Accedens*, inquit, *elevavit eam apprehensa manu ejus, et continuo dimisit eam febris*. LOAISA.

4. Luc. XIV: *Cujus vestrum asinus aut bos in puteum cadet, et non continuo extrahet illum die Sabbati?* Vide August., de Quæst. evangel., lib. II, q. 29. LOAISA.

5. *Nequissimum*. Al., *malum*. AREV.

6. Locus est Isai. XXXI: *Convertimini, sicut in profundum recesseratis, filii Israel*. Ubi Symmachus: *Agite pœnitentiam, qui profundo consilio atque peccato a Domino recessistis*. Ex Hieronymo. LOAISA.

propheta asserit (*Isai.* xxxi, 6), in profundum, cujus usu, quasi quadam lege, homo tenetur astrictus, ut etiam quando non vult, peccatum committat. A lapsu vero cito resurgere, non est in profundum ire.

7. Apostolus legem peccati dicit in membris nostris (*Rom.* vii, 23), quæ lex consuetudo est, quam peccando concipimus, et non ab ea, cum volumus, discedimus, quia jam necessitatis vinculo per consuetudinem retinemur.

8. Multum veri amor agit in homine, sed resultat caro malæ consuetudinis lege. Bene autem audacter pro bona conscientia exsultat, qui valenter in se reprimit quod insolenter impugnat.

9. Frequenter peccare cavendum est; nam hoc ipsum, quod de malo nostro plerumque Deus nobis salutem operatur, quanto mirabile est, tanto perrarum est. Propterea metuendum est confidere ita salvari, ne forte dum exspectamus a vitiis sanari, et vitia multiplicemus, et salutem non adipiscamur. Ergo studeamus aut non cadere, aut cito conversi a lapsu consurgere.

10. Omnino peccare cavendum est, quod si humana fragilitate peccatum subrepserit, confestim erit corrigendum, quod nequiter sentitur commissum. Cito enim corrigitur culpa quæ cito cognoscitur; tardius autem sanatur vulnus quod jam putrescentibus membris longo post tempore curationibus adhibetur.

223 11. Iteratio peccati gravior est, sicut si morbus super morbum veniat, sicut si imber super imbrem occurrat.

12. Mora peccandi immanitatem facit sceleris, unde et Propheta: *Væ*, inquit, *qui trahitis iniquitatem in funiculis vanitatis, et quasi vinculum plaustri peccatum* (*Isai.* v, 18)! Trahit enim iniquitatem ut funiculum, qui tardat converti ad Deum. Trahere enim iniquitatem est moram facere iniquitati. Unde et psalmus: *Prolongaverunt iniquitates suas; Dominus justus concidet cervices peccatorum* (*Psal.* cxxviii, 2, 4).

CAPUT XXIV.

De peccati recordatione.

1. Bonum est homini semper ante oculos propria adhibere delicta, secundum psalmi sententiam: *Et peccatum meum ante me est semper* (*Psal.* l, 5). Sicut
A enim non oportet reminisci peccati affectum, sic semper necesse est unumquemque suum in flendo commemorare peccatum.

2. Apud justum recordatio peccati facit tædium animi. Qui autem luxuriæ et cupiditati subditi sunt, contumaci superbia etiam de ipso peccati opere gloriantur.

3. Servo Dei tanta recordatio esse debet peccati, ut ea quæ gessit semper lacrymis confiteatur. Unde et psalmus dicit: *Conversus sum in ærumna, dum configitur spina. Peccatum meum cognitum tibi feci. Dixi: Pronuntiabo adversum me injustitias meas Domino* (*Psal.* xxxi, 4). Supra enim dixerat: *Quoniam tacui*, hoc est, non sum confessus, *inveteraverunt omnia ossa mea, dum clamarem tota die.* Quid ergo
B tacuisse se pœnitet, nisi confessionem peccatorum? Quid clamasse se dolet, nisi defensionem malorum? Qui ergo peccatorum suorum defensor exstitit, necesse est ut pœnitendo accuset quod superbiens prave admisit.

224 CAPUT XXV.

De cogitatione.

1. Bipartita est causa peccandi, id est, operis et cogitationis, quorum unum iniquitas dicitur, quod opere geritur; aliud injustitia, quod cogitatione admittitur.

2. Prius autem actio resecanda est, postea cogitatio; prius prava opera, postmodum desideria. Vicissim autem et a cogitatione opera procedunt, et ab opere cogitatio nascitur, quamvis etsi ab opere malo
C quisque vacet, pro solius tamen pravæ cogitationis malitia non erit innocens. Unde et Dominus per Isaiam: *Auferte*, inquit, *malum cogitationum vestrarum ab oculis meis* (*Isai.* i, 16).

3. Non enim solum factis, sed et cogitationibus delinquimus, si eis illicite occurrentibus delectemur.

4. Sicut vipera a filiis in utero positis lacerata perimitur, ita nos cogitationes nostræ intra nos enutritæ occidunt, et conceptæ interius vipereo veneno consumunt, animamque nostram crudeli vulnere perimunt.

5. Non est arbitrii nostri cogitationis pravæ suggestionibus præveniri; jacere autem in animo cogitationem nostræ attinet voluntati. Illud ergo ad culpam non redigitur, istud culpæ propriæ **225**
D imputatur. Nam cogitationes illicitas occurrere, dæ-

---

7. *In membris nostris*. Al., *in membris suis*. Arev.

12. Ex Gregor., lib. Moral. xxxiii, c. 9. Isai. v. Loaisa.

Ibid. Al., *trahit enim iniquitatem in funiculo*. Arev.

Cap. xxiv. N. 1. Alii, *propria habere*, fortasse melius. Arev.

3. Ex Greg., ibid., et Aug. Loaisa.

Cap. xxv. N. 1. Sic Gregor., lib. Moral. x, cap. 11: *Omne peccatum aut sola cogitatione committitur, aut cogitatione simul et opere perpetratur. Iniquitas ergo in manu est, culpa in opere.* Loaisa.

Job xx. *Occidet eum lingua viperæ*, ubi Gregor., lib. xv Moral., c. 9. *Viperæ autem cum conceperint, filii earum in ventre sæviunt. Qui, ruptis lateribus matrum, ex earum ventribus procedunt; unde et vipera, eo quod vi pariat, nominatur. Vipera itaque sic nascitur, ut violenter exeat, et cum matris suæ exstinctione producatur.* Quod vero falsum sit viperarum fetus viscera parentis perforare docet Aristoteles, lib. v de Hist. animal., cap. 39: *Vipera*, inquit, *parit catulos obvolutos membranis, quæ tertia die rumpuntur, et singulis diebus singulos parit, plusquam viginti. Et evenit interdum quod qui in utero sunt, abrosis membranis, prorumpant.* Hæc Aristoteles, quod et annotavit Albertus Magn., lib. xxv, eo in loco. Plin., lib. x natur. Histor., cap. 62, eadem. Sed addit: *Itaque cæteræ tarditatis impatientes prærumpunt latera, occisa parente.* Loaisa.

Ibid. Al., *et concepto interius*. Arev.

5. Vetus Editio, *cogitationes pravæ suggestionis prævenire*. Quod clarius est. Mox pro *occurrere* alii *suggerere*, quod etiam magis placeret. Arev.

monum est; cogitationibus oblectari perversis, nostrum est.

6. Plerumque fieri solet ut immundæ corporalium rerum species, quas didicimus, nostris mentibus opponantur, et nolentes eas cogitemus; quantumque ab eis aciem mentis avertere nitimur, tanto illæ se magis animo ingerunt, obscenisque in nobis motibus obrepunt. Sed fit hoc pro conditione mortali, quam meruit primus homo in pœnam sui peccati.

7. Dum unusquisque divina illuminatione prævenitur, statim molestiis turpium cogitationum pulsatur. Sed Dei servus judicio timoris Dei earum delectamenta a semetipso rejicit, bonisque contra objectis cogitationibus turpes a se repellit.

8. Magna observantia circa cordis est custodiam adhibenda, quia aut bonæ, aut malæ rei ibi consistit origo, nam, sicut scriptum est: *Ex corde exeunt cogitationes malæ*. (*Matth.* xv, 19). Ideoque si prius pravæ cogitationi resistimus, in lapsum operis non incurrimus.

9. Non est timendum si bona malaque in cogitationem veniant; sed magis gloriandum, si mens mala a bonis intellectu rationis discernat.

10. Item nihil juvat quod inter bonum et malum sensu prudentiori discernimus, nisi opere aut mala cognita caveamus, aut bona intellecta faciamus.

CAPUT XXVI.

De conscientia.

1. Humana conditio, dum diversis vitiositatibus mentem conturbat, etiam ante pœnas gehennæ per incognitum animæ appetitum jam pœnas conscientiæ patitur.

2. Omnia fugere poterit homo præter cor suum. Non enim potest a se quisque recedere. Ubicunque enim abierit, reatus sui conscientia illum non dereliquit.

3. Quamvis humana judicia subterfugiat omnis qui male agit, **226** judicium tamen conscientiæ suæ effugere non potest. Nam etsi aliis celat quod egit, sibi tamen celare non potest, qui plene novit

A malum esse quod gessit. Duplex fit ergo in eo judicium, quia et hic suæ conscientiæ reatu punitur, et illic perpetuali pœna damnatur.

4. Hoc enim significat: *Abyssus abyssum invocat in voce cataractarum* (*Psal.* XLI, 8). Abyssum enim abyssum invocare est de judicio suæ conscientiæ ire ad judicium damnationis perpetuæ. In voce cataractarum, id est, in prædicatione sanctorum.

CAPUT XXVII.

De intentione mentis.

1. Oculus hominis intentio operis ejus est. Si ergo intentio ejus bona est, et opus intentionis ipsius bonum est. Alioquin malæ intentionis etiam si bonum in factis opus appareat, bonum tamen jam non est, quoniam ex sua intentione aut probatur bonum, aut
B reprobatur indignum. Bona est ergo intentio, quæ propter Deum est; mala vero, quæ pro terreno lucro aut vana gloria est.

227 2. Qui opus bonum bona intentione non faciunt, per hoc magis cæcantur opere per quod illuminari potuerant.

3. Unusquisque bonum opus, quod agit, intentione bona agat; quoniam pro mala intentione plerumque opus bonum, quod agimus, perdimus, et minus a culpa vacamus.

4. Sæpe quæ apud hominum judicium bona apparent, apud examen diligentissimi et acutissimi judicis reproba deteguntur. Ideoque omnis sanctus veretur ne forte bonum quod agit, pro aliqua animi intentione in oculis Dei reprobum sit.

C

CAPUT XXVIII.

De sensibus carnis.

1. Per sensus carnis morbus irrepit mentis. Unde et per prophetam Dominus dicit: *Omnes cognationes terræ ab Aquilone venient, et ponet unusquisque solium suum in introitu portarum Jerusalem* (*Jerem.* I, 15). Regna Aquilonis vitia sunt, quæ sedes suas in portis ponunt, quando per sensus carnis labem animæ ingerunt; ideoque in ipsis portis, id est, in ipsis sensibus regnant.

7. Sanctus Nicolaus martyr in Sententiis: *Cogitationes pravas aliis cogitationibus bonis depelle*. LOAISA.

Ibid. *Delectamenta*. Al., *tentamenta*. AREV.

CAP. XXVI. N. 2. Ex Gregor., lib. XXVII Moral., cap. 16. LOAISA.

D

3. Gregor., ibid. LOAISA.

Ibid. In Editione Grialii et Vezzosii scribitur *cælat*, *cælare*, quod non est ferendum. AREV.

4. Psal. XLI, et ibi August. LOAISA.

CAP. XXVII. N. 1. Alludit ad illud Matth. VI: *Si oculus tuus fuerit simplex, totum corpus tuum lucidum erit; si autem oculus tuus fuerit nequam, totum corpus tuum tenebrosum erit*. Quem locum de cordis intentione interpretatur Gregor., lib. Moral. XXVIII, cap. 6: *Unde bene in Evangelio Veritas dicit: Lucerna corporis tui est oculus tuus*, etc. *Quid enim per oculum exprimitur, nisi opus suum præveniens cordis intentio? quæ priusquam se in actione exerceat, hoc jam quod appetit contemplatur. Et quid appellatione corporis designatur, nisi unaquæque actio, quæ intentionem suam, quasi intuentem oculum, sequitur? Lucerna itaque corporis est oculus, quia per bonæ intentionis radium merita illustrantur actionis. Et si oculus tuus simplex fuerit, totum corpus tuum lucidum erit, quia si recte intendimus, per simplicitatem cogitationis bonum opus efficitur, etiam si minus bonum esse videatur. Et si oculus tuus nequam fuerit, totum corpus tuum tenebrosum erit, quia cum perversa intentione quid vel rectum agitur, etsi splendere coram hominibus cernitur, apud examen tamen interni judicii obscuratur*. Ita etiam interpretatur Chrys., homil. 2 in Matth., et August., de serm. Domini, et contra mendacium, cap. 7. Theologi discrimen statuunt inter finem, voluntatem, et intentionem; de quo Magist., lib. II, dist. 39. LOAISA.

Ibid. *Si ergo*. Ambrosius idem, sed paulo aliter, lib. I Offic., cap. 39: *Affectus tuus operi tuo nomen imponit*. LOAISA.

4. Supra, cap. 7 lib. II Sentent., num. 15. LOAISA.

CAP. XXVIII. N. 1. In Excusis *cogitationes*, quod abstuli, et reposui *cognationes*, ex Jerem. I: *Ecce ego convocabo omnes cognationes regnorum Aquilonis*. Atque ita constanter legunt Hieronym. et cæteri neoterici interpretes; Septuaginta autem non habent *cognationes*, sed tantum: *Ecce ego convocabo omnia regna ab Aquilone*: Ἰδοὺ ἐγὼ συγκαλῶ πάσας τὰς βασιλείας ἀπὸ βοῤῥᾶ. LOAISA.

2. Neque enim aliunde peccamus, nisi videndo, audiendo, attrectando, gustando, atque tangendo. Unde et alias dicitur: *Intravit mors per fenestras nostras*. Et alibi: *Extranei ingrediebantur per portas ejus, et super Jerusalem mittebant sortem*. Extraneos quippe immundos esse spiritus, qui tanquam per portas, ita per sensus carnis animam irrepunt, et eam illecebrando devincunt.

228 CAPUT XXIX.

De sermone.

1. Dum quædam parva vitiorum verba non evitamus, in magnum linguæ prolabimur crimen; et dum facta quædam non gravia libere ac sine metu committimus, ad potiora scelera et horrenda peccandi consuetudine labimur.

2. Sicut plerumque multiloquorum stultitia reprehenditur, ita rursus nimis tacentium vitia denotantur. Illi enim satis laxando linguam in levitatis vitio defluunt, isti nimis reticendo ab utilitate torpescunt.

3. Imperiti, sicut loqui nesciunt, ita tacere non possunt. Mente enim inerudití, ore loquaces, verbis perstrepunt, sensu nihil dicunt.

4. Sicut falsitatis crimina a proficientibus pertimescuntur, ita otiosa verba a perfectis viris vitantur. Nam sicut ait quidam: *Sicut pro otioso verbo ratio ponitur, ita pro sermone injusto pœna exsolvitur* (*Matth.* XII, 36).

5. Vani sermones in ore Christiani esse non debent. Nam sicut malos mores bona colloquia corrigunt, ita prava bonos mores corrumpunt (*I Cor.* XV, 33).

6. Custodia ori ponitur (*Psal.* XL, 6), dum quisque non se justum, sed, quod magis verum est, peccatorem fatetur.

7. Manum super os ponit, qui bonis operibus linguæ excessus operit. Manum super os ponit, qui malæ locutionis culpas bonæ actionis velamine tegit.

8. Loquens quæ ad Deum pertinent, nec faciens, etsi inutilis sibi est, audientibus tamen prodest.

9. Qui de sapientia se laudari affectant, loquentem prophetam 229 attendant: *Væ qui sapientes estis in oculis vestris, et coram vobismetipsis prudentes* (*Isai.* V, 21).

10. Recte ex sententia dicit, qui veram sapientiam gustu interni saporis sentit. A sentiendo enim sententia dicitur. Ac per hoc arrogantes, qui sine humilitate dicunt, de sola scientia dicunt, non de sententia.

11. Ille enim sapit, qui recte et secundum Deum sapit.

12. In suam dicunt contumeliam doctores, si dum sint ab eis dicta sapienter, nimium tamen eloquenter. Horret enim sapientia spumeum verborum ambitum ac fucum mundialis eloquentiæ inflatis sermonibus perornatum.

13. Quidam curiosi delectantur audire quoslibet sapientes, non ut veritatem ab eis quærant, sed ut facundiam sermonis eorum agnoscant, more poetarum, qui magis compositionem verborum quam sententiam veritatis sequuntur.

14. Quadrimoda est dicendi ratio, quia prævidendum est quid, cui, quando, vel qualiter aliquid proferatur.

15. Item quadrimoda est dicendi ratio, cum aut bene sentiendo quid bene profertur, aut nihil sentiendo nihil dicitur, aut parum sentiendo loquacitas sola ostentatur, aut optime sentiendo non eleganter profertur quod intelligitur.

16. Item quadripartita est loquendi ratio, qua vel bonum bene, 230 vel malum male, seu bonum male, vel malum bene profertur.

17. Bonum quippe bene loquitur, qui ea quæ recta sunt, humiliter annuntiare videtur. Malum male loquitur, qui quodlibet flagitium persuadere conatur. Bonum male loquitur, quid quodcunque rectum arroganter prædicare sentitur. Malum bene loquitur, qui aliquod narrando vitium detestatur, ut ab eo homines avertantur.

18. Corde bene loquitur, qui charitatem non simulat. Ore bene loquitur, qui veritatem annuntiat.

2. Greg., l. Moral. XXI, c. 2. LOAISA.

Ibid. Illecebrando devincunt. Forte, *illecebrando devinciunt*. AREV.

CAP. XXIX. N. 1. Ex Gregor., III part. Curæ pastor., admonit. 15. LOAISA.

2. Gregor., ibid. LOAISA.

4. Gregor., lib. Moral. XXXII, cap. 2. LOAISA.

6. Ex Gregor., part. III Curæ pastor, admonit. 15. LOAISA.

7. Alii, *linguæ excessum corrigit*. AREV.

8. Post *prodest* alii addunt: *Multi sunt vani, qui in verbo doctrinæ non humiles, sed arrogantes existunt; quique ipsa recta quæ prædicant, non studio correctionis, sed vitio elationis annuntiant*. AREV.

10. Alludit ad illud Sapient. VII: *Mihi autem dedit Deus dicere ex sententia*. Quem locum Gregor. interpretatur lib. Moral. XXIII, cap. 10: *Unde bene quidam sapiens dixit: Mihi autem det Deus hæc dicere ex sententia, sententia quippe ex sensu vocata est. Et recta quæ intelligit non est sola scientia, sed ex sententia dicere appetit, qui nequaquam tantummodo sciendo dicere, sed sentiendo desiderat experiri quod dicit*. LOAISA.

12. Alii, *ac fuco*, quod melius fortasse est. AREV.

13. Post *sequuntur* alii Mss. addunt: *Qui bonum sine charitate dicit, tanquam æs aut cymbalum sonum facit aliis, ipse tamen sibi manet insensibilis*. AREV.

14. Ita est apud Gregor., lib. XXIV Moral., cap. 13. Verum Hieronymus omnem loquendi rationem his terminis circumscripsit cap. IV ad Ephesios: *Quoties vero, inquit, loquimur, aut non in tempore, aut importuno loco, aut non ut convenit audientibus, toties sermo malus procedit de ore nostro ad destructionem eorum qui audierunt*. Quæ sententia habetur 22, q. 5, cap. *Quoties*. LOAISA.

15. In omnibus Excusis erat *sentiendi*, sed non bene. Nam locus est apud Gregor., lib. Moral. VIII, cap. 22: *Vis quippe summa loquentium quadrifaria qualitate distinguitur. Nam sunt nonnulli quos sentiendi simul ac dicendi amplitudo dilatat; et sunt nonnulli quos sentiendi simul et dicendi inopia angustat. Sunt nonnulli qui efficaciam dicendi habent, sed acumen sentiendi non habent. Et sunt nonnulli qui acumine sentiendi subnixi sunt, sed ex inopia locutionis obmutescunt*. LOAISA.

18. Alludit ad illud Lucæ VI: *Bonus homo de bono thesauro cordis profert bonum; ex abundantia enim cordis os loquitur*. LOAISA.

Factis bene loquitur qui alios bonis exemplis ædificat.

19. Corde male loquitur qui interius cogitationes noxias meditatur et cogitat. Lingua male loquitur qui pro eo quod male agit flagellatur, et murmurat. Factis male loquitur qui male vivendo exemplis suis alios ad prave agendum informat.

20. Semel bene loquitur (*Job.* XXXIII, 14) qui se pœnitendo redarguit. Bis bene loquitur qui bene vivendo et alios instruit.

21. Semel male loquitur qui post vitium cito corrigitur. Bis male loquitur qui male vivit et male docet. Item bis male loquitur qui et male cogitat, et male refert cogitata. Item bis male loquitur qui et bonum quod debuit non egit, et malum quod non oportebat, admisit.

22. Mali mala respondent pro bonis, et adversa pro optimis. Boni bona respondent pro malis, et prospera pro adversis.

23. Adversus convicium linguæ fortitudo adhibenda est patientiæ, ut tentatio verbi, quæ foris impugnat, tolerantiæ virtute devicta discedat.

24. Non omnis qui patitur probra justus est; sed qui pro veritate innox patitur, ille tantummodo justus est.

25. Inter vituperationes linguæ et opprobria hominum isto remedio mens justi se corroborat, ut tanto solidius in Deum figatur interius, quanto exterius ab humanis spernitur sensibus.

26. Qui illatas sibi contumelias tranquillo animo prodit, dolorem cordis aperit, et virus quod fervet in animo facile rejicit.

231 27. Vulnera enim mentis aperta cito exhalant, clausa nimis exulcerant.

28. Qui dolorem injuriæ clauso pectore tegit, quanto amplius silentio linguam premit, tanto acriorem dolorem intrinsecus nutrit. Unde et vere quidam poetarum gentilium dixit : *Quoque magis tegitur, tectus magis æstuat ignis.* Cæcus enim languor vehemens est ac nimius, quia *tacitum vivit sub pectore vulnus.*

CAPUT XXX.

De mendacio.

1. Mendaces faciunt ut nec vera dicentibus credatur. Reddit enim sæpe hominem multa falsitas etiam in veritate suspectum.

2. Sæpe vera præmittit, qui falsa dicturus est, ut cum primum acquisierit fidem, ad reliqua mendacia audientes credulos faciat.

3. Multis videntur vera esse quæ falsa sunt, et ideo non ex Deo, sed ex suo mendacium loquuntur.

4. Nonnunquam falsitas veriloquio adjungitur, et plerumque a veritate incipit, qui falsa confingit.

5. Latent sæpe venena circumlita melle verborum; et tandiu deceptor veritatem simulat, quousque fallendo decipiat.

6. Nonnunquam pejus est mendacium meditari, quam loqui, nam interdum quisque incautus solet ex præcipitatione loqui mendacium; meditari autem non potest, nisi per studium. Gravius ergo ille ex studio mentiri perhibetur, quam is qui ex præcipitatione sola mentitur.

7. Summopere cavendum est omne mendacium, quamvis nonnunquam **232** sit aliquod mendacii genus culpæ levioris, si quisquam pro salute hominum mentiatur. Sed quia scriptum est : *Os quod mentitur occidit animam* (*Sap.* I, 11), et : *Perdes eos qui loquuntur mendacium* (*Psal.* V, 7); hoc quoque mendacii genus perfecti viri summopere fugiunt, ut nec vita cujuslibet per eorum fallaciam defendatur, ne suæ animæ noceant, dum præstare alienæ carni nituntur, quanquam hoc ipsum peccati genus facillime credimus relaxari. Nam si quælibet culpa sequenti mercede purgatur, quanto magis hæc facile abstergitur, quam merces ipsa comitatur?

8. Multa mentiuntur multaque fingunt homines propter hominum laudem; sicque fit ut et isti mentiendo pereant, et eos quos laudant ad vanæ gloriæ ruinam perducant.

9. Sicut bene sibi conscius non metuit alienæ

20. Verba Jobi : *Semel loquitur Deus, et secundo id ipsum non repetit.* AREV.

23. Alii, *ut tentationis verba quæ foris impugnant, tolerantiæ virtute devicta discedant.* AREV.

28. Ex Ovid. Metamorph., lib. IV. Quæ sequuntur verba : *Cæcus enim languor vehemens est ac nimius*, putamus versum quoque fuisse ex alio loco pentametrum ita fortasse conceptum :

Cæcus enim languor, vividus ah ! nimium.

Ibid. Ultima capitis verba, *Tacitum vivit sub pectore vulnus*, sunt etiam hemistichium ex Virgilii lib. IV Æn., 67, de quo vide Macrobium, lib. VI Saturnal, cap. 6. AREV.

CAP. XXX. N. 1. Locus Hieronym., epist. ad Julian. Diac. *Antiquus sermo est : Mendaces faciunt ut nec vera dicentibus credatur.* LOAISA.

6. 22. Quæst. 1; et apud Magistr., in 3, dist. 39; et Polycarp., l. VI, tit. 12; Burch., l. XII, cap. 20; Ivon., p. XII, c. 7; Panorm., lib. LXXXVIII. LOAISA.

7. Augustinus octo genera mendaciorum enumerat lib de Mendac., cap. 14, septimumque esse ait *quod nulli obest, et prodest alicui; veluti si nolens hominem ad mortem quæsitum prodere mentiatur.* Et concilio Toletano VIII, c. 2, duo ponuntur genera mendaciorum, in quibus non est magna culpa, sed tamen omnino non sunt sine culpa, cum aut jocamur, aut, ut proximis prosimus, mentimur. LOAISA.

Ibid., *Præstare.* Ita quidem apud Greg., et in Goth. Codd., sed recte fortasse vox *vitam* ab Excusis abest. Ita enim sæpe alias loquitur, ut *præstare* pro *prodesse* usurpet. LOAISA.

Ibid., *Sequenti*, etc. Verba Gregorii sensum hujus sententiæ explicant., lib. Moral. XVIII, cap. 4. *Nam si quælibet culpa sequenti solet pia operatione purgari, quanto magis hæc facillime abstergitur, quam mater boni operis pietas comitatur?* LOAISA.

Ibid. *Præstare* pro *prodesse* apud alios etiam, et apud Isidorum ipsum alibi occurrit; et in veteri Editione ac meo Ms. abest vox *vitam*; itaque eam delevi, quamvis Loaisa ediderit *præstare vitam alienæ carni.* Vide not. ad Dracontium in satisfact., vers. 64. AREV.

9. In Editione Grialii indicatur pro hac sententia annotatio, quæ excidit. Ac fortasse hoc solum deest: *Ex Gregor. lib.* IX, *epistola ad Theotistum Patritium.* AREV.

linguæ convicium, ita et qui laudatur ab alio A non debet errorem alienæ laudis attendere; sed magis unusquisque testimonium conscientiæ suæ quærat, cui plus ipse præsens est, quam ille qui eum laudat.

10. Opus enim suum unusquisque probet, ut ait Apostolus. Et tunc in seipso tantum quisque gloriam habebit, id est, occulte in sua conscientia, non palam in aliena lingua.

11. Perfecti, qui alta radice fundati sunt, etsi flamine laudis ac vituperationis utcunque quasi ventorum interdum curventur impulsu, funditus tamen non dejiciuntur, sed protinus firmitate radicis ad se redeunt.

233 12. Bona mens ad malum nec præmiis, nec B terroribus vincitur. Nam iniqui terrorem blanditiis miscent, ut aut oblectatione quemquam decipiant, aut terroribus frangant.

13. Qui laudatur in auditorum amore inseritur, sed si veraciter et non ficte laudetur, hoc est, si vera sunt quæ de illo dicuntur.

CAPUT XXXI.

De juramento.

1. Sicut mentiri non potest qui non loquitur, sic perjurare non poterit qui jurare non appetit. Cavenda est igitur juratio, nec ea utendum, nisi in sola necessitate.

2. Non est contra Dei præceptum jurare, sed dum usum jurandi facimus, perjurii crimen incurrimus. C Nunquam ergo juret qui perjurare timet.

3. Multi, dum loquuntur, jurare semper delectantur, dum oporteat hoc tantum esse in ore: *Est, est. Non, non*. Amplius enim quam *est*, et *non est*, a malo est (*Matth.* v, 37).

4. Multi, ut fallant, perjurant, ut per fidem sacramenti fidem faciant verbi sicque fallendo, dum perjurant et mentiuntur, hominem incautum decipiunt.

5. Interdum et falsis lacrymis seducti decipimur, et creditur, dum plorant, quibus credendum non erat.

6. Plerumque sine juramento loqui disponimus, sed incredulitate eorum qui non credunt quod dici- D mus jurare compellimur, talique necessitate jurandi consuetudinem facimus.

7. Sunt multi ad credendum pigri, qui non moventur ad fidem verbi. Graviter autem delinquunt qui sibi loquentes jurare cogunt.

234 8. Quacunque arte verborum quisque juret, Deus tamen, qui conscientiæ testis est, ita hoc accipit, sicut ille cui juratur intelligit. Dupliciter autem reus fit qui et Dei nomen in vanum assumit, et proximum dolo capit.

9. Non est conservandum sacramentum quo malum incaute promittitur, veluti si quispiam adulteræ perpetuo cum ea permanendi fidem polliceatur. Tolerabilius est enim non implere sacramentum quam permanere in stupri flagitio.

10. Jurare Dei est illa providentia, qua statuit non convellere statuta. Pœnitentia autem Dei rerum mutatio est; non pœnitere autem, statuta non revocare, ut illud: *Juravit Dominus, et non pœnitebit eum* (*Psal.* cix, 4), id est, quæ juravit non mutabit.

CAPUT XXXII.

De vitiis.

1. Recedens homo a Deo statim vitiorum traditur potestati, ut dum patitur infesta vitia, revertendo, unde ceciderat resipiscat.

2. Et si sancti toto nisu contendunt superare vitia, nec exstinguunt, quid agunt hi qui non solum non odiunt vitia, sed toto ea amore sectantur?

3. Satis delicate se palpat qui vult sine labore vitia superare, dum peccati legem, quam sibi deserviendo vitiis fecit, sine violentia doloris resecare non possit.

4. Perfecte renuntiat vitio, qui occasionem evitat in perpetrando peccato. Nam si velis tantumdem non peccare, et data occasione peccaveris, tu tibi et reus, et judex es, quia et commissa damnas, et damnata committis. Se autem judice reus est, qui vitia et accusat et perpetrat.

235 5. Quædam vitia dum non perfecte vitantur, suos in se faciunt relabi auctores. Nam si unum vitium districte vitetur, et alia negligantur, inanis labor est. Non enim potest in unius observatione virtutis fortiter perdurare, cujus alia vitia dominantur in corde.

6. Nonnunquam hominem sua vitia persequuntur,

10. Similitudo hæc deducta est ex Paulo, Galat. vi: *Opus enim suum*, inquit, *probet unusquisque, et sic in semetipso gloriam habebit, et non in alio*. Loaisa.

Cap. xxxi. N. 1. Etsi frequentius dicitur *pejerare*, tamen etiam *perjurare* apud optimos Latinitatis auctores reperitur. Arev.

2. 22, q. 1; et apud Magistr., in 3, d. 39; et Polycarp., lib. vi, tit. 12. Burch., lib. xii, cap. 20.: Ivon., p. xii, cap. 7; Panorm., lib. lxxxviii. Loaisa.

3. Augustinus, in commentariis super epistolam ad Galat., cap. 1, sic hunc Matthæi locum interpretatur. *Quamvis*, inquit, *juramentum amplius sit quam* Est, est; Non, non, *et ideo a malo sit, non tamen a malo tuo, sed infirmitatis aut incredulitatis eorum qui non aliter moventur ad fidem*. Loaisa.

8. 22, q. 5; Magist. Sent., iii, d. 31. Loaisa.

9. 22, quæst. 4, et conc. Toletan. viii, cap. 2 Magist., in iii, d. 39. Loaisa.

Ibid. Alii, *non est observandum juramentum*. Sed lectio genuina est, quam exhibemus, et tenuit concilium Tolet. viii, ubi legitur *quod male incaute*, aut *quod malum in caute*, aut *quod male et incaute*. In eamdem sententiam allegantur a concilio verba similia ex Synonymis sancti Isidori. Arev.

10. Editi lib., *permutatio*, Mss. *mutatio*; quorum lectionem sequor. Nam sic habet Augustinus in psalm. cix: *Pœnitentia mutatio rerum significatur*. Loaisa.

Cap. xxxii. N. 3. Ex Gregor., lib. vii Moral., cap. 12. Loaisa.

5. Gregor., ibid. Loaisa.

6. Ex Gregor., lib. vi Moral., cap. 13. Loaisa.

quia nimirum qui prius volendo ea sibi fecit socia, postea sentit etiam nolens stimulosa.

7. Nonnulli non antea in errorem vitiorum labuntur, nisi prius interioris rationis perdiderint oculos, sicuti Samson non antea ab Allophylis ad erroris ligatus est machinam, nisi postquam ei sunt lumina oculorum exstincta (*Judic.* XVI, 21).

8. Quidam, vegetante mentis ratione, vitiorum superantur incursu, sicque deinde intentionem bonorum operum perdunt. Sicut rex Babylonis in oculis Sedeciæ prius filios ipsius interfecit, et sic postea oculos ejus evulsit, ac per hoc post malorum operum consuetudinem et interemptionem bonorum, perit quorumdam et ratio.

CAPUT XXXIII.

Quod ex vitiis vitia, et ex virtutibus virtutes oriuntur.

1. Sic gignuntur ex peccato peccata, ut dum non evitantur parva, incidatur in maximis, et dum defenduntur admissa, nec lamentantur, ex flagitio ad superbiam itur. Unde fit ut duplicati sit criminis reus qui et admittit scelera per voluntatem, et defendit ea per contumaciæ tumorem.

2. Sic vitio vitium gignitur, sicut virtus virtute concipitur. Ex vitio enim gignitur vitium. Sicuti David qui, dum non evitat adulterium, perpetravit et homicidium (*II Reg.* XI, 6).

3. Item virtus virtute concipitur, sicut per virtutem evangelicæ prædicationis **236** virtutem martyrii apostoli meruerunt.

4. In cordibus sæculariter viventium invicem sibi succedunt vitia, ut dum unum abierit, succedat aliud, juxta Joelis prophetæ testimonium, qui ait : *Residuum erucæ comedit locusta, et residuum locustæ comedit bruchus, et residuum bruchi comedit rubigo* (*Joel.* I, 4, 5). Per id ergo ista sub vitiorum allegoria colliguntur, quia sequitur : *Expergiscimini, ebrii, et flete.*

5. Aliquando utiliter peccatur in minimis vitiis, ut majora utilius caveantur. Lege Paulum apostolum minora permittentem peccata, ne majora perpetrentur. Veraciter autem sanantur vitia quæ virtutibus, non vitiis, excluduntur. Quorumdam autem quædam latentia vitia tunc apparent, quando ab aliis vitiis desinunt.

CAPUT XXXIV.

De male usis virtutibus.

1. Interdum et male usæ virtutes ex se vitia gi-
A gnunt : quod fit per immoderatum animi appetitum, cui non sufficit donum quod meruit, nisi inde aut laudes aut lucra damnanda quæsierit.

2. Interdum virtutes vitia gignunt, dum aliquando pro tempore opportuno minime relaxantur. Sicque fit, ut quæ congruo loco virtutes sunt, incongruo vitia deputentur, veluti si pro fratris adventu canonicum non solvatur jejunium.

3. Virtutum igitur discretionem a Paulo apostolo sume, qui ad tempus egit, quod agendum esse omnino prohibuit.

4. Item quædam virtutes, dum discretioni non serviunt, in vitia transeunt. Nam sæpe justitia, dum suum modum excedit, crudelitatis sævitiam gignit ; et nimia pietas dissolutionem disciplinæ parturit, et
B zeli studium, dum plus est quam oportet, in iracundiæ vitium transit, et multa mansuetudo torporis segnitiem gignit.

237 5. Prudentis autem viri discretio solerter prospicit, ne bonum intemperanter agat, et de virtute in vitium transeat

6. Item apud quosdam ex virtute vitium gignitur, dum quisque de castitatis et abstinentiæ meritis gloriatur. Nam et qui eleemosynam vanæ gloriæ causa impertit, ex virtute vitium facit. Sed et is qui de sapientia arrogantiam habet, et qui pro justitia præmium appetit, et qui aliquod donum Dei quod meruit in suam laudem convertit, aut in malos usus assumit, procul dubio virtutem in vitium transfert.

7. Homines de virtutibus vitia nutriunt, ex quibus
C pereant. Iterum Deus arte potentissima ex nostro vitio virtutes format, quibus nos ab iniquitate reformet.

CAPUT XXXV.

De simulatis virtutibus.

1. Quædam vitia species virtutum præferunt, ideoque perniciosius suos sectatores decipiunt, quia se sub velamine virtutum tegunt. Nam vitia, quæ statim virtutibus contraria apparent, cito, dum palam venerint, emendantur, propter quod sequaces eorum de talibus criminibus erubescunt.

2. Carnales autem plerumque per insensualitatem mentis non agnoscunt vitium esse culpabile, quod dignum videtur damnatione.

3. Item quædam vitia species virtutum esse viden-
D tur, sed tamen virtutes non sunt. Nam interdum sub prætextu justitiæ crudelitas agitur, et putatur esse virtus quod nimirum est vitium, sicut et remissa

7. Ambros., lib. I Offic., cap. 29. Adversarios suos Hebræi Allophylos, id est, alienigenas Latino appellant vocabulo. Hoc nomine dicti sunt Palæstini, qui Philisthæi φ in π mutato, auctore divo Hieronymo. LOAISA.

CAP. XXXIII. N. 1. Ex Gregor., lib. Moral. X, cap. 9. LOAISA.

Ibid. Taio, lib. IV, cap. 12, omnes hujus capitis sententias sumpsit. AREV.

4. Ex Gregor., lib. XXXIII Moral., c. 23; et in Ezech. homil. 12. LOAISA.

CAP. XXXIV. N. 2. *Pro fratris adventu*, etc. Huc facit Regula Monachorum, c. 10. AREV.

3. Actorum XV. Nam Paulus gentiles ad Evangelii libertatem venientes circumcidi prohibuit, et tamen Lystram, et Iconium transiens, Timotheum, qui gentili patre natus fuerat, circumcidit. Gregor., lib. Moral. XXVIII, c. 6. LOAISA.

4. Ex Gregor., lib XXXI Moralium, cap. 7, et XXXII, cap. 17. LOAISA.

Ibid. Alii, *dum discretionem non servant.* AREV.

CAP. XXXV. N. 1. Ex Gregor., lib. Moral. XXXII, cap. 17. LOAISA.

2. Alii, *per insensibilem mentis cæcitatem non agnoscunt.* AREV.

3. Ex Greg., ibid., et lib. pastor. Cur., part III, admonit. 17. LOAISA.

segnities mansuetudo esse creditur, et quod agit A torpens negligentia putatur agere indulgentia pietatis. Nonnunquam etiam virtutem largitatis imitatur vitium prodigæ effusionis, et virtutem parcitatis tristis tenacitas imitatur, et vitium pertinaciæ absconditur sub virtute constantiæ. Item timor sub specie obedientiæ occultatur, et dicitur virtus humilitatis, quod tamen vitium est timoris. Sed et procacitas vocis pro veritatis libertate accipitur, et vitium pigritiæ quietis **238** virtutem imitatur. Porro vitium inquietudinis virtutem se vult vocari sollicitudinis, et præcipitationis facilitas fervor boni studii creditur, et bene agendi tarditas consilii mora esse videtur, dum tamen ista sit virtus, illa vitium. Tali igitur exemplo vitia species virtutum imitantur; et inde se nonnulli esse justos confidunt, unde maxime B reprobantur.

4. Aptum exemplum vitiorum de latronis specie sumitur. Nam sicut ex insidiis latro prodit, seque iter agentibus jungit, fingens se socium, donec decipiat improvisum, et dum subito eruperit, ad exitium latro manifestus ostenditur: ita se miscent interdum periculose virtutibus vitia, quousque omnem boni operis efficaciam in suis usibus rapiant, et anima quæ sibi erat placens de virtutibus deceptam se conspiciat vitiis damnabilibus.

CAPUT XXXVI.

De appetitu virtutum.

1. Ad virtutes difficile consurgimus, ad vitia sine labore dilabimur. Ista enim prona, illa ardua sunt. Grandes enim sudores perpetimur ut ad cœlum con- C scendere valeamus.

2. Quemadmodum ad virtutum tendentes culmen, non a summis inchoant, sed a modicis, ut sensim ad altiora pertingant, ita et qui dilabuntur ad vitia, non statim a magnis criminibus incipiunt, sed a modicis assuescunt, et sic in maximis proruunt.

3. Sicut paulatim homo a minimis vitiis in maximis proruit, ita a modicis virtutibus gradatim ad ea quæ sunt excelsa contendit.

4. Qui autem inordinate virtutes comprehendere nititur, cito periclitatur. Hæc est causa in rerum natura, ut quæcunque velociter ad profectum tendunt, sine dubio celeriter finiantur; sicut herbæ, quæ tanto festinius pereunt, quanto celerius crescunt. At vero contra arbores alta radice fundatæ ideo perdurant D diutius, quia gradatim ad profectum perveniunt.

5. Nihil prodest, admisto malo, agere aliquod bonum; sed prius est cohibendum a malo, deinde exercendum bonum. Hoc enim indicat propheta, cum dicit: *Quiescite agere perverse, discite bene facere* (*Isai.* I, 16).

239 6. Prius vitia exstirpanda sunt in homine, deinde inserendæ virtutes. Nam cohærere et conjungi non potest veritas cum mendacio, pudor cum petulantia, fides cum perfidia, castitas cum luxuria.

7. Quædam sunt summæ virtutes, quædam vero mediæ. Fides, spes et charitas summæ virtutes sunt. Nam a quibus habentur, utique veraciter habentur. Aliæ vero virtutes mediæ sunt, quia et ad utilitatem et ad perniciem possunt haberi, si de his arroganter quisque tumuerit, utpote doctrina, jejunium, castitas, scientia, sive temporales divitiæ, de quibus scilicet et bene operari possumus, et male.

8. Quisquis ex deteriore jam melior esse cœpit, caveat de acceptis extolli virtutibus, ne gravius per virtutes corruat, quam prius ex lapsu vitiorum jacebat.

9. Quem Deus justificat, ne iterum se de virtutibus erigat, quædam illi virtutum dona tribuit, quædam retrahit, ut dum mens de hoc quod habet erigitur, iterum de hoc quod nequaquam habere cognoscitur humilietur.

10. Quisquis dono cœlestis gratiæ inspiratus ad virtutes erigitur, si forte moderantis Dei manu aliqua adversitate reprimitur, ne de acceptis virtutibus attollatur, frangi non debet, quia et hoc ipsum, quod plagis humiliatur, æquanimiter ferre procul dubio virtutis est magnæ.

CAPUT XXXVII.

De pugna virtutum adversus vitia.

1. Tunc se viri sancti veracius a vitiorum colluvione detergunt, dum ab eis contra singula vitia virtutes singulæ opponuntur. Interdum vitia cum virtutibus ad utilitatem confligunt, ut ipso certamine vel mens exerceatur, vel ab elatione conversus animus restringatur.

2. Adversus impetus vitiorum contrariis virtutibus est pugnandum. Contra luxuriam enim cordis est adhibenda munditia, contra odium **240** dilectio præparanda, contra iracundiam patientia proponenda est. Porro contra timorem fiduciæ adhibenda est virtus, contra torporem zeli prælium; tristitiæ quoque gaudium, accidiæ fortitudo, avaritiæ largitas, superbiæ humilitas opponenda est. Sicque singulæ virtutes nascentia contra se vitia reprimunt, ac tentationum motus virtute divinæ charitatis exstinguunt.

3. Libidinem abstinentia domat. Nam quantum corpus inedia frangitur, tantum mens ab illicito appetitu revocatur.

4. Adversus iram tolerantia dimicat; ira autem semetipsam necat, sustinendo autem patientia victoriam portat.

5. Tristitiæ mœrorem spes æterni gaudii superat; et quem turbata mens de exterioribus afficit, dulcedo interioris tranquillitatis lenit.

6. Adversus invidiam præparetur charitas, et adversus iræ incendia mansuetudinis adhibeatur tranquillitas.

7. Superbiam autem diaboli imitantur superbi,

4. Greg., lib. Moral. IX, c. 13. LOAISA.

CAP. XXXVI. N. 2. De incremento virtutum Greg., lib. Moral. XXII, c. 14. LOAISA.

CAP. XXXVII. N. 1. Taio, qui lib. IV, cap. 25, de hac virtutum pugna agit, pro *conversus* habet *concussus*. Ita etiam meus Codex ms. Veteres Editiones *ab elationis concursu*. AREV.

adversus quam opponitur humilitas Christi, qua humiliantur elati.

8. Principalium septem vitiorum regina et mater superbia est, eademque septem principalia multa de se parturiunt vitia, quæ ita sibimet quadam cognatione junguntur, ut ex altero alterum oriatur.

9. Sicut princeps septem vitiorum superbia nos eorum potestatibus subdit, ita Christus septiformi gratia plenus a dominatu vitiorum nos eruit; et quos illa addicit septemplici vitio, iste liberat septiformis gratiæ dono.

CAPUT XXXVIII.

De superbia.

1. Omni vitio deteriorem esse superbiam, seu propter quod a summis personis et primis assumitur, seu quod de opere justitiæ et virtutis exoritur, minusque culpa ejus sentitur. Luxuria vero carnis **241** ideo notabilis omnibus est, quoniam statim per se turpis est. Et tamen, pensante Deo, superbia minor est. Sed qui detinetur superbia, et non sentit, labitur in carnis luxuria : ut per hanc humiliatus, et a confusione surgat et a superbia.

2. Omnis peccans superbus est, eo quod faciendo vetita contemptui habeat divina præcepta. Recte ergo *initium omnis peccati superbia* (*Eccle.* x, 15), quia nisi præcesserit mandatorum Dei inobedientia, transgressionis non sequitur culpa.

3. Omnis superbia tanto in imo jacet, quanto in altum se erigit; tantoque profundius labitur, quanto excelsius elevatur. Qui enim per propriam superbiam attollitur, per Dei justitiam inclinatur.

4. Qui inflantur superbia, vento pascuntur. Unde et propheta : *Omnes*, inquit, *pastores tuos pascit ventus* (*Jerem.* xxii, 22), hoc est, superbiæ spiritus.

5. Qui de suis virtutibus superbiunt, ex ipsis judicandi sunt operibus quibus pro virtutibus utuntur, quia rem bonam non bona voluntate faciunt. Nam revera sine humilitate virtus quælibet, et sine charitate in vitio deputatur.

6. Merito superbiæ diabolus a superna beatitudine corruit. Qui ergo de virtutibus attolluntur, diabolum imitantur; et exinde gravius corruunt, quia de excelso labuntur.

7. Superbia, sicut origo est omnium criminum, ita ruina cunctarum virtutum. Ipsa est enim in peccato prima, ipsa in conflictu postrema. Hæc enim aut in exordio mentem per peccatum prosternit, aut novissime de virtutibus dejicit. Inde et omnium peccatorum est maxima, quia tam per virtutes quam A per vitia humanam mentem exterminat.

8. Ibi cadere superbiam, ubi et nasci, ut non sit superbis aliud culpa, aliud pœna, sed ipsa culpa sit illis et pœna.

242 9. De superbia nasci arrogantiam, non de arrogantia nasci superbiam. Nam nisi præcesserit occulta elatio mentis, non sequitur aperta jactantia laudis. Ita ergo in culpa præponitur superbia arrogantiæ, sicut præfertur origine.

10. Plerumque ad elationis emendationem providentia Dei aliquo casu nonnulli cadunt, pro quo lapsu reprehensi a semetipsis humiliter sapiunt, et de muneribus Dei laudari non appetunt, sed laudant Deum, a quo acceperunt, unde laudari se volunt.

11. Utilius est arroganti in quocunque vitio labi, B et humilem post casum Deo fieri, quam per elationem superbire, gravioremque ruinæ damnationem per superbiam sumere.

CAPUT XXXIX.

De fornicatione.

1. Ex culpa superbiæ plerumque in abominandam carnis immunditiam itur. Nam alterum pendet ex altero; sed sicut per superbiam mentis itur in prostitutionem libidinis, ita per humilitatem mentis salva fit castitas carnis. Deus autem nonnunquam dejicit occultam mentis superbiam per carnis manifestam ruinam.

2. Libidinis nasci immunditiam de animi occulta constat superbia, exemplo primi hominis, qui mox ut per superbiam contra Deum tumuit, statim carnis C libidinem sensit, et pudenda operuit. Quapropter unusquisque suæ deputet culpæ quod cecidit, quoties libidine vincitur, quia nisi præcessisset latens superbia, non sequeretur libidinis manifesta ruina.

3. Nonnunquam gemino vitio Christianus a diabolo appetitur, et occulto per elationem, et publico per libidinem. Sed dum evitat quis libidinem, cadit in elationem. Item dum incaute declinat elationem, cadit segniter in libidinem; sicque ex occulto vitio elationis itur in apertum libidinis, et de aperto libidinis, itur in occultum elationis. Sed Dei servus discrete utrumque pensans, sic cavet libidinem, ut non incurrat elationem; et sic premit elationem, ut non resolvat animum ad libidinem.

D **243** 4. Luxuriosis atque superbis dæmones plus fautores existunt, dumque in cæteris vitiis spiritus maligni deserviant, his tamen majori familiaritate junguntur, eisque amplius juxta desiderium famulantur.

8. Ex Gregor., lib. Moral. xxxi, c. 17. Loaisa.

Cap. xxxviii. N. 1. De superbia eleganter disserit Joannes Cassianus eremita, lib. xii, cap. 1, his verbis : *Octavum, quod et extremum, adversus spiritum superbiæ nobis certamen est. Qui morbus, licet ultimus sit in conflictu vitiorum atque in ordine ponatur extremus, origine tamen et tempore primus est; sævissima et superioribus cunctis immanior bestia, perfectos maxime tentans, et propemodum jam positos in consummatione virtutum morsu diriore depascens.* Loaisa.

Ibid. Pensante. Al., *dispensante.* Fortasse præstiterit legere, *labitur in carnis luxuriam*, aut, ut in vet. Edit., *labitur carnis luxuria.* Arev.

3. Ex Gregor., lib. Moral. xxxii, c. 7. Loaisa.

4. Glossa ordinaria : *pascet ventus, id est, inanis fiducia.* Quod in Excusis ad marginem est, *superbus spiritus;* id vero mss. nostri Codd. non agnoscunt. Loaisa.

Cap. xxxix. N. 1. Ex Gregor., lib. Moral. xxvi, cap. 13. Loaisa.

2. Gregor., ibid. Loaisa.

3. Gregor., loco citato. Loaisa.

5. Principaliter his duobus vitiis diabolus humano generi dominatur, id est, superbia mentis et luxuria carnis. Unde et Dominus in Job loquitur de diabolo dicens: *Sub umbra dormit in secreto calami in locis humentibus* (*Job* XL, 16). Per calamum enim inanis superbia, per loca vero humecta carnis demonstratur luxuria. Per hæc enim duo vitia diabolus humanum possidet genus, vel dum mentem in superbiam erigit, vel dum per luxuriam carnem corrumpit.

6. Multi luxuriæ subditi sunt, et contumaci superbia de ipso luxuriæ opere gloriantur; et inde magis elati sunt, unde humiliari debuerant.

7. Ad comparationem mali fit deterius, quando non solum flagitia committuntur, sed etiam de ipsis flagitiis vanitate laudis perditi extolluntur, sicut scriptum est: *Laudatur peccator in desideriis animæ suæ* (*Psal.* IX, 24). Quid enim pejus quam in flagitiis miseros gaudere, de quibus jam debent copiosius plorare?

8. Libido tunc magis quæritur, dum videtur. Nam sicut quidam sapiens ait: *Prima fornicationis oculorum tela sunt, secunda verborum.* Sed qui non capitur oculis, potest verbis resistere. Sufficit natura, ubi adhuc liber affectus est.

9. Qui delectationem libidinosæ refrenat suggestionis, non transit ad consensum libidinis. Cito enim resistit operi, qui titillanti se non accommodat delectationi.

10. Durius impugnatur qui usque ad consensionem, etsi non usque ad perpetrationem tentatur, quam is qui sola suggestione pro conditione carnis tentamentis sollicitatur.

11. Stimuli carnis, qui in Paulo, excitante Satanæ angelo, inerant (*II Cor.* XII), ex lege peccati erant, qui in membris hominum de necessitate libidinis **244** habitant. Quam reluctantem, dum in se expugnat, perficitur, et de infirmitate libidinosæ titillationis virtutem suscipit gloriosi certaminis.

12. Servis Dei multa certamina de sua carne moventur; nam quamvis in amore Dei eorum sit inconcussa intentio, mens tamen in carne, quam exterius gestat, interna prælia tolerat. Deus autem, qui hæc ad probationem permittit, gratia protegente, suos non deserit.

13. Ideo nonnunquam electi lapsu carnali corruunt, ut a vitio superbiæ, qua de virtutibus tument, sanentur; et qui de virtutum affectibus existunt superbi, ut cadant, carnis vitio humilientur, ut surgant.

14. Antequam perficiatur adulterium in opere, jam adulterium exstat in cogitatione. Ex corde enim primum fornicationes sunt auferendæ, et non prorumpent in opere. Hinc est quod per prophetam dicitur: *Accingite lumbos vestros super ubera vestra* (*Isai.* XXXII, 11); hoc est, in corde libidines resecate, quæ ad lumbos pertinent. Nam cor super ubera est, non in lumbis.

15. Libidinis immoderata licentia nescit habere modum. Nam dum se vitiosus animus in explenda fornicatione, carne luxuriante, laxaverit, nihilominus ad alia nefanda scelera suadentibus dæmonibus transit; dumque immoderate metas pudoris excesserit, crimen criminibus adjicit, paulatimque ad deteriora procedit.

16. Non ita suavis est amantium, imo amentium, inexperta carnis libido, sicut experta; nec ita delectat fornicatio, dum primum committitur, nam repetita majorem delectationem ingerit. Jam vero si in usum venerit, tanto perditis dulcior fit, ut superare difficile sit. Unde et sæpe ex consuetudine delinquendi quasi captivi ad peccandum cum quadam violentia trahimur, sensusque nostros contra rectam voluntatem in nobis rebellare sentimus.

17. Si plus oblectat mentem delectatio fornicationis quam amor castitatis, adhuc in homine peccatum regnat. Certe si amplius delectat pulchritudo intimæ castitatis, jam non regnat peccatum, sed regnat justitia. Nam non solum de commissa fornicatione **245** peccatum regnat in homine; sed si adhuc delectatur, atque animum teneat, procul dubio regnat.

18. Fornicatio carnis adulterium est, fornicatio animæ servitus idolorum est. Est autem et spiritualis fornicatio, secundum quod Dominus ait: *Qui viderit mulierem ad concupiscendam eam, jam mœchatus est eam in corde suo* (*Matth.* V, 28).

19. Omnis immunda pollutio fornicatio dicitur, quamvis quisque diversa turpitudinis voluptate prostituatur. Ex delectatione enim fornicandi varia gignuntur flagitia, quibus regnum Dei clauditur, et homo a Deo separatur.

20. Inter cætera septem vitia fornicatio maximi est sceleris, quia per carnis immunditiam templum Dei violat, et tollens membra Christi, facit membra meretricis.

21. Magis per carnis luxuriam humanum genus subditur diabolo, quam per cætera vitia. Cum enim ille variis tentamentis illectos homines conetur pervertere, magis tamen mœchandi desiderium suggerit, quia utrumque sexum in hoc vitio amplius ægrotare intendit.

5. Ex Gregor., lib. XXXIII Moral., c. 3. LOAISA.
Ibid. *Humecta.* Al., *humentia.* AREV.
7. Greg., lib. IV Moral., c. 25. LOAISA.
Ibid. Alii: *Quoniam laudatur.* AREV.
11. Paulus, II Cor. XII. *Datus est mihi stimulus carnis meæ angelus Satanæ, ut me colaphizet.* De hoc stimulo Pauli variæ sunt sanctorum sententiæ. Gregor., lib. XXXIII Moral., cap. 11. *Paulum,* inquit, *post tot revelationum sublimia stimulus carnis agitabat.* Et infra: *Tentatio illa non vorago vitiorum, sed custodia meritorum fuit.* LOAISA.
14. Locus Isaiæ XXXII sic in Editione Vulgata est: *Accingite lumbos vestros, super ubera plangite.* Septuaginta: Περιζώσασθε σάκκους ὀσφύας ὑμῶν, καὶ ἐπὶ τῶν μαστῶν κόπτεσθε. *Id est, accingimini saccis lumbos vestros, et super ubera plangite,* quem locum, ut instituto suo accommodaret, decurtavit. LOAISA.
19. Augustin., lib. I de Serm. Domini in monte, cap. 11. LOAISA.

22. Dæmones scientes pulchritudinem esse animæ castitatem, et per hanc hominem angelicis meritis, e quibus illi lapsi sunt, coæquari, livore perculsi invidiæ, injiciunt per sensus corporis opus desideriumque libidinis, quatenus a cœlestibus deorsum dejectam animam pertrahant, secumque quos vicerint gloriantes ad tartara ducant.

23. Quando impulsu dæmonum mens ad delectationem fornicationis impellitur, divini judicii metus et æterni tormenta incendii ante oculos proponantur, quia nimirum omnis pœna gravioris supplicii formidine superatur. Sicut enim clavus clavum expellit, ita sæpe recordatio ardoris gehennæ ardorem removet luxuriæ.

24. Quidam in juventute luxuriose viventes, in senectute continentes fieri delectantur, et tunc eligunt servire castitati, quando eos libido servos habere contemnit.

25. Nequaquam in senectute continentes vocandi sunt, qui in juventute luxuriose vixerunt. Tales non habent præmium, quia laboris certamen non habuerunt. Eos enim exspectat gloria, in quibus fuerint laboriosa certamina.

246 CAPUT XL.

De continentia.

1. A Deo datur continentia ; sed *petite*, inquit, *et accipietis* (*Matth.* VII, 7). Tunc autem tribuitur, quando Deus gemitu interno pulsatur.

2. Prælatam virginitatem esse nuptiis. Illud enim bonum, hoc optimum. Conjugium concessum est (*I Cor.* VII), virginitas admonita tantum, non jussa. Sed ideo tantum admonita, quia nimis excelsa.

3. Geminum est bonum virginitas, quia et in hoc mundo sollicitudinem sæculi amittit, et in futuro æternum castitatis præmium percipit.

4. Virgines feliciores sunt in vita æterna, Isaia testante : Hæc dicit Dominus eunuchis : « Dabo eis in domo mea, et in muris meis locum ; et nomen melius a filiis et filiabus, nomen sempiternum dabo eis, quod non peribit » (*Isai.* LVI, 4, 5). Nec dubium quod qui casti perseverant, et virgines, angelis Dei efficiuntur æquales.

5. Amanda est pulchritudo castitatis, cujus degustata delectatio dulcior invenitur quam carnis. Castitas enim fructus suavitatis est, et pulchritudo inviolata sanctorum. Castitas securitas mentis, sanitas corporis ; unde et aliquos gentilium gymnicos (legimus) perpetuam Veneris abstinentiam exercuisse, ne virtutem libidine frangerent. Luxuriosa namque vita carnem cito debilitat, fractamque celeriter ducit ad senectutem.

6. Omne peccatum per pœnitentiam recipit vulneris sanitatem ; virginitas autem, si labitur, nullatenus reparatur. Nam quamvis pœnitendo **247** veniæ fructum percipiat, incorruptionem tamen nullatenus recipit pristinam.

7. Virgo carne, non mente, nullum præmium habet in repromissione. Unde et insipientibus virginibus Salvator in judicio veniens, dicit : *Amen, dico vobis, nescio vos* (*Matth.* XXV, 12). Ubi enim judicans mentem corruptam invenerit, carnis procul dubio incorruptionem damnabit.

8. Nihil prodest incorruptio carnis, ubi non est integritas mentis. Nihilque valet mundum esse corpore eum qui pollutus est mente.

9. Multi sunt reproborum, qui carnalis corruptelæ contagium nesciunt ; qui sicut infecundi sunt corpore, ita steriles manent mente, operisque boni fecunditate ; qui recte de virginitate gauderent, si aliis pravis operibus non inservirent.

10. Quisque continentiam profitetur et ab aliis terrenis desideriis non subtrahitur, quamvis hunc luxuria carnis non polluat, diversa tamen mundanæ conversationis operatio maculat.

11. Virgines de suis meritis gloriantes hypocritis comparantur, qui gloriam boni operis foris appetunt, quam intra conscientiam humiles habere debuerunt. Tales igitur ad promissa cœlestia non perveniunt, quia ipsi sibi virginitatis præmium per elationis vitium auferunt. Hoc est enim in Evangelio non habere virgines in vasis oleum, id est, non servare intra conscientiam boni operis testimonium, sed in facie gloriari apud homines, non in corde apud Deum.

12. Ruina adulterii excipitur destina matrimonii ; meliusque est **248** uxorem ducere quam per libidinis ardorem perire.

CAP. XL. N. 1. Alii, *appetite* pro *petite*. AREV.

2. Paulus, I Cor. VII. *Igitur qui matrimonio jungit virginem suam, bene facit ; et qui non jungit, melius facit.* Ambros., lib. I de Viduis. LOAISA.

Ibid. Ibidem Paulus : *Unusquisque proprium donum habet ex Deo, alius quidem sic, alius vero sic.* Matth. XIX, de Eunuchis propter regnum cœlorum castratis dixit : *Qui potest capere, capiat.* LOAISA.

Ibid. Nuptiis. Al., *nuptiarum conjugio.* AREV.

3. *Amittit.* Al., *adimit*, quod fortasse melius. AREV.

4. Gregor., lib. pastor. Curæ, admonit. 29, part. III. Locus Isai. LVI. LOAISA.

Ibid. Grialius indicabat Isai. XXXVI. AREV.

5. Triplex est castitas, conjugalis, vidualis, et virginalis. Ambros., lib. I de Viduis. Idem, epistola ad Syagrium, castitatem in sacerdotibus in primis esse debere affirmat, lib. de Patriarch. LOAISA.

7. Gregor., lib. VI Exposit. in I Reg. LOAISA.

11. Greg., lib. Moral. XXIII, cap. 4, et lib. IX Epistolarum, epistola ad Theotistam. LOAISA.

12. Expressit Augustin. sententiam, lib. II, cap. 12, de adulterinis conjugiis ad Pollentium. *Cum itaque dicebat, volo juniores nubere, hoc, inquam, monebat propter ruinam incontinentiæ fulciendam.* Et ad Julianum, lib. V, c. ult. : *Non dicimus turpia esse conjugia, quandoquidem ne incontinentia in damnabile cadat flagitium, fulcienda est honestate nuptiarum.* Et lib. I de Nupt. et Concupisc. ad Valerium, cap. 16. *Ac sic infirmitas*, ait, *incontinentiæ, ne cadat in ruinam flagitiorum, excipiatur honestate nuptiarum.* Verum obscura verbi *destina*, quo usus est Isidorus, significatio (ita enim exstat in mss. exemplaribus, Gothicis præsertim, quorum ut vetustatem colo, sic scripturam et fidem lubens sequor) posteriorum temporum exscriptores vim nominis *destina* non satis percipientes in errorem induxit, effecitque ut

13. Quosdam conjugale decus non pro gignendis filiis delectat, sed hoc pro turbulenta carnis et libidinosa consuetudine appetunt, sicque bono male utuntur.

14. Vitia per se mala sunt, conjugia vero et potestates per se quidem bona sunt; per ea vero quæ circa ea sunt, mala existunt. Conjugia enim per id mala sunt, per quod dicit Apostolus : **249** *Qui autem cum uxore est cogitat quæ mundi sunt* (*I Cor.* VII, 33). Et : *Propter fornicationem unusquisque suam uxorem habeat* (*Ibid.* VII, 2). Sic et potestates per elationem, per oppressionem, per justitiæ quoque prævaricationem malæ existunt. Nocent enim divitiæ, nocent et potestates, sed per id, quod eis juxta ponitur, non per se; exemplo itineris recti, juxta quod spinæ nascuntur, quæ surgentes a latere nocent eis qui recto itinere gradiuntur.

CAPUT XLI.

De cupiditate.

1. Non posse quempiam spiritualia bella suscipere, nisi prius carnis edomuerit cupiditates.

2. Non potest ad contemplandum Deum mens esse libera, quæ desideriis hujus mundi et cupiditatibus inhiat. Neque enim alta conspicere poterit oculus quem pulvis claudit.

3. Omni peccato pejor est avaritia et amor pecuniarum. Unde et per Salomonem dicitur : *Nihil est scelestius quam amare pecuniam* (*Eccles.* X, 10); hic enim animam suam venalem facit, quoniam in vita sua projecit intima sua.

4. Cupiditas omnium criminum mater est. Unde et Apostolus ait : *Radix omnium malorum cupiditas est; quam quidam appetentes erraverunt a fide* (*I Tim.* VI, 10). Si ergo succiditur radix criminum, non pullulant cæteræ soboles peccatorum.

5. Multi causa cupiditatis terrenæ etiam ipsam fidem renuntiaverunt. Cupiditas enim Christum vendidit. Nam et plerisque tantum in rebus alienis est desiderium, ut etiam homicidium perpetrare non vereantur, sicut Achab, qui appetitum cupiditatis suæ sanguinis explevit effusione (*III Reg.* XXI).

6. Sæpe iniqui mala quæ concupiscunt assequuntur, quatenus de affectu mali desiderii fortius puniantur. Electos autem suos Deus non dimittit ire in desideriorum malorum perfectionem, **250** sed in dolorem mentem convertit eorum, pro eo quod in sæculo nequiter appetunt, ut hac experientia resipiscant reverti ad Deum, quod his mente recesserunt. Deum ergo sibi propitium noverit adversari, qui quod temporaliter concupiscit non permittitur adimplere. Secreto autem Dei judicio fieri creditur ut durius pereant hi quorum cupiditatem effectus statim sequitur actionis.

7. Nunquam satiari novit cupiditas. *Semper enim avarus eget*; quantoque magis acquirit, tanto amplius quærit; nec solum desiderio augendi excruciatur, sed etiam amittendi metu afficitur.

8. Inopes nascimur in hac vita, inopes recessuri sumus a vita. Si bona mundi hujus peritura credimus, cur peritura tanto amore cupimus?

pro *destina* alii *causam*, alii *doctrinam matrimonii*, alii *contemptum*, alii alia perperam substituerint. Est autem *destina* fulcrum, quod parieti ruinoso, ne cadat, supponitur; quo usus est Corippus Poeta Afer, de Laudibus Justini Junioris :

Et Thomas Libycæ nutantis destina terræ.

Arnob., lib. II. *Quando, ait, siderum motus, aut ratio cœpta est genethliaca sciri? non post Atlantem* (*ut quidam ferunt*) *gestatorem, bajulum, tibicinem illum, ac destinam cœli?* Cœli destinam vocat Atlantem, quod eo, velut firmo præsidio, impendens cœli ruina (ut fingebat antiquitas) sustineretur; quo sensu Braulio Cæsaraugustanus episcopus in Vita divi Isidori scribit, *quem* (scilicet Isidorum) *Deus post tot defectus Hispaniæ novissimis temporibus suscitans, credo ad restauranda antiquorum monumenta, ne usquequaque rusticitate veterasceremus, quasi quamdam destinam apposuit.* Sic enim restituenda littera ex vet. Cod. ms., cum ante non recte legeretur, *quasi quamdam lucem apposuit destinari.* Ab hoc nomine *destina destinari* verbum, quod firmare et fulcire significat, fluxit. Vitruvius, de Portubus et Structuris in aqua faciendis, lib. V, cap. 12 : *Portetur*, inquit, *pulvis a regionibus quæ sunt a Cumis continuatæ ad promontorium Minervæ, isque misceatur, uti in mortario duo ad unum respondeant. Deinde tunc in eo loco qui definitus erit arcæ stipitibus robustis et catenis inclusæ in aquam dimittendæ destinandæque sunt.* Hoc est destinis fulciendæ et firmandæ. Nam statim subjungit : *Sin autem propter fluctus, aut impetus aperti pelagi destinatæ arcæ non potuerint contineri, tunc ab ipsa terra, sive crepidine pulvis quam firmissime struatur.* Philander in Cod. ms. legi scribit, *destinæ arcas non potuerint continere*, quod eo in loco ad Vitruvii mentem videtur propius accedere. Sicut et in altero, qui sequitur : *In quibus autem locis pulvis non nascitur, iis rationibus erit faciendum, uti arcæ duplices relatis tabulis et catenis colligatæ, in eo loco qui finitus erit constituantur, et inter destinatas creta meronibus ex ulva palustri factis calcetur.* In Ms. *inter destinas* legi ait Philander, quod magis probarim. Pro *destina* in alio *Cod.* ms. legitur *destinatione matrimonii*, relatione facta antiquæ formulæ qua uxores dicebantur destinari. Ulpian., in l. *Tutor.*, ff. de ritu nupt. : *Tutor vel curator adultam uxorem ducere non potest, nisi a patre desponsa, destinatave testamento, nominata conditione, nuptias secuta fuerit.* Et in l. *Qui pupillam*, ff. ad Legem Jul. de adulteriis : *Nisi a patre desponsa, destinatave, testamentove nominata, conditionem nuptiarum secuta fuerit*, quod frequenter usurpat in l. ultim., § ultim., ff. de divortiis, et in l. 7, § 1, ff. de jure dot., ut docte observavit Jacob. Cujacius, lib. XVI Observat., cap. 33. LOAISA.

Ibid. Erudita Loaisæ nota de voce *destina* Braulio a Vezzosio tribuitur non alia ratione, nisi quia Braulius notas Loaisæ ex Editione Grialii transcripsit. Vitam Isidori, quam Braulio scripsit, vide in Isidorianis, cap. 3 et 4. AREV.

14. Hoc loco in Editione Grialii erat signum alicujus notæ, quæ desideratur. AREV.

CAP. XLI. N. 2. Greg., lib. I Reg. I. LOAISA.

3. Eccle. X. Greg., lib. XX Moral. cap. 12. LOAISA.

5. *Renuntiaverunt.* Al., *abnegaverunt.* AREV.

6. Alii, *resipiscant et convertantur ad Deum, a quo mente recesserunt.* AREV.

7. Gregor., lib. Moral. XV, cap. 12. *Semper avarus eget*, sunt verba Horatii, lib. I Epistolarum, epistola 2. LOAISA.

Ibid. Verba Horatii noluit prætermissa Vezzosius :

Sperne voluptates, nocet empta dolore voluptas.
Semper avarus eget : certum voto pete finem

AREV.

9. Plerique potentes tanta cupiditatis rabie inflammantur, ut de confiniis suis pauperes excludant, nec habitare permittant. Quibus recte per Prophetam dicitur : *Væ qui conjungitis domum ad domum, et agrum agro copulatis usque ad terminum loci. Nunquid soli vos habitabitis in medio terræ* (*Isai.* v, 8, 14)? Tales quippe homines infernum, id est, diabolum rapere ad perditionem idem propheta sequenter annuntiat, dicens : *Propterea dilatavit infernus animam suam, et aperuit os suum absque ullo termino, et descendent fortes ejus, et sublimes, gloriosique ejus ad eum.* Nec mirum, quod morientes inferni ignibus deputentur, qui viventes flammam cupiditatis suæ minime exstinxerunt.

10. Qui desiderio cupiditatis exæstuant, flatu diabolicæ inspirationis uruntur. Accendit enim mentem Evæ superbia, ut de ligno vetito manducaret. Accendit Cain mentem invidia, ut fratrem occideret (*Gen.* iii, 4). Accendit Salomonem luxuriæ facibus, ut per amorem libidinis idola adoraret. Accendit Achab cupiditate, ut homicidium avaritiæ annecteret (*III Reg.* xxi). His ergo inspirationibus diabolus corda hominum occultis depravat cupiditatibus.

251 CAPUT XLII.

De gula.

1. Prima concupiscentiæ suggestio panis est, cui si minime ceditur, diversa edacitatis desideria comprimuntur. Unde et Daniel : *Panem*, inquit, *desiderii non comedi* (*Dan.* x, 3), hoc est, ejus concupiscentiam non implevi.

2. Prima est luxuriæ materies saturitas panis. Unde et propheta Sodomam de panis satietate accusat, dicens : *Hæc fuit iniquitas Sodomorum, superbia, saturitas panis, et abundantia* (*Ezech.* xvi, 49). Panem quippe Sodomitæ immoderate sumentes, in turpitudinem defluxere flagitiorum, atque inde meruerunt, comitante superbia, cœlestibus aduri incendiis, ex quo modum non tenuerunt edacitatis.

3. Utile est cavere gulam ciborumque concupiscentiam. Quid enim tam noxium quam ut animus serviat ventri et escæ, quæ sunt destruenda, testante A Apostolo, ac dicente : *Deus autem et hunc, et hanc destruet* (*I Cor.* vi, 13)?

4. Proxima est ventri libido, sicut loco, ita vitio. Ubi enim ventris cura, ibi et eorum quæ circa ventrem sunt proxima. In ordine namque membrorum genitalia ventri junguntur. Dumque unum ex his immoderate reficitur, aliud ad luxuriam excitatur.

5. Non ad luxuriam, vel ad satietatem, sed tantummodo, ut corpus sustentetur, epulis est utendum. Nam, ut philosophi disserunt, cibos inventos esse ut contineant animam, non ut corrumpant.

6. Qui nimium cibis utuntur, quanto magis ventrem pascunt, **252** tanto amplius sensum mentis obtundunt. Nam Græci dixerunt ex crasso ventre subtilem sensum gigni non posse. Nam gulæ saturitas
B nimia aciem mentis obtundit, ingeniumque evanescere facit.

7. Libidinis ignes ciborum fomentis increscunt; corpus autem quod abstinentia frangit, tentatio non exurit. Unde et tres pueros abstinentes flamma Babylonii incendii, etsi tetigit, non combussit, quia nimirum etsi desideriorum carnalium ignis abstinentium mentes inflammat, usque ad consensum tamen concupiscentiæ vel operis non exurit.

8. Cui abundantia est epularum, ardentis divitis intendat supplicium, cujus tanta in inferno inter ignes erat inopia, quanta hic epularum fuerat copia. In hoc enim sæculo esurire et sitire noluit, propterea illic inter flammas sitiens, stillam aquæ quæsivit, nec meruit.

C 9. Considerandum quam vehementer arguatur comessatio, et sumptuosa convivia. Nam per prophetam comminatur Dominus se non hanc relaxare iniquitatem his qui eam libenter ambiunt. Dicit enim per Isaiam : « Ecce gaudium et lætitia occidere vitulos, et jugulare arietes, comedere carnes et bibere vinum. Si dimittetur iniquitas hæc vobis, donec moriamini (*Isai.* xxii, 13, 14).

10. Sicut omnes carnales cupiditates abstinentia resecantur, ita omnes animæ virtutes edacitatis vitio destruuntur. Inde est quod et princeps coquorum

---

9. Greg., iii part. pastor. Curæ, admonit. 21. Isai. v. Loaisa.

Cap. xlii. N. 2. Ex Greg., lib. Moral. xxx, cap. 13. Loaisa.

3. Greg., iii part. pastor. Curæ, admonit. 20. Loaisa.

5. Leo papa, serm. 3 de jejunio. Loaisa.

Ibid. Alii, *ut philosophi dixerunt, cibandus est venter, ut contineat animam, non ut corrumpat.* Clarius etiam esset, *Nam philosophi disserunt cibos*, etc. Arev.

6. Hinc illud Catonis Majoris apud Ciceronem, in libello de Senectute : *Tantum cibi et potionis adhibendum, ut reficiuntur vires, non opprimantur.* Alioqui, ut recte confirmat Theognis :

Πολλῶ τοῦ πλέοντας λιμοῦ ὤλεσεν ἴδη ;
Ἄνδρας ὅσοι μοίρας πλεῖον ἔχειν ἔθελον.

Quorum versuum hæc fere sententia est : longe plures nimia cibi potusque ingurgitatione quam fame periisse. Bene itidem Theopompus, lib. v Philipp. : Τὸ ἐσθίειν πολλὰ, καὶ κρέα φαγεῖν τοὺς μὲν λογισμοὺς ἐξαιρεῖ, καὶ τὰς ψυχὰς ποιεῖται βραδυτέρας. *Multa*, inquit, *edere et carnibus vesci, rationis vim tollit, animosque*
D *efficit tardiores.* Merito itaque laudantur platonicæ illæ cœnæ apud Athenæum, lib. x, et apud Cicer., lib. v Tusculan., propterea quod non tam præsenti, quam postero die jucundæ essent. Loaisa.

Ibid. Evanescere. Hinc illud, quod ex Theopompo jam retuli. Porro locus hic esse videtur ex Hieronymo, epistola ad Nepotianum, de Vita clericorum; is enim hoc pacto : *Pulchre dicitur apud Græcos, et nescio an apud nos æque resonet : Pinguis venter non gignit mentem tenuem.* Græcus senarius hujusmodi est :

Παχεῖα γαστὴρ λεπτὸν οὐ τίκτει νόον.

Loaisa.

Ibid. Evanescere. Al., *hebescere.* Cod. meus *labascere*; forte *labare.* Arev.

7. Greg., lib. Moral. xxx, c. 13. Loaisa.

8. Greg., homil. 40 in Evang. Loaisa.

10. Ex Greg., lib. iii past. Curæ, admonit. 20. Loaisa.

muros Jerusalem subvertit, quia et venter, cui servitur a coquis, virtutes animæ destruit. Neque enim posse quempiam virtutum perfectionem attingere, nisi prius ventris edomuerit ingluviem.

11. Nemo potest dominari cæteris vitiis, nisi prius ingluviem ventris restrinxerit. Nec quisquam facile poterit a semetipso spiritus **253** immundos expellere, nisi per abstinentiam gulæ. Tunc enim hostes qui extra nos sunt a nobis fortius superantur, quando prius quæ intra nos sunt vitia exstinguuntur. Nam frustra foris agit bellum, qui intus habet periculum.

12. Non qualitatem ciborum, sed eorum cupiditatem cavendam. Nam sæpe accuratius præparata sine gulæ concupiscentia degustantur, et sæpe abjecta et vilia edendi cupiditate sumuntur. Sicque fit ut non sit in culpa ciborum qualitas, sed illud reputetur in vitium, quod cum desiderio degustatur.

13. Quatuor sunt genera distinctionum in gulæ appetitu, id est: quid, quando, quantum, et quomodo appetatur. *Quid* ad rem ipsam pertinet quæ appetitur. *Quando*, si ante legitimum tempus quid appetatur. *Quantum* vero ad immoderationem refertur. *Quomodo* ad impatientiam festinationis ascribitur.

14. Nullus homini tam importunus exactor est quam venter, qui quotidianam refectionem quotidiana famis exactione adimplet. Cum cæteris enim vitiis etsi interdum nascimur, interdum tamen cum eis non morimur; cum isto autem et nascimur, cum isto et morimur.

15. Plerumque voluptas vescendi ita sub obtentu necessitatis subrepit, ut dum putatur serviri necessitati, voluptatis desiderio serviatur; nec facile discernitur utrum quod accipitur, gulæ, an indigentiæ deputetur.

254 CAPUT XLIII.

De ebrietate.

1. Esca crapulam, potus ebrietatem generat. Ebrietas autem perturbationem gignit mentis, furorem cordis, flammam libidinis.

2. Ebrietas ita mentem alienat, ut ubi sit nesciat. Unde etiam et malum non sentitur quod per ebrietatem committitur. Verum est quod juxta prophetam dicitur: *Fornicatio et ebrietas auferunt cor* (*Ose.* IV, 11). Fornicatio enim, sicut in Salomone (*III Reg.* XI), infatuat sapientem. Ebrietas, sicut in Lot (*Gen.* XIX), sensum rationis captivat. Unde et in Proverbiis: *Potentes*, inquit, *iracundi sunt, vinum non bibant, ne cum biberint, obliviscantur sapientiam* (*Proverb.* XXXI, 4).

3. Plerisque laus est multum bibere vinum, et non inebriari. Audiant hi adversum se dicentem prophetam: *Væ qui potentes estis ad bibendum vinum, et viri fortes ad miscendam ebrietatem* (*Isai.* V, 22).

4. Vino multo deditos, et luxuriose viventes Isaias sic arguit, dicens: *Væ qui consurgitis mane ad ebrietatem sectandam, et potandum usque ad vesperum, ut vino æstuetis* (*Isai.* V, 11). De talibus et alio loco dicitur: *Væ tibi, civitas cujus rex juvenis est, et cujus principes mane comedunt* (*Eccle.* X, 16).

5. Multi enim a mane usque ad solis occubitum ebrietati et **255** gulæ voluptatibus serviunt, nec intelligunt cur nati sunt; sed, consuetudine belluina detenti, luxuriæ tantum tota die epulisque inserviunt.

6. Clamat Joel propheta his qui ebrietati deserviunt, dicens: *Expergiscimini, ebrii; et flete, et ululate, omnes qui bibitis vinum in dulcedine* (*Joel.* I, 5). Quo testimonio non ait tantum: *Flete, omnes qui bibitis vinum*, ut bibere omnino non liceat; sed adjecit, *in dulcedine*, quod ad voluptuosam pertinet et prodigam effusionem. Nam quantum satis est necessitati, edocet Timotheum bibere Apostolus, dicens: *Vino modico utere.*

7. Non solum ex vino inebriantur homines, sed etiam ex cæteris potandi generibus, quæ vario modo conficiuntur. Unde et Nazaræis, qui se sanctificabant Domino, præceptum est vinum et siceram non bibere. Utraque enim statum mentis evertunt, et ebrios fa-

12. Greg., lib. Moral. XXX, c. 13. LOAISA.

13. Totius sententiæ summa deducta est ex Greg., lib. Moral. XXX, cap. 13. Verum is quintum genus addit: *Sciendum*, inquit, *præterea est quia quinque nos modis gulæ vitium tentat*, etc. Cassianus, lib. quinto, cap. 23, tria tantum genera enumerat: *Triplex*, ait, *natura est gastrimargiæ: una quæ canonicam refectionis horam prævenire compellit; alia, quæ tantummodo ventris ingluvie et saturitate quarumlibet gaudet escarum; tertia, quæ accuratioribus epulis et esculentioribus oblectatur*. Vide eumdem latius ibidem. LOAISA.

14. Pulchre Seneca in epistolis: *Venter præcepta non audit, poscit, appellat. Non est tamen molestus creditor: parvo dimittitur, si modo das illi quod debes.* LOAISA.

15. Hoc etiam loco indicatur nota Loaisæ, quæ non apparet. Ac fortasse ea exprimebat locum sancti Augustini, lib. X Confess., cap. 31: *Sæpe incertum fit utrum adhuc necessaria corporis cura subsidium petat, an voluptaria cupiditatis fallacia ministerium suppetat.* AREV.

CAP. XLIII. N. 1. Sic intelligo illud Augustini, lib. Confess. X, cap. 31: *Ebrietas longe est a me; misereberis, ne appropinquet servo tuo. Crapula vero nonnunquam subrepit servo tuo; misereberis, ut longe fiat a me.* Aristoteles problem., sect. III, text. 17, crapulam aperte ex vino esse testatur. Addit præterea: *Est enim crapula fervor quidam, et desinens inflammatio, quæ plus conflictat quam temulentia, quod mentem illa quatit et alienat; crapula autem, mente sibi constante, dolorem admovet.* LOAISA.

2. *Ose.* IV *Fornicatio, et vinum, et ebrietas, auferunt cor.* LOAISA.

Ibid. In Excusis est: *Sicut ait Salomon*; verum male. Goth.: *Fornicatio enim, sicut in Salomone, infatuat sapientem; ebrietas, sicut in Lot, sensum rationis captivat; unde in Proverbiis*, etc. Est enim explicatio verborum Ose.: *Fornicatio et ebrietas auferunt cor.* Fornicatio nempe, ut in Salomone; ebrietas, ut in Lot. Præterea non exstat in Proverbiis hæc sententia. LOAISA.

4. Eccle. X, ubi Septuaginta hoc modo: Οὐαί σοι, πόλις, ἧς ὁ βασιλεύς σου νεώτερος, καὶ οἱ ἄρχοντές σου ἐν πρωΐᾳ ἐσθίουσι. Id est, *Væ tibi, civitas cujus rex tuus junior, et principes tui in hora matutina comedunt.* In vulgata Editione ita est: *Væ tibi, terra cujus rex puer est, et cujus principes mane comedunt.* Quam versionem etiam Gregorius sequitur lib. XVI Moral. cap. 13. LOAISA.

7. *Nazaræis.* Sic rescripsi, cum in Editione Grialii esset *Nazaræis.* AREV.

ciunt; luxuriam quoque carnis utraque æqualiter A gignunt.

8. Quidam continentes, sicut panem cum pondere edunt, ita et aquam cum mensura sumunt, asserentes ad castimoniam carnis etiam aquæ abstinentiam convenire.

CAPUT XLIV.

De abstinentia.

1. Hoc est perfectum et rationabile jejunium, quando noster homo exterior jejunat, interior orat. Facilius per jejunium oratio penetrat cœlum. Tunc enim homo, spiritualis effectus, angelis conjungitur, Deoque liberius copulatur.

2. Per jejunium etiam occulta mysteriorum cœlestium revelantur, divinique sacramenti arcana panduntur. Sic namque Daniel, angelo revelante, mysteriorum sacramenta cognoscere meruit (*Dan.* x, 3). Hæc enim virtus et angelorum manifestationes, et eorum annuntiationes ostendit.

3. Jejunia fortia tela sunt adversus tentamenta dæmoniorum. Cito enim per abstinentiam devincuntur. Unde etiam Dominus et Salvator noster eorum incursus jejuniis et orationibus præmonet superare, **256** dicens : *Hoc genus non ejicitur nisi per orationem et jejunium* (*Matth.* xvii, 20). Immundi enim spiritus ibi se magis injiciunt ubi plus viderint escam et potum.

4. Sancti, quandiu in hujus sæculi vita habitant, desiderio superni roris corpus suum aridum portant. Unde et psalmus : *Sitivit*, inquit, *in te anima mea, quam multipliciter et caro mea* (*Psal.* lxii, 1). Caro C enim tunc Deum sitit, quando per jejunium abstinet, et arescit. Abstinentia et vivificat, et occidit : vivificat animam, corpus necat.

5. Sæpe abstinentia simulate agitur, jejuniaque per hypocrisim exercentur. Quidam enim mira inedia corpus suum laniant, *exterminantes*, sicut ait Evangelium, *facies suas, ut appareant hominibus jejunantes* (*Matth.* vi, 16). Ore namque pallescunt, corpore atteruntur, cordis alta suspiria ducunt. Ante mortem quoque mortiferis se suppliciis tradunt; tantumque miseri laboris exercitium, non pro Dei amore, sed pro sola humanæ laudis admiratione sectantur.

6. Quidam incredibiliter abstinent, ut hominibus curiosis sancti appareant; sed hoc bonum abstinen- D tiæ talibus non est virtus reputanda, sed vitium, quia bono male utuntur.

7. Jejunium et eleemosyna in abscondito esse amant, ut solus Deus, qui inspicit omnia, meritum operum bonorum rependat. Nam qui ea sub populari manifestatione faciunt, nequaquam a Deo justificantur, quia juxta sermonem evangelicum mercedem suam ab hominibus receperunt (*Matth.* vi, 5).

8. Jejunia cum bonis operibus Deo acceptabilia sunt. Qui autem a cibis abstinent, et prave agunt, dæmones imitantur, quibus esca non est, et nequitia semper est. Ille enim bene abstinet a cibis, qui et a malitiæ actibus, et a mundi jejunat ambitionibus.

9. Qui exsecrationis studio, non abstinentiæ voto ab escis carnium se suspendunt, hi potius exsecrandi sunt, quia Dei creaturam usibus humanis concessam rejiciunt. Nihil enim fidelibus inquinatum, nihilque esse judicatur immundum, Paulo attestante apostolo: B *Omnia munda mundis; coinquinatis autem, et infidelibus, nihil est* **257** *mundum, quia polluta sunt eorum et mens et conscientia* (*Tit.* i, 15).

10. Spernitur jejunium quod in vesperum repletione ciborum reficitur. Neque enim reputanda est abstinentia, ubi fuerit saturitas ventris subsecuta.

11. Spernitur jejunium quod in vesperum deliciis compensatur, dicente Isaia propheta : *Ecce in die jejunii vestri invenitur voluptas vestra* (*Isai.* lviii, 3); voluptas enim deliciæ intelliguntur. Sicut enim repetitio dubiti, et lites, et contentio, et percussio, ita et deliciæ improbantur a propheta in jejunio.

12. Tota enim die epulas in cogitatione ruminat, qui ad explendam gulam vespere sibi delicias præparat.

13. Non est corpori adhibenda immoderata abstinentia, ne dum amplius gravatur caro pondere inediæ, nec malum agat postea, nec bene facere incipiat, et quæ addicitur ut usu mali careat, simul et boni officium, dum plus premitur, perdat. Sollicita igitur discretione carnis est moderanda materies, scilicet, ne aut integre exstinguatur, aut immoderate laxetur.

14. Infirmitate carnis nimia prævalente, ad perfectionem pertingere nemo potest. Nam quamvis sanctitatis amorem quisque habeat, exsequi tamen non valet operis meritum, cui intentione cordis deservire conatur.

15. Corporis debilitas nimia etiam vires animæ frangit, mentis quoque ingenium facit marcescere, nec valet quidquam boni per imbecillitatem perficere.

16. Ne quid nimis. Nam quidquid cum modo et temperamento fit, salutare est; quidquid autem ni-

Cap. xliv. N. 2. Gregor., lib. Moral. xxx, cap. 9. Loaisa.

4. Alii, *tibi caro* pro *et caro*. Arev.

5. Gregor., lib. Moral. viii, cap. 26. Loaisa.

7. Greg., lib. viii Moral. c. 24. Loaisa.

8. Pius PP. : *Nihil prodest homini jejunare, et orare, et alia religionis bona agere, nisi mens ab iniquitate renovetur*, de Pœnit., d. 3. Loaisa.

9. Leo PP., serm. 4 de quadrag. Loaisa.

Ibid. Qui exsecrationis studio, etc. Hoc erat vitium Manichæorum, ut Vezzosius annotat. Arev.

10. Ad hanc et sequentem proxime summi viri sententiam attendamus, velim, aiebat Vezzosius. Arev.

11. Ita quidem Goth. et alii mss. et excusi libri. At Hieronymus, *voluntas vestra;* et Septuaginta, ut idem auctor est, *voluntates vestræ*. Loaisa.

Ibid. Voluptas vestra. Ita legendum suadet orationis contextus : et ita quoque legitur in Breviario Mozarabico, ut notavit Mariana, lib. i contra Judæos, cap. 1, n. 5. Arev.

13. Cassianus, coll. 2, de discretion. Loaisa.

nis, et ultra modum est, perniciosum fit, studiumque suum in contrarium vertit. In omni ergo opere modum et temperamentum oportet habere. Nam A omne quod excedit periculosum est; sicut aqua, quæ si nimios imbres præbeat, non solum nullum usum adhibet, sed etiam periculum exhibet.

LIBER TERTIUS.

258 CAPUT PRIMUM.

De flagellis Dei.

1. Divinæ Sapientiæ subtilitas, sicut interius, ut testis, scrutatur conscientias, sic exterius, ut judex, irrogat pœnas; ut verum sit testimonium prophetæ: *Quia ipse est et testis et judex* (*Jerem.* XXIX, 23). Miserere, Domine, misero Isidoro, indigna agenti, et digna patienti, assidue peccanti, et tua flagella quotidie sustinenti.

2. Ordinata est miseratio Dei, quæ prius hic hominem per flagella a peccatis emendat, et postea ab B æterno supplicio liberat. Electus enim Dei doloribus hujus vitæ atteritur, ut perfectiora vitæ futuræ lucretur.

3. Nequaquam Deus delinquenti parcit; quoniam peccatorem aut flagello temporali ad purgationem ferit, aut judicio æterno puniendum relinquit, aut ipse in se homo pœnitendo punit quod male admisit; ac proinde est quod Deus delinquenti non parcit.

259 4. Justo temporalia flagella ad æterna proficiunt gaudia; ideoque et justus in pœnis gaudere debet, et impius in prosperitatibus timere.

5. Neque justo, neque reprobo Deus misericordiam et justitiam abstrahit. Nam et bonos hic per afflictio- C nem judicat, et illic remunerat per miserationem; et malos hic remunerat per temporalem clementiam, et illic punit per æternam justitiam.

6. In hac enim vita Deus parcit impiis, et tamen non parcit electis; in illa parcet electis, non tamen parcet iniquis.

7. Periculosa est securitas in hac vita malorum, et bonorum dolor tranquillus. Nam iniquus post mortem ducitur cruciandus; justus vero dormit post laborem securus.

8. Non tantum de corporalibus passionibus, sed etiam de spiritualibus oportet intelligi, ut quanto quisque aut in corpore aut in mente flagella sustinet, tanto se in fine remunerari speret.

9. Sæpe occulto Dei judicio extra flagelli correptionem sunt reprobi in hoc mundo: dumque multa damnabilia commisisse videantur, despecti tamen a Deo, nullo emendationis verbere feriuntur.

10. Plus corripitur flagello, qui a Deo diligitur, si peccaverit, dicente Amos propheta: *Tantummodo vos cognovi ex omnibus nationibus terræ, idcirco visitabo super vos omnes iniquitates vestras.* Quem enim diligit Dominus corripit, flagellat autem omnem filium quem recipit.

11. Valde necessarium est justum in hac vita et vitiis tentari, et verberari flagello, ut dum vitiis pulsatur, de virtutibus non superbiat. Dum vero aut animi, aut carnis dolore atteritur, a mundi amore reservatur. Tentari autem oportet justum, sed tentatione plagæ, non tentatione luxuriæ.

12. Durius circa suos electos in hac vita Deus agit, ut dum fortioribus flagelli stimulis feriuntur, nulla oblectamenta præsentis 260 vitæ delectent, sed cœlestem patriam, ubi certa requies exspectatur, indesinenter desiderent.

13. Electos vitæ istius adversitate probari, ut, secundum Petrum, *judicium a domo Dei incipiat* (*I Petri* IV, 17), dum in hac vita electos suos Deus judicii flagello castigat.

CAP. PRIMUM. N. 1. Ex Gregor., lib. IX Moral., cap. 12. Et in comprobationem testimonii Jeremiæ: *Ego sum testis et judex*, affert illud Isaiæ XLII: *Tacui, semper silui, patiens fui, sicut parturiens loquar*; voces autem *ut judex* absunt a Goth. et aliis. LOAISA.

Ibid. Prophetæ. Jerem. XXIX. Apud Jeremiam sic D habetur: *Ego sum judex et testis.* Et Greg., lib.... Moral. cap. 12. Codex cœnobii de la Oliva in regno Navarræ legit: *Ego sum testis et vindex.* Septuaginta: καὶ ἐγὼ μάρτυς, φησὶ Κύριος. *Et ego testis dicit Dominus.* LOAISA.

Ibid. Miserere. In Cod. Goth. Tolet. hæc non habentur. Codex cœnobii de la Oliva, *indigno Isidoro.* LOAISA.

2. Greg., lib. VII Moral., cap. 8, exponens illud Job.: *Hæc mihi consolatio est, ut affligens me dolore, non parcat. Ideo*, inquit, *hic quibusdam parcit, ut eos in perpetuum feriat. Ideo me hic feriat non parcendo, ut in perpetuum parcat.* LOAISA.

Ibid. Electus. Gregor., lib. XXVI Moral., cap. 17. *Electorum namque est hic conteri, ut ad præmia debeant æternæ hæreditatis erudiri.* LOAISA.

Ibid. Ut perfectiora. Al., *ut perfectionem.* AREV.

3. Vide Gregor., lib. XXVI Moral., 17, ubi disserit cur quædam a Domino hic feriantur, et quædam serventur inulta. LOAISA.

4. Gregor., lib. VIII Moral., cap. 32, de justis: *Gaudent despici, nec dolent se necessitatibus affligi.* Idem August., serm. 105 de tempore, et Greg., lib. V Moral., cap. 1. LOAISA.

5. Ex multis locis Gregorii, lib. V Moral., cap. 1; et XXVI, cap. 18. LOAISA.

9. Greg., XXVI Moral., c. 17, et lib. XII et XV. LOAISA.

10. Gregor., lib. VII, epist. 32, et lib. XVIII Moral., cap. 13, et lib. XVIII, c. 7, et cap. 12. LOAISA.

11. *Reservatur.* Al., *retrahatur.* AREV.

13. Locus est Petri I, IV. *Tempus est*, inquit, *ut incipiat judicium a domo Dei.* Hunc locum explicat Isidorus supra, lib. I, cap. 30, sentent. 2. Et Augustin., super psalm. XCIII: *Tempus est*, inquit, *ut incipiat judicium a domo Dei, id est, tempus est ut modo judicentur qui pertinent ad domum Dei: si flagellantur filii Dei, quid debent sperare servi nequissimi?* Venerabilis Beda, in psalm. IX, explicat Petri locum de occulto et justo judicio, quod in præsenti ad purgationem exercetur in domo Dei, id est, in infidelibus. Gregor., lib. XXVI Moral., cap. 17, ut Isidorus locum interpretatur. LOAISA.

CAPUT II.

De gemina percussione Dei.

1. Gemina est percussio divina. Una in bonam partem, qua percutimur carne, ut emendemur. Altera, qua vulneramur conscientia ex charitate, ut Deum ardentius diligamus.

2. Gemino more Deus respicit vel ad veniam, vel ad vindictam. Ad veniam, sicut Petrum (*Luc.* XXII, 61). Ad vindictam, sicut dum facta Sodomorum se descensurum et visurum testatur (*Gen.* XVIII, 21).

3. Trimoda ratione Deus quos voluerit percutit, id est: ad damnationem **261** reprobos, ad purgationem quos errare videt electos, ad propagandam meritorum gloriam justos. Primo namque modo Ægyptus cæsa est ad damnationem (*Exod.* VII, 8). Secundo modo pauper Lazarus ad purgationem (*Luc.* XVI). Tertio modo percussus est Job ad probationem (*Job.* II).

4. Flagellatur homo plerumque a Deo ante peccatum, ne malus sit, ut Paulus, qui, Satanæ angelo instigante, carnis tolerabat **262** stimulos. Flagellatur autem et post peccatum, ut corrigatur, sicut ille in Apostolo, qui traditus est Satanæ in interitum carnis, ut spiritus salvus esset (*I Cor.* V).

5. Non tamen juste murmurat, etiam qui nescit cur vapulet. Nam Deus ideo plerumque justum flagellat, ne de justitia superbiens cadat.

6. In hac vita Deus tanto magis studet ut parcat quanto magis exspectando flagellat; sed alios feriendo corrigit, alios vero feriendo interficit. Feriendo namque corrigit de quibus dicit: *Ego quos amo arguo et castigo* (*Apoc.* III, 19). Feriendo perimit quos incorrigibiliter delinquentes aspicit, quosque non jam sub disciplina, ut filios pater, sed districta damnatione, ut hostes adversarius, percutit. De quibus dicit: *Flagello inimici percussit te castigatione crudeli* (*Jer.* XXX, 14). Et iterum: *Quid clamas ad me super contritione tua? insanabilis est dolor tuus* (*Ibid.*, v. 15). Unde unusquisque festinet, et timeat ne simul feriatur vita ejus cum culpa. Fla-

CAP. II. N. 1. *Qua percutimur*. Sic omnes Codd. mss. LOAISA.

Ibid. Alii, *in carne... in charitate*. AREV.

2. Ambrosius, quomodo respiciat Deus super justos et peccatores, libro super *Beati immaculati*, et l. I de Apologia David, et lib. V. LOAISA.

Ibid. Petrum. Respexit enim illum oculis gratiæ, non corporis, cum ex Matthæo et Marco constet Christum tunc fuisse in atrio interiore domus, Petrum vero in atrio deorsum foris. Ex August., cap. 6. LOAISA.

Ibid. Descensurum. Genes. XVIII: *Dixit Dominus: Descendam, et videbo utrum clamorem qui venit ad me opere compleverint.* LOAISA.

3. Quinque modis flagella contingunt, teste Beda in Matthæum, et Augustino in sermone de gratia: vel justis, ut per patientiam merita augeantur, ut Job; vel ad custodiam virtutum, ne superbia tentet, ut Paulo, II Cor. XII; vel ad corrigenda peccata, ut Mariæ lepra, Num. XII; vel ad gloriam Dei, ut de cæco nato, Joan. 9; vel ad judicium pœnæ, ut Herodi, Act. XII. Quæ omnia hic complectitur Isidorus. LOAISA.

Ibid. Ad damnationem. Greg., lib. VII. Moral., cap. 10, exponens illud Ezech. XI: *Tollam a vobis cor lapideum, et dabo vobis cor carneum.* LOAISA.

Ibid. Ad purgationem. Idem, lib. XXI, cap. 4, ubi probat quod justi, dum temporaliter flagellantur, probantur; reprobi vero, qui in laboribus hominum modo non sunt, æterno anathemate condemnantur, et lib. XVI, cap. 16, et lib. XI, cap. 21. LOAISA.

Ibid. Ægyptus. Hieronym., in Nahum cap. VII, exponens illud: *Non consurget duplex tribulatio*, vel, *non vindicabit bis Deus in idipsum*, videtur sentire Ægyptios non flagello damnationis, sed purgationis punitos. Sic enim inquit: *Quod si vobis videtur crudelis, rigidus, et cruentus, quod in diluvio genus deleverit humanum, super Sodomam et Gomorrham igne pluit, Ægyptios submerserit fluctibus, Israelitarum cadavera prostraverit in eremo, scitote ideo ad præsens reddidisse supplicia, ne in æternum puniret.* Quem locum Magister Sentent., l. IV, distinct. 15, intelligendum censet non promiscue de omnibus, sed de illis tantum qui inter ipsa flagella pœnitentiam egerunt. LOAISA.

Ibid. De Job, quod de gente Idumæa duxerit genus, probat Augustin., lib. XVIII de Civit. Dei, cap. 47; et de tentatione Abrahæ, et Tobiæ, et Job, in lib. Quæst. Veteris et Novi Testam., lib. II, q. 99. De ejus tentatione psalm. C; *Accepit*, inquit, *a Deo tentandum, non opprimendum; purgandum, non evertendum, aut forte nec purgandum, sed probandum.* Ejus laudes commemorat Gregor., lib. XXVIII Moral., cap. 1; et exponens illud: *In omnibus his non peccavit Job labiis suis, nec stultum quid contra Deum locutus est*, et l. II, cap. 19. LOAISA.

4. II Cor. XII: *Et ne magnitudo revelationum extollat me, datus est mihi stimulus carnis meæ, angelus Satan, ut me colaphizet;* ubi Græce: Καὶ τῇ ὑπερβολῇ τῶν ἀποκαλύψεων ἵνα μὴ ὑπεραίρωμαι, ἐδόθη μοι σκόλοψ τῇ σαρκὶ, ἄγγελος Σατᾶν, ἵνα με κολαφίζῃ. Quo in loco σκόλοψ est stimulus, per carnem, sive in carne. Qui stimulus quomodo hic intelligendus sit non bene inter interpretes constat. Alii libidinis affectum, et motum accipiunt, ut Isidor., lib. II Sent., c. 39, sent. 11: *Stimuli carnis, qui in Paulo, excitante Satanæ angelo, inerant, ex lege peccati erant, qui in membris hominum de necessitate libidinis habitant.* Idem videtur sentire Greg., in hoc loco. Alii, ut refert Hieronymus, comment. in Epist. ad Galatas, corporis adversam valetudinem, quod capitis dolore solitus sit frangi et molestari, atque ita etiam Theophylactus. Thomas Aquinas, quod fuerit iliaco morbo obnoxius. Ambrosius stimulum appellat insectationem malorum hominum, et afflictionem ab inimicis illatam. In qua sententia est Theodoretus; probat vero ex sequentibus non esse stimulum carnis corporis infirmitatem: *Propter quod placeo mihi in infirmitatibus meis, in contumeliis, in necessitatibus, in persecutionibus, et angustiis pro Christo.* Athanas., q. 139, Alexandrum ærarium fabrum, et vocat stimulum carnis. Vide locum. Ego existimo carnis stimulum intelligi contradictiones et molestias a Judæis illatas (qui erant cognati ejus secundum carnem) ne Evangelii doctrina incrementum succresceret; de quorum persecutione sic ait Thess. II: *Vos enim imitatores facti estis fratres Ecclesiarum Dei, quæ sunt in Judæa in Christo Jesu, quia eadem passi estis et vos a contribulibus vestris, sicut et ipsi a Judæis, qui et Dominum occiderunt Jesum, et prophetas, et nos persecuti sunt, et Deo non placent, et omnibus hominibus adversantur prohibentes nos gentibus loqui, ut salvæ fiant; ut impleant peccata sua semper; pervenit enim ira Dei super illos usque in finem.* LOAISA.

5. Gregor., lib. XXXIII Moral., cap. 23. LOAISA.

6. Ex Gregor., lib. Moral. XVIII, c. 13. LOAISA.

Ibid. Gregor., lib. XVIII Moral. c. 12. *Flagellum*, inquit, *tunc diluet culpam, cum mutaverint vitam.* LOAISA.

Ibid. Alii, *ut hostes et adversarios percutit.* AREV.

gellum namque tunc diluit culpam, cum mutaverit vitam. Nam cujus mores non mutat, actiones non expiat.

7. Omnis divina percussio aut purgatio vitæ præsentis est, aut initium pœnæ sequentis. Nam quibusdam flagella ab hac vita inchoant, et in æterna percussione perdurant. Unde per Moysen Dominus dicit : *Ignis exarsit in ira mea, et ardebit usque ad inferos deorsum* (*Deut.* XXXII, 22).

8. A quibusdam dici solet : *Non judicat Deus bis idipsum*; qui tamen non attendunt illud quod alibi scriptum est : *Jesus populum de terra Ægypti liberans, secundo eos qui non crediderunt perdidit* (*Judæ* I, 5). Quamvis enim una culpa bis non percutitur, una tamen **263** percussio intelligitur, quæ hic cœpta illic perficitur, ut in his qui omnino non corriguntur præcedentium percussio flagellorum sequentium sit initium tormentorum.

9. Hinc est quod in psalmo scribitur : *Operiantur, sicut diploide, confusione sua* (*Psal.* CVIII, 29). Diplois enim duplex vestimentum est, quo figuraliter induuntur qui et temporali pœna et æterna damnantur. Unde et Jeremias ait : *Contritio super contritionem* (*Jerem.* IV, 20), id est, gemina damnatio, et hic, et in futuro sæculo. Et idem alibi : *Duplici contritione contere eos* (*Jerem.* XVII, 18), id est, gemina pœna, præsenti scilicet et futura.

10. Quibusdam secreto Dei judicio hic male est, illic bene, scilicet, ut dum hic castigati corriguntur, ab æterna damnatione liberentur. Quibusdam vero hic bene est, illic male, sicut diviti illi accidit qui, hic potentiæ claritate conspicuus, post mortem gehennæ incendiis traditur cruciandus (*Luc.* XVI). Porro quibusdam et hic male, et illic male est, quia, corrigi nolentes, et flagellari in hac vita incipiunt, et in æterna percussione damnantur.

11. In tanto immergi quosdam desperationis profundo, ut nec per flagella valeant emendari. De quibus recte per prophetam Dominus dicit : *Frustra percussi filios vestros; disciplinam non receperunt* (*Jerem.* II, 30).

12. Plerumque justus plangit, et nescit utrum pro omnibus suis peccatis præsentia patiatur flagella, an pro uno tantum, et nescit quæ sit culpa illa pro qua meruit ejusmodi pati supplicia, et pro ipso ambiguo maxime in mœrore versatur.

13. Quamvis flagella præsentia justum a peccatis absolvunt, adhuc tamen sub metu vindictæ turbatur, ne instantes ei plagæ non sufficiant ad purganda delicta. Proinde ergo, dum præsentia patitur, et futura pertimescit, quodammodo, sicut ait propheta, pro suis peccatis duplicia recipit (*Isai.* XL, 2).

264 CAPUT III.

De infirmitate carnis.

1. Sunt nonnulli hujus qualitatis homines, qui nesciant corrigi, nisi alios viderint flagellari; sicque proficiunt comparatione malorum, dum sibi id accidere timent, in quo deperire alios vident.

2. Quosdam Deus videns nolle proprio voto corrigi, adversitatum tangit stimulis. Quosdam etiam præsciens multum peccare posse, in salutem flagellat eos corporis infirmitate, ne peccent, ut eis utilius sit frangi languoribus ad salutem animæ quam manere incolumes ad damnationem.

3. Visitatio Dei nec semper in bonum accipitur, nec semper in malum. In bonum enim accipitur, sicut est illud : *Visita nos in salutari tuo* (*Psal.* CV, 4). In malum vero, juxta illud : *In tempore visitationis suæ peribunt* (*Jer.* X, 15).

4. Tribus ex causis infirmitates accidunt corporis,

7. Aliqui mss. habent *in hac vita inchoant*; melius, *ab hac vita*. Sic est apud Gregor., loco supra addito : *His flagella ab hac vita inchoant, et in æterna percussione perdurant*. LOAISA.

Ibid. Deut. XXXII. Sic habet Vulgata Editio Latina nostra : *Ignis succensus est in furore meo, et ardebit usque ad inferni novissima*. Isidor. legit ut Gregor., l. XVIII, c. 22, *usque ad inferos deorsum*. LOAISA.

8. Ex Gregor., ad verbum, lib. XVIII, cap. 12. LOAISA.

Ibid. Jud. Epist. 1 : *Quoniam Jesus populum de terra Ægypti salvans, secundo eos qui non crediderunt perdidit*. Explanat hunc locum Judæ Greg., l. X Moral., cap. 33. LOAISA.

9. Psalm. CVIII. Locus ad verbum ex Gregor., lib. Moral. IX, cap. 33. LOAISA.

Ibid. Contritio super contritionem. Hæc est Vulgatæ lectio, quam ad Isidori scopum bene facere, in notis suis observat Vezzosius. AREV.

12. Ex Gregor., lib. IX Moral., c. 24. LOAISA.

13. Est apud Isai. XL : *Suscepit de manu Domini duplicia pro omnibus peccatis suis*. Et Jerem. XVII : *Dupl ci contritione contere eos*. LOAISA.

CAP. III. N. 1. Fere omnes Codd. mss., *esse nonnullos ejusdem qualitatis homines*. Codex unus papyraceus perantiquus, *esse nonnullos ejus qualitatis homines*. Locus apud Gregor., lib. XVIII Moral., cap. 13. LOAISA.

2. Theodoretus, Quæst. in Genes., ex illis verbis : *Et ideo custodivi te, ne peccares in me*, colligit, Abimelech regem Cesaræ, ne peccaret in Saram, consilio Dei, infirmitate percussum. LOAISA.

3. Pulchre Isidorus complexus est visitationis in divinis litteris significationem; nam et in malam et in bonam partem usurpatur : in bonam, ut illud Luc. XIX : *Non cognovit tempus visitationis suæ*; et Ose. IV : *Non visitabo super filias vestras, cum fornicatæ fuerint*; Exod. V : *Visitando visitavi vos, et vidi afflictiones vestras*. Et alia multa loca in sacris litteris occurrunt, in quibus *visitare* et *visitatio* demonstrat Dei curam erga genus humanum, ejusque providentiam, misericordiam et beneficia hominibus exhibita. Significat etiam *visitare* præstare Deum quod promisit, ut in illo Genes. XXI : *Dominus visitavit Saram*, et Lucæ I : *Visitavit, et fecit redemptionem populo suo*. In malum etiam nonnunquam sumitur pro eo quod est punire, castigare, vindicare scelera adversus divinam majestatem commissa. Sic Exod. XXXI : *Ego autem in die ultionis visitabo hoc peccatum*; et Isai. : *Visitabo super fructum magnitudinis cordis regis Assur*; et XIII : *Visitabo super orbem mala*; et psalm. LXXXVIII : *Visitabo in virga iniquitates eorum*. Ubi voces illæ, *in virga* supplicii incrementum denotant; et Ose. I : *Quoniam adhuc modicum visitabo sanguinem Jezrahel*; et psalm. 18 : *Visitationes Domini rectæ lætificantes corda*; denotant justitiam visitationis. *Visitationes* enim Septuaginta verterunt δικαιώματα. LOAISA.

4. Ut est illud Pauli, I Cor. XI : *Propter quod imbecilles, et infirmi, et dormiunt multi*. LOAISA

id est, ex peccato, ex tentatione, et ex intemperantiæ passione; sed huic tantum **265** novissimæ humana potest medicina succurrere, illis vero sola pietas divinæ misericordiæ.

5. Qui valentiores sunt, et sani, utile est illis infirmari, et non peccare, nè per vigorem salutis illicitis sordidentur cupiditatum, et luxuriæ desideriis.

6. Duritia, quæ mentem premit, nec sentitur, utiliter mutatur in carne, ut sentiatur atque intellecta emendetur. Nam citius vulnera carnis sentiuntur quam animæ; ideoque per carnis flagella errantes citius corriguntur. Hoc quippe indicant in Pauli oculis squamæ infidelitatis, quæ dum mutatæ sunt per increpationem in oculis carnis, confestim resoluta est duritia mentis (*Act.* IX, 18).

7. Est perniciosa sanitas, quæ ad inobedientiam hominem ducit. Est et salubris infirmitas, quæ per divinam correptionem mentem a duritia frangit.

8. Languor animæ, id est, peccatorum infirmitas, perniciosa est, de qua etiam Apostolus ait: *Quis infirmatur, et ego non infirmor? Quis scandalizatur, et ego non uror* (*II Cor.* XI, 29)? Nam infirmitatem carnis utilem esse idem Apostolus approbat, dicens: *Quando infirmor, tunc fortior sum* (*II Cor.* XII, 10).

CAPUT IV.

De tolerantia divinæ correptionis.

1. Murmurare in flagellis Dei peccator homo non debet, quia maxime per hoc quod corripitur emendatur. Unusquisque autem tunc levius portat quod patitur, si sua discusserit mala pro quibus illi infertur retributio justa.

2. Discat non murmurare qui male patitur, etiam si ignorat cur mala patiatur; et per hoc juste se pati arbitretur, per quod **266** ab illo judicatur, cujus nunquam injusta judicia sunt. Qui flagella sustinet, et contra Deum murmurat, justitiam judicantis accusat. Qui vero se cognoscit a justo judice pati, quod sustinet, etiam si pro quo patitur ignoret, per hoc jam justificatur, pro quo et seipsum accusat, et Dei justitiam laudat.

3. Dum ex rebus prosperis utilia justus exempla præstat hominibus, necesse est eum iterum et adversitatibus tangi, quatenus ejus patientia comprobetur, ut denuo fortitudinis documenta ex eo sumant, qui prosperitatis ejus temperantiam agnoverunt.

4. Qui passionibus animæ insidiante adversario cruciatur, non idcirco se credat alienari a Christo, quia talia patitur; sed magis per hoc Deo commendabilem se esse existimet, si, dum hæc patitur, laudet Deum potius, non accuset.

5. Ad magnam utilitatem divino judicio mens justi diversis passionum tentationibus agitatur, pro quibus si Deo gratias egerit, suæque culpæ, quod talibus dignus sit, deputaverit, hoc, quod ex passione tolerat, ei pro virtutibus reputabitur, quia et divinam agnoscit justitiam, et suam intelligit culpam.

CAPUT V.

De tentationibus diaboli.

1. Multis calamitatum tentationibus mens justi in hac vita pulsatur; unde et optat ab hoc sæculo funditus evelli, quo et ærumnis careat, et fixam illic securitatem inveniat.

2. Inter eas pœnas quas justus in corpore patitur, atque eas **267** quas mente per fraudem diaboli tolerat multum interest. Nam gravius fert, quas interius luget, quam eas quas exterius sustinet. Has enim et loco evitat, et tempore: illas nec loco potest evitare, nec tempore.

3. Non amplius tentat electos diabolus quam Dei voluntas permittit. Tentando autem, sanctorum profectibus servit.

4. Etsi nolens, utilitati tamen sanctorum servit diabolus, quando eos tentationibus suis non dejicit, sed potius erudit. Nam tentationes, quas ille ad humanum interitum movet, interdum Spiritus sanctus ad exercitium virtutum salubri utilitate convertit.

Ibid. Divinæ misericordiæ. Donando nimirum, ut notat Vezzosius, divina, quibus depellantur, auxilia. AREV.

5. Hoc probat August. super Joannem tract. 7. LOAISA.

Ibid. Ne per vigorem. Ita in omnibus Mss. LOAISA.

6. Act. IX. Hunc locum fere similiter interpretatur ad mores Gregor. lib. XXXIII Moral., cap. 31. Et Ambros., lib. super *Beati immaculati. Simul oculus* inquit, *corporis, animæque sanatus.* LOAISA.

CAP. IV. N. 1. Ex Gregor., lib. VI Moralium, cap. 17, LOAISA.

2. Greg.; lib. XXXII Moral., c. 5. LOAISA.

Ibid. Vezzosius rectius putat *mala patitur*, quod habent alii, pro *male patitur.* AREV.

4. *Si idcirco se* habet Codex Tolet. et cœnobii de la Oliva in Navarra. Cæteri cum Editis consentiunt, quam lectionem probo. LOAISA.

Ibid. Gothus, et alius papyraceus malacitanus correctus habent: *Laudet Deum potius, non accuset.* Cæteri Mss. consentiunt cum Editis, quæ lectio non displicet. LOAISA.

5. Totius sententiæ sensus desumptus est ex Gregor., lib. XXXII, cap. 3. LOAISA.

Ibid. Cod. Tolet. Latinus habet, *quod talia pati dignus sit, reputaverit.* Cum eo consentiunt duo Codd. Malacitanus, et alius, cæteri cum Editis. LOAISA.

CAP. V. N. 1. Ut est illud Pauli, Phil. I: *Desiderium habens dissolvi, et esse cum Christo.* Et rursus: *Infelix ego homo, quis me liberabit de corpore mortis hujus?* Et illud David: *Heu mihi, quia incolatus meus prolongatus est!* Vid. Greg., IX Moral., cap. 17. LOAISA.

2. Gregor., ibid. LOAISA.

Ibid. Nam gravius. Sic habet Gregorius: *Cum flagella exterius tolerat, illud est gravius, quod de tentatione adversarii in intimis portat.* LOAISA.

3. De potentia diaboli et ejus voluntate nocendi electis recte dixit Gregor., lib. II Moral., cap. 6, et cap. 25. *Satanæ voluntas semper iniqua est, sed nunquam potestas injusta, quia a semetipso voluntatem habet, a Domino potestatem.* Unde Augustin., super Joann. tractat. 7, capit. 1: *Diabolus non tentat, nisi permissus, aut missus.* LOAISA.

Ibid. Alii ita distinguunt, *profectibus servit, etsi nolens. Utilitati tamen sanctorum servit,* etc. AREV.

4. *Decipit,* Excusi libri, haud recte, pro *dejicit.* LOAISA.

5. Insidiæ diaboli, atque astutiæ, quamvis huc A atque illuc quærentes quem devorent diffundantur (*I Petri* v, 8), a potestate tamen divina non egrediuntur, ne tantum noceant, quantum malitiose contendunt. Nam quomodo sanctorum virtus tanta tolerare posset, si superna dispensatio pio moderamine nequitiam dæmonum non frenaret? Et licet diabolus tentationem justis semper inferre cupiat, tamen, si a Deo potestatem non acceperit, nullatenus adipisci potest quod appetit. Unde et omnis voluntas diaboli injusta est, et tamen, permittente Deo, omnis potestas justa. Ex se enim tentare quoslibet injuste appetit, sed eos, qui tentandi sunt, et prout tentandi sunt, non nisi tentari Deus juste permittit.

6. Unde etiam in libris Regum de diabolo scriptum est quia *Spiritus Domini malus irruebat in* B *Saul* (*I Reg.* xvi, 14). Ubi juste quæritur: si Domini, cur malus? si malus, cur Domini? Sed duobus verbis comprehensa est et Dei potestas justa, et diaboli voluntas injusta. Nam spiritus malus per nequissimam voluntatem, et idem Dominus per acceptam justissimam potestatem.

268 7. Diabolus non est immissor, sed incentor potius vitiorum. Neque enim alibi concupiscentiæ fomenta succendit, nisi ubi prius pravæ cogitationis delectationes aspexerit; quas si a nobis spernimus, sine dubio ille confusus abscedit· statimque franguntur jacula concupiscentiæ ejus:

Contemptæque jacent, et sine luce faces

illius.

8. Sollicite hostis insidias intelligere pariter, et C cavere Dei servum oportet; sicque in innocentia vitæ existere simplicem, ut tamen oporteat cum simplicitate esse prudentem. Qui prudentiam simplicitati non miscet, juxta prophetam, columba est seducta, non habens cor (*Ose.* vii, 11). Sed ideo columba, quia simplex; ideo autem cor non habens, quia ignara prudentiæ est.

9. Sæpe fraus Satanæ sanctorum cordibus aperitur, quando per speciem boni angelum se simulans lucis, dum nititur electos decipere, detegitur atque contemnitur. Sic et verba fallacis doctrinæ Deus sanctos suos facit intelligere, quatenus diabolicum errorem interius cognoscant, ac sollicite caveant.

10. Discretio sanctorum tanta esse debet, ut inter bonum et malum præditi ratione dijudicent, ne eos diabolus per speciem boni fallat. Hæc est enim percunctatio Josue dicentis: *Noster es? an adversariorum* (*Josue* v, 13)? Propter hoc et Jeremiæ dicitur: *Si separaveris pretiosum a vili, quasi os meum eris* (*Jerem.* xv, 19). Tunc enim bene de se **269** judicant sancti, quando ab eis Deus fallacia dæmonum tentamenta facit intelligi.

11. Multi decipiuntur a diabolo, et ignorant se esse deceptos, Oseæ prophetæ testimonio declarante: *Comederunt*, inquit, *alieni robur ejus, et ipse ignoravit* (*Ose.* vii, 9). Alieni namque maligni spiritus significantur, qui virtutes mentis comedunt; sed hoc corda negligentium non intelligunt.

12. Tanquam inermis diabolus vincitur, quando aperta iniquitate hominem depravare conatur; armatus vero tunc incedit, dum per speciem sanctitatis et virtutis ea quæ sancta sunt destruit, quando et qui decipitur sua detrimenta non sentit, sed, tanquam sint virtutes, quæ sunt vitia sectatur et diligit.

13. In oculis carnalium diabolus terribilis est, in electorum oculis terror ejus vilis est. Ab incredulis, ut leo, timetur; a fortibus in fide, ut vermis, contemnitur, atque ad momentum ostensus repellitur.

14. Qui suggestiones diaboli non recipit, in ejus

5. *Frenaret.* Ita Salmant. Goth. *Reprimeret*, Tolet. Est autem locus e Gregor., x Moral., cap. 34. Loaisa.

Ibid. Unde et omnis. Ad verbum ex Gregor., lib. ii Moral., cap. 6, et legendum *voluntas*, non *voluptas*, ut est in multis Mss. Loaisa.

Ibid. Alii minus bene, *dispensatio*, pro *moderamine* ut *pro* sit pro *pio*. Arev.

7. Sic legendum, non *inceptor*, ut habent aliquot Codd. mss. Ex Ambros., lib. super *Beati immaculati*, de diabolo: *Ipse est incentor, ipse accusator, ipse in* D *ludum introivit.* Immissor autem dixit, quia voluntate nostra vitia amplectimur. Neque ille immittit, nisi homo fenestram immissioni aperiat. Unde August.: *Non enim diabolus cogendo, sed suadendo nocet, nec extorquet a nobis consensum, sed petit*, homil. 12, tom. X. Nec obstat illud quod est apud Joann. xiii: *Cum diabolus jam misisset in cor, ut traderet eum Judas Simonis Iscariotes.* Non enim intrasset, ut ait August. super psalm. cxxxvi, nisi locum dedisset. Unde locus interpretandus de ea missione quæ allicit et impellit suggerendo, non de ea quæ efficit imperando. Locus Joannis Græce est: Τοῦ διαβόλου ἤδη βεβληκότος εἰς τὴν καρδίαν Ἰούδα Σίμωνος Ἰσκαριώτου ἵνα αὐτὸν παραδῷ. Est etiam nominis ratio habenda. Nam aliud est *mittere*, aliud *immittere*. Loaisa.

Ibid. Contemptæque, etc. Versus est Ovidii. Loaisa.

8. Sic Evangelica exhortatio habet: *Simplices ut columbæ, prudentes ut serpentes.* Et illud Pauli, Rom. xvi: *Volo vos sapientes esse in bono, simplices autem in malo.* Item illud i Cor., xiv: *Nolite pueri effici sensibus, sed malitia parvi estote.* Loaisa.

Ibid. Prophetam. Ose vii. Sic interpretatur Hieronym. in Ose: *Columba lactata, sive insipiens et insensata.* Septuaginta, ἄνους. Loaisa.

9. Greg. lib. Moral. xxxiii, c. 28. Loaisa.

10. Tota hæc sententia cum testimoniis ex Josue v et Jerem. xv, ex Gregor. est concinnata, lib. Moral. xxxiii, c. 28, et cap. 22. Loaisa.

11. Ex Gregor., lib. xxxiv Moral., c. 2, ubi locum Oseæ interpretatur, et *alienos* in Scriptura intelligi affirmat angelos apostatas. Oseæ autem vii Vulgata Editio habet, *et ipse nescivit.* Loaisa.

12. *Aperta.* Sic legunt plerique Mss., quam lectionem probo, non ut Excusi *de aperta*, cum Greg., lib. vi Moral., c. 5, ita habeat (ex quo loco desumpta est sententia hæc): *Antiquus namque hostis, quasi inermis vincitur, cum, mala aperta suggerens humanæ menti, bona omnia simul destruere conatur.* Loaisa.

Ibid. Ea quæ, etc. Ita habent omnes Mss. Loaisa.

Ibid. In Editione Grialii contra Loaisæ mentem intrusum fuit *de aperta* pro *aperta* sine *de*. Arev.

13. Diabolus myrmicoleon dicitur a Septuaginta pro eo quod scriptum est apud Job: *Tigris periit, eo quod non haberet prædam; est enim*, inquit Greg., lib. v Moral., cap. 17, *formica, et leo, aliisque leo est, aliis formica.* Vide locum. Loaisa.

14. Gregor., lib. xvii Moral., cap. 20. Loaisa.

insidias minime transit. Nam facile in consequenti opere repellitur, si prima oblectamenta illius respuantur. Diabolus enim serpens est lubricus, cujus si capiti, id est, primæ suggestioni non resistitur, totus in interna cordis, dum non sentitur, illabitur.

270 15. Tentationum diabolicarum initia fragilia sunt, quæ, si non caveantur, sed per usum in consuetudinem transeant, in novissimis fortiter convalescunt, ita ut aut nunquam aut cum difficultate vincantur.

16. Dum in tota vita diabolus hominem prævaricari cupiat, amplius tamen in fine molitur decipere. Hinc est, quod in principio contra protoplastum serpenti est dictum : *Et tu insidiaberis calcaneo ejus*, quia nimirum hominem, quem diabolus in cursu præteritæ vitæ non decepit, in novissimis supplantare disponit. Proinde quamvis quisque sit justus, nunquam necesse est ut sit in hac vita securus; sed semper humilis caveat, semperque, ne in fine corruat, sollicitus pertimescat.

17. Diabolus suis fautoribus blanditur, Dei vero servis molitur tentamenta contraria, exemplo Domini, qui se post baptismum passus est a diabolo tentari (*Matth.* IV).

18. Diabolus sanctos omnes non tenendo possidet, sed tentando persequitur. Nam quia non in eis intrinsecus regnat, contra eos extrinsecus pugnat. Et qui interius amisit dominium, exterius commovet bellum.

19. Tunc contra eum quem possidet diabolus acrius sævit, quando se virtute divina ab eo expellendum cognoscit. Unde immundus spiritus tunc discerpsit gravius puerum in quo habitabat, quando ad Christi imperium exire ab eo coactus est (*Marc.* IX). Quod factum et ab Job verba respicit, ubi in novissimis Behemoth caudam suam, quasi cedrus, astringit (*Job.* XL, 12).

271 20. Plus contra eos diabolus diversis tentationibus insistit, qui possunt et aliis sua utilitate prodesse, ut, dum illi impediuntur, non proficiant qui docendi sunt.

21. Maligni spiritus hoc, quod intra nos mundare cupimus, sine intermissione tentant iterum sordidare. Sancti autem eorum insidias præsago spiritu præcognoscunt, et quidquid in semetipsis terrenum sentiunt, indesinenter operibus sanctis exhauriunt, ut de intimis puri inveniantur.

22. Eodem blandimento decipiuntur nunc per diabolum homines, quo protoplasti in paradiso sunt decepti. Multis enim vitiorum præstigiis mentes reproborum Satanas prætentando deludit. Nunc enim promissis decipit; nunc rebus transitoriis, quasi necessariis, illicit; nunc etiam ipsa inferni supplicia, quasi levia, et transitoria, suggerit; quatenus miserorum corda in cupiditatem, lasciviamque dissolvat, secumque ad tartara ducat.

23. Argumenta machinationum malarumque cogitationum semina, quæ in cordibus hominum diabolus fundit, ita sæpe undique captam implicant mentem, ut ex qua parte evadere quisque tentaverit, sine periculo exire non possit, veluti si jures hoc facere, quod si feceris, pecces; si non feceris, reus perjurii sis. In tanto ergo mali discrimine, ut evadendi aditus pateat, minora potius eligenda sunt, ut majora vitentur.

24. Diabolus, quando decipere quemquam quærit, prius naturam uniuscujusque intendit, et inde se applicat, unde aptum hominem ad peccandum inspexerit.

25. Ex ea parte diabolus homines tentat, qua eos per excrescentem humorem facile inclinari ad vitia conspicit, ut secundum humoris conspersionem adhibeat et tentationem (*Num.* 23). Lege Balaam, qui in figura diaboli contra populum Dei ex ea parte præcipit perniciosos prætendere laqueos, ex qua sentit eos facilius esse lapsuros. Nam et qui aquam alicubi deducit, non eam per aliam partem mittit, nisi ubi impetum ejus intendit.

272 26. Nullus culpam existimet, quam ex conspersione propria sustinet; sed, quantum valet, contra id quod tolerat pugnet. Nam si conspersioni ceditur, tentationi vel vitio nequaquam resistitur.

27. Ideo diabolus in sacris eloquiis Behemoth, id

Ibid. *Diabolus*, etc. Coluber lubricus et tortuosus appellatur in sacris litteris. Job. XXVI : *Eductus est coluber tortuosus*. Et Isai. XXVII : *Leviathan serpentem, vectem tortuosum*. Tota sententia est apud Greg., lib. XVII Moral., cap. 20. LOAISA.

Ibid. *Capiti* Videtur alludere ad illud Geneseos : *Ipsa conteret caput tuum*; quo docetur caput esse conterendum serpentis, hoc est, primum diaboli incursum, quo intendit ut animus deditionem faciat, esse propulsandum. LOAISA.

15. Genes. III. Gregor., lib. I Moral., cap. 38. Calcaneum finem actionis interpretatur, exponens locum psalm. LV : *Ipsi calcaneum meum observabant*. Et in locum Geneseos. LOAISA.

17. Alexander primus, epist. 2. *Nam sicut leo rugiens, circuit quærens quem devoret, sic diabolus non cessat circuire, et quærere quos ex fidelibus perdat, et maxime illos quos ardentiores in servitio Salvatoris, eique familiares invenerit.* LOAISA.

Ibid. Quod Loaisa aliquando epistolas primorum pontificum, quæ nunc apocryphæ censentur, alleget, non est certe mirandum, cum eo tempore plerique eas pro legitimis habuerint. AREV.

18. Gregor., lib. III Moral., cap. 6, interpretatur illud Isai. XLV. *Ego Dominus formans lucem, et creans tenebras*. LOAISA.

19. Est apud Gregor., lib. XXXIII Moral., cap. 18. Ubi exponit illud Job. XL. *Behemoth caudam suam, quasi cedrus, astringet*, hoc est, movebit et agitabit, velut cedrus agitatur a vento, vel arriget membrum veluti cedrus arrecta et ingens. LOAISA.

20. Gregorius, lib. Moral. XXXI, cap. 29. LOAISA.

21. Gregorius, lib. VII Moral., cap. 8. LOAISA.

22 August., lib. II de Genes. contra Manich., t. I. LOAISA.

23. Totam hanc sententiam mire versat Greg., lib. XXXIII Moral., cap. 18, et 79, et 20, ubi exponit illud Job : *Nervi testiculorum ejus perplexi sunt*. LOAISA.

26. Ita quoque Editio antiqua. LOAISA.

Ibid. Alii, *nullus culpam non existimet*. AREV.

27. Tota hæc sententia deducitur ex Gregor., lib. XXXIII Moral., cap. 14, ubi quærit cur diabolus Behemoth bestia quadrupes, cur Leviathan serpens in aquis, qui hamo capitur, dicatur. Quorum nominum rationem hic Isidorus ex Gregor. reddit. Inter no-

est, animal dicitur, quia de cœlis lapsus ad terras cecidit. Ideo Leviathan, id est, serpens de aquis, quia in hujus sæculi mari volubili versatur astutia. Avis vero propterea nominatur, quia per superbiam ad alta sustollitur. Et recte his tribus vocabulis appellatur, quia pro suo merito aerem, quasi avis, pro carcere meruit; terram, ut animal brutum sit; serpens, ut in hujus sæculi mari insana jactetur fluctuatione.

273 28. Ex eo enim quod per membra sua diabolus operatur, sortitur vocabula: ita ut quod singuli agunt, incitante illo, ipse nominetur ex eo. Quem enim non decipit diabolus? Unde animal est, hoc est, per carnis luxuriam tentat; unde serpens est, hoc est, cupiditatis ac nocendi malitia. Quem autem nec sic decipit, insidiatur ei; unde avis est, hoc est, superbiæ ruina. Undique enim dolos præparat, quousque inveniat viam per quam incautum decipiat.

29. Aliud est intrare mentem cujusquam diabolum, aliud vero inhabitare. Nam et in cordibus sanctorum ingreditur, dum malas suggestiones insinuat; sed non habitat in eis, quia in suo corpore non eos transducit. Qui vero in corpore ejus sunt, ipsos inhabitat, quia ipsi sunt templum ejus. Et si subrepat mentibus electorum diabolus, non autem in eis requiescit, sicut in cordibus reproborum; nam calore fidei mox excitatur, ut exeat ab electis.

30. Nonnulli, quos jam avido ore diabolus devoraverat, rursus divini judicii occulta miseratione ab A ejus ore eripiuntur, et saluti restituuntur. Nam sæpe multos, quos antiquus hostis luxuriæ voragine immersos tenuit, potentia divina per pœnitentiam ab ejus faucibus traxit.

31. Quomodo bonorum interitum Propheta electam dicit esse diaboli escam, dum alibi scriptum sit de illo: *Fenum sicut bos comedet*, nisi quod in oculis Dei fenum sunt qui electus cibus secundum homines esse videntur? Ac per hæc, qui de bonorum numero pereunt, apud homines electi, apud Deum fenum existunt.

32. Eum diabolus jam deglutiisse dicitur, quem jam perfecto scelere devorasse videtur. Eum vero, quem non deglutivit operis perfectione, sed tentationum illecebris mordet, ut devoret, adhuc quasi in B maxilla mandit. Unde et Paulus habet stimulos carnis, quibus humilietur (*II Cor.* XII), non habet peccandi perfectionem, qua deglutiatur.

274 33. Os diaboli verba ejus sunt. Verba vero ejus inspirationes occultæ sunt, quibus corda hominum alloquens occultis urit cupiditatibus.

34. Quidam ob incorreptibilem iniquitatem, quia sponte non corriguntur, immundis spiritibus vexandi traduntur, ut arripiendi eos dæmones corporaliter habeant potestatem, terroribusque eorum afflicti humilientur, pœniteant et salventur, sicut et Apostolus Corinthiis scribens, dicit: *Tradere hujusmodi Satanæ in interitum carnis, ut spiritus salvus sit* (*I Cor.* V, 5). Utile est enim quosdam peccantes, ut in anima sal-

mina autem diaboli, quæ varia et multa occurrunt C in divinis libris, hæc tria Behemoth, Leviathan, et Avis, potissima sunt. Dicitur etiam leo, Baal, aquilo, latro, Satan, cauda, basiliscus, Belial, malus, tentator, canis, impius, adversarius, alienus, lupus, exactor, aspis, homicida, nequissimus, malignus; pravus, asper, Lucifer, clibanus, fortis, potestas tenebrarum, catulus leonis, princeps potestatis, deus hujus sæculi, leo rugiens, apostata et prævaricator, absque jugo, filius Belial, ut adnotavit Hieronymus, Isai. XXVIII, et ita interpretatur illud psalm. XVII. *Torrentes iniquitatis conturbaverunt me*, id est, *impetuosæ incursiones dæmonis*. Behemoth autem plurale est apud Hebræos (ut hoc obiter annotem), idem quod bestiæ, eo quod unum animal cum sit, ex multarum bestiarum magnitudine et immanitate est coagmentatum; estque animal terrestre, vastum, et eximiæ magnitudinis. De eo dicitur Job. XL: *Behemoth, quem feci tecum, fenum quasi bos comedet.* Juxta nonnullos est elephas. LOAISA.

Ibid. Leviathan dixerunt antiqui, teste Hieronymo, D lib. VI, in Isa. XIV, esse patrem diaboli; quam sententiam ipse refellit, significatque draconem. Unde illud Ezech. XXXII. *Leoni gentium assimilatus est, et draconi qui est in mari.* Aquila pro dracone posuit Leviathan, auctore Hieronymo. Similiter psalm. XC, dum dicitur *Conculcabis leonem et draconem*, legitur Leviathan. Vocatur hic cetus magnus, de quo, quod a Christo capiendus sit, mystico in Job sermone narratur. Est igitur Leviathan piscis marinus ingens, Job. XL: *An extrahere poteris Leviathan hamo, et fune ligabis linguam ejus?* Septuaginta ibi pro Leviathan posuerunt cetum, et draconem, sicut et in illo Job. III: *Qui parati sunt suscitare Leviathan*, vertunt illi cetum, alibi draconem interpretantur, ut psalm. CIII, *Draco iste, quem formasti ad illudendum.* De creatione Leviathan, et Henoch habetur Esdræ IV, 6. LOAISA.

Ibid. Avis. Daniel VII, et Isai. XXXI et illud Evangelii *volucres cœli.* LOAISA.

Ibid. Alii, *cecidit, juxta Psalmistam jumentis insipientibus comparatus. Ideo Leviathan*, etc. Et infra, *meruit Behemoth terram, quia ut animal brutum in imis delectatur; serpens eo quod*, etc. Esdræ librum IV, qui a Loaisa laudatur, apocryphum esse, præ oculis habendum. AREV.

28. *Exinde enim, quod per membra sua* habent Excusi. Gregor., lib. XXXIII Moral., cap. 22, ex quo est hæc sententia: *ex ipso*, inquit, *suarum actionum nomine vocatur, cum jumentum, draco, vel avis dicitur.* LOAISA.

29. Gregor., lib. Moral. XXXIII, cap. 28. LOAISA.

31. Similis est interrogatio apud Gregor., lib. XXXII Moral., cap. 10, in fine, et apud Julianum, archiep. Toletan. sanctiss., in Anticimenon lib. ex Job., interrog. 132. LOAISA.

32. Gregor., lib. XXXIII, cap. 17, Moral. LOAISA.

Ibid. Quasi in maxilla. Tota sententia ex Gregor. dum interpretatur illud Job: *Armilla perforabis maxillam ejus*, lib. Moral. XXXIII, cap. 40, et c. 17. LOAISA.

33. Ex Gregor., dum illud Job explanat, cap. 41: *Et flamma de ore ejus egredietur*, lib. XXXIII Moral., c. 41. LOAISA.

34. Locum Pauli, I Cor. 5. Isidorus interpretatur de corporali traditione, ut Hieronym. et Gregor., lib. XXXIII Moral., cap. 11, et Anselmus, cum alii sancti Patres de separatione a Christi corpore spiritualique traditione in Satanæ potestatem intelligant. Uterque sensus ecclesiasticæ excommunicationis vim atque auctoritatem probat, eamque esse pœnam gravissimam, et maxime formidandam, cum ab Ecclesia ejiciat hominem, diabolique mancipium efficiat, et ab omni sacramentali virtute reddat alienum; unde illud Pelagii PP. ad Angliæ episc. *Apostolicæ auctoritatis exemplo didicimus, errantium et in errorem nutantium spiritus tradendos esse Satanæ, ut blasphemare*

ventur, Satanæ corporaliter deputari, quatenus ex A præsenti correptione futurorum judicium timeant, et de cætero delinquere caveant. Quidam autem potestati dæmonum ad emendationem deputantur; quidam vero despecti ad solam perditionem traduntur.

35. Nunquam vacat diabolus adversus hominem justum. Aut enim tribulationes cordis illi exaggerat, aut dolores corporis suscitat. Hinc est, quod Apostolus ait: *Datus est mihi stimulus carnis angelus Satanæ, qui me colaphizet* (*II Cor.* XII, 7).

36. Sæpe mentem justi variis vexationum doloribus vis dæmonum cruciat; unde interdum usque ad desperationis angustiam **275** coarctatur. Permanenti autem in Dei amore animæ et ipsa talis angustia ad meritum proficit. Nam sive in animo, sive in B corpore, per instinctum immundorum spirituum quælibet adversa justus patiatur, ex Dei utique permissu id patitur. Quod si hoc ipsum ad Dei gloriam humilis referat, et dicat quod pro corporis passione Job dixit: *Si bona suscepimus de manu Domini, mala quare non suscipiamus* (*Job.* II, 10)? iste non separatur a Deo, sed conjungitur, quamlibet atroci angustia torqueatur.

37. Multa justus adversa in anima patitur instigatione dæmonum, sed talibus tentamentis perire vitæ æternæ non potest, quia pius Dominus ad damnationem culpæ non reputat quod de suæ majestatis permissu nolens qui patitur portat. Nam ibi peccamus ubi cupiditate vel voluntate deflectimus. Ubi vero violenter addicimur, etsi facinus aut flagitium non est, miseria tamen pro flagitio et facinore est. Sed C qui Deum pro irrogata laudat miseria, commisso procul dubio caret facinore.

CAPUT VI.

De tentamentis somniorum.

1. Plerumque dæmones in noctibus occurrentes humanos sensus per visiones conturbant, ut formidolosos et timidos faciant. Aliquoties etiam ex desperatione peccatorum mentem conversi per soporem conturbant, horridaque gehennæ supplicia minitant. Nonnunquam autem et aperta impugnatione grassantes humana corpora **276** verberant, quod tamen, Deo permittente, malis fit ad vindictam, justis ad tolerantiæ gloriam.

2. Plerumque immundi spiritus eos quos incumbere in sæculi amore conspiciunt, dormientes quadam vana spei prosperitate illudunt. Quosdam vero, quos formidare aliqua adversa præsentiunt, dormientes inani terrore concutiunt. Sicque miserorum corda variis illusionibus intentantes, modo vacua prosperitate demulcent, modo vana formidine terrent.

3. Qui aut nullis, aut raris conscii sunt delictis, aut nunquam, aut raro terroribus fatigantur nocturnis; sed placato somno quiescentes, interdum etiam per soporem quædam arcana et mystica contuentur ac vident. Qui vero corda sua gravioribus vitiis polluerunt, conscientiæ pavore illusi species tremendas aspiciunt. Fallax enim imago mentes miserorum diversis illudit imaginibus; et quos vigilantes in vita traxit, dormientes fatigat, ut nunquam securos requiescere sinat.

4. Nonnunquam etiam electorum mentes horrendis imaginibus **277** somniorum spiritus immundi terrificare conantur; et quos vigilantes vitiis tentant, nec superant, acriter dormientes impugnant.

dediscant; et Urban. PP. c. *Notandum*, 24, q. 3. Cassian., lib. II, cap. 16, Pauli locum intelligit de eo qui ab oratione suspenditur. Origenes tamen, homil. 2 ad cap. II Judicum, quas quia beatus Hieronymus Latinas fecit, ei tribuuntur, explicat etiam hunc locum de excommunicatione ecclesiastica, et dupliciter hominem Satanæ tradi ostendit excommunicationis vinculis irretitum. Sic et Augustinus, de verbis Apostoli serm. 68: *Omnis*, inquit, *Christianus, dilectissimi, qui a sacerdotibus excommunicatur, Satanæ traditur. Quomodo? Scilicet, quia extra Ecclesiam diabolus est, sicut in Ecclesia Christus; ac per hoc quasi diabolo traditur, qui ab ecclesiastica communione removetur.* LOAISA.

Ibid. Incorreptibilem. Al., *incorrigibilem.* Vezzosius, mendose, *incorruptibilem.* AREV.

36. *Suscipiamus.* Ita Goth. Salm., et alii Mss. *Sustineamus*, Goth. Toletan. LOAISA.

Ibid. Alii, *iste, qui sic loquitur, non separatur*, etc. AREV.

CAP. VI. N. 1. Gregor., lib. VIII Moral., cap. 18, et lib. IV Dialog., cap. 48, sex modis docet somnia animam tangere: primo ventris plenitudine, secundo inanitate, tertio illusione, quarto illusione simul et cogitatione, quinto revelatione, sexto cogitatione simul et revelatione. Augustinus, in lib. de divinatione per somnium multa de somniis quæ dæmones immittunt tradit. Sex autem illos Gregorii modos hic noster Isidorus complexus est. LOAISA.

Ibid. Minitant. Ita Goth. Salm. et alii mss.; *minant*, Toletan. LOAISA.

Ibid. Verberant. Alludit forte ad verbera Hieronymi ob Ciceronis et poetarum lectionem accepta, qui liventes habuisse scapulas et plagas sensisse se post somnium ait ad Eustochium De custodienda virginitate, et in apologia ad Ruffinum. LOAISA.

Ibid. Minitant. Al., *immittunt*, quod Vezzosius melius existimat. Sed verum videtur *minitant* pro *minitantur*, ut apud Plautum, Nævium et alios. AREV.

3. Ex Gregor., lib. VIII Moral., cap. 18, et lib. I Dialog., cap. 49. Affert de quodam divite, cui diabolus per somnium longa vitæ spatia promisit; qui, cum multas pecunias pro longioris vitæ stipendiis collegisset, repente defunctus est. LOAISA.

Ibid. Interdum. Sententia est Aristotelis I lib. D Ethic., c. ultimo, virtute præditos per quietem meliora habere theoremata, quam improbos. Unde etiam Eccle. XXXIV, somnia male facientium vanitatem vocat Sapiens. LOAISA.

4. Somnia bona immitti a Deo pulchre demonstratur Eccle. XXXIV: *Et sicut parturientis cor tuum phantasias patitur, nisi ab Altissimo fuerit immissa visitatio, ne dederis illis cor tuum.* Sic Salomon in somnis cœlitus divinam accepit sapientiam, III Reg. III: *Evigilavit Salomon, et intellexit, quod esset somnium.* Aliqui hoc somnium non fuisse naturale, sed prophetiæ, dicunt, ut est illud Num. XII: *Si quis fuerit inter vos propheta Domini, in visione apparebo ei, vel per somnium loquar ad eum.* In somno tamen prophetiæ vis non ligatur, et exercitium liberi arbitrii, sed liberum manet. Prophetæ similiter dormiendo erudiebantur a Deo, et de arcanis et mysticis docebantur, ut Joseph. Nam dormiente homine, intellectus ejus potest in Deum ferri; cujus munus est percipere et judicare. Unde dum dormit, de his quæ

5. Sancti autem etsi ad momentum hujusmodi visionibus commoveantur, mox tamen evigilantes illusionum vanitates despiciunt, intentionemque suam protinus ad Deum convertunt.

6. Diversæ qualitates sunt somniorum. Quædam enim ex saturitate, seu inanitione occurrunt, quæ etiam per experientiam nota sunt. Quædam vero ex propria cogitatione oriuntur; nam sæpe quæ in die cogitamus, in noctibus recognoscimus.

7. Nonnullæ autem visiones spirituum immundorum fiunt illusione, Salomone probante: *Multos, inquit, errare fecerunt somnia, et illusiones vanæ.* Porro quædam justo fiunt modo, id est, supernæ revelationis mysterio, sicut legitur in lege de Joseph filio Jacob, qui somnio fratribus præferendus prædicitur (*Gen.* XXXVII). Vel sicut in Evangelio de Joseph sponso Mariæ, qui ut fugeret cum puero in Ægyptum somnio admonetur (*Matth.* II). Nonnunquam etiam et permiste accidunt visiones, id est, cogitatione simul et illusione, atque item cogitatione et revelatione, Daniele dicente: *Tu, inquit, rex, cogitare cœpisti in stratu tuo quid esset futurum post hæc, et qui revelat mysteria ostendit tibi quæ futura sunt* (*Dan.* II, 29). Etenim sæpe ea in quibus cogitationum nostrarum sensum porrigimus, quodam mentis excessu revelantur, dum requiescimus.

8. Quamvis nonnulla vera sint somnia, facile tamen eis credi **278** non opus est, quia diversis imaginationum qualitatibus oriuntur, et unde veniant raro consideratur. Tam facile igitur somniis fides adhibenda non est, ne forte Satanas, in angelum lucis se transformans, quemlibet incautum fallat, et aliqua erroris fraude decipiat.

9. Nonnunquam dæmones deceptoria fraude ita quosdam curiosos observant, eisque illudunt, ut quædam somnia non aliter eveniant quam ostenduntur. Ut enim in multis fallant, interdum et vera pronuntiant. Sed quamvis ita accidant, contemnenda sunt, ne forte de illusione procedant, recolentes testimonium Scripturæ dicentis: *Si dixerint vobis, et ita evenerit, non credatis* (*Matth.* XXIV, 23).

10. Somnia similia sunt auguriis, et qui ea intendunt, revera augurari noscuntur. Non esse vera somnia, quæ cogitans animus die noctuque sibi imaginatur. Mentes enim nonnunquam ipsæ sibi somnia fingunt.

11. Sæpe dum priora mala per tristem memoriam ad mentem reducuntur, per hæc gehennæ vindictam in nobis ipsis recolendo imaginamur. Hujusmodi mentis imaginationes, quæ aut de præteritis admissis, aut de futuri supplicii memoria vigilantibus fiunt, et per visiones somniaque occurrunt, et cogi-

antea consideravit aliquid percipit, et ratiocinatur, et argumentorum nodos dissolvit. Sic August., de Cura pro mortuis agenda, cap. 12, narrat Eulogio discipulo suo, qui dum rhetoricos Ciceronis libros Carthagine interpretaretur, in quemdam locum offendit obscurum, quo non intellecto, vix potuit dormire sollicitus; qua nocte somnianti sibi exponere visus est quod non intelligebat. Hunc etiam ortum habent venerearum rerum somnia; quæ non contingunt, nisi antea vigilantes de illis animi vel tententur, vel cogitant, ut tradit August. lib. XII super Genes., cap. 15. Aliquando vero intellectus movetur in somno illustratione alicujus superioris et nobilioris substantiæ, ad cujus eruditionem et disciplinam intellectus quiescentis est promptior, et habilior, propter sensuum, et cogitationum, et phantasiarum affluentem quietem, cum his tempestatibus libera, tota sibi sua sit. Cantic.: *Ego dormio, cor meum vigilat*; et Job. XXXIII: *Per somnium in visione nocturna, quando sopor solet occupare homines, et dormiunt in lectulo suo, tunc aperit aures virorum, et erudiens eos, instruit disciplina.* Thomas Aquinas, 2-2, q. 95, art. 6, ad causas internas animi et corporis, quæ ex Dei revelatione et cœlesti influxu dimanant, et ad externas, quæ ex vigilia et humoris copia oriuntur, omnem somniorum rationem retulit. Similiter Hippocr., lib. de somnis. LOAISA.

6. Sic ait de se Augustinus, lib. X Confess., cap. 30, vigilanti illi occurrere imagines rerum, illecebrarum carentes viribus, quæ tamen in somnis usque ad consensionem animam trahebant. LOAISA.

Ibid. Sententia hæc et septima est apud Gregorium, lib. VIII Moral., cap. 18, et lib. IV Dialog., cap. 48. Sex somniorum causas distinguit, ut supra diximus. LOAISA.

7. Diurnæ actiones sæpe repræsentantur in somnis, ut tradit Hippocrates, qui etiam existimat hujusmodi somnia corporis sanitatem indicare. Simile est Africani illud somnium apud Ciceron., cui earum rerum species objiciuntur per quietem, de quibus pridie sermonem habuerat. LOAISA.

Ibid. Eccle. XXXIV ita legitur: *Multos enim errare fecerunt somnia, et exciderunt sperantes in illis.* Gregor. tamen lib. VIII Moral., cap. 18, ut Isidorus legit. LOAISA.

9. August., lib. XXII de Civitate, c. 22, de falsitate somniorum, et difficultate ea discernendi, et quo pacto animam miseram sensumque perturbent, disserit. Plinius lib. XI natur. Histor., cap. 75, quærit utrumne sint aliqua præscita animi quiescentis, quaque fiant ratione, et alia, quæ illic vide. Et lib. VII, cap. 50, de Publio Cornelio Rufo, qui dormiens oculorum visum amisit, cum id sibi accidere somniaret. Melancholicos magis vera, somniare, ait Aristoteles, lib. de Somn. et vigil. Clemens Alex. lib. II Pædag., c. 9, ait ea quæ sunt vera somnia reputari sobriæ animæ cogitata. LOAISA.

Ibid. Apud Matthæum, cap. XXIII, sic est: *Tunc si quis dixerit: Ecce hic est Christus, aut illic, nolite credere.* Idem Marc. XIII, et Luc. XVII. LOAISA.

10. Artem augurandi per somnia non rejicit Hippocrates, lib. de Somniis, apotel. 2 et 3. Aristotel., lib. de Somno, et vigil. somnia reducit ad causas, signa et accidentia. Plin., lib. XXXVII natural. Hist., cap. 10, de lapide eumetrite, ait quod, capiti suppositus, visa nocturna oraculi modo reddat. Idem facit Amphyctionem interpretationis ostentorum et somniorum primum auctorem; lib. VII, c. 56, dixit de lauro, supposita pulvino, quod somnia vera faciat. Ab Ecclesia somniorum interpretes damnantur concil. II Ancyran., c. 23, et in c. *Episcopi*, 26, q. 5. LOAISA.

Ibid. Plinius, lib. XXVIII, cap. 8, a Democrito traditum scribit sinistrum chamæleontis armum, qualiter somnia quæ velis, et quibus velis, immittantur referre. LOAISA.

Ibid. Al., *Mentes enim nostræ nonnunquam*, etc. Virgilius, eclog. 8, 108:

... An qui amant, ipsi sibi somnia fingunt?

Hinc conjiciebam apud Isidorum: *amantes enim nonnunquam ipsi sibi somnia fingunt.* Vide etiam de somniis Claudianum, præf. ad VI consulatum Honorii. AREV.

tationum mentes **279** concutiunt. Nam una vi memoriæ fiunt utraque, sive vigilantibus, sive dormientibus nobis.

12. Tali enim animi motione horribili pavore etiam per quietem concutimur; et quam gravia sunt quæ commisimus, et quam dura quæ pertimescimus, mentis aspectu etiam in somnio contemplamur.

13. Non esse peccatum, quando nolentes imaginibus nocturnis illudimur; sed tunc esse peccatum, si, antequam illudamur, cogitationum affectibus prævenimur. Luxuriæ quippe imagines, quas in veritate gessimus, sæpe dormientibus in animo apparent, sed innoxie, si non concupiscendo occurrant.

14. Qui nocturna illusione polluitur, quamvis etsi extra memoriam turpium cogitationum sese persentiat inquinatum, tamen hoc, ut tentaretur, culpæ suæ tribuat, suamque immunditiam statim fletibus tergat.

CAPUT VII.

De oratione.

1. Hoc est remedium ejus qui vitiorum tentamentis exæstuat, ut quoties quolibet tangitur vitio, toties ad orationem se subdat, quia frequens oratio vitiorum impugnationem exstinguit.

2. Tam perseveranter intendere oportet animum nostrum orando, atque pulsando, quousque importunas desideriorum carnalium suggestiones, quæ nostris obrepunt sensibus, fortissima intentione superemus; ac tandiu insistere, quousque persistendo vincamus. Nam negligentes orationes nec ab ipso homine impetrare valent quod volunt.

3. Quando quisque orat, sanctum ad se spiritum advocat. At ubi venerit, confestim tentamenta dæmoniorum quæ se mentibus **280** humanis immergunt, præsentiam ejus ferre non sustinentes, effugiunt.

4. Oratio cordis est, non labiorum. Neque enim verba deprecantis Deus intendit, sed orantis cor aspicit. Quod si tacite cor oret, et vox sileat, quamvis hominibus lateat, Deo latere non potest qui conscientiæ præsens est. Melius est autem cum silentio **281** orare corde sine sono vocis, quam solis verbis sine intuitu mentis.

13. Grat**ian**. : *Sed tunc est peccatum in animo.* Sensus hujus sententiæ desumitur ex Gregor. in epist. ad August. Anglorum episcopum, et habetur dist. 6. c. *Testamentum*. Ivo, part. IX, cap. 112. LOAISA.

14 De pollutionibus et earum diversitate et causis, disserit doctissime Thomas Aquinas in opusculis de puritate conscientiæ, et officio sacerdotis. LOAISA.

Ibid. Quamvis etsi. Pleonasmus, fortasse ab exscriptoribus inductus. AREV.

CAP. VII. N. 1. Idem August., lib. de salutaribus documentis, cap. 28. I Pet. IV : *Estote itaque prudentes, vigilate in orationibus.* Est autem *subdat* in Mss. o. et Edit. vet., non *convertat*. LOAISA.

2. Alii, *psallendo* pro *pulsando*, et *obstrepunt* pro *obrepunt*. AREV.

4. Id Gregor. probat lib. XXII Moral., cap. 18, dum exponit illud Job : *Quis mihi tribuat auditorem, ut desiderium meum Omnipotens audiat?* Neque tamen rejicit hoc loco Isidorus vocalem orationem. Nam cum duplex in Ecclesia sit oratio, communis et privata, communis fit in persona totius Ecclesiæ, et ideo est vocalis, et alta voce prolata. Probat id forma orandi a Christo apostolis præscripta Matth. VI. *Orantes nolite multum loqui, sicut ethnici faciunt; putant enim quod in multiloquio suo exaudiantur.* Et infra : *Sic ergo vos orabitis : Pater noster :* quo in loco orationem haud dubie in voce constituit. Et Luc. XI apparet, quod Dominus voce oraret : *Et factum est*, inquit evangelista, *dum esset in quodam loco orans, ut cessavit, dixit unus ex discipulis suis ad eum : Domine, doce nos orare, sicut docuit Joannes discipulos suos; et ait illis : Cum oratis, dicite : Pater noster. Dum oratis*, inquit, *dicite* ; quod omnino voce fit. Hinc concil. Toletan. tertio, c. 2, præcipitur in omnibus ecclesiis Symbolum fidei recitandum, priusquam Orationem Dominicam voce clara prædicandam, quo fides vera manifesta sit, et testimonium habeat, et ad Christi corpus et sanguinem prælibandum pectora populorum fide purificata accedant. Et concil. Tolet. IV, cap. 9, Orationem Dominicam quotidie dicendam esse in publico, aut privato officio decernitur, idque probatur auctoritate Cypriani, Hilarii, Augustini. Et concil. Gerundens., can. 10, dicitur, post matutinas et vespertinas preces Orationem Dominicam proferendam. Hæc omnia, et alia complura, quæ a viris doctissimis collecta sunt, ad orationem publicam astruendam spectant, cujus ratio atque natura requirit ut sit vocalis. Et inde ortum habuit Ecclesiæ cantus, quem Paulus probat ad Ephes. V : *Loquentes*, inquit, *vobismetipsis in psalmis, hymnis et canticis spiritualibus, cantantes et psallentes in cordibus vestris Domino*, et ad Colos. III. Idem Actorum etiam VI : *Media nocte Paulus et Silas adorantes laudabant Deum, et audiebant eos qui in custodia erant.* Hanc antiquam in Ecclesia cantus consuetudinem præter multa testimonia sanctorum Dionysii, Tertulliani, et usus antiphonarum, et responsoriorum, et hymnorum, eorumque modulationem Nicephorus apostolis tribuit, l. XVIII, cap. 51. Sunt etiam conciliorum loca insignia, ut Tolet. IV, cap. 14, 15, et Turon. II, sub Pelagio primo, et Laodic., sub Liberio, cap. 59, ubi statuitur quæ psallere et legere in Ecclesia conveniat, et can. 15 psalmistarum officium præscribitur. Atque hactenus de communi seu publica oratione, in qua excolenda multum laborarunt Hilarius, Gregorius, Ambrosius et Isidorus. Oratio vero privata et singularis potest esse sine voce, de qua loquuntur sancti, cum orationem cordis laudant, ut Cyprianus in expositione Orationis Dominicæ, et August., psalm. CXVIII, et Gregor., lib. XXII Moral., cap. 18. Quamvis vox cordi adjuncta excitat et promovet plurimum interiorem animi affectum, ut qui habitat intus in pectore, ipse sit et in voce, et totus homo animo et corpore Deo serviat, et, ut inquit Cyprianus, divinis oculis placeat et habitu corporis, et modo vocis, dum Deo reddit labiorum vitulos, ut ait Oseas, et affectum, amoremque animo conceptum ex quadam redundantia voce exprimat, unde Paulus corde credit, et ore confitetur. Et David psal. XV : *Lætatum est cor meum, et exsultavit lingua mea.* Et Job : *Conceptum sermonem tenere quis poterit?* Multæ sunt commoditates et utilitates animi, quæ ex perfecta oratione vocali homini proveniunt. Verum si ab ea sejungas cordis affectum, et intentionem, solumque sit volubilis, et vaga oratio, atque verbosa, longe præstat ea quæ corde tantum fit; quod probat Cyprianus de Oratione Dominica, dum ait non passim oportere ventilare preces nostras inconditis vocibus, nec petitionem commendandam modeste Deo, tumultuosa loquacitate jactare. Quia Deus non vocis, sed cordis auditor est. Et August., lib. de Verbis Domini, serm. 18 : *Ne strepentes*, inquit, *simus vocibus, et muti moribus*, et serm. 2 de oratione : *Melius est orare corde sine sono vocis, quam solis verbis sine intuitu mentis.* Et Hieron. cujus verba habentur de consecrat., dist. 5, cap. *Non mediocriter*. LOAISA.

5. Nunquam est sine gemitu orandum; nam peccatorum recordatio mœrorem gignit. Dum enim oramus, ad memoriam culpam reducimus, et magis reos tunc nos esse cognoscimus. Ideoque cum Deo assistimus, gemere et flere debemus, reminiscentes quam gravia sint scelera quæ commisimus, quamque dira inferni supplicia quæ timemus.

6. Mens qualem se in oratione offert, talem post orationem conservet. Nam nihil proficit oratio, si denuo committitur unde jam iterum venia postuletur. Ille enim precis desideratum effectum sine dubio percipit, qui quod orando ablui postulat delinquendo non iterat.

7. Mens nostra cœlestis est, et tunc orando Deum bene contemplatur, quando nullis terrenis curis aut erroribus impeditur. Apta est enim ad bonum in sua natura, in aliena vero turbatur.

8. Pura est oratio quam in suo tempore sæculi non interveniunt **282** curæ; longe autem est a Deo animus qui in oratione cogitationibus sæculi fuerit occupatus. Tunc ergo veraciter oramus, quando aliunde non cogitamus. Sed valde pauci sunt, qui tales orationes habeant. Et licet in quibusdam sint, difficile tamen est ut semper sint.

9. Mens quæ ante orationem vacans a Deo in illicitis cogitationibus occupatur, dum in orationem venerit, confestim ill. imagines rerum quas nuper cogitavit occurrunt, aditumque precis obstruunt, ne A se mens libera ad cœleste desiderium erigat.

10. Purgandus est itaque primum animus, atque a temporalium rerum cogitationibus segregandus, ut pura acies cordis ad Deum vere et simpliciter dirigatur. Nam revera tunc impetranda divina munera credimus, quando simplici affectu assistimus cum oramus.

11. Multis modis interrumpitur orationis intentio, dum se per incuriam vana mundi ingerunt in cujuscunque orantis animo. Tunc autem magis diabolus cogitationes curarum sæcularium humanis mentibus ingerit, quando orantem aspexerit.

12. Duobus modis oratio impeditur, ne impetrare quisque valeat postulata: hoc est, si aut quisque adhuc mala committit, aut si delinquenti sibi debita B non dimittit. Quod geminum malum, dum quisque a semetipso absterserit, protinus securus studio orationis **283** incumbit, et ad ea quæ impetrare precibus cupit, mentem libere erigit.

13. Qui læditur, non desistat orare pro se lædentibus; alioquin, juxta Domini sententiam, peccat qui pro inimicis non orat (*Matth.* v, 44).

14. Sicut nullum proficit in vulnere medicamentum, si adhuc ferrum in eo sit, ita nihil proficit oratio illius, cujus adhuc dolor in mente, vel odium manet in pectore.

15. Tantus debet esse orantis erga Deum affectus, ut non desperet precis effectum. Inaniter autem ora-

Ibid. Solis verbis, sine intuitu mentis. Hæc est oratio vocis, quam Isidorus reprehendit, ut advertit Vezzosius. Ven. Thomasius, in suo opere italico de vera norma Deum glorificandi, atque exorandi, docet corde simul ac voce Deum exorari recte posse, quod ex Apostolo ad Corinthios scribente, et sancti Ambrosii hymno deducit. AREV.

5. Lacrymosa oratio multum valet apud Deum. Gregor. l. x Moral., cap. 17. Ambros., multis in locis lib. super *Beati immaculati*, et psalm. XXXVII. Et Cyprian., egregie, epist. ad clerum et plebem, de precando Deum, in fine. LOAISA.

6. Ex Gregor., ibid. Et in hoc sensu interpretor illud Eccle. VII: *Ne iteres verbum in ore tuo.* LOAISA.

8. Augustin., lib. de salutaribus Documentis, hinc merito ait, cap. 28: *Hoc, mi frater, stude in tua oratione, ut orationem puram offeras Domino Christo*, etc. LOAISA.

Ibid. Paul., I. Cor. XIV: *Orabo spiritu, orabo mente.* Vigilia etiam in oratione requiritur. Hinc, Marc. XIII: *Videte, vigilate, et orate*; et Luc. XXI: *Vigilate itaque, omni tempore orantes.* Et I Thess. V: *Sine intermissione orate.* Et I Tim. II: *Volo viros orare in omni loco, levantes puras manus sine ira et disceptatione.* Hinc etiam Hieronym., ad Rust., de vivendi forma. *Vigilet sensus, nec vagis cogitationibus patens corpus pariterque animus tendat ad Dominum*, etc. LOAISA.

Ibid. Sed valde. Probat id Augustinus in enarratione psalm. LXXXV, exponens illud: *Quia tu, Domine, suavis es ac mitis*; et adducit illud II Reg.: *Quoniam inveni, Domine, cor meum, ut orarem ad te.* LOAISA.

9. Ex Gregor., homil. 8 in Ezech.: *Accenditur ad compunctionem animus, sed earum rerum quas egimus*, etc. Et l. x Moral., cap. 17. Est autem *cogitavit* in Goth. Salm., non *agitavit*. LOAISA.

10. Id tradit Augustin. psalm. XXXIII. Nam oratio, ut inquit Bernardus, duas alas habet, contemptum mundi, et carnis afflictiones, serm. 3 de Epiphania.

C LOAISA

12. Est apud Gregor. hujus sententiæ sensus l. x Moral., cap. 18. Verum Augustin., serm. 2 de oratione: *Tribus*, inquit, *modis orationes impediuntur, aut cum quis a Deo petit quod suæ saluti resistit, aut cum orat, et ab iniquitate non cessat, aut si delinquenti in se debita non relaxat. Quod triplex malum, dum a se unusquisque studiosius abstraxerit, securus studio orationis incumbat*, etc. Gregor. ita: *Tunc igitur vere sine macula faciem levamus, cum nec nos prohibita mala committimus, nec ea quæ in nos a proximis commissa sunt ex proprio zelo retinemus. Gravi namque mens nostra orationis suæ tempore confusione deprimitur, si hanc aut sua adhuc operatio inquinat, aut alienæ malitiæ servatus dolor accusat.* Existimo itaque Isidorum ex Augustin. potius quam ex Gregor. hanc sententiam hausisse. LOAISA.

13. Sic enim habetur Matth. V: *Orate pro persequentibus et calumniantibus vos.* Et Luc. VI. Pro inimicis itaque orare in orationibus communibus quis- D que ex necessitate tenetur, et esset peccatum inimicos excipere. Thom. 2-2, q. 83, art. 8. Specialius autem pro illis orare est perfectionis opus. Id probat Augustinus lib. III de verbis Domini, serm. 16, loquens de utilitate inimicorum; et Ambros. psalm. XXXVIII, exponens illud: *Pro eo ut diligerent me, detrahebant mihi. Ego autem orabam.* Sic Gregor. in epist. ad Vercellensem episc., lib. x Epistolarum, epist. 82: *Evangelii plenitudo*, inquit, *pro calumniantibus et persequentibus nos jubet orare, ut peccatis eorum veniam postulemus*, etc. LOAISA.

14. Gregor., lib. Moral. x, cap. 17, idem ait, sed aliis verbis: *Menti namque, ut gladius, figitur, et mucrone illius ipsa viscerum occulta perforantur. Qui scilicet a transfixo corde si prius non educitur, nihil in precibus divinæ opis obtinetur.* LOAISA.

15. Est apud Jacobum, cap. I: *Postulet*, inquit, *in fide nihil hæsitans; qui enim hæsitat similis est fluctui maris, qui a vento movetur, et circumfertur.* LOAISA.

mus, si spei fiduciam non habemus. Petat ergo, ut Apostolus ait, unusquisque in fide nihil dubitans (*Jac.* I, 6); nam qui dubitat similis est undæ maris, quæ a vento fertur, atque dispergitur.

16. Diffidentia nascitur impetrandi orata, si se adhuc animus sentiat circa peccandi affectionem versari. Non enim potest habere precis certam fiduciam, qui adhuc in præceptis Dei pigritat, et peccati recordatione delectatur.

17. Qui a præceptis Dei avertitur, quod in oratione postulat accipere non meretur; nec impetrat ab illo bonum quod poscit, **284** cujus legi non obedit. Si enim id quod Deus præcipit facimus, id quod petimus sine dubio obtinemus. Nam sicut scriptum est: *Qui avertit aurem suam, ne audiat legem, oratio ejus exsecrabilis erit* (*Proverb.* XXVIII, 9).

18. Multum apud Deum utraque sibi necessario commendantur, ut oratione operatio et opere fulciatur oratio. Unde etiam Jeremias ait: *Levemus corda nostra cum manibus ad Deum* (*Thren.* III, 41). Cor enim cum manibus levat, qui orationem cum opere sublevat. Nam quicumque orat, et non operatur, cor levat, et manus non levat. Quisquis vero operatur, et non orat, levat manus, et cor non levat. Sed quia operari necesse est, et orare, bene juxta utrumque **285** dictum est: *Levemus corda nostra cum manibus ad Deum*; ne de negligentia mandatorum corde reprehendamur, dum salutem nostram obtinere aut sola oratione, aut sola operatione, contendimus.

19. Postquam bonum opus agimus, lacrymæ orationum fundantur, ut meritum actionis humilitas impetret precis.

20. Culpabiliter manus ad Deum expandit, qui facta sua orando jactanter prodit, sicut Pharisæus in templo jactanter orabat, seseque magis quam Deum de operibus justis laudari volebat (*Luc.* XVIII).

21. Quorumdam oratio in peccatum convertitur, sicut de Juda proditore scribitur (*Ps.* CVIII). Qui enim jactanter orat, laudem appetendo humanam, non solum ejus oratio non delet peccatum, sed et ipsa vertitur in peccatum. Sicut Judæi, et hæretici, qui licet jejunare et orare videantur, eorum tamen oratio non illis ad purgationis proficit meritum, sed mutatur potius in peccatum.

22. Ideo interdum oratio electorum in pressuris eorum differtur, ut impiorum perversitas augeatur. Verum dum justi temporaliter audiuntur, pro eorum

16. *Certam*: ita Goth. Tolet. *Perfectam*, Goth. Salm. LOAISA.

17. Oratio peccatoris damnatur in multis sacræ Scripturæ locis. Psalm. XVI: *Auribus percipe orationem meam non in labiis dolosis.* Psalm. LXV: *Iniquitatem si aspexi in corde meo, non exaudiet Dominus.* Et Psalm. CXLIV: *Prope est Dominus omnibus invocantibus eum in veritate.* Eccle. VII: *Ante orationem præpara animam tuam; noli esse quasi homo qui tentat Deum.* Et Eccle. III: *Qui diligit Deum, exorabit pro peccatis, et continebit se ab illis, et in oratione dierum exaudietur.* Proverb. I: *Tunc invocabunt me, et non exaudiam eos*, et cap. LIX; et Jerem. Thren. III: *Nos inique egimus, et ad iracundiam provocavimus; idcirco inexorabilis es.* Ezech. VIII: *Cum clamaverint ad aures meas voce magna, non exaudiam eos*, et Oseæ VII: *Væ eis, quoniam recesserunt a me; vastabuntur, quia prævaricati sunt in me*; et subdit: *Non clamaverunt ad me in corde suo, sed ululabant in cubilibus suis.* Præcepta orandi traduntur a Christo Domino nostro Matth. VI: *Cum oratis*, etc. Et XIII. Et Luc. I et XX. Et Paul., ad Phil. IV: *Nihil solliciti sitis, sed in omni oratione et obsecratione, cum gratiarum actione, petitiones vestræ innotescant apud Deum.* Jac. IV: *Petitis, et non accipitis, eo quod male petitis, ut in concupiscentiis vestris insumatis.* Sic Augustinus multis in locis orationem peccatoris infecundam et inexaudibilem dicit, præsertim libro de vera innocentia, cap. 333, et in epist. ad Prob., cap. 13. Et Ambrosius, quod orantis affectus debeat esse purus, et quietus, et vacuus ab omni onere delictorum, libro super *Beati immaculati*, et lib. I de Cain et Abel, cap. 9. Cyprianus de Oratione Dominica. Exstat etiam gravis epistola Gregorii Magni ad Theodoricum Francorum regem de clericis simoniacis, ubi ait: *Major ergo metuenda est locis illis calamitas, ubi tales intercessores ad locum regiminis adducuntur, qui Dei magis in se iracundiam provocent, quam per semetipsos placare debuerant.* Idem, cap. 6, præfat. in Job., exponens illud: *Victimæ impiorum abominabiles Deo sunt.* Et habetur cap. *Gravibus*, 3, q. 7. Bernard., super Cantica, serm. 65, explicans illud: *Oratio justi penetrat cœlos.* Si igitur ita est, quod orationes hominis peccatoris Deus non audit, quo pacto intelligendus erit Augustinus, tractat. 44 in Joannem, ad illud cap. IX: *Scimus, quia peccatores Deus non audit? Illud*, inquit, *verum est cæci adhuc inuncti, id est, nondum perfecte illuminati. Nam si peccatores Deus non exaudit, frustra publicanus dixisset: Domine, propitius esto mihi peccatori.* Idem Chrysostomus, homilia 18, in opere imperfecto, exponens illud: *Omnis qui petit accipit, sive justus*, inquit, *sive peccator.* Sic hæc loca discrepantia concilianda sunt, et interpretanda, peccatorem in peccatum lapsum absque affectu peccati relinquendi clamantem Deus non audit; at peccatorem humilem ex bono desiderio naturæ petentem, et Deo se prosternentem Deus exaudit, ut inquit Thomas Aquinas, 2-2, q. 83. Hoc vero non ex justitia fit, quia hoc peccator non meretur, sed ex pura misericordia. Observandæ vero sunt in hac peccatoris petitione quatuor leges: prima, ut pro se petat; secunda, ut necessaria ad salutem; tertia, ut pie, id est, ad pietatem spectans; quarta, ut perseveranter petat. Ac tunc oratio erit impetratoria, licet non meritoria. Hæc de peccatoris oratione adnotanda duxi, quia ad totius capitis intelligentiam maxime conducunt. LOAISA.

18. Ad verbum ex Gregorio, lib. Moral. 18, cap. 5, nisi quod apud eum *operatione* pro *opere*. LOAISA.

20. Habetur simile exemplum apud Cyprianum, de Oratione Dominica; est autem oratio Pharisæi apud Luc. XVIII. LOAISA.

21. Sic scriptum est psalm. CVIII de impio: *Oratio ejus fiat in peccatum.* Ubi Hieronymus sic ait: *Pœnitentia Judæ pejus peccatum factum est. Quomodo pejus peccatum est pœnitentia Judæ? Ivit, et suspendio periit, et qui proditor Domini factus est, hic interemptor sui exstitit; pro clementia Domini hoc dico, quia magis ex hoc offendit Dominum, quia se suspendit, quam quod Dominum prodidit. Oportebat orationem ipsius esse in pœnitentiam, et versa est in peccatum. Vides hæreticum orantem, vides Judæum, vides Manichæum; licet jejunent, licet orent, tamen oratio ipsorum vertitur in peccatum.* Hæc Hieronymus, quæ omnia, pauculis verbis additis et immutatis, sua fecit Leo Magnus. Eadem Gregor., homil. 27 in Evangel. LOAISA.

Ibid. Alii, *oratio non delet peccatum, nec ad purgationis proficit meritum.* AREV.

22. Ex Greg., lib. Moral. XXVI, cap. 15. LOAISA.

Ibid. Trium puerorum. Ex Augustin., in exposi-

fit salute qui eos affligunt, ut dum illis temporali remedio subvenitur, pravorum oculi ad conversionem aperiantur. Unde et trium puerorum frigidus ignis fuit (*Dan.* III), ut **286** Nabuchodonosor Deum verum agnosceret. Sicut et propheta in Psalmis ait: *Propter inimicos meos eripe me* (*Psal.* LXVIII, 19).

23. Proinde tardius exaudiuntur quorumdam orationes, ut dum differuntur, fortius excitatæ majoribus præmiis cumulentur: exemplo pruinarum, et repressione messium, in quibus quanto tardius sata semina exeunt, tanto ad frugem cumulatius crescunt.

24. Quoties orantes non cito exaudimur, nostra nobis facta in oculis proponamus, ut hoc ipsum quod differtur divinæ reputetur justitiæ, et culpæ nostræ.

25. Interdum quod perseveranter orantes non cito exaudimur, utilitatis nostræ est, non adversitatis. Sæpe enim multos Deus non exaudit ad voluntatem, ut exaudiat ad salutem.

26. Multi orantes non exaudiuntur, providendo illis Deus meliora quam petunt, sicut contingere solet parvulis, qui, ne in scholis vapulent, Deum exorant. Sed non datur illis postulationis effectus, quia impeditur talis auditio ad profectum. Non aliter quibusdam contingit electis. Deprecantur enim Deum pro nonnullis vitæ hujus commodis, vel adversis. Providentia vero divina temporaliter eorum desiderio minime consulit, quia meliora illis in æternum promittit.

A 27. Oratio privatis locis opportunius funditur, majusque obtentum impetrat, dum Deo tantum teste depromitur.

28. Proprium autem hypocritarum est offerre se in oratione videntibus; quorum fructus est, non Deo placere, sed gloriam ab hominibus comparare (*Matth.* VI, 7).

29. Non in multiloquio exaudiuntur homines a Deo, quasi plurimis eum verbis conentur inflectere. Neque enim conciliat eum multiplex orantis sermo, sed pura sinceraque orationis intentio.

287 30. Bonum est corde semper orare, bonum et sono vocis Deum spiritualibus hymnis glorificare. Nihil est sola voce canere sine cordis intentione; sed, sicut ait Apostolus: *Cantantes in cordibus vestris* B (*Ephes.* V, 19), hoc est, non solum voce, sed et corde psallentes. Unde et alibi: *Psallam spiritu, psallam et mente* (*I Cor.* XIV, 15).

31. Sicut orationibus regimur, ita psalmorum studiis delectamur. Psallendi enim utilitas tristia corda consolatur, gratiores mentes facit, fastidiosos oblectat, inertes exsuscitat, peccatores ad lamenta invitat. Nam quamvis dura sint carnalium corda, statim ut psalmi dulcedo insonuerit, ad affectum pietatis animum eorum inflectit.

32. Dum Christianum non vocis modulatio, sed tantum verba divina, quæ ibi dicantur, debeant commovere, nescio quo tamen pacto modulatione canentis major nascitur compunctio cordis. Multi enim reperiuntur qui, cantus suavitate commoti, sua crimina plangunt, atque ex ea parte magis flectuntur ad lacrymas, ex qua psallentis insonuerit dulcedo suavissima.

tione psalm. LXVIII, concione 2. Habetur historia Daniel. III. Quod fuerit ille ignis frigidus, apparet ex Scripturæ contextu: *Angelus autem Domini descendit cum Azaria et sociis ejus in fornacem, et excussit flammam ignis de fornace, et fecit medium fornacis quasi ventum roris flantem; et non tetigit eos omnino ignis, neque contristavit, nec quidquam molestiæ intulit.* Et infra dicitur quod calor ignis non transiit per eos. Nicolaus Lyranus versat hanc quæstionem hoc loco, an ignis ille fuerit activus, estque in ea sententia, ut existimet ignem hunc habuisse quidem ignis formam et naturam, sed comburendi et agendi actum fuisse virtute divina cohibitum. LOAISA.

27. Loquitur de privata oratione, de qua Christus Dominus apostolos docuit. Matth. VI: *Tu autem, cum oraveris, intra cubiculum tuum, et clauso ostio ora Patrem tuum in abscondito. Et Pater tuus, qui videt in abscondito, reddet tibi.* Cyprianus, de Oratione Dominica, causam reddit quare Christus orationi silentium et secretum indixerit: *Magisterio*, ait, *suo Dominus secreto orare nos præcipit, in abditis et semotis locis, in cubilibus ipsis; quod magis convenit fidei nostræ, ut sciamus Deum ubique esse præsentem, audire omnes, et videre, et majestatis suæ plenitudine in abdita quoque et occulta penetrare.* Hæc Cyprian. Vide etiam Augustin., in psalm. CXLI, et Gregor., 8 Moral., cap. 29. LOAISA.

28. Sic scriptum est Matth. VI: *Cum oratis, non eritis sicut hypocritæ, qui amant in synagogis et in angulis platearum stantes orare, ut videantur ab hominibus.* LOAISA.

30. Oratio abscondita et abdita ad cordis salutem spectat: hymnorum et psalmorum cantus ad Christi crucifixi gloriam et honorem, ut omnis lingua confiteatur, quod Dominus Jesus in gloria est Dei Patris. Unde qui cantum ecclesiasticum de medio tollunt,

C Christi magnificam gloriam obscurant, dulce curarum levamen evertunt, ordinis ecclesiastici hierarchiam confundunt, pulchritudinem ornatumque admirabilem Christi sponsæ fœdant; demum lucem quasi e mundo tollere nituntur, qui choros ecclesiasticos ab Ecclesia abesse contendunt. Sicut enim luce hac naturali cuncta splendorem, pulchritudinem, ordinem vitamque suscipiunt, quæ in hac mundana machina continentur; sic choris ecclesiasticis omnia Ecclesiæ munia illustrantur, augentur, amplificantur, et in debito officio conservantur. Quapropter sancti et antiqui Patres in statuendis, componendis, ordinandisque ecclesiasticis officiis multum divque insudarunt. Vide August., psalm. CXLVIII; Hieronym., psalm. CXLVI. LOAISA.

31. De psalmorum laude multa Basilius, homil. 1 super Psalm. Plura Ambrosius. Et Augustinus: *Totius Ecclesiæ* (inquit in præfat. Psalmorum) *vox una* PSALMUS *solemnitates decorat; psalmus tristitiam quæ* D *propter Deum est emollit; psalmus etiam ex corde lapideo lacrymas movet; psalmus angelorum opus est, exercituum cœlestium spirituale thymiama.* Hæc inter alia adnotare libuit, ut intelligas veram sapientiam a patribus superioris sæculi ad inferiores fuisse derivatam, omniaque eorum sententiis, velut firmissimis radicibus, niti. Basilius, homil. 1 in Psalmos: *Vox est*, inquit, *Ecclesiæ* PSALMUS. *Hic dies festos illustriores reddit, ac perfundit gaudio; cum tristitiam alioquin operetur, sed quæ secundum Deum est, e corde lapideo ciet lacrymas. Psalmus opus est angelorum, cœlestis illius reipublicæ in communi proposita functio, spirituale thymiama*, etc. Et quæ sequuntur pene omnia ad verbum vertit Augustin. Ambrosius etiam laudes Psalmorum doctissime commemorat in præfatione in Psalmos, a quibus has sententias de Psalmis Isidorus accepit. LOAISA.

mina plangunt, atque ex ea parte magis flectuntur A ad lacrymas, ex qua psallentis insonuerit dulcedo suavissima.

33. Oratio in præsenti tantum vita pro remedio peccatorum effunditur; psalmorum autem decantatio perpetuam Dei laudem demonstrat in gloriam sempiternam, sicut scriptum est: *Beati qui* **288** *habitant in domo tua, Domine, in sæcula sæculorum laudabunt te* (*Psal.* LXXXIII, 5). Cujus operis ministerium quicunque fideliter intentaque mente exsequitur, quodammodo angelis sociatur.

CAPUT VIII.

De lectione.

1. Orationibus mundamur, lectionibus instruimur; utrumque bonum, si liceat; si non liceat, melius est orare quam legere.

2. Qui vult cum Deo semper esse, frequenter debet orare, frequenter et legere. Nam cum oramus, cum Deo ipsi loquimur; cum vero legimus, Deus nobiscum loquitur.

3. Omnis profectus ex lectione et meditatione procedit. Quæ enim nescimus, lectione discimus; quæ autem didicimus, meditationibus conservamus.

4. Geminum confert donum lectio sanctarum Scripturarum: sive quia intellectum mentis erudit, seu quod a mundi vanitatibus abstractum hominem ad amorem Dei perducit. Excitati enim sæpe illius sermone, subtrahimur a desiderio vitæ mundanæ; atque accensi in amorem sapientiæ, tanto vana spes mortalitatis hujus nobis vilescit, quanto amplius legendo spes æterna claruerit.

5. Geminum est lectionis studium: primum, quomodo Scripturæ intelligantur; secundum, qua utilitate vel dignitate dicantur. **289** Erit enim antea quisque promptus ad intelligendum quæ legit, sequenter idoneus ad proferendum quæ didicit.

6. Lector strenuus potius ad implendum quæ legit, quam ad sciendum, erit promptissimus. Minor enim pœna est nescire quid appetas, quam ea quæ noveris non implere. Sicut enim legendo scire concupiscimus, sic sciendo recta quæ didicimus implere debemus.

7. Lex Dei et præmium habet, et pœnam legentibus eam. Præmium his qui eam bene vivendo custodiunt; pœnam vero eis qui eam male vivendo contemnunt.

8. Omnis qui a præceptis Dei discedit opere, quo-B ties eadem Dei præcepta legere vel audire potuerit, corde suo reprehensus confunditur, quia id quod non agit memoratur, et teste conscientia interius accusatur. Unde et David propheta deprecatur dicens: *Tunc non confundar, dum respicio in omnia mandata tua* (*Ps.* CXVIII, 6). Graviter namque unusquisque confunditur quando mandata Dei vel legendo, vel audiendo respicit, quæ vivendo contemnit. Corde enim reprehenditur, dum mandatorum meditatione docetur, quia non implevit opere quod divina didicit jussione.

290 CAPUT IX.

De assiduitate legendi.

1. Nemo potest sensum Scripturæ sanctæ cognoscere, nisi legendi familiaritate, sicut est scriptum:
C *Ama illam, et exaltabit te; glorificaberis ab ea, cum eam fueris amplexatus* (*Prov.* IV, 8).

CAP. VIII. N. 1. Timotheum Paulus erudit: *Attende lectioni, exhortationi, doctrinæ. Lectio enim frequens* (inquit Ambrosius, lib. I super *Beatus vir*) *nec intermissione aliqua destituta, doctrinæ munus operatur.* Augustinus etiam, serm. 112 de tempore, tom. X, erudite de lectione Scripturarum disserit. LOAISA.

Ibid. Melius est. Orationem etiam præponit lectioni Hieronym., ad Furiam. LOAISA.

Ibid. Adbelerus, in admonit. ad Nonsuindam, cap. 13: *Dicit enim Isidorus quod orationibus mundamur, lectionibus instruimur.* AREV.

2. Ex Augustino, ad verbum, serm. 112 de tempore. Et eodem loco sententia quarta est. LOAISA.

Ibid. Ita Gothus Cod. *Nam cum oramus ipsi, cum Deo loquimur.* Sicque Augustinus. LOAISA.

5. Id docet Augustin., lib. de doctrina christiana IV, cap. 4, officium doctoris divinæ Scripturæ depingens; ubi distinguit inter sapienter dicere, et eloquenter; et tria illa eloquentis munera, docere, delectare, flectere, ad Scripturarum lectionem detorquet. Ibidem, cap. 12: *Docere*, inquit, *est necessitatis; delectare, suavitatis; flectere, victoriæ.* Horum trium quod primo loco positum est, hoc est, docendi necessitas, in rebus est constituta, quas dicamus, reliqua duo in modo quo dicimus docendo. Quod hic Isidorus dixit, *qua utilitate et dignitate dicatur*, utilitas ad delectationem, dignitas ad victoriam spectat. LOAISA.

6. *Id.* Augustinus passim docet, præsertim psalm. XI. Et lib. de opere Monachorum, in fine, cap. 17. LOAISA.

Ibid. Ad implendum. *Hieronym.*, *comm. in Mich.* II: *Tunc Scripturæ prosunt legenti, si quod legitur opere compleatur.* Idque idem laudat in Marcella vidua, in ejus epitaphio ad Principiam. LOAISA.

8. Hieronymus, ad Principiam, in epitaphio Marcellæ viduæ: *Erubescit enim quamvis præclara doctrina, quam non pia reprehendit conscientia.* LOAISA.

Ibid. Psalm. CXVIII. *Tunc non confundar, cum perspexero in omnibus mandatis tuis.* Sic habet Editio nostra Latina. Augustin., in enarratione conc. 4 in hunc psalm.: *Tunc non confundar, dum inspicio in omnia mandata tua.* Pagninus ita: *Tunc non pudore afficiar, cum respexero ad omnia præcepta tua.* Estque futuri temporis *cum perspexero.* Id est, cum intelligam et comprehendam cur ita imperaveris. Nam paucis datum est ut omnium Dei præceptorum teneant rationes et causas, omniumque mandata diligenter exsequantur. LOAISA.

D *Ibid. Dum respicio in omnia mandata tua.* Sabatierius, ad Psalm. CXVIII, 6, notat ita id exstare in Breviario Romano et Mozarabico. AREV.

CAP. IX. N. 1. Proverb. IV: *Arripe illam, et exaltabit te, glorificaberis ab ea, cum eam fueris amplexatus.* Prius dixerat, *Dilige eam, et conservabit te.* De assiduitate et perseverantia legendi sacras Scripturas multa traduntur a Patribus, in primis a Cypriano, in fine de Spectaculis, et Augustin., lib. II de Doctrina Christiana, cap. 5. *Erit divinarum scripturarum solertissimus indagator.* Quod habetur d. 19. Et in sermone mirabili 38, ad Fratres in eremo. De laudibus Scripturæ, et diligenti ipsius lectione Ambrosius, libr. super *Beati immaculati in via* assiduo legendum esse docet: *Beatus*, inquit, *qui in lege Domini die ac nocte meditatur. Sed qui meditatur in lege, eruditur in lege; et quem lex erudierit, Dominus erudit, qui locutus est legem.* Et epistola 3, ad Sabinum, de ejus studio. Hieronymus etiam ad Deme-

2. Quanto quisque magis in sacris eloquiis assiduus fuerit, tanto ex eis uberiorem intelligentiam capit; sicut terra, quæ quanto amplius excolitur, tanto uberius fructificat.

3. Quanto amplius ad quamlibet artem homo conscendit, tanto magis ad hominem ars ipsa descendit, sicut in Lege scribitur: *Moyses ascendit in montem, et Dominus descendit* (*Exod.* XIX).

4. Verum est de otio spirituali, quod ille tantum secreta divinorum scrutabitur mandatorum, qui ab actione terrenæ curæ avocaverit animum, et sedula familiaritate Scripturis sanctis inhæserit. Nam sicut cæcus et videns potest quidem uterque ambulare, sed non consimili libertate, dum cæcus pergens quo non videt offendat, videns vero offendicula cavet, et quo sit pergendum **291** agnoscat; sic et qui nubilo terrenæ curæ fuscatur, si tentet Dei perscrutari mysteria, non valet, quia caligine curarum non videt. Quod ille tantumdem efficere valet, qui sese de exterioribus sæculi curis abstrahit, et totum sese in Scripturarum meditatione defigit.

5. Quidam habent intelligentiæ ingenium, sed negligunt lectionis studium; et quod legendo scire potuerunt, negligendo contemnunt. Quidam vero amorem sciendi habent, sed tarditate sensus præpediuntur; qui tamen assidua lectione sapiunt, quod ingeniosi per desidiam non noverunt.

6. Ingenium tardius etsi non per naturam, per assiduitatem tamen lectionis augmentatur. Nam quamvis sensus hebetudo sit, frequens tamen lectio intelligentiam auget.

7. Sicut qui tardus est ad capiendum, pro intentione tamen boni studii præmium percipit, ita qui præstitum sibi ex Deo ingenium intelligentiæ negligit, condemnationis reus existit, quia donum quod accepit despicit, et per desidiam delinquit.

8. Quidam Dei judicio donum scientiæ quod negligunt accipiunt, ut durius de rebus creditis puniantur. Tardiores autem ideo quod scire cupiunt difficulter inveniunt, ut pro maximo exercitio laboris maximum præmium habeant retributionis.

CAPUT X.

De doctrina sine gratia.

1. Doctrina sine adjuvante gratia, quamvis infundatur auribus, **292** ad cor nunquam descendit; foris quidem perstrepit, sed interius nil proficit. Tunc autem Dei sermo infusus auribus ad cordis ultima pervenit, quando Dei gratia mentem interius, ut intelligat, tangit.

2. Sicut enim quosdam flamma charitatis suæ Deus illuminat, ut vitaliter sapiant, ita quosdam frigidos torpentesque deserit, ut sine sensu persistant.

3. Plerique acumine intelligendi vivaces existunt, sed loquendi inopia angustantur. Quidam vero in utrisque pollent, quia et sciendi copiam, et dicendi efficaciam habent.

CAPUT XI.

De superbis lectoribus.

1. Plerique, scientia accepta Scripturarum, non ad Dei gloriam, sed ad suam laudem utuntur, dum ipsa scientia extolluntur, et ibi peccant, ubi peccata mundare debuerant.

2. Nunquam consequuntur legendo perfectam scientiam arrogantes. Nam quamvis sapientes in superficie videantur, medullitus tamen veritatis arcana non tangunt, quia superbiæ nube præpediuntur. Semper enim superbi legunt, quærunt et nunquam inveniunt.

3. Divinæ legis penetralia humilibus, et bene ad Deum intrantibus patent; pravis autem atque superbis clauduntur. Nam quamvis divina eloquia in

triadem in fine: *Ama Scripturas sanctas, et amabit te Sapientia. Dilige eam, et servabit te. Honora illam, et amplexabitur te.* Ex quo loco videtur desumpta esse hæc sententia. LOAISA.

Ibid. Cum eam, etc. In multis Codd. mss. deest hoc. LOAISA.

2. August., lib. II de Doctrina Christ., cap. 9, solertius et diligentius in libris sacris præcepta vivendi et regulas credendi esse investigandas docet. LOAISA.

3. Exod. XIX, et XXXIV. Et videtur desumpta sententia ex Gregor., lib. V Moral., cap. 25 et 26. LOAISA.

4. I Cor. II: *Nos autem non spiritum hujus mundi accepimus; sed spiritum qui ex Deo est*, etc. Et infra, *Animalis homo non percipit ea quæ sunt spiritus, spiritualis autem judicat omnia. Nos autem sensum Christi habemus.* August., in enarratione psalm. CXVIII, exponens illud: *Beati immaculati in via, qui ambulant in lege Domini. Beati qui scrutantur testimonia ejus, in toto corde exquirunt eum.* Gregorius etiam idem optime, et ab eo sententiam deductam existimo, lib. Moral. XXIII, c. 20 et 21. LOAISA.

Ibid. Sicut cæcus. Simile exemplum est apud August., serm. 112. LOAISA.

Ibid. Defigit. Goth. Cod. addit: *illum plus metuit diabolus, quem assidue legere viderit.* Quam lectionem in nullo alio Ms. invenio ex tredecim antiquissimis, quos ad emendationem hujus operis jussu Philippi II regis catholici et piissimi ex omnibus bibliothecis Hispaniæ nactus sum. LOAISA.

Ibid. Avocaverit. Al., *evacuaverit.* AREV.

5. August., lib. de Spiritu et Anima, cap. 11, definit ingenium esse vim animæ, sive intentionem qua se extendit anima, et exercet ad incognitorum cognitionem. LOAISA.

Ibid. Sapiunt. Al., *capiunt.* AREV.

CAP. X. N. 1. Divus Hilarius, in psalm. CXXV, in principio, docet doctissime non esse sensu nostro Scripturas sanctas accipiendas, ut hæretici faciunt, sed ejus dono atque ope intelligendas qui dixit: *Accipite Spiritum sanctum*, et aperuit Scripturarum abstrusa et recondita sensa. Docet idem divus Hieronymus, epistola ad Paulinum, in fine. Unde Cyprianus, de unitate Ecclesiæ fere in medio eos corruptores Evangelii nominat, dum depingit hæreticorum mores elegantissime; et ut divus Hieronymus de ipso ait ad Paulinum in fine, instar fontis purissimi, dulcis incedit, et placidus. LOAISA.

Ibid. Infundatur. Videtur exponere illud psalm. CXVIII, *In corde meo abscondi eloquia tua, ut non peccem tibi.* LOAISA.

Ibid. Ultima. Al., *intima.* Advertit Vezzozius Semipelagianum saltem fore qui id negaret. AREV.

CAP. XI. N. 1. Totum hoc caput desumptum est a Gregor., lib. Moral. XX, cap. 11, dum exponit illud Job: *Qui rodebant in solitudine, squalentes calamitate et miseria.* LOAISA.

2. *Semper enim.* Sic Gregor., lib. XX Moral., cap. 9: *Quo plus appetunt, plus amittunt.* LOAISA.

lectione arrogantibus sint aperta, in mysterio tamen clausa sunt atque occulta.

4. Dum sermo Dei fidelibus lux sit, reprobis autem ac superbis **293** quodammodo tenebrescit; et unde illi illuminantur, inde isti excæcantur.

CAPUT XII.

De carnalibus lectoribus et hæreticis.

1. Nequaquam legem intelligit qui carnaliter verba legis percurrit, sed is qui eam sensu interioris intelligentiæ perspicit. Nam qui litteram legis intendunt, ejus occulta penetrare non possunt.

2. Multi enim non intelligendo spiritualiter Scripturas, nec eas recte sentiendo, in hæresim devoluti sunt, atque in multis erroribus defluxerunt.

3. In solis fidelibus religata est lex, testante Domino per Prophetam: *Liga testimonium, signa legem in discipulis meis* (*Isai.* VIII, 16); ne eam aut Judæus intelligat, aut hæreticus, quia non est Christi discipulus. Unitatem quippe pacis, quam Christus docuit, non sequuntur; de qua **294** idem Dominus dicit: A *In hoc cognoscent omnes quia mei estis discipuli, si dilectionem inter vos habueritis.*

4. Scripturas hæretici sano sensu non sapiunt, sed eas ad errorem pravæ intelligentiæ ducunt; neque semetipsos earum sensibus subdunt, sed eas perverse ad errorem proprium pertrahunt.

5. Doctores errorum pravis persuasionibus ita per argumenta fraudulentiæ illigant auditores, ut eos quasi in labyrinthum implicent, a quo exire vix valeant.

6. Tanta est hæreticorum calliditas, ut falsa veris, malaque bonis permisceant, salutaribusque rebus plerumque erroris sui virus interserant, quo facilius possint pravitatem perversi dogmatis sub specie persuadere veritatis.

B 7. Plerumque sub nomine catholicorum doctorum hæretici sua dicta conscribunt, ut indubitanter lecta credantur. Nonnunquam etiam **295** blasphemias suas latenti dolo in libris nostrorum inserunt, doctrinamque veram adulterando corrumpunt, scilicet vel

---

4. *Luxit*, Tolet. Got., pro *lux sit*. LOAISA.

Ibid. Inde, etc. Augustin., sermon. de tempore 30, de Judæis ita ait: *Apud Judæos solas divinas litteras remansuras, quibus gentes instruerentur, illi excæcarentur*. LOAISA.

Ibid. Lux sit. Ita edidi, et in nota Loaisæ addidi pro LUX SIT. Alioquin videri possit dubium an Loaisa voluerit *luxit*. In textu Grialii est *luxsit* ita unitum. Posset legi *lux est*, aut *lucet*, ut postea *tenebrescit*. AREV.

CAP. XII. N. 1. Divinæ legis intellectus exterior verborum carnalis a doctoribus dicitur ex eo quod est apud Paulum, ad Coloss. II, de seductoribus scriptum: *Nemo vos seducat volens in humilitate et religione angelorum, quæ non vidit ambulans, frustra inflatus sensu carnis suæ, et non tenens caput.* Inde est apud Augustin. frequens *carnaliter intelligere*, et *terrena carnalisque justitia*, præsertim in expositione Epist. ad Galatas, c. III, et in expositione psalm. X. *Spiritualiter*, inquit, *legem intelligentibus sacramentum est libertatis; carnaliter autem sentientibus, si Judæi sunt, jugum est servitutis; si pagani, aut hæretici, velamen est cæcitatis.* Similiter Hieronymus, ad Algasiam, quæst. 10: *Frustra inflatur Judæus, et tumet sensu carnis suæ, carnaliter cuncta intelligens, et traditionum Judaicarum deliramenta perquirens, non tenens caput.* LOAISA.

Ibid. Verba legis. Ut est illud a Cœlestino PP. Galliarum sacerdotibus inhibitum, qui amicti palliis, et lumbis præcincti, in ecclesia ministrabant, ut illud Domini præceptum, *Sint lumbi vestri præcincti*, ad verbum implerent. Epist. 2 ad episcopos Galliæ. *Qui credunt*, inquit, *se sanctæ Scripturæ fidem non per spiritum, sed per litteras completuros*, etc. Et hoc non solum de lege divina, sed etiam de civili dictum est. LOAISA.

2. Ut de Hebionitis tradit Augustin., lib. de Hæresibus ad Quodvultdeum. LOAISA.

3. *Liga*. In Excusis, *signa*, male; ita enim Isaias, VIII: *Liga testimonium, signa legem in discipulis meis.* Hunc locum interpretatur Eusebius Cæsariens., lib. VII, cap. 3, Demonstrat. Evang., et Cyprianus, lib. I adversus Judæos, cap. 9, de cessatione legis Mosaicæ, quasi dicat, inquit: *Claude legem Moysis, et aperi legem Christi apostolis et discipulis traditam.* LOAISA.

Ibid. Joann. XIII, *In hoc cognoscent omnes quia discipuli mei estis, si dilectionem habueritis ad invicem*, et ita est in Cod. Seguntino. LOAISA.

4. Legitimum Scripturæ sensum et verum corrumpere, proprium hæreticorum est, ut divus Petrus de Epistolis Pauli dicit, Epist. II, cap. III. *In quibus*, inquit, *sunt difficilia intellectu, quæ indocti et instabiles depravant, sicut et cæteras Scripturas ad suam ipsorum perditionem.* Idque etiam annotavit divus Gregor., lib. Moral. XX, cap. 9. Augustinus item, in psalm. XLVIII, conc. 1: *Omnia*, inquit, *divina eloquia salubria sunt bene intelligentibus, periculosa vero iis qui ea volunt ad sui cordis perversitatem detorquere, potius quam suum cor ad eorum rectitudinem corrigere.* Hinc Hieronymus illud: *De sensu est hæresis, non de Scriptura.* Idem Vincentius Lirinensis monachus in aureo libello adversus hæreses. Unde de vero sensu Scripturæ tradendo ac retinendo multa in constitut. divi C Clementis inserta sunt. Concil. etiam Constantinop. VI, cap. 2, idem probatur. Idem in concil. Lateran. I, sub Martino I, adversus Paulum Constant. episc. sic decretum est: *Si quis non confitetur, secundum sanctos Patres, proprie et vere, et omnia quæ tradita sunt, et prædicata sanctæ et apostolicæ Dei Ecclesiæ ab ipsis sanctis Patribus et probabilibus et universalibus quinque conciliis, usque ad unum apicem, verbo et mente, sit condemnatus.* Et in altero Lateranensi, sub Julio II et Leone X, sess. 10, sub Leone: *Mandamusque omnibus qui prædicandi onus sustinent, quique in futurum sustinebunt, ut evangelicam veritatem et sanctam Scripturam, juxta declarationem et interpretationem doctorum quos Ecclesia Dei vel usus diuturnus approbavit, legendoque hactenus recepit, et in posterum recipiet, prædicent et explanent; nec quidquam eis proprio sensu contrarium vel dissonum adjiciant; sed illis semper insistant quæ ab ipsis sacræ Scripturæ verbis rite* D *ac sane, et præfatorum interpretationibus intellectis, non discordant.* Quam regulam sancti Patres Spiritu sancto afflati novissimo universali concilio Tridentino rursus ad coercenda petulantia hujus temporis hæreticorum ingenia tradiderunt, sess. 4. August., lib. XII Confess., cap. 25, docet quomodo is sit sensus Scripturæ, qui sit omnis doctorum Ecclesiæ, communisque sententia sit Dei sententia. LOAISA.

7. Familiare est hæreticis pestilens suum virus, non solum nomine et auctoritate doctissimorum tegere, verum etiam venenata vesaniæ suæ pocula sub apostolorum titulo insipientibus propinare, quo dulcius faciliusque ab eis hauriantur. Hinc Pauli nomine Thessalonicensibus Epistola mittitur, sicut innuit II Thess.: *Neque per Epistolam, tanquam per nos missam.* Hinc etiam pseudepigrapha illa, liber Seth filii Noe, Scriptura Cham, Evangelium Petri, Thomæ, Mathiæ. Hinc Pauli Raptus, Salomonis Incantationes, et hujus generis infinita alia, ut tradit Euseb., lib. III

adjiciendo quæ impia sunt, vel auferendo quæ pia sunt.

8. Caute meditanda cautoque sensu probanda sunt quæ leguntur, ut, juxta apostolica monita (*I Thess.* v, 20, 21), et teneamus quæ recta sunt, et refutemus quæ contraria veritati existunt; sicque in bonis instruamur, ut a malis illæsi permaneamus.

296 CAPUT XIII.

De libris gentilium.

1. Ideo prohibetur Christianus figmenta legere poetarum, quia per oblectamenta inanium fabularum mentem excitant ad incentiva libidinum. Non enim solum thura offerendo dæmonibus immolatur, sed etiam eorum dicta libentius capiendo.

2. Quidam plus meditari delectantur gentilium dicta propter tumentem, et ornatum sermonem, quam Scripturam sanctam propter eloquium humile. Sed quid prodest in mundanis doctrinis proficere, et inanescere in divinis; caduca sequi figmenta, et cœlestia **297** fastidire mysteria? Cavendi sunt igitur tales libri, et propter amorem sanctarum Scripturarum vitandi.

3. Gentilium dicta exterius verborum eloquentia nitent, interius vacua virtutis sapientia manent; eloquia autem sacra exterius incompta verbis apparent,

Hist. eccles., cap. 19, et concil. Nicæn. II. Priscillianus etiam, et Dictinius hæretici, scripturas sub nomine prophetarum, apostolorum et patriarcharum publicarunt concil. Brachar. Nicephorus etiam, libr. XVI Hist. eccles., cap. 28, asserit Apollinaris hæretici libellos Athanasio, Gregorio et Julio attributos; sic et Epiphanio Cypri episcopo Ibæ epistolam falso imposuerunt, ut est in concil. Nicæno II. Et Augustino articuli falso impositi. Prosper object. Vincent., cap. 15. Nostris etiam exulceratissimis temporibus Œcolampadii volumen adversus sacramentum Eucharistiæ Bertramio presbytero ad Corolum Magnum ascribitur; Carolostadii opus adversus imagines ipsi Carulo Magno; Calvini quidam liber Alcuino Caroli Magni præceptori, ut docte adnotavit Xystus, in Bibliotheca sua. Loaisa.

Ibid. Sic Clementis, Dionysii, Origenis, Athanasii et aliorum nobilium doctorum scripta depravata ab hæreticis fuere, ut Pamphylius martyr, Eusebius Cæsariens., Didymus, Ruffinus, et alii tradunt. Concilia etiam eidem injuriæ fuerunt obnoxia, ut in sexto general. concil. Constantin., act. 14, constat. An vero Origenis libri ab hæreticis (ut hoc obiter moneam) corrupti fuerint, longam Picus Mirandulanus disputationem texit. Contra eos porro qui flagitium hoc admittere non verentur, et falsos pro veris libros obtrudere audent, ita in Const. apost. statuitur : *Si quis falso inscriptos libros, tanquam sacros, in ecclesia ad populi et cleri corruptionem publicaverit, deponitor.* Loaisa.

Ibid. In nota Loaisæ erat *Dictivius*, mendose, pro *Dictinius*. De pseudepigraphis libris in hanc rem plura congerit Fabricius, in opere cui titulum fecit : *Codex pseudepigraphus Novi ac Veteris Testamenti.* Videri etiam possunt Acta Academiæ Barcinonensis, pag. 268. De veterum Codicum corruptoribus abunde disserui in prolegomenis ad Sedulium, cap. 7, ac nonnulla addidi in Isidorianis, cap. 70, num. 23 et seqq., et cap. 108. Quod vero Loaisa cum Xysto Senensi aliisque viris doctis, putabat hæreticos sui temporis Bertramio, qui et Bertramnus et Ratramnus dicitur, et Alcuino quædam opera supposuisse, id falsum esse jam diu compertum fuit. Relege Isidoriana, cap. 30, num. 18, et cap. 67, num 12. Quod cum catholici bonæ fidei jam fateantur, nihil certe erat causæ cur Itigius, in opere de Bibliothecis Patrum, pag. 167, hanc controversiam magno apparatu in catholicorum odium excitaret, qui etiam contra Petrum de Marca acriter invehitur. Cæterum Ratramnum in suis operibus nihil contra catholicam de Eucharistia doctrinam asseruisse contendit Acherius, in præfat. ad I tom. Spicilegii. Arev.

8. Sic habet Apostolus, I Thess. v : *Prophetias nolite spernere; omnia autem probate.* Loaisa.

Cap. XIII. N. 1. Citatur in collectis Gratiani, dist. 37, cap. *Ideo prohibetur.* In tota illa distinct. sæcularium librorum agitur ex decreto concil. Carthag. IV, c. 16, et Hieronym., et Rabano, et Beda, et Clemente. Loaisa.

Ibid. Paulinus, epist. 7 :

Negant Camœnis, nec patent Apollini
Dicata Christo pectora.

De lectione episcoporum, et sacerdotum, et quomodo, juxta Apostoli sententiam, attendere debeant lectioni, exhortationi et doctrinæ, est in collectis Gratiani, d. 37, c. *Qui ecclesiasticis disciplinis;* et, si quis vult, ex Sozimo in epist. 1 ad Hesychium; et Orig., homil. 6 ad caput VIII Levit. Et Gregorius, lib. IX Registr., epistola 48, Desiderium episcopum reprehendit, quod grammaticam quibusdam exponeret, quia in uno se ore cum Jovis laudibus Christi laudes non capiunt. Non omnia tamen poetarum figmenta protinus Christianis interdicuntur, sed ea duntaxat quæ libidinis fomenta excitant. Nam, ut Ambros. docet, lib. III de fide S. Trinitatis, in principio tom. II, etiam in divinis Scripturis poetarum inveniuntur colores, et similitudines, et versiculi poetarum divinis libris inserti sunt. Nam et gigantes, et vallem Titanum prophetici sermonis series non refugit, et Isaias sirenas et filias passerum dixit, et Jeremias. Unde August., lib. II de Civit. Dei, cap. 8, improbat quidem studium tragœdiarum, et comœdiarum, et poeticarum fabularum, sed earum duntaxat, quæ verborum obscenitate compositæ sunt, puerisque earum lectionem interdicit. Idque non solum ipse, atque alii sancti Patres, verum etiam gentiles, qui virtutum leges tradunt, inter quos est Plato, lib. de Legibus, et alii. Vide Augustin. ipsum, lib. XIV de Civitat. Dei. Loaisa.

Ibid. Sedulius initio Carminis Paschalis, etc.

Quum sua gentiles studeant figmenta poetæ,

Vide PP. apostolicos Cotelerii, tom. I, pag. 204. Ante hanc sententiam : *Ideo prohibetur Christianis;* vel, ut alii habent, *Christianus*, nonnulli præmittunt aliam his verbis : *Poetæ ideo in libris suis Venerem impudicam, Martemque adulterum deum appellare voluerunt, ut persuaderent mentibus hominum quasi deum imitari malum, ut dum libidinosa persuasione eorum flagitia confidenter committunt, non quasi homines peritos, sed quasi cœlestes deos imitari videantur. Ideoque prohibetur*, etc. Ita vetus Editio. Quod autem ait Vezzosius, Loaisam fateri id abesse a veterum Mss., id in Editione Grialii non apparet. Arev.

2. *Proficere.* Vezzosius edidit *perficere;* sed fatetur melius fortasse esse *proficere.* Arev.

3. *Eloquia autem sacra.* Sic vetus Editio; nec video cur Loaisa, sive Grialius et Vezzosius adoptaverint *eloquentia autem sacra.* Alvarus Cordubensis, in epistola 4 ad Joannem, apud Florezium, Hisp. sacr. tom. XI, pag. 117, ita refert hunc locum : *Audi nunc quid Isidorus sanctissimus dicat : Gentilium dicta*, etc., *eloquia autem sacra*, etc. Quod autem addit : *Intende quid dicat : Quod eloquentia inculta sit sacra*, etc., id minime arguit quod in textu Isidori non sit legendum *eloquia*. Arev.

intrinsecus autem mysteriorum sapientia fulgent. Unde et Apostolus : *Habemus*, inquit, *thesaurum istum in vasis fictilibus* (*II Cor.* IV, 7). A

4. Sermo quippe Dei occultum habet fulgorem sapientiæ et veritatis repositum in verborum vilissimis vasculis.

5. Ideo libri sancti simplici sermone conscripti sunt, ut non in sapientia verbi, sed in ostensione spiritus homines ad fidem perducerentur (*I Cor.* II, 4). Nam si dialectici acuminis versutia aut rhetoricæ artis eloquentia editi essent, nequaquam putaretur fides Christi in Dei virtute, sed in eloquentiæ humanæ argumentis consistere; nec quemquam crederemus ad fidem divino inspiramine provocari, sed potius verborum calliditate seduci.

6. Omnis sæcularis doctrina spumantibus verbis B resonans, ac se per eloquentiæ tumorem attollens, per doctrinam simplicem et humilem Christianam evacuata est, sicut scriptum est : *Nonne stultam fecit Deus sapientiam hujus mundi* (*I Cor.* I, 20)?

7. Fastidiosis atque loquacibus Scripturæ sanctæ minus propter sermonem simplicem placent. Gentili enim eloquentiæ comparata videtur illis indigna. Quod si animo humili mysteria ejus intendant, confestim advertunt quam excelsa sunt quæ in illis despiciunt.

8. In lectione non verba, sed veritas est amanda. Sæpe autem reperitur simplicitas veridica, et composita falsitas, quæ hominem suis erroribus illicit, et per linguæ ornamenta laqueos dulces aspergit.

298 9. Nil aliud agit amor mundanæ scientiæ, nisi extollere laudibus hominem. Nam quanto majora fuerint litteraturæ studia, tanto animus arrogantiæ fastu inflatus majore intumescit jactantia. Unde et bene psalmus ait : *Quia non cognovi litteraturam, introibo in potentias Domini* (*Psal.* LXX, 15).

10. Simplicioribus litteris non est præponendus fucus grammaticæ artis. Meliores sunt enim communes litteræ quia simpliciores et ad solam humilitatem legentium pertinentes, illæ vero nequiores, quia ingerunt hominibus perniciosam mentis elationem.

11. Meliores esse grammaticos quam hæreticos. Hæretici enim haustum lethiferi succi hominibus persuadendo propinant, **299** grammaticorum autem doctrina potest etiam proficere ad vitam, dum fuerit in meliores usus assumpta.

CAPUT XIV.

De collatione.

1. Cum sit utilis ad instruendum lectio, adhibita autem collatione majorem intelligentiam præbet. Melius est enim conferre quam legere.

2. Collatio autem docibilitatem facit. Nam propositis interrogationibus cunctatio rerum excluditur, et sæpe objectionibus latens veritas approbatur. Quod enim obscurum aut dubium est, conferendo cito perspicitur.

3. Multum prosunt in collatione figuræ. Res enim quæ minus per se advertuntur, per comparationem rerum facile capiuntur. Nam sæpe sub specie alia spirituales causas Scripturæ divinæ insinuant; et,

5. Sic Paulus I Cor. II : *Non in persuasibilibus humanæ sapientiæ verbis, sed in ostensione spiritus et virtutis, ut fides vestra non sit in sapientia hominum, sed in virtute Dei.* LOAISA. C

6. *Humilem Chr.* Ita Goth. Salm. et alii Mss. *Humilitatem Christianam*, *Tolet.* LOAISA.

8. Ambros., epist. 5, ad Sabinum; in princ. LOAISA.

9. Alludit ad illud Pauli : *Scientia inflat, charitas ædificat.* LOAISA.

Ibid. Psalm. LXX. Ubi Basilius probat Symmachi versionem : *Quoniam adnumerare nequeo, ingrediar in potentias Domini, quoniam politius erat illud : Os meum annuntiabit justitiam tuam. Hæc autem promissio, quia major est viribus humanis, subjecit : Quoniam connumerare nequeo ; tales enim Scripturas non est natura mea assecuta. Attamen ingrediar in potentias Domini, ut humanæ naturæ imbecillitatem possibilem reddam.* Idem Theodoretus. Augustinus, quod alii Codd. habent *negotiationem*, et de litteratura hæreticorum, et negotiatione exponit : *Sunt*, inquit, *qui de omnibus litteris, tam sacris quam profanis interpretentur, ut est illud* Isai. XXIX : *Nescio litteras*, quasi dicat, non satis intelligo Scripturas sacras, neque mysteria quæ in eorum sensu abdita latent incognita : litteraturam vocat legem Moysis in cortice et littera ; cognoscere interpretatur approbare. Quasi dicat : Non approbavi litteram occidentem, intravi in potentias, vivificante spiritu filii Dei, recolendas atque annumerandas, satis mihi erit meditari et dicere aliis Deum omnia posse; et tota ratio facti mihi erit potentia facientis. LOAISA.

11. Grammaticos hic vocat Aristarchos illos qui sibi de omni doctrina judicium vendicabant, censores doctrinæ, et styli ; quorum et inanem tumorem reprehendit August., lib. de catechizand. Rudibus, cap. 9. *Sedulo monendi sunt scholastici, ut, humilitate induti Christiana, discant non contemnere quos cognoverint morum vitia quam verborum amplius devitare.* Et habetur d. 38. Unde de sensu et intelligentia divinarum litterarum, non de grammatica, certandum docet lib. II Doctrinæ Christ., c. 13. Rursus utile esse grammaticorum tropos prænoscere ad intelligentiam litteralis Scripturæ sensus, docet lib. III, cap. 29. Et d. 37, fuse, sub nomine Hieronymi, in I caput Epist. ad Titum. *Si quis*, inquit, *artem noverit grammaticam, vel dialecticam, ut recte loquendi rationem habeat, et inter falsa et vera dijudicet, non improbamus; geometria, et arithmetica, et musica habent in sua scientia veritatem, sed non est scientia illa scientia pietatis. Scientia pietatis est nosse legem, intelligere prophetas, Evangelio credere, apostolos non ignorare; grammaticorum autem doctrina etiam potest proficere ad vitam, dum fuerit in meliores usus assumpta.* Clemens Alexandr., Strom. I, ex sententia Eupolemi, tradit Moysem primum fuisse sapientem, et grammaticam primo tradidisse Judæis, et Phœnices a Judæis D cepisse. Idem Basilius homilia πρὸς τοὺς νέους.

Ibid. Hoc loco Isidorus moderatus, prudensque, ut ait Vezzosius, mollit quodammodo quæ ante dixerat, et indicat quo fine libri profani utiliter et sine culpa legi possint. Isidorus ipse mentem suam aperit, in Exodum, cap. 16, n. 2 : *In auro, et argento, ac veste Ægyptiorum significatæ sunt quædam doctrinæ quæ ex ipsa consuetudine gentium non inutili studio discuntur.* Facile esset hoc argumentum amplificare. AREV.

CAP. XIV. N. 1. Augustin., lib. II Soliloquiorum, non alia ratione melius veritatem quæri posse affirmat, quam interrogando et respondendo. Et lib. I Academ. Quæst., disput. 1, cap. 5 : *Veritatis sola inquisitio perfectum sapientiæ munus est.* LOAISA.

3. August. tradit disputandi normam lib. de Utili-

nisi per aliquam evidentem ostensionem, vix apparent occulta legis mysteria.

4. Sicut instruere solet collatio, ita contentio destruit. Hæc enim, relicto sensu veritatis, lites generat, et pugnando verbis etiam in Deum blasphemat. Inde et hæreses, et schismata, quibus subvertitur fides, veritas corrumpitur, scinditur charitas. (*II Tim.* II, 23, *Tit.* III, 9).

5. Contentiosorum studium non pro veritate, sed pro appetitu laudis, certat; tantaque est in his perversitas, ut veritati cedere nesciant, ipsamque rectam doctrinam evacuare contendant.

300 6. In disputatione fidelium cavenda est propositionum artificiosa subtilitas, quæ callidis objectionibus retia tendit; ita enim versutis assertionibus pravorum disputatio innodatur, ut recta esse simulent quæ perversa persuadent.

7. Lectio memoriæ auxilio eget. Quod si fuerit naturaliter tardior, frequenti tamen meditatione acuitur, ac legendi assiduitate colligitur.

8. Sæpe prolixa lectio longitudinis causa memoriam legentis obtergit. Quod si brevis sit, submotoque libro sententia retractetur in animo, tunc sine labore legitur, et ea quæ lecta sunt recolendo a memoria minime excidunt.

9. Acceptabilior est sensibus lectio tacita quam aperta; amplius enim intellectus instruitur, quando vox legentis quiescit, et sub silentio lingua movetur. Nam clare legendo et corpus lassatur, et vocis acumen obtunditur.

CAPUT XV.

De contemplatione et actione.

1. Activa vita innocentia est operum bonorum,

A contemplativa speculatio supernorum; illa communis multorum est, ista vero paucorum.

2. Activa vita mundanis rebus bene utitur, contemplativa vero mundo renuntians, soli Deo vivere delectatur.

301 3. Qui prius in activa vita proficit, ad contemplationem bene conscendit. Merito enim in ista sustollitur, qui in illa utilis invenitur. Quicunque adhuc temporalem gloriam, aut carnalem affectat concupiscentiam, a contemplatione prohibebitur, ut positus in actualis vitæ operatione purgetur. In ista enim prius per exercitium boni operis cuncta exhaurienda sunt vitia, ut in illa jam pura mentis acie ad contemplandum Deum quisque pertranseat. Et licet conversus statim ad contemplationem conscendere

B cupiat, tamen ratione cogitur, ut prius in activæ vitæ operatione versetur.

4. Exemplum enim activæ et contemplativæ vitæ de Jacob sume, qui dum ad Rachel, hoc est, ad visum principium, destinaret, quæ contemplationem significat, Lia illi, hoc est, laboriosa vita supponitur, quæ activam demonstrat (*Gen.* XXIX).

5. Sicut sepultus ab omni negotio terreno privatur, ita et contemplationi vacans ab omni occupatione actuali avertitur. Et sicut ab actuali vita conscendentes in contemplationis quiete sepeliuntur, ita ab actione sæculi recedentes eos vita activa in se quasi sepeliendos suscipit; ac per hoc vitæ mundanæ activa vita, et vitæ activæ contemplativa sepulcrum est.

C 6. Viri sancti, sicut a secreto contemplationis egrediuntur ad publicum actionis, ita rursus ab actionis manifesto ad secretum **302** contemplationis

tate credendi ad Honoratum. *Separatis*, inquit, *nugis locorum communium, rescum re, causa cum causa, ratio cum ratione confligat.* LOAISA.

4. Sic Paulus, II Tim. II: *Stultas autem et sine disciplina quæstiones devita, sciens quia generant lites.* Et ad Titum fere idem, cap. III: *Stultas autem quæstiones, et genealogias, et contentiones et pugnas legis devita; sunt enim inutiles, et vanæ*; ubi quæstiones multas ineruditas appellat, Ambrosio auctore, quæ ex contentione fiunt, et sine ullo fructu disciplinæ Christianæ. LOAISA.

6. *Fidelium.* Al., *infidelium;* hoc est, contra infideles. AREV.

8. *Obtergit.* Ita est in Goth. Tolet.; nam a Salmant. abest tota sententia, in reliquis omnibus, *obliterat.* LOAISA.

CAP. XV. N. 1. De vita activa et contemplativa passim Gregorius agit, sed præsertim lib. II super Ezech., homil. 14, et lib. V Exposit. in I Regum, cap. XV, illud: *Nos enim sumus circumcisio, qui spiritu Deo servimus*, ad Philipp. III. Vita activa et contemplativa mirifice depingitur ab Augustino, præsertim super Joan., tract. ult. *Duas itaque vitas sibi divinitus prædicatas et commendatas novit Ecclesia; quarum una est in fide, altera est in specie; una in tempore peregrinationis, altera in æternitate mansionis; una in labore, altera in requie; una in via, altera in patria; una in opere actionis, altera in mercede contemplationis; una declinat a malo, et facit bonum, altera nullum habet a quo declinet malum, magnum habet quo perfruatur bonum.* Et lib. II de verbis Domini, serm. 26 et 27. Idem fere Basilius in regularum monasticarum proœmio, ubi fuse hanc materiam tractat. Clemens etiam Alexandrinus, lib. Strom. VI, veritatem in cognitionem et actionem partitur. Et de excellentia vitæ contemplativæ lib. VII. Prosper etiam tres libros de Vita contemplativa composuit, et discrimen utriusque vitæ statuit, potissimum lib. I, cap. 12. LOAISA.

3. Greg., lib. VI Moral., c. 17. LOAISA.

Ibid. Et licet conversus. Conversus is dicitur, qui sæculo renuntians sequitur in vita perfecta Christum. Unde laici, qui sæculo renuntiarunt, in religione conversi appellantur. Est enim in illis conversio quædam cordis versio. Impositum illis nomen videtur ab illo Ezech. XXXIII, quod Augustinus, lib. de vera et falsa Pœnitentia ita citat: *Quacunque hora peccator ingemuerit, et conversus fuerit, vita vivet.* Additque Augustin.: *Dixit, conversum, non tantum versum, vita vivere. Versum quidem puto, qui dolet de*

D *crimine; conversum, qui dolet de animi ejus quam exposuimus varietate. Vertitur a peccato, qui jam vult dimittere peccatum. Convertitur, qui jam totus et omnino vertitur, qui jam non tantum pœnas non timet, sed ad bonum Domini contendere festinat. Quæ conversio si contigerit alicui, etiam in fine, desperandum non est de ejus remissione. Sed quoniam vix vel raro est tam justa conversio, timendum est de pœnitente sero.* LOAISA.

4. Gregor., lib. II super Ezech., homil. 14. LOAISA.

Ibid. Hæc et similia repetita sunt in commentar. in Genes., in opusculo de Vita activa et contemplativa, inter appendices referendo, et in Differentiis rerum. AREV.

5. Ex Greg., lib. VI Moral., cap. 17. LOAISA.

6. Ex Gregor., lib. VI Moral., cap. 17. Est etiam lib. VI, epist. 169, ad Cyriacum episcopum. Et habetur 8, q. 1, cap. *In Scripturis.* LOAISA.

intimæ revertuntur, ut intus Deum laudent, ubi acceperunt unde et foris ad ejus gloriam operantur.

7. Sicut aquilæ moris est semper oculum in radium solis infigere, nec deflectere, nisi escæ solius obtentu, ita et sancti a contemplatione ad actualem vitam interdum reflectuntur, considerantes illa summa sic esse utilia, ut tamen ista humilia sint paululum nostræ indigentiæ necessaria.

8. In activæ vitæ genere humana intentio perseveranter incedit; in contemplatione autem sese per intervalla resumit, quia diuturnitate contemplandi lassatur.

9. Visio animalium in Ezechiele, quæ ibant, et non revertebantur (*Ezech.* I), pertinent ad vitæ activæ perseverantiam; et iterum ea animalia, quæ ibant et revertebantur, pertinent ad contemplativæ vitæ mensuram, in qua dum quisque intenderit, sua reverberatus infirmitate reflectitur; atque, iterum renovata intentione, ad ea unde descenderat rursus erigitur. Quod fieri inactiva vita non potest, de qua si quisque reflectat vel ad modicum, statim vitiorum excipitur luxu.

10. Oculus dexter scandalizans, quem evelli Dominus præcepit (*Matth.* V, 29), vita contemplativa est. Duo oculi in facie, activa vita et contemplativa in homine. Qui igitur per contemplationem docebit errorem, melius est si evellat contemplationis oculum, servans sibi unum vitæ activæ obtutum, ut sit utilius illi per simplicem actionem ire ad vitam, quam per contemplationis errorem mitti in gehennam.

11. Sæpe mens ad summa ab imis erigitur, et sæpe a summis ad infima pondere carnis reclinata reflectitur.

12. Multos Deus ex carnalibus sua gratia visitat, et ad contemplationis fastigium elevat. Multosque a contemplatione justo judicio deserit, et lapsos in terrenis operibus derelinquit.

303 CAPUT XVI.

De contemptoribus mundi.

1. Ea quæ sæculi amatoribus chara sunt, sancti velut adversa refugiunt; plusque adversitatibus mundi gaudent, quam prosperitatibus delectantur.

2. Alienos esse a Deo quibus hoc sæculum ad omne commodum prosperatur. Servis autem Dei cuncta hujus mundi contraria sunt; ut dum ista A adversa sentiunt, ad cœleste desiderium ardentius excitentur.

3. Magna apud Deum refulget gratia, qui huic mundo contemptibilis fuerit. Nam revera necesse est, ut quem mundus odit diligatur a Deo.

4. Sanctos viros in hoc sæculo legimus peregrinos esse, et hospites (*Hebr.* XI, 13); unde et reprehenditur Petrus quod tabernaculum in monte figere cogitavit (*Matth.* XVII, 4), quia sanctis in hoc mundo tabernaculum non est, quibus patria et domus in cœlo est.

5. Sancti viri ideo contemnere cupiunt mundum, et motum mentis ad superna revocare, ut ibi se recolligant, unde defluxerint, et inde se subtrahant, ubi dispersi sunt.

B 6. Justi, qui rebus honoribusque, ac vitæ blandimentis renuntiant, proinde se ab omni terrena possessione mortificant, ut Deo vivant; ideoque sæculi hujus blanditias calcant, ut validiores ad vitam illam, de hujus vitæ mortificatione consurgant. Cuncta quippe temporalia, quasi herbæ virentes, arescunt et transeunt; ideoque pro æternis rebus, quæ nunquam arescunt, recte ista Dei servus contemnit, quia in eis stabilitatem non aspicit.

304 7. Qui post renuntiationem mundi ad supernam patriam sanctis desideriis inhiat, ab hac terrena intentione, quasi quibusdam pinnis, sublevatus erigitur, et in quo lapsus erat, per gemitum conspicit, et ubi pervenerit, cum gaudio magno intendit. Qui vero, a contemplationis requie reflexus, C in curas hujus sæculi incidit, si ad memoriam sui revertatur, protinus ingemiscit; quantumque fuerint tranquilla quæ perdidit, et quam confusa sint in quibus cecidit, ex ipsa laboris sui difficultate cognoscit. Quid enim in hac vita laboriosius quam terrenis desideriis æstuare? Aut quid hic securius quam hujus sæculi nihil appetere? Qui enim hunc mundum diligunt, turbulentis ejus curis et sollicitudinibus conturbantur. Qui autem eum odiunt, nec sequuntur, internæ quietis tranquillitate fruentes, futuræ pacis requiem, quam illi exspectant, hic quodammodo habere jam inchoant.

CAPUT XVII.

De sanctis qui se a consortio sæculi separant.

D 1. Sancti viri funditus sæculo renuntiantes, ita huic mundo moriuntur, ut soli Deo vivere delecten-

7. Greg., lib. IX Moral., c. 16. LOAISA.

8. Greg., lib. Moral. X, c. 10. LOAISA.

9. Gregor., ibid. LOAISA.

Ibid. Luxu. Ita Goth. Salm., et alii mss. *Fluxu*, Tolet. et Edit. vet. LOAISA.

Ibid. Pertinent ad, etc. Ita Vezzosius et alii. In vet. Editione est *pertinet*, ut ad visionem referatur. AREV.

10. In Editione Grialii indicabatur nota Loaisæ, quæ prætermissa fuit. In prologo operis Juliani Pomerii, *de Vita activa et contemplativa*, quod etiam sancto Prospero tribuitur, exstat hæc paritas oculi dextri scandalizantis. AREV.

CAP. XVI. N. 1. De tribus vocationum generibus ab homine, a Deo, et ex necessitate, disserit Phanutius, Antonii discipulus, apud Cassian., coll. 3, cap. 3; et similiter de tribus abrenuntiationum modis, eadem collat., cap. 6, ac toto pene libro. Ambrosius, de Fuga sæculi, pie omnes ad mundi contemptum adhortatur. LOAISA.

4. Paulus, XI ad Hebræos: *Quia peregrini et hospites sunt super terram.* Et I Petri: *Obsecro vos tanquam advenas et peregrinos.* LOAISA.

6. In hac sententia triplicem abrenuntiationem complectitur Isidorus, de qua Cassianus, collat. 3, cap. 6, ut supra retuli. LOAISA.

Ibid. Quasi herbæ. Allusum ad illud Isaiæ: *Omnis caro fenum, et omnis gloria ejus quasi flos agri.* LOAISA.

tur; quantoque ab hujus sæculi conversatione se subtrahunt, tanto internæ mentis acie præsentiam Dei, et angelicæ societatis frequentiam contemplantur.

2. Malorum tam prava sunt opera manifesta, ut hi qui supernam patriam desiderant, non solum mores eorum, sed et consortia fugiant. Quidam etiam corporaliter separari desiderant ab iniquis, ut eorum non involvantur delictis. Nonnulli, etsi non corporali discessu, spirituali tamen ab eorum intentione recedunt; qui etsi communes sunt conversatione, discreti tamen sunt corde vel opere. Et licet sæpe in medio carnalium vitam Deus protegat electorum, tamen satis rarum est ut quis inter sæculi voluptates positus a vitiis maneat illibatus, in quibus etsi non cito implicetur, aliquando tamen attrahitur. Neque enim diuturnus esse poterit, qui periculo proximus fuerit.

3. Via sine offendiculo, vita monachi sine cupiditatis et timoris impedimento. Dum enim quisque a consortio mundi abstrahitur, nec cupiditas eum obligat consentientem, nec cruciat sentientem.

305 4. Bonum est corporaliter remotum esse a mundo, sed multo est melius voluntate; utrumque vero perfectum; ille ergo perfectus est, qui huic sæculo et corpore et corde discretus est.

5. Onager, ut ait Job, contemnit civitatem, et monachi communem sæcularium civium conversationem. Hi adversa vitæ nostræ appetunt, prospera contemnunt, ut, dum ab eis hæc vita despicitur, futura inveniatur.

CAPUT XVIII.

De præceptis altioribus monachorum.

1. Alia sunt præcepta quæ dantur fidelibus communem vitam in sæculo agentibus atque alia sæculo huic renuntiantibus. Illis enim dicitur ut sua omnia bene gerant, istis ut sua omnia bene derelinquant. Illi præceptis generalibus astringuntur, isti præcepta generalia perfectius vivendo transcendunt.

2. Ad perfectum non sufficit, nisi ut, abnegatis omnibus suis, etiam seipsum quisque abneget; sed quid est seipsum abnegare, nisi voluptatibus propriis renuntiare? Ut qui superbus erat sit humilis; qui iracundus esse studeat mansuetus. Nam si ita quisque renuntiet quæ possidet omnibus, et suis non renuntiet moribus, non est Christi discipulus. Qui enim renuntiat rebus suis, sua abnegat; qui vero renuntiat moribus pravis, semetipsum scilicet abnegat.

A Unde et Dominus: *Qui vult*, inquit, *post me venire, abneget semetipsum* (*Matth.* XVI, 24).

306 CAPUT XIX.

De humilitate monachi, vel opere.

1. Summa virtus monachi humilitas, summum vitium ejus superbia est. Tunc autem se quisque monachum judicet, quando se minimum existimaverit, etiam cum majora virtutum opera gesserit.

2. Qui mundum deserunt, et tamen virtutes præceptorum sine cordis humilitate sequuntur, isti quasi de excelso gravius corruunt, quia deterius per virtutum elationem dejiciuntur, quam per vitia prolabi potuerunt.

3. Omnis Dei servus de suis meritis non debet attolli, dum posse videat ex inferioribus sibi prælatiores alios fieri. Noverit autem omnis sanctus se
B alterius non præponere sanctitati. Semper Dei servi conscientia humilis esse debet et tristis, scilicet, ut per humilitatem non superbiat, ut per utilem mœrorem cor ad lasciviam non dissolvat.

4. Dei servus dum bonum aliquod opus agit, utrum ei ad boni remunerationem pertineant quæ facit, incertus est, ne forte discussione cœlestis Judicis reus penseiur, et in his quæ Dei sunt negligenter aut superbe aliquid operasse inveniatur. Ideoque pro hoc ipso tristis mœrensque efficitur, atque indesinenter turbatur, reminiscens procul dubio scriptum esse: *Maledictus qui facit opus Dei negligenter* (*Jerem.* XLVIII, 10). Nam veraciter condemnamur, si per torporem ea quæ bona sunt agimus.

C 5. Dei servum sine intermissione legere, orare et operari oportet, ne forte mentem otio deditam spiritus fornicationis subripiat. Cedit enim labori voluptas, animum autem vacantem cito præoccupat. Contuere Salomonem per otium multis fornicationibus involutum, et per fornicationis vitium usque in idololatriam lapsum.

307 CAPUT XX.

De tepore monachorum.

1. Qui non rigida intentione monachi professionem sectantur, quanto superni amoris propositum dissolute appetunt, tanto proclivius ad mundi amorem denuo reducuntur. Nam professio non perfecta præsentis vitæ repetit desideria; in quibus etsi nondum
D se monachus alliget opere, jam tamen alligat cogitationis amore. Longe quippe a Deo est animus, cui hæc adhuc vita dulcis est. Iste enim quid de supernis appetat, quid de infimis fugiat, nescit. Nam sicut

CAP. XVII. N. 4. Alii, *qui a sæculo et corpore et corde disjunctus est.* Quod commodius videtur. AREV.

5. Est apud Job, XXXIX: *Contemnit*, inquit, *multitudinem civitatis, et clamorem exactoris non audit;* quem locum eodem quo Isidorus modo Gregor. interpretatur, lib. XXX Moral., cap. 12, et Cass., coll. 17, cap. 6. LOAISA.

CAP. XVIII. N. 2. Gregor., homil. 32 in evang. LOAISA.

Ibid. Alii, *propriis voluntatibus renuntiare.* AREV.

CAP. XIX. N. 4. Vulgata Editio, Jerem. XLVIII: *Maledictus homo qui facit opus Dei fraudulenter.* Quomodo etiam legit Cassian., coll. 21, de remissione quinquagesimæ, cap. 22. LOAISA.

Ibid. Operasse. Ita exemplaria, pro *operatus esse.* AREV.

5. Augustin., ad frat. in eremo serm. 17, tom. X. LOAISA.

CAP. XX. N. 1. In Vulgata Edit. est: *Qui addit scientiam, addit et laborem.* Alii tamen legunt *dolorem*, ut hic noster Isidorus, rectius. Ita enim Græce est: *Καὶ ὁ προστιθεὶς γνῶσιν, προσθήσει ἄλγημα.* LOAISA.

scriptum est : *Qui apponit scientiam, apponit et dolorem.* (*Eccle.* I, 18).

2. Quantum enim quisque potuerit superna scire, quæ appetat, tanto de infimis acrius quibus inhæret dolere debet. Propter hoc enim et Jacobus apostolus dicit : *Miseri estote, lugete, et plorate, risus vester in luctum convertatur, et gaudium in mærorem* (*Jac.* IV, 9). Hinc etiam Dominus : *Beati*, inquit, *qui lugent, quoniam ipsi consolabuntur* (*Matth.* V, 5). Et rursus : *Væ vobis qui ridetis, quoniam flebitis* (*Luc.* VI, 25).

3. Qui ad hoc conversionem sanctitatis prætendit, ut aliis quandoque præesse desideret, iste non discipulus Christi, sed pravitatis sectator existit, quia non pro Deo, sed pro sæculi honore portare studet crucis Christi laborem.

CAPUT XXI.

De monachis qui curis sæculi occupantur.

1. Hi qui pro Dei timore sæculo renuntiant, et tamen curis rerum familiarium implicantur, quanto se rerum studiis occupant, tanto a charitate divina seipsos separant. Qui simul et terrenis **308** parere curis et divinis exerceri student, utrumque complecti simul non valent. Nam duas curas pariter inesse pectori humano non posse; et duobus servientem dominis, utrique placere difficile est.

2. Nisi prius a secretioribus cordis expellatur importuna sæcularium multitudo curarum, anima, quæ intrinsecus jacet, nequaquam resurget. Nam dum se per innumeras sæculi cogitationes spargit, ad considerationem sui se nullatenus colligit.

3. Arguitur eorum tepor qui, Deo vacare volentes, et mundo renuntiant, et curas proprias aspernantur; sed dum propinquorum utilitates procurant, a Dei amore se separant.

4. Vir spiritualis ita prodesse debet suæ propinquitati, ut dum illis gratiam carnis præstare studet, ipse a spirituali proposito nequaquam declinet. Multi enim monachorum amore parentum non solum terrenis curis, sed etiam forensibus jurgiis involvuntur, et pro suorum temporali salute animas suas perdunt.

5. Interdum ordinata discretio est, dum negatur proximo quod præstatur extraneo, ut noveris, non prohiberi pietatis officium, sed negari carnalitatis affectum. Proximis enim carnaliter præstatur, quod extraneis pie impenditur.

6. Sicut nostra nobis non odienda est anima, sed ejus carnales affectus odio debemus habere, ita nec parentes odio a nobis habendi sunt, sed eorum impedimenta, quæ nos ab itinere recto præpediunt,

A dum tamen Dominus ita præcipiat nobis parentes odire, sicut et animas nostras.

7. Figuram sanctorum virorum renuntiantium sæculo vaccas designasse Allophylorum, arcam Dei gestantes. Nam sicut illæ pignerum affectibus a recto itinere minime digressæ sunt, ita et vir mundo renuntians, parentelæ obtentu non debet a bono præpediri proposito.

309 CAPUT XXII.

De his qui a Deo mundi amore præpediuntur.

1. Multi cupiunt convolare ad gratiam Dei, sed timent carere oblectamentis mundi. Provocat quidem eos amor Christi, sed revocat cupiditas sæculi. Qui proinde obliviscuntur voti, quia capiuntur illecebris vanitatis.

B 2. Quæcunque mens procellis mundi hujus involveris, lignum conscende crucis, ut a mari, id est, tempestate hujus sæculi libereris. Nam nullus te a lacu mortis humanæ salvabit, nisi Christus eruerit.

3. Qui sæculo renuntiare disposuit, transgressionis reatu astringitur, si votum mutaverit. Atrociter enim in discussione divini judicii arguendi sunt, qui, quod professione spoponderant, implere opere contempserunt.

4. Mirabiliter comparatur similitudo a voluptatibus mundi conanti redire ad Deum, retinentibus eum cupiditatibus sæculi, ei qui dormitans exsurgere conatur, et sopore somni deprimitur. Ille enim ad bonum novit redire, et voluptatum facibus non sinitur. Iste melius eligit vigilare, sed soporis torpore

C tenetur.

5. A bono in deterius lapsos supra carbones frigidos fieri nigriores, quia per torporem mentis ab igne charitatis Dei exstincti sunt, et, per mundi appetitum a luce supernæ illuminationis privati, nigredine peccatorum fuscantur.

6. Quidam intentionem bonæ operationis metu exstinguunt inopiæ, nec permittuntur infirma mente desiderata perficere; et cum indigere in mundo metuunt, a gloria superna semetipsos abscindunt.

7. Multis consiliorum argumentis insidiatur eis diabolus in acquirendo plurima qui paucis et modicis voverant esse contenti. Opponit igitur in eorum mentes futuram egestatem filiorum, **310** persuadet habere plura, unde sibi egenisque sufficiat, quate-

D nus his blandimentis intentionem bonæ devotionis subvertat, atque in terrenis lucris deceptam mentem reducat.

8. Multis argumentis insidiatur diabolus eis qui

2. In duobus Cod. Seguntino et Toletano est : *Hinc etiam Dominus dixit ad eos qui pro hoc sæculo convertuntur ut honorem sacerdotalem adipiscantur : Væ vobis qui ridetis, quoniam flebitis.* LOAISA.

CAP. XXI. N. 1. Alii, *utrisque placere*. AREV.

4. Greg., lib. Moral. VII, c. 17. LOAISA.

Ibid. Fortasse *gratia carnis*; nam *præstare* simpliciter pro *prodesse* solet adhiberi. AREV.

5. Alii, *parenti*, pro *proximo*, et *parentibus*, pro *proximis*, neque inepte, nam *parens* pro proximo, consanguineo, affini, et, ut Hispani dicunt, *pariente*, et Itali *parente*, sumi solet a scriptoribus Isidoro æqualibus et superioribus. AREV.

7. Greg., lib. VII Moral., c. 17. LOAISA.

CAP. XXII. N. 1. Vetus Editio, *timent cavere oblectamenta.* AREV.

2. Alii, *procellis vanitatum mundi*, et mox, *salvabit, nisi cruce Christi eleveris.* AREV.

4. Tota hæc sententia antea depravatissima Mss. ope nostraque diligentia est restituta. LOAISA.

6. *Abscindunt.* Ita Salm. Goth. *Excedunt*, Tolet. LOAISA.

8. Græcorum cenodoxia Latinis est vana gloria. Cassianus voce ea frequenter utitur. Et lib. XI de

renuntiant sæculo, ut ejus se iterum amori substernant. Gravius autem illos in concupiscentiis sæculi ferit, quos post renuntiationem ad mundi amorem reduxerit. Et maxime per cenodoxiam subjicit sibi diabolus monachum, ut quem per sæculi amorem retinere non potuit, ab humilitatis culmine subtrahat, et per superbiæ tumorem sibi subditum faciat.

9. Dei servus semper fallentis diaboli prævidere debet insidias, et magis in bonis operibus cordis debet adhibere cautelam, ne per vanam gloriam perdat semetipsum, ac pereat, cunctaque bona amittat quæ recte agendo obtinuerat.

CAPUT XXIII.

De jactantia.

1. Tam in factis quam in dictis cavendam esse jactantiam; flendam tamen ruinam, qua sibi quemquam magis quam Deo placere, et laudem ab hominibus comparare.

2. Vanus, et erroris est animus plenus, famam appetere et ad capiendam terrenam laudem studium dare. Circumspice temetipsum, homo, nihilque tibi arroges, quæ in te sunt præter peccatum. Non declinat ad dexteram, qui non sibi, sed Deo tribuit bona quæ agit; neque ad sinistram se vertit, qui de divina indulgentia peccandi licentiam non præsumit. Hoc est, quod Propheta ait: *Hæc via, ambulate in ea, neque ad dexteram, neque ad sinistram declinantes* (*Deut.* XVII, 11).

3. Verum est quod natura expetit delectari in laudibus; sed **311** tunc recte, si in Deo, non in se quisque laudetur, sicut scriptum est: *In Domino laudabitur anima mea* (*Psal.* XXXIII, 3).

4. Sæpe vanam gloriam contemnendo, in aliud genus elationis inciditur, dum in se quis gloriatur, pro eo quod contemnat ab hominibus laudem.

5. Quibusdam concessum est tantumdem bene agere, et fructum boni operis non habere, quod ipsi sibi auferunt per studium humanæ jactantiæ.

6. Semper suam aspiciant fœditatem, qui vanæ gloriæ favores diligunt, et perdidisse bonum opus doleant, quod pro humana ostentatione fecerunt.

7. Amator vanæ gloriæ, unde possit semper laudari, agere non quiescit, et subinde illi vires vanitatis pravus appetitus auget.

8. Boni operis inchoatio non debet citius palam ad hominum cognitionem venire, ne dum boni inchoatio humanis oculis reseratur, a virtute perfe-

A ctionis inanescat cœptio sanctitatis. Ante maturitatis enim tempus messes florentes cito pereunt, germinaque eorum inutilia fiunt.

9. Virtutes sanctorum per ostentationis appetitum dominio dæmonum immundorum subjiciuntur, sicut Ezechias rex, qui divitias suas Chaldæis per jactantiam prodidit, et propterea perituras per prophetam audivit, ut significaret Dei servum virtutes suas, dum vanæ gloriæ studio prodiderit, perdere, et statim dæmones suorum operum dominos facere, sicut ille per ostentationem Chaldæos rerum suarum dominos fecit.

10. Optima est illa discretio, ut et nota sint opera nostra ad Dei augendam gloriam, et occulta pro elatione vitanda humana. Ille autem debet publi-

B care bonum, quod agit, qui, perfecta humilitate fundatus, nulla jam elatione contingitur. Nam qui se intelligit adhuc amore laudis pulsari, facta bona in occulto agat, ne forte quod egerit perdat.

11. Interdum viri sancti, dum cupiunt funditus suam mutabilitatem corrigere, aliquando tumore tanguntur elationis suæ conscii **312** actionis justitiæ, sed ab hujus subreptionis malo humilitatis compunctione purgantur.

12. Viri sancti nonnunquam quosdam de se audientes instruunt, et tamen in his alta se consideratione custodiunt, ne dum alios a terrena intentione erigunt, ipsi in terrenæ laudis appetitu demergantur.

13. Quidam per incautam virtutum jactantiam re-

C labuntur ad vitia; et quidam, dum vitiorum impulsum frequenter plangunt, de ipsa infirmitate per humilitatem validius convalescunt.

14. Plerumque utile est arrogantibus deseri a Deo, quatenus suæ infirmitatis conscii ad humilitatem redeant, et humiles post casum existant.

15. Nonnulli falsa opinione arrogantiæ se esse perfectos existimant, dum non sint qui obortis tentationibus innotescunt.

16. Tanto quisque fit veritati vicinior, quanto se esse longius ab ea fuerit arbitratus. Hoc enim humilitatis est, quæ Deo hominem jungit. Cæterum jactantia oculos, quibus Deus videri poterat, claudit.

17. Sicut solis radius dum conspicitur, acies oculorum hebetatur sic et qui immoderate altiora

D scrutatur, ab intentione veri obtunditur.

18. Sicut aquila ex alto ad escas collabitur, sic

spiritu cenodoxiæ vanam, sive inanem gloriam vocat. Est apud Paulum etiam hujus vocis usus ad Philipp. II. *Nihil per contentionem, neque per inanem gloriam.* Nam Græce ita legitur: Μηδὲν κατ' ἐρίθειαν, ἢ κενοδοξίαν. LOAISA.

CAP. XXIII, N. 1. Goth. Cod. Toletan. *Cavendam esse jactantiam, flenda est tamen ruina, sibi quemquam magis quam Domino placere, et laudem ab hominibus comparare.* LOAISA.

Ibid. Alii, *comparare studeat* AREV.

3. Greg., lib. XVI Moral., c. 15. LOAISA.

4. Augustin., lib. Confess. IX, cap. 38. LOAISA.

5. *Tantumdem.* Al., *tantum.* AREV.

7. Greg., lib. VIII Moral., c. 3. LOAISA.

8. Sic. Goth. libb., et apud Greg., lib. Moral. VIII, cap. 35: *Idcirco innotescere citius non debet in aliis.* LOAISA.

Ibid. Cœptio. Al., *intentio.* AREV.

9. Gregor., ibid. LOAISA.

10. Gregor., ibid., cap. 30. LOAISA.

18. Ex Gothicis duobus et aliis quibusdam Cod. hæc verba adduntur: *Jactantia oculos, quibus Deus videri poterat, claudit.* In nullo tamen Excuso sunt, neque in aliquot Mss. Verumtamen a Gregorio esse videntur lib. XXIV Moral., c. 28. *Sic quippe in mente,* inquit, *superbia, sicut in oculis caligo generatur.* LOAISA.

homo de alto bonæ conversationis per carnalem appetitum ad inferiora demergitur.

CAPUT XXIV.

De hypocrisi.

1. Hypocrita verba sanctorum habet, vitam non habet : et quos per sermonem doctrinæ genuerit, non fovet exemplis, sed deserit, quia quos verbo ædificat, vita et moribus destruit.

2. Hypocritæ simulatores dicuntur, qui justi non esse quærunt, **313** sed tantum videri cupiunt. Hi mala agunt, et bona profitentur. Per ostentationem quippe boni apparent, per actionem vero mali existunt.

3. Omnia possunt a simplicibus vitia perpetrari, simulatio vero et hypocrisis non committitur nisi a male astutis per calliditatem, valentibus vitia sub specie virtutum celare, et non veram sanctitatem objicere.

4. Sancti non solum gloriam supra modum suum omnino non appetunt, sed etiam hoc ipsum videri refugiunt quod esse meruerunt. Hypocritæ autem, malitiæ suæ occulta tegentes ante oculos hominum, quadam innocentiæ sanctitate se vestiunt, ut venerentur. Quibus divina voce dicitur : « Væ vobis, hypocritæ, quia similes facti estis sepulcris dealbatis, quæ foris quidem apparent hominibus speciosa, intus vero plena sunt ossibus mortuorum. Ita et vos foris quidem apparetis hominibus justi, intus vero pleni estis avaritia et iniquitate » (*Matth.* XXIII, 27; *Luc.* XI, 44).

5. Dupliciter damnantur hypocritæ, sive pro occulta iniquitate, **314** sive pro aperta simulatione. Ex illo enim condemnantur, quia iniqui sunt; ex isto, quia ostendunt quod non sunt.

6. Non semper latent hypocritæ; nam etsi in principio sui quidam non pateant, prius tamen quam vita eorum finiatur quam simulate vixerint deteguntur. Omne enim sincerum permanet : nam quæ simulata sunt diuturna esse non possunt.

A 7. Non eorum desperanda est salus, qui adhuc aliquid terrenum sapiunt, dum possint et in occultis agere unde justificentur. Hi enim meliores sunt hypocritis, eo quod mali sint in aperto, et in occulto boni. Hypocritæ vero in occulto mali sunt, et bonos se palam ostendunt.

8. Hypocritam justus arguere prohibetur, ne deterior castigatus existat, dicente Salomone : *Noli arguere derisorem, ne oderit te* (*Proverb.* IX, 8).

CAPUT XXV.

De invidia.

1. Livor alieni boni suum punit auctorem. Nam unde bonus proficit, inde invidus contabescit.

2. Homines prave viventes, sicut de bonorum lapsibus gratulantur, ita de eorum recte factis, bonique perseverantia confunduntur (*Sap.* II). B

3. Invidus membrum est diaboli, cujus invidia mors introivit in orbem terrarum, sicut et superbus membrum est diaboli, de quo scriptum est : *Omne sublime videt, et ipse est rex super omnes filios superbiæ* (*Job* XLI, 25).

4. Nulla est virtus quæ non habeat contrarium invidiæ malum; sola miseria caret invidia, quia nemo invidet misero, cui re vera non livor objicitur, sed sola misericordia adhibetur.

5. Multi et bonos imitari nolunt, et de bonorum profectibus invidiæ livore tabescunt. Quo fit ut nec illi corrigantur a malo suo, sed per invidentiam deteriorentur, ut bonos a recto studio, quantum in ipsis est, si potuerint, depravare conentur.

C **315** 6. Quando malos boni proficere vident, non scandalizentur; sed quem sint finem habituri maxime cogitent.

7. Hoc omnis invidus alienis virtutibus præstat, quod beato Job Satan præstitit (*Job* I). Nam dum æmulatur prosperitatibus, commovit adversa, sed dum credidit eum diabolus posse prosterni, inde ejus aucta sunt merita, atque inde claruerunt probabiliora patientiæ documenta.

CAP. XXIV. N. 1. Totum hoc caput legitur ad verbum in libro de Conflictu vitiorum et virtutum. LOAISA.

2. Hypocrita hoc sonat Latinis, quod simulator, Gregor., lib. XVIII, cap. 7, in illud Job XXVII : *Quæ enim est spes hypocritæ?* Hypocrita (inquit) Latina lingua dicitur simulator; justus esse non appetit, sed videri. August., lib. I de serm. Domini in monte, cap. 5, eleganter, ut omnia : *Sunt enim hypocritæ simulatores, tanquam pronuntiatores personarum alienarum, sicut in theatricis fabulis.* Vocatur ab eodem fictus. LOAISA.

3. Ex hac sententia aperte colligo illud, quod sæpe mihi persuasi, non solum a divo Gregor. sententias esse desumptas, sed etiam ab aliis Patribus; maxime vero a divo August. tota hæc sententia est. In libello de conflictu vitiorum et virtutum sic habetur : *Omnia possunt a simplicibus vitia perpetrari. Simulatio autem, et hypocrisis non committuntur nisi a male astutis, per calliditatem valentibus vitia sub specie virtutum celare, et non veram sanctitatem objicere. Sancti non solum gloriam supra modum omnino non appetunt, sed hoc ipsum videri refugiunt, quod esse merentur*, etc. Eadem etiam fere dicuntur a Gregor., lib. XXVI Moral., cap. 28. Ubi explanat illud Job XXXVI : *Simulatores, et callidi provocant iram Dei. Cum simulatores diceret*, inquit, *apte subjunxit*, et callidi. *Quia nisi ingenio calleant quod videri appetunt, congrue simulare non possunt. Sunt enim nonnulla vitia quæ etiam a sensu tardioribus facile perpetrantur*, etc. Et in fin. : *Hæc itaque simplicibus minime congruunt, quia si congruunt, jam simplices non sunt.* Et lib. XVIII Moral., cap. 4 : D *Refugiunt videri, quod sunt, et ante oculos hominum, superinducta quadam innocentiæ honestate se vestiunt, unde recte per Evangelium voce nostri Redemptoris increpantur, cum eis dicitur : Væ vobis hypocritæ, quia similes facti estis sepulcris dealbatis, quæ foris quidem apparent hominibus speciosa, intus vero sunt plena ossibus mortuorum et omni spurcitia. Ita et vos foris quidem apparetis hominibus justi, intus vero pleni estis avaritia et iniquitate.* Unde constat divum Gregor. etiam a divo Augustin. sententias accepisse, Isidorum porro nostrum ab utroque. LOAISA.

CAP. XXV. N. 1. Gregor., lib. Moral. V, cap. 32. LOAISA.

Ibid. Bigneus ad marg. id notat : *De hoc latius disseruimus in opusculo nostro quod edidimus de pio vivendi modo, lib.* III, *cap.* 7. AREV.

2. Ex Gregor., lib. Moral. XXIX, c. 3. LOAISA.

8. Ita requirunt invidi aditum malæ famæ, per quam bonorum vitam maculent, sicut quærebant ostium Sodomitæ, quo domum Lot nocituri introirent. Illi vero cæcitate erroris percussi, parietes videbant, ostium non inveniebant. Non aliter invidendo invidi, velut parietem, virtutes dissimulant, vitia vero perquirunt, per quæ eorum conscientiam urant.

CAPUT XXVI.

De simulatione.

1. Fraudulentiæ genus in modum pharetræ subtiliter insidiarum sagittas celat, ut falsam faciat securitatem, decipiatque callide eum contra quem molitur occulte.

2. Cavendus est inimicus qui manifestus est, sed magis ille qui videri non potest. Facile enim vincimus quæ videmus, quæ autem non videmus difficile a nobis expellimus.

3. Raro nocetur homo ab extraneis, si sui eum non lædant. Magis enim insidiis nostrorum quam aliorum periclitamur.

4. Latent sæpe venena circumlita melle verborum; et tandiu deceptor bonitatem simulat, quousque fallendo decipiat.

316 CAPUT XXVII.

De odio.

1. Non hominem, sed vitia odio habenda. Flebiliter autem deplorandi sunt, qui odio in fratrem tabescunt, et contra alios perniciosum animi dolum servant (*Psal.* CXXXVIII, 21).

2. A regno enim Dei se separant, qui semetipsos a charitate dissociant.

3. Sicut mater Ecclesia prave ab hominibus hæreticis premitur, sed tamen eos venientes ad se benigna charitate amplectitur, ita et singuli nostrum quoscunque inimicos sustinemus, revertentes materna imitatione amplecti statim debemus.

4. Cito est ignoscendum cuiquam, dum veniam postulat.

5. Non enim posse peccata dimitti ei qui in se peccanti debita non dimittit. Formam enim nobis indulgentiæ Deus ex merito conditionis nostræ imposuit, dum ita orare nos præcipit: *Dimitte nobis debita nostra, sicut et nos dimittimus debitoribus nostris* (*Matth.* VI, 12). Justum est enim Dei judicium, tantumque peccatori a se indulgeri ostendit, quantum alterutrum unusquisque in se offenso indulget.

6. Quidam de suis fidentes meritis pigre in se A delinquentibus veniam præstant, sed nihil proficit esse illibatum a culpa, qui non est paratus ad veniam; dum potius hæc magna sit culpa, quando tardius relaxantur fraterna delicta.

7. Qui fratrem sibi tardius reconciliat, Deum sibi tardius placat. Frustra enim propitiari sibi Deum quærit, qui cito placari in proximum negligit.

CAPUT XXVIII.

De dilectione.

1. Duo sunt erga dilectionem proximi conservanda; unum, ne **317** malum quis inferat; alterum, ut bonum impendat. Primum, ut caveat lædere; sequenter, ut discat præstare.

2. Amicitia est animorum societas. Hæc quippe a duobus incipit. Nam minus quam inter duos dilectio B esse non poterit.

3. Antiqui dixerunt de societate duorum, unam esse animam in duobus corporibus, propter vim scilicet amoris, sicut in Actibus apostolorum legimus: *Erat illis cor unum, et anima una.* Non quia multa corpora unam habebant animam; sed quia, vinculo et igne charitatis conjuncti, unum omnes generaliter sine dissensione sapiebant.

4. Amicitia et prosperas res dulciores facit, et adversas communione temperat levioresque reddit. Quia dum in tribulatione amici consolatio adjungitur, nec frangitur animus, nec cadere patitur.

5. Tunc vero amicus amatur, si non pro se, sed pro Deo ametur. Qui vero pro se amicum diligit, insipienter eum amplectitur. Multum in terra demersus C est, qui carnaliter hominem moriturum plus diligit quam oportet. Qui enim intemperanter amicum amat, pro se magis illum quam pro Deo amat. Quantum ergo bonus est, qui pro Deo fratrem diligit, tanto perniciosus, qui eum pro seipso amplectitur.

6. Plerumque diligit in alio homo, quod odit in se, utpote in infantibus. Amamus enim quamdam eorum ignaviam, et tamen odimus, quia ignavi esse nolumus. Sic lapides, equos et cætera, quæ licet diligimus, sed tamen nolumus hoc esse, etiam si possimus.

CAPUT XXIX.

De fictis amicitiis.

1. Cito per adversa fraudulentus patet amicus; nam in prosperitate incerta est amicitia, nec scitur utrum persona an felicitas diligatur.

D 2. Sæpe per simulationem amicitia colitur, ut qui non potuit aperte decipere, decipiat fraudulenter.

8. Greg., lib. VI Moral., c. 13. LOAISA.

Ibid. Alii, *parietes videbant; non aliter invidi videndo velut parietem ostium non inveniebant.* AREV.

CAP. XXVI. N. 1. Tota sententia alludit ad illud psalm. X: *Quia ecce peccatores intenderunt arcum, paraverunt sagittas in pharetra, ut sagittent in obscuro rectos corde.* Ubi legit Augustin. *in obscura luna rectos corde.* Et philosophatur ibi de lunæ lumine, an habeat a se quod dimidia pars lucida, dimidia obscura sit, sicuti si dimidia pars pilæ sit candida, dimidia nigra; an vero a sole illustretur. Alius locus psalmi est, ad quem hic Isidorus allusisse videri potest. Is est psalm. LXIII: *Quia exacuerunt ut gladium linguas suas, intenderunt arcum, rem amaram, ut sagittent in occultis immaculatum.* Ubi Augustinus idem fere quod Isidorus habet. LOAISA.

CAP. XXVII. N. 1. *Habenda.* Scilicet habenda esse constat. Verum hic, ut alibi etiam passim, hujusmodi infinitivi sine verbo a quo regantur in multis exemplaribus rejecti sunt. Hæc sententia ob eam causam a nonnullis ita effertur: *Non homines, sed eorum vitia odio habenda sunt.* Vide decretum Gratiani cap. *Odio*, ubi hæc ex sancto Gregorio referuntur. AREV.

CAP. XXXVIII. N. 3. Augustin., lib. de Amicitia, cap. 2, tom. IV, et lib. IV *Confess.*, 6. LOAISA.

6. Alii, *et cætera quælibet diligimus.* AREV.

318 3. Tunc quisque magis fit pietati justitiæque divinæ contrarius, quando despicit amicum aliqua adversitate percussum. Qua in re et sibi occasionem mercedis tollit, et erga percussionem proximi crudelis existit: veluti actum est inter Lazarum ulcerosum divitemque superbum. Per adversa igitur et prospera comprobatur, si utique vere diligatur Deus, et proximus; nam dum adversa procedunt, amicus fraudulentus detegitur, statimque despicit quem se diligere simulavit.

4. Amicitia certa nulla vi excluditur, nullo tempore aboletur, ubicunque enim se verterit tempus, illa firma est.

5. Rari sunt amici qui usque ad finem existant chari. Multos a charitate aut adversitas temporis, aut contentio quælibet actionis avertit.

6. Sæpe per honorem quorumdam mutantur et mores; et quos ante conglutinatos charitate habuerunt, postquam ad culmen honoris venerint, amicos habere despiciunt.

CAPUT XXX.

De amicitia ex munere orta.

1. Inter veros amicos amicitia ex benevolentia oritur, inter fictos beneficio adjungitur.

2. Non sunt fideles in amicitia, quos munus, non gratia copulat. Nam cito deserunt, nisi semper acceperint. Dilectio enim quæ munere glutinatur eodem suspenso dissolvitur. Illa vera est amicitia, quæ nihil quærit ex rebus amici, nisi solam benevolentiam, scilicet ut gratis amet amantem.

3. Plerumque amicitia ex necessitate vel indigentia nascitur, ut sit per quem quisque quod desiderat consequatur. Ille autem eam veraciter quærit, qui nihil egendo eam appetit. Nam illa ex inopia brevis est et fucata, ipsa pura atque perpetua.

319 CAPUT XXXI.

De malorum concordia.

1. Amicitia in rebus tantum bonis habenda est; nam qui ea in malo utuntur, non sibi amici, sed inimici existunt.

2. Concordiam malorum contrariam esse bonorum. Et sicut optandum est ut boni pacem habeant in invicem, sic optandum est ut mali invicem sint discordes. Unanimitatem quippe malorum bonorum esse contrariam, Paulus apostolus approbat, qui malos contra se dividit, quos in necem suam concordasse conspexit (*Act.* XXIII, 7). Inde et in Lege mare Rubrum, hoc est, concordia malorum hominum dividitur, ut electorum via tendens ad beatitudinem non impediatur. Impeditur autem iter bonorum, si mare, hoc est, unitas non dividatur iniquorum (*Exod.* XIV, 21).

CAPUT XXXII.

De correptione fraterna.

1. Non debet vitia aliena corripere, qui adhuc vitiorum contagionibus servit. Improbum est enim arguere quemquam in alio quod adhuc reprehendit in semetipso.

2. Qui veraciter fraternam vult corripere, ac sanare infirmitatem, talem se præstare fraternæ utilitati studeat, ut eum quem corripere cupit humili corde admoneat, et hoc faciens ex compassione quasi communis periculi, ne forte et ipse subjiciatur tentationi.

3. Sicut viri spirituales alieni peccati emendationem exspectant, ita protervi delinquentibus deridendo insultant, et, quantum in ipsis est, eos insanabiles putant; nec declinant cor ad compatiendi misericordiam, sed superbientes detestantur atque blasphemant.

4. Nonnunquam accidit ut inter amicos aliqua redargutionis enutrita discordia majorem postea charitatem parturiat, utpote dum **320** corriguntur ea quæ displicere in amico videntur, et hoc quidem primum non sine quadam æmulatione admonitus suscipit, sed correptus postmodum gratias agit. At contra multi pro parva læsione vim charitatis rescindunt, et ab amore dilectionis sese perenniter retrahunt.

5. Plerique correptionem suam officium charitatis existimant. Plerique vero hoc ipsum, quod ex charitate corripiuntur, ad injuriæ contumeliam trahunt. Unde occurrit ut ex eo deteriores efficiantur, per quod emendari obediendo potuerunt.

6. Salubriter accipiunt justi, quoties de suis excessibus arguuntur. Superflua autem est humilitas eorum qui se gessisse accusant quæ non admiserunt. Qui vero sine arrogantia bona facta sua pronuntiat, procul dubio nequaquam peccat.

7. Est quorumdam excusatio perversorum, qui, dum pro suis facinoribus arguuntur, verba justorum pro censura declinanda abjiciunt, servantes se divino judicio, quo puniendi sunt durius, dum temporaliter contemnunt judicari se ab hominibus.

8. Iniquis molesta est veritas, et amara disciplina justitiæ; nec delectantur, nisi placentia propriæ imbecillitatis: injustitiæ fecundi, et steriles veritati; cæci ad contuendam lucem, et oculati ad tenebrarum aspiciendum errorem.

9. Corda reproborum lubrica sunt ad male consentiendum, et fluxa; ad bene consentiendum, durissima.

10. Probat Salomon et justi emendationem correpti, et stulti obstinationem admoniti, dicens: *Doce*

CAP. XXIX. N. 5. *Multos*. Al., *nam multos*. AREV.

CAP. XXX. N. 1. Hinc nata est celebris illa distinctio a theologis recepta de amore puræ benevolentiæ et concupiscentiæ. AREV.

CAP. XXXI. N. 2. Act. XXIII. Exod. XIV. LOAISA.

CAP. XXXII. N. 2. Gregor., lib. Moral. XXIII, cap. 8. LOAISA.

3. *Declinant*. Al., *inclinant*. AREV.

5. Gregor., lib. X Moral., c. 3. LOAISA.

6. Gregor., lib. I sup. Ezech., homil. 7. LOAISA.

9. Alii, *ad malum consentiendum... ad bonum consentiendum*. AREV.

10. Greg., lib. Moral. X, cap. 3. LOAISA.

justum, et festinabit accipere. De stulto autem ait : *Qui erudit derisorem, ipse sibi facit injuriam* (*Proverb.* IX, 7, 9).

11. Nonnullos tantæ esse pravitatis homines, qui dum ipsi a malo corrigi negligunt, correctorum vitam falsa criminatione detrectant; et ad sui sceleris solatium usurpant, si vel falso compererint quod ad infamiam bonorum objiciant, sicut est illud ex Salomone : *Bona in malum convertit impius, et in electis imponit maculam* (*Eccli.* XI, 34). **321** Væ autem illi qui et suam renuit vitam corrigere, et bonorum non desinit detrectare.

12. Plerique mali similes sibi in malum defendunt, et patrocinio suo pravos contra correptionem bonorum suscipiunt, ne, unde displicent emendentur : adjicientes in se aliena delicta, ut non tantum de suis malis, sed etiam de aliorum facinoribus puniantur, quorum peccata defendunt.

CAPUT XXXIII.

De præpositis Ecclesiæ.

1. Vir ecclesiasticus et crucifigi mundo per mortificationem propriæ carnis debet, et dispensationem ecclesiastici ordinis, si ex Dei voluntate provenerit, nolens quidem, sed humilis gubernandam suscipiat.

2. Multis intercipit Satanas fraudibus eos qui vitæ et sensus utilitate præstantes, præesse et prodesse aliis nolunt; et dum eis regimen animarum imponitur, renuunt, consultius arbitrantes otiosam vitam agere, quam lucris animarum insistere. Quod tamen decepti agunt per argumentum diaboli fallentis eos per speciem boni, ut dum illos a pastorali officio retrahit, nequaquam proficiant, qui eorum verbis atque exemplis instrui poterant.

3. Sancti viri nequaquam occupationum sæcularium curas appetunt, sed occulto ordine sibi superimpositas gemunt. Et quamvis illas per meliorem intentionem fugiant, tamen per subditam **322** mentem portant. Quas quidem summopere, si liceat, vitare festinant; sed timentes occultam dispensationem Dei, suscipiunt quod fugiunt, exercent quod vi-

A tare noscuntur. Intrant enim ad cor, et ibi consulunt quid velit occulta voluntas Dei; seseque subditos debere esse summis ordinationibus cognoscentes, humiliant cervicem cordis jugo divinæ dispensationis.

CAPUT XXXIV.

De indignis præpositis.

1. Non sunt promovendi ad regimen Ecclesiæ, qui adhuc vitiis subjacent. Hinc est quod præceptum est David non ædificare visibile templum, quia sanguinum vir belli frequentia esset. Qua figura illi spiritualiter admonentur, qui vitiorum adhuc corruptioni sunt dediti, ne templum ædificent, hoc est, Ecclesiam docere præsumant.

2. Non debet honoris ducatum suscipere, qui nes-
B cit subjectos tramite vitæ melioris præire. Neque enim quisquam ad hoc tantum præficitur, ut subditorum culpas corrigat, et ipse vitiis serviat.

3. Qui regimen sacerdotii contendit appetere, ante se discutiat si vita honori sit congrua; quod si non discrepat, humiliter ad id quod vocatur accedat. Reatum quippe culpæ geminat, si quisque cum culpa ad sacerdotale culmen aspirat. Heu! me miserum inexplicabilibus nodis astrictum; si enim susceptum regimen ecclesiastici ordinis retentem, criminis conscius timore concutior; si deseram, ne deterior sit culpa susceptum gregem relinquere, amplius reformido : undique miser metuo, et in tanto rei discrimine quid sequar ignoro.

C **323** 4. Uniuscujusque casus tanto majoris est criminis, quanto, priusquam caderet, majoris erat virtutis. Præcedentium namque magnitudo virtutum crescit ad cumulum sequentium delictorum.

5. Plerique sacerdotes suæ magis utilitatis causa quam gregis præesse desiderant, nec ut prosint præsules fieri cupiunt, sed magis ut divites fiant et honorentur. Suscipiunt enim sublimitatis culmen, non pro pastorali regimine, sed pro solius honoris ambitione, atque abjecto opere dignitatis, solam nominis appetunt dignitatem.

11. Vulgata Editio habet : *Bona enim in mala convertens insidiatur, et in electis imponit maculam.* Est vero locus Eccli. XI. LOAISA.

Ibid. Detrectare. Al., *detrahere famæ.* AREV.

CAP. XXXIII. N. 1. Gregor., lib. Curæ Pastor., part. II, cap. 5 et 6, et lib. V Moral., cap. 2. LOAISA.

Ibid. Vir ecclesiasticus, etc. Ex hoc capite contextus est sermo in laudem sancti Æmiliani Isidoro ascriptus, de quo videri possunt Isidoriana, cap. 72, n. 3 seqq. Ad verba *nolens quidem* Vezzosius notat, juxta perpetuam Ecclesiæ doctrinam, id esse. AREV.

2. Alludit forte ad illud Augustini ad Eudoxium, epist. 81, de his qui, blandiente desidia, regimen Ecclesiæ respuunt : *Nec vestrum otium*, inquit, *necessitatibus Ecclesiæ præponatis.* Idem habet contra Faustum, lib. XXXII, cap. 10. *Qui electus*, inquit, *ab Ecclesia ministerium evangelizandi renuit ab Ecclesia merito digneque contemnitur.* Idem Gregor., lib. VI Epistolarum, epist. ad Cyriacum episcopum : *Si is qui valet omnipotentis Dei oves renuit pascere, ostendit se pastorem summum minime amare.* Vide Gregor. etiam pastor. Curæ, part. I, cap. 5, de his qui in regiminis culmine prodesse exemplo virtutum possunt, sed quietem propriam sectando refugiunt. LOAISA.

3. Gregor., lib. Moral. V, c. 3. LOAISA.

CAP. XXXIV. N. 1. I Paralip. XVII, ita interpretatur Greg., in explic. IV psalm. pœnit. ad illud : *Tunc acceptabis sacrif.* LOAISA.

2. Vetus Editio post *serviat* addit hanc aliam sen-
D tentiam : *Qui non se dignum ad episcopatum existimat, locum ejus qui dignus est non præoccupet. Nam tam sanctum est sacerdotii nomen, ut nulla vitiorum nota maculari se sinat. Gravius enim condemnabitur, qui indignus suscipit quod non meretur.* Codex antiquior sancti Marci Florent., post *serviat* illico adjungit : *Nam tam sanctum*, etc. Quod vero Loaisa fateatur hanc sententiam abesse ab omnibus mss. Codicibus, ut Vezzosius asserit, id in Grialii Editione non reperitur. AREV.

3. Posset legi *ad id ad quod vocatur.* Nam facile est ut exscriptores secundum *ad* omiserint. AREV.

5. Huic sententiæ Vezzosius hanc notam subjecit : *Utinam vera non essent quæ in præsenti scripsit Isidorus, nec de nostra repeti possent ætate.* In Editione Grialii mendose erat *qua gregis* pro *quam gregis.* AREV.

6. Dum mali sacerdotes, Deo ignorante, non fiant, tamen ignorantur a Deo, ipso per Prophetam testante : *Principes exstiterunt, sed non cognovi* (*Ose.* VIII, 4); sed hoc nescire Dei reprobare est, nam Deus omnia novit.

CAPUT XXXV.

De indoctis præpositis.

1. Sicut iniqui et peccatores ministerium sacerdotale assequi prohibentur, ita indocti et imperiti a tali officio retrahuntur. Illi enim exemplis suis vitam bonorum corrumpunt; isti sua ignavia iniquos corrigere nesciunt. Quid enim docere potuerunt, quod ipsi non didicerunt? Desinat locum docendi suscipere, qui nescit docere. Ignorantia quippe præsulum vitæ non congruit subjectorum. *Cæcus enim si cæco ducatum præbeat, ambo in foveam cadunt.* (*Matth.* XV, 14).

2. Sacerdotes indoctos per Isaiam prophetam ita Dominus improbat ; *Ipsi*, inquit, *pastores ignoraverunt intelligentiam*. Et iterum : *Speculatores cæci omnes*, id est, imperiti episcopi, *nescierunt*, inquit, *universi, canes muti, non valentes latrare* (*Isai.* LVI, 10 *seq.*), hoc est, plebes commissas non valentes resistendo malis per verbum doctrinæ defendere.

324 CAPUT XXXVI.

De doctrina et exemplis præpositorum.

1. Tam doctrina quam vita clarere debet ecclesiasticus doctor. Nam doctrina sine vita arrogantem reddit, vita sine doctrina inutilem facit.

2. Sacerdotis prædicatio operibus confirmanda est, ita ut quod docet verbo, instruat exemplo. Vera est enim illa doctrina, quam vivendi sequitur forma. Nam nihil turpius est quam si bonum, quod quisque sermone prædicat, explere opere negligat. Tunc enim prædicatio utiliter profertur, quando efficaciter adimpletur.

3. Unusquisque doctor et bonæ actionis, et bonæ prædicationis habere debet studium, nam alterum sine altero non facit perfectum; sed præcedat justus bene agere, ut sequenter possit bene docere.

4. Omnis utilis doctor plebibus subjectis ita præstare debet, atque insistere doctrinæ, ut quanto claret verbo, tanto clarescat et merito. Nam quod Apostolus Timotheo præcipit cum omni imperio docere (*II Tim.* IV), non hortatur ad tumorem superbiæ, sed ad bonæ vitæ auctoritatem, videlicet, ne liberta-

A tem perderet prædicandi, si bene doceret et male viveret. Unde et Dominus : *Qui solverit unum de mandatis istis minimis, et sic docuerit, minimus erit in regno cælorum* (*Matth.* V, 19). Vides quod auctoritate magisterii caret, qui quod docet non facit.

5. Sicut in numismate metallum, figura et pondus inquiritur, ita in omni doctore ecclesiastico, quid sequatur, quid doceat, quomodo vivat. Per qualitatem igitur metalli doctrina, per figuram similitudo patrum, per pondus humilitas designatur. Qui vero ab his tribus discrepaverit, non metallum, sed terra erit.

325 CAPUT XXXVII.

De his qui bene docent, et male vivunt.

1. Interdum doctoris vitio etiam ipsa verax doc

B trina vilescit; et qui non vivit, sicut docet, ipsam quam prædicat veritatem contemptibilem facit.

2. Arcus perversus est lingua magistrorum docentium bene et viventium male. (*Psal.* LXXVII, 57) Et ideo quasi ex perverso arcu sagittam emittunt dum suam pravam vitam propriæ linguæ ictu confodiunt.

3. Qui divina prædicant, et ex ejusdem prædicationis dignitate vivere minus curant, habentes verbum Dei in ore, et in opere non habentes, multa bene docentes, nihil autem operantes, imitantur Balaam ariolum, qui corruens opere, apertos habuit oculos ad contuendam lucem doctrinæ (*Num.* XXIV, 10).

4. Qui bene docet, et male vivit, tanquam æs, aut

C cymbalum sonum facit aliis, ipse tamen sibi manet insensualis.

5. Qui bene docet, et male vivit, quod docet bene, viventibus proficit; quod vero male vivit, seipsum occidit. Sicut sacerdos, qui si digne se agit, ut sacerdotem decet, ministerium ejus et ipsi et aliis utile est, indigne autem vivens, aliis quidem utilis est loquendo, se autem interficit prave vivendo; ac per hoc quod in illo mortuum est, proprium ejus est; quod vero vivit in eo, id est, sacrum ministerium, quod est vitæ, alienum est.

6. Qui bene docet, et male vivit, videtur, ut cereus, aliis, dum bona exponit, lucem præstare; se vero in malis suis consumere atque exstinguere.

7. Qui bene docet et male vivit, videtur bonum

D malo conjungere, lucem tenebris miscere, veritatem mendacio mutare.

6. Gregor., part. I pastor. Curæ, c. 1. Ose. VIII. LOAISA.

CAP. XXXV. N. 1. Gregor., part. I past. Cur., cap. 1. LOAISA.

Ibid. Fortasse legendum *qui ipsi*, pro *quod ipsi*. AREV.

2. *Ignoraverunt.* Sic Vulgata. Alii, *ignorabant*, vel *ignorabunt*. AREV.

CAP. XXXVI. N. 1. Sententia cedro digna, ait Vezzosius. AREV.

4. Greg., lib. Moral. XXIII, cap. 7, II Tim. IV. LOAISA.

Ibid. Alii, *sed ad bonam actionem et vitæ auctoritatem*. AREV.

5. Videntur hæc ex Cassian., collat. 1, cap. 20, de probabili trapezita. LOAISA.

CAP. XXXVII. N. 2. Exponit illud psalm. LXXVII : *Conversi sunt in arcum pravum*. Ubi Gregor., lib. Moral., XXVII cap. 27. *Perversum*. Ex quo etiam Isidorus hujus sententiæ sensum et verba accepit. LOAISA.

Ibid. Hæc interpretatio de arcu perverso diversa videtur ab alia, quæ explicatur lib. I adversus Judæos, cap. 19. Vide notas. AREV.

3. Gregor., ibid., cap. 29. LOAISA.

6. Sic est in plerisque Mss. LOAISA.

Ibid. Alii, *et male vivit, æquatur cereo, qui bonam quidem lucem præstat, se vero in malis suis consumere videtur et exstinguere*. AREV.

326 CAPUT XXXVIII.

De exemplis pravorum sacerdotum.

1. Sæpe per quos justitia docetur, per ipsos peccati morbus irrepit, et mors ad plebes pertransit, scilicet, vel dum mala docent, vel dum prava faciunt.

2. Plerique sacerdotes, et clerici prave viventes, forma cæteris in malum existunt, qui in bonis exemplum esse debuerunt. Hi enim quoscunque exemplo malæ conversationis suæ perdunt, de illis rationem sine dubio reddituri sunt.

3. Ex carnalium præpositorum exemplo plerumque fit vita deterior subditorum, et plebis merito fiunt tales sacerdotes, qui exemplo deteriore populum destruant, non ædificent. Ex merito enim plebis nonnunquam episcopi depravantur, quatenus proclivius corruant qui sequuntur.

4. Capite languente, cætera corporis membra inficiuntur. Unde et scriptum est: *Omne caput languidum, et omne cor mærens, a planta pedis usque ad verticem non est in eo sanitas* (*Isai.* I, 5, 6). Caput enim languidum doctor est agens peccatum, cujus malum ad corpus pervenit, dum eo vel peccante, vel prave docente, pestifer languor ad plebes subjectas transfertur.

5. Deteriores sunt qui sive doctrina, sive exemplis, vitam moresque bonorum corrumpunt, his qui substantias aliorum prædiaque diripiunt. Hi enim ea quæ extra nos, sed tamen quæ nostra sunt auferunt; corruptores vero morum proprie nos ipsos decipiunt, quoniam divitiæ hominum mores eorum sunt. Multum ergo distant damna morum a damnis temporalium rerum, dum ista extra nos sunt, mores vero in nobis.

CAPUT XXXIX.

De præpositis carnalibus.

1. Providentia plerumque divini consilii ordinantur præpositi, **327** mundana et exteriora sectantes, ut dum temporalibus rebus se totos impendunt, spirituales tutiorem vitam contemplationis exerceant, quia duræ sunt quiete vivere volentium sarcinæ curarum episcopalium. Providet sæpe Deus curis deditos sæcularibus ad susceptionem regiminis, ut dum hi exteriora sine tædio procurant, spirituales rebus interioribus sine impedimento rerum terrenarum deserviant.

2. Dei ergo ordinem accusant, a quo instituuntur, qui episcopos condemnant, dum minus spiritualia, sed magis terrena sectantur. Ex divini enim tabernaculi dispositione ob injurias mundi ferendas, et tur- A bines quosdam, instituit episcopos sæcularibus curis insistentes, ut hi qui interius superna desiderant, nullo terreno obsistente negotio, liberius hoc quod amant intendant (*Exod.* XXVI).

3. Non est itaque judicandus a plebe rector inordinatus, dum magis noverint populi, sui fuisse meriti perversi regimen suscepisse pontificis. Nam pro meritis plebium disponitur a Deo vita rectorum, exemplo David peccantis (*II Reg.* XXIV) ad comparationem principum, qui ex merito plebis prævaricantur.

4. Sententia damnantur Cham filii Noe, qui suorum præpositorum culpas in publico produnt; sicut Cham, qui patris pudenda non operuit, sed deridenda monstravit (*Gen.* IX, 22). Habituri Sem meritum, et Japheth, qui reverenter operiunt quæ patres suos B excessisse cognoscunt, si tamen patrum facta non diligant, sed tantum operiant, nec imitentur. Nam sunt qui præpositos suos perverse judicant, dum terrenis studiis eos plus viderint esse intentos, si vel parum jam ipsi de spiritualibus cogitaverint.

5. Rectores ergo a Deo judicandi sunt, a suis autem subditis nequaquam judicandi sunt: exemplo Domini, qui per se vendentes columbas et nummulariorum mensas proprio evertit flagello, et projecit a templo (*Matth.* XXI, 12), vel etiam sicut dicit Psalmista: *Deus stetit in synagoga deorum, in medio autem deos discernit* (*Psal.* LXXXI, 1).

6. Quod si a fide exorbitaverit rector, tunc erit arguendus a subditis; pro moribus vero reprobis tolerandus magis distringendus a plebe est.

C

328 CAPUT XL.

De iracundis doctoribus.

1. Iracundi doctores per rabiem furoris disciplinæ modum ad immanitatem crudelitatis convertunt; et unde emendare subditos poterant, inde potius vulnerant.

2. Ideo sine mensura ulciscitur culpas præpositus iracundus, quia cor ejus dispersum in rerum curis non colligitur in amorem unius Deitatis. Mens enim soluta in diversis catena charitatis non astringitur, sed male laxata, male ad omnem occasionem movetur.

CAPUT XLI.

De superbis doctoribus.

D 1. Bonus doctor et rector est, qui et in humilitate servat disciplinam, et per disciplinam non incurrit in superbiam.

2. Elati autem pastores plebes tyrannice premunt, non regunt, quique non Dei, sed suam gloriam a subditis exigunt.

CAP. XXXVIII. N. 5. Locus erat in excusis depravatus *qui sine doctrina, sine exemplis*, quem nos ex fide Mss. emendavimus. LOAISA.

Ibid. Alii, *nos ipsos diripiunt, quoniam divitiæ justorum mores eorum sunt.* AREV.

CAP. XXXIX. N. 1. Hæc sententia non facile intelligitur, nisi legas Gregorium lib. Moral. XXV, cap. 16, unde desumpta est, et velut in compendium redacta. LOAISA.

2. Alii, *ordinationem*, pro *ordinem*. AREV.

3. Gregor., ubi supra, cap. 14. LOAISA.

4. Gregor., ubi supra, cap. 16. LOAISA.

5. Gregor., ubi supra, cap. 14. LOAISA.

6. Gregor., ubi supra. LOAISA.

CAP. XL. N. 1. *Crudelitatis.* Grialii Editio cum aliis mendose *credulitatis*. AREV.

CAP. XLI. N. 1. Gregor., XXIV, cap. 19, 21 et 22. LOAISA.

Ibid. Alii, *Bonus doctor, et in humilitate rector est* AREV.

3. Multi sunt qui in verbo doctrinæ non humiles, sed arrogantes existunt, quique et ipsa recta quæ prædicant, non studio correctionis, sed vitio elationis annuntiant.

4. Multi sunt qui non ex consulto ædificandi, sed ex tumore superbiendi docent; nec ut prosint sapientes sunt, sed ut sapientes videantur docere student.

5. Est imitatio prava arrogantium sacerdotum, per quam imitantur sanctos rigore disciplinæ, et sequi negligunt charitatis affectione : videri volunt rigidi severitate, et formam humilitatis præstare nequeunt, ut magis terribiles quam mites aspiciantur.

6. Superbi doctores vulnerare potius quam emendare norunt, **329** Salomone attestante : *In ore stulti virga superbiæ* (*Proverb.* XIV, 3), quia increpando rigide feriunt, et compati humiliter nesciunt.

7. Bene alieni peccati curanda vitia suscipit, qui hoc ex cordis dilectione et humili conscientia facit. Cæterum qui delinquentem superbo vel odioso animo corripit, non emendat, sed percutit. Quidquid enim protervus, vel indignatus animus protulerit, objurgantis furor est, non dilectio corrigentis.

CAPUT XLII.

De humilitate præpositorum.

1. Qui præficitur ad regimen, taliter erga disciplinam subditorum præstare se debet, ut non solum auctoritate, verum etiam humilitate clarescat. Sed tamen ita erit in eo virtus humilitatis, ne dissolvatur vita subditorum in vitiis; atque ita auctoritas aderit potestatis, ne per tumorem cordis severitas existat immoderationis. Hæc est enim in Dei sacerdotibus vera discretio, qua nec per libertatem superbi, nec per humilitatem remissi sunt. Hinc est quod sancti cum multa constantia redarguerunt etiam principum vitia, in quibus cum summa esset humilitas, loco tamen necessario libero transgressores justitiæ increpabant.

2. Aliquando etiam subditis nos oportet animo esse humiliores, quoniam facta subditorum judicantur a nobis, nostra vero Deus judicat.

3. Agnoscat episcopus servum se esse plebis, non dominum; verum hoc charitas, non conditio exigit.

CAPUT XLIII.

De doctrinæ discretione.

1. Non omnibus una eademque doctrina est adhibenda, sed pro qualitate morum diversa exhortatio erit doctorum. Nam quosdam **330** increpatio dura, quosdam vero exhortatio corrigit blanda.

2. Sicut periti medici ad varios corporis morbos diverso medicamine serviunt, ita ut juxta vulnerum varietates medicina diversa sit, sic et doctor Ecclesiæ singulis quibusque congruum doctrinæ remedium adhibebit, et quid cuique oporteat, pro ætate, pro sexu ac professione annuntiabit.

3. Non omnibus ea quæ clausa sunt aperienda sunt. Multi sunt enim qui capere non possunt, quibus si indiscrete manifestentur, statim aut detrahunt, aut negligunt.

4. Prima quippe prudentiæ virtus est, eam quam docere oporteat æstimare personam. Rudibus populis, seu carnalibus, plana atque communia, non summa atque ardua prædicanda sunt, ne immensitate doctrinæ opprimantur potius quam erudiantur. Unde et Paulus apostolus ait : *Non potui vobis loqui quasi spiritualibus, sed quasi carnalibus, tanquam parvulis in Christo lac vobis potum dedi, non escam* (*I Cor.* III, 1, 2). Carnalibus quippe animis, nec alta nimis de cœlestibus, nec terrena convenit prædicare, sed mediocriter, ut initia eorum moresque desiderant, edocere.

5. Corvus, dum suos pullos viderit albi coloris, nullis eos cibis alit, sed tantumdem attendit, donec paterno colore nigrescant, et sic illos frequenti cibo reficit; ita et Ecclesiæ doctor strenuus, nisi eos quos docet viderit ad suam similitudinem pœnitentiæ confessione nigrescere, et, nitore sæculari deposito, lamentationis habitum de peccati recordatione induere, utpote adhuc exterioribus, hoc est, carnalibus, non aperit intelligentiæ spiritualis profundiora mysteria, ne dum audita non capiunt, prius incipiant contemnere quam venerari mandata cœlestia.

6. Aliter est agendum erga eos qui nostro committuntur regimini, si offendunt, atque aliter cum his qui nobis commissi non sunt; **331** qui si justi sunt, venerandi sunt; si vero delinquunt, pro sola charitate, ut locus est, corripiendi sunt, non tamen cum severitate, sicut hi qui nobis regendi commissi sunt.

7. Prius docendi sunt seniores plebis, ut per eos infra positi facilius doceantur. Unde et Apostolus : *Hæc*, inquit, *commenda hominibus fidelibus, qui idonei sunt et alios docere* (*II Tim.* II, 2).

8. Ingenium boni doctoris est incipientis a laudi-

5. *Videri volunt*, etc. Locum vere aureum animadvertendum monet Vezzosius. AREV.

6. Gregor., lib. XXIV Moral., cap. 9. Proverb. XIV. LOAISA.

CAP. XLII. N. 1. Greg., lib. Moral. XXVI, cap. 19, et past. Curæ part. II, cap. 6. LOAISA.

CAP. XLIII. N. 1. Gregor., lib. pastor. Curæ in prolog. LOAISA.

4. Alii, ut vitia eorum moresque desiderant, edoceri. AREV.

5. Aristoteles, lib. VI de Hist. animal., cap. 5, et Gregor., lib. XXX Moral., c. 8, ubi exponit illud Job XXXV : *Quis præparat corvo escam suam quando pulli ejus clamant ad Deum, clamant vagantes, eo quod non habeant cibos?* Et illud psalm. CXLVI : *Qui dat jumentis escam ipsorum, et pullis corvorum invocantibus eum. Affirmant eos divinitus nutriri, dum, veluti nothi et degeneres, ob albicantes plumas a parentibus negliguntur. Ferunt præterea, muscarum alimento, quæ sese clamantium in ora ingerunt, provida Dei benignitate sustentari.* Idem Chrysostomus, Euthymius, alii. LOAISA.

Ibid. Corvus, etc. Vide not. ad Dracontium, lib. I, 721. AREV.

7. Greg., ibid. II Tim. II. LOAISA.

Ibid. Commenda. Al., *commendo.* AREV.

8. Gregor., III part. Cur. Past., admonit. 18. LOAISA.

bus eorum, quos salubriter objurgatos corrigere A cupit, sicut apostolus ad Corinthios facit, quos a laudibus inchoat, et increpationibus probat. Sed erant apud Corinthios, qui et laude et increpatione digni essent. Ille vero indiscrete loquitur, qui sic utraque omnibus loquitur, ut omnibus utraque convenire videantur.

CAPUT XLIV.

De silentio doctorum.

1. Pro malo merito plebis aufertur doctrina prædicationis. Pro bono merito audientis tribuitur sermo doctori.

2. In potestate divina consistit cui velit Deus doctrinæ verbum dare vel cui auferre: et hoc aut pro dicentis aut pro audientis fit merito, ut modo pro culpa plebis auferatur sermo doctoris, modo vero pro utilibus B meritis tribuatur. Nam et bonus docet bonum, et malus malum, et bonus malum, et malus bonum, quod tamen fit juxta meritum populorum.

3. Non omnia tempora congruunt doctrinæ secundum Salomonis sententiam, dicentis: *Tempus tacendi, et tempus loquendi* (*Eccle.* III, 7). Non quidem per timorem, sed per discretionem, propter malorum incorrectibilem iniquitatem nonnunquam electos oportet a doctrina cessare.

332 4. Interdum doctores Ecclesiæ calore charitatis ardentes conticescunt a docendo, quia non est qui audiat, testante propheta: *Civitates Austri clausæ sunt, et non est qui aperiat* (*Jerem.* XIII, 19).

5. Qui docendi accepit officium, interdum ad tempus facta proximi taceat, quæ statim corrigere ne- C quaquam existimat. Nam si corrigere potest et dissimulat, verum est quod consensum erroris alieni habeat.

6. Plerique sancti doctores pro mali pertinacia, quia iniquos emendare nequeunt, his tacere disponunt; sed calorem spiritus, quo aguntur, ferre non sustinentes, iterum in increpationem prosiliunt iniquorum.

CAPUT XLV.

De præbenda sacerdotali protectione in plebe.

1. Quibus docendi forma commissa est, multum subeunt periculi si contradicentibus veritati resistere noluerint; dum propheta doctorem Ecclesiæ instruat ad summum usque justitiæ pervenire, cum dicit: *Super montem excelsum ascende, qui evangelizas Sion* (*Isai.* XL, 9); scilicet, ut ita præemineat merito, D sicut et gradu. Sequenter, ne forte debeat a docendo timore restringi, audiat: *Exalta in fortitudine vocem tuam, et noli timere.* Unde et Jeremiæ ita Dominus ait: *Accinge lumbos tuos, et surge; loquere ad eos; ne formides a facie eorum, nec enim timere te faciam vultum eorum* (*Jerem.* I, 17); unde apparet quia et non timere Dei donum est.

2. Qui personam potentis accipit, et veritatem loqui pavescit, gravi multatur culpæ sententia. Multi enim sacerdotes metu potestatis veritatem occultant, et a bono opere, vel a justitiæ prædicatione, rei alicujus formidine aut potestate terrente avertuntur. Sed heu, proh dolor! inde metuunt, quia vel amore rerum sæcularium implicantur, vel quia aliquo facinoris opere confunduntur.

3. Multi præsules Ecclesiarum, timentes ne amicitiam perdant, **333** et molestiam odiorum incurrant, peccantes non arguunt, et corripere pauperum oppressores verentur; nec pertimescunt de severitate reddendæ rationis, pro eo quod conticescunt de plebibus sibi commissis.

4. Quando a potentibus pauperes opprimuntur, ad eripiendos eos boni sacerdotes protectionis auxilium ferunt; nec verentur cujusquam inimicitiarum molestias, sed oppressores pauperum palam arguunt, increpant, excommunicant; minusque metuunt eorum nocendi insidias, etiamsi nocere valeant, *bonus enim pastor animam suam ponit pro ovibus* (*Joan.* X, 11).

5. Sicut pervigil pastor contra bestias oves custodire solet, ita et Dei sacerdos super gregem Christi sollicitus esse debet, ne inimicus vastet, ne persecutor infestet, ne potentioris cujusque cupiditas vitam pauperum inquietet. Pravi autem pastores non habent curam de ovibus, sed, sicut legitur in Evangelio de mercenariis, vident lupum venientem, et fugiunt. Tunc enim fugiunt, quando potentibus tacent, et malis resistere metuunt; de quibus si tacuerint pro eorum iniquitate condemnabuntur.

CAPUT XLVI.

De disciplina sacerdotum in his qui delinquunt.

1. Sacerdotes pro populorum iniquitate damnantur, si eos aut ignorantes non erudiant, aut peccantes non arguant, testante Domino per prophetam: *Speculatorem dedi te domui Israel. Si non fueris locutus, ut se custodiat impius a via sua, ille in iniquitate sua morietur; sanguinem autem ejus de manu tua requiram* (*Ezech.* III, 17). Sic enim Heli sacerdos pro filiorum iniquitate damnatus est; et licet eos

Ibid. Incipientis. Al., *incipere.* Saluberrimum hoc documentum Vezzosius dicit esse iis qui aliis præsunt. AREV.

CAP. XLIV. N. 1. Sic recte plerique Mss. Gregor., lib. Moral. XXX, cap. 18. Unde hæc sententia desumitur: *Sæpe verbum pro gratia tribuitur auditoris, et sæpe propter auditoris culpam subtrahitur sermo doctori.* LOAISA.

2. *Pro utilibus*, etc. Ita Gothici libri. *Pro utilitate audientium merito tribuatur*, alii Mss. *Pro utilitate audientis*, unus Salm. Ecclesiæ. LOAISA.

3. Gregor., ibid. Eccles. III. LOAISA.

Ibid. Incorrectibilem. Ita Gothici. *Incorrigibilem*, alii. LOAISA.

CAP. XLV. N. 1. Ex Gregor., epist. ad Joann. Constant., indict. 9. Isai. XL. Vide Gregor., super Ezech., homil. 11. LOAISA.

2. Alii, *loqui pertimescit*, *gravius culpæ multatur sententia.* Al., *gravis culpæ.* Et paulo post, *occultant, et habentur rei, qui a bono opere.* AREV.

3. Gregor., lib. XXIX Moral., cap. 6, et part. II Past. Curæ, cap. 4. LOAISA.

Ibid. Alii, *ne amicitiam sæcularium perdant.* Et mox, *non pertimescentes quod de veritate sint reddituri rationem pro eo quod.* AREV.

CAP. XLVI. N. 1. Ezech. III, et ibi Gregor., homil. 11, et part. II Curæ pastor., cap. 8. LOAISA.

delinquentes admonuit, sed tamen non ut oportebat A redarguit (*I Reg.* II).

2. Sacerdotes exquirere debent peccata populorum, et sagaci sollicitudine unumquemque probare juxta testimonium Domini ad **334** Jeremiam loquentis: *Probatorem*, inquit, *dedi te in populo meo robusto, ut scias probare vias eorum* (*Jerem.* VI, 27).

3. Sacerdotes studio corrigendi facta perscrutari debent subjectorum, ut emendatos lucrifacere possint. Sicut autem peccatorem convenit argui, ita justum non exulcerari.

4. Sacerdotes curam debent habere de his qui pereunt, ut eorum redargutione aut corrigantur a peccatis, aut, si incorrigibiles existunt, ab Ecclesia separentur.

5. Atrociter arguuntur qui, decipiendo peccantes, B non solum non arguunt pro peccato, sed etiam adulanter decipiunt, dicente propheta: *Et erunt, qui beatificant populum istum, seducentes, et qui beatificantur, præcipitati* (*Isai.* IX, 16).

6. Atrociter iterum arguuntur qui peccantem non recipiunt, sed despiciunt et spernunt, nec alterius delictum tanquam proprium ingemiscunt. De talibus per Isaiam Dominus comminans dicit: *Qui dicunt: Recede a me, non appropinques mihi, quia immundus es: isti fumus erunt in furore meo, ignis ardens tota die* (*Isai.* LXV, 5). Inde est quod et Apostolus omnibus omnia factus est (*I Cor.* IX, 22), non imitatione erroris, sed compassionis miseratione; scilicet, ut ita vitia aliena fleret, quemadmodum si tali et ipse implicaretur er- C rore.

7. Boni pastores populi debent delicta deflere et totos se planctibus tradere, imitantes Jeremiam prophetam dicentem: *Quis dabit capiti meo aquam, et oculis meis fontem lacrymarum, et plorabo die ac nocte interfectos populi mei* (*Jerem.* IX, 1)? Tanquam propria igitur delicta plebis peccata sacerdos flere debet, sed affectu compatiendi, non actione commissi.

8. Nonnulli præsules gregis quosdam pro peccato a communione ejiciunt, ut pœniteant, sed quali sorte vivere debeant, ad melius exhortando non visitant. Quibus congrue sermo divinus increpans comminatur: « Pastores, qui pascitis populum meum, vos dispersistis gregem meum, ejecistis, et non visitastis eos: ecce ego visitabo super vos malitiam stu- D diorum vestrorum » (*Jerem.* XXIII, 2).

9. Bonorum studia sacerdotum multa diligentia etiam parva plebis facta perquirunt, ut dum in minimis subditorum peccatis se acerrimos præstant, de majoribus malis cautos sibi, subjectosque, ac sollicitos faciant.

335 10. Sicut medici morbos imminentes curandos suscipiunt, futuros vero, ne irrepant, medicinæ objecto quadam præscientia antecedunt, ita et doctores boni, sic ea quæ male acta sunt resecant, ut ea quæ admitti possunt, ne perpetrentur, doctrina succurrente præveniant.

11. Qui blando sermone castigatus non corrigitur, acrius necesse est ut arguatur. Cum dolore enim abscindenda sunt quæ leniter sanari non possunt.

12. Qui admonitus secrete de peccato, corrigi negligit, publice arguendus est, ut vulnus, quod occulte sanari nescit, manifeste debeat emendari.

13. Manifesta peccata non sunt occulta correptione purganda. Palam enim sunt arguendi qui palam nocent, ut dum aperta objurgatione sanantur, hi qui eos imitando deliquerunt corrigantur.

14. Dum unus corripitur, plurimi emendantur. Necesse est enim ut pro multorum salvatione unus condemnetur, quam per unius licentiam multi periclitentur.

15. Ita erga delinquentem sermo est proferendus, sicut ejus qui corripitur expostulat salus. Quod si opus est aliquam salutem medicamenti verbo increpationis aspergere, lenitatem tamen corde opus est retinere.

16. Doctores nonnunquam durius feriunt increpationibus subditos; qui tamen a charitate eorum quos corripiunt non recedunt.

17. Sæpe Ecclesiæ censura arrogantibus videtur esse superbia; et quod a bonis pie fit, crudeliter fieri putatur a pravis, quia non discernunt recto oculo, quod a bonis recto fit animo.

18. Notandum est vehementer ab omni pontifice ut tanto cautius erga commissos agat, quanto durius a Christo se judicari formidat; nam sicut scriptum est: *In qua mensura mensi fueritis, remetietur vobis* (*Matth.* VII, 2).

19. Quotidie namque omnes delinquimus, et in multis erroribus labimur.

336 20. Qui enim nostris delictis clementes sumus, in alieno peccato rigorem tenere nequaquam debemus. Multi aliorum vitia cernunt, sua non aspiciunt. Et cum ipsi maximis criminibus obnoxii teneantur, minora peccata fratribus non dimittunt.

21. Hypocritæ trabem in oculo suo consistentem non sentiunt, et hærentem festucam in lumine fratris intendunt.

22. Facilius reprehendimus vitia aliena quam nostra. Nam sæpe quæ perversa in aliis judicamus, in nobis nocibilia esse minus sentimus; et quod in aliis reprehendimus, agere ipsi non erubescimus.

2. Ita Goth. Salm. et alii melioris notæ, cui Scripturæ et Hebraica veritas, et septuaginta interpretum Editio favet; *robustum* habet tamen Goth. Tolet. LOAISA.

Ibid. Alii cum Vulgata, *robustum, et scies, et probabis viam eorum.* AREV.

7. Alii, *non accusatione commissi.* AREV.

13. Ex Gregor., lib. XII epistolarum Petro subd. Siciliæ. LOAISA.

15. Lectionem Gothicor. reposuimus; putamus tamen rectam esse: *Quod si opus est aliquem salem v. i. asp.* LOAISA.

Ibid. Alii: *Quod si opus est aliquam medicamenti asperitatem verborum prædicatione aspergere.* AREV.

18. *Remetietur.* Al., *in ipsa remetietur.* AREV.

23. Facilius vitia uniuscujusque quam virtutes A intendimus; nec quid boni quisque gesserit agnoscere, sed quid mali egerit, perscrutamur.

CAPUT XLVII

De subditis.

1. Propter peccatum primi hominis humano generi pœna divinitus illata est servitutis, ita ut quibus aspicit non congruere libertatem, his misericordius irroget servitutem. Et licet peccatum humanæ originis per baptismi gratiam cunctis fidelibus dimissum sit, tamen æquus Deus ideo discrevit hominibus vitam, alios servos constituens, alios dominos, ut licentia male agendi servorum potestate dominantium restringatur. Nam si omnes sine metu fuissent, quis esset qui a malis quempiam prohibe- B ret? Inde et in gentibus principes, regesque electi sunt, ut terrore suo populos a malo coercerent, atque ad recte vivendum legibus subderent.

2. Quantum attinet ad rationem, *non est personarum acceptio apud Deum* (*Coloss.* III, 25), qui mundi elegit ignobilia et contemptibilia, et quæ non sunt ut ea quæ sunt destrueret, ne glorietur omnis caro, **337** hoc est, carnalis potentia coram illo. Unus enim Dominus æqualiter et dominis fert consultum, et servis.

3. Melior est subjecta servitus quam elata libertas. Multi enim inveniuntur Deo libere servientes sub dominis constituti flagitiosis, qui, etsi subjecti sunt illis corpore, prælati tamen sunt mente.

CAPUT XLVIII.

De prælatis.

1. Vir justus aut omni potestate sæculari exuitur, aut si aliqua cingitur, non sub illa curvatur, ut superbus tumeat, sed eam sibi subjicit, ut humilior innotescat. Probatur autem hoc apostolico exemplo, qui data sibi potestate, etiam nec ad hoc usus est quod decebat, sed, dum posset uti, licita abnuit, seseque ut parvulum in medio eorum quibus præerat ostendit (*I Thess.* II, 6, 7).

2. Qui in appetendis honoribus sæculi aut prosperitatibus mundi instanti desudat labore, et hic et in futuro vacuus invenitur **338** a requie; tantoque sarcinis peccatorum gravatur, quanto a bonis operibus existit alienus.

3. Quanto quisque amplius sæcularis honoris dignitate sublimatur, tanto gravius curarum ponderibus aggravatur; eisque magis mente et cogitatione subjicitur, quibus sublimitatis gradu præponitur. Nam, ut quidam Patrum ait: *Omne quod supereminet plus mœroribus afficitur quam honoribus gaudet.*

4. Quanto quisque curis mundi majoribus occupatur, tanto facilius vitiis premitur. Si enim vix valet peccata animus devitare quietus, quanto minus occupatione sæculari devinctus?

5. Non statim utile est omne potestatis insigne, sed tunc vere est utile, si bene geratur. Tunc autem bene geritur, quando subjectis prodest, quibus terreno honore præfertur. Potestas bona est, quæ a Deo donante est, ut malum timore coerceat, non ut

Cap. XLVII. N. 1. Gregor., lib. Moral. XXI, cap. 11, et August., lib. XIX de Civit. Dei, cap. 15. Loaisa.

Ibid. Verba sancti Augustini ad hanc rem: *Conditio.... servitutis jure intelligitur imposita peccatori.* Et iterum: *Nomen itaque istud* (servitutis) *culpa meruit, non natura.* Arev.

2. Ita Goth. Salmant., et excusi libri. *Confert consultum*, alii Mss. Loaisa.

Ibid. Goldastus, in not. ad cap. seq., n. 3, ita distinguendum monet hunc locum ex concilii Aquisgranensis prima Hadamarii Editione. Arev.

Cap. XLVIII. N. 1. Ex Gregor., lib. Moral. XXIV, cap. 30. Paulus, I Thess. II, sic inquit: *Non quærentes ab hominibus gloriam, neque a vobis, neque ab aliis, cum possemus oneri esse, ut Christi apostoli, sed facti sumus in medio vestrum parvuli.* Qui locus etiam a Gregor. eodem modo interpretatur lib. Moral. XXIV, cap. 30. Legitur vero in Goth. Salm. *quod decebat.* Itemque in aliis Mss. *Quod liccbat*, in Excusis. Loaisa.

Ibid. Hoc loco incipit opusculum *De prælatis*, quod Goldastus notis suis plerumque eruditis, interdum acatholicis prosecutus fuit, ut jam dixi. Quædam e notis seligam, quæ ad rem facere possint. Observat primo loco *prælatos* hic non esse præfectos Ecclesiarum, sed principes, ut vocant, sæculares, uti apud eumdem Isidorum in libro de Contemptu mundi, versus finem, caput inscribitur *De prælatione*, et in altero Synonymorum *De prælatis ac subditis.* Voces *præsul*, *præpositus*, *prælatus*, denotant cujuslibet rei præfectum; sed usus jam obtinuit ut ad præfecturas ecclesiasticas referantur. Sententia prima illustrari potest ex Synonymis Isidori, cap. ultim., cap. 33 et 42 hujus lib. III, ex concilio Aquisgranensi I, cap. 18 et 24, Tertulliano in libro de Idololatria, Cicerone et aliis. Pro *innotescat*, Gol- C dastus in suo Ms. legebat *innotescatur*, quod re vera Isidorianum videtur. Nam et apud Braulionem, et apud Isidorum, occurrit *innotesco* active. In eodem Ms. sic erat: *Qui datam sibi potestatem nec ad hoc usus est quod decebat, sed dum possit utere licita abnuit.* Corrigebat Goldastus, *posset uti re licita, abnuit.* Isidorus sæpe adhibet *utor* cum accusativo; atque adeo posset distingui, *posset uti licita, abnuit*; hoc est, *uti rebus licitis.* Arev.

2. Codex Goldasti, *qui ad potiendis honoribus*, specie quadam solœcismi, ut § 3 Instit. de lege Aquilia, *ad exercitandis militibus*, ex veteribus libris, teste Cujacio. Pro *invenitur* Eglinus corrigit *invenietur.* Rem explicat Isidorus, in Synonymis, versus finem lib. II, sub titulis *De prælatis ac subditis*, et *Qualiter se quisque habere debeat in honoribus.* In *tantoque... quanto* est hellenismus, positivus pro comparativo. Arev.

3. Est apud Gregor., lib. XXXIII Moral., cap. 19, et affertur d. 45, cap. *Nervi.* Et ibi non est *super-* D *eminet*, sed *omne quod hic eminet.* Loaisa.

Ibid. *Quanto quisque*, etc. Vide Etymolog. lib. IX, cap. 3. Versus cujusdam poetæ laudatur:

Tu si animo regeris, rex es; si corpore, servus.

Arev.

4. Ms. Goldasti, *tanto infelicioribus vitiis premitur*, quo nihil elegantius, nihil venustius dicit Goldastus; *infelix* agendi notione, quod infelicem reddat. Arev.

5. Alii, *quando a Deo donante est*; vel *quæ a Deo data est.* Goldastus rectius putat cum suo ms., *non ut timore malum committat. Nihil pejus quam per potestatem peccandi libertatem habere.* Corrigit locum Augustini apud Prosperum, in Sententiis, *nihil est infelicius felicitate peccandi*, pro *felicitate peccantium.* Arev.

temere malum committat. Nihil autem pejus quam per potestatem peccandi libertatem habere; nihilque infelicius male agendi facultate.

6. Qui intra sæculum bene temporaliter imperat, sine fine in perpetuum regnat; et de gloria sæculi hujus ad æternam transmeat gloriam. Qui vero prave regnum exercent, post vestem fulgentem et lumina lapillorum, nudi et miseri ad inferna torquendi descendunt.

7. Reges a *recte agendo* vocati sunt, ideoque recte faciendo regis **339** nomen tenetur, peccando amittitur. Nam et viros sanctos proinde reges vocari in sacris eloquiis invenimus, eo quod recte agant, sensusque proprios bene regant, et motus resistentes sibi rationabili discretione componant. Recte enim illi reges vocantur, qui tam semetipsos, quam subjectos, bene regendo modificare noverunt.

8. Quidam ipsum nomen regiminis ad immanitatem transvertunt crudelitatis; dumque ad culmen potestatis venerint, in apostasiam confestim labuntur, tantoque se tumore cordis extollunt, ut cunctos subditos in sui comparatione despiciant, eosque quibus præesse contigit non agnoscant. Quibus congrue per Ecclesiastem dicitur: *Ducem te constituerunt, noli extolli, sed esto illis quasi unus ex ipsis* (*Eccli.* XXXII, 1).

9. Dum mundi reges sublimiores se cæteris sentiunt, mortales tamen se esse agnoscant; nec regni gloriam qua in sæculo sublimantur aspiciant, sed opus quod secum ad inferos deportent intendant. **340** Si ergo carebunt hujus temporis gloria, illa agant quæ post finem sine fine possideant.

10. Dum Apostolus dicat: *Non est potestas nisi a* A *Deo* (*Rom.* XIII, 1), quomodo Dominus per prophetam de quibusdam potestatibus dicit: *Ipsi regnaverunt, sed non ex me* (*Ose.* VIII, 4)? Quasi diceret, non me propitio, sed etiam summe irato. Unde et inferius per eumdem prophetam addidit: *Dabo*, inquit, *tibi regem in furore meo* (*Ose.* XIII, 11). Quo manifestius elucet bonam malamque potestatem a Deo ordinari; sed bonam propitio, malam irato.

11. Reges quando boni sunt, muneris est Dei, quando vero mali, sceleris est populi. Secundum enim meritum plebium disponitur vita rectorum, testante Job: *Qui regnare facit hypocritam propter peccata populi* (*Job* XXXIV, 30). Irascente enim Deo, talem rectorem populi suscipiunt, qualem pro peccato merentur. Nonnunquam pro malitia plebium B etiam reges mutantur, et qui ante videbantur esse boni, accepto regno fiunt iniqui.

CAPUT XLIX.

De justitia principum.

1. Qui recte utitur regni potestate, ita se præstare omnibus debet, ut quanto magis honoris celsitudine claret, tanto semetipsum mente humiliet, proponens sibi exemplum humilitatis David, qui de suis meritis non tumuit, sed humiliter sese dejiciens, dixit: *Vilis incedam, et vilior apparebo ante Deum, qui elegit me* (*II Reg.* VI, 22).

2. Qui recte utitur regni potestate formam justitiæ factis magis quam verbis instituit. Iste nulla prosperitate erigitur, nulla **341** adversitate turbatur; non innititur propriis viribus, nec a Domino C recedit cor ejus; regni fastigio humili præsidet animo; non eum delectat iniquitas, non inflammat cu-

6. *Qui intra sæculum*, etc. Vide Isaiam, LX, 3, et Apocalypsin, XXI, 24. Sententiam eamdem illustrat sanctus Bernardus, epist. 206 ad reginam Hierosolymorum. In nonnullis Editis erat *lapillorumque nitorem*. Goldastus præfert nostram lectionem cum suo Ms. et concilio Parisiensi, lib. II, cap. 1, et Aquisgranensi sub Ludovico Pio. AREV.

7. Hinc illud Petri I, II, et Lucæ, XIX. *Euge, bone serve, quia in modico fuisti fidelis, eris potestatem habens super decem civitates*: parabolas etiam quæ sunt de regibus, de justis fere hominibus interpretatur Greg., lib. Moral. XI, cap. 9, exponens illud Job XII: *Balteum regum dissolvit; qui membrorum suorum motus bene regere sciunt, non immerito reges vocantur.* LOAISA.

Ibid. Recte enim. Hoc Augustin. in psalm. LXXV D pie explicat in illud: *Terribili apud reges terræ. Esto rex terræ*, inquit, *et erit tibi terribilis Deus. Quomodo, inquies, ero rex terræ? Rege terram, et eris rex terræ. Noli ergo aviditate imperandi ponere tibi ante oculos provincias latissimas, qua tua regna diffundas: terram quam portas rege. Audi Apostolum regentem terram: « Non sic pugillor, quasi aerem verberans, sed castigo corpus meum, et in servitutem redigo. »* LOAISA.

Ibid. A recte agendo. Hoc etymon stoicum, et a philosophia petitum dicit Goldastus, non a grammatica; ac multos congerit scriptores, qui illud adoptarunt. Sententiam illustrant Salvianus lib. IV de Gubernat. Dei, sanctus Bernardus, in Sentent.; Nicolaus papa ad Michaelem imperatorem, et alii. Concilium Parisiense, lib. I, cap. 2, exhibet *noverunt pacificare* pro *modificare noverunt*. Goldastus melius putat *modificare*, quod pro *moderari* et *regere* posuit Cicero. AREV.

8. Posset legi per *Ecclesiasticum*; nam in hoc libro sunt laudata verba. Sed nihil mirandum si unus pro alio libro ab Isidoro nominetur, præsertim cum Ecclesiasticus et Ecclesiastes passim ab aliis quoque confundantur, quod unus eorum auctor Salomon a multis credatur. Cæterum Patres concilii Moguntini, sub Arnulpho, qui Isidorum præ manibus habebant, cap. 2, *Ecclesiasticum*, non *Ecclesiasten*, appellant. AREV.

9. *Quod secum*, etc. Goldastus locum hunc manifesto corruptum asserit, atque inanem operam consumit, ut eum ad sanitatem revocet. Non enim ipse meliorem lectionem profert, scilicet, *quod secum adferant, deportare intendant*. Pro, *si ergo carebunt hujus temporis gloria*, alii habent, *si ergo amissuri sunt hujus temporis gloriam*. AREV.

10. *De quibusdam potestatibus*. Al., *de quorumdam principatu*. Verba Osee, *sed non ex me*, alii citant *et non ex me*, alii *et non per me*. Superfluum videri possit verbum *inquit* post *addidit, Dabo*. Sed hujusmodi species elocutionis alibi etiam occurrit et apud Latinos et apud Græcos scriptores, ut observat Goldastus. AREV.

11. *Disponitur*. Collectores canonum addunt *a Deo*, uti etiam Isidorus supra, cap. 39 hujus libri, num. 3. AREV.

CAP. XLIX. N. 1. II Reg. VI. Gregor., lib. Moral. XXVII, cap. 26. LOAISA.

Ibid. Multa quæ in his capitibus ab Isidoro proferuntur, repetita exstant in conciliis Parisiensi, Moguntino, et Aquisgranensi, quorum verba cum Isidoriano textu accurate confert Goldastus. De clementia principum videndi sanctus Fulgentius, de Veritate prædestinationis et gratiæ; et ipse Isidorus, in Synonymis, loc. cit. AREV.

piditas; sine defraudatione alicujus ex paupere divitem facit; et quod justa potestate a populis extorquere poterat, sæpe misericordi clementia donat.

3. Dedit Deus principibus præsulatum pro regimine populorum, illis eos præesse voluit, cum quibus una est eis nascendi moriendique conditio. Prodesse ergo debet populis principatus, non nocere; nec dominando premere, sed condescendendo consulere, ut vere sit utile hoc potestatis insigne, et dono Dei pro tuitione utantur membrorum Christi. Membra quippe Christi fideles sunt populi, quos dum ea potestate, quam accipiunt, optime regunt, bonam utique vicissitudinem Deo largitori restituunt.

4. Bonus rex facilius ad justitiam a delicto regreditur quam de justitia ad delictum transfertur, ut noveris hic esse casum, illic propositum. In proposito ejus esse debet nunquam egredi a veritate. Quod si casu titubare contigerit, mox resurgere.

CAPUT L.

De patientia principum.

1. Plerumque princeps justus etiam malorum errores dissimulare novit, non quod iniquitati eorum consentiat, sed quod aptum tempus correctionis exspectet, quando eorum vitia vel emendare valeat, vel punire.

2. Multi adversus principes conjurationis crimine deteguntur, sed probare volens Deus clementiam principum, illos male cogitare permittit, istos non deserit. De illorum malo bene istis facit, dum culpas quas illi faciunt isti mira patientia indulgent.

342 3. Reddere malum pro malo vicissitudo justitiæ est: sed qui clementiam addit justitiæ, non malum pro malo culpatis reddit, sed bonum pro malo offensis impertit.

A 4. Difficile est principem regredi ad melius, si vitiis fuerit implicatus. Populi enim peccantes judicem metuunt, et a malo suo legibus coercentur. Reges autem, nisi solo Dei timore metuque gehennæ coerceantur, libere in præceps proruunt, et per abruptum licentiæ in omne facinus vitiorum labuntur.

5. Quanto quisque in superiori constitutus est loco, tanto in majori versatur periculo; et quanto splendoris honore excelsior quisque est, tanto, si delinquat, peccator major est. *Potentes enim potenter tormenta patientur* (*Sap.* VI, 7). Cui etenim plus committitur, plus ab eo exigitur, etiam cum usura pœnarum.

6. Reges vitam subditorum facile exemplis suis vel ædificant, vel subvertunt, ideoque principem
B non oportet delinquere, ne formam peccandi faciat peccati ejus impunita licentia. Nam rex qui ruit in vitiis cito viam ostendit erroris, sicut legitur de Jeroboam, qui peccavit et peccare fecit Israel (*Eccli.* XLVII, 29). Illi namque ascribitur, quidquid exemplo ejus a subditis perpetratur.

7. Sicut nonnulli bonorum principum Deo placita facta sequuntur, **343** ita facile multi prava eorum exempla sectantur. Plerique autem apud iniquos principes necessitate magis quam voto mali existunt, dum imperiis eorum obediunt. Nonnulli autem sicut prompti sunt sequi reges in malum, sic pigri sunt imitari illos in bonum.

8. Sæpe unde mali reges peccant, inde boni jus-
C tificantur, dum præcedentium cupiditatem et malitiam corrigunt. Nam re vera peccatis eorum communicant, si, quod illi diripuerunt, isti retentant.

3. Sanctus Athanasius, in Vita sancti Antonii: *Licet enim diversa sit dignitas, attamen eadem nascendi moriendique conditio est.* Pro hujus sententiæ illustratione consulendus Lipsius, Politic. II, cap. 6. Verbum *condescendo* in hoc sensu occurrit apud sanctum Gregorium Magnum, Lupum, Ferrariensem abbatem, et alios. Legendum videtur *pro tuitione.* AREV.

4. Alii, *nunquam deviare a veritate... mox resurgere non pigeat.* AREV.

CAP. L. N. 1. De moderatione et patientia principum Lipsius, in Politic.; sanctus Gregorius Magnus, Moral. lib. XIX, cap. 23, et alii. Pro *novit*, alii *debet.* AREV.

2. *Male cogitare.* Al., *male machinari.* AREV.

3. *Sed qui clementiam*, etc. Gratianus, distinct. 45, cap. 23, q. 4.; Augustinus, Enchirid., c. 75; Gregorius Magnus, Moral. lib. XX, part. IV, cap. 6; Isidorus noster, Synonym., loc. cit., et alii plures. Goldastus *culpatis* interpretatur *culpantibus*, seu *culpam committentibus*, et *offensis* simili modo *offendentibus*, ut apud alios *sacrificatis* sumitur pro *sacrificantibus*, *implicatis* pro *implicantibus*, etc. AREV.

4. Excitat hunc locum Rodericus Sanctius de Arevalo, Specul. vit. hum. lib. I, cap. 2. Pro *coerceantur*, alii *se coercuerint*, aut quod sustinere vult Goldastus ex antiquitatis imitatione, *coercerint.* AREV.

5. *Quanto quisque*, etc. Augustinus, in Regul., sive epistola 211, ad Monachas; Isidorus, in libris citatis de Contemptu mundi, et de Synonymis, et alii. Goldastus, cum suo Ms. et Roderico, præfert *peccator major est.* Rodericus habet, *peccatum gravius.* AREV.

6. *Non oportet.* Al., *non decet.* Goldastus observat verba hæc: *Nam rex, qui ruit in vitiis, cito viam ostendit erroris*, versum iambicum tetrametrum catalecticum esse, et exstare in Mss. Publii Syri Mimis. Notat etiam lib. IV Vigilii contra Eutych. exstare versum hexametrum:

Quem callens astris quæsivit cura magorum,

D qui dubio procul, ait, a vetusto poeta acceptus est. Certe a Juvenco, ut adverti in notis ad ejus lib. I, 293. Vezzosius ad marginem indicaverat IV Reg. XIII, 4. Sed, ut ipse advertit, eo loco non sermo est de Jeroboam, sed de Joachaz. AREV.

7. Goldasti Codex, corrupte, *bonum in principium.* Ex quo ipse corrigit: *Sicut nonnulli bonum ri principum, et Deo placita facta sequuntur.* Sic infra *rigors principum conterantur.* Verum recte procedit lectio vulgata hoc sensu: Sicut nonnulli sequuntur bonorum principum facta Deo placita, ita, etc. Pro *quam voto* Eglinus volebat *quam voluntate*, quod minime probandum. AREV.

8. *Deripuerunt.* Al., *diripuerunt.* Goldastus præfert *deripuerunt*, ex sententia Isidori, in libro Different. verbor., inter *Deripere* et *Diripere*, etc., scilicet in libro Differentiarum sine ordine alphabetico ad appendices rejecto, num. 218. Hanc sententiam mirifice illustrant Patres concilii VIII Toletani: *Quosdam conspeximus reges*, etc. AREV.

9. Cujus peccatum quisque sequitur, necesse est ut ejus pœnam sequatur. Neque enim impar erit supplicio, cujus errori quisque par est, ac vitio.

CAPUT LI.

Quod principes legibus teneantur.

1. Justum est principem legibus obtemperare suis. Tunc enim jura sua ab omnibus custodienda existimet, quando et ipse illis reverentiam præbet.

2. Principes legibus teneri suis, neque in se posse damnare jura quæ in subjectis constituunt. Justa est enim vocis eorum auctoritas, si, quod populis prohibent, sibi licere non patiantur.

3. Sub religionis disciplina sæculi potestates subjectæ sunt; et quamvis culmine regni sunt præditi, vinculo tamen fidei tenentur **344** astricti, ut et B fidem Christi suis legibus prædicent, et ipsam fidei prædicationem moribus bonis conservent.

4. Principes sæculi nonnunquam intra Ecclesiam potestatis adeptæ culmina tenent, ut per eamdem potestatem disciplinam ecclesiasticam muniant. Cæterum intra Ecclesiam potestates necessariæ non essent, nisi ut, quod non prævalet sacerdos efficere per doctrinæ sermonem, potestas hoc imperet per disciplinæ terrorem.

5. Sæpe per regnum terrenum cœleste regnum proficit, ut qui intra Ecclesiam positi contra fidem et disciplinam Ecclesiæ agunt, rigore principum conterantur; ipsamque disciplinam, quam Ecclesiæ humilitas exercere non prævalet, cervicibus superborum potestas principalis imponat; et ut venerationem C mereatur, virtute potestatis impertiat.

6. Cognoscant principes sæculi Deo debere se rationem reddere propter Ecclesiam, quam a Christo tuendam suscipiunt. Nam sive augeatur pax et disciplina Ecclesiæ per fideles principes, sive solvatur, A ille ab eis rationem exiget, qui eorum potestati suam Ecclesiam credidit.

345 CAPUT LII.

De Judicibus.

1. Ad delictum pertinet principum, qui pravos judices contra voluntatem Dei populis fidelibus præferunt. Nam sicut populi delictum est quando principes mali sunt, sic principis est peccatum quando judices iniqui existunt.

2. Bonus judex sicut nocere civibus nescit, ita prodesse omnibus debet. Aliis enim præstat censuram justitiæ, aliis bonitatem. Judicia sine personarum acceptione suscipit, qui non infirmat justitiam avaritiæ flamma, nec studet auferre alteri quod cupiat sibi.

3. Boni judices justitiam ad solam obtinendam salutem æternam suscipiunt, nec eam muneribus acceptis distribuunt, ut dum de justo judicio temporalia lucra non appetunt, præmio æterno ditentur.

4. Omnis qui recte judicat stateram in manu gestat, et in utroque penso justitiam et misericordiam portat. Sed per justitiam reddit peccati sententiam, per misericordiam peccantis temperat pœnam, ut justo libramine quædam per æquitatem corrigat, quædam vero per miserationem indulgeat.

5. Qui Dei judicia oculis suis proponit, semper timens, tremensque in omni negotio reformidat, ne, de justitiæ tramite devians, cadat; et unde non justificatur, inde potius condemnetur.

6. Neminem stultorum vel improborum oportet judicem esse. Nam stultus per ignaviam ignorat justitiam; improbus per cupiditatem corrumpit ipsam quam didicit veritatem.

7. Gravius lacerantur pauperes a pravis judicibus quam a cruentissimis hostibus. Nullus enim prædo tam cupidus in alienis quam judex iniquus in suis.

---

9. *Errori.* In textu Grialii *erroris*, mendose, ut arbitror. In nonnullis Mss., *errore*, quæ scriptio vetusta est in Pandectis, pro *errori*. Sententia obvia est apud Jureconsultos. AREV.

CAP. LI. N. 1. Apud Grat., d. 9, cap. *Justum est*. LOAISA.

Ibid. Multa Goldastus in hanc sententiam congerit, quæ minime necesse est repetere. Pro *obtemperare*, aliqui Mss. et Gratianus, *teneri*. AREV.

2. Ita apud Gratian., d. 9, cap. *Justum est*, in decreto Gregoriano recens correcto: *Nec in se convenit posse damnare jura quæ in subjectis constituunt.* LOAISA.

Ibid. Pro *damnare*, alii *frustrare*. Goldastus legit et distinguit: *constituunt, justum est. Est enim vocis eorum auctoritas.* Nihil mutavimus. AREV.

3. Etiam hoc argumentum copiose pertractat Goldastus et hoc loco, et in not. ad Valerianum. Videndum decretum Gratiani, dist. 96, cap. 6. AREV.

4. In c. *Principes*, 23, q. 5. Concil. Paris. I, cap. 2, et Aquisgr., part. III, cap. 1. LOAISA.

Ibid. Inscriptio apud Gratianum: *Quod sacerdotes efficere docendo non valent, disciplinæ terrore potestas extorqueat.* Advertit Goldastus non bene in nonnullis Gratiani Editionibus legi *in ecclesia* pro *intra Ecclesiam*, quod confirmat ex textu 23, q. 8, c. *Convenior*, ubi ait sanctus Ambrosius: *Imperator enim intra Ecclesiam est.* Toti huic sententiæ congruit concilium Matisconense II. *Convenit ergo ut, justitiæ et æquitatis in omnibus vigore servato, distringat legalis ultio* judicum quos non corrigit canonica prædicatio sacerdotum, etc. Pro *imperet*, nonnulli legunt *impleat*. Goldastus mavult *impetret*. AREV.

5. Apud Gratianum, dict. cap. *Principes*, ubi in decreto correcto legitur *et ut venerationem mereatur*. Quam lectionem in scholiis ex concilio Parisiensi sub Ludovico et Lotario, lib. II, cap. 2, Codices Gothi perantiqui habent, *ut venerationem mereatur, virtute potestatis impertiat*. LOAISA.

Ibid. Pro *humilitas*, Gratianus cum nonnullis Mss. *utilitas*. Paulo post magna discrepantia Codicum est. Alii, *et ut reverentiam mereatur, virtutem potestatibus* D *impertiat*. Concilium Parisiense, lib. II, cap. 2, *et ut venerationem mereatur, virtutem potestas impertiat.* Alii, *et ut veneratione mereatur, virtute potestatis impertiatur*. AREV.

6. *Cognoscant principes*, etc. Vide sanctum Augustinum, tract. 11, cap. 3, in Joann.; sanctum Leonem, epist. 29, ad Pulcheriam Augustam; Gratianum, 23, q. 4, c. 35, et alios collectores canonum. Hic desinit opusculum *de Prælatis*, quod commentario suo illustrandum Goldastus suscepit. Cæterum verba quæ ex Isidoro Gratianus sumpsit, contulit Berardus cum Isidori operibus, et descripsi in Isidorianis, cap. 32, et nominatim quod attinet ad libros Sententiarum, a num. 16. AREV.

CAP. LII. N. 2. *Qui non infirmat.* Alii omittunt *qui*. Grialius in utroque meo exemplari *quem*, quod mendum puto. AREV.

8. Latrones inaccessis faucibus ac latebrosis latentes, insidias ponunt, isti palam rapacitatis avaritia sæviunt.

346 9. Hostes in alienorum tantum sanguinem intendunt; judices, quasi crudelissimi carnifices civium, oppressione sua subjectorum vitam exstinguunt. Qui enim destruant multi sunt, rari sunt autem qui populos legum moderamine regant.

10. Plerumque et boni judices sunt, sed ministros rapaces habent. Horum figura, ut ait quidam, tanquam Scylla pingitur atque describitur: ipsa quidem humana specie, sed capitibus caninis accincta et circumdata. Non aliter quibusdam potestatibus accidit ut ipsorum humanitatem immanitas iniquorum sociorum perturbet.

11. Sæpe judices pravi cupiditatis causa aut differunt, aut pervertunt judicia; nec finiunt cœpta partium negotia, quousque marsupia eorum qui causantur, exhauriant. Quando enim judicant, non causam, sed dona considerant; et sicut negligentes sunt in discussione causantium, sic eorum damno solliciti sunt.

12. Judices pravi, juxta prophetæ verbum, quasi lupi vespere, non relinquunt in mane (*Soph.* III, 3); hoc est, de præsentis vitæ tantum commodis cogitant, non de futuris. Vita enim ista vesperum, futura vero mane accipitur. Et bene ait, *quasi lupi*, quia luporum more cuncta diripiunt, et vix pauca pauperibus derelinquunt.

13. Verbosi judices, et elati, ut sapientes videantur, non discutiunt causas, sed asserunt; sicque conturbant judicii ordinem, dum, non suo contenti officio, aliena præsumunt.

14. Quidam, dum judicare incipiunt, irascuntur, ipsamque judicii sententiam in insaniam vertunt. De quibus recte per prophetam dicitur: *Qui convertunt in furorem judicium.* Qui enim iratus judicat, in furorem judicium mutat, et ante profert sententiam, quam agnoscat.

15. Furor in judice investigationem veri non valet attingere, 347 quia mens ejus turbata furore ab scrutatione alienatur justitiæ.

16. Iracundus judex judicii examen plene contueri non valet, quia caligine furoris non videt. Qui autem repulso furore discutit, facilius ad contuendam veri- D

A tatem mentis serenitate consurgit, et sine ulla perturbatione ad æquitatis intelligentiam pervenit.

CAPUT LIII.

De acceptione personarum.

1. Non est persona in judicio consideranda, sed causa; scriptum est enim: *Non accipias personam in judicio* (*Levit.* XIX, 15; *Deut.* I, 17; *Prover.* XXIV, 23; *Eccle.* XLII, 1). Et iterum: *Non misereberis pauperis in judicio.* Qui enim consanguinitatis vel amicitiæ favore, sive inimicitiarum odio, judicium pervertunt, sine dubio in Christum, qui est veritas et justitia, peccare noscuntur.

2. Iniqui judices errant in veritate sententiæ, dum intendunt in qualitatem personæ, et exulcerant sæpe justos, dum improbe defendunt iniquos; qui autem
B recte præsidere studet, nec partem palpare novit, nec cohibere a justitia didicit.

CAPUT LIV.

De muneribus.

1. Qui recte judicat, et præmium inde remunerationis exspectat, fraudem in Deum perpetrat, quia justitiam, quam gratis impertiri debuit, acceptione pecuniæ vendit.

2. Bonis male utuntur qui juste pro temporali lucro judicant. Tales quippe ad veritatem non justitiæ defensio, sed amor præmii provocat. Quibus si spes nummi subtrahitur, confestim a justitiæ defensione recedunt.

3. Acceptio munerum prævaricatio veritatis est. Unde et pro justo dicitur: *Qui excutit manus suas ab*
C *omni munere, iste in excelsis habitat* (*Isai.* XXXIII, 15, 16).

348 4. Dives muneribus cito corrumpit judicem. Pauper autem, dum non habet quod offerat, non solum audiri contemnitur, sed etiam contra veritatem opprimitur.

5. Cito violatur auro justitia, nullamque reus pertimescit culpam, quam redimere nummis existimat. Plus enim obtinet mentem censoris amor lucri quam æquitas judicii.

6. Tres sunt munerum acceptiones, quibus contra justitiam humana vanitas militat, id est favor amicitiarum, adulatio laudis et corporalis acceptio muneris. Facilius autem pervertitur animus rei corporeæ munere quam gratiæ laudisque favore.

7. Quatuor modis pervertitur humanum judicium,
D timore, cupiditate, odio et amore. Timore, dum

---

10. Scyllæ rapacitatem, cui rapaces judices ille, quisquis est, comparat, Virgil., VI Eclog., verbis indicat:

Candida succinctam latrantibus inguina monstris
Dulichias vexasse rates, et gurgite in alto
Ah! timidos nautas canibus lacerasse marinis.

Vide Servium, in eo loco, de duplici Scylla, et Virgilium ipsum, de Cyri ad Messalam et Fulgentium, in Mythologicis. LOAISA.

Ibid. Corrupta erat nota Loaisæ in utroque meo exemplari Grialii, *cui rapaces judicium ille quisquis est.* AREV.

11. Alii, *in discussione causarum.* AREV.

12. Locus est Sophoniæ III: *Judices ejus lupi, vespere non relinquebant in mane.* Atque ita legunt Mss. LOAISA.

13. *Sed asserunt.* Editio vetus, *sed afferunt.* Utrumque obscurum. AREV.

CAP. LIII. N. 1. August., tract. 30, in Joann., ad illud: *Nolite judicare secundum faciem, sed rectum judicium judicate, cap.* 7. Levit. XIX. Deut. I et XIX. Proverb. XXIV. Eccli. XLII. LOAISA.

CAP. LIV. N. 2. *Amor præmii.* Al., *amor pecuniæ.* AREV.

4. Grat., 11, q. 3, et Burchar., lib. XVI, cap. 28. LOAISA.

6. Ex Gregor. Homil. 4 in Evang. LOAISA.

7. Alii *adversu* pro *adversari*, et *complacere* pro *præstare*; sed bene est *præst re*, pro prodesse, ut alibi etiam in notis ad hoc opus dictum. AREV.

metu potestatis alicujus veritatem loqui pavescimus. A Cupiditate, dum præmio muneris alicujus corrumpimur. Odio, dum contra quemlibet adversari molimur. Amore, dum amico vel propinquis præstare contendimus. His enim quatuor causis sæpe æquitas violatur, sæpe innocentia læditur.

CAPUT LV.

De testibus.

1. Et si mendacium gratis dicitur, quanto magis si venale quæritur? Neque enim deerit multiplex conventus falsorum, si tantum præsentia sit nummorum.

2. Testis falsidicus tribus est personis obnoxius. Primum Deo, quem perjurando contemnit; secundo judici, quem mentiendo fallit; postremo innocenti quem falso testimonio lædit.

3. Unum pene crimen habent, et qui falsitatem B promit, et qui supprimit veritatem, quia ille obesse vult, et iste prodesse non vult. Pejor est testis qui lædit quam qui præstare non vult. Nam ille malignus est, iste inutilis.

349 4. Testibus falsis conjunctis tarde mendacii falsitas reperitur. Quod si separati fuerint, examine judicantis cito manifestantur. Nam sicut in unitate pravorum grandis est fortitudo, ita in separatione major infirmitas.

5. Fraudulentiæ cito reprehenditur mendacium, falsidicorum enim testimonium sibi non convenit.

6. Iniquus testis, quamvis sua falsitate corpori rebusque impediat, animo tamen nihil damni conferet. Erit autem ille apud Deum condemnatus, qui C adversus innocentem falsum testimonium vel dicit, vel dicentibus credit. Nam non solum ille reus est, qui falsum de alio profert, sed et is qui cito aurem criminibus præbet.

7. Qui metu potestatis veritatem occultat, ejusdem veritatis iracundiam sibi cœlitus provocat, quia plus pertimescit hominem quam divinam trepidat indignationem. Beatus cujus testimonio innocens ab scelere objecto purgatur; impius, cujus proditione etiam iniquus perimitur. Neque enim decet Christianum morti obnoxium prodere, et ad effundendum sanguinem infelicium vocem testificationis præbere. Sermo enim justi hominis tantum ad ministerium debet esse salutis; ira enim indignationis et tribulationis, et immissiones per angelos malos.

CAPUT LVI.

De causidicis.

1. Negotiorum forensium sectatores propter proximi dilectionem sæculare negotium deserere debent, aut certe, manente proximi charitate, negotium sequantur terrenum. Sed quia perrarum est ut inter jurgantes charitas maneat, postponenda est rei causatio, ut perseveret dilectio.

2. Antiqui forensem eloquentiam caninam facundiam nuncupabant, **350** eo quod causidici in certaminibus causarum, omissis quæ agunt, veluti canes alterutrum sese lacerant, jurgiaque causarum ad injurias suas commutant.

CAPUT LVII.

De oppressoribus pauperum.

1. Pauperum oppressores tunc se sciant graviori dignos sententia, quando prævaluerint his quibus nocere voluerint. Nam tanto atrocius futuro supplicio condemnandi sunt, quanto hic fortius contra miserorum vitam invaluerint.

2. Audiant judices, et qui præsunt populis, quia pro temporalibus molestiis, quas plebibus ingerunt, æterno incendio cremabuntur, testante Domino per Isaiam prophetam: « Iratus, *inquit*, sum super populum meum, et dedi eos in manu tua; non posuisti eis misericordiam, sed aggravasti jugum tuum valde. Descende in pulvere, sede, tace et intra in tenebras. Veniet super te malum, et nescies; et irruet super te calamitas quam non poteris expiare. Veniet super te repente miseria quam nescis » (*Isai.* XLVII, 5).

3. Magis mala facientibus quam mala patientibus dolere debemus. Illi enim prava faciendo in malum proficiunt; isti patiendo a malo corriguntur. Deus autem per malas voluntates aliorum in aliis multa operatur bona.

4. Malignantium hominum voluntas nequaquam potest impleri, nisi Deus dederit potestatem. Nam dum homines, Deo permittente, malum quod concupiscunt perficiunt, ipse dicitur facere qui permittit. Inde est quod scriptum est per prophetam: *Si erit malum quod Dominus non fecit.* Verumtamen quod iniqui **351** mala ex voluntate quærunt, idcirco Deus perficiendi dat potestatem per suam bonam

CAP. LV. N. 3. Advertit Vezzosius, hanc sententiam integram hoc loco a Margarino et Loaisa non poni. A Grialio quidem hoc eodem loco ponitur; a Margarino non multo post, scilicet post sententiam, num. 5. AREV.

6. Alii: *Rebusque officiat, animo tamen nihil oberit: imo maximum lucrum confert, si impetitus æquanimiter tulerit. Erit autem*, etc. AREV.

CAP. LVI. N. 2. Hieronym., in epist. ad Augustin. *Sed incidit*, inquit, *tempus difficillimum, quando mihi tacere melius fuit quam loqui, ita ut studia nostra cessarent, et juxta Appium canina exerceretur facundia.* Et adversus Luciferianos: *Proxime accidit ut quidam Luciferi sectator, cum alio Ecclesiæ alumno odiosa loquacitate contendens, caninam facundiam exercuerit.* Et Lactant. lib. VI, cap. 18: *Sed quia ipse caninam* D *illam facundiam (sicut Sallustius ab Appio dictum refert) exercuit, voluit quoque hominem canino more vivere, ut remorderet.* Exstantque duo Sallustii fragmenta, in quibus hoc Appii de canina facundia dictum refertur. Prudentius quoque in Hamartigenia:

Inde canina foro latrat facundia.

LOAISA.

Ibid. De canina eloquentia jam dixit Isidorus, in Exod. XIV, 9. A rabie canina *rabulas* dici Nonius existimat. Plura in hanc rem ex antiquis scriptoribus profert Becmanus, de Origin. Lat. ling., pag. 901, verbo *Rabbi*. AREV.

CAP. LVII. N. 2. Alii cum Vulgata: *Et nescies ortum ejus; et irruet*, etc. AREV.

3. Gregor., lib. XX Moral., cap. 21. LOAISA.

voluntatem, quia de nostro malo ipse multa bona operatur.

5. Quidam, cum Dei voluntati resistunt, nescientes Dei consilium faciunt; quo noveris sic Deo subjecta esse omnia, ut et ipsi qui ejus dispositioni adversantur ejus impleant voluntatem.

6. Propterea in hac vita boni judicantur a malis, ut iterum in illa vita mali judicentur a bonis; sive ut etiam sit hic bonis temporalis afflictio, et illic æterna remuneratio.

7. Idcirco sunt necessarii mali, ut quoties boni offundunt, flagellentur ab illis. Hinc est quod Assur virgam furoris sui testatur Dominus (*Isai.* x, 5, 7); sed quoties ita fit, de Dei indignatione procedit, ut Deus per illos in eos sæviat quos flagellando emendare desiderat. Sed ille justissima voluntate, illi vero sæpe crudeli intentione, sicut per Prophetam de eodem Assur dicitur: *Ipse autem non sic arbitratur, sed ad conterendum paratum est cor ejus.*

8. Atrocem super eos divinum furorem venturum, qui existunt persecutores et violenti fidelibus. Consolando enim per prophetam Deus suos, ita judicare promittit adversarios: *Eos*, inquit, *qui judicaverunt te, ego judicabo; et cibabo hostes tuos carnibus suis, et quasi a musto, sanguine suo inebriabuntur.* (*Isai.* XLIX, 25, 26).

9. Habet aliquem usum et malorum iniquitas, quod electos Dei suis morsibus laniant, ac per hoc vita impiorum sibi deperit; justorum autem non perit, sed proficit, dum eos mali per tribulationis exercitium ad præsentem odiendam vitam et futuram desiderandam erudiunt.

10. Interdum enim prodest perversorum pravitas utilitati justorum, dum eos malitia sua erudiunt et ad regna cœlorum requirenda molestia temporali impellunt. Probatur hoc exemplis Israeliticæ plebis, quæ tunc durius agebatur in Ægypto (*Exod.* III), quando oportebat eam per Moysen ad terram repromissionis vocari, et ex malis quæ in Ægypto patiebatur discedere, et ad promissam patriam festinare.

11. Iniqui, dum constantiam justi in persecutionibus suis aspiciunt, mentis confusione tabescunt. Et dum adversa ostentant, **352** nec vincunt, tandem de suæ perversitatis insania confunduntur.

12. Stulti contra bonos studium semper assumunt, quibus dum prosperitas elucet, jactanter de suis meritis gloriantur, et bonorum atque justorum afflictionibus detrahunt; dumque eis adversa contigerint, mox ad blasphemiam pusillanimitate animi convertuntur.

13. Quidam simplicium nescientes dispensationem Dei, in malorum profectibus scandalizantur, dicentes, juxta prophetam: *Quare via impiorum prosperatur, bene est omnibus qui prævaricantur et inique agunt* (*Jerem.* XII, 1)? Qui ergo hoc dicunt, non mirentur quod pravorum hominum temporalem et caducam felicitatem aspiciunt; sed magis novissima eorum intendant, quanta illis post hæc æterna supplicia præparentur, dicente propheta: *Ducunt in bonis dies suos, et subito ad inferna descendunt.* (*Job* XXI, 13).

CAPUT LVIII.

De tribulatione justorum.

1. Justus in adversis probari se cognoscat, non dejici.

2. Viri sancti plus formidant prospera quam adversa, quia Dei servos prospera dejiciunt, adversa vero erudiunt. Ideoque sancti viri constantia ita portare debet adversa, ut frangi non queat.

3. Tunc magis sunt Dei oculi super justos, quando eos affligi ab iniquis providentia superna permittit. Nam tunc eis gaudia disponuntur æterna, quando præsenti tribulatione probantur.

4. Omnes vitæ hujus tribulationes aquis comparantur prætereuntibus; **353** propterea, quia si quid in hac vita tribulationis acciderit, non stat, sed celeriter transit.

5. Qui vitæ futuræ præmia diligenter excogitat, mala omnia vitæ præsentis æquanimiter portat, quoniam ex illius dulcedine hujus amaritudinem temperat, et ex æternitate illius brevitatem hujus despicit transitoriam.

6. Gravari diverso malo temporali pro utilitate eorum est, quod vitæ istius mala perferunt, quia cum dolore gravantur, cupiditatis, et luxuriæ, vitiorumque cæterorum mala non appetunt.

7. Plus prodesse saluti tentationes sæculi quam prosperitates (constat), nam ex prosperitate in deterius itur, ex tentationis dolore in melius proficitur.

8. Unusquisque ad tentationem animum præparare debet (*Eccli.* II, 1). Minus enim dum speratur tentatio, gravat; dure autem premit, si non sperata advenerit.

9. Sapientis est contra omnia adversa ante meditari; nec inveniri casus debet, quem non consilia ejus præveniant.

---

9. Ita nonnulli Mss. *Moribus* uterque Goth. et vet. Ed. LOAISA.

10. Greg., lib. XXVI Moral., c. 9. LOAISA.

12. Alii, *studium nocendi semper assumunt.* AREV.

CAP. LVIII. N. 1. Gregor., lib. XXXI Moral., cap. 23. LOAISA.

2. Idem, lib. Moral. V, cap. 1. LOAISA.

3. Idem, lib. XX Moral., c. 21. LOAISA.

4. Aquæ significatio multiplex est in divinis litteris, ut constat ex Gregor. lib. Moral. XIX, cap. 4, unde desumpta est hæc sententia, ad illud Job XXIX: *Et aquis appendit mensuras. Aqua*, inquit, *in Scriptura sacra aliquando Spiritum sanctum, aliquando scientiam sacram, aliquando scientiam pravam, aliquando tribulationem, aliquando defluentes populos, aliquando mentes bonorum, fidei prædicamenta sequentium designare solet.* August., cap. 62, in prima canonica Joannis, homil. 6: *Nonne aquæ multa significant? quibusdam locis Spiritum sanctum*, etc. Et libro diversarum quæstionum ad Oros., q. 51, significatur præter alia nomine aquæ omnis potus; ipse, quæst. in Exod. et lib. locutionum Exodi. LOAISA.

CAPUT LIX.

De amatoribus mundi.

1. Mundi amatores non solum ex eo rei sunt quod infima pro summis appetunt, verum etiam et miseri per hoc, quod gravi ærumna ad ipsa desiderata pertingunt.

2. Gravius torquetur impius mundi exaggerando commoda, quam justus tolerando adversa. Qui enim bona mundi diligit, velit, nolit, timoris et doloris pœnæ succumbit. Quique plusquam oportet res transitorias diligunt, majorem sibi ingerunt dolorem res ablatæ quam amorem parturiebant possessæ. Cum gravi enim dolore amittuntur quæ cum magno amore habentur. Minus autem carendo dolemus quæ minus possidendo diligimus.

3. Sciant sæculi lucra sectantes quantum sint vana vel adversa quæ diligunt, quæ etiam nec in hoc sæculo sine contritione gravi conquirunt, et pro quibus in futuro supplicio pœnas dabunt.

354 4. Ilis qui in voluntate sæcularium desideriorum persistunt, bene per testimonium prophetæ dicitur: *Factus est Ephraim panis subcinericius, qui non reversatur* (*Ose* VII, 8); id est, ita obruuntur cæcitate sæcularis amoris, ut nunquam resipiscant ad Deum amorem retorquere mentis.

5. Multis mortuus est mundus, ipsi tamen vicissim mundo mortui non sunt. Bona enim sæculi diligunt, et tamen ipsa, quæ diligunt, minime consequuntur; in utroque vacui, quia et futura perdunt, et præsentia non acquirunt.

6. Egestas est electorum, quod peregrinantur a bonis sempiternis, et in hoc exsilio diutius remorantur. Egestas est reproborum, quod abundant divitiis, et virtutibus vacuantur, seque esse inopes nesciunt. Quod probatur per Apocalypsim Joannis, qui contra hujus mundi amatores sic ait: *Dicis quod dives sum, et locuples, et nullius egeo; et nescis quia tu es miser, et miserabilis, et pauper, et cæcus, et nudus* (*Apoc.* III, 17).

7. Gloriæ temporalis sequaces, etsi nitidi sunt foris fulgore potentiæ, interius tamen vacui sunt elatione superbiæ; sicuti calami exterius quidem nitent, sed interius vacuantur.

8. Ob hoc reprobi exterius, ut calami, nitidi; interius vacui. Electi vero exterius, quasi arborum cortices, fœdi; interius vero solidi.

A 9. Qui pretioso cultu incedunt, audiant prophetam, quemadmodum detestatur eorum corporalia ornamenta, et quos successus habeat cultus compositus et ornatus, hoc est, *pro suavi odore fetorem, et pro zona funiculum* (*Isai.* III, 24), et cætera.

10. Legant prophetam divites, quorum spes opulentia est, et **355** audiant eum dicentem: *Væ qui opulenti estis* (*Amos* VI, 1)! Quanto enim quisque potentia minor est, tanto magis liber a peccato est. Nam patrimonium grande tentatio est.

11. Plus venerantur homines in hoc sæculo pro temporali potentia, quam pro reverentia sanctitatis. Suspiciunt enim quod magis sunt divites, et quod homines sunt, omnino despiciunt.

12. Sunt quidam justi, qui sine læsione cujusquam
B suis rebus utuntur. Item sunt quidam divites humiles, quos non inflat superbia rerum, veluti plerique fuerunt sancti Veteris Testamenti, qui et affluebant divitiis, et tamen humilitate pollebant. At contra quosdam superbos divites rerum copia facit elatos, quorum non sunt opes in vitio, sed voluntas. Nam crimen in rebus non est, sed in usu agentis.

13. Est et elatio pauperum, quos nec divitiæ elevant, et voluntas sola in eis superba est. His etsi opes desunt, propter mentis tamen tumorem plusquam superbi divites condemnantur.

14. Securus vult esse dives, pauper esse non vult. Sed quomodo erit dives quietus, quem suis stimulis res ipsæ, ne careantur, semper faciunt inquietum? Et ideo eligit cupiditas inquietum esse, et timidum
C divitem, quam securum pauco sumptu contentum esse et pauperem.

15. Bonis bene utuntur qui divitiis sibi concessis in rebus salutaribus perfruuntur. Bonis male utuntur qui aut juste pro temporali lucro judicant, aut aliquid boni pro vanæ gloriæ appetitu faciunt. Malis male utuntur qui noxias cogitationes operibus pravis perficiunt. Bene malis utuntur qui luxuriam carnis conjugali honestate præstringunt. Sed sicut malo bene uti bonum est, sic bono bene uti melius est. Et sicut bono male uti malum est, sic malo male uti pessimum est.

356 CAPUT LX.

De amatoribus misericordiæ.

1. Graviter in Deum delinquunt qui, divitiis a Deo
D concessis, non in rebus salutaribus, sed in usibus

CAP. LIX. N. 1. Ex Gregor., lib. Moral. I, cap. 4, et XXXI, cap. 10. LOAISA.

4. Greg., lib. Moral. XI, c. 7. LOAISA.

Ibid. Qui non reversatur. In Vulgata, *qui non reversatur*. AREV.

5. Idem, lib. V Moral., c. 2. LOAISA.

6. Ex eod. lib. Moral. XXXIV, cap. 2, in illud Job: *Facies eorum præcedet egestas*; cap. XLI. LOAISA.

Ibid. Alii Codd., *abundant divites*, male et præter sententiam Isidori. Divus etiam Gregorius, unde hæc transcripta sunt, lib. XXXIV Moral., cap. 2, ita habet: *Unde et egestas eorum proprie dicitur, quia dum replentur vitiis, virtutum divitiis, vacuantur.* LOAISA.

Ibid. In nota Loaisæ apud Grialium erat *præcodet* pro *præcedet*. Mox erat *abundant divitiis*, ut in textu. AREV.

7. Tota hæc sententia cum sequenti ex Gregor., ex lib. Moral. XXXIII, cap. 4, ubi calamum, vel arundinem, nitorem gloriæ temporalis significare demonstrat. LOAISA.

9. Alii, *cultus sæcularis compositus*. AREV.

10. Alii, *quanto enim quisque potentia major est, tanto magis liber est ad peccandum*. AREV.

11. *Et quod homines sunt.* Sensus videtur exigere *quod boni sunt*; vel, *et quod sancti sunt*. AREV.

12. Greg., lib. Moral. X, c. 28. LOAISA.

Ibid. Greg., ibid.: *Non est census in crimine, sed affectus.* LOAISA.

13. Gregor., ibid. LOAISA.

CAP. LX. N. 1. *Debuerunt.* Al., *noluerunt*. AREV.

pravis utuntur. Nesciunt enim impertire pauperibus, oppressis subvenire despiciunt; et inde magis augent delicta unde redimere debuerunt.

2. Hoc habet tantum bonum possessio præsentium rerum, si vitam reficiat miserorum; præter hoc tentatio est mundi lucrum; tantoque majora supplicia in futurum dabunt, quanto et ipsa majora sunt: *Potentes enim potenter tormenta patientur* (*Sap.* VI, 7).

3. Terrena omnia servando amittimus, largiendo servamus. Patrimonium enim retentum perit, manet autem erogatum. Diu enim cum rebus nostris durare non possumus, quia aut nos illas moriendo deserimus, aut illæ nos viventes deserunt.

4. Pro diversitate usus alii de rebus mundanis pereunt, quas cupidius rapiunt; alii vero salvantur, dum in eorum pulchritudine conditoris pulcherrimam providentiam laudantes mirantur; vel dum per misericordiæ opus eis cœlestia bona mercantur.

5. Misericordia a compatiendo alienæ miseriæ vocabulum sortita est. Nullus autem in alio misericors esse potest, qui prave vivendo in se misericors non est. Qui enim sibi nequam est, cui bonus est?

6. Nulla scelera eleemosynis posse redimi, si in peccatis quis permanserit. Tunc fructu eleemosynarum indulgentia conceditur, quando a scelerum opere desinitur. Verum est quod peccata omnia misericordiæ operibus expurgantur, sed si jam caveat peccare, qui misericordiam impertitur. Cæterum nulla est delicti venia, **357** quando sic præcedit misericordia, ut eam sequantur peccata.

7. Non est eleemosyna, quæ gloria magis causa quam misericordiæ impertitur intuitu.

8. Quali enim intentione ab unoquoque largitur, taliter et apud Deum recipitur. Qui ergo de bono laudem præsentem appetit, spem perdit et gloriam mercedis in futuro non recipit.

9. Dum enim causa jactantiæ pauper pascitur, etiam ipsum misericordiæ opus in peccatum convertitur.

10. In tantum eleemosynarum opera peccata exstinguunt, atque ad regnum sæculi futuri proficiunt, ut etiam judex cœlestis in futuro judicio veniens, in dextera consistentibus dicat: *Esurivi, et dedistis mihi manducare; sitivi, et dedistis mihi bibere; hospes eram, et collegistis me; nudus, et operuistis me.* Qui- D

A bus etiam bene promittit, dicens: *Venite, benedicti Patris mei, percipite paratum vobis regnum.* His autem, quos nulla præcedentia eleemosynarum facta sequuntur, æterni judicis voce sic dicitur: *Esurivi, et non dedistis mihi manducare; sitivi, et non dedistis mihi bibere.* Quibus juste dicitur: *Discedite a me, maledicti, in ignem æternum, qui præparatus est diabolo et angelis ejus* (*Matth.* XXV, 35).

11. Qui hic misericordiam non impertit, illic pietatis fructum non invenit: exemplo ardentis divitis, qui in inferno ad tenuissima petenda compulsus est, qui hic tenuissima negare studuit. Quid retribui subtilius, quid districtius poterat? Guttam aquæ ardens petiit, qui micas panis negavit. Sero dives oculos aperuit, quando Lazarum pauperem requiescen-
B tem vidit, quem jacentem ante januas videre despexit (*Luc.* XVI, 24).

12. Non solum qui esurienti, et sitienti, et nudo, beneficium largitatis impendit, vel si quid aliud indigenti largitur, sed et qui inimicum diligit, et qui lugenti affectum compassionis et consolationis impertit, aut in quibusdam necessitatibus consilium adhibet, **358** eleemosynam procul dubio facit. Nam et doctrinæ bonum eleemosyna est, et misericordia carnali eminentior est.

13. Quicunque non egens poscit, etiam si indigentem se simulet, ex toto illi corde commisereri oportet. Et licet ille fortasse falsam indigentis speciem præferat, is tamen qui simpliciter impertit fructum misericordiæ non amittit.
C

14. Quamvis quisque sit egens, nullus tamen unde tribuat indigenti, excusationem inopiæ potest obtendere, quando ex præcepto Salvatoris etiam calicem aquæ frigidæ præcipiamur indigenti præbere (*Matth.* X, 42). Nam si aliud non habentes, idipsum benigne tribuamus, mercedem procul dubio non amittimus. Cæterum si amplius possumus, et egestatem simulando minus largimur, non egentem, sed Deum fallimus, cui conscientiam nostram abscondere non possumus.

15. Duæ sunt eleemosynæ: una corporalis, egenti dare quidquid potueris; altera spiritualis, dimittere ei a quo læsus exstiteris. Harum prima adhibenda est miseris, secunda malis. Erit ergo quod semper
D impertias, etsi non pecuniam, saltem gratiam.

3. Ex Gregor., lib. Moral. XVIII, c. 9. LOAISA.

4. *Vel dum*, etc. Al., *vel dum pro misericordiæ operibus ex eis cœlestia bona mereantur.* AREV.

5. August., lib. de Mor. Eccles., c. 27: *Nam quis ignoret ex eo appellatam esse misericordiam, quod miserum cor faciat condolentis alieno malo.* Et lib. IX de Civitat. Dei, cap. 9, damnat stoicorum disciplinam, eo quod non animus dolore et tristitia pro afflicto afficiatur. Quod etiam irridet Cicero pro Muræna. LOAISA.

6. Greg., lib. XII Moral., c. 24. LOAISA.

Ibid. *Si in peccatis*, etc. Al., *si in peccatis voluntarie quis remanserit. Tunc autem fructus eleemosynarum indulgentiam consequitur, quando*, etc. AREV.

10. Alii, *et cooperuistis me.* Et mox, *Esurivi enim, et non dedistis*, etc. AREV.

11. Gregor., lib. pastor. Curæ, p. III, cap. 22. LOAISA.

Ibid. Alii, *quid tribui subtilius, quid districtius petere poterat.* AREV.

12. Ex August., tom. III Enchir. ad Laur., cap. 72. LOAISA.

Ibid. *Beneficium largitatis.* Al., *officium largitatis.* Et paulo post, *consolationis impartit, aut errantem fratrem charitative corrigendo ad viam veritatis revocat, aut in quibuslibet necessitatibus consilium dat, eleemosynam*, etc. AREV.

14. Alii, *quantumvis quisque.... potest prætendere.* AREV.

15. Augustin., homil. 6, tom. X, *Duæ sunt eleemosynæ, una cordis, alia pecuniæ; eleemosyna cordis est dimittere ei a quo læsus.* LOAISA.

16. Non est eleemosyna cum murmuratione præbenda, ne, comitante tristitia, merces pereat dispensata. Tunc autem bene tribuitur, quando cum mentis hilaritate præbetur. Unde et Apostolus : *Hilarem*, inquit, *datorem diligit Deus* (*II Cor.* IX, 7). Metuendum est itaque ne pauper aut cum tædio nostra oblata suscipiat, aut ne omnino prætermissus mœrens tristisque recedat.

17. De rapinis alienis eleemosynam facere non est officium miserationis, sed emolumentum sceleris. Unde et Salomon : *Qui offert*, inquit, *sacrificium de rapina pauperum, tanquam si quis victimet filium in conspectu patris sui* (*Eccli.* XXXIV, 24). Qui enim injuste tollit, juste **359** nunquam distribuit, nec bene alteri præbet quod ab alio male extorquet.

18. Magnum scelus est res pauperum præstare divitibus, et de sumptibus inopum acquirere favores potentum; arenti terræ aquam tollere, et flumina, quæ non indigent, irrigare.

19. Nonnunquam largitas divitum prodiga, non ad utilitatem, sed ad elationem effunditur : comparata hypocritis, qui non ad ædificationem docent audientium, sed ad suæ gloriæ exaggerandum cothurnum.

20. Reprehensibilis est superflua effusio largitatis. Nam qui modum servat avarus nulli est, sed omnibus largus est.

21. Dispensator non debet esse prodigus, sed discretus; largiri enim debet quantum oportet, ut, tenendo mensuram in uno, sufficiat plurimis.

CAPUT LXI.

De brevitate vitæ.

1. Tantum enim in hac vita est licitum operari bonum; illic namque non jam operatio exspectatur, sed retributio meritorum.

2. Hæc vita impiis longa et grata est, in oculis autem justorum amara et brevis est. Et licet vita ista brevis sit, moras tamen sibi fieri creditur, quia, quantumlibet breve sit temporis spatium, tametsi viventi parum est, amanti procul dubio longum est.

3. Qui vitæ præsentis longitudinem non de suo spatio, sed de ejus fine considerat quam sit brevis et misera, satis utiliter pensat. Vita enim præsens, quia ipsis suis incrementis deficit, brevis est; suo

A enim augmento perit, dum id quod videtur in futuro proficere in præterito deficit. Item ex ipso esse brevis **360** vita præsens ostenditur, ex eo quod non permanet, sed finitur. Tela enim consummatur filis, et vita hominis expletur diebus singulis.

4. Quod diu in hac vita vivitur, quæritur utrum augmentum an rectius detrimentum dicatur. Sed quomodo possit recte dici augmentum, quod per dimensiones ætatum ad mortis tendit detrimentum?

5. Qui vitam longam quæris, ad eam tende vitam, pro qua Christianus es, id est, æternam; non ad istam, de qua ad erudiendum te descendit vita æterna, id est, Christus Verbum carni conjunctum. Hæc est enim vita vitalis, nostra ista vita mortalis
B est.

6. Mori oportet hominem in carne mundo, ne moriatur in anima Christo. Nam vere tunc vivere quisque creditur, si secundum sæculum moriens in solo Deo vivere delectetur.

7. De mora vitæ istius tædium patitur justus, eo quod ad desideratam patriam tarde perveniat, et vitæ præsentis ærumnam serius amittat.

CAPUT LXII.

De exitu.

1. Quamvis sancti ab hujus vitæ ærumnis liberari se cupiant, cito volentes exire de corpore, Dei tamen dispositione plerumque diu in hac vita versantur, ut per longa tolerantiæ experimenta solidius eorum patientia roboretur.

C 2. Multi odio vitam habent, et tamen mori timent; quod plerisque in angustia contingere solet, sicque contrario affectu et vivendi habent tædium, et moriendi metum.

3. Sollicite debet unusquisque vivere et semper terminum vitæ suæ considerare, ut de contemplatione illius animus se semper ad alta sustollat, et hujus sæculi blanditias caveat. Scriptum est enim : *In omnibus operibus tuis memorare novissima tua, et in æternum non peccabis* (*Eccli.* VII, 40).

361 4. Venturi exitus ignorantia incerta est, et dum mori quis non existimat, tollitur. Unde unusquisque festinet ne in iniquitatibus suis rapiatur, simulque finiatur vita cum culpa. Nam inceutor dia-

16. Gregor., past. Cur., part. III, 6, 22. LOAISA.

17. Gregor., ubi supr. LOAISA.

Ibid. In Vulgata Edit., Eccl. XXXIV : *Qui offert sacrificium ex substantia pauperum, quasi qui victimat filium in conspectu patris.* Divus Gregor., lib. past. Curæ, part. III, cap. 22, aliter affert hoc testimonium : *Qui immolat*, inquit, *sacrificium de substantia pauperis, quasi qui*, etc. Isidorus itaque pro *de substantia pauperum*, dixit *de rapina pauperum.* Quod unde hauserit dubium est. Græce sane legitur χρημάτων πενήτων, id est, ex divitiis, sive facultatibus pauperum. LOAISA.

Ibid. De rapina pauperum. Apud Sabatierium, loc. cit., Eccli. XXXIV, 24, nulla est varietas a Vulgata, *ex substantia pauperum*, cui congruit auctor Specul inter append. sancti Augustini. AREV.

19. Gregor., ubi supr. LOAISA.

Ibid. Ita plerique libri; unus ,• *gratiæ;* Tolet., Goth., *gelatiæ*, quam quidem vocem nos alibi legisse
D non meminimus, nisi quod lib. XIII Etymologiar. idem, *glaci*, quasi *gelaciem*, aut *gelaquiem*, hoc est, *gelatam* aquam dictam voluit. Quid, si *galatiæ*, ex quo vox nostra *gala* abscisa sit? Videndum etiam quid sit in gloss. *Callatiæ* ἀναιδεῖς, αἰσχρὸς ἀπὸ τοῦ δερμαίνεσθαι. LOAISA.

Ibid. Comparata. Al., *comparati.* AREV.

CAP. LXI. N. 1. Gregor., lib. VIII Moral., cap. 12. LOAISA.

2. Greg., lib. I in Ezech., homil. 10. LOAISA.

Ibid. Longum est. Congruum est Goth. Toletano; Salmatino vero desunt extrema hæc folia. LOAISA.

3. Ad verbum ex Gregor., lib. VIII, c. 11, Moral. LOAISA.

5. Gregor., lib. XI Moral., cap. 27. LOAISA.

CAP. LXII. N. 1. *Dispositione.* Al., *dispensatione.* AREV.

3. Alii, *blanditias cum timore caveat.* AREV.

4. Greg., lib. Moral. XIV, c. 5. LOAISA.

bolus eos quos viventes accendit ad vitia, subito morientes pertrahere nititur ad tormenta.

5. Sæpe divites in hac fallaci vita, dum de potentiæ gloria vel rerum abundantia gestiunt, repente hora qua nesciunt improviso exitu rapiuntur, atque absorbente profundo, cruciandi æternis gehennæ incendiis deputantur. De quibus per Prophetam dicitur : *Ducunt in bonis dies suos, et in puncto ad inferna descendunt* (*Job.* XXI, 13).

6. Iniquus moriens, qui imitatione sui multos ad culpam traxerat delectatione peccati, multos a culpa revocat terrore tormenti. Quod etiam Psalmista testatur dicens : *Lætabitur justus, cum viderit vindictam impiorum, manus suas lavabit in sanguine peccatorum* (*Psal.* LVII, 11). In peccatorum enim morientium sanguine justi lavant manus, quia dum eorum pœna conspicitur, conspicientis vita mundatur. Cujus enim talis crudelis exitus cernitur, non solum qui viderit, refugit, sed alios etiam ab imitatione illius, quanta valuerit exhortatione, compescit.

7. In exitu vitæ animæ electorum nimio terrentur metu, incerti, utrum ad præmium an ad supplicium transeant.

8. Quidam autem electi in fine suo purgantur a levibus quibusdam peccatis; quidam vero in ipso suo fine hilarescunt æternorum contemplatione bonorum.

9. Quamvis enim quis in hac vita sit justus, tamen dum ex corpore isto egreditur, pertimescit ne dignus supplicio sit. Nullus enim homo absque peccato; nec aliquis potest de Dei esse securus judicio, cum etiam et de otiosis verbis reddenda sit ratio.

10. Finem justorum optimum vocatio tranquilla commendat, ut ex eo intelligantur sanctorum habere consortium angelorum, ex quo ab hoc corpore sine vexatione dura tolluntur.

11. Pravos autem homines apostatæ angeli excipiunt morientes, ut eis sint ipsi tortores in pœnis, qui fuerunt suasores in vitiis.

362 12. Etsi pietas pro defunctis fidelibus flere jubeat, fides tamen pro eis lugere vetat. Illi enim deplorandi sunt in morte, quos miseros infernus ex hac vita recipit, non quos cœlestis aula lætificandos includit.

6. Ex Greg., XVIII Moral., c. 13. LOAISA.
Ibid. Justi lavant, etc. Gregor., lib. XVIII Moral., cap. 13, unde hæc est sententia ad verbum. LOAISA.
7. Gregor., lib. XXIV, cap. 17. LOAISA.
12. Alii, *non quos cœlestis aula lætificat Conditoris.* Vetus Editio addit : *Lætificandos includit. Hic est enim Christianæ miserationis affectus, ut pro unoquoque mortuo sacrificium Deo offeratur. Inde est quod scriptum est : Et mortuo ne fraudes misericordiam.* Vezzosius advertit id etiam addi a Loaisa cum Margarino; quod de prima Editione, ut puto, intelligit; nam in Editione Grialii desinit opus, *lætificandos includit.* Pro *lætificandos* nonnulli Mss. exhibent *lætificando*, et plerique desinunt in *includit*, vel *concludit.* AREV.

SANCTI ISIDORI

HISPALENSIS EPISCOPI

DE ECCLESIASTICIS OFFICIIS.

Epistola missoria.

363 Domino meo et Dei servo Fulgentio episcopo Isidorus.

Quæris a me originem officiorum, quorum magisterio in Ecclesiis erudimur, ut quibus sint inventa auctoribus, brevibus cognoscas indiciis. Itaque, ut voluisti, libellum de origine officiorum misi, ordinatum ex scriptis vetustissimis auctorum, ut locus obtulit, commentatum, in quo pleraque meo stylo elicui, nonnulla vero, ita ut apud ipsos erant, admiscui. Quo facilius lectio de singulis fidei auctoritatem teneret. Si qua tamen ex his displicuerint, erroribus meis paratior venia erit, quia non sunt referenda ad culpæ meæ titulum de quibus testificatio adhibetur auctorum.

LIBER PRIMUS.

DE ORIGINE OFFICIORUM.

PRÆFATIO.

Ea quæ in officiis ecclesiasticis celebrantur, partim sanctarum Scripturarum auctoritate, partim apostolica traditione, vel consuetudine universalis Ecclesiæ statuta reperiuntur. Quorum quidem **364** *primordia repetentes, a quibus exorta fuerint (ut prædiximus) auctoribus referamus.*

CAPUT I

De Ecclesia et vocabulo Christianorum.

1. Primum a sancto Petro Ecclesia in Antiochia est fundata, ibique primum nomen Christianorum per ejus est prædicationem **365** exortum, sicut Actus apostolorum testantur (*Act.* XI, 26). Vocantur autem Christiani, derivato vocabulo ex nomine Christi.

2. Nam sicut ex Judæ nomine vocabulum traxerunt Judæi, a quo in illa gente regiæ stirpis dignitas claruit, ita a Christo Christianæ genti nomen inhæsit. Cujus et in gentibus et in Judæis prærogativa est dignitas potestatis. Ecclesia autem vocatur proprie,

A propter quod omnes ad se vocet, et in unum congreget.

3. Catholica autem ideo dicitur, quia per universum mundum est constituta, vel quoniam catholica, hoc est, generalis in ea doctrina est, ad instructionem hominum de visibilibus atque invisibilibus, cœlestium ac terrestium; vel propter quod omne hominum genus trahit ad se ad pietatis subjectionem, tam principum quam etiam qui principantur, oratorum et idiotarum; vel propter quod generaliter curat omnium peccata, quæ per corpus et animam perficiuntur.

PRÆF. N. 2. De diversis Editionibus ac mss. exemplaribus hujus operis quid a me compertum fuerit, expositum jam fuit in Isidorianis, c. 69. Notas Grialius adjecit, cujus expresso aut indicato nomine proferentur. Hittorpius in Editione Romana anni 1568 simul cum aliis operibus de eodem argumento quasdam lectionis discrepantias animadvertit, e quibus selectiores in meis notis comprehendam.

In epistolæ inscriptione Grialius edidit *Domno*, quod non puto ab Isidori manu esse, et in aliis Editionibus et Mss. est *Domino*. Alii mox exhibent, *quorum magisteriis*. Et, *de genere officiorum*, vel *de genere et origine officiorum*. Et, *vetustissimorum auctorum*. AREV.

CAP. I. N. 1. In Codice Vat. Palat. 485 est quidam brevis dialogus *De Ecclesia* Isidori nomine, quem hic sisto. *De ecclesia Isidorus*. « Interrogatio. Ecclesia, cujus lingua est, et quid interpretatur? Responsio. Græcum est, et interpretatur *convocatio*, eo quod omnes ad se vocet. Interr. Cur dicitur Catholica? Resp. Græco nomine vocatur, et *universalis* interpretatur; et dicta universalis, quia per universum orbem dilatata diffunditur, quod etiam Apostolus approbat ad Romanos, dicens : *Gratias ago Deo meo semper pro vobis, quia fides vestra prædicatur in universum mundum.* Interr. Cum una sit Ecclesia, cur a Joanne VII scribuntur? Resp. Ideo quia cum sit una catholica, septiformi plena spiritu signatur. Sicut et de Domino novimus dixisse Salomonem : *Sapientia ædificavit sibi domum, excidit columnas septem*; quæ tamen septem una esse non ambigitur, dicente Apostolo : *Ecclesia Dei vivi, quæ est columna et firmamentum veritatis.* Hinc et universitas ab uno cognominata est, propter quod in unitatem colligitur. Unde et Dominus in Evangelio : *Qui mecum non colligit, dispergit.* Interr. Ubi inchoavit Ecclesia? Responsio. In loco ubi venit Spiritus sanctus de cœlo, et implevit apostolos, uno loco sedentes, et alios. Interr. Quot modis et nominibus appellatur Ecclesia? Resp. Duobus. Interr. In quibus? Resp. Sion et Jerusalem. Interr. Cur Sion et cur Jerusalem? Resp. Sion pro peregrinatione præsenti Ecclesia dicitur, eo quod ab hujus peregrinationis longitudine posita promissione rerum cœlestium speculetur, et idcirco Sion, id est, *speculatio*, nomen accepit. Jerusalem vocatur pro futura pace. Nam Jerusalem *visio pacis* interpretatur. Ibi enim absorpta omni adversitate, pacem, quæ est Christus, præsenti possidebit obtutu. Interr. Cur dicitur Synagoga, et in qua lingua dicitur? Resp. Synagoga Græce, Latine congregatio dicitur. Interr. Quid interest inter Ecclesiam et Synagogam? Resp. Synagogæ nomen Judæorum populus tenuit; ipsorum enim proprie Synagoga dici solet, quamvis Ecclesia dicta sit; nostri vero apostoli nunquam Synagogam dixerunt, sed semper Ecclesiam sive discernendi causa, sive quod inter congregationem unde Synagoga, et convocationem unde Ecclesia, nomen accepit, distat aliquid, quod scilicet

B congregari et pecora solent, quorum et *greges* proprie dicimus; convocari autem magis est utentium ratione, sicut homines. Interr. Cur dicitur monasterium? Resp. Monasterium apud Græcos dicitur *monas*, id est, unum, *sterium* statio, id est, solitarii habitatio. Interr. Cur dicitur cœnobium? Resp. compositum nomen est ex Græco et Latino; *cœnon* enim Græce commune dicitur : habitaculum est plurimorum. Interr. Cur dicitur templum? Resp. Templum dictum, quasi tectum amplum, et templum dictum a contemplatione. Interr. Quot sunt partes templi? Resp. quatuor, id est, antica, postica ad Occasum, sinistra ad Septentrionem, dextra ad Meridiem. Unde et quando templum construebant, Orientem spectabant æquinoctialem, ita ut lineæ ab Ortu ad Occidentem missæ fuerint partes cœli dextra sinistra æqualis (*forte*, parte cœli dextra ac sinistra æquales), ut qui consuleret ac deprecaretur rectum aspiceret Orientem. Interr. Cur dicitur basilica?

C Resp. Basilicæ prius regum habitacula vocabantur; inde nomen habet. » De hoc opusculo, seu fragmento, egi in Isidorianis, c. 85, num. 7. AREV.

2. *Cujus et in gentibus et in Judæis prærogativa est dignitas potestatis.* Ita uterque ms. quod ferri posse video. Sic enim apud Ciceronem, *prærogativa centuria, et prærogativum omen comitiorum*; et apud Cyprianum, lib. V, epist. 13, *prærogativa communicatio* legitur. Sed vereor ne vox *dignitas* interpretatio fuerit *prærogativæ*, alienaque sit. Ambros., lib. de Noe et arc., c. 24 : *Hæc prærogativa potestatis in cæteris animantibus videtur hominibus attributa, et in superioribus partibus.* Et in lib. de Incarnat. dominicæ sacram., c. 19 : *Vident igitur in verbis prærogativam quamdam potestatis esse.* Nisi quis *prærogativam dignitatis et potestatis* malit, quod est aliquanto plenius. *Neque solis sacerdotibus prærogativa est dignitatis*, ait auctor libri de cardinalibus operibus Christi apud Cyprianum. GRIAL.

D *Ibid. Ecclesia autem*, etc. Omnia usque ad finem capitis sunt verba Cyrilli Jerosolymitani, cateches. 18, ex veteri interpretatione. GRIAL.

3. Ex Hittorpii notis unum Ms., *vel quoniam*, etc., ut in nostra Editione, quod optimum quoque judicat Hittorpius. Alia, ut Hittorpius edidit, *vel catholica, quoniam in ea doctrina est.* Mox nonnulli Editi : *ad institutionem omnium, de visibilibus rebus..... vel propter hominum omne genus ad pietatis subjectionem tam principum quam etiam principatui subjectorum, et idiotarum.* Alii : *Vel propter omnium hominum genus ad pietatis subjectionem tam principum, quam qui non principantur, oratorum et idiotarum.* Hittorpius ita conjiciebat : *Vel propter quod hominum omne genus ad pietatis subjectionem tam principum quam principatui subjectorum exhortatur*, omisso *idiotarum*. Deinde fortasse distinguendum erit, *vel propterea generaliter, quod curat omnium peccata*, etc. AREV.

66 CAPUT II.

De templis.

. Tabernaculum Moyses legislator primum Domino condidit (*Exod.* XL). Salomon deinde templum prudentia peritus instituit (*III Reg.* VI). Nostrorum post hæc temporum fides in toto mundo Christi altaria consecravit.

CAPUT III.

De choris.

1. Choros idem Moyses (*Exod.* XV) post transitum Rubri maris primus instituit, **367** et utrumque sexum, distinctis classibus, se ac sorore præeunte, canere Domino in choris carmen triumphale perdocuit. Chorus autem ab imagine factus coronæ, et ex eo ita vocatus.

2. Unde et Ecclesiasticus liber scribit : *Stantem sacerdotem ante aram, et in circuitu ejus coronas fratrum* (*Eccli.* L, 13). Chorus enim proprie multitudo canentium est, quique apud Judæos non minus a decem constat canentibus, apud nos autem incerto numero a paucioribus plurimisve sine ullo discrimine constat.

CAPUT IV.

De canticis.

1. Canticum idem tunc Moyses primus invexit, quando, percussa Ægypto decem plagis, et Pharaone submerso cum populis, per insueta maris itinera ad desertum gratulabundus egressus est, dicens : *Cantemus Domino, gloriose enim honorificatus est* (*Exod.* XV).

2. Deinde Debora, non ignobilis femina, in libro Judicum hoc ministerio functa reperitur (*Judic.* V). Postea multos non solum viros, sed etiam feminas spiritu divino completas Dei cecinisse mysteria. Canticum autem est vox hominis, psalmus autem qui canitur ad psalterium.

368 CAPUT V.

De psalmis.

1. Psallere usum esse primum post Moysen David prophetam, in magno mysterio prodit Ecclesia. Hic enim a pueritia in hoc munus specialiter a Domino electus, et cantorum princeps, psalmorumque thesaurus esse promeruit, cujus psalterium idcirco cum melodia cantilenarum suavium ab Ecclesia frequentatur, quo facilius animi ad compunctionem flectantur.

2. Primitiva autem Ecclesia ita psallebat, ut modico flexu vocis faceret resonare psallentem, ita ut pronuntianti vicinior esset quam canenti. Propter carnales autem in Ecclesia, non propter spirituales, consuetudo cantandi est instituta, ut qui verbis non compunguntur, suavitate modulaminis moveantur. Sic namque et beatissimus Augustinus, in libro Confessionum suarum (*Lib.* X, *c.* 33), consuetudinem canendi approbat in Ecclesia, ut per oblectamentum, inquit, aurium, infirmior animus ad affectum pietatis exsurgat. Nam in ipsis sanctis dictis religiosius et ardentius moventur animi nostri ad flammam pieta-

CAP. II. N. 1. *Prudentia peritus.* Ita uterque Ms. *Prudentiam petiturus* impress. GRIAL.

Ibid. Altaria. Al., *atria.* GRIAL.

Ibid. Post fragmentum Isidorianum, ex Codice Vatic. Palat. 485, capite superiori allatum, sequitur in eodem Codice aliud fragmentum hoc titulo : *Item de Ecclesiæ ministerio.* « Ecclesiam licet ponere in alio loco, si necesse sit, et non debet iterum sanctificari. Tantum presbyter aqua aspergere debet, et in loco altaris crux debet componi. In unoquoque altari duas missas facere conceditur in uno die. Qui non communicat, non accedat ad panem, neque ad osculum ad missam ; et qui prius manducat, ad osculum non permittitur. Ligna ecclesiæ non debent ad aliud opus jungi, nisi ad ecclesiam aliam ; vel igni comburenda, vel ad profectum in monasterio fratribus coquere cum eis panes licet, et talia in laicalia opera non debent procedere. In ecclesia in qua mortuorum cadavera infidelium sepeliuntur, sanctificare altare non licet. Sed si apta videtur ad consecrandum, inde evulsis, et rasis, vel lotis lignis ejus, reædificetur. Si autem consecratum fuerit prius, missas in eo loco celebrare licet, si religiosi ibi sepulti sunt. Si vero paganus sit, mundari et jactari foras melius. Gradus non debemus facere ante altare. Reliquiæ sanctorum venerandæ sunt. Si potest fieri, candela ibi ardeat per singulas noctes ; sin autem paupertas loci non sinit, non nocet eis. Incensum Domini incendatur in natale sanctorum pro reverentia dei, quia ipsi, sicut lilia, dederunt odorem suavitatis, et asperserunt Ecclesiam Dei, sicut incensa aspergitur ecclesia primitus juxta altare. Laicus non debet in ecclesiis lectionem recitare, nec alleluia dicere, sed psalmos tamen et responsoria sine alleluia. Aqua benedicta domus suas aspergent, quoties voluerint, qui habitant ; et quando consecraveris aquam, orationem facies. » AREV.

CAP. III. N. 1. *Chorus ab imag. fact.* Idem lib. VI Etymolog., cap. ultim. At Plato, II de Legibus, ἀπὸ τῆς χαρᾶς chorum duci maluit. GRIAL.

Ibid. Hittorpius cum suis Mss. : *Instituit utrorumque sexuum distinctis classibus, se ac sorore præeunte, canere Deo in choris.* In uno Ms., *præcinente*, pro *præeunte*. Nonnulli Editi, *se ac sororem præeuntem.* Apud Grialium in textu erat, *chorum autem ;* in nota, recte, *chorus autem.* Tria Mss. : *Chorum autem ab imagine factum coronæ, et ex eo ita vocatum*, ut suppleatur *constat*, quod in Isidorianis operibus sæpe accidit. AREV.

2. *Apud Judæos non minus a decem.* Honos est in eo habitus Decalogo. Nam et psalterio propterea decachordo sunt usi, cum apud alios novem tantum chordis constitisse dicat Athenæus. Sola quoque decem instrumenta agnoscunt recentiores Hebræi ad hymnorum modulationem. Quod autem *non minus a decem* dixit, eodem modo locutus est lib. III Etymolog., cap. 3, et sæpe alias, neque id sine exemplo, ut eo loco ostensum est. GRIAL.

CAP. IV. N. 1. *Honorificatus est.* Quidam Editi adjiciunt : *Idem auctor in Deuteronomio canticum præsagium futurorum conscripsit.* AREV.

2. *Canticum autem est vox hom.* Rufinus (sive Hilarius) in prologo psalmor. : *Psalmus est, cum, cessante voce, pulsus tantum organi canentis auditur. Canticum est*, cum *cantantium chorus, libertate sua utens, neque in consonum organi astrictus obsequium, hymno canoræ tantum vocis exsultat. Psalmus autem cantici est, cum, organo præcinente, subsequens et æmula organo vox chori cantantis auditur, modum psalterii vocis imitata. Canticum vero psalmi est, cum, choro ante cantante, humanæ cantationis hymno ars organi consonantis aptatur, vocisque modulis præcinentis pari psalterio suavitate modulatur.* GRIAL.

CAP. V. N. 1. *Cantorum princeps*, ex rom. Edit. *Cunctorum princeps*, Goth. GRIAL.

2. *Religiosius.* Gr., *religiosis.* AREV.

tis, cum cantatur, quam si non cantetur. Omnes enim affectus nostri, pro sonorum diversitate vel novitate, nescio qua occulta familiaritate excitantur magis, cum suavi et artificiosa voce cantatur.

CAPUT VI.
De hymnis.

1. Hymnos primum eumdem David prophetam condidisse ac cecinisse **369** manifestum est, deinde et alios prophetas. Postea quidem et tres pueri in fornacem positi, convocata omni creatura, Creatori omnium hymnum canentes dixerunt (*Dan.* III). Itaque et in hymnis et in psalmis canendis non solum prophetarum, sed etiam ipsius Domini et apostolorum habemus exemplum, et præcepta de hac re utilia ad movendum pie animum et ad inflammandum divinæ dilectionis affectum.

2. Sunt autem divini hymni, sunt et ingenio humano compositi. Hilarius autem, Gallus episcopus Pictaviensis, eloquentia conspicuus, hymnorum carmine floruit primus. Post quem Ambrosius episcopus vir magnæ gloriæ in Christo, et in Ecclesia clarissimus doctor, copiosus in hujusmodi carmine claruisse cognoscitur, atque iidem hymni ex ejus nomine Ambrosiani vocantur, quia ejus tempore primum in Ecclesia Mediolanensi celebrari cœperunt, cujus celebritatis devotio dehinc per totius Occidentis Ecclesias observatur. Carmina autem quæcunque in laudem Dei dicuntur, hymni vocantur.

CAPUT VII.
De antiphonis.

1. Antiphonas Græci primi composuerunt duobus C choris alternatim concinentibus, quasi duo Seraphim, duoque Testamenta invicem sibi conclamantia (*Isai.* VI). Apud Latinos autem primus idem beatissimus Ambrosius **370** antiphonas constituit, Græcorum exemplum imitatus. Exhinc in cunctis occiduis regionibus earum usus increbuit.

CAPUT VIII.
De precibus.

1. Precibus Dominum deprecari Christus nobis et composuit, et constituit. Cum ergo quærerent supplicare apostoli Deo, et nescirent quomodo precarentur, dixerunt Christo : *Domine, doce nos orare*, id est, compone nobis preces. Statim Dominus, de libro juris cœlestis, docuit quomodo orarent vel quomodo Deum impetrarent. Ex hoc perducta consuetudo Ecclesiæ Deum precibus exposcere contra ægritudines animæ, et uti precibus ad instar earum quas constituit Christus, quasque primi Græci cœperunt componere, quibus Domino supplicarent.

CAPUT IX.
De responsoriis.

1. Responsoria ab Italis longo ante tempore sunt reperta, et vocata hoc nomine quod, uno canente, chorus consonando respondeat. **371** Antea autem id solus quisque agebat; nunc interdum unus, interdum duo, vel tres communiter canunt, choro in plurimis respondente.

CAPUT X.
De lectionibus.

1. Lectiones pronuntiare antiquæ institutionis esse Judæorum traditio docet. Nam et ipsi legitimis

CAP. VI. N. 1. *Hymnos primum eumdem David.* Nam librum Psalmorum eumdem hymnorum et soliloquiorum vocari ait Rufinus. GRIAL.

Ibid. In hymnis et psalm., usque ad *exempl.*, leguntur hæc concil. IV Tolet., cap. 12, et apud Gratian., de consecrat., d. 1, c. de hymn. GRIAL.

Ibid. Observandum Isidorum hos libros scripsisse ante concilium Toletanum IV; nam eos ad fratrem suum Fulgentium misit, qui ante illud concilium e vivis excessit. Itaque e libris Isidori hæc quæ de hymnis traduntur in eo concilio adoptata sunt, non contra. De hymnis peculiarem dissertationem typis Salomonianis edidi, quam Hymnodiæ Hispanicæ præmisi, in qua multa etiam explicui, quæ ad cantica, psalmos, antiphonas, responsoriaque pertinent. Huc quoque faciunt opera liturgica Cardinalis Bona, Thomasii et aliorum, quæ ad singula horum librorum capita allegare nihil refert. AREV.

2. *Quia ejus tempore in eccles. Mediolan.* Augustinus X Confess., cap. 6 et 7 : *Non longe cœperat Mediolanensis Ecclesia hoc genus consolationis et exhortationis celebrare magno studio fratrum concinentium vocibus et cordibus. Nimirum annus erat aut non multo amplius*, etc. GRIAL.

Ibid. Carmina autem quæcunque in laudem Dei dicuntur. Cantuntur mallem. Id enim omnino exigit hymni ratio, Rufino et Augustino auctoribus; sic enim ille : *Hymni sunt cantus laudem Dei continentes. Si sit laus, et non sit Dei, non est hymnus. Si sit laus Dei, et non cantetur, non est hymnus. Oportet ergo, ut sit hymnus, habeat hæc tria, et laudem, et Dei, et canticum.* Eadem August., in psalm. LXXII, totidem aut pluribus etiam verbis. Quæ etiam relata sunt in VI Etymolog. GRIAL.

CAP. VII. N. 1. *Antiphonas Græci.* Vid. Paulin. Sigeb. et Rodul., apud Pamelium, l. I Liturg. GRIAL.

Ibid. Constituit. Al., *instituit.* GRIAL.

CAP. VIII. N. 1. *De libro juris cœlestis.* Laboravimus ut verba auctori suo redderemus. Nam quin Isidoro antiquiora sint non dubitamus. Tertulliani aut Cypriani visa sunt aliquando. Nunc magis adducimur ut Augustini esse credamus. Is enim, epist. 118, ad Januarium, cap. 4. *Non enim mihi*, inquit, *de libro Dei hæc recitaturus est.* Nam proximum videtur, ut Christus Dominus de juris cœlestis libro recitet. GRIAL.

Ibid. Deum impetrarent. Ita certe multi Mss., vel *Dominum impetrarent.* Nihilominus Hittorpius maluit edere *a Domino impetrarent.* Suarius, tom. XIII, pag. 119, tract. 5, lib. III, de Oratione vocali, cap. 1, n. 6, ex hoc Isidori capite ostendit licitum esse ac conveniens non solum verbis dominicæ orationis, sed etiam aliis ad pium animi sensum explicandum aptis Deum orare. Idem tradit Tertullianus de oratione, cap. 9. AREV.

CAP. IX. N. 1. *Responsoria ab Italis.* Idem, VI Etymolog., nisi quod illic *Responsorios* dicit, ut in regul. monach., c. de Offic. GRIAL.

Ibid. Chorus consonando. Nempe idem respondendo. Sic enim in Etymologiis, *quod uno canente chorus id respondeat.* GRIAL.

Ibid. Binghamus, tom. VI Antiq. eccles., p. 6, de psalmis hic agi putat, qui ita ab uno canerentur, ut chorus consonando responderet. Vide Ferrarium Bibliothec., verb. *Cantor*, num. 6, qui ritum, cujus meminit Isidorus, Romæ, seculo IX, Mediolani, sæculo XII, viguisse ostendit. AREV.

CAP. X. N. 1. *Cum lectio legitur, facto silentio.* Ambros., in præf. Psalt. : *Quantum laboratur in Ecclesia, ut fiat silentium, cum lectiones leguntur?* GRIAL.

præfinitisque diebus ex lege et prophetis lectione in synagogis utuntur, et hoc de veteri patrum institutione servantes. Est autem lectio non parva audientium ædificatio. Unde oportet ut quando psallitur, psallatur ab omnibus; cum oratur, oretur ab omnibus; cum lectio legitur, facto silentio, æque audiatur a cunctis.

2. Nam etsi tunc superveniat quisque, cum lectio celebratur, adoret tantum Dominum, et, præsignata fronte, aurem sollicite accommodet. Patet tempus orandi, cum omnes oramus; patet, cum volueris orare privatim; obtentu orationis ne perdideris lectionem: quia non semper eam quilibet paratam potest habere, cum orandi potestas in promptu sit, nec putes parvam nasci utilitatem ex lectionis auditu.

3. Siquidem oratio ipsa fit pinguior, dum mens, recenti lectione saginata, per divinarum rerum, quas nuper audivit, imagines currit. Nam et Maria soror Marthæ, quæ sedens ad pedes Jesu, sorore neglecta, verbum intentius audiebat, bonam partem sibi elegisse Domini voce firmatur (*Luc.* x). Ideo et diaconus clara voce silentium admonet, ut, sive dum psallitur, sive dum lectio pronuntiatur, ab omnibus unitas conservetur, ut quod omnibus prædicatur, æqualiter ab omnibus audiatur.

372 CAPUT XI.
De libris Testamentorum.

1. Pronuntiantur autem lectiones in Christi Ecclesiis de Scripturis sanctis. Constat autem eadem sacra Scriptura ex veteri lege et nova. Vetus lex illa est quæ data est primum Judæis per Moysen et prophetas, quæ dicitur Vetus Testamentum. Testamentum autem dicitur, quia idoneis testibus, utique a prophetis, scriptum est, atque signatum. Nova vero lex est Evangelium, quod dicitur Novum Testamentum, quod per ipsum Filium Dei Christum, et per suos apostolos dedit.

2. Illa lex vetus velut radix est, hæc nova velut fructus ex radice; ex lege enim venitur ad Evangelium. Siquidem Christus, qui hic manifestatus est, ante in lege prædictus est. Imo ipse locutus est in prophetis, sicut scriptum est: *Qui loquebar, ecce adsum*: legem quidem præmittens, velut infantibus pædagogum, Evangelium vero perfectum vitæ magisterium jam adultis omnibus præstans.

3. Ideo in illa operantibus bona terræ promittebantur, hic vero sub gratia ex fide viventibus regnum cœleste tribuitur. Evangelium autem dicitur bonum nuntium, et re vera bonum nuntium, ut qui susceperint filii Dei vocentur. Hi sunt autem libri Veteris Testamenti, quos ob amorem doctrinæ et pietatis legendos recipiendosque Ecclesiarum principes tradiderunt.

4. Primum namque legis, id est, Moysi libri quinque sunt. Genesis, Exodus, Leviticus, Numeri, Deuteronomium. Hos sequuntur historici libri sedecim, Jesu Nave scilicet, et Judicum libri singuli, sive Ruth, Regum etiam libri quatuor, Paralipomenon duo, Esdræ duo, Tobiæ quoque, et Esther, et Judith singuli, **373** et duo Machabæorum. Super hos prophetici libri sedecim sunt, Isaias, Jeremias, et Ezechiel, et Daniel, libri singuli: duodecim quoque prophetarum libri singuli, et hæc quidem prophetica sunt.

5. Post hæc versuum octo libri habentur, qui diverso apud Hebræos metro scribuntur, id est, Job liber, et Psalmorum, et Proverbiorum, et Ecclesiastes, et Cantica Canticorum, liber Sapientiæ, et Ecclesiasticus, Lamentationesque Jeremiæ; sicque complentur libri Veteris Testamenti quadraginta quinque.

6. Novi autem Testamenti primum quatuor Evangelia sunt Matthæi, Marci, Lucæ et Joannis. Hos quatuordecim Pauli apostoli Epistolæ sequuntur. Quibus etiam subjunctæ sunt septem catholicæ epistolæ, Jacobi, Petri, Joannis, et Judæ, Actus quoque duodecim apostolorum, quorum omnium signaculum est Apocalypsis Joannis, quod est revelatio Jesu Christi, qui omnes libros et tempore concludit, et ordine.

7. Hi sunt libri canonici septuaginta duo, et ob hoc Moyses elegit presbyteros qui prophetarent. Ob hoc et Jesus Dominus noster septuaginta duos discipulos prædicare mandavit. Et quoniam septuaginta duæ linguæ in hoc mundo erant diffusæ, congrue providit Spiritus sanctus, ut tot libri essent quot

Ibid. Facto silentio. Missale Mozarabicum inter primam et secundam epistolam post versiculum *Psallendo* inserit rubricam: *Dicat presbyter: Silentium facite.* Post *audiatur* alii addunt *unus*, quod necessarium non est. AREV.

CAP. XI. N. 1. *Testamentum autem dicitur, quia idoneis testibus.* Verecundior notatio, quam si testamentum a testatoris monumento, aut testes a testamento deduxisset, quod utrumque fecit v Etymolog. GRIAL.

Ibid. Bignæana Editio mutila est in hoc et aliis capitibus. In aliis Editionibus aliquantum diversus est ordo capitum. Porro hæc fere omnia de Veteri, ac Novo Testamento repetita sunt in Prooemiis, et in Etymologiis, lib. VI, cap. 1 et 2, nonnulla etiam et in Allegoriis; adeoque notæ in ea omnia loca mutuam opem sibi ferunt collatæ cum his quæ hic dicuntur. AREV.

5. *Post hæc versuum octo libri.* Quinque tantum priores recenset Cyrill., Catech. 4, et Sapientiam Hebraice scriptam reperisse se negat Hieronymus. At Isidorus non sua, sed aliena, nunc suis, nunc aliorum verbis se tradere in his libris præsefert. Dicet autem paulo post, ex Sapientis cujusdam testimonio, librum hunc ab Hebræis aliquando receptum, postea rejectum. GRIAL.

7. *Quoniam* LXXII *linguæ.* Clem. Alexandr., Stromat. lib. I (*ait*) ab Ephoro et scriptoribus aliis LXXV tum gentes, tum linguas prodi ex Moysi verbis: *Erant autem omnes animæ ex Jacob* LXXV, *quæ descenderunt in Ægyptum;* sed linguas dialectosque videri LXXII plane fuisse, ut nostræ tradunt Scripturæ. Quod se etiam colligere tradunt Hebræi e familiarum numero; totidem namque censeri Genes. cap. X. GRIAL.

Ibid. Septuaginta duæ linguæ. Adisis notam Suarii ad Allegorias, n. 65, ex qua nota perspicue colligitur legendum hoc loco esse, *et ob hoc Moyses elegit presbyteros septuaginta duos qui prophetarent.* AREV.

nationes, quibus populi ad percipiendam fidei gratiam ædificarentur.

CAPUT XII.

De scriptoribus sacrorum librorum.

1. Veteris autem Testamenti secundum Hebræorum traditionem **374** hi scriptores habentur : primus Moyses scripsit Pentateuchum, Jesus Nave edidit librum suum, Judicum autem et Ruth, et Samuelis primam partem conscripsit Samuel ; sequentia Samuelis usque ad calcem scripsit David. Malachim autem in commune totum edidit Jeremias. Nam antea sparsus erat per singulorum regum historias. Job librum Hebræi Moysen scripsisse putant, alii unum ex prophetis.

2. Psalterium vero scripserunt decem prophetæ, id est, Moyses, David, Salomon, Asaph, Etham, Idithum, et Eman, et filii Core, id est, Asir, Elcana, Abiasaph. Sunt qui et Esdram, et Aggæum, et Zachariam scripsisse dicant. Salomon scripsit Proverbia, Ecclesiastem, et Cantica canticorum. Isaias scripsit librum suum, Jeremias librum suum cum lamentationibus ejus. Viri synagogæ sapientes scripserunt Ezechielem, duodecim prophetas, Danielem, et Paralipomenon, et Esther. Esdras scripsit librum suum.

3. Omnes autem hos libros idem Esdras propheta scriba post incensam legem a Chaldæis, dum Judæi regressi fuissent in Jerusalem, divino afflatus spiritu reparavit ; cunctaque prophetarum volumina, quæ fuerant a gentibus corrupta correxit ; totumque Testamentum in XXII libros constituit, ut tot libri essent in lege, quot habentur et litteræ.

4. Primam post Esdram Editionem de Hebræo in Græcum LXX interpretes ediderunt sub Ptolomæo Ægyptio rege, successore Alexandri, qui in legendo studiosus fuit, omniumque libros gentium **375** congregavit. Iste enim ab Eleazaro, qui erat princeps sacerdotum, multa dona mittens ad templum, petiit ut seni de duodecim tribubus Israel transmitterentur, qui interpretarentur omnes libros. Et, ut fidem interpretationis adverteret, singulis eorum qui fuerant destinati singulas cellulas dedit, et assignans omnibus omnes Scripturas, jussit interpretari.

5. Qui, cum per septuaginta dies istius rei negotium adimplessent, omnium simul interpretationes, quas per diversas cellulas segregati nullo ad ullum propinquante fecerunt, congregravit in unum. Atque ita omnes libri interpretati per Spiritum sanctum inventi sunt, ut non solum in intellectu, verum etiam in sermonibus consonantes invenirentur. Hæc fuit prima interpretatio vera ac divina.

6. Hos libros meditari omnium gentium Ecclesiæ primum cœperunt, eosdemque de Græco in Latinum interpretantes primi Ecclesiarum provisores tradiderunt. Post hæc secundam Editionem Aquila, tertiam et quartam Theodotion et Symmachus ediderunt, ambo Judæi proselyti. Quintam vero et sextam Editionem Origenes reperit, et cum cæteris supradictis Editionibus comparavit. Hi sunt itaque tantum qui Scripturas sacras de Hebræo in Græcum verterunt. Qui etiam et numerantur.

7. Nam Latinorum interpretum, qui de Græco in nostrum eloquium transtulerunt (ut meminit sanctus Augustinus [II *de Doctr. Christ. c.* 11]) infinitus numerus. Sicut enim (inquit) primis fidei temporibus ad manus venit Codex Græcus, atque aliquantulum sibi utriusque linguæ peritiam sumpsit, ausus est statim interpretari, atque inde accidit tam innumerabiles apud Latinos exstitisse interpretes.

8. De Hebræo autem in Latinum eloquium tantummodo Hieronymus presbyter sacras scripturas convertit. Cujus Editione generaliter omnes Ecclesiæ usquequaque utuntur, pro eo quod veracior sit in sententiis et clarior in verbis. Librum Sapientiæ Salomon scripsisse probatur testimoniis illius, quibus ibi legitur : *Tu me* (inquit) *elegisti* **376** *regem populo tuo, et dixisti ut ædificarem templum in nomine sancto tuo, et in civitate habitationis tuæ* (*Sap.* IX, 7).

9. Hoc opus Hebræi (ut quidam sapientium me-

CAP. XII. N. 1. *Et Samuelis primam partem.* Idem sensit Diodorus, qui Samuelis IX verba illa : *Nam videntem vocabat populus, qui nunc propheta dicitur,* non ipsius Samuelis, sed ejus qui Samuelis scripta collegit verba fuisse vult. Isidoro sat fuit monuisse non se de suo, sed de Hebræorum sensu et traditione loqui. GRIAL.

Ibid, Malachim totum edidit Jeremias. Nihilo id certius. GRIAL.

2. *Psalterium vero scripserunt decem :* ii scilicet, quorum nomina in psalmorum titulis præscribuntur. Id vero persuadere alicui fortasse possent, nisi Adamo, et Melchisedecho suos etiam psalmos assignarent, illi nonagesimum primum, huic centesimum nonum. GRIAL.

Ibid. Viri synagogæ sapientes scripserunt Ezech. et Esth, Fabellæ Judæorum. GRIAL.

3 An Esdras libros abolitos, vel incensos legis reparaverit, vetus est quæstio. Antiquorum Patrum, quorum plerique negant, verba exscribit Natalis Alexander in Historia eccles. Vet. Test., dissert. 4, in 4 mundi ætate. Qui asserunt, auctori apocrypho libri IV Esdræ, cap. XIX, fidem præstiterunt. AREV.

4. *Primam post Esdram.* Quæ de LXX interpretum Editione refert usque ad verbum *invenirentur*, leguntur in Cyrilli catechesi 4. Eademque Justinus, Irenæus, Augustinus, Philo, atque alii prodidere. Sed ridet Hieronymus, quæ de cellulis referuntur. Neque huic, neque illis nostrorum theologorum studia desunt. Nec minore contentione de ea quoque re dissident, omnesne Veteris Testamenti, an soli quinque Moysi libri ab illis sint conversi. GRIAL.

7. *Ut meminit sanctus Augustinus.* Lib. II de Doctrin. Christ., cap. 11. Idem in Novo Testamento accidisse ait Hieronymus, epist. 123, ad Damasum, tot pene fuisse exemplaria, quot Codices. GRIAL.

8. *Veracior sit in sententiis, et clarior in verbis.* Hoc elogium ex Augustini sententia potius convenit versioni Italæ, seu antiquæ, quam Hieronymianæ, seu novæ. Ita enim Augustinus lib. II de Doctr. Christ., cap. 15, n. 22 : *In ipsis interpretationibus Itala cæteris præferatur ; nam est verborum tenacior cum perspicuitate sententiæ.* Vide Sabatierium in præfat., n. 28, et Isidoriana, cap. 87, n. 23. Mariana, de Edit. Vulg., cap. 18, p. 89, observat Isidori verba Rabanum repetere lib. II Instit. clericor., cap. 54. Ostendit autem eo loco Mariana Editionem Latinam Vulgatam eamdem esse Hieronymi. AREV.

minit) inter canonicas scripturas recipiebant. Sed postquam comprehendentes Christum interfecerunt, memorantes in eodem libro tam evidentissima de Christo testimonia, quibus dicitur: « Dixerunt inter se impii, Comprehendamus Justum, quia inutilis est nobis, et contrarius est operibus nostris. et promittit Dei scientiam se habere, et Filium Dei se nominat. » Et infra: « Si enim vere est Filius Dei, suscipiet illum, et liberabit eum de manu contrariorum. » Ac deinde: « Ut sciamus reverentiam illius, et probemus patientiam ejus, morte turpissima condemnemus eum (*Sap.* II); » collatione facta, ne nostri eis pro tam aperto sacrilegio derogarent, a propheticis eum voluminibus reciderunt, legendumque suis prohibuerunt.

10. Librum autem Ecclesiasticum composuit Jesus filius Sirach Jerosolymitani, nepos Jesu sacerdotis, de quo meminit Zacharias, qui liber apud Latinos propter eloquii similitudinem Salomonis titulo prænotatur. Præterea Judith, et Tobiæ, sive Machabæorum libros qui auctores scripserunt, minime constat.

11. In Novo autem Testamento quatuor libros Evangeliorum quatuor evangelistæ singulos scripserunt, quorum solus Matthæus Hebræo scripsisse perhibetur eloquio, cæteri Græco. Paulus apostolus suas scripsit Epistolas, ex quibus novem septem Ecclesiis destinavit, reliquas discipulis suis misit, Timotheo, Tito et Philemoni. Ad Hebræos autem Epistolam plerisque Latinis ejus esse incertum est **377** propter dissonantiam sermonis. Eamdemque alii Barnabam conscripsisse, alii a Clemente scriptam fuisse suspicantur.

12. Petrus scripsit duas nomine suo epistolas, quæ catholicæ nominantur: quarum secunda a quibusdam ejus esse non creditur propter styli sermonisque distantiam. Jacobus suam scripsit Epistolam. Quæ et ipsa a nonnullis ejus esse negatur, sed sub nomine ejus ab alio dictata existimatur. Joannis epistolas tres idem Joannes edidit, quarum prima tantum a quibusdam ejus esse asseritur, reliquæ duæ Joannis cujusdam presbyteri existimantur, cujus juxta Hieronymi sententiam alterum sepulcrum apud Ephesum demonstratur. Judas suam edidit Epistolam. Actus apostolorum Lucas composuit, sicut audivit, vel vidit. Apocalypsin Joannes evangelista scripsit eodem tempore, quo ob Evangelii prædicationem in insulam Pathmos traditur relegatus.

13. Hi sunt scriptores sacrorum librorum, divina inspiratione loquentes, atque ad eruditionem nostram præcepta cœlestia dispensantes. Auctor autem earumdem Scripturarum Spiritus sanctus esse creditur. Ipse enim scripsit, qui prophetas suos scribenda dictavit. Jam tibi post psalmorum originem atque hymnorum, post sanctorum etiam librorum numerum, postulata sequentia prænotabo.

CAPUT XIII.

De laudibus.

1. Laudes, hoc est, *Alleluia* canere, canticum est Hebræorum, **378** cujus expositio duorum verborum interpretatione consistit, hoc est, *laus Dei*, de cujus mysterio Joannes in Apocalypsi refert Spiritu revelante vidisse, et audisse vocem cœlestis exercitus angelorum, tanquam vocem aquarum multarum, et tanquam vocem validorum tonitruum dicentium *Alleluia*.

2. Ex quo nullus debet ambigere hoc laudis mysterium, si digna fide et devotione celebretur, angelis esse conjunctum. *Alleluia* autem, sicut et *Amen* de Hebræa in Latinam linguam nequaquam transfertur, non quia interpretari minime queant, sed, sicut aiunt doctores, servatur in eis antiquitas propter sanctiorem auctoritatem.

3. In Africanis autem regionibns non omni tempore, sed tantum dominicis diebus, et quinquaginta post resurrectionem Domini *Alleluia* cantatur pro

11. *Ad Hebræos autem Epist.* Ex Hieronymi catalogo. At nunc dubitandi nullus relictus locus post conciliorum sequentium decreta. Quæ de Petri, Jacobi et Joannis Epistolis dicuntur, ex eodem sunt catalogo. De Apocalypsi, quoniam etiam ante Hieronymi ætatem recepta fuerat, neglexisse videtur Isidorus eos qui illam suo tempore non reciperent, contra quos est concilii Toletani IV, can. 16. GRIAL.

Ibid. De Epistola ad Hebræos neque Isidorus ipse dubitat in Procemiis. In Etymologiis. lib. VI, cap. 2, n. 45, ex plurium Latinorum sententia non certo Pauli esse dicitur. AREV.

CAP. XIII. N. 1. *Laudes.* Quid *Laudes* appellet, et ipse satis superque declarat, et cuivis ex concilio IV Toletan. magis adhuc constare poterit. Ut mirum sit tam manifesta in luce quanta sibi ipse tenebras offuderit, qui magno negotio contenderit ut hæc, plurium capitum inverso ordine, post caput de matutinis collocaret. Cum neque quid laudes, neque quid matutinæ preces apud Isidorum sit, posset ulla ratione dispicere. Ac de matutinis suo loco. Laudes hoc loco canticum *Alleluia* dicitur, quod in aliis regionibus (ut nunc ubique fit) ante Evangelii lectionem, in Hispania post Evangelium decantari ea synodus præcipit, can. 10 et 11. GRIAL.

Ibid. In Appendice 9 ad Etymologias fragmentum est Isidori nomine de variis vocabulis *Alleluia*, etc., quod pertinet ad librum VI, cap. 19, Etymologiarum, *de Officiis*. Copiose etiam Binghamus disserit de alleluia et psalmis alleluiaticis, tom. VI Antiq. eccles., pag. 41 et seqq. In missa Gothica statim post lectionem Evangelii canebatur *Lauda*, quod ab Isidoro *Laudes* dicitur. Qui ritum officii Gothici ignorant, facile unam ejus partem cum alia confundunt. In Isidorianis, cap. 88, n. 71, indicavi quasdam missas a sancto Ildefonso compositas adhuc latere, quæ, si ederentur, magnum lumen veteris liturgiæ Hispanæ ordini et methodo essent allaturæ. Verum bibliothecæ archiepiscopali Toletanæ præfectus Petrus Emmanuel Hernandez, vir cum primis doctus, a me rogatus, litteris die 10 februarii 1801, respondit eas missas de quibus multi mentionem injecerant, nihil esse aliud quam notum librum sancti Ildefonsi *De perpetua Virginitate sanctæ Mariæ* in septem partes distributum, quæ fortasse singulæ partes ab eodem sancto Ildefonso in diversis festis beatæ Mariæ virginis recitatæ sunt ea in sacrificii actione, quam Mozarabes *missam* dicebant a missione catechumenorum. Cæteri, qui de his missis sancti Ildefonsi loquuntur, immane quantum a veritate aberrant. AREV.

3. *In Africanis autem regionibus.* Ex ep. 119, Au-

significatione futuræ resurrectionis, et lætitiæ. Verumtamen apud nos secundum antiquam Hispaniarum traditionem præter dies jejuniorum, vel Quadragesimæ omni tempore cantatur *Alleluia*; scriptum est enim : *Semper laus ejus in ore meo*.

4. Quod vero post consummatam psalmorum, sive lectionum prædicationem *Alleluia* in fine cantatur, hoc in spe futura facit Ecclesia, significans post annuntiationem regni cœlorum, quæ in hac vita per utrumque Testamentum mundo prædicatur, actionem nostram non esse futuram, nisi in laudem Dei, sicut scriptum est : *Beati qui habitant in domo tua, in sæcula sæculorum laudabunt te* (*Psal.* LXXXIII, 5). Hinc est quod et liber psalmorum in laude concluditur, ut eadem post finem sæculi laus æterna monstretur.

379 CAPUT XIV.

De offertoriis.

1. Offertoria, quæ in sacrificiorum honore canuntur, Ecclesiasticus liber indicio est veteres cantare solitos, quando victimæ immolabantur, sic enim dicit : *Porrexit*, inquit, *sacerdos manum suam in libationem, et libavit de sanguine uvæ, et fudit in fundamento altaris odorem divinum excelso principi. Tunc exclamaverunt filii Aaron in tubis productilibus, et sonuerunt, et auditam fecerunt magnam vocem in memoriam coram Deo* (*Eccli.* L, 16). Non aliter et nunc in sono tubæ, id est, in vocis prædicatione cantu accendimur, simulque corde, et ore laudes Domino declamantes jubilamus in illo scilicet vero sacrificio, cujus sanguine salvatus est mundus.

CAPUT XV.

De missa et orationibus.

1. Ordo autem missæ, et orationum, quibus oblata Deo sacrificia consecrantur, primum a sancto Petro est institutus, cujus celebrationem uno eodemque modo universus peragit orbis. *Prima* earumdem oratio admonitionis est erga populum, ut excitentur ad exorandum Deum. *Secunda* invocationis ad Deum est, ut clementer suscipiat preces fidelium oblationesque eorum. *Tertia* autem **380** effunditur pro offerentibus, sive pro defunctis fidelibus, ut per idem sacrificium veniam consequantur.

2. *Quarta* post hæc infertur pro osculo pacis, ut

gust. ad Januarium, c. 15 et 17. GRIAL.

4. *Actionem nostram non esse futuram*, usque ad *laudabunt te*. Verba sunt Augustini, cap. 15. GRIAL.

Ibid. Hittorpius edidit *in spem futuri*, quamvis agnoverit in aliis esse *in spe futura*. In Editione quam curavit Cochleus, multa in hoc capite et in plerisque aliis desunt, ut illud exemplar censeri possit quibusdam in locis epitome librorum de ecclesiasticis Officiis. AREV.

CAP. XIV. N. 1. *Offertoria, quæ in sacrificior. canuntur*, etc. Gentiles quoque in libationibus graviores quosdam sonos adhibuisse, qui magnam partem spondeis pedibus constarent, unde nomen huic pedi datum, qui et pontificius propterea dictus est, notum ex Terentiani versibus

> Qui quod in templis canorus a sono vocis malæ.
> Auribus libantis obstat, et favet, εὐφημος est.

Eam vicem, ubi cantores organaque desunt, tintinnabulorum rotæ antiquo jam ritu præstant. GRIAL.

Ibid. Multi Mss. *in sonitu tubæ*. Unus, *in voce, prædicatione, cantu*. Pro *accendimur* duo Mss., *accendimus*. Hittorpius cum quatuor Mss. edidit : *Jubilamus in altum;* unus Ms. addebat, *in alto illo scilicet*, etc. AREV.

CAP. XV. N. 1. *Cujus celebrationem*. Traditam a Petro, quem ad consecrationis verba quidam tres orationes, alii solam Dominicam, initio adhibuisse dicunt. Auctæ deinde aliæ ab aliis tum preces, tum ceremoniæ, ut videmus in Patrum liturgiis. Nam et illud Pauli, I Cor. XI, *Cætera autem, cum venero, disponam*, ad id refert Augustin. epist. 118, cap. 6. Isidorus ordinem qui ætate sua in concil. Tolet. IV jussus est per omnem Hispaniam et Galliciam observari tantum refert. Qui tamen ordo non idem prorsus retinetur in Mozarabo Missali, quod advertit etiam Jacobus Pamelius. GRIAL.

2. *Quinta deinde infertur illatio*. Pensiones, ut a Græcis εἰσφοράς, ita a nostris *illationes* dictas, constat e Cassiodor., lib. XII, ep. 16, quomodo illationis voce usa est etiam synodus Tolet. VII, can. 4 : *Ne ergo fiat de cætero, quod constat hactenus inordinate præsumptum, non amplius quam duos solidos unusquisque episcoporum præfatæ provinciæ per singulas diœcesis suæ basilicas juxta synodum Bracharensem annua illatione sibi expetent conferri*. Mediaque videtur inter exactionem et oblationem, sive inter pensionem et munus, illatio. Ut enim imperatores pensionis tristiorem appellationem illationis nomine mitigarunt, ita ecclesiastici viri submissius se loqui putaverunt, si quæ alias dona et munera vocant, illationem appellarent. Id quod etiam debitum servitutis non uno in loco dicitur. Hinc illud in canone : *Offerimus præclaræ Majestati tuæ de tuis donis ac datis*. Nimium videbatur *offerimus*, ni subjiceretur *de tuis donis ac datis*. Sed (ut ego quidem existimo) dicebatur illatio tum panis et vinum, antequam offerrentur, tum formula ipsa precationis, qua inferebantur. Erat ergo illatio tum id quod inferebatur, ex quo erat oblatio facienda, tum precatio ipsa qua inferebatur, ut fieret ex illatione oblatio. GRIAL.

Ibid. Ut charitate reconciliati omnes invicem, digne. Alii, *digni*. Alii, *ut charitate reconciliationis omnes invicem digne;* vel, *ut per charitatem reconciliationis invicem digne*. Quæ duæ postremæ lectiones Hittorpio non displicebant, ut respiciatur ad reconciliationem in Evangelio præscriptam, antequam munus ad altare offeramus. In nota Grialii mendose erat, *formula ipsa precationis, quam inferebantur*. Reposui *qua*, ut paulo post *precatio ipsa qua inferebatur*. In Missali Mozarabico hæc prima oratio proprie *missa* dicitur, quam tamen in eodem Missali diversæ aliæ præcedunt. Secunda oratio post orationem *missam* appellatam proprium nomen non habet. Tertia oratio dicitur *Post nomina*, scilicet offerentium et defunctorum. Quarta oratio appellatur *Ad pacem*, pro quo mendose in Missali Mozarabico scribitur *Ad Patrem*, ut observat Lesleus in not. ad Missal. Mozarab., pag. 1. Quinta in eodem Missali *Illatio*, ut apud Isidorum, vocatur. Sexta in cit. Missal. appellatur *Post pridie*, quin causa hujus appellationis nota sit. In liturgiis Gallicanis *Post mysteria*, aut *Post secreta* nominatur. Septima denique est Oratio Dominica, ut apud Isidorum. Sed ante hanc orationem recitatur Symbolum Constantinopolitanum ex præscripto concilii III Toletani, quod cap. seq. Isidorus vocat *Nicænum*, quia ita passim appellabatur. Multa quæ ad liturgiam Gothicam pertinent illustrari possunt ex brevi expositione antiquæ liturgiæ Gallicanæ, quam præmissa docta præfatione Martenius edidit tom. V Thesauri Anecdot., pag. 86 et seqq. AREV.

charitate reconciliati omnes invicem digne sacramento corporis et sanguinis Christi consocientur, quia non recipit dissensionem cujusquam Christi indivisibile corpus. *Quinta* deinde infertur illatio in sanctificatione oblationis, in qua etiam et ad Dei laudem terrestrium creaturarum virtutumque cœlestium universitas provocatur, et **381** *Hosanna in excelsis* cantatur, quod Salvatore de genere David nascente salus mundo usque ad excelsa pervenerit.

3. Porro *sexta* exhinc succedit conformatio sacramenti, ut oblatio, quæ Deo offertur, sanctificata per Spiritum sanctum, Christi corpori ac sanguini conformetur. Harum ultima est oratio, qua Dominus noster discipulos suos orare instituit, dicens: *Pater noster, qui es in cœlis*. In qua oratione, ut sancti Patres scripserunt, septem petitiones continentur; sed in tribus primis æterna poscuntur: in sequentibus quatuor temporalia, quæ tamen propter æterna adipiscenda petuntur.

4. Nam cum dicimus: *Sanctificetur nomen tuum, Adveniat regnum tuum, Fiat voluntas tua, sicut in cœlo, et in terra;* hic quidem ista tria inchoantur; sed in illa vita sperantur, ubi sanctificatio Dei, et voluntas, et regnum in sanctis suis immortaliter permanebit. Jam vero panis quotidianus, qui vel animæ, vel carni tribuitur, hic exposcitur; hic etiam post subsidium cibi venia de exemplo fraternæ indulgentiæ postulatur; hic, ne in peccati tentationem incidamus, exposcimus. Hic, post omnia, ut a malis liberemur, Dei auxilium imploramus. Illic autem nihil istorum est.

5. Hanc itaque orationem Salvator docuit, in qua et spes continetur fidelium, et confessio peccatorum; de qua propheta prædicens, ait: *Et erit, omnis qui invocaverit nomen Domini salvus erit* (*Joel.* II, 32). Hæ sunt autem septem sacrificii orationes commendatæ evangelica apostolicaque doctrina, cujus numeri ratio instituta videtur vel propter septenariam sanctæ Ecclesiæ universitatem, vel propter septiformem gratiæ Spiritum, cujus dono ea quæ inferuntur sanctificantur.

382 CAPUT XVI.

De Symbolo Nicæno.

1. Symbolum autem, quod tempore sacrificii a populo prædicatur, trecentorum decem et octo sanctorum Patrum collatione apud synodum Nicænam est editum. Cujus veræ fidei regula tantis doctrinæ fidei mysteriis præcellit, ut de omni parte fidei loquatur, nullaque pene sit hæresis cui per singula verba vel sententias non respondeat. Omnes enim errores impietatum perfidiæque blasphemias calcat, et ob hoc in universis Ecclesiis pari confessione a populo proclamatur.

CAPUT XVII.

De benedictionibus.

1. Benedictionem autem dari a sacerdotibus populo, antiqua per Moysen benedictio pandit, et comprobat, qua benedicere populo sub sacramento trinæ invocationis jubetur. Ait enim ad Moysen Dominus: « Sic benedices populum meum, et ego benedicam illos: Benedicat te Dominus, et custodiat te, illuminet Dominus faciem suam super te, et misereatur tui, attollat Dominus faciem suam super te, et det tibi pacem » (*Num.* VI, 24).

CAPUT XVIII.

De sacrificio.

1. Sacrificium autem, quod a Christianis Deo offertur, primum **383** Christus Dominus noster, et magister instituit, quando commendavit apostolis corpus et sanguinem suum, priusquam traderetur; sicut legitur in Evangelio: *Accepit*, inquit, *Jesus panem, et calicem, et benedicens dedit eis* (*Matth.* XXVI, 26). Quod quidem sacramentum Melchisedech rex Salem figuraliter in typum corporis et sanguinis Christi primus obtulit, primusque mysterium tanti sacrificii imaginarie idem expressit, præferens similitudinem Domini et Salvatoris nostri Jesu Christi, sacerdotis æterni, ad quem dicitur: *Tu es sacerdos in æternum secundum ordinem Melchisedech* (*Ps.* CIX).

2. Hoc ergo sacrificium Christianis celebrare præceptum est, relictis ac finitis Judaicis victimis, quæ in servitute veteris populi celebrari imperata sunt. Hoc itaque fit a nobis, quod pro nobis Dominus ipse fecit, quod non mane, sed post cœnam in vesperum obtulit. Sic enim Christum oportebat adimplere circa vesperam diei, ut hora ipsa sacrificii ostenderet vesperam mundi. Proinde autem non communicaverunt jejuni apostoli, quia necesse erat ut pascha illud typicum antea impleretur, et sic denuo ad verum paschæ sacramentum transirent.

---

3. *In qua oratione, ut Patres scripserunt, septem petitiones.* Singulis petitionibus *Amen* respondetur, quarta excepta, *Panem nostrum quotidianum da nobis hodie*, cui respondetur, *quia tu es Deus.* GRIAL.

Ibid. Hittorpius cum Mss. suis edidit, *confirmatio sacramenti ut oblatio.... Christi corporis et sanguinis confirmetur.* Nec probat *conformatio*, et *conformetur*, quia in Ordinis Romani libris *confirmare* significat distribuere aliis corpus et sanguinem Domini, quæ distributio etiam hoc loco intelligi potest. AREV.

4. *De exemplo.* Veteres Editiones, *ad exemplum.* AREV.

CAP. XVI. N. 1. *Omnes enim*, etc. Al., *omnes enim errorum impietates, perfidiæque, vel blasphemias calcat.* Pro *vel*, alii *et*, quod perinde est. AREV.

CAP. XVII. N. 1. *Benedictionem.* Singulis prope missis benedictiones propriæ assignantur in Mozarabo Missali. Est autem hæc e Dominic. 7 post Pentecosten. GRIAL.

Ibid. Illuminet Dominus faciem, etc. Ita Goth. Codex ex Septuaginta interpretatione; in excusis libris Vulgatæ Edit. verba substituta sunt. GRIAL.

Ibid. Alii, *et benedicam eum.* Et mox, *custodiat te, ostendatque faciem suam tibi*, *et misereatur*, etc. AREV.

CAP. XVIII. N. 1. Vid. Cyprian., epist. 3, lib. II, de sacramento dominici calicis. GRIAL.

Ibid. Traderetur. Al., *pateretur.* AREV.

2. *Quod non mane* usque ad *vesperam mundi*, Cypriani verba sunt. GRIAL.

Ibid. Proinde non communicaverunt jejuni apostoli. Vid. cap. 54, *Liquido*, de consecr., d. 2. GRIAL.

Ibid. Pro *imperata* alii exhibent *imperatæ*, quod clarius est. Pro *hoc itaque fit*, al., *hodie itaque fit.* AREV.

3. Hoc enim in mysterio tunc factum est quod primum discipuli corpus et sanguinem Domini non acceperunt jejuni. Ab universa autem Ecclesia nunc a jejunis semper accipitur. Sic enim placuit Spiritui sancto per apostolos, ut in honorem tanti sacramenti in os Christiani prius dominicum corpus intraret, quam cæteri cibi, et ideo per universum orbem mos iste servatur. Panis enim quem frangimus corpus Christi est (*I Cor.* x), qui dixit : *Ego sum panis vivus, qui de cœlo descendi* (*Joan.* vi). Vinum autem sanguis ejus est, et hoc est, quod scriptum est : *Ego sum vitis vera* (*Joan.* xv); sed panis, quia corpus confirmat, ideo corpus Christi nuncupatur, vinum autem, quia sanguinem operatur in carne, ideo ad sanguinem Christi refertur.

4. Hæc autem dum sunt visibilia, sanctificata tamen per Spiritum sanctum **384** in sacramentum divini corporis transeunt. Proinde autem, ut sanctissimus Cyprianus ait : « Calix dominicus vino et aqua mistus offertur, quia videmus in aqua populum intelligi, in vino vero ostendi sanguinem Christi. Quando autem in calice vino aqua miscetur, Christo populus adunatur, et credentium plebs ei in quem credidit copulatur et jungitur. Quæ copulatio et conjunctio aquæ et vini sic miscetur in calice Domini, ut commistio illa ab invicem non possit separari, sicut nec Ecclesia potest a Christo dividi.

5. « Sic autem in sanctificando calice Domini offerri aqua sola non potest, quomodo nec vinum solum potest. Nam si vinum tantum quis offerat, sanguis Christi incipit esse sine nobis; si vero aqua sit sola, plebs incipit esse sine Christo. Quando autem utrumque miscetur, et adunatione confusa sibi invicem copulatur, tunc sacramentum spirituale et cœleste perficitur. Sic vero calix Domini non est aqua sola, aut vinum solum, nisi utrumque sibi misceatur, quomodo nec corpus Domini potest esse simila sola, aut aqua sola, nisi utrumque adunatum fuerit, et copulatum, et panis unius compage solidatum.

6. « Quo et ipso sacramento populus noster ostenditur adunatus, ut quemadmodum grana multa in unum collecta, et commolita, et commista panem unum faciunt, sic in Christo, qui est panis cœlestis, unum sciamus esse corpus, cui conjunctus sit noster numerus, et adunatus. »

7. Dicunt aliqui, nisi aliquo intercedente peccato, Eucharistiam quotidie accipiendam; hunc enim panem dari quotidie nobis, jubente Domino, postulamus, dicentes : *Panem nostrum quotidianum da nobis hodie.* Quod quidem bene dicunt, si hoc cum religione et devotione et humilitate suscipiunt, nec, confidendo de justitia, superbiæ præsumptione id faciant. Cæterum si talia sunt peccata, quæ quasi mortuum ab altari removeant, prius agenda pœnitentia est, ac sic deinde hoc salutiferum medicamentum **385** tunc suscipiendum. Qui enim manducaverit indigne, judicium sibi manducat et bibit (*I Cor.* xi). Hoc est enim indigne accipere, si eo tempore quis accipiat quo debet agere pœnitentiam.

8. Cæterum si non sunt tanta peccata, ut excommunicandus quisque judicetur, non se debet a medicina dominici corporis separare, ne, dum forte diu abstinendus prohibetur, a Christi corpore separetur. Manifestum est enim, eos vivere, qui corpus ejus attingunt. Unde etiam timendum est ne, dum diu quisque separatur a Christi corpore, alienus remaneat a salute, ipso dicente : *Nisi comederitis carnem filii hominis, et biberitis ejus sanguinem, non habebitis vitam in vobis* (*Joan.* vi). Qui enim jam peccare quievit, communicare non desinat.

9. Conjugatis autem abstinendum est coitu, plurimisque diebus orationi debent vacare, et sic deinde ad Christi corpus accedere. Relegamus Regum libros, et inveniemus sacerdotem Abimelech de panibus propositionis noluisse prius dare David, et pueris ejus, nisi ante interrogaret utrum mundi essent pueri a mulieribus, non utique ab alienis, sed a conjugibus propriis, et nisi eos audisset ab heri et nudius tertius vacasse ab opere conjugali, nequaquam panes quos prius negaverat concessisset (*I Reg.* xxi).

10. Tantum interest inter propositionis panes et corpus Christi, quantum inter umbram et corpus, inter imaginem et veritatem, inter exemplaria futurorum et ea ipsa quæ per exemplaria præfiguraban-

3. Catholicam Isidori de sacra Eucharistia doctrinam propugnavi in Isidorianis, cap. 30, n. 15 et seqq., contra Binghamum, et alios heterodoxos. AREV.

4. *Calix Dominicus*, usque ad *adunatus*, omnia sunt Cypriani verba. GRIAL.

Ibid. Verba sancti Cypriani in Editione Felli epist. 63, de sacramento dominici calicis non omnia ab Isidoro exscribuntur. AREV.

7. *Dicunt aliqui, nisi aliquo interven. peccato.* Vid. cap. 13, de consecr., d. 2, *Quotidie.* GRIAL.

Ibid. Hoc est enim indigne accipere. August., epist. 118. GRIAL.

Ibid. Dicunt aliqui, etc. Vide librum de Dogmat. eccles., cap. 22; Canon. apostol. 8 et 9; Justinum, in Apolog. de Dominico die; Basil., epist. 289, et recentiores, qui de frequenti communione contra Arnaldum plura opera ediderunt. AREV.

8. *Cæterum si non sunt tanta peccata.* Hilarii, sive Augustini verba relata a Gratiano, de cons., d. 2, cap. *Si non sunt.* GRIAL.

Ibid. Contra eos qui frequentem communionem impugnant adduci solet hic locus. Petavius, Dissertat. ecclesiast. lib. II, cap. 3, tom. IV, pag. 185; observat hæc ab Isidoro sumpta ex Augustino, epist. 118, c. 3, quibus Isidorus præmisit : *Cæterum si talia*, etc. Zaccaria, tom. XII Histor. litter., pag. 451, Leslei conjecturam probat, legendum, *diu abstinens probetur* pro *diu abstinendus*, vel *abstentus prohibetur*, quia ita legitur in Codice Albornoziano Bononiensi, et quia, ut observat Lesleus, pag. 500, in Missale Mozar. sermo est de eo qui sponte abstinet, non de eo qui ab alio prohibetur. Idem Lesleus, pag. 529, agit de usu frequenti sacræ Eucharistiæ apud veteres. Hittorpius observat legendum esse, *si non sunt tanta peccata*, ac male alios omittere *non*; et pro *excommunicandus*, quod in aliquo Ms. invenerat, legit *excommunicatus*, et *abstentus*, pro *abstinendus*, pro quo apud alios reperit *abstinens*. Mihi non displicet *prohibetur*, hoc est, a seipso. AREV.

9. *Relegamus libros Regnorum*, usque ad *accedere possit*, verba sunt Hieron. in cap. I Epist. ad Tit. GRIAL.

tur. Quapropter eligendi sunt aliquot dies, quibus prius homo continentius vivat, quo ad tantum sacramentum dignus accedere possit.

386 11. Sacrificium pro defunctorum fidelium requie offerre, vel pro eis orare, quia per totum hoc orbem custoditur, credimus quod ab ipsis apostolis traditum sit. Hoc enim ubique catholica tenet Ecclesia, quæ nisi crederet fidelibus defunctis dimitti peccata, non pro eorum spiritibus vel eleemosynam faceret, vel sacrificium Deo offerret.

12. Nam et cum Dominus dicit : *Qui peccaverit in Spiritum sanctum, non remittetur ei, nec in hoc sæculo, nec futuro* (*Matth.* XII), demonstrat quibusdam illic dimittenda peccata et quodam purgatorio igne purganda. Ergo in quodam loco dictum est a sanctissimo Augustino : « Defunctorum animas sine dubio pietate suorum viventium relevari, cum pro illis sacrificium offertur, vel eleemosynæ fiunt, si tamen aliquod quisque sibi meritum præparavit, dum adhuc in corpore viveret, per quod ista prosint, quæcunque pro illo fiunt.

13. « Nam non omnibus prosunt. Et quare non omnibus prosunt, nisi propter differentiam vitæ quam quisque gessit in corpore? Nam pro valde bonis gratiarum actiones sunt, pro non valde malis propitiationes sunt, pro valde malis, etiam si nulla sunt adjuvamenta mortuorum ; qualescunque consolationes vivorum sunt. Quibus autem prosunt, aut ad hoc prosunt, ut sit plena remissio, aut certe, ut tolerabilior fiat ipsa damnatio. »

CAPUT XIX.

De tertiæ, sextæ, et nonæ officiis.

1. Horam tertiam, sextam, et nonam Daniel et tres pueri supplicationibus devoverunt (*Dan.* VI, 13), scilicet, ut ab ortu diei in tempus precationis tres horæ porrectæ Trinitatis nobis reverentiam declararent, pariliter ad tertiam, ad sextam, atque deinde ad nonam per 387 lucis intervalla, ratis dimensionibus terminata, Trinitas ter die rogata coleretur. Illud etiam occurrit ad probationem venerabilis Trinitatis, quod Spiritus sanctus hora tertia, hoc est, suo loco, et numero, et tempore, descendit ad terras impleturus gratiam quam Christus promisit (*Act.* II).

2. Nam et sexta hora Christus passus, ad nonam patibuli cruciamenta porrexit. Tali enim sacramento legitimis ad precem temporibus per ternas horas Trinitatis perfectio aut laudatur celebritatibus, aut precibus impetratur. Licet et computetur diurna celebritas per quaternarium usque ad vespertinum officium, hoc est, quia quaternis significetur mundus quadrifario divisus, in Trinitate salvatus. Siquidem et in nocte stationes et vigiliæ militares in quatuor partes divisæ, ternis horarum spatiis secernuntur, ut et in ipsis nocturnis mundialibusque officiis Trinitatis mysterium veneretur.

CAPUT XX.

De vesperis.

1. Vespertinum diurni officium finis et alternæ lucis occasus est, cujus ex Veteri Testamento solemnis est celebratio. Denique hoc tempore veterum sacrificia offerre, adolerique altario aromata et thura mos erat (*Exod.* XXIX). Testis est hymnidicus ille, regio ac sacerdotali functus officio, dicens : *Ascendat oratio mea, sicut incensum in conspectu tuo, elevatio manuum mearum sacrificium vespertinum.* (*Psal.* CXL).

2. In Novo quoque Testamento eo tempore quo Dominus et Salvator noster cœnantibus apostolis mysterium sui corporis et sanguinis initio tradidit, ut tempus ipsum sacrificii vesperum ostenderet sæculi, proinde in honorem ac memoriam tantorum sacramentorum his temporibus adesse nos decet Dei conspectibus, et personare in ejus cultibus, orationum nostrarum illi sacrificium 388 offerentes, atque in ejus laudibus pariter exsultantes. Vesperum autem nominatum a sidere, qui vesper vocatur, et decidente sole exoritur. De quo propheta dicit : *Et vesperum super filios hominum prodire facit* (*Job.* XXXVIII).

CAPUT XXI.

De completis.

1. De completis autem celebrandis idem etiam in Patrum invenimus exemplis, David propheta dicente : *Si ascendero in lectum strati mei, si dedero somnum oculis meis, aut palpebris meis dormitationem, aut requiem temporibus meis, donec inveniam locum Domino tabernaculum Deo Jacob* (*Psal.* CXXXI). Quis non stupeat tantam in Dei amore animi devotionem, ut somnum sibi, sine quo utique corpora humana deficiunt, penitus interdixerit, donec locum ac templum Do-

12. *Defunctorum animæ*, etc., usque ad fin. cap., *verba sunt Augustini, in Enchirid. ad Laur.*, c. 110. GRIAL.

Ibid. Eadem doctrina Augustini De Civit. Dei, lib. XXI, cap. 24, et lib. de Cura pro mortuis. AREV.

CAP. XIX. N. 1. Vid. Cypriani librum de Orat. Dominic., et Tertullian., de Jejunio. GRIAL.

Ibid. Pro *ratis*, alii *satis*. Fortasse *statis*. In nonnullis Mss. *Trinitas ter derogata, id est, deprecata coleretur.* In vet. Edit. erat *determinata Trinitas.* Apud Grialium *demensionibus*. Non est omittenda lectio Editionis Cochlei : *Pariterque a tertia ad sextam, atque inde ad nonam per paria lucis intervalla, ratis dimensionibus interminata Trinitas ter die rogata coleretur.* De oratione tertiæ, sextæ et nonæ vide Commentar. ad Prudentium, hymn. 3 Cathem., vers. 86, et Etymol. lib. VI, cap. 19, cum nota ad num. 62; quod totum caput in argumento hujus operis de Officiis ecclesiasticis versatur. AREV.

2. *Mundialibusque.* Fortasse legendum *dialibusque*, aut *diurnis*, ut opponatur *nocturnis*. AREV.

Ibid. Licet, etc. Alii, *et si computetur diuturna... hoc est, quaternitas significatur, quia mundus*, etc. AREV.

CAP. XX. N. 1. *Altario.* Isidorus cum aliis passim usurpat *altarium*, *altarii*. AREV.

2. *Ut tempus ipsum vesp.*, usque ad *sæculi*, Cypriani sunt verba epist. cit. GRIAL.

Ibid. Vesperum ostenderet sæculi. AL., *vespertinum ostenderet sæculi finem.* AREV.

CAP. XXI. N. 1. Integrum caput ex epist. de observatione vigiliarum, 36, apud Hieronym., tom. IX. GRIAL.

mino fabricandum in pectore suo rex et propheta reperiret? Quæ res debet nos fortiter admonere ut si ipsi locus Domini esse volumus, et tabernaculum ejus, aut templum cupimus haberi, in quantum possumus, exempla sanctorum imitemur, ne de nobis dicatur, quod legitur: *Dormierunt somnum suum, et nihil invenerunt* (*Psal.* LXXV), et cætera.

CAPUT XXII.

De vigiliarum antiquitate.

1. Antiqua est vigiliarum devotio, familiare bonum omnibus sanctis. Isaias denique propheta clamabat ad Dominum, dicens: *De nocte vigilat spiritus meus ad te, Deus, quia lux præcepta tua sunt super terram* (*Isai.* XXVI, 9). Item David, et regio, et prophetico sanctificatus unguento, ita canit: *Media nocte surgebam ad confitendum tibi super judicia justitiæ tuæ* (*Psal.* CXVIII, 62). Hoc namque tempore vastator angelus transiens, primogenita Ægyptiorum percussit (*Exod.* XII).

2. Unde et nos vigilare oportet, ne periculo Ægyptiorum admisceamur. **389** Iisdem etiam horis venturum sese in Evangelio Salvator astruxit. Unde et ad vigilandum auditores suos exsuscitat, dicens: *Beati servi illi quos cum venerit Dominus, invenerit vigilantes* (*Matth.* XXIV). Etsi vespertina, inquit, hora venerit, etsi media nocte, etsi galli cantu, et ita invenerit eos vigilantes, beati sunt servi illi. *Itaque et vos estote parati, quia nescitis, qua hora Filius hominis venturus est* (*Luc.* XII).

3. Siquidem nec verbis solum docuit vigilias, sed etiam confirmavit exemplo; sic namque testatur in Evangelio: *Quia erat Jesus pernoctans in oratione Dei* (*Act.* XVI, 25). Paulus quoque et Silas in custodia publica circa medium noctis orantes, hymnum, audientibus cunctis vinctis, dixisse memorantur, ubi repente terræmotu facto, et concussis carceris fundamentis, et januæ sponte apertæ, et omnium vincula sunt soluta.

4. Unde oportet his horis psallendi orandique frequentiam nos in sanctis habere officiis, finemque nostrum, vel si advenerit sub tali actu, exspectare securos. Est autem quoddam genus hæreticorum, superfluas existimantium sacras vigilias, et spiri- A tuali opere infructuosas, dicentes jussa temerari divina, qui noctem fecit ad requiem, sicut diem ad laborem. Qui hæretici Græco sermone Nyctages, hoc est, somniculosi vocantur.

CAPUT XXIII.

De matutinis.

1. De matutinorum antiquitate et auctoritate testis est idem David propheta, dicens: *In matutinis meditabor in te, quia fuisti adjutor meus*, et alibi: *Prævenerunt*, inquit, *oculi mei ad te diluculo, ut meditarer eloquia tua.* Cassianus autem dicit matutinæ **390** solemnitatis officium novo adhuc tempore institutum primitus in Bethlehem monasterio, ubi Dominus noster Jesus Christus pro redemptione humani generis ex virgine nasci dignatus est. Sicque ex illo per B universum mundum ejusdem celebrationis invaluit consuetudo.

2. Diluculo autem proinde oratur, ut resurrectio Christi celebretur; matutina enim luce radiante, Dominus et Salvator noster ab inferis resurrexit, quando cœpit oriri fidelibus lux quæ, moriente Christo, occiderat peccatoribus. Siquidem et eodem tempore cunctis spes futuræ resurrectionis creditur, cum justi et omnes ab hac temporali morte, quasi a sopore somni resurgentes, evigilabunt.

CAPUT XXIV.

De Dominico die.

1. Dominicum diem apostoli iidem religiosa solemnitate sanxerunt, quia in eodem Redemptor noster C a mortuis resurrexit. Quique ideo Dominicus dies appellatur, ut in eo a terrenis operibus vel mundi illecebris abstinentes, tantum divinis cultibus serviamus, dantes scilicet huic diei honorem, et reverentiam propter spem resurrectionis nostræ, quam habemus in illo.

2. Nam sicut ipse Dominus noster Jesus Christus et Salvator noster tertia die resurrexit a mortuis, ita et nos resurrecturos in novissimo sæculo speramus. Unde etiam in Dominico die stantes oramus, quod est signum futuræ resurrectionis; hoc agit universa Ecclesia, quæ in peregrinatione mortalitatis inventa est, exspectans **391** in finem sæculi, quod in Do-

CAP. XXII. N. 1. Pleraque ex eadem epistola carptim hinc inde sumpta. GRIAL.

Ibid. Hoc namque tempore vastator angel., ex Hieronym. Matth. XXV. GRIAL.

3. *Audientibus cunctis vinctis.* Vox *cunctis* non est apud Hieronym., neque Act. XVI, et fortasse librariorum partim *vinctis*, partim *cunctis*, scribentium vitio utrumque tandem inolevit. GRIAL.

Ibid. Siquidem, etc. Hæc, usque ad finem capitis deerant in Editionibus antiquis, quæ Bignæus supplevit ex Concilio Aquisgranensi sub Ludovico Pio, cap. 130, et Rabano, lib. II de Instit. cleric., cap. 9, ac vere exstant in Mss. Codicibus Isidori. AREV.

4. *Nyctages*, aut etiam *Nystages*, vel *Nystazontes*. Ead. VIII Etymol., c. 5. GRIAL.

CAP. XXIII. N. 1. Matutinæ preces hic dicuntur eæ quas nos laudes dicimus, ut constat ex Cassian., lib. 3 de Instit. cœnob., cap. 3, 4 et 8. Sequebatur vigilias Missa post galli cantum, inde eæ, quas nos laudes, Cassianus matutinam solemnitatem nominat, c. 4 et 6, in qua canebatur psalm. CXLVIII, *Laudate Dominum de cœlis*, cum sequentibus. Novellæ (ut ipse vocat) D tunc solemnitati, quæ a nobis prima dicitur, deputati erant psalmi L, *Miserere mei Deus secund.*, LXII, *Deus Deus meus, ad te de luce vigilo*, et LXXXIX, *Domine, refugium factus.* Ita videntur Ecclesiæ occidentalis laudes utramque illorum, id est, matutinam antiquam solemnitatem, et novellam, atque amplius aliquid continere. Nam novellæ, hoc est, primæ, psalmi alii sunt assignati. GRIAL.

Ibid. In nonnullis Editionibus et Codicibus mss. desideratur totum hoc et seq. caput. In Editione Grialii ita distinguitur, *institutum. Primitus*, etc. AREV.

2. Grialius scribit *radianti.* AREV.

CAP. XXIV. N. 1. Pleraque omnia ex epist. August. ad Januar. 119, cap. 10. GRIAL.

Ibid. Dominicum diem, etc. Consule Patres apostolicos, cum notis Cotelerii, tom. 1, pag. 47, et lib. 6 Etymol., c. 18, num. 19, cum nota. AREV.

mini Jesu Christi corpore præmonstratum est, qui est primogenitus a mortuis.

CAPUT XXV.

De sabbato.

1. Sabbatum autem datum est priori populo in otio corporaliter celebrandum, ut figura esset in requiem, unde et Sabbatum requies interpretatur. Dies tamen Dominicus non Judæis, sed Christianis per resurrectionem Domini declaratus est, et ex illo habere cœpit festivitatem suam. Ipse est enim dies primus, qui post septimum reperitur octavus. Unde et in Ecclesiaste ad duorum Testamentorum significationem dicitur, *illi septem*, et *illi octo* (*Eccl.* XI).

2. Primo enim solum celebrandum Sabbatum traditum est, quia erat antea requies mortuorum. Resurrectio autem nullius erat qui resurgens a mortuis non moreretur, mors illi ultra non dominaretur (*Rom.* VI). Jam postquam facta est talis resurrectio in corpore Domini, ut præiret in capite Ecclesiæ, quod corpus Ecclesiæ speraret in finem, dies Dominicus, id est, octavus, qui et primus, in festivitate successit.

3. Apparet autem hunc diem etiam in sacrosanctis Scripturis esse solemnem; ipse enim primus est dies sæculi, in ipso creati sunt angeli, in ipso quoque a mortuis resurrexit Christus, in ipso de cœlis super apostolos sanctus descendit Spiritus, manna in eodem die in eremo primum de cœlo datum est. Sic enim dicit Dominus: *Sex diebus colligetis manna, in die autem sexto duplum colligetis* (*Exod.* XVI). Sexta enim dies est parasceve, quæ ante Sabbatum ponitur.

4. Sabbatum autem dies septimus est, quem sequitur Dominicus, **392** in quo primum manna de cœlo venit. Unde intelligant Judæi jam tunc prælatam esse Judaico Sabbato Dominicam nostram; jam tunc indicatum est quod in Sabbato ipsorum gratia ad eos de cœlo nulla descenderit, sed in nostra Dominica, in qua primum manna Dominus pluit.

CAPUT XXVI.

De Natali Domini.

1. Natalis Domini dies ea de causa a Patribus votivæ solemnitatis institutus est, quia in eo Christus pro redemptione mundi nasci corporaliter voluit, prodiens ex virginis utero, qui erat in Patris imperio. Cujus susceptæ carnis causa hæc est. Postquam enim invidia diaboli parens ille primus spe seductus inani cecidit, confestim exsul, et perditus in omni genere suo radicem malitiæ et peccati transduxit, crescebatque in malum vehementius omne genus mortalium diffusis ubique sceleribus, et, quod est nequius, omnium cultibus idolorum serviens.

2. Volens ergo Deus terminare peccatum, consuluit verbo, lege, prophetis, signis, plagis et prodigiis. Sed cum nec sic quidem errores suos admonitus agnosceret mundus, misit Deus Filium suum, ut carne indueretur, et hominibus appareret, et peccatores sanaret. Qui ideo in homine venit, quia per seipsum ab hominibus cognosci non potuit. Ut autem videretur, Verbum caro factum est, assumendo carnem, non mutatum in carnem. Assumpsit enim humanitatem, non amisit divinitatem. Ita idem Deus et idem homo, in natura Dei æqualis Patri, in natura hominis factus mortalis **393** in nobis pro nobis, de nobis, manens quod erat, suscipiens quod non erat, ut liberaret quod fecerat.

3. Hæc est ergo dominicæ Nativitatis magna solemnitas, hæc est diei hujus nova et gloriosa festivitas, adventus Dei factus ad homines. Itaque dies iste, pro eo quod in eo Christus natus est, Natalis dicitur; quemque ideo observare per revolutum circulum anni festa solemnitate solemus, ut in memoriam revocetur quo die Christus natus est.

CAPUT XXVII.

De Epiphania.

1. Epiphaniorum diem proinde festa solemnitate viri apostolici signaverunt, quia in eo est proditus stella Salvator, quando invenerunt magi Christum in præsepi jacentem, adorato offerentes competentia munera Trinitati, aurum, thus et myrrham, Regi, Deo atque passuro. Ideo ergo diem hunc annua celebritate sacraverunt, ut mundus agnoscat Dominum quem elementa cœlitus prodiderunt.

2. Siquidem eodem die idem Jesus etiam Jordanis lavacro tingitur, divisoque cœlo Spiritus sancti descendentis testimonio Dei esse Filius declaratur (*Matth.* III); cujus diei nomen, ex eo quod apparuit gentibus, Epiphania nuncupatur. Epiphania enim Græce, Latine apparitio vel ostensio dicitur. Tribus igitur ex causis hic dies hoc vocabulum sumpsit sive

CAP. XXV. N. 1. *Sabbatum autem dat* usque ad *interpretatur*, ex eadem epist., cap. 10. GRIAL.

Ibid. Dies tamen Dominicus, usque ad *successit*, ex cap. 13. GRIAL.

Ibid. Declaratus. Al., *celebratus*. De re ipsa iterum vide Patres apostolic., cit. Edit., tom. I, pag. 43, et Fabricium, Bibliograph. pag. 452, qui scriptores de die Dominico et Sabbato disserentes magna copia enumerat. AREV.

2. Alii: *Nullius erat usque ad Christum Dominum, qui, resurgens a mortuis, jam non moritur, mors illi ultra non dominabitur.* Quod melius est. AREV.

3. *Apparet autem* usque ad *datum est*, ex ejusdem sermone 251. GRIAL.

4. *Sabbatum autem dies septim.*, etc., e serm. 91, quæ sunt eadem Origenis, hom. 7, in Exod., cap. 15. GRIAL.

CAP. XXVI. N. 1. In uno Ms., apud Hittorpium, pro *imperiò* emendatum erat *gremio*, quod fortasse non male esse ipse opinatur. In Isidorianis, cap. 95, n. 15, adverti in Codice Vatic. 1267 hoc caput 26 tanquam sermonem sancti Isidori exhiberi, de quo plura vide, si placet, in Isidorianis, cap. 72, n. 17 et seqq., ubi etiam præfationem Constantini Cajetani ad hunc sermonem protuli. Codex Regiovat. 125, in quo etiam est hic sermo, magis cum Editione nostra congruit, quam cum textu Cajetani. AREV.

2. *Carne indueretur*. Cajetanus, *carnem indueret*. AREV.

CAP. XXVII. N. 1. *Christum*, etc. Cochleus: *Christum in præsepio jacentem, et adoraverunt eum, offerentes ei competentia munera Trinitatis, aurum, thus, myrrham, Regi, Deo atque homini purissimo.* Pro *in præsepi* alii habent *in præsepe* quod minime est absurdum. Vide notas ad Sedulium, pag. 104, 203 et 307. AREV.

quod tunc in baptismo suo Christus populis fuerit ostensus, sive quod ea die sideris ortu magis est proditus, sive quod primo signo per aquam in vinum versam multis est manifestatus.

3. Refert autem Cassianus apud Ægyptios Nativitatis diem, **394** et epiphaniorum solemnitatem non bifarie, ut in occiduis provinciis, sed sub diei unius festivitate celebrari. Epistolæ quoque pontificis Alexandrini per universas Ægypti Ecclesias vel monasteria diriguntur, quibus et initium Quadragesimæ, et dies Paschæ denuntiatur.

CAPUT XXVIII.

De Palmarum die.

1. Dies Palmarum ideo celebratur, quia in eo Dominus et Salvator noster, sicut propheta cecinit, Jerusalem tendens, asellum sedisse perhibetur. Tunc gradiens cum ramis palmarum multitudo plebium obviam ei clamabat: *Osanna, benedictus qui venit in nomine Domini, Rex Israel* (*Zach.* IX; *Matth.* XXI; *Joan.* XII). In ramis enim palmarum significabatur victoria, qua erat Dominus mortem moriendo superaturus, et trophæo crucis de diabolo mortis principe triumphaturus.

2. In asello autem, quem sedendo Jerusalem venit, indicavit simplicia corda gentilitatis, quæ præsidendo atque regendo perducebat **395** ad visionem pacis. Hoc autem die symbolum competentibus traditur, propter confinem dominicæ paschæ solemnitatem; ut quia jam ad Dei gratiam percipiendam festinant, fidem quam confiteantur agnoscant. Vulgus ideo eum diem capitilavium vocant, quia tunc moris est lavandi capita infantium qui ungendi sunt, ne forte observatione Quadragesimæ sordidata ad unctionem accederent.

CAPUT XXIX.

De Cœna Domini.

1. Cœna Domini, hoc est, quinta feria ultimæ Quadragesimæ, quando Dominus et Salvator noster, post typicum illud pascha completum, ad verum pascha transiens, mysterium corporis et sanguinis sui primum apostolis tradidit (*Matth.* XXVI), quando post sacramenta cœlestia discipulus fallax et proditor pretium a Judæis accepit, et Christi sanguinem vendidit (*Joan.* XIII). Eo etiam die Salvator surgens a cœna, pedes discipulorum lavit propter humilitatis formam commendandam, ad quam docendam venerat, sicut et ipse consequenter exposuit. Quod etiam decebat potissimum, ut facto doceret quod observare discipulos præmoneret.

2. Hinc est quod eodem die altaria templique parietes et pavimenta lavantur, vasaque purificantur, quæ sunt Domino consecrata. Quo die proinde etiam sanctum chrisma conficitur, quia ante biduum paschæ Maria caput ac pedes Domini unguento perfudisse perhibetur. Unde et Dominus discipulis suis dixit: *Scitis, quia post biduum pascha fiet, et Filius hominis tradetur, ut crucifigatur* (*Matth.* XXVI).

396 CAPUT XXX.

De Parasceve.

1. Parasceve, id est, sexta Sabbati, ideo in solemnitate habetur, quia in eo die Christus mysterium crucis explevit, propter quod venerat in hunc mundum, ut quia ligno percussi fueramus in Adam, rursus per ligni mysterium sanaremur. Hujus enim

3. Cassian., collat. 10. GRIAL.

Ibid. Epistolæ quoque pontif. Alexandrini peracto eo die, ait Cassian. GRIAL.

Ibid. Blanchinus, Evangeliar. Quadrag. t. II, p. 553, profert dissertationem, sive epistolam Francisci a Turre, qua multa de ritu denuntiandi pascha die Epiphaniæ explicantur; qui ritus in Italia quoque viguit. Videndus etiam Benedictus pontifex XIV, de Festis Domini, in festo Epiphaniæ, § 76. AREV.

CAP. XXVIII. N. 1. *Asellum sedisse perhibetur.* Et mox, *quem sedendo.* Ita etiam Ambrosius: *Pullus sedetur asinæ.* GRIAL.

2. *Capitilavium vocant.* Augustin. epist. 118, cap. 7: *Si autem quæris cur etiam lavandi mos ortus sit, nihil mihi de hac re cogitanti probabilius occurrit, nisi quod baptizandorum corpora per observationem Quadragesimæ sordidata cum offensione sensus ad fontem tractarentur, nisi aliqua die lavarentur.* Hanc autem diem, quæ in Hispania Dominica, ut videtur, Palmarum fuit, in Africa fuisse feriam 5 in Cœna Domini, ex hoc Augustini loco apparet; subdit enim: *Istum autem diem potius ad hoc electum, quo Cœna dominica anniversarie celebratur*, etc. Qui mos adeo in Africa invaluerat, ut de lotione pedum, quæ in eumdem diem incurrebat, vel tollenda prorsus, vel certe in alium diem rejicienda, propterea cogitaverint. Sic enim Augustinus, epist. 119, ad Januar., cap. 18: *De lavandis vero pedibus cum Dominus hoc propter formam humilitatis, propter quam docendam venerat, commendaverit (sicut ipse consequenter exposuit) quæsitum est quonam tempore potissimum res tanta etiam facto doceretur, et in illud tempus occurrit, quo ipsa commendatio religiosius inhæreret. Sed ne ad ipsum sacramentum baptismi videretur pertinere, multi hoc in consuetudinem recipere noluerunt. Nonnulli etiam de consuetudine auferre non dubitaverunt. Aliqui autem, ut hoc sacratiore tempore commendarent, et a baptismi sacramento distinguerent, vel diem tertium octavarum, quia ternarius numerus in multis sacramentis maxime excellit, vel etiam ipsum octavum, ut hoc facerent, elegerunt.* GRIAL.

Ibid. Capitilavium. Præter Grialii eruditam annotationem videri possunt Macri Hierolexicum, Ducangii Glossarium, et scriptores Antiquitatum ecclesiasticarum. Nonnulli scribunt *capitalarium*; sed in Etymologiis, cap. 18 lib. VI, n. 14, jam editum fuit *capitilavium*; quem ad locum nonnulla observavi de hoc antiquissimo ritu, quæ huc quoque faciunt. AREV.

CAP. XXIX. N. 1. *Propter humilitatis formam commend.* August., ibid. GRIAL.

Ibid. Alii, *quod etiam decebat potentissimum.* AREV.

2. In feria quinta majoris hebdomadæ altaria, templi parietes et pavimenta lavari consuevisse adeo certum est, ut etiamnum vestigia hujus consuetudinis in nonnullis Ecclesiis permaneant. Cancellierius, scriptor accuratus et eruditus, in descriptione hebdomadæ sanctæ, de hujusmodi ritu, qui in templo Vaticano viget, disserit, et cum Isidori verbis confert similia alia sancti Eligii, homil. 8 de Cœna Domini: *Propter humilitatis formam eo die commendandam pedes eorum Christus lavit; et hinc est quod eodem die altaria templique parietes et vasa purificantur.* AREV.

CAP. XXX. N. 1. *Per ligni mysterium.* Multi Mss., *per lignum mysterii*, Alii, *per ligni mysteria.* AREV.

causa triumphi humana pusillitas Christo per omnem mundum celebritatem annuam præbet, pro eo quod dignatus est sanguine passionis suæ sæculum redimere, et peccatum mundi per crucem morte devicta absolvere.

2. Cujus quidem crucis injuriam non pertulit illa divinitatis substantia, sed sola susceptæ humanitatis natura. Passio enim corporis fuit, divinitas vero exsors injuriæ mansit. Tripertita autem ratio dominicæ passionis ostenditur. Prima itaque causa est ut Christus pro reatus mundi redemptione daretur, et hostis antiquus, velut hamo crucis, caperetur, scilicet ut quos obsorbuerat evomeret, et prædam quam tenebat amitteret, non potentia victus, sed justitia, non dominatione, sed ratione.

3. Secunda causa est ut secuturis hominibus vitæ magisterium præberetur. Ascendit enim in crucem Christus, ut nobis passionis et resurrectionis præberet exemplum, passionis ad confirmandam patientiam, resurrectionis ad excitandam spem, ut duas vitas nobis ostenderet in carne, unam laboriosam, alteram beatam: laboriosam, quam tolerare debemus; beatam, quam sperare debemus.

4. Tertia causa est susceptæ crucis ut superba sæculi et inflata sapientia, per crucis stultam, ut putatur, prædicationem humiliata, corrueret; ut putaret id quod stultum Dei est quanto sit hominibus sapientius, et quod infirmum Dei est quanto sit fortius tota hominum fortitudine (*I Cor.* I).

5. Docet apostolus Paulus (*Ephes.* V), illuminatos debere habere oculos cordis ad intelligendum quæ sit latitudo crucis, et longitudo, et **397** altitudo, et profundum. Cujus latitudo est transversum lignum quo extenduntur manus, longitudo a latitudine deorsum usque ad terram, altitudo a latitudine sursum usque ad caput, profundum vero quod terræ infixum absconditur; quo signo crucis omnis vita sanctorum describitur.

6. Dicitur enim homini: *Tolle crucem tuam, et sequere me.* Tunc enim crucifigitur caro, cum mortificantur membra nostra super terram, fornicatio, immunditia, luxuria, et cætera. Dumque exterior homo corrumpitur, ut interior renovetur de die in diem, passio est crucis. Et hæc quidem dum sunt bona opera, tamen adhuc laboriosa, quorum merces requies est. Ideoque dicitur: *Spe gaudentes, ut cogitantes scilicet requiem futuram, cum hilaritate et laboribus operemur.*

7. Hanc hilaritatem significat crucis latitudo in
A transverso ligno, ubi figuntur manus. Per manus enim opus intelligitur, per latitudinem hilaritas operantis, quia tristitia facit angustias. Porro per latitudinem crucis, cui caput adjungitur, exspectatio supernæ retributionis de sublimi justitia Dei significatur. Et ut ipsa opera bona non propter beneficia Dei terrena ac temporalia facienda credantur, sed potius propter illud quod desuper sperat fides, quæ per dilectionem operatur.

8. Jam vero per longitudinem, qua totum corpus extenditur, ipsa tolerantia significatur, ut longanimes permaneamus, unde longanimes dicuntur qui tolerant. Per profundum autem, hoc est, partem illam ligni quæ in terræ abdito defixa latet, sed
B inde consurgit omne quod eminet, inscrutabilia indicantur judicia Dei; de quibus occulta ejus voluntate vocatur homo ad participationem tantæ gratiæ, alius sic, alius vero sic.

398 CAPUT XXXI.

De Sabbato Paschæ.

1. Sabbati paschalis veneratio hinc celebratur, pro eo quod eodem die Dominus in sepulcro quievit. Unde et bene in Hebræo sermone Sabbatum requies interpretatur, sive quod Deus eodem die requievit mundo perfecto, sive quod in eo Dominus et Redemptor noster quievit in sepulcro.

2. Hic autem dies inter mortem Christi et resurrectionem medius est, significans requiem quamdam
C animarum ab omni labore omnique molestia post mortem, per quam fit transitus per resurrectionem carnis ad illam vitam quam Dominus noster Jesus Christus sua resurrectione præmonstrare dignatus est.

CAPUT XXXII.

De die sancto Paschæ.

1. Jam vero paschale sacramentum, quod nunc in Salvatoris nostri mysterio manifestissime celebratur, in Veteri Testamento figuraliter primum gestum est, quando agno occiso pascha celebravit populus Dei in Ægypto (*Exod.* XII). Cujus figura in veritate completa est in Christo, qui sicut ovis ad immolandum ductus est. Cujus sanguine illitis postibus nostris, id est, cujus signo crucis signatis frontibus nostris a perditione hujus sæculi, tanquam
D a captivitate Ægyptiaca liberamur. Cujus quidem diem paschalis resurrectionis mysticum non solum pro eo celebramus, quod in eodem a mortuis resurrexit, sed etiam et pro aliis sacramentis, quæ per eumdem significantur

2. Quia enim, sicut dicit Apostolus, mortuus est

5. *Docet autem apostolus*, usque ad *profundum*, verba sunt Ruffini in Symbol. GRIAL.

Ibid. Cujus latitudo, usque ad *describitur*, communia hæc sunt Ruffino cum Augustino, II de Doctr. Chr., cap. 42, et in lib. de Grat. Vet. et Nov. Testamenti. GRIAL.

Ibid. Grialius in textu, *docet Apostolus*; in nota, *docet autem Apostolus*. AREV.

6. *Dicitur enim homini*, etc. Omnia sunt usque ad finem capitis Augustini verba, epist. cit. ad Januar., cap. 14. GRIAL.

8. *Alius vero sic.* Codex Regiovatic. 161 addit: *Ad extremum altitudinem posuit, quia postquam notitiam earumdem* (forte *eorumdem*) *quæ superius intimata sunt opere properamus, nunc merebimur alta et excelsa conscendere.* AREV.

CAP. XXXII. N. 1. *Cujus quidem paschalis resurr.* Omnia usque ad finem ex epist. citata Augustini ad Januar. descripta sunt. GRIAL.

Ibid. Ad immolandum. Al., *ad occisionem.* Etymolog. lib. VI, cap. 17, n. 40 et seqq., plura de paschate explicantur. AREV.

propter delicta nostra, et resurrexit propter justificationem nostram, transitus quidem de morte ad vitam in illa passione Domini et resurrectione **399** sacratus est. Nam et vocabulum ipsum, quod pascha dicitur, non Græcum, sed Hebræum est, neque a passione, quoniam πασχεῖν Græce dicitur pati, sed a transitu Hebræo verbo pascha appellatum est. Quod et maxime evangelista expressit, cum celebraretur a Domino pascha cum discipulis: *Cum vidisset*, inquit, *Jesus quia venit hora ut transiret de hoc mundo ad Patrem* (*Joan.* XIII).

3. Transitus ergo de hac vita mortali in aliam vitam immortalem, hoc est, de morte ad vitam, in passione et resurrectione Domini commendatur. Hic transitus a nobis modo agitur per fidem, quæ nobis datur in remissione peccatorum, quando consepelimur cum Christo per baptismum, quasi a mortuis transeuntes de pejoribus ad meliora, de corporalibus ad spiritualia, de conversatione hujus vitæ ad spem futuræ resurrectionis et gloriæ.

4. Propter ipsum ergo initium novæ vitæ, ad quam transimus, et propter novum hominem, quem jubemur induere, et exuere veterem, expurgantes vetus fermentum, ut simus nova conspersio, quoniam pascha nostrum immolatus est Christus; propter hanc ergo vitæ novitatem primus mensis in anni mensibus celebrationi huic attributus est, nam et ipse dicitur mensis novorum. Quia vero in toto tempore sæculi nunc tertium tempus apparuit, ideo resurrectio Domini triduana est.

5. Primum enim tempus est ante legem, secundum sub lege, tertium sub gratia, ubi jam manifestum est sacramentum quod erat ante in prophetico ænigmate occultum. Hoc ergo et in lunari numero significatur. Quia enim septenarius numerus solet in Scripturis ad quamdam perfectionem mysticus apparere, in tertia hebdomada lunæ pascha celebratur, id est, qui dies occurrerit a quarta decima in vicesimam primam.

6. Sed et non solum propter tempus tertium, quia inde incipit hebdomada tertia, sed etiam propter ipsam conversionem lunæ. Tunc enim illa ab inferioribus ad superiora convertitur, et hæc nobis de luna similitudo assumitur, de visibilibus ad invisibilia, et de corporalibus ad spiritualia sacramenta transire, ut magis magisque huic sæculo moriamur, et vita nostra abscondatur **400** cum Christo, omnemque lucem studii nostri, quæ ad inferiora vergebat, ad superiora convertamus, ad illam scilicet æternam contemplationem immutabilis veritatis (*Coloss.* III).

7. Usque ad vicesimam vero primam ideo Pascha observatur, propter septenarium numerum, quo universitatis significatio sæpe figuratur, qui etiam ipsi Ecclesiæ tribuitur, propter instar universitatis; ideoque et Joannes apostolus, in Apocalypsi, septem scripsit Ecclesiis. Ecclesia vero adhuc in ista mortalitatis carne constituta propter ipsam mutabilitatem lunæ nomine in Scripturis sæpe vocatur. Quod vero anniversarius dies paschalis, non ad eumdem redit anni diem, sicut dies quo creditur Dominus natus, hoc fit propter Dominicum diem et lunam.

8. Manifestum est enim quo die Dominus crucifixus sit, et in sepulcro fuerit, et resurrexit. Adjuncta est enim ipsorum dierum observatio per Patres Nicæni concilii, et orbi universo Christiano persuasum, eo modo pascha celebrari oportere, ut non solum lunam paschalem, sed et diem Dominicum, in quo resurrexit a mortuis, exspectare debeamus. Inde est quod ad eumdem anni diem non revertitur pascha. Nam Judæi tantummodo mensem novorum et lunam observant. Diem autem Dominicum addendum Patres nostri censuerunt, ut et nostra festivitas a Judæorum festivitate distingueretur.

CAPUT XXXIII.

De Ascensione Domini.

1. Ascensionis dominicæ solemnitas ideo celebratur, quia eodem die, post mundi victoriam, post inferni regressum, ascendere Christus memoratur ad cœlos, sicut scriptum est: *Ascendit in altum, cepit captivitatem, dedit dona hominibus* (*Psal.* LXVII). Quæ festivitas ideo per revolutum circulum annorum celebratur, ut humanitas assumptæ carnis ascendentis Domini collocata ad dexteram Patris in **401** memoriam revocetur, cujus corpus ita in cœlo esse credimus, ut erat quando ascendit, quod et vox angelica protestatur, dicens: *Sic veniet, quemadmodum vidistis eum euntem in cœlum* (*Act.* I), id est, in eadem carnis specie atque substantia; cujus profectio carnis immortalitatem donavit, naturam non abstulit.

2. Dextera autem Patris, ad quam idem Filius sedere creditur, non est corporea, quod nefas est de Deo sentire. Sed dextera Patris est beatitudo perpetua, quæ sanctis in resurrectione promittitur, id est, universæ Ecclesiæ, quæ est corpus Christi; sicut et sinistra ejus recte intelligitur miseria, et pœna perpetua, quæ impiis dabitur.

CAPUT XXXIV.

De Pentecoste.

1. Initium sane et causa festivitatis Pentecostes paulo altius repetenda est. Pentecostes enim dies hinc accepit exordium, quando Dei vox in Sina monte desuper intonantis audita est, et lex data est Moysi (*Exod.* XX). In Novo autem Testamento Pentecoste cœpit quando adventum sancti Spiritus, quem Christus promisit, exhibuit, quem ait non esse venturum, nisi ipse ascendisset in cœlum.

4. Alii, *initium datur novæ vitæ... et ex veteri expurgantes vetus fermentum*. AREV.

5. Cochleus, *in tertiæ hebdomadæ luna Pascha celebratur, id est, qui dies occurrerit Dominicus a quinto decimo in vicesimo primo*. AREV.

7. *Propter instar universitatis*. Hóc est, propter similitudinem universitatis. AREV.

8. De die quo Pascha celebrari debet, latius in Etymologiis, lib. VI, cap. 17. AREV.

CAP. XXXIII. N. 1. Alii, *ascendit in altum, captivam duxit captivitatem*. In nonnullis Mss., *cujus perfectio carnis*. Al., *cujus profecto carnis*. AREV.

CAP. XXXIV. N. 1. Pleraque ex eadem Augustini ad Januar. epistola. GRIAL.

2. Denique dum portam cœli Christus intrasset, A decem diebus interpositis, intremuit subito orantibus apostolis locus, et descendente Spiritu sancto super eos, inflammati sunt ita, ut linguis omnium gentium Dei magnalia loquerentur (*Act.* II). Adventus itaque Spiritus sancti de cœlo super apostolos in varietate linguarum diffusus solemnitatem transmisit in posteros, eaque de causa Pentecoste celebratur, et dies ipse proinde insignis habetur.

3. Concordat autem hæc festivitas Evangelii cum festivitate legis; illic enim posteaquam agnus immolatus est, interpositis quinquaginta diebus, data est lex Moysi, scripta digito Dei; hic postquam occisus est Christus, qui tanquam ovis ad immolandum ductus est, celebratur verum pascha, et, interpositis B quinquaginta diebus, datur Spiritus sanctus, qui est digitus Dei super centum **402** viginti discipulos Mosaicæ ætatis numero constitutos, siquidem et hæc festivitas aliud obtinet sacramentum.

4. Constat enim ex septimana septimanarum (*Isai.* LIII), sed dierum quidem septimanæ generant eamdem Pentecosten, in qua fit peccati remissio per Spiritum sanctum, annorum vero septimanæ quinquagesimum annum faciunt, qui apud Hebræos jubilæus appellatur, in quo similiter terræ fit remissio, et servorum libertas, et possessionum restitutio, quæ pretio fuerant comparata. Septem enim septies multiplicati quinquagenarium ex se generant numerum assumpta monade, quam ex futuri sæculi figura præsumptam esse majorum auctoritas tradidit; fit C enim ipsa et octava semper, et prima, imo ipsa est semper una, quæ est Dominicus dies.

5. Necesse est enim sabbatismum animarum populi Dei illuc recurrere atque ibi compleri, ubi datur pars his qui octo, sicut quidam disserens Salomonis dicta sapienter exposuit (*Eccle.* XI). Idcirco autem totius quinquagesimæ dies post Domini resurrectionem soluta abstinentia in sola lætitia celebrantur, propter figuram futuræ resurrectionis, ubi jam non labor, sed requies erit lætitiæ.

6. Ideoque in his diebus nec genua in oratione flectuntur, quia, sicut quidam sapientium ait, *inflexio genuum pœnitentiæ, et luctus indicium est.* Unde etiam per omnia eamdem in illis solemnitatem, quam die Dominica custodimus, in qua majores nostri nec D jejunium agendum, nec genua esse flectenda, ob reverentiam resurrectionis dominicæ, tradiderunt.

CAPUT XXXV.

De festivitatibus martyrum.

1. Festivitates apostolorum, seu in honorem martyrum solemnitates antiqui Patres in venerationis mysterio celebrari sanxerunt, **403** vel ad excitandam imitationem, vel ut meritis eorum consociemur, atque orationibus adjuvemur, ita tamen ut nulli martyrum, sed ipsi Deo martyrum sacrificemus, quamvis in memoris martyrum constituamus altaria.

2. Quis enim antistitum, in locis sanctorum corporum assistens altari, aliquando dixit: *Offerimus tibi, Petre, aut Paule, aut Cypriane?* Sed quod offertur, offertur Deo, qui martyres coronavit, apud memorias eorum quos coronavit, quod ex ipsorum locorum admonitione major affectus exsurgat ad acuendam charitatem et in illos quos imitari debemus, et in illum quo adjuvante possumus.

3. Colimus ergo martyres eo cultu dilectionis et societatis quo in hac vita coluntur sancti homines Dei, quorum cor ad talem pro evangelica veritate passionem paratum esse sentimus. Sed illos tanto devotius, quanto securius post certamina superata, quanto etiam fidentiori laude prædicamus jam in vita feliciore victores, quam in ista adhuc usque pugnantes.

4. At vero illo cultu, quæ Græce latria dicitur, Latine uno verbo dici non potest, cum sit quædam propriæ Divinitati debita servitus, nec colimus, nec colendum docemus, nisi unum Deum. Cum autem ad hunc cultum pertineat oblatio sacrificii, unde idololatria dicitur eorum qui hoc etiam idolis exhibent, nullo modo aliquid tale offerimus aut offerendum præcipimus, vel cuiquam sanctæ animæ, vel cuiquam sancto angelo. Et quisquis in hunc errorem delabitur, corripitur per sanam doctrinam, sive ut corrigatur, sive ut condemnetur, sive ut caveatur, dum etiam ipsi sancti vel homines, vel angeli, exhiberi sibi nolunt, quod uni Deo deberi norunt.

5. Apparuit hoc in Paulo, et in Barnaba, cum, commoti miraculis quæ per eos facta sunt, Lycaonii, tanquam diis, immolare voluerunt. Conscissis enim vestimentis suis, confitentes, et persuadentes se deos non esse, ista sibi fieri vetuerunt. Apparuit et in angelis, sicut in Apocalypsi legimus angelum se adorari prohibentem, **404** ac dicentem adoratori suo: *Conservus tuus sum, et fratrum tuorum; Deum adora* (*Apoc.* XXII, 9). Recte itaque scribitur homini ab angelo prohibitum esse adorare se, sed unum Deum, sub quo ei esset et ille conservus.

2. Hittorpius cum tribus Mss. edidit *in varietate linguarum diffusa*; in uno invenit, *diffusi*. AREV.

6. Neque a Resurrectione dominica usque ad Pentecosten, neque in diebus Dominicis genua flectere mos est, dum antiphonæ post laudes, aut completorium recitantur. Verum Isidorus in genere ait in his diebus genua in oratione non flecti, quia scilicet consuetudo ab apostolicis temporibus deducta erat ut in his diebus fideles stando orarent. Quandiu duraverit hæc consuetudo, non facile est definire; sed ejus adhuc memoria occurrit in concilio III Turonensi, c. 37, temporibus Caroli Magni. Adisis Binghamum, Antiq. Eccles. t. V, p. 253 et seqq. AREV.

CAP. XXXV. N. 1. Totum caput ex lib. XX August. contra Faust. Manich., c. 21. GRIAL.

Ibid. Titulus in nonnullis Mss.: *De festivitatibus apostolorum, sive martyrum.* Grialius edidit, *ad exercitandam imitationem*; nescio, an de industria. Alii habent, *ad excitandam*, vel *ad excitandum imitationem.* Pro *sacrificemus*, alii, *offeramus.* Grialius, *in memorias.* AREV.

4. Alii, *propriæ Divinitatis.* In quibusdam Mss., *præcipimus vel cuiquam martyri, vel cuiquam sanctæ animæ.* AREV.

6. Non ergo sit nobis ille divinæ religionis cultus A in angelos, aut martyres, quia non sic habentur, ut tales quærant honores ut Deus, quia nec ipsi volunt se coli pro Deo, sed illum a nobis coli volunt, quo illuminante lætantur. Honorandi sunt ergo martyres propter imitationem, non adorandi propter religionem, honorandi charitate, non servitute.

CAPUT XXXVI.

De encæniis.

1. Festivitates annuas dedicationis ecclesiarum ex more veterum celebrari in Evangelio legimus, ubi dicitur: *Facta sunt autem encænia Jerosolymis (Joan. x, 22).* Encænia quippe festivitas erat dedicationis templi; Græce enim *cænon* dicitur novum. Quandocunque enim aliquid novum fuerit dedicatum, encænia vocatur. Illum enim diem, quo templum dedi- B catum est, Judæi solemniter celebrabant, et ipse dies apud eos festus agebatur, qui licet usus in illis exolevit, quia et cultu et templo caruerunt, tamen Christiani servant morem illum patrum, in quos gloria translata videtur.

2. Omnes autem festivitates pro varietate religionum diversoque in honore martyrum tempore ideo a viris prudentibus institutæ sunt, ne forte rara congregatio populi fidem minueret in Christo. Propterea ergo dies aliqui constituti sunt, ut in unum omnes pariter convenirent, ut ex conspectu mutuo et fides crescat, et lætitia major oriatur.

405 CAPUT XXXVII.

De jejunio Quadragesimæ.

1. Jejuniorum tempora secundum Scripturas sanctas quatuor sunt, in quibus per abstinentiam et lamentum pœnitentiæ Domino supplicandum est; et licet omnibus diebus orare et abstinere conveniat, his tamen temporibus amplius jejuniis et pœnitentiæ servire oportet. Primum enim jejunium Quadragesimæ est, quod veteribus libris cœpit ex jejunio Moysi et Eliæ, et ex Evangelio, quia totidem diebus Dominus jejunavit, demonstrans Evangelium non dissentire a lege et prophetis.

2. In persona quippe Moysi lex, in persona Eliæ prophetæ accipiuntur, inter quos in monte Christus gloriosus apparuit, ut evidentius emineret, quod de illo dicit Apostolus: *Testimonium habens a lege, et prophetis (Rom. III).* In qua ergo parte anni congruentius observatio Quadragesimæ constitueretur, nisi confini atque continua dominicæ passioni? Quia in ea significatur hæc vita laboriosa, cui etiam opus est continentia, ut ab ipsius mundi illecebris jejunemus, viventes in solo manna, id est, cœlestibus spiritualibusque præceptis.

3. Numero autem quadragenario vita ista propterea figuratur, quia denarius est perfectio beatitudinis nostræ, creatura autem septenario figuratur, quæ adhæret Creatori, in quo declaratur unitas Trinitatis per universum mundum temporaliter annuntiata. Et quia mundus a quatuor ventis delimatur, et a quatuor elementis erigitur, et quatuor 406 annuis temporum vicibus variatur, decem quater ducta in quadraginta consummantur, quo numero ostenditur omni tempore a delectatione abstinendum, et jejunandum esse, et caste continenterque vivendum.

4. Licet et aliud sacramenti mysterium exprimatur, quod quadraginta diebus eadem jejunia celebrantur. Lege enim Mosaica generaliter universo populo est præceptum decimas et primitias offerre Domino Deo. Itaque dum in hac sententia principia voluntatum consummationesque operum nostrorum referre ad Dei gratiam admonemur, in supputatione tamen C Quadragesimæ summa ista legalium decimarum expletur. Totum enim anni tempus triginta sex dierum numero decimatur; subtractis enim a Quadragesima diebus Dominicis, quibus jejunia resolvuntur, his diebus, quasi pro totius anni decimis, ad ecclesiam concurrimus, actuumque nostrorum operationem Deo in hostiam jubilationis offerimus.

5. Cujus quidem Quadragesimæ lege, sicut ait noster Cassianus, quique perfecti sunt non tenentur, nec exigui hujus canonis subjectione contenti sunt. Quem profecto illis qui per totum anni spatium deli-

---

CAP. XXXVI. N. 1. *Encænia quippe fest.* Ex August., tract. 48, in Joann. GRIAL.

Ibid. Legendum videtur, *encænia vocantur;* nam præcedit ex Evangelio, *Facta sunt encænia.* Sanctus Augustinus, ex quo Isidorus id sumit, *encænia vocantur.* Pro *quia caruerunt*, Bignæus conjicit *quando caruerunt.* AREV.

2. Grialius, *instituta.* Alii, *diversaque... tempora... instituta.* AREV.

CAP. XXXVII. N. 1. Primum enim jejunium Quadrag., *usque ad vivendum*, *verba sunt August. ad Januar.*, c. 15. GRIAL.

Ibid. Ex hoc et duobus seqq. capitibus constat homilia de jejunio, quæ in multis Mss. reperitur. Vide Isidoriana, cap. 72, n. 13 et 14. AREV.

3. *A quatuor ventis delimatur.* Ita Ms. uterque, et apud Augustin. et Hieronymum, tom. IX, epist. 21, nam *describitur*, quod in Excusis libris est, et apud Raban., lib. II de Instit. cler., cap. 20, procul dubio interpretatio fuit ejus qui *deliniatur* legerat, ut est in Edit. Rom. *Delimatur* autem, vel *purgatur* interpretor, vel potius *devehitur*, et *obliquatur*, ut *delimatur* et *erigitur* ἀντίθετα sint. Est enim *limum* transversum et obliquum. Erit ergo *delimatur* quod Virgilius dixit *devexus premitur:*

> Mundus ut ad Scythiam, Riphæasque arduus arces
> Consurgit, premitur Libyæ devexus in Austros.

Sed Maro de cœlo, Augustinus de terræ orbe locutus est. *Declinatur* probari alicui posset; ita enim in D lib. de Natura rerum ad Sisebut. regem, cap. 9: *Nam quemadmodum erigitur mundus in septentrionalem plagam, ita declinatur in australem*, nisi Augustinus, cujus hæc sunt, obstaret. GRIAL.

Ibid. Alii, *et quatuor temporum omni circulus vicibus variatur.* Et paulo ante, *delinitur*, pro *delimatur.* AREV.

4. *Lege enim Mosaica*, usque ad *dedicarent*, e Cassian., collat. 21, c. 25. GRIAL.

Ibid. Triginta sex dierum. Triginta sex semis. Cassianus. GRIAL.

Ibid. Subtractis enim a Quadragesima diebus Dominicis. Si dies Dominici et Sabbata subtrahuntur, Cassianus. Sed quia in occidentalibus civitatibus, et maxime in urbe Sabbatis jejunabatur, ut idem ait, lib. III, cap. 10, propterea Isidorus Sabbata non subtraxit, nec *semis* addidit, aut rationem aliam iniit, non enim ἀκριβῶς hæc exigebat. GRIAL.

5. *Cujus quidem Quadragesimæ legibus*, usque ad *dedicarent*, ex ead. collat., cap. 29. GRIAL.

ciis ac negotiis sæcularibus implicantur, Ecclesiarum principes statuerunt, ut, vel hac legali quodammodo necessitate constricti, his saltem diebus vacare Domino cogerentur, ac dierum vitæ suæ, quos totos quasi quosdam fructus fuerant voraturi, velut decimas Domino dedicarent.

407 CAPUT XXXVIII.

De jejunio Pentecostes.

1. Secundum jejunium est quod, juxta canones, post Pentecosten alia die inchoatur, secundum quod et Moyses ait: *Initio mensis hordearii facietis vobis hebdomadas septem* (*Deut.* XVI, 9). Hoc jejunium a plerisque ex auctoritate Evangelii post Domini ascensionem completur, testimonium illud dominicum historialiter accipientibus, ubi dicit: *Nunquid possunt filii sponsi lugere, quandiu cum illis est sponsus? Veniet autem dies cum auferetur sponsus ab eis, et tunc jejunabunt* (*Matth.* IX).

2. Dicunt enim, post resurrectionem Domini, quadraginta illis diebus quibus cum discipulis postea legitur conversatus, non oportere jejunare, nec lugere, quia in lætitia sumus. Postea vero quam tempus illud expletur quo Christus, advolans ad cœlos, præsentia corporali recessit, indictum jejunium est, ut per cordis humilitatem et abstinentiam carnis mereamur e cœlis promissum accipere Spiritum sanctum (*Act.* I).

CAPUT XXXIX.

De jejunio septimi mensis.

1. Tertium jejunium est quod a Judæis agebatur post Tabernaculorum solemnitatem, quod decimo die septembris mensis ecclesia celebrat. Hoc enim primum in lege a Domino institutum est, dicente ad Moysen: « Loquere filiis Israel, dicens: Decimo die mensis septimi dies exorationis vocabitur. Sanctus erit vobis, et humiliabitis animas vestras in jejunio. Omnis anima, quæcunque se non **408** humiliaverit in ipso die jejunii, exterminabitur de populo suo, et omnis anima quæ fecerit opus in ipso die, peribit anima illa de populo suo (*Levit.* XXIII). »

2. Quo quidem jejunio usos fuisse antiquos, Esdræ liber meminit. « Postquam enim redierunt, » inquit, « filii Israel Jerusalem, et fecerunt sibi tabernaculorum lætitiam magnam, dehinc convenerunt in jejunio, et in saccis, et humus super eos, et steterunt confitentes peccata sua, et iniquitates patrum suorum, et consurrexerunt ad standum, et ad legendum, et legerunt in volumine legis Domini Dei sui, quater in die, et quater in nocte confitebantur, et adorabant Dominum Deum suum » (*II Esdr.* IX).

3. Hoc etiam mense septimo sol secundum computum incipit facere minus de die, et nox esse major, id est, octavo Kalendas Octobris, quando æquinoctium est. Ideoque et jejunium habetur in hoc mense, quia ostenditur in defectione solis et noctis augmento vita nostra deficere, adveniente morte, quæ mors judicio Dei et resurrectione reparatur.

CAPUT XL.

De jejunio Kalend. Novembr.

1. Quartum jejunium est Kalendarum Novembrium, quod divina auctoritate vel initiatum, vel institutum Jeremiæ prophetæ testimonio declaratur, dicente ad eum Domino: « Tolle volumen libri, et scribes in eo omnia verba quæ locutus sum tibi adversus Israel, et Judam, et adversum omnes gentes, si forte revertatur unusquisque a via sua mala, et pessima, et propitius ero iniquitatibus eorum (*Jerem.* XXXVI). « Vocavit ergo Jeremias propheta Baruch filium Neriæ, et scripsit Baruch ex ore Jeremiæ omnes sermones Domini, quos locutus est ad eum in volumine libri.

409 2. Et præcepit Jeremias Baruch dicens: « Ingredere, et lege de volumine, de quo scripsisti ex ore meo verba Domini, audiente populo in domo Domini in die jejunii leges, si forte cadat oratio eorum in conspectu Domini, et revertatur unusquisque a via sua pessima, quoniam magnus furor, et indignatio, quam locutus est Dominus adversum populum hunc. Et fecit Baruch filius Neriæ juxta omnia quæ præceperat Jeremias propheta, et legens ex volumine sermones Domini in domo Dei. Factum est in mense nono, prædicaverunt jejunium in conspectu Domini omni populo in Jerusalem. » Hac ergo auctoritate divinæ Scripturæ Ecclesia morem obtinuit, et universali jejunium observatione celebrat.

CAPUT XLI.

De jejunio Kalendarum Januariarum.

1. Jejunium Kalendarum Januariarum propter errorem gentilitatis instituit Ecclesia. Janus enim

Ibid. Velut decimas Domino dedicarent. Ita Cassianus et Gothicus. *Ut decimas*, excusi libri. GRIAL.

Ibid. Cassianum *nostrum* fortasse vocat Isidorus, quia sæpe ejus sententias et verba profert. AREV.

CAP. XXXVIII. N. 1. *Hoc jejunium a plerisque ex auctoritate Evangelii post Domini Ascensionem completur.* Id vetat Theonas, apud Cassianum, collat. 21, cap. 20, ex apostolicorum virorum traditione. GRIAL.

Ibid. De jejunio Pentecostes Patres apostolici, Edit. Cotelerii, tom. I, pag. 44, al. 27. Pro *hordearii* substitui posset *hordeacei*, quo vocabulo alibi utitur Vulgata. Verba Deuteronomii sunt: *Septem hebdomadas numerabis tibi ab ea die qua falcem in segetem miseris.* AREV.

CAP. XXXIX. N. 1. *Exorationis.* Al., *expiationis.* AREV.

2. *Quater in die, et quater in nocte.* Absunt hæc a LXX interpretum Editione emendata; voces autem *in nocte* etiam a Vulg. et Hebraica veritate. GRIAL.

Ibid. Quidam Mss.: *Quod quidem jejunium usos*, non male. Grialius edidit, *filii Israel, et Jerusalem.* Isidorus interdum sensum sacræ Scripturæ exponit, non ipsa verba refert. AREV.

3. *Resurrectione reparatur.* Al., *resurrectione superatur.* Hittorpius, *resurrectioni præparatur.* AREV.

CAP. XL. N. 1. In antiquis Editionibus, *dicente ad eum Domino: Saccis Dominum ad misericordiam provocaverunt.* Cætera usque ad finem capitis desiderabantur. AREV.

CAP. XLI. N. 1. Refertur a Possidio Augustini tractatus de Kalendis Januarii, unde hæc fortasse sumpta. Harum Kalendar. in eamdem hanc sententiam meminere concil. Turon. II, cap. 16, et Tolet. IV, cap. 10. Est etiam canon. 1 Antissiodoren. *Non*

quidam princeps paganorum fuit, a quo nomen A mensis Januarii nuncupatur, quem imperiti homines veluti Deum colentes, in religione honoris posteris tradiderunt, diemque ipsum scenis et luxuriæ sacraverunt.

410 2. Tunc enim miseri homines, et, quod pejus est, etiam fideles, sumentes species monstruosas, in ferarum habitu transformantur: alii, femineo gestu demutati, virilem vultum effeminant. Nonnulli etiam de fanatica adhuc consuetudine quibusdam ipso die observationum auguriis profanantur; perstrepunt omnia saltantium pedibus, tripudiantium plausibus, quodque est turpius nefas, nexis inter se utriusque sexus choris, inops animi, furens vino, turba miscetur.

3. Proinde ergo sancti Patres considerantes maxi- B mam partem generis humani eodem die hujusmodi sacrilegiis ac luxuriis inservire, statuerunt in universo mundo per omnes Ecclesias publicum jejunium, per quod agnoscerent homines in tantum se prave agere, ut pro eorum peccatis necesse esset omnibus Ecclesiis jejunare.

CAPUT XLII.

De triduani jejunii consuetudine.

1. Triduanis autem diebus jejunare de exemplo sumptum est Ninivitarum, qui, damnatis pristinis vitiis, totos se tribus diebus jejunio ac pœnitentiæ contulerunt, et operti saccis Deum ad misericordiam provocaverunt.

CAPUT XLIII.

De diversorum dierum ac temporum jejuniis.

1. Præter hæc autem legitima tempora jejuniorum omnis sexta feria propter passionem Domini a quibusdam jejunatur, sed et Sabbati dies a plerisque, propter quod in eo Christus jacuit in sepulcro,
411 jejunio consecratus habetur, scilicet ne Judæis exsultando præstetur quod Christus sustulit moriendo. Dominico autem die reficiendum semper esse, ut resurrectionem Christi et gaudium nostrum gentibus prædicemus, præsertim cum apostolica sedes hanc regulam servet.

2. Post Pascha autem usque ad Pentecosten licet traditio Ecclesiarum abstinentiæ rigorem prandiis relaxaverit, tamen si quis monachorum, vel clericorum, sive etiam devotarum, vel viduarum religiosarum, jejunare cupiunt, non sunt prohibendi, quia et Antonius et Paulus, et cæteri Patres antiqui etiam his diebus in eremo leguntur abstinuisse, neque solvisse jejunium, nisi tantum die Dominico.

3. Quis enim parcimoniam non laudet, jejunium non prædicet? Jejunium enim res sancta, opus cœleste, janua regni, forma futuri, quod qui sancte agit Deo jungitur, alienatur mundo, spiritualis efficitur. Per hoc enim prosternuntur vitia, humiliatur caro, diaboli tentamenta vincuntur.

CAPUT XLIV.

De vario usu Ecclesiarum.

1. Hæc et alia similia multa sunt quæ in Ecclesiis Christi geruntur, ex quibus tamen quædam sunt quæ in Scripturis canonicis commendantur; quædam vero non sunt quidem scripta, sed tamen tradita custodiuntur (*PP. ap.* I, 44, *al.* 27). Sed illa quidem, quæ toto orbe terrarum servantur, vel ab ipsis apostolis, vel ab auctoritate principalium conciliorum statuta intelliguntur, sicut Domini passio et resurrectio, et ascensio in cœlum, et adventus Spiritus sancti, quæ, resoluto die anni, ob memoriam celebrantur, sed et si quid aliud, quod servatur ab universis, quacunque se diffudit Ecclesia.

C 2. Alia vero, quæ varie per diversa loca observantur, sicuti est 412 quod alii jejunant Sabbato, alii non, alii quotidie communicant, alii certis diebus, ab aliis nullus dies prætermittitur quo non offeratur sacrificium, alibi Sabbato tantum et Dominico, alibi tantum Dominico, et si quid aliud hujusmodi animadverti potest, totum hoc genus rerum, ut quibuscunque placuit sacerdotibus Ecclesiæ, vel religionis, cui præerant, instituerunt, nec disciplina

licet Kalendis Januarii Vecolo aut Cervolo facere, vel strenas diabolicas observare. Vide August., serm. 215 de temp., et append. tom. IX, tract. 20; Ambros., serm. de circumcis.; Petr. Chrysolog., serm. de Kalend. Januar.; sanctum Maxim., homil. de circumcis., sive de Kalend. Januar. Alcuinus, libr. de divin. Offic., cap. 4: *Hæ* (inquit) *Kalendæ secundum dementiam gentilium potius cavendæ sunt dicendæ, quam Kalendæ.* GRIAL.

Ibid. In religione. Al., *in religionem. Jejunium Kalendarum Januariarum*, etc. Fabricius, Bibliograph. pag. 461, plures indicat auctores qui de Kalendis Januarii in hanc rem agunt. Veteres Patres, qui contra observationem Kalendarum hujusmodi invecti sunt, describit Binghamus, t. IX, p. 6. In canone concilii Antissiodorensis citato in nota Grialii legendum *vetula*, prisco more, pro *vitula*, ut Sirmondus et Labbeus legunt, vel *vitulo*, aut *cervulo*, scilicet personati homines vituli aut cervuli imaginem repræsentabant. Contra hujusmodi consuetudinem sanctus Pacianus opusculum inscriptum *Cervus* edidit, ex quo ridicule aliquis putavit hæreticum nomine Cervum a Paciano impugnari. Vide Florezium, tom. XXIX Hisp. sacr., pag. 89, qui observat Isidori verba congruere canoni 9 concilii IV Tolet., et sermoni Faustini nomine edito. Hoc et sequens caput desiderantur in Editione Bignæana, quamvis tituli apponantur. Multa alia desunt in ea Editione, ut advertit Hieronymus Wullæus in not. ante librum II, quia scilicet deerant etiam in Editionibus præcedentibus Parisina et Antuerpiensi, neque ullus fuit ad manus Codex ms. AREV.

D CAP. XLIII. N. 1. Alii, *ne Judæis exsultandum præbeatur, quod Christus sustinuit moriendo.* Animadvertendum quantum apostolicæ sedis consuetudini etiam Isidori tempore tribueretur, *præsertim*, inquit, *cum apostolica sedes hanc regulam servet.* Vide Augustini epist. 118, quæ in recent. Edit. est 54, ubi, c. 2 de jejunio Sabbati, quod tunc in aliquibus Ecclesiis vigebat, secus vero Mediolani, sanctus Augustinus edisserit. AREV.

2. *Post Pascha autem usque ad Pentecost.* Referuntur hæc a Gratiano. d. 76, cap. 10. GRIAL.

Ibid. Repetuntur hæc in regula monach., cap. 11, n. 2. De Dominico die agitur etiam in eadem regula, cap. 10. AREV.

CAP. XLIV. N. 1. Totum caput ex epist. Augustin. 118, ad Januar., cap. 1 et 2. GRIAL.

Ibid. De vario usu Ecclesiæ adisis Patres apostolicos Cotelerii, tom. I, pag. 44, al. 27. Pro *Ecclesiarum*, in titulo, nonnulli habent *escarum.* AREV.

in his melior est gravi prudentique Christiano, nisi ut eo modo agat, quo agere viderit ecclesiam ad quam forte devenerit. Quod enim neque contra fidem, neque contra mores bonos habetur, indifferenter sequendum, et propter eorum inter quos vivitur societatem servandum est, ne per diversitatem observationum schismata generentur.

CAPUT XLV.

De carnium usu, vel piscium.

1. Carnes autem et vinum post diluvium hominibus in usum concessa sunt : nam ab initio permissum non fuerat, nisi tantum illud, ut scriptum est : *Lignum fructiferum et herbam seminalem dedi vobis in escam* (*Gen.* I). Postea vero per Noe data sunt in A esum cuncta animalia, vinique tunc attributa licentia est (*Gen.* IX). Sed postquam Christus, qui est principium et finis, apparuit, hoc quod in principio suspenderat etiam in temporum fine retraxit, loquens per Apostolum suum : *Bonum est non manducare carnem, et non bibere vinum.* Et iterum : *Qui infirmus est, olera manducet* (*Rom.* XIV).

2. Non igitur quia carnes malæ sunt, ideo prohibentur, sed quia earum epulæ carnis luxuriam gignunt, fomes enim ac nutrimentum omnium vitiorum, esca ventri, et venter escis, quia scriptum est : *Deus hunc et has destruet* (*I Cor.* VI, 13). Piscem sane, quia eum post resurrectionem accepit Dominus (*Joan.* XXI), possumus manducare. Hoc enim nec Salvator, nec apostoli vetuerunt.

CAP. XLV. N. 1. Vid. cap. *Ab exordio*, d., 35, et Hieronym., I, contra Jovinianum. GRIAL.)

Ibid. Alii, *hominibus in usum concessum est.* AREV.

LIBER SECUNDUS.

DE ORIGINE MINISTRORUM.

413 *PRÆFATIO.*

Quoniam origines et causas officiorum quæ in communi ab Ecclesia celebrantur ex parte aliqua explicuimus, deinceps exordia eorum qui divino cultui ministeria religionis impendunt ordine prosequamur.

CAPUT I.

De clericis.

1. Itaque omnes qui in ecclesiastici ministerii gradibus ordinati sunt generaliter clerici nominantur. *Cleros* autem, vel *clericos* hinc appellatos doctores nostri dicunt, quia Matthias sorte electus est quem primum per apostolos legimus ordinatum (*Act.* I). Sic et omnes quos illis temporibus Ecclesiarum principes ordinabant sorte eligebant. Nam *cleros* sors interpretatur, unde et hæreditas græce *cleronomia* appellatur, et hæres *cleronomos*.

2. Proinde ergo clericos vocari aiunt, eo quod in sortem hæreditatis Domini dentur, vel pro eo quod ipse Dominus sors eorum sit, sicut de eis scriptum est, loquente Domino : *Ego hæreditas eorum.* Unde oportet ut qui Deum hæreditate possident absque ullo impedimento sæculi Deo servire studeant, et pauperes spiritu esse contendant, ut congrue illud Psalmistæ dicere possint : *Dominus pars hæreditatis meæ* (*Psal.* XV, 5).

414 CAPUT II.

De regulis clericorum.

1. His igitur lege Patrum cavetur ut, a vulgari vi- B ta seclusi, a mundi voluptatibus sese abstineant; non spectaculis, non pompis intersint; convivia publica fugiant, privata non tantum pudica, sed et sobria colant. Usuris nequaquam incumbant, neque turpium occupationes lucrorum fraudisque cujusquam studium appetant, amorem pecuniæ, quasi materiam cunctorum criminum, fugiant, sæcularia officia negotiaque abjiciant, honorum gradus per ambitiones non subeant.

2. Pro beneficiis medicinæ Dei munera non accipiant, dolos et conjurationes caveant; odium, æmulationem, obtrectationem, atque invidiam fugiant. Non vagis oculis, non infreni lingua, aut petulanti tumidoque gestu incedant, sed pudorem ac verecundiam mentis simplici habitu incessuque ostendant.
C Obscenitatem etiam verborum, sicut et operum, penitus exsecrentur

3. Viduarum ac virginum visitationes frequentissimas fugiant, contubernia feminarum extranearum nullatenus appetant, castimoniam quoque inviolati corporis perpetuo conservare studeant, aut certe unius matrimonii vinculo fœderentur. Senioribus quoque debitam præbeant obedientiam, neque ullo jactantiæ studio semetipsos attollant. Postremo in doctrina, in lectionibus, psalmis, hymnis, canticis, exercitio jugi incumbant. Tales enim esse debent, qui divinis cultibus se mancipandos student exhibe-

CAP. I. N. 1. Vid. epist. Hieronymi ad Nepotian. GRIAL.

2. Alii, *eo quod in sortem Domino dentur.* AREV.

CAP. II. N. 1. *His igitur lege cavetur.* Totius hujus capitis verbis concilium Moguntiacum canonem 10 sanxit. GRIAL.

Ibid. Occupationes lucrorum. Ita quidem Goth. et concil. Mogunt., sed non displicet alterius Ms. scriptura, *aucupationes lucror.* GRIAL.

Ibid. Per ambitionem non subeant. Ad *honorum* D *gradus per ambitionem non subvehant*, idem Ms., non ineleganter, modo pro *subvehant subvehantur* legas, est enim *subvehi* e loco humili in excelsum vehi. Virg. :

> Necnon ad templum, summasque ad Palladis arces
> Subvehitur magna matrum regina caterva.

GRIAL.

2. *Non infreni lingua.*—*Effreni*, idem Ms. GRIAL.

Ibid. Gestu incedant. Gressu, Impress. GRIAL.

re, scilicet ut dum scientiæ operam dant, doctrinæ gratiam populis administrent.

A quod in corpore figuratur, sed in animo agitur, scilicet, ut hoc signo in religione vitia resecentur, et criminibus carnis nostræ, quasi crinibus, exuamur, atque, innovatis sensibus, ut comis rudibus, enitescamus, *exspoliantes nos*, juxta Apostolum, *veterem hominem cum actibus suis, et induentes novum, qui renovatur in agnitione Dei* (*Ephes.* IV; *Coloss.* III). Quam renovationem in mente oportet fieri, sed in capite demonstrari, ubi ipsa mens noscitur habitare.

4. Quod vero, detonso superius capite, inferius circuli corona relinquitur, sacerdotium regnumque Ecclesiæ in eis existimo figurari. Tiara enim apud veteres constituebatur in capite sacerdotum. Hæc ex bysso confecta rotunda erat, quasi sphæra media, et hoc significatur in parte capitis tonsa. Corona autem latitudo aurei est circuli, quæ regum capita cin-

B git. Utrumque itaque signum exprimitur in capite clericorum, ut impleatur etiam quadam corporis similitudine quod scriptum est, Petro apostolo perdocente: *Vos estis genus electum, regale sacerdotium* (*I Petr.* II, 9).

5. Quæritur autem cur, sicut apud antiquos Nazaræos, non **417** ante coma nutritur, et sic tondetur. Sed qui hæc exquirunt advertant quid sit inter illud propheticum velamentum, et hanc Evangelii revelationem, de qua dicit Apostolus: *Cum transieritis ad Christum, auferetur velamen* (*II Cor.* III, 16). Quod autem significabat velamen interpositum inter faciem Moysi et aspectum populi Israel, hoc significabat illis temporibus etiam comam pro velamento succidi.

C Nam et Apostolus comam pro velamento esse dicit. Proinde jam non oportet ut velentur crinibus capita eorum qui Domino consecrantur, sed tantum ut revelentur. Quia quod erat occultum in sacramento, prophetice jam in Evangelio declaratum est.

415 CAPUT III.

De generibus clericorum.

1. Duo sunt autem genera clericorum: unum ecclesiasticorum sub regimine episcopali degentium, alterum acephalorum, id est, sine capite, quem sequantur, ignorantium. Hos neque inter laicos sæcularium officiorum studia, neque inter clericos religio retentat divina, sed solutos atque oberrantes sola turpis vita complectitur et vaga.

2. Quique dum, nullum metuentes, explendæ voluptatis suæ licentiam consectantur, quasi animalia bruta libertate ac desiderio suo feruntur, habentes signum religionis, non religionis officium, Hippocentauris similes, neque equi, neque homines, *mistumque* (ut ait Poeta) *genus prolesque biformis*. Quorum quidem sordida atque infami numerositate satis superque nostra pars occidua pollet.

CAPUT IV.

De tonsura.

1. Tonsuræ ecclesiasticæ usus a Nazaræis, nisi fallor, exortus est (*Num.* VI), prius crine servato, denuo post vitæ magnæ continentiam devotione completam, caput radebant, et capillos in igne sacrificii ponere jubebantur, scilicet, ut perfectionem devotionis suæ Domino consecrarent. Horum ergo exemplo usus ab apostolis introductus est, **416** ut hi qui, divinis cultibus mancipati, Domino consecrantur, quasi Nazaræi, id est, sancti Dei, crine præciso, innoventur.

2. Hoc quippe et Ezechieli prophetæ jubetur, dicente Domino: *Tu fili hominis, sume tibi gladium acutum, et duces per caput tuum, et barbam* (*Ezech.* V); videlicet quia et ipse sacerdotali genere Deo in ministerium sanctificationis deserviebat. Hoc et Nazaræos illos Priscillam et Aquilam in Actibus apostolorum primum fecisse legimus (*Act.* XVIII), Paulum quoque apostolum, et quosdam discipulorum Christi, qui in hujusmodi cultu imitandi exstiterunt.

3. Est autem in clericis tonsura signum quoddam,

CAPUT V.

De sacerdotio

1. Veniamus ergo nunc ad sacratissimos ordines, et singulariter demonstremus, quod est sacerdotii fundamentum, vel quo auctore pontificalis ordo adolevit in sæculo. Initium quidem sacerdotii Aaron fuit. Quanquam et Melchisedech prior obtulerit sa-

CAP. III. N. 1. Hoc quoque capite ead. synodus est usa, legem ferens de vagis clericis, cap. 22. GRIAL.

Ibid. Alii, *sine capite, quod sequantur, ignorantium turmæ*. AREV.

2. *Pars occidua pollet.* Ita uterque Mss. *Polluitur*, Impress. GRIAL.

Ibid. *Voluptatis.* Grialius, *voluntatis*. Videretur dicendum *neque equi, neque centauri*. Sanctus Valerius abbas Isidori verba usurpat, *neque equi, neque homines*, ut dixi in Isidorianis cap. 69, num. 13. De hoc loco, et de aliis hujus secundi libri in conciliis laudatis vide Isidoriana, cap. 31. Virgilii verba *mistumque genus, prolesque biformis*, VI Æneid., 25, sunt de Minotauro. AREV.

CAP. IV. N. 1. Totum hoc caput ex Isidoro concilium Aquisgranense, anno 816, cap. 1, sumpsit. Vide etiam Loaisam, in not. ad concil. VI Tolet., c. 6, et Fabricium qui, pag. 847 Bibliograph., scriptores indicat qui de tonsura nazaræorum agunt, et not. ad

Regulam monachor., cap. 12, N. 4. AREV.

D 2. *Paulum.* Al., *Petrum*; sed *Paulum* habet quoque concilium Aquisgranense. AREV.

4. *Quod vero detonso superius capite.* Vid. cap. *Duo sunt genera*, 12, q. 1, ex Hieronymo. GRIAL.

Ibid. *Detonso superius capite, inferius circuli coronæ relinquitur.* Ita concilium Toletanum IV, c. 41. *Omnes clerici, vel lectores, sicut Levitæ et sacerdotes, detonso superius toto capite, inferius solam circuli coronam relinquant; non sicut hucusque in Gallæciæ* (Al., *Galliæ*) *partibus facere lectores videntur, qui, prolixis, ut laici, comis, in capitis apice modicum circulum tondent. Ritus enim iste in Hispania hucusque hæreticorum fuit.* Scilicet præcipue reprehenditur, quod lectores prolixas comas, ut laici, nutrirent. AREV.

CAP. V. N. 1. Sacerdotum nomine hoc loco, ut sæpe alias, episcopi soli veniunt. GRIAL.

Ibid. *Initium quidem sacerdotii*, etc. Ex Anacleti epist. 2, ad episcopos Italiæ. GRIAL.

ædificium, et post hunc Abraham, Isaac et Jacob. Sed isti spontanea voluntate, non sacerdotali auctoritate ista fecerunt.

2. Cæterum Aaron primus in lege sacerdotale nomen accepit, primusque pontificali stola infulatus victimas obtulit, jubente Domino, ac loquente ad Moysen : « Accipe, *inquit*, Aaron, et filios ejus, et applicabis ad ostium tabernaculi testimonii. Cumque laveris patrem cum filiis aqua, indues Aaron vestimentis suis, id est, linea tunica, et superhumerali, et rationali, quod constringes balteo, et pones tiaram in capite ejus, et laminam sanctam super tiaram, et oleum unctionis fundes super caput ejus, atque hoc ritu consecrabitur. Filios quoque illius applicabis, et indues tunicis lineis, cingesque balteo, Aaron scilicet, et liberos ejus, et impones eis mitras, eruntque sacerdotes mihi religione perpetua » (*Exod.* XXIX, 4).

3. Quo loco contemplari oportet Aaron summum sacerdotem fuisse **418** id est, episcopum; nam filios ejus presbyterorum figuram præmonstrasse. Fuerunt enim filii Aaron et ipsi sacerdotes, quibus merito astare debuissent Levitæ, sicut summo sacerdoti. Sed et hoc fuit inter summum sacerdotem Aaron et inter filios ejusdem Aaron, qui et ipsi sacerdotes fuerunt, quod Aaron super tunicam accipiebat poderem, stolam sanctam, coronam auream, mitram, et brachiale aureum, zonam auream, et superhumerale, et cætera, quæ supra memorata sunt. Filii autem Aaron super tunicas lineas cincti tantummodo, et tiarati, astabant sacrificio Dei.

4. Sed forsitan quæritur et hoc cujus figuram faciebat Moyses. Si enim filii Aaron presbyterorum figuram faciebant, et Aaron summi sacerdotis, id est, episcopi, Moyses cujus? Indubitanter Christi. Et vere per omnia Christi, quoniam similitudo fuit mediatoris Dei, qui est inter Deum et homines Jesus Christus, qui est verus dux populorum, verus princeps sacerdotum, et dominus pontificum, cui est honor, et gloria in sæcula sæculorum. Amen.

5. Hactenus de primordiis sacerdotalibus in Veteri Testamento. In Novo autem Testamento post Christum sacerdotalis ordo a Petro cœpit. Ipsi enim primum datus est pontificatus in Ecclesia Christi; sic enim loquitur ad eum Dominus : « Tu es (*inquit*) Petrus, et super hanc petram ædificabo ecclesiam meam, et portæ inferi non vincent eam, et tibi dabo claves regni cœlorum » (*Matth.* XVI, 18). Hic ergo ligandi solvendique potestatem primus accepit, primusque ad fidem populum virtute suæ prædicationis adduxit; siquidem **419** et cæteri apostoli cum Petro pari consortio honoris et potestatis effecti sunt, qui etiam in toto orbe dispersi Evangelium prædicaverunt.

6. Quibusque decedentibus successerunt episcopi, qui sunt constituti per totum mundum in sedibus apostolorum, qui non jam ex genere carnis et sanguinis eliguntur, sicut primum secundum ordinem Aaron, sed pro uniuscujusque merito, quod in eum gratia divina contulerit, sicut etiam ad Heli Dominus pronuntiavit, dicens : « Hæc dicit Dominus Deus Israel : Dixi. Domus tua, et domus patris tui permanebunt coram me usque in æternum; et nunc dicit Dominus : Nequaquam, sed glorificantes me glorificabo, et qui me spernit spernetur » (*I Reg.* II, 30).

7. Quatuor autem sunt genera apostolorum : unum a Deo tantum, ut Moyses; alterum per hominem et Deum, ut Jesue; tertium tantum per hominem, sicut his temporibus multi favore populi et potestatum in sacerdotium subrogantur; quartum autem genus ex se est, sicut pseudoprophetarum, et pseudoapostolorum. Quid sit autem nomen apostolorum? Apostoli in Latina lingua *missi* interpretantur, quia ipsos misit Christus evangelizare ad illuminationem omnium populorum.

8. Episcopus autem, ut quidam prudentium ait, nomen est operis, non honoris. Græcum est enim, atque inde ductum vocabulum, quod ille qui super efficitur superintendit, curam scilicet subditorum gerens; *scopus* quidem intentio est. Ergo episcopos Latine superintendentes possumus dicere, ut intelligat non se esse episcopum, qui non prodesse, sed præesse dilexerit.

9. Quod vero per manus impositionem a præcessoribus Dei sacerdotibus episcopi ordinantur, antiqua institutio est. Isaac enim patriarcha sanctus ponens manum suam super caput Jacob, benedixit ei

2. *Accipe, inquit, Aaron*. Exod. XXXIX. GRIAL.

Ibid. In Vulgata, *Et Aaron, et filios ejus applicabis* sine *accipe*. Pro *sacerdotes mihi*, ut est in Vulgata, nonnulli Isidoriani libri habent, *sacerdotes mei*. AREV.

5. *Tu es Petrus*, Matth. XVI. GRIAL.

Ibid. Pari consortio honoris, etc. Vide canon. 2 dist. 22. Hæc desumpta sunt ex sancto Cypriano, de Unitate Ecclesiæ, pag. 107 et seq. Editionis Joannis Felli. « Hoc erant utique et cæteri apostoli, quod fuit Petrus, pari consortio præditi et honoris et potestatis, sed exordium ab unitate proficiscitur, ut Ecclesia una monstretur. » In nonnullis impressis et Mss. legitur *proficiscitur*. *Primatus Petro datur, ut una*, etc. Sed hoc assumentum esse non solum Fellus heterodoxus, sed alii quoque catholici consentiunt. Bellarminus, de Rom. Pont., lib. I, cap. 12, negat inde sequi apostolos fuisse *pares inter se*, et Cyprianum explicat auctoritate sancti Leonis, qui quodammodo verba sancti Cypriani interpretari voluisse videtur, epist. 84 : *Inter beatissimos apostolos in similitudine honoris fuit quædam discretio potestatis, et cum omnium par esset electio, uni tantum datum est ut cæteris præemineret*. Plura alia ex eodem Cypriano aliis in locis Bellarminus congerit, ut catholicam doctrinam tueatur, et Cyprianum ex Cypriano exponat. In Concilio Aquisgranensi laudato hæc ipsa Isidori verba proferuntur, ut multa alia ex libris de Officiis et Etymologiis ejusdem Isidori. AREV.

6. *Hæc dicit Dominus*. I Reg. II. GRIAL.

7. *Quatuor sunt autem genera apostolorum*. Ex Hieronym. in cap. I Epist. ad Galat. GRIAL.

8. In Quæstionibus sancti Isidori editis tom. V, pag. 251 : *Sciat, se non esse episcopum, qui præesse desiderat, non prodesse*. Vide not. AREV.

9. *Et produxit eos trans Bethaniam*. Ex veteri interpretatione. Nostra enim : *Eduxit autem eos foras trans Bethaniam*. Luc. ultim. GRIAL.

Ibid. Sic et superimpletur legis. Al., *sic et supernus impletor legis*. AREV.

(*Gen.* XXVII, 28); similiter et Jacob filiis ejus. Sed et Moyses super caput Jesu Nave manum suam imponens (*Num.* XXVII, 23), dedit ei spiritum virtutis, **420** et ducatus in populo Israel. Sic et superimpletor legis, et prophetarum Dominus noster Jesus Christus per manus impositionem apostolis suis benedixit, sicut in Evangelio Lucæ scriptum est: « Et produxit eos trans Bethaniam, et elevavit manus suas, et benedixit eis, factumque est, cum benedixisset illis, discessit ab eis, et ipsi reversi sunt in Jerusalem cum gaudio magno » (*Luc.* XXIV).

10. Et in Actibus apostolorum, ex præcepto Spiritus sancti, Paulo et Barnabæ ab apostolis manus imposita est in episcopatum, et sic missi sunt ad evangelizandum (*Act.* XIII). Quod autem a trigesimo anno sacerdos efficitur, ab ætate scilicet Christi sumptum est, ex qua idem Christus orsus est prædicare. Hæc enim ætas profectu jam non indiget parvulorum, sed perfectionis vi plena est, et robusta, et ad omnem disciplinæ ac magisterii exercitium præparata.

11. Quod vero unius matrimonii virginalis sint, qui eliguntur in ordinem pontificatus, et in veteri lege mandatum est (*Levit.* XXI), et plenius scripsit Apostolus, dicens: *Unius uxoris virum* (*I Tim.* III). Sacerdotem enim quærit Ecclesia, aut de monogamia ordinatum, aut de virginitate sanctum; digamo autem aufertur agere sacerdotium. Porro quod episcopus non ab uno, sed a cunctis comprovincialibus episcopis ordinatur, id propter hæreses institutum agnoscitur, ne aliquid contra fidem Ecclesiæ unius tyrannica auctoritas moliretur. Ideoque ab omnibus convenientibus instituitur, aut non minus quam a tribus præsentibus, cæteris tamen consentientibus testimonio litterarum.

12. Hunc autem, dum consecratur, datur baculus, ut ejus indicio subditam plebem vel regat, vel corri- A gat, vel infirmitates infirmorum sustineat. Datur et annulus propter signum pontificalis honoris, vel signaculum secretorum. Nam multa sunt quæ carnalium **421** minusque intelligentium sensibus occultantes sacerdotes, quasi sub signaculo, condunt, ne indignis quibusque Dei sacramenta aperiantur. Jam vero quod sæculares viri nequaquam ad ministerium Ecclesiæ admittuntur, eadem auctoritas apostolica docet, dicens: *Manus cito nemini imposueris*, et iterum: *Non neophytum* (*I Tim.*, V, 22), ne, in superbiam elatus, putet se non tam ministerium humilitatis quam administrationem sæcularis potestatis adeptum, et condemnatione superbiæ, sicut diabolus, per jactantiam dejiciatur.

13. Quomodo enim valebit sæcularis homo sacer- B dotis magisterium adimplere, cujus nec officium tenuit, nec disciplinam agnovit? Aut quid docere poterit, cum ipse non didicit? Nunc vero sæpe cernimus, plurimos ordinationem in tabulis facere, nec eligunt qui Ecclesiæ prosint, sed quos vel ipsi amant, vel quorum sunt obsequiis deliniti, vel pro quibus majorum quispiam rogaverit; et, ut deteriora dicam, qui ut ordinarentur muneribus impetrarunt. Taceo de reliquis; alii successores filios vel parentes faciunt, et conantur posteris præsulatus relinquere dignitatem. Cum hoc nec Moyses amicus Dei facere potuit, sed Jesum de alia tribu elegit, ut sciremus principatum in populo non sanguini deferendum esse, sed vitæ meritis (*Num.* XXVII).

14. Interdum autem et juxta meritum plebium C eliguntur personæ rectorum; **422** unde noverint populi sui fuisse meriti regimen perversi suscepisse pontificis. Quod autem is qui post baptismum aliquo mortali peccato correptus sit, ad sacerdotium non promoveatur, lex ipsa testatur. Moyses enim in lege præcepit sacerdotibus, ne aliquod pecus vitiatum ad aram Dei offerant (*Levit.* I, 21). Quod ipsum postea

10. *Quod vero unius matrimon. virg.* Vid. d. 3, cap. Si quis, et 28, q. 3. GRIAL.

11. *Porro quod episcopus non ab uno.* C. *Archiepiscopus*, et seqq., d. 66, et Ruffini Histor., cap. 6, in Nicænæ synodi canonibus. GRIAL.

Ibid. Ideoque ab omnibus convenientibus. Vid. 64 distinct. GRIAL.

Ibid. Digamo autem, etc. Nonnulli Mss. *Digamus autem aut fertur agere sacerdotium*, ex quo non male conjiciebat Hittorpius: *Digamus autem haud fertur agere sacerdotium.* Apud Æneam Parisiensem, adversus Græcos cap. 172, legitur: *A digamo autem aufertur.* Plura alia capita hujus libri Æneas Parisiensis in suam sententiam allegat. AREV.

12. *Putet se non tam ministerium humil.* Ex Hieronym. in cap. I epist. ad Tit. GRIAL.

Ibid. Signaculum secretorum. Scilicet in traditione annuli hæc proferuntur: *Accipe annulum discretionis, et honoris, fidei signum, ut quæ signanda sunt signes, et quæ aperienda sunt prodas.* Vide Georgium Longum, de annulis signatoriis, cap. 3, et comment. ad Prudentium, hymn. 1 Peristeph., vers. 85. AREV.

13. *Nunc vero sæpe cernimus*, usque ad *dignitatem*. Ex eod. loco. GRIAL.

Ibid. Cum neque Moyses. Ex eod. GRIAL.

Ibid. Deferendum. Sic Hittorpius quoque edidit rum uno ms. Alii, *defendendum.* AREV.

14. *Interdum autem.* Vid. c. *Audaciter*, 8, q. 1, ex Origene, vel Hieronym. potius. GRIAL.

Ibid. Quod autem is qui post baptismum aliquo mortali peccato correptus. Quod ejusmodi sit (ait Gratianus, d. 25, c. *Primum*), ut ex eo sit perpetua infamia. Ita enim ille Hieronymi verba in cap. I Epist. ad Titum, unde hæc sumpta sunt, interpretatur, quæ referemus, ne cui hæc duriora videantur: *Primum itaque sine crimine jubetur esse episcopus, quod puto alio verbo ad Timotheum irreprehensibilem nominatum.* D *Non quod eo tantum tempore quo ordinandus est sine ullo sit crimine, et præteritas maculas nova conversatione diluerit, sed quod ex tempore, quo in Christum renatus est, nulla peccati conscientia remordeatur. Quomodo enim potest præses Ecclesiæ auferre malum de medio ejus qui in delicto simili corruit? aut qua libertate corripere peccantem potest, cum tacitus sibi ipse respondeat, eadem admisisse quæ corripit?* Legitur autem *corruptus* in Goth. et in Ed. Rom., sed *correptus* magis videtur ex Gratiani sensu. Mollius enim videtur Isidorus Hieronymi verba, cum non quodlibet crimine, sed mortali, et *correptum*, quasi deprehensum esse voluit. GRIAL.

Ibid. Rigida hæc Hieronymi sententia, quod mortali aliquo peccato post baptismum corruptus, ad sacerdotium non promoveatur, sic est intelligenda, ut sermo sit de crimine, et peccato non qualicunque mortali, sed peccato gravissimo, et enormi, quod

offerentibus, et spernentibus sacerdotibus Israel per Malachiam improperavit Deus dicens : *Ad vos, o sacerdotes, qui polluistis nomen meum, et dixistis : In quo polluimus te? Offertis super altare meum panem pollutum. Nonne si offeratis cæcum, et languidum, nonne malum est* (*Malach.* I, 6)? Unde et in Numeris vitula rufa, cujus cinis expiatio est populi, non aliter jubetur offerri ad altare Domini, nisi quæ terrena opera non fecerit, jugumque delicti non traxerit, nec vinculis peccatorum fuerit alligata (*Num.* 19).

15. Sed quid plura subjiciam? Si enim is qui, jam in episcopatu vel presbyterio positus, mortale aliquod peccatum admiserit retrahitur ab officio, quanto magis ante ordinationem peccator inventus non ordinetur? Quapropter quia lex peccatores a sacerdotio removet, consideret se unusquisque, et sciens, quia *potentes potenter tormenta patientur* (*Sap.* VI, 7), retrahat se ab hoc non tam honore quam onere, et aliorum locum qui digni sunt non ambiat occupare. Qui enim in erudiendis, atque instituendis ad virtutem populis præerit, necesse est ut in omnibus sanctus sit, et in nullo reprehensibilis habeatur. Qui enim alium de peccatis arguit, ipse a peccato debet esse alienus.

16. Nam cum qua fronte subjectos arguere poterit, cum illi statim possit correptus ingerere : Ante doce te quæ recta sunt? Quapropter qui negligit recta facere, desinat recta docere. Prius quippe semetipsum corrigere debet, qui alios ad bene vivendum admonere studet, ita ut in omnibus semetipsum formam vivendi **423** præbeat, cunctosque ad bonum opus doctrina et opere provocet. Cui etiam scientia Scripturarum necessaria est, quia si episcopi tantum sancta sit vita, sibi soli potest prodesse sic vivens. Porro si et doctrina et sermone fuerit eruditus, potest cæteros quosque instituere, et docere suos, et adversarios repercutere, qui ni refutati fuerint, atque convicti, facile queunt simplicium corda pervertere.

17 Hujus autem sermo debet esse purus, simplex, apertus, plenus gravitate, et honestate, plenus suavitate, et gratia, tractans de mysterio legis, de doctrina fidei, de virtute continentiæ, de disciplina justitiæ, unumquemque admonens diversa exhortatione juxta professionis morumque qualitatem, scilicet ut prænoscat, quid, cui, quando, vel quomodo proferat. Cujus præ cæteris speciale officium est Scripturas legere, percurrere canones, exempla sanctorum imitari, vigiliis, jejuniis, orationibus incumbere, cum fratribus pacem habere, nec quemquam in membris suis despicere, nullum damnare, nisi comprobatum, nullum excommunicare, nisi discussum. Quique ita humilitatem pariter et auctoritatem præstabit, ut neque per nimiam humilitatem suam subditorum vitia convalescere faciat, neque per immoderatam auctoritatem severitatis potestatem exerceat ; sed tanto cautius erga commissos agat, quanto durius a Christo judicari formidat.

18. Tenebit quoque illam supereminentem donis omnibus charitatem, sine qua omnis virtus nihil est; custos enim sanctitatis charitas, locus autem hujus custodis humilitas. Habebit etiam inter hæc omnia et castitatis eminentiam, ita ut mens Christi corpus confectura ab omni inquinamento carnis sit munda et libera. Inter hæc oportebit eum sollicita dispensatione curam pauperum gerere, esurientes pascere, vestire nudos, suscipere peregrinos, captivos redimere, viduas ac pupillos tueri, pervigilem in cunctis exhibere curam, providentiam et distributionem discretam.

19. In quo etiam hospitalitas ita erit præcipua, ut omnes cum **424** benignitate et charitate suscipiat. Si enim omnes fideles illud evangelicum audire desiderant : *Hospes fui, et suscepistis me* (*Matth.* XXV); quanto magis episcopus, cujus diversorium cunctorum debet esse receptaculum? Laicus enim unum aut duos suscipiens implevit hospitalitatis officium, episcopus, nisi omnes receperit, inhumanus est. In negotiis autem sæcularibus dirimendis oportet eum causam merito discernere, non gratia, neque enim sic debet episcopus suscipere potentem, ut contristet contra justitiam pauperem, neque pro paupere auferat justitiam a potente.

20. Non defendat improbum, nec sancta indigno committenda arbitretur, neque arguat, aut impugnet, cujus crimen non reprehendit. Erit quoque illi etiam juxta Apostolum mansuetudo, patientia, sobrietas, moderatio, abstinentia, sive pudicitia, ut non solum ab opere immundo se abstineat, sed etiam a jactu oculi, et cogitationis errore, ita ut dum nullum vitium in se regnare permittit, impetrare apud Deum veniam pro subditorum facinoribus valeat. Qui enim ista sectaverit, et Dei minister utilis erit, et perfectum sacerdotium repræsentabit.

CAPUT VI.

De chorepiscopis.

1. Chorepiscopi, id est, vicarii episcoporum, juxta quod canones ipsi testantur, instituti sunt ad exem-

creat non tantum mortem spiritualem, sed etiam mortem canonicam. Nam inter irregularitates quæ obstabant ne quis promoveretur, recensebatur exantlata pœnitentia. Vide Petavium, lib. II De pœnit., cap. 11, n. 13, et lib. VI, cap. 6, n. 5. AREV.

15. *Quapropter quia lex pecc.*, usque ad *occupare*, verba sunt Hieronymi ibid GRIAL

16. *Nam cum qua fronte*, usque ad *recta sunt*, ejusdem sunt. GRIAL.

Ibid. Cui etiam scientia Script., usque ad *pervertere*, ejusd., ibid. GRIAL.

Ibid. Excusi antiqui *revincere*, pro *repercutere*. AREV.

17. Veteres Editiones, *indagari*, pro *judicari*. AREV.

18. *In cunctis exhibere curam*, etc. Alii, *in cunctis habere curam, et providentiam distributione discretam.* AREV.

19. *In quo etiam hospitalitas* usque ad *inhumanus*, Hieronym., ibid. GRIAL.

20. *Erit quoque illi, juxta Apostol.* Ibid. et I contra Jovinian. GRIAL.

CAP. VI. N. 1. Quæ de chorepisc. dicit, e concil. antioch., cap. 10, sumpta videri possunt. Vid. Leon.,

plum septuaginta seniorum, tanquam consacerdotes A propter sollicitudinem pauperum. Hi in villis et vicis constituti gubernant sibi commissas Ecclesias, habentes licentiam constituere lectores, subdiaconos, exorcistas, acolythos; presbyteros autem aut diaconos ordinare non audeant, præter conscientiam episcopi, in cujus regione præesse noscuntur; hi autem a solo episcopo civitatis cui adjacent ordinantur.

425 CAPUT VII.

De presbyteris.

1. Presbyterorum ordo exordium sumpsit (ut dictum est) a filiis Aaron. Qui enim sacerdotes vocabantur in Veteri Testamento, hi sunt qui nunc appellantur presbyteri, et qui nuncupabantur principes sacerdotum, nunc episcopi nominantur. Presbyteri autem interpretantur *seniores*, quia seniores ætate Græci *presbyteros* vocant. His enim, sicut episcopis, dispensatio mysteriorum Dei commissa est.

2. Præsunt enim Ecclesiæ Christi, et in confectione divini corporis et sanguinis consortes cum episcopis sunt, similiter et in doctrina populorum, et in officio prædicandi. Ac sola propter auctoritatem summo sacerdoti clericorum ordinatio et consecratio servata est, ne a multis Ecclesiæ disciplina vendicata concordiam solveret, scandala generaret. Nam Paulus apostolus eosdem presbyteros, ut vere sacerdotes, sub nomine episcoporum ita asseverat, 426 loquens ad Titum: « Hujus rei, *inquit*, gratia reliqui te Cretæ, ut ea quæ desunt corrigas, et constituas per civitates presbyteros, quemadmodum ego tibi disposui. Si quis sine crimine est, unius uxoris vir, filios habens fideles, non in accusatione luxuriæ, aut non subditos. Oportet enim episcopum sine crimine esse » (*Tit.* I). Qua sententia ostendit presbyteros etiam sub episcoporum nomine taxari.

3. Unde et ad Timotheum de ordinatione episcopi et diaconi scribens (*I Tim.* III), de presbyteris omnino tacuit, quia eos in episcoporum nomine comprehendit. Secundus enim primo conjunctus gradus est, sicut et ad Philippenses de episcopis et diaconibus scribit (*Philipp.* I), quum una civitas plures episcopos habere non possit. Et in Actibus apostolorum presbyteros Ecclesiæ Jerosolymam iturus congregavit, quibus inter cætera: *Videte* (inquit) *gregem, in quo vos Spiritus sanctus episcopos ordinavit* (*Act.* XX). Unde etiam tales in Ecclesia presbyteros constituendos esse, sicut episcopos, et Apostolus ad Titum loquitur, et canones ipsi testantur.

4. Presbyteros autem merito et sapientia dici, non ætate; nam et Moysi præcipitur ut eligat presbyteros (*Num.* XI). Unde et in Proverbiis dicitur *Gloria senum canities* (*Proverb.* XX). Quæ est hæc canities? haud B dubium quin sapientia, de qua scriptum est: *Canities hominum prudentia est* (*Sap.* IV). Cumque nongentos et amplius annos ab Adam usque ad Abraham vixisse homines legimus, nullus alius appellatus est primus presbyter, id est, senior, nisi Abraham, qui multo paucioribus annis vixisse convincitur. Non ergo propter decrepitam senectutem, sed propter sapientiam presbyteri nominantur. Quod si ita est, mirum est cur insipientes constituantur.

427 CAPUT VIII.

De diaconibus.

1. Diaconorum ordo a Levi tribu accepit exordium. Præcepit enim Dominus Moysi ut post ordinationem Aaron sacerdotis et filiorum ejus rursus Levi tribus in divini cultus ministeriis ordinarentur, et C consecrarentur Domino pro omnibus primogenitis, et servirent pro Israel coram Aaron et filiis in tabernaculo Domini, excubantes in templo die ac nocte; ipsique gestarent arcam, et tabernaculum, et omnia vasa ejus, et in circuitu tabernaculi castra ipsi constituerent; et in promovendo tabernaculo ipsi deponerent, rursus ipsi componerent (*Num.* III, VIII).

epist. 88, et can. nicæn. 54. *Hi propter insolentiam* (ait Gratianus, c. *chorepis.*, d. 68) *ab ecclesia prohibiti sunt.* GRIAL.

Ibid. Alii, *constituere lectores; subdiaconos ordinare non audeant*, etc. AREV.

CAP. VII. N. 1. *Exordium sumpsit a filiis Aaron.* Anaclet., epist. 2, et Hieronym. ad Nepotian., epist. 2. GRIAL.

Ibid. His enim sicut episcopis, usque ad *prædicandi*, carptim sumpta ex epist. ad Rustic. Narbonen., Hieronym., tom. IX, ita ut quædam resecuisse consulto videatur, ut confirmandi et benedicendi officia. Quod autem æquare episcopis presbyteros videtur, nos eum alia ratione non defendemus, quam qua tuetur ipse sese; non referenda esse ad culpæ suæ titulum de quibus testificatio adhibetur auctorum. Sunt autem verba, quibus plus æquo presbyteris tribuisse videtur, non Isidori, sed Hieronymi. Cujus mens atque animus is fuisse videtur, ut episcoporum fastum et insolentiam comprimeret, atque retunderet, non ut presbyteros illis pares faceret. Ut ex collatis ejus pluribus locis collegere jampridem doctissimi viri; in quibus Franc. Turrianus, lib. VIII Const., cap. 36; Maria. Reatin., in epist. ad Evagr.; Cæsar Baron., annal., tom. I, ann. 58. Nam quid Isidorus senserit de episcop. offic., satis constat ex c. *Perlectis*, d. 25, et ex cap. ultim. hujus operis *de chrismate*. GRIAL.

Ibid. De iis quæ ad presbyteros, diaconos, etc. singillatim in functionibus ecclesiasticis pertinent, videri potest Epistola Isidori ad Leudefredum. Isidorus, cap. ult. hujus libri, num. 4, clarissime præfert episcopos presbyteris non solum ex consuetudine ecclesiastica, verum etiam ex lectione Actuum apostolorum. An autem Hieronymus vere senserit presbyteros episcopis æquales esse, quæstio est inter theologos vehementer agitata, in qua diligentissime versatus fuit amicus meus Raimundus Diosdado in D suis eruditis dissertationibus, qui Hieronymum ab Ecclesiæ catholicæ sententia alienum non ostendit. AREV.

2. *Nam Paulus.* Ex Hieronym. ep. ad Evagr., et comm. ad Tit. GRIAL.

Ibid. In confectione. Al., *in confractione.* Pro *divini*, excusi veteres, *divina*. AREV.

3. *Secundus enim primo conjunctus.* Hittorpius cum suis Mss.: *Secundus enim, et pene conjunctus.* AREV.

4. *Presbyteros autem merito*, usque ad fin., verba sunt Hieronym., in cap. III Isai., quorum pleraque leguntur etiam in Anacleti epist. 2. GRIAL.

Ibid. Jam alibi monui, in notis Editionis Grialianæ interdum allegari epistolas summorum pontificum, quæ nunc apocryphæ censentur, ut hoc loco, et num. 1, Anacleti epist. 2. AREV.

CAP. VIII. N. 1. Pleraque ex epist. citata ad Rustic. Narbon. GRIAL.

2. A XXV annis et supra iisdem in tabernaculo servire mandatum est, quam regulam sancti Patres et in Novo Testamento constituerunt. In Evangelio primordia eorum in Actibus apostolorum ita leguntur: « Convocantes itaque XII apostoli multitudinem discipulorum, dixerunt: Non placet nos relinquere verbum Dei, et ministrare mensis. Quid ergo est, fratres? Considerate ex vobis ipsis viros boni testimonii VII, plenos Spiritu sancto et sapientia, quos constituamus in hanc rem. Nos vero erimus orationi et ministerio sermonis instantes. Et placuit hic sermo coram omni multitudine, et elegerunt Stephanum plenum fide, et Spiritu sancto, Philippum et Prochorum, et Nicanorem, et Timonem, et Parmenam, et Nicolaum advenam Antiochensem. Quos statuerunt ante apostolos, et cum orassent, imposuerunt illis manus, et verbum Dei crescebat, et multiplicabatur numerus credentium » (*Act.* VI).

3. Exhinc jam decreverunt apostoli, vel successores apostolorum, per omnes Ecclesias septem diaconos, qui sublimiori gradu **428** cæteris proximi circa aram Christi, quasi columnæ altaris assisterent, et non sine aliquo septenarii numeri mysterio. Hi sunt enim quos in Apocalypsi legimus septem angeli tubis canentes. Hi sunt septem candelabra aurea. Hi voces tonitruorum. Ipsi enim clara voce in modum præconis admonent cunctos, sive in orando, sive in flectendis genibus, sive in psallendo, sive in lectionibus audiendis, ipsi etiam, ut aures habeamus, ad Dominum, acclamant, ipsi quoque evangelizant, sine ipsis sacerdos nomen habet, officium non habet.

4. Nam sicut in sacerdote consecratio, ita in ministro dispensatio sacramenti est, illi orare, huic psallere mandatur; ille oblata sanctificat, hic sanctificata dispensat. Ipsis etiam sacerdotibus propter præsumptionem non licet de mensa Domini tollere calicem, nisi eis traditus fuerit a diacono. Levitæ inferunt oblationes in altari, levitæ componunt mensam Domini, levitæ operiunt arcam Testamenti. Non enim omnes vident alta mysteriorum, quæ operiuntur a Levitis, ne videant qui videre non debent, et sumant qui servare non possunt; quique propterea altario albis induti assistunt, ut cœlestem vitam habeant, candidique ad hostias immaculatique accedant, mundi scilicet corpore, et incorrupti pudore.

5. Tales enim decet Dominum habere ministros, qui nullo carnis corrumpantur contagio, sed potius eminentia castitatis splendeant. Quales enim diaconi ordinentur, apostolus Paulus plenissime scribit ad Timotheum. Nam cum præmisisset de sacerdotum electione, continuo subjecit: *Diaconi similiter irreprehensibiles*, hoc est, sine macula, sicut episcopi; *pudici utique*, id est, a libidine continentes; *non bilingues*, scilicet ne conturbent habentes pacem; *non multo vino dediti*, quia ubi ebrietas, ibi libido dominatur et furor; *non turpe lucrum sectantes*, ne de cœlesti mysterio lucra terrena sectentur. Est quoque et turpis lucri appetitio, plus de præsentibus quam de futuris cogitare. Post hæc subjecit: *Hi autem* **429** *probentur primum, et sic ministrent, nullum crimen habentes* (*I Tim.* III). Utique sicut episcopi, sic et isti ante ordinationem probari debent, si digni sunt, et postea sic ministrent.

CAPUT IX.

De custodibus sacrorum.

1. Custodes sacrarii Levitæ sunt. Ipsis enim jussum est custodire tabernaculum, et omnia vasa templi (*Num.* VIII); quique ideo in lege ab anno quinquagenario eliguntur custodes vasorum, ut, post edomitum carnis conflictum, jam quieti, mundo corpore pariter et mente Deo serviant, præferentes speciem gravitatis, ne fallantur consilio, ne fidem deserant, neque quidquam intemperantius gerant.

CAPUT X.

De subdiaconis.

1. Subdiaconi, qui apud Græcos hypodiaconi vocantur, in Esdra inveniuntur, appellanturque ibi Nathinæi, id est, in humilitate Domino servientes (*I Esdr.* VIII). Ex eorum ordine fuit ille Nathanael qui, in Evangelio Joannis, divina proditione commonitus, Salvatorem Dominum meruit confiteri, quique etiam ad primum divinitatis indicium fidelis enituit, protestante Domino ac dicente: *Ecce vere Israelita, in quo dolus non est* (*Joan.* I, 47).

2. Denique isti oblationes in templo Domini suscipiunt a populis, isti obediunt officiis Levitarum, isti quoque vasa corporis et sanguinis Christi diaconibus ad altaria Domini offerunt. De quibus quidem placuit Patribus ut, quia sacra mysteria contrectant, casti et continentes ab uxoribus sint, et ab omni

2. Hæc repetuntur ex Isidoro in concilio cit. Aquisgranensi, cap. 7, et in aliis. Pignorius, de servis, pag. 49, observat diaconos ita dictos misse, quia servi mensis ministrantes ita fere vocabulo Græco nominabantur. AREV.

3. *Proximi circa aram Christi*, etc. Prudentius, in hymno sancti Laurentii, pag. 892, vers. 37:

> Hic primus e septemviris,
> Qui stant ad aram proximi.

Nimirum archidiaconus erat sanctus Laurentius. Vide comment. Sanctus Hieronymus, epist. 85, ad Evagr.: *In ecclesia Romæ presbyteri sedent, et stant diaconi.* Quæ disciplina, *increbrescentibus vitiis*, ut ait Hieronymus, *elanguit*. AREV.

4. Alii, *ne videant quæ videre non debent, et sumant quæ servare*, etc. Sed in nonnullis Mss. correctum est *qui* bis pro *quæ*. Adhuc Romanus pontifex servat morem non accipiendi calicem (scilicet in missa solemni), nisi a diacono illi tradatur. Lesleus, in not. ad Missale Mozarab., p. 489, antiquum hunc ritum multis veterum congestis testimoniis illustrat. AREV.

5. *Diaconi*. Multi Mss., hic et alibi, *diacones*; ita etiam *diaconibus* pro *diaconis*; et cap. seq. occurrit *diaconibus*. AREV.

CAP. X. N. 1. Vid. cit. epist. ad Rustic. GRIAL.

Ibid. In textu Grialii erat *appellaturque*. Pro *divina proditione* alii habent *divina protectione*. AREV.

2. *Ut quia*, etc. Al., *ut quia ad sacra sunt mysteria deputati, ab omni carnali immunditia sint liberi*. Pro *aquæmanili*, alii *aquamanili*, alii *aqua manibus*. Vide concil. IV Carthagin., can. 5, et Ducangium. AREV.

carnali immunditia liberi, juxta quod illis, propheta A dicente, jubetur : *Mundamini*, **430** *qui fertis vasa Domini* (*Isai.* LII). Hi igitur, cum ordinantur, sicut sacerdotes et Levitæ, manus impositionem non suscipiunt, sed patenam tantum, et calicem de manu episcopi, et ab archidiacono scyphum aquæ cum aquæmanili et manutergium accipiunt.

CAPUT XI.

De lectoribus.

1. Lectorum ordo formam et initium a prophetis accepit. Sunt igitur lectores qui verbum Dei prædicant, quibus dicitur : *Clama, ne cesses, quasi tuba exalta vocem tuam* (*Isai.* LVIII). Isti quippe, dum ordinantur, primum de eorum conversatione episcopus verbum facit ad populum. Deinde coram plebe tradit eis Codicem apicum divinorum ad Dei verbum an- B nuntiandum.

2. Qui autem ad hujusmodi provehitur gradum, iste erit doctrina et libris imbutus, sensuumque ac verborum scientia perornatus, ita ut in distinctionibus sententiarum intelligat ubi finiatur junctura, ubi adhuc pendet oratio, ubi sententia extrema claudatur. Sicque expeditus vim pronuntiationis tenebit, ut ad intellectum omnium mentes sensusque promoveat, discernendo genera pronuntiationum, atque exprimendo sententiarum proprios affectus, modo indicantis voce, modo dolentis, modo increpantis, modo exhortantis, sive his similia secundum genera propriæ pronuntiationis.

3. In quo maxime illa ambigua sententiarum adhibenda cognitio est. Multa enim sunt in Scripturis, C quæ nisi proprio modo pronuntientur, in contrariam recidunt sententiam, sicuti est : *Quis accusabit adversus electos Dei? Deus, qui justificat* (*Rom.* VIII, 33, 34)? Quod si quasi confirmative, non servato genere pronuntiationis suæ, dicatur, magna perversitas oritur. Sic ergo pronuntiandum est, ac si diceret : *Deusne qui justificat?* ut subaudiatur *non*.

4. Necesse est ergo in tantis rebus scientiæ ingenium, quo **431** proprie singula, convenienterque pronuntientur. Propterea et accentuum vim oportet scire lectorem, ut noverit, in qua syllaba vox protendatur pronuntiantis. Plerumque enim imperiti lectores in verborum accentibus errant, et solent irridere nos imperitiæ hi qui videntur habere notitiam, detrahentes, et jurantes penitus nescire quod D dicimus.

5. Porro vox lectoris simplex erit, et clara, et ad omne pronuntiationis genus accommodata, plena succo virili, agrestem, et subrusticum effugiens sonum, non humilis, nec adeo sublimis, non fracta, vel tenera, nihilque femineum sonans, neque cum motu corporis, sed tantummodo cum gravitatis specie. Auribus enim et cordi consulere debet lector, non oculis, ne potius ex seipso spectatores magis quam auditores faciat. Vetus opinio est lectores pronuntiandi causa præcipuam curam vocis habuisse, ut exaudiri in tumultu possent. Unde et dudum lectores præcones vel proclamatores vocabantur.

CAPUT XII.

De psalmistis.

1. Psalmistarum, id est, cantorum principes, vel auctores, David, sive Asaph exstiterunt. Isti enim post Moysen psalmos primi composuerunt et cantaverunt. Mortuo autem Asaph, filii ejus in ordinem subrogati sunt a David, erantque psalmistæ per successionem generis, sicut et ordo sacerdotalis; ipsique soli continuis diebus in templo canebant, candidis induti stolis, ad vocem unius respondente choro.

2. Ex hoc veteri more Ecclesia sumpsit exemplum nutriendi psalmistas, quorum cantibus ad effectum Dei mentes audientium excitentur. Psalmistam autem et voce et arte præclarum illustremque esse oportet, ita ut oblectamento dulcedinis animos incitet auditorum. Vox enim ejus non aspera, vel rauca, vel dissonans; sed canora erit, suavis, liquida, atque acuta, habens sonum, **432** et melodiam sanctæ religioni congruentem, non quæ tragica exclamat arte, sed quæ Christianam simplicitatem et in ipsa modulatione demonstret, nec quæ musico gestu vel theatrali arte redoleat, sed quæ compunctionem magis audientibus faciat.

3. Antiqui, pridie quam cantandum erat, cibis abstinebant, psallentes tamen, legumine causa vocis assidue utebantur. Unde et cantores apud gentiles fabarii dicti sunt. Veteres, lamina pectori imposita, sub ea cantica exclamantes alendis vocibus rationem demonstravere. Solent autem ad hoc officium etiam absque scientia episcopi, sola jussione presbyteri, eligi quique quos in cantandi arte probabiles esse constiterit.

CAPUT XIII.

De exorcistis.

1. In ordinatione et ministerio Ecclesiæ secundum

CAP. XI. N. 3. *Vim pronuntiationis.* Al., *usum pronunt.* AREV.

3. Alii, *in quo maxime illa ambigua sententiarum*, etc. Isidorus, in loco cit. Epistolæ ad Romanos interpunctionem sequitur, quam astruit sanctus Augustinus, lib. III de doctrin. Christ., cap. 3, et aliis in locis. Sabatierius plures alios addit, qui ita quoque sentiunt. In Vulgata nostra ita id effertur : *Quis accusabit adversus electos Dei? Deus, qui justificat, quis est qui condemnet?* AREV.

4. *Habere notitiam.* Al., *habere notitiam artis grammaticæ.* AREV.

5. Alii, *ut exhaurire tumultum possent.* Alii, *ut exaudiri multum possent.* AREV.

CAP. XII. N. 2. Alii, *ita ut ad oblectamenta dulcedinis.* Et paulo post, *nec quæ musicum gestum, vel theatralem artem redoleat.* AREV.

3. *Veteres lamina pectori imposita.* Hoc de Nerone prodidit Plinius, lib. XXXIV, cap. 18. *Nero* (*quoniam ita Diis placuit*) *princeps, lamina pectori imposita, sub ea cantica exclamans, alendis vocibus demonstravit rationem.* GRIAL.

Ibid. Alii, *imposita sibi ad cantica exclamanda psallendis vocibus.* Hittorpius cum suis Mss. edidit *absque conscientia episcopi.* AREV.

CAP. XIII. N. 1. *Quos Esdras actores templi :* Quid exorcistis cum actoribus templi? Hoc opinor : corpora nostra templa sunt Spiritus sancti. In ea cum immigrat nequam spiritus, jam tum ædibus (ut Comici verbis loquar) vitium datur. Atque eo nonnunquam

officia quæ in templo Salomonis erant disposita, quæque posterius sunt ab Esdra dispertita, invenimus eos quos Esdras actores memorat templi (*I Esdr.* II), eos nunc esse exorcistas in Ecclesia Dei. Fuerunt enim sub Esdra actores templi servorum Salomonis filii, qui actum templi totius sub cura sua haberent, non tamen sacerdotalibus officiis ministrarent, aut sacris oblationibus deservirent.

2. Et cum fuissent ex ordine et ministerio templi, longe fuerunt **433** ab officio altaris Dei, quia nec psalmistis, nec ostiariis, nec sacrorum servis attingere licebat munera altaris, nisi tantummodo levitis. Quid ergo est? Nulla aliam curam habebant actores templi, nisi ad sarta tecta reficienda, ut quæcunque fuissent vexata in ædificio templi, aut delapsa, per eosdem actores de thesauris dominicis reficerentur, B atque excolerentur.

3. Ergo actores templi exorcistæ sunt in populo Dei; quomodo enim actor prudens et bonus scit quis sit domini sui census, et omnis substantiæ modus, et redigit apud se totius possessionis instrumenta originalia, sic et exorcista redigit in suam diligentiam totius regni Domini secreta, ut memoriæ mandet de Scripturarum sacramentis, unde exerceat donum quod illi est a Spiritu sancto concessum, secundum Apostoli præconium.

4. Exorcistas enim memorat Apostolus, cum dicit: *Nunquid omnes habent donationes sanationum* (*I Cor.* XII)? Hi enim, cum ordinantur, sicut ait canon, accipiunt de manu episcopi libellum, in quo scripti sunt exorcismi, accipientes potestatem imponendi manus C super energumenos, sive baptizatos, sive catechumenos.

CAPUT XIV.

De acolythis.

1. Acolythi Græce, Latine ceroferarii dicuntur, a deportandis cereis, quando legendum est Evangelium, aut sacrificium offerendum; tunc enim accenduntur luminaria ab eis, et deportantur, non ad effugandas tenebras, dum sol eo tempore rutilet, sed ad signum lætitiæ demonstrandum, ut sub typo luminis corporalis illa lux ostendatur de qua in Evangelio le- A gitur: *Erat lux vera, quæ illuminat omnem hominem venientem in hunc mundum.*

434 CAPUT XV.

De ostiariis.

1. Ostiarii sunt qui in Veteri Testamento janitores templi vocabantur, qui præerant portis templi Jerusalem, quique, ordinati per vices suas, omnia interiora templi, vel exteriora custodiebant (*I Paralip.* XXIII; *II*, XXIII). Hi denique inter sanctum et iniquum discernentes, eos tantum in ecclesia qui sunt fideles recipiunt. Intrare enim templum, nisi per hos non possumus; habent enim potestatem tam bonos recipiendi, quam rejiciendi indignos.

CAPUT XVI.

De monachis.

1. Unde autem ad monachos studium defluxit paupertatis, vel quis hujus conversationis exstitit auctor, cujus isti habitum imitantur? Quantum attinet ad auctoritatem veterum Scripturarum, hujus propositi princeps Elias et discipulus ejus Elisæus fuerunt (*IV Reg.* I, IV), sive filii prophetarum, qui habitabant in solitudine, urbibusque relictis, faciebant sibi casulas prope fluenta Jordanis (*Jerem.* XXXV). Hujus etiam propositi in Evangelio Baptista Joannes auctor exstitit, qui eremum solus incoluit, locustis tantum et agresti melle nutritus (*Matth.* III). Jam deinde progeniti sunt conversationis hujus nobilissimi principes, Paulus et Antonius, Hilarion, Macharius, cæterique Patres, quorum exemplis per universum mundum adolevit sancta institutio monachorum.

2. Sex autem sunt genera monachorum, quorum tria optima, reliqua vero teterrima, atque omnimodis evitanda. Primum genus est **435** cœnobitarum, id est, in commune viventium, instar sanctorum illorum qui temporibus apostolorum Jerosolymis, venditis ac distributis omnibus suis indigentibus, habitabant in sancta communione vitæ, non dicentes aliquid proprium, sed erant illis omnia communia, et anima una, et cor unum in Deum (*Act.* II, 4). Horum igitur institutione monasteria sumpsere principium.

3. Secundum genus est eremitarum qui, procul ab hominibus recedentes, deserta loca et vastas solitu-

res redit, ut non videantur ædes sarciri posse, quin totæ perpetuæ ruant. Exemplo esse possunt et is quem restituere non potuerunt apostoli, et is quem mutum, surdum cæcumque Dominus ipse sanavit, ac D refecit. Id igitur exorcistarum munus, eas uti ædes reficiant, sartas tectasque reddant. Est vero poetæ locus, quem indicavi, supra quam dici possit elegans ad hanc similitudinem illustrandam, atque dilatandam. GRIAL.

Ibid. Oblationibus. Al., *actionibus.* AREV.

2. *Ad sarta tecta.* Al., *ad sacra tecta.* AREV.

3. *Ut memoriæ mandet*, etc. Al., *et regnum Dei memoriæ commendat de Scripturarum testimoniis, unde exerceat donum.* AREV.

4. Ex concilio IV Carthaginensi, can. 7, distinct. 23, *exorcistarum.* AREV.

CAP. XIV. N. 1. Eadem lib. VII Etymolog., c. 12. GRIAL.

CAP. XV. N. 1. Grialius, *portis Jerusalem.* AREV.

CAP. XVI. N. 1. *Quantum attinet ad auctoritatem*, usque ad *Jordan.* Ex Hieron. epist. 13, ad Paulin. GRIAL.

Ibid. De diversis generibus monachorum Menardus, cap. 3 Concordiæ regularum, ex regulis antiquissimis Basilii, Benedicti et aliorum, producto etiam hoc capite Isidori, usque ad finem numeri 10, *satiantur ad vomitum.* Conferenda etiam est ipsa Isidoriana regula monachorum. AREV.

2. *Reliqua vero teterrima atque omnimodis evitanda.* Cassian., coll. 18, cap. 4: *Tria sunt in Ægypto genera monachorum, quorum duo sunt optima tertium vero tepidum atque omnimodis evitandum.* GRIAL.

Ibid. Primum genus, usque ad *cor unum*, ex eod. in Cass., c. 5. GRIAL.

Ibid. Omnimodis. Rectum hoc est, neque mutandum in *omnibus*, aut in *omnibus modis*, ut alii mutarunt. Pro *communione vitæ* alii *communi vita.* Menardus ita refert ex operibus Isidori, quia Editiones Grialii ad manus non habebat, in qua est *communione vitæ*, ut in Concordia Regularum. AREV.

3. *Secundum genus.* Ex c. 6, et Hieronym., epist. 22, ad Eustoch. GRIAL.

dines sequi, atque habitare perhibentur, ad imitationem scilicet Eliæ et Joannis Baptistæ, qui eremi secessus penetravere. Hi quippe incredibili mundi contemptu sola solitudine delectantur, herbis tantum agrestibus victitantes, aut pane solo vel aqua contenti, quæ eis per certa intervalla temporum deferentur, sicque secretissimi penitus et ab omni hominum conspectu remoti, divino tantum colloquio perfruuntur, cui puris mentibus inserviunt, et propter cujus amorem non solum mundum, sed etiam hominum consortia reliquerunt.

4. Tertium genus est anachoretarum, qui jam cœnobiali conversatione perfecti, includunt semetipsos in cellulis, procul ab hominum **436** conspectu remoti, nulli ad se præbentes accessum, sed in sola contemplatione Dei viventes.

5. Quartum genus est qui sibi anachoretarum imagine blandiuntur; isti, ut ait Cassianus, in primordiis suis fervore quodam brevi cœnobii perfectionem videntur expetere, sed continuo tepefacti, dum pristinos mores ac vitia resecare contemnunt, nec jugum humilitatis ac patientiæ diutius sustinere contenti sunt, subdique seniorum imperio dedignantur, separatas expetunt cellas, ac solitarii sedere desiderant, ut a nemine lacessiti, mansueti vel humiles existimentur, quæ institutio, imo tepor, hos quos semel infecerit ad perfectionem nunquam permittit accedere.

6. Hoc enim modo non solum non abscinduntur, verumetiam in deterius eorum vitia convalescunt, ut quoddam lethale, et intestinum virus, quod quanto amplius celatum fuerit, tanto profundius serpens insanabilem morbum generat ægrotanti. Pro reverentia enim singularis cellulæ nullus jam vitia solitarii audet arguere, quæ ille ignorari mavult, quam curari.

7. Quintum genus est circumcellionum, qui sub habitu monachorum usquequaque vagantur, venalem

Ibid. Quæ eis per intervalla, etc. Eremitis olim victus suppeditabatur a cœnobiis, e quibus discesserant. Severus Sulpicius, dialogo 1, *transgressis ad eremum abbatis illius ordinatione panis et qui libet cibus alius administratur*. MENAR.

4. *Tertium genus est anachoretarum.* Hic distinguit inter eremitas et anachoretas. Sed anachoretæ sunt in triplici differentia. Primo pro eremitis sumuntur, ut videre est in regula sancti Benedicti, cap. 1; secundo pro his monachis qui post cœnobiticam palæstram includebantur in cellis, iique duplices. Nam quidam infra septa monasterii in cellis includebantur, ut patet ex Justiniani novella 5: *Nisi quidam illorum, in contemplatione et perfectione degentes, vitam remotam habeant in hospitio, quos vocare anachoretas, id est, discedentes, et hesychastas, id est, quiescentes, consueverunt*, etc. Ubi hospitium sumitur pro cella. Ibi enim agitur de iis qui in monasteriis includuntur. Id etiam planum est ex can. 41 sextæ synodi, quæ ait ejusmodi inclusos ἀναχωρητικὴν παιδοτριβεῖσθαι διαγωγήν, id est, anachoreticam exercere vitam. Quidam vero extra septa monasterii inclusi erant, de quibus hoc capite agit sanctus Isidorus. Tertio dicuntur anachoretæ ii qui sine tecto per solitudinem errantes nullo certo loco consistebant, de quibus Severus Sulpicius, dialogo primo: *Habitant* (inquit) *illi plerique in eremo sine ullis tabernaculis, quos anachoretas vocant. Vivunt herbarum radicibus, nullo unquam certo loco consistunt, ne ab hominibus frequententur*. Id innuit Cassianus, coll. 18, c. 6, cum ait: *Ad imitationem quoque Eliæ et Elisæi, atque illorum de quibus Apostolus: Circuierunt in melotis, in pellibus caprinis*. MENAR.

5. *Quartum genus*, usque ad *quam curari*, e cap. 8 ejusdem collat. GRIAL.

Ibid. Quartum genus, etc. Hæc sumuntur ex Cassiano coll. 18, cap. 8, cujus etiam verba proferuntur. Agitur de quibusdam qui sibi anachoretarum nomine blandientes, in primordiis conversionis tepefacti, nec ultra valentes ferre seniorum jugum, se in cellis includunt ad id etiam humanæ laudis applausu compulsi. Quorum stultitiæ ut remedium adhibeatur, concilii Toletani VII cap. 5 cautum est, ne quis prius includatur quam multos annos in militia cœnobitica exercitatus fuerit; adhibito etiam episcopi et abbatis consensu, ut habetur in concilio francofordiensi, can. 15, et sextæ synodi can. 41 statuitur ut qui hujusmodi vitam appetunt quadriennio probentur, nempe ut prius ingrediantur monasterium, et per triennium ejusmodi vitam seclusam exerceant abbati monasterii subditi; quo evoluto, ab episcopo interrogentur, qui eorum voluntatem, an firma sit, exploret; qua perspecta, e cella exeant, et anno integro maneant in monasterio, ut eorum propositum plenius tentetur; quibus ita perfectis, si modo certa sit eorum voluntas, includebantur. MENAR.

6. Grialius, *non solum abscinduntur..... convalescunt, dum a nemine provocati, ut*. Pro *solitarii*, alii *solita*. AREV.

7. *Quintum genus est circumcellionum.* Circumcelliones dictos (ait Aug., adversus Gaudentium) quod victus sui causa villas rusticanas circuirent. GRIAL.

Ibid. Quintum genus est circillionum. Hæc fere excerpta sunt ex divo Augustino, lib. de Opere monachi, cap. 28. Quid sint circilliones, exponunt glossæ Isidori: *Circilliones falsi anachoretæ*; eædem glossæ: *Circellio monachus per cellas vagans.* De quibus ipse sanctus Augustinus in psalmum CXXXII: *Quid sibi vult nomen circellionum? Sed non, inquiunt, vocamur circelliones. Forte corrupto sono nominis eos appellamus. Nam circumcelliones dicti sunt, qui circum cellas vagantur.* De qua voce Papias: *Circumcelliones dicuntur qui sub habitu monachorum usquequaque vagantur.* Idem: *Circumcelliones genus monachorum vagantium, dicti quod circum cellas vagentur.* Sunt et alii circumcelliones hæretici, qui, ut martyres haberentur, seipsos perimebant, atque etiam obvios passim Christianos; de quibus sanctus Augustinus in ps. LXXXII, epist. 48, 61, et multis aliis locis; et Philastrius, lib. de Hæresibus; meminit Collatio carthaginensis. — *Alii membra martyrum*, etc. Exsecrabilis illa hypocritarum nundinatio, cujus beneficio æruscatores illi multam stipem cogebant. Hanc attribuit circellionibus sanctus Augustinus, lib. de opere monachi, cap. 28. Similem licitationem exercebat falsus quidam eremita Desiderius nomine, qui Parisiis olim cum cruce sacra loca obambulans, in sacculo gestabat radices diversarum herbarum, dentes talparum, ossa murium, ungues et adipes ursinos, quibus tanquam sacris reliquiis a plebe occurente venerationem exhiberi volebat, ut refert sanctus Gregorius Turonensis, lib. VI Hist. Rodulphus Glaber, lib. IV Hist., cap. 5, narrat de simili temporis sui balatrone circumforaneo, qui ossibus mortuorum quæ e sepulcris eruebat, eis varia prophetarum, martyrum et confessorum nomina imponens, superstitiosos homines passim decipiebat, emunctis eorum marsupiis. Hinc nata est quorumdam superstitio, ut falsas reliquias falsosque sanctos colerent. Qualis fuit olim mulier quædam Carthagine Lucilla nomine, quæ obscuri et nondum vindicati cujusdam martyris obsequio ita

circumferentes hypocrisin, **437** circumeuntes provincias, nusquam missi, nusquam fixi, nusquam stantes, nusquam sedentes; alii quæ non viderunt confingunt, opiniones suas habentes pro Deo; alii membra martyrum (si **438** tamen martyrum) venditant; alii
A fimbrias et phylacteria sua magnificant, gloriam captantes ab hominibus; alii criniti incedunt, ne vilior habeatur tonsa sanctitas quam comata. Ut videlicet qui **439** eos viderit, antiquos illos quos legimus cogitet, Samuelem, et Eliam, et cæteros.

addicta erat, ut antequam sanctam Eucharistiam sumeret, illius caput veneraretur; eoque nomine a Cæciliano archidiacono correpta, ob idque furore incensa, a communione ecclesiæ discessit, suaque auctoritate, atque opibus Donatistarum partes multum adjuvit, ut refert Optatus Milevitanus, lib. II contra Parmenianum. Nota est illa historia sancti Martini apud Severum Sulpicium in ejus Vita, cap. 8, qui latronis cujusdam aram, qui ab indocta et imperita multitudine pro martyre colebatur, submovit. Sanctus Gregorius papa, lib. III, epist. 30, improbat quosdam Græcos, qui Romæ ossa mortuorum effodientes, ea pro reliquiis sanctis in suam patriam asportabant. Fuit etiam olim Romanæ plebeculæ superstitio, ut dalmaticam, quæ corpus papæ mortuum, dum efferretur, involvebat, scinderet, et partes pro reliquiis servaret, quod idem Gregorius, lib. IV, epist. 44, fieri prohibuit. Guillelmus Neubrigensis, lib. V Hist., cap. 20 et 21, narrat de quodam Guillelmo Lundoviensi, qui a stolida plebecula martyr habitus est. Ille enim divitum nummis inhians, seditiosis concionibus multitudinem commovebat, seque pauperum salvatorem nominabat; jamque multa ferramenta ad infringendas locupletum ædes circulator ille paraverat, dum captus de sententia regii senatus, equis prius distractus, de patibulari trabe pendere jussus est. Post cujus mortem quidam sacerdos catenam qua trifurcifer ille et sesquilavernio in carcere vinctus fuerat cuidam ex febre laboranti supposuit, eumque inde sanatum impudenti mendacio palam divulgavit. Statim, ut est cæca et præceps vulgi devotio, patibulum in quo pependerat impostor ille a loco revulsum nocte sublatum est; solumque ipsum, ubi defixum fuerat, a fatuis undique concurrentibus, ut reliquias sibi auferrent, abrasum est. Nonnæ quædam Rumesciensis in Anglia cœnobii quemdam recens defunctum pro sancto colere cœperant; quod cum rescivisset sanctus Anselmus Cantuariensis antistes, per epistolam (*lib.* III, *epist.* 151) eas ejusmodi superstitione prohibuit. Contigit etiam tempore Alexandri tertii ut quidam vino madidus ac temulentus, cum petulantius baccharetur, occisus, pro martyre coleretur. Olim stultum vulgus, quibusdam insomniis et nocturnis visionibus delusum, ficta martyrum monumenta venerabatur. Quod prohibitum fuit in concilio V Carthaginensi, can. 5 (*De reliq. et vener. sanct.*). Sic etiam a quibusdam stolidioribus martyribus hæreticis honor exhibitus est. Quod postea vetitum fuit in concilio Laodiceno, can. 34. — *Venditant.* Vendere reliquias martyrum prohibetur c. 1, III de sacrosanctis ecclesiis, etc. *Nemo martyres distrahat, nemo mercetur*, et cap. *Cum ex eo*, de reliquiis et veneratione sanctorum. — *Alii fimbrias.* More Pharisæorum, et Scribarum. Fimbriæ enim sunt quædam texturæ quæ assuebantur a Pharisæis et Scribis quatuor angulis amiculi, eo tempore quo se ab uxoribus abstinebant, ad castimoniæ ostentationem, ut nemo tangeret sanctificatos, ut scribit sanctus Epiphanius, lib. I de Hæres., tom. I, cap. 15. — *Et phylacteria.* Phylacteria sunt quædam notæ ex purpura, quas Scribæ et Pharisæi palliis suis ostentationis causa apponebant, ut refert sanctus Epiphanius, cap. citato. Ubi, etsi tantum de Scribis loquatur, tamen capite sequenti ait Pharisæos Scribarum indumentis uti solitos. Sunt et tabulæ parvæ, seu chartæ, in quibus Decalogus scriptus erat, quas Scribæ et Pharisæi memorialis causa in fronte gestabant. Divus Hieronymus, in cap. XXIII Matth.: *Pictaciola illa decalogi phylacteria vocabant.* Rabbini מפילין *tephilin.* Sunt etiam quædam amuleta, seu conservatoria, quæ magi ad morbos curandos, seu averruncandos, aut ad aliquem casum declinandum, mulierculis dabant collo appendenda, aut brachiis alliganda, ut docet sanctus Epiphanius, cap. 15 libri citati. Glossæ veteres: φυλακτήριον, *servatorium*, *amolimentum*, *amuletum*, *prævia*. Glossæ Isidori, *phylacteria*, *carmina*, id est, incantamenta, juxta illud Virgilii in Pharmaceutria:

Carmina vel cœlo possunt deducere lunam.

B Dæmonum inventum in seductione ethnicorum meminit Beda, lib. IV. Hist. Angl., cap. 27: *Aliqui etiam tempore mortalitatis, neglectis fidei sacramentis, quibus erant imbuti, ad erratica idololatriæ medicamina concurrebant; quasi missam a Deo conditore plagam per incantationes, vel phylacteria, vel alia qualibet dæmoniacæ artis arcana cohibere valerent.* Et sexta synodus, can. 61. Hinc capiendus Tertullianus, in Scorpiaco: *Nescio quid magia circumligat.* Varia autem fuere hæc phylacteria, seu ligaturæ, ut nervi, ossa, radices in corio inclusæ, ut notat Tatianus Assyrius, oratione contra gentiles, pag. 172 Editionis Parisiensis. Alii ursos circumducebant per urbes et oppida, et in eorum capite totoque corpore tincturas appendebant, dabantque passim ex pilis eorum cum tincturis, tanquam phylacteria ad morbos et fascinos oculorum amoliendos, ut docet Theodorus Balsamo in canonem citatum sextæ synodi. Additque præfectum quemdam fuisse synodice con-
C demnatum, quod deprehensus esset habere ἔνδυμα, id est, indumentum infantis recens nati, a muliere acceptum ad os occludendum iis qui in eum dicere conarentur. Hoc autem ἔνδυμα nihil est aliud quam pellicula quædam capitis instar pileoli, cum qua quidam nascuntur, quam olim advocati in sinu gestantes ad eloquentiam conferre credebant, ut refert Lampridius in Antonino Diadumeno: *Solent deinde pueri pileo naturali insigniri, quod obstetrices rapiunt, et advocatis credulis vendunt, siquidem causidici hoc juvari dicuntur.* Litteræ solutoriæ sunt etiam phylacteria, quas qui apud se gerebant se nullo pacto vinciri posse credebant, ut videre est apud Bedam, lib. IV Hist. Angl., cap. 22: *Quarum celebratione factum est, quod dixi, ut nullus eum possit vincire. Interea comes qui eum tenebat mirari et interrogare cœpit quare ligari non posset, an vero litteras solutorias, de quibus fabulæ ferunt, apud se haberet.* Huc etiam spectat effigies Alexandri Magni, quam qui apud se gestabant vel in annulis, vel in dextrocheriis, et in
D omni ornamentorum genere, se in omni actu juvari credebant, ut scribit Trebellius Pollio in Quieto imperatore. Tandem apud Christianos Phylacteria sunt sacræ reliquiæ, ut sanctæ crucis, martyrum, etc., in auro, vel argento, seu crystallo, aut quavis alia materia celatæ. Sanctus Gregorius papa, lib. XII, epist. 6: *Excellentissimo autem filio nostro Adulouvaldo regi transmittere phylacteria curavimus, id est, crucem cum ligno crucis Domini, et lectionem Evangelii theca Persica inclusam.* Helgaldus Floriacensis monachus, in Vita Roberti regis: *Unde nimirum suos, a quibus juramentum recipiebat, volens justificari quemadmodum seipsum, fecerat unum phylacterium holocrystallinum, in gyro auro puro ornatum, absque alicujus sancti pignorum inclusione, super quod jurabant primates hac pia fraude nescii.* Acta sancti Guillelmi Gellonensis: *Miserat illis ab Hierosolymis per Zachariam magni propositi magnique testimonii*

8. Alii honores quos non acceperunt habere se protestantur; alii parentes vel consanguineos suos in illa vel in illa regione se audisse, et videre, et ad eos pergere mentiuntur, et omnes petunt, ab omnibus exigunt aut sumptum lucrosæ egestatis, aut simulatæ pretium sanctitatis. Cum interea ubicunque in factis suis malis ac verbis deprehensi fuerint, vel quoquo modo innotuerint, sub generali nomine monachorum propositum blasphematur.

9. Sextum genus est monachorum, et ipsum teterrimum atque neglectum, quod per Ananiam et Sapphiram in exordio Ecclesiæ **440** pullulavit, et apostoli Petri severitate succisum est (*Act.* v), quique ab eo, quod semetipsos a cœnobiali disciplina sequestrant, suasque appetunt liberi voluptates, Ægyptiorum lingua *sarabaitæ*, sive *remobothitæ* nuncupantur. Construunt enim sibi cellulas, easque falso nomine monasteria nuncupant, liberique ab imperio seniorum, arbitrio suo vivunt, certatim in operibus laborantes, non ut indigentibus distribuant, sed ut acquirant pecunias, quas recondant, et sicut ait de ipsis Hieronymus, quasi ars sit sancta, non vita, quidquid vendiderint, majoris est pretii.

10. Re vera (ut idem dicit) solent certare jejuniis, ut rem secreti victoriæ faciant. Apud hos affectata sunt (inquit) omnia, fluxæ manicæ, caligæ follicantes, vestis grossior, crebra suspiria, visitatio virginum, detractio clericorum, et si quando dies festus venerit, satiantur ad vomitum.

11. Inter cœnobium autem et monasterium ita distinguit Cassianus, quod monasterium possit etiam unius monachi habitatio nuncupari, cœnobium autem non nisi plurimorum. Quorum quidem conversationem, ut patrum edocet institutio, breviter intimabo. Hi quippe (ut prædictum est) contemptis primum ac desertis mundi hujus illecebris, in communi vita sanctissima congregati, simul agunt, viventes in orationibus, in lectionibus, in disputationibus, in vigiliis, in jejuniis, nulla superbia tumidi, nulla invidia lividi, sed modesti, verecundi, placati, concordissimam vitam sectantur, cogitationesque suas alterutrum revelantes, invicem discutiunt et corrigunt.

A 12. Nemo quidquam terrenum sorte peculiari possidet, pretiosis vel coloratis vestibus non induuntur, sed vilissimis atque sinceris, lavacris nunquam utuntur ad delectationem corporis, sed raro propter necessitatem languoris; inconsulto abbate, nusquam progrediuntur, neque aliquid ab eis sine nutu paternæ jussionis assumitur: operantur autem manibus ea quibus corpus pasci possit, et adeo mens impediri non possit. Canunt autem manibus **441** operantes et ipsum laborem, tanquam divino celeumate, consolantur.

13. Opus autem suum tradunt eis quos decanos vocant, eo quod sint denis præpositi, ut neminem illorum cura sui corporis tangat, neque in cibo, nec in vestimento, nec si quid aliud opus est, vel quotidianæ B necessitati, vel mutuæ, ut adsolet, valetudini. Ipsi autem decani tradunt ea præposito, præpositus autem, cum magna sollicitudine omnia disponens, præsto facit quidquid illorum vita propter imbecillitatem corporis postulat, rationem tamen etiam ipse reddit ei quem patrem vocant. Hi vero patres intellectu, tolerantia atque discretione insignes, omnibus rebus excelsi, nulla superbia consulunt his quos filios appellant, magna sua in jubendo auctoritate, magna illorum in obediendo voluntate.

14. Conveniunt autem omnes frequenter nocte dieque, dato signo, festina cum properatione, ad orationem solemnium horarum, celebrantes fixa intentione cordis, usque ad consummationem psalmorum sine fastidio persistentes. Item conveniunt, diebus C singulis interpositis, dum adhuc jejuni sunt in collatione ad audiendum Patrem. Audiunt autem eum incredibili studio, summo silentio, affectusque animorum suorum, prout eos provocaverit disserentis oratio, vel gemitu, vel fletu significantes. Corpus deinde cum silentio magno reficiunt tantum quantum saluti necesse est, coercente unoquoque per parcimoniam concupiscentiam et gulam, ne gravetur eorum cor, vel in ea ipsa quæ præsto sunt, parca et vilissima.

15. Itaque non solum a carnibus et a vino abstinent pro sufficientia domandarum libidinum, sed etiam ab omnibus quæ ventris et gutturis provocant

sacerdotem, perque duos monachos Hierosolymitanos magnæ religionis, nec parvæ auctoritatis illud Dominicæ crucis venerabile cunctis mortalibus phylacterium adorandum, gemmarum splendoribus et auro purissimo, quantum potuit ars humana, decentissime ornatum. Menar.

9. *Sextum genus.* Ex ead. collat., cap. 7 et 10. Grial.

Ibid. Sicut ait de ipsis Hieronymus, epist. 22, ad Eustoch. Grial.

Ibid. Sive renuitæ. Τὸ *sive* sumitur ex positis. Nam τὸ *renuitæ* Latinum est, non Ægyptiacum. Et ita Latini sarabaitarum nomen exposuerunt. Smaragdus in cap. 1 regulæ sancti Benedicti: *Sarabaitæ autem interpretantur renuitæ, eo quod majorum exempla vel virtutem sequi renuant.* Sanctus Odo abbas Cluniacensis, collatione 3: *Nos miseri non sumus monachi, ut falso nominamur; sed sarabaitæ, id est, renuitæ, qui jugum regularis disciplinæ renuimus.* Glossæ anonymæ: *Sarabaitæ lingua Ægyptiaca, in Latina dicuntur renuitæ, qui refutant abbatem habere.* Unde glossæ mss. in regulam sancti Benedicti, quæ Parisiis exstant D in bibliotheca sancti Victoris: *Sarabaitarum, qui refutant, vel renuunt.* Menar.

Ibid. Voluptates. Al., *voluntates.* Cum sancto Hieronymo Grialius edidit *remobothitæ.* Vide Ducangium hoc verbo. Menardus *renuitæ.* Grialius *cellulas, eaque*, etc. Arev.

12. Alii, *nunquam progrediuntur.* Vide Regul. Monach., c. 5, n. 5. Arev.

13. *Hi vero Patres*, etc. Inde natum ut religiosi viri *Patres* nominentur. *Tolerantia*, etc. Al., *tolerantiam, atque discretionem insinuantes, omnibus rebus*, etc. Al., *tolerantia, atque discretione insignibus, omnibus rebus excelsis*, etc. Arev.

14. *In entione cordis.* Grialius edidit *intentatione cordis.* Mox, pro *in collatione*, nonnulli *in consultatione*, alii *in consolatione.* Vide cap. 7 et 16 regulæ monachorum. Arev.

appetitum. Sane quidquid necessario victui superest ex operibus manuum et epularum restrictione, tanta cura egentibus distribuitur, ut nihil remaneat, quod abundaverit. Ad cujus sanctæ militiæ propositum veniunt non solum **442** liberi, sed etiam plerumque et ex conditione servili, sed propter hoc a dominis liberati, vel propter hoc potius liberandi.

16. Veniunt quoque et ex vita rustica, et ex opificum exercitatione et ex plebeio labore, tanto utique felicius, quanto fortius educati. Quod si non admittantur, grave delictum est. Multi enim ex eo numero vere magni imitandique exstiterunt, nam propterea et infirma mundi elegit Deus, ut confunderet fortia, et stulta mundi elegit, ut confunderet sapientes, et ignobilia mundi, et ea quæ non sunt, ut ea quæ sunt evacuentur, et non glorietur omnis caro coram Deo.

17. Simili quoque modo exstant et cœnobia feminarum Deo sollicite casteque servientium, quæ in habitaculis suis segregatæ ac remotæ a viris quam longissime pia tantum sanctitatis charitate junguntur, et imitatione virtutis. Ad quas juvenum nullus accessus est, neque ipsorum quamvis gravissimorum et probatissimorum senum, nisi usque ad vestibulum necessaria præbendi, quibus indigent, gratia. His præsunt singulæ gravissimæ ac probatissimæ, non tantum instituendis componendisque moribus, sed etiam instruendis mentibus peritæ, atque paratæ. Lanificio etiam corpus exercent atque sustentant, vestesque ipsas monachis tradunt, ab his invicem quod victui opus est resumentes. Hos mores, hanc vitam, hanc institutionem tenere videntur cœnobia virginum ac monachorum.

18. Monachi autem secundum humilitatem eliguntur. Multos enim ex eis cenodoxiæ morbus commaculat, multos abstinentia inflat et extollit scientia. Faciunt enim bona, sed propter famam, non propter vitam æternam, scilicet, ut aut affectent gloriam laudis, aut perveniant ad fastigium desiderati honoris. Inter hos sæpius discordia oboritur, invidiæque livor de fraternis profectibus gignitur, amor temporalium rerum grassatur, sequentes terrenas concupiscentias tanto inhiant quanto sæpius et ante humanos oculos impudenter. Tales itaque nequaquam monachi vocandi sunt, quia Deo sola professione, non actione, junguntur.

443 CAPUT XVII.
De pœnitentibus.

1. Pœnitentibus Job exemplum primus exhibuit, quando post funera vel flagella adhuc in sui redargutione etiam in cilicio et cinere lamenta pœnitudinis sumpsit, dicens : *Idcirco ego pœnitentiam in favilla et cinere* (*Job.* XLII, 6). Post hunc nobis David pœnitentiæ magisterium præbuit, quando gravi vulnere lapsus, dum audisset a propheta peccatum suum, confestim pœnituit, et culpam suam pœnitentiæ confessione sanavit (*II Reg.* XII).

2. Sic Ninivitæ, et alii multi peccata sua confessi sunt, et pœnitentiam egerunt, displicuerunt sibi quales fuerint, et quales per Deum facti sunt illi placuerunt (*Jonæ* III). Est autem pœnitentia medicamentum vulneris, spes salutis, per quam peccatores salvantur, per quam ad misericordiam Deus provocatur, quæ non tempore pensatur, sed profunditate luctus et lacrymarum. Pœnitentia nomen sumpsit a pœna, qua anima cruciatur et caro mortificatur.

3. Hi vero qui pœnitentiam agunt, proinde capillos et barbam nutriunt, ut demonstrent abundantiam criminum, quibus caput peccatoris gravatur. Capilli enim pro vitiis accipiuntur, sicut scriptum est : *Crinibus peccatorum suorum unusquisque constringitur* (*Prov.* V, 22). *Vir quippe si comam nutriat, ignominia est illi*, ut ait Apostolus (*I. Cor.* XI). Ipsam ergo ignominiam suscipiunt pœnitentes pro merito peccatorum.

4. Quod vero in cilicio prosternuntur, per cilicium quippe recordatio est peccatorum propter hœdos ad sinistram futuros. Inde ergo confitentes in cilicio prosternimur, tanquam dicentes : **444** *Et peccatum meum contra me est semper.* Quod autem cinere asperguntur, vel ut sint memores quia cinis et pulvis sunt ; vel quia pulvis, id est, impii facti sunt ; unde et illi prævaricatores primi homines recedentes a Deo, malisque factis offendentes Creatorem, in pulverem, unde primo sumpti sunt, redierunt. Bene ergo in cilicio, et cinere pœnitens deplorat peccatum, quia in cilicio asperitas est, et punctio peccatorum, in cinere autem pulvis ostenditur mortuorum.

5. Et idcirco in utroque pœnitentiam agimus, ut et punctione cilicii agnoscamus vitia, quæ per culpam commisimus : et per favillam cineris perpendamus mortis sententiam, ad quam peccando pervenimus. Pœnitentiæ autem remedium Ecclesia catholica in spe indulgentiæ fidenter alligat exercendum. Et post unum baptismi sacramentum, quod singulari traditione commendatum sollicite prohibet iterandum, medicinali remedio pœnitentiæ subrogat adjumentum.

6. Cujus remedii egere se cuncti agnoscere debent

17. Alii, *cœnobia feminarum*, etc. Al., *cœnobia feminarum, hoc est, monachales virgines, sollicite casteque servientes Deo, quæ habitaculis*, etc. Arev.

Cap. XVII. N. 2. *Pœnitentia nomen*, etc. Al., *pœnitentia autem non mensium ac temporum cursu pensatur, sed pœna qua anima cruciatur et mortificatur caro.* Ita quoque invenit Hittorpius in tribus Mss. suis. Arev.

3. Consuetudo pœnitentium plerumque erat ut capillos tonderent, sed ea non generatim obtinuit. Nam sanctus Hieronymus, epist. 30. Fabiolam in ordine pœnitentium stetisse ait *sparso crine*. Vide Binghamum, tom. VIII, p. 122, 123. Reos apud Romanos comam alere solitos non semel in comment. ad Prudentium explicui, pag. 740, 883, 1168. Arev.

4. *Vel quia pulvis*, etc Al., *vel quia a pulvere facti sunt, id est, impii facti sunt.* Quo ritu in Ecclesia Romana pœnitentes se in terram abjicerent, describit Sozomenus, lib. VII, c. 16. Arev.

6. *Horum duntaxat dignitate servata.* Offendit quosdam hic locus, qui non advertere de pœnitentia publica loqui Isidorum. Sunt autem verba Fe-

pro quotidianis humanæ fragilitatis excessibus, sine A quibus in hac vita esse non possumus: horum duntaxat dignitate servata, ita ut a sacerdotibus et Levitis, Deo tantum teste, fiat; a cæteris vero, antestante coram Deo solemniter sacerdote, ut hoc tegat fructuosa confessio quod temerarius appetitus aut ignorantiæ notatur contraxisse neglectus. Ut sicut in baptismo omnes iniquitates remitti, vel per martyrium nulli peccata credimus imputari, ita per pœnitentiæ compunctionem fructuosam universa fateamur deleri peccata. Lacrymæ enim pœnitentium apud Deum pro baptismate reputantur. Unde quamlibet magna sint delicta, quamvis gravia, non tamen est in illis Dei misericordia desperanda.

7. In actione autem pœnitudinis (ut supra dictum est) non 445 tam consideranda est mensura temporis quam doloris; cor enim contritum et humiliatum Deus non spernit. Verumtamen quanta in peccando fuit ad malum abruptæ mentis intentio, tanta necesse est in lamentatione devotio. Duplex est autem pœnitentiæ gemitus, vel dum plangimus quod male gessimus, vel dum non agimus quod agere debebamus. Ille autem vere pœnitentiam agit, qui nec pœnitentiam præteritorum negligit, nec adhuc pœnitenda committit. Qui vero lacrymas indesinenter fundit, et tamen peccare non desinit, hic lamentum habet, sed mundationem non habet.

8. Si qui autem per gratiam Dei ad pœnitentiam convertuntur, perturbari non debent si rursus post emendationem relicta vitia cor pulsent, dum non possint bonæ conversationi nocere, si talis cogitatio non erumpat in consensum, vel opera. Ferre enim sine perfectione vitiorum cogitationes non est ad damnationem, sed ad probationem; neque est occasio subeundi discriminis, sed potius augendæ virtutis. Nam et si quis circa finem suum per pœnitentiam desinat esse malus, non ideo debet desperare, quia in termino est ultimo vitæ, quoniam Deus non respicit quales antea fuimus, sed quales circa finem vitæ existimus.

9. Ex fine enim suo unumquemque aut justificat, aut condemnat, sicut scriptum est: *Ipse judicat extrema terræ* (*I Reg.* II, 10); et alibi: *Universorum finem ipse considerat* (*Job.* XXVIII, 24). Proinde non dubitamus circa finem justificari hominem per pœnitentiæ compunctionem. Sed quia raro id fieri solet, metuendum est, ne, dum ad finem differtur conversio sperata, ante occupet mors quam subveniat pœnitentia. Quare etsi bona est ad extremum conversio, tamen multo melior est quæ longe ante finem agitur, ut ab hac vita securius transeatur.

B

446 CAPUT XVIII.

De virginibus.

1. Nunc autem quæ sit sacræ virginitatis integritas, vel a quo tam sancti propositi studium sit exortum, breviter intimabo. Quantum enim ad Vetus Testamentum attinet, Elias, Jeremias et Daniel castitatis et continentiæ bono primi studuisse noscuntur. Quantum vero ad Novum, virorum virginum caput est Christus, feminarum virginum caput est Maria. Ipsa earum auctrix, ipsa mater nostri capitis, qui est virginis filius, et virginum sponsus. Inde agmina virorum et puellarum sanctarum, inde sectatores et sectatrices perpetuæ continentiæ pullularunt, castigantes se, nec solum in corpore, sed etiam in ipsa concupiscentiæ radice castrantes, cœlestemque atque angelicam vitam in terrena mortalitate C meditantes, atque in carne corruptibili incorruptionem perpetuam retinentes, quibus cedit omnis fecunditas carnis, omnis pudicitia conjugalis.

2. Nam cum et ipsa universa Ecclesia virgo sit, desponsata uni viro, sicut dicit Apostolus (*II Cor.*

licis III, epist. 1, cap. 1. Vid. Gratian., d. 50, cap. *Confirmandum*, cum sequentibus. GRIAL.

Ibid. Horum duntaxat dignitate servata. Hittorpius, cum duobus Mss., *honorum duntaxat dignitate servata*; quod ego quoque præferendum censerem. Petavius, lib. XII, probat pœnitentiam publicam, de qua hoc loco Isidorus, non potuisse consistere cum clericatu. Constitutum enim erat ne quisquam post alicujus criminis publicam pœnitentiam clericatum acciperet, vel ad clericatum rediret, vel in clericatu maneret, ut sanctus Augustinus tradit epist. 50. AREV.

7. *Ut supra dictum est*; scilicet, n. 2. Alii exhibent, *ut sæpe dictum est*. Mox *quanta*, etc. Al., *quantum*, vel *quanto... ad malum promptior mentis intentio; tanto devotior debet esse in pœnitendo.* Hittorpius conjicit, *quanta... ad malum abruptio mentis, intentio devotionis tanta debet esse, et in pœnitendo afflictio.* Paulo post legendum, vel intelligendum est: *Vel dum plangimus quod male gessimus, vel dum plangimus quia non egimus quod agere debebamus.* Scilicet pœnitentia est vel de peccatis commissionis, ut aiunt, vel de peccatis omissionis. AREV.

9. *Conversio*, etc. Al., *conversio, incerta occupet mors priusquam veniat.* Al., *confessio sperata, si incerta occupet mors, nequaquam subveniat.* AREV.

CAP. XVIII. N. 1. *Tam sancti propositi.* Verba Cassiani, cujus sunt quæ sequuntur, nisi Hieronymi esse vel communia utriusque mavis. GRIAL.

Ibid. In Isidorianis, cap. 93, n. 5, adverti in Codice Vaticano 202 exstare hoc caput sub titulo: *Isidori Junioris de Virginitate*, et nostræ Editioni congruere. Voce *auctrix*, quam hic Isidorus adhibet, lib. X Etymolog., n. 2, videtur negare uti licere. Vide not. Pro *sectatrices perpetuæ continentiæ*, alii habent, *sectatrices ad perpetuam pœnitentiam.* Et illico, *pullularunt, appetitum libidinis castigantes, nec solum... castrantes se, cœlestem*, etc. AREV.

D 2. *Cum et ipsa universa.* August., serm. 23, de verb. Domini secundum Matth.: *Tota Ecclesia, quæ constat et virginibus, et pueris, et maritatis, et uxoratis, uno nomine virgo est appellata. Unde hoc probamus? Apostolum audi dicentem, non solis sanctimonialibus, sed universæ potius Ecclesiæ Dei: Despondi enim vos uni viro virgineum castam exhibere Christo* Et Tertull., lib. de Monogam.: *Et conjungent vos in Ecclesia virgine unius Christi sponsa.* Ambrosius quoque in hortatione ad virginitatem: *Virgo est Ecclesia, quam studuit Apostolus virginem castam exhibere Christo.* GRIAL.

Ibid. Sic tamen laudetur virginitas, ne nuptiæ condemnentur. Hoc sæpe repetit Hieronymus. GRIAL.

Ibid. Ante adventum quippe Christi conjugia placuere. Ex Tertulliano, unde eadem quoque hausit Hieronym. GRIAL.

Ibid. Non enim, etc. Al., *nonne enim sic locuta est vox illius, Crescite*, etc. Et mox, *tempus item collectum est*; vel, *tempus in quo lectum est.* AREV.

XI), quanto digniora honore sunt membra ejus, quæ hoc custodiunt etiam in ipsa carne quod tota custodit in fine? Sic tamen laudetur virginitas, ne nuptiæ condemnentur. **447** Oportet enim non damnare quod bonum est, sed addere quod melius est. Ante adventum quippe Christi conjugia placuere Deo, post adventum virginitas. Prima enim Dei sententia crescere et generare præcepit, secunda continentiam suasit. Non enim jam locus est voci illi: *Crescite, et multiplicamini* (*Gen.* I, 28). Quia jam alia vox supervenit, dicens: *Væ prægnantibus et nutrientibus* (*Luc.* XXI 23). Et illud: *Tempus jam in collecto est. Restat ut qui uxores habent, tanquam non habentes sint* (*I Cor.* VII).

3. Et nisi fallor, unius ejusdemque Dei pronuntiatio est. Tunc quidem Deus in primordio sementem generis emisit, indultis conjugiorum habenis, donec mundus repleretur; nunc vero sub extremitatibus temporum compressit quod emiserat, et revocavit quod indulserat. Unde et Salomon prævidens in spiritu ait: *Tempus amplexandi, tempus longe fieri ab amplexu* (*Eccle.* 3). Quia præcepti veteris est ut terra procreationibus impleretur, novi autem ut continentia atque virginitate cœlum adimpleatur. Quam tamen adeo ardui sublimisque præmii esse constat, ut dicentibus apostolis quodam loco: *Si sic est hominis causa cum muliere, non expedit nubere*, responderit Dominus: *Qui potest capere capiat* (*Matth.* XIX).

4. Non ergo præceptum de continentibus, sed suasio est; nec injungitur virginitas, ut sit necessitatis, sed ut voluntatis possit esse, laudatur, Apostolo protestante: « De virginibus autem præceptum Domini non habeo, sed consilium do, tanquam et ipse scientiam Dei habens. Existimo enim hoc bonum esse propter instantem necessitatem, quoniam bonum est homini sic esse » (*I Cor.* VII). At vero qui tentationem carnis non tolerant, necesse est ut portum conjugii petant, unde et idem Apostolus: *Qui se* (inquit) *non continet nubat: melius est enim nubere quam uri.* Et iterum: *Si acceperis uxorem, non peccasti; si nupserit virgo, non peccavit.* Et si non vis major esse, esto vel minor, quia liberæ voluntatis es.

448 Nuptiæ enim peccatum non sunt, sed per sollicitudinem mundi qui nubunt legem Dei servare vix possunt. Aliter illos dicit non peccare, si nubant qui nondum voverint Deo castitatem. Cæterum vel qui in corde suo promisit, si aliud fecerit, habet damnationem, quia primam fidem, sicut ait Apostolus, irritam fecit. Quod enim erat per naturam licitum, per votum sibi fecit illicitum, sicut Ananias et Sapphira, quibus de pretio possessionis suæ retinere nihil licuit, ob quam causam et subita morte prostrati sunt (*Act.* V).

6. In Evangelio autem virginum diversa genera memorantur, sed illis specialiter regni possessio deputatur, qui se amore Dei castraverunt, id est, non quos impossibilitatis necessitas cogit, sed quos voluntas fecit continentes. Sic enim scriptum est, Domino disputante: « Sunt enim spadones qui ita nati sunt; sunt et alii qui ab hominibus facti sunt, et sunt qui se ipsos castraverunt propter regnum cœlorum » (*Matth.* XIX). Quibus etiam per Isaiam prophetam dicit se daturum in domo sua et in muris suis locum nominatum meliorem multo quam filiorum ac filiarum (*Isai.* LVI).

7. Nam illis qui sic nascuntur, aut quibus ipsum virile membrum debilitatur, ut generare non possint (sicut sunt eunuchi potentum et regum) sufficit utique quod Christiani sunt, et Dei præcepta custodiunt, eo tamen proposito, ut conjuges, si potuissent, haberent, ideoque cæteris conjugatis in domo Dei fidelibus adæquantur, quia castrati sunt propter sæculum, non propter regnum cœlorum; neque enim uxores animi virtute, sed carnis necessitate non ducunt.

8. Quantum autem sit in virginibus sanctitatis donum, ut etiam Joannes eos tantum Agni vestigiis inhærere præscribat qui contaminati mulierum conventibus non fuerint (*Apoc.* XIV)? Ipsi enim sunt duodecies duodena millia sanctorum citharœdorum illibatæ virginitatis in corpore, inviolatæ castitatis in corde, qui sequuntur Agnum, quocunque ierit, quem nemo sequi vel audet, vel valet, nisi tantum **449** virginitas. Sequuntur itaque Agnum et cæteri fideles, qui virginitatem corporis amiserunt, sed non quocumque ierit, sed quo usque ipsi potuerunt.

9. Unde, ne tantæ sanctitatis donum superbia corrumpatur, cavendum est; multos enim extollit virginitas, elevat continentia, fidenter dico, facilius sequuntur Agnum, et si non quocunque ierit, certe quousque potuerint, conjugati humiles quam superbientes virgines. Quomodo enim sequitur, ad quem non vult accedere? Aut quomodo accedit, ad quem non venit ut discat quoniam mitis est et humilis corde? Pergant ergo viam sublimitatis virgines, pede humilitatis sequantur Christum, tenendo perseveranter quod voverunt ardenter; ita ut professæ ac servatæ integritati cæteris etiam moribus congruant, sine quibus procul dubio otiosa et inanis manet virginitas. Boni enim actus si addantur virginitati, angelicam vitam hominibus et cœli mores exhibent terris.

3. *Et nisi fallor unius, ejusdemque Dei*, usque ad *indulserat*, verba sunt Tertull., in exhortatione ad castitatem. GRIAL.

Ibid. *Indultis, etc.* Al., *indultis conjugiorum voluptatibus habenis.* Al., *indultis conjugiorum habenis volentibus.* Infra *alii*, *causa cum uxore, non expedit.* AREV.

4. *Et iterum si acceperis uxorem* usque ad *prostrati sunt* verba sunt ex commentariis in Epist. ad Corinth., Hieron. ascriptis. GRIAL.

Ibid. *Non peccavit.* Al., *non peccavit, quia liberæ voluntatis est.* AREV.

6. *Per Isaiam prophetam se daturum.* Quem locum tractat elegantissime Basilius in lib. de Virginitate. GRIAL.

Ibid. *Meliorem multo.* Vulg., melius a filiis et filiabus. GRIAL.

8. *Mulierum conventibus.* Al., *mulierum coitibus.* Et paulo post, *nemo sequi vel auditu valet*; aut *nemo sequi vel audire valet.* AREV.

10. Illæ ergo virgines esse probantur, quæ sic continentiæ inserviunt, ut nullis criminibus nulloque terrenæ sollicitudinis onere prægraventur. Curam enim mundi conjugalis copula gignit, Paulo docente, qui ait : *Volo autem, vos sine sollicitudine esse. Qui sine uxore est sollicitus est quæ Dei sunt, quomodo placeat Deo ; qui autem cum uxore est, sollicitus est quæ sunt mundi, quomodo placeat uxori* (*I Cor.* VII); unde agnoscitur non posse placere Deo hujusmodi continentiæ votum, quod præpeditur sæcularium impedimento curarum. Nihil enim expeditos prodest esse ab actione carnis, qui illigantur sæcularibus curis. Nisi tantum quod sibi majora acquirunt supplicia pro eo quod sæculum minime vincunt, qui carnem vincere potuerunt.

11. Quæritur autem cur feminæ virgines in benedictione velentur? Quarum hæc causa est. In gradibus enim vel officiis ecclesiasticis feminæ nullatenus præscribuntur, nam neque permittitur eis loqui in ecclesia vel docere, sed neque tangere vel offerre, neque ullius virilis muneris aut sacerdotalis officii sortem **450** sibi vendicare. Ideoque hoc tantum, ut quia virgo est, et carnem suam sanctificare proposuit, idcirco velaminis venia fit illi, ut in ecclesiam notabilis vel insignis introeat, et honorem sanctificati corporis in libertate capitis ostendat, atque mitram, quasi coronam virginalis gloriæ, in vertice præferat.

CAPUT XIX.

De viduis.

1. Viduarum multa exempla sunt, quarum prima in Scripturis legitur Noemi (*Ruth.* I), et vidua, ad quam Elias missus esse scribitur (*III Reg.* XVII), et vidua Sunamitis, quæ solebat Elisæum recipere, et victum illi administrare (*IV Reg.* IV). Exstat et Judith illa admirabilis vidua, quæ de Holoferne Assyriorum principe triumphavit, salvumque pudorem, hoste devicto, revexit (*Judith.* XIII) In Novo autem Testamento Anna prima vidua legitur, quæ Dominum cognovit infantem, quæ meruit gratiam divinitatis ejus agnoscere, antequam potuisset verbum ejus audire (*Luc.* II).

2. Cujus quidem gradus virginitati pene conjunctus est ; unde et Christum, quem virgo peperit, vidua prima cognovit. Felix ergo virgo, quia intacta ; fortior vidua, quia experta : utrisque tamen est apud Deum merces, major illa, subsequens ista. Illam autem **451** viduam Apostolus vocat, quæ post unius conjugii torum interceptum exinde sexui renuntiat. Dicit enim : *Vidua eligatur non minus annorum sexaginta, unius viri uxor* (*I Tim.* V). Unde consequens est ut quæ plurimis fuit nexa maritis careat veræ nomine viduitatis.

3. Quales esse viduæ debeant, idem Apostolus expressit, dicens : *Si fuerit in operibus bonis, testimonium habens*, utique sicut Tabitha (*Act.* IX) : *si filios educavit*, subauditur Deo : *Si hospitio suscepit, si sanctorum pedes lavit, si tribulationem patientibus subministravit*, hoc est, ægrotis, vel in carcere positis, *si omne opus bonum subsecuta est ;* breviter universa concludens, ut in omnibus sint exempla vivendi. Et iterum : *Anus similiter in habitu sancto* (*Tit.* II) ; utique ut ipse earum incessus, motus, vultus, sermo, silentium quamdam sacræ continentiæ præferat dignitatem.

4. Post hæc adjecit : *Non criminatrices, non multo vino servientes, sed parvo utentes.* Nam solent hæ ætates, quæ corporis frixere luxuria, vino se dedere pro libidine. Post hæc additur : *Bene docentes, ut prudentiam doceant.* Docere illis quidem permisit, sed feminas ; et hoc non in ecclesia, sed privatim ; nam hoc genus mulierculartum solet esse garrulum. Unde et curiosas, et verbosas quasdam viduas idem Apostolus notat, et hoc vitium dicit venire ex otio : *Simul autem* (inquit) *et otiosæ discunt circuire domos* (*I Tim.* V), scilicet dum nullo timore detentæ, nec mariti potestati subjectæ, non solum otiosæ, verum

11. *In gradibus enim vel officiis*, usque ad *ostendat.* Tertull., in lib. de Virginibus veland. : *Potuit dignius honorari aliqua prærogativa virilis gradus aut officii?* etc. E quo loco sunt verba fere quæ restant hujus capitis. GRIAL.

Ibid. Notabilis, vel insignis. More suo disjunctione pro conjunctione utitur. Nam Tertullianus *notabilis et insignis* dixit. GRIAL.

Ibid. Honorem sanctificati corporis. Honorem sanctitatis, Tertullianus. GRIAL.

Cap. XIX. N. 1. *Anna... quæ Dominum cognovit infantem.* Tertull., in lib. de jejunio adversus Psychicos : *Anna prophetis filia Phanuelis, quæ infantem Dominum et agnovit, et multa super eo prædicavit exspectantibus redemptionem Israel.* GRIAL.

Ibid. Revexit. Al., *reduxit.* AREV.

2. *Felix ergo virgo, quia intacta*, etc. Hausere ista, non Isidorus modo, sed Hieronymus quoque, e Tertulliano, cujus sunt, lib. I ad Uxorem, hæc verba : *Quanti est vidua ipsa, cujus assertor Dominus disputabit? Non tantum virginibus datum, opinor, licet in illis integritas solida et tota sanctitatis de proximo visura sit faciem Dei. Tamen vidua habet aliquid operosius, quia facile est non appetere quod nescias, et aversari quod desideraveris nunquam. Gloriosior continentia quæ jus suum sentit, quæ quid viderit novit. Poterit virgo felicior haberi, ad vidua laboriosior ; illa, quod bonum semper habuit ; ista, quod bonum sibi invenit, in illa gratia, in ista virtus coronatur*, etc. GRIAL.

Ibid. Quæ post unius conjugii torum interceptum, usque ad *renuntiat.* Ita uterque Ms., probissime, quos sequi non est ausus qui cujus hæc essent non olfecerat. Sunt autem ejusdem Tertulliani initio exhortationis ad castitatem : *Tertius gradus superest monogamiæ, cum post matrimonium unum interceptum exinde sexui renuntiatur.* Ergo vox *virili* turpiter addita fuerat, quæ etiam legitur in Edit. Rom. GRIAL.

Ibid. Exinde sexui renuntiat. Al., *inde sensui renuntiat.* Sed retinenda lectio a Grialio stabilita. Mox nonnulli Mss., *careat veræ nomen viduitatis*, ut *careo* sit cum accusandi casu, ut alibi *utor*, etc. AREV.

3. *Utique sicut Tabitha*, usque ad *vivendi*, ex commentariis in Epistolam ad Timotheum Hieronymo ascriptis. GRIAL.

Ibid. Utique ut ipse earum incess., usque ad *dignitatem*, ex Hieronymo ad Tit. II. GRIAL.

4. *Nam solent*, usque ad *ex otio*, verba sunt ejusd., ibid. GRIAL.

Ibid. Simul autem, usque ad *quæ non oportet*, ex commentariis in Epist. ad Timoth. citat. GRIAL.

Ibid. Nam solent, etc. Al. : *Nam solent ætates quæ corporis fluxere luxuria.* AREV.

etiam curiosæ discurrunt, loquentes quæ non oportet.

5. Prædicat autem idem Apostolus damnationem habere viduas, quæ post propositum continentiæ nubere cupiunt. *Cum enim*, inquit, *luxuriatæ fuerint in Christo, nubere volunt, habentes damnationem, quia primam fidem irritam fecerunt*, id est, quia in eo quod primo voverant, non steterunt. Nec tamen ait, nubunt, sed nubere volunt; multas enim earum revocat a nubendo **452** non amor præclari propositi, sed aperti dedecoris timor.

6. Igitur quæ nubere volunt, et ideo non nubunt, quia impune non possunt, hæ melius non voverent et nuberent quam urerentur (*I Cor.* VII), id est, quam occulta flamma concupiscentiæ vastarentur, quas pœnitet professionis, et piget confusionis, quæ nisi correctæ cor dirigant, et Dei timore rursum libidinem vincant, in mortuis deputandæ sunt, si in deliciis agant. Unde dicit Apostolus: *Quæ autem in deliciis agit, vivens mortua est* (*I Tim.* V), sive in laboribus, atque jejuniis nulla cordis correctione, sed magis ostentationi quam emendationi servientibus.

CAPUT XX.

De conjugatis.

1. De conjugatis lex naturæ a sæculo est. Deus enim fecit Adam, et dedit ei adjutorem Hevam cum procreationis subsecuta sententia, dicens: *Crescite, et multiplicamini, et replete terram* (*Gen.* I). Sed facta eadem mulier prius solatio quam conjugio fuit, donec a paradiso inobedientia ejiceret quos intra paradisum obedientia tenuisset, ac post beatæ sedis excessus mulierem suam pulsus agnosceret, libro Geneseos edocente: *Et cognovit Adam mulierem suam, et concepit, et peperit filium* (*Gen.* IV).

2. Ergo adjectum laborem nuptiæ præcesserunt, et tribulos spinasque passuri prævios adjecere conventus; secuta in procreationibus tædia; unde et parituræ tale præcessit edictum: *In dolore*, inquit, *et mœrore paries filios* (*Gen.* III); quos utique sic creatos diversi (ut cernimus) casus luctusque subriperent. Unde et Apostolus prædicans, ait: *Tribulationem tamen carnis habebunt hujusmodi* (*I Cor.* VII). Non tamen conjugiorum honorabilis torus et immaculatum cubile sine fructu est (*Hebr.* XIII). Nempe soboles inde sanctorum, et quod laudatur in virginitate, conjugii est. Ideoque nec peccatum nuptias dicimus, nec tamen eas bono virginalis continentiæ vel etiam vidualis coæquamus.

453 3. Conjugia autem tantum per se bona sunt; propter ea vero quæ circa illa sunt, mala fiunt. Per id namque mala fiunt, per quod dicit Apostolus: *Qui autem cum uxore est cogitat quæ sunt mundi*; et iterum: *Propter fornicationem unusquisque suam uxorem habeat* (*I Cor.* VII). Quod autem non unus et multæ, sed unus et una copulantur, ipsa prima divinitus facta conjunctio in exemplum est. Nam cum Deus hominem figurasset, eique parem necessariam prospexisset, unam de costis ejus mutuatus, unam illi feminam finxit, sicque Adam et mulier Heva, unis inter se nuptiis functi, formam hominibus de originis auctoritate et prima Dei voluntate sanxerunt. Item secundum spirituales nuptias, sicut unus Christus et una Ecclesia, sic unus vir et una uxor tam secundum generis documentum quam secundum Christi sacramentum.

4. Numerus autem matrimonii a maledicto viro cœpit. Primus Lamech duabus maritatus tres in unam carnem effecit. Sed dices quod et patriarchæ simul pluribus uxoribus usi sunt; ergo propterea licebit nobis plures ducere. Sane licebit, si qui adhuc typi alicujus futuri sacramenti supersunt, quibus plures nuptiæ figurentur. Secundas autem nuptias propter incontinentiam jubet Apostolus (*I Cor.* VII); melius est enim denuo uni viro nubere, quam explendæ libidinis causa cum plurimis fornicari. Sæpius enim nubendi licentia jam non est religionis, sed criminis.

5. Nam quod in ipsa conjunctione connubia a sacerdote benedicuntur, hoc etiam a Deo in ipsa prima conditione hominum **454** factum est, sic enim scriptum est: *Fecit Deus hominem: ad imaginem*

6. *Quas pœnitet*, etc. Al., *quas penitus professionis forma declarat, sed piget confusionis*, etc. Et in fine, *emendationi serviens*. AREV.

CAP. XX. N. 1. Grialius distinguit *tenuisset. Ac post*, etc. Alii, *tenuisset. Hic post beatæ sedis excessum mulieris suæ pulsum agnoscebat*. AREV.

2. *Præcesserunt*. Al., *expresserunt*. AREV.

3. *Unam de costis ejus mutuatus vir in fem. fecit*. Tertull., in lib. de Monogam.: *Unam feminam masculo Deus finxit, una costa ejus decerpta, et utique ex pluribus*, etc., quæ eadem in Exhortatione dixerat, totumque locum Hieronymus sibi adversus Jovinianum aptavit. GRIAL.

Ibid. Item secundum spirituales nupt. Idem in Exhortatione: *At cum Apostolus in Ecclesiam et Christum interpretatur, erunt duo in carne una, secundum spirituales nuptias Ecclesiæ et Christi, unus Christus, et una ejus Ecclesia, agnoscere debemus duplicatam et exaggeratam * esse nobis unius matrimonii, tam secundum generis fundamentum, quam secundum Christi firmamentum*. GRIAL.

4. *Numerus autem matrimonii*, usque ad *figurentur*, verba Tertullian., ibid., et Hieronymi, I contra Jovinian. GRIAL.

Ibid. Secundas autem nupt., usque ad *non est religionis, sed criminis*, dicuntur ex Hieronymi sensu, non qui digamos, aut etiam octogamos (ut ipsius verbis utar) damnet, sed qui cœlibatum et viduitatem conjugio longe antistare velit. Cujus verba aliquanto etiam liberiora quam hæc sunt retulit quoque Gratianus, 31, q. 1, cap. *Quomodo*. GRIAL.

5. *Quod vero iisdem virginibus legitime nubentibus univiræ*. Tertull., in Exhort.: *Monogamia apud ethnicos in summo honore est, ut et virginibus legitime nubentibus univira pronuba adhibeatur; etsi auspicii initium est, tamen boni auspicium est*. Ita enim Tertulliani ratio explenda est ex hoc loco. Quod non vidisse qui in eo emendando laborarunt, neque in interrupta et pendenti sententia quidquam desiderasse, valde miror. GRIAL.

Ibid. Nubentibus, etc. Al., *nubentibus una univiro tenenda sit, adhibentur pro nuptu*. Al., *nubentibus uni viro pronubæ adhibentur.... boni auspicii est*. Pro *scilicet* conjectura est in Editione Bignæana, *hoc fit scilicet*. AREV.

Dei fecit eum, masculum et feminam creavit eos, et benedixit eos, dicens : Crescite et multiplicamini (*Gen.* I). Hac ergo similitudine fit nunc in Ecclesia qua tunc factum est in paradiso. Quod vero eisdem virginibus legitime nubentibus univiræ pronubæ adhibentur, scilicet propter monogamiam, etsi auspicii causa fit, tamen boni auspicium est.

6. Quod vero eædem feminæ, dum maritantur, velantur, scilicet ut noverint se per hæc viris suis esse subjectas, et humiles, unde et ipsum velamen vulgo *mavortem* vocant, id est, Martem, quia signum maritalis dignitatis ac potestatis in eo est. Caput enim mulieris vir est (*I Cor.* XI), licet et proinde velentur, dum nubunt, ut verecundiam muliebritatis agnoscant, quia jam sequitur inde quod pudeat. Unde Rebecca, cum ad sponsum duceretur, simul ut eum ipsa conspexit, salutationem vel oscula non sustinuit; sed statim sentiens quod esset futura, pallio caput velavit (*Gen.* XXIV); obnubere enim cooperire dicitur. Hinc etiam et *nuptæ* dictæ, quod vultus suos velant, unde et *nubes* dictæ, eo quod æthera obtegant.

7. Quod autem nubentes post benedictionem a Levita uno vinculo copulantur, videlicet ne compagem conjugalis unitatis disrumpant. At vero quod eadem vitta candido purpureoque colore permiscetur, candor quippe ad munditiam vitæ, purpura ad sanguinis posteritatem adhibetur, ut hoc signo et continentiæ lex tenenda ab utrisque ad tempus admoneatur, et post hæc reddendum debitum non negetur. Quod enim dicit conjugatis Apostolus : *Abstinete vos ad tempus, ut vacetis orationi* (*I Cor.* VII), hoc ille candor 455 vittæ insinuat; quod vero subjungit : *Et iterum revertimini in id ipsum*, hoc purpureus color ille demonstrat.

8. Illud vero, quod inprimis annulus a sponso sponsæ datur, fit hoc nimirum vel propter mutuæ A fidei signum, vel propter id magis, ut eodem pignore eorum corda jungantur. Unde et quarto digito annulus idem inseritur, quod in eo vena quædam (ut fertur) sanguinis ad cor usque perveniat. Antiquitus autem non amplius uno dabatur, ne pluralitas amorem unicum carperet. Penes Israel autem illicitum erat puellam viro tradere, nisi post manifestatum sanguinem maturitate.

9. Apud veteres in eligendis maritis quatuor ista spectabantur : virtus, genus, pulchritudo, oratio; in feminis tria : si generosa, si bene morata esset, si pulchra. Nunc autem non genus, ac mores, sed magis divitiæ in uxoribus placent; nec quæritur quam sit femina pudica, sed potius quam formosa, quæ et concupiscendi libidinem nutriat, et cunctorum post se suspiria trahat. B Pulchra enim (ut ait quidam sapiens) cito adamatur, et difficile custoditur, quod plures amant. Illæ enim sunt certæ nuptiæ, quæ in conjugio non libidinem, sed prolem requirunt; neque enim sic institutæ sunt, ut carnis voluptati serviant, sed tantum ut fructum propaginis quærant.

10. Nam et ipsæ dotales tabulæ indicant quod causa procreandorum liberorum ducitur uxor. Quando ergo quisque luxuriose amplius vivit quam necessitas procreandorum liberorum cogit, jam peccatum est. Unde necesse est ut quotidianis eleemosynis, 456 ac precibus intercedant qui tori conjugalis pudicitiam frequentius per incontinentiam maculant. Nuptialia autem bona tria sunt : proles, fides C et sacramentum. In fide attenditur, ne præter vinculum conjugale cum altera vel altero concumbatur; in prole, ut amanter suscipiatur, pudice nutriatur; in sacramento, ut conjugium non separetur, neque causa prolis alteri conjungantur.

11. Sacramentum autem ideo inter conjugatos dictum est, quia sicut non potest Ecclesia dividi a

6. *Quod vero eædem feminæ*, usque ad *perveniat*. Legitur totus hic prope locus apud Gratian., 30, q. 5, c. *Feminæ*. GRIAL.

Ibid. Unde et Rebecca, usque ad *velavit*, ex Tertull., lib. de Virginibus veland. Eadem etiam apud Ambros. in fine lib. I de Abraham. GRIAL.

7. *A Levita uno vinculo copulantur*. Aliter hæc apud Gratianum; nos Codices nostros sumus secuti. GRIAL.

Ibid. A *Levita*. Al., *vittæ*. Al., *vinctæ*. Ex hoc Isidori loco Ludovicus Dorleans in Novis Cogitation. ad Tacitum, pag. 790, colligit flammeum nubentium candido purpureoque colore fuisse permistum; sed ex Plinio et Verrio luteum, ex interprete Juvenalis, sat. 6, sanguineum, ex Festo album. Fortasse varium erat pro varietate temporum et locorum. AREV.

8. *Quod inprimis annulus.*—*Quod in primis negotiis annulus*, apud Gratianum. GRIAL.

Ibid. Antiquitus. Tertull., Apologet. cap. 6 : *Cum aurum nulla norat, præter unico digito, quem sponsus oppigneras set pronubo annulo.* GRIAL.

Ibid. Penes Israel autem, usque ad *maturitate*, verba sunt Tertull., in libro de Virginibus Veland. GRIAL.

Ibid. Amorem unicum carperet. Mss. quibus usus est Hittorpius omnes, *amorem unum caperet*. Apud eumdem unus ms., *post manifestatam sanguinum maturitatem*. Brissonius, de Ritu nuptiarum, pag. 290, observat desumptum ex Gellio, lib. X, cap. 10, et ex Macrobio, lib. VII Saturnal. cap. 13, quod Isidorus refert de annulo sponsi in quarto digito, quia in eo vena ad cor pertingit. AREV.

9. *Apud veteres.* Vid. Etymol., lib. IX, cap. 7. GRIAL.

Ibid. Ut ait quidam sapiens. Theophr., apud Hieronym., I contra Jovinian. GRIAL.

D 10. *Nam et ipsæ dot. tab.* August., lib. de Moribus Manichæor. : *Nuptiæ autem, ut ipsæ nuptiales tabulæ clamant, liberorum procreandorum feminam maremque conjungunt*; atque ead. serm. 3 Dom. 21 post Trinit. GRIAL.

Ibid. Quando ergo quisque luxuriose amplius vivit, usque ad *maculant*. August., ibidem : *Sed dicis : Peccatum quidem est, sed tamen parvum est. Nec nos dicimus quia capitale peccatum est, sed tamen si frequentius exerceatur, et jejuniis, vel eleemosynis, non redimatur, nimis immundam animam facit.* Vide Hieron., I contra Jovin. et Grat., 23, q. 4, c. *Origo*, et Fulgent. epist. 1. GRIAL.

11. *Solum, ut ait Hieronymus.* In Matth. XIX. Quæ verba citantur a Gratian., 32, q. 1, c. *Dixit Dominus*. GRIAL.

Ibid. Stultus et impius. Ita Goth. et Hieronymus. *Stultus et insipiens*, Vulg. Edit. GRIAL.

Ibid. Quod *ubicunque fornicatio est, et fornicationis suspicio, libere uxor dimittatur*, ita explicandum est,

Christo, ita et uxor a viro (*Ephes.* v). Quod ergo in **A** Christo et in Ecclesia, hoc in singulis quibusque viris atque uxoribus conjunctionis inseparabile sacramentum est. Unde et Apostolus : *Præcipio*, inquit, *non ego, sed Dominus, uxorem a viro non discedere* (*I Cor.* vii). Prohibet enim dimitti quacunque ex causa, ne aliis conjungatur secundum consuetudinem Judæorum, quam Dominus interdixit, dicens : *Quicunque dimiserit uxorem suam, excepta fornicationis causa, et aliam duxerit, mœchatur* (*Matth.* xix). Solum (ut ait Hieronymus) adulterium est, quod uxoris vincat affectum, imo cum illa unam carnem in aliam diviserit, et se fornicatione separaverit, a marito non debet teneri, ne virum quoque sub maledicto faciat, dicente Scriptura : *Qui adulteram tenet, stultus et impius est* (*Proverb.* xviii). Ubicunque **B** igitur fornicatio est, et fornicationis suspicio, libere uxor dimittitur.

12. Quid ergo, si sterilis est, si deformis, si ætate vetula, si fetida, si temulenta, si iracunda, si malis moribus, si luxuriosa, si fatua, si gulosa, si vaga, si jurgatrix et maledica? tenenda est, **457** velis, nolis, et qualiscunque accepta, est habenda. Cum enim esses liber, sponte te servituti subjecisti. Cumque habet quis uxorem (ut ait Lactantius), neque servam, neque liberam habere poterit, ut matrimonii fidem servet. Neque enim, ut juris publici ratio est, sola mulier adultera est quæ, virum habens, ab altero polluitur, et maritus, si alteram habeat, a crimine adulterii alienus habeatur, dum divina lex duos ita in unum matrimonii corpus conjunxerit, ut **C** adulter sit quisquis compagem corporis in diversa distraxerit. Servanda igitur fides ab utroque alteri est.

13. Exemplo continentiæ docenda est uxor a viro, ut se caste gerat. Iniquum est enim ut id exigas quod præstare non possis; caput est enim mulieris vir; ubi autem melius vivit mulier quam vir, capite deorsum pendet domus. Ideoque præcedere debet vir in omnibus bonis factis uxorem suam, quia caput est, ut illa imitetur virum, et sequatur vere, ut corpus caput suum, sicut Ecclesia sequitur Christum. Hortatur Apostolus conjuges ut propter orationem abstineant, atque ex consensu tempora sanctificationis observent, et sine impedimento carnali orationibus vacent (*I Cor.* vii). Nam et in Veteri Testamento **D** ante sanctificati sunt omnes a mulieribus, et sic descendenti Deo in monte assistere meruerunt (*Exod.* xix).

14. Item hortatur idem apostolus mulieres subditas esse viris suis (*Coloss.* iii); nam multæ erga simpliciores viros, divitiis et nobilitate perflatæ, Dei sententiæ non recordantur, per quam subjectæ sunt illis. Ait quippe Dominus ad mulierem : *Conversio tua ad virum tuum, et ipse tui dominabitur* (*Gen.* iii, 16). Obediendum est itaque sacræ Scripturæ præceptis, et serviendum viro quadam servitute libera et dilectione plena. Etenim non est creatus vir propter mulierem, sed mulier propter virum; et cum caput mulieris vir sit, caput autem viri Christus, quæcunque uxor non subjicitur viro, hoc est, capiti suo, ejusdem criminis rea est, cujus et vir, si non subjicitur Christo capiti suo.

458 15. Verbum autem Domini blasphematur, vel contemnitur Dei prima sententia, et pro nihilo ducitur; vel Christi infamatur Evangelium, dum contra legem fidemque naturæ ea quæ Christiana est, et ex Dei lege subjecta, præesse viro desiderat, cum etiam gentiles feminæ serviant viris suis communi lege naturæ. Servatur ergo lex naturæ, si mulier Deo simul et marito subjecta est. At contra si illa viro imperare desiderat, et ordo naturæ corrumpitur, et domus illa misera et perversa vocabitur.

CAPUT XXI.

De catechumenis, de exorcismo et sale.

1. Jam nunc rationem sacramentorum, sive ordinem ad fidem venientium prosequamur. Quorum gradus primus est catechumenorum, secundus competentium, tertius baptizatorum. Catechumeni sunt, qui primum de gentilitate veniunt, habentes voluntatem credendi in Christum, et quia primum exhortationis præceptum est in lege Dei : *Audi, Israel, Dominus Deus tuus, Deus unus est* (*Deut.* vi), inde est ut is cui per sacerdotem, quasi per Moysen, Deus primum loquitur, catechumenus, id est, audiens, nominetur, scilicet, ut, unum agnoscens Dominum, relinquat errores varios idolorum.

2. Puto autem et omnes a Joanne in pœnitentiam baptizatos catechumenorum prætulisse figuram. Exorcizantur autem hi primum, deinde sales accipiunt, et unguntur. Exorcismus autem sermo increpationis est contra immundum spiritum in energumenis, sive catechumenis factus, per quem ab illis diaboli ne-

ut divortium fieri possit, non ita ut vel dimittens, vel dimissa alias nuptias inire valeat, quod contra hæreticos egregie probat Maldonatus in Matthæum etiam ex hoc Isidori loco. Nonnulli etiam recentiores theologi idem argumentum pertractant. Arev.

12. *Quid ergo si sterilis* usque ad *habenda*, ex eod. Hieron. loco. Grial.

Ibid. Ut ait Lactantius. Lib. vi, c. 23. Grial.

Ibid. Servanda igitur fides, usque ad *sequitur Christum*, ex August., iii de decem chord., citat. 32, q. 6, c. *Non mœchaberis.* Grial.

Ibid. Grialius, *nequam servam*, forte pro *nequaquam servam*. Arev.

13. *Et sine.* Al., *ut sine.* Arev.

14. *Hortatur idem apostolus*, etc., usque ad *finem*, verba sunt Hieronymi ad Titum ii. Grial.

Ibid. Vulgata, *sub viri potestate eris, et ipse dominabitur tui.* Isidorus hoc loco sequitur versionem antiquam cum Tertulliano, Cypriano, Augustino, et aliis. Arev.

Cap. xxi. N. 1. *Errores varios.* Al., *errores nefarios.* De hoc capite vide Isidoriana, cap. 83, in descriptione Codicis Vaticani 1345, n. 29. Arev.

2. Ildefonsus, de Cognit. baptismi, cap. 25 et 26, ex hoc Isidori capite multa exscribit. Quod autem post *fugetur expulsa* Ildefonsus pergit, cap. 24 : *Eri. exorcismi sermo nonturno verborum*, legendum est, *non torno verborum.* Baluzius conjiciebat *nocturno verborum.* Arev.

quissima virtus et inveterata malitia, vel violenta incursio expulsa fugetur.

3. Hoc significat lunaticus ille, quem increpavit Jesus, et exiit ab illo dæmonium (*Matth.* xvii). Potestas autem diaboli exorcizatur, et insufflatur in eis, ut ei renuntient, atque, eruti a potestate tenebrarum, **459** in regnum sui Domini per sacramentum baptismatis transferantur. Quod quia parvuli per se renuntiare non possunt, per corda et ora gestantium adimpletur. Sales autem in ministerium catechumenis dandos a patribus ideo est institutum, ut eorum gustu condimentum sapientiæ percipiant, neque desipiant a sapore Christi; nec sint fatui, et retro respiciant, sicut uxor Lot (*Gen.* xix), ne malum exemplum dantes ipsi remaneant, ut alios condiant.

4. Quemadmodum illa, quæ, cum liberaretur a Sodomis, in via posita retro respexit, ibique remansit statua salis. Quo signo condirentur hi qui per fidem mundo et actibus desideriisque ejus renuntiant, ut affectionis pristinæ non recordentur, neque ad sæculi illecebras revocentur, quia, secundum Salvatoris sententiam, ponens manum suam super aratrum, et respiciens retro, regno cœlorum aptus esse non potest (*Luc.* ix, 62).

CAPUT XXII.

De competentibus.

1. Post catechumenos secundus competentium gradus est. Competentes autem sunt, qui jam post doctrinam fidei, post continentiam vitæ ad gratiam Christi percipiendam festinant. Ideoque appellantur competentes, id est, gratiam Christi petentes; nam catechumeni tantum audiunt, necdum petunt. Sunt enim quasi hospites, et vicini fidelium, deforis audiunt mysteria, et gratiam, sed adhuc non appellantur fideles.

2. Competentes autem jam petunt, jam accipiunt, jam catechizantur, id est, imbuuntur instructione sacramentorum. Istis enim salutare symbolum traditur, quasi commonitorium fidei et sanctæ confessionis indicium, quo instructi agnoscant quales jam ad gratiam Christi exhibere se debeant.

460 CAPUT XXIII.

De symbolo.

1. Symbolum autem, quod iidem competentes accipiunt, tali ratione institutum majores nostri dixerunt; tradunt enim his verbis. Quod post ascensionem Domini et Salvatoris nostri ad Patrem, cum per adventum sancti Spiritus discipuli ejus inflammati linguis omnium gentium loquerentur, quo

A præsagio consecutum est ut nulla illis gens extera, nulla lingua barbara, inaccessa vel invia videretur, præceptum est eis a Domino datum, ad prædicandum Dei verbum, ad singulas quasque nationes adire (*Matth.* xxviii).

2. Discessuri itaque ab invicem, normam prius sibi futuræ prædicationis in commune constituunt, ne, localiter ab invicem discedentes, diversum aliquid vel dissonum prædicarent his qui ad fidem Christi invitabantur. Omnes igitur in uno positi, et Spiritu sancto repleti, breve sibi prædicationis indicium, conferendo in unum quod sentiebant componunt, atque hanc credentibus dandam esse regulam statuunt.

3. Symbolum autem hoc multis et justissimis ex

B causis appellare voluerunt. Symbolum enim Græce et indicium dici potest, et collatio, hoc est, quod plures in unum conferunt. Id enim fecerunt apostoli in his sermonibus in unum conferendo unusquisque quod sensit. Indicium autem, vel signum, idcirco dicitur, quia illo in tempore, sicut Paulus apostolus dicit, et in Actibus apostolorum refertur (*Act.* xv), multi se simulabant esse apostolos Christi, nominantes quidem Christum, sed non integris traditionum lineis nuntiantes. Idcirco igitur istud indicium posuere, per quod agnosceretur is qui Christum vere secundum apostolicas regulas prædicaret.

4. Denique et in bellis civilibus hoc observari ferunt, quoniam et armorum per habitus, et sonus vocis idem et mos unus est, atque eadem instituta

C bellandi; sed ut nequa doli subreptio fiat, **461** symbola discreta unusquisque dux suis militibus tradit, quæ Latine vel signa, vel indicia, nuncupantur, ut si forte occurrerit quis de quo dubitetur, interrogatus Symbolum prodat si sit hostis, an socius. Idcirco autem hoc patres nostri non scribi membranis, sed retineri cordibus tradiderunt, ut certum esset neminem hoc ex lectione quæ pervenire interdum etiam ad infideles solet, sed ex apostolorum traditione didicisse.

5. Discessuri itaque (ut dictum est) ad prædicandum istud unanimitatis et fidei suæ apostoli indicium posuere. Est autem Symbolum per quod agnoscitur Deus, quodque proinde credentes accipiunt, ut noverint qualiter contra diabolum fidei certamina præpa-

D rent, in quo quidem pauca sunt verba, sed omnia continentur sacramenta. De totis enim Scripturis hæc breviatim collecta sunt ab apostolis, ut quoniam plures credentium litteras nesciunt, vel qui sciunt per occupationes sæculi Scripturas legere non possunt,

3. *Quem increpavit*, etc. Al., *quem increpans Jesus dixit : Surde et mute spiritus, exi ab eo. Et statim exivit ab eo dæmonium.* Et infra, *sal autem in mysterio catechumenis dandum a Patribus ideo est institutus, ut ejus gustu condimentum*, etc. Grialius, *eorum gustus*. Arev.

Cap. xxii. N. 2. *Commonitorium.* Notum est Commonitorium Vincentii Lirinensis. Reinerus quoque monachus, de quo Pezius, Thesaur. Anecdot. tom. IV, part. iii, lib. ii, cap. 6, Commonitorium pietatis scripsit. Arev.

Cap. xxiii. N. 1. *Tradunt enim his verbis : quod post Ascens.*, usque ad *indicium posuere*, verba sunt Ruffini in præfat. ad Symbolum. Grial.

Ibid. Sanctus Ildefonsus, loc. cit., cap. 33 et 34, multa sumit ex hoc capite de Symbolo. Arev.

2. Alii, *omnes igitur in unum positi*. Arev.

4. Forte, *eadem institutio*. Arev.

5. *Est enim breve verbum fidei*, etc. Ex eod., paulo superius; eadem Cyprianus in Oratione Dominica. Grial.

hæc corde retinentes, habeant sufficientem sibi scientiam salutarem. Est enim breve fidei verbum, et olim a propheta prædictum : *Quoniam verbum breviatum faciet Dominus super terram* (*Isai.* x; *Rom.* ix).

CAPUT XXIV.

De regula fidei.

1. Hæc est autem post Symbolum apostolorum certissima fides, quam doctores nostri tradiderunt. Ut profiteamur Patrem, et Filium, et Spiritum sanctum unius essentiæ, ejusdemque potestatis et sempiternitatis unum Deum invisibilem; ita ut in singulis, personarum proprietate servata, nec substantialiter Trinitas dividi, nec personaliter debeat omnino confundi. Patrem quoque confiteri ingenitum, Filium genitum, Spiritum sanctum vero nec genitum, **462** nec ingenitum, sed de Patre et Filio procedentem. Filium a Patre nascendo procedere, Spiritum vero sanctum procedendo non nasci. Ipsum quoque Filium perfectum ex Virgine sine peccato hominem suscepisse, ut quem sola bonitate creaverat, sponte lapsum misericorditer repararet; quem veraciter crucifixum, et tertia die resurrexisse, et cum eadem ipsa carne glorificata ascendisse in cœlum, in qua et ad judicium vivorum et mortuorum exspectatur venturus.

2. Et quod divinam humanamque substantiam in utroque perfectus una Christus persona gestaverit, quia nec geminavit utriusque substantiæ integritate personam, nec confundit geminam unitate personæ substantiam. Altero quippe neutrum exclusit, quia utrumque unus intemerato jure servavit. Quod Novi et Veteris Testamenti salubris commendetur auctoritas; illa quippe per prophetiam, ista per historiam veraciter persoluta. Et quod neque de Deo, neque de creatura sæculi sit cum paganis aut cum hæreticis aliquid sentiendum in his rebus, in quibus a veritate dissentiunt.

3. Sed quod in utroque Testamento divina protestantur eloquia, hoc tantummodo sentiendum. Quod sive hominem, sive universa, nulla Deus necessitate creaverit, neque ullam omnino esse visibilem invisibilemque substantiam, nisi aut quæ Deus sit, **463** aut a bono Deo bona creata sit; sed Deus summe et incommutabiliter bonus, creatura vero inferius et mutabiliter bona. Et quod animæ incerta sit origo. Et quod angelorum natura, vel animæ non sit pars divinæ substantiæ, sed Dei creatura ex nihilo condita, ideoque incorporea, quia ad imaginem Dei creata.

4. De pietate morum, sine qua fides divini cultus otiosa torpescit, et cum qua integritas divini cultus perficitur, ut unusquisque Deum propter Deum, et proximum in Deo diligens, usque ad dilectionem quoque inimicorum pertendendo proficiat, ut profi-

---

Cap. xxiv. N. 1. *Hominem suscepisse.* Frequens apud Patres locutio. August. libro singulari de Gen. ad litteram in ipsa fidei explicatione : *Cum ipsa ineffabilis incommutabilisque Dei sapientia plenum totumque hominem suscipere dignatus est.* Et in quotidiano hymno : *Tu ad liberandum suscepturus hominem non horruisti virginis uterum.* Grial.

Ibid. Nascendo procedere. Al., *nascendo natum esse.* Latinius in Biblioth. select., p. 129, putat, legendum, *Filium a Patre nascentem non procedere*, ut apte opponatur ei quod sequitur, *Spiritum vero sanctum procedendo non nasci.* Rabanus, qui integrum hoc caput habet, ab Editis non discrepat. Deinde *Filium perfectum*, Al. om. *perfectum.* Arev.

2. *Divinam humanamque substantiam.* Neque minus usurpata est *substantia* pro *natura*, ut testimonia afferre abutentis otio sit. Grial.

Ibid. Humanamque substantiam. Al., *humanamque naturam.* Et, *integritas* pro *integritate.* Et, *unitas* pro *unitate.* Arev.

3. *Et quod animæ incerta sit origo.* Cunctationem suam sæpissime fatetur August., ut epist. 157, ad Optatum : *Aliquid ergo certum de animæ origine nondum in Scripturis canonicis reperi.* Et lib. i Retract., cap. 1 : *Nam quod attinet ad ejus originem, qua fit ut sit in corpore, utrum de illo uno sit qui primum creatus est, quando factus est homo in animam vivam, an semper ita fiant singulis singulæ, nec tunc sciebam, nec adhuc scio.* Eod. modo hæsit Isidorus cum Fulgentio, cujus verba refert lib. i Different., cap. 26, ita ut neutram in partem uterque inclinare ausus sit, cum nondum quidquam definitum esset. Sed idem quid senserit satis expressit postea, lib. i Sent. cap. 14, his verbis : *Animam non esse partem divinæ substantiæ, vel naturæ, neque esse eam priusquam corpori misceatur, sed tunc eam creari, quando corpus creatur, cui admisceri videtur.* Eadem Gregor., epist. 53, ad Secundinum, lib. vii. Grial.

Ibid. Ideoque incorporea, quod ad imaginem Dei creata sit. Eadem ratione est usus lib. i Sent., loco citato. Sed cum hæc sit scriptura Codicis utriusque manuscripti, corpoream tamen fecerant impressi libri, etiam (quod mirum sit) Romani. Atque eo magis mirum, quod eodem volumine hic ipse locus cum tota regula fidei integer sincerusque in Rabano est editus. Grial.

Ibid. Et quod animæ incerta sit origo. Eadem dubitandi ratio de anima adhibetur in libro Dogmat. ecclesiast., qui Isidoro quoque tribuitur. In verbis *ideoque incorporea*, etc., magna est Codicum discrepantia. Hittorpius edidit : *Et incorporea esse evidenter ostenditur. Quoniam igitur apprehendi et transferri potest, corporea esse nihilominus ostenditur. Ad imaginem autem Dei creata est probitate morum.* Alii ita, sed, *a quibus autem*, pro *quoniam igitur.* Alii, *esse ostenditur*, *quæ ad imaginem*, omissis aliis. Alii, *et in corpore*, pro *et incorporea.* Alii, *ideoque incorporea.* Alii : *Anima absque dubio et Deo, et angelis, a quibus comprehendi et transferri potest, corporea esse evidenter ostenditur, quia ad imaginem Dei creata, de pietate morum.* Codex Vat. 641 : *Ideoque incorpoream, quam ad imaginem Dei creatam secundum crassiorem corporis nostri substantiam dico de pietate morum, sine qua*, etc. Codex Regiovatic. 161 : *Ideo incorporea, secundum crassiorem corporis nostri substantiam dico, incorporea evidenter ostenditur. Ad imaginem autem Dei creata est pietate morum, sine quo fides*, etc. Nonnulli Patres antiquissimi animam humanam *corpoream* dicebant, vel quod tenue et subtile corpus illi per errorem tribuerent, vel quod id omne quod certa ratione ac loco definitur, et circumscriptam habet substantiam, *corporeum* appellabant, quamvis vere spirituale esset; de quo videri potest Petavius, de Angelis, lib. i, cap. 2. Secundo sensu potuisse Isidorum animam humanam corpoream dicere, non multum repugnabo. Confer lib. i Different., num. 101, lib. i Sentent., c. 12, lib. vii Etymologiar., c. 3, et lib. de eccles. Dogmat., cap. 11 et 25. Arev.

4. *De pietate morum.* Hæc non satis integra videntur. Grial.

Ibid. Al., *ubi per voluntates non tenetur consentio* Et, *non credimus*, pro *non credi.* Arev.

ciendo perveniat. Alterum quoque alterius pollui non A conspisse peccato, ubi voluntatis par non tenetur consensio. Legitimas nuptias non credi damnandas, licet ex eis quoque originali peccato obnoxia credatur nasci posteritas, eisque jure fidelium virginum vel continentium præferenda doceatur integritas.

5. Neque unum Trinitatis baptisma (quod nefas est) iteretur; neque pro diversitate tradentium ministrorum singulis putetur quibusque conferri, sed a Deo singulari potestate donari. De quo **464** dictum legimus : *Super quem videris Spiritum descendentem, et manentem super eum, hic est qui baptizat in Spiritu sancto; et ego vidi, et testimonium perhibui, quia hic est Filius Dei* (*Joan.* I). Et ne pœnitentiæ remediis non egere nos putemus, pro quotidianis humanæ fragilitatis excessibus, sine quibus in hac vita esse non possu- B mus, ita ut pœnitentiæ compunctione fructuosa universa fateamur deleri peccata, sicut scriptum est : *Beati quorum remissæ sunt iniquitates, et quorum tecta sunt peccata. Beatus vir cui non imputavit Dominus peccatum* (*Psal.* XXXI).

6. Nullum quoque suis viribus, sed per divinam gratiam capiti Christo subjungi, atque in disruptæ pacis perseverantia in unitate Ecclesiæ ipsius solidari. Nec humanæ voluntatis arbitrio bono quidquam deputandum existimari, sed secundum propositum voluntatis Dei omnem numerum electorum acquiri. Bona quoque temporalia bonis malisque communia a Deo creari, ejusque dispensatione singulis quibusque vel tribui, vel negari. Quorum bonorum in unoquoque fidelium non habitus, sed usus aut improban- C dus est, aut probandus. Certa vero æternaque bona solos posse bonos in futuro consequi, quorum pignore Ecclesiam nunc informatam credimus detineri, hic habentem primitias spiritus, in futuro perfectionem, hic sustentari in spe, postea pasci in re; hic videre per speculum in ænigmate, in futuro autem facie ad faciem, cum ad speciem fuerit perducta per fidem (*I Cor.* XIII).

7. Quod donec perficiatur in nobis, ut summi Dei bonis fruamur æternis, temporalibus fruendo in Deo, non oberimus et proximis. Eam quoque nos spem resurrectionis habere, ut eodem ordine, eademque forma qua ipse Dominus resurrexit a mortuis, nos quoque resurrecturos esse credamus in eodem corpore, in quo sumus, vel vivimus; non naturam aut D sexum mutantes, sed tantum fragilitatem et vitia deponentes. Ipsum quoque Satanam cum angelis suis, **465** atque cultoribus æterno incendio condemnandum, neque secundum quorumdam sacrilegam dispositionem ad pristinam, id est, angelicam dignitatem, ex qua propria malignitate cecidit, reducendum (*Matth.* XXV). Hæc est catholicæ traditionis fidei vera integritas, de qua si unum quodlibet respuatur, tota fidei credulitas amittitur.

CAPUT XXV.

De baptismo.

1. Baptismi sacramentum si prima repetens ab origine pandam, baptizavit Moyses in nube, et in mari, in typo et in figura, ita enim Paulus pronuntiat (*I Cor.* X). Habuit ergo mare formam aquæ, nubes vero Spiritus sancti, manna panis vitæ. Illic enim, sicut Patrum exempla docent, Ægyptius demergitur, Dei populus resurgit renovatus sancto Spiritu, qui etiam per mare Rubrum inoffenso transivit vestigio. Baptizavit et Joannes (*Matth.* III), sed non ex toto Judaice; non enim solum in aqua, nec tamen in Spiritu, sed hoc solum addidit, quod in pœnitentiam baptizavit, sicut ait Paulus in Actibus apostolorum, *Joannes baptismo pœnitentiæ baptizavit populum* (*Act.* XIX, 4). Cui tamen ideo datum est in aqua baptizare, ut Christus, qui in aqua et spiritu baptizaturus erat, Joannis baptismate manifestaretur in Israel, quando Spiritus sancti descensione et Patris voce Filius Dei palam cunctis ostensus est.

2. Cœpit ergo perfectum baptisma a Jesu; ipse enim baptizavit primum in Spiritu sancto, sicut et Joannes dicit : *Ego quidem baptizo in aqua, medius autem vestrum stetit, quem vos nescitis, ipse baptizabit vos in Spiritu sancto et igni* (*Joan.* I). Hæc est perfectio baptismi : Deus est enim, qui baptizat, ut possint et qui baptizantur, fieri filii Dei. Tria sunt autem genera baptismi. Primum, quo sordes peccatorum per regenerationis lavacrum abluuntur. Secundum, quo quis sanguine suo per martyrium baptizatur, **466** quo baptismo etiam Christus baptizatus est, ut et in hoc, sicut et in cæteris, formam credentibus daret, sicut dicebat ad discipulos suos, filios Zebedæi : *Potestis bibere calicem quem ego bibiturus sum, et baptismo quo ego baptizor baptizari* (*Marc.* X)? Itaque aqua et sanguis gemini est figura baptismatis : unum quo regeneramur ex lavacro, aliud quo consecramur ex sanguine.

3. Est tertium baptisma lacrymarum, quod laboriosius transigitur, sicut ille qui per singulas noctes

6. *Nec humanæ voluntatis arbitrio boni quidquam deputandum.* Hæc absurdam sententiam redderent, si separatim legerentur; sed annectenda sunt sequentibus verbis, *sed secundum propositum voluntatis Dei omnem numerum electorum acquiri.* Ut sit sensus, ad prædestinationem nihil conferre arbitrium nostrum, sed soli divinæ voluntati et gratiæ vocationem et electionem assignandam. Ita facile metu liberamus eos quos hic locus male habebat. GRIAL.

Ibid. Voluntatis arbitrio. Al., *voluntatis judicio.* Grialius; *bona quoque temporalia.* AREV.

7. *Dispositionem.* Al., *deputationem.* Al., *disputationem.* AREV.

CAP. XXV. N. 1. *Baptizavit Moyses*, usque ad *cælum elevare.* Omnia ex oratione Gregorii Nazianzeni εἰς τὰ ἅγια φῶτα GRIAL.

Ibid. Grialius distinxerat *pandam. Baptizavit.* Verum verba Virgiliana, quæ præcedunt : *Si prima repetens ab origine pandam*, orationis sensum suspendunt. AREV.

2. *Gemini est figura baptismatis.* Al., om. *gemina.* AREV.

3. *Baptismus enim aquæ est*, usque ad *habitat corporaliter.* Ex epistola ad Rusticum Narbonensem de septem gradibus eccles. Hieronym. tom. IX. GRIAL.

Ibid. Per ipsam. Al., *per ipsum.* AREV.

stratum suum lacrymis rigat (*Psal.* VI), qui imitatur A conversionem Manasse (*II Paral.* XXXIII), et humilitatem Ninivitarum, per quam misericordiam consecuti sunt (*Jon.* III). Qui imitatur publicani illius orationem in templo stantis a longe, et percutientis pectus suum, quique nec ausus fuit oculos ad cœlum elevare (*Luc.* XVIII). Baptismus enim aqua est, quæ tempore passionis de latere Christi profluxit. Nullumque aliud elementum est, quod in hoc mundo purget universa, vivificet cuncta, ideoque cum baptizamur in Christo, per ipsam renascimur, ut purificati vivificemur.

4. Fons autem origo omnium gratiarum est, cujus septem gradus sunt: tres in descensu propter tria quibus renuntiamus; tres alii in ascensu propter tria quæ confitemur; septimus vero id est, qui et quartus B similis filii hominis, exstinguens fornacem ignis (*Dan.* III), stabilimentum pedum, fundamentum aquæ, in quo omnis plenitudo divinitatis habitat corporaliter (*Coloss.* I). In Patre autem, et Filio, et Spiritu sancto salutaria baptismi dona consistunt. Unde nequaquam baptismi sanctificatur officio, nisi qui sub Trinitatis tingitur sacramento, sicut et Dominus ait: *Ite, docete omnes gentes, baptizantes eos in nomine Patris, et Filii, et Spiritus sancti* (*Matth. ult.*). Proinde si, omissa qualibet Trinitatis persona, baptisma detur, manifeste in regenerationis solemnitate nihil agitur, nisi tota Trinitas invocetur.

5. Nam et Dominus, dum a Joanne baptizaretur, eumdem baptismum sub Trinitatis sacramento legitur peregisse. Dicente enim Deo: *Hic est Filius meus* C (*Matth.* III), Pater in voce, Filius in corpore, **467** Spiritus autem sanctus fuisse probatur in specie columbæ (*Luc.* III). Duæ sunt autem pactiones credentium. Prima enim pactio est in qua renuntiatur diabolo, et pompis, et universæ conversationi illius. Secunda pactio est qua se credere in Patrem, et Filium, et Spiritum sanctum profitetur.

6. Semel autem nos oportet in Christo lavari, quia Christus semel pro nobis mortuus est. Si enim unus Deus, et fides una est, necessario et unum baptisma sit (*Ephes.* IV), quia et Christi mors una pro nobis est, in cujus imaginem mergimur per mysterium sacri fontis, ut consepeliamur Christo morientes huic mundo (*Rom.* IX), et ab iisdem aquis in forma resurrectionis ejus emergimur, non reversuri ad cor- D ruptionem, sicut neque est reversus ad mortem. Quod etsi postea quisque præventus fuerit in aliquo peccato, non jam lavacri beneficio, sed pœnitentiæ expiatur, quæ in similitudine fontis peccata mortificat.

7. Perfectis autem ætate baptismum vel ad purgationem originalis noxæ, vel ad abolitionem actualis peccati proficere credimus; parvulis autem, ut ab originali peccato abluantur, quod ab Adam per primam nativitatem traxerunt. Qui si priusquam regenerentur transierint, procul dubio a regno Christi alieni sunt, ipso Salvatore testante: *Nisi quis renatus fuerit ex aqua, et Spiritu sancto, non intrabit in regnum Dei* (*Joan.* III); quique iidem parvuli, alio profitente, baptizantur, quia adhuc loqui vel credere nesciunt, sicut etiam ægri, muti, vel surdi, quorum vice alius profitetur, ut pro eis respondeat, dum baptizantur.

8. Quamvis autem per regenerationem pereat originale peccatum, pœna tamen mortis, quæ per prævaricationem mandati introivit, manet et in eos quos a reatu originis purgat baptisma Salvatoris. Et hoc proinde, ut homo noverit, pro futuræ beatitudinis spe regenerationem consequi, non ut a pœna temporalis mortis possit absolvi. Illud vero, quod nec privatis nec clericis baptizare liceat, nisi tantum sacerdotibus, in Evangelio legimus sanctis apostolis tantum permissum, Jesu post resurrectionem dicente: **468** *Sicut misit me pater, et ego mitto vos* (*Joan.* XX). Et hoc cum dixisset, inspiravit, et ait: *Accipite Spiritum sanctum: quorum remiseritis peccata, remittuntur eis; et quorum retinueritis, retenta erunt.* Et in alio loco: *Ite, docete omnes gentes, baptizantes eos in nomine Patris, et Filii, et Spiritus sancti* (*Matth. ult.*).

9. Unde constat baptisma solis sacerdotibus esse tractandum, ejusque ministerium nec ipsis diaconibus explere est licitum absque episcopo, vel presbytero, nisi his procul absentibus, ultima languoris cogat necessitas: quod etiam et laicis fidelibus plerumque permittitur, ne quisquam sine remedio salutari de sæculo evocetur. Hæretici autem, si tamen in Patris, et Filii, et Spiritus sancti attestatione docentur baptisma suscepisse, non iterum baptizandi, sed solo chrismate et manus impositione purgandi sunt. Baptismus enim non est hominis, sed Christi; ideoque nihil interest hæreticus, an fidelis baptizet.

10. Quod sacramentum tam sanctum est, ut nec homicida ministrante polluatur. Habet quidem hæreticus baptismum Christi, sed quia extra unitatem fidei est, nihil ei prodest. At ubi ingressus fuerit, statim baptisma, quod habuerat foris ad perniciem,

4. Pro *in regenerationis solemnitate*, al. *in regeneratione aquæ*. Ildefonsus, cap. 110 de Cognit. baptism. hæc ipsa repetit de septem gradibus fontis baptismalis, et plura alia desumere pergit ex Isidoro usque ad caput 121, sed ita ut ea fusius exponat. AREV.

5. Alii: *Hic est filius meus, in quo mihi bene complacui.* Postea, *in qua renuntiamus diabolo, et pompis, et universis conversationibus illius.* AREV.

7. *Parvuli, alio profitente*, usque ad *respondeat*; refertur a Grat., de Consecr., d. 4, cap. 74. GRIAL.

Ibid. Ad abolitionem. Al., *ad ablutionem.* AREV.

8. *Manet et in eos.* Al., *manet in eis.* Paulo post, *cui dimiseritis peccata, dimittuntur illi, et cui detinueritis, detinebuntur.* AREV.

9. *Unde constat baptisma*, usque ad *evocetur.* Eadem d. cap. 19. GRIAL.

Ibid. Purgandi sunt. Brissonius, ad legem *Dominico*, de spectaculis, pag. 270, observat id sumptum ex auctore libri Respons. ad Orthod., quæst. 14. AREV.

10. *Habet enim hæreticus baptisma.* Vid. Augustin., II contra Parmenian., cap. 3, et ex eod. cap. *quamvis*, de Cons., dist. 4. GRIAL.

Incipit illi jam prodesse ad salutem. Quod enim accipit, approbo : sed quia foris accepit, improbo. Dum autem venerit, non mutatur, sed agnoscitur; character est enim regis mei : non ero sacrilegus, si corrigo desertorem, et non muto characterem.

CAPUT XXVI.

De chrismate.

1. Chrismatis unguentum Moyses primum in Exodo, jubente Domino, et composuit, et confecit, quo primi Aaron et filii ejus in testimonium sacerdotii et sanctitatis peruncti sunt (*Exod.* xxx). Deinde quoque et reges eodem chrismate sacrabantur, unde et *christi* **469** nuncupabantur, sicut scriptum est : *Nolite tangere christos meos* (*Psal.* civ, 15), eratque eo tempore tantum in regibus et sacerdotibus mystica unctio, qua Christus figurabatur ; unde et B ipsum nomen a chrismate dicitur.

2. Sed postquam Dominus noster verus rex et sacerdos æternus a Deo Patre cœlesti ac mystico unguento est delibutus, jam non solum pontifices et reges, sed omnis Ecclesia unctione chrismatis consecratur, pro eo quod membrum est æterni regis et sacerdotis. Ergo quia genus sacerdotale et regale A sumus, ideo post lavacrum ungimus, ut Christi nomine censeamur (*I Petr.* II, 9).

CAPUT XXVII.

De manuum impositione, vel confirmatione.

1. Sed quoniam post baptismum per episcopos datur Spiritus sanctus cum manuum impositione, hoc in Actibus apostolorum apostolos fecisse meminimus. Sic enim dicitur : « Factum est, dum Apollo esset Corinthi, ut Paulus, peragratis superioribus partibus **470** veniret Ephesum, ibique cum invenisset quosdam discipulos, dixit ad illos : Si Spiritum sanctum accepistis credentes? At illi dixerunt ad eum : Sed neque si Spiritus sanctus est, audivimus. Dixitque eis : In quo ergo baptizati estis ? At illi dixerunt : In Joannis baptismate. Ait autem Paulus : Joannes baptizavit baptismo pœnitentiæ plebem, dicens in eum qui venturus esset post ipsum ut crederent, hoc est, in Jesum Christum. Quod cum audissent, baptizati sunt **471** in nomine Domini Jesu, et cum imposuisset illis manum Paulus, venit Spiritus sanctus super illos, loquebanturque linguis, et prophetabant (*Act.* XIX, 1).

CAP. XXVI. N. 1. Alii, *ipsum nomen a chrismate ductum est.* AREV.

CAP. XXVII. N. 1. Hoc est caput ultimum in plerisque exemplaribus mss. et editis. Sed apud Bignæum et Breulium post hoc caput, quod desinit in verbis illis, *qui jam baptizatis traderent Spiritum sanctum*, alia duo capita adduntur, quæ hic subnecto. — *De suffragiis Ecclesiæ.* « Sicut pertinet ad divinæ justitiæ severitatem propter venialia punire C homines, ita pertinet ad bonitatem divinæ misericordiæ eosdem per suffragia elevare. Prosunt ergo suffragia defunctis, non ad meritum vitæ æternæ, sed ad solutionem pœnæ, et hoc ad pœnarum mitigationem, vel celeriorem liberationem. Sunt autem quatuor modi suffragiorum generales, ad quos omnes alii reducuntur, scilicet, oratio, jejunium, eleemosyna, et sacramentum altaris, quorum numerus sic accipitur, quoniam defunctus a pœna absolvi potest duobus modis, scilicet per viam gratiæ, et per viam justitiæ. Per viam gratiæ dupliciter. Primo, per intercessionem publicam capitis, quæ est in oblatione sacri altaris. Secundo, per intercessionem quasi privatam membrorum, scilicet per orationes justorum. Similiter per viam justitiæ dupliciter. Primo, per modum redemptionis pœnæ, scilicet eleemosynarum largitionem. Secundo, per modum solutionis pœnæ, scilicet in jejuniorum afflictione. Si autem quæritur quando incipiat valere defuncto id quod per se fieri mandavit, dicendum D quod opus operantis, id est, meritum auctoris, statim prosequitur mortuorum, de bonis quæ præcepit fieri pro anima sua. Sed non opus operatum, id est, fructus ipsius operis, usquequo fiant, quia primum valet ex merito absoluto, sed secundum ex merito conditionali.— *Quorum suffragia prosunt.* Ad hoc, quod valeant suffragia, requiritur aliquid ex parte agentis, et aliquid ex parte mortui recipientis. Ex parte agentis requiritur, quod sit in charitate, et quod intentionem suam dirigat ad illos quibus vult, ut opera sua proficiant. Distinguendum est tamen, quod suffragia per malum possunt fieri dupliciter, vel per auctorem, et sic non prosunt, nisi forte per accidens, scilicet in quantum per eleemosynas mali hominis excitantur boni pauperes ad orandum pro defunctis ; vel ut per ministrum, et hoc dupliciter, quia vel faciens est, ut minister publicus Dei et Ecclesiæ, sicut quando sacerdos malus celebrat missam, vel agit exsequias mortuorum, et talia semper prosunt, quia malitia ministri non nocet operi boni auctoris, sicut patet in domino justo, dante eleemosynam per malum. Si vero facit ea ut minister privatæ personæ, existens tamen in charitate, sive defuncti, sive alterius esset, talia prosunt, quia opus illud, licet sit mortuum quoad ministrum, non tamen quoad auctorem. Si vero malus minister facit aliqua de mandato ejus qui non est in charitate, non prosunt. Aliquid etiam exigitur ex parte accipientis ad hoc, ut suffragia prosint illi. Primum est quod ipse sit in charitate. Unde non valent his qui sunt in inferno, quia sunt a corpore Christi mystico separati. Unde nulla spiritualis influentia pervenit ad eos, sicut influentia corporalis non valet membris a corpore amputatis. Secundum est indigentia. Verumtamen non valent beatis, quia non sunt amplius in via, sed in termino, nec possunt ad altiora ascendere, sed potius e converso illorum suffragia prosunt nobis. Utrumque est in his qui sunt in purgatorio, scilicet, charitas et indigentia. Unde sicut potest homo satisfacere pro altero vivente, qui per se non valet, ita potest esse pro defuncto. Nota quod suffragia prosunt defunctis ; sed magis et minus pro diversitate meritorum, et mortuorum, vel pro qualitate vivorum, qui magis sollicitant pro aliquibus quam pro aliis. Illa enim suffragia, quæ spiritualiter fiunt pro aliquibus, plus valent illis quam aliis, licet etiam aliis quodammodo communicentur. Suffragia vero, quæ communiter pro defuncto fiunt, quamvis pro modulo suo omnibus prosint, illis tamen amplius, qui dum essent in via, magis meruerunt, ut sibi prodessent. Quamvis autem (ut dictum est) suffragia non prosint illis qui sunt in cœlo, nec illis qui sunt in inferno, tamen aliquo modo prosunt. Unde nota quod valent illis qui sunt in purgatorio per modum purgationis ; valent salvatis in cœlo per modum conjunctionis, quia multiplicatio salvandorum augmentat gloriam accidentalem. Valent et damnatis in inferno per modum diminutionis ; quanto enim plures salvantur per meritum Ecclesiæ, tanto pauciores damnabuntur ; et ita minor erit pœna per subtractionem consortii illorum. Valent etiam impiis per modum meriti. Quod autem pro parvulis defunctis celebrantur missæ mor-

2. Item in alio loco: « Cum audissent autem, qui erant Jerosolymis apostoli, quod accepit Samaria verbum Dei, miserunt ad illos Petrum, et Joannem. Qui cum venissent, oraverunt pro eis, ut acciperent Spiritum sanctum, nondum enim in ullum eorum descenderat, sed tantum baptizati erant in nomine Domini Jesu Christi. Tunc imponebant illis manus, et accipiebant Spiritum sanctum. »

3. Spiritum autem sanctum accipere possumus, dare non possumus, sed, ut detur, Dominum invocamus. Hoc autem a quo potissimum fiat, quemadmodum papa sanctus Innocentius scripserit, subjiciam; dicit enim, non ab alio quam ab episcopo fieri licere, nam presbyteri, licet sint sacerdotes, pontificatus tamen apicem non habent.

4. Hoc autem solis pontificibus deberi, ut vel consignent, vel ut Paracletum Spiritum tradant, quod non solum consuetudo ecclesiastica demonstrat, verum et superior illa lectio Actuum apostolorum, quæ asserit et Petrum et Joannem esse directos, qui jam baptizatis traderent Spiritum sanctum (*Act.* VIII). Nam presbyteris, seu extra episcopum, sive præsente episcopo, cum baptizant, chrismate baptizatos ungere licet, sed quod ab episcopo fuerit consecratum, non tamen frontem ex eodem oleo signare, quod solis debetur episcopis, cum tradunt Spiritum Paracletum.

5. Hæc sunt pauca ex multis quæ probabilium virorum novimus percepisse doctrinis, quorumque eloquia proinde quibusdam in locis a nobis interjecta esse noscuntur, ut sermo noster paternis sententiis firmaretur. Ora pro me.

tuorum, hoc non fit propter illorum indulgentiam, cum statim evolent ad gloriam, sed propter gratiarum actionem. » *Missæ mortuorum* quæ ut hic asseritur, pro parvulis dicuntur, non sunt proprie missæ, quæ jam a multis sæculis defunctorum appellantur, sed psalmi, et aliæ orationes in gratiarum actionem. Certe tota hæc explicatio suffragiorum ab Isidoriana ætate longe recedit. Vide not. ad librum de Ordine creaturarum, cap. 14, n. 12, de Purgatorio. AREV.

3. *Innocentius scribit.* Ad Decentium. Vid. c. *Manus*, de Cons., d. 5. GRIAL.

5. *Hæc sunt pauca.* Multi Mss. *Hæc sunt parva.* Sic apud Sedulium, lib. III, vers. 338:

Parva loquor, si facta Dei per singula curram;

etsi apud Sedulium quoque nonnulli legunt *pauca*. Vide notam. In Codice Vatic. 641, de quo in Isidorianis, cap. 94, num. 26 et seqq., legitur *parva*, ex quo Ms. sumpsi *percepisse doctrinis*, quod melius visum est quam *præcepisse doctrinas*, apud Grialium et alios. Postremis verbis orationibus Fulgentii fratris Isidorus se commendat. AREV.

SANCTI ISIDORI

HISPALENSIS EPISCOPI

SYNONYMA

DE LAMENTATIONE ANIMÆ PECCATRICIS.

Prologus prior.

472 1. *In subsequenti hoc libro, qui nuncupatur Synonyma, id est, multa verba in unam significationem coeuntia, sanctæ recordationis Isidorus, archiepiscopus Hispalensis, introducit personam hominis, lamentantis in ærumnis præsentis sæculi, seque deflentis pene usque ad desperationis defluxum, cui mirabili concursu ratio obvians, leni hunc moderamine consolatur, atque a lapsu desperationis ad spem* **473** *veniæ reformat, et quemadmodum tergiversantis mundi lapsum evitet, formulamque vitæ spiritualis arripiat, mirabiliter docet.*

Num. 1. *Synonymorum de lamentatione animæ peccatricis.* Varias inscriptiones, in decem Codicibus quibus usi sumus huic operi præfixas invenimus. In altero Laurentiano Codice, in Septimancensi, et in Navarrico *Soliloquia* inscribitur. In altero Laurentiano *Dialogus inter rationem et appetitum.* Reliqui Codices *Synonyma* habent. Nisi quod quidam ex iis pro Synonymis *Synonymam* legunt genere feminino, secuti divum Illefonsum de virorum illustrium scriptis. In Isidoro (nisi lectio est vitiata) concilio sane Toletano VIII, cap. 2, hoc opus *Synonyma* nuncupatur. Sic Braulio in divi Isidori Vita. Sic Gratianus, ubicunque ex hoc opere fragmenta desumpsit, ex *Synonymis* se afferre ait. Addidimus autem ex Guadalupeo et Hispalensi codicibus ea verba: *De lamentatione animæ peccatricis*, Ildefonsi auctoritate, qui de Isidoro sic ait: *Librum lamentationis* (supple scripsit), *quem ipse Synonymam vocavit.* Itaque ab eo tempore utramque appellationem prætulit: *Lamentationis* quidem loquentium abusu, *Synonymorum* autem ab ipso Isidoro factam. MARIANA.

Ibid. Al., *convenientia* pro *coeuntia*. MAR.

Ibid. Al., *miserabili* pro *mirabili*. MAR.

Ibid. In Isidorianis caput 70, inscriptum est: *Synonyma, sive soliloquia Isidori. Editiones, præfatio Editionis anni 1532. Versio Italica Synonymorum. Monitum Breulii. Hæreticus Synonymorum corruptor divino judicio punitus. Codices manu exarati. Plura opera ex Synonymis derivata.* Propterea nihil nunc addere necesse est, ac solum repetam, pro *Synonyma* feminino genere fortasse legendum *Synonymia*, ut ex Etymologiis colligi potest. Pro *cui mirabili concursu ratio* alii habent *qui miserabili operatione.* Hic prologus in nonnullis Codicibus prorsus omittitur.

2. Deinde usque ad contemplationis ascensum summopere eum provehens, usque in arcem perfectionis adducit. Is denique in perfectum virum perductus, eidem rationi debitas grates exsolvit. In quo quidem opere quisquis intenta mente lector nititur pergere, sine dubio reperiet quo pacto caveat vitia, quomodo defleat peccata commissa, et qualiter per lamenta pœnitentiæ reparatus, ad fructum sanctæ operationis accedat, ut non cum mundi concupiscentiis pereat, sed æternis præmiis remuneratus vivat cum Christo Domino nostro, qui cum Patre et Spiritu sancto vivit, et regnat Deus in sæcula sæculorum. Amen.

Prologus alter.

Isidorus lectori salutem.

3. Venit nuper ad manus meas quædam schedula, quam Synonyma dicunt; cujus formula persuasit animo quoddam lamentum mihi, vel miseris condere. Imitatus profecto non ejus operis eloquium, sed meum votum.

474 *4. Quisquis ergo ille es, libenter id perlege, et dum adversitatibus mundi tangeris, te ipsum censorio judicio discute, et statim agnosces quia quæcunque afflictiones pateris in hoc sæculo, retributione tibi justissima inferuntur. Duorum autem personæ hic inducuntur, deflentis hominis, et admonentis rationis.*

et recte quidem, nisi *monitum cujusdam ad opus Isidori* inscribatur. Nos Editionem Grialianam sequimur, quod nobis videbatur monuisse contenti. In Codice Vaticano 628, de quo cap. 94 prolegomen., num. 12, apposite post operis titulum sequitur prologus: *Venit nuper ad manus meas*, etc. Deinde: *Explicit prologus*. Incipit argumentum. *In subsequenti hoc libro, qui dicitur Synonyma*, etc. Quod a Constantino Cajetano animadversum quoque fuit, qui utramque præfationem edidit, ut Editiones Breulianam et Grialianam corrigeret. Sed quod contendit neque prologi *Venit nuper* Isidorum auctorem esse, id certe minime probat. Auctorem utriusque præfationis ab antiquitate et pietate commendandum monet; et multa deinde addit, ut antiquorum temporum scriptores pene omnes sua opera auspicari consuevisse constet his verbis: *Incipit liber*, etc. Magno in usu olim erant hi duo Synonymorum libri, ut ex loc. cit. prolegomen. liquet; et in schedis Zaccarianis notatum invenio in bibliotheca publica Fuldensi asservari duos Synonymorum libros Isidori Hispalensis scriptos sæculo VIII. AREV.

3. *Quædam schedula.* Hoc est, quidam libellus, nam *schedæ* vox aliquando in libri significatione sumitur. In Guadalupeo et Hispalensi legebatur *quædam schedula Ciceronis*, et sane libellus circumfertur non incommodus in quo voces synonymæ colliguntur Ciceronis nomine ad Lucium Veturium. Ea inscriptio cum mendacio afficta sit, et Ciceronis vox in aliis omnibus Codicibus desit, expungendam judicamus. MAR.

Ibid. Persuasit animo. Al., *persuasit animum meum.* AREV.

4. In Codice Laurentiano tertio, sive in-8°, illico post hunc prologum, qui unicus in eo est, sequitur argumentum utriusque libri Synonymorum in hæc verba: « Homo in angustia suæ necessitatis exponit mala quæ patitur, et enumerat cupiditates. Justitiam periisse dicit, injuste oppressum se querelatur, flagellis diversis consumptum se dolet, mortem sibi citius provenire exoptat. Ratio admonet spem habere. Homo interrogat qualiter fiet. Ratio hoc ipsum disponit, quia tribulatio utilis est, in pressuris non murmurandum. Quodcunque patitur homo, justo Dei judicio committitur. Vitia et flagitia hominis enumerat. Homo malum suum recognoscit, et deflet. Ratio admonet ut plenius recognoscat. Homo hoc ipsum affirmat. Ratio admonet ut a vitio declinet. Homo difficile putat hoc fieri. Ratio admonet consuetudini resistendum. Aliorum interitus retrahat a peccato. Homo interrogat, si est spes indulgentiæ. Ratio affirmat quia confessio per emendationem justificat. Homo respicit ad melius. Ratio hoc ipsum exoptat. Homo peccatum suum recognoscit, et deflet. Ratio consolando interrogat, quid metuat anima. Homo diem judicii pertimescens, et pœnam damnationis, natum se dolet fuisse; deflet culpam, et enumerat mala quæ gessit, implorat misericordiam Domini. Ratio consulit lamentanti, et admonet denuo non peccare. Admonet ut homo semetipsum agnoscat, fidem rectam teneat, bene vivat, declinet a malo, cogitationi pessimæ statim resistendum, libidini fortiter resistendum, orationi insistendum, abstinentiæ insistendum, dissolutis oculis non intuendum, operationi et lectioni semper insistendum: humilitas fortiter tenenda cum timore, et adversa fortiter toleranda, iracundia cohibenda, injuriæ non respondendum, peccanti celeriter ignoscendum, et odium non tenendum, pax et benignitas semper tenenda. Vana gloria fugienda, malos evitare, bonis conjungi debere, malum non audire, malum non loqui, suas culpas attendere, alienas culpas non requirere, mendacium omnimodis cavendum, a juramento abstinendum, et quod voverit reddendum, mali aliquid non in corde loquendum, nec occulte faciendum. Consilium et opus semper ad Dominum convertendum, virtutes celandas, vitia manifestanda, in omnibus esse sollicitum, nunquam securum, in bonis usum exercere, et sapientiæ operam dare. Verba præcedant opera, in omni doctrina sollicitudo, et discretio sit. Superflua non scire, neque curiositatem exhibere, scientia et vita meliores semper venerari, ad malum omnino non consentire; a subditis amandus magis quam timendus; in omnibus modus tenendus. Quod sibi non vult, aliis ne faciat. Taliter seipsum judicare incipiat, qualiter alios judicat, in summo honore summa sit humilitas, quia ubi summus honor, ibi summum periculum est. Mundo esse moriendum, misericordiam et eleemosynam omnibus largiendam, nihil cum tædio dandum, nihil auferendum. Homo profitendo doctrinam gratias agit. Explicit præfatio; incipit liber primus. AREV.

LIBER PRIMUS.

5. Anima mea in angustiis est, spiritus meus æstuat, cor meum 475 fluctuat, angustia animi

5. Al., *animæ* pro *animi*. Ibid. *Indicia non comprehendo.* Laurentianus alter legebat *judicia non comprehendo*. Nos lectionem alteram, quæ aliorum omnium Codicum est, secuti sumus. Porro argumenti et indicii voces hoc loco modum, formam, rationemque Isidoro significant. MAR.

A possidet me. Angustia animi affligit me, circumdatus sum omnibus malis, circumseptus ærumnis, circumclusus adversis, obsitus miseriis, opertus infelicitate, oppressus angustiis, non reperio uspiam tanti mali perfugium, tanti doloris non invenio argumentum, evadendæ calamitatis indicia non comprehendo, minuendi doloris argumenta non colligo, effugiendi funeris vestigia non invenio, ubique me infelicitas mea persequitur, domi forisque mea calamitas me non deserit.

6. Ubicunque fugio, mala mea me insequuntur; ubicunque me convertero, malorum meorum me umbra comitatur; velut umbram corporis, sic mala mea fugere non possum. Ego ille homo ignoti nominis, homo obscuræ opinionis, homo infimi generis, cognitus per me tantum, cognitus tantum mihi; nulli unquam malum feci, nulli calumniatus sum, nulli adversus exstiti; nulli molestiam intuli, nulli inquietus fui, sine ulla querela apud homines vixi; vitam meam omnes lædere nituntur, omnes contra me frendent atque insaniunt, conserta manu in me pericula ingerunt, ad exitium me pertrahunt, ad periculum me adducunt, ad discrimen vocant meam salutem.

7. Nullus mihi protectionem præbet, nullus defensionem adhibet, nullus adminiculum tribuit, nullus malis meis succurrit, desertus sum ab omnibus hominibus; quicunque me aspiciunt, aut fugiunt, aut fortasse me persequuntur, intuentur me quasi infelicem, et nescio quid loquuntur mihi in dolo verbis pacificis; occultam malitiam blandis sermonibus ornant, et aliud ore promunt, aliud corde volutant. Opere destruunt quod ore promittunt, sub pietatis habitu animo venenato incedunt. Velant malitiam fuco bonitatis, calliditatem simplicitate occultant, amicitiam dolo simulant, ostendunt vultu quod in corde non gestant. Cui credas? cui fidem habeas? quem proximum sentias? ubi jam fides? periit fides, 476 ablata est fides, nusquam tuta fides. Si legitimum nihil est, si veritas judicii nulla est, si æquitas abjicitur, si jus non creditur, si justitia cunctis negatur, pereunt leges, avaritia judicante.

8. Crevit avaritia, periit lex cupiditatis amore, jura nihil valent, præmia et dona legibus vires tulerunt. Ubique pecunia vincit, ubique judicium venale est; nullus legibus metus, nullus judicii timor. Impunita manet male vivendi licentia, nemo peccantibus contradicit, nec scelus ulciscitur quisquam. Omne crimen inultum manet, iniqui salvi fiunt, innocentes pereunt, boni indigent, improbi abundant, scelerati potentes sunt.

9. Justi egent, iniqui honorantur, justi despiciuntur, iniqui lætantur, justi in mœrore et luctu sunt. Impius prævalet adversus justum, damnant mali bonos, honoratur iniquus pro justo, justus damnatur pro impio, innocentes pro nocentibus pereunt, nulla re impediente.

10. Nulla causa, nulla criminatione, nulla malitia crimen mihi objiciunt, crimen mihi impingunt, criminis nodos contra me nectunt. Criminis et suspi- B cionis locum in me convertunt. In crimen me periculumque deducunt, objiciunt mihi crimen, cujus non habeo conscientiam. Nihil exploratum est, nihil patefactum est, nihil investigatum est, nihil repertum est, non tamen quiescunt adversum me mala confingere, non quiescunt falsa testimonia præparare, non desinunt accusatores objicere, judices non sinunt conscribere.

477 11. Testium et judicum falsa et crudeli sententia judicor. Testium falsa sententia ad necem innocens ducor. Ex eodem concilio testes, ex eodem judices, ex eodem cœtu accusatores. Improbos judices opponunt, falsos testes objiciunt, in quorum testimonio confidentia est. Nemo ab illis dissentit, nemo discordat, nemo consilium eorum repudiat. Cui dicam? cui cre- C dam? cui loquar? quem adeam? a quo consilium petam? in quo animum meum ponam? quem potissimum quæram?

12. Omnibus odiosus sum, omnium charitate desertus sum, projiciunt me omnes a se, abominatione me omnes abominantur, exhorrescunt me omnes, repudiant omnes, abdicationem intendunt: volo ad eos confugere, sed minantur; cupio eorum deprecari vestigia, sed fugiunt, adversantur et oderunt; supplicando propitios eos habere volo, illi autem magis molesti sunt; interdum adjungunt se ficta charitate, non ad consolationem, sed ad tentationem; loquuntur simulate, et si tacent, non est simplex silentium; quærunt quod accusent, quærunt quid audiant, quærunt quid prodant, explorant unde decipiant.

Ibid. Non invenio argumentum. Al., *argumenta non colligo.* Et mox *non invenio* pro non *colligo.* AREV.

6. *Insaniunt.* Al., *insidiantur.* AREV.

7. Al., *ore promittunt* pro *ore promunt.* Ibid. Supple, *quæritur* post *tuta fides.* MAR.

Ibid. Si jus non creditur. Al., *si justo non creditur.* AREV.

8. Al., *abstulerunt* pro *tulerunt.* MAR.

9. *Despiciuntur.* Al., *dejiciuntur.* Et infra: *Pro impio. Nocentes sunt immunes, innocentes,* etc. AREV.

10. Al., *imponunt* pro *impingunt.* Ibid. *Judices non sinunt conscribere.* Quid sit *judices conscribere* ex Asconio Pediano intelligitur in II Verrinam, ubi ait: *Cum multi judices in consilio cum prætore suo judicaturi essent qui quæsitor fuisset in causa publica, necesse fuerat eos primum de curia senatoria conscribi, cum senatus judicaret. Deinde in urnam mitti, ut de pluribus necessarius numerus sortito confici posset. Tertio* D *permitti accusatori, et reo, ut ex illo numero rejiciant quos putaverint sibi aut inimicos aut ex aliqua re incommodos fore. Rejectione celebrata, in eorum locum qui rejecti fuerant subsortiebatur prætor alios, quibus ille judicum numerus legitimus compleretur.* Erit ergo verborum sententia: *Non sinunt ut judiciorum recepto more et instituto in cognitione procedatur. Omnia perturbate agunt.* Aut fortasse, *non sinunt judices conscribere,* dixit, id est, inter se convenire sententiis non permittunt; *συγγράφεσθαι* enim aliquando in consentiendi significatione ponitur, ut apud Theophrastum, quinto de plantis: *Διὸ καὶ οἱ ἀρχιτέκτονες συγγράφονται πορείρειν τὰ πρὸς τὴν μήτραν, ὅπως λάβωσι τοῦ ξύλου τὸ πυκνότατον, καὶ μαλακώτατον.* Aut fortassis legendum: *Non desinunt judices circumscribere.* Verum Codices omnes in eam quam posuimus lectionem conspirabant. MAR.

13. Ego autem, reclinato capite, humiliato vultu, deposita facie, sileo, taceo, in incepto persisto silentio, ori meo custodiam posui, ori meo signaculum dedi, vocem a sermone repressi, linguam a locutione retraxi; etiam de bono interrogatus taceo, malui enim reticere improbis quam respondere. Illi autem non quiescunt, illi amplius sæviunt; percussum amplius persequuntur, magis magisque irruunt super me, obstrepunt super me clamoribus, jactant in me petulanter convicia voce, habitu, strepitu.

14. Super me prosiliunt, voce aperta contumelias et opprobria super me jactant, et, ab alio provocati, in me omnes concitantur, ad me omnes arma convertunt: omnes in me sæviunt, omnes in exitium meum intendunt, omnes in mortem meam manus suas præparant. In tanto igitur metu, in tanto pavore, in tanta formidine contabui miser, pallui miser, exsanguis effectus sum, **478** emarcuit cor meum, pavore æstuo, formidinis metu tabesco, timor et tremor animam meam quassaverunt.

15. Sic exsilio trusus sum, sic exsilio damnatus sum, sic exsilii pœnam lugeo, sic exsilii damnationem gemo, vinculo servitutis addictus, conditionis pondere pressus, servili opere mancipatus, in algore, in nive, in frigore, in tempestatibus tetris, in omni labore, in omni periculo positus. Post damna bonorum, post amissionem omnium rerum, inops et pauper effectus sum, egeo, mendico infelix, publice posco eleemosynam, egenti nemo manum porrigit, indigenti nullus succurrit, apud nullum miseratione dignus sum, omni misericordia desolatus sum, qui misereatur non est.

16. Omnes mendicantem spernunt, esurientem nec micis suis reficiunt, in os sitientis nullus distillat guttam refrigerii, nullus præbet mihi vel modicum undæ rorem, effectus sum enim cunctis abominabilis. Quicunque me intuentur, omnes ut ulcerosum contemnunt, ut fetentem exspuunt, ut leprosum tangere horrent. Jacet caro astricta ferro, jacet pressa catenis, jacet ligata vinculis, jacet vincta compedibus, non desunt tormenta, non desunt cruciamenta, non desunt mihi supplicia, quotidie crudescit in me sævitia.

17. Corporis mei carnifices novis me cruciatibus lacerant, inaudito genere pœnarum viscera mea et membra mea dilaniant, quidquid possunt super me crudele excogitant, non perimor nuda morte, mille pœnis extortus, mille subactus tormentis, mille laceratus suppliciis. Caro mea plagis secta computruit, semiusta latera saniem effundunt, lacerata membra putredine diffluunt, cum fletibus sanguis manat, cum lacrymis cruor stillat; nec est solus fletus lacrymarum, sed vulnerum.

18. Consumptus sum dolore miser, in dolore et animus, et corpus deficit: mens jam victa est, anima dolore præclusa est, **479** multa intolerabilia sensi, multa acerba sustinui, multa gravia pertuli; tam grave et crudele vulnus nunquam excepi, inopinato vulnere oppressus sum momentaneo interitu percussus sum, improvisa me in tantum malum calamitas vitæ conjecit. Ignorantem me oppressit subita calamitas, repentini interitus, casusque me subruerunt.

19. Cur infelix natus sum? cur in hanc miseram vitam projectus sum? ut quid miser hanc lucem vidi? ut quid misero hujus vitæ ortus occurrit? Utinam velocius egrederer a sæculo quam sum ingressus, quacunque jam ratione recederem? sed heu! miseris exspectata mors tarde venit. Cupienti mori jam liceat occumbere. Vivendi enim mihi tædium est, moriendi votum, sola mihi mors placet. O mors, quam dulcis es miseris! o mors, quam suavis es amare viventibus! quam jucunda es, o mors, tristibus atque mœrentibus!

20. Accedat ergo ad vitæ magnum malum mortis grande solatium, sit vitæ terminus finis tantorum malorum, det finem miseriæ requies sepulturæ, et si non vita, saltem vel mors misereri incipiat. Mors malorum omnium finem imponit, mors calamitati terminum præbet, omnem calamitatem mors adimit.

21. Certe vel mors subvenit miseris, melius est bene mori quam male vivere; melius est non esse quam infeliciter esse; ad comparationem miseriarum mearum feliciores sunt mortui quam viventes; parcite dolori meo, quæso: mœrori meo, quæso, ignoscite; angustiæ meæ veniam date, indulgete meis doloribus, in tanto dolore contra me commoveri nolite; percussionem enim meam plango, calamitatem meam deploro, familiarem cladem miseriæ meæ lugeo, plura enim ministrat dolor; non valeo consolari miser, impatiens enim est dolor meus, infinitus est mœror meus. Nullatenus linitur vulnus meum, nullus lacrymis modus est, nullus dolorum finis est, jam

13. *Retraxi*: ita malo cum Codice 1 Florent. Laurent., sive in-folio, quam *restrinxit* cum Editione Grialii. Ex eodem Ms. substitui *reticere*, ejecto *retinere*, quod in eadem Editione erat, fortasse per errorem; nam in Editione Bignæana jam erat *reticere*. Arev.

15. Al., *alimoniam* pro *eleemosynam*. Mar.

16. Al., *omnes ut mendicantem spernunt*. Mar.

Ibid. Al., *afflicta* pro *astricta*. Ibid. *Non desunt mihi supplicia*. In altero Laurentiano et vetustiori: *Non desunt minus supplicia*. In Hispalensi et Guadalupeo: *Non minus desinunt supplicia*. In Parisiensi: *Non sunt minus supplicia*. Ex Seguntino, Septimancensi et legionensi vera restituta est lectio. Nam etsi in illis hæc desint verba, proxime tamen superius legunt: *Nec desunt mihi tormenta*. Mar.

17. Al., *putredinem*, pro *putredine*. Et *fluvius*, pro *fletus*. Mar.

18. Al., *percussa* pro *præclusa*. Et *perculsus* pro *percussus*. Mar.

19. *Cupienti mori jam liceat occumbere*. In Laurentiano veteri, *cupiente mori jam licet occumbere*. In Guadalupeo, et Hispalensi, *cupienti mori jam libet occumbere*. In cæteris omnia hæc verba desunt. Nos quia neutræ lectioni sententia satis constat, ex utrisque veram, ut credimus, lectionem conflavimus, voce tantum *licet* in *liceat* commutata. De quo lectorem admonendum duximus, ut quanta usi simus religione his libris castigandis non ignoraret. Mar.

20. Al., *miseris* pro *misereri*. Mar.

21. Al., *velox* pro *vel*. Mar.

nulla fiducia est animi, jam ferre non potest animus, jam victus miseriis concidit animus.

480 22. O homo, quid tantum diffidis animo? cur adeo mente debilitaris? cur spem atque fiduciam omnem amittis? cur animo tantum diffunderis? quare tanta pusillanimitate dejiceris? quare in adversis adeo frangeris? Omitte tristitiam, desine tristis esse, tristitiam repelle a te, mœstitiæ noli succumbere, noli te multum dare mœstitiæ, repelle a corde tuo dolorem, ab animo exclude dolorem, inhibe doloris impetum, non perseveres in dolore, vince animi dolorem, supera mentis dolorem.

23. Qualiter? quo pacto? quomodo? quemadmodum? qua ratione? qua arte? quo consilio? quo ingenio?

24. Omni ope, omni vi, omni ingenio, omni virtute, omni arte, omni ratione, omni consilio, omni instantia sume luctamen contra corporales molestias; esto in cunctis casibus firmus, patienter tolera omnia, omnia adversa æquo animo tolera. Noli singularem tuam conditionem attendere, non est tua a te sola pensanda acerbitas, non est sola tua a te consideranda calamitas; respice similes aliorum casus, intende miserias eorum quibus acerbe aliquid accidit; dum tibi aliena pericula memoras, mitius tua portas; aliorum enim exempla dolorem relevant, alienis malis facilius consolatur homo.

25. Quid incusas acerbissima tua decreta? quid causas tui periculi tantum luges? non sunt nova tua supplicia, habes exempla calamitatis. Quanti tales casus, quanti talia pericula pertulerunt? Patienter ab uno ferendum est quod multis accidit tolerabile. Pœna hujus vitæ brevis est, et qui affligit et qui affligitur, mortalis est. Tribulatio hujus temporis finem habet.

26. Transeunt omnia sæculi hujus, nec permanent; omne quod venit stare non potest. Nihil est tandiu, nihil tam longum, quod non brevi finiatur, omnia sub cœlo finem suum habent; impossibile est ut homo sis, ut non gustes angustias: dolor, et tristitia omnibus communia sunt, omnia in hoc sæculo eventu simili sustinemus. Nemo in perpetuum expers mali est, nemo est qui in **481** hoc sæculo non doleat, nullus est qui in hac vita positus non suspiret: vita ista lacrymis plena est, vita ista a fletibus inchoat; qui nascitur a fletu incipit vivere, flentes projicimur in hanc miseram vitam, ipse ortus sequentium dolorum est gemitus.

27. Interpone ergo tibi rationem, particeps esto A rationis, prævaleat tibi ratio, tempera animum ratione, animam ratio confirmat, vim tanti mœroris reprimat ratio; confirmato animo, nullum periculum pertimescis. *Oportet nos per multas tribulationes intrare in regnum Dei* (*Act.* XIV, 21). *Non sunt condignæ passiones hujus temporis ad futuram gloriam, quæ revelabitur in nobis* (*Rom.* VIII, 18); quod in præsenti est, momentaneum est, et leves tribulationes in nobis: quod æternum est, supra modum est, pondus excellens gloriæ; utilis est tribulatio, utiles sunt hujus vitæ pressuræ.

28. Malorum pravitas non te occidit, sed erudit; pravorum adversitas non te dejicit, sed extollit; humana tentatio arguit te, non interficit; quantum enim in hoc sæculo frangimur, tantum in perpetuo sæculo B solidamur; quantum in præsenti affligimur, tantum in futuro gaudebimus. Si hic flagellis atterimur, purgati in judicio inveniemur. Semper Deus hic vulnerat quos ad salutem perpetuam præparat. In fornace probatur aurum, tu, ut sorde careas, tribulationis camino purgaris, ut prior appareas, persecutionis igne conflaris, ut omnium peccatorum sorde purgeris, ad probationem sunt ista omnia quæ sustines.

29. Non igitur murmures, non blasphemes, non dicas: Quare sustineo mala? cur affligor? ut quid mala patior? sed magis dic: Peccavi, ut eram dignus recipio. Æqualem vindictam peccati mei non sentio, minus percussum me quam merebar agnosco, juxta modum criminis minor est retributio ultionis, secundum meritum peccatorum dispar est causa pœnarum, C non sunt tanta supplicia quanta exstiterunt peccata. Qui enim in flagellis murmurat, Deum **482** contra se plus irritat, furorem Dei amplius provocat, iram Dei indignantis plus sibi exaggerat.

30. Qui vero adversa patienter tolerat, Deum citius placat. Si enim vis purgari, in pœna te accusa, et Dei justitiam lauda; ad purgationem tuam proficit, si ea quæ pateris ad justitiam Dei retuleris, si pro irrogata injuria humilis Deum glorificaveris. Corripit enim te Deus flagello piæ castigationis, exercet in te disciplinam, et qui parcendo te ad se revocabat, feriendo clamat, ut redeas. Cogita, o homo, quoslibet mundi cruciatus, intende animo quascunque sæculi pœnas, quoscunque tormentorum dolores, quascunque dolorum acerbitates; compara hoc totum gehennæ et leve est D omne quod pateris; si times, illas pœnas time; istæ temporales sunt, illæ æternæ; istæ finem habent, illæ perpetuæ sunt; in istis moriendo tormenta recedunt, in illis moriendo æternus dolor succedit.

22. Al., *spei fiduciam* pro *spem, atque fiduciam*. MAR.

Ibid. Ratio. Alii habent: *Hinc ratio homini respondet*. Et deinde, *Hinc homo rationi respondet*. AREV.

24. Al., *temporales* pro *corporales*. MAR.

25. Al., *aliorum* pro *calamitatis*. MAR.

26. Al., *nihil est diu, nec tam longum*. MAR.

27. Al., *pertimesces* pro *pertimescis*. Et *introire* pro *intrare*. MAR.

Ibid. Quod in præsenti est, etc. Alludit ad locum Pauli, I Cor. IV, 17. Parisiensis legit: *Quod in præsenti est tribulationis in nobis, momentaneum est, et leve; quod æternum est in nobis, supra modum est, pondus excellens gloriæ*. Quæ lectio etsi non incommoda visa est, secuti eam non sumus, quoniam omnes veteres Codices discrepabant. MAR.

Ibid. Confirmat. Fortassis, *confirmet*. Alii omittunt *animam ratio confirmat*. Mox pro *et leves tribulationes in nobis*, al. *et leve tribulationis in nobis*; al., *in nobis quod leve cum multas tribulationes operatur*. AREV.

30. Al., *miseria* pro *injuria*. Et *revocavit* pro *revocabat*. MAR.

Ibid. Humilis Deum glorificaveris; al., *humiliaberis, a Deo glorificaberis*. AREV.

31. Si enim conversus fueris, emendatio est quod pateris; conversum namque flagella a peccatis absolvunt, converso instantes plagæ proficiunt ad purgationem. Qui enim hic castigatus corrigitur, illic liberatur; qui vero nec sub flagello corriguntur, et temporali pœna, et æterna damnantur, et in hoc prius judicantur sæculo, et illic denuo in futuro. His duplex damnatio est, gemina his percussio est, quia et hic habent initium tormentorum, et illic perfectionem pœnarum. Vide quia manus Dei te tradidit ad pœnam.

32. Scito autem, o homo, nullum tibi adversari potuisse, nisi Deus potestatem dedisset; nec habuisset in te potestatem adversarius, nisi permitteret Deus, universa quæ tibi accidunt absque Dei non veniunt voluntate, iniquorum potestas super te ex Dei datur licentia. Omnes qui tibi adversantur Dei consilio faciunt, manus Dei te ad pœnam tradidit, indignatio Dei te affligere jussit. Ipse iratus jussit te omnia mala experiri, nam et quod infirmaris, quod carnis morbis afficeris, quod corporis debilitatibus frangeris, quod languorum stimulis cruciaris, quod passionibus animi quateris, **483** quod mentis angustia torqueris, quod grassante impugnationis spiritu agitaris, et hoc ipsum tibi pro peccato tuo divina justitia irrogat, et ipsum pro culpa tibi divini judicii infertur sententia.

33. Omnis enim adversitas rerum delictorum tuorum meritis excitatur, tua contra te dimicant arma, sagittis tuis confoderis, telis tuis vulneraris; per quæ enim peccasti, per hæc et torqueris (*Sap.* XI, 17). Secutus es carnem, flagellaris in carne, in ipsa gemis in qua peccasti, in ipsa cruciaris in qua deliquisti, ipsa tibi est censura supplicii, quæ fuit causa peccati; unde corruisti ad vitia, inde luges tormenta.

34. O homo, discute conscientiam tuam, intende mentem tuam, examina te, loquatur tibi cor tuum, considera meritum tuum; juste argueris, juste flagellaris, justo judicio judicaris, procella justa te conterit, justitiæ pœna te premit, nihil enim bonum agis, nihil rectum, nihil æquum, nihil justum, nihil sanctum, nihil in te sanctitatis est, nihil pudoris, nulla memoria dignitatis, nihil Deo dignum.

35. Quotidie peccas, quotidie laberis, quotidie præceps in deterius vadis: elatio tua non recedit, superbia tua non deponitur, tumor et jactantia non cohibentur, rapit te quoque furor, inflammat ira, clamor excitat, commovet indignatio, paratus semper ad iram supra modum irasceris, super mensuram animi furore moveris, zelare bonis solitus, invidere melio- A ribus solitus, alienis virtutibus semper invidus, alienis felicitatibus semper æmulus.

36. Quem non lacerasti? cui unquam non detraxisti? cujus non obruisti vitam? cui non jactasti infamiam? fallax, inconstans, infidus, avarus, tenax, sterilis, inhumanus, infructuosus; non est in te ulla misericordia, cecidisti in concupiscentiis sæculi, et defluxisti in cupiditatibus mundi; flagras in terreno amore; congeris res perituras, nescit satiari cupiditatis tuæ sitis; novis te **484** quotidie peccatis involvis, novis facinoribus vetera auges, non diluis scelus, sed dilatas, nec satias unquam flammam libidinosæ concupiscentiæ.

37. O te infelicem, non te pudet per multas aspergi libidines; corruptor libidinose, luxuriose adulter, sic B in libidines perduras? sic in flagitio perseveras? sic in luxuria permanes? sic in carnali amore persistis? Heu! quandiu, quousque errabis? quem ad finem te effrenata trahet luxuria? jam tandem peccare quiesce, jam tandem desine a scelere, aliquando mores malos commuta in melius.

38. Cur in peccati sordibus manes? cur in voluntate peccandi persistis? noli diu errare miser, de malo jam mutare in melius: pone peccato finem, pone legem nequitiæ, habeat culpa modum, habeat iniquitas terminum; delictorum tuorum considera magnitudinem; culpas tuas saltem verberatus agnoscito.

39. Heu me! heu infelicem me! heu miserum me! nesciebam quod pro mea iniquitate percutior, ignoC rabam quod pro meo merito judicor; quod istum judicium de mea sit injustitia, tu mihi manifestasti, tu mihi indicasti, tu mihi notum fecisti, per te cognovi; quod nesciebam, jam pro certo scio, jam certum habeo; jam me non latet, manifestum est mihi satis, satis mihi est cognitum, perpensum mihi est satis, jam exploratum est mihi, occultum mihi jam non est, jam mihi non est ambiguum, jam mihi non est absconditum.

40. Inde est, homo, inde omnis ista calamitas, inde ista acerbitas, inde est ista crux, inde est ista pœna, inde ista ærumna; tibi notæ sunt causæ, non ex aliquo casu, non ex quolibet eventu, non ex quolibet fortuitu, iste languor propriæ culpæ est, ista ægritudo propriæ iniquitatis est. An aliud tibi videtur? an aliD ter putas? an aliter existimas? an aliter sentis? an aliter contueris? an aliud judicas? an aliud deputas?

41. Nihil sane, nihil prorsus, nihil penitus, nihil omnino, nihil **485** habeo, quod contradicam: cedo

32. Al., *consilium*, pro *consilio*. Et *impugnatione spiritum*, pro *impugnationis spiritu*. MAR.

Ibid. Aliquando in textu Grialii desunt litteræ notarum indices. Itaque ex conjectura et aliis Mss. notas Marianæ ordinavi. AREV.

35. Al., *non residet* pro *non recedit*. AREV.

36. Al., *obrisisti*. Al., *obrasisti*. Al. *horruisti*. Al., *abrosisti*, pro *obruisti*. Et *concupiscentias* pro *concupiscentiis*. Et *expleri*, pro *satiari*. MAR.

Ibid. Alii, *cui non obruisti vitam*, fortasse melius quam *cujus*, etc. Deinde pro *novis te quotidie*, etc., alii, *non minuis facinora, sed auges, et amplificas; non exstinguis in te peccatum, imo, quantum potes, vivificas, nec satias unquam*, etc. AREV.

38. *Verberatus agnoscito.* Alii addunt, *Emenda, dum tempus est. Homo, vide ne ulterius peccando in deterius vadas.* AREV.

41. *Quis istud negat?* In Mejoradæ Codice, et altero Laurentiano addebatur: *Nesciebam, quod justo judicio* (fortasse *justum judicium*) *de mea sit injustitia, tu mihi manifestasti, per te cognovi, quod antea nesciebam.* Quæ verba ut addititia, in hunc locum rejicienda putavimus. MAR.

veritati, negare non possum, fateor esse verum; quis hoc dubitat? quis istud ambigit? quis istud negat?

42. Si ita est, si ita existimas, si certum habes, si perpensum est, si exploratum est, aufer a te jam vitium, a vitio et peccato te retrahe; fuge jam vitæ maculam, fuge vitii cultum, crimen remove a te; a vanitatis te malo coerce; fuge turpitudinem vitæ, puritatem vitæ tene; veteres maculas ablue.

43. Bene dicis, bene doces, bene instruis, bene admones, bene persuades, bene instituis; et ego optabam a peccati nexu resolvi, cupiebam a consuetudine mala retrahi, desiderabam a vitio et peccato recedere, quærebam usum nequissimum superare. Sed heu! difficile est pravam consuetudinem vincere, pravus usus vix aboletur, assidua consuetudo in naturam convertitur, assiduo usu in naturam mutatur vitium, animus sceleribus astrictus divelli ab eis vix potest; tanta sunt in me vitia, ut vix evelli possint, vix credo peccata mea ullo spatio temporis exolescere.

44. Ultro me miserum antea vitiavi, spontaneo me dudum studio pollui, proprio me prius arbitrio perdidi, propria voluntate me maculavi. Bonus eram, sponte mea ad peccatum dilapsus sum; liber eram, sponte mea factus sum debitor mortis. Infelix ego, peccatum sponte mihi primus ipse paravi, ego prius occasionem peccandi amplexus sum, nunc peccati usu astrictus detineor, mala consuetudo me sibi graviter implicavit, usus peccandi necessitatis vinculis me astrinxit; a delicto discedere volo, nec valeo.

45. Quæro a lapsu resurgere, et non valeo usui repugnare. Trahor boni amore, retrahor malæ consuetudinis lege. Longa consuetudo in me jus sibi et legem fecit, longus peccandi usus me superatum obtinuit. Peccata mea consuetudine duruerunt. Volo agere bonum, sed desideria consueta non permittunt. Consuetudine peccandi, quando nescio, sic delinquo; peccati usu, quando non opto, incurro; repugnante carnali consuetudine implere bona non valeo, pravo usui contraire nitor, sed carnis desiderio aggravor; ad justitiam me amor erigit, sed ad peccatum consuetudo constringit.

486 46. Relucta contra malam consuetudinem, contra consuetudinem peccandi tota virtute repugna; vince usum carnalem etiam cum dolore; perniciosam consuetudinem vince, quamvis cum difficultate, quamvis cum dolore usui malo resiste. Propone tibi adversus præsentis carnis ardores futuri supplicii ignem, superet æstum libidinis recordatio æterni incendii, memoria ardoris gehennæ ardorem excludat luxuriæ.

47. Fornicationis pœnam metus gravioris supplicii vincat, fortior dolor dolorem minorem exsuperet. Patienter leviora portabis, si graviora fueris recordatus. Versetur ante oculos tuos imago futuri judicii, prævide quæ postmodum eris passurus. Futuram Dei sententiam cogita, futura Dei judicia super te formida; terreat te gehennæ metus, terreat te futuri judicii sententia, revocet te pœnarum terror a culpa.

48. Vitæ tuæ terminum quotidie intuere, omni hora habeto mortem præ oculis, ante oculos tuos tenebrarum semper versetur adventus. De morte tua quotidie cogita, finem vitæ tuæ semper considera, recole semper diem mortis incertum; esto sollicitus, ne subito rapiaris: quotidie dies ultimus appropinquat, vitam nostram quotidie dies aufert, quotidie ad finem tendimus, quotidie viam vitæ transimus, ad mortem quotidie properamus, ad vitæ terminum quotidie tendimus, momentis decurrentibus ad finem deducimur.

49. Nescimus quid nobis hodie contingat, nescimus quando extremum vitæ tempus adveniat. Ignoramus si hac nocte animam nostram conditio mortis reposcat. Finis noster nobis absconditus est, venturi exitus ignorantia nobis incerta est. Improvisus est mortis occursus, incertus est eventus et finis omnium. Dum nescimus, repente mors venit; dum non existimamus, improviso tollimur; dum ignoramus, repente subtrahimur. Timeamus ne dies illa, tanquam fur, nos comprehendat (*I Thess.* v, 2), ne nos turbo divini judicii dum ignorantes diripiat, ne nos repentinus interitus auferat, ne ignorantes subito calamitas comprehendat.

487 50. Spiritus, qui ad peccandum succendit, peccantem sæpe subito rapit; qui viventes inflammat, morientes subito devorat; qui inflectit ad vitia, pertrahit subito ad tormenta. Quantos ad pœnam mortis improvisa calamitas stravit? quantos improvisus exitus rapuit? quanti subito subtracti deficiunt? quanti, dum mori non existimant, auferuntur? quanti ad mortem subito rapiuntur? quanti repente ad æterna supplicia deducuntur? Aspice ergo ex alieno tormento quod timeas. Respice in alieno exitio quod pavescas, vita foveam, in quam vides coram te alium cecidisse, pericula aliena in te pertimesce. Alienos casus tua fac esse pericula; morientis vocatio tua sit emendatio; aliorum perditio tua sit cautio.

51. Retrahat te a peccato impiorum interitus. Abstrahat te a culpa pereuntium pœna, delinquentium

42. *Vitium, a vitio.* Al., *vitium crimen remove a te, a vanitatis te malo coerce, a vitio.* AREV.

43. Al., *valde difficile est.* Et *elui*, pro *evelli.* MAR.

44. *Sic*, pro *sibi.* MAR.

Ibid. Proprium arbitrium pro *libero* sumi, notatum fuit a Bignæo. AREV.

46. Al., *ignem* pro *æstum.* MAR.

Ibid. Remedium id esse contra concupiscentias et voluptates, Bignæus ad marginem advertit. AREV.

47. Al., *provide*, pro *prævide.* MAR.

48. Al., *pœnarum*, pro *tenebrarum.* MAR.

49. Al., *hominum*, pro *omnium.* Et *interitus incautos auferat.* MAR.

Ibid. Occursus. Al., *occasus.* AREV.

50. Al., *trahit*, pro *stravit.* MAR.

51. Alii, *dum est licentia, pœnitent te, festina dum potes.* Pro *obsorbeat* alii *absorbeat*, sed illud genuinum videtur. Multa hujusmodi verba præpositione *ob* composita esse constat, quæ librarii commutarunt. Vide commentar. ad Prudentium. pag. 623. AREV.

finis te corrigat, reproborum interitus te adducat ad pœnitentiam. Iniquorum pœna ad tuam salutem proficiat; quod male fecisti dum potes emenda, dum potes a vitio et a peccato te revoca, dum tempus est clama, dum datur spatium luge, dum est licentia pœnitere festina, dum potes plange; dum adhuc anima versatur in corpore, dum adhuc vivis, remedium tibi futurum acquire, priusquam te dies mortis præveniat, priusquam te profundum absorbeat, priusquam te infernus rapiat, ubi jam nullus est indulgentiæ locus, ubi nulla pœnitentiæ patet libertas, ubi nulla correctionis datur licentia, ubi nullus est ad confessionem recursus, ad veniam nullus regressus.

52. Verum dicis, verum loqueris, narras mihi quod opportunum est; informas me quod magis mihi expediat: nihil est melius, nihil gratius, nihil acceptius, nihil jucundius; nihil me magis delectat, nihil me magis gratificat. Id solum quæro, ecce scio, novi, didici istud. Illud item quæro, illud scire volo, illud nosse maxime cupio, si est spes in confessione, si est fiducia, si est remissio, si est venia, si est indulgentia, si est locus per pœnitentiam regredi ad justitiam.

488 53. Est plane, est utique, est prorsus, est procul dubio, est profecto. Confessio sanat, confessio justificat, confessio peccati veniam donat, omnis spes in confessione consistit, in confessione locus misericordiæ est. Certissime igitur crede, nullo modo hæsites, nullo modo dubites, nullatenus de misericordia Dei desperes. Habeto spem in confessione, habeto fiduciam. Non desperes remedium sanitatis; non desperes salutem, si ad meliora convertaris. Qui enim veniam de peccato desperat, plus se de desperatione quam de commisso scelere damnat.

54. Desperatio auget peccatum, desperatio pejor est omni peccato. Corrige igitur te, et indulgentiæ habeto spem. Depone injustitiam, et spera vitam; depone iniquitatem, et spera salutem. Nulla tam gravis culpa est quæ non habeat veniam; quamvis enim peccator sis, quamvis criminosus, quamvis sceleratus, quamvis infinitis criminibus nefandis oppressus, non denegatur tibi pœnitentiæ locus: facile pœnitentibus divina clementia subvenit, per pœnitentiam indulgentia datur, per pœnitentiam delicta omnia absterguntur.

55. Heu miserum me! spem perdideram, fiduciam amiseram, diffideram animo, fractus fuerat animus, in desperationem pene conciderat animus. Jam regressus sum ad spem, jam recepi fiduciam, spem indulgentiæ jam habeo, de pietate Dei spero, de bonitate Dei non dubito, habitabo in spe, erexit me ad spem pietas ejus, dedit mihi spem vitæ in pœnitentia. Si Deus igitur respexerit, si in auxilium mihi accesserit, si ad implendum quod cupio adjuverit, hoc facere decrevi, hoc statui, defixum hoc in animo meo est, evelli hoc ab animo meo non potest.

56. Deus tibi optata tribuat, Deus votis tuis faveat, Deus votorum tuorum te compotem faciat, Deus voluntatem tuam in bono perficiat, Deus vota tua confirmet, Deus votis tuis suffragetur, **489** Deus tibi quod optas concedat, Deus tibi ad vota tua accedere faciat, omnia Deo favente agas; ergo age dum licet, dum mors moratur. Si igitur cordi est, si in voluntate est, si voti est, si animi est, si desiderii est, ora, pete, obsecra, ne taceas, erumpe in vocem, clama fortiter, plange iniquitates tuas, mala scelerum tuorum deplora, quæ pravo gessisti fletibus dilue; quæ illicite commisisti, lacrymis ablue: ploratu scelera dilui solent, mala quæ gessisti flendo commemora. Reatus tui dolorem plange, pœnam tuam flendo cognosce, lamenta pœnitentiæ te lavent, mœroris tui unda te irriget, compellat te plangere fluvius lacrymarum.

57. Heu mihi infelix anima! in tantis peccatis, in tantis criminibus, in tam multis iniquitatibus, quid primum plorem? quid primum plangam? quid lugeam prius? quas lacrymas sumam? non sufficit memoria referre tantorum criminum gesta. Peccata quoque mea mihi sensum doloris tulerunt, hebetudine cordis coagulatæ sunt lacrymæ, obriguit animus, nullo mœrore compungitur.

58. Anima mea in stuporem conversa est, insensata facta est anima mea. O lacrymæ, ubi vos subduxistis? ubi estis fontes lacrymarum? ubi es mœroris unda? ubi estis lamenta? Redite, obsecro, lacrymæ, movemini fontes lacrymarum, aspergite me fletibus, fluite super faciem meam, humectate maxillas meas, genas meas irrigate; date mihi planctum amarum, inter omnes enim ego gravius corrui, inter omnes deterius cecidi. Omnium impiorum pœnas scelere meo vici, tartarea tormenta vix malis meis sufficiunt.

59. Non est peccatum super peccatum meum, non est iniquitas super iniquitatem meam, nequiorem me cunctis peccatoribus penso. Comparatione mea

52. Al., *in me*, pro *me*. Et *id nosse tantummodo cupio*. Mar.

Ibid. *Informas me*. Sic dici solet *informare animum*, et *artes*, *quibus puerilis ætas informari solet*, etc. Arev.

53. Al., *sed ad meliora*, pro *si ad meliora*. Mar.

Ibid. Confessionis fructus hoc loco a Bignæo indicatur. Arev.

54. Al., *grandis*, pro *gravis*. Mar.

55. Al., *id desperatione*, pro *in desperationem*. Mar.

56. Al., *dele*, pro *dilue*. Et *plorata* pro *ploratu*. Mar.

Ibid. Alii: *Desiderii est, ergo age, dum licet, dum sors moratur, ora*. Et postea, *flendo commemora* pro *fletibus dilue*. Et in fine, *lacrymarum, ploratu scelera dilui solent*. Arev.

57. Al, *metu*, pro *mœrore*. Mar.

59. *Levior est peccato meo pœna*, etc. Multæ sententiæ ex Isidori Synonymis adoptatæ videntur ab Urbano VIII, in oratione ab ipso edita in fine Breviarii Romani, et ad confessionem sancti Petri in templo Vaticano in tabella descripta: *Si pensamus malum, quod fecimus, minus est quod patimur, majus est quod meremur. Gravius est quod commisimus, levius est quod toleramus*, etc. Arev.

nullus iniquus est, juste pœnas debitæ infelicitatis exsolvo, juste tantis suppliciis conteror, ex meo peccato mala mihi omnia advenerunt. Deus juste me affligit, justo judicio rependitur factis meis congrua vicissitudo, minus tamen retribuitur mihi quam ipse deliqui, peccatorum meorum minor vicissitudo rependitur, plagæ meæ culpa mea durior invenitur, **490** levior est peccato meo pœna damnationis meæ; gravius est quod admisi, levius est quod tolero. Gravior est culpa quam feci, minor vindicta quam perfero. Penso malum quod gessi, non est tantum quod patior.

60. Levior est plaga mea pondere peccatorum meorum. Aliud est prorsus, aliud, quod amplius me affligit, quod me magis contristat, quod me magis perturbat, quod me magis terrificat, cui simile malum nullum est, cui incomparabilis omnis pœna est, quod omnibus suppliciis antefertur, quod antecedit cuncta tormenta, quod exsuperat omnia mala.

61. Heu anima! quid est quod multum metuis? quid est quod te magis corripit? quid est quod ad mœstitiam te amplius impellit? quid amplius formidas? quid amplius pavescis? quid amplius metuis?

62. Metuo diem judicii, metuo diem tenebrarum, diem nebulosum, diem amarum, diem durum. Perpendo quidem malum quod tolero, sed amplius quod restat formido, lugeo, quæ in hac vita jam patior, sed post hanc ne graviora patiar pertimesco. Sententiam licet jam tolerem in pœna, tormenta tamen gehennæ formido ex culpa. Jam præsens pœna me laniat, sed futura magis conturbat. Gravia sunt quæ sustineo, graviora quæ in perpetuum pertimesco; de præsentibus quidem pœnis doleo, sed de futuris amplius ingemisco.

63. Succurre mihi, Deus meus, antequam moriar, antequam mors me præveniat, antequam me tartara rapiant, antequam me flamma comburat, antequam me tenebræ involvant. Subveni prius quam ad tormenta properem, priusquam gehennæ ignibus devorer, priusquam sine termino crucier, reus enim timore judicii tui terreor, pavore peccati iram tuam formido, immanitate sceleris examen tuum trepidus conscientia metuo.

64. Si enim justus vix salvabitur, ego impius ubi ero? quid **491** faciam, dum venerit tremendi formido judicii? cum examen judicii venerit, quid respondebo (*Job* XXXI, 14)? quid ero dicturus, cum ante tribunal Christi fuero præsentatus? Væ diem illum, quando pec-

A cavi! væ diem illum, quando transgressus sum! væ diem illum, quando malum expertus sum! Utinam non illuxisset mihi! utinam non fuisset ortus super me! utinam super me non apparuisset! O dies detestanda! o dies abominanda! o dies penitus nec dicenda! quæ me in hoc sæculum protulit, quæ mihi claustra partus aperuit, quæ ortus mei ostia reseravit. Dies illa a luce in tenebras permutetur, profunda illam caligo confundat, æterna illam cæcitas obruat, amittat temporis statum, omni memoria exstinguatur, nullis digna sæculis memoretur.

65. Melius mihi fuerat non esse ortum, melius non fuisse genitum, melius non fuisse in hoc sæculo procreatum, quam æternos perpeti cruciatus. Flete me, cœlum et terra; lugete me, omnes creaturæ; plorate B me, omnia elementa; ingemiscite super me, universum genus, et quo potestis vitæ sensu, super me lamentum effundite; peccavi enim crudeliter, lapsus sum fortiter, cecidi graviter, corrui miserabiliter, nullum invenitur peccatum cujus sordibus non sim coinquinatus. Nullus est morbus vitiorum a quo non contraxerim contagium, nulla sordium sentina exstitit quæ in me miserum non confluxerit.

66. Probrosus, sceleratus, flagitiis cunctis obrutus, innumerabiliter frequentavi impudicitiam fœditatis. Ut bene viverem ultro promisi, quod pollicitus sum nunquam servavi. Semper ad peccatum meum redii, semper delicta mea iteravi, prioribus sceleribus semper deteriora conjunxi; nunquam in melius mores C mutavi, nunquam a malis factis recessi; plurimos etiam maculavi me perdens, plurimos pravis moribus ad iniquitatem converti, scelere meo multæ animæ perierunt, exemplis vitæ meæ multi subversi sunt, ego multis causa mali exstiti, per me multorum propositum maculatum est, per me nomen sanctitatis laceratum est.

492 67. Orate pro me ad Dominum, omnes viri sancti; obsecrate pro me, plebs omnis sanctorum; implorate pro me, omnis chorus justorum; si forte misereatur mihi Deus, si forte recipiat me, si forte deleat peccatum meum, si forte auferat iniquitatem meam, si misericordiam præstet mihi; iratus enim est super me nimis, complevit furorem suum in me, effudit iram indignationis suæ super me propter mul- D titudinem iniquitatis meæ, quia creverunt aversiones, quia multiplicatæ sunt prævaricationes meæ. Væ mihi! quia consumptus sum; væ mihi! quia defecit

61. Al., *malum* pro *multum*. MAR.

62. Al., *post hanc vitam, ne*. Et *futura pœna magis*. MAR.

63. *Succurre mihi*, etc., usque ad finem num. 74, *peccatorum meorum vincula*. Hæc est *oratio, vel confessio beati Isidori*, a Constantino Cajetano edita, tanquam opus aliquod Isidori, a cæteris diversum, ut dixi in Isidorianis, cap. 81, n. 33, quamvis Cajetano haud ignota fuerint Isidori Synonyma, ut initio hujus operis annotavi. AREV.

64. Al. *omnis memoria ejus*, pro *omni memoria*. MAR.

Ibid. Cajetanus, *tremendi hora judicii*. AREV.

65. Textus apud Cajetanum alicubi discrepat, ut hoc loco post *perpeti cruciatus* addit: *Optabam a peccati nexu resolvi, cupiebam a consuetudine mala retrahi, desiderabam a vitio recedere; sed difficile est peccandi consuetudinem vincere*, etc. Sic fere alia petita ex numeris 44 et 45, usque ad *consuetudo constringit. Flete me, cœlum et terra*, etc. AREV.

66. Forte, *impudicitiæ fœditatem*. AREV.

67. Hic etiam quædam interseruntur apud Cajetanum: *Prævaricationes meæ. Ideo implorate pro me Dei omnipotentis misericordiam, omnes chori beatorum. Intercedite pro me, omnis multitudo electorum, ne infundat omnipotens Deus super me iram indignationis suæ propter multitudinem iniquitatum mearum. Væ mihi! Domine*, etc. AREV.

anima mea, afflicta mœrore, contrita luctu, extenuata gemitu.

68. Quis miserebitur tui, anima? quis consolabitur te? quis dabit lamentum pro te? magna est, sicut mare, contritio tua (*Thren.* II, 13), afflictio tua sicut pelagus sæviens, dolor tuus quasi fluctus tumens; quæ tempestas non irruit super te? quæ procellæ non acciderunt tibi? omnes molestiarum rivi, omnes turbulentissimæ tempestates super tuum caput intonuerunt, plena es angustia et miseriis, plena es fluctibus, plena es tempestatibus anima.

69. Ubi es, custos hominum? ubi es, Redemptor animarum? ubi es, pastor? cur sprevisti me? cur avertisti faciem tuam a me? ut quid longe factus es a me, consolator animæ meæ? Revertere jam, Deus meus, non me obliviscaris in finem, non me in perpetuum deseras, non me ad perdendum in potestate dæmonum derelinquas. Licet offensa sit gravis, tu autem clemens, tu pius, tu multæ miserationis, nullum relinquis, nullum spernis, nullum detestaris, nullum recusas a misericordia, sed ultro offers clementiam. Peccantes exspectas ut redeant.

70. Quanti enim scelerati, quanti luxuriis dediti, quanti concupiscentiis sæculi saginati, bonitate tua ad indulgentiam pervenerunt? Multis non merentibus gratis peccata donasti, ostende et in me clementiam tuam, pateat et mihi venia, pateat indulgentia, **493** non abneges uni, quod plurimis es largitus. Scelera mea non defendo, peccata mea non excuso, displicet mihi quod feci, displicet quod peccavi. Offensam fateor, errorem confiteor, culpam agnosco, vocem confessionis aperio. Suscipe, quæso, clamorem confitentis; attende, Domine, vocem deprecantis. Audi vocem peccatoris clamantis.

71. Peccavi, Deus, miserere mei; peccavi, Deus, propitiare mihi. Parce malis meis, ignosce peccatis meis, indulge sceleribus meis, deleat culpas meas gratia tua. Sana animam meam, quia peccavi tibi (*Psal.* XL, 5). Si enim iniquitates recordatus fueris, quis sustinebit (*Psal.* CXXIX, 3)? Ad examen tuum nec justitia justi secura est. Quis enim justus qui se audeat dicere sine peccato? quis præsumat coram te aliquid de justitia? nullus hominum absque peccato, nullus mundus a delicto, ecce inter sanctos nemo immaculatus. Ecce, qui servierunt Deo, non fuerunt stabiles, et in angelis reperta est pravitas (*Job* IV, 18). Astra immunda sunt coram te, cœli non sunt mundi in conspectu tuo (*Job* XV, 15); quanto magis ego abominabilis, et putredo, et filius hominis, vermis, qui hausi quasi gurges peccatum, et bibi quasi aquas iniquitatem, qui commoror in pulvere (*Job* VII, 21), qui habito in domo lutea, qui terrenum habeo fundamentum

72. Memorare, Domine, quæ sit mea substantia (*Psal.* LXXXVIII, 48), memento quia terra sum, memento quia pulvis et cinis sum (*Gen.* XVIII, 27), operi manuum tuarum porrige dexteram (*Job* XIV, 15). Consule infirmæ materiæ, succurre carnali fragilitati, infirmæ conditioni. Pateat regressus salutis, pateant tibi vulnera mea. Coram te est ægritudo mea, tu vides quantum sauciatus sum, et languidus, medicinam qua saner tribue, medelam qua curer impende; refice infectum vitiis, reforma corruptum peccatis. Exstingue in me flammam concupiscentiæ. Jacula ignita diaboli me ultra non penetrent, non exardescant in me ulterius.

73. Tu enim scis tentationes quas porto. Tu scis fluctus quos patior. Tu nosti tempestates quas tolero, ubi lapsus sim, ubi defluxus sim, ubi infelix demersus sim, tu scis. Incurri enim negligens in ruinam. **494** Corrui incautus in turpitudinis foveam, decidi in cœnum flagitiorum, descendi in profundum malorum miser; erue animam meam captivam ab inferis, erue me de immanissimo abysso. Non me concludat profundum, non mihi deneget exitum.

74. Ecce dies metuendus jam imminet, jam dies ultimus appropinquat, jam instat limes vitæ, nihil superest mihi præter tumulum, nihil superest præter sepulcrum (*Job* XVII, 1); parce mihi, antequam eam; munda me ab iniquitate mea, antequam ab hac vita egrediar. Solve, priusquam moriar, peccatorum meorum vincula.

75. Commotus ad lacrymas tuas, ad fletus tuos compunctus sum; lamentatio tua me resolvit, lamentatio tua lacrymas mihi exigit; lamentando ad lacrymas me coegisti, lamentando ad fletum me commovisti; ad lamentum tuum lacrymas fudi, ad planctum tuum in lacrymas resolutus sum. Deus tibi veniam tribuat, Deus tibi culpas tuas parcendo ignoscat. Peccata tua Deus a te suspendat, peccata tua laxando dimittat, criminum tuorum maculas abluat, ab omni te mali labe detergat, liberet te ab imminenti peccato.

76. Age itaque jam ut oportet, age ut decet, age ut dignum est, age ut rectum est, age ut æquum est. Propone ut ulterius non pecces; ne ultra delinquas statue. Cave culpas tuas iterare, cave mala repetere, ad vitium ex quo te abscidisti non revoces, quod

68. Al., *ingruit*, pro *irruit*. MAR.
Ibid. *Omnes molestiarum rivi.* Al., *omnes moles molestiarum.* AREV.
69. Al., *recludis*, pro *recusas*. MAR.
70. Al., *satiati*, pro *saginari*. MAR.
Ibid. In Editione Grialii, *mœrentibus*, pro *merentibus*. AREV.
71. Al., *dele*, pro *parce*. Et *recordaberis*, pro *recordatus fueris*. MAR.
Ibid. Verba e sacris Scripturis allegata non plane respondent Vulgatæ, verum Isidorus solum sensum voluisse exprimere videtur. AREV.

72. Al., *libidinosæ concupiscentiæ.* MAR.
73. Pro *tempestates*, Cajetanus et alii, *tempestationes.* AREV.
74. Al., *maculam*, pro *vincula*. MAR.
Ibid. Apud Cajetanum et quosdam mss. Codices ita desinit oratio, sive confessio Isidori: *Solve, priusquam moriar, peccatorum vincula, Trinitas sancta, qui vivis et regnas in unitate deitatis per omnia sæcula sæculorum.* Amen. AREV.
75. Forte, *exigit*, pro *excutit*. MAR.
76. Al., *a quo*, pro *ex quo*. MAR.

deliquisti non iteres, transacta mala non repetas. A Post lapsum denuo non delinquas, non te polluas post lamentum, post pœnitentiæ luctum non redeas ad peccatum, non denuo committas deplorata delicta.

77. Ne rursus facias quod iterum plangas, ne culpam pro qua veniam postulas iterare præsumas: inanis est pœnitentia quam sequens culpa coinquinat, vulnus iteratum tardius sanatur, frequenter peccans et lugens vix veniam meretur. Nihil prosunt lamenta, si replicantur peccata. Nihil valet veniam a malis poscere, **495** et mala denuo iterare. Persiste ergo in confessione, esto in pœnitentia fortiter confirmatus.

78. Vitam bonam quam cœpisti tenere non desinas. Propositum vitæ bonæ conserva jugiter. Beatus eris, si permanseris; beatus, si perseveraveris; tunc erit perfectum opus tuum, si usque in finem duraveris. Salus perseverantibus promittitur, præmium perseverantibus datur: *Beati qui custodiunt judicium, et faciunt justitiam in omni tempore* (*Psal.* cv, 3). Non est beatus qui bonum facit, sed qui incessabiliter facit. *Qui enim perseveraverit usque ad finem, hic salvus erit* (*Matth.* x, 22.)

77. *Inanis est pœnitentia quam sequens culpa coinquinat*, etc. Gratianus, de Pœnitentia, d. 3. c. cui initium est *Inanis*, hunc locum transtulit in suum decretum, tanquam August. in lib. Soliloquiorum, nimirum hoc opus soliloquia a quibusdam vocabatur, ut initio dictum est, et Augustino tribui solitum. Petrus etiam Blesensis Gratiano ferme æqualis ostendit simili errore hunc ipsum locum Augustini nomine citans tractatu de confessione. Pro *esto*, al. *ista*. Mar.

78. Al., *deseras*, pro *desinas*. Et, *salus inchoantibus* pro *salus perseverantibus*. Mar.

LIBER SECUNDUS.

496 1. Quæso te, anima, obsecro te, deprecor B te, imploro te, ne quid ultra leviter agas, ne quid inconsulte geras, ne temere aliquid facias, ne repetatur malum, ne renascatur peccatum, ne redeat iniquitas, ne recurrat malitia, ne denuo exoriatur nequitia, ne resumat injustitia vires.

2. Scito, homo, temetipsum; scito quis sis, scito cur ortus sis, quare natus sis, in quem usum genitus sis, quare sis factus, qua conditione sis editus, aut quare sis in hoc sæculo procreatus; memento conditionis tuæ, naturæ tuæ ordinem serva. Esto quod factus es, qualem te Deus fecit, qualem te factor condidit, qualem te creator instituit.

3. Serva rectam fidem, tene sinceram fidem, custodi intemeratam fidem, maneat in te recta fides. Sit in te incorrupta confessionis fides, nulla te insipiens doctrina decipiat, nulla religio perversa corrumpat, nulla pravitas a fidei soliditate avertat. Nihil temere de Christo loquaris, nihil de Deo pravum, nihil impium sentias, nihil perverse sentiendo in dilectione ejus offendas. Esto in fide justus, habeto fidem rectam, conversationem sanctam, quam invocas fide, non abneges opere, ab omnibus quæ lex vetat abstine, omnia quæ Scriptura prohibet cave.

4. Non delinquas in opere, qui in fide perfectus es. Fidem turpiter vivendo non polluas, fidei integritatem pravis moribus non corrumpas, nihil contra præceptum Dei facias; vive in bono, nullo adjuncto malo, bonos mores nulla conversatio mala coinquinet, opera recta sinistra facta non maculent; non admisceas virtutibus vitium, non adjungas bonis malum, malum mistum bonis contaminat plurima bona. Unum malum multa bona perdit. Qui in uno peccaverit, eum omnibus vitiis subjacere scito (*Jac.* ii, 10).

497 5. Per unum enim peccatum multæ justitiæ pereunt. Per unum malum multa bona possunt subverti. In id, quod delectatur corpus, animum non declines, carnali delectationi consensum non præbeas. Non des animam tuam in potestatem carnis, refrena mentem ab appetitu illius. Cor tuum quotidie discute, cor tuum quotidie examina, privata examinatione occultorum tuorum latebras discute. A cogitatione noxia custodi animam tuam, mentem tuam C turpis cogitatio non subripiat; discerne cogitationes tuas, quid vites, quid facias; munda conscientiam tuam a peccato.

6. Sit animus tuus ab omni pollutione purgatus. Sit mens tua pura, nullæ ibi sordes resideant. Sic vitium absterge a te, ut nec animo quidpiam apud te remaneat. Scito te de cogitationibus judicandum. Deus conscientias judicat. Deus non solum carnem, sed et mentem examinat. Deus judex et de cogitationibus judicat animam. Quando titillat prava cogitatio, non consentias illi. Quando suggerit aliquid illicitum, non ibi teneas animum; primam peccati suggestionem contemne, non sinas eam in corde tuo manere. Quacunque hora venerit, expelle illam;

2. In Grialii Editione erat *esto quod factus est*, per errorem, ut ex antiquioribus Editionibus colligitur, in quibus invenitur *factus es*. Arev.

3. Al., *incorruptæ*, pro *incorrupta*. Et *in fide recta*, pro *fidem rectam*. Mar.

Ibid. Forte, *quem invocas fide*. Arev.

5. *In id, quo delectatur corpus*. Omnes Codices habebant, *in id quod delectatur corpus*, ego legendum judicabam *in id quo delectatur corpus*, aut *in id quod delectat corpus*, et paulo inferius, ubi ait, *Mentem tuam turpis cogitatio non subripiat*, legendum putabam *non subrepat*, quo loquendi modo inferius etiam ipse Isidorus utitur. Verum hunc posteriorem locum D sine exemplari mutare ausus non sum, priorem autem, Cassiodori præcepto animatus, libro de divinis lectionibus, cap. 15, mutavimus; conjectura ducti *d* litteram, unde incipit vox, *delectatur*, librariorum vitio fuisse geminatam. Mar.

Ibid. Cod. Florent. in-4°, *in id, quod delectet corpus*. Retinui *quod delectatur corpus*; quæ locutio non est inusitata in mss. operibus Isidori, et fortasse eumdem auctorem habet, ut notavi in lib. ii Sentent., cap. 6, num. 1. Arev.

6. Al., *te tangit*, pro *titillat*. Et *subjerit*, pro *suggerit*. Et *pravam*, pro *primam*.

ut apparuerit scorpio, contere eum. Caica serpentis caput, calca pravæ suggestionis initium.

7. Culpam ibi emenda, ubi nascitur; in ipso initio cogitationi resiste, et evades cætera. Adversus initium cogitationis decerta, et vinces; caput cogitationis exclude, et cætera superantur. Si expuleris cogitationem a corde, non prorumpit in opere. Si cogitationi non consenseris, operi cito resistes; quem delectatio non rapit, consensio sibi non subdit. Non enim potest corpus corrumpi, **498** nisi prius animus corruptus fuerit. Dum anima labitur, statim caro ad peccandum parata est. Anima enim carnem præcedit in crimine, nihilque potest caro facere, nisi quod voluerit animus; munda ergo a cogitatione animum, et caro non peccat; si enim volueris, te omnino superare non poterit.

8. Audi, anima, quæ loquor, ausculta quæ dico, attende quæ moneo; nulla jam immunditia polluaris, nullà libidine maculeris, ab omni te carnis corruptela suspende, ab omni carnis corruptione te subtrahe. Luxuria in te ultra non invalescat. Libido ultra non te devincat. Custodi a fornicatione corpus tuum. Ne ulla unquam carnali cogitatione inquineris; fornicatione contaminari deterius omni peccato puta, omnibus peccatis fornicatio major est.

9. Grave peccatum est fornicatio. Fornicatio universa antecedit mala. Fornicatio gravior est morte; melius est mori quam fornicari, melius est mori quam libidine maculari, melius est animam effundere quam eam per incontinentiam perdere. Continentia hominem Deo proximum reddit, continentia hominem Deo proximum facit, ubi manserit continentia, ibi et Deus permanet.

10. Castitas hominem cœlo jungit, castitas hominem ad cœlum trahit. Castitati cœli regnum promittitur. Castitas hæreditatem **499** cœli suppetere facit. Libido vero in infernum mergit hominem, libido ad tartára hominem mittit, ad pœnas tartari hominem libido perducit.

11. Quod si adhuc carnis molestias sentis, si adhuc carnis stimulis tangeris, si adhuc libidinis
A suggestione pulsaris, si animum tuum adhuc fornicationis titillat memoria, si adhuc caro te impugnat, si te adhuc luxuria tentat, si adhuc libido invitat, memoriam mortis tibi objice, diem exitus tui tibi propone, finem vitæ tuæ ante oculos adhibe; propone tibi futurum judicium, propone tibi futura tormenta, propone tibi futura supplicia, propone tibi infernorum perpetuos ignes, propone tibi gehennæ pœnas horribiles.

12. Ora lacrymis indesinenter, ora jugiter, precare Deum diebus ac noctibus, sit sine cessatione oratio, sit frequens oratio, sint orationis arma assidua, oratio non deficiat, insiste orationi frequenter, incumbe orationi assidue, geme semper, et plange, surge in nocte ad precem, vigila et ora, pernocta in
B oratione, et prece, incumbe nocturnis vigiliis. Ad modicum clausis oculis rursum ora, oratio frequens diaboli jacula submovet.

13. Oratio continua diaboli tela exsuperat. Hæc prima virtus adversus tentationum incursus. Hæc prima tela adversus hostium tentamenta. Immundos spiritus precum expellit frequentia, immundos spiritus orationis evincit instantia. Dæmonia oratione vincuntur, oratione dæmonia superantur, omnibus malis prævalet oratio.

14. Adime quoque tibi saturitatem panis, parcimonia tuum corpus castiga, jejuniis et abstinentiæ inservi, pallida ora gere, aridum porta corpus. Esuri et siti, abstine et aresce; non potes tentationes vincere, nisi jejuniis erudiaris. Escis enim libido cre-
C scit, ciborum saturitas carnis luxuriam suscitat, edacitatis vitio crescit carnis tentatio, saturitati libido semper adjuncta est, at contra **500** jejunio libido restringitur, jejunio luxuria superatur, sequestrata saturitate, non dominatur luxuria.

15. Abstinentia enim carnem superat, abstinentia luxuriam frenat, libidinis impetum abstinentia frangit, libidinis virtutem abstinentia solvit; sitis et fames carnis luxuriam interimunt, fames et sitis carnis lasciviam superant. Vino quoque multo gravatur mens. Vinum virus est in animo. Vino luxuria excitatur.

7. Al., *certa*, pro *decerta*. MAR.

Ibid. *Si enim volueris, te omnino superare non poterit*. Varia Codicum lectio est. Nonnulli habent : *Si enim volueris, vinci omnino non poteris*. Quidam : *Si enim volueris, vinci animo non poteris*. Laurentianus vetustior, cui multum in aliis fidebamus : *Si enim volueris, te omnino non poterit*. Nostra lectio ex Navarrico Codice, qui non minori auctoritate nec vetustate erat, desumpta est. Suspicabar tamen veram hujus loci lectionem esse : *Si enim volueris, vinci omnino non poteris*. MAR.

Ibid. *In ipso initio*, etc. Notum est illud Ovidii, quod etiam Thomas de Kempis in aureo suo libello de contemptu mundi adoptavit :

> Principiis obsta : sero medicina paratur,
> Cum mala per longas invaluere moras.

Illud obiter notandum multas Synonymorum sententias in laudato libro de Contemptu mundi fuisse adoptatas. Caput autem *Non potest* exstat in Gratiani Decreto, 32, q. 5. Pro *decreta* diversa lectio in nota Marianæ erat *cætera*; sed legendum opinor *certa* · ita enim in quibusdam Mss. legitur, et inde notam correxi. Infra : *Te omnino*, etc. Al., *te animo perdere non poteris, vel vinci animo non poteris*. Sic enim interdum in Mss. duæ diversæ lectiones conjunguntur. AREV.

D 10. Al. *castis*, pro *castitati*. — *Suppetere facit*. Sic Codex Navarricus legebat, nisi quod addebat *hominem*. Alii legunt *suppetere cupit*. Laurentianus vetustior *hæreditatem cœli suppetere* habet, nullo alio verbo addito. In Laurentiano altero recentiori totum illud, *Castitas hæreditatem cœli suppetere facit*, desiderabatur. MAR.

Ibid. *Castitas.... facit*. Al., *castis hæreditas cœli suppetit*. AREV.

11. Al., *tibi præpone finem*. MAR.

12. Al., *et ora per noctem*, pro *et ora, pernocta*. MAR.

Ibid. Exstat hoc caput de Oratione in libro de Contemptu mundi Isidori nomine edito. AREV.

14. Pro *restringitur*, melius fortasse erit *restinguitur*. AREV.

15. Al., *multum*, pro *multo*. Et *generatur*, vel *excitatur*, pro *pullulat*. MAR.

Vino fomes libidinis enutritur. Venis vino repletis, luxuria in membris pullulat; pocula quippe instrumenta luxuriæ sunt. Igni enim adjecto fomite magis crescit incendium; adjecta igni materia, plus augetur flamma.

16. Oculi quoque prima tela libidinis; visio prima concupiscentia mulieris, mens enim per oculos capitur. Aspectus namque amoris jacula mittit, concupiscentiæ libidinem nutrit aspectus; mentem illicit, animam titillat, cor vulnerat. Subtrahe igitur visum, reprime oculos a petulantia, nec eos figas in specie carnis. Nullam attendas ad concupiscendum; nullam hoc animo inspicias, ut concupiscas; tolle occasionem peccandi, aufer materiam delinquendi.

17. Si vis esse a fornicatione tutus, esto corpore et visione discretus, corpore quippe sejunctus a peccati intentione discedis. Circa serpentem autem non eris diu illæsus; ante ignem consistens, etsi ferreus sis, aliquando dissolveris; proximus periculo diu tutus non eris, per assiduitatem cito peccat homo.

18. Sæpe familiaritas implicuit multos. Sæpe occasio peccandi voluntatem facit. Sæpe, quos voluntas non potuit, assiduitas superavit. Otiositati deditum cito luxuria subripit. Vacantem luxuria cito præoccupat. Gravius libido urit quem otiosum invenerit. Cedit autem libido rebus, cedit operi, cedit industriæ, et labori, libidinem quippe carnis sæpe labor evincit, corpus enim labore fatigatum minus delectatur flagitio.

19. Quapropter præcave otium, non diligas otium, non ducas in otio vitam, fatiga corpus laboribus, exerce operis cujuslibet studium, quære tibi opus utile, quo animi infigatur intentio, cum opere **501** vaca lectioni, vaca in lege Dei, vaca in meditatione Scripturarum; habeto in divinis libris frequentiam, assiduitas legendi sit tibi, sit tibi frequens lectio, sit quotidiana legis meditatio. Lectio vitæ demit errorem, lectio a mundi subtrahit vanitate, lectione sensus et intellectio augetur; lectio docet quid caveas, lectio ostendit quo tendas. Multis proficis, cum legis, si tamen facias quod legis. ⊢ Jam etsi cætera bona placent, si et alia grata sunt, si in voluntate sunt, si in voto sunt, si in bonis cunctis animus est intentus, si in bonis cunctis animus est paratus.

20. Esto humilis, esto in humilitate fundatus, esto omnium ultimus, et novissimus, humilitate minimum te fac, nulli te præponas, nulli te superiorem deputes, æstima, omnes superiores esse tibi, omnimo te minimum existima, inferiorem te omnibus deputa. Quamvis summus sis, humilitatem tene; si humilitatem tenueris, habebis gloriam; quantum enim humilis fueris, tantum te sequetur gloriæ altitudo.

21. Cave autem jactantiam, cave ostentationis appetitum. Cave gloriæ inanis studium, non te arroges, non te jactes, non te insolenter extollas. Alas superbiæ non extendas, elationis pennas non erigas, nihil de te præsumas, nihil tibi boni tribuas, de justitiæ virtute nulla elatione superbias, de bonis factis non extollaris, de bono opere non glorieris; descende, ut ascendas; humiliare, ut exalteris, ne exaltatus humilieris; qui enim attollitur humiliatur, qui exaltatur dejicitur, qui elevatur prosternitur, qui inflatur alliditur; de excelso gravior casus est, de alto major ruina est, initium enim peccati superbia.

22. Superbia angelum deposuit, tumor regna dissolvit, elatio excelsos dejecit, arrogantia sublimes humiliavit, humilitas autem casum nescit, humilitas lapsum non novit, humilitas ruinam nunquam incurrit, nunquam lapsum passa est humilitas. Cognosce, **502** homo, quia Deus humilis venit, et quia se in forma servi humiliavit, factus obediens usque ad mortem (*Philipp.* II, 8); ambula sicut et ille ambulavit, sequere ejus exemplum, imitare vestigia ejus, existe vilis, existe abjectus, existe despectus, displice tibi, despectus esto apud temetipsum.

23. Qui enim sibi vilis est, ante Deum magnus est; qui sibi displicet, Deo placet; esto igitur parvus in oculis tuis, ut sis magnus in oculis Dei. Tanto enim eris ante Deum pretiosior, quanto fueris in oculis tuis despectior. Porta quoque verecundiam in vultu de recordatione delicti, porta pudorem in facie de memoria commissi peccati. Peccati pudore oculos tuos attollere erubesce. Incede deposita facie, mœsto ore, abjecto vultu, perculso corde, lugubri veste, sacco involutus, opertus cilicio corpus: fatiscentes artus cilicium et cinis involvat, squalentia et tabescentia membra saccus operiat, exustum corpus luctuosus habitus tegat.

24. Terra sit tibi incessanter cubile, stratus humus: pulvis es, in pulvere sede; cinis es, in cinere sede semper lugens, semper mœrens, semper gemens, semper suspiria cordis emittens; sit compunctio in corde, sint gemitus crebri in pectore; frequenter oculis lacrymæ profundantur, ad lacry-

16. Al., *amor*, pro *amoris*. Mar.

18. Fortasse *voluptas*, pro *voluntas*. Et *subrepit*, pro *subripit*. Mar.

19. Al., *implicetur*, pro *infigatur*. Et *quid teneas*, pro *quo tendas*. Mar.

Ibid. Jam etsi cætera bona placent. Hæc erant in omnibus Codicibus, præterquam in Septimancensi, et Seguntino, quibus quoniam non fidebamus, cum multa in iis aliis etiam locis desiderentur, obelo notasse contenti fuimus, tanquam non satis, neque cum superioribus, neque cum iis quæ sequuntur, cohærentia. Mar.

Ibid. Alii ita distinguunt: *Quod legis, si jam et cætera bona placent*, etc. Atque ita hæc cum præcedentibus minus male cohærent. Arev.

21. Al., *de justitia et virtute*, pro *de justitiæ virtute*. Mar.

22. Al., *ambula in humilitate, sicut*. Mar.

23. Al., *semper*, pro *quoque*. Et *percusso*, pro *perculso*. Et *involuto*, pro *involutus*. Et *exhaustum*, pro *exustum*. Mar.

Ibid. Incede deposita, etc. Al., *incede deposita facie, abjecto vultu ambula, humiliato ore. Cilicium et cinis corpus tuum involvat, squalentia et tabescentia membra saccus operiat*, etc. Arev.

24. Al., *vive*, pro *sede*. Et *oculi lacrymis perfundantur*. Mar.

mas esto paratus; dilige lacrymas, suaves sint tibi lacrymæ; delectet te semper planctus et luctus. Planctum et compunctionem fac tibi semper: planctum et lacrymas nunquam deseras. Tantum sis promptus ad lamenta quantum fuisti pronus ad culpam; qualis fuit tibi ad peccandum intentio, talis sit ad pœnitendum devotio; ita revertere, sicut in profundum recesseras: secundum morbum impertienda est medicina, juxta vulnus sunt adhibenda medicinæ remedia. Gravia peccata grandia lamenta desiderant.

25. Nulla te res de peccato securum faciat, nulla tibi securitatis deceptio blandiatur, nulla securitas deceptum a pœnitentiæ intentione suspendat. Incessanter in corde tuo spes et formido consistant. Pariter sint in te timor atque fiducia, pariter spes et
503 metus; sic spera misericordiam, ut justitiam metuas; sic te spes indulgentiæ erigat, ut metus gehennæ semper affligat.

26. Timor enim semper emendat, timor expellit peccatum; timor reprimit vitium, timor cautum facit hominem atque sollicitum; ubi vero timor non est, ibi dissolutio vitæ est; ubi timor non est, ibi perditio mortis est; ubi timor non est, ibi scelerum abundantia est. In infirmitatibus tuis non contristeris, in languoribus gratias age Deo. Valere te animo magis opta quam corpore, valere magis mente quam carne, adversa corporis remedia animæ sunt. Ægritudo carnem vulnerat; mentem curat; languor enim vitia excoquit, languor vires libidinis frangit.

27. Si prosperitas arriserit; non extollaris; si adversitas acciderit, non dejiciaris; si felicitas eluceat, non sis jactans; si calamitas contigerit, pusillanimis non existas. Habeto temperamentum in prosperis, habeto patientiam in adversis. Probari te in dolore cognosce, ne frangaris. Probari te in prosperitate cognosce, ne exalteris: æqualis esto in omnibus. Mentem nec gaudio, nec mœrore commutes; omnia æquali jure sustine, nulla insolentia commuteris.

28. Nullus te casus imparatum inveniat, nullus sit casus quem non meditatio tua præveniat. Propone tibi nihil esse quod non accidere possit, præmeditare contra omnia fortuita, futuras semper commentare miserias. In secundis meditare quo pacto adversa feras; ne aliquid adversum accidat, semper animo cogita. Sapientis est periculi prævidere jacturam. Omnia meditata leviora accidunt, expectata mala tolerabiliter feruntur. Cedit adversus casus consilio; præexspectata res non admiratur, cum acciderit. Advenientes impetus meditatio frangit. Præcogitatio

A futuras molestias attenuat, prævisio malorum lenit adventum, inopinatum autem malum fortiter ferit.

29. Acerba sunt quæ cogitata non fuerunt; graviа existunt, in quibus improvisi incurrimus. Improvisa mala graviter feriunt, repentinum malum cito frangit, quod provisum non est vehementer 504 affligit. Subita maris tempestas terrorem exsuscitat. Improvisus hostis male perturbat, inopinatus hostis facile opprimit. Omnia repentina graviora existunt. Quæ repente accidunt, graviora occurrunt. Et ad bona igitur, et ad mala præpara cor tuum, et bona et mala prout tibi evenerint porta, et adversa et prospera utcunque occurrerint tolera; quodcunque evenerit, mente libera sustine

30. Si prævenerit iracundia, restringe illam; si
B præoccupaverit, mitiga eam. Tempera furorem, tempera indignationem, cohibe animi motum, refrena iracundiæ impetum. Si non potes iram vitare, vel tempera; si non potes furorem cavere, vel cohibe: promptior esto ad suscipiendam quam ad inferendam molestiam. Disce mala magis tolerare quam facere, disce mala ferre potius quam referre. Cave ne sis ultor injuriarum tuarum.

31. Esto patiens, esto mansuetus, esto mitis, esto modestus. Serva patientiam, serva modestiam, serva mansuetudinem. Stude patientiæ et mansuetudini, despice probra illatæ contumeliæ. Irrisionem despiciendo exsupera, dissimulando errores detrahentium calca, contumelias detrahentium patientia supera. Sagittas contumeliæ clypeo patientiæ frange. Præ-
C para contra asperum verbum tolerantiæ clypeum, contra linguæ gladium patientiæ scutum præbe.

32. Quamvis quisque irritet, quamvis incitet, quamvis exasperet, quamvis insultet, quamvis lacessat, quamvis convicietur, quamvis criminetur, quamvis ad litem provocet, quamvis ad jurgium provocet, quamvis convicium dicat, quamvis injuriam faciat, quamvis afficiat contumeliis, tu sile, tu tace, tu dissimula, tu contemne, tu non loquaris, tu exerce silentium. Injuriatus non respondeas, convicium non retorqueas, contumeliam non repetas. Tene silentii patientiam, tacendo citius vinces.

33. Disce a Christo modestiam, disce tolerantiam, Christum attende, et non doleas injurias. Pro nobis namque passus, nobis 505 reliquit exemplum (*I*
D *Pet.* II, 21), palmis enim percussus, flagellis cæsus, sputis derisus, clavis confixus, spinis coronatus, cruci damnatus, semper conticuit. Magna est virtus, si non lædas, a quo læsus es; magna est fortitudo, si etiam læsus remittas; magna est gloria, si cui

25. Al., *de justitia*, pro *justitiam*. MAR.
27. Forte, *ore*, aut *corde*, pro *jure*. Et *ad nullam insolentiam*, pro *nulla insolentia*. MAR.
28. Al., *tolerabilius*, pro *tolerabiliter*. Et *prospecta*, vel *perspecta* pro *præexspectata* MAR.
Ibid. Sapientis est periculi prævidere, etc. Al., *sapientia est sæculi prævidere*, etc. AREV.
29. *In quibus incurrimus*; fortasse, *in quæ incurrimus*. AREV.
30. Al., *vetare*, vel *vincere*, pro *vitare*. MAR.

31. Al., *opprobria*, pro *probra*. Pro *errores*, forte *irrisiones*. MAR.
Ibid. Irrisionem despiciendo. Al., *irrisionum probra despiciendo*. AREV.
32. Al., *rependas*, pro *repetas*. Et *vincis*, pro *vinces*. MAR.
33. Al., *tibi convicíatur*, pro *conviciaris*. MAR.
Ibid. Alii, *disce a Christo misericordiam; et modestiam, disce patientiam, et tolerantiam*. Grialii Editio, *non doles injurias*. AREV.

potuisti nocere parcas. Quando enim conviciaris, A propter peccata tua contigit tibi; quando injuriaris, mala tua id faciunt. Quidquid tibi contigit adversum, pro tuo peccato existima evenire; consideratione ergo justitiæ dolorem tempera.

34. Levius portabis, si pro quibus infertur intenderis; cum ergo derogatur tibi, tu ora; cum maledicitur tibi, tu benedic maledicenti, benedictionem oppone, irascentem patientia delinire, blandimento iracundiam furentis dissolve. Vince nequitiam lenitate, vince bonitate malitiam, inimicos pacis omni modestia placa; mala aliorum tuo bono supera, tranquilla mente illatas contumelias porta; aperi tranquillo corde dolorem; injuriæ vulnus, quamvis grave sit, apertum evaporat, valde autem comedit animum vulnus inclusum, B quanto enim magis id tegis, tanto maxime auges; aperi ergo hoc gravato animo, et non te excrucia.

35. Si contristaveris in aliquo fratrem tuum, satisfac illi. Si peccaveris in eum, age pœnitentiam coram illo, si offenderis quemquam, repropitiare eum prece. Perge velociter ad reconciliationem offensionis tuæ, cito veniam postula; non dormias, nisi revertaris ad pacem; non requiescas, nisi reconciliatus fueris fratri. Revoca eum celerrimo dilectionis affectu. Revoca eum humilitate ad gratiam; humili te illi affectu prosterne, supplici animo veniam deprecare. Petenti quoque tibi veniam libenter indulge; poscenti indulgentiam placanter dimitte, revertentem statim amplectere. Redeuntem confestim benigna suscipe charitate. C

36. Dimitte, ut dimittatur tibi. Ignosce, ut ignoscatur tibi, peccanti **506** in te non retribuas secundum culpam, sciens quia et in te venturum est judicium. Non enim habebis indulgentiam, nisi dederis; et si ille non supplicet, si sibi dimitti non postulet, si deprecandi humilitatem non subeat, si peccatum suum mala conscientia non agnoscit, tu relaxa ex corde, tu dimitte ex animo, tu gratis indulge, tu veniam propria tua voluntate concede. Dolorem in corde non reserves, dolorem in animo non retentes, aufer a corde fraternam offensionem, alienæ nequitiæ non reserves dolorem. Odium enim hominem a regno Dei separat, a cœlo subtrahit, a paradiso ejicit, odium nec passione adimitur, nec D martyrio expiatur, nec fuso sanguine deletur.

37. Quid zeli referam ignem? invidia cuncta virtutum germina concremat, invidia cuncta bona ardore pestifero devorat. Hæc primum sibi nocet, primum se mordet, primum suum auctorem rodit. Invidia est animi tinea, sensum comedit, pectus urit, mentem afficit, cor hominis, quasi quædam pestis, depascit. Occurrat igitur contra zelum bonitas, adversus invidiam charitas præparetur; de bono alterius non doleas, de alterius profectibus non tabescas, nullius prosperitate lacereris, nullius felicitate crucieris, nullius invidentiæ facibus agiteris.

38. Pacem ama, pacem dilige, pacem cum omnibus retine, omnes in mansuetudine et charitate amplectere; proba te amplius amare quam ipse amaris; non sis in pace infidus, non sis levis in amicitia. Retine semper vinculum constantiæ, odientes ad pacem invita, discordantes ad concordiam revoca, dissidentium corda pace concilia, habeto placabilitatem mentis, habeto animi benignitatem, promptus esto in affectu, affabilis in sermone, grato animo affare omnes; nullus existat sermo jurgiorum, qui concordiam dividat.

39. Fuge rixas, vita lites, cave contentiones, tolle occasionem litis. Litem sperne; vive semper in pace, in nulla causa contendas, in nulla actione decertare studeas. Contentio contradictionem exigit, contentio lites parit, contentio rixas gignit, contentio faces odiorum accendit. Pacem cordis contentio exstinguit, concordiam **507** contentio rumpit. Si ceciderit inimicus tuus, noli gratulari, in ruina adversarii noli extolli; non læteris super inimici interitu, ne superveniant in te similia, ne forte convertat Deus ab eo in te iram suam.

40. Qui enim gaudet de inimici casu, cito incidet in illum: sit magis erga humiliatum humanus affectus, sit erga dejectum compassionis intuitus, delectet te dolere super eum qui afflictus est; condole in alienis calamitatibus, satiare fletibus in alienis mœroribus; non sis durus, non sis ferreus, non sint tibi dura præcordia. Sic alienam miseriam tanquam tuam luge; in tribulatione alterius et tu esto tristis. Cum plangentibus plange, cum flentibus fle, cum lugentibus mentis affectu conjungere.

41. In omnibus actibus tuis, in omni opere tuo, in omni conversatione tua, imitare bonos, æmulare sanctos, habeto ante oculos exempla sanctorum, exempla justorum imitando considera, exempla sanctorum propone tibi, sint tibi patrum exempla disciplinæ incitamenta. Intende ad bene operandum virtutes sanctorum, intende ad bene vivendum documenta justorum; nullum vitæ tuæ scandalizet infamia, nullum opinio contristet adversa; disce bono

34. Al., *lentus*, pro *levius*. Et *grato*, pro *gravato*. Mar.

Ibid. Et non te excrucia. Sic reposui pro *non te excruciat*, quod erat in Editione Grialii. Alii, *non te excrucias*, pro *non te excrucies*. Pro *delinire* initio hujus numeri legi posset *delini*, vel *delinire stude*, ut in libro de Norma vitæ. Arev.

35. Al., *devotionis* pro *dilectionis*. Mar.

Ibid. In nota Grialianæ Editionis erat *repropitia* pro *reconciliationem*; sed legendum opinor *repropitia* pro *repropitiare*, aut *repropitiationem* pro *reconciliationem*. Arev.

36. Al., *detergitur*, pro *deletur*. Mar.

Ibid. In nota Editionis Grialii erat *serves*, non indicato verbo pro quo hæc est varia lectio. In Mss. bis occurrit *serves*, pro *reserves*, quod, ut puto, Mariana voluit. Arev.

37. Al., *invidia sicut animi tinea*. Et *deposcit* pro *depascit*. Mar.

Ibid. Alii, *nullius invidiæ facibus*. Arev.

40. Al., *mentis effectum conjunge, et luge*. Mar.

41. Al., *flagrare*, pro *fragrare*. Et *opprobriis*, pro *opinionibus*. Mar.

fragrare præconio, habeto testimonium bonum, custodi bonam famam tuam, nullis fetoribus obscuretur, nullis laceretur opinionibus. Laceratio enim opinionis boni jacturam facit

42. Cave autem gloriam popularem, vita admirationem vulgi, desine jactare te in adulantium oculis, non sis circumflatus vento favoris. Contemne favores, contemne laudem popularis favoris; esse magis bonus quam videri stude; non exquiras si quis te extollat, aut si quis contemnat; nec favor te seducat, nec vituperatio frangat; qui laudem non appetit, nec contumeliam sentit; si contemnes laudem, facile et vituperationem rejicies. Non ideo te bonum existimes, si bonus prædiceris; in lingua aliena conscientiam tuam interroga; discerne te tuo, non alieno judicio; neque ex alieno sermone, sed ex tua te mente metire; nemo magis scire poterit quis sis, sicut tu, qui conscius es tui; quid enim prodest, **508** dum malus es, si bonus prædiceris? aut quid boni laus pertinet ad te, si aliud es, et aliud esse fingaris?

43. Quapropter vita simulationem, vita fictionem, obscuriori veste non simules sanctitatem; qualis haberi vis, talis esto, professionem tuam et habitu et incessu demonstra, sit in ingressu tuo simplicitas, in motu puritas, in gestu gravitas, in incessu honestas, nihil dedecoris, nihil lasciviæ, nihil petulantiæ, nihil insolentiæ, nihil levitatis in incessu tuo appareat; animus enim in corporis habitu apparet, gestus corporis signum est mentis, corporis gestu animus proditur, corporis gestu animi habitus panditur, incessus ergo tuus imaginem levitatis non habeat, incessus tuus alterius oculos non offendat; non præbeas de te aliis spectaculum, non des aliis de te obtrectandi locum, nec te adjungas levibus personis, nec te admisceas vanis: vita malos, cave iniquos, fuge improbos, pelle ignavos a te; fuge turbas hominum, maxime eius ætatis qui ad vitia proni sunt.

44. Bonis te adjunge, bonorum consortium appete, bonorum societatem quære. Sanctis individue adhære. Si fueris socius conversationis, eris et virtutis; qui cum sapientibus graditur, sapiens erit, qui cum stultis, stultus erit, similes enim similibus conjungi solent. Periculosum est cum malis vitam ducere, perniciosum est cum his qui pravæ voluntatis sunt sociari. Infamiam tibi nutris, si indignis te sociaveris. Melius est habere malorum odium, quam consortium; sicut multa bona habet communis vita sanctorum, sic plurima mala affert societas malorum; qui enim tetigerit immundum, coinquinabitur ab eo; claude etiam aures tuas, ne audias malum.

45. Respue sermones impudicos, fuge inhonesta verba, nulla aures tuas sermonum impudicitia sub- A repat, vanus sermo cito polluit mentem, et facile agitur quod libenter auditur. Nihil ex ore tuo, quod impedire possit, procedat; nihil quod non expedit sonus vocis erumpat; hoc procedat ex labiis, quod aures non polluat audientis. Cavenda est verborum obscenitas, fugienda est turpitudo sermonis, sermo vanus vanæ conscientiæ est index, mores hominis lingua pandit; et qualis sermo ostenditur, talis animus **509** comprobatur; ex abundantia enim cordis os loquitur (*Matth.* XII, 34).

46. Ab otioso sermone compesce linguam, ab otioso verbo reprime linguam. Cave a fabulis ineptissimis, aniles fabulas non loquaris. Turpia et inania verba non garrias, retice verbum quod non ædificat audientes, sermo otiosus non erit absque judicio. B Unusquisque rationem redditurus est sermonum suorum (*Matth.* XII, 36); ante uniuscujusque faciem sua verba stabunt. Qui otiosa verba non reprimit, ad noxia cito transit; qui minima spernit, in maximis facile proruit; minor namque culpa majorem generat; paulatim crescunt vitia, et dum parva non vitamus, in magnis prolabimur; minima igitur vita, et ad majora non pervenies; parva sperne, et in deterius non incides.

47. Ea quæ loqueris gravitate atque doctrina digna existant; sit sermo tuus irreprehensibilis, sit exspectationi audientium utilis: stude dicere, non quod libet, sed quod oportet. Discerne quid loquaris, quid taceas, et in loquendo, et in tacendo peritus esto. Multum ante delibera, quid dicas, ne C revocare non possis. Fuge casus linguæ, lingua tua non te perdat.

48. Tolle insidianti occasionem, non pateat inimici jaculis os tuum, non loquaris quod excipiat adversarius. Amicum semper habeto silentium, pone custodiam ori tuo, labiis tuis signaculum præbe, oppone linguæ tuæ claustra silentii, circumclude linguam munitione custodiæ. Intende opportunitatem loquendi, tempus proferendi sermones inquire, scito quo tempore loquaris, considera quando dicas, tempore congruo loquere, tempore congruo tace.

49. Tace usquequo interrogeris; non loquaris, nisi interrogatus; non dicas, priusquam audias, interrogatio os tuum aperiat, sint verba tua pauca. Tolle verbositatem sermonis superflui, loquendi D modum non excedas, ne immoderatione linguæ incurras periculum, multiloquia non effugiunt culpam, multiloquium non declinat peccatum, fluvius exundans cito colligit lutum, ultra modum flatus maris periculum parit, imbrium nimietas periculum suscitat, linguosus homo imperitus est; sapiens paucis utitur verbis; brevem sermonem scientia facit; loqui multum stultitia est, vox enim insipientis in multiplicatione sermonis. Sit igitur in verbo men-

42. Forte *circumlatus* pro *circumflatus*. Al., *ad rem*, pro *ad te*. MAR.
Ibid. Multa hinc petita sunt ad libellum de norma vitæ Isidori nomine consarcinandum, qui cum hoc eopre conferri potest. AREV.

43. Al., *sperne ignotos*, pro *pelle ignavos*. MAR.
45. Al., *subripiat* pro *subrepat*. MAR.
46. Al., *increscunt*, pro *crescunt*. Pro *sperne*, fortassis *non sperne*. MAR.
47. Al., *non possis quod dcils. Fuge*. MAR.

sura, **510** sit in sermone statera, semper verba tua moderare, modum loquendi non transeas.

50. Abscinde etiam a lingua vitium detrahendi. Alienam vitam non laceres, de malo alieno os tuum non coinquines. Non detrahas peccanti, sed condole; quod in alio detrahis, in te potius pertimesce. Detractio grave vitium est, detractio grave peccatum est, detractio grave crimen est, detractio gravis damnatio est. Hoc omnes reprehendunt, hoc omnes vituperant, hoc fœdius nihil est, hoc summæ turpitudinis est.

51. Canum mos est latrare, canum linguas exerere, canum dente pestifero mordere, soli canes obtrectare noverunt; quando aliis detrahis, te discute; quando alium mordes, tua peccata redargue; si vis detrahere, ad tua te peccata retorque; non alterius delicta, sed propria cerne; vitia tua attende, non alterius. Nunquam detrahes, si te bene perspexeris; de tua igitur correctione esto sollicitus; de tua salute et emendatione esto attentus, detrahentes non audias. Susurrantibus auditum non præbeas.

52. Pari reatu detrahentes et audientes tenentur, utrisque simile discrimen impenditur. Qui detrahentem audit et is qui detrahit æqualiter judicantur; quod ad te non pertinet noli quærere, quid inter se loquantur homines cognoscere nunquam desideres. Noli quærere quid quisque dicat vel faciat; devita curiositatem, omitte curas alienæ vitæ, omitte curam quæ ad causam tuam non pertinet. Nulla curiositas animum tuum capiat, nulla te concupiscentia detestandæ curiositatis subripiat, nec, oblitus tuorum morum, alienos perquiras; tanta cura corrige vitia tua, quanto studio perspicis aliena.

53. Omne quoque genus mendacii summopere fuge; nec casu, nec studio loquaris falsum; nec ut præstes mentiri studeas; nec qualibet fallacia vitam alicujus defendas. Cave mendacium in omnibus, mendacio enim fides tollitur, error inducitur, veritas aboletur; **511** nullum justum mendacium, omne mendacium peccatum est. Omne quod a veritate discordat iniquitas est.

54. Leges sæculi falsarios damnant, mendaces puniunt, fallaces perimunt. Si mendacia apud homines lege damnantur, si fallacia humano judicio plectitur, si falsitas capitali pœna conscribitur, quanto magis ante Deum testem verborum? ante quem et de otioso verbo rationem unusquisque præstabit, ante quem, et pro otioso sermone pœnas quisque luet, *os enim quod mentitur occidit animam;* et: *Perdes eos qui loquuntur mendacium* (*Ps.* v, 7); et: *testis falsus non erit impunitus* (*Proverb.* XIX, 5, 9).

55. Refuge ergo fallaciam, declina mendacium; cave falsum, pure loquere, nunquam mentiaris, esto verax, neminem mentiendo fallas, neminem mentiendo in errorem inducas, nullum circumscribas verbis, nullum fallendo decipias, nullum argumentis verborum mentiendo seducas. Non aliud dicas, et aliud facias; non aliud loquaris, et aliud in animo teneas; præbe affectum sine simulatione, sine fuco exhibe bonitatem.

56. Prohibe etiam tibi juramentum, tolle jurandi usum; jusjurandum interdic tibi; periculosum est enim jurare, assiduitas jurandi perjurii consuetudinem facit. Jurandi usus ad perjurium ducit; sit in ore tuo, *est;* sit in ore tuo, *non est* (*Matth.* v, 37); veritas juramento non indiget; fidelis sermo sacramenti retinet locum, firma etiam sit sacramenti tui fides.

57. Fac bonum quod spopondisti. Non sis in verbis facilis, et in opere difficilis. Coram Deo aliquid facile non promittas; sine consideratione virium nihil voveas; quod non potes facere, non pollicearis. Multum Deo reus eris, si non reddideris quod voveris; displicent Deo qui vota sua non explent.

58. Inter infideles computantur, qui quod voverunt, non impleverunt; melius est enim non promittere quam fidem promissi **512** non exsolvere; melius est enim non vovere quam post votum promissa non reddere (*Eccle.* v, 4). In malis promissis rescinde fidem, in turpi voto muta decretum; quod incaute vovisti non facias, impia est promissio quæ scelere adimpletur.

59. Ante Deum nihil est occultum, verbum iniquum nec in corde tuo dicas: verbum malum nec silentio abscondi putes. Omne verbum absconditum non celabitur; panditur enim in manifesto, quod in

50. *Abscinde.* Al., *abscide.* AREV.

51. Al., *lacerare*, pro *latrare.* Et *oblatrare* pro *obtrectare.* MAR.

Ibid. Quando aliis. Ita reposui ex ms. Cod. Florent. in-8°. Grialius, *quando alio*; nonnulli Mss. *quando alium;* Bignæus, *quando alii.* AREV.

53. *Omne quoque genus mendacii summopere fuge.* Ex hoc loco Gratianus, 22, q. 2, desumpsit caput illud cui initium est *Omne genus mendacii*, unde totum locum castigavimus, nam Codices magnopere variabant: quidam, pro *ut præstet*, legebat *non præstes*, alius *nec per te stes;* et pro *vitam* alii *vitam, vel vitium*, quidam *vitium* tantum habebant. MAR.

Ibid. Codex Regiovat. 254: *Nec ut prosis, mentiri studeas.* Sed *præstes* retinendum, quod idem est ac *prosis.* AREV.

54. Al., *reges*, pro *leges.* Et *constringitur*, pro *conscribitur.* Et *operum* post *verborum.* Et *reddet*, pro *præstabit.* MAR.

55. Al., *a mendacio*, pro *mendacium*.. MAR.

56. Al., *sit in ore tuo est, est, non, non.* MAR.

57. Al., *vero*, pro *virium.* MAR.

Ibid. Nihil voveas. Al., *nihil præsumas.* Al., *nihil voveas, nihil præsumas.* AREV.

58. *In malis promissis rescinde fidem.* Hunc locum eo modo quo nos correximus legunt Gratian., 22, q. 4, c. *In malis*, et Magister Sent., lib. III, d. 39, c. 8, nisi quod pro *non facias*, ut habebant Codices omnes, ipsi legunt *ne facias.* Idem locus citatur ex hoc libro Synonymorum in concil. Tolet. VIII, cap. 2, et quidem in Excusis totidem verbis quot nos posuimus. In duobus Goth. quos ante DC annos descriptos esse constat, ubi nos legimus *in turpi voto muta decretum*, legitur *in turpe votum*, quam lectionem Mejoradæ Codex, et Laurent. alter sequebantur, et fortassis ea est germana Isidori lectio, tametsi mutare nos ausi non sumus. MAR.

59. Al., *absconsum*, pro *absconditum.* Et *deprimitur*, vel *depromitur* pro *deponitur.* MAR.

occulto deponitur; quod intus agis, vel dicis, palam positum puta. Lapides enim quibus consciis loquimur non celabunt, et ipsi parietes quod audierint non tacebunt. Si homines tacent, jumenta loquentur. Ita ergo peccata declina, quasi celare non possis. Ibi pecca, ubi Deum esse nescis: nihil celatur ante Deum, videt occulta qui fecit abscondita.

60. Divinis enim judiciis eris reus, quamvis sis oculis humanis absconditus. Deus ubique præsens est, spiritus ejus totum implet: majestas ejus omnia penetrat elementa, cuncta suæ potentiæ attingit præsentia, extra eum locus nullus est. Cognitioni ejus nihil occultum est, omnia secreta vis virtutis ejus irrumpit, nulla occulta sibi latere patitur, nullis obicibus, ut penetret impeditur. Ipse cogitationes novit, ipse cor inspicit; quod intus agitur aut latet ipse videt, quod intus disponitur ipse comprehendit, etiam quod homo in se ignorat ille novit.

61. Nemo potest etiam semetipsum effugere, et si te non damnat publica fama, condemnat propria conscientia: nulla pœna gravior conscientia; vis autem nunquam esse tristis? bene vive: secura mens tristitiam leviter sustinet, bona vita gaudium semper habet, **513** conscientia autem rei semper in pœna est. Reus animus nunquam securus est, mens enim mala conscientiæ propriis agitatur stimulis. Si enim in bono permanseris, tristitia elongabitur a te; si in justitia perseveraveris, tristitia non occurret tibi; nec plaga, nec mors te terrebit, si bene et pie vixeris.

62. Consilium autem et opus tuum semper ad Dominum converte. In omni opere tuo Dei auxilium posce. Omnia divinæ gratiæ, divino dono ascribe; nihil meritis tuis attribuas, in virtute tua nihil præsumas, in audacia nihil ponas; vis autem virtutes tuas augeri? prodere noli; occulta virtutes pro elatione, absconde bona facta pro arrogantia, fuge videri quod esse meruisti; quod manifestando potes amittere, tacendo custodi; vitia vero cordis tui revela; pravas cogitationes illico manifesta; peccatum enim proditum cito curatur, crimen autem tacendo ampliatur, silentio culpa crescit: si patet vitium, fit ex magno pusillum; si latet, fit ex minimo magnum; si tegitur, magis creditur esse malum; malum autem cavere potius quam emendare oportet; melius est ut vites vitium quam ut emendes, ne forte cum incurreris, revocare non possis.

63. Usus enim difficile vincitur. Consuetudinis vincula vix solvuntur, inolita diu tardius corriguntur. Ancipitem diu delibera sententiam, ante factum cogita diu, ante opus præmeditare diu: matura consilium, ut perficere possis; quod vis agere diu exquire, diu proba, et sic age: cum diu cogitaveris, tunc fac quod probaveris; nihil ex præcipiti magnum, consilii mora melior est. In rebus autem certis bene agendi tarditas removeatur a te, tolle moras, in crastinum nihil differas: in bonis dilatio nocet, in his quod expedit differre impedit; absit in bonis remissa segnities, absit negligentia torpens. Inertis vitium pigritiæ procul sit, vitia cito captant inertes. Per torporem enim vires et ingenium defluunt. Negligentia et torpor dissolvunt animum, desidia natura corrumpitur, desidia frigescit ingenium.

64. Torpor enim exsuperat sensum, hebetudo scientiæ lumen exstinguit: solertia autem sensum meliorem reddit, pejorem facit **514** negligentia, sensum desidia obtundit, segnitiem industria acuit, excellentior fit natura doctrina, ardentius fit ingenium subjuncto studio. Tardiora enim ingenia studiis acuuntur, torporem naturæ industria excitat. Sensus tarditatem assiduitas acuit. Exercitatione proficit sensus, experientia plus scitur. Sæpe natura moribus immutatur, sæpe natura consuetudine superatur, assiduitas enim mores facit. Jugis usus in naturam vertitur. Omnia usui cedunt, usui omnia parent, res ita se agit, ut uteris. Quod cum difficultate cœperis, per usum cum voluptate perficies.

65. Nihil sapientia melius, nihil prudentia dulcius, nihil scientia suavius, nihil stultitia pejus, nihil insipientia deterius, nihil ignorantia turpius; ignorantia mater errorum est, ignorantia vitiorum nutrix. Peccatum magis per ignorantiam prævalet; ignorantia enim quid sit dignum culpa non sentit, ignorantia nec quando delinquit agnoscit. Per imperitiam namque multi peccant, insipiens assidue peccat. indoctus enim facile decipitur. Stultus in vitia cito dilabitur. Prudens autem cito deprehendit insidias, prudens celerius errores agnoscit; noxia non vitamus, nisi per sapientiam.

66. Scientia enim a malis abstinet, sapiens omnia prudenter examinat. Inter bonum et malum sapiens intelligendo dijudicat. Summum bonum est scire quid caveas, summa miseria nescire quo tendas. Dilige ergo sapientiam, et manifestabitur tibi, accede ad illam, et appropinquabit ad te, assiduus esto illi, et instruet te.

67. Disce quod nescis ne doctor inutilis inveniaris; antea esto auditor, postea doctor: per disciplinam nomen magistri accipe; bonum quod audieris dic, bonum quod didiceris doce; discendi et docendi non contemnas studium. Scientiam quam aure concipis

60. Al., *divini enim judicii*, pro *divinis judiciis*. MAR.

Ibid. Al., *forte autem*. Al., *proponas*. MAR.

Ibid. Thomas Gatackerus, lib. I Advers. Misc., cap. 7, ex Isidori Soliloquiis laudat hunc senarium: *Vis lætus esse jugiter? vivas bene.* In indice citat etiam ex Soliloquiis; *Vis nunquam tristis esse? fac, vivas bene.* Vide pag. 86. et 212. AREV.

62. *Revocare non possis.* Al., *revocari consuetudine mala non possis.* AREV.

Al. *obscuratur*, pro *corrumpitur*. MAR.

64. Al., *exasperat*, pro *exsuperat*. Et *suscitatur*, pro *scitur*. Et *res ipsa se agit, ut usus ea eris*. Et *voluntate*, pro *voluptate*. MAR.

65. Al., *ignavia*, pro *ignorantia*. MAR.

66. Al., *quid teneas*, pro *quo tendas*. MAR.

Ibid. Nescire quo tendas. Al., *nescire et penitus ignorare quid teneas, vel quo tendas.* AREV.

ore effunde. Sapientiam cum cæteris impertiris, tibi magis hanc auges; doctrina quanto amplius data fuerit, tanto magis abundat. Sapientia dando largior fit, retinendo minoratur; largiendo redundantior est scientia, et dum plus confertur, plus abundat.

68. Verbum tamen præcedant opera, quæ ore promis, opere 515 adimple; quæ verbis doces, exemplis ostende; esto non solum magister, sed et imitator virtutis. Si doces, et facis, tunc gloriosus haberis. Non enim satis est laudare quod dicis, nisi dictis facta conjunxeris. In doctrina ipsa ab humana laude te tempera. Sic instrue alios, ut te custodias. Sic doce, ut humilitatis gratiam non amittas. Cave ne, dum alios docendo erigis, ipse laudis appetitu demergaris. Cum autem doces, noli verborum obscuritate uti, ita dic, ut intelligaris, nec simplicibus loquendo displiceas, nec prudentes offendas.

69. Juxta sensum audientis erit sermo doctoris, secundum mores est impertienda doctrina. Juxta vulnus adhibenda remedia; variæ voluntates variam disciplinam desiderant; unusquisque secundum professionem suam docendus est. Inspicienda est varietas personarum; unumquemque quomodo erudias tracta; communia omnibus, secreta perfectioribus loquere; aperta cunctis, operta paucis denuntia; quædam enim plurimis, quædam paucis sunt disserenda.

70. In omni tempore paratus esto ad instructionem; nullum tempus sit vacuum, quo non ædifices; nulla hora prætereat, qua doctrinæ studium non conferas, verba bona aperte et constanter prædica, nec erubescas loqui quod nosti defendere; quod deesse tibi scientiæ sentis, quære ab aliis, collatione enim obtecta clarescunt, conferendo difficilia aperiuntur.

71. Nulla autem sit tibi curiositas sciendi latentia. Cave indagare quæ sunt a sensibus humanis remota. Prætermitte, quasi secretum, quod Scripturæ auctoritate non didicisti. Nihil ultra quam scriptum est quæras, nihil amplius perquiras quam divinæ litteræ prædicant. Scire non cupias quod scire non licet: curiositas periculosa præsumptio est, curiositas damnosa peritia est; in hæresim provocat, in fabulas sacrilegas mentem præcipitat, in causis obscuris reddit audaces, in rebus ignaris facit præcipitem.

516 72. In dispositione autem tolle certamen, tolle pertinacem vincendi defensionem, cede cito veritati, non contradicas justitiæ, non contendas evacuare quod rectum est. Jure, non fraude, contende, non te peritiorem aliis judices, nec te ad disputa- A tiones contrarias præpares, nec ut vincas contra veritatem coneris. In omni disputatione tene rationem, disputare stude, non superare; plus dilige audire quam dicere, plus auscultare quam loqui.

73. In principio audi, loquere novissimus; finis plus habet honoris; in omni re finis intenditur, extrema quæruntur. Melior est finis quam principium, melior novissimus sermo quam primus: venerare omnes scientia meliores ac vita; venerare unumquemque pro suo merito sanctitatis. Potiori gradui competentem reverentiam tribue. Juxta dignitatem redde unicuique honorem.

74. Superiori æqualem te non exhibeas. Senioribus præsta obedientiam, famulare imperiis eorum, eorum auctoritati cede; obsequere voluntati. Defer ob- B sequia justa majoribus, obedi cunctis in bonis præceptis. Ita autem obtempera homini, ut voluntatem Dei non offendas.

75. Malum facere jussus, non acquiescas; malum facere jussus, non consentias. Noli in malum potestati cuidam consentire, etiam si pœna compellat, si supplicia immineant; si tormenta occurrant; melius est mortem pati quam perniciosa jussa complere, melius est ab homine jugulari quam damnari æterno judicio; non solum factores, sed etiam conscii peccati tenentur obnoxii, nec enim est immunis a scelere, qui ut fieret obedivit. Similis est qui obtemperat in malo et qui agit malum; facientem et obsequentem par pœna constringit.

76. A subditis venerari magis quam timeri stude, C subjecti plus te revereantur quam metuant, plus tibi officio dilectionis quam conditionis necessitate adhæreant; talem te redde subditis, ut magis ameris quam timearis. Ex reverentia enim amor procedit, 517 odium timor affert; fidem metus tollit, affectus restituit; timor non servat diuturnam fidem. Ubi timor est, audacia sequitur; ubi metus est, desperatio occurrit.

77. Quapropter tempera dominii austeritatem, summa bonitate subditos rege, non sis terribilis in subjectis. Sic eis dominare, ut tibi delectentur servire; et in disciplina, et in modestia modum serva; nec nimium nec parum indulgeas, nec modicum nec satis ignoscas. Tene modum in omni opere, in omni D re tene temperamentum, nihil intemperantius agas, nec minus nec nimium aliquid, nec ultra quam oportet, nec infra; etiam in bonis immoderatum esse non decet.

68. Al., *verba tua*, pro *verbum tamen*. Et *promittis*, pro *promis*. Et *nec simplices loquendo despicias*. Mar.

Ibid. *Laudare quod dicis*. Malim *laudari quod dicis*. In Mss. *e*, et *i* passim confunduntur. Postea quidam Mss. *Cum autem doces cum erudieris, cum instruis, cum admones, noli verborum*, etc. Arev.

71. *In rebus ignaris facit præcipitem*. *Ignarum* dixit pro *ignoto*, qua forma loquendi non parum sæpe Isidorus uti solet. Quo circa hanc lectionem, quæ plurium Codicum erat, Navarrici lectioni prætulimus legentis: *In rebus inanibus facit præcipitem*. Tacitus sæpe *gnarum* et *ignarum* pro *noto* et *ignoto* ponit. Mar.

75. *Sed etiam conscii peccati tenentur obnoxii*. Hanc lectionem ex Septimancensi tantum desumpsimus, nam in aliis legebatur, *Sed etiam conscios peccati tenere vel tenere obnoxios*, quomodo si legas, oratio deficiens redditur, et supplenda vox *puta*, aut quid simile. Mar.

Ibid. *Par pœna*, etc. Vide Dracontium, lib. I, vers. 541: *Sed par sententia damnat, Quos par culpa tenet*, cum nota. Arev.

76. De prælatis hæc fere eadem exstant lib. III Sentent., cap. 48 et seqq. Arev.

77. Al., *in omni opere tuo, in*. Mar.

78. Omnia mediocria utilia, omnia in suo modo A perfecta; quæ cum temperantia fiunt, salubria sunt. Bona autem immoderato usu noxia efficiuntur. Nimietas enim omnis in vitio deputatur; omne autem quod cum moderatione fit salubriter fit, quæ cum temperantia fiunt salubria sunt. Tempera cuncta prudenter, ne de bono fiat malum, perspice quoque quid cui aptum sit tempori, quid ubi, quando, qualiter, quandiu facere debeas.

79. Causas rerum et temporum regulas inspice, singulorum operum discretionem agnosce; diligenter distingue omnia quæ agis; qualiter bonum incipias, qualiter peragas, scito. In omni actione tene discretionem, in nulla re indiscretus appareas. Servi unicuique virtuti congrue in tempore suo; cum bene distinxeris opus tuum, optime justus B eris. Quidquid boni cum discretione feceris, virtus est; quidquid sine discretione gesseris, vitium est.

80. Virtus enim indiscreta pro vitio deputatur, virtus sine discretione vitii obtinet locum; multa sunt consuetudine vitiata, multa pravo usu præsumpta, multa contra pudicos mores illicite usurpata; adime consuetudinem, serva legem; usus auctoritati cedat, pravum usum lex et ratio vincat.

518 81. Quod tibi fieri vis, fac alteri; quod vis ut faciat alius tibi, hoc et tu facito illi: talis esto aliis quales esse optas circa te alios. Testimonio tuo nulli noceas, ad nullius periculum vocem testificationis adhibeas. Sermo tuus nec animæ cujusquam, nec rebus noceat. Quod non vis pati, non facias; quod non vis fieri tibi, alteri nunquam facias; non C inferas alii mala, ne patiaris similia. In te serva modestiam, in aliis serva justitiam, tene juris æquitatem, sequere veritatem judiciorum.

82. Nullum contra veritatem defendas; dum judicas, nullius personæ affectu deflectaris a vero. Pauper an dives sit, causam perspice, non personam. In omnibus veritatem custodi, nulla ambitione vel pretio movearis. Sperne etiam munus, ne per id justitia corrumpatur; munera semper veritatem prævaricant. Cito enim violatur auro justitia, cito corrumpitur munere; de justo judicio temporalia lucra non appetas, pro justitia nullum sæculi præmium quæras. Justitiam pro sola æterna remuneratione distribue.

83. Qui enim præsentia dona affectat, futuram D gloriam non sperat; qui bona hic recipit, ulterius quod exspectet præmium non habet. Dum enim judicas, pro futura mercede judica; ne quæras rependi tibi quod tibi in futuro debetur. Excute manus tuas ab omni munere, si in excelsis vis habitare. In judicio autem sine misericordia nunquam sedeas. Custodi discretionem justitiæ; noli esse justus plusquam justum est (*Eccle.* VII, 17). Omne enim quod nimium est, vitium est. Impia justitia est humanæ fragilitati non ignoscere. Non igitur ames damnare, sed emendare potius, et corrigere.

84. Tene ergo rigorem in discussione justitiæ, in definitione sententiæ misericordiam; judicii examen sequatur pietas, districtionis censuram temperet indulgentia. Ita clemens esto in alienis delictis, sicut in tuis, nec quemquam districtius quam te judices; nec aliter te, aliter alios penses. Sic alios judica, ut ipse judicari cupis. Dum enim indulges alieno peccato, tibi misereris. Quo **519** jure in alium statueris, eo jure teneberis. Qua lege et pœnæ conditione quempiam judicaveris, eadem et ipse judicandus eris. Lex tua te constringit.

85. Judicium quod aliis imponis, ipse portabis; in quo enim judicas, ipse damnandus es, et qua mensura mensus fueris, remetietur tibi (*Matth.* VII, 2). Omnia autem primum inquire, et cum justitia definies. Nullum condemnes ante judicium, nullum judices suspicionis arbitrio, ante proba, et sic judica; non enim qui accusatur, sed qui convincitur, reus est. Periculosum est de suspectione quempiam judicare.

86. In ambiguis Dei judicio serva sententiam, quod nosti tuo, quod nescis divino committe judicio; non potest condemnari humano examine quem Deus suo judicio reservavit. Incerta non judicemus, quousque veniat Dominus, qui latentia producit in lucem, qui illuminabit abscondita tenebrarum, qui manifestabit consilia cordium (*I Cor.* IV, 2): quamvis vera sint, credenda non sunt, nisi quæ certis indiciis comprobantur, nisi quæ manifesto examine convincuntur, nisi quæ ordine judiciario publicantur.

87. Homo, in summo honore summa sit tibi humilitas, quamvis sis in summo honore, humilitatem tene. Si humilitatem tenueris, habebis gloriam; quanto enim humilior fueris, tanto te sequetur altitudo gloriæ. Quamvis sublimis potestatis in te celsitudo sit, humilitate eam reprime, non te extollat honor, preme humilitate culmen sublimitatis;

78. Al., *respice*; al., *prospice*, pro *perspice*. MAR.

80. *Usus auctoritati cedat*. Gratianus, dist. 11, cap. 4, hunc locum in suum decretum transtulit, atque, ejus auctoritate permoti, alteram lectionem rejecimus, quæ plurium Codicum erat, in quibus pro illis verbis, *usus auctoritati cedat*, legebatur *cedat consuetudo auctoritati*. Tametsi suspicabamur utrumque legendum esse hoc ordine, *cedat consuetudo auctoritati, usus auctoritati cedat*; cum hæc sit vis Synonymorum, ut eadem sententia pluribus verbis repetatur. Quod vero statim ubi legitur, *Ratio vincat*, Hispalensis, *meditatio vincat*, Guadalupeus, et Laurentianus alter *moderatio vincat* ponunt, tanquam vitiosas lectiones repudiavimus. MAR.

82. Al., *dum judicas, cave ne personæ affectu*. Et *veritatem judiciorum prævaricant*. MAR.

Ibid. In Editione Grialii minus bene sic distinguebatur: *Cito enim violatur auro, justitia cito corrumpitur*. AREV.

84. Al., *pœna* pro *pœnæ*. MAR.

86. *Producit*. Melius, *producet*, ut *illuminabit, manifestabit*. Bignæus, *producit, illuminat, manifestat*. AREV.

87. Al., *quamvis sublimis potestate sis, in te celsitudinem reprime*. Et *majore*, pro *magna*. MAR.

Ibid. Homo. Al. omittunt hanc vocem. AREV.

tanto sis majori humilitate conspicuus, quanto magna es dignitate prælatus.

88. Impositas tibi quoque curas humiliter suscipe. Traditum ministerium mente subdita exple, esto obediens divinæ dispensationi, voluntati ejus contraire non audeas. Jura potestatis adeptæ moderanter exerce. Potestatis jura accepta ordinato animo administra. Omnia non turbulento, sed tranquillo corde dispone. Cave honores quos tenere sine culpa non potes. Sublimitas honorum magnitudo scelerum est, in majori gradu major sine dubio est pœna.

89. Qui minor est, veniæ proximus est. *Potentes autem potenter* **520** *tormenta patientur* (*Sap.* VI, 7). *Judicium enim durissimum in iis qui præsunt fiet* (*Luc.* XII, 48). Cui multum datur, multum ab eo quæritur; cui plus committitur, plus ab eo exigitur. Honores secum pericula gerunt, cito periclitatur potestas, cito ruinam patitur. Quanto major honor, tanto majora pericula. Alta arbor a ventis fortius agitatur, et rami ejus citius in ruina confringuntur; excelsæ turres graviori casu procumbunt. Altissimi montes crebris fulminibus feriuntur.

90. In potentem cito cadit invidia, cito patet insidiis gloriosus. Gloria enim invidiam parit, invidia vero pericula. Quamvis quis in sæculi gloria fulgeat, quamvis purpura auroque resplendeat, quamvis cultu pretioso redimitus emineat, quamvis sit multitudine præmunitus, quamvis excubantium armis protectus, quamvis innumeris obsequentium cuneis constipatus, quamvis agminibus tutus, semper tamen in pœna est, semper in angustia, semper in mœrore, semper in discrimine; in sericis stratis cubat, sed turbidus; in pluma jacet, sed pallidus; in lectis aureis, sed turbatus.

91. Brevis est hujus mundi felicitas, modica est hujus sæculi gloria, caduca est et fragilis temporalis potentia. Dic ubi sunt reges? ubi principes? ubi imperatores? ubi locupletes rerum? ubi potentes sæculi? ubi divites mundi? quasi umbra transierunt, velut somnium evanuerunt. Quæruntur, et non sunt; divitiæ usque ad periculum ducunt, divitiæ usque ad exitium pertrahunt, multi propter opes periclitaverunt. Multi propter divitias in discrimen venerunt; multis exitiabiles fuerunt divitiæ, multis mortem generaverunt opes.

92. Nunquam mentis requiem habet, qui curis terrenis se subdit; sollicitudines enim rerum mentem conturbant, curæ rerum mentem exagitant. Potentia enim sollicitudinis nunquam caret angustiis. Si ergo vis esse quietus, nihil sæculi appetas: semper mentis requiem habebis, si a te mundi curas

A abjeceris; semper interna quiete frueris, si te a strepitu terrenarum actionum subtraxeris.

521 93. Si præsentia despexeris, sine dubio æterna invenies; si sæculares res et humanas calcaveris, facile et leviter cœlestem gratiam accipies, et cum eo regnabis qui vivis et mortuis dominatur. Divitiæ nunquam sine peccato acquiruntur, divitiæ nunquam sine peccato administrantur. Nullus res terrenas sine peccato administrat. Valde rarum est ut qui divitias possident ad requiem tendant; qui curis terrenis se implicant, a Dei timore se separant. Qui in rerum amore defigitur, in Deo nullatenus delectatur.

94. Curæ enim rerum ab intentione Dei avertunt. Nemo potest amplecti Dei gloriam simul, et sæculi; nemo potest amplecti Christum simul, et sæculum.
B Difficile est cœlestibus et terrenis curis pariter inservire, difficile est Deum simul et mundum diligere. Utraque simul æqualiter amari non possunt. Difficile, imo impossibile est, ut præsentibus et futuris quis fruatur bonis, ut et hic ventrem, et illic mentem impleat, ut de deliciis ad delicias transeat, ut in utroque sæculo sit primus, ut in terra, et in cœlo appareat gloriosus. Propter Deum ergo renuntia omnibus, a sæculi curis te propter Deum suspende, sine impedimento sæculi Deo servire stude.

95. Nullus te amor mundi a Dei amore separet, nulla cura a Dei amore te subtrahat, nulla te sollicitudo rerum ab intentione Dei suspendat. Abjice a te quidquid impedire bonum propositum potest. Toto animo et odi, et damna, quod diligit mundus; esto
C mortuus mundo, et mundus tibi; mundi gloriam tanquam mortuus non aspicias, tanquam mortuus ab affectu vitæ istius te separa. Sicut sepultus, non habeas curam de sæculo. Tanquam defunctus, ab omni terreno te priva negotio. Contemne vivens quæ post mortem habere non potes.

96. Quod habes, habeto ad misericordiam; suffragetur virtus tua egeni inopiæ. Si quem positum in necessitate cognoveris, si quem ad inopiam redactum, si quem direptione alicujus exinanitum, si quem oppressum, si quem humiliatum, nullum contemnas, nullum spernas, **522** nullum despicias, vacuum nullum dimittas, nullus a te tristis abscedat, nemo a te confusus abeat. Omnibus communica, omnibus tribue, omnibus præbe; non eligas cui miserearis, ne forte
D prætereas eum qui meretur accipere. Incertus es pro quo magis placeas Deo, nescis pro quo tibi major fructus justitiæ præparetur.

97. Quidquid tribuis, cum affectu distribue; quidquid largiris, cum hilaritate largire. Præbe misericordiam sine murmuratione; præbe eleemosynam sine tædio. Major sit benevolentia quam quod datur, ma-

89. Confer. lib. III Sententiar., cap. 50. AREV.
90. Al., *cadit in insidiis*, pro *patet insidiis*. MAR.
92. Al., *curæ sæculares*; al., *curæ rerum sæcularium*, pro *curæ rerum*. MAR.
Ibid. Mentem exagitant. Alii addunt, *mentem exagitant, mentem implicant, et involvunt, mentem affligunt, et confundunt, et usque ad ima mentem suffocatum omnino demergunt. Potentia*, etc. AREV.

93. Al., *amore*, pro *timore*. Et *rerum terrenarum amore*. MAR.
96. Indicatur in Editione Grialii nota aliqua ad verba *egeni inopiæ*, sed prætermissa fuit. Alii habent *egeni inopiam*, quod, ut opinor, Mariana annotare voluit. AREV.
97. Al., *tribue*, pro *distribue*. MAR.

jor gratia quam quod impenditur. Tale erit opus A tuum qualis fuerit intentio tua; quod enim affectu bono dispensatur, hoc accipit Deus; qui autem cum tædio dat, mercedem perdit; qui cum tristitia manum porrigit, fructum remunerationis amittit; qui cum tristitia largitur, retributionis non percipit fructum. Non est enim misericordia, ubi non est benevolentia.

98. De tuis justis laboribus ministra pauperibus; non auferas alteri unde alteri tribuas, nec te misericordem ostendas de alieno spolio. Nihil prodest, si alterum inde reficis unde alium inanem facis. Condemnat miseratio ista, non propitiat. Talis misericordia peccata non purgat, sed amplificat. Bonum quod facis misericordiæ causa, non jactantiæ, facito; nihil studeas propter laudem, nihil propter temporalem opinionem, nihil propter famam, sed propter vitam B æternam; quidquid agis, pro futura age mercede; æternæ remunerationis exspectatio te teneat amplius. Nec quod ad hujus, sed quod ad vitæ æternæ gloriam prosit ⊢ quæras ⊣.

99. Si enim hic laus quæritur, illic remuneratio amittitur. Justi enim mercedem, non hic, sed in futuro recipiunt. Futura merces, non præsens promittitur justis. In cœlo, non in terra, merces promittitur sanctis; non est hic exspectandum quod alibi debetur.

100. Ecce accepisti monita, data est tibi vivendi norma, nulla te jam ignorantia a peccato excusat, non es jam vitæ nescius, non es imprudens, aut ignarus; legem quam debeas sequi exposui, qualis deleas esse descripsi, cognitionem mandatorum habes. 523 Jam scis quid sit recte vivere; vide ne ultra offendas, C vide ne deinceps bonum quod nosti despicias, vide ne quod legendo respicis vivendo contemnas. Donum scientiæ acceptum retine, imple opere quod didicisti prædicatione.

101. Gratias ago, gratias refero, gratiarum actiones rependo, actiones gratiarum persolvo. Ago atque habeo uberem tibi gratiam; quantas valeo, gratias celebro, quantas pro viribus possum gratias ago. Multa sunt a te mihi concessa, multa collata, multa speciali miseratione largita. Omnia mihi placent, omnia grata sunt, omnia insederunt animo, omnia blandiuntur mihi, omnia me oblectant. Quam igitur satisfactionem persolvam? quam remunerationem rependam? quid compensare possum donis tuis, nisi ut tuis præceptis utar, tibi semper obtemperem, tibi pareani, tibi jubenti obediam?

102. Tu enim es dux vitæ, tu magistra virtutis. Tu me, tanquam regula, in directum ducis. Tu es quæ a recto nunquam discedis. Tu es quæ a veritate nunquam averteris. Tu inventrix bonorum, tu magistra morum, indagatrix virtutum, sine qua nihil vita hominis esse potest. Per te cunctis vivendi regula datur. Per te de vitæ pravitate ad meliorem vitam homines adducuntur.

103. Præceptis tuis formantur animi. Si quid distortum est, tu corrigis; si quid corrigendum est, tu emendas. Nihil mihi te charius, nihil mihi te dulcius. ⊢ Nihil mihi te suavius, nihil mihi te jucundius, nihil mihi te blandius, nihil mihi te levius, nihil mihi te sanctius, tu mihi supra vitam meam places.

98: Al., *uni, ut alteri*, pro *alteri, unde alteri*. MAR. *Ibid. Sed quod ad vitæ æternæ gloriam prosit* ⊢ *quæras*. ⊣ vox *quæras* in nullo Codicum erat. Nos ex sententia adjecimus, deesse aliquid certi, cum obelo tamen, ut suspectæ lectionis esse lector animadverteret. MAR.

100. Al., *præceptione*. MAR.

102. Al., *magistra morum, atque virtutis*. Et *nosse*, vel *scire*, pro *esse*. MAR.

103. Ut in hoc loco a multis Mss. omittuntur verba: *Nihil mihi te suavius... nihil mihi te sanctius*, ut Mariana indicat, ita passim aliis in locis plura alia prætereuntur, quod facile fuit in tanta sententiarum verborumque similium copia. AREV.

SANCTI ISIDORI

HISPALENSIS EPISCOPI

REGULA MONACHORUM.

524 PRÆFATIO.

1. *Plura sunt præcepta, vel instituta majorum, quæ a sanctis Patribus sparsim prolata reperiuntur, quæque etiam nonnulli latius, vel obscurius posteritati* D *composita tradiderunt, ad quorum exemplum nos hæc pauca vobis eligere ausi sumus, usi sermone plebeio, vel rustico, ut quam facillime intelligatis quo ordine professionis vestræ votum retineatis*

PRÆF. N. 1. Caput 71 in Isidorianis hoc titulo inscriptum fuit: *Regula monachorum. Expenduntur argumenta viri clarissimi Petri Emmanuelis Hernandez, qui eam Isidoro abjudicandam censet. Commentitii sunt commentarii in regulam sancti Benedicti, quos Isidoro Constantinus Cajetanus affingit. Isidor ana regula canonicorum. Editiones regulæ monachorum. Caput ultimum regulæ devotarum ex Martenio quidnam sit?* Inde peti possunt quæ moniti loco hic essent apponenda. In Editione Holstenii inscriptio est: *Sanctis fratribus in monasterio Honorianensi constitutis Isidorus*. De quo fusius cit. cap. 71, n. 15 et seqq. Apud Mabillonium tom. I Annal. Benedict., pag. 363, vocatur monasterium Honoriacense, et ex Codice vetustissimo Lirinensi describitur pactum quod illius monasterii monachi faciebant, quod in eodem Codice præmittitur regulæ Isidori in hæc verba: « Hoc est pactum quod facimus nos, quorum

525 2. *Præterea quisquis vestrum illam universam veterum disciplinam contendit appetere, pergat, in quantum placet, et arduum illum limitem atque angustum levigato cursu incedat. Qui vero tanta jussa priorum explere nequierit, in hujus limite disciplinæ gressus constituat, nec ultra declinandum disponat, ne, dum declinatus appetit inferiora, tam vitam quam nomen monachi perdat. Quapropter sicut illa præcepta priorum perfectum monachum reddunt ac summum, ita faciunt ista vel ultimum. Illa custodiant perfecti, ista sequantur post peccatum conversi.*

CAPUT PRIMUM.

De monasterio.

1. Imprimis, fratres charissimi, monasterium vestrum miram conclavis diligentiam habeat, ut firmitatem custodiæ munimenta claustrorum exhibeant; inimicus enim noster diabolus, sicut leo rugiens, circuit ore patenti, quærens unumquemque nostrum, quem devoret (*I Petri* v).

2. Monasterii autem munitio tantum januam extrinsecus habeat, unumque posticum, per quem eatur ad hortum. Villa sane longe remota debet esse a monasterio, ne vicinius posita aut labis inferat periculum, aut famam inficiat dignitatis. Cellulæ fratribus juxta ecclesiam constituantur, ut possint properare quantocius ad officium.

3. Locus autem ægrotantium remotus erit a basilica, vel cellulis fratrum, **526** ut nulla inquietudine vel clamoribus impediantur. Cellarium monachorum juxta cœnaculum esse oportet, ut secus positum sine mora mensis ministerium præbeatur. Hortulus sane intra monasterium sit inclusus, quatenus, dum intus monachi operantur, nulla occasione exterius evagentur.

CAPUT II.

De eligendo abbate.

1. Abbas interea eligendus est in institutione sanctæ vitæ duratus, atque inspectus patientiæ et humilitatis experimentis, qui etiam per exercitium vitam laboriosam tolerans, ac transcendens ætatem adolescentiæ, juventute sua senectutem tetigerit; cui etiam majores non dedignentur parere, obedientes ei tam pro ætate quam etiam pro morum probitate.

2. Iste enim se imitandum in cunctis operum exemplis exhibebit; neque enim aliquid imperasse cuique licebit quod ipse non fecerit. Singulos autem hortamentis mutuis excitabit, alloquens cunctos, exhortans, vel ædificans in eis, si quid eorum vitæ pro uniuscujusque gradu prodesse perspexerit.

3. Circa omnes quoque servans justitiam, contra nullum livore odii inardescens, omne ex corde amplectens, nullum conversum despiciens, paratus etiam quorumdam infirmitati compati misericordia, Apostolum sequens, qui dicit: *Facti sumus parvuli in medio vestrum, tanquam si nutrix foveat pullos suos* (*I Thess.* II).

527 CAPUT III.

De monachis.

1. Monachis autem summopere studendum est ut, apostolicam vitam tenentes, sicut in unum constituti esse noscuntur, ita cor habeant unum, nihil sibi proprium vindicantes, nec quantulumcunque amorem rei privatæ habentes, sed, juxta exemplum apostolicum, omnia communia habentes (*Act.* IV), in præceptis Christi fideliter permanendo proficiant.

2. Patri honorem debitum referentes, erga seniores obedientiam, erga æquales incitamenta virtutum, erga minores boni exempli magisterium conserva-

subter annotata sunt nomina, tibi Patri ill. abbati. Cum nos regularis antiquitas doceat monasticam non sine abbate ducere vitam, nec proficuum esse alicui monachorum juxta suum præjudicium secum [*forte*, solum] agere [*forte*, eligimus] te in primis loco abbatis, cui contradimus animas nostras simulque et corpora, ut juxta spiritualem censuram nobis ea quæ sunt Dei imperes; animas nostras imbutas castificatasque Deo offeras. Nostrum ergo erit ab hodierno die et tempore tuis monitis obedire, præcepta servare, actus et conscientias tuas revereri; tuum vero id omne quod a majoribus legendo vel audiendo didicisti nobis sine cunctatione imperare. Si quis sane hoc pactum, nostrum videlicet, quorum subter affixa sunt nomina, violare tentaverit, quia hoc non sine inimici suasione acturus est, sit tandiu reus et a cœtu fratrum anathemate percussus, quandiu, pœnitentiam ducens, omnibus satisfaciat fratribus. » Simile pactum legitur in fine regulæ communis sancti Fructuosi. In Editione Grialii paucæ sunt notæ, quas Grialii nomine exponam, quamvis in collatione hujus operis partem etiam nonnullam Petrus Chacon habuerit. Annotationes Menardi in Concordiam regularum in compendium redigam, et lectionis discrepantiam, quam ipse indicat, ubi opus fuerit, exprimam. Ita etiam ex Petro Casinensi, et notis Constantini Cajetani, de quibus in Isidorianis, cap. 71, n. 22 et seq., dixi, ea seligam quæ ad rem esse videbuntur; nam omnia describere minus est necessarium. In præfatione num. 1, pro *votum* Menardus, p. 33, *morem*. AREV.

2. Notat Menardus, ex Plauto, *limitem* esse viam, callem. *Levigatum* exponit facilem, planum, non scabrosum. Idem legit, *in hujus limitis disciplinam gressum ponat*; et *declinatius*, pro *declinatus*, sed legendum monet *declinatius*. Post *sequantur post peccatum conversi* addit: *Hæc igitur, o servi Dei*, et alia, quæ a regula excusa abesse ait; sed revera hæc ipsa exstant in fine capitis ultimi, tanquam epilogus. Simili fere modo a Petro Casinensi, cap. 75, præfatio et epilogus conjunguntur, apud quem legitur *in hujus liminis disciplina*. AREV.

CAP. I. N. 2. Justinian., constit., novell. 133, cap. 1, in fine: Ἔστω δὲ ἀκριβεῖ θριγκίῳ περιπεφραγμένον τὸ μοναστήριον, ὥστε μηδεμίαν ἔξοδον ἀλλαχόθεν πλὴν ἢ διὰ τῶν πυλίδων εἶναι. GRIAL.

3. Breulius advertit *cœnaculum* hic esse refectorium. Pro *præbeatur*, Holstenius *præbeat*. AREV.

CAP. II. N. 1. Hoc caput penultimum est in Codice Gothico Ovetensi. GRIAL.

Ibid. Menardus, pag. 150, retinendam ait scripturam Concordiæ regularum, *transcendens ætatem adolescentiæ, juventutem seu senectutem tetigerit*, cum juventus, juxta ipsum Isidorum, ab anno 28 incipiat, juxta alios ab anno 38. Ita etiam legit Holstenius. Ego mallem, *transcendens ætatem adolescentiæ, seu juventutis, senectutem tetigerit*. Confer regulam sancti Fructuosi, cap. 3, et Codicis leg. 46, de episc. et cleric. AREV.

3. Menardus legi posse putat *compati, misericordiam Apostoli sequens*. AREV.

CAP. III. N. 2. Menardus, pag. 215: *Patri honorem debitum reverentes*: ex quo colligit: *Patrem honore debito reverentes*. AREV.

bunt. Nemo cæteris se judicans meliorem, sed inferiorem se omnibus deputans, tanto humilitate clarescat, quanto plus cæteris culmine virtutum coruscat. Abstineat se etiam a furore, et a detractione parcat monachus linguam.

3. Indecenter quoque vel notabiliter non incedat, philargyriæ contagium, ut lethiferam pestem, abhorreat; a turpibus verbis vel otiosis linguam avertat, atque indesinenter cor mundum labiaque exhibeat. Affectus quoque animi turpes ab intentione cogitationis abstergat, per compunctionem cordis in stadio se sanctæ meditationis exerceat.

4. Torporem somni atque pigritiam fugiat, vigiliisque et orationibus sine intermissione intendat, gulæ concupiscentiam deprimat, atque abstinentiæ virtutibus semetipsum per studium domandarum libidinum affligat, domans jejuniis carnem, quantum valetudo corporis sinat, livore quoque invidiæ de fraternis profectibus **528** nequaquam tabescat, sed quietus atque pacificus per amorem fraternæ dilectionis de cunctorum gaudeat meritis, iracundiæ perturbationem rejiciens, et patienter omnia sustinens; nulla tristitia, nullo temporali mœrore afficiatur, sed contra omnia adversa interiori gaudio fretus, ipsam postremo vanæ gloriæ laudem procul a se abjiciat, et Deo tantum interius humili corde placere studeat, ut dum his virtutibus radiat, merito nomen suæ professionis retineat.

CAPUT IV.

De conversis.

1. Qui renuntians sæculo, ad monasterium venerit, non statim in cœtum deligendus est monachorum. Vitam enim unicuique in hospitalitatis servitium tribus mensibus considerare oportet, quibus peractis ad cœtum sanctæ congregationis accedet; neque enim intus suscipi quemquam convenit, nisi, prius foris positus, ejus humilitas sive patientia comprobetur. Qui relicto sæculo ad militiam Christi pia et salubri humilitate convertuntur, omnia sua primum aut indigentibus dividant, aut monasterio conferant. Tunc enim servi Christi liberum animum divinæ militiæ offerunt, quando a se spei sæcularis vincula cuncta præcidunt.

2. Qui non rigida intentione convertuntur, cito aut superbiæ morbo, aut vitio luxuriæ subduntur. Nequaquam ergo debent a tepore inchoare, qui A mundo renuntiant, ne per ipsum teporem rursus in amorem sæculi cadant. Omnis conversus non est recipiendus in monasterio, nisi prius ipse scripto se spoponderit permansurum. Sicut enim ii qui ad sæcularem promoventur militiam in legionem non transeunt nisi ante in tabulis conferantur, ita et ii qui in spiritualibus castris cœlesti militiæ sunt signandi, nisi prius professione verbi aut scripti teneantur, in numerum **529** societatemque servorum Christi transire non possunt.

3. Qui in monasterio prior ingreditur, primus erit in cunctis gradu, vel ordine; nec quærendum est si dives aut pauper, servus an liber, juvenis an senex, rusticus an eruditus; in monachis enim nec ætas, nec conditio quæritur, quia inter servi et liberi animam B nulla est apud Deum differentia. Qui tamen jugo alienæ servitutis astrictus est, nisi Dominus vincula ejus dissolverit, nequaquam recipiendus est; scriptum est enim: *Quis dimisit onagrum liberum? et vincula ejus quis solvit* (*Job.* XXXIX)? Onager enim liber dimissus monachus est sine dominatu et impedimento sæculi deserviens, et a turbis remotus. Tunc enim libera servitute Deo quisque famulatur, quando nullius carnalis conditionis pondere premitur. Ubi enim jam suave jugum et leve onus Christi est, durum et grave est portare servitium sæculi.

4. Qui aliquid habentes in sæculo, convertuntur, non extollantur, si de suis facultatibus quodcumque monasterio contulerunt; sed potius timeant, ne hic per superbiam eleventur et pereant. Qui- C bus melius esset, si divitias suas cum humilitate in sæculo fruerentur, quam ut jam pauperes effecti de earum distributione elatione superbiæ extollantur. Hi qui de paupertate in monasterio convertuntur non sunt despiciendi ab eis qui sæculi divitias reliquerunt, quia apud Deum unius ordinis habentur omnes qui convertuntur ad Christum; neque enim differt utrum ex inopi vel servili conditione ad servitium Dei quisque venerit, an ex generosa et locuplete vita; multi enim ex plebeio censu documentis virtutum eximiis enitentes, prælatiores nobilibus facti sunt, eosque virtutum excellentia prævenerunt, et qui erant conditione infimi, virtutis merito effecti sunt primi sapientes.

5. Nam propterea *infirma mundi elegit Deus, ut* D *confunderet fortes. et ignobilia mundi, et ea quæ non*

3. *Indecenter quoque*, etc. Consonant hæc regulæ sancti Fructuosi Bracarensis, c. 8. *Notabiliter* exponitur pro *superbe* et *fastuose* a Menardo: sed potius indicat *insolitum*. *Philargyria* est avaritia, argenti cupido. AREV.

4. Ex his aliisque Isidori præceptis natum, opinor, est quoddam opusculum quod in nonnullis Mss. Isidori nomine exstat, de quo sermonem habui in Isidorianis, cap. 85, n. 9. Titulus est: *Tractatus quidam sancti Isidori, in quo in brevi comprehenditur quidquid pertinet ad statum perfectionis cujusdam fidelis personæ*. Sed cum nihil peculiare addat, et corruptissime descriptus sit hujusmodi tractatus, sine ullo damno prætermitti potest. AREV.

CAP. IV. N. 1. Holstenius, *uniuscujusque in hospitalis servitio... considerari oportet*. AREV.

2. *Nisi prius ipse scripto*, etc. Al., *nisi se prius ibi scriptis suæ professionis spoponderit permansurum*. De tironibus, qui ad sæcularem promoventur militiam, videndus Isidorus, lib. IX Etymolog., cap. 3, num. 36 et 53, et Vegetius, lib. I de Re militari, cap. 8, et lib. II, cap. 5, ex quo constat milites, expleto tirocinio, quibus puncturis in cute signari solitos, quo alludit Isidorus, *sunt signandi*. AREV.

3. *Servus, an liber*, etc. Sanctus Hieronymus, in epistola ad Celantiam, inter alia, sic ait in hanc sententiam: *Sola apud Deum libertas est non servire peccatis, summa apud Deum est nobilitas clarum esse virtutibus*. AREV.

5. *Nam propterea*. Eodem testimonio est usus lib. II de Off., cap. 16. GRIAL.

sunt, ut ea quæ sunt **530** evacuaret, ut non glorietur omnis caro coram illo (*I Cor.* I, 27). Qui ex paupertate ad monasterium veniant, non extollantur in superbiam, quia se ibi æquales aspiciunt iis qui aliquid in sæculo videbantur; neque enim dignum est ut ubi divites celsitudine deposita sæculari ad humilitatem descendunt, ibi pauperes elatione mentis superbi efficiantur; qui oportet ut, deposita arrogantia, humiliter sapiant, suæque paupertatis et inopiæ memores semper existant.

CAPUT V.

De opere monachorum

1. Monachus semper operetur manibus suis ita, ut quibuslibet variis opificum artibus laboribusque studium suum impendat, sequens Apostolum, qui dicit: *Neque panem gratis manducavimus, sed in labore et fatigatione nocte et die operantes;* et iterum: *Qui non vult laborare, non manducet* (*II Thess.* III). Per otium enim libidines et noxiarum cogitationum nutrimenta concrescunt, per laboris vero exercitium vitia nihilominus elabuntur.

2. Nequaquam debet monachus dedignari versari in opere aliquo monasterii usibus necessario. Nam patriarchæ greges paverunt, et gentiles philosophi sutores et sartores fuerunt, et Joseph justus, cui virgo Maria desponsata exstitit, faber ferrarius fuit. **531** Si quidem et Petrus princeps apostolorum piscatoris officium gessit, et omnes apostoli corporale opus faciebant, unde vitam corporis sustentabant.

3. Si igitur tantæ auctoritatis homines laboribus et operibus etiam rusticanis inservierunt, quanto magis monachi, quos oportet non solum vitæ suæ necessaria propriis manibus exhibere, sed etiam indigentiam aliorum laboribus suis reficere! Qui viribus corporis et integritate salutis consistunt, si in opere otiosi sunt, dupliciter peccare noscuntur, quia non solum non laborant, sed etiam alios vitiant, et ad imitationem suam invitant. Propterea enim quisque convertitur, ut Deo serviens laboris habeat curam, non ut, otio deditus, inertia pigritiaque pascatur.

4. Qui si volunt lectioni vacare, ut non operentur, ipsi lectioni contumaces existunt, quia non faciunt quod ibi legunt; ibi enim scriptum est: *Operantes suum panem manducent;* et iterum: *Ipsi enim scitis quomodo oportet imitari nos, quia non inquieti fuimus inter vos, neque panem gratis ab aliquo manducavimus, sed in labore et fatigatione die ac nocte operantes, ne quem vestrum gravaremus* (*II Thess.* III). Qui per infirmitatem corporis operari non possunt, humanius clementiusque tractandi sunt. Qui vero sani sunt et fallunt, procul dubio dolendi atque lugendi sunt, quia non corpore, sed, quod pejus est, mente ægroti sunt; qui etsi humanis oculis convinci non possunt, Deum tamen latere non possunt. Tales igitur aut ferendi sunt, si ægritudo latet; aut distringendi, si sanitas pateat.

5. Monachi operantes meditari aut psallere debent, ut carminis verbique Dei delectatione consolentur ipsum laborem. Si enim sæculares opifices inter ipsos labores amatoria turpia cantare **532** non desinunt, atque ita ora sua in cantibus et fabulis implicant, ut ab opere manus non subtrahant, quanto magis servi Christi, qui sic manibus operari debent, ut semper laudem Dei in ore habeant, et linguis ejus psalmis et hymnis inserviant! Laborandum est enim corpore animi fixa in Deum intentione; sicque manus in opere implicanda est ut mens non avertatur a Deo.

Ibid. Huc referri potest quod ex Smaragdo Constantinus Cajetanus, pag. 71, descripsit: « Hinc Isidorus ait: Quicunque autem monasterium primus ingreditur, primus sedet, primus ambulat, primus psalmum dicit, primus in mensam extendit manum, in ecclesia prior communicat; nec ætas inter eos quæritur, sed professio. Quod dicit, Samuel et Daniel pueri presbyteros judicaverunt, de Heli et de illis qui Susannam opprimere voluerunt intelligitur. Samuel presbyteros judicavit, quando filios Heli peccare vidit, et eos in corde suo prævaricatores judicavit. Heli autem, quia non eos districta animadversione repressit, et ab iniquitate non compescuit, similiter reprehendit, et judicavit. Daniel quoque tunc presbyteros judicavit, quando illos iniqua cogitatione plenos, qui Susannam falso voluerunt testimonio condemnare, reprehendit, damnavit, et angelico eos gladio trucidatos esse prædixit. » AREV.

CAP. V, N. 1. *Elabuntur.* Al., *evelluntur.* GRIAL.

Ibid. Illustrari hoc caput potest ex t. I Patrum apostolicorum, pag. 52, cum notis Cotelerii. AREV.

2. *Nam et patriarchæ... reficere.* Totam hanc periodum ab Haymone Halberstatensi, lib. II de Varietate, cap. 2, referri notat Menardus, pag. 820. Philosophi gentiles sartores et sutores, etc., recensentur Hippias Sophista, Simon Atheniensis, et Menedemus Eretriensis. Sanctum Josephum fabrum lignarium fuisse communior est sententia, cui astipulatur Isidori frater sanctus Leander, cap. 14 de Institutione virginum. Nescio, inquit Breulius ubinam Isidorus legerit Josephum fabrum ferrarium fuisse, nam cum dolabra depingitur. Verum etiam sanctus Ambrosius et Theophilus Antiochenus follis et ignis in officina sancti Josephi meminerunt. Nonnulli aurificem fuisse putant sanctum Josephum, alii fabrum lapidarium. Vide Calmetum, in Diction., ac præsertim eruditissimi Mazochii de sancti Josephi et Christi Domini opificio mantissam ad epist. de Dedicat. sub ascia. AREV.

4. *Tractandi sunt.* In Concordia regularum, et apud Holstenium, additur: « Nec contra eos murmurandum est ab eis, qui vires laborandi habent; sed magis consulendum est eis quos sciunt corpore infirmo. Ipsi autem qui non possunt eos qui laborant et possunt meliores sibi felicioresque fateantur. Qui vero languidus est, et laborem operum corporalium sustinere non potest, consulendum est illi, et ejus infirmitas temperanda est. Qui sani, etc. » Quod an vere sit Isidori, an eidem ab alio fuerit additum, definire non audeo. AREV.

5. *Ut carminis. Lib.* II *de Off.*, cap. 16. Canunt autem psalmos manibus operantes, et ipsum laborem, tanquam divino celeumate consolantur. GRIAL.

Ibid. Sanctus Augustinus, de Opere monachorum, cap. 17: *Cantica vero divina cantare etiam manibus operantes facile possunt, et ipsum laborem divino celeumate consolari.* Alia addit sanctus Augustinus, quæ Isidorus quoque sumpsit, et ex Isidoro Haymo, lib. cit., cap. 50. AREV.

6. Propriis autem temporibus oportet operari monachum, et propriis orationi lectionique incumbere. Horas enim debet habere monachus congruas ad singula officia deputatas. Partes autem annui temporis suis quibusque operibus taliter deputantur. Æstate enim a mane usque ad horam tertiam laborare oportet; a tertia autem usque ad sextam lectioni vacare; dehinc usque ad nonam requiescere; post nonam autem usque ad tempus vespertinum iterum operari. Alio autem tempore, id est, autumno et hieme, sive vere a mane usque ad tertiam legendum, post celebrationem tertiæ usque ad nonam laborandum est; post refectionem autem bonæ aut operari oportet, aut legere, aut sono vocis aliquid meditari.

7. Quæcunque autem operantur monachi manibus suis, præposito deferant, præpositus autem principi monachorum; nihil operis apud fratrem remaneat, ne sollicitudinis ejus cura mentem ab intentione contemplationis avertat. Horti olera vel apparatus ciborum propriis sibi manibus fratres exerceant; ædificiorum autem constructio vel cultus agrorum ad opus servorum pertinebunt. Nullus monachus amore privati operis illigetur, sed omnes in communi laborantes patribus sine obmurmuratione obtemperare debent, ne forte murmurando pereant, sicut perierunt hi qui in deserto murmuraverunt. Si enim illis parvulis adhuc in lege et rudibus nequaquam indultum est, quanto magis iis qui perfectionis legem perceperunt non parcet, si talia gesserint.

533 CAPUT VI.

De officio.

1. In psallendis autem officiis ita erit discretio; dato enim legitimis temporibus signo ad horas canonicas, festina cum properatione omnes ad chorum occurrant, nullique ante expletum officium licebit A egredi præter eum quem necessitas naturæ compulerit. Recitantibus autem monachis, post consummationem singulorum psalmorum prostrati omnes humi pariter adorabunt, celeriterque surgentes psalmos sequentes incipiant; eodemque modo per singula officia faciant.

2. Quando celebrantur psalmorum spiritualia sacramenta, refugiat monachus risus vel fabulas; sed hoc meditetur corde, quod psallitur ore. In tertia, sexta, vel nona tres psalmi dicendi sunt, responsorium unum, lectiones ex Veteri Novoque Testamento duæ, deinde laudes, hymnus atque oratio. In vespertinis autem officiis primo lucernarium, deinde psalmi duo, responsorius unus, et laudes, hymnus atque oratio dicenda est.

B 3. Post vespertinum autem, congregatis fratribus, oportet, vel aliquid meditari, vel de aliquibus divinæ lectionis quæstionibus disputare, conferendo pie et salubriter, tantumque meditando, **534** disputandoque immorari, quoadusque completorii tempus possit occurrere. Ante somnum autem, sicut mos est, peracto completorio, valedictis invicem fratribus, cum omni cautela et silentio requiescendum est, usquequo ad vigilias consurgatur.

4. In quotidianis vero officiis vigiliarum primum tres psalmi canonici recitandi sunt, deinde tres missæ psalmorum, quarta canticorum, quinta matutinorum officiorum. In Dominicis vero diebus, vel festi-C vitatibus martyrum, solemnitatis causa singulæ superadjiciendæ sunt missæ. Verum in vigiliis recitandi aderit usus; in matutinis psallendi canendique consuetudo, ut utroque modo servorum Dei mentes diversitatis oblectamento exerceantur, et ad laudem Dei sine fastidio afficientius excitentur.

5. Post vigilias autem usque ad matutinum requiescendum, aut aliquid perlegendum erit. Post matu-

7. *Quæcunque autem operantur*, etc. Isidorus, lib. II de eccles. Offic., cap. 16, ex sancto Augustino, lib. II de Moribus Ecclesiæ. In Editione apponitur nota littera *b*, *elabuntur*, ex Goth.; al., *excfluntur*. Sed transposita est, et ad num. 1 hujus capitis pertinet. Ante hoc cap. 5 Holstenius præmittit alia ex cap. 19. Pro *non parcet* forte *non parcetur*. AREV.

CAP. VI. N. 1. *Festina cum properatione.* Idem, lib. II de Offic., c. 16: *Conveniunt autem omnes frequenter nocte ac die festina cum properatione ad orationem.* GRIAL.

Ibid. Post consummationem. Vide Cass., lib. II, cap. 7. GRIAL.

Ibid. In psallendis autem officiis; al., *in psallendi autem officio.* AREV.

2. *Duæ, deinde laudes*, hoc est *Alleluia*, ut constat ex lib. I de Off., c. 13. GRIAL.

Ibid. Primo lucernarium. Vid. annotat. in Cassian. GRIAL.

Ibid. Alii, *lectiones ex utroque Testamento duæ, dein laus, hymnus*, etc. In dissertatione de hymnis prævia ad Hymnodiam Hispanicam, pag. 81, contra Martenium ostendi in regula sancti Isidori et aliorum mentionem hymnorum occurrere. Lucernarium ab Isidoro distingui ab officio vespertino notat Menardus, pag. 332, qui fuse pag. 366 in expositione regulæ Magistri probare contendit lucernalem synaxin eamdem fuisse ac vespertinam, et sancti Isidori locum explicat de precatione quæ dicebatur dum lucernæ accendebantur. Quod ex ipso breviario Mozarabico manifestum est; nam primum fit oratio pro lumine accenso, et oblato, deinde sequitur *ordo vesperarum*. Apud alios autem passim lucernarium et vespertinum officium promiscue sumuntur. Quod in Grialii nota indicantur *annotationes in Cassianum*, sermo videtur esse de Petri Ciaconii annotationibus. AREV.

4. *Deinde tres missæ.* Vid. annotat. in Cassian. GRIAL.

D *Ibid. Missas psalmorum.* Menardus intelligit esse collectas, seu orationes, quæ ad finem psalmorum dicebantur, præsertim ex Cassiano, lib. II de nocturn. oration., cap. 7 et 10. Sed advertit diversum fuisse apud varias nationes usum hujusmodi collectarum dicendarum. Isidoro concinit sanctus Fructuosus Bracarensis, cap. 2 regulæ. De his orationibus, quæ psalmis subjungebantur, verba feci in Isidorianis, cap. 87, n. 20 et seqq. De hujusmodi orationibus, quæ non solum psalmis, sed etiam canticis adjiciebantur, intelligendum est quod in Breviario Romano de sancto Patricio dicitur ad diem 17 Martii: *Aiunt enim, integrum quotidie psalterium una cum canticis et hymnis ducentisque orationibus consuevisse recitare.* In Editione Grialii corrupte legitur: *In vigiliis recitandis aderit usque in matutinis psallendi*, quod ex Holstenio ex Concordia regularum correxi. AREV.

5. *Requiescendum est.* Al., *reficiendum est*; quod idem sonat, et fortasse hoc genuinum est, et ex

tinum autem aut operandum aliquid, aut legendum; lectiones autem ex Novo aut Veteri Testamento tempore officii quotidianis diebus recitentur; Sabbato autem die atque Dominico ex Novo tantum pronuntientur. Monachus autem corporis sanitate consistens, si vigiliis vel quotidianis officiis defuerit, perdat communionem; si sanitas patet.

535 CAPUT VII.

De collatione.

1. Ad audiendum in collatione patrem tribus in hebdomada vicibus fratres post celebrationem tertiæ, dato signo, ad collectam conveniant; audiant docentem seniorem, instruentem cunctos salutaribus præceptis; audiant patrem studio summo, et silentio, intentionem animorum suorum suspiriis et gemitibus demonstrantes. Ipsa quoque collatio erit vel pro corrigendis vitiis, instruendisque moribus, vel pro reliquis causis ad utilitatem cœnobii pertinentibus.

2. Quod si talia desunt, pro consuetudine tamen disciplinæ nequaquam erit omittenda collatio, sed in præfinitis diebus, cunctis pariter congregatis, præcepta Patrum regularia recensenda sunt, ut qui necdum didicerunt percipiant quod sequantur; qui vero didicerunt, frequenti memoria admoniti, sollicite custodiant quod noverunt. Sedentes autem omnes in collatione tacebunt, nisi forte quem auctoritas patris præceperit, ut loquatur.

CAPUT VIII.

De Codicibus.

1. Omnes Codices custos sacrarii habeat deputatos, a quo singulos singuli fratres accipiant, quos prudenter lectos vel habitos semper post vesperam reddant. Prima autem hora Codices singulis diebus petantur; qui vero tardius postulat, nequaquam accipiat.

2. De his autem quæstionibus, quæ leguntur, nec forte intelliguntur, unusquisque fratrum aut in collatione aut post vesperam abbatem interroget, et, recitata in loco lectione, ab eo expositionem suscipiat, ita ut, dum uni exponitur, cæteri audiant.

536 3. Gentilium libros vel hæreticorum volumina monachus legere caveat; melius est enim A eorum perniciosa dogmata ignorare, quam per experientiam in aliquem laqueum erroris incurrere.

CAPUT IX.

De mensis.

1. Tempore quo refectionis debitum solvitur, claustra monasterii obserentur, nec oculus extraneus interesse præsumat, ne quietem fraternam præsentia sua impediat. Refectionis tempore, dato signo, pariter omnes concurrant. Qui autem ad mensam tardius venerit, aut pœnitentiam agat, aut jejunus ad suum opus, vel cubile recurrat. Nemo autem ad vescendum ibit, antequam ad vocandum omnes vox signi solita insonuerit.

2. Refectorium pariter unum erit; ad singulas mensas deni convescentes resideant; reliqua turba B parvulorum assistent. Tempore convescentium fratrum omnes disciplinæ gerant silentium, Apostolo obtemperantes, qui dicit: *Cum silentio operantes suum panem manducent* (*II Thess.* III). Unus tamen in medio residens, benedictione accepta, de Scripturis aliquid legat, cæteri vescentes tacebunt, lectionem attentissime audientes, ut sicut illis corporalis cibus refectionem carnis præstat, ita mentem eorum spiritualis sermo reficiat.

3. Nullus ad mensas clamor excitetur, soli tantum præposito sollicitudo maneat in his quæ sunt vescentibus necessaria. Abbas citra languoris necessitatem cibos in conspectu pariter cum fratribus 537 sumat; nec aliud quam cæteri, nec cultius quam quæ in communi consistunt, præparari sibi quidpiam expetat; C sicque fit ut dum præsens est, omnia diligentius administrentur; et dum communia sunt, salubriter et cum charitate sumantur. Æqualia quippe erunt mensura omnium fercula, similibusque alimentis cuncti reficiendi sunt fratres.

4. Quidquid præsens refectio dederit, omnes sine murmuratione percipiant; nec id desiderent, quod edendi voluptas appetit, sed quod naturæ necessitas quærit, scriptum est enim: *Carnis curam ne feceritis in desideriis* (*Rom.* XIII). Per omnem autem hebdomadam fratres viles olerum cibos ac pallentia utantur legumina. Diebus vero sanctis inducant cum

Cassiano desumptum, lib. III de diurn. Oration., cap. 4 et 8, ex cujus lib. II de nocturn. Oration., cap. 2, sequentia petuntur. AREV.

CAP. VII. N. 1. *Ad audiendum in coll. Patrem.* Eadem II de Off., c. 16. GRIAL.

2. Grialius; *quod sequantur.* AREV.

CAP. VIII. N. 1. *Petantur. Expetantur* Goth. GRIAL.

Ibid. De custode sacrarii sermo redit infra, cap. 20, n. 1. AREV.

3. Hoc præceptum, quo libros gentilium et hæreticorum monachus legere prohibetur, cohæret cum iis quæ Isidorus tradidit lib. III Sent., cap. 12 et 13. AREV.

CAP. IX N. 1. *Nec oculus extran.* Ex Goth. Al., *nec ullus extraneus.* GRIAL.

Ibid. Pœnitentiam agat, etc. Juxta instituta sancti Pachomii, art. 12 ut notat Menardus, pag. 779. AREV.

2. *Sermo reficiat.* Vox *sermo* non est in Goth. GRIAL.

Ibid. In regula Magistri, cap. 29, similiter præscribitur quod lector benedictionem petat, antequam legere incipiat. In Concordia regularum, pag. 69, legitur: *ut sicut corporalis cibus refectionem corpori præstat.* AREV.

D 3. Non sunt omittendæ duæ Menardi notæ ad hunc locum: « *Abbas citra languoris necessitatem.* Egregia sane institutio, quia disciplina regularis custoditur, et intempestivis abbatum comessationibus, hospitalitatis prætextu, ac proinde monasterii dilapidationi occurritur.—*Neque cultius.* Haud impar sane institutio, quæ catillationibus abbatum medetur. » Fusius eamdem quæstionem de mensa abbatis Menardus pertractat, pag. 923. Pro *mensura omnium fercula* in Concordia regularum, et apud Holstenium est *mensarum omnium fercula*, quod videtur præferendum. AREV.

4. *Pallentia legumina.* II, *de Off.*, c. 12 *Antiqui*, *pridie quam cantandum erat, cibis abstinebant, pallentia tantum legumina causa vocis sumebant, unde vulgo cantores fabarii dicti sunt.* GRIAL.

oleribus levissimarum carnium alimenta. Non erit usque ad satietatem reficiendum corpus, ne forte intereat animus; nam ex plenitudine ventris cito excitatur luxuria carnis.

5. Qui autem appetitum edacitatis reprimit, sine dubio lasciviæ motus restringit. Tanta cum discretione reficiendum est corpus, ut nec nimia abstinentia debilitetur, nec superflua edacitate ad lasciviam moveatur. In utroque ergo temperantia adhibenda est, scilicet, ut et vitia carnis non prævaleant, et vis ad ministerium bonæ operationis sufficiat. Quicunque ad mensam residens a carnibus vel vino abstinere voluerit, non est prohibendus; abstinentia enim non prohibetur, sed potius collaudatur, tantum ne ex contemptu creatura Dei humanis concessa usibus exsecretur.

6. Nullum esus furtiva contaminio polluat, aut impudens vel privatus extra communem mensam appetitus; excommunicationis enim **538** sententiæ subjacebit qui vel occulte vel extra ordinariam mensam aliquid degustaverit. Ante refectionis tempus nullus vesci audeat præter eum qui ægrotat; qui enim tempus edendi antecesserit, subsequentibus pœnis abstinentiæ subjacebit. Sitienti aut cujuspiam defectum patienti ante edendi tempus consulendum est, abbate, vel præposito ordinante, non tamen palam, ne forte sitire, vel esurire alios cogat.

7. Hebdomadarius solus cibos degustet, nec quis id alius audeat, ne sub occasione degustandi gulæ, vel gutturi satisfaciat. Laici ministri mensis monachorum nullatenus intererunt, nec enim poterit illis mensæ communis esse locus, quibus diversum est propositum. Monachi cum a mensa surrexerint, ad orationem omnes concurrant. Quod mensæ redundaverit, omni cura servatum egentibus dispensetur.

8. In refectione monachorum a diebus Pentecostes A usque ad autumni principium tota æstas interdiana prandia invitet, reliquum tempus suspendat prandia, cœna tantum apponatur.

9. In utrisque temporibus refectio mensæ tribus erit pulmentis, olerum scilicet et leguminum, et, si quid tertium fuerit, id est, pomorum. Ternis quoque poculis fraterna reficienda est sitis. **539** In observatione autem quadragesimali, sicut fieri solet post exemptum jejunium, pane solo, et aqua contenti omnes erunt, a vino quoque et oleo abstinebunt.

CAPUT X.

De feriis.

1. Hæc sunt feriæ monachorum, in quibus jejunia conquiescunt, in primis venerabilis dies Dominicus nomini Christi dicatus. Qui, sicut propter mysterium B resurrectionis ejus solemnis est, ita et apud omnes servos ejus celebritatem convivii votivo gaudio retinebit. Item a primo die Paschæ usque ad Pentecostem, quinquaginta scilicet quotidianis diebus, jejunium a sanctis Patribus dissolutum est, propter resurrectionem videlicet Christi, et adventum Spiritus sancti, ut hi dies non in figura laboris, quod Quadragesimæ tempus significat, sed in quiete lætitiæ laxatis jejuniis celebrentur.

2. Placuit etiam Patribus a die Natalis Domini usque ad diem Circumcisionis solemne tempus efficere, licentiamque vescendi habere; non aliter et dies Epiphaniorum veteri regula reficiendi indulgentiam consecuta est, siquidem et dum quisque fratrum convertitur, aut ex aliis monasteriis fratres visitandi C gratia occurrunt, pro charitate adimplenda interrumpuntur jejunia.

3. Præter hæc alia tempora libere libenterque cultui jejuniorum inserviant. Si qui autem monachorum prædictis temporibus jejunare disponunt,

Ibid. Inducant. Ex Goth. Al., *interdum.* GRIAL.

Ibid. Voluptas. Grialius *voluntas.* Pro *utantur*, al. *habeant.* In verbis *levissimarum carnium* Menardus, p. 712, quantitatem intelligit, non qualitatem, quod ex sequentibus clarum putat. Sed mihi non ita clarum videtur; et verius arbitror, hoc loco qualitatem carnium præscribi, sequentibus verbis satietatem sive olerum, sive leguminum, sive carnium prohiberi. AREV.

5. *Et vis ad ministerium*, Al., *et virtus ad ministerium*, eodem sensu. AREV.

6. *Nullum furtiva contaminatio.* Cassian., lib. IV, *cap.* 16, *inter monachorum delicta numerat extraordinarium, aut furtivam refectionem.* GRIAL.

Ibid. Esus : Grialius *esui.* AREV.

7. Menardus, pag. 642, contrarium statuere ait sanctum Pachomium, art. 21 suæ regulæ : *Qui pulmentaria coquunt, ipsi nihil gustantes edentibus ministrabunt.* Sed, ut ego puto, sanctus Isidorus solum jubet hebdomadariam degustare cibos, ut dijudicet an sint bene conditi, sanctus Pachomius, ne coquus edat antequam cæteris ministret. Quæ duo contraria non sunt. Grialius, *diversus est propositus.* Holstenius, *diversus est præpositus.* AREV.

8. In Concordia regularum, *invitat... suspendit, cœnam apponit tantum.* Autumni initium est æquinoctium autumnale octavo Kal. Octobris. Interdiana prandia intelliguntur die dominica, feria tertia, quinta et sabbato. Nam hoc temporis spatio jejunabatur feria secunda, quarta et sexta, ut infra, cap. 11. AREV.

9. *In utrisque temporibus*, scilicet hieme, et æstate, quibus continentur autumnus, et ver, ut exponit Menardus, pag. 712. In Concordia regularum, *tertium fuerit, pomorum . . . post expletum jejunium pane solo, vel aqua*, etc. Quod ternis poculis sit bibendum, est etiam præceptum Ausonii in gripho *Ter bibe.* In castris ad Mutinam ter bibere solitum Augustum refert Suetonius, c. 77. Apud Petrum Casinensem post *pomorum* alia adduntur ex Isidoro, ut videtur, scilicet : «Festis vero diebus, ternis vel quaternis ferculis sunt corpora reficienda, sic tamen ut (quo) pluriora sunt D cibaria numero, sint minora, ut et corpora necessario cibo reficiantur, non nimia saturitate damnentur. Quando in mensa cibus administratur, nullus prius cibum comedat quam signum ad benedicendum insonet, et cum signum audierint, una voce benedictionem postulent, et data, sic comedant. Illud præcipue decernimus, ut nullus ex mensura sua vel accipere ab altero præsumat, vel dare, præter abbatem, vel præpositum, cui ab abbate commissum est.» AREV.

CAP. X. N. 2. *Dum quisque fratrum convenerit*, Goth. GRIAL.

Ibid. Convertitur : Gr., *convertuntur.* Huc faciunt verba Cassiani relata lib. VI Etymol., cap. 19, n. 65, in nota. Post *interrumpuntur jejunia* in Concordia regularum additur *si tamen non fuerint generalia.* AREV.

3. *Si qui autem monachorum*, etc. Eamdem lib. I de Offic. ecclesiast., cap. 43, N. 2. Vide not. m. A

nequaquam prohibendi sunt; nam et multi antiquorum Patrum his diebus in eremo abstinuisse, nec aliquando **540** jejunia solvisse, leguntur, nisi tantum diebus Dominicis propter resurrectionem Christi.

CAPUT XI.

De jejunio.

1. Jejuniorum autem hos dies potissime veteres elegerunt. Primum jejunium Quadragesimæ quotidianum, in quo major abstinentiæ observantia manebit in monachis, quando non solum a prandiis, sed etiam a vino et oleo abstinent. Secundum jejunium interdianum post Pentecosten alia die inchoatum usque ad æquinoctium autumnale protenditur, ternis scilicet diebus per singulas hebdomadas propter æstivos solis ardores jejunium celebratur.

2. Tertium sequitur quotidianum jejunium, ab octavo Kalendas Octobris usque ad Natalem dominicum, in quo quotidiana jejunia nequaquam solvuntur. Quartum item quotidianum jejunium post diem Circumcisionis exoritur, peragiturque usque ad solemnia Paschæ.

3. Hi autem qui, vetustate corporis consumpti, aut teneræ ætatis fragilitate detenti sunt, non sunt quotidianis jejuniis exercendi, ne aut senescens ætas, antequam moriatur, deficiat; aut crescens, priusquam proficiat, cadat, et ante intereat quam bonum facere discat.

CAPUT XII.

De habitu monachorum.

1. Cultus vestium vel indumentorum insignes monacho deponendi. Munitus debet esse monachus, non delicatus; sicut autem **541** non oportet in monacho esse notabilis habitus, ita nec satis abjectus; nam pretiosa vestis animum ad lasciviam pertrahit, nimis vilis aut dolorem cordis parit, aut morbum vanæ gloriæ contrahit. Vestimenta non erunt æqualiter distribuenda omnibus, sed cum discretione, prout cujusque ætas, gradusque expostulat; ita enim apostolos fecisse legimus, sicut scriptum est: *Erant illis omnia communia, et distribuebatur unicuique, prout opus erat* (*Act.* IV).

2. Uniuscujusque fratris supplementum, vel indigentia inspiciatur, ut qui habent contenti sint, et qui non habent accipiant; nam habenti non dabitur, ut sit unde egentibus distribuatur. Porro linteo non oportet monachum indui; orarium, birros, planetas non est fas uti, neque indumenta, vel calceamenta, quæ generaliter cætera monasteria abutuntur. Ternis autem tunicis, et binis palliis, et singulis cucullis contenti erunt servi Christi, quibus superadjicietur melotes pellicea, mappula, manicæ quoque, pedules, et caligæ. His tantum contenti erunt, nihil præterea aliud præsumentes.

3. Pedules autem utendi in monasterio, quandiu hiemis coegerit violentia, sive dum fratres gradiuntur in itinere, vel proficiscuntur ad urbem. Monachi autem in monasterio palliis semper operiantur, ut pro honestate tecti incedant, et pro ministerio operis expediti discurrant. Sane si quis forte pallium non habet, humeris mappulam superponat. Nullus monachorum vultus curam gerat, per quem lasciviæ et petulantiæ crimen incurrat; non est enim **542** mente castus, cujus aut corporis cultus, aut impudicus exstat incessus.

4. Nullus monachorum comam nutrire debet; nam qui hoc imitatur, etsi ipsi hoc ad decipiendum homines per speciem simulationis non faciant, alios tamen scandalizant, ponentes offendiculum infirmis, et sanctum propositum usque ad blasphemiam perducentes. Tondere debet ergo iste, quando et omnes,

jejunio quotidiano diem Dominicum excipiebant quoque aliæ regulæ Patrum, ex can. 18 concilii Gangrensis. Confer Cassianum, lib. III de diurn. Oration., cap. 12. Quod autem cum hoc capite, tum præcedenti, mentio fit Circumcisionis, quod festum Isidori tempore nondum videtur fuisse institutum, id mirum non est; nam, ut fusius explicui in Isidorianis, cap. 71, n. 16 et 17, vel potuit extremo Isidori tempore ejusmodi festum jam esse institutum, vel certe oportuit ut monachi, quibus regula prælegebatur ad observantiam, post institutionem festi Circumcisionis pro *Kalendis Januarii* apponerent *post diem Circumcisionis*. AREV.

CAP. XI. N. 1. *Abstinent.* Apud Petrum Casinensem, cap. 41, *abstineant;* apud quem etiam additur: *quod vespere reficiunt, ipsius Domini imitantur exemplum,* et alia quæ non videntur Isidori, certe non sunt hujus loci. AREV.

CAP. XII. N. 1. Petrus Casinensis, c. 55, quædam hic interserit: « Pertrahit. Unde et Dominus de Joanne ait: *Quid existis in desertum videre? arundinem vento agitatam? sed quid existis videre? hominem mollibus vestitum? Ecce qui mollibus vestiuntur in domibus regum sunt.* Et Petrus (imo Paulus, I Tim. II) *Non veste pretiosa.* Vilis vestis, etc. » AREV.

2. *Birros, planetas.* Vid. annot. in Cassian. GRIAL.

Ibid. Pedules et caligas. Sanctus Benedictus, in regula, cap. 55, *indumenta pedum pedules et caligas.* Smaragd. *Pedules modo dicimus calceos, caligas non subtalares vel soccos vocamus.* GRIAL.

Ibid. Supplementum Menardus, p. 904, explicat *abundantiam.* Duplicem *orarii* significationem distinguit idem Menardus; nam primo orarium est linteum, seu textile oblongum, ad mucorem excipiendum, aut sudorem extergendum, secundo orarium est textile illud oblongum sericum pretiosum, quo pontifices, presbyteri et diaconi utuntur, quod nunc stola dicitur. Hac secunda significatione accipi putat ab Isidoro orarium. Vide comment. ad Prudent., hymn. 1 Peristeph., vers. 86. De birro, planeta, melote, lib. XIX Etymolog., cap. 24. De caligis, lib. XIX, cap. 34. Multa quoque de his Menardus, et Holstenius, quæ jam passim obvia sunt in Lexicis, et Glossariis medii ævi. AREV.

3. In Concordia regularum, *pedules autem utentur in monasterio.* AREV.

4. *Tondere.* Fortassis, *tonderi*, vel intellige *tondere comam, aut caput.* Olim monachis totum caput tondebatur, ut probat Menardus. Clerici in modum coronæ attonsi fuerunt, Græci vero in modum crucis; pontifices Græci medium duntaxat caput attondebant. Antiqua clericorum tonsura erat, ut rasum esset totum caput, et in circuitu inferius modicorum capillorum ordo appareret, ut constat ex Gregorio Turonensi, in Vitis Patrum, cap. 57, et Isidoro, de Offic. ecclesiast., lib. II, cap. 4, n. 4. Apud Grialium, in fine capitis erat *diversus propositus,* quod ex Concordia regularum, et ex Editione Holstenii mutavi in *diversum propositum.* AREV.

imo et simul ac pariter omnes. Nam reprehensibile est diversum habere cultum, ubi non est diversum propositum.

CAPUT XIII.

De stramentis.

1. Abbatem cum fratribus pariter in congregatione commorari oportet, ut communis conversatio et testimonium bonæ vitæ, et reverentiam præbeat disciplinæ. Fratres quoque omnes, si possibile est, in uno conclavi commorari decet. Quod si difficile fuerit, certe vel decem, quibus unus est præponendus decanus, quasi rector et custos. Speciosam vel variam supellectilem monachum habere non licet, cujus stratus erit storea, et stragulum, pelles lanatæ duæ, galnapis quoque, et facistergium, geminusque ad caput pulvillus.

543 2. Per singulos menses abbas, sive præpositus lectulos cunctorum perspiciat, ne quid indigeant fratres, nec superfluum habeant. Nocte, dum ad dormiendum vadunt, seu postquam quiescitur, unus alteri nemo loquatur. Duobus in uno lecto jacere non licet. In nocturnis tenebris nemo loquatur fratri, cui obviat. Juncta autem nocte, dormientium lucerna locum illuminet, ut, depulsis tenebris, testimonium pateat singularis quietis.

3. Stratus monachi in nulla turpi cogitatione versetur, sed in sola contemplatione Dei; accubans et requiem corporis et quietem habeat cordis, cogitationesque pravas a se repellat, bonasque amplectens, turpes a se rejiciat; nam animi motus imaginibus suis agitatur, et qualis vigilantis cogitatio fuerit, talis et imago per soporem occurrit. Qui nocturna illusione polluitur, publicare hoc Patri monasterii non moretur, culpæque suæ merito hoc tribuat, et occulto pœnitentiam agat, sciens quia nisi præcessisset in eo luxus animi turpia cogitantis, non sequerentur sordidæ atque immundæ pollutiones; quem enim prævenit cogitatio illicita, tentatio illum cito fœdat immunda.

Qui nocturno delusus phantasmate fuerit, tempore officii in sacrario stabit, nec audebit eadem die ecclesiam introire, antequam sit lotus et aquis et lacrymis. In lege quippe qui somno nocturno polluebatur, egredi jubebatur a castris, nec regredi priusquam ad vesperam lavaretur (*Deut.* XXIII). Et si illi in carnali populo ita faciebant, quid spiritualis servus Christi facere debet, qui magis contaminationem suam debet respicere et longe ab altario positus mente **544** et corpore pertimescere, atque in figura aquæ pœnitentiæ lacrymas adhibere, ut non solum aquis, sed etiam fletibus studeat ablui, quod forte per culpam occultam immunda contaminatio polluit?

5. Qui fornicationis tentamentis exæstuat, oret indesinenter, atque abstineat, nec erubescat confiteri libidinis æstum, quo uritur, quia vitium detectum cito curatur, latens vero quanto amplius occultatum fuerit, tanto magis profundius serpit, quod revera qui publicare negligit curari minime cupit.

CAPUT XIV.

De delinquentibus.

1. Si quis in aliquo levi delicto titubans oberraverit, semel atque iterum admonendus est; qui, si post secundam admonitionem nequaquam fuerit emendatus, congrua animadversione coerceatur. Peccantem autem nullus occultet; criminis enim est consensio post secundam admonitionem celare quemoiam peccantem.

CAPUT XV.

De sæpius peccante.

1. Si quis sæpius peccantem viderit, prius hoc uni, vel duobus demonstret fratribus, quorum testimonio possit convinci. Si negaverit qui deliquit, peccatum palam commissum palam est arguendum, ut dum manifeste peccans emendatur, ii qui cum in malo imitati sunt corrigantur. Sicut autem unius delicto sæpe multi pereunt, ita unius emendatione plerumque multi salvantur.

545 CAPUT XVI.

De culpa indulgenda, vel culpati correctione.

1. Qui vero in fratrem peccaverit, si statim reminiscens ad veniam poscendam fuerit inclinatus, per-

CAP. XIII. N. 1. *Galnapis quoque.* Smaragd., ad cap. 55 regul. sancti Bened. *Lena* (inquit) *species vestis est, quam nos tonxam dicimus, alii vero galnapem vocant.* Legitur quoque vox *galnapis* sine interpretatione, XIX Etymolog., cap. 26. GRIAL.

Ibid. Juncta autem nocte, etc. Ex Goth. Al. : *Lux autem nocte dormientium locum illuminet.* GRIAL.

Ibid. Storea; al., *storia*. Vide lib. XX Etymol., cap. 11. *Pelles lanatæ duæ* præscribuntur etiam a sancto Fructuoso Bracharensi, in regula. Pro *galnapis* alii legunt *galnabis*. Menardus, ex Ms. Vindocinensi, legendum contendit *galbanis*. Apud Martialem, lib. III, epigr. 4, *galbanatus in lecto*. Apud Juvenalem, sat. 2, *galbana rasa*. AREV.

2. *Duobus in uno lecto jacere non licet.* Hoc ipsum indicatur paulo post *singularis quietis*, et cap. 17, num. 3, iterum inculcatur. Hoc ipsum monitum est aliorum Patrum, Magistri in sua regula, Fructuosi Bracharensis, Pachomii, concilii Turonensis, cap. 15, sancti Benedicti, etc. AREV.

3. Videretur legendum *stratus monachus*; sed *monachi* legitur in Concordia regularum, pag. 465, apud Petrum Casinensem, et apud Holstenium. Pro *accubans*, alii *accumbens*. Sententia eadem est apud Fructuosum Bracharensem, et Pachomium, necnon apud sanctum Ambrosium, lib. III de Virginibus. Mox in Concordia regularum : *Fluxus animi turpia cogitantis, non sequeretur in eo fluxus sordidæ et immundæ cogitationis.* AREV.

4. *Qui nocturno*, etc. Hæc sunt duriuscula, ait Menardus, etsi olim a quibusdam sanctis usitata; alii Patres docuerunt unumquemque in his debere suam conscientiam consulere. Vide sanctum Thomam, III p., q. 18, art. 17, et sanctum Gregorium Magnum, in epist. apud Bedam, lib. I Hist. anglor., cap. 27, qui addit : *Sed lavandus est aqua, ut culpas cogitationis lacrymis abluat.* Pro *in sacrarium*, ut erat apud Grialium, reposui *in sacrario* ex Concordia regularum, et Holstenio. AREV.

CAP. XVI. N. 1. *Qui vero.* Ita rectius quam alii, *qui verbo*, ut notat Menardus, pag. 481, qui etiam *inclinatus* explicat *provolutus genibus*, et *collationem* definit esse concessum monachorum, in quo abbas hortatur monachos, culpæ corriguntur, etc., ex cap. 7 regulæ Isidori, et lib. II de Officiis eccles., cap. 16, n. 14. Pro *cognoscitur*, Grialius *ignoscitur*. AREV.

cipiat ab eo indulgentiam, cui cognoscitur intulisse injuriam. Qui autem non petit, aut non ex animo poscit, in collationem deductus juxta excessum injuriæ congruæ subjaceat disciplinæ. Qui sibi invicem convicia objiciunt, si iterum invicem sibi celeriter laxando ignoscunt, hi ab alio judicandi non sunt, quia pariter sibi veniam dare festinaverunt, si tamen excedere in semetipsos frequentius non præsumant.

2. Qui sponte culpam confitetur quam gessit, veniam promereri debet quam expetet. Oretur igitur pro eo, eique confestim, si levis culpa est, postulata indulgentia præbeatur. Qui pro gravi vitio sæpe excommunicatus emendari neglexerit, tandiu damnationi subjaceat, quousque vitia inolita deponat, ut quem semel illata animadversio non coercuit, frequens severitas censeat emendandum. Quamvis frequentium, graviorumque vitiorum voragine sit quispiam immersus, non tamen est a monasterio projiciendus, sed juxta qualitatem coercendus, ne forte qui poterat per diuturnam pœnitudinem emendari, dum projicitur, ore diaboli devoretur.

546 CAPUT XVII.

De delictis.

1. Delicta autem aut gravia sunt, aut levia. Levioris culpæ reus est, qui otiosus esse dilexit; qui ad officium, vel ad collationem, vel ad mensam tardius venerit; qui in choro horis riserit, fabulisve vacaverit; qui, relicto officio vel opere, extra necessitatis causam foras discesserit; qui torporem aut somnum amaverit; qui sæpius juraverit; qui multiloquus fuerit; qui ministerium cujuslibet operis injunctum sibi sine benedictione susceperit, aut perfecto opere benedictionem minime postulaverit; qui injunctum opus negligenter vel tardius expleverit; qui casu aliquid fregerit; qui damnum rei parvæ intulerit; qui codicem negligenter usus fuerit; qui alicubi ad momentum secesserit; qui occulte ab aliquo litteras vel quodlibet munus acceperit; vel epistolam suscipiens sine abbatis consensu rescripserit; vel quemlibet parentum seu sæcularium sine jussu senioris aut viderit, aut cum eis locutus fuerit; qui seniori inobediens fuerit; qui contumaciter seniori responderit; qui erga seniorem linguam non represserit; qui lascivus in A lingua fuerit, qui inhoneste incesserit; qui jocaverit; qui satis riserit; qui cum excommunicato locutus fuerit, oraverit, aut comederit; qui illusionem nocturnam Patri non patefecerit. Hæc igitur et his similia triduana excommunicatione emendanda sunt.

2. Graviori autem culpæ obnoxius est, si temulentus quisquam sit; si discors; si turpiloquus; si feminarum familiaris; si seminans 547 discordias; si iracundus; si altæ et rectæ cervicis; si mente tumidus, vel jactanti incessu immod[era]tus; si detractor; si susurro, vel invidus; si præsu[m]ptor rei peculiaris; si pecuniæ contagio implicitus; si aliquid præter regularem dispensationem superfluum possidens; si fraudator rei acceptæ aut commissæ sibi, aut minus commissæ.

B 3. Inter hæc, si de rebus secum allatis extulerit, vel de iis per inobedientiam murmuraverit; si falsum dixerit; si contentiones vel rixas amaverit; si manifestum convicium fratri intulerit; si personam innocentem falso crimine maculaverit; si contumaci animo seniorem despexerit; si rancorem adversus fratrem tenuerit; si peccanti in se et postea supplicanti veniam non concesserit; si cum parvulis jocaverit, riserit, vel eos osculatus fuerit; si cum altero in uno lecto jacuerit; si rei majoris damnum intulerit; si furatus fuerit; si perjuraverit; si extra communem mensam privatim vel furtim quidpiam sumpserit; si alicubi, extra consultum præpositi vel abbatis, discedens, medio die, vel amplius, commoratus fuerit; si, ut otiosus sit, falsam infirmitatem C prætenderit. Hæc et his similia juxta arbitrium Patris diuturna excommunicatione purganda sunt, et flagellis emendanda, ut qui gravius peccasse noscuntur, acriori severitate coerceantur, consideratis tamen personis, qui sint humiles, quive superbi.

CAPUT XVIII.

De excommunicatione

1. Satisfactio delinquentium hæc est: in officio fratribus constitutis, peracto pœnitentiæ tempore, vocatus is qui excommunicatus est, solvet statim cingulum, humique extra chorum prostratus jacebit, agens pœnitentiam, quousque expleatur celebritas, cumque jussus fuerit ab abbate de solo surgere, in-

2. Pro *damnationi* Smaragdus habet *emendationi*. In nonnullis Editionibus male est *quisque*, pro *quousque*. Quod Isidorus docet, non esse e monasterio projiciendum, qui per diuturnam pœnitudinem potest emendari, ab aliis Patribus eum dissentire advertit Menardus. Verum etiam apud Isidorum locus relinquitur, ut qui dicuntur et sunt *incorrigibiles* e monasterio projici possint. AREV.

CAP. XVII. N. 1. *Qui alicubi*, etc. Cass., lib. IV, cap. 16. *Si ad punctum temporis uspiam secesserit*, et paulo post: *Si epistolam cujusque suscipere, si rescribere sine abbate suo tentaverit*. GRIAL.

Ibid. Qui contumaciter, etc. Cassian., *ibid. Si superfluo, si durius, si contumacius responderit*. GRIAL.

Ibid. Qui cum excommunicato, etc. Cassian: *Si oraverit cum eo qui est ab oratione suspensus*. GRIAL.

Ibid. Ex cit. loc. Cassiani multa quoque excerpsit sanctus Columbanus sub finem sui Pœnitentialis. Pro *in choro horis riserit*, fortasse *in chori horis riserit* vel certe omittendum *horis*, ut in Concordia regularum, pag. 497. Risum in choro coercet etiam D sanctus Pachomius, et contra eos qui in ecclesia rident invehitur sanctus Joannes Chrysostomus, serm. 15, in epist. ad Hebræos, uti sanctus Ambrosius, lib. III de Virgin., contra eos qui in ecclesia fabulis vacant. AREV.

2. *Qui pecuniæ*, etc. Cassian.: *Philargyriæ contagio affectus, atque possessio rerum superfluarum*. GRIAL.

CAP. XVIII. N. 1. *Humique extra chorum prostrat.* Ex Goth. Cassian., lib. IV, cap. 16: *Cunctis in synaxi fratribus congregatis, tandiu prostratus in terra veniam postulabit, donec orationum consummetur solemnitas, impetraturus eam; cum jussus fuerit abbatis judicio de solo surgere*. GRIAL.

Ibid. Ex sancto Pachomio et Fructuoso episcopo, et altero Fructuoso, constat hic mos, ut cingulum solverent monachi, qui veniam petebant, aut palam increpabantur. In Concordia regularum, pag. 534: *Ingrediensque chorum oret. Post hæc data oratione*, etc. AREV.

grediensque **548** in chorum, data oratione pro eo A ab abbate, et respondentibus cunctis *amen*, surgat, atque ab omnibus pro negligentia veniam poscat, adepturus indulgentiam post hujus emendatoriæ satisfactionis censuram.

2. In minori vero ætate constituti non sunt coercendi sententia excommunicationis, sed pro qualitate negligentiæ congruis affligendi sunt plagis, ut quos ætatis infirmitas a culpa non revocat, flagelli disciplina compescat. Excommunicati autem ab iis locis quibus fuerint constituti ante pœnitentiæ tempus expletum prohibeantur progredi. Ad excommunicatum nulli licebit ingredi citra imperium senioris. Cum excommunicato nulli penitus vesci liceat, ne ipsi quidem qui alimenta victui præbet.

3. Si excommunicatio biduana fuerit, excommuni- B cato nihil alimenti præbendum est; certe si plurimorum dierum illata fuerit communionis suspensio, sola panis et aquæ in vespertinum erit adhibenda refectio. Excommunicatis præter hiemis violentiam cubile humus erit, stratum, sive storea; amictus autem tegmen rasum, aut certe cilicium; calceamentum, aut sparteæ, aut quodlibet genus solearum.

549 4. Excommunicandi potestatem habeant Pater monasterii, sive præpositus; reliqui autem excessus monachorum in collectam abbati vel præposito deferentur, ut is qui deliquisse cognoscitur competenti severitate coerceatur.

CAPUT XIX.

De familiari vita.

1. Monachi in communi viventes nihil peculiare sibi facere audeant, neque in suis cellulis quidquam quod ad victum, vel habitum, vel ad quamlibet rem aliam pertineat, sine regulari dispensatione abbatis possidere præsumant. In Pentecoste autem, quæ est dies remissionis, omnes fratres sub divina professione se alligent nihil peculiare apud conscientiam suam habere. Si quod a parentibus vel extraneis munus cuilibet monacho fuerit directum, in conventum fratrum redactum sit, ut cui necesse erit præbeatur. Monachus enim quidquid acquirit, non sibi, sed monasterio acquirit.

550 2. Nullus peculiariter separatam sibi ad habitandum cellulam expetat, in qua privatim a cœtu remotus vivat, præter eum qui fortasse morbo, vel ætate defessus, et hoc ex consultu Patris monasterii promeruerit. Cæteri vero, quibus nec languor, nec senectus inest, in sancta societate communem vitam et conversationem retinebunt. Nullus separatam cellulam a cœtu remotus sibi expetet, in qua subsidio reclusionis, aut instanti otio, aut latenti vitio serviatur, et maxime vanæ gloriæ, aut mundialis opinionis famæ.

3. Nam plerique proinde reclusi latere volunt, ut pateant; ut qui viles erant, aut ignorabantur foris positi, sciantur, atque honorentur inclusi. Nam re-

2. Smaragdus, cap. 26 : *Hinc Isidorus ait : Cum excommunicato neque orare, neque loqui cuiquam licebit, cum excommunicato nulli penitus vesci licet, ne* C *ipsi quidem, qui alimentum victui præbet.* GRIAL.

Ibid. In minori vero ætate, etc. Hoc monitum exstat non solum in regula sancti Benedicti, sed etiam in regula Magistri, ut vocant. Vide Menardum, pag. 582 et seqq. In Decreto Gratiani, caus. 11, q. 3, c. 18, citantur verba : *Cum excommunicato neque orare, neque loqui, nisi ea quæ ad eamdem excommunicationem pertinent, nec vesci liceat.* Simili modo apud Burchardum, et in Decreto Ivonis adduntur Isidoro illa verba : *nisi ea quæ ad eamdem excommunicationem pertinent.* Legendus præterea de hoc loco Berardus, in Isidorianis, cap. 52, num. 15. Apud Petrum Casinensem, cap. 30, post *compescat*, additur : *Illi vero fratres post quindecim annos ætatis vapulent, si satis gravem, aut furti fugacis, aut criminaliter aliquam culpam commiserint.* AREV.

3. *Cubile humus.* Smaragd. : *Lectus eorum aut nuda humus, aut certe storea, id est, matta super humum.* GRIAL.

D *Ibid. Si excommunicatio... refectio.* In Concordia regularum : *Cujus biduana, vel triduana fuerit illata excommunicationis suspensio, sola panis et aquæ in vespertinum erit adhibenda refectio.* Tegmen rasum, lib. XIX Etymolog., cap. 22, n. 23, est vestis *ralla*, quæ vulgo *rasilis* dicitur, scilicet, ex sententia Nonnii, vestis *ralla* a raritate ita vocata, *rasilis* aut *rasa* alia fortasse de causa appellata est. *Cilicium* est vestis ex pilis contexta, a cilicibus populis nomen sortita. De *sparto*, Plinius, lib. IX, cap. 2 : *Hinc calceamenta, et pastorum vestis.* Soleas definit Isidorus, lib. XIX Etymolog., cap. 24, n. 11, cui concinit Gellius, lib. XIII, cap. 20. AREV.

4. *In collectam.* Hoc est, in collationem, de qua cap. 7. Ad hunc locum referri possunt quædam verba quæ in Concordia regularum, pag. 568, exscribuntur *ex regula sancti Isidori episcopi, c. 14, § 4*; sed quæ in regula edita non exstant, neque Menardus quidquam super eis annotavit. « Si aliquis excommunicatus in prima interrogatione querelosus vel murmurans apparuerit, et suas sententias superbe, vel importune vindicaverit, et hoc senior manifestum esse cognoverit, usque in diem tertium maneat excommunicatus, ita ut nullus cum eo loquatur. Cum tertio vero die ita sciscitatus, et in superbia, quam diximus, fuerit deprehensus, quousque ergastulo coarctatus perseveret, donec omnem arrogantiam superbiæ deneget. Quod si in malo perseverans perduraverit, et prona (*forte*, prava) voluntate pœnitentiam agere noluerit, et sæpe ac sæpe contumax contra seniores, vel fratres in facie perstiterit, et cum propinquis se vindicare maluerit, in collatione deductus exuatur monasterii vestibus, et induatur quas olim deduxerat sæcularibus, et cum confusionis nota a monasterio expellatur, ut cæteri emendentur, dum fortasse solus tali correptione ille delinquens corrigitur. » Hæc si Isidori sunt, conciliari possunt cum his quæ cap. 16, num. 2, dixit, ita ut ibi neget e monasterio expellendos de quibus spes aliqua affulget eos posse ad bonam frugem revocari, hic vero expelli jubeat illos qui incorrigibiles censeantur. AREV.

CAP. XIX. N. 1. *Neque in suis cellulis quidquam*, etc. Ita etiam præscribunt Pachomius, Teridius, et alii in regulis monachorum. Quod paulo post sequitur : *Si quod a parentibus*, etc., in Concordia regularum ita effertur : *Si quid a parentibus, vel extraneis cuilibet monacho collatum fuerit, non erit sub jure privatæ rei habendum, sed in potestate abbatis in commune redactum, cum necesse est, præbeatur.* Sententia, quod monachus quidquid acquirit, non sibi, sed monasterio acquirit, in multis juris canonici locis adoptata est, ut cap. *Statutum* 1, caus. 18, quæst. 1; cap. *Abbates*, 16, caus. 18, quæst. 2; cap. *Quia ingredientibus*, 7, caus. 19, q. 3, et aliis. AREV.

2. *Subsidio reclusionis.* Ex Goth. Al., *sub studio reclusionis.* GRIAL.

Ibid. Vanæ gloriæ incurrat. In Goth., una plus voce. GRIAL.

vera omnis qui propter vitæ quietem a turbis discedit, quanto magis a publico separatur, tanto minus latet. Oportet ergo tales in sancta societate commorari, atque sub testimonio vitam suam transigere, ut si quid in eis vitiorum est, dum non celatur, curetur; si quid vero virtutum, ad imitamentum proficiat aliorum, dum humilitatis eorum exempla alii contuentes, erudiuntur.

4. Non est præsumendum sine conscientia abbatis egenis vel quibuslibet conferre de eo quod regulari dispensatione noscitur monachus possidere; nec cum alio fratre quidpiam commutare, nisi abbas vel præpositus illi jusserit, nulli licebit; nec habebit quispiam præter illa quæ communi monasterii lege concessa sunt de rebus monasterii. Abbati vel monacho monasterii servum non licebit facere liberum: qui enim nihil proprium habet, libertatem rei alienæ dare non debet. Nam sicut sæculi leges sanxerunt, non potest alienari possessio, nisi a proprio domino: **551** ita et omne quod in monasterio in nummo ingreditur, sub testimonio seniorum accipiendum.

5. Eadem pecunia in tribus partibus dividenda est; quarum erit una pro infirmis et senibus, et pro aliquo coemendo in diebus sanctis cultius ad victum fratrum; alia pro egenis; tertia pro vestimentis fratrum, et puerorum, vel quibusque ad necessitatem monasterii coemendis. Quas tres partes custos sacrarii percipiat, ac, præcipiente abbate, sub testimonio præpositi vel seniorum de singulis partibus pro suis necessariis causis expendat.

CAPUT XX.

Quid ad quem pertineat.

1. Ad præpositum autem pertinet sollicitudo monachorum, actio causarum, cura possessionum, satio agrorum, plantatio et cultura vinearum, diligentia gregum, constructio ædificiorum, opus carpentariorum, sive fabrorum. Ad custodem sacrarii pertinet cura vel custodia templi, signum quoque dandi in vespertinis, nocturnisque officiis, vel vestes suere, ac vasa sacrorum, Codices quoque instru- A mentaque cuncta, oleum in usus sanctuarii, cera et luminaria. Iste a vestiario monasterii suscipiet acus, etiam et fila diversa pro consuendis vestibus fraternis habebit, et omnibus, ut necesse est, ministrabit. Ad hunc quoque pertinebit aurum atque **552** argentum, cæteraque fracta æris ferrique metalla, ordinatio quoque lineariorum, fullonum, calceariorum atque sartorum.

2. Ad janitorem pertinebit cura hospitum, denuntiatio advenientium, custodia exteriorum claustrorum. Ad eum qui cellario præponitur pertinebit sollicitudo eorum quæ in promptuario sunt: iste præbet hebdomadariis quidquid necessarium est victui monachorum, hospitum et infirmorum; isto præsente, dispensantur ea quæ mensis deferenda sunt; B is etiam quidquid residuum fuerit pro pauperum usibus conservabit, huic quoque hebdomadarius, expleta hebdomada, vasa sibi tradita exhibebit, ad perspiciendum utique, si negligentius habita sunt, et ad denuo succedentem hebdomadarium coram isto tradentur. Ad hunc quoque pertinent horrea, greges ovium et porcorum, lana et linum, de area sollicitudo, cibaria administrandi pistoribus, jumentis, bobus et avibus, industria quoque calceamentorum, cura pastorum, seu piscatorum.

3. Ad hebdomadarium pertinet cura ferculorum, administratio mensarum, signum dandi in diurnis officiis, sive in collatione, vel in collecta post solis occubitum. Ad hortulanum quoque pertinebit muni- C tio custodiaque hortorum, alvearia apum, cura seminum diversorum, ac denuntiatio quid et quando oporteat in hortis seri, sive plantari. Ars autem pistoria ad laicos pertinebit; ipsi enim triticum purgent, ipsi ex more molant; massam tantumdem monachi conficiant, et panem sibi propriis manibus ipsi faciant. Porro pro hospitibus, vel infirmis, laici faciant panes.

4. Instrumentorum et ferramentorum custodia ad unum quem Pater monachorum elegerit pertinebit, qui ea operantibus distribuat receptaque custodiat.

4. *Egenis*, etc. Scilicet nisi urgeat necessitas. Vide sanctum Thom., 2-2, q. 32, art. 8, et glossam 16, q. 1, cap. 5. Commutare etiam quidpiam cum alio prohibuerunt sanctus Pachomius, et sanctus Basilius. Servum facere liberum prohibetur etiam abbas in concilio Agathensi, can. 59, et Epaon., can. 8. Duplicem libertatem, seu manumissionem, distinguit Menardus, pag. 188, alteram *regiam*, quæ fiebat domini consensu coram rege excussione nummi; alteram *ecclesiasticam*, quæ fiebat in ecclesia ante cornu altaris coram presbyteris et populo tam a laicis quam ab ecclesiasticis. Arev.

5. *Cultius*. Al., *cultibus*, ex Goth. Supra, cap. 9: *Nec cultius quam quæ in communi consistunt*. Neutro tamen modo satis integer videtur locus. Grial.

Ibid. *Necessitatis*. Ex Goth. Al., *necessariis*. Grial.

Ibid. De custode sacrarii iterum cap. seq., num. 1. Menardus, loc. cit., custodem sacrarii eum esse ait quem *sacristam* modo appellamus, et multa de *sacrarii* voce disserit. Arev.

Cap. xx. N. 1. In Concordia regularum, pag. 430, *ratio agrorum*, minus bene, pro *satio agrorum*. Ex eadem Concordia, et ex Holstenio reposui *diligentia* D *gregum*, et *vespertinis nocturnisque officiis*. In Editione Grialii *diligentia legum*, et *vespertinis nocturnis officiis*. Custos sacrarii a Lanfranco, cap. 6 Constitut., dicitur *secretarius*, a Græcis *cimiliarcha*, in nonnullis Hispaniæ ecclesiis *thesaurarius*. *Instrumenta* hic accipiuntur pro chartis contractuum, fundationum, etc. Grialius legit *in usum sacrarii, ceram ad luminaria*. In Concordia regularum pro *iste a vestiario*, etc., sic legitur, *qui vestiaria monasterii suscipiet, quique etiam fila* (legendum, *acus etiam, et fila*) *diversa pro consuendis*, etc. Quod Menardo melius videtur. In eadem Concordia *facta infectaque*, pro *fracta*; et *cerariorum*, pro *calceariorum*. Arev.

2. *Area*, ex Goth. Al., *ex arca*. Grial.

Ibid. *Exteriorum*. In regularum Concordia, p. 411, *exterorum*, minus bene. In eadem Concordia, p. 591, *residuum sumptui fuerit*. Et mox, *linum, aviaria, sollicitudo cibaria ad ministrandum pistoribus*. Ex quo Menardus legendum putat, *linum, aviaria: sollicitudo cibaria administrandi pistoribus*. Sunt autem *aviaria* ædificia apta nutriendis avibus. Arev.

3. *Ex more*. Ita Goth., et Smaragd. Al., *ex mole*. Grial.

Et licet hæc cuncta specialiter singulis maneant distributa, omnia tamen a Patre ordinata ad curam præpositi pertinebunt. Ad custodiendam autem in urbe cellam **553** unus senior, et gravissimus monachorum cum duobus parvulis monachis constituendus est, ibique, si culpa caret, convenit eum perpetim perdurare.

5. Porro cura nutriendorum parvulorum pertinebit ad virum quem elegerit Pater, sanctum sapientemque, atque ætate gravem, informantem parvulos non solum studiis litterarum, sed etiam documentis magisterioque virtutum. Cura peregrinorum, vel pauperum eleemosyna pertinebit ad eum cui dispensationis potestas commissa est. Iste quod habet tribuat, et communicet, in quantum potest, non ex tristitia, aut necessitate : *Hilarem enim datorem diligit Deus* (*II Cor.* IX).

CAPUT XXI.

De infirmis.

1. Cura infirmorum sanæ sanctæque conversationis viro committenda est, qui pro eis sollicitudinem ferre possit, magnaque cum industria præsto faciat quidquid imbecillitas eorum exposcit. Ipse autem sic ægrotis deserviet, ut de sumptibus eorum vesci non præsumat. Ægrotis delicatiora sunt præbenda alimenta, quousque ad incolumitatem perveniant. Postquam salutem receperint, ad usum pristinum revertentur

2. Infirmi autem pro eo quod delicatius aguntur, fortiores inde nequaquam scandalizentur ; qui enim sani sunt infirmos tolerare **554** debent ; qui autem infirmi sunt sanos et laborantes anteponendos sibi non dubitent. Nullum oportet vel veram corporis infirmitatem celare, vel falsam prætendere. Sed qui possunt Deo gratias agant, et operentur ; qui vero non possunt manifestent suos languores, humaniusque tractentur.

3. Sub prætextu infirmitatis nihil peculiare habendum est, ne lateat libido cupiditatis sub languoris specie. Lavacra nulli monacho adeunda studio lavandi corporis, nisi tantummodo propter necessitatem languoris, et nocturnam pollutionem. Nec differendum est propter medelam, si expedit ; nec murmurandum est, quia non fit pro appetitu voluptatis, sed pro remedio tantum salutis.

CAPUT XXII.

De hospitibus.

1. Advenientibus hospitibus prompta atque alacris susceptio est adhibenda, scientes ob hoc in novissimum consequi retributionem. Sicut enim Dominus dicit : « Qui vos recipit, me recipit, et qui me recipit recipit illum qui misit me ; qui recipit prophetam in nomine prophetæ, mercedem prophetæ accipiet ; et qui recipit justum in nomine justi, mercedem justi accipiet ; et qui potum dederit uni ex minimis istis calicem aquæ frigidæ tantum in nomine meo, amen dico vobis, non perdet mercedem suam (*Matth.* X). »

2. Et licet omnibus hospitalitatis bonum cum gratia oporteat referri, uberior tamen monachis deferenda est honorificentia hospitalitatis. Præbeantur eis habitacula, laventur eorum pedes, ut **555** præceptum Dominicum impleatur ; congruis etiam sumptibus eisdem humanitatis gratia præbeatur.

CAPUT XXIII.

De profectione.

1. Nullus monachus, inconsulto abbate, audeat uspiam progredi, nec aliquid præsumere sine imperio ejus, seu præpositi. Si quando abbas vel præpositus, alicubi proficiscuntur, ille ferat fratrum sollicitudinem, qui est præpositus secundus in ordine. Nullus propinquum, vel extraneum, hospitem vel monachum, familiarem seu parentem videre absque imperio senioris, neque sine jussu abbatis quispiam accipere epistolam vel dare cuiquam præsumat.

2. Quando fratres foras proficiscuntur, vel redeunt

5. *Studiis litterarum*. Hinc colligit Menardus pueros monachos litteris imbui debere. Sanctus Cæsarius pueros in monasterio suscipi nolebat, qui litteras ediscere non valerent. Vide Mabillonium, de studiis monasticis. In Concordia regularum, pag. 891, referuntur quædam verba ex regula sancti Isidori, quæ in regula excusa non exstant, et ad hunc locum referri possunt. « Quicunque a parentibus propriis in monasterio fuerit delegatus, noverit se ibi perpetuo mansurum. Nam Anna Samuel puerum natum et ablactatum Deo pietate qua voverat obtulit ; quique in ministerio templi quo a matre fuerat functus permansit, et ubi constitutus est, servivit. » Eadem referuntur caus. 20, q. 1, cap. *Quicunque*, sine ulla libri aut capitis citatione. Smaragdus eadem sumpsit ex Concordia regularum. In causa citata legitur *cum pietate obtulit* ; et *deputatus*, pro *functus*. Relegendus hac de re Berardus, in Isidorianis, cap. 32, n. 46. AREV.

CAP. XXI. N. 1. *De sumptibus*, etc. Id clarius intelligitur ex sancto Fructuoso, c. 10 : *De his quæ illis residua sunt, neque fraudem faciant, neque occulte se illicita comestione polluant*. AREV.

2. Apud Petrum Casinensem, cap. 56, post *non dubitent* additur : « Qui sani sunt corpore sani debent esse et mente. Et ideo convenit sanis infirmos portare, et magis quam ab infirmis portari. Necesse est enim ut patienter portemus infirmos, ut iterum infirmi patienter portemur a sanis. Tempore enim infirmitatis eorum copiosam mercedem providendo conquiramus ab illis, ut et illi tempore infirmitatis nostræ copiosam mercedem serviendo conquirant de nobis. Hinc Apostolus (*Galat.* VI) : *Invicem onera vestra portate, et sic adimplebitis legem Christi*. » AREV.

3. In Concordia regularum, pag. 665 : *Tantummodo pro necessitate languoris. Nec differendum*, etc. Nonnulli, *nec murmurandum est, si fiat, quia*, etc. Apud Petrum Casinensem, post verba *pro remedio salutis*, additur : *Pro cura medendi balneorum usus summo adhibeatur studio, sanis vero, et præcipue juvenculis tardius concedatur*. AREV.

CAP. XXII. N. 2. *Uberior monachis*, etc. Scilicet ex præscripto etiam Pachomii, Macarii, Magistri, et aliorum, ut in Concordia regularum, pag. 869. AREV.

CAP. XXIII. N. 1. *Præsumere*. Hoc est, facere. Litteras a monachis et religiosis neque scribendas, neque recipiendas sine superioris facultate comprobatur in Concordia regularum, pag. 622 et 874. AREV.

2. In regularum Concordia, pag. 1061, et apud Holstenium legitur : *Quando fratres foris proficiscuntur, vel redeunt, congregatis omnibus in unum in ecclesia benedictionem accipiant. Eodemque modo hebdoma-*

congregatis omnibus in ecclesia, benedictionem accipiant. Eodemque modo hebdomadarius, vel quilibet rerum dispensatores; sed dum pro necessitate aliqua monasterii diriguntur, duo fratres spirituales ac probatissimi eligantur. Adolescentuli autem vel nuper conversi a tali ministerio removendi sunt, ne aut infirma ætas carnis desiderio polluatur, aut rudis conversatio ad sæculi desiderium revertatur.

3. Monachus, dum ad aliquod monasterium mittetur visitandum, quandiu cum eis fuerit, ad quos destinatus est, ita eum ibi oportet vivere, sicut reliquum cœtum sanctorum videt, propter scandalum, scilicet, et perturbationem infirmorum.

CAPUT XXIV.

De defunctis.

1. Transeuntibus de hac luce fratribus, antequam sepeliantur, pro dimittendis eorum peccatis, sacrifi-
A cium Domino offeratur. Corpora **556** fratrum uno sepelienda sunt loco, ut quos viventes charitatis tenuit unitas, morientes unus locus amplectatur.

2. Pro spiritibus defunctorum altera die post Pentecosten sacrificium Domino offeratur, ut beatæ vitæ participes facti, purgatiores corpora sua in die resurrectionis accipiant.

3. Hæc igitur, o servi Dei, et milites Christi, contemptores mundi, ita vobis custodienda volumus, ut majora præcepta potius servetis. Suscipite igitur inter illa et hanc admonitionem nostram, humili corde custodientes quæ dicimus, libenter sumentes quod dispensamus; quatenus et vobis de fructu operis sit gloria, et nobis pro ipsa admonitione postulata proveniat venia. Deus autem omnipotens custodiat vos
B in omnibus bonis, et quomodo cœpit, sic et confirmet gratiam suam in vobis. Amen.

darii, vel quarumlibet rerum dispensatores, sive dum promoventur, sive dum recedunt. Propter necessitatem aliquam monasterii duo fratres spirituales comprobatissimi eligantur, qui ad urbem, vel ad possessionem (villam, curtem) *mittantur. Adolescentuli autem*, etc. Menardus vehementer laudat has institutiones, seu regulas. AREV.

CAP. XXIV. N. 2. De more antiquo offerendi sacrificium pro mortuis, sive de igne purgatorio ex mente Isidori vide Isidoriana, cap. 23, n. 17 et 18, et not. ad lib. de Ordine creaturarum, c. 14, n. 13. Menardus, pag. 217, multa in hanc sententiam congerit ex sancto Augustino, Cassiano, concilio Bracarensi, Aurelianensi, Vasensi I et II, etc. Recenset alios auctores qui præter exsequias in die obitus meminere diei tertii, septimi, noni, trigesimi et quadragesimi. Præterea beatus Ægil, abbas Fuldensis, quod in Concordia regularum, loc. cit., notatur, instituit ut pro fratribus defunctis anniversariæ preces et missæ quotannis die sancti Ignatii martyris agerentur. Sanctus Hugo, abbas Cluniacensis idem statuit fieri feria quinta post octavas Pentecostes. Alii alium diem designarunt. AREV.

3. *Et majora præcepta Patrum per omnia observentur*, Goth., sed non convenit cum præfatione. GRIAL.

Ibid. In Concordia regularum, *ut majorum præcepta patrum*, quod Menardo quoque displicuit. Post hoc ultimum caput in nonnullis Mss. adjicitur caput aliud *De regula devotarum*, de quo egi in Isidorianis, cap. 71, n. 28 et seqq. Ita autem se habet. *Sententia de regula devotarum.* « Nemo ad eas vadat visitandas, nisi qui habet ibi matrem, vel sororem, aut filiam, et propinquas, et consobrinas, sive matrem filiorum suorum. Si autem necessitas fuerit ut videant eas, ut antequam renuntiarent sæculo, et intrarent in monasterio, paterna eis debetur auctoritas, aut aliqua causa manifesta est, mittent cum his probatæ virum ætatis, ac vitæ, videbunt eas, et pariter revertentur. Nemo vadat ad illas, nisi quos supra diximus. Si eas videre voluerint, primum faciant nuntiari patri monasterii, et ille mittet ad seniores, qui ad ministerium virginum delegati sunt. Qui occurrent eis, et cum ipsis videbunt, quas necesse habuerint, cum omni disciplina et timore Dei. Cumque eas viderint, non eis loquentur de rebus sæcularibus. Quicunque de his mandatis præterierit, absque ulla retractatione negligentiæ, atque contemptus aget publice pœnitentiam,
C ut possidere valeamus regna cœlorum. » Forte, *possidere valeat regna cœlorum.* In Isidorianis etiam. loc. cit., dixi, in nonnullis Mss. post caput regulæ devotarum addi constitutionem 11 concilii II Hispalensis, cui Isidorus præfuit, quæ est *de monasteriis virginum, ut a monachis tueantur*, et legi potest in ipso concilio descripto in Appendice 4, ad Isidoriana, pag. 525, ac propterea hoc loco prætermittitur. AREV.

SANCTI ISIDORI

HISPALENSIS EPISCOPI

EPISTOLÆ.

EPISTOLA PRIMA.

ISIDORI LEUDEFREDO EPISCOPO.

557 Domino meo Dei servo Leudefredo episcopo Isidorus.

1. Perlectis sanctitatis tuæ litteris, gavisus sum
D quod optatam salutem tuam earum relatu cognovi, de iis autem quæ in consequentibus insinuare eloquii tui sermo studuit, gratias ago Deo, quod sollicitudinem officii pastoralis impendis, et qualiter ecclesiastica officia ordinentur perquiris. Et licet omnia

EPIST. I. N. 1. Citatur a Gratiano, dist. 25. Pro fraterno, al. *paterno*. PEREZ.

Ibid. Multa quæ ad hanc epistolam illustrandam pertinere possunt, explicata jam sunt in Isidorianis, cap. 73, num. 3 et seqq., ubi etiam suspiciones quorumdam exposui, qui dubitarunt an epistola hæc genuina sit Isidori. Relegendi etiam sunt libri Officiorum sancti Isidori, qui in eodem argumento versantur. Epistolas, ut exstant in Editione Grialiana, quam sequimur, collegit, notisque nonnullis illustravit vir in primis doctus Joannes Baptista Perez. AREV.

prudentiæ vestræ sint cognita, tamen quia affectu fraterno me consulis, ex parte qua valeo expediam, et de omnibus Ecclesiæ gradibus, quid ad quem pertineat eloquar.

2. Ad ostiarium namque pertinent claves ecclesiæ, ut claudat et aperiat templum Dei; et omnia quæ sunt intus extraque custodiat, fideles recipiat, excommunicatos et infideles rejiciat.

3. Ad acolythum pertinet præparatio luminariorum in sacrario, ipse cereum portat, ipse suggesta, pro Eucharistia subdiaconis calicem præparat.

4. Ad exorcistam pertinet exorcismos memoriter retinere, manus super energumenos et catechumenos exorcizandos imponere.

5. Ad psalmistam pertinet officium canendi, dicere benedictiones, psalmos, laudes, sacrificii responsoria, et quidquid pertinet ad cantandi peritiam.

558 6. Ad lectorem pertinet lectiones pronuntiare, et ea quæ prophetæ annuntiaverunt populis prædicare.

7. Ad subdiaconum pertinet calicem et patenam ad altarium Christi deferre, et Levitis tradere, eisque administrare; urceolum quoque, et aquamanilem, et manutergium tenere, et episcopo, et presbyteris, et Levitis pro lavandis ante altarium manibus aquam præbere.

8. Ad diaconum pertinet assistere sacerdotibus, et ministrare in omnibus quæ aguntur in sacramentis Christi, in baptismo scilicet, in chrismate, in patena et calice; oblationes inferre, et disponere in altario, componere mensam Domini, atque vestire, crucem ferre, prædicare Evangelium et Apostolum. Nam sicut lectoribus Vetus Testamentum, ita diaconibus Novum prædicare præceptum est: ad ipsum quoque pertinet officium precum, recitatio nominum; ipse præmonet aures ad Dominum habere, ipse hortatur clamore, pacem ipse annuntiat.

9. Ad presbyterum pertinet sacramentum corporis et sanguinis Domini in altari Domini conficere, orationes dicere, et benedicere populum.

10. Ad episcopum pertinet basilicarum consecratio, A unctio altaris, confectio chrismatis, ipse prædicta officia et ordines ecclesiasticos constituit, ipse sacras virgines benedicit; et dum præsit unusquisque in singulis, hic tamen est in cunctis. Hi sunt ordines et ministeria clericorum, quæ tamen auctoritate pontificali **559** in archidiaconi cura, et primicerii, ac thesaurarii sollicitudine dividuntur.

11. Archidiaconus enim imperat subdiaconibus et Levitis, ad quem ista ministeria pertinent: ordinatio vestiendi altaris a Levitis, cura incensi, et sacrificii deferendi ad altare, cura subdiaconorum de subinferendis ad altare in sacrificio necessariis, sollicitudo quis Levitarum Apostolum et Evangelium legat, quis preces dicat, seu responsorium in Dominicis diebus, aut solemnitatum. Sollicitudo quoque paro- B chitanorum, et ordinatio, et jurgia ad ejus pertinent curam; pro reparandis diœcesanis basilicis ipse suggerit sacerdoti; ipse inquirit parochias cum jussione episcopi, et ornamenta, vel res basilicarum parochitanarum, gesta libertatum ecclesiasticarum episcopo idem defert.

12. Collectam pecuniam de communione ipse accipit, et episcopo ipse defert, et clericis partes proprias ipse distribuit. Ab archidiacono nuntiantur episcopo excessus diaconorum; ipse denuntiat sacerdoti in sacrario jejuniorum dies, atque solemnitatum; ab ipso publice in ecclesia prædicantur. Quando autem archidiaconus absens est, vicem ejus diaconus sequens adimplet.

C 13. Ad primicerium pertinent acolythi, et exorcistæ, psalmistæ, atque lectores, signum quoque dandum pro officio clericorum, pro vitæ honestate, et officium meditandi, et peragendi sollicitudo. Lectiones, benedictiones, psalmum, laudes, offertorium, et responsoria quis clericorum dicere debeat; ordo quoque et modus psallendi in choro pro solemnitate et tempore; ordinatio pro luminariis deportandis; si quid etiam necessarium pro reparatione basilicarum, quæ sunt in urbe, ipse denuntiat sacerdoti; epistolas episcopi pro diebus jejuniorum parochitanis per ostiarios iste dirigit; clericos quos delinquere cognoscit iste distringit: **560** quos vero emendare

9. In Codic. Vat. 3788, ut in Isidorianis, loc. cit., n. 10, indicavi, quædam proferuntur *ex dictis beati Isidori ad Laudefredum episcopum*, quæ hic exscribere juvat potius quam ad appendices rejicere. « Ad presbyteros pertinet sacramentum corporis et sanguinis Domini altari Dei conficere, et orationem dicere, et benedicere dona Dei. Itaque per omnes horas canonicas indeclinabiliter in sancta ecclesia perseverent, ut opus Dei digne et infucate perficiatur ab eo cui committitur, verens sententiam illius Sapientis, ubi dicitur: *Maledictus qui opus Dei negligenter fecerit*; atque præceptis episcopi sui obtemperando, non aliqua accidia aut scurrilitate torpeant, sed reminiscantur quod labia sacerdotis custodiunt scientiam. Debent etiam assidue in ecclesia stare, ac providere ne desit Eucharistia Christi propter infirmos. De infirmis quoque debent providere, ne forte sine confessione vel confirmatione sanguinis Domini nostri Jesu Christi moriantur. Confessiones autem peccantium religiosissime recipere, et exinde per jussionem pontificis magna illis debet esse cura. Ad Christianos quoque et infantes baptizandos, et ad D succurrendum omnia a presbyteris in ecclesia fiant. » Hæc, ut dixi in Isidorianis, addita sunt Isidoro, non minus quam ea quæ de archidiaconis, ad num. 12, Perezius exscripsit. Arev.

11. Al., *refert*, pro *defert*. Perez.

12. Post archidiaconi officium ante primicerium in uno Complutensi Codice, leguntur hæc: *Archipresbyter vero se esse sub archidiacono, ejusque præceptis, sicut episcopi sui, sciat obedire; et (quod specialiter ad ejus ministerium pertinet) super omnes presbyteros in ordine positos curam agere, et assidue in ecclesia stare, et quando episcopi sui absentia contigerit ipse vice ejus missarum solemnia celebret, et collectas dicat, vel cui ipse injunxerit*. Quæ in reliquis Codicibus non sunt, neque ex Isidoro, sed ex concilio Toletano ab aliis citantur. Vid. notat. ad Gratian. et fragmenta concil. Toletan. Perez.

13. Al., *cantandi*, pro *meditandi*. Perez.

non valet, eorum excessus ad agnitionem episcopi **A** defert. Basilicarios ipse constituit, et matriculas ipse disponit. Quando autem primicerius absens est, ea, quæ prædicta sunt, ille exsequitur, qui ei aut loco est proximus, aut eruditione in his expediendis intentus.

14. Ad thesaurarium pertinet basilicarii et ostiarii ordinatio, incensi cura, chrismatis cura conficiendi, baptisterii ordinandi, præparatio sacrificii de his quæ immolanda sunt; ad eum venient de parochiis pro chrismate; cereos et oblationes altaris ipse accipit a populo; ipse colligit per ecclesias cereos in festivitatibus. Ad eum pertinent ornamenta, et vestimenta altaris, quidquid in usu templi est, sub ejus ordinatione existit, vela et ornamenta basilicarum quæ in urbe sunt, et non habent presbyterum, ipse **B** custodit. De candelis autem et cereolis quotidianis quidquid superest in basilicis, basilicarius per singulos menses huic deportat. Ex quibus thesaurarius dat quartam basilicario, tres reliquas partes divident æqualiter sibi cum primicerio, et presbytero, qui missam celebrat in eamdem basilicam.

15. Ad œconomum pertinet reparatio basilicarum, atque constructio, actiones ecclesiæ in judiciis vel in proferendo, vel in respondendo, tributi quoque acceptio, et rationes eorum quæ inferuntur. Cura agrorum et culturæ vinearum, causæ possessionum, et servitialium stipendia clericorum, viduarum, et devotarum pauperum; dispensatio vestimenti, et victus domesticorum clericorum, servitialium quoque, et artificum, quæ omnia cum jussu et arbitrio sui epi- **C** scopi ab eo implentur.

16. Hæc sunt quæ vel a majoribus per officiorum ordines distributa sunt, vel consuetudine ecclesiarum in unumquemque servata. Nec aliquid ex his nostri judicii deputes, nisi quod aut ratio docuit, aut vetustatis antiquitas sanxit.

17. Patrem autem monasterii, unde innotuistis, illum præferri oportet, quem sancta vita et probitas morum commendat, quique dum subjectus exstitit, fraus in illo non fuit. Huic juste gratia cumulatur, dicente Domino: *Quia in pauca fuisti fidelis, in multa te constituam* (*Matth.* xxv, 21). Qui vero adhuc sub regimine positus improbe vixit, **561** et fratribus fraudem facere non pertimuit, hic prælatus licenter ac libere majora et deteriora committet, dum se in potestate et libertate aspexerit.

18. De talibus enim dicit Apostolus: *Sed vos injuriam facitis, et hoc fratribus. An nescitis quia iniqui regnum Dei non possidebunt* (*I Cor.* vi, 8)? Sed nobis ista sufficiat dicere tibi, quod Deo dignum existimas adimple. Post hæc autem precari tuam sanctitatem non desino, ut pro me intercessor apud Dominum existas, ut, quia meo vitio lapsus sum, per te remissionem consequar peccatorum.

EPISTOLA II.

ISIDORI BRAULIONI ARCHIDIACONO.

In Christo charissimo, et dilectissimo filio, Braulioni archidiacono, Isidorus.

1. Dum amici litteras, charissime fili, suscipis, eas pro amico amplecti non moreris. Ipsa est enim secunda inter absentes consolatio, ut si non est præsens qui diligitur, pro eo litteræ amplexentur. Direximus tibi annulum propter nostrum animum, et pallium pro amicitiarum nostrarum amictu, unde antiquitas hoc traxit vocabulum. Ora igitur pro me, inspiret tibi Dominus ut merear adhuc in vita videre te. Et quem mœstificasti abeundo, aliquando iterum lætifices te præsentando. Quaternionem regularum per Maurentionem primicerium direximus. De cætero autem opto tuam semper cognoscere salutem, dilectissime mi domine, et charissime fili.

EPISTOLA III.

ISIDORI BRAULIONI ARCHIDIACONO.

562 In Christo charissimo et dilectissimo fratri Braulioni archidiacono Isidorus.

1. Quia non valeo te frui oculis carnis, perfruar saltem alloquiis, ut ipsa amici sit consolatio incolumem litteris cognoscere quem cupio videre. Utrumque bonum esset, si liceret; sed vel mente de te reficiar, si corporali obtutu non valeo. Dum pariter essemus, postulavi te, ut mihi decadem sextam sancti Augustini transmitteres; posco ut quoquomodo me cognitum ei facias.

14. *In eamdem basilicam;* al., *in eadem basilica.* AREV.

17. De electione abbatis monasterii agitur in Regula monach., cap. 2. AREV.

D EPIST. II. N. 1. *Quaternionem regularum.* Intelligit, ut puto, et dixi in Isidorianis, cap. 71, num. 1, regulam, quam pro monachis Isidorus scripsit. In Editione epistolarum Isidori ad Braulionem apud Riscum hæc est ordine secunda, cui ejusdem Risci hæc apponitur nota: « *Per Maurentionem primicerium.* Sic Editi quos viderim; lego tamen *primiclerum*, aut *primicerium*. De primicleri dignitate mentio fit in concilio Emeritensi, cap. 10 et 14, et in Toletano xv, in subscriptionibus, et in Compostellano, cap. 1. Ad hujus officium spectabat oblationes clericis distribuere secundum uniuscujusque dignitatem, et virtutem. De primiceriatu vero videsis Isidorum epist. ad Laudefredum Cordubensem episcopum. » In hac epistola, num. 13, vocatur primicerius, alii dicunt *primiclerum*, alii *primiclerium*, alii *primicerium*. Prima nominis origo videtur esse *primicerius*; ita enim dicebatur primus cujusque classis, quasi primus in ceram, seu tabulam relatus. Plura de his Ducangius. AREV.

EPIST. III. N. 1. *Decadem sextam.* Bollandiani, tom. II, Martii, pag. 638, divinari facile non posse dicunt quænam sancti Augustini opuscula in ista decade continerentur, cum oblitterata sit ejusmodi divisionis memoria. Sed recte reponit Riscus non esse dubitandum sextam Augustini decadem esse Augustinianæ explanationis in Psalmos certam partem, eam nempe quæ complectitur a psalmo LI ad LX. Nam totum Augustini commentarium in decades fuisse aliquando distributum, et Cassiodorus in suo prologo ad Psalmos testatur, et aliquot mss. Codices ostendunt, ut constat ex præfatione Maurinorum ad tom. VI operum Augustini. Certe in bibliotheca Vaticana exstant etiamnum nonnulli Codices, quibus per decades psalmorum explanatio sancti Augustini in eos distribuitur; et in quodam privilegio Ordonii II, apud Florezium, tom. XIV Hisp. sacr., pag. 370, fit mentio decadis psalmorum. Felix quoque, in Vita Juliani

2. Misimus vobis Synonymorum libellum, non pro id quod alicujus utilitatis sit, sed quia eum volueras. Commendo autem hunc puerum, commendo et memetipsum, ut ores pro me misero, quia valde langueo et infirmitatibus carnis, et culpa mentis. In utroque tuum præsidium posco, quia per me nihil mereor; de cætero pete ut dum vita comite portitori ad nos regredi fuerit opportunitas, vestris nos jubeatis lætificare eloquiis.

EPISTOLA IV.

ISIDORI MASSONÆ EPISCOPO.

563 Domino sancto meritisque beato Massonæ episcopo Isidorus.

1. Veniente ad nos famulo vestro viro religioso Nicetio, litteras honorificentiæ vestræ nobis detulit, in quibus agnitio salutis vestræ nihilominus perpatuit maxime per eum portitorem, cujus lingua epistola vivens erat. Unde pro salute vestra gratiarum actionibus Deo nostro repensis, in quantum valuit mediocritas nostra vice inquisitionis studio poscentes meritorum vestrorum suffragiis divinis vos commendare conspectibus.

2. Verum quod sequenter in epistolis venerabilis fraternitas vestra innotuit, nulla est in hujusmodi sententiis decretorum diversitas intelligenda, quod alibi legitur in lapsu corporali restaurandum honoris gradum post pœnitentiam, alibi, post hujusmodi delictum, nequaquam reparandum antiqui ordinis meritum.

3. Hæc enim diversitas hoc modo distinguitur: illos enim ad pristinos officii gradus redire canon præcipit, quos pœnitentiæ præcessit satisfactio, vel digna peccatorum confessio; at contra ii qui neque a vitio corruptionis emendantur, atque hoc ipsum carnale delictum quod admittunt etiam vindicare quadam superstitiosa temeritate nituntur, nec gradum utique honoris, nec gratiam communionis recipiunt.

4. Ergo ita est utraque dirimenda sententia, ut A necesse sit illos restaurari in locum honoris; qui per pœnitentiam reconciliationem **564** meruerunt divinæ pietatis. Hi neque immerito consequuntur ademptæ dignitatis statum, qui per emendationem pœnitentiæ recepisse noscuntur vitæ remedium. Id tamen, ne forte magis ambiguum sit, divinæ auctoritatis sententia confirmetur.

5. Ezechiel enim propheta sub typo prævaricatricis Jerusalem ostendit post pœnitentiæ satisfactionem pristinum posse restaurari honorem. *Confundere* (inquit), *o Juda, et porta ignominiam tuam.* Et post paululum: *Et tu,* inquit, *et filiæ tuæ revertimini ad antiquitatem vestram* (*Ezech.* XVI, 52). Quod dixit, *confundere*, ostendit post confusionem, id est, peccati opus, debere quemque erubescere, et pro admissis B sceleribus verecundam frontem humi prostratam demergere, pro eo quod dignum confusionis perpetraverit opus.

6. Deinde præcipit ut portet ignominiam, id est, dehonorationem nominis, sive dignitatis, et revertatur ad antiquitatem suam. Ergo dum quisque post opera confusionis suæ confunditur, atque ignominiam depositionis suæ cum humilitate portaverit, revocari secundum prophetam ad priorem statum poterit. Item Joannes evangelista angelo Ephesi Ecclesiæ inter cætera simile quiddam scribit: *Memor esto unde cecideris, et age pœnitentiam, et prima opera tua fac, alioquin veniam tibi, et movebo candelabrum tuum de loco suo* (*Apoc.* II, 5).

C 7. In angelo Ecclesiæ præpositum utique, id est, sacerdotem ostendit, juxta Malachiam, qui dicit: *Labia sacerdotis custodiunt scientiam, et lex requiritur ex ore ejus, quia angelus Domini exercituum est* (*Malach.* II, 7). Præpositus ergo lapsus in vitium per evangelistam monetur, ut memor sit unde ceciderit, et agat pœnitentiam, et prima opera faciat, ut non moveatur candelabrum ejus.

meminit decadis vel decadum psalmorum sancti Augustini. Riscus illa verba, *quoquomodo me cognitum ei facias,* aliena esse asserit a mente Isidori, et prorsus inepta. Qui enim fieri poterat ut Braulio Isidorum cognitum faceret Augustino, ante duo propemodum sæcula mortuo? Itaque restituendum censet, *ut quoquomodo mihi cognitam eam* (decadem) *facias.* Malim autem, *me cognitum ejus facias,* scilicet ejus *decadis*; nam *cognitus* pro gnaro et perito Isidoriano ævo usurpabatur, ut *ignotus* pro ignaro. Sic lib. III Etymolog., cap. 4, n. 3: *Quorum figuras non nisi* NOTI HUJUS ARTIS *scienter solvere possunt.* Et Braulio, in Vita sancti Isidori: *Non* IGNOTUS *divinarum humanarumque scientiarum merito erit.* Vide Isidoriana, cap. 3, num. 16. Verum retineri quoque potest *me cognitum ei facias*, ut in libro de Vir. illustr., cap. 34, *quibus incogniti sumus.* Pro *decadem* in Grialii Editione est *decadam*; sed fortasse contra mentem Editoris id accidit. AREV.

2. *Pro id quod*; forte pro eo quod. AREV.

EPIST. IV. N. 1. *Massoni*, citatur hæc epist. a Gratian., dist. 50, c. *Domino sancto*, et 35, q. 2, c. *Hoc ipsum.* Fuit autem Massona, sive Massana, sive Masson, sive Massanus, sive Massenus, Emeritensis episcopus, qui primus subscribit in concil. Tolet. III. Pro *Nicetio*, al. *Vincentio.* Et pro *perpatuit*, al. *præpatuit*, vel *apparuit*. PEREZ.

Ibid. Pro hac epistola ad Massonam, ejusque doctrina defensionem adornavi in Isidorianis, cap. 75, n. 11 et seqq. In exordio satis inter se exemplaria discrepant. In nonnullis magis ad grammaticæ regulas: *Veniens ad nos famulus vester vir religiosus Nicetius... detulit.* Sed retineri potest cum vetustissimis mss. *Veniente*, etc., ex his quæ dixi ad Sedulium, D lib. IV, vers. 8:

Nam quidquid natura negat, se judice, præstat.

Pro *vice inquisitionis*, etc. alii *inquisitioni vestræ studuit respondere, poscentes*, etc. AREV.

2. *In lapsu corporali.* Quæ ante hæc leguntur in quibusdam libris: *Idem in canone Ancyritani concilii*, cap. 19, inserta e margine sunt, neque enim apud Raban., neque in aliis melioris notæ Codicibus reperiuntur. PEREZ.

Ibid. Innotuit pro *notum fecit*, ut alibi jam notatum. AREV.

4. Alii *adeptæ*, pro *ademptæ*, et *confirmatur*, pro *confirmetur*. AREV.

6. *Deinde præcipit*, etc. Hic locus alio atque alio modo legitur, eodem tamen sensu. *Opera tua fac*, vox *tua* non est apud Raban., est tamen in vet. Cod., et apud Ambros. PEREZ.

Ibid. Al., *suæ lugens cum humilitate.* AREV.

8. Nam candelabrum doctrina sacerdotalis, vel honor potestatis, quem gestat, intelligitur; juxta quod scriptum est apud Samuelem in damnationem Heli: *Oculi ejus caligaverant, nec poterant videre lucernam Dei, antequam exstingueretur* (*I Reg.* III, 2); lucerna quippe Dei Heli erat, quod dignitate sacerdotali pollens, justitiæ claritate **565** fulgebat; exstinctam propheta asserit, dum ob scelera filiorum sacerdotii potestatem meritorumque lumen amisit. Candelabrum ergo, sive lucerna sacerdotis (quæ intelliguntur charismata honoris) tunc penitus juxta Joannem exstinguitur, vel movetur, quando post delicti casum, neglecta pœnitentia, admissa scelera non deflentur.

9. Non enim dicit: *Pro eo quod cecidisti, commovebo candelabrum tuum;* sed, *nisi pœnitentiam egeris, movebo candelabrum tuum.* Ergo ad quemque præpositum peccantem, si prævenerit pœnitentia delicti, utique sequitur venia, et reparatio meriti. Et in Proverbiis scriptum est: *Qui abscondit scelera sua, non dirigetur; qui vero confessus fuerit, et dereliquerit ea, misericordiam consequetur* (*Proverb.* XXVIII, 13).

10. Nam et ipsum, quod canonum censura post septem annos remeare pœnitentem in statum pristinum præcipit, non ex electione proprii arbitrii sancti Patres, sed potius ex sententia divini judicii sanxerunt. Nam legitur quod Maria soror Moysi prophetissa, dum obtrectationis adversus Moysen incurrisset delictum, illico stigmate lepræ perfusa est; cumque peteret Moyses ut emundaretur, præcepit eam Deus extra castra septem diebus egredi, atque post emundationem rursus eam in castra admitti (*Num.* XII).

11. Maria ergo, soror Aaron, caro intelligitur sacerdotis; quæ dum superbiæ dedita, sordidissimis corruptionum contagiis maculatur, extra castra septem diebus, id est, extra collegium sanctæ Ecclesiæ septem annis projicitur, qui post emundationem vitiorum loci, sive pristinæ dignitatis recipit meritum.

12. Ecce in quantum valui, concilii Ancyritani antiquam et plenam auctoritate sententiam sacris testimoniis plane explanavi, ostendens eum posse restaurari in proprio honore, qui per pœnitentiæ satisfactionem novit propria delicta deflere: qui vero neque luget quæ gessit, sed lugenda sine ullo pudore religionis, vel timore judicii divini committit, eum nullo modo posse ad pristinum gradum restaurari.

13. In finem autem epistolæ hujus hoc adjiciendum putavi, ut quotiescunque in gestis conciliorum discors sententia invenitur, illius concilii magis teneatur sententia, cujus antiquior aut potior exstat auctoritas. Datum pridie Kal. Mart., anno tertio regni domini nostri gloriosissimi Witerici regis.

EPISTOLA V.

ISIDORI HELLADIO ALIISQUE EPISCOPIS.

566 Dominis meis et Dei servis Helladio cæterisque qui cum eo sunt coadunati episcopis Isidorus.

1. Afficimur lacrymis, compungimur stimulis peccatorum nostrorum, cum ruinam fratris agnoscimus, quia sicut de salute lætitia, ita de periculo animæ gemitus est. Cognovimus enim Hispalensem Cordubensis ecclesiæ sacerdotem in pontificali culmine carnali labe dilapsum, et de altitudine honoris in profundo flagitiorum flenda ruina demersum; et quia vobis sollicitudo pastoralis incumbit, vestroque judicio delinquentium errores discutiendos censura divina disposuit, dicens: *Sacerdotes stabunt in judiciis meis, et judicabunt inter sanctum et pollutum* (*Ezech.* XLIV, 24), hanc igitur vocem Domini cognoscentes, cum effusione lacrymarum vestram sanctitatem deposcimus, ut idem lapsus sancto cœtui vestro præsentatus, agnito a vobis confessionis eloquio, synodali sententia a gradu sacerdotii deponatur.

2. Melius est illi ut temporaliter judicetur a vobis, quam æterno damnetur judicio. Levior est illi præsentis temporis ignominia, quam futura gehennæ tormenta. Sciat enim se amisisse nomen, et officium sacerdotis, qui meritum perdidit sanctitatis. Quapropter judicii vestri decreto pœnitentiæ perpetuæ flagitia perpetrata lamentatione deploret; plangat sacerdotii cultum, quem male vivendo perdidit; lugeat animæ suæ statum, quem tanto putredinis cœno coinquinavit; fortasse porriget illi manum quandoque Spiritus sanctus, ut per dignam satisfactionem mereatur peccatorum remissionem. Pro me quoque deprecor, sanctissimi sacerdotes, ut pietatem divinam exorare dignemini, ut immemor malorum meorum, quibus et ipse collapsus sum, a peccatorum vinculo, quibus huc usque sum colligatus, dissolvat, et fructum indulgentiæ vestris meritis tribuat.

EPISTOLA VI.

ISIDORI CLAUDIO DUCI.

567 Dilecto in Christo filio Claudio duci Isidorus.

1. Catholicæ strenuitatis tuæ suscipiens schedulas, Domini nostri Jesu Christi omnipotentiam collaudamus, qui de prosperis tuis successibus et triumphis Ecclesiæ sanctæ suæ misericorditer in præsenti de inimicis triumphare largitur. Te quidem me piis urgente petitionibus, tuis inquisitionibus respondere, lætor in Domino, quia ea quæ sunt de fide catholica, sollicite perquiris. Ad id ergo quod objecisti primo,

---

8. Alii, *nam candelabrum angeli doctrina*, etc. Et, *mentisque*, pro *meritorumque*. Vulgata, *nec poterat videre; lucerna Dei antequam*, etc. AREV.

EPIST. V, N. 1. Forte redundat vox *Hispalensem.* PEREZ.

Ibid. Vehementer dubitant nonnulli an genuina sit hæc epistola. Rationes quæ genuinam eam esse probant videri possunt in Isidorianis, cap. 74, num. 1 et seqq., quæ etiam ad explanationem epistolæ facere possunt. AREV.

EPIST. VI. N. 1. Ad hunc Claudium scribit Greg., lib. VII. regist. ep. 124. PEREZ.

Ibid. Plerique affirmant, præcipue heterodoxi, epistolam ad Claudium Isidori fetum genuinum non esse. In Isidorianis, cap. 74, num. 9 et seqq., argumenta attuli, quibus hæc epistola Isidoro asseritur; multa quoque exposui, quibus eadem epistola illustrari potest. AREV.

prætermissis plurimis rationibus, tibi rationabiliter ac simpliciter respondemus.

2. Sic nos scimus præesse Ecclesiæ Christi, quatenus Romano pontifici reverenter, humiliter et devote, tanquam Dei vicario, præ cæteris Ecclesiæ prælatis specialius nos fateamur debitam in omnibus obedientiam exhibere. Contra quod quemquam procaciter venientem, tanquam hæreticum, a consortio fidelium omnino decernimus alienum. Hoc vero non ex electione proprii arbitrii, sed potius auctoritate Spiritus sancti habemus firmum, ratumque credimus, et tenemus.

3. Si vero (quod absit) infidelis sit non manifeste, in nullo læditur obedientia nostra, nisi præceperit contra fidem. Præterea pravis prælatis obediendum in jussionibus bonis Dominus præcipit, ubi dicit : *Quod dicunt, facite*, eorum prava opera præcipit evitanda, cum subjungit : *Quod autem faciunt, nolite facere* (*Matth.* XXIII, 3). In dubiis etiam præceptis, pravis prælatis obediendum est, quandiu eos Ecclesia toleraverit, nisi ex manifesta prælati infamatione in præcepto juste possit hæresis suspicio provenire. De similibus quoque illaqueationibus idem videtur. In præceptis manifeste malis nullatenus est obediendum, etiam bonis prælatis, quia quandoque Deus occultat majori quod revelat minori.

4. Item nobis insinuare curasti quorumdam Græcorum objectionem, **568** quod in Nicæna vel Constantinopolitana synodo sub anathemate prohibitum legitur in Symbolo, et in illo sancti Athanasii de fide catholica diminuere vel addere aliquid; atque ideo quidam ex Græcis Latinos proterve nituntur reprehendere, quod in professione sanctæ fidei Deo corde et ore decantent : *Qui ex Patre Filioque procedit*, cum in prædictis conciliis fuerit positum *ex Patre procedit*, et sancta Romana Ecclesia ex Patre Filioque Spiritum sanctum procedere approbat atque credit.

5. Quæ supradicta prohibitio, si subtiliter et recte perspicitur, omnis ambiguitas removetur; cum enim addere, seu diminuere prohibuit, de re contraria intellexit, cui sententiæ illud Apostoli congruit : *Si quis vobis aliud evangelizaverit, præter id quod accepistis a nobis, anathema sit* (*Galat.* I, 9). Et Joannes Apostolus ait : *Si quis venerit ad vos, aliam doctrinam afferens, non eum recipiatis, neque ei ave dixeritis* (*II Joan.* I, 10). Cum dixit aliam doctrinam, hæresim præcavendo, absque ambiguitate de doctrinæ contrarietate nobis voluit demonstrare.

6. Plura quidem alia prædicaverunt apostoli, martyres et Ecclesiæ orthodoxi doctores; sed quia non contraria, prohibitio apostolica hujusmodi non intelligitur contraire, eo quod sint ad unum veritatis finem tendentia. Cum ergo de similibus idem constet esse judicium, patet procul dubio prædictarum senten- A tiarum prohibitiones de contrarietate hæreseum esse recipiendas.

7. Spiritum vero sanctum esse Patris, et Filii, et a Patre, et a Filio mitti, atque procedere ab utroque, sanctæ Scripturæ testimoniis clarius demonstremus. Apostoli verba sunt hæc : *Si spiritus ejus, qui suscitavit Jesum a mortuis, habitat in vobis*, et cætera (*Coloss.* II, 12). Et alibi : *Misit Deus Spiritum Filii sui in corda nostra* (*Galat.* IV, 6). Ecce manifeste patet apostolicis verbis Spiritum sanctum esse Dei Patris suscitantis a morte, et Dei Filii suscitati, qui non tres dii, sed unus est credendus, et adorandus, sicut Moyses testatur : *Audi*, inquit, *Israel, Dominus Deus tuus, Deus unus est* (*Deut.* VI, 4).

8. A Patre Spiritum sanctum mitti, Dominus in B Evangelio loquitur dicens : *Paracletus Spiritus sanctus, quem mittet Pater in nomine meo, ille vos docebit omnia* (*Joan.* XIV, 26). Et quod mittatur a Filio, ipsa veritas dicit : *Cum venerit Paracletus, quem ego vobis mittam a Patre* (*Joan.* XV, 26). His itaque plenarie declaratur, sancti Spiritus missionem a Patre esse, **569** et a Filio. A Patre nempe Spiritus sanctus procedere ostenditur, cum dicitur : *Spiritus veritatis, qui a Patre procedit* (*Joan.* XV, 26); a Filio vero, cum post resurrectionem suam insufflavit, et discipulis suis dixit : *Accipite Spiritum sanctum* (*Joan.* XX, 22).

9. Isaias etiam in persona Patris dicit : *Spiritus a facie mea egredietur*. Dei Patris verbum, vel facies Unigenitus ejus est, homo enim per faciem a nobis C agnoscitur, et Deus Pater per Filium innotuit mundo; unde Filius ait : *Pater, manifestavi nomen tuum, hominibus, quos dedisti mihi* (*Isai.* LVII, 56). Et illud : *Notum feci eis nomen tuum, et notum faciam* (*Joan.* XVII, 6, 26). Possumus ad hæc latius probanda plura inducere; sed forsitan, cui non sufficiunt ista, multa non proderunt ad salutem, quia *animalis homo non percipit ea quæ Dei Spiritus sunt* (*I Cor.* II, 14), arbitrans esse stultitiam quæ dicuntur, et quia profecto hoc ex contemptu ignorantiæ provenit, ignorans ignorabitur.

10. Dum autem sanctæ Trinitatis personas loquendo distinguimus, summopere curemus ne individuam, ac simplicissimam essentiam unius Dei dividere videamur. Sed quid sit illud ineffabile Patris D *generare*, illud etiam inæstimabile Filii *nasci, generari*, vel *exire*; atque illud incomprehensibile Spiritus sancti *a Patre et Filio mitti*, vel *procedere*, et cætera, quæ hujusmodi de personarum varietate dicuntur, si non capimus mente, capiamus fide, ut salvi esse perpetuo mereamur.

11. Ecce brevitate qua valui tuis inquisitionibus satisfeci. Sed quod subjecisti, habere te hæreticos, cum quibus assidue disputas, et quos ad fidem catholicam studes revocare, laudamus zelum, sed audaciam reprehendimus. Dicit namque Scriptura di-

4. *Quorumdam Græcorum objectionem*, etc. Hinc petitur argumentum ne hæc epistola auctorem habeat Isidorum, sed alium longe posteriorem, cui difficultati facere satis loc. cit. conatus sum. AREV.

vina: *Qui tetigerit picem, inquinabitur ab ea* (*Eccli.* XIII, 1). Cave igitur, dilectissime fili, ut quia Deus triumphalibus trophæis armorum strenuitate prostratis inimicis te fecit victoriosum, hæreticis suasionibus ignominiose ne victus succumbas; te enim laborante eos ab errore mortis eruere, ipsi invigilant te in præcipitium erroris demergere, a quorum confabulatione vel solatio quemlibet Christicolam, tanquam a lethifero veneno, sub obtestatione divini judicii præcipimus abstinere, nisi fuerit in divinis præceptis experientia operum probatus, et sacris eruditus Scripturis.

12. Testamur igitur coram Deo, monemus, et quidquid possumus, hortando præcipimus, ut quam citius eos, zelum Dei legis **570** exercens, nisi catholicam professi fuerint veritatem, a te repellas, atque dicta eorum et objectiones nobis scribendo mittere non moreris. Deo teste fraternitatem dilectionis tuæ in visceribus Jesu Christi amplectimur charius; et singula, quantum Deus dederit, ad salutem animæ et tui corporis honestatem determinabimus, sacris ea fulciendo auctoritatibus, ut falsitas veritati cedat, et Ecclesiæ Christi gloria roboretur, et crescat. Memento communis nostri doctoris Leandri, et ejus fidem atque doctrinam pro viribus imitare, ut in præsenti bonis perfrui, et in futuro cœlestium bonorum participationem valeas adipisci. Amen. Ora pro me; donet Dominus ut animæ, corporis, fidei et honoris tibi servata integritate, merear te videre de cætero, mi Domine et charissime fili.

EPISTOLA VII.

ISIDORI REDEMPTO ARCHIDIACONO.

Dilecto filio in Christo Redempto archidiacono Isidorus.

1. Multis non modo ecclesiasticis, verum etiam hujus perituri regni præpeditus negotiis, prout optamus, tuæ charitatis quæstionibus ad præsens satisfacere non valemus. Verum, quia, impellente charitate, omnibus sumus debitores, ex parte qua valeo pareo dilectioni tuæ, ad inquisita compendiose respondere paratus. Innotuisti quippe nobis, in animo tibi versari scrupulum, eo quod orientalis Christi Ecclesia ex fermentato pane, occidentalis ex azymo sacratissimi corporis sacramentum conficere consuevit; et quia ipsi Orientales Latinos super hoc reprehendere non verentur, illud etiam animo tuo insedit, quod illi sericos pannos, nos autem lineos, quos *corporalia* dicimus, ad ornamenta tanti sacrificii exhibemus.

2. Scias itaque eorum jam dictis consuetudinibus minime nos opponere reprehensionis obstaculum, quandiu eas Romana Ecclesia duxerit tolerandas, maxime cum non sint de essentia, sive substantia sacramenti. De substantia sacramenti sunt verba Dei a sacerdote in sacro prolata ministerio, scilicet, *Hoc est corpus meum*, panisque frumenti et vinum, cui

A consuevit aqua adhiberi, quia **571** utrumque de latere Christi, videlicet, sanguis et aqua profluxit. Cætera vero pertinent ad decorem sacramenti, futurorum exemplum, ad nostram et eorum humiliationem, atque in Dei laude exercitationem, et cum prædictorum facta fuerit consecratio, non, ut quidam putant indocti, sub panis specie sola caro Christi, et in calice tantummodo sumitur sanguis; sed in utroque Deus et homo, in corpore glorificato totus et integer Christus, integer Christus in calice, panis vivus, qui de cœlo descendit, totus est in utroque.

3. Ipse est panis qui reficit, non deficit; panis qui totus a singulis sumitur, et in nulla sui parte minuitur; visibilis angelis, fide non dubia creditur a nobis miraculose et invisibiliter totus in sumentibus sin-
B gulis, et integra sui essentia visibiliter totus semper regnat in cœlis; quia vero Orientales Romanorum, sive nostras consuetudines impudenter obtrectando reprehensionis abolitione impugnare nituntur, ad arma divini oraculi concurrentes nos, quantum potuerimus, easdem defendere veritate prævia insurgemus.

4. Dominus enim noster Jesus Christus, quando discipulis corporis sui mysterium agendum tradidit, non legitur accepisse panem fermentatum, vel azymum, sed accepit panem, et dedit discipulis suis, dicens: *Hoc est corpus meum; hoc facite, quotiescunque sumitis, in meam commemorationem* (*Luc.* XXII, 19). Legitur tamen præcepisse Dominum Moysi ut pascha cum azymis panibus et lactucis agrestibus manderetur, et apud quemcunque Hebræorum fer-
C mentatus panis per septem dies paschæ inveniri posset, occideretur (*Exod.* XII). Dominus igitur noster pascha secundum legem celebravit, et in cœna suum corpus sub panis et vini specie discipulis edendum tradidit, et eis eumdem conficiendi tradidit potestatem, atque panem azymum cum quo pascha agebatur obtulit.

5. Similiter sacratissimum corpus ejus non legitur pannis sericis, vel laneis, sed mundis linteaminibus in sepultura involutum fuisse. Ergo, cujus mysterium passionis et sepulturæ, eum quotidie immolando, geritur in altare, a tramite recto deviare non possunt, qui in pane azymo, vino et aqua, additis et mundis, sanctisque linteaminibus, secundum consuetudinem Ecclesiæ Romanæ corporis et sanguinis Do-
D mini sacrosanctum sacrificium student conficere. Videtur etiam Dominus nobis favere in Exodo dicens: *Non* **572** *immolabis*, inquit, *super fermento sanguinem hostiæ meæ*

6. Quod etiam de vase agitur ligneo fictili, vel metallino, quo agitur immolatio sacrificii, quia nullus evangelistarum expresse ostendit cujusmodi fuerit, ad legis videtur recurrendum potius auctoritatem, quia in ministerio tabernaculi, aut domus Dei nulla vasa sacræ unctionis oleo delibuta leguntur

EPIST. VII. Hæc epistola ad Redemptum multo magis suspecta plerisque videtur. In Isidorianis, loc. cit., ea omnia protuli quæ ad eam illustrandam pertinent, rationesque proposui quibus Isidoro possit asseri. AREV.

lignea, vel fictilia, sed magis ex metallo erant. Dominus etiam quæque de melioribus sibi offerri præcepit, et tabernaculum testimonii cum maxima diligentia auri et argenti mira pulchritudine adornare. De Salomonico templo quid? Re vera idem. Quod si cæremonialia illa, quæ umbra erant veritatis futuræ, quibus pecudum carnes immolabantur, vel sanguis, tanto voluit Deus decore perfrui, quanto magis sacrum altare, sanctumque vas, in quo ipsa veritas, scilicet unigenitus Deus, quotidie Deo Patri offertur, quanto honore, reverentia, gloria et decore debent studio et diligentia adornari!

7. Liquide patet tam inæstimabile sacrificium in vase luteo, vel ligneo, nisi necessitate urgente, vel cogente inopia, offerre turpe ac vile, præsumptuosum esse et temerarium, quod potest juste examine reprobari. Sed forsan objicis pannum sericum pretiosiorem esse lineo, et idcirco magis divinis usibus aptum. Ad quod nos in utroque Testamento dicimus candorem vestium maxime approbari, eo quod in eo mentis sinceritas requiratur, quam constat inter cæteras virtutes Deo esse gratiosiorem, ad quam pervenire cupienti charitati vestræ, ut pateat clarius, sacræ Scripturæ testimoniis ostendamus.

8. Dicit enim, omni tempore sint vestimenta tua candida, et Domini sacerdotes Ephod lineo excellentiæ causa erant superinduti. Evangelium etiam in transfiguratione Dominica, quod apparuerint vestimenta Domini tanquam nix, evidenter testatur; et in Apocalypsi, qui in conspectu Agni stabant, et qui sequuntur ipsum quocunque ierit, stolis albis perhibentur amicti, et quam plurima alia. Quis inter pannos mundus ut lineus, cui ex ablutione frequenti candor augetur, cum in sericis magis ex eadem offuscari videatur? Mentis autem munditiam nullatenus esse intelligas ubi infidelitas viget: non enim est conventio Christi ad Belial.

9. De incongruitate vero grammaticæ locutionis, quæ in Veteri Testamento reputatur, vel Novo, respondemus, verba cœlestis **573** oraculi non subjacent Prisciani regulis, vel Donati, et quamvis sit analogia scienda, usus præ omnibus æmulandus est. Dummodo sententia a veritate non discrepet, et a sanctorum Patrum vestigiis nullatenus recedendum. Lucide habes, fili charissime, in quam partem tui animi intellectum debeas inclinare, atque tui cordis scrupulum super hoc omnino deponere. Diligenter per omnia inspice, et reperies, sanctæ Romanæ Ecclesiæ consuetudines a divinis auctoritatibus in nullo aliquatenus deviare. Pro me ad Dominum orare, quæso digneris.

EPISTOLA VIII.

ISIDORI EUGENIO EPISCOPO.

Domino charissimo et virtutibus inclyto Eugenio episcopo Isidorus.

1. Vestræ sanctitatis litteras per nuntium suscipiens Verecundum, rerum omnium Conditori grates impendimus, quod Ecclesiæ sanctæ suæ mentis et corporis vestri valetudinem conservare dignatur; atque ad inquisita pro modulo parati satisfacere, exoramus orationum vestrarum suffragiis ab ærumnis opprimentibus a Domino sublevari. Verum quod in quibusdam quæstionibus venerabilis vestra fraternitas, licet vos non ignoremus peritos, me compulit respondere, majoris sententiæ innodatio, nisi ex dispensationis articulo a minori nequaquam valeat enodari, sed potius ab inferiori prolata, a superiore jure mediante cassetur. Orthodoxi quidem Patres Spiritus sancti auctoritate pravia sanxerunt; aliter autem quolibet astruente, sicut est vestræ prudentiæ cognitum, pravum suborietur, scilicet gloriatio securis contra eum qui secat in eam (*Isai.* x, 15).

2. Quod vero de parilitate agitur apostolorum, Petrus præeminet cæteris, quia a Domino audire meruit: *Tu vocaberis Cephas, tu es Petrus* (*Joan.* I, 42), et cætera, et non ab alio aliquo, sed ab ipso Dei et virginis filio honorem pontificatus in Christi Ecclesia primus suscepit. **574** Cui etiam post resurrectionem Filii Dei ab eodem dictum est: *Pasce agnos meos* (*Joan.* XXI, 15), agnorum nomine Ecclesiarum prælatos notans. Cujus dignitas potestatis etsi ad omnes catholicarum episcopos est transfusa, specialius tamen Romano antistiti singulari quodam privilegio, velut capiti, cæteris membris celsior permanet in æternum.

3. Qui igitur debitam ei non exhibet reverenter obedientiam, a capite sejunctus, Acephalorum schismati se reddit obnoxium, quod sicut illud sancti Athanasii de fide sanctæ Trinitatis sancta Ecclesia approbat, et custodit, quasi sit fidei catholicæ articulus: *Quod nisi quisque fideliter firmiterque crediderit, salvus esse non poterit.* Hæc vestræ dulcissimæ charitati breviter prælibavi, considerans illud philosophi pauca sufficere sapienti.

EPISTOLA IX.

ISIDORI BRAULIONI EPISCOPO.

Domino meo et Dei servo, Braulioni episcopo, Isidorus.

1. Omni desiderio desideravi nunc videre faciem tuam, et utinam aliquando impleret Deus votum meum, antequam moriar. Ad præsens autem deprecor ut commendes me Deo orationibus tuis, et, ut in hac vita spem meam impleat, et in futura beatitudi-

EPIST. VIII. N. 1. Hic fuit Eugenius secundus successor Justi. PEREZ.

Ibid. Minorem esse rationem dubitandi de hac epistola quam de præcedenti ad Redemptum dixi in Isidorianis, cap. cit. 74, num. 32, sed ita tamen, ut concluserim denique, quatuor prædictas epistolas, ad Claudium, ad Helladium, ad Redemptum, et ad Eugenium, saltem dubias esse. Ut sensus commodus eruatur, fortasse legendum est, *jure mediante cassetur, ut orthodoxi Patres*, etc. AREV.

EPIST. IX. N. 1. Epistolas Isidori ad Braulionem, et hujus ad illum genuinas esse, nemo inficias iverit. AREV.

...lis tuæ consortium mihi concedat. *Et manu sua.* Ora pro nobis, beatissime domine et frater.

EPISTOLA X.

BRAULIONIS EPISCOPI ISIDORO.

Domino meo et vere domino, Christique electo, Isidoro, episcoporum summo, Braulio servus inutilis sanctorum Dei.

1. O pie domine, et virorum præstantissime, sera est inquisitio et tarde data mihi scribendi optio, quia peccatis meis ingruentibus non modo sterilitatis vel inopiæ malo, verum etiam luis et hostilitatis, quominus inquirerem, horribili sum præpeditus incursu.

2. Nunc autem etsi mille necessitatibus, mille curis attritus, post longum miseriæ tempus, veluti ab improbi soporis, ut ita **575** dixerim, gravedine suscitatus, istius meæ suggestionis affatibus dependere præsumo salutis obsequium, et cordis et corporis humilitate prostratus, imprecans excellentissimam tuæ beatitudinis potestatem, ut peculiarem famulum, quem pio illo sacræ dignationis intuitu semper habuisti susceptum, usque in finem habere jubeas commendatum.

3. Nam et ego (Christus novit) gravi dolore discrucior, quod, emenso tempore tam prolixo, vel nunc vestrum non mereor videre conspectum, sed spero in illum qui non obliviscitur misereri, nec repellit in finem, quia exaudiet precem pauperis, et vestro me miserum repræsentabit aspectui. Suggero sane, et omnimoda supplicatione deposco, ut librum Etymologiarum, quem jam, favente Domino, audivimus consummatum, promissionis vestræ memores, servo vestro dirigere jubeatis, quia, ut mihi sum conscius, magna ibi ex parte servi tui postulatione sudasti. Et ideo in me primum existe munificus; sic in sanctorum cœtibus et felix habearis, et primus.

4. Gesta etiam synodi, in qua Sintharius examinis vestri igni etsi non purificatus, invenitur tamen decoctus, quæso ut vestro instinctu a filio vestro domino rege nobis dirigantur cito. Nam et nostra ejus sic flagitavit gloriam suggestio, quia multum in concilio pro investiganda opus est veritate. De cætero Creatoris altissimi pietatem efflagito, ut coronam beatitudinis vestræ pro integritate fidei et statu Ecclesiæ suæ longo tempore præcipiat conservare, meque inter oblatrantia præsentis mundi varia et innumerabilia discrimina munitum reddat tuæ intercessionis gratia, ac, reconditum in gremium memoriæ tuæ, tutum ab omni tempestate peccati oratu vestro efficiat Trinitas sacratissima. *Et manu sua.* Ego ser- A vus Domini Braulio Isidoro : in Domino fruar te, lucerna ardens, et non marcescens !

EPISTOLA XI.

ISIDORI BRAULIONI EPISCOPO.

Domino meo, et Dei servo Braulioni episcopo Isidorus.

1. Quia te incolumem cognovi, gratias Christo egi; et utinam **576** cujus cognovi salutem in hoc corpore aspicerem et visionem! Quid autem mihi evenit pro peccatis meis, manifestabo, quia non fui dignus tua perlegere eloquia, statim ut accepi pittacium tuum, puer regius ad me venit, dedi cubiculario meo illud pittatium; et confestim ambulavi ad principem, ut postea perlegerem et rescriberem.

2. Reversus e palatio regis, non solum scripta tua B non inveni, sed etiam quidquid aliud in chartis fuit periit. Et idcirco, scit Dominus, luxi meritum meum, quia non perlegi eloquium tuum, sed rogo ut quæcunque occasio venerit, rescribe mihi. Et gratiam verbi tui non auferas, ut quod ex meo delicto perdidi, iterum gratia tua recipiam. *Et manu sua.* Ora pro nobis, beatissime domine.

EPISTOLA XII.

BRAULIONIS EPISCOPI ISIDORO.

Domino meo et vere domino, Christique electo, Isidoro episcoporum summo, Braulio servus inutilis sanctorum Dei.

1. Solet repleri lætitia homo interior ac spiritualis, cum inquisitione fungitur amantis. Ob id velle meum est, mi domine reverentissime, nisi culparum C maceria mearum obsistat, et benigne te inquisitionem meam amplecti, et querelarum calumniam patienter accipere. Utrumque enim ago, et officium inquisitionis persolvo, et tibi contra te causarum mearum necessitates dirigo, quod ut benignissime tuo auditui admittas, in ingressu hujus dictationis portaque prostratus, peto a culmine vestri apostolatus; et quanquam vacillet calumniæ objectio, ubi lacrymarum est intercessio, cum lacrymæ non sint signa calumniæ, tamen sint, opto, et lacrymabiles calumniæ, et calumniabiles lacrymæ. Sed utrumque pro licentiosa amoris præsumptione, non autem pro arrogantiæ temeritate. Sed jam causam exordiar.

577 2. Septimum, ni fallor, annum tempora gyrant ex quo me memini libros a te conditos Originum postulasse, et vario diversoque modo præsen- D tem vos me frustratum esse, et absenti nihil inde vos rescripsisse, sed subtili dilatione modo necdum esse perfectos, modo necdum scriptos, modo meas litteras intercidisse, aliaque multa opponentes, ad hanc usque diem pervenimus, et sine petitionis effectu

---

Epist. x. N. 1. Notandum quod Isidorus in titulo epistolæ *episcoporum summus* dicitur. Pro *ingruentibus* alii habent *exigentibus*, et addunt : *verum etiam pestis, mortalitatis luis*, etc. De hac epistola vide Isidoriana, c. 21 et 48. Arev.

2. *Gravedine*. Al., *gravitudine*. Arev.

3. Alii, *ut libros Etymologiarum, quos... audimus consummatos*, etc. Arev.

Epist. xi. N. 1. *Pittacium*. In Glossis Isidorianis, *Pictatium, epistola brevis et modica. Pictatiuncula, membrana.* Pro voce *pittacium* Riscus allegat sanctum Augustinum, serm. 178, de verbis Apostoli, cap. 7, alios Ducangius. Fortasse non multum aberrabit qui dixerit vocem Hispanam *pedazo*, fragmentum, sive partem rei alicujus, ex *pittacio* originem trahere. Arev.

Epist. xii. N. 1. In epistolæ inscriptione, pro *Christique*, alii, hic et alibi, *Christoque*. Pro *portaque*, ut exemplaria mss. exhibent, Grialius edidit *portuque*, fortasse per errorem. Arev.

manemus. Ob hoc et ego vertam preces in querelam, ut quod supplicatione nequivi, vel calumnia lacessendo valeam adipisci. Sæpe namque solet mendico prodesse vociferatio.

3. Quocirca cur, quæso te, mi domine, non tribuas quod rogaris? Unum scias, non dimittam, quasi fingens me nolle negata. Sed quæram, et instanter quæram, quousque autem accipiam, aut eliciam, piissimo Redemptore jubente: *Quærite, et invenietis*, et adjiciente: *pulsate, et aperietur vobis* (*Luc.* XI, 9). Quæsivi, et quæro, etiam pulso. Unde et clamito, ut aperias. Nam hujus argumenti me consolatur inventio, quia qui contempsisti postulantem, exaudies forte calumniantem.

4. Hinc et ego scienti tua ingero, nec styli jactatione novi aliquid suggerere insipiens perfecto præsumo. Nec tamen erubesco imperitus disertissimo loqui, apostolici memor præcepti, quo præciperis libenter sufferre insipientem. Quamobrem accipe clamores calumniæ. Cur rogo talentorum distributionem et cibariorum dispensationem tibi creditam hucusque retentas? Jam solve manum, impertire familiis, ne inopia pereant famis. Nosti quid creditor veniens reposcat a te. Non minuetur tibi quidquid dederis nobis. Memor esto parvis panibus multitudinem satiatam, et superasse reliquias fragmentorum magnitudine panum.

5. An putas donum tibi collatum pro te solummodo esse datum? Et vestrum est, et nostrum commune est, non privatum. Et quis dicere vel insanus præsumat, ut privato tuo gaudeas, qui de communi tantum inculpabiliter gaudere scias? Nam cum Deus tibi œconomiam sui thesauri et divitiarum, salutis, sapientiæ et scientiæ tenere concesserit, cur larga manu non effundis quod dando non minues? An cum in membris superni capitis unusquisque **578** quod non accepit sic in altero possideat, ut alteri quod habet possidendum sciat, tu forsitan ideo nobis parcus existis, quia quod mutuo a nobis resumas non invenis?

6. Sed si habenti das, tantillæ mercedis fructum reportas. Sin vero non habenti tribuis, præceptis evangelicis satisfacis, ut reddatur tibi in retributione justorum. Proinde et ego remordeor conscientia, eo quod in me communicabile nihil boni sentiam, quoniam jubemur per charitatem servire invicem, et unusquisque quam accepit gratiam in alterum illam administrare, sicut boni dispensatores multiformis gratiæ Dei (*I Petri* IV, 10); atque unicuique, sicut divisit Deus mensuram fidei, in unam compagem membrorum debeat eam cæteris partibus communicare, quia hæc omnia operatur unus, atque idem spiritus dividens singulis prout vult (*Rom.* XII, 3).

7. Sed ad unum ac peculiare subsidium quod A præmisi recurro, ad importunitatem scilicet amicam amicitia destitutis, ac nulla membrorum honestorum gratia decoratis. Idcirco audi vocem meam tot interjacentibus terris. Redde, redde quod debes. Nam servus, servus es Christi et Christianorum, ut illic sis major omnium nostrum, et quia nostri causa tibi collatam præsentis gratiam, sitientibus animis scientiæque fame cruciatis impertiri non dedigneris.

8. Non sum saltem pes, qui ad injuncta discurrens possim alvo ecclesiæ, membrorum scilicet judici, obedientiæ discursu parere, nec principatui capitis imperanti obsequendo placere. Quin etsi de inhonestioribus membris me esse sciam, sufficiat, quia quæ te constat a capite percepisse, per me est dignum egerere, nec te me non egerere, quamvis B minimum, Christi tamen sanguine redemptum. Nam nec dicit caput pedibus: Non estis mihi necessarii, quoniam quæ videntur membra corporis infirmiora esse, necessariora sunt; et quæ putantur ignobiliora esse, his honorem abundantiorem circumdamus; et quæ inhonestiora sunt nostra, majorem honestatem habent.

9. Sic itaque creator noster ac dispensator cuncta dispensat, ut cum in altero alteri dona divina, quæ in se non percipit, possidenda tribuuntur, charitas cumuletur. Denique tum bene **579** multiformis gratia dispensatur, quando acceptum donum et eis qui hoc non habent creditur, quando propter eum cui impenditur datum putatur. Hoc Apostoli capitulum a nobis in parte præmissum optime novit pru- C dentia charitatis vestræ huic rei congruere totum; et quidquid summatim tetigi, te procul dubio nosse melius, latet nullum.

10. Itaque hoc solum superest, quod et magnopere peto, ut præstes postulata, etsi non pro me, saltem pro ipsa charitate divinitus impertita. Pro qua jubemur et nosse et præstare omnia, et sine qua nihil sunt omnia. Sed et si qua superflua, si qua negligenter, si qua minus humiliter, aut inutiliter potius effudi quam dixi, cuncta, quæso, benigne suscipias, cuncta ignoscas, cuncta ores, ut Deus ignoscat. Ergo et hoc notesco, libros Etymologiarum, quos a te domino meo posco, etsi detruncatos corrososque, jam a multis haberi

11. Inde rogo ut eos mihi transcriptos integros, D emendatos et bene coaptatos digneris mittere, ne raptus aviditate in perversum cogar vitia pro virtutibus ab aliis sumere. Ego autem opto, quamvis nullius egeas, et ultroneæ dicuntur putere merces, ut dignatio vestra benignitatis imperet nobis in id quod possumus et valemus, tantum ut obsequio nostro utaris, imo charitate, quæ Deus est, perfruaris.

12. His igitur expletis, erunt mihi quæstiones de sacris divinisque paginis, quarum mihi expositionem

3. *Calumniantem*, ex Ovet. Gothico; *clamitantem*, Rom. Cod. PEREZ.

4. Ex Ovet. Gothico; voce *stulti* in *styli* tantum mutata. PEREZ.

Ibid. Alii, *nec stulta jactatione*. Et *famulis* pro *familiis*. Pro *famis* forte *fame*. AREV.

6. Alii, *in una compage*. AREV.

8. *Nec te me non egerere*. Codex Cæsenas, *nec te me non egere*. Utrolibet modo corruptum id videtur. AREV.

11. Fortasse legendum *dicantur* pro *dicuntur*.

12. *Reseras*. Hoc est, *aperis*. AREV.

cordis vestri lumen aperiret, si tamen et nobis jubes resplendere, et divinæ legis obscura reserare. Nec si ista quæ peto percepero, de illis silebo, sed viam reseras capiendæ fiduciæ. Cum in hac prima fronte non me confoderis stimulis verecundiæ, et ignaviæ meæ, locum dederis veniæ, quod quem diligebas, quamlibet immeritum, non jusseris reprobare, quia ignominiosum valde videtur, ac vile, si necdum satiatus quis charitate ab eo quem amabat invenitur secedere.

13. Obsequio autem meæ servitutis depende jura salutis, et quæso pietatem sanctissimæ vestræ potestatis, ut pro me orare digneris; quatenus quotidie fluctuantem animam in malis tuo intercessu lucreris, et ad portum tranquillitatis æternæ deducas, erutam a miseriis et a scandalis. Dulce mihi fuit diu ad te loqui, **580** quasi coram positus vultum viderem tuæ faciei. Ideo nec verbositatem cavi, et temeritatem fortassis incurri. Sed aut hoc aut aliud agere debui, tantum ut quod noluisti per humilitatem saltem tribuas per tumultuantem improbitatem.

14. Ecce quantum audaciæ dedit mihi gratia vestræ benevolentiæ. Et ideo si quid in hoc displicuerit, sibi imputet, quæ tantum amat, ut timorem tollat. Nam perfecta charitas foras mittit timorem. Speciali quoque gratia fretus speciali domino, in quo vires sanctæ Ecclesiæ consistunt, suggero ut, quia Eusebius noster metropolitanus decessit, habeas misericordiæ curam. Et hoc filio tuo nostro domino suggeras, ut utilem illi loco præficiat, cujus doctrina et sanctitas cæteris sit vitæ forma. Hunc autem

A filium præsentem beatissimæ potestati vestræ per omnia commendo, et tam de his quæ hic suggessimus, quam etiam de his quæ supra questi sumus, eloquio vestro per eum illustrari mereamur.

EPISTOLA XIII.

ISIDORI BRAULIONI EPISCOPO.

Domino meo et Dei servo Braulioni episcopo Isidorus.

1. Tuæ sanctitatis epistolæ me in urbe Toletana invenerunt. Nam permotus fueram causa concilii. Sed quamvis jussio principis in itinere positum remeare me admonuisset, ego tamen, quia propinquior eram præsentiæ ipsius quam regressioni, malui potius cursum itineris non intercludere. Veni ad præsentiam principis, inveni præsentem diaconum tuum, per eum eloquia tua suscipiens, amplexus sum, et B legi, et de salute tua Deo gratias egi; desiderio omni desiderans, quamvis debilis atque fessus, fiduciam tamen habens per Christum in hac vita videndi te, quia spes non confunditur per charitatem, quæ diffusa est in cordibus nostris.

2. Codicem Etymologiarum cum aliis Codicibus de itinere transmisi, et licet inemendatum præ invalitudine, tamen tibi modo ad emendandum statueram offerre, si ad destinatum concilii locum **581** pervenissem. De constituendo autem episcopo Tarraconensi non eam quam petisti sensi sententiam regis; sed tamen et ipse adhuc ubi certius convertat animum, illi manet incertum. Peto autem ut pro meis peccatis apud Dominum existere digneris intercessor, ut impetratu tuo deleantur delicta mea, C et remittantur facinora. *Item manu sua.* Ora pro nobis, beatissime domine, et egregie frater.

14. Mss. *de curam* veteres libri, per compendium, pro *misericordiæ curam*. Perez.

Epist. xiii. N. 2. Alii, *præ valitudine;* et *studueram*, pro *statueram*. Confer Isidoriana, cap. 48, num. 7 et seqq., ubi conjiciebam legendum esse, *si ad destinatum concilii locum pervenisses;* nam Isidorus, ut videtur, ad aliquod concilium Toletanum vocatus erat, quod aliqua de causa celebratum non fuit. Fortasse hic esset locus ut in nota epistolam medicam Isidoro nostro afflictam, de qua dixi in Isidorianis, cap. 75, n. 3, adderem; sed tam certe Isidori nostri non est, et tam corrupte descripta est in Codice Vaticano ibi laudato, ut nullum operæ pretium fore videatur eam referre. Arev.

SANCTI ISIDORI

HISPALENSIS EPISCOPI

DE ORDINE CREATURARUM LIBER.

582 CAPUT PRIMUM.

De Fide Trinitatis.

1. Universitatis dispositio bifaria ratione debet intelligi: in Deo, videlicet, et rebus, hoc est, in Creatore et creaturis; non quod Deum in parte D ponamus, aut æquiparare Creatorem creatura possit, sed quia omne quod est, aut factum intelligitur aut infactum, aut potens, aut subjectum, aut æternum, aut temporaneum. Factum ergo, et subjectum, et temporaneum, ipsa est creatura. Infactum autem, et potens, atque æternum, ipse est Deus.

Cap. i. N. 1. In Isidorianis, cap. 23, multis rationibus ostendi hoc opus Isidori videri, ac contrariis difficultatibus satis, opinor, feci. Quod autem testimonium Æneæ Parisiensis, qui hoc opus Isidoro ascribit, a me repertum non fuisse tunc asserui, id jam mihi dicere non licet; nam postmodum observavi, c. 94 operis Æneæ Parisiensis adversus Græcos Isidori nomine ex libro de Ordine creaturarum verba quædam laudari. In Isidorianis etiam, cap. 83, n. 9, exscripsi præfationem Dacherii, sive Acherii ad hunc librum. Ea præfatio in Editione Parisiensi anni 1655 aliquantulum discrepat, ut: *Codicem non procul*

583 2. Sancta utique Trinitas Pater, et Filius et Spiritus sanctus, per omnia jura inseparabilis in substantia, id est, una divinitas, et in personarum subsistentia inconjuncta Trinitas, in qua nihil inferius, nihil superius, nihil anterius, nihil posterius, in natura divinitatis esse credendum est; nihil serviens, nihil subjectum, nihil loco comprehensibile, nihil temporaneum, nihil infirmum, nihil crescens, nihil ad sexum habitumque pertinens, nihil corporeum sentiri fas est; sed est unus Deus sine initio, sempiternus sine loco, ubique totus, sine sui mutatione omnia mutabilia disponens creaturarum; tempora præterita, præsentia, futura pariter cernens; cui nihil est præteritum, nihil restat, sed cuncta præsentia sunt. Cui nihil displicet quod bonum est, nihil placet quod malum est; a quo nihil naturaliter malum creatum est, quod per se nihil nisi creati boni vitium est. Bonus ergo sine qualitate, magnus sine quantitate, æternus sine tempore, præcipuus sine situ, qui omnibus creaturis infunditur, cum non sit illi locus; quem nulla capit creatura, nulla comprehendit intelligentia.

3. Deus unus Omnipotens, sancta Trinitas Pater, et Filius, et Spiritus sanctus. Pater ergo Deus Omnipotens ex nullo originem ducit, et ipse origo divinitatis est, a quo Filius Deus Omnipotens genitus sine tempore est; non quippe creatus quia Deus est, cui, præter quod Filius est, in divinitate totum commune est Patris in æternitate, in voluntate, in potestate, in sapientia. Sic et Patri, præter quod Pater est, totum commune est Filii.

4. Spiritus sanctus est Deus Omnipotens, nec genitus est, quia non est Filius; nec creatus, quia non est creatura, sed ex Patre, et Filio procedens, cui, præter quod Spiritus sanctus est, totum commune est Patris et Filii, quia non qui Pater est, Filius aut Spiritus sanctus in persona hic est; nec qui Filius est Pater aut Spiritus sanctus hic est; nec qui Spiritus sanctus est, Pater aut Filius hic est; sed in essentia, quod Pater est, Filius et Spiritus sanctus hoc unum est; et quod Filius est, Pater et Spiritus sanctus hoc est; quod et Spiritus sanctus est, Pater et Filius hoc est; sed non triplex in illa Trinitate deorum numerus est; salva enim separatione personarum, totum commune divinitatis est.

5. Filius ex tempore carnem suscepit humanam, quæ vitio caret; humanitatis naturam habuit, animam prudentem, intellectualem, sapientem, excepta divina natura, habens, ut humanitas integra fieret; quam ideo Filius, 584 qui sine tempore Dei Patris est, assumpsit, ut qui in divinitate erat Dei Filius, in humanitate idem esset hominis Filius. Qua humanitate natus est de Spiritu sancto, et Maria semper Virgine; non quia et Spiritus sancti sicut et Mariæ, Filius esse credendus sit, sed quia ex virtute et opere Spiritus santi conceptus, ex Virgine natus sit.

6. Passionem crucis carne, non divinitate sustulit; mortem pro nostra redemptione et salute sustinuit; tridui tempore sepulcro conditus, divina virtute in eadem carne resurrexit; et postquam Ecclesiam unam, sanctam, catholicam verbo instruxit, exemplo solidavit, gratia firmavit, pace munivit, assumpta tota humana natura, excepto eo quo corruptioni obnoxia est, ad Patrem rediens, unde nunquam defuit, sedet in dextera Patris, unde resurgentibus cunctis hominibus ad judicium vivorum et mortuorum affuturus in gloria Patris, impiis æternas pœnas, justis æterna præmia reddat.

7. Hæc est catholica fides, hanc credere et confiteri, quam discutere, plus proficit; quam non prudentia sæcularis, non mundana philosophia, rerum potius imagines quam veritatis intelligentiam sequens, agnoscere potuit, sed apostolica fides tradidit, et ecclesiastica vigilantia custodit.

CAPUT II.

De creatura spirituali

1. De Creatoris vero immensitate tantulo præmisso,

ab auctoris ævo exaratum e nobili nostro sancti Remigii Rhemensis archisterio emersum, nunc primum publici juris factum evulgamus. In præfatione, quam in Isidorianis edidi, legitur: *Monasterio depromptum*, pro *archisterio emersum*. Cæterum in re ipsa utraque Editio consentit. In titulo operis omisi *ad Braulium episcopum urbis Romæ, hoc est, Cæsaraugustæ*, iis rationibus permotus, quas in Isidorianis exposui. Ea omnia desunt in Codice Florentino, cujus varias lectiones cura duorum sacerdotum Gallorum, quos honoris et grati animi causa nominatos volo, Thomæ Dendrade et Petri Franc collectas, qua par est diligentia, et fide apponam. In Editione Spicilegii Dacheriani, quam Baluzius et Martenius adornarunt, nonnullæ sunt notæ, quarum summam non prætermittam. Ac primum in his notis observatur, Cæsaraugustam potuisse dici *Romam*, quemadmodum Hericus de Augustoduno in Vita sancti Germani dixit:

Celtica Roma dein voluit cœpitque vocari.

Verum de tota hac re quænam sit nostra sententia, in Isidorianis, loc. cit., declaratum manet. Jam lectionis discrepantia in Codice Florentino, quem dixi, hæc est, n. 1: *Ponamus ut æquiparare*. Forte, *æquiparari*.

2. Cod. ms.: *Per omnia inseparabilis, in substantia una divinitas, et in personarum subsistentiis inconjuncta... nihil restat futurum, sed cuncta præsentia sunt.* Similem de Trinitate, ac divinis attributis professionem fidei alibi repetit Isidorus, ut in libro Differentiarum rerum initio, lib. I contra Judæos, cap. 4, lib. I Sententiar., cap. 1, 2, 14, 15, etc., in libris de Officiis, etc.

3. Æneas Parisiensis, loc. cit., hunc et sequentem numerum describit.

4. *Sed ex Patre*, etc. Al. *sed ex Patre processit, et Filio cui*, etc. Processionem Spiritus sancti ex Patre Filioque clarissime a Patribus Ecclesiæ Gothicæ et ab Isidoro non uno in loco assertam fuisse constat.

5. *Carnem accepit*, etc. Ms., *carnem sumpsit humanam, quæ omni vitio caret*. Et mox *excepta divinam naturam* pro *excepta divina natura*, quod retinendum. Pro *in humanitate*. Al., *in humana natura*. Paulo post, *credendus sit, sed quod virtute, et opere*.

6. Ms., *surrexit* pro *resurrexit;* et mox *excepto quod corruptioni obnoxia non est*.

Cap. II. N. 1. *Sed quia creatura*; Ms., *sed quia spiritualis creatura*. Deinde, *clauduntur inferius constat*. Apud Dacherium in mea Editione est *cluduntur* pro *clauduntur*. Pro *supernorum spirituum*, Ms. *supernorum civium*, omisso postea *ministeriorum*. Pro *comprehenduntur*, Ms. *deprehenduntur*.

ad creaturarum ordinem paulisper aspiciamus. In quo non nostræ intentionis, quæ nulla per se est, inventionem, sed sanctæ Scripturæ, et majorum explanantium vestigia vel tenui aliquo relatu sequimur. Omnis ergo creatura aut spiritualis, aut corporalis est. Sed quia creatura in intellectualibus spiritibus, qui carne non tenentur, et animabus hominum, quæ carne clauduntur, constat, prius de distinctis gradibus supernorum spirituum dicendum est, quorum gratiæ vel differentiæ ministeriorum esse novem per Scripturas divinas comprehenduntur, seraphim, scilicet, et cherubim, throni, dominationes, principatus, potestates, virtutes, archangeli, angeli.

2. Seraphim etenim super solium Domini excelsum stare Isaias vidit, et cantare audivit, et uno ex his ad se misso, purgari de sui oris pollutione promeruit. Cherubim vero, in oraculo testimonii, propitiatorium **585** figurati et arcam tegebant, et in templo Domini cum bubus et leonibus per Salomonem depicti fuerant. Ezechiel quoque in visionibus Dei quadrigam vidisse se describit, quam quatuor Scripturæ utriusque Testamenti notis mystico famine conjungit. Ad Colossenses vero Paulus apostolus scribens, thronos, et dominationes, et principatus, et potestates commemorat: *Sive throni, sive dominationes, sive principatus, sive potestates* (*Coloss.* I, 16). Ipse etiam ad Ephesios de virtutibus enarrat, ita inquiens: *Supra omnem principatum, et potestatem, et virtutem, et dominationem* (*Ephes.* I, 21). Archangelorum autem et angelorum ostentationibus et nominationibus divinorum voluminum prata referta sunt.

3. Horum quoque novem ordinum supernorum civium significationem novem pretiosi lapides Ezechiel ostendunt. Ubi sub persona principis Tyri super summum illum qui lapsus est angelum, sermones prophetæ planctum dirigunt; ubi dicitur: *Omnis lapis pretiosus operimentum tuum, sardius, topazius, jaspis, chrysolitus, onyx, beryllus, sapphirus, carbunculus, smaragdus* (*Ezech.* XXVIII, 13); quibus lapidibus novem opertus idcirco dicitur, quia novem spiritualium officiorum ordinibus, quibus præerat, ornabatur.

4. Sicut ergo de numero diximus, sic etiam de distinctis officiorum gradibus aliqua pandamus. Seraphim igitur, id est, ardentes vel incendentes dicti sunt, quia Dei amore plusquam omnis rationalis creatura speciali quadam divini muneris largitione inardescunt; et quanto omnibus creaturis excellunt, tanto divinæ charitatis privilegio Creatori appropiant, et in tanto excelsitatis honore sublimati consistunt ut inter se ac Dominum nulli alii spiritus sint.

5. Secundo quoque ordine cherubim inter supernos cives numerantur, cujus ordinis vocabulum scientiæ multitudo interpretatur, quorum intellectus dum Dei contemplatione prope hærendo reficitur, plus omnibus quæ subjacent creaturis intellectualibus scientiæ multitudine dilatatur. Qui enim divinæ claritatis speculum perspicacius intendunt, ab his abdita creaturarum occulta fieri qualiter possunt?

6. Tertio quoque ordine intellectualium spirituum thronorum agmina constituta sunt, qui *sedes* interpretantur; in his etenim dum speciali munere Dominus sedet, per eos judicia sua in creaturis omnibus terribiliter et mirabiliter exercet. Hinc per Psalmistam dicitur: *Sedisti super thronum, qui judicas justitiam* (*Psal.* IX, 5). Et in revelatione Joannis angelus loquitur: *Et qui sedet in throno, defendet eos.*

7. Quarto etiam gradu officiorum cœlestium dominationes consistunt, quæ illorum qui infra scribentur quinque graduum ministeria alta præcellunt; **586** et quanto aliis potentiæ magnitudine præponuntur, tanto his cæterorum subjectio per obedientiam exhibetur.

8. Dehinc post illas quinto ordine supernorum civium principatus vocantur, quibus dum his bonorum spirituum jam principatus committitur, ad explenda Dei ministeria quæ facere subjecti debeant principantur.

9. Sexto quoque statu in bonis spiritibus potestates sunt ordinati, qui principari diversis potestatibus Domini munere perceperunt; qui per potestatem nequitiam malignorum spirituum refrenant, ne, si plusquam oportet permittuntur, sævitiam exercere vel humanis sensibus inhærere audeant.

10. Septimus gradus spiritualium ministrationum virtutes nominantur, per quos spiritus virtutes, et signa, et mirabilia in hominibus sæpe factitantur.

11. Octavus ordo est archangeli, id est, summi nuntii vocantur, per quos majora quæque hominibus nuntiantur; et quanto angelis in ordinis summitate excellunt, tanto hominum notitiæ, Domini jussione, excelsiora perferunt.

12. Nonus ministrorum cœlestium ordo angeli sunt nominati, qui minora quæque et communia ex Dei voluntate hominibus nuntiant et suadent.

13. Porro in his sciendum est quod quandocunque nominantur, ex officiorum proprietate, quando ad homines veniunt, sumpsere vocabula; quia illa su-

2. Ms. *depicti erant.* Apud Dacherium, mendose, *depincti*. Infra, Ms., *quadrigam cherubim vidisse...... rotis mystice conjungit... commemorat dicens, sive thronos, sive.*

3. Ms., *lapides apud Ezechielem... angelum sermonis prophetæ planctus dirigitur; ubi.* In Edito deerat *quibus* post *ordinibus*, quod ex Ms. supplevi.

4. Ms., *omnis rationabilis creatura.* In Impresso erat *fiunt*, pro *sint.*

6. *Interpretantur.* Ms., *nuncupantur.* Et *super hos*, pro *per eos.* Deest in Ms. *Et in revelatione... defendet eos.*

7. Ms., *alta dominatione præcellunt.*

8. Omittit *Dehinc post illas.* Pro *ad explenda Dei mysteria*, ut erat in Edito, substitui *ad explenda Dei ministeria.*

9. Ms., *sunt ordinatæ, qui principari adversis potestatibus... ne plusquam permittuntur sævitiam.*

10. *Ministrationum.* Ms., *dominationum.* Et *fiunt*, pro *factitantur.*

11 Forte, *sunt archangeli, qui et summi nuntii vocantur.*

12. *Et communia.* Ms. *omittit.*

13. Ms., *sciendum est, quandocunque... veniunt,*

pernorum civium summa societas propriis nominibus non indiget. Inde Michael dicitur, id est, *Quis sicut Deus?* eo quod in fine contra eum qui se adversus Deum eriget mittendus destinatur. Et Gabriel, id est, *fortitudo Dei*, ad Zachariam et Mariam virginem missus scribitur, ut qui quod natura negabat futurum esse prædixerat, fortitudo Dei diceretur.

14. Ad Tobiam quoque Raphael, id est, *Medicina Dei*, mittitur; nimirum enim qui divina virtute salutem ferebat, non incongrue medicina Dei nuncupatur. Et quod in singulis, hoc et in gradibus potest esse, ut cum unus alterius officium facit, illius etiam nomine censeatur, sicut dicitur: *Qui facis angelos tuos spiritus* (*Psal.* CIII, 4); id est, cum vis, spiritus hos omnes angelos, id est, nuntios facis. Et aliquando ex vicinitate aliorum graduum alii graduum officia assumunt; sicut ex thronorum vicinitate etiam **587** super cherubim sedere Dominum Scripturæ dicunt; sicut et in psalmo scriptum est: *Qui sedes super cherubim, manifestare coram Ephraim* (*Psal.* LXXIX, 2).

15. Sed in illa superna societate, quod in aliquo specialiter habetur, ab omnibus in commune possidetur, quia non minus unumquemque reficit quod in alio videt quam quod in semetipso possidet; et cum mittuntur, nunquam ab eorum contemplatione Deus, a quo reficiuntur, abest; non quod illi spiritus ubique pariter possunt esse qui mittuntur, sed quod Dominus, qui ubique est, ab his, qui discurrunt, semper in omni loco sine sui mutatione conspicitur. Unde scribitur: *Millia millium ministrabant ei, et decies centena millia assistebant ei* (*Dan.* VII, 10).

16. Utrumque enim supernæ potestates pariter faciunt, quia et ministrant, dum mittuntur, et assistunt, dum contemplantur. Aliquando autem qui mittuntur angeli, illis, ad quos veniunt hominibus per se nuntiant, aliquando alios velut subjectos per se ad nuntiandi officiunt destinant, sicut in Daniele scriptum legitur, *Gabriel, fac istum intelligere sermonem* (*Dan.* VIII, 16), quod ab aliquo, velut superiore, dictum minime dubitatur

CAPUT III.

De aquis quæ super firmamento sunt.

1. Verum quoniam de ordine creaturarum sermonem sumpsimus, quod tuæ propositionis continentia comprehenderat, post spiritualem creaturam, de qua paulisper disseruimus, de aquis quæ super firmamento sunt quid auctorum intentio potuit excogitare proferre tentabimus. Cum enim in principio prima die facta fuisset lux, quæ spiritualis creatura facta esse dignoscitur, secunda die firmamentum, quod dividit inter aquas quæ sunt supra firmamentum, et aquas quæ sunt sub firmamento, esse factum **588** Scriptura testatur; ex quo intelligitur aquas illas quæ supra firmamentum sunt locali spatio esse omni corporali creatura superiores.

2. Quamvis enim in psalmo centesimo quadragesimo octavo post firmamentum, et solem, et lunam, et stellas, aquæ illæ quæ supra cœlos sunt positæ inveniantur, tamen ut illas omnibus esse corporalibus creaturis ostenderet altiores, iterum excelsarum virtutum, velut habitacula recapitulans, cœlos Psalmista his anteponit, dicens: *Laudate eum, cœli cœlorum; et aquæ, quæ super cœlos sunt, laudent nomen Domini* (*Psal.* CXLVIII, 4).

3. Unde ostenditur post illa spiritualia spatia, qualiacunque sunt, ubi spirituales, ut diximus, ordines commorantur, quæ cœlorum cœlos propheta nominat, ante hoc visibile cœlum aquas illas, velut initium rerum corporalium, esse constitutas, quas tamen ne quis spirituali jungeret creaturæ, post cœlos cœlorum, antequam de terra diceret, posuit, paulo post subinferens: *Laudate Dominum de terra, dracones, et omnes abyssi* (*Ibid.*, 7).

4. Ecce has aquas Psalmista super cœlos positas dicit, et tamen his cœlos cœlorum anteponit. Per quod demonstratur inter utrosque cœlos esse collocatas, id est, cœlis spiritualibus humiliores, et cœlis corporalibus superiores; sed tamen corporalibus creaturis pertinere dicendæ sunt, dum in se-

sumere vocabula dicuntur, quia illa. Postea Editio: *Eo quod in fine sæculi Antichristus contra eum, qui*, etc. Correxi id ex Ms., uti etiam quod in Edito ita sequebatur: *Ut qui quod humana natura denegabat futurum.* Superfluum videbatur *humana*, et abest hæc vox a Ms.

14. *Divina virtute.* Ms., *divina natura*, minus bene. Pro *nuncupatur*, quod ex Ms. sumpsi, impressus liber *nuncuparetur.* Impressus idem exhibet *et quod angelis in singulis*, sed omittendum *angelis* cum Ms. Infra, pro *vicinitate*, Ms. *vicinia.*

15. Editus *sed illa*, omisso *in.* Ms., *in aliquo videt.* Et, *sine sua mutatione.*

16. Corrupte in Editione, *et ministrandum mittuntur.* Ex Ms. etiam correxi sequentia, *velut subjectos per se*, etc. Mallem tamen *pro se.* In Editione hæc ita erant depravata: *velut subjectos per se ad annuntiandi officium, sicut in Daniele... sermonem, velut superiorem dictum*, etc.

CAP. III. N. 1. *Tuæ propositionis.* Satis hinc constaret Isidorum, ut morem alicui gereret, librum de Ordine creaturarum edidisse, quod etiam in fine operis editi clarius exprimitur. Verum Codex Florent., a quo illa peroratio abest, etiam hoc loco longe alio modo orationem concinnat; nempe: *Post spiritualem creaturam, de qua paulisper disseruimus, de aquis quæ super firmamentum sunt quid auctorum intentio potuit excogitare proferre tentavimus.* Exscriptorum vitio tribuo *tentavimus* pro *tentabimus*, ut alibi passim *b* in *v*, et contra *v* in *b* commutabatur. In Editione erat *fuisse lux*, pro *fuisset lux.* Et mox, *firmamentum, quod dividit, quæ supra sunt firmamentum et aquas.* Quod ex Ms. emendavi. Ex conjectura vero reposui, *locali spatio esse omni creatura corporali superiores.* Nam in Edito erat, *locali spatio ex omni creatura corporali superiores.* In Ms. *locali spatio omni ex corporali creatura esse superiores.* Cæterum de aquis quæ super cœlos sunt, agit Isidorus, cap. 14 libri de Natura rerum ex sancto Ambrosio. Sic etiam plura alia, quæ in hoc opere referuntur, partim in libro de Natura rerum, partim in Etymologiis, explanantur.

2. Ms., *inveniantur*; Ed., *inveniuntur.*

3. *Ut diximus.* Ms., *de quibus diximus.* Infra, *diceret, Propheta posuit; post enim subinfertur: Laudate Dominum de terra. Ecce istas aquas Psalmista*, etc.

4. *Dicit.* Edit., *dixit.* Ms., *cœlis corporalibus celsiores, quæ priores corporalibus creaturis dicendæ sunt.*

cundi diei opere factæ supra istud corporeum firmamentum consistunt.

5. Sed quid ibi utilitatis in rerum corporalium usibus agant, bina intentione magistrorum investigatur. Quidam enim illas ad terrarum orbis abolitionem in diluvio, quod sub Noe factum est (sicut Geneseos historia narrat) Dei præscientia reservatas aiunt, sicut Scriptura inquit : *Et cataractæ cœli apertæ sunt, et facta est pluvia quadraginta diebus, et quadraginta noctibus* (*Gen.* VII, 11). Sed quoniam et nubes, de quibus pluviarum imbres terreni soli fertilitatem irrigant, atque etiam aer, in quo hemisphæria omnia et auræ corripiuntur, cœlorum nomine per Scripturas divinas sæpe censentur, quemadmodum dicitur : *Et pluit illis manna ad manducandum ; et panem cœli dedit eis* (*Psal.* LXXVII, 24); et in alio loco : *Dabunt et cœli imbrem, et terra dabit fructum suum* (*Psal.* LXVI, 7); quibusdam doctoribus placet, ex illo inferiore nubium **589** cœlo tantarum aquarum abundantiam fuisse diffusam, ut secundum illam consuetudinem, qua per omne tempus agitur, etiam tunc pluviarum copiam nubes effunderent, in quibus tamen cataractas apertas Scriptura commemorat, eo quod plus solito aquarum diffusio immissa fuerat. Cæteri vero easdem aquas supra firmamentum positas idcirco asserunt, ut igneum, qui in luminaribus ardet, et sideribus, calorem temperarent, ne plusquam sufficit, inferiora spatia æstu torrerent.

CAPUT IV.

De firmamento cœli.

1. Post illas aquas creaturarum corporalium ordine secundo loco videtur esse firmamentum, quod in secunda die, ut supra diximus, factum, inter utrasque dividit aquas; de cujus etiam statu, utrum velut discus terram desuper operiat, an uti testa ovi omnem introclusam creaturam undique cingat, utriusque æstimationis non desunt putatores.

2. Nam et illud quod de hoc Psalmista commemorat, cum dicit : *Extendes cœlum sicut pellem* (*Psal.* CIII, 22), utriusque æstimationis assertionibus non contra facit, quoniam cum animalis carnem cujuscunque sua pellis vestiat, omnia sua membra æqualiter undique circumdat; cum vero excisa de carne seorsum extenditur, sive rectam, sive curvam cameram posse facere non dubitatur.

3. Utrum ergo terram desuper, velut extensa pellis tabernaculum, tegat, an sicut animalis membra corio conteguntur, mundi molem undique firmamentum cingat, utrique assertioni non difficulter suffragatur.

4. De hujus quoque firmamenti situ, utrum inane, ac penetrale, an solidum, ac firmum sit, diversi auctores suas æstimationes, velut quid se ad has deducat, protulerunt. Quorum sententias utilius quam nomina ponere curabo. Eorum enim illi qui firmamentum inane ac penetrale fieri plus diligunt, ad confirmationem sententiæ suæ omnium elementorum naturas conferunt.

5. Terram etenim omnium creaturarum corporalium gravissimam esse non minus ostendunt quam dicunt; atque illam ideo humillimum in creaturis locum tenere aiunt, quia natura aliqua nisi seipsam sufferre non valet. Aquam vero quanto leviorem terra videmus, tanto graviorem **590** aere deprehendimus. Aer namque sub aqua per se subsistere non valet, sed ad sua spatia, etsi aliqua necessitatis vi alicubi subductus fuerit, statim evadit.

6. Ignis quoque natura supra aerem esse deprehenditur; quod etiam in illo igne, qui in materia terrena ardet, facile comprobatur, quoniam statim ut accensus fuerit, flammam ad superna quæ super aerem sunt spatia, ubi illius est abundantia et locus, dirigit, sed circumfusione crassioris aeris exstinctus, in mollem aerem cito evanescit, ut ad suæ naturæ locum pervenire non possit. In quo tamen ostenditur naturam ignis, qui ascendit, aere esse leviorem; sicut aquæ natura, quæ descendit, monstratur esse gravior.

7. Hac ergo ratione etiam firmamenti spatium quod supra ignem est levius ac tenuius putant, quia excelsius his omnibus quas prædiximus naturis constat. In quo spatio etiam stellarum fulgurantium lucem inæqualem esse idcirco æstimant, quod in illo tam amplo spatio ex illis aliæ longius, aliæ propius currant; sed hanc putationem qui minus suspiciunt, sine sensu.

5. *Ibi utilitatis.* Ms. omittit. Pro *abolitionem*, Ms. *ablutionem*, quod fortasse verum est. Idem Ms. omittit *sicut Geneseos historia narrat.* Mox legit, *omnia ex aere concipiuntur, cœlorum.* Editio ita distinguit : *Dabunt et cœli imbrem.* Et : *Terra dabit fructum suum.* Ms. *Et cœli dabunt imbrem, et terra dabit fructum suum.* Locus psalmi indicatus solum habet *Terra dedit fructum suum.* Priora verba unde sint desumpta, non apparet. Jeremiæ XIV, 22, ita legitur: *Nunquid sunt in sculptilibus gentium qui pluant? aut cœli possunt dare imbres?* In fine hujus numeri pro *æstu*, Ms. *æstate*, quod non ita placet.

Cap. IV. N. 1. *Dividit.* Edit., mendose, ut videtur, *dividi.* Isidorus breviter de firmamento agit lib. XIII Etymolog., cap. 4, et lib. de Natura rerum, cap. 13.

2. Ms., *pellem, utriusque æstimationibus non contra.* Et, *camerum vestire posse non dubitatur.*

3. *Firmamentum cingat.* Editus *firmamenti cingat*, pro *firmamentum cingat*.

4. Editio, *solidum, an firmum.* Et *deducatur* pro *deducat.* Postea omittit *ponere*, et hæc omnia verba : *Eorum enim illi qui firmamentum inane ac penetrale fieri plus diligunt*, sine quibus sententia non constaret.

5. *Seipsam sufferre.* Sic Ms., recte. Impressus, *seipsa sufferri.* Deinde, *vi aquis subductis fuerit, statim vadit.* Forte *aquis subductus fuerit.*

6. Editio, *deprehenditur, etiamque... in materia terræ*, et corrupte, *tetræ.* Paulo post, *fuerit flamma, ad superna... dirigitur, sed... sicut aqua, quæ natura descendit, monstratur esse graviorem.* Omittit etiam *aeris* post *crassioris*, et *cito* ante *evanescit.* Locum reposui ex Ms., nisi quod in eo est *fieri gravior* pro *esse gravior.*

7. Ms., *supra igneum est.* Infra, *penetrabilibus* pro *penetralius*; et *vaporalitate* pro *corporalitate*; et *fieri* pro *ibi.*

supra illud aere et igne subtilius, et inanius, et A penetralius spatium constare aquas minime posse dicunt; nisi forte, ut illi quos prædiximus aiunt, omni corporalitate tenuiores et subtiliores ibi consistunt.

8. Quibus etiam ab aliis contra respondetur: Quæ unquam, quamvis tenuissima, aquarum vaporalitas quæ firmamento levior esset? Propterea ergo illi alii firmamentum velut aere solidissimo fusum constare solide ac firmiter facilius putant; atque ideo firmamentum nominari existimant, quia tam solida quam inania, tam levia quam gravia, quæ diximus, cuncta spatia intra se concludat, et supra se positas aquas, qualescunque sunt, sustineat. Verum quoniam inter tantos viros de tali et tanta re variatum est, nullius æstimationem alii præponendam censemus, B sed ad hos lectorem utrarumque partium arbitros mittimus.

CAPUT V.

De sole et luna.

1. Quia vero in firmamento cœli licet post speciem maris et terræ formata duo luminaria magna, in principio Geneseos, Mosaica lex, imo **591** divina Scriptura pronuntiat, non est indecens, si, descendens de supernis, sermo in ordine locali creaturarum solem et lunam statim post firmamentum describat, ita tamen ut in conditionis ordine post terram et mare duo hæc luminaria et stellas cum Scripturæ vocibus animus ponat, quamvis omnia elementa sine tempore facta fideli ratione fides catholica credat.

2. Sol ergo et luna duo luminaria in firmamento cœli instituta sunt. Unum, quod est majus, ut præesset diei; secundum, quod est minus, constitutum est ut præesset nocti. Sed non eamdem sui splendoris lucem quam cum in principio creata sunt habuerunt nunc per omne sui ministerii tempus dierum ac noctium decursionibus conservant.

3. Hæc enim dum humanis usibus ministrare a Deo creatore destinata sunt, cum homines inculpabiliter vixissent, et sub Creatoris, quo conditi fuerant, lege perseverarent, etiam sui luminis plenitudine decorate ministrabant; cum vero homines, quibus in ministerio sociata primitus rutilabant, propter transgressionem dejecti, paradisi beatitudinem amiserunt, ipsa quoque luminaria, quamvis non sua culpa, sui luminis detrimenta non sine suo dolore pertulerunt, sicut Paulus apostolus contestatur, dicens: *Quoniam omnis creatura congemiscit, et dolet usque adhuc* (*Rom.* VIII, 22).

4. Sed quia per Redemptoris adventum humano generi pristinæ beatitudinis in melius restauratio promittitur, etiam creatura suum antiquum decorem accepturam non dubitatur. Unde propheta Isaias de sole specialiter, et luna, illustratus spirituali famine, inquit: *Et erit in die illa, cum ceciderit turris, erit lux lunæ sicut lux solis, et lux solis erit septempliciter, sicut lux septem dierum, cum alligaverit Dominus vulnus populi sui, et percussuram plagæ ejus sanaverit* (*Isai.* XXX, 25 *seq.*).

5. Cum factum fuerit cœlum novum, et terra nova (*Apoc.* XXI, 1), et non fuerint in memoria priora quæ corruptioni serviunt (*Isai.* LXV, 17), et peccati vulnus et percussuram plagæ mortis in corporibus resurrectorum Dominus sanaverit (*Isai.* XXX, 6), et superbi spiritus ex imperio quod arripuerant depositi fuerint, tunc lux lunæ in lucem solis mutabitur, et lux solis restaurabitur in lucem septem dierum, quibus conditus fuerat, hoc est, in septuplum suum lumen restaurabitur. Nihil enim restauratur, nisi quod amissum est, aut corruptum; quod igitur sol amisit, et luna, hoc rursum accipient.

6. Ex quo apparet septimam nunc sui luminis partem luminaria retinere, **592** quam septempliciter C resument, quando per Habacuc Spiritus sanctus pro futuris præterita ponens, inquit: *Elevabitur sol in ortu suo, et luna stabit in ordine suo.* Cessante namque mutabilitate humani status, cui serviunt, et sui cursus mutabilitas cessabit. Quod enim inquit, *Sol in ortu suo*, hoc indicat quod nunquam inclinabitur in occasu suo; et in eo quod dicitur: *Luna stabit in ordine suo*, hoc insinuat quod mutationes incrementi et decrementi sui non patietur, sed in suo ordine semper stabit.

7. Hoc autem erit, *quando*, ut Apostolus loquitur, *ipsa creatura liberabitur a servitute corruptionis in libertatem gloriæ filiorum Dei* (*Rom.* VIII, 21). Cum enim sancti pro mercede sui laboris, quo Deo servierint, immutati fuerint, et fulserint sicut sol justi-

8. *Quæ unquam*, etc. Hæc in Ms. ita concinnantur, *quæ vaporalitas, quamvis tenuissima aquarum vaporalitas, firmamento, quod igni, qui aere levior est, subtilius, et levius, ac penetrabilibus fieret? Propterea quod ergo illi alii firmamentum.* In Editione erat *illa alii*. Ms. omittit *facilius* ante *putant*, et *arbitror* ante *mittimus*.

CAP. V. N. 1. Ms., *in principio Genesis, imo divina Scriptura pronuntiat... ratione catholica investigatio credat.* De sole et luna Isidorus disserit lib. de Natura rerum, cap. 15 et seqq., et lib. XIII Etymologiar., cap. 3 et seqq.

2. *Instituta.* Al., *constituta*; et *statutum* pro *constitutum*.

3. Ms., *quo conditi sunt lege, perseverassent... primitus rutilabant, post transgressionem.* In impresso erat *rotulabant*, sed in Editione Baluzii nota erat apposita, ex conjectura legendum *rutilabant*.

D 4. *Antiquum.* Deest hæc vox in Ms. In Edito diversa lectio est, *cum ceciderint turres*, et mox *dierum, in die qua alligaverit*. In Ms. legitur, *septempliciter mutabitur in lucem septem dierum.*

5. *Resurrectorum.* Ita Ms. melius quam *resurrectuorum* in Editis. Ex eodem Ms. reposui, *et lux solis restaurabitur in lucem... nihil enim restauratur*, etc. In Ed. deest *restaurabitur*, post *lux solis*, et pro *restauratur* est *restaurabitur*.

6. Ms., *resument, sicut Habacuc inquit: Elevabitur*, etc., *et detrimenti sui iterum non patietur.* Fortasse indicatur locus Habacuc, cap. III, 11, ubi Vulgata ait: *Sol et luna steterunt in habitaculo suo.* Versio antiqua: *Elevatus est sol, et luna stetit in ordine suo.* Ita etiam legit Gregorius Magnus in Job XXVI, et multi alii a Sabatierio laudati.

7. *Et fulserint, sicut sol justitiæ, cujus est sanitas perennis.* Ms. omnia hæc omittit.

tiæ, cujus est sanitas perennis, tunc et ipsi corporeo A huic soli pro mercede sui ministerii, quo servituti corruptionis subjecta est, in septuplum fulgoris rutilatio restituetur.

8. Interim vero quotidianis sui ministerii motibus quoties solem sequitur luna, sui incrementa luminis auget; quoties autem solem antecedit, detrimenta sui splendoris agit. De statu vero lunæ varie putatum est : utrum sphæra dimidia sui parte nigra, ac tenebrosa, et dimidia parte altera lucida sit, et candida, et sic incrementa et decrementa agantur, ut cum paulatim pars illius lucida ostenditur, eodem modo tunc tenebrosa occultatur, similiter quoque dum lucida vertitur, iterum tenebrosa manifestatur.

9. An sit etiam rotunda radiis solis illuminata, quæ quandocunque soli sive ante, sive post appropiat, velut in ora radio luminis illucescat; cum autem longius ac longius recedere videtur, majus ac majus paulatim suum lumen a solis splendore augetur, ut eum ad integrum æquiparato orbe facie ad faciem soli opposita constiterit, tunc plene in se imaginem solis habere possit.

10. De cursibus autem solis ac lunæ, nec temporis, nec istius quidem loci est disserere, quod idcirco in hoc opusculo negligentius assequor, quoniam et ipsius brevitas compendiosa non patitur, et in usum pene omnibus lectoribus dierum festorum computandorum gratia conversi sunt.

11. Hæc vero lucis organa nonnulli sensibiles creaturas opinantur, **593** sed quæ dicimus usitatius a catholicis auctoribus frequentantur in his ambiguis sententiarum æstimationibus. Intendendum est cui plus sanctarum Scripturarum auctoritas suffragatur; etsi hoc etiam examinandum est, quidnam multitudo catholicorum in fidem traxit : diversæ autem æstimationes, quæ tantidem a catholicis assertæ sunt, et quibus utrisque sacri canonis dicta non contra faciunt, ad quas æqualiter currant, hæ arbitris lectoribus in ambiguo relinquendæ sunt.

CAPUT VI

De spatio superiore, et paradiso cœli.

1. Sermone de firmamento et luminaribus dicto, sequitur inane spatium longum, quod a cœli firmamento usque ad terram deducitur, et in duo spatia esse divisum, a nonnullis scriptoribus explanatur, sed superius spatium ad cœlum pertinere dicitur, inferius autem terræ fieri conjunctum non dubitatur.

2. Etenim excelsum spatium quod cœlo pertinere diximus, purissimum, ac subtilissimum, nec nubium tumores, nec ventorum inflationes, nec pluviarum aut imbrium humidas conspirationes, nec nivium vel grandinum gelidas coagulationes, nec aeris mutationes, nec tempestatum et tonitruorum fragores, B sed nec ipsum aerem, qui volantium avium corpora et ipsarum nubium spissiorem aeris ipsius molem sufferre valuisset, et animantium diversorum vitas aerii spiritus reciproca inflatione reficeret, atque halitu animaret, nec ullas omnino diversorum hemisphæriorum perturbationes omnimodis habet.

3. Sicut Olympi montis altissima terrarum, et ob id cæteris incognita hominibus juga conscendentibus, comprobatur, et eorum relatione refertur, qui aceto humectas spongias ad conservandam aerii spiritus inflationem **594** et spirationem, ori ac naribus circumponentes, anniversaria consuetudine (nescio qua superstitione ducti) conscendunt; et nec ibi ullam avem, nec nubem, nec pluviam, nec ventum aliquem vidisse se confirmant, et consummatis C sacrificiorum, quorum gratia vadunt, officiis, ibidem quædam signa ac notas arenis imprimentes redeunt, quas etiam illic post annum iterum ascendentes illæsas atque intemeratas inveniunt.

4. Ex quo perspicue demonstratur nihil ibi perturbati aeris consistere, præsertim cum in eodem loco nihil quod pertineat ad virorem herbarum, aut arbustorum, reperiri aut videri queat. Sed tamen non ipsum esse de quo superius diximus, illud purissimum ac subtilissimum supernum spatium putandum est, ad quod nulla terra perti-

8. *Agit.* Ms., *sustinet.* In Edito erat *putandum*, pro *putatum*, quod ex Ms. reposui, uti post iterum addidi *tenebrosa*, quod ab eodem impresso aberat.

9. *Rotunda.* Ed., *rota.* Mox Ms. : *Velut minor a radio... videtur, magis ac magis paulatim ejus lumen.*

10. *Loci.* Ms. *brevitatis.*

11. Hoc caput in Ms. ita desinit : *Hæc vero lucis organa nonnulli insensibiles creaturas opinantur. Sed quæ diximus, usitatius a catholicis frequentantur.* Clarum videtur legendum *sensibiles*, hoc est, quæ sensum boni malive habeant, ut exponitur in Editione Baluziana. Isidorus, lib. de Natura rerum, cap. 27, ex sancto Augustino excitat hanc quæstionem, utrum sidera animam habeant. Quæ opinio veterum quorumdam fuit, nunc jam penitus contempta est. Cæterum ea quæ in impresso antiquo adduntur, valde corrupta erant, quæ aliquatenus sanata sunt in laudata Baluzii Editione, cujus correctiones sequimur.

Cap. vi. N. 1. *Sermone... dicto.* Id Ms. omittit. In impresso, *a cœlo firmamento*; in Ms., *a cœlo firmamenti*, qui etiam omittit *fieri*.

2. Ms. *nec aeris ullas mutationes*. In excuso erat, *frangores... avium corporatur, et... aeri spiritus.* In Editione Baluziana conjicitur *corpora tuetur*, pro *corporatur*; et *aerii spiritus* pro *aeri spiritus.* Hæc ultima conjectura ex Ms. comprobatur, in quo pro *corporatur* solum est *corpora*, et ita procedit sensus. D In eodem Ms. erat *spissionem*, sed retinendum *spissiorem*; ac melius esset *spissiorem aere ipso molem*. De re ipsa confer dicta in Etymologiis, lib. xiii, cap. 7.

3. In Impresso : *Sicut olim Phrygiæ montis*; sed advertitur Codicem habere *phy* pro *Phrygiæ*, quod ex conjectura positum fuit. Noster Ms. veram lectionem exprimit, *sicut Olympi montis.* Idem Ms. omittit *aceto*, et addit *ori*, quod desideratur in Editione, et exhibet *aerii spiritus* pro *aeri spiritus*, quod est in Edito. Postea in Ms. *rotas* pro *notas*; et *conscendentes* pro *ascendentes.* De Olympo monte Isidorus, in Etymolog. lib. xiv, cap. 4 et 8, et de Natura rerum, cap. 39.

4. *Nihil quod*, etc. Ms. *nihil olerum, quod ad virorem pertineat, aut arbustorum reperiri, aut videri nequeat.* Sed reponendum *queat* pro *nequeat.* In eodem Ms., *permutari* pro *commorari*

nere, vel accedere potest, sed hic locus ad extrema hujus spatii inferioris et vicina illius superioris confinia pertinet. In quo tamen loco eorum qui carne vestiuntur vita nequaquam potest commorari.

5. Unde perspicuum est illud superius purissimum, tranquillissimumque spatium, de quo paulo ante disseruimus, non carnalium habitationi, neque mortalium rerum usibus esse præparatum. Quapropter plurimi catholicorum auctorum illud spatium primitus angelis qui lapsi sunt cum suo principe asserunt ad habitandum fuisse destinatum, eo quod desuper cœlestium angelorum neminem cecidisse arbitrantur, sed cœlestes, quandiu in angelica beatitudine fuerant, in quo tamen per tempus non steterant.

6. *Quoniam*, ut Scriptura inquit, *ipse diabolus ab initio mendax est* (*Joan.* VIII, 44), *et in veritate non stetit* (*I Joan.* III, 8), hunc locum habitationis sorte putant percepisse, quem Scriptura pronuntiat paradisum cœlestem, quæ sub persona principis Cyri ad summum illum angelum apostatam ita loquitur: *Perfectus decore in deliciis paradisi Dei fuisti* (*Ezech.* XXVIII, 13).

7. Quemadmodum enim homines, post peccatum suum, de terreni paradisi felicitate dejecti, in hujus terræ maledictioni obnoxiæ plagali modo habitationem trusi sunt, ut dum in terra peccaverunt, in deterioris terræ mansione postea sub pœna delicti viverent, ita et angelos, qui aereo, imo etiam aeris ipsius puriore, spatio peccasse putantur, in inferiorem et ipso aere hoc obscuriorem et turbulentiorem locum deturbatos de superni et puri aeris, suæque dignitatis felicissimæ sede, misere et **595** infeliciter sub exspectatione futuri examinis, in quo durius condemnabuntur, vivere æstimant; ut dum aera corpora habent, et in aere nunc commorantur, non inconvenienter æstimentur etiam priorem suæ beatitudinis sedem in aere, sed puriore et subtiliore, pridem habuisse.

8. Qui tamen locus, dum cœlo firmamenti, ut prædixi, pertinet, cœli nomine censetur, sicut Dominus ipse perhibet, dicens: *Vidi Satanam sicut fulgur de cœlo cadentem* (*Luc.* x, 18). Ex ipsius enim loci perspicua ac pura beatitudine peccati sui merito dejectus, in inferioris spatii, hoc est, nebulosi ac brumosi aeris, infelicem ac miseram habitationem destinatus est; sicut apostolus Paulus contestatur, dicens: *Non est nobis colluctatio adversus carnem et sanguinem, sed adversus principes et potestates hujus aeris, adversus mundi rectores tenebrarum harum* (*Eph.* VI, 12). Quæ etiam spiritualia nequitiæ in cœlestibus idem Paulus Christum in semetipso denuntiat triumphasse.

9. Dejectis ergo malignis spiritibus cum suo principe diabolo ex illo quem prædiximus limpidissimo subcœlestium spatiorum habitaculo, et postmodum redempto ex Adæ et proprio uniuscujusque delicto per Mediatoris adventum humano genere, eumdem locum animarum sanctarum interim esse quieti, dum resurrectionem exspectant futuram, id putatores opinantur: quem etiam cœlestem paradisum autumant esse nominatum, de quo Dominus latroni in cruce confitenti responderat: *Amen dico tibi, hodie mecum eris in paradiso* (*Luc.* XXIII, 43).

10. Quin imo illo paradiso arboribus consito, et lucido fonte præpollente, animæ exutæ corporibus non indigent; quin imo spiritualis homo carnalem usum corpore mortis liberatus non possidet, nec refici terreni paradisi frugiferis arboribus necesse habet, æternus enim temporalibus non utitur, sed æterna et spiritualia contemplatur.

11. Hæc non confirmantium, sed æstimantium sensibus perstrinximus, præsertim cum et ipsam æstimandi de talibus perspicaciam nobis ipsis non attribuimus. Cum enim necessitas exegerit, harum omnium **596** putationum auctores in medium adducere poterimus, quibus aut fides aut dubitatio ascribi poterit; quorum referendo potius quam defendendo (opiniones) laboramus, nos enim alterius forte melioris, si adsit, assertioni, cui plus vel Scripturæ exempla, vel catholicorum consapientium (æstimationes) suffragaverint, concordiam subire parati sumus. Sed de superiore spatio his utcunque explanatis, ad subsequentia festinemus.

CAPUT VII.

De spatio inferiori, et hemisphæriis diversis.

1. Dehinc inferius spatium aer vocatur, quem terræ sociari diximus, et a quo universæ carnis, quæ

5. Cod. Ms., *mortalium, corporaliumque rerum*... *eo quod de super cœlestibus angelis neminem cecidisse arbitrantur, subcœlestes vero quandiu*, etc.

6. In Editione, post *Dei fuisti*, inepte repetita sunt hæc verba, quæ jam præcesserunt *hunc locum habitationis sorte putant percepisse.*

7. *Qui aereo.* In Ms., *qui in superiore etiam aeris ipsius puriore spatio*. Mox ex eodem Ms. restitui *in inferiorem*, etc. Nam in Excuso hæc ita corrupta erant, *in inferiorem deturbati de superni et puri aeris, suæque dignitatis felicissimæ misere, et infeliciter*, etc. Ad verba *aerea*, seu *aeria corpora*, notatur in Ms.: *Quod dæmones habent aeria corpora*. Profecto antiquissimi theologi ac Patres corpora vel omnibus angelis, vel certe dæmonibus, assignabant, quorum verba refert Petavius, de Angelis, lib. I, cap. 2, et lib. III, cap. 1.

8. *Dum cœlo*. Al., *dum de cœlo*. Paulo post, Ms., *spatii nebulosi aeris hujus infelicem*. In Excuso deerat *nobis*, quod ex Ms. sumpsi, uti etiam *tenebrarum harum*, cum in Editione esset *harum tenebrarum*. Vox *brumosus*, quam retinui, scribi etiam potest *bromosus*, et ex Græco idiomate significat *fetidum*, *graveolentem* apud Cœlium Aurelianum.

9. *Id putatores*. Ita Ms. Editio minus bene, *id est putatores*. Postea Ms., *cras mecum eris*, pro *hodie mecum eris*. Sed retinenda lectio Vulgatæ, a qua non discrepat versio antiqua, neque multi alii Patres, qui ea verba usurparunt; quæ quo pacto intelligenda sint, facile interpretes expediunt.

10. *Præpollente*. Al., *pollente*.

11. *Perstrinximus*. Hoc loco desinit in Ms. hoc caput. Forte, *non attribuamus*. Ex conjectura in Editione Baluziana adduntur voces *labores*, et *æstimationes*, quæ in veteri desiderantur. Suspecta quoque est vox *consapientium*.

Cap. VII. N. 1. *Versatur*. Crederem, reponendum *vescitur*. Infra, Ms., *quæ ad superius cœlum pertinent*. Pro *qui faciunt* ad marginem Editionis veteris varia lectio notatur *quæ faciunt*.

in terra aere versatur, vitam adjuvari, et contineri in A nobis, et per nos comprobamus. Qui et aliquando etiam terræ per Scripturas nomine vocitatur; sicut per Psalmistam dicitur, cum in Domini creatoris laudem ordine summo cunctæ creaturæ incitantur, et cum consummatis his quæ ad superiorem cœlorum ordinem pertinent, ad hæc aeris spatia pervenitur, taliter subinfertur: *Laudate Dominum de terra, dracones, et omnes abyssi; ignis, grando, nix, glacies, spiritus procellarum, qui faciunt verbum ejus* (*Psal.* CXLVIII, 7).

2. Hucusque enim in aere sermo est qui terræ nomine vocitatur; postmodum namque de humo et inferioris terræ naturis Scripturæ vocibus imperatur: *Montes, et omnes colles; ligna fructifera, et omnes cedri* (*Psal.* CXLVIII, 9). Idcirco autem aer terræ vocabulum sæpe sortitur, quia crassitudine et velut soliditate quam in se habet volantium avium, quamvis maximarum, corpora sustentantur, quæ velut pisces pene aquatilia marinorum fluctuum recondita natando penetrant, sic volucres aeria spatia volando pertranseunt.

3. Cuncta etenim quæ aqua præstat ad conservandum vitam aquatilibus, hæc aer facit volatilibus, quoniam sicut reciproco halitu avium, et omnium quæ in aere et terra vivunt, vita alitur et conservatur, ita eorum quæ in aquis degunt inspirandi exspirandique tractu per aquam vitalis motus reficitur.

4. Unde cum in aerem trahuntur, quia lymphaticum spiramentum non habent, cito deficiunt; sicut et ea quæ in aere vivunt, cum ab eis aer excluditur, ultra vivere non possunt. Sicut autem illa aeris soliditate volatilia, ut dixi, corpora fulciuntur, ita ipsa eadem terrenam, quam in se habet, crassitudinem, propter quam et terræ vocabulum sæpe sortitur, **597** tumida nubium moles sustentatur, et per illam soliditatem aeris crassitudo, nives, et grandines, et glaciem, adnitente vi frigoris parit, quando ita efficitur.

5. Nam hoc aeris spatium suæ naturæ insitum habet, ut fumali levitate vapores aquarum de terra et maris specie contrahat et colligat, quos in sublime elevans, quandiu minutissimis guttis consistunt, conglobatis in se nubibus, ipse per semetipsum aer suspendit. Sed cum, vexante vento, illæ guttulæ in D majores stillas coeunt, aeris amplius natura non ferente, pluvialiter imbres ad terram delapsi cadunt.

6. Si vero ipsas, quas prædiximus, stillas vento in majusculas moles coagitante collatas, antequam deorsum pluant, gelu in nubibus arripuerit, lapillos coagulatos frigoris violentia constringit. Si autem paulo remissiores necdum densatos vapores in guttas, id est, gelu, prævenerit, in nivis speciem magna vis frigoris eosdem transmittit, et quod in se suspensa altius nebula taliter nutrit, non sufferente aere, ac vento dispergente, ad terram dimittit.

7. Sicut de hoc eodem Psalmista commemorans, de Domino dicit: *Qui dat nivem velut lanam, nebulam sicut cinerem spargit. Mittit crystallum sicut buccellas; ante faciem frigoris ejus quis sustinebit* (*Psal.* CXLVII, 5)? Et ut ostenderet, sive in terra, sive in nubibus, nives in aquas iterum resolvi consuescere, paulo post B subjungit, dicens: *Emittet verbum suum, et liquefaciet ea; flabit spiritus ejus, et fluent aquæ* (*Ibid.*, 7).

8. Ut autem perspicuum sit ipsas aquas hoc modo in nubibus suspendi, in libro sancti Job scriptum videtur: *Qui suspendit aquas in nubibus suis, ut non erumpant pariter deorsum* (*Job* XXVI, 8). Attamen illas aer aquas ad terram et ad mare demittit, quas ex iisdem inferioribus partibus ante sustulit. Et quamvis de salsa pelagi latitudine eas traxerit pluvialis conceptio, per aerem indulcescit. Quemadmodum cum salsa de profundo maris unda propinata per humum terræ infunditur (sicut nautis est frequens consuetudo) in dulcis aquæ saporem statim mutatur. Commutatione vero aeris ventos, et vehementiore concitatione ignes etiam ac tonitrua, occultis imperiis, C per angelos, quibus visibilis regitur mundus, sicut et cætera, conditor facit.

9. Nonnulli vero de effectu tonitru illud intendunt, quod cum circa aerem duorum elementorum, hoc est, ignis et aquæ, sunt spatia, unum **598** superius, sicut diximus, et unum inferius, et tamen aeris natura utraque in se trahit, id est, aquam vaporaliter de imis, et ignem caumaliter de supernis, ipsa duo contraria sibi elementa confligunt.

10. Impossibile namque est absque humidis nubibus et fulgoribus tonitrua moveri, sicut intuentium oculis perspicue patet; in quo conflictu ignis et aquæ confusi sonitus horribilesque fragores suscitantur; et si ignis victor fuerit, terræ atque arborum fructibus non mediocriter nocet; si vero aqua vicerit, frugiferam vim, tam in arboribus quam in his quæ olerum diversis speciebus nascuntur, non perdit.

11. Illo enim præcipue tempore tonitrua sonant,

2. Ms., *hic aer terræ... quæve velut pisces, et omnia pene aquatilia.* In Excuso deest *aeria* ante *spatia*, quod ex Ms. restitui.

3. *Degunt*, etc. Al., *degunt in spirandi respirandique tractu.* Et mox *volantia, ut dixi... eadem terrena quam in se habet crassitudine... nubium mole sustentantur... soliditatem aeria crassitudo... parit, quod ita efficitur.*

5. *Specie.* Ms. *facie.* Paulo post, *elevans a terra, quandiu in minutissimis.* Pro *conglobatis*, Editio *non globatis*, quod sensui repugnat, et ex Ms. rejicitur.

6. Ms., *quas prædixi... arripuerit, in grandinis lapillos coagulatas frigoris violentia constringit.* In Impresso erat *frigoris vi violentia.*

7. Cod. ms., *nivem sicut lanam... crystallum suam sicut... in aquas tantum resolvi.*

8. In Editione, ad marginem, notatur diversa lectio *ligat*, pro *suspendit.* In eadem omittitur *aquas* post *illas aer*, et scribitur *dimittit.* Postea Ms., *quemadmodum et cum salsa profundo maris.*

9. Cod. ms., *inferius, attamen aeris caumaliter de superioribus.* Et omittit *contraria.* Ad marginem Excusi notatur, *caumaliter esse ex caumate.* A *cauma*, vel *caumate* dictum *caminum* docet Isidorus Etymolog. lib. XIX, cap. 6, n. 6.

10. *Frugiferam.* Ms., *fructiferam.*

11. *Sunt.* Editio *fiunt.* Pro *decrementa* Ms. *detrimenta.*

quo arborum et terrarum fruges in ostensione adhuc sunt, priusquam maturescere incipiant. Per creaturas enim aliarum creaturarum incrementa aut decrementa Domini conditoris imperio gubernantur.

CAPUT VIII.

De diabolo et natura dæmoniorum.

1. In hac autem turbulenta ac nebulosa aeris hujus mansione de sublimi felicitate, ut diximus, angeli repulsi cum suo principe commorantur. Sed ille princeps *Satanas* et *diabolus* nominatur, reliqui vero spiritus ipsius principis ministri, qui prius angeli fuerant, nunc dæmones vocantur. Quemadmodum etenim merita, sic et nomina mutaverunt et loca; sed tamen et nunc per Scripturas antiquo vocabulo, eo quod isti nequitiæ sunt nuntii, sicut boni spiritus sunt nuntii justitiæ, sæpe angeli vocantur.

2. Sicut in Evangelio scriptum legitur : *Quem præparavit Pater meus diabolo et angelis ejus* (*Matth.* xxv, 41). Et Apostolus ait : *Datus est mihi stimulus carnis meæ angelus Satanæ, qui me colaphizet* (*II Cor.* xii, 7). Sed has etiam sedes usque in judicii tempus sub exspectatione terribilis Domini adventus, non sine timore ac tremore, licet infructuoso, interim possident; sicut apostolica dicta perhibent, quibus dicitur : *Nam et dæmones timent, et contremiscunt* (*Jac.* ii, 19). Et ut manifestum sit quod sub exspectatione temporis, in quo durius judicabuntur, vel potius perdentur, hunc locum aeris habitant spiritus immundi, qui in præsentia Salvatoris clamabant : *Quid nobis, et tibi, Jesu fili Dei? venisti huc perdere nos ante tempus* (*Luc.* iv, 34)?

3. In adventu namque æterni judicis (quando communis sanctorum omnium oratio complenda est, dicentium : *Fiat voluntas tua et in terra,* **599** *sicut in cœlo* [*Matth.* vi, 10]) ad tenebras exteriores servi inutiles ejicientur, cum Dominus adversarios, sicut repulit humo, sic expellet cœlo, quibus æterni ignis (sicut Dominus ipse testatur) a Patre irremediabiliter præparata est pœna (*Matth.* xxv, 41).

4. Qui ideo nec remissionem, nec redemptionem recipere merentur, quia de sublimissimo ordinis statu ceciderunt, ac propterea nihil aliud in quod iterum, dimisso peccato, vocarentur habuerunt, dum omnem suam beatitudinem, in qua constituti sunt, transgres-

A sione naturalis boni, quod erant, et dominicæ legis, in qua conditi sunt, polluerunt; propter quod nec pœnitere desiderant, nec etiam, si pœnituissent, veniam recipere omnino possent.

5. Quoniam humanum genus a suo conditore redemptionem idcirco promeruit accipere, quia de inferiore sui ordinis gradu corruit; cum enim esset adhuc in paradiso terreno positus, generandi officio destinatus, ciborumque esui deputatus, immutationem meliorem, sublimioremque, et spiritualem vitam sine morte reciperet, si quandiu in hac conversatione positus esset, in mandati custodia homo permaneret.

6. Clementia ergo Conditoris ad illum statum ad quem peccans adhuc non pervenerat per passionem B Domini revocatur, quem, si inde cecidisset, sicut angelus, nunquam iterum revocaret, quoniam non ad illum gradum, vel ordinem, unde primus homo ceciderat, sed ad alium sublimiorem, quem speravit, restitutio fiet, dicente Domino : *Erunt, sicut angeli in cœlo* (*Matth.* xxii, 30; *Marc.* xii, 25). Scilicet, quia non sicut homines in paradiso; in illam enim mortalitatem, quæ generandæ proli et ciborum esui deputata pro tempore est, quamvis redempti, homines redire non poterunt; sed post mortem resurgentes spiritualibus corporibus non crescendo, non senescendo, non moriendo, angelicæ felicitatis consortes erunt.

7. Tempus vero diabolicæ transgressionis si requiritur, ante tempus visibilium rerum diaboli peccatum C fuisse originaliter deprehenditur; omnia enim quæ facta sunt simul et sine tempore facta fuisse Scriptura docet, quæ dicit : *Qui vivit in æternum, creavit omnia simul* (*Eccli.* xviii, 1). In quibus omnibus etiam infernalis ille ignis æternus, de quo Dominus dicit : *Ite in ignem æternum, quem præparavit Pater meus diabolo et angelis ejus* (*Matth.* xxv, 41) **600** simul factus fuisse minime dubitatur. In eo enim quod dicit, creavit omnia simul, nihil non factum in omnibus creaturis reliquit.

8. Cui ergo carcer in illa creaturarum conditione præparatus est, illius peccatum originaliter ipsas creaturas præcessit; nequaquam enim adhuc innocenti pœnam Dominus præparasset, si non illius

CAP. VIII. N. 1. Ms., *prædiximus* pro *diximus*; et *dicuntur* pro *vocantur*. Et, *per Scripturas sive antiquo vocabulo, sive quod*.

2. In Editione ad marginem diversa appingitur scriptura *qui paratus* pro *quem præparavit*, etc. Et *credunt* pro *timent*. Cod. ms., *hunc locum habitant*, omisso *aeris*; et *exclamabant* pro *clamabant*.

3. Ex Ms. reposui *judicis*, quod desideratur in Editione. Paulo post. Ms., *tua, sicut in cœlo, et in terra, et in tenebras*. Impressus, *sicut repulit e cœlo, sic expellit humo, quibus*.

4. *Merentur*. Ms., *merentur, nec possent*, et pro diversa scriptura, *nec poscunt*. Pro *iterum*, in eodem Ms., varia lectio est *tantum*. In eodem est *revocarentur*, pro *vocarentur;* et *propterea*, pro *propter quod*. Ex Ms. vero scripsi *in quod iterum*, pro *in quid iterum*, quod Editio exhibebat.

5. *Quoniam*, etc. Ms. : *Humanum autem genus*, etc.

D Omisi *in*, quod Editus collocat inter *immutationem* et *meliorem*.

6. Ms., *ad quem peccans pervenerat*. Sententia aliud exigit, etsi paulo post in eodem Ms. legitur *ceciderat, vel ad alium*, quod cum primis verbis cohæret. Idem Ms., *restitutio fiet dicente.... in illam enim immortalitatem.... non potuerunt, sed*.

7. Codex Ms., *si requiratur, ante omne tempus*. Et infra, *nihil non simul factum in omnibus*. An senserit Isidorus, angelorum creationem longe aliarum creaturarum creationi præcessisse, vide not. ad lib. I Sentent., cap. 10, n. 3, quo in capite multa de angelis bonis et malis discutiuntur.

8. *Præparatam*. Ms., *paratam*. Et mox, *fecit, qui illum peccare præscivit, et cum ejus peccato pariter damnationis ejus pœnam, qua servus cruciaretur, effecit*.

delictum præparatam pœnam præcessisset. Sed et hoc etiam sine tempore fecit, qui damnationis ejus pœnam, qua servus fugitivus cruciaretur, effecit.

9. Iste autem angelus cum a Conditoris beatitudine recessit, omne suæ naturæ bonum, quod in conditione sua habuit, totum amisit; sed sibimetipsi malus, Deo semper bonus perseverat, dum obedienter dominicæ jussioni, quamvis non sponte, propter potentiam Dei tamen obtemperat. Ex omni enim naturæ bono quod habuit hoc nunc tantummodo habet, quod Deo creatori ad cuncta obedit imperata.

10. Sed hoc bonum non in diabolo et ministris ejus bonum est, qui idcirco obediunt, quia non obedire non possunt; sed hæc eorum obedientia in Deo bona est, cujus bonæ quidem voluntati invita diaboli mala voluntas, cum bene operari præcipitur, resistere non potest. Sed plerumque accidit ut cum Dei bona voluntate aliquid facere imperatur, ipsius mala voluntas in hoc eodem opere pascatur. Quemadmodum ad decipiendum Achab, impiissimum regem, idololatram scilicet, et prophetarum persecutorem, cum, a Domino missus, in quo deciperet interrogaretur, non solum se sponte paratum ad hoc opus obtulit, sed etiam quali consilio illud efficeret indicavit, ac respondit : *Vadam, et ero spiritus mendax in ore omnium prophetarum ejus. Et Dominus dicit : Vade, et fac ita, et decipies Achab* (*II Par.* XVIII, 21).

11. Valde enim convenerat ut qui veros Domini prophetas neci dedisset, pseudoprophetarum falsiloquio seductus et deceptus periret. Ecce promptissime diabolus sua mala voluntate cito ad istud decipiendi impii officium semetipsum obtulit, sed nisi a Domino permissus fuisset, hoc facere non potuisset; in qua re bona Dei voluntas sanctorum prophetarum justam vindictam exercuit, sed malus minister in interitu impii et peccatoris malam suam voluntatem cibavit.

12. Sed nec in hominibus, nec in rebus quæ hominibus subditæ sunt, aliquid absque Dei permissione facere valet, sicut evangelica veritas perhibet, qua refertur : *Si nos ejicis, mitte nos in gregem porcorum* (*Matth.* VIII, 31). Sicut enim in illis hominibus a quibus expellebatur contra Domini præceptum **601** ultra permanere non potuit, sic et in porcos absque ejus introire permissione non potuisse se ostendit.

13. Quod in beato Job et in rebus quas possidebat et amiserat similiter manifestatur. In quibus inimici nequitia absque Conditoris permissione nihil egisse probatur, sicut dicitur : *Nonne vallasti eum, ac domum ejus, omnemque substantiam ejus* (*Job* I, 10)? Et cum a Domino maligni hostis potestati ejus substantia permittitur, ita subinfertur : *Ecce universa quæ habet in manu tua sunt; verumtamen in eum ne extendas manum tuam* (*Job* I, 12). Et hæc ita esse sentiens Job, cum suarum rerum damna comperisset, ita respondit : *Dominus dedit, Dominus abstulit. Quomodo voluit, Dominus fecit: sit nomen Domini benedictum* (*Job* I, 21.)

14. Non dixit : *Dominus dedit, diabolus abstulit;* certissime enim absque Dei permissione in rebus aut hominibus nihil omnino facere posse adversarium sciebat. Sed sæpe, ut dixi, in eodem ministerio et ejus adversarii prava voluntas per se pascitur, et Domini benevolentia, aut justæ vindictæ, aut fructuosæ probationis dispensatione ministratur; sub qua bifaria bonæ et malæ voluntatis distributione et malos per vindictas trucidant, et bonos per tentamenta probant.

15. Ad hoc namque ipsorum, quandiu in hoc aere adhuc libere volitant, usque ad tempus extremi judicii pœna a Domino differtur, ut pravi ex hominibus eorum consortes et sceleris et punitionis appareant, et boni per tribulationes eorum ab his irrogatas probati manifesti fiant.

16. At vero improbi et impuri spiritus, vagi et subtiles, animo passibiles sunt, et aereis corporibus induti, nunquam senescunt, et cum hominibus inimicitias exercentes, superbia tument. Fallaces atque in fraude callidi hominum sensus commovent, terroremque mortalibus inferentes, inquietudinibus somniorum, et morbis, et distortione membrorum vitam turbant, præstigia atque oracula fingentes, regentesque sortem, cupidinem illiciti amoris et cupiditates humanis cordibus infundunt; et verisimilia mentientes, in bonorum etiam angelorum habitum et lucem se transformant.

602 17. Et quemadmodum nequitia, ita et potestatum gradibus distant. Et sicut nunc boni spiritus, hoc est, perfecti angeli, impassibiliter aera penetrant, ita et hi, si non peccassent, ea quæ nunc passibiliter loca possident, subjecta sibi, si feliciter et beate viverent, hæc eadem haberent.

10. Ms., *et dixit Dominus : Vade.*

11. *Dedisset*, etc. Ita Ms. Editio, *dedisset, per prophetarum falsiloquia seductus, deceptus periret.* Pro *diabolus*, in Ms., est *dæmon.*; pro *potuisset*, in Impresso, *potuit.*

12. Editio, *sed nec his, quæ hominibus subdita sunt.* Pro *sicut... refertur*, Ms. *sicut Evangelista dicit.*

13. Cod. ms., *nihil esse probatur... nonne tu vallasti eum, ac domum, omnemque.* Omittit *cum suarum rerum damna comperisset* (in Impresso, *comperiisset*); et, *sit nomen Domini benedictum.* Pro *nequitiæ*, posui *nequitia.*

14. Editio : *Non Job dixit.* Infra Ms., *cognovit* pro *sciebat;* et *in eodem ministerio in rebus adversarii.* Pro *probationis dispensatione*, Impressus, mendose, *probationis aut Job dispensatione.* In Editione Baluziana nota erat, legendum, *ut in Job.* Nostrum exemplar ms. litem dirimit; ex quo pariter restitui *per vindictas*, cum in Editione legatur *post vindictas.*

15. *Ut pravi.* Editi, *ut et reprobi;* in qua etiam erat *spurcitiæ* pro *punitionis;* et *eorum* pro *eorum ab his.*

16. Sequor conjecturam Editionis Baluzianæ, *hominum sensus* pro *homines sensus*, quod Editio vetus exhibet, neque aliud noster Codex indicat; in quo est *distentione* pro *distortione;* et ex quo restituo *sortem*, pro *solites*, ut olim editum fuit, cum conjectura, ad marg., *forte, soli res.* In Baluziana Editione hæc conjectura rejicitur, quia res nostræ minime a dæmonibus, et quidem solis, reguntur; sed nihil proponitur quo locus corruptus sanetur.

17. Ms ., *ita et potestate gradibus distant.*

18. Et'hi etiam quando sua nomina proferunt, ex officiis nequitiæ et potestatibus vocabula sibi assumunt, quemadmodum cum a Domino de suo nomine in regione Gerasenorum adversarius interrogatus fuisset, respondens, inquit : *Legio mihi nomen est, quia multi sumus* (*Marc.* v, 9). Unde manifestum est, non proprii nominis, quod non habuit, sed sui gradus ac potestatis vocabulum protulisse ; et requirenti Domino, quia aliter loqui non potuit, de semetipso quod erat verum indicasse.

CAPUT IX.

De natura aquarum et cursu Oceani.

1. Post aeris spatia cum suis habitatoribus cursa, nunc ad aquæ elementum, quod inter aerem et terram constitutum est, intentio dirigitur : cujus congregatio, sicut Geneseos scriptura declarat, mare vocatur, cum dicitur : *Et congregationes aquarum appellavit maria* (*Gen.* I, 10). Quarum ea pars quæ per fontes, et flumina, et stagna, terris interfunditur dulcedinem habet, ut et sitientibus animalibus potamenti, et cæterorum usuum solatia præberet, et alendis fructibus terram fecundius irrigaret.

2. Propter quod et imbres, qui e nubibus cribrati per aerem defluunt, ut aptius ad frugiferam vim, et sedandam sitim, sicut ante diximus, subvenirent, sapidi fiunt. Ea vero pars immutata aquarum, quæ per magna terrarum spatia dilatatur, et aquæ ipsius fines occultantur, salsuginem et acriorem saporem insitum sibi naturaliter tenet, ut convenienter humanis usibus fructus, quos sapidi liquoris non haberet unda, utilius nutriret.

603 3. Sed utrum sapidum an salsum saporem naturalius, an æqualiter utrumque, aquæ habeant, pro certo Deus viderit ; quamvis et plerique salsuginem naturalem esse aquarum saporem putant, dulciorem vero terræ aut aeris natura condiri æstimant; sed tamen quemadmodum salsa aqua per humum perfusa dulcescit, ita et dulcis aqua per marinorum olerum cineres infusa salsi protinus saporis fit; unde uterque sapor naturalis esse suo modo non est difficilis credi, dum ab alterutro in alterum uterque potest refundi.

4. Maris vero fretibus crebro terrarum spatia distinguuntur, ut et gentium terminos intercluderet, et munificentia suorum fluctuum omnes provincias diversorum populorum ditaret, et inter omnes patrias cuncta commutata invicem commercia necessaria ministraret. Quantam vero concordantiam cum lunæ cursibus inundatione et recessu Oceanus habeat, intuentibus diligenterque animadvertentibus perspicue patet, qui quotidie ad terram bis venire ac recedere per horas viginti quatuor indesinenter videtur, cujus cursus tota convenientia in ledonis et malinæ divisus vicissitudines partiatur

5. Sed ledonis assisa sex semper horas incrementi sui immutata consuetudine complet, et per totidem horas ipsa spatia quæ texerat retegit. Malinæ autem assisa quinque horas suæ inundationis agit, et per septem horas ejusdem recessu ea littora quæ compleverat vacua reddit ; quæ tantam concordiam cum luna videtur habere, ut in ejus medio semper luna nascatur, quæ per septem dies, et duodecim horas, et quartam diei partem, diligenti exploratione perseverare videtur.

6. Et ita fit ut cum iterum luna plena minuitur, etiam malina rursum **604** tenebrosa dimidiatur ; interpositis vero spatiis ledo deprehenditur, qui nec plenilunium, nec nascentis lunæ initia unquam adire

18. Ms., *quemadmodum a Domino de nomine suo adversarius interrogatus dixit, Legio*, etc.

Cap. IX. N. 1. *Usuum*. In impresso erat *usum*, quod ex conjectura correxi. Verum in Ms., longe diverso modo hæc periodus procedit : *Nunc de aqua, quæ inter aerem et terram constituta est, cujus congregatio mare dicitur, unde in Genesi : Et congregationes aquarum appellavit maria. Quarum ea pars quæ super fontes et flumina terris interfunditur dulcedinem habet, ut et animalibus potum præberet, et alendis fructibus terram fecunditus irrigaret.*

2. *Et imbres, qui e nubibus*. Ita Ms. In Editione corrupte, *propter quod quide nubibus*; et ad marg. *forte, quidem*, pro *quide*. Pro *frugiferam*, Ms. *fructiferam*. Editio *immutata aquarum congregatio, quæ per magna*. Cod. ms. omittit *congregatio*. In Editione Baluziana pro *immutata* conjicitur *indigitata*, vel *nominata*, et pro *aquæ ipsius fines*, quod obscurum videtur, *a qua ipsius* (nempe *terræ*) *fines*. In Ms., *et aquæ ipsius finis occultatur*. Et *ipsius* quidem non videtur referendum ad *terram*; non etenim præcessit *terra*, sed *terrarum spatia*; neque fines terræ aqua occultantur. Neque vero est cur mutemus vocem *immutata*, quæ idem sonat ac *mutata*, sicut *immuto* et *muto* idem significant. Postea omitti potest, cum nostro Ms., *ut convenienter*, usque ad *nutriret*.

3. Ms., *saporem naturales, an æqualiter omnes aquæ habeant, Deus vidit, quamvis... per humum diffusa dulcescit... dum alterutro in utrumque potest refundi*. Reposuit *difficilis* pro *difficilius*.

4. *Fretibus*. Magis usitatum est *fretis*. Cod. ms., minus bene, *fluctibus*, et mox *fructuum*, pro *fluctuum*. Postea pro *inundatione* fortasse scribendum *in undatione*, nisi quod num. seq. recurrit *inundationis*, in Ms., *in cessione* (quod obscure exaratum est) *et recursu*; id clare legitur. Pergit Ms., *Oceanus habeat, quod animadvertentibus perspicue patet, qui quotidie convenientia in ledonis et malinæ divisas vicissitudines partitur*. In Editione veteri ad vocem *ledonis* notatur *maris æstuatio;* ad vocem *malinæ, Oceani incrementum, æstus*. In Codice nostro hæc est nota : *Pap.* (forte *Papias*) : *Ledona, cum est magis decrescens. Pap. Malina, id est, æstus magis crescens. Ledo, ledonis* apud scriptores medii ævi est maris æstuatio; *malina, malinæ*, accessus maris, sicut *liduna* recessus. Vide opus de Mirabilibus sacræ Scripturæ, inter appendices sancti Augustini, lib. I, cap. 7, ubi tota hæc doctrina, adhibitis verbis *ledonis* et *malinæ*, exponitur, et Marcellum Empiricum, cap. 36, a med. In Glossario Isidoriano est *ledo*, non *malina*. Ducangius multa affert de utroque hoc nomine, et testimonia undique congerit.

5. Pro *assisa* Ms. bis, *ad fisa* cum nota, esse *fisa a fido, fidis, et fidens*. Ducangius, verbo *Assisa*, nihil fere habet, quod huic loco possit accommodari. Videtur autem *assisa* accipi pro inundatione et fluxu.

6. *Initia unquam adire*. Ita Ms. Editio, mendose, *initia, in quam adire*. Pro *numerentur*, Ms. *inveniuntur*. Quod Oceani reciprocus æstus ex lunæ augmento et decremento originem trahat, ex sancti Ambrosii opinione docet Isidorus, de Nat. rer., cap. 40.

cernitur, et per hanc vicissitudinem efficitur ut per omnem communem annum XXIV malinæ et totidem ledones numerentur; in embolismo autem viginti sex malinæ, et ejusdem numeri ledones inveniuntur, quia per omnia cum lunæ cursu inseparabiliter marinus comitatur.

7. Quatuor vero ex his, hoc est, temporum, quatuor mediæ, duæ scilicet æquinoctiales malinæ, et aliæ duæ, cum aut dies aut nox incrementi et decrementi sui finem faciunt, solito validiores, sicut oculis probare licet, ad inundationem altiores fieri videntur, et majora littorum spatia retegere cernuntur. Et quoniam impossibile est ut non aliqua, licet nobis incognita, spatia deserat, quando per nostrarum terrarum solum exundat, sicut eadem loca a nobis recedens implet, ut nostra assisa ibi sit recessa, et nostra recessa ibi sit assisa, dimidium maris ministerium ignorare fateri compellimur.

8. Sed in hoc et multis similibus nihil nostræ scientiæ conceditur, nisi Creatoris potentiam atque immensitatem clamare, qui *omnia in numero, pondere et mensura disposuit* (*Sap.* XI, 21). Et interim cum insigni Gentium magistro dicere : *Ex parte cognoscimus, et ex parte prophetamus. Cum autem venerit quod perfectum est, tunc cognoscam, sicut et cognitus sum* (*I Cor.* XIII, 9).

9. Ex hoc autem lymphatico elemento piscium et avium, hoc est, omnium aquatilium et volatilium diversa genera facta fuisse Geneseos scriptura pronuntiat. Sed piscium, id est, omnium quæ in aquis vivunt animantium, CLIII esse genera philosophi qui de rerum naturis ratiocinantur enumerant, quem numerum apostolica sagena velut ex omni genere piscium congregans contraxerat.

10. Aves vero utrum et ipsæ hunc suorum numerum generum habeant, an majorem, an minorem, etsi sint aliqui qui æstiment, tamen quia grandi hoc auctoritate firmare non possunt, nec sequendi, nec respuendi sunt; sed cum de aqua omnium avium origo processerit, unde tam diversæ earum consuetudines manendi, seu vivendi, seu natandi exstiterint, ut aliæ in salsis undis semper supernatent, et victum habeant; aliæ in dulcium aquarum stagnis et fluminibus commorentur? Aliæ in terra sine **605** ulla natandi consuetudine degunt, quarum aliæ in campis, aliæ in silvis, aliæ in montibus, aliæ in palustribus locis fieri consuescunt. Alias ad volandum penna non sublevat, aliæ ita excelsa ac remota aeris spatia volando penetrant, ut æstatis tempore etiam nivem de altissimis nubibus suis pennis deferant.

11. Nisi forte has tam diversissimas consuetudines originis, quamvis de aqua, diversitas conditionis in omnibus avibus efficit, ut ex his aliæ de salsa unda, aliæ ex dulci aqua, aliæ de herbarum rore, aliæ ex arborum constillatione, aliæ ex paludum humore, aliæ ex montium confluxione, aliæ ex aeris vapore, aliæ ex altissimarum nubium fluida conspiratione conditæ sint, atque illud earum unaquæque naturaliter quod suæ conditionis origini pertineret assuesceret, ut ibi et inde quæque avis viveret, unde prius ut esset habuisset.

CAPUT X.

De paradiso.

1. Et quoniam post aquas terra in elementorum ordine statuta est, primum de paradiso dicemus, ubi primorum hominum habitatio exstiterat; quamvis commemorandi loco sermo ponendus sit, de quo plurimorum diversæ sententiæ prolatæ sunt, utrum ipsa immortalis vita, qua homines ante peccatum donati sunt, paradisi nomine dicta est, an totus hic terrarum orbis tam commode innocenter viventibus dispositus fuerat, ut paradisus diceretur, quatenus quandiu inculpabiliter sine ullo vitio possessores vixissent, etiam terræ ejus habitatio iisdem cuncta feliciter absque ullo labore ministraretur, ac postmodum ipsis peccantibus atque in deteriora mutatis, etiam orbis eorumdem vitio et vindictæ sententia mutatus est atque obscuratus (quomodo de sole diximus et luna), et sui decorem et frugiferam vim, etsi non totam, maxima tamen ex parte amisisset, ut quæ beatitudini et felicitati bene viventium opitulaverant male viventium vindictas cumularent.

2. An etiam spiritualiter aliquis locus hujus felicitatis beatitudine plenus, hominibus suæ creationis meritum servaturis, dispositus fuerat, in quo nihil quo beatitudinem corporalem læderet, quandiu mandati patientia servaretur, inerat? Cui sententiæ Scripturæ Geneseos auctoritas non mediocriter suffragatur, dicentis : *Plantaverat autem Dominus Deus* **606** *paradisum a principio, in quo constituit homi-*

7. *Æquinoctiales malinæ, et aliæ duæ.* Sic reposui ex Ms.; nam Impressus sine ullo sensu *æquinoctialis, malinæ duæ.* Deinde Ms., *probari licet hac adundatione altiores.* Et *cingere*, pro *retegere.* In Edito erat, *ut num assisa ibi sit recessa, et an recessa ibi sit assisa.* In Ms., bis, *nostra ad sisa.*

8. Ms., *nihil aliud nostræ... in numero, et mensura, et pondere disposuit.*

9. De numero generum CLIII piscium, et mysteriis quæ inde Augustinus et alii colligunt, videndus noster Isidorus in libro de Numeris, quem antea nondum excusum edidi tom. V, pag. 247.

10. Ms. *vivendi, seu volandi, seu natandi.* Omittit *semper.* In Excuso *campaniis* pro *campis*, et *sublevet*, et *penetrent*, quæ duo retineri possunt, si pro *degunt* substituatur *degant.*

11. *Nisi forte.* Ms. his duobus verbis omissis exhibet *effecit*, pro *efficit.* Editio, *paludium.* Et, *aereo vapore.* Postea Ms., *quod suæ conditioni est origini... unde prius esse habuisset.*

CAP. X. N. 1. Titulus in Ms. : *De paradiso, ubi prima hominum habitatio fuit.* In Editione erat *postquam*, pro *post aquas.* Codex noster : *Et quoniam post aquas terra constituta est, prius de paradiso, ubi primorum hominum habitatio exstiterat, sermo ponendus est; de quo.* Impressus, *vita, qua ante peccatum hominis donati sunt.* Et, *tam commode innocenterque viventibus.*

2. Exemplar ms., *an etiam specialiter* (quod fortasse melius quam *spiritualiter*) *aliquis locus hujus terrenæ felicitatis plenus hominibus suæ creationis meritum servaturus dispositus erat... in quo constituerat hominem... paradisus cum dicitur, principatum orbis*

nem quem formaverat (*Gen.* II, 8). A principio enim A plantatus paradisus dicitur, dum principatum orbis specialiter hic locus tenere videtur, in quo primus homo statim post sui conditionem constitutus fuisse non dubitatur.

3. Etenim omnibus modis conveniebat ut caput et principium humani generis in capite et principio poneretur orbis, ut inde hominum propago membrorum suorum incrementa sumeret, unde terrarum orbis, quem inhabitat, initium acciperet. Cujus paradisi statum cum eadem Scriptura enumerat frugiferis arboribus consitum, et fonte magno, quo totius terræ facies rigatur, adornatum enarrat, dum appositum ibi hominem ita inquiens loquitur: *Ex omni ligno paradisi comede* (*Gen.* II, 16). Et mulier ait: *De fructu lignorum quæ sunt in paradiso vescimur* (*Gen.* III, 2). Et paulo ante profertur: *Et fons ascendebat de terra irrigans universam superficiem terræ* (*Gen.* II, 6).

4. In quibus rebus historialiter absque ullis ænigmatibus ipsius Scripturæ veritatem servari quid impediret, quomodo et de omnibus quæ de principio nascentis totius creaturæ visibilis continet corporaliter etiam auctoritas elucet? Factum namque firmamentum, et mare, et terram, et luminaria, et stellas, aquatilia etiam, atque animalia terrena, et hominem ipsum, sicut Scriptura Geneseos investigat historialiter, absque ullis ænigmatibus credimus.

5. An in hoc solummodo, quod paradisi locum frugiferis consitum arboribus, et magno fonte illustratum, commemorat, nisi in ænigmate non recipiemus? Sed hoc utroque modo potest intelligi, id est, et secundum rerum gestarum historicam narrationem, et secundum tropologiam, id est, juxta moralem explanationem.

6. Scriptura etenim sacra ratione tripertita intelligitur, cujus primus intelligendi modus est cum tantummodo secundum litteram sine ulla figurali intentione cognoscitur, ut sanctus Hieronymus ait: *Actus apostolorum nudam quidem mihi videntur sonare historiam.* Secundus modus est cum secundum figuralem intelligentiam absque aliquo rerum respectu investigatur, ut prima et extrema pars Ezechielis, et Cantica Canticorum, et Evangelii quarumdam parabolarum expositio, quæ aliud loquuntur, et aliud agunt.

7. Tertius modus est cum, salva historica rerum narratione, mystica ratione intelligitur, sicut arca Noe, et tabernaculum, et templum historialiter facta sunt, et intellectualiter Ecclesiæ mysteria per hæc designantur. Sic nimirum et paradisi locus prioris Adæ, qui forma futuri **607** exstiterat, et Ecclesiæ futuræ, quæ est terra sequentis Adæ, mysteria præfigurabat.

8. Dum vero ibi homo immortaliter et beate viveret, nunquid et totius orbis subjectio sibi non subjaceret? Quid enim illum ab ingressu orbis intercluderet, qui in creaturis nocere sibi aliquid non timeret, dum ignis non ureret, non aqua mergeret, non bestiarum fortitudo mactaret, non spinarum vel cujuscunque rei aculei vulnerarent, non absentia aeris suffocaret, non omnia quæ nocent mortalibus, impedirent?

9. Corpus enim immortale, et invulnerabile, et illædibile, nihil quod mortem, et vulnus, et læsu- B ram inferret in omnibus creaturis, quoadusque Creatorem offenderet, per inobedientiam invenerit. Paradisi ergo habitatorem lustrare omnia quæ sibi fuerant subjecta quid prohibuit, cum et hoc facere Dominus eum non solum non interdixit, sed imperavit, dicens: *Crescite, et multiplicamini, et replete terram, et subjicite eam; et dominamini piscibus maris, et volatilibus cœli* (*Gen.* I, 28).

10. Sicut enim angelis in his quæ sibi subjecta sunt a sede cœli discurrere liberum est, et tamen in cœlo habent sedes, quid et homines in paradiso constitutos discurrere per omnem creaturam sibi subjectam sine suo labore impediret? Quemadmodum namque a dolore, et senectute, et morte, immunia corpora possidebant, ita et omni labore et C pigredine carentia habebant.

11. At vero cum paradisi colonus in loco suæ terrenæ felicitatis peccatum commisisset, in maledictæ terræ habitationem detrusus, protinus illa omnia, quæ prius possedit, partim amisit, partim cum labore conservavit. Et illo excluso a sede beatitudinis, possibilitas iterum redeundi interclusa est, et ita factum est, ut quemadmodum angelus apostata, cum suis de summa sui paradisi serenitate dejectus, caliginosum hujus aeris locum sortitus est, sic et homo de sui paradisi terrena beatitudine in maledictæ hujus terræ habitationem detrusus est.

12. Sic etenim scribitur: *Et ejecit illum Dominus Deus de paradiso, et projecit in terram de qua sumptus est. Et constituit ante paradisum cherubim, habentem* D *flammeum gladium atque versatilem, ad custodiendam viam ligni vitæ* (*Gen.* III, 23). In quo demonstratur, quod quamvis ligni vitæ viam cherubim dicitur custodire, ne tamen homines regredi possent, totum

3. Ms., *quem inhabitant, initium caperet. Cujus... enarrat, dum dicitur, Ex omni ligno.*

4. Cod. ms., *hominem ipsum historialiter credimus*, omissis aliis.

5. In Impresso erat *paradisi locus*: substitui *paradisi locum.*

Ibid. Fructiferis. Ms., *frugiferis.* Et mox, *nisi ænigmatice non... intelligi, id est, secundum... narrationem, et juxta moralem explanationem.*

6. *Hieron.* Epist. 150, q. 12, ante fin.; et in Ezech., l. v, c. 16.

Ibid. Videntur. Ita Ms. Editio, *videtur.* Infra, Ms. omittit *et Evangelii... aliud agunt.*

7. *Historica.* Ita Ms. Impressus, *historicarum.* Pro *ratione*, Ms. *narratio.*

8. Ms., *in creaturis aliquid sibi quod noceret, non timeret.*

9. *Interdixit.* Sic Editio Baluziana, cum in priori esset *indixit.*

10. Cod. ms., *creaturam, cum libuisset, sine suo labore... pigredine et fastiditate carentia.*

12. Ms., *de paradiso voluptatis, et projecit... cherubim flammeum habens gladium... cherubim dicantur custodire.*

etiam paradisum jubentur defendere, dum flammeum A gladium non ante lignum solummodo vitæ, sed ante totum paradisum Scriptura indicat esse positum.

13. Non satis autem elucet de qua arbore specialiter Adam comederit, sed clarum est quod statim post peccatum nuditatem suam fici **608** foliis arboris texit, cui soli in tempore suæ carnis Dominus Jesus, paulo ante quam mortem pro Adæ delicto suscepisset, maledixit, et cito aruit, cum diceret : *Nunquam fructus ex te nascatur in æternum* (*Matth.* XXI, 19), hoc est, qui hominibus ultra, sicut superius diabolus, nocere possit. Ecce in hanc arborem, id est, ficum, maledictum delicti Adæ, quæ totam terram inficeret, priusquam sanguinis sui rore ipsam mundaret, Christus collegit.

14. Utrum autem ab hac primitus homo culpam, B an de alia susceperit, pro certo Deus viderit. Attamen illa, quæcunque nunc est, quæ tunc scientiæ boni et mali arbor dicta fuerat, non est putandum quod tantum nunc utentibus nocere possit, quantum potuit tunc in paradiso constitutis, ut etiam nunc utentibus ea arbore mortem conferre possit; non enim in arboris natura mortiferum aliquid inesse credendum est, aut etiam ut boni et mali scientiam facere valeret, sed mandati Domini transgressio, quo præceptum est ne de hoc ligno comederet, mortem effecit.

15. Cujus obedientia si esset, hoc erat scire bonum; et inobedientia dum fuit, hoc est nosse malum. Quorum tamen distantiam homo nisi transgressione intelligere non potuit; quando enim solummodo bo- C num possidebat, quid esset malum et quomodo sibi noceret ignorabat. Ut autem manifestum sit quod in hoc ligno qualicunque præter originalem inobedientiam nihil inesset nocivum, ecce non hujus, sed ligni vitæ via excluditur, in cujus exclusione prioris delicti misericorditer remissio præparatur.

16. Si enim homo post peccatum illud originale de ligni vitæ fructu comedisset, commissi penitus maculam misere in æternum et infeliciter in corpore senectuti et doloribus obnoxio moriendo deponere non posset; nullo enim alio modo hoc delicti facinus deleri nisi morte Dominus præparavit, quod per adventum postea in carne Filii sui Jesu Christi futurum esse præscivit, et prædestinavit, ut per illius mortem nostra culpa moreretur, et per illius resurrectionem lex nostræ mortis evacuaretur, et per ipsius corporis ascensionem, et in cœlo mansionem nostræ humanitati immortalitas donaretur, et angelicæ et spiritualis vitæ consortium quod nobis in principio præparatum est, donaretur; sicut et in extrema futuri judicii vocatione in dextera constitutis certum est a Domino dictum : *Venite, benedicti Patris mei, possidete regnum quod vobis præparatum est ab origine mundi.*

609 CAPUT XI.

De situ orbis terrarum, quem inhabitat genus humanum.

1. Porro de terrarum orbis situ, quem inhabitat genus humanum, Psalmista ad Dominum ait : *Qui fundasti terram super stabilitatem suam; non inclinabitur in sæculum sæculi. Abyssus, sicut vestimentum, amictus ejus; super montes stabunt aquæ* (*Psal.* CIII, 6). Ex quo intelligitur non super alterius elementi soliditatem, nisi super suimet stabilitatem et firmitatem terram esse fundatam. Utrum vero sibi aliquid, sicut ipsa aquis, et aquæ aeri, et aer spatio superiori, et ipsum firmamento, et firmamentum aquis superioribus, substitutum sit, ipse novit, qui ubique et undique cuncta conspicit.

2. Ea vero parte quæ hominibus ad habitandum data est, quadrifarium orbem statutum esse multi prodiderunt auctores : quarum partium quatuor vocabula quatuor litteris nominis primi terrigenæ, hoc est, Adam, incipere, sapientes intelligunt. *Anatole*, scilicet, *Dysis*, *Arctus*, *Mesimbria*, id est, Oriens, Aquilo, Auster, Occidens. Conveniebat enim ut qui suo genere totam terram impleret, suo nomine quatuor quadrati orbis partium vocabula colligeret.

3. Quatuor quoque temporum articulis anniversario ordine distinguitur, atque impleto anni spatio, terreni orbis dispensatio semper sine cessatione in circulum redigitur. Veris autem tempore, quo mundus fuerat institutus, semper vernat; æstate autem floret, et fructificat; autumno maturescit, et aptum suorum fructuum mortalibus usum tribuit; hieme vero decidit, et arescit.

4. Sed hanc augmenti sui et decrementi consuetudinem patitur quandiu servituti corruptionis obnoxia mortalium officio mancipatur. Cum enim nascendi et moriendi in hominibus conditio cessaverit, tunc etiam

D

13. Cod. ms., *nuditatem fici arbore texit... paulo ante, quam mortem susciperet, maledixit... terram infecerat, priusquam.*

14. *Utentibus.* Ms., bis, *vescentibus*, omisso *ea arbore* post alterum *vescentibus*, et omisso etiam *quo præceptum mortem effecit.*

15. Editio, *præter originalem obedientiam ligni scientiæ boni et mali nihil esse nocivum*; quod ex Ms. correxi.

16. *Deleri.* Desideratur in Edito hoc verbum. Pro *moreretur*, Ms. *deleretur.* Omittit *corporis*; item, *et in cœlo mansionem*; item, *quod nobis in principio præparatum est.* Pro *vobis præparatum* idem Ms., *vobis paratum.*

CAP. XI. N. 1. In titulo Ms. : *De situ terreni orbis, quem.* Omittit *porro.* Mox exhibet *quem habitat... non inclinabimur... Abyssus vestimentum ejus. Ex quo intelligitur... nisi super vim suam terram esse fundatam.* In Excuso erat *et ipso*, pro *et ipsum*; et *constitutum*, pro *substitutum.* Illico Ms. : *substitutum sit, Deus novit. Ea ergo parte*, etc.

2. *Quadrifarium orbem statutum esse.* Ita Ms. In editione, *qua trifarius orbis status esse*, quod non cohæret. Vocabula græca quatuor partium mundi ita respondent Latinis : *Anatole* est Oriens, *Dysis* Occidens, *Arctus* Septentrio, sive Aquilo, *Mesimbria* Meridies, sive Auster. In Impresso scribitur *Disis* et *Misimbria.* Alii scribunt *Mesenbria.* Confer Ducangium, qui in hanc rem quosdam versus allegat.

3. *Institutus.* Ms., *constitutus.* Et infra, *maturescit hieme arescit*, omissis aliis.

4. Cod. ms., *et detrimenti sui consuetudinem.* Omittit *imo Domini per Isaiam.*

viriditatis, et ariditatis suæ incrementa et damna ipsa terra non habebit, cum Isaiæ vaticinium, imo Domini per Isaiam completum fuerit: *Ecce ego creo cœlos novos, et terram novam, et non erunt in memoria priora, sed gaudebitis, et exsultabitis in his quæ ego creo.*

610 5. Quoniam dum immutatis corporibus homines spiritualiter vivent, necesse est ut immutata in melius habitandi loca, id est, spiritualia habitent. *Hoc corpus* (ut Paulus ait) *seminatur in corruptione, surget in incorruptione. Seminatur corpus animale, surget corpus spirituale; seminatur in contumelia, surget in gloria. Necesse est enim corruptibile hoc induere incorruptionem, et mortale hoc induere immortalitatem* (*I Cor.* xv, 42 *seq.*). Cum enim corruptio et mortalitas in corporibus esse desierint, tunc mortalibus uti et corruptibilibus homo non necesse habebit.

6. Quod et in Dominici corporis resurrectione probatum fuisse Evangelia sancta confirmant, dum linteamina, quibus fuerat involutum, post resurrectionem ejus in monumento sola posita esse denuntiant, quemadmodum de Petro dicitur: *Et vidit linteamina sola posita, et abiit, et secum mirans quod factum fuerat* (*Joan.* xx, 5). Novis ergo corporibus, non indigentibus iis quæ vitæ corruptibilis usus requirit, nova terra cum novo cœlo ad habitandum creabitur, hoc est, hujus terræ natura et superficies in spiritualem statum, qui spiritualibus conveniat, absque aliqua mutabilitate instaurabitur.

7. Sed quando hoc fiet? Quando Jerusalem laus creata fuerit in terra, et populus ejus gaudium, et exsultatio, et quando sancti in his quæ Dominus creat gaudebunt, et quorum sol non occidet, et luna non minuetur; cum redempti a Domino venerint in Sion cum laude, et lætitia fuerit sempiterna super caput eorum, et obtinuerint gaudium, et lætitiam, et fugerit dolor, et gemitus, et completi fuerint dies luctus eorum, et lugentes consolati fuerint, et absterserit Deus omnem lacrymam ab omni facie sanctorum, et opprobrium populi sui deleverit, et omnium lugentium Sion mœror depositus fuerit, et acceperint coronam pro cinere, oleum gaudii pro luctu, pallium laudis pro spiritu mœroris, et vocati fuerint in ea fortes justitiæ: cum benedicti ad dexteram venerint, et sicut sol fulserint in regno patris eorum.

CAPUT XII.

De natura hominum post peccatum.

1. Sed hujus interim orbis habitationi post originale peccatum homines destinati, non totum quod in conditione sua habuerant naturale bonum **611** perdiderunt; sed vitiatum primitus delicto parentis, pravis insuper moribus corruperunt, et ita fit ut sicut cum labore terræ maledictæ fructus percipiunt, sic et bonum naturale quod in se habent non absque laboriosa cura custodire possunt.

2. Et quomodo in serpente, et muliere, et viro consentiente, in protoplasti transgressione tripliciter ceciderant, pari modo tribus vulneribus afflicti omnes ejusdem filii, id est, dolore, senectute, morte deficiunt, et omne bonum, quod in se insitum naturaliter a Conditore susceperant, studioso labore ex parte aliqua inventum magna animi vigilantia vix conservant; et quodcunque bonum per studium Dei munere quæsitum inveniunt, præter iniquam mammonam hæredibus non relinquunt, et omnes artes, quas sigillatim in vita capiunt, in hujus vitæ defectu pariter, dum spiritus funditur, amittunt.

3. Parique infirmitatis conditione pauperes et reges, stulti et sapientes vexantur. Nam similiter omnes somno indigent, et cibo refici, et vestibus indui necesse habent. Passionibus vitiorum carnalium aut gravantur, aut corrumpuntur; motibus animi, id est, ira et amore, concupiscentia et timore angustiantur. Dolore, et senectute, et morte deficiunt. De præteritis cito exuuntur; de præsentibus modice utuntur; de futuris incerta omnia præstolantur.

4. Eodem modo auditu, visu, tactu, gustu, odoratu sentiunt et vivunt. Eodem etiam nexu originalis peccati astringuntur; eodem Redemptoris munere ditati undis baptismatis et Spiritu sancto abluuntur; sed et his hominibus, aut redemptionis fidem, aut opera fidei negligentibus, pariter cum transgressoribus angelis et diabolo suo principe pœna debetur æterna; servantibus vero, sive per Scripturæ documenta, sive per naturæ bonum munimina, primæ conditionis jura, Redemptoris munere vita præparata est futura.

CAPUT XIII.

De diversitate peccantium, et loco pœnarum.

1. Sed quoniam peccatorum diversa conditio est, sunt quædam crimina, quæ per ignem judicii purgari possunt; quædam vero æterni ignis pœna plectenda sunt; et ex his quædam æterna pœna digna fiunt, quædam ad judicium non perveniunt, quædam post judicii examinationem **612** perpetuæ damnationis sortem subeunt; sicut Paulus apostolus inquit: *Quorumdam hominum peccata manifesta sunt præeuntia*

5. *Vivent.* Ms., *vivunt.*

6. *Post resurrectionem ejus in monumento.* Sic Ms. Editio, *post resurrectionem et in monumento.* Pro *mirans*, Ms. *admirans.*

7. In Ms. ita desinit hoc caput: *instaurabitur. Sed tunc hoc fiet, quando Jerusalem creata fuerit in terra.* In excuso mendose erat, *sed dum hoc fiet?* In Editione Baluziana corrupte esse dicitur *pro spiritu mœroris*, neque placere, *pro sacco mœroris.* Conjicitur *Pallium laudis pro sacco lamentationis, canticum lætitiæ pro spiritu mœroris.* Neque satis sanum videtur, *et vocati fuerint in ea fortes justitiæ.*

Cap. xii. N. 1. *Quod in conditione.* Sic Ms. Editus omittit *in.*

2. Ms.: *Et quomodo in transgressione Adæ tripliciter ceciderant.* Idem Cod. omittit, *bonum*; et *præter iniquam mammonam.*

3. *Angustiantur.* Editus, *angustantur.* Post *morte deficiunt*, illico terminatur hoc caput in Ms.

4. *Sed et his.* Ita rescripsi ex conjectura. Excusus, *sed ex his*; et postea, *sive Scripturæ.* Addidi *per* ex conjectura in Editione Baluziana. Malim etiam cum auctoribus hujus Editionis *bonæ munimina*, nisi forte magis placeat *bonum munimen.*

Cap. xiii. N. 1. *Plectenda.* Ms., *complectenda.* Et mox, *damnationis pœnam subibunt, sicut.* Pro *præeuntia*, in Vulgata *præcedentia.* Pro *quosdam*, Ms. *quorumdam.*

ad judicium; quosdam autem et subsequuntur (*I Tim.* v, 24).

2. De his enim qui judicio carent, Dominus ipse protestatur et dixit: *Qui non credit in Filium jam judicatus est* (*Joan.* III, 18). Unde intelligitur quod qui fidei sortem subire non merentur, nec gratiam baptismi consequuntur, ad futurum non exituri sunt judicium, sed ex hac vita Evangelii sermone examinati exibunt, quo scribitur: *Amen dico tibi, nisi renatus quis fuerit ex aqua et Spiritu sancto, non potest intrare in regnum Dei* (*Joan.* III, 5). His etiam Psalmistæ verba concordant, quibus ait: *Non resurgunt impii in judicio* (*Psal.* I, 5).

3. Qui autem post ablutionem baptismi peccatorum multitudine gravantur, et ipsi in duas factiones dividuntur: quidam namque ex ipsis, priusquam ex B ipsa vita exeant, Scripturæ sacræ vocibus judicantur; de quibus Paulus apostolus loquitur, dicens: *Nolite errare: neque adulteri, neque fornicarii, neque ebriosi, neque maledici, neque idolis servientes, neque avari, neque molles, neque masculorum concubitores, neque fures, neque rapaces, regnum Dei possidebunt* (*I Cor.* VI, 9). Qui enim hæc et his similia crimina capitalia usque ad mortem absque medicamento faciunt, judicati de ea vita ad perpetuas pœnas exibunt.

4. De quorum reatu conviva pectoris Domini Joannes loquitur: *Est peccatum usque ad mortem? non pro illo dico ut roget quis* (*I Joan.* V, 16). Ad mortem enim peccatum deducit, qui licet in extremo vitæ termino de præteritis criminibus pœnitudinem agere negligit. Et notandum est, juxta Jacobum apo- C stolum, quod *qui in uno ex his offenderit, factus est omnium reus. Qui enim dixit Non mœchaberis, ipse dixit Non occides. Quod si non mœcharis, occidas autem, factus es legis transgressor* (*Jac.* II, 10).

5. Quidam vero ad extremum divini examinis judicium, qui his capitalibus criminibus non involventur, reservati, ex hoc sæculo vadunt, et tamen sententia superni judicis æternæ damnationis sortem subibunt, qui, misericordiæ opera contemnentes, Christum in pauperibus nec cibo, nec **613** potu reficiunt, nec vestibus induunt, nec hospitio recipiunt, nec illi infirmantibus, et alligatis in metallis, et carceribus visitationis solatia ferunt, propter quod ab A ipso audient: *Ite, maledicti, in ignem æternum, quem præparavit Pater meus diabolo et angelis ejus* (*Matth.* XXV, 41).

6. Non enim ad appetenda regna cœlorum sufficit non agere mala, si quis non curavit facere bona; per prophetam enim Isaiam pariter a Domino præcipitur: *Quiescite agere perverse, discite benefacere* (*Isai.* I, 16). Per Psalmistam quoque hæc eadem verba idem Domini Spiritus concinnat, dicens: *Declina a malo, et fac bonum* (*Psal.* XXXVI, 27). Et ut ostenderetur quod post terrorem tam terribilis hujus quam prædiximus sententiæ nulla pœnitudine judex flecteretur, in fine cunctæ disputationis ita subinfertur: *Tunc ibunt hi in ignem æternum* (*Matth.* XXV, 46).

7. De illius autem ignis æterni loco, id est, inferni ergastulo, multi dixerunt quod corporalis locus sit, ubi peccatorum corpora cruciabuntur; nisi enim ignis ille corporalis et locus esset, quomodo resurgentium corpora cruciata teneret, in quibus corporalitatis veritas ita passibilis erit, ut stridoribus dentium et lacrymabilibus fletibus subjaceat; sicut ipsius Domini et judicis verba declarant, dicentis: *Inutilem autem servum mittite in tenebras exteriores. Illic erit fletus et stridor dentium* (*Marc.* XXV, 30). *Ubi vermis eorum non moritur, et ignis non exstinguitur* (*Isai.* LXVI, 24; *Marc.* IX, 45)?

8. In quo dicitur loco ad regem Babylonis per Prophetam ita: *Subter te sternetur tinea, et opertorium tuum erunt vermes* (*Isai.* XIV, 11.) De quo loco quidam etiam dixit: *Sicut terræ in profundo aquarum, sic inferna in profundo terrarum sunt.* Unde de illo scriptum videatur illud quod scriptum est: *Quod neque in cœlo, neque in terra, neque subtus terram, inventus est, qui possit aperire librum, et solvere signacula ejus* (*Apoc.* V, 2). Unde perspicue patet hunc locum qualemcunque sub terra esse, qui *infernus inferior* et *terra oblivionis* vocitatur.

9. Sed hic ignis dum præparatus diabolo dicitur, et angelis ejus, quali corporalitate esse putandus est, qui angelos cruciare potest? Animam quoque divitis, exutam corpore, infernalis ille ignis cruciasse describitur, dum dixit: *Quia valde crucior in hac flamma* (*Luc.* XVI, 24). Nisi forte hanc virtutem ille ignis et locus habet, ut angelos et animas, et corpora, eodem

2. Ms.: *Dominus dicit: Qui non credit in Filio jam judicatus est. Unde intelligi datur, quod... judicium; unde evangelista: Amen dico vobis, nisi... potest introire in regnum Dei. Inde Psalmista: Ideo non resurgunt.* Vulgata: *Ideo non resurgent impii*, etc.

3. Ms.: *Gravantur, quidam priusquam ex hac vita exeant... neque fornicatores, neque ebriosi... his similia peccata capitalia usque ad mortem absque pœnitentia faciunt.* Sententia, quæ hoc loco asseritur, de distinctione infidelium et peccatorum Christianorum, quorum alii capitalibus criminibus usque ad mortem gravantur, alii vero peccatis quidem mortalibus urgentur, sed quæ communia sunt, neque ita gravia, ex quo colligitur infideles et peccatores Christianos, capitalibus criminibus oppressos, exire de hac vita jam judicatos, alios autem peccatores ad extremum divini examinis judicium reservari; hæc, inquam, sententia multorum fuit veterum Patrum, ut indicavi in Isidorianis, cap. 23, n. 17 et 18. Vide etiam differentiam D inter impium et peccatorem, lib. I Different., n. 298, et lib. I Sentent., cap. 27.

4. Cod. ms., *de quo Joannes ait: Est peccatum ad mortem... qui usque in extremo vitæ.* Quod fortasse genuinum est.

5. *Involventur.* Excusus, *involvantur.*

6. Ms., *bona, sicut ait Isaias: Quiescite... benefacere. Et Psalmista: Declina... hujus, quam prædiximus, sententiæ.*

7. *Id est, inferni ergastulo.* Ms. id omittit. Idem Ms., *crucianda* pro *cruciata.* In Editione erat *subjacebit*, quod ex Ms. mutavi in *subjaceat.* Pergit Ms.: *Ut Dominus ait servum inutilem mittite in tenebras... ubi vermes eorum non moriuntur, et ignis non exstinguitur. De quo loco quidam etiam dicit. Sicut terræ*, etc., omissis aliis.

8. *Patet.* Ms., *dicitur.* Et *vocatur*, pro *vocitatur.*

9. Ms., *de filiis æternæ resurrectionis dicitur.*

modo cruciare possit et retinere. Vel certe dum de filiis resurrectionis et æternæ beatitudinis dicitur: *Et erunt sicut angeli in cœlo* (*Marc.* XII, 25).

10. Nimirum et filii æternæ damnationis, cum ad pœnam ignis æterni corpora resumpserint, et ipsi erunt sicut dæmones in inferno; ut **614** filii bonæ resurrectionis, cum sint filii Dei, bonorum angelorum consortium, et filii æternæ mortis, cum sint filii diaboli, consortium angelorum Satanæ subeant. De quibus dicitur: *Et congregabuntur congregatione unius fascis in lacum, et claudentur ibi in carcere, et post multos dies visitabuntur* (*Isai.* XXIV, 22). Quod utrum ad augendas an ad minuendas pœnas futurum sit, ignoramus.

CAPUT XIV.

De igne purgatorio.

1. At vero hi qui æternæ vitæ solatia percipient, bino et ipsi modo largitionis munere regni cœlorum beatitudinem sument. Quibusdam namque ex his adhuc in terra positis, dum pro Christo pauperes efficiuntur, regnum cœlorum non promittitur, sed absens licet in labore et fatigatione perseverantibus interim donatur, cum dicitur: *Beati pauperes spiritu, quoniam ipsorum est regnum cœlorum* (*Matth.* V, 3).

2. Similiter et qui persecutiones hominum pro justitia sustinent, eadem mercedis retributione gaudent, dum subinfertur: *Beati qui persecutionem patiuntur propter justitiam, quoniam ipsorum est regnum cœlorum* (*Matth.* V, 10). Non dixit *quoniam ipsorum erit*, ut vocationem futuram sperarent, sed cum a corporibus exibunt, velut per semetipsos recepturi sunt quod in corporibus commorantes interim dono largitoris possident; atque idcirco et his adhuc in terra positis dicitur: *Quæcunque solveritis super terram, erunt soluta et in cœlo. Et quæcunque ligaveritis super terram, erunt ligata et in cœlo* (*Matth.* XVIII, 18).

3. Ac si diceret: in hoc intelligitur quod regnum cœlorum adhuc in terra commorantium vestrum est, dum quemcunque a peccatis solveritis, ut illius possessor, esse possit, hoc possidebit; et quemcunque in massam perditionis destinatum excluseritis, ab eodem regno exclusus erit. His igitur præcepit Dominus: *Gaudete, et exsultate, quia nomina vestra scripta sunt in cœlis* (*Matth.* V, 12). Ac si diceretur, dum nomina vestra de terrenæ hæreditatis consortio causa regni cœlestis deleta sunt, et abjecta, vos æternæ patriæ hæredes interim scribi necesse est.

4. Hi ergo cunctas in hac vita pressuras et mala recipientes, absque examinis aliqua tribulatione et, ut ita dicam, sine vocatione æternum refrigerium

A intrabunt; quorum gratia et aliqui post purgationem vocabuntur, solatium sine fine possidebunt, quibus post examinationem dicetur: **615** *Venite, benedicti Patris mei, possidete regnum* (*Matth.* XXV, 34). Quod propter solatia pauperum, imo Christi in pauperibus, possidere merebuntur, dum esurienti cibum, sitienti potum, nudo vestitum, vaganti domum, infirmanti et in carcere posito Christo præbentes visitationem, in suis minimis fratribus ministratio præbebatur.

5. In ipsorum autem vocatione manifestum videtur quod nunc usque longiuscule a Christo, quamvis in dextera fuerint constituti, sunt, quibus postmodum dicitur a summo judice: *Venite, benedicti* (*Ibid.*). Ac si diceret: Qui huc usque in examinationis purgatione, quandiu aliquid habuistis immunditiæ quod judicii

B igne purgaretur, a salute longiuscule fuistis, nunc, ad purum examinati ab omni, vel modica, culparum labe, propius accedite et venite.

6. Quasdam culpas in futuro remitti Dominus ipse non denegat, cum dicitur: *Qui autem blasphemaverit in Spiritum sanctum, non habet redemptionem neque in hoc sæculo, neque in futuro, sed reus erit æterni delicti* (*Marc.* III, 29). Ex quo intelligitur quædam esse peccata quæ etsi in hoc sæculo non remittantur, in futuro tamen judicio per ignem deleri possunt. Si autem ita non esset, hanc distinctionem Dominus nequaquam posuisset.

7. De quo igne Baptista Joannes, Dominici præcursor adventus, loquitur ad Judæos: *Venit post me, cujus non sum dignus calceamenta portare; ipse vos baptizabit in Spiritu sancto et igne* (*Matth.* III, 11). Hoc

C est: Qui peccata vestra quæ præcesserunt Spiritu sancto per aquæ baptismum abluet, vel solvet, et quædam ex his quæ postea sequentur criminibus per ignem purgatorium remittet. De illo enim igne, qui non mundare impios judicatos, sed perdere damnatos accenditur, ab eodem Joanne paulo post subinfertur: *Cujus ventilabrum in manu sua, et permundabit aream suam, et congregabit triticum suum in horreum; paleas autem comburet igni inexstinguibili* (*Matth.* III, 12; *Luc.* III, 17).

8. Aliud enim est, igni baptizari, aliud igni comburi inexstinguibili. De quo etiam igne idem Joannes ait: *Omnis arbor quæ non facit fructum bonum, excidetur et in ignem mittetur* (*Matth.* III, 10). De igne

D vero purgationis Dominus ipse in Evangelio loquitur: *Qui autem dixerit fratri suo, Fatue, reus erit gehennæ* (*Matth.* V, 22). Non dixit *ignis æterni*; nempe quia hoc delictum per ignem purgatorium, potius quam perpetua flamma, puniri credendum est.

10. Ms., *dum ad pœnam ignis æterni corpora resumunt... filii boni resurrectionis... Satanæ subeant.* Reliqua hujus capitis omittit Ms. In Editione deerat *ad* ante *augendas.* Quod attinet ad doctrinam hoc capite expressam, conferenda ea est cum lib. I Sentent., cap. 28 et 29.

CAP. XIV. N. 1. Cod. Ms., *regnum cœlorum promittitur, cum dicitur: Beati.*

2. *Pro justitia.* Ms., *propter justitiam.* Mox, *soluta et in cœlis. Ac si diceret: Ex hoc intelligitur.*

3. *A peccatis.* Editio omittit *a*, Cod. ms., *possidebit. His igitur præcipit Dominus.*

4. *Præbentes.* Id est, *præbentibus illis.*

5. *Ab omni vel modica.* Impressus, *ab omnibus modica.*

6. Ms., *cum dicit... non habet remissionem peccatorum, neque.*

7. Ms., *de quo igne Baptista Joannes: Venit post me, etc.* Editio, *baptizabit.*

8. Cod. ms. *Dominus dicit: Qui dixerit.*

9. De hac quoque differentia eorum quos ignis futuri læsura non tanget, et eorum qui post ignis detrimentum salutem percipient, Paulus apostolus exponit, ita dicens : *Fundamentum enim aliud nemo potest ponere præter id quod positum est, quod est Jesus Christus. Alius autem superædificat aurum, argentum, lapides pretiosos; alius vero ligna, fenum, stipulam; si cujus opus manserit, quod superædificavit, mercedem accipiet;* **616** *si cujus arserit opus, detrimentum patietur, ipse autem salvus erit, sic tamen quasi per ignem* (*I Cor.* III, 12 *seq.*).

10. Per hæc autem duo ædificia, id est, aurum, et argentum, et lapides pretiosos, et ligna, fenum, stipulam, perfecta et minus perfecta, super fidem Christi ædificata opera designantur; sed illa, quæ per ligna, fenum, stipulam designantur, quamvis fragilia, non tamen polluta fieri demonstrantur.

11. Unde intelligitur, non principalia crimina, quæ maculant (quorum operarios a regno Dei Paulus exclusit), sed illa quæ non multum nocent, quamvis minus ædificent, per hæc posse designari, hoc est, inutiliter matrimonio legitimo uti plusquam sufficit; ciborum abundantia vesci immoderate; quacunque re lætari; ira usque ad verba intemperata moveri; rebus propriis plusquam necesse est delectari; negligentius orationi quam horarum expetit convenientia insistere; vel tardius quam compellit surgere; immoderate risu vocem exaltare; somno plusquam necessitas exigit corpus indulgere; verum reticere; otiosa loqui; quod non ita in re sit, opinari verum; quod falsum putaveris, in rebus quæ ad fidem non pertinent, approbare; bonum quod faciendum est negligenter oblivisci; inordinatum habitum habere. Hæc, et his similia, peccata per ignem purgari posse, non est denegandum, et eorum factorem, si majoribus non gravetur, sic tamen quasi per ignem salvari putandum est.

12. Pœnitentes autem in extremo vitæ præsentis termino, utrum hic plene remissionem peccatorum accipiant, an igne purgatorio eorum delicta deleantur, ipse scit qui, renes et corda conspiciens, pœnitentiæ dignitatem considerat, qui latroni in cruce pene jam sine tempore, sine opere pœnitenti respondit : *Hodie mecum eris in paradiso* (*Luc.* XXIII, 43). Et ad Ezechielem inquit : *Quacunque die conversus fuerit impius ab impietate sua, omnium iniquitatum quas operatus est non recordabor* (*Ezech.* XXXIII, 12). Sed de illo purgatorio igni hoc animadvertendum est, quod omni quem excogitare in præsenti potest homo tormentorum modo et longior et acrior sit.

617 CAPUT XV.
De futura vita.

1. De illa autem vera beatitudine futuræ vitæ exponit sancta Scriptura : *Quod oculus non vidit, nec auris audivit, nec in cor hominis ascendit, quæ præparavit Deus diligentibus se* (*I Cor.* II, 9). De quibus Dominus ait : *Erunt sicut angeli in cœlo* (*Marc.* XII, 25). Et ejusdem Domini excelsius aliquid de his sermo denuntiat : *Tunc justi fulgebunt sicut sol in regno Patris eorum* (*Matth.* XIII, 43); sol scilicet justitiæ timentibus nomen Domini orietur, in cujus pennis est sanitas, qui in monte faciem Moysi cum Elia coram apostolis evacuavit; cui dum sancti compatiuntur, simul conglorianbuntur.

2. In eo autem quod prius dixerat : *Erunt sicut angeli in cœlo* (*Marc.* XII, 25), intuendum est quod sicut angeli prius per naturam mutabiles facti, quod probatum est in his qui ceciderunt, nunc vero immutabiles, ut peccare non metuant, nec possint, per Dei contemplationem effecti sunt, sic homines et ipsi per naturam mutabiles, quod in Adam et ejus semine exploratum est, creati, post resurrectionem Conditoris contemplatione immutabiles effecti, nec desiderabunt peccare, nec poterunt; omnis enim rationabilis creatura quæ Dei contemplatione reficitur, peccare non potest.

3. Non quod liberæ voluntatis arbitrium vitio carentes angeli et homines non habeant; omne enim quod volunt in illa vita, hoc faciunt, sed velle aliquid quod bonum non sit nequaquam possunt; unde quia nunquam male volunt, delictum aliquod omnino non committunt.

4. Sed hæc perfecta bona voluntas per contemplationem superni Conditoris perficitur, dum quod creatura per se habere non potuit, ipsius largitoris munere donatur; unde perspicue intelligitur quod angeli vel

9. Ms. *Paulus apostolus dicit : Si cujus opus arserit, detrimentum*, etc.

10. Ms., *opera designantur. Unde intelligitur*, etc. Sic in hoc Ms. sæpe multa omittuntur, quæ reapse necessaria non sunt.

11. Cod. ms., *quæ maculant, sed hæc quæ non multum nocent, per hæc posse signari... abundantia vesci, ita usque... delectari, negligentia orationis, quam horarum expetit convenientia, vel tardius... immoderate vocem exaltare... loqui; quod in re non sit opinari; bonum quod faciendum est... salvari posse credendum est.* Ex Ms. restitui, *verum reticere; otiosa loqui*, cum in impresso esset, *verbum retinere; otiose loqui*. Obscura sunt etiam, quæ sequuntur in Editione, ac fortasse præstiterit ea ad exemplar Ms. corrigere.

12. *Deleantur*. Sic Ms., pro *delebuntur* in Editione. Infra, Ms., *impius a via sua mala, omnium iniquitatum suarum, quas... omni qui excogitari in præsenti potest tormentorum*, etc. In Isidorianis c. 25, n. 17 et 18, ostendi doctrinam ab Isidoro hoc capite de igne purgatorio traditam, cum catholico dogmate maxime congruere, et cum his quæ alibi Isidorus docuit. Adde cap. ultimum regulæ monachorum, de defunctis. Ezechielis textus allegatur ex cap. 33, 12 et 19, quibus in locis verba aliquatenus variant in Vulgata, scilicet vers. 12 : *Impietas impii non nocebit ei, in quacunque die conversus fuerit ab iniquitate sua.* Et vers. 19 : *Et cum recesserit impius ab impietate sua, feceritque judicium et justitiam, vivet in eis.* Sententia eodem recidit, de qua videri potest Petavius, lib. VII, de Pœnit., cap. 15, contra Arnaldum.

CAP. XV. N. 1. Ms., *in cœlo.* Et alibi : *Tunc justi.* Postea impressus, *sol scilicet justitiæ et qui timentibus*; quod ex Ms. correxi.

2. *Nec desiderabunt peccare, nec poterunt.* Sic liber ms. In impresso deest *peccare*.

3. Ms., *delictum aliquod non admittunt.*

4. *Conditoris.* Ms. *judicis*; et *peccare*, pro *delinquere*.

homines, qui sive in cœlo, sive in paradiso, peccaverunt, Deum non viderunt, quoniam si illum vidissent, nullo modo postea possent delinquere.

5. Sed hæc contra respondens forte aliquis dicet : Cur ergo post visionem gloriæ, unde facies Moysi in solitudine rutilabat, ad aquas contradictionis offendit? Et Petrus post Unigeniti gloriam in monte cum Moyse et Elia ostensam, in atrio sacerdotum Dominum negavit? Cui propositioni facile respondetur quod Moyses per angelum vel creaturam aliam **618** posteriora gloriæ vidit. Et Petrus et cæteri discipuli per corpus humanum rutilare Christi divinitatem conspexerunt; si enim per semetipsam divinitatem conspexissent, nullo modo in carne postea vivere possent.

6. Ipse namque Dominus Moysi respondit : *Nemo videbit faciem meam, et vivet* (*Exod.* XXXIII, 20). Sancti ergo post resurrectionem non per figuras et ænigmata Dominum videbunt, sicut de hoc eodem gentium insignis Magister pronuntiat : *Quia per speculum in ænigmate videmus; cum autem venerit quod perfectum est, tunc cognoscam sicut cognitus sum* (*I Cor.* XIII, 12). Quemadmodum possessor Dominici pectoris conviva potens ait Joannes : *Videbimus eum sicuti est* (*I Joan.* III, 2); quando complebitur quod Ecclesiæ per Isaiam prophetam promittitur : *Non erit ibi amplius sol ad lucendum per diem, neque splendor lucis illuminabit te, sed erit tibi Dominus in lucem sempiternam, et Deus tuus in gloriam tuam* (*Isai.* LX, 19).

7. Ex quo intelligitur quod non per creaturas, sed Domini ipsius majestate Ecclesia illuminabitur, cum perpetuæ felicitatis serenitate secura consortium angelicæ dignitatis subire permittitur, in qua serenitate cuncta prospera sine arguente pressura possidebit; cum neque tenebris lux, neque morte vita, neque dolore salus, nec tristitia gaudium, neque senectute juventus, neque amor charorum absentia, neque defectu, neque ulla vilitate pulchritudo, neque infirmitate fortitudo, neque justitia peccato terminabitur, etsi supra hæc etiam fuerint illa, quæ nec cogitatus nec ulla ratio hominis adhuc in terra positi apprehendere valet.

8. Ex his autem omnibus creatoris, quarum perstrinximus ordinem, quædam ex nihilo, quædam ex aliquo Conditor creavit; cœlum enim et terram, mare et quæ ex eis facta sunt, ex informi materia condidit; ipsam vero informem materiam, et angelorum ordines, de quibus prædiximus, et animam humanam, ex nihilo fecit. Animam etenim neque de semetipso, neque de aliqua qualibet subjacente creaturarum corporalium materia, fieri Deus instituit, quoniam non Dei partem, sed Dei creaturam credimus esse. Si enim de semetipso eam Deus fecisset, nequaquam passibilis, et mutabilis, et misera esset.

9. Item, si ex creaturis corporalibus illam creasset, corporale aliquid in sua natura haberet, aut calorem de igne, aut flatum ex aere, aut humorem ex aqua, aut crassitudinem et soliditatem ex terra haberet; sed quia his omnibus caret, incorpoream illam esse conditam convenit, et per ipsam incorporalitatem, et æternitatem, et mutabilitatem, et liberi arbitrii potestatem, eamdem cum angelis habere substantiam, creandique originem dignoscitur. **619** Hæc autem Dei imago non in æternitate similitudinem in arbitrio libere possidet; de qua imaginis Dei similitudine impressa Propheta commemorat, dicens : *Signatum super nos lumen vultus tui* (*Psal.* IV, 7).

10. Utrum autem singulis corporibus sigillatim a Deo mittantur, an ex Adam venire, et ex parentibus, sicut nascentium corpora, putandum sit, cum a multis et sapientibus viris disputatum sit, et tamen de hac quæstione nihil cui plus fides accommodanda esse potuerit reliquerint, quid nos de tanta et tam periculosa re aliquid tentare oportet, vel quid nos ad horum ambages, in quibus se invicem partes vincunt, cum proprias expositiones astruere non possunt, proferre emolumenti confert?

6. *Videbunt*, etc. Cod. ms. : *Videbunt, ut Paulus ait : Videmus nunc per speculum et in ænigmate. Cum autem... cognoscam, quia cognitus sum. Sic Joannes ait : Videbimus eum... neque splendor lunæ illuminabit te.*

7. Cod. ms., *sed per Domini ipsius majestatem Ecclesia... charorum absentia, vel defectione, neque ulla... terminabitur etiam et supra hæc etiam fuerit illa quæ nec cogitatus, neque ratio ulla hominis adhuc.*

8. *Creavit.* Ms., *fecit.*

9. *Corporale aliquid*, etc. Editio minus bene *et corporale aliquid in sua natura haberet, aut nunquam calorem de ignea, aut flatum ex aerea, aut humorem ex aquatica, aut crassitudinem, et soliditatem ex terrena materia haberet.* In eadem Editione *et æternitatem et mutabilitatem*, ad marginem *fortassis immutabilitatem.* De qua conjectura in Editione Baluziana subjungitur, *alii viderint.* Noster Ms., *et æternitatem et mutabilem.* Hinc retineri poterit *mutabilitatem*, quæ mutabilitas animæ per liberi arbitrii potestatem amplius declaratur. Pergit Ms. : *Dignoscitur. Hanc autem* (Forte, *hæc autem*) *Dei imaginem in æternitate, similitudinem in arbitrio liberæ potestatis possidet.* Quod clarius Edito videtur.

10. *Sigillatim a Deo mittantur.* Sic Ms. Editio, *sigillatim admittantur.* Pro *disputandum*, malim *disputatum.* Postea *vel quid nos*, etc., ex Ms. sumpsi; nam Excusus confuse habebat : *Vel quid nobis horum, in quibus se invicem*, etc. In Ms. ita terminatur totum hoc opus : *Quæ a multis lectoribus insolubile* (*insolubilis*) *est dicta, scientiæ Conditoris reservemus. Liber Isidori de Ordine creaturarum explicitur.* Etsi autem certum nunc omnibus catholicis sit, ac pro fide tenendum, animas singulis corporibus a Deo sigillatim mitti, neque ex Adam per traducem, velut nascentium corpora, venire, tamen olim nonnulli Patres cum sancto Augustino in hac quæstione hæserunt; et Isidorus, qui eorum verba plerumque exscribit, eamdem dubitationem indicat, non solum in hoc opere, sed in aliis etiam, ut in libro Differentiar. rerum, n. 105 et seqq., similibus verbis et sententiis, eamdem controversiam proponit ex Fulgentio : *Utrum, inquit, sicut caro nascentium, sic omnes animæ ex Adam venire credantur, an novæ fiant*, etc. *His ergo propositionibus de origine animæ partes se invicem vincunt. Quia unaquæque earum alteram propositionem destruit, et ipsa non valet astruere, quod proponit.* Vide not. ad eum loc.

11. Et idcirco, ne supra nos aliquid appetamus, hanc quæstionem, quæ a multis scriptoribus insolubilis esse dicta est, scientiæ Conditoris reservemus, quoniam quæcunque ex carnibus agni paschalis comedentis saturitas consumere non potuerit, cura non exigua vorax crastino flamma consumit, per quod intelligitur quia omnia quæ Scripturæ sacræ corpore nostræ investigationis scientiam effugiunt, dominicæ sapientiæ rogo igne illustrata et consummata fiunt.

12. Sed et illa quæ velut per exiguam fenestram nostri sensus et sapientiæ ex ante aliqua ejus gratiæ illuminatione attigimus, ad perfectum omnia scire, sicut oportet, non valemus; ex parte enim cognoscimus, quandiu in hoc sæculo sumus; sed si ad illud Patris luminum inæstimabile lumen perveniamus, tunc cognoscemus sicut cogniti sumus.

13. Ecce, venerabilis Pater, *de ordine creaturarum* tibi proponenti, **620** juxta ingenioli mei modulum, compendioso sermone summatim respondi. Cujus munusculi mercedem orationibus tuis compensabo; non quod exiguitatis meæ obsequium in obedientia tua veneratione et auctoritate conferre possit digna, sed obedientiæ conatus et ea quæ non valet assequi, implet; nam et in gazophylacio templi pauperis viduæ æris exiguum munus multorum divitum auro copioso præfertur, et inaurato tabernaculo, ubi argentum et gemmarum pretiosarum, byssi et purpuræ, et hyacinthi, et cocci, dona conferuntur, etiam eorum qui pelles caprarum deferunt diligentia non despicitur.

14. Hanc igitur et tu simili modo meæ parvitatis obedientiam placido pectoris tui portu non dedignare, et contra garrientium instabiles fluctus temone tuæ auctoritatis præsentis opusculi naviculam non te pigeat gubernare. Ego enim, bonis et catholicis lectoribus consentiens, invidorum non curo querelas, qui sine pennis in terra reptantes volatu ranarum nidos avium irrident. Contra quos tuæ rationis scuto protectus, et Domini pergam suffragio armatus, ad patriam festinare tutus utroque latere curabo. Deo enim placere curantes, minas hominum penitus non timemus. Deo gratias. Amen.

13. Totum hunc epilogum in ms. nostro omnino abesse annotavi in Isidorianis, cap. 23, n. 16. Videretur legendum *orationibus tuis compensatio*. Sed nihil ausim mutare. Pro *nam et in gazophylazio* quod ex conjectura in Editione Baluziana legendum astruitur, in veteri Editione erat *omnia esse in gazophylazio*.

14. *Et contra garrientium*. Sic recte in Baluziana Editione emendatur pro *transgarrientium*. Pro *timore* substitui *temone*, et pro *queriolas*, *vel querelas*, ut est in Editione, solum *querelas*. Malim etiam *armatus, et ad portum festinare*, etc., ut in Isidorianis, loc. cit., innuebam, ubi etiam ex Codice Escurialensi nonnullam lectionis varietatem adverti, quam necessarium non est repetere.

ORDO RERUM QUÆ IN SEXTO TOMO CONTINENTUR.

SANCTI ISIDORI

HISPALENSIS EPISCOPI

OPERA OMNIA

ROMÆ ANNO DOMINI MDCCXCVII EXCUSA

RECENSENTE FAUSTINO AREVALO,

QUI

ISIDORIANA PRÆMISIT; VARIORUM PRÆFATIONES, NOTAS, COLLATIONES, QUA ANTEA EDITAS, QUA TUNC PRIMUM EDENDAS, COLLEGIT; VETERES EDITIONES ET CODICES MSS. ROMANOS CONTULIT,

NOVA NUNC ET ACCURATIORI EDITIONE DONATA PRETIOSISSIMISQUE MONUMENTIS AUCTA

ACCURANTE J.-P. MIGNE,

BIBLIOTHECÆ CLERI UNIVERSÆ,

SIVE

CURSUUM COMPLETORUM IN SINGULOS SCIENTIÆ ECCLESIASTICÆ RAMOS EDITORE.

TOMUS SEPTIMUS.

VENEUNT QUATUOR VOLUMINA 28 FRANCIS GALLICIS.

—

PARISIIS, VENIT APUD EDITOREM,
IN VIA DICTA D'*AMBOISE*, PROPE PORTAM VULGO *D'ENFER* NOMINATAM,
SEU PETIT-MONTROUGE.
—
1850

ELENCHUS OPERUM

QUÆ IN S. ISIDORI OPERUM TOMO SEPTIMO CONTINENTUR.

EXCELLENTISSIMO ET EMINENTISSIMO PRINCIPI, ET D. D.

LUDOVICO BORBONIO

S. R. E. PRESBYTERO CARDINALI TIT. S. MARIÆ DE SCALA, ARCHIEPISCOPO TOLETANO, CANCELLARIO MAJORI CASTELLÆ, ADMINISTRATORI ARCHIEPISCOPATUS HISPALENSIS, COMITI CHINCHONIS, MAGNATI HISPANIÆ PRIMÆ CLASSIS, PRÆCLARI REGII ORDINIS HISPANICI CAROLI III MAGNA CRUCE, ATQUE ORDINUM SS. JANUARII ET FERDINANDI INSIGNIBUS DECORATO, ETC.

FAUSTINUS AREVALUS.[1]

Non dubitabam, Princeps eminentissime, quin opus sexto abhinc anno auspiciis et munificentia Domini mei Francisci Lorenzanæ S. R. E. cardinalis edi cœptum, et nunc tandem post tot tantarumque rerum discrimina ad exitum perductum, gratum tibi acceptumque, si a me offerretur, futurum esset; tamen, ne id facere auderem, impediebar cum ingenuo quodam pudore, conscientiaque tenuitatis meæ, tum maxime amplitudinis tuæ contemplatione, quæ quanta sit, quantique fieri ab omnibus debeat, non poteram non intelligere. Ac destitissem plane, fateor, ab eo tibi offerendo, omnemque istam cogitationem penitus abjecissem, nisi is quem proxime nominavi, Franciscus Lorenzana cardinalis gravissima sua auctoritate intercessisset; qui quidem dubium ac verecundantem suadendo atque hortando, ac tantum non jubendo, cogendoque, ad id impulit quod me vides modo facere, timide quidem ac pudenter, sed tamen obsequentissime, ut decet, et humillime. Et sane qui facere poteram ut ei morem non gererem? Nec vero hic quidquam aliud, etsi postulare id a me locus videtur, de illius viri laudibus attingam; quod minime necesse est apud te qui eum et jam inde a prima pueritia plane cognitum ac perspectum habes, et observare etiamnum, ac diligere, non secus atque parentem filius, perseveras. Sed ad Isidorum accedamus. Est hic profecto communis omnium nostrum, quicunque Hispani nati sumus, magister et parens. Sed, præter communia cætera, sunt illi tecum quædam propria, quæ faciunt ut jure quodam vestro uterque, et ille, perfecta jam ejus operum Editione, venire ad te debeat, et tu vicissim advenientem excipere. Rexit ille, at quanta cæterarum sedium approbatione, ne dicam, invidia! rexit Hispalensem Ecclesiam; idemque concilio Toletano IV omnium celeberrimo præfuit, et luculentissimos canones digessit. Vides igitur, eminentissime Princeps, quam istud opus proprie ad te respiciat, qui exemplo parentis optimi, serenissimi Hispaniarum infantis Ludovici Borbonii, utramque sedem Toletanam et Hispalensem singulari prudentia regis, et sanctissimis moribus informas. Succurrebat etiam illud quod Joannes Grialius Philippo III, Hispaniarum regi catholico, jam olim suggessit, dum regiam Matritensem Isidori operum Editionem illi nuncuparet; cujus Isidori, inquit, ipse a stirpe genus ducis. Sed gratius fortasse jucundiusque tibi accidet, quod Notkerus Balbulus Salomonem, Constantiensem deinde episcopum, sæculo nono præmonebat, cum aliquot rerum ecclesiasticarum scriptores illi commendaret: « Libri, ait, Isidori Hispalensis episcopi, Etymologiarum nomine titulati, omnimoda te perficiunt scientia. Item Sententiarum ejus utilissimus liber. Item alius de Officiis et ordinibus ecclesiasticis. Qui tibi mox Dei gratia futuro sacerdoti maxime sunt necessarii; in quibus omnem rationem, et nomina singularum festivitatum et jejuniorum reperies, ut præco Dei populo futuras stationes prænuntiare possis. » Quibus doctrinis cum ipse, Princeps eminentissime et Præsul amplissime, a pueritia assueveris, quippe gravissima exercitatus disciplina, ut hoc tanto munere, ad religionis catholicæ amplificationem et ad Hispaniæ decus, quam diutissime incolumis fungaris, omnium bonorum votis mea adjungere nunquam intermittam.

Ex Urbe, pridie Idus Martias, an. 1803.

SANCTI ISIDORI

HISPALENSIS EPISCOPI

DE NATURA RERUM

AD SISEBUTUM REGEM LIBER.

Præfatio.

DOMINO ET FILIO SISEBUTO ISIDORUS.

1 1. *Dum te præstantem ingenio, facundiaque, ac vario flore litterarum non nesciam, impendis tamen amplius curam, et quædam ex rerum natura vel causis a me tibi efflagitas suffraganda. Ego autem satisfacere studio animoque tuo decursa priorum monumenta non demoror, expediens aliqua ex parte rationem dierum ac mensium, anni quoque metas, et temporum vicissitudinem, naturam etiam elementorum, solis denique ac lunæ cursus, et quorumdam causas* 2 *astrorum, tempestatum, scilicet signa, atque ventorum, necnon et terræ positionem, alternos quoque maris æstus.*

2. *Quæ omnia, secundum quod a veteribus viris, ac maxime sicut in litteris catholicorum virorum scripta sunt, proferentes, brevi tabella notavimus. Neque enim earum rerum naturam noscere superstitiosa scientia est, si tantum sana sobriaque doctrina considerentur. Quinimo si ab investigatione veri modis omnibus procul abessent, nequaquam rex ille sapiens diceret :* Ipse mihi dedit horum quæ sunt scientiam veram, ut sciam dispositionem cœli, et virtutes elementorum, conversionum mutationes, et divisiones temporum, annorum cursus, et stellarum dispositiones.

3. *Quapropter incipientes a die cujus prima procreatio in ordine rerum visibilium exstat, dehinc cætera de quibus opinari quosdam gentiles vel ecclesiasticos viros novimus, prosequamur, eorum in quibusdam causis, et sensus, et verba ponentes, ut ipsorum auctoritas dictorum fidem efficiat.*

CAPUT PRIMUM.

De diebus.

1. Dies est solis orientis præsentia, quousque ad occasum perveniat. Dies gemine appellari solet : proprie a solis exortu, donec rursus oriatur, abusive a solis ortu, usquequo veniat ad occasum. Spatia diei duo sunt, interdianum et nocturnum ; et est dies horarum XXIV ; spatium, horarum XII.

2. Partes abusivi diei tres sunt : mane, meridies, et suprema. Initia diei alii a solis ortu putant, alii ab oc- A casu, alii a media nocte. Nam Chaldæi a solis exortu diei initium faciunt, totum id spatium unum diem appellantes. Ægyptii autem ex initio noctis 3 sequentis diei originem trahunt. Romani autem a medio noctis oriri diem volunt, et in medio noctis finiri.

3. Dies in principio operum Dei a lumine habebat exordium ad significandum hominis lapsum. Nunc autem a tenebris ad lucem, ut non dies obscuretur in noctem, sed nox lucescat in diem, sicut scriptum est de tenebris lumen clarescere, quia a delictorum

TIT. — *De Natura Rerum.* Ex Cod. Goth. Ovet., Braulione et Sigeberto in Isidori Vita, atque etiam ex Beda, qui Isidori exemplo libros suos de Natura rerum inscripsit, cum alias de Astronomia, vel de Mundo, vel de Naturis rer. liber hic inscribatur.

PRÆF. — N. 1. *A me tibi efflagitas suffraganda.* Id est, supplenda, ut lib. I Sent., cap. 10, de angelis : *Mutabilitatem itaque naturæ suffragatur in illis contemplatio Creatoris.* Hoc est, supplet, compensat mutabilitatis infirmam conditionem, et naturæ debili subsidio est. Gloss., *suffrago.* βοηθῶ. Itemque βοηθῶ, *adjuvo, suffrago, subvenio, opitulor.*

Ibid. Ego autem satisfacere studio animoque tuo decursa priorum monumenta non demoror. Hoc est : ego opere non parco, quominus evolvendis priorum scriptorum monumentis, ex ipsis studio animoque tuo satisfaciam.

Ibid. Caput 76 in Isidorianis hoc titulo prænotatur : *De natura rerum liber Isidori ad Sisebutum regem. Editiones, mss. Codices, excerpta, caput quoddam hujus libri nondum editum. Carmen astrologicum huic libro additum, fortasse Isidori, compendium metricum ejusdem libri nondum editum, fortasse sancti Eugenii Toletani.* Hunc librum notationibus suis Grialius illustravit, cujus nomine propterea proferuntur

B Pro *decursa priorum monumenta*, alii *decursis priorum monumentis.* AREV.

2. Al., *viris didicimus, ac maxime.* AREV.

CAP. I. — N. 1. *De diebus.* Ex Ovet. et lib. V Etymolog. Al., *De die.*

Ibid. Dies est... suprema. Sunt hæc eadem paulo pleniora in Etymolog.

2. *Chaldæi ab exortu. Secundum Persas ab ortu solis*, in Etymolog. *Babylonii sole exorto*, Agell. lib. III, cap. 2, et Macrobius (e quo sunt hujus capitis pleraque) I Saturn., cap. 3.

Ibid. Ægyptii ex initio noct. Secundum Ægyptios ab occasu solis, in Etymolog. ex Serv. V Æn.

Ibid. Abusivi ; al., *abusive*, vel *abusivæ.* AREV.

Ibid. Spatium diei pro dimidio diei nescio an apud alios reperiatur. Initium diei a solis occasu Hebræi ducunt, quod nonnulli Itali adhuc sequuntur. Primum mundi diem ex vespere præeunte et mane succedente compositum fuisse, et sic alios dies processisse, docent Petavius et alii qui de opere sex dierum secu- C rate scripserunt. AREV.

3. *De tenebris lumen clarescere.* Ita Ms. Goth. et August., lib. primo Quæst. Evang., cap. 7 ; *Splendescere* Vulg., cap. 4 Epist. II ad Cor.

Ibid. Sicut scriptum ; al., *sicut in Apostolo scri-*

tenebris liberatus homo ad lucem fidei scientiæque pervenit. Prophetice autem dies scientiam divinæ legis significat, nox vero ignorantiæ cæcitatem secundum Osee prophetam, qui dicit : *Nocti assimilavi matrem tuam, factus est populus meus tanquam non habens scientiam*. Item nonnunquam dies prosperitatem significat sæculi, nox vero adversitatem.

4. Fasti dies sunt quibus jus fatur, id est, dicitur, ut nefasti quibus non dicitur. Feriati dies, in quibus res divina fit, et abstinere homines a litibus oportet. Profesti, festis contrarii, id est, sine religione; festi tantumdem otii et religionis sunt ; atri dies sunt qui et communes vocantur. Siderales, in quibus sidera moventur, et homines a navigationibus excluduntur ; justi continui triginta. Præliares, quibus fas est hostem bello lacessere, de quibus liber regum testatur, dicens : *Eo tempore quo solent reges ad bella procedere.*

5. Intercalares dies sunt quinque, qui juxta Ægyptios supersunt duodecim mensibus, et incipiunt a nono Kalendas Septembris, et quinto Kalendarum memoratarum finiunt. Dies epactarum sunt undecim, qui per singulos annos ad cursum lunarem accrescunt. Nam dum in annum XII lunæ CCCLIV dies habeant, remanent ad cursum anni solarem dies XI, quos epactas Ægyptii vocaverunt, pro eo quod ad inveniendam lunam per totum annum adjiciuntur.

ptum. Post *scientiæque pervenit*, aut, ut nonnulli exhibent, *scientiamque pervenit*, non exiguum fragmentum in multis mss. exemplaribus inseritur in hæc verba : « Mystice quoque dies imaginem legis portat. Sicut enim diei claritas obscura tenebrarum illuminat, ita et lex viam vitæ demonstrans, depellit tenebras errorum, lucem declarat virtutum, et iniquorum peccata arguens, bonos ad meliora perducit. Festi autem dies in veteri lege isti sunt. Dies azymorum *Phase* quarta decima dies mensis est primi, quando luna plenissima, abjecto fermento, agnus immolabatur. Dies *Pentecostes* est, quando in vertice montis Sina lex data est Moysi, in qua de frugibus primi panes propositionis offerebantur. Dies *Sabbatorum* est in quo otium celebratur in lege, et in quo manna in deserto non licebat colligere. Dies *Neomeniarum* est celebratio novæ lunæ; semper enim Judæi in principio mensium, hoc est, in prima luna diem festum agebant. Sed idcirco in principio mensium hoc faciebant, quia, deficiente luna, tempus finitur, et iterum, nascente luna, incipitur. Dies *Tubarum* septimi mensis principio est, quando Judæi, solemnitatem agentes, amplius tuba canebant, et plurima offerebant sacrificia quam per singulos menses. Dies *Scenopegiæ* est mense septimo quinta decima die mensis, in quo tabernaculorum solemnitatem veteres celebrabant. *Scenopegia* tabernacula interpretantur. Dies *jejunii quarti* in mense Julio est septima decima die mensis ejusdem, quando Moyses, descendens de monte, tabulas legis confregit. In eo etiam die et Nabuchodonosor urbis Jerusalem primum muros destruxit. Dies *jejunii quinti* in mense augusto est quando pro speculatoribus ad terram sanctam remeantibus seditio in castris est orta, et factum est, ut per desertum quadraginta annis laboriose discurrerent, et in eremo omnes perirent. Siquidem et in eo mense a Nabuchodonosor, et multo post tempore a Cæsare Tito templum eversum est atque succensum, et in opprobrium perditæ gentis exaratum est, Dies *jejunii septimi* in mense septimo est, qui appellatur October, in quo occisus est Godolias, et reliqui, qui erant in Jerusalem, juxta quod loquitur Jeremias. Dies *jejunii decimi* est in mense decimo, qui apud nos December vocatur, quando in Babylone cuncti captivi agnoverunt, quinto mense templum fuisse destructum, et fecerunt planctum atque jejunium. Hæc beatissimus Hieronymus in commentariis Zachariæ scripsit. » Nonnullæ variæ lectiones in Mss. occurrunt, ut *dies jejunii quarti in mense julio est quarta decima ejusdem mensis die*. Et postea *qui apud nos Januarius vocatur, quando agnoverunt, quarto mense templum fuisse*, etc. Locus Osee in Vulgata ita profertur : *Nocte tacere feci matrem tuam. Conticuit populus meus, eo quod non habuerit scientiam*. Versio antiqua apud Sabatierium : *Nocti assimilavi matrem tuam. Et assimilatus est populus meus, quasi non habens scientiam*. Arev.

4. *Fasti sunt, in quibus jus fatur*. Macrob., lib. I, cap. 16 : *Fasti sunt in quibus licet prætori fari tria verba solemnia : Do, dico, addico*. His contrarii sunt Nefasti. Noti sunt Ovidii versus :

Ille Nefastus erit, per quem tria verba silentur :
Fastus erit, per quem lege licebit agi.

Ibid. Atri dies sunt, qui et communes. Macrob., ibid. : *Dies autem postriduanos ad omnia majores nostri cavendos putarunt, quos etiam atros velut infausta appellatione damnarunt, eosdem tamen nonnulli communes ad emendationem nominis vocitaverunt*. Ovid., I Fast. :

Vendicat Ausonias Junonis cura Kalendas,
Idibus alba Jovi grandior agna cadit,
Nonarum tutela Deo caret, omnibus istis,
Ne fallare, cave, proximus ater erit.
Omen ab eventu est, illis nam Roma diebus
Marte sub adverso tristia damna tulit.

Ibid. Justi... Præliares. Macrob., cap. 17 : *Præliares a Justis non segregaverim. Siquidem Justi sunt continui triginta dies, quibus exercitui imperato vexillum rufi coloris in arce positum est. Præliares autem omnes, quibus fas est res repetere, vel hostem lacessere*. Festus : *Justi dies dicebantur triginta cum exercitus imperatus; et vexillum in arce positum esset*. Aliud genus justorum XXX dierum refert Agell., lib. XX, cap. 1 : *Confessi*, inquit, *æris ac debiti judicatis triginta dies sunt dati conquirendæ pecuniæ causa, quam dissolverent, eosque dies decemviri justos appellaverunt, velut quoddam justitium, id est, juris inter eos quasi interstitionem quamdam et cessationem, quibus diebus nihil cum his agi jure posset. Post deinde nisi dissolverent*, etc.

Ibid. Excluduntur. Al., *excluduntur, quinto decimo die de Januario, et quinto decimo die de februario*. Arev.

5. *Intercalares sunt dies quinque, qui juxta Ægyptios*. Macrob., cap. 15 : *Tunc Horus : Dies hic, inquit, intercalaris, antequam quintus annus incipiat, inserendus, cum Ægypti matris artium ratione consentit. Sed in illorum mensibus explicandis videtur operosum quos tricenum dierum omnes habent. Eo quod explicitis XII mensibus, id est, CCCLX diebus exactis, tunc inter Augustum et Septembrem reliquos quinque dies anno suo reddunt, annectentes quarto quoque anno exacto intercalarem, qui ex quadrantibus confit*.

Ibid. Et incipiunt IX Kalend. Septemb. Hoc pugnare videtur cum Macrobii verbis recitatis. Nam Horus, exactis CCCLX diebus, reliquos quinque anno suo reddi dixit, Isidorus vero ultimo mensi nondum expleto interseri, eadem ratione qua nos Februario diem unum bissextilem interjicimus.

Ibid. Solstitiales dies sunt. Solstitii nomine brumam quoque more suo comprehendit, et ita inf., cap. 8 : *Solstitia duo sunt*.

Ibid. Quinque, etc. En Kalendarii rationem, quam Gallia non multis ante annis adoptavit. Quod autem Grialius putat, Isidorum ultimo mensi nondum completo interserere dies quinque intercalares, id mihi non ita videtur; nam ex ejus mente ultimus dies mensis duodecimi apud Ægyptios est decimo Kalendas Septembris : huic adduntur quinque dies, aut anno bissextili sex, et quinto Kalendas Septembris

tur. Solstitiales dies sunt, in quibus sol stat, crescenti spatio dierum, vel noctium. Æquinoctiales dies sunt, in quibus dies et nox æqualibus horarum spatiis evolvuntur.

CAPUT II.

De nocte.

1. Nox est solis absentia, quandiu ab occasu rursus ad exortum recurrit. Noctem autem fieri umbra terrarum, quam datam ad quietem corporis credimus, non ad alicujus operis officium. Duobus autem modis nox in Scripturis accipitur, id est, aut tribulatio persecutionis, **6** aut obscuritas cæci cordis. Nox a *nocendo* dicta, quod oculis noceat.

2. Noctis partes sunt septem : crepusculum, vesperum, conticinium, intempestum, gallicinium, crepusculum, et matutinum. Crepusculum dicitur, id est, creperum, quod dubium dicimus, hoc est, inter lucem et tenebras. Vesperum, oriente stella, cui hoc nomen est.

3. Conticinium, quando omnes silent; conticere enim silere est. Intempesta, id est, importuna, quando agi nihil potest, et omnia quieta sunt. Gallicinium autem dictum est, propter gallos lucis prænuntios. Crepusculum matutinum, inter abscessum noctis et diei adventum.

CAPUT III.

De hebdomada.

1. Hebdomada apud Græcos et Romanos septem dierum cursu peragitur. Apud Hebræos autem septem anni sunt. Declarat hoc Daniel de septuaginta hebdomadis. Hebdomada autem septem feriis constat. Feria quoque a *fando* dicta est, quasi fari, eo quod in creatione mundi per singulos dies dixit Deus *fiat.* Item quia dies Sabbati, ab initio feriatus habetur. Inde dies Solis prima feria nuncupatur, quia primus est a feria. Item dies Lunæ proinde secunda feria, quia secundus est a feria, id est, Sabbato, qui est feriatus. Sic et cæteri dies tali ex numero sumpserunt vocabula.

2. Apud Romanos autem hi dies a planetis, id est, ab erraticis **7** stellis vocabulum acceperunt. Primum enim diem a sole vocaverunt, qui princeps est omnium siderum, sicut idem dies caput est cunctorum dierum. Secundum a luna, quæ soli et splendore et magnitudine proxima est, et ex eo mutuat lumen. Tertium a stella Martis, qui Pyrois vocatur.

3. Quartum a stella Mercurii, quam quidam candidum circulum dicunt. Quintum a stella Jovis, quam Phaethonta dicunt. Sextum a Veneris stella, quam Luciferum asserunt, qui inter omnia sidera plus lucis habet. Septimum a stella Saturni, quæ septimo cœlo locata, triginta annis fertur explere cursum suum.

4. Proinde autem gentiles ex his septem stellis nomina diebus dederunt, eo quod per easdem aliquid sibi effici æstimarent, dicentes habere ex sole spiritum, ex luna corpus, ex Mercurio linguam et sapientiam, ex Venere voluptatem, ex Marte fervorem, ex Jove temperantiam, ex Saturno tarditatem. Talis quippe exstitit gentilium stultitia, qui sibi finxerunt tam ridiculosa figmenta.

CAPUT IV.

De mensibus.

1. Mensis est luminis lunaris circuitus, ac redintegratio, sive a nova ad novam cursus. Cujus figura plerumque hujus vitæ cursus intelligitur, quæ suis incrementis, quasi mensis peragitur, **8** ac diminutionibus certissimis terminatur. Mensem autem antiqui defi-

finitur annus, et quarto Kalendas Septembris incipit primus dies primi mensis anni sequentis. In Gallicano recenti Kalendario annus incipit decimo Kalendas Octobris. Arev.

Ibid. Sol stat, crescenti. Al., *sol stat, in majori latitudine quam habere possit crescente.* Arev.

Cap. II.—N. 1. *Umbra terrar.* Ambros., iv Hexam., cap. 3 : *Est enim nox ut peritiores probarunt, qui nobis ætate vel munere præcucurrerunt, umbra terræ.* Et paulo post : *Unde liquet quod noctem faciat umbra terrar.* Indicat autem Basilium.

Ibid. Quam datam ad quietem corporis. Amb., lib. I, cap. 10 : *Noctem enim ad quietem corporis datam esse cognoscimus, non ad muneris alicujus vel operis functionem.*

Ibid. Nox a nocendo. Ut in Etymolog., ex Atteio Capitone et aliis.

2. *Noctis partes.* Vid. Etymolog. lib. v.

Ibid. Crepusculum. Non. : *Crepera res proprie dicitur dubia. Unde et crepusculum dicitur dubia lux.*

Ibid. Oriente stella. Al., *a noctis orientis stella.* Arev.

3. *Conticere.* Al., *conticescere.* Arev.

Cap. III. — N. 1. *Apud Hebræos autem septem anni sunt.* Non quia apud illos dierum etiam hebdomas sit, ut Levit. xii : *Sin autem feminam pepererit, immunda erit duabus hebdomadibus.*

Ibid. A fando. Al., *a feriendo*, et mox *fieri*, pro *fari*. Forte, *a fiendo*, quo alludit *fiat*. Quod dies Dominicus dicatur prima feria, quia primus est post feriam, hoc est, Sabbatum, et sic feria secunda, etc., observatio propria Isidori est, quam Mazochius, tom. III Spicilegii ad Act. Apost.; c. 19, confirmat. Arev.

2. *Quæ soli magnitudine proxima.* Ut spectantibus quidem propter propinquitatem videtur, cum sit alioqui siderum omnium minima : Cicer. in Somn. Scip. : *Erant autem eæ stellæ, quas nunquam ex hoc loco vidimus, et eæ magnitudines omnium quas esse nunquam suspicati sumus. Ex quibus erat ea minima quæ ultima cœlo, citima terris luce lucebat aliena.*

Ibid. A stella Martis, quæ Pyrois. Mendose in omnibus libris Vesper pro Pyrois inversis litteris. Ut etiam lib. III Etymolog.

Ibid. Mutuat. Al., *mutuatur.* Illico *tertius*, et sic deinceps *quartus*, etc. Arev.

3. *Quam quidam candidum circulum.* Stilbonta potius. Vid. not. ad cap. 28, lib. v, Etymolog.

Ibid. A stella Saturni quæ septimo cœlo locata. Mendose lib. o. *sexto cœlo*, uti etiam in plerisque lib. Etymolog.

Ibid. Septimo cœlo; ita nonnulli nostri Mss. Arev.

4. *Ex Mercurio linguam et sapientiam. Ingenium et linguam*, in Etymolog., ex Serv.

Ibid. Ex Marte fervorem, a Marte sanguinem. Ibid.

Ibid. Ex Saturno tarditatem, a Saturno humorem. Ib.

Ibid. Dederunt. Al., *indiderunt.* Postea, *ex sole ignem, ex aere spiritum.* Arev.

Cap. IV.—N. 1. *Sive a nova ad novam cursus. Cujus*, etc. Omiserant librarii vocem *cursus* similitudine sequentis vocis, *cujus*, decepti. Quam nos ex Etymologiis restituimus. Sic enim illic, cap. 31 : *Unde et apud Hebræos, menses legitimi non ex solis circulo, sed ex lunæ cursu enumerantur, qui est de nova ad novam.*

Ibid. Antiqui definierunt : Quandiu Luna Zodiacum circulum perducitur. Verba sunt Hygini, extremo libro quarto.

Ibid. Reintegratio. Al., *remigratio.* Arev.

nierunt: Quandiu luna Zodiacum circulum perducitur.

2. Antiqui autem gentiles mensibus nomina quædam ex diis suis, quædam ex causis, quædam vero ex numero, imposuerunt, incipientes a Martio, quia ex ipso anni exorientis ordinem servaverunt. Hunc autem Martium propter honorem Romuli sic appellaverunt, quia eum Martis filium esse crediderunt. Aprilem vero, nullo deorum suorum nomine, sed de re propria, quasi Aperilem nominaverunt, eo quod tunc plurimum germinis aperiatur in florem.

3. Inde mensem Maium, pro Maia Mercurii matre, quam deam sibi propter majores decreverunt. Deinde Junium a Junone, quam sororem vel conjugem Jovis fuisse testantur. Alii autem, sicut Maium pro majoribus, ita pro junioribus Junium vocari dixerunt. Item Julium a Julio Cæsare, Augustum vero ab Octaviano Augusto vocaverunt. Nam prius Julius *Quintilis*, et Augustus *Sextilis* vocabantur. Sed eorum nomina a Cæsaribus Julio sive Augusto sunt commutata.

4. Jam September, eo quod septimus sit a Martio, qui est principium veris. Simili quoque ordine October, et November, et December, ex numero imbrium atque veris vocabulum acceperunt. Porro Januarium ex nomine Jani vocaverunt, sed specialiter Januarius appellatur, eo quod janua sit A anni atque principium. Februarium autem **9** a Februis sacris Lupercorum appellaverunt. Itaque apud antiquos Latinos decem mensibus cursus anni computabatur. Sed Januarium Romani, Februarium Numa Pompilius addidit, atque in duodecim menses annum distinxit.

5. Plerique autem asserunt Ancum Sabinorum regem prius annum in menses divisisse, Idus, Kalendasque, et intercalares dies instituisse. In Codicibus autem sanctarum Scripturarum duodecim menses fuisse anni etiam ante diluvium ostenditur. Sicut enim ibi legitur: *Aqua autem imminuebatur usque ad undecimum mensem. Undecimo autem mense, prima die mensis apparuerunt capita montium.* Sic enim tunc dinumerabatur mensis, sicut et nunc. Sed non quos B Kalendæ, sed quos luna cœpta et finita concludit.

6. Kalendas autem a *colendo* dictas. Apud antiquos enim semper mensium principia colebantur. Idus quoque dictæ a *diebus*, vel ab *idulio*, et Nonæ a *nundinis*. Menses autem omnes apud Latinos ex Kalendis sumunt principia. Apud Hebræos ex lunæ nascentis recursu.

7. Apud Ægyptios autem principia mensium ante Kalendas **10** quatuor, vel quinque dies pronuntiantur, juxta quod formula subjecta declarat. (*Vide pag. seq.*)

2. *Antiqui autem gentiles mensibus nomina quædam ex diis... a sacris Lupercorum appellaverunt.* Totus locus sumptus ex Aug., lib. XVIII contr. Faust., cap. 5, paucis quibusdam inversis. Vidend. etiam Macrob., lib. I Saturn., cap. 12.*

3. *Sororem, vel conjugem*; hoc est, *sororem, et conjugem*. Arev.

4. *October, November, December, ex numero imbrium atque veris.* Nihil hujusmodi apud Augustinum, sed a numeris, vel a numerorum ordine. Ergo lusisse Isidorum in notatione, an potius hæc illi adjecta cum P. Chacone, putabimus? Quod item suspicari eadem causa licet de verbis illis: *Sed specialiter Januarius appellatur, eo quod janua sit anni atque principium.* Nam hujus notationis, neque Augustinus, neque Macrobius, meminit.

Ibid. A februis, etc. Alii: « Duobus modis, sub idolo, et sub re, id est, a februis sacris lupercorum appellaverunt, quia omnes immunditias corporum suorum solo hoc mense abluebant, et febricitabant in aqua frigida. *Sub re* dicitur, quia solent creaturæ multæ in eo conjungi. Itaque, etc. » Arev.

5. *Plerique Ancum Sabinor. regem.* Numæ, qui Sabinus fuerat, ex filia, nepotem; quo respexit Catullus in hymno Dianæ:

> Sis, quocunque tibi placet,
> Sancta nomine, Romulique,
> Ancique ut solita es, bona
> Sospites ope gentem.

Quod mirum non vidisse virum eruditissimum, qui veram scripturam ex libris antiquis restituit. Non enim Romanos tantum indicare voluit Catullus, cum *Romulique Ancique* dixit; sed Romanos, qui paternum genus ad Romulum, maternum vero ad Ancum, hoc est ad Sabinas referrent.

Ibid. Duodecim menses fuisse anni etiam ante diluvium. Hoc ita esse nihil vetat, id tamen non satis probat locus ex Genesi adductus, cum præsertim C ibi decimi tantum mensis fiat mentio, non (ut est in Isidorianis libris) undecimi. Id accidit, quia apud LXX Interpretes ubi nunc ἐν τῷ δεκάτῳ μηνὶ legitur, ἐνδεκάτῳ μηνὶ in aliis exemplaribus legebatur.

Ibid. Alii, *ad decimum mensem... apparuerunt cacumina montium.* Sic enim tunc dinumerabantur menses. Arev.

6. *Kalendas autem a colendo dictas.* Quod in Etymologiis non de sua, sed de aliorum sententia pronuntiavit. Constat autem a calendo, hoc est, vocando nominatas. Vid. Macrob.

Ibid. Vel ab Idulio; al., *Edulio*. Sed placet *Idulio*. Nam sacrum quod Jovi singulis Idibus Iduli agna fiebat, Idulium dictum ait Festus in *Sacra via*. Imo Idulis (inquies) agna et Idulium ab Idibus ipsis potius dicta. Quasi id mirum, aut novum Isidoro, priora quæ sint, e posterioribus ducere, dum de utrisque magis liqueat. Sic enim apud illum quatuor a figura quadrata, et testis a *testamento*, et jejuD nium a *jejuno* intestino, et sexcenta hujusmodi. Sed videndæ aliæ elegantissimæ notationes Iduum apud Macrobium.

Ibid. Nonæ a nundinis. Nihil Nonis cum nundinis. Imo, quod aliquando nundinæ in Nonas incidebant, cautum, ait Macrobius, quomodo nundinæ in Nonas ne incurrerent.

7. *Apud Ægyptios autem principia mens.*, etc. Cur id faciant e Macrobii verbis, cap. 1 relatis, constabit.

Ibid. Quatuor, vel quinque dies, etc. Al., *quatuor, vel quinque, sive sex, seu septem, aut octo dies pronuntiantur.* Figura indicata, aliæque ad caput 37 simul exhibentur. Arev.

* In toto hoc libro Grialio tribuendæ sunt notæ quibus nullum affixum est nomen. Edit.

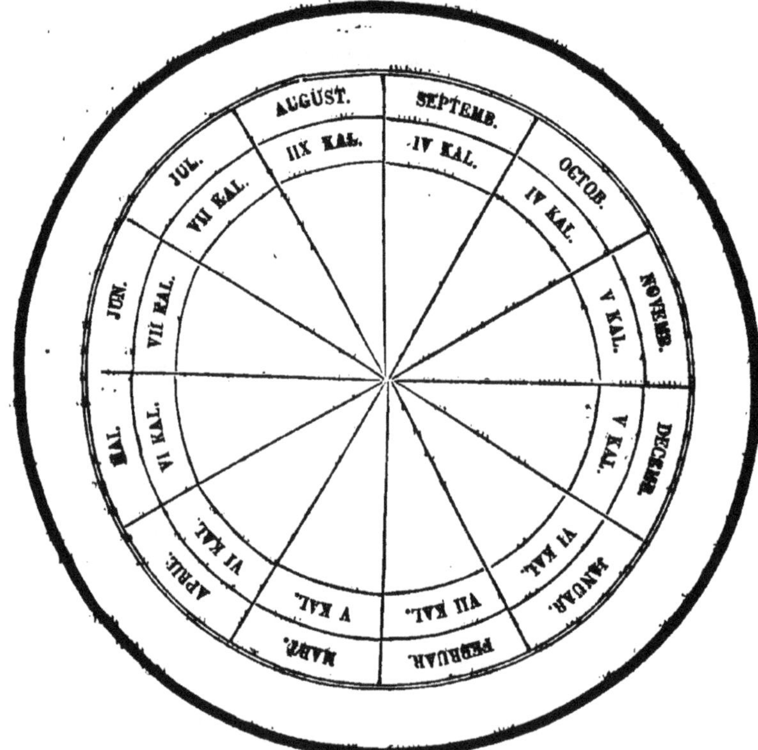

Dehinc reverteris ad quartum Kalendas Septembris, A
talique ratione complentur dies CCCLX duodecim mensium Ægyptiorum. Quinque dies supersunt, quos ἐπαγομένους, vel intercalares, sive addititios vocaverunt. De quibus superius memoratum est.

CAPUT V.

De Concordia mensium.

1. Januarius cum Decembri in horarum mensura concordat. Februarius cum Novembri spatium æquale consumit. Martius consentit Octobri. Aprilis æquat Septembrem. Maius respondet Augusto. Junius compar est Julio.

CAPUT VI.

De annis.

1. Annus est circuitus solis ac reditus per duodecim menses. Cujus quidem nomen figurate signi- B
ficat omne tempus vitæ hujus, sicut per Isaiam dicitur : *Prædicare annum Domini acceptabilem*. Quoniam non ille quo Dominus prædicavit, solus fuit acceptabilis, sed et totum tempus, juxta quod ait Apostolus : *Ecce nunc tempus acceptabile*. Finem denique hujus anni diem judicii adjunxit, dicens : *Prædicare annum Domini, et diem retributionis*.

2. Annum autem, quasi anum, dici quidam putant, id est, circulum. Unde et annuli dicti sunt diminutive. Principium autem 11 anni alii a bruma putant, ut populi Romani; alii ab æquinoctio verno, ut Hebræi; alii a solstitio, ut Græci; alii ab autumno, ut Ægyptii. Annum autem sapientes hujus mundi partim civilem, partim naturalem, partim magnum esse dixerunt. Civilis annus est, qui in unius astri recursu per menses duodecim terminatur.

3. Annus naturalis est, cum se soli luna supponit, et inter orbem solis et oculos nostros media facta,

CAP. V. — N, 1. Vide Palladii Horologium.

CAP. VI. — N. 1. *Annus est circuitus solis ac reditus.* Macrob., lib. I in Somn., cap. 6 : *Anfractum solis ac reditum annum vocans : anfractum propter Zodiaci ambitum; reditum, quia eadem signa per annos singulos certa lege metitur.*

Ibid. Vulgata, *ut prædicarem annum placabilem Domino, et diem ultionis Deo nostro.* AREV.

2. *Alii ab Æquinoctio verno, ut Hebræi.* Post Moysen, nam antea ab autumno putabant.

Ibid. Alii a solstitio, ut Græci. Non dixit a quo solstitio : atqui constat Græcis duo anni fuisse initia, eaque a duobus solstitiis ducta. Unum naturale a Bruma, quo respexisse putatur Terentius in Phormione :

> Aruspex vetuit ante Brumam aliquid novi
> Incipere.

Alterum civile, qua ratione νεὸν ἐνιαυτὸν μετὰ θερινὰς τροπάς, VI de Legib., vocat Plato. Idque propter Olympicum certamen, quod proximo post solstitium æstivum plenilunio celebrabatur. De hoc posteriori initio locutum Isidorum potius reor. Nam et hoc solum solstitium veteres appellavere.

3. *Sed a Milesio quodam philosopho.* Laert., in Thalete, et Plutarch. II de Placitis philosophorum. Sed quis hunc annum naturalem appellavit? *Lunaris*, igitur, legendum? Ne id quidem satis placet.

Ibid. Quem annum antiqui sexcentesimo anno. Cur

tenebras totius efficiat solis, quod dicitur eclipsis; cujus ratio diutius obscura fuit, sed a Milesio quodam philosopho exposita est. Annus magnus dicitur, quo omnia sidera certis temporibus, numerisque completis, ad suum locum vel ordinem **12** revertuntur. Quem annum antiqui sexcentesimo anno finiri, vel adimpleri dixerunt.

4. Solstitialis annus est, cum sol, expleto per omnia signa circuitu, in id unde principium cursus sui sumpsit recurrit; ipse est solaris annus, vel civilis, qui diebus CCCLXV peragitur. Annus lunaris communis est, qui per XII lunares menses decurrit, id est, dies CCCLIV. Annus embolismus est qui lunas XIII et dies CCCLXXXIV habere monstratur, in quo anno longius dies Paschæ protenditur. Annus bissextilis est in quo unius diei per quadriennium ex quadrantis ratione summa colligitur. Annus jubilæus est remissionis, qui septenis annorum hebdomadibus, id est, XLIX annis texitur, in quo juxta legem clangebantur tubæ, et ad omnes revertebatur antiqua possessio.

5. Olympias autem est apud Græcos annus quartus, ab Olympio agone, qui venit transactis annis quatuor. In quibus finem sortitur agonis tempus, propter quadriennii cursum solis, et propterea quod singulis annis trium horarum consumptione in quadriennium dies unus completur. Hoc tempore mittebant circum civitates admonere, ut non solum undi-

A que, sed etiam ab omni genere, omnique ætate et sexu conveniretur.

6. Lustrum quinquennii tempus est apud Romanos. Dictum autem lustrum, quia census per quinquennium in republica agebatur. Deinde post peractum censum, sacrificio facto, urbs Roma **13** lustrabatur. Indictiones Romani invenerunt, quæ per singulos annos usque ad quintum decimum venientes, rursus ad primi anni principium revolvuntur.

7. Æra quoque Cæsaris Augusti tempore posita est. Dicta autem æra, ex quo orbis æs reddere professus est Romano populo. Æra a die Kalendarum Januariarum accrescit. Bissextus autem, a sexto Kalendas Martii usque ad diem pridie Kalendarum, in lunæ cursu apponitur. Annus Ægyptiorum sine bissexto habet
B initium quarto Kalendas Septembris, cum bissexto autem a tertio Kalendarum suprascriptarum.

CAPUT VII.

De temporibus.

1. Sicut ait Ambrosius, tempora sunt vices mutationum, in quibus sol certa cursus sui dimensione anni orbem diffusa varietate distinguit. Tempora autem motus siderum sunt. Unde et Deus, cum hæc institueret, dixit: *Et sint in signa, et tempora, et dies, et annos*, id est, in aliquo mutabili motu, cujus aliud prius, aliud posterius præterit, eo quod simul esse non possint. Tempus juxta Hebræos integer

ita ediderimus repugnantibus omnibus libris, ratio reddenda est. Nam in impress. et Manuscriptis vetustioribus, ut in Ovet., Goth., *vicesimo*, in alio pervetusto XX *anno* legitur. Hanc rationem qui expedire non quiverunt, *undevicesimo* fecerunt, ut est in aliis duobus recentioribus Manuscriptis Valent. et Malacitan., annum, scilicet, magnum cum decemnovenali lunæ cyclo nullo neque exemplo, neque ratione confundentes. Nam neque quisquam ita locutus est, neque in eo lunari circulo sidera omnia, sed luna sola ad ordinem suum redit. Ita sane (inquies) sed quid vicesimo, vel undevicesimo cum sexcentesimo, aut cur sexcentesimo recta scriptura putabitur? Beda, qui hujus libri plurima in suos de Nat. Rer. et ratione temporum transtulit, cap. 9 libri de Ratione temp., prioris Editionis, ita scribit: *Annus magnus est dum omnia sidera, certis cursibus exactis, ad locum suum revertuntur, quem sexcentis annis solaribus Josephus dicit impleri.* Item. lib. de Nat. Rer., posterioris Edit., cap. 35: *Annus magnus est, cum omnia simul errantia sidera ad sua quæque loca, quæ simul habuere, recurrunt. De quo Josephus in primo Antiqui-*
D *tatum libro, cum longævitatem primorum hominum describeret, ita meminit: Nullus autem ad vitam modernam, et annorum brevitatem, quibus nunc vivimus, vitam comparans antiquorum, putet falsa quæ de illis sunt dicta; et eo quod nunc vita tanto non ducatur tempore, credat neque illos ad vitæ illius longitudinem pervenisse. Illi namque, cum essent religiosi, et ab ipso Deo facti, cumque eis pabula opportuniora ad majus tempus existerent præparata, tantorum annorum curriculis rite vivebant; deinde propter virtutes, et gloriosas utilitates, quas jugiter perscrutabantur, id est, astrologiam, et geometricam, Deus eis amplius vivendi spatium condonavit; quæ nunc haud ediscere potuissent, nisi sexcentis viverent annis, per tot enim annorum curricula magnus annus impletur.* Varietatem autem hanc peperit anceps lectori scriptura hujusmodi: VIC °., e qua vel vicesimo, vel sexcentesimo cuivis promptum facere. Non est autem hic annus ille magnus vere vertens Platonicus, de quo Cicero in

Somn. Scip., in illo enim sidera omnino omnia, in
C hoc vero errantia tantum ad loca unde profecta sunt simul revertuntur. Atque hunc etiam annum magnum definit lib. V Etymolog.: *Qui fit omnibus planetis in eumdem locum recurrentibus post annos solstitiales plurimos.* Et Balbus apud Ciceronem, lib. II de Natura deorum: *Quarum ex disparibus motionibus magnum annum mathematici nominaverunt. Qui tunc efficitur, cum solis et lunæ, et quinque errantium ad eamdem inter se comparationem, confectis omnium spatiis, est facta conversio.* Quod autem antiquorum nomine unum Josephum intellexerit Isidorus, more suo fecit. Sed ne longius abeamus, eodem modo, cap. 4 præcedenti, de Hygino dixit: *Mensem autem antiqui definierunt, quandiu Luna Zodiacum circulum perducitur.*

Ibid. Alii, *quem annum antiqui magnum vocaverunt, unde a vicesimo anno finiri, vel adimpleri dixerunt.* Al., *quem annum antiqui* DXXXII, *undevigesimo anno finiri, vel impleri dixerunt.* AREV.

4. *Solstitialis annus.* Verba sunt Ambrosii, lib. IV,
D cap. 5.

Ibid. Annus jubilæus. De quo Levit. XXV.

Ibid. Alii, *juxta legem clangebatur tubis.* AREV.

5. *Olympias.* Olympias quarto anno exacto, quinto inito, agebatur; lustrum quinto expleto condebatur. Quare quinquennes olympiadas, et quinquennia lustra apud auctores reperiri nihil mirum. Vid. V Etymolog., cap. 37.

6. *Indictiones Romani invenerunt.* Quarum initia et causas alii retulere, qui de emend. temporum scripserunt.

Ibid. Fragmentum de indictione ex Codice Albanio exstat in appendice 6 ad Etymolog., lib. V, cap. 36. AREV.

7. *Dicta autem æra.* Eadem lib. V Etymolog.

CAP. VII. — N. 1. *Sicut ait Ambrosius.* Cujus sunt hujus capitis pleraque, lib. IV, cap. 5.

Ibid. Juxta Hebræos integer annus. Ita quidem apud Danielem loco citato. Alias Hebræis idem significat tempus quod reliquis gentibus.

annus est, secundum illud in Daniele : *Tempus, et* A *tempora, et dimidium temporis*. Per tempus annum significat, per tempora duos, et per dimidium menses sex.

2. Juxta Latinos autem unius anni quatuor tempora ascribuntur : hiemis, veris, æstatis, atque autumni. Hiems est cum sol in meridianis partibus immoratur, tunc enim sol longius abest, terraque rigescit gelu, atque stringitur, et prolixiora sunt spatia noctis quam diei. Hinc causa oritur, ut hibernis flatibus nimia vis nivium, pluviarumque fundatur. Ver est, cum sol ex meridianis decedens partibus super terram redit, et noctis ac diei exæquat **14** tempora, et temperiem aeris reducit, atque fovens omnia, repetendos cogit in partus, ut terra germinet, ac resoluta sulcis semina reviviscant, atque omnium generum quæ in terris vel aquis sunt annuis fetibus B successio propagetur.

3. Æstas est, cum sol in septentrionem se subrigit, et spatia diurna producit, noctes vero arctat et stringit. Itaque quo magis usu assiduo aeri huic copulatur, atque miscetur, eo amplius aerem ipsum vaporat, et humore exsiccato terra fatiscit in pulverem, et adolescere facit semina, et tanquam succos virides maturescere cogit poma silvarum. Tunc, quia et sol æstivis flagrat ardoribus, minores umbras facit in meridiano, quoniam ex alto hunc illuminat locum. Autumnus est, dum rursus sol, a summo cœli descendens, infringit æstuum magnitudinem, et, paulisper relaxato ac deposito calore, præstat temperiem, sequente tempestate ventorum, et turbine procellarum, et vi fulminum tonitruumque sonantium.

4. Quoniam certis distinctionibus vicissitudines temporum juxta priorum definitiones perstrinximus, nunc qualiter eadem tempora naturalibus circulis sibi invicem colligantur, expediamus. Ver quippe constat ex humore et igne, æstas ex igne et siccitate, autumnus ex siccitate et frigore, hiems ex frigore et humore. Unde etiam sunt tempora commotionis temperamenti dicta : cujus communionis hæc est figura.

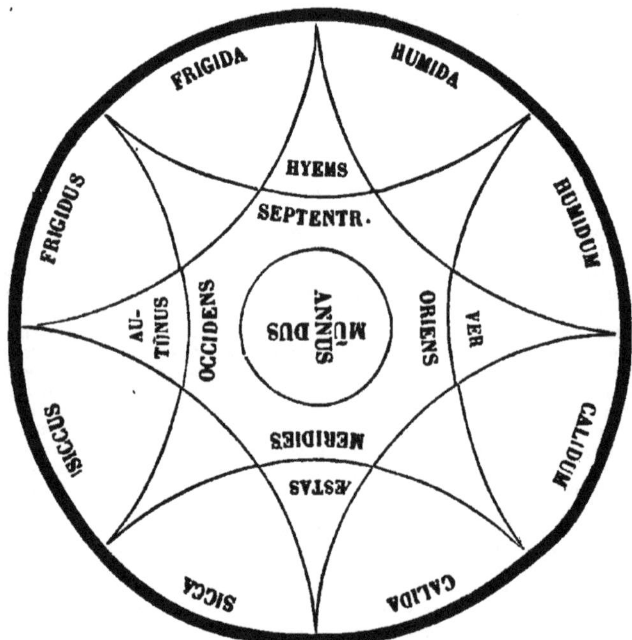

5. Quorum temporum hæc sunt principia : ver C exoritur octavo Kalendas Martias, permanens dies XCI. Æstas incipit nono Kalendas Junias, dies XCI. Autumnus sumit principium decimo Kalendas Septembris, dies XCIII. Hiems inchoat septimo Kalendas Decembris, dies XC ; unde fiunt anni dies CCCLXV. Hæc itaque secundum naturalem temporum differentiam.

6. Cæterum juxta allegoriam hiems temporalis intelligitur tribulatio, **15** quando tempestates et turbines sæculi incumbunt. Æstas est fidei persecutio, quando doctrina perfidiæ ariditate siccatur. Ver autem novitas est fidei, sive pax, quando post hiemis tribulationem

Ibid. Diffusa. Al., *inconfusa*. AREV.

2. Alii, *rigescit, gelatur, atque stringitur*. AREV.

5. *Quorum temporum hæc sunt principia*. Vulgus ternos menses singulis anni temporibus assignat. Astrologi ex Zodiaci signis æstatem et hiemem a solstitio et bruma, ver et autumnum ab æquinoctiis auspicantur. Medici temperiei rationem solam ducentes, duplo fere majora hiemem et æstatem quam ver et autumnum faciunt. His enim ver æquinoctio incipit, Aprilis prope finem desinit ; autumnus nondum exacto Augusto incipit, Novembris initio ferme terminatur. Isidoro alia ratio placuit. Nam æquinoctiis, solstitioque et brumæ singulos menses præponens, anni tempora distinguit, quæ tamen ratio Bedæ non probata est lib. de Nat. Rer., 2 Edit., cap. 34.

Ibid. Octavo Kalend. Al., *septimo Kal*. AREV.

6. *Perfidiæ ariditate*. Al., minus bene, *per fidei ariditatem*. AREV.

tranquillitas Ecclesiæ redditur, quando mensis novorum, id est, pascha agni celebratur, quando terra floribus, id est, Ecclesia sanctorum cœtibus decoratur.

7. Annus itaque ambitu solis et mensium explicatur. Tempora mutationum vicibus evolvuntur. Mensis lunæ incremento senioque conficitur. Hebdomada septenario dierum numero terminatur. Dies et nox recursantium luminum ac tenebrarum alternis vicibus reparantur. Hora motibus quibusdam et momentis expletur.

CAPUT VIII.

De solstitio et æquinoctio.

1. Solstitia duo sunt : primum hiemale octavo Kalendas Januarii, quo sol stat, et crescunt dies. B Alterum æstivum, octavo Kalendas Julias, quo sol stat et crescunt noctes. His contraria duo æquinoctia sunt; unum vernale, octavo Kalendas Aprilis quo dies crescunt : alterum autumnale, octavo Kalendas Octobris, quo dies imminuuntur.

2. Solstitium autem dicitur, quasi solis statio. Æquinoctium vero, quod tunc dies et nox in æqnitatem horarum duodenarum revertantur, coæquatis spatiis suis. Solstitium autem æstivum ideo lampas dicitur, eo quod ex eo die lampas solis claritatem majorem accipiat, caloremque nimium adventu æstatis infundat.

16 CAPUT IX.

De mundo.

1. Mundus est universitas omnis, quæ constat ex C cœlo et terra. De quo apostolus Paulus ait : *Præterit enim figura hujus mundi.* Secundum mysticum autem sensum, mundus competenter homo significatur : quia sicut ille ex quatuor concretus est elementis, ita et iste constat quatuor humoribus uno temperamento commistis.

A 2. Unde et veteres hominem in communionem fabricæ mundi constituerunt. Siquidem Græce mundus κόσμος, homo autem μικρόκοσμος, id est, minor mundus, est appellatus; licet et per mundum nonnunquam Scriptura peccatores insinuet, de quibus dictum est : *Et mundus eum non cognovit.*

3. Formatio mundi ita demonstratur. Nam quemadmodum erigitur mundus in septentrionalem plagam, ita declinatur in australem. Caput autem et quasi facies, orientalis regio, ultima pars septentrionalis. Nam partes ejus quatuor sunt : prima pars mundi est Orientis. Secunda meridiana. Tertia Occidentis. Ultima vero et extrema septentrionalis. De qua Lucanus :

> Sic mundi pars ima jacet, quam zona nivalis
> Perpetuæque premunt hiemes.

CAPUT X.

De quinque circulis.

1. In definitione autem mundi circulos aiunt philosophi quinque, quos Græci zonas vocant, in quibus dividitur orbis terræ. **17** Has Virgilius in Georgicis ostendit, dicens : *Quinque tenent cœlum zonæ.* Sed fingamus eas in modum dexteræ nostræ, ut pollex sit circulus Arcticus, frigore inhabitabilis; secundus circulus Therinus, temperatus habitabilis; medius circulus Isemerinus, torridus inhabitabilis; quartus circulus Chimerinus, temperatus habitabilis; quintus circulus Antarcticus, frigidus inhabitabilis.

2. Horum primus septentrionalis est, secundus solstitialis, tertius æquinoctialis, quartus hiemalis, quintus australis. De quibus Varro dixit :

> At quinque ætherius zonis accingitur orbis,
> Ac vastant imas hiemes, mediamque calores :
> Sic terræ extremas inter mediamque coluntur.
> Qua solis valido nunquam rota ferveat igne.

Quorum circulorum divisiones talis distinguit figura. (*Vide pag. seq.*)

Cap. VIII. — N. 1. *Hiemale* viii Kalend. Januar. Nunc ex kalendario Gregoriano xi Kalend. Januar.

Ibid. Quo sol stat. Non quod sol unquam stet, sed quod sistat cursum non ulterius descendens, sed regrediens. Quod idem de æstivo (quod solum solstitium appellarunt antiquiores) intelligendum. Neque enim ulterius sol ascendit.

Ibid. Alterum æstivum viii *Kalend. Jul.* Nunc xi Kalend. Jul.

Ibid. Vernale viii *Kalend. April.* Nunc xiii Kalend. D April. Antumnale vero Kalend. Octob.

Ibid. Quo sol stat. Hoc est, stare videtur, dum descendit, et regreditur. Arev.

2. Alii, *quod ex eo perfundat diem lampas solis claritate majore, caloremque nimium advenientis æstatis accipiat.* Arev.

Cap. IX. — N. 1. *Quia sicut ille ex quatuor elem.* Hæc magis expolivit lib. i Sentent., cap. 11.

Ibid. Concretus. Al., *creatus.* Arev.

3. *Nam quemadmodum erigitur mundus.* Virgil., i Georg.

> Mundus ut ad Scythiam, Riphæasque arduus arces,
> Consurgit, premitur Lybiæ devexus in Austros.

Ibid. Pars septentrionalis. Al., *pars occidentalis.* De quatuor mundi partibus ita explicatis vide Etymologiar. lib. iii, cap. 30, et 41. Arev.

Cap. X. — N. 1. *Quas Græci zonas vocant.* — *Quas Græci parallelôs, id est, zonas vocant,* libri omnes. Mendose, ut apparet ex iii Etymolog., cap. 43, et lib. xiii, cap. 6. Ubi cum his eadem repetantur, tamen hæ duæ voces, *parallelos, id est,* non leguntur. Eas quisquis addidit parum Græcam vocem existimavit zonam, legeratque apud Plinium, lib. vi, cap. 33 : *Plura sunt segmenta mundi, quæ nostri circulos appellavere, Græci παραλλήλους.*

Ibid. Virgilius, de quinque zonis, i Georg., 232. Arev.

2. *Qua solis valido nunquam rota ferveat igni.* Ex iis qui fragmenta poetarum edidere. Veterum tamen librorum scripturas referemus, si quis forte melius conjiciat : *Quam solis valido nunquam ut auflerra a igne.* Ovet. *Quam solis valido nunquam aut auffera igne.* Toletan., Malacitan. et Valent. *Quam solis valido nunquam vis auxerat igne.* Impress. Unde quis fortasse fecerit. *Quas solis valido nunquam vis usserit igne.* Vel : *Qua solis validos nunquam vis afferat ignes.* Nam illud *auxerat* ex *afferat* duobus digammis scripto confectum putamus, vel etiam : *Quas solis valido nunquam vis afflet ab igni.*

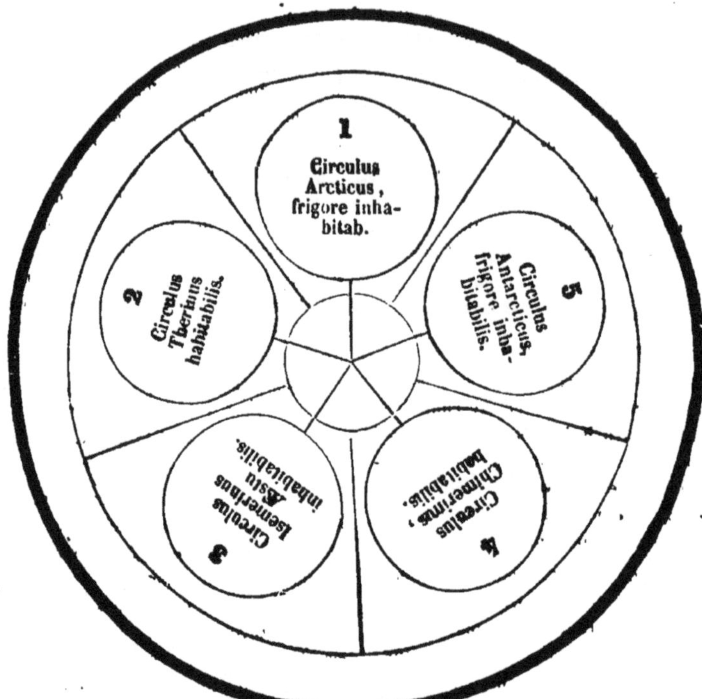

3. Sed ideo æquinoctialis circulus inhabitabilis est, quia sol per medium cœlum currens nimium istis locis facit fervorem, ita ut nec fruges ibi nascantur propter exustam terram, nec homines propter nimium ardorem habitare permittantur. At contra septentrionalis et australis circuli sibi conjuncti idcirco non habitantur, quia a cursu solis longe positi sunt, nimioque cœli rigore ventorumque gelidis flatibus contabescunt.

4. Solstitialis vero circulus, qui in Oriente inter septentrionalem et æstivum est collocatus, et iste qui in Occidente inter æstivum et australem est positus, ideo temperati sunt, quod ex uno circulo rigorem, ex altero calorem habeant. De quibus Virgilius :

> Has inter, mediamque duæ mortalibus ægris
> Munere concessæ divum.

18 Sed qui proximi sunt æstivo circulo, ipsi sunt Æthiopes nimio calore perusti.

CAPUT XI.

De partibus mundi.

1. Partes mundi quatuor sunt : ignis, aer, aqua, terra. Quarum hæc est natura : ignis tenuis, acutus et mobilis; aer mobilis, acutus et crassus ; aqua crassa, obtusa et mobilis; terra crassa, obtusa, immobilis. Quæ etiam sibi ita commiscentur. Terra quidem crassa, obtusa et immobilis, cum aquæ crassitudine et obtusitate colligatur. Deinde aqua aeri crassitu- A dine et mobilitate conjungitur. Rursus aer igni communione acuti et mobilis colligatur. Terra autem et ignis a se separantur, sed a duobus mediis aqua et aere junguntur. Hæc itaque ne confusa minus intelligantur, subjecta expressi pictura.

B

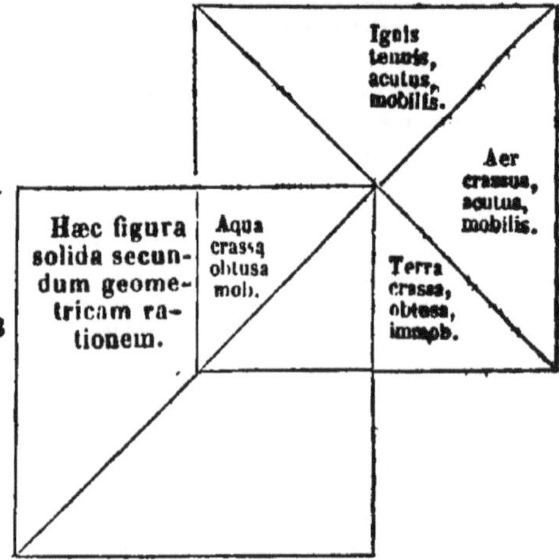

2. Cæterum sanctus Ambrosius eadem elementa per qualitates **19** quibus sibi invicem quadam naturæ communione commiscentur ita his verbis distinguit : *Terra*, inquit, *arida et frigida est ; aqua*

---

3. *Sed æquinoctialis circulus inhabitabilis.* Primus Avicenna habitationi commodissimum dixit, quod reapse compertum est.

Ibid. At contra septentrionalis et australis circuli sibi conjuncti. Sibi, id est, æquinoctiali conjuncti, et proximi. Alioqui inter se longe distantes.

Cap. XI. — N. 2. *Cæterum sanctus Ambrosius.* Lib. III, cap. 4.

Ibid. Jugabiles qualitates. Ita Ovet. *Jugales*, reliqui et Ambros.

frigida atque humida; aer calidus atque humidus; ignis calidus atque siccus. Per has enim jugabiles qualitates sic sibi singula commiscentur. Terra enim, cum sit arida, et frigida, conjungitur aquæ per cognationem qualitatis frigidæ. Rursus aqua aeri per humorem, quia humidus est aer. Aqua vero quasi quibusdam duobus brachiis frigoris, atque humoris, altero terram, altero aerem videtur complecti, frigido quidem terram, aerem humido.

3. *Ipse quoque aer medius inter duo compu-* A *gnantia per naturam, hoc est, inter aquam et ignem, utrumque illud elementum sibi conciliat, quia aquæ humore et igni calore conjungitur. Ignis quoque, cum sit calidus, et siccus, calore aeri annectitur, siccitate autem in communionem terræ sociatur, atque ita sibi per hunc circuitum, quasi per quemdam chorum concordi societate conveniunt. Unde et Græce στοιχεῖα dicuntur, quæ Latine elementa vocantur, eo quod sibi conveniunt et concinunt.* Quorum distinctam communionem subjecti circuli figura declarat.

CAPUT XII.

De cœlo.

1. Cœlum spiritualiter Ecclesia est, quæ in hujus vitæ nocte sanctorum virtutibus, quasi claritate side- B rum, fulget. Pluraliter autem cœli nomine sancti omnes, vel angeli intelliguntur. Siquidem **20** per cœlos etiam prophetas et apostolos accipere debemus. De quibus scriptum est: *Cœli enarrant gloriam Dei;*

3. *Per quemdam chorum concordi societate conveniunt.* Per quemdam chorum concordiæ societatisque, Ambrosius.

Ibid. Unde et Græce στοιχεῖα. Mendose libri omnes, κοινά. Nam, præterquam quod apud Ambrosium et Basilium στοιχεῖα, etiam XIII Etymolog., cap. 3: *Græci autem elementa* στοιχεῖα *nuncupant, eo quod sibi societatis concordia, et communione quadam conveniant.*

Cap. XII.—N. 1. *Virtutibus.* Al., *exemplis, ac virtutibus.* Hic locum habere potest opusculum, sive fragmentum de cœlo, de quo vide Isidoriana, cap. 86, n. 5: « Quæritur utrum unum sit cœlum, an plures. Dicuntur autem pluraliter, quamvis in hoc libro singulari numero dicatur cœlum, quod dividitur inter aquam et aquam. Legimus in psalmo pluraliter: *Et aquæ, quæ super cœlos sunt, laudent nomen Domini.*

« Cœlos enim cœlorum si bene intelligimus, sidereos aeriorum quasi superiores inferiorum accipimus, sicut dictum est: *Laudate eum, cœli cœlorum.* Satis apparet hunc aerium non solum cœlum, sed etiam cœlos dici, sicut dicuntur et terræ, neque aliud significat quam illa quæ singulariter terra dicitur, cum dicimus *orbem terrarum*, et *orbem terræ*.

« Nomina autem cœlorum hæc sunt: aer, æther, olympus, spatium igneum, firmamentum, cœlum angelorum, cœlum Trinitatis.

« Quæritur quæ forma et figura cœli esse credenda sit, cum in Scripturis sanctis et pellis, et cameræ figuram ejus inveniamus. Quid enim tam diversum, et sibimet adversum, quam pellis extensio, et cameræ connexio? Et utrum undique, sicut sphæra, cœlum concludat terram, in media mundi mole libratam, et eam ex una parte operiat, velut discus, sicut philosophi putaverunt?

« Resp. Hæc duo testimonia, quæ in Scripturis reperta sunt, sibi invicem concordant, simulque et philosophorum opinio in modum sphæræ. Nam et cameræ similitudo convenit cum sphæra secundum eam partem sphæræ quæ super est. Ergo illa si sphæra non est, ex una parte cœlum terra contegit. Si autem sphæra, undique camera est.

« Sic quidem et discus sicut camera et sicut sphæ- C ra, figuratur. Sed illud quod de pelle dictum est, qualiter concordare possit disseramus. Quia vero camera non solum curva, verum etiam plana recte dicitur, profecto et pellis non solum in planum, verum etiam in rotundum sinum extenditur. Nam et uter, et vesica pellis est.

« Quæritur, quomodo cœlum vocatur firmamentum, cum sciatur moveri. Si movetur, quomodo vocatur firmamentum? Si autem stat, quomodo sidera, quæ in illo fixa sunt, creduntur ab oriente usque in occidentem, et rursus in orientem circumire?

« Resp. Non propter stationem cœlum vocatum est firmamentum, sed propter firmitatem et transgressibilem terminum superiorum aquarum, atque inferiorum, eo quod in suo circulo firmum permaneat, et aquas super se firmiter atque intransgressibiliter conservatas contineat.

« Quæritur utrum nunc illud cœlum fiat, quod cœ-

utique quod **21** ipsi adventum et mortem, ipsi quoque resurrectionem Christi et gloriam mundo annuntiaverunt.

2. De cœli autem nomine sic dicit sanctus Ambrosius in libris quos scripsit de creatione mundi: *Cœlum Græco vocabulo* οὐρανὸς *dicitur; apud Latinos autem propterea cœlum appellatur, quia impressa stellarum lumina, veluti signa, habens, tanquam cœlatum dicitur, sicut argentum, quod signis eminentibus refulget, cœlatum vocatur.* Hujus enim esse subtilem naturam etiam Scriptura demonstrat, dicens, quod firmavit cœlum sicut fumum.

3. Partes autem ejus: chous, axis, cardines, convexa, poli, sidera. Chous, quod cœlum continet. Unde Ennius: *Vix solum complere choum terroribus cœli.* Axis, linea recta, quæ per mediam pilam sphæræ tendit. Cardines, extremæ axis partes sunt. Convexa, **22** extrema cœli. Poli, ex cœlestibus circulis cacumina, quibus maxime sphæra nititur: quorum alter ad Aquilonem spectans Boreus, alter terræ oppositus Austronotus dictus est.

4. Cœlum autem ab Oriente ad Occidentem, semel in die et nocte verti sapientes existimant. Hoc autem rotundum, volubile, atque ardens esse dixerunt. Cujus sphæram super aquas esse putaverunt, ut in ipsis volvatur, ejusque incendium temperent. Sphæram autem confirmant, nec principium habere, nec terminum, pro eo quod rotunditate sui, quasi circulus, unde incipiat, vel ubi desinat, facile non comprehendatur. Æqualiter enim ex omni parte fertur esse collecta, et omnia similiter respiciens, atque a centro terræ æquis spatiis distincta; ipsaque sui æqualitate ita stabilis, ut eam in nullam partem declinare undique æqualitas collecta permittat, ac nullo fulcimento subvecta sustentetur.

5. Cujus perfectionem sphæræ vel circuli multis argumentationibus tractans, rationabile Plato Fabricatoris mundi opus insinuat. Primo, quod ex una linea constat. Secundo, quod sine initio est, et sine fine. Tertio, quod a puncto efficitur. Denuo, quod motum ex se habeat. Deinde quod careat indicio angulorum, et quod in se cæteras figuras omnes includat,

cedit omnia spatia aeris, omnemque altitudinem, ubi etiam luminaria, stellæque constituuntur quarta die, an ipse aer vocetur firmamentum? Merito ergo quæritur, cum multi affirment aquarum naturam super sidereum cœlum esse non posse, eo quod sic habeant ordinatum pondus suum, ut vel super terram fluctuent, vel in aere proximo terris vaporaliter ferantur.

« Dicunt quoque igneum esse cœlum, et non posse cum eo concordari naturam aquarum, et quod cœlum sit rotundum, et volubile, et ardens, et in illo volubili circuitu aquas stare non posse. Resp. Desinant insanire qui hoc putant, atque confusi cognoscant hoc quod Veritas ait.

« Et nos eis ex ipsis visibilibus naturis asseramus Scripturæ fidem, ut possint cognoscere quæ illis dubietas de invisibilibus erat. Nam Scripturæ consuetudo est non solum nomine, sed etiam illorum (sic) aerem hunc cœlum appellare; et cum aves in aere volitent, cœli volatilia appellantur, et serenum atque nubilum cœlum dicimus de aere.

« Nam et ipse Dominus, cum de nubibus loqueretur, inquit: *Faciem cœli probare potestis.* Igitur et aer, qui est inter vapores humidos, unde superius nubila conglobantur, et maria subterfusa, ostenditur esse cœlum inter aquam et aquam.

« Non ergo impediuntur pondera elementorum, quia si potest aqua ad tantas guttarum minutias pervenire, sicut videmus, ut super istum aerem vaporaliter feratur, qui natura levior est vel quis, cur non possunt super illud levius cœlum minutioribus guttis et levioribus emanare vaporibus?

« Et quod illi asserunt, stellam quam Saturnum appellant esse frigidam, et quod per annos triginta peragat circulum suum, eo quod superiori circulo graditur, quod (sol) facit per annum, luna per mensem, et ista ideo brevius, quia inferius tenent locum; unde ergo sit illa stella frigida, quæ tanto ardentior esse debuit, quanto super cœlos rapitur, quæ quotidianis diebus velocius currit, nisi quia facit eam frigidam esse aquarum natura, quæ super summum illud cœlum est?

« Cognoscant ergo hi, et insanire desinant, quia qui potuit cuncta creare ex nihilo, et illas potuit aquas glaciali soliditate stabilire in cœlo. Nam quod ipsi dicitur: *Qui volvis orbem stellis ardentibus refulgentem*, nonne divina providentia necessario prospexit, ut intra orbem cœli, et super orbem redundarent aquæ, quæ illa ferventis axis incendia temperarent, ne conflagratio superioris inferiora elementa succenderet?

« Nos vero quomodo, et qualeslibet aquæ ibi sint (ignoramus); esse eas super summum illud cœlum minime dubitamus. Major enim est Scripturæ ejus auctoritas, quam omnis humani ingenii capacitas. » Arev.

2. *Ambrosius in libris.... cœlatum vocatur.* Lib. II, cap. 4.

Ibid. Hujus enim esse subtilem.... sicut fumum. Lib. I, cap. 6. Sunt vero Isaiæ verba, cap. 51, ex LXX Interpret., ὅτι οὐρανὸς ὡς καπνὸς ἐστερεώθη.

3. *Cous*, vel *covus*, vel *chous.* Varro, lib. IV: *Sub jugo medio covum, quod bura extrema addita oppillatur, vocatur covum a cavo.* Festus: *Cohum, lorum, quo temo buris cum jugo colligatur, a cohibendo dictum. Cohum Poetæ cœlum dixerunt a Chao, ex quo putabant cœlum esse formatum.* Ego a *cohibendo* hoc quoque ductum arbitror. Quod etiam voluisse videtur Isidorus, dicens: *Cohum, quod Cœlum continet.*

Ibid. Poli ex cœlestibus circulis cacumina.... dictus est. Hyginus, lib. I: *Hujus autem* (de axe loquens) *cacumina, quibus maxime sphæra nititur, poli appellantur, quorum alter ad Aquilonem spectans, Boreus; alter appositus Austro, Notius est dictus.* Nihil tamen in Isidoro mutavimus. Nam, et australem, et notium, et austronotum, vel austronotium, hunc polum dici constat. Terræ vero oppositum dixit Isidorus, quod objectu terræ (ut ait Arati interpres) a nobis non videatur. Vid. lib. III Etymolog., et lib. XIII.

Ibid. Sidera. Chous, quod cœlum continet. Al., *hemisphæria. Chous, quo cœlum continetur.* Arev.

4. *Atque ardens esse dixerunt.* In his fuit etiam Plato, qui cœlum astraque ignea esse scripsit. Sed (ut interpretatur Galenus) non hoc igne, qui urendi vim habeat, sed alio, qui luminis tantum sit particeps. Antiquorum rationem refutavit Aristoteles; ita tamen, ut Basilio et Ambrosio (quos hic noster auctores habet) suam ipse probare non potuerit.

Ibid. Ejus incendium temperent. Idem, cap. seq., ex Ambros.

Ibid. Sphæram autem confirmant. Hygin., l. I, initio,

Ibid. Cœlum autem, etc. Al., *hemisphæria duo sunt, quorum alterum est super terram, alterum subter terram. Cœlum autem*, etc. Arev.

5. *Quod careat indicio angulor.* Ita o. libri. Forte *Incisione angulor.* Cicero: *Nihil incisum angulis.*

Ibid. Quod in se cæteras. In se stellarum, lib. o., mendose.

et quod motum inerrabilem habeat, siquidem sex alii motus errabiles sunt, ante, a tergo, dextra, lævaque, sursum, deorsum. Postremo, et quod necessitate efficiatur, ut hæc linea ultra circulum duci non possit.

6. Duo sunt autem, ut diximus, poli, quibus cœlum volvitur, Boreus, quem Aquilonium vocamus. Hic Arcti, id est, septentriones, qui nobis semper apparent. Cui contrarius est Notius, qui australis dicitur. Hic est, qui terra, ut ait Cicero, tegitur, et
23 ἀφανής a Græcis nominatur. Tanta autem polus celeritate ferri dicitur, ut nisi adversus ejus præcipitem cursum astra currant, mundi ruinam faciant. Fertur enim ejus præceps volubilitas cursu siderum temperari. Unde Lucanus :

> Sideribus quæ sola fugam moderantur olympi,
> Occurruntque polo, diversa potentia prima
> Mundi lege data est.

CAPUT XIII.

De septem planetis cœli et eorum conversionibus.

1. Ambrosius sanctus, in libro Hexaemeron sic
A loquitur, dicens : *Legimus in David : Laudate eum cœli cœlorum. Utrum enim unum sit cœlum an plures, contentio est, dum aliqui multos esse* 24 *asserunt, alii autem, præter unum, alios esse negant. Philosophi autem mundi septem cœlos, id est, planetarum globos consono motu introduxerunt. Quorum orbibus connexa memorant omnia, quod sibi nexos et velut insertos versari retro et contrario cæteris motu ferri arbitrantur.* Siquidem in ecclesiasticis libris, et *cœli cœlorum* leguntur, et apostolus Paulus usque ad tertium cœlum fuisse se intelligit raptum. 25 Sed de numero eorum nihil sibi præsumat humana temeritas. Fecit autem eos Deus non informes, vel confusos, sed ratione quadam ordine suo distinctos. Nam superioris circuli cœlum proprio discretum termino, et æqua-
B libus undique spatiis collectum ostendit, atque in eo virtutes spiritualium creaturarum constituit. Cujus quidem cœli naturam artifex mundi Deus aquis temperavit, ne conflagratio superioris ignis inferiora elementa succenderet. Dehinc circulum inferioris

6. *Tanta autem polus celeritate*, etc. Eadem lib. III Etymolog., cap. 34.

Cap. XIII. — N. 1. *Ambrosius s. in Lib. Hexam.* Cap. 2 lib. II.

Ibid. Opusculum Isidori de harmonia et cœlesti musica, quod in Isidorianis, cap. 86, num. 3, recensui, ad hoc caput et ad sequentia referri potest, et est hujusmodi : « Luna est primus planetarum, minima stellarum, sed major cæteris videtur, quia proxima terræ nobis circulo fertur. Hujus corpus est globosum, natura igneum, sed aqua permistum. Unde proprium lumen non habet, sed in modum speculi illuminatur, et ideo luna quasi *lucina*, id est, a luce nata, nominatur.

« Quod autem quasi nubecula in ea videtur, ex aquæ natura creditur. Dicitur enim (*quod*) si aqua permista non esset, terram, ut sol, illuminaret, seu illustraret, imo ob vicinitatem maximo ardore vastaret. Globus namque ejus multo terra est amplior, licet ob altitudinem circuli sui videatur vix modii, fundo major.

« Luna ea parte lucet, qua soli est opposita ; ea autem parte est obscura, quæ a sole est aversa. A sole vero longius remota lucet tota. Non enim crescit, nec minuitur, sed objectu terræ lumine quod a sole accipit irradiatur.

« Hæc licet quotidie violentia firmamenti ab oriente in occidentem feratur, tamen contra mundum nitens omnia zodiaci signa XXVII diebus pervagatur. Circulum autem suum XVIII annis perambulare affirmatur.

« Luna IV, si rubeat, quasi aurum, ventos ostendit ; si in summo corniculo maculis nigrescit, pluvium mensis exordium ; si in medio pleni luminis, serenum.

« *De Mercurio.* — Secundus planeta est Mercurius, qui et *Stilbol*. Globus natura igneus, lunam magnitudine vincens, lumen a sole accipiens, signiferum CCXXIX diebus percurrens.

« *De Venere.* — Tertius planeta est Venus, qui et Vesperus, Lucifer, et Vesper; rotundus, igneus, contra mundum nitens, ut Mercurius, signiferum percurrit CCCXLVIII diebus.

« *De Sole.* — Quartus planeta est sol, inde dictus, quia solus lucet cæteris stellis obscuratis, vel quod sit super omnia lucens, forma sphæricus, nam igneus ; magnitudine octies terram vincens, omnibus stellis lumen præbet.

« Hic ab Oriente in Occidentem impetu firmamenti fertur, sed contra mundum nitens, per totum zodiacum CCCLXV diebus graditur, circulum autem suum XXVIII annis perambulare traditur.

« Hujus præsentia diem, absentia vero ejus efficit noctem. Sicut enim tota die super terram, sic tota nocte lucet sub terra. Aquilonarem partem cœli peragrans, facit nobis longos dies, et æstatem ; Australem vero percurrens, inducit nobis breves dies, et hiemem.

« Sol in ortu suo maculosus, vel sub nube latens, pluvialem diem præsagit ; si rubeat, sincerum ; si palleat, tempestuosum. Si concavus videtur, ita ut,
C in medio fulgens, radios ad austrum emittat, tempestatem humidam et ventosam præsignat ; si pallidus in nigras nubes occidat, aquilonis ventum.

« *De Marte.* — Quintus planeta est Mars, qui *Efevona*, globus igne fervidus, percurrit signiferum duobus annis.

« *De Jove.* — Sextus planeta est Jupiter, qui *Epheton* dicitur, rotundus, temperatus, zodiacum peragrans XII annis.

« *De Saturno.* — Septimus planeta Saturnus est, qui *Ephetonta* dicitur, spiritus gelidus, contra mundum, ut superiores, gradiens, signiferum XXX annis percurrens. In ortu Saturni post XXX annos qui imaginem de aere funderet, loqui eam cum homine probaret. Omnes autem post DXXXII annos circulos suos peragrat.

« Terræ centro absides planetarum, id est, circuli, altissimæ sunt : Saturno in Scorpione, Jovi in Virgine, Marti in Leone, Soli in Geminis, Veneri in Sagittario, Mercurio in Capricorno. Lunæ in ariete
D mediis ovium partibus, et e contrario a terræ centro humillimæ atque proximæ. Suus cuique color est : Saturno candidus, Jovi clarus, Marti igneus, Lucifero *candens*, Vespero refulgens, Mercurio radians, Lunæ blandus, Soli ardens.

« Mutantur autem colores propinquis circulis natura; frigidior in pallorem, ardentior in ruborem, ventosus in horrorem, atque in obscuritatem. Signifer, id est, circulus XII signorum dividitur in XII partes per latus. Sub his feruntur VII planetæ. Sol sub mediis tantum duabus. Luna per totam latitudinem. Venus excedens cum binis partibus duabus in medio IV supra duabus in terra. Mars sub IV mediis. Jupiter sub media, et supra eam duabus. Saturnus sub duabus mediis, ut sol.

« Hi septem orbes cum dulcisona harmonia volvuntur, ac suavissimi concentus eorum circuitione efficiuntur. Qui sonus ideo ad nostras aures non pervenit, quia ultra aures fit, et ejus magnitudo no-

cœli, non uniformi, sed multiplici motu solidavit, nuncupans eum firmamentum propter sustentationem superiorum aquarum.

26 CAPUT XIV.

De aquis quæ super cœlos sunt.

1. Hæc est Ambrosii sententia : « Aquas super cœlos sapientes mundi hujus aiunt esse non posse, dicentes : igneum esse cœlum, non posse concordari cum eo naturam aquarum. Addunt quoque, dicentes rotundum, ac volubilem, atque ardentem esse orbem cœli, et in illo volubili circuitu aquas stare nequaquam posse. Nam necesse est, ut defluant, et labantur, cum de superioribus ad inferiora orbis ille detorquetur, ac per hoc nequaquam eas stare posse aiunt, quod axis cœli concito se motu torquens eas volvendo effunderet. »

2. Sed hi tandem insanire desinant, atque confusi agnoscant, quia qui potuit cuncta creare ex nihilo, potuit et illam aquarum naturam glaciali soliditate stabilire in cœlo. Nam cum et ipsi dicant volvi orbem stellis ardentibus refulgentem, nonne divina Providentia necessario prospexit, ut inter orbem cœli redundarent aquæ, quæ illa ferventis axis incendia temperarent ?

CAPUT XV.

De natura solis.

1. Hæc sunt verba Ambrosii in Libro Hexaemeron. *Solem*, inquit, *philosophi negant calidæ esse naturæ, eo quod albus sit, non rubicundus, aut rutilus in speciem ignis, et ideo quod nec ignitus natura sit. Si quid habet caloris, ferunt præ nimio motu conver*-

A *sionis accidere. Quod ideo dicendum putant, ut nihil videatur humoris consumere, quia calorem, quo humor, vel minuitur, vel plerumque exhauritur, non habet naturalem. Sed nihil agunt, cum ista proponunt, quia nihil interest utrum ex natura calorem quis habeat, an ex passione, vel ex alia causa.*

2. *Nos autem credimus eum sicut habere virtutem illuminandi,* 27 *ita etiam vaporandi. Igneus est enim sol ; ignis autem et illuminat, et exurit.* Quidam autem dicunt solis ignem aqua nutriri, et ex contrario elemento virtutem luminis, et vaporis accipere ; unde frequenter solem videamus madidum, atque rorantem ; in quo evidens dat indicium, quod elementum aquarum ad temperiem sui sumpserit.

3. Hoc quantum ad naturam ejus pertinet. At vero B juxta spiritualem intelligentiam, sol Christus est, sicut in Malachia scriptum est : *Vobis autem credentibus justitiæ sol orietur, et sanitas in pinnis ejus.* Merito autem Christus sol intelligitur dictus, quia ortus occidit secundum carnem, et secundum spiritum de occasu rursus exortus. Item sol illuminat, et exurit, et opaco tempore confovet sanos, febricitantes vero flagrantia geminati caloris incendit ; ita et Christus credentes fidei spiritu vegetante illuminat, negantes se æterni ignis ardore torrebit.

CAPUT XVI.

De quantitate solis et lunæ.

1. Rursus in eodem opere Doctor idem ita testatur : *Solis radius nulli propior, nulli longinquior est.* C *Similiter et lunæ globus æqualis est omnibus. Similis sol est et Indis et Britannis ; eodem momento ab utris*-

strum angustum auditum excedit, nullus enim sonus a nobis percipitur, nisi in hoc aere efficiatur.

« A terra autem usque ad firmamentum cœlestis musica mensuratur. Ad cujus exemplar nostra inventa affirmatur. In terra namque Γ gamma, in Luna A, in Mercurio B, in Venere C, in Sole D, in Marte E, in Jove F, in Saturno G ponitur; profecto mensura musicæ artis invenitur.

« Unde a terra usque ad firmamentum VII toni reperiuntur; a terra enim usque ad Lunam est tonus, a Luna usque ad Mercurium est semitonus, a Mercurio usque ad Venerem semitonus ; inde usque ad Solem tria semitona; et a Sole usque ad Martem tonus : inde ad Jovem semitonus ; inde ad Saturnum semitonus; inde ad Saturnum III semitona, quæ simul juncta VII tonos efficiunt.

« Tonus autem habet XV, DCXXV milliaria, semitonus vero VII, DCCCXII, et semissem. Unde et philosophi IX musas finxerunt, quia a terra usque ad cœlum IX consonantias deprehenderunt, quas homini naturaliter insitas invenerunt.

« *De homine, qui musica est.* — Sicut enim mundus hic VII tonis, et nostra musica VII vocibus distinguuntur, sicut compago, unde corpus, VII modis conjungitur, dum corpus IV elementis, anima tribus viribus copulantur, quæ musica arte naturaliter reconciliantur; unde et homo microscosmus, id est, minor mundus dicitur; dum sic consono numero cœlesti musicæ participare cognoscitur.

« A terra autem usque ad Lunam sunt CXXVI stadiorum, quæ sunt XD, DCXXV milliaria. A Luna ad Mercurium VII DCCCXII milliaria, et semis. Inde ad Venerem tantum. Inde ad Solem XXIII, CCCCXXXVI milliaria. Inde ad Martem XV, DCXXV milliaria. Inde ad Jovem VII, DCCCXII milliaria, et semis. Inde ad Saturnum tantum. Inde ad firmamentum XXIII, CCCCXXXVI milliaria.

« Sunt itaque a terra usque ad cœlum milliaria C millia, et novem millia, et CCCLXXV milliaria. Ignem per globos planetarum transcendimus, nunc cœlestia penetremus. » Nomina quædam planetarum ita scripsi, ut in Ms., et apud nonnullos medii ævi scriptores reperiuntur. Quæ de imagine in ortu Saturni dicuntur, astrologiam judiciariam sapiunt. AREV.

2 *Cujus quidem cœli naturam Deus aquis temperavit.* Ibid., cap. 3.

Ibid. Alii, *propter sustentationem solidatam aquarum supernarum.* Hæc veterum opinio, quod cœlum Deus aquis temperaverit, explicatur in opusculo relato ad cap. 12, num. 1. Alia vide in not. ad Dracontium, lib. I, vers. 25, 137. AREV.

CAP. XIV.—N. 1. *Hæc est Ambrosii sententia.* Lib. D II cap. 3.

2. *Ut inter orbem cœli, et supra orbem,* addit Ambrosius.

Ibid. Grialius, *sed ut tandem.* AREV.

CAP. XV.—N. 1. *Hæc sunt verba Ambros. vel ex alia causa.* Lib. II cap. 3.

2. *Nos autem credimus eum sicut habere virt... exurit.* Ejusd. lib. IV. cap. 3.

Ibid. Igneus est enim sol... rorantem. Arati interpres : *Sol interea, dum igneus sit, præ nimio motu conversionis suæ amplius incalescit. Cujus ignem dicunt philosophi aqua nutriri, et e contrario elemento virtutem luminis, et caloris accipere, unde videmus eum sæpius madidum atque rorantem.*

Ibid. In quo evidens ... sumpserit. Verba sunt Ambrosii, loco citato.

3. *Opaco tempore.* Al., *opaco sopore.* AREV.

CAP. XVI. — N. 1. *Rursus in eod. op. doctor idem.* Lib. IV, cap. 6.

Ibid. Eodem momento ab utrisque videtur. Hæc,

que videtur, cum oritur, nec cum vergit in Occasum minor apparet Orientalibus; nec Occidentalibus, cum oritur, inferior quam Orientalibus æstimatur. Quantum distat, inquit, *Oriens ab Occasu, tantum hoc sibi invicem distat. Sed sol a nullo distat, nulli præsentior, nullique remotior est.*

2. *Neque moveat quemquam, quod tanquam cubitalis in orbe suo videtur, cum oritur; sed considerare oportet quantum intersit spatii* **28** *inter solem et terram, quod aspectus nostri infirmitas et quædam ægritudo vix valet intendere.* Hunc autem ampliorem aliquot partibus, quam terram esse sapientes describunt.

3. Lunam minorem esse dicunt quam solem; omnia enim quæ proxima sunt nobis majora videntur, longinquitate autem locorum visus languescit. Lunam ergo videmus prope nos esse, nec eam majorem aspectui nostro quam solem. Ideoque, cum sol longe superior sit a luna, tamen nobis major videtur: jam, si prope nos accesserit, multo majorem futurum.

CAPUT XVII.

De cursu solis.

1. Dicunt antiqui, Aratus et Hyginus, solem per seipsum moveri, non cum mundo verti uno loco manentem. Nam si fixus maneret, necesse erat eodem loco occidere et exoriri a quo pridie fuerat exortus, quemadmodum cætera siderum signa oriuntur et occidunt. Præterea, si ita esset, consequens erat dies et noctes omnes esse æquales, et quam spatiosus hodiernus dies esset, tam longus semper esset futurus.

2. Nox quoque simili ratione semper æqualis permaneret, sed quoniam inæquales dies aspicimus, et solem alio loco cras occasurum, alio occidisse hesternum videamus, ideo qui diversis locis occidit, et exoritur, putant eum philosophi nequaquam cum mundo fixum volvi, sed ipsum per se moveri. Qui postquam ardentem **29** rotam Oceano tinxerit, per incognitas nobis vias ad locum unde exierat regreditur, expletoque noctis circulo, rursus de loco suo festinus erumpit; obliqua enim et fracta linea per Austrum pergit ad Boream, et ita ad Orientem revertitur. Hiemis autem tempore per plagam meridianam currit. Æstate vero Septentrioni vicinus est. Sed quando per Austrum currit, vicinior terræ est; quando vero juxta Septentrionem, sublimis attollitur.

A 3. Cui ideo Deus diversa cursus constituit loca, et tempora, ne dum semper in iisdem moraretur locis, quotidiano ea vapore consumeret. Sed ut Clemens ait, diversos accipit cursus, quibus aeris temperies pro ratione temporum dispensetur, et ordo vicissitudinum permutationumque servetur. Nam dum ad superiora conscenderit, ver temperat: ubi autem ad summum cœlum venerit, æstivos accendit calores. Descendens rursus, autumni temperiem reddit; ubi vero ad inferiorem redierit circulum, ex glaciali compage cœli rigorem nobis hiberni frigoris derelinquit.

4. Ex ipso enim sunt horæ; ex ipso dies cum ascenderit, ex ipso etiam nox cum occiderit; ex ipso menses et anni numerantur; ex ipso vicissitudines temporum fiunt, et cum sit iste minister bonus, genitus B ad vicissitudines temporum moderandas, tamen ubi secundum voluntatem Dei correptio mortalibus datur, incandescit acrius, et urit mundum vehementioribus flammis, et perturbatur aer, et plaga hominum, et corruptio terris injicitur, et lues animantibus, et pestilens per omnia mortalibus annus inducitur.

5. Quod autem Sol oriens per Austrum, id est, meridianum, iter habet, et decursa australi parte invisibilis vadit in locum suum rediens, ad instar quippe Ecclesiæ fabricatus est hic mundus, in quo Dominus Jesus Christus, sol æternus, partem suam percurrit, unde et Meridianum vocant. Aquiloni vero, id est, adversæ parti non oritur, sicut iidem, cum in judicio venerit, dicent: *Justitiæ lumen non illuxit nobis, et Sol non est ortus nobis.* C Timentibus autem Dominum oritur Sol justitiæ, et sanitas in pinnis ejus, sicut scriptum est. Malis vero meridie nox est, sicut legitur: *Dum sustinent* **30** *ipsi lumen, factæ sunt illis tenebræ; dum sustinent fulgorem, in obscura nocte ambulaverunt.*

CAPUT XVIII.

De lumine lunæ.

1. Ait Sanctus Augustinus in Psalmi decimi expositione: « Quæritur, inquit, unde habet luna lumen. Duæ tantum opiniones traduntur, sed quæ sit harum verax, dubium fertur quemquam scire posse. » Alii namque dicunt proprium eam lumen habere, globique ejus unam partem esse lucifluam, aliam vero obscuram, et dum movetur in circulo suo,

aliæque similes antiquorum opiniones, jam nunc vulgo rejiciuntur. Arev.

2. *Hunc autem ampliorem quam terram.* Octies majorem terra, ait Macrob., lib. I in Somn. Scip., cap. 20. Vid. Plutarch., lib. II de Placit. philos.

3. *Lunam minorem... majorem futurum.* Verba sunt Hygini, lib. IV, cap. de Luna. Sed corrigendus ex Isidoro Hyginus.

Ibid. Hyginus, lib. 4, cap. de luna 14, in Editione Munckeri: *Quæ proxima sunt nobis, majora necesse est esse* (legendum *videri*) *quam quæ longo dissidente intervallo videmus . . . quam solem. Illud quoque necesse est, cum sol longe absit a luna, et a nobis major videtur, si prope accesserit, multo majorem futurum:* scilicet aspectui nostro. Arev.

Cap. XVII.—N. 1. *Dicunt antiqui Aratus et Hyginus.* Arati interpres, cap. penultimo; et Hygin., lib. IV, capite de Sole. Cujus sunt hæc omnia verba: *So-* D *lem per seipsum moveri,* usque ad illa, *nequaquam per seipsum fixum volvi, sed ipsum per se moveri.* Nisi quod ea quæ illi sine cunctatione pronuntiant, ea Isidorus ipsis tribuens veluti addubitans profert.

2. *Qui postquam ardentem tinxerit Oceano rotam.* Mirum ni hæc Lucretii sunt.

Ibid. Cras occasurum. Al., *cras oriturum.* Arev.

3. *Cui ideo Deus.... consumeret.* Versa sunt Ambrosii, lib. II, cap. 3.

Ibid. Sed ut Clemens ait, diversos accipit cursus... annus inducitur. Verba sunt Clementis, lib. VIII Recognitionum.

5. Verba Malachiæ sunt: *Et orietur vobis timentibus nomen meum sol justitiæ, et sanitas in pennis ejus.* Arev.

Cap. XVIII.—N. 1. *Augustinus, in ps.* X, et lib. III de Genes., cap. 15.

eamdem partem, qua lucet, paulatim ad terras converti, ut videri a nobis possit, et ideo prius quasi corniculato lumine fulget.

2. Nam et si formes pilam ex parte media candidam, ex parte obscuram, tunc eam partem, quæ obscura est, si coram oculis habeas, nihil candoris aspicies; cum cœperis illam candidam partem paulatim ad oculos convertere, primum veluti cornua candoris videbis; dehinc sensim crescet, donec tota pars candens opponatur oculis, et nihil obscurum alterius partis videatur; quam si denuo paulatim converteris, incipit obscuritas apparere, et candor minui, donec iterum ad cornua redeat, ac sic totus candor ab oculis avertatur, et sola iterum obscura pars possit videri. Quod fieri dicunt, cum lumen lunæ videtur crescere usque ad quintamdecimam, et rursus usque ad tricesimam minui, et redire ad cornua, donec penitus nihil in ea lucis appareat.

3. At contra alii dicunt lunam non suo fulgere lumine, sed a sole accipere lumen. Sol enim illi loco superior est. Hinc evenit ut quando sub illo est, parte superiore luceat, inferiore vero, quam habet ad terras, obscura sit. Cum vero ab illo discedere cœperit, illustretur ex ea parte, quam habet ad terram, incipiens a cornibus. Sicque paulatim, sole longius discedente, pars omnis subterior illuminatur, donec efficiatur quintadecima luna. Post dimidium autem mensem, cum cœperit ex alio semicirculo propinquare soli, quanto magis superiore parte illustratur, tanto magis **31** ab ea parte quam terris avertit, non potest excipere radios solis, et propterea videtur decrescere.

4. Illud certe manifestum est, et cuilibet advertenti facile cognitum, quod luna non augeatur ad oculos nostros, nisi a sole recedendo, neque minuatur, nisi ad solem ex parte alia propinquando. Ab illo ergo accipit lumen, et cum sub illo est, semper exigua est; cum vero ab illo longius abcesserit, fit ampla, suoque ambitu plena. Si enim suo lumine uteretur, necesse erat semper eam esse æqualem, nec die XXX exilem fieri; et si suo lumine uteretur, hujus nunquam eclipsis fieret.

5. Cæterum, quantum ad intellectum pertinet mysticum, luna hujus mundi speciem tenet, quia sicut ista menstruis completionibus deficit, ita mundus ad conflationem temporum currens quotidianis defectibus cadit. Luna quippe elementi sui varietate diversis cursibus desinit ut crescat, crescit ut desinat. Sed ideo alternis vicibus commutationem sideris repræsentat, ut doceat homines ex ortu morituros, et ex morte victuros; atque ideo cum senescit, mortem corporum prodit; cum augetur, æternitatem indicat animarum.

6. Nonnunquam vero eadem luna etiam Ecclesia accipitur, pro eo quod sicut ista a sole, sic Ecclesia a Christo illuminatur. Sicut enim luna deficit atque crescit, ita Ecclesia defectus habet et ortus. Frequenter enim defectibus suis crevit, et his meruit ampliari, dum persecutionibus minuitur, et confessorum martyrio coronatur. Item sicut luna larga est roris et dux humentium substantiarum, ita Ecclesia baptismi et prædicationum. Et quemadmodum, luna crescente, crescunt omnes fructus, atque ea minuente, minuuntur; non aliter intelligimus et Ecclesiam, in cujus incremento proficimus cum ipsa: Cum vero persecutionem patitur et minuitur, et nos cum illa patimur et minuimur.

7. Item sicut septem formas habet luna, sic tot gratias meritorum **32** habet Ecclesia. Primam enim figuram, bicornem habet; secundam, sectilem; tertiam, dimidiam ex majore; quartam figuram plenam habet; quintam, iterum dimidiam ex majore; sextam, iterum sectilem; septimam, bicornem. Eodem constat numero etiam distributio charismatum, quæ per Spiritum sanctum toti Ecclesiæ conferuntur. Septima autem semis, et vicesima secunda semis, in suo orbe media est. Cæteræ proportionales sunt.

CAPUT XIX.

De lunæ cursu.

1. Lunam per alios ortus et occasus, Hyginus ait, necesse est moveri, non stare, idque facilius quam de solis luce intelligitur. Quia cum a sole accipiat lumen, et ita nobis lucere videatur, non est dubium eam moveri potius quam stare. Terris autem vicina luna breviori orbe convertitur, et iter quod sol in diebus CCCLXV peragit, ista per triginta dies percurrit. Unde et antiqui menses in lunæ, annos autem in solis cursu posuerunt.

2. Itaque luna per tricenos dies duodenis vicibus cursum perficiens, consummat annum secundum Hebræos, aliquibus diebus adjectis; secundum Romanos, bissexto semel in quadriennio unius diei adjectione celebrato. Cujus etiam augmentis decrementisque, mira quadam Providentiæ arte, omne quod gignitur, alitur atque crescit. Nam et defectui ejus compatiuntur elementa, et processu ejus quæ fuerint exinanita cumulantur, ut animantium cerebrum

4. *Si enim suo lumine uteretur.... exilem fieri.* Verba sunt Hygini, cap. de Luna.

6. *Sicut enim luna deficit... coronatur.* Ambrosii sunt verba lib. IV, cap. 8.

Ibid. Larga roris. Ambros. lib. IV, cap. 7.

Ibid. Crescunt omnes fructus. Forte, *crescunt omnes fluctus.* Dracontius, pag. 213, lib. I, vers. 733 et seqq.:

Qui lunæ crescente globo jubet æquora crescant
Fluctibus adjectis, crescant cum fontibus amnes.

Vide notam. AREV.

7. *Item sicut septem formas.* Ead. lib. III Etymolog., totidemque species assignat lunæ Clemens lib. VI. Strom. ex Seleucho Mathematico. Ex quo et Isidori ipsius mente has nos species tum hic, tum etiam in Etymologiis reformavimus. Sectilem autem non sextilem ex veteribus libris appellamus dimidiam vel semissem.

Ibid. In textu Grialii erat, *tertiam dimidiam ex majore.* AREV.

CAP. XIX. — N. 1. *Lunam per alios ortus... potius quam stare.* Verba sunt Hygini omnia, licet non continenter apud eum legantur.

Ibid. Terris autem vicina luna... percurrit. Verba sunt Interpretis Arati, numero dierum lunæ tantum mutato.

2. *Itaque luna per tricenos... celebrato.* Verba sunt Ambrosii lib. IV, cap. 5.

maritimorum, siquidem echinus ostreæque in augmento lunæ pleniores reperiri feruntur.

33 CAPUT XX.

De eclipsi solis.

1. Solem sapientes dicunt altius currere, lunam autem proximam esse terræ. Hæc ergo, dum deorsum ad idem signum vel lineam qua sol vehitur, convenerit, objicit se soli, et tenebras totius orbis efficit. Quod tantum intermenstruo contingit. Nam tunc luna in eadem parte signi est qua sol vehitur, ideoque fit illi proxima, et oppositione sui obscurari ab oculis nostris lumen ejus videtur: veluti si aliquis oculis manum expansam opponat, quanto magis id fecerit, eo minus illa videri poterit; quanto autem procul discesserit, eo magis illi omnia potuerunt apparere.

2. Simili itaque ratione cum ad solis locum vel lineam luna pervenerit, tunc proxima ei esse videtur, et radios ejus ita coram oculis nostris obscurare, ut lumen non possint ejicere. Cum autem luna ab eo loco discesserit, tunc sol lumen ejicit, et ad oculos nostros transmittit. Quapropter ita soli objicitur luna, sicut lunæ opponitur terra; quæ utraque lumina cum ad terras non perveniunt, defecisse dicuntur. Alii autem dicunt defectum solis fieri, si foramen aeris, quo sol radios fundit, aliquo spiritu contrahatur sive obturetur. Hoc physici et sapientes mundi dicunt.

3. Cæterum doctores nostri mystice hujus eclipsis mysterium in Christo dixerunt esse completum tunc cum, interrupto æterni fœderis cursu insolito, turbata ordinem suum elementa perdiderunt, cum sacrilegæ factum conjurationis sol iste verus horrescens, insertis in populo judaico errorum tenebris, paululum semetipsum per mortem abscondit, ac de cruce depositus, sese in sepulcro abditus obscuravit, donec tertia die augustior solito huic mundo, id est gentibus, claritatis suæ potentiam præsentaret; ac sicut sol in virtute sua refulgens, tenebras operti sæculi illuminaret.

34 CAPUT XXI.

De lunæ eclipsi.

1. Luna non deficit, sed obumbratur, nec diminutionem sentit corporis, sed objectu obumbrantis terræ casum patitur luminis. Hanc enim philosophi non habere lumen proprium, sed eamdem a sole illuminari defendunt; et quia ea dimensione distat a sole, ut per mediam terram si quid directum trajiciatur, contingere possit solem sub terram, lunam autem supra terram; et quia usque ad lunarem circulum

A umbræ terræ extenditur, ideo evenit nonnunquam ut solis radii, objiciente se mole terræ vel umbra, ad eam non perveniant.

2. Patitur autem hoc quintadecima luna, quousque centrum atque umbram obstantis terræ exeat, videatque solem vel a sole videatur. Constat ergo lunam ex solis radiis lumen accipere, et dum objectu terræ solem non aspexerit, tunc lumen amittere. Nam dicunt stoici omnem terram montibus claudi, quorum umbra fertur luna subito non apparere. Unde Lucanus:

> Jam Phœbe totum fratri cum redderet orbem,
> Terrarum subita percussa expalluit umbra.

3. Figuraliter autem per lunæ defectum Ecclesiæ persecutiones intelliguntur quando martyrum cædibus et effusione sanguinis, tanquam illo defectu
B et obscuratione, quasi cruentam faciem luna ostendere videtur, ut a nomine Christiano terreantur infirmi. Sed sicut ista post defectum perspicua illustratione clarescit, adeo ut nihil detrimenti sensisse videatur, ita Ecclesia, postquam per martyrum confessionem suum pro Christo sanguinem fuderit, majore fidei claritate refulget, atque insigniori lumine decorata semetipsam latius in toto orbe diffundit.

35 CAPUT XXII.

De cursu stellarum.

1. Stellæ quidem cum mundo vertuntur; non, stante mundo, stellæ vagæ feruntur, exceptis his quæ planetæ vocantur, id est errantes, quæ vagis moventur ordinibus. Cæteræ, quæ aplanes appellantur, uno loco fixæ cum mundo volvuntur. Ideo autem planetæ,
C id est errantes dicuntur, quia per totum mundum vario motu discurrunt.

2. Partibus autem diversis inter se moventur sidera. Nam quædam superius, quædam inferius currunt. Unde et illa quæ terris propinquiora sunt, quasi majora nobis videntur quam ea quæ circum cœlum volvuntur. Longinquitate enim locorum visus languescit. Hinc accidit ut intervallo longe inter se distantium circulorum, alia celerius, alia tardius ad cursus sui exordium revertantur.

3. Nam quædam sidera, celerius exorta, serius occidere existimantur; quædam etiam, tardius cæteris exorta, citius ad occasum perveniunt. Quædam vero pariter oriuntur, et non simul occidunt. Omnia autem suo tempore ad cursum proprium revertuntur. Radiis
D autem solis præpedita sidera, aut anomala fiunt, aut retrograda, aut stationaria. Juxta quod et poeta meminit, dicens:

> . . . . . Sol tempora dividit ævi,
> Mutat nocte diem, radiisque potentibus astra
> Ire vetat, cursusque vagos statione moratur.

Ibid. Echinus, ostreæque, etc. Dracontius, loc. cit.:

> Crescat et inclusum capite genus omne cerebri,
> Et minuantur aquæ, luna minuente, liquentes.

Plura de his dixi in nota. AREV.

CAP. XX. — N. 1. *Solem sapientes dicunt... transmittit.* Totus locus ex Hygini lib. IV, cap. de Luna.

Ibid. Pro *vehitur* in nonnullis Mss. bis est *utitur*, et fortasse legendum *vertitur*. AREV.

2. *Si foramen aeris,* etc. Quod Anaximandro placuit. Plutarch. II de Placit. cap. 20 et 24.

CAP. XXI. — N. 1. Pleraque ex eod. Hygin. cap. de Luna.

2. *Nam dicunt Stoici.* Ita Mss. omnes; historici impress. Hyginus: *Etsi nonnulli dixerunt in solis cursu evenire, ut cum pervenerit ad eum locum ubi occidere dicatur, ibi montium magnitudine a nobis lumen averti solis, et ita noctem videri. Quod si ita fit, nimirum eclipsim solis verius quam noctem dicimus.*

3 *Figuraliter autem.* Ex Aug. in ps. X.

CAP. XXII. — N. 1. *Stellæ quidem cum mundo vertuntur.* Id probat Hyginus ibid. Vid. lib. III Etymolog. a cap. 60 usque ad 70.

CAPUT XXIII.

De positione septem stellarum errantium.

1. In ambitu quippe septem cœlestium orbium, primum in inferioris sphæræ circulo luna est constituta. Ideo proxima terris posita, ut nocte nobis facilius lumen exhibeat. Dehinc secundo **36** circulo Mercurii stella collocata, soli celeritate par, sed vi quadam, ut philosophi dicunt, contraria. Tertio circulo Luciferi circumvectio est, inde a gentilibus Venus ita dicta, quod inter quinque stellas plus lucis habeat. Nam, ut prædiximus, quemadmodum sol et luna, ita et hæc umbram facit.

2. Quarto circulo solis cursus est collocatus, qui proinde, quia omnibus est lucidior, medius est constitutus, ut tam superioribus quam inferioribus lucem præstet. Ratione autem divina sic constitutus est, quia præclara omnia in medio esse debent. Porro quinto circulo Pyrois sidus dicitur collocatum, quod illi Marti assignant. Sexto Phaethontis stellam, quam Jovis appellant. Jam summo cœlo, id est in mundi vertice, stella Saturni est posita, quæ quidem dum A summum cœlum teneat, sublimiorque sit omnibus, natura tamen ejus frigida fertur, approbante Virgilio:

Frigida Saturni sese quo stella receptet.

3. Hæc autem sidera errantia appellantur, non quod ipsa errent, sed quod nos errantes faciant; quæ sidera Græce planetæ dicuntur. In sole enim et luna omnibus notitia est ortus et occasus, ideoque sol et luna directo cursu vehuntur. Ista vero retrogradantur, vel anomala efficiuntur, id est, quando particulas addunt et detrahunt; cæterum quando tantum detrahant, retrograda dicuntur; stationem autem faciunt quando stant.

4. Anni autem singularum stellarum hi sunt qui in sphæra subjecta continentur. Quibus peractis ad B reversionem circuli sui iisdem signis et partibus veniunt. Nam luna octo annis fertur explere circulum suum, Mercurius annis XXIII, Lucifer annis IX, **37** Sol annis XIX, Pyrois annis XV, Phaeton annis XII, Saturnus annis XXX. Quorum orbium atque stellarum positionem subdita demonstrat figura.

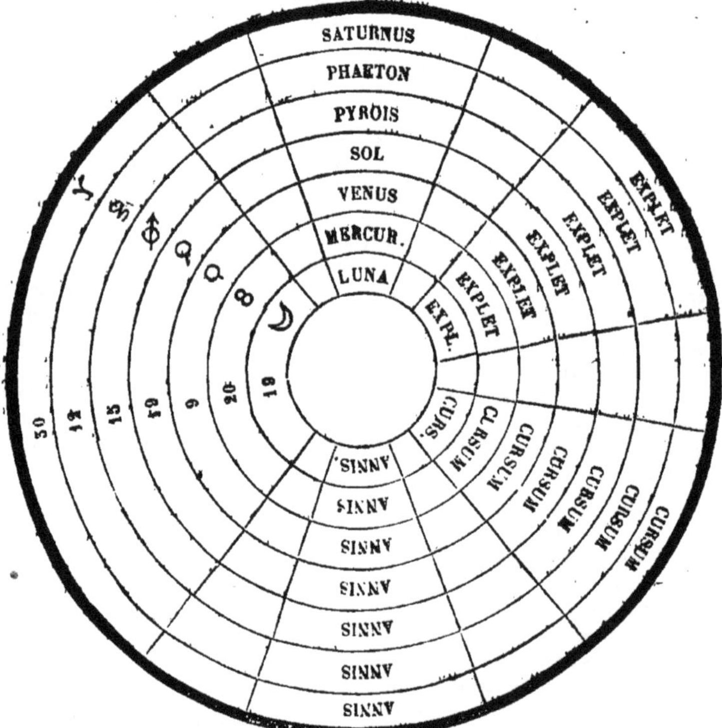

CAP. XXIII. — N. 1. *Inde a gentilibus Venus dicta.* Non dicta est Venus, quod plus lucis habeat, sed Lucifer. Ita enim Etymolog.: *Quod inter omnia sidera lucis plus ferat.*

Ibid. Ita et hæc umbram facit. Plinius lib. II, cap. 8, de Venere. *Claritatis quidem tantæ, ut unius hujus stellæ radiis umbræ reddantur.*

2. *Quarto circulo sol.* Ciceronem sequitur. Nam Plato secundo circulo collocabat. Vid. Macrob. lib. I in Somn. Scip., cap. 19.

Ibid. Porro quinto circulo Pyrois. Mendose libri om- C nes hoc quoque loco Vesper pro Pyrois habebant.

3. *Non quod ipsa errent.* Cicer. II de Nat. deor., *errantia appellantur, cum omnium minime errent.*

Ibid. In sole enim et luna omnibus notitia est ortus et occasus. Itaque Isidoro non videntur errantes. Ut neque Arato quinque tantum numeranti.

Nam, quæ per bis sex signorum labier orbem
Quinque solent stellæ.

3. *Retrogradantur.* Al., *retrogradantur.* Melius esset *retrogradiuntur.* Cf. not. ad l. III Etym., c. 67, n. 1. AR.

4. *Nam luna octo annis.* Ita Mss. omnes, etiam lib. III

CAPUT XXIV.

De lumine stellarum.

1. Stellas non habere proprium lumen, sed a sole illuminari dicunt, nec eas unquam de cœlo ascendere [*Al.* abscedere], sed veniente sole celari. Omnia enim sidera obscurantur, sole oriente, non cadunt. Nam dum sol ortus sui signa præmiserit, omnes stellarum ignes sub ejus luminis fulgore evanescunt; ita ut præter solis ignem nullus sideris splendor videatur. Hinc etiam et sol appellatus, eo quod solus appareat obscuratis cunctis sideribus. Nec mirum hoc de sole, cum etiam plena luna, et tota nocte fulgente, pleraque astra non luceant. Esse autem etiam per diem in cœlo stellas probat solis deliquium, quod quando sol objecto orbe lunæ fuerit obscuratus, clariora in cœlo videantur astra.

2. Stellæ autem, secundum mysticum sensum, sancti viri intelliguntur. De quibus dictum est: *Qui numerat multitudinem stellarum.* Sicut enim omnes stellæ a sole illuminantur, ita sancti a Christo gloria cœlestis regni glorificantur. Et sicut præ fulgore solis et vi maxima luminis ejus sidera obtunduntur, ita et omnis splendor sanctorum in comparatione gloriæ Christi quodammodo obscuratur. Et quemadmodum stellæ sibi differunt claritate, ita justorum diversitas meritorum discretione.

CAPUT XXV.

De lapsu stellarum.

1. Falsa autem opinio et vulgaris est, nocte stellas cadere, cum sciamus ex æthere lapsos igniculos ire per cœlum, portarique 38 ventis, vagique lumen sideris imitari; stellas autem immobiles fixasque permanere in cœlo.

2. Nam illud quod ait poeta:

Sæpe etiam stellas vento impendente videbis
Præcipites cœlo labi, noctisque per umbras
Flammarum longos a tergo albescere tractus.

Et iterum:

. . . . . Lapsa per altum
Aere disperso trahere candentia sulcos
Sidera, et summis etiam quæ fixa tenentur
Astra polis.

Sed hi poetæ voluntarie ad opinionem vulgi se contulerunt. Cæterum philosophi, quibus curæ est mundi quærere rationem, illa asserunt quæ superius memorata sunt.

A

CAPUT XXVI.

De nominibus astrorum.

1. Legitur in Job, dicente Domino: *Nunquid conjungere vales micantes stellas Pleiades, et gyrum Arcturi poteris dissipare? Nunquid producis Luciferum in tempore suo, et vesperum super filios terræ consurgere facis?* Et iterum alibi: *Qui facit Arcturum, et Orionem, et Hyadas.* Hæc nomina stellarum dum in Scripturis legimus vanis deliramentis assensum non præbeamus, qui falsis opinionibus vocabula ista in astris ex hominum nominibus, vel aliarum creaturarum vocabulis imposuerunt. Ita enim stellarum quarumdam gentilium sapientes nomina, sicut et dierum, indiderunt.

2. Quod vero eisdem nominibus sacra utitur Scri-
B ptura, non eorum idcirco vanas approbat fabulas, sed faciens ex rebus visibilibus invisibilium rerum figuras ea nomina pro cognitione ponuntur, quæ late sunt cognita, ut quidquid incognitum significat, facilius per id quod est cognitum humanis sensibus innotescat.

3. Arcturus est ille quem Latini Septentrionem dicunt, qui septem stellarum radiis fulgens, in seipso revolutus rotatur, qui ideo Plaustrum vocatur, quia in modum vehiculi volvitur, et modo tres 39 ad summa elevat, modo quatuor inclinat. Hic autem in cœli axe constitutus semper versatur, et nunquam mergitur. Sed dum in seipso volvitur, et nox finitur.

4. Per hunc Arcturum, id est Septentrionem, Ecclesiam septenario virtute fulgentem intelligimus. Nam sicut in axe cœli Arcturus semper inclinatur
C rursumque erigitur, ita et Ecclesia diversis quidem adversitatibus humiliatur, sed mox consurgens spe et virtutibus elevatur; et sicut ex tribus stellis et quatuor Septentrio efficitur, ita Ecclesia ex fide Trinitatis et operationibus quatuor virtutum principalium consummatur. Fide enim et operibus homo justificatur.

5. Bootes, stella est quæ Plaustrum, id est Septentrionem sequitur, qui etiam ab antiquis Arctophylax dicitur, sive minor Arctos. Unde et quidam eam Septentrionem dixerunt. Hanc spectant præcipue qui navigare noscuntur. De qua Lucanus:

. . . . Velox ubi nocte Bootes;

Quæ cum orta fuerit, cito facit occasum.

6. Pleiades sunt multæ juges stellæ quas etiam botrum appellamus a multitudine stellarum. Nam et

Etymolog., præter Malacitanum in quo XII *annis* recentiore manu videtur hoc loco repositum. Hoc fortasse octennium illud de quo Plutarch. extremo lib. II de Placitis.

Cap. XXIV. — N. 1. *Stellas omnes non habere lumen.* Macrobius lib. I. In somn., cap. 19, lunam unam alieno lumine, cæteras omnes stellas suo lucere, ait.

Ibid. Celari. Al., *celare dicimus.* Arev.

Cap. XXV. — N. 1. *Falsa autem opinio.* E Serv. I Georg. ad vers. 365:

Sæpe etiam stellas, vento impendente, videbis
Præcipites cœlo labi.

2. Versus Virgilii sunt tres illi, *Sæpe etiam*; reliqui *Lapsa per altum*, etc., neque Virgilii sunt, neque integri videntur; sed cujusnam sint, nunc non occurrit. Arev.

Cap. XXVI. N. 1. *Deliramentis.* Al. *deliramentis*

D *poetarum.* Arev.

3. *Arcturus est ille quem Latini Septentrionem.* Hæc eadem in III Etymologiar. de Arcto aliquanto aptius dicuntur. Sed hoc loco Arcton, et Booten, sive Arctophylacem, et Arcturum, quæ propinqua sunt, confudit, ut ipse paulo post fatetur.

5. *Hanc spectant præcipue qui navigare noscuntur.* Utravis ursa utuntur nullo periculo nautæ, quod utraque Polo proxima exiguum circulum describat. Ita Ovidius:

Esse duas Arctos, quarum Cynosura vocatur
Sidoniis. Elicen Graia carina notat.

Ibid. Cito facit occasum. Alii addunt: XV. *Kalendas Octobris. Hyades sunt quinque in modum V litteræ in fronte Tauri positæ. Pleiades*, etc. Arev.

6. *Pleiades.* Eadem in III Etymolog.

Ibid. Multæ juges; fortasse, *multijuges*. Arev.

ipsæ septem esse dicuntur, sed amplius quam sex A nullus conspicere potest. Hæc ab oriente surgunt, et appropinquante diei claritate stellarum ejus ordo distenditur. Pleiades autem ex pluralitate vocatæ sunt, quia pluralitatem Græci πλειότητα appellant. Has Latini Vergilias appellaverunt, eo quod vere oriantur, et eo magis cæteris prædicantur, quod his exorientibus æstas significatur, occidentibus hiems ostenditur, quod aliis penitus non est traditum signis.

7. His autem stellis, ab eo quod septem sunt et splendide micant, sancti omnes septiformi spiritus virtute fulgentes significantur; **40** ab eo autem quod sibi vicinantur, sed non se contingunt, charitate proximos, et tempore divisos Dei prædicatores ostendunt.

8. Orion stella est*. Hic autem Orion gladius dictus est. Unde etiam eum Latini Jugulam vocant, sidus, B ut videtur, armatum et stellarum luce terribile, quod ignorare magnæ difficultatis est, adeo ut quamvis rudes oculos, tamen præ fulgoris splendore in seipsum rapiat. Hi quippe Oriones in ipso pondere temporis hiemalis exoriuntur, suoque ortu imbres et tempestates excitant, et maria terrasque perturbant.

9. Oriones autem significant martyres. Nam sicut isti nascuntur in cœlo tempore hiemis, ita in Ecclesia martyres procedunt tempore persecutionis. Procedentibus Orionibus, mare turbatur et terra; obortis vero martyribus, terrenorum et infidelium corda tempestate jactantur.

10. Lucifer, stella nitens, quæ ominum maxima et clarior esse videtur. Nam quemadmodum sol et luna, ita hæc umbram facit. Ista igitur orientem solem C præcedit, atque mane nuntians tenebras noctis lumine sui fulgoris dispergit. Cujus figura est Christus, qui, velut Lucifer, per incarnationis mysterium producitur; per quem lux fidei, tanquam dies secutura, monstratur.

11. Lucifer autem bipertitus est: sic hujus pars sancta est, sicut Dominus in Apocalypsi de se et Ecclesia dicit: *Ego sum genus et radix David, Stella splendida et matutina.* Item: *Qui vincit, dabo ei stellam matutinam.* Pars autem alia Luciferi, diabolus esse dignoscitur. De quo scriptum est: *Quomodo cecidisti de cœlo,* **41** *Lucifer, qui mane oriebaris?* et qui etiam in cœlo super stellas Dei dicit se sedem positurum, et cadens de cœlo confringitur.

12. Vesperus est stella occidentalis noctem ducens. Hic solem occidentem sequitur, et tenebras succedentes præcedit. Hic autem Antichristi exprimit typum, qui tanquam vesper consurgit, ut ait Job, super filios terræ, ut cæcæ noctis successu carnalium corda offuscet. Quod ideo auctore Deo fit, quia pro infidelitate præcedenti, qua renuerunt Christo credere, Antichristum suscipere meruerunt.

13. Cometes stella est quæ velut comas luminis ex se fundit. Hæc cum nascitur, aut regni mutationem fertur ostendere, aut bella, aut pestilentias surgere. De qua Prudentius ait: *Tristis cometa intercedit.* Et Lucanus:

> . . . . Et terris minitantem regna cometem.

Et Virgilius:

> . . Nec diri toties arsere cometæ.

Genethliaci autem omnes stellas erraticas quibusdam temporibus cometas fieri dicunt, et prout cuique sunt motus, ita secunda vel adversa portendere.

14. Sirius stella est, quam vulgo Canem appellant. Sirius quippe appellata propter flammæ candorem, quod ejusmodi sit ut præ cæteris lucere videatur. Hæc oriens mundum ardoris nimio calore incendit, et æstu suo fructus exurit. Interdum et morbo afficit corpora, corrumpens aerem flagrantia ignis. Ab hac enim stella dies Caniculares nominantur, quoniam hi plus flagrant ardoribus quam totius æstatis tempus.

CAPUT XXVII.

Utrum sidera animam habeant.

1. Solet autem quæri, ut ait sanctus Augustinus, utrum sol **42** et luna, et aliæ stellæ, corpora sola sint, an habeant rectores quosdam spiritus suos. Et si habent, utrum ab eis etiam vitaliter inspirentur, sicut animantur canes per animas animalium, an sola sine ulla permistione præsentia. Et dum motus alicujus corporis sine anima esse non possit, stellæ, quæ cum tanto ordine ac tanta ratione moventur, ut in nullo prorsus aliquando cursus earum impediatur, utrum animantes sint, et rationabiles videantur, non facile comprehendi potest.

7. *Ab eo quod septem sunt.* Clem., Strom. VI, septem esse serio affirmat, et Basil. in cap. III Isai. septem ait apparere, quamvis parvas et glomeratas, et Ovid. fast. IV:

> Quæ septem dici, sex tamen esse solent.

Cic. ex Arato:

> Hæ septem vulgo perhibentur more vetusto
> Stellæ, cernuntur vero sex undique parvæ.
> At non interiisse putari convenit unam,
> Sed frustra temere a vulgo ratione sine ulla
> Septem dicier, ut veteres statuere poetæ,
> Æterno cunctas ævo, qui nomine dignant
> Alcyone, Meropeque Celeno, Taygeteque.
> Electre, Steropeque simul sanctissima Maia.

8. *Orion stella est* *. Asterisco notavimus locum, quem facile explere possis, vel ex tertio Etymolog. vel ex Arati interprete a quo Isidorus hæc mutuatus est. Sic enim ille: *Orion, qui et incola dicitur, ante tauri vestigia fulget, et dicitur Orion ab urina, id est ab inundantia aquarum. Tempore enim hyemis habet ortum, cum mare et terras tempestatibus turbat. Hunc* D *Romani jugulam vocant, eo quod sit armatus, ut gladius, stellarum luce terribilis,* etc.

Ibid. Hic Orion gladius. Ita Impress. Pejus multo manusc. omnes: *Hic autem Orion a gladio dictus est.*

Ibid. In nota Grialii fortasse legendum *jugula* pro *incola*. AREV.

10. *Lucifer stella nitens.* Plura hic leguntur in quibusdam libris, e tertio Etymologiar. huc accita, neque enim in vetustioribus reperiuntur.

13. *Cometes.* Totidem fere. III Etymolog.

Ibid. Intercidit. Ita reposui ex Prudentio. Grialius, *intercedit;* nonnulli Mss., *incedit.* AREV.

14. *Sirius quippe appellatur propter flammæ candorem*, Rectissime, ut ne suspicio quidem ulla restet de emendatione loci libri III Etymolog. Arati interpres: *Sirium autem stellam vocatam putant propter flammæ candorem.*

Ibid. Æstatis tempus. Al., *Æstatis tempus XV dies de Julio, et XV de Augusto.* AREV.

CAP. XXVII. — N. 1. *Ut ait S. Augustinus.* Extremo libro secundo de Genes. ad litteram.

2. Salomon autem cum diceret de sole: *Gyrans gyrando vadit spiritus, et in circulos suos revertitur*, ostendit ipsum solem spiritum esse, et quod animal sit, et spiret, et vigeat, et annuos orbes suos cursu expleat, sicut et poeta ait:

> Interea magnum sol circumvolvitur annum.

Et alibi:

> Lucentemque globum lunæ, Titaniaque astra
> Spiritus intus alit.

Quapropter, si corpora stellarum animas habent, quærendum quid futuræ sint in resurrectione.

CAPUT XXVIII.

De nocte.

1. Ambrosium in libro Hexaemeron legi dicentem: « Quæritur qualiter spatium aeris occupet umbra terræ efficiens nobis noctem, cum sol recedit a nobis diemque obdūcit, cum inferiora axis septentrionalis illuminat. Omne enim corpus umbram facit, et naturaliter umbra corpori adhæret, adeo ut etiam pictores umbras corporum quæ pinxerint nitantur exprimere, idque artis esse asserant non intermittere vim naturæ.

2. Ergo sicut in die cum a parte solis aliquod corpus hominis vel arboris occurrit, ex ea parte qua lumen repercutitur umbra subsistit; **43** sic cum recedente die sol ad eum locum pervenerit ubi occidere dicitur, ibi montium magnitudine a nobis separatur, sicque terræ objectu a septentrionali parte obumbratur aer, adeo ut nobis noctem efficiat hæc ipsa umbra terrarum.

† CAPUT XXIX.

De tonitruo.

1. Tonitrua autem ex fragore nubium generantur. Concepti enim intra sinum nubium ventorum spiritus versantur ibidem. Cumque vehementer sese erupturi eliserint, et virtutis suæ mobilitate in quam- A libet partem eruperint, magno concrepant murmure, et in morem exsilientium de stabulis quadrigarum sonus fragoris ejus ad aures nostras emittitur.

2. Alias autem tonitruum divinæ vocis superna est increpatio, sive clara prædicatio sanctorum, quæ clamore forti per totum orbem terrarum in auribus fidelium perstrepit, per quod possit culpam suam admonitus agnoscere mundus.

44 CAPUT XXX.

De fulminibus.

1. Aiunt naturalium scrutatores causarum, quod ex collisione atque attritu nubium fulgura generentur ad instar silicum duriorum quos cum compulseris invicem sibi, medius ex his ignis elabitur, vel quemadmodum si lignum ligno ras, ignem emittit. Unde et Papinius: B

> Fulguraque attritis quotiens micuere procellis.

Hac itaque ratione, cum nubila invicem in se fuerint collisa, illico fulmina mittuntur.

2. Dehinc sequuntur tonitrua, quæ licet sonitu tardiora sunt, præcedenti concussi luminis claritate, pariter tamen cum fulgure emittuntur. Sed eorum sonitus tardius penetrat aures quam oculos splendor fulguris, ad instar securis arborem procul cædentis, cujus quidem ante cernis ictum quam ad aures perveniat sonitus. Ergo nubium attritu fulmina nascuntur. Nunquam enim sereno cœlo fulgura micuerunt. Unde et Virgilius:

> Non alias cœlo ceciderunt plura sereno
> Fulgura.

3. Fit enim fulmen nube, imbre et vento. Nam cum C ventus in nubibus vehementer agitatus est, sic incalescit, ut incendatur. Dehinc, ut prædictum est, fulgura et tonitrua simul exprimuntur. Sed illud celerius videtur quia clarum est, hoc autem tardius ad aures pervenit. Post fulminis autem jactum, vento-

2. *Quærendum quid futuræ sint in resurr.* Leguntur hæc in mss. o. quæ videntur sumpta e lib. x de Civit., cap. 29.

Ibid. In Vulgata: *Gyrat per meridiem, et flectitur ad Aquilonem, lustrans universa in circuitu pergit spiritus, et in circulos suos revertitur.* Versus Virgilii primus exstat lib. II Æneid., 384, alii lib. VI, 724. Verba *Quapropter*, etc. absunt ab Editione antiqua. Confer cap. 5. libri de Ordine creaturarum. AREV.

CAP. XVIII. N. 1. *Ambrosium in Libro Hexaemeron.* IV, cap. 3.

2. *Ad eum locum pervenerit ubi occidere dicitur, ibi montium magnitudine a nobis separatur.* Non sunt hæc Ambrosii, sed Hygini verba superius cap. 21 a nobis relata.

Ibid. Sicque terræ objectu, a septentrionali parte obumbratur aer. Voces a *septentrionali parte*, addidit Isid. quæ aptius collocarentur sic: *Obumbratur aer a septentrionali parte*, ne objici terra videretur a septentrionali parte.

CAP. XXIX. — N. 1. *Tonitrua.* Amb. lib. II, cap. 4: *Neque enim firmamentum hoc potest sine aliquo rumpi fragore, aut penetrari. Unde et de tonitribus, quæ concepto intra sinum nubium spiritu cum se vehementer erupturus eliserit, magno concrepant sonitu, ait Scriptura:* Firmans tonitrua. Suspicor autem verba hæc Isidori: *Et in morem exsilientium de stabulis quadrigarum sonus fragoris ejus ad aures nostras emittitur*, desiderari apud Ambrosium restituendaque ex hoc loco: ante illa verba *ait Scriptura*, ut parenthesi includantur, totusque locus ita legatur: *Neque enim firmamentum hoc potest sine aliquo rumpi fragore, aut penetrari, Ideo et firmamentum dicitur, quod non sit invalidum neque remissum. Unde et de tonitribus (quæ concepto intra sinum nubium spiritu cum se vehementer erupturus eliserit, magno concrepant sonitu, et in morem exsilientium de stabulis quadrigarum sonus fragoris ejus ad aures nostras emittitur) ait Scriptura.*

CAP. XXX. — N. 1. *Aiunt naturalium scrutatores... perveniat sonitus.* Concinnavit hæc ex Lucretii versibus hisce, lib. VI: D

> Fulget item nubes ignis cum semina multa
> Excussere suo concursu, ceu lapidem si
> Percutiat lapis, aut ferrum; nam tunc quoque lumen
> Exsilit, et claras scintillas dissipat ignis.
> Sed tonitrum fit uti post auribus accipiamus
> Fulgere quam cernant oculi, quia semper ad aures
> Tardius adveniunt, quam visum, quæ moveant res.
> Id licet hinc etiam cognoscere, cædere si quem
> Ancipiti videas ferro procul arboris auctum.
> Ante fit, ut cernas ictum quam plaga per aures
> Det sonitum: sic fulgorem quoque cernimus ante
> Quam tonitrum accipimus, pariter qui mittitur igni
> E simili causa et concursu natus eodem.

Ibid. Compulseris. Al., *expulseris.* Forte, *compuleris.* AREV.

2. *Unde et Virgilius: Non alias*, etc. Ad quæ verba Servius: *Omen est* (inquit) *et in eo quod sereno cœlo fulgura missa sunt, et in eo quod plura missa sunt.*

Ibid. Grialius, *tardiora sunt.* AREV.

Ibid. Virgilii versus est 487 lib. I Georg. AREV.

3. *Post fulminis autem jact.* Ex eodem Lucretii loco

rum **45** erumpere violentiam, sicque furorem tempestatis quem in nubibus conclusi agebant exeuntes ad terras emittunt.

4. Lucretius autem dicit fulmina ex minutis seminibus constare, ideo penetrabilia esse; ubicunque autem fulmen ceciderit, sulphuris odorem emittit. Virgilius:

> Et late circum loca sulphure fumant,

Et Lucanus:

> Æthereoque nocens fumabit sulphure ferrum.

5. In fulminibus sanctorum accipiuntur miracula, claritate signorum ac virtutum micantia, atque ad intima cordis pervenientia. Sublimia loca amplius sentire dicuntur ventorum vel fulminis injuriam, quam humilior terra. Unde et Horatius:

> Feriuntque summos
> ...... Fulgura montes.

Nimis autem excelsiora loca a tempestatibus esse secura, ut Olympus, qui celsitudine sua nec impetus ventorum, nec fulminum ictus sentit, quia nubes excedit.

CAPUT XXXI.

De arcu.

1. Clemens Romanus antistes et martyr ita scribit: « Arcus enim in aere ex imagine solis hoc modo formatur. Dum enim sol in nubibus rarescen- A tibus ex adverso refulserit, radiosque suos directa linea humor in nubilo transfundens impresserit, fit repercussio splendoris ejus in nubibus, e quibus fulgor emicans arcus speciem format. Sicut enim impressa cera anuli imaginem exprimit, sic nubes e contra ex rotunditate solis figuram sumentes, orbem efficiunt, et arcus effigiem fingunt. Apparet autem hic non semper, sed cum rarescunt nubila cœli. Nam rursus cum in se coeunt nubes atque densantur, confestim arcus forma resolvitur. In nubium enim densitate arcus aerem in perfecto gyro complectitur. Denique sine sole et **46** nubibus nunquam apparet arcus, quia ex typo radii solis species ejus formatur. »

2. Quadricolor enim est, et ex omnibus elementis in se rapit species. De cœlo enim trahit igneum B colorem, de aquis purpureum, de aere album, de terris colligit nigrum. Hic autem arcus, pro eo quod a sole resplendet in nubibus, Christi gloriam indicat in prophetis, ac doctoribus refulgentem. Alii ex duobus **47** coloribus ejus, id est aquoso et igneo, duo judicia significari dixerunt. Unum per quod dudum impii perierunt in diluvio; alterum, per quod postmodum peccatores cremandi sunt in inferno.

Ibid. Alii, *erumpit violentia.* Arev.

4. *Lucretius autem dicit.* lib. II, his verbis.

> Perfacile est jam animi ratione exsolvere nobis
> Quare fulmineus multo penetralior ignis
> Quam noster fluat e terris terrestribus ortus.
> Dicere enim possis cœlestem fulminis ignem
> Subtilem magis e parvis constare figuris.
> Atque adeo transire foramina quæ nequit ignis
> Noster hic, e lignis ortus tædaque creatus.

Ibid. Virgilii versus est 698 l. II Æn. Arev.

5. *Fulgura montes.* Ita omnes libri, ut et Horatiani quidam.

Cap. XXXI. — N. 1. *Clemens Romanor... species ejus formatur.* Sunt hæc lib. VIII Recognitionum, sed apparet Isidorum alia interpretatione usum, ac dubitari posse an ea quæ circumfertur Rufini sit.

2. *Quadricolor enim est.* Tricolorem vult esse Aristoteles. Isidorum secutus est Beda.

Ibid. Post finem hujus capitis in nonnullis Mss. additur fragmentum magna ex parte allegoricum, quod ab Isidori stylo et usu non abhorret: « Arcus autem qui in nubibus apparet, posuit eum Deus in testamentum inter se et nos: cum autem Noe post diluvium egressus fuisset de arca, dixit ei Deus: *Ponam arcum meum in nubibus, et erit testamentum inter me, et te, et erit, cum apparuerit arcus meus, recordabor fœderis mei, non adducam aquam diluvii ultra super terram.* Arcus autem quatuor colores habet, id est, igneum, purpureum, album, et nigrum. Igneum colorem trahit de cœlo, purpureum de aqua, album de aere, nigrum de terra; hos quatuor colores trahit de universis elementis mundi. Tres autem colores manifeste habet arcus, id est, purpureum, sulphureum et igneum. Per hos tres colores tres sententias significat: duas, quæ transierunt, præteritas; tertiam, quæ ventura est. Per purpureum colorem significat diluvium; per sulphureum significat ignem qui venit super Sodomam; per igneum colorem significat ignem qui venturus est in die judicii. Arcus, qui in nubibus apparet, cum radiat nubes ante solem, a magnitudine solis depingitur. Arcus autem, qui a sole resplendet in nubibus, Christi gloriam in prophetis ac doctoribus refulgentem; et significantiam habent hi tres colores, id est, per igneum colorem Spiritum sanctum significant, ut in Evangelio ait: *Ignem veni mittere super terram, ut ardeat.* Per album colorem castitatem significat, per igneum colorem significat persecutionem carnis. Arcus autem, qui in nubibus apparet, quadraginta annis ante diem judicii visus non erit. Quicunque enim cum peccato vivit, mortuus est Deo, vivit diabolo. Si autem audierit Evangelium Christi, et conversus fuerit ad Deum, resurgit et vivit cum Christo. Qui vero cum peccato suo moriuntur, vadunt in pœnam, resurgunt ad mortem. Multi vero hic pereunt putantes se diu vivere, ideo non corriguntur. Fallit illos C spes sua, non vivit homo quantum putat, non quantum sperat. Audite, ubi dicitur: *Non tardes converti ad Deum.* Dies malos habemus, quandiu inter homines malos vivimus, testante Apostolo: *Videte quomodo caute ambuletis, non ut insipientes, sed ut sapientes, redimentes tempus, quoniam dies mali sunt.* Tolle homines malos, et non erunt dies mali. Appetentes res alienas, adulteri, perjuri, calumniatores, oppressores. Per homines malos sunt dies mali. Dies ergo malos habemus, quandiu inter homines malos vivimus. Qui vivendo sæculum vicerunt, Elias et Enoch. Sexto die fecit Deus hominem ad imaginem suam. Invenimus, sexto sæculo venisse Dominum nostrum Jesum Christum, ut reformaretur homo ad imaginem Dei. Primum enim tempus tanquam primus dies ab Adam usque ad Noe, secundum tempus tanquam secundus dies a Noe usque ad Abraham, tertium tempus tanquam tertius dies ab Abraham usque ad David, quartum tempus tanquam quartus dies a David usque ad transmigrationem D Babylonis, quintum tempus tanquam quintus dies a transmigratione Babylonis (usque ad prædicationem Joannis). Sextum tempus tanquam sextus dies, qui modo agitur usque ad finem. Si sextus dies agitur, videte quid habeat titulus *in die ante Sabbatum, quando fundata est terra.* Jam audiamus ipsum psalmum, ipsum interrogemus; quomodo fundata est terra, nec in Genesi sic legimus. Quando ergo fundata est terra nisi *cum sit (sic) cum lectum est* modo in Apostolo: *Sic tamen state in fide stabiles,* ut omnes qui credunt per universam terram. Tunc fit homo ad imaginem Dei; quod significat sextus dies ille de Genesi, et quomodo illum fecit Deus, quomodo fundata est terra. Christus venit ut fundaretur terra; fundamentum enim nemo potest ponere præter id quod positum est, quod est Christus Jesus. De illo

CAPUT XXXII.

De nubibus.

1. Notandum est ex libro Job, quod cogitur aer iste visibilis, ut conglobetur; conglobatus autem in nubes vertitur. Sic ipse dicit: *Subito aer cogitur in nubibus, et ventus transiens fugabit eas* (*Job.* xxxvii, 21.) Et Virgilius:

Consurgunt venti, atque in nubem cogitur aer.

Nubes autem sancti prædicatores intelliguntur, qui verbi divini pluviam credentibus fundunt.

2. Aer autem iste inanis et tenuis vacuas hominum mentes vagasque significat, qui tamen densatus in nubes vertitur, quia collectæ ab inanitate fidelium mentes fide solidantur. Et sicut ex aere inani fiunt nubes pluviales, sic ad fidem de mundi vanitate colliguntur sancti prædicatores. Nubes autem dictæ quod æthera obtegant, unde et *nuptæ* dicuntur, quod vultus suos velent. Unde et *Neptunus*, quod nube et mari terram tegat.

48 CAPUT XXXIII.

De pluviis.

1. Legitur in Amos propheta: *Qui vocat aquas maris, et effundit eas super faciem terræ* (*Amos* ix, 6). Aquæ enim amarissimæ maris vapore subtili calore aereo suspenduntur, instar medicinalis cucurbitæ, quæ calore superioris circuli humorem, et sanguinem sursum trahit. Hujusmodi itaque ratione aquæ maris per tenuissimos vapores in aere suspensæ paulatim concrescunt, ibique igne solis decoctæ in dulcem pluviarum saporem vertuntur.

2. Dehinc gravescente nube modo vi expressæ ventorum, modo solis calore dissolutæ, in terræ faciem sparguntur. A nubibus ergo rapiuntur aquæ maris, et iterum ab ipsis redeuntur in terras. Sed, sicut diximus, ut dulces possint esse in pluviis, coquuntur igne solis. Alii autem dicunt non tantummodo aquis maris nubes concrescere, sed etiam exhalantis terræ vaporibus, nebulas adolescere, quibus densatis coactisque nubes altius surgere. Atque iisdem labentibus pluvias effundere.

3. Nubes autem, ut prædiximus, apostoli significantur atque doctores. Pluviæ ergo nubium eloquia sunt apostolorum, quæ quasi guttatim, id est, sententialiter veniunt, sed abundantius doctrinæ fecunditatem infundunt.

CAPUT XXXIV.

De nive.

1. Ait Ambrosius quod plerumque glacialibus D A ventorum flatibus rigentes aquæ solidantur in nivem, et rupto aere nix funditur.

49 CAPUT XXXV.

De grandine.

1. Simili quoque ratione grandinum coagulatio fit. Aquæ enim nubium rigore ventorum stringuntur in glaciem, atque durescunt. Dehinc glacies ipsa partim fragore ventorum comminuta in fragmina, partim solis vapore resoluta, frustatim ad terras elabitur. Quod autem rotunda videtur, hoc solis calor efficit, et mora refrenantis aeris, dum per longum spatium a nubibus usque ad terras decurrit.

2. Figuraliter namque grando perfidiæ duritia est, torpore malitiæ frigida; nix autem homines increduli sunt, frigidissimi atque pigri, et in infima torpore B mentis depressi. Item alio intellectu nives sunt homines dilectione frigentes, qui etsi existant candidi puritate baptismatis, non fervent spiritu charitatis.

CAPUT XXXVI.

De ventis.

1. Ventus est aer commotus et agitatus, approbante Lucretio:

Ventus enim fit ubi est agitando percitus aer.

Quod etiam in loco tranquillissimo et ab omnibus ventis quieto brevi flabello approbari potest, quo etiam muscas abigentes aerem commovemus, flatumque sentimus. Quod cum evenerit occultiori quodam motu cœlestium vel terrenorum corporum per magnum spatium mundi ventus vocatur et diversis partibus cœli nomina etiam diversa sortitus.

C 2. Quidam autem aiunt, eo quod ex aquis aer, ex aere venti nascuntur. Clemens autem dicit: *Eo quod montes excelsi certis quibusdam habentur in locis, et ex his velut compressus, et coangustatus* 50 *aer ordinatione Dei cogatur, et exprimatur in ventos, quorum inspiramine et fructui germen concipiat, æstivusque ardor temperiem sumat, cum Pleiades ignitæ solis ardoribus incanduerint.*

3. Venti autem, interdum angelorum intelliguntur spiritus, qui a secretis Dei ad salutem humani generis per universum mundum mittuntur. Item nonnunquam venti incentores spiritus poni solent, pro eo quod malæ suggestionis flatu ad terrena desideria iniquorum corda succendunt, secundum quod scriptum est: *Tollet eum ventus urens* (*Job.* xxvii, 21).

CAPUT XXXVII.

De nominibus ventorum.

D 1. Primus ventorum cardinalis; Septentrio, fri-

ergo cantat psalmus: *Dominus regnavit, decorem induit*, etc. » Verba: *Quicunque enim cum peccato*, et seqq., usque ad finem ad alium locum videntur pertinere, neque satis sunt integra. Arev.

Cap. xxxii. — N. 1. Vid. lib. xiii Etymolog., cap. 7.

Ibid. Apud Jobum, *cogetur in nubes;* atque ita fortasse hoc loco reponendum. Versus Virgilii est 20, lib. v Æneid. Arev.

Cap. xxxiii. — N. 1. *Instar medicinalis cucurbitæ.* Ex Ambros., lib. ii, cap. 3.

3. Pro *sententialiter*, alii impressi *sensualiter*. Arev.

Cap. xxxiv. — N. 1. *Ait Ambros.... nix funditur.* lib. ii, cap. 4.

Ibid. Alii, *nix funditur super faciem terræ. Nix autem significat blandimenta justorum in die judicii, ut est illud: Et vestimenta ejus alba, sicut nix.* Arev.

Cap. xxxvi. — N. 1. *Approbante Lucretio: ventus e. f. u. e. a. p. a.* Versus ex lib. vi. Quæ sententia fuit quoque Anaximandri, et Stoicorum, quos reprehendit Aristoteles.

2. *Clemens autem eo quod montes... incanduerint.* Verba sunt Clementis.

Cap. xxxvii. — N. 1. *Primus ventorum cardinal.* Quatuor quos hic cardinales vocat, lib. xiii Etymolog. principales appellat. Nam cardinales illic duos tantum nominat Septentrionem et Austrum, neque a Septentrione illic, sed ab Oriente incipit. Vid. Plin. lib. ii, cap. 27.

gidus et nivalis, flat rectus ab axe, et facit arida frigora et siccas nubes. Hic et Aparctias. Circius, qui et Thrascias, hic a dextris Septentrionis intonans facit nives, et grandinum coagulationes. Aquilo ventus qui et Boreas vocatur, ex alto flans, gelidus atque siccus, et sine pluvia, qui non discutit nubes, sed stringit; unde et non immerito diaboli formam induit, qui iniquitatis frigore gentilium corda constringit.

2. Secundus ventorum cardinalis Subsolanus, qui et Apeliotes. Hic ab ortu solis intonat, et est temperatus. Vulturnus ipse, qui et Cæcias vocatur, dexterior Subsolani. Hic dissolvit cuncta atque desiccat. Eurus, ex sinistro latere veniens Subsolani Orientem nubibus irrigat.

3. Tertius ventorum Auster, plagæ meridianæ B

A cardinalis, qui et Notus, ex humili flans, humidus, calidus atque fulmineus, generans largas nubes, et pluvias lætissimas, solvens etiam flores. Euroauster, calidus ventus, a dextris intonat Austri. Libonotus, vel Austroafricus ventus est temperatus, calidus a sinistris Austri spirans.

51 4. Quartus est cardinalis Zephyrus, qui et Favonius ab Occidente interiori flans. Iste hiemis rigorem gratissima vice relaxat, flores producit. Africus, qui dicitur Lips ex Zephyri dextro latere intonans : hic generat tempestates, et pluvias, et facit nubium collisiones, et sonitus tonitruorum, et crebrescentium fulgorum visus, et fulminum impulsus. Corus, qui et Argestes, ex sinistra parte Favonii spirans, eo flante, in Oriente nubila sunt, in India serena.

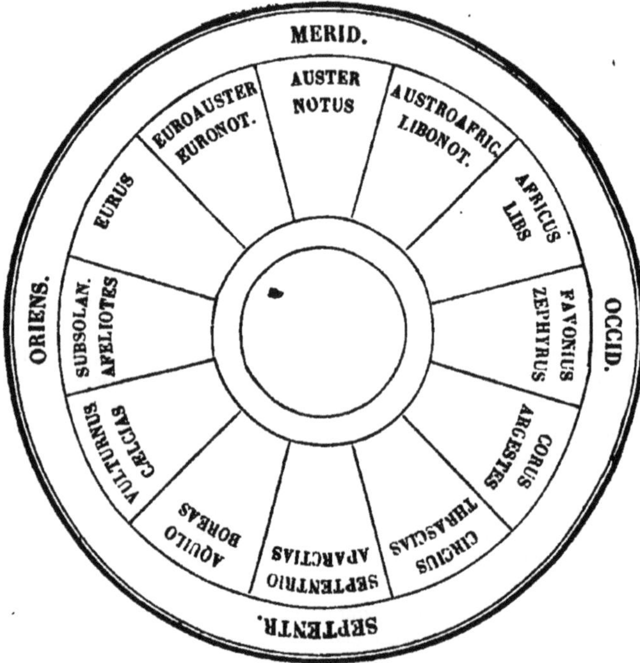

5. Quosdam autem Tranquillus proprios locorum flatus propriis appellat vocabulis, quo ex numero sunt : in Syria Syrus, Carbasus in Cilicia, in Propontide Thracidas, in Attica Sciron, in Gallecia Cir- C cius, in Hispania Sucronensis. Sunt præterea quidam innumerabiles ex fluminibus, aut stagnis, aut finibus nominati. Duo sunt tamen extra hos ubique spiritus magis quam venti, aura et altanus.

3. *Libonotus.* Mendose libri O., etiam Bedæ, *Euronotus*. Idem enim Euronotus qui et Euroauster.

5. *In Propontide Thracidas.* Ita Ms. O.; *Siracidas* Impress.; nisi forte Thrascias qui supra diem cum Circio.

Ibid., *Aura et altanus* Vid. Serv., et Plin., lib. II. cap. 14. Versus, qui de his ventis in excusis libris corruptissimi feruntur, a Manusc. absunt, in Ovetensi Goth. separati ab hoc opere leguntur prope integri, quos, quia non prorsus inelegantes, et antiquiores Isidoro visi sunt, proponendos putavimus. Sunt autem hi :

Quatuor a quadro consurgunt limite venti.
Hos circumgemini dextra, lævaque jugantur,
Atque ita bisseno circumdant flamine mundum.
Primus Aparctias, alto qui spirat ab axe :
Huic nomen nostra e lingua Septentrio fixit.
Circius huic dexter gelido circumtonat antro.
Thrasciam Graii propria dixere loquela.
Huic lævus Boreus glaciali turbine mugit :
Frigidus hic Aquilo nostris vocitatur in oris.
At Subsolanus flat rectus solis ab ortu,
Græcus Apelioten apto quem nomine signat.
Huic at Vulturnus dextra de parte levatur,
Attica Græciam Graius quem littora signant.
Nubifero flatu levigatas irrigat auras
Dorica quem simili designat nomine lingua.
At Notus e medio solis dat flamina cursu :
Austrum rite vocant, quia nubila flatibus haurit.
Euronotus cui dexter adest, quem nomine misto,
Euroaustrum Latia dixerunt voce Latini.
Libonotus lævam calidis adtaminat auris,
Æstibus immensis ardens, Austroafricus hic est

52 ## CAPUT XXXVIII.

De signis tempestatis vel serenitatis.

1. Tempestas turbo est divini judicii, sicut propheta ait : *Deus in tempestate, et turbine viæ ejus* (*Nahum.* I, 3). Serenitas autem gaudium est lucis æternæ. Signa autem tempestatum navigantibus Tranquillus in Pratis sic dicit : *Mutatio tempestatis expectanda est in asperius, cum in nocturna navigatione scintillat ad remos, et ad gubernacula aqua. In Austrum venti mutatio est, cum lulligines, hirundinesve volant, aut cum delphini totos se saltibus ostendunt, et caudis aquam feriunt. Nam semper inde ventus oritur quo illi feruntur. Nec mirum est muta animalia divinare sub gurgite. Semper enim incipientis auræ motu aquæ inclinantur, quam permutationem maris primi undarum incolæ sentiunt. Itaque propter impetum pugnant, sive metu, ne deferantur in littora; sive natura, ne aversorum cervices unda præcipitet. Quid ergo? Delphini tantum hanc injuriam timent? Imo et cæteri pisces. Sed hi tantum apparent, quia exsiliunt.*

2. Item Varro dicit signum esse tempestatis, dum de parte Aquilonis fulgurat, et dum de parte Euri intonat. Nigidius quoque ait : *Luna si summo corniculo maculas nigras habuerit in primis partibus mensis, imbres fore ; si in medio, tunc cum plena sint in ea cornicula, serenitatem. Certe si rubet, quasi aurum, ventos ostendit. Fit enim ventus ex aeris densitate, densitate obducta, sol et luna rubescunt. Item si cornua ejus tecta fuerint nebula, tempestas futura est.*

53 3. *Aratus autem dicit, si Aquilonium cornu lunæ sit correctius, Aquilonem imminere. Item si cornu Australe sit erectius, Notum imminere. Quarta autem luna futurarum index certissima habetur aurarum. Unde et Virgilius dicit :*

Solis ab occasu Zephyri tuba florea servat,
Ex Itala nomen cui fixum est voce Favoni.
Huic dextram tangit dictus lips Attide lingua :
Africus hic propria veniens regione vocatur.
At tu Core fremis Zephyri de parte sinistra :
Argesten Graio vocitarunt ore Camœnæ.

Sin ortu in quarto, namque is certissimus auctor.
Plura neque obtusis per cœlum cornibus ibit.
Totus et ille dies, et qui nascentur ab illis
Exactum ad mensem pluvia, ventisque carebunt.

4. *Item idem Virgilius dicit : Si sol in ortu suo maculosus sit, atque sub nube latens, aut si dimidia parte apparuerit, imbres futuros. Item Varro ait : Si exoriens concavus videbitur, ita ut in medio fulgeat, et radios faciat partim ad Austrum, partim ad Aquilonem, tempestatem humidam et ventosam.*

5. *Item idem, Si sol, inquit, rubeat in occasu, sincerus fere dies erit : si palleat, tempestates significat.* Nigidius quoque : *Si pallidus*, inquit, *sol in nigras nubes occidat, Aquilonem ventum significat.* Item Dominus in Evangelio : *Si facto*, inquit, *vespere rubicundum fuerit cœlum, mane serenum erit. Si mane rutilat triste cœlum, tempestas futura erit, et cum Auster ventus flaverit, æstus erit.*

CAPUT XXXIX.

De pestilentia.

1. Pestilentia est morbus late vagans, et contagio suo, quæque tetigerit, polluens. Hæc enim ægritudo non habet spatium temporis quo aut vita speretur aut mors, sed repentinus languor simul cum morte venit. Quæ sit vero causa hujus pestilentiæ **54** quidam dixerunt : *Quando pro peccatis hominum plaga, et correptio terris injicitur, tunc aliqua ex causa, id est, aut siccitatis, aut caloris vi, aut pluviarum intemperantia aer corrumpitur. Sicque, naturalis ordinis perturbata temperie, inficiuntur elementa, et fit corruptio aeris, et aura pestilens, et oritur pernicies, et corruptelæ vitium in homines, et cætera animantia.* Unde et Virgilius :

Corrupto cœli tractu miserandaque venit,
Arboribusque satisque lues.

Ibid. Grialius in textu *Thracidas*, in not. *Iracidas*. Quid sentiendum sit de versibus de ventis, quos Grialius in not. proferat, dixi in Isidorianis, cap. 76, n. 20 et 21. Nunc varias lectiones exhibebo ex Codice Vaticano Ottoboniano 6, p. 25, ubi rubrica est, *versus ventorum*, et ex Albanio. Vers. 1, *limine* pro *limite*. V. 4, *altus* pro *alto*. V. 5 : *Huic nostra nomen lingua Septentrio fixit ;* in Bignæana Editione *finxit*, pro *fixit*, atque ita etiam nonnulli Mss. habent. V. 6, *hunc dextro*, vel *huic dextra*, pro *huic dexter*. V. 10, *medio flat rectus* pro *flat rectus solis*. V. 13, *littera signat* pro *littora signant*. V. 14 :

Nubifero flatu lætum latus irrigat Eurus.

V. 20, *adnominat* pro *adtaminat*. V. 23, *huic dextra mugit*, pro *huic dextram tangit*. Arev.

Cap. xxxviii. — N. 1. *Tranquillus in pratis sic dicit ;* al., *tranquillis in portis ;* al. *Tranquillis in pratis ;* al., *Tranquillus in partes.* Legerem *Tranquillo in portu sic disces ;* nisi Tranquilli in cap. de Ventis meminisset, et quosdam Græcorum libros suos λειμῶνας hoc est, prata inscripsisse, diceret in præfatione Plinius.

2. *Dum de parte Aquilonis fulg.* Virgil. :

At Boreæ de parte trucis cum fulminat, et cum
Eurique Zephyrique tonat domus, omnia plenis
Rura natant fossis.

Ibid. Nigidius quoque... carebunt. Verba sunt interpretis Arati, e quo sunt multa restituta, nam mendosissima in omnibus libris erant. Sed eadem longe elegantius Maro :

Luna revertentes cum primum colligit ignes,
Si nigrum obscuro.....

Ibid. Si cornua ejus tecta fuerint nebula Ita Ms. O., *tetra fuerint*, apud Arati interpretem.

Ibid. Futura est. Alii addunt, *et cum Auster ventus flaverit, æstus erit ;* quod alii in fine capitis exhibent. Arev.

3. *Si Aquilonium cornu lunæ sit correctius, Aquilonem imminere. Item si cornu Australe sit erectius.* Ita constanter omnes libri, et apud Arati interpr. Cur autem luna, vel erecta, vel prona videri soleat, vid. Bed., cap. 24, lib. de Nat. Rer. Edit. 2.

Ibid. Versus Virgilii sunt 432 et seqq. lib. I Georg. Arev.

4. *Si sol in ortu suo maculosus... tempestatem significat.* Verba sunt ejusdem interpretis.

5. *Rubeat in occasu.* Voces *in occasu* deerant in omnibus nostris libris.

Ibid. Sincerus fere. Vox *fere* non est in Arati interprete, legitur vero in omnibus nostris libris.

Cap. xxxix. — N. 1. *Quidam dixerunt.* Clementem significat, lib. VIII Recogn., cujus hæc sunt verba : *Quando pro peccatis..... et cætera animantia.*

Ibid. Quæque. Hoc est, *quæcunque*, uti apud alios, et apud ipsum Isidorum alibi. Nonnulli habent *pene omnia quæ*, alii solum *quæ*. Versus Virgilii sunt 138 et seq. lib. III Æneid. Arev.

2. Item alii aiunt pestifera semina rerum multa ferri A in aerem, atque suspendi, et in externas cœli partes, aut ventis, aut nubibus transportari. Deinde quaqua feruntur, aut cadunt per loca et germina cuncta ad animalium necem corrumpunt; aut suspensa manent in aere, et cum spirantes auras, illa quoque in corpus pariter absorbemus, atque inde languescens morbo corpus, aut ulceribus tetris, aut percussione subita exanimatur. Sicut enim cœli novitate, vel aquarum corpora advenientium tentari consueverunt, adeo ut morbum concipiant, ita etiam aer corruptus ex aliis cœli partibus veniens, subita clade corpus corrumpit, atque repente vitam exstinguit.

55 CAPUT XL.

De Oceano.

1. Cur Oceanus in se reciprocis æstibus revertatur, B quidam aiunt in profundis Oceani esse quosdam ventorum spiritus, veluti mundi nares per quas emissi anhelitus, vel retracti alterno accessu recessuque, nunc evaporante spiritu effluant maria, nunc retrahente reducant. Quidam autem volunt cum augmento lunari crescere Oceanum, et tanquam ejus quibusdam spirationibus retrorsum trahatur, et iterum ejusdem impulsu ac retractu, in mensuram propriam refundatur.

2. Alii quoque Oceani undis alii sidera dicunt, solemque de Oceano aquam haurire ignibus suis, et circum omnia sidera fundere, ut ea temperet, quia sunt ignea. Unde dicunt quia cum haurit undas, erigit Oceanum. Sed utrum ventorum spiritu aquæ eriguntur, an lunari cursu increscant, an sole trahente de- C crescant, hoc soli Deo cognitum est, cujus et opus mundus est, solique omnis mundi ratio nota est.

3. Oceani autem magnitudo incomparabilis, et intransmeabilis latitudo perhibetur. Quod etiam Clemens discipulus apostolorum visus est indicare, cum dicit: *Oceanus intransmeabilis est, et hi qui ultra eum sunt mundi*. Philosophi autem aiunt quod post Oceanum terra nulla sit, sed solo denso aere nubium contineatur 56 mare, sicut et terra subterius, ideo et Lucanus:

Cum mare convolvit gentes, cum littora Thetys
Noluit ulla pati cœlo contenta tenere,
Tunc quoque tantis malis moles crevisset in astra,
Ni superum rector pressisset nubibus undas.

CAPUT XLI.

Cur mare non crescat.

1. Cur mare majus non fiat, ac tantis fluviorum copiis nullatenus crescat, Clemens episcopus dicit, eo quod naturaliter salsa aqua fluentum dulce in se receptum consumat, eo quod fit ut illud salsum maris elementum quantascunque recipit copias aquarum, nihilominus exhauriat. Adde etiam quod venti rapiunt, et vapor calorque solis assumit. Denique videmus lacus multasque lacunas parvo sub momenti spatio ventorum flatibus solisque ardore consumi. Salomon autem dicit: *Ad locum unde exeunt, flumina revertuntur* (Eccles. I, 7).

2. Ex quo intelligitur mare ideo non crescere, quod etiam per quosdam occultos profundi meatus aquæ revolutæ ad fontes suos refluant, et solito cursu per suos amnes recurrant. Mare autem propterea factum est, ut omnium cursus fluviorum recipiat. Cujus cum sit altitudo diversa, indiscreta tamen dorsi ejus æqualitas. Unde æquor appellatum creditur, quod superficies ejus æqualis sit; physici autem dicunt mare altius esse terris.

---

2. *Item alii aiunt pestifera semina rer.* Operæ pretium quibus ex verbis Lucretii quæ restant hujus capitis conflaris, inspicere. Is igitur ita lib. VI:

. . . . . Primum multarum semina rerum
Esse, supra docui, quæ sint vitalia nobis,
Et contra quæ sint morbo mortique necesse est.
Multa volare ea cum casu sunt forte coorta,
Et perturbarunt cœlum, fit morbidus aer.
Atque ea vis omnis morborum, pestilitasque,
Aut extrinsecus, ut nubes, nebulæque superne
Per cœlum veniunt, aut ipsa sæpe coorta
De terra surgunt, ubi putrorem humida nacta est
Intempestivis pluviisque, et solibus icta.
Nonne vides etiam cœli novitate et aquarum,
Tentari procul a patria quicunque domoque
Adveniunt, ideo quia longe discrepat aer.

Et paulo post:

Proinde ubi se cœlum, quod nobis forte alienum est,
Commovet, atque aer inimicus serpere cœpit,
Ut nebula, ac nubes paulatim repit, et omne
Qua graditur conturbat, et immutare coactat.
Fit quoque ut in nostrum, cum venit denique cœlum,
Corrumpat, reddatque sui simile, atque alienum.
Hæc igitur subito clades nova, pestilitasque,
Aut in aquas cadit, aut fruges persidit in ipsas,
Aut alios hominum pastus, pecudumque cibatus,
Aut etiam suspensa manet vis aere in ipso.
Et cum spirantes mistas hinc ducimus auras,
Illa quoque in corpus pariter sorbere necesse est.

Ibid. Spirantes. Reponendum videtur *spiramus*, aut cum Lucretii versibus citatis, *cum spirantes ducimus auras*. AREV.

CAP. XL. — N. 1. *Quidam aiunt in profundis Oceani esse quosdam meatus.* Plato in Phædone.

Ibid. Effluant maria, nunc retrahente reducant. F., *effluunt m., n. r. reducantur*. Ita enim paulo post retrorsum trahi et refundi dicet, nisi ad nares referri mavis.

Ibid. Quidam autem volunt cum augmento lunari refundatur. Verba sunt Ambrosii, lib. IV, in fine capitis septimi.

Ibid. Quidam, etc. Alii: « quidam philosophi mundum, ut refert Solinus, ex quatuor elementis, quasi quoddam animal esse dicunt concretum, moverique quodam spiritu, et sicut in corporibus nostris respirandi habetur commercium, ita in profundis Oceani esse quosdam meatus repletos spiritu ventorum, velut mundi nares, *etc.* » Post *volunt* nonnulli addunt *ut ait Ambrosius*. AREV.

2. *Alii Oceani undis ali dixerunt sidera.* Vid. sup., D cap. 15.

3. Quod Clemens, apostolorum discipulus, auctor fuerit librorum Recognitionum, jam olim negarunt sanctus Athanasius, Eusebius, et alii. Nonnulli tamen, ut sanctus Epiphanius, et Ruffinus, opus illud a sancto Clemente scriptum fuisse existimant, sed ab hæreticis corruptum. Lucani versus sunt 623 et seqq. lib. V. Grialius, mendose, *tenere* pro *teneri*. AREV.

CAP. XLI. — N. 1. *Clemens episcopus dicit.* Lib. VIII Recognit.

Ibid. Adde etiam quod venti rapiunt. Lucretius:

Præterea magnam sol partem detrahit æstu.

Et mox:

Tum porro venti magnam quoque tollere partem.
Humoris possunt.....

Ibid. Lacus, multasque lacunas. Lucretii verbis lusisse videtur: *Multosque lacus, multasque lacunas*.

CAPUT XLII.

Quare mare salsam habeat aquam.

1. Rursus Ambrosius doctor docuit dicens : *Mare idcirco dicunt* **57** *veteres salsas, atque amaras habere aquas, pro eo quod ea quæ ex diversis fluviis in id influunt, solis ardore, ac ventorum flatibus absumantur, tantumque diurno vapore consumi, quantum per singulos dies ex omnibus amnium cursibus in ipsum invehitur. Quod etiam solis ratione fieri perhibetur, qui quod purum, ac leve est ad se rapit, quod vero grave ac terrenum reliquit, quod etiam amarum et impotabile sit.*

CAPUT XLIII.

De Nilo.

1. Ægyptus aeris calorem semperque solem habet ; nunquam imbres vel nubes recipit, cujus loca Nilus fluvius æstatis tempore inundat, quo pro pluviis utuntur. Oritur enim fluvius idem inter Austrum et Ortum. Etesiarum autem flatus a Zephyri parte, id est, ab Occiduo flat, et habet certum tempus. Nascuntur enim mense Maio, quarum flatus initio languens est, sed per dies augescit.

2. Nam flant ab hora sexta in decimam. Harum igitur flatu resistente undis, oppositisque etiam ostiis ejus, quibus in mare influit, arenarum cumulis, Nili fluctus intumescunt, ac retro reverti coguntur. Sicque aquæ erumpentes propelluntur in Austrum. Quibus congestis, Nilus in Ægyptum erumpit. Quiescentibus quoque Etesiis, ruptisque arenarum cumulis, rursus in suum alveum redit fluvius.

CAPUT XLIV.

De nominibus maris et fluminum.

1. In Pratis Tranquillus sic asserit dicens : *Exter-* A *num mare Oceanus est, internum, quod ex Oceano fluit, superum, et inferum, quibus* **58** *Italia alluitur.* Ex his superum Adriaticum dicitur, et Tuscum inferum.

2. *Fretum* angustum, quasi fervens mare, ut Siculum et Gaditanum. *Æstuaria* sunt omnia per quæ mare vicissim tum accedit, tum recedit. *Altum*, proprie mare profundum. *Vada*, quibus in mari potest stari, quæ Virgilius *brevia* appellat, quæ eodem Græci *brachya*.

3. *Sinus* majores recessus maris dicuntur, ut Caspius, Arabicus, Indicus. Minores autem *anguli*, ut Pæstanus, Amyclanus, et cæteri similes. *Flustra* motus maris sine tempestate fluctuantis. Nævius in Bello Punico sic ait : *Onerariæ onustæ stabant in flustris*, ac si diceret *in salo*.

B 4. *Moles*, quæ eminent, et procurrunt mari. De quibus Pacuvius : *Omnes latebras sublata mole obtrusas. Sinus cæcus fluctus* tumens, necdum tamen canus. De quo Atta in Togatis sic ait : **59** *Pro populo fluctus cæcos faciunt per discordiam.* Et Augustus, inquit, *Nos venimus Neapolim fluctu quidem cæco.*

5. *Ditus*, quidquid aqua alluit. *Flumen* omnis humor, qui vel modice fluit. *Torrens* fluvius, qui pluvia crescit, siccitate torrescit : de quo Pacuvius : *Flammeo vapore torrens terræ, Ostia* exitus fluminum in mare. *Tollæ* aquarum projectus, quales sunt in Aniene flumine quam maxime præcipites.

CAPUT XLV.

De positione terræ.

C 1. Qualiter terra super aerem fundata libratis credatur stare ponderibus, sic dicit Ambrosius : « De

Cap. xlii. — N. 1. *Rursus Ambrosius... impotabile sit.* Lib. ii, cap. 3.

Ibid. Ac ventorum flatibus. Hæc verba non sunt Ambrosii, sed veluti ex præcedenti capite repetita.

Ibid. Quod etiam solis ratione. Hoc est, solertia et judicio, et discernendi quadam vi. Ita enim Ambrosius : *Quod ex solis quadam dijudicatione fieri perhibetur.*

Cap. xliii. — N. 1. Totius capitis sententia sumpta e Lucretii ead. de re elegantissimis versibus, lib. vi : *Nilus in æstate crescit*, etc. Sed verba Lucretii (quibus libenter uti solet) hoc loco dedita opera fugisse videtur.

Cap. xliv. N. 1. De hoc capite, quod nunc primum prodit, nonnulla observavi in Isidorianis, cap. 76, num. 11. Collatis inter se multis ac variis Mss. scripturam quæ optima visa est selegi. Pro *in Pratis* alii habent *in annalibus libris Patrum*. Vide not. ad cap. 38, num. 1. Fabricius, Biblioth. Latin., lib. ii, cap. 24, n. 6, putat, legendum *in Variis*; nam Suetonii Tranquilli opus *de Rebus variis* laudant Servius et Carisius; sed non improbat quod Suetonius libros suos de Rebus variis *Prata* inscripserit, ut Griallus existimat. Minus vero probat quod alii reponunt *in Parergis*, vel *in Arateis*. Pro *externum*, alii exhibent *extremum*. Pro *superum* et *inferum*, alii *supernum* et *infernum*. Arev.

2. Festus : *Æstuaria sunt omnia, qua mare*, etc. Ex conjectura rescripsi *vada*; nam in Mss. erat *vaga*, aut *suaga*. Seneca, in Agamemn. vers. 572 :

Hos inopis undæ brevia comminuunt vada.

Virgilius, 1 Æneid., 115 : *In brevia et syrtes.* Arev.

3. *Pæstanus.* Ita edendum colligo ex Cicerone, ad Attic., epist. 6, lib. xvi : *Duo sinus fuerunt, quos transmitti oportuit, Pæstanus, et Vibonensis.* In Mss. erat *Pertanus*. Pæstum olim urbs, nunc vicus est Lucaniæ. In nonnullis Mss. erat *Amyclanus fluctuantes*. Omisi *fluctuantes*, quia deest hæc vox in Vatic. Palat. 1448. Alioquin conjici posset *Amyclanus, seu Fundanus*. In Cod. Albanio, *Amyclanus, et certi similes*. De sinu Amyclano, qui et Fundanus dicitur, Plinius, lib. xiv, cap. 16. Quod autem *angulus* pro sinu maris accipiatur, constat ex Catone apud Carisium lib. ii, pag. 185, Putsch. : *Mare velis florere videres ultra angulum Gallicum.* De *flustro*, seu *flustris*, Festus, et Tertullianus de Pallio, cap. 2. Sed Festus *flustra* ait esse, cum in mari fluctus non movetur. Pro *flustra* alii Mss. Isidori habent *flustrum*; et *stabunt*, pro *stabant*. Codex Alban. *Onerariæ et oneratæ stabant*, etc. Arev.

4. Alii, *sub læta mole abstrusas*; fortassis *sub lata*. Ex hac *molis* significatione ortum videtur vocabulum Hispanum *muelle* de molibus, quæ in portubus ad D reprimendos fluctus exstruuntur. Vox *sinus* hoc loco nescio quid sit. Libenter legerem : *obtrusas in sinu*, vel *obrutas sinu*. *Cæcus fluctus*, etc. Fluctus cæci hac eadem significatione alii etiam meminerunt, Sisennas, apud Nonium, c. 6, n. 7, et Livius, apud Senecam, Suasor. 7. Arev.

5 *Alluit.* Al. *alluitur*. Pacuvii verba intelligenda et reformanda sunt ex dictis in not. ad lib. xiii Etymolog., c. 21, n. 2. In Mss. erat *torret* pro *terræ*, Pro *tollæ*, alii *tulli*, alii *tolli*, alii *tolles*. Pro tumore in faucibus adhiberi solet *tolles, toles, tolæ, tolia*. Inde puto tractam significationem ad præcipites aquarum projectus, quia his in locis tument aquæ. Quid, si legas, *tholi*. Arev.

Cap. xlv. — N. 1. *Sic dicit Ambrosius.* Lib. i, cap. 6.

Terræ autem qualitate, sive positione sufficiat secun- A dum Scripturam Job sciendum quia suspendit terram in nihilo. » Philosophi quoque similiter opinantur, aere denso terram sustineri, et quasi spongiam mole sua immobilem pendere, sicque, ut æquali motu hinc atque inde, veluti alarum suffulta remigiis, ex omni parte librata propendeat, nec in partem possint inclinari alteram.

2. Verumtamen, utrum, densitate aeris sustineatur, an super aquam pendeat, quia scribitur *qui fundavit terram super aquas* (*Psal.* cxxxv, 6); vel quomodo aer mollis tantam mollem possit sustentare terrenam; aut si super aquas est tam immane pondus, quomodo non demergatur; aut quomodo æquitatis libram teneat ne in alteram partem propensa incumbat; hoc nulli mortalium scire fas est, nec nobis discutere, aut per- B scrutari licet cuiquam tantam divinæ artis excellentiam, dum constet eam lege majestatis Dei aut super aquas, aut super nubes stabilem permanere. *Quis enim*, inquit, Salomon, *sufficit narrare opera illius, aut quis investigabit magnalia ejus?* Ergo quod mortalium naturæ secretum est, divinæ potentiæ relinquendum est.

60 CAPUT XLVI.
De terræmotu.

1. Sapientes dicunt terram in modum spongiæ esse, conceptumque ventum rotari, et ire per cavernas. Cumque tantum ierit, quantum terra capere non possit, huc atque illuc ventus fremitum et murmura mittit. Dehinc quærentis vi viam evadendi, dum sustinere eum terra non potuerit, aut tremit, aut C dehiscit, ut ventum egerat. Inde autem fieri terræmotum, dum universa ventus inclusus concutit.

2. Unde et Sallustius: *Venti*, inquit, *per cava terræ præcipitati, rupti aliquot montes, tumulique sedere.* Ergo, ut diximus, tremor terræ, vel spiritu venti per cava terræ, vel ruina inferiorum, motuque undæ existit. Sic enim et Lucanus ait :

Terraque dehiscente
Insolitis..... tremuerunt motibus Alpes.

3. Terræmotum autem illic assidue fieri, ubi cava terrarum sunt, in quibus venti ingrediuntur, et faciunt terræmotum. Nam ubi arenosum est, aut solida est terra, non ibi fit terræmotus. Terræ autem motio pertinet ad judicium, quando peccatores et terreni homines spiritu oris Dei concussi commovebuntur. D Item terræ commotio hominum terrenorum est, ad fidem conversio. Unde scriptum est : *Pedes ejus steterunt, et mota est terra*, utique ad credendum.

CAPUT XLVII.
De monte Ætna.

1. De monte autem Etna Justinus in libro Historiarum ita scribit, dicens : *Siciliæ tellus tenuis, ac fragilis, et cavernis quibusdam,* **61** *fistulisque ita penetrabilis, ut ventorum tota ferme flatibus pateat, necnon et ignibus generandis nutriendisque soli ipsius naturalis materia, quippe intrinsecus strata sulphure et bitumine traditur. Quæ res facit ut spiritu cum igne introrsus colluctante frequenter et compluribus locis nunc vapores, nunc fumum eructet.*

2. *Inde denique Ætnæ montis per tot sæcula durat incendium, et ubi acrior per spiramenta cavernarum ventus incubuit, arenarum moles egerunt. Accedunt et perpetua fomenta insularum Æolidum, veluti ipsis undis alatur incendium, neque enim in tam angustis terminis aliter durare tot sæcula tantus ignis potuisset, nisi et humoris nutrimentis aleretur.*

3. Hinc igitur fabulæ Scyllam et Charybdim peperere. Hinc latratus auditus, hinc monstra, hinc reddita simulacra, dum navigantes, magnis vorticibus pelagi dissidentis, exterriti, latrare putant undas, quas sorbentis æstus vorago collidit. Eadem causa etiam Ætnæ montis perpetuos ignes facit. Nam aquarum ille concursus raptum secum spiritum in imum fundum trahit, atque ibi suffocatum tandiu tenet, donec, per spiramenta terræ diffusus, nutrimenta ignis incendat.

4. Constat autem ad exemplum gehennæ, cujus ignis perpetua incendia spirabunt ad puniendos peccatores, qui cruciabuntur in sæcula sæculorum. Nam sicut isti montes in tanta temporis diuturnitate usque nunc flammis æstuantibus perseverant, ita ut nunquam exstingui possint, sic ignis ille ad crucianda corpora damnatorum finem nunquam est habiturus.

CAPUT XLVIII.
De partibus terræ.

1. Nunc terræ positionem definiemus, et mare quibus locis interfusum **62** videatur, ordine exponemus. Terra, ut testatur Hyginus, mundi media regione collocata, omnibus partibus cœli æquali dissidens intervallo centrum obtinet. Oceanus autem regione circumductionis sphæræ profusus, prope totius orbis alluit fines. Itaque et siderum signa occidentia in eum cadere existimantur.

2. Regio autem terræ dividitur trifariam, e quibus una pars Europa, altera Asia, tertia Africa vocatur. Europam igitur ab Africa dividit mare ab extremis oceani finibus, et Herculi columnis. Asiam autem,

CAP. XLVI. — N. 1. Hujus quoque capitis sententia e sexto Lucretii sumpta.

Ibid. Quærentis vi viam evadendi. Omiserant librarii illud *vi* sequentis alterius syllabæ *vi* similitudine delusi. Notum illud : *Fit via vi.*

2. *Unde et Sallust. Venti* (*inquit*) *per cava terr.* Citantur eadem verba initio XIV Etymolog., et a Serv., Georg. II ad vers : *Unde tremor terris.*

Ibid. Motuque undæ. Lucretius :

Fit quoque ubi magnas in aquæ, vastasque lacunas,
Gleba vetustate e terra provolvitur ingens,
Ut jactetur aqua, et fluctu quoque terra vacillet.

Ibid. Præcipitati; forte, *præcipitari*, ut mox *sedere.* AREV.

CAP. XLVII. — N. 1. *Justinus.* Initio libri quarti, unde sunt hæc omnia usque ad allegorica.

4. *Ignis ille.* Al., *ignis ille æternus*, vel *ignis ille gehennæ.* AREV.

CAP. XLVIII. N. 1. Hoc caput in Editione Grialii prætermissum fuit per exscriptoris aut typographi negligentiam, ut ego quidem arbitror, et dixi in Isidorianis, cap. 76, num. 6. E Mss. et Editis selectiorem scripturam concinnavi. Bigneus, *definiamus. . . interfusum. Inde autem ordinem exponamus.* Omittit *cœli* post *partibus*, et *siderum* ante *signa.* Nonnulli habent *abluit* pro *alluit.* Sed *alluit* legit etiam Munckerus ad Hyginum, pag. 353, qui hoc caput cum capite 8 Astronom. Poetic. Hygini lib. I conferendum

et Libyam cum Ægypto disterminat ostium Nili fluvii, quod Canopicum appellatur. Asiam ab Europa Tanais dividit bifariam se conjiciens in paludem, quæ Mæotis appellatur. Asia autem, ut ait beatissimus Augustinus, a meridie per orientem usque ad septentrionem pervenit. Europa vero a septentrione usque ad occidentem, atque inde Africa ab occidente usque ad meridiem.

A 3. Unde videntur orbem dimidium duæ tenere, Europa, et Africa. Alium vero dimidium sola Asia. Sed ideo illæ duæ partes factæ sunt, quia inter utramque ab Oceano ingreditur, quidquid aquarum terras influit, et hoc mare Magnum nobis facit. Totius autem terræ mensuram geometræ centum octoginta milium stadiorum æstimaverunt.

esse et emendandum sit. Verba Hygini sunt : *Terra mundi... centrum obtinet sphæræ. Hanc mediam dividit axis in dimensione totius terræ. Oceanus autem regione* (Al., *e regione*) *circumductionis... in eum decidere existimantur.* Arev.

2. Bignæus, *disterminat os Nili fluvii, qui Canopicum.* Hyginus, *quod Canopicon.* Mox *Thanus*, pro *Tanais*, et *Eothis* pro *Mæotis*. Sic alii errores passim B apud Bigneum. Arev.

3. *Mare Magnum.* Ita appellat sæpe Isidorus mare Mediterraneum. Vide Etymolog. lib. xiii, cap. 16, num. 1. Pro *influit* Editio recentior Matritensis, in addendis, pag. 51, *interluit*. Post *æstimaverunt*, alii addunt, ccc *autem in longitudine*, cc *in latitudine*, *in historiis catholicis hoc dicetur.* Arev.

SANCTI ISIDORI

HISPALENSIS EPISCOPI

CHRONICON*.

Praefatio.

63 1. *Brevem temporum seriem per generationes et regna primus ex nostris Julius Africanus, sub imperatore Marco Aurelio Antonio, simplici historiæ stylo elicuit. Deinde Eusebius Cæsariensis episcopus,* 64 *atque sanctæ memoriæ Hieronymus presbyter, chronicorum canonum multiplicem ediderunt historiam regnis simul et temporibus ordinatam.*

2. *Post hos alii atque alii, inter quos præcipue Victor Tunnensis Ecclesiæ episcopus, recensitis prædicto-*

Præfat.—N. 1. Julii Africani temporum scriptoris meminit, præter alios, Eusebius in Chronico, sub anno redempti orbis 224 et alibi; Augustinus adversus Faustum; Hieronymus, Catalogo scriptorum ecclesiasticorum, et præfatione in Danielem; Suidas, dictione Ἀφρικανός, et dictione κεστός; Eustachius in elegantissimo opusculo Τοῦ Ἑξαημέρου, quod apud me est, nusquam hactenus editum; et omnium copiosissime Photius, in Bibliotheca, quam de libris a se lectis concinnavit; qui auctor, cum et ipse hucusque non sine maximo publicæ utilitatis dispendio in tenebris lateat, operæ pretium arbitror ejus verba apponere. Ea sunt numero 34, in hunc modum : Ἀνεγνώσθη Ἀφρικανοῦ Ἱστορικόν· οὗτός ἐστιν, ὁ καὶ τοὺς λεγομένους κεστοὺς ἐν λόγοις συντάξας ιδ᾽· ἔστι δὲ σύντομος μέν, ἀλλὰ μηδὲν τῶν ἀναγκαίων ἱστορηθῆναι παραλιμπάνων. Ἄρχεται δὲ ἀπὸ τῆς Μωσαϊκῆς κοσμογενείας, καὶ κάτεισιν ἕως τῆς Χριστοῦ παρουσίας. Ἐπιτροχάδην δὲ διαλαμβάνει καὶ τὰ ἀπὸ Χριστοῦ μέχρι τῆς Μακρίνου τοῦ Ῥωμαίων βασιλέως βασιλείας, ὅτε αὐτῷ, ὥς φησι, καὶ ἥδε συγγραφὴ συνετελεῖτο, ἐτῶν οὖσα ͵εψκγ᾽, τεύχη δὲ τοῦ βιβλίου πέντε. Οὗτος καὶ πρὸς Ὠριγένην γράφει περὶ τοῦ κατὰ Σωσάνναν διηγήματος, ὡς οὐκ εἴη αὐτῷ ἐν τοῖς ἑβραϊκοῖς ἀνεγνωσμένον, καὶ ὡς οὐδ᾽ ἀκόλουθον τῇ ἑβραϊκῇ ἐτυμολογίᾳ, οὔτε τὸ ἀπὸ τοῦ πρίνου πρίσαι, οὔτε τὸ ἀπὸ τοῦ σχίνου σχίσαι· ἃ καὶ ἐπιλυόμενος Ὠριγένης ἀντέγραψε. Γράφει δὲ Ἀφρικανὸς καὶ πρὸς Ἀριστείδην ἐν οἷς ἱκανῶς τὴν νομιζομένην διαφωνίαν παρὰ Ματθαίῳ, καὶ Λουκᾷ περὶ τῆς τοῦ Σωτῆρος ἡμῶν γενεαλογίας σύμφωνον ἔδειξεν. *Legimus*, inquit, *Africani historicon. Hic ille est qui etiam Cestorum* (*nam ita inscribuntur*) *libros quatuordecim composuit. Et licet brevis admodum succinctusque sit, nihil tamen eorum quæ scitu digna sunt* C *prætermittit. Orditur vero ab orbis creatione, quam Moyses posuit, usque ad Christi adventum progrediens. Summatim etiam ea quæ a Christi temporibus usque ad Macrini Romanorum imperatoris imperium evenere complectitur, quo tempore ipsi, ut de se testatur, opus hoc absolutum est; continens in universum annos quinquies mille septingentos viginti tres; estque in tomos quinque distinctum. Idem ad Origenem scribit super iis quæ de Susanna narrantur; quomodo ipse nihil tale unquam in Hebræorum monimentis legerit, neque omnino quidquam nomen cum etymologia Hebræa consentiat. Neque* τὸ ἀπὸ τοῦ πρίνου πρίσαι *neque* τὸ ἀπὸ τοῦ σχίνου σχίσαι, *quæ cuncta Origenes diluens ei respondit. Scribit etiam ad Aristidem Africanus dilucide ostendens discordiam, quæ a nonnullis in Matthæo et Luca de Salvatoris nostri generatione inesse existimatur, concordem prorsus esse, sibique per omnia consonare.* Hæc Photius.

Ibid. In Isidorianis duo sunt capita de Chronico Isidori, primum cap. 77, hoc titulo : *Isidorus noster* D *Hispalensis verus auctor Chronici, quod aliud est a Chronico Isidori Pacensis. Compendium Chronici Etymologiis insertum ab ipso Isidoro.* Alterum est caput 78, sic inscriptum : *Chronicon Isidori interpolatum, quod Lucas Tudensis inter sua Chronica retulit. Melliti Chronicon idem atque Isidorianum, alio modo interpolatum, sæpius autem mutilum, et decurtatum. Editiones Chronici Isidoriani, prologus Loaisæ, versio Italica edita, alia Ms. Hispanica; Mss. exemplaria ejusdem Chronici.* Alia nunc addere nihil necesse est. Arev.

2. *Tunnensis.* Recte hoc pacto; perperam alias, *Turonensis*; fuit enim Victor Tunnensis Ecclesiæ in A a

* Loaisæ referendæ sunt notæ quibus nullum affixum est nomen. Edit.

rum historiis, gesta sequentium ætatum usque ad consulatum Justini Junioris explevit. Horum nos temporum summam, ab exordio mundi usque ad Augusti Heraclii et Sisebuti Gothorum regis principatum, quanta potuimus brevitate, notavimus, adjicientes e latere descendentem lineam temporum, cujus indicio summa præteriti sæculi cognoscatur.

Prima ætas sæculi.

1. **Rerum omnium** creaturas sex diebus Deus formavit. Primo die condidit lucem, secundo firmamentum cœli, tertio speciem maris et terræ, quarto sidera, quinto pisces et volucres, sexto bestias **65** atque jumenta, novissime ad similitudinem suam primum hominem Adam.

2. [230 *ab orb. c.*] **Adam**, annorum CCXXX, genuit Seth, qui pro Abel natus est, interpretaturque *resurrectio*, quia in ipso resuscitatum est semen justum, quod est filiorum Dei.

[435] Seth, annorum CCV, genuit Enos, qui primus cœpit invocare nomen Domini.

[625] Enos, annorum CXC, genuit Cainam, cujus nomen interpretatur natura Dei. Per idem tempus Cain primus ante diluvium civitatem condidit, B quam de sola multitudine suæ posteritatis implevit.

3. [795] Cainam, annorum CLXX, genuit Malaleel, cujus nomen dicitur *plantatio Dei*.

A [960] Malaleel, annorum CLXV, genuit Jared, qui interpretatur *descendens*, sive roborans.

[1122] Jared, annorum CLXII, genuit Enoch, qui translatus est a Deo, qui etiam nonnulla scripsisse **66** fertur; sed ob antiquitatem, suspectæ fidei a Patribus refutata sunt.

4. [1287] Enoch, annorum CLXV, genuit Mathusalem, qui juxta annorum seriem vixisse XIV annis post diluvium reperitur. Sed non reperitur in arca fuisse, propter quod eum nonnulli cum patre suo Enoch, qui translatus fuerat, aliquantulum fuisse, donec diluvium præteriret, falsa opinione existimant. Hac generatione concupierunt filii Dei filias hominum.

[1454] Mathusalem, annorum CLXVII, genuit Lamech. Hac generatione gigantes nati sunt. Hac quoque ætate Jubal ex genere Cain artem musicam reperit, cujus etiam frater Tubal Cain æris ferrique artium inventor fuit.

episcopus, ut ex Isidoro, libro de Viris illustribus, constat. Corrige etiam hanc vocem in principio Chronici Adonis Viennensis.

Ibid. Al., *Minoris explicuit.*, pro *Junioris explicuit.*

Ibid. Heraclii et Sisebuti. Libro vero Etymolog. v, *Heraclii imperatoris et Suinthilanis.* Sub his enim principibus Isidorus claruit, ut patet ex divo Ildefonso in additione Virorum illustrium ad Isidorum, et ex Braulione Cæsaraugustano, de quo relatius in hujus libri nota ultima.

Ibid. Possevinus, tom. II Biblioth. select., pag. 356, lib. XVI, cap. 13, intelligit, ut puto, hunc Victorem, cum inter scriptores Hispanos de rebus Hispaniæ recenset Victorem episcopum Toletanum, AREV.

1. Al. *: Primum hominum, quem appellavit Adam.*

Ibid. Post verba *hominem Adam*, Cod. Regiovatic. 1852 multa interserit, *Adam cognovit uxorem suam*, etc., quæ ex Adone aut aliis petita videntur. Atque ita passim alia adduntur, ut Chronicon ab Isidoriano diversum censeri debeat. AREV.

2. Adam, auctore Josepho, lib. I, cap. 2, Antiquitat., *rufum* sonat, quod e rubra terra formatus esset. Idem ex eodem Zonaras, tom. I. August. vero, psalm. XCV : Adam orbem terrarum significare ait, quod toto orbe terrarum sparsus sit; quomodo et Cyprianus, tractatu de Sina et Sion. Observa vero Isidorum in annorum supputatione fere LXX Interpretes sequi, ut Julius Africanus, Origenes, Eusebius, aliique ex Patribus antiquis, quam alii contra rejiciunt. Augustinus, lib. XV, de Civitate Dei, cap. 13, existimat hanc annorum depravationem, quæ in Codicibus est, vitio ejus accidisse qui de Bibliotheca Ptolemæi primus LXX interpretationem describendam sumpsisset. Editio nostra : *Vixit*, inquit, *Adam centum trigenta annos, et genuit filium ad imaginem et similitudinem suam, vocavitque nomen ejus Seth.* Quam numerandi rationem etiam sequitur Philo, et Hebræorum Chronicon, juxta Hebraicam divinæ Scripturæ veritatem. Divus Hieronymus, Quæstionibus in Genes. : *Sciendum*, inquit, *quod usque ad diluvium, ubi in nostris Codicibus ducentorum et quod excurrit annorum genuisse quis dicitur, in Hebræo habet centum annos et reliquos, qui sequuntur.*

Ibid. Enos. Gen. V; et Joseph., Antiq. Jud. lib. I, cap. 3. Et Cedrenus, statim in initio. Eadem Ado Vienn. ex Isidoro, ut pleraque omnia.

Ibid. Al., *quod est interpretatum filiorum Dei.* Mellitus, *quod est stips filiorum Dei*, ex quo Florezius conjicit *stirpes*, vel *stipes*, sed potius legendum *stirps*, qui est nominandi casus in singulari, et ita legitur in Codice Florentino sancti Marci, qui, ut alii nostri, magna ex parte cum Chronico congruit, quod Melliti dicitur. In Cod. Mutinensi *stirpes*. AREV.

3. Judas apostolus testimonium ex libro Enoch sumit : *Prophetavit*, inquit, *de his, septimus ab Adam, Enoch dicens : Ecce venit Dominus*, etc. Rejicitur tamen liber ille a Canone. Et Augustinus, lib. XVIII de Civitate Dei, cap. 38, affirmat non fuisse ab Enoch C scriptum; quem Hieronymus inter apocryphos connumerandum censet, lib. Virorum illustrium, de Juda apostolo agens. Contra Tertullianus, libro de Habitu mulierum, fuisse ab Enoch scriptum asserit, neque in armarium Judaicum admitti, a Christianis tamen non esse rejiciendum; unde ipse integras sectiones citat, præsertim lib. de Idololatria, de Pudicitia, de Cultu Virginum. Idem facit Origenes, homilia 28, et in Anacephaleosi lib. IV de Principiis. De Enoch, et libro ab eo scripto, eruditissime disserit in Epistolam Judæ, loco vigesimo de Prophetia, Petrus Martinez, insignis doctor Hispaniæ nostræ.

Ibid. Al., *interpretatur discedens, sive portans.* Al., *superans, sive roborans.* Mox *sed antiquitate*, pro *sed ob antiquitatem.* AREV.

4. *Post diluvium.* De hac multorum hominum libris agitata quæstione fuse disputat Hieronymus, super Genesin. Et Augustinus super Genesin, quæstione 2, et lib. de Civitate Dei, XV, cap. 10 et 11, et Ado, in D Breviario; Beda denique, libello de Sex ætatibus.

Ibid. Sed non reperitur... existimant. Hæc in quibusdam Mss. desunt.

Ibid. Annorum 167. In hac sententia est divus Aug., lib. de Civit. XV, cap. 10 et 11, et divus Hieronymus, Quæst. in Genes., et Venerabilis Beda, in Chronico. A quo tamen numero Complutensis, et Regia Bibliorum Editio duobus annis, qui in illis minus sunt, discrepant. Alii vero aliter hac de re sentiunt, inter quos est Nicephorus, qui in Chronologia sua centum et octoginta septem annos natum Mathusalem genuisse Lamech asseverat. Cujus sententiæ etiam Ado subscribit, consentitque Aldina, et Germanica Biblio-

5. [1642] Lamech, annorum CLXXXX, genuit Noe, A qui divino oraculo arcam ædificare jubetur, anno ætatis suæ quingentesimo. Illis temporibus, ut refert Josephus, scientes illi homines quod aut igne, aut aquis, perire poterant, in duabus columnis, ex latere et lapide factis, studia sua conscripserunt, ne deleretur memoria eorum quæ sapienter invenerant. Quarum lapidea columna fertur diluvium evasisse, et hactenus in Syria permanere.

6. [2242] Noe anno sexcentesimo factum legitur diluvium, cujus arcam Josephus sedisse refert in montes Armeniæ, qui vocantur **67** Ararat. Fuerunt autem Noe filii tres, ex quibus septuaginta duæ gentes sunt ortæ, id est, quindecim de Jephet, triginta de Cham, viginti septem de Sem.

Finitur prima ætas per annos MMCCXLII.

Secunda ætas sæculi.

7. [2244] Sem anno secundo post diluvium, cum centum esset annorum, genuit Arphaxad, a quo gens Chaldæorum exorta est. Iste **68** Sem fertur fuisse Melchisedech, qui primus post diluvium condidit urbem Salem, quæ nunc vocatur Jerusalem.

8. [2379] Arphaxad, annorum CXXXV, genuit Sala, a quo antiqui Salamitæ, vel Medi.

[2509] Sala, annorum CXXX, genuit Heber, a quo Hebræi nuncupati sunt.

9. [2643] Heber, annorum CXXXIV, genuit Phaleg, cujus tempore turris Babel ædificata est, factaque linguarum divisio. Hujus turris altitudo quatuor millia dicitur tenere passuum, paulatim a latio-

rum Editio. Cæterum in hac temporis diversitate, Hieronymi, Augustini, Isidorique sententiam eo libentius amplector, quod LXX, quos hic noster, toto hoc pene opusculo, auctores habet, in eadem fuisse animadvertam, ut testatur Lucas diaconus in quadam præfatione quam Isidori Chronico præfixit.

5. *Qui divino*, etc. Al., *cui divino oraculo arca fabricari jubetur*... *perire debuerant, in quibus*... *memoria, quæ sapienter invenerunt*. AREV.

6. Quod Moysi dicitur tabæ, non tam arcam significat, quam quodvis vas navigationi aptum. Ut apud Græcos πλοῖον. Est autem Josephi locus I Antiq., cap. 5.

Ibid. Ararat. Sunt hi montes in Armenia superiore, prope Persas, qui Græcis *Taurus* appellantur, et Armeniam scindunt. A Beroso, ut auctor est Josephus, lib. I Antiq., cap. 4, Cordyæus mons, et a Damasceno *Baris* appellatur. Vide Hieronym., de locis Hebraic.

Ibid. septuaginta. Augustin., lib. XV Civitat., cap. 3, colligit LXXIII: nimirum XV de Japhet, XXXI de Cham, C XXVII de Sem, quamvis cap. 11 ejusdem lib. septuaginta duas linguas et gentes totidem tantum exortas fuisse ex Noe probet.

Ibid. Per annos. In his decem hominum ætatibus eumdem annorum numerum, ab Adam usque ad diluvium, sequuntur Eusebius, Hieronymus, Zonaras, Isidorus, lib. Etymolog. VI, c. 39, et alii. Ex Hebræorum vero sententia tantum sunt a creatione mundi, usque ad diluvium, anni M. DCLVI, ut patet ex Genes. IV et V, et Hebræorum chronologiis. Est et apud me Chronicon Græce ms. ἀνώνυμον, ubi anni MM. CCLXII referuntur, cujus hæc sunt verba: Ἐν τῷ ἑκατοστῷ ἔτει τοῦ Σὴμ ἑξακοσιαστῷ καὶ τοῦ Νῶε καὶ ἔτει γενέσεως τοῦ κοσμοῦ β. σ. ξ. β. ἐγένετο ὁ κατακλυσμὸς ἐπὶ τῆς γῆς. *Anno centesimo Sem, sexcentesimo vero Noe, creationis autem mundi bis millesimo, ducentesimo, sexagesimo secundo, factum est diluvium super terram.* Quem numerum Antonius Contius in notis ad Nicephori Chronologiam reponendum censuit. At Josephus, lib. I D Antiq., cap. 4, diversam ab Hebraica veritate et LXX Interpretum supputationem sequitur. Ait enim ab Adam usque ad universalem pluviam fluxisse annos bis mille sexcentos quinquaginta sex. Adeo sunt variæ et discrepantes de mundi ætate sententiæ, quod Codicum corruptione accidisse arbitror, facile enim in notis numerorum erratur. Et inde tot fere de annis mundi opiniones quot scriptores inveniès.

Ibid. In montibus. Ita nonnulli nostri Mss., et Melitus. In Editione Grialii *in montes*. AREV.

7. Josephus, lib. I Antiquit., cap. 14, Sem existimat fuisse tertium Noe filium, Japhet vero fuisse natu maximum. Et licet Genes. V scriptum sit: *Noe genuit Sem, Cham et Japhet*, et aliis locis primus numeretur in ordine, affirmant tamen aliqui Hebræorum, id propter ejus dignitatem tantum factum, utpote ex quo Christus genus duxit fuisseque natu minimum; idque hac ratione astruunt, quod fere sem- B per minores natu in genealogia et prædictionibus Salvatoris potissimum locum obtineant, ut de Isaac, Jacob, Joseph, Manasses, David, Salomon, divus Augustinus, lib. XVI de Civit. Dei, cap. 2, Sem, Cham et Japhet historiam de Salvatoris vita ac morte interpretatur.

Ibid. Melchisedech. Idem ait Hieronymus quæst. in Genesin, et epistola ad Evagrium affirmat, usque ad sacerdotium Aaron omnes primogenitos ex stirpe Noe quorum series in hac secunda ætate describitur sacerdotes fuisse, victimasque Deo immolasse. Et hæc sunt primogenita quæ Esau fratri suo Jacob vendidit, Genes. XXV.

Ibid. Salem. Hieronymus, epistola ad Dardanum, et ea quæ est ad Evagrium, sic inquit: *Prius Jebus, postea Salem, tertio Jerusalem, nunc Ælia*. Joseph., lib. VII Antiquitat., cap. 3, ait quosdam fuisse qui dixerint etiam Homerum poetam *Jerosolymam* hanc urbem appellasse, quæ appellatio ei primum a David, ex C pulsis de summa arce Jebusæis, est attributa. Verum hæc civitas postea, merito suo, ut rerum, ita nominum quoque vagam volubilemque fortunam experta est. De quibus omnibus vide, quæ illustrissimus Inicus de Mendoza, quem honoris causa nomine, eruditissime in suo libro memoriali congessit.

8. In Editione LXX interpretum dicitur Arphaxad genuisse Cainam, et Cainam Sala, quod Hebræi rejiciunt, a quibus tantum decem generationes enumerantur a Noe usque ad Abraham, sicuti ab Adam usque ad Noe. Beatus tamen Lucas, cap. III, undenam recensuit, Cainam in hanc generationis seriem inferens, in hoc Græcorum, ad quos scribebat, exemplaria secutus, quibus LXX Editio illis temporibus receptissima et tantum nota erat. Divus Hieronymus, hujus quæstionis difficultate pene obrutus, fatetur ingenue se, propter ingenii tarditatem, nodum hunc dissolvere non posse. Sic Beda, prologo in Acta apostolorum; Augustin., lib. II contra Epist. Parmen. Recentiores etiam graviter in hac quæstione se torquent, præsertim Lipomannus, Catena in Genes.; Sixtus. Senens., lib. V Bibliothecæ, annot. 88, et lib. VII, hæres. 7; et Hermanus contractus, libello de sex ætatibus.

Ibid. Salamitæ. Sic recte, ni fallor, ex Luca Tudensi hunc locum restitui, cum antea legeretur *Samaritani, vel Medi*. Constat enim ex Josepho, lib. VIII Antiq., cap. 12, Samaritas a quodam Samaro nomen sibi invenisse.

Ibid. In plerisque Mss., *Samaritæ, vel Indi*. AREV.

9. A diluvio, usque ad divisionem linguarum, fluxere, secundum Hebraicam supputationem, ducenti septuaginta duo anni, ex unaque lingua Hebræa LXXII linguæ, ut ipsis Hebræis placet, factæ sunt: quod colligunt a capitibus familiarum, teste Augustino, lib. XVI de Civitate Dei, cap. 11.

Ibid. Quatuor millia. Locus hic in quibusdam mutilus, sed facile ex divo Hieronymo, unde ad verbum de-

ribus **69** in angustias coarctata, ut pondus imminens facilius sustentaretur. Describunt ibi templa marmorea, lapidibus pretiosis, auroque distincta, et multa alia, quæ videntur incredibilia. Hanc turrim Nembrot gigas construxit, qui post confusionem linguarum migravit inde ad Persas, eosque ignem colere docuit.

10. [2773] Phaleg, annorum CXXX, genuit Rehu. His temporibus primum templa constructa sunt, et quidam principes gentium, tanquam dii, adorari cœperunt.

[2905] Rehu, annorum CXXXII, genuit Seruch, sub quo Scytharum regnum exortum est, ubi primus regnavit Tanaus.

[3035] Seruch, annorum CXXX, genuit Nachor. Ægyptiorum regnum sumit principium, ubi primus regnavit Zoes.

11. [3114] Nachor, annorum LXXIX, genuit Thare, sub quo regnum Assyriorum Sicyoniorumque exoritur. Sed primus in Assyriis regnavit **70** Belus,

A quem quidam Saturnum existimant, primusque in Sicyoniis Ægialeus, a quo Ægialea nuncupata est, quæ hactenus Peloponnesus vocatur.

12. [3184] Thare, annorum LXX, genuit Abraham. Per idem tempus Ninus rex Assyriorum regnavit, qui primus bella instituit, et armorum instrumenta invenit. Hac ætate magica ars in Perside a Zoroaste Bactrianorum rege reperta est. A Nino rege occiditur. Muri quoque Babyloniæ a Semiramide regina Assyriorum ædificantur.

A diluvio usque ad nativitatem Abrahæ, anni DCCCCXLII.

Finitur secunda ætas per annos IIMCCLXXXIV.

Tertia ætas.

13. [3284] Abraham annorum C, genuit Isaac, B ex Sara libera. Nam primum ex ancilla Agar genuerat Ismael, a quo Ismaelitarum gens qui postea Agareni, ad ultimum Saraceni sunt dicti.

14. [3344] Isaac, annorum LX, genuit geminos, quorum primus Esau, a quo **71** Idumæi, se-

sumitur, in integrum restitutus. Is enim super Isaiam, c. 14, ad illud: « Perdam Babylonis nomen » : *Arx*, inquit, *id est, Capitolium illius urbis, est turris, quæ, ædificata post diluvium, in altitudine quatuor millia dicitur tenere passuum, paulatim de lato in angustias coarctata, ut pondus imminens facilius a latioribus sustentetur.* Describunt ibi templa marmorea, aureas statuas, plateas lapidibus auroque fulgentes, et multa alia, quæ videantur incredibilia. Josephus, lib. I Antiq., cap. 9, hujus turris altitudinem et latitudinem admirandam esse ait. Situm urbis Strabo commemorat. lib. XVI Geographiæ, murorum circuitum refert Herodotus quadringentorum octoginta stadiorum fuisse. Multa de hac re ab aliis traduntur, qui Græcas Latinasque scripserunt historias.

Ibid. Nembrot. Josephus, lib. I Antiquit., cap. 9, ait C Nembrod fuisse nepotem Noe, ex filio Cham, turrimque eam Babylonis nomine vocatam a confusione. Cæterum Genes. X dicitur Cham genuisse Chus, Chus porro Nembrod, idque etiam habes I Paralipomen., cap. I. Nota obiter quod de eo scribitur Genes. X : *Et erat robustus venator coram Domino*; ab Augustino, de Civitat. Dei, lib. XVI, cap. 4, legi *contra Dominum. Sic*, inquit, *intelligendus est gigas ille venator contra Dominum. Quid autem significatur hoc nomine, quod est venator, nisi animalium terrigenarum deceptor, oppressor, exstinctor?* Alii volunt illud, *coram Domino*, hyperbolem esse, quod non fuerit sub cœlo quisquam ei æqualis potentia; unde vertitur, *potens venatione coram Domino.*

Ibid. Florezius ex Mellito posuit IIMDCXLIII, pro quo in Editione Grialii est IIMDCXLVII. Codd. mss. variant, alii, MMDCIX, alii MMDLXXIII, alii aliter. AREV.

10. Hinc idololatria ortum habuit; nam, mortuo Belo, Ninus ejus filius, in solatium doloris, statuam D patri dicavit, et honores sacrificiaque tribuit. Auctores sunt Hieronymus, in Ose. II; Hegesippus, de Idolorum origine; Fulgentius, lib. I Mytholog.; Cyrillus, lib. III contra Julianum.

Ibid. Scytharum. Quatuor regna uno fere tempore exorta, Assyriorum ab Ortu, Sicyoniorum ab Occasu, Scytharum ab Aquilone, Ægyptiorum a Meridie. Eusebius auctor est. Sed Assyriorum multo erat potentius et sublimius cæteris, ut tradit Augustinus, lib. XVI de Civitat. Dei, cap. 17.

Ibid. Thanaus. Alii scribunt *Taurus*. Vid. Herman. Contract.

Ibid. Zoes. Mineus dictus, auctore Herodoto, et Josepho, lib. VIII Antiq., cap. 6.

11. LXXIX. Sic Nicæphorus, at Genes. XI, secundum Heb. veritatem, XXIX; secundum Septuag., CLXXIX.

Ibid. Belus. Ita Eusebius, in Chronico: *Tharæ*, inquit, *anno vigesimo octavo Assyriorum rex primus, Belus mortuus est, quem Assyrii Deum nominaverunt, et alii dicunt Saturnum; atque filio suo regnum tradiderunt: vocabatur autem Ninus.* Et idem principio regni Assyriorum : *Primus omnium Asiæ, exceptis Indis, Ninus Beli filius regnavit annis* LII. Quem locum ita legi deprehendi in vetusto Ms. Eusebii Codice : *Primus omnis Asiæ, exceptis Indis, Ninus, Beli filius, regnavit.* Eamque lectionem amplector, ex Augustino, lib. XVIII de Civitate Dei. Et ex ipso Eusebio, lib. X de Præparatione.

Ibid. Saturnum. Cicero, lib. I de Natura deorum physicam rationem, non inelegantem, inclusam in fabula Saturni ait, dicique Saturnum quod annis saturetur.

Ibid. Ægialæus. Eusebius : *Tharæ anno quadragesimo nono Sicyoniorum, in Græcia regnavit Europs, defuncto Ægialeo; qui primus Sicyoniorum regnavit, ex quo territorium Peloponnesiorum Ægialea vocabatur.* Pausanias Corinthiacis, et Clemens Alexand., Strom. lib. I.

12. Vide Eusebium, et Augustinum, lib. XXI, cap. 14 Civitat., et Justinum, initio Historiæ. Post verba autem *armorum instrumenta*, in uno Ms. erant hæc, quæ sequuntur : *Cujus uxor Semiramis Babyloniæ muros instauravit. Ninus etiam bello vicit Cham, qui adhuc vivebat, et regnabat in Bactra; et dicebatur Zoroastes, id est, magicæ artis inventor, qui et septem liberales artes in quatuordecim columnis scripsit, septem æneis, et septem lateritiis.*

Ibid. Alii, *genuit Abraham, sub quo Zoroastes magicæ artis inventor a Nino rege occiditur, murique Babyloniæ a Simiramide*, etc. AREV.

13. Populi Arabiæ postea a Mahometo Dei flagello Saraceni dicti, is enim se Dei prophetam ambitiose et mendaciter jactans, multos Asiæ et Africæ populos ad fidei Christianæ defectionem commovit; quos falsa religione imbuens, Saracenos ex Dei præcepto vocari dicebat, a Sara legitima uxore Abrahæ tanquam legitimos divinæ promissionis hæredes. Et inde Saracenorum regnum sumit exordium, sub Heraclio imperatore.

14. Sic Genes. XXXVI Esau appellatur pater Idumæorum, et Eusebius in Chronico. Hos Strabo, lib. VI, ait populos esse inter Indiam et Arabiam sitos ad Occasum, Casio monti proximos, et a Nabathæis ortos.

Ibid. Inachus. Eusebius, in Chronico : *Castor chronographus de Argivorum regno quod loquitur consequen-*

cundus Jacob, qui cognominatus est Israel, a quo et Israelitæ sunt nuncupati. Hoc tempore regnum Græcorum inchoat, ubi primus regnavit Inachus.

15. [3435] Jacob, annorum xci, genuit Joseph. His temporibus Serapis, Jovis filius, Ægyptiorum rex, moriens, in deos transfertur, et Memphis civitas in Ægypto conditur. Tunc apud lacum Tritonidem Minerva in specie virginali apparuit, quæ plurimis claruisse ingeniis prædicatur. Hæc enim inventrix fabricæ fuisse dicitur, clypeum et arcum hæc reperit, ordiri telam et colorare lanas hæc docuit. Hac etiam ætate Phoroneus rex Inachi filius claruit, qui primus in Græcia leges judiciaque instituit.

16. [3545] Joseph vixit annos cx. Ex hoc tempore Græcia, Argo regnante, habere segetes cœpit, delatis aliunde seminibus.

[3689] Hebræorum servitutis in Ægypto anni cxliv post obitum Joseph reperiuntur. His temporibus Prometheus fuisse scribitur, quem fingunt fabulæ de luto formasse homines. Tunc etiam

A frater ejus Atlas astrologiam reperit, motumque cœli et rationem primus consideravit. Tunc fuit et Mercurius, nepos Atlantis, multarum artium peritus. **72** Et ob hoc post mortem in deos translatus. Hac etiam ætate primus Proclytus quadrigam junxit, eodemque tempore Cecrops Athenas condidit, et ex nomine Minervæ Atticos Athenienses vocavit. Iste etiam bovem immolans primus in sacrificio gentili ritu Jovem adorari præcepit. Hoc tempore in Græcia Corinthus condita, ibique picturæ ars a Cleanthe reperta est. Tunc primi Curetes et Corybantes modulatam in armis saltationem et consonam invenerunt. Tunc etiam fuisse scribitur in Thessalia sub Deucalione factum diluvium et Phaethontis fabulosum incendium.

B 17. [3729] Moyses annos xl in eremo rexit populum de servitute Ægyptia liberatum. Hoc tempore Judæi per Moysem simul cum lege et litteras habere cœperunt. Tunc templum Delphis construitur; vitis in Græcia invenitur.

---

ter persequemur: reges Argivi ab Inacho, usque in Sthelenum, filium Crotopi. Quem locum ex veteri. Ms. ita corrige: *Castor de Argivorum regno ita loquitur: persequemur consequenter reges Argivorum ab Inacho, usque in Sthenelatum*, etc. Pausanias etiam, lib. ii Corinthiac. Sthenelam filium Crotopi facit. De hoc August., lib. xviii, cap. 8, Civitat.: *Phorohas, inquit, rex Argivorum sextus fuit, et septimi regis Triopæ filius Jasus, et rex nonus Sthenelas, sive Stheneleus, sive Sthenelus, varie quippe in diversis auctoribus invenitur.* Hæc August.

15. In alio Ms.: *Erat Jacob annorum* lx, verum mendose, ut ex sacris litteris manifesta computatione colligitur. Nam Joseph de carcere eductus, ut Pharaoni regis omnium interpretaretur, annorum erat triginta, princeps totius Ægypti constitutus, Genes. cap. 41. Idem, dum per fratres patrem accersiri jubet, annorum triginta novem. Nam septem ab exposito somnio sterilitatis elapsi fuerant, et secundo abundantia jam fere exacto Jacob in Ægyptum venit, Genes. xlv, et coram Pharaone respondit se in centesimo trigesimo ætatis anno constitutum, Genes. xlvii. Si itaque subducamus xxxix annos, a centum triginta, remanebunt utique nonaginta et unus anni, quos agebat Jacob, dum Joseph in senectute genuit.

Ibid. Serapis. Clemens Alexandrinus, lib. i Strom.: *Apis, inquit, rex Argivorum, ædificavit Memphim, ut dicit Aristippus in primo Arcadicorum.* Aristeas vero Argivus dicit eum nominatum esse Sarapim, et eum esse quem colunt Ægyptii. Nimphodorus autem Amphipolitanus, in tertio de Legibus Asiæ, dicit Apim tantum mortuum, et conditum loculo, qui Σορὸς Græce dicitur, fuisseque repositum in templo dæmonis qui colebatur; et hinc appellatum fuisse Sorapim, et postea quadam eorum qui illic habitabant consuetudine Sarapim; est autem Apis tertius ab Inacho, qui locus ad verbum est apud Eusebium, lib. x Præparat. Vide Augustin., ex Varron., lib. xviii, cap. 5, Civitat.; Tacitum, lib. xx; et Julium Firmicum, in erudito libello de Mysteriis et Erroribus profanarum religionum.

Ibid. In nota Loaisæ erat *somnio sterilitatis... secundo abundantiæ.* Arev.

16. Argus fuit quartus Argivorum rex, filius Apis. Euseb. Chron.

Ibid. Servitutis. Ægyptiaca servitus tribus modis supputari solet, juxta tria diversa temporum initia. Primo ab illa memorabili promissione facta Abrahæ, Genes. xii: *Egredere de terra tua, et de cognatione tua, et de domo patris tui, et veni in terram quam monstravero tibi.* Ab hac igitur profectione Abrahæ de Haran in terram Chanaam, usque ad exitum filiorum Israel de oppressione et dura servitute Pharaonis, sunt anni cdxxx, atque ita eos enumerat Paulus, ad Galat. iii: *Abrahæ dictæ sunt promissiones, et semini ejus*, etc. Et paulo post: *Hoc autem dico: Testamentum confirmatum a Deo, quæ post quadringentos et triginta annos facta est lex.* Et Exod. xii: *Habitatio autem filiorum Israel, qua manserunt in Ægypto, fuit quadringentorum triginta annorum, quibus expletis eodem die egressus est omnis exercitus.* Illud vero observandum post illa verba, *qua manserunt in Ægypto*, in Græcis Codicibus amplius legi, καὶ ἐν γῇ Χαναὰν, C et notavit Augustinus, Quæstionibus in Exodum, expendens hunc locum, ita ut tota illa peregrinatio, in terra Chanaam, et in Ægypto fuerit, cdxxx annorum. Sic Cyrillus, et Rupertus. Secunda supputatio est ab eo tempore quo Jacob cum filiis suis descendit in Ægyptum, in qua numerantur ducenti et quindecim anni. Tertia et postrema a morte Joseph, quo sublato, fuit vera illa et operosa servitus, qua gens Hebræa exactionibus, injuriis, persecutionibusque omnis generis atrita, tandem divino beneficio, duce Moyse, in libertatem asserta est. Duravitque per annos cxliv, ut colligunt Eusebius in Chronico, Augustinus, lib. de Civitat. xvi, cap. 43, et quæstionibus in Exodum.

Ibid. Prometheus. Clemens Alexandrin. lib. i Stromat.: *Tempore Piropa Prometheus, et Atlas, et Epimetheus.* Eusebius a Prometheo ob id homines factos fuisse creditum ait, quod, cum esset sapiens, feritatem eorum et nimiam imperitiam ad humanitatem D et scientiam transfiguraret. Idem August., lib. xviii, cap. 8, Civitat.

Ibid. Proclytus., al., *Procellus, Trochilus*, atque etiam *Arogilus*.

Ibid. His temporibus Prometheus, etc. Vide Raderum, ad Martialem, pag. 38. Arev.

17. Primus litterarum inventor fertur fuisse Taautus, teste Eusebio, lib. i, cap. 7, Præparat. Verum idem, lib. x, probat ab Hebræis repertam esse, et propagatam litterarum inventionem. Idem Isidorus, lib. Etymolog. i, cap. 3; Hieron., præfat. in libros Regum; Theodor., super Genes. cap. v, in illud: *Ambulavitque cum Deo, et non apparuit*, de Enoch inquit quod primus litteras didicit, et primus descripsit cœlestia signa.

Ibid. Mellitus, et alii Mss.: *Delphis construitur, Lacedæmon creditur, vitis*, etc. Arev.

73 18. [3756] Josue, successor Moysi, regit populum annos xxvii. His temporibus primus Erichthonius, Atheniensium princeps, in Græcia quadrigam junxit.

19. [3796] Othoniel, annos xl. Cadmus regnat Thebis, qui primus Græcas litteras invenit. Per idem tempus Linum et Amphion primi tunc apud Græcos in musica arte claruerunt: Idæique Dactyli ferrum metallum in Græcia eodem tempore invenerunt.

20. [3876] Aod, annos lxxx. His temporibus fabulæ fictæ sunt: de Triptolemo, quod, jubente Cerere, serpentium pinnis gestatus, indigentibus frumenta volando distribuerit; de Hippocentauris, quod equorum hominumque fuerint natura permisti; de Cerbero tricipite inferorum cane; de Phryxo et Helle ejus sorore, quod ariete vecti per mare transverint; de Gorgone meretrice, quod crinita serpentibus fuerit, et aspicientes se convertebat in lapides; de Bellerophonte, quod equo pennis volante sit victus; de Amphione, quod citharæ cantu lapides et saxa commoverit.

74 21. [3916] Debbora, annos xl. Per idem tempus Apollo citharam condidit, et medicinæ artem A invenit. Fabula quoque tunc ficta de fabro Dædalo, et de Icaro ejus filio, quod aptatis sibi pennis volaverint. Hac ætate primus regnat Latinis Picus, qui fertur fuisse Saturni filius.

22. [3956] Gedeon, annos xl. Hac ætate urbs Tyria construitur. Alter quoque Mercurius lyram reperit, et Orpheo tradidit. Hoc tempore Philemon primus apud Pythium chorum instituit. Tunc etiam dicitur fuisse magister Herculis Thrax Linus, in arte musica clarus. Argonautarum quoque navigatio tunc scribitur.

23. [3959] Abimelech, annos iii. Iste septuaginta fratres suos interfecit. Hercules Ilium vastavit, et in Libya Antheum palæstricæ artis inventorem interemit.

24. [3982] Thola, annos xxiii. Hujus temporibus in Troja, post Laomedonta, regnavit Priamus. Tunc fa- B bula ficta est de Minautoro bestia labyrintho inclusa.

25. [4004] Jair, annos xxii. Per idem tempus Hercules agonem olympicum 75 instituit. Carmentis nympha Latinas litteras reperit.

26. [4010] Jephte, annos vi. Hujus tempore Hercules, quinquagesimum secundum annum agens, ob morbi dolorem sese flammis injecit. Per idem tempus Alexander Helenam rapuit, Trojanumque bellum decennale surrexit.

18. Virgil., Georg. 3:

> Primus Erichthonius currus, et quatuor ausus
> Jungere equos.

19. *Othoniel.* De eo Judicum tertio. Judæ autem judicium Isidorus prætermittit, vel quia parum rexit populum, vel quia non fuit judex, sed dux belli tantum, ut est Judicum i. A Josepho, lib. v, cap. 7, C Othoniel Cenes vocatur.

Ibid. Cadmus. Clemens Alexand., i Strom.: *Cadmus,* inquit, *fuit Phœnix, qui Græcis litterarum inventor exstitit, ut ait Ephorus; unde etiam scribit Herodotus litteras appellatas fuisse Phœnicias. Alii autem dicunt Phœnices et Syros, primos excogitasse litteras. Hæc Clemens.*

Ibid. Linus. Euseb., ann. 3780, *Linus et Thebis;* et in Ms., *Linus Thebæus.*

Ibid. De Idæis Dactylis Euseb., in Chronicis: *Idæi,* inquit, *Dactyli, his temporibus erant, qui ferrum reperirunt.* Clemens Alex., i Strom., Idæos Dactylos fuisse sapientes tradit, inventores litterarum, et numerorum musicorum: *Propter quam,* inquit, *causam sunt appellati qui sunt apud musicos dactyli, Phryges autem erant et barbari Idæi Dactyli.* Et paulo post: *Celmis et Damnaneus Idæis Dactylis ferrum primi invenerunt in Cypro.* Alius autem Idæus ferri invenit temperaturam. Fuerunt autem Idæi Dactyli Minervæ filii, et Solis, vel, ut alii volunt, Saturni et Alciopes; qui alio nomine Corybantes appellantur. Vide Stephanum, de Urbibus, et scholia in Apollonium. Et Suidam, in dict. Ἰδαῖοι δάκτυλοι.

20. Aliter Eusebius Chronico: *Triptolemus longa navi Eleusim veniens, ibi frumenta distribuit.* Augustinus, lib. xviii, cap. 13, cum Isidoro: *His temporibus fabulæ fictæ sunt de Triptolemo, qui, jubente Cerere, anguibus portatus alitibus indigentibus terris frumenta volando contulerit.*

Ibid. Sorore. In quodam Ms. additur: *Quod ariete vecti per aera volaverint.*

21. Sic Virgil., vii Æneid.:

> . . . . . Fauno Picus pater, isque parentem
> Te, Saturne, refert, tu sanguinis ultimus auctor.

Aliter Eusebius quam Isidorus, qui Picum facit tertium Regem Latinorum: *Ante Æneam,* inquit, *Janus, Saturnus, Picus, Faunus, Latinus, in Italia regnaverunt circiter ann. cl.*

Ibid. Per idem tempus Apollo. Confer Raderum, p. 40, ad Martialem. Pro *aptatis,* alii *coaptatis.* Arev.

22. Post Debboram, alienigenæ Hebræum populum septem annis sibi subjecerunt, qui conjunguntur temporibus Gedeonis, ex Judæorum traditionibus ut refert Euseb. Chron.

Ibid. Tyria. In oraculo Ezechielis de ea fit crebra mentio, et apud Melam, lib. i, cap. 12.

Ibid. Mercurius. Cicero, lib. iii de Natura deorum, Mercurios quinque fuisse ostendit.

Ibid. Philæmon, Phidamon. Eusebius.

Ibid. Chorum. Hieronymus, epistola ad Dardanum, tom. IV, de diversis generibus musicorum instrumentorum: *Antiquis temporibus,* inquit, *fuit chorus quoque simplex pellis, cum duabus cicutis æreis; et per primam inspiratur, per secundam vocem emittit.* Plura ibi habes de aliis instrumentis Musicis, ut est, de organo, tuba, fistula, bombulo, cithara, sambuca, etc.

24. Josephus, lib. v antiq., cap. 12: *Post Abimelech, Jair Galadinus suscepit principatum,* prætermittens regnum Tholæ.

Ibid. Minotauro. Eusebius, anno orbis conditi 3960, ut nunc legitur: *Ea,* inquit, *quæ de Minotauro dicuntur, quem Philochorus in secundo Attidis libro, scribit magistratum Minois fuisse, Taurum nomine, inhumanum atque crudelem.* Quo in loco corrupte est, *magistratum* D *Minois,* pro *magistrum militum,* ut constat ex Plutarcho in Theseo et Servio, apud Virgilium, vi. Minos vero rex a Græcis mire celebratus fuit, quod cum Jove per novem annos familiariter esset versatus, ut refert Clemens Alex. Strom. ii.

25. *Jair.* Clem. Alex. prætermittit *Jair.*

Ibid. Carmentis, Evandri mater, qui Romæ templum Panis, quod *Lupercal* appellatur, condidit, ut testatur Clemens Alex., Strom. i. Inde *Carmentalis porta,* apud Virgil., Æneid. viii:

> Et Carmentalem Romano nomine portam.

Vide Servium, et Isidorum, lib. i Etymolog., cap. 3: *Carmentis,* inquit, *dicta, quia carminibus futura canebat.*

26. *Abesan.* Sic est cap. xii Judic. Josephus, lib. v. Antiq., cap. 12. *Absanis* (habet) *de tribu Juda, civitatis Bethlehem.* Clemens Alex. i Strom. *Abathan* appellat. In Eusebii Chronico est, *Hesebon,* ut in quibusdam Isidori exemplaribus.

[4017] Abesan, annos VII. Amazones primum arma sumpserunt.

[4025] Abdon, annos VIII. Hujus anno tertio Troja capta est, et Æneas Italiam venit.

27. [4045] Sampson, annos XX. Ascanius Æneæ filius Albam condidit. Ulyssis quoque fabulæ, sive Syrenarum, eodem tempore fictæ sunt.

28. [4085] Heli sacerdos annos XL. Arca Testamenti ab alienigenis capitur. Regnum Sicyoniorum finitur.

[4125] Samuel et Saul, annos XL. Lacedæmoniorum regnum exoritur. Atque in Græcia Homerus primus poeta 76 fuisse putatur. A promissione Abrahæ usque ad David anni DCCCCXL.

Finitur tertia ætas per annos DCCCCXXV.

Quarta ætas sæculi.

29. [4165] David regnat annos XL. Codrus, Atheniensium rex, sponte se pro salute patriæ hostibus of- A ferens interimitur. Et Carthago a Didone ædificatur, prophetantibus in Judæa Gath, Nathan et Asaph.

30. [4205] Salomon regnat annos XL. Iste quarto regni sui anno templum Jerosolymis ædificavit, consummavitque anno octavo.

31. [4222] Roboam regnat annos XVII. Regnum Israel a Juda dividitur, sub quo decem tribus a duabus separatæ sunt, et reges in Samaria habere cœperunt. Hac ætate Samos conditur, et sibylla Erythræa illustris habetur.

32. [4225] Abia regnat annos III. Sub quo Hebræorum pontifex maximus Abimelech insignis est habitus.

[4266] Asa regnat annos XLI 77 Prophetabant in Judæa Achias, Amos, Jehu, Joel, et Azarias.

B [4291] Josaphat regnat annos XXV. Prophetabant Elias, et Eliseus, et Abdias, Azarias, et Michæas.

[4299] Joram regnat annos VIII. Prophetabant Elias, et Eliseus, et Abdias.

Ibid. Abdon. Refert Judicum historia, cap. XII, post Abesan, qui septem annis judicavit Israel, successisse Ajalon, sive Elon, qui judicavit Israel decem annis. Post quem judicavit Abdon annis octo. Verum Eusebius, in Chronico secutus Septuaginta, annos Ajalonis reticuit, ut ipse testatur. *Post Hesebon*, inquit, *in libro Hebræorum fertur Judex Ajalon, rexisse populum annos* X, *qui non habetur apud LXX* Interpretes. Idem Josephus lib. V, cap. 12, *Vocaturque ab eo Elon, de tribu Zabulon*. Sic Clemens I Strom., a quo appellatur Eglon.

27. Livius ab situ porrectæ in dorsum urbis, Longam Albam appellatam scribit lib. I.

28. Eusebius Chron., *Heli sacerdos, annos* XL. In Hebræorum libro anni inveniuntur XL. In Septuaginta autem interpretatione, XX, Josephus lib. V, cap. 6, quadraginta annos affirmat tenuisse principatum, vixisse vero nonaginta; atque ita Clemens Alex. Strom.

Ibid. Sicyoniorum. Finem accepit regnum Sicyoniorum post 862 annos, ut Eusebius testatur: *Ita nullum in terra imperium excellens, florens perpetuumque est, quousque veniet sæculum illud immortale, in illuminatione vultus Dei decoratum.*

Ibid. Samuel. Josephus, l. VI Antiq., c. 13. Loquens de morte Samuelis, *qui præfuit*, inquit, *populo solus, post mortem quidem Heli sacerdotis, annis duodecim: cum Saul vero rege, annis decem et octo*. Venerabilis Beda in libello de Sex Ætatibus: *Samuel*, inquit, *annis duodecim, ut docet Josephus. Saul primus Hebræorum rex annis viginti. Et hujus quia in Canonica Scriptura non habetur mentio, de Antiquitatum Josephi libris tempus regni notavimus*. Clemens Alex., lib. I Strom., Samuelem viginti septem annis cum Saul regnum obtinuisse scribit, et mortuum esse duobus annis ante Saul. Chronicon Græcum ms. utrique annos viginti tribuit, ita ut Eusebius et Isidorus non abs re tot etiam annos posuisse videantur.

Ibid. Homerus. Clemens Alexand. l. I Strom. scribit Cratetem Grammaticum dixisse Homerum fuisse circa reditum Heraclidarum, hoc est, octoginta annis post captam Trojam. Eratosthenes vero centesimo anno post raptam Trojam fuisse refert. Theopompus autem quingentis annis post eos qui in Ilio militarunt vixisse asserit. Alias de ætate Homeri opiniones vide eodem loco.

29. *David.* Lib. III Reg., cap. II, dicitur in Hebron regnasse septem annos, et in Hierusalem XXXIII, qui collecti fiunt quadraginta. Idem est II Paralip., cap. X. Et Clemens Alex. I Strom.

Ibid. Carthago. Eusebius anno mundi 3980 ex sententia Philostrati scribit, a Zaro et Carthagine Tyriis Carthaginem fuisse conditam. Idem tamen anno 4154: *Carthago*, inquit, *condita est, ut quidam volunt a Carchedone Tyrio, ut vero alii a Didone filia, post Trojanum excidium annis* 133.

Ibid. Gath. Sic Eusebius Chronico. II Paralip. dicitur quod Asaphat constituitur princeps laudantium nomen Domini, et cap. XXIX, quod hymnos composuit.

Ibid. Prophetantibus, etc. De ætate, qua prophetæ singuli prophetarunt, agit Isidorus in Prœmiis ad Vetus Testamentum, et Mariana in notis; AREV.

C 30. *Salomon.* Sic III Regum cap. XI, et II Paralip. cap. IX. Clemens Alex. I Strom. Josephus autem lib. VIII, cap. 7, Antiq. ait eum regnasse annis octoginta; vixisse quatuor et nonaginta.

Ibid. Octavo. Regum III, cap. 6, ædificatam domum Domini dicitur annis septem. Idem Josephus lib. VIII, c. 4. Sed hic Isidorus Eusebium sequens, annum quartum regni, quo cœpit ædificare templum, connumerat cum septem Beda ait, *annis septem ædificatur, octavo dedicatur*.

31. *Samaria.* Ibi primo regnat Jeroboam, de quo III Regum cap. XII, et II Paralip. XII et XIII.

Ibid. De Erythrææ sibyllæ vaticinio, vide August. lib. VIII, cap. 23; Civit. et Lactant. Firmian. lib. I de Divinis Institutionibus.

32. *Abia.* III Regum cap. XV, et Paralip. II, cap. XIII, Euseb.; Joseph., Bed. Verum Clem. Alex. huic annos XXIII attribuit, atque fuisse filium Sado.

Ibid. Abimelech erat filius Sadoc, ut Clemens Alex. est auctor Strom. I.

D *Ibid.* In aliis Mss. legitur: *Prophetabant in Judæa Aggæus et Jehu, Amos, et Joel, et Zacharias, et Michæas.* Verum aliorum Codicum lectionem sequi malo: Nam et Eusebius Chronico: *Prophetabant*, inquit, *Achias, Sameas, et is qui fuerat apud altare Samariæ Jehu, Joede, Azarias, qui et Ananias.* Idem ait ipse Isidorus lib. V Etymolog., cap. 19. Aggæus autem temporibus regis Darii prophetavit, ut constat ex ipsius prophetia, cap. I. Similiter et Zacharias, ut ipse de se auctor est, prophetiæ suæ initio, et Eusebius in Chronico. Hieronymus etiam prologo ejusdem prophetiæ.

Ibid. Josaphat. In Clemente Alex., I Strom., scribitur Josephat annos tantum regnasse quinque. *Quo tempore*, inquit, *prophetarunt Elias Thesbites, et Michæas filius Jeble, et Abdias filius Ananiæ*. De prophetis Isidorus lib. VII Etymolog., cap. 7.

Ibid. Abdias. Hieronymus in prologo ejus prophetiæ, ex Hebræorum scriptis colligit, hunc tempore Achab regis Samariæ floruisse centumque prophetas a persecutione impiæ Jezabelis conservasse, eosque specubus inclusos pane et aqua pavisse, ut etiam videre est III Reg., cap. 18.

[4306] Ochozias regnat annum I. Elias rapitur, cujus septem insignia miracula numerantur.

33. [4307] Athalia regnat annos VII. Jonadab, filius Rechab, sacerdos clarus habetur, etc. Joiada pontifex, qui solus, post Moysen, vixisse annos centum triginta perhibetur.

[4347] Joas regnat annos XL. Zacharias **78** propheta interficitur. Eliseus moritur, cujus virtutes quatuordecim prædicantur. Lycurgusque legislator apud Græciam insignis habetur.

[4376] Amasias regnat annos XXIX. Carthaginem hoc tempore quidam asserunt conditam, alii vero superius.

34. [4428] Azarias annos LII. Olympias primum Græcis instituitur. Agnus in Græcia loquitur. Sardanapalus rex sponte incendio concrematur. Assyriorumque regnum in Medos transfertur. Tunc Hesiodus poeta claruit. Atque Phidon Argivus mensuras et pondera reperit. Osee, Amos, Isaias, et Jona, in Judæa hac ætate prophetantibus.

35. [4444] Joathan regnat annos XVI. Remus Romulusque nascuntur, prophetantibus in Judæa Osee, Joel, Isaia, et Michæa.

[4460] Achaz regnat annos XVI. Cujus temporibus Romulus Romam condidit. Et **79** Sennacherib Assyriorum rex, decem tribus ex Samaria in Medos transtulit, atque in Judæam Samaritas accolas misit.

36. [4489] Ezechias regnat annos XXIX. Sub quo prophetabant Isaias et Osee. Hoc tempore Romulus primus milites ex populo sumpsit, centumque à populo nobilissimos viros elegit, qui ob ætatem senatores, ob curam ac sollicitudinem reipublicæ patres vocati sunt.

37. [4549] Manasses regnat annos LV. Per idem tempus Romanis præfuit Numa Pompilius, qui primus apud Romanos pontifices et virgines vestales instituit, falsorumque deorum numerositate civitatem implevit. Duos menses in annum Romanis ad decem menses adjecit; Januarium diis superis, Februarium diis inferis dedicavit. Tunc quoque sibylla Samia claruit.

Ibid. Eliæ Tesbitis, sacerdotis magni, insignia septem miracula hæc sunt : 1. Triennii siccitate cœlum clausit. 2. Oravit rursum, et cœlum dedit imbrem. 3. Mortuum mulieris filium ad vitam revocavit. 4. Ejus virtute hydria farinæ non defecit, vas olei perpetuo fonte manavit. 5. Ejus verbo ignis de cœlo super sacrificium descendit. 6. Duos quinquagenarios cum militibus cœlesti igne combussit. 7. Jordanem transiens tactu melotis abrupit. Isidorus lib. de Vita et Morte sanctorum.

33. *Attalia.* Clemens Alex. lib. I Strom. *Gottholia regnat octo annis; erat ex genere Achab.*

Ibid. Jonadab. Fuit filius Semna, fratris David. Regum II, cap. XIII. Et alius Jonadab, filius Recab, qui vixit sub Jehu, et aliis regibus, IV Reg. x, et Jeremiæ XXXV.

Ibid. Fuit *Joiada* sacerdos bonus, et pietate vitæque innocentia insignis. De eo dicitur II Paralip. cap. XXIV, quod mortuus est, cum esset CXXX annorum.

Ibid. Eliseus Eliæ discipulus his miraculis claruit : primo Jordanem transitu suo divisum refrenans, undam retro convertit. 2. Aquas Hierico steriles fecundas fecit. 3. Pueros insultantes sibi bestiis vorandos tradidit. 4. Sterilem mulierem fecundavit. 5. Et ejus filium suscitavit. 6. Decem panibus plebem refecit. 7. Naaman a lepra liberavit. 8. Lepra aspersit discipulum. 9. Ferrum aquis supernatare fecit. 10. Hostes Syriæ cæcitate percussit. 11. Incredulo mortem prædixit. 12. Hostem quadrigarum fragore fugavit, obsidionemque dispersit. 13. Famem repulit. 14. Post mortem cadaveri vitam dedit. Sic fere Isidorus lib. de Vita et Obitu sanctorum Patrum.

Ibid. In uno Ms. est, *Lycurgusque legislator Apollonius.* Existimo legendum *legislator Apollinis*; ut ita dictum accipiamus, quod quascunque leges Lacedæmoniis ferebat, id Apollinis instinctu facere se dictitaret. Vide Plutarch. in ejus Vita, Valerium Maximum, atque alios.

Ibid. Apud Clement. Alexand. I Strom. corrupte legi existimo : *Amasias ejus filius annis* XXXIX pro XXIX. Nam ita Eusebius, Josephus, Nicephorus et alii.

34. *Azarias.* In alio Ms. erat *Ozias*, quomodo et apud Nicephorum, et in Chronico Græco, quod apud me est; recte, sic enim etiam appellatur lib. II Paralip., cap. 26, et a Clemente Alex. I Strom. *Ozias*, inquit, *sedecim annorum erat, cum regnare cœpisset, et* LII *annis regnavit super Jerusalem, fuitque leprosus.* Idem annotavit Procopius Gazeus, in Commentariis super Isaiam, ad titulum prophetiæ. Hujus autem tempore regnum Assyriorum ad Medos translatum fuisse, tradunt Eusebius, Beda, Ado, Tudensis, alii.

Ibid. De tempore quo prima Olympias fuerit constituta, a plerisque dubitatum est. Eusebius Chronico, ex Africani Sententia, scribit eam tempore Joathan regis Hebræorum, primum numerari cœptam. Idem lib. x Præparat. eam ad Isaiæ tempora trahit. Clemens Alex. I Strom. in XXXIV anno Nicandri primam olympiadem cum aliis ponit. Chronicon nostrum Græcum, omnium clarissime : ΝΑ ἔτει Ὀζίου καὶ Ἀζαρίου βασιλέως Ἰούδα, πρώτη ὀλυμπιὰς ἐτέθη ὑπ' Ἰφίτου : καθ' ἣν προεφήτευον Ἡσαΐας υἱὸς Ἀμῶς, Ὠσηὲ ὁ τοῦ Βεηρί, Ἰωὴλ, τοῦ Βαθουὴλ, καὶ Μιχαίας ὁ Μορασθίτης. *Quinquagesimo primo*, inquit, *anno Oziæ regis Juda, qui etiam Azarias appellatur, prima olympias instituta est sub Iphito : quo tempore prophetabat Isaias, filius Amos, Oseæ filius Beeri, Joel filius Bathuel, Oded, et Michæas Morasthites.* Et mox : ἡ πρώτη ὀλυμπιὰς ἤρχθη παρὰ τοῖς Ἕλλησιν, ἥ τις ἐστὶν τετραέτερις. Prima olympias apud Græcos, incepit, quæ quatuor est annorum.

Ibid. Hieronymus in Prologo super Jonam, affirmat Jonam prophetasse temporibus Jeroboam, filii Joas. Augustinus lib. XVIII de Civitat., cap. 27, regnante Osia, prophetasse auctor est. Idem et Clemens Alex. I Strom., sicut Isidorus.

Ibid. A Græcis. Ita Mss. In Editione Grialii *Græcis*, omisso *a*. Pro *instituitur*, alii *constituitur*. AREV.

35. *Romam condidit.* Olympiad. 7. Dionys.

Ibid. Quod hic Sennacherib tribuitur, IV Reg. cap. XVII et XVIII, et Tobiæ cap. I de Salmanasar dicitur, quem Eusebius utroque nomine censeri ait : cum tamen Tobiæ I pater Salmanasar, filius Sennacherib dicatur. Josephus lib. x Antiq. cap. 1, patrem vocat Sennacherib, Clemens I Strom. Salmanasar.

Ibid. Duæ voces *ex Samaria*, a plerisque Mss. deficiunt, non recte, ut constat ex Adone, et Clemente, primo Strom., ubi ait Salmanasar, regem Assyriorum, transmigrare fecisse eos qui habitabant in Samaria, ad Medos et Babylonem.

36. *Romulus.* Liv., Euseb., Aurel., Dionys.

Ibid. Qui ob ætatem. Div., Vict., Dionys.

37. Sic Eusebius in Chronic. : *Duos menses anno addidit, Januarium et Februarium, cum ante hunc tantum decem menses apud Romanos fuissent, adeo ut ultimus December diceretur. Capitolium quoque a fundamentis ædificavit, et congiarium dedit axes* (lege *asses*) *ligneos, et scorteos.*

38. [4556] Ammon regnat annos XII. Hujus temporibus Tullus Hostilius, Romanorum rex, prior in republica censum egit; quod adhuc per orbem terrarum incognitum erat, primusque purpura et fascibus usus est.

39. [4588] Josias regnat annos XXXII. Thales Milesius philosophus physicus claruit, qui, defectibus solis acutissima perscrutatione comprehensis, astrologiæ numerum primus investigavit, prophetantibus in Judæa Jeremia, Olda et Sophonia.

80 40. [4599] Joachim regnat annos XI. Hujus tertio anno Nabuchodonosor Judæam captam tributariam fecit. Tunc Daniel, Ananias, Azarias et Misael in Babylone claruerunt.

[4610] Sedechias regnat annos XI. Hunc rex Babylonis, secundo veniens ad Jerusalem, cum populo captivum duxit, templo incenso, anno ædificationis suæ CCCCLIV. Per idem tempus Sappho mulier in Græcia diverso poemate claruit. Solon leges Atheniensibus dedit.

41. A David usque ad transmigrationem Babylonis anni CCCCLXXXV.

Finitur quarta ætas, per annos quatermille sexcentos, et decem.

Quinta ætas sæculi.

42. [4680] Hebræorum captivitas, annorum LXX, in quibus ignis ab altari Dei sublatus, et absconditus in puteo, post septuagesimum regressionis suæ annum, assumitur inventus vivus. Per idem captivitatis tempus, Judith historia conscribitur. Pythagoras quoque philosophus et arithmeticæ artis inventor; et Pherecydes, historiarum primus scriptor; atque Xenophanes, tragœdiarum inventor, insignes habentur.

43. [4714] Darius regnat annis XXXIV. Hujus secundo anno Judæorum **81** est resoluta captivitas; a quo tempore in Jerusalem non reges, sed principes fuerunt, usque ad Aristobulum. Tunc Romani, pulsis regibus, consules habere cœperunt.

44. [4754] Xerxes regnat annis XX. Æschylus, Pindarus, Sophocles et Euripides, tragœdiarum scriptores, celebrantur insignes. Herodotus quoque historiarum scriptor, et Zeuxis agnoscitur pictor.

45. [4774] Artaxerxes, qui et Longimanus, regnat annis XL. Eo regnante, Esdras sacerdos incensam a gentibus legem renovavit, et Nehemias Jerosolymorum muros restituit. Aristarchus etiam, et Aristophanes, atque Sophocles, tragœdiarum scriptores habiti sunt. Hippocrates quoque medicus, ac Socrates philosophus, et Democritus claruerunt.

46. [4793] Darius, qui et Nothus, regnat annis XIX. Hæc ætas habuit philosophum Platonem, et Gorgiam primum rhetorem

38. Reg. IV, cap. XXI: Viginti duorum annorum erat, cum regnare cœpisset, duobus quoque annis regnavit in Jerusalem; interfectus a servis suis occubuit. Idem Clemens Alex. I Strom. et Josephus lib. X, cap. 4, Antiq. qui eum vixisse quatuor et viginti annos, et in regno egisse duos ait. Nicephorus tamen, ut Isidorus, duodecim ejus regni annos enumerat. Idem facit Eusebius LXX supputationem secutus, cum ipse testetur Hebræos tantum duos annos regni illius agnoscere. Verum hæ discrepantes sententiæ facile conciliari poterunt, si decem annos quibus Ammon cum Patre regnavit duobus jungas quibus solus.

39. Reg. IV, cap. XXII, de Josia rege justo et æqui observantissimo habes. De eodem cap. XXIII dicitur: *Non fuit similis illi, neque post eum surrexit similis.* Triginta uno anno regnavit in Jerusalem. Idem Clemens Alex. I Strom. et Josephus lib. X, cap. 6. Eusebius annum unum addit, ut Isidorus.

Ibid. Thales. Euseb. Chron. agnosci ait Olympiade 36. Laertius nasci eumdem anno I olympiadis 35: Nescio quam bene utrumque. Plinium de his consule lib. II Natur. Histor., cap. 12.

40. Ante hunc regnavit Joachaz tribus mensibus, ut, præter sacras litteras, auctor est Eusebius, Josephus, Nicephorus, Theodoretus, et Chronicon nostrum Græcum. Hunc *Eliachim* vocat Jeremias, teste Anastasio, post quem successit Joachim, qui alio nomine Eliachim dicitur, teste Josepho lib X, cap 7, Antiq.

Ibid. Anno, etc. Eusebius 442 annos hic ponit ex sententia Clementis Alex. I Strom. Josephus vero, lib. X, cap. 10, templum concrematum post quadringentos septuaginta annos, et menses sex, diesque decem. Niceph. in Chronologia post annos 424, Anastasius, 434. Ita sunt variæ et discrepantes de temporibus sententiæ.

42. Ita est apud Jeremiam, cap. XXV: *Servient omnes gentes istæ regi Babylonis septuaginta annis*; et cap. XXIX; *Cum cœperint impleri in Babylone septuaginta anni, visitabo vos.* Paralipom. etiam II, cap. XXXVI, dicitur Cyrus dimisisse populum captivum anno regni sui primo, ad explendum sermonem Domini, quem locutus fuerat per os Jeremiæ. Idem Esdræ lib. I, cap. I et II. Idem Daniel cap. IX, Josephus lib. XI, cap. 1. Nicephor. Chronolog., Clemens Strom. I fuisse ait hanc captivitatem septuaginta annorum.

Ibid. Stobæus, in epistolis, pag. 222, ad Joannem Dackerium S. J. scribens, de ætate qua Judith floruit, fuse disserit, et scriptores cum Isidoro consentientes clarissimos recenset. AREV.

43. *Annis* XXXIV. Eusebius, *annis* XXXVI. Sic Herodotus, Nicephorus et alii. Clemens Alexand. I Strom. quadraginta sex numerat, qui ita colligit regum Persarum tempora: *Cyrus regnavit annis* XXX, *Cambyses* XIX, *Darius* XLVI, *Xerxes* XXVI, *Artaxerxes* XLI, *Darius* VIII, *Artaxerxes* XLII, *Ochus vel Arses* III; *ita ut sint in universum anni 235. Alexander Macedo, exstincto Dario rege Persarum. Et inde ortum habuit regnum Macedonum.* Hæc Clemens; unde apud eumdem mendum in numeris esse existimo, cum ad annos ducentos triginta quinque Persarum extendat imperium, quæ summa cum annis regum non convenit. Observa hoc insuper loco, alios præterea reges ab Eusebio poni, sed rejici a Clemente, Isidoro et aliis, quod menses duntaxat aliquot regnarunt, ut Artabanus menses 7, secundus Xerxes menses 2, Sogdianus menses 8; ut etiam eamdem ob causam a plerisque omittantur imperatores Otho, Galba, Vitellius, ut notavit Plutarchus in Vita Galbæ. De regibus Persarum, vide Herodotum, et Thucydidem, et Metasthenem. Hi non statuunt imperium Cambysis ante Darium, adversus quos est Plato lib. de Legibus, Clemens, Josephus, Orosius, et Nicephorus in Chronolog., et consonum est sacris litteris, ex Esdra I cap. II. Et in annorum supputatione etiam discrepantes, et variæ reperiuntur sententiæ, ut constat ex Tertulliano adversus Judæos.

Ibid. Secundo. Ita Eusebius et Clemens Alexand. I Strom., Josephus lib. XI, cap. 2 et 3.

44. Vide Josephum lib. XI, cap. 5. Paulus Orosius lib. II, cap. 2, annis XX.

45. Aristophanes fuit comicus. AREV.

46. Ita Eusebius, Tertull. adversus Judæos, Nicephorus, Beda, et alii; Ado tantum agnoscit annos XVIII.

Ibid. Mellitus, *qui et Nochus*, *ann.* 18. AREV.

47. [4833] Artaxerxes regnat annis xl. Hujus tempore Esther historia docetur esse expleta. Plato quoque et Xenophon Socratici insignes habentur.

48. [4859] Artaxerxes, qui et Ochus, regnat annis xxvi. Demosthenes **82** orator primus agnoscitur, et Aristoteles dialecticus primus prædicatur. Plato moritur

49. [4863] Arses, Ochi filius, regnat annis iv. Xenocrates philosophus illustris habetur.

50. [4869] Darius regnat annis vi. Alexander, Illyricos et Thraces superans, dehinc Hierosolymam capit, atque templum ingressus, Deo hostias immolat. Hucusque Persarum regnum stetit. Dehinc reges Græcorum incipiunt.

51. [4874] Alexander Macedo regnat annis v. Hujus enim quinque anni postremi in ordine temporum numerantur quibus monarchiam Asiæ, destructo Persarum regno, obtinuit. Nam septem ejus priores in Persarum regibus supputantur. Dehinc Alexandriæ reges incipiunt.

52. [4914] Ptolemæus, Lagi filius, regnat annis xl. Hic, Judæam capiens, plurimos Hebræorum in Ægyptum transtulit. Hoc tempore Zeno Stoicus, et Menander comicus, et Theophrastus philosophus claruerunt. Per idem tempus Machabæorum liber inchoatur primus.

53. [4952] Ptolemæus Philadelphus regnat annis xxxviii. Hic Judæos **83** qui in Ægypto erant absolvit, et vasa sancta Eleazaro pontifici restituens, septuaginta Interpretes petiit, ac divinas Scripturas in Græcum eloquium transtulit. Per idem tempus Aratus astrologus agnoscitur, atque argentei nummi Romæ primum cuduntur.

54. [4978] Ptolemæus Evergetes regnat annis xxvi. Sub quo Jesus, filius Sirach, Sapientiæ librum composuit.

55. [4995] Ptolemæus Philopator regnat annis xxvii. Ab isto Judæi prælio victi, LX millia armatorum corruerunt. Per idem tempus Siciliam Marcellus consul obtinuit.

56. [5019] Ptolemæus Epiphanes regnat annis xxiv. Hujus tempore gesta sunt quæ secundi libri Machabæorum historia continet. Hac ætate Romani victos Græcos liberos esse jusserunt, dicentes: Impium est servos esse apud quos philosophia primum orta est, magistra morum, inventrix liberalium disciplinarum. Per idem tempus Ennius, primus poeta Latinus insignis Romæ celebratur.

57. [5054] Ptolemæus Philometor regnat annis xxxv. Hunc Antiochus prælio superavit, et Judæos varia calamitate oppressit. Per idem tempus Scipio Africam vicit. Terentius comicus claruit.

58. [5087] Ptolemæus Evergetes regnat annis xxix. Hoc tempore, consule Bruto, Hispania a Romanis obtenta.

84 59. [5100] Ptolemæus Soter regnat annis xvii.

---

47. Eusebius, Nicephorus; Tertull. adversus Judæos, Beda, et alii. Hic ab Hebræis *Assuerus*, dicitur, a LXX Interpretibus *Artaxerxes* cognomento *Mnemon* non *Memnon*, ut in Eusebio et aliis.

48. Eusebius, Beda et Chronicon Græc. Nicephor. xxii habet. Tertullianus adversus Judæos xxiv. Clemens Alex. iii, qui hunc eumdem cum Arse facit.

49. Eusebius, Nicephor. Beda, Ado autem iii, duntaxat ponit. Aliter Tertull. adversus Judæos.

50. Josephus lib. xi, cap. 7 et 8, Diodorus Siculus lib. xvii. Hic fuit Arsacis filius, Ochi nepos; cujus meminit Quintus Curtius, Plutarchus, Arianus: breviter omnes, qui res Alexandri Magni memoriæ tradiderunt. Tertulliano et Curtio hic *Melas* cognomento dicitur: *Codmanus* primum appellatus Justin. lib. xix.

51. Sic Josephus, et ipse in Etymologiar. lib. v, Tertull. annos x. Nicephorus in Chronico, sublato Dario, regnasse ait annos 6, rerumque potitum ante Darii mortem annis xii; mortuum in Babylone ætatis anno trigesimo quinto vel, ut alii, trigesimo sexto. Octodecim igitur annis ex Anastasii sententia regnum obtinuit. Atque ita Clemens Alexand. i Strom. qui ita Macedonum reges enumerat: *Alexander annis regnavit* xviii. *Ptolemæus, Lagi filius*, xl. *Ptolemæus Philadelphus* xxvii. *Evergetes* xxv. *Philopater* xvii. *Epiphanes* xxiv. *Philometor* xxxv. *Fuscon* xxix. *Lathurus* xxxvi. *Dionysius* xxix. *Cleopatra* xxii. *Postquam fuit regnum Cappadocum octodecim dierum. Fiunt ergo simul conjuncta Macedonum tempora anni trecenti duodecim, dies octodecim.* Hæc Clemens. Tertull. lib. adversus Judæos aliter.

52. Fuse de hac re habes apud Josephum lib. xv, cap. 19, et Zonaram, t. I. Apud Euseb. in Chronic. ita habes: *Theophrastus philosophus agnoscitur, qui a divinitate loquendi, ut ait Cicero, nomen accepit. Theodorus Athenæus agnoscitur.* Ubi nota corrupte legi *Athenæus* pro *Atheus*: ἄθεος enim dictus fuit, ut constat ex Laertio in Aristippo.

53. De hac re, an LXX Interpretes fuerint spiritu Dei afflati, necne, est quæstio inter Augustinum et Hieronymum. Vide August. lib. xviii, cap. 42 et 43, Civit., et Hieronym. in prœmio Paralip. et in epist. ad August. Consule etiam Justin. in Apologetico, Tertull. adversus gentes, Joseph. lib. xii, cap. 2, Philonem denique Judæum in Vita Moysis.

Ibid. Cuduntur. Euseb. Chron., *Argenteus nummus primum in Urbe figuratus*, ubi lego, *signatus*.

54. xxvi. Ita quidem Euseb. xxv, Niceph., Tertull., Clem. xxiv, Epiph.

Ibid. Anno xxvi. Ita in nota Editionis Grialii, quod retinendum ex aliis exemplaribus, quamvis in nonnullis sit xxvii. In textu Grialii erat xxxvi. Arev.

55. xvii. Sic Clem., Euseb., Nicephor., Tertullian., Ado. xxi, Epiphan.

56. xxiv. Ita Euseb. xxvii, Niceph., xxii, Epiphan.

Ibid. Locum de Ennio, qui apud Eusebium corruptus est, obiter emendare libet. Sic enim nunc legitur: *Ennius poeta, septuagenario major, articulari morbo periit, sepultusque est in Scipionis monumento, via Appia, intra primum ab Urbe milliarium. Quidam ossa ejus Rhodiam ex Janiculo translata affirmant*; ubi pro *Rhodiam* substituo *Rudia*, fide etiam scripti Codicis adjutus, reique veritate id ita cogente; fuit enim Ennii patria Rudiæ, vetus Apuliæ oppidum, teste Mela lib. ii. Post *Barium*, inquit, *Egnatia et Ennio clue nobiles Rudiæ, quo ejus ossa translata verisimile est.*

Ibid. Sepulcrum Scipionum, in quo e marmore exstabat Ennius, prope portam sancti Sebastiani situm erat, de quo videri possunt Eschinardus in descriptione Romæ, Vasius et alii. Arev.

57. *Judæos.* Leguntur hæc Machabæorum ii, ubi Antiochus *radix peccati* appellatur.

58. *Annis* xxix. Ita Eusebius, Niceph., Epiphanius et alii. Tertullian. xxvii. Hic Clementi Fuscon est. Male in lib. Etymologiarum D. Isidori, Parisiis anno 1580 impresso, Evergetes annis 24 duntaxat regnasse scribitur.

Ibid. Alii, *per consulem Brutum*, quod Chronico Etymologiarum congruit: *Brutus Hispaniam subegit.* Arev.

59. xvii. Ita Euseb., xvi et menses sex Niceph., xv Epiph.

Varro, Ciceroque nascuntur. Thraces Romanis subjiciuntur.

60. [5110] Ptolemæus Alexander regnat annis x. Syria per Gabinium ducem in Romanorum dominium transiit. Poeta quoque Lucretius nascitur, qui postea se furore amatorio interfecit.

61. [5118] Ptolemæus, Cleopatræ filius, regnat annis viii. Per idem tempus Plotius Gallus Romæ Latinam rhetoricam docuit primus. Tunc quoque Sallustius historiographus nascitur.

62. [5148] Ptolemæus Dionysius regnat annis xxx. Pompeius, Hierosolyma capta, Judæos Romanis tributarios fecit. Per idem tempus Cato philosophus claruit: Virgilius nascitur Mantuæ, Horatius Venusii. Tunc etiam Apollodorus, præceptor Augusti, clarus habetur, et Cicero laude oratoria celebratur.

63. [5150]. Cleopatra regnat annis ii. Hæc Ptolemæi regis Ægyptiorum fuit filia, et fratris Ptolemæi soror et conjux effecta. Quem dum fraudare regno voluisset tempore belli civilis, in Alexandria occurrit Cæsari urbem obsidenti, et per speciem atque stuprum regnum sibi et necem Ptolemæo apud Julium impetravit. Atque Alexandriæ regnum, tertio anno regni Cleopatræ, per Julium Cæsarem in ditionem Romanorum transit.

85 64. [5155] Caius Julius Cæsar regnat annis v. Hic antea consul creatus Gallias obtinuit; de Britannia triumphavit: postremum civili bello adversus Pompeium adhibito, monarchiam totius imperii obtinuit. Ex cujus nomine sequentes imperatores *Cæsares* vocati sunt.

65. A transmigratione Babylonis usque ad nativitatem Domini nostri Jesu Christi, anni DLXXXVII.

Finitur quinta ætas per annos quinquies mille centum quinquaginta quinque.

Sexta ætas sæculi.

66. [5211] Octavius Augustus regnat annis LVI. Iste in imperio, post Siculum bellum, triumphos tres egit: Dalmaticum, Asiaticum, postremo **86** Alexandrinum adversus Antonium, inde Hispanum: deinde, terra marique pace toto orbe parta, Jani portas clausit. Sub cujus imperio septuaginta hebdomadæ in Daniele scriptæ complentur, et cessante regno et sacerdotio Judæorum, Dominus Jesus Christus in Bethleem Judæ ex Virgine nascitur, anno regni ejus XLII.

60. x. Epiph., xii.

61. *Plotius.* De hoc Eusebius in Chron.: *Plotius,* inquit, *Gallus primus Romæ Latinam rhetoricam docuit, de quo Cicero sic refert: Memoria teneo primum Latine docere cœpisse Plotium quemdam.* In Ms. est amplius, *Memoria teneo pueris nobis primum*, etc.

62. xxx. Epiphan., xxxi.

Ibid. Apollodorus. Appollodorus Pergamenus, Græcus orator, præceptor Claudii et Augusti, ut constat ex Suetonii Octavio.

63. Eusebius annos xxii habet, et Plutarchus in Antonio, et Nicephorus, et alii. Epiphanius amplius ponit xxxii. Isidorus duos tantum ponit. Nam Julius Cæsar, tertio Cleopatræ regni anno, solus post occisum a spadonibus Alexandrini regis Pompeium obtinuit quidquid Romano parebat imperio. Indeque Alexandrinum regnum in Romanorum ditionem transiit, ut idem infra affirmat. Idem est apud Tudensem, in Cod. ms., et ideo hunc annorum numerum placuit retinere, quem etiam Etymologiarum mss. Cod. habent. Idque exigit locus in Tiberio ubi dicitur Christus passus annis peractis a principio mundi 5229; a qua supputatione Eusebius ipse tantum duos annos discrepat. De Cleopatra sic fere Xiphilinus, ex Dione, in Julio Cæsare: *Cleopatra,* inquit, *forma pulcherrima fuit, tum vero flore ætatis, et facundia omnibus præstans, eratque apud omnes quibuscum versabatur gratiosa.* Et paulo post de Cæsare loquens: *Ipse Ægyptum in suam potestatem ditionemque redegit, tradiditque Cleopatræ, cujus causa bellum gesserat.*

Ibid. Mellitus: *Cleopatra ann.* ii. *Hujus tertio anno Julius Cæsar imperium sumit. Per idem tempus Siculus, Græcæ scriptor historiæ, clarus habetur. Caius Julius Cæsar regnat,* etc. Arev.

64. *Hic antea... vocati sunt;* alii: *Hic primus Romanorum singularem obtinuit principatum, a quo etiam Cæsares appellati sunt. Ab hinc sequuntur imperatores.* Arev.

66. Augusti nomen inde sumptum ait Suetonius in Augusto, quod loca religiosa, et in quibus augurato quid consecratur, augusta dicantur, ab actu, vel ab avium gestu gustuve. Dio etiam in Monarchia, *Augustum dictum ait, quasi qui hominum naturam excederet, propterea quod ea quæ sacrosancta et in maximo honore sunt augusta esse dicuntur: quamobrem,* inquit, *eum Græci σεβαστὸν nominabant, scilicet, cultu et honore dignissimum.* Cujus nominis appellatio, quemadmodum imperatoris, ad cæteros qui cum subsecuti sunt pertinuit propter summum et amplissimum eorum imperium.

Ibid. Annis. LVI. Sic Eusebius, Victor et alii. Nicephorus et Cassiodorus menses sex adjiciunt. Clemens I Strom., an. XLVI, menses 4, diem 1. Dion, *Mortuus est,* inquit, XIV *Calend. Septembris, quo die primum consul factus fuerat, vixitque annos septuaginta quinque menses decem dies* 26. Erat enim nono Calendas Octobris natus. Regnavit, postquam victoria potitus est apud Actium, quatuor et quadraginta annos, diebus tredecim exceptis. Verum Eusebius et Isidorus ejus imperium numerant a morte Julii Cæsaris.

Ibid. Septuaginta hebdomadæ. Al., *Septuaginta novem.* Vid. Dan., cap. IX.

Ibid. Locus est insignis Danielis IX, quem Tertull. adversus Judæos multo aliter interpretatur quam cæteri chronographi; sic enim inquit: *A primo anno Darii debemus computare quando hanc visionem vidit Daniel. Videamus igitur anni quomodo impleantur usque ad adventum Christi. Darius enim regnavit ann.* XIX. *Artaxerxes regnavit ann.* XL. *Deinde rex Ochus, qui et Cyrus, regnavit an.* XXIV. *Argus anno uno. Alius Darius, qui et Melas nominatus est, an.* XXII. *Alexander Macedo ann.* XII. *Deinde, post Alexandrum, qui et Medis et Persis regnarat, quos reviceral, et in Alexandria regnum suum firmaverat, quando et nomine suo eum appellavit. Post eum regnavit illic in Alexandria Soter annis* XXXV. *Cui succedens Philadelphus regnavit annis* XXXVIII. *Huic succedit Evergetes annis* XXV. *Deinde Philopator annis* XVII. *Post hunc Epiphanes ann.* XXIV. *Item alius Evergetes ann.* XXIX. *Soter ann.* XXXVIII. *Ptolemæus ann.* XXXVIII. *Cleopatra annis* XX *mensibus* VI. *Item adhuc Cleopatra conregnavit sub Augusto an.* XIII. *Post Cleopatram Augustus aliis an.* XLIII. *Nam omnes anni Imperii Augusti fuerunt anni* LVI. *Videmus autem quoniam quadragesimo et primo anno imperii Augusti, quo post mortem Cleopatræ imperavit, nascitur Christus. Et supervixit idem Augustus, ex quo nascitur Christus, annis* XV. *Et erunt reliqua tempora annorum in diem nativitatis Christi, et in annum Augusti* XLI *post mortem Cleopatræ anni* CDXXXVII *menses* VI. *Unde adimplentur* LXII *hebdomadæ et dimidia quæ efficiunt annos* CDXXXVII *menses* VI *in diem nativitatis Christi. Et manifestata est justitia æterna, et unctus est Sanctus sanctorum, id est Christus, et signata est visio, et prophetes, et dimissa sunt peccata, quæ per*

87 67. [5234] Tiberius, filius Augusti, regnat A annis XXII. Iste, dum per cupiditatem reges ad se venientes non remitteret, multæ gentes a Romano imperio recesserunt. Hujus decimo octavo regni anno Dominus crucifixus est, annis peractis a principio mundi quinquies mille ducenti viginti novem.

68. [5238] Caius Caligula regnat annis IV. Hic avaritia, crudelitate et luxuria sævus fuit, atque in deos se transferens, in templo Jerosolymorum statuam Jovis Olympii sub nomine suo poni jussit. Per idem tempus Matthæus apostolus Evangelium primus in Judæa scripsit.

69. [5252] Claudius regnat annis XIV. Eo regnante, Petrus apostolus **88** contra Simonem Magum Romam pergit. Marcus quoque evangelista Alexandriæ Christum prædicans, Evangelium scripsit.

70. [5266] Nero regnat annis XIV. Hic injuriæ, crudelitati et luxuriæ deditus, retibus aureis piscabatur. Matrem et sororem prostituit et interfecit; senatum multum exstinxit; multas reipublicæ provincias et urbes amisit; urbem quoque Romam incendit, ut Trojani excidii imaginem spectaret. Hujus temporibus Simon Magus, cum altercationem proposuisset cum Petro et Paulo apostolis, dicens se quamdam virtutem esse Dei magnam, medio die, dum ad patrem volare promittit in cœlum, a dæmonibus, a quibus in

fidem nominis Christi omnibus in eum credentibus remittuntur.

Et infra : *Itaque ostendentes et numerum annorum, et tempus* LX *duarum et dimidiæ hebdomadarum adimpletarum, tunc venisse Christum, id est, natum, videamus quid aliæ* VII *et dimidiæ hebdomades quæ sunt subdivisæ in abscissione priorum hebdomadarum, in quo actu sint adimpletæ. Post enim Augustum, qui supervixit post nativitatem Christi, anni* XV *efficiuntur, cui successit Tiberius Cæsar, et imperium habuit annis* XXII, *mensibus septem, diebus viginti : hujus quintodecimo anno imperii passus est Christus, annos habens quasi* XXX *cum pateretur. Item Caius Cæsar, qui et Caligula, annis* III, *mensibus* VIII, *diebus* XIII. *Nero Cæsar, annis* IX, *mensibus* IX, *diebus* XIII. *Galba mensibus* VII, *diebus* VI. *Otho mensibus* III, *diebus* V. *Vitellius mensibus* VIII, *diebus* X. *Vespasianus anno primo imperii sui debellavit Judæos, et fiunt anni* XLII, *menses* VI. *Nam imperavit annis* IX, *atque ita in diem expugnationis suæ Judæi impleverunt hebdomadas* LXX *prædictas a Daniele. Igitur expletis his quoque temporibus, et debellatis Judæis, postea cessaverunt illic libamina et sacrificia, quæ exinde illic celebrari non potuerunt. Nam et unctio illic exterminata est post passionem Christi. Erat enim prædictum exterminari illic unctionem, sicut est in Psalmis prophetarum :* Exterminaverunt manus meas, et pedes. *Quæ passio hujus exterminii intra tempora* LXX *hebdomadarum perfecta est sub Tiberio Cæsare, coss. Rubellio Gemino et Rufio Gemino, mense Martio, temporibus Paschæ, die* VIII *Calendarum Aprilium, die prima azymorum, quo agnum ut occiderent ad vesperam a Moyse fuerat præceptum. Itaque omnis synagoga filiorum Israel eum interfecit, dicentes ad Pilatum, cum vellet eum dimittere :* Sanguis hujus super nos et super filios nostros, *et si* hunc dimiseris, non es amicus Cæsaris; *ut adimpleri possent omnia quæ de eo fuerant scripta.*

Hæc Tertullianus; verum Clemens Alexandr. I Strom. existimat natum Dominum nostrum XXVIII anno Augusti, cum primum juberet censum descriptionemque fieri, hebdomadasque Danielis ita fere connumerat ut Tertullianus, passumque Christum quinto decimo anno imperii Tiberii, dum ageret annum XXX, quamvis in annorum computatione discrimen est inter eos. Eusebius vero ab utroque dissentit, et X anno imperii Augusti existimat Danielis vaticinium in Hyrcano ultimo Judæorum sacerdote completum, et hebdomadas facere annos 483. Ita in annorum ratione nihil est constans, neque certum. De hac re vide etiam Augustinum lib. de Civitat. Dei XVIII, cap. 34, et Cedrenum in Compend., et inter nostros neotericos, Finum, atque Galatinum, et Burgensem Hispanum in doctissimo Scrutinio Scripturarum.

Ibid. Fabricius, pag. 262 Bibliograph. antiq., Sigebertum et, ex Ricciolii fide, Philonem Judæum cum Isidoro de anno quo natus est Christus consentire tradit, et innumeras alias sententias inter se discrepantes recenset. AREV.

67. *Filius.* Adoptione intellige. Erat enim filius Liviæ uxoris ipsius, et Caii Drusi Neronis.

B *Ibid. Annis* XXII. Sic Eusebius, *vel* XXI (inquit) *ut aiunt nonnulli.* Nicephorus, Orosius, Victor, Cedrenus, Tertull. adversus Judæos ei tantum annos XXII tribuit, menses 7, dies 20. Dion Nicæus an. XXII, mens. 7, dies 20. Sic Zonaras, nisi quod dies VII habet.

Ibid. Reges, etc. De hoc ita Eusebius in Chron. : *Tiberius multos reges, ad se per blanditias evocatos, nunquam remisit; in quibus Archelaum Cappadocem, cujus in provinciam versam Mazacam nobilissimam civitatem Cæsaream appellari jussit.* Lege vero ex Mss. : *Cujus regno in Provinciam verso*, etc. Hac de re scribunt Tacitus et Dion in Tiberio.

Ibid. Hujus decimo. De die et anno mortis Christi variæ sanctorum sunt sententiæ apud Tertull. adversus Judæos, Clementem, et Eusebium, cæterosque antiquos Patres, quæ omnia Onufrius Panvinus Augustinianus in unum collegit, eleganti edito Scholio, lib. II Comment. in Fastos.

Ibid. Viginti novem; alii, *viginti octo.* AREV.

68. Dion in Tiberio *Caligulæ* cognomen propterea C huic datum scribit, quod cum fuisset magna ex parte in exercitu educatus, caligis militaribus pro urbanis uteretur. Augustum etiam Cæsarem Caligam a militibus per illusionem ab usu caligarum vocatum fuisse testatur Dion in Augusto.

Ibid. Annis IV. Eusebius, Clemens, Nicephorus, et Cassiodorus ann. III, mens. X. Josephus lib. II Belli Judaici, cap. 10, ponit ann. III, mens. VI. Aliter lib. XIX Antiquit., cap. 2, *Extinctus est* (inquit) *Caius quarto imperii sui anno, minus mensibus quatuor.* Tertul. adversus Judæos an. III, mens. 8, dies 13, ponit.

Ibid. Græcene an Hebraice scripserit Matthæus quæri solet. Hieronymus in Catalogo, *Hebraicum*, inquit, *Evangelium ejus habetur usque hodie in Bibliotheca Cæsariensi.* Idem lib. III contra Pelagian. Similiter Eusebius lib. III Histor. Ecclesiast. cap. 18, et lib. IV, cap. ultimo. Nazianzen. etiam Irænеus, et Nicephorus cap. 45, lib. II, testantur cum patrio sermone Evangelium suum scripsisse.

D 69. *Annis.* XIV. Nicephorus agnoscit annos duntaxat XIII, mens. I. Epiphanius annos totidem, menses II. Josephus lib. XX, cap. 10, Antiq. imperasse scribit ann. XIII, mensibus VIII, diebus XX; sicut Dion et Zonaras. Suetonius simpliciter ait eum decimo quarto imperii anno excessisse. Euseb. et Cassiod. numerant ann. XIII, menses IX, dies XXVIII. Tertull., annos XIII, menses VII, dies XX.

Ibid. Marcus, etc. Euseb. lib. II Histor. Ecclesiast., cap. 5 et 16. Niceph. lib. II, cap. 15 et 16.

70. *Annis* XIV. Sic Eutropius, Sueton. Chronicon Græcum, Ado, alii. Euseb. ann. XIV, mens. VII, diebus XXVIII. Epiph. ann. XIII, mens. VII, dieb. XXVII. Niceph. ann. XIII, mens. I. Dion Nicæus vixisse ait ann. XXX, regnasse XIII, mens. VIII biduo minus. Paulus Orosius lib. VII : *Principatum*, inquit, *adeptus est, mansitque in eo annis non plenis* XIV. Tertul. contra omnium sententiam undecim tantum annos, mens. IX, dies XIII ponit, Cassiod., ann. XIII, mens. VII, dies XXVII.

Ibid. Matrem. Dion in ejus Vita existimat cum non

aere ferebatur, adjurante eos Petro, per Deum, Paulo A vero orante, dimissus crepuit. Ob cujus necem a Nerone Petrus crucifigitur, Paulus gladio cæditur. Hac tempestate Persius poeta moritur. Lucanus quoque ac Seneca præcepto Neronis interficiuntur.

71. [5276] Vespasianus regnat annis X. Iste in disciplina militari strenuus **89** multas provincias, quas Nero amiserat, bellando Reipublicæ restituit. Immemor offensarum fuit, convicia in se dicta leviter tulit. Hujus secundo anno Titus Jerosolymam cepit atque subvertit, ubi undecies centena millia Judæorum fame et gladio perierunt. Sed et præter hos quoque centum millia publice venundata.

72. [5278] Titus regnat annis XI. Iste in utraque, lingua tanto facundissimus exstitit, ut causas Latine ageret, poemata et tragœdias Græce compo- B neret; tanto autem bellicosissimus fuit, ut in oppugnatione Jerosolymorum, sub patre militans, duodecim propugnatores duodecim sagittarum confoderet ictibus. Porro in imperio tantæ bonitatis fuit, ut nullum omnino puniret, sed convictos adversus se conjurationis dimitteret, atque in eadem familiaritate qua antea habuerat retineret. Hujus etiam inter omnia fuit illud celebre dictum : *perdidisse diem quo nihil boni fecerat.*

90 73. [5294] Domitianus, frater Titi, regnat annis XVI. Hic post Neronem secundus, superbia exsecrabilis, Deum se appellari jussit, Christianos persequi paganis instituit. Sub quo apostolus Joannes in Pathmos insulam relegatus, Apocalypsin scripsit. Iste multos senatorum in exsilium misit ac peremit; cunctos quoque qui de genere David erant interfici jussit, ut nullus Judæorum ex regali superesset origine.

74. [5295] Nerva regnat anno I. Vir imperio moderatus, æqualem se et communem omnibus præbuit. Hujus tempore Joannes apostolus ab exsilio Ephesum rediit, atque efflagitatus ab Asiæ episcopis, Evangelium novissimus edidit.

75. [5314] Trajanus regnat annis XIX. Iste mi-

habuisse consuetudinem cum matre Agrippina, sed cum alia huic simili, ad quam alludens, dicebat se cum matre consuetudinem habere. De matris morte Dion copiose et Suetonius.

Ibid. Sororem... Simon Magus. Ita Niceph. lib. II, cap. 36. Chrysostomus lib. I adversus vituperatores vitæ monasticæ. Res gestas Petri cum Simone Mago conscripsit Linus Thuscus.

Ibid. Seneca. Mores et mortem Senecæ ita describit Dion in Nerone, nescio an vere, et utraque maxime aliena fuisse a viro philosopho (refert) : *Cum enim tyrannidem,* inquit, *improbaret, tyranni præceptor erat; cumque insultaret iis qui cum principibus versarentur, ipse a palatio non decedebat : assentatores detestabatur, cum* C *ipse reginas coleret et libertos; divites reprehendebat is cujus facultates erant aureorum tricies centena millia : quique luxum aliorum damnabat, quingentos tripodas habuit de ligno cedrino, pedibus eburneis, similes et pares inter se, in quibus cœnabat. Mortuus denique est, contra quam philosophum decebat, animo abjecto atque imbecillo.*

71. Ante Vespasianum imperaverunt Galba, Otho et Vitellius annum unum, mens. IX, teste Eusebio : qui propterea forte etiam ab Isidoro omittuntur, et ab Orosio, quod Plutarchus in Galba hos non tam Romani imperii quam comœdiæ cujuspiam fuisse imperatores scribat. Ex Dione Galba imperavit mens. IX, dies 13. Otho dies XC. Vitellius annum unum, dieb. decem exceptis. Ex Clemente vero, Galba mens. VII, dies VI. Otho mens. V, diem unum, Vitellius mens. VII, diem unum.

Ibid. Annis. X. Eusebius, Niceph. Chronicon Græcum, et Cassiodorus ann. IX, mens. XI, dieb. XXII. Epi- D phanius ann. IX, mens. VII, dieb. XII. Dion ann. X, dieb. sex minus : sic et Zonaras, Orosius nono principatus anno profluvio mortuum scribit. Tertullianus ait annis XI regnasse. Cedrenus annis X, dieb. VIII.

Ibid. Undecies, etc. Sic Eusebius : *Titus, Judæa capta et Jerosolymis subversis, sexcenta millia virorum interfecit;* Josephus vero scribit undecies centena millia fame et gladio periisse, et alia centum millia captivorum publice venundata ; hæc Eusebius.

Ibid. Post Neronem et ante Vespasianum, in nonnullis Mss. inseritur : « Post Neronem Galba regnavit mensibus 4. Occisus est in foro. Romæ Otto regnavit diebus CCV. Vixit annis XXXVII. Ipse se interfecit in Italia apud Ebraicum (*sic*). Vitellius regnavit mensibus octo. Vixit annis LVII. Occisus est a Vespasiani ducibus. » AREV.

72. *Annis* II. Suetonio et Dioni regnavit annis II, mensibus totidem, diebus XX. Eusebio annis II, mens. VIII. Eutrop. ann. II, mens. VIII, diebus XX. Nicephoro, Cassiodoro, Bedæ et aliis, annis II, mens. II. Epiphan. ann. II, mens. II, diebus II, cum Isidoro Orosius facit lib. VII. Zonaras ponit annos duos sex diebus minus. Cedrenus ann. III.

Ibid. duodecim. Dion in hujus Vita : *Titus,* inquit, *non modo senatorem, quandiu principatum tenuit, nullum interfici jussit, sed nec alius quisquam sub ejus imperio morte affectus est. De crimine impietatis nunquam cognovit, neque permisit aliis ut cognoscerent : Nemo enim,* inquit, *injuria me afficere aut insequi contumelia potest, propterea quod nihil ago quod reprehendi mereatur. Ea vero quæ falso de me dicuntur prorsus negligo.*

Ibid. Perdidisse diem. Suetonius memorabilem, inquit, meritoque laudatam vocem dedit : *Amici, diem perdidi.*

Ibid. Ad verba *duodecim propugnatores* in textu Grialii indicium erat notæ, quæ fortassis intercidit. Mellitus exhibet : *Perdidisse diem se, quo commodi cuiquam nihil fecerit.* Alii addunt : *Vixit annis 40. Cum ingenti omnium luctu in eadem villa, qua pater ejus, morbo absumptus est.* Sic de singulis imperatoribus nonnulli interpolati Codices annos vitæ exprimunt, et locum quo obierunt; quæ tamen Isidori non esse ex vetustis exemplaribus colligitur. AREV.

73. *Annis* XVI. Euseb. ann. XV, mens. V. Sic Epiph., Cassiodor. et Niceph. Suetonius simpliciter decimo quinto imperii anno mortuum asserit sicut Orosius. Dion Nicæus regnavit, inquit, ann. XV, dieb. 5. Zonaras, ann. XV, mensibus X.

Ibid. Deum. Eusebius : *Primus Domitianus Dominum se et Deum appellari jussit.* Idem Dion. Suetonius : *pari,* inquit, *arrogantia, cum procuratorum suorum nomine formalem dictaret epistolam sic cœpit : Dominus et Deus noster sic jubet : unde institutum posthac ut ne scripto quidem ac sermone cujusquam appellaretur aliter.*

Ibid. Christianos. Hæc fuit secunda Ecclesiæ persecutio : prima enim fuit sub Nerone, de qua Eusebius lib. III Historiæ Eccles., cap. 13, et Aug. lib. XVIII, cap. 52, de Civitate Dei, et Paulus Orosius lib. VII et Alex. Monachus libell. εἰς εὕρεσιν τοῦ σωοποιοῦ σταυροῦ qui in bibliotheca mea est, nondum editus.

74. *Anno* I. Eusebius anno uno, mens. IV. Sic Nicephor., Cassiodorus, Epiphanius, Clemens et Zonaras. Dion, Eutropius, Beda, Ado et alii IX dies adjiciunt.

Ibid. Alii, *anno* I, *mensibus* IV. *Hic primo edicto suo cunctos exsules revocavit. Unde Joannes evangelista ab exsilio,* etc. AREV.

75. *Trajanus.* Mores hujus eleganter Xiphilinus ex

rabili virtute Romanum imperium usque in Orientem longe lateque produxit. Babyloniam et Arabiam cepit, et usque ad Indiæ fines, post Alexandrum, accessit, **91** liberalis cunctis, atque tranquillus. Cujus inter alia dicta, illud fertur egregium, ut dum interrogaretur quod nimium circa omnes communis esset, respondit talem se imperatorem esse privatis qualem sibi imperatorem privatus optasset. Simon Cleophas, Jerosolymorum episcopus, hujus tempore crucifigitur, et requiescit Joannes apostolus.

76. [5335] Adrianus regnat annis XXI. Iste Trajani gloriæ invidens, provincias Orientis Persis reddidit, et Euphratem fluvium finem imperii Romani posuit. Idem quoque Judæos secundo effectos rebelles **92** subjugat, urbemque Jerosolymam restaurat, eamque ex suo nomine Æliam vocat. Per idem tempus Aquila Ponticus, interpres secundus post Septuaginta oritur; et Basilides Hæresiarcha agnoscitur.

77. [5357] Antoninus Pius regnat annis XXII. Iste propter clementiam tale cognomentum accepit, quia in omni regno Romano, cautionibus incensis, cunctorum debita relaxavit: unde et *pater patriæ* appellatus est. Iste primus imperium Romani orbis, cum Antonino Juniore, æquata potestate, divisit. Eo regnante, Valentinus et Marcion hæresiarchæ produntur, atque Galenus medicus, Pergamo genitus, Romæ clarus habetur.

78. [5375] Antoninus Minor regnat annis XVIII. Hic ad Parthos profectus Seleuciam, Assyriæ urbem, cum quadringentis millibus hominum cepit; de Parthis et Persis triumphavit. Eo regnante Montanus Cataphrygarum auctor, et Tatianus, a quo hæresis Encratitarum, exorti sunt.

79. [5388] Commodus regnat annis XIII. Iste luxuriæ multæ fuit. Sub hoc Theodotion Ephesius, interpres tertius, apparuit; atque Irenæus episcopus Lugdunensis doctrina habetur insignis.

Dione depinxit: *Statuas*, inquit, *aureas, aut argenteas sibi fieri vetuit, bonaque quæcunque adhuc inventa sunt in palatio restituit iis quibus ea Domitianus per injuriam ademerat. Civibus Romanis qui in summa forent egestate, agrum dedit, ad aureorum sexcenta millia; ejus agri emptione divisioneque quibusdam viris senatorii ordinis imperata. Cumque egeret pecunia, magnum numerum vestium, multaque vasa argentea atque aurea, et reliquam supellectilem, non modo de privatis suis, sed etiam de principalibus rebus, multa etiam prædia multasque domos, atque in summa omnia, præter ea quæ necessaria erant, vendidit. Neque vero in pretiis harum rerum sordidus, sed in hoc ipso benignus erga multos et liberalis fuit.* Hæc Dion, qui et alia adjungit quæ summam hujus viri moderationem arguunt.

Ibid. Annis XIX. Sic Epiphanius, Chronicon Græcum, Orosius, cum aliis. Euseb. ann. XIX, mens. VI ut Nicephorus et Zonaras. Clemens, ann. XIX, mens. VII, dieb. XV. A Dione. Eutropio, Beda, Cedreno et Adone ponuntur ann. XIX, mens. VI, dies XV, ut et a Cassiodoro.

Ibid. Babyloniam. In alio Ms. erat: *Asiam, Babyloniam et Arabiam cepit.* Eusebius ita: *Trajanus, victo rege Decebalo, Daciam fecit provinciam. Hiberos, Sauromatas, Asraenos* (lege *Adiabenos*) *Arabes Bosphoranos, Colchos in fidem accepit, Seleuciam, et Ctesiphontem, et Babylonem occupavit.* Quod autem pro Asraenos, Adiabenos legam, facit Dion apud Xiphilinum, qui ait hunc Adiabenem omnem, quæ pars Assyriæ ad Ninum pertinuit, in potestatem suam redegisse. Fuit autem Trajanus, ut est apud Xiphilinum, a Nerva Cæsar et Imperator factus: cum tamen ipsi propinqui non deessent. Neque enim ille conjunctionem sanguinis anteposuit publicæ utilitati; neque rursus eum deterruit quod Trajanus homo Hispanus, nec Italus erat, nec Italicus, quodque ante eum nemo alterius nationis imperium Romanorum obtinuisset. De Trajano præter alios ex antiquis scripsere: Dion, Sextus Aurelius, Eutropius, Sextus Rufus, Ammianus Marcell. lib. XIV, Plinius in Panegyrico, et lib. I Epistolarum.

Ibid. Instituti. Postquam (inquit Dion) *Romam venit, multa fecit ad emendandum corrigendumque statum Reip. atque in gratiam bonorum, quorum in primis curam gessit; nam civitatibus Italiæ multa largitus est ad educationem liberorum, in quos magna beneficia contulit.* Et mox: *Trajanus*, inquit, *nulli invidebat, perdebatque neminem: bonos omnes ornabat honoribus, et dignitatibus augebat; ex quo fiebat ut neque timeret quemquam, nec haberet odio. Nullam fidem habebat calumniatoribus, nulla ira tenebatur, abstinebat ab aliena pecunia, non minus quam ab iniquis cædibus; magnos sumptus fecit, belli pacisque temporibus multa eaque apprime necessaria ædificavit.* Lege apud eumdem plura quæ hujus viri mores vitamque commendant.

76. De hoc ita Spartianus: *Origo imperatoris Adriani vetustior a Picentibus, posterior ab Hispaniensibus. Siquidem Adria ortos majores suos, apud Italicam Scipionum temporibus resedisse, in libris vitæ suæ Adrianus ipse commemorat. Adriano pater Ælius Adrianus, cognomento Afer, fuit consobrinus Trajani imperatoris, mater Domitia Paulina Gadibus orta.* Dion, quod erat municeps *Trajani dicit.*

Ibid. annis XXI. Sic Eusebius, Orosius, Nicephorus, alii. Dion et Zonares ann. XX, mens. IX. Eutropius ann. XXI, mens: X, dieb. XX, et ita Cassiodorus, nisi quod diem aufert. Libellus de Vitis Imperatorum ann. XXI, mens II, ut Spartianus. Cedrenus an. XXIV.

Ibid. Dion: *Æliam*, inquit, *Capitolinam appellavit, et coloniam deduxit; et ubi templum Dei fuerat, alterum Jovi ædificari curavit, Judæis graviter ferentibus quod externæ gentes in sua urbe habitarent, sacraque peregrina in ea fierent.*

Ibid. De Basilide hæretico Euseb. lib. IV Hist. Eccles. cap. 7, et Irenæus lib. I, cap. 27. August. de Hæresib., Niceph. diversis in locis.

77. *Annis* XXII. Sic Epiphanius: Eusebius vero ann. XXIII, mens. III; Orosius et ex eo Ado Viennensis, annis XX et non plenis tribus imperasse tradunt; Eutropius XXIII integros agnoscit, ut Chronicon Græcum. Nicephorus XXII tantum, mens. III. Libellus de Vitis Imperatorum nuper sub Aurelii Victoris nomine Antuerpiæ editus XX duntaxat agnoscit; contra Xiphilinus ex Dione XXIV, et cum eo Cedrenus.

Ibid. Forte legendum ex Eusebio et Paulo Orosio lib. VII, cap. 9. *Valentinus*, et *Cerdo magister Marcionis;* quamvis constat ex eodem Euseb. lib. IV Hist. Eccles., cap. 10, Marcionem et Cerdonem eodem tempore Romæ perversa sua dogmata disseminasse.

78. *Antoninus.* Hic cognomento *Philosophus* fuit vir bonus, ut ait Dion, quippe in quo nihil ficti simulatique inesset. Hunc Orosius annis XIV tantum imperasse ponit. Euseb., Beda. et Ado, ann. XIX, mens. I. Niceph. ann. XIX, mens. II. Zonaras ann. XIX, dieb. II. Cedrenus XIX dies omittit.

Ibid. Encratiturum. De hac hæresi vide Eusebium lib. IV, cap. 27, Histor. Eccles. et Irenæum lib. I adversus hæres., cap. 9; dicunturque Encratitæ quasi continentes, postea Severiani a Severo, Tatiani successore, appellati. De quibus vide præterea Nicephorum lib. IV Eccles. Histor., cap. 4 et cap. 11.

79. *Annis* XIII. Sic Eusebius, Orosius, Herodianus, Beda, Nicephorus, alii, Eutropius vero ann. XII, mens. 8. Dion, ann. XII. mens. 9, dieb. XIV, ut Clemens et Zonaras. Cedrenus. XIV dies omittit.

80. [5389] Ælius Pertinax regnat anno I. Hic, supplicante senatu, **93** ut uxorem Augustam, et filium Cæsarem faceret, renuens, ait sufficere sibi debere quod ipse imperaret invitus.

81. [5407] Severus Pertinax regnat annis XVIII. Iste multa bella feliciter gessit: Parthos vicit, Arabiam obtinuit, Britanniam bellando recepit, litterarum et philosophiæ scientiam habuit. Hujus tempore Symmachus, interpres quartus, agnoscitur; Narcissus Hierosolymorum episcopus virtutibus plurimis celebratur: Tertullianus Afer in Ecclesia illustris habetur; Origenes Alexandriæ studiis eruditur.

82. [5414] Antoninus Caracalla, Severi filius, regnat annis VII. Hic impatiens libidinis fuit: novercam suam uxorem duxit. Nihil memorabile gessit. Hujus tempore in Jerico quinta editio divinarum Scripturarum inventa est, cujus auctor non apparet.

83. [5415] Macrinus regnat anno I. Hic cum filio regnans nihil memorabile temporis brevitate gesserunt. Nam post annum unum, seditione militari pariter interfecti sunt.

94 84. [5419] Aurelius Antoninus regnat annis IV. A Hic dum obscenissime viveret, et ipse tumultu militari interemptus est. Cujus temporibus sexta editio inventa est Nicopoli; Sabellius hæresiarcha oritur.

85. [5432] Alexander regnat annis XIII. Hic Persas gloriosissime vicit; civibus favorabilis fuit. Hujus temporibus Origenes Alexandriæ claruit, et Romæ Ulpianus insignis jurisperitus.

86. [5435] Maximinus regnat annis III. Iste primus ex militari corpore, absque decreto senatus, imperator efficitur, et Christianos persequitur.

87. [5441] Gordianus regnat annis VI. Hic rebellantes Parthos et Persas afflixit. Rediens victor de Persis fraude suorum interiit. Hujus temporibus Zephyrinus, testimonio Spiritus sancti in specie columbæ super caput ejus descendentis, Romæ episcopus ordinatur.

B 88. [5448] Philippus regnat annis VII. Iste primus inter imperatores **95** credidit Christo. Hujus etiam primo anno millesimus annus Romanæ urbis fuisse docetur expletus.

89. [5449] Decius regnat anno I. Hujus temporibus sanctus Antonius monachus in Ægypto docetur.

---

80. *Anno* I. Eusebius, Epiphanius, Nicephorus et alii VI tantum menses ponunt, Eutropius LXXXI dies. Dion LVII, ut etiam Zonaras et Cedrenus.

Ibid. Hic, supplicante, etc. Ita Eusebius, sed aliter Capitolinus: *Pertinax*, inquit, *neque uxoris Augustæ appellationem recepit, et de filio dixit: Cum meruerit.*

81. Ante Severum Pertinacem ponendus erat Didius Salvius Julianus, qui, ut tradit Dion, imperavit dies LXVI, seu, ut Eutropius et Orosius, mens. VII.

Ibid. Annis XVIII. Sic Euseb., Epiphanius, Nicephorus aliique pene omnes. Eutropius ann. XVIII, mens. I. Dion, ann. XVII, dieb. III. Zonaras in Dione annos legit XVI, in dieb. et mensibus ei alioqui par. Cedren. ann. XVII, mens. VIII.

Ibid. Britanniam. Tempore Titi Cn. Julius Agrippa primus Romanorum Britanniam circumfusam undique mari cognovit. Dion in Tito.

Ibid. De Symmacho Eusebius lib. VI Eccles. Histor., cap. 15, ubi de Narcisso et Origene celebris fit mentio.

82. Antoninus *Caracallus* dictus, ut scribit Dion, quod proprium genus indumenti excogitavit in modum penulæ. Id barbarum discissumque, et consutum erat ex multis partibus, eoque indutus erat semper, ex quo Caracallus cognominatus est; jussitque militibus, ut se eodem genere vestis induerent. Vide Eutrop. et alios. Noverca ejus appellabatur Julia ex Eusebio, Dione et aliis.

Ibid. Annis VII. Sic Epiphanius, Nicephorus et alii. Spartianus et Cedrenus ann. VI, ut et Eusebius, Orosius in imperio mansisse ait annis non plenis VII. Dion. VI, mens. 2, dieb. aliquot.

83. *Anno* I. Ita Eusebius, Niceph., Orosius, alii. Dion et Zonaras anno. I, mens. II, tribus diebus exceptis, Eutropius ann. I, mens. II; pessime Cedrenus ann. VIII.

Ibid. Eusebius Chronico: *Macrinus occiditur in Archelaide*: Herodianus, in Chalcedone Bithyniæ urbe. Verum Dion de ejus morte sic habet: *Chalcedonem navigavit, ibique remansit; eo venere milites missi a Pseudantonino, a quibus comprehensus perductus est in Cappadociam; ubi postquam intellexit filium suum captum esse, dejecit se ex vehiculo (nec enim vinctus erat) fregitque humerum; nec ita multo post occisus est.*

Ibid. Mellitus, *regnat anno* I. *Romæ amphitheatrum incensum. Abgarus vir sanctus regnavit Edessæ.* Pseudoantoninus, de quo Dion, est Aurelius Antoninus Heliogabalus numeri seq. AREV.

84. *Annis* VI. Ita Eusebius, Nicephorus, Orosius, alii. Eutropius ann. II, mens. VIII. Dion. ann. III, C mens. IX, dieb. IV. Herodian. ann. VI. Zonaras et Cedren., ann. III, mens. IX, dieb. IV.

Ibid. Eusebius in Chronico: *Antoninus Romæ occiditur tumultu militari cum matre Semasyra. Semiamira*, Lampridius; *Sæmida*, Herodianus; *Semea*, Eutropius.

85. *Annis* XIII. Sic plerique omnes: unus Herodianus annos XIV. Eutropius ann. XIII, dies VIII, Cedrenus ann. XIII, mens. VIII, Zonaras, X tantum annos habet.

Ibid. Euseb. in Chron. *Alexand. Xerxem regem Persarum gloriosissime vicit*, ubi, ex Lampridio et Herodiano, *Artaxerxem* videtur legendum, sicut et in Orosio et Cassiodoro.

Ibid. Grialius, *hujus temporis.* AREV.

86. *Annis* III. Sic Eusebius, Niceph., Chronicon Græcum, et alii. Eutropius ann. III, et dieb. aliquot. Zonaras et Cedrenus, nescio quomodo, ann. VI.

Ibid. In alio erat: *militari cohorte*; verum censui legendum: *ex militari corpore*, auctoritate Eusebii: sic enim inquit, *primus ex corpore militari*, et aliorum Codicum.

Ibid. Persequitur. De hac persecutione præter alios scribit Aymo lib. VI, cap. 7, et Alexander Monachus περὶ εὑρέσεως σταυροῦ.

87. *Annis* VI. Ita Eusebius, Niceph., Paulus, Eutropii interpolator, Orosius, atque alii omnes.

Ibid. Zephirinus. In alio Ms. est, *Flavianus*, verum id lego Zepherino accidisse apud Eusebium lib. Eccles. Hist. cap. 21, et apud Niceph. lib. V, cap. 26. Idem etiam Fabiano evenisse refert Aymon lib. VI, cap. 10. In Ms, etiam ubi *Flavianus* legitur post dictionem *ordinatur*, adjicitur: *Licet quidam hoc verius de Zepherino affirment.*

D *Ibid.* Multi Mss. sic referunt: *Hujus temporibus Flavianus* (Legendum, *Fabianus*) *testimonio... ordinatur, licet quidam hoc verius de Zephyrino affirment.* Mellitus, corrupte, *Severino* pro *Zephyrino*. Loaisa de Zephyrino ab Eusebio id narrari asserit; alii contra Fabianum pro Zephyrino apud Eusebium, lib. VI Histor. eccles., cap. 22, al. 29, legunt. Vide Natal. Alexandr., sæculo tertio Hist. eccles., cap. 2, et Pagium, in Vitis Pontificum. AREV.

88. *Annis* VII. Sic Eusebius, Nicephorus, Orosius, Cedrenus, aliique pene omnes. Zonaras a quibusdam traditum ait annos V imperasse, a nonnullis VI et totidem menses.

89. *Anno* I. Sic Chronicon Græcum ms. Eusebius vero, Nicephorus, Ado et alii annum unum ponunt et III menses. Eutropius ipsum cum filio imperasse tradit

tur exortus, a quo primum monasteria condita sunt.

90. [5451] Gallus, et Volusianus ejus filius, regnant annis II. Novatus, Cypriani Episcopi presbyter, Romam veniens, Novatianam hæresin condidit.

91. [5466] Valerianus cum Gallieno regnant annis XV. Cyprianus primum rhetor, deinde episcopus, martyrio coronatur. Gothi quoque Græciam, Macedoniam, Asiam Pontumque depopulantur. Valerianus Christianis persecutionem movens, a rege Persarum Sapore captus, ibi in dedecore vitæ consenuit.

92. [5468] Claudius regnat annis II. Iste Gothos, Illyricum Macedoniamque vastantes superat. Paulus Samosatenus hæresiarcha agnoscitur.

93. [5474] Aurelianus regnat annis VI. Iste Romanorum imperium bellando pene ad fines priores perduxit; qui, persecutionem adversus Christianos efficiens, fulmine corripitur et sine mora occiditur.

96 94. [5475] Tacitus regnat anno I. Hujus vitæ brevitas gestorum nihil dignum historia prænotat.

95. [5481] Probus regnat annis VI. Iste militia strenuus, et civilitate præclarus, Gallias a barbaris occupatas bellando Romanis restituit. Hujus tempore Manichæorum hæresis orta est.

96. [5483] Carus cum filiis Carino et Numeriano regnat annis II. Carus, postquam de Persis triumphavit, victor circa Tigridem castra ponens, ictu fulminis concidit.

97. [5503] Diocletianus et Maximianus regnaverunt annis XX. Diocletianus, divinis libris adustis, Christianos toto orbe persequitur. Iste primus gemmas vestibus calceamentisque inseri jussit, dum sola purpura retro principes uterentur. Illi autem imperatores varia bella gesserunt, Persis victis, recepta Mesopotamia. Qui postea, pariter fastigio imperii relicto, privati vixerunt.

98. [5505] Galerius regnat annis II. Hujus imperii brevitas nihil dignum historia contulit.

99. [5535] Constantinus regnat annis XXX. Hic Persis bellum paravit; ad cujus adventum adeo trepidaverunt, ut supplices occurrerent promittentes imperata perficere. Christianus quoque effectus, licentiam dedit Christianis libere congregari, et in honorem Christi 97 basilicas construi. His temporibus hæresis Ariana exoritur. Nicæum quoque concilium a Constantino ad condemnationem Arii congregatur. Tunc et Donatistarum schisma oboritur. Per idem tempus crux Christi ab Helena, Constantini matre, Hierosolymis reperta est. Constantinus autem, in

biennio, Orosius triennio, Cassiodorus biennio, mensibus IV.

Ibid. Mellitus, *exortus. Romæ amphitheatrum incensum.* Alia omittit. AREV.

90. *Annis* II. Beda ac cæteri fere omnes IV menses adjiciunt. Nam quod in Nicephoro legitur imperasse uno duntaxat anno et mensibus IV sine mendo non puto, ut liquet ex enumeratione consulum, apud Cassiodorum.

Ibid. De Novato hæretico scribit Eusebius lib. VI Eccles. Histor., cap. 33, et Pacianus epistola tertia ad Symphor., et Socrates lib. IV, cap. 23, qui in concilio Romano condemnatur, ut constat ex Eusebio lib. VI, cap. 39, Theodoret. lib. III, Cyprian. lib. II, epist. 1, et lib IV, epist. 2.

92. *Annis* II. Sic et in Eusebio scribendum testis est Zonaras in Claudio, pro quo nunc legitur ann. I, mens. IX, ut in Nicephoro. Eutropius intra biennium morbo periisse ait.

Ibid. De Paulo Samosateno vide Euseb. lib. VII Hist. Eccles., cap. 25; Epiph. hæres. 69. Et in concilio Antiocheno convictus est: Aymon lib. VII, cap. 7, et 10, Niceph. lib. VI, cap. 26 et 29.

93. *Annis* VI. Ita Cedrenus; verum Eusebius, Nicephorus, Orosius, Eutropius et Zonaras, imperio sex annos potitum tradunt, paucis mensibus exceptis.

Ibid. Eusebius in Chronico sic habet: *Aurelianus cum adversus nos persecutionem movisset, fulmen juxta eum comitesque ejus ruit; ac non multo post inter Constantinopolim et Heracleam in Cænophorio viæ veteris occiditur.* Flavius Vopiscus ita: *Cum iter faceret apud Cænophorium mansionem, quæ est inter Heracleam et Byzantium, malitia notarii interemptus est.* Vide præterea de ejus morte Euseb. lib. VII Eccles. Hist. cap. 26, Aymon lib. VII, cap 2, Niceph. lib. VI, cap. 19. Ado, Beda et reliqui omnes a suis interisse scribunt.

94. Ab aliis sex menses ei assignantur, a Cedreno anni II.

Ibid. Alii, *Tacitus regnavit anno I; quo occiso apud Pontum, obtinuit Florianus imperium diebus* LXXXIX. AREV.

95. Menses IV Euseb., Niceph., Eutropius, Orosius, aliique adjiciunt. Zonaras non integris sex ann. imperasse scribit.

Ibid. De hæresi Manichæorum a Mane Persa exorta scribit Eusebius, lib. VII Eccles. Histor., cap. 25. Hilarius de Trinitate lib. VI. Cyrillus Catech. VI. Epiphan. hæres. 66.

96. Eusebius Chronico ita habet: *Carinus prælio victus apud Murgum occiditur*; Vopiscus, *apud Murtium.*

97. *Annis* XX. Sic Eusebius, Niceph., Orosius, alii. Cedrenus 22, Aurelius Victor. 25, *non* sine mendo, ut liquet ex supputatione consulum in Cassiodoro.

98. Eusebius Chronico, *Galerius*, inquit, *biennio Augustus imperium tenuit, mox cum alio annis sex.*

99. *Annis* XXX. Eusebius, Beda et Ado X menses addunt. Nicephorus 31 annos habet, Chronicon Græcum ms. XXX ann. et mensem I. Ex Aurelio Victore colliguntur anni XXXII. Cedrenus trigesimo tertio imperii anno mortuum scribit. Aurelius etiam Victor ponit post Galerium alios duos Galerios, Armentarium et Galerium Maximinum, et Alexandrum.

Ibid. Christianus. De Baptismo Constantini, præter Eusebium et Zonaram, initio tom. III scripsit copiose Cedrenus in ejus Vita. Quod fuerit a Sylvestro sanctissimo Romæ papa baptizatus septimo imperii sui anno, et a lepra liberatus, refert Niceph. lib. VII, cap. 41. Ambrosius vero de obitu Theodosii, quod in vitæ extremo baptismi gratiam obtinuerit, affirmat. Idem testatur Alexander Monachus lib. de Inventione salutiferæ crucis; quem Nicomediæ obiisse ait, hoc opportune adeptum, ut in Jordane, quod summopere desideraverat, baptizaretur; quam sententiam etiam probat Hermes, Socrates, et Theodoretus, ut auctor est Nicephorus lib. VIII, cap. 54, quibus consentiunt Rufinus, Oros., Cassiodor. et alii.

Ibid. Crux, etc. An crux in qua salus nostra vitæque auctor pependit, habuerit quatuor brachia, et an corpus Domini nostri quatuor fuerit clavis transfixum, disputat pie et eleganter Lucas episcopus Tudensis Hispanus adversus Albigenses, quem ms. in bibliotheca habeo. De ejus inventione Alexand. Monachus nondum editus, qui apud me est Græce ms.

Ibid. Arianum dogma. Hanc sententiam docte refellit Cedrenus in Compendio Histor. in Vita Constantini.

Ibid. De baptismo Constantini satis superque ab aliis disputatum est. In Codice Florentino sancti Marci, pro *Constantinus autem in extremo... fine malo*,

extremo vitæ suæ ab Eusebio Nicomediensi episcopo baptizatus, in Arianum dogma convertitur: heu, proh dolor! bono usus principio, et fine malo.

100. [5559] Constantius et Constans regnaverunt annis XXIV. Constantius crudelitate morum terribilis, a Persis multa perpessus est. Deinde Arianus effectus catholicos toto orbe persequitur. Cujus etiam favore Arius fretus, dum Constantinopolim ad ecclesiam pergeret, adversus nostros de fide dimicaturus, divertens per forum Constantini ad necessariam causam, viscera ejus repente simul cum vita effusa sunt. Per idem tempus Athanasius et Hilarius doctrina et confessione fidei celebrantur. Hæresis Anthropomorphitarum **98** in Syria, et Macedonia, et Constantinopoli nascitur. Donatus artis grammaticæ scriptor, ac præceptor Hieronymi, Romæ illustris habetur. Antonius monachus moritur. Ossa Andreæ et Lucæ apostolorum Constantinopolim transferuntur.

101. [5561] Julianus regnat annis II. Hic ex clerico imperator ac paganus effectus, ad idolorum cultum convertitur, ac Christianis martyria intulit. Liberales litteras Christianos docere vel discere vetuit. Qui etiam, dum in odium Christi templum Jerosolymis Judæos reparare permisisset, atque ex omnibus provinciis Judæi collecti nova templi fundamenta jacerent, subito nocte oborto terræ motu, saxa ab imo fundamentorum excussa, longe lateque sparsa sunt. Igneus quoque globus ab interiori æde templi egres-

A sus, plurimos eorum suo prostravit incendio. Quo terrore reliqui pavefacti, Christum confitebantur inviti. Et, ne hoc casu crederent factum, sequenti nocte in vestimentis cunctorum crucis apparuit signum. Julianus autem contra Persas procedens, facta congressione, jaculo suscepto, interiit.

102. [5562] Jovianus regnat anno I. Qui, dum se ab exercitu imperatorem legi conspiceret, seque Christianum affirmans, paganis præesse non posse adsereret: *Et nos*, inquit omnis exercitus, *qui per Julianum nomen Christi abjecimus, tecum Christiani esse volumus*. Quibus ille auditis, imperii sceptra suscepit, firmataque pace **99** cum Persis, rediit; qui, lege protinus data, Christianis privilegia reddidit, ac templa idolorum claudi præcepit.

B 103. [5576] Valentinianus et Valens frater ejus regnant annis XIV. Gothi apud Istrum bifarie, in duobus Fridigerno et Athalarico divisi sunt regibus. Sed Fridigernus Athalaricum Valentis, Ariani imperatoris, auxilio superans, suadente eodem, in hujus beneficii gratiam, ex catholico Arianus cum omni gente Gothorum effectus, errorem secutus est ipsius. Tunc quoque Gilfulas, Gothorum episcopus, ad instar Græcarum litterarum, Gothis tunc reperit litteras, et utrumque testamentum linguam in propriam transtulit. Photinus quoque, et Eunomius, atque Apollinaris hæresiarchæ eodem tempore agnoscuntur.

hæc subrogantur: *Cumque bellum in Persas moliretur, in villa publica juxta Nicomediam dispositam bene rempublicam filiis tradens, diem obiit.* Cod. Alban. omittit ea omnia, *Constantinus autem... fine malo.* Omittit pariter Codex Cæsenas antiquissimus Etymologiarum, in quo insertum est hoc Chronicum pro alio breviori quod plerique alii Etymologiarum Codices exhibent. Ac fortasse Isidoro ab aliquo adjecta sunt. In Editione Grialii scribitur *Arrius, Arrianus*: sed communior scribendi ratio est *Arius, Arianus*; atque id ita observatur in Historia Gothorum ejusdem Editionis. AREV.

100. *Annis* XXIV. Sic Orosius, Niceph., Cedren. et Chronic. Græcum. Hieronymus in suo ad Eusebium Chronico, mens. V diesque XII addit. In Adone ponuntur anni XVIII, mens. V, dies XIV.

Ibid. Divertens. De morte Arii Rufinus lib. X Eccles. Histor. cap. 13. Et Cedren. cum Epiph. lib. II contra Hæres. sic inquit: *Noctu Arius ad sellam progressus, necessarii oneris deponendi, gratia, crepuit, quemadmodum et Judas quondam.* Idem Theodoretus lib. I Eccles. Hist. cap. 14.

Ibid. Donatus. Hieronymus Donatum vocat præceptorem suum multis in locis; præsertim in Commentariis in Eccles. cap. I, in illud: *quid est quod fuit?* et in Apologia, adversus Rufinum, et scripsisse Commentarios in Virgilium ait.

Ibid. Ossa. Postea Melphin (*corrige* Amalphim) ossa Andreæ apostoli translata sunt. Caput Pio secundo Romam allatum et in Basilica divi Petri collocatum.

Ibid. Alii: *Antonius monachus centum annorum agens in eremo moritur.* AREV.

101. *Annis* II. Consentit Nicephorus et Chronicum Græcum. Hieronymus a quibusdam anno I, mens. VII, ab aliis ann. II, mens. VIII, regnasse traditum ait. Orosius I ponit imperii annum, et mens. VIII. Paulus Diaconus III imperii anno exstinctum asserit.

Ibid. De morte Juliani variæ sunt opiniones, ut est apud Niceph., lib. X, cap. 24; Hieronym. in additionibus in Chronicon Eusebii, et Zonar., lib. III, et Cedrenum, et Aimonem de Christianarum rerum Memoria, lib. IX. Paulus Orosius sic lib. VII, cap. 30:
C « Itaque postquam a Ctesiphonte castra movit, dolo cujusdam transfugæ in deserta perductus, cum vi sitis et ardore solis, atque insuper labore arenarum confectus periret exercitus, imperator tanto rerum periculo anxius, dum per vasta deserti incautius evagatur, ab obvio quodam hostium equite, conto ictus, interiit. »

Ibid. Alii, *aliqui*, pro *reliqui*; et *eorum* pro *cunctorum*. AREV.

102. *Anno* I. Menses VIII, Hieronymus et Orosius IX. Niceph., Cedrenus, amplius XV dies ponunt. Chronicon Græcum: mens. X, dies XV.

Ibid. Qui lege. Cedrenus ait edictum per totum Romanum imperium emisisse; idem Niceph., lib. X, cap. 39. Ammianus Marcellin. Christianæ legis studiosum fuisse asserit.

103. *Annis* XIV. Sic et Chronicon Græcum: Ἐβασίλευσε, inquit, Ῥωμαίων ὁ αὐτὸς λη' θειότατος Οὐαλεντινιανὸς ἔτη ιδ'. Niceph., ann. X, mens. IX. Orosius, lib. VII, cap. 32, in imperio mansisse ait ann. XI. Cedre-
D nus Valentinianum XI annis imperasse, Valentem postea triennio, scribit.

Ibid. In alio Ms. erat: *Sed Fridigernum Alaricus superans*; verum corrupte ut constat ex Eutropio in Valente, qui Athalaricum a Fridigerno, auxilio Valentis, victum affirmat.

Ibid. Eutropius, lib. XII, in Valente, Ulfilas episcopus Arianus, qui moratus sub Constantio fuerat, et cum Eudoxio et Aetio Arianis. Niceph., lib. XI, cap. 48, eum vocat Ulphilam; Rodericus Toletanus, in sua Historia, Gudilam, lib. II, cap. 1; Ado, Ulfilam. Sunt qui Gulfilam et Gulfilam.

Ibid. Photinus. Concilium Syrmiense adversus eum congregatur, Niceph. lib. IX, cap. 3. Socrat., lib. I, cap. 29. Sozomenus, lib. IV, cap. 5 et 6. A Damaso damnatur, Niceph. lib. XII, cap. 17 et 18.

Ibid. Eunomius. Rufinus, lib. X, cap. 25; August., lib. de Hæres., cap. 54; Hieronym., in IV Osee. Ad-

104. [5582] Gratianus cum fratre Valentiniano regnat annis VI. Ambrosius, Mediolanensis episcopus, in catholicorum dogmate claruit. Priscillianus hæresim infandam nominis sui in Hispaniam invexit. Martinus, episcopus Turinorum Galliæ civitatis, multis miraculorum signis effulsit.

100 105. [5590] Valentinianus cum Theodosio regnat annis VIII. Synodus Constantinopoli. CL. sanctorum Patrum colligitur a Theodosio, in qua omnes hæreses condemnantur. Hieronymus presbyter in Bethleem toto mundo clarus habetur. Priscillianus, accusante Itacio, a Maximo tyranno gladio cæditur. Per idem tempus caput Joannis Baptistæ Constantinopolim est perductum, et in septimo milliario civitatis humatum. Gentium quoque templa per totum orbem, jubente Theodosio, eodem tempore subvertuntur. Nam adhuc intemerata manebant.

106. [5593] Theodosius, cum Arcadio et Honorio regnat annis III. Per idem tempus Joannes anachoreta virtutum miraculis habetur insignis; qui etiam Theodosio consulente, de Eugenio tyranno victoriam illi prædixit.

107. [5606] Arcadius cum fratre Honorio regnat annis XIII. Hujus temporibus Augustinus episcopus doctrinæ scientia insignis habetur. Joannes quoque Constantinopolitanus, et Theophilus Alexandrinus, illustres episcopi prædicantur. Per idem tempus Donatus, Epiri episcopus, virtutibus insignis est habitus. Qui draconem ingentem, expuens in ore ejus, peremit, quem octo juga boum ad locum incendii vix trahere potuerunt; ne aerem putredo ejus corrumperet. Per idem tempus corpora sanctorum Habacuc et Michææ prophetarum divina revelatione produntur. Gothi Italiam deprædantur. Vandali atque Alani Gallias aggrediuntur.

101 108. [5621] Honorius, cum Theodosio minore, fratris filio, regnat annis XV. His imperantibus, Gothi Romam capiunt, Vandali quoque et Alani, et Suevi, Hispanias occupant. Hac tempestate Pelagius adversus Christi gratiam erroris sui dogmata prædicat; ad cujus damnationem concilium, apud Carthaginem, CCXIV episcoporum congregatur. Hoc tempore Cyrillus, Alexandriæ episcopus, insignis est habitus.

109. [5648] Theodosius Minor, Arcadii filius, regnat annis XXVII. Vandali ab Hispaniis ad Africam transeunt. Ibi catholicam fidem Ariana impietate subvertunt. Per idem tempus Nestorius, Constantinopolitanus episcopus, suæ perfidiæ molitur errorem; adversus quem Ephesina synodus congregata, ejus impium dogma condemnat. Hoc etiam tempore diabolus in specie Moysi Judæis in Creta apparens, dum eos per mare pede sicco ad terram repromissionis promittit perducere, plurimis necatis, reliqui, qui salvati sunt, confestim ad Christi gratiam convertuntur.

110. [5654] Martianus regnat annis VI. Cujus initio Chalcedonense concilium geritur, ubi Eutyches cum Dioscoro Alexandrino episcopo condemnantur. Hujus autem sexto imperii anno, Theodoricus rex Gothorum, cum ingenti exercitu Hispaniam ingreditur.

111. [5670] Leo Major cum Leone Minore regnat annis XVI Alexandria, et Ægyptus synodum Chalcedonensem detrectans; errore Dioscori hæretici languens, immundo repleta spiritu, canina rabie latrat.

versus eum scripsit Basilius, et primum concilium Constantinopolitanum in cum est habitum Damaso P. M. De Hæresi Apollinaris est apud August. hæres. 55, et Theodor., lib. V, cap. 10.

Ibid. Gilfulas. Nomen genuinum videtur esse *Wulfilas*, et hinc apud alios *Gulfilas*. Nam septentrionalibus gentibus *Wu* valet in pronuntiando *gu*, ut observavi in prolegomenis ad Dracontium, cap. IX, n. 95. Iterum de Wulfila in Historia Gothorum, num. 8. Post verba *eodem tempore agnoscuntur* quidam Mss. addunt: *Hucusque Eusebius et Hieronymus.* AREV.

104. *Annis* VI. Concordant Orosius, Prosper, Paulus Diaconus, Zonaras et alii; Ado, VII.

Ibid. De Priscilliano vide divum Augustinum, lib. de Hæresib., hæres. 7, et Hieronymum, ad Ctesiphontem, et in Catalogo: Leonem papam, epist. 93; Severum Sulpicium, lib. II Eccles. Historiæ; concilium Toletan. I, et Bracarense, ubi ejus errores et impietas recensentur.

105. *Annis* VIII. In alio exemplari IX, sed VIII scribendum existimo ex supputatione Coss. qui apud Cassiodorum recensentur. Prosper VII tantum ponit. In Etymologiarum mss. Codd. nunc VI, nunc VII, aliquoties etiam VIII et IX habentur.

106. *Annis* III. Convenit Prosper, et ipse in Etymologiis. Eutropius, lib. XIII. Mansitque in imperio annis undecim, cum jam in Orientis partibus sex annis, Gratiano largiente et simul imperante, regnasset. Idem Paulus Orosius, lib. VII, cap. 35. Idem Paulus Diaconus, lib. XIII, in princip.

Ibid. De isto Eugenio grammatico et litterarum doctore, postea milite, vide Paulum, lib. XIII, in principio. De Joanne autem anachoreta est insignis mentio apud Ruffinum, lib. XI, cap. 32, et XXX; et Prosperum cum Zonara et Paulo Diacono, lib. XIII.

107. *Annis* XIII. Ita Prosper, Cassiodorus, Sigebertus, et Tudens. Niceph. addit mens. III; Cedrenus et Chronicon Græcum XIV annos ponunt. Epitome Chronicorum Severi cognomento Sulpitii, quæ apud me est ms. XII tantum agnoscit. Paulus Orosius, lib. VII, cap. 36, post patris excessum XII annis regnasse affirmat.

Ibid. Ex Sozomeno, lib. VII, cap. 25, constat sanctum Donatum Eudreæ, in Epiro, fuisse episcopum, et Nicephoro, lib. XII, cap. 45, ubi Eureæ, in Epiro, dicitur episcopus.

Ibid. Exspuens, etc. Al., *exspuens in os ejus necavit, quem*, etc. AREV.

108. *Annis.* XV. Ita Cassiodorus, Tudensis, Ado, et ipse in Etymologiis. Sigebertus annum unum detrahit; Prosper unum adjicit.

109. *Annis* XXVII. Ita Cassiodorus, Paulus Diaconus, Tudensis, et alii. Sigebertus tradit eum utrique regno solum III, annis imperasse, posteaque sibi Valentinianum Placidæ amitæ suæ, ex Constantio filium ascivisse, cum eodemque aliis XXIV annis regnasse, qui simul collecti nostrum numerum explent. Prosper XXX ann. ponit; Beda XXVI, Martinus Polon. XXVII, ut noster hic.

Ibid. Regnat, etc. Al., *regnat annis* XXVI. *Gens Wandalorum ab Hispaniis ad Africam transit. Ibi*, etc. AREV.

110. *Annis* VI. Ita Paulus Diaconus, Sigebertus, Tudens. et alii. Cassiodorus cum Cedreno VII. Ado Viennensis: *Martianus*, inquit, *imperator obiit sexto imperii sui anno, sexto mense completo.*

Ibid. Theodoricus. In alio Ms.: *Theudoricus*, August. et Sigebertus, *Theodoricus*, similiter Ado Viennensis Rodericus Toletanus, lib. II, cap. 8, *Theudoricus.*

111. *Annis* XVI. Ita Nicephorus, Cassiodorus, Paul.

Per idem tempus apparuit hæresis Acephalorum Chalcedonense 102 concilium impugnantium, qui ideo Acephali, id est, sine capite nominantur, quia, quis primus eam hæresin introduxerit non invenitur, cujus hæresis peste plurimi hactenus orientalium languent.

112. [5687] Zenon regnat annis xvii. Ab isto Acephalorum hæresis defenditur, et decreta Chalcedonensis concilii abdicantur. Iste Zenon Leonem Augustum filium suum interficere quærens, pro eo mater ejus alium figura similem obtulit, ipsumque Leonem occulte clericum fecit, qui in clericatu usque ad Justiniani tempora vixit. Per idem tempus corpus Barnabæ apostoli et Evangelium Matthæi ejus stylo scriptum, ipso revelante, repertum est.

113. [5714] Anastasius regnat annis xxvii. Iste, Acephalorum errorem vindicans, episcopos Chalcedonensis synodi defensores exsilio damnat, Evangelia quoque, tanquam ab idiotis evangelistis composita, reprehendit atque emendat. Eo tempore Fulgentius episcopus in confessione Dei et scientia claruit. Trasemundus, Vandalorum rex, in Africa catholicas Ecclesias claudit, et cxx episcopos in Sardiniam mittit, contra Catholicos sævit. Per idem tempus apud Carthaginem Olympus quidam Arianus, in balneis sanctam Trinitatem blasphemans, tribus igneis jaculis, angelo immittente, visibiliter est combustus. Barbas quoque quidam Arianus episcopus, dum contra regulam fidei quemdam baptizans dixisset: « Baptizat te
103 Barbas, in nomine Patris, per Filium, in Spiritu
A sancto, » statim aqua fontis illius quæ fuerat ad baptizandum deportata nusquam apparuit. Quod aspiciens, qui baptizandus erat, confestim ad catholicam Ecclesiam abiit, et juxta morem evangelicæ fidei baptismum Christi suscepit.

114. [5723] Justinus Major regnat annis ix. Iste synodi Chalcedonensis amator Acephalorum hæresim abdicat. Hujus tempore, post Trasemundum Childericus, ex Valentiniani imperatoris captiva filia genitus, in Vandalis regnum suscepit, qui sacramento a Trasemundo astrictus, ne Catholicis in regno suo faveret, antequam regnum susciperet, episcopos ab exsilio reverti jussit, eisque proprias Ecclesias reformare præcepit.

115. [5762] Justinianus regnat annis xxxix. Iste,
B Acephalorum hæresin suscipiens, omnes in regno suo episcopos tria Chalcedonensis concilii capitula damnare compellit. In Alexandria Theodosiana et Gaiana hæreses oriuntur. In Hispaniam per Athanaildum tyrannum Romanus miles ingreditur. Belisarius patricius mirabiliter de Persis triumphavit. Qui deinde a Justiniano in Africam missus, Vandalorum gentem delevit. In Italia quoque Tottila, Ostrogothorum rex, a Narse Romano patricio superatur. Per idem tempus corpus sancti Antonii monachi divina revelatione repertum Alexandriam perducitur, et in ecclesia sancti Joannis Baptistæ humatur.

104 116. [5773] Justinus Minor regnat annis xi. Hic ea quæ adversus Chalcedonensem synodum fue-

Diacon. Sigebertus Palmerius, et alii. Beda cum Cedreno xvii, Zonaras xviii.

Ibid. Acephali. Nicephorus, lib. xviii, cap. 45. Ducem hujus hæresis facit Severum Antiochenum, et subdit Acephalos ob eam causam sic dictos, quod sub episcopis non essent.

112. *Annis.* xvii. Ita Niceph., Cassiod., Ado et alii. In Sigeberti Chronico scribitur xix ann. regnasse. Sunt qui dicant ann. xvii, mens. vi. Consule Chronicon Mercatoris et Onuphrii fastos. Cum Isidoro faciunt Græci nostri annales *ἐβασίλευσε Ζήνων αὔγουστος ἔτη ιζ*.

Ibid. Iste Zenon. Gotfridus in Pantheo, historicus non indiligens, Conradi III a sacris scriniis præfectus, Chron. part. xvi, versibus id extulit:

Zeno pater patriæ regna paterna tenet,
Inclytus ejus erat Leo filius, unicus hæres,
Militia validus, prælia sæpe gerens.
Ille necem quæsisse patris falso reputatur.
Zeno pater, cui dicta patent, jubet ut moriatur,
Mater ab appositis obviat arte satis...

D *Ibid.* Cedrenus: *Eo*, inquit, *tempore reliquiæ beati apostoli Barnabæ inventæ sunt. In Cypro jacebat cadaver id sub arbore ceraso, Evangelium quod sanctus Matthæus composuerat in pectore gerens manu Barnabæ scriptum.*

Ibid. Iste Zenon... quærens, etc. Nominativus absolutus pro ablativo, ut multis aliis in locis notatum est. Arev.

113. *Annis* xxvii. Sic ipse in Etymologiis, Tudensis, et Ado, cum Paulo Diacono. Nicephorus vero et Cedrenus mens. iv addunt; Zonaras iii. Evagrius, lib. Hist. iii, cap. 44, imperii anno vigesimo septimo, mensibus et diebus iii, additis excessisse tradit. Consule Onuphrium. Godofredus anno imperii 28, fulmine ictum, interiisse scribit. Pomponius Lætus ponit ann. xxiv, mens. ii, dies xxix.

Ibid. Legendum, contra omnium exemplarium scripturam, historiæ veritate cogente: *Barbam quoque*
C *quidam Arianus episcopus, dum contra regulam fidei baptizans, dixisset: Baptizo te, Barba*, etc. Ex Paulo Diacono, lib. xv. *Cæterum*, inquit, *Deuterius episcopus Arianorum Byzantii baptizans quemdam virum Barbam nomine, cum contra regulam fidei*, etc. Et Cedren.

Ibid. Mittit... Olympus quidam. Al., *mittit. Fulgentius quoque in confessione fidei, et scientia floruit. Olympius quidam.* Arev.

114. *Annis* ix. Sic Beda, Cedrenus, Chronicon Græcum, Palmerius et alii. Nicephorus iii menses adjungit. Zonaras xx dies, Marcellinus, Theodorus Lector, et Evagrius, lib. iv Histor., cap. 9, ann. ix, dies xxiii; Sigebertus, ann. x; Paulus Diaconus, xi.

Ibid. Ex captiva. Ex Eudoxia Valentiniani principis filia, quæ Trasemundo nupsit, ex quo Childericum suscepit.

115. *Annis* xxxix. Convenit Tudensis, Ado et ipse in Etymologiis. Sigebertus xxx tantum habet annos, quibus Nicephorus dies vii adjungit. Zonaras et Cedrenus, ann. xxxviii, mens. vii, dies. xiii. Paulus Diaconus, xxxviii ann., mens. et dies omittit, lib. xvi.

Ibid. Tria capitula. Isidorus, de Viris illustribus, in Justiniano, de synodo Chalcedonensi: *Tria capitula damnare contendit, id est, Theodori Mopsuesteni episcopi dicta, et rescripta Theodoreti, et epistolam quæ dicitur Ibæ, Edessæ episcopi.*

Ibid. Narse. Narses Eunuchus, cubicularius Justiniani, exarchus Italiæ factus, Paulus, lib. xvi, et Ado.

116. *Annis* xi. Justinus Minor Sigeberto xii annis imperavit; Nicephoro xii ann., mens. ii, dieb. 20; Zonaræ et Cedreno ann. xiii.

Ibid. Tempore Justini, sub Vigilio papa congregatum est concilium Constantinopolitanum; verum non intelligitur, nisi de prima synodo Constantinopolitana cl Patrum sub Theodosio seniore celebrata, in qua symboli forma data est, quam tota Græcorum et Latinorum prædicat confessio in Ecclesiis. Vide de

rant edita, destruxit, et symbolum CL Patrum sacrificii tempore concinendum populo præcepit. Armenii tunc primum fidem Christi suscipiunt. Gepidæ exstinguntur a Longobardis. Per idem tempus Martinus, Bracarensis episcopus, apud Gallæciam prudentia et doctrina catholicæ fidei clarus habetur. Narses patricius, postquam sub Justiniano Augusto, Totilam Gothorum regem in Italia superavit, Sophiæ Augustæ Justini conjugis minis perterritus, Longobardos a Pannoniis invitavit, eosque in Italiam introduxit. Hac tempestate Leovigildus, rex Gothorum, quasdam Hispaniæ regiones sibi rebelles in potestatem sui regni superando redegit. A

117. [5780] Tiberius regnat annis VII. Longobardi, pulsis Romanis, Italiam adeunt; Gothi, per Hermenegildum Leovigildi regis filium, bifarie divisi, mutua cæde vastantur. B

118. [5801] Mauricius regnat annis XXI. Suevi a Leovigildo rege obtenti Gothis subjiciuntur; iidem quoque Gothi, Recaredo religiosissimo principe provocante, ad fidem catholicam convertuntur. Abares adversus Romanos dimicantes, auro magis quam ferro pelluntur. Ab Hunnis Thracia occupatur. Hoc tempore Leander episcopus in Hispaniis ad gentis Gothorum conversionem doctrina fidei et scientiarum claruit.

105 119. [5809] Phocas regnat annis VIII. Iste seditione militari imperator effectus, Mauricium Augustum et multos nobilium interfecit. Hujus tempore Prasini et Veneti per Orientem et Ægyptum civile bellum faciunt, ac sese mutua cæde prosternunt. Prælia quoque Persarum gravissima adversus rempub. excitantur; a quibus Romani fortiter debellati, provincias plurimas, usque ad Euphratem fluvium, et ipsam, ut dicunt, Hierosolymam amiserunt.

120. [5814] Heraclius dehinc quintum agit imperii annum. Cujus initio Sclavi Græciam Romanis tulerunt. Persæ Syriam, et Ægyptum, plurimasque provincias. In Hispania quoque Sisebutus, Gothorum rex, quasdam ejusdem Romanæ militiæ urbes cepit, et Judæos sui regni subditos ad Christi fidem convertit.

121. Fiunt igitur ab exordio mundi usque in præsentem æram 654, hoc est in anno quinto imperatoris Heraclii, et quarto 106 gloriosissimi principis Sisebuti, anni quinquies mille octingenti quatuordecim.

122. Residuum sæculi tempus humanæ investigationi incertum est; omnem enim de hac re quæstionem Dominus noster Jesus Christus abstulit, dicens: *Non est vestrum scire tempora, vel momenta, quæ Pater posuit in sua potestate.* Et alibi: *De die autem*, inquit, *illa et hora, nemo scit, neque angeli cœlorum,*

hac re Valafridium, de Rebus Eccles., cap. 23, et concil. Toletan. IV.

117. *Annis* VII. Convenit Beda, Ado et ipse in Etymologiis, Cedrenus, et Annales Græci, ann. IV; Zonaras, ann. IV, mens. X, dies VIII; Niceph., ann. V; Sigebert. et Tudens., ann. VI. De varietate annorum Tiberii, Contius in notis ad Niceph. Chronologiam disserit. C

Ibid. In Codice Urbinovaticano, de quo Schelstratius, tom. I, pag. 593, post *cæde vastantur*, additur *et ipse martyrio coronatur*. AREV.

118. *Annis* XXI. Concordant Sigebertus, Ado, et Beda. Niceph., ann. XX, mens. IV. Cedren., ann. XX, mens. III, dies II; Palmerius, ann. XX; sic Zonaras et ipse Niceph., Eccles. Hist.; similiter Pomponius Lætus.

Ibid. Leander. Leandri vitam describit divus Isidorus libello de Viris illustribus.

Ibid. Mellitus. *Gothi, Recaredo principe intendente, ad catholicam fidem revertuntur. Eo tempore Gregorius Romæ episcopus insignis celebratur; tuncque Abares*, etc. Alii, pro *ab Hunnis... claruit*, id exhibent, *hoc tempore sanctus Gregorius Romæ episcopus insignis habetur*. AREV.

119. *Annis.* VIII. Sic Niceph., Zonaras, Cedrenus, Ado, Tudens. et alii. Onuphrius, ann. VIII, mens. IV, dieb. IX. D

Ibid. Antiquis quatuor aurigantium, teste Cassiodoro, factiones a colore nominatæ fuere, veneta, prasina, alba, rosea, quibus, ut scribit Suetonius, duas alias addidit Domitianus, alteram aurati, alteram purpurei panni. Igiter id genus hominum seditiosorum a coloribus nomina accepit. Xiphilinus in Caligula tradit huic imperatori aurigam quemdam, a colore vestis viridis, Prasinum appellatum, maxime in deliciis fuisse.

120. Sisebutus, rex optimus, et religiosissimus fidei catholicæ propugnator et cultor acerrimus, Gundimari regis successor, concilium quartum Toletanum, quæ magna synodus appellatur, congregavit, ubi cap. 55, dicitur temporibus religiosissimi principis Sisebuti Judæos ad fidem Christianam coactos fuisse. Ad hunc Isidor. librum de Natura rerum scripsit.

Ibid. In nonnullis Mss. in Gallia, ut videtur, exaratis, aut inde descriptis, hæc ita concinnantur: *Heraclius annis* XXVI *regnavit. Hic imperii sui anno 5 dum fungitur, Sisebutus Gothorum... convertit, præter eos qui fuga lapsi latenter migraverunt ad Francos. Hujus imperatoris temporibus usque ad imperii sui annum 14 et Lotarii gloriosissimi principis regni sui anno 40, multa reipublicæ ubique pene a diversis gentibus dispendia illata fuerunt. Hujus tempore Persæ Chalcedonem usque pervenerunt. Hi murum longum irrumpentes, et ad mœnia Constantinopolis accedentes cum prædicto imperatore in muro stante mutuo colloquuntur, qui accepto pretio pacis ab eo recedunt. Residuum sextæ ætatis tempus humanæ investigationi incertum est*, etc. AREV.

121. *Et quarto.* In alio ms. erat *quinto*; verum male, cum ex Isid. ipso, in Historia Gothorum constet Sisebutum Heraclii ann. 2 ad publica gubernanda evectum. Observa autem esse quosdam qui existimant Isidorum bis Chronicon suum edidisse, primo usque ad annum quintum Heraclii, et quintum Sisebuti, nempe ad annum Mundi 5814, deinde vero additis ann. 13, usque ad 18 Heraclii, et 7 Suintil., nempe ad annum ab orbe condito 5827. In multis exemplaribus primam invenio conclusionem hujus Chronici. In exemplari autem Soriensi, quod omnium antiquiss. est, duplex ejus conclusio legitur, prior quidem, quam nos posuimus, posterior vero hoc modo: *Heraclius dehinc 18 agit imperii annum, cujus initio Sclavi*, etc. *Fiunt igitur ab exordio mundi, usque in præsentem æram 665, hoc est, in anno 18 imperii Heraclii, et 7 religiosi principis Suintilani*, MMMMMDCCCXXVI. *Residuum sæculi tempus*, etc., ut sup. Vasæus, lib. I Annalium Hispanicorum, cap. 4, affirmat se invenisse Chronicon Isidor. usque ad 5 annum Suintilani, qui fuit annus Domini 626. Est etiam apud me Chronicon Isidori ms. diversam ab omnibus aliis conclusionem habens. Verum de hac duorum Editionum opinione dicam quod sentio: Existimo Chronicon hoc divi Isidori semel duntaxat ab eo evulgatum fuisse, cum in præfatione dicat (ut in antiquiss. quibusq. et emendatissimis exemplaribus legitur) se scribere usque ad Sisebuti tempora; aliquot vero annis post librum Etymologiarum ab eodem fuisse conscriptum, in cujus lib. v, cap. 37, usque ad 5 (alias 7) Suintilani annum, et Heraclii 18, progreditur. Nam illud certum est, Isidorum ultimo librum Etymologiarum ad Braulionis Cæsaraugustani petitionem scripsisse,

nisi Pater solus. Unusquisque ergo de suo cogitet transitu, sicut sacra Scriptura ait: *In omnibus ope-* A *ribus memorare novissima.* Quando enim unusquisque de sæculo migrat, tunc illi consummatio sæculi est.

ut testatur divus Ildefonsus in additione Virorum Illustr. *Scripsit quoque*, inquit, *ultimo, ad petitionem Braulionis, Cæsaraugustani episcopi, librum Etymologiarum; quem cum multis annis conaretur perficere, inexpleto opere, diem extremum visus est clausisse.* Idem affirmat Braulio ipse in ejus Vita, aitque opus hoc relictum fuisse titulis, non libris distinctum, quod postea ab ipso factum est. Puto itaque conclusionem, quæ est in Etymologiis, ab aliquo in Chronicon translatam, et vicissim Chronici in Etymologias; et in Chronico legendum usque ad 5 Sisebuti annum, in Etymologiis usque ad 7 Suintilani. Hæc mihi occurrunt; qui secus sentit, non rejicio ejus conjecturam.

107 SANCTI ISIDORI

HISPALENSIS EPISCOPI

HISTORIA DE REGIBUS GOTHORUM, WANDALORUM ET SUEVORUM.

Prologus.

1. *Omnium terrarum, quæque sunt ab occiduo usque ad Indos, pulcherrima es, o sacra, semperque felix principum, gentiumque mater Hispania. Jure tu nunc omnium regina provinciarum, a qua non Occasus tantum, sed etiam Oriens lumina mutuat. Tu decus, atque ornamentum orbis, illustrior portio terræ: in qua gaudet multum ac largiter floret Geticæ gentis gloriosa fecunditas.*

108 2. *Merito te omnium ubertate gignentium indulgentior natura ditavit. Tu baccis opima, vis proflua, messibus læta, segete vestiris, oleis inumbraris, vite prætexeris. Tu florulenta campis, montibus frondua, piscosa littoribus. Tu sub mundi plaga gratissima sita, nec æstivo solis ardore torreris, nec glaciali rigore tabescis, sed temperata cœli zona præcincta, zephyris felicibus enutriris. Quidquid enim arva fecundum, quidquid metalla pretiosum, quidquid animantia pulchrum et utile ferunt parturis. Nec illis amnibus posthabenda, quos clara speciosorum gregum fama nobilitat.*

3. *Tibi cedet Alphæus equis, Clitumnus armentis, quanquam volucres per spatia quadrigas olympicis sacer palmis Alpheus exerceat, et ingentes Clitumnus juvencos capitolinis olim immolaverit victimis. Tu nec Etruriæ saltus uberior pabulorum requiris, nec lucos Molorchi palmarum plena miraris, nec equorum cursu tuorum eleis curribus invidebis. Tu superfusis fecunda fluminibus, tu aurifluis fulva torrentibus. Tibi fons equi genitor. Tibi vellera indigenis fucata conchyliis ad rubores tyrios inardescunt. Tibi fulgurans inter obscura penitorum montium lapis jubare contiguo vicini solis accenditur.*

4. *Alumnis igitur, et gemmis dives et purpuris, rectoribus pariter et dotibus imperiorum fertilis, sic opulenta es principibus ornandis, ut beata pariendis. Jure itaque te jam pridem aurea Roma caput gentium concupivit, et licet te sibimet eadem Romulea virtus primum victrix spoponderit, denuo tamen Gothorum florentissima gens post multiplices in orbe victorias certatim rapuit et amavit, fruiturque hactenus inter regias infulas et opes largas, imperii felicitate secura.*

Præf. N. 1. Hoc elogium Hispaniæ, sive præfatio in Historiam Gothorum desideratur in antiquis Editionibus operum sancti Isidori, ut observavi in Isidorianis, cap. LXXIX, cui hunc feci titulum: *Historia de regibus Gothorum, Wandalorum et Suevorum Isidoro contra Pellizerium vindicatur. Codices mss., Editiones inter se diversæ Chronicon Visigothorum, Wulsæ dictum, an sit Isidori. Monitum de hoc Chronico ex Editione Patrum Toletanorum. Exemplar interpolatum Historiæ inter Chronica Tudensis. Alia mutila, ut videtur, ab Isidori tempore, et cur? Verba Isidori de sancti Hermenegildi adversus Patrem bello exposita. Mirum Isidori et aliorum Patrum Ecclesiæ Gothicæ silentium de glorioso sancti Hermenegildi martyrio. Obsequium episcoporum Ecclesiæ Gothicæ in quibusdam arduis regum factis.* Quo uberiorem sermonem in Isidorianis adhibui, ut difficiliora quæque loca operum sancti Isidori enuclearem, eo nunc minus mihi laborandum fuit in hujus aliorumque ejusdem Isidori operum notis adornandis. Ac potuissem sane multo brevior fuisse in Isidorianis, si in subjiciendis annotationibus abundare voluissem. B Nunc variam præfationis scripturam indicabo. *Quæque.* Ita recte Labbeus, pro *quæcunque*; nam *quisque* pro *quicunque* accipitur; alii *quæ*. Ibid., *ac largiter floret*; al., *ac multum foret*. Arev.

2. *Læta.* Al., *lata.* Ibid. *Frondua.* Codex Legionensis *frondea.* Ibid. *Gregum.* Id retinendum cum Labbeo, neque erat cur Florezius et Editor Matritensis recentis Editionis sancti Isidori præferrent *Græcorum* cum Grotio. Arev.

3. *Cedet.* Malim *cedit*; et in Mss. quidem sæpe *e* occurrit pro *i*. Ibid. *Olympicis.* Grotius, *olim Pisis*, quod corruptum est. Ibid. *Invidebis*, al., *invideris.* Apud Labbeum deest hæc periodus: *Tu nec Hetruriæ invidebis.* Quod dicitur *uberior pabulorum* intelligendum est *uberior pabulis*, fere ut paulo post *palmarum plena*. Arev.

4. *Romulea.* Al., *Romula.* Ibid. *Victrix*, Ita Cod. Legionensis; alii, *victus*, aut *victam*. Ibid. *spoponderit*; al., *desponderit*, aut *possederit*. Ibid. *Regias infulas*; al., *regna*, *insulas*. Jam Chronicon ipsum quod sequitur, Joan. Baptista Perez nonnullis notis illustravit. Arev.

INCIPIT HISTORIA.

109 1. Gothorum antiquissimam esse gentem certum est: quorum originem quidam de Magog, filio Japhet, suspicantur educi a similitudine ultimæ syllabæ, et magis de Ezechiele propheta id colligentes. Retro autem eruditio eos magis Getas quam Gog et Magog appellare consuevit. Gens fortissima etiam Judæam terram vastatura describitur.

2. Interpretatio autem nominis eorum in linguam nostram *tecti*, quo significatur fortitudo; et re vera, nulla enim gens in orbe fuit quæ Romanum imperium adeo fatigaverit ut hi. Isti enim sunt quos etiam Alexander vitandos pronuntiavit, Pyrrhus pertimuit, Cæsar exhorruit. (*Ex Oros.*) Per multa quippe retro sæcula ducibus usi sunt, postea regibus, quorum oportet tempora per ordinem cursim exponere, et quo nomine actuque regnaverint, de historiis libata retexere.

3. Anno ante æram conditam XII, dum pro arripiendo reipublicæ imperio, Cn. Pompeius et C. Julius Cæsar arma civilia commovissent, Gothi, ad præbendum Pompeio auxilium, in Thessaliam adversus Cæsarem pugnaturi venerunt. Ubi dum in Pompeii exercitu Æthiopes, Indi, Persæ, Medi, Græci, Armeni, Scythæ, ac reliquæ Orientis gentes evocatæ adversus Julium dimicassent, isti præ cæteris Cæsari fortius restiterunt. Quorum Cæsar copia et virtute turbatus fertur fugam meditatus esse, nisi nox prælio finem dedisset. Tunc Cæsar ait nec Pompeium scire vincere, nec Cæsarem posse vinci. Nam si Pompeius vincere nosset, hodie cum tam asperis viris Cæsarem superasset.

4. Æra CCXCIV. Anno imperii Valeriani et Gallieni primo, Gothi, **110** descensis montibus Alpibus, quibus inhabitabant, Græciam, Macedoniam, Pontum, Asiam atque Illyricum vastaverunt. Ex quibus Illyricum et Macedoniam 15 ferme annis tenuerunt. Deinde a Claudio imperatore superati sedes proprias repetunt. Romani autem Claudium Augustum pro eo quod tam fortissimam gentem a finibus reipublicæ removisset, insigni gloria honorantes, in foro illi aureum clypeum, in capitolio auream statuam collocaverunt.

5. Æra CCCLXIX, anno XXVI imperii Constantini, Gothi, Sarmatarum regionem aggressi, copiosissimis super Romanos irruerunt agminibus, vehementi virtute cuncta gladio et deprædatione vastantes. Adversus quos idem Constantinus aciem instruxit, ingentique certamine vix superatos ultra Danubium expulit, atque diversis gentibus virtutis gloria clarus, sed de Gothorum victoria amplius gloriosus. Quem Romani, acclamante senatu, publica laude prosecuti sunt quod tantam gentem vicerit, quod patriam rempublicam reformaverit.

6. Æra CDVII, anno V imperii Valentis, primus Gothorum gentis administrationem suscepit Athanaricus, regnans annos XIII, qui, persecutione crudelissima adversus fidem commota, voluit se exercere contra Gothos, qui in gente sua Christiani habebantur, ex quibus plurimos, qui idolis immolare non acquieverunt, martyres fecit; reliquos autem multis persecutionibus affectos, dum pro multitudine horreret interficere, dedit licentiam, imo magis coegit de regno suo exire, atque in Romani soli migrare provincias.

7. Æra CCXV, anno XIII imperii Valentis, Gothi in Istrum adversus semetipsos in Athanarico et Fridigerno divisi sunt, alternis sese cædibus depopulantes. Sed Athanaricus Fridigernum Valentis imperatoris suffragio superat. Hujus rei gratia legatos cum muneribus ad eumdem imperatorem mittit, et doctores propter suscipiendam Christianæ fidei regulam poscit. Valens autem a veritate **111** catholicæ fidei devius, et Arianæ hæresis perversitate detentus, missis hæreticis sacerdotibus, Gothos persuasione nefanda sui erroris dogmati aggregavit, et in tam præclaram gentem virus pestiferum semine perniciose transfudit, sicque errorem quem recens credulitas ebibit, tenuit, diuque servavit.

8. Tunc Gulfilas eorum Gothorum episcopus Gothicas litteras condidit, et scripturas Novi ac Veteris Testamenti in eamdem linguam convertit. Gothi autem, statim ut litteras et legem habere cœperunt, instruxerunt sibi dogmatis sui Ecclesias, talia juxta eumdem Arium de ipsa divinitate documenta tenentes, ut crederent Filium Patri majestate esse minorem, et æternitate posteriorem. Spiritum autem sanctum, nec Deum esse, neque substantiam Patris existere, sed per Filium creatum esse, utriusque ministerio deditum,

1. Hieronym., in Quæst. Heb., Genes. X: *Et certe Gothos omnes retro eruditi magis Getas quam Gog et Magog appellare consueverant.*

Ibid. Gothorum, etc. Al., *Gothorum antiquissimum esse regnum.* Ibid. *Retro autem eruditio... consuevit*; al., *Romani autem editi... consueverunt.* Ibid. *Gens fortissima... describitur.* Omittitur id, ut multa alia, in Codice Labbeano. Fabricius, in Bibliograph., pag. 48, laudat Fabianum Torner, qui de præstantia linguæ veteris Gothicæ, et Stirnhilmum, qui de origine linguæ Gothicæ scripserunt. Arev.

Ibid. In linguam nostram tecti, quo; al., *in lingua nostra dicti, quod.* Alvarus Cordubensis quædam ex hoc Isidori loco sumpsit. Vide, inf., not. ad n. 67. Arev.

3. Alii *illum*, pro *Julium*, et *ei* pro *Cæsari*; et *meditasse*, pro *meditatus esse*. Arev.

4. *Æra* 294; al., mendose, *æra* 214. Ibid. *Primo.* Ita Labbeus, et cum eo Florezius; in Editione Grialii, minus bene, *secundo.* Lindebrogius legendum ait *æra* 293, *anno* 3. Montes Alpes vocabantur quilibet montes excelsi. Vide Etymolog. lib. XIV, cap. 8, num. 18. Arev.

Ibid. Æra 369. Id retinendum; alii alios numeros indicant. Pro an. 26, mendose apud Grial. 16. Arev.

6. *Æra* 407. Perezius edidit 408, cum nota, *al.* 407; sed hoc verum est, quod ex Fastis Idacianis aliisque monumentis Florezius demonstrat. Pro *affectos dum pro*; al. *afflictos dum præ*; et postea *in Romanorum migrare provinciam.* Arev.

7. Alii, *trans Istrum... populantes*, Grialii Editio, *in Istrium.* Arev.

8. *Neque substantiam.* Labbeus *neque ex substantia.* De Gulfila, aut Wulfila, dictum in not. ad Chronicon num 103. Fabricius, pag. 45 Bibliogr., recenset

et amborum obsequio subditum. Aliam quoque Patris sicut personam, sic et naturam asserentes; aliam Filii, aliam denique Spiritus sancti, ut jam non (secundum sanctæ Scripturæ traditionem) unus Deus et Dominus coleretur, sed, juxta idololatriæ superstitionem, tres dii venerarentur. Cujus blasphemiæ malum per decessum temporum, regumque successum, annis ccxiii tenuerunt. Qui tandem reminiscentes salutis suæ, renuntiaverunt inolitæ perfidiæ, et per Christi gratiam ad unitatem fidei catholicæ pervenerunt.

9. Æra cdxvi, anno xiv imperii Valentis, Gothi, qui primum Christianos a terra sua expulerant, rursus ipsi ab Hunnis cum rege suo Athanarico expulsi sunt; transitoque Danubio, cum vim ferre non possent Valentis imperatoris, sese non depositis armis tradunt, et Thraciam ad inhabitandum accipiunt. Sed ubi viderunt se opprimi a Romanis contra consuetudinem propriæ libertatis, ad rebellandum coacti sunt. Thraciam ferro incendiisque depopulantur, deletoque Romanorum exercitu, ipsum Valentem jaculo vulneratum, in quadam villa fugientem, succenderunt, ut merito ipse ab eis **112** vivus temporali cremaretur incendio, qui tam pulchras animas ignibus æternis tradiderat.

10. Invenerunt autem eo prælio Gothi confessores priores Gothos, quos dudum propter fidem a terra sua expulerant, et voluerunt eos sibi ad prædæ societatem conjungere. Qui, cum non acquievissent, aliquanti interfecti sunt. Alii, montuosa loca tenentes, et refugia sibi qualiacunque construentes, non solum perseveraverunt Christiani catholici, sed etiam in concordia Romanorum, a quibus dudum excepti fuerant, permanserunt.

11. Æra cdxix, anno imperii Theodosii Hispani iii, Athanaricus cum Theodosio jus amicitiamque disponens, mox Constantinopolim pergit, ibique quinto decimo die postquam fuerat a Theodosio honorabiliter susceptus interiit. Gothi autem, proprio rege defuncto, aspicientes benignitatem Theodosii imperatoris, inito fœdere, Romano se imperio tradiderunt et fuerunt cum Romanis xxviii annis.

12. Æra cdxx, anno imperii Theodosii iv, Gothi, patrocinium Romani fœderis recusantes, Alaricum regem sibi constituunt, indignum judicantes Romanæ esse subditos potestati, eosque sequi, quorum jam pridem leges imperiumque respuerant, et de quorum se societate prælio triumphantes averterant.

13. Æra cdxxxvii, anno imperii Honorii et Arcadii quinto, Gothi, in Alarico et Radagaiso divisi, dum semetipsos in duabus regni partibus variis cædibus lacerarent, ob excidium Romanorum concordes effecti, consilium in commune constituunt, parique intentione ad prædandas quascunque regiones Italiæ ab invicem dividuntur.

14. Æra cdxliii, anno Honorii et Arcadii xi, rex Gothorum Radagaisus, genere Scytha, cultui idololatriæ deditus, barbaricæ immanitatis feritate sævissimus, cum ducentis armatorum millibus Italiæ partes vehementi vastatione aggreditur, spondens in contemptum Christi **113** Romanorum sanguinem diis suis libare, si vinceret. Cujus exercitus, a Stilicone duce Romano in montuosis Thusciæ locis circumclusus, fame est potius quam ferro consumptus. Ipse postremum rex captus et interfectus est.

15. Æra cdxlvii, anno imperii Arcadii xv, exstincto Radagaiso, Alaricus consors regni, nomine quidem Christianus, sed professione hæreticus, dolens tantam multitudinem Gothorum a Romanis exstinctam, in vindictam sanguinis suorum adversus Romam prælium gessit, obsessamque impetu, igne, gladiis, irrumpit, sicque Urbs cunctarum gentium victrix, Gothicis triumphis victa succubuit, eisque capta subjugataque servivit. Tam autem Gothi clementes ibi exstiterunt, ut votum antea darent, quod si ingrederentur Urbem, quicunque Romanorum in locis Christi inveniretur, in vastationem Urbis non mitteretur. Post hoc igitur votum, aggressi Urbem, omnibus et mors et captivitas indulta est, qui ad sanctorum limina confugerunt. Sed et qui extra loca martyrum erant, et nomen Christi et sanctorum nominaverunt, et ipsis simili misericordia pepercerunt.

16. In reliquis autem, etsi præda hostium patuit, feriendi tamen immanitas refrenata est. Incursantibus autem in illa vastitate per Urbem Gothis, dum quidam potens virginem consecratam ætate provectam reperisset, eamque honeste admoneret ut, si quid apud se auri argentique esset, proferret: illa fideli conscientia, quod habuit protulit; cumque ille vasorum formam

Georgii Friderici Heupelii dissertationem de Ulphila, seu versione quatuor evangelistarum Gothica. Arev.

9. In Editione Grialii, mendose, annus 15 Valentis pro anno 14 designatur. Pro *a terra sua*, al. *a sedibus suis*. Perezius scribebat *Ugnis*, et pro alia lectione *Hunnis*, quod magis commune est. Pro *deletoque*, quod alii exhibent, in Editione Grialii est *dejectoque*. Perezius fortasse volebat *disjectoque*. Pro *succenderunt*, etc. alii *succendunt, ut merito ipse ab eis vivens*. Arev.

10. *Alii*. Vide Eutropium.

11. *Interiit*: al. *moritur*. Arev.

13. *Quinto*. Ita correxit Florezius, quamvis alii habeant *quarto*, uti etiam num. seq. posuit 11 pro 10, quia ita melius anni æræ cum annis imperatorum consentiunt, et in tribus æris sequentibus eadem ratio numerandi servatur. Pro *ad prædandas quascunque*, alii *ad tentandas quasque*. Arev.

14. Pro anno 11, alii exhibent 10, uti nuper dictum. Grotius, *cum ducentis armatis Sarmatarum millibus*; at Labbeus cum Edi. Grialii facit. Arev.

15. *Æra* cdxlvii. Vide Procopium, Jornandem, Marcellinum, Paulum Diaconum.

Ibid. In Editione Grialii, *anno imperii et Arcadii*. Fortasse Editor voluit, *anno Honorii et Arcadii*, ut alii habent. Verum Florezius legendum probat *anno imperii Honorii*, deleto Arcadii nomine tum in hac æra, tum in duabus sequentibus 448 et 454, siquidem Arcadius jam obierat, et tredecim tantum annos cum Honorio regnaverat, ut ex Isidori Chronico patet. Librarii, ut credere par est, ex præcedentibus æris Arcadii nomen cum Honorio conjunxerunt. Pro *impetu, igne, gladiis*, Labbeus minus bene *impetu magnæ cladis*; pro *Romanorum*, alii *Christianorum*. Arev.

16. *Sacram hostiam*, Labbeus, *sacra hosti*, quod fortasse melius. Arev.

et pulchritudinem ex illa antiqua Romanorum opulentia miraretur, virgo ait : *Hæc vasa mihi de sacrario Petri apostoli deposita sunt; præsume, si audes. Ego sacram hostiam dare non audeo.* Gothus ille ad nomen apostoli magno pavore perterritus, regi hoc per nuntium refert, qui confestim rex reportari omnia ad sacrarium sancti Petri **114** per virginem illam summa cum reverentia jussit, dicens : *Cum Romanis gessi bellum, non cum apostolis Dei.*

17. Redit igitur virgo reverentissimis officiis honorata, redeunt et cum illa omnes qui ei se sociaverant, super capita sua vasa illa aurea et argentea cum hymnis et canticis reportantes, exertis undique jussu regis ob defensionem armatorum custodiis. Concurrunt undique ad voces canentium de latibulis agmina Christianorum. Concurrunt etiam et pagani, atque admisti inter eos, dum servos Christi se esse fingunt, etiam et ipsi calamitatis excidium evaserunt.

18. Hac tempestate Gothi Placidiam Theodosii principis imperatoris filiam, Arcadii et Honorii imperatorum sororem, cum ingenti auri argentique thesauro Romæ capiunt; adeptisque multis opibus Romanorum, tertia die, incensa eversaque in partibus Urbe, discedunt; inde conscensis navibus, cum ad Siciliam exiguo ab Italia freto divisam transire disponerent, infesto mari periclitati multum exercitum perdiderunt. Quibus tanta fuit gloria de Romanæ urbis obtentu, ut in ejus comparatione nihil se mali passos tempestate illa arbitrarentur, damna naufragii eventu victoriæ compensantes. Mors Alarici confestim secuta, vigesimo octavo regni anno defunctus est in Italia.

19. Æra CDXLVIII, anno imperii Honorii XVII, et primo Theodosii Minoris, Alarico post captam Urbem defuncto, Athaulfus a Gothis Italiæ regno præficitur annis VI. Iste, quinto regni anno de Italia recedens, Gallias adiit, Placidiam Theodosii imperatoris filiam, quam Romæ Gothi ceperant, conjugem sibi assumpsit. In qua prophetia Danielis a quibusdam creditur fuisse completa, qui ait filiam regis Austri conjungendam regi Aquilonis, nulla tamen de germine ejus sobole subsistente. Sicut, et idem in sequentibus **115** propheta subjungit dicens : *Nec stabit semen ejus.* Nullus enim de utero illius exstitit genitus, qui patris in regno succederet. Athaulfus autem dum, relictis Galliis, Hispanias peteret, a quodam suorum apud Barcinonam inter familiares fabulas jugulatur.

20. Æra CDLIV, ann. imperii Honorii XXII post obitum Athaulfi, a Gothis Sigericus princeps electus est, qui, dum ad pacem cum Romanis esset promptissimus, mox a suis est interfectus.

21. Æra et anno quo supra, Walia Sigerico succedens, tribus annis regnum tenuit, belli causa princeps a Gothis effectus, sed ad pacem divina providentia ordinatus, mox enim cum regnare cœpit, fœdus cum imperatore Honorio pepigit, Placidiam sororem ejus, quæ a Gothis Romæ capta fuerat, ei honorifice reddidit, promittens imperatori propter rempublicam omne certamen implendum. Itaque ad Hispanias per Constantium patricium evocatus, Romani nominis causa cædes magnas Barbaris intulit.

22. Wandalos Selinguos in Bætica omnes bello exstinxit. Alanos, qui Vandalis et Suevis potentabantur, adeo cecidit, ut exstincto Atace rege ipsorum, pauci qui superfuerant, oblito regni nomine, Gunderici regis Vandalorum, qui in Gallecia resederat, se regimini subjugarent. Confecto igitur Walia bello Hispaniæ, dum instructa navali acie, in Africam transire disponeret, in freto Gaditani maris vi gravissimæ tempestatis effractus, memor etiam illius sub Alarico naufragii, omisso navigationis periculo, relictis Hispaniis, Gallias repetit; dataque ei ab imperatore ob meritum victoriæ secunda Aquitania cum quibusdam civitatibus confinium provinciarum usque ad Oceanum.

23. Æra CDLVII, anno imperii Honorii XXV, Rege Walia defuncto, Theuderedus successit in regno annis XXXIII. Qui regno Aquitanico **116** non contentus, pacis Romanæ fœdus recusat, pleraque municipia Romanorum vicina sedibus suis occupat, Arelas nobilissimum Galliæ oppidum multa vi obsessum oppugnat. A cujus obsidione, imminente virtute Aetii Romanæ militiæ ducis, non immunitus abscedit.

24. Remoto igitur Valentiniani imperatoris jussu a potestate militari Aetio, dum Theuderedus Narbonensi urbi diutina obsidione ac fame esset infestus, rursus

17. *Reportantes, exertis*, etc. Editio Grialii, *reportantes. Exercitus undique jussu regis ob defensionem armatorum custodiis concurrunt. Undique ad voces*, etc. Mox Labbeus *agmina paganorum, qui dum Christianos se esse fingunt*, etc. AREV.

18. *Placidiam*. Al., *Placidum*.

19. Editio Grialii indicat æram 449, annum 17 Honorii, et annum 6 Theodosii Minoris. Florezius ex aliis Editionibus, et ex ipso Isidoro alibi restituit æram 448, annum 16 Honorii, et annum primum Theodosii Minoris; sed annum hujus Theodosii cum aliis Editionibus omnino omittit, qui ab Isidoro alibi non exprimitur, cum annos Honorii nominat. In Editione Lindenbrogii omittitur Honorii nomen, et annus primus Theodosii Minoris exprimitur. *Secundum Isidorum*, ait Lindenbrogius, *Arcadius obiert anno Christi* 410, *æra* 448. Florezius præfert cum Labbeo *in quo*, pro *in qua*. Editio Grialii, *quibus ait*, pro *qui ait*. AREV.

21. Joannes Fridericus Muldener in Specim. rei numariæ veteris exhibet numum Waliæ cum obscura epigraphe. AREV.

22. *Vandalos Selinguos*. Nonnulli inter Vandalos et Selinguos ita distinguunt ut veluti duæ nationes intelligantur. Sed conjunctim legendum, et eosdem esse Vandalos, et Selinguos ostendi in Prolegom. ad Dracontium, pag. 73. Pro *superfuerant*, alii *superfuerunt*, Editio Grialii, mendose, *superfuerat*. Labbeus, *acie, Africam transire moliretur*. AREV.

23. *Anno imperii Honorii* 25. Ita Florezius ex Labbeo, Editio Grialii, *anno imperii nono Theodosii Minoris*, omisso nomine Honorii. Probat Florezius omittendum potius Theodosii Minoris nomen, neque annum ejus nonum, sed decimum incurrisse in æram 457. Pro *Theuderedus*, alii scribunt *Theodoricus*. Londenbroglus posuit æram 467, et annum vicesimum Theodosii Minoris, ac consequenter XXIII annos tantum Theuderedo assignavit. AREV.

a Litorio, Romanæ militiæ duce, Hunnis auxiliantibus, effugatur. Litorius autem, dum primum res prosperas adversus Gothos gessisset, denuo dæmonum signis aruspicumque responsis deceptus, bellum cum Gothis imprudenter iniit, amissoque Romano exercitu, miserabiliter superatus interiit. Fecitque intelligi quantum illa quæ cum eodem periit multitudo prodesse potuerit, si fide potius quam fallacibus dæmoniorum ostentis uti maluisset.

25. Exstincto igitur Litorio, pace deinde Theuderedus cum Romanis inita, denuo adversus Hunnos, Galliarum provincias sæva populatione vastantes, atque urbes plurimas evertentes, in campis Catalaunicis, auxiliante Aetio, duce Romano, aperto Marte conflixit, ibique præliando victor occubuit. Gothi autem, dimicante Thurismundo, Theuderedi regis filio, adeo fortiter congressi sunt, ut inter primum prælium et postremum trecenta fere millia hominum in eo certamine prostrarentur.

26. Multa eodem tempore cœli et terræ signa præcesserunt, quorum prodigiis tam crudele bellum significaretur. Nam, assiduis terræmotibus factis, a parte Orientis luna fuscata est, a solis occasu stella cometes apparuit, atque ingenti magnitudine aliquandiu fulsit. Ab Aquilonis plaga cœlum rubens, sicut ignis aut sanguis effectum est, permistis per igneum ruborem lineis clarioribus in speciem hastarum rutilantium deformatis. Nec mirum ut tam ingenti cæsorum strage divinitus tam multa signorum demonstraretur ostensio.

27. Hunni autem, usque ad internecionem pene cæsi cum rege **117** suo Athila, relictis Galliis, Italiam perfugiunt, aliquantis civitatibus irruptis. Qui et ibi partim fame, partim cœlestibus plagis percussi, interierunt. Misso insuper a Marciano imperatore exercitu, forti plaga cæduntur, affectique nimium ac diminuti, sedes proprias repetunt, ad quas rex eorum Attila, mox, ut remeavit, occubuit.

28. Post ejus obitum Hunnorum gens proprio se insuper excidio devastavit. Statimque inter filios ejus de obtinendo regno magna sunt exorta certamina. Atque ita Hunni, qui tot cladibus antea diminuti fuerant, rursum mutuis sese gladiis conciderunt. In quibus illud mirum est, ut, dum omne prælium detrimentum habeat populorum, isti vice versa cadendo proficiant. Sed proinde est quia in disciplinam fidelium positi sunt, sicut populus est gentis Persarum.

29. Virga enim furoris Dei sunt, et quoties indignatio ejus adversus fideles procedit, per eos flagellantur, ut, eorum afflictionibus emendati, a sæculi cupiditate et peccato semetipsos coerceant, et cœlestis regni hæreditatem possideant. Adeo autem hæc gens horrida est, ut cum famem in bello fuerit passa, venam tangat equi, et sic excludat hausto sanguine famem.

30. Æra CDXC, anno primo imperii Marciani, Turismundus, filius Theuderedi, provehitur ad regnum anno uno. Qui dum in ipsis regni sui exordiis feralis ac noxius hostilia inspiraret, et multa ageret insolentius, a Theuderico et Frigdarico fratribus est occisus.

31. Æra CDXCI, anno II imperii Marciani, Theudericus, post fraternam necem, in regnum succedens, imperavit annis XIII, qui pro eo quod imperatori Avito sumendi imperialis fastigii cum Gallis auxilium præbuisset, ab Aquitania in Hispaniam, cum ingenti multitudine exercitus, et cum licentia ejusdem Aviti imperatoris, ingreditur, anno regni quinto. Cui cum magna copia rex Suevorum Recchiarius occurrens, duodecimo ab Asturicensis urbis milliario, apud fluvium qui Urbicus appellatur, inito mox certamine, superatus est, cæsis Suevorum **118** agminibus, aliquantis captis, plurimisque fugatis. Ipse postremo rex telo saucius fugit, præsidioque suorum carens, ad locum Portucale capitur, regique Theuderico vivus offertur.

32. Quo perempto, multis qui de priore certamine superfuerant sese tradentibus, aliquantis nihilominus trucidatis, regnum pene destructum est, finitumque Suevorum regnum. Reliqui autem Suevi qui remanserant in extrema parte Gallæciæ, Massilæ filium, nomine Maldram, sibi regem constituunt: regnum reparatur Suevorum. Occiso Recchiario, Theudericus de Gallæcia ad Lusitaniam victor succedens, dum Emeritensem urbem deprædari moliretur, sanctæ martyris Eulaliæ ostentis perterritus, cum omni protinus exercitu discedit, et Gallias repetit.

33. Mox deinde partem unam exercitus, duce Ceurila, ad Bæticam provinciam mittit, partem aliam sub Singerico et Nepotiano ducibus ad Gallæciam dirigit, qui Suevos apud Lucum sæva deprædatione vastaverunt. In Galliis autem Agrippinus comes et civis, Ægidio comiti Romano æmulus, ut Gothorum mereretur auxilia, Narbonam tradidit Theuderico. Post aliquot legati a Remismundo Masdræ filio rege Suevorum missi, ad Theudericum venerunt, pacem amicitiamque poscentes. Similiter Theudericus ad Remismundum remittit cum armorum adjectione, vel munerum, directa etiam conjuge, quam haberet. Sallanem quoque legatum denuo Theudericus mittit ad Remismundum. Qui, reversus ad Gallias, Theudericum ab Eurico fratre suo reperit interfectum.

34. Æra DIV, ann. imperii Leonis VIII, Euricus pari

25. *Populatione*. Al., *depopulatione*. AREV.

26. Grialius, *effectus est*. Ibid. *Tam ingenti*. Florezius cum Labbeo *in tam ingenti*. AREV.

27. *Irruptis*. Labbeus, *interruptis*. AREV.

30. Omnia exemplaria consentiunt in æra 490, et anno primo Marciani; et id videtur esse positum ex mente Isidori, ut patet ex æris sequentibus, et ex Idacii Chronico interpolato, cui hæc supputandi ratio congruit. Cæterum alii aliam chronologiam sequuntur; ex quorum sententia Marcianus regnare cœpit anno 450, cui respondet æra 488. Grialius, *filius Theuderedis*. AREV.

31. *Portucale*. Al., *Portumcalem*, vel *Portucalem*, vel *Portalem*. AREV.

32. *Eulaliæ*. Florezius, tom. VI Hisp. sacr., append. 7, edidit Chronicon martyrum auctoris vetustissimi, in quo mentio fit sanctæ Eulaliæ Emeritensis, non Barcinonensis. Vide commentar. ad Prudent., pag. 941. Pro *Maldram*, et, num. seq., *Maldræ*, Editio Grialii habet *Masdram*, et *Masdræ*, sed præferendum videtur *Maldram*, etc. cum Florezio, et ita scribitur hoc nomen in Historia Suevorum, num. 88. AREV.

scelere quo frater succedit in regnum ann. xvii. In quo honore provectus, et crimine, statim legatos ad Leonem imperatorem dirigit. Nec mora, partes Lusitaniæ magno impetu deprædatur. Exercitum inde alium mittit, qui captam inde Pampilonam et Cæsaraugustam, misso exercitu, capit, superiorem quoque Hispaniam in potestatem **119** submittit. Tarraconensis etiam provinciæ nobilitatem, quæ ei repugnaverat, exercitus irruptione evertit. In Gallias autem reversus, Arelatum urbem et Massiliam bellando obtinuit, suoque regno utrasque adjecit.

35. Iste quodam die, congregatis in colloquio Gothis, tela quæ omnes habebant in manibus, a parte ferri vel acie, alia viridi, alia roseo, alia croceo, alia nigro colore naturalem ferri speciem vidit aliquandiu habuisse mutatam. Sub hoc rege Gothi legum statuta in scriptis habere cœperunt, nam antea tantum moribus et consuetudine tenebantur. Obiit Arelati Euricus rex, morte propria defunctus.

36. Æra DXXI, ann. X imperii Zenonis, Eurico mortuo, Alaricus, filius ejus, apud Tolosanam urbem princeps Gothorum constituitur, regnans ann. XXIII, adversus quem Fludujus Francorum princeps Galliæ regnum affectans, Burgundionibus sibi auxiliantibus, bellum movet, fusisque Gothorum copiis, ipsum postremo regem apud Pictavium superatum interficit. Theudericus autem Italiæ rex, dum interitum generi comperisset, confestim ab Italia proficiscitur, Francos proterit, partem regni, quam manus hostium occupaverat, recepit, Gothorum juri restituit.

37. Æra DXLV, ann. XVII imperii Anastasii, Gisaleicus, superioris regis filius ex concubina creatus, Narbonæ princeps efficitur, regnans annos quatuor; sicut genere vilissimus, ita infelicitate et ignavia summus. Denique dum eadem civitas a Gundebado Burgundionum rege direpta fuisset, iste cum multo sui dedecore, et cum magna suorum clade, apud Barcinonam se contulit, ibique moratus quousque etiam regni fascibus a Theuderico fugæ ignominia privaretur.

120 38. Inde profectus ad Africam, Vandalorum suffragium poscit, quo in regnum posset restitui. Qui, dum non impetrasset auxilium, mox de Africa rediens, ob metum Theuderici Aquitaniam petiit, ibique anno uno delitescens, in Hispaniam revertitur, atque a Theuderici regis duce duodecimo a Barcinona urbe milliario, commisso prælio superatus, in fugam vertitur, captusque trans fluvium Druentium Galliarum interiit, sicque prius honorem, postea vitam amisit.

39. Æra DXLIX, anno XXI imperii Anastasii, Theudericus Junior, cum jamdudum consul et rex a Zenone imperatore Romæ creatus fuisset, peremptoque Odoacro rege Ostrogothorum, atque devicto fratre ejus Honoulfo et trans confinia Danubii effugato, XLIX annis in Italia regnasset, rursus exstincto Gisaleico rege Gothorum, Hispaniæ regnum XV annis obtinuit, quod superstes Amalarico nepoti suo reliquit. Inde Italiam repetens, aliquandiu omni cum prosperitate regnavit, per quem etiam urbi Romæ dignitas non parva est restituta. Muros namque ejus iste redintegravit, cujus rei gratia a Senatu inauratam statuam meruit.

40. Æra DLXIV, ann. imperii Justiniani I, Regresso in Italiam Theuderico, et ibidem defuncto, Amalaricus nepos ejus V annis regnavit. Qui, cum a Childeberto Francorum rege apud Narbonam prælio superatus fuisset, ad Barcinonam trepidus fugit, effectusque omnium contemptibilis, ab exercitu jugulatus Narbonæ in foro interiit.

121 41. Æra DLXIX, anno imperii Justiniani VI, post Amalaricum Theudis in Hispania creatus, in regnum annis XVII, mensibus V, qui dum esset hæreticus, pacem tamen concessit Ecclesiæ. Adeo ut licentiam

34. (Col. præced.) *Partes*. Al., *partem*. Ibid. *Nobilitatem, quæ ei repugnaverat*; al., *civitates quæ ei repugnaverant*. Ibid. *Evertit*; al., *peremit*. Ibid. *In potestatem submittit*; al., *in potestate sua mittit*; et *utramque* pro *utrasque*. AREV.

35. *Sub hoc rege*, etc. De origine juris Gothici sermonem habui in Isidorianis, cap. 92, num. 8 et seqq., ubi adverti, ante Euricum aliquas videri fuisse leges Gothicas, quamvis primus Euricus eas cum aliis in unum corpus redegerit. AREV.

36. *Fludujus*. al., *Fluduildus*. *Clodovæum* ait Aimunus. PEREZ.

Ibid. *Æra* 521, *anno* 10. Ita plerique Isidoriani Codices, quod Isidorianæ Chronologiæ concinit Nonnullæ Editiones æram assignant 522, et Pagius Eurici mortem ad æram 523 refert, quod magis etiam Florezio placet. Pro *Fludrius* Labbeus legit *Hluduvicus*. Pro *generi*, Florezius, cum Grotio, *generis sui*; Labbeus, *generi sui*. AREV.

37. *Æra* 545. Editio Grialii, *æra* 544, quod mendum videtur, ut ex annis imperatoris, et aliis locis Isidori Florezius colligit. AREV.

38. Alii, *atque ab Ebbane Theuderici regis duce*. Masdeus, tom. X Historiæ Hisp., pag. 314, affert Chronicam regum Visigothorum, et Gisalicum refert regnasse annos tres, et unum in latebra. Alii dicunt regnasse annos quindecim, fortasse quia ejus regnum conjungunt cum sequenti Theodorici. AREV.

39. *Odovacro*; al., *Odoacro*, vel *Odoacero*; mox, *in Italia victor regnasset*. Pro *superstes*, quod cum Grotio et antiquis Editionibus Florezius retinuit, Editio Grialii et Labbeus, *superstiti*. Pro *urbi Romæ*, alii *Urbis regiæ*, vel *regiæ urbi*. Theudericus annis XI fuit in Hispania, inde Italiam repetens, per consortium regnavit cum Amalarico, qui post mortem Theuderici solus regnavit annis quinque, ut mox dicitur. AREV.

40. Æram 564 cum anno 1 Justiniani conjungit Isidorus, ut ex aliis quoque ejusdem locis arguitur. Alii annum Justiniani primum ad æram 564 referunt. In nonnullis Editionibus minus bene legitur *æra* 566, *anno imperii Justiniani primo*. Judicium Grialii de hac æra 564 et anno 1 Justiniani habes in Isidorianis, cap. 36, num. 15. Baronius, ad annum 531, num. 12, et Pagius, ad eum locum, agunt de concilio Toletano apud Montanum episcopum anno quinto Amalarici. Pro *Childeberto*, alii *Ildeberto*. Pro *Narbonæ*, malim *Narbone*: hoc certe melius, et infra occurrit. AREV.

41. *Exstitissent*. sic Labbeus. Editio Grialii, *exstiterunt*. Mox, *oblata*, *viam*; al., *objecta*, *vicem*. Apud Bignæum Francorum reges quinque fuisse dicuntur; sed Conradus Samuel Schurzfleischius, in Disput. histor. civil., Lipsiæ 1609, tom. 1, disp. 3, num. 18, advertit interpolatum fuisse locum; nam tunc solum fuere quatuor Francorum reges. Confer Baronium, tom. VII, ad ann. 542. AREV.

catholicis episcopis daret in unum apud Toletanam urbem convenire, et quæcunque ad Ecclesiæ disciplinam necessaria exstitissent, libere licenterque disponere. Eo regnante, dum Francorum reges cum infinitis copiis in Hispaniam convenissent, et Tarraconensem provinciam bello depopularentur, Gothi, duce Theudisclo, obicibus Hispaniæ interclusis, Francorum exercitum multa cum admiratione victoriæ prostraverunt. Dux idem, prece atque ingenti pecunia sibi oblata, viam fugæ hostibus residuis unius diei noctisque spatio præbuit. Cætera infelicium turba, cui transitus collati temporis non occurrit, Gothorum perempta gladiis concidit.

42. Post tam felicis successum victoriæ, trans fretum inconsulte Gothi se gesserunt. Denique, dum adversus milites, qui Septem oppidum, pulsis Gothis, invaserant, Oceani freta transissent, idemque castrum magna vi certaminis expugnarent, adveniente die Dominico, deposuerunt arma, ne diem sacrum prælio funestarent. Hac igitur occasione reperta, milites repentino incursu aggressi, exercitum mari undique terraque conclusum, ignavum atque inermem adeo prostraverunt, ut ne unus quidem superesset qui tantæ cladis excidium præteriret.

43. Nec mora, prævenit mors debita principem. Vulneratur enim a quodam in palatio, qui jamdudum dementis speciem, ut regem deciperet, simulaverat. Finxit enim arte insaniam, perfoditque principem, quo vulnere ille prostratus occubuit, et vi gladii indignantem animam exhalavit. Fertur autem inter effusionem sanguinis conjurasse ne quis interficeret percussorem, dicens se congruam meriti recepisse vicissitudinem, quod et ipse privatus ducem suum sollicitatus occiderat.

122 44. Æra DLXXXVI, ann. imper. Justiniani XXIII, interempto Theudi Theudisclus superioris principis dux Gothis præficitur, regnans ann. I, menses III, qui dum plurimorum potentum connubia prostitutione publica macularet, et ob hoc instrueret animum ad necem multorum, præventus conjuratorum manu Hispali inter epulas jugulatur, confossusque gladio extinguitur.

45. Æra DLXXXVII, imper. Justiniani XXIV, extincto Theudisclo, Agila rex constituitur regnans ann. V. Iste adversus Cordubensem urbem prælium movens, dum in contemptum catholicæ religionis beatissimi martyris Aciscli injuriam inferret, hostiumque ac jumentorum cruore sacrum sepulcri ejus locum, ut profanator, polluerat, inito adversus Cordubenses cives certamine, pœnas dignas, sanctis inferentibus, meruit. Nam belli præsentis ultione percussus, et filium ibi cum copia exercitus interfectum amisit, et thesaurum omnem cum insignibus opibus perdidit.

46. Ipse victus, ac miserabili metu fugatus, Emeritam se recepit. Adversus quem interjecto aliquanti temporis spatio, Athanagildus tyrannidem regnandi cupiditate arripiens, dum exercitum ejus contra se Hispali missum virtute militari prostrasset, videntes Gothi proprio se everti excidio, et magis metuentes ne Hispaniam milites Romani auxilii occasione invaderent, Agilanem Emeritæ interficiunt, et Athanagildi sese regimini tradiderunt.

47. Æra DXCII, anno imper. Justiniani XXIX, occiso Agilane, Athanagildus regnum quod invaserat tenuit ann. XIV. Hic cum jamdudum sumpta tyrannide, Agilanem regno privare contenderet, 123 militum sibi auxilia ab imperatore Justiniano poposcerat, quos postea submovere a finibus regni molitus non potuit. Adversus quos huc usque conflictum est. Frequentibus antea præliis cæsi, nunc vero multis casibus fracti atque finiti. Decessit autem Athanagildus Toleti propria morte, vacante regno mensibus V.

48. Æra DCV, ann. II imperii Justini Minoris, post Athanagildum Liuva Narbone Gothis præficitur, regnans ann. III, qui secundo anno, postquam adeptus est principatum, Leovigildum fratrem non solum successorem, sed et participem regni sibi constituit, Hispaniæque administrationi præfecit, ipse Galliæ regno contentus. Sicque regnum duos cepit, dum nulla potestas patiens consortis sit. Huic autem unus tantum annus in ordine temporum reputatur Liuvæ regis, reliqui Leovigildo fratri annumerantur.

49. Æra DCVI, ann. III imper. Justini Minoris, Leovigildus adeptus Hispaniæ et Galliæ principatum, ampliare regnum bello et augere opes statuit. Studio quippe ejus exercitus, concordante favore, victoriarum, multa præclare sortitus est. Cantabros namque iste obtinuit, Aregiam iste cepit, Sabaria ab eo

43. *Mors debita*; al., *mors deinde*. Quod additur, *indignantem animam*, videtur sumptum ex ultimo versu Æneidos :

Vitaque cum gemitu fugit indignata sub umbras.

AREV.

44. Annum Justiniani 23 cum Labbeo et Florezio ascripsi; in Editione Grialii annus 22, per errorem, ut videtur, assignatur. Pro *menses tres* in Chronico Visigothorum est *menses sex, dies tredecim*; apud Labbeum diverso charactere *menses septem*. AREV.

45. Hic etiam in Editione Grialii per errorem, de quo supra in æra præcedenti, apponitur annus 23, pro anno 24, qui in nota pro varia lectione indicatur. Erat etiam varia lectio pro æra; sed idem numerus 587 in textu et in nota exprimebatur; itaque ignorans quidnam potius Perezius voluerit, eam notam sustuli, qua nihil aliud quam numerus æræ, qui in textu apparebat, continebatur. In Editione Grialii desideratur *corpori* post *Aciscli*. Alii, *inferret, ossiumque, ac jumentorum horrore sacrum*, etc. AREV.

46. *Hispalim*. ita Florezius cum Labbeo. Editio Grialii et aliæ, *Hispali*. AREV.

47. *Fracti, atque finiti*. Florezius cum aliis addit : *Fidem catholicam occulte tenuit, et Christianis valde benevolus fuit*. AREV.

48. *Æra* 605, *anno secundo imperii*, *etc.* Id retinendum cum Editione Grialii ostendit Florezius, quamvis aliæ Editiones alios numeros ascribant. Liuvam tribus tantum annis regnasse ex Isidoro colligitur; at Biclarensis quinque ejus regni annos enumerat. Post *reputatur* verba *Liuvæ regis* in aliis Editionibus non exstant, et abundare ait Florezius. Ego crediderim legendum *hinc autem*, atque ita recte procedit sensus. AREV.

49. *Æra* 606. Labbeus, *Æra* 607, quod rationi

omnis devicta est, cesserunt etiam armis illius plurimæ rebelles Hispaniæ urbes. Fudit quoque diverso prælio milites, et quædam castra ab eis occupata dimicando recepit. Hermenegildum deinde filium imperiis suis tyrannizantem, obsessum exsuperavit. Postremum bellum Suevis intulit, regnumque eorum in jura gentis suæ mira celeritate transmisit. Hispania magna ex parte potitus. Nam antea gens Gothorum angustis finibus arctabatur, sed offuscavit in eo error impietatis gloriam tantæ virtutis.

50. Denique Arianæ perfidiæ furore repletus, in catholicos persecutione commota, plurimos episcoporum exsilio relegavit. Ecclesiarum **124** reditus et privilegia abstulit, multos quoque terroribus in Arianam pestilentiam impulit, plerosque sine persecutione illectos auro rebusque decepit. Ausus quoque inter cætera hæresis suæ contagia etiam rebaptizare catholicos, et non solum ex plebe, sed etiam ex sacerdotalis ordinis dignitate, sicut Vincentium Cæsaraugustanum, de episcopo apostatam factum, et tanquam a cœlo in infernum projectum.

51. Exstitit autem et quibusdam suorum perniciosus, nam quoscunque nobilissimos ac potentissimos vidit, aut capite truncavit, aut, opibus ablatis, proscripsit, et proscriptos in exsilium misit. Fiscum quoque primus iste locupletavit, primusque ærarium de rapinis civium hostiumque manubiis auxit. Primusque etiam inter suos regali veste opertus in solio resedit. Nam ante eum, et habitus et consessus communis ut populo ita et regibus erat. Condidit etiam civitatem in Celtiberia, quam ex nomine filii, Recopolim nominavit. In legibus quoque ea quæ ab Eurico incondite constituta videbantur, correxit, plurimas leges prætermissas adjiciens, plerasque superfluas auferens. Regnavit autem ann. XVIII, defunctus propria morte Toleti.

52. Æra DCXXIV, ann. III imper. Mauricii, Leovigildo defuncto, filius ejus Recaredus regno est coronatus, cultu præditus religionis, et paternis moribus longe dissimilis. Namque ille irreligiosus, et bello promptissimus, hic fide pius et pace præclarus; ille armorum artibus gentis imperium dilatans, hic gloriosus eamdem gentem fidei trophæo sublimans. In ipsis enim regni sui exordiis catholicam fidem adeptus totius Gothicæ gentis populos, inoliti erroris labe deserta, ad cultum rectæ fidei revocat.

53. Synodum deinde episcoporum ad condemnationem Arianæ hæresis, de diversis Hispaniæ et Galliæ provinciis congregat. **125** Cui concilio idem religiosissimus princeps interfuit, gestaque ejus præsentia sua et subscriptione firmavit, abdicans cum omnibus suis perfidiam, quam hucusque Gothorum populus, Ario docente, didicerat, et prædicans trium personarum unitatem in Deum, Filium a Patre consubstantialiter genitum esse, Spiritum sanctum inseparabiliter a Patre Filioque procedere, et esse amborum unum Spiritum, unde et unum sunt.

54. Egit etiam gloriose bellum adversus infestas gentes fidei suscepto auxilio. Francis enim sexaginta ferme millium armatorum copiis Gallias irruentibus, misso Claudio duce adversus eos, glorioso triumphavit eventu. Nulla unquam in Hispaniis Gothorum victoria, vel major in bello, vel similis exstitit. Prostrati sunt enim et capti multa millia hostium, residua vero exercitus pars, præter spem in fugam versa, Gothis post tergum insequentibus, usque in regni sui finibus cæsa est. Sæpe etiam et lacertos contra Romanorum insolentias et irruptiones Vasconum movit. Unde non magis bella tractasse, quam potius gentem, quasi in palæstræ ludo, pro uso certaminis videtur exercuisse.

55. Provincias autem quas pater bello conquisivit, iste pace conservavit, æquitate disposuit, moderamine rexit. Fuit autem placidus, mitis, egregiæ bonitatis; tantamque in vultu gratiam habuit, et tantam in animo benignitatem gessit, ut omnium mentibus influens, etiam malos ad affectum amoris sui attraheret. Adeo liberalis, ut opes privatorum, et Ecclesiarum prædia, quæ paterna labes fisco associaverat, juri proprio restauraret. Adeo clemens, ut populi tributa sæpe indulgentiæ largitione laxaret.

56. Multos etiam ditavit rebus, plurimos sublimavit honoribus. Opes suas in miseris, thesauros suos in egenis recondens, sciens ad hæc illi fuisse collatum regnum, ut eo salubriter frueretur, bonis initiis bonum finem adeptus. Fidem enim rectæ gloriæ, quam initio regni percepit, novissime publica confessione pœnitentiæ cumulavit. Toleti fine pacifico transiit, qui regnavit annos XV.

126 57. Æra DCXXXIX, an. imperii Mauricii XIX, post Recaredum regem regnat Liuva filius ejus an. II, ignobili quidem matre progenitus, sed virtutis in

temporum non congruit. Grotius et Labbeus, *adepto Hispaniæ principatu*, omisso *Galliæ*. Pro *præclare sortitus est*, Labbeus *præda resortitus est*. Pro *Sabaria*, alii historici *Sabaudia*. Florezius, cum Grotio : *Fudit quoque diverso prælio Justini milites, quos Athanagildus ad auxilium evocaverat, et quædam castra*, etc. De sancti Hermenegildi bello et martyrio recole, si placet, dicta in Isidorianis, cap. 79, n. 25 et seqq. AREV.

51. *Exstitit*, etc. Sermo est de Leovigildo, ut perspicuum est. Riscus, tom. XXX Hisp. sacr., pag. 130, merito reprehendit Ambrosium Morales, et Franciscum de Padilla, qui id de Vincentio Cæsaraugustano acceperant. AREV.

52. *Anno quarto*. Ita correxit Florezius ex Biclarensi et aliis locis hujus Chronici, cum in Editione Grialii legeretur *anno tertio*. Pro *gentis imperium*, alii *gentem imperio*. Pro *detersa*, Florezius, cum Editione Grialii, *deserta*. Grotius, Labbeus et auctor Vitæ sancti Isidori, apud Bollandianos, *detersa*. Vide notam ad num. 13 hujus Vitæ in Isidorianis, appendice 2, tom. II. AREV.

53. Florezius cum Grotio, *unitatem in Deo, Filium*. Labbeus, *unitatem, Deum Filium*. AREV.

54. Alii, *fidei susceptæ auxilio*. Pro *movit*. *Unde* alii, *movit*. *Ubi*. Ex Floro videtur sumptum *movere lacertos* in fine procemii : *Imperium... sub Trajano principe movet lacertos*. Pro *certaminis*, Labbeus *utilitatis*. AREV.

55. Florezius nonnulla addidit, quæ Labbeus charactere diverso edidit : *Rexit. Multi quoque adversus eum tyrannidem assumere cupientes, detecti sunt, suæque machinationis consilium implere non potuerunt. Fuit autem*, etc. AREV.

dole insignitus. Quem in primo flore adolescentiæ Wictericus, sumpta tyrannide, innocuum regno dejecit, præcisaque dextra occidit anno ætatis XX, regni vero II.

58. Æra DCXLI, an. imp. Mauricii XXI, exstincto Liuvane, Wictericus regnum, quod vivente illo invaserat, vindicat ann. VII. Vir quidem strenuus in armorum arte, sed tamen expers victoriæ. Namque adversus militem Romanum prælium sæpe molitus, nihil satis gloriose gessit præter quod milites quosdam Segontiæ per duces obtinuit. Hic in vita plurima illicita fecit, in morte autem, quia gladio operatus fuerat, gladio periit. Mors quippe innocentis inulta in illo non fuit: inter epulas enim prandii conjuratione quorumdam est interfectus, corpus ejus viliter est exportatum atque sepultum.

59. Æra DCXLIIX, an. imp. Phocatis octavo, Gundemarus post Wictericum regnat an. II. Hic Vascones una expeditione vastavit, alia militem Romanum obsedit. Morte propria Toleti decessit.

60. Æra DCL, an. imperii Heraclii II. Sisebutus christianissimus post Gundemarum, ad regale fastigium evocatur, regnat ann. VIII, mens. VI; qui initio regni Judæos ad fidem Christianam permovens, æmulationem quidem habuit, sed non secundum scientiam; potestate enim compulit quos provocare fidei ratione oportuit. Sed, sicut est scriptum, sive per occasionem, sive per veritatem, donec Christus annuntiatur. Fuit autem eloquio nitidus, sententia doctus, scientia litterarum magna ex parte imbutus. In judiciis justitia et pietate strenuus ac præstantissimus, mente benignus, **127** splendore regni præcipuus, in bellicis quoque documentis ac victoriis clarus.

61. Astures enim rebellantes, misso exercitu, in ditionem suam reduxit. Rucconés montibus arduis undique conseptos per duces evicit. De Romanis quoque præsens bis feliciter triumphavit, et quasdam eorum urbes expugnando sibi subjecit, residuas inter fretum omnes exinanivit, quas gens Gothorum post in ditionem suam facile redegit. Adeo post victoriam clemens, ut multos ab exercitu suo hostili præda in servitutem redactos, pretio dato, absolveret, ejusque thesaurus redemptio existeret captivorum. Hunc alii proprio morbo, alii immoderato medicamenti haustu, alii veneno asserunt interfectum. Cujus exitus non modo religiosis, sed etiam optimis laicis exstitit luctuosus. Relicto Recaredo filio parvulo, qui post patris obitum princeps paucorum dierum, morte interveniente, habetur.

62. Æra DCLIX, ann. imperii Heraclii X, gloriosissimus Suintila gratia divina regni suscepit sceptra. Iste sub rege Sisebuto ducis nactus officium, Romana castra perdomavit, Rucconés superavit. Postquam vero apicem fastigii regalis conscendit, urbes residuas quas in Hispaniis Romana manus agebat, prælio conserto obtinuit, auctamque triumphi gloriam præ cæteris regibus felicitate mirabili reportavit. Totius Hispaniæ infra Oceani fretum monarchia regni primus idem potitus, quod nulli retro principum est collatum. Auxit eo prælio virtutis ejus titulum duorum patritiorum obtentus, quorum alterum prudentia suum fecit, alterum virtute prælii sibi subjecit.

63. Habuit quoque et initio regni expeditionem contra incursus Vasconum Tarraconensem provinciam infestantium, ubi adeo montivagi populi terrore adventus ejus perculsi sunt, ut confestim, quasi debita jura noscentes, remissis telis et expeditis ad precem manibus, supplices ei colla submitterent, obsides darent, **128** Ologitin civitatem Gothorum stipendiis suis et laboribus conderent, pollicentes ejus regno ditionique parere, et quidquid imperaretur efficere.

64. Præter has militaris gloriæ laudes plurimæ in eo regiæ majestatis virtutes, fides, prudentia, industria, in judiciis examinatio, strenua in regendo regno cura, præcipua circa omnes munificentia largus, erga indigentes et inopes misericordia satis promptus. Ita ut non solum princeps populorum, sed etiam pater pauperum vocari sit dignus.

65. Hujus filius Racimirus in consortium regni assumptus, pari cum patre solio conlætatur, in cujus infantia ita sacræ indolis splendor emicat, ut in eo et meritis et vultu paternarum virtutum effigies prænotetur. Pro quo exorandus est cœli atque humani

57. (Col. præced.) Florezius, cum Editione Grialii et Biclarensi, annum 19 Mauricii designat; alii alios annos minus bene indicant. Vide not. ad num. 52. AREV.

58. In Editione Grialii, error est numerorum scilicet DCLXI, pro DCXLI, quod Florezius notavit; sed non advertit, ut videtur, mendum a Grialio in erratis corrigendis emendatum fuisse. Florezius, cum Labbeo, *Segontiæ*, Grialii Editio, *Sagontia*, alii *Segontia*. AREV.

59. Octavum Phocatis annum cum Labbeo et Florezio restituimus, cum in Editione Grialii et aliis annus sextus indicetur per librariorum incuriam, aut Editorum negligentiam. Cæterum quod Florezius notat, in Editione Grialii mendose fuisse æram 548 post 648 designatam, non advertit etiam hoc loco errorem in erratis animadversum et correctum fuisse. Alii anno ætatis 16. AREV.

60. *Permovens*; al., *promovens*. Florezius, cum Labbeo, *per veritatem Christus annuntiatur, in hoc gaudeo, et gaudebo. Fuit autem*, etc. AREV.

61. Post *reduxit*, Labbeus charactere cursivo addit *per ducem suum Rechilanem*, quod Florezius secutus est. Labbeus et Grotius omittunt *alii veneno*. Pro *habetur*, Florezius, cum Labbeo, *abiit*; sed apud Labbeum legendum puto *obiit*. AREV.

62. *In Hispaniis*. Ita Labbeus, et mendum puto in Editione Grialii, *in Hispanis*, quod etiam Florezius expressit. Pro *patriciorum*, alii *præfectorum*. AREV.

63. *Ologitin*; al., *Ologicus*; al., *Ologitum*. In his nominibus propriis multum variant Codices, ut *Roccones* pro *Rucconés*; et *Riccimirus* pro *Racimirus*. AREV.

64. Hæc vivo Suintila scripta. Atqui damnatur in concilio IV Toletano, in quo subscribit Isidorus. PEREZ.

Ibid. Difficultatem quam Perezius attigit, cur Isidorus hoc loco Suintilam tantopore laudet, in concilio vero Toletano quarto damnet, explicui in Isidorianis, cap. 79, num. 20 et seqq. AREV.

65. *Concessu patrio*; al., *consessu patrio*; et *ascensione* pro *successione*, et *comparatis* vel *comportatis*, pro *computatis*. AREV.

generis rector, ut sicut exstat concessu patrio socios, ita post longævum parentis imperium sit et regni successione dignissimus. Computatis igitur Gothorum regum temporibus ab exordio Athanarici regis, usque ad quintum gloriosissimi Suintilæ principis annum, regnum Gothorum per annos CCLVI, Deo favente, reperitur esse porrectum.

Item recapitulatio ejusdem Isidori in Gothorum laudem.

66. Gothorum antiquissima origo de Magog filio Japhet fuit, unde et Scytharum genus exstitit. Nam iidem Gothi Scythica probantur origine nati. Unde nec longe a vocabulo discrepant. Demutata enim ac detracta littera, Getæ, quasi Scythæ, sunt nuncupati. Hi igitur Septentrionis glacialia juga inhabitantes circa Scythica regna, quæque sunt ardua montium cum cæteris gentibus **129** possidebant, quibus sedibus impetu gentis Hunnorum pulsi, transgressoque Danubio, Romanis se dederunt. Sed, dum injurias eorum non sustinerent, indignati, regem sibi ex sua turba legunt, Thraciam irruunt, Italiam vastant, obsessam Urbem capiunt, Gallias aggrediuntur, patefactisque Pyrenæis montibus, Hispanias usque perveniunt, ibique sedem vitæ atque imperium locaverunt.

67. Populi natura pernices, ingenio alacres, conscientiæ viribus freti, robore corporis validi, staturæ proceritate ardui, gestu habituque conspicui, manu prompti, duri vulneribus, juxta quod ait poeta de ipsis:

Mortem contemnunt laudato vulnere Getæ.

Quibus tanta exstitit magnitudo bellorum, et tam extollens gloriosæ victoriæ virtus, ut Roma ipsa victrix omnium populorum, subacta captivitatis jugo, Geticis triumphis accederet, et domina cunctarum gentium illis ut famula deserviret.

68. Hos Europæ omnes tremuere gentes, Alpium his cessere obices. Vandalica et ipsa crebro opinata barbaries non tantum præsentia eorum exterrita, quam opinione fugata est. Gothorum vigore Alani exstincti sunt, Suevi quoque hactenus intra inaccessos Hispaniarum angulos coarctati, etiam eorum armis periculum

A finis experti sunt, et regno, quod desidioso torpore tenuerunt, turpiori nunc dispendio caruerunt, quanquam tenuisse hucusque valde sit mirum, quo sine experimento defensionis carere potuerunt.

69. Sed quis poterit tantam Gothicæ gentis edicere virium magnitudinem, quandoquidem dum multis gentibus vix precum causa et munerum regnare licuerit, his tamen libertas magis de congressione quam de petita contigit pace, atque ubi sese necessitas **130** bellandi opposuit, vires eos potius quam preces adhibuisse? Porro in armorum artibus spectabiles satis sunt, et non solum hastis, sed et jaculis equitando confligunt. Nec equestri tantum prælio, sed et pedestri incedunt. Verumtamen magis equitum præpeti cursu confidunt, unde et poeta: *Getes*, inquit, *quo pergit equo*.

B 70. Exercere enim se telis ac præliis præludere maxime diligunt. Ludorum certamina usu quotidiano gerunt. Hac sola tantum armorum experientia hucusque carebant, quod classica bella in mari gerere non studebant. Sed postquam Sisebutus princeps cœlesti gratia regni sumpsit sceptra, ejus studiis ad tantam felicitatis virtutem profecti sunt, ut non solum terras, sed et ipsa maria suis armis adeant, subactusque serviat illis Romanus miles, quibus servire tot gentes et ipsam Hispaniam videt.

Vandalorum historia.

71. Æra CDXLIV, ante biennium irruptionis Romanæ urbis excitatæ per Stiliconem gentes Alanorum, Suevorum et Vandalorum, trajecto Rheno fluvio, in C Gallias irruunt, Francos proterunt, directoque impetu ad Pyrenæum usque perveniunt, cujus obice per Didymum et Veranianum Romanos nobilissimos ac potentissimos fratres occupato, ab Hispania tribus annis repulsi, per circumjacentes Galliæ provincias vagabantur. Sed postquam iidem fratres, qui privato præsidio Pyrenæi claustra tuebantur, ob suspicionem tyrannidis, insontes, et nulla culpa obnoxii, a Constantio Cæsare interfecti sunt, æra CDXLVI, memoratæ gentes Hispaniarum provincias irrumpunt.

72. Æra CDXLVI, Vandali, Alani et Suevi Hispanias occupantes, neces vastationesque cruentis dis-

66. In titulo, pro *recapitulatio*, alii *capitulatio*. Et illico: *Gothi de Magog, Japhet filio, orti, et cum Scythis una probantur origine sati. Unde*, etc. Pro *Septentrionis*, al. *Occidentis*, et *Danubium transeuntes*, pro *transgressoque Danubio*; et *arma sumunt*, pro *regem sibi ex sua turba legunt*. AREV.

67. *Tam extollens*; al., *tam excellens*. Ad hunc Isidori locum alludit Alvarus Cordubensis, epist. 20, ad Transgressorem: *Sed ut me qui sim cognoscas, et amplius me tacendo devites, Virgilium audi:*

Mortem contemnunt, laudato vulnere, Getæ.

Nec non et illud, Getes, *inquit*, quo pergit equo. *Unde et illud exstat poetæ:* Hinc Dacus premat, inde Getes occurrat. *Ego sum, ego sum, quem Alexander vitandum putavit, Pyrrhus pertimuit, Cæsar exhorruit. De nobis quoque et noster Hieronymus dicit, Cornu habet in fronte, longe fuge*. Florezius, ex nota marginali Biblioth. veter. Hisp. tom. 1, pag. 349, primæ Editionis, observat falso illos versus Virgilio tribui. Isidorus quidem Virgilium non nominat. AREV.

68. *Hos*, etc. Al. *Hi Europæ omnes trivere gentes*; et *quantum opinione*, pro *quam opinione*. AREV.

D 69. *Quo pergit*; al., *quod pergit*. AREV.

70. *Et ipsam Hispaniam videt*. Ita Grialii editio, et intellige, *quibus Gothis servire tot gentes, et ipsam Hispaniam Romanus miles videt*. Florezius cum Labbeo et Grotio, *et ipsa Hispania vidit*: quod minus verum puto. AREV.

71. *Æra 444*, recte exprimitur in Editione Grialii; in aliis immane quantum aberrant numeri. Verba *ante biennium irruptionis Romanæ* sunt Orosii, lib. VII, cap. 40; et fortasse Orosius intelligit primam irruptionem, vivente Radagaiso, de qua loquitur cap. 37 lib. VII. Perezius notavit, in vet. cod. inscribi *Chronicon Vandalorum*, non *Historiam*. Pro *Veranianum*, alii *Verimianum*, vel *Veruniunum*. AREV.

72. In textu Grialii designatur æra 456, et in nota pro varia lectione æra 446, quæ omnino cum Labbeo præferenda, quamvis Florezius rationibus non contemnendis probet substituendam æram 447. Pro *discursionibus*, alii *discursibus*. AREV.

vastationibus faciunt, urbes incendunt, substantiam direptam exhauriunt, ita ut humanæ carnes vi famis **131** devorarentur a populis. Edebant filios suos matres; bestiæ quoque morientium gladio, fame ac peste, cadaveribus assuetæ, etiam in vivorum efferebantur interitum, atque ita quatuor plagis per omnem Hispaniam sævientibus, divinæ iracundiæ per prophetas scripta olim pronuntiatio adimpletur.

73. Æra CDLIX, post plagarum diram perniciem, quibus Hispania cæsa est, tandem Barbari, ad pacem ineundam, Deo miserante, conversi, sorte in possessionem sibi ejus provincias dividunt. Gallæciam enim Vandali et Suevi occupant; Alani Lusitaniam et Carthaginiensem provinciam; Vandali autem, cognomine Silingui, relicta Gallæcia, et postquam Tarraconensis provinciæ insulas devastarent, regressi, Bæticam sortiuntur. Hispani autem per civitates et castella residua plagis afflicti Barbarorum dominantium sese servituti subjiciunt. Primus autem in Hispania Gundericus rex Vandalorum successit, regnans Gallæciæ partibus annis XVIII. Qui, dum, rupto fœdere pacis, Suevorum gentem in Erbasis montibus obsideret, relicta obsidione Suevorum, Balearicas Tarraconensis provinciæ insulas deprædatur. Deinde, Carthagine Spartaria eversa, cum omnibus Vandalis, ad Bæticam transiit, Hispalim diruit, actaque cæde, in direptionem misit. Qui cum auctoritate regiæ potestatis irreverenter manus in basilicam Vincentii martyris civitatis ipsius extendisset, mox Dei judicio in foribus templi dæmonio correptus interiit.

74. Æra CDLXVI. Gisericus, frater Gunderici, succedit in regnum annis XL. Qui, ex catholico effectus apostata, in Arianam primus **132** fertur transisse perfidiam. Hic de Bæticæ provinciæ littore cum Vandalis omnibus, eorumque familiis, ad Mauritaniam et Africam, relictis Hispaniis, transfretavit. Cui Valentinianus junior, Occidentis imperator, non valens obsistere, pacem mittit, et partem Africæ quam Vandali possiderent tanquam pacifice dedit, conditionibus ab eo sacramenti acceptis ne quid ultra invaderet.

75. Ille autem, de cujus amicitia nihil ambigebatur, violata sacramenti religione, Carthaginem dolo pacis invadit, omnesque opes ejus, excruciatis diverso tormentorum genere civibus, in jus proprium vertit. Deinde Siciliam deprædatur, Panormum obsedit, Arianam pestilentiam per totam Africam intromittit, sacerdotes Ecclesiis pellit, martyres plurimos facit, et juxta prophetiam Danielis, demutatis mysteriis, sanctorum ecclesias Christi hostibus tradidit. Nec jam divini cultus loca, sed suorum esse habitacula jussit.

76. Adversus quem Theodosius Minor, Orientis imperator, bellum paravit, quod ad effectum non venit. Hunnis enim Thraciam Illyricumque vastantibus, exercitus ad Vandalos missus, ad defendendos Thraces Illyrianosque, ex Sicilia revocatur. Majorianus autem imperator de Italia Hispanias veniens, cum in Carthaginiensi provincia aliquantas naves sibi ad transitum adversus Vandalos præparasset, eas de littore Carthaginiensi commoniti Vandali per proditores arripiunt. Sicque Majorianus, a sua dispositione frustratus, Italiam revertitur, atque, a Ricchimiro patricio fraude circumventus, occiditur.

77. Quo comperto, Gisericus, non contentus solis Africæ vastationibus, navibus advectus, Romam ingreditur, direptisque per XIV dies opibus Romanorum, relictam Valentiniani, et filias ejus, et multa millia captivorum secum tulit. Mox Carthaginem redit; et, per legatos ab imperatore postulata pace, Valentiniani relictam Constantinopolim remittit, quarum unam ex filiabus suis filio suo Hugnerico jure matrimonii copulavit. Sicque post multarum provinciarum clades, **133** Christianorumque spolia atque neces, moritur regni sui anno XL.

78. Æra DVI, post Gisericum, Ugnericus, Giserici filius, regnat annis VII, mensibus V, habens in conjugio Valentiniani filiam, quam pater ejus ex Roma cum matre captivam adduxerat, qui et ipse, Ariano suscitatus furore, Catholicos per totam Africam atrocior patre persequitur, ecclesias tollit, sacerdotes et cuncti ordinis clericos in exsilium mittit. Monachos quoque atque laicos quatuor circiter millia exsiliis durioribus relegavit, martyres fecit, confessoribus linguas abscidit, qui, linguis abscissis, perfecte usque ad finem locuti sunt.

73. In Editione Grialii perperam exprimitur æra 459, pro 449. Gundericus, Godigisci patris successor, regnasse dicitur in Gallæcia annos 18, computato anno 411, quo Vandalis sors in Gallæciæ regnum obvenit, et anno 428, quo obiit, quamvis jam ab anno 420 ad Bæticam secessisset. De hoc Gunderico plura commentatus sum in proleg. ad Dracontium, num. 96, pag. 72, et rursus num. 115, pag. 89. Montes Erbasi, qui hic memorantur, videntur esse montes nunc dicti *de Arbas* inter Ovetum et Legionem. Alii appellant montes Erbasorum, alii Nervasios, aut Nervosos. Vide Florezium, tom. XV Hisp. sacr., pag. 61. Idem Florezius, tom. IX, pag. 100 seq., observat ex Idacio, et aliis, basilicam sancti Vincentii fuisse olim ecclesiam principem Hispalis, quæ tamen distincta fuerit ab ecclesia nunc sancto Vincentio dicata, et quæ exstiterit in loco ubi nunc est ecclesia cathedralis. AREV.

74. Æram 466 ex Florezio repono; Editio Grialii indicat æram 468; Labbeus, 467. Pro *Gisericus*, alii *Gessericus*, aut *Gaisericus*, aut quod nunc usitatius, *Genserieus*. Pro *possiderent*, alii *possederant*. De Genserico quædam notavi in proleg. ad Dracont., num. 112, pag. 87 et seq. AREV.

75. *Nihil*. Al., *jam nihil*, quod Florezius tenuit. AREV.

76. *Illyrianosque*. Ita Mss. et Editi. Florezius, *Illyricianosque*. In Editione Grialii *in Carthaginiensem provinciam*. Præferendum, cum Labbeo et aliis, *in Carthaginiensi provincia*. Pro *dispositione*, alii *intentione*; alii, *dispensatione*. AREV.

77. *Ginsericus* in vet. Cod., pro *Gisericus*. PEREZ.

Ibid. Alii, *Romanorum, relicta Urbe, uxorem Valentiniani*. AREV.

78. In Editione Grialii æra notatur 508, in aliis 504. Florezius astruit æram 506, ex Idacio aliisque rationibus. Vide num. 74, cum nota. Pro *Giserici filius*, alii *Gunderici filius*; et infra, *et cunctos sacri ordinis clericos*. AREV.

79. Tunc Lætus, Neptensis civitatis episcopus, glorioso martyrio coronatur. Qui dum Ariani contagii labe variis pœnis maculari non potuit, victor repente cœlos obtinuit. Ugnericus autem inter innumerabiles suarum impietatum strages, quas in Catholicos exercuerat, octavo regni anno, ut Arius pater ejus, interioribus cunctis effusis, miserabiliter vitam finivit.

80. Æra DXIV, Ugnerico succedit Guntamundus, regnans ann. XII, qui statim Ecclesiæ pacem reformans, Catholicos ab exsilio revocavit.

81. Æra DXXVI, Guntamundo mortuo, Trasemundus regnat ann. XXVII, mens. IV. Iste, Ariana insania plenus, Catholicos insectatur, ecclesias claudit, Sardiniam exsilio ex omni Africana Ecclesia CXX episcopos mittit, Carthagine moritur. Cujus tempore Fulgentius, Ruspensis episcopus, in nostro dogmate claruit.

82. Æra DLIII, post Trasemundum Ildericus, Ugnerici filius, ex Valentiniani imperatoris filia natus, regnat ann. VII, mens. III. Iste, sacramento a decessore suo Trasemundo obstrictus, ne Catholicis in regno suo aut ecclesias aperiret, aut privilegia restauraret, priusquam regnaret, ne religionem sacramenti violaret, præcepit **134** et sacerdotes catholicos ab exsilio reduci, et ecclesias aperiri, quem Gilimer, assumpta tyrannide, regno privat, et cum filiis carceris custodiæ mancipat.

83. Æra DLX, Gilimer regnum cum tyrannide sumpsit, multos nobilium Africæ provinciæ crudeliter extinguens, multorumque substantias tollens, adversus quem Justinianus imperator, visitatione Læti episcopi, qui ab Ugnerico Vandalorum rege martyr fuerat factus, exercitum cum Belisario magistro militum duce mittit. Initoque idem Belisarius prælio Guntemirum et Gebamundum regis fratres primo prælio superatos interficit, deinde ipsum Gilimirum in fugam versum. Africam capit nonagesimo septimo Vandalorum ingressionis anno.

84. In ipso autem Belisarii occursu priusquam congressio fieret, Gilimer tyrannus Ildericum regem cum quibusdam generis ejus affinibus occidit. Belisarius autem Gilimirum tyrannum capit, eumque cum divitiis ex rapinis provinciarum et Africæ conquisitis Constantinopolim Justiniano imperatori adducit. Sicque regnum Vandalorum cum populo atque stirpe deletur æra DLXIV, quod permansit CXIII ann., a Gunderico rege usque ad Gilimiri interitum.

Suevorum historia.

85. Æra CDXLVII, Suevi, principe Hermerico, cum Alanis et Vandalis simul Hispanias ingressi sunt, atque omnem Gallæciam cum Vandalis occupant. Vandalis autem Africam transeuntibus, Gallæciam soli Suevi sortiti sunt, quibus præfuit in Hispaniis Hermericus annis XXXII. Gallæci autem in parte provisæ regno suo utebantur. **135** Quos Hermericus assidua vastatione deprædans, tandem morbo oppressus, pacem cum eis fecit, Recchilanem filium suum in regnum substituit, qui cum magna parte exercitus missus, Andevotum Romanæ militiæ ducem cum multis copiis ad Singilium Bæticæ provinciæ fluvium, inito bello, prostravit, magnis ejus auri argentique copiis occupatis. Inde Emeritam obsessam ingreditur, atque obtentam propria regno associat. Hermericus autem pater ejus, per annos VII diuturno languore affectus, interiit.

86. Æra CDLXXIX, Hermerico defuncto, Recchila, filius ejus, regnat ann. VIII, qui post obitum patris, Hispali obtenta, Bæticam et Carthaginiensem provincias in suam potestatem reducit, atque inde Emeritæ, sub cultu, ut ferunt, gentilitatis vitam finivit.

87. Æra CDXXCVI, Recchiarius, Recchilanis filius, catholicus factus, succedit in regnum annis IX, accepta in conjugium Theuderedi regis Gothorum filia. Initio regni auspicatus Vasconias deprædatur; mox ad Theuderedum socerum suum profectus, Cæsaraugustanam regionem remeans, Gothis auxiliantibus, vastat. Tarraconensem provinciam, quæ Romano imperio deserviebat, invadit. Carthaginienses regiones, quas Recchila pater ejus Romanis reddiderat, in prædam mittit. Ad ultimum, dum Theudericus rex Gothorum in Hispaniam ingrederetur, inito

79. Labbeus, *episcopus quem contagii labes Ariani veneni maculare non potuit. Ugnericus*, etc. AREV.

80. Florezius, cum Labbeo adoptat æram 514. Editio Grialii 515. AREV.

81. Trasemundus ab aliis vocatur *Transimundus*, vel *Transemundus*, vel *Trasimundus*, vel *Trasamundus*. AREV.

82. In Editione Grialii erat notata æra 554, cum varia lectione in nota æra 553, quod præferimus cum Florezio ex dictis ad num. 78; Grotius, mendose, *post Guntamundum* pro *post Trasemundum*. Pro *restauraret*, alii *restitueret*. AREV.

83. Editio Grialii recenset æram 561. Florezius, cum Labbeo, æram 560. Pro *visitatione*, alii *incitatione*, alii *visitatione nocturna*; mallim *visione nocturna*. Pro *Guntemirum*, alii *Gunthimerum*; pro *versum*, Labbeus *vertit*; Florezius, cum Grotio, *vertens*. Notat Florezius, ac multis probat, aut sanctum Isidorum exemplar Chronici Tunnensis secutum, in quo anni regum Vandalorum male dispositi erant, aut aliquem exscriptorem æras ad annos regum, in quibus numerorum error inciderat, accommodasse; nam æræ annis regum, servato æquali numero, respondent. Sed vera chronologia regum Vandalorum hæc est : Gundericus cepit Carthaginem anno 439, obiit 477. Hunnericus obiit 484, Guntamundus 496, Trasemundus 523, Hildericus 530, Gilimer 533. AREV.

84. *Æra* DLXIII, in vet. cod., pro DLXIV. PEREZ.

85. *Singilium*. Al., Singilim, pro *Singilium*. PEREZ.

Ibid. Florezius reposuit æram 447, ex Idacii Chronico et aliis monumentis. Grialii Editio cum Labbeo statuit æram 446. AREV.

86. Grialii Editio astruit æram 478, Florezius 479, et annos octo regni Rechilanis enumerat, sed ita ut primus includatur in hoc numero. In Editione Grialii anni 7, et in nota 8, ex vet. cod. Pro *Emeritæ*, quod alii referunt, Grialii Editio, *Emeritam*. AREV.

87. In æra 486 consentiunt omnes optimæ Editiones. Pro *Theuderedi*, alii scribunt *Theuderici*, alii *Theodorici*. Idem est rex qui mox *Theudericus* vocatur. Pro *initio regni*, alii *initia regni*. Florezius, cum Labbeo, *invadit, irruptaque per dolum Ilerdensi urbe, egit ibi magnam captivitatem. Carthaginenses*, etc. Quod ex Idacio sumptum videtur. AREV.

Ibid. Annis IX. *Annis* VIII in vet. Cod.

prælio adversus eum, primo fugatur, deinde captus A occiditur.

88. Æra CDXCV, exstincto Recchiario, Suevi, qui remanserant in extrema parte Gallæciæ, Maldram Massilæ filium regem sibi constituunt. Mox bifariam divisi, pars Frantanem, pars Maldram regem appellant. Nec mora, Frantane mortuo, Suevi, qui cum eo erant, Recchimundum sequuntur, et, cum Maldra pace inita, pariter **136** partes Lusitaniæ deprædantur. Maldra autem tertio regni anno a suis jugulatur.

89. Æra CDXCIIX. Maldra interfecto, inter Frumarium et Remismundum oritur de regni potestate dissensio; sed Frumarius cum manu Suevorum, quam habebat, Flaviensis urbis conventum gravi evertit excidio. Remismundus autem vicina sibi pariter Auregensium et Lucensis conventus maritima populatur.

90. Æra DII, Frumario mortuo, Remismundus, omnibus Suevis in suam ditionem regali jure revocatis, pacem cum Gallæcis reformat, legatos fœderis ad Theudericum regem Gothorum mittit, a quo etiam per legatos, et arma, et conjugem, quam haberet, accepit. Inde ad Lusitaniam transit. Conimbriam pace deceptam diripit. Olyssipona quoque ab eo occupatur, cive suo, qui illi præerat, tradente Lusidio. Hujus tempore Ajax, natione Galata, effectus apostata Arianus, inter Suevos, regis sui auxilio, hostis catholicæ fidei et divinæ Trinitatis emergit, de Gallicana Gothorum regione hoc pestiferum virus afferens, et totam gentem Suevorum lethalis perfidiæ tabe inficiens. Multis deinde Suevorum regibus in Ariana hæresi permanentibus, tandem regni potestatem Theudemirus suscepit.

91. Qui confestim, Arianæ impietatis errore destructo, Suevos catholicæ fidei reddidit, innitente Martino, monasterii Dumiensis episcopo, fide et scientia claro, cujus studio et pax Ecclesiæ ampliata est, et multa in Ecclesiasticis disciplinis Gallæciæ regionibus instituta. Post Theudemirum Miro Suevorum princeps efficitur, regnans ann. XIII. Hic bellum secundo regni contra Rucconnes intulit. Deinde in auxilium Leovigildo Gothorum regi adversus rebellem filium expugnandum Hispa- B lim pergit, ibique terminum vitæ clausit

137 92. Huic Heboricus filius in regnum succedit, quem adolescentem Andeca, sumpta tyrannide, regno privat, et monachum factum in monasterio damnat, pro quo non diu est dilata sententia. Nam Leovigildus, Gothorum rex, Suevis mox bellum inferens, obtento eodem regno, Andecanem dejecit, atque detonsum, post regni honorem, presbyterii officio mancipavit. Sic enim oportuit ut quod ipse regi suo fecerat, rursus idem congrua vicissitudine pateretur. Regnum autem Suevorum deletum in Gothos transfertur, quod mansisse CLXXVII annis scribitur.

88. *Nec mora.* Id genuinum puto cum Labbeo et aliis. Grialii editio, *nec mox*. AREV.

89. *Remismundum*; al., *Reccimundum*; al., *Recchimundum*, vel *Rechimundum*. Pro *Auregensium*, quod Florezius præferendum ait, alii *Auriensium*; alii, *Arigensium*. AREV.

90. *Inde ad Lusitaniam.* Citatur in epistola Innoc. III ad Petrum Compostell. Isidorus, in Chronicis, de Gothis, titulo de Suevis.

Ibid. Revocatis. Florezius, cum Labbeo, *vocatis*. AREV.

91. Miro cœpit æra DCIX, ex concil. II Bracchar. PEREZ.

Ibid. Labbeus, *contra Romanos Roecones*. In nota Perezii, *Rucconnes in vet. cod.*, quod ipsum exstat in textu, atque adeo fortasse in nota legendum esset *Rocconnes*. Vide Biclarensem, ad annum 572, infra, Labbeus : *Adversus rebellem filium ad expugnandam* C *Hispalim venit, et vitæ terminum clausit*. AREV.

Rucconnes in vet. Cod.

92. *Audeca* in vet. Cod. pro *Andeca*.

Ibid. Presbyterii. Al., *presbyteri*; et *congruenti* pro *congrua*. AREV.

---

138 SANCTI ISIDORI
HISPALENSIS EPISCOPI
DE VIRIS ILLUSTRIBUS.
LIBER.

Præfatio.

1. *Quamvis superius plurimi veterum tractatorum inter Græcos et Latinos scriptores doctissimi annotentur tamen reor ipse etiam paucorum memoriam facere, quorum lectionem recolo me attigisse.*

1. *Superius*, id est, in Hieronymo et Gennadio. PEREZ.

Ibid. In Isidorianis caput 80 sic inscripsi : *Liber* D *Isidori de Viris illustribus. Editiones hujus libri, mss. exemplaria. Præfatio Zaccariæ. Harduini deliria contra*

IX. Idatius, episcopus Galleciæ.
X. Eusebius, ep. Dorolitanus.
XI. Cerealis, ep. Castellanens. in Africa.
XII. Ferrandus, diaconus Carthag.
XIII. Petrus, episcop. Ilerden.
XIV. Marcellinus, presbyter.
XV. Idatius Clarus, ep. Hispanus.
XVI. Siricius, pont. Romanus.
XVII. Paulinus, presbyter Mediolan., postea ep. Nolanus.
XVIII. Proba, uxor Adelphii.
XIX. Joannes Chrysostomus, episc. Constantinop.
XX. Sedulius, presbyter.
XXI. Possidius, ep. Africanus.
XXII. Primasius, ep. Africanus.
XXIII. Proterius, ep. Alexandrinus.
XXIV. Paschasinus, ep. Siciliensis.
XXV. Julianus Pomerius.
XXVI. Eugipius, abbas Lucullanensis.
XXVII. Fulgentius, ep. Ruspensis in Africa.
XXVIII. Eucherius, ep. Lugdunensis Franciæ.
XXIX. Hilarius, ep. Arelatensis.
XXX. Apringius, ep. Pacensis, in Hisp.
XXXI. Justinianus, imperator.
XXXII. Facundus, ep. Hermianensis.
XXXIII. Justinianus, ep. Valentinus.
XXXIV. Justus, ep. Urgellitanus.
XXXV. Martinus, ep. Dumiensis.
XXXVI. Avitus, ep. Viennensis.
XXXVII. Dracontius.
XXXVIII. Victor, ep. Tunnensis.
XXXIX. Joannes, ep. Constantinop.
XL. Gregorius, papa Romanus.
XLI. Leander, ep. Hispal.
XLII. Lucinianus, ep. Carthagin.
XLIII. Severus, ep. Malacitanus.
XLIV. Joanues, ep. Gerundens.
XLV. Eutropius, ep. Valentinus.
A XLVI. Maximus, ep. Cæsaraugustan.

Hactenus Isidorus.

Hinc Braulio, ep. Cæsaraug.

XLVII. Isidorus, ep. Hispal.

CAPUT PRIMUM.

2. Xystus episcopus Romanæ urbis, et martyr, composuit ad instar Salomonis librum Proverbiorum, tam brevi eloquio, ut 140 in singulis versiculis singulæ explicentur sententiæ. Cui quidem opusculo hæretici quædam contra ecclesiasticam fidem inseruerunt, quo facilius, sub nomine tanti martyris, perversorum dogmatum reciperetur assertio. Sed is qui catholicum sese meminit, probando legat, et ea quæ veritati contraria non sunt recipiat. Quidam autem putant eumdem librum ab hæreticis, non a Xysto, fuisse
B dictatum. Refellit autem hanc opinionem beatissimus Augustinus, qui in quodam opere suo ab eodem martyre hoc opus compositum esse fatetur.

CAPUT II.

3. Macrobius diaconus studium sancti Cypriani ingeniumque secutus, complexus est congrua ex utroque Testamento adversus versutias hæreticorum capitula, de scilicet Dei Patris majestate, et Filii Dei adventu, ejus incarnatione, sive passione, resurrectione, et ascensione in cœlos, parique modo, et de electione gentium, et reprobatione Judæorum. Deinde subjecit etiam cætera ad utilitatem vitæ et disciplinæ religionis pertinentia, omnia hæc in centum distincta capitulis.

CAPUT III.

C 4. Philastrius, Brixiensis episcopus. Hic longe ante beatissimum Augustinum edidit librum de Hæresibus, singulas quasque demonstrans, sive quæ in populo Judæorum ante incarnationem Christi fuerunt, quas viginti octo enumerat, sive quæ post Domini adventum Salvatoris, adversus catholicam fidem exortæ sunt, quas idem centum viginti octo esse describit, sicut de eo idem vir magnæ gloriæ Augustinus, et doctor clarissimus, meminit.

---

pleraque veterum scripta perstringuntur. Notas Joannis Baptistæ Perez, expresso ejus nomine, proferam. Aliarum notarum summam colligam, laudatis nominibus auctorum, Miræi, Schotti, Fabricii, Aguirrii, Florezii, Editoris operum Patrum Toletanorum, et Zaccariæ; qui postremus, ut in Isidorianis observavi, hunc solum librum ex omnibus Isidori operibus annotationibus illustraverat, quia bibliothecam ecclesiasticam Fabricii, in qua liber hic Isidori continetur, excudere festinabat, quamvis ne id quidem perfecerit. In indice virorum illustrium quem Perezius præmisit, num. 17, notabatur : *Paulinus præsbyter Mediolanensis, postea episcopus Nolanus.* Hoc postremum prætermisi. Confer notam ad cap. 17, num. 21. Quod Isidorus ait, *quamvis superius*, recte Perezius explicuit de libris ejusdem argumenti a Hieronymo et Gennadio conscriptis. Nihilominus Miræus, qui hanc præfatiunculam appendici de duodecim scriptoribus ecclesiasticis præfixam videbat, hæc duodecim capita non esse Isidori ex ea colligebat. Zaccariæ etiam nonnullus scrupulus restabat, quia scilicet Honorius Augustodunensis exemplar Isidorianum nactus fuerat, cujus initium esset ab Osio. Verum de hac diversitate exemplarium dixi jam in Isidorianis, loc. cit. Etsi autem Isidorus ait se eorum scriptorum memoriam facere, quorum lectionem recolebat se attigisse, tamen id non ita intelligendum est, ut omnes, quos nominat, scriptores legerit; sed satis est quod plerosque aut aliqua singulorum opera evolverit. AREV.

2. *Xystus.* Vel primus anno Christi 117, vel secundus anno 257. Hic, et qui sequuntur tredecim, usque ad Marcellinum, ex unico exemplari Fontis sancti, apud
D Galisteum Cauriensis diœcesis descripti sunt. In reliquis libris desiderabantur, qui ab Osio incipiebant, et ex ipso et Marcellino unum fecerant caput. PEREZ.

Ibid. composuit, etc. Sententias esse Xysti philosophi, non martyris, ait Hieronym. ad Ctesiphontem, et XVIII Ezech., et I lib. in Jovinianum, quo deceptus Rufinus, et retractat Augustinus. PEREZ.

Ibid. Ab hæreticis, ait Gelasius, 15 distinct. PEREZ.

Ibid. Quid sentiendum sit de Proverbiis Xysti nomine vulgatis, docet Miræus, ad cap. 17 Gennadii. AREV.

3. *Macrobius.* Apud Gennadium dicitur presbyter Afer, hæreticus, Donatianus, sive Montensis. PEREZ.

Ibid. Miræus, hoc loco, ac sæpe alibi, notas Perezii per errorem Loaisæ ascribit. An autem idem sit Macrobius, de quo Gennadius, cap. 5, non ita exploratum videtur. AREV.

4. *Hic longe.* Anno Christi 380. PEREZ.

Ibid. August., ad Quodvultdeum, de Hæresibus. PEREZ.

141 CAPUT IV.

5. Theodorus, Mopsuestenæ urbis episcopus, ita clare, copioseque scientiæ doctrina refulsisse refertur, ut prædicaretur (si referre fas est) mille voluminum summam in Græco conscripsisse, adversus omnium hæreticorum errores. Hunc Acephalorum episcopi in præjudicio Chalcedonensis concilii, Justiniano 142 principe compellente, damnare post mortem cum Iba et Theodoreto episcopis censuerunt. Dum constet eum laudabilium virorum testimoniis clarissimæ Ecclesiæ doctorem fuisse. Vixit usque ad imperium senioris Leonis.

CAPUT V.

6. Osius, Cordubensis ecclesiæ civitatis Hispaniarum episcopus, eloquentiæ viribus exercitatus. Scripsit ad sororem suam de laude virginitatis epistolam pulchro ac diserto comptam eloquio; composuitque et aliud opus de interpretatione vestium sacerdotalium quæ sunt in Veteri Testamento, egregio quidem sensu et ingenio elaboratum. In Sardicensi synodo recitantur, facile convincitur, et ex iis quæ Patres in sexta synodo falso de Vigilio conficta queruntur. Hispaniam porro in Africanorum aliquando fuisse sententia suspicor ex tam multis verbis Isidori ad defensionem trium capitulorum inclinantibus. Nisi fortasse Isidorus hæc verba ex sui Victoris Tunnensis Chronico hausit, quo auctore libens utitur, vel certe sero ad Isidorum et Hispanos pervenire potuit Constantinopolitanæ synodi approbatio a Romanis pontificibus Vigilio, Pelagio et Gregorio in primis facta. Præsertim cum ignorasse aliquanto tempore Hispania ejus synodi auctoritatem potuerit, in qua noluisse adesse Vigilium papam Romanum audivisset. Hinc factum puto ut Isidorus, sexto lib. Etymolog., cap. 16, post quatuor synodos generales hujus quintæ Constantinopolitanæ jam pridem habitæ non meminerit, quam tamen papa Gregorius ejus æqualis cæteris quatuor prioribus parem esse auctoritate definivit. Plura leges in ipso Gregorio de hujusmodi defensoribus trium capitulorum, nempe II lib. Registri, epist. 36, et indictione 11, epist. 10, et lib. III epist. 4. Nam vitiatum fuisse exemplar synodi Chalcedonensis a Constantinopolitanis ait Gregorius V, lib. Regist., epist. 14, et lib. VII, epist. 52, indictione 2. PEREZ.

Ibid. De Philastrio multa Miræus ex sancto Augustino, Gaudentio, Bellarmino, Baronio et aliis: plura Fabricius in Bibl. med., qui librum Philastrii de Hæresibus in lucem emiserat. Prodiit etiam in Bibliotheca Patrum Gallandiana liber idem Philastrii recognitus, præmissa docta præfatione in prolegomenis. Quod idem in accuratissima hac Bibliotheca fieri solet, cum aliorum opera inseruntur. AREV.

5. *Theodorus*. Etiam laudatur a Theodoreto Sozomeno, et Evagrio, sed damnatur a synodo Constantinop. V, et a Gregorio, lib. VI, epist. 195. Isidorus aliquot locis hujus libri, nempe agens de Theodoro, Justiniano imperatore, Facundo, et Victore Tunnensi, quin, et lib. VIII Etymolog., cap. 5, et in Chronico, loquens de Justiniano, aliquibus videri potest non satis fuisse æquus concilio quinto œcumenico Constantinopolitano. Res tota sic gesta est: Theodoretus Cyrensis episcopus, cujus multa habemus doctissima opera, et Ibas episcopus Edessenus, anno Christi 448, in concilio hæretico Ephesino secundo (factione Dioscori episcopi Alexandrini, qui fuit hæreticus Eutychianista) absentes damnati sunt, suisque ecclesiis pulsi. Vide Evagrium, lib. I Hist. Eccles., cap. 10. Causa est addita, quod Theodoretus adversus duodecim anathemata Cyrilli scripsisset; Ibas vero ad Marin Persam epistolam haud catholicam misisset. Deinde anno 451, in Chalcedonensi synodo generali sub Leone papa Romano illa secunda Ephesina synodus abrogata, et Theodoretus atque Ibas episcopi ecclesiis suis restituti sunt. Evag., lib. I, cap. 4, et lib. II, cap. ult. Inde magnæ tragœdiæ ortæ, provinciis, et imperatoribus ipsis diversa sentientibus de recipienda synodo Chalcedonensi, quæ in hoc ipso Evagrio et Liberato Carthaginiensi atque Paulo Diacono, leges. Donec tandem in quinta synodo generali Constantinopoli habita sub Vigilio papa et Justiniano imperatore, anno 553, damnata sunt scripta Theodoreti adversus Cyrillum, et Ibæ Edesseni epistola ad Marin, Theodorique Mopsuesteni episcopi opera, quæ in ea epistola valde laudabantur. Hæc quidem graviter a multis accepta sunt, quasi in eo Chalcedonensis synodi auctoritas improbaretur. Evag., lib. IV, cap. 37. Legentes enim in Chalcedonensi synodo illos ecclesiis suis restitutos, simul illorum opera approbata fuisse existimarunt. At distinguere auctores ab operibus valde oportuerat, ut docet Justinianus imperat. in fidei suæ professione, et Proclus Constantinopolitanus in epistola quæ in ista synodo Constantinopolitana recitatur. Inde postea diutinæ contentiones in Ecclesia viguerunt, de recipienda hac synodo Constantinopolitana. Cujus defensores ab adversa parte per calumniam vocabantur hæretici acephali et impugnatores trium capitulorum synodi Chalcedonensis. Itaque Ægyptus et Africa, ut Liberatus et Victor Tunnensis, nondum editus, testantur, Illyricum quoque, ut est apud Paulum Diaconum Aquileien., lib. XVIII, Romanis pontificibus hoc concilium Constantinopolitanum probantibus aliquandiu restiterunt. Ausi etiam sunt hi duo auctores Africani, Liberatus Carthaginiensis et Victor Tunnensis, Vigilio papæ imponere, illum opera Theodoræ Augustæ eorum trium capitulorum defensorem exstitisse. Quæ calumnia ex tribus Vigilii epistolis, quæ in quinta

Ibid. Senioris Leonis. Ann. Christi 457. At Theodoretus ait sub Theodosio juniore. PEREZ.

Ibid. Judicium Grialii de controversia trium capitulorum ab Isidoro narrata habes in Isidorianis, cap. 36, n. 26. De eodem agit Miræus in not. ad sancti Isidori cap. 33. Exstat egregia Joannis Gisbert dissertatio theologica, sive defensio Ecclesiæ in negotio trium capitulorum, præmissis verbis sancti Gregorii Magni, *De persona tantummodo, non de fide aliquid gestum est*. Sirmondus quoque, in sua præfatione ad Facundi de quo cap. 32, n. 42, opera in eodem argumento versatur: *Nec vero fraudi esse potest*, inquit, *trium capitulorum causa, quam Facundus defendit; in qua, si verum loqui placet, honestius fuerat cum Vigilio cadere, quam vincere cum Justiniano*. Ac concludit: *cujus ipsius pacis studio Vigilii successores, cum paucos jam contra niti viderent, ut una omnium in Ecclesia mens et vox esset, assenserunt et ipsi tandem et synodo* (Constantinopolitanæ) *incertæ ad id tempus auctoritatis, concilii generalis vim, nomenque sua confirmatione præbuerunt*. Ad Isidori certe notitiam non venerat quod jam Romani pontifices certam auctoritatem synodo Constantinopolitanæ asseruissent, dum scriptores laudabat, qui tria capitula cum concilio Chalcedonensi defendebant. AREV.

6. *In Sardicensi*. Anno Christi 347. PEREZ.

Ibid. Florezius, tom. X Hisp. sacr. tract. 33, cap. 5, probat Osium non Cordubæ, sed in Oriente decessisse anno 357. De Osio accuratissime scripsit Michael Josephus Maceda in opere sic inscripto: *Osius vere Osius, hoc est, Osius vere innocens, vere sanctus. Dissertationes duæ. I. De commentitio Osii lapsu. II. De sanctitate et cultu legitimo ejusdem*. Bononiæ 1790, in-4°. In codice Theodosii, itemque Justiniani exstat ad Osium lex Constantini de iis qui in Ecclesia manumittuntur. Epistola Osii ad Constantium Augustum inserta est in Biblioth. Patrum, Galland. t. V, p. 81. Epistola de laude virginitatis non exstat. AREV.

etiam concilio quamplurimas edidit ipse sententias. A

7. Hic autem post longum senium vetustatis, id est, post **143** centesimum primum annum in ipso jam limine vitæ a fidei limitibus subruens, serpentis jaculo concidit. Nam accersitus a Constantio principe, minisque perterritus, metuens ne senex et dives damna rerum vel exsilium pateretur, illico Arianæ impietati consensit, et vocabulum *homousion*, quod simul cum Patribus sanctis cæteris Ecclesiis sequendum tradiderat, arreptus impietatis furore, damnavit: cujus quidem vitam, ut meruit, confestim exitus crudelis finivit.

CAPUT VI.

8. Toranius Ruffinus scripsit ad quemdam Paulinum presbyterum de Benedictionibus patriarcharum triplici intelligentia librum satis succinctum, et clara brevitate compositum. Hic autem juxta mysticum sensum, ea quæ de Dan, filio Jacob, scripta sunt, non recte de Domino nostro interpretatur, dum procul dubio ad Antichristum eadem pertinere sanctorum Patrum probet assertio.

CAPUT VII.

9. Verecundus, Africanus episcopus, studiis liberalium litterarum disertus, edidit carmine dactylico duos modicos brevesque libellos, quorum primum de Resurrectione et Judicio scripsit, alterum vero de Pœnitentia, in quo lamentabili carmine propria delicta deplorat.

CAPUT VIII.

10. Victorinus episcopus composuit et ipse versibus duo opuscula **144** admodum brevia: unum adversus Manichæos reprobantes Veteris Testamenti Deum, veramque incarnationem Christi contradicentes; alium autem adversus Marcionistas, qui duo principia, id est, duos deos fingunt: unum malum, justum creaturarum conditorem et retributorem factorum; B alterum bonum, animarum susceptorem et indultorem criminum.

CAPUT IX.

11. Itacius, provinciæ Gallæciæ episcopus, secutus chronicam Eusebii Cæsariensis episcopi, sive Hiero

7. *Cujus quidem*, etc. Vide infra in Marcellino. Perez.

Ibid. Miræus, in favorem Osii, præter Baronium, allegat Alderetum, lib. I, cap. 3, de Antiquit. Hisp. Arev.

8. Meminit Gennadius. Vide Gelas., dist. 15. Perez.

Ibid. Toranius. Al., *Tyrannius*, vel *Torannius*. Cap. 17, num. 21, dicitur Paulinus presbyter composuisse librum de benedictionibus patriarcharum triplici intelligentiæ genere, diversum tamen a libro Rufini, ut ad eum locum dicam. Rufini pro se apologia ad Anastasium papam legitur in Biblioth. Galland. t. VIII. Arev.

9. Anno Christi 552, Verecundus quidam, Junensis episcopus in provincia Africæ Bizacena, defensor trium capitulorum, anno ante habitam synodum Constantinopolit. quintam generalem, jussu Justiniani imperatoris, exsul Chalcedone moritur. Hæc Victor Tunnensis narrat. Puto autem omnino hunc fuisse de quo loquitur Isidorus. Vidi porro hujus Verecundi ipsum libellum de Pœnitentia hexametris scriptum, cujus hoc est initium:

Quis mihi mœsta dabit lacrymosis imbribus ora?

Is liber Gothicis litteris descriptus fuit olim Ecclesiæ Ovetensis, postea apud Michaelem Ruyzium Azagrium amicum meum, Rodolphi imperatoris secretarium. Perez.

Ibid. Codex de quo Perezius, hodiedum asservatur in bibliotheca sanctæ Ecclesiæ Toletanæ; et ejus fit mentio in Editione operum sancti Eugenii. Arev.

10. Victorini duo referuntur a Hieronymo, unus episcopus Pitabionensis martyr; alter rhetor Afer. Alii quoque duo a Gennadio, unus rhetor et poeta Massiliensis, qui commentaria in Genesin versibus scripserit, quæ ad nos usque pervenerunt, et postremus Aquitanus. Ego opus Victorini adversus Manichæos et Marcionistas, quod ab Isidoro refertur, non vidi, neque usquam scio exstare, sed puto fuisse illius Massiliensis poetæ, nam episcopum fuisse non meminit Gennadius. Perez.

Ibid. Adversus Marcionistas. Vide Augustin., de Hæres. lib. I, cap. 21. et Irenæum, lib. I, cap. 28. Perez.

Ibid. Libelli duo recensiti Victorini editi fuerunt a Sirmondo Lutetiæ, 1630. Alia ejus opera exstant in Bibliotheca Patrum; quæ omnia Miræus putat esse Victorini rhetoris Afri. Neque hunc Hieronymus episcopum dicit. Victorinus Aquitanus fuit calculator. Miræus putat libellos qui hic recensentur esse Victorini Afri rhetoris. Eos edidit Sirmondus; post alii. De Victorinis consulendus Gallandius in prolegomenis tom. IV Bibliothecæ Patrum, ubi exhibet, pag. 49 et seqq., Victorini episcopi Petavionensis et martyris tractatum de fabrica mundi, et scholia in Apocalypsin; item, t. VIII, ubi, pag. 133 et seqq. recenset Fab. Mar. Victorini Afri opera, quæ exstant, omnia, notisque illustrat; inter quæ est liber unus contra Manichæos, sed prosa, non versibus conscriptus. Arev.

11. Anno Christi 481. Idacios, sive Itacios, duos ponit Isidorus, quos quia falso in unum multi etiam nostrates C confundunt, facturus rem gratam videbor, si Idacios omnes distinguam. Reperio enim quinque hoc nomine Hispanos, qui ad tres redigi posse videntur. (Vide scholion de Idaciis tribus.) Primus est Itacius (sic enim hic scribitur in vetustis omnibus Codicibus) cognomento Clarus, episcopus Ossonobensis, relegatus ob cædem Priscilliani cum Ursacio, anno fere Christi 390, de quo Sulpicius Severus in Historia Ecclesiastica, Hieronymus, et Isidorus. Is scripsit contra Priscillianum, ut ait Isidorus, sed non exstat. Secundus Idacius episcopus Emeritensis iisdem temporibus cum superiore, persecutor quoque Priscilliani, ex eodem Sulpicio Severo. Uterque vero subscribit in synodo Cæsaraugustana. Tertius Idacius, sive Itacius (nam utroque modo scriptum reperio) episcopus Lamecensis in Gallæcia, auctor Chronici nondum editi, quod manu scriptum habeo. Is se conversum ait anno Christi 417, scripsisse vero usque ad octavum annum Leonis, ait Isidorus, nempe annum 481. Sigebertus ait usque ad annum 490. D Trithemius primum cum tertio confundit. Poterat et videri quartus Idacius Clarus, cujus opus exstat adversus Varidamum Arianum. Sed is, ut puto, idem est cum primo Ossonobensi exsule. Potuit enim dum peregrinatur, opus Varidami videre Neapoli urbe Campaniæ, quod de se ipse narrat. Quartum (quintum) etiam adderet aliquis illum Idacium episcopum, qui cum Turibio Asturicensi concilium celebravit adversus Priscillianistas, jussu Leonis papæ anno 447, ut est in epistola Leonis ad Turibium, et in altera epistola ipsius Turibii ad Idacium et Ceponium, quam habeo manuscriptam. Sed hic Idacius ex comparatione temporis, et Gallæciæ provinciæ potuit esse idem cum tertio illo Lamecensi chronographo. Perez.

Ibid. Idacii Chronicon emendatissimum edidit Florezius, tom. IV Hisp. sacr., qui de Idaciis plura disputat, et contra communem opinionem probat auctorem Chronici non esse Idacium episcopum Lamecensem, ac videri potius eum fuisse episcopum Aquiflaviensem, in Gallæcia. Quod Idacius, accusa-

nymi presbyteri, **145** quæ usque hodie in Valentis Augusti imperium edita declaratur, dehinc ab anno primo Theodosii Augusti usque in annum imperii Leonis octavum subjunctam sequitur historiam, in qua magis Barbararum gentium bella crudelia narrat, quæ premebant Hispaniam. Decessit sub Leone principe, ultima jam pene senectute, sicut etiam præfationis suæ demonstratur indicio.

CAPUT X.

12. **Eusebius, Dorolitanæ urbis episcopus.** Hic in cœtu Chalcedonensis concilii contra Dioscorum hæreticum Alexandrinæ urbis episcopum librum obtulit, ac præsenti synodo omnes Dioscori errores et blasphemias recitavit. Hunc enim ac sanctum Flavianum Constantinopolitanum episcopum idem Dioscorus in Ephesina secunda synodo excommunicationis sententia dejecerat, eo quod pro orthodoxa fide contra hæresin repugnarent. Unde postea idem Eusebius in Chalcedonensi synodo innumerabilium malorum ejus crimina, vel blasphemias detegens, damnationis ejus sententiam super eum a sancto concilio imprecatur, scilicet, ut quod juste ille aliis intulerat, in eo juste retorqueretur.

CAPUT XI.

13. **Cerealis, Castellanensis Ecclesiæ episcopus.** Hic, dum apud Carthaginiensem Africæ provinciæ urbem venisset, de fide sanctæ Trinitatis cum Maximiano, Ammonitarum episcopo, concertatus est, respondens propositionibus ejus, non eloquiorum argumentis, sed de testimoniis sanctarum Scripturarum. Exstat hoc ipsum ejusdem opusculum novem et decem responsionum capitulis præsignatum.

CAPUT XII.

14. **Ferrandus, Carthaginiensis Ecclesiæ diaconus,** **146** multum in sacris Scripturis floruisse asseritur, multasque cum beato Fulgentio propositiones alternis epistolis habuisse narratur. Iste ad Pelagium et Anatolium Romanos diaconos consulentes eum, utrum liceat quemquam damnare post mortem, edidit rescriptum, ubi inter alia sic locutus est, dicens: « Quid prodest dormientibus Ecclesiam perturbare? Si quis adhuc in corpore mortis hujus accusatus et damnatus, antequam mereretur absolvi, de Ecclesia raptus est, absolvi non potest humano judicio. Si quis accusatus et absolutus in pace catholicæ Ecclesiæ transivit ad Deum, condemnari non potest ulterius humano judicio. Si quis accusatus ante diem sacri examinis repentina vocatione præventus est, intra sinum matris Ecclesiæ constitutus, divino intelligendus est judicio reservari, et de hoc nullus homo potest manifestam proferre sententiam, cui si Deus indulgentiam dedit, nihil nocet nostra severitas; sed si supplicium præparavit, nihil prodest nostra benignitas.

CAPUT XIII.

15. **Petrus, Ilerdensis Hispaniarum Ecclesiæ episcopus,** edidit diversis solemnitatibus congruentes orationes, et missas eleganti sensu, et aperto sermone.

CAPUT XIV.

16. **Marcellinus, Italiæ presbyter,** scripsit Theodosio Minori, Arcadioque imperatoribus, opusculum unum, in quo retexit gesta episcoporum qui ad destructionem homousion Arimini convenerunt; quique ita totum mundum perfidia impii dogmatis turbaverunt, ut vix pauci antistites existerent qui in inviolabili fidei cultu perseverarent. Exponit quoque de Ario, dum ad synodum pergeret cum Alexandro disputaturus, qualiter conversus in via ad necessariam causam, viscera ejus fuissent diffusa. De fine quoque Osii Cordubensis urbis episcopi, qui, metu imperatoris, fidem prævaricatus, perfidiæ assertor et impie-

---

tor Priscilliani, fuerit episcopus Lamecensis, asseruit quidem Quesnellius, sed hoc etiam incertum esse, idem Florezius ostendit. Idacii Chronicon et Fastos habes in cit. Bibl. Galland., tom. X, p. 323. AREV.

12. *In cœtu*, etc. Actione 3 Concil. Chalced. — *Ibid. Ephesina.* Anno Christi 448. — *Ibid. Chalcedonensi.* Anno 451. PEREZ.

Ibid. De Eusebio Dorilæi episcopo, et de sancto Flaviano Baronius fuse agit in Annalibus, et in not. ad Martyrologium Rom., die 18 februarii. In Editione Grialii, mendose, *Borolitanæ urbis*. AREV.

13. *Exstat*, etc. cum aliis in Hæreseologia. PEREZ.

Ibid. Gennadius Cerealem Castulensem, seu Catalanensem episcopum recenset, cap. 96, quo loco videndus Miræus. Pro *concertatus est*, melius esset *concertavit*; sed illud genuinum videtur. Pro *Ammonitarum*, alicubi legitur *Arianorum*, seu *Africanorum*, sed legendum videtur *Ariomanitarum*. Notat Florezius, in exemplari Marianæ deesse *de* ante *testimoniis*. AREV.

14. *Rescriptum*. Editus est Romæ ab Achille Statio.

Ibid. Quid prodest. Idem scripsit Pontianus episcopus Afer ad Justinianum imp. — *Ibid. Si quis.* Contra definit concil. v Constantinopol., act. 5; de Theodoro Mopsuesteno, vide 24, quæst. 2. PEREZ.

Ibid. Ferrandus diaconus floruit anno 507. Ejus opera edita exstant, Paræneticus ad Reginum Comitem, epistolæ, breviatio canonum, etc. Eidem a nonnullis ascribitur Vita sancti Fulgentii Ruspensis episcopi. AREV.

15. *Missa* in officio Gothico est quædam oratio, de qua vide not. lib. I Offic. eccles., cap. 15, num. 1. AREV.

16. *Marcellinus.* Hujus meminit Gennadius in Faustino presbytero. — *Ibid. Convenerunt.* Anno 559. PEREZ.

Ibid. Marcellini Historia de Osii Cordubensis morte iisdem verbis, sed paulo fusior exstat in Codice Gothico bibliothecæ Complutensis ad finem Isidori de Viris illustribus, sine nomine auctoris Marcellini. Porro Osius nobilissimus olim confessor, et doctissimus, ab Augustino et Athanasio laudatus, Constantino imperatori etiam per litteras familiaris (ut est in Cod. Theodos., titul. de Sacrosanctis Ecclesiis), quique in conciliis Eliberitano, Nicæno et Sardicensi, cum magna sui laude fuerat Catholicorum propugnator, tandem senio delirans, in Syrmiensi synodo ad Arianos defecit. De quo vide etiam Hilarium, lib. de Synodis; Athanasium, lib. de Unitate Trinitatis; Sulpicii Severi Historiam, et Honorium Augustodunens., lib. de Scriptoribus Eccles. PEREZ.

Ibid. Homousion. Al., *homousii*. De sancto Gregorio Eliberitano Martyrologium Rom., die 24 Aprilis. In Editione Patrum Toletan. ad hunc locum erudita nota subjicitur, qua ostenditur commentitia esse quæ Marcellinus narrat de fine Osii; quo in argumento Natalis Alexander, Florezius, aliique versati sunt. AREV.

tatis effectus fuerat **147** assecutor, sic talia profert. A Nam post impiam, inquit, Osii prævaricationem, dum sanctus Gregorius, Eliberitanus episcopus, in Cordubensi urbe juxta imperiale decretum fuisset adductus, ac minime vellet illi communicare, commotus Osius dicit Clementino Constantii præfecto vicario, ut mitteret eum in exsilium. At ille inquit: *Non audeo episcopum in exsilium mittere, nisi prius eum ab episcopatu dejeceris.*

17. Ut autem vidit sanctus Gregorius quod Osius vellet ferre sententiam, appellat Christum totis fidei suæ visceribus, exclamans ita: *Christe Deus, qui venturus es judicare vivos et mortuos, ne patiaris hodie humanam proferri sententiam adversus me minimum servum tuum, qui pro fide nominis tui, ut reus assistens, spectaculum factus sum; sed tu ipse, quæso, in causa tua hodie judica, ipse sententiam pro-* B *ferre dignare per ultionem. Non ego, quasi metuens exsilium, fugere cupio, cum mihi pro tuo nomine nullum supplicium grave sit, sed ut multi prævaricationis errore liberentur, cum præsentem viderint ultionem.* His dictis, ecce repente Osius residens fastu quasi regalis imperii, cum sententiam conaretur exprimere, os vertit, distorquens pariter et cervicem, ac de sessu in terram eliditur, atque illico expiravit.

18. Tunc, admirantibus cunctis, etiam Clementinus ille gentilis expavit, et licet esset judex, tamen timens ne in se simili supplicio judicaretur, prostravit se ad pedes sancti viri, obsecrans ut sibi parceret, qui in eum divinæ legis ignorantia peccasset, et non tam proprio arbitrio quam mandantis imperio. Inde est quod solus Gregorius ex numero vindicantium integram C fidem, nec in fugam versus est, nec passus est exsilium, unusquisque enim timuit de illo ulterius judicare.

148 CAPUT XV.

19. Itacius, Hispaniarum episcopus, cognomento et eloquio clarus, scripsit quemdam librum sub Apologetici specie, in quo detestanda Priscilliani dogmata, et maleficiorum ejus artes, libidinumque ejus probra demonstrat, ostendens Marcum quemdam Memphiticum magicæ artis scientissimum, discipulum fuisse Manis et Priscilliani magistrum. Hic autem cum Ursacio episcopo ob necem ejusdem Priscilliani, cujus accusatores exstiterant, Ecclesiæ communione privatus, exsilio condemnatur, ibique die ultimo fungitur, Theodosio Majore et Valentiniano regnantibus.

CAPUT XVI.

20. Siricius, clarissimus pontifex, et Romanæ sedis antistes, scripsit decretale opusculum directum ad Eumerium Tarraconensem episcopum. In quo, inter alias ecclesiasticas disciplinas, constituit hæreticorum baptisma nequaquam ab Ecclesia rescindendum. Reperimus et aliam ejus epistolam ad diversos episcopos missam, in qua condemnat Jovinianum hæreticum, atque Auxentium, cæterosque eorumdem sequaces. Præfuit Romæ annos quatuordecim. Obiit Theodosio et Valentiniano regnantibus.

CAPUT XVII.

21. Paulinus, presbyter, explicuit in Benedictionibus patriarcharum triplici intelligentiæ genere librum satis succincta brevitate **149** compositum. Idem etiam, petente Augustino, conscripsit Ambrosii vitam signis florentem, atque doctrinis et meritis apostolorum non imparem. Siquidem et Constantius episcopus Germani vitam contexuit, obitumque Paulini Oranius edidit.

18. *Vindicantium. Vindicat martyres* apud Optatum, lib. I. Perez.

19. *Priscilliani.* Vide Epiphan., lib. I, cap. 34, et Iren., lib. I, cap. 8 et 9. — *Ibid.* De Mane Cyrillus, cateches. 60, et Epiphan., lib. II, cap. 661. Perez.

Ibid. Marcum istum e Gallia in Hispaniam concessisse, ubi feminam nobilem Agapen, et Helpidium rhetorem seduxit, ostendit Florezius tom. XV. Hisp. sacr. pag. 13, ex Sulpicio, et S. Hieronymo. Inde nata est Priscilliani hæresis. Idem Florezius de Itacio agit tom. XIII, pag. 150, et tom. XIV, pag. 215. Arev.

20. *Siricius.* Anno 385. — *Decretale,* etc. Exstant epistolæ. — *Eumerium.* Eumerius semper vocatur in vet. Cod., non Himerius. — *Et aliam.* De qua vide Ambros., epist. 8 et 81. Perez.

Ibid. Schottus monet legendum *Siricius,* non *Siricus.* Zaccaria miram dissensionem inter chronologos notarat esse, quod attinet ad epocham pontificatus a Siricio suscepti, de qua videri possunt Papebrochius, uterque Pagius, Blanchinius et alii. Epistolæ Siricii, uti aliæ genuinæ aliorum pontificum, accurate typis commissæ sunt a Constantio; post quem Siricii epistolas et decreta Gallandius recudit, tom. VII bibliothecæ Patrum, pag. 533. Pro *Eumerius,* alii malunt *Himerium,* quin obstet auctoritas Codicis a Perezio allegati. Epigraphæ basilicæ sancti Pauli Romæ, a Marangonio divulgatæ, annos pontificatus tribuunt Siricio quindecim, menses undecim, dies viginti quinque. Arev.

21. Anno 410 fuit episcopus Nolanus. Paulinus hic, de quo multa mentio apud Hieronymum, Augustinum, Ambrosium, Gregorium, et Gennadium. Frustra enim multi nostra ætate Honorium Augustodunensem secuti, Paulinos duos faciunt, unum Nolanum episcopum, alterum presbyterum Mediolanensem, auctorem Vitæ sancti Ambrosii, cum ipse Paulinus, in epistola ad Alypium, scribat se, licet in Hispania ordinatus fuerit presbyter, a Lampio episcopo Barcinonensi, tamen beneficio sancti Ambrosii assecutum esse ut ubicunque terrarum degeret, Ambrosii presbyter diceretur. Porro hujusmodi Vitæ, quæ ab Isidoro commemorantur, nempe Ambrosii Mediolanensis, Germani Antisiodorensis, et Paulini Nolani, episcoporum, editæ a Paulino, Constantio et Oranio, exstant in vetustissimo exemplari Ecclesiæ Toletanæ, et feruntur impressæ apud Laurentium Surium. Perez.

Ibid. Fallitur Perezius cum multis aliis, quod Paulinum ab Isidoro laudatum crediderit fuisse episcopum Nolanum, ut jam notarunt Miræus et editor D operum Patrum Toletanorum, qui observat dubitari posse an Paulinus, sancti Ambrosii diaconus, unquam ad presbyteratus ordinem ascenderit, cum solum id apud Isidorum legatur. Zaccaria addit Paulinum presbyterum Mediolanensem, scriptorem Vitæ sancti Ambrosii, distinguendum etiam esse a Paulino Biterrensi, etsi duos hos Paulinos Dupinius confuderit. Putarant Caveus et Oudinus Isidorum per oscitantiam Rufini opus de eodem argumento, de quo supra, num. 8, Paulino affinxisse; sed opus Paulini diversum est, cujus fragmentum Martianæus edidit inter Hieronymiana, et integrum libellum Mingarellius, in Anecdotis veterum Patrum Latinorum, Bononiæ, 1751. Putat Mingarellius Isidorum scripsisse *duplici intelligentiæ genere,* quia id magis operi congruit. Constantium, quem episcopum Isidorus nominat, Zaccaria vult esse presbyterum a Sidonio celebratum, de quo Oudinus; et ita opportunior est comparatio inter Constantium et Oranium

CAPUT XVIII.

22. Proba, uxor Adelphii proconsulis, femina, idcirco inter viros ecclesiasticos posita sola, pro eo quod in laude Christi versata est, componens centonem de Christo, Virgilianis coaptatum versiculis. Cujus quidem non miramur studium, sed laudamus ingenium. Quod tamen opusculum inter apocryphas Scripturas inseritur.

150 CAPUT XIX.

23. Joannes, sanctissimus Constantinopolitanæ sedis episcopus, cognomento *Chrysostomus*; cujus oratio, et plurimam cordis compunctionem, et magnam suaviloquentiam tribuit, condidit Græco eloquio multa et præclara opuscula. E quibus utitur Latinitas, duobus ejus de lapsis libellis, scriptis ad quemdam Theodorum, lamentis et exhortationibus plenis, utpote illum a bona conversatione dejectum. Et quia monachi vitam cum eo in uno eodemque monasterio exercuerat, ideo conversationis ibi factæ eum in libris ipsis admonuit, provocans eum ad propositum, atque ostendens, nulli peccatori, vel impio, si ad pœnitentiam redeat, desperandum.

24. Legimus ejusdem et librum alium, cujus prænotatio, est *Neminem posse lædi ab alio, nisi a semetipso*. Ad personam quoque cujusdam nobilissimæ matronæ Gregoriæ reperitur opus ejus insigne de conver- A sationevitæ, et institutione morum, sive de compugnantia virtutum et vitiorum. Est etiam et alius liber ejusdem apud Latinos de compunctione cordis. Alter quoque scriptus ad quemdam Eutropium, cum palatio pulsus ad alterium confugisset.

25. Multos præterea composuit diversosque tractatus, quos enumerare perlongum est. Cujus quidem studii, etsi non omnia, tamen quam plurima eloquentiæ ejus fluenta de Græco in Latinum sermonem 151 translata sunt. Hic autem, decimo tertio anno episcopatus sui, discordia Theophili Alexandrini episcopi, oppressus. Faventes episcopi nostri Arcadio imperatori damnaverunt eum innocentem, atque ab episcopatu dejectum, Pontum in exsilium retruserunt. Corpus trigesimo quinto anno, die functionis ab exsilio B Constantinopolim revocatur, etiam in Apostolorum ecclesia sepelitur.

CAPUT XX.

26. Sedulius, presbyter, edidit tres libros, dactylico heroico metro compositos, quorum primus signa et virtutes Veteris Testamenti potentissime resonat, reliqui vero gestorum Christi sacramenta vel miracula intonant.

CAPUT XXI.

27. Possidius, Africanæ provinciæ episcopus. Hic stylo persecutus est vitam sancti Augustini, cui etiam operi subjecit indiculum scriptorum ejus, enu-

presbyteros, et Paulinum etiam presbyterum. Schottus putabat Oranium esse cognomen Fortunati poetæ, qui post Severum Sulpicium de Pontio Paulino, fortasse eo qui fuit Nolanus episcopus, concripsit versibus. Gallandius, tom. VIII Biblioth., pag. 211, edidit Paulini Nolani episcopi carmina quædam auctiora et emendatiora, ex Mingarellii recensione; et tom. IX, pag. 23, Paulini Mediolanensis tria opuscula, scilicet Vitam sancti Ambrosii, Libellum adversus Cælestium, et alium de Benedictionibus patriarcharum, et in prolegomenis ad hunc tomum IX contra Tillemontium et Fontaninum cum Fabricio et laudato Mingarellio caput hoc Isidori tuetur. Inter opera Paulini Nolani exstat ejus Vita ab Uranio, sive Oranio conscripta. AREV.

22. *Proba*. Anno Christi 410, exstat cognomine Falconia Valeria.—*Centonem*. Meminit Hieron. ad Paulinum. Apocryphum vocat Gelasius, dist. 15. PEREZ.

Ibid. In Ms. Aguirriano: *Proba, quæ cognomento Falconia dicitur, uxor*, etc. Miræus putat Isidorum deceptum, quod Probam uxorem Adelphii dixerit; sed potius ipse decipitur, quod poetriam Probam crediderit fuisse Aniciam Faltoniam Probam, consulum matrem, filiam et uxorem, ut observat Fontaninius, de antiquit. Hortæ, lib. II. De Nobilissima familia Aniciorum, vide commentar. ad Prudentium, lib. I contra Symmachum, vers. 556 et seqq. Ex eadem familia fuit Proba uxor Adelphii, quamvis hic in catalogis proconsulum, qui aliunde nobis noti sunt, non reperiatur. Pro *in laude*, alii *in laudem*. De hoc centone, vide notas ad Decretum Gelasii post Sedulium, num. 52, pag. 425 et seqq. Confer etiam Didacum Covarruviam, lib. IV variar. Resolut., cap. 14, in distinct. 15. AREV.

23. *Joannes*, etc. Anno 398. PEREZ.

Ibid. De sancto Joanne Chrysostomo videri possunt Montfauconius in Editione operum sancti Doctoris, Fabricius in Bibl. Græca, tom. VII, pag. 560 et seqq., et Bollandiani, tom. IV septembris. Zaccaria notat contra Joan. Georgium Walchium, in Hist. ecclesiast. Novi Testamenti, pag. 1574, Chrysostomi C cognomentum jam sexto sæculo, et ante sextam synodum, anno ... 680 habitam, obtinuisse. In versibus etiam qui ab Isidoro editi pro sua bibliotheca dicuntur, Joannes Chrysostomus vocatur, et ratio nominis redditur. Quisnam interpres Latinus fuerit duorum libellorum, quibus Isidori ævo utebatur Latinitas, non constat. Anianum, vel Mutianum scholasticum, nonnulli indicant. AREV.

24. *De compugnantia*. Al., *de compugnatione*. Vide Isidoriana, cap. 84, num. 20, ubi de Conflictu virtutum et vitiorum, qui Isidoro ascribitur, disserui. Opuscula quædam sancti Joannis Chrysostomi recens edita leguntur in Biblioth. Galland. tom. VIII, pag. 239, et tom. XIV, in append. pag. 136. AREV.

25. *Decimo tertio anno*. Forte anno 7; nam annos 6 sedisse constat ex Marcellino et Niceph. Constantin. — *Dejectus* anno Christi 404, ex Marcellino; mortuus exsul, anno 407, ex Paulo Diac. — *Corpus*. Hæc adduntur in uno exemplari. PEREZ.

Ibid. Ex historia pro certo ponendum Chrysostomum anno 7 fuisse oppressum. Advertit Schottus, D in uno Ms. Tolet. pro *episcopi nostri* legi *episcopi novem*. Alii omittunt *nostri* et *novem*, quod meliorem et veriorem sensum reddit. Quod Pontum Chrysostomus in exsilium retrusus dicitur, ita est intelligendum, ut Comanis ad Pontum Euxinum obierit, dum ex variis aliis locis ad Pityuntem deportaretur. Ex aliis Editionibus reposui *anno a die functionis*; nam in Editione Grialii *a* omittitur. AREV.

26. *Sedulius*. Anno 430. — *Tres libros*. Laudat Gelasius, dist. 15. PEREZ.

Ibid. In prolegomenis ad Sedulium vitam ejus exposui, et de operibus disserui. Videri etiam potest Zaccariæ Historia litteraria Italiæ tom. IV, pag. 200. Annotationes in Epistolas Pauli, quæ alterius Sedulii sunt, Sedulio poetæ Miræus affingit, in quibus verba quædam Pelagii, seu alicujus Pelagiani notantur, sive ab aliis intrusa, sive ab auctore adoptata. AREV.

27. *Possidius*. Ita vet. Cod. non *Possidonius*. Fuit episcopus Calamensis in Numidia, in VII concil. Carthag., anno 418 — *vitam*, etc., exstat. PEREZ.

merans quanta idem beatissimus doctor scripsit, ubi A plusquam quadringentorum librorum volumina supputantur. Homiliarum vero et epistolarum quæstionumque infinitus modus est, ut pene vix possit quisquam articulo suo aliena tanta scribere, quanta ille proprio labore composuit.

CAPUT XXII.

28. Primasius, Africanus episcopus, composuit sermone scholastico de Hæresibus tres libros directos ad Fortunatum episcopum, explicans in eis quod olim beatissimus Augustinus in libro Hæreseon imperfectum, morte interveniente, reliquerat : in primo
152 namque ostendens quid hæreticum faciat, in secundo et tertio digerens quid hæreticum demonstret.

CAPUT XXIII.

29. Proterius, Alexandrinæ Ecclesiæ antistes, scripsit epistolas ad Leonem Romanæ sedis episcopum de festivitate paschali. Hunc autem Leonis Augusti temporibus Dioscori hæretici successores, auctore Timotheo, seditione facta, crudelissime peremerunt, ipsumque Timotheum sibi pro Alexandrino episcopo statuerunt.

CAPUT XXIV.

30. Paschasinus, Siciliensis episcopus, edidit unam epistolam paschalem, ad Leonem supradictum papam directam, in qua refert paschalis mysterii miraculum his verbis : *Est,* inquit, *possessio, quæ appellatur Meltinas, in montibus arduis, ac silvis densissimis constituta, illic perparva atque vili opere constructa Ecclesia est, in cujus baptisterio nocte sacro-* C *sancta paschali, baptizandi hora, cum nullus canalis sit, vel fistula nec aqua omnino vicina, fons ex sese repletur; paucisque qui fuerint consecratis, cum deductorium* 153
nullum sit, ut venerat aqua, ex sese discedit. Claruit sub Theodosio Juniore, Arcadii imperatoris filio.

CAPUT XXV.

31. Julianus quidam, Gallus, cognomento Pomerius. Hic octo libros de animæ Natura in dialogi morem conscripsit. Horum primus continet quid sit anima, vel qualiter credatur ad Dei imaginem facta. In secundo loquitur utrum anima corporea, an incorporea sit. In tertio disserit primo homini unde anima sit facta. In quarto utrum nova anima sine peccato fiat, an peccatum primi hominis ex illo propagata originaliter trahat.

B 32. In quinto describit quæ sit facultas animæ. In sexto eloquitur unde sit illa discordia qua carni spiritus, vel caro spiritui adversatur. In septimo autem scribit de differentia vitarum et mortium, vel resurrectione carnis et animæ, sive de morte carnis, ac de ejus resurrectione. In octavo loquitur de his quæ in fine mundi futura sunt, vel de quæstionibus quæ solent de resurrectione proponi, sive de finibus bonorum atque malorum.

33. Hic tamen, in secundo ejusdem operis libro, Tertulliani erroribus consentiens, animam corpoream esse dixit, quibusdam hoc fallacibus argumentis astruere contendens. Edidit etiam unum libellum de Virginibus instituendis, alios quoque tres de futuræ vitæ contemplatione, vel actuali conversatione, necnon de vitiis atque virtutibus.

Ibid. Notæ in Editione Grialii confusæ erant. Joannes Salinas Possidii indiculum et Vitam anno 1731 Romæ typis edidit, ejusque fidem tuetur contra Joannem Clericum, sive Phereponum, in animadversionibus ad sancti Augustini opera. Vitam Possidii, ab oculato teste conscriptam, habes etiam apud Bollandistas ad diem 17 Maii. Arev.

28. *Primasius.* Anno 553. *Ibid. Fortunatum.* Provinciæ Byzacenæ dicitur in v concil. Constantinop., collat. 2. *Ibid. Demonstret.* Exstant ejus Comment. in Apocalyps. Perez.

Ibid. Post *demonstret* in nonnullis Editionibus additur: *Claruit Justiniano regnante;* pro *Justiniano,* mendose, *Juliano.* Miræus ait Primasium obiisse, non anno 440, ut Xystus Senensis refert, sed 503. Pereziús indicat annum 553. Arev.

29. *Proterius.* Anno 457. *Ibid. Hunc autem,* etc. Nicephorus, lib. xv, cap. 15; Liberatus, cap. 16. Perez.

D *Ibid.* Epistola Proterii de paschate edita fuit ab Ægidio Bucherio, cap. 2 commentarii ad Victorii Aquitani canonem. Pro *successores* Zaccaria conjiciebat *suffragatores.* Mors Proterii contigit anno 457, quarto, vel, ut alii malunt, quinto Kal. Aprilis. Arev.

30. *Epistolam.* Anno 445 scripta est epistola. Exstat cum epistolis Leonis, tom. I Concil. Paschasinus hic Lilybetanus (in Sicilia) episcopus fuit, legatus Leonis papæ in concil. Chalcedonens. anno 451. *Ibid. Baptizandi hora.* Contigit anno 417. Simile miraculum in Hispania, anno 583, ex Gregor. Turonens., lib. x, cap. 22, et Sigeberto. Perez.

Ibid. Notas Editionis Grialii hoc quoque loco confusas in ordinem redegi. *Paschasinus;* al., *Paschasius.* Pro *Meltinas,* al., *Miltinas;* al., *Mentina;* et pro *discedit;* al., minus bene, *descendit.* Quod refert sanctus Gregorius Turonensis simile miraculum in Hispania accidisse, mirum, inquit Schottus, id ab Isidoro non recenseri, neque hoc loco, neque in libris Etymologiarum, ubi de cereo paschali agit. Alia miracula huic affinia narrat Joannes Moschus, in Prato spirituali, cap. 214 et 215, alia alii, ut videri potest in not. ad librum sancti Ildefonsi, de Cognitione baptismi, tom. II Patrum Toletanorum, cap. 105, pag. 210, ubi eruditissimus auctor ostendere conatur simile miraculum, quod Ildefonsus commemorat, esse illud ipsum quod Gregorius Turonensis Hispaniæ ascripsit, quamvis Ildefonsus locum miraculi non expresserit. Semper tamen mirum videri debet quod neque Isidorus, neque Ildefonsus in Hispania hujusmodi miraculum contigisse indicaverint. Epistola Paschasini a Miræo scripta dicitur anno 443. Quod Perezius ait, *Contigit anno* 417, ad miraculum referri videtur. Arev.

31. *Julianus.* Anno 450. Perez.

Ibid. Gallus. Maurum ait fuisse Gennadius. Falso ergo confundunt quidam Pomerium cum Juliano episcopo Toletano, qui obiit anno 690. Perez.

Ibid. Antiquissimus est hic error, quo Julianus Toletanus cum Juliano Pomerio confunditur, ut ex veteribus Codicibus liquet. Alioquin Julianus Toletanus sæpe Pomerium laudat, sequiturque. Vide Hispaniam sacram, tom. V, pag. 300, et Vitam sancti Juliani Toletani episcopi, tom. II Patrum Toletanorum. Observandum quod Gennadius, etsi Maurum natione dicit Pomerium, in Gallia tamen ordinatum presbyterum asserit; quo forte alludit Isidorus, dum Gallum vocat; vel omittendum est *Gallus* cum nonnullis Editionibus. Arev.

32. Suspicatur Schottus octavum librum de his quæ in fine mundi futura sunt, esse Prognosticon illud, quod Duaci Boetius Epo edidit. At hoc Prognosticon certo est opus Juliani Toletani, in quo identidem verba Pomerii referuntur. Arev.

CAPUT XXVI.

34. **Eugipius**, abbas Lucullanensis oppidi, Neapoli Campaniæ. Hic ad quemdam Paschasium diaconum libellum de Vita sancti 154 monachi Severini transmissum brevi stylo composuit. Scripsit et regulam monachis consistentibus in monasterio sancti Severini, quam eisdem moriens quasi testamentario jure reliquit. Claruit post consulatum Importuni Junioris, Anastasio imperatore regnante.

CAPUT XXVII.

35. **Fulgentius**, Afer, ecclesiæ Ruspensis episcopus, in confessione fidei clarus, in Scripturis divinis copiosissime eruditus, in loquendo quoque dulcis, in docendo ac disserendo subtilis, scripsit multa. E quibus legimus, de gratia Dei et libero arbitrio libros Responsionum septem, in quibus Fausto, Galliæ Regiensis urbis episcopo, Pelagianæ pravitati consentienti, respondens, obnititur ejus profundam destruere calliditatem.

36. Legimus et ejusdem librum de sancta Trinitate ad Felicem directum notarium; librum quoque Regulæ veræ fidei, et alium de Sacramento Incarnationis Domini nostri Jesu Christi. Exstant, et duo ejusdem libri de Veritate prædestinationis, ad episcopos missi, in quibus demonstratur quod gratia Dei in bonis voluntatem humanam prævenit, et quod Deus quosdam prædestinationis suæ munere justificans præeligit, quosdam vero in suis reprobis moribus occulto quodam judicio derelinquit.

37. Est et liber altercationis ejus, quo de fide cum A Thrasamundo rege idem beatus Fulgentius disputavit. Ad Ferrandum quoque, ecclesiæ Carthaginiensis diaconum, unum de interrogatis Quæstionibus scripsit libellum. Inter hæc composuit multos tractatus 155, quibus sacerdotes in ecclesiis uterentur. Plurima quoque feruntur ingenii ejus monumenta. Hæc tantum ex pretiosis doctrinæ ejus floribus carpsimus. Sors melior, cui delicias omnium librorum ejus præstiterit Dominus. Claruit sub Thrasamundo rege Vandalorum, Anastasio imperatore regnante.

CAPUT XXVIII.

38. **Eucherius**, Franciæ episcopus, elegans sententiis, ornatus in verbis, edidit ad Hilarium Arelatensem antistitem eremi deserta petentem unum opusculum de Laude ejusdem eremi luculentissimum, B et dulci sermone dictatum, in quo opere laudamus doctorem, et si pauca, tamen pulchra dicentem. *Brevitas*, ut ait quidam, *laus est interdum in aliqua parte dicendi, in universa eloquentia laudem non habet.*

CAPUT XXIX.

39. **Hilarius**, Arelatensis episcopus, scripsit Vitam parentis et prædecessoris sui, sanctissimi ac venerabilis Honorati episcopi, suavi ac præclaro prædictatam eloquio.

CAPUT XXX.

40. **Apringius**, ecclesiæ Pacensis Hispaniarum episcopus, disertus lingua, et scientia eruditus, interpretatus est Apocalypsin Joannis apostoli subtili sensu atque illustri sermone melius pene 156 quam veteres ecclesiastici viri exposuisse videntur.

34. Exstat Vita apud Surium. De Severino Gregor., lib. VII, epist. 84. Paul. Diac., lib. I, cap. 12. Importunus consul anno Christi 509. Ad Eugipium exstat epist. Fulgentii Ruspensis. Eugipium se vidisse ait Cassiodor., lib. I Divin. Inst. PEREZ.

Ibid. Eugipium, quem Cassiodorus se vidisse ait, alium juniorem Eugipium esse, Fabricius cum aliis observat. Conjectura Loaisæ et Schotti, legendum *post consulatum Importuni et Decii junioris*, non placet Zaccariæ, nam Importunus consul solus fuit; et potuit Importunus junior dici ratione alicujus fratris sui, aut alterius ex familia viri ea ætate celebris, nec tamen consulis; aut *Junior* agnomen fortasse erat. Quod si mutare quidquam placeat, censet Zaccaria *Junioris* ab imperito librario positum pro *iterum*, aut pro *illustris*. AREV.

35. *Fulgentius*. Anno 500. PEREZ.

Ibid. Joannes Molanus eruditam præfationem adjecit Editioni operum Fulgentii, a Joanne Olimmerio typis Plantinianis procuratæ. In biblioth. Galland., tom. XI, pag. 230 et seqq., legere licet librum Petri diaconi et aliorum ad Fulgentium et alios episcopos Africæ, de Incarnatione et gratia Jesu Christi, et librum Fulgentii, et aliorum episcoporum de eodem argumento ad eumdem Petrum diaconum; inter opera vero Fulgentii Ferrandi diaconi eodem tomo, pag. 329 et seqq. recensita, vitam sancti Fulgentii Ruspensis episcopi a Ferrando, ut videtur, conscriptam. Codex Regiovatic. 125, pag. 69, exhibet sermonem Fulgentii episcopi de Natali Domini, *Cupientes aliquid*, etc., et pag. 82, sermonem Fulgentii Carthaginensis episcopi de sancto Stephano. AREV.

37. Trasamundus scribi etiam solet *Thrasamundus*, *Transamundus*, et *Trasimundus*; ac similis varietas occurrit in Historia Gothorum, n. 81. AREV.

38. Eucherius. Anno 450. Lugdunensis episcopus C fuit apud Gennadium et Marcellinum. Brevitas, etc. Ciceronis sunt verba (in Oratore ad Brutum.) PEREZ.

Ibid. Franciæ episcopus; al., *Franciæ presbyter*; fortasse quia nonnunquam etiam episcopi presbyteri dicebantur, atque ita aliquando sanctus Joannes Chrysostomus loquitur. De Eucherio videri potest P. De Colonia, in historia litteraria urbis Lugdunensis. Fabricius, tom. II Biblioth. med. ævi, de Eucheriis agens, observat quod Dionysius Faucherius quædam veluti Isidori verba ex hoc opere affert, quæ in nullo Codice veteri, in nulla Editione leguntur, scilicet: *Scripsit alia in multos sacros libros commentaria non minus necessaria quam utilia, præcipue vero in Genesin, et libros Regum, ad Salonium et Veranium fratres episcopos, opus prolixum et doctissimum*. AREV.

39. Anno 432. De hoc Gennadius. PEREZ.

D 40. *Apringius*. Anno Christi 540. Apringii nomine multorum manibus circumfertur opus ingens manuscriptum in Apocalypsin. Sed ego, cum viderem Codicem ipsum Gothicum Legionensem scriptum æra millesima octava, animadverti inde auctoris nomen non constare, sed editum opus in gratiam cujusdam Eterii. Quin et in præfatione ille auctor ait se collegisse sua ex libris Victorini, Isidori, et Apringii, ut manifesto constet non esse illum Apringium cujus Isidorus meminit. PEREZ.

Ibid. Florezius, tom. XIV Hisp. sacr., ubi agit de episcopis Pacensibus, ait Apringium floruisse ab anno 531. Suspicatur opus ms. de quo Perezius loquitur esse Beati, cui cum Etherio errores Elipandi confutavit: quod ex nonnullis Mss. confirmat Bayerius in not. ad Biblioth. veter. Hispan. Nic. Antonii. Prodiit hoc commentarium beati, ut creditur, Matriti, 1770. Antiquioris commentarii Apringii meminit Braulio epist. 25, tom. XXX Hisp. sacr. AREV.

Scripsit et nonnulla quæ tamen ad notitiam nostræ A lectionis minime pervenerunt. Claruit temporibus Theudis principis Gothorum.

CAPUT XXXI.

41. Justinianus imperator, quosdam libros de Incarnatione Domini edidit, quos etiam per diversas provincias misit. Condidit quoque et rescriptum contra Illyricianam synodum, et adversus Africanos episcopos Chalcedonensis synodi defensores perverso studio: in quo tria capitula damnare contendit, id est, Theodori Mopsuesteni episcopi dicta, sive rescripta Theodoreti, et epistolam, quæ dicitur Ibæ Edesseni episcopi.

CAPUT XXXII.

42. Facundus, Afer, Hermianensis ecclesiæ episcopus, duodecim libros pro defensione trium capitu- B lorum scripsit, quorum stylo elicuit præfata tria capitula in præscriptione apostolicæ fidei, et Chalcedonensis synodi impugnatione, fuisse damnata, id est, epistolam Ibæ Edesseni episcopi ad Marim Persam directam, et Theodorum Mopsuestenum episcopum, et Theodoreti Cyri episcopi dicta. Claruit post consulatum Basilii, anno decimo regnante Justiniano imperatore.

CAPUT XXXIII.

43. Justinianus, de Hispania, ecclesiæ Valentinæ episcopus, ex quatuor fratribus episcopis, eadem matre progenitis unus, scripsit librum Responsionum ad quemdam Rusticum de interrogatis Quæstionibus: quarum prima responsio est de Spiritu sancto; secunda est contra Bonosianos, qui Christum C adoptivum Filium, et non proprium, dicunt; tertia responsio est de baptismo Christi, quod iterare non licet; quarta responsio est de distinctione baptismi Joannis et Christi; quinta responsio est quia Filius sicut Pater **157** invisibilis sit. Floruit in Hispaniis temporibus Theudis principis Gothorum.

CAPUT XXXIV.

44. Justus, Urgellitanæ ecclesiæ Hispaniarum episcopus, et frater prædicti Justiniani, edidit libellum expositionis in Cantica canticorum, totum valde breviter atque aperte per allegoriam sensum discutiens. Hujus quoque fratres Nebridius et Elpidius quædam scripsisse feruntur, quibus quia incogniti sumus, magis reticenda fatemur.

CAPUT XXXV.

45. Martinus, Dumiensis monasterii sanctissimus pontifex, ex Orientis partibus navigans, in Gallæciam venit, ibique conversis ab Ariana impietate ad fidem catholicam Suevorum populis regulam fidei et sanctæ religionis constituit, ecclesias confirmavit, monasteria condidit, copiosaque præcepta piæ institutionis composuit.

46. Cujus quidem ego ipse legi librum de Differentiis quatuor virtutum, et aliud volumen Epistolarum in quibus hortatur vitæ **158** emendationem et conversationem fidei, orationis instantiam et elemosynarum distributionem, et super omnia cultum virtutum omnium et pietatem. Floruit, regnante Theodemiro rege Suevorum, temporibus illis quibus Justinianus in republica et Athanagildus in Hispaniis imperium tenuerunt.

41. Anno 553. Sumpta hæc ex Liberato et Victore Tunnensi.

Synodus Illyriciana, anno 549. Damnat etiam Justinianus in fidei suæ professione, quæ exstat I tom. Concil. Vide scholion de Theodoro Mopsuesteno, supra ad cap. 4. Perez.

Ibid. Negotium trium capitulorum, quantum satis est, supra, num. 5, explicui. Arev.

42. Sumpta ex Victore Tunnensi *Claruit*, etc. Anno Christi 551. Perez.

Ibid. In præscriptione apostolicæ fidei; al., *in proscriptione apostolicæ fidei*, hoc est, in his quæ proscribebat et condemnabat apostolica fides, ut explicat Schottus, sicut apud Livium, lib. x, dec. 4. *Persei crimina* sunt crimina quæ Perseus objiciebat. Gallandius, tom. XI suæ Bibliothecæ, pag. 665 et seqq., libros duodecim Facundi pro defensione trium capitulorum notis Sirmondi illustratos, et a Josepho Blanchino emendatos ac suppletos inseruit. Arev.

43. Anno 531. Perez.

Ibid. Justinianus hic videtur ille ipse qui Valentino concilio temporibus Theudis subscripsit secundo loco, et a nonnullis dictus est Justinus; sed ex Mss. Florezius, tom. VIII Hisp. sacr., pag. 160 restituit nomen Justiniani, quem ab anno 531 episcopum ordinatum fuisse colligit, et saltem usque ad annum 546 vixisse. Arev.

44. *Libellum*, etc. Exstat. Nebridius episcopus Egarensis subscribit in II concil. Tolet., anno Christi 527; et in concil. Tarac., anno 516. Perez.

Ibid. Pro *Urgellitanæ*, alii *Orgilitanæ*, vel *Orgellitanæ*. Postea, pro *quibus*, etc., alii *de quibus, quia nobis incogniti sunt, magis reticendum fatemur*. Vera lectio est quam apposui, quamvis vitiosa fortasse videatur. Ea exstat etiam apud Loaisam et Grialium, nisi quod apud hos legitur *e quibus*, pro *quibus*. Atque ita fere explicat Nic. Antonius, lib. v Biblioth. vet. Hisp., cap. 5, n. 235. Sensus est *quæ quia non cognoscimus*. Vide not. ad epistolam 3 Isidori, num. 1. In Spicilegio Dacherii, tom. III, inter epistolas miscellaneas, pag. 119, epistola secunda est *Justi episcopi Orgelitani ad Sirgam papam: Sciens te*, etc. Desinit, *in Domino fove*. Offert tractatum libri *in Cantica canticorum*. Arev.

45. Martinus, episcopus Dumiensis, natione Pannonius fuit, ut ex Gregorii Turonensis Historia constat, et ex ipsius Martini epitaphio a se composito, quod ex vetusto libro descriptum habemus. Ejus hoc est initium:

Pannoniis genitus transcendens æquora vasta
Galleciæ in gremium divinis nutibus actus.

Fundavit monasterium Dumiense in Gallæcia, ut dicitur in decimo concil. Tolet.; itaque subscribit D Martinus episcopus in concil. primo Bracar., anno Christi 561. Inde factus archiepiscopus Bracarens., subscribit in secundo concil. Bracar., anno 562. Præfuit vero his ecclesiis annos triginta ex Gregorio Turonens., in Chron., et lib. primo de Miraculis Martini Turonensis, cap. 11, et Aimoino, lib. III, cap. 39. Ejus aliqua opuscula feruntur impressa, plura nos habemus nondum edita. Perez.

Ibid. Sanctus Martinus episcopus fuit ab anno 572 ad annum 580. Ejus Vitam ac res gestas describit Florezius, tom. XV Hisp. sacr., et inter appendices ejusdem opera collocat, quorum nonnulla tunc primum lucem viderunt. Gallandius, tom. XII suæ bibliothecæ, pag. 273 et seqq., opuscula septem sancti Martini Dumiensis collegit, et recensuit; ignarus tamen Editionis a Florezio adornatæ. Pro *in Gallæciam*, mendose, nonnulli Editi *in Gallias*. Scribitur etiam *Gallecia*. Arev.

CAPUT XXXVI.

47. Avitus, Viennensis episcopus, scientia sæcularium litterarum doctissimus edidit quinque libellos heroico metro compositos, quorum primus est de Origine mundi, secundus de Originali peccato, tertius de Essentia Dei, quartus de Diluvio mundi, quintus de Transitu maris Rubri. Scripsit et ad Fuscinam sororem de Laude virginitatis librum unum pulcherrimo compositum carmine, et eleganti epigrammate coaptatum.

CAPUT XXXVII.

48. Dracontius composuit heroicis versibus Hexameron creationis mundi; et luculenter quidem composuit et scripsit.

CAPUT XXXVIII.

49. Victor, Tunnensis ecclesiæ Africanus episcopus. Hic a principio mundi usque ad primum Justini Junioris imperii annum brevem per consules annuos bellicarum ecclesiasticarumque rerum nobilissimam promulgavit Historiam, laude et notatione illustrem, **159** ac memoria dignissimam. Hic, pro defensione trium capitulorum a Justiniano Augusto Ecclesia sua pulsus, exsilio in Ægyptum transportatur.

50. Inde rursum Constantinopolin vocatus, dum Justiniano imperatori, et Eutychio, Constantinopolitanæ urbis episcopo, obtrectatoribus eorumdem trium capitulorum resisteret, rursus in monasterio ejusdem civitatis custodiendus mittitur, atque in eadem damnatione (ut dicunt) permanens, moritur.

CAPUT XXXIX.

51. Joannes, sanctæ memoriæ Constantinopolitanus episcopus, natione Cappadox, ad quem beatus Gregorius librum Regulæ pastoralis scripsit, vir inæstimabilis abstinentiæ, et eleemosynis tantum largissimus, ut zelo avaritiæ adversus eum imperator Mauricius permotus, urbe pauperes pellendos ediceret.

52. Hic Græco eloquio edidit de sacramento baptismatis rescriptum ad bonæ recordationis dominum nostrum et prædecessorem Leandrum episcopum, in quo nihil proprium ponit, sed tantummodo antiquorum Patrum replicat de trina mersione sententias. Claruit temporibus Mauricii principis, defunctusque est Augusto eodem regnante

CAPUT XL.

53. Gregorius papa Romanæ sedis apostolicæ præsul, compunctione timoris Dei plenus et humanitate summus, tantoque per gratiam Spiritus sancti scientiæ lumine præditus, ut non modo illi in præsentibus temporibus quisquam doctorum, sed nec in præteritis quidem par fuerit unquam. Hic in exordio episcopatus edidit librum Regulæ pastoralis, directum ad Joannem Constantinopolitanæ sedis episcopum. In quo docet qualis quisque **160** ad officium regiminis veniat, vel qualiter, dum venerit, vivere, vel docere subjectos studeat.

54. Idem etiam, efflagitante Leandro episcopo, librum beati Job mystico ac morali sensu disseruit, totamque ejus propheticam historiam triginta quinque voluminibus largo eloquentiæ fonte explicuit. In quibus quidem quanta mysteria sacramentorum aperiantur, quantaque sint in amorem vitæ æternæ præcepta, vel quanta clareant ornamenta verborum, nemo sapiens explicare valebit, etiam si omnes artus ejus vertantur in linguas.

55. Scripsit etiam, et quasdam epistolas ad prædictum Leandrum, e quibus una in eisdem libris Job titulo præfationis annectitur; altera eloquitur de mer-

47. Anno Christi 490. Vide Gregor. Turonens., Sigebertum et Adonem. — *Libellos*, etc. Exstant impressa. PEREZ.

Ibid. Aviti epistolæ exstabant apud Sirmondum, qui nonnullas publicavit, tom. I conciliorum Galliæ. Gallandius, tom. X suæ Biblioth., pag. 697 et seqq., præter poemata quæ Isidorus laudat, collegit epistolas, homilias et aliorum opusculorum fragmenta. AREV.

48. Exstat impress. Vide infra in Eugenio III. PEREZ.

Ibid. Dracontii Carmina duplo auctiora quam antea prodierant ex Mss. Vaticanis edidi Romæ, 1791, notisque recensui. In prolegomenis fuse de auctore disserui, quem Hispanum fuisse conjiciebam. An presbyter fuerit, non constat. AREV.

49. Victoris Tunnensis episcopi habeo Chronicon manuscriptum, in quo, post Eusebium, Hieronymum et Prosperum, tempora prosequitur a consulatu XVIII Theodosii Junioris, id est, anno Christi 444, usque ad annum primum Justini Junioris, id est, Christi 567. Ibi suum deplorat exsilium, quo mihi valde dignus fuisse videtur. Restitit enim Vigilii papæ Justiniani imp. et synodi Constantinopol. decretis, dum tria capitula, de quibus supra diximus, mordicus defendit. Hic apud Isidorum, lib. V Etymolog., cap. 38, falso Turonensis scribitur, ab aliis Tunnensis, Trithemio Cummenensis, sed ipse se in vetusto Codice Tunnensem vocat. Puto esse oppidum Africæ proconsularis, quod Tunis Polybio et Straboni vocatur, Tunisense Plinio, Livio autem Tunes, Tunetis, inflectitur. Nobile his temporibus ob expeditionem Caroli Quinti Cæsaris. Hujus Victoris meminerunt etiam Ado Viennensis, et Otho Frisingensis, lib. 5, cap. 4. PEREZ.

Ibid. Victor a Grialio *Tununensis* vocatur lib. V Etymolog., cap. 38, num. 7. Schottus, ex Ms. Ingolstadiensi, malebat *Tunmuensis*. Nonnulli comminiscuntur *Tmuensis*, quæ Ægypti est urbs. Ejusdem Victoris meminit Isidorus in præfatione ad Chronicon. Observandum quod Victor post Prosperum, ut ait Perezius, tempora prosecutus est, atque adeo continuavit historiam quam ab origine mundi Eusebius auspicatus fuit. Ejus Chronicon pluribus in locis restitutum, notisque illustratum, tom. XII suæ biblioth. Gallandius edidit. AREV.

51. Jejunator vocatur a Niceph. Constantinop. PEREZ.

Ibid. Joannes Jejunator diversus est ab alio Joanne Cappadoce Constantinopolitano episcopo, qui obiit anno 535 de quo Fabricius, tom. XI Biblioth. Græcæ, pag. 1571. In Isidori textu fortasse ab alio adjectum est, *natione Cappadox*. Memoria Joannis Jejunatoris a Græcis celebratur quarto nonas Septembris. Obiit anno 595. Vide P. Le-Quien, tom. I Orient. Christ., col. 226. AREV.

53. *Constantinopolitanæ.* Ita I lib. Registr., epist. 4. Non ergo ad Joannem Ravennatem, ut in impress. PEREZ.

Ibid. Non solum in impressis, ut ait Perezius, sed etiam in multis Mss. antiquis, liber Regulæ pastoralis directus apparet ad Joannem Ravennatem. Sed præferenda videtur auctoritas Isidori, et Registri, quæ, capite 1 libri Ildefonsi de Vir. illustr. comprobatur, nisi dicamus ad utrumque fuisse eum librum directum. AREV.

55. *Epistolas* ad *Leandrum*, etc. Et aliæ, lib. IV Registr., epist. 46. cap. 90, et lib. VII, epist. 125. Altera Primo lib. Registr., epist. 41. PEREZ.

sione baptismatis, in qua inter cætera ita scriptum est: *Reprehensibile*, inquit, *esse nullatenus potest infantem in baptismate mergere, vel semel, vel ter, quando in tribus mersionibus personarum Trinitas, et in una potest Divinitatis singularitas designari.*

56. Fertur tamen idem sanctissimus vir, et alios libros morales scripsisse, totumque textum quatuor Evangeliorum sermocinando in populis exposuisse, incognitum scilicet nobis opus. Felix tamen, et nimium felix, qui omnia studiorum ejus potuit cognoscere. Floruit autem Mauricio Augusto imperatore. Obiit in ipso exordio Phocatis Romani principis.

CAPUT XLI.

57. Leander, genitus patre Severiano, Carthaginiensis provinciæ, professione monachus, et ex monacho Hispalensis Ecclesiæ provinciæ Bethicæ constitutus episcopus, vir suavis eloquio, **161** ingenio præstantissimus, vita quoque etiam atque doctrina clarissimus, ut, et fide ejus atque industria populi gentis Gothorum ab Ariana insania ad fidem catholicam reverterentur. Hic namque in exsilii sui peregrinatione composuit duos adversus hæreticorum dogmata libros, eruditione sacrarum Scripturarum ditissimos, in quibus vehementi stylo Arianæ impietatis confodit atque detegit pravitatem, ostendens, scilicet, quid contra eosdem habeat catholica Ecclesia, vel quantum distat ab eis religione, vel fidei sacramentis.

58. Exstat et aliud laudabile ejus opusculum adversus instituta Arianorum, in quo, propositis eorum dictis, suas responsiones opponit. Præterea edidit unum ad Florentinam sororem de institutione virginum et contemptu mundi libellum, titulorum distinctionibus prænotatum. Siquidem, et in Ecclesiasticis Officiis idem non parvo laboravit studio; in toto enim Psalterio duplici editione orationes conscripsit; in sacrificio quoque, laudibus atque psalmis, multa dulci sono composuit.

59. Scripsit et epistolas multas: ad papam Gregorium de baptismo unam, alteram ad fratrem, in qua præmonet cuique mortem non esse timendam. Ad cæteros quoque episcopos plurimas promulgavit familiares epistolas, et si non satis splendidas verbis, acutas tamen sententiis. **162** Floruit sub Recaredo viro religioso, ac principe glorioso, cujus etiam temporibus mirabili obitu vitæ terminum clausit.

CAPUT XLII.

60. Lucinianus, Carthaginis Spartariæ episcopus, in Scripturis doctus: cujus quidem multas epistolas legimus, de sacramento denique baptismatis unam, et ad Eutropium abbatem, qui postea Valentiæ episcopus fuit, plurimas. Reliqua vero industriæ et laboris ejus ad nostram notitiam minime venerunt. Claruit temporibus Mauricii Augusti. Occubuit Constantinopoli, veneno (ut ferunt) exstinctus ab æmulis, sed, ut scriptum est: *Justus quacunque morte præoccupatus fuerit, anima ejus in refrigerio erit.*

Ibid. Post *designari* nonnulli Editi sic pergunt: *Præterea edidit*, quod totum mysticum ejus intellectum in* XXII *homiliis disseruit; homilias autem Evangeliorum; item dialogi more cum Petro habitos de virtutibus Patrum libros quatuor, in quorum dissertatione et verborum flores et sensuum depromit venustates. Fertur*, etc. Post *edidit* aliquid deesse Loaisa et Fabricius animadvertunt. Miræus observat Dialogos sancti Gregorii a Melchioris Cani calumniis Baronium egregie vindicare in notis ad Martyrol. Rom., die 23 Decembris. AREV.

56. *Evangeliorum*, etc. Exstant Homil. XL in Evangelia. — *Obiit.* Anno Christi 604. PEREZ.

Ibid. Evangeliorum, etc. Hoc arguit intrusa esse quæ de homiliis, num. præc., in nonnullis Editionibus adjunguntur. AREV.

57. *Provinciæ*, etc. Falso Lucas Tudensis et alii addunt *duce*.—*Ab Ariana*, etc. In concil. III Tolet., ann. 589, Greg. III Dialog., cap. 31, et Gregor. Turon. PEREZ.

58. *Ad Florentinam*, etc. Lib. de Virgin. exstat Oveti (jam impressus). PEREZ.

Ibid. In toto psalterio, etc. Innuuntur orationes pro officiis ecclesiasticis excerptæ ex psalmis juxta primam et secundam Editionem sancti Hieronymi, ut fusius explicui in Isidorianis, cap. 87, n. 20 et seqq. AREV.

59. *Floruit.* Anno Christi 600. — *Vitæ terminum.* Leander Hispalensis quo anno fuerit mortuus, ambigunt nostri historici. Itaque libet in gratiam nostri Isidori, qui et illius germanus et successor in Ecclesia Hispalensi fuit, annum mortis Leandri certo constituere. Ego Leandrum anno Christi 600 mortuum, colligo ex his conjecturis. Primum quod illum ait Isidorus frater vita functum tempore Recaredi regis, quem regem constat obiisse anno Christi 600. Nam successisse Recaredo Livuam regem, æra 639, id est, Christi 601, tradit Isidorus libro de Gothis. Non vero mortuum Leandrum ante istum annum 600, ex eo liquet, quod Gregorius papa ad Leandrum Hispalensem scribit, VII lib. Registr., epist. 125, indictione 2, anno nono sui pontificatus, nempe anno Christi 599. Ita constabit summa annorum episcopatus Isidori, qui fratri Leandro successit, ut diximus. Præfuit enim Isodorus suæ Ecclesiæ Hispalensi prope quadraginta annos, auctore sancto Ildefonso. Cum vero certissimum sit Isidorum mortuum anno Christi 636, id quod paulo post in Isidoro confirmabimus, si quis retrocedat, facile, et mortem Leandri, et initium Isidori reperiat, vereque illud de quadraginta prope annis ab Ildefonso dictum cognoscet. PEREZ.

Ibid. Vitæ. Al., *vitæ actualis*, vel *vitæ mortalis.* AREV.

60. Lucinianum, sive Licinianum (utroque enim modo scriptum reperio), quidam ex nostris nuper tradiderunt Carthagine translatum fuisse ad episcopatum Valentinum, non satis intellectis verbis Isidori, qui non Lucinianum, sed Eutropium ait fuisse episcopum Valentinum ad quem scripserit Lucinianus multas epistolas. Hujus Luciniani epistola ad papam Gregorium edita est cum ipsis Moralibus. Ego vero præterea habeo et hujus Luciniani atque Severi ejus collegæ doctissimam epistolam manuscriptam ad Epiphanium diaconum, ubi angelos probat esse incorporeos, et alteram ad Vicentium, non Cæsaraugustanum, sed Ebusitanæ insulæ episcopum, credentem epistolas quasdam de cœlo cecidisse. PEREZ.

Ibid. Claruit. Circa ann. 590. PEREZ.

Ibid. In Vulgata legitur: *Justus autem si morte præoccupatus fuerit, in refrigerio erit.* Sanctus Eulogius Cordubensis in Apologetico, paragrapho *Quid enim*, legit eodem modo ac sanctus Isidorus. Sanctus Ambrosius, de Obitu Valent., exhibet pariter *quacunque morte.* Quod attinet ad epistolas quas de cœlo cecidisse Vincentius Ebusitanus episcopus credebat, de quibus Perezius in nota, observandum, etiam Lucam Tudensem contra Albigens., lib. III, cap. 18, mentionem facere de quibusdam epistolis, quas Albigenses spargebant, fingentes, a Filio Dei fuisse scriptas, et per angelorum manus hominibus transmissas. AREV.

CAPUT XLIII

61. Severus, Malacitanæ sedis antistes, collega et socius Luciniani episcopi, edidit libellum unum adversus Vincentium Cæsaraugustanæ urbis episcopum, qui ex catholico ad Arianam pravitatem fuerat devolutus. Est, et alius ejusdem de Virginitate ad sororem libellus, qui dicitur annulus: cujus quidem fatemur cognovisse titulum, ignorare eloquium. Claruit temporibus prædicti imperatoris, quo etiam regnante vitam finivit.

CAPUT XLIV.

62. Joannes, Gerundensis ecclesiæ episcopus, nativitate Gothus, **163** provinciæ Lusitaniæ Scalabi natus. Hic, cum esset adolescens, Constantinopolin perrexit, ibique Græca et Latina eruditione munitus, post decem et septem annos in Hispanias reversus est, eodem tempore quo incitante Leovigildo rege, Ariana fervebat insania. Hunc supradictus rex, cum ad nefandæ hæresis crudelitatem compelleret, et hic omnino resisteret, exsilio trusus, et Barcinonem relegatus, per decem annos multas insidias, et persecutiones ab Arianis perpessus est.

63. Qui postea condidit monasterium quod nomine Biclaro dicitur, ubi congregata monachorum societate, scripsit regulam ipsi monasterio A profuturam, sed et cunctis Deum timentibus satis necessariam. Addidit in libro Chronicorum ab anno primo Justini Junioris principatus, usque ad annum octavum Mauricii principis Romanorum, et quartum Recaredi regis annum, historico compositoque sermone valde utilem Historiam: et multa alia scribere dicitur, quæ ad nostram notitiam non pervenerunt.

CAPUT XLV.

64. Eutropius, ecclesiæ Valentinæ episcopus, dum adhuc in monasterio Servitano degeret, et pater esset monachorum, scripsit ad papam Lucinianum, cujus supra fecimus mentionem, valde utilem epistolam, in qua petit ab eodem quare baptizatis infantibus chrisma, post hæc unctio tribuatur. Scripsit et ad B Petrum **164** episcopum Ircavicensem de districtione monachorum salubri sermone compositam epistolam, et valde monachis necessariam.

CAPUT XLVI.

65. Maximus, Cæsaraugustanæ civitatis episcopus, multa versu prosaque componere dicitur. Scripsit et brevi stylo historiolam de iis quæ temporibus Gothorum in Hispaniis acta sunt, historico et composito sermone, sed et multa alia scribere dicitur, quæ necdum legi.

61. De Vincentio Isidorus, lib. de Gothis in Leovigildo. PEREZ.

Ibid. Claruit. Anno 590. PEREZ.

Ibid. Collega et socius. Scilicet, in aliquo monasterio. Vide Florezium, tom. XII, pag. 303. Severus fuit episcopus Malacitanus ab anno 578 ad 601, circiter. Pro *ex catholico*, al., *ex catholica*; al., *ex catholica fide.* Pro *annulus*, Schottus, ex vestigiis veteris scripturæ, colligebat legi posse *aureolus*. AREV.

62. Pro *Scalabi natus*, alii, *Scalabitanus*; et *credulitatem*, quod fortasse melius pro *crudelitatem*. De Joanne Gerundensi, seu Biclarensi, Florezius, t. VI, Append. 9, ubi Chronicon ejus illustratum producit. Idem Chronicon, pluribus in locis, restitutum prodiit in biblioth. Gallandii, qui, quamvis Florezii Editionem ignoraverit, tamen plura addit lectu digna etiam in Prolegomenis tom. XII. AREV.

63. Joannis Biclarensis abbatis Chronicon, cujus Isidorus meminit, habeo descriptum ex vetustissimo libro Gothico. Hic auctor, ut de se ipse ait, Victoris Tunnensis Chronicon ulterius perduxit ab anno Christi 566 usque ad 590, ubi nostrorum regum Leovigildi et Recaredi historiam per singulos imperatorum annos doctissime persequitur. PEREZ.

Ibid. Scribere. Alii, *scripsisse*, quod notandum; nam ex verbo *scribere* colligunt multi Joannem Biclarensem adhuc in vivis fuisse, cum Isidorus hæc scriberet. Joannem hunc ex Orientali ecclesia nonnullos ritus in liturgiam Gothicam invexisse Pinius in dissert. de liturg. Goth., cap. 2, § 3, colligit, et cum Nic. Antonio apud Isidorum, n. 62, legit *post decem et septem annos*, pro *septimo demum anno*, quod C Bignæus edidit. Sed apud hunc corrigi potest *septimo decimo anno*. AREV.

64. Penes Eutropium abbatem Servitanum et Leandrum episcopum fuit summa concilii tertii Tolet., ait Joann. Biclar., anno 589. De monasterio Servitano Ildefonsus in Donato. Ircavicensem. Forte Ereavicense. PEREZ.

Ibid. Lucinianum; de quo num. 60. Alii. *Licinianum*, vel *Licinium*. Pro *Ircavicensem*, alii *Irtabicensem*. Schottus conjiciebat *Ercaviensem*. Pro *districtione*, alii, *institutione*, alii, *distinctione*. Florezius, tom. VII, pag. 70, asserit Gothos dixisse *Arcavicensem*, Romanos *Ircavicensem*; Petrum autem episcopum Ircavicensem fuisse ait ab anno circiter 589 ad annum circiter 600. Hæc postrema epistola exstat in append. Collectionis regularum Holstenii; eadem cum alia de octo vitiis in Bibliotheca Patrum Lugdunensi, tom. XXVII; Florezius, tom. VIII Hisp. sacr., inter episcopos Valentinos, ex Isidoro, Eutropium recenset. AREV.

65. Subscribit in tribus concil. ms., Barcinon., Tolet. et Egaren., anno 599, 610, 614. — Isidorus scribit hunc librum usque ad annum 610. PEREZ.

Ibid. Maximo huic affingitur supposititium Chronicon, de quo plura Nic. Antonius. Pro *scribere*, alii, D *scripsisse*. Post hoc cap. 46 in libro Isidori sequitur. *Prænotatio librorum sancti Isidori a Braulione edita*, quæ in Isidorianis, cap. 3, num. 1 et seqq. descripta et illustrata fuit. Continuatio sancti Ildefonsi, quæ ab aliis etiam adjungi solet, inter appendices exhibetur. AREV.

AD S. ISIDORI HISPALENSIS OPERA APPENDICES.

APPENDIX PRIMA.

S. ILDEFONSI TOLETANI EPISCOPI LIBER DE VIRORUM ILLUSTRIUM SCRIPTIS.

(Huic libro, quem ad hic ponendum opportunam causam habebat Romanus Editor, reservamus in nostra Bibliotheca locum propriorem, — Patrologiæ, scilicet, tomo LXXXV, inter S. Ildefonsi alia opera.)

APPENDIX II.

178 ARCHIEPISCOPI TOLETANI VETERES.

Ex Editione Grialii, et tom. III Patrum Toletanorum.

1. Sanctus Eugenius (*Circa* 112) missus a sancto Dionysio, et martyr Parisiis. — 2. Melantius (312 *et antea*) in concilio Eliberitano. — 3. Pelagius (*Circa* 325). Hinc numerare incipit sanctus Ildefonsus, et catalogus sancti Æmiliani, forte a pace Constantini. — 4. Patrunus. — 5. Turibius. — 6. Quintus. — 7. Vincentius. — 8. Paulatus. — 9. Natalis. — 10. Audentius, de quo Gennadius. Vide Ildefonsum, cap. 2. — 11. Asturius (400, *al.*, 405), de quo Ildefonsus, cap. 2. — 12. Isicius. — 13. Martinus. — 14. Castinus. — 15. Campeius. — 16. Sinticio, vel Sinticius. — 17. Praumatus. — 18. Petrus I. Hic aliqui Hectorem inserunt ex concilii Tarraconensis vetusto Codice. — 19. Celsus. — 20. Montanus (522 *ad* 531), de quo Ildefonsus, cap. 3. — 21. Julianus. — 22. — Bacauda. — 23. Petrus II. — 24. Euphemius, seu Euphimius (579 *et seqq.*). Subscripsit tertio concilio Toletano, anno 589, apud exteros etiam mirandus, ut patet ex tom. I Antiquit. eccles. Schelstratii. — 25 Exuperius. — 26. Conantius. Alii præferunt Adelphium. — **179** 27. Adelphius (597). Subscripsit cuidam concilio Toletano anno duodecimo Recaredi. — 28. Aurasius (603 *ad* 615), de quo Ildefonsus, cap. 5. — 29. Sanctus Helladius (615 *ad* 623), de quo sanctus Ildefonsus, cap. 7. — 30. Justus (633) : de quo sanctus Ildefonsus, cap. 8. — 31. Eugenius II (636), de quo Ildefonsus, cap. 12. — 32. Eugenius III (646), de quo Ildefonsus, cap. 13. — 33. Sanctus Ildefonsus (657). De eo Julianus. — 34. Quiricus (667). Subscribit concilio Toletano A XI. — 35. Sanctus Julianus (680). De eo Felix. — 36. Sisebertus (690). Depositus in concilio Toletano XVI. — 37. Felix (693). Subscribit concilio Toletano XVI. — 38. Guntericus, seu Gundericus (700). — 39. Sinderedus (*Circa* 710). Romam Saracenorum tempore fugiens, subscribit concilio Romano sub Gregorio II. Eodem tempore Oppa, seu Oppas intrusus. Item Urbanus functus munere absentis episcopi Sinderedi.

Hinc sequentes episcopi sub jugo Saracenorum.

40. Urbanus (*Post* 721) primum vicarius, deinde, ut credi potest, post obitum Sinderedi episcopus. — 41. Sunieredus (*Circa* 740) — 42. Concordius (*Circa* 760). — 43. Cixila (*Circa* 774). Scribit Vitam sancti Ildefonsi, et ad illum scribit Adrianus papa. — 44. Elipandus (*Circa* 783). Ejus opinio damnata in concilio Francfordiensi, ann. 794. — 45. Gumesindus (*Circa* 820). — 46. Wistremirus (*Circa* 850), de quo et meminit sanctus Eulogius Cordubensis hoc tem- B pore. — 47. Sanctus Eulogius Cordubensis (859), electus anno 859, quo martyr obiit. — 48. Bonitus. — 49. Joannes (*Circa* 950). Obiisse æra 994 dicitur in Codice sancti Æmiliani. — 50. Paschalis (1058). Ordinatus fuit Legione, anno 1058. Episcopus adhuc Toletanus erat anno 1067. Vide Hisp. sacr. tom. XXXV, pag. 83. Aliorum episcoporum notitia desideratur, usque ad annum 1086, quo post ereptam e Saracenorum jugo Toletum Bernardus renuntiatus fuit archiepiscopus.

APPENDIX III.

CARMINA S. ISIDORO ASCRIPTA.

Versus qui in Bibliotheca sancti Isidori episcopi Hispalensis legebantur, et alii sancto Isidoro ascripti.

I. Sunt hic plura sacra, sunt hic mundalia plura : C
180 Ex his si qua placent carmina, tolle, lege.
Prata vides plena spinis, et copia florum.
Si non vis spinas sumere, sume rosas.
Hic geminæ radiant veneranda volumina legis,
Condita sunt pariter hic nova cum veteri.

II. Ille Origenes ego, doctor verissimus olim,

I. Quid in his versibus peculiari animadversione dignum sit, accurate expositum fuit in Isidorianis, cap. 81. Nunc tantum repetendum eos ad exactas metri ac Latinitatis leges non esse compositos. In titulo 1, vers. 1, alii *mundialia*, pro *mundalia*; vers. 3. *floris*, pro *florum*; vers. 5. *gemmæ* Editi, mendose, pro *geminæ*; vers. 6, posset legi *hic nova cum vetera*, ut in similibus versibus Alvari Cordubensis observatum fuit in Isidorianis, cap. cit., num. 9.

II. Alii, *Ille ego Origenes*; alii *Ille Origenes ego*, vel *Ille ergo Origenes*. In Codice Matritensi, et in Vaticano palatino, post 1 versum sequitur :

Præreptus subito lingua nocente fui.
Condere, si credis, studui tot millia libros,
Quot legio missos ducit in arma viros.
Nulla meos unquam tetigit blasphemia sensus.
Sed vigil et prudens, tutus ab hoste fui.
Sola mihi casum Periarchon dicta dederunt,
His me conjectum impia tela premunt.
III. Gallia me genuit, me Pictavis ore tonanti
Doctorem Hilarium misit alumna suum.
IV. Ambrosius doctor, signis insignis, et hymnis,
Enitet hic titulis, enitet eloquiis.
V. Mentitur, qui te totum legisse fatetur.
An quis cuncta tua lector habere potest?
Namque voluminibus mille, Augustine, refulges.
Testantur libri quod loquor ipse tui.
Quamvis multorum placeat prudentia libris,
Si Augustinus adest, sufficit ipse tibi.
VI. Hieronyme interpres, variis doctissime linguis.
Te Bethlehem celebrat, totus te personat orbis.
Te quoque nostra tuis promit bibliotheca libris.
VII. Nomine Joannes Chrysostomus inde vocatus,
Aurea quod nostrum lingua coruscat opus.
181 Constantinopolis me præceptore refulget,
Et celebror libris doctor ubique meis.
Composui mores, virtutum prælia dixi,
Et docui miseros crimina flere reos.
VIII. Clarior eloquio cunctis, Cypriane, refulges.
Tu modo doctor eras, tu modo martyr ades.
IX. Si Maro, si Flaccus, si Naso, et Persius horret,
Lucanus si te, Papiniusque tedet,
Par erat eximio dulcis Prudentius ore,
Carminibus variis nobilis ille satis.

A X. Perlege facundi studiosum carmen Aviti,
Ecce Juvencus adest, Seduliusque tibi.
Ambo lingua pares, florentes versibus ambo,
Fonte evangelico pocula larga ferunt.
Desine gentilibus ergo inservire poetis,
Dum bona tanta potes, quid tibi Calliroen?
XI. Historias rerum et transacti tempora secli,
Condita membranis hæc simul arca gerit.
XII. Quantum Augustino clares tu, Hippone, magistro,
Tantum Roma suo præsule Gregorio.
XIII. Non satis antiquis doctoribus impar haberis,
Leander vates. Hoc tua dicta docent.
XIV. Conditur hic juris series amplissima legum,
Veridico Latium quæ regit ore forum.
Non fucos libros gestant hæc scrinia nostra.
Qui cupis, ecce lege, si tua vota libent.
Tolle hic segnitiem, pone fastidia mentis.
Crede mihi, frater, doctior inde redis.
B An dicis forte: Quid jam mihi ista necesse est?
Quod mediter studii non superesse mihi.
Explicui historias, percurrique omnia legis,
182 Vere hoc si dicis, jam nihil ipse sapis,
XV. Quos claros orbe celebrat medicina magistros,
Hos præsens pictos signat imago viros.
Sunt medico dona, quandiu quisque laborat.
Æger jam surgit, nulla lagena venit.
Quod debes medico, redde æger, ne mala rursus
Occurrant, curret denuo nemo tibi.
Pauperis attendat medicus censum, atque potentis:
Dispar conditio dispari habenda modo est.
Si fuerit dives, sit justa occasio lucri;
Si pauper, merces sufficit una tibi.

> Quem primum fidei Græcia clara dedit.
> Celsus eram meritis, et clarus copia fandi,
> Præreptus subito...

Pro *Græcia*, Vat., *gratia*; et pro *clarus*, Matr., mendose, *clarius*.

III. Fortasse:

> Gallia me genuit, me Pictavis ora tonantem...

Pro *alumna* alii *alitque*.

IV. *Enitet*; al., *eminet*.

V. Corrupte apud Florezium, *Augustine*,

> Mentitur qui te totum legisse fatetur.

Pro *an quis* alii *aut quis*. De re ipsa vide Etymolog. lib. VI, cap. 7, n. 3. Versu 4, alii, *quæ loquor*. Pro *ipse*, alii *ipsi*, quod metro non congruit. Pro *prudentia*, alii *volumina*, quod fortasse præferendum, quamvis metro repugnet.

VI. Alii perperam, *te totus concelebrat orbis*. Nonnulli Editi indicant post hunc versum alium pentametrum desiderari; sed videntur potius esse tres hexametri sine ullo pentametro. De tertio versu dictum in Isidorianis, loc. cit.

VII. *Vocatus*; al., *vocaris*, vel *vocatur*. Codex Vat. Pal. habet *vocatus*; vel hoc, vel *vocabar* tenendum. Versus 2 sic in Ms. Matr., mendose:

> Aurea quod nostris promere lingua tuis.

Pro *nostrum*, alii *nostra*. Mox vers. 5, mendose, Cod. Matrit.:

> Composui mores hominum, virtutum præmia dixi.

Vide librum Isidori de Vir. illustr., ubi de sancto Joanne Chrysostomo agit, ejusque opus de compugnantia virtutum et vitiorum laudat.

VIII. *Refulges*; al., *refulgens*.

IX. *Tedet*: ita scribendum pro *tædet*, ut prima corripi possit. Pro *par erat*, alii, *par est*.

X. *Gentilibus*. Al., minus bene, *gentibus*. De hoc C titulo vide prolegomena ad Juvencum, num. 92, et ad Sedulium num. 167. Ex mendo Ms. 1 archivii Vat., *quam in Galiope*, conjici posset *quid tibi Calliope?* pro *quid tibi Calliroen?* Alii, *Callirrhoem*; alii alia.

XI, XII. Eusebius, Orosius, Gregorius.

XIII. *Leander vates*. Al. *Isidore antistes*, ut dixi in Isidorianis, loc. cit.

XIV. Theodosius, Paulus, Gaius

Ibid. Alii, *Non parvos libros gestant*, etc., vel *Permultos libros gestant*, etc. Hoc, et tria sequentia disticha constituunt primum titulum *Bibliothecæ a domno Isidoro editum* in Ms. Matritensi, quem subsequitur alius titulus: *sunt hic plura*, etc., usque ad *sume rosas*, ut supra in primo titulo. Pro *pone*, male alii *depone*. Pro *frater*, alii *lector*. Subinde:

> D quid jam mihi tanta necesse est
> Quo mediter studio, nil superesse mei

Alii:

> Quod meditem studii, nil superesse mihi,

vel:

> Quod meditem studiis, nil superesse meis.

Fortasse, *nil super ecce*, pro *superesse*. Mox:

> Explicui historias, et percurri omnia legis,
> Verba, hæc si dicis...

Alii:

> Explicui historias, percurri crimina legis.

XV. Cosmas, Damianus, Hippocrate, Galenus.

Ibid. *Sunt medico*. Corrupte Editi, *Sunt medio*. In nonnullis Mss., ante versum *Quod debes* legitur *Item*, et ita etiam ante versum, *Pauperis attende*: quod indicat, duos diversos esse hos titulos, quamvis pro medico omnes compositi sint. Pro *curret denuo* alii *occurret denuo*.

XVI. Quidquid Arabs aris, quidquid fert Indus odoris, A
Quidquid et Ionii pervehit unda maris.
Cinnamomum, myrrham, folium, casiamque nitentem,
Balsama, thus, calamum, coryciumque crocum,
Hæc possunt magnorum pigmentaria regum,
Et domus immensis proflua divitiis.
Nos viles fruimur pratorum germinis herbas,
Quas humiles valles et juga celsa ferunt.
Ergo sacri Hesperidum montes, et rura valete.
Nam multis curis munera nostra valent.
Hic odorata jacent, hic spirant cinnama, thura,
Quæque opulentus Arabs, quæque Sabæa feret.
Unguenti genera dum sint gratissima plura,
Nil rosa, nil viola gratius esse potest.
Cedet Elinus, cedet Amaracinus illis,
Cedet et hic Cypro quæ regione venit.
Unguenta hic cernis varia, quæ Græcia misit,
Plurima et Hesperia de regione sumus.
Vascula concreta fragilis de pulvere terræ
Pigmenta gerimus, pocula nulla damus.

XVII. Qui calamo certare novit cum mortua pelle,
183 Si placet, hic veniat; hic sua bella gerat.
Quisque vagus fuerit media librarius hora,
Suspensus binis feriatur terga flagellis.

XVIII. Si plus, bis, terque, quaterque fieri quod vult
Scriba magis nosset, eo oportet, amice.
Si sapis, et sentis, hoc tibi dico, tace.
Non patitur quemquam coram se scriba loquentem,
Non est hic, quod agas, garrule, perge foras.

XIX. Hunc cecinit Salomon mira dulcedine librum
Qui tenet egregias Sponsi, Sponsæque camœnas, C
Ecclesiæ et Christi laudes hinc inde canentes.
Et thalami memorat socios sociasque fideles.
Has, rogo, mente tua, juvenis, mandare memento.
Cantica sunt nimium falsi hæc meliora Maronis.
Hæc tibi vera canunt vitæ præcepta perennis.
Auribus ille tuis male frivola falsa sonabit.

Carmen de eclipsi lunæ.

Tu forte in luco lentus vaga carmina gignis,
Argutosque inter latices et musica flabra
Pierio liquidam perfundis nectare mentem.
At nos congeries obnubit turbida rerum,
Ferratæque premunt milleno milite curæ.
Legicrepi tundunt, latrant fora, classica turbant.
Et trans Oceanum ferimur porro usque, nivosus
Cum teneat Vasco, nec parcat Cantaber horrens.
En quibus indicas ut crinem frondea Phœbi
Succingant, hederæve comas augustius umbrent.
En quos flammantem jubeas volitare per æthram.
Quin mage pernices aquilas vis pigra elephantum.
Præcurret, volucremque pigens testudo molossum
184 Quam nos rorifluam sectemur carmine lunam.
Sed tamen incurvus per pondera terrea nitens,
Dicam, cur fesso livescat circulus orbe,
Purpureumque jubar nivei cur tabeat oris. B
Non illam, ut populi credunt, nigrantibus antris
Infernas ululans mulier prædira sub umbras
Detrahit altivago e speculo; nec carmine victa
Vel rore Stygias **
Vincibilemque petit clamorem; quippe per æthram,
Qua citimus limes dispescit turbida puris,
Inviolata meat; sed vasto corpore tellus,
Quæ medium tenet ima polum, dum lumina fratris
Detinet umbriferis metis tum sidere crasso
Pallescit teres umbra rotæ, dum transeat axem
Aggerei volox tumuli, speculoque rosanti
Fraternas reparet per cœlum libera flammas.
Sed quia mira putas, cur, cum vis maxima solis
Bis novies major clueat, quam terreus orbis,
Nunc circumcingat terrestres lumine metas,
Sume ratum rationis opus; namque aspice Phœbum,
Quam sublimis eat convexa per aurea mundi,
Quamque humilem terram collustret curribus altis:
Hic ingens utcunque libet vel desuper ignes
Sparserit, obliquo vel cum radiaverit axe
In terram radii franguntur; cætera solis
Lumina, qua major jaculis radiantibus exit,
Nil obstante globo, tendunt per inania vasta,
Donec pyramidis peragat victa umbra cacumen:
Per quam cum Phœbe validos agit uda jugales,
Infima vicinis nonnunquam decolor umbris
Fratre caret, vacuoque exsanguis deficit ore.

XVI. Versu 2, alii :

Quidquid Idumæi pervehit unda maris.

Pro *pervehit*, fortasse *provenit*. Versu 6. Al. :

Et domus immensa proflua deliciis.

Versu 7. Al. :

Nos vilibus fruimur pratorum germinis herbis.

Versu 9. Al. :

Ergo Pieridum sacri montes, et rura valete.

Sic abundat *sacri*. Versu 11. Al. :

Hic odorata jacent spirantia cinnama thura,
Quæque serent seres, quæque Sabæa feret.
Unguenti genera dum constent florida plura
Nil rosa, vel violis gratius esse potest.

Melius esset *cedet et his*, pro *Cedet et hic*. Pro *Cypro*, alii *Cyprium*, et *qui*, pro *quæ*.

XVII. *Novit*. Al., *cupit*. Hæc omnia usque ad finem, *perge foras*, desunt in Muratorio. Versu 3, scripsi *quisque*, quod accipi solet pro *quisquis*. In Editis et Mss., *quisquis vagus*, aut *qui vagus hic*. Fortasse hi duo versus hexametri alium titulum de eadem re constituebant.

XVIII. *Ad interventorem*. Florezius, mendose, ut arbitror, *ad intercentiorem*. In duobus primis versibus obscurus est sensus. Pro *bis*, alii *dis*. Ultimum distichon ad alium titulum de eodem interventore videtur pertinere.

XIX. De his versibus dixi in Isidorianis, cap. 65, num. 46, et cap. 81, n. 12. Eos aliis Bibliothecæ versibus annecto, quia ad idem genus pertinent. Editio Matritensis Ulloæ in 2 vers. exhibet *egregius*, pro *egregias*, et in vers. 7 omittit *præcepta*, pro quo in nota conjicitur *simulacra*. Nos sequimur Codicem Vaticanum 650.

D VERS. 1. Quid de hoc carmine sentiendum, habes in Isidorianis, cap. 76, n. 12 et seqq. Ad mss. Codices et Editiones correctius quam hactenus illud nunc producimus. Pro *in luco*, alii *in lucis*.

8. *Cum teneat*. Forte, *cum tentet*.

12. *Pernices*. Ita recte Cod. Regiovatic. 255. Editio Pisauri *prævenien*s, Ulloæ *permisces*; ex quo confirmatur legendum *pernices*.

21. Editio Ulloæ ita, corrupte :

Vel rore Stygis authere terra matri crepantem.

Ex quo veram scripturam expiscari aliquis possit.

23. *Dispescit* : Al., *dispexit*, vel *despexit*.

25. *Lumina*. Al., *culmina*.

26. *Detinet*. Al., *deserit*; al., *desinet*.

28. Pro *aggerei*, alii *aggere*, alii mendose *agerei*.

31. *Clueat*. Al., *luceat*.

35. *Curribus altis*. Al., *cursibus altis*.

36. *Vel desuper*. Al., *ut desuper*; al., *cum desuper*.

Cur autem sola spolietur lumine luna,
Nil vero mirum est; quippe illam lucis egentem
Lux aliena fovet, quam cum pars proxima metæ
Invidet, exspectat radios male cærula fratris.
At chorus astrorum reliquus non tangitur umbris,
Et proprium cunctis jubar est, nec sole rubescunt.
Sed sudum ***
185 Porro ultra solem rapitur cum vertice cœli.
Jam cur semestri non semper palleat orbe,
A Inflexi præstant obliquo tramite cursus.
Namque vagans errore rato cum devia tortos
Colligit anfractus, metam sol eminus exit,
Intorquetque peplum noctis, radiatque sororem.
Hæc eadem ratio est, subitis cur frangitur umbris
Augusti solis rutilum jubar, indiga lucis
Quando inter terram et solem rota corporis almi
Luna meat, fratrem rectis objectibus arcens.

51. *Sed sudum*. Editio Ulloæ.

Sed sudum adiens atralibus impete celso.

Quid inde erui possit, alii videant.

55. *Devia tortos*. Sic Editio Pisaurensis ex correctione, ut videtur, Petri Pithœi. Editio Ulloæ, *deviat ortos*.

56. *Colligit anfractus*. Editio Ulloæ, et Ms. Vatic., *Dum legit amfractus*.

58. *Cur*. Al., *ubi*, Al., *ibi*.

59. Editio Ulloæ huic versui præponit *Quando inter terram*, etc.

60. *Almi*. Sic Editio Ulloæ; alii, *almæ*, forte, pro *alma*.

B 61. Vide Isidoriana, loc. cit.

APPENDIX IV.

CHRONICA REGUM VISIGOTHORUM.

Era quadringentesima in Gothis primus rex Athanaricus efficitur. Post hunc Alaricus; quo in Italia mortuo, Athaulfus eligitur. Isto regnante, Gothi, relicta Italia, Gallias, ac postea Hispanias, occupant. Anni vero regum hac summa notantur.

1. Athanaricus (*Era H.* 407; *An. Ch.* 369) regnavit annos XIII.

2. Alaricus (*E. H.* 420· *A. C.* 382) regnavit annos XXVIII, in Italia.

3. Athaulfus (*E. H.* 449; *A. C.* 411) regnavit annos VI.

4. Segericus (*E. H.* 454; *A. C.* 416) regnavit annos VII. Alibi, semis tantum.

5. Walia (*E. H.* 454; *A. C.* 416) regnavit annos III.

6. Theuderedus (*E. H.* 457; *A. C.* 419) regnavit annos XXXIII.

7. Turismundus (*E. H.* 490; *A. C.* 452) regnavit annos III. Alibi I.

8. Theudericus (*E. H.* 491; *A. C.* 453) regnavit annos VII. Alibi, XIII.

9. Euricus (*E. H.* 504; *A. C.* 466) regnavit annos XV. Alias, XVII.

186 10. Alaricus (*E. H.* 521; *A. C.* 483) regnavit annos XXIII.

11. Gisaleicus (*E. H.* 544; *A. C.* 506) regnavit annos III, et in latebra annum I. Alibi, XV.

12. Theudericus (*E. H.* 549; *A. C.* 511) de Italia regnat in Hispania, tutelam agens Amalarico nepoti suo per consules annos XI. Alias, XV.

Amalaricus (*E. H.* 561; *A. C.* 523) regnavit annos V.

13. Theudis (*E. H.* 569; *A. C.* 531) regnavit annos VI, menses VI. Alias, a. XVII, m. V.

14. Theudisclus (*E. H.* 586; *A. C.* 548) regnavit annum I, menses VI, dies XIII.

15. Agila (*E. H.* 587; *A. C.* 549) regnavit annos V, menses VI, dies XIII.

16. Athanagildus (*E. H.* 592; *A. C.* 554) regnavit
C annos XV, menses VI. Alias, annos XIV. VACAT regnum menses V. Et alibi XIII.

17. Livua (*E. H.* 605; *A. C.* 567) regnavit annum I.

18. Leovigildus (*E. H.* 606; *A. C.* 568) regnavit annos XVIII.

19. Recaredus (*E. H.* 624; *A. C.* 586) regnavit annos XV, menses VI, dies X.

20. Item Livua (*E. H.* 639; *A. C.* 601) regnavit annum I. Alias, II, menses VI.

21. Witericus (*E. H.* 641; *A. C.* 603) regnavit annos VI, menses X.

22. Gundemarus (*E. H.* 648; *A. C.* 610) regnavit annum I, menses X, dies XIV.

APPEND. IV. N. 1. Apud sanctum Isidorum era designatur 407. Pro an. 13 Athanarici, in Editione PP. Toletanorum conjectura est *ann.* 12. Numeri eræ Hispanicæ, et anni Christi intra parentheses notati sunt ex Editione Grialii, in qua post Chronicon Gothorum attexitur catalogus regum Gothorum in Hispania ex Isidoro, ex conciliis vetustis Hispaniæ, et ex hac Chronica collectus. Vide Isidoriana, cap. 79, n. 9 et 10.

3. In eadem Editione, pro annos VI, *fors.* ann. V.

4. *Segericus*. Al., *Sigericus*. In ead. Ed. *Malim pro* annos VII *legi* dies VII. Lindenbrogius exhibet *annos* VII, *alibi semis tantum D.* Quod obscurum est.

5. Forte, *annos* IV.

6. Al., *Theudericus*... *annos* XXIII. Ex conjectura *ann.* 32.

7. *Turismundus*; al., *Thurismodus*. Ei annus I, non tres assignandi.

8. *Theudericus*; al., *Theudoricus*. Retinendi anni 13, non 7.

9. *Annos* XV. Al., *annos* XX, et ex conjectura, XVIII. Cæterum auctor secutus videtur sanctum Isidorum in Historia Gothorum.

11. *Gisaleicus*; al., *Geselicus*, vel *Gesaleicus*, vel *Gesaricus*. Lindenbrogius post *annum* I, addit: *Alibi* XV. Cujus rei ratio non intelligitur, nisi fortasse unia tur hujus regnum cum regno Theuderici, qui annis XI fuit in Hispania. Vide sanctum Isidorum.

12. *Theudericus*; al., *Item Theudoricus*. Alium ejusdem nominis præcessisse *item* indicat, ut infra in Livua, et in Recaredo, n. 20 et 24. Falsi sunt numeri annorum XLI. Regnavit annos XV, per con-
D sortium. Alii exhibent annos XI, quia totidem in Hispania commoratus est. Masdeus, tom. X Hist. Hisp., p. 311, chronicam regum Visigothorum describit, et observat, Amalarico tribui annos quinque, quia quatuor primi anni numerantur in Theuderico. Pro anno Christi 523, alii 526. Pro *Amalaricus*, alii *Amalericus*.

13. Anni XVII numerandi ex Isidoro, potius quam XVI.

14. Alii, *menses* V, pro *menses* VI.

15. *Menses* VI. Al., *menses* III.

16. Alii, *annos* XIII. Qui annos XV numerant, ab anno quo primum rebellavit exordiuntur.

17. Masdeus intelligit *annum* I, *solus*. Postea *duos cum filio*.

18. *Leovigildus*; al., *Leubegildus*; al., *Livigildus*.

19. *Menses* VI. Al., *mensem* I. Anni XV recensentur ab anno quo titulum accepit.

20. Retinendus annus I, potius quam duo.

22. *Dies* XIV. Al., XIII, Al., IX.

23. Sisebutus (*E. H.* 650; *A. C.* 612) regnavit annos VIII, menses XI, dies XVI. Alias menses VI.

24. Item Recaredus (*E. H.* 659; *A. C.* 621) regnavit menses III. Alias, paucos dies.

25. Suintila (*E. H.* 659; *A. C.* 621) regnavit annos X.

26. Sisenandus (*E. H.* 669; *A. C.* 631) regnavit annos IV, menses XI, dies XIV.

27. Chintila (*E. H.* 674; *A. C.* 636) regnavit annos III, menses IX, dies IX.

28. Tulga (*E. H.* 678; *A. C.* 640) regnavit annos II, menses IV.

187 29. Chindasuinthus (*E. H.* 680; *A. C.* 642) solus regnavit annos VI, menses VIII, dies XI. Item cum filio suo Domino Reccesuintho rege regnavit annos IV, menses VIII, dies XI. Obiit pridie Kal. Octobris, era DCXCI.

30. Reccesuinthus (*E. H.* 687; *A. C.* 649) regnavit annos XXIII, menses VII, dies XI. Obiit Kal. Septembribus, die 4 feria, hora 3, era 710, anno incarnationis Domini nostri Jesu Christi 672, anni cycli decennovennalis 8, luna 3. Idem cum patre suo regnavit annos IV, menses VIII, dies XI.

31. Suscepit autem domnus Wamba (*E. H.* 710; *A. C.* 672) regni gubernacula eodem die quo ille obiit, in supradictis Kalendis Septembribus, dilata unctionis solemnitate usque in diem III Kal. Octobr., luna 21, era qua supra. Idem quoque gloriosus Wamba rex regnavit annos VIII, mensem I, dies XIV. Accepit quoque pœnitentiam prædictus princeps die Dominico exeunte, hora noctis prima, quod fuit pridie Idus Octobris luna 15, era 718.

32. Suscepit autem succedente die, secunda feria, gloriosus domnus noster Ervigius (*E. H.* 718; *A. C.* 680) regni sceptra, quod fuit Id. Octobris, luna 16, era 718, dilata unctionis solemnitate usque in supervenientem diem Dominicum, quod fuit XII Kalendas Novembris, luna 22, era qua supra. Item quoque gloriosus Ervigius rex regnavit ann. VII, diebus XXV, in quo die in ultima ægritudine positus elegit sui successorem in regno gloriosum nostrum dominum Egicanem, et altera die, quod fuit XVII Kal. Decembris, sexta feria, sic idem dominus Ervigius accepit pœnitentiam, et cunctos seniores absolvit, qualiter cum jam dicto principe glorioso domino Egicane ad sedem regni sui in Toleto accederent.

33. Unctus est autem dominus noster Egica (*E. H.* 725; *A. C.* 687) in regno in ecclesia sanctorum Petri et Pauli prætoriensis sub die VIII Kal. Decembris, die Dominico, luna 14, era 725.

34. Unctus est autem Witiza (*E. H.* 739; *A. C.* 701) in regno die quo fuit XVII Kal. Decembris, era 739.

23. *Dies* XVI; male alii, *dies* VI.

24. *Menses* III. Al., *menses* IV. Male, *annos* III, apud alios.

26. *Annos* IV. Al., *annos* III. Masdeus asserit annos IV esse contra concilia Toletana. Pro *dies* XIV Lindenbrogius *dies* XVI.

27. *Menses* IX. Al., *menses* VIII, quod unice placet Masdeo.

29. *Chindasuinthus*; al., *Cindasuindus*, vel *Chindisuindus*. Alii minus bene annos regni cum filio dicunt esse tres, et dies duodecim. Lindenbrogius perperam assignat eram 661.

30. *Reccesuinthus*. Al., *Reccesuindus*. Pro *regnavit*, alii *solus regnavit*, sed delendum est *solus*. Pro *menses* VII, alii *menses* III, alii VI, pro *dies* XI, Aguirrius *dies* XII, alii *dies* II. Lindenbrogius, corrupte, *annos* XIII. Omnino retinendi numeri textus, etiam in anno Incarnationis 672, pro quo Lindenbrogius posuit 662.

31. *Domnus*. Al., *gloriosus dominus*. Pro *diem* XIII, alii, male *diem* XIV.

32. *Autem*. Al., *statim*. Ibid., *noster*; al. omittunt. Pro XII *Kal.*, male Aguirrius XIV *Kal.* Post *diebus* XXV, Masdeus supplet *usque ad* V *Idus Novembris*; et *altera die* explicat *alia die*, quin necesse sit esse diem proximum. Pro *Decembris*, male Aguirrius *Septembris*. Lindenbrogius, et Aguirrius desinunt in *luna* 22, *era quæ supra*. Reliqua Maiansius et Florezius addiderunt.

34. *Die quo*. Fortasse, *die quæ*, vel, ut num. 32, *die quod*. In Editione Patrum Toletanorum notatur recte Florezium legere XVIII *Kal.* Masdeus contendit legendum XII *Kal. Decemb. era* 739, hoc est, anno 701. Alii assignant annum 702. In Catalogo regum Visigothorum Editionis Grialii additur Witizam regnasse ann. X, Rodericum ann. I, et, juxta alios, III. Hæc omnia cum chronologia sequenti conferri possunt, ut mutuam sibi opem ferant.

APPENDIX V.

Chronologia, et series Gothicorum regum ex Codice Regiovaticano 667.

188 1. Primum in Gothis regnavit Athanaricus annis XIII. Iste primus per Valentem imperatorem hæresim Arianam cum omni Gothorum gente intravit. Sub isto legem Gothi, ac litteras habere cœperunt; et cum eodem rege ab Hunnis de terra propria expulsi sunt. Rex quoque Constantinopoli vitam finivit sub imperatore Theodosio (*Vide Isidoriana*, *c.* 79, *n.* 11).

2. Alaricus regnavit annis XIV. Iste ob vindictam Gothorum *, quos Romani interfecerunt, exercitum movit, et Romam cepit, ibique Placidiam Theodosii imperatoris filiam cum opibus multis deprædavit. Postea in Italia obiit sub imperatoribus Honorio et Arcadio.

3. Ataulfus regnavit annis VI. Iste supradictam Placidiam conjugem accepit, et regni anno 5 de Italia Gallias adiit. Et dum Hispanias petere voluisset, a suis interfectus est in Barcilona sub imperatoribus Honorio et Arcadio.

4. Sigericus regnavit ann. I. Iste, dum pacem cum Romanis habere voluisset, mox a suis est interfectus sub imperio prædicto.

5. Wallia regnavit ann. III. Belligerator fuit; cum imperatore Honorio pacem habuit, et sororem ejus Placidiam ei reddidit. Iste Hispanias ingressus, Vandalos et Sillingos [*Al.*, Vandalos Selinguos] in Bætica bello exstinxit, et Alanos ad nihilum redegit. Ad Africam classe transire disposuit; sed Gaditanum mare eum non dimisit. In Gallias rediit, ibique vitam finivit sub imperio Honorii.

6. Teuderedus regnavit ann. XXXIII. Iste Litorium ducem Romanum, et cum eo multa millia Romanorum exstinxit; ex Hunnis ducenta millia interfecit, ibique prælando occiditur sub imperio Theodosii Minoris.

7. Turismundus filius ejus regnavit ann. I, qui dum feralis et noxius esset, a Theuderico, et Frigdario, et fratribus, interfectus sub imperatore Marciano.

8. Theudericus regnavit ann. XIII. Iste dum Gothis Avito imperatori sumere auxilium dedit; et ob hoc inde cum licentia idem Aviti imperatoris cum ingenti exercitu Hispanias intravit, et milliario 12 ab Asturica apud Urbicum fluvium Recchiarium Suevorum regem prælio superavit, eumque persequens, in Portucale cepit atque occidit. Braciam [*Forte*, Bracharam] cepit; sicque inde per Lusitaniam in

Gallias rediit; ibique ab Eurico ejus fratre occisus A sub imperatore Leone.

9. Euricus regnavit ann. xxvi. Iste Lusitaniam deprædavit, Pampilonam, et Cæsaraugustam cepit, et Gothis legem dedit. Arelate obiit sub imperatore Zenone.

10. Alaricus, filius ejus, regnavit ann. xxiii, quem Clodovæus rex Francorum apud Pictavium bello interfecit. Ob cujus vindictam Theodericus **189** socer ejus Italiæ rex Francos perterruit, et regnum Gothis integrum restituit sub imperatore Anastasio.

11. Gesaleicus, Alarici filius, regnavit ann. iv. Iste a Gundebaldo Burgundionum rege in Narbona superatus, ad Barcilonam fugit. Inde ad Africam ad Vandalos pro auxilio perrexit, et non impetravit. Inde reversus, apud Barcilonam a duce Theuderici Italiæ regis interfectus sub imperatore Anastasio.

12. Theudericus supradictus, occiso Gisaleico, regnum Gothorum tenuit ann. xv; et superstiti nepoti suo Amalarico reliquit. Ipse Italiam rediit, et ibi vitam finivit sub imperatore Justiniano.

13. Amalaricus regnavit ann. v. Iste a Childeberto Francorum rege superatus, Narbone interiit sub imperatore Justiniano.

14. Theudis regnavit an. xvii. Iste, quamvis hæreticus, pacem concessit Ecclesiæ, et episcopis licentiam dedit in Toletana urbe concilia peragere. Francorum reges infra Hispanias usque Minium superavit; eumque in palatio quidam insaniam simulando interfecit sub imperatore Justiniano.

15. Theudisclus regnavit ann. i; qui dum toros multorum macularet, et obiter multis necem excogitaret, mox inter epulas gladio Hispali jugulatur sub eodem Justiniano.

16. Agila regnavit an. v. Iste dum ad Cordubam urbem pugnaret, et in contemptu Christi sepulcrum sancti martyris Aciscli quodam horrore pollueret, filium ibi cum multa copia interfectum, et omnem thesaurum regum amisit, et Emeritam fugit; ibique sui eum interfecerunt sub imperatore Justiniano.

17. Athanagildus regnavit ann. xiv. Iste contra milites Justiniani imperatoris, quos ipse contra Agilanem petierat, diu confixit, atque eos exstinxit. Toleto morte propria decessit sub imperatore Justiniano.

18. Livua regnavit ann. iii, in Narbona. Iste fratri Leovigildo Hispaniæ administrationem dedit; ipse Galliis præfuit.

19. Leovigildus, adepta Gallia, et Hispania, regnavit ann. xiv. Iste valde hæresi Arianæ deditus, persecutionem Catholicis intulit, et ecclesiarum privilegia tulit. Massonam Emeritensium episcopum exsilio relegavit. Suis perniciosus fuit, potentès per cupiditatem damnavit. Suevos superavit, et Gallæciæ regnum Gothis admiscuit. Primus regali veste opertus solio resedit. Urbem in Celtiberia fecit, et Recopolim nominavit. Gothorum leges ante correxit, et Toleto propria morte decessit sub Mauricio imperatore.

20. Recaredus, filius ejus, regnavit ann. xv. Iste, in exordio regni sui catholicam fidem adeptus, omnem Gothorum gentem ad cultum Dei, rectæque fidei revocavit, et per synodum episcoporum Galliæ et Hispaniæ fidem catholicam confirmavit, Francorum hoste lx millia in Hispania bello prostravit, et tempora regni sui omni bonitate honoravit. Fine pacifico Toleto decessit, imperatore Mauricio.

21. Livua, filius ejus, regnavit ann. ii. Istum præcisa dextra innocuum Wictericus occidit, et regnum sibi suscepit sub imperatore Mauricio.

190 22. Wictericus regnavit ann. vii, vir quidem strenuus in armorum arte, sed exspers victoriæ; quod fecit recepit. Inter epulas enim prandii a suis interfectus est sub imperatore Phoca.

23. Gundemarus regnavit annis ii. Vascones una expeditione vastavit, et morte propria Toleto decessit sub imperio Heraclii.

24. Sisebutus regnavit ann. viii. Iste potestate Judæos ad fidem Christi perduxit, et ecclesiam sanctæ Leocadiæ Toleto opere miro fundavit. Astures et Vascones in montibus rebellantes humiliavit, et suis per omnia benevolus fuit. Hunc quidam proprio morbo, alii potionis haustu immoderato asserunt occisum sub imperio Heraclii. Tunc nefandus Mahomat in Africa nequitiam legis stultis populis prædicavit.

25. Suintila regnavit ann. x. Victoria et consilio B magnus fuit. Vascones devicit, duos patricios Romanos cepit; omnes Hispanim et Galliam strenue rexit, et ob meritum pater pauperum vocatus est; et fine proprio Toleto decessit sub imperio Heraclii.

26. Sisenandus regnavit ann. iv. Iste synodos episcoporum egit; patiens fuit, et regulis catholicis orthodoxus exstitit. Toleto vitam finivit sub imperio Heraclii.

27. Chintila regnavit ann. iii. Synodos plurimas Toleto cum episcopis egit, et subditum regnum fide firmavit. Toleto decessit sub imperio Heraclii.

28. Tulga regnavit ann. iii. Blandus in omnia fuit.

29. Chindasuinthus regnavit solus ann. vi, et cum filio suo Reccesuintho ann. iv. Hujus tempore quievit Hispania, et per synodos erudivit Ecclesiam. Toleto obiit sub imperio Constantini Novi.

30. Wamba regnavit ann. ix. Primo regni sui anno C rebellante sibi Paulo duce cum quadam parte Hispaniæ, prius feroces Vascones in finibus Cantabriæ perdomuit; deinde cunctis civitatibus Gothiæ et Galliæ captis, ipsum postremo Paulum in Nemausense urbe victum celebri triumpho sibi subjecit. Postea ab Ervigio regno privatur sub imperio Constantini Novi.

31. Ervigius regnavit ann. vi. Iste synodos multas Toleto cum episcopis egit; filiam suam conjugem dedit Egicani. Toleto obiit sub imperio Justiniani.

32. Egica regnavit ann. xv. Iste dum regnum accepit, filiam Ervigii cum juratione Wambæ subjecit. Filium suum Witizanem principem secum regno præfecit. Toleto decessit sub imperio Leonis.

33. Witiza regnavit ann. x. Toleto vitam finivit sub imperio Tiberii.

34. Rudericus regnavit ann. iii. Istius tempore era 752, Farmalio terræ Saraceni evocati Hispanias occupaverunt, regnumque Gothorum ceperunt; quod D adhuc usque ex parte pertinaciter possident; et cum Christianis die noctuque bella ineunt, et quotidie confligunt, dum prædestinatio usque divina dehinc eos expelli crudeliter jubeat. Reges Gothorum defecerunt. Sunt (*sic*) sub uno ann. 314; Alarico regnante ab era 301, ingressi sunt Gothi in Italiam. Post hujus annos reges Gothi Galliam ingressi sunt. **191** Post septem annos Gothi Hispaniam migraverunt. In era D. IX. LXV. (forte, 835) regnavit Carolus Francorum rex, et patricius Romæ.

APPENDIX VI.

EXPOSITIO IN CANTICUM CANTICORUM SALOMONIS.

CAP. I. — 1. *Osculetur me osculo oris sui.* Tangat me dulcedine præsentiæ suæ, quem sæpius a prophetis promissum audivi. *Quia meliora sunt ubera tua vino.* Dulcedo evangelicæ doctrinæ austeritate legali melior est. *Fragrantia unguentis optimis.* Donis Spiritus sancti : A *chrisma* Christus, id est, ab unctione unctus, quod nomen cum gratia sancti Spiritus in baptismo effunditur in omnes fideles. *Ideo adolescentulæ dilexerunt te.* Electorum animæ gratia baptismatis renovatæ.

2. *Trahe me post te.* Ut ascendentem in cœlos sequar. *Introduxit me rex in cellaria sua.* Fide in gaudia cœlestis patriæ interna. *Exsultabimus, et lætabimur in te memores uberum tuorum super vinum.* In te, non in nobis; memores per omnia, fidei gratiam super legis esse doctrinam. *Recti diligunt te.* Nullus te diligit nisi rectus; et nullus est rectus nisi qui te diligit. *Nigra sum, sed formosa, filiæ Jerusalem.* Vox Ecclesiæ de suis pressuris. Nigra in pressuris persecutionum, sed formosa in decore virtutum.

3. *Sicut tabernacula Cedar, sicut pelles Salomonis.* In tentatione obscurata dæmonum, formosa in mortificando desideria carnalia. *Nolite me considerare, quod fusca sim, quia decoloravit me sol.* Nolite mirari, si hominibus despecta sim foris ob tentationum æstus. *Filii matris meæ pugnaverunt contra me; posuerunt me custodem in vineis, vineam meam non custodivi.* Acerbitas filiorum Synagogæ me fecit vineam Jerosolymis non custodire, sed multarum esse vinearum, id est, Ecclesiarum per orbem custodem. *Indica mihi quem diligit anima mea, ubi pascas, ubi cubes in meridie, ne vagari incipiam post greges sodalium tuorum.* Indica mihi pastorem meum, quem tota mente diligo, et in quibus pascua et requiem habeat, ne, æstu tentationum turbata, per sodalium, id est, hæreticorum conventicula eum quærere incipiam.

4. *Si ignoras te, o pulchra inter mulieres, egredere, et abi post vestigia gregum tuorum.* Si ignoras, te sub hujusmodi tentationum conditione mihi esse sponsatam, egredere a meo conspectu, et varios errantium actus sequere. *Et pasce hædos tuos juxta tabernacula pastorum.* Id est, perditos nutri auditores, secuta insipientium doctrinas magistrorum. *Equitatui meo* **192** *in curribus Pharaonis assimilavi te, amica mea.* Sicut priorem populum de Ægyptio liberavi timore, sic te, sponsa mea, si in me confideris, liberabo ipanibus minis.

5. *Pulchræ sunt genæ tuæ, sicut turturis.* Tanta te verecundiæ salutaris virtute decoravi, ut castitatem promissæ mihi fidei nulla doctorum pravorum seductione corrumpas. *Collum tuum, sicut monilia; murenulas aureas faciemus tibi, vermiculatas argento.* In collo doctores designantur. In monilibus opera exprimuntur, quia ea quæ verbo docent operibus ostendunt. In murenulis Scriptura sacra ostenditur, quæ auro spiritualium sensuum fulget interius, et argento cœlestis eloquii nitet exterius.

6. *Dum esset rex in accubitu suo, nardus mea dedit odorem suum.* Rege Christo in beatitudine cœlestis secreti quiescente, sanctorum virtus magnæ nobis gratiam suavitatis administrat. *Fasciculus myrrhæ dilectus meus mihi, inter ubera mea commorabitur.* Mors dilecti mei, quam pro mea salute subiit, semper in mea memoria commorabitur. *Botrus cypri dilectus meus mihi in vineis Engaddi.* Qui fuit fasciculus myrrhæ in amaritudine passionis, ipse est botrus Cypri in dulcedine resurrectionis. Myrrha tristificat, vinum lætificat. In vineis Engaddi propter charismata divina, quæ post resurrectionem largitus est in baptismo suis participibus. *Engaddi*, fons hœdi, baptismum significat.

7. *Ecce tu pulchra es, amica mea, ecce tu pulchra es.* Pulchra in simplicitate cordis et munditia operum. *Oculi tui columbarum.* Quia sensus tui spirituali sunt intelligentia præditi.

8. *Ecce tu pulcher es, dilecte mi, ecce tu pulcher es.* Tu solus naturaliter pulcher, ego ex te pulchra. *Lectulus noster floridus.* Pax sanctæ Ecclesiæ et virtutibus sanctis florescit, et spirituali prole multiplicatur. *Tigna domorum nostrarum cedrina ; laquearia nostra cypressina.* Tigna et laquearia doctores sunt in sancta Ecclesia propter munimen et decorem. Cedrina et cypressina propter eximias virtutes eorum et odorem bonæ vitæ.

CAP. II. — 1. *Ego flos campi, et lilium convallium.* Ego decus mundi, et gloria humilium. *Sicut lilium inter spinas, sic amica mea inter filias.* Tu requiem quæris, et laudas lectuli; recordare quod candidior tribulationum aculeis efficeris, et major est fructus prædicationis, quam quietis.

2. *Sicut malus inter ligna silvarum, sic dilectus meus inter filios.* Sicut malus visu, odore, gustu, antecellit ligna silvestria, sic Christus antecellit omnes sanctos, qui filii Dei dicuntur, sed gratia, ille solus natura. *Sub umbra illius quem desideraveram sedi.* Eodem protegente, quem semper adesse quæsivi, quiesco, et secura permaneo. *Et fructus ejus dulcis gutturi meo.* Quia gratiæ suæ cœlestis dulcedine me refecit.

3. *Introduxit me in cellam vinariam, ordinavit in me charitatem.* Cella **193** vinaria Ecclesia debet intelligi, in cujus unitate solummodo Spiritus sanctus dari solet et accipi. Cujus gratia hoc loco vini nomine designatur. In qua cella ordinata charitas est, ut quisquam Deum toto corde plusquam seipsum diligat. *Fulcite me floribus, stipate me malis, quia amore langueo.* Consolamini me exemplis, seu incipientium, seu terminantium viam salutis, dum adhuc in hujus peregrinationis tædio amore supernæ visionis languesco. *Læva ejus sub capite meo, et dextera illius amplexabitur me.* In læva Christi temporalia ejus bona, in dextera perpetuæ vitæ beatitudo designatur. Quia hic per spem mentem roborat, et illic per remunerationem glorificat.

4. *Adjuro vos, filiæ Jerusalem, per capreas, cervosque camporum, ne suscitetis, nec evigilare faciatis dilectam, quoadusque ipsa velit.* Contestor pacificas fidelium animas, per suas quamque virtutes, quæ per munda et ruminantia animalia signatæ sunt, ne pia fratrum studia aliqua importunitate impediant; sed sic quisque de proximi profectu, sicut de suo gaudeat.

5. *Vox dilecti mei.* Subauditur, hæc est; quem audivi adjurantem filias Jerusalem, ne me in ejus amplexu quiescentem suscitarent. *Ecce iste venit saliens in montibus, transiliens colles.* Tales enim saltus fecit

CAP. I. — N. 1. Quid de hac Expositione sentiendum sit, in Isidorianis, dixi, c. 65, n. 45 seq. In Cantico canticorum mystice interpretando Hebræi, sanctique Ecclesiæ Patres consentiunt. Inter cætera opus Ludovici a Ponte in Cantica canticorum dignum maxime est quod legatur. Pro *a chrisma* fortasse legendum *a chrismate*.

2. Quod Sponsa in Canticis Ecclesiam exhibeat, censent plerique Patres et interpretes recentiores.

5. *Murenula* est a *muræna;* nihilominus multi scribunt *murenula* sine diphthongo.

CAP. II. — N. 3. Cellæ vinariæ typo Ecclesiam significari, docent etiam Cassiodorus, Anselmus, Beda, et alii sacræ Scripturæ interpretes.

dilectus meus. De cœlo venit in uterum, de utero A in præsepium, de præsepio in crucem, de cruce in sepulcrum, de sepulcro rediit in cœlum. Iste, qui elevatus est super omnes montes, et colles, id est, sanctorum altitudines.

6. *Similis est dilectus meus capreæ, hinnuloque cervorum.* In assumptione carnis et humilitate capreæ; in varietate virtutum et innocentia hinnulo cervorum Christus comparatur, id est, patriarcharum. *En ipse stat post parietem nostrum, respiciens per fenestras, prospiciens per cancellos.* Indutus pariete nostræ mortalitatis latuit, sed prospiciens ad nos per cancellos, et fenestras miracula fecit, ut ex miraculis appareret Deus, qui ex passionibus latuit. *En dilectus meus loquitur mihi.* Ad prædicandum me hortatur, dicens:

7. *Surge, propera, amica mea, formosa mea, et veni.* Surge de stratu quietis, in quo tuimet solius curam agere quæris; propera tu, et veni ad impendendam etiam proximis curam salutis per studium sedulæ B prædicationis. *Jam enim hiems transiit, imber abiit, et recessit.* Jam frigus infidelitatis, et imber iniquitatis recesserunt, quæ totum orbem usque ad tempus Dominicæ incarnationis tegebant. *Flores apparuerunt in terra nostra.* Id est, initia fidei et justitiæ floruerunt in mundo, crescente Ecclesia.

8. *Tempus putationis advenit.* Id est, ut, amputatis inutilibus vanæ religionis sarmentis, futuro fidei fructui præparentur corda hominum. *Vox turturis audita est in terra nostra.* Id est, Christi Salvatoris nostri dicentis : Pœnitentiam agite, appropinquabit enim regnum cœlorum. *Ficus protulit grossos suos.* Veteris legis præcepta ceciderunt. *Vineæ florentes*
194 *dederunt odorem.* Id est, evangelicus populus, seu vites florentes sanctæ conversationis odorem longe lateque dederunt.

9. *Surge, propera, amica mea, speciosa mea, et veni; columba mea in foraminibus petræ, in caverna maceriæ.* O sponsa, et amica, cui tanta obtuli bona, surge, et veni; accingere ad certamen, unde æter- C nam quietem accipies. Columba mea, per infusionem sancti Spiritus. In foraminibus petræ, id est, vulneribus, quæ pro salute sponsæ sponsus accepit. In caverna maceriæ, id est, custodia virtutum cœlestium. *Ostende mihi faciem tuam, sonet vox tua in auribus meis.* Vox, videlicet, laudis, vel prædicationis. *Vox enim tua dulcis, et facies tua decora.* Illius namque vox Domino dulcis est, cui dulce vel verbum Domini annuntiare, vel ipsi Domino laudes resonare. Et illa fides decora est, quæ, ex operibus ornata, adversa pati non metuit.

10. *Capite nobis vulpes parvulas, quæ demoliuntur vineas.* Id est, vincite hæreticos, et schismaticos, pravos fide, et dolosos verbo, qui dente pravæ doctrinæ rudes fidelium mentes lacerare solent. *Nam vinea nostra floruit.* Id est, late electorum plebes germinant.

11. *Dilectus meus mihi, et ego illi.* Id est, solus mihi dilectus, et solus adjutor mihi est. Et ego illi D sola sum dilecta, quia nullus alius recte diligit Christum, nisi unica Ecclesia, et nulla alia ab eo diligitur. *Qui pascitur inter lilia.* Id est, munditia fidei, et candore virtutum. *Donec aspiret dies, et inclinentur umbræ.* Donec venturi sæculi lux oriatur æterna, et umbræ, id est, errores præsentis vitæ transeant. *Revertere, similis esto capreæ, hinnuloque cervorum super montes Bether.* Obsecro, dilecte mi, ut sæpius dulcedine visitationis tuæ revertaris ad me, qui carne, quam de patriarcharum origine sumpsisti, super omnes altitudines cœlestium montium ascendisti, ut laborem peregrinationis meæ speculatione æternæ patriæ releves.

CAP. III.—1. *In lectulo meo per noctes quæsivi quem diligit anima mea; quæsivi, et non inveni.* Jam dudum, inquit, multo studio quæsivi Dominum; sed quia adhuc illecebris carnis meæ subdita fui, et tenebris ignorantiæ obcæcata, non inveni lumen veritatis, id est, Dominum. *Surgam, et circuibo civitatem, per vicos et plateas quæram quem diligit anima mea, quæsivi illum, et non inveni.* Proposui animo meo surgere de lectulo carnalium voluptatum, terras ac maria circuire, et philosophorum audire magisteria; sed nec sic inveni illum.

2. *Invenerunt me vigiles, qui custodiunt civitatem. Num quem diligit anima mea, vidistis?* Vigiles sunt qui custodiunt Ecclesiam apostoli, et doctores, qui gentilitatem veritatis indagine sollicita invenerunt. *Paululum, cum pertransissem eos, inveni quem diligit anima mea.* Dum me illorum magisterio tradidi, mox lumen veritatis, quod quæsivi, inveni. *Tenui illum, nec dimittam, donec introducam illum in domum matris meæ, et in cubiculum genitricis meæ.* Teneo illum firma fide, donec in fine sæculi per officium prædicationis introducam illum in domum, et in cubile
195 Synagogæ, quæ me genuit in Domino, et sit unum ovile, et unus pastor.

3. *Adjuro vos, filiæ Jerusalem,* etc. Ideo hunc versum repetit sponsus, ne minorem Ecclesiæ de gentibus congregatæ, quam de Judæis habere sollicitudinem putaretur, sed ut sit de utrisque una sponsa, et illa dilectissima.

4. *Quæ est ista quæ ascendit per desertum?* Miratur Synagoga quomodo gentium populus, nullo circumcisionis mysterio emendatus, nulla prophetarum admonitione eruditus, subito ab infimis voluptatibus per desertum idololatriæ et gentilitatis ad alta virtutum culmina, et sponsi amplexus ascendisset. *Sicut virgula fumi ex aromatibus.* Igne amoris accensa omni nisu virtutum ad cœlestia tendit.

5. *Myrrhæ, et thuris, et universi pulveris pigmentarii.* Ex mortificatione carnalium voluptatum, et puritate orationum, et omnium virtutum odore. *En lectulum Salomonis sexaginta fortes ambiunt ex fortissimis Israel.* Lectulus Salomonis est conversatio sanctorum; sexaginta fortes prædicatores sunt sancti, et fortissimi bellatores, qui mundo corde digni sunt Dominum videre.

6. *Omnes tenentes gladios, et ad bella doctissimi.* Tenent enim gladium spiritus, quod est verbum Dei, qui quod ore docent opere complent. *Uniuscujusque ensis super femur suum propter timores nocturnos.* Nocturni timores sunt in die tentationis occultæ. Ensis prædicatoris est custodia vigilans, carnis concupiscentias premens, ne verbum prædicationis immunditia vitæ maculet.

7. *Ferculum fecit sibi rex Salomon de lignis Libani.* Ferculum Salomonis est sancta Ecclesia, quæ credentes ad æternæ beatitudinis epulas levat, quæ de fortibus animo, quasi de lignis imputribilibus, constructa est. *Columnas ejus fecit argenteas, reclinatorium aureum.* Columnæ argenteæ sunt doctores eloquii luce fulgentes. Reclinatorium aureum est spes perpetuæ quietis fidelibus promissa.

8. *Ascensum purpureum.* Quid est ascensus purpureus, nisi martyrum sanguis, et passio Redemptoris nostri? quia non ascenditur ad epulas vitæ, nisi per mysterium passionis Christi. *Media charitate constravit propter filias Jerusalem.* Omnis enim qui charitatem habet Dei et proximi, ad hanc requiem, et ad has epulas lætus perveniet. Hæc omnia ornamenta Ecclesiæ præstitit Christus ob nimiam charitatem, qua dilexit nos, et tradidit semetipsum pro nobis.

9. *Egredimini, et videte, filiæ Sion, regem Salomonem.* Egredimini mente, et actu de turbulenti mundi conversatione, ut regem pacis valeatis videre. *In diademate, quo coronavit eum mater sua.* Videte Dominum Christum in humanitate, quam de Virgine matre susceptam, in majestatis paternæ dextera collocavit. *In die desponsationis illius.* Id est, in tempore incarnationis illius, quo ad copulandam sibi Ecclesiam sponsam ex virginali utero processit. *In die lætitiæ cordis ejus.* Id est, redemptionis humani generis, quæ fuit dies lætitiæ Christi.

196 CAP. IV. — 1. *Quam pulchra es, amica mea; quam pulchra es?* Pulchram dicit Ecclesiam, et pulchram repetit, quia hanc et actione et prædicatione vidit esse laudabilem. *Oculi tui columbarum.* Sensus tui spiritualium sunt rerum contemplatione excellentes, ac venerandi. *Absque eo quod intrinsecus latet.* Magna est gloria quippe aperti operis, sed longe incomparabilior æternæ retributionis, quæ necdum videri potest.

2. *Capilli tui, sicut greges caprarum.* Possunt in capillis populi fideles accipi, qui maximum decus sua numerositate præbent Ecclesiæ. *Quæ ascenderunt de monte Galaad.* Galaad acervus testimonii interpretatur, qui bene convenit adunatæ multitudini sanctorum. *Dentes tui sicut greges tonsarum.* In capillis fragiliores, in dentibus vero perfectiores quique ad regendam Ecclesiam apti designantur.

3. *Quæ ascenderunt de lavacro.* Id est, fonte sacri baptismatis, qui et tonsi, et loti sunt, hoc est, nudati renuntiando sæculo, et vitæ lavacro mundati. *Omnes gemellis fetibus, et sterilis non est in eis.* Non est qui fetus boni operis in eis non agat. *Sicut vitta coccinea, labia tua, et eloquium tuum dulce.* Vitta coccinea doctrina veritatis intelligitur. Labia sponsæ cocco assimilantur, quia dominici sanguinis quo redempta est, pretium prædicare non cessat Ecclesia, vel quia prædicatio sancta ardore charitatis flammescit.

4. *Sicut cortex mali Punici, genæ tuæ.* In genis verecundia, in malo Punico passio Christi exprimitur. Habet ergo ruborem in genis sponsa mali Punici, cum sacramentum dominicæ crucis verbis fatetur, et factis probat. *Sicut turris David, collum tuum.* Turris Ecclesia est, collum prædicatores, quorum fides et constantia in eadem civitate firma est, et undique inexpugnabilis. *Quæ ædificata est cum propugnaculis.* Propugnacula autem ejus civitatis Scripturarum sanctarum munimina sunt, vel Patrum præcedentium.

5. *Mille clypei pendent ex ea.* Quia, quot in divinis libris præcepta sunt, tot sunt pectoris nostri munimina, quibus contra insidias omnes defendimur. *Omnis armatura fortium.* Omnis instructio est vel operationis, vel doctrinæ cœlestis, per quam non solum evadimus, sed etiam superamus. *Duo ubera tua, sicut duo hinnuli capreæ gemelli; qui pascuntur in liliis, donec aspiret dies, et inclinentur umbræ.* Duo ubera, duo sunt populi ex circumcisione venientes, et gentilitate, qui per humilitatem quidem parvos se intelligunt, et peccatores, sed charitate currentes, omnia obstacula mundi transeunt, qui pascuntur in liliis, hoc est, candidissimis sanctorum Patrum exemplis, donec præsentis mortalitatis umbras æterno die aspirante transeamus.

6. *Vadam ad montem myrrhæ, et ad collem thuris.* In myrrha mortificatio carnis, in thure devotio orationis exprimitur; quasi diceret sponsus: Frequentabo eos, et pia propitius illustratione glorificabo, quos in passionis, sive orationis virtute sublimes esse perspicio.

7. *Veni de Libano, sponsa mea, veni de Libano.* Libanus candor interpretatur, id est, anima bonis actibus candidata, quam tertio hortatur 197 sponsus ut veniat. Primo vivens in carne per bona opera; secundo, absoluta carne ad percipiendam vitam beatam; tertio, recepto corpore ad fruenda post resurrectionem gaudia perfecta.

8. *Coronaberis de capite Amana, de vertice Sanir, et Hermon, de cubilibus leonum, de montibus pardorum.* Leones propter superbiam, pardi propter crudelitatem maligni sunt spiritus; montes vero *Amana* superba infidelium corda, ubi immundi spiritus sedem habent, designant. Dum sancti prædicatores tales ad viam salutis convertunt, coronantur de capite, et vertice montium, id est, principibus super- A borum, quia de labore certaminis crescit corona gloriæ.

9. *Vulnerasti cor meum, soror mea sponsa, vulnerasti cor meum.* In vulneratione cordis magnitudo amoris Christi in Ecclesia intelligitur. *In uno oculorum tuorum, et in uno crine colli tui.* In unitate sancta doctorum, id est, oculorum, et unitate sancta plebis, id est, capillorum. *Quam pulchræ sunt mammæ tuæ, soror mea sponsa.* Item in mammarum nomine sancti doctores designantur propter consolationem infirmorum et parvulorum sustentationem, quæ lacte exprimitur. *Pulchriora sunt ubera tua vino.* Suavitas gratiæ pulchrior est austeritate legis. *Et odor tuorum unguentorum super omnia aromata.* Fama suavissima diffusæ per totum orbem fidei latior est quam veteris legis et patrum in ea, quæ in sola Judæa coangustabatur.

10. *Favus distillans labia tua, sponsa.* Favus mel in cera est. Mel autem in cera spiritualis est divinorum sensus, in littera mel stillans, quia multiplices B sensus pene singulæ sententiæ habent: labia spiritus sunt doctorum, qui multifarios sensus sacris litteris inesse pandunt. *Mel et lac sub lingua tua.* In lacte eruditio parvulorum, in melle perfectior doctrina fortiorum signatur; sub lingua, id est, in meditatione cordis.

11. *Et odor vestimentorum tuorum, sicut odor thuris.* Vestimenta Ecclesiæ opera sunt ejus, quæ odori thuris comparantur, quia cuncta, quæ sancta pro Domino agit Ecclesia, orationum pro ea vicem reddunt. *Hortus conclusus, soror mea sponsa, hortus conclusus, fons signatus.* Hortus conclusus Ecclesia est, quia multifaria spiritualium operum germina gignit; fons est, quia doctrina salutari redundat; conclusus, quia Domini protectione munita persistit: signatus, sermone fidei.

12. *Emissiones tuæ paradisus malorum Punicorum, cum pomorum fructibus.* Per irrigationem sacri baptismatis sancta Ecclesia paradisum ex se emisit malorum Pu- C nicorum, id est, sanctorum martyrum: cum pomorum fructibus, id est, cum sanctarum virtutum fructu. *Cypri cum nardo, nardus, et crocus.* Cyprus arbor aromatica est, significatque cœlestis gratiæ benedictionem. Nardus dominicæ passionis typum; crocus charitatis fervorem exprimit; conjungitur cyprus nardo, cum divina gratia confortat nos 198 pro Christo pati. Item nardus croco conjungitur, cum charitate Christi mortem libenter suscipimus.

13. *Fistula et cinnamomum cum universis lignis Libani.* Fistula, quæ et casia, arbor aromatica est, sed modica, et ideo spiritu humiles designat. Item cinnamomum qui seipsos despiciunt signat. Quæ et ipsa est brevis arbos, sed odorifera et dulcis. Sed humilitas magnam habet laudem et dulcedinem apud Dominum. *Cum universis lignis Libani.* Sicut fistula et cinnamomum humiles sanctorum cogitationes signant, ligna Libani sublimes eorum actiones D demonstrant. Myrrha et aloe arbores sunt aromaticæ, quæ continentiam carnis exprimunt.

14. *Cum omnibus primis unguentis.* Id est, charismatibus virtutum excellentioribus, et pulchra est conjunctio harum arborum, quia dum carnem a lascivia refrenamus, consequens est ut majora spiritus dona percipiamus. *Fons hortorum, puteus aquarum viventium, quæ fluunt impetu de Libano.* Utrumque Ecclesia; et fons est hortorum, quia spirituales gignit fructus, et puteus aquarum viventium, quæ impetu fluunt de Libano, propter occulta mysteria quæ sanctis propter revelationem sancti Spiritus solis panduntur; *aquarum viventium*, propter eloquia divina, quæ de invisibilibus divinæ gratiæ procedunt thesauris; *de Libano*, de ipsa Ecclesia dicit, quæ et

CAP. IV. — N. 12. Calmetus, ad cap. I, 13, ita cyprum describit: *Arbuscula mali Punici altitudine, foliis oleæ similibus, albo et odorato flore, fructu instar racemi pendente, odore suavissimo.* De aliis arboribus odoriferis conferri potest Isidorus, in Etymolog., lib. XVII, cap. 7 et 8.

candida est per munditiam fidei, et alta per virtutem A gloriæ.

15. *Surge, Aquilo, et veni, Auster, perfla hortum meum.* In Aquilone enim adversa mundi, in Austro blandimenta designantur, qua gemina impugnatione probatur Ecclesia. *Consurge* permittentis vox, non imperantis. *Et fluant aromata illius.* Id est virtutum constantiam miro odore dispergat.

Cap. v. — 1. *Veniat dilectus meus in hortum suum.* Veniat Dominus in Ecclesiam suam, ut eam ipse conservet immaculatam ubique, et fidei fruge fecundet. *Et comedat fructum pomorum suorum.* Et libenter accipiat, gratanterque inspiciat opera servorum suorum.

2. *Veni in hortum meum, soror mea sponsa.* Veni (inquit) sæpissime in Ecclesiam meam, et venio, ut corrigam, adjuvem, et confirmem. *Messui myrrham meam cum aromatibus meis.* Per myrrham passio, vel mortificatio, per aromata omnes virtutes exprimuntur. Metit myrrham cum aromatibus, B quando martyres cum cæteris electis ad maturitatem præmiorum perducit.

3. *Comedi favum cum melle meo, bibi vinum cum lacte meo.* In favo et vino prædicatores, in melle et lacte auditores intelliguntur, et utrosque internus judex approbat et remunerat. *Comedite, amici, et bibite, et inebriamini, charissimi.* Amici, faciendo quæ præcipio, obsecro, ita factis sanctorum, quasi epulis præcipuis, præcordia vestra replete.

4. *Ego dormio.* Donante gratia Dei, in pace præsentis vitæ eum celo. *Et cor meum vigilat.* Quo tranquillius sub incursibus externis quiesco, eo altius intus video quam bonus est Deus. *Vox dilecti mei pulsantis.* Pulsat ostium cordis, cum Dominus nos ad profectum virtutum excitat. 199 Aperi mihi, id est, cor pande mihi, soror mea. Amica mea, quia arcanorum meorum conscia. Columba mea, quia spiritus mei dono illustrata. Immaculata mea, quia sola aspectu meo digna.

5. *Quia caput meum plenum est rore, et cincinni* C *mei guttis noctium.* Caput Christi Deus. Cincinni sunt fidelium collectiones. In rore et guttis noctium frigens charitas in multis ostenditur quam in Domino et proximis habere debuerunt. Ideo necessario excitat Dominus fideles quosque ad prædicationis studium, quo provocata ad laborem docendi respondet Ecclesia.

6. *Exspoliavi me tunica mea, quomodo induar illa?* Ac si aperte dicat, deserui negotia sæcularia tui causa, quomodo repetam illa? *Lavi pedes meos, quomodo inquinabo illos?* Jam secretæ compunctionis fletibus ablui cogitationes terrenas; quomodo mundi sordibus iterum polluar? quia prædicationis officium sine occupatione sæculari vix esse potest.

7. *Dilectus meus misit manum suam per foramen.* Manum quippe suam dilectus per foramen misit, cum nos Dominus occulta invisibiliter compunctione ad opus virtutum accendit; nobisque in memoriam revocat, quomodo et quanta de sinu Patris descen- D dens pro nobis est passus. *Et venter meus intremuit ad tactum ejus.* Hæc recolens intima conscientia sponsa, tota expavescit; et pigritiam quietis accusans, ad laborem prædicationis festinat; unde sequitur.

8. *Surrexi, ut aperirem dilecto meo.* Id est, verbum Domini prædicarem. *Manus meæ stillaverunt myrrham, et digiti mei pleni myrrha probatissima.* In manibus enim opera, in digitis discretio signatur. In myrrha continentia et passiones: quæ tunc probatissima est, cum solummodo pro charitate Dei et proximi vel continentia fit, vel passiones fiunt.

9. *Pessulum ostii mei aperui dilecto meo.* Pessulum dilecto aperit, qui templum sui pectoris divina visitatione et inhabitatione dignum fecerit. *Ille declinaverat, atque transierat.* Quia nulli in hac vita plena visio Dei, sicut in futuro conceditur, ideo transire dicitur dilectus, id est, in futurum se videndum et perfruendum plenius ostendit.

10. *Anima mea liquefacta est, ut dilectus locutus est.* Quanto suavius, inquit, vocem atque viciniam dilecti mei accepi, tanto sublimius quidquid in me frigidum erat, charitate incaluit; et quidquid rigidum erat, liquefactum est. *Quæsivi, et non inveni illum.* Quia donum compunctionis et dulcedinis intimæ non in arbitrio est volentis, sed in miseratione donantis, ideo non semper habent illum æqualiter, quia non ita se offert Deus in exsilio laborantibus quomodo in patria regnantibus.

11. *Invenerunt me vigiles, qui circumeunt civitatem, percusserunt me, vulneraverunt me, tulerunt pallium meum mihi custodes murorum.* Custodes civitatis, id est, Ecclesiæ, sancti sunt doctores, qui sedula prædicatione circumeunt corda singulorum, et spiculis cœlestis amoris vulnerant, 200 et, ut magis ardeant, inflammescunt, et vetustæ conversationis tegumen eis subtrahunt.

12. *Adjuro vos, filiæ Jerusalem, si inveneritis dilectum meum, ut nuntietis ei quia amore langueo.* Merito languet sponsa, cum gladio verbi Dei percussa, terrenum exuit amictum; et filias Jerusalem, id est, Deo dignas animas adjurat, ut sui amoris magnitudinem ad Dominum referant; et pro ejus videnda gloria supernum sibi poscant auxilium.

13. *Qualis est dilectus tuus ex dilecto, o pulcherrima mulierum? qualis est dilectus tuus ex dilecto, quia sic adjurasti nos?* Obsecro te, quia sic adjurasti me, ut amore quo te languescere dicis me quoque per verbum prædicationis facias ardescere, et mihi ostendas qualis sit dilectus tuus ex ea parte qua possit diligi, non timeri, quia perfecta charitas foras mittit timorem.

14. *Dilectus meus candidus, et rubicundus, electus ex millibus.* Candidus, quia sine peccato; rubicundus sanguine passionis Christus, qui solus mediator Dei, et hominum. *Caput ejus aurum optimum.* Caput Christi Deus, qui solus bonus et optimus. *Comæ ejus sicut elatæ palmarum, nigræ quasi corvus.* Comæ catervæ sunt sanctorum, quæ Deo fideli famulatu adhærent. Elatæ, vel electæ palmæ propter caput Christi, nigræ ob pressuras.

15. *Oculi ejus quasi columbæ super rivulos aquarum.* Oculi ejus doctores sunt, per quos Ecclesia videt quæ recta sunt; qui bene columbæ propter simplicitatem, et rivulis aquarum propter charismata divina comparantur. *Quæ lacte sunt lotæ, et resident juxta fluenta plenissima.* Lacte lotas dicit, id est, gratia divina et dulcissima mundatas; et resident juxta fluenta plenissima, id est, omnium donorum spiritualium abundantia. Potest in rivulis veteris legis eruditio, et per fluenta plenissima perfectio evangelicæ doctrinæ signari, quia sancti prædicatores de thesauris suis proferunt nova et vetera.

16. *Genæ illius, sicut areolæ aromatum consitæ a pigmentariis; labia ejus lilia distillantia myrrham primam.* In genis Salvatoris nostri et modesta pietas simul et severitas exprimitur. Areolis aromatum virtutes, et dulcedo, et fama designantur. Consitæ a pigmentariis prophetis et apostolis, his futuræ incarnationis ejus arcana, illis facta narrantibus. Labia ejus verba sunt doctrinæ ejus. Lilia, quia claritatem cœlestis regni promittunt. Distillantia myrrham primam, quia per contemptum voluptatum præsentium ad hanc perveniendum esse prædicant.

17. *Manus illius tornatiles, aureæ, plenæ hyacinthis.* Manus, id est, opera, quia quæ verbis docuit, factis implevit. Tornatiles, quia in se omnem regulam justitiæ tenent. Unde dicit: *Oportet me omnem justitiam adimplere.* Sunt et manus aureæ, quia omnia

5. *Frigens charitas,* etc. Ita fere sanctus Augustinus, tract. 57 in Joann., et alii Patres, et sacræ Scripturæ interpretes ad hunc locum.

quæ in homine gessit, divitias gloriæ perfecit. Plenæ hyacinthis, quia ad spem nos cœlestium atque amorem excitant, quia hyacinthus aurei coloris gemma est.

18. *Venter ejus eburneus, distinctus sapphiris.* Venter dilecti fragilitatem humanitatis ejus designat, eburneus decorem castitatis. Sapphirus **201** sublimitas est cœlestium virtutum. Distinctus sapphiris, quia partim humana fragilitas esurie, tentatione, fatigatione, morte, partim divina celsitudo miraculis, resurrectione et ascensione gloriæ intelligitur.

19. *Crura illius columnæ marmoreæ, quæ fundatæ sunt super bases aureas.* Crurum vocabulo itinera incarnationis Christi insinuantur, quæ columnis marmoreis propter firmitatem et rectitudinem comparantur. Fundatæ super bases aureas, quia quidquid de eo vel per eum gestum est, omnia divinæ provisionis consilio ante tempora sæcularia disposita sunt.

20. *Species ejus, ut Libani, electus, ut cedri.* Ut Libanus celsitudine et gratia arborum alios montes, sic Dominus Christus omnes sanctos meritorum celsitudine et gratia virtutum antecellit. *Electus, ut cedri.* Sicut alias arbores, quæ in Libano nascuntur, cedri superant dignitate sua; ita Christus omnes qui in Ecclesia ad vitam nascuntur sua transcendit gloria.

21. *Guttur illius suavissimum.* In gutture interna dulcedo verborum illius memoratur, quam qui sapit, non esurit. *Et totus desiderabilis.* Quid amplius quæris? Totus desiderabilis est, quia totus Deus, et totus homo, in quem desiderant et angeli prospicere. Deus in majestate Patris, homo in virginitate matris. In illo creator, in hac salvator.

22. *Talis est dilectus meus, et ipse est amicus meus.* Quanto devotius quisque diligit Dominum, tanto familiarius habet amicum Dominum. Et talem necesse est ut intelligas eum, si vis eum amicum habere. *Quo abiit dilectus tuus, o pulcherrima mulierum?* Vox Synagogæ; pro decore enim carminis variantur personæ colloquentium. Sed tantum Christi Ecclesia, quia sponsæ vocabulo exprimitur, designatur pulcherrima mulierum. Pulchræ sunt singulæ Ecclesiæ sanctorum; sed pulcherrima universitas totius sanctæ Ecclesiæ per totum orbem. *Quo declinavit dilectus tuus, et quæremus eum tecum?* Qui aliquando in terra corporali specie versatus est, dic, quo declinavit ille, ut sequamur illum tecum?

Cap. vi. — 1. *Dilectus meus descendit in hortum suum ad areolam aromatum.* Quasi dixisset, illuc descendit in hortum, id est, Ecclesiam suam, ut eam fonte gloriæ suæ, quasi aream aromatum, irrigaret, ut virtutum floribus germinaret. *Ut pascatur in hortis, et lilia colligat.* Ego dilecto meo locum habitationis præparo in me, et ipse mihi apud se, qui semper inter sancta desideria mentium castarum pascitur. Hactenus sanctæ Ecclesiæ vox est quærentis ac laudantis; nunc, quid quæsitus respondeat, subinfertur.

2. *Pulchra es, amica mea, suavis et decora, sicut Jerusalem.* Sanctam Ecclesiam suam amicam dicit, quia ejus vitæ desiderium visioni jam pacis intimæ assimilatur. *Terribilis ut castrorum acies ordinata.* Id est, charitate unita, et compacta, ut nullus locus hosti per malum discordiæ aperiatur, quia solummodo in unitate pacis terribiles sumus hosti.

3. *Averte oculos tuos a me, quia ipsi me avolare fecerunt.* Id est, oculis mentis tuæ noli quærere in tuæ peregrinationis itinere perfecte me cognoscere, quia fieri non potest; quia quo intentius agnoscere quæris, **202** eo certius incomprehensibilem intelliges; et non quæras in via præmium, quod in patria reservatur. *Capilli tui, sicut greges caprarum*, etc. Qui versiculi prius positi sunt, sed repetitio firmitatis est indicium. In capillis populi, in dentibus

A doctores, in gemellis fetibus præcepta charitatis intelliguntur.

4. *Sicut cortex mali Punici, sic genæ tuæ absque occultis tuis.* Genæ sanctæ Ecclesiæ spirituales sunt Patres, qui virtutibus sunt mirabiles, et moribus venerabiles, et in Christi cruce gloriari non erubescentes. Et hæc magna sunt valde, quæ videntur in ea; sed multo majora quæ non videntur, et in futuro reservantur.

5. *Sexaginta sunt reginæ, et octoginta concubinæ, et adolescentularum non est numerus.* Reginæ sunt, quæ amore sponsi et cœlestis præmii intuitu per prædicationem veritatis et sacri baptismatis fontem sobolem æterno regi spiritualem generant. Concubinæ sunt, quæ carnali solummodo commodo Christum prædicando, vel baptizando, docent; et ideo illæ perfectione senarii numeri, per denarium, propter decalogum designantur. Adolescentulæ sunt animæ nuper Christo renatæ, quarum summa propter multitudinem civium cœlestium numerum transcendit. B

6. *Una est columba mea, perfecta mea.* Sancta videlicet et universalis per totum orbem Ecclesia. *Una est matri suæ, electa genitrici suæ.* Matri suæ, id est, cœlesti Jerusalem, quæ est mater omnium nostrum. Unde ad nos gratia Spiritus sancti descendit, per quam nascimur Deo. *Viderunt illam filiæ, et beatissimam prædicaverunt.* Quas prius dixit adolescentulas, nunc filias nominat; antiqui omnes catholicam laudant Ecclesiam.

7. *Quæ est ista quæ progreditur, quasi aurora consurgens?* Progreditur Ecclesia, quasi aurora, quia jam ortus veri luminis mundo post tenebras longæ ignorantiæ monstratur. *Pulchra ut luna.* Quia sole justitiæ illustrata noctem mundi illuminat. *Electa ut sol.* Quia imaginem sui conditoris in omni justitia, sanctitate et veritate portat. *Terribilis ut castrorum acies ordinata.* Terribilis aeris potestatibus in unitate charitatis, fidei, et spei.

8. *Descendi in hortum nucum, ut viderem poma* C *convallium.* Hortus etenim nucum est Ecclesia præsens, ubi nostras conscientias alterutrum minime videmus: sed fracta testa corporis, apparebit internæ dulcedinis fructus. Poma convallium fructus est humilitatis. Descendit sancta Ecclesia per doctores sanctos ad eos qui proficiunt ad fructus bonos, quive adhuc indigent doctrinæ irrigatione. *Et inspicerem si floruisset vinea, germinassent mala Punica.* Inspicerem si virtutum studia floruissent, et si qui ad exemplum dominicæ passionis præparati essent suum fundere sanguinem.

9. *Nescivi, anima mea conturbavit me, propter quadrigas Aminadab.* **203** Nescivi dona gratiæ spiritualis in te, sponsa; sed anima mea conturbavit me propter introductionem evangelicæ quadrigæ, qua Aminadab (qui interpretatur populi mei spontaneus) id est, Christus per totum vehitur mundum. Cui Ecclesia consolando mox respondet. *Revertere, revertere, Sulamitis: revertere, revertere, ut intueamur* D *te.* Noli turbata esse: sed revertere ad agnitionem tui Redemptoris, qui tibi toties in prophetis, et lege promissus est. Revertere puritate fidei: revertere operum perfectione, o Sulamitis, id est, captiva, jam a vinculis infidelitatis revertere ad tuum Redemptorem, ut salveris.

Cap. vii. — 1. *Quid videbis in Sulamite, nisi choros castrorum?* Tu doles synagogam obduratam: prope est tempus, quod choros bellantium adversus malignos spiritus et laudantium Dominum videbis in ea. *Quam pulchri sunt gressus tui in calceamentis, filia principis!* Nunc laudes Ecclesiæ ab ipso sponso proferuntur; et primo operum constantia et mortificatio voluptatum laudatur in ea, quia filia principis, id est, Christi, ob gratiam baptismi.

Cap. vi. — N. 9. Quamvis veteres mss. Codices, antiquæ Editiones pleræque, atque Ecclesia in officio, legant *Sunamitis*, magis tamen probandum esse *Sulamitis* cum Vulgata nostra, ex Hebræo ostendit Calmetus.

2. *Juncturæ femorum tuorum sicut monilia, quæ fabricata sunt manu artificis.* Duorum concordia populorum spiritualis prope fecundorum in junctura femorum designatur, quia sicut monile fabricatur manu artificis, sic est ineffabili largitate conditoris nostri firmata. In monili bona opera exprimuntur. A

3. *Umbilicus tuus crater tornatilis, nunquam indigens poculis.* Umbilicus, id est, fragilitas infirmitatis nostræ, crater, cum, conscientia mortalitatis atque infirmitatis nostræ admoniti, calicem verbi salutaris prompta mente proximis propinare satagimus. *Venter tuus, sicut acervus tritici vallatus liliis*, etc. Acervus tritici vallatus liliis est, cum abundantia boni operis sola spe perpetuæ lucis colligitur. In ventre memoria; in tritico multiplicatio boni operis, in liliis castitas exprimitur. Item in tritico panis, et in cratere potus, quæ pauperibus dantur, exprimuntur.

4. *Duo ubera tua sicut duo hinnuli gemelli capreæ.* De duobus uberibus superius dictum est. Duo ubera doctores sunt utriusque populi. In gemellis duo Testamenta sunt. Gemelli, propter unam concordiam. B *Collum tuum sicut turris eburnea.* Item in collo doctores designati sunt, qui turri eburneæ propter firmitatem et pulchritudinem comparantur. Qui civitati Dei et robur præstant, et decus.

5. *Oculi tui sicut piscinæ in Hesebon, quæ sunt in porta filiæ multitudinis.* Item oculi Ecclesiæ doctores propter nutrimentum. Et recte piscinæ comparantur, quia fluenta doctrinæ suis auditoribus præbere non cessant. Hesebon *cingulum mœroris* interpretatur, quia sancti pro vana lætitia carnis cingulo abstinentiæ constringuntur; et bene in porta multitudinis, ob abundantiam populorum concurrentium per portam fidei in Ecclesiam.

6. *Nasus tuus sicut turris Libani, quæ respicit contra Damascum.* Item in naso verbi Dei dispensatores causa discretionis designantur. Turris, quia eminentiss mum locum tenet in Ecclesia, quæ respicit contra **204** Damascum, id est, sanguinarium et impium (quia Damascus *sanguinem bibens* interpretatur): significat carnales et crudeles, contra quos C sancti doctores, in turri Libani, id est, firmitate Ecclesiæ semper vigilant.

7. *Caput tuum ut Carmelus, et comæ capitis tui sicut purpura regis juncta canalibus.* In capite mens designatur, in comis cogitationes. Et sicut capite membra, ita cogitationes mente reguntur. In Carmelo, id est, sublimibus, et passione Christi, quæ nomine purpuræ exprimitur, versantur. Canales, præcordia sanctorum, in quibus alligantur tales cogitationes.

8. *Quam pulchra es, et quam decora, charissima, in deliciis.* Pulchra fide, et opere decora, charissima in deliciis, id est, spiritualibus virtutibus. *Statura tua assimilata est palmæ.* Id est, rectitudo operationis bonæ semper ad victoriam tendit. *Et ubera tua botris.* Uberibus doctores ecclesiæ propter lac primæ eruditionis comparantur, et botris æquantur propter mysteria dulcissima æternitatis. D

9. *Dixi: Ascendam in palmam, et apprehendam fructus ejus, et erunt ubera tua sicut botri vineæ.* Apte enim victoriosissima crux palmæ comparatur, in quam Christus ascendens apprehendit fructus ejus, id est, dona quæ largitus est sanctæ Ecclesiæ, quæ ex illo tempore botros vineæ germinavit, id est, sanctos doctores, qui majori scientia et gratia propter crucem et resurrectionem Salvatoris abundant.

10. *Odor oris tui sicut malorum, guttur tuum sicut vinum optimum.* In gutture vox præsentis doctrinæ, in odore fama absentis demonstratur. Et ideo vino illa propter fragrantiam virtutum, hæc malis ob suavitatem absentis famæ comparatur.

11. *Dignum dilecto meo ad potandum, labiisque et dentibus illius ad ruminandum.* Rapuit enim sponsa verbum ex ore sponsi, quia ille vino optimo eam comparavit et subjecit: *Dignum dilecto meo*, id est, tanta sublimitas est evangelicæ prædicationis, quod ipse dilectus primus per hanc in carne apparens, mundo iter cœleste aperuit. *Labiisque et dentibus*, id est, apostolis prædicatoribusque maximis dedit ad meditandum.

12. *Ego dilecto meo.* Et non alteri, cui totam curam servitutis et dilectionis impendo. *Et ad me conversio ejus.* Me solam diligit et adjuvat, ne deficiam in via. *Egrediamur in agrum, commoremur in villis; mane surgamus ad vineas; videamus si floruit vinea, si flores fructus parturiunt, si floruerunt mala Punica.* Quia nullatenus Ecclesia vel ad bene operandum egrediendo procedere, vel in exercitio bonæ operationis persistendo commorari, vel saltem ad propositum bene agendi assurgere, vel animos auditorum suorum, quantum profecerint, discernere sufficit, nisi gratia Dei adjuta, qui dixit: *Ecce ego vobiscum sum*, etc. Item in agro Christiani, in vineis Ecclesiæ, in floribus fides, in fructibus virtutes, in **205** malis Punicis martyrium designatur. In his enim singulis sponsa dilecti sui præsentiam quærit.

13. *Ibi dabo tibi ubera mea.* Id est, parvulorum meorum pædagogos: quia in his omnibus proficiunt doctores sancti. *Mandragoræ dederunt odorem in hortis nostris.* Mandragora propter multimoda medicaminum genera sanctorum virtutibus comparatur: portæ Ecclesiæ doctores sunt sancti. In hujusmodi portis mandragoræ dederunt odorem, cum spiritualis quisque ex se virtutum famam longe lateque spargunt. *Omnia poma nova et vetera, dilecte mi, servavi tibi.* Poma nova, et vetera, præcepta sunt sive promissa Novi Testamenti, et Veteris: quia omnia ad ejus gratiam refert Ecclesia.

Cap. viii.— 1. *Quis mihi det te fratrem meum sugentem ubera matris meæ, ut inveniam te foris?* Vox ista est antiqua justorum optantium adventum Christi in carne. Sugentem ubera matris meæ, id est, in synagoga nasci ac nutriri juxta humanæ conditionis naturam. *Et inveniam te foris.* Intus erat dilectus, dum in principio erat verbum; *foris*, dum Verbum caro factum est.

2. *Ibi deosculer te.* Id est, facie ad faciem videbo, et os ad os loquar. *Et jam me nemo despiciat.* Ante adventum Christi intra angustias Judææ tantum fuit Ecclesia; post Ascensionem in toto mundo dilatata fuit, et venerabilis. *Apprehendam te.* Id est, prompta ac fideli devotione excipiam venientem.

3. *Et ducam in domum matris meæ, et in cubiculum genitricis meæ, ibi me docebis.* Peracta carnis dispensatione, redeuntem lætis ducam in domum matris meæ luminibus. In domum matris meæ, ubi cœlestis Jerusalem mater nostra. Ibi me docebis potiora sperare dona, quam in lege habuissem. *Et dabo tibi poculum ex vino condito.* Id est, ferventem amorem, variis virtutum pigmentis ornatum. *Et mustum malorum granatorum meorum.* Id est, gloriosum sanctorum martyrum triumphum, qui ferventissima charitate perferunt flammas, per quas ad te transire non dubitant.

4. *Læva ejus sub capite meo, et dextera illius amplexabitur me.* Læva carnis Christi dona designat, et dextera futura sanctorum cum Christo gaudia exprimit. *Quæ est ista quæ ascendit de deserto, deliciis affluens, innixa super dilectum suum?* Vox synagogæ mirantis quomodo de deserto gentilitas in amplexus subito sponsi ascendisset. *Deliciis affluens*, id est,

Cap. vii. N. 7. In Vulgata est *vincta canalibus.* In Mss., sæpe, *vincta*, et *juncta* confunduntur. Existimant nonnulli *Carmelum* pro purpura sumi ex Hebræo *carmel*, seu *carmil*, ex quo fortasse est Hispanicum *carmin* et *carmesi*.

Cap. viii. N. 1. Pro *Et inveniam te*, legendum videtur *Ut inveniam te.*

omnium bonorum pulchritudine. *Innixa super dilectum*, omnia, quæ habet ad gratiam dilecti referens. Suum, quem mihi soli mittendum putabam.

5. *Sub arbore malo suscitavi te.* Sub arbore crucis a perpetua morte revocavi te, ut apostolos et cæteros electos ex Judæa. *Ibi corrupta est mater tua, ibi violata est genitrix tua.* Id est, major plebs, Christum negando, et Barabbam eligendo, reprobata est. *Pone me ut signaculum super cor tuum, ut signaculum super brachium tuum.* Ut digito ob memoriam **206** cujuslibet rei signum aliquod ligamus. Per cor cogitatio, et per brachium designatur operatio. Si me velis habere sponsum, intus charitas fide non ficta sit, et foris operatio devota.

6. *Quia fortis est ut mors dilectio, dura sicut infernus æmulatio.* Fortis est usque ad mortem mea dilectio in te, o Synagoga; sed tua æmulatio dura in me fuit sicut infernus. Sed verte æmulationem in dilectionem, et eris mihi sponso sponsa. *Lampades ejus lampades ignis atque flammarum.* Dilectionis lampades corda sunt fidelium; ignis, propter fervorem cordis; flammarum, propter operationis efficaciam.

7. *Aquæ multæ non poterunt exstinguere charitatem, nec flumina obruent illam.* Aquas multas et flumina, tentationum dicit incursus quæ visibiliter, seu invisibiliter, animas fidelium impugnare non desinunt, quibus charitas non cedit. *Si dederit homo omnem substantiam domus suæ pro dilectione, quasi nihil despiciet eam.* Sancti vere totius domus suæ substantiam pro dilectionis magnitudine quasi nihil despiciebant.

8. *Soror nostra parva est, et ubera non habet.* Prima nascentis Ecclesiæ de gentibus tempora designat, quando adhuc et parva fuit numero, et minus idonea prædicare verbum Dei, quasi sponsus Synagogæ dixisset de ea: *Quid faciemus sorori nostræ in die, quando alloquenda est?* Acsi aperte dicat: Parva quidem numero est Ecclesia gentium, et necdum verbi ministerium subire sufficit. Quid ergo tibi videtur, o Synagoga, de sorore faciendum nostra, quando alloquenda est, id est, per verbi ministerium ducenda in fidem? Synagoga tacente, ipse sponsus quid fieri debeat respondet.

9. *Si murus est, ædificemus super eum propugnacula argentea.* Acsi diceret: Si aliquos habet in se fortes fide, ingenio claros, vel philosophia instructos, addamus illis propugnacula argentea, id est, scientiam divinarum Scripturarum, ut eo fa illos possint tutari infirmos atque indoctos. *Si ostium est, compingamus illud tabulis cedrinis.* Si sunt simplices, tamen docendi studio inhiantes, proponamus illis priorum exempla justorum, quo certius et efficacius A docendi opus implere possint. Cedri virtutes sanctorum et tabulæ latitudinem charitatis designant. Ad hæc ipsa respondet Ecclesia.

10. *Ego murus, et ubera mea quasi turris.* Ex quo facta sum coram eo quasi pacem reperiens, ego de vivis compacta sum lapidibus, et glutino charitatis adunata, et super fundamentum immobile ædificata. Ubera, id est, doctores fortissimi, ceu turris, qui et parvulos nutrire sciunt, et omnia maligni expellere; et hoc mihi accidit ex eo tempore quo Christus me reconciliavit, et per eum pacem reperi.

11. *Vinea fuit pacifico meo in ea quæ habet populos.* Vinea, id est, catholica Ecclesia fructu abundans fidei fuit pacifico, id est, Christo, quia omnia pacificavit in cœlis et in terris, in ea congregatione quæ multos populos possidet ex toto orbe, non Judæa solum. *Tradidit ea custodibus* prophetis, vel apostolis, vel angelicis potestatibus et dignitatibus.

B **207** 12. *Vir autem pro fructu.* Id est, retributione æterna hujus vineæ. *Affert mille argenteos.* Id est, pro acquisitione regni cœlestis, qui est fructus vineæ, cuncta quæ mundi sunt reliquit. Millenarius numerus pro perfectione ponitur. Id est, qui omnia reliquit. Argentei pro omni pecunia accipiuntur. *Vinea mea coram me.* Vox sponsi. Veruntamen, etsi te aliis commendem custodibus, tamen te semper in mea habeo præsentia, videns et remunerans laboris tui devotionem in omnibus. *Mille tui, pacifici.* Mille tui, subauditur, argentei. Quasi dixisset: Qui amore meo cuncta sua dimittit, in pace erit, quia omnem substantiam suam, quæ millenario designatur, pro charitate Dei amittit.

13. *Et ducenti* (id est) *his qui custodiunt fructus ejus.* Qui sunt doctores sancti, qui omnia mundi dimittunt, et in verbo prædicationis laborare non cessant, hi duplici remuneratione, quæ ducentenario designatur, donantur apud me. *Quæ habitas in hortis, amici auscultant.* Quia locutio nostra

C finienda est, hoc ultimum vale a me audito. Semper habita in hortis virtutum; et scito quia amici, id est, angelici spiritus et animæ sanctorum, semper te considerant, et tuo gaudent aspectu. *Fac me audire vocem tuam.* Id est, vox prædicationis tuæ, dum vales, semper audiatur a me.

14. *Fuge, dilecte mi.* Acsi aperte dicat: Quoniam, in carne apparens, præcepta mihi ac dona vitæ cœlestis conferre dignatus es, nunc his peractis, revertere in sinum Patris, o mi dilecte. *Assimilare capreæ, hinnuloque cervorum super montes aromatum.* Et hoc mihi sit solatium, quia continua visione te nequeo cernere, sal eum crebra visitatione me consolari memento.

7. In Vulgata, *aquæ multæ non potuerunt*.

APPENDIX VII.

DE CONFLICTU VITIORUM ET VIRTUTUM.

1. Apostolica vox clamat per orbem, atque in procinctu fidei positis ne securitate torpeant dicit: *Omnes qui pie volunt vivere in Christo Jesu, persecutionem patientur* (*II Tim.* III, 12). Et ecce quia Christianitas etiam in suis principibus jam religiosa jamque fidelis est, desunt pie viventibus in Christo Jesu vincula, verbera, flagella, carceres, equulei, cruD ces, et si qua sunt diversorum genera tormentorum; quomodo ergo verum erit quod per Apostolum sonuit, ut omnes pie viventes persecutionem patiantur? an forte nemo pacis tempore vult pie vivere in Christo Jesu, et ideo desunt ista? Quis hoc vel desipiens dixerit?

Num. 1. In Isidorianis, cap. 84, n. 20 et seqq., de hoc libro disserui, quem alii sancto Joanni Chrysostomo, alii sancto Augustino, alii sancto Ambrosio, alii sancto Isidoro, alii sancto Leoni Magno, alii Ambrosio Autperto ascribunt. Cajetani monitum ad hunc librum descripsi, Editiones et Codices mss. recensui. Pro Editione Grialii Cyprianus Suarez opus emendavit, sed nullas notas aut varias lectiones apposuit. Maurini inter appendices operum sancti Augustini libellum hunc reposuerunt, discrepantia lectionis alicubi notata. De titulo libri videri possunt commentarii nostri ad Psychomachiam Prudentii, ejusdem argumenti et tituli carmen egregium.

208 2. In hac ergo Apostoli sententia non specialis quorumdam, sed generalis omnium persecutio debet intelligi. Et quidem sunt multi intra sinum matris Ecclesiæ constituti, qui pie viventes in Christo, contumeliis afficiuntur, opprobriis, injuriis, derisionibusque lacessuntur. Ista vere est illa generalis persecutio, quam Apostolus omnes pie viventes in Christo pati descripsit? Non facile dixerim, cum sint quidam religiosi, quibus nemo pravorum audeat in faciem derogare. Alia ergo intelligenda est quæ immanior et magis noxia est, quam non mortalis intorquet severitas, sed vitiorum gignit adversitas.

3. Dum enim contra humilitatem superbia, contra veram religionem simulatio, contra subjectionem pugnat contemptus, contra Domini timorem inanis gloria, contra fraternam congratulationem invidia, contra dilectionem odium, contra libertatem justæ correptionis detractio, contra patientiam ira militat, contra mansuetudinem protervia, contra satisfactionem tumor, contra spirituale gaudium sæculi tristitia, contra virtutis exercitium torpor, vel ignavia, contra firmam stabilitatem dissoluta vagatio, contra spei fiduciam desperatio, contra mundi contemptum cupiditas, contra misericordiam obduratio, contra innocentiam fraus, vel furtum, contra veritatem fallacia atque mendacium, contra ciborum parcimoniam ventris ingluvies, contra moderatum mœrorem inepta lætitia, contra discretam taciturnitatem multiloquium, contra carnis intregritatem immunditia atque luxuria, contra cordis munditiam spiritualis fornicatio, contra amorem patriæ cœlestis appetitus sæculi præsentis opponens semet immergit, quid aliud quam crudelis pie viventium persecutio adversus conglobatas virtutum acies desævit?

4. O quam dirus, o quam amarus est superbiæ congressus, quæ angelos de cœlo projecit, homines de paradiso eliminavit; cujus exercitus, atque armorum conflictus, vitia sunt, quæ breviter comprehensa tetigimus! Sed videamus qualiter castra cœli et inferni dimicent, arma Christi et diaboli collisa decertent.

5. (*Superbia:*) Certe multis, imo etiam pene omnibus melior es verbo, scientia, divitiis, honoribus et cunctis quæ vel carnalibus, vel spiritualibus suppetunt charismatibus; cunctos ergo despice, cunctis temetipsum superiorem ostende.

6. (*Humilitas:*) Memento quia pulvis es (*Gen.* III, 19), quia cinis es, quia putredo et vermis es, quia etsi aliquid es, nisi tanto te humilies, quanto magnus es, perdes omnino quod es. Nunquid tu altior quam primus angelus? nunquid tu splendidior in terra quam Lucifer in cœlo (*Eccli.* III, 20)? Quod si ille de 209 tanta sublimitate per superbiam cecidit, quomodo tu ad cœlestem celsitudinem superbiens de imis conscendes, qui illa, quandiu hic vivis, conditione teneris, de qua per quemdam sapientem dicitur: *Corpus, quod corrumpitur, aggravat animam, et deprimit terrena inhabitatio sensum multa cogitantem* (*Sap.* IX, 15)?

7. Quam densissimis putamus in terra superbiæ tenebris lumen nostrum involvi, si potuit in cœlo stella, quæ mane oriebatur (*Isai.* XIV, 12), lucis suæ globos amittere? Audi ergo potius lucem veritatis dicentem: *Qui sequitur me* (inquit) *non ambulat in tenebris, sed habebit lumen vitæ* (*Joan.* VIII, 12). In quo autem ipsa esset sequenda, alibi præmonuit, dicens: *Discite a me quia mitis sum et humilis corde, et invenietis requiem animabus vestris* (*Matth.* XI, 29).

8. Audi, tumor superbiæ, audi dicentem ad hæc humilitatis magistrum: *Omnis qui se exaltat humiliabitur, et qui se humiliat exaltabitur* (*Matth.* XXIII, 12); et illud: *Super quem requiescet spiritus meus, nisi super humilem, et quietum, et trementem sermones meos* (*Isai.* LXVI, 2)? Audi quid etiam de illo Apostolus dicat, qui te ad sectandam humilitatem invitat. Ait enim: *Qui cum in forma Dei esset, non rapinam arbitratus est esse se æqualem Deo, sed semetipsum exinanivit, formam servi accipiens, in similitudinem hominum factus, et habitu inventus ut homo; humiliavit semetipsum, factus obediens usque ad mortem, mortem autem crucis* (*Philipp.* II, 6, 7). Si ergo tanta humilitate se deprimit divina majestas, quomodo superbire in aliquo debet humana infirmitas?

9. (*Inanis gloria:*) Age bonum quod vales; ostende cunctis bonum quod agis, ut bonus dicaris, ut sanctus et venerabilis ab omnibus prædiceris, ut tanquam Dei electus noscaris, ut nemo te contemnat, nemo te despiciat, sed universi debitum tibi honorem persolvant.

10. (*Timor Domini, intentio recta:*) Si quid boni aliquando agis, non pro transitoriis, sed pro æternis id honoribus age; absconde quod facis, in quantum potes; quod si ex toto non vales, sit in corde tuo occultandi voluntas, et non erit de ostentatione ulla temeritas, nec criminis erit aliquando manifestare quod semper vis celatum habere. Sic denique duas Redemptoris sententias sibi quasi contrarias videberis adimplesse, quibus dicitur: *Faciente te eleemosynam, nesciat sinistra tua quid faciat dextera tua, sed eleemosyna tua sit in abscondito, et Pater tuus, qui videt in abscondito, reddet tibi* (*Matth.* VI, 3). Et: *videant vestra opera bona, et glorificent Patrem vestrum, qui in cœlis est* (*Matth.* V, 16).

11. Cave prorsus ne illa sententia tibi conveniat, qua de hypocritis dicitur: *Omnia opera sua faciunt, ut beatificentur ab hominibus; amen dico vobis, receperunt mercedem suam* (*Matth.* VI). Attende tibi in cunctis quæ agis, ne cenodoxiæ elatione pulsatus cum his qui etiam de miraculorum signis gloriabantur audias: *Videbam Satanam, sicut fulgur, descendentem de cœlo* (*Luc.* X, 18); sed time, nam scriptum est: *Timor Domini gloria, et gloriatio, et lætitia,* 210 *et corona exsultationis* (*Eccli.* I, 11, 17). Timor Domini delectabit cor, et dabit lætitiam, et gaudium, et longitudinem dierum. Timenti Dominum bene erit in extremis, et in die defunctionis suæ benedicetur. Et infra: *Radix sapientiæ timere Dominum, et rami illius longitudo dierum.*

12. (*Simulatio:*) Quia nihil boni in abscondito facis, ne a cunctis cognitus detesteris, finge te foris quod intus esse non appetis.

13. (*Vera religio:*) Nequaquam omnino id agas, sed magis satage bonus fieri, quod non es; nam ostendere hominibus quod non es quid aliud quam damnatio est? Memor esto itaque quod dicitur: *Væ vobis, Scribæ et Pharisæi hypocritæ, qui mundatis quod deforis est calicis et paropsidis; intus autem pleni estis rapina et immunditia* (*Matth.* XXIII, 25). Pharisæe cæce, munda prius quod intus est calicis et paropsidis, ut fiat mundum quod deforis est.

14. Itemque illud quod in Evangelio inculcando repetitur: *Væ vobis, Scribæ et Pharisæi hypocritæ, qui similes estis sepulcris dealbatis, quæ foris apparent hominibus speciosa, intus plena sunt ossibus mortuorum, et omni spurcitia; sic et vos deforis quidem apparetis hominibus justi, intus autem pleni estis hypocrisi et iniquitate* (*Ibid.*, 26-28); nec non et illud, quod de talibus scriptum est: *Veniunt ad vos in vestimentis ovium,*

2. *Mortalis;* alii, *materialis.*

3. *Opponens;* al., *oppugnans.*

4. *Elimina it;* al., *exterminavit;* al., *minavit.* Pro *collisa,* al., *consilia.*

6. *Per quemdam sapientem.* Ita etiam infra. Quam locutionem Ambrosii Autperti propriam Maurini existimant.

11. *Tibi conveniat;* al., *te conveniat.* Et mox, *mercedem suam ab hominibus laudes, quas amaverunt. Attende,* etc. Infra, post *Corona exsultationis,* alii alia addunt ex eodem loco Ecclesiastici, quæ plures omittunt.

intrinsecus autem sunt lupi rapaces (*Matth.* VII, 15). A

15. (*Elatio*): Qualis es tu, ut pejoribus obtemperes, deterioribus famulatum exhibeas? te magis quam illos decuerat imperare, qui tibi non possunt ingenio, vel industria, aut viribus coæquari. Obtempera igitur imperio Dei, et non sit tibi ulterius cura de aliquo.

16. (*Beata submissio*:) Si Dei obtemperandum est imperio, humano subdi necesse est magisterio; ipse enim dicit: *Qui vos audit, me audit; et qui vos spernit, me spernit* (*Luc.* X, 16). Ita (inquit) oportet, sed si talis qui imperat esset, non est talis per quem Deus imperet. Sed Apostolus contra: *Non est potestas nisi a Deo; quæ autem sunt, a Deo ordinata sunt; itaque qui resistit potestati, Dei ordinationi resistit.* Quales enim esse debeant hi qui imperant, non est subditis discutiendum.

17. Et quidem primis Ecclesiæ pastoribus Dominus dicit: *Scitis quia reges gentium dominantur eorum, et qui potestatem exercent inter eos benefici vocantur; vos autem non sic, sed qui vult in vobis esse major, erit omnium servus; sicut Filius hominis non venit ministrari, sed ministrare, et dare animam suam pro multis* (*Matth.* XX, 25). Sed tamen quia non omnes tales futuros prævidit, subjectorum omnium personas in discipulis assumens, præmonuit dicens: *Super cathedram Moysi sederunt Scribæ et Pharisæi, quæcunque dixerint vobis, facite: quæ autem faciunt, facere nolite* (*Matth.* XXIII, 2).

18. (*Invidia*:) In quo illo vel illis minor es? cur ergo eis vel æqualis, vel superior, non es? Quanta vales quæ ipsi non valent? non ergo tibi aut superiores, aut etiam æquales esse debent.

19. (*Fraterna congratulatio*:) Si cæteros virtutibus antecellis, tutius in loco infimo quam in summo temetipsum conservas; sæpe enim de alto pejor fit ruina. Quod si tibi, **211** ut asseris, quidam superiores vel æquales sunt, quid te tædit? quid tibi nocet? cave prorsus, ne dum aliis locum invides celsitudinis, illum imiteris, de quo scriptum retines: *Invidia diaboli mors introivit in orbem terrarum; imitantur autem illum qui sunt ex parte illius* (*Sap.* II, 24).

20. (*Odium*:) Absit ut illum ames quem in omnibus contrarium habes, qui tibi derogat, qui tibi insultat, qui te conviciis exasperat, qui tibi peccata tua improperat, qui te divitiis, operibus atque honoribus semper præire festinat? nisi enim tibi invideret, nequaquam se ita præferret.

21. (*Dilectio*:) Nunquid quia hæc quæ narras odio habenda sunt in homine, propterea non est amanda Dei imago in homine? sicut Christus, qui in cruce positus inimicos suos dilexit, et ante cruris tormentum admonuit dicens: *Diligite inimicos vestros, et benefacite his qui oderunt vos, et orate pro persequentibus et calumniantibus vos, ut sitis filii Patris vestri qui in cœlis est* (*Matth.* V, 44). Et sicut per Salomonem et apostolos dicitur: *Si esurierit inimicus tuus, ciba illum; si sitit, potum da illi, hoc enim faciens carbones ignis congeres super caput ejus* (*Proverb.* XXV, 21).

22. Cui sententiæ Apostolus ex proprio subjunxit dicens: *Noli vinci a malo, sed vince in bono malum* (*Rom.* XII, 20, 21); quod contra de his qui fratres odisse noscuntur per Joannem dicitur: *Qui odit fratrem suum homicida est; et scitis quia omnis homicida non habet vitam æternam in se manentem* (*I Joan.* III, 15). Et rursum: *Qui odit fratrem suum, in tenebris ambulat, et in tenebris est usque adhuc, et nescit quo eat, quoniam tenebræ obcæcaverunt oculos ejus* (*I Joan.* II, 11).

23. At (inquis) sufficit mihi quod amantes me diligo. Sed Dominus e contrario: *Si enim diligitis eos qui vos diligunt, quam mercedem habebitis? nonne et Publicani hoc faciunt* (*Matth.* V, 46)? Quid tu ad hæc objicere vales? Certe: *Qui odit fratrem suum, manet in morte; et qui diligit, in Deo manet, et Deus in eo.* Omnem ergo amaritudinem fellis evome, et quoquo pacto valueris, charitatis dulcedinem sume; nihil enim suavius, nihil illa beatius est. *Deus* (inquit Joannes) *charitas est* (*I Joan.* IV, 16); et egregius prædicator: *Charitas Dei diffusa est in cordibus nostris per Spiritum sanctum, qui datus est nobis* (*Rom.* V, 5). Unde neque immerito delictorum facinora tegere dicitur; sicut scriptum est: *Universa delicta operit charitas* (*Proverb.* X, 12).

24. (*Detractio*:) Quis poterit sustinere, quis silentio tegere, quanta ille, vel ille prava committit, nisi forte qui consentit? B

25. (*Libertas justæ correptionis*:) Nec tacenda sunt mala proximi, nec consentienda, sed charitate fraterna in faciem proximus est redarguendus, non autem occulte detrahendus. Quod si objicitur: Idcirco fratrem coram oculis increpare nolle, ne exasperatus non correptione proficiat, sed magis ex correptione scandalum sumat, occurrit Scriptura divina, et versa vice hoc magis scandalum esse denuntiat, dicens: *Sedens adversus fratrem tuum detrahebas, et adversus filium matris tuæ ponebas scandalum* (*Psal.* XLIX, 20, 21).

212 26. (*Discreta correptio*:) Majus enim scandalum sumit, qui sibi detrahentem intelligit, quam qui corripientem sustinet, et quia nonnunquam errata delinquentium ad tempus silentio tegenda sunt, ut aptiori tempore corrigantur, subjungitur: *Hæc fecisti, et tacui.* Ne autem ex hoc discreto silentio detractores sibi plauderent, qui, dum semper occulte derogare malunt, nunquam in apertam increpationem prosiliunt, adhuc subinfertur: *Existimasti inique, quod ero tibi similis;* acsi diceretur: Iniquum est cogitare ut unde detractori similis appaream, unde ad tempus reticens, nec derogans, locum apertæ correctionis exspecto; unde et protinus subditur: *Arguam te, et statuam contra faciem tuam,* veluti diceretur: Non in occulto, ut est tua consuetudo, sed in aperto, ut est mea sollicitudo, aptum corripiendi tempus exspectans, peccatorem arguam, et ejus delicta contra faciem illius statuam. C

27. At (inquis) non odi, sed amo, quem ita in absconditis dijudicans reprehendo. Imo magis hunc odis, et non diligis; unde detrahis, et non corrigis. Quam sit autem detestanda obtrectatio proximi, plerisque in locis Scriptura divina testatur; unde est illud: *Detrahentem adversus proximum suum occulte, hunc persequebar* (*Psal.* C, 5); et illud: *Qui detrahit fratri, detrahit legi* (*Jac.* IV, 11); illudque: *Qui detrahit fratri, eradicabitur;* nec non et illud Apostoli Pauli: *Videte, ne dum invicem mordetis, abinvicem consumamini* (*Gal.* V, 15). D

28. (*Ira*:) Quæ contra te aguntur æquanimiter ferri non possunt, imo patienter tolerare peccatum est, quia si non eis cum magna exasperatione resistitur, contra te demceps sine mensura cumulabuntur.

29. (*Patientia*:) Si passio Redemptoris ad mentem reducitur, nihil tam durum est quod non æquo animo toleretur. *Christus enim* (ut ait Petrus) *passus est pro nobis, nobis relinquens exemplum, ut sequamur vestigia ejus* (*I Petr.* II, 21). Ipse autem dicit: *Si patremfamilias Beelzebub vocaverunt, quanto magis domesticos*

15. Ad marginem: *Elatio objicit*, al., *inobedientia dicit*.

16. *A Deo ordinata*; al., cum Vulgata, Rom. XIII, 1, *A Deo ordinatæ*.

21. *Per Salomonem et apostolos*; al., per *Salomonem apostolum*.

23. *Egregius prædicator.* Hoc quoque Ambrosii Autperti proprium Maurini agnoscunt. Nonnulli contra Mss. addunt *Paulus*.

29. *Ille enim*, etc. Sic Autpertus, l. I in Apoc., cap. 7, ut notarunt Maurini.

sticos ejus (*Matth.* x, 25); *si me persecuti sunt, et vos* A *persequentur* (*Joan.* xv, 20, 23). Sed quanta sunt in comparatione passionum illius quæ patimur? ille enim opprobria, irrisiones, contumelias, alapas, sputa, flagella, spineam coronam, crucemque sustinuit; et nos miseri ad nostram confusionem uno sermone fatigamur, uno verbo dejicimur.

30. Et quid agimus de eo quod dicitur: *Si non compatimur, nec conregnabimus* (*II Tim.* ii, 12)? Quapropter retundendi sunt iræ stimuli, et ejus metuenda damnatio; unde scriptum legimus: *Qui irascitur fratri suo reus erit judicio; qui autem dixerit fratri suo: Racha, reus erit concilio; qui autem dixerit: Fatue, reus erit gehennæ ignis.* Ibi tamen remedium invenitur ex eo quod subditur: *Si offers munus tuum ad altare, et ibi recordatus fueris quod frater tuus habet aliquid adversum te, relinque ibi munus tuum ante altare, et vade prius reconciliari fratri tuo, et tunc veniens offeres munus tuum* (*Matth.* v, 22, 23).

31. Acsi aperte diceretur: Nec in corde tacitam B precem effundas, nisi prius **213** offensum proximum satisfaciendo ad lenitatis mansuetudinem perducas; munus enim nostrum est oratio nostra, altare vero nostrum est cor. Ille autem qui hoc facere, quoties inter duos sine causa ira fuerit excitata, studuerit, promissam damnationem nequaquam incurret. Sed sunt multi qui petenti sibi veniam delicta non remittunt, contra quos illa Domini sententia venit, qua dicitur: *Si non dimiseritis hominibus peccata eorum de cordibus vestris, nec Pater vester cœlestis dimittet vobis peccata vestra* (*Matth.* vi, 14).

32. Plura sunt (inquis) quæ commisit, et me sæpius offendit. Ad hæc non ego, sed Dominus respondet. Nam cum Petrus ad eum diceret: *Quoties peccabit in me frater meus, et dimittam ei? usque septies?* et ille ad eum inquit: *Non dico tibi usque septies, sed usque septuagies septies* (*Matth.* xviii, 22). Quam multi autem sunt qui suas injurias tarde relaxant, Dei vero citius indulgent? fitque nonnunquam ut occasione Domini C injurias vindicandi, suas vindicent irati.

33. Quid quoque de illis dicendum est qui furore cæcitatis usque ad verba prodeunt maledictionis, nisi hoc quod Apostolus ait: *Neque maledici regnum Dei possidebunt* (*I Cor.* vi, 10)? quod Jacobus exaggerando detestans ait: *Linguam nullus hominum domare potest, inquietum malum, plena veneno mortifero, in ipsa benedicimus Deum, et Patrem, et in ipsa maledicimus homines, qui ad similitudinem Dei facti sunt, ex ipso ore procedit benedictio, et maledictio* (*Jac.* iii, 8). Non oportet, fratres mei, hæc ita fieri; nunquid fons de eodem foramine emanat dulcem et amaram aquam? hac de causa alibi etiam dicitur: *Mors et vita in manibus linguæ* (*Proverb.* xviii, 21).

34. (*Protervia*:) Nunquid stultis, nunquid insensatis ac brutis animalibus lenia verba, et non magis asperrima (ut tales decet), dum delinquunt, objicienda sunt?

35. (*Mansuetudo*:) Non tua in his persuasio, sed Apostoli sequenda est præceptio, qui de hac sententia dilectum discipulum admonet dicens: *Seniorem ne* D *increpaveris, sed obsecra ut patrem, juvenes ut fratres, anus ut matres, adolescentulas ut sorores in omni castitate* (*I Tim.* v, 1. 2). Et rursum (inquit): *Servum Domini non oportet litigare, sed mansuetum esse ad omnes, docibilem, patientem, cum modestia corripientem eos qui resistunt veritati* (*II Tim.* ii, 24, 25).

36. Rursumque: *Argue, obsecra, increpa in omni patientia et doctrina* (*II Tim.* iv, 2); quod videlicet malum proterviæ deterius adhuc subditis quam prælatis nocet; sæpius enim contingit ut leniter ac cum charitatis dulcedine prolatam correptionem spernant, et contra humilitatis verba despectionis emittant jacula; unde scriptum est: *Qui arguit derisorem, ipse sibi facit injuriam* (*Proverb.* ix, 7, 8). E contra de illo qui per increpationem proficit dicitur: *Argue sapientem, et amabit te.*

37. (*Tumor*:) Testem habes Deum in cœlis, non tibi sit curæ quid de te suspicentur homines in terris.

38. (*Humilis satisfactio*:) Non est danda detrahendi occasio, nec susurrandi suspicio; sed si sunt, **214** quæ corrigantur, manifestanda; aut certe si desunt, humili protestatione neganda, quia et Apostolus admonet nullam occasionem dare diabolo maledicti gratia (*I Tim.* v, 14); quod et in illis detestatus est qui, Christiano nomine censiti, in idolio ad comedendum recumbebant; et quanquam idolum pro nihilo ducentes, immolata quasi innoxios cibos sumerent, infirmas tamen fratrum conscientias per hoc factum ad nefandos idolorum ritus trahebant (*I Cor.* viii, 4).

39. (*Tristitia*:) Quid habes unde gaudeas, cum tanta mala de proximis portas? perpende, cum quo mœrore omnes intuendi sunt, qui in tanto contra te amaritudinis felle versantur?

40. (*Spirituale gaudium*:) Geminam esse tristitiam novi, imo duas esse tristitias novi; unam, scilicet, quæ salutem, alteram quæ perniciem operatur; unam quæ ad pœnitentiam trahit, alteram quæ ad perditionem perducit. Tu quidem una ex illis esse cognosceris, sed omnino quæ mortem operaris; non est igitur in his contristandum, quæ suades, sed contra magis gaudendum in his quæ necdum intelligis, quia et dator gaudii perennis dixit: *Cum persecuti vos fuerint homines, et dixerint omne malum adversum vos, mentientes propter nomen meum, gaudete in illa die, et exsultate; ecce enim merces vestra copiosa est in cœlis* (*Matth.* xv, 11). Memento quia nostræ religionis culmina: *Apostoli ibant gaudentes a conspectu concilii, quoniam digni habiti sunt pro nomine Jesu contumeliam pati* (*Act.* v, 41); nullus ergo mœror s locus esse debet, ubi tanta lætitia succedit.

41. (*Torpor et ignavia*:) Si lectioni continuato studio semper insistis, oculorum caliginem incurris; si indesinenter lacrymas fundis, ipsos etiam oculos amittis; si pro te latis vigiliis psalmorum censum persolvis, insaniam capitis acquiris; si quotidiano te conficis labore, ad opus spirituale quando consurges?

42. (*Exercitium virtutum*:) Quid tibi adhuc proferenda tam longa temporum promittis spatia? nunquid scis si crastina vives die? imo etiam si vel unam horam in hac vita facias? An forte mente excidit quod Salvator in Evangelio dicit: *Vigilate, quia nescitis diem, neque horam* (*Matth.* xxv, 13)? Quapropter discute torporis inertiam, semperque memento quia regnum cœlorum non tepidi, non molles, non desides, sed violenti atque ferventes diripiunt.

43 (*Dissoluta vagatio*:) Si Deum esse ubique credis, cur unum singulariter locum, quo tanta mala perpetrantur custodis, et ad alia potius non transis?

44. (*Firma stabilitas*:) Si ita est ut asseris, quia ubique Deum esse fateris, ergo nec iste locus deserendus est, quem fugere appetis, quia et in ipso Deus est. At, inquis, meliorem inquiro, meliorem invenio; sed respondeo: Nunquid meliorem aut etiam talem invenies, qualem diabolum et hominem perdidisse cognoscis? memor esto itaque quia primus angelus de cœlo ruit, et primus homo de paradiso expulsus ad ærumnam hujus sæculi pervenit (*Gen.* iii, 23). Attende quia Lot exercitio malorum probatus inter Sodomitas **215** sanctus fuit,

30. *Invenitur*; al., *innuitur*.
31. *De cordibus vestris*; al. omittunt.
36. *Et amabit te.* Apud sanctum Ambrosium nonnulla hic adduntur.
38. *Qui Christiano nomine censiti*; apud sanctum Augustinum, *qui Christiana fide censentes*, et supplent Maurini *idolum nihil esse*. Quod non placet. Alii, *qui Christianæ fidei consentientes*; apud sanctum Leonem, *qui Christianam fidem censentes*.
40. Forte *mœrori locus*.
42. Apud sanctum Augustinum, *discute corporis*

in monte vero securitate torpens inebriatus cum filiabus peccavit (*Gen.* xix); quod videlicet vagationis tædium adhuc alteram speciem reddit, dum quosdam etiam in uno loco perseverantes a spiritualibus retrahens, vel terrenis negotiis implicare, vel rebus vilissimis satagit occupare, contra dicta Apostoli perpetrans, qui ait: *Nemo militans Deo implicat se negotiis sæcularibus, ut ei placeat cui se probavit* (*II Tim.* ii, 4). Et rursum: *Sine intermissione orate, in omnibus gratias agite* (*I Thess.* v, 16).

45. (*Desperatio:*) Quæ et quanta commisisti? quam gravia crimina? quam innumera delicta? et tamen in melius necdum vitam mutasti, necdum conversationem utiliter correxisti; ecce enim (ut cernis) mala semper consuetudine obligatus teneris, conaris exsurgere; sed peccatorum oneribus prægravatus relaberis. Quid ergo agendum est, quando de præteritis certa damnatio imminet? de præsentibus emendatio nulla succurrit? nisi ut admittantur rerum temporalium voluptates, dum consequi nequeunt futuri sæculi oblectationes.

46. (*Spei fiducia:*) Si de criminibus agitur et delictis, ecce David adulterio reus simul et homicidio de inferni faucibus Domini misericordia describitur liberatus (*II Reg.* xi). Ecce Manasses omnium peccatorum nefandissimus, impurissimus, ac sordidissimus, illecebrosissimus quoque, per pœnitentiam tamen de morte ad vitam rediit (*II Paral.* xxxiii, 12). Ecce Maria Magdalene, innumeris peccatorum sordibus inquinata, ad fontem pietatis anxia currens, Dominique vestigia lacrymis rigans, capillis detergens, deosculans quoque, et lambens, unguentoque ungens ablui promeruit (*Luc.* vii, 37).

47. Ecce Petrus, negationis suæ vinculis astrictus, amarissimis lacrymis infidelitatis nodos resolvit (*Luc.* xxii, 62). Ecce simul seditione et effusione fraterni sanguinis latro obnoxius unius horæ momento unaque confessionis voce de cruce ad paradisum transiit (*Luc.* xxiii, 42). Ecce Saulus Ecclesiam Dei persequens multos pro nomine Christi perimens, et, ut ita dixerim, martyrum cruore totum se inficiens, apostolus factus, in vas electionis est commutatus (*Act.* ix, 1).

48. Ubi ergo tot tantaque præcedunt exempla, dent locum desperationis mala colloquia; cum etiam scriptum sit: *In quocunque die conversus peccator ingemuerit, salvus erit* (*Ezech.* xviii, 21). Et rursum: *Nolo mortem impii, dicit Dominus* (*Ezech.* LIII, 11). De conversatione in melius necdum mutata quid aliud respondeam, nisi ut quod heri quisque non egit, hodie agat, dum adhuc vivere licet, nec differat de die in diem (*Eccli.* v, 8), dum nescit si vel unam correctionis habeat diem, semperque pro viribus desuper acceptis pravæ consuetudini resistens dicat mane et vespere: *Nunc cœpi, hæc est mutatio dexteræ Excelsi* (*Psal.* lxxvi, 11).

49. (*Cupiditas:*) Valde sine culpa es, quod quædam habenda concupiscis, quia **216** non multiplicari appetis, sed egere pertimescis; et quod male alius retinet, ipse melius expendis.

50. (*Mundi contemptus:*) Ista nec apud homines sæculares sine periculo vel offensione procurantur, quia quanto quisque amplius habere cœperit, tanto amplius habere concupiscit; fitque ut modum in concupiscendo non habeat, dum innumeris hujus sæculi curis deservire festinat. Ut enim ait Scriptura: *Avarus pecuniis non implebitur* (*Eccle.* v, 9). Quæ nimirum quam sit detestanda, Paulus indicat, dicens: *Et avaritia, quæ est idolorum servitus* (*Coloss.* iii, 5); A quam sit noxia, idem exponens ait: *Qui volunt divites fieri, incidunt in tentationem, et in laqueum diaboli, et desideria multa, et nociva, quæ immergunt homines in interitum et perditionem* (*I Tim.* vi, 9); quam sit detestanda, quidam sapiens denuntiat, cum dicit: *Avaro nihil est scelestius* (*Eccli.* x, 9); quam sit noxia, Jacobus aperit, dicens: *Agite, nunc divites, plorate ululantes in miseriis quæ advenient vobis; divitiæ vestræ putrefactæ sunt; vestimenta vestra a tineis comesta sunt; aurum et argentum vestrum æruginavit, et ærugo eorum in testimonium vobis erit, et manducabit carnes vestras sicut ignis* (*Jac.* v, 1).

51. Sed nec Redemptor noster præterire voluit cupiditatis malum quam noxium esset, ait enim: *Difficile qui pecunias habent in regnum Dei introibunt* (*Matth.* xix, 23). Et rursum: *Facilius est camelum per foramen acus transire, quam divites in regnum cœlorum intrare* (*Marc.* x, 25). Si igitur sæcularibus B viris ita est periculosa cupiditatis industria, quanto magis illis periculosior est qui jam habitu et conversatione sæculares esse desierunt, qui totum quod vivunt Deo devoverunt? ad quos specialiter redemptoris transeunt verba quibus destrui possit morbus avaritiæ: *Nolite* (inquit) *solliciti esse quid manducetis, aut quid bibatis, aut quo operiamini: hæc omnia gentes inquirunt; quærite primum regnum Dei et justitiam ejus, et hæc omnia adjicientur vobis* (*Matth.* vi, 31).

52. O quam beata, o quam secura, o quam amplectenda sententia! nullus in hac vita securus est ut ille qui nihil præter Christum appetit possidere, cuncta quæ sunt necessaria sub hac sponsione probatur habere, sicut Paulus ditissimus pauper dicebat: *Tanquam nihil habentes, et omnia possidentes* (*II Cor.* vi, 10). Omnia itaque non superflua, sed tantum necessaria, ipso confirmante ac dicente: *habentes victum et vestitum, his contenti simus* (*I Tim.* vi, 8).

C 53. Dicis forte: ideo a sanctis religiosisque viris plura habenda sunt, ut melius ab ipsis quam a popularibus erogentur Christi pauperibus. Et ego consentio, sed prælatis, non autem subditis, quos maxime illud mulieris Lot exemplum deterret, quæ dum post tergum a Sodomis exiens respexit, in statuam salis conversa spiritum efflavit (*Gen.* xix, 26). Unde et Christus tale quid præcavendum denuntiat, dicens: *Nemo mittens manum suam ad aratrum, et respiciens retro, aptus est regno cœlorum* (*Luc.* ix, 62). Hinc Petrus ait: *Melius illis esset non cognoscere viam justitiæ, quam post cognitionem retrorsum converti ab eo quod est illis traditum sancto mandato* (*II Petr.* ii, 21, 22). Continget enim eis illud veri proverbii: Canis reversus ad vomitum, et sus lota in volutabro luti.

217 54. Qui nimirum avaritiæ morbus nunquam melius compescitur, nisi cum dies mortis sine oblivione meditatur, et cum qualis post modicum in sepulcro futurus sit homo consideratur. Hoc certe D fixum manebat in illius memoria qui dicebat: *Homo putredo, et filius hominis vermis* (*Job.* xxv, 6). Hæc ab illius non recesserant corde, qui dicebat: *In omnibus operibus tuis memorare novissima tua, et in æternum non peccabis* (*Eccli.* vii, 40). Quid tunc rogo, quid tunc divitiæ conservatæ proderunt? audi quid dicit Job: *Nudus egressus sum de utero matris meæ, nudus revertar illuc* (*Job.* i, 21); et Apostolus: *Nihil intulimus in hunc mundum, sed nec auferre quid possumus* (*I Tim.* vi, 7)?

55. (*Obduratio:*) Si ea quæ possides egentibus

---

inertiam... violenti, vimque facientes. Maurini conjiciunt, *excute* pro *discute.*

45. *Consequi.* Ita etiam alii passive.

46. *Peccatorum sordibus.* Al., *fornicationum sordibus.*

48. *Dent locum.* Apud Ambrosium, *non dent locum.* Maurini observant, *dent* esse pro *cedant.* Pro verbis *In quocunque die*, etc., laudatur Ezech. xviii, 21, et LIII, 11. Vide notam ad cap. 14 libri de Ordine creaturarum, num. 12.

54. Apud Augustinum, *audi quid: Nudus... illuc; audi quid,* subintellecto utrobique *proderunt.*

55. *Absque pecunia.* al., *absque penuria;* sed illud retinendum.

tribuis, unde subjectos absque pecunia nutris?

56. (*Misericordia* :) Si Apostoli modum in hac parte tenueris, utrumque perficere valebis; hinc enim idem ipse ad Corinthios ait (*II Cor.* VIII, 12) : *Si voluntas prompta est, ex hoc quod habet accepta est, non secundum id quod non habet; non enim ut aliis sit remissio, vobis autem tribulatio, sed ex æqualitate. In præsenti tempore vestra abundantia illorum inopiam suppleat, ut et illorum abundantia vestræ inopiæ sit supplementum, ut fiat æqualitas, sicut scriptum est : Qui multum, non abundavit; et qui modicum, non minoravit* (*Exod.* XVI, 18).

57. Hinc quidam justus prolem dilectam admonet, dicens : *Si multum tibi fuerit, abundanter tribue; si autem exiguum, et hoc ipsum libenter impertire* (*Tob.* IV, 9). Hinc quoque incarnata Veritas dicit : *Verumtamen, quod superest, date eleemosynam, et ecce omnia munda sunt vobis* (*Luc.* XI, 41). Audite, obdurata præcordia : *Judicium sine misericordia ei qui non facit misericordiam* (*Jac.* II, 13). Quo contra per prophetam Dominus admonet, dicens : *Frange esurienti panem tuum, et egenos vagosque induc in domum tuam; cum videris nudum, operi eum, et carnem tuam ne despexeris* (*Isai.* LVIII, 7).

58. Memento quid purpurato diviti contigerit, qui non ideo damnatus est quod aliena abstulerit, sed quod egenti pauperi sua non tribuerit; unde et in inferno positus ad petenda minima pervenit, quia hic parva negavit (*Luc.* XVI, 20). Memento etiam quid ad sinistram positis judex cœli dicturus sit : *Ite, maledicti, in ignem æternum, qui paratus est diabolo et angelis ejus* (*Matth.* XXV, 41). Et rursum : *Esurivi, et non dedistis mihi manducare*; et cætera quæ ibi terribiliter enumerantur.

59. *Furtum* et *fraus*, quanquam gradus diversos habeant locutionis, unum est tamen quod dicunt.

60. (*Furtum* :) Si aliena non tollis, ex proprio dives vel sufficiens esse non vales.

61. (*Fraus* :) Si cuncta quæ tibi prælatus servanda commisit illibata consignas, et nec modicum quid servandum existimas, unde vel propriis utilitatibus consulas, vel amicis et commilitonibus placeas, non habebis.

62. (*Innocentia* :) Melius est esse pauperem et insufficientem, nullique ex dato placere, quam aliquem lædere furto, vel fraude; qui enim aliena quolibet modo **218** injuste præripit, ipse sibi regni cœlestis aditum claudit; unde et prædicator egregius quosdam redarguit, dicens : *Omnino delictum est in vobis, quod judicia habetis inter vos; quare non magis injuriam accipitis? quare non magis fraudem patimini? sed vos injuriam facitis, et fraudatis, et hoc fratribus. An nescitis quia iniqui regnum Dei non possidebunt* (*I Cor.* VI, 7)? Atque inter cætera subjungit : *Neque fures, neque rapaces regnum Dei possidebunt.*

63. *Fallacia* atque *mendacium* et ipsa unum dicunt : fallacia autem fit ingenio, mendacium vero simplici verbo, cum in non dando aliquem lædere quæris.

64. (*Fallacia* :) Quid in petendo moras innectis? non habeo quod tibi tribuere possim. Celans utique in corde quod habet, vel quod sibi conservet, vel quod aliis (si voluntas inest) tribuat.

65. (*Mendacium* :) Omnino quod postulas non habeo; licet non artificioso ingenio, sicut fallacia, sed simplici negationis verbo frustratur petentem.

66. (*Veritas* :) Nec artificioso ingenio, nec simplici verbo oportet decipere quemquam, quia quolibet modo mentiatur quis, *os, quod mentitur, occidit animam* (*Sap.* I, 11), et omnibus mendacibus *pars il-* A *lorum erit in stagno ignis ardentis sulphure* (*Apoc.* XXI, 8).

67. (*Ventris ingluvies* :) Ad esum Deus omnia munda condidit, et qui saturari cibo respuit, quid aliud quam muneri concesso contradicit?

68. (*Ciborum parcimonia* :) Unum horum quod dicis verum est; ne enim homo fame moreretur, omnia ad esum Deus munda creavit; sed ne comedendi mensuram excederet, abstinentiam imperavit; nam inter cætera sua mala saturitate, maxime panis, Sodoma periit, Domino attestante, qui ad Jerusalem per prophetam loquitur, dicens : *Hæc est iniquitas sororis tuæ Sodomæ, saturitas panis* (*Ezech.* XVI, 49). Quapropter sicut æger ad medicinam, sic ad sumendas dapes debet quisque accedere, nequaquam scilicet in illis voluptatem appetens, sed necessitati succurrens.

69. Hinc incarnata Veritas per Evangelium ait : B *Attendite, ne graventur corda vestra crapula et ebrietate* (*Luc.* XXI, 34). Contra de insatiabili Judæorum voracitate Apostolus dicit : *Multi ambulant, quos sæpe dicebam vobis, nunc autem et flens dico, inimicos crucis Christi, quorum finis interitus, quorum Deus venter est, et gloria in confusione eorum qui terrena sapiunt* (*Philipp.* III, 18, 19). Et rursum : *Esca ventri, et venter escis, Deus autem et hunc et has destruet* (*I Cor.* VI, 13). Ille autem plene hoc vitium superat, qui in sumendis dapibus non solum parcimoniam tenet, ut scilicet refectionem semper esuries imperet; verum etiam accuratiores simul et lautiores epulas, excepta corporis infirmitate et hospitum susceptione, contemnit.

70. (*Inepta lætitia* :) Ut quid animi gaudium intus abscondis? egredere in publicum lætus, dic aliquid foris, unde vel tu, vel proximi rideant, fac eos lætos tua lætitia.

219 71. (*Moderatus mœror* :) Unde tibi est tanta lætitia? nunquid jam diabolum vicisti? nunquid jam C inferni pœnas vicisti? nunquid jam de exsilio ad patriam venisti? nunquid jam de tua electione securitatem accepisti? An forte in oblivionem venit quod Dominus dicit : *Mundus gaudebit, vos autem contristabimini, sed tristitia vestra vertetur in gaudium* (*Joan.* XVI, 20)?

72. An forte memoria excessit quod idem alibi dicit : *Væ vobis qui nunc ridetis, quia plorabitis et flebitis* (*Luc.* VI, 25); quodque per Salomonem dicitur : *Risus dolore miscebitur, et extrema gaudii luctus occupat* (*Proverb.* XIV, 13); et econtra per Evangelium : *Beati qui lugent, quoniam ipsi consolabuntur* (*Matth.* V, 5); rursumque per Salomonem : *Nescit homo utrum amore an odio dignus sit, sed omnia reservantur in futurum incerta* (*Eccle.* IX, 1)? Comprime ergo inanem lætitiam, qui necdum evasisti pœnalem ærumnam. Nonne apud omnes insanus judicatur is qui in carceris tenebris reclusus gaudere conatur?

73. (*Multiloquium* :) Non reus ille tenebitur, qui D plura quidem, sed bona loqui, sed ille, qui saltem rara, sed mala dicere probatur.

74. (*Discreta taciturnitas* :) Verum est quod dicis; sed dum multi bona proferre videntur, sæpe contingit ut a bonis locutio inchoata ad aliquid pravum derivetur, hoc ipsum sacra Scriptura pronuntiante, *quia in multiloquio peccatum non deerit* (*Proverb.* X, 19). Et si forte inter innumera verba declinantur criminosa, sed nunquid declinari poterunt inutilia atque otiosa, de quibus utique ratio erit in futuro reddenda? Tenendus ergo est modus in loquendo, et ab ipsis nonnunquam utilibus verbis parcendum, sic-

57. *Quo contra.* Modum hunc loquendi Ambrosio Autperto familiarem esse Maurini animadvertunt.

63. *Lædere*; al., *illudere*.

64. *Quod habet*; al., *qui habet*, vel *quid habet*.

69. *Accuratiores*; al., *lautiores*.

73. Alii, *ille potius, qui rara et mala dicere probatur.*

74. *Inchoata*; al., *inchoans*, Maurini observant congruere regulæ sancti Benedicti, cap. 6, quod hic dicitur, *ab ipsis nonnunquam utilibus verbis parcendum.*

ut beatus Psalmista legitur fecisse, dicit enim : *Humiliatus sum, et silui a bonis* (*Psal.* XXXVIII, 3).

75. (*Immunditia :*) Non est grande facinus sine concubitu maris et feminæ, vel propriis vel alterius inquinari manibus.

76. (*Carnis integritas :*) Non sic ait Apostolus. Quid ergo ait? *Neque immundi* (inquit) *regnum Dei possidebunt* (*I Cor.* VI, 9).

77. (*Luxuria :*) Cur te in voluptate tua modo non dilatas, cum quid te sequatur ignoras? acceptum tempus in desideriis perdere non debes, quia quam citius pertranseat nescis; si enim Deus misceri hominem in voluptate coitus noluisset, in ipso humani generis exordio masculum et feminam non fecisset.

78. (*Castitas illibata :*) Nolo ignorare te fingas quid post hanc vitam recipias; si enim pie et caste vixeris, sine fine gaudebis; si vero impie et luxuriose, æternis incendiis subjacebis. Inde autem eo castius vivere debes, quo quam citius tempus acceptum pertranseat ignorare te dicis. Quod vero in exordio generis humani ad hoc masculum et feminam Deum creasse profiteris, ut mutuis amplexibus se miscere deberent, omnino verissime dicis; sed quia nubendi licentia quibusdam tribuitur, hoc est, qui virginitatem vel castimoniam vidualem nequaquam professi sunt, quibusdam autem non tribuitur, id est, qui virgines, vel continentes esse decreverunt; fornicatio vero quia nulli impune conceditur non attendis.

220 79. An contemnendum putas quod Apostolus lubricis dicit : *Fugite fornicationem : omne enim peccatum, quodcunque fecerit homo, extra corpus est; qui autem fornicatur, in corpus suum peccat?* Quod si hoc parvipendendum existimas, audi quod postmodum in sempiternum deplores et gemas : *Neque adulteri* (inquit), *neque fornicarii, neque masculorum concubitores, regnum Dei possidebunt.* O quam parva est concubitus hora, qua perditur vita æterna! quod ergo emolumentum affert corpori? quodve tribuit lucrum, quod tacito animam ducit ad tartarum?

80. (*Spiritualis fornicatio :*) Nunquid damnandum aliquid agit is qui in corde libidini consentit, et ad opus libidinis non pertransit?

81. (*Munditia cordis :*) Omnino delinquit qui animæ castimoniam non custodit; unde et auctor munditiæ in Evangelio dicit : *Qui viderit mulierem ad concupiscendum eam, jam mœchatus est eam in corde suo* (*Matth.* V, 28). Unde et per beatum Job dicitur : *Pepigi fœdus cum oculis meis, ut ne cogitarem quidem de virgine; quam enim partem haberet Deus in me desuper, et hæreditatem Omnipotens de excelsis* (*Job.* XXXI, 1, 2)?

82. Nisi enim auctori nostro cogitatio pravi consensus displiceret, nequaquam per Isaiam diceret : *Auferte malum cogitationum vestrarum ab oculis meis* (*Isai.* I, 16); et in Evangelio Pharisæis : *Ut quid cogitatis mala in cordibus vestris* (*Matth.* IX, 4)? sed nec Apostolus diceret : *Cogitationum inter se invicem accusantium, aut etiam defendentium, in die qua judicabit Dominus occulta hominum, secundum Evangelium meum, per Jesum Christum* (*Rom.* II, 15).

83. (*Appetitus sæculi præsentis :*) Quid pulchrius? quid honestius? quid venustius? quidve potest esse delectabilius, quam quod in præsenti vita quotidie cernimus? O quam mirabilis cœli camera in aere! Jucundo, in lumine solis, in augmento lunæ atque de- A fectu, in varietate stellarum et cursu! Quam oblectabilis terra in nemorum floribus, in fructuum suavitatibus, in pratorum rivorumque amœnitatibus, in segetum culmis luxuriantibus, in vinearum foliis et botris plenis palmitibus, in umbris silvarum et planis exitibus, in equorum et canum cursibus, in cervorum et caprearum saltibus, in accipitrum volatibus, in pavonum, columbarum, turturumque et omnigenarum avium vocibus, pennis, et collis, et in domorum pictis muris, et laquearibus, in organorum omniumque musicorum instrumentorum tinnulis cantibus, in mulierum venustis aspectibus, earumque superciliis, et crinibus, oculis, et genis, gutture, et labiis, naso, manibus, atque extrinsecus adhibitis auro et gemmis distinctis monilibus, postremo innumeris cœli et terræ, atque maris, varietatibus, nec non et utilitatibus, et si qua sunt alia, quæ modo non recolit sensus!

84. (*Amor patriæ cœlestis :*) Si te ista delectant,
B quæ sub cœlo sunt, cur non magis delectant ea quæ super cœlo sunt? Si carcer ita pulcher est, patria, civitas, domus qualis est? Si talia sunt ea quæ colunt peregrini, qualia sunt quæ possident filii? si mortales et miseri in hac vita taliter sunt remunerati **221**, immortales et beati qualiter sunt in illa vita ditandi? Quapropter recedat amor præsentis sæculi, in quo nullus ita nascitur, ut non moriatur; et succedat amor sæculi futuri, in quo sic omnes vivificantur, ut deinceps non moriantur, ubi nulla adversitas turbat, nulla necessitas angustat, nulla molestia inquietat, sed perennis lætitia regnat.

85. Si quæris quid ibi sit, ubi tanta et talis beatitudo persistit, aliter dici non potest, nisi quidquid boni est ibi est, et quidquid mali est ibi nusquam est. Quod (inquis) bonum est illud? quid me interrogas? A propheta et Apostolo definitum est : *Quod oculus* (inquiunt) *non vidit, nec auris audivit, nec in cor hominis ascendit, quæ præparavit Deus diligentibus se* (*Isai.* LXIV, 4; *I Cor.* II, 9).
C
86. Ad hanc felicitatem multis sæculi divitiis constipatus David anhelabat, cum diceret : *Quid enim mihi est in cœlo? et a te quid volui super terram* (*Psal.* LXXII, 25)? Multis regalibus dapibus abundans, dicebat : *Satiabor, dum manifestabitur gloria tua; sitivit anima mea ad Deum fontem vivum; quando veniam et apparebo ante faciem Dei* (*Psal.* XLI, 3)? rursumque : *Heu me! quia incolatus meus prolongatus est* (*Psal.* CXIX, 5)! Hinc Paulus : *Cupio dissolvi et esse cum Christo; multo enim melius* (*Philipp.* I, 23).

87. His ita decursis, quanquam multa prætermiserim, tamen, ut mihi videtur, hostis nostri fortia castra monstravi, quæ pie viventes in Christo Jesu non desinunt impugnare. Sed necdum his contentus diabolus ad alia convertitur argumenta, dum quibusdam insomniis sæpius vera pronuntiat, ut eos quandoque ad falsitatem pertrahat; cum dormientes ante horam vel tempus suscitat, ut eos vigiliarum tempore somno gravissimo deprimat; cum psallentes atque
D orantes sibilis stridentibus, latratibus diversis, et inconditis vocibus, jactis etiam lapidibus, vel stercoribus, perturbat, ut eos quolibet pacto a spiritualibus operibus retrahens inanes efficiat. Tu autem, homo Dei, vigilanti studio attende quæ dico, ipso adjuvante qui vivit et regnat in sæcula sæculorum. Amen.

79. *Vita æterna;* al., *vita futura.*

81. *Unde et per beatum Job;* al. *Quo contra per beatum Job*, ut supra, n. 57.

83. *Et botris;* al., *et botrionibus;* al., *et in bonis.*

86. *Quid enim mihi est in cœlo;* al., *quid mihi restat in cœlo.* Vulgata, *Deum fortem vivum.*

87. *Hostis nostri*, etc. Al., *hostis nostri fornicantis castra monstravi;* al., *hosti nostro formidatio magna facta est; castra enim*, etc. Apud alios non ita finitur opusculum, ut apud Isidorum in Editione Grialii, quam sequimur. In nonnullis Mss. *attende quæ dico, et veritati quæ te vocat, et blande admonet, fidem præbeto.* Plura alia adduntur apud sanctum Augustinum, et sanctum Leonem, et in nonnullis Mss. sancti Isidori, quæ in Isidorianis, cap. 84, num. 23 et seqq., ex Constantino Cajetano exscripta sunt. De quo epilogo quid ego sentiam videri potest eod. cap., num. 34 et seq.

APPENDIX VIII.

EXPOSITIO IN MISSA.

A 1. *Dominus vobiscum* (*Vid. Isidoriana, c.* 81). Salutat populum et orat, ut sit Dominus cum illo. *Et cum spiritu tuo.* Responsio populi, atque oratio, ut sicut sacerdos oravit ut Dominus esset cum populo, ita et populus orat ut Dominus **222** sit cum spiritu sacerdotis. Dum dicit sacerdos *Oremus*, rogat omnes orare, ut oratio ejus a Domino exaudiatur. Et quando dicit *Per Dominum nostrum Jesum Christum Filium tuum*, ad Dominum Patrem orat sacerdos, ut per suum Filium, qui noster Dominus est æqualiter, sicut Pater, oratio perficiatur. Cum dicit *Qui tecum vivit, et regnat Deus in unitate Spiritus sancti*, vult populum credere et intelligere quod Filius cum Patre sine initio ac sine fine vivit, et regnat, et Deus est, sicut Pater Deus est; et una potestas est Spiritus sancti cum Patre, et Filio, atque una substantia, atque in omnibus unitas deitatis.

2. *Per omnia sæcula sæculorum.* Idem Filius cum Patre in unitate Spiritus sancti sicut ante omnia sæcula in deitate fuit, et vixit, ita et in præsenti sæculo, et in futuro, ubi justi cum angelis sanctis permanebunt, et injusti cum diabolo cruciabuntur, credatur æqualiter vivere cum Patre, et Spiritu sancto, et nullo fine concludi. *Amen* confirmatio orationis est a populo, et in nostra lingua intelligi potest, quasi omnes dicant: *Ut ita fiat, sicut sacerdos oravit;* sed propria ejus interpretatio est: *Vere*, sive *fideliter.*

3. *Sursum corda.* Admonet sacerdos populum ut *sursum*, id est, supra semetipsum, ad Dominum omnipotentem corda levent et fideliter orent, quod desursum eis veniat auxilium a Domino cœlesti, a quo (omnia) creata sunt. *Habemus ad Dominum.* Responsio populi, quod sicut sacerdos jussit eos sursum corda tenere, sic retinere profitentur. *Gratias agamus Domino Deo nostro.* Sacerdos gratias agit Deo juxta professionem populi, quia confessus est ad Dominum se esse intentum. *Dignum et justum est.* Populus cum sacerdote simul gratias agit Deo, quem justa et digna oratione Deo gratias referre, quia ab ipso omnia bona suscepimus in nomine Domini. Amen.

4. *Vere dignum et justum est, æquum et salutare.* Confirmat sacerdos professionem populi, et dicit quod vere dignum et justum est Deo gratias pro omnibus referre; et quod æquum est, hoc est *rectum*, sive *æquale;* ac *salutare*, hoc est, salute plenum, ut ei gratias referamus qui nobis salutem dedit æternam. *Nos tibi semper et ubique gratias agere.* Conversus sacerdos ad Dominum post professionem populi, quasi ad præsentem loquitur, quia in præsentia Domini semper sumus, et ipse videt cogitationes nostras, et dicit sacerdos, tam de se quam de populo gratias agere. *Domine*, quia dominator est omnium, et sub ejus dominatione omnia sunt. *Sancte*, quia sanctus est, et per quem omnia sancta sunt, quia omnia sancta et bona creasti. *Pater* Græce dicitur *pater*, Latine *genitor*, quia ipse genuit Filium sine ulla coinquinatione, seu corruptione.

5. Pater Latine a *patrando* dicitur, hoc est, a perpetrando, quod est a perficiendo, vel adjuvando, quia ipse fecit omnia quæ facta sunt. Et adjuvat omnia quæ adjuvata sunt, et voluit nos filios suos fieri adoptivos per sanctificationem, qua ille sanctificavit nos. *Omnipotens;* quoniam omnia potest, ideo omnipotens dicitur, et non est impossibile apud Deum omne verbum. *Æterne Deus;* hoc est inter æternum et perpetuum **223** et temporale. Æternum est quod initium non habet, nec finem habebit, sed semper fuit, et est, et erit. Perpetuum est quod esse cœpit, et finem non habebit. Temporale est quod initium habuit, et finem habebit.

6. Et ideo hic dicitur *Æterne Deus*, quia nec cœpit esse, nec desinit esse, sed semper est. Deus a *diligendo* dicitur, quia omnia diligit, et gubernat, et creavit. Et aliter Deus a divinitate dictus est, quia divinus est, et omnia scit, et omnia dividit, prout vult.

7. *Per Christum Dominum nostrum. Christus* Græce, Latine *unctus* dicitur. Hic Christus ante omnia initia a Patre inenarrabiliter genitus est, quod placuit ei: Spiritus sanctus venit in Mariam virginem, et unxit unctione divina ejus uterum, et conceptus est de Spiritu sancto, et natus ex Maria virgine.

8. Nam et in Veteri Testamento sacerdotes et reges ungebantur, et ideo *christi* dicebantur, quia uncti erant unctione temporali. Iste Christus, per quem Patri gratias agimus, *æternaliter Christus est*, et cum Patre æternus dictus est; et per ipsum redempti sumus, per quem Patri gratias agimus; et ipse Dominus Deus noster est, quia dominatur nobis.
B *Per quem majestatem tuam laudant angeli.* Per ipsum Christum, per quem gratias agimus Patri, majestatem Patris laudant Angeli, quia ipse æqualis est Patri in divinitate. *Majestas*, quia major est potestas Dei quam hominum. Dei majestatem per Christum laudant angeli, quia *Christus simul cum Patre creavit angelos.*

9. *Angelus* enim Græce, Latine *nuntius* interpretatur. Angelus nomen est officii, non naturæ, quæ annuntiat, sed naturaliter spiritus sunt. *Adorant dominationes.* Majestatem Dei Patris per Filium laudant et adorant dominationes. Dominationes ordo est angelorum. Decem fuerunt ordines angelorum. Decimus ordo cecidit et versus est per superbiam in diabolum. Novem autem permanserunt in sanctitate sua. Hæc sunt nomina eorum, angeli, archangeli, virtutes, principatus, potestates, throni, dominationes, cherubim, seraphim. Istorum duorum nomina non sunt Latina. Cherubim *plenitudo scientiæ* interpretatur. Seraphim *incendium* dicitur. Cætera nomina
C supradictorum ordinum sunt Latina, nisi angelorum et archangelorum. Angeli nuntii, archangeli excelsi nuntii denominantur.

10. Gregorius autem papa Romanus in homilia sua super evangelicam lectionem: *Erant appropinquantes ad Jesum Publicani et peccatores, ut audirent illum*, plenissime de his ordinibus exposuit. Nos vero ad propositum redeamus. *Tremunt potestates.* De supradictis ordinibus dicitur: non ideo dicit, quod supradicti ordines corporales sint, sed nostro more dicit, quia nos tremere ac timere ante dominos nostros solemus. Sed ideo dicit tremere, ut nos intelligamus omnia cœlestia, et terrestria, et infernalia, ante conspectum divinæ Majestatis tremere ac timere.

11. *Cœli cœlorumque virtutes.* Ipsi cœli visioni divinæ obediunt, quia se ostendere serenos vel nebulosos non habent potestatem. Cœlorum **224** virtutes sunt supradicti ordines angelorum, sicut Gregorius testatur in homilia sua super evangelicam
D lectionem: *Erunt signa in sole, luna et stellis. Ac beata seraphim.* De seraphim namque supradictum est. *Socia exsultatione concelebrant.* Omnes prædicatores majestatem Dei Patris per Christum unita exsultatione æqualiter concelebrant. *Cum quibus.* Hæc est supplicatio nostra, ut ipse cœlestis Pater per Christum Filium suum, per quem nos de omnibus ei gratias agimus, dignetur admittere voces nostras, et jungere vocibus prædictorum ordinum angelorum.

12. *Supplici confessione dicentes.* Hoc est, humili confessione. Quid humilius confiteri quam nosmetipsos æterno Patri per Filium æternum commendare, et de nostra conscientia vel bonitate nihil præsumere, et juxta voces angelicas eum semper sanctum

essentialiter credere et prædicare? *Sanctus, Sanctus, Sanctus.* Joannes evangelista in Apocalypsis libro scripsit se videre ante thronum Dei et agni XXIV animalia astantia, et incessanter dicentia: *Sanctus, Sanctus, Sanctus, Dominus Deus Sabaoth*, etc. Ideo enim tribus vicibus dicitur *Sanctus*, ut significetur Pater sanctus, Filius sanctus, Spiritus Patris et Filii sanctus. Sed quamvis tripliciter dicatur sanctus, non tamen dicitur plurali numero *sancti*, sed singulari *sanctus*, ut una sanctitas in his tribus personis et una æternitas intelligatur.

13. *Dominus Deus Sabaoth.* Sabaoth a multis interpretari solet *omnipotens*, a multis vero *exercituum*. Ut ipse sit Dominus Deus, et ipse omnes exercitus angelorum atque hominum disponat. *Pleni sunt cœli et terra gloria tua.* Idem ut ejus gloria cœli ac terræ gubernentur, et qui in cœlis sunt, et qui in terra glorificent, et honorent nomen ejus. *Osanna in excelsis.* Quomodo nunc dicitur corrupte *Osanna?* antea dicebatur *Osiana*. *Osi* interjectio est laudantis, sive causa magnificantis. *Anna* salvifica. Sed corrupte dicitur *Osanna*, et intelligi potest: salvifica, vel salvum fac. *In excelsis*, id est, in altis. *Benedictus qui venit in nomine Domini. Osanna in excelsis.* Quando Christus venit ad Jerusalem, et descendit de monte Oliveti, tunc filii Israel clamaverunt, dicentes: *Benedictus qui venit in nomine Domini;* sed quid significavit ille Christi adventus ad Jerusalem, nisi futuram resurrectionem, quando venturus erit judicare vivos et mortuos, et apparuerit nobis in eadem carne qua pro nobis passus est? et tunc in nomine Jesu omne genu flectetur cœlestium, terrestrium, et infernorum, etc., quæ Apostolus dixit.

14. *Te igitur, clementissime Pater. Te igitur;* hoc est, te certe, clementissime Pater. *Clemens* dicitur, quasi clara mens, sive abundans, et *clementissime*, quasi clarissima mente, sive abundantissime, quia ipse clarissimus est mente, et misericordissime Pater. Non ideo eum dicimus clementem, et misericordem, quod membris corporeis, vel corde, aut mente sit compositus, sicut homo; sed ideo clementem et misericordem clamamus, ut illam clementiam et misericordiam super nos ab ipso sentiamus et intelligamus, unde salvari debeamus.

225 15. *Per Jesum Christum.* Jesus Græce, Latine *Salvator*, sive *salutaris* dicitur. Salvator eo quod salvat populum suum a peccatis eorum. Ideo salvat a peccatis, quia potestatem habet dimittendi peccata, sicut ipse dixit: *Ut autem sciatis quia Filius hominis habet in terra potestatem dimittendi peccata* (*Matth.*, IX, 6). Salutaris ideo dicitur, quia salutem nobis dedit, ut, si præcepta ejus servemus, vitam æternam capere valeamus. *Filium tuum*, scilicet Filium tuum unigenitum, quia ipse est unigenitus ex substantia Patris, nos autem filii adoptivi sumus per ipsum qui unigenitus est, a Patre procedens, Patri coæternus; et ideo per eum Patrem postulamus humiliter dicentes:

16. *Supplices te rogamus et petimus.* Supplices, id est, humiles. *Uti accepta habeas et benedicas.* Uti, id est, accipias et benedicas. *Hæc dona, hæc munera, hæc sancta sacrificia illibata.* Dona sunt, quæ voluntarie donantur. Munera sunt, quæ pro aliquo munere et mercede offeruntur, sicut nos offerimus Deo, ut peccata nostra dimittantur. Sacrificia sunt, quæ jam cum orationibus consecrantur. Illibata idem est ac immaculata, et ab omni livore malitiæ aliena. Tunc sunt dona et sacrificia illibata, quando absque scandalorum maculis sunt oblata, et justo sunt labore acquisita. Non, ut multi errant, qui dicunt illibata esse non dedicata. Lege septem collationes Patrum, et in secunda collatione Theonæ in nono capite invenies quæ sint illibata.

17. *In primis quæ tibi offerimus.* Hoc est, quæ tibi offerimus, pro quibus offeruntur indicant: In primis offerri debent *pro Ecclesia tua sancta catholica*. Ecclesia Græce, Latine *congregatio* dicitur. *Catholica* universalis dicitur, quia universi qui in Dominum credunt A in una debent esse congregatione. *Quam pacificare, custodire, adunare et regere digneris toto orbe terrarum.* Per totum orbem terrarum pacificatam et adunatam custodire digneris. *Una cum famulo tuo illo.* Hoc est simul cum illo qui sedem apostoli Petri tenet, quia Ecclesia, in qua Petrus apostolorum princeps sedit, caput est omnium Ecclesiarum catholicarum. Ideo, quia Petro dicit Christus: *Tu es Petrus, et super hanc petram*, et reliqua (*Matth.* XVI, 18). Et propter hanc sententiam debemus omnes pro eo orare, qui in eadem est Ecclesia.

18. *Et antistite nostro illo*, id est, pro episcopo; ipse est pastor et prædicator noster. *Memento, Domine, famulorum, famularumque tuarum, et omnium circumstantium.* Sacerdos antea oravit pro apostolico et episcopo suo. Si episcopus missam celebrat, *pro antistite nostro* dicere non debet, quia ipse antistes est. Si presbyter celebrat missam, ille debet dicere *pro antistite nostro*. Jam oratum est pro senioribus; postea orandum est B pro populo. Quando sacerdos dicit *Memento, Domine, famulorum famularumque tuarum*, deprecatur Dominum Patrem, ut memorare dignetur omnium ad officium missæ, sive masculorum, sive feminarum, advenientium. Et quod dicit *circumastantium*, ipsi masculi et feminæ (intelliguntur), quicunque astant.

19. Jam sacerdos oravit pro omnibus qui ad audiendam missam venerunt, **226** tunc demum orat pro his qui oblationes suas afferunt (*Forte*, offerunt). *Qui tibi offerunt hoc sacrificium laudis.* Laudis dicitur, quod pro laude Dei in primis offerunt, et postea *pro se, suisque omnibus, pro redemptione animarum suarum, pro spe salutis et incolumitatis suæ; tibique reddunt vota sua, æterno Deo, vivo et vero.* Ideo offerunt, quia vivo et vero Deo omnium fides circumstantium, offerentium et non offerentium, cognita est et nota devotio. Omnes reddunt vota sua. *Vota* dicuntur, quia volenter promittuntur, quia volenter et libenter devovere debe- C mus. *Communicantes, et memoriam venerantes, in primis gloriosæ semper virginis Mariæ genitricis Dei, et Domini nostri Jesu Christi, sed et beatorum apostolorum ac martyrum tuorum.*

20. *Communicare*, hoc est, participare memoriam; *venerari*, hoc est, in memoria honorabiliter tenere quod sancta Maria virgo per adventum Spiritus sancti genitrix facta est Filii Dei Jesu Christi, qui Deus et homo est, per quem Patrem supplicamus, et fidem communicare debemus, et credere quod, Spiritu sancto veniente, Filius Dei natus est ex ea, et virginitas ejus non est violata. *Sed et beatorum apostolorum ac martyrum tuorum.* Apostolus dicitur in nostra lingua *missus*. Martyr dicitur *testis*. Apostoli ideo dicuntur, quia a Christo missi sunt. Martyres dicuntur, quia testes sunt quod Christus passus est pro nobis, et ipsi pro Christo.

21. *Hanc igitur oblationem servitutis nostræ, sed et cunctæ familiæ tuæ quæsumus, Domine, placatus accipias.* Sacerdos oblationem suam, atque cunctorum D qui Deo famulantur, idem qui Domino serviunt, commendat, ut Domino placeat [*Forte*, placeant], et ipse nobis propitius sit. *Diesque nostros in tua pace disponas, atque ab æterna damnatione nos eripi et in electorum tuorum jubeas grege numerari; per Christum Dominum nostrum.* Pro eo quod (sic) sacerdos offert, debet orare, ut sacerdos exaudiatur, et omnium dies in pace disponantur, et ab æterna damnatione eripiamur. De quo Dominus noster Jesus Christus dicturus est impiis in fine mundi: *Ite, maledicti, in ignem æternum*, etc. Et ad illum gregem electorum suorum per angelos sanctos numerari mereamur, cui dicturus erit: *Venite, benedicti Patris mei* (*Matth.* XXV, 34), et reliqua.

22. *Quam oblationem tu, Deus, in omnibus, quæsumus, benedictam, ascriptam, ratam, rationabilem, acceptabilemque facere digneris.* Supplicat sacerdos ut illam oblationem, quam ille pro se offert, et pro populo, omnipotens Pater dignetur accipere bene-

dictam, et habere ascriptam, hoc est, assignatam, ut sibi placeat. *Ratam*, hoc est, judicatam, ut dignam illam judicet in conspectu suo offerri. *Rationabilem*, justa ratione plenam facere dignetur, quia tunc illi est acceptabilis, si recta credentes pro justa ratione offerimus; justum est postulare ut illa oblatione, quam nos rationabiliter offerimus, ut Pater omnipotens sanctificando faciat. *Ut nobis corpus et sanguis fiat dilectissimi Filii tui Domini nostri Jesu Christi.* Patri dilectus est Filius, sicut ipse Pater testatus est de cœlo, dicens: *Hic est Filius meus dilectus*, etc. (*Matth.* III, 17). Et nos eum diligere debemus, quia ipse prior dilexit nos, et passus est pro nobis.

227 23. *Qui, pridie quam pateretur, accepit panem in sanctas ac venerabiles manus suas: elevatis oculis in cœlum ad te Deum Patrem suum omnipotentem, tibi gratias agens benedixit, fregit, dedit discipulis suis, dicens: Accipite, et manducate ex hoc omnes: Hoc est enim corpus meum. Simili modo, posteaquam cœnatum est, accepit et hunc præclarum calicem in sanctas ac venerabiles manus suas: item tibi gratias agens, benedixit, dedit discipulis suis, dicens: Accipite, et bibite ex eo omnes. Hic est enim calix sanguinis mei novi et æterni Testamenti, mysterium fidei, qui pro vobis et pro multis effundetur in remissionem peccatorum. Hæc quotiescunque feceritis, in mei memoriam facietis.*

24. Quod intermisimus, *qui pridie quam pateretur*, hoc est pridie quam ipse passus esset pro nobis, voluit tradere discipulis suis corpus et sanguinem sui, mysterium, ut illi traderent nobis. Quis unquam crederet quod panis in carnem potuisset converti, in sanguinem vinum; nisi ipse Salvator diceret, qui panem et vinum creavit, et omnia ex nihilo fecit? Facilius est aliquid ex aliquo facere, quam omnia ex nihilo creare. Ipse Salvator voluit corpus humanum suscipere, et hominem Deo conjungere, ut unus fieret mediator Dei et hominum homo Christus Jesus; ipse voluit per nos panem et vinum offerri sibi, et ab ipso divinitus consecrari, et fidelem populum credere verum esse mysterium, quod et ipse tradidit discipulis suis, dicens: *Accipite et manducate ex hoc omnes.* Et quando oculos ad cœlum levavit, et Patri gratias egit, nos docuit quod nos Patri semper supplicare debemus, ut ille tam magnum sacramentum per manus nostras perficere dignetur.

25. Et cum diceret: *Hæc quotiescunque feceritis, in mei memoriam facietis*, jussit nos illius passionis memores esse; quantaque pro nobis sustinuit, omni tempore memores esse debemus, quando hoc sacramentum celebramus, et ejus misericordiæ, non nostri bonitate fiduciam dare. *Unde et memores sumus, Domine, nos tui servi, sed et plebs tua sancta Christi Filii tui Domini nostri.* Memores nos esse sacerdotes profitemur, atque plebem memores esse testamur Christi Filii tui Domini nostri. Ideo sacerdotes fideliter memores esse debent, quia ipsi missam celebrant, quia stulta postulatio est, si postulans nescit quod postulat. Plebs sancta ideo meminisci [*Forte*, meminisse] debet, quia Christus non solum pro sacerdotibus passus est, sed et pro plebe sancta; ideo dicitur quia fide ac baptismo Christi percepto sanctificata est.

26. Modo indicant unde meminisci debent, id est, *tam beatæ passionis, necnon et ab inferis resurrectionis, necnon et in cœlos gloriosæ ascensionis.* Christi Filii tui passionis memores esse debemus, quia pati dignatus est pro nobis. *Resurrectionis ab inferis*, per resurrectionem ejus liberatæ [*Forte*, liberatæ animæ] sunt. *Gloriosæ ascensionis* ejus memorare debemus, quia corpus humanum, quod assumpserat, junctum divinitati sine ullius adjutorio propria majestate portavit in cœlum. Ideo diximus, *sine ullius adjutorio*, ut intelligatur quod non hominum, nec angelorum, nec ullius creaturæ vehiculo eum ascendisse in cœlum, sed a Patre majestatis elevatus est, **228** de quo ipse dixit in Evangelio: *Ego et Pater unum sumus.*

27. *Offerimus præclaræ Majestati tuæ de tuis donis ac datis hostiam puram, hostiam sanctam, hostiam immaculatam, panem sanctum vitæ æternæ, et calicem salutis perpetuæ.* Domine, omnium memores supradictarum bonitatum tuarum, offerimus tuæ Majestati *hostiam puram*, hoc est, de corpore puro, quia purum est corpus tuum, quod de hoc pane fieri credimus. *Hostiam sanctam*, quia tu sanctificasti corpus tuum, quando hominem in Deum assumpsisti, et nunc sanctifica hunc panem, ut corpus tuum fiat. *Hostiam immaculatam*, quia tu sine macula peccati passus es pro nobis.

28. *Panem sanctum vitæ æternæ*, quia tu panis vivus es, qui de cœlo descendisti, et corpus tuum in hoc pane a te sanctificato nos accipere voluisti, et per calicem passionis tuæ nos sanguinem tuum sumere voluisti, tu sanctifica hanc hostiam, ut nobis corpus tuum et sanguis tuus fiat. *Supra quæ propitio ac sereno vultu respicere digneris.* Hoc deprecamur, ut Pater sanctus supra bona a nobis oblata pio et blando vultu et claro dignetur respicere, id est, videre et accepta habere. *Sicut accepta habere dignatus es munera pueri tui Abel, et sacrificium patriarchæ nostri Abrahæ, et quod tibi obtulit summus sacerdos tuus Melchisedech, sanctum sacrificium, immaculatam hostiam.* Accepta habuit Dominus munera Abel, quia quidquid optimum invenit, obtulit Domino; et nos justa munera et munda Deo mundo corde offerre debemus. Abraham proprio filio suo Isaac non pepercit, sed obediens jussioni Domini offerre eum voluit.

29. Melchisedech primus sacerdos Domino panem et vinum obtulit, et ideo scriptum est in Psalmo: *Tu es sacerdos in æternum secundum ordinem Melchisedech* (*Psalm.* CIX, 4). Quia sicut Melchisedech panem et vinum, ita et Christus in passione sua corpus et sanguinem suum obtulit Deo Patri pro nobis, et in pane, et vino passionis suæ mysterium nos imitari voluit, quando discipulis suis dans panem ac calicem, dixit: *Hoc est corpus meum, et hic est calix sanguinis mei.* Et nos supplicare debemus, ut sicut supradictorum Patrum accepta Deo fuerunt munera, ita fiant et nostra.

30. *Supplices te rogamus, omnipotens Deus, jube hæc perferri per manus sancti angeli tui in sublime altare tuum in conspectu divinæ Majestatis tuæ.* Humiliter postulamus ut munera nostra super hoc altare, quod videri potest, oblata, pater cœlestis jubeat per manus sancti angeli sui perferri in illud altum altare ante divinam Majestatem suam, quod oculis nostris videre non possumus, quia corporale non est, sed spirituale. Et sicut nos divinam Majestatem Patris investigare non possumus, ita nec ea quæ in conspectu ejus sunt debemus investigare, sed potius credere: *ut quotquot ex hac altaris participatione sacrosanctum Filii tui corpus et sanguinem sumpserimus, omni benedictione cœlesti et gratia repleamur per Christum Dominum nostrum.* Orare debemus Patrem cœlestem, ut omnis qui ex ipsius altaris [*Forte*, omnes qui ex ipso altari], supra quod nos offerimus Deo Patri in commemorationem Filii sui Domini nostri Jesu Christi, (corpus) **229** et sanguinem prædicti Filii sumpserimus, omnem benedictionem cœlestem accipere mereamur per Christum Dominum nostrum.

31. *Nobis quoque peccatoribus, famulis tuis, de multitudine miserationum tuarum sperantibus, partem aliquam et societatem donare digneris cum sanctis apostolis, et martyribus, et omnibus sanctis.* Hæc omnia sacrificia ideo sunt oblata, tam a sacerdote quam a populo, ut omnipotens Deus peccata nostra non reputet, sed cum sanctis suis nobis portionem tribuat. *Intra quorum nos consortium non æstimator meriti, sed veniæ, quæsumus, largitor admitte.* Hoc

rogamus, ut ipse qui dixit: *In quacunque die peccator conversus fuerit, et pœnitentiam egerit, omnia peccata ejus in oblivione erunt coram me.* Non retributionem peccatorum æstimet, sed ipse (sit) veniæ largitor, ut intra sanctorum societatem nos mittat per Christum Dominum nostrum.

32. Per quem omnia hæc dona ille creavit, ipse sanctificet, et benedicat, et prosit nobis, ut per Christum, per quem facta sunt et in Christo, in quo facta sunt omnia et cum quo facta sunt omnia, qui coæternus est Patri, semper gratias referamus Patri per omnia sæcula sæculorum. Amen. *Præceptis salutaribus moniti et divina*, etc. Christi præceptis, quæ salute sunt plena, quia ipse est salus æterna, sumus admoniti, et jussi, et divina institutione formati; idem formam et exemplum a Christo Domino nostro accepimus, et ausi sumus orare, sicut ille docuit discipulos suos; et Patrem nostrum credimus, qui nos creavit, et dicimus:

33. *Pater noster, qui es in cœlis.* Christus dixit post resurrectionem suam: *Ascendo ad Patrem meum et Patrem vestrum.* Aliter dixit Patrem suum, aliter Patrem nostrum. Patrem suum, quia proprius Filius est Patris ex substantia Patris ante omnia sæcula genitus, Patri coæternus. Pater noster ideo est, quia nos creavit in tempore, et nos filii sumus adoptivi, et hæreditatem cœlestem Patris nostri cœlestis possidere debemus, si operibus implemus, quia perceptionem fidei spopondimus. Cœlum a *celando* dicitur, eo quod celat divina secreta. Aliter cœlum a celsitudine dicitur, eo quod altius est rebus terrenis. Nos autem ideo dicimus *Pater noster, qui es in cœlis*, ut credere ostendamus in Patrem cœlestem; et sicut filii præcepta Patris sui implere cupiunt, ita et nos ipsius præcepta implere, et ad cœlum semper tendere desideremus.

34. *Sanctificetur nomen tuum*, hoc est, ut nos digni simus nomen sanctum ejus tenere in cordibus nostris, ut sicut sancti angeli, qui in cœlo sunt, sciunt et intelligunt sanctitatem nominis sui, ita et nos, qui in terra sumus, ipso adjuvante, mereamur sanctitatem ejus cognoscere; ut sicut in cœlo, ita et in terra sit nomen ejus sanctificatum. *Adveniat regnum tuum*, hoc est, ut nos regnum et potentiam ejus mereamur cognoscere, et ut jam propter nostra peccata diabolus non regnet super nos, sed ipsius regnum adveniat, sicut in Evangelio scriptum est: *Regnum Dei intra vos est.*

35. *Fiat voluntas tua, sicut in cœlo, et in terra*; hoc est, ut ejus voluntatem sicut illi qui in cœlo sunt faciunt, ita nos, qui in terra sumus, **230** faciamus. Terra a *terendo* dicitur, eo quod pedibus teritur. *Panem nostrum quotidianum da nobis hodie.* Panis apud Græcos in nostra lingua *omnis* interpretatur. Et nos oramus ut omnipotens Pater omnes victus, spiritualem ac corporalem, nobis largiri dignetur omni tempore. *Et dimitte nobis debita nostra, sicut et nos dimittimus debitoribus nostris.* Nihil enim injustum facit, qui sibi debenti debitum requirit, sed si omnipotens Deus a nobis omnia debita nostra requirit, nullus sine dubio invenitur liber; et ideo nos debemus debitoribus nostris debita dimittere, ut nobis Omnipotens nostra dimittat, quia ipse dixit: *Si non remiseritis unusquisque fratri suo de cordibus vestris, nec Pater vester cœlestis remittet vobis peccata vestra* (*Matth.* XVIII, 35). Et alibi: *Auferentur de regno ejus omnia scandala* (*Matth.* XIII, 41); et item sacrificium non recipitur, si illud scandalo offertur; sed ante altare dimitti jubetur, usque dum reconcilietur fratri suo, et tunc offerri mundo corde.

36. *Et ne nos inducas in tentationem.* Hoc est, ne intremus in illam tentationem, in qua diabolus nos tentat, et ei consentiamus; sed Dominus ipse nos defendat, ne inducamur in tentationem diabolicam, quia si Dominus nos dimittit, statim introducimur in laqueum diaboli, et ideo postulamus ut ipse nos liberet a malo, hoc est, ab omni impugnatione diabolica. *Libera nos, quæsumus, Domine, ab omnibus malis præteritis, præsentibus et futuris.* Hoc postulamus, ut ipse nos ab omnibus malis liberet, qui nos mundos et bonos creavit, in quo nullum est malum. Præterita sunt, quæ jam ante peccantes commisimus, et ideo flagella sustinemus. Futura sunt, quæ adhuc, diabolo suggerente, venire possunt; et ideo oramus ut ab omnibus liberemur, quia ante conspectum Dei nulla sunt præterita, nec futura, sed omnia sunt præsentia.

37. *Intercedente pro nobis beata et gloriosa semper virgine Dei Genitrice Maria, et beatis apostolis Petro et Paulo atque Andrea.* Invocamus nobis in adjutorium Genitricem Dei, quæ virgo fuit ante partum, virgo in partu, virgo post partum. Et beatos apostolos, qui nobis mysteria celebranda tradiderunt, ut intercedant pro nobis, quia nos ipsi digni non sumus de præteritis ac præsentibus veniam promereri, nec de futuris cautelam, nisi nobis eorum oratione donetur. Jam oravimus ut liberemur a malis, nunc oremus ut, prædictis sanctis intervenientibus, ipse donet pacem propitius in diebus nostris, qui potens est a malo liberare.

38. Pacem a tentatione diaboli, ne induceremur in eam; pacem a malis hominibus, ne patiamur flagella eorum. *Ut ope misericordiæ tuæ adjuti.* Hoc est, ut Dei adjutorio adjuti: *A peccato simus semper liberi, et ab omni perturbatione securi.* Hoc est a peccatis nostris dimissis in præsenti sæculo non perturbemur iterum peccantes, nec in die judicii æternam perturbationem patiamur. *Pax Domini sit semper vobiscum.* Christus est pax æterna, qui nos reconciliavit Patri per passionem suam, ne propter peccatum primi hominis in inferno detineremur: hoc orat sacerdos, ut illa pax cum populo permaneat et omnes concordes faciat, ut pacifice cum Christo mereamur in cœlo regnare.

231 39. Et ideo tunc facimus pacem, antequam corpus et sanguinem Domini nostri Jesu Christi in corpora nostra suscipiamus, quia sine concordia digni non sumus sanctam communionem accipere. Quia munera, si discordiam habemus cum proximis nostris, antequam reconciliemur, a Domino non recipiuntur. Tunc orat clerus, cantando: *Agnus Dei, qui tollis peccata mundi, miserere nobis.* Agnus dicitur propter innocentiam, quia nulli hominum, vel bestiarum nocet; et dum ad victimam ducitur, occidentem se non lædit, sed occisorem suum post occisionem suam reficit. Ita et Christus nullum læsit, sicut Apostolus dicit: *Qui peccatum non fecit, nec inventus est dolus in ore ejus* (*I Petr.* II, 22). Sed post passionem suam conversos persecutores suos multos per sanctam communionem corporis et sanguinis sui reficit, et credentes facit. Ipse tulit peccatum mundi, quando veniam peccatorum nobis dedit.

40. Quia ante passionem ejus justi et peccatores in infernum descenderunt, et in Veteri Testamento remissionem peccatorum nusquam legimus. Christus vero per pœnitentiam non solum remissionem peccatorum, sed etiam gaudium nobis promisit angelicum, dicens: *Gaudium erit coram angelis Dei super uno peccatore pœnitentiam agente* (*Luc.* XV, 7). Ipsum Christum, qui est Agnus Dei innocens, qui passus est pro salute mundi, petimus ut misereatur nostri, dicentes: *Miserere nobis.* Nam et agnus in Veteri Testamento pro peccatis populi offerebatur; et in Novo Testamento Christus semetipsum obtulit Deo Patri, ut genus humanum per passionem suam liberaret a peccato; et ideo *Agnus Dei* tunc cantatur, quando corpus et sanguis Christi percipitur, ut omnes credamus quia ipsius Agni corpus et sanguis tunc sumitur, qui peccata mundi tulit moriendo, et vitam æternam nobis donavit resurgendo Jesus Christus Dominus noster, qui cum Patre in unitate Spiritus sancti vivit et regnat per omnia sæcula sæculorum. Amen.

41. Et post missam finitam dicit diaconus: *Ite,*

missa est. Diaconus Græce, *minister* Latine dicitur. Ille nuntiat populo, quod finitæ sunt preces, quia nullus antea exire debet de ecclesia quam nuntiatum sit de ministro, et omnes respondeant : *Deo gratias.*

APPENDIX IX.

SENTENTIARUM LIBER QUARTUS.

CAP. I. *De rectoribus, qualiter conversationem habeant.* — 1. Rector semper cogitatione sit mundus, quatenus nulla hunc immunditia polluat, qui hoc suscepit officium, ut in alienis quoque cordibus pollutionis maculas tergat. Necesse est ut esse munda studeat manus quæ diluere sordes aliorum curat, ne tacta quæque deterius inquinet, si sordida insequens lutum tenet. Hinc namque per prophetam dicitur : *Mundamini, qui fertis vasa Domini* (*Isai.* LII, 11). Domini etenim vasa ferunt, qui proximorum animas ad æterna sacraria perducendas in suæ conversationis fide suscipiunt. Apud semetipsos quantum debeant mundari conspiciant, qui **232** ad æternitatis templum vasa viventia in sinu propriæ sponsionis portant. Hinc divina voce præcipitur ut in Aaron pectore rationale judicii vittis ligantibus imprimatur (*Exod.* XXVIII, 15); quatenus sacerdotale cor nequaquam cogitationes fluxæ possideant, sed ratio sola constringat (*Greg. Reg. past. p.* II, *c.* 2; *Taio, lib.* II *Sent. c.* 33).

2. Nec indiscretum quid vel inutile cogitet, qui, ad exemplum aliis constitutus, ex gravitate vitæ semper debet ostendere quantam in pectore rationem portet. In judicii rationale, quod in Aaron pectore ponitur, præcipitur ut duodecim patriarcharum nomina describantur. Ascriptos etenim patres semper in pectore ferre est antiquorum vitam sine intermissione cogitare. Tunc sacerdos irreprehensibiliter graditur, cum exempla patrum præcedentium indesinenter intuetur, cum sanctorum vestigia sine cessatione considerat, et cogitationes illicitas deprimit, ne extra ordinis limitem operis pedem tendat. Debet rector subtili semper examine bona malaque discernere, et quæ, vel quibus, quando, vel qualiter congruant, studiose cogitare, nihilque proprium quærere, sed sua commoda propinquorum deputare.

3. Sit rector operatione præcipuus, ut vitæ viam subditis bene vivendo denuntiet, et grex, qui pastoris vocem moresque sequitur, per exempla melius quam per verba gradiatur. Per divinam legem præcipitur : Sacerdos in sacrificium armum dextrum accipiat, et separatum (*Exod.* XXIX, 22), ut non solum sit ejus operatio utilis, sed etiam singularis; nec inter malos tantummodo quæ recta sunt faciat, sed bene quoque operantes subditos, sicut honore ordinis superat, ita etiam morum virtute transcendat. Sacerdoti in esu pectusculum cum armo tribuitur, ut quod de sacrificio præcipitur sumere, hoc de semetipso auctori discat immolare. Et non solum peccatori quæ recta sunt cogitet, sed spectatores suos ad sublimia armo operis invitet (*Greg. Reg. past. p.* II, *c.* 3).

4. Nulla præsentis vitæ rector appetat, nulla pertimescat, blandimenta mundi respectu intimo terroris despiciat. Terrores autem considerato internæ dulcedinis blandimento contemnat. Sit rector singulis compassione proximus, præ cunctis contemplatione suspensus, ut et per pietatis viscera in se infirmitatem cæterorum transferat, et per speculationis altitudinem semetipsum quoque invisibilia appetendo transcendat, ne aut alta petens proximorum infima [*Al.* infirma] despiciat, aut infimis proximorum congruens appetere alta relinquat. Pastores non solum sursum sanctum caput Ecclesiæ videlicet Dominum contemplando appetunt, sed deorsum quoque ad membra illius miserando descendunt (*Ibid.*, *c.* 5).

5. Hinc Moyses crebro tabernaculum intrat, et exit, et qui intus in contemplationem rapitur, foris infirmantium negotiis urgetur. Intus Dei arcana considerat, foris onera carnalium portat. Ipsa scilicet Veritas per susceptionem nobis nostræ humanitatis ostensa, in monte orationi inhæret, miracula in urbibus exercet (*Luc.* VI, 12), imitationis videlicet viam bonis rectoribus sternens, ut si etiam summa contemplando appetunt, necessitatibus tamen infirmantium compatiendo misceantur. Qui regimine pastorali sunt aliis prælati, tales se exhibeant, quibus subjecti occulta sua prodere **233** non erubescant; ut cum tentationum fluctus parvuli tolerant, ad pastoris mentem quasi ad matris sinum recurrant. Et hoc quod se inquinari pulsantis culpæ sordibus prævident, exhortationis ejus solatio ac lacrymis orationis lavent.

6. Sit rector internorum curam in exteriorum occupatione non minuens, exteriorum providentiam in internorum sollicitudine non relinquens, ne aut exterioribus deditus ab intimis corruat, aut, solis interioribus occupatus, quæ foris debet proximis non impendat. Sacerdotibus per legem præcipitur ut tondentes tondant capita sua (*Ezech.* XLIV, 20), ut videlicet curæ temporalis sollicitudines, et quantum necesse est provideant, et tamen recidantur citius, ne immoderatius excrescant; dum igitur et per administratam exteriorem providentiam corporum vita protegitur, et rursus per moderatam cordis intentionem non impeditur, capilli in capite sacerdotis et servantur, ut aurem cooperiant, et resecantur, ne oculos claudant (*Greg. Reg. past. p.* II, *c.* 7. 8).

7. Necesse est ut rector solerter invigilet, ne hunc cupido placendi hominibus pulset, ne cum studiose interiora penetrat, cum provide exteriora subministrat, se magis a subditis diligi quam veritatem quærat, ne cum, bonis actibus fultus, a mundo videtur alienus, hunc Auctoris reddat extraneum amor suus. Hostis Redemptoris est, qui per recta opera quæ facit ejus vice ab Ecclesia amari concupiscit, quia adulterinæ cogitationis reus est, si placere puer sponsæ oculis appetit, per quem sponsus dona transmisit. Necessarium valde rectoribus est ut cura regiminis tanta moderaminis arte temperetur, quatenus subditorum mens, cum quædam recta sentire potuerit, sic in vocis libertatem prodeat, ut tamen libertas in superbiam non erumpat; ne dum fortasse immoderatius linguæ eis libertas conceditur, vitæ ab his humilitas amittatur.

8. Oportet igitur ut rectores boni sic placere hominibus appetant, ut suæ æstimationis dulcedine proximos in affectum veritatis trahant, non ut se amari desiderent, sed ut dilectionem suam, quasi quamdam viam faciant, per quam corda audientium ad amorem Conditoris introducant. Difficile quippe est ut quamlibet recta denuntians prædicator, qui non diligitur, libenter audiatur. Omne hoc quod præmisimus rite a rectore agitur, si supernæ formidinis et dilectionis spiritu afflatus studiose quotidie sacri eloquii præcepta meditetur, ut in eo vim sollicitudinis, et erga cœlestem vitam providæ circumspectionis, quam humanæ conversationis usu indesinenter destruit, divinæ admonitionis verba restaurent; et qui ad vetustatem per societatem sæcularium ducitur, ad amorem semper spiritualis patriæ compunctionis aspiratione renovetur (*Ibid.*, *c.* 11).

9. Quia igitur qualis esse debeat pastor superius ostendimus, nunc qualiter doceat demonstremus. Non una, eademque cunctis exhortatio congruit, quia nec cunctos par morum qualitas astringit. Sæpe namque aliis officiunt quæ aliis prosunt, quia et plerum-

quæ herbæ quæ hæc animalia nutriunt, alia occidunt, et lenis sibilus equos mitigat, catulos instigat; et medicamentum quod hunc morbum imminuit, alteri vires jungit; **234** et panis, qui vitam fortium roborat, parvulorum necat. Apte tintinnabula vestimentis pontificis describuntur inserta. Vestimenta etenim sacerdotis quid aliud quam recta opera debemus accipere, propheta attestante, qui ait: *Sacerdotes tui induantur justitia* (*Psal.* CXXXI, 9)? Vestimentis itaque illius tintinnabula inhærent, ut vitæ viam cum linguæ sonitu ipsa quoque opera sacerdotis clament (*Greg. prol.* II *part. Reg. past*; *Taio*, *lib.* II, *c.* 35).

10. Nos quia infirmi homines sumus, cum de Deo hominibus loquimur, debemus primum meminisse quid sumus, ut ex propria infirmitate pensemus quo docendi ordine infirmis fratribus consulamus. Consideremus igitur quia aut tales sumus quales nonnullos corrigimus, aut tales aliquando fuimus, et si jam divina gratia operante non sumus, ut tanto eos temperantius corde humili corrigamus, quanto nosmetipsos verius in his quos emendamus agnoscimus. Scriptum est: *Filiæ tibi sunt? Serva corpus illarum, et non ostendas hilarem faciem tuam ad illas* (*Eccli.* VII, 26). Infirmæ quippe animæ, atque ad appetitum mundi deditæ, aliquando melius ex severitate servantur, ut obfirmata facies, id est, per severitatis custodiam ab omni spe frivolæ remissionis obducta inconstantem animum terreat, atque a delectatione vitiorum districtionis suæ rigore constringat (*Greg. Moral. l.* XXIII, *c.* 13, *n.* 25; *Taio*, *l.* II *c.* 36; *Greg.* I, *Ezech. hom.* 12, *n.* 31).

11. Quod cum a doctore agitur, semper necesse est ut dulcedo et humilitas in corde teneatur, quatenus et multum amet, et nunquam contra eum per elationem superbiat; cui tamen amorem suum et humilitatem pro utilitate ejus prodere recusat. Cum per zelum animus movetur rectoris, curandum summopere est ne hæc eadem quæ instrumento virtutis assumitur, menti ira dominetur, ne quasi domina præcedat, sed velut ancilla ad obsequium parata a rationis tergo nunquam recedat. Tunc enim contra vitia erigitur, cum subdita rationi famulatur. Qui zelo rectitudinis movetur, sic culpas delinquentium corrigat, ut ante ipse qui corrigit per patientiam crescat; ut fervorem transcendendo dijudicet, ne intemperantius excitatus ipso zelo rectitudinis longe a rectitudine oberret (*Greg. Moral.* V, 45, *n.* 82).

12. Sunt plerique pastorum qui, dum metiri se nesciunt quæ non didicerunt docere concupiscunt; qui pondus magisterii tanto levius æstimant, quanto vim magnitudinis illius ignorant, ut quia indocti ac præcipites doctrinæ artem tenere appetunt, a præcipitationis suæ ausibus in ipsa locutionis janua repelluntur. Nulla ars doceri præsumitur, nisi intenta prius meditatione discatur. Ab imperitis ergo pastorale magisterium qua temeritate suscipitur, quando ars est artium regimen animarum? Sunt nonnulli qui intra sanctam ecclesiam per speciem regiminis gloriam affectant honoris, videri doctores appetunt, transcendere alios concupiscunt, atque, attestante Veritate, primos in cœnis recubitus, primas in conventibus cathedras quærunt (*Matth.* XXIII, 6, 7); qui susceptum curæ pastoralis officium ministrare digne tanto magis nequeunt, quanto ad humilitatis magisterium ex sola elatione pervenerunt. Ipsa quippe in magisterio lingua confunditur, quando aliud discitur, et aliud docetur (*Greg. Reg. past. p.* I, *in exord.*; *Taio*, *l.* II, *c.* 37; *ibid.*, *c.* 1).

13. Sub magno moderamine pastores Ecclesiæ vel solvere studeant, **235** vel ligare. Sed utrum juste an injuste obliget pastor, pastoris tamen sententia gregi timenda est ne is qui subest, et cum injuste forsitan ligatur, obligationis suæ sententiam ex alia culpa mereatur. Prædicatores sancti, qui districtum Dei judicium metuunt, animarum judices fiunt, et alios damnant, vel liberant, qui semetipsos damnari metuebant. Horum profecto nunc in Ecclesia episcopi locum tenent; solvendi ac ligandi auctoritatem suscipiunt, qui gradum regiminis sortiuntur. Grandis honor pontificalis, sed grande pondus istius est honoris. Durum quippe est ut qui nescit tenere moderamina vitæ suæ judex vitæ fiat alienæ. Plerumque contingit ut ipse judicii locum teneat, cui ad locum vita minime concordat. Et sæpe agit ut vel damnet immeritos, vel alios ipse ligatus solvat (*Taio. l.* II, *c.* 38, *circa fin.*; *Greg.*, *in Evang. hom.* 26, *n.* 4, 5).

14. Sæpe in solvendis ac ligandis subditis suæ voluntatis (*Al.*, voluptatis) motus, non autem causarum merita, sequitur; unde fit ut ipse et ligandi et solvendi potestate se privet, qui hanc pro suis voluptatibus, et non pro subjectorum meritis exercet. Sæpe fit ut erga quemlibet proximum odio vel gratia moveatur pastor. Judicare autem digne de subditis nequeunt, qui in subditorum causis sua vel odia vel gratiam sequuntur; unde recte per prophetam: *Mortificabant animas, quæ non moriuntur, et vivificabant animas, quæ non vivunt* (*Ezech.* XIII, 19). Viventem quippe mortificat, qui justum damnat; et non victurum vivificare nititur, qui reum supplicio absolvere conatur.

15. Nonnulli episcoporum donum accepti Spiritus in usum solent negotiationis exercere, et miraculorum signa ad avaritiæ obsequium declinare. Hinc est enim quod Simon per impositionem manus edita miracula concupiscens, percipere donum Spiritus pecunia voluit (*Act.* VIII, 18); scilicet ut deterius venderet quod male comparasset. Redemptor noster flagello de resticulis facto, de templo turbas ejecit, cathedras vendentium columbas evertit (*Joan.* II, 15). Columbas quippe vendere est impositionem manus, qua sanctus Spiritus accipitur, non ad vitæ meritum, sed ad præmium dare. Sunt nonnulli qui nummorum quidem præmia ex ordinatione non accipiunt, et tamen sacros ordines pro humana gratia largiuntur, atque de largitate eadem laudis solummodo retributionem quærunt. Hi nimirum, quod gratis acceperunt, gratis non retribuunt, quia de impenso officio sanctitatis nummum favoris expetunt (*Greg.* I *in Evang*, *hom.* 4, *n.* 4; *Taio.* II, 40).

CAP. II. *De clericis, quales eos esse oporteat.* — 1. Clericus admonendus est, quatenus sic vivat, ut bonum exemplum vitæ suæ sæcularibus præbeat. In clerico si quid juste reprehenditur, ex ejus vitio ipsa religionis nostræ æstimatio gravatur. Clerici discant ut quæ a senioribus suis jubentur impleant, ut humiliter eorum imperiis subjaceant; ut nec subjectio eos conterat, nec locus superior extollat. Clerici discant quomodo ante occulti Arbitri oculos per humilitatem et obedientiam sua interiora componant, quatenus non cum reprobis puniantur, sed cum electis etiam præmia sortiantur. Admonendi sunt clerici, ut tanto circa se sollicitius vivant, quanto eos aliena cura non implicat. Dicendum est clericis ne præpositorum suorum vitam temere **236** judicent, si quid eos fortasse agere reprehensibiliter vident; ne unde recte mala redarguunt, inde per elationis impulsum in profundiora mergantur. Admonendi sunt clerici, ne cum culpas suorum præpositorum considerant, contra eos audaciores fiant; sed sic eorum prava apud semetipsos dijudicent, ut tamen divino timore constricti ferre sub eis jugum reverentiæ non recusent, quia facta præpositorum oris gladio ferienda non sunt, etiam cum recte reprehendenda judicantur (*Taio.* II, 44; *Greg.*, I *in Evang.*, *hom.* 17, *n.* 18; *Reg. past. p.* III, *c.* 4).

2. Plerosque clericos ab impudentiæ vitio nonnisi increpatio dura compescit, quia dum se delinquere nesciunt, necesse est ut a pluribus increpentur. Verecundos clericos plerumque ad melius exhortatio modesta componit, quia eis ad conversionem sufficit quod doctor eis mala sua saltem leniter ad memoriam reducit. Major profectus modestis clericis adducitur, si hoc quod in eis reprehenditur quasi manu linguæ blandientis ex latere tangatur. Pusillanimes clericos aptius ad iter bonum agendi reducimus, si quædam illorum bona ex latere requiramus; ut dum in eis

alia reprehendo corripimus, alia amplectendo laudemus, quatenus eorum teneritudinem laus audita nutriat, quam culpa increpata castigat. Plerumque utilius apud clericos proficimus, si et eorum bene gesta memoramus, et si qua ab eis inordinata gesta sunt, non jam tanquam perpetrata corripimus, sed quasi adhuc ne perpetrari debeant prohibemus. Plerique clericorum dum in culpa sua deprehendi metuunt, semper improbas defensiones quærunt, sed pavidis suspicionibus agitantur. Nihil quippe est ad defendum puritate tutius, nihil ad dicendum veritate facilius; nam dum fallaciam suam tueri cogitur, duro labore cor fatigatur. Plerumque in culpa clerici deprehensi, dum quales sunt cognosci refugiunt, sese sub fallaciæ velamen [*Gr. Ed.* velamine] abscondunt, et hoc quod peccant, quodque jam aperte cernitur, excusare moliuntur. Plerumque contingit ut is qui pravorum clericorum culpas corripere studet, aspersæ falsitatis nebulis seductus, pene amisisse se videat, quod de eis jam certum tenebat (*Greg.*, *ibid.*, *c.* 7, 11).

B

CAP. III. *De invidis et protervis subditis.* — 1. Plerumque subditi sub pastorali regimine constituti, dum valde se elati præsumunt, exprobrando cæteros dedignantur, dum singulariter summa æstimant cuncta quæ agunt. Subtiliter itaque ab arguente discutienda sunt opera protervorum, ut in quo sibi placent, ostendatur quia Domino displicent. Tunc protervos melius corrigimus, cum ea quæ bene egisse se credunt male acta monstramus; et unde adepta gloria creditur, inde utilis confusio subsequatur. Homines, inquam, subditi cum se vitium proterviæ minime perpetrare cognoscunt, compendiosius ad correctionem veniunt, si alius culpæ manifestioris, et ex latere requisitæ, improperio confunduntur, ut ex eo quod defendere nequeunt cognoscant se tenere improbe quod defendunt. Cum proterve Paulus Corinthios adversum se invicem videret inflatos, ut alius Apollo, alius Pauli, alius Cephæ, alios Christi esse se dicerent (*1 Cor.* I, 12; III, 4), incestus culpam in medium deduxit, quæ apud eos et perpetrata fuerat, et incorrecta remanebat, dicens: *Auditur inter vos fornicatio, et talis fornicatio, qualis nec* **237** *inter gentes, ita ut uxorem patris quis habeat. Et vos inflati estis, et non magis luctum habuistis, ut tollatur de medio vestrum qui hoc opus fecit* (*1 Cor.* V, 1)? Ac si aperte dicat: Quid vos per proterviam hujus vel illius dicitis, qui per dissolutionem negligentiæ nullius vos esse monstratis? Admonendi sunt invidi subditi, ut perpendant quantæ cæcitatis sunt, qui alieno profectu deficiunt, aliena exaltatione contabescunt; quantæ infelicitatis sunt, qui melioratione proximi deteriores fiunt (*Greg. Reg. past. p.* III, *c.* 8. *Taio.* II, 43; *Greg.*, *Reg. past. p.* III, *c.* 10).

C

2. Dumque augmenta alienæ prosperitatis aspiciunt, apud semetipsos anxie afflicti cordis sui peste moriuntur. Dum se invidi a livore minime custodiunt, in antiqui versuti hostis nequitiam demerguntur. De illo namque scriptum est: *Invidia diaboli mors intravit in orbem terrarum* (*Sap.* II, 24). Quia enim ipse cœlum perdidit, condito homini invidit, et damnationem suam perditus adhuc alios perdendo cumulavit. Dicendum est invidis quia dum se ista intrinsecus peste consumunt, etiam quidquid in se aliud boni habere videntur interimunt. Unde scriptum est: *Vita carnium sanitas cordis. Putredo ossium invidia* (*Proverb.* XIV, 30). Per livoris vitium ante Domini oculos pereunt, etiam quæ humanis oculis fortia videntur. Ossa quippe per invidiam putrescere est quædam etiam robusta deperire. Ille est vere humilis subjectus in bonis, qui non est defensor in malis; nam tunc de malis suis subjectus arguitur, et contra verba arguentis accenditur, quando et de bonis suis quasi humiliter titubat, per humilitatis voces ornari appetit, non doceri.

D

CAP. IV. *De vita vel conversatione monachorum.* — 1. Omnes monachi sæculum relinquentes punire

A flendo non desinunt quæ deliquerunt. Gravi se mœrore afficiunt, quia longe huc a facie Conditoris projecti, adhuc in æternæ patriæ gaudiis non intersunt. De quorum corde bene per Salomonem dicitur: *Cor, quod novit amaritudinem animæ suæ, in gaudio illius non miscebitur extraneus* (*Proverb.* XIV, 10). Corda bonorum monachorum amaritudinem suam noverunt, quia ærumnam exsilii, qua projecti lacerantur, intelligunt, et quam sunt tranquilla quæ perdiderunt, quam confusa in quibus deciderunt, sentiunt. Monachi, qui in amaritudine animæ sunt, mori mundo funditus concupiscunt, ut sicut in sæculo ipsi nihil appetunt, ita jam a sæculo nulla obligatione teneantur (*Greg.*, *Moral. l.* V, *c.* 3; *Taio.* II, 45).

2. Plerumque contingit ut jam monachus mundum non teneat mente, sed tamen mundus monachum quibusdam occupationibus astringat, et ipse quidem jam mundo mortuus est, sed ipsi mundus adhuc vivit. Adhuc namque mundus eum concupiscit, dum alio intentum in suis actionibus rapere contendit. Si una in loco sint mortuus, et vivens, etsi mortuus vivum non videt, vivens tamen mortuum videt. Si vero utrique sint mortui, alter alterum nequaquam videt. Itaque jam mundum non amat, sed tamen ab illo vel non volens amatur; etsi ipse velut mortuus mundum non videt, hunc tamen mundus adhuc non mortuus videt. Si vero nec ipse in amore mundum retinet, nec rursus a mundi amore retinetur, vicissim sibi utrique exstincti sunt, quia dum alter alterum non appetit, quasi mortuus mortuum non attendit. Cum hujus mundi gloria tristibus gementibusque tribuitur, pœna se validissimi timoris **238** afficiunt; quia etsi ipsi mundum non tenent, adhuc tamen tales esse se metuunt, qui a mundo teneantur; quia nisi ei quantulumcunque viverent, hos ad usum suum procul dubio non amaret.

3. Mare enim viva corpora in semetipso retinet, nam mortua extra se protinus expellit. Nonnunquam monachi idcirco ad concepta desideria minime perveniunt, ut, ipsa interveniente tarditate, ad eadem desideria laxato mentis sinu dilatentur. Quare quæ extenuari fortasse impleta poterant, magna dispositione agitur, ut repulsa multiplicius crescant. Plerique monachorum sic in præsens sæculum mortificari appetunt, ut jam perfecte, si liceat, Conditoris sui faciem contemplentur; sed eorum desiderium differtur, ut proficiat, et tarditatis suæ sinu nutritur, ut crescat. In Canticis canticorum sponsa sponsi sui faciem anhelans clamat: *In lectulo meo per noctes quæsivi quem diligit anima mea; quæsivi illum, et non inveni* (*Cant.* III, 1). Abscondit se sponsus, cum quæritur, ut non inventus ardentius quæratur. Quare differtur quærens sponsa ne inveniat, ut tarditate sua capacior reddita, multiplicius quandoque inveniat quod quærebat. Cum spirituales monachi plene mortificationem suam appetunt, quanto fiunt viciniores ad finem, tanto se exhibent ardentiores in opere (*Greg.*, *ibid.*, *c.* 4, *n.* 6).

4. Laborando ergo non deficiunt, sed magis ad usum laboris crescunt; qui quoniam præmia propinquiora considerant, eo in opere delectabilius exsudant. Plerique monachorum, qui ab operibus mundi non corpore [*Al.*, non torpore], sed virtute, sopiuntur, laboriosius dormiunt quam vigilare potuerunt, quia in eo quod actiones hujus sæculi deserentes superant, robusto conflictu quotidie contra semetipsos pugnant, ne mens per negligentiam torpeat, ne subacta otio ac desiderio ad desideria immunda frigescat, ne ipsis bonis desideriis plus justo inferveat, ne sub discretionis specie sibimet parcendo a perfectione languescat. Bonus monachus ab hujus mundi inquieta concupiscentia se penitus subtrahit, ac terrenarum actionum strepitum deserit, et per quietis studium, ejus mens virtutibus intenta, quasi vigilans dormit.

CAP. V. *De humilitate vel opere monachorum.* — 1. Admonendus est monachus ut reverentiam habitus sui in actu, in locutione, in cogitatione sua semper circuminspiciat, ac ea quæ mundi sunt perfecte deserat, et quod ostendit humanis oculis habitu, hæc ante Domini oculos moribus prætendat. Omnes monachi qui in curis exterioribus spargi refugiunt, simplices in cogitatione atque in conscientiæ suæ habitatione consistunt (*Taio*, II, 46; *Greg.*, *Moral.*, V, c. 11, n. 20).

2. Hinc de Jacob scriptum est: *Vir autem Jacob habitat simplex in tabernaculis* (*Gen.* XXV, 27). In tabernaculis enim habitare sese perhibentur electi monachi, cum eis transitoria prosperitas arridet, favorem mundi quasi nescientes dissimulant, et forti gressu interius hoc, unde exterius sublevantur, calcant. Sæpe bona agentes monachi paterna adhuc flagella sentiunt, ut tanto perfectiores ad hæreditatem veniant, quanto eos pie feriens disciplina quotidie [*Al.*, etiam de] minimis purgat.

CAP. VI. *De tepiditate vel otio monachorum.* — 1. Nonnulli monachorum mundi quidem actiones fugiunt, sed nullis virtutibus exercentur. Hi nimirum tepore, non studio, dormiunt, et idcirco in terra conspiciunt, quia caput non in Lapide, sed in terra posuerunt. **239** Plerumque monachis contingit ut quanto securius ab exterius actionibus cessant, tanto latius immundæ in se cogitationis strepitum per otium congerant. Unde sub Judææ specie per prophetam torpens otio anima defletur, cum dicitur (*Thren.* I, 7): *Viderunt eam hostes, et deriserunt Sabbata ejus* (*Taio*, II, 49; *Greg.*, *Moral.*, V, 31, n. 5).

2. Plerumque præcepto legis ab exteriori opere in Sabbato cessatur. Hostes ergo Sabbata videntes irrident, cum maligni spiritus ipsa vacationis otia ad cogitationes illicitas pertrahunt, ut unaquæque anima, quo remota ab exterius actionibus Deo creditur servire, eo magis tyrannidi illicitæ famuletur. Per sapientissimum Salomonem dicitur (*Proverb.* XVIII, 9): *Qui mollis et dissolutus est in opere suo, frater est dissipantis sua opera* (*Greg. Reg. past.*, p. III, c. 34).

3. Inchoata bona fortis operantis manus ad perfectionem non sublevat, si operandi ipsa remissio contra hoc quod operatum est pugnat. Si, quod mortis [*Gr. Ed.*, si enim quod mortuum] in nobis est ad vitam non accenditur, hoc etiam exstinguitur, quod quasi adhuc vivum tenetur. In hoc mundo humana anima quasi more navis est contra ictum fluminis conscendentis. Uno in loco stare nequaquam permittitur, quia ad ima relabitur, nisi ad summa conetur.

CAP. VII. *De adhibendis pro corporis necessitate subsidiis.* — 1. Cum naturæ nostræ necessitatibus plerumque, plusquam expedit, deservimus, mentisque curam negligimus, ex miseria negligentiæ infirmitatisque nostræ addimus squalorem culpæ. Necessitates præsentis sæculi hoc habere valde periculosum solent, quod sæpe in eis minime discernitur quid circa illas per utilitatis studium, et quid per voluptatis vitium agatur. Infirmitati naturæ nostræ negligentiam relaxare nihil est aliud quam calamitatis miseriam addere, atque actionum [*Al.*, infirmitatem... per negligentiam... atque vitiorum] squalorem ex eadem miseria multiplicare (*Greg.*, *Moral.* XX, 14, n. 28; *Taio.* III, 12).

2. Sancti viri in omne quod agunt studiosissima intentione discernunt, ne quid plus ab eis naturæ suæ infirmitas quam sibi debetur exigat, ne sub necessitatis tegmine in eis vitium voluptatis excrescat. Electi viri aliud ex infirmitate, aliud ex tentationis suggestione sustinent, et quasi quidam rectissimi arbitri [*Al.*, arbitres] inter necessitatem voluptatemque constituti, hanc consolando et sublevando, illam premendo frenant. Unde fit ut etsi infirmitatis suæ calamitatem tolerant, tamen ad squalorem miseriæ per negligentiam non descendunt.

3. Hoc ipsum enim esse in calamitate est necessitates naturæ ex carnis corruptibilis infirmitate sustinere. Præsentis vitæ necessitates cupiebat evadere qui dicebat: *De necessitatibus meis eripe me* (*Psal.* A XXIV, 17). Sciebat enim plerumque voluptatum culpas (*ex necessitatum*) occasione prorumpere, et ne quid sponte illicitum admitteret, hoc ipsum satagebat evelli, quod nolens ex radice tolerabat.

4. Plerique cum tegendis membris vestimenta quærunt, non solum quæ tegant, sed etiam quæ extollant, expetunt; et contra torporem frigoris non solum quæ per pinguedinem muniant, sed etiam quæ per mollitiem delectent; non solum quæ per mollitiem tantum mulceant, sed etiam quæ per colorem oculos seducant. De his ergo necessitatibus liberari Psalmista desiderans, ait: *De necessitatibus meis eripe me.* Necessitatis enim **240** causam in usum voluptatis vertere, quid est aliud quam calamitati suæ squalorem miseriæ sociare?

5. Plerumque replemus refectionibus corpus, ne extenuatum deficiat; extenuamus abstinentia, ne nos repletum premat; vegetamus motibus, ne situ immobilitatis intereat; sed citius hoc collocando sisti- B mus, ne ipsa sua vegetatione succumbat; adjumento hoc vestis tegimus, ne frigus interimat. Et quæ sunt adjuncta [*Al.*, et quæsita adjumenta] projicimus, ne calor exurat. Tot ergo diversitatibus occurrentes, quid agimus, nisi corruptibilitati servimus, ut saltem multiplicitas impensi obsequii corpus sustineat, quod anxietas infirmæ mutabilitatis gravat (*Greg.*, *Moral.*, IV, 34, n. 68).

CAP. VIII. *De electis inter tumultus reproborum bene viventibus.* — 1. Querimur plerique cur non omnes boni sunt qui nobis uni vivunt? Mala proximorum ferre nolumus. Omnes sanctos jam debere esse decernimus, dum esse nolumus quod ex proximis portemus. Sed hac in re luce clarius patet, dum malos portare renuimus, quam multum adhuc ipsi de bono minus habeamus. Neque enim perfecte bonus est, nisi qui fuerit et cum malis bonus. Beatus Job de semetipso asserit dicens: *Frater fui draconum, et socius struthionum* (*Job.* XXX, 29). Hinc Paulus apo- C stolus discipulis dicit (*Philipp.* II, 15): *In medio nationis pravæ et perversæ, inter quos lucetis, sicut luminaria in mundo* (*Taio.* III, 15, *Greg.* I, *in Ezech.*, *hom.* 9, n. 22).

2. Hinc Petrus pastor gregis dominici ait: *Justum Lot oppressum a nefandorum impudica conversatione eripuit; aspectu enim et auditu justus erat, habitans apud eos qui de die in diem animam justi iniquis operibus cruciabant* (*II Petr.* II, 7). Dum de vita proximorum sæpe querimur, mutare locum cupimus, conamur secretum vitæ remotioris eligere habitaculum, videlicet ignorantes quia si desit sanctus spiritus, non adjuvat locus. Lot denique in Sodomis sanctus exstitit, sed in monte peccavit. Quia autem loca mentem non muniunt, ipsi humani generis primus parens testatur, qui et in paradiso graviter cecidit.

3. Sed minus sunt omnia quæ loquimur ex terra, nam si locus salvare potuisset, Satan de cœlo non caderet. Psalmista David ubique in hoc mundo tentationes esse conspiciens, quæsivit locum quo fuge- D ret, sed sine Deo non potuit munitum invenire. Ex qua re et ipsum sibi locum fieri petiit, propter quem locum quæsivit, dicens: *Esto mihi in Deum protectorem, et in locum munitum, ut salvum me facias* (*Psal.* XXX, 3). Sicut gravioris culpæ est inter bonos bonum non esse, ita immensi est præconii bonum etiam inter malos exstitisse.

CAP. IX. *De passione electorum et compassione proximorum.* — 1. Sancti viri tribulationum bello deprehensi, uno eodemque tempore alios ferientes atque alios suadentes ferunt. Illis opponunt scutum patientiæ, illis jacula intorquent doctrinæ. Ad utrumque pugnandi modum mira virtutis arte electi viri se erigunt, quatenus et interius sapienter doceant, et foras fortiter adversa contemnant. Illos docentes corrigant, illos tolerantes premant. Electi viri insurgentes hostes patiendo despiciunt, infirmantes vero cives compatiuntur ad salutem. Illis resistunt, ne et alios subtrahant; de istis metuunt, ne vitam rectitudinis funditus perdant (*Taio*, III, 35; *Greg.*, *Moral.*, III, 21, A *n.* 39).

241 2. Pensetur cujus laboris sit Paulum apostolum uno eodemque tempore et foris adversa tolerare, et intus infirma protegere. Foris pugnas patitur, quia verberibus scinditur, catenis ligatur; intus metum tolerat, quia passionem suam non sibi, sed discipulis obesse formidat. Aliorum casus Apostolus in propria passione metuebat, ne, dum et ipsum discipuli afflictum pro fide verberibus agnoscerent, fideles se profiteri recusarent. Unde et eisdem scribit, dicens : *Nemo moveatur in tribulationibus istis. Ipsi enim scitis quod in hoc positi sumus* (*I Thess.* III, 3).

3. O immensa [*Ed. Gr.*, immensæ] charitatis viscera Pauli apostoli ! Despicit passiones, quas ipse patitur, et curat ne quid pravæ persuasionis discipuli in corde patiantur. In se contemnit vulnera corporis, et in aliis vulnera medetur cordis. Dum viri fortes in acie assistunt, illic jaculis B adversantia pectora feriunt ; hinc scuto postpositos debiles tuentur, atque ita utrobique velocitate circumspectionis invigilant, quatenus et ante se audaces confodiant, et post se trepidos a vulnere defendant.

Cap. x. *De discretione.* — 1. Magnum est disciplinæ magisterium subtilitas discretionis, quatenus quisque rector culpas delinquentium discrete noverit parcere, et pie resecare. Qui autem sic dimittunt peccata, ut non corrigant, aut sic quasi corrigendo feriunt, ut non dimittant, discretionis spiritum non habent. Scriptum in libro Genesis est : *Si recte offeras, et recte non dividas, peccasti* (*Gen.* IV, 7, *sec. LXX*). Recte offertur, cum recta intentione quid agitur ; sed recte non dividitur, si non hoc quod pie agitur etiam subtiliter discernatur. Oblata recte dividere, est quælibet bona nostra studia discernendo pensare. Quare nimirum qui agere dissimulat, etiam recte offerens peccat (*Greg.* II *in Ezech.*, *hom.* 9, C *n.* 20; *Taio*, III, 42 ; *Greg. Mor.* III, 13).

2. Sæpe quod bono studio gerimus, dum discernere caute negligimus, quo judicetur fine nescimus. Quare nonnunquam hoc fit reatu [*Al.*, reatus] criminis, quod putatur causa virtutis. Recte ergo offerimus, cum bono studio bonum opus agimus ; sed recte non dividimus, si habere discretionem in bono opere postponamus. Ille enim angustam viam ingreditur, qui in cunctis quæ agit discretionis subtilitate sollicite coarctatur. Nam qui pro voluntate propria secura mente se dilatat, angustæ sibi portæ aditum damnat. Sancta Ecclesia, quæ ex causis singulis tentamenta prodeant per discretionem conspicit, et ventura vitiorum bella ex alto deprehendit (*Greg.*, I *in Ezech.*, *hom.* 2, *n.* 12; *Moral.* XXVIII, 11, *n.* 26).

Cap. xi. *De pœnitentia.* — 1. Omnis peccator in pœnitentia duplum habere gemitum debet; nimirum, quia et bonum quod oportuit non fecit, et malum quod non oportuit fecit. Cum ad bona opera non assurgimus, necesse est ut nosmetipsos dupli- D citer defleamus, quia et recta non fecimus, et prava operati sumus. Per beatum Moysen unus turtur pro peccato, alter vero offerri in holocaustum jubetur (*Levit.* V, 7). *Holocaustum* namque totum incensum dicitur. Unum ergo turturem pro peccato offerimus, cum pro culpa gemitum damus ; de altero holocaustum facimus, cum pro eo quod bona neglexinus [*Al.*, negligimus], nosmetipsos funditus succendentes igne doloris ardemus (*Taio* III, 47 ; *Greg.*, *Moral.* XXXII, 3, *n.* 4).

2. Beatus Job per flagella proficiens, et a semetipso in magna sui redargutione dissentiens, dicit : *Idcirco ipse me reprehendo et ago pœnitentiam* 242 *in favilla, et cinere* (*Job.* XII, 6). In favilla enim et cinere pœnitentiam agere est, contemplata summa essentia, nihil aliud quam favillam se cineremque cognoscere. In cilicio asperitas et punctio peccatorum, in cinere autem pulvis ostenditur mortuorum. Quare idcirco utrumque hoc adhiberi ad pœnitentiam solet, ut in punctione cilicii cognoscamus quid per culpam fecimus, et in favilla cineris perpendamus quid per judicium facti sumus. Considerentur ergo in cilicio pungentia vitia. Consideretur in cinere per mortis sententiam subsequens justa pœna vitiorum, quia propter peccatum carnis contumeliæ surrexerunt.

3. Videat homo in asperitate cilicii superbiendo quid fecit, videat in cinere usquequo peccando pervenit. Quasi quodam cilicio peccator pungitur, dum in mente sua asperis redargutionum stimulis confringitur [*Al.*, confricatur]. In cinere autem agit pœnitentiam, qui ex primo peccato quid per justum judicium factus sit solerter attendit. In tenebras diem vertimus (*Job.* III, 4), cum nosmetipsos districte punientes ipsa delectationis pravæ blandimenta per districtæ pœnitentiæ lamenta cruciamus. Quare flendo insequimur quidquid in corde tacti [*Al.*, taciti] ex delectatione peccamus. Omnipotens Dominus subtiliter acta nostra considerat, et tamen hæc pœnitentibus misericorditer relaxat; qui et duritiam in peccantibus conspicit, sed tamen hanc præveniente gratia (*ad pœnitentiam*) emollit (*Greg.*, *Moral.*, IV, 14, *n.* 26).

4. Culpas nostras Dominus enumerat, cum nos ipsos ad singula quæ fecimus deflenda convertit; quas misericorditer relaxat, quia eas dum nos punimus, ipse nequaquam in extremo examine judicat, Paulo attestante, qui ait : *Si nosmetipsos dijudicaremus, non utique judicaremur* (*I Cor.* XI, 31). Quod exterius agimus, nisi pœnitentia interveniente diluamus, in secreto judiciorum Dei sub quadam occultatione servatur, ut quandoque etiam de sigillo [*Al.*, de sacculo] secreti exeat ad judicii publicum. Cum vero pro malis quæ fecimus disciplinæ flagello atterimur, et hæc per pœnitentiam deflemus, iniquitatem nostram signat, et curat, quia nec inulta hic deserit, nec in judicio punienda reservat (*Greg.*, *Moral.*, XII, 17, *n.* 21).

5. Beatus Job, humani generis assumens personam, dicit : *Signasti quasi in sacculo delicta mea* (*Job.* XIV, 17). Peccata nostra signantur in sacculo, cum mala quæ fecimus, sollicito semper corde pensamus. Quid namque est cor hominis, nisi sacculus Domini, ubi dum studiose conspicimus per quanta deliquimus, peccata nostra quasi in Domini sacculo signata portamus, quia culpas quas nos intuendo et pœnitendo cognoscimus, pius nobis conditor relaxat. Recte post signata in sacculo delicta dicitur : *sed curasti iniquitatem meam.* Ac si aperte dicat : Quæ modo signas, ut pœnitendo videam, agis procul dubio ne in retributione videantur.

Cap. xii. *De confessione peccatorum.* — 1. Humilitatis testimonia sunt, et iniquitatem suam quemquam cognoscere, et cognitam voce confessionis aperire. Usitatum humani generis vitium est, et labendo [*Gr. Ed.*, latendo] peccatum committere, et commissum non confitendo prodere, sed negando defendere, atque convictum defendendo multiplicare. Ex illo quippe lapsu primi hominis hæc augmenta nequitiæ ducimus, ex quo ipsam radicem traximus culpæ. Ad hoc primus 243 homo requisitus fuerat, ut peccatum quod transgrediendo commiserat confitendo deleret; et interrogatur ubi esset (*Gen.* III, 10), ut perpetratam culpam respiceret, et confitendo cognosceret quam longe a conditoris sui facie abesset (*Taio*, III, 48 ; *Greg. Moral.*, XXII, 15, *n.* 30).

2. Indicia veræ confessionis sunt, si cum quisque se peccatorem dicit, id de se dicenti etiam alteri non contradicit. Scriptum est : *Justus in principio accusator est sui* (*Proverb.* XVIII, 17). Non magis peccator, sed justus videri appetit, cum peccatorem se quisque nullo arguente confitetur. Confessionis veritatem probat, cum alter malum quod fecimus increpat. Quod si superbe defendimus, liquet quia

peccatores nos ex nobis ficte dicebamus. Curandum summopere est ut mala quæ fecimus, et sponte fateamur, et hæc aliis arguentibus non negemus. Superbiæ quippe vitium est, ut quod se fateri quisque quasi sua sponte dignatur, hoc sibi dici ab aliis dedignatur. Pignus debitoris est confessio peccatoris. A debitore enim pignus accipitur, cum a peccatore jam peccati confessio tenetur.

CAP. XIII. *Quot sint genera somniorum.*—1. Sciendum magnopere est quod sex modis tangunt animum imagines somniorum. Aliquando namque somnia ventris plenitudine, vel inanitate, aliquando vero illusione, aliquando cogitatione simul et illusione, aliquando revelatione, aliquando autem cogitatione simul et revelatione generantur. Sed duo quæ prima diximus, omnes experimento cognoscimus. Subjuncta autem quatuor in sacræ Scripturæ paginis invenimus. Somnia etenim si plerumque ab occulto hoste præ illusione fierent [*Forte*, non fierent], nequaquam hoc vir Sapiens indicaret, dicens : *Multos errare fecerunt somnia, et illusiones vanæ* (*Eccli.* XXXIV, 7), vel certe : *Non augurabimini, nec observabitis somnia* (*Levit.* XIX, 26). Quibus profecto verbis, cujus sint detestationis ostenditur quæ auguriis conjunguntur (*Greg.*, *Moral.* VIII, 4, *n.* 42; *Taio* IV, 7).

2. Rursum, nisi aliquando ex cogitatione simul et illusione procederent, Salomon minime dixisset : *Multas curas sequuntur somnia* (*Eccle.* V, 2). Nisi aliquando somnia ex mysterio revelationis orirentur, Joseph præferendum se fratribus per somnium non videret (*Gen.* XXXVII, 7), nec Mariæ sponsum, ut ablato puero, in Ægyptum fugeret, per somnium Veritas admoneret (*Matth.* II, 13, 14). Rursum, nisi aliquando somnia cogitatione simul et revelatione procederent, nequaquam Daniel propheta Nabuchodonosor visionem disserens, a radice cogitationis inchoasset, dicens : *Tu rex cogitare cœpisti in stratu tuo quid esset futurum post hæc* (*Dan.* II, 29). Quare qui revelat mysteria ostendit tibi quæ ventura sunt.

3. Quare paulo post : *Videbas, et ecce quasi statua una grandis; statua illa magna, et statura sublimis stabat contra te*, et cætera. Daniel itaque dum somnium et implendum reverenter insinuat, et ex qua ortum sit cogitatione manifestat, patenter ostendit quia hoc plerumque ex cogitatione simul et revelatione generetur. Cum somnia tot rerum qualitatibus alternent, tanto eis credi difficilius debet, quanto et ex quo impulsu veniant facilius non elucet. Sancti viri inter illusiones atque revelationes ipsas visionum voces aut imagines quodam intimo sapore discernunt, ut sciant, vel quid a bono spiritu percipiant, vel quid ab illusione [*Al.*, illusore] patiantur (*Greg. Dialog.* IV, *c.* 48).

244 4. Si erga somnia mens cauta non fuerit, per deceptorem spiritum multis se vanitatibus immergit; qui nonnunquam solet multa vera prædicere, ut ad extremum valeat animam ex una aliqua falsitate laqueare. Sæpe malignus spiritus his quos amore vitæ præsentis vigilantes inspicit [*Al.* intercipit], prospera etiam dormientibus promittit, et quos formidare adversa considerat, eis hæc durius somnii imaginibus intentat, quatenus indiscretam mentem diversa qualitate afficiat, eamque aut spe sublevans, aut deprimens timore, confundat (*Greg.*, *Moral.* VIII, 24, *n.* 43).

5. Sæpe antiquus hostis etiam sanctorum corda afficere somniis utitur, ut ab intentione cogitationis solidæ ad tempus saltem momentumque devientur, quanquam ipsi protinus animum ab illusionibus imaginationis discutiant; sed hostis insidians, quod eos vigilantes minime superat, eos dormientes gravius impugnat. Humani generis hostem maligne agere etiam per somnia superna dispensatio benigne permittit, ne in electorum cordibus ipse saltem a passionis præmio somnus vacet.

CAP. XIV. *De nocturnis illusionibus.* — 1. Nocturnum est somnium tentatio occulta, per quam tenebrosa cogitatione turpe aliquid corde concipitur, quod tamen corpore non expletur. Somnio nocturno pollutus egredi extra castra per Legem præcipitur (*Deut.* XXIII, 10), quia videlicet dignum est ut qui immunda cogitatione polluitur indignum se cunctorum fidelium societatibus arbitretur, culpæ suæ meritum ante oculos ponat, et ex bonorum se æstimatione despiciat (*Taio*, IV, 8; *Greg.*, *Moral.* IX, *c.* 55, *n.* 84).

2. Nocturno pollutus somnio post occasum solis aqua lotus ad castra per Legem redire præcipitur, quia necesse est ut, defervescente tentationis ardore, unusquisque fiduciam iterum erga societatem bonorum sumat. Post lavationem aquæ, occumbente sole, ad castra revertitur qui post lamenta pœnitentiæ, frigescente flamma cogitationis illicitæ, ad fidelium merita persumenda [*Al.*, præsumenda] reparatur; ut jam se a cæteris longe esse non æstimet, qui mundum se per obitum intimi ardoris gaudet.

CAP. XV. *De multimodis argumentationibus Satanæ.* — 1. Per argumenta pestifera antiquus hostis calliditatis suæ vires erigit, et fluxa mortalium corda corrumpit, unde voce dominica dicitur ad beatum Job : *Nervi testiculorum ejus perplexi sunt* (*Job* XL, 12). Testes ejus sunt suggestiones pravæ, quibus in (*mentis*) corruptione fervescit, atque in constuprata anima iniqui operis prolem gignit. Testiculorum Vehemoth nervi perplexi sunt, quia suggestionum illius argumenta vehementius alligantur, ut plerosque ita peccare faciant, quatenus si fortasse peccantem fugere appetant, hoc sine alio peccati laqueo non evadant, et culpam faciant, dum vitant; ac nequaquam se ab una valeant solvere, nisi in alia consentiant ligari (*Taio*, IV, 9; *Greg.*, *Moral.* XXXII, 20, *n.* 35).

2. Aliquando quisque cuncta quæ mundi sunt deserens, ac per omnia frangere proprias voluntates quærens, alieno se subdere regimini appetit. Sed eum qui sibi ad Dominum præesse debeat minus cauta inquisitione discernit, cui fortasse is qui sine judicio eligitur, cum præesse jam cœpit, agere quæ Dei sunt prohibet, quæ mundi sunt jubet. Pensans itaque subditus, vel quæ sit culpa inobedientiæ, vel quod contagium sæcularis vitæ, et obedire trepidat, et non obedire formidat, ne **245** aut obediens, Deum in suis præceptis deserat, aut rursum non obediens, Deum in electo priore contemnat.

3. Aperte ergo iste per indiscretionis suæ vitium perplexis testiculorum Vehemoth nervis astringitur, quia aut obtemperans, aut certe non obtemperans, ligatur in culpa transgressionis. Studebat proprias voluntates frangere, et curat eas etiam, contempto priore, solidare. Decrevit mundum funditus relinquere, et ad curas mundi ex aliena voluntate compellitur redire. Est quoddam argumentum, quod ad destruendum Satanæ versutias utiliter fiat, ut cum mens inter minora et maxima peccata constringitur, si omnino nullus sine peccato evadendi locus vel aditus patet, minora semper eligantur, quia et qui murorum undique ambitu, ne fugiat, clauditur, ibi se in fugam præcipitat ubi brevior murus invenitur.

CAP. XVI. *De multimodis vitiis.* — 1. Antiquus hostis tentationis suæ vulnere ab omni parte impetit. Sæpe enim dum gula restringitur, ut libido subigatur, inanis gloriæ aculeus mentem pulsat. Si autem corpus abstinentiæ afflictione non atteritur, contra mentem libidinis flamma se excitat. Sæpe dum servare parcimoniam nitimur, ad tenaciam labimur. Et sæpe dum possessa effuse tribuimus, ad avaritiam ducimur, quia rursum colligere quærimus quod tribuimus. Omne peccatum hostis quidem callidus suadet, sed nos ejus suasionibus consentiendo, assidue peccata perpetrando cumulamus. Plerique dum vitiorum turbas vel desideriorum carnalium intra se excitant, prostratam mentem pede miseræ fre

mentationis exstant (*Taio*, IV, 10; *Greg.*, *Moral.* XIII, 16, *n.* 19; IV, 30, *n.* 57).

2. Alius jure se luxuriæ subdit, atque ante mentis oculos schemata turpium pertractationum [*Al.*, perpetrationum] fingit; et cum effectus non tribuitur operis, hoc crebrius agitur intentione cogitationis. Voluptatis perfectio quæritur, et concussus enormiter animus hinc inde, et sollicitus, et cæcatus occasionem nequissimæ expletionis rimatur. Mens itaque hæc quasi quemdam populum patitur, quæ insolenti vitiorum tumultu vastatur.

3. Alius iræ se dominio stravit, et quid in corde nisi jurgia [*Al. add.* etiam], quæ desunt, peragit? Hic sæpe præsentes non videt, absentibus contradicit. Intra semetipsum contumelias profert et recipit; receptis autem durius respondet; et cum qui obviet nullus adsit, magnis clamoribus rixas in corde componit. Turbam itaque hic intus sustinet, quem pondus vehemens inflammatæ cogitationis premit.

4. Alius jure se avaritiæ tradit, et fastidiens propria, aliena concupiscit. Hic plerumque, concupita adipisci non valens, dies quidem in otio, noctes vero in cogitatione versat. Torpet ab utili opere, quia fatigatur illicita cogitatione. Consilia multiplicat, et sinum mentis cogitationum inventionibus latius expandit. Nonnunquam cupiditate alienæ rei humanus animus victus jam quasi quæ concupierat possidet, et quasi ad meliorem speciem impulsu cogitationis adducit. Sed mox insidias invidentium considerat, et quid contra se jurgii moveatur pensat. Exquirit quid respondeat, et cum rem nullam teneat, jam in defensione rei pugnat. Quamvis ergo nihil de concupitis ceperit, habet tamen in corde **246** jam fructum concupiscentiæ, laborem rixæ. Graviter itaque quasi populo premitur, qui instigantis avaritiæ tumultu vastatur.

5. Alius tyrannidi superbiæ subjicitur, et cor miserum dum contra homines erigit, vitiis substernit. Honorum sublimium infulas appetit, exaltari successibus exquirit; totumque quod esse desiderat sibi apud semetipsum cogitationibus depingit. Jam quasi tribunali præsidet. Jam sibi parari obsequia subjectorum videt. Jam quasi cæteris eminet. Jam aliis mala irrogat; aliis, quia irrogaverunt, recompensat. Jam apud semetipsum stipatus cuneis ad publicum procedit, et quibus obsequiis fulciatur conspicit.

6. Homo vitiis subditur, dum in multis phantasmatibus inani cogitatione huc illucque versatur. Alia conculcat, alia sublevat. Jam de conculcatis satisfacit odiis, et de sublevatis recipit favorem. Qui igitur tot phantasmata cordi imprimit, quid iste aliud quam quasi somnium vigilans videt? Dumque tot rerum causas quas fingit toleràt, nimirum intrinsecus natas ex desideriis turbas portat. Plerumque homo dum familiariter vitiis jungitur, eorum procul dubio causis implicatur, quibus sæpe consentit in illicitis, et mala quæ propter semetipsum non appetit, committit propter alteros quæ non dereliquit.

CAP. XVII. *De nonnullis vitiis quæ virtutes se esse simulant.* — 1. Plerumque vitia virtutes se esse mentiuntur. Nam sæpe sub parcimoniæ nomine se tenacia palliat, contraque se effusio sub appellatione largitatis occultat. Sæpe inordinata remissio pietas creditur, et effrenata ira spiritualis zeli virtus existimatur. Et sæpe præcipitata actio velocitatis efficacia, atque agendi tarditas gravitatis consilium putatur. Necesse est ut electus quisque virtutes ac vitia vigilanti cura discernat, ne aut cor tenacia occupet, et parcum se videri in dispensationibus exsultet, aut cum effuse quid fuerit perditum, largum se, quasi miserando, glorietur, aut remittendo, quod ferire debuit, ad æterna supplicia subditos pertrahat, aut immaniter feriendo, quod delinquitur, ipse gravius delinquat, aut hoc, quod agi recte ac graviter potuit, immature perveniens leviget, aut bonæ actionis meritum differendo ad deteriora permutet.

Aliquando discretionis imaginem oculis hominum immundus spiritus objicit, et ad indiscretionis laqueos perducit. Sicut est cum impulsu ejus pro infirmitate nobis plus alimentorum quam discrete concedimus, sed indiscrete contra nos bella carnis excitamus (*Taio*, IV, 11; *Greg.*, *reg. past. p.* III, *c.* 9, *Moral.* XI, 36, *n.* 68).

2. Aliquando humani generis adversarius imaginem humilitatis ostentat, ut effectum utilitatis [*Al.*, affectum humilitatis] subtrahat. Sicut est cum quosdam plus quam sunt infirmos atque inutiles sibimetipsis asserit, ut dum se nimis indignos considerant, res in quibus prodesse proximis poterant, ministrare pertimescant. Diversa [*Al.*, universa] vitia, quæ sub specie virtutum antiquus hostis occultat, valde subtiliter manus compunctionis examinat. Qui enim veraciter intus dolet, quæ agenda fuerant, quæ non agenda sint, fortiter prævidet. Si forti studio nos contra vitiorum incentiva stringimus, ipsa etiam vitia ad usum virtutis immutamus. Nonnullos ira possidet; sed hanc dum rationi subjiciunt, in sancti zeli mysterium vertunt. Nonnullos superbia **247** erigit, sed dum divinæ fortitudini animum inclinant, hanc ad defensionem justitiæ in vocem liberæ auctoritatis commutant. Sæpe dum castitatis munditia quisque extollitur, sorde avaritiæ fœdatur, et dum virtute largitatis speciosus ostenditur, luxuriæ maculis inquinatur; dumque castitatis atque largitatis decore vestitur, velut ex zelo justitiæ, crudelitatis atrocitate fuscatur.

CAP. XVIII. *Quod ex virtutibus virtutes, et ex vitiis vitia oriantur.* — 1. Omnes virtutes in conspectu Conditoris vicaria ope se sublevant; et quia una virtus sine alia vel nulla est omnino, vel minima, vicissim sua conjunctione fulciantur. Nulla bona sunt cætera, si occulti Judicis oculis castigatis testimoniis non approbantur, si vel castitatem humilitas deserat, vel humilitatem castitas relinquat, apud auctorem humilitatis et munditiæ prodesse nihil prævalet, vel superba castitas, vel humilitas coinquinata. Cum dominio vitiorum contradicimus, iniquitati, quæ nos a Domino separat, reluctamur; cum consuetudini violenter resistimus, et, desideria perversa calcantes, contra hanc jus nobis libertatis ingenitæ vindicamus, acerrimo conflictui resistimus; cum culpas pœnitendo percutimus, et maculas sordium fletibus lavamus, et fortiter contra vitia reluctamur (*Taio*, IV, 12; *Greg.*, *Moral.* XXI, 3, *n.* 6).

CAP. XIX. *De cogitationibus noxiis et innoxiis.* — 1. Plerumque ex bonis operibus discimus quantam vitæ munditiam in cogitatione construamus; pene cuncta bona opera ex cogitatione prodeunt, sed sunt nonnulla cogitationis acumina, quæ ex operatione nascuntur; nam sicut ab anima opus sumitur, ita rursus ab opere animus eruditur. Valde necesse est ut cum cogitatio extra usum ducitur, protinus mentis oculus ad opera transacta revocetur. Ac penset quisquis quid subjectus egerit, et repente cognoscet. Sæpe misericors Dominus eo citius peccata cordis abluit, quo hæc exire ad opera non permittit; et cogitata nequitia tanto citius solvitur, quanto effectu operis districtius non ligatur. Per egregium Psalmistam dicitur (*Psal.* XXXI, 5): *Dixi: Pronuntiabo adversum me injustitias meas Domino, et tu remisisti impietates cordis mei* (*Taio*, IV, 13; *Greg.*, *Moral.* X, 15, *n.* 26; *Reg. past. p.* III, *c.* 29).

2. Qui enim impietatem cordis subdidit, quia cogitationum injustitias pronuntiare velit, indicavit, dum ait: *Dixi, pronuntiabo*, atque illico adjungit: *Et tu remisisti.* Quam sit de cogitationibus facilis venia, ostendit, qui dum se aliquid adhuc promittit petere, hoc quod se petere promittebat obtinuit. In sola nonnunquam cogitatione delinquitur, et quia usque ad opus non venit culpa, usque ad cruciatum non pervenit pœnitentia; sed cogitata afflictio mentem citius tergit quam nimirum tantummodo cogitata iniquitas polluit. Idem Psalmista ait: (*Psal.* XXXVII,

6) : *Computruerunt, et deterioraverunt cicatrices meæ a facie insipientiæ meæ* (*Greg.*, *Moral.* IX, 55, *n.* 83).

3. Sæpe namque hoc, quod a conspectu judicis jam fletu interveniente deletum est, ad animum per cogitationem redit, et devicta culpa ad delectationem rursus inserpere nititur, atque in antiquo certamine rediviva pulsatione reparatur, ita ut quod prius egit in corpore, hoc importuna cogitatione postmodum verset in mente. Sancti viri, qui exterioribus ministeriis deservire officii necessitate coguntur, studiose semper ad cordis secreta refugiunt, ibique cogitationis intimæ cacumen ascendunt, **248** et legem quasi in monte percipiunt, dum, postpositis tumultibus temporalium actionum, in contemplationis suæ vertice supernæ voluntatis sententiam perscrutantur. Sæpe corda justorum subortæ cogitationes polluunt, et temporalium rerum delectationem tangunt. Sed dum citius manu sacræ discretionis abiguntur, festine agitur, ne cordis faciem caligo tentationis operiat, quæ hanc jam illicita delectatione tangebat (*Greg.*, *Moral.* XXIII, 20, *n.* 38 ; *Ibid.*, XVI, 42, *n.* 53).

4. Nonnunquam in ipso orationis nostræ sacrificio importunæ se cogitationes ingerunt, quæ hoc rapere, vel maculare valeant, quod in nobis Domino flentes immolamus. Abraham patriarcha, cum ad occasum solis sacrificium offerret, insistentes aves pertulit, quas studiose, ne oblatum sacrificium raperent, abegit. Sic nos dum in ara cordis holocaustum Domino offerimus, ab immundis hoc volucribus custodiamus, ne maligni spiritus et perversæ cogitationes rapiant, quod mens nostra offerre se Domino sperat. Cum intentionem nostram nequaquam potestas divini adjutorii deserit, quasi sacrificium super petram positum angelus virga contingit.

5. De petra enim ignis exit, et jus, pellem carnesque consumit, quia efflatus a Redemptore spiritus tanta cor nostrum flamma compunctionis concremat, ut omne quod in eo est illicitum, et operis et cogitationis, exurat. Plerumque mentem hominis tumultus inanium cogitationum deprimunt : ira perturbat, et cum recedit ira, succedit inepta lætitia ; luxuriæ stimulis urgetur ; æstu avaritiæ longe lateque ad ambienda quæ terrena sunt tenditur ; et aliquando hanc superbia elevat, aliquando vero inordinatus timor infirmis deponit (*Greg.*, *Moral.* XI, 44, *n.* 60).

CAP. XX. *De superbia et vana gloria.* — 1. Occasio perditionis nostræ facta est superbia diaboli, et argumentum redemptionis nostræ inventa est humilitas Dei. Multis sæpe superbia luxuriæ seminarium fuit, quia dum eos spiritus quasi in altum erexit, eos caro in infimis mersit. Qui per superbiam in secreto cordis prius elevantur, postmodum publice corruunt, quia dum occultis intumescunt motibus cordis, apertis cadunt lapsibus corporis. Sic elati justa fuerant retributione feriendi, ut quia superbiendo se hominibus præferunt, luxuriando usque ad jumentorum similitudinem devolvantur. Cavendum nobis est, et omni custodia mens a superbiæ tumore servanda ; non enim ante oculos Dei vacuæ transvolant cogitationes nostræ, et nulla momenta temporis per animum transeunt sine statu retributionis (*Taio*, IV, 14 ; *Greg.*, *Reg. past. p.* III, *c.* 17 ; *Moral.* XXVI, 17, *n.* 28).

2. Si auctorem suum homo superbiendo contemnit, jure et a subjecta carne prælium suscipit ; unde et ille primus inobediens, mox, ut superbiendo peccavit, pudenda contexit. Quia enim contumeliam spiritus Deo intulit, mox contumeliam carnis invenit, et qui auctori suo esse subditus noluit, jus carnis subditæ, quam regebat, amisit, ut in se ipso videlicet inobedientiæ suæ confusio redundaret, et superatus disceret quod elatus amisisset. Cum res bona agitur, necesse est ut prius ejus elatio in corde vincatur, ne si a radice miseræ intentionis prodeat, amaros nequitiæ fructus producat. Cordis superbia cum exterius usque ad corpus extenditur, prius per oculos indicatur. Ipsi quippe **249** per fastum tumorem inflati quasi ex sublimi respiciunt, et quo se deprimunt, altius extollunt (*Greg.*, *Moral.* XXIII, 11, *n.* 20).

3. Plerumque elatos comitari solet liberæ vocis assertio. Loquuntur quidem per superbiam elationis, et insipientiam locutionis, et tamen loqui se credunt per libertatem rectitudinis. Considerandum est quod plerumque elatos utilius corripimus, si eorum correptionibus quædam laudum fomenta misceamus. Inferenda namque illis sunt aut alia bona, quæ in ipsis sunt, aut dicendum certe quæ poterant esse, si non sunt ; et tunc resecanda sunt mala quæ nobis displicent, cum prius ad audiendum placabilem eorum mentem fecerint præmissa bona, quæ placent. Nam et equos indomitos blanda prius manu tangimus, ut eos nobis plenius postmodum per flagella subigamus ; et amaro pigmentorum poculo mellis dulcedo adjungitur, ne ea quæ saluti profutura est in ipso gustu aspera amaritudo sentiatur ; dum vero gustus per dulcedinem fallitur, humor mortiferus per amaritudinem vacuatur (*Greg.*, *Reg. past. p.* III, *c.* 17).

4. In quibusdam elatis invectionis exordia permista sunt laude temperanda, ut dum admittunt favores quos diligunt, etiam correctiones recipiant quas oderunt. Superbi quippe eo ipso quo videri altius appetunt, a vera Dei essentia longe per elationem fiunt ; subsistere etenim nequeunt, quia ab æternæ essentiæ soliditate dividuntur ; atque hanc primam ruinam tolerant, quia per privatam gloriam in semetipsis cadunt. Sicut per Psalmistam dicitur : *Dejecisti eos, dum allevarentur* (*Psal.* LXXII, 18), quia eo intrinsecus corruunt, quo male extrinsecus surgunt. Sic aurarum flatu stipula in altum rapitur, sed casu concito ad ima revocatur. Mens hypocritæ nunquam vacat a malitiæ cogitatione ; nam sive terrena quæque, seu laudem appetat, et aliis invidet, quæ sibi tribui anhelat, et tanto cæteros perversos ostendere molitur, quanto videri sanctior omnibus appetit, ut ex eo quod alii despicabiles fiunt, ipse reverentior semper appareat ; unde fit ut de opinione proximi humana judicia linguæ suæ laqueos protendat, ut eorum, quibus placere appetit, solus æstimationem capiat. Contemnit quisque superbus reditum suum, desperat veniam, superbit in culpa ; sed tamen testem suæ nequitiæ intus habet timorem ; et quamvis parva videatur foras audaciter agere, de his tamen apud semetipsum cogitur trepidare (*Greg.*, *Moral.* XVII, 8, *n.* 10).

CAP. XXI. *De avaritia.* — 1. Avaritia est idolorum servitus (*Ephes.* V, 5), velut amphora os cordis in ambitu apertum tenens (*Zach.* V). Multi sensu torpent, sed in his quæ appetunt avaritiæ stimulis excitantur. Et qui ad bona videnda cæci sunt, excitantibus præmiis ad peragendum mala vigilantes fiunt. Per plumbi metallum, cujus natura gravis est ponderis, peccatum avaritiæ specialiter designatur, quod mentem, quam infecerit, ita gravem reddit, ut ad petenda sublimia attolli nequaquam possit. Sciendum est quod Sennaar latissima vallis est, quæ linguarum facta diversitate destructa est, quæ scilicet turris Babylon dicta est pro ipsa videlicet confusione mentium atque linguarum. Nec immerito ibi avaritia amphora ponitur, ubi Babylon, **250** id est, confusio ædificatur. Quia dum per avaritiam et impietatem certum est omnia mala exsurgere, recte et ipsa avaritia et impietas in confusione perhibentur habitare (*Taio*, IV, 15 ; *Greg.*, *Moral.* XIV, 53, *n.* 63).

2. Æstu avaritiæ homines accensi eo majora de se opera humanis oculis ostendunt, quo ampliora sibi ab hominibus offerri munera appetunt. Qui augere opes ambit, vitare peccatum negligit, et more avium captus, cum escam terrenarum rerum avide concupiscit, quod stranguletur peccati laqueo, non

agnoscit. Qui in principio hæreditari [*Forte*, hæreditare] festinant, sortem sibi in novissima benedictionis amputant, quia dum per avaritiæ nequitiam hic multiplicari appetunt, illic ab æterno patrimonio exhæredes fiunt. Cupiditas plerumque latenter oritur in mente, sed punctiones peccatorum omnium patenter producit in opere, quas videlicet punctiones ab hac radice surgentes statim prædicator egregius insinuat, dicens : ***Quam quidam appetentes erraverunt a fide, et inseruerunt se doloribus multis.***

CAP. XXII. *De iracundia.* — 1. Dum tranquillitatem mentis plerumque ira diverberat, dilaniatam quodam modo, scissamque perturbat, ut sibimetipsi non congruat, ac vim intimæ similitudinis amittat. Per iram sapientia perditur, ut quid, quoque ordine agendum sit, omnino nesciatur. Sicut scriptum est : *Ira in sinu stulti requiescit* (*Eccle.* VII, 10), quia nimirum intelligentiæ lumen subtrahit, cum mentem permovendo confundit. Per iram vita amittitur, etsi sapienter teneri videatur, sicut scriptum est : *Ira perdet etiam prudentes* (*Proverb.* XV, 1). Quia scilicet confusus animus nequaquam explet, etiam si quid intelligere prudenter valet. Per iram justitia relinquitur, sicut scriptum est : *Ira viri justitiam Dei non operatur* (*Jac.* I, 20). Quia dum perturbata mens judicium suæ rationis exasperat, omne quod furor suggerit rectum putat. Per iram gratia vitæ socialis amittitur, sicut scriptum est : *Noli esse assiduus cum homine iracundo, ne discas semitas ejus, et sumas scandalum animæ tuæ* (*Proverb.* XXII, 24 *seq.*). Quia qui se ex humana ratione non temperat, necesse est bestialiter solus vivat (*Taio*, IV, 16 ; *Greg.*, *Moral.* V, 45, *n.* 78).

2. Per iram concordia rumpitur, sicut scriptum est : *Vir animosus parit rixas, et vir iracundus effundit peccata* (*Proverb.* XV, 18). Iracundus quippe peccata effundit, quia etiam malos, quos incaute ad discordiam provocat, pejores facit. Per iram lux veritatis amittitur, sicut scriptum est : *Sol non occidat super iracundiam vestram* (*Ephes.* IV, 26). Quia cum menti iracundia confusionis tenebras incutit, huic Deus radium suæ cognitionis abscondit. Per iram sancti Spiritus splendor excluditur, ut juxta vetustam translationem scriptum est : *Super quem requiescit spiritus meus, nisi super humilem, et quietum, et trementem sermones meos* (*Isai.* LXVI, 2) ? Cum enim *humilem* diceret, *quietum* protinus adjunxit. Si enim quietem mentis subtrahat suam, sancti Spiritus habitationem claudit. Spiritus sancti recessione animus per iracundiam vacuus ad apertam mox insaniam ducitur, et usque ad superficiem ab intimo cogitationum fundamento dissipatur ; nam iræ suæ stimulis accensum cor palpitat, corpus tremit, lingua se præpedit, facies ignescit, exasperantur oculi, et nequaquam recognoscuntur noti : **251** ore quidem clamorem format, sed sensus quid loquitur ignorat.

3. In nullis itaque iste abreptitiis longe est, qui actionis suæ conscius non est. Aliquando homo per iracundiam manus non exerit, sed in maledictionis jaculum linguam vertit. Fratris namque interitum precibus exposcit, et hoc Deum perpetrare expetit quod ipse perversus homo facere vel metuit, vel erubescit ; fitque ut voto et voce homicidium peragat etiam cum a læsione proximi manibus cessat. Aliquando ira, perturbato animo, quasi ex judicio silentium indicit, et quod foras per linguam non exprimit, intus deterius ignescit ; ut iratus quisque collocutionem suam proximo subtrahat, et nihil dicendo quam sit aversus dicat. Et nonnunquam silentii severitas per disciplinæ dispensationem geritur, si tamen sollicite in intimis discretionis forma servetur. Sciendum est quod nonnullos ira citius accendit, facilius deserit. Nonnullos quidem tarde commovet, sed diutius tenet. Plerumque iracundia accensi ignes, gravioribus durioribusque non dispares, accensionem tarde suscipiunt, sed tamen accensi semel difficilius exstinguuntur ; et quia se

A tardius in asperitatem concitant, furoris sui diutius ignem servant. Plerique hominum (quod est nequius) et citius iracundiæ flammas accipiunt, et tardius deponunt. Nonnulli vero a se tarde suscipiunt, et citius amittunt. In quibus nimirum quatuor modis liquido lector agnoscet quia et ad tranquillitatis bonum ultimus plusquam primus appropinquat, et in malo secundum tertius superat.

CAP. XXIII. *Qualiter ira reprimi debeat.* — 1. Duobus modis fracta possidere animum ira desuescit. Primus quippe est ut mens sollicita, antequam agere quodlibet incipiat, omnes sibi quas pati potest contumelias proponat, quatenus, Redemptoris sui probra cogitans, ad adversa se præparet, quæ nimirum venientia tanto fortior excipit, quanto se cautius ex præscientia armavit. Qui improvidus ab adversitate deprehenditur, quasi ab hoste dormiens invenitur, eumque citius inimicus necat, quia non repugnantem accipit [*Al.* perforat]. Nam qui mala imminentia per B sollicitudinem prævenit, sicque pernoctat, hostiles incursus quasi in insidiis vigilans exspectat ; et inde ad victoriam valenter accingitur, unde valde nesciens deprehendi putabatur. Solerter animus ante actionis suæ primordia cuncta debet adversa meditari, ut semper hoc cogitans, semper contra hæc thorace patientiæ munitus, et quidquid accesserit, providus superet, et quidquid non accesserit, lucrum putet. Secundus servandæ mausuetudinis modus est, ut cum alienos excessus aspicimus, nostra, quibus in aliis excessimus, delicta cogitemus (*Taio*, IV, 17 ; *Greg.*, *Moral.* V, 45, *n.* 81).

2. Considerata infirmitas propria mala nobis excusat aliena. Patienter namque illatam injuriam tolerat, qui pie meminit quod fortasse adhuc habeat in quo debeat ipse tolerari. Quasi aqua ignis exstinguitur, cum, surgente furore animi, cuique sua ad mentem culpa revocatur, quia erubescit peccata non parcere, qui vel Deo vel proximo sæpe se recolit C parcenda peccasse. Solerter sciendum est quod alia est ira quam impatientia excitat, alia quam zelus format. Illa ex vitio, hæc ex virtute generatur. Si nulla ira ex virtute surgeret, divinæ animadversionis **252** impetum Phinees per gladium non placasset. Hanc iram, quia Heli non habuit, motum contra se implacabiliter supernæ ultionis excitavit. Nam quo contra subditorum vitia tepuit, eo contra illum ira districti æterni rectoris exarsit. *Irascimini*, inquit Psalmista, *et nolite peccare* (*Psal.* IV, 5).

3. Quod nimirum non recte intelligunt, qui irasci nos nobis tantummodo, non etiam proximis delinquentibus volunt. Sic enim proximos amare præcipimur, ut iis errantibus, sicut nostris vitiis, irascamur. Unde per Salomonem dicitur : *Melior est ira quam risus* (*Eccle.* VII, 4), quia per tristitiam vultus corrigitur animus delinquentis. Idem Psalmista ait : *Turbatus est præ ira oculus meus* (*Psal.* VI, 8). Ira quippe per vitium mentis oculum excæcat. Ira autem D per zelum turbat, quia qui saltem rectitudinis æmulatione concutitur, ea, quæ nisi tranquillo corde percipi non potest, contemplatio dissipatur. Ipsa zeli per mansuetudinem recta æmulatio æterna post paululum in tranquillitate mentis oculum largius aperit, quæ hæc interim per commotionem claudit ; et unde mens turbatur, ne videat, inde proficit, ut ad videndum verius clarescat.

CAP. XXIV. *De invidia.* — 1. Invidere non possumus nisi eis quos in aliquo meliores putamus. Parvulus ergo est qui invidia occiditur ; quia ipse testimonium perhibet, quod eo minor sit, cujus invidia torquetur. Parvulus est qui livore occiditur, quia, nisi inferior existeret, de bono alterius non doleret. Sciendum summopere est quia quamvis per omne vitium, quod perpetratur, humano cordi virus infunditur, in hac tamen nequitia tota sua viscera serpens concutit, et imprimendæ malitiæ pestem evomit. De quo nimirum scriptum est : *Invidia diaboli mors intravit in orbem terrarum* (*Sap.* II, 24). Nam cum devictum cor livoris putredo corrupit, ipsa quoque exteriora indicant quam graviter animum vesania instigat. Per invidiam color pallore afficitur, et oculi deprimuntur. Mens accenditur, et membra frigescunt. Fit in cogitatione rabies, in dentibus stridor. Cumque in latebris cordis crescens absconditur, odium dolore cæco tenebrat [*Al.*, terebrat] conscientiam, et vulnus inclusum, nil lætum de propriis libet. Quia tabescentem mentem sua pœna satiat, quam felicitas torquet aliena; quanto extranei operis in altum vera fabrica ducitur, tanto fundamentum mentis lividæ profundius suffoditur, ut quo alii ad meliora præparant, eo ipsa deterius ruat. Qua ruina videlicet etiam illud destruitur, quod in aliis actibus perfecto opere surrexisse putabatur. Nam cum invidia mentem tabefecerit, cuncta quæ invenerit bene gesta consumit. (*Taio*, IV, 18; *Greg.*, *Moral.* V, 46, *n.* 84).

2. Per sapientissimum Salomonem dicitur : *Vita carnium sanitas cordis. Putredo ossium invidia* (*Proverb.* XIV, 30). Quid enim per carnes, nisi infirma quædam, ac tenera, et quid per ossa, nisi fortia acta signantur? Et plerumque contingit ut quidam cum vera cordis innocentia in nonnullis suis actibus infirmi videantur. Quidam vero jam quædam ante humanos oculos robusta exercent, sed tamen erga aliorum bona intus invidiæ pestilentia tabescunt. Bene ergo dicitur : *Vita carnium sanitas cordis*, quia si mentis innocentia custoditur, etiam si qua foris infirma sunt, **253** quandoque roborantur; et recte subditur : *Putredo ossium invidia*, quia per livoris vitium ante Dei oculos pereunt etiam fortia acta virtutum. Ossa quippe putrescere est etiam quædam robusta per invidiam deperire.

Cap. XXV. *De supprimenda invidia.* — 1. Difficile est ut hoc quisque alteri non invideat, quod adipisci alter exoptat, quia quidquid temporale percipitur, tanto fit minus singulis, quanto dividitur in multis; et idcirco desiderantis mentem livor excruciat, quia hoc quod appetit, aut funditus alteri accipiens adimit, aut a quantitate restringit. Qui livoris peste plene carere desiderat, illam hæreditatem diligat quam cohæredum numerus non angustat. Quæ tanto largior ostenditur, quanto ad hanc percipientium multitudo dilatatur. Imminutio livoris est effectus surgens internæ dulcedinis, et plena mors ejus est perfectus amor æternitatis; cum perfecte in amorem æternitatis homo rapitur, plene etiam in proximi dilectione sine omni invidia solidatur. Quia cum nulla terrena desiderat, nihil est quod ejus erga proximum charitati contradicat (*Taio* IV, 19; *Greg.*, *Moral.* V, 46, *n.* 86).

Cap. XXVI. *De malitia.* — 1. In Evangelio Veritas ait : *Quæ vultis ut faciant vobis homines, et vos facite illis* (*Matth.* VII, 12). Quibus duobus utriusque Testamenti mandatis per unum malitia compescitur, per alium benignitas prorogatur, ut quod non vult malum pati quisque, hoc non faciens cesset a nocendi opere. Curandum magnopere est ut erga procaces quisque mansuetudinem longanimitatis exhibeat, ut malitiæ languentibus gratiam benignitatis ostendat [*Al.* impendat], ut discordes pace muniat, et concordes ad concupiscentiam veræ pacis accingat. Cor pessimum ex sua et non aliena malitia tabescit. Sicut scriptum est : *Zelus apprehendit populum ineruditum, et nunc ignis adversarios consumit* (*Isai.* XXVI, 11). Sicut autem ignis amoris mentem erigit, ita ignis malitiæ involvit. Quia et Spiritus sanctus cor quod replebat ad amorem erexit, et ardor malitiæ ad inferiora semper incurvat. Malos non solum ignis per vindictam post cruciat, sed nunc etiam per livorem cremat, quia qui post puniendi sunt retributionis supplicio, nunc semetipsos afficiunt malitiæ tormento (*Taio*, IV, 20; *Greg.*, *Moral.* X, 6, *n.* 46; I *in Ezech.*, *hom.* 2, *n.* 12).

Cap. XXVII. *De discordia.* — 1. Admonendi sunt discordes, quia quantislibet virtutibus polleant, spirituales fieri nullatenus possunt, si uniri per concordiam proximis negligant. Ad unam ergo vocationis spem nequaquam pertingitur, si non ad ea unita cum proximis mente curratur. Sæpe nonnulli, quo quædam specialiter dona percipiunt, eo superbientes donum concordiæ, quod majus est, amittunt, ut si fortasse carnem præ cæteris gulæ refrenatione quis edomet, concordare eis quos superat abstinendo contemnat. Qui abstinentiam a concordia separat, quid admoneat Psalmista perpendat; ait enim : *Laudate eum in tympano et choro* (*Psal.* CXLIX, 3). In tympano namque sicca et percussa pellis resonat, in choro autem voces societate concordant. Quisquis itaque corpus affligit, si concordiam deserit, Deum quidem laudat in tympano, et non laudat in choro. Sæpe quosdam major scientia erigit, a cæterorum societate disjungit, et quo plus sapiunt, eo a concordiæ virtute desipiscunt. Quo quisque melius sapit, eo concordiam deserens, deterius delinquit. Et idcirco inexcusabiliter merebitur **254** supplicium, quia prudenter, si voluisset, potuit vitare peccatum. Admonendi sunt dissidentes, ut noverint, quod tandiu nullum boni operis Deo sacrificium immolant, quandiu a proximorum charitate discordant (*Greg. Reg. past.* p. III, c. 22; *Taio*, IV, 21).

Cap. XXVIII. *De odio.* — 1. Si increpatione hominum idcirco reticemus, quia contra nos insurgere odia formidamus, non jam lucra Dei, sed nostra procul dubio quærimus. Necesse nobis est ut aliquando toleremus tacendo odiosos, quod sunt, quatenus in nobis discant vivendo, quod non sunt. Cavendum summopere est, ne immoderate linguam loquacitas pertrahat; et eam usque ad lasciviam obtrectationis extendat, ne odium malitia excitet, et os usque ad jaculum maledictionis inclinet. In Evangelio Veritas ait : *Quæ vultis ut faciant vobis homines, et vos facite illis* (*Matth.* VII, 12). Ac si aperte diceret : *Quod ab alio tibi odis fieri, vide ne tu alteri per odium facias* (*Tob.* IV, 16). Sciendum magnopere est quod nonnunquam cum redarguuntur pravi, deteriores existunt, nosque magnis odiis insequuntur. Ipsis ergo, et non nobis parcimus, si ab eorum redargutione pro eorum amore cessamus (*Taio*, IV, 22; *Greg.*, *Moral.*, XX, 21, *n.* 47).

Cap. XXIX. *De concupiscentia oculorum.* — 1. Quisquis per corporis fenestras incaute exterius respicit, plerumque in delectationem peccati, etiam nolens, cadit, atque obligatus desiderio incipit velle quod noluit. Præceps anima dum ante non prævidet, ne incaute videat quod concupiscat, cæca postmodum incipit desiderare quod vidit. Unde et prophetæ mens, quæ sublevata sæpe internis mysteriis intererat, quia alienam mulierem incaute vidit, obtenebrata postmodum sibimet illicite conjunxit (*II Reg.* XI, 2). Sanctus vir, quia, acceptis corporis sensibus, velut subjectis ministris quidam æquissimus judex præest, culpas conspicit, antequam veniant, et velut insidianti morti [*Al.*, hosti] fenestras corporis claudit, dicens : *Pepigi fœdus cum oculis meis, ut ne cogitarem quidem de virgine* (*Job.* XXXI, 1). Scilicet, ne prius incaute aspiceret quod postmodum invitus amaret. Semel species formæ si cordi per oculos fuerit alligata, vix magni luctaminis manu solvitur (*Taio*, IV, 23; *Greg.*, *Moral.* XXI, 2, *n.* 4).

2. Ne ergo quædam lubrica in cogitatione versemus, providendum nobis est, quia intueri non debet quod non licet concupisci, ut munda mens in cogitatione servetur, a lascivia voluptatis suæ deprimendi sunt oculi, quasi quidam raptores ad culpam. Neque enim Eva lignum vetitum contigisset, nisi hoc prius incaute respiceret. Scriptum quippe est : *Vidit mulier quod bonum esset lignum ad vescendum, et pulchrum oculis, aspectuque delectabile; tulit de fructu illius, et comedit* (*Gen.* III, 6). Pensandum summopere est quanto debemus moderamine erga illicita visum restringere nos, qui mortaliter vivimus, si et Eva mater viventium per oculos ad mortem venit.

Sub Judææ voce, quæ, exteriora videndo concupiscens, bona interiora perdiderat, propheta dicit : *Oculus meus deprædatus est animam meam* (*Thren.* III, 51). Concupiscendo enim visibilia invisibiles virtutes amisit. Quia ergo interiorem fructum per exteriorem visum perdidit, per oculum corporis pertulit prædam cordis.

CAP. XXX. *De gulæ concupiscentia.* — 1. Sciendum est quia nos quinque modis gulæ vitium tentat. Aliquando namque indigentiæ tempora prævenit. Aliquando vero tempus non prævenit, sed cibos lautiores quærit. Aliquando qualibet, quæ **255** sumenda sint, præparari accuratius expetit. Aliquando autem et qualitati ciborum, et tempori congruit, sed in ipsa quantitate sumendi mensuram refectionis excedit. Nonnunquam vero et abjectius est quod desiderat, et tamen ipso æstu immensi desiderii deterius peccat. Vitiorum tempora melius ostendimus, si hæc exemplis evidentibus approbamus. Mortis quippe sententiam patris ore Jonathas meruit (*I Reg.* XIV, 27), quia in gustu mellis constitutum edendi tempus antecessit. Ex Ægypto populus eductus, in eremo occubuit (*Num.* XXI, 5), quia, despecto manna, cibos carnium petivit, quos lautiores putavit. Prima filiorum Heli culpa suborta est (*I Reg.* II, 12), quod ex eorum voto sacerdotis puer non antiquo more coctas vellet carnes de sacrificio suscipere, sed crudas quæreret, quas accuratius exhiberet (*Taio*, IV, 24 ; *Greg.*, *Moral.* XXX, 18, *n.* 60).

2. Cum ad Jerusalem dicitur : *Hæc fuit iniquitas Sodomæ sororis tuæ : superbia, saturitas panis, et abundantia* (*Ezech.* XVI, 49), aperte ostenditur quod idcirco salutem perdidit, quia cum superbiæ vitio mensuram moderatæ refectionis excessit. Primogenitorum gloriam ideo Esau amisit, quia magno æstu desiderii vilem cibum, id est, lenticulam concupivit, quam dum venditis primogenitis prætulit, quo in illam appetitu anhelaret, indicavit. Neque enim cibus, sed appetitus in vitio est ; unde et lautiores cibos plerumque sine culpa sumimus, et abjectiores non sine reatu conscientiæ degustamus. Esau primatum per esum lenticulæ perdidit, et Elias in eremo virtutem corporis [*Al.*, spiritus] carnes edendo servavit (*III Reg.* XVII, 6). Plerumque primi parentis culpa committitur, etiam cum abjecta et vilia sumuntur. Neque enim Adam solus, ut a vetito se pomo suspenderet, præceptum prohibitionis accepit (*Gen.* III, 6). Nam cum alimenta quædam Deus saluti nostræ contraria indicat, ab his nos quasi per sententiam revocat, et cum concupiscentes noxia attingimus, profecto quid aliud quam vetita degustamus?

3. Ea in cibo sumenda sunt quæ naturæ necessitas quærit, non quæ edendi libido suggerit ; ne si hæc immoderata discretio minus caute prospiciat, in illicitæ se concupiscentiæ quis voraginem mergat. Nisi gulæ deditos immoderata loquacitas raperet, dives ille, qui epulatus quotidie splendide dicitur, in lingua gravius non arderet. Ait enim : *Pater Abraham, miserere mei, et mitte Lazarum, ut intingat extremum digiti sui in aquam, ut refrigeret linguam meam, quia crucior in hac flamma* (*Luc.* XVI, 24). Quibus verbis ostenditur quia epulando quotidie crebrius in lingua peccaverat, qui totus ardens desiderabat præcipue in lingua refrigerari. Plerumque edacitas usque ad luxuriam pertrahit, quia dum satietate venter extenditur, aculei libidinis excitantur. Quia gulæ deditos luxuria sequitur, propheta testatur, qui, dum aperta narrat, occulta denuntiat, dicens : *Princeps coquorum destruxit Jerusalem* (*Jerem.* XXXIX, 13, *sec. Hebr. et LXX*). Princeps namque coquorum venter est, cui magna cura a coquis obsequium impenditur, ut ipse delectabiliter cibis impleatur. Muri autem Jerusalem virtutes sunt animæ ad desiderium supernæ pacis elevatæ. Coquorum igitur princeps muros Jerusalem dejicit, quia dum venter ingluvie extenditur, virtutes animæ per luxuriam destruuntur (*Greg.*, *Reg. past.* *p.* III, *c.* 19).

CAP. XXXI. *De multiloquio.* — 1. Admonendi sunt multiloquio vacantes, ut vigilanter aspiciant a **256** quanto rectitudinis statu depereant, dum per multiloquia [*Forte*, multiloqua] verba dilabuntur. Humana etenim mens aquæ more circumclusa ad superiora colligitur, quia illuc repetit, unde descendit. Quæ relaxata deperit, quia se per infima inutiliter spargit. Qui supervacuis verbis a silentii sui censura dissipatur, quasi tot rivis extra se ducitur. Unde et redire interius mens ad sui cognitionem non sufficit, quia, per multiloquium sparsa, a secreto se intimæ considerationis excludit. Totum se vero insidiantis hostis vulneribus detegit, quia nulla munitione custodiæ circumcludit. In Proverbiis scriptum est : *Sicut urbs patens, et absque murorum ambitu, ita vir qui non potest in loquendo cohibere spiritum suum* (*Proverb.* XXV, 28). Qui enim murum silentii non habet, patet inimici jaculis civitas mentis, et cum se per verba extra semetipsam ejicit, apertam se adversario ostendit ; quam tanto ille sine labore superat, quanto et illa quæ vincitur contra semetipsam per multiloquium pugnat. Plerumque per quosdam gradus desidiosa mens in foveam lapsus impellitur, et dum otiosa verba cavere negligimus, ad noxia pervenimus, ut prius loqui aliena libeat, et postmodum detractionibus vitam eorum de quibus loquitur mordeat ; ad extremum vero usque ad apertas lingua contumelias erumpat, quia multiloquio quisquis serviens, rectitudinem justitiæ tenere nequaquam possit, testatur Propheta, qui ait : *Vir linguosus non dirigetur super terram* (*Psal.* CXXXIX, 12). Hinc Salomon ait : *In multiloquio peccatum non deerit* (*Proverb.* X, 19). Pravi homines, sicut in sensu leves sunt, ita in locutione præcipites, et reticere pertractando negligunt quæ loquantur, sed quod levis conscientia concipit, levior protinus lingua loquitur (*Greg.* *Reg. past.* *p.* III, *c.* 14 ; *Taio*, IV, 26 ; *Greg.*, *ibid.*, *et* VII *Moral.* 37, *n.* 57, 58 ; V, 13, *n.* 30).

CAP. XXXII. *De taciturnitate.* — 1. Lingua discrete frenanda est, non insolubiliter obliganda ; scriptum namque est : *Sapiens tacebit usque ad tempus* (*Eccli.* XX, 7), ut nimirum cum opportunum considerat, postposita censura silentii, loquendo quæ congruunt, in usum se utilitatis impendat. De tacendi atque loquendi censura per Salomonem dicitur : *Tempus tacendi, et tempus loquendi* (*Eccle.* III, 7). Discrete quippe vicissitudinum pensanda sunt tempora, ne aut cum restringi lingua debet, per verba inutiliter defluat, aut cum loqui utiliter potest, semetipsam pigre restringat. Quantæ sit utilitatis taciturnitas, silentium Propheta considerans, ait : *Pone, Domine, custodiam ori meo, et ostium circumstantiæ labiis meis* (*Psal.* CXL, 3). Non enim poni labiis suis parietem, sed ostium petiit, quod videlicet aperitur et clauditur ; unde et nobis caute discernendum est quatenus os discretum et congruo tempore vox aperiat, et rursus congruo taciturnitas claudat. Sollicite studeant nimis taciti, non solum quales foras ostendere, sed etiam quales se debeant intus exhibere, ut plus ex cogitationibus occultum judicium quam ex sermonibus reprehensionem metuant proximorum (*Taio*, III, 43 ; *Greg. Moral.*, VII, 37, *n.* 61 ; *Reg. past.*, *p.* III, *c.* 14).

2. Insinuari nimis tacitis debet quia, dum quædam vitia incaute fugiunt, occulte deterioribus implicantur. Nam sæpe linguam quia immoderatius frenant, in corde gravius multiloquium tolerant, ut eo plus cogitationes in mente ferveant, quo illas violenta custodia indiscreti silentii angustat. Plerumque contingit ut mens nimium taciti linguam premat, **257** mentem elevet, et cum suam nequitiam minime considerat, tanto apud se cunctos liberius, quanto et secretius accuset. Sæpe nimis taciti, cum nonnulla injusta patiuntur, eo in acriorem dolorem prodeunt, quo ea quæ sustinent non loquuntur. Nam si illatas molestias tranquille lingua diceret, a conscientia dolor emanaret. Vulnera enim clausa plus cruciant ;

nam cum putredo, quæ interius fervet, ejicitur, ad salutem dolor aperitur. Scire debent qui plusquam expedit tacent, ne inter molesta quæ tolerant, dum linguam tenent, vim doloris exaggerent. Admonendi sunt enim, ut si proximos sicut se diligunt, minime illis taceant, unde et eos juste reprehendunt. Vocis medicamine utrorumque saluti concurritur, dum ab illo qui infert actio prava compescitur, et ab hoc qui sustinet doloris fervor vulnere aperto temperatur. Qui proximorum mala respiciunt, et tamen in silentio linguam premunt, quasi, conspectis vulneribus, usum medicaminis subtrahunt; et eo mortis auctores fiunt, quo virus quod portant curare noluerunt.

CAP. XXXIII. *De perversa locutione.* — 1. Sicut perfecti viri perversos proximos non debent fugere, quia et eos sæpe ad rectitudinem trahunt, et ipsi ad perversitatem nunquam trahuntur, ita infirmi quique societatem debent declinare malorum, ne mala quæ frequenter aspiciunt, et corrigere non valent, delectentur imitari. Sicut malus aer assiduo flatu tractus inficit corpus, ita perversa locutio assidue aucta infirmantium inficit animum, ut tabescat delectatione pravi operis, et assidui iniquitate sermonis. Unde Paulus ait (*I Cor.* XV, 33) : *Corrumpunt mores bonos colloquia mala* (*Taio*, IV, 27; *Greg.*, I *in Ezech.*, *hom.* 9, *n.* 23).

CAP. XXXIV. *De luxuria.*—1. Malum luxuriæ aut cogitatione perpetratur, aut opere. Callidus namque adversarius noster cum ab effectu operis expellitur, secretas polluere cogitationes molitur. Quisquis mundi hujus successibus elevatus, lenocinante cordis lætitia, tentari se luxuriæ stimulis sentit, Joseph factum ad memoriam revocet, et in arce se castitatis servet. Cum voluptas lubrica tentat in prosperis, hæc ipsa sunt prospera aculeo tentationis opponenda, ut eo erubescamus prava committere, quo nos a Deo meminimus gratuita dona bonaque percepisse. Propheta David subito casu per luxuriam defluxit, dum, in solario deambulans, alienam conjugem concupivit, et abstulit, ejusque virum cum damno sui exercitus interemit (*II Reg.* XI, 4); et repentino casu cecidit, cum mens illa, mysteriis cœlestibus assueta, inopinata tentatione devicta est, atque immanissimæ turpitudini subacta. Quasi saxum de loco suo translatum est, cum Prophetæ animus, a prophetiæ mysteriis exclusus, ad cogitandas turpitudines venit. Salomon ille quondam sapientissimus, nimietate luxuriæ superatus, immoderato usu, atque assiduitate mulierum, ad hoc usque perductus est, ut templum idolis fabricaret; et qui prius templum Deo construxerat, assiduitate libidinis etiam perfidiæ substratus, idolis construere templa non timeret (*III Reg.* XI, 7). Sicque factum est ut ab assidua carnis petulantia usque ad mentis perfidiam perveniret, quia subripiente paulisper infusione peccati, terra cordis illius ad consumptionem defluxit. Voluptatum carnis amatoribus dicitur : *Mortificate membra vestra, quæ sunt super* **258** *terram* (*Coloss.* III, 5). Id est, fornicationem, immunditiam, libidinem, concupiscentiam malam (*Taio*, IV, 30; *Greg.*, *Moral.* XXI, 2, *n.* 30; *Reg. past.* III, 27; *Moral*, XXX, 10, *n.* 38; XII, 18, *n.* 25; XXVI, 17; II, 27).

2. Plerumque virus libidinis de radice nascitur elationis; tunc ergo caro vincit, cum spiritus latenter intumescit, quia tunc anima per originem culpæ in jumentorum petulantia cecidit, cum efferendo se more volucrum, ultra quam debuit evolavit. Interdum per elationis vitium longa continentia repente dissolvitur; et plerumque usque ad senium virginitas servata vitiatur; quia negligitur humilitas cordis, rectus judex despicit integritatem corporis. Et quandoque per apertum malum reprobos annuntiat, quos dudum reprobos in occulto tolerabat. Quisquis diu servatum bonum subito perdidit, apud semetipsum intus aliud malum tenuit, ex quo ad aliud subito erupit. Per quod ab omnipotente Deo etiam tunc alienus exstitit, quando se ei per munditiam corporis

A inhærere monstravit. Humano generi de peccato tentari, peccatum est. Quo, quia quandiu vivimus, perfecte omnino non caremus, scientia prædicatorum cum hoc expellere plene non potuit, et de nostro cordis habitaculo regnum tulit, ut appetitus illicitus, etsi plerumque bonis nostris cogitationibus occulte se quasi fur inserit, saltem si ingreditur, non dominetur (*Greg.*, *Moral.* XXI, 3).

CAP. XXXV. *De torpore animi.* — 1. Plerumque mens hominis a cura suæ sollicitudinis dormiens verberatur, et non dolet, quia sicut imminenti malo non prospicit, sic neque si perpetraverit, agnoscit. Trahitur, et nequaquam sentit, quia per illecebras vitiorum ducitur, nec tamen ad sui custodiam suscitatur. Quamvis somno torporis a sui custodia quisque prematur, vigilare tamen ad curas sæculi nititur, ut semper voluptatibus debrietur. Et cum ad illud dormiat, in quo solerter vigilare debuerat, ad illud vigilare appetit, ad quod laudabiliter dormire potuisset.
B Per Salomonem in Proverbiis dicitur : *Et eris quasi dormiens in medio maris, et quasi sopitus gubernator amisso clavo* (*Proverb.* XXIII, 34). In medio enim maris dormit, qui, in hujusmodi tentationibus positus, providere motus irruentium vitiorum, quasi imminenti unda, aquarum cumulos negligit, et quasi gubernator clavum amittit, quando mens ad regendam navem corporis, studium sollicitudinis perdidit. Scriptum est : *Stellio manibus nititur, et moratur in ædibus regis* (*Proverb.* XXX, 28). Plerumque aves quas ad volandum penna sublevat, in vepribus resident; et stellio, qui ad volatum pennas non habet, nitens manibus regni ædificium tenet. Quia nimirum sæpe ingeniosi quique dum per negligentiam torpent, in pravis actibus remanent, et simplices, quos ingenii penna non adjuvat, ad obtinenda æterni regni mœnia virtus operationis levat (*Taio*, IV, 5; *Greg. Reg. past.* III, 31).

2. Stellio manibus nititur, in regiis ædibus mora-
C tur, quia illo simplex per intentionem recti operis pervenit, quo ingeniosus minime ascendit. Quæstio suboritur : Cur vel negligenti intelligentiæ donum tribuitur, vel studiosus quisque sensus sui tarditate præpeditur? Ad quam citius respondetur, dum protinus per Salomonem subditur : *Nihil in terra sine causa* (*Job.* V, 6). Idcirco enim sæpe et desidiosus ingenium accipit, unde negligens etiam justius puniatur, quia quod sine labore assequi potuit, **259** scire contemnit. Et idcirco nonnunquam studiosus tarditate intelligentiæ premitur, ut eo majora præmia retributionis inveniat, quo majora in studio inventionis elaborat; nihil ergo est in terra sine causa, quando et studioso tarditas ad præmium proficit, et desidioso velocitas ad supplicium crescit. Mentis desidia, dum congruo fervore non accenditur, a bonorum desiderio funditus convalescente, furtim torpore mactatur (*Greg.*, *Moral.* VI, 11, *n.* 13; *Reg. past. p.* III, *c.* 15).

CAP. XXXVI. *De pigritia.* — 1. Suadendi sunt pigri,
D ne agenda bona, dum differunt, amittant, et dum opportune agere quæ possunt nolunt, paulo post, cum volunt, non valeant. Plerumque piger dum necessaria agere negligit, quædam sibi difficilia opponit; quædam vero incaute formidat, et dum quasi invenit quod velut juste metuat, ostendit quod in otio quasi non injuste torpescat. Pigro etenim per Salomonem dicitur : *Propter frigus piger arare noluit, mendicabit ergo æstate, et non dabitur ei* (*Proverb.* XX, 4). Propter frigus quippe piger non arat, dum, desidioso torpore constrictus, agere quæ debet bona dissimulat, et dum parva ex adverso mala metuit, operari maxima prætermittit. Bene quidem subditur : *Mendicabit æstate, et non dabitur ei.* Qui enim nunc in bonis operibus non exsudat, cum sol judicii ferventior apparuerit, quia frustra regni aditum postulat, nihil accipiens æstate mendicat. Idem Salomon ait : *Per agrum hominis pigri transivi, et vineam viri stulti, et ecce totum repleverant urticæ*,

operuerant super faciem ejus spinæ, et maceria lapidum destructa erat (*Proverb.* xxiv, 30). Per agrum hominis pigri atque per vineam viri stulti transire, est cujuslibet vitam negligentis inspicere, ejusque opera considerare, quam urticæ, vel spinæ replent, quia in corde negligentium prurientia terrena desideria et punctiones pullulant vitiorum. Cum disciplinæ vigor in corde reproborum, pigritia dominante, dissolvitur, ante eorum oculos cuncta bonorum opera despectui habentur, nihilque esse æstimant quidquid de virtutibus electorum vident (*Taio*, iv, 32; *Greg., Reg. past. p.* iii, *c.* 15; *Moral.*, xx, 25, *n.* 54).

Cap. xxxvii. *De murmuratione.* — 1. Perversa mens, quando per increpationem corripitur, aut prædicationis dulcedine ad bona suadetur, de correctione fit deterior; et inde in murmurationis iniquitate succenditur, unde debuit ab iniquitate compesci. Quisquis pro peccato percutitur, nisi murmurando renitatur, eo ipso jam esse justus inchoat, quo ferientis justitiam non accusat (*Greg.*, i *in Ezech.*, *hom.* 9, *n.* 32; *Taio*, iv, 33).

Cap. xxxviii. *De mendacio.* — 1. Plana omnino est veritatis via, et grave iter est mendacii, sicut scriptum est: *Docuerunt linguam suam loqui mendacium; ut iniqua agerent, laboraverunt* (*Jerem.* ix, 5). Quisquis, relicta veritate, mentiri deliberat, ut audientium animum fallat, quantus ei labor est sollicite custodire ne ipsa ejus fallacia deprehendi queat? Ponit quippe ante oculos quid sibi a veritatem scientibus responderi possit, et cum magno cogitatu pertractat quomodo per argumenta falsitatis documenta veritatis exsuperet. Omne mendacium iniquitas est, et omnis iniquitas mendacium, quia profecto ab æquitate discrepat quidquid a veritate discordat. Nonnunquam mendacium pejus est meditari quam loqui. Nam loqui plerumque præcipitationis est, meditari vero studiosæ pravitatis. Et quis ignoret in quanta distantia **260** culpa distinguitur, utrum præcipitatione aliquis, studiove mentiatur? Summopere est cavendum omne mendacium, quamvis nonnunquam sit aliquod mendacii genus culpæ levioris, si quisquam præstando mentiatur. Scriptum est (*Sap.* i, 11; *Psal.* v, 7): *Os quod mentitur occidit animam. Perdes eos qui loquuntur mendacium* (*Taio*, iv, 34; *Greg.*, *Moral.* xii, 42, *n.* 47).

2. Hoc quoque mendacii genus perfecti viri summopere fugiunt, ut nec vita cujuslibet per eorum fallaciam offendatur, nec suæ animæ noceat, dum præstare carni nituntur alienæ, quanquam hoc ipsum in peccati genus facillime credimus relaxari. Nam si quælibet culpa sequenti solet pia operatione purgari, quanto magis hæc facile abstergitur, quam mater boni operis pietas ipsa comitatur? In obstetricium Ægyptiarum recompensatione cognoscitur quid mendacii culpa mereatur. Nam benignitatis earum merces, quæ potuit eis in æterna vita retribui, pro admissa culpa mendacii in terrena est compensatione declinata, ut in vita sua, quam mendacio tueri valuerunt, ea quæ fecerunt bona reciperent, et ulterius quod exspectarent mercedis suæ præmium non haberent. Beatus Job amicis suis non recte sentientibus dicit: *Nunquid Deus indiget vestro mendacio, ut pro illo loquamini dolos* (*Job.* xiii, 7)? Deus mendacio non eget, quia Veritas fulciri non quærit auxilio falsitatis (*Greg.*, *Moral.* xi, 26, *n.* 37).

Cap. xxxix. *Quibus modis peccatum perpetratur.* — 1. Quatuor modis peccatum perpetratur in corde, quatuor consummatur in opere. In corde namque suggestione, delectatione, consensu et defensionis audacia perpetratur. Fit enim suggestio per adversarium, delectatio per carnem, consensus per spiritum, defensionis audacia per elationem. Plerumque culpa, quæ terrere mentem debuit, extollit, et dejiciendo elevat, sed gravius elevando supplantat. Unde et illam primi hominis rectitudinem antiquus hostis his quatuor ictibus fregit; nam serpens suasit, Eva delectata est, et Adam consensit; qui etiam requisitus confiteri culpam, per audaciam noluit. Hoc in humano genere quotidie agitur, quod actum in primo parente nostri generis non ignoratur. Serpens suasit, quia occultus hostis mala cordibus hominum latenter suggerit. Eva delectata est, quia carnalis sensus ad verba serpentis mox se delectationi substernit. Assensum vero mulieri ipse præpositus præbuit, quia dum caro in delectationem rapitur, etiam a sua rectitudine spiritus infirmatus inclinatur (*Taio*, iv, 35; *Greg.*, *Moral.* iv, 27, *n.* 49).

2. Sicut quatuor modis peccatum perpetratur in corde; videlicet suggestione, delectatione, consensu, et defensionis audacia, ita etiam quatuor modis peccatum consummatur in opere. Prius namque latens culpa agitur, postmodum vero etiam ante oculos hominum sine confusione reatus aperitur; dehinc et in consuetudinem ducitur; ad extremum quoque vel falsæ spei seductionibus, vel obstinatione miseræ desperationis enutritur. In primo parente didicimus quia tribus modis omnis culpæ nequitia perpetratur, suggestione scilicet, delectatione, et consensu. Primum itaque per hostem, secundum vero per carnem, tertium per spiritum perpetratur. Insidiator enim prava suggerit, caro se delectationi subjicit, ad extremum spiritus victus delectatione consentit. Suggestione diaboli **261** nonnunquam peccatum agnoscimus; delectatione vincimur; consensu etiam ligamur. Unde exclamandum nobis cum Apostolo est: *Infelix ego homo, quis me liberabit de corpore mortis hujus?* Ut audiamus consequentem consolationem: *Gratia Dei per Jesum Christum Dominum nostrum* (*Rom.* vii, 24). Plerumque unum idemque peccatum et pœna est, et causa peccati; quod melius ostendimus, si res ipsas ad medium deducimus. Effrenata enim ventris ingluvies in fervorem luxuriæ plenitudinem carnis instigat. Perpetrata autem luxuria sæpe aut perjurio, aut homicidio tegitur, ne humanarum legum ultione puniatur. Beatus Job typum peccantium intra Ecclesiam designans ait: *Concidit me vulnere super vulnus* (*Job.* xvi, 14). Infirmis suis sancta Ecclesia vulnere super vulnus conciditur, quando peccatum peccato additur, ut culpa vehementius exaggeretur. Quem enim avaritia pertrahit ad rapinam, rapina ducit ad fallaciam, ut perpetrata culpa ex falsitate etiam defendatur. Quid iste, nisi super vulnus concisus est vulnere? (*Greg.*, *Reg. past. p.* iii, *c.* 29; *Moral.* xiii, 17, *n.* 20.)

Cap. xl. *De octo principalibus vitiis; qualiter possessas mentes exhortent.* — 1. Octo sunt principalia vitia quæ humanum infestant animum, quorum suggestiones bene contuens egregius doctor Gregorius insinuat, sententiam illam beato Job a Domino dictam exponens, ubi ait: *Exhortationes ducum, et ululatum exercitus.* Tentantia quippe vitia, quæ invisibilia contra nos præliant, regnanti super se superbiæ militant. Alia more exercitus subsequuntur. Neque enim culpæ omnes pari accessu corrumpuntur, sed dum majores et paucæ neglectam mentem præveniunt, minores et innumeræ ad illam se catervatim fundunt. Ipsa namque regina vitiorum superbia cum devictum pene cor cepit, mox illud septem principalibus vitiis quasi quibusdam suis ducibus devastandum tradit. Quos videlicet duces exercitus sequitur, quia ex eis procul dubio importunæ vitiorum multitudines oriuntur. Quare melius ostendemus, si ipsos duces atque exercitum ipsum specialiter, ut possumus, enumerando proferamus.

2. Radix quippe cuncti mali superbia est, de qua, Scriptura attestante, dicitur: *Initium omnis peccati superbia.* Primæ autem ejus soboles, septem nimirum vitia principalia, de hac virulenta radice proferuntur. Scilicet inanis gloria, invidia, ira, tristitia, avaritia, ventris ingluvies, et luxuria. Nam quia his septem superbiæ vitiis nos captos doluit, idcirco Redemptor noster ad spirituale liberationis prælium

Spiritus septiformis gratia plenus venit. Sed habent contra nos hæc singula exercitum suum; nam de inani gloria inobedientia, jactantia, hypocrisis, contentiones, pertinaciæ, discordiæ, et novitatum præsumptiones oriuntur. De invidia odium, susurratio, detractio, et exsultatio in adversis proximi, afflictio autem in prosperis nascitur. De ira rixæ, homicidia, tumor mentis, contumeliæ, clamor, indignatio, blasphemiæ proferuntur. De tristitia malitia, rancor, pusillanimitas, desperatio, torpor circa præcepta, vagatio mentis erga illicita nascitur. De avaritia proditio, fraus, fallacia, perjuria, inquietudo, violentiæ, et contra misericordiam obdurationes cordis oriuntur. De ventris ingluvie inepta lætitia, **262** scurrilitas, immunditia, multiloquium, hebetudo sensus circa intelligenda propagatur. De luxuria cæcitas mentis, inconsideratio, inconstantia, præcipitatio, amor sui, odium Dei, affectus præsentis sæculi, horror autem, vel desperatio futuri generatur.

3. Quia ergo septem principalia vitia tantam de se vitiorum multitudinem proferunt, cum ad cor veniunt, quasi subsequentis exercitus catervam trahunt. Ex quibus videlicet septem quinque spiritualia duoque carnalia sunt. Et unumquodque eorum tanta sibi cognatione junguntur, ut non nisi unum de altero proferatur. Prima namque superbiæ soboles inanis est gloria, quæ dum oppressam mentem corrumpit, mox invidiam gignit, quia nimirum, dum vani nominis potentiam appetit, ne quis hanc alius adipisci valeat, tabescit. Invidia quoque iram generat, quia quanto interno laboris vulnere animus sauciatur, tanto etiam mansuetudo tranquillitatis amittitur, et quia quasi dolens membrum tangitur, idcirco positæ actionis mens velut gravius pressa sentitur. Ex ira quippe tristitia oritur, quia turbata mens, quod inordinate se concutit, eo addicendo confundit, et cum dulcedinem tranquillitatis amiserit, nihil ei nisi ex turbatione subsequens mœror parcit. Tristitia quoque ad avaritiam derivatur, quia dum confusum cor bonum lætitiæ in semetipso intus amiserit, unde consolari debeat foris quærit; et tanto magis exteriora bona adipisci desiderat, quanto gaudium non habet ad quod intrinsecus recurrat.

4. Hæc vero duo carnalia vitia, id est, ventris ingluvies et luxuria supersunt, sed cunctis liquet quod de ventris ingluvie luxuria nascitur, dum in ipsa distributione membrorum ventri genitalia subnixa videantur. Unde dum unum inordinate reficitur, aliud procul dubio ad contumelias excitatur. Bene autem duces exhortari dicti sunt, exercitus ululare, quia prima vitia deceptæ menti quasi sub causa se inserunt, sed innumera quæ sequuntur, dum hanc ad omnem insaniam pertrahunt, quasi bestiali clamore confundunt. Inanis namque gloria devictum cor quasi ex ratione solet exhortari, cum dicit: *Debes majora appetere, ut qua potestate valueris multos excedere, eo etiam valeas et pluribus prodesse* (*Confer appendicem* VII, *supra*). Invidia quoque devictum cor quasi ex ratione solet exhortari, cum dicit: *In quo illo vel illo minor es? Cur ergo eis vel æqualis vel superior non es? Quanta valent quæ ipse non vales! Non ergo tibi aut superiores esse aut etiam æquales debent.* Ira etiam devictum cor quasi ex ratione solet exhortari, cum dicit: *Quæ erga te aguntur æquanimiter ferri non possunt; hæc imo patienter tolerare peccatum est, quia si non eis cum magna exasperatione resistitur, contra te deinceps sine mensura cumulantur.* Tristitia namque devictum cor quasi ex ratione solet excitari, cum dicit: *Quare habes unde gaudeas, cum tanta mala de proximis portas? Perpende cum quo mœrore intuendi sunt qui in tanto contra te amaritudinis felle vertuntur.*

5. Avaritia quoque devictum cor quasi ex ratione solet exhortari, cum dicit: *Valde sine culpa est quod quædam habenda concupiscis, quia* **263** *non multiplicari appetis, sed egere pertimescis. Quare quod male alius retinet, ipse melius expendis.* Ventris quoque ingluvies devictum cor quasi ex ratione solet exhortari, cum dicit: *Ad esum omnia munda Deus creavit, et qui satiari cibo respuit, quid aliud quam muneri concesso contradicit?* Luxuria quoque devictum cor quasi ex ratione solet exhortari, cum dicit: *Cur te in voluptate tua modo non dilatas, cum quid te sequatur ignoras? Acceptum tempus in desideriis perdere non debes, quia quam citius pertranseat nescis. Si enim misceri Deus hominem in voluptate coitus nollet, in ipso humani generis exordio masculum et feminam non fecisset.*

CAP. XLI. *De patientia.* — 1. Quanto culmine virtus patientiæ polleat, Salomon indicat, dicens: *Melior est patiens viro forti, et qui dominatur animo suo expugnatore urbium* (*Proverb.* XVI, 32). Minor est victoria urbes expugnare, quia extra sunt quæ vincuntur. Majus est autem quod per patientiam vincitur, quia ipse animus [*Gr. Ed. add.* a se] superatur, et semetipsum sibimet subjicit, quando per patientiam in humilitate tolerantiæ sternit. Terra bona fructum per patientiam reddit, quia scilicet nulla sunt bona, quæ agimus, si non æquanimiter etiam proximorum mala toleramus. Scriptum est: *Charitas patiens est* (*I Cor.* XIII, 4). Igitur cum minime est patiens, charitas non est. Per hoc quoque impatientiæ vitio ipsam virtutum nutrix doctrina dissipatur. *Melior est*, inquit, *patiens viro forti, et qui dominatur animo suo expugnatore urbium.* Recte expugnatori urbium patiens præfertur, quia illa actione victoriæ homo victor est hominum; in hac autem mansuetudine patientiæ animus victor est sui. Salomon ait: *Doctrina viri per patientiam noscitur* (*Proverb.* XIX, 11). Tanto ergo quisque minus ostenditur doctus, quanto minus ostenditur patiens. Neque enim potest veraciter bona docendo impendere, si vivendo nescit æquanimiter aliena mala tolerare. Custodem conditionis nostræ patientiam Dominus esse monstravit, quia ipsam non possidere, nosmetipsos docuit, dicens: (*Luc.* XXI, 19): *In patientia vestra possidebitis animas vestras* (*Taio*, III, 26; *Greg.*, *hom.* 35, *l.* II, *in Evang. n.* 5; *Reg. past. p.* III, *c.* 9; *hom.* 6, *l.* II *in Ezech. n.* 7).

2. Admonendi sunt patientes, ne in eo quod exterius per patientiam portant, interius doleant, ne tantæ virtutis sacrificium, quod integrum foras immolant, intus malitiæ peste corrumpant. Dicendum est patientibus ut studeant diligere quod sibi necesse est tolerare. Ne si patientiam dilectio non sequitur, in deteriorem culpam odii virtus ostensa vertatur. Plerumque evenire patientibus solet ut eo quidem tempore quo adversa patiuntur, vel contumelias audiunt, nullo dolore pulsentur, et sic patientiam exhibeant, ut custodire etiam cordis innocentiam non omittant. Sed cum postus paululum hæc ipsa quæ pertulerunt ad memoriam revocant, igne se doloris inflammant, argumenta ultionis requirunt, et mansuetudinem, quam tolerantes habuerunt, retractantes in malitiam vertunt.

3. Admonendi sunt patientes, ut cor post victoriam muniant, ut hostem publico bello superatum insidiari mœnibus mentis intendant, ut languorem plus repentem timeant, ne hostis callidus eo in deceptione postmodum majori exsultatione gaudeat, quo illa dudum contra se rigida colla victorum **264** calcat. Est in dilectione proximi nobis patientia, et benignitas conservanda, quia de eadem dilectione nunc dicitur: *Charitas patiens est, benigna est* (*I Cor.* XIII, 4); patiens, scilicet, ut illata a proximis mala æquanimiter portet; benigna autem, ut sua bona proximis desiderabiliter impendat. Patientia vera est aliena mala æquanimiter perpeti, contra eum quoque qui mala irrogat nullo dolore morderi. Nam qui sic mala proximi portat, ut tamen tacitus doleat, et tempus dignæ retributionis quærat, patientiam non exhibet, sed ostendit. Scriptum est: *Nunquid in finem oblivio erit pauperum? Patientia pauperum non peribit in finem* (*Psal.* IX, 19). Quantumlibet vel in ad-

versis patientes, vel in prosperis humiles simus, in hac vita retribui nobis bona præsentia nullo modo requiramus; nam per laborem patientiæ bona speranda sunt sequentis vitæ, ut tunc præmium nostri laboris incipiat, quando omnis jam labor funditus cessat (*Greg.*, II *in Ezech.*, *hom.* 2, *n.* 2).

CAP. XLII. *De humilitate.* — 1. Ad hoc unigenitus Dei Filius formam humilitatis nostræ suscepit, ad hoc invisibilis non solum visibilis, sed etiam despectus apparuit, ad hoc contumeliarum ludibria, irrisionum probra, passionum tormenta toleravit, ut superbum non esse hominem doceret humilis Deus. Quanta humilitatis [*Al. add.* nostræ] virtus est, quantaque sublimis celsitudo propter quam solam veraciter docendam is qui sine æstimatione magnus est usque ad passionem factus est parvus (*Taio* III, 28)!

2. Humilitas magistra est hominum, materque virtutum. Sicut Veritas ait: *Discite a me, quia mitis sum et humilis corde, et invenietis requiem animabus vestris* (*Matth.* XI, 29), quia dum se humiles dejiciunt, ad Dei similitudinem ascendunt. Veræ humilitatis testimonia sunt, et iniquitatem suam quemque cognoscere, et cognitam voce confessionis aperire. Insinuandum est humilibus quam sit vera excellentia quam sperando tenent, quam sint æterna quæ appetunt, vel quam transitoria quæ contemnunt.

3. Admonendi sunt simplices, ut studeant nunquam falsa dicere, sed ut noverint nonnunquam vera reticere. Sicut enim dicentem falsitas læsit semper, ita nonnunquam quibusdam audita vera nocuerunt. Admonendi sunt simplices, ut sicut fallaciam semper utiliter vitant, ita veritatem semper utiliter proferant. Nihil simplici corde felicius, qui quo innocentiam erga alios exhibet, nihil est quod pati ab aliis formidet. Habet enim quasi arcem quamdam fortitudinis simplicitatem suam, nec suspectus est pati quod se fecisse non meminit (*Taio*, III, 28).

CAP. XLIII. *De mansuetudine.* — 1. Plerumque mansueti vicinum et quasi juxta positum torporem desidiæ patiuntur, ac per nimiam resolutionem lenitatis ultra quam necesse est, vigorem districtionis emolliunt. Et sæpe mansueti dissolutionis torpescunt tædio, quia eorum virtuti vitium latenter adjungitur. Sed admonendi sunt, ut fugiant quod juxta ipsos est, et amplectantur sollicitudinem, quæ acuat multæ benignitatis incuriam. Nequaquam sancto Spiritu plenus est, qui aut in tranquillitate mansuetudinis fervorem æmulationis deserit, aut rursus in æmulationis ardore virtutem mansuetudinis amittit (*Taio* III, 30; *Greg. Reg. past. p.* III, *c.* 16).

265 CAP. XLIV. *De obedientia.* — 1. Sciendum summopere est, quod obedientia aliquando si de suo aliquid habeat, nulla est; aliquando autem, si de suo aliquid non habeat, minima. Cum hujus mundi suscensus præcipitur, cum locus superior imperatur, is qui ad percipienda hæc obedit, obedientiæ sibi virtutem evacuat, si ad hæc etiam ex proprio desiderio anhelat. Neque enim se sub obedientia dirigit, qui ad percipienda hujus vitæ commoda et prospera libidini propriæ ambitionis servit. Cum sæculi hujus despectus præcipitur, cum probra adipisci et contumeliæ jubentur, nisi hæc ex semetipso animus appetat, obedientiæ sibi meritum minuit, qui ad ea quæ in hac vita despecta sunt, invitus nolensque descendit (*Taio*, III, 31; *Greg.*, *Moral.* XXXV, 14, *n.* 30).

2. Aliquando ad detrimentum obedientia ducitur, cum mentem ad suscipienda probra hujus sæculi nequaquam ex parte sua etiam vota sua comitantur. Debet obedientia et in adversis ex suo aliquid habere, ut rursus in prosperis tanto sit verior, quanto a præsenti ipsa quam divinitus percipit gloria funditus ex mente separatur. Scriptum est in libro Salomonis: *Melior est obedientia quam victimæ* (*Eccle.* IV, 17). Obedientia quippe jure victimis præponitur, quia per victimam aliena caro, per obedientiam vero voluntas propria mactatur. Tanto igitur Deum quisque placat citius, quanto antè ejus oculos repressa arbitrii sui superbia gladio præcepti se immolat. Ariolandi peccatum inobedientia dicitur, ut quanta sit obedientiæ virtus demonstretur.

3. Ex adverso ergo melius ostenditur quid de ejus laude sentiatur; si enim quasi peccatum ariolandi est repugnare, et quasi scelus idololatriæ nolle acquiescere, sola obedientia est, quæ fidei meritum possidet, sine qua quisque infidelis convincitur, etiam si fidelis esse videatur. Quis nesciat quod voluntas Filii a Patris voluntate non discrepet? Sed quam primus homo, quia, suam voluntatem tenens, facere noluit, a paradisi gaudio exivit. Sed secundus ad redemptionem hominum veniens, dum voluntatem se Patris et non suam facere ostendit, permanere nos intus per obedientiæ meritum docuit.

CAP. XLV. *De verecundia.* — 1. Verecundas mentes aliquando ad meliorem vitam exhortatio lenis et modesta componit, quia plerumque ad eorum conversionem sufficit quod eis doctor mala sua saltem leniter ad memoriam reducit. Paulus apostolus, egregius scilicet prædicator, culpas verecundantium, quasi compatiens, reprehendit dicens: *Gavisus sum in Domino vehementer, quoniam tandem aliquando refloruistis pro me sentire, sicut et sentiebatis; occupati enim eratis* (*Philipp.* IV, 10). Egit itaque doctor egregius ut verecundantium culpas medicinali benignitate sanaret, dum eorum negligentias sermo mollior temperando velaret. Sicut verecundia laudabilis est in malo, ita reprehensibilis est in bono. Erubescere enim malum est sapientiæ, bonum vero erubescere fatuitatis. Unde scriptum est: *Qui me erubuerit, et meos sermones, hunc Filius hominis erubescet, cum venerit in majestate sua* (*Luc.* IX, 26). Quidam sapiens ait: *Est confusio adducens peccatum, et est confusio adducens gloriam* (*Eccli.* IV, 25). Qui enim verecundans erubescit pœnitendo mala quæ fecit, ad vitæ libertatem non pervenit; qui vero non erubescit bona facere, **266** a statu rectitudinis non cadit, neque in damnationem tendit (*Taio*, III, 32; *Greg.*, *Reg.*, *past. p.* III, *c.* 7; I *in Ezech.*, *hom.* 10, *n.* 17).

CAP. XLVI. *De detractione.* — 1. Qui alienæ vitæ detractione pascuntur, alienis procul dubio satiantur, sicut scriptum est: *Non comedas cum eis qui carnes ad vescendum conferunt.* Carnes quippe ad vescendum conferre est in collocutione derogationis vicissim proximorum vitia dicere. De obtrectatoribus recte per Salomonem dicitur: *Quia vacantes potibus, et dantes symbola consumentur, et vestientur pannis dormitionis* (*Proverb.* XXIII, 20). *Potibus vacant*, qui opprobrio alienæ vitæ se debriant. *Symbola vero dare* est, sicut unusquisque solet de parte sua cibos ad vescendum, ita in confabulatione detractionis verba conferre (*Greg.*, *Moral.* XIV, 37, *n.* 61; *Taio*, III, 44).

CAP. XLVII. *De hospitalitate et eleemosyna.* — 1. Hospitalitatem fraternitatis amare, charitatis opera diligere nobis valde necessarium est; unde egregius prædicator nobis utrumque commendans, ait: *Charitas fraternitatis maneat in vobis, et hospitalitatem nolite oblivisci* (*Hebr.* XIII, 1). Pensandum nobis est quantum hospitalitas fraternæ compassionis valeat, quantum nos omnipotenti Domino misericordiæ viscera conjungant; inde enim ei qui est super omnia appropinquamus, unde nos per compassionem proximi etiam sub nosmetipsos deponimus (*Taio*, III, 50; *Greg.*, II *in Evang.*, *hom.* 23, *n.* 2).

2. Redemptori generis humani ad ædificationem nostram minime sufficit quod in extremo judicio dicturum se esse perhibuit: *Quandiu fecistis uni ex his fratribus meis, mihi fecistis* (*Matth.* XXV, 42). Nisi et ante judicium hoc esse ostenderet, quod dixisset; ut videlicet demonstraret quia bona quisquis nunc opera indigentibus exhibet, ei specialiter impendit, cujus hæc amore exhibuerit. Quare tanto in se plus quisque majorem mercedem recipit, quanto

nec eum despicit, qui amplius despiciendus videtur.

CAP. XLVIII. *De multimoda erogandi largitione.* — 1. Qui indigenti proximo exteriorem substantiam præbet, sed vitam suam a nequitia non custodit, rem suam Deo tribuit, et se peccato. Hoc quod minus est obtulit Auctori, et hoc quod majus est servavit iniquitati. Quoties post culpam eleemosynas facimus, quasi pro pravis actibus pretium damus. Unde per Prophetam de eo qui hæc non agit, dicitur : *Non dabit propitiationem suam, nec pretium redemptionis animæ suæ* (*Psal.* XLVIII, 8). Tunc eleemosynæ pretium nos a culpis liberat, cum perpetrata plangimus et abdicamus. Nam qui et semper peccare vult, et quasi semper eleemosynam largiri, frustra tribuit, quia non redimit animam, quam a vitiis non compescit (*Taio* III, 34; *Greg., Moral.* XIX, 25, *n.* 38, XII, 51).

2. Eleemosynæ impensio superbum divitem redimere non valet, quam perpetrata simul rapina pauperis ante Dei oculos ascendere non permittit. Unde per Eliphaz dicitur : *Non credat frustra errore deceptus quod aliquo pretio redimendus sit* (*Job.* XV, 31). Sæpe superbi divites, cum eleemosynam tribuunt, non hanc pro æternæ vitæ desiderio, sed pro extendenda vita temporali largiuntur. Mortem se posse differre dationibus [*Al.*, donationibus] credunt ; sed nequaquam obtinere ex impenso munere valent, ut finem debitum evadant. In Evangelio Veritas ait : *Nesciat sinistra tua quid faciat dextera tua* (*Matth.* VI, 3). Id est, piæ dispensationi nequaquam se gloria præsentis vitæ admisceat, sed opus rectitudinis appetitio ignoret favoris (*Greg., Reg. past. p.* III, *c.* 20).

3. Plerumque multa homines pauperibus largiuntur, non quia eosdem **267** pauperes diligunt, sed quia si minime tribuant, iram superni judicii formidant; qui si Deum non metuerent, quæ habent dare noluissent. Admonendi sunt qui sua misericorditer tribuunt, ne cogitatione tumida super eos quibus terrenà largiuntur se extollant; et ne idcirco se meliores æstiment, quia contineri per se cæteros vident. Qui possessa misericorditer tribuunt, a cœlesti Domino dispensatores se positos subsidiorum temporalium agnoscant, et tanto humiliter præbeant, quanto et aliena esse intelligant quæ dispensant. Ne in benefactis largitoris immoderatius gaudeant, audiant quod scriptum est : *Cum feceritis omnia quæ præcepta sunt vobis, dicite : Servi inutiles sumus, quæ debuimus facere, non* (sic) *fecimus* (*Luc.* XVII, 10).

4. Ac ne largitatem tristitia corrumpat, audiant iterum quod scriptum est : *Hilarem datorem diligit Deus* (*II Cor.* IX, 7). Ne largitores eleemosynarum impensæ gratiæ vicissitudinem requirant, audiant quod scriptum est : *Cum facis prandium, aut cœnam, noli vocare amicos tuos, atque cognatos, nec vicinos divites, ne forte et ipsi te invitent, et faciant tibi retributionem; sed cum facis convivium, voca pauperes, debiles, claudos, cæcos, et beatus eris, quia non habent unde retribuant* (*Luc.* XIV, 12). Ne sub obtentu largitatis ea quæ possident inutiliter spargant distributores, audiant quod scriptum est : *Sudet in manu tua eleemosyna.* Et ne, cum multa necesse sint, pauca largiantur, audiant quod scriptum est : *Qui parce seminat, parce et metet.*

5. Ne, cum pauca oportet, plurima præbeant largitores, et ipsi postmodum minime inopiam tolerantes, ad impatientiam erumpant, audiant quod scriptum est : *Non quod aliis sit remissio, vobis autem tribulatio, sed ex æqualitate vestra abundantia illorum inopiam suppleat, ut et illorum abundantia vestræ inopiæ sit supplementum* (*II Cor.* VIII, 13). Cum igitur dantis mens inopiam ferre nescit, si illicita [*Al.*, multa] sibi subtrahit, hoc occasionem contra se in patientiam exquirit.

6. Ne omnino distributores nihil eis præbeant quibus conferre aliquid parum [*Al.*, parvum] debent, audiant quod scriptum est : *Omni petenti a te tribue* (*Luc.* VI, 30). Quare ne saltem aliquid præbeant, quibus conferre nihil debent, audiant quod scriptum est : *Da bono, et non receperis peccatorem; benefac humili, et non dederis impio* (*Eccli.* XII, 4). Nonnulli hujus mundi divites, cum fame crucientur Christi pauperes, effusis largitatibus nutriunt histriones. Qui vero indigenti peccatori panem suum, non quia peccator, sed quia homo est, tribuit, nimirum non peccatorem, sed justum nutrit, quia in illo non culpam, sed naturam diligit.

7. Qui sua misericorditer largiuntur, sollicite custodire studeant ne cum commissa peccata eleemosynis redimunt, adhuc redimenda committant, ne venalem Dei justitiam æstiment, si cum curant pro peccatis nummos tribuere, arbitrantur se posse inulte peccare. Sollicite studeamus perpendere quia et eos quos nunc inopes cernimus, abundantes quandoque videbimus; et qui abundantes aspicimur, si largiri negligimus, quandoque inopes erimus. Qui nunc temporale subsidium pauperi tribuit, ab eo postmodum perpetua recepturus, ut ita dicam, quasi ad frugem **268** terram excolit, quæ quod acceperit uberius reddit. Honorate quos pauperes cernitis, et quos foris conspicitis despectos sæculi, intus arbitramini amicos Dei. Cum eis participamini [*Al.*, participate] quod habetis, ut quandoque dignentur vobiscum comparticipari [*Al.*, comparticipare] quod habent (*Greg., Moral.* XXI, 19, *n.* 30; II *in Evang., hom.* 40, *n.* 12).

CAP. XLIX. *De spe et formidine electorum.* — 1. Plerumque mens justi jam quidem quod perverse se egisse meminit deplorat. Jam prava acta non solum deserit, sed amarissimis lamentis punit. Sed tamen dum eorum quæ egit reminiscitur, gravi de judicio pavore terretur. Electus quisque jam se perfecte convertit, sed adhuc se perfecte in securitate non erigit, quia dum quanta sit districtio extremi examinis pensat, intus hac formidine sollicitus trepidat; quoniam justus judex veniens quid de perpetratis reputet, quid relaxet, ignorat. Sæpe mens pœnitentis, quam prava commiserit meminit, sed hæc commissa, si digne fleverit, nescit. Ac ne culpæ immanitas modum pœnitentiæ transeat, metuit. Sanctus quisque vir etiam hic misericordiam suscepisse se nescit, quia peccatum suum homo jam corrigendo, jam pœnitendo deserit, sed adhuc tamen districtum judicem de ejus retributione pertimescit (*Greg., Moral.* IV, 36, *n.* 61; *Taio* III, 46).

2. Illic tutus [*Al.*, justus] quilibet sine ulla formidine misericordias Domini libere in æternitate cantat, ubi jam de peccati venia dubietas non erit, ubi jam securam mentem culpæ suæ memoria non adjecit [*Al.*, addicit], ubi non sub reatu animus trepidat, sed de ejus indulgentia libere exsultat. David propheta cum peteret, dicens : *Averte oculos tuos a peccatis meis*, paulo superius intulit : *Delictum meum coram me est semper* (*Psal.* L, 11); ac si diceret : Peccatum meum ne respicias, postulo, quia ego respicere ipsum non cesso. Unde et per alium prophetam Dominus dicit : *Et peccatorum tuorum memor non ero, tu autem memor esto* (*Isai.* XLIII, 25). Providendum est his qui peccata sua deflent, ut singula quæque admissa considerent, et dum per unumquodque erroris sui iniquitatem et inquinationem deflent, simul se ac totos lacrymis mundent. Per Jeremiam dicitur : *Cum Judææ singula delicta pensarentur, divisiones aquæ deduxerunt oculi mei* (*Thren.* III, 48). Divisas quippe ex oculis aquas deducimus, quando peccatis singulis dispertitas lacrymas damus (*Greg. Reg. past. p.* III, *c.* 29).

3. Neque enim uno eodemque tempore æque mens de omnibus dolet, sed dum nunc hujus, nunc illius culpæ memoria acrius tangitur, simul de omnibus in singulis commota purgatur. Admonendi sunt timore formidinis oppressi, ut de misericordia, quam postulant, præsumant, ne vi immoderatæ afflictionis

intereant. Neque enim pius Dominus ante delinquentium oculos flenda peccata apponeret, si per semetipsum ea districte ferire voluisset. Constat enim quod a suo judicio abscondere voluit quos miserando præveniens sibimetipsis judices fecit ; hinc enim scriptum est : *Præveniamus faciem ejus in confessione* (*Psal.* XCIV, 2). Hinc per Paulum dicitur : *Si nosmetipsos dijudicaremus, non utique judicaremur* (*I Cor.* XI, 31). Scriptum est : *Beati quorum remissæ sunt iniquitates, et quorum tecta sunt peccata* (*Psal.*, XXXI, 1). Peccata enim tegimus, cum bona facta malis actibus superponimus. Omne enim quod operitur inferius ponitur, et hoc unde operitur desuper ducitur (*Greg.*, I *in Ezech.*, *hom.* 4).

269 4. Quando ergo abdicamus mala quæ fecimus, et eligimus bona quæ faciamus, quasi tegimen superducimus, quoniam videri erubescimus. Sancti viri, dum in hac adhuc vita sunt, habent tamen quod ante Dei oculos operire debeant, quia omnino est impossibile quod aut in opere, aut cogitatione, aut in locutione nunquam delinquant. Unde beatus Job, qui perfecta quidem omnibus dixerat, Dei tunc vocem audiens, seque ipsum de ipsa sua perfecta locutione reprehendens, dicebat : *Manum meam ponam super os meum* (*Job.* XXXIX, 34). In manu quippe operatio, in ore locutio est.

5. Manum ergo super os ponere est peccata locutionis per virtutem boni operis tegere. Mola superior et inferior ita sibi necessario jungitur, ut una sine altera inutiliter habeatur. In peccatoris itaque pectore incessanter debet spes et formido conjungi, quia incassum misericordiam sperat, si non etiam justitiam timeat. Quare frustra quisque justitiam metuit, si non etiam de misericordia confidit. Loco pignoris mola superior tolli prohibetur, quia peccatori prædicans, tanta dispositione componere prædicationem debet, ut nec derelicta spe timorem subtrahat, nec subtracta spe eum in solo timore derelinquat (*Greg.*, *Moral.* XXXIII, 12, *n.* 24).

CAP. L. *De regni cœlestis desiderio.* — 1. Magnus clamor sanctorum magnum est desiderium ; tanto enim quisque minus clamat, quanto minus desiderat, et tanto majorem vocem in aures incircumscripti spiritus exprimit, quanto se in ejus desiderium plenius fundit. Cum aliter moveri soleat mens quæ petit, aliter quæ petitur, et sanctorum animæ ita interni secreti sinu Deo inhæreant, ut inhærendo quiescant, quomodo dicuntur petere, quas ab interna voluntate constat non discrepare? Quomodo dicuntur petere, quas et voluntatem Dei certum est, et ea quæ futura sunt, non ignorare? Sed in ipso positæ ab illo aliquid petere dicuntur, non quo quidquam desiderent, quod ab ejus quem cernunt voluntate discordat, sed quo mente ardentius inhæreant, eo etiam de ipso accipiunt, ut ab ipso petant quod eum facere velle noverunt (*Greg.*, *Moral.* II, 7, *n.* 11 ; *Taio*, III, 37).

2. Nemo qui tardius auditur credat quod a superna cura negligitur. Sæpe enim nostra desideria, quia celeriter non fiunt, tamen exaudiuntur, et quod impleri conciter petimus, ex ipsa melius tarditate prosperatur. Sæpe vox nostra eo perficitur quo differtur ; et cum superficie tenus petitio negligitur, vota nostra altius in cogitationum radice complentur. Sicut et semina messium gelu pressa solidantur, et quod a superficie tardius exeunt, eo ad frugem multiplicatiora consurgunt. Desideria nostra dilatatione [*Forte*, dilatione] extenduntur, ut proficiant ; proficiunt, ut ad hoc quod perceptura sunt convalescant. Exercitantur in certamine, ut majoribus cumulentur præmiis in retributione. Labor protrahitur pugnæ, ut crescat corona victoriæ.

3. Suos ergo Dominus cum velociter non exaudit, quod repellere creditur assidue trahit. Internus medicus peccatorum in nobis contagia quæ inesse medullitus reprobat secat, et abscindit virus putredinis ferro tribulationis, eoque voces ægri audire dissimu-

A lat, quo ægritudinis finem curat. David propheta ait : *Clamo per diem, et non exaudies, in* **270** *nocte, et non ad insipientiam mihi* (*Psal.* XXI, 3). Ac si diceret : *Nequaquam mihi ad insipientiam proficit, quod die ac nocte clamantem me quotidie non exaudis. Quia unde me in temporali tribulatione quasi deseris, et non exaudis, inde ad æternam sapientiam plus erudis.* Iterum Psalmista dicit : *Adjutor in opportunitatibus, in tribulatione* (*Psal.* IX, 10). Tribulationem quippe dicturus, opportunitates præmisit ; quia sæpe tribulatione concutimur, et tamen opportunum nondum est, nisi ad desiderium ereptionis adjuvemur.

CAP. LI. *De bonorum concordia.* — 1. Tunc charitas a jugo culpæ liberos reddit, cum vicissim nostro per amorem servitio subjicit, cum et aliena nostra bona credimus, et nostra aliis quasi sua offerentes exhibemus. Certissime sciant homines, quia quantislibet virtutibus polleant, spirituales B fieri nullatenus possunt, si uniri per concordiam proximis negligunt. Scriptum est : *Fructus enim spiritus est pax, charitas, gaudium* (*Galat.* V, 22). Qui ergo servare pacem non curat, ferre fructum spiritus recusat. Unde idem Paulus ait : *Cum sit inter vos zelus, et contentio, nonne carnales estis* (*I Cor.* III, 3)? Hinc iterum dicit : *Pacem sequimini cum omnibus, et sanctimoniam, sine qua nemo videbit Deum* (*Taio*, III, 38 ; *Greg. Reg. past.*, *p.* III, *c.* 22).

CAP. LII. *De divinis judiciis.* — 1. Cum valde occulta judicia Dei sint, quibus in hac vita nonnunquam bonis male fit, malis bene, tunc occultiora sunt, cum et bonis hic bene est, et malis male. Nam cum bonis hic male est, malis bene, hoc fortasse deprehenditur, quia et boni si qua deliquerunt, hic recipiunt, ut ab æterna damnatione plenius liberentur ; et mali bona, quæ pro hac vita faciunt, hic inveniunt, ut ad sola in posterum tormenta pertrahantur. Unde et ardenti diviti in inferno dicitur C (*Luc.* XVI, 25) : *Memento, fili, quia recepisti bona in vita tua, et Lazarus similiter mala* (*Taio* IV, 2 ; *Greg. Moral.* V, 1, *n.* 1).

2. Cum bonis in præsens sæculum bene est, et malis male, incertum valde fit utrum boni bona accipiant, ut provocati ad aliquid melius crescant, an tuto latentique judicio hic suorum operum remunerationem recipiant, ut a præmio vitæ sequentis inanescant, et utrum malos idcirco adversa feriant, ut ab æternis suppliciis corrigendo defendant. An hic eorum pœna incipiat, ut quandoque complenda eos ad ultima gehennæ tormenta perducat. Quia inter divina judicia gravi incertitudinis suæ caligine humana mens premitur, sancti viri, cum sibi suppetere prospera hujus mundi conspiciunt, pavida suspicione turbantur. Timent enim ne hic laborum suorum fructus recipiant, timent ne quod divina justitia latens in eis vulnus aspiciat, et exterioribus eos muneribus cumulans, ab intimis repellat.

3. Unde per Psalmistam dicitur : *Palpebræ ejus* D *interrogant filios hominum* (*Psal.* X, 5). Palpebræ quippe Dei judicia sunt ipsius, quæ aliquid nobis claudunt, aliquid aperiunt ; aperiendo namque nos interrogant, si intelligendo non extollimur. Claudendo interrogant, si non despicimus quæ intelligere non valemus. Nemo judicia divina perscrutari appetat, *cur, cum alius repellitur, alius eligatur ; vel cur, cum alius eligitur, alius repellatur* ; quia, attestante Paulo, didicimus quod *inscrutabilia sunt judicia ejus, et investigabiles viæ ejus.* Divinorum facta judiciorum semper indiscussa veneranda sunt, quia injusta esse nequaquam possunt. Rationem **271** quippe de occulto ejus consilio quærere nihil est aliud quam contra ejus consilium superbire (*Greg.*, II, *in Ezech.*, *hom.* 5, *n.* 6).

4. Cum judiciorum Dei causa non deprehenditur, restat ut sub factis illius cum humilitate taceatur, quia nequaquam sufficit sensus carnis, ut secreta penetret Majestatis. Ad semetipsam humana mens

redeat, et quod de divinis judiciis apprehendere non valet, non requirat; ne si divinæ iræ causa discutitur, amplius discussa provocetur, et quam placare humilitas poterat, inexstinguibiliter superbia accendat. Per apostolum Paulum dicitur : *O homo, tu quis es, qui respondeas Deo* (*Rom.* IX, 20)? Semetipsum homo considerans tacet, et divina judicia discutere metuit, quia esse se pulverem agnoscit; respondere non posse convincitur, quia homo nominatur, quia per hoc quod de humo sumptus judicia superna discutere dignus non est (*Greg.*, *Moral.* IX, 14, *n.* 21).

CAP. LIII. *De his qui judicio Dei obdurantur.* — 1. Sicut nemo obsistit largitati Dei vocantis, ita nullus obviat justitiæ delinquentis. Non enim cor peccantis Deus obdurat, sed obdurare dicitur, cum ab obduratione non liberat. Obdurare se per justitiam dicitur, quia cor reproborum per gratiam non emollit. Recludere Dei est clausis non aperire, sed in suorum operum tenebris peccatores relinquere. Misericors Deus tempus nobis relaxat ad pœnitentiam, sed cum ejus gratiæ patientiam nos ad augmentum vertimus culpæ. Hoc ipsum tempus, quod ad parcendum pie disposuit, districtius ad feriendum vertit. Cum reverti quisque ab erroris sui tenebrosis itineribus, etiam spatio temporis accepto noluerit, per hoc mala sua ad reatum auget, per quod ea diluere potuit, si converti voluisset (*Taio*, v, 5; *Greg.*, *Moral.* XX, 9, *n.* 13; I *in Ezech.*, *hom.* 11, *n.* 25).

CAP. LIV. *De reproborum prosperitate.* — 1. Qui a Deo avertitur, et prosperatur, tanto perditioni fit proximior, quanto a zelo disciplinæ invenitur alienus. Plerique reprobi, dum peccatorum suorum vinculis alligantur, ad justitiæ tramitem nequaquam revertuntur, phreneticorum videlicet sensibus similes, qui insaniam qua prævalent virtutem putant, qui ex morbo esse nesciunt hoc quod amplius sanis possunt, et quasi crevisse viribus æstimant, dum ad vitæ terminum per augmenta languoris appropinquant. Nonnunquam reprobi phreneticis similes, qui rationis usum non habent, flent, et rident; et tanto in magna exsultatione se dilatant, quanto et insensibiles malum quod patiuntur ignorant. In Ecclesiastæ libris scriptum est : *Vidi servos in equis, et principes ambulantes, quasi servos super terram* (*Eccle.* X, 7). Omnis qui peccat servus est. Servi namque in equis sunt, cum peccatores præsentis vitæ dignitatibus efferuntur; principes vero, quasi servi ambulant, cum multos dignitate virtutum plenos nullus honor erigit, sed summa hic adversitas velut indignos deorsum premit (*Greg.*, I *in Ezech.*, *hom.* 12, *n.* 18; *Moral.* VI, 16, *n.* 26; *Taio*, v, 7; *Moral.* XXXI, 24, *n.* 43).

CAP. LV. *Qualiter lapsi post ruinam surgere queant.* — 1. Peccata experti saltem post naufragium mare metuant, et perditionis suæ discrimina vel cognita perhorrescant, ne qui pie post patrata mala sanati sunt, improbe repetendo moriantur. Peccanti animæ, et nunquam a peccato desinenti, dicitur : *Frons mulieris meretricis facta est tibi, noluisti erubescere* (*Jerem.* III, 3). Admonendi sunt itaque lapsi, ut studeant, quatenus susceptæ naturæ bona integra servare noluerunt, saltem scissa resarciant. Quid dicturi

272 sunt peccata carnis experti, si, aliis integritate stantibus, ipsi nec post damna resipiscant? Quid dicturi sunt, si cum multos et alios secum deferunt, hic exspectanti Domino nec semetipsos reducunt? Dicendum est lapsis ut præterita admissa considerent, atque imminentia devitent, quatenus transactas culpas ad memoriam revocent, et pollui in fortuitis erubescant. Per Jeremiam prophetam Dominus dicit (*Jerem.* III, 1) : *Si dimiserit vir uxorem suam, et illa recedens duxerit virum alium, nunquid revertetur ad eam ultra? Nunquid non polluta et contaminata erit mulier illa? Tu autem fornicata es cum amatoribus multis; tamen re-*

A *vertere ad me, dicit Dominus* (*Greg.*, *Reg. past.* p. III, *adm.* 29).

2. Ecce de fornicante et relicta muliere argumentum justitiæ proponitur, et tamen nobis post lapsum redeuntibus non justitia, sed pietas exhibetur. Hinc utique colligamus, si nobis delinquentibus tanta pietate parcitur, a nobis sic post delictum redeuntibus quanta improbitate peccatur, aut quæ ab illo erit improbis venia, qui non cessat vocare post culpam. Isaias propheta dicit : *Erunt oculi tui videntes præceptorem tuum, et aures tuæ audient verbum post tergum monentis* (*Isai.* XXX, 20). Quasi enim coram positus Deo quisque verba monitionis ejus præcepta cognoscit; adhuc enim ante ejus faciem stare est necdum eum peccando contemnere. Cum vero, derelicto bono innocentiæ, iniquitatem eligens appetit, terga jam in ejus faciem mittit.

3. Omnipotens Dominus quasi post tergum nos subsequens monet, qui etiam post culpam ad se redire persuadet. Aversum revocat, commissa non

B respicit, revertenti sinum pietatis expandit. Vocem ergo post tergum monentis audimus, si post peccata humili et contrito corde revertimur. Debemus igitur pietatem vocantis erubescere, si justitiam volumus formidare, quia tanto graviori improbitate contemnitur, quanto et contemptus adhuc vocare non dedignatur. Per Jeremiam prophetam Dominus dicit : *Et venies usque ad Babylonem, ibi liberaberis* (*Mich.* IV, 10). Babylon quippe *confusio* interpretatur. Sæpe enim quis postquam in confusionem vitiorum ceciderit, erubescens mala quæ perpetravit, ad pœnitentiam redit, atque a suis lapsibus bene vivendo erigit. Quid ergo iste nisi usque ad Babylonem venit, et ibi liberatus est? Nonnunquam quisque erubescens mala quæ fecit, se contra se erigit, et bene operando ad statum rectitudinis redit. In Babylone itaque liberatus est, qui per divinam gratiam ostenditur etiam de confusione salvatus.

C CAP. LVI. *De appetitu laudis humanæ, vel favoribus adulantium.* — 1. Omnis homo qui ex eo quod agit, humanas laudes appetit, testem in terra quærit. Qui autem de actibus suis omnipotenti Domino placere festinat, testem se habere in cœlo considerat. Cum multi mala gesta laudibus exaltant, inde fit ut incessanter excrescat culpa favoribus enutrita. Curari autem vulnus negligitur, quod dignum præmiis laudeque videtur. Bene itaque per Salomonem dicitur : *Fili mi, si te lactaverint peccatores, ne acquiescas* (*Proverb.* I, 10). Peccatores enim lactant, cum vel perpetranda mala blandimentis inferunt, vel perpetrata favoribus extollunt. Quid enim aliud peccare quam occumbere? Sed qua peccantem laudibus 273 prosequuntur, quasi exstinctum sub verborum suorum aggere abscondunt. Arundinem uox ut aura tetigerit, in partem alteram fertur. Et quid per arundinem nisi carnalis animus designatur, qui mox favore vel detractione tangitur, in partem quamlibet inclinatur? (*Greg.*, *Moral.* XIII, 24, *n.* 28; *Taio*, v,

D 13; *Greg.*, *Moral.* IV, 28, *n.* 51.)

2. Si ab ore cujusquam aura favoris flaverit, appetitus laudis humanæ hilarescit. Extollitur, totumque se quasi ad gratiam inflectit; sed si inde ventus detractionis erupit unde laudis aura veniebat, mox hunc quasi in partem alteram ad vim furor inclinat. Ne paulatim atque inulte crescere debeat adulatio, statim et sine mora est oris gladio ferienda, et per zeli justitiam funditus exstinguenda. In Evangelio fatuis virginibus cum increpatione dicitur : *Ite potius ad vendentes, et emite vobis* (*Matth.* XXV, 9); venditores quippe olei adulatores sunt, quoniam in accepta qualibet gratia vanis suis laudibus nitorem gloriæ offerunt, quasi oleum vendunt. Principale corporis nostri caput est. Appellationis enim capitis ea quæ principatur corpori mens vocatur. Impinguat ergo caput oleum peccatoris, cum demulcet mentem favor adulantis. Si favores suos quisque audiens ad superni judicii considerationem redit, ac ne de his

apud occultum arbitrium gravetur, metuit, quasi expurgationis igne ad magnitudinem claritatis excrevit, et unde incendium trepidationis sustinet, inde clarius fulget (*Greg.*, I *in Evang.*, *hom.* 12, *n.* 5; *Moral.* XXVIII, 8).

CAP. LVII. *Qualiter sacra Scriptura maledicti promat sententiam.* — 1. Cum certe novimus quod maledictum Scriptura sacra prohibet, cur recte aliquando fieri dicimus, quod vitare eodem sacro eloquio non ignoramus? Sed sciendum nobis est quod Scriptura sacra duobus modis maledictum memorat. Aliud, videlicet, quod approbat; aliud, quod damnat. Aliter enim maledictum profertur judicio justitiæ, aliter livore vindictæ. Maledictum judicio justitiæ, ipso primo homine peccante, prolatum est, cum audivit: *Maledicta terra in operibus tuis* (*Gen.* III, 17). Maledictum justitiæ judicio profertur, cum ad Abraham dicitur: *Maledicam maledicentibus tibi* (*Gen.* XII, 3). Rursus, quia maledictum non judicio justitiæ, sed livore vindictæ promitur, voce Pauli prædicantis admonemur, qua ait: *Benedicite, et nolite maledicere* (*Rom.* XII, 14); et rursum: *Neque maledici regnum Dei possidebunt* (*I Cor.* VI, 10). Deus omnipotens maledicere dicitur, et tamen maledicere homini prohibet; quia quod homo agit malitia vindictæ, Deus non facit nisi examine et virtute justitiæ (*Taio*, III, 3; *Greg.*, IV *Moral.*, 6).

2. Cum sancti viri maledictionis sententiam proferunt, non ad hanc ex voto ultionis, sed ex justitia examinis erumpunt. Intus enim subtile Dei judicium aspiciunt, et mala foras exsurgentia, quia maledicto debeant ferire, cognoscunt; et eo in maledicto non peccant, quia ab interno judicio non discordant. Petrus apostolus in offerentem sibi pecunias Simonem sententiam maledictionis intorsit, dicens: *Pecunia tua tecum sit in perditionem* (*Act.* VIII, 20). Qui enim non ait *est*, sed *sit*, non indicativo, sed optativo modo se hæc dixisse signavit. Elias denique duobus quinquagenariis ad se venientibus dixit: *Si homo Dei sum, descendat ignis de cœlo, et consumat vos* (*IV Reg.* I, 12). Quorum utrorumque sententia quanta veritatis ratione convaluit, terminus causæ monstravit. Nam et Simon etiam perditione **274** interiit, et duos quinquagenarios desuper veniens flamma consumpsit. Virtus subsequens testificatur qua mente maledictionis sententia promitur. Cum et maledicentis innocentia permanet, et tamen eum qui maledicitur usque ad interitum maledictio absorbet, ex utriusque partis fine colligitur (quod) ab uno et intimo judice in reum sententia sumpta jaculatur, si subtiliter beati uniuscujusque, qualiter in Scriptura sancta maledicti promat sententiam, verba pensamus. Non enim ejus maledictio ex malitia delinquentis, sed ex rectitudine judicis procedit; non enim ira commoti, sed doctrina tranquilli. Qui enim jam recta maledicens intulit, non perturbationis vitio succubuit, sed doctrinæ magisterium impendit.

CAP. LVIII. *Quid sit jubilum.* — 1. Jubilum dicitur, quando ineffabile gaudium mente concipitur, quod nec abscondi possit, nec sermonibus aperiri, et tamen quibusdam motibus proditur, quamvis nullis proprietatibus exprimatur. David Propheta intuens electorum animos tantum gaudium mente concipere, quantum sermone non valeat aperire, ait: *Beatus populus qui scit jubilationem* (*Psal.* LXXXVIII, 16). Non enim ait: *Qui loquitur*, sed qui *scit*, quia sciri quidem jubilatio intellectu potest, sed dictu exprimi non potest. Per jubilum sentitur quod ultra sensum est, et cum vix ad contemplandum sufficiat conscientia sentientis, quomodo ad exprimendum sufficit lingua dicentis? (*Taio*, III, 36; *Greg.*, *Moral.* XXIV, 6, *n.* 10).

CAP. LIX. *De discretione spiritus septiformis.* — 1. In mente fidelium primus ascensionis gradus est *timor Domini*, secundus *pietas*, tertius *scientia*, quartus *fortitudo*, quintus *consilium*, sextus *intellectus*, septimus *sapientia*. Isaias propheta, in Christo enumerans gradus septiformis gratiæ, ait: *Requiescet super eum spiritus Domini, spiritus sapientiæ et intellectus, spiritus consilii et fortitudinis, spiritus scientiæ et pietatis, et replebit eum spiritus timoris Domini* (*Isai.* XI, 2). Quos scilicet gradus de cœlestibus loquens descendendo magis quam ascendendo numeravit. Videlicet *sapientiam et intellectum, consilium et fortitudinem, scientiam, pietatem et timorem*. Et cum scriptum sit: *Initium sapientiæ timor Domini* (*Proverb.* IX, 10), constat procul dubio quia timore ad sapientiam ascenditur, non autem a sapientia ad timorem reditur. Perfectam procul dubio habet sapientia charitatem, sicut scriptum est: *Perfecta charitas foras mittit timorem* (*I Joan.* IV, 18). Isaias ergo, quia de cœlestibus ad ima loquebatur, cœpit magis a sapientia, et descendit ad timorem. Sed nos, quia a terrenis ad cœlestia tendimus, eosdem gradus ascendendo numeremus, ut a timore ad sapientiam pervenire valeamus. Est timor Domini in mente fidelium; sed qualis iste timor est, si cum eo pietas non est? Qui enim misereri proximo ignorat, qui compati ejus tribulationibus dissimulat, hujus timor ante omnipotentis Dei oculos nullus est, si non sublevatur ad pietatem. Sed sæpe pietas per inordinatam misericordiam errare solet, si fortasse pepercit quæ parcenda non sunt. Peccata enim quæ feriri gehennæ ignibus possunt disciplinæ sunt verbere corrigenda. Sed inordinata pietas cum temporaliter parcit, ad æternum supplicium pertrahit (*Greg.*, II *in Ezech.*, *hom.* 7, *n.* 7; *Taio*, III, 23).

2. Ut vera et ordinata sit pietas ad gradum est alium sublevanda. Id est, ut sciat vel quid ex misericordia puniat, vel quid ex misericordia **275** dimittat. Sed quid si sciat quid agere quisque debeat, virtutem vero agendi non habeat? Scientia ergo nostra crescat ad fortitudinem, ut cum videt quid agendum sit, agere per mentis fortitudinem possit, ne timore trepidet, et pavore collapsa non valeat bona defendere quæ sentit. Sæpe fortitudo, si improvida fuerit, et minus contra vitia circumspecta, ipsa sui præsumptione in casum ruit. Ascendat ergo ad consilium, ut prævidendo præmuniat omne quod agere fortiter potest. Esse consilium non potest, si intellectus deest. Quia qui non intelligit malum quod agentem gravat, quomodo potest bonum solidare quod adjuvat? Itaque a consilio ascendamus ad intellectum. Si intellectus magno quidem acumine viget, et moderari se nesciat per maturitatem, ab intellectu ergo ascendatur ad sapientiam, ut hoc quod acute intellectus invenit sapientiæ maturitate [*Al.*, sapientia mature] disponat. Quia igitur per timorem surgitur ad pietatem, per pietatem ad scientiam ducimur, per scientiam ad fortitudinem roboramur, per fortitudinem ad consilium tendimus, per consilium ad intellectum proficiscimur, per intellectum ad maturitatem sapientiæ venimus. Septem gradibus ad portam ascendimus per quam nobis aditus vitæ spiritualis aperitur.

CAP. LX. *De variis percussionibus mundi.* — 1. Qui Deum diligunt in mundi fine vel percussione gaudere atque hilarescere jubentur, quia videlicet eum quem amant mox inveniunt, dum transit is quem non amaverunt. Absit ne fidelis quisque Deum videre non desideret, et de mundi percussionibus lugeat, quem finiri iisdem ipsis percussionibus non ignorat. Ex mundi destructione lugere eorum est qui radices cordis in ejus amore plantaverunt, qui sequentem vitam non quærunt, qui illam neque esse suspicantur. Nos, qui illa cœlestis patriæ gaudia æterna cognovimus, festinare ad eam quantocius debemus. Optandum nobis est citius pergere, atque ad illam vitam felicitate perpetuam pervenire (*Taio*, V, 24; *Greg.*, I *in Evang.*, *hom.* 1, *n.* 3).

CAP. LXI. *De Judaici populi circa mundi finem conversione.* — 1. Sancta Ecclesia, in primitiis suis multitudine gentium fecundata, vix in mundi fine Judæos quos invenerit suscipiet, et extrema colligens, eos quasi reliquias frugum ponet. De quibus Judaici populi reliquiis Isaias : *Si fuerit numerus filiorum Israel quasi arenæ maris, reliquiæ ejus salvæ fient* (*Isai.* x, 22). Elia veniente, promittitur quod reducat corda filiorum ad patres eorum. Ut doctrina quæ nunc a Judæorum corde ablata est tunc, miserante Domino, redeat, quando hoc de Domino intelligere cœperunt filii, quod prædicaverunt patres. Judaicus populus in fine mundi liberabitur a servitute peccati, sicut scriptum est : *Donec plenitudo gentium introiret, et sic omnis Israel salvus fieret* (*Rom.* xi, 25). Et sicut propheta ait : *Si fuerit numerus filiorum Israel sicut arena maris, reliquiæ salvæ fient* (*Isai.* x, 22). Sancta Ecclesia adhuc in hac vita posita pro laboribus quos sustinet duplicia munera recipit, cum susceptis, ut diximus, plene gentibus, in fine mundi Judæorum etiam ad se corda converterit, sicut scriptum est : *Donec plenitudo gentium intraret, et sic omnis Israel salvus fieret* (*Taio*, v, 25; *Greg.*, *in præf.* iv *Moral.*, c. 4; *præf. in Job. c.* 10, *n.* 20).

CAP. LXII. *De Antichristi temporibus.* — 1. Antiquus hostis extrema mundi atrocius tentaturus aggreditur, qui tanto fit ferventior ad sævitiam, quanto se viciniorem sentit ad pœnam. **276** Considerat quippe quid juxta sit, ut licentiam nequissimæ libertatis amittat. Et quantum brevitate temporis angustatur, tanto multiplicitate crudelitatis expanditur. Quidquid diabolus nequiter valuerit, in fine mundi callidius exquiret. Tunc cervicem superbiæ altius eriget, et per damnatum illum quem gestat hominem omne quod temporaliter prævalet nequiter ostendet. Stellas de cœlo in terra cadere est relicta a nonnullis spe cœlestium, illo duce, ad ambitum gloriæ sæcularis inhiare. Iste igitur draco misit caudam, et traxit tertiam partem stellarum. Draconis enim cauda stellarum pars trahitur, quando extrema persuasione Antichristi quidam, qui videntur lucere, rapientur (*Taio*, v, 26; *Greg. Moral.* xxxiv, 1, *n.* 1).

2. Nonnulli de tribu Dan venire Antichristum ferunt, sicut per Jacob patriarcham dicitur : *Fiat Dan coluber in via, cerastes in semita, mordens ungulas equi, ut cadat ascensor ejus retro* (*Gen.* xlix, 17). Hoc in loco Dan et coluber asseritur, et mordens. Unde non immerito dum Israeliticus populus terras in castrorum partitione susciperet, primus Dan ad Aquilonem castrametatus est, illum, scilicet, significans, qui in corde suo dixerat : *Sedebo in monte testamenti, in lateribus aquilonis. Ascendam super altitudinem nubium; similis ero Altissimo* (*Isai.* xiv, 13). De quo et per prophetam dicitur : *A Dan auditus est fremitus equorum ejus* (*Jerem.* viii, 16). Antichristus non solum coluber, sed etiam cerastes vocatur. *Cerata* enim Græce *cornua* dicuntur. Serpens, qui hic cornutus esse perhibetur, per quem digne ejusdem Antichristi adventus asseritur, quia contra vitam fidelium cum morsu pestiferæ prædicationis armatur etiam cornibus potestatis (*Greg. Moral.*, xxxi, 24, *n.* 43).

CAP. LXIII. *De salute, vel languore corporis, vitaque præsentis corruptionis.* — 1. Justis in hac vita ipsa sarcina suæ corruptionis onerosa est. Quod vigiliæ defatigant, somnus quæritur, ut vigiliarum labor atque anxietas temperetur. Nonnunquam etiam somnus occidit, fames corpus atterit, atque ut ejus necessitas repellatur, cibi requiruntur. Sed sæpe et cibi gravant, qui ad repellendum debilitatis gravamen quæsiti fuerant. Quousque subditi corruptionis sumus, auctori nostro minime respondemus; quia dum corruptio ab incorruptione longe est, similitudo apta nostræ responsioni non est. Humana creatura eo ipso quod creata est, in semetipsa habet sub se defluere; sed a conditore suo homo accepit quod et super se contemplatione rapiatur, et in se ipso in incorruptione teneatur. Admonendi sunt incolumes, ut salute corporis exerceant salutem mentis; ne si acceptæ incolumitatis gratiam ad usum nequitiæ inclinent, dono deteriores fiant; et eo postmodum supplicia graviora mereantur, quo nunc largioribus bonis Dei male uti non metuunt (*Greg.*, *Moral.* xii, 13, *n.* 17; *Taio*, iii, 51, 52; iii, 14, *n.* 18; *Reg. past.* p. iii, c. 12).

2. Item admonendi sunt incolumes, ne opportunitatem salutis in perpetuum promerendæ despiciant. Scriptum namque est : *Ecce nunc tempus acceptabile, ecce nunc dies salutis* (*II Cor.* vi, 2). Dicendum est eis ne placere Deo si cum possunt noluerint, cum voluerint sero non possint. Salus corporis, quando ad bene operandum accepta despicitur, quanti sit muneris amissa sentitur. Et infructuose ad ultimum quæritur, quæ congruo concessa tempora utiliter non habetur. Per sapientissimum Salomonem dicitur : *Ne des alienis honorem tuum, et annos tuos crudeli, ne* **277** *forte impleantur extranei juribus tuis, et labores tui sint in domo aliena, et gemas in novissimis, quando consumpseris carnes, et corpus tuum* (*Proverb.* v, 9). Qui namque a nobis alieni sunt, nisi maligni spiritus, qui a cœlestis sunt patriæ sorte separati? Qui vero honor noster est, nisi quod etiam in luteis positi et conditi ad conditoris nostri sumus imaginem creati? Vel quis alius crudelis est, nisi ille apostata angelus, qui et semetipsum pœna mortis superbiendo perculit, et inferre mortem humano generi etiam perditus non pepercit?

3. Honorem suum alienis dat, qui, ad Dei imaginem ac similitudinem conditus, vitæ suæ tempora malignorum spirituum voluntatibus administrat. Annos etiam suos crudeli tradit, qui ad voluntatem male dominantis adversarii accepta vivendi spatia expendit. Quisquis per acceptam valetudinem corporis, per attributam sibi sapientiam mentis, non exercendis virtutibus, sed perpetrandis vitiis elaborat, nequaquam suis viribus suam domum, *sed extraneorum* habitacula, id est, immundorum spirituum facta multiplicat : nimirum, vel luxuriando, vel superbiendo agens, ut etiam se adjiciens perditorum numerus crescat. Plerumque accepta salus carnis per vitia expenditur, sed cum repente subtrahitur, cum molestiis caro atteritur, cum jam egredi anima urgetur, diu male habita, quasi ad bene vivendum, salus amissa requiritur. Tunc recte gemunt homines, quod Deo servire noluerunt, quando damna suæ negligentiæ recuperare serviendo nequaquam possunt. Unde alias dicitur : *Cum occideret eos, tunc quærebant eum* (*Psal.* lxxvii, 34.

CAP. LXIV. *De ægritudine corporis.* — 1. Admonendi sunt ægri, ut eo se Dei filios sentiant, quo illos disciplinæ flagella castigant. Nisi enim correptis filiis hæreditatem dare disponeret, erudire eos per molestias non curaret. Dicendum est ægris ut si cœlestem patriam suam credunt, necessarium est ut in hac labores, velut in aliena patria, patiantur; lapides sanctuarii divini extra tunsi sunt, ut in constructione templi absque mallei sonitu ponerentur, quia videlicet nunc foras per flagella tunduntur, ut intus in templum Dei postmodum sine disciplinæ percussione disponantur, quatenus quidquid in nobis est superfluum, modo percussio resecet, et tunc sola nos in ædificio concordia charitatis liget. Admonendi sunt ægri ut considerent pro percipiendis terrenis hæreditatibus quam dura carnales filios disciplinæ flagella castigent. Cur ergo nobis divinæ correptionis pœna gravis est, per quam et nunquam amittenda hæreditas percipitur, et super mansura supplicia vitantur? Considerent ægri quanta salus cordi sit molestia corporalis, quæ ad cognitionem sui mentem revocat (*Taio*, iii, 53; *Greg.*, *Reg. past.*, p. iii, c. 12).

2. Quare quam plerumque salus abjicit infirmitatis memoriam [*Al.* memoria] reformari, ut animus qui extra se in elationem ducitur cui sit conditioni subditus ex percussa quam sustinet carne memoretur. Admonendi sunt ægri ut considerent quanti sit muneris molestia corporalis, quæ et admissa peccata diluit, et ea quæ poterant admitti compescit. Quæ et sumpta ab exterioribus plagis concussæ mentis

pœnitentiæ vulnera infligit. In proverbiis Salomonis A scriptum est : *Livor vulneris abstergit* **278** *mala, et plagæ in secretioribus ventris* (*Prov.* xx, 30). Mala enim livor vulneris abstergit, quia flagellorum dolor vel cogitatas vel perpetratas nequitias diluit. Cum exterius percutimur, ad peccatorum nostrorum memoriam taciti afflictique revocamur, atque ante oculos nostros cuncta quæ a nobis sunt male gesta reducimus; et per hoc quod foras patimur, magis intus quod fecimus dolemus. Unde fit ut inter aperta vulnera corporis amplius nos abluat plaga secreta ventris, quia sanat nequitias pravi operis occultum vulnus doloris. Admonendi sunt ægri quatenus patientiæ virtutem servent, ut incessanter quanta Redemptor ab his quos creaverat pertulit mala considerent. Cur itaque asperum creditur ut a Deo homo toleret flagella pro malis, si Deus ab omnibus tanta pertulit mala pro bonis? Aut quis sana intelligentia de percussione sua ingratus exstet, si ipse hinc sine flagello non exiit, qui sine peccato vixit? B

CAP. LXV. *De brevitate, vel miseria vitæ præsentis.* — 1. Quid sunt nationes in mundo, nisi flores in campo? Tendamus oculos cordis in hac latitudine mundi præsentis, et ecce quasi tot floribus, quot hominibus, plenus est. Vita itaque in carne flos in feno est. Unde bene per Psalmistam dicitur : *Homo, sicut fenum dies ejus, et sicut flos agri, ita florebit* (*Psal.* CII, 15). Carnis nos viriditas ostendit, sed ariditas pulveris ab aspectibus retrahit. Quasi flos apparuimus, qui non eramus; quasi flos arescimus, qui temporaliter apparebamus; et quia per momenta homo quotidie compellitur ad mortem, recte in libro beati Job dicitur : *Effugit velut umbra, et nunquam in eodem statu permanet* (*Job* XIV, 2). Homo hic vivendi vires ad modicum accipit, ut in perpetuum transeat, ubi ejus vitam terminus non concludat. Sed in hac brevitate, ubi roboratus est, colligit unde in perpetuitate inveniat, vel ut semper gaudeat, vel ut suscepta supplicia non evadat. Omne C quod transit breve est, etiam si tardius terminari videatur. In mortis autem semita, per quam non revertemur, ambulamus, non quod ad vitam carnis minime resurgendo reducimur, sed quod ad labores hujus vitæ mortalis, velut ad conquirenda laboribus præmia, iterum non venimus (*Greg. Moral.* XI, 50, *n.* 67; *Taio*, III, 5; *Greg. Moral.* XIII, 27, *n.* 31).

2. Qui considerat qualis erit in morte, semper fit timidus in operatione; atque unde in oculis suis jam quasi non vivit, inde veraciter in oculis sui conditoris vivit. Nihil quod transeat appetit. Cunctis præsentis vitæ desideriis contradicit; et pene mortuum se considerat, quia se moriturum minime ignorat. Perfecta vita est mortis meditatio; quam dum justi sollicite peragunt, culparum laqueos evadunt. Unde scriptum est : *In omnibus operibus tuis memorare novissima tua, et in æternum non peccabis* (*Eccli.* VII, 40). Quantumlibet longum fuerit tempus præsentis vitæ, eo ipso breve est, quod permanens non est. D Neque enim dignum est ut diuturnum judicetur quidquid fine circumscribitur. Si enim subtiliter consideretur omne quod hic agitur, pœna miseriæ est. Ipsi etenim corruptioni carnis servire ad necessaria atque concessa, miseria est, ut contra frigus vestimenta, contra famem alimenta, contra æstum frigora requirantur.

3. Multa cautela custoditur salus corporis, sed plerumque etiam custodita **279** amittitur, amissa cum gravi labore comparatur, aut reparatur, et tamen reparata semper in dubio permanet. Quid hoc aliud quam mortalis vitæ miseria est? Amamus amicos, suspecti ne [*Al.*, qui suspectione] offendi valeant. Formidamus inimicos, atque securi de eis non sumus, utique quos formidamus. Plerumque inimicis sic confidenter quasi amicis loquimur. Et nonnunquam pura verba proximorum, et multum nos fortasse diligentium, quasi verba suscipimus inimicorum. Et qui falli nunquam vel fallere volumus, ex cautela nostra gravius erramus. Iniquorum gloria, cum plerumque in annorum multitudine tenditur, ab infirmorum mentibus esse longa, et quasi stabilis æstimatur. Sed cum repentinus hanc finis intercipit, brevem procul dubio fuisse redarguit, quoniam finis determinans innotescit quia quod præterire potuit modicum fuit.

CAP. LXVI. *De morte corporis.* — 1. Præfixi dies ab interna Dei præscientia nec augeri possunt, nec minui, nisi contingat ut ita præsciantur, ut aut cum optimis operibus longiores sint, aut cum pessimis breviores. Sicut Ezechias augmentum dierum meruit impensione lacrymarum, et sicut de perversis scriptum est : *Indisciplinatis obviat mors.* Omne, quod secundum præsens sæculum laboramus, vix usque ad mortem sufficit. Mors namque interveniens fructum nostri laboris abscidit. Quod vero pro æterna vita agitur, etiam post mortem servatur; et tunc apparere incipit, cum laborum carnalium fructus cœperit non videri. Ibi ergo illa retributio inchoat, ubi ista terminatur. Horam nobis ultimam Dominus noster idcirco voluit esse incognitam, ut semper mens possit esse suspecta, et dum illam prævidere non possumus, ad illam sine intermissione præparemur, quia venturæ mortis tempus ignoramus, et post mortem operari non possumus; superest ut ante mortem tempora indulta rapiamus. Sic enim, sic mors ista cum venerit vincitur, si priusquam venerit timeatur. Redemptor noster suscepit mortem, ne mori timeamus. Ostendit resurrectionem, ut nos resurgere posse confidamus (*Greg. Moral.* XII, 52, *n.* 58; *Taio*, III, 54; *Greg.*, II *in Evang.*, *hom.* 27, *n.* 5; I *in Evang.*, *hom.* 13, *n.* 16; *Moral.* XV, 55, *n.* 68).

2. Unde et eamdem mortem non plusquam triduanam esse voluit, ne si in illo resurrectio differretur, in nobis omnino desperaretur. Exuta carne, animam nequaquam jam visus hominis aspicit, quia post mortem non liberat, quem ante mortem gratia ad veniam non reformat. Beatus David ait : *Exiet spiritus eorum, et revertetur ad terram suam* (*Psal.* CXLV, 4). Tunc spiritus per cognitionem reatus sui ad terram consternitur, cum caro, quam vitam suam credit, redire ad pulverem urgetur. Paululum in præsenti vita roboratus est homo, quia hic vivendi vires ad modicum accepit, ut in perpetuum transeat, ubi ejus vitam terminus non concludat; sed in hac brevitate ubi roboratus est colligit, unde in perpetuitate inveniat, vel ut semper gaudeat, vel ut suscepta supplicia non evadat. Sicut hi qui adhuc viventes sunt mortuorum animas quo loco habeantur ignorant, ita mortui vitam in carne viventium post eos qualiter disponatur nesciunt, quia et vita spiritus longe est a vita carnis. Et sicut corporea et incorporea diversa sunt genere, ita etiam distincta cognitione. Quod tamen de animabus sanctis sentiendum non est, **280** quia quæ intus omnipotentis Dei claritatem vident, nullomodo credendum est quod sit foris aliquid quod ignorent (*Greg. Moral.* VIII, 15, *n.* 30; XII, 19, *n.* 24; XII, 20, *n.* 25).

3. Omnipotens Dominus ideo latere nos voluit finem nostrum, ut dum incerti sumus quando moriamur, semper ad mortem parati inveniri debeamus. Cur igitur quasi de certo extollitur cujus vita sub pœna incertitudinis tenetur? Sicut enim vir fortis, cum vicino jam belli certamine armis accingitur, palpitat et festinat, tremit et sævit, quasi pavere per pallorem cernitur, sed per iram vehementer urgetur, ita vir sanctus, cum passioni mortis propinquare se conspicit, a naturæ suæ infirmitate concutitur, et spei suæ soliditate roboratur. De vicina quidem morte trepidat, et tamen quod moriendo verius vivat, exsultat. Unusquisque vir sanctus ad regnum non potest, nisi interposita morte, transire; et idcirco confidendo quasi ambigit, et quasi ambigendo confidit; et gaudens metuit, et metuens gaudet, quia scit quod ad bravium quietis non perveniat, nisi hoc quod interjacet cum labore transcendat. Cum mor

bos a corpore nostro repellere cupimus, tristes quidem amarum purgationis poculum sumimus, certi autem de subsequenti salute gaudemus. Quia enim pervenire corpus aliter ad salutem non valet, in potu etiam libet quod tædet. Cumque amaritudini inesse vitam animus conspicit, mœrore turbatus hilarescit (*Greg. Moral.* xxxi, *c.* 33).

4. Cum tempus vitæ a divina nobis præscientia sit procul dubio præfixum, quærendum valde est qua ratione nunc dicit quod iniqui ex præsenti sæculo ante tempus proprium subtrahuntur? Omnipotens Deus, etsi plerumque mutat sententiam, consilium nunquam. Eo ergo tempore ex hac vita quisque subtrahitur, quo ex divina potentia ante tempus præscitur. Sed sciendum quod creans et ordinans nos omnipotens Deus, juxta singulorum merita disponit et terminum, ut vel malus ille breviter vivat, ne multis bene agentibus noceat, vel bonus iste diutius in hac vita subsistat, ut multis boni operis adjutor existat, ut rursum malus longius differatur in vita, ut prava adhuc opera augeat. Ex quorum tentatione purgati justi verius vivant; vel bonus citius subtrahatur, ne si hic diu vixerit, ejus innocentiam malitia corrumpat. Quamvis omnipotens Deus illud tempus uniuscujusque ad mortem præsciat, quo ejus vita terminatur, nec alio in tempore quisquam mori potest, nisi ipso quo moritur. Nam si Ezechiæ anni additi ad vitam quindecim memorantur, tempus quidem vitæ crevit ab illo termino quo mori ipse merebatur. Nam divina dispositio ejus tempus tunc præscit, quo hunc postmodum ex præsenti vita subtraxit. Cum ergo ita sit, quid est quod dicitur, quia iniqui sublati sunt ante tempus suum, nisi quod omnis qui præsentem vitam diligit longiora sibi ejusdem vitæ spatia promittunt? Sed cum eos mors superveniens a præsenti vita subtraxit, eorum vitæ spatia, quæ sibi longiora quasi in cogitatione tendere consueverant, intercidit.

Capitula alia Sententiarum. — 1. Quid est quod sancta Ecclesia hostibus suis, ut castrorum acies, est timenda? Non enim a magno intellectu vacat ista comparatio, et idcirco **281** est subtiliter intuenda. Scimus, et constat, quia castrorum acies tunc hostibus suis terribilis ostenditur, quando ita fuerit constipata, atque densata, ut in nullo loco interrupta videatur. Nam si ita disponitur, ut locus vacuus, per quem hostis possit ingredi, dimittatur, profecto jam suis hostibus terribilis non est. Et nos ergo, cum contra malignos spiritus in spiritualis certaminis aciem ponimur, summopere necesse est ut per charitatem semper uniti, atque constricti, et nunquam interrupti per discordiam inveniamur. Quia quælibet bona in nobis opera fuerint, si charitas desit, per malum discordiæ locus aperitur in acie, unde ad feriendos nos valeat hostis intrare. Antiquus vero inimicus castitatem in nobis, si sine charitate fuerit, non timet, quia ipse nec carne premitur, ut in ejus luxuria dissolvatur. Abstinentiam non timet, quia ipse cibo non utitur, qui necessitate corporis non urgetur. Distributionem terrenarum rerum non timet, si eidem operi charitas desit, quia divitiarum subsidiis nec ipse eget (*Greg., in Ezech., hom.* 8, *n.* 6).

2. Valde autem in nobis charitatem veram, id est, amorem humilem, quem nobis vicissim impendimus, timet, et nimis concordiæ nostræ invidet, quia hanc nos tenemus in terra, quam ipse tenere nolens amisit in cœlo. Bene ergo nunc dicitur: *Terribilis ut castrorum acies ordinata* (*Cant.* vi, 3). Quia electorum multitudines eo maligni spiritus pertimescunt, quo eos per charitatis concordiam munitos contra se et conglobatos aspiciunt. Quanta autem sit concordiæ virtus ostenditur, cum sine illa reliquæ virtutes non esse monstrantur. Magna enim est virtus abstinentiæ; sed si quis ita ab alimentis abstinet, ut cæteros in cibo dijudicet, et alimenta eadem quæ Deus creavit ad percipiendum cum gratiarum actione fidelibus etiam damnet, quid huic virtus abstinentiæ facta est, nisi laqueus culpæ? Unde quoque Psalmista nullam

A esse abstinentiam sine concordia designans, ait: *Laudate eum in tympano et choro* (*Psal.* cl, 4). In tympano enim corium siccum resonat, in choro autem voces concorditer cantant. Quid ergo per tympanum, nisi abstinentia; et quid per chorum, nisi charitatis concordia designatur? Qui itaque sic abstinentiam tenet, ut concordiam deserat, laudat quidem Deum in tympano, sed non laudat in choro. Sic enim abstinere, vel jejunare oportet, ut non nos jejunandi, vel abstinendi necessitati subdamus, ne non jam devoti, sed inviti rem voluntariam faciamus. Si enim quoslibet advenientes, jejunio intermisso, reficio, non solvo jejunium, sed impleo charitatis officium. Cæterum si propter abstinentiam spirituales fructus [*Forte* fratres], quos novi mea remissione delectari, contristo, abstinentia mea non est virtus dicenda, sed vitium, quia abstinentiæ continuatio, nisi fuerit, quando res exigit prætermissa, et me inflat, et fratrem meum, cui charitas juvet, contristat, vel certe B nihil mihi inesse fraternæ charitatis demonstrat.

3. Superbia est initium omnis peccati; concupiscentia vero pœna peccati; et ideo non potest aliter vinci concupiscentia vitiosa, nisi prius caveatur per humilitatis virtutem superbia, quæ ejus est inimica. Superba voluntas facit Dei præcepta contemni, humilitas vero custodiri. Superbia **282** ex angelis dæmones fecit, humilitas homines sanctis angelis similes reddit. Illa rebelles diabolo subditos facit, hæc humiles Christo conjungit. Superbi cupiunt in se quod non faciunt prædicari, humiles refugiunt quidquid boni operantur agnosci. Illi vitia propria a se alienando perversitate suæ voluntatis excusant, et bona sua suis viribus deputando semetipsos turpiter jactant, isti si qua peccata commiserint, voluntarie confitendo semetipsos accusant, et omnia bona sua divino muneri deputando, Deum jugiter laudant. Quapropter si virtus non habitat in animo vitioso, superbia humilitatis non cedit imperio, quia non poterit meus re-C gnum habere virtutum, nisi jugum excusserit prius vitiorum. Tunc enim vitia fideliter ex pectore discedunt, si virtutibus cedant; alioquin vel subsidunt ad tempus ejecta, vel redeunt, nisi virtutes in locis vitiorum quæ fuerunt depulsa successerint (*Vide supra, c.* 20, *et Isidori l.* ii *Sent., c.* 38).

4. Quapropter pietas in nobis crudelitati resistat, iram patientia fundata coerceat, pudicitia libidinem vincat, animositatem tranquillitas tollat, verbositatem taciturnitas moderata compescat, desideria carnalia delectatio spiritualis imminuat, abstinentiæ rigor aculeos carnis obtundat, curiositati studium spirituale succedat, sobrietati cedat ebrietas, mansuetudini succumbat immanitas, dominetur levitati maturitas. Dei et proximi charitate crescente, consumatur mundi cupiditas; excludat parcitas gulæ luxuriam, castiget industriæ virtus ignaviam, reprimat humilitas vera profundam jactantiam, pellat simplicitas pura superbiam, non impediat varietas fucata constantiam, emendatiores augeant disciplinam; fran-D gat clementiam religiosa sævitia; et funditus eradicet bonitas acquisita malitiam, ut expulsione vitiorum celebretur introductio gloriosa virtutum.

5. At utcunque jam patuit qualiter intelligatur quod Scriptura dicit: *Initium omnis peccati superbia* (*Eccli.* x, 15), hic etiam videamus quod sanctus Apostolus dicit: *Radix omnium malorum est cupiditas* (*I Tim.* vi, 10). Cum sanctus Spiritus, qui locutus est per prophetam, per Apostolum quoque ipse locutus sit, ne sibi possit esse diversus, sollicite considerare debemus quare ille *initium* omnis peccati *superbiam*, hic omnium malorum *cupiditatem* nominare voluerit. An forte sermonem propheticum Paulus apostolus, ut solet, exposuit, quandoquidem sive initium omnis peccati, sive radicem malorum omnium dicas, unum idemque significas. Porro cupiditas, atque superbia in tantum unum est malum, ut nec superbia sine cupiditate, nec sine superbia possit cupidus inveniri. Siquidem et diabolus, in quo se-

net superbia principatum, propriæ potestatis ac perditionis humanæ cupidus fuit. Et ipse homo per appetitum arboris interdictæ ac divinæ similitudinis affectationem morbo se affectum cupiditatis ostendit. De superbia namque nascuntur hæreses, schismata, detractiones, invidia, verbositas, jactantia, contentiones, animositates, ambitio, elatio, præsumptio, vanitas, inquietudo, mendacium, perjurium, et cætera hujusmodi.

6. Sed hæc quis dubitet ex cupiditate quoque procedere, cum omnes qui fuerint illis omnibus morbis quos nominavi corrupti habeantur et cupidi? Iterum cum gulosos, intemperantes, ebriosos, avidos, rapaces, 283 fornicarios, adulteros, stupratores, incestos, flagitiosos cupiditas reddat, quando possunt sine superbia tales fieri, sine qua omnino non possunt Dei præcepta contemni, quibus prohibentur illa omnia mala quæ superius comprehendi? Ideoque si volumus consummare nostri certaminis cursum, caveamus imprimis cupiditatem, atque superbiam, non duo mala, sed unum, a quo trahunt omnes mali actus initium. Nam sine superbia quæ possunt saltem inchoari peccata, cum dicitur : *Initium omnis peccati superbia?* Aut sine cupiditate quæ est omnium malorum radix, quæ possunt fieri mala, cum sine radice omnia aut nulla reputentur, aut mortua? Deinde, si quodlibet peccatum perpetrare non possum, nisi meæ delectationi consentiam, quod cupiditatis est proprium, et Dei præcepta contemnam, quod est ', ex superbia, quæ initium omnis peccati dicitur, procedit omne peccatum.

7. Invidus, qui alienum bonum suum facit, invidendo supplicium *, nulla videtur ad invidendum concupiscentia provocari, sed tantum superbiæ morbo vexari. Sed si animi ejus pestem, qua præcipitatur incensus, subtiliter alteque rimemini, invenietis eum et perditionis ejus cupidum, cujus cupit interitum, et superbiæ malo teneri, quo sibi jugiter ingemiscit meliorem cui invideat anteferri. Quis facile potest quale sit hoc malum verbis exprimere, quod invidus odio hominis persequitur divinum munus in homine, cum potius amari homo debeat etiam pro sui meriti sanctitate? Tantos invidos habet justa pœna tortores, quantos invidiosus habuerit laudatores. Siquidem invidiosum facit excellentia meriti, invidum pœna peccati. Nec ei ab homine potest adhiberi remedium, cujus est vulnus occultum (*Vide supra c.* 24, *et Isid.*, III *Sent.*, *cap.* 25).

8. Jam nunc videamus quibus indiciis possit superbia deprehendi, ut sicut in superioribus claruit (*Vide lib.* III *Sent.*, *c.* 23) nullum peccatum posse sine illa committi, ita hic signa ejus eluceant, quibus cavenda possit ostendi. Omitto illos quos etiam ipse habitus et incessus superbos ostendunt. Quorum erecta cervix, facies torva, truces oculi, et sermo terribilis nudam superbiam damnant. Qui, libidine dominandi possessi, quos possunt violenter sibi subjiciunt, humana divinaque jura confundunt, honoribus intumescunt. Passim cuncta diripiunt, suis criminibus gaudent, et seipsos superbiæ correpti morbo non capiunt. Hos ergo prætereo, in quibus superbia tam aperte regnat, ut nec dignentur se occultare, nec valeant. Illos perdetendos ostendo, atque eorum exempla cavenda denuntio, quos jam conversos, et aliquantulum proficientes superbia occulte captivat, quos in profundum malorum fraudulenta damnatione præcipitat, et ne inde unquam possint emergere, jugiter calcat. Ipsa in cordibus talium locum diabolo facit. Ipsa ei advenienti munitum pectus familiariter pandit. Ipsa introeuntem suscipit. Ipsa captis jus perdite vivendi constituit. Ipsa omnibus bonis exarmat, quos semel invaserit. Ipsa quidquid in eis remanserit quod vitiis possit obniti, ne contra se forte convalescat, interimit.

9. Inde enim est ut hi quos superbiæ mentis tabes purulenta corrumpit, seniorum suorum non observant imperia, sed judicant. De suis 284 negligen- A tiis objurgati aut rebellant insolenter, aut murmurant; de loco superiori disceptant, præferri se etiam melioribus impudenter affectant. Simplicitatem spiritualium fratrum imprudenter exaggerant. Suas sententias procaciter jactant. Obsequia delata fastidiunt; negata pertinaciter quærunt, natales moribus anteponunt. Juniores suos elati despiciunt. Conferri sibi aliquos posse non credunt. Æquari se moribus [*Forte*, minoribus] dedignati, super eos se solo animi tumore constituunt. Non servant in obsequio reverentiam, in sermone modestiam, in moribus disciplinam. Habent in intentione pertinaciam, in corde duritiam, in sermocinatione jactantiam; in humilitate fallaces, in locutione mordaces, in odio pertinaces subjectionis impatientes, potentiæ sectatores, omnibus bonis odibiles. Ad opus bonum pigri, ad communionem feri, ad obsequium duri, ad loquendum quod nesciunt prompti, ad supplantandum parati, ad omnia quibus subsistit fraterna societas inB humani, temerarii in audiendo, præsumptuosi in docendo, clamosi in loquendo, fastidiosi in audiendo, effrenati deformiter in cachinno, onerosi amicis, infesti quietis, ingrati beneficiis, inflati obsequiis, et imperiosi subjectis.

10. Hæc sunt superbiæ grassantis indicia, quibus Deus offenditur, et recedit, ac superba corda destituit. His malis diabolus pastus exsultat, et invitatur ut veniat. Superbas mentes intrat ut teneat, erigit ut elidat, fovet ut perdat. Qui inexplicabiliter de ipsa perditorum captivitate tripudiat, ut captivos suos, quos superbiæ juribus sibi subjecit, jure possideat, et omnia illa mala quæ superius comprehendi per illos exerceat. Merito igitur per justum Dei judicium deseruntur hujusmodi, occulto prædamnati supplicio, quoniam non violenter addicti, sed sponte cedunt superbiæ decipientis imperio, cui utique possint, si voluerint, repugnare liberæ voluntatis arbitrio, liberato per donum sancti Spiritus et C munito. Verumtamen etiam tales si ad recipiendam salutem divinitus animati spem resipiscendi concipiant, nec se in peccatis suis desperando contemnant, poterunt fructuosæ satisfactionis medicamento sanari, et superbiam, quæ eos a Deo suo tumefactos excusserat, fundatæ humilitatis assumptione dominantes, vinculis damnationis absolvi. Quod qualiter fieri possit, supra jam diximus, cum de ipsa superbia, unde processerit, quo pervenerit, quid egerit, tractaremus. Nam a diabolo processit, ad hominem primum pervenit, et in ipso totum genus humanum velut in radice fructum naturæ sponte peccantis vitiatione corrupit.

11. Ordo ipse videtur exigere ut de invidia quoque pauca dicamus, quæ in tantum de superbiæ fonte manavit, ut diabolus, qui per superbiam periit, hominem primum statim succensus invidiæ felle perdiderit. Proinde, quia idem diabolus superbiendo invidus superbus apparuit, non superbia fructus invidiæ fuit, sed invidia ex superbiæ radice processit, D unde quoniam quantum invidos affligat invidia superior sermo jam prodidit, non hic de illius supplicio dicendum videtur, quo suos animos invidi laniando conficiunt; sed hoc tantum, donante Domino, debemus ostendere, qualiter invidi secure viventium merita sua faciant invidendo 285 peccata, et quantum in eis bonum corrumpat invidia. Quidquid boni fieri vel dici a sanctis audierint, aut omnino non credunt, aut res bene gestas in malum interpretando convertunt. Omne malum quod de illis mendax fama jactaverit, statim, quasi si ipsi viderint, credunt. Feraliter eis qui illud verum non esse probare voluerint contradicunt. Omnia suis æmulis fingunt, eorum profectu deficiunt. Odia intra se abscondunt, in suos cruciatus enutriunt, proficientibus invident, peccantibus favent, bonorum malis gaudent. De profectibus lugent, in inimicitiis gratuitis ardent, deprehendi peccatores per sui malitiam timent, semper amari, nunquam certi, amici diaboli.

inimici etiam sui. Omnibus odiosi, ad gaudenda anxii, ad plangenda læti, ubique perversi. Inter amicos discordiam seminant. Discordantes attentius, si possunt, in discordia confirmant.

12. Opinionem bonorum mendaciis decolorant. In spiritualibus carnalia laudant, ut spiritualia bona eis deesse persuadeant. Amicitias simulant, ut eos qui se in charitate sibi commiserint qua possunt arte decipiant, odiorum sibi occasiones pravis suspicionibus coacervant; dæmones, quorum sectantur facta, lætificant, sanctos viros, quibus sunt noti, contristant. Velut amici in obsequio, hostes in animo; continentes in verbo, turpes in facto; prodigi secretorum malorum, tenaces suspicionum, inanes bonorum, pleni sordium, præditi fraudibus, adversarii corde virtutibus, pravi moribus, et insidiosi cunctis secum in simplicitate viventibus. Hæc, et talia sunt, quæ omnes invidos bonis voto sive animo inimicos ostendunt. In hæc mala deveniunt qui insectando sectandos, et diligendo abominandos generaliter a communione bonorum omnium se ipsos excludunt, ut illud bonum jure non sit in eis, quod persequuntur in bonis. Considerate, obsecro, qualiter invidos punitura sunt mala sua, quos etiam bona puniunt aliena.

13. Ubi isti poterunt fieri boni, qui sunt in bono mali, aut quando bene malis usuri sunt, qui male bonis uti non desinunt? Bene malis usi sunt martyres sancti, in testimonio Salvatoris nostri veraces, et in castris spiritualibus strenui bellatores, qui, tribulationibus, et damnis, ac variis cruciatibus afflicti pariter et probati, terrenis cœlestia mutaverunt, et de bono usu malorum profecti, ad gaudia bonorum perennium pervenerunt. Item bonis utitur invidus male, qui, ab omnibus bonis quæ miser exsecratur abscissus, animi sui supplicio relinquitur affligendus. Et quis eis poterit subvenire, qui se sibi exhibent invidendo carnifices? Aut unde sibi invidus parabit salutem, qui de salutis materia contrahit, bonis male utendo, perniciem? Verumtamen si invidi quoque, sicut alii peccatores, divinitus inspirati in spem recuperandæ salutis assurgant, ac sibi qualiter sunt Deo placituri displiceant, si non imitentur Cain, qui, priusquam, dominantis invidiæ furore cæcatus, germano suo vitam per scelus extorsit, et animam suam fraterni corporis morte perculsam supplicio æternæ mortis addixit, consequendæ veniæ desperatione depressus, ait ad Dominum: *Major est iniquitas mea, quam ut veniam merear* (*Gen.* IV, 13); hoc **286** est dicere Deo: Indulgere mihi non peto, cum peccatorum meorum magnitudine indulgentiæ vestræ vincitur magnitudo.

14. Denique nunquam legitur, aut pœnituisse de suo scelere, aut veniam meruisse. Si ergo, ab hujus abhorrentes exemplo, se sibi auferant, et Deo restituant, nec se in profundum malorum, salutem desperando, projiciant, quis dubitet, imo quis firmiter non credat eis prioris malitiæ veniam posse conferri, si modo, invidiæ vulnere sanato, correcti, amaritudinem pectoris sui dulcedine fraternæ dilectionis expellant, eos simpliciter amando quos oderant, ut ad bonum fraternæ communionis lac [*Forte* ac] pacis bonorum omnium, quorum gravantur meritis, adjuventur exemplis? His ita super invidia disputatis, quam gravi malo etiam vanitas vanos involvat, consequenter expediam.

15. Quæ ut facilius vitari possit, quid in se corruptionis habeat breviter declaremus. Est enim vanitas inflata quædam circa delectationes varias animi languentis affectio, potiendi honoris avida, simul et nescia. Morbo excellentiæ inanis inflata, cava et morbida, turbulenta, animorum levium domina. Male fundatis omnibus blanda, suimet capiendis repugnantibus seductoria, captis invicta. Simulatio quædam virtutum, anima vitiorum, fomes carnalium delectationum, labes morum, appetitio dignitatum, dul- A cis miseris, amara perfectis, periculosa dubiis, imperiosa subjectis. Faciles captivat, captivatos oblectat, ambitiosos vexat, angustos inflat, inflatos humiliat. Cui serviunt tumidi, sub qua jacent elati, quam inveniunt perditi, ad quam currunt lapsuri, in qua sibi videntur stare lapsi. Hæc est vanitas, quæ non aliquas virtutes, ut putatur, exanhelat, sed licentiam vitiorum, cum fuerint de vitiosis recepta, corroborat. Cæterum mentes virtutum plenas omnino non penetrat; vacuos ergo ac nullis fultos virtutibus tentat, et ipsos fastu ruinosæ ambitionis inflatos in occulta dedecora quædam publicæ fruendæ [*Forte*, famæ] delectatione præcipitat, sicut vacuam navem tempestas in diversa tumidis fluctibus jactat, et in area, frumentis sua gravitate manentibus, leves ex ea ventus paleas raptat. Quod si ita est, non vitiosos facit vanitas, sed ostendit, quæ illos sui afflatus vento circumfert, ac lubricis circumactos affectibus rotat, qui se ad omnes ejus impulsus stu- B dio propriæ voluntatis accommodant, qui se de operibus quorum sibi conscii non sunt turpiter jactant, qui se ab omnibus prædicari, pro nefas! affectant, qui sanctos viros sui comparatione contemnunt, qui, vitio auræ popularis elati, nihil sibi deesse perfectionis existimant. Salutationibus occurrentium gaudent, suis adulatoribus favent, voluntatibus parent, omnibus turpibus placent. Gestiunt docere quod nesciunt, credi de se sublimia volunt, delectabilia gravibus anteponunt, exsecrantur verbo quod animo concupiscunt. Appellationes virtutum vitiis suis imponunt, se ipsos fallunt, faventes sibi decipiunt, in promissione honesta veloces, in exhibitione mendaces, a bono mutabiles, mali tenaces, in verbo graves, in animo turpes, ubique fallaces, læti ad prospera, fragiles ad adversa, inflati ad obsequia, anxii ad opprobria, immoderati ad gaudia, faciles ad humana, difficiles semper ad honesta.

C **287** 16. His et his similibus delinitos vanitas premit, nec eos aut morbum suum sentire, aut ad medicum venire permittit. Et quid est ad medicum venire, nisi infirmum suas infirmitates agnoscere, nec placere sibi, sed de factis, quæ illi videbantur esse gloriosa, confundi? Quod certe illi non faciunt, qui, desiderio comparandæ opinionis incensi, eis tantum operibus, quibus emitur favor humanus, serviunt, et morum bona contemnunt. Tantumque eos ardor humanæ laudis inflammat, ut laboriosa opera, quæ populus admiratur, et quibus fama diffunditur, sine labore suscipiant, et libenter exerceant. Inde est quod jejunare, abstinere, vigilare, ecclesiam frequentare, vel psallere, cum hæc omnia sine labore non fiant, etiam cum delectatione illi faciant, qui se ex his placere omnibus concupiscunt. Non quod ista, et omnia Dei non faciunt, sed quod illi præbentur [*Forte*, probentur] ea magis Deo quam hominibus exhibere, qui ferventius student etiam moribus sanctis excellere. Cæterum si D quisquam foris, ubi potest magnus credi, resplendeat, et intus, ubi solus Deus videt, squaleat, quis non intelligit quod illi omnes abstinentiæ, ac vigiliarum, jejuniorumque continui labores, quos nobis tolerabiles vanitas facit, non sint ornamenta morum, sed velamina vitiorum? Quapropter vigiliæ, jejunia, abstinentia, eleemosynæ, et cætera hujusmodi augere debent bonum nostrum, non valere peccatum, nec pro tristitia sed cum justitia Deo sunt exhibenda. Multo quidem attentius debent præcepta perficere, qui ea parati sunt perfectionis amore transcendere. Alioquin si invidi, si elati, si superbi, si cupidi, et similia mala pectoris sui non reprimant, et tamen corpus suum jejuniis ac labore abstinentiæ quamvis continuatæ, conficiant, nec illa eos opera impensa vanitati justificant, et hæc vitia quæ negligunt emendare contemnunt.

APPENDIX X.

EXHORTATIO HUMILITATIS. EX EDITIONE FLOREZII.

1. Quisquis nutu Dei cujuslibet officii dignitate præluces, hic providæ gubernationis utilitate cæteris præcedis hominibus, hanc exhortatiunculam meam diligenter [*Al.*, dignanter], quæso, recipias, nec pomposas in ea spumas rhetorum quæras, quia humilitatis virtus non verborum elatione, sed mentis puritate requiritur. Et si forte durius aliquod videor loqui, veritatis hæc culpa, non mea est. Nam ideo quædam dura sunt, quædam mollia, sed et quamvis alterutrum sibi omnes homines debeant veritatem, libere tamen loquar, nemini verius debere aliquid dici quam ei qui præsidet multis. Cui etsi asperum aliquid ex veritate aliquando, ut assolet, offeratur, velut antidotum quoddam, quamvis forte sit, tamen quia salutiferum est, etiam si amaricet, bibendum est (*Vide Isidoriana, c.* 84, *n.* 19).

2. Hoc ergo hortor in primis, ut semper delectabilia illa nimis hominum blandimenta pertimeas. Non enim in hac re tanta vigilantiæ industria adhibenda est, quantum in illis sermonibus repellendis, qui si **288** rigiditatem animi quadam simulationum delectatione subnervant, qui promerendæ gratiæ aditus, non laborum merito, sed assentationum rimatur acumine. Utilia ergo potius, quam obsequentia verba recipies, recta magis quam affabilia et jucunda captabis. Adulanti siquidem adgaudere regium vitium est, adulari vero servile est. Sed quamvis adulanti adgaudere regium sit, tamen vitium [*Al.*, vitiorum] usu vernaculum hoc et quasi proprium munus est, egregie verba potentum subsequi, et ex illorum voluntatibus formare sermonem. Nam si quid forte laudaverint, et id non libenter audiri prospexerint, continuo accusant, si quid paulo ante laudaverunt [*Al.*, laudaverant]. Si quid vero vituperaverint, id iterum, si ita patrono visum fuerit, laudant. Atque ita inter hos tales adulati animus fertur, tanquam navis inter varios aurarum flatus, quia non habet quo exeat, et fluctuatur. Inter hos ergo, quorum abhorrimus quæstus hic maxime est desideriis vivere alienis, animum tuum summa discretionis mensura constringe, ut cum multis adulantes hinc atque inde nihil aliud nisi tantum quod delectet insinuant, offerentes quædam gloriæ verba, in quibus hoc tibi dicitur quod et Deo, agnoscas nihil aliud ex his proprium tuum esse, nisi hoc tantum quod tecum, et cum de hac vita excesseris, permansurum est. In omnibus ergo in quibus adulationum nimietas etiam terminos hominis [*Forte*, homini] competentes excessit, illud Davidicum recordaveris documentum, in quo ille venena adulationum devitans, ait: *Corripiet me justus in misericordia, et arguet me, oleum autem peccatoris non impinguat caput meum.* Oleum namque peccatoris adulatio est, quæ levi quadam et suavi unctione caput interioris hominis, quod est cor, quasi ungendo dinitidat. Melius ergo sibi esse dixit propheta David, ab homine justo argui, vel moneri, quam a quovis adulatore laudari. Recte autem adulatorem peccatoris nomine denotavit, cujus id maximum ante oculos Dei et detestabile est peccatum, aliud corde tenere, aliud ore proferre. De talibus enim et in alio psalmo dicit: *Molliti sunt sermones ejus super oleum, et ipsi sunt jacula.* De justo autem dicit: *Loquitur veritatem in corde suo, et non egit dolum in lingua sua.* Ut autem in his rebus quævis hominum subtilitas, nullo unquam laudationis titulamento, credulitatem mentis tuæ attrahat in consensu, ad ipsius Domini nostri Jesu Christi evangelica illa gesta convertere, et invenies illum dominantium Dominum magnum nobis dedisse inter humanas laudes humilitatis exemplum. Hanc A ergo excole, hanc magistram habeto, hanc tibi inter laudationum illecebras arbitram pone. Quanta portio ex his quæ homines adlaudando tribuunt, vel quanto tempore tua sit, hæc non permittas placidis auribus audire, quia ficta.

3. Postremo hæc sancta humilitas, subductis a te omnium simulationum illecebris, tunc tibi cœlum aperiet, cum tibi in aure dixerit: *Quia terra es.* Tunc te in illa vera societate hæreditatis Dei introducet, cum te in omnibus admonuerit: *Quia homo es, et peccator.* Et cum universas rationes ex his quæ ad te pertinent in hujus humilitatis supputatione prospexeris, miram rem dicam, invenies homines ad honoris tui cumulum **289** augmentando minuere, hanc vero solam minuendo plus addere. *Quantum ergo magnus es* (sicuti ait Salomon) *tantum te humilia.* Quia et cum multos gubernaveris, non est tamen perfectio, si hoc, quod majus est, tu solus restiteris, quem gubernare non possis. Tunc enim vere aliis B præibis, cum prius præiveris tibi. Nec enim malis nunc ego, sed quam maxime bonis hæc loquor. Nam si ad magisterium Dei respicias, non solum peccatori, sed sanctis data præcepta sunt. Dicitur et illis verbum Veritatis, non tamen ut fiant boni, quod sunt, sed ne fiant mali, quod non sunt. Credo autem quia bonis plus hoc quod purum, quod sincerum est, placeat. Nam Deus noster non tantum dulcibus adorantium se precibus quantum innocentia et simplicitate placatur, plus illis aurem inclinans qui sinceram puramque ei mentem offerunt, quam qui suavia orationum intulerint blandimenta. Non enim ad alium mihi de vana gloria aut superbia visum est loqui, nisi ad te quicunque prior es aliis; qui etsi non recipias, tamen omnes hæc ingerunt, omnes blandiuntur, omnes extollunt, nemo ex illis id offerens quod ita dulce sit, ut tamen a periculo longe sit. Nec enim miror omnibus esse in promptu quia laudare potentem, sicut nec labor, ita nec timor est.

4. Tibi igitur me oportuit hæc humilitatis instrumenta C porrigere, tibi gubernaculi, quamvis et ipse habeas, etiam hoc superfluum addere moderamen. Quia ibi semper elationis fortior ventus est, ubi honoris fortior altitudo. Cupio ergo te ante oculos Dei, quibus nuda est abyssus humanæ conscientiæ, humili corde semper incedere, quia scriptum est: *Super quem* (inquit Dominus) *requiescet Spiritus meus, nisi super humilem, et trementem verba mea?* Cupio te omnia mandata Christi servare, et cum illa operibus bonis adimpleas, illud quod ipsis apostolis dictum est recordari. Ait enim illis: *Et cum hæc omnia feceritis quæ mando vobis, dicite quia servi inutiles fuimus, quæ debuimus facere fecimus*; id est, non ex dono tanquam liberi, sed ex debito tanquam servi. Nullus enim quamvis perfectus in omnibus vir, ita aliquando hæc præoccupavit, quæ Deo sunt placita, ut prius aliquid illi fenerans, non debitor fuerit, sed exactor. Quis enim aliquid habet, quod ab illo non datum est? *Aut quis,* sicut Apostolus ait, *prior dedit illi, et retribuetur ei?* D *Quoniam omnia ex ipso, et per ipsum, et in ipso, ipse gloria in sæcula. Amen.*

5. Ecce hæc est vera illa et Christiana humilitas. In hac eos quibus præsides optime gubernabis. In hac victoriam ex omni vitio poteris promereri, Deo hoc, quod viceris, tribuendo, non tibi. Nam quod aliquoties patientia victa vitia iterum vires accipiunt, nihil aliud est, mihi crede, nisi quia non dicimus Deo, quod belligerator ille David, bella Domini bellans: *In te* (inquit) *inimicos nostros ventilavimus, et in nomine tuo spernimus insurgentes in nos.* Et iterum: *Quia non virtute sua potens est vir, Dominus infirmum facit adversarium ejus.* Sed forte respondetur mihi: *Ergo et*

Deo non agimus gratias, non referimus laudes? Credo quia agimus gratias potest fieri; sed verbo tenus, sed in sinu; **290** Deo privatim gratias agimus, nobis publice; Deo in labiis laudem tribuimus, nobis et in labiis, et in corde. Ecce hoc est quod incurvatum sæpius erigit inimicum. Peccatum namque elationis nostræ robur illius. Sola ergo humilitas cordis est quæ se infirmam dicendo omnia potest, quæ totum quod boni est obtinet; Deo hoc semper applicando, non sibi; in qua si quis ascenderit, non habet unde cadat. Omnes aliæ virtutes ad perfectionem suam per excelsa quædam nos et ardua poterunt provocare, hæc sola in plano est; et quamvis humilior aliis videatur, cœlo tamen est altior, quia in regno ejus hominem non ascendendo, sed descendendo, perducit. Per hanc obtinuerunt sancti futuræ beatitudinis præmia, custodientes Dominicum illud eloquium : *Beati pauperes spiritu, quoniam ipsorum est regnum cœlorum.* Ille est, scilicet, humilis, qui spiritu dives est, Flatu quodam elationis abundans elatus ut uter est.

6. Sed jam quomodo ipsa virtus obtineatur, charitas tua paulisper intendat. In primis si quid volueris boni operis inchoare, non hoc proposito acquirendæ laudis, sed studio inchoationis faciendæ bonitatis in-

A cipies. De hinc, cum perfectum fuerit bonum illud, quodcunque est, opus, omni custodia servabis cor tuum, ne forte humanis favoribus acquiescens, inde te æstimans, tibi ipse complaceas, aut aliquam ex quovis actu gloriam quæras, quia natura gloriæ ita est, ut umbra corporis : si illam sequeris, fugit : si fugeris, sequitur. Sed semper te minimum omnium æstima, et reminiscere. Quidquid tibi in omni vita tua boni successerit, totum hoc Deo, qui dedit, non tibi, qui accepisti, conscribas, convincens te illo testimonio Pauli : *Quid autem habes quod non accepisti? Si autem accepisti, quid gloriaris, quasi non acceperis?* Similiter et illud Apostolicum : *Quia omne datum bonum, ei omne donum perfectum desursum est, descendens a Patre luminum.* Cum ex his pretiosissimis sanctæ humilitatis lapidibus in corde tuo Spiritui sancto templum ornaveris, tunc orans in eo, assumens canticum David prophetæ, non verbo tantum, sed et opere decantabis. *Domine, non est exaltatum cor meum,*
B *neque elati sunt oculi mei. Nec ambulavi in magnis, nec in mirabilibus super me.* Quod canticum tunc in veritate offerre poteris Deo, cum te humiliando illum solum laudas cui veraciter cum omnibus fidelibus et tu quotidie dicis : *Te decet laus,* illum solum glorificans.

APPENDIX XI.

TESTIMONIA DIVINÆ SCRIPTURÆ, ET PATRUM.

Caput primum. — *De uno Deo.*

1. *In Propheta.* Audi Israel, Dominus Deus tuus unus est, et diliges Dominum Deum tuum ex toto corde tuo, et ex tota anima tua, et ex tota virtute tua. *In Evangelio.* Nemo bonus, nisi solus Deus. *Paulus ad Timotheum.* Unus enim Deus, et immediator (*sic*) Dei, et hominum. Homo Christus Jesus, qui dedit semetipsum redemptionem pro nobis.

291 Cap. II. — *De distinctione personarum Patris, Filii, et Spiritus sancti.*

1. *In Epistola Joannis.* Quoniam tres sunt qui testimonium dant in terra, Spiritus, aqua, et Sanguis; et tres unum sunt in Christo Jesu; et tres sunt, qui testimonium dicunt in cœlo, Pater, Verbum, et Spiritus, et tres unum sunt. *In Epistola II.* Quoniam multi fallaces prodierunt in hunc mundum, qui non confitentur, Dominum nostrum Jesum in carne venisse, hi sunt fallaces, et antichristi sunt.

Cap. III. — *De conversione et contemptu sæculi.*

1. *In Salomone.* Non tardes converti ad Dominum, et ne differas de die in diem. Subito enim venit ira illius, et in tempore vindictæ disperdet te. *In Evangelio.* Ideo dico vobis : Omne peccatum et blasphemia remittitur hominibus. Quicunque in Spiritu blasphemaverit, non remittetur illi, neque in hoc sæculo, neque in futuro. *In Proverbiis.* Multo melior est panis cum suavitate in pace, quam domus plena multorum bonorum, et iniquis æmulationibus, cum rixa. *In illis.* Qui celat injuriam quærit amicitiam. Qui odit celare disjungit amicos et domesticos. *In illis.* Quasi a facie colubri fuge peccata. Si accesseris ad illa, suscipient te, sicut dentes leonis in devorando. *In Jeremia,* Corrigite vias vestras, et cogitationes vestras. Nolite confidere vos in falsis sermonibus, quia in toto proderunt vobis. *In Evangelio.* Intrate per angustam portam, quia lata, et spatiosa via est, quæ ducit ad perditionem, et multi sunt per eam. Quam angusta et arcta via est quæ ducit ad vitam, et pauci sunt qui inveniunt eam. *In illis.* Sicut enim in diebus Noe, ita erit et adventus Filii hominis, sicut erant in diebus illis ante diluvium, manducantes, et bibentes, et nubentes, et nuptui dantes, et non senserunt donec venit diluvium, et tulit omnes, sic erit adventus Filii hominis.

Cap. IV. — *De timore Domini.*

1. *In Proverbiis.* Timor Domini adjiciet dies; anni autem impiorum peribunt. *In illis.* Munitio justi timor Domini, contritio autem operantibus mala. *In illis.* Beatus qui metuit omnia per timorem, nam qui duro est corde incidit in mala. *In Ecclesiaste.* Timor Domini expellit peccatum, nam qui sine ti-
C more est non poterit justificari. *In illis.* Timor Domini, non despicere justum hominem pauperem, et non justificare virum peccatorem divitem. *In Proverbiis.* Si non timorem Dei tenueris instanter, cito subvertetur domus tua. *In illis.* Timor Domini odit malitiam, et superbiam, et vias malorum. *Quod Deus noverit occulta cordis.* In omni loco oculi Domini speculantur bonos et malos. *In illis.* Mors et infernus manifesta sunt apud Dominum; quomodo non etiam corda hominum? *In Actis Apostolorum.* Tu, Domine, qui nosti corda omnium, ostende nobis quem elegeris unum ex his duobus.

Cap. V. — *Juste judicandum.*

1. *In Exodo.* Non perverteris judicium pauperis in judicio, et justum non occides. *Item illic.* Non accipietis personam, nec accipietis munera; munera enim excæcant oculos sapientium, et subtrahunt sermonem justum. *In Proverbiis.* Perdet semetipsum qui munera accipit; nam qui odit munera acceptio-
D nis, vivet. *Item illic.* Qui dicit justum impium esse, maledictus erit populis, et odibilis gentibus, nam qui arguunt meliora sperabunt. *Item illic.* Aperi os tuum verbo Domini, et judica **292** omnibus integre. Aperi os tuum, et judica juste; discerne autem inter pauperem et infirmum. *In Levitico.* Maledictus qui declinaverit judicium advenæ, et orphano, et viduæ, et dicit omnis populus : Fiat, fiat. *In Ecclesiastico.* Xenia et dona excæcant oculos judicum; et quasi mutus in oculis multorum avertit correctionem. *In Job.* Testimonium enim impii mors; et ignis comburet domos eorum qui munera accipiunt.

Cap. VI. — *Benefaciendum pauperi.*

1. *In Proverbiis.* Qui contumeliam facit pauperibus peccat; qui autem miseretur pauperis beatus est. Qui calumniam facit pauperi irritat eum qui fecit illum. Nam qui honorat eum miseretur pauperi. Qui dat pauperibus non egebit, qui autem avertit oculum suum in magna erit inopia. *In Levitico.* Non

consummabis messem agri tui permetere, et quæ A cadent ex messe tua non colliges, neque in vineam tuam ex racemis grana decidentia colliges, sed pauperibus et peregrinis relinques ea. Quia ego Dominus Deus vester. *In Proverbiis.* Qui obturat aures suas, ut non audiat infirmum, et ipse invocabit Dominum, et non erit qui exaudiat eum. *In Job.* Non avertat voluptas animæ tuæ precibus infirmorum, cum in necessitate fuerint.

CAP. VII. — *Non ambulandum in dolo.*

1. *In Ecclesiaste.* Væ duplici corde, et labiis scelestis, et peccatori ingredienti duas vias. *Item illic.* Cor ingrediens duas vias non habebit successum, et pravicordius (*sic*) in illis scandalizabitur. Qui in alto mittit lapidem, in ipso cadit; et plaga dolosi dividit vulnera; et qui fodit foveam, in illam cadit; et qui statuit laqueum proximo suo, periet in illo, facienti nequissimum super ipsum devolvitur, et non agnoscet unde veniet illi. *In Job.* Simulatores et callidi provocant iram Dei. *In Jeremia.* Ferrum vulnerans lingua eorum, dolosa verba oris eorum, proximo suo loquens pacifica, et in semetipso habens inimicitiam; in hujus ergo non visitabo, dicit Dominus; aut in populo tali non vindicabit anima mea? *In Evangelio.* Cavete a pseudoprophetis, qui veniunt ad vos in vestitu ovium, intus autem sunt lupi rapaces; ex fructibus eorum cognoscetis eos. *In Proverbiis.* Si ceciderit inimicus tuus, noli gratulari, et in supplantatione ejus noli extolli, ne forte videat Dominus, et non placeat ei, ut avertat iram suam ab eo. *Paulus Apostolus.* Si esurierit inimicus tuus, ciba illum; si sitit, da illi potum, hoc enim faciendo, carbones ignis acervas super caput ejus; Deus autem retribuet tibi. *In Evangelio.* Accessit ad Jesum Petrus, et ait illi: Domine, si peccaverit in me frater meus, quoties remittam illi? Septies? Respondit Dominus: Non dico tibi usque septies, sed usque septuagies septies. *In Exodo.* Obedite parentibus per omnia; hoc enim placet Deo.

CAP. VIII. — *De filio superbo.*

1. *In Proverbiis.* Filio doloso nihil erit boni, qui non honorificat patrem suum, et repellit matrem suam, filius confundetur, et opprobrium erit. *Item illic.* Filius qui amittit disciplinam patris meditabitur eloquia malitiæ. *Item illic.* Maledicenti patri et matri exstinguetur lumen; pupillæ autem oculorum ejus videbunt tenebras. *Item illic.* Qui irascens patrem suum aut matrem suam existimat se non peccare, hic similis est viro impio. *Item illic.* Benedictio patris firmat domos filiorum, maledictio autem matris eradicat fundamenta.

CAP. IX. — *De thesauro.*

293 1. *In Proverbiis.* Melius est modica pars cum timore Domini quam thesauri magni sine timore, melius est modica acquisitio cum justitia quam multi fructus cum iniquitate. *Item ibi.* Melius est nomen bonum quam divitiæ multæ, super aurum et argentum gratia bona est. *In Ecclesiaste.* Nihil est iniquius quam amare pecunias; talis enim etiam animam suam venundat, quoniam in vita sua projecit intima sua. Viro cupido tenaci non est bonum substantia, et homini libido; ut quid aurum? Sicut exit de utero matris suæ, nudus revertitur, sicut venit, et nihil accipiet ex labore suo, ut vadat in manu sua. Dixi, melior est super hunc abortum requies huic magis quam illis. *In Sophonia.* Disperierunt omnes qui exaltantur in argento et auro; effundam sanguinem eorum sicut limum, et carnes eorum sicut stercora boum; et argentum et aurum non poterit liberare eos in die iræ Domini. *In Habacuc.* O qui acquirit avaritiam malam domui suæ; cogitasti confusionem domui tuæ, peccavit anima tua. *In Ecclesiaste.* Via peccantium plena ab offensis; in fine illorum inferi, et tenebræ, et pœnæ.

CAP. X. — *De eleemosynis.*

1. *In Proverbiis.* Ne dicas pauperi: Vade, et veni, cras dabo, cum possis statim benefacere, non enim scis quid contingat sequenti die. *Item illic.* Qui miseretur pauperi beatus est; eleemosyna et fides mundat peccata; qui autem miseretur, misericordiam consequitur. Qui honorat Deum miseretur pauperi. *In Evangelio.* Omnipotenti retribue, et ab eo qui multum vult accipere noli te avertere. *Item ibi.* Te autem faciente eleemosynam, nesciat sinistra tua quid faciat dextera tua, ut sit eleemosyna tua in abscondito; et Pater tuus, qui videt in abscondito, reddet tibi. *Item illic.* Verumtamen date eleemosynam, et ecce omnia munda sunt vobis. *Item ibi.* Intendens autem Jesus, videns eos qui mittebant munera sua in gazophylacio divites, vidit autem et quamdam viduam pauperem mittentem æramina duo, dixit: Vere dico vobis quia vidua hæc pauper plus omnibus misit, omnes enim hi ex B abundantia miserunt in dona Dei; hæc autem ex eo quod deest illi, omnem victum quem habuit, misit. *In Proverbiis.* Sicut probatur argentum in camino, et aurum, ita electa corda apud Dominum. *Item ibi.* Vas figuli probat fornax, et homines justos tentatio et tribulationes.

CAP. XI. — *De correptione et de superbia.*

1. *In Proverbiis.* Argue sapientem, et amabit te; insipientem et adjiciet odisse te. *Item.* Da sapienti occasionem, et sapientior erit; notum fac justo, et adjiciet te. Qui diligit disciplinam diligit sensum, nam qui odit arguentem se stultus est. *Item.* Non diligit indisciplinatus arguentem se, cum sapientibus autem non colloquitur. *Item.* Qui excepit disciplinam in bonis erit, nam qui custodit increpationes sapiens fiet. *Item illic.* Pestifero castigato, insipiens astutior fiet; si autem arguas virum prudentem, intellexit sensum; si flagellaveris stultum in medio concilio, contumeliam faciendo, non aufers stultiC tiam ejus. *In Ecclesiaste.* Qui odit correptionem vestigium est peccatoris; et qui timent Dominum, convertent ad cor suum. *In Proverbiis.* Sicut canis convertitur ad vomitum suum, et odibilis efficitur, sic stultus in malitia sua conversus in peccatis suis. **294** *In Ecclesiaste.* Initium superbiæ homines apostare adeo (*sic*) quoniam initium peccati omnis superbia. *Item illic.* In duobus timuit cor meum, et in tertio iracundia mihi advenit; vir bellator deficiens præ inopia, et vir sensatus contemptus, et qui transgreditur justitiam in peccato, Deus parat eum ad romphæam. *In Psalmis.* Non habitabit in medio domus meæ qui facit superbiam. *In Apostolo.* Humilibus Deus dat gratiam, superbis autem resistit. *In Proverbiis.* Qui custodit os suum, et linguam, conservat de angustiis animam suam, nam qui protervus est labiis terrebit semetipsum. *Item illic.* Domos superborum destruet Dominus; immundus apud Dominum omnis qui exaltat cor suum. *Item illic.* D Filius superbus malos oculos habet, palpebris suis extollitur temerarius, et superbus pestilentia vocatur. *Item illic.* Noli superbire ante conspectum regis, neque in locis potentium subsistens. Melius est tibi dicas (*sic*) antequam humiliare in conspectu potentis. *In Ecclesiaste.* Odibilis coram Deo, et hominibus superbia. *Item ibi.* Et quid superbis, terra et cinis? *Item illic.* Qui tetigerit picem inquinabitur ab ea, qui communicat superbo induit superbiam. *Item illic.* Qui superbi sunt contumelia conterentur, et humiliabuntur, et cadent excelsi gladio. *Item illic.* Cessavit superbia, et divitiæ superborum, quia quod altum est in hominibus, abominatio est apud Deum.

CAP. XII. — *De mansuetudine, de patientia et de humilitate.*

1. *In Proverbiis.* Mansuetus vir cordis medicus est (*sic*) in ea ossibus cor intelligens. *Item illic.* Melior est mansuetus cum humilitate quam qui dividit præ-

dam cum contumeliosis. *In Ecclesiaste.* Esto man- A suetus ad audiendum verbum, ut intelligas, et cum sapientia loquere responsum verum. *Item illic.* Fili, in mansuetudine opera tua perfice, et ab homine diligeris. *Item.* In corde viri boni invenietur patientia; nam in corde insipientium non agnoscitur. *In Proverbiis.* Melior vir patiens quam fortis, nam qui retinet iram melior est quam qui civitatem capit. *Item illic.* Qui parcit verbum proferre durum prudens est; patiens autem vir copiosus in sapientia; pusillanimis autem vehementer insipiens. *Item.* Omnis opera humilis manifesta apud Deum, nam impii in die malorum peribunt. *Item illic.* Responsum humile avertit iram. *Et iterum in Isaia.* Ad quem respiciam, dicit Dominus, nisi super humilem, et quietum, et trementem verba mea? *In Evangelio.* Omnis qui se exaltat humiliabitur, et qui se humiliat exaltabitur. *In Epistola Jacobi.* Humiliate vos ante conspectum Domini, et exaltabit vos.

CAP. XIII. — *De sapientia.*

1. *In Proverbiis.* Gloriam sapientes possidebunt, et insipientes dividunt contumeliam. *Item illic.* Ornamentum adolescentibus sapientia, gloria autem seniorum cani. *Item illic.* Cor sapientium possidebit sensum. *Item ibi.* Melior sapiens quam fortis, et vir prudentiam habens quam ager magnus. *Item ibi.* Felix sapiens qui in sapientia sua veritatem et justitiam meditabitur; in sensu suo cogitavit circuminspectionem Dei. *Item illic.* Homo sapiens tacebit usque in tempus; lascivus autem et imprudens non servabunt tempus. *Item illic.* Sapiens in verbis se ipsum affabilem facit. *Item illic.* Homo pius in sapientia manet, sicut sol; nam **295** stultus sicut luna immutabitur. *Item illic.* Cor sapientium in domo luctus, et cor insipientium in domo luxuriæ. *Item illic.* Vir peritus multos erudivit, et animæ suæ suavis est. *In Job.* Quoniam sapientia est timere Dominum, abstinere autem se a mala scientia.

CAP. XIV. — *De conversatione juvenum.*

C 1. *In Ecclesiaste.* Fili, a juventute tua excipe doctrinam, et usque ad annos invenies sapientiam. *Item illic.* Fili, in juventute tua tenta animam tuam, et si fuerit nequa[illegible]n des ei potestatem. Non enim omni animæ [illegible] genus placet. *Item illic.* Adolescens, loquere in tua causa, ut interrogatus habeat caput (*sic*) responsum tuum. In multis esto inscius simul, et quærens, in medio magnatorum ne præsumas verbum, et ubi sunt senes, ne multum loquaris; ante grandinem præcedit coruscatio, et ante hominem verecundum præcedit gratia.

CAP. XV. — *Non jurandum, et non dicendum falsum, et non mentiendum.*

1. * *In Levitico.* Jurationi non suescas os tuum; multi enim casus in illa, et nominibus non admiscearis, quoniam eris immunis ab eis; sicuti enim servus assidue a livore minuitur, sic omnis jurans et nominans in toto peccato non purgabitur. *Item.* Vir multum jurans implebitur iniquitate, et non discedit a D domo illius plaga, et si vane juraverit, non justificabitur. *In Evangelio.* Audistis quia dictum est antiquis, non perjurabis, reddes autem Domino juramenta tua? Ego autem dico vobis non jurare omnino, neque per cœlum, quia thronus Dei est, neque per terram, quia scabellum pedum ejus est, neque per Jerosolymam, quia civitas est magni Regis. Neque per caput tuum juraveris, quia non potes unum capillum album facere, aut nigrum. Sit autem sermo vester: Est, est; Non, non. Quod autem abundantius est, a malo est. *In Proverbiis.* Arcessit falsa testis injustus, et immittet judicia in fratres. *Item illic.* Testis autem velox linguam habebit iniquam. *Item illic.* Eripiet de malis animam testis fidelis; incendit autem falsa dolosus. *Item illic.* Vir mutabilis linguam incidit in malis, testis falsus non erit impunitus, qui, cum accusat injuste, non evadit. *Item illic.* Testis mendax peribit, vir autem obediens caute loquitur. *Item illic.* Clava, et gladius, et sagitta, perniciosa sunt, sic et vir stultus, qui adversus amicum suum falsum testimonium dicit. *Item illic.* Lingua mendax odit veritatem, os autem incontinens facit seditiones. *In Sapientia.* Os autem quod mentitur occidit animam. Non velle mentiri omne mendacium, assiduitas enim illius non est bona. *Item illic.* Melior est pauper ambulans in veritate, quam dives mendax. *In Jeremia.* Omne mendacium non est de veritate. *In Psalmo.* Perdes eos qui loquuntur mendacium.

CAP. XVI. — *Non fornicandum.*

1. *In Proverbiis.* Mulier autem virorum pretiosas animas capit. Alligabit quis in sinum ignem, vestimenta autem non comburet? Aut ambulabit super carbones ignis, pedes vero non comburet? *Item illic.* B Adulter autem propter inopiam sensum interitum (*sic*) animæ suæ acquirit dolores et turpitudines; super opprobrium autem ejus non delebitur. Abominatio est Domino cogitatio iniqua, sanctorum autem sermones pudici sunt. *Item illic.* Viri amantis sapientiam lætabitur pater; qui autem pascit meretrices, perdet divitias. *In Ecclesiaste.* Non des fornicari animam tuam **296** in illo, ne perdas te, et hæreditatem tuam. *Item.* Vinum et mulieres apostatare faciunt sapientes, et arguent sensatos; et qui se jungit fornicariis, erit nequam putredo, et vermes hæreditabunt illum. *In Evangelio.* Omnis qui viderit mulierem ad concupiscendum eam, jam mœchatus est in corde suo. *Item ibi.* Omnis qui dimiserit uxorem suam, et aliam ducit, mœchatur; et qui dimissam a viro duxerit mœchatur. *In Exodo.* Et facies illis braccas lineas, ut tegant verecundiam corporis a lumbis, usque ad genicula.

CAP. XVII. — *Item de continentia oris.*

1. *In Proverbiis.* Odium suscitat contentio, omnes autem non contendentes protegit amicitia. *Paulus ad Timotheum.* Profanas autem vocum novitates devita, multum enim proficiunt ad impietatem, et sermo eorum ut cancer serpit. *In Psalmo* CXXXIX. Vir linguosus non dirigetur super terram. *In Proverbiis.* Ex multiloquio non effugies peccatum; parcens autem labiis sapiens erit. *Item illic.* Qui multis utitur verbis lædit animam suam. *Item illic.* Multum (*Forte*, mutum) te faciens, videris sapiens esse. *Item illic.* Qui respondit verbum prius quam audiat, stultitia est illi et opprobrium. *Item illic.* Mors et vita in manibus linguæ est, qui autem continens est edet fructus ejus. *Item illic.* Qui custodit os suum, et linguam, conservat de angustiis animam suam. *Item illic.* Si videris virum velocem in verbis, scito quia spem habet magis insipiens quam ille. *Item illic.* Noli tacitus esse in lingua tua, et inutilis, et remissus in operibus tuis. *Item illic.* Qui susurro est in omnibus, et non necessario, odietur. *Item illic.* Tacitus et sensatus honore honorabitur. *Item illic.* In medio sensatorum serva verbum temporis. In medio autem tractantium assiduus esto. *Item illic.* Indisciplinose non suescas os tuum, est enim illic verbum peccati.

CAP. XVIII. — *Fugiendam ebrietatem.*

1. *In Proverbiis.* Proterva res est vinum, et injuriosa ebrietas; omnis autem stultus his commiscetur. *Item illic.* Noli esse vinolentus, neque extendas te ad emendandam carnem; omnis enim ebriosus et fornicarius mendicabit, et vestietur conscissos pannos, et omnis somniculosus. *Item illic.* Si enim inficias et calices dederitis oculos vestros (*sic*), novissimo ambulabitis nudiores pilo. *Item illic.* Potentes, qui iracundi sunt, vinum non bibant, ne cum biberint, obliviscantur sapientiam, et recte non possint judicare infirmibus (*Forte*, infimis). *Item illic.* Spinæ nascuntur in manibus ebriosi. *In Ecclesiaste.* Vinum et mulieres apostatare faciunt sapientes, et arguunt

* Non in Levitico, sed in Ecclesiastico. Cæterum in hac appendice non semel vapulant syntaxis et ἀκρίβεια. EDIT.

sensatos, et qui se jungit fornicariis erit nequam putredo, et vermes hæreditabunt illum. *Item illic* Mulier ebriata, et erronea, magna ira, et contumelia, et turpitudo illius non tegitur. *Item illic.* Homini disciplinato vinum exiguum, et in dormiendo non laborabit ab illo, et non sentiet dolorem vigiliæ. *Item illic.* Diligentes vinum nolite provocare, multos enim exterminavit vinum. Sicut ignis probat ferrum durum, sic vinum corda superborum arguet; æqua vita hominibus vinum, non ebrietate. Vinum in jucunditate creatum est, non in ebrietate; ab initio exsultatio animæ et cordis vinum modice potatum. Vinum multum potatum irritationem, et iram, et ruinas multas facit ebriositatis animos tas. **297** *In Ecclesiasticis.* Optimum est ire in domum luctus quam in domum potationis. *Paulus ad Ephesios.* Nolite inebriari vino, in quo est luxuria, sed implemini Spiritu sancto. *Item ad Corinthios.* Non ebriosi, non maledici regnum Dei possidebunt. *In Proverbiis.* Nolite intendere fallaciæ mulieris meretricis, quæ ad tempus impinguat tuas fauces; novissime tamen amarius felle invenies, et acutior erit magis quam gladius ex utraque parte acutus. *Item illic* Noli nimius esse alienæ, neque conjungaris amplexibus ejus (quæ) non est tua. *Item illic.* Fili, non te vincat formæ desiderio, neque a piaris (*sic*) oculis tuis, neque rapiaris palpebris tuis; pretium meretricis quantum est unius panis? *Item illic.* Sicut tinea vestimentum, et vermis lignum, ita virum perdet mulier maligna. *Item illic.* Ne respicias mulierem multivolam; ne forte incidas in laqueos ejus. Cum saltatrice ne assiduus sis, nec audias illam, ne forte pereas in efficatione illius. *Item illic.* Non des mulieri potestate animæ tuæ, ne gradiatur in virtute tua, et confundaris. Non des fornicariis animam tuam in nullo, ne perdas te, et hæreditatem tuam. Ne vageris in vitiis civitatis, nec vageris in plateis ejus, averte faciem tuam a muliere composita, et non respicias speciem alienam. Omnis mulier quæstuaria quasi stercus in via conculcatur. Speciem alienæ mulieris multi mirati reprobati sunt. Colloquium enim ejus quasi ignis exardet. Cum aliena muliere non accumbas supra cubitum, et non alterceris cum illa in vino, ne forte declinet cor tuum ad illam, et sanguine labaris in perditione.

CAP. XIX. — *Parvulos emendandos inscientes.*

1. *In Proverbiis.* Qui parcit baculo odit filium suum; qui diligit diligenter erudit. *Item illic.* Non latet turpatum in filio non erudito. *Item illic.* Noli cessare parvulum emendare, quoniam, si percusseris eum virga, non morietur; tu quidem percuties eum virga, animam autem ejus liberabis a morte. *Item illic.* Erudi filium tuum, et exhilarabit te, et dabit decorem animæ tuæ. *Item illic.* Juvenis, qui cum sancto est, directa est via ejus, auris audit; oculus videt, et opera Domini utraque. *In Ecclesiaste.* Filii tibi sunt? erudi illos a pueritia illorum; filiæ tibi sunt? custodi corpus illarum, et non hilarem faciem tuam ostendas ad illas. *Item illic.* Qui diligit filium suum assiduat illi flagella, ut lætetur in novissimo suo, et non palpet ostia proximorum; qui docet filium suum laudabitur in illo, et in medio amicorum honorabitur in illo. *Item illic.* Qui docet filium suum in zelo, mittit inimicum; mortuus est pater, quasi non mortuus; similem enim relinquet post se. *Item illic.* Equus indomitus vadit dumis; filius remissus vadit præceps. Curva cervicem ejus in juventute, et tunde latera ejus dum infans est, ne forte crescat, et non duret, et non obaudiat te, et sit dolor animæ tuæ. *In Ecclesiaste.* Cum sancto assiduus esto, quemcunque cognoveris conservantem timorem Dei, secundum virtutem tuam cave tibi a proximo tuo, et cum sapientibus et sensatis tracta.

CAP. XX. — *Justas mensuras et pondera.*

1. *In Deuteronomio.* Non erit in domo tua pondus grande et pusillum; non erit in domo tua mensura

A grandis et pusilla; pondus vero, **298** et mensura justum sit tibi, ut multorum dierum sis super terram, quam Dominus Deus tuus dabit tibi in sortem, quia abominandus est Domino omnis qui facit injusta. *In Proverbiis.* Statera iniqua abominatio est coram Domino; pondus autem æquum acceptum est ei. *Item illic.* Abominatio est Domino duplex pondus et statera dolosa non bonum ante eum.

CAP. XXI. — *De voto.*

1 *Item illic.* Statim ut voveris votum Domino, non tardabis reddere illud; tu itaque quod voveris, redde; melius est non vovere quam vovisse, et non solvere. *In Ecclesiaste.* Stultus in risu exaltat vocem suam; vir autem sapiens vix tacite ridebit. *Item illic.* Melius est indignatio quam risus, quia in vultu oblectabitur; cor sapientium in domo luctus, et cor insipientium in domo luxuriæ. *In Deuteronomio.* Non erunt res viriles super mulierem, nec induetur vir veste muliebrem, quia abominatio est Domino

B qui fecerit hæc. *Item illic.* Non morientur parentes pro filiis, et filii non morientur pro parentibus; sed unusquisque in suo peccato morietur. *Paulus ad Ephesios.* Et vos, parentes, nolite provocare ad iracundiam filios vestros, sed nutrite illos in disciplina et correptione Domini. *In Osee propheta.* Seminate vobis justitiam, et vindemiate fructum vitæ; exquirite vos lumen justitiæ, sustinete Domino, donec veniat vobis, fructus justitiæ ejus vindemiate. *In proverbiis.* Quis gloriatur mundum se habere cor, aut quis audebit dicere purum se esse a peccatis? *Item illic.* Fili, in mortuo tuo produc lacrymas, et quasi dura passus incipies plorare, et secundum judicium contege corpus ejus, et non despicias sepulturam illius; propter delaturam amare fles luctum illius unius diei, et consolare propter tristitiam.

CAP. XXII. — *Non fraudandum, et (de) non gloriando.*

1. *In Exodo.* Non facietis furtum, et non mentiemini.

C *In Proverbiis.* Qui petitur cum fure odit animam suam. *Paulus ad Corinthios.* Non fures, non avari, non ebriosi, non maledici, non rapaces regnum Dei possidebunt. *In Proverbiis.* Esto confidens in toto corde tuo in Domino, in tua autem sapientia noli extolli. *Item illic.* Noli esse sapiens apud te; time Dominum, et declina a malo, tunc sanitas erit corpori tuo, et diligentia ossibus tuis. *Item ibi.* Vidi virum æstimantem se sibi sapientem esse; spem autem habuit magis insipiens quam ille. *In Isaia.* Væ his qui sapientes sunt apud se; et in conspectu suo prudentes. *Paulus ad Romanos.* Dicentes enim se esse sapientes, stulti fiunt. *Ad Corinthios.* Ubi sapiens, ubi scriba, ubi conquisitor hujus sæculi? Nonne stultam fecit Deus sapientiam hujus mundi? *Item illic.* Nemo se fallat. Si quis videtur sapiens esse in hoc mundo, stultus fiat, ut sit sapiens. Nam sapientia hujus mundi stultitia est apud Deum. Scriptum est enim : Comprehendam sapientes in astutia

D eorum; et iterum : Novit Dominus cogitationes sapientium, quia vanæ sunt. *In Ecclesiaste.* Melius est tibi dici, ascende ad me, quam humiliare in conspectu potentis. *In Exodo.* Non enim adversus nos murmuratio vestra, sed adversus Deum. *Paulus ad Thessalonicenses.* Qui spernit hominem, non hominem spernit, sed Deum. *Ad Romanos.* Sicut enim per inobedientiam unius hominis peccatores **299** constituti sunt multi, ita et per unius obedientiam justi constituuntur multi.

CAP. XXIII. — *Altiora non scrutari, neque audire hæreticos.*

1. *In Proverbiis.* Qui fidit in falso, hic ventos pascit; ipse autem sequitur aves volantes; dereliquet enim viam vineæ suæ, et orbitas culturæ agri sui errabit; perambulat autem per arida, et deserta, et terram constitutam in siccitatibus; congregat autem manus suæ sterilitatem. *Item illic.* Secede ergo ab aqua aliena, et a fonte alieno noli bibere, ut multo vi-

vas tempore, et adjicientur tibi anni vitæ. *Item illic.* Qui sectatur vana, eget sensibus. Noli adjicere ad mandata ejus, ne arguaris, et mendax sis. *In Ecclesiaste.* Altiora te ne quæsieris, et fortiora ne perscrutaveris, sed quæ præcipit tibi Dominus, illa cogita semper; et in pluribus ejus non erit cor; multos enim reducit suspicio eorum, et in vanitate detinebit sensum illorum. *In libro Sapientiæ.* Difficile æstimamus quæ in terra sunt, et quæ in prospectu sunt invenimus cum labore; quæ autem in cœlis sunt quis investigavit? Sensum autem tuum quis scit, nisi tu dederis sententiam?

CAP. XXIV. — *De jejunio.*

1. *In Ecclesiaste.* Qui baptizatur a mortuo, quid profecit lavatio ejus? Sic et homo qui jejunat in peccatis suis, et iterum eadem facit. Quid profecit humiliando se? Orationem ejus quis exaudiet? Sacrificium salutare attendere mandatis, et discedere ab omni iniquitate. *In Evangelio.* Cum autem jejunatis, nolite fieri, sicut hypocritæ, tristes. Exterminant enim facies suas, ut pareant hominibus jejunantes. Amen dico vobis, perceperunt mercedem suam; tu autem cum jejunas, unge caput tuum, et faciem tuam lava, ne videaris hominibus jejunans, sed Patri tuo, qui videt in abscondito, et Pater tuus, qui videt in abscondito, reddet tibi.

CAP. XXV. — *Homini exemplum formicæ vel apis sine pigritia laboris.*

1. *In Proverbiis.* Vade ad formicam, o piger, et æmulare videns vias ejus, et esto illa sapientior. Illa enim cum agrum non possideat, neque compellentem se habeat, neque sub domino sit, quomodo parat æstate alimenta? Copiosam autem facit in messe repositionem. Vel vade ad apem, et disce quam laboriosa est, operationem autem quam sanctam mercatur. Cujus labores reges et mediocres ad sanitatem proferunt; gratiosa est autem in omnibus, et gloriosa; et cum sit viribus infirma, sapientiam prædicans producta est. Usque quo piger jacebis? quando autem surges? Modicum quidem dormis, modicum autem sedes. Modicum vere dormitas, modicum autem manibus amplecteris pectus. Deinde adveniet tibi, sicut malus viator, paupertas, inopia autem, sicut bonus cursor, fugiet te. *Item illic.* Increpatus piger non erubescit. Similiter autem qui mutant triticum in messe. *Item ibi.* Desideria pigrum occidunt, non enim destinat manus facere aliquid. *Item.* Occasiones quærit piger, et dicit: Leo in plateis est, in plateis autem homicidæ. *Item ibi.* Sicut ostium in cardine vertitur, ita piger in lecto suo. *Item ibi.* Sapientior sibi piger videtur quam qui in multitudinem feret nuntium.

CAP. XXVI. — *De stulto.*

1. Vir stultus mala sibi fabricat, in suis autem labiis thesaurizat ignem. Non conveniunt stulto labia fidelia, neque justo labia mendacia. *Item illic.* **300** Ut quid abundant divitiæ stulto, possidere autem sapientiam insensatis non poterit? *Item.* Ira est patri filius insipiens, et dolor matris ejus. *Item ibi.* Non desiderat sapientia, cui deest sensus; magis enim dicitur imprudentia. *Item ibi.* Os hominis stulti contritio est ei; labia autem ejus laqueus animæ ejus. *Item illic.* Gravis est lapis, et vix portabilis arena, ira autem stulto gravius est ambobus. *Item illic.* Sicut canis qui convertitur ad vomitum suum, et odibilis efficitur, sic stultus malitia sua reversus in peccatis suis. *Item illic.* Qui minoratur cute, cogitat inania, et vir imprudens et errans cogitat stulta. Cor fatui quasi vas confractum, et omnium scientia non tenebit domos. Fatuo clausa sapientia, et scientia sensati enarrabilia verba. *Compedes.* Pedes stultorum doctrina, et quasi vincula manus dextræ; fatuus in risu exaltat vocem suam, et vir sapiens vix tacite ridebit. *Item illic.* In ore fatuorum cor illorum, et in corde sapientium os illorum. Qui docet fatuum sapientia, quasi inglutinat testa. *Item illic.* Arenam, et salem, et massam ferri facilius est portare quam

A hominem imprudentem et fatuum impium. *Item illic.* Cum fatuis nec consilium habeas: non enim poterunt continere. *Item in Isaia propheta.* Stultus stulta loquitur, et cor ejus vana intelligit.

CAP. XXVII. — *Iracundiam deponendam.*

1. *In Proverbiis.* Anima benedicta omnis simplex; vir autem animosus, vel iracundus non honeste agit. *Item illic.* Stultus ipse eadem die pronuntiat iram suam, occultat autem contumeliam suam astutus. *Item illic.* Sunt qui dicendo vulnerant, ut gladii. Iracundus agit sine consilio; vir autem prudens multa sustinet. Ira perdet etiam sapientes, responsum autem humile avertit iram. *Item.* Vir iracundus parat lites; patiens autem etiam futuras mitigat. *Item.* Noli esse amicus viro animoso. Cum amico autem iracundo noli commorari, ne forte discas vias ejus, et sumas laqueum animæ tuæ; totam iram suam profert stultus, sapiens autem dispensat eam per partes. *Item.* Vir animosus fodit contentionem, B vir autem iracundus exsorbuit peccata. *In Ecclesiaste.* Homo iracundus exhorruit litem, et vir peccator turbavit amicos. In medio pacem habentium mittit delaturam. *Item illic.* Zelus, et iracundia minuit dies, et ante tempus senectam adducit cogitatus. *Item illic.* Noli festinare spiritu tuo irasci, quia ira in sinu stultorum requiescit. *Paulus ad Ephesios.* Nunc deponite vos omnem iram, indignationem, malitiam, blasphemiam, multiloquium. *In Evangelio.* Omnis qui irascit fratri suo sine causa, reus erit judicio. *Item.* Quicunque autem dixerit fratri suo racha, reus erit concilio; quicunque vero dixerit fatue, reus erit gehennæ ignis.

CAP. XXVIII. — *Hic misti.*

1. *In Ecclesiaste.* Esto mansuetus ad audiendum verbum, ut intelligas, et cum sapientia loquere responsum. *In Proverbiis.* Servus prudens obtinebit dominorum imprudentia, et inter fratres dividet partem. *Item illic.* Filio doloso nihil erit boni, servo C autem sapienti prosper erit actus. *In Ecclesiaste.* Si est tibi servus fidelis, sit tibi quasi anima tua, et quasi fratrem, sic illum tracta, quia in sanguinem animæ tuæ comparasti **301** illum. Si læseris illum injuste, et extollens se discesserit, quem quæris, et qua via quæris illum? *Item illic.* *In Proverbiis.* Lucerna est mandatum legis, sicut uva acerba dentibus nociva est, et fumus oculis, sic iniquitas eis qui utuntur eam. *Item ibi.* Homo autem se occidit per malitiam suam. *Item illic.* Per quæ peccat quis, per hæc et torquetur. *Item illic.* Dominus constituit hominem, et reliquit illum in arbitrio suo; adjecit mandata, et præcepta, si volens mandata servare, et fidem placidam facere; apposuit aquam et ignem, ad quod vis, extende manum tuam; ante hominem vita et mors, bonum et malum, quod placuerit dabitur illi. *Item illic.* Sicut tinea vestimentum, et vermis lignum, ita tristitia nocet cor. *Item.* Cor lætum bonam voluntatem facit; viro autem tristi arescunt D ossa. *In Jeremia.* Maledictus homo qui spem habet in homine, et confirmaverit carnem brachii sui, et a Domino recesserit cor ejus. *Item illic.* Qui confidunt in homine maledicti sunt, quoniam Deus nihil fecit illum. *In Ecclesiaste.* Non desis plorantibus in corrogatione, et cum lugentibus ambula; non pigriteris visitare infirmum, extus (*sic*) enim in dilectione firmaberis. *Paulus ad Romanos.* Lividum facio corpus meum, et servituti afficio, ne cum aliis prædicaverim, ipse reprobus efficiar. *In Proverbiis.* Domos superborum destruet Dominus. *Item illic.* Qui altam facit domum suam quærit ruinam. *Item illic.* Cum sapientia ædificabitur domus, et cum intellectu erigitur; cum sensu implentur horrea plena omnibus bonis et pretiosis. *Item illic.* Non enim omnem hominem inducas in domum tuam; multæ enim insidiæ sunt dolosi. *In Canticis.* Cavete vobis a vulpibus pusillis, exterminantibus vineas. Væ his qui prophetant de corde suo, et omnino non vident, sicut

A vulpes in deserto. *In Evangelio.* Alii laboraverunt, et vos in labores eorum introistis. *Item illic.* Quicunque dimiserit uxorem suam, excepta fornicationis causa, et aliam duxerit, adulterat. *Item illic.* Si peccaverit frater tuus in te, corripe illum, et si pœnitentiam egerit, dimitte illi; et si septies in die peccaverit in te, et septies in die conversus fuerit ad te, dicens: Pœnitet me, dimitte illi. *Item illic.* Qui seminat bonum semen est Filius hominis, ager autem hic mundus; bonum vero semen hi sunt filii regni. Nam zizania filii sunt iniqui; inimicus, qui seminavit ea, diabolus est; messis autem consummatio sæculi est; messores autem angeli sunt. Sicut et ergo colliguntur zizaniæ, et igni comburuntur, sic erit in consummatione sæculi. *In Salomone.* Sex sunt quæ odit Dominus, et septimum quod detestatur anima ejus: oculum sublimem, linguam mendacem, manus effundentes innoxium sanguinem, cor machinans cogitationes pessimas, pedes veloces ad currendum in malum, proferentem mendacium, testem B fallacem, et eum qui seminat inter fratres discordias.

CAP. XXIX. — *Testimonia Patrum.*

1. Quatuor sunt perturbationes hominum animæ, id est, cupiditas, lætitia, metus, tristitia. Ipsum animum esse memoriam, et vim quæ memoria vocatur. *Item illic.* Octo sunt principalia vitia, quæ humanum infestant genus. Primum gastrimargia, quod est ventris ingluvies; **302** secundum fornicatio; tertium philargyria, id est, avaritia, sive amor pecuniæ; quartum ira; quintum tristitia; sextum acidia, id est, anxietas, seu tædium cordis; septimum cenodoxia, id est, jactantia, sive vana gloria; octavum superbia (*In libro Collationum, scilicet, Cassiani*).

CAP. XXX. — *Testimonia de Sententiis Evagrii ad Fratres.*

1. Quemadmodum enim flamma comburit silvam, sic visiones malas exstinguit esuries. *Item illic.* Somniculosus monachus incidit in malis, qui autem C vigilat sicut passer erit. *Item illic.* Sicut ignis tabefacit ceram, ita vigilia bona cogitationes pessimas. *Illic.* Qui amat argentum non videbit scientiam, et qui congregat illud obscurabitur. *Illic.* Sicut aurum et argentum probat ignis, sic cor monachi tentatio. *Item illic.* Melior paupertas cum scientia quam divitiæ cum ignorantia. *Illic.* Quemadmodum evolat corvus de suo nido, ita immunda anima de suo corpore. *Illic.* Sicut Africus ventus in pelago, ita furor e corde viri. *Item illic.* Melior est sæcularis in infirmitate serviens fratri super monachum non miserentem proximo suo. Piger monachus murmurat multa, et somniculosus incusat dolorem capitis sui. Monachus bilinguis conturbat fratres, fidelis autem requiem adducit. Melior est sæcularis mansuetus, quam iracundus monachus, aut animosus. Monachum mansuetum diligit Deus, turbulentum autem repellit a se. Charitatem præcedit humilitas, scientiam autem dilectio. Sicut enim lucifer in cœlo, et D sicut nix in paradiso, sic in anima miti mens pura. Investiganti convivia exstinguitur lumen, anima autem ejus videbit tenebras. Statue in pondere panem tuum, et bibe in mensura aquam tuam, et spiritus fornicationis fugiet a te. Da senioribus vinum, et infirmis infer escas, propter quod contriverunt carnes in juventute sua. Vidi iracundum senem, et elevatum in tempore suo, spem autem habuit magis juvenis quam ille. Qui diligit apem, manducat favum ejus, et congregans eam, replebitur melle.

CAP. XXXI. — *Testimonia de libro sancti Martini, non illius Turonici episcopi, sed iste pater fuit monachorum.*

1. Quamvis invalidum mox laudaveris, plus valebit. Si parum ponderis portantem quasi admiratus fueris, succumbit. Si pigro dixeris quia velox est, continuo evolabit. Quamvis generaliter multis hæc superbiæ labes infesta sit, non plus tamen aliis metuenda est quam his qui aut spiritualiter ad perfectionem virtutum, aut carnaliter ad vitiorum copiam. Ibi semper elationis fortior ventus est, ubi et honoris fortior altitudo. Facile credimus, et antequam judicemur irascimur; multi enim suspicionibus impelluntur, ex vultu risuque alieno pejora interpretati in noctibus irascuntur. Curiosus qui inquirit quod de se dictum sit, et malignos sermones, etiamsi secreto sunt dicti, eruit, ipse se inquietat; dum enim interpretantur, ad hoc perducuntur ut videantur. Multas injurias transit, et plerasque non accepit, quia aut eas nescit, aut si scierit, in ludum eas jocumque convertit. Si bonus vir est, qui injuriam fecit, noli reddere; si malus, noli imitari, prudentiori cede, stulto remitte. Regis quisque intra se animum habet, ut licentiam sibi in alios dari velit, in se nolit. Non oportet, peccantem peccata corrigere: quod si tantum irascatur sapiens, quantum scelerum indignitas exigit, non irascendum est illi, sed insaniendum. Nihil gloriosius quam iram amicitia commutare. **303** Irascitur aliquis? tu contra beneficus provoca, cadit statim simultas. Remedia medicorum non in accessibus infirmitatum, sed in remissionibus prosunt. Crebro siquidem faciem mendacii veritas retinet. Crebro mendacium specie veritatis occulitur. Nam sicut aliquoties frontem amicus, et blandam adulator ostendit, sic verisimili coloratur. Lauda parce, vitupera parcius; nam similiter reprehensibilis est nimia laudatio, quam immoderata culpatio. Prudens nunquam otio pascit animum, aliquando habet, nunquam tamen solutum. Humilitatis virtus non verborum elatione, sed mentis puritate requiritur. A verbis quoque turpibus abstine, quia licentia eorum impudentiam nutrit. Sermones subtiles magis (*sic*) quam facito. Omnes tibi pares facies. Si inferiores superbiendo non contemnas, superiores recte vivendo non timeas. Cunctis esto benignus, nemini blandus; paucis familiaris; omnibus tamen æquus. Sapientia cupido et docili quæ nosti sine arrogantia postulanti impertias, quæ nescis, sine occultatione ignorantiæ tibi postula impertiri. Justus secreta non prodit, tacenda enim tacet, loquenda loquitur; atque ita alta illi pax est et secura tranquillitas, dum alia malis vincuntur ab illo mala. Magnanimitas est nec timendum hominem, nec audacem.

CAP. XXXII. — *De libro sancti Ambrosii.*

1. In vite religio, in oleo pax, in rosa pudor sacræ virginitatis inolescat. Frater meus candidus, et rubeus; candidus merito, quia patris splendor; rubeus, quia partus est virginis, color in eo fulget et rutilat utriusque naturæ. Castitas etiam angelos fecit; qui eam servavit, angelus est; qui perdidit, diabolus. Virgo est, qui Deo nubit; meretrix, quæ deos facit. Hinc inversis vestigiis filii Noe pudenda texerunt. Quæ procax vidit, modestus erubuit, pius texit offensuros, si et ipsi vidissent. Quanta vini est vis, ut quem diluvia non nudaverunt, vina nudarent! Debet enim is qui docet super eum qui docetur excellere. Tolerabilius est mentem virginem quam carnem habere. Umbra Judæis carnalibus, imago nobis, veritas resurrecturis. Tria enim hæc secundum legem esse cognovimus, umbram, imaginem, veritatem; umbram in lege, imaginem in Evangelio, in judicio veritatem; et ideo per Moysen lex per umbram, quasi per hominem, figura per legem, per Jesum veritas. Quid est gazophylacium? consolatio fidelium, sumptus pauperum, requies egenorum. Peccata autem aut donantur, aut delentur, aut teguntur; donantur per gratiam, delentur per sanguinem, teguntur per charitatem. Quod David dicit: *Libera me de sanguinibus*, id est, a peccatis mortalibus se postulat liberari. Non te subjuges potestatibus carnis, quem Deus liberum voluit. Nulla tibi excusatio de ambitu nuptiarum est, voluptatis sunt, non necessitatis. Si benignus sis erga indigentes, magnus eris apud Deum. Quod

Deum patrem vocas, hoc in actibus tuis ostende. Bona mens chorus est Dei, mala mens chorus est dæmonum. Quanta vitia habet anima, tot et dominos. Fundamentum pietatis est continentia, culmen autem pietatis est amicitia. Nulli suadenti te acquiescas facere quod non est bonum. Pessimum est peccatoribus in unum convenire, cum peccant. Multi cibi impediunt charitatem, et incontinentia ciborum immundum **304** hominem faciunt. Non cibi, qui per os inferuntur, polluunt hominem, sed ea quæ ex malis moribus proferuntur. Ea excipe a Deo, quæ accipere ab homine non potes. Melius est lapidem frustra jactare quam verbum. Brevis erit in sermonibus sapiens in judicio, imperitiæ est longa narratio. Cum præes hominibus, memento quia tibi est Deus, et judicans homines, scito quia et ipse judicaberis a Deo. Cole sapientem virum, quasi imaginem Dei viventis. Nullum propterea honores, qui habet multas pecunias; difficile est divitem salvari. Nunquam eris sapiens, si te putaveris sapientem. Orationem non exaudit Deus hominis qui egenum non exaudit. Qui sapienti non obtemperat, nec Deo obtemperabit. Quod non posuisti, non tollas, sed sufficiant tibi quæ tua sunt. Temulentiam quasi infamem fuge, quia qui ventri belluæ similis est, vincitur. Quantum laboras pro corpore, si tantum pro anima laboras, sapiens eris. Philosophum hominem, tanquam Dei ministrum, honora post Deum. Ministrare aliis melius quam ministrari ab aliis. Melius est per famem mori, quam per incontinentiam ventris animam maculare. Verbum de Deo qui loquitur his quibus non licet, proditor Dei putandus est. Non est verum quod Deum colat, qui hominem lædit. Melius est nihil habere quam multa habentem nemini impertire. Si non das egentibus, cum possis, non accipies a Deo, cum postulas.

Cap. XXXIII. — *Testimonia de libro Prosperi.*

1. Si me mea rusticitas faciebat invalidum, vestra fieri credidi fide, qui jubebatis, idoneum. Necessariarum tractatio quæstionum etsi non instruet invenientis quod quærit animum, exercet salutem quærentis ingenium. Scientia, sicut sine dono Dei, quod est charitas, inflat, ita, si ei charitas admisceatur, ædificat. Sic ab iniquis justi separati sunt in æternum, ut nec jam remunerati præmium finiant, nec damnati supplicium. Sicut enim corporalis saturitas omnes saturos æqualiter habet, quamvis singuli cibos, non æqualiter, sed pro possibilitate perceperint; ita omnes sancti, et si fuerint aliqua graduum suorum diversitate distincti, omnes una beatitudine perfecti erunt, quia et una perfectione beati futuri sunt. Nec a nobis in diem judicii verba quærenda sunt, sed opera. Qui non crediderit, non habendo fidem, nec justitiam cordis habere poterit, nec salutem. Tam gravis sermo debet esse pontificis, ut ab intelligentia sui nullus, quamvis imperitus, excludat. Sana mens incorporabiliter amplius obedientiæ fructum debet appetere, quam vitare injustæ obtrectationis opprobrium. Cum veritas undecunque clamaverit, non sit ingenio humano deputanda, sed Deo. Obedientiæ ac patientiæ virtute fundati, majorum suorum non discutiunt constituta, sed faciunt. Ad faciem publicam patienter jam fugiunt, et in animo iracundiæ virus abscondunt, ad nocendum parati, cum nocendi tempus invenerint. Sic debet omnis homo, modo docendo, modo exhortando, modo sustinendo, modo increpando, curare ut sub ope Christi nullus de salute in hac vita debeat desperare. *Argue, obsecra, increpa in omni patientia, et doctrina*, quasi diceret, argue coæquales, obsecra seniores, increpa juniores. Leniter castigatus exhibet reverentiam castiganti, asperitatem autem **305** nimiæ increpationis offensus, nec increpatio (*sic*), nec salutem. Blanda pietate portandi sunt, qui increpari pro sua increpatione non possint. Sicut virtus onerosa est vitioso, ita virtutis

A amico vitiosa voluptas amara est. Tandiu enim quis peccata sua, quæ nosse, et deflere debet, ignorat, quandiu curiosus aliena considerat, quod si mores suos ad se ipsum conversus aspiciat, non requirit quod in aliis specialiter reprehendat, quia in se ipse habet quod lugeat; proinde fratrum nostrorum non facile debemus accusare, sed gemere. Illis enim quorum peccata humana notitia latent, nec ab ipsis confessa, nec ab aliis publicata, si ea confiteri vel emendare noluerint, Deum, quem habent testem, ipsum habituri sunt et ultorem. Contumeliosus est, qui mendaciter arguit; et mendaciter arguit, qui contumeliam facit. Securus quippe malitia, qui cœlestia non habet, terrena strenue militantibus præstat. *Illæ* nobis sunt ambiendæ divitiæ, quæ nos ornare possunt pariter, et munire; propter hoc igitur eis qui militant Deo fugiendæ sunt; quas divitias ex toto corde qui habere volunt, sine labore non quærunt, sine difficultate non inveniunt, sine cura non servant,
B sine anxia delectatione non possident, sine dolore non perdunt. Qui otiosa quiete perfruitur, nisi spiritualiter vixerit, more pecudum vivit. Nemo possidet Deum, nisi qui possidetur a Deo; sit ipse primitus Dei possessio, ut efficiatur ei Deus possessio, et portio. Omnium conditor, cui nihil potest eorum quæ fecit æquari, non dignatur cum his quæ condidit possideri. Qui vult Deum possidere, renuntiet mundo, ut sit illi Deus beata possessio. Dei opus agit, qui res Deo consecratas non alicujus cupiditatis, sed fidelissimæ dispensationis intentione non deserit. Quapropter possessiones, quas ablatas a populo suscipiunt sacerdotes, non sunt jam res mundi credendæ, sed Dei. Non ideo erubescebant Adam et Eva, quia veste erant extrinsecus protecti divina; denique ante peccatum nudi erant, et non erubescebant, quia nihil contra voluntatem Dei, unde confunderentur, admiserant. Non igitur a creatore suo in creaturam divinitatis affectione collapsus moveret
C aperta concupiscentia, nisi eos ante corrupisset occulta superbia. Concupiscentia carnis ab eis impleta est, quod de ligno vetito gustaverunt; concupiscentia oculorum, quod sibi aperire oculos cupierunt; et ambitio sæculi, quod se fieri posse quod Deus est crediderunt. Dulcior enim fit salus, cum dolor excruciat et sanitatis amissæ dulcedinem languoris amaritudo commendat. Adam nos obnoxiavit malis omnibus per propriam culpam, quibus nos liberavit adventus Christi per gratiam. Deliciæ qualibet, si absque desiderio percipiantur, officiunt, et viles cibi plerumque abstinentiæ profectui, si appetenter accipiantur, impediunt. Infirmum stomachum moderatus usus vini confortat, ebrietas animum corpusque debilitat. Nihil contra abstinentiam faciunt, qui vinum non pro ebrietate, sed tantum pro corporis salute percipiunt, nec hoc eis offert voluptas, sed permittit infirmitas. Si enim quoslibet advenientes jejunio intermisso reficio, non solum jejuno, sed exemplum charitatis efficio. Cæterum si propter abstinentiam
D spirituales fratres, quos **306** novi, mea remissione delectare contristo, abstinentia mea non est dicenda, sed vitium. Sicut virtus animum sibi veraciter inhærentem, si fuerit vera, justificat, ita simulata condemnat. Non potest mens regnum habere virtutum, nisi jugum prius excusserit vitiorum. Tantos invidus habet justa pœna tortores, quantos invidiosus habuerit laudatores. Siquidem invidiosum facit excellentia, erit invidia pœna peccati; nec et ab homine potest adhiberi remedium, cujus est vulnus occultum. Hoc enim loquuntur quique quod diligunt, delectabiliter audiunt quod assiduis cogitationibus volvunt. Cogitatio quippe est quæ mentem sicut turpis inquinat, ita, si fuerit honesta, purificat. Non sordidæ cogitationes mentem sordidam reddunt, sed ex mente sordida sordidæ cogitationes existunt. Auribus enim castis obsceni sermones cum sono deficiunt, nec secretum pudici cordis irrumpunt. Per os carnis non irrumpit delectatio gustus ad mentem; nec erumpit

sermo turpis ex mente, nisi se voluntarie mens ante corrumpat. Eadem quisque nomina frequenter habet in ore, quorum desideria vulnerato gestat in corde, ac turpitudinem, quam exercere verecundatur in facto, tenet reus in animo, non humano judicio, sed divino. Considerate, obsecro, qualiter invidi puniendi sint malis suis, quos etiam bona puniunt aliena. Quid prodest cuiquam, si foris, ubi potest magnus credi, splendeat, et intus, ubi Deus videt solus, squaleat?

CAP. XXXIV. — *De jejunio.*

1. Jejunia, abstinentiæ, vigiliæ, eleemosynæ, et cætera hujusmodi augere debent bonum. Nam non velare, peccatum (*sic*). Nulla res nos ab omni peccato sic servat immunes, sicut timor supplicii, et amor Dei; elati per supercilium vanæ loquacitatis dicta sua magis cupiunt laudari quam fieri; nec sunt de sanctitate operis, sed de sermonis elucubrati venustate solliciti. Ex ea enim parte quis peccat, ex qua minus diligit Deum, quem si ex toto corde diligamus, nihil erit in nobis unde peccati desiderio serviamus. Sicut nobis subveniri optamus, ita aliis pro viribus subveniamus; aut si facultas defuerit, voluntatem subveniendi teneamus. Si peccantem video, et non solum non arguo, sed etiam peccanti consentio, participem me damnationis ejus efficio, et in omnibus peccantibus pecco, quando eos quos scio peccasse quadam crudelis animi malignitate non increpo. Qui amicum propter commodum quodlibet amat temporale, non amicum convincitur amare, sed commodum.

CAP. XXXV. — *De libro Sententiarum.*

1. Innocentia vera est, quæ nec sibi, nec alteri nocet, et nemo prius in se quam in alium peccat. Sic diligendi sunt homines, ut eorum non diligantur errores, quia aliud est amare, quod facti sunt, aliud odisse quod faciunt. Vera est confessio benedicentis, cum idem sonus est et oris, et cordis; bene autem loqui, et male vivere, nihil est aliud quam se sua voce damnare. Bonum intellectum habet, qui quod faciendum recte intelligit, qualis sine timore sapientiæ (*sic*). Mala mors putanda non est, quam bona vita præcesserit. Justis quidquid malorum ab iniquis Dominus irrogatur, non pœna est criminis, sed virtutis examen; nam bonus, etiam si regnet, servus est. Diabolus superbus hominem superbientem perduxit ad mortem, Christus humilis hominem obedientem reduxit **307** ad vitam. Quia sicut ille elatus cecidit, et jecit ob et consentientem; sic iste humiliatus surrexit credentem (*sic*). Perfectum odium est, quod nec justitia, nec scientia caret, id est, ut nec propter vitia homines oderis, nec vitia propter homines diligas. In magna egestate sunt, qui in iniquitate sunt, justitiæ opus et sapientiæ thesauros non habentes; qui autem serviunt Domino, ea bona acquirunt quæ perire non possunt. Bona est peccati confessio, si et curatio consequatur. Nam quid prodest detegere plagam, et non adhibere medicinam.

A Prima mors animam dolentem tenet in corpore, ab utraque parte communiter habetur, ut quod non vult anima, de suo corpore patiatur. Cum bonum operaris, hilaris operare; nam si quid boni tristis facis, fit deterior magis quam facis. Melior est enim in malis factis humilis confessio, quam in bonis superba gloriatio. Nemo injustus benefacit, etiam si bonum est quod facit, quia nihil prodest spiritus timoris, ubi non est spiritus charitatis. Melior est animi æquitas quam corporis sanitas. Finis enim legis Christus est, in quo lex justitiæ non sumitur, sed impletur. Sicut terra de cœlo exspectat pluviam, et lucem, sic homo de Deo exspectare debet misericordiam, et veritatem. Prima salus est declinare peccatum, secunda est non desperare de venia; nam ipse in æternum perit, qui apud misericordem judicem ad pœnitentiæ remedium non recurrit. Virgo fidei Christianæ tribus temporibus incitatur, vespere, mane, et meridie; vespere enim Dominus in cruce, mane in re- B surrectione, meridie in ascensione. Unum ad patientiam occisi, aliud ad vitam resuscitati, tertium ad gloriam pertinet majestatis in Patris dextera considentis. Ad hoc exagitant homines tribulationes, ut vasa electionis evacuentur nequitia, et impleantur gratia. Melior est tristitia iniqua pœnitentis, quam lætitia iniqua facientis. Bonum est a veritate vinci, ad correptionem superet veritas voluptatem. Nam et invitum ipsa superat. Sic sunt qui colunt idola, quomodo qui in somniis vident vana. Si autem vigilent animæ ipsorum, intelligit, quando facta est, et non colit quod ipse fecit. Qui Deo sitiunt, tota sua debent sitire substantia, id est, et anima, et carne; quia et animæ Deus dat panem suum, id est, verbum veritatis; et carnis necessaria Deus præbet, quia utraque ipse pascit, quia utraque ipse fecit. Duas in toto mundo civitates faciunt duo amores: Jerusalem facit amorem Dei; Babylonia amorem sæculi. Interroget se ergo unusquisque, et inveniet unde C sit civis. Non est in carendo difficultas, nisi cum est in habendo cupiditas, et ideo id solum recte diligitur, quod nunquam bene admittitur. In primo homine patuit, quod hominis arbitrium valeret ad mortem, in secundo autem, quod Dei adjutorium valeret ad vitam. Primus enim homo non is homo; secundus vero Deus et homo; peccatum vero factum est relicto Deo, justitia non fit sine Deo. Dominus ait: *Ego sum via, et veritas, et vita*, hoc est, per me venitur ad me, in me pervenitur, permanetur in me. Odor bonus fama bona est, quam quisque bonæ vitæ operibus habuerit, dum Christi vestigia sequitur: pedes quodammodo ejus pretiosi unguenti odore perfundit. Labor piorum **308** exercitatio est, non damnatio. Justi ex Deo, non ex hominibus nascuntur, quoniam nascendo, non ascendendo fit justus, unde etiam regenerati filii Dei dicuntur. Aliud est migrare corpore, aliud migrare corde; migrare corpore, quomodo corpus mutat locum; migrare corde, quomodo tu cordis mutas affectum. Si aliud amas, aliud D amabas, non es ibi ubi eras.

APPENDIX XII.

SERMONES.

SERMO PRIMUS. — *Ad carnes tollendas.*

1. Fratres charissimi, rogo vos, et admoneo vos, ut in isto legitimo ac sacratissimo die, exceptis Dominicis diebus, nullus prandere præsumat, nisi forte ille quem jejunare infirmitas non permittit; quia aliis diebus jejunare aut remedium, aut præmium est; in Quadragesima non jejunare peccatum est; alio tempore qui jejunat, accipit indulgentiam, in Quadragesima qui potest, et non jejunat, sentiet pœnam.

2. Et ipse tamen qui (non) jejunare prævalet, sed rectius sibi soli, aut sive alius infirmus cum ipso sibi

SERMO I. n. 1. De hoc sermone dixi in Isidorianis, cap. 72, n. 8 et seqq. Quibusdam in locis librariorum incuria corruptus est. Pro *sacratissimo die* præstiterit legere *sacratissimo tempore*.

2. Excusus, *jejunare prævalet*. Sed addendum *non*, Reliqua, etsi correctione indigent, satis tamen intelliguntur. In impresso erat *non valere*, pro quo posui *non velle*. Quid sit *adducet*, non intelligo.

in domo sua præparet quod accipiat. Et illos qui jejunare prævalent ad prandium non invitent, quia si hoc fecerint, non solum Deus, sed etiam homines possunt illos intelligere non pro infirmitate non posse, sed pro gula jejunare non velle. Sufficiat ipsi, quod jejunare non prævalet. Et magis cum gemitu, et suspirio, et animi dolore adlucet pro eo quod, aliis jejunantibus, ille abstinere non potest.

3. Et quod opus est unicuique infirmo secrete, aut sibi soli, aut cum alio similiter infirmo faciat præparari, quia non ei oportet aliquem sanum ut roget ad prandium, ne sibi augeat etiam de alterius gula peccatum. Pro eo tamen quod non potest jejunare, amplius debet erogare pauperibus, ut peccata quæ non potest jejunando curare, possit eleemosynas dando redimere. Bonum est jejunare, fratres, sed melius est eleemosynas dare.

4. Si aliquis utrumque potest, duo sunt bona; si vero non potest, melius est eleemosyna. Si possibilitas non est jejunandi, eleemosyna sufficit sine jejunando; jejunium vero sine eleemosyna omnino non sufficit. Ergo si aliquis non potest jejunare, eleemosynam faciat. Eleemosyna sine jejunio bona est. Si ergo prævalet jejunium cum eleemosyna, duplex bonum est; jejunium vero sine eleemosyna nullum bonum est, nisi forte si **309** ita sit aliquis pauper, ut non habeat omnino quod tribuat. His vero qui non habuerint unde tribuant, sufficit voluntas bona, secundum illud quod scriptum est : *Gloria in excelsis Deo, et in terra pax hominibus bonæ voluntatis.*

5. Sed quis erit qui se possit excusare, cum etiam pro calice aquæ frigidæ mercedem se Dominus esse dixerit? Et quare *frigidæ* dixerit? Ne forte se possit aliquis pauper lignorum penuria excusare, aut certe dicere se vasculum ubi aquam calefaceret non habere. Denique et per beatum prophetam, fratres charissimi, Dominus ita hortatur et admonet eleemosynam fieri, ut prope nullus pauper sit qui se valeat excusare. Sic enim ait : *Hoc est jejunium quod elegi, dicit Dominus : Frange esurienti panem tuum.* Non dicit ut integrum daret, ne forte pauper ille alium non haberet; sed *frange*, inquit, hoc est dicere, etiam si tanta sit tibi paupertas, ut non habeas nisi unum panem, ex ipso tamen frange, et pauperi tribue, et egenum ac sine tecto induc in domum tuam. Si aliquis ita pauper est, ut non habeat cibum, vel in uno angulo domus suæ præparet peregrino lectulum.

6. Quid nos dicturi sumus, fratres? qualem excusationem habere poterimus, qui, amplas et spatiosas domos habentes, vix aliquando dignamur excipere peregrinum? ignorantibus, imo non credentibus, quod in omni peregrino Christus excipitur, sicut et ipse dixit : *Hospes fui, et non suscepistis me;* et : *Quandiu non fecistis uni de minimis iis, nec mihi fecistis.*

7. Laboriosum et fastidiosum nobis est in pauperibus excipere Christum in patriam nostram? Timeo ne nobis ille dicat : *Ite*, et non nos recipiat in beatitudine sua. Contemnimus illum in mundo? Timeo ne nos contemnat in cœlo, secundum quod ipse dixit : *Esurivi, et non dedistis mihi manducare;* et : *Quandiu non fecistis uni de minimis iis, nec mihi fecistis;* et quod post sequitur.

8. Fratres avertat hoc Deus a nobis; hoc enim postea addit, dicens : *Discedite a me, maledicti, ite in* A *ignem æternum.* Ego in hanc sententiam neminem judico. Unusquisque attendat sententiam suam; nec tamen arguo, et reprehendo, quia forte aliquoties venit per negligentiam, ut vestimenta quæ debuerunt accipere pauperes deformentur a tineis; et timeo ne ipsis panni ad testimonium proferantur in die judicii, secundum quod Jacobus dicit : *Agite nunc, divites, plorate, ululantes in miseriis quæ advenient vobis. Divitiæ vestræ putrefactæ sunt.*

9. Et omnia, sicut dixit, fratres charissimi, qui per Apostolum suum comminatur Christus, licet nos nimium terreant, non tamen de Dei misericordia desperandum est. Aut ego et mei si negligenter cum Dei adjutorio, cum possumus, nos emendare volumus, eleemosynas, quas hucusque parcius fecimus, largius erogemus, et quæ pro peccatis præteritis cum **310** dolore, et gemitu, et spe repausationis dominica misericordia docemur.

10. Ergo, sicut supra suggessimus, fratres cha- B rissimi, jejunia nostra eleemosynarum pinguedo commendet, quia tale est jejunium sine eleemosyna, qualis sine oleo est lucerna. Nam sicut lucerna quæ sine oleo accenditur fumare potest, lucere non potest, ita jejunium sine eleemosyna carnem quidem cruciat, sed charitas lumine animam non illustrat. Interim vel quod ad præsens agitur, fratres, sic jejunemus, ut prandia nostra pauperibus erogemus, ut quod pransuri eramus, non in nostris saccutis, sed in visceribus pauperum reponamus, quia manus pauperum gazophylacium Christi est : quidquid accipit, ne in terra pereat, in cœlo reponit; quia quamvis quod pauper accipit consumatur, merces tamen boni operis in cœlo reconditur.

11. Nam si prandia nostra exquisitis saporibus et multiplicatis ferculis expendere studemus ad cœnam, sicut corpori nostro deliciæ non solum non subtrahuntur, sed etiam duplicantur, ac sic corpori vestro nihil minuitur, sic animæ nihil augetur. Hoc, C fratres, timens magis, quam de vobis aliquid sinistrum credens, admoneo. Scio enim ex vobis plures, Deo propitio, et peregrinos assidue accipere, et pauperibus frequenter dare. Et ideo quod suggero ad hoc proficiat. Qui vero non facit, aut forte tardius faciebat, tam sanctam sibi et omnino placitam operationem in consuetudinem trahat.

12. Et licet credam quod, Deo inspirante, semper supervenientibus festivitatibus, castitatem et charitatem ante plures dies etiam cum propriis uxoribus custodiat charitas vestra, tamen, licet et superfluo etiam, quod vos facere credo, charitatem contemplationis admoneo, ut per totam Quadragesimam, et usque ad finem Paschæ castitatem et charitatem, Deo auxiliante, servetis, ut in illa sacrosancta solemnitate paschali charitatis lucerna vestiri, eleemosynis dealbari, orationibus, vigiliis et jejuniis, vel aliquibus cœlestibus et spiritualibus margaritis ornari possitis, non solum cum amicis, sed etiam cum inimicis, ut pacifici libera et secura D conscientia ad altare Domini accedentes, corpus ac sanguinem ejus, non ad judicium, sed ad remedium possitis accipere.

13. Sed cum de eleemosynis loquimur, non conturbetur angusta paupertas. **311** Omnia enim complere quisquam poterit, cum fecit quod potuit, quia voluntas perfecta faciendi reputatur pro opere facti. Sed hoc ille implet, qui hominem pauperem quasi

4. Forte, *sufficit sine jejunio.*

6. Videretur legendum, *ignorantes... non credentes*, aut certe, *ignorantibus nobis... non credentibus*, quæ locutio apud Isidorum et alios occurrit. Vide not. ad Sedulium, lib. IV, vers. 8.

9. *Aut ego*, etc. Corrupta hæc sunt, nec sine Mss. ope facile sanari possunt.

10. Forte, *interim vero quod ad præsens*, etc. Paulo post reposui *ne in terra pereat*, pro quo in breviario est, *ne inter pereat.*

11. Fortasse, *ac sicut corpori vestro nihil*, etc.

13. *Secum fieri cupiebat. Sic legendum, vel sibi fieri cupiebat.* In Breviario est *se fieri cupiebat.* Ex aliis sermonibus, de quibus dixi in Isidorianis, cap. cit. 72, tres tantum subjiciam : nam alii aut Isidori non sunt, ut tunc dixi, aut excerpti sunt ex aliis Isidori operibus, etiam homilia quæ incipit : *Brevis est hujus mundi felicitas*, scilicet ex Synonymis, lib. II, num. 91. Quod autem Editor Matritensis ad sermonem 4, num. 11, notaverat, verba, *nisi manducaveritis*, etc., in con-

seipsum considerare voluerit, et sic pauperi tribuat, quomodo si ipse in tali necessitate esset, secum fieri cupiebat; et qui fecerit sic, et Novi et Veteris Testamenti præcepta complevit, implens illud Evangelium (*sic*): *Omnia quæcunque vultis ut faciant vobis homines, et vos facite illis similiter.* Etenim lex et propheta sic impletur ad gloriam, ad quam veræ et perfectæ charitatis legem pius vobis Dominus sua protectione perducat. Amen. Præstante Domino nostro Jesu Christo, cui est honor, et imperium sine fine in sæcula sæculorum. Amen.

Sermo II. — *Contra Arianos.*

1. Veni, domine Jesu Christe Redemptor noster, qui æqualem potestatem cum Patre habes. Veni, et contere caput draconis magni; et dic nobis quid es, quomodo Arius iste aliud docet quam es. Dic, dic, audiamus, unde hæreticos convincamus. Audite, fratres charissimi, quid Dominus dicat. *Ego sum*, inquit, *via, veritas, et vita. Nemo venit ad Patrem, nisi per me.* Secundum divinitatem veritas et vita, secundum humanitatem via. Tu autem, hæretice Ariane, qui minorem vis esse divinitate vitam et veritatem, sequitur ut non pervenias ad Patrem. Sed adhuc, domine Jesu, contere caput draconis, et dic quid cum Patre sis. Te audiamus dicentem, non hæreticum blasphemantem; dic, quid sis cum Patre. *Ego, et Pater unum sumus.* Dic adhuc. *Ego in Patre, et Pater in me est.* Adhuc dic. *Qui videt me, videt et Patrem.*

2. Credis jam, hæretice, tantæ auctoritati? an ipsius testimonium de se ipso non admittis, sed alios testes inquiris? Ecce introducuntur adversum te qui te convincant. Dic, testis Dei Paule, sanctæ matris Ecclesiæ organum, qui usque ad sanguinem pro isto testimonio accessisti, et ne falsæ doctrinæ succumberes, animam posuisti; dic. Audiat qui convinci formidat. Singulis quibusque dicis: *Hoc sentite in vobis, quod et in Christo Jesu; qui cum in forma Dei esset, non rapinam arbitratus est esse se æqualem Deo.* Audis, hæretice, æqualem Deo, audis formam Dei? et tu minorem Patre filium dicere audes? Veniat et alius testis, ut in duobus vel tribus testibus confirmetur æquitas veritatis. Dic et tu, sancte Petre, quid tibi revelaverit, non caro, et sanguis, sed pater cœlestis: *Tu es Filius Dei vivi.* Et in epistola ad gentes secunda. *Notam facimus vobis domini nostri Jesu Christi virtutem, et præscientiam, et magnitudinem.* Audis, præstigiator, virtutem, audis præscientiam, audis et magnitudinem; in quo ergo, hæretice, Christum dicis esse minorem? Sed ingrediatur et tertius testis, ut tres unum verum testimonium dicant uni Trinitati, et trinæ divinitati. Dic et tu, sancte Joannes, qui super pectus Salvatoris discumbebas, et videbas super cœlestia mirabilia verbum Dei. Dic, inquam, quid veritatis de Dei Filio sentis. *In principio* **312** *erat Verbum, et Verbum erat apud Deum, et Deus erat Verbum.* Et in epistola: *Scimus quoniam Filius Dei venit, et dedit nobis intellectum, ut sciamus quod verum est, et simus in vero Filio ejus; hic est enim verus Deus, et vita æterna.*

3. Tu autem, virulente serpens, minorem dicendo Filium, qui est verus Deus, non habebis vitam æternam. Sed ad confutandam contumaciam tuam ipse Pater testimonium Filio dicat, ut nihil amplius quæras, nihilque amplius credas. Dicit enim per prophetam: *Tecum principium in die virtutis tuæ.* Principium Pater, principium Filius; ergo Pater et Filius principium sine ullo principio. *Tecum*, inquit, *principium in die virtutis tuæ in splendoribus sanctorum, ex utero ante luciferum genui te.* Tanquam diceret: Ut sancti illuminarentur, processisti ex me. Nec scilicet fuit, dilectissimi, alia causa cur vel ipsa

A nomina Patris, scilicet, et Filii, et Spiritus sancti sejuncta viderentur, nisi ut sancti homines instruerentur. Cæterum quid Moysi ab ipsa Trinitatis substantia dictum est? *Ego sum, qui sum; et sic dices: Qui est misit me.* Ergo ex utero in splendore sanctorum generatus est Filius. Sed ne hanc generationem carnaliter vel temporaliter acceperis factam, audi quomodo eum genuerit. *Eructavit cor meum*, inquit, *Verbum bonum.* Joannes testis dicit: *In principio erat Verbum.* Deus Pater dicit: *Eructavit cor meum*, inquit, *Verbum bonum.* Propheta Habacuc dicit: *Ambulabat Verbum.* Audis Verbum, et hoc in principio esse apud Deum, et Deum esse Verbum. Testimonium Trinitatis per totum mundum contra te clamat. Et tu, pessime Ariane, contra totum mundum veluti rabidus canis delatras?

4. Sed audi adhuc unde plenius convincaris, quod perfecta Trinitas unus sit verus Deus. Patris namque vox est ad Filium per prophetam: *In splendore*, inquit,
B *sanctorum ex utero genui te.* Ejusdem quoque Patris vox est per prophetam de Spiritu sancto: *Spiritus*, inquit, *a me prodiit.* Filii autem vox est in Evangelio, ostendens Patrem in se esse, seque in ipso, ubi ait, *Pater in me manens facit ipse opera.* Ejusdem etiam Filii vox est de Spiritu sancto, ostendens quia quomodo procedit ex Patre, ita quoque ex se ipso, ubi ait ad discipulos suos: *Accipite Spiritum sanctum. Si cui remiseritis peccata, remittentur illi.* Unde et apostoli Pauli: *Si quis spiritum Christi non habet, hic non est ejus.* Si ergo Filius in Patre, et ex Patre, et Spiritus sanctus simul est et in Filio, et in Patre, non est divisa Trinitas, ubi perfecta unitas est. Discedat ergo Arianus pestifer labyrintheus, quod draco; jam, inquam, confusus discedat, et reus, quia Trinitas unus est Deus.

5. Sed quomodo tibi perversa hæresis, verba mea proficient, cum sis aspis surda, obturans aures, ne audias incantantium voces? Noveris te tamen a
C virga serpentis edendam, dum oves quas tenes captivas ad suum ille pastor ovile reduxerit, ut sit unus grex et unus pastor. Iste igitur pastor noster, dilectissimi, qui in virga pascit, et regit, ipse pastor est, ipse rector noster est, ipse fabricator, ipse architectus noster. Magnum te pastorem video, domine Jesu, oves pascentem, errantem inquirentem, **313** inventamque cum gaudio ad gregem tuis humeris reportantem. Magnum quippe te video architectum, virgam ferentem, et de ista virga multa miracula facientem. Multum itaque, fratres, expositionem expavesco virgæ; sed dum divinarum Scripturarum considero loca, virga sancta Maria, virga ipse Christus, virga crux. Et in ista o quam magna miraque fecit! Scalas, per quas hominem lapsum levavit ad Patrem, per has denique scalas ascenderunt sancti homines, continentes conjuncti atque fideles, non quidem gradibus pedum, sed gressibus morum.

6. Boni ergo mores si requirantur, in omnibus in
D veniuntur. Uterque enim sexus et omnis ætas in his sanctorum moribus imitationis habet exemplum. Imitentur itaque senes mores Tobiæ, qui cum corpore cæcus esset, viam vitæ filio demonstrabat in corde; ille eum in terra manu ducebat, iste monitis eum sanctis erigebat ad cœlum. Imitentur adolescentes Joseph sanctum, pulchrum corpore, sed pulchriorem mente, quem castitas sic possederat, ut impudicæ dominæ minis ejus non posset violari corpus, cujus jam Dominus possederat mentem. Imitentur virgines sanctæ beatam Domini sui matrem Mariam. Imitentur viduæ religiosam viduam Annam. Imitentur et conjugatæ castam Susannam, quia virgo Christi mater Maria quod novit implevit; Anna vidua in orationibus et jejuniis usque in finem perseverantem tenuit; Susanna casta pro pudicitia conjugali usque ad

grue baptismo aptari, ut ipsi videbatur, id omittendum censui; nam auctor ejus sermonis non ea baptismo aptat, sed ex eis colligit baptismum conferri par-

vulis non solum propter gloriam, sed etiam ut vitam spiritualem in se habeant.

periculum mortis accessit. Nunc igitur, conjugatæ, A intendite qualis hujus vocis a Scriptura sancta imitatio proponatur; non enim prædicat quod fuerit auro, monilibus, vel veste pretiosa, forinsecus compta, cum fuerit intus utique castitatis ornata pudore. Omnibus vero Christus vitam donavit, quibus bonos instituit mores. Et propterea ipse vir de femina est nasci dignatus, quia ab ipso uterque erat sexus a morte liberandus. Multa diximus, fratres. Intentissime audistis, epulas dominicas libentissime comedistis. Rependite ergo vicem ministratori vestro, ut si non verbo, vestris saltem orationibus pascat. Explicit.

SERMO III. — *Homilia.*

1. Fratres, oportet, nos satis timere tres causas per quas totus mundus periit, gula, cupiditas, superbia. Quia diabolus per istas tres causas Adam primum hominem circumvenit, dicens : *In quacunque die comederis de hoc ligno, statim aperientur oculi tui.* Nos autem semper timeamus has tres causas, ne, sicut Adam, in inferno damnemur. Fratres, contra gulam teneamus abstinentiam, contra cupiditatem largitatem, contra superbiam humilitatem. Nam hoc scimus, quod Christiani dicimur, quod angelum custodem habemus, quia ipse Salvator dixit : *Amen dico vobis quia angeli eorum semper vident faciem Patris mei, qui in cœlis est.*

2. Quia pro certo nobis credendum est quia omnia opera nostra tam in die quam in nocte, omni hora, sive bona, sive mala, quæcunque facimus, ab ipso angelo renuntiantur in conspectu Dei. Nam cum angelus hortatur nobis consilium ad bona opera facienda, ipsum angelum semper **314** habere credimus a dextris; cum autem cogitamus malum agere, aut aliqua peccata conamur committere tam capitalia quam minuta, tunc habemus hortatorem malignum diabolum, ut cum peccare cogitamus, et peccamus, diabolus gaudet, ille sanctus angelus tristatur. Cum dicimus otiosa verba, et prava, consilium est diaboli; cum autem ingemiscimus, et suspiramus, et cogitamus aliqua bona opera facere, tunc habemus consiliatorem illum sanctum angelum Dei.

3. Nam illa tria mala opera, quæ superius diximus, diabolus subministravit per malum consilium in Adam, hoc est, gula, cupiditas, superbia. Istæ tres causæ multa mala generant, id est, sacrilegium, homicidium, adulterium, furtum, avaritiam, luxuriam, falsum testimonium, iram, discordiam, perjurium. Ista omnia per illas tres prævaricationes subministraverunt [*Forte* subministrantur] ante hominem per artem diabolicam. Istis periculis animæ in infernum religantur. Ergo sumamus nos arma angeli Dei, hoc est, crucem Christi. Ponamus contra superbiam humilitatem, contra gulam abstinentiam, contra cupiditatem eleemosynarum largitionem, contra sacrilegium veram pœnitentiam, contra homicidium dilectionem Dei et proximi, contra fornicationem continentiam, contra furtum bonitatem et benignitatem, contra avaritiam largitatem, contra luxuriam castitatem, * patientiam, contra discordiam bonam concordiam et verissimam pacem, contra perjurium timorem Domini et viam rectam, firmissimam fidem tenentes coram Deo, et hominibus cum justitia et sanctitate.

4. Ista sunt arma angelica, et lorica fortis, et scutum firmissimum, et galea salutis. Qui ista arma in omni loco secum habuerit, nullus diabolus ei nocere poterit; sed hic et in æternum salvus erit. O dilectissimi fratres, contra pessimum hostem tantum armare nos debemus, ut illum superare valeamus, quia ipse præparatus est, ut latro, ad furandum bona opera, mala consiliat et subministrat. Sunt multi qui per audaciam adversarii mala securitate decipiuntur, et cogitant inter se dicentes : Juvenis sum, et tempus habeo mundo frui; cum ad senectutem venero, pœnitentiam agam. O miser qui hæc cogitas, quia una hora vitæ tuæ spatium non habes, nec potestatem unius diei.

5. Fratres, non decipiat vos ista prava securitas, sed semper diem mortis ante oculos habeamus cum timore, et vera pœnitentia. Dic, ubi sunt reges, ubi divites, ubi divitiæ eorum, et ornamenta eorum? Ipsi, velut umbra, transierunt, ut somnium evanuerunt; aurum, et argentum, et omnia ornamenta eorum in hoc mundo remanserunt, et ipsi sine fine cruciantur in inferno, ubi vermes eorum non moriuntur, et ignis eorum non exstinguitur. In quo inferno non est ulla vox, nisi gemitus; ibi non est ulla requies, nisi flamma, ubi multi quærunt finem mortis, et mori non possunt. Scriptum est enim : *Potentes potenter tormenta patiuntur.*

6. O fratres, intelligite, dicit Psalmista : *Non mortui laudabunt te, Domine, neque omnes qui descendunt in infernum.* Fratres, quomodo possunt nominare Deum, qui semper sunt in tenebris, et in loco tenebroso, et B semper clamant : *Væ tam tenebrosum locum, tam tenebrosam foveam,* **315** *tam obscuram cavernam, tam amarum locum, tam miserrimam vitam, tam dolorosam mansionem?* O miseri, de tam parva vita tam longam mortem, de tam parva consolatione tam longam captivitatem, de tam parva lætitia tam longam tristitiam, de tam parvo lucro tam grave damnum, de tam parvo honore tam longos dolores, de tam parva jucunditate tam amaras lacrymas, tam immensa suspiria, tam luctuosos gemitus, tam magnam iram et tristitiam. Ibi non adjuvat pater ad filium, nec filius ad patrem; ibi non invenitur amicus qui redimat amicum, neque frater qui succurrat fratri. Ibi amatur pœnitentia, sed tarde agitur. Væ! duram mansionem, tam cruciabilem flammam, tam immensa tormenta.

7. Ibi miseri cum miseris, superbi cum superbis, homicidæ cum homicidis, adulteri cum adulteris, iniqui fures cum falsis mercatoribus, falsi monachi cum falsis puellis, falsi sacerdotes cum falsis episcopis, laici similiter cum pessimis laicis. Ibi pessimæ mulieres C cum infelicissimis meretricibus : omnes inenarrabilibus cruciabuntur flammis, et non habebunt requiem, nisi Dominica die resurrectionis, sicut beatus Augustinus dicit : Dominica die resurrectionis qua hora Dominus noster surrexit a mortuis mane, illæ animæ justorum veniunt visitare sepulcra sua, et dicere : Bene va eas, bone socie quia bene egisti mecum in hoc sæculo, bonum vas, amice dilectissime. Tu magis consensisti arma angelica, quam impugnationem diaboli, quia scriptum est : Volui jejunare, pœnitentiam agere, eleemosynas dare, nudos vestire, infirmos visitare, ad ecclesiam venire, sanctas Scripturas audire, et custodire, Dei servos amare, tu mihi consensisti, et honorasti, quia tu es factura Dei, et ego inspiratio vitæ, et a Deo creata. Tu requiesce modicum tempus in pace securus, et ego revertar ad te in mansione æterna, ut videas qualem mansionem et quantam gloriam nobis præparavit Deus in æternum, quia felices sunt qui serD viunt ei, et lucebunt cum eo sicut sol, sicut ipse Dominus ait : *Justi fulgebunt sicut sol in regno Patris mei, et tunc gaudebunt mecum sine fine.* Quia quamvis duæ concupiscentiæ fuissent inter oculorum et oris luxuriam, eis non consensisti. Prope est ubi mecum mercedem æternam recipias, et ibi requiesces in sæcula sæculorum.

8. Similiter et illa peccatrix anima cum nequissimo angelo Satanæ cum calumnia et cum vitiis suis loquitur dicens : Heu! heu! miserum corpus, quid tanta mala egisti mecum? Et ego cum Satana fui cum vitiis suis, quia non consensisti arma angelica contra insidias diaboli Quia tu concupisti manducare, bibere, luxuriari, occidere, adulterari, fornicari, furari, concupiscere, mentiri, falsum testimonium dicere, opera diaboli facere, et non egisti pœnitentiam, sed in mala securitate, et negligentia defecisti, tu jaces in imo, ego crucior in inferno. Prope est dies judicii, quando revertar ad te, et resurges in

novissima die, ut recipias mala quæ operatus es in mundo cum auctore diabolo mortis, et mecum eris in damnatione mortis, et sine fine cruciaberis in sæcula sæculorum. O homo, qui hæc audis, expavesce pro peccatis et negligentiis, et dum tempus habes **316** et spatium, festina, et age pœnitentiam, antequam claudatur janua vitæ, ut securus recipias præmia gloriæ, et vitam æternam cum angelis Dei, et cum omnibus sanctis in sæcula sæculorum. Amen.

SERMO IV. — *De corpore et sanguine Domini in Pascha.*

1. Magnitudo cœlestium beneficiorum angustias humanæ mentis excedit. Et propterea ita ordinavit divina Providentia, ut quod capere in nobis ratio, rerum mole victa, non poterat, fides devota conciperet, et intellectum credulitas robusta nutriret. Cum ergo per primam transgressionem per Adam origini et morti teneremur obnoxii, prospiciens ex alto Dominus, in quo essemus generi debitores, juxta qualitatem captivitatis reparavit munus redemptionis. Id est, ut pro debita morte offerret indebitam, quia nec nos habebamus unde viveremus, nec ille unde moreretur.

2. Materiam de nostra mortalitate suscepit, ut de suo immortalitate collata mori posset vita pro mortuis. Et ideo quia corpus assumptum ablaturus erat ex oculis nostris, et sideribus illaturus, necessarium erat ut nobis in hac die sacramentum corporis et sanguinis sui consecraret, ut coleretur jugiter per mysterium quod semel offerebatur in pretium. Ut quia quotidiana et indefessa currebat pro hominum salute redemptio, perpetua esset etiam redemptionis oblatio. Et perennis illa victima viveret in memoria, ut semper præsens esset in gratia. Vere unica et perfecta hostia fide æstimanda, non specie. Nec exteriori censenda visu, sed interiori affectu.

3. Unde merito cœlestis confirmat auctoritas quia caro Christi vere est cibus, et sanguis ejus vere est potus. Recedat ergo omne infidelitatis ambiguum, quandoquidem qui auctor est muneris ipse etiam testis est veritatis. Nam invisibilis sacerdos visibiles creaturas in substantiam corporis et sanguinis sui verbo suo secreta potestate evertit [*Forte*, convertit], ita dicens : *Accipite et edite; hoc est enim corpus meum.* Et sanctificatione repetita : *Accipite*, inquit, *et bibite; hic est sanguis meus* (*Matth.* XXVI, 26, 27). Ergo sicut ad nutum præcipientis Domini repente ex nihilo substiterunt excelsa cœlorum, profunda fluctuum, vasta terrarum, pari potentia in spiritualibus sacramentis Verbi præcipit virtus, et servit effectus.

4. Quanta itaque et quam celebranda beneficia vis divinæ benedictionis operetur attende. Et ut tibi novum et impossibile non debeat videri quod in Christi substantiam terrena et mortalia commutentur, te ipsum, qui jam es in Christo regeneratus, interroga. Dudum alienus a vita, peregrinus a misericordia, a salutis via intrinsecus mortuus exsulabas. Subito initiatus Christi legibus, et salutaribus mysteriis innovatus, in corpus Ecclesiæ, non videndo, sed credendo transisti, et de filio perditionis adoptivus Dei filius occulta puritate fieri meruisti.

5. In mensura visibili permanens major factus es te ipso invisibiliter sine quantitatis augmento. Cum ipse atque idem esses, multo altius **317** fidei processibus exstitisti. In exteriori nihil additus es, et totus in interiori homine mutatus es. Ac sic homo Christi filius effectus, et Christus in hominis mente formatus est. Sicut ergo sine corporali sensu, præterita vilitate deposita, subito novam indutus es dignitatem, et sicut hoc quod in te Dominus læsa curavit, infecta diluit, maculata detersit, non oculis, sed sensibus tuis credis : ita et tu cum ad reverendum altare salutari cibo potuque reficiendus accedis, sacrum Domini tui corpus et sanguinem fide respice, honore mirare, mentem erige, cordis manu suscipe, et maxime haustu interiori assume.

6. Quod si illud legis manna, de quo legitur : *Pluit*

A *illis manna, ut ederent* (*Psal.* LXXVII, 24), hoc unicui que sapiebat quod desideriis concupisset, aliud erat quod sumebatur, aliud erat quod videbatur, et invisibiliter sapor ille in singulorum sensibus formabatur, ergo illud legis manna cœlitus illapsum per multimodas suavitates naturæ suæ meritum et generis sui excedebat intuitum. Et cum creaturam suam dispensatio largitoris multiplici diversitate condiret, præbebat gustus quod ignorabat aspectus. Juxta percipientis affectum escæ illi novitas et dignitas nascebatur, et unumquemque variis et alienis saporibus reficiebat mellifluum illius pluviæ donum, et multiplex sicci imbris obsequium.

7. Quæ cum ita sint, quod illic aviditas faciebat, hic fides faciat. Sic legimus : *Accedit homo ad cor altum, et exaltabitur Deus* (*Psal.* LXIII, 7). Ideo quod ibi delectatio obtinebat in faucibus, hic benedictio operetur in sensibus. Ad agnoscendum et percipiendum sacrificium veri corporis ipsa roborat potentia con-
B secrantis. Qui tunc latuit præfiguratus in manna, sit tibi nunc manifestus in gratia. Ipsum autem fuisse in mannæ illius specie præsignatum, etiam Propheta evidenter ostendit, dicens : *Panem cœli dedit eis, panem angelorum manducavit homo* (*Psal.* LXXVII, 25). Et quis panis angelorum est, nisi Christus, qui eos cibo suæ charitatis et lumine suæ claritatis exsatiat? Hoc pane, dicente Propheta, sexta die duplum colliges, Sabbato autem non colliges, dum a primo, id est, Dominico die, in lege tribuitur, et in solo Sabbato denegatur.

8. Jam tunc Christus ab Ecclesia, cui Dominicum resurrectio consecravit, recipiendus ostenditur, et a Synagoga, ad quam cultus Sabbati pertinebat, negandum esse prædicitur, dum dies iste septimus est, qui cœlestis panis fraude multatur. De quo pane vetus narrat historia : *Nec qui plus collegerat habuit amplius, nec qui minus paraverat reperit minus* (*Exod.* XVI, 18). Quod corpus, sacerdote dispensante, tantum est in exiguo, quantum esse constat in toto. Quod cum ecclesia fidelium su-
C mit, sicut plenum in universis, ita integrum esse probatur in singulis. De quo sensu apostolica sententia derivata est dicens : *Qui multa habet, non abundavit : et qui modicum, non minoravit* (*II Cor.* VIII, 15).

9. Si forte panis esum esurientibus apponeremus, non ex toto perveniret ad singulos, quia particulatius et minutatius pro portione sua unusquisque perciperet. De hoc vero pane, cum assumitur, nihil minus habent singuli quam universi. Totum unus, totum duo, totum plures sine diminutione percipiunt, quia benedictio hujus sacramenti scit distribui, nescit **318** distributione consumi. Sacramenti itaque hujus formam etiam in Judæorum paginis invenimus expressam. Nam de Melchisedech in Genesi legimus : *Et Melchisedech rex Salem protulit panem, et vinum, et benedixit Abrahæ; fuit autem sacerdos Dei summi* (*Gen.* XIV, 18, 19). In quo dum a præputio, id est, a gentilitate circumcisio futura benedicitur, Ecclesiæ gloria prædicatur, et synagogæ infideli plebs ex gen-
D tibus acquisita præponitur.

10. Hic ergo Melchisedech, cujus genealogia vel origo notitiam illius temporis latuit, oblatione panis et vini hoc Christi sacrificium præsignavit. De quo Propheta pronuntiat : *Tu es sacerdos in æternum secundum ordinem Melchisedech* (*Psal.* CIX, 4). Nam et beatus Moyses, de eo mysterio loquens, vinum et sanguinem sub una appellatione significat in benedictione patriarchæ dominicam passionem multo ante demonstrans, ita inquiens : *Lavabit in vino stolam suam, et in sanguine uvæ pallium suum* (*Gen.* XLIX, 11). Adverte quam evidenter constet vini creaturam Christi sanguinem nuncupandam.

11. Quidquid adhuc de hac duplici specie inquirere debeas, ipso Domino attestante, agnosce. *Nisi*, inquit, *manducaveritis carnem Filii hominis, et biberitis ejus sanguinem, non habebitis vitam in vobis* (*Joan.* VI, 54). Quod testimonium contra Pelagianos evidentissimum atque validissimum est, qui asserere arrepta impietate

præsumunt, non propter vitam, sed propter regnum cœlorum baptisma parvulis conferendum. Sub iis enim Domini verbis quibus evangelista pronuntiat *non habebitis vitam in vobis*, aperte intelligenda est omnis anima munere baptismi vacua, non solum gloria carere, sed vita. Hoc itaque dominici sanguinis vinum aqua esse miscendum, non solum traditione, sed etiam ipso genere passionis Dominus ostendit, ex cujus sacro latere sanguis et aqua lanceæ illisione profluxit. Sicut Propheta multo ante præcinuit, dicens : *Percussit petram, et fluxerunt aquæ* (*Psal.* LXXVII, 20). Et Apostolus : *Bibebant*, inquit, *de consequenti eos petra* (*I Cor.* X, 4). Vides quod qui de Christi biberit gratia, sequitur eum Christi misericordia.

12. Sed et in Salomone de ipso Christo prædictum legimus : *Sapientia*, inquit, *ædificavit sibi domum* (*Proverb.* IX, 1), id est, corpus hominis assumpsit, in quo habitavit plenitudo divinitatis. Et subdidit : *Excidit columnas septem*. Quia illum benedictio Spiritus sancti gratia septiformi implevit. *Mactavit hostias suas, miscuit in cratera vinum suum, et paravit mensam suam*. Et in sequenti : *Venite, et edite de panibus meis, et bibite vinum quod miscui vobis*. Admixtum ergo aqua vinum legimus; nunc causam qua utrumque misceri Dominus voluerit inquiramus. Quando in Judæorum convivio nuptiali vinum, id est, fides deficiebat in eis, vinum, inquam, deficiebat, quia vinea fructum negabat. De qua dicitur : *Exspectavi ut faceret uvas, fecit autem spinas* (*Isai.* V, 2). Unde et sertum spineum capiti Redemptoris imposuit.

13. Quando ergo Dominus nuptiali tempore, id est, quando sponsus Ecclesiæ suæ paschali exsultatione jungendus aquas in vina convertit, manifeste præfigurabat multitudines gentium sanguinis sui gratia esse victuras. Per aquas enim significari populos, sacris aperitur eloquiis. Sic **319** legimus : *Aquas istas, quas vidisti, populi sunt, et gentes, et linguæ* (*Apoc.* XVII, 15). Videmus in aquis figuram gentium demonstrari in vino autem dominicæ passionis sanguinem ostendi. Ac sic dum in sacramentis vinum aqua miscetur, Christo fidelis populus incorporatur et jungitur, et quadam ei copula perfectæ charitatis unitur, ut possit dicere cum Apostolo : *Quis nos separabit a charitate Christi? Tribulatio? An persecutio, et cætera* (*Rom.* VIII, 35)?

14. Deus autem homini suscepta sanctificatione miscetur, quando fides in ipso pectore, affectus justitiæ, misericordiæ, pietatis, infunditur. Etiam in hoc ipsum quod numerosis tritici granis panem confici novimus, unitatem constat assignari populorum. Sicut enim frumentum quod solida purgantis sollicitudine præparatur in candidam speciem molarum labore perficitur, ac per aquam et ignem in unius panis substantiam congregatur, sic variæ gentes diversæque nationes in unam fidem convenientes unum de se Christi corpus efficiunt; et Christianus populus, quasi tritici innumerabilis grani, a sacrilegis nationibus, fide purgante atque cribrante, collectus cernitur, quando discernitur, et in unum, quasi infidelium lolio pertranseunte, colligitur, et dum Testamentorum instructione, velut frumentum gemino molarum opere, curatum nitescit, et in illam primæ originis dignitatem nativo candore mutatur ac per aquam baptismi, velut per ignem Spiritus sancti, æterni illius panis corpus efficitur.

15. Sicut ergo separari grana ab illius confecti panis adunatione non possunt, et sicut aqua ad propriam redire substantiam vino mistam jam non potest : sic et fideles quique, atque sapientes, qui redemptos se Christi sanguine et passione cognoscunt, ita debent quasi inseparabilia membra capiti suo fide, conversatione et ardentissima religione sociari, ut ab eo non voluntate, non necessitate sejungi, non ulla terrenæ spei ambitione, non denique ipsa possint morte divelli. Nec dubitet quisquam primarias creaturas nutu potentiæ præsentia majestatis in dominici corporis transire naturam, cum ipsum hominem videat artificio cœlestis misericordiæ Christi corpus effectum. Sicut autem quicunque ad fidem veniens ante verba baptismi adhuc in vinculo est veteris debiti, his vero commemoratis, mox exuitur omni fæce peccati, ita quando benedicendæ verbis cœlestibus creaturæ sacris altaribus imponuntur, antequam invocatione summi nominis consecrentur, substantia illic est panis et vini. Post verba autem Christi, corpus et sanguis est Christi.

16. Quid autem mirum est, si ea quæ verbo potuit creare, verbo possit creata convertere? Imo jam minoris videtur esse miraculi, si id quod ex nihilo agnoscitur condidisse, jam conditum in melius valeat commutare. Require quid ei possit esse difficile, cui facile fuit visibilia et invisibilia voluntatis imperio suscitare; cui facile fuit hominem de limi materia figurare, imagine etiam suæ divinitatis induere; cui promptum est eum sursum revocare de inferis, restituere de perditione, reparare de pulvere, de terra in cœlum levare, de homine angelum facere, corpus humanum conforme corpori claritatis suæ reddere, et figmentum suum in regni sui consortio sublimare. Ut qui corpus nostræ fragilitatis sumpserat, nos in **320** corpus suæ immortalitatis assumat. Ad quam gloriosam resurrectionem piis vos operibus præparare dignetur, qui regnat in sæcula sæculorum. Amen.

APPENDIX XIII.

DE ECCLESIASTICIS DOGMATIBUS.

CAPUT PRIMUM. — *De fide Trinitatis.*

Credimus unum esse Deum Patrem, et Filium, et Spiritum sanctum. Patrem, eo quod Filium habeat; Filium, eo quod Patrem habeat; Spiritum sanctum, eo quod sit ex Patre et Filio procedens, Patri et Filio coæternus. Pater ergo principium deitatis; qui sicut nunquam fuit non Deus, ita nunquam fuit non Pater, a quo Filius natus, a quo Spiritus sanctus non natus, quia non est Filius; neque ingenitus, quia non est Pater; neque factus, quia non est ex nihilo, sed ex Deo Patre, et Deo Filio Deus procedens. Pater æternus eo quod æternum habeat Filium, cujus æternus sit Pater. Filius æternus, eo quod sit Patri coæternus. Spiritus sanctus æternus, eo quod sit Patri et Filio coæternus. Non confusa in una persona Trinitas, ut Sabellius dicit, neque separata, aut divisa in natura Divinitas, ut Arius blasphemat; sed alter in persona Pater, alter in persona Filius, alter in persona Spiritus sanctus. Unus natura in sancta Trinitate Deus Pater, et Filius, et Spiritus sanctus.

CAP. II. — *De incarnatione Christi.*

Non Pater carnem assumpsit, neque Spiritus sanctus, sed Filius tantum; ut qui erat in divinitate Dei Patris

CAP. I. De hoc opusculo confer Isidoriana, cap. 83, ubi præfationem Vezzosii adjeci, et Hernandezii observationes de Brachario episcopo Hispalensi auctore ejusdem opusculi. E notis Vezzosii quæ magis opportuna videbuntur seligam. De argumentis primorum capitum multis in locis agit Isidorus. Vide lib. II, de Offic. eccles. cap. 23. Bignæus exhibet : *Pater ergo principium, principale nomen deitatis, quia sicut*, etc., et post *principale* notat ad marg. , *forte, totius*.

CAP. II. Codex Mansii, *ut qui erat in divinitate Patris Filius, ipse fieret in homine hominis filius*. Paulo post Bignæus, *qui non erat nativitate Dei Filius. Dei ergo*

Filius, ipse fieret in homine hominis matris filius, ne A filii nomen ad alterum transiret, qui non esset æterna nativitate Filius. Dei ergo Filius factus est hominis filius, natus secundum veritatem naturæ ex Deo Dei Filius, et secundum veritatem naturæ ex homine hominis filius, ut veritas geniti non adoptione, non appellatione, sed in utraque nativitate Filii nomen nascendo haberet, et esset verus Deus, et verus homo unus Filius. Non ergo duos Christos neque duos Filios fatemur, sed Deum et hominem unum Filium; quem propterea et unigenitum dicimus, manentem in duabus substantiis, sicut ei naturæ veritas contulit, non confusis naturis, neque immistis, sicut Timotheani volunt, sed societate unitis. Deus ergo hominem assumpsit, homo in Deum transivit; non naturæ versibilitate, sicut Apollinaristæ dicunt, sed Dei dignatione, ut nec Deus mutaretur **321** in humanam substantiam assumendo hominem, nec homo in divinam glorificatus in Deum, quia mutatio vel versibilitas naturæ et diminutionem et abolitio- B nem substantiæ facit. Creditur a nobis sine confusione conjuncta sancta Trinitas, sine separatione distincta. Natus est ergo Dei Filius ex homine, et non per hominem, id est, non ex viri coitu, sicut Ebion dicit; sed carnem ex Virginis corpore trahens, et non de cœlo secum afferens, sicut Marcion, Origenes et Eutyches affirmant. Neque in phantasia, id est, absque carne, sicut Valentinus asserit, id est, neque putative imaginatum, sed corpus verum. Non tantum carnem ex carne, sicut Marcianus, sed verus Deus ex divinitate et verus homo ex carne, unus Filius; in divinitate Verbum Patris et Deus, in homine anima et caro. Anima non absque sensu et ratione, ut Apollinaris, neque caro absque anima, ut Eunomius; sed anima cum ratione sua, et corpus cum sensibus suis, per quos sensus veros in passione et ante passionem suæ carnis dolores sustinuit.

CAP. III. — *Quod æternus Deus ex Virgine natus sit.*

Neque sic est natus ex Virgine, et ut divinitatis C initium homo nascendo acceperit, quasi antequam nasceretur ex Virgine Deus non fuerit, sicut Artemon, et Berillus, et Marcellus docuerunt; sed æternus Deus et homo ex Virgine natus est.

CAP. IV. — *De Trinitate perfecta.*

Nihil creatum aut serviens in Trinitate credamus, ut vult Dionysius, fons Arii; nihil inæquale, ut vult Eunomius, et Arius; nihil inæquale gratiæ, ut vult Aetius; nihil anterius posteriusve, aut minus, ut Arius; nihil extraneum, aut officiale alteri, ut Macedonius; nihil persuasione aut subreptione insertum, ut Manichæus; nihil corporeum, ut Melito et Tertullianus; nihil corporaliter effigiatum, ut Anthropomorphus, et Vadianus; nihil sibi invisibile a creaturis, ut Origenes; nihil creaturis visibile, ut Fortunatus; nihil moribus vel voluntate diversum, ut Marcion; nihil ex Trinitatis essentia ad creaturarum naturam deductum, ut Plato et Tertullianus; nihil officio singulare, nec alteri communicabile, ut Ori- D genes; nihil confusum, ut Sabellius; sed totum perfectum, quia totum ex uno, et unum ex toto; non tamen solitarium, ut præsumunt Praxeas et Silvanus, Pentapolitana damnabilis illa doctrina.

CAP. V. — *De homousio.*

Homousios ergo, id est, coessentialis in divinitate Patri Filius, homousios Patri et Filio Spiritus sanctus, homousios Deo et homini unus Filius manens Deus in homine suo in gloria Patris, desiderabilis videri ab angelis; sicut Pater, et Spiritus sanctus adoratur ab angelis, et ab omni creatura; non homo factus præter Deum, vel Christus cum Deo, sicut blasphemat Nestorius, sed homo in Deo, et Deus in homine.

CAP. VI. — *De resurrectione.*

322 Erit resurrectio mortuorum omnium hominum, sed una et insimul, et semel. Non prima justorum, et secunda peccatorum, ut fabula est somniatorum, sed una omnium. Et si id resurgere dicitur quod cadit, caro ergo nostra in veritate resurget, sicut in veritate cadit. Et non secundum Origenem immutatio corporum erit, id est, aliud novum corpus pro carne; sed eadem caro corruptibilis, quæ cadit, tam justorum quam injustorum, incorruptibilis resurget, quæ vel pœnam sufferre possit pro peccatis, vel in gloria æterna manere pro meritis.

CAP. VII. *Resurrectio omnium communis.*

Omnium enim hominum erit resurrectio: si omnium erit, ergo omnes moriuntur, ut mors ab Adam ducta omnibus filiis ejus dominetur, et maneat illud privilegium in Domino, quod de eo specialiter dicitur: *Non dabis sanctum tuum videre corruptionem* (*Psal.* XV, 10). Ejus enim caro non vidit corruptionem. Hanc rationem maxima Patrum turba tradente suscepimus. Verum quia sunt et alii æque catholici, et eruditi viri, qui credunt, anima in corpore manente, immutandos ad incorruptionem et immortalitatem eos qui in adventu Domini vivi inveniendi sunt, et hoc eis reputari pro resurrectione ex mortuis, quod mortalitatem immutatione deponant, non morte; quolibet quis acquiescat modo, non est hæreticus, nisi ex contentione hæreticus fiat. Sufficit enim in Ecclesiæ lege carnis resurrectionem credere futuram de morte.

CAP. VIII. — *De judicio vivorum et mortuorum.*

Quod autem dicimus in Symbolo, in adventu Domini vivos ac mortuos judicandos, non solum justos et peccatores significari, sicut Diodorus putat, sed et vivos eos qui in carne inveniendi sunt, credimus, qui adhuc morituri creduntur, vel immutandi sunt, ut alii volunt, ut suscitati continuo, vel reformati, cum ante mortuis judicentur.

CAP. IX. — *Peracto judicio non exspectanda restitutio.*

Post resurrectionem et judicium non credamus restitutionem futuram, quam Origenes delirat, ut dæmones vel impii homines post tormenta, quasi suppliciis expurgati, vel illi in angelicam, qua creati sunt, redeant dignitatem, vel isti justorum societate donentur, eo quod hoc divinæ conveniat pietati ne quid ex rationalibus pereat creaturis, sed quolibet modo salvetur. Sed nos credamus ipsi judici omnium et retributori justo, qui dixit: *Ibunt impii in supplicium æternum, justi autem in vitam æternam* (*Matth.* XXV, 46), ut percipiant fructum operum suorum.

CAP. X. — *Creatio mundi. Angelorum creatio.*

In principio creavit Deus cœlum et terram, et aquam, ex nihilo. Et cum adhuc tenebræ ipsam aquam occultarent, et aqua terram absconderet, facti sunt angeli, et omnes cœlestes virtutes, ut non esset otiosa Dei bonitas, sed haberet in quibus per multa ante spatia bonitatem suam ostenderet; et ita hic

Filius, etc. Postea, *creditur... separatione distincta* omittitur a Bignæo, uti nonnulla alia; cum Bignæo fere faciunt Maurini inter appendices ad Opera sancti Augustini.

CAP. III. Al., *ex virgine, ut et divinitatis initium... ut vult Eunomius, nihil æquale gratia, ut vult..... nihil persuasione, aut subreptione..... ut Anthropomorphitæ, nihil sibi*, etc. Animadvertit Vezzosius incertum aut falsum esse quod Melito Deum corporeum esse docuerit, et Tertullianum excusari, quod *corporeum* dixerit, quidquid nihilo opponitur.

CAP. V. Vezzosius, *et Filius, et Spiritus sanctus.*

CAP. VI. *Resurget*; Vezzosius, *in veritate resurgit.*

CAP. VII. *Immutandos*; al., *mutandos*, quod perinde est.

visibilis mundus ex materia quæ a Deo facta fuerat factus est et ornatus.

CAP. XI. — *Solus Deus incorporeus.*

Nihil incorporeum et invisibile natura credendum, nisi solum Deum, id est, Patrem, et Filium, et Spiritum sanctum. Qui ideo recte incorporeus creditur, quia ubique est, et omnia implet atque constringit; ideo et invisibilis omnibus creaturis, quia incorporeus est.

CAP. XII. — *Omnis creatura corporea.*

323 Creatura omnis corporea est; angeli et omnes cœlestes virtutes corporeæ, licet non carne subsistant. Ex eo autem corporeas esse credimus intellectuales creaturas, quod localiter circumscribuntur; sicut et anima humana, quæ carne clauditur, et dæmones, qui per substantiam angelicæ naturæ sunt.

CAP. XIII. — *Intellectuales naturæ immortales.*

Immortales esse credimus intellectuales naturas, quia carne carent, nec habent quo cadant, ut resurrectione egeant post ruinam necessaria.

CAP. XIV. — *Anima hominis quomodo creatur.*

Animas hominum non esse ab initio inter cæteras intellectuales naturas, nec insimul creatas, sicut Origenes fingit; neque cum corporibus per coitum seminantur, sicut Luciferiani, Cyrillus et aliqui Latinorum præsumptores affirmant, quasi naturæ consequentiam servantes. Sed dicimus creationem animæ solum Creatorem omnium nosse, et corpus tantum per conjugii copulam seminari, Dei vero judicio coagulari in vulva, et compingi, atque formari, ac formato jam corpore animam creari, et infundi, ut vivat in utero homo ex anima constans et corpore, et egrediatur vivus ex utero plenus humana substantia.

CAP. XV. — *Quod duæ animæ non sunt in homine.*

Neque duas animas esse dicimus in uno homine, sicut Jacobus et alii Syrorum scribunt, unam animalem, qua animetur corpus, et immista sit sanguini, et alteram spiritualem, quæ rationem ministret; sed dicimus unam esse eamdemque animam in homine, quæ et corpus sua societate vivificet, et semetipsam sua ratione disponat, habens in sese libertatem arbitrii, ut in suæ substantiæ eligat cogitatione quod vult.

CAP. XVI. — *Anima hominis immortalis.*

Solum hominem credimus habere animam substantivam, quæ exuta corpore vivit, et sensus suos atque ingenia vivaciter tenet. Non cum corpore moritur, sicut Aratus asserit, neque post modicum intervallum, sicut Zenon dicit, quia substantialiter vivit.

CAP. XVII. — *Animæ brutorum.*

Animalium vero animæ non sunt substantivæ, sed cum carne ipsa carnis vivacitate nascuntur, et cum carnis morte finiuntur, et moriuntur; et ideo nec ratione reguntur, sicut Plato et Alexander putant, sed ad omnia naturæ incitamenta ducuntur.

CAP. XVIII. — *Infunditur anima.*

Anima humana non cum carne moritur, quia non A cum carne, ut superius diximus, seminatur; sed formato in ventre matris corpore, Dei judicio creatur, et infunditur, ut vivat homo intus in utero, et sic procedat nativitate in mundum.

CAP. XIX. — *Duæ substantiæ hominis.*

Duabus substantiis tantum constat homo, anima et corpore. Anima cum ratione sua, et corpore cum sensibus suis. Quos tamen sensus absque **324** animæ societate non movet corpus. Anima vero et sine corpore rationale suum tenet.

CAP. XX. — *Anima et spiritus idem.*

Non est tertius in substantia hominis spiritus, sicut Didymus contendit, sed spiritus ipsa est anima; pro spirituali natura, vel pro eo quod spiret in corpore, spiritus appellatur. Anima vero ex eo vocatur, quod ad vivendum, vel ad vivificandum animet corpus. Tertium vero, qui ab Apostolo cum anima et corpore inducitur, spiritum gratiam sancti Spiritus B esse intelligamus, quam orat Apostolus, ut integra perseveret in nobis (*I Thess.* v, 23), ne nostro vitio aut minuatur aut fugetur a nobis, quia *Spiritus sanctus effugiet fictum* (*Sap.* I, 5).

CAP. XXI. — *De libero arbitrio.*

Libertati arbitrii sui commissus est homo statim in prima conditione, ut, sola vigilantia mentis adnitente, etiam in præcepti custodia perseveraret, si vellet in eo quod creatus fuerat permanere. Postquam vero seductione serpentis per Evam cecidit, naturæ bonum perdidit, pariter et vigorem arbitrii; non tamen electionem, ne non esset suum quod evitaret peccatum, nec merito indulgeretur quod non arbitrio diluisset. Manet itaque ad quærendam salutem arbitrii libertas, id est, rationalis voluntas, sed admonente prius Deo, et invitante ad salutem, ut vel eligat, vel sequatur, vel agat occasione salutis, hoc est, inspiratione Dei. Ut autem consequatur quod C eligit, vel quod sequitur, vel quod occasione agit, Dei esse libere confitemur. Initium ergo salutis nostræ Deo miserante habemus; ut acquiescamus salutiferæ inspirationi, nostræ potestatis est; ut adipiscamur quod acquiescendo admonitioni cupimus, divini est muneris; ut non labamur in adepto salutis munere, sollicitudinis nostræ est, et cœlestis pariter adjutorii; ut labamur, potestatis nostræ est, et ignaviæ. Non tamen ad obtinendam sine illo, qui quærentes facit invenire, qui pulsantibus aperit, qui petentibus donat. Sicut ergo initium salutis nostræ, Deo miserante et inspirante, habere nos credimus, ita arbitrium naturæ nostræ sequax esse divinæ inspirationis libere confitemur. Igitur ut non labamur a bono vel naturæ, vel meriti, sollicitudinis nostræ est, et cœlestis pariter adjutorii; ut labamur, potestatis nostræ et ignaviæ.

CAP. XXII. — *Gratia.*

Firmissime credendum est in prævaricatione Adæ D omnes homines naturalem possibilitatem et innocentiam perdidisse; et neminem de profundo illius ruinæ per liberum arbitrium posse consurgere, nisi eum gratia Dei miserantis erexerit; « liberum enim arbitrium ille perpessus, dum **325** suis inconsultius

CAP. XII. Auctor hujus operis *corporeum* videtur vocare quidquid creatum est. Vide lib. II de Offic. eccles., cap. 24, et lib. Different. rerum, num. 100 et seq.

CAP. XIV. Hoc caput a Joanne Hispalensi exscriptum fuit, ut dixi in Isidorianis, cap. 83, num. 18 et seqq. Apud eum legitur, *nec in semel..... Cyrillus, et multi Latinorum..... naturæ consequentia serviente.* Et alia hujusmodi, quæ ad Bignæi magis quam ad Vezzosii Editionem accedunt.

CAP. XVII. *Incitamenta*; al., *incitamento.*

CAP. XIX. *Corpore*; al., *carne*, semel et iterum.

CAP. XXI. *Emendaret*; al., *evitaret*. Putat Vezzosius, Semipelagianismum sapere videri quod dicitur, *ut acquiescamus salutiferæ inspirationi, nostræ potestatis est.* Verba, *Non tamen ad obtinendum*, etc., et sequentia triginta capita desunt in Maurinorum exemplo, et in plerisque aliis Mss., et ab aliquo inserta sunt ex Cœlestini epistola ad episcopos Galliæ, ex concilio Carthaginiensi contra Pelagianos, et ex Arausicano secundo. Hæc tamen additamenta necessaria putavit Thomasius, ut Vezzosius advertit.

CAP. XXII. *Ille*; al., *olim ille*. Hæc verba *liberum enim arbitrium*, etc., quæ virgulis distinguuntur, sunt Innocentii I, relata etiam a Cœlestino I.

utitur bonis, cadens in prævaricationis profunda demersus est; et nihil quemadmodum exinde surgere A posset invenit; suaque in æternum libertate deceptus, hujus ruinæ latuisset oppressu, nisi eum post Christi pro sua gratia relevasset adventus, qui per novæ regenerationis purificationem omne præteritum vitium sui baptismatis lavacro purgavit. »

CAP. XXIII. — *Nemo bonus per se.*

Neminem esse per semetipsum bonum, nisi participationem sui ille donaverit, qui solus est bonus.

CAP. XXIV. — *Perseverantia in bonis a Deo.*

Neminem etiam baptismatis gratia renovatum idoneum esse ad superandas diaboli insidias, et ad vincendas carnis concupiscentias, nisi per quotidianum adjutorium Dei perseverantiam bonæ conversationis acceperit.

CAP. XXV. — *Liberum arbitrium.*

Quod nemo nisi per Christum libero bene utatur B arbitrio, idem magister in epistola ad Milevitanum concilium data prædicat, dicens: « Adverte tandem, o pravissimarum mentium doctrina, quod primum hominem ita libertas ipsa decepit, ut dum indulgentius frenis ejus utitur in prævaricationem præsumptione incideret. Nec ex hac potuit erui, nisi ei providentia regenerationis statum pristinæ libertatis Christi Domini reformasset adventus. »

CAP. XXVI. — *Merita.*

Quod omnia studia, et omnia opera, ac merita sanctorum ad Dei gloriam laudemque referenda sint, quia nemo aliunde ei placeat, nisi ex eo quod ipse donaverit; in quam nos sententiam dirigit beatæ recordationis papæ Zosimi regularis auctoritas cum scribens ad totius orbis episcopos ait: « Nos autem instinctu Dei (omnia enim bona ad auctorem suum referenda sunt, unde nascuntur) ad fratrum et coepiscoporum nostrorum conscientiam universa retulimus. » Hunc autem sermonem sincerissimæ veritatis luce radiantem tanto Afri episcopi honore venerati sunt, ut ita ad eumdem virum scriberent: C « Illud vero, quod in litteris, quas ad universas provincias curasti esse mittendas, posuisti, dicens: *Nos tamen instinctu Dei*, etc. Sic accipimus dictum, ut illos qui contra Dei adjutorium extollunt humani arbitrii libertatem, districto gladio veritatis velut cursim transiens amputares. Quid enim tam libero fecisti arbitrio, quam quod universa in nostræ humilitatis conscientiam retulisti? et tamen instinctu Dei factum esse fideliter sapienterque vidisti, veraciter fidenterque dixisti. Ideo utique, quia præparatur voluntas a Domino, et ut boni aliquid agant, paternis inspirationibus suorum ipse tangit corda filiorum (*Proverb.* VIII, 25, *sec. LXX*). Quotquot enim Spiritu Dei aguntur, hi filii Dei sunt (*Rom.* VIII, 14); ut nec nostrum deesse sentiamus arbitrium, et in bonis quibusque voluntatis humanæ singulis motibus magis illius valere non dubitemus auxilium. » D

CAP. XXVII. — *Quidquid boni ex Deo.*

Ita Deus ex cordibus hominum atque in ipso libero operatur arbitrio, ut sancta cogitatio, pium consilium, omnisque motus bonæ voluntatis ex Deo sit, quia per illum aliquid boni possumus, sine quo nihil possumus.

CAP. XXVIII. — *Gratiæ vis.*

326 Quicunque dixerit gratiam Dei, qua justificamur per Jesum Christum Dominum nostrum, ad solam remissionem peccatorum valere quæ jam commissa sunt, non etiam ad adjutorium gratiæ, ut non committantur, anathema sit.

CAP. XXIX. — *Intelligentia ex gratia.*

Quisquis dixerit gratiam Dei per Jesum Christum propter hoc tantum nos adjuvare ad non peccandum, quia per ipsum nobis revelatur, et aperitur intelligentia mandatorum, ut sciamus quid appetere et quid vitare debeamus, non autem per illam nobis præstari ut quod faciendum cognovimus etiam facere diligamus atque valeamus, anathema sit.

CAP. XXX. — *Preces sacerdotum.*

Obsecrationum quoque sacerdotalium sacramenta respiciamus, quæ ab apostolis tradita in toto mundo, atque in omni catholica Ecclesia uniformiter celebrantur, ut legem credendi lex statuat supplicandi. Cum enim sanctarum plebium præsules mandata sibimet legatione fungantur, apud divinam clementiam humani generis agunt causam, et, tota secum Ecclesia congemiscente, postulant, et precantur, ut infidelibus donetur fides, ut idololatræ ab impietatis suæ liberentur erroribus, ut Judæis, ablato cordis velamine, lux veritatis appareat, ut hæretici catholicæ fidei perceptione resipiscant, ut schismatici spiritum redivivæ charitatis accipiant, ut lapsis pœnitentiæ remedia conferantur, ut denique catechumenis ad regenerationis sacramenta perductis, cœlestis misericordiæ aula reseretur. Hæc autem non perfunctorie, neque inaniter a Domino peti, rerum ipsarum monstrat effectus, quandoquidem ex omni errorum genere plurimos Deus dignatur attrahere, quos erutos de potestate tenebrarum transferat in regnum filii charitatis suæ, et ex vasis iræ faciat vasa misericordiæ. Quod adeo totum divini operis esse sentitur, ut hæc efficienti Deo gratiarum semper actio, laudisque confessio pro illuminatione talium vel correctione referatur.

CAP. XXXI. — *Exorcismus et sufflatio.*

Illud etiam, quod circa baptizandos in universo mundo sancta Ecclesia uniformiter agit, non otioso contemplamur intuitu. Cum sive parvuli, sive juvenes ad regenerationis veniunt sacramentum, non prius fontem vitæ adeant quam exorcismis et exsufflationibus clericorum spiritus ab eis immundus abigatur, ut tunc vere appareat quando princeps mundi hujus mittatur foras (*Joan.* XII, 31), et quomodo prius alligetur fortis, et deinceps vasa ejus diripiantur (*Marc.* III, 27), in possessionem translata victoris, qui captivam ducit captivitatem, et dat dona hominibus (*Psal.* LXVII, 19).

CAP. XXXII. — *Gratia et liberum arbitrium.*

Omnium bonorum affectuum, atque operum, et omnium studiorum, omniumque virtutum, quibus ab initio fidei ad Deum tenditur, Deum profitemur auctorem. Et non dubitamus ab ipsius gratia omnia hominis merita præveniri, per quem fit ut aliquid boni et velle incipiamus, et facere. Quo utique auxilio et munere Dei, non aufertur liberum arbitrium, sed liberatur, ut de tenebroso lucidum, de pravo rectum, de languido sanum, de imprudente sit providum (*Philipp.* II, 13). Tanta enim est erga omnes homines bonitas Dei ut nostra velit esse merita quæ sunt ipsius dona, **327** et pro his quæ largitus est æterna præmia sit donaturus. Agit quippe in nobis ut quod vult et velimus et agamus; nec otiosa esse in nobis patitur quæ exercenda, non negligenda, donavit, ut et nos cooperatores simus gratiæ Dei. Ac si quid in nobis ex nostra viderimus remissione languescere, ad illum sollicite recurramus, qui sanat omnes languores nostros, et redimit de interitu vitam nostram, et cui quotidie dicimus: *Ne inducas nos in tentationem, sed libera nos a malo* (*Matth.* VI, 13).

CAP. XXVI. *Placeat*; al., *placet*; et *accepimus*, pro *accipimus*. Et infra plurium numero *retulistis*, *vidistis*, *dixistis*.

CAP. XXIX. *Per ipsum*; al., *per ipsam*.

CAP. XXXII. Sanctus Cœlestinus, *profiteamur auctorem. Et non dubitemus ab ipsius gratia.*

CAP. XXXIII. — *Adam primo immortalis.*

Quicunque dicit Adam primum hominem mortalem factum, ita ut sive peccaret, sive non peccaret, moreretur in corpore, hoc est, de corpore exiret, non peccati merito, sed necessitate naturæ, anathema sit.

CAP. XXXIV. — *De baptizandis infantulis.*

Quicunque parvulos recentes ab uteris matrum baptizandos negat; aut dicit in remissionem quidem peccatorum eos baptizari, sed nihil ex Adam trahere originalis peccati, quod lavacro regenerationis expietur; unde fit consequens ut in eis forma baptismatis in remissionem peccatorum non vera, sed falsa intelligatur, anathema sit. Quoniam non aliter intelligendum est quod ait Apostolus: *Per unum hominem peccatum intravit in mundum, et per peccatum mors, et ita in omnes homines pertransiit, in quo omnes peccaverunt* (*Rom.* v, 12), nisi quemadmodum Ecclesia catholica ubique diffusa semper intellexit. Propter hanc enim fidei regulam etiam parvuli, qui nihil peccatorum in seipsis adhuc committere potuerunt, ideo in peccatorum remissionem veraciter baptizantur, ut in eis regeneratione mundetur quod generatione traxerunt.

CAP. XXXV. — *Omnes vere sumus peccatores.*

Quod ait sanctus Joannes apostolus: *Si dixerimus quia peccatum non habemus, nos ipsos seducimus, et veritas in nobis non est*, quisquis sic accipiendum putaverit, ut dicat propter humilitatem non oportere dici nos non habere peccatum, non quia veritas est, anathema sit. Sequitur enim apostolus, et adjungit: *Si autem confessi fuerimus peccata nostra, fidelis est, et justus, qui remittat nobis peccata, et mundet nos ab omni iniquitate* (*I Joan.* I, 9). Ubi satis apparet hoc non tantum humiliter, sed etiam veraciter dici. Poterat enim apostolus dicere: *Si dixerimus: Non habemus peccatum, nos ipsos extollimus, et humilitas in nobis non est*; sed cum ait: *Nos ipsos decipimus, et veritas in nobis non est*, satis ostendit eum qui dixerit se non habere peccatum, non verum loqui, sed falsum.

CAP. XXXVI. — *Omnibus orandum pro dimittendis peccatis.*

Quicunque dixerit in oratione Dominica ideo dicere sanctos *Dimitte nobis debita nostra* (*Matth.* VI, 12), ut non pro seipsis hoc dicant, quia non est eis jam necessaria ista petitio, sed pro aliis qui sunt in suo populo peccatores; et ideo non dicere unumquemque sanctorum *Dimitte mihi debita mea*, sed *Dimitte nobis debita nostra*, ut hoc pro aliis potius quam pro se justus petere intelligatur, anathema sit. Sanctus enim et justus erat apostolus Jacobus, cum dicebat: *In multis enim offendimus omnes* (*Jac.* III, 2). Nam quare additum est *omnes*, nisi ut ista sententia conveniret psalmo, ubi legitur: *Non intres in judicium cum servo tuo, quia non justificabitur in conspectu tuo omnis vivens* (*Psal.* CXLII, 2)? Et in oratione sapientissimi Salomonis: *Non est homo qui non peccet* (*Eccle.* VII, 21). Et in libro sancti Job: *In manu omnis hominis signat, ut sciat omnis homo infirmitatem suam* (*Job* XXXVII, 7). Unde etiam Daniel 328 sanctus et justus, cum in oratione pluraliter diceret: *Peccavimus, iniquitatem fecimus* (*Dan.* IX, 5), et cætera quæ ibi veraciter et humiliter confitetur, ne putaretur, quemadmodum quidam sentiunt, hoc non de suis, sed de populi sui dixisse peccatis, postea dixit: *Cum orarem, et confiterer peccata mea, et peccata populi mei Domino Deo meo.* Noluit dicere, *peccata nostra*, sed *et populi sui* dixit, et *sua*, quoniam futuros istos qui tam male intelligerent tanquam propheta prævidit.

CAP. XXXVII. — *Dimittuntur debita etiam sanctis.*

Quicunque ipsa verba Dominicæ orationis, ubi dicimus *Dimitte nobis debita nostra* (*Matth.* VI, 12), ita

A volunt a sanctis dici, ut humiliter, non veraciter hoc dicatur, anathema sit. Quis enim ferat orantem, et non hominibus, sed ipsi Domino mentientem, qui labiis sibi dicit dimitti velle, et corde dicit quæ sibi dimittantur debita non habere?

CAP. XXXVIII. — *Lapsus Adæ.*

Si quis per offensam prævaricationis Adæ non totum, id est, secundum corpus et animam in deterius dicit hominem commutatum, sed animæ libertate illæsa durante, corpus tantummodo corruptioni credit obnoxium, Pelagii errore deceptus adversatur Scripturæ dicenti: *Anima quæ peccaverit, ipsa morietur* (*Ezech.* XVIII, 4); et: *Nescitis quoniam cui obeditis, et a quo quis superatur, ejus servus adjicitur* (*Rom.* VI, 16; *II Petr.* II, 19)?

CAP. XXXIX.— *Peccatum Adæ in posteros.*

Si quis soli Adæ prævaricationem suam, non etiam ejus propagini asserit nocuisse, aut certe mortem

B tantum corporis, quæ pœna peccati est, non autem et peccatum, quod mors est animæ, per unum hominem in omne genus humanum transisse testatur, injustitiam Deo dabit, contradicens Apostolo dicenti: *Per unum hominem peccatum intravit in mundum, et per peccatum mors, et ita in omnes homines pertransiit, in quo omnes homines peccaverunt* (*Rom.* V, 12).

CAP. XL. — *Gratia.*

Si quis invocatione humana gratiam Dei dicit posse conferri, non autem ipsam gratiam facere ut invocetur a nobis, contradicit Isaiæ prophetæ, vel Apostolo idem dicenti: *Inventus sum a non quærentibus me; palam apparui his qui me non interrogabant* (*Isai.* LXV, 1; *Rom.* X. 20).

CAP. XLI. — *Voluntas bona a Deo.*

Si quis, ut a peccato purgemur, voluntatem nostram Deum exspectare contendit, non autem ut

C etiam purgari velimus, per sancti Spiritus infusionem et operationem in nobis fieri confitetur, resistit ipsi Spiritui sancto per Salomonem dicenti: *Præparatur voluntas a Domino* (*Proverb.* XIX, 14, *sec. LXX*). Et Apostolo salubriter prædicanti: *Deus est qui operatur in nobis et velle, et perficere pro bona voluntate* (*Philipp.* II, 13).

CAP. XLII. — *Gratia operatur omnia.*

Si quis sicut augmentum, ita etiam initium fidei, ipsumque credulitatis affectum, quo in eum credimus qui justificat impium, et ad regenerationem sacri baptismatis pervenimus, non per gratiæ donum, id est, per inspirationem Spiritus sancti, corrigentem voluntatem nostram ab infidelitate ad fidem, ab impietate ad pietatem, sed naturaliter nobis inesse dicit, apostolicis dogmatibus adversarius approbatur, beato apostolo Paulo dicente: *Confidimus quia qui cœpit in vobis bonum opus, perficiet usque in diem Christi Jesu* (*Philipp.* I, 6). Et illud: *Vobis datum est pro Christo* 329

D *non solum ut in eum credatis, verum etiam ut pro illo patiamini* (*Philipp.* I, 28). Et: *Gratia salvi facti estis per fidem, et hoc non ex vobis, Dei enim donum est* (*Ephes.* II, 8). Qui enim fidem qua in Deum credimus dicunt esse naturalem, omnes eos qui ab Ecclesia Christi alieni sunt quodammodo fideles esse definiunt.

CAP. XLIII. — *Gratiæ omnia deberi.*

Si quis sine gratia Dei credentibus, volentibus, desiderantibus, conantibus, studentibus, petentibus, quærentibus, pulsantibus nobis misericordiam dicit conferri divinitus; non autem ut credamus, velimus, vel hæc omnia, sicut oportet, agere valeamus, per infusionem et inspirationem sancti Spiritus in nobis fieri confitetur; et aut humilitati, aut obedientiæ humanæ subjungit gratiæ adjutorium, nec ut obedientes

CAP. XL. Al.: *Si quis ad invocationem humanam*, etc.

et humiles simus, ipsius gratiæ donum esse consentit, resistit Apostolo dicenti : *Quid enim habes quod non accepisti* (*I Cor.* xv, 7) ? Et : *Gratia Dei sum id quod sum* (*Ibid.*, xv, 10).

CAP. XLIV. — *Hominem nihil posse sine Deo.*

Si quis per naturæ vigorem bonum aliquid quod ad salutem pertinet vitæ æternæ cogitare, ut expedit, aut eligere, sive salutari, id est, evangelicæ prædicationi consentire posse confirmat, absque illuminatione et inspiratione Spiritus sancti, qui dat omnibus suavitatem in consentiendo, et in credendo veritatem, hæretico fallitur spiritu, non intelligens vocem Dei in Evangelio dicentis : *Sine me nihil potestis facere* (*Joan.* xv, 5); et illud Apostoli : *Non quidem idonei sumus cogitare aliquid a nobis quasi ex nobis, sed sufficientia nostra ex Deo est* (*II Cor.* III, 5).

CAP. XLV. — *Solus Deus trahit hominem.*

Si quis alios per misericordiam, alios vero per liberum arbitrium, quod in omnibus qui de prævaricatione primi hominis nati sunt constat esse vitiatum, ad gratiam baptismi posse venire contendit, a recta fide probatur alienus. Ille enim non omnium liberum arbitrium per peccatum primi hominis asserit infirmatum : aut certe ita læsum putat, ut tamen quidam valeant sine revelatione Dei ministerium salutis æternæ per semetipsos posse conquirere. Quod quam sit contrarium ipse Dominus probat, qui non aliquos, sed neminem ad se posse venire testatur, nisi quem Pater attraxerit (*Joan.* VI, 44). Sicut et Petro dicit : *Beatus es, Simon Barjona, quia caro et sanguis non revelavit tibi, sed Pater meus, qui in cœlis est* (*Matth.* XVI, 17); et Apostolus : *Nemo potest dicere Dominus Jesus, nisi in Spiritu sancto* (*I Cor.* XII, 3).

CAP. XLVI. — *Liberum arbitrium.*

Arbitrium voluntatis in primo homine infirmatum, nisi per gratiam baptismi non potest reparari; quod amissum, nisi a quo potuit dari non potest reddi. Unde Veritas dicit : *Si vos Filius liberaverit, tunc vere liberi eritis* (*Joan.* VIII, 36).

CAP. XLVII. — *Gratia.*

Natura humana, etiamsi in illa integritate in qua est condita permaneret, nullo modo seipsam, Creatore suo non adjuvante, servaret. Unde cum sine Dei gratia salutem non possit custodire, quam accepit, quomodo sine Dei gratia poterit reparare quod perdidit ?

CAP. XLVIII. — *An gratia sit natura.*

Sicut eis qui volentes in lege justificari, et a gratia exciderunt, verissime **330** dicit Apostolus : *Si in lege justitia est, ergo Christus gratis mortuus est* (*Galat.* II, 21); sic eis qui gratiam quam commendat et percipit fides Christi, putant esse naturam verissime dicitur : Si per naturam justitia est, ergo gratis Christus mortuus est. Jam hic enim erat lex, et non justificabat; jam hic erat et natura, et non justificabat. Ideo Christus non gratis mortuus est, ut et lex per illum impleretur qui dixit : *Non veni solvere legem, sed implere* (*Matth.* v, 17); et natura per Adam perdita per illum repararetur qui dixit venisse se quærere et salvare quod perierat.

CAP. XLIX. — *Repetitio superiorum.*

Secundum suprascriptas sanctarum Scripturarum sententias, vel antiquorum Patrum definitiones, hoc, Deo propitiante, et prædicare debemus, et credere, quod per peccatum primi hominis ita genus humanum sit inclinatum, ut nullus postea aut diligere Deum sicut oportuit, aut credere in Deum, aut operari propter Deum quod bonum est possit, nisi eum gratia misericordiæ divinæ prævenerit. Unde et Abel justo, et Noe, et Abrahæ, et Isaac, et Jacob, omnique antiquorum sanctorum multitudini illam præclaram fidem, quam in ipsorum laude prædicat apostolus Paulus (*Hebr.* XI *seqq.*), non per bonum naturæ, quod prius in Adam datum fuerat, sed per gratiam Dei credimus fuisse collatam. Quam gratiam, etiam post adventum Domini, omnibus qui baptizari desiderant, non in libero arbitrio haberi, sed Christi novimus simul et credimus largitate conferri, secundum illud quod jam sæpe dictum est, et prædicat Paulus apostolus : *Vobis donatum est pro Christo, non solum ut in eum credatis, sed etiam ut pro eo patiamini* (*Philipp.* I, 29); et illud : *Deus qui cœpit in vobis bonum opus, perficiet usque in diem Domini nostri* (*Ibid*, 6); et illud : *Gratia salvi facti estis per fidem, et hoc non ex vobis, Dei enim donum est* (*Ephes.* II, 8). Et quod de seipso ait Apostolus : *Misericordiam consecutus sum, ut fidelis essem* (*I Cor.* VII, 25). Non dixit : Quia eram, sed *ut essem* : et illud : *Quid habes quod non accepisti ?* et illud : *Omne datum bonum, et omne donum perfectum desursum est, descendens a Patre luminum* (*Jac.* I, 17); et illud : *Nemo habet quidquam, nisi illi datum fuerit desuper* (*Joan.* III, 27).

CAP. L. — *Voluntas hominis post baptismum.*

Hoc etiam secundum fidem catholicam credimus, quod post acceptam baptismi gratiam, omnes baptizati, Christo auxiliante et cooperante, quæ ad salutem animæ pertinent, possunt, et debeant, si fideliter laborare voluerint, adimplere. Aliquos vero ad malum divina potestate prædestinatos esse, non solum non credimus, sed etiam si sunt qui tantum mali credere velint, cum omni detestatione illis anathema dicimus.

CAP. LI. — *Initium meritorum unde.*

In omni opere bono non nos incipimus, et postea per Dei misericordiam adjuvamur, sed ipse nobis, nullis præcedentibus bonis meritis, et fidem et amorem sui prius inspirat, ut et baptismi sacramenta fideliter requiramus, et post baptismum cum ipsius adjutorio ea quæ sibi sunt placita implere possimus. Unde manifestissime credendum est quod et illius latronis quem Dominus ad paradisi patriam revocavit (*Luc.* XXIII, 43), et Cornelii centurionis, ad quem angelus Domini missus est (*Act.* X, 4), Zachæique, qui ipsum Dominum suscipere meruit (*Luc.* XIX, 6), illa tam admirabilis fides non fuerit de natura, sed divinæ gratiæ largitate donata.

CAP. XLII. — *Qui sint habendi pro baptizatis.*

331 Baptisma unum est, sed in Ecclesia, ubi una fides est, ubi in nomine Patris, et Filii, et Spiritus sancti, datur. Et ideo si qui apud illos hæreticos baptizati sunt, qui in sanctæ Trinitatis confessione baptizant, et veniunt ad nos, recipiantur quidem ut baptizati, ne sanctæ Trinitatis invocatio vel confessio annuletur; sed doceantur integre, et instruantur, quo sensu sanctæ Trinitatis mysterium in Ecclesia teneatur; et si consentiunt credere, vel acquiescunt confiteri, purgati jam fidei integritate confirmentur manus impositione. Si vero parvuli sunt, vel hebetes, qui doctrinam non capiant, respondeant pro illis qui eos offerunt juxta morem baptizandi; et sic, manus impositione et chrismate communiti, Eucharistiæ mysteriis admittantur. Illos autem qui non sanctæ Trinitatis invocatione apud hæreticos baptizati sunt, et veniunt ad nos, baptizari debere pronuntiamus, non rebaptizari. Neque enim credendum est eos fuisse baptizatos, qui non in nomine Patris, et Filii, et Spiritus sancti, juxta regulam a Domino positam, tincti sunt, ut Paulini, Prociani, Borboritæ, Siphori, qui nunc vocantur

CAP. XLV. Acta concilii Arausicani : *Is enim omnium liberum arbitrium*, etc, omisso *non*.

CAP. LII. Hoc est caput 22 Maurinae Editionis, in qua omittuntur, ut dixi, præcedentia. Pro *Paulini* alii *Paulianistæ*, et *Montanitæ* pro *Montani*, et *Theodorus*, seu *Theodotus* pro *Theodosius*.

Bonosiani, Photiniani, Montani, et Manichæi, variaque impietatis germina, vel cæteræ istorum originis, sive ordinis pestes, quæ duo principia sibi ignota introducunt, ut Cerdon et Marcion; vel contraria, ut Manichæus; vel tria, et barbara, ut Sethianus, et Theodosius; vel multa, ut Valentinus; vel Christum hominem fuisse absque Deo, ut Cerinthus, Hebion, Artemon, et Photinus. Ex istis, inquam, si qui ad nos venerint, non requirendum ab eis utrum baptizati sint, an non; sed hoc tandem: si credant Ecclesiæ fidem, et baptizentur ecclesiastico baptismate.

CAP. LIII. — *De Eucharistia.*

Quotidie Eucharistiæ communionem percipere nec laudo, nec reprehendo. Omnibus tamen Dominicis diebus communicandum suadeo, et hortor, si tamen mens sine affectu peccandi sit. Nam habentem adhuc voluntatem peccandi, gravari magis dico Eucharistiæ perceptione, quam purificari. Et ideo quamvis quis peccato mordeatur, peccandi non habeat de cætero voluntatem, et communicaturus satisfaciat lacrymis, et orationibus, et confidens de Domini miseratione, qui peccata piæ confessioni donare consuevit, accedat ad Eucharistiam intrepidus et securus. Sed hoc de illo dico quem capitalia et mortalia peccata non gravant; nam quem mortalia crimina post baptismum commissa premunt, hortor prius publica pœnitentia satisfacere, et ita sacerdotis judicio reconciliatum communioni sociari, si vult non ad judicium et condemnationem sui Eucharistiam percipere. Sed et secreta satisfactione solvi mortalia crimina non negamus; sed mutato prius sæculari habitu, et confesso religionis studio per vitæ correctionem, et jugi, imo perpetuo luctu, miserante Deo, ita duntaxat, ut contraria pro iis quæ pœnitet agat, et Eucharistiam **332** omnibus Dominicis diebus supplex et submissus usque ad mortem percipiat.

CAP. LIV. — *De pœnitentia.*

Pœnitentia vera est pœnitenda non admittere, et admissa deflere. Satisfactio pœnitentiæ est causas peccatorum excidere, nec earum suggestionibus aditum indulgere.

CAP. LV. — *De divinis promissionibus.*

In divinis promissionibus nihil terrenum vel transitorium exspectemus, sicut Meletiani sperant; non nuptiarum copulam, sicut Cerinthius et Marcion delirant; non quod ad cibum vel ad potum pertinet, sicut Papiæ, auctore Irenæo, et Tertullianus et Lactantius acquiescunt. Neque per mille annos post resurrectionem regnum Christi in terra futurum, et sanctos cum illo in deliciis regnaturos speremus, sicut Nepos docuit, primam justorum resurrectionem et secundam impiorum qui confinxit; et inter has duas mortuorum resurrectiones gentes ignorantes Deum in angulis terrarum in carne servandas; quæ post mille annos regni in terra justorum, instigante diabolo, movendæ sunt ad pugnam contra justos regnantes, et, Domino pro justis pugnante, imbre igneo compescendas; atque ita mortuas cum cæteris in impietate ante mortuis ad æterna supplicia in incorruptibili carne resuscitandas.

CAP. LVI. — *Quod nullus salvetur, nisi Deo auctore.*

Nullum credimus ad salutem nisi Deo invitante venire; nullum invitatum salutem suam nisi Deo A auxiliante operari; nullum nisi orantem auxilium promereri; nullum Dei voluntate perire, sed permissu, pro electione arbitrii, ne ingenuitas potestatis semel hominibus attributæ ad servilem cogatur necessitatem.

CAP. LVII. — *Quod malum non sit a Deo.*

Malum vel malitia non est a Deo creata, sed a diabolo inventa, qui et ipse bonus a Deo creatus est. Sed quia libero arbitrio, utpote rationalis creatura, a Deo commissus est, et cogitandi acceperat facultatem, scientiam boni vertit ad malum, et multa cogitando factus est inventor mali; et quod in se perdiderat invidit in aliis; nec contentus solus perire, suasit aliis ut qui esset suæ malitiæ inventor fieret et aliorum auctor, et ex eo malum vel malitia percurrit in cæteras rationales creaturas.

CAP. LVIII. — *Nihil non mutabile præter Deum.*

Unde cognoscimus nihil esse natura immutabile, B nisi solum Deum, Patrem, et Filium, et Spiritum sanctum, qui mutari non potest a bono, quia natura possidet bonum, nec potest aliud quid esse quam bonum.

CAP. LIX. — *Stabilitas in angelis.*

Angeli vero, qui in illa qua creati sunt beatitudine perseverant, non natura possident bonum, ut non mutarentur cum cæteris, sed arbitrii **333** servantes bonam voluntatem, et bonum conditionis et fidem suo Domino. Propter quod et merito ab ipso Domino sancti angeli vocantur, quod tenuerunt arbitrii sanctitatem, nec sociorum exemplo deviaverunt a bono.

CAP. LX. — *Natura nihil est malum.*

Fides vera, quæ est catholica, omnium creaturarum, sive spiritualium, sive corporalium, bonam confitetur substantiam, et mali nullam esse naturam, quia Deus, qui universitatis est conditor, nihil non bonum fecit. Unde et diabolus bonus esset, si in eo C quod factus est permaneret. Sed qui naturali excellentia male usus est, et in veritate non stetit, non in contrariam substantiam transiit, sed a summo bono, cui debuit adhærere, discessit.

CAP. LXI. — *Felicitas angelorum.*

Virtutes angelicæ, quæ in divino amore fixæ perstiterunt, lapsis superbientibus angelis, hoc munere retributionis acceperunt, ut nulla jam rubigine subripientis culpæ mordeantur; ut et in contemplatione conditoris sine felicitatis fine permaneant, et in hoc sic conditæ æterna stabilitate subsistant.

CAP. LXII. — *Libera voluntas angelorum.*

Tales creati sunt angeli, ut, si vellent, in beatitudinis luce persisterent. Si autem vellent, etiam labi potuissent. Unde et Satan cum sequentibus legionibus cecidit. Sed post ejus lapsum ita confirmati sunt angeli qui perstiterunt, ut cadere omnino non possent, quia ne omnino jam caderent virtutem incommuta- D bilitatis acceperunt.

CAP. LXIII. —*Nuptiæ.*

Bonæ sunt nuptiæ, sed causa filiorum, et compescendæ fornicationis obtentu.

CAP. LXIV. — *Continentia.*

Melior est continentia, sed non sibi sufficit ad beatitudinem, si pro solo amore pudicitiæ retinetur,

CAP. LIII. *Quotidie*, etc. Confer cap. 18 lib. I de Offic. eccl., cum notis. Maurini, *si tamen mens in affectu peccandi non sit.*

CAP. LV. *Sicut Papiæ*, etc. Maurini, *sicut Papia auctore, Irenæus, Tertullianus*, etc. Utrumque textum vitiatum esse colligit Vezzosius ex Hieronymo, de Vir. illustr., cap. de Papia. Bignæus sic refert: *Sicut Papias, aut Cerinthus, et Tertullianus, et Lactantius acquiescunt.* Vezzosius, in textu, *post mille;* sed in nota melius dicit *per mille* cum aliis. Addit antiquiorem Nepote esse opinionem illam de duplici resurrectione.

CAP. LVII. Alii: *Malum vel malitiam non esse a Deo creatam, sed a diabolo inventam, qui*, etc., subintellecto *constat*, more Isidoriano.

CAP. LIX. Maurini, *suo Domino servaverunt. Unde et merito.* Quod rectum putat Vezzosius. Sed fortasse mutandum *servantes* in *servaverunt.*

CAP. LX. Hoc caput et duo seqq. desunt in Editionibus Bignæana et Maurinorum.

sed si et cum affectu causa vacandi Domino eligatur; A alioquin divortium magis conjugii videtur esse quam appetitio castitatis.

CAP. LXV. — *Virginitas.*

Virginitas utroque bono præcelsior est, quia et naturam vincit, et pugnam: naturam, corporis integritate; pugnam, pace castimoniæ, quæ pro solo amore pudicitiæ in pace est.

CAP. LXVI. — *Ciborum delectus.*

Bonum est cibum cum gratiarum actione sumere, et quidquid Deus præcepit edendum. Abstinere autem ab aliquibus, non quasi a malis, sed quasi non necessariis, non est malum. Moderari vero eorum usum pro necessitate et tempore, proprie Christianorum est.

CAP. LXVII. — *Nuptiæ et cibus.*

Malas dicere nuptias, vel fornicationi comparandas, aut stupro; cibos quoque credere malos, vel malitias causare percipientibus, non est Christianorum, sed B proprie Hierachitarum et Manichæorum.

CAP. LXVIII. — *Merita et abstinentia.*

Sacratæ Deo virginitati nuptias coæquare, aut pro amore castigandi corporis abstinentibus a vino vel carnibus nil credere meriti accrescere, non hoc Christiani, sed Joviniani est.

CAP. LXIX. — *Beatam Virginem semper fuisse virginem.*

Integra fide credendum est beatam Mariam Dei Christi matrem, et virginem concepisse, et virginem genuisse, et post partum virginem permansisse. **334** Nec est blasphemiæ Helvidii acquiescendum, qui dixit: Fuit Virgo ante partum, non virgo post partum.

CAP. LXX. — *De elementis mundi.*

Elementa, id est, cœlum et terram non credamus abolenda per ignem, sed in melius commutanda; C figuram quoque mundi, id est, imaginem, non substantiam transituram.

CAP. LXXI. — *De facultatibus erogandis.*

Bonum est facultates cum dispensatione pauperibus erogare. Melius est pro intentione sequendi Dominum insimul donare, et absolutum sollicitudine cum Christo egere.

CAP. LXXII. — *Impedimenta clericatus.*

Maritum duarum post baptismum matronarum clericum non ordinandum. Neque eum qui unam quidem, sed concubinam, non matronam habuit. Nec illum qui viduam, aut repudiatam, vel meretricem in matrimonio sumpsit. Neque eum qui semetipsum quolibet corporis sui membro indignatione aliqua, vel justo, injustove timore superatus, truncaverit. Neque illum qui usuras accepisse convincitur, aut in scena lusisse dignoscitur. Neque eum qui publica pœnitentia mortalia crimina deflet. Neque illum qui D aliquando in furiam versus insanivit, vel afflictione diaboli vexatus est. Nec eum qui per ambitionem ad imitationem Simonis Magi pecuniam offert.

CAP. LXXIII. — *De reliquiis sanctorum.*

Sanctorum corpora, et præcipue beatorum martyrum reliquias, ac si Christi membra, sincerissime honoranda, et basilicas, eorum nominibus appellatas, velut loca sancta divino cultui mancipata, affectu piissimo et devotione fidelissima adeundas credimus. Si quis contra hanc sententiam venerit, non Christianus, sed Eunomianus et Vigilantius creditur.

CAP. LXXIV. — *De catechumenis defunctis, et martyribus non baptizatis.*

Baptizatis tantum iter esse salutis credimus. Nullum catechumenum, quamvis in bonis operibus defunctum, vitam æternam habere credimus, excepto martyrio, ubi tota baptismi sacramenta complentur. Baptizandus confitetur fidem suam coram sacerdote, et interrogatus respondet; hoc et martyr coram persecutore facit qui et confitetur fidem suam, et interrogatus respondet. Ille post confessionem vel aspergitur aqua, vel intingitur; et hic vel aspergitur sanguine, vel contingitur igne. Ille manus impositione pontificis accipit Spiritum sanctum; hic habitaculum efficitur Spiritus sancti, dum non est ipse qui loquitur, sed Spiritus Patris qui loquitur in illo. Ille communicat Eucharistiæ in commemoratione mortis Domini; hic ipsi Christo commoritur. Ille confitetur se mundi actibus renuntiaturum; hic ipsi renuntiat vitæ. Illi peccata omnia dimittuntur; in isto exstinguuntur.

CAP. LXXV. — *Qualiter Eucharistia offeratur.*

In Eucharistia non debet pura aqua offerri, ut quidam sobrietatis falluntur imagine; sed vinum cum aqua mistum, quia et vinum fuit in redemptionis nostræ mysterio, cum dixit: *Non bibam amodo de hoc genimine vitis* (*Matth.* XXVI, 29); et aqua mistum, non quod post cœnam dabatur, sed **335** quod de latere ejus lancea perfosso aqua cum sanguine egressa, vinum de vera ejus carnis vitæ cum aqua expressum ostenditur.

CAP. LXXVI. — *De humana carne.*

Bona est caro nostra, et valde bona, utpote a bono solo Deo condita, et non est mala, ut volunt Sethianus, et Ophianus, et Patricianus; nec mali causa, ut docuit Florianus; nec ex malo et bono compacta, ut Manichæus blasphemat. Sed cum sit creatione bona, arbitrio animæ efficitur nobis vel bona, vel mala, non immutatione substantiæ, sed exsecutionis mercede. Ipsa enim est quæ stabit ante tribunal Christi, in quo perferat anima propria corporis, prout gessit, sive bonum, sive malum.

CAP. LXXVII. — *Resurrectio.*

In resurrectione ex mortuis sexus forma non mutabitur; sed vir mortuus resurget in forma viri et femina in forma feminæ, carens tamen sexuum in hac vita conditione, non specie naturali, ne non sit vera resurrectio, si non id resurget quod cadit.

CAP. LXXVIII. — *Animæ sanctorum ante passionem Domini.*

Ante passionem Domini omnes animæ sanctorum in inferno sub debito prævaricationis Adæ tenebantur, donec auctoritate Domini per indebitam ejus mortem a servili conditione liberarentur.

CAP. LXXIX. — *Animæ sanctorum post ascensionem.*

Post ascensionem Domini ad cœlos omnium sanctorum animæ cum Christo sunt, et exeuntes de corpore ad Christum vadunt, exspectantes resurrectionem corporis sui, ut ad integram et perpetuam beatitudinem cum ipso pariter immutentur, sicut et peccatorum animæ in inferno sub timore positæ exspectant resurrectionem sui corporis, ut cum ipso ad pœnam detrudantur æternam.

CAP. LXXX. — *De peccatorum venia.*

Pœnitentia aboleri peccata indubitanter credimus, etiam si in ultimo vitæ spiritu admissorum pœniteat, et publica lamentatione peccata prodantur,

CAP. LXVII. Alii, *vel mali causas percipientibus*; et *Encraticorum* pro *Hierachitarum*.

CAP. LXXII. *Afflictione*; al., *afflatione*.

CAP. LXXIV. *Contingitur*; al., *tingitur*; et *locutorium* pro *habitaculum*.

CAP. LXXV. Alii, *aqua mistum, quod post cœnam dabatur; sed et de latere ejus, quod lancea perfossum est, aqua egressa vinum de vera.... expressum ostendit.*

CAP. LXXVI. *Florianus*; al., *Florinus*; et *in qua* pro *in quo*.

CAP. LXXVII. Alii, *carens sexus tamen hujus vitæ tantum conditione.*

quia propositum Dei, quo decrevit salvare quod perierat, stat immobile; et ideo quia voluntas ejus non mutatur, sive emendatione vitæ, si tempus conceditur, sive supplicii confessione, si continuo vita exceditur, venia peccatorum fideliter præsumatur ab illo qui non vult mortem peccatoris, sed ut convertatur a perditione pœnitendo, et salvatus miseratione Domini vivat (*Ezech.* XVIII, 32; XXXIII, 11). Si quis aliter de justissima Dei pietate sentit, non Christianus, sed Novatianus est.

CAP. LXXXI. — *Quod diabolum lateant cogitationes.*

Internas animæ cogitationes diabolum non videre certi sumus; sed motibus eas corporis ab illo et affectionum indiciis colligi, experimento didicimus. Secreta autem cordis solus Ille novit ad quem dicitur: *Tu solus nosti corda filiorum hominum* (*III Reg.* VIII, 39).

CAP. LXXXII. — *Cogitationes.*

Non omnes malæ cogitationes nostræ semper diaboli instinctu excitantur, sed aliquoties ex nostri arbitrii motu emergunt. Bonæ autem cogitationes semper a Deo sunt.

CAP. LXXXIII. — *Dæmones quomodo occupent homines.*

Dæmones per energicam operationem non credimus substantialiter illabi animæ, sed applicatione, et oppressione uniri. Illabi autem menti illi soli possibile est qui creavit, qui, natura subsistens incorporeus, capabilis est suæ facturæ.

236 CAP. LXXXIV. — *De signis et virtutibus.*

Signa, et prodigia, et sanitates etiam peccatores
A in nomine Domini facere ab ipso Deo didicimus; et cum alios hac præsumptione juvent, sibi per ambitionem humanæ gloriæ nocent, quia gloriantur in dato falso, non meriti debito.

CAP. LXXXV. — *Quod nullus signis sanctus fit.*

Signis et prodigiis clarum posse fieri Christianum, non tamen sanctum, si intemperatis et asperis moribus agat; temperatis autem et placidis moribus etiam absque signorum efficacia et sanctum, et perfectum, et Dei hominem fieri, recte credimus.

CAP. LXXXVI. — *Sancti quoque peccatores.*

Nullus sanctus et justus caret peccato; nec tamen ex hoc desinit esse justus, vel sanctus, cum affectu teneat sanctitatem. Non enim naturæ humanæ viribus, sed propositi adjumento per Dei gratiam acquirimus sanctitatem. Et ideo veraciter se omnes sancti pronuntiant peccatores, quia in veritate habent quod plangant, etsi non reprehensione con-
B scientiæ, certe mobilitate et mutabilitate prævaricatricis naturæ.

CAP. LXXXVII. — *Pascha.*

Pascha, id est, dominicæ Resurrectionis solemnitas, ante transgressum vernalis æquinoctii et quartæ decimæ lunæ perfectionem non potest celebrari, in eodem mense natæ.

CAP. LXXXVIII. — *Imago Dei anima.*

Propter novellos legislatores, qui ideo animam tantum ad imaginem Dei creatam dicunt, ut quia Deus incorporeus recte creditur, etiam incorporea anima esse credatur, libere confitemur imaginem in æternitate, similitudinem in moribus inveniri.

CAP. LXXXVIII. Corpoream animam auctor dicit, ut supra, cap. 12.

APPENDIX XIV.

SENTENTIÆ DIFFERENTIARUM DE ACTIVA VITA ATQUE CONTEMPLATIVA.

1. Duæ sunt vitæ per quas omnes electi ad æternam beatitudinem perveniunt, activa, videlicet, et contemplativa. Activa namque vita pertinet ad dilectionem proximi, contemplativa vero ad dilectionem Dei. Utraque enim ita sibi connexa est, ut una sine alia sufficere nequaquam valeat. Quia nec dilectio proximi absque dilectione Dei quidquam prodest, neque dilectio Dei sine dilectione proximi perfectum efficere valet (Vide *Isidoriana*, c. 85, n. 8).

2. Interim vero in activa plurimi, pauci vero in contemplativa proficiunt. Illi vero perfecti esse noscuntur, qui intra Ecclesiam tempore discreto de activa vita ad contemplativam ascendere norunt, et de contemplativa ad activam per compassionem fraternam descendere sciunt.

3. Activa actio, si bene, ut decet, retineatur, sectatoribus suis vitam acquirit æternam. Contemplativa autem non solum vitam, sed et præmium accumulat.

4. Ad activam itaque vitam pertinet honestum conjugium, ad contemplativam vero virginitas atque continentia. Et ideo de conjugio præceptum est;
337 de virginitate vero et continentia, non est præceptum, sed persuasio.

5. Sicut est illud in Apostolo, ubi ait: *De virginibus præceptum Domini non habeo, consilium autem do* (*I Cor.* VII, 25). Et Veritas in Evangelio: *Non omnes*, inquit, *capiunt verbum istud, sed quibus datum est* (*Matth.* XIX, 11). Et infra: *Qui potest capere capiat* (*Ibid.*, 12).

6. Et per Isaiam prophetam Dominus de eunuchis, id est, virginibus, pollicens, ait: *Hæc dicit Dominus eunuchis: Qui custodierint sabbata mea et elegerint quæ volui, et tenuerint fœdus meum, dabo eis in domo mea et in muris meis locum, et nomen melius*
C *a filiis et filiabus. Nomen sempiternum dabo eis, quod non peribit* (*Isai.* LVI, 4, 5). Ubi enim electi proponitur optio, procul dubio conceditur.

7. Ad activam quippe vitam convenit unicuique fideli conjuge propria uti, alienam non concupiscere, in alteram quamlibet feminam, vivente uxore, corpus suum non dividere. Ad contemplativam autem pertinet conjugium spernere, carnis commistionem refugere, cælibem vitam in hac mortalitate imitari, filios spirituales non carne, sed verbo et exemplo generare.

8. Ad activam quippe actionem congruit unicuique fideli intra Ecclesiam propriam substantiam possidere, et eam rationabiliter dispensare; aliena vero non concupiscere, neque diripere, aut fraudare. Ad contemplativam autem congruit sua omnia funditus relinquere, et absolutum a mundi sollicitudinibus Deo vacare.

9. Ad activam itaque vitam pertinet hoc quod
D Veritas cuidam adolescenti se interroganti primum proposuit dicens: *Si vis ad vitam ingredi, serva mandata. Dicit ille: Quæ? Jesus autem dixit: Non homicidium facies, non adulterabis, non facies furtum, non falsum testimonium dices. Honora patrem tuum, et matrem, et diliges proximum tuum sicut teipsum.* Ad contemplativam vero expedit hoc, quod illi addidit, dicens: *Si vis perfectus esse, vade, vende omnia tua, et da pauperibus, et habebis thesaurum in cœlo, et veni, sequere me* (*Matth.* XIX, 17).

10. Ad contemplativam igitur vitam pertinet hoc quod idem Redemptor noster solus nocte in monte orabat. Ad activam autem quod in die turbis admistus, eis prædicabat, et eorum languidos curabat.

11. Ad contemplativam namque vitam convenit

hoc quod apostolus Paulus de semetipso et cæteris A perfectis ait: *Sive mente excedimus, Deo.* Ad activam vero illud, quod addidit: *Sive sobrii sumus, vobis. Charitas enim Christi urget nos* (*II Cor.* v, 13, 14).

12. Ad contemplativam vitam, per quam unusquisque perfectus potiores virtutes supra fundamentum fidei ædificat, pertinet illud quod idem Apostolus dicit: *Si quis autem ædificat supra fundamentum hoc aurum, argentum, lapides pretiosos, si cujus opus manserit, quod superædificat, mercedem accipiet.* Ad activam vero refertur hoc quod addidit: *Lignum, fenum, stipulam,* id est, terrenam substantiam, et rei familiaris sollicitudinem **338**: de quo adjiciens, ait: *Si cujus opus arserit, detrimentum patietur. Ipse tamen salvus erit, sic tamen quasi per ignem* (*I Cor.* III, 12).

13. *Salvus*, inquit, *erit, non tamen mercedem accipiet*, dixit, sicut de illo qui aurum, argentum et lapides pretiosos, hoc est, spirituales divitias superædificat. *Ignem* autem hoc in loco tribulationes vitæ B præsentis, per quas justi probantur, accipiendum est.

14. Ad activam namque vitam pertinet pauperum curam gerere, esurientes pascere, nudos operire, infirmos, vel in carcere positos visitare, hospites colligere, mœstos consolari, mortuos sepelire, domesticos carnis suæ non negligere, servis Dei obsequi, negotia populi juste discernere, et unicuique jus proprium assignare, oppressis subvenire, imbecillem de manu violenti liberare, viduas ac pupillos tueri, improbis resistere, atque facinorosos per severitatem a malis actibus compescere. Quæ omnia et his similia in præsenti vita tantummodo necessaria sunt.

15. Ad theoreticam, id est, contemplativam vitam pertinet præsens sæculum funditus relinquere, et mundi actibus alienum existere, cuncta præsentia mente postponere, intentionem ad cœlestia extendere, et cuncta quæ videntur quasi transacta despicere, C cogitationem mentis non in ea quæ videntur, sed in illa quæ non videntur figere, lectioni vacare, orationi insistere, et in Dei laudibus absque intermissione vigilare.

16. Ille vero, ut supra dictum est, strenue vivit, qui tempore congruo de activa vita ad contemplativam consurgere scit, et de contemplativa ad activam conscendere (*Forte*, *descendere*) novit. De qua activa, id est, simplici actione, si paulum quispiam ad infima declinaverit, confestim ad vitia corruet, quæ illum non sursum levent, sed deorsum in barathrum peccatorum demergant.

17. Contemplativam namque vitam significavit spelunca illa interior in qua Abraham Saram conjugem suam defunctam sepelivit, et ipse humatus quiescit; sicut et omnes electos post excursum vitæ præsentis, quæ activæ vitæ comparatur, æterna contemplatio suscipit.

18. Activam vero innuit in eadem spelunca pars exterior, per quam transitur ad interiorem. Quia D sicut vitæ mundanæ activa vita monumentum, ita activæ vitæ contemplativa sepulcrum est.

19. In illa enim homo, hoc est, in activa moritur omni peccato, sicut dicit Apostolus: *Dilectio proximi malum non operatur.* In ista vero, id est, contemplativa, velut mortuus sepelitur ab omnium actione sæcularium negotiorum.

20. Ad contemplationis intentionem figuraliter convenit hoc quod Jacob per innitentem usque in cœlum scalam angelos Dei ascendentes vidit; ad actualem vero, quod descendentes. De qua ascensione atque descensione Veritas in Evangelio ait: *Amen dico vobis, quia videbitis cœlos apertos, et angelos Dei ascendentes et descendentes super Filium hominis* (*Joan.* I, 51). Per angelos quippe Dei sanctos prædicatores, per Filium vero hominis universos fideles Ecclesiæ, qui membra sunt Christi, exprimit.

21. Actualem quippe vitam, id est, simplicem actionem mystice significant sex anni in quibus nobis lex præcepit agros nostros serere, et vineis **339** culturam adhibere. Superiorem vero, hoc est, contemplativam figurat annus septimus, in quo jubemur a terreno opere cessare, agrum non serere, neque vineam putare.

22. Ut terram possessionis nostræ sabbatizare Sabbata sua permittamus, hoc est, qui dudum servivimus mundo, qui in sex diebus factus est, et ejus actibus occupati fueramus, tandem ad Dei servitium conversi, et a sollicitudine sæculi hujus, et mundi oneribus liberi, in Deo sabbatizare, id est, mente quiescere valeamus.

23. Ad activæ vitæ perseverantiam pertinet hoc, quod animalia illa per quæ signantur sancti prædicatores in libro Ezechielis prophetæ, ibant, et non revertebantur. In eo autem quod ibant, et revertebantur, pertinet ad contemplativæ vitæ mensuram; in qua dum quisque intendit, sua reverberatus infirmitate, flectitur, atque iterum renovata intentione ad ea unde descenderat rursus erigitur. Quod fieri in activa vita non potest; de qua si quisque reflectat vel ad modicum, statim vitiorum excipitur luxu.

24. Superiorem vitam, id est, intellectualem innuunt alæ eorumdem animalium, hoc est, sanctorum virorum, per quæ ad alta, id est, ad cœlestia sublevantur; actualem vero designant manus eorum alis subter positæ ob hoc, quia contemplatio supereminet actioni, actio vero subsequitur contemplationem.

25. Activam igitur vitam mystice figurant sex cubiti in calamo illo, ex quo propheta Ezechiel omne ædificium illud spirituale mensurari conspexit. Contemplativam vero exprimit palmus, qui supra sex cubitos in eadem mensura spirituali additus esse perhibetur.

26. Hoc ideo, quia activa actio præsenti in vita habet perfectionem suam; contemplativa autem hic incipit, sed in futuro perficitur; et idcirco non plenum cubitum, sed quasi medium de futura contemplatione præsenti in vita attingit.

27. Activam vitam mystice significavit Lia uxor Jacob, quæ licet fecunda foret in prole, tamen lippis erat oculis, quia actualis actio, quamvis in bonis operibus plurimos filios generet, tamen præ sollicitudine sæculi hujus ea quæ Dei sunt clare cernere non valet.

28. Contemplativam vero vitam significavit Rachel, quæ sterilis in filiis suis esse perhibetur, sed tamen pura facie, quia contemplativa vita, in quantum a mundi actibus libera, tantum in Dei contemplatione perspicua fit. Quam comparationem et de Phenenna et Anna, et de Maria et Martha, strenuus lector conjicere potest.

29. Sciendum vero est quod omnis conversus ad Deum, prius per activam vitam, hoc est, simplicem actionem, exhaurire debet pristina vitia, quæ se illi in via Dei opponunt, et sic demum ad contemplationem surgere; qualiter defæcatus ab omni fæce peccaminum, mundo corde, et justo corpore, ea quæ Dei sunt libere valeat speculari.

30. Nam qui per simplicem actionem ad bene operandum necdum idoneus est, nequaquam se ad contemplationem extendere debet, ne forte **340** dum indiscrete inchoare appetit quod perseverare non valet, lapsus deficiat, et ea quæ renuntiavit rursus repetat, et fiant novissima pejora prioribus.

31. Hoc quippe significat quod Veritas universos infirmos mente ab hac intentione salubriter compescens, ait: *Quod si oculus tuus dexter scandalizat te*, per quem signatur vita contemplativa, *erue eum, et projice abs te* (*Matth.* v, 29). Duo quippe oculi in facie, activa vita, et contemplativa in homine.

32. Qui igitur per contemplationem docebat errorem, melius est, si, evulso contemplationis oculo, servet sibi unum vitæ actualis obtutum, ut sit utilius illi per simplicem actionem ire ad vitam, quam per

contemplationis errorem mitti in gehennam inexstinguibilem.

33. Hoc rursus idem Dominus in eo quem a legione dæmonum curavit ostendit, cum illum se sequi volentem prohibuit, dicens : *Vade in domum tuam, et narra quanta tibi fecerit Deus* (*Matth.* IX, 6); hoc mystice exprimens, quia qui multis vitiis adhuc noxius est, Deum sequi per contemplationem non potest.

34. Hoc etiam lex figuraliter præcipit, cum dicit : *Si quis ædificavit domum novam et non dedicavit eam, vadat, et revertatur in domum suam, ne forte moriatur in bello, et alius homo dedicet eam. Quis est homo qui plantavit vineam, et necdum fecit eam esse communem, ex qua vesci possit? Vadat, et revertatur in domum suam* (*Deut.* XX, 5), et cætera.

35. Id est, qui adhuc per simplicem vitam neque se optime regere novit, neque domui suæ præesse scit, ad spiritualem malitiam, hoc est, ad sacerdotale ministerium nequaquam conspirare debebit : ne forte per ignaviam mentis, et vitam reprobam et ipse pereat, et cæteris se sequentibus exemplum perditionis relinquat.

36. De talibus ait Apostolus : *Qui enim domui suæ præesse nescit, quomodo Ecclesiæ Dei diligentiam habebit? Non neophytum, ne in superbiam elatus in judicium incidat diaboli* (*I Tim.* III, 5, 6).

37. Sciendum vero est quod activa actio ad obtinendam vitam si recte, ut decet, teneatur, absque contemplativa, id est, absque rerum remuneratione sibi sufficit, etiam si cuncta quæ habet renuntiare non valeat. Contemplativa autem, quousque mortaliter vivimus, sine activa se explicare non valet.

38. Nemo quippe tam perfecte in hac vita in Dei contemplatione suspensus vivere potest, ut saltem propter carnis infirmitatem et fraternam compassionem ad terrenam actionem descendere illi necessarium non sit.

39. Quamobrem activa vita hic habet inchoationem, et finem; contemplativa autem in hac vita incipit, sed in futura percipitur [*Forte*, perficitur]. Et ideo non ante mortem carnis, sed post mortem ad id quod ardenter diligit pervenire potest.

APPENDIX XV

NORMA VIVENDI.

341 1. Age, fili, ut oportet, age ut decet, age ut dignum est. Propone tibi ut non pecces, ut culpas tuas non reiteres, post lapsum denuo ne delinquas; bona et mala prout eveniunt tolera; quæcunque eveniunt mente libera sustine; patientiæ et mansuetudini ante omnia operam des; irrisionem despiciendo supera; sagittas contumeliæ patientiæ clypeo frange; præpara contra omnem aspectum clypeum patientiæ; contra linguæ gladium tolerantiæ præbe scutum, tacendo siquidem melius vinces (Vide *Isidoriana, cap.* 82).

2. Disce a Christo modestiam, disce et moderantiam, tolerantiamque Christi attende, et non dolebis injurias. Maxima est virtus, si non lædis a quo læsus fueris, vel etsi læsus permittis. Maxima est virtus, si cuicunque nocere potuisti parcis; quando enim cruciaris propterea, peccata tua præcingunt te; quando minaris, mala tua iter faciunt; quidquid tibi adversi evenit, propter peccata tua tibi evenit. Consideratione igitur justitiæ dolorem tempera; melius dolorem portabis, si pro quibus tibi eveniunt intendas.

3. Cum igitur tibi derogatur, ora; cum maledicitur, tunc benedic; maledictioni benedictionem oppone, et irascentem patientia delinire stude; blandimento iracundiam fervescentem dispelle; nequitiam bonitate verbi vince; malitiam benignitate, inimicos omnes modestia placa, aliorum mala tua bonitate supera. Tranquilla mente illatas contumelias perde, aperi tranquillo corde dolores; vulnus in imo corde, quamvis grave sit, apertum evaporat, valde autem comedit animum inclusum. Quanto enim magis tegis, tanto magis auges; aperi igitur grato animo, et non te excruciet.

4. Si tristaveris in aliquo fratrem tuum, satisfac ei. Si peccaveris in illum, pœnitentiam age cum eo. Si offenderis aliquem, propitia eum prece, parce velociter, ad reconciliationem offensioni tuæ cito veniam postula; non dormites, nisi convertaris ad pacem; non requiescas, nisi reconciliatus fueris fratri tuo. Revoca eum celerrimo dilectionis affectu. Revoca eum humilitate ad gratiam; humilitatis affectu illi te prosterne, et supplici modo veniam deprecare; petenti quoque tibi veniam libenter indulge, et poscenti indulgentiam placatus dimitte.

5. Reverentiam sanctam amplectere, et confestim benigna suscipe charitate; peccanti juste non dimittas, sed culpam sciturus, quia in te est venturum judicium; non habebis indulgentiam, nisi dederis. Etsi ille non supplicet, sibique humiliter dimitti non postulet, si peccatum suum mala consuetudine non cognoscat conscientia, tu tamen ex corde relaxa, veniam quoque propria voluntate concede; aufer a corde fraternam offensam, vel offensionem, et alienæ nequitiæ non servito; odium enim a Deo separat, nec sanguine fuso deletur.

6. Pacem ama, pacem dilige, pacem cum omnibus habe et tene, **342** omnesque in mansuetudine et charitate complectere; præpara amplius amare quam ameris ipse; non sis in pace infidus, non sis levis in amicitia, retine semper vinculum constantiæ; odientes ad pacem invita.

7. Discerne te tuo, non alieno judicio; nec ex alieno sermone, sed ex tua te mente metire. Nemo melius et magis scire potest quid tu scis quam tu, cum conscius tui es. Quibus vero prodest, si malus, si bonus prædiceris; aut quæ laus hominum pertinet ad te, si alius es quam laudaris? Quapropter vita simulationem, vita hypocrisin, sub obscuriori veste non simula sanctitatem. Qualis haberi vis, talis esto professione tua et habitu; et in incessu tuo sit simplicitas, et in motu puritas; nihil dedecoris, nihil lasciviæ, nihil petulantiæ, nihil insolentiæ in incessu tuo appareat; gestus enim corporis signum est mentis; non præbeas de te aliis spectaculum, nec aliis obtrectandi locum.

8. Non te adjungas levibus personis, nec te admisceas vanis; vita malos, cave iniquos, fuge malignos, sperne ignaros, fuga a te turbas hominum, maxime illius ætatis qui ad vitia proni sunt. Bonis jungere, et sanctis individue sociare. Si feceris, socius conversationis illius eorum eris et virtutum; periculum enim est pessimis sociari, melius est eorum odium quam consortium.

9. Claude aures, ne audias aliquid impudicum; vanus enim sermo cito polluit mentem, et facile læditur turpibus, et malis omnibus, agiturque libenter quod auditur. Nemo enim creditur odisse quorum relatione non læditur; nihil ex ore tuo procedat quo turpescas, vel quod turpe sit; sed hæc erumpant ex ore tuo, et ex labiis, quæ aures non polluant audientium; sermo enim vanus conscientiæ vanæ est index. Mores hominis lingua pandit, et qualis sermo ostenditur, talis animus comprobatur. Ab otioso sermone compesce linguam, nec inania verba loquaris; sermo enim otiosus non erit sine judicio. Unusquisque enim redditurus est rationem sermonum suorum, ante uniuscujusque hominis faciem stabunt verba sua. Qui verba mala non reprimit, ad noxia cito transit; et qui minima non respuit, in

maxima valde prorumpit; minorum namque culpa majorem generat.

10. Particulatim crescunt vitia, et dum parva non cavemus, in magnis prolabimur; minora itaque devita, et ad majora non devenies. Ea quæ loqueris gravitate atque doctrina existant culta, sitque sermo tuus irreprehensibilis, ad exspectationem audientium utilis; stude loqui omnino quodlibet secundum quod oportet; discerne quid loquaris, quid taceas. Intende, et loquere, et loquendo peritus esto. Multum autem delibera quod loqui vis, ne revocare non possis quod dixeris; fuge casus linguæ, nec pateat injuriæ jaculis os tuum. Cum amico semper habeto silentium, vide opportunitatem loquendi, et proferendi sermonem, et expendendi. Maneat in ore tuo mensura, in sermone tuo sit statera, abscinde et a lingua tua vitium detrahendi, et de alieno malo os tuum non coinquines; quod in alio detrahis, hoc in te potius pertimesce.

11. Quod inter se loquuntur homines, hoc nunquam scire desideres, **343** nec quæras aliquem qui dicat tibi; omitte causam quæ ad animam tuam non pertinet, nec oblitus morum tuorum alienos perscruteris; tanto animo corrige vitia tua, quanto studio prospexeris aliena.

12. Omne genus mendacii summopere fuge; non studium loquacium fratrum, nec qualibet fallacia vitam alicujus defendas; nullum mendacium justum, quod a veritate discordat, in quo etiam prohibetur duplex juramentum, assiduitas enim perjurii assuetudinem facit. Fac bonum quod spopondisti, non in verba facilis, sed etiam factis et operibus difficilis: sine consideratione unquam nil facias, vel præsumas; quando poteris facere, non pollicearis facere. Multum Deo reus eris, si non reddideris quod voves; in malis autem promissis rescinde fidem. Non est promissio quæ dolore adimpletur.

13. Si vis tuas adimplere virtutes, prodere noli; occulta virtutes pro elatione; absconde bona facta pro arrogantia; fuge videri quod esse meruisti; qui manifestando poteras amittere, tacendo custodi. Vitia vero cordis tui revela, pravas cogitationes manifesta illico, peccatum enim revelatum cito curatur, simulata culpa crescit. Si patet vitium, ex magno fit pusillum; si latet peccatum, ex minimo fit maximum. Melius est autem ut vites vitium quam ut emendes, ne forte cum incurreris, pessima consuetudine revocare non possis. Consuetudinis vincula vix solvuntur, et inolita diu tardius corriguntur.

14. Incipientem diu delibera sententiam, et quod vis diu agere, diu exquire, proba, et age; nil enim in agendo præcipiti consilio, sed mora melius est. In rebus autem bonis tarditas removeatur; in bonis enim dilatio nocet, et quod expedit differre impedit. In bonis absit remissa segnities, absit negligentia, carnis vitia cito captant inertes; per torporem enim vires et ingenium defluunt, et desidia natura corrumpitur; hebetudo scientiæ lumen exstinguit, solertia autem meliorem reddit; ardentius fit ingenium subjuncto studio, et tardiora ingenia studiis acuuntur. Torporem naturæ industria excitat, spiritus tarditatem assiduitas acuit. Expergiscentia perficit spiritum, expergiscentia plus scitur, sæpe namque consuetudinem superat, sæpe ex consuetudine naturæ est effectus; assiduitas enim mores facit, jugis usus in naturam se vertit, quod cum difficultate per usum sine difficultate perficies.

15. Disce quod nescis, ne doctor inutilis inveniaris; bonum autem quod didiceris doce; sapientiam cum cæteris impertieris, tibi hanc auges, sapientia exinde longior fit; retinendo minor est, et dum plus confertur, abundat. Verba tua cum præcedunt opus, quæ ore promis, quæ ore promittis, opere adimple; quæ verbis doces, exsecutione exhibe et ostende. Esto non solum magister, sed imitator virtutum. Si doces, et facis, tunc gloriosus eris. Non enim satis est laudare quod dixeris, nisi dictis facta commisceas. In doctrina tui ipsius ab humana te laude tempora; sic instrue alios, ut teipsum custodias, sic doce, ut humilitatis gratiam non amittas.

16. Cave, ne, dum alios docendo erigis, ipse laudis appetitione derogeris. **344** Cum autem instruis eos, obscuritate noli uti, sed ita dic ut intelligaris, ne loquendo simplicibus displiceas, ne prudentes offendas; juxta spiritum audientium erit sermo doctorum. Secundum mores incipienda est doctrina; juxta vulnus adhibenda sunt remedia, variæ enim voluntates diversam disciplinam desiderant. Unusquisque igitur secundum suam professionem est docendus. Inspicienda est utilitas personarum, et unumquemque taliter in erudiendo tracta. Committe omnibus secreta professionis tuæ, loquere aperte.

17. Cunctis operta paucis annuntia; ne erubescas loqui quod nosti defendere; et quod tibi scientiæ sentis deesse, ab aliis quære; quærendo enim obtecta clarescunt, et difficilia conferendo aperiuntur. Nulla sit tibi curiositas sciendi latentia, nec ultra quam scriptum erit quæras scientiam. Non cupias quod scire non licet. In disputatione non contradicas justitiæ; nec contendas evacuare quod rectum est; in omni disputatione rectum tene, et plus dilige audire quam loqui. In principio audi, in fine loquere. In omni re finis attendatur, extrema quærantur, meliorque est sermo novissimus quam primus.

18. Venerare omnes scientia et vita meliores, et unumquemque pro suo merito sanctitatis potiori gradui competentem reverentiam tribue, nec te æqualem sanctiori exhibeas. Senioribus præsta obedientiam, et eorum senio obsequio obedi. Cunctis in præceptis sic obtempera, ut obtemperando hominum votis Deum non offendas. Malum visus facere, non consuescas, nec adhuc si pœnæ immineant, peccanti cuiquam non aquiescas; melius namque est pati mortem quam perniciosa mala adimplere. Non solum quippe factorum, sed conscius peccati tenetur obnoxius; neque immunis est a scelere qui, ut faceret male, obedivit. Similis est qui obtemperat malo ei qui facit malum; facientem et obsequentem pari pœna constringe.

19. A subditis magis venerari quam timeri stude, ut tibi plus dilectionis officio quam contradictionis necessitate adhæreant. Subjecti te plus revereantur quam timeant; ex reverentia enim amor procedit, et odium tremor confert; fidem metus tollit, affectus restituit; timor non servat diuturnam fidem; ubi timor audet, eum sequitur robur; ubi timor, audentia sequitur; et ubi metus, desperatio occurrit. Quapropter tempera oris sementem, summaque bonitate subditos convenit regere; non sis terribilis in subjectis, sed sic dominare, ut tibi delectent servire.

20. Tene modum in omni tempore, ut nihil intemperatum agas, nec minus, nec ultra quam oportet, nec in bonis nisi moderatus esse non debes. Omnia enim medicamenta utilia sunt, et cum tempore omnia fiunt utilia; recta enim immoderato usu corrumpuntur, omnis nimietas in vitio est; prospice igitur quid aptum sit tibi, et tempori, et ubi, quando, quare, quandiu facere debeatur; causas rerum et tempora inspice, et singulorum operum discretiones diligenter distingue.

21. Dignosce omnia quæ agis, quare bonum incipias, quare peragas; in omni operatione discretionem tene, nec in aliquo indiscretus sis. **345** Cum bene discreveris opus tuum, multa sunt consuetudine vitiata, multa pravo usu præsumpta, et multa contra pudicos mores usurpata; tunc minime consuetudinem serva et legem, usus auctoritati cedat, pravum usum lex et ratio vincant. Testimonio tuo nulli noceas, nec ad alicujus periculum vocem testificationis adhibeas. Sermo tuus nec animam cujusquam, nec res impediat, nullum contra veritatem defendas.

22. Cum judicas, ne ullius personæ affectu deflectaris, a viro paupere, aut a divite, causam prospice, non personam. Sperne munus, ne per hoc jus-

titia corrumpatur; munera enim semper veritatem prævaricant, et cito a viro violatur justitia. De justo judicio temporalia lucra non appetas, pro justitia nullum tibi præmium quæras dum judicas, pro futuro serva mercedem, nec quæras in terra rependi quod tibi in futuro debetur. Excute manus tuas ab omni munere, si in cœlis velis habitare; in judicio quoque sine misericordia sedeas. Custodi justitiam discretionis, et noli plus justus esse quam oportet. Omne enim quod nimium est vitium est.

23. Impia justitia est fragilitati humanæ non ignoscere; non igitur ames damnare, sed emendare potius quam corrigere. Tene rigorem in discretione justitiæ, judicii examen sequatur pietas, disciplinæ rigorem temperet indulgentia, ita clemens esto in alienis delictis, sicut in tuis, nec quemquam districtius judices quam sicut teipsum. Sic alios judica, ut te judicari cupis; dum enim indulges aliena peccata, tibi misereris; judicium quod aliis imponis ipse portabis. In eo enim in quo judicas es judicandus; in qua mensura mensus fueris, remetietur tibi.

24. Omnia quæ inquisieris cum justitia definias, nunquam judices suspicionis arbitrio; ante proba, tunc judica; non enim qui accusatur, sed criminator reus est; periculum est aliquid præsumptuose judicare. In ambiguis de judicio serva sententiam. Qui nosti tua, quando nescis, divino serva judicio; non nitaris damnare judicio humano quod Deus suo examini servat; incerta non judicemus, quoadusque novissime veniat Dominus, qui latentia producet in lucem. Quamvis enim non credenda sunt, ideo tamen dimittentur, nisi quæ certis indiciis approbantur, et non quæ manifesto examini committuntur, et non quæ ordine judiciario comprobantur.

25. In summo honore tibi suprema sit veritas; quamvis sublimis sis potestatis, in te celsitudinem reprime; non te extollat honor, sed præsideat humilitas culmen sublimitatis. Tanto esto majori humilitate conspicuus, quanto es magna dignitate præclarus. Impositas tibi curas humiliter exple, et traditum tibi ministerium mente subdita suscipe. Esto obediens divinæ dispositioni, et voluntati ejus contraire non audeas. Jura potestatis adeptæ moderanter exerce, et omnia non turbulento, sed tranquillo corde dispone. Cave honores, quos sine culpa tenere non poteris. Sublimitas enim honorum magnitudo scelerum, in majori gradu sine dubio pœna major.

26. Si vis esse quietus, nihil sæculi appetas. Semper requiem mentis habebis, si a te curam mundi abjicias, semperque quiete æterna frueris, **346** si te a strepitu terrenarum rerum abstraxeris. Abjice a te quidquid bonum propositum impedire poterit, et toto animo odies damna quæ diligit mundus. Quidquid habes, habeto ad misericordiam. Suffragatur virtus tua in operibus. Non eligas cui miserearis, ne forte prætereas illum qui meretur accipere. Omnibus da, ne forte cui non dederis ipse sit Christus; et cui largiris, cum hilaritate largire; et quidquid tribuis, cum affectu tribue; tribue misericordiam sine murmuratione, præbe eleemosynam sine tædio.

27. Major autem sit benevolentia quam quod datur. Major sit gratia quam quod impenditur; tale enim erit opus tuum qualis fuerit intentio tua. Quod enim affectu bono dispensatur, hoc accipit Deus; qui autem cum tædio dat, perdit mercedem suam. Qui cum tristitia manum porrigit, fructum amittit remunerationis; non est misericordia, ubi non est benevolentia. De tuis justis laboribus ministra pauperibus. Non auferas uni unde tribuas alteri. Nihil prodest si alium inde reficis unde alium inanem facis. Condemnat miseratio ista, non propitiat. Bonum quod facis misericordiæ causa, non jactantiæ, facito; nil propter temporalem opinionem, nihil propter famam, sed propter vitam æternam et Dei charitatem. Quidquid agis, pro futura mercede age, æternæ remunerationis exspectatio te teneat. Amputas quidquid egeris causa gloriæ, hoc est facti tui.

28. Si dederis ita, ut hominibus innotescat, non homini, sed propriæ personæ præstitisti, nec quod ad æternam, sed quod ad hujus [*Forte*, hujus vitæ] gloriam proficit. Ecce accepisti modica, data est tibi norma vivendi; nulla te ignorantia excusat, non es jam vitæ nescius, non es imprudens, aut ignarus, legem quam debes sequi, dispositionis qualis esse debeas, descripsi. Cognitionem mandatorum habes. Jam scis quid est recte vivere, vide ne ultra offendas, vide ne quod recipis legendo contemnas vivendo. Bonum scire, acceptum retine, et imple opere quod didicisti præceptione. Vide deinceps ne bonum quod accepisti despicias. Amen.

APPENDIX XVI.

EXHORTATIO POENITENDI CUM CONSOLATIONE ET MISERICORDIA DEI,

AD ANIMAM FUTURA JUDICIA FORMIDANTEM [a].

Cur fluctuas, anima, mœrorum quassata procellis?
Usquequo multimoda cogitatione turbaris?
Mens confusa tædiis, itineris devia carpens,
Tramites caliginis subducta luce percurrit.
Non ablatas res, cellulas mundi facesque suspires,
Nec casus honoris, sed ruinas animæ plora.
Non hæc defunctoria doleas exitia carnis;
Sed perseverantia Tartari tormenta formida.
Nec ærumnas carceris abigas, quibus fine carebis;
Sed juges Averni miserias prospectans evita,
347 Quæ hic redimi faciti compendio possunt,
Si mundi affectus in amorem Christi convertas,
Et te non negligas ab iniquitate privare.
Cuncta peccata a corde divulsa propellas,
Res iniquas penitus remove, saltemque percussus,
Abhorre, ut sinceritate ruat vel sero reniteas.
Abjecit te mundus percussitque, rescripsit, derisit.
Quare non consideras quid a te Christus exquirit?
Non humana manu talia te perpeti putes,
Sed hæc provenisse divino judicio crede.
Irritasti contra te Dominum offensa delicti,
Qui te flagris arguens corripit, coercet, affligit,
Flagelli impendio monet, ut errata cognoscas
Et agnita pœnitens corrigas, distringas, emendes.
Hoc sentire debes, quod instanti verbere pulsatus,
Ut benevolus a malo segregatus existas,
Et perniciosa respuens, innoxia quæras.
Vult contritionis nunc te examinare camino,
Quo conflatus pristinas vitiorum sordes amittas.
Cur ergo per quæquam diffusus mente vaga curris?
Ad calcem examinis sensus tui collige gressus.
Discute cor tuum, cautius interroga mentem,
Quid ludibriosum retinet, vel gessit, exponat.

[a] *Vide* Isidoriana, c. 81, n. 19 et seqq.

quid sævum, quid noxium concepit, vel operit, pandat;
Et dum est licentia, totum prædamnare festina.
Ecce perpetrata cuncta coram oculis constant,
Et secreto murmure mens universa proponit.
Quid admissa crimina nisi lamenta requirunt?
Quid vult facti vulnus, nisi malagmata fletus?
Nullum scelus aliter nisi pœnitendo
Expiatur, imo puniendo, ne sit jam ultra,
Deletur. Ergo si ruisse nequiter vivendo
Displicet, surge decenter. Melius agendo præcurre
Judicem futurum, timens perdentem iniquos.
Hunc post sæculi crimina opere justitiæ placa.
Atros ignes inferi, quod est mors secunda, pavesce;
Sed admissa pœnitens puni peccata, et vives.
In hac vita lacrymis exstingue Tartari flammas,
Et necando crimina vires evacua mortis.
Mors illic non repetit quos hic viventes amittit,
Nam qui se peccato dirimit, justitiæ jungit;
Et spiritus vitæ obsequens mandata custodit,
Peccata repudians morti servire contemnit.
Ultra jam non moritur, nec mors dominabitur illi,
Neque eum Tartarum excipiet in morte, sed cœlum,
348 Nullatenus dubites in hoc, nec unquam diffidas;
Nam sic protestanda divina dicta decernunt:
Ad regnum profecto transierunt cum Christo victuri,
Qui pœnituisse mala perpetrata probantur.
Nulla te res dubium de misericordia reddat.
Nam parcere Deus promptus est clementer indignis,
Atque pœnitentibus veniam libenter donare,
Tantum si pœniteas, nec jam pœnitenda committas;
Et ob hoc irrisor atque subsannator vocatus,
Vertas pœnitentiam in punitionem periculi.
Labor sine fructu est, et spes vanissima valde,
Sic peccata plangere, ut non desinatur peccare.
Quasi quis instructa destruat, diruta reformet,
Si quod lavat hodie, polluat et sordidet cras;
Sic enim non lotus habetur, sed semper immundus.
Nec capit hujusmodi veniam, sed provocat iram,
Quoniam non diluit, sed dilatat criminum gesta.
Tu denique cautius talium exempla declinans,
Et jam peccasse pœnitere, et jam peccare desiste.
Dissipa præteritas lacrymarum opere culpas.
Da eleemosynam, si habes, redime probra,
Et sequi vanissima respue, contemnere cura.
Sit jam abdicabile, sit abominabile semper peccatum,
Quod cœlo distrahit, in infernum deponit.
Melius sit regni gloriam nitore carpere,
Quam regni jacturam sordium horrore perferre.
Conversus ad Dominum post tenebras lucem arripe,
Amplectensque vitam mortalia facta relinque.
Confitere illi, compungere, plangito, roga,
Dic: Peccavi nimium, parce, miserere, proclama.
Curva cordis genua, prostratus corpore in terram.
Obsecra assidue, profusis lacrymis ora,
Lenias ut humilis, quem exasperasti superbus.
Nam Dei clementiam humiles et flentes acquirunt,
Non ridentes impetrant, neque contumaces exorant.
Certo te pœniteat perperam quæcunque gessisti,
Ut odiens horreas quidquid indecenter amabas,
Quod pudore congruo rubor verecundus aspersit,
Rite demum veniam lacrymarum prece requiras.
His namque fomentis animæ peccata medetur.
Et omnia vulnera priscam sanitatem recepiant.
Sic namque divinum sedas cito furorem;
Sic profecto capies quidquid lacrymando deposcis;
Sic denique poteris evadere quidquid.
Claudit, obligat, officit, affligit, obumbrat,
349 Et ad Dei gratiam hoc modo redire gaudebis.
Quamvis sis peccator impius, malignus, iniquus,
Criminis omni genere contagioque pollutus,
Pete a Deo veniam, hæsitans nequaquam in fide,
Qui omni peccamine cunctos pœnitentes expurgat.
Omne dimittit facinus vera pœnitudo delicti,
Nec est crimen ullum quod nequaquam lacrymæ tergant.
Quamvis de justitia terreat judicii dies,
Nunc misericordia certa pœnitudo potitur.
Delinquentem Deus de præterito damnat,
Si bonus ex malo fuerit extremo repertus,
Ut dicitur impio, si impietates relinquat,
Opera justitiæ faciat, extremo conversus,
Impietas illius omnis oblita demetur,
Mortique sublatus æterna per sæcula vivet.
Sic denique Paulus fidelis ex infido factus
Cunctis caret criminibus, quæ impie gesserat olim.
Sic ex publicano venit evangelista Matthæus.
Sicque Cyprianus ex mago sacerdos et martyr.
Sic et Augustinus ardentior carnis amator,
Fit ex Manichæo mundi probatus magister [a].
Sic et Ninivitæ impia, obscena, nefanda deflentes
Flagitia, vitam pœnitendo merentur.
Manasses, qui idolis templum repleverat Dei,
Et de cœlo pridem datam profanaverat legem,
Post, amisso regno, captivus, et ferreis vinculis multis
Ligatus, Dominum pœnitentia placans, regno
Restitutus est, nexibus culpisque solutus.
Sic David stupri culpam homicidiique redemit.
Et Achaz similiter cœlitus pendentem evasit iram,
De quo cominus dixerat ulcisci Deus.
Petrus fide lapsus, rursus pœnitendo resurgit.
Sic et Evangelii meretrix, ac publicanus
Parvis fusis lacrymis, multo se piaculo mundant,
Et plurimi alii, quos olim Scripturæ declarant
Post crimina cælibes factos pœnitudine viros.
Sic e contra polum habentes ad Tartara cadunt,
Qui bona priora malum appetendo relinquunt.
Ut dicitur justo, si ab iniquitate
Egressus iniquus exstiterit, justitia omnis
Ejus depereat, et ipse morte damnetur [b].
Sic Judas olim subito malignus effectus,
Omne bonum perdidit, quod dudum beate peregit.

[a] *Vide* Isidoriana, loc. cit.

[b] *Fortasse* aliquid deest.

Sic et Salomoni nihil imputatur bono A
Quod antea gessit, sed extremo malo damnatur.
350 In qua voluntate postremo quispiam vel actu
Fuerit inventus, in hac judicandus erit, sicut
De hoc ipso Dominus locutus est dicens :
In quo te invenero in hoc te judicabo.
Et si credis amplius, hos ipsos diligit Deus,
Qui post pravitates esse rectiores student,
Ac sic se post vitia virtutibus magnis exercent,
Quam qui mala gravia nunquam perpetrasse noscuntur,
Et bona præcipue torpentes agere piget.
Sicut quispiam dominus illum magis servum
Amplectitur, qui post damna potiora [a] lucra reportat,
Quam qui nihil perdidit, et nihil augmenti fecit. B
Sic imperator illum magis militem amat,
Qui, post fugam remeans, hostem persequendo prosternit,
Quam qui nunquam fugit, et nil unquam fortiter fecit,
Sic agricola illam terram plus amat, quæ uberes illi
Post spinas affert fruges, quam quæ spinas [b] nunquam nutrivit,
Et fertilem messem nunquam aliquando produxit.
Non desperes veniam, sed potius spera salutem,
Si facturus optima, pessima damnare decernas.
Corrige delictum, muta mores, renova vitam,
Et nulla te plecti dolebis postea pœna.
Non erit in crimine, quem pœnitet ante fuisse ;
Nec dicetur impius, qui fuerit denuo pius.
Sequentia vero carmina constructa lamentis
Suspirando lectita nonnunquam plorando decanta.
Nam potest Dominus transferre in gaudium luctum,
Et adversa omnia in prosperitatem mutare.
Quem æternis laudibus glorificant in cœlo cœli,
Et summis honoribus cultores efferunt mundi.
Amen.

[a] Editio, *damna quædam potiora.*

[b] Editio, *quam illam, quæ tribulos vel spinas.*

APPENDIX XVII.

LAMENTUM PŒNITENTIÆ (a).

Audi, Christe, tristem fletum,
Amarumque canticum,
Quod perculsus et contritus
Modulatur spiritus ;
Cerne lacrymarum fluxus,
Et ausculta gemitus.

Ad te multum vulneratus
Vocem fletus elevans
Alta de profundo cordis
Emitto suspiria ,
Precibus si forte velis
Placatus ignoscere.

Alleva calamitatis
Importunæ pondera,
Quæ me diutius premit,
Et elidit impie ,
Nec discedit, ut resumam
Vitæ respiraculum.

Ablato consolatore ,
Quadro clausus lapide ,
351 Gemo lugens, et suspiro,
Miserere, clamitans,
Pulso rogans tota die,
Sed tu semper dilatas.

Ad juventutis delictum,
Et ad ignorantiæ,
Non me teneas, exoro :
Sed misericorditer
Prætermissum hoc dispone
Jam indigno parcere.

Ab antiqua pietate
Ne declines, obsecro :
Nam justitiæ rigorem
Si me sequi jubeas,
Mille sum debitor pœnis,
Mille dignus mortibus.

Aspice jam, Deus clemens,
Ærumnas quas tolero,
Remove contritiones,
Et flagella prohibe :
Ne me, precor, indignatus
Opprimas, et conteras.

Annos meos in dolore,
Vitam in gemitibus
Vilis factus consummavi :
Parce mihi, deprecor,
Jam non possum sustinere
Da dextram, et eripe.

Aggravasti manum plagæ
Super me validius,
Carnem dira flagellorum
Ultione conterens,
Cæde, ferro, sorde, peste,
Tenebrarum carcere.

Auges tempora pressuræ,
Luctus addis onera ,
Differens afflicto valde
Dare mihi requiem,
Contra quod grates rependo,
Non resultans murmuro.

Abes (b), dico , veritatem,
Ut occidas impium;
Sed rogo, post disciplinam
Da placatus veniam ,
Quia non mortem iniqui,
Sed vitam desideras.

Accuso me, non excuso,
Laudans te, quod mitis es ,
Juxta modum delictorum
Parva datur ultio,
Hæc, et ampliora, clamo ,
Dignus sum excipere.

Ad remedium malorum
Æterni judicii,
Satius nunc [est] flagello
Temporali percuti,
Quam perennibus futuro
Dari cruciatibus.

Adhibe, si placet, adhuc
Tormentorum stimulos ,
Quibus defluant veterna ,
Putridaque crimina :
Salus tantum, vita demum
Subsequatur morbidum.

Adhibe, sed non iratus ,
Ut sit tolerabile,
Quod me propter mea jubes
Perpeti facinora ;
Quatenus correpto rursum
Sis mitis post verbera.

Amarum hoc est, et leve ,
Quia pertransibile ,
Sed amarius, et grave ,
Quod irrevocabile,
Quo pœnarum non est finis,
Nec dolori requies.

Ardens illic urit flamma
Damnatorum corpora ,
Ultra reditum non sperat,
Quem illa susceperit,
Cujus pavore tabesco
Liquesco formidine.

Arbiter, et testis æquus
Ipse dum adveneris
Justam reddere mercedem
Singulorum meritis ,
Quo me salvare decernas,
Opus non invenies.

A Deo districtum cernens
Examen judicii ,
352 Duco vitam in mœrore
Jugiter et gemitu ,
Justum judicem visurus
Jam pavesco territus.

Amarus et pavidus tunc
Vultus tuus impiis,
Per quem nullus impunitus
Erit habens crimina
Nisi qui lacrymis illa
Nunc vivens absterserit.

A tranquillitate tua
Tu nunquam mutaberis,
Sed mitis parebis justis,
Terribilis impiis,
Quos habuerit de culpa
Reos conscientia:

(a) *Vide* Isidoriana, c. 81, n. 25 et seq.

(b) *Abes* pro *habes.*

Ab iniquis justos omnes
Segregans velociter,
Pones hædos ad sinistram,
Et agnos ad dexteram,
Hos æternæ luci dabis,
Illos autem tenebris.

Ab ira furoris tui
Quis non conturbabitur?
Quæ a nulla creatura
Cohiberi poterit,
Cum peremeris iniquos
Oris tui gladio.

Amputans verbo, non ferro,
Cervices peccantium,
Tu perdes in tempestate
Festinantes impios,
Vitæ sempiternæ justis
Collaturus præmia.

Accipite, dicet illis,
Regnum paratum est vobis
Pro fructibus justitiæ,
Et misericordiæ,
His, et illis, quæ fecistis,
Cuncta tu testificans.

Astabunt ante tribunal
Tuum omnes animæ,
Quidquid gesserint in carne [a]
Narrantes ad singula,
Quid tam pro nefandis miser
Criminibus respondeam?

Assertio phalerata
Justum nullum faciet;
Actus boni tantum facta,
Non verba, recipies,
Data singulis talenta
Cum usuris expetens.

Abactis et refutatis
Excusationibus,
En homo tantum dicetur,
Et opera illius,
Quæ præcerneus, ut meretur,
Confestim recipiet.

Arcana tunc secretorum
Omnis conscientiæ
Sic lustrabis, velut vultus
Cernitur in speculo,
Heu mihi! qui parebo,
Pejor omni pessimo?

Ad personam non convertes
Visum, sed ad merita;
Nec natalibus insignem,
Sublimem prudentia
Facies tibi consortem,
Sed insontem opere.

Abominabilis erit
Coram te iniquitas,
Nullus enim immundorum
Tibi sociabitur,
Quomodo tunc fetens hircus
Mundis jungar ovibus?

Ante te justi nec erit
Secura justitia,
Quam si districte perquiras,
Et ipsa peccatum est,
Qui si justo [b] nisi parcas,
Væ periclitabitur.

Arguens in veritate
Decernes judicium,
Et in æquitate tua
Justus vix salvabitur.
Ubi tunc ego parebo
Peccator et impius?

Annalibus reseratis,
Nudabuntur publice
253 Omnium hominum facta,
Cogitatus impii,
In statera tu librabis
Omnia in pondere.

Appenso bono, vel malo,
Pars hæc operarium
Vindicabit, quam momenti
Lance declinaverit,
Quid agam, si pondus mali
Me læva jactaverit?

A justitia diverti
Nullo modo poteris,
Nec personam acceptabis,
Nec ullius munera;
Sed reddes unicuique
Juxta sua opera.

Aspicient mali justos,
Cum beatitudinem
Gloriæ promeruerint [c],
Et dolebunt acriter,
Quod non vixerint sic juste,
Ut sic essent liberi.

A dolore in dolorem
Nequiorem transient,
Cum Abite, maledicti,
Illis ipse dixerit
In ignem qui est paratus
Vobis et diabolo,

A requie beatorum
Vita, vel consortio,
Se sublatos intuentes,
Junctosque diabolo,
Ut æternis cum eodem
Dentur cruciatibus.

Allevabunt ululatum,
Et rugitum immanem,
Planctum magnum facientes
Amarum, et validum,
Quale nunquam fuit factum,
Neque dictum, vel visum.

Ad gentem gens, vir ad virum
Pectora percutient,
Tribus ad tribum, et regnum
Contra regnum ferient,
Viri denique seorsum,
Et seorsum feminæ.

Angeli tunc copulabunt
Scelere consimiles,
Quos cursim præcipitantes
Dabunt flammis inferi,
Ut par pœna semper urat
Quos par culpa sociat.

Habebunt vitæ præcisi,
Sublatique gaudio,
Quo perennis erit luctus,
Dolorque perseverans,
Et consolatio nulla,
Nec unquam reversio.

A te quisquam non revolvet
Prolatum judicium,
Nec ab illo quem tu ipse
Judicans perdideris,
Ultione sempiterna
Pravos omnes puniens.

A Deo prærogativa
Mitto precum commoda
Fundens lacrymas, dum vivo,
Rogans, dum intelligo,
Ne me juxta mala mea
Condemnandum censeas.

Aspera sunt, quæ peregi,
Acerba, et gravia;
Propter quæ si persequi
Me juste decreveris,
Morti debitor [d], et pœnæ
Novi, quod reperies.

Ad iniquitatem meam
Si convertas oculos,
Facto, pœna quæ condignum [e]
Neminem reperies,
Cum quo me cremandum putes,
Comburendum censeas.

Ad delictorum mensuram,
Criminumque copiam,
Ipsæ pœnæ Tartarorum
Vix credo sufficient,
Dum nec talia, nec tanta
Quis iniquus fecerit.

Anxius ob hoc suspiro,
Quod impie gesserim,
354 Pessimorum peccatorum
Saucius sum vulnere,
Difficile tantis malis
Esse salvus arbitror.

Arctor undique pressuris,
Comprimor angustiis,
Fluctuat mens in mœrore,
Cor natat in lacrymis,
Nec ulla timore multo
Requies est animi.

Arvi, polique, marisque
Non turbabor [f] sinibus,
Quin et hæc ignis ardore
Resoluta defluent.
Ubi me miser abscondam?
Quo ante te fugiam?

Ab immensitate tua
Mundi gyrus clauditur?
Cœlum terramque tu reples [g],
Et sine te nihil est;
Qui placatum te non habet,
Iratum quo fugiet?

Agitur mens ægra passim,
Diversa considerans,
Nec elucet evadendi
Uspiam effugium,
Sed abs te, Domine, fuga,
Et ad te reversio.

Arma sumens pœnitentis
Saccum, et cilicium,
Pulso pietatis aures
Viscera clementiæ,
Verba fletus et doloris
Ingerens cum lacrymis.

Audi preces, et placare,
Mens quas ægra parturit,
Consideransque dolores
Impende malagmata,
Quia tua sum factura
Tuaque plasmatio.

Adhibe, precor, medelam,
Pessimis vulneribus,
Profluentia præstringens
Vitiorum ulcera,
Corrupta redintegrando
Sanitate perpeti.

Aufer me de luto fæcis
Peccatorum omnium;
Emundare non contemnas,
Antequam discutias;
Et non ero tunc immundus,
Si me nunc piaveris.

[a] Editio, *gesserit in carne.*
[b] Forte, *Etsi justus.*
[c] Forte, *meruerint.*
[d] Forte, *si persequi me juste tu decreveris, Morti debitum*
[e] Forte, *pœnaque condignum.*
[f] Forte, *non tutabor.*
[g] Forte, *tu regis*

Accipis et peccatores,
Sed quos nunc justificas,
Respicis multos, ut Petrum,
Si deflentes pœnitent,
Sicque lapsos ad inferna,
Revehis ad æthera.
Apud te redemptio est,
Et misericordia;
Quam nisi propitiatus
Parcere decreveris,
Væ mihi! quod malos omnes
Præcedam ad victimam.
Ac per hoc opto misellus,
Ne fuissem genitus:
Quia et lux ipsa præsens
Jam mihi tenebræ sunt,
Æternæ damnationis
Pavendo [a] perniciem.
Boni nihil habiturus,
Quod malis objiciam,
Pœnarum metu quassata
Tremit conscientia,
Dum formidat infinita
Subire discrimina.
Bone Deus, perituro
Nunc subveni, exoro,
Nunc et ab ira perenni,
Et a morte libera,
Ut quem justitia punit
Tu salves clementia.
Benigne Pater, ignosce,
Quod agnoscens fateor,
Pronuntio malum meum,
Non vindex operio,
Excipe professionem,
Et da indulgentiam.
Bonitatis pietatem
Multis non merentibus,
355 Gratis peccata dimittens
Indulsisti veniam;
Non defraudes uni quod tu
Dedisti quamplurimis.
Blanditus confessione
Placaris humilium,
Ad ignoscendum citius
Flentis voce flecteris,
Pœnitentis assuetus
Consulere lacrymis.
Brevis non est manus tua,
Ut præstare nequeas,
Multus es ad ignoscendum,
Hinc indulge, clamito,
Miserere, ne disperdas;
Parce, ne interimas.
Duplici, quæso, flagello
Noli me percutere,
Suspende paululum iram,
Habe patientiam,
Quia multum ego miser,
Sed tu plus misericors.
Conversus ad pietatem,
Restitue gratiam,
Vitam cum peccato simul
Ne velis exstinguere,
Serva benedictionem
Receptandæ veniæ.
Carnem pro peccato suo,
Quantum placet, attere,
Plagas enim temporales
Libenter excipiam,
Precor tantum, ne perennes
Indignatus inferas.
Doloribus hic afflige,
Mœroribus affice,
Per flagella modo purga,
Ne in futuro punias,
Carnis pœna, quæ deliquit,
Redimatur anima.
Decerne clementer pie
Perditum requirere,
Mira qui benignitate
Abjectos recolligis,
Et aversos reconvertis;
Oberrantes corrigis.
Errasse me dudum plango,
Pollutus, et prodigus
Meretricio amore,
Bona perdens patria,
Hinc ad te vilis, egenus,
Et percussus remeo.
Ego me indignum loco
Filiorum clamito,
Quod paternitatis tuæ
Renuens admonita,
Vagus per quæquam defluxi,
Cucurri per avia.
Feci malum miser ego
In insipientia,
Provocavi te ad iram
Duris facinoribus,
Quibus digne consternatus,
Magno luctu conteror.
Fletibus tamen revertor
Confitendo pœnitens,
Aufer indignationem
Culpæ factus immemor,
Et paterna pietate
Sume, precor, erroneum [b].
Punire si tamen adhuc
Plagis me dijudicas,
Fer me sicut quos diligis,
Castiga, et argue,
Sed clementer, ut emendes,
Non ut interficias.
Graves ut culpæ merentur,
Non ita desævias,
Tempera severitatem,
Desine percutere,
Usque ne plaga contritus
Desperem, et peream.
Hoc interdum te deposco,
Ne tentationibus,
Quibus subinde pervertor,
Violenter obruar,
Victus ne miser succumbam
Da, precor, auxilium.
Heu! dire me tandem, precor,
Ne permittas decipi,
356 Nam sufferre tentamenta
Dæmonum non potero,
Desiderii eorum
Malitiam refrena.
Inde te, benigne Deus,
Acclivis efflagito,
Quantulumcunque placare,
Ut et hic indulgeas,
Ne longa pœna subactus
Miser valde factus sim.
In dolore sempiterno
Carnem ne constituas,
Ne crudeliter exire
Compellatur anima.
Da cruciatibus finem,
Requiescat spiritus.
Carpe mores, visita me,
Imo veni, libera,
Surge, dicito captivo:
Prodi foras, misero.
Releva carcere trusum,
Pande jam absconditum.
Caput et reliquos artus
Aqua munda dilue,
Atque internos squalores
Purifica gratia,
Cunctis ut abire sinas
Defectum feracibus.
Lugeo confusus mala
Quæ gessisse memoror,
Fundo preces, et lamenta,
Contristatus animo;
Precor, oblatam ne neges
Pœnitenti veniam.
Lacrymæ contra peccatum
Non quidem sufficiunt;
Sed quod non valeo parvis
Expiare fletibus,
Oro, pietate demas,
Abluas clementia.
Miseratione tua
Fac justum ex impio,
Fulgidum de tenebroso,
Nitentem ex horrido,
Innocentem ex iniquo,
Viventem ex mortuo.
Miseratus jam omitte
Noxas mihi criminis,
Eripiens plasma tuum
De manu diaboli,
Memento figmenti tui,
Et esto placabilis.
Manus tuæ me fecerunt,
Formaverunt digiti,
Corpus in ventre materno
Per membra delineas,
Tua virtute creatam
Quo clausisti animam.
Ne des in ruinam mortis
Opus tuum, Domine,
Propter carnale peccatum,
Quod lamentis elui,
Possibile prædixisti,
Atque væ mirabile.
Nullum perire protestans,
Quamvis gravi crimine
Carnaliter polluatur,
Si redeat pœnitens,
Et non hæsitet in fide,
Sumi posse veniam.
Nuntians pro te, et tuis
Missis, et discipulis:
Pœnitemini, cœlorum
Prope regnum factum est,
Et omnis peccati datur
In Christo remissio.
Non in multis justis ita
Te gaudere perhibes,
Ut in uno erroneo
Peccatis turpissimo:
Veni quærere, et salvare,
Dolens, quod perierat.
Nulla tam grandis est culpa,
Cui non sit venia,
Omne facinus peccati
Delet pœnitentia,
Si, rejectis malis, quisquam
Sanus hanc peregerit.
Nullum est malum quod nequit
Aboleri lacrymis,
357 Omne peccatum dixisti
Dimitti hominibus,

[a] Forte, *paveo*.

[b] Forte, *errulum*.

Spiritus tantum sancti [a]
Excepta blasphemia.
Nunquid fixum verbi tui
Solvetur propositum?
Absit hoc, Domine Deus,
Ut repellas quempiam,
Qui post malum resipiscens
Te conversus sequitur.
Objice bonitatem,
Et vince malitiam,
Præbe moram pœnitendi,
Tempus mortis dilata,
Fac ut salus subsequatur,
Ne tollat interitus.
Omnino confidens credo,
Quod nolens perire me,
Subjecisti flagellis,
Quibus resipiscerem,
Ut, abominando culpam,
Redirem ad gratiam.
Placeat, Christe, damnatum
Reparare naufragum,
De interitus errore;
Te quærente, redeam,
Atque de maligno dignus
Efficiar famulus.
Peccavi tibi, peccavi,
Et deliqui nequiter,
Sed conversum nolo perdas,
Et quæ posco tribuas,
Ut me mundes ante mortem,
Et, dum vivo, redimas.
Quis fuerim ne requiras,
Sed quis esse cupio,
Veteri culpa ne quæso
Reputes damnabilem,
Cerne corrigendi votum,
Et relaxa debitum.
Quanquam de reatu facti
Sit mihi confusio,
Novi quod de fine quemquam,
At non de principio,
Aut pro bono tu corones,
Aut pro malo judices.
Recipe, domine pater,
Fuga lapsum famulum,
Tolle mortem pœnitenti,
Te precantem libera,
Et cum electis ad vitam
Agni libro revoca.
Reprobari me ne sinas,
Quem pro meis meritis
Ingenti pressura polis,
Et limas diutius,
Sed quem viventem fatigas,
Recipe post obitum.
Solve, Christe, vincla pe- [dum,
Ligamenta criminum;
Resera limen obscurum
Tenebrosi carceris;
Redde jam luci sepultum,
Peregrinum patriæ.
Tolle furorem perennem
Ab animo principis;
Te propitiante, fiant
Jam mihi placabiles,
Quos adversos diuturna
Miser ira tolero.
Veni, Jesu, ne tarderis,
Mors antequam rapiat,
Fessum de pulvere leva,
Et me reconcilia,
Lacrymis juges absterge,
Cor triste lætifica.
Christe, qui diversitate
Gratiarum dives es,
Fructum et meritum precor,
Viventi contribuas,
Ne, me sterilem procernens,
Succidas in posterum.
Macerari me post mala
Ne permittas, obsecro;
Habeam munere tuo
Collata quæ offeram,
Quibus a læva sublatus
Transeam ad dexteram.
Zabulo me non conjungas
Ad mortem cum impiis,
353 Nec in Tartari barathro
Pastaris obrui,
Qui venisti te credentes
De morte redimere.
Gloriam jam vigil canam
Alphabetum finiens,
Tibi Patri, Filioque,
Incryto Paraclito,
Cui laus erit et potestas
Per æterna sæcula. Amen.

[a] Forte, *In Spiritum tantum sanctum.*

APPENDIX XVIII.

ORATIO PRO CORREPTIONE VITÆ. FLENDA SEMPER PECCATA [a].

1. Deus omnium mirabilium auctor, misericordiarum Pater, et consolationis, in tribulatione refrigerium, cujus gratia præventus homo sua peccata considerat, plangit, et emendat; cujus respectu et munere incipit vel bonum facere, vitare malum, et refutare, sequi justitiam, et declinare ab iniquitate, desiderare perennia, et horrescere peritura, confiteri misericordias tuas, et abnegare impietates suas; quia nihil proprium habet homo, sed conversio et profectus illius donum tuum est; nec a se quisquam potest corrigi, sed a te; dicente propheta: *Scio, Domine, quia non est hominis via ejus, nec viri est ut ambulet, et dirigat gressus suos* (*Jerem.* x, 23); et Apostolus ait: *Non volentis, neque currentis, sed miserantis est Dei* (*Rom.* IX, 16); et ipse dicis: *Miserebor cui voluero, et clemens ero, qui* [Vulg., *in quem*] *mihi placuerit* (*Exod.* XXXIII, 19).

2. Adesto igitur supplicationibus meis, intende deprecationem meam. Et quod expeto perfice propitius, et intende placatus. Tu enim abstraxisti me de laqueis mundi, et eduxisti me de retiaculo peccatorum. Tu reserasti os meum ad confitendum tibi, cum essem peccatis omnibus obligatus; et fecisti intelligere me quomodo aut pro quibus obsecrarem te. Posuisti fiduciam in corde meo postulandi necessaria animæ meæ, quoniam (ut propheta dixit): *Volens misericordiam reverteris, et misereris, obliviscens mala hominum, et peccata benigni ate pertransiens* (*Mich.* VII, 18, 19); et ipse dixisti: *Petite, et accipietis; quærite, et invenietis; pulsate, et aperietur vobis* (*Matth.* VII, 7).

3. Qui enim peti se et pulsari licentiam tribuit, dare sine dubio et aperire paratus est; nec est avarus ad impertiendum, qui petere clamat non habentibus; ac per hoc ipse se postea pœnitebit egere, qui ad dandum sibi a dispensatore congruentia remedia modo neglexerit imperare. Ideo silere nequeo tanta gratiæ supervenientis admonitus. Nam fateor, Domine, quod indignum me prævenit misericordia tua, et dum grabato multorum peccatorum sæculi hujus mortifero quodam jacerem sopore depressus, misisti gratiam tuam cum flagellorum strepitu suscitare damnabili torpentem segnitia, ut apertis oculis expergefactus, dum in me nihil victus boni operis recognoscerem, venirem ad te, vitæ petiturus alimoniam, ne me egestas superveniens in novissimo præfocaret.

4. Idcirco consurgens ad te lamentationum clamoribus prece multifaria **359** pietatis tuæ pulsans auditus, per alphabetum, quod præmisi, singulas ejus litteras rigans [*Forte*, rigo] flumine lacrymarum. Compulit enim me pavor judicii tui flere diutius, et gratia tua fecit fiducialiter exorare, credens quia in te Deo meo transgrediar murum omnium iniquitatum mearum, quæ circumdederunt me, atque, præreptus angustiarum mearum afflictionibus, pertranseam ad amplitudinem latissimæ jucunditatis, scilicet non hujus sæculi, sed futuri. Hanc ob rem non desinam exorare te, donec miserearis mei, et salves animam meam; quæ confitetur tibi hodie in convalle sua plorationis, quia introduxisti me; quia non meo merito, sed tuo dono ad arctissimæ pœnitentiæ claustra perveni, et in fontem lacrymarum illius ingressus sum, varias sequitiæ maculas lavaturus, quæ nondum me petente, sed te præstante, mihi collata est, tuaque misericordia

[a] Vide Isidoriana, cap. 81, n. 29.

procurante, (cum) necdum eam quærerem, inveni.

5. Ecce jam non minimo tempore in æstu afflictionis ejus desudo, sub districtionis ejus regula laboro. Cum ipsa contendens quotidiana examinatione discutior, pressura illius magnos mihi gemitus trahit, et flere me quia deliquerim, magis magisque compellit, et gratias tibi referre jugiter docet pro patientia tua magna, qua diutius sustinuisti me lascivientem, et servasti tempus correctionis, quo relicta prævaricatione converterer, ne peccatum incessanter persequens, in æternum cum peccato perirem; et nunc misericorditer erudiens me in virga tua, operaris salutem meam, subtrahens de corruptione vitam meam, et animam de interitu, ut scirem electionem bonorum iniqua prætergredi.

6. Et hoc confidens spero, quia sicut induxisti pœnitentiæ tribulationes, ita et indulgentiæ miserationes impertias. Non solum autem, sed et benedico nomen sanctum tuum, quia distulisti eventum mortis, ne in peccati torpore ad pœnam sempiternam desiperem; et subvenisti mihi de longe providens remedium curationis meæ, eo quod ulcere pestifero laceratam animam meam hujus pœnitentiæ medicaminibus tradideris sanandam. Bona enim mihi est stimulatio illius, quæ offensiones præteritas fugere docet, et futuras cavere me præmonet. Leve reputo jugum oneris ejus, quia graviores tollit cruciatus quam inferat, et dum temporaliter premit, æternaliter redimit.

7. Amabilia sunt mihi vincula illius, quæ nunc in parvo ligant, ut abs lutum in perpetuum faciant. Placitæ sunt exteriores sordes illius, eo quod earumdem scabrositate interius anima piaculis emundetur. Et suavior nunc mihi est ejus amaritudo, quam dulcedo luxuriosæ vitæ in præterito, quia per illam vitam anima præfocatur, per istam vero ab hujusmodi morte resurgitur. Quod illa sordidavit, ista diluit. Quod cruentavit illa, medetur et sanat hæc. Si enim noxium exterius cernerem in corpore vulnus, aut aliquem intrinsecus sentirem viscerum dolorem, ocius omnino ad medicum currerem, secandam cum doloribus ferro traderem carnem, et ignito cremandam cauterio, atque causa reparandæ salutis amarissima bibere non recusarem antidota.

8. Cur ergo ista moleste feram, per quæ anima de sempiterno interitu **360** saluti perpetuæ restauratur? Quid retribuam tibi, Deus piissime, amator hominum et clemens justificator peccatorum, pro his quæ præstitisti mihi? Calicem salutis accipiam, nomen tuum obinde cum laudibus invocabo; in viam vitæ reduxisti gressus meos, grates tibi referre non desinam. Hæc est enim via per quam de inferis ad cœlum recurritur, de peccato ad justitiam reditur, de offensione ad tuam gratiam revocatur; et ut in brevi concludam, omnis ruinæ hæc est reparatio. Hæc denique, orante Publicano in templo, superat justitias Pharisæi, in hac reddit justiorem; hæc Lazarum per flagella temporalia ad requiem deduxit æternam.

9. Tibi, Domine, laus et gloria, qui percutis et sanas, vulneras et mederis. Das dolorem transitorium, et post paululum æterna jucunditate refrigeras, quoniam justus, et pius es: justus, quia nequaquam delinquenti parcis; pius autem, quia pœnitenti misericordiam non subtrahis: item justus et pius es, quia prius hic hominem a peccatis emendas, et postea ab æterno supplicio liberas. Peccatori enim, ut prætuli, non parcis, dum eum aut flagello temporali ad purgationem feris, aut judicio æterno puniendum relinquis, aut ipse in se homo pœnitendo punit quod male commisit, ac perinde est quod delinquenti parcere nequaquam diceris. Nullum enim peccatum impunitum relinqui potest, quoniam pœnam peccata merentur; sed aut punit hoc homo, et liberas eum tu; aut si ille distulerit, punis tu, juxta quod dicit Apostolus: *Si nos ipsos judicaremus, non utique judicaremur.* Quasi diceret: Si nos in hoc sæculo a peccato discerneremus, pœna nos peccati futura non plecteret.

10. Necesse est ergo homini punire peccatum, ut

A æternum non incurrat supplicium; nam a punitione pœnitentia nomen accepit, quasi *punitentia*, dum ipse homo pœnitendo punit quod male admisit. Nam nihil aliud agunt quos veraciter pœnitet, nisi ut quod male fecerint impunitum esse non sinant. Eo quippe modo sibi non parcentibus tu parcis, cujus altum justumque judicium nullus contemptor evadit. Perfecta est autem pœnitentia, præterita delere, et futura non admittere. Hæc secundum similitudinem fontis est, ut si forte, impugnante diabolo, aliquod peccatum irrepserit, hujus satisfactione purgetur. Satisfactio autem est causas peccatorum et suggestiones excludere, et ultra peccatum non iterare. Ipsa autem pœnitentia juxta qualitatem delictorum agenda est; nam sicut levia peccata occulta oratione delentur, ita gravia coram Ecclesia per pœnitentiam et satisfactionem remittuntur.

11. Unde quia pœnitentiæ satisfactio judicio tuo, non humano pensatur, et occulta est indulgentiæ tuæ
B miseratio, flere sine intermissione necesse est. Nec unquam de peccato securitatem habere pœnitentem oportet, quia inimica illius hæc est; parturit enim illi negligentiam, et negligentia sæpe insollicitos ad vitia transacta reducit, sed tantum debet esse promptus ad pœnitendum, quantum et pronus ad peccandum exstitit, tantoque sublimius per humilitatem proficere, quanto inferius per elationem noscitur prolapsisse; et non solum plangere quia malum quod **361** non debuit fecit, sed etiam quia bonum non gessit quod debuit. Cautissimum enim hæc res, non inertem justificat operarium; pœnitentia enim vera in omni sancto opere sollicitius anxiatur.

12. Non habet omnino risus, fabulas vanas non recipit, neque desideriis inquinatur, factisque protervis; terrena non concupiscit, cœlestia desiderat, de fine suo cogitat, judicium futurum semper intendit, et qualiter coram Deo digne appareat, hoc quotidie sibi procurat; soli Deo militat, in nullis mundi negotiis involvitur. In vigiliis et orationibus fre-
C quentissima est, in jejuniis exercitata, in cibo et potu moderata, in labore, et lectione assidua, in charitate perennis, in castitate perpetua, in sermone verissima, in juramento continens, benigna est, et patiens, invidia non succenditur, ira non superatur, cavet jactantiam, humilitatem amat, contumeliam non rependit, odit avaritiam, fugit vanam gloriam, superbiam detestatur, gaudia respuit, gemitus, suspiria, et tribulationes amplectitur, sciens quia misericordia tua non negligentibus, neque ridentibus conceditur; sed afflictis et contritis corde donatur, sicut ipse ais: *Beati, qui lugent, quoniam ipsi consolabuntur* (*Matth.* v, 5). Et iterum: *Væ vobis, qui nunc ridetis, quoniam lugebitis, et flebitis* (*Jac.* iv, 9, 10). Et Apostolus: *Miseri,* inquit, *estote, et lugete, et plorate; risus vester in luctum convertetur* [Vulg., *convertatur*], *et gaudium in mœrorem. Humiliamini ante Dominum* [Vulg., *in conspectu Domini*], *et exaltabit vos.*

13. Certum sane est quod omnis culpa fletu resol-
D vitur, si renovata morum pravitate, transacta malitia non repetatur. Nam non sufficit a malo discedere, nisi subsequatur bonum etiam operari; sicut scriptum est: *Declina a malo, et fac bonum* (*Psalm.* xxxvi, 27). Et alibi: *Quiescite agere perverse, discite benefacere* (*Isai.* i, 16); quatenus peccato satisfactio pœnitudinis opposita, simulque præterita malitia, succedente bonitate cooperta et obvoluta, pereat, et minor inventa mortificetur. Quamobrem quia per satisfactionem fletus lapsa rursum erigitur anima, et hujuscemodi lavacro nitoris pristini recipit dignitatem, expedit mihi augere fletus, et celebres facere lacrymas super crebro repetitas iniquitates meas, quas innumerabiliter frequentavi. Non enim mihi plorasse sufficere puto juxta copiam delictorum; plangam ob hoc assidue in amaritudine delicta mea, si forte tibi placeat usquequaque mundare me ab illis. Utinam mei capitis in cruorem latices verterentur, et pro lacrymis sanguinem funderem; ut cru-

delia peccata crudelibus lamentis abstergerem, quibus me olim ignava fatuitate nequiter vulneravi.

14. Immensis idcirco tædiis satagens evertitur anima mea, quæ etiam exaruit formidine tui furoris exterrita. Conversa est in succum absinthii vita mea, felle et aceto redundant viscera mea, doloribus profundis corrumpuntur præcordia, suspirium suspirio excipitur, et gemitus in gemitum irruit. Timore futurarum pœnarum, et præsenti flagellorum ærumna incurvatus, et humiliatus sum usque in finem; nec possum onere multiplici prægravatus caput erigere. Stat mors, stant et immensa crimina coram oculis meis; et res nulla non est, unde possit esse redemptio. Ob hoc ineffabiliter conturbatus, nec regimine utor, nec consilium angustia **362** pressuræ usque in desperationis perducit articulum, et velut in araneæ filo consistens status mentis nutat, ut subruat, interdum timens propter austeritatem culparum, ne nolis ignoscere, interdum confidens propter lenitatem misericordiarum, quia statuas liberare; et inter spem et metum non est parva commotio cordis mei, quia si vis perdere, incitat justitia, si autem vis salvare, invitat misericordia; et licet flagella præsentia conversum a peccatis absolvant, mens tamen ideo titubat, ne plagæ meæ non sufficiant ad expurganda omnia delicta mea; et tamen sapientiæ tuæ subtilitas ita exterius irrogat pœnas, sicut interius prospicit culpas.

15. Sed quis de judicio tuo poterit esse quietus, cum apud districtionem examinis tui nec justitia justi secura sit? si etiam de otioso sermone reddenda est ratio, quomodo securus ero, qui principalia mala commisi? Non est omnino securitas in mente mea a vultu judicii tui, neque pax in conscientia mea a facie peccatorum meorum. Ideo magna est, velut mare, contritio mea, quia pessima est plaga mea. Quæro portum evasionis, et nequaquam reperio quomodo regredi (possim) de pedica deceptionis Satanæ; illaqueavit pedes meos, et nullo modo prævaleo. Vociferor dolorum multitudine superatus, et non est qui eruat. Laboro in luctu et gemitu compeditus, et desertus in angustia carceris, nec est qui consoletur. Heu me! heu miserum et infelicem! quem pœnæ justissimæ terrent, quem ultiones dignæ comminuunt, quem flagella et jurgia recte collidunt, quem variæ miseriarum afflictiones opportune depopulantur, quia peccavi nequiter, deliqui crudeliter, erravi vehementer, corrui fortiter! Væ mihi, qui me tantis malis pollui, tanto malo fœdavi, qui non sapui evitare, ne biberem de veneno calicis diaboli, quod necavit animam!

16. Et modo non indigerem denuo vivificari, qui circumspectissime non custodivi ne transfoderer lanceis illius, et essem modo sine vulnere, et non quærerem medicinam, qui non intellexi ut fugerem, et non irretirer laqueis ejus, ut essem modo liber, et non clamarem pro resolutione. Infelix ego homo, quis me de tantis nexibus liberabit, et de discrimine mortis hujus, nisi gratia tua, Pater omnipotens, per Jesum Christum Dominum nostrum, quem posuisti redemptionem in salute mundi; et in cujus justitia et sanctificatione omnis deletur iniquitas, et mortis evacuatur imperium? qui factus est (ut propheta dicit) *petra refugium herinaciis* (*Psal.* CIII, 18), id est, susceptio et salvatio peccatoris, de quo et Joannes ait: *Si quis peccaverit, advocatum habemus apud Patrem Jesum Christum justum, et ipse est propitiatio pro peccatis nostris, non pro nostris tantum, sed etiam pro totius mundi* (*I Joan.* II, 1); in quo omnis est a te constituta salvatio, dicente Petro Judæis: *Non est in alio aliquo salus; nec aliud nomen est sub cœlo datum hominibus, in quo oporteat salvos fieri. Qui habet claves mortis et inferi, qui reserat portas abyssi, et claudit ostia tenebrarum, aperit, et nemo claudit, claudit, et nemo aperit; cui dedisti omnem potestatem in cœlo et in terra. In cujus nomine omne genu flectitur cœlestium,* **363** *terrestrium et infernorum; qui* A *est vir voluntatis tuæ; in cujus manu perficitur omne quod est placitum coram te. Qui cum sit splendor gloriæ, et figura substantiæ tuæ, portans omnia verbo virtutis suæ, sedens ad dexteram tuam, purgationem peccatorum faciens, et te pro peccatoribus interpellans, qui est universæ rei principium et finis* (*Act.* IV, 12; *Apoc.* I, 18; III, 7; *Philipp.* II, 10; *Hebr.* I, 3).

17. Quia et ante eum nulla exstiterit creatura, et per ipsum facta cœpit esse universa creatura, et ipse erit consummatio omnis creaturæ, cum finem mundo, et judicium dederit; quoniam ipse est vir, quem præparasti judicare vivos et mortuos, nec judicas tu quemquam, sed omne judicium dedisti ei; qui solus habet potestatem perdere, et liberare, quia complacuit tibi in illo; exaltasti eum super omnes cœlos, et super omnem principatum, et potestatem, et dominationem, dans illi gloriam et honorem, constituens eum super omnia opera manuum tuarum, et subjiciens universa sub pedibus ejus; per quem facta et
B condita sunt omnia in cœlis, et in terra, visibilia, et invisibilia, a quo continentur, in quo constant universa; per quem fundasti terram, stabilisti cœlos, conclusisti abyssum, vallasti mare; quia sapientia, et consilium, virtus, manus, et dextera tua ipse est, concreante et convivificante, cooperante atque convivificante omnia, et quæ sunt in omnibus, Spiritu sancto, qui a te et ab eodem filio tuo procedit ineffabiliter; cui et ego ab ineunte ætate fideliter credidi: cui et peccasse confiteor, et a quo veniam profunda cordis humilitate deposco.

18. Unde, Domine mi Jesu, quia multæ sunt miserationes in manu tua, et non pateris perire quemquam, sed omnes vis salvos fieri, et ad agnitionem veritatis venire; quoniam exsecrando mortem non lætaris in perditione vivorum; neque vis interitum hominis, sed salutem, et ob hanc causam te ipsum humilians, cum esses Deus, ut homo inveniretur, qui utique perierat, fieri homo dignatus es. Ad te
C mihi redeundum esse de prævaricationibus meis opportune decrevi; suscipe me in manibus tuis revertentem cum fletibus coram te; excipe dignanter preces confessionum mearum, et salva confitentem; noli contemnere pœnitentiam, Domine, pœnitet me errasse, et doleo nunc stulte dudum perpetrasse nequissima; sed noli a me avertere faciem tuam, quia, si vis, potes me mundare; tibi enim mortificandi, et vivificandi, et liberandi, ligandi et solvendi potestas est; animam meam diversorum criminum tradidi nexibus illigandam, quam et scelere pessimo, sicut inspicis, vulneravi; solve, Domine, solve jam vincula colli mei, quibus ad te diu clamo multipliciter obligatus, et enudato vulneri miseratus adhibe medicinam.

19. Redde mihi pristinam sanitatem; et vivat anima mea remedio tui. Dirum siquidem arguas vulnus meum, nec ego dirum esse diffiteor, te tamen hoc medicari indubitanter posse confido; quia nihil esse tibi difficile, nihil impossibile credo; eo quod omnia possibilia apud Dominum, te perhibente, didicerim, cum transire camelum per foramen acus facile protestaris. Deliqui, Domine, deliqui multum, et hanc
D ob causam, sicut ipse præcernis, tribulationes meæ dilatatæ sunt, nocte et die torquentes **364** cor meum. Non enim culpæ meæ, vel peccatorum parva congeries, ideo multi gemitus mei, et mens mea magnæ perturbationis eversione mœstissima; sed consideratione magnarum et innumerabilium miserationum tuarum a labe discriminis surgere paulatim renitens me direxit ad spem indulgentiæ pietas tua, ut in fide nihil hæsitans, petam veniam, et non moriar, sed vivam.

20. Ideo reversus ad percutientem me, et habentem potestatem super plagas meas, te scilicet, et Dominum meum, curvo tibi genua mea, et sedula oratione cum confessione pœnitudinis in contritione jejunii deprecor te, dans gloriam nomini tuo in laude et benedictione frequentissima. Hoc enim de-

tuisti me in solitudine conclusionis meæ. Nunquid non hoc modo reparabis casus ruinæ meæ? credo plane quod facias. Habeo igitur spem in confessione, in qua constantissime solidatus nec desperavi, nec desperabo, sed perfecta utor fiducia; qua erasa, et abolita de corde nequitia, possim, postulatione præmissa, ab omni morte criminum per te reviviscere, et omni colluvione peccatorum, interjecta confessione, purificari, quia fidelis es in verbis tuis, et quæ processerunt de labiis tuis non facies irrita; non sunt enim consummatæ miserationes tuæ; neque præcisa est in hac vita quocunque casu ruentibus surgendi fiducia; quoniam in omnigeno peccato posuisti reditum, et servasti pœnitentiam in remedio peccatoris: *Nolo*, dicens, *mortem impii, donec revertatur, et vivat* (*Ezech.* XXXIII, 11). Et iterum: *Si dicente me ad impium, Morieris, et conversus ab impietate sua pœnitentiam egerit, justitiam fecerit, in mandatis vitæ ambulaverit*, et reliqua, *vita vivet, et non morietur* (*Ibid.*, 14).

21. Et in Jeremia: *Repente loquar adversus gentem, et adversus regnum, ut eradicem, et destruam, et disperdam illud; si pœnitentiam egerit gens illa a malo suo, quod locutus sum adversus eam, agam et ego pœnitentiam super malo, quod cogitavi ut facerem ei* (*Jerem.* XVIII, 7); et cætera. Rursumque: *Ecce ego fingo contra vos malum, et cogito contra vos cogitationem, revertatur unusquisque a via sua mala, et dirigite vias vestras, et studia vestra. Qui dixerit, Nequaquam, desperavimus, post cogitationes nostras ibimus, et unusquisque pravitatem cordis sui mali faciemus.* Et ad Jerusalem cum prono populo omni crimine sceleratissimo ætate post idola declinante retinere dicis (*Jerem.* II, 23): *Vide vias tuas in convalle, scito quid feceris, cursor levis explicans vias tuas; onager assuetus in solitudine animæ suæ attraxit ventum amoris sui, nullus avertet eam* (*Vide Isidoriana, loc. cit.*, n. 31).

22. Vulgo dicitur: *Si dimiserit vir uxorem suam, et recedens ab eo duxerit virum alterum, nunquid revertetur ultra ad eum? nunquid non polluta et contaminata erit mulier illa? Tu autem fornicata es cum amatoribus multis; tamen revertere ad me, dicit Dominus. Leva in directum oculos tuos, et vide ubinam prostrata sis; tu qui sedebas exspectans eos, quasi latro in solitudine, polluisti terram in fornicationibus tuis, et in malitiis tuis; quamobrem prohibitæ sunt stillæ pluviarum, et serotinus imber non fuit; frons mulieris meretricis facta est tibi, noluisti erubescere. Ergo saltem amodo voca me, pater meus, et dux virginitatis meæ tu es.* **365** *Nunquid irasceris in perpetuum, aut perseverabis usque in finem?*

23. Et iterum: *Revertere, adversatrix Israel, ait Dominus, ad me, et non avertam faciem meam a vobis, quia sanctus ego sum, dicit Dominus, et non irascar in perpetuum. Convertimini revertentes, quia ego vir vester q.su nam vos, si abstuleris offendicula tua a facie mea, non commoveberis* (*Jerem.* III, 12). Ipse autem per Jeremiam, permanenti in scelere populo, nec velle [*Forte*, volenti] reverti adhuc retinendo patientiam dicis: *Noli subtrahere verbum, si forte audiant, et revertatur unusquisque a via sua mala, et pœniteat me, quod cogitavi facere eis propter malitiam studiorum suorum.* Et in Isaia dicit: *Ego sum qui loquor justitiam, et propugnator sum ad salvandum. Si revertamini, et requiescatis, salvi eritis.* Et iterum: *Revertere ad me, non obliviscaris me, et redimam te. Ego sum, ego sum ipse qui deleo iniquitates tuas propter me, et peccatorum tuorum non recordabor; scio enim quia prævaricans prævaricabis, et transgressorem ex ventre vocavi te; propter nomen meum longe faciam furorem meum, et laude mea infrenabo te, ne intereas.*

24. Et iterum peccatoribus, ut per pœnitentiam abluantur, ait: *Lavamini, mundi estote, auferte malum cogitationum vestrarum ab oculis meis; quiescite agere perverse, discite bene facere*; et reliqua; *et si fuerint peccata vestra quasi Phœnicium, velut nix dealbabuntur, et si fuerint rubra, quasi vermiculus, velut lana munda erunt.* Et prævaricanti, ac delinquenti populo, et nolenti converti, de quo jam dixeras ut pro immanitate facinorum ira tua disperderes eum, in Osee dicis: *Conversum est in me cor meum, pariter conturbata est in me pœnitudo mea, non faciam in furore iræ meæ. Non convertam, ut disperdam te, quoniam Deus ego, et non homo, in medio tui sanctus* (*Ose.* XI, 8). Si enim averso populo, nec pœnitenti, qui, te relinquens, omnibus se abominationibus, et impudicitiis, et idolis subjecerat, tanta patientia sustinens, talem misericordiam obtulisti, quantum placabilior esse poteris super eum qui non est aversus abs te, et pro peccato suo pœnitens incurvatus deprecatur te?

25. Recte idcirco alius propheta clamat: *Convertimini ad Dominum, quia benignus et misericors est, patiens et multæ misericordiæ, et compræstabilis super malitia* (*Joel* II, 13). David autem ait: *Miserator et misericors Dominus, patiens et multum misericors non secundum peccata nostra fecit nobis, neque secundum iniquitates nostras retribuet nobis* (*Psal.* CII, 8). Et in Salomone: *Misertus est Dominus pœnitentibus* (*Eccli.* XII, 3). Et rursum: *Quoniam pius et misericors est Dominus, et remittens in tempore tribulationis peccata omnibus exquirentibus se in veritate* (*Eccli.* II, 13). Hinc etiam cum prophetæ testimonio Apostolus exhortatur, dicens: *Hodie si vocem ejus audieritis, nolite obdurare corda vestra; non enim habemus pontificem, qui non possit compati infirmitatibus nostris; adeamus ergo cum fiducia ad thronum gloriæ ejus, ut misericordiam consequamur, et gratiam inveniamus in auxilio opportuno* (*Hebr.* IV, 7). Tu autem, Domine, laborantibus in iniquitate, et oneratis pondere peccatorum clamas: *Venite ad me omnes qui laboratis, et onerati estis, et ego vos requiescere faciam* (*Matth.* XI, 28). Et multa alia hujusmodi, quæ de omnibus Scripturis scribere longum est.

365 26. Tantæ igitur patientiæ, tantarumque misericordiarum Dominum desideranter quæram, audacter adeam, libenter sequar, fortiter amplectar, humiliter teneam, nullatenus dimittam, fiducialiter deprecabor, in cujus miseratione, et misericordia patet mihi per pœnitentiæ viam ad vitam de morte regressio, ad cœlum de inferno recursus, ad lucem de tenebris aditus. Hoc ergo inprimis, Domine, peto, et sic ad reliqua transeam: da mihi devotissimam ad pœnitendum mentis intentionem, quæ sit acceptabilis, et placita coram te; da humilitatis compunctionem, ut suspiret mens mea ex affectu tuo, et ingemiscat in vulnere suo cordis resoluta duritia. Excita omnes sensus præcordiorum meorum, ut clament ad te internæ vocis fortitudine, si forte quandoquidem audias deprecantem, commoveantur suspiria pectoris mei, et sonet in auribus tuis murmurans gemitus. Relaxa oculorum meorum habenas, et largo fontis manantes flumine palpebræ meæ profluant aquas, ut piacula cunctorum criminum abluantur impetu lacrymarum, currantque sine defectu tramites venarum capitis mei, donec abstergatur omnis immunditia iniquitatis.

27. Repleatur os meum veracissimæ confessionis sermonibus, quibus delectatus et parcere clementer studeas, et præstare veniam non moreris; fiatque mihi fructuosa pœnitudo mea, gaudium ex luctu parturiens, ex indigentia indulgentiam afferens, et ex labore requiem adducens, quatenus angusto calle carceralium afflictionum ad vitæ me perducas introitum, et catenæ ferreæ vinculo resolutionem facias accipere peccatorum. Ecce, Domine, tempus instat confessionis, et dies remissionis adsunt, quibus promissa venia petentibus condonatur; quid enim amplius tibi confitear, et cum omnibus iniquis me esse non denegem nequiorem, quos comparatione mea justos esse constitues? quia nullius sceleris peccatorum, nullius facinoris defuit vitium, cujus me sordibus non coinquinaverim, cujus non sim pollu-

tus contagio: præceps ad libidinem, improbus ad petulantiam, frequens ad luxuriam, inverecundus ad fornicationem, crimen quotidie crimini superponens, non cessavi pessimis deteriora contingere, voluntate dirus, mente pravus, moribus inhonestus, corde pollutus, et labiis blasphemus, iracundus et contumeliosus.

28. Propter quod confundor, et erubesco nunc extollere oculos, indignum me videre cœlestia sidera judicans. Sed fac propter gloriam nominis tui, Deus meus. Pone mihi confitenti tibi veniam in salutem, et indulgentiæ concede remedium, ut propitius effectus, atque placabilis, deleas universa facinora peccatorum meorum, et non requiras iniquitates meas, quas juventutis, et ignorantiæ meæ gessit ætas lubrica, rudis, lasciva, vana, et insipiens, ad malum prona, ad bonum pigerrima, velox ad mortem, ad vitam difficilis, cui exosa sunt opera lucis, et tenebrarum amatissima, quæ cadere diligit, surgere negligit; amara est illi salus, et dulcis perditio; solve, Domine, reum inexplicabilibus nodis astrictum, et, abruptis laqueis criminum, abire facito liberatum, ut salves me in bona voluntate tua, et non peream in mea malitia, neque descendam in infernum, unde ultra non est ascensio; quia copiosior est misericordia tua, **367** quam peccatorum meorum abundantia. Et amplius tu benignissimus, quam ego nequissimus. Ego quidem malignus, et præceps, tu autem mitis, et patiens; ego ad corruendum pronus, et fragilis, tu ad erigendum promptus, et fortis. Si retro gesta respicias, periturum illico censeas; si velle præsens et votum intendas, credo quod salvare me judices, eo quod direxeris cor meum in desideriis tuis, quibus mentem meam ardentius servire conspicis, quia sitit te anima mea, pariter et caro delectatur.

29. Redime me, Domine Deus meus, ab omnibus angustiis meis, et placeat tibi de interitu eripere me. Revoca me de janua mortis, et reduc me in via æterna, ut curram in semitam mandatorum tuorum, et ambulem in veritate tua. Non me tenebrarum caverna retineat, non barathrum abyssi, vel antra concludant; sed patefacito mihi, lux lucis, aditum æternæ vitæ. Resera portum, quia tu es Deus, contritu cordis excipiens lacrymas, et pœnitentium acceptans humiliationem. Nec enim vocaberis in non peccantibus pius, sed cum conversus fueris impio, et peccatori misertus a malo. Semper corrui in deterius, et de malis in pejora defluxi; sed valde peritus es artifex, sciens de inutili utile tibi vasculum figurare; hoc est enim ab initio opus tuum justos ex iniquis efficere, et dignos ex indignis formare; erigere rursum elisos, et labentium antiquas reparare ruinas; quoniam, ut ipse protestaris, *Non est opus sanis medicus, sed male habentibus* (*Matth.* IX, 12); hæc etiam causa fecit te in hunc mundum descendere, ut peccatores salvos faceres, quorum principalior ego sum; et si tunc inimicos adversarios aversos et impios cum doloribus tuæ passionis salvos facere voluisti, amicos nunc conversos et pœnitentes perdere poteris? Absit. Delectat vere te, peccatoribus, si convertantur, indulgere, qui pro peccatoribus mortem non recusasti suscipere. Nam nequaquam pro iniquis crucem ascenderes, si iniquis parcere recusares.

30. Si enim legioni dæmonum impœnitenti et sine lacrymis porcorum gregem expetitum non negasti, quanto magis animæ fideli te fletibus imprecanti facilius concedere peccatorum veniam promptior eris? Fidus ob hoc tibi pœnitentiæ meæ preces et lacrymas offero, salvabis me sicut et cæteros quos deliquisse pœnitet. An infecunda remanebit ex me, vel in me solum arida, et irrita fiet fiducia, et promissio pietatis et indulgentiæ tuæ, per quam omnes salvanter conversæ cognationes terræ? Nunquid in uno pœnitente fiet insufficiens multa clementia tua, quæ nunquam dando potest minorari, nec alicujus egestatis effectu coarctatur? Nunquid in me solum te continebis, ne postulata largiaris misericordiæ fructu A factus sterilis? Num dolebis contra me in perpetuum, propter peccatum parvi temporis, quod tua providentia disponente exsecrans et abhorrens pœniteo, cum sim ego creatura ex terra et cinere corruptibilis, et mortalis, tu autem Deus creator incorruptibilis et immortalis? Nunquid obduratus in clementia attritum et humiliatum non exaudies, aut judicabis punire confitentem tibi, aut obsecrantem te dispendere censes? Non ita credam, nec velle te suspicabor, quia hoc impium, **368** et contra naturam divinæ pietatis. Ideo supplex et confidens exoro misericordiam tuam, ut petitiones meas benigna voluntate perficias.

31. Inclina, Domine, aurem tuam, et audi, aperi oculos tuos, et vide desolationem meam. Vide afflictiones multas, et miserias, quæ me, sicut plaustrum paleas, conterunt, sicut laneam tineæ, devorant, sicut lignum putridum [*Forte deest* ignis] consumunt; et furorem mitescens, suspende flagellum. Jam miserere mei, placare, et revertere, parce B animæ meæ, parce peccatis meis. Non me obliviscaris in finem, non mihi in perpetuum irascaris, non me usquequaque deseras, neque periturum ullatenus derelinquas, sed restitue mihi gratiam tuam, et salvum me fac in loco periculi, quo jacet caro mea præstricta ferro, percussa plagis, fatigata pœnis, fessa languoribus, humanis deserta curis, segregata consortiis, quadris obserata lapidibus, in sterquilinio, et fetoribus justo judicio dedita, in tenebris et umbris mortiferis diuturnis exposita miseriis. Quæ ipse cuncta prospicis, qui sedes super cherubim, et abyssos intueris.

32. Jam antiqua facta est et vetusta contritio, et percussio mea, nec est qui memoretur pietatis tuæ, neque qui compunctus corde recogitet dicens: Jam propter Dominum miserebor mortalis, mortali æternum dedit carcerem, ferrumque perenne. Ereptionis non est mihi misericordia reservata, judicio sum irrevocabili condemnatus, quia non dictum: Revertamur C impertire veniam perituro. Recordare, Domine, misericordiarum tuarum super me, et gravem hanc atque præduram muta sententiam, quia tu dixisti: Non affliges in æternum proximum tuum, quia misericordiam volo, et non sacrificium, atque contra impietatem, qua licet juste morior, tu tamen, quia pius es, clementer vitæ para suffragium; impende, Domine, propitius divinum, ubi humanum recessit, auxilium; unicus tantum tibi relictus sum; et adjuva me solitarium. Non sis mihi alienus in diebus angustiæ, neque derelinquas in tempore tribulationis, protegens custodire me non desinas, et fovens alere ne cesses.

33. Confirma oculos tuos super me, ne peream, tuere et salvifica me; esto animæ meæ simul et corpori vivificator, et vita, omniumque infirmitatum mearum sanator, et sanitas, ut vivam munere beneficii tui, et collaudem te in vita mea coram fratribus meis, donec placatus inspiratione tua, et quiescat indignatio tribulantis me, quoniam tibi potestas est, D et hic corda principum corpori placentur inflectere, et illic a futuris pœnis animam liberare, cui nemo dicturus est: Quid fecisti? nec quisquam resultabit judicio tuo, neque voluntati resistet; neque vero audebit arguere tunc quispiam reum, quem tu nunc a culpis suis feceris absolutum; sed erit sine aliqua contradictione beatus, sicut scriptum est: *Beati, quorum remissæ sunt iniquitates, et quorum tecta sunt peccata. Beatus vir, cui non imputavit Dominus peccatum* (*Psal.* XXXI, 1, 2); et Apostolus: *Si Deus*, inquit, *pro nobis, quis contra nos? Deus qui justificat, quis est qui condemnet* (*Rom.* VIII, 33)? Proba me, Domine, proba me in camino humiliationis, quo diutius indignum examinas.

369 34. Rogo tantum ne reprobes noxias peccaminum comburere rubigines; perniciosos ustula criminum squalores, ut de adulterina plumbi commistione aurum purissimum et rutilans educas; et accelera, ut eripias me sic a flagello temporali;

culparum mearum excessus resera, ut nihil in futuro quod punias, sed quod beatifices, derelinquas. Hic me, Domine Deus, ab omnibus munda criminibus, hic ab omni vitiorum colluvione deterge, hic ab omni peccatorum vinculo solve, ut aut si viventem laxaveris, purificatus abeam, aut si vocare decreveris, usquequaque mundatus assumar. Tu meam animam in corpore positam rege, tu exeuntem a corpore suscipe, tibique in æternum adhærere concede, ut nullatenus pereat res per multas lacrymas commendata tibi Domino Deo et creatori suo. Quod si adhuc in carne mihi prolixior vita servatur, nova præconiorum honestate componatur. Exue me fœditate omnium vitiorum, et indue dignitatem [*Forte* dignitate] cunctarum virtutum, charitatis et benignitatis, humilitatis et continentiæ injiciens interserere germina. Cupiditatis autem, et avaritiæ, vanitatis et arrogantiæ, iræ et impatientiæ, cæterarumque nequitiarum putridas amputa vetustates, circumcide superflua, inhonesta deseca, elata deprime, noxia et infecunda recide, ut malignæ arboris amaritudo bonos succos generet demutata; dulces tibi post molestiarum acerbitatem parturias fructus, ut quod non habuit prius natura, offerat amodo collatum ex gratia.

35. Peccandi a me fuga occasionem, et in exercitium boni excita sollicitudinem. Rursum peccandi tolle desiderium, et omnes exclude carnales affectus. Non sit in anima mea concupiscentia fœdæ libidinis, sed amor inhabitet pulcherrimæ castitatis. Mundi hujus ambitio longe sit a me, ut impedimento illius a recto proposito non declinem. Tui tantum timoris et amoris opto in me gratiam semper inesse, quorum in fructu ab omni vitiorum mortalitate denuo reviviscam. Nam per timorem a malo receditur, et per charitatem bonum opus peragitur. Rursumque quod operatur charitas, per amorem custodit timor, ne pereat per elationem. Item charitas festinat, Deo conjungit, et timor non dimittit ab eo separari. Ipse est timor sanctus permanens in sæculum sæculi. Noxiæ prosperitates et amicitiæ hujus sæculi non mihi appropinquent; adversitates autem tempera, ut possim sustinere, quoniam prosperitas dejicit, adversitas erudit; et sæpe ad peccandum prosperitas animum illicit, adversitas autem et a peccato suspendit, et præsentem odire vitam atque futuram desiderare semper provocat, et suadet. In nullis ergo mundi negotiis me ulterius permittas involvi, sed tibi soli militem, tibi semper serviam; te incessanter adorem, tibi die noctuque psallam. Malarum cogitationum semina, rorem et incentorem inutilium desideriorum ac bonæ intentioni contrariorum repelle a me, et contra omnia tentamenta illius captiosasque deceptiones auxilii tui et defensionis pone præsidium, ut ad perseverantiam bonam inflexibilem me (diabolus) præcernens confusus abscedat.

36. Omnia peccata mea flere tantum, non desiderare permittas. Fac me **370** odire quæ odis, amplecti quæ diligis. Obtemperet mens mea mandatis tuis, et voluntas mea voluntati tuæ concordet, ut nihil turpe, nihil injustum, nihil inhonestum, nihil indecens vel impium in conscientiæ meæ delectamento obortum inhæreat; sed amore tuo intentio mentis anhelans justitiæ et pietatis operam assequatur. Sit autem opus mundum, et oratio, sicut præcipis, in occulto, ut non ad oculum serviam quasi hominibus placiturus, legum tuarum admonita et patrum honestissima gesta scire me permitte, et factis implere concede. Ab omni laqueo peccati me retrahe, et ab omnium errorum labe suspende. Disciplinæ tuæ repagulis semper astringe, et ne ulterius decidam, firmissime tene. Trahe me post te, et duc quocunque placet, et ne dimittas ullatenus retrogradum terga rursum diverti [*Forte*, divertere]; sim in tuo timore sollicitus, in amore perfectus, in fide constans, in spe nullatenus dubius, dilectione proximi ferveam, odii ardore non urar, nec invidiæ livore tabescam.

37. Sanctum semper opus inspira ut cogitem, compelle ut faciam, suade ut diligam, confirma ut teneam, custodi ne perdam. Mater et regina septem principalium vitiorum superbia non ingrediatur, nec requiescat in domicilio cordis mei, neque soboles ejus mihi adhæreat, id est, gulæ concupiscentia, fornicatio, avaritia, invidia, ira, tristitia, vana gloria. Da autem mihi e contrario profundam humilitatem, qua curvetur altitudo superbiæ; da mensuratam abstinentiam, qua superflua ventris refrenetur edacitas. Da castitatem, cordis munditiam, qua immunda luxuria sopiatur; da velle largifluum ad erogandum eleemosynam, quo tenax avaritia respuatur. Da perfectæ dilectionis amorem, quo zelus exstinguatur invidiæ. Concede tolerantiæ patientiam, per quam ira superata deficiat; tribue æterni gaudii spem, quo tristitiæ amaritudo demulceatur; fac deinde sic intrinsecus in mente de bono opere gloriari in te, ut vanæ gloriæ foris ex me procedat jactantia.

38. Dona etiam mihi in omnibus tenere justitiam, magnanimitatem, temperantiam; et fac me cum simplicitate esse prudentem, ut et beatam vitam sinceriter agam, et malum prudenter refugiam; atque fraudulentam et deceptoriam astutiam diaboli, ne me per speciem boni fallat ut et discernere rationabiliter valeam, et prævidere; fac me post hæc mitem et benevolum, pacificum et mansuetum, modestum et verecundum, reverentem et trepidum, æquum, et sine simulatione veridicum, et sine dolo rationabilem, bonisque concordem, in vigiliis, et jejuniis, et oratione constanter strenuum; da etiam in mansuetudine moderatum habere sermonem, et amico subinde frui silentio, ut loquar quod condecet, taceam quod loqui non oportet; vel quidquid ex virtutum fructibus conferre dignaberis, mortificata jactantia, patrona servet humilitas.

39. Da sine aliquo errore pravæ religionis immaculatam tibi servare fidem, et juxta fidem dignum esse operarium, ut fidem rectam opere pravo non polluam; et quem bene credendo confiteor, male vivendo non denegem; quemque strenua fide sequor, actu negligentiæ non offendam; fac me in sancto conversantem proposito sequi justitiam, diligere misericordiam, **371** amare veritatem, refutare mendacium, falsum nihil meditari vel loqui, te indesinenter timere, religionem venerari, pacem cum omnibus sine dolo tenere, discordes ad concordiam revocare, charitatem insimulatam offerre, nullum scandalizare, nulli me præferre, sed inferiorem omni infimo judicare, principibus et potestatibus in nullo resistere, in omnibus obtemperare, reverentiam et honorem exhibere senioribus, obedientiam et charitatem æqualibus offerre, gratiam opportunæ dilectionis junioribus ostendere, fraterna onera, sive pericula æquanimiter sustinere, amicum velut animam meam venerari, parentem et proximum sicut meipsum diligere, cunctisque simul prodesse, non obesse, nulli nocere, nulli adversari, nullum calumniari, nulli offendiculum ponere, nullum judicare, nulli detrahere, nullum condemnare, nulli injuriosum esse, nullius carpere vitam, nullius explorare rectam semitam, de me tantum esse sollicitum, malum pro malo nequaquam rependere, injuriarum mearum nec memorem ullatenus esse, nec vindicem, sed omnem bonitate superare malitiam, maledicenti benedictionem parare, adversa pati, non inferre, inimicum ut amicum diligere, convicia et contumelias irascentium sustinere, non rependere, injuriæ cito oblivisci, offenso me festinanter ignoscere, ad veniam concedendam semper paratum esse, aliena non concupiscere, nec occasione qualibet auferre mea vero non habentibus misericorditer erogare, debitum debitori dimittere, reformare quod inique direptum est, pignus reddere mutuanti, et nihil alienum apud me retinere, esurientem deinde reficere, sitientem potare, hospitem colligere, nudum ope-

rire, visitare languidum, requirere carceratum, consolari tristem, afflicto et lugenti compati, non habenti præbere necessaria, victum et vestitum dividere cum egeno, amplecti indigenam, fovere domesticum, amare peregrinum, redimere captivum, suscipere advenam, tueri pupillum, et orphanum, suffragari viduæ, subvenire oppresso, præstare auxilium desolato, dirumpere colligationes impietatis, confractos relinquere liberos, et omne onus dirumpere, velut quæque præceptorum tuorum documenta declarant, ardenter exquirere, diligenter legere, prudenter tractare, festinanter exercere, desideranter implere.

40. Averte, Domine, a vanitate oculos meos, et transgressus meos ab injustitiæ semitis. Non recipiant aures meæ opprobrium adversus proximum; neque relicta veritate pruriant audire fabulas vanitatis, aut verba mendacii; neque lingua mea pruriat detrahere, aut maledicere principi, aut sacerdoti, aut cuiquam subsequenter hominum. Non sit scurrilis, nec vaniloqua, non maledica, non dolosa. Non decipiam proximum, bonam dicens viam illius, cum maligna fortasse patuerit, sed, humili compassione commotus, loquar privatim veritatem, ut avertatur ab errore, et siquidem audierit, salvetur anima illius, et meorum (sicut scriptum est) operiatur multitudo peccaminum. Sim in audiendo festinus, in respondendo moderatus. Non scientia infler, non arrogantiæ tumore distendar, sed sermone, et opere bono redundans, humilis semper existam, ut surgam, non decidam, erigar, non subruar, ascendam, non descendam. Non **372** me laudes corrumpant, non vituperationes conturbent: non adulationes decipiant, non mendacia deludant; non prosperitas elevet, non adversitas curvet; non secunda opinio extollat, non sinistra dejiciat; non jucunditas mutabilem reddat, non tristitia dissimilem faciat; sed in omnibus sit vita mea æqualis, et vultus uno modo constans.

41. In salute collaudem, in infirmitate gratias agam, in correptione non resultem, in flagello non murmurem; de bono opere non extollar, nihil boni facti mihi ascribam, pro nulla re in me glorier, neque confidam; sed gloria, spes, virtus, laus et omnis delectatio animæ meæ tu ipse sis; te corde credam, te laudibus confitear, te vox mea sonet, te lingua mea jugiter prædicet; tibi, non mihi placeam, tuamque non meam faciam voluntatem, et omnis mens mea te meditetur, te delectetur, et sequatur intentio, ut memetipsum abnegans sequar te cum cruce mea, perdere pro te promptus animam meam, ut per te inveniam illam, quatenus novum tibi hominem ex inutili vetustate, cunctis vitiorum vepribus concrematis, pœnitentiæ caminus restituat, et morum pravitate comptissimum extrema vitæ [*Forte*, vita] reformet, ut in hoc, abdicatis erroribus, nihil in me suorum antiquus hostis in futuro recognoscat, vel reperiat. Nunc itaque, Domine Deus meus, cum magna exsultatione glorifico nomen tuum sanctum, qui persistens erudisti insipientiam meam, et emollisti duritiam per flagratores tuos, donec vel invitus audirem voces tuas, me diutius clamitantes, et conversus sequerer præconantem mihi juxta capitulum psalmi dicentis: *In freno et camo maxillas eorum constringe qui non approximant ad te* (*Psal.* XXXI, 9). Et ego, Domine, cognovi et intellexi sonum clamoris tui, et reprehendens me conversus sum, et egi pœnitentiam coram te, sicut hæc dies probat, idcirco in laudem tuam et consolationem meam prophetica tibi verba decantem: Castiga me, Domine, quia eruditus sum, quasi juvenculus indomitus.

42. Postquam enim convertisti me, egi pœnitentiam; et postquam ostendisti mihi, percussi femur meum, confusus sum, et erubui, quoniam sustinui opprobrium adolescentiæ meæ, et recordatus sum Deo meo, et dixi: *Confitebor Domino, quoniam bonus, quoniam in sæculum misericordia ejus* (*Psal.* CXVII, 1); in tua enim misericordia revixit anima mea, et surrexit a mortuis, quoniam segregasti me a peccatis adolescentiæ meæ, et a juventute mea corripuisti me, et convertisti me, et egi pœnitentiam coram te. Ideo bonæ spei factus sum vir, quia servasti mihi tempus conversionis, quo considerans peccata mea compunctus sum, et egi pœnitentiam coram te. Lætus jam deinde tibi nunc et semper innumeras gratias referam, te totis visceribus implorans, tibi me tota devotione commendans, quia, ut invenirer, tu quæsisti me; ut redirem, tu compulisti me; ut verberarer, tu respexisti; ut confiterer, tu es operatus; ut me recognoscens plangerem, tu dedisti mihi. Pone, Domine, lacrymas meas in conspectu tuo, et perveniat ad te in cœlum deprecatio mea publicani et peccatoris. Placita tibi fiat confessio oris mei, et pro munerum **373** oblationibus, quas manu non offero, hunc contriti cordis mei fletum tibi in sacrificium submitto; et hanc pœnitentiæ actionem pro acceptione, si mihi fuerit denegata, suscipito, quia et actio a te injungitur, non acceptio demandatur.

43. Esto, Domine, adjutor, et protector meus in salutem, et misericordia tua subsequatur me omnibus diebus vitæ meæ; atque in umbris lætabilibus collocatus umbra alarum tuarum me protegens recrea. Dum vero diem vocationis induxeris, ecce, Domine flens, dico, introibo miser, tremebundus, et pavidus viam amarissimæ mortis obscurissimam, ignotam, et irremediabilem, profunda demergentem caligine. Adesto, precor, et subveni, atque in manus tuas commendatum tibi spiritum suscipe, liberans animam meam de ore draconis sævissimi, et de manu atrocissimi inferni, cum acceperis eam, et auferas me de medio umbræ mortis; imo deducas super semitam lucis nemorosam, et clarissimam regionem viventium. Colloca me, Domine, in caulis tutissimis gregum tuorum, et associatum numera cum ovibus tuis in supernarum mansionum gubernaculis, quo sancti tui Abraham, Isaac et Jacob, amœnitate fruentes lucis et refrigerii, cum universa multitudine sanctorum tuorum inhabitant, quia tu es pastor bonus, qui ducis et reducis perdita, tueris et salvas inventa, foves et sanas languentia, et tu es misericors Dominus, qui sperantes in te non confundis, requirentes te non derelinquis, revertentes ad te non despicis, sed exsultando et laudando suscipis, amplius gaudens coram angelis tuis super unum pœnitentem, et conversum erroneum, quam super novem et nonaginta numero beatorum; cui est cum Patre et Spiritu sancto una deitas, gloria, virtus, imperium, et potestas in sæcula sæculorum. Amen.

APPENDIX XIX.

ORATIO CONTRA INSIDIAS DIABOLI [a].

1. Tu, Domine, verus doctor et præstitor, qui creator es et redemptor, largitor et munitor, advocatus ac judex terribilis et clemens, qui cæcis mentibus donas aspectum, qui infirmis possibile esse facis quod præcipis; qui sic pius es, ut assidue rogari velis; sic munificus, ut neminem desperare

[a] Vide Isidoriana, c. 81, n. 55.

permittas; indulge mihi peccata omnia, ac universos errores, et tua gratuita bonitate, bone Jesu, perduc me ad illam contemplationem desiderabilem, ubi jam errare non possim. Per quanta enim vitia corrui, tu scis, qui occultorum es cognitor. Quam misera et prona est mea fragilitas, tu nosti, quali hoste incessanter affligar et premar agnoscis. Te, Christe Deus, bellator fortissime et triumphator semper victoriosissime, quærit impar certamen, te

A expetit mortalis infirmitas, majestatis enim tuæ gloria est, si leo rugiens ab infirma ove superetur, si spiritus violentissimus a debilissima carne vincatur, et si saltem illius dominationem, permittente tuo justo judicio, ad tempus patimur, nequaquam 374 illius insatiabilibus faucibus sorbeamur. Fac illum, amator hominum, tristem de humana lætitia, qui de nostra offensione exsultat.

APPENDIX XX.

LIBER DE ORTU ET OBITU PATRUM,

De quo in Isidorianis, cap. 61, n. 48.

De sancto Abraham, qui fuit prima via credendi.

1. ABRAHAM, filius Thare, filii Nachor, frater Aran, patris Lot, pater Ismael, et avus Jacob. Undecimus a Noe, vigesimus ab Adam, Deum corde credidit, Trinitatem hospitio suscepit. Cum Deo loquitur, a Melchisedech post victoriam benedicitur. Filium in senectutis tempore meruit, quem Deo Dei amore obtulit; Chaldæa ortus, in Chanaan peregrinatur; dives valde, placuit Deo. Plenus dierum, CLXXV annorum deficiens, mortuus, a filiis suis Ismael et Isaac sepultus in spelunca duplici, quæ est in agro Ephron Cæthæi juxta civitatem Cariatharbe, quæ et Hebron alio nomine vocatur.

2. ISAAC, filius Abraham, in senectute parentum natus, id est, matre nonagenaria et patre centenario in Geraris inter Cades et Sur ortus, a Deo nominatus, antequam natus esset, die octavo circumcisus, obediens patri, Deo immolatus in figura Jesu Christi, qui oblatus est Deo Patri. Uxor Isaac Rebecca, Bathuelis filia, filii Nachor, fratris Abraham, mater Jacob et Esau. Isaac plenus dierum, et senex CLXXX annorum, moritur justus, a filiis suis sepultus.

3. JACOB, filius Isaac, frater Esau, fratris supplantator. Benedictus a patre, nolens pater. Benedictus a Deo, volens Deus, simul et mater. Ortus in Bethsabee, factus pater tredecim filiorum, scalam vidit in Bethel dormiens, angelos in scala, et Deum in visu conspiciens, luctavit cum Deo, benedictus ab eo. Nomen mutat, *Israel* illum appellavit. Valde dives, in Ægyptum pergit causa famis, ibi moritur plenus dierum CXLVII annorum; aromatibus conditus, inde translatus a Joseph, sepultus in spelunca duplici in terra Chanaan, ubi Abraham et Sara, Isaac et Rebecca, simul et Lia, jacent sepulti.

4. JOSEPH, filius Jacob et Rachel, frater Benjamin, in Mesopotamia Syriæ odiosus fratribus, amabilis patri, somniator veridicus, in Ægyptum a fratribus venditur in figura Christi, qui venundatus est pretio argenti. Missus in carcerem sine culpa, vere sub dolo et mendacio Putipharis feminæ. Fuit Dominus cum Joseph in carcere. Somnia regis Pharaonis revelavit, quæ nemo interpretari potuit; propter hoc a rege est honoratus, princeps Ægypti factus, et a Pharaone *Sara tofane* nominatus, quod Ægyptiace sonat *mundi Salvator*. Nutritor fratrum, simul et patris, in tempore diræ et gravis famis. Vixit longævus multis diebus CXX annis. In Ægypto mortuus, aromatibus conditus in loco Bresith in Ægypto
375 repositus, curru ossa, ut ipse rogavit, Moyses de Ægypto secum portavit, et in tempore Josue ministri regis populus in Sichen sepelivit ossa ejus.

5. JOB, qui et Jobab, cujus pater Zara, et mater Bosra. Zara autem filius Raguel, filii Esau, filii Isaac, quintus ab Abraham rex inclytus in terra Edom. Vir simplex et rectus Domini servus. Dives ac præclarus in filiis, et filiabus, in possessione, ovium septem millia, juga boum quinquaginta, et multa familia. A Deo probatus, a Satan tentatus, substantia privatus, lepra percussus, filiis orbatus, valde maledictus, a falsis amicis false consolatus, B et eorum verbis corde contristatus, loquitur cum Domino, interrogatus ab ipso seipsum reprehendit. In favilla et cinere pœnitentiam egit; liberatus a plaga, additur substantia. Benedictus a Domino, accepit duplicia in vita, et filios Dei beneficio. Vixit post plagam diebus multis CXX annis; moritur senex et plenus dierum.

6. MOYSES, filius Ambre, filii Chath, filii Levi, filii Jacob. Septimus ab Abraham, Aaron, et Mariæ frater, quorum mater Jochabet, filia Levi, filii Jacob. Moyses in Ægypto natus, tribus mensibus absconditus, inde in fiscellam stirpeam positus, et in ripam fluminis dimissus, a filia Pharaonis ibi est inventus, et ab ea Moyses nominatus; eum nutrire præcepit, et in filium adoptavit. Ut vir *factus est*, fratres visitavit. Occiso Ægyptio, in Madian fugit, et ibi pastor ovium fuit. Ubi Dominum in rubo ardenti vidit, quem Dominus e rubo vocavit, et principem populi sui constituit. Virtutes multas in Ægypto per ipsum in mari et in eremo Dominus fecit; C facie ad faciem Dominum vidit; legem in Sinai ei tradidit, quam ipse Dominus digito scripsit, de qua [*Forte*, et quam] populum semper docuit, terram promissionis vidit, sed minime intravit. Jussu Dei verticem Pharga ascendit, et ibi moriens ad patres pergit plenus dierum CXX annorum. Cujus oculi non sunt caligati, nec dentes mutati, cujus sepulcrum nemo vidit, vel novit, quia ipse Dominus illum sepelivit, et planxit eum populus XXX diebus.

7. AARON, filius Ambre, frater Moysi, prior nascendo in tribus annis, minor honore in multis signis. Sacerdos Dei, propheta fratris, unctus oleo sancto, indutus veste præclara, intrabat semel in sancta in anno orans pro seipso, et pro populo, ortus in Ægypto, defessus in eremo, peccat in vitulo. Orans frater pro eo, postea complacuit Deo; privatus sorte hæreditatis in terra promissionis, quia non credidit verbo veritatis, percussa petra in Cadesbarne cum aqua contradictionis. Pro tali culpa D iratus Dominus dixit ad Moysen: Tolle Aaron, et filium ejus, et duces eos in montem Hor, qui cum nudaveris patrem veste sua, indues ex eis Eleazarum filium ejus manu tua. Ita Moyses fecit, ut Dominus imperavit, patrem spoliavit, filium vestivit. Aaron in monte Hor moritur coram omni populo anno quadragesimo egressionis populi ex Ægypto mense quinto prima die mensis, cum esset annorum CXXIII, et ibi sepelitur, et XXX diebus a populo plangitur; et pro eo Eleazarus sacerdos ponitur. Soror ejus Maria in Cades cadit mortua, et ibi jacet a populo sepulta.

376 8. JESU, filius Nun, qui a parentibus Auses [*Corrige*, Osee] primo appellatus est, e tribu Ephraim, famulus Domini, et minister Moysis, natus in Ægypto, confortatus in Domino, et post mortem magistri factus est princeps præcipuus populi. Mittit exploratores in urbem Jericho: loquitur cum Domino, et audivit a Domino, *Exaltabo te hodie*

coram populo meo. Pergit sicco pede fluenta Jordanis cum populo Dei, in campo Galgalis subvertit urbes, tyrannos, et reges gentium. Imperat soli et lunæ; steterunt in cœlo et terra leges naturæ. Præponit urbes simul, et vicos, disponit in sortes divisas. Prædicabat semper populo Domini legem, judicavit Israel in pacis semper sede. Vixit longævus plenus dierum c simul et x annorum. Sepultus in Thamnathsare, possessionis suæ parte, in monte Ephraim.

9. Samuel, qui interpretatur *positus a Deo*, filius Elcana, filii Jeroboam, filii Eliu, ortus in monte Ephraim, natus in Ramatha, princeps et propheta, Nazaræus ab infantia, famulus Dei, et minister sacerdotis Heli, cujus mater sterilis, quæ vocatur Anna, oravit Dominum in templo, et facta est fecunda. Quæ cantavit canticum, *Exsultavit cor meum in Domino*. Samuel fidelis vixit. Saulem, et David super sedes regni posuit, postulavit pluviam, et pluit e cœlo, orabat semper ad Dominum pro populo suo, multis diebus populum rexit. Grandævus, et senex ad patres perrexit. Quem populus Israel planxit, et in domo sua Ramatha terræ eum condidit.

10. David filius Jesse, filii Obeth, filii Buzi, ortus e tribu Juda, natus in Ephrata, præclarus forma, rex et propheta, reges superavit, psalmos cantavit, bestias prostravit, Goliam interfecit, Dominum semper timuit, robuste regnavit, Christi nativitatem et baptismum prænuntiavit. Passionem et resurrectionem ejus demonstravit, Ascensionem et ejus adventum in fine mundum judicare prophetavit, electus Dei, quem Deus amavit, humilis et mitis oves patris pavit, XL annos in Israel regnavit, VII annos in Ebron, in Jerusalem XXXIII annos. Vixit longævus. Dormivit cum patribus in civitate David, et in Bethleem est sepultus.

11. Elias Thesbites, qui interpretatur *Dominus*, Dei propheta magnus, adhuc vivus, Domini servus, prædicator futurus, cum Antichristo in fine mundi pugnaturus, XL dies jejunavit. Jonam mortuum suscitavit, VI menses et tres annos pluviam prohibuit, ignem e cœlo super quos voluit et aquam venire fecit. Qui bovem, et lapides, et aquam consumpsit. Centum et duos viros vorax flamma interfecit. Idem Elias, corvis ministrantibus, in spelunca vixit; oleum et farinam viduæ benedixit. Sacerdotes Baal omnes interfecit. In curru igneo usque ad cœlum ascendit. E terra Arabon et tribu Aaron ortus fuit.

12. Eliseus, qui interpretatur *Domini mei salus*, propheta altissimi, discipulus Eliæ, et magister Jezi, gratiam magistri suscepit; fluenta Jordanis divisit, et sicco pede per fluvium perrexit; aquas amaras in aquæ naturam convertit; ollam ut fel ferventem dulcoravit. Securem e fluminis profundo vocavit. Naaman principem Syriæ, lepra percussum, **377** purgavit; discipulum cupidum lepræ plaga percussit; olei paululum viduæ benedixit. Oleum per vasa pauca benedictum non pauca replevit, vidua creditori debitum reddit, et de oleo filios liberos reddit, et reliquo ipsa cum filiis vixit. Eliseus vivens mortuum suscitavit; Eliseus mortuus mortuum vivificavit. Eliseus ex Abdelam a terra Ruben ortus fuit, quem cum mater ejus peperit, vitula aurea cum magno boatu in Galgalis clamavit, ita ut populus in Jerusalem boatum audiret. Tunc dixit sacerdos præsens audiens miraculum: *Hodie*, inquit, *nascitur propheta futurorum, qui civitatis simulacra distribuit (destruit) idolorum.* Eliseus in Samaria mortuus, et ibi sepultus.

13. Isaias, filius Amos, *salus Domini* interpretatur, in Jerusalem propheta egregius, et martyr justus, nobilis genere, nobilior sermone. Sub quatuor regibus Ozia, Joathan, Achaz, Ezechia, prophetavit. Dominum sedentem solio excelso contemplavit. Seraphin XII alas claro et celebri carmine Dominum collaudantes audivit *Sanctus, Sanctus, Sanctus Dominus* A *Deus Sabaoth*, ex quibus unus ad illum volavit, et labia ejus igne cœlesti purgavit. Gentibus in tenebris mortis sedentibus salutem et lucem annuntiavit. Parvulum natum de Virgine Deum, et hominem, et principem, patremque futuri sæculi prænuntiavit, virgam e radice Jesse egredientem, septiformi spiritu florentem, et fructificantem prophetavit, subversionem et vastationem Babylonis prædixit. Nudus et discalceatus tribus annis, jubente Domino, ambulavit; lapidem summum et angularem in Sion ponendum prædixit. Salvatorem, et regnatorem, et justissimum judicem in Jerusalem regnantem annuntiavit, crucem et passionem, sepulcrum et resurrectionem Domini declaravit, judicium venturum et mortuos resurrecturos prophetavit. In Jerusalem prædicavit sub Manasse rege, serra sectus in duas partes occubuit, sepultus est sub quercu Ragel juxta transitum aquarum, quas olim Ezechias rex obstruxerat pulvere.

14. Jeremias, qui interpretatur *excelsus Domini*, B propheta et sacerdos, quem Dominus in utero matris suæ sanctificavit; puer admodum et Benjamin prophetavit imperio Domini virgam vigilantem, et ollam succensam a facie Aquilonis vidit. Ruinam suæ civitatis quadruplici alphabeto planxit, qui lumbare jussu Domini portavit, qui laguncalam testeam in conspectu Domini fregit, quem Fadassur sacerdos in nervum misit, cui Dominus duos calathos ficis plenos ostendit. Calicem plenum iræ Dei gentibus et regibus miscuit, catenam in collo portavit, in atrio carceris clausus fuit, inde liberatus ad patriam pergere voluit. Tunc iterum illum custos civitatis tenuit, et principibus eum tradidit, principes vero irati flagellatum iterum in carcerem miserunt. Rex vero ad illum misit, et de carcere traxit. Principes iterum tenuerunt, et volentes eum occidere, in lacum profundissimum et siccum funibus miserunt. Dominus autem per manus Abdemelech Æthiopis Jeremiam e lacu et morte liberavit, et in vestibulo carceris usque C in diem qua civitas capta est, permansit. Nabuchodonosor rex Babylonis Jeremiam a carcere et a catenis liberavit. Jeremias ergo ortus a vico Anathoisdes, qui viculus tribus a **378** Jerosolymis distans millibus, captivus in Ægyptum ductus a populo apud Taphnas lapidibus obrutus obiit. Jacet vero in eodem loco sepultus, quem Pharao rex habitaverat, quia per postulationem suam defugatis ab eodem loco serpentibus, Ægyptios fecit esse securos a tactu aspidum; quem etiam magna cum religione iidem Ægyptii venerantur.

15. Ezechiel, filius Buzi, qui interpretatur *fortitudo Dei*, propheta, et sacerdos Altissimi, cum Joachim rege captivus ductus in Babylonem, tricesimo suæ ætatis anno, et captivitatis quinto, prophetare et loqui ad captivos exorsus est. Cui cœli aperti sunt, et Dei visiones obscuras et mirabiles vidit. Ad quem factum est verbum Domini, super quem facta est manus Domini in visione magna, et mirabili, in vento et nube fulgenti, in igne et splendore splendenti, in D electro clarescenti, inter quos conspexit quatuor animalia cum pennis, et pedibus, et manibus, homo et leo, vitulus et aquila. Quatuor conspicit rotas juxta animalia ex omni parte oculis plena, et cum animalibus simul discurrentibus audivit sonum alarum ipsarum, ut sonum castrorum et aquarum multarum, portabant capitibus quasi firmamentum, et super firmamento quasi thronum positum, et in throno aspicit quasi vultum hominis, ut electrum fulgens in medio ignis, hæc omnia videns cecidit in faciem, et audivit vocem ad eum loquentem, et super pedes suos illum erigentem, ostendit ei librum, quem manu tenebat, et expandit volumen, et ad eum dicebat: *Aperi os tuum, et comede hunc librum*; et ipse hunc statim comedit, et ut mel gustavit, et viscera replevit, et plebi prædicavit, visiones alias multiformes vidit; in quibus urbibus, regibus, gentibus, insulis, populis, plagas venturas verbo Domini prædicavit, campum plenum ossibus siccis super quæ nervos et vis-

cera venire vidit, et ipso prophetante in ossa omnia spiritus vitæ intravit, civitatem spiritualem, et mirabilem vergentem ad austrum, cum portis, plateis et multis ædificiis vidit, quæ carnaliter aliquatenus stare non potuit.

16. Ezechiel *fortitudo Dei* interpretatur, terra Sarira ortus, et in Chaldæam, ut prædiximus, captivus ductus, ibique populus Israel eum occidi præcepit, quoniam ab eodem propheta arguebantur, ne idolis servirent. Hunc ergo sepelivit populus in auri [*Lege* Maurim] agro sepulcro Arphaxat.

17. Daniel, filius Abda, *judicium Dei* interpretatur, ex tribu Juda ortus, in Betheron superiore natus, puer admodum captivus in Babylonem ductus, propheta præcipuus, cum quo Dominus fuit. Principem namque super principem sibi posuit. Somnia namque regis Nabuchodonosor, in grandi imagine et in magna arbore revelavit. Visiones magnas et mirabiles ipse conspexit, quatuor ventos cœli magnos in mari pugnantes, et quatuor bestias terribiles de mari surgentes aspicit, thronos positos et Vetustum dierum in throno igneo sedentem conspexit; cui millia millium angelorum ministrabant, et decies centena millia assistebant, judicium positum, et libros apertos vidit, Filium hominis venientem ac Vetustum dierum aspicit, arietem grandem cornibus quatuor partem **379** ventilantem, et hircum caprarum terribilem, et magnum cum ariete pugnantem, et arietem præstantem prospexit, faciem suam ad Dominum Deum suum posuit. In jejuniis, sacco et cinere Dominum adoravit, mirabili confessione et pura obsecratione pro se et populo suo Dominum obsecravit. Tres hebdomadas populum planxit, panem desiderii, et carnem, et vinum in jejunio non comedit. Gabriel archangelus in his omnibus Danielem confortavit, omnes visiones, quas vidit et demonstravit, Christum nasciturum et regnaturum, passurum et resurrecturum ei annuntiavit. Regna mundi inter se pugnatura prædixit, Antichristum venturum cum sanctis præliaturum affirmavit. Iste Daniel Balthasar regi tres terribiles sermones in pariete scriptos demonstravit. Susannam ex falso crimine liberavit. Senes pravos morti damnavit. Bel, idolum Babylonis, destruxit, draconem terribilem pice et pilis interfecit, sacerdotes Bel LXX interire fecit. Cui Habacuc per angelum ex Judæa in Chaldæam in momento raptus prandium portavit, quem Dominus duabus vicibus ex lacu leonum liberavit. In Babylone Deum omnipotentem prædicans requievit, solusque omnium Hebræorum...sepultus est regione.

18. Osee, filius Beeri, *Salvator* interpretatur, propheta Domini sub quinque regibus verbum Domini prædicavit. Crebro nominat Ephraim, Samariam, Joseph, Jezrahel, Israel, et uxorem fornicariam et fornicationis filias, et adulteram cubiculo clausam mariti multo tempore sedere viduam, et sub veste lugubri viri ad se reditum præstolari. Populo verbum Dei prædicat, et scelera eorum dure et terribiliter increpat, et fugere, et venire ad Dominum omnes confortat, quia sanat, percutit, et curat, et mortificat, et vivificat, et misericordiam magis quam sacrificium diligit, et scientiam Dei plusquam holocausta quærit, et Christum Filium Dei ab Ægypto vocaturum prophetavit. Hic ergo Osee propheta ex tribu Issachar ortus, in Belemoth natus, ibique placida morte dormivit sepultus.

19. Joel, filius Phathuel, *incipiente Domino* interpretatur. Describit terram XII tribuum eruca, brucho, locusta, rubigine vastandam et consumendam. A facie Domini terram tremere et cœlos movere affirmat, solem, et lunam, et stellas suum splendorem abscondere designat. Magnum diem Domini et valde terribilem advenire prædixit. Dominum Deum benignum et misericordem, patientem et pium, et præstabilem super malitias hominum affirmat. Populum ad ecclesiam sacrificare jejunium convocat. Senes, juvenes, parvulos, lætantes sponsos, sponsas, sacerdotes ministros Domini Dominum prædicare, populo parcere, et pacem donare prædicat; abundantiam frumenti, vini et olei, et pacem Domini donare sibi servientibus promisit. Spiritum suum sanctum super servos et ancillas suas Dominum effundere prædixit, seniores somnia somniare, et juvenes visiones videre in Domino prophetavit. Joel vero propheta ex tribu Ruben ortus, in agro Betheron natus, et ibidem obiit, et pausat sepultus.

20. Amos thesbites *potens*, vel *fortis*, aut *populum divellens* interpretatur, propheta, et pastor, et rusticus, et ruborum mora distringens, **380** paucis verbis explicari non potest. Quis enim digne exprimet tria et quatuor scelera Damasci, Gazæ, Turi, Idumeæ, filios Ammon, et Moab, et in septimo octavoque gradu Juda et Israel? hic loquitur ad vaccas pingues, quæ sunt in monte Samaniæ, ruituram domum majorem minoremque testatur. Ipse cernit fictorem locustæ, et stantem Dominum super murum litum, vel adamantinum, et onychinum pomerium, et trahentem supplicia peccatoribus, et famem in terra, non famem panis, neque sitim aquæ, sed audiendi verbum Dei. Ipse est Amos quem Amasias rex sæpe cæciderat: Ozias vero, filius ejus, transfixum per tempora ejus palam eumdem propheta læthali vulnere affecit. Hic ergo vates post biduum postquam in suam advectus est patriam, spiravit, ibique sepultus est.

21. Abdias propheta *servus Domini* interpretatur, pertonans contra Edom fratris quoque Jacob semper æmulum astra percuit..... superbiam et elationem superborum increpat, sapientes et prudentes mundi, et tyrannos, et fortes ejus a Domino perituros et percussos prædicat. De monte Sion *salutem*, et Salvatorem venturum, et Dominum in sempiternum regnaturum prophetat. Hic ergo in agro Bethacaran natus, et de terra Sichem est ortus, et Eliæ prophetæ discipulus, et tertius quinquagenarius cum L militibus ab Ochozia ad Eliam missus, cui et petenti pepercit Elias, ne eum ignis sicut duos ante se quinquagenarios missos consumeret. Hic ergo Abdias, Ochoziæ relicto ministerio, prophetavit. Mortuus est et sepultus cum patribus suis.

22. Jonas propheta, filius Amathi, qui interpretatur *columba* vel *dolens*, filius viduæ Saraptanæ, quem Elias mortuum suscitavit. Quem Dominus misit prædicare in Ninivem. Ipse vero navim quærit, et fugit in Joppem. Deus vero ventum magnum in mari suscitat, mare ergo magno motu fluctuat. Nautæ autem vento mari laborant, Jonam soporantem dormientem suscitant. Vasa sua mittunt in mare, Deum suum adorant, mittunt sortes, cujus culpa esset hoc periculum. Sors emissa mox cecidit super Jonam Hebræum. Tunc dixerunt, Unde venis? quid fecisti? a qua gente genitus es? Tunc respondit: Ego sum servus Dei cœli, et genere Hebræus. Magno metu contrementes, non potentes tacere, dixerunt: Quid debemus de te, homo, facere? Dixit illis Dei servus quid debuissent agere. Tollite me ex hac navi, et mittite in mare. Illi illum tunc miserunt in mare, ut jusserat. Piscem grandem Deus misit, ut prophetam glutiret; piscis ipsum glutivit, ut Deus imperavit, tribus diebus ac noctibus piscis eum portavit, et de ventre piscis ad Dominum clamavit, quem Dominus audivit, simul et liberavit. Piscis eum evomuit in terram, quam ipse noluit, in civitatem Ninivem ipse perrexit, regi et populo pœnitentiam prædicavit. Et ut rex et populi audierunt, a minimo usque ad maximum in Deum crediderunt, et in sacco et cinere non tantum homines, sed et jumenta pœnituerunt, tribus diebus, et tribus noctibus clamantes ad Dominum jejunaverunt, et liberavit eos Deus ex plaga quam timuerunt. Jonas vero pulcherrime suo naufragio passionem Domini **381** præfiguravit, mundum ad pœnitentiam revocat, et sub nomine Ninive salutem gentibus nuntiat. Euntibus itaque Tiberiadem non grandis est viculus, ubi et sepulcrum ejusdem prophetæ Jonæ ostenditur.

23. MICHÆAS propheta, *Quis iste?* vel *humilitas* interpretatur, e tribu Ephraim ortus, in Morasthin natus, hæredem sonat, ad quem factum est verbum Domini in diebus Joathan, Achaz, Ezechiæ regum Juda, super Samariam, et Jerusalem. Omnes populos ad audiendum Dominum provocat, ruinam Judæ et Jerusalem plangit, judices injustos et potentes impios, et pseudoprophetas increpat, duos latrones templi, et Jerusalem annuntiat, montem excelsum super omnes montes et colles præparatum annuntiat. Omnes populos et gentes multas ad eumdem montem ascendere designat, legem Dei et Sion, et Verbum Domini, et Jerusalem exire designat, judicium rectum inter populos et populos designat, gladios in vomeres, et hastas in ligones præ magnitudine pacis fabricatos confirmat. Ducem natum ex civitate David exiturum, et in Israel regnaturum prophetat, maxillam judicis Israel percussam præsignat. Quid sit bonum homini indicat, et quid Deus ab eo quærit annuntiat. Utique judicium rectum facere, et cum Deo suo sollicite ambulare, et misericordiam diligere, persecutionem futuram non pigravit prædicere, propriæ uxori neminem credere, filios patres, et filias matres persequi, nurum adversus socrum contendere, et inimicos homini domesticos fieri, magnitudinem et longanimitatem, misericordiam et pietatem Domini, ut potuit, prophetavit, peccata pœnitentium in profundum oblivionis Dominum projicere affirmavit. Hic itaque propheta, quoniam peccantem Achaz sæpius arguebat, sub Joram filio ejus ex præcipitio valde porrecto jactus occubuit. Sepultus est autem in terra sua juxta Polyandreum, qui est prope Naim.

24. HABACUC propheta *amplexans* interpretatur, de tribu Simeon ortus, in agro Bethsachar natus. Dominum a longe venturum et nasciturum prophetavit. Incredulum castigavit, justum in fide sua vivere affirmavit, cupidos, avaros, homicidas, ebriosos, idolorum cultores terribiliter increpat. Idem ipse Habacuc luctator fortis et rigidus stat super munitionem, ut Christum in cruce a longe contempletur, et dicat: Operuit cœlos gloria ejus, et laude ejus plena est terra. Splendor ejus ut lux erit, cornua in manibus ejus, ibi abscondita est fortitudo ejus. Hic autem propheta ante biennium reversionis filiorum Israel a captivitate in agro Sabarith vita discessit.

25. SOPHONIAS propheta, qui interpretatur *abscondens eam*, filius Chusi, filii Godoliæ, filii Amariæ, filii Ezechiæ, de tribu Simeon, qui prophetavit in diebus Josiæ, filii Amon regis Juda. Ipse est speculator et cognitor arcanorum Domini. Ipse audit clamorem a porta piscium, et ululatum a Secunda, et contritionem a collibus. Indicat quoque ululatum habitatoribus Silæ, quia conticuit omnis populus Chanaan, disperierunt universi qui involuti erant argento. Ipse est qui diem Domini mirabiliter et terribiliter venturum prophetavit, dicens: *Juxta est dies Domini* **382** *magnus, juxta, et velox nimis. Vox diei Domini amara, tribulabitur ibi fortis, dies iræ, dies illa, dies tribulationis et angustiæ, dies calamitatis et miseriæ, dies tenebrarum et caliginis, dies nebulæ, et turbinis, dies tubæ, et clangoris super civitates munitas, et super angulos excusos, et tribulabo homines, et ambulabunt, ut cæci, quia Domino peccaverunt.* Idem vero Sophonias in agello Sabare (*Al.*, Sarabath) obiit, et terræ humatus jacet.

26. AGGÆUS propheta, qui interpretatur *solemnitas;* prophetavit autem in anno secundo Darii regis reditum populi ex captivitate Babylonis, et restaurationem templi sub Zorobabel sacerdote magno. Promisit itaque in verbo Dei omnia bona Deum donare populo suo. Confortavit principem, populum et sacerdotem magnum in magno Dei adjutorio restaurare, et ædificare templum Dei, dicens: *Hæc dicit Dominus exercituum: Ponite corda vestra super vias vestras, ascendite in montem portare lignum, et ædificate domum, et acceptabilis mihi erit, et glorificabor,* A *dicit Dominus.* Ipse prophetavit, cœli et terræ sterilitatem, et arborum fieri pro peccatis hominum. Ipse prophetavit abundantiam frumenti, et vini, et olei, et abundantiam pacis, et sanitatis populo, et servis Dei, et servientibus sibi. Ipse prophetavit, Deum patrem et Spiritum ejus sanctum in populo suo semper esse. Et ne timeat dicens: *Confortare, omnis populus terræ, dicit Dominus exercituum, et facite, quoniam ego vobiscum sum, dicit Dominus, et Spiritus meus erit in medio vestri, nolite timere.* Ipse prophetavit Deum semetipsum movere cœlum, et terram, et mare, et aridam, et gentes, et solia regnorum, et Unigenitum patris venturum dicens: *Adhuc unum modicum est, et ego commovebo cœlum, et terram, et mare, et aridam, et movebo omnes gentes, et solia regnorum, et veniet desideratus cunctis gentibus.* Hic vero Aggæus ex Babylone admodum juvenis Jerusalem advenit. Ibique exhalavit, et juxta sacerdotum sepulcra humo conditus jacet.

B 27. ZACHARIAS propheta, qui interpretatur *memor Domini*, filius Barachiæ, uno eodemque anno, sub uno eodemque rege Dario prophetaverunt. Zacharias vero in sua prophetia multiplex et mysticus. Versiones enim varias et obscuras videns, prophetavit mystice, quia in eo angelus Domini loquebatur. Ipse enim vidit nocte ascendentem super equum rufum stantem inter myrteta quæ erant in profundo, et post eum equi rufi varii et albi. Ipse audivit angelum interrogantem de tempore misericordiæ super Jerusalem. Ipse audivit Dominum angelo loquentem verba bona, verba consolatoria de Jerusalem, et Sion, de civitatibus Juda. Ipse vidit quatuor cornua ventilantia Judam, et Israel, et Jerusalem. Ipse vidit virum, funiculum in manu tenentem, et Jerusalem in longitudinem et latitudinem mensurantem, et dicentem: *Absque muro habitabitur Jerusalem. Dominus enim erit murus ejus igneus.* Ipse vidit lapidem scriptum, VII oculos habentem, et candelabrum C aureum, septem lucernas sustinentem, et infusorias, lucernis pendentes VII, et duas olivas juxta candelabrum stantes, unam a dextris, et unam a sinistris. Ipse vidit volumen **383** volans longitudine XX cubitorum et latitudine X cubitorum. Ipse vidit talentum plumbi, quod portabatur, et mulierem sedentem in medio amphoræ, quæ impietas est, cui massa plumbea in os missa est. Vidit et duas mulieres alas habentes, quasi alas milvi, quæ levabant amphoram inter cœlum et terram. Vidit et quatuor quadrigas egredientes de medio duorum montium aureorum. In quadriga prima equi rufi, in quadriga secunda equi nigri, in quadriga tertia equi albi, in quadriga quarta equi varii fortes, et alia multa obscura et mystica vidit. Prophetavit autem reditum populi, et restaurationem Jerusalem et templi; prophetavit regem pauperem et humilem venturum dicens: *Exsulta satis, filia Sion, jubila, filia Jerusalem, ecce rex tuus veniet tibi justus, et salvator, pauper ascendens super pullum, filium asinæ;* prophetavit eumdem regem traditum, et venditum D pro argento, dicens de persona sua: *Appenderunt mercedem meam triginta argenteos*, et reliqua. Passionem ejusdemque (*sic*) regis, id est, Salvatoris nostri per omnia, sicut factum est, mirabiliter prophetavit. Ait namque: *Percutiam pastorem, et dispergentur oves gregis.* Et iterum: *Quid sunt plagæ istæ in medio manuum tuarum? Plagatus sum in domo* [illegible]*orum, qui diligebant me.* Et iterum: *Aspicient ad me, quem confixerunt.* De morte ejus sic prædicavit: *Et plangent eum planctu quasi super unigenitum, et dolebunt super eum, ut doleri solet super unigenitum.* Baptismum futurum prædixit, dicens: *In die illa erit fons patens domus David, et habitantibus Jerusalem in ablutione peccatoris et menstruatæ.*

A morte itaque ejusdem Zachariæ prophetæ testem fidelem, qui nec fallit, nec fallitur, habeo, id est, Jesum Salvatorem nostrum in Evangelio secundum Matthæum, Judæos incredulos increpantem, et sic dicentem: *Veniat super vos omnis sanguis justu qui effusus est super terram, a sanguine justi Abel usque ad sanguinem Zachariæ, filii Barochiæ, quem occidistis inter templum et altare.* Zacharias ergo ex regione Chaldæorum valde senex in terram suam reversus, et, sicut diximus, occisus, juxta Aggæum in Jerusalem humatus jacet.

28. MALACHIAS propheta *Angelus Domini* interpretatur. Mystica et Dei mysteria admonet, honorem adhibendum parentibus et dominis dicens: *Filius honoret patrem, et servus Dominum suum.* Interrogat ex persona Dei Patris omnes viventes, dicens: *Si ergo Pater ego sum, ubi est honor meus, et si Dominus ego sum, ubi est timor meus?* Increpat autem sacerdotes indignos, et culpabiles, indigne et culpabiliter ministrantes Deo. Laudat vero sacerdotem dignum, et angelum vocat illum, dicens: *Labia sacerdotum custodiant scientiam, et legem requirant de ore ejus, quia angelus Domini exercituum est.* Maledictum autem vocat eum, qui munera maculosa Deo suo de rebus suis offert, dicens: *Maledictus homo dolosus, qui habet in grege suo masculum, et votum faciens immolavit debile Domino.* Unum patrem omnium esse et unum Deum adorandum demonstravit. Ait namque: *Nunquid non Deus unus creavit nos? Quare ergo despicit unusquisque fratrem suum?* Adventum Joannis præcursoris Domini **384** prædixit dicendo: *Ecce mitto angelum meum ante faciem tuam*, et reliqua. Adventum Eliæ prophetæ et prædicatoris ante judicium prædicare prophetavit, dicens: *Ecce ego vobis mittam Eliam prophetam, antequam veniat dies Domini magnus, et terribilis, et convertet corda patrum in filios, et corda filiorum ad patres eorum.* Aperte autem Malachias in fine omnium prophetarum de abjectione Israel, et vocatione gentium prophetavit, dicens: *Non est mihi voluntas in vobis, dicit Dominus exercituum, et munus non suscipiam de manu vestra. Ab ortu solis usque ad occasum magnum est nomen meum in gentibus, et in omni loco sacrificatur, et offertur nomini meo oblatio munda.* Post reversionem vero populi Israel a Babylone in Supha natus est Malachias ibique admodum juvenis moritur, habetque tumulum Gabaonitis, suoque sepulcro conditus jacet.

29. ACHIAS. Silonites ex civitate Eliæ Salomoni regi prædixit, quod per mulieres a mandatis Domini declinaret. Mortuus est ergo Ozias, et sepultus est juxta quercum in Silo.

30. ADDO in Samaria natus est, qui Roboam illicite immolantem admonuit. Hunc ad propria revertentem leo in via strangulavit. Sepultus est in Bethel in sepulcro prophetæ, qui eum fefellerat.

31. AZARIAS *auxilium Domini* interpretatur. In terra oritur Sabatha; mortuusque est atque sepultus est in agello suo.

32. ZACHARIAS *memor Domini* interpretatur; filius Joiadæ sacerdotis, cum XXX annos vixisset, congregatus in atrio domus Domini populus juxta regis Joas imperium, missis in eum lapidibus, prophetam sanctum exstinxit. Hunc sublevatum inde continuo sacerdotes sepelierunt eum juxta patrem suum.

33. TOBIAS propheta sanctus, Dei summi servus, ex tribu et civitate Nephthali ortus, in diebus Salmanasar regis Assyriorum in civitatem Niniven captivus ductus inter suos captivos juvenis ætate, sed senex, et sapiens consilio, et mente. Omnia bona quæ habuit cum charitate concaptivis condonavit. Puerulus tunc ætate, perfectus tamen in Dei timore, idola vana fugiebat, legem Dei semper tenebat. Proselytis et advenis misericorditer ministrabat. Dignas Deo decimas donabat, uxorem nomine Annam de tribu sua accepit, quæ filium genuit, cui pater nomen suum imposuit, et eum de Dei lege et Dei timore docuit. A cibis gentilium se semper abstinuit. Animam suam incontaminatam custodivit, in corde suo semper Domini sui memor fuit. Cui Dominus in conspectu Salmanasar regis gratiam dedit, faciebat quod volebat, pergebat ubi desiderabat. Pauperes generis sui de muneribus regis ditavit. Gabelo pauperi de A sua gente decem talenta argenti sub chirographo donavit, esurientes alebat, nudos vestiebat, mortuos sepeliebat, quem rex Sennacherib, Dei inimicus, occidere voluit. Sed illum cum uxore, et filio Dominus custodivit. Postea vero convivas suos relinquebat, et jugulatos mortuos generis sui abscondebat, et in noctibus eos sepeliebat. In his omnibus Deo placuit, et proximis suis displicuit, quia hæc omnia propter Deum fecit. **385** Inde vero illum probavit, substantias et divitias abstulit. Mendicitate et paupertate percussit. Opprobria et illusiones a parentibus, et uxore, et cognatis sustinuit. Sicut et Job, a regibus et a falsis amicis contumelias sustulit. Sed in his omnibus Tobias vir sanctus in Dei timore immobilis permansit, Deum semper benedixit, cum gemitu et lacrymis clementiam Dei postulavit, quem Dominus exaudivit, et de omnibus tribulationibus suis liberavit. Angelum suum sanctum namque Raphaelem de cælo transmisit, qui eum in omnibus consiliis suis confortavit; B quem hominem æstimavit, cum filio suo in viam pergere rogavit. Ita Raphael angelus fuit, ut pater sanctus illum postulavit. In viam cum filio perrexit, et sanum eum usque in Rages civitatem Medorum adduxit. Cum quo quasi cum conservo, et fratre fabulavit, quem a morsu piscis eripuit, et Saram filiam Raguel uxorem habere fecit, a qua Raphael dæmonium nomine Asmodeon compescuit, et in superioris Ægypti deserto alligavit, et gaudium magnum parentibus puellæ fecit, et pecuniam sancti patris a Gabelo suscepit, sanum et incolumem cum magna substantia, cum uxore et multa familia Tobiam ad patrem reduxit. Sancto seni lumen oculorum restituit; et filium suum, et familiam gaudens vidit. Tunc ostendit eis angelus omnia mysteria itineris sui, et Saræ orationum, et sanitatis; et dixit eis angelus Raphael quia angelus Dei esset, et a Deo esset missus. Tunc timuerunt, et in terram prostrati ceciderunt, et dixit eis angelus: *Nolite timere; pax vobiscum, Deum benedicite, illum laudate, et narrate omnia* C *mirabilia ejus.* Et cum hæc dixisset, ab aspectu eorum ablatus est; et per tres horas in terram se prostraverunt, et Deum benedixerunt, et exsurgentes, omnia mirabilia ejus narraverunt. Tunc senex os suum aperuit, et Deum benedixit, et restaurationem Jerusalem, et templi prophetavit, et subversionem magnæ civitatis Ninive prædixit. Dives valde, et præclarus multis annis vixit cum benedictionibus. Quinquaginta et sex annorum erat, quando amisit lumen oculorum. Quatuor annis cæcus, et pauper fuit. Sexagenarius lumen oculorum, et divitias duplicatas recepit, et postea quam illuminatus est, vixit annis XL duobus, et vidit filios nepotum suorum. Completis itaque annis CXII, cum Dei timore perrexit in pace, sepultus honorifice in Ninive civitate, simul et Anna sua uxore.

34. JOANNES BAPTISTA, qui interpretatur *gratia Dei*, filius Zachariæ sacerdotis, ex tribu Levi, in Israel ortus, angelo annuntiante conceptus, ab an- D gelo nominatus, antequam esset generatus, in senectute parentum natus, præcursor Salvatoris miro modo factus nascendo, prædicando, baptizando, moriendo, ad inferos descendendo; sex etenim mensibus ante Salvatorem natus, et ante passionem Domini capite plexus, et ad inferos descendit prænuntius primus Christi, servus Domini, propheta altissimi, vox Verbi, amicus sponsi, testis Domini, præco judicis, lucerna luminis, miles regis, terminus prophetarum, baptismatis initium. Cujus pater novem menses mutus tacuit, quia angelo prophetanti non credidit, qui prænuntiatus patris vocem abstulit, genitus officium linguæ **386** resolvit, qui necdum editus Christum prophetavit, ex utero salutavit; inter natos mulierum non surrexit major, quem Dominus laudavit, et illum angelum nominavit, et prophetam et plus quam prophetam illum appellavit, quia de quo prophetavit, digito demonstravit. Spiritu et virtute Eliæ plenus fuit, qui cum natus apparuit, gaudium

magnum multis præbuit. In columba agnovit, in deserto monstravit, Salvatorem baptizavit, pœnitentiam prædicavit, cujus vestis camelorum lanugo, eremus ejus habitatio, victus ejus mel silvestre, simul et locustæ. Hic dum Herodem prohiberet, ne fraternum connubium violaret, carceralibus tenebris mancipari præcepit. Cujus caput Herodis regis filia ludens præmium postulavit. At ille desectum male poscenti filiæ ebrius inter pocula dedit. VIII Kalend. Oct. conceptus, VIII K. Junii natus, IV Kal. Sept. passus, in Sebastia oppido Palæstinæ sepultus, quæ olim Samaria vocabatur, quam Herodes rex Judææ Antipatris filius ob honorem Cæsaris Augusti Græco sermone Augustam vocavit. Caput vero Joannis Baptistæ in Emiza in dolio vitreo reconditum est in honorem, præstante Domino nostro.

55. JOSEPH, qui interpretatur *augmentum*, filius Jacobi, filii Mathan ex tribu Juda, et de familia David ortus, in civitate sua Nazareth natus, faber arte, frater Cleophæ, vir Mariæ adjutorio, non carne, Cleophas vero pater apostoli Simonis Chananæi, Joseph autem pater Jacobi, fratris Domini, qualiter dicitur Jacobus Alphæi, Maria Cleophæ, id est, uxor Cleophæ, soror est matris, et virginis Mariæ; sed de eodem viro Mariæ Joseph in genealogiis Evangeliorum, hoc est, secundum Matthæum, et Lucam quæstiuncula satis obscura oritur, quia secundum Matthæum filius Jacobi dicitur, hoc modo : *Mathan genuit Jacob, Jacob genuit Joseph;* secundum vero Lucam filius Heli nominatur his verbis : *Joseph, qui fuit Heli, qui fuit Melchi.* Sed in his verbis bene Scripturas intelligentibus nihil contrarium est, quia Matthæus eum secundum carnem Jacobi filium affirmat, Lucas vero secundum legis mandatum illum Heli filium annuntiat. Jacob enim et Heli fratres uterini ex una matre nomine Estha nati, et non ex uno patre geniti. Pater enim Jacobi Mathan, quem peperit ei Estha, pater vero Heli Melchi. Defuncto autem Mathan, relicto uno filio Jacobi nomine, suscepit Melchi eamdem Estham matrem Jacobi, quæ peperit ei filium nomine Heli. Sine liberis frater suus Jacob suscepit uxorem ejus, et suscitavit fratri defuncto filium secundum legis mandatum nomine Joseph, secundum vero naturam suum proprium filium, id est, ipsum Joseph, qui vir Mariæ dicitur, et quasi pater Christi annuntiatur.

56. MARIA, quæ interpretatur *domina*, vel *illuminatrix*, aut *stella maris*, sive *stella*, stirpe clara, David regis filia, Jesse virga, rosa sine spina, oliva alma, columna aurea, solis aurora, feminarum regina, Salvatoris sponsa, Dei vivi filia, principis ancilla alti, hortus conclusus, fons signatus, Trinitatis thalamus, mater Domini omnipotentis, mater solis et floris, mater agni et leonis, mater vitæ et vitis, mater lucis et pacis, mater viæ et veritatis, mater servi et regis, mater Dei et hominis, **387** mater pastoris et panis, templum Dei, sacrarium Spiritus sancti. Virgo sancta, virgo feta, virgo ante partum, virgo in partu, virgo post partum, filium quem genuit creatorem credidit, et patrem habuit, et Dominum adoravit, salutationem ab angelo suscepit, et mysterium conceptionis agnoscit, partus qualitatem inquirit, et contra legem naturæ obsequii fidem non renuit. Facta est mater viri sine copulatione mariti, mater infantem lactavit, et virgo incorrupta permansit. Hanc quidam vitam finiri (*sic*) martyrio asserunt. Sic enim Simeon sanctus Christum propriis brachiis suis portans prophetavit, dicens : *Et tuam ipsius animam pertransiet gladius.* Non tamen ex gladio carnali, sed ex gladio spirituali prophetatum est, hoc est verbum Dei, quod validius et acutius omni gladio acutissimo, penetrans usque ad divisionem animæ, et spiritus, quia nec litteræ, nec historia docet ex hac vita Mariam migrasse martyrii corporalis passione. Hoc tamen certum est, quia nemo obitum ejus scit, aut quomodo ex hac luce migravit, dum tamen in Jerusalem ejus sepulcrum

A certe positum sit. Nativitas itaque sanctæ Mariæ Matris Domini VI Id. Sept. Assumptio vero ejusdem XVIII Kal. Septemb. celebratur.

57. JESUS CHRISTUS, quod interpretatur *salvator unctus*, Jesus namque Hebraicum nomen est, quod Græce *soter* dicitur, Latine vero *salvator* appellatur. *Christus* autem Græcum est, quod Hebraice *messias* vocatur, Latine vero *unctus* dicitur. Hic est Filius David, filii Abraham, ut sancta Scriptura in sanctis sermonibus sancti evangelistæ et apostoli Matthæi scribentis et dicentis in principio Evangelii sui : *Liber generationis Jesu Christi filii David, filii Abraham, Abraham autem genuit Isaac,* et reliqua, quæ sequuntur usque ad illum locum, ubi dicitur : *Cum natus esset Jesus in Bethleem Juda in diebus Herodis regis Judææ.* Hæc omnia affirmant quo ordine ex cœlo per archangelum Gabrielem Virgini est annuntiatus, et quomodo in Virginis utero conceptus, et in quo loco, et in quo tempore, et sub quo rege, B et in qua plebe est natus, et quomodo ab angelo est nominatus, ante breviter dictum est. Magnitudinem et altitudinem ejus, et profunditatem, latitudinem, et obscuritatem hujus mysterii nullus naturaliter vivens non dico enarrare, vel scrutari, sed nec æstimare potest, nisi ille solus. Sed hoc mysterium, ut voluit, et constituit, et consecravit, sicut per Isaiam Spiritus sanctus affirmat, dicens : *Generationem ejus quis enarrabit?* et per Paulum apostolum idem Spiritus sanctus clamat, et ait : *O altitudo divitiarum sapientiæ, et scientiæ Dei, quam inscrutabilia sunt judicia ejus, et investigabiles viæ ejus? Quis enim cognovit sensum Domini, aut quis consiliarius ejus fuit?* Et iterum ait : *Ex ipso, et per ipsum, et in ipso sunt omnia.* Quis enim angelorum aut mortalium hominum verum Deum et Dei unigenitum, qui incomprehensibilis est, et inæstimabilem ante sæcula sine matre genitum, et verum hominem, carne, anima, natura ex vera Virgine matre sine peccato; sine patre terreno in fine sæculorum conceptum et natum C valeat scrutari, aut cogitare, aut nuntiare? aut quomodo eum humana fragilitas potest [comprehendere]? Ipse est enim Deus **388** a semetipso, et in semetipso, Deus excelsus, Deus in Deo, Deus cum Deo, Deus in homine, et homo in Deo. Verus homo natura, et humanitate, verus Deus potentia et majestate. Præcepit Dominus Jesus Christus Ecclesiæ suæ facere quæ ipse fecit, credere quod docuit, sperare quod promisit. Qui dignatus est ad nos humiliter venire, et inter nos XXXIII annos et VI menses carnaliter et clementer habitare. Cujus conceptio et passio in æquinoctio vernali; et cujus nativitas in solstitio hiemali; Kalend. Jan. ejus circumcisio, et ejus baptismus in Januario; die VI Kalend. April. ejus resurrectio; III Nonas Maii ejus in cœlum Ascensio, ubi regnat cum Patre, et Spiritu sancto in sæcula.

58. Omnes APOSTOLI discipuli, non omnes discipuli apostoli; apostoli enim Græce, *missi* Latine di- D cuntur. Discipuli, qui discunt plene.

59. SIMON PETRUS tribus nominibus appellatur. Primo a parentibus Cephas, deinde Simon, tertio Petrus. His autem duobus nominibus nominavit illum Deus: Simon, qui interpretatur *obediens*; Petrus, *agnoscens*. Prius piscator piscium, postea piscator factus est hominum, quem Christus ut piscem in rete electionis tenuit, quando, ut post se veniret, illum vocavit. Ipse est agnitor Christi, clavicularius regni, Ecclesiæ fundamentum, princeps apostolorum, filius Joanna, frater Andreæ, ortus vico Bethsaida provinciæ Galilææ, quæ est juxta stagnum Genesareth. Tertius in ordine secundum Joannem, primus secundum Matthæum, confessor primus Filii Dei, discipulus amator Domini, et negator. Confitendo laudatus, præsumendo elatus, negando lapsus, lacrymando purificatus, confusione probatus, passione coronatus. Cui nomen ex opere datur, titulus ex merito potestatis imponitur. Virtutibus et signis

sæculo caruit, pedum gressu fervidum mare calcavit. Præteriens umbra morbidos sanavit, potestate vivos morti tradidit, mortuos virtute in vitam suscitavit. Claudis clementia gressus redintegravit. Paralyticis flaccida membra in proprium statum reparavit. Simonem Magum, et maleficum, cœlum conscendentem, ad terram elisit, sub Claudio Cæsare Antiochenam fundavit Ecclesiam. Sub Nerone vero rexit Romam; prædicavit Pontum, Galatiam, Bithyniam, Cappadociam, cæterasque confines provincias. Judæis duntaxat prædicans circuisse deprehenditur, qui ad ultimum propter Simonem Magum licet Dei occulto nutu, Romam pervenit, ibique prædicans Evangelium xxv annorum ejusdem urbis tenuit pontificatum. Sexto autem et tricesimo anno post passionem Domini sub Nerone Cæsare, ut voluit, cruci suspensus est. Cujus natalitium III Kal. Jul. celebratur, sepultus in Vaticano ab urbe Roma ad Orientem [*Forte*, Occidentem] tertio milliario.

40. PAULUS apostolus, qui et primum nominatus est Saulus; Paulus, quod interpretatur *mirabilis*, vel *pius*. Saulus autem interpretatur *impius*. Saulus itaque, id est, impius Christianos persequens. Paulus autem, id est, pius populis Christum prædicare (*sic*). Prædicans pastor, præclarus prædicator, egregius doctor gentium, advocatus Judæorum. A Christo electus, de cœlo vocatus, feliciter increpatus, in terram prostratus, oculatus cecidit, cæcatus surrexit, persecutor sævus, charitate plenus, **389** vas electionis, ex lupo ovis. Vocatione novissimus, prædicatione primus, in lege Gamalielis discipulus, in evangelio Christi servus. In Judæa genitus, de tribu Benjamin ortus, plus omnibus laborans, multo latius de cæteris prædicans, a Jerusalem usque ad Illyricum in circuitu Evangelium Dei docens, cujus miracula refulgent clara. Raptus in tertium cœlum conscendit. Pythonis spiritum imperando damnavit. Adolescentem mortuum suscitavit. Cæcitate magum perculit, claudo proprium incessum reformavit. Diræ serpentis morsum non sensit, sed igni arsuram dedit. Patrem Publii a febribus orando sanavit, passiones incredibiles pro Christo sustinuit. A Judæis et gentibus plagas pertulit, miseriam et laborem, sitim et famem, frigus et nuditatem, ter virgis cæsus, semel lapidatus, tres vices naufragatus, die ac nocte in profundo maris dimersus, mille periculis et plagis percussus, in carceres trusus, catenis ligatus, a Judæis gentibus traditus in sporta per murum evasit dimissus. Pœnis arctatus ferarum rabiem patitur, in carcere vinctus terræ motu facto absolvitur. Hic secundo post passionem Domini anno ab Anania in Damasco baptizatur, et post hæc omnia Romæ biennio in custodia fuit; XVIII deinceps annis nationes occiduas perfecte edocendo expletis, et sub Nerone eodem die quo Petrus crucifixus. Idem in via Ostiensi truncatus, ibique cum honore sepultus.

41. ANDREAS apostolus Domini, frater Simonis Petri, in nativitate Petro primus, in ordine pontificatus tertius. Gente Galilæus de Bethsaida civitate ortus, qui fuit piscator prius, postea factus est Christi discipulus. Cum rete et navi pisces de mare trahebat, ipse, ut piscis, rete retentus magno piscatori adhærebat. Relinquens rete simul et navem, secutus est felix mundi Redemptorem. Secutus est Salvatorem Dominum, et factus est piscator et prædicator hominum; secutus est Christum usque ad crucis exaltationem, cujus vestigia ipse viriliter tenuit usque ad crucis passionem. Andreas enim *virilis*, vel *decorus*, interpretatur: vere virilis, et viriliter fecit, quia Christum crucifixum barbaris populis prædicavit, et crucem ejus mirabiliter laudavit, et mirabiliter credidit et rogavit. Hic itaque evangelizavit juxta mare Caspium, Scythiam, Macedoniam, et Achaiam, in quibus populos multos Christo acquisivit. Ardore summæ charitatis in Christum, et in Christi crucem repletus fuit, justitia, et sanctitate, et pietate fere omnes præcellit. Paratam namque sibi crucem ut vidit, inenarrabili et inæstimabili gaudio et exsultatione repletus ait: *O bona crux, o præclara, o pretiosa, o crux sancta, o sanguine Christi, velut margaritis, ornata, o tandiu quæsita, et desiderata, suscipe me, rogo, et redde me magistro meo Christo.* Crucem mortis ministram non timuit, sed nimio amore eam adamavit, et amplexit. Magistrum namque incomprehensibili charitate conspexit, ideo patibulum non timuit, etsi sensit. Tunc alacer crucem ascendit, quia usque ad mortem magistro obedivit. Beatus biduo patibulo pendens, et vultu angelico clare resplendens, populis prædicando non cessavit; populus hæc mirabiliter et vidit, et audivit, a cruce eum solvere cum magno **390** conatu voluit, sed nullus hominum natus ipsum attingere potuit, quia Dominus militem suum secum ducere voluit; tunc populos, et in Christo fratres salutavit, et cum magistro et angelis in requiem regni lætus perrexit. Hæc gesta sunt sub Ægea proconsule in civitate Patras, prid. K. Decembris, cujus corpusculum beata Maximilla inde cum honore adduxit, et aromatibus sanctum corpus condidit (*sic*), cujus reliquiæ, id est, brachium ejus, vicesimo Constantini imperatoris anno ad Romam translatæ sunt, et in ecclesia sancti Petri apostoli fratris ejus honorifice collocatæ sunt.

42. JACOBUS, qui interpretatur *supplantator*, filius Zebedæi, frater Joannis apostoli, arte prius piscator, postea factus est Christi secutor, relinquens rete et navem, secutus est Salvatorem, relicto patre Zebedæo. Obedivit omnipotenti Deo. Relinquens mare et pisces, factus est in mari, id est, in mundo piscator cœlestis. Hispanis, et occidentalibus locis prædicator, et sub Herode gladio cæsus occubuit, sepultusque est in Achaia marmarica VIII Kal. Augusti.

43. JOANNES apostolus, et evangelista, qui interpretatur *gratia Dei*, filius Zebedæi, frater Jacobi. Sanctæ Mariæ filius in adoptione, et Christi frater in virginitate. A Domino electus in tantum, et dilectus, ut in cœna recumberet super pectus Domini. Ipse Joannes ad crucem Christi stetit, cui tunc soli Salvator pendens matrem suam Mariam commendavit. Iste enim Joannes in Cana Galilææ uxorem ducere voluit, quando Dominus Jesus aquam in vinum fecit. Sed Dominus Jesus ad virginitatis exemplum illum traxit, ut virgo virginem adjuvaret, et mater filium proprium haberet. Dum enim suscepit mater magistri discipulum, etiam ipse pro Christo alter quodammodo relictus est filius. Joannes Domini discipulus, Joannes Asiæ archiepiscopus, Joannes charitate Dei plenus, Joannes in mysteriis Evangelii olei fluvius, Joannes aquila visus in visione Ezechielis quatuor animalibus. Evangelium Christi prædicans in Asia, a Domitiano Cæsare ligatus est catena, ibi Apocalypsim, id est, revelationem conspicit, ubi Dei mysteria et dixit, et scripsit. Interfecto autem Domitiano a senatu, solutus est Joannes ab exsilio, felix recessit in Ephesum. Ibi rogatus ab Asiæ episcopis, scripsit Evangelium, in quo alios sermone præcellit, sicut alios amore præcedit, cujus quidem inter alias virtutes magnitudo signorum fuit. Martyr veraciter voluntate exstitit. Missus namque in ferventis olei dolium, illæsus inde evasit. Veneni poculum potavit, et ei nihil nocuit. Duos viros de veneno mortuos suscitavit, silvestres frondium virgas in aurum mutavit, littoreaque saxa in gemmas formavit, et gemmarum fragmina in propriam naturam reformavit. Viduam quoque præcepto populi suscitavit, et redivivum cujusdam juvenis corpus in vitæ statum reparavit, et quod dictu magis est, Christi generationem sæculo monstravit. Hic autem post passionem Salvatoris anno sexagesimo octavo sub Trajano principe longævo vetustatis fessus senio, cum sibi diem transmigrationis suæ sentiret imminere, jussisse fertur sibi sepulcrum effodi, et valedicens fratribus, oravit: facta oratione, videns tumulum **391** intravit Unde accidit ut quidam asserant vivere, nec mor

tuum eum in sepulcro, sed dormientem jacere contendant, maxime pro eo quod illic terra sensim ab imo scaturiat, et ad superficiem sepulcri conscendat; et quasi flatum quiescentis deorsum ad superiora ebulliat. Sed hanc contentionem et æstimationem ex Christianis cordibus vir Spiritu sancto plenus Leo papa et apostolicus indubitanter abstraxit quia Joannes apostolus in suo sepulcro nec vivus jacet, nec mortuus; disputans enim de eodem Joanne, et de resurrectione sanctorum, sic ait: *Verum etiam fortasse plurimi ex eisdem beatis martyribus cum Domino resurrectionem corporaliter vel consequenter* (sic) *fuerint consecuti;* nam sic legimus in prima resurrectionis festivitate, suscitante se Domino, multa sanctorum corpora suscitata vixisse, et in sanctam civitatem introisse. Sed fortasse aliquis dicet: Sepulcra clausa sunt monumenta constructa: quemadmodum procedere exinde potuerunt? Ut taceamus quia omnia possibilia sunt Deo, et quod clausis tumuli penetralibus possit spirituale corpus educere, ut hæc omnia prætermittam, apostoli habemus exemplum, quem tumulus susceptum claudere potuit, custodire non potuit, nam depositum corpus perdidit quod assumpsit. Hic enim tumuli foribus gratia resurrectionis ablatus est, ut staret sepultura, nec inveniretur sepultus. Denique sacerdotes cum honorandi causa corpus inquirerent, reserato aditu, tumulus non potuit reddere quem suscepit. Ejusdem itaque Joannis natale in Epheso VI Kal. Januar. colitur. Alii dormitionem ejus VIII Kal. Julii dicunt, quando nativitas Joannis Baptistæ celebratur.

44. THOMAS, qui interpretatur *abyssus*, et alio nomine *Didymus*, hoc est, *Christi similis*, vultu enim carnali simillimus factus est Salvatori; unde et Judas Judæis dixit, tradens magistrum suum: *Quemcunque osculatus fuero, ipse est, tenete eum.* Cui Dominus dignatus est post resurrectionem suam vulnera passionis suæ ostendere, quia affirmantibus ei apostolis Christum resurrexisse, noluit credere dicens: *Nisi videro in manibus ejus fixuram clavorum et mittam manum meam in latus ejus, non credam.* Veniens iterum Jesus, januis clausis, ad discipulos suos, inventus est tunc Thomas inter eos; deinde Jesus dicit Thomæ: *Defer digitum tuum huc, et mitte in loca clavorum, et in latus meum mitte manum tuam, et noli perdere fidem tuam.* Tunc Thomas timuit, et credidit, et Dominum Deum suum agnovit, dicens: *Dominus meus, et Deus meus.* Multa itaque mirabilia per hunc apostolum Indiæ partibus fecit, quæ vobis nunc nuntiare longum est, volentibus ea tamen scire in sua passione mirabiliter possunt invenire (*sic*). Unum tamen a miraculis ejus, ne videar totum prætermisisse, conabor breviter enarrare. Fuit Thomas aliquando in regis Indiæ convivio, ubi omnes habebant quod universi edere et bibere volebant; ille vero manducare et bibere noluit, sed oculos cordis et corporis ad cœlum erexit; et hoc pincerna regis vidit, ad apostolum iratus venit, et alapam ei in faciem dedit, et ait: *Quare non manducas, et bibis de epulis, et vino in convivio regis?* Tunc Thomas, Hebraice respondens, dixit ei: *De hoc convivio non excedam, donec* **392** *canis niger dexteram tuam deponat in medio.* Hos sermones nemo in convivio intellexit, nisi una puella Hebræa, quæ cum cithara convivis citharizavit. Factum est ut homo Dei dixit: pincerna foris aquam adducere perrexit, leo in via obviavit, qui eum usque ad mortem strangulavit, et omnia ossa ejus minutatim confregit. Canes ex palatio regis ad cadaver convenium, maledicti membra inter se dividunt. E quibus canis unus niger pincernæ dexteram adduxit in medio convivio, sicut prædixerat Dei homo Thomas; ut hoc puella Hebraica vidit, ad apostolum cum cithara modulans venit, et coram eo citharæ carmina sonans, stetit, et repleta fide, et charitatis Dei ardore, spiritale carmen cithara cœpit cantare, et omnipotentem universorum Deum mirabiliter laudare, dicens: *Unus Deus Hebræorum, qui creavit omnia, ipse fecit cœlum*

A *et terram, et fundavit maria.* Ut hoc iterum jussu apostoli decantavit, ad pedes ejus cum magna fide inclinavit, et Salvatorem omnium devota Christum credidit. Cuncti populi, ut hæc viderunt, et audierunt, valde admirati sunt, et timuerunt, et multi ex eis Christo crediderunt. Hic itaque Thomas Parthis et Medis prædicavit, et intimam orientalem plagam, ibique Evangelium evangelizavit, et martyrium sustulit. Lancea enim ibi transfixus, occubuit in Calaminica Indiæ civitate, et XII Kalend. Jan. ibi sepultus est in honore.

45. PHILIPPUS, qui interpretatur *os lampadis*, a Bethsaida civitate Andreæ et Petri ortus, cujus memoria legitur in Actibus apostolorum; hic fuit unus ex VII diaconis, qui cum sancto Stephano ab apostolis ordinati sunt, et eorum nomina hæc sunt: Stephanus, Philippus, Procorus, et Nicanor, Timotheus, et Parmenas, et Nicolaus advena Antiochenus. Hic vero Philippus conjugem habuit, et quatuor filias B prophetissas ex ea genuit, et postea apostolus Domini fuit. Samariam perrexit virtute Domini repletus; ibi primus verbum Domini Samaritanis prædicavit, in quo erat tanta virtus divinæ gratiæ, ut etiam Simonem Magum prædicatione consternaret, qui per idem tempus celebris famæ apud Samariæ populos habebatur, ita ut virtus Dei magna esse putaretur. Sed is cum vidisset signa et miracula quæ a Philippo per divinæ gratiæ potestatem fiebant, obstupefactus et territus cessit, et credere se in Christum, usque quo etiam baptismum accepit, simulavit. Deinde Philippus Gallis prædicavit Christum, postea in Hierapoli Phrygiæ provinciæ, ubi crucifixus, et lapidatus obiit, ubique cum filiabus suis quiescit. Cujus natalitium Kalend. Maii, celebratur.

46. JACOBUS, qui interpretatur *supplantator*, filius Joseph Cleophæ, cujus memoria in Evangelio legitur. Hic Jacobus frater Thaddæi apostoli legitur, qui Thaddæus alio nomine Judas dicitur, et ambo fratres C dicuntur Christi. Idem ipse Jacobus Jerosolymorum primus episcopus fuit; qui cognominatus est Justus et apostolorum episcopus. Multi fuerunt Jacobi, sed idem Jacobus Alphæi qui, ut prædiximus, cognominatus est Justus, alios præcellit Jacobos, quia ex utero matris suæ semper sanctus fuit: vinum et siceram non bibit, et carnem non manducavit; ferrum **393** in caput ejus nunquam ascendit, oleo non fuit unctus, balneo non fuit lotus, neque laneo indutus, sed tantum sindone linea vestitus. Huic soli licebat introire Sancta sanctorum, solus ingrediebatur templum, et ita jacebat super genua sua orans pro populi indulgentia, ut orando callos faceret in genibus ad modum cameli, semper genua flectendo, neque unquam ab oratione cessando. Itaque pro incredibili hac continentia, et summa justitia appellatus est Justus, et *Oblias*, quod interpretatur *munimentum populi.* Hic dum in Jerusalem Christum Dei Filium prædicaret, de pinna templi dejectus, et fullonis vecte in caput percussus a Judæis lapidibus opprimitur, ibique D juxta templum humatur, cujus natalitium et ordinatio VI Kal. Jan. creditur.

47. BARTHOLOMÆUS apostolus, qui nomen ex Syra lingua suscepit, et interpretatur *filius suspendentis aquas.* Hic forma bene factus, facie et oculis decorus, veste præclara, et gemmis, nec per hoc elatus, nec superbus, cui potestatem talem super dæmones dedit Dominus, quia, quando volebat, dæmones in simulacris tacebant, et quando volebat, dæmones de simulacris nolentes turpitudines et miserias suas demonstrabant, et prædicabant. Contigit autem aliquando ut Bartholomæus tale miraculum ostenderet in populo, quando populum ante simulacrum stare præcepit, et in virtute Dei dæmonem a simulacro jussit exire, et in sua magna miseria et deformitate se populo ostendere, et prædicare. Tunc miser invitus, cum gemitu et ululatu exorsus est dicere: *O stulti, videte qualem Deum me infelicem coluistis! O insensati, considerate me miserum, et effor-*

mem, atque omnibus modis despectum, quem vos adjutorem rogastis. O seducti, conspicite qualem dominum stultissimo et cæco corde credidistis. O decepti, intendite, quia non sum Deus, sed dæmon miserrimus, in superbia deceptus, et de cælo lapsus; fui aliquando angelus in gloria, modo factus sum diabolus in Dei ira. Perdidi gloriam, et angelicam vitam in cælo, et inveni pœnas infinitas, et innumerabiles in inferno, et sic perdidi gloriam meam, ut nullo modo possim invenire veniam, aut Dei gratiam, quia non habeo carnem, nec pœnitentiæ materiam. Nam si ego miser potuissem habere unum digitum cum ungula de hominis carne, potuissem (me) a mea miseria et crudelitate redimere. Vos insensati cum omnibus creati, et ad duas Dei imagines facti, quid vos ipsos seducitis et perditis? quid a creatore erratis, cum ipse vobis dedit pedes ad standum et ambulandum, manus ad palpandum et laborandum, oculos ad videndum et cognoscendum, aures ad audiendum, linguam ad loquendum, et Deum laudandum, cor ad credendum, et intelligendum? Tunc apostolus ei respondit: *Quomodo tu miser cum uno hominis digito ungulato te de tua calamitate potuisses redimere?* Cui cum ululatu iterum respondit: *Cum uno illo digito et ungula uni mundassem nares, alteri aures, tertio oculos, et omnibus membra, ut voluissent, scalpassem, et hæc sedulo fecissem, unus nihil forsitan dixisset: Deus te benedicat; alius: Deus te adjuvet; tertius: Deus te de malo tuo liberet, et in his multis et magnis benedictionibus lassus liber venissem.* Et cum **394** hæc omnia Dei jussione, et sine sua voluntate dixisset, miser ab oculis omnium evanuit. Tunc omnis populus, ut hæc vidit et audivit, valde timuit miratus; et derelinquens vanum (*cultum*) idolorum, credidit, et benedixit omnipotentem Deum. Hic itaque Bartholomæus Lycaoniam prædicavit. Ad ultimum in Albano majore Armeniæ urbis vivens a Barbaris decoriatus, atque per jussum regis Astragis decollatus, sicque terræ conditus IX Kalend. Septembr.

48. MATTHÆUS apostolus et evangelista a Matthea civitate nomen accepit, et interpretatur *donatus*, primo publicanus, postea Domini discipulus. In teloneo sedebat, thesauros regebat, publice peccabat, intus obscuratus, sæculi cura cæcatus. Aliquando, Deo volente, vidit solem justitiæ, audivit aure cordis verba veritatis; secutus est solem, quem vidit, veritatem, quam audivit, credidit et adoravit: relinquens teloneum, secutus est omnium Dominum; relinquens thesaurum periturum, secutus est regem semper mansurum; relinquens mendacium et vanitatem, secutus est viam et veritatem; relinquens mortem et mundum, secutus est vitam et regnum; obliviscens stultiloquium, scribit et prædicat Evangelium. Qui tribus nominibus fuit nominatus, id est, Matthæus, Levi, Publicanus. Matthæus de civitate sua Matthea, ut ante diximus, nominatus; Levi de tribu Levi, unde fuit ortus; inde cognominatus Publicanus, quia publica servabat. Matthæus interpretatur *donatus*; Levi *minister*; publicanus, quia publice peccat. Primum quidem in Judæa in tempore Gai regis Romæ Evangelium conscripsit, et prædicavit, et postea in Macedonia, et XI Kalend. Octobr. passus in Persida, in montibus Portorum requiescit in gloria.

49. SIMON ZELOTES, qui interpretatur *zelus*. Hic primus dictus est Cananæus a vico Cana, quod interpretatur *possidens*, qui et Simon tertio nomine appellatus est, zelo Dei fervens. Par Petri in cognomento, et similis in honore. Apostolus Domini, et consobrinus, Cleophæ et Mariæ filius, quæ Maria Cleophæ in Evangelio dicitur, Cleophas pater ejus, et Joseph, qui quasi pater dicitur, Christi fratres fuerunt, et mater ejus, quæ Maria Cleophæ dicitur, soror Mariæ matris Domini fuit. Ita et miro modo duo fratres duas sorores habuerunt uxores. Sed Cleophas carnaliter, Joseph vero spiritualiter. Hic itaque Simon accepit in prædicatione Ægypti principatum, et post Jacobum Justum cathedram dicitur tenuisse Jerosolymorum, et post annos CXX meruit sub Adriano imperatore per crucem sustinere martyrium passionis. Jacet in Bosphoro, cujus natale V Kalend. novembr.

50. JUDAS LEBBÆUS, id est, corculus, hoc est, a corde, ipse est et Thadæus, ipse est Judas Jacobi, filii Joseph fratris Cleophæ, et interpretatur *confessor*. In Mesopotamia, atque interioribus Ponti prædicavit. Sepultus est in Crito Armeniæ urbe, cujus festivitas VI Kalend. Novembris celebratur.

51. MATTHIAS, vel MATTHIAN, de septuaginta discipulis unus fuit, et pro Juda Iscarioth XII inter apostolos subrogatus. Electus sorte, et **395** solus sine cognomento, cui datur Evangelii prædicatio in Judæa.

52. APOSTOLI sancti hi fuerunt Christi discipuli, luminaria mundi, lapides pretiosi, Salvatoris amici, prædicatores fidei, paranymphi sponsi, principes mundi, claviculares regni, sal terræ, palmites in vera vite, seminatores justitiæ, messores in patrisfamilias segete, veritatis amatores, gentium doctores, dæmonum et tyrannorum superatores, paradisi exploratores, ovium Christi boni pastores, in magno judicio Judæorum judices sedentes cum judice super XII sedes. Qui dum omnes unum sint, singuli tamen eorum propriis certisque locis in mundo ad prædicandum sortes proprias acceperunt. Petrus vero Romam, Paulus a Jerusalem usque ad Illyricum, Andreas Achaiam, Jacobus Zebedæi Hispaniam, Joannes frater ejus Asiam, Thomas Indiam, Jacobus frater Judæ Jerusalem, Matthæus Macedoniam, Philippus Gallias, Bartholomæus Lycaoniam, Simon Zelotes Ægyptum, Judas Mesopotamiam, Matthias Judæam.

53. DE APOSTOLIS, qui sine dubio uxores habuerunt, audivi sanctum Clementem ita dicentem, qui eorum comes et eorum discipulus fuit, et tertius a Petro papa in Roma exstitit; sic enim ait: *Petrus vero ac Philippus et uxores habuerunt, et eas etiam viris nuptas dederunt; sed et Paulum apostolum non tædet in quadam Epistola sua mentionem et salutationem facere comparis suæ, quam se ideo tamen negat circumducere, ut ad prædicationem Evangelii expeditior fiat. Sic et de Petro dicitur. Aiunt*, inquit, *beatum Petrum, cum vidisset uxorem suam duci ad passionem suam, gavisum esse electionis gratiam ac regressionis ad propriam domum, et exclamasse post eam, cum duceretur, ac proprio nomine appellantem dixisse: O conjux, memento Domini.* Talia sanctorum conjugia, tam perfecta fuit affectio beatorum.

54. MARCUS, qui interpretatur *excelsus*, evangelista Dei et Petri in baptismate filius, atque in divino sermone discipulus. Sacerdotium in Israel agens, secundum carnem Levita. Conversus ad fidem Christi, Evangelium in Italia scribit in tempore Claudii Cæsaris. Qui post fidem pollicem dicitur amputasse, ut sacerdotio reprobus haberetur, sed secundum dispensationem Dei et fidei ejus meritum, et vitæ, postea episcopus factus est. Hunc enim Marcum tradunt primum ad Ægyptum perrexisse, atque inibi Evangelium, quod ipse conscripserat, prædicasse; quod et furtum laudabile dicitur, quia quæ Petrus verbo prædicaverat, ipse in occulto rogatus a fratribus scribebat. Ipse enim primus ecclesiam apud Alexandriam construxit, et in ea civitate primus prædicator et episcopus fuit. Qui et alio nomine idem Joannes nominatus fuit. Quem alii asserunt martyrio coronatum. Hieronymus autem eum affirmat in pace Ecclesiæ migrasse ad cœlum. Cujus depositio VII Kalend. Maii celebratur.

55. LUCAS, qui interpretatur *elevans*, sive *consurgens*, evangelista tertius, natione Syrus, Antiochensis, cujus laus in Evangelio canitur, arte scriba et medicus, apostolorum discipulus, postea Paulum usque ad confessionem ejus secutus, serviens Domino sine crimine. Nam neque uxorem unquam habens, neque filios; medicus corporum et animarum

Duos **396** etenim libros de spirituali medicina animarum scripsit, id est, Evangelium in Achaiæ partibus tempore Pauli, quod Evangelium Paulus apostolus (ait) esse suum; ait enim *secundum Evangelium meum*. Alium vero librum, qui Actus apostolorum dicitur, quem sancto Theophilo episcopo Antiocheno conscripsit. LXXIV annorum obiit in Bethania plenus Spiritu sancto; qui postea Constantinopolim Constantini imperatoris anno 20 cum reliquiis beati apostoli Andreæ translatus est; cujus depositio XV Kal. Novemb. celebratur.

56. BARNABAS, qui et Joseph, natione Cypriæ civitatis a Cyro Persarum rege conditæ, cum Paulo apostolo in gentibus apostolatum adeptus. Deinde propter Joannem discipulum, qui etiam cognomento Marcus appellatur, sejunctus a Paulo, apostolus nihilominus evangelicæ prædicationis injunctum sibi opus exercuit.

57. TIMOTHEUS, Ephesiorum episcopus, de civitate Triensium patre Græco, id est, ethnico, matre autem Judæa, id est, Eunice, ut refert Paulus apostolus, dicens: *Quia habitavit fides in avia tua Loide, et matre tua Eunice, certum est autem quod et in te.* Hic autem discipulus fuit Pauli apostoli, ejusque filius spiritualis, quem puerum proprie secum idem Paulus apostolus assumpsit; qui pudicus et virgo permansit, quique apud Ephesum in monte qui vocatur *Pion*, cum magno quiescit honore.

58. TITUS Pauli apostoli discipulus, et in baptismo filius, natione Græcus, et ex gentibus solus a Paulo apostolo post Evangelium circumcisus; quem ad extruendas Cretæ ecclesias præfatus reliquit apostolus, ibique in pace defunctus, atque sepultus quiescit.

59. STEPHANUS sanctus, gratia plenus, dignus diaconus, et post Christum martyr primus, Zacchæi nepos, et Simonis filius. Miles magnus Stephanus erat, clarus genere, et forma fulgebat; clarior tamen fide et signis sæculo radiabat. Evangelium legebat, Evangelium intelligebat, Evangelium prædicabat, Evangelium implebat, populis perfecte Christum annuntiabat, Synagogas sapientia superabat, signa magna in populo faciebat. Spiritu sancto repletus, canes latrantes adversum se vincebat, cœlos apertos videbat, et Jesum stantem a dextris virtutis Dei aspiciebat. Scripturas sanctas in Jerusalem sapienter psallebat, et de Dei lege fratres Judæos diligenter docebat, A duros corde et incredulos cum fiducia increpabat, charitate repletus non credentes clementer castigabat. Inimici Dei hæc videntes, dentibus in eum stridebant; inimici Dei hæc audientes, quomodo eum interficere potuissent quærebant; phrenetici furentes, furore repleti, ut canes, contra sanctum latrabant, falsi testes mentientes clamabant, Christi militem miseri morte damnabant, duri cervice, et corde crudeles, lapides colligebant, et sanctum Stephanum trahentes foras extra civitatem lapidabant; illi lapidabant, ille orabat; illi saxorum grandines super eum jactabant, ille genua factori suo feliciter flectebat; illi eum maledictis manibus mactabant, ille vero charitatis ardore plenus coruscabat; illi stulti Satanæ sodales in sanctum sæviebant, ille sanctus instanter Salvatori summo psallebat; illi furore fuscati dentibus fremebant, ille vultu angelico **397** et clara facie fulgebat; illi carnifices certatim lapides ducebant, ille veraciter veniam persecutoribus precabatur; B illi crudeliter caput et corpus sancti saxis frangebant, ille Sanctum in cœlo aspiciens, aiebat: *Ne statuas illis hoc peccatum, Domine;* illi sanguinem sancti Stephani in terram fundebant, ille sanctus Stephanus cœlos apertos et Jesum stantem videbat; illi latera sancti Stephani silicibus scindebant, ille constanter Christo gratias agebat; illi furendo, irascendo, clamando currebant, ille prædicando, orando, psallendo ad Christum clamabat; illi membra maximi militis lapidibus lacerabant, ille magnus miles spiritum Christo commendabat. Sanctus itaque Stephanus, positis genibus, orans, in Christo obdormivit. Sanctus Stephanus, ut prædiximus, vidit cœlos apertos, et introivit. Cujus oratio Saulum Ecclesiæ Christianum reddidit, et præcipuum, et pium Paulum prædicatorem prostravit, quia si tunc Stephanus non orasset, Ecclesia postea Paulum non habuisset. Post hæc itaque vere timorati a civitate venerunt, et sanctum Stephanum cum magno planctu planxerunt, C et cum magno honore corpus ejus sepelierunt. Ubi, præstante Domino, magna miracula et modo apparent, et tunc apparuerunt. Cujus martyrium a mundo honoratur, et VII Kalend. Jan. semper celebratur. Cujus corpus post tempus III Non. August. ibidem quæsitum invenitur, ubi a multis millibus Christus creditur et adoratur.

APPENDIX XXI.

LIBER DE NUMERIS,

De quo in Isidorianis, cap. 63, n. 10 et seqq.

1. Domino nostro altissimo adjuvante, et Salvatore nostro Jesu Christo clementissimo concedente, de numero et ejus mystico mysterio pauca breviter, tamen utiliter, volo scribere. Quid I, quid II et III dicunt, quid IV, quid V et VI asserunt, quid VII, quid VIII, quid IX et X referunt, et usque ad XXIV, si possumus pervenire, dicere volumus quid ostendunt.

2. Unum itaque tantum Deo pertinet, quia in omnibus, et ante omnia, et super omnia, in omnipotentia, et magnificentia, et incomprehensibilitate sua unus est, sicut et in capite, et in principio sacræ Scripturæ vox divina spiritualiter affirmat, dicens: *Audi, Israel, Dominus Deus unus est.* Quis enim in cœlo aut in terra, aut subtus terram in æternitate, in potestate, in trinitate, in unitate, in divinitate, in humanitate Deo soli similis esse potest? Ideo itaque unus idem solus Deus dicitur, quia nec antea, nec postea, nec tunc [nec] nunc ei alter esse similis in cœlo, aut in terra invenitur, aut legitur, quia qui ei superbiendo in cœlo similis esse voluit, mox lassus et lapsus periit, et dæmon, et Satan, et dæmonum in inferno princeps esse meruit. Multa itaque in Dei creaturis, et in sacris Scripturis, quæ multipliciter esse videntur, tamen uno nomine unum appellantur; ut homo, anima, fides, **398** baptisma, charitas, spes, pax, panis, Ecclesia catholica, et D alia multa, quæ modo causa brevitatis prætermitto. In his tamen, quæ prædiximus, id est, homine, et anima, et cæteris quæ sequuntur, etsi non est secundum ordinem, tamen in suis locis, ut donaverit Deus, narrabimus.

3. *Unde factus sit homo?* Unum itaque hominem a Deo factum in principio invenimus. De cujus costa unam feminam factam legimus, unam linguam loquendam, id est, Hebræam usque ad ædificationem turris Nembroth fuisse testatur. Quæ turris in campo Diram ædificabatur. Unus Abraham fuisse testatur, qui et caput fidei fuisse dicitur, quia ab Adam usque ad nativitatem Christi ullum hominem Abraham vocatum non invenitur; de quo Abraham dicitur: *Credidit Abraham Deo, et reputatum est ei ad justitiam.* Nonne Abel credidit, et coronari primus martyrio meruit? Nonne Enoch credidit, qui adhuc in corpore vivit? Nonne Noe justificatus credidit, quem Dominus cum arca et omnibus quæ in ea fuerunt liberavit? et nec Abel, nec Henoch, nec Noe caput

fidei vocati sunt. Quare hoc? id est, etsi in istorum A tempore justorum fides apparuit, tamen rara et semper defuit. Abraham autem usque adhuc, et usque in finem fides nec defuit, nec deest, nec deerit. Ideo caput fidei Abraham appellatus est. Unus Noe fuit, qui arcam fabricavit, et si alius inde, Scriptura tacuit. Idem vero Noe primus post diluvium in montibus Armeniæ altare Domino construxit, quia ibi inter montes aqua diluvii arcam dereliquit. Unam feminam, id est, Lot uxorem in statuam salis litteræ tradunt conversam. Quæ statua usque hodie stat, ut omnis qui eam videat, Deum timeat, et omnipotentem eum credat. Una femina in mundo apparuit, cui altera talis nunquam nata fuit, quæ solem et ignem novem mensibus in vulva portavit, nec ei aliquatenus ullo modo nocuit. Unam virginem legi leonem lactare, credere non dubito, et non cesso mirari. Unus mediator maximus inter homines, et Deum, qui ex parte hominum verus factus est homo. Ideo veraciter mediator dici potest, et potuit, quia B nec divinitas humanitati nocuit, nec humanitas divinitati contraria fuit. Una civitas in cœlo, quæ est omnium sanctorum mater, quæ Jerusalem appellatur, et *visio pacis* interpretatur. In quam civitatem nullus intravit, nec intrat, nec intraturus omnis qui est indignus, et superbus, et impurus. Hucusque de uno diximus, modo de duobus dicturi sumus.

4. *Quot substantiis constat homo?* Duabus substantiis constat homo, imagine et similitudine Dei factus, id est, anima tantum et corpore, sed in his duabus substantiis in unum inter se conjunctis, multæ videntur esse species. In corpore etenim humano novem sunt mensuræ sine dubio compositæ: id est quatuor principales, quæ sunt terra, aqua, aer, ignis, et aliæ quinque subsequenter species, id est, sal, fenum, flores, lapides, nubes, et ut in melius de his omnibus intelligas, lege sic: terra in homine est crassitudo, et gravitas carnis, aqua autem sudor, et salivæ. Aer vero ipsa anhelatio humida, frigida, atque calida, spirans per os et nares. Ignis in homine, C qui in stomacho coquit cibos, et in calore 399 sanguinis, sal in salsitate sanguinis, et sudoris, et lacrymarum, et urinæ, quia hæc omnia in homine salsa sunt. Fenum autem in capillis et pilis, flores in varietate oculorum, lapides in gravitate et duritia, quia lapides ossa terræ dicuntur. Nubes instabilitas mentis et cogitationum. Et de his novem mensuris compositum corpus, et compaginatum ossibus majoribus et minoribus constitutum, conjuncturis principalibus numero CCCLXV. Aliis vero minoribus vix invenitur numerus. Similiter et venis principalibus CCCLXV, minores vero venæ innumerabiles sunt. Nervis quoque et sanguine, carne et cute, medullis, cartilaginibus, capite et cerebris tribus, primum vocatur memoria, secundum sensus, tertium appellatur motus. Sensibus V, id est, visus, auditus, odoratus, gustus, tactus. Ætatibus vero VI, id est, infantia, pueritia, adolescentia, juventus, senium, senectus: infantia, quæ VII annis finitur; pueritia, quæ XIV D annis terminatur; adolescentia, quæ XXVIII annis protenditur; juventus, quæ L annis finitur, senium, quæ septuagesimo anno concluditur; senectus vero, quæ annorum temporibus et numero non expletur, sed labore, et dolore, et morte. In homine itaque X sunt fenestræ fabrefactæ. In prima fenestra verba profert, aerem suscipit et spirat, cibos sumit et gustat. In duabus fenestris videt procul et prope, in duabus aliis odorat et spirat. In duabus aliis inferioribus necessaria corporis foris ministrat. In decima fenestra umbilicus nominata ventrem ornat. Homo vero habet in corde intellectum et cogitatum, consilium et timorem, in splene risum, in felle iram, in jecore amorem, et flatum, et levitatem in cursu, et natando. Naturaliter his omnibus, et aliis multis, quæ causa brevitatis prætermitto, hominis corpus constat. Natura vero ejusdem corporis IV in se gerit diversitates. Id est, esurit, sitit, concupiscit, soporat. Usus ergo hujus naturæ IV rebus expletur, id est, manducando, bibendo, generando, dormiendo. Hæc corporis ratio breviter dicta; nunc autem animæ origo dicatur.

5. *Anima quid est? et si est aliqua res, unde animæ fiant?* Quid ipsa est, quod nomen ejus, quem usum in rebus conditis. Vivit, an non? si vivit, quid confert universitatis affectibus? beatamne vitam ducit, an miseram? Quid ergo anima est? Cœlum non est, neque terra, neque aer, neque ignis, non aqua, non Deus, non sidera, non de anima patris neque matris venit, ut multi æstimant. Non visus, non auditus, non odoratus, non gustus, vel alia cætera, quæ memorare longum est, quæ sunt in cœlo, sive in terra, quod anima non est. Unde ergo anima ex Deo data est, ex nihilo facta, et a Deo creata, ut ipse Dominus per Isaiam dicit: *Omnem flatum ego feci*, id est, omnem animam; et in Psalmo similiter ait: *Qui finxit sigillatim corda eorum*, id est, animas, quia corda hominum candelabra animarum sunt. Quid itaque est anima, breviter dicendum est, quod Deus tacuit in suis Scripturis. Anima vero est vita rationabilis, et sensibilis, vivificans spiritualiter, et invisibiliter, et mirabiliter omnia viscera ac membra totius corporis intus et foris, jussu sui Creatoris, et miro modo ministrans quinque corporis sensibus, quia 400 per oculos videt, per aures audit, per nares odorat, per gustum discernit sapores, per tactum tota membra regit; quæ quadrimoda ratione spiritualiter subsistit, id est, sensu, sapientia, cogitatione, voluntate. Sensus pertinet ad vitam, sapientia ad intelligendum, cogitatio ad consilium, voluntas ad defensionem. Anima etenim dum una res est, multas species et ornamenta ita in se habet. Quæ dum spirat spiritus est, dum sentit sensus est, dum sapit animus est, dum intelligit mens est, dum recte discernit ratio est, dum consentit voluntas est, dum recordatur memoria est, dum membra vegetat anima est, dum bene vivit imaginem Dei habet, dum bene ornata Deo et angelis placita, dum virtutibus bonis plena Trinitatis est cathedra. Ornamenta vero animæ hæc sunt. Per auditum credit, per desiderium quærit, per sapientiam invenit, per orationem petit, per gratiam accipit, per humilitatem custodit, per misericordiam occurrit, per benignitatem indulget, per doctrinam acquirit, per pœnitentiam componit, per exemplum pulchra, per scientiam lucida, per zelum bonum libera, per mansuetudinem plana, per prudentiam cauta, et clara, per simplicitatem sincera, per stabilitatem sobria, per justitiam recta, per patientiam longanima, per obedientiam parata, per actionem munda, per spem tensa, per abstinentiam temperata, per castitatem sancta, per gaudium spirituale læta, per confessionem aperta, per martyrium ornata, per unitatem catholica, per concordiam pacifica, per dilectionem proximi larga, per charitatem Dei perfecta. Hæc sunt ornamenta animæ. Necessitates corporis istæ sunt: in fame cibus, in siti potus, in labore requies, in fatigatione somnus, in delectatione, et tædio carmen, in dolore salus, in imbecillitate virtus, in timore refugium, in tenebris lumen, in bello pax, et alia multa, quæ modo causa brevitatis longum est dicere. Sicut sine his itaque necessitatibus caro humana non potest feliciter vivere, ita anima sine suo necessario non potest in corpore perfecte stare. Cibus namque animæ est præceptum divinum, potus ejus oratio pura, balneum ejus jejunium legitimum, vestimentum ejus eleemosyna de propria substantia, organum ejus laudatio Dei assidua, requies ejus perfecta paupertas, salus ejus corporis infirmitas, refugium ejus pura pœnitentia, pax ejus charitas plena. O homo, quicunque es, his duabus substantiis, ut prædiximus, constitutus, id est, corpore et anima, imitare Christum et sanctos Patres, qui te præcesserunt; disce humilitatem a Christo, devotionem ex Petro, charitatem ex Joanne, obedientiam de Abraham, hospitalitatem de Lot, longanimitatem de Isaac, tolerantiam de Jacob, patientiam de Job, castimoniam

de Joseph, mansuetudinem de Moyse, constantiam de Josue, benignitatem de Samuel, misericordiam de David, abstinentiam de Daniel, eleemosynam de Tobia, theoricam ex Heli, actualem ex Paulo, pœnitentiam lacrymosam ex Maria Magdalene, puram confessionem ex latrone, martyrium de Stephano, largitatem de Laurentio.

6. *De superbia et invidia.* Duas esse radices pestiferas et mortiferas omnibus viventibus, dubium non est. A quibus omnis iniquitas, et **401** omnis impietas, et omnis calamitas, et omnis crudelitas, et omnis tempestas, et omnis dolor, et omnis plaga, et omnis pœna, et omnis morbus, et omnis mortalitas, et omnis tribulatio, et omne malum, quodcunque et in cœlo, et in terra, et in inferno inveniri, et sentiri potest, ortæ sunt, una radix vocatur superbia, altera appellatur invidia. Quis enim de sapientibus et Scripturas intelligentibus ignorat superbiam esse radicem et reginam omnium malorum, Scriptura attestante, et dicente: *Initium omnis peccati superbia?* Per ipsam enim primitus angelorum princeps per Deum, qui Lucifer tunc vocabatur, et quasi signaculum Dei vivi videbatur, de throno Altissimi, et de altitudine cœli, et de illa magna et sancta civitate, quæ vocatur *visio pacis*, in qua sunt novem ordines angelorum, ipse cum decima angelorum parte in inferni tartara profectus est. O tam crudele et tam malum incredibile! Ipse durissimus draco sui deceptor, et mortis inventor, in ipsa sua invenit projectione mortis omnium secundam radicem, quæ appellatur invidia. Sic enim sacra Scriptura ait: *Invidia diaboli mors intravit in orbem terrarum.* Hoc ergo modo per invidiam primum intravit peccatum, et per peccatum mors originem traxit, id est, suggestione iniqua crudelissimi inimici orta fuit. Ex iniqua suggestione prava cogitatio intus erupit, prava autem cogitatio delectationem peperit, delectatio consensionem, consensio actionem, actio consuetudinem, consuetudo necessitatem, necessitas malam mortem, mala mors perditionem. Suggestione itaque diaboli per serpentem Eva seducta est, et sic primus homo Adam per Evam seductus præceptum Creatoris sui transgressus est, et in ipsa transgressione laborem et mortem invenit, et semini suo post se ipsa dereliquit. De quo labore et morte sic Deus ad Adam dixit: *In sudore vultus tui manducabis panem tuum*; et iterum ait: *Terra es, et in terram ibis.* Et Scriptura hoc affirmans ait: *Sicut mors in Adam data est, ita dominabitur in omnibus filiis ejus.* Labore ergo, et morte, et miseria, et corruptione, et maledictione inventis, et aliis innumerabilibus progeniei suæ derelictis, ipse cum semine in tenebris et cruciatibus a die mortis suæ in prima ætate mundi usque ad resurrectionem Christi detentus est.

7. Duas vias vitæ et mortis in hoc sæculo esse dubium non est, una per quam feliciter pergunt sancti, altera per quam peccatores se ipsos perdunt, de quibus viis in primo psalmo Spiritus sanctus sic ait: *Novit Dominus viam justorum, et iter impiorum peribit.* Via sanctorum Dominus ipse, sicut ipse dixit: *Ego sum via, et veritas, et vita;* via autem peccatorum tenebræ mortis, ut in Psalmo legitur: *Fiat via illorum*, id est, *peccatorum, tenebræ, et lubricum.* Via sanctorum fides catholica, via peccatorum infidelitas prava; via sanctorum spes recta, via peccatorum arida desperatio; via sanctorum charitas perfecta, via peccatorum iniquitas odiosa; via sanctorum diligentia mentis, via peccatorum negligentia cordis; via sanctorum timor Dei, via peccatorum transgressio mandati; via sanctorum voluntas bona, via peccatorum cupiditas mala; via sanctorum oratio assidua, via peccatorum verbositas mala; via sanctorum **402** confessio fragilitatis, via peccatorum excusatio iniquitatis; via sanctorum simplicitas pura, via peccatorum obscuritas tenebrosa; via sanctorum patientia stabilis, via peccatorum instabilitas temporalis; via sanctorum humilitas vera, via peccatorum elatio inquinata; via sanctorum abstinentia temperata, via peccatorum nimietas dissoluta; A via sanctorum castitas sancta, via peccatorum luxuria immunda; via sanctorum sobrietas formosa, via peccatorum ebrietas crapulosa; via sanctorum largitas dandi, via peccatorum avaritia servandi; via sanctorum taciturnitas silendi, via peccatorum loquacitas vapulandi (*sic*); via sanctorum commemoratio boni, via peccatorum oblivio Dei; via sanctorum lectio sancta, via peccatorum murmuratio præsumptiosa (*sic*); via sanctorum justitia et veritas, via peccatorum mendacium et pravitas; via sanctorum concordia pacis, via peccatorum discordia dissensionis; via sanctorum in omnibus gratias agere, via peccatorum semper despicere; via sanctorum zelus bonus in amore Dei, via peccatorum zelus malus et amor mundi; via sanctorum monstratio bona, via peccatorum ostensio mala; via sanctorum thesaurizare in cœlo, via peccatorum absconsio in imo; via sanctorum humilitas Christi, via peccatorum superbia diaboli; via sanctorum amor vitæ futuræ, via peccatorum B amor vitæ perituræ; in una tollitur quod hic diligitur, in altera quod amatur semper habetur.

8. Duos etiam infernos in Scripturis legimus: unus in terra, in quo probantur sancti, alius sub terra, in quo damnantur dæmones et impii: etsi uno nomine nominati sunt, multum inter se distant; in uno namque labor et requies, in altero semper miseria, cui non est finis. In inferno sanctorum compunctio salutaris, in inferno peccatorum cruciatus pœnalis; in inferno sanctorum pœnitentia vera, in inferno peccatorum pœnitentia sera; in inferno sanctorum abremissio pia, in inferno peccatorum damnatio justa; in inferno sanctorum probatio cum consolatione, in inferno peccatorum pœna sine intermissione; in inferno sanctorum afflictio, et refectio, in inferno peccatorum semper cruciatio; in inferno sanctorum spes muneris accipiendi, in inferno peccatorum desperatio pœnæ finiendæ; in inferno sanctorum suavitas jugis, in inferno peccatorum gravitas sustinendi; in inferno sanctorum timor offensionis, in inferno peccatorum C vindicta transgressionis; in inferno sanctorum labor, et requies, in inferno peccatorum injuria semper pœnalis; in inferno sanctorum visitatio infirmi, in inferno peccatorum oblivio visitationis; in inferno sanctorum fletus pœnitentium, in inferno peccatorum lacrymæ et stridor dentium; in inferno sanctorum nox et dies, in inferno peccatorum tenebræ exteriores; in inferno sanctorum probantur boni, in inferno peccatorum puniuntur pravi; in inferno sanctorum ignis videtur et ministrat, in inferno peccatorum habetur et cruciat; in inferno sanctorum custodiunt angeli, in inferno peccatorum cruciantur adversarii; in inferno sanctorum gratia, benignitas et misericordia, in inferno peccatorum amaritudo, ira et indignatio, in inferno sanctorum adjuvantur sancti, in inferno peccatorum damnantur dæmones et impii; in inferno sanctorum **403** boni et mali (*sic*), in inferno peccatorum nihil habetur boni; in inferno pravorum non est finis malorum, in inferno D sanctorum spes est regni cœlorum.

9. *De ebrietate.* Duas res reperi, et eas multum novi in humana misera vita multum sibi contrarias: una vocatur ebrietas, altera appellatur sobrietas, de quarum contrarietate pauca breviter dicam: ebrietas satis inutilis est, indigna res in viris, impudica in feminis, contumeliosa in servis, reprehensibilis in sacerdotibus, dignitatem perdit in regibus, veritatem obliviscitur in judicibus, misericordiam delet in divitibus, malos mores motat, hominem totum conturbat, inimicitias memorat, cædes et clades concitat, patricidia inter parentes præparat, rixas suscitat, sanos amentes facit, sapientes stultos facit, sobrios insensatos reddit, abluit memoriam, desecat sensum, negligit mentem, confundit intellectum, concitat libidinem, implicat sermonem, corrumpit sanguinem, violat visum, obdurat aures, strepitat risum, turbat viscera, clamat inhoneste, non loquitur recte, humidat [*Vel* humectat] cerebrum, flagitat somnum, debi-

titat membra, impedit mysteria, siccat gulam, dissipat medullam, promittit vespere, et mentitur mane, maculat corpus et animam, et omnem exterminat salutem.

10. *De sobrietate.* Sobrietas vero in omnibus utilis est; bona est in cœlo et in terra, bona est in via simul et in patria, continet juvenem, honorat senem, longevit (*sic*) vitam, ditat hæredem, fecundat prolem, auget honorem, dignitas est in viris, pudicitia in feminis, gratia in servis, decor et laus in sacerdotibus, gloria et victoria in regibus; veritatem ostendit in judice, patientiam in paupere, largitatem in divite, bonos mores admovet, hominem totum conservat, amicitias innovat, rixas mitigat, discordantes concordat, sanos serenat, sapientes ornat, stultum erudit, sobrium custodit, retinet memoriam, illuminat corda, sincerat mentem, acuat intellectum, hilarat faciem, continet vultum, contemnit libidinem, superat vitium, aures aperit, exonerat cerebrum, tacet tempore, loquitur recte, curat venas, confirmat sanguinem, irrigat ossa, nutrit medullam, roborat membra, fruitur somno, aperit visum, reprimit risum, ostendit mysteria per pauca verba, rarus sermone, fidelis opere; mundat corpus simul et animam, et omnem custodit salutem.

11. *De pace et discordia.* Duas alias vidi veraciter, quæ multum inter se distant sibi, quarum una si sola regnasset, et alia opportune non venisset, nullus hominum feliciter vixisset; de quibus pauca dicere volo, quia ad alia festino modo. Discordia vocatur una, et pax vocatur altera. Discordia multum timenda, et omni Christiano valde fugienda, quæ hæc facit: de filiis Dei filios diaboli, de amicis inimicos, de fratribus adversarios; ex qua susurratio, querela, furor et ira, controversia, et mendacium, juramentum, et perjurium, læsio, et scandalum, dolus et invidia, livor et homicidium. Nihil aliud est discordia, nisi separatio pacis, et disruptio unitatis, disciplina diaboli, via mortis, perditio vitæ, confractio mandatorum, mutatio sensus, dispersio intellectus, domus diaboli, **404** semita inferni, exspectatio pœnæ, expulsio indulgentiæ, subversio disciplinæ, despectio charitatis, suppressio humilitatis, motatio animi, conturbatio membrorum, malum lethale, venenum serpentis, morsus viperæ, flatus basilisci, vomitus reguli, conclusio regni, apertio inferni, inimica Dei, amica diaboli.

12. Pax vero non sic agit, quia Deum homini et hominem Deo proximum facit; ideo pax vera tenenda est, et omnibus Christianis corde et corpore conservanda est. Dulcis namque et nimis valde diligenda talis magistra, quæ facit miracula multa, et miranda est quæ facit de filiis diaboli filios Dei, et de inimicis amicos, de adversariis fratres, de extraneis propinquos, de alienis domesticos; ex qua sinceritas et simplicitas, mitigatio et lenitas, mansuetudo et indulgentia, planities et veritas, taciturnitas et justitia, stabilitas et patientia, dilectio et tutio (*sic*), auxilium et curatio. Nihil aliud est pax, nisi domus Dei; sic enim ipse Deus dixit discipulis suis: *Pacem meam do vobis, pacem relinquo vobis.* Quid aliud pax, nisi propinquitas Dei, gratia Dei, et conjunctio Dei, valetudo sensus, acies intellectus, domus Dei, semita regni, præmiorum exspectatio, diligentiæ collectatio, rigor disciplinæ, perfectio charitatis, circulus humilitatis, clypeus tranquillitatis, continentia principatus, membrorum serenitas? O si me licuisset plene et plane pacem pronuntiare! multas lineas debui digitis scribere; superat enim omnem sensum. Cujus vitalis dulcedo melliflua apertio regni, conclusio inferni, amica Dei, inimica diaboli, felicitas est in vita præsenti, gaudium et lætitia in vita perenni.

13. Duobus modis vera pœnitentia dignoscitur: primus modus est commissa devotissime et largissimis lacrymis deflere, et pœnitere. Secundus modus est deflenda et pœnitenda iterum non admittere. Pœnitentia dicta est quasi punitentia, quia homo in se punit quod male commisit. Servo Dei tanta recordatio esse debet peccati, ut ea quæ gessit semper lacrymis defleat. Nihil autem pejus quam culpam cognoscere, nec deflere; duplicem enim habere debet fletum in pœnitentia omnis peccator, sive quia per negligentiam bonum non fecerit, seu quia malum per audaciam perpetraverit. Quod enim oportuit non fecit; et quod agere non oportuit, id gessit. Ille pœnitentiam digne agit, qui reatum suum satisfactione legitima plangit, condemnando scilicet ac deflendo quæ gessit, tanto profundius, quanto exstitit in peccando proclivior. Magna enim est virtus lacrymarum, quæ sine voce et verborum sonitu impetrant veniam, quam pro culpis postulant. Petrus namque lacrymas prorupit, nihil voce precatus est. Invenio enim quod fleverit, non invenio quid dixerit; lacrymas ejus lego, satisfactionem ejus non lego. Recte plane Petrus flevit, quia quod defleri solet potest excusari; quod defendi non potest, ablui potest. Lavant enim lacrymæ delictum quod pudor est voce confiteri; lacrymæ ergo verecundiæ consulunt in flendo et saluti, non erubescunt impetrando, et impetrant quod recte postulant in rogando.

14. Lacrymæ, inquam, tacite quodammodo procedunt, veniam postulant **405** et merentur; causam non dicunt, et misericordiam sequuntur: lacrymarum utique utiliores sunt preces quam sermonum, quia sermo in precando fortasse fallit, lacrymæ omnino non fallunt. Sermo enim interdum non totum profert negotium, lacrymæ semper produnt affectum. O lacrymæ, quam dulces, quam fortes, quam pretiosæ, quam suaves estis in uberibus matris pœnitentiæ? Sicut enim pia mater ministrat de pectore lac infanti, sic pia pœnitentia de cordis compunctione lacrymas porrigit pœnitenti. Mater lactat infantem, ut crescat, pœnitentia lacrymat pœnitentem, ut reviviscat; mater optat infanti ut vita veterescat, [pœnitentia] pœnitenti, ut nullo malo senescat. Mater non omnibus optat vitam, pœnitentia omnibus optat salutem. O pœnitentia, magna sunt ubera tua, vino compunctionis plena, quibus reos recreas, lapsos relevas, fugientes revocas, confractos confirmas, morbidos mundas, leprosos lavas, infirmos roboras, tristes lætificas, desperantes confortas, vulneratos sanas, laceratos ligas, perditos reparas, in peccatis mortuos suscitas. O pœnitentia! quid dicam de te? laudare enim non valeo ut volo, quia pretiosior es auro obryzo. Per te enim mors destruitur, et diabolus fugatur; per te vita invenitur, et Deus reperitur; per te infernus clauditur, et regnum invenitur. Ille itaque pœnitentiam dignam agit, qui sic præterita deplorat, ut futura iterum non admittat; vulnus enim iteratum tardius sanatur. Iteratio peccati grave malum, sicut morbus super morbum veniat, sicut imber super imbrem occurrat; nam qui plangit peccatum, et iterum admittit peccatum, quasi si quis lavet laterem crudum, quem quanto magis laverit, tanto amplius lutum facit. Nullus itaque de Dei bonitate dubitet, nullus de Dei misericordia desperet, veniam corde quærat, et recipiet. Corpore et mente pœniteat, et Deum ad misericordiam provocet. David post culpam psalmum cantavit, et regnum non perdidit, et veniam invenit. Manasses rex impius coram Domino flevit, et sibi et populo pacem acquisivit. Zachæus in arborem ascendit, et salutem invenit. Maria lacrymavit, et veniam meruit; Petrus amare flevit, et gratiam non perdidit, et veniam impetravit. Latro in uno sermone cum Christo paradisum intravit. Longinus lancea latus Salvatoris aperuit, et non tantum veniam invenit, sed episcopatus honorem et martyrii gloriam et coronam habere meruit.

15. Duobus mandatis tota lex pendet, et prophetæ, id est, dilectio Dei totis viribus corporis et animæ, et dilectio proximi sicut semetipsum. Duobus modis creditur, id est, perfecta fide et perfecta operatione. Duobus modis crux portatur, id est, cum per abstinentiam afficitur corpus, aut per com-

passionem proximi affligitur animus. Duobus modis locutio divina distinguitur, id est, aut per semetipsum Dominus loquitur, aut per creaturam angelicam verba formantur.

16. Duo in hac vita sunt genera justorum: unum videlicet bene viventium, sed nulla docentium; aliud vero recte viventium, et eadem recta docentium. Duobus modis percussio divina intelligitur, id est, in bonam **406** partem, qua percutimur carne, ut emendemur anima et mente; altera, qua vulneramur conscientia ex charitate, ut Deum ardentius diligamus. Duobus modis Deus respicit in homines, id est, vel ad veniam, vel ad vindictam: ad veniam, sicut respexit Petrum; ad vindictam, sicut in Sodomam et Gomorrham.

17. Duo latrones cum Christo crucifixi sunt, id est, Dismas a dextris, Gestas a sinistris. Alia nomina latronum Chacham et Chamma. Duas filias Lot habuit, filius fratris Abrahæ, quarum una vocabatur Adach, quæ peperit patri filium nomine Moab, de quo Moabitæ orti sunt. Altera vero, quæ vocabatur Moach, quæ et similiter patri suo peperit filium nomine Ammon, de quo Ammonitæ exierunt. Hi duo filii non sine culpa nati sunt, quia pater filias uxores habuit, et hoc non voluntas, sed ebrietas fecit; et ita culpa miro modo est facta, ut pater filias uxores haberet, et sorores matres fratribus factæ sunt, et filii matribus fratres fuerunt, quia de semine patris filiæ natæ sunt, et de semine iterum patris in filiabus filii sunt procreati; et ideo hæc progenies magnam maledictionem meruit, quæ usque ad decimam generationem in Ecclesiam Dei non intravit. Et tamen Ruth Moabitida bona femina fuit, quæ in generationem Christi partem habere meruit. Ipsa enim mater avi David fuit; David namque filius Jesse, Jesse filius Obeth, Obeth filius Booz, et mater ejus Ruth. Avus enim pater patris est.

18. Duos filios Isaac habuit, unus Deo reprobus, et alter electus fuit. Sic enim Scriptura ait: *Jacob dilexi, et Esau odio habui;* et hoc non sine causa, quia ambo filii boni patris, et ambo uterini in utero bonæ matris, et tamen electus supplantavit reprobum in utero matris, et primogenita ei rapuit, et benedictionem patris; sed ideo hoc voluit Deus ita, quia omnes electi de Jacob sunt orti, et de semine ejus, et tamen reprobum non dereliquit Deus, quia Job et Dei servus, et rex ortus est ex genere ejus. Et ideo hoc breviter memoravi, quia mali de bonis,

A et boni de malis oriuntur. Mali de bonis, dæmones de angelis; boni de malis, sancti de gentibus. Mali de bonis, Ismael de Abraham, Moab et Ammon de Lot; boni de malis, Abraham de Chaldæis. Mali de bonis, Dathan et Abiron de Levi, Ophni et Phinees de Heli. Boni de malis, Ruth ac Moab et Raab de Chanaan. Mali de bonis, quod ante debui dicere, Cain de Adam, et de Noe Cham. Bonus de malo, Jonathan de Saul. Malus de bono, Absalon de David. Quid plura dicam? Sic enim erit usque in finem, et de bonis mali, et de malis boni; cum autem venerit, qui solus bonus est bonos a malis segregabit.

19. Duos viros adhuc vivos legimus; sed ubi sunt vivi et absconditi, nescimus. Unus ab Adam septimus, et Enoch nominatus, alter vero Elias, qui usque ad cœlum in curru igneo est raptus; de duobus breviter diximus, tamen satis, quia ad tres festinamus.

20. *Tres personæ Trinitatis*, in una potestate et
B majestate, Pater, Filius et Spiritus sanctus, quæ tres personæ apud Hebræos sic vocantur *Abba*, *Ben*, *Ruba*. Apud vero Græcos *Pater*, *Bar*, quomodo autem Græce **407** Spiritus dicitur, adhuc non inveni. Illi tamen dicunt *ageos* quod Latine sonat sanctus. *Abba* pater, *Ben* filius, *Ruba* Spiritus sanctus. *Pater* tamen Græcum est, et Latine sonat genitor. *Bar* Græce, filius Latine. Trinitas itaque dicitur propter personarum diversitatem, unitas vero propter inseparabilem deitatis substantiam. Pater dicitur, eo quod habeat Filium, et omnis paternitas, quæ in cœlo, et in terra est, in eo et ex eo nominatur. Filius dicitur, eo quod habeat Patrem, Spiritus vero sanctus, eo quod a Patre et Filio procedit. Deus dicitur propter potestatem, et dilectionem; Dominus dicitur propter dominationem; omnipotens dicitur, quia omnia potest, cui nihil impossibile est. Et si Deus omnipotens est, quid est quod non potest? Id est, non potest falli, non potest mori, non potest pec-
C care. Per Patrem vivimus, movemur et sumus; per Filium rationem, et scientiam, et intellectum habemus; per Spiritum sanctum donis bonis omnibus illustramur. Tribus modis Deus dicitur, id est, essentialiter, ut Paulus dicit: *Qui est benedictus in sæcula.* Nuncupative, ut Dominus Moysi dicit: *Constitui te in Deum Pharaonis.* False, ut dicitur: *Dii qui non fecerunt cœlum et terram pereant.* Tres res in principio creavit Deus, id est, angelos, et . . . et informem materiam. (*Desunt alia.*)

APPENDIX XXII.

GLOSSÆ IN SACRAM SCRIPTURAM.

Ex Codice veteri 1 archivii Vaticani.

GENESIS.

Cap. I. *Spiritus Dei ferebatur.* Providentia qualiter cuncta creasset. *Fiat lux.* Ipsa est quæ postea in vasa cœli, hoc est, sidera, diffundebatur. *Dixit.* Per verbum suum fecit. *Mane.* Initium creaturæ. *Vespere.* Finis ejusdem. *Imaginem*, *similitudinem.* Imago eminet in spiritu hominis; similitudo in bonis operibus.

II. *Patrarat.* Perfecerat. *Paradisum.* Duo sunt: unum terrenum, ubi Adam fuit, alterum cœlestium. *Lignum vitæ*, *lignum scientiæ.* In custodia præcepti

D scientia erat boni. *Boni et mali.* In transgressione scientia erat mali. *Bidellium.* In arbore colligitur, et est pigmentum. *Evilat.* Hoc est proprium nomen terræ.

III. *Perizomata.* Femoralia. *Versatilem.* Vibrantem. Versatilis dicitur pro eo, quod quandoque venisset tempus ut etiam removeri potuisset.

408 IV. *Concidit.* Mutavit colorem vultus sui *Sin.* Si non sic. *Maledicta terra in operibus tuis.* Hic non opera colendi, sed peccata exprimit. *Num.* Dicis. *Eden.* Sacratissimum ipsum paradisi locum interpretatur. *Porro.* Videlicet.

Genesis. — Cap. I. De his glossis consule Isidoriana, cap. 65, num. 38 et seqq. Incipit Codex: *Dei ferebatur;* fortasse deinde legendum *providens qualiter.* Scriptum erat *creasse* pro *creasset.* Interpunctum erat *verbum suum. Fecit mane.*

II. In Vulgata est *plantaverat* pro *patrarat.* Fortasse legendum *unus terrenus...alter cœlestis.* Glossæ *lignum vitæ*, etc., possent aliter ordinari, seu transjici. Vulgata habet *bdellium;* sed apud scriptores medii ævi reperitur *bidellium.* Prius fieri deberet mentio *Hevilath*, ut est in Vulgata, seu *Evilat*, quam bdellii.

IV. In Vulgata, *maledictus eris super terram*, nisi hæc verba ex cap. III huc translata sint, ubi Vulgata habet, vers. 17: *Maledicta terra in opere tuo.* Ex vers. 9 cap. IV desumitur *num*, scilicet *Num custos*, etc.

VI. *Famosi*. Fama nominati. *Habitavit in terra* A
Naid. In Hebræo habet nodus instabilis. *Lævigatis*. Limpiditatis. *Bitumen*. Genus gluti, alii piculam, alii resinam *Tristega*. Tricamerata.

VII. *Cataractæ*. Fenestræ. *In o. nculo diei*. Initio diei

IX. *Dilatet Deus Japheth, et habitet in tabernaculis Sem*. Japheth *latitudo* dicitur, ex quo gentium nascitur multitudo, Sem, ex quo Hebræi minores numero ejecti. *Vegetat*. Confortat.

XI. *Ur*. Ignis, vel lumen.

XII. *Illustrem*. Magnificum.

XIII. *In oppidis*. In castris.

XV. *Trimam*. Triennem. *Altrinsecus*. Separatim. *Abigebat*. Expellebat.

XVI. *Libet*. Secundum arbitrium tuum. *Ferus*. Iracundus, indomitus.

XVIII. *Sata*. Nomen mensuræ : habet modium et semis

B
XIX. *Cubitum*. Passi duo. *Vallaverunt*. Circumdederunt *Culminis*. Altitudinis. *Vim*. Fortitudinis. *Intuitus*. Attendens.

XXI. *Stirpi*. Generi. *Nemus*. Arborum ordo compositus, vel de silva.

XXII. *Pariter*. Simul. *Vepres*. Rumices.

XXIII. *Funeris*. Corporis. *Quin*. Magis, vel potius. *Siclus*. Sex denarii. *Antrum*. Speluncam.

XXIV. *Destruxit*. Dividit, vel vendidit. *Aio*. Dico. *Suscitati*. Interrogati.

XXV. *Hispidus*. Pilosus. *Protinus*. Statim. *Adultis*. Maturis. *Gnarus*. Expertus. *Edulio*. Victu, esca, vel esu. *Parvipendens*. Pro nihilo habens.

XXVI. *Arcersito*. Evocato. *Perspicuum*. Manifestum. *Coire*. Concumbere, vel convenire. *Quispiam*. Modicus aliquis. *Sevit*. Irascitur. *Locupletatus*. **409** Ditatus. *Invidentes*. Invidia habentes. *Humo*. Terra. *Olim*. In antiquo. *Repererunt*. Invenerunt. *Jurgium*. Rixa. *Auctum*. Inventum.

C
XXVII. *Pharetram*. Theca ad sagittas portandas. *Dudum*. Antea. *Consternatus*. Indomitus. *Orbabor*. Sine filiis.

XXVIII. *Innixum*. Incumbentem.

XXIX. *Valet*. Sanus est. *Hebdomadam*. Septem annis. *Copulæ*. Conjunctioni.

XXX. *Edente*. Generante. *Mandragoras*. Fructus similes pomi in illa herba nascuntur, et habet duorum sexuum, masculini et feminini, et in radice ostendit similitudinem, et est fertilis, et dicitur qui eam eradicat non posse vivere. *Experimento*. Exercitudine sciens. *Dem*. Tradam. *Furvus*. Brunus. *Populeas*. Bidulaneas. *Serotinus*. Tardus.

XXXI. *Facultate*. Possibilitate. *Inclytus*. Nobilis. *Fetus*. Portantes. *Opes*. Divitias. *Clam*. Occulte. *Abigeres*. Expelleres. *Esto*. Etsi putaveris, vel ecce si. *Necetur*. Occidatur. *Nequeo*. Non possum. *Depopulati*. Vastati.

XXXIV. *Stupri*. Corruptelæ virginitatis. *Scorto*. Meretrice.

XXXV. *Cedentes*. Obedientes. *Libans*. Degustans.

XXXVI. *Ad puteum juramenti*. Ad aquam fidei.

XXXVII. *Ditioni*. Potestati. *Fomitem*. Incendium, initium. *Nitebatur*. Laborabat. *Polymita*. Operis plumarii. *Stacten*. Genus resinæ pretiosæ. *Acquieverunt*. Consenserunt.

XXXVIII. *Divertit*. Non convertit. *Opilio*. Pastor ovium. *Teristrum*. Ligatura capitis, vel sindones.

XXXIX. *Arbitris*. Judicibus. *Lacinia*. Ora vestimenti.

XL. *Pincerna*. Butiliarius. *Canistra*. Quæ palmarum virgulis texitur ad panes portandos.

XLI. *Conjectores*. Æstimatores. *In culmo*. In calamo, in stipula. *Uredine*. Vento incendente. *Demum*. Postmodum. *Præsagum*. **410** Præscientem. *Conjicere*. Æstimare. *Macie*. Exilitate corporis. *Squalore*. Sorde. *Industrium*. Instantem. *Segetes*. Semina.

XLII. *Nutum*. Providentiam, vel potestatem. *Machinantur*. Argumentantur. *Molimur*. Cogitamus, vel tentamus.

XLIII. *Dilatio*. Admissio.

XLIV. *Augurari*. Sortiri. *Flagitii*. Peccati, vel mali, vel turpitudinis.

XLV. *Quantocius*. Ocius. *Solo*. Terra.

XLVII. *In ærarium*. In thesaurarium. *Hemina*. Dimidium sextarium. *Serite*. Seminate.

XLIX. *Cerastes*. Cornuta serpens, flatu nocens. *Emissus*. Emissus dicitur cervus, quando cervam se-

---

VI. Scriptum *nominata* pro *nominati*. Non apparet quo pertinent verba *habitavit... instabilis*. Obscurum est *nodus* in compendio litterarum. Mox fortasse legendum *limpidatis*. De voce *tristega*, vide Ducangium.

IX. Exaratum erat *vegetati*. Pro *ejecti* mallem *geniti*. Transpositæ sunt glossæ; *vegetat* pertinet ad vers. 13; *dilatet*, etc., ad vers. 27.

XIII. Restitui *in oppidis*, pro *in opis*, in Ms. Discrimen tamen aliquod notari solet inter castrum, castellum et oppidum.

XVIII In Glossis Roberti de Sorbona, *capiens modium et semissem*. Confer Isidorum, l. XVI Etymol., c. 26, et Ducangium.

D
XIX. Intelligo verbum *cubitum* pertinere ad caput XIX, 4, de duobus angelis a Lot hospitio susceptis : *Prius autem quam irent cubitum;* non autem intelligo quid innuat glossa *passi duo*, nisi legamus *pasti duo*.

XXIV. Auctor glossæ videtur in textu legisse *distraxit*, aut *destraxit*, mutato *i* in *e*, ut fieri tunc solebat. In Vulgata est *destravit*, hoc est, sarcinas deposuit, a verbo desterno. Pro glossa *interrogati*, legerem *interrogarunt*.

XXV. Scriptum erat *iesca*. Apud Robertum de Sorbona male distinguuntur duæ glossæ : *Edulium*, victus; *Esca*, esus.

XXVI In Vulgata scribitur *accersito*. In Codice legitur *modicum aliquid*. Ab inepto aliquo addita est glossa *irascitur*, pro *sevit*, quod est a *sero*, non a *sævio*. Sic etiam inepta est glossa *inventum* pro *auctum*.

XXVII. Sic legendum *theca*, vel *thecam*, pro *tega*, in vet. Cod. *Indomitus* fortasse mendum est.

XXIX. Pro *septem annis*, mallem *septenarium*.

XXX. Glossam de mandragoris huc transtuli, quæ in vet. Ms. reperitur inter *cubitum* et *vallaverunt*, scilicet cap. XIX. Quæ de mandragoris dicuntur, conferenda sunt cum Etymol., cap. 9, l. XVII, et cum dict. Bibl., et comment. Calmeti, et diction. Valmontis de Bomare. Pleraque enim sunt fabulosa. Vox *bidulaneus* non obvia est. In Actis 11 Julii, t. II, Vit. Sancti Udalrici : *Concidit sibi baculum de ligno bidullaneo*. In additionibus ad Ducangium conjicitur legendum *betulaneus*, seu *betulaceus*, a *betula*. Ex nostris glossis vera significatio eruitur.

XXXI. In vet. Ms. *Fetos*, portantes. Mox, pro *vastati* scribendum fuisset *vastaverunt*. Sed multa hujusmodi ad medium ævum pertinent.

XXXV. In Vulgata est *recedentes*, nec congruit glossa *obedientes*. Exstat vox *cedentes* in Bibliis Gothicis Toletanis. Vide prolog., cap. 65.

XXXVI. Inter glossas *funeris* et *quin* cap. XXIII, exaratum erat in vet. Cod. *Ad puteum*, etc.

XXXVII. Glossæ nonnihil transpositæ sunt. Pro *incendium, initium*, fortasse legendum est *incentivum*.

XXXVIII. Parum opportuna est glossa *non convertit*. De *teristro*, sive, ut in Vulgata legitur, *theristro*, confer Etymolog., l. XIX, c. 25, glossas Roberti de Sorbona, et Ducangium. Vet. Cod., *instantium* pro *instantem*.

XL. Ab aliis dicitur *buticularius*, seu *buttelarius*, seu *bottellarius*. Adisis Ducangium, verb. *Butta*. Scriptum est in vet. Cod. *texetur*, et fortasse voluit auctor *texitur*.

XLI. Restitui *in culmo* pro *in culmine*.

XLVII. Non reperitur verbum *solo* in Vulgata ; ex-

quitur. *Obiit.* Mortuus est. *Aream.* Terram arabilem. *Resistere.* Effugere, vel contradicere.

EXODUS.

Cap. i. *Ellesmoth* Hebraice, *Exodus* Græce, *Exitus* Latine. *Lateris.* Tegulis non coctis : de terra et paleis efficiuntur. *Mares.* Masculos. *Ingrueret.* Irrueret.

ii. *Elegantem.* Pulchrum. *Fiscellam.* Ponaer in modum navis. *Scirpeam.* Juncinam. *In carecto,* loco palustri, vel in marisco; alii canalem. *Per crepidinem.* Per summitatem ripæ. *Alvei.* Canalis in amne, vel sinus aquæ. *Papyrione.* Papyrus. *Adultum.* Maturum, vel juvenem.

iii. *Rubi.* Spina, in qua rosa crescit.

iv. *Instar.* Similitudo. *Ab heri et nudius tertius.* Totum tempus præteritum significat. *Impeditioris.* Imparitioris. *Diversorio.* Receptaculo. *Illico.* Statim, vel mox. *In montem Dei.* In montem Sinai. Coreb et Sinai unum sunt. *Sponsus sanguinis tu mihi es.* Quia de sanguine meo natus es, vel quia circumcisus.

v. *Exactoribus.* Ministris cum vi exigentibus.

vi. *Adonai.* Dominus. *Ergastulo.* Privata custodia, vel carceres. *Præsertim.* Maxime. *Patruelem.* Filius patrui, vel filia.

vii. *Colubrum.* Colubrum et draconem pro uno posuit. Virga Aaron, et virga Moysis una erat. *Arcana.* Secreta, vel occulta. *Malefici.* Magicæ artis inventores.

viii. *Abigantur.* Expellantur. *Condixerat.* Convenit, vel consensit. *Statuit.* Decrevit. *Aggeres.* Terræ tumulum. *Sciniphes.* Muscæ minutissimæ. *Abominationes Ægyptiorum.* Oves, quas coluerunt, et noluerunt manducare.

ix. *Renuis.* Recusas. *Turgentium.* Tumentium. *Virens.* Viride. *Induravit.* Quia non emollivit.

x. *Corrodet.* Demanducabit, delacerabit. *Densæ.*
411 Spissæ.

xi. *In solio.* Throno. *Mutiet.* Modice murmuret. *Ostenta.* Prædicta signa.

xii. *Cœtum.* Conventum. *In ædibus.* In domibus, vel templis. *In monumentum.* In memoriam. *More.* Ritu, observantia. *Indigenis.* Civibus, vel qui ibi nati sunt. *Dimitiit.* Permittit. *Cæremonias.* Ritus sacrificandi. *Dudum.* Antiquitus, vel antea. *Religio.* Sanctitas, bonitas, pietas. *Efferetis.* Asportetis.

xiii. *Israel.* Proficiscentis. *Columna.* Columna ignis et columna nubis una esse creditur ex altera parte ignea, et altera similis nubi.

xv. *Obriguerunt.* Coturnix et perdix.

xvi. *Pilo.* Pistillo, alio loco lancea. *Gomor.* Men-
A sura habens xii sextariorum. *Scatere.* Ebullire, vel efferbere. *Alui.* Nutrivi, vel pavi. *Ephi.* Ephi et batus unum sunt, mensura habens modios tres.

xvii. *Jurgata.* Rixata, vel injuriam habentia. *Pauxillum.* Modicum.

xviii. *Præstolatur.* Observat, vel exspectat. *Disceptatio.* Altercatio, vel contentio, vel disputatio. *Tribunus.* Qui super mille viros est. *Strenuis.* Utilibus, vel fortibus.

xix *Jaculis.* Telis, vel sagittis actis, vel jactis. *Clangere.* Sonare. *Micare.* Coruscare, fulgere. *Perstrepebat.* Personabat. *Paulatim.* Per partes. *Prolixius.* Longius. *Contestare.* Conjurare.

xx. *Zelotes.....* *Insontem.* Innocentem. *Frustra.* Sine causa, sine ratione, in vanum.

xxi. *Liberi.* Infantes. *Diis.* Id est, sicut do tibi. *De industria.* De instantia, de cura. *Cornupeta.* Petulcus, cornu petens.

xxii. *Acervos.* Tumulos. *Segetes.* Messes. *Deferat.*
B Portet. *Conductum.* Congregatum.

xxiii. *Solemnitatem.* Septem hebdomadas a Pascha usque Pentecosten. *Severis.* Seminabis. *Crabrones.* Furrlones. *Ultroneus.* Spontaneus.

xxv. *Concinnanda.* Componenda. *Ephod.* Stola linea, vel superhumerale, vel dalmatica. *Compingite.* Jungite. *Oraculum.* Oraculum et propitiatorium 412 unum sunt, ubi audiebantur divina eloquia. *Interrasilem.* Anteranaglypham. *Acetabula.* Acinarios. *Phialas.* Calices minores. *Calamos.* Modum calami. *Scyphos.* Calices majores. *Sphærulas.* In modum sphæræ rotundatas.

xxvi. *Saga.* Una tela in cortinis. *Fibulas.* Frincas, vel fibulas. *A summo usque ad summum.* A fine usque in finem. *Inseretur.* Imponetur, immiscetur, includetur.

xxvii. *Fuscinulas.* Tridentes. *Arula.* Vas æneum quandrangulum, in quo prunas portant. *Cælaturis.* Picturis. *Paxillos.* Genus mensuræ palus nominatæ.
C *Contusum.* Contritum. *Oppansum velum.* Extensum, quo undique pandatur.

xxviii. *Applica.* Junge, congrega. *Funguntur.* Utantur, obsequantur. *Rationale.* Pannus in pectore quadratus. *Cidarim.* Cidarim, mitra et tiara unum sunt. *In marginibus.* In his summitatibus vestimentorum. *Malum Punicum* et mala granata unum sunt, poma miræ pulchritudinis. *Portabit iniquitates.* Qui intercedit pro iniquitate. *Feminalia.* Femoralia. *Femora.* A femine.

xxix. *Arietes immaculatos.* Unius coloris, non morbidos, non scabiosos, non læsos. *Lagana.* De farina

---

stat in Bibliis Gothicis, pro *terræ loco.* Vide prolegom., cap. 65. Fortasse, *in thesaurum.* Vox *hemina* nescio, unde in hunc locum advecta fuerit. Celebris est controversia de libra panis, et vini hemina in regula sancti Benedicti, de qua videri potest Ducangius, in Dict. Confer etiam l. xvi Etym., c. 26.

Exodus. — Cap. i. Scriptum videtur *Ellesmoth;* in Etymol., l. vi, cap. 1, in hoc eodem nostro Codice Elesmoth. Apud alios, *Veellesemoth.*

ii. Mendum videtur *ponaer*, pro *panerium;* exaratum etiam erat *in domum navis*, et mox *plaustri vel in maris, quo alii.* De *marisco*, vide Ducangium.

v. Obscurum est *cum vim*, pro *vi.* Glossæ hoc loco præpostero ordine collocatæ erant. Hæc enim in Ms. præcedit alias capitis iv, ubi in Vulgata legitur *sponsus sanguinum* pro *sanguinis.*

vi. Forte, *carcere.*

viii. Glossa *statuit* non videtur ad hunc locum pertinere, nisi forte sit etiam hoc verbum explicatio verbi *condixerat.*

xi. Hic etiam inversus erat ordo glossarum, ut sæpe alibi.

xii. Vet. Cod. *ritu observantium*, et postea, *vel ibi qui.*

xvi. Forte, *sextarios.* Reposui *ephi* pro *æphi*, quamvis in Bibliis Gothicis Toletanis ita sit scriptum *æphi.*

xvii. In Vulg. legitur *jurgatus* et *paululum*, pro *pauxillum.* In Bibliis Gothicis etiam est *pauxillum*, et fortasse etiam *jurgata;* nam ibi est *lapidabil* pro *lapidabunt.*

xx. Deest glossa pro voce *zelotes*, quæ in Ms. unitur verbo, sive glossæ *conjurare.* In Roberti glossis, *zelotes*, æmulator, ulciscens.

D xxi. Fortasse, *sicut diis*, pro *sicut do tibi.* In Vulgata est *per industriam.* Biblia Toletana, *de industria.*

xxiii. In Vulgata hoc capite non est *severis*, sed *seminabis* vers. 10, et *seminaveris* vers. 16, ubi Biblia Gothica *serveris.* Vox mihi ignota *furriones.*

xxv. Pro *anteranaglypham*, fortasse legendum *interanaglypham.* Plerique *interrasile* exponunt per *anaglyphum*, *sculptum.* Adisis Ducangium. In glossis Roberti de Sorbona male duæ glossæ distinguuntur, *interrasilem*, distinctam. *Anaglypham*, sculptam. Sunt enim hæc tria nomina explicatio vocis *interrasilem.* Mox legendum videtur *in modum calami*, ut legitur in Roberti glossis. Ibid., legitur *rotundas* pro *rotundatas*, sive *rotunditas*, ut est in nostro Ms.

xxvi. Libenter legam *strincas*, *vel fibtas;* hinc Itali *stringa*, *fibbia.* Mox *miscebitur.*

xxix. Verbum latinum est *axungia;* sed fortasse medio ævo scribebatur exungia, ex quo Hispani *enjundia.* Confer Ducangium, verb. *exudia.* Explicatio

est, primum in aqua, postea in oleo frigitur. *Initiaberis*. Sanctificaberis, quando redeunte tempore anni cuncta concludunt, mense septimo, quia Ægypti initium anni et finem sic fecerunt. *Mactabis*. Occides. *Jecoris*. Hepatis. *Arvinam*. Exungiam. *Vitalia*. Intra ilia. *Expiandum*. Expurgandum. *Jugiter*. Perseveranter. *Hin*. Major sextariorum XIX, minor IX. *Libandum*. Sacrificandum.

XXX. *Liba*. Sacrificia. *Summam*. Numerum. *Recensiti*. Numerati. *Nomen*. Potestatem. *Obolus*. Scrupulus semi. *Labrum*. Labium et labrum unum sunt: vas æneum quadrangulum, in quo lavantur sacerdotes. *Zmirnæ*. Calami. *Casiæ*. Fistulæ.

XXXII. *Callide*. Astute, caute ducere. *Quivero*. Post reatum culpæ.

XXXIII. *Papilionis*. Tentorii.

XXXIV. *Deinceps*. Rursum, vel iterum. *Aras*. Altaria. *Lucus* et nemus unum sunt: et dictus est: quod minime transluceat. *Æmulator*. Imitator, vel invidens, vel sectator. *Pepigi*. Pactum feci, vel spondi. *Fœdus*. Pax perpetua, vel amicitia.

XXXV. *Catervam*. Turbam, multitudinem, conventum. *Prompto*. Velocitate **413** voluntatis, vel præceps. Posuit testimonium in arca: duas tabulas. *Armillas*. Rotundarunt. *Dextralia*. Ampla sunt, et ante manicas portantur. *Abietarii*. Lignarii, abiete arbore. *Polymitarii*. Pro rotunditate imaginis: polum, rotundum.

XXXVI. *Necteretur*. Ligaretur. *Compagem*. Juncturam. *Cyathos*. Viginti unum cochlearia faciunt.

XXXVIII. *Ad plagam*. Ad latus. *Septentrionalem*. Contra mediam noctem. *Australem*. Contra meridiem. *Bracteas*. Laminas aureas subtilissimas. *Excubabant*. Vigilabant.

XL. *Sub tecto testimonii*. Tabernaculi.

LEVITICUS.

Vagecra Hebraice, *Leviticus* Græce, *Ministerialis* Latine, quia ministeria sacerdotum in eodem scripta sunt.

CAP. I. *Crepidinem*. Fundamentum.

II. *In clibano*. In camino, in furno. *Torres*. Asses. *Farris*. Genus frumenti.

III. *Ilia*. Latus prope inguinem. *Inficians*. Insi- A dians. *Quodlibet*. Qualecunque. *Collyridas*. Cybus, quem nos *nebulam* dicimus.

X. *Sanctificabor in eis*. Præsumentes punio. *Profanum*. Illicitum, violatum, pollutum. *Lugubri*. Flebili.

XI. *Chœrogryllus*. Bestia spinosa, major erinaceo. *Haliæetum*. Avis similis aquilæ, sed major, tamen minor vulture. *Larum*. Avis maritima, habens ungulas, quasi accipiter. *Bubonem*. Nycticorax. *Onocrotalus*. Avis quæ sonitum facit in aqua, vel pelicanus. *Porphyrionem*. Alii avem albam similem cygno. *Herodionem*. Major est omnibus avibus, quia aquilam prehendit. *Bruchus*. Similis locustæ, sed major. *Crocodilus*. Bestia in flumine, similis lacertæ, sed grandis. *Mygale*. Similis chamæleonti. *Chamæleon*. Similis lacertæ, et **414** sub aspectu mutat colores. *Stellio*. Verpestilio. *Talpa*. Sorex. *Chytropodes*. Vas fictile, pedes habens.

XIII. *Inolita*. Contaminata. *Effloruerit*. Appellaverit. *Perspicuæ*. Manifestæ, apertæ. *Ulcus*. Vulnus, sed
B minus. *Haud dubie*. Sine dubio.

XIV. *Papulas*. Verrucas, quæ in leprosis apparent. *Vallicula*. Concava loca.

XV. *Sagma*. Sella.

XVI. *Nebula eorum*. Fumus aromatum. *Imprecans*. Solvens.

XVII. *Quilibet*. Quicunque sit. *Aucupio*. Aviscapio, vel qui avium cantus auscultat.

XVIII. *In pellicatum*. In domum concubinarum.

XIX. *Præputia*. Pomorum immunditia, quæ idolis immolantur. *Susurro*. Occulte murmurans, vel injurias seminans. *Stigmata*. Figuras, vel signa. *Noverca*. Matrasta. *Pythonicus*. Incantatio, divinatio.

XXI. *Incisuras*. Pro luctu. *Aula*. Vicinus. *Prostibulum*. Domus fornicaria.

XXII. *Inquilinus*. Colonus, vernaculus. *Spatulas*. Fructus palmæ, antequam aperiantur.

NUMERI.

Vaje Dabber, id est numerus, quia in eo numeran-
C tur filii Israel.

CAP. I. *Cuneos*. Multitudines.

II. *Vexilla*. Victorias.

III. *Sanctificavi*. Caput radet. *De omnibus cibis pulmentum*.

mensuræ *hin* obscura est in vet. Ms.; eam restitui ex aliis glossariis, sed in glossis Roberti de Sorbona mendose legitur 8, pro VIII, ut est in nostro Ms.

XXX. Pro *liba*, Vulgata refert *libamina*. Biblia Gothica Toletana cum glossis retinent *liba*. Rectius erit *scrupulus semis*, vel *semiscrupulus*. Vide lib. XVI Etym., cap. 25. Pro *zmirnæ* Vulgata exhibet *myrrhæ*; glossæ Roberti de Sorbona, *Zmirrhæ* cum interpretatione: *alii calami*, *alii myrrhæ resinam esse volunt*. *Supellectilem*, diversæ res.

XXXIV. Vet. Cod., *dictus et quod*; forte, *dictus eo quod*. Infra legi poterit melius *spopondi*.

XXXV. Vulgata exhibet, vers. 5, *et prono animo*. Biblia Gothica, *et prompto animo*. In veteri libro obscurum est verbum *præceps*, ac fortasse mutilus locus hic est. Exemplar Gothicum, vers. 25, habet: *Obtulit*, etc., *ad faciendum opus tabernaculi testimonii*. Vulgata nova: *Obtulerunt*, etc. Paulo post præstiterit legere cum Roberti glossis *rotundæ sunt* pro *rotundarunt*. Glossa pro *polymitarii* ab aliquo alio videtur intrusa, quasi a *polus*. Exaratum erat in Cod. *imagini*.

XXXVI. Vulgata *compaginem*. Biblia Gothica, *compagem*. In vet. Cod. est signum ponderis post *viginti unum*, qualia describit Isidorus, l. XVI, cap. 27; quibus tamen ab omnibus signum nostrum differt. Interpretatus sum *cochlearia*; nam cyathus constare dicitur decem drachmis, et cochlear est dimidia pars drachmæ.

LEVITICUS. — CAP. I. Vet. Cod., *Vagecra*, ut in l. VI Etym., c. 1; alii scribunt *Vajicra*, alii *Vaijcra*.

II. In vet. Cod. est *turres*. In Bibliis Gothicis, *torres*. In Vulgata, *torrebis*.

III. De *nebula* pro cibo plura Ducangius.

XI. Nomina chœrogrylli, et haliæeti expressi ex Vulgata, nam in vet. libr. corrupta apparent. De voce *cavannus* consulendus Ducangius. Codex exhibet *avis qui*, *avem album*. Deest etiam aliquid in explicatione *Porphyrionis*. Glossæ Roberti de Sorbona referunt: *Porphyrion*, avis purpurei coloris, ut nomen significare videtur; alii autem albam similem cygno, alii pelicanum esse dicunt. Glossa *stellionis* ab interpolatore addita est. Deinde pro *calva surrie* conjeci, *talpa-sorex*. Vespertilionis fit mentio supra vers. 19, ac fortasse mutilus sic locus est: *Stellio... Vespertilio... Talpa*. In glossis Roberti de Sorbona pro *chytro-*
D *podes*, sive, ut ibi legitur, *sertropodes*, explicatio est *coquendi vasa fictilia cum tribus pedibus*. Aliter Calmetus, in Dict. bibl.

XIII. In Ms. est *inolitam*, et *nominatam*; restitui *contaminatam*, et pro *appellaverit*, *apparuerit*. Fortasse pro *effloruerit*, cum Bibliis Gothicis, legendum *fuerit*. Codex exhibet *vulnus set minor*.

XIV. Vulgata refert *valliculas*.

XVI. Suspicari licet *vovens* pro *solvens*.

XVII. Corrupta hæc sic erant in libro veteri: *aecasatio*, vel qui ovium cantus austat *pro aviscapio*, etc., ut conjicio ex. l. X Etym., verb. *auceps*.

XXI. Nescio quo pertinet glossa *Aula*, *vicinus*, aut quid sub his verbis lateat.

NUMERI. — In Ms. codice desideratur verbum hebraicum *Vaje Dabber*, sive *Vagedaber*; incipit enim *E l est*, vel *Id est*; nam *e* pro *i* passim occurrit.

CAP. III. Obscura sunt verba *De omnibus*, et aliquid deest ad sensum.

IV. *Hyacinthinus*. Violaceas. *Coccineas*. Rubeas. A
Batilla. Spatula ferrea.

V. *Zelotypiæ*. Invidiæ. *Toro*. Lecto. *Congessi*. Coadunavi, vel collegi. *Duntaxat*. Videlicet, certe.

VII. *Consuleret*. Requireret, et interrogaret.

VIII. *Stipes*. Mendicus, in alio loco lignum. *Conscius*. Longius.

X. *Dimicant*. Pugnant, in alio loco, lucent.

XI. *Nausea*. Vomitus.

XII. *Ænigmata*. Propositio, quæstiones.

XIII. *Præcoce*. Nimis mature. *Lustravimus*. Circuivimus.

XIV. *Vasta*. Profunda. *Querelas*. Accusationes, vel clamores. *Forent*. Essent.

XVI. *Proceres*. Primates, vel excelsi. *Concilium*. Conventum. *Parum*. Parvum, vel modicum. *Expassus*. Duo passus. *Globus*. Agmen, vel rotundus. *Coacervassent*. Congregassent. *Desævit*. Ab iracundia lenivit, vel desinivit.

415 XVII. *Cohibebo*. Privabo. *Querimonias*. Planctus. B

XVIII. *Sceptro*. Regia potestate. *Cedit*. Evenit. *Pareat*. Obediat.

XXI. *Contagione*. Inquinamento.

XX. *Petra*. Quam jussit Dominus Moysen percutere. *Alioquin* quod si non, vel aliter.

XXI. *Puteus*. Super quo Dominus locutus est. *In libro bellorum Domini*. Bellorum Israel. *Quin potius*. Multo magis.

XXII. *Ariolus*. Sortitor, vel divinus. *Cuncteris*. Inquireris.

XXIII. *Rhinocerotis*. Bestia in nare cornu habens. *Augurium*. Sortientes.

XXIV. *Complosis*. Mutuo percussis. *In trieribus*. In navibus exercitus.

XXV. *Pugionem*. Gladium. *Lupanar*. Locus meretricum.

XXVII. *Replicavit*. Retexuit, vel revolvit.

XXVIII. *Juge*. Perpetue, semper perseverans.

XXX. *Pollicita*. Promissa. *Distulerit*. Dissimulaverit.

XXXI. *Norunt*. Sciunt. *Jugulate*. Necate, punite. *Cognorant*. Convenerunt. *Periscelides*. Armillæ; alii ornamenta tibiarum. *Cis*. Mista ripa. C

XXXIII. *Clavi in oculis*. Compunctiones.

XXXV. *Impulerit*. Coegerit, impegerit.

XXXVI. *Promulgatur*. Perfertur, ostenditur.

DEUTERONOMIUM.

Helle addabarim Hebraice, *Deuteronomium* Græce, *Secunda lex* Latine.

CAP. I. *Guaros*. Scientes. *Ennacherim et Enim*. De genere gigantum erant. *Fanum*. Templum. *Egregiam*. Nobilem, præclaram, summam.

IV. *Portenta*. Miracula.

V. *Sequester*. Susceptor pignoris. *Protelentur*. Prolongentur, differentur.

VII. *Spurcitia*. Immunditia. *Anathema*. Abominationem.

VIII. *Dipsas*. Genus serpentis, pede et semis longus, et duorum palmorum grossus, caudam [habens] curvam, et venenatam, cum qua pungit; et interpretatur sitis, quia homo, ab ea percussus, siti moritur.

IX. *Ingentes*. Magnos. *Concio*. Conventus populi.

XI *Procul*. Longe.

XII. *Caprea*. Silvatica. *Capra*. Domestica.

XIV. *Sicera*. Omnis potus absque vino, qui inebriare potest.

XVI. *Lucum*. Lucus in isto loco nomen est arboris, cujus folia non cadunt.

XVIII. *Lustret*. Illuminet per ignem trahendo.

XX. *Cuneos*. Multas turbas populorum.

XXI. *Reatus*. Culpa. *Cruore*. Sanguine. *Cæsariem*. Comam capitis. *Ungues*. Ungulas. *Contumacem*. Contemptorem. *Protervum*. Perversum. *Coercitus*. Prohibitus, contradictus. *Plectendum*. Decollandum.

XXII. *Nefas*. Crimen.

XXIII. *Mamzer*. Filius scorti. *Gerens*. Agens, portans.

416 XXIV. *Nuper*. Nunc.

XXVI. *In cartallo*. Panerio de virgis. *Funebri*. Mortali.

XXVII. *Lævigabis*. Planabis. *Impolitis*. Non rotundis.

XXVIII. *Rubigine*. Vento corrumpente. *Pruriginem*. Scalpitudinem. *In suris*. In poplitibus. *Procacissimam*. Ingratissimam. *Illuvie secundarum*. Immundi humores qui sequuntur post partum.

XXIX. *Classibus*. Navigiis militum. *Absumat ebria sitientem*. Quæ jam ebria fuit, in idolis sitientem in Dei cultura ducit in errorem.

XXX. *Cardines cœli*. Oriens, Meridies, Occidens et Aquilo. *In sobole*. In genere.

XXXII. *Meracissimum*. Purissimum. *Opitulentur*. Adjuvent. *Recens*. In præsenti. *Novum*. In futuro.

XXXIII. *Thesaurus arenarum*. Terrena sapientia.

SANCTI HIERONYMI PRÆFATIO IN JOSUE.

Tandem. Postremo, vel modo. *Efferunt*. Dicunt. *Exaplois*. Exemplaribus. *Arcuato vulnere*. Quia cauda scorpionis curva est, unde ferit. *Editiones*. Translationes. *Postlimen*. Post mortem patris et matris. *Flagitat*. Postulat, petit. *Sirenarum*. Meretricum per magicas artes; vel undarum crispantium.

LIBER JOSUE.

CAP. II. *Quippe*. Certe, nimirum, sine dubio. *Fateor*. Confiteor. *Funiculus iste*. Quo se cinxit a renibus usque pectus. *Coccineus*. Rubeus.

III. *Mole*. Magnitudine.

V. *Polenta*. Farina subtilissima.

VII. *Per prona*. Per præceps, per inclinata. *Conglobati*. In unum collecti, vel collecti. *Legulam*. Labelli.

VIII. *Vallatus*. Circumdatus. *Digesserat*. Descripserat, ordinavit.

IV. Scriptura vetus magis indicat *glaucas* quam D *violaceas*. Exaratum etiam est *spaludra* pro *spatula*. In aliis glossis est *palla ferrea*.

VIII. *Stips*, vel *stipes*, sumi solet pro pecunia quæ pauperibus confertur; sed hoc loco *stipes* est lignum. Verba *conscius longius* non intelliguntur.

XIII. In Vulgata, *præcoque*.

XVI. Vetus liber, *primati*, quod retineri fortasse poterit. Verba *expassus*, *duo passus*, corrupta esse facile credam.

XVIII. Glossa *pareat*. *obediat* alterius loci videtur esse.

XXII. Pro *inquireris*, fortasse reponendum erit *inquieteris*, quanquam neque hoc ipsum placet.

XXIII. Malim *sortilegium* pro *sortientes*.

XXXI. In Vulgata, *noverunt* pro *norunt*; et *cognoverant* pro *cognorunt*. Non assequor quid lateat in verbis *Cis mista ripa*.

XXXV. In vet. Cod. erat *impingerit* pro *impegerit*.

XXXVI. Vulgata, pro *promulgatur*, exhibet *promulgata est*.

DEUTERONOMIUM. — Alii, *Elle naddebarim*.

CAP. I. In Vulgata, *Enacim* et *Emim* scribitur.

VIII. Rescripsi *duorum palmorum*, pro *durum palmarum*, et supplevi *habens*, nisi malis legere *cauda curva et venenata*.

XVI. Corrigam *cadunt*.

XXIII. Liber vetus *Mazer* pro *Mamzer*; alii alio modo.

XXVI. In ms. Cod. erat *paner*. De voce *panerio* pro corbe, sporta, consulendus Ducangius cum additionibus.

XXIX. Cod. ms., *adsumat* pro *absumat*, et *culturam* pro *cultura*.

PRÆF. IN JOSUE LIBRUM. — Editi exhibent *postliminio*, quod est jus amissæ rei recipiendæ ab extraneo, et in antiquum statum restituendæ. Glossæ Roberti de Sorbona cum nostris etiam faciunt.

ix. *Pittaciis*. Emplastris. *Decrevit*. Constituit.

x. *In libro justorum*. In annalibus Hebræorum. *Præsidia*. Firmitates. *Saltem*. Videlicet.

xi. *Subnervabis*. Subjugabis, vel deficere facies. *Unam tantum Asur flamma combussit*. Quia ipsam solam totam combussit.

xii. *Raphaim*. *Gigantum*.

xv. *A lingua maris*. A sonitu maris. *Civitas litterarum*. Quia in ea litterati fuerunt, vel litteræ custodiebantur.

xviii. *Marcetis*. Languetis. *Ignavia*. **417** Imbecillitate.

xix. *Carmelum maris*. Proprium nomen loci.

xxiii. *Connubia*. Conjugia. *Sudes*. Stipites.

xxiv. *Novellis ovibus*. Unius anni, quæ necdum generarunt.

LIBER JUDICUM.

Cap. i. *Judas ascendit*. *Othoniel*. De ipsa tribu. *Arctavit*. Oppressit undique. *Ascensu scorpionis*. Proprium nomen loci.

ii. *Experiar*. Certe sciam.

iii. *Satrapas*. Principes Philistinorum. *Filii Gemini*. Filii filiorum Joseph, quia duo erant. *Ancipitem*. Utraque parte acutam. *Capulum*. Manubrium gladii. *Sicam*. Gladium. *Alvi*. Ventris. *Posticam*. Porticum. *Circiter*. Quasi.

iv. *Clavum tabernaculi*. Ferreum, quod portavit de tabernaculo.

v. *Barathrum*. Profundum, vel hiatus terræ. *Discrimini*. Judicio. *Magnanimorum*. Rubenitarum. *Sibilos regum*. Blandimenta.

vii. *Hydrias*. Fictiles. *Confodere*. Collidere.

viii. *Bullas*. Sigilla, vel ornamenta cinguli. *Pondus* et libra unum sunt; sed pondus ferri, libra auri. *Monilibus*. Fidelis, vel ornamentis. *Torques*. Circuli aurei in collo.

ix. *Rhamnum*. Arbor spinosa modica. *Compulit*. Coegit, vel impingit. *Palantes*. Fugientes.

xi. *Sodalibus*. Coævis, sociis.

xii. *Jugulabant*. Necabant, vel perimebant.

xiv. *Problema*. Propositio, quæstio, parabola. *Pronubis*. Paranymphis, vel qui nuptiis præsunt.

xv. *Faces*. Faculas, vel flammas. *Suram*. Suriculam.

xvii. *Teraphim*. Imaginem.

xviii. *Opulentam*. Divitiis plenam, vel abundantem. *Haud procul*. Non longe.

A xix. *Belial*. Nomen idoli.

xx. *Diverti*. Posui in locum. *Bacchati*. Furentes.

xxi. *Ducentes choros*. In choro tenentes manum invicem.

LIBER RUTH.

Cap. i. *Confecta*. Debili. *Pubertatis*. Barbam emittentis. *Vetulæ*. Anæ. *Obstinato*. Perseveranti, intento, irrevocabili.

ii. *Sarcinulas*. Sagmas. *Congessit polentam*. Congregavit farinam. *De industria*. De incuria. *Rubore*. Verecundia. *In horreis*. In spicariis.

418 iii. *Aream*. Locum ubi annona excutitur.

iv. *Cedo juri*. Locum do, perdono legi. *Privilegio*. Propria lege. *Celebre*. Præclarum. *Gerulæ*. Nutricis, vel comportatricis.

SANCTI HIERONYMI PROLOGUS GALEATUS IN LIBROS REGUM.

Characteribus. Figuris. *Samaritani etiam Pentateuchum Moysi totidem litteris scriptitant*. Antiquis
B Hebræorum litteris scriptitant. Sed unde apud eos antiquæ litteræ inventæ sunt? Quia postquam de Assyriis colones illuc directi fuere, et a leonibus, bestiisque comesti, postea mandaverunt regibus Persarum se illic habitare non posse; et misit illis sacerdotem, qui doceret eos legitima terræ; quique veniens Bethel, accepit exemplar legis a tribu Juda, et descripsit illis Pentateuchum, et legem exposuit. Et postquam Juda et Benjamin a Chaldæis captivi fuerunt, et lex incensa, remansit in Samaria, id est, post colones illos exemplar legis antiquis litteris expressum, scriptum, dum nihil illis nocuerunt; subjecti enim illis erant.

2. *Esdras*. Alias reperit litteras, quia non noverat priores. *Nomen Domini tetragrammaton, antiquis litteris expressum*. Scriptum invenimus litteris, in quibusdam Græcis voluminibus (non tamen in canone) quæ a LXX interpretibus interpretata fuerunt, dum lex a Chaldæis incensa est, et post tantum interval-
C lum in regno Græcorum Septuaginta interpretati sunt. Sed in historiis propriis, quia nomen Domini per omnes gentes atque omnia regna terrarum diffamatum est, audierunt multa mirabilia, quæ operatus est.

3. *Incisionibus*. In discerptionibus, ac divisionibus versuum. *Duplices*. Duplices apud Hebræos quinque litteræ, quia duplicem figuram habent, et duplex vocabulum, ut *aleph, ain, sade, samech, sin*. *Aliter enim*

Josue liber. — Cap. vii. Fortasse, *vel in globum collecti*. Reposui *lablelli* pro *lablegi*, quod Cod. ms. refert. De voce *lablellus*, sive *labellus*, agit Ducangius. In Vulgata exstat *regulam auream*; retinui tamen ex Ms. *legulam*, quæ est ima auriculæ pars, quæ etiam *lamina* dicitur, quasi *ligula*; nisi malis ita legere *ligulam* pro *lingula*, ut minus bene nonnulli efferunt. Confer Forcellinum. Interpretes sacræ Scripturæ *regulam auream* exponunt virgulam auream instar linguæ, vel laminam auream; quod cum *legulam*, vel *ligulam*, mirifice convenit.

ix. Rescripsi *emplastris*, pro *palastris*; nam *pittacium* pro emplastro a Celso accipitur. Hoc loco cujusvis panni vel corii particulam indicat.

xi. Vulgata : *Asor flamma consumpsit*.

Liber Judicum. — Cap. i. Fortasse deest glossa post *ascendit*, vel *ascendet*.

iii. Vulgata, *filii Jemini*, nempe ex tribu Benjamin, qui Jeminus etiam dicebatur. Auctor, sive interpolator glossæ in alia abiit, voce *Gemini*, quæ etiam in Bibliis nonnullis occurrit, deceptus. Fortasse legendum est *acutum*; nam in Vulgata est *gladium ancipitem*. Pro *porticum*, reponendum videtur *posticum*; in Vulgata quidem ita legitur : *Per posticum egressus est*. Invenitur tamen *porticus* pro janua, porta, apud medii ævi scriptores. Consule Ducangium cum additionibus, verb. *Posticium, Porticus*.

iv. Forte, *ferrum, quod*.

v. Vulgata, *sibilos gregum*.

vii. Vulgata, *et hydrias confregissent*; neque deinde verbum *confodio* occurrit, sed *complodere*, vers. 19.

viii. In vet. Cod. est *pondus* pro *pondo*, quod absolute positum pro libra accipitur; sed utrumque nomen de auro et ferro, et de aliis rebus dicitur. Hoc cap. viii occurrit *pondus*, cap. seq. *pondo*, pro quo glossa scripta est, ut videtur. Nescio quid lateat in glossa *fidelis* pro *monilibus*.

xxi. Vulgata, *ad ducendos choros*

Liber Ruth. — Cap. i. Auctor glossæ, ut puto,
D scripserit *anus*, non *anæ*.

ii. *Sagma* Græce, et apud nonnullos Latinos neutrum est, apud Isidorum etiam l. et c. ult. Etym. femineum. In ms. exaratum est *sacmas*, aut *saomas*. Pro *de incuria*, reponendum est, cum glossis Roberti de Sorbona, *de cura*.

iii. De verbo *perdono*, vide not. ad Juvenc., l. ii, vers. 81.

Sancti Hieronymi Prologus galeatus. — Cap. 1. Bis in Ms. occurrit *colones* pro *coloni*. Pro *Abthet*, reposui Bethel, ex l. IV Reg., cap. xvii. Mox fortasse legendum *apud colonos illos*.

2. In vet. Cod. erat *interpretati fuerunt, dum lex*, etc., et infra, *postea tantum*.

3. Hieronymus has quinque duplices Hebræorum litteras commemorat, *caph, mem, nun, pe, sade*. Ac re vera hæ solæ quinque sunt quæ diverso modo in fine verborum scribuntur, quamvis nonnullæ aliæ in ampliorem formam dilatentur.

per has principia. Ut apud nos sæpius initia verborum per *k* litteram scribuntur, ut in kalendæ, fines per *c*, ut *fac*.

4. *Dibre hajamin.* Verba dierum : *dibre* verba, *hajamin* dierum, *nonjamin* dextræ. *Beresith.* In principio; quia Hebræi voluminibus suis nomina ex principiis posuerunt. *Exodus.* Exitus. Hebræi Genesi *aleph* litteram inscribunt, quæ interpretatur doctrina, ut *In principio fecit Deus cœlum et terram;* Exodo *beth*, quæ interpretatur domus pro instructione tabernaculi; Levitico *gimel*, quia plenissime de victimis disputat; Numero *daleth*, **419** tabularum, quia de compositione tabernaculi tabularum loquitur; Deuteronomio *he*, quæ interpretatur ista lex, pro iteratione legis ; Job, David, Daniel inter agiographa non pro dedignatione, sed pro dignitate et sanctitate. *Agio.* Sancta. *Graphia.* Scriptura. Quod prophetarum ordinem incipiunt a Jesu Nave, quia tota sancta Scriptura digna est prophetiæ vocabulo, dum futura significat. Josue vero in omnibus pene gestis suis futura Christi opera prophetavit.

5. *Chronicon.* Temporale. *Quinque incisionibus.* Quinque incisiones pro satisfactione eorum dixit, qui hoc affirmare solebant. *Prostratis vultibus.* Inclinatis capitibus. *Coronas suas.* Opem, opera sua offerentes, quia opera reverentiæ et subjectionis unius Dei docent cultum, per quæ ad coronas pervenitur.

6. *Stantibus coram quatuor animalibus.* Dum tota prophetiæ Scriptura in Evangelio impleta est. *Galeatum.* Munitum, vel ornatum. *Apocrypha.* Occulta, vel dubia. *Seponendum.* Separandum : dictum quasi, seorsum pono. *Phrasin.* Locutionem, vel interpretationem.

7. *Paraphrasten.* Conjectorem, vel interpretatorem. *Pelles, cilicia.* Fortitudinem et labores in Ecclesia, quæ tentationibus et persecutionibus bene resistunt. *Canticum canticorum.* Pro excellentia carminis. *Sapientia Salomonis.* Apud Hebræos non invenitur, quod antea nesciebam; in Septuaginta, et in aliis Codicibus.

LIBER I REGUM.

CAP. I. *Ramatha.* Civitas ipsa, quæ in veteri translatione Arimathia dicitur, et fuit Helcanæ et Samuelis in regione Tamnitica juxta Diospolim, unde fuit Joseph, qui in Evangelio de Arimathia scribitur. *Sophim.* Mons in tribu Ephraim. *Statutis diebus.* Phase, Pentecosten, Scenopegia. *In Silo.* Silo est in tribu Ephraim, in quo loco arca testamenti fuit usque ad tempus Samuelis. Est autem undecimo milliario Neapoleos in regione Acrabitena. *Partem unam.* Quando offerebant. *Æmula.* Adversa. *Angebat.* Cruciabat. *Redeunte tempore.* Anni circulo. *Temulentam.* Vinolentam, ebriam. *Digere.* Ebrietatem depone. *Mades.* Humida es. *Filiabus Belial.* **420** Filiabus sine jugo legis Domini. Belial Hebraice Bel dicitur, et fuit idolum Ninivitarum, quia Bel pater Nini. *Vultus ejus non est in diverso mutatus.* In alia translatione : *Et facies ejus non cecidit amplius;* hoc est, ut nullam haberet tristitiam, vel differentiam. *Non vadam, donec ablactetur infans.* Contra morem dixit; ideo commemorat Scriptura. Hebræi asserunt tempus ablactationis sex annos, alii XII. *Ut impleat Dominus verbum suum.* Quod promisit per os Heli sacerdotis dicendo : Det tibi Deus petitionem. *Obsecro, mi Domine.* Subauditur : Ut benigne suscipias. *Commodavi eum Domino.* Quandiu fuerit, accommodatur Domino; quandiu vivet.

II. *Cornu meum.* Altitudo mea, et fortitudo. *Vetera.* Opprobria, et convicia. *Saturati prius pro panibus se locaverunt.* XX.... et colligunt ad alios postulando panem, et quodlibet, necessaria quæque, si antea quasi nullius rei indigere videbantur : hoc de Phenenna dicitur. *Deducit ad inferos.* In pericula, quasi ad mortem. *Cardines.* Fundamenta. *Filii Belial*, filii diaboli. *Fuscinulam.* Tridentem. *Lebetem.* Cacabum. *Non enim accipiam a te carnem coctam, sed crudam.* Carnes crudas in altari semper offerre mos erat; et primum incendebatur adeps, et tunc hi qui portabant coquebant carnes, tam sacerdotibus quam sibi. *Retrahebant homines a sacrificio Domini.* Quia noluerunt venire homines ad sacrificandum Domino; quia illi per mala exempla sua plebem a sacrificio separarunt; vel quia homines in sacrificio blasphemare compellerent. *Quomodo dormiebant cum mulieribus, quæ observabant.* Viduæ erant, quæ ibi vacabant orationibus, et tamen non habuerunt licentiam introeundi in templum, sicut alia plebs. *Si autem in Dominum peccaverit vir, quis orabit pro eo?* Difficultatem in hoc ostendit, ut oretur pro eo, non ut ipse sacerdotali more oret pro cæteris. *Virilem ætatem.* Ad bellum aptam. *Coram christo.* Coram rege. *Tortam panis.* Pro qualicunque petitione intelligendum est, ut per hoc emeret sacerdotium. *Ut comedam buccellam.* In loco tabernaculi, sicut et cæteri sacerdotes.

III. *Sermo Domini.* De prophetia dicit. *Pretiosus.* Rarus. *Non erat visio.* Prophetalis. *Porro Samuel nondum sciebat Dominum.* Non habuit consuetudinem audire verbum Domini. *Secundo.* Bis. *Tinnient ambæ aures ejus.* Præ terrore sonent, quasi aliquid audiatur. *Et non cecidit.* In vanum, quod irrevocabile impletur. *Verbis ejus.* Samuelis. *Et evenit sermo.* Innotuit.

IV. *Aphec.* Civitas Israelis. *Heri et nudius tertius....* *Incurvavit se, et peperit.* Natura feminarum est cum subito terrore cito parere.

V. *Et percutiebat viros.* Percussi sunt passione, quam Græci *syringion* dicunt. *Exales* et anus unum sunt, quos fecerunt in similitudine intestinorum. **421** *Satrapæ.* Philistæa lingua principes dicuntur.

4. In glossis Roberti de Sorbona plura ex nostris de hoc prologo reperiuntur; pro verbis autem *Nonjamin*, etc., sic illæ habent : DIBRE *verba*, JAMIN *dierum, non ut jam indexte* BRESITH. *principium, quod Hebræi voluminibus suis.* Opportunum erit legere cum Roberto *gimel, id est, plenitudo, quia*, etc. Pro *ista lex*, malim *altera lex*, vel *iterata lex*.

5. Forte, *decent cultum*.

6. Vet. Cod., *occultatur auoia*.

7. In vet. Ms., *conjectionem*, et fuit etiam *interpretationem*, quod eadem prima manus in *interpretatorem* mutavit. Scriptum etiam erat *nesciebas* pro *nesciebam;* illico supple *sed invenitur in Septuaginta*. Glossæ hujus prologi extra suum locum interdum sunt collocatæ ; sed facile prologi verba reperiri possunt.

LIBER I REGUM. — CAP. I. Explicatio verbi *Ramatha* ex Eusebio et Hieronymo desumpta est. Vide Bonfrerium, Onomastic. urb. et locor. sacr. Script., verb. *Armatha Sophim.* Secus opinatur Calmetus, in Dict. bibl., verb. *Ramathaim Sophim.* Confer etiam Gasparem Sanctium, ad I Reg. cap. I. In vet. Cod. legitur *Diaspolim* pro *Diospolim*, et infra, *Arabitinia* pro *Acrabitena*, ex Hieronymo, loc. cit., verb. *Selo.* Pro *humida es*, Codex habet *humides*, Robertus de Sorbona *humidas*. Vulgata, vers. 18, sic refert : *Vultusque illius non sunt amplius in diversa mutati.* De ablactationis diverso tempore et genere consule Gasp. Sanctium. Dubium est an *accommodatur*, an *accommodatus* voluerit librarius.

II. In Ms., *formido*, pro *fortitudo*. Post *vetera*, videtur scriptum *enim*. Post *locaverunt*, legitur *collocabilis señ*, quod obscurum est. Pro *carnes crudas in altari*, erat *carnes crudæ in altare*, et mox *detrahebant homines sacrificium Domini*, pro quo verba Vulgatæ rescripsi.

IV. Librarius omisit glossam pro *heri et nudius tertius*.

VI. *Levitæ autem deposuerunt arcam Domini.* Fuerunt enim tunc ibi aliqui Levitæ. *Ab urbe murata usque ad villam.* Unde ab omnibus congregant pecuniam : de quibus vasa faciebant, ut proficeret omnibus, dum una plaga omnibus erat. *Adabelmagnum.* Proprium nomen lapidis. *Percussit autem.* Dominus, quia illicitum erat videre arcam, nisi solis sacerdotibus. *De populo septuaginta viros.* Civitatis Bethsamitis. *Et quinquaginta millia plebis.* Vulgaris extra civitatem. *Cariathiarim.* Cariatham, et Gabaa civitates prope inter se, et ibi fuerunt levitæ.

VII. *Abinadab.* Sacerdos fuit in diebus illis. *Gabaa.* Civitas Samuelis. *Annus vicesimus.* Ab eo tempore enumerat quod ducta est arca in domum Abinadab, usque dum eam David ad se transtulit, et requievit omnis Israel in religione divina, non colentes idola; et omnia mala cessaverunt ab eis. *Hauserunt aquam, et effuderunt coram Domino.* Hoc ad testimonium fecerunt, ut ultra non revocaretur mens eorum a Domino, sicut diffusa aqua non potest colligi, aut revocari. *Subter Bethchar.* Juxta Masphat et Sen, duo loca et civitates. *Nec apposuerunt ultra.* Pro longo tempore dicitur.

VIII. *Focarias.* Quæ cibum ei parent, vel tinctorias. *Reditus vinearum.* Quod de vinea et melle potest colligi. *In auribus Domini.* Orans ante, coram Domino.

IX. *Filii viri Jemini.* Jemini vero familia erat quæ ad tribum Benjamin pertinebat, de qua et Saul ortus est : *Melior illo.* Dignior. *Terra Salisa.* Proprium nomen loci, non quæ falsa sit. *In sitarciis.* In saccis, vel in pera. *Clivum.* Vallem. *In excelso.* Quia solebant semper altaria ponere in loco excelso, non tamen sub ædificio.

X. *Lenticulam olei.* Modicum vas æneum quadrangulum in latere apertum. *Juxta sepulcrum Rachelis in finibus Benjamin.* Quia in tribu Juda prope sunt fines Benjamin. *Ad quercum Thabor.* De nomine hominis alicujus, ut quercus Mambre. *Collem Domini.* Proprium nomen loci propter aliquod adjutorium Domini, vel quia ibi excelsum fuit, et altare, et habitant prophetæ. *Gregem prophetarum.* Non quia semper de futuris prophetarent, sed quia semper parati erant ad prædicendum et laudandum. *Et ante eos psalterium.* Quia eum tenebant in manibus. *Descendes ante me in Galgala.* Subauditur, ac si diceret : Semper cum necessarium tibi sit, aut pericula aliqua imminent, descende illuc, ut habeas certum locum ad exspectandum me. *Immutavit ei Dominus cor aliud.* Confirmavit eum in regnum. *Exspectabis septem diebus.* Noli tædiosus esse in exspectando; ideo in Galgala, quia ibi populus cum Jesu pascha celebravit, et **422** ibi circumcisus est; ideo locus honorabitur. *In proverbium : Num et Saul inter prophetas?* Ideo quia ante non est visus inter eos, nec de genere prophetali fuit. *Et convocavit Samuel populum ad*

A *Dominum.* Quia in præsentia Domini disputavit cum populo.

XI. *Jabes Galaad.* Jabes civitate. Galaad populi. *Sequens boves.* Casu evenit ut boves præcederent eum. *Insiluit spiritus Domini in Saul.* Saul non prophetavit de futuro, sed laudavit Dominum.

XII. *Et Jephte, et Samuel.* De ipso dixit

XIII. *Filius unius anni Saul.* Viginti unum annum habuit, quia in lege præceptum fuit ut viginti annis et supra eligerentur ad bellum, et ideo unius anni dicitur, quia unum annum super viginti habuit. Aliter filius unius anni subauditur filius Cis unum annum regnans nihil magnum egit, sed humilis permansit. In alia translatione filius unius anni, qui in eo anno nati sunt, ut ad ministerium suum nutrirentur. *Duobus annis regnavit.* Tunc, cum ejus filius eligeretur. *Stationem.* Exercitum. *Clamavit post Saul.* Secutus est eum, vel exhortavit se ad pugnam. *Hebræi autem transierunt Jordanem.* Ad orientalem plaB gam fugerunt. *Pergebant contra viam Ephrata.* Ad viam quæ ducit ad terram Saul, in tribu Benjamin, ubi Ephrata est. *Ad iter termini imminentis valli Seboim.* Terminus enim qui dividit Philisthæos et Judæos imminebat valli Seboim. *Faber ferrarius non inveniebatur.* Quia Philisthæi non permittebant. *Descendebat Israel ad Philisthiim.* Quandocunque necessarium fuit ut exacuerent ferramenta sua ad aliqua opera. *Ligonem.* Quo foditur terra. *Ensis.* Arma. *Usque ad stimulum.* A majoribus usque ad minora. *Corrigentem.* Boves, et quælibet jumenta.

XIV. *In extrema parte Gabaa.* In extrema Gabaa. *In Magron.* Proprium nomen loci. *In media parte jugeri.* Tale spatium fuit terræ, quale sufficiebat cadaveribus viginti virorum. *Applica arcam Dei.* Porta huc. *Contrahe manum.* Exspecta adhuc, donec sciamus unde tumultus oriatur, dum ante dixit : Applica arcam. *Clamavit Saul, et populus,* cohortantes se ad pugnam. *Fluens mel.* In herbis, et in foliis arborum, C ut sæpe contingit, dum terra fit; aut favus mellis in multis locis apparuit collectus ab apibus. In alia translatione habet : Ecce examen apum erat. *Et illuminati sunt oculi ejus... Volvite ad me jam nunc saxum grande.* Ut ædificaret altare in oblationem pro peccato, sive ut, juxta ritum, fuissent **423** testes, quia populum carne vesci cum sanguine prohiberent. *Adducat ad me unusquisque bovem,* etc. Facite in præsentia mea, nec peccetis. *Absque retractatione morietur.* Sine mora morietur. *Da sanctitatem.* Da nos scire, ut in vindicta tua moriamur. *Si ceciderit capillus.* Non cecidit capillus. *Reges Soba.* In Syria; Soba enim civitas in Syria.

XV. *Quasi agnos.* Propter obedientiam. *Recensuit, quomodo restitit Amalec Israeli.* Exeuntibus de Ægypto. *Dixitque Saul Cinæo.* Quia de genere uxoris Moysis fuerunt Cinæi. *Pœnitet me, quod constituerim Saul regem.* Pœnitentia Domini dicitur rerum ab eo constitutarum mutatio, quod pro rerum vicissitu-

VI. Pro *pecuniam*, fortasse legendum *pecunias*; et *Abelmagnum*, cum Vulgata, pro *Adabelnagnum*. Reposui *civitatis* pro *civitatinos*, ut est in Ms.

VII. In Ms. legitur *Aminadab*.

VIII. In Ms. *pareant* pro *parent*. Focaria proprie est, quæ circa focum ministrat. Glossæ Roberti de Sorbona hoc loco, *quæ cibum appararent, vel tincturas.* In Cod. erat *Domini* pro *Domino*.

X. Forte, *habitabant prophetæ*. Paulo post reposui *prædicendum* pro *prædicandum*; et *cor aliud*, pro *cor David*, et *visus inter* pro *usus inter*.

XI. In Cod., *Jabes Galaad, civitate in Galiad populi.*

XIII. De difficili hoc loco, *Filius unius anni erat Saul*, etc., consuli potest Gaspar Sanctius, in comment. Contra primam expositionem nostri auctoris facit, quod Saul, cum regnare cœpit, filium jam habebat, quem mille viris præfecit. In tertia expositione fortasse aliquid desideratur. Vulgata exhibet

D *contra viam Ephra*, et postea *stimulum corrigendum*. Biblia Gothica, *contra viam Ephrata*.

XIV. Reposui *unde tumultus* pro *videre tumultus*, quod nullum sensum reddit. In Vulgata est *clamavit* pro *conclamavit*. Nescio quid sibi velit *dum terra fit*. In Ms. legitur *favum*, et *collectum ab apis*, et *examen apium*. Diversa illa translatio : *Ecce examen apum erat*, non indicatur a Sabatiero in Antiq. Lat. Version. Biblior. Desideratur in membranis glossa pro verbis *Et illuminati sunt oculi ejus*. Pro *moriemur*, restitui *moriamur*, nisi malis *et in vindicta tua moriemur*. Glossa pro verbis *Si ceciderit capillus*, obscure legitur.

XV. Corruptum erat in Codice *quia degeneris uxoris mos fuerunt Cinæi*. Post *arcum volutum* duo verba legi satis non possunt; ac fortasse sonant *Siccine*, sic etiam, ex versu 32 hujus cap. : *Siccine separat amara mors?*

dine, vel pro recti dispositione succedit. *In Carmelo.* Carmelus Græce et Latine dicitur, Hebraice Carme. Duo montes sunt qui hoc nomine appellantur, unus, in quo fuit Nabal, maritus Abigailis, ad plagam australem; alter juxta Ptolemaidem mari imminens, in quo Elias propheta flexis genibus pluvias impetravit. *Fornicem triumphalem.* Cameram, vel arcum volutum. *Siccine.* Sic etiam. *Et non vidit Samuel ultra Saul.* Quia Samuel non venit ad Saul, nec visitavit eum antea.

XVI. *Sanctificavit Isai, et filios ejus.* Quia Samuel præcepit ut lavarent se aqua, et abstinerent ab uxoribus. *Exagitabat Saul spiritus nequam a Domino.* In terram. *Spiritus Dei malus.* Quomodo Dei, si malus erat? quia cuncta Domino auctore prolata divinæ sunt subdita ditioni. Ergo ipse diabolus, non qualis nunc est, sed bonus a Domino creatus, et a Domino semper pro omnipotente potestate subjectus, Domini erat. *Scientem psallere cithara.* Quia naturale est mentem ipsam per hanc artem mitigari posse in admiratione.

XVII. *Socoth et Azecha.* Duo loca. *In finibus Dommim.* Nomen civitatis. *Spurius.* Immundus. *Cassis.* Quæ est galea. *Lorica squamata.* Catenata. *In cruribus.* In tibiis ocreas. *Phalangas.* Agmina, exercitus. *Aiebat.* Dicebat. *Ephi polentæ.* Hanc mensuram trium modiorum farinæ delicatissimæ. *Quispiam.* Aliquis. *Nunquid non verbum est?* Nunquid non jussit me pater meus venire? *Limpidissimas.* Sincerissimas. *De torrente.* Torrentes dicimus rivos qui aquis hiemalibus colliguntur, et veris **424** tempore torrescunt. *Fundam.* Fundibulam. *Ecclesia.* Advocatio populi. *De qua stirpe descendit.* Pro invidia, quasi nesciens interrogavit, sive ut vestigaret cogitatum cæterorum de eo. *Si novi.* Non novi.

XVIII. *Usque ad gladium, et arcum, et balteum.* Illa similiter dedit. *In sistris.* Hi genus musicæ artis. *Percussit Saul mille, et David decem millia.* In his numeris sola perfectio fuit requirenda, quod David majorem exerceret victoriam. *Et prophetabat in medio domus suæ.* Insaniens loquebatur. *Secundo.* Prospere. *In duabus rebus gener meus.* Quia majorem promisit, et minorem dedit, sive quia Goliam occidisset, et Philisthinorum tulisset præputia.

XIX. *Nisus casso vulnere.* Declinato vulnere. *Satellites.* Apparitores, lictores. *Pellem pilosam caprarum.* Nigram, quia capilli nigri fuerunt Davidi et pulcherrimi in habitu corporis. *In Nabaiot in Ramatha.* In excelso loco illius civitatis. *Exspoliavit se vestimentis suis.* Hoc ideo fecit, quia in extasi mentis fuit. *Nudus.* Non quia omnino nudus esset.

XX. *Quod erat in Rama.* In excelso loco sita. *Et juravit rursum David.* Jonatha juravit, ut non celaret sibi ea quæ audiret a Saule. *Perendie.* Tertia. *In quo licuit operari.* Et requirere Dominum: hoc scriptor inseruit. *Vindictam.* *Sessio tua.* Tu qui reddere debuisti, requireris. *Ezel.* Proprium nomen lapidis. *Intra te.* In ista parte. *Et surrexit Jonatha.* Idcirco surrexit, ne Abner juxta latus aliud regis in sede David sederet, sed ut appareret vacua sessio David. *Obnixe.* Intente, subjecte. *Filius mulieris.* Subauditur: Non es filius meus, sed adulteræ matris, dum diligis inimicum tuum.

XXI. *Post ephod.* Juxta ephod. *Epilenticos.* Caducos.

XXII. *In angustiis constituit.* Qui exsules fuerunt de aliis gentibus. *Pressi ære alieno.* Tribute, quod alienis debebant. *In præsidio,* in loco munito, quem habuit ibi. *Venit in saltum Haret, in nemore quod est in Rama.* Nemus fuit in excelso loco urbis. *Num hodie cœpi pro eo consulere Deum?* Quia inimicum tuum eum scio.

XXIII. *Et ait David: Domine Deus Israel.* Ut sibi postea responderet per **425** sacerdotem: *In monte opaco, in colle Hachilla.* Fuit ibi collis et locus excelsi in civitate, quæ est civitas ad dexteram deserti, ad meridiem tribus Juda. *Ziph et Maon.* Loca deserta fuerunt.

XXIV. *Engaddi.* Locus deserti est prope ripam maris Mortui.

XXV. *Mortuus est Samuel.* Hoc addidit David. *Sata polentæ.* Sata, genus [mensuræ]; polenta, farina. *Uvæ passæ... Caricarum.* Fructum ficuum. *In fasciculo viventium.* In congregatione viventium.

XXVI. *Odoretur sacrificium.* Sit gratum, quasi sacrificium.

XXVII. *Hi pagi habitabantur in terra antiquitus.* Esdras hoc dixit, ac si diceret, non nunc, sed aliquando in diebus. *Euntibus Sur usque ad terram Ægypti.* Pergentes per pagos illos iter agebant. *Jeramel et Ceni.* In tribu Juda; ideo sine mendacio dixit *contra Meridiem eorum,* ita ut non putaret rex quod genti suæ propriæ noceret.

XXVIII. *Samuel autem mortuus.* Hic recapitulatio est. *Magos et ariolos... Habentem pythonem.* Divinationem: python dicebatur ille serpens quem Juno immisit ad persequendam Latonam, quando prægnans fuit, et in Delo insula Apollinem et Dianam genuit, et postea Latona præcepit Apollini ut [se] vindicaret in pythone, qui persequebatur, et ita evenit ut ipse interfecerit pythonem in jugis Perine; et excoriavit eum, et ædificavit templum in Delo insula, ubi ipse nutritus est; unde et Apollo Delius dictus, et corium serpentis posuit in templo, quæ dicebatur cortina. Unde et cortinæ tabernaculorum dictæ sunt, et ibi semper responsa tam ipse quam sacerdotes sui audire [*Forte,* edere] consuerunt; et divinabant in corio pythonis. Unde et pythones dicti sunt qui divinant.

XXIX. *Et est apud me multis diebus, vel annis.* Pro multo tempore hoc dixit. *In millibus suis.* In exercitibus suis. *In decem millibus suis.* Quasi majorem exercitum haberet.

XVI. *In malus erat.* Obscurum est verbum *erat.* Corruptum etiam est in Ms. *pro omnipotentis pietatis;* et mox *naturale est mentis ipsa mentium mitigare posse,* etc. Conjiciebam *est mentes ipsas musicam mitigare posse,* vel *mutare posse in admirationem.*

XVII. In Vulgata *Socho et Azeca.* Depravatum erat *Superius immunditis,* pro quo scripsi *Spurius, immundus,* ut mox *squamata* pro *amata,* vel *hamata; aiebat, dicebat,* pro *agebant, dicebant;* et *farinæ* pro *farina.* Vulgata exhibet *limpidissimos lapides.* Ex conjectura restitui *et veris tempore torrescunt,* pro *et cervis temporescunt.* Vide Etymol., l. XIII, c. 21, n. 2. Obscurum est *cogitatum cæterorum.*

XVIII. Interpretes *secundo* accipiunt pro *bis iterum;* et rem alii alio modo explicant.

XIX. Biblia Gothica *Rama* pro *Ramatha,* uti etiam c. seq. In glossa pro *pellem pilosam,* etc., quædam verba corrupta sunt, et *nigrum* pro *nigram, Judæi* pro *Davidi,* ut conjicio. Vulgata legit *in Naioth in Ramatha.* Post *lictores* in Ms. est quoddam verbum obscurum, et illico *et ligatores pertinent.*

XX. Vulgata, *quæ est in Ramatha.* Implexæ et obscuræ sunt glossæ *perendie,* etc. In Vulgata scribitur *Ezel* pro *Zohel.*

XXI. Desideratur in Vulgata vox *epilenticos,* quæ reperitur etiam in glossis Roberti de Sorbona. Fortasse pertinet ad vers. 5: *An desunt nobis furiosi?* Legendum vero *epilepticos;* nam epilepsiam fingebat David.

XXII. Vulgata, *in angustia.* Post glossam *Num hodie cœpi,* etc., quatuor, vel quinque lineæ ita fere evanuerunt, ut contextus legi nequeat.

XXV. Supplevi *mensuræ* post genus. Præterita est glossa pro *uvæ passæ.*

XXVII. Fortasse addendum *in diebus antiquis.* In Ms. erat *que gentis* pro *quod genti.*

XXVIII. Forte *hæc recapitulatio est.* Deest glossa pro *magos et ariolos.*

XXX. *Careth, Caleb.* Urbes in finibus Judæorum.

A

LIBER II REGUM.

CAP. I. *Stansque super illum, occidi eum.* Hoc mentitus est, sed ob adulationem regi indicavit. *In libro justorum.* Quia multos habuerunt libros, quos Esdras non restauravit. *In compitis.* Vicis. *A sanguine interfectum.* Propter sanguinem.

II. *Et venerunt usque ad collem aquæductus.* Quia aquæductus in ipso colle fuit. *Ex adverso vallis.* E regione vallis. *Itineris deserti in Gabaon.* Quia iter per desertum ducit ad civitatem. *Et venerunt usque ad castra.* Castra dicit locum ubi Jacob vidit angelum.

III. *Canis caput.* Dum me omnes odio habebant causa tui. *Sira.* Nomen cisternæ est. *Tenens fusum.* Sic molles et mulier. (*Desiderantur reliqua.*)

LIBER II REGUM. — CAP. I. Obscurum est *ob adulationem.*

II. In Ms. erat *venerunt usque ad collem, quia aquæductus in ipso colle aquæductus monitu fuit lustrata.*

III. Obscura est conjunctio *et* ante *mulier.* Forte *sic mollis ut mulier.*

426 APPENDIX XXIII.

DIFFERENTIARUM, SIVE DE PROPRIETATE SERMONUM, LIBER.

Ex Parisiensi Editione.

1. Inter *polliceri* et *promittere* hoc interest, quod promittimus, rogati pollicemur ultro.

2. Inter *nullum* et *neminem* hoc interest, quod nullus potest ad aliquid referri, nemo ad hominem; et est nemo, quasi nec homo.

3. Inter *intus* et *intro* hoc interest, quod intro eo, intus sum; foris sum, foras eo.

4. Inter *lustra,* producte, et *lustra,* correpte, hoc interest, quod lustra sunt certa tempora; lustra latibula ferarum, vel turpium hominum receptacula.

5. Inter *servitium* et *servitutem* hoc interest, quod servitus necessitas serviendi, servitium dicimus munus servitorum.

6. Inter *terminum* et *finem* hoc interest, quod terminus non sine manu ponitur; finis vel sermonis, vel voluntatis, vel cujusque rei intelligi potest.

7. Inter *asperum,* et *ferocem* hoc interest, quod asper ad tempus, ferox a nativitate.

8. Inter *flumen* et *fluvium, amnem* et *torrentem,* hoc interest, quod flumen a fluere dicitur; fluvius a temporali aqua est; amnis ab amœnitate cognominatur, quasi amœnus; torrens, qui hieme intumescit, et imbribus nivibusque completur.

9. Inter *innocentem* et *innoxium* hoc interest, quod innocens sanctitate morum intelligitur, innocuus qui non habet nocendi voluntatem.

427 10. Inter *generosum* et *nobilem* hoc interest, quod generosus, nascitur, nobilis opibus fit.

11. Inter *regium* et *regem* hoc interest, quod regius puer regalis est, rex qui regit regnum.

12. Inter *dementem* et *amentem* hoc interest, quod amens in totum caret mente, demens partem retinet; dictus quasi diminuta parte mentis.

13. Inter *pecudes* et *pecora* hoc interest, quod pecudes tantum oves accipimus, pecora autem mistura omnium animalium est.

14. Inter *monstrare* et *demonstrare* hoc interest, quod monstramus semel, demonstramus sæpius.

15. Inter *divitem* et *honestum, pecuniosum, beatum, locupletem* et *opulentum,* hoc interest, quod dives auro argentoque; honestus moribus dicitur;

B

pecuniosus a pecoribus dicitur; beatus ab animo; locuples ab eo quod loculis plenus; opulentus, omnibus his plenus, tanquam opibus eminens.

16. Inter *palam* et *coram* hoc interest, quod palam hominum præsentiam notat; coram, personam accipere desiderat.

17. Inter *album* et *candidum* hoc interest, quod album naturale est, candidum cura facit.

18. Inter *sensum* et *intellectum* hoc interest, quod sensus naturale est, intellectus a re obscura.

19. Inter *exanimum* et *inanimum* hoc interest, quod exanimus vita privatus est, inanimus, nunquam habet animam.

20. Inter *imbrem, nimbum* et *pluviam,* hoc interest, quod imber a Græca significatione descendit, quasi umbrosum, qui summa vi cadit, et cito descendit; pluvia est quam impulsu ventorum nubes exprimunt, unde et plorare est dictum, cum coactæ dolore lacrymæ exprimuntur; nimbus etiam erumpit, ut aliquam partem minorem occupet cœli, majorem serenam relinquat.

C

21. Inter *sanguinem, cruorem* et *saniem,* hoc interest, quod sanguis dicitur, cum intra corpus est, dictus quod nos sanciat, id est, contineat; cruor confusus ideo dictus, quod corruere cogat; sanies, corpus putre.

22. Inter *terga* et *tergora* hoc interest, quod terga hominum sunt, tergora animalium. Numero singulari hominis tergum dicimus, animalis tergus.

23. Inter *mi* et *mihi* hoc interest, quod mi pronomen est simplex, mihi compositum; vel mi vox affectus, et casum vocativum semper desiderat.

24. Inter *tum* et *tunc* hoc interest, quod tum ordinis habet significationem, tunc temporis.

25. Inter *iram* et *iracundiam* hoc interest, quod ira ad tempus, iracundia continetur in corde.

26. Inter *noctu* et *nocte* hoc interest, quod noctu sic dicitur quomodo interdiu, et significat aliquam partem noctis; nocte autem totam noctem intelligimus.

D

428 27. Inter *fari, loqui, sermocinari* et *narrare,* hoc

1. In Editione Breuliana hic dicitur liber I Differentiarum, et pro libro II sunt Differentiæ rerum, sive spirituales. Liber alphabeticus a nobis, tom. V, editus, Breulio sero cognitus, ad finem operum rejectus fuit. Grialius nullas notas huic libro adjecit, fortasse quod pleraque jam in superiori exemplo ordine alphabetico exposita fuerant. Post Auctores linguæ Latinæ Gothofredi hic liber editus fuit hoc titulo: *Excerpta Differentiarum ab amplissimo viro Jacobo Bongarsio legato regio communicata. Incipit de proprietate sermonum, vel rerum.* In Codice Vatic. 624 sunt etiam hujusmodi differentiæ alio ordine, et initium sumitur a num. 52. *Inter metum,* etc.

4. Vat. 624. *Lustra producte sunt... lustra correcte latibula ferarum.* Scilicet quia Festus docet primam syllabam produci in *lustrum,* quasi per *louestrum* scribatur, cum significat populi lustrationem, et tempus quinquennale.

5. Vat. 624, *servitium numerus servorum est.*

6. Vat. 624, *vel voluptatis.*

7. Vat. 624, *refertur, ferox ad naturam.*

8. Vat. 1491, post *nivibusque completis,* addit *æstate torret, id est, siccatur.* Vat. 624 sic reformat: *Inter* FLUVIUM, RIVUM, AMNEM *et* TORRENTEM, *hoc interest, quod* FLUVIUS *a fluore dicitur,* RIVUS *temporalis aqua est,* AMNIS *ab ambitu cognominatur, qui hieme pluvia nubibusque completur, æstate siccatur.*

Vat. 624, *et innocuum..... innocuus, qui non habet vim nocendi.*

interest, quod famur cum aliquid dicimus facunde ; A loquimur natura ; sermocinamur quando contra aliquem sermone contendimus ; narramus docte.

28. Inter *tenere*, *sumere* et *accipere* hoc interest, quod tenemus quæ sunt in nostra potestate ; sumimus posita ; accipimus data.

29. Inter *aspicere*, *suspicere*, *inspicere*, *prospicere*, *despicere*, *intueri*, *videre*, *spectare* et *visere* hoc interest, quod nos aspicimus casu ; suspicimus in superiorem partem, vel veneramur ; inspicimus, judicaturi ; prospicimus quæ longe sunt ; despicimus inferiorem partem, vel languidam ; intuemur cum causa ; videmus natura ; visimus experta.

30. Inter *furorem* et *insaniam* hoc interest, quod furor vitium temporis est; insania perpetua.

31. Inter *alium* et *alterum* hoc interest, quod alius a multis, alter a duobus.

32. Inter *scelus* et *facinus* hoc interest, quod scelus crimen est, facinus etiam in laude recte dicitur ; Sallustius dicit *bonum facinus*.

33. Inter *dona* et *munera* hoc interest, quod dona Deo dantur, munera hominibus tribuuntur. Et munera quibus homines, id est milites officio funguntur, quæ quidem munia vocantur.

34. Inter *vestem* et *vestimentum* hoc interest, quod vestes feminarum dicuntur, vestimenta, virorum.

35. Inter *humidum* et *uvidum* hoc interest, quod humidum omnino permaduit, uvidum, quod ad medium usque pervenit.

36. Inter *vetus* et *vetustum* hoc interest, quod vetus novo comparatur, e contrario vetustum ad antiquitatem refertur.

37. Inter *terrere* et *deterrere* hoc interest, quod qui terret timere cogit, qui deterret prohibet perseverare.

38. Inter *solum*, *unum*, *solitarium*, et *unicum* hoc interest, quod solus, qui a cæteris relictus ; unus initium multorum agit; solitarius qui semper sine cæteris vivit ; unicus habetur solus propter inopiam aliorum.

39. Inter *aphæresin*, *syncopen* et *apocopen* hoc interest, quod sola aphæresis ex prima parte vocis fit, litteras et syllabas detrahens, ut

Si genus humanum, et mortalia TEMNITIS arma,

pro contemnitis. Syncope mediam perdit ut *Apparent rari nantes*, pro *natantes*. Apocope ex ultima fit, ut *domus luxu instruitur*, id est, *luxuria*.

40. Inter *solœcismum* et *barbarismum* hoc interest, quod solœcismus in sensu fit, barbarismus in voce.

41. Inter *relictum* et *desertum* hoc interest, quod relinquimus voluntate, deserimus inviti.

42. Inter *misereri* et *miserari* hoc interest, quod miseremur cum eodem tempore, et de alicujus casu dolet nobis, et subvenimus laboranti; miserari est consolari tantum, et intra affectum doloris esse.

429 **43.** Inter *orare* et *precari* hoc interest, quod orare dicitur quoniam oris ratio dicitur, et qui orat etiam precatur, qui rogat deprecatur ; non utique qui precatur orat, quia etiam imperiti ad preces descendunt.

44. Inter *nescire* et *ignorare* hoc interest, quod qui nescit omnium notitia caret, qui ignorat aliquid nescit

45. Inter *legatum* et *oratorem* hoc interest, quod legatus electus est ad officium a civitate, et est sacrosanctus ; orator, ad orandum missus, ut oris oratione exponat quod petit.

46. Inter *tardum*, *pigrum*, *inertem* et *segnem* hoc interest, quod tardus dicitur qui trahit tempus ; iners, sine arte, nullius officii capax ; piger, per omnia ægro similis ; segnis, emotus est a calore.

47. Inter *natum* et *gnatum* hoc interest, quod natus particulariter a verbo nasci, gnatus dicitur filius a generatione.

48. Inter *infamem* et *famosum* hoc interest, quod B famosus tam in bona cogitatione quam in mala, infamis tantum in mala.

49. Inter *juventutem* et *juventam* hoc interest : juventus dicitur multitudo juvenum, juventa, unius ætas, vel etiam dea juventutis.

50. Inter *decus* et *decorem* hoc interest, quod decus ad virtutem refertur, decor ad corpus.

51. Inter *supra* et *super* hoc interest, quod super est quod eminet, supra quod aliquid substratum habet.

52. Inter *metum*, *timorem* et *pavorem* hoc interest, quod metus futura prospicit, timor subita mentis consternatio est, pavor autem motus. Inde etiam pavida jumenta dicimus.

53. Inter *omnes*, *cunctos* et *universos* hoc interest, quod omnes quorum mentio est, cuncti qui ubique sunt, universi qui in uno loco versi.

54. Inter *undam* et *aquam* hoc interest, quod unda copiosa aqua est, aqua est naturalis.

C 430 **55.** Inter *tacere* et *silere* hoc interest, quod qui desinit loqui silet, et qui non cœpit tacet.

56. Inter *auxilium*, *præsidium* et *subsidium* hoc interest, quod auxilium laborantibus mittitur, præsidium præparatur, subsidium servatur, ut cum exegerit necessitas detur.

57. Inter *insequi* et *consequi* hoc interest, quod amicum consequimur præcedentem, insequimur inimicum.

58. Inter *principium* et *initium* hoc interest, quod principium totius corporis est, initium quasi primum.

59. Inter *simulare* et *dissimulare* hoc interest, quod simulamus quod nescimus et negamus nescire, dissimulamus quæ scimus.

60. Inter *simul* et *simitum* hoc interest, quod simul, ut una res pariter clareat, ut : *Simul legimus*, *simul scribimus*. Simitum lucri recipit significationem, quasi simulitum.

---

33. Vat. 624 : *Inter* DONA *et* MUNERA *hoc interest* : DONA *dicuntur* (sic) *funguntur* ; MUNERA *autem dicuntur obsequia quæ pauperes divitibus in loco muneris solvunt. Aliter* DONA *dantur Deo*, MUNERA *hominibus tribuuntur*.

43. Post hanc differentiam in Vat. 624 sequitur : *Inter* PUTEUM *et* LACUNAM, *id est*, CISTERNAM, *hoc interest, quod* PUTEUS *per puteas* (Forte, *puras putas*) *aquas habet, et de vivo fonte manantes* ; CISTERNA, *quæ refrigerat, aquas suas externas et adventicias possidet. — Aliud est* LOQUI IN PERSONA, *aliud* AD PERSONAM : *in persona non ipsi loquitur personæ, sed pro persona loquitur ad alios* ; *ad personam vero loquens, ad ipsam significatur conferre sermonem. — Inter* FORNICARIAM, *et* ADULTERAM *hoc interest, quod* FORNICARIA *est quæ cum pluribus copulatur*, ADULTERA, *quæ unum virum deserens, alteri jungitur. — Inter* VIDERE *et* CREDERE *hoc interest, quod* VIDEMUS *quidem præsentia*, CREDIMUS *vero futura. — Inter* MORTEM *et* INFERNUM *hoc interest* : D MORS *utique est qua anima separatur a corpore*, INFERNUS *locus in quo animæ recluduntur sive in refrigeria, sive in pœnarum tormenta pro qualitate meritorum. Comparatur autem mors mulieri fornicariæ, quia sicut mors dividit animam a corpore, ita mulier meretrix dividit inter fratres. — Inter* ÆGRITUDINEM *et* ÆGROTATIONEM *hoc interest, quod* ÆGRITUDO *animi dicitur*, ÆGROTATIO *autem corporis*.

52. Cod. Vat. 624, *pavor animi motus, unde etiam*.

53. Cod. Vat. 624, *quorum mentio una est*.

56. Vat. 624, *necessitas detur, dictum, quia substet in tempus*.

58. Hæc differentia rursus occurrit num. 251, ubi fusius exponitur.

60. Legendum *simitu*, non *simitum*; nam *simitu* vox antiqua, et fere comica sæpe occurrit apud Plautum pro *una*, *simul*, *uno tempore*. Vide Nonium, cap. 2, n. 814.

61. Inter *scelestum*, *sceleratum* et *scelerosum* hoc A interest, quod sceleratus, suo scelere, vel alieno contaminatus; scelestus, scelerum cogitator; scelerosus, quasi insidiosus, periculosus, * vel totus dies vel animus propter arduitatem.

62. Inter *reliquos* et *cæteros* hoc interest, quod reliquos dicimus relictos ex omnibus; cæteros quos nescimus.

63. Inter *redibidum* per *b* litteram, et *redivivum* per *v* litteram hoc interest, quod redibidum est quod nascitur, redivivum quod reviviscit.

64. Inter *patrium* et *paternum* hoc interest, quod patrium a patria venit, paternum a patre.

65. Inter *pometa* et *pomaria* hoc interest, quod pomaria vaga dicimus, sicut olearia et ficaria; pometa, quasi maleta, ficeta et oleta.

66. Inter *ægrum* et *ægrotum* hoc interest, quod æger animo, ægrotus corpore.

67. Inter *prior venit* et *ante venit* hoc interest, quod prior ad dignitatem, ante ad tempus refertur. B

68. Inter *inficere* et *officere* hoc interest, quod officit qui nocet, inficit qui lanam aut alia inficit.

69. Inter *contingere*, *accidere* et *evenire* hoc interest, quod contingunt bona, accidunt mala, eveniunt utraque.

70. Inter *grates* et *gratias* hoc interest, quod grates referimus, gratias agimus.

71. Inter *oleas* et *olivas* hoc interest: olivas ipsum fructum dicimus, unde fit oleum. Oleas arbores dicimus, unde fiunt oliveta.

431 72. Inter *nixus* et *nisus* hoc interest, quod nixus ad corpus refertur, nisus ad animum, id est, conatus.

73. Inter *nefandum* et *nefarium* hoc interest, quod nefarius a præteritis intelligitur, nefandus in opere.

74. Inter *nutrit* et *nutricat* hoc interest, quod mulier nutrit, nutricat nutritius.

75. Inter *maritimum* et *marinum* hoc interest, C quod maritimum proximum mari, marinum ex ipso mari.

76. Inter *laniat*, *lacerat* et *lancinat* hoc interest, quod laniat qui membratim distendit, lacerat qui partibus suis membra destituit, lancinat qui inutiliter membra discerpit.

77. Inter *patulum* et *patens* hoc interest, quod patulum claudi vel tegi non potest; patens, quod cum reseratum fuerit, iterum claudi potest.

78. Inter *guttam* et *stillam* hoc interest, quod stilla cadit, *gutta* stat.

79. Inter *delictum* et *peccatum* hoc interest, quod delinquimus cum jussa salubria non adimplemus, peccamus cum ea quæ jubentur non agi præsumimus agere.

80. Inter *incolam*, *accolam* et *advenam* hoc interest, quod incola est qui propriam terram in qua natus est excolit; accola qui terram nativitatis suæ, sed alienam colit; advena qui de sua terra in alienam venit. D

81. Inter *hesternum* et *externum* hoc interest, quod hesternum ab hesterna die dicitur, externum vero extraneum. Nam multi imperitorum externa dies dicunt quod non admittitur.

82. Inter *baltea* et *balteos* hoc interest, quod baltea ipsa lora significamus, cæteros balteos dicimus.

83. Inter *bibere* et *ebibere* hoc interest, quod bibit, qui aliquid relinquit in poculo, ebibit qui totum exhaurit.

84. Inter *geminatum*, *junctum* et *duplicatum* quid intersit quamvis acute intelligentibus breviter exposuerimus, tamen sub exemplis latius doceamus. Geminatum est quod ex duabus rebus similibus constat, ut Cicero: *Gemina audacia*. Junctum est quod ex duabus rebus paribus constat, ut Virgilius: *Jungentur jam gryphes equis*. Duplicatum est cum una res bis ponitur: *Ingens ad terram duplicato poplite*.

85. Inter *decline* et *declive* hoc interest, quod declinus sol, declivus locus. Sic intelligendum est *accline*, *acclive*, ut acclinus homo, acclivus locus; ex hoc acclivum dicitur.

432 86. Inter *commentarios* et *commentaria* hoc interest, quod commentarii libri, commentaria volumina dicunt.

87. Inter *primum* et *priorem* hoc interest, quod primus e multis, prior ex duobus. Sic inter postremum et posteriorem observabis.

88. Inter *disertum* et *desertum* hoc interest, quod disertus orator dicitur, desertus derelictus.

89. Inter *dilatorem* et *delatorem* hoc interest, quod delator est qui defert ad accusandum, dilator qui differt ad proferendum.

90. Inter *adversum* et *adversus* hoc interest, quod adversum te adversarius, adversus te mutator.

91. Inter *pauperiem* et *paupertatem* hoc interest, quod pauperies damnum est, paupertas qui nihil habet.

92. Inter *exprobrare* et *obprobrare* hoc interest, quod exprobrat qui proprium objectat vitium, obprobrat qui maledictum infert.

93. Inter *accersire* et *arcessire* hoc interest, quod accersit qui evocat, arcessit qui accusat.

94. Inter *acervum* et *acerbum* hoc interest, quod acervus moles est, acerbus immaturus et asper.

95. Inter *labrum* et *labium* hoc interest quod labrum superius, labium inferius dicitur.

96. Inter *toga*, *tuga*, *tuba* et *tufa* hoc interest, quod toga vestimentum est, tuga *qua aqua deducitur*; tuba qua clangitur; tufa lapis qui ex aqua coagulata efficitur, quod tufum dicimus.

97. Inter *comosum* et *comatum* hoc interest, quod comosus a comæ usu dicitur; comatus natura, ut comata Gallia.

98. Inter *certo* et *certius* hoc interest, quod certo est a certus, et certius a certe.

99. Inter *cæcitudinem* et *cæcitatem* hoc interest, quod cæcitas ipsa tanquam viæ ceritas, et calamitas dicitur; cæcitudo autem affectio, ut lippitudo dicitur.

100. Inter *castimoniam* et *castitatem* hoc interest, quod castimonia quasi cæremonia dicitur, castitas autem tantum corporis.

101. Inter *copias* et *copiam* hoc interest, quod copias, exercitus significatione dicimus, copiam autem rerum.

102. Inter *circum*, *circa* et *circiter* hoc interest, quod circum ad tempus, circa ad locum, circiter ad numerum refertur.

103. Inter *fidum* et *fidelem* hoc interest: famulus dicitur fidus, amicus fidelis.

104. Inter *illius similis* et *illi similis* hoc interest, quod illius similis moribus, illi similis vultu.

433 105. Inter *flemma* et *plemma* hoc interest, quod flemma sit cum crura abundent sanguine, plemma

63. *Redibidum* non facile apud alios reperietur. Discrimen inter *recidivum* et *redivivum* a grammaticis vulgo explicatur.

65. Confer infra, num. 158.

72. Aliter num. 152.

76. In Vat. 624 sequitur: *Inter merum et meratum hoc interest, quod merum.*

78. Alio modo hæc differentia exhibetur num. 238.

85. In comment. ad Prudentium hymn. 6 Cathem., vers. 150, de nomine *reclinis* et *reclivis* disserui, ubi verba hæc Isidori ita reformari posse innui, *quod declinis sol, declivis locus... ut acclinis homo, acclinis locus. Et hoc acclivum dicitur.*

87. Vat. 624, *quod prior alterum præcedit, primus omnes.*

96. Vox *tuga* ne apud Ducangium quidem occurrit. *Tofus* Latine dici solet, pro quo medio ævo *tufus* scribebatur. *Tufa*, aut *tupha*, pro genere quodam vexilli a nonnullis accipitur.

105. Pro *flemma* legendum videtur *phlegma*, au

cum in manibus vel pedibus callosis sulci nascuntur.

106. Inter *mammas* et *ubera* hoc interest, quod mammæ hominum, ubera pecorum accipiuntur.

107. Inter *avena* sine aspiratione, et *habena* per aspirationem hoc interest, quod avena germen est sterile, habenæ, retinacula jumentorum.

108. Inter *donum* et *munus* hoc interest, quod donum dantis, munus accipientis. Illud a dando, istud a muniendo.

109. Inter *arguere* et *coarguere* hoc interest, quod coarguere, coercere, vel compescere est; arguere, ostendere, vel patefacere, ut Virgil.: *Degeneres animos timor arguit.* Unde et argumenta dicuntur quæ causam ostendunt.

110. Inter *afficere* et *adficere* hoc interest, quod afficimur honore, adficimur morte vel injuria.

111. Inter *advocatum*, *invocatum* et *evocatum* hoc interest, quod advocatur daturus patrocinium, invocatur præstaturus auxilium, evocatur præbiturus obsequium.

112. Inter *illuviem* et *ingluviem* hoc interest, quod illuvies sordium, ingluvies ventris. Illud a non lavando, hoc ab ingluttiendo dictum.

113. Inter *commonere*, *admonere*, et *monere* hoc interest, quod commonemus præterita, admonemus præsentia, monemus futura.

114. Inter *temeritatem* et *audaciam* hoc interest, quod temeritas sine consilio dicitur, audacia post consilium.

115. Inter *velocitatem* et *celeritatem* hoc interest, quod velocitas pedum et corporum dicitur, celeritas, animorum atque factorum.

116. Inter *vivum* et *viventem* hoc interest, quod vivus de vivente, vivens de morituro.

117. Inter *nasci* et *enasci* hoc interest, quod nascitur quod de utero decidit, enascitur quod de terra aut aqua exsurgit.

118. Inter *abducere*, *perducere* et *deducere* hoc interest, quod abducimur a re inhonesta, perducimur ad studia, deducimur ad honorem.

119. Inter *eluxit* et *illuxit* hoc interest, quod eluxit qui lutum disposuit, illuxit qui cum lumine apparuit.

120. Inter *nuntiare*, *denuntiare* et *renuntiare*, ac *annuntiare* hoc **434** interest, quod nuntiatur de longinquo, denuntiatur in præsenti, annuntiatur de futuro, renuntiatur de excusando et repudiando.

121. Inter *conscribere*, *exscribere*, *transcribere*, *inscribere*, *ascribere*, *describere* hoc interest, quod conscribere una simul scribere est; exscribere, scripturas transferre; transcribere, cum jus nostrum ad alium transit; inscribere, accusationis; ascribere, assignationis; describere, dictionis, vel ordinis. Scribere vero verbum imperfectum est.

122. Inter *exstruere*, *instruere*, *astruere*, *construere*, *struere* hoc interest, quod exstruere est in altum proficere; instruere, aciem vel actionem; astruere, affirmare; construere struendo conjungere; struere reliqua super posita subterstruere.

A 123. Inter *consuescere*, *insuescere* et *assuescere* hoc interest, quod suesdimus bona, insuescimus mala, assuescimus utraque.

124. Inter *fungi* et *defungi* hoc interest, quod fungi agere est, defungi peragere est. Unde et mortui defuncti vocantur, eo quod peregerunt vitæ istius cursum.

125. Inter *adolescere*, *inolescere* et *exsolescere* hoc interest, quod adolescere augmentum est; inolescere, coaugmenti; exsolescere, evanescendi.

126. Inter *deportare*, *apportare*, *comportare* et *exportare* hoc interest, quod deportare et apportare aliquid afferre est; comportare, in unum locum conferre; exportare, tollere.

127. Inter *temperantiam*, *temperationem* et *temperiem* hoc interest, quod temperantia animorum est; temperatio rerum; temperies aurarum.

128. Inter *recipere* et *suscipere* hoc interest, quod recipimus rogati, suscipimus sponte.

129. Inter *arundinem* et *hirundinem* hoc interest,
B qnod arundo canna est, hirundo, avis quæ tignis adhærere solet.

130. Inter *spirare* et *exspirare* hoc interest, quod spirare vivere est; exspirare, mori.

131. Inter *pertinaciam* et *constantiam* hoc interest, quod pertinacia malæ rei dicitur, constantia, bonæ.

132. Inter *consequi* et *assequi* hoc interest, quod sequimur pedibus, assequimur studio.

133. Inter *lætari* et *gratulari* hoc interest, quod lætamur de nostris, gratulamur de amicorum bonis.

134. Inter *herbosum* et *herbidum* hoc interest, quod herbidum locum in quo herba est, etiamsi aridus esse consuevit; herbosum, qui herbam facile generet, etiamsi ad tempus aridus sit. Et aquatam potionem dicimus recte, quæ aquam aliunde recipiat. Aquosum enim locum, qui **435** aquam ex se effundat, sic et meracam potionem et merosum vinum appellamus.

135. Inter *subter* et *subtus* hoc interest, quod sub-
C ter re aliqua superiore premitur et conculcatur; subtus est quod demissum altius non contingitur.

136. Inter *sinum* et *gremium* hoc interest, quod sinum dicimus sinuatæ vestis receptaculum; gremium vero, accinctæ vestis secretum.

137. Inter *largitatem* et *largitionem* hoc interest, quod largitas humanitatis est, largitio, ambitionis.

138. Inter *muliebre* et *mulierarium* hoc interest, quod muliebre dicitur a mulieribus factum; mulierarium, a mulieribus ordinatum, et per viros gestum.

139. Inter *diligere* et *deligere* hoc interest, quod diligi affectionis est, deligi judicii; unde et exercitus deligi jubetur.

140. Inter *commodare* et *mutuo dare* hoc interest, quod commodamus amico pro tempore equum, vestem, servum et similia; mutuo autem damus pecuniam, triticum, vinum, vel cætera.

flegma; et pro *plemma* reponendum *plemina*; de qua voce vide Festum. Nihilominus Caper, de orthograph., pag. 2243, apud Putsch., ita habet: *Flemina sunt ubi abundant crura sanguine; plemina, cum in manibus vel in pedibus callosi sulci sunt.* In Ms. Vat. 624: *Inter flemina et plemina hoc interest, quod flemina... plemina.*

119. *Eluxit* videtur hic deductum ab *eluo*, ac legendum *eluxit qui lutum deposuit.* Nam *eluxit* ab *eluceo* nihil commune habet cum *luto.* Cæterum *eluo* in præterito facit *elui*, non *eluxi.* Apud Agrætium, unde pleræque hæ differentiæ depromptæ sunt, sic legimus: *Eluxit qui luctum deponit, illuxit cum lumen apparuit.* Corrigendum ergo apud Isidorum *qui luctum deposuit.*

121. Hæc etiam nonnihil variat Agrætius.

134. Goldastus, in not. ad sanctum Valerianum, De bon. Discipl., pag. 54, sic hunc locum emendare

D studet: *Quod herbidum locum dicimus in quo.... esse consuerit... facile generat... Sic et aquaticam potionem..... aliunde recipit..... Sic et mericam potionem*, etc.

138. Hæc et plura alia, quæ sequuntur, Agrætii sunt.

140. Post hanc differentiarum in Vat. 624 additur: *Inter* COMPTUM *et* COMPOSITUM *hoc interest, quod* COMPTUS *cura dicitur,* COMPOSITUS *natura.* — *Inter* CONSEQUIMUR *et* ASSEQUIMUR *hoc interest, quod* CONSEQUIMUR *pedibus,* ASSEQUIMUR *studio.* — *Inter* CONSTRUERE *et* EXSTRUERE *hoc interest:* CONSTRUERE *ædificare dicitur,* EXSTRUERE *vero externere* [forte, *sternere*]. — *Inter* CONSUERE, SUERE *et* ASSUERE *hoc interest, quod* CONSUERE *est vestium, sive codicum,* ASSUERE *corium,* SUERE *denique dicimus, quando rupta atque aperta quæque texuntur.*

141. Inter *ligare* et *legare* hoc interest, quod ligat quis vinculo, legat testamento.

142. Inter *loqui, obloqui, alloqui* et *eloqui* hoc interest, quod loqui hominis est, obloqui, obtrectatoris, qui objicit, aut opponit; alloqui, hortantis aut judicantis; eloqui, honoris est.

143. Inter *percussum* et *perculsum* hoc interest, quod percussum corpore dicimus, perculsum animo.

144. Inter *fremorem* et *fremitum* hoc interest, quod fremor murmur hominum est, fremitus bestiarum.

145. Inter *flavum, furvum*, et *fulvum* hoc interest, quod flavum rubrum dicimus, ut flavi cæsaries; furvum, nigrum; fulvum nigro rubeum, ut fulvum leonem.

146. Inter *postulare* et *poscere* hoc interest, quod postulatur incaute, poscitur improbe.

147. Inter *frixum* et *frictum* hoc interest, quod frixum a frigore, frictum a frigendo dictum.

148. Inter *diutinum* et *diuturnum* hoc interest, quod diutinum est quod diu fuit, diuturnum quod diu duravit.

149. Inter *delitum* et *inlitum* hoc interest, quod delitum, quia subitum, inlitum vero lituratum.

436 150. Inter *damnum dispendium*, et *detrimentum* hoc interest, quod damnum, unde diminutum sit; dispendium, ubi pondus absit; detrimentum, quod a terendo nominatur.

151. Inter *dominium* et *dominatum* hoc interest, quod dominium intelligitur quod privati juris est, dominatum autem, imperii.

152. Inter *nixus* et *nisus* hoc interest, quod nixus, in genua; nisus a nitendo, id est, conando.

153. Inter *nubere, enubere* et *denubere* hoc interest, quod nubit civis civi, enubit extraneo; denubit quæ in manum viri convenit.

154. Inter *noxa* et *noxia* hoc interest, quod noxa pœna est, noxia ipsa culpa.

155. Inter *necessitatem* et *necessitudinem* hoc interest, quod necessitas vim significat; necessitudo conjunctionem sanguinis aut animi.

156. Inter *clausum* et *obturatum* hoc interest, quod clausum a claustris et clavibus dicitur, obturatum autem priorum foraminum sit, tanquam aures obturatæ, non clausæ.

157. Inter *operire, adoperire, inoperire* hoc interest, quod operimus operculo, adoperimus fores, inoperimus, cum aliquid jacenti superponimus.

158. Inter *pometa* et *pomeria* [Forte, *pomaria*] hoc interest, quod pometa ubi poma nascuntur, pomaria in quo servantur.

159. Inter *palma* et *palmum* hoc interest, quod palma in corpore, palmum in mensura. Est autem hæc mensura a primo pollice usque ad minimum digitum.

160. Inter *poplites* et *suffragines* hoc interest, quod poplites hominum, suffragines animalium.

161. Inter *præparare* et *apparare* hoc interest, quod præparat qui desiderium repetit parando, apparat qui parato adjicit, id est, accusare parat.

162. Inter *stipulationem, restipulationem, astipulationem* et *constipulationem* hoc interest, quod stipulatio certum habet intellectum, restipulatio, si aliquid sit factum quod convenit; astipulatio ejusdem pecuniæ, ut vel alter repetere possit; constipulatio, conserta restipulatio, si qua dolo malo facta.

163. Inter *saturitatem* et *satietatem* hoc interest,

A quod saturitas de cibo tantum, satietas de reliquis dicitur rebus.

164. Inter *viciniam* et *vicinitatem* hoc interest, quod vicinia loci esse dicitur, vicinitas personarum.

165. Inter *fluctuo* et *fluctuor* hoc interest, quod fluctuo animo, quasi fluctus ago, et hunc illucque fluo; fluctuor, fluctu feror, ideoque fluctuat mare, fluctuatur navis; sic inter luxurio et luxurior discernendum.

437 166. Inter *potero* et *potuero* hoc interest, quod potero certum promittentis est, potuero dubitantis.

167. Inter *Hispanum* et *Hispaniensem* hoc interest, quod Hispanus natione dicitur, Hispaniensis, Massiliensis, et his similia.

168. Inter *escendere, ascendere, conscendere* hoc interest, quod ascendimus excelsa, vel locum honoris; escendimus, cum in aliquid altius scandimus; conscendimus, cum equo vehimur.

169. Inter *uterque* et *utrique* hoc interest, quod uterque in singularibus, utrique in pluralibus dicitur.

B 170. Inter *pignero* et *pigneror* hoc interest, quod pigneror animum tuum; pignero, cum pignus tuum capio.

171. Inter *mereo* et *mereor* hoc interest, quod mereo pro merito servitii, mereor pro opere mercedis; sic rumino, ruminor, et his similia.

172. Inter *laurum* et *lauream* hoc interest, quod laurus est ipsa arbor; laurea, corona vel virga.

173. Inter *cæruleum* et *cærulum* hoc interest, quod cærulum dicimus, sicut aurum; cæruleum ex cærulo, quasi argentum.

174. Inter *imum* et *infimum* hoc interest, quod imus loco, infimus ordine.

175. Inter *curam* et *diligentiam* hoc interest, quod cura cruciatum habet qui commoveat; diligentia, rerum administratio.

176. Inter *vires* et *virtutes* hoc interest, quod vires corporis sunt, virtutes animi.

177. Inter *animam, animum, spiritum* et *mentem* hoc interest, quod anima est qua vivimus, animus
C quo regimur, spiritus quo spiramus, mens qualitas quæ bona aut mala potest referre ad cogitationem.

178. Inter *grave* et *ponderosum* hoc interest, quod grave secundum ferentis qualitatem, ponderosum natura.

179. Inter *ultorem* et *vindicem* hoc interest, quod ulciscimur accepta injuria, vindicamus ne accipiamus.

180. Inter *fallacem* et *pellacem* hoc interest, quod fallax infidelis dicitur; pellax in verbis, ab appellando, id est, per se loquendo.

181. Inter *immolare* et *mactare* hoc interest, quod immolare dicitur, cum mola in caput injecta est; mactatum, hoc factum, quasi magis auctum.

182. Inter *hostiam* et *victimam* hoc interest, quod hostia perhibetur tunc, cum dux in hostes proficiscitur; victima, cum vincit, sicut Ovidius in Fast.:

Victima quæ cecidit dextra victrice vocatur.
Hostibus a domitis hostia nomen habet

183. Inter *eruere* et *diruere* hoc interest, quod
D eruuntur latebræ, diruuntur eminentia.

438 184. Inter *nequidquam* et *nequaquam* hoc interest, quod nequidquam frustra, nequaquam non significat.

185. Inter *iter* et *itiner* hoc interest, quod iter quo imus, itiner via dicitur.

186. Inter *proprium et propius* hoc interest, quod proprium domini est, propius autem loci.

187. Inter *vereor* et *revereor* hoc interest, quod vereor ad metum refertur, revereor ad effectum.

---

149. *Delitum* est a *delino*, *inlitum* ab *inlino*, seu *illino*. Sed ignoro auctorem differentiæ quæ hic profertur.

152. Confer num. 72.

153. *Enubo* et *denubo* de iis dici solent quæ infra suam conditionem nubunt.

158. Diversa sunt quæ num. 65 exponuntur de differentia harum vocum, e diversis nimirum auctoribus.

179. Vat. 624: *Inter* ULCISCI *et* VINDICARE *hoc interest.*

181. In editis erat *cum moles in caput;* reposui *mola.*

182. Versus Ovidii ita in editis exhibebatur: *Victima dextra habet.* Alia librarii omiserant. Locus est I Fastor., 335.

188. Inter *liberos* et *filios* hoc interest, quod filii masculino genere ponuntur, liberi in utroque sexu; et quod filii in numero singulari vocari possunt. Nemo enim dicit, qui habet filium, *unum liberum habeo*. Item, quod filii promiscue omnis conditionis intelliguntur, tam ingenui quam servi; liberi non dicuntur nisi ingenui.

189. Inter *dulce* et *suave* hoc interest, quod dulce idem potest esse quod suave, non utique suave quod dulce. Dulce enim mel dicimus, et suave acetum, quod dulce non est.

190. Inter *bellum* et *avellum* hoc interest, quod bellum inter exteras gentes, avellum inter cives dictum, quod avellantur populi in duas partes.

191. Inter *exemplum* et *similitudinem* hoc interest, quod exemplum historia est, similitudo approbatio.

192. Inter *divinationem* et *divinitatem* hoc interest, quod divinitas ad potentiam numinis refertur, divinatio futurorum præscios facit.

193. Inter *vim* et *virtutem* hoc interest, quod virtus hortari est, vis injuria.

194. Inter *rogum* et *pyram* hoc interest, quod rogus defunctis paratur, pyra sacrificiis.

195. Inter *arma*, *armamenta* et *tela* hoc interest, quod arma sunt quibus corpora nostra in bello teguntur; armamenta, navium; tela missilia, ut jacula.

196. Inter *virum* et *masculum* hoc interest, quod vir specie intelligitur, masculus genere, et quod vir tribus modis intelligitur, natura, virtute et nuptiis; masculus etiam ab homine segregatur, ut in animalibus.

197. Inter *profugum*, *exsulem*, *relegatum* et *transfugam* hoc interest, quod profugus quasi voluntarie reliquerit; exsul, qui damnatus expellitur; relegatus, ad tempus; transfuga, qui ad hostes transit.

198. Inter *altum* et *excelsum* hoc interest, quod altum tam in superiorem partem elatum intelligimus, quam ad inferiora depositum; excelsum, in superioribus tantum.

199. Inter *vim* et *vires* hoc interest quod vis impetu et injuria 439 constat, vires ad bonum et fortitudinem corporis referuntur; ita vis facit violentiam, vires vitiosum.

200. Inter *sævum* et *crudelem* hoc interest, quod sævus circa verba est, crudelis monstratur sanguine.

201. Inter *bellum*, *aciem*, *prælium* et *pugnam* hoc interest, quod bellum dicitur totus conflictus, acies ordinatur, prælium committitur, pugna geritur, et quod acies tam ferri quam oculorum est.

202. Inter *passum* et *expertum* hoc interest, quod patimur voluntate, experimur necessitate.

203. Inter *genus* et *gentem* hoc interest, quod genus tam hominum quam ferarum est; gens ad congregationem plurium pertinet, et ab uno capite descendit. dicimus enim *gens Gallorum*.

204. Inter *terram*, *tellurem* et *humum* hoc interest, quod terra pars mundi tertia est; tellus, dea; humus locus sepulturæ dicitur, ab humando.

205. Inter *mœnia* et *ædificia* hoc interest, quod mœnia publicorum sunt operum, ædificia privatorum.

206. Inter *omne* et *totum* hoc interest, quod omne numerositate constat, totum ad partes dicitur.

207. Inter *ulcus*, *vulnus* et *plagam* hoc interest, quod ulcus per se exit, vulnus ferro; plaga potest esse planus ictus; sic quod ulcus levitatis est,
A vulnus gravitatis; plagæ etiam verbera vocantur.

208. Inter *sic* et *ita* hoc interest, quod sic quidem ostendit exempla, ita ad rationem refertur.

209. Inter *duos* et *ambos* hoc interest, quod duo numerantur, ambo congregantur.

210. Inter *paret* et *apparet* hoc interest, quod paret, imperio; apparet, videntibus.

211. Inter *pullum* et *nigrum* hoc interest, quod pullum albo contrarium est, nigrum colore accipimus.

212. Inter *putat*, *æstimat*, *opinatur*, *arbitratur* et *suspicatur* hoc interest, quod putat qui dubitat; æstimat qui existimaturo quæ acta sunt dicit; opinatur qui opinioni aut suæ aut alterius credit; arbitratur qui dubiæ rei finem imponit; suspicatur qui latentis rei prospicit formam.

213. Inter *prohibere* et *inhibere* hoc interest, quod prohibere est jure non habere; inhibere, vi dicitur, et quod inhibemus jure prohibemus imperio.

B 214. Inter *ostentum*, *prodigium* et *monstrum* hoc interest, quod ostentum sine corpore solidum novum se ostendit, et oculis, et auribus; prodigium vero, quod solidis corporibus prospicitur, ut in cœlo cometes, 440 aut stella, et in nocte lux, interdiu tenebræ; monstrum vero contra naturam cognitum egreditur, ut serpens cum pedibus, aut cum quatuor alis.

215. Inter *conticuere*, *obticuere* et *reticuere* hoc interest, quod qui conticuit undique silentium præstitit, ut antiqui (Virg. III, Æneid. 718):

Conticuit tandem, factoque hic fine quievit:

obticuit, qui nullam spem reliquit; reticuit, qui silentio responsa finivit.

216. Inter *sepulcrum*, *tumulum*, *monumentum* et *bustum* hoc interest, quod sepulcrum est locus in quo corpora sepeliuntur, et a sepeliendo dicitur; tumulus, qui cineres tegit; monumentum, quo sepulcrum circumdatur, dictum a munitionibus; bustum, in quo
C ossa sunt, quasi bene ustum.

217. Inter *astra* et *sidera* hoc interest, quod astra sine sidere esse possunt, et astra fixa sunt cœlo; sidera moventur.

218. Inter *deripere* et *diripere* hoc interest, quod deripimus cum e superiori parte in inferiora rapimus; diripimus, cum laniamus, et in diversas partes diducimus.

219. Inter *causam* et *rationem* hoc interest, quod causa multas habet species, ratio paucissimas, et quod ratione efficitur causa desideratur.

220. Inter *Italum* et *Italicum* hoc interest, quod Italus, homo, Italicus, arcus dicitur; ita illud ad personam refertur, hoc ad rem.

221. Inter *devium*, *invium*, *avium* et *pervium* hoc interest, quod invium est sine via secretum; devium, desertus locus; avium, extra viam; pervium, per quod commeatur.

222. Inter *dexteram* et *dextram* hoc interest, quod
D quidam sine causa putaverunt litteram *e* abundare, secuti consuetudinem antiquam: ut reprendo, et reprehendo; ut vemens, et vehemens: ita dextram manum, et dexteram prosperam partem dici.

223. Inter *leges* et *jura* hoc interest, quod jura reperta sunt ab honesta consuetudine, leges, ex iis quæ inter nos probanda facimus; et jura ab uniuscujusque justitia dicuntur, leges, quod legantur.

---

188. Vat. 624, *singulari referri possunt.*

190. Hoc quod de *avello* hic dicitur nescio quem auctorem habeat. Libenter legerem *duellum inter cives*, etc. Festus: *Duellum, bellum videlicet, quod duabus partibus de victoria contendentibus dimicatur.*

195. In Excusis erat *missibilia*, pro *missilia*.

212. Vat. 624. *Inter* ARBITRARI *et* ÆSTIMARE *hoc interest, quod* ÆSTIMARE *apud animum nostrum est,* ARBITRARI *judicium animi proferre.* Alibi, ut hic, sed *latenti rei suspicit formam.*

214. Vat. 624, *sine corpore solido nobis se ostentat... auribus objicitur, prodigium... corporibus producitur... cometa stella, et in nocte.*

215. In Editis erat *Eticuere*, quod mutavi in *Reticuere*; nam respondet infra *reticuit*. Vat. 624: *Inter* CONTICUIT, *et* OBTICUIT, *et* RETICUIT... *unaique silentio vocis præstitit... nullam spem loquendi.*

216. Vat 624: *Sepulcrum locus in quo uruntur corpora; a sepeliendo sepulcrum dicitur.*

224. Inter *invidum* et *invidiosum* hoc interest, quod invidus, quoniam alteri invidet; invidiosus, cui invidetur.

225. Inter *protinus* et *protenus* hoc interest, quod protinus est statim, continuo, adverbium temporis; protenus, quasi porrotenus.

226. Inter *demitto* et *dimitto* hoc interest, quod demittit hic qui de alto deorsum mittit, dimittit qui in multas partes mittit.

227. Inter *altaria* et *aras* hoc interest, quod altaria Deo ponuntur, aræ etiam defunctis.

228. Inter *dimidium* et *dimidiatum* hoc interest, quod dimidium potest **441** significare partem *, nisi subjicias integrum nomen, sine dimidiatum, est; ut plena hora dicitur, hora integrum nomen, quasi totum, sine hora non potest esse dimidia; ergo, aut dimidiata hora, aut dimidium horæ, dimidium est: dimidiatum autem, diminuta portio.

229. Inter *fiduciam* et *confidentiam* hoc interest, quod confidentia est cum vitio temeritatis; fiduciam habet si quis honesta constantia vivit.

230. Inter *legionem* et *dilectum* hoc interest, quod legio dicitur ab eo quod legantur viri fortes, et utiles militiæ; dilecta, quæ maxime diligimus, ut filii, vel cognatio patris.

231. Inter *assidue* et *quotidie* hoc interest, quod assidue sedulitatis est, quotidie autem perseverantiæ.

232. Inter *mæret* et *meretur* hoc interest, quod qui mœret tristis est; meretur autem qui ex alterius judicio parem beneficio gratiam exspectat.

233. Inter *plenitudinem* et *plenitatem* hoc interest, quod plenitudo corporis est, plenitas rei; ita plenitudinem obesorum hominum, plenitatem variæ rei cujuslibet dicimus.

234. Inter *precor* et *deprecor* hoc interest, quod precamur Deum, deprecamur homines.

235. Inter *fortunam* et *felicitatem* hoc interest, quod fortuna non est, felicitas opes hominis.

236. Inter *tueor* et *tuor* hoc interest, quod tuor, custodio; tueor, video.

237. Inter *ludibrium* et *ludicrum* hoc interest, quod ludibrium, in alterius injuria; ludicrum autem, quod ipso delectamur sine cujusquam injuria.

238. Inter *stillam* et *guttam* hoc interest, quod gutta imbrium; stilla, situlæ, vel aceti.

239. Inter *fidum* et *fidelem* hoc interest, quod fidus, etiam amicus dicitur; fidelis, servus.

240. Inter *cognoscimus* et *agnoscimus* hoc interest, quod agnoscimus cognitos, cognoscimus quod nunquam vidimus.

241. Inter *clypeum* et *clupeum* hoc interest, quod clypeum, scutum; clupeum vero, in quod imagines ponuntur.

242. Inter *germanum* et *fratrem* hoc interest, quod germanus est verus frater ex patre et matre; frater vero ex diverso patre vel matre.

243. Inter *mersare* vel *mergere* hoc interest, quod mersare sæpius, mergere semel.

244. Inter *agere causam* et *dicere* hoc interest, quod agit patronus, dicit reus.

442 245. Inter *eminus* et *cominus* hoc interest, quod eminus ex longinquo; cominus pede.

246. Inter *capere* et *decipere* hoc interest, quod capimus merentes, decipimus innocentes; aut capimus arte, decipimus insidiose.

247. Inter *consilium* et *sententiam* hoc interest, quod consilium, cogitatio; sententia, consilii pronuntiatio.

248. Inter *fors* et *fortunam* hoc interest, quod fors casus est, fortuna data est; ut quidam, *sic voluit fors, tanquam mors*.

249. Inter *voluntatem* et *voluptatem* hoc interest, quod voluntas animi, voluptas corporis.

250. Inter *interea* et *interdum* hoc interest, quod interdum adverbium temporis est, interea causæ rei.

251. Inter *initium* et *principium* hoc interest, quod principium totius operis cujuscunque unum est quasi primum operis caput; initium, quod frequentius intelligimus, et toties accipimus, quoties aut persona mutatur, quasi intus in alteram rem: et principium semel, initium sæpius. Principium, *Arma, virumque cano*. Initium, *Musa, mihi causas memora*. Inveniuntur tamen principia quæ natura sui carent, et speciem initii habent, ut:

At regina gravi jamdudum saucia cura.

Et:

Sic fatur lacrymans, classique immittit habenas.

252. Inter *meditari* et *velitari* hoc interest, quod meditamur animo, velitamur corpore.

253. Inter *homines* et *bestias* hoc interest, quod bestiæ ventri serviunt, homines rationi.

228. Vat. 624: *Quod dimidium non potest significare partes, nisi subducat ad integrum. Dimidiatum est... quasi totum, sine hora non potest dimidia esse... dimidiatum autem aut dimidia portio, alia diminuta.*

238. De hac differentia vide n. 78.

240. Vat. 624: *Inter* COGNOSCERE *et* AGNOSCERE.

248. Fortasse, *Sic voluit sors.*

253. Brevius hæc differentia expressa fuit num. 58. Versus duo primi indicati exstant lib. I Æn., initio; tertius initio libri IV, quintus initio lib. VI. Vat. 624 interserit nonnullas alias differentias, ut *Inter* ARMENTA *et* GREGES *hoc interest, quod* ARMENTA *equorum et boum sunt,* GREGES *vero capellarum et ovium.* — *Inter* LÆVIS *et* LEVIS *hoc interest, quod* LEVIS *in verbis* [Forte, *imberbis*] *dicitur,* LÆVE *crines quod pilis et asperitatibus caret. Inter* PRONOMINA *et* ARTICULOS *hoc interest, quod* PRONOMINA *ea putantur quæ, cum sola sint, vicem nominis complent, ut* QUIS, ISTE, IPSE, ILLE. *Articuli vero, cum pronominibus aut participiis adjunguntur, ut* HIC, HUJUS, HUIC, HUNC, AB HOC.

APPENDIX XXIV.

443 LIBER GLOSSARUM

Ex variis Glossariis quæ sub Isidori nomine circumferuntur collectus.

A

[1] A se, *spontaneus*.

Abaia, *infima domus*.

Abadir, *lapis*.

Abastenum, *inhonestum*.

[5] Abaso, *infirma domus, quasi*

1. In Isidorianis, cap. 57 et seqq., satis superque dictum de hoc Glossario. Ex Semleri Mss., aliorumque Editis, meisque nonnullis observationibus illud correctius exhibeo, additis interdum conjecturis. Pro *spontaneus* fortasse *sponte, sine vi*, vel *sponte sua*.

2. Mox, n. 5, *abaso*. Hispani *abajo*, Itali *abasso*, pro *inferius*. In Editis est *infama domus*.

3. A lexicographis medii ævi *abadir* vocatur lapis, quem Saturnus pro Jove devoravit. Vide Papiam, Breviloquum, Salomonem Constantiensem, etc.

4. Alii, *Aschemon*, vel *abarcenon*, quasi *ab arceo* vel *aparthenon*, ex Græco. Pejus alii, *anaclanam, haustrum*, vel *abastenum, ab arte alienum*.

5. *Infirma*; al. *infima*, ut n. 2.

sine base.
Abgrego, *segrego.*
Ablutes, *ablutium, loca cœnosa.*
Aborris, *scandalosus.*
Abrigeum, *splendor auri.*
[10] Abrogans, *humilis.*
Abrogat, *ablegat.*
Absternit, *abicit, repellit.*
Accepta, *genus navis.*
Acclibanum, *obliquum.*
[15] Accuculia, *acutus, solers.*
Achateon, *velum maximum in medium navis.*
Acia, *ala.*
Acieres, *genus securis.*
Acinari; *tricari; in parvo morari.*
[20] Acroamata, *auditio lyrarum vel tibiarum.*
444 Aculus, *ministerialis domus regiæ.*
Acus, *calamistratorium.*
Acrozymus, *panis leniter fermentatus.*
Acucula, *aculus, solers, agagulæ.*
[25] Adasia, *ovis major nata*
Adfiliatio, *pene naturæ imitatio.*
Adfrutabulum, *vasculum.*
Adhoula, *genus vestis.*
Adluviis, *locis cœnosis.*
[30] Adoptarius, *puer, ex adoptato natus.*
Adorea, *libamenta.*
Adpectoret, *adplicet ad pectus.*
Adpetulantia, *procacitate.*
Adplanat, *hostit, æquat.*
[35] Adrummavit, *rumores adtulit.*
Adsecla, *domesticus familiæ, agaso.*
Adseclæ, *domestici pedissequi, lènones.*
Adsella, *sella quadrijugis.*
Adsuetula, *agaso.*
[40] Adtaminat, *usurpat.*
Ægret, *acidiatur.*
Æmidus, *tumidus, inflatus.*
Ænigma, *figura, sive typus, vel species.*
Æquilatium, *æquatio.*
[45] Affostrata, *reditus.*
Agabo, *qui negotia præcedit.*
Agagola, *lenocinator, pantomimus.*
Agagula, *lenocinator.*
Agaron, *minister officialis.*
[50] Agaso, *minister officialis.*
Agginantes, *explicantes.*
Aglæ, *glandolæ.*
Agonei, *victimæ.*
Agonia, *hostia.*
[55] 445 Agrarius.
Alacrimonia, *lætitia.*
Albanæ, *plurali numero nuces pristinæ.*
Albuna, *mater matuta.*
Alebra, *bona, quibus alimur.*
[60] Alegmina, *partes extorum, quæ prosegmina dicuntur.*
Alia, *tranata.*
Alibre, *alimentum.*
Alistrare, *humectare.*
Allex, *pollex in pede.*
[65] Alliger, *Gallus.*
Allobroga, *Gallus rufus.*
Allutes *et* Allutia, *loca cœnosa.*
Alluvium, *ruina riparum ex aqua.*
Alnum, *lignum, id est, vernum.*
[70] Alopecia, *passio stricturæ.*

7. *Ablutes*; melius fortasse *alluvies*. Pro *cœnosa*, minus bene, alii, *arenosa*.

8. Forte *abhorrens*, vel *abnormis*.

9. Forte *auriga*, vel *aurugo*, vel *obryzum*, vel *aurigeum*.

11. Semlerus vult legi *ablegat*, *abrogat*, scilicet legem.

12. *Absternit*; hinc *sternaces*, et forte *sternutare*; nisi legas *aspernit*, aut *absterret*.

13. In Pithœanis glossis, *arrepta genus navis*, *acatus*. *Acatium* est velum navis. Cerda, *accepta genus avis*. Semlerus, *accepta neutrius generis*; sed mox prætulit Cerdæ conjecturam.

14. Pro *acclibanum* legendum videtur *acclivum*, vel *acclivatum*.

15. *Accuculia*; forte, *agagula*, leno, vel *aquacula*, aquariolus servus meretricis, ab aqua crebro afferenda dictus. Alii, *agagulo*, *agagula*, *accucula*, *acculia acacula*. Vide n. 24, et 48.

16. *Acation*. Editi, *acatheon*, Jansonius, *archistion*.

17. Legendum, *axilla*, *ala*. Alii, *axia*, *ala*.

18. *Acieres*, ab *acie*. Hispani chalybem *acero* vocant.

19. *Acinari* et *aginari* eadem est vox. *Aginator* est negotiator, *aginare* negotiari, præsertim in parvis rebus.

20. Forte, *acroama*, *to auditio*; vel *acroamatis*, *auditio*, etc., ut indicetur genitivus *acroamatis*.

21. *Aculus*. Grævius putat esse a *calliculis*, Semlerus ex disrupta voce *vernaculus*; alii, *aulicus*; vel *auculus*, vel *acubus*, vel *acolathus*.

22. Alii conjiciunt legendum *acus calamistra rasorium*, vel *calamistra casonium*; alii *calamistrum*. Alio nomine *acus* est *acula*, *acucula*.

23. *Leviter*. Editi, *leniter*. Vide Isidorum, lib. xx Etymolog., cap. 2, n. 15.

24. Vide supra, n. 15.

25. *Nata*; Pithœana, *natu*.

27, Malunt alii *adfutabulum*, alii *acetabulum*, alii *adsutabulum*. Vide *Futis*, num. 760.

28. Fort., *adligula*.

31. *Adorea*; Reinesius conjicit *adora* ab *ador*. Grævius *liba* pro *libamenta*; Semlerus, *adorea*, *sacrificia*, *libamenta*.

35. *Adrumare* ex Festo rumores facere, forte a *rumine*. A *rumare* est *rumor*, ut a *clamare clamor*.

38. Aliqui conjiciunt *adseda*, alii *adsidella quadrijugis*, nempe mensa; alii *adsella*, ab *adsellare*, hoc est, alvum ejicere.

39. Legendum videtur *adsecula*, hoc est, *adsecla*.

40. In Pithœanis, *adtaminat*, *inquinat*, *usurpat*. Semlerus putat a tangendo esse *adtamen*, seu *attamen*.

42. Reinesius vult *ædemius*.

43. *Species*, quia per imagines sensus adumbratur.

44. Lege *æquilanium*, vel *æquilibrium*.

45. Semlerus legit *aphrodita*, *aphroditus*, ex *hermaphrodita hermaphroditus*.

46. Lege *agaso*, ut infra, num. 50.

47. Stewartius, Analect. lib. I, c. 8, deducit ex Germanica lingua, *a* unum, et *gageler*, circulator. Vide n. 15.

51. Melius *aginantes*, ab *agina*, seu foramine, quo trutina se vertit. Confer Ducangium, et supra, n. 19.

52. Rutgersius, *anginæ*; Semlerus, *aciæ*, *gladioli*. Vide num. 22.

53. Melius *agoniæ*, pro *agonei*.

55. Breviloquus, *agrarius*, *rusticus*, *qui colit agrum*.

57. Grævius, *avellanæ*, *nuces prænestinæ*. Cerda, *Albanas nuces* tuetur. Macrobius Grævio favet.

58. *Albuna*, ab *albicare*: *Matuta* a *mane*.

59. Ex Festo *alebria* sunt *bene alentia*.

60. Legendum *ablegmina*, aut *absegmina*, a *secando*.

61. Grævius, *alienigena*, *extra nata*; Semlerus, *alica terra nata*, ex Festo.

63. Jansonius, *allustrare a lustrando*, Grævius *balistrare*, *humectare*, ut exciderit *b*.

65. Editi, *alliger*; Barthius, *gallier*, *gallus*, ex Germanico idiomate. Legendum *aliger*, *gallus* ex Sedulio, lib. v, vers. 8.

66. Scholiastes Horatii ad lib. Epod., od. 16: *Allobroges* sunt Galli rufi.

69. Nomen *alni* apud Britannos et priscos Gallos est *vernum*, seu *verna*.

70. *Stricturæ*; forte, *trichorreæ*, hoc est, fluoris capillorum.

71. (*Col. seq.*) Verius, *alapus*.

73. *Prudentius*, in hymno sanctæ Eulaliæ, pag. 673 meæ Editionis.

74. *Altilis*. Vox etiam antiquis Latinis cognita.

Alopus, *qui propter mercedem alapas patitur.*
Altar, *altare.*
Altar; *Prud.:* Altar et impositum.
Altilis, *pasta, ab alendo.*
[75] Amansit, *exspectavit.*
Amasco, *amare cupio.*
Ambro, *devorator, consumptor patrimoniorum, decoctor, luxuriosus, profusus.*
Ambus. *malcus.*
Ambusilla, *venter.*
[80] Amfariam, *per amborum partes.*
Amfibulum, *birrum, villosum.*
Amfiscii, *biumbres.*
Amussis, *regula, fabrica, qua tabula diriguntur.*
Anclabeo, *vel* auricabeo, *id est, lex Longobardorum.*
[85] Anclena, *instrumentum ferreum forte.*
446 Anconiscus, *incastrare.*
Ancuba, *seccuba.*
Ancyromagus, *genus navigii.*
Angaria. *Avianus, qui agrum locat, ut angarium accipiat.*
[90] Anger, *Spatharius, qui angit, id est, stringit spatham.*
Angia, *ferrum buculæ scuti.*
Angores, *molestias.*
Angræ, *intervalla arborum, vel convalles.*
Anguilla, *est qua coercentur in scholis pueri, quæ vulgo Scutica dicitur.*
[95] Anguipedes, *gigantes.*
Anhelabundus, *fatigatus.*
Anilia, *amentia, fatuitas.*
Animæquus, *patiens animo.*
Annit. *fulget.*
[100] Ansile, *scuti bucula intus, quæ ab intus tenetur.*
Antela, *antilena; sicut.* Postela, postilena.
Antemalorum, *præteritorum malorum.*
Antepedes, *obsequia amicorum.*
Antia, *ferrum in scuto.*
[105] Antibiblium, *pignus Codicis librorum.*
Antiblium, *pignus librorum, Codex pro Codice.*
Antigerio, *valde.*
Antigerium, *quemadmodum in primis.*
Antigraphus, *Cancellarius.*
[110] Antipelargosin *dicunt Græci talionem.*
Antlia, *rota exhauritoria.*
Anxiferis, *mœstis.*
Apertularius, *effractor.*
Apiciosus, *calvus, calvaster.*
[115] Apicire, *ligare;* Apicitus, *ligatus.*
Apismergis, *loca calentia aparum.*
447 Apocrisarius, *minister Romanæ Ecclesiæ.*
Appia, *æstiva, cadens, temperata.*
Applare, *cochlear.*
[120] Apsum, *vellus lanæ*
Aqualium, *summa pars capitis.*
Aquaticus, *hydrus.*
Arbiterium, *collectio arbitrorum multorum, id est, ipsa consensio.*
Arcarius, *dispensator, actor.*
[125] Architriclinius, *major domui.*
Arcites, *sagittarii.*
Arcubius, *qui cubat in arce.*
Arculis, *circulis.*
Ardalio, *gluto, vorax, manduco.*
[130] Arenacia, *sicca.*
Ariæ, *mortuorum pulvinaria.*
Ariolator, *cocio,* ὁ μεταβολεύς.
Armelaus, *scapulare monachorum.*
Armillum, *crates, vas vinarium.*
[135] Arreptitius, *ariolus, furiosus.*
Artemo, *instrumentum arietis.*
Artificina, *in qua artes exercentur.*
Artificem, *duplicem, dolosum*
Artuatim, *membratim.*

75. In aliis glossis, *amanet, extra manet.*

76. Barthius, *amesco, amari cupio.*

77. *Ambro.* Vide comment. ad Prudentium, pag. 524.

78. Reinesius, *fimallus, camasus;* Cerda, *ancus, mancus;* alii, *ambus, malleus;* alii *ambus, ambulus;* alii *ambus, marsaleus.*

79. Grævius, *alvus, ilia, venter;* Semlerus, *ambulus, ambulo, viator,* vel *ambibilla,* pro *amphibula, birrus.*

80. Pithœus, *ambifariam.*

81. Reperitur *amphibalum. amphibolus, amphiballus, amphimallus.* Videtur esse anceps seu duplex vestis.

84. Varia scriptura, *andegaveto, arigavero, andigaveo, arigaveo, antecaveo, andecaveo.* Ex *ante* et *caveo* verbum componitur, quasi de rebus suis ante mortem disponere, de quo leges Longobardorum.

85. *Instrumentum,* etc., quod in puteos demittitur ad hauriendum aquam. Pro *antlare* Latini *anclare* efferebant.

86. Pithœanæ glossæ, *ancones, incastraturæ, uncini.* Sic corrigendum.

87. *Ancuba* ex *am* circum, et *cubo.* Papias addit, *subintroducta.*

88. Scribitur etiam *anciromagus, aniliromacus, angromagus, anguiromacus, anguiromagus.* Lib. XIX Etymol., cap. 1, n. 16, ab *ago* derivari videtur.

89. Reinesius, *anguria;* Titianus, *Qui agrum,* etc. Ut intelligatur hæc verba esse Titiani. Semlerus, *angaria, angararius, qui,* etc.

90. Grævius, *armiger, spatharius.* Collector glossarum legerat, *anger.*

91. Grævius, *ancile;* sed retinendum videtur, *ancia, antia,* vel *angia,* a Græco *ancon,* cubitus, cavum ferri in scuto, unde *ancile.*

93. Semlerus, *anceæ, ancea, anciæ,* ex Græco vocabulo.

95. Jansonius, *magnipedes;* sed verum est *anguipedes,* ex carmine de Ætna.

96. *Anhelabundus.* Occurrit in conciliis Hispan. Stewartius, male, *anhelans. labundus.*

99. Forte, *annitet,* vel *ardet.*

100. Semlerus, *ancile scuti bucula intus, qua* (adverbialiter) *ab intus tenetur.* Isidorus, Etymol. lib. XVIII, cap. 12, n. 3, *scutum breve et rotundum* dicit esse ancile; sed putat Semlerus legendum esse *grave* pro *breve.*

101. Vide lib. XX Etym., cap. 16, n. 4. *Antella,* etc. Vox Plauti est *antelena.*

107. *Antigerio,* pro *valde, oppido,* dixisse priscos Latinos ex Festo et Quintiliano liquet. Origo vocis incerta penitus est.

114. Restituendum *alopiciosus.*

115. Antiqui *apere* pro ligare dixerunt; inde *apex, aptum.* Vide lib. Etym. XIX, cap. 30, n. 5. *Apex,* etc., Festum et Nonium.

116. Grævius conjicit *apricis mergis loca calentia,* scilicet conveniunt, ex Virgilio.

117. *Apocrisarius,* vel *apocrissarius* scribendum, non *apochrysarius,* ut in multis Editis. Multa affert Rosweydus, in Onomast., de apocrisariis, ex glossariis aliisque scriptoribus.

119. Salmasius, in not. ad Treb. Pollion., pag. 208, legendum ait *apalare,* non *applare,* aut *appalare.*

120. Rectius, *hapsum,* ut in littera *H,* et *agni* pro *lanæ.*

121. Semlerus, *æqualium,* aut *æquitium,* aut *æquilibrium, summa pars scapi,* ubi trutina vertitur.

122. Semlerus, inverso ordine, *hydros, aquaticus,* aut *aquaticus, enhydros.*

126. Reinesius, *arcitenens.*

128. Arcus in orbem coarctatur, et arcium veterum figura plerumque rotunda erat. Hinc glossa. Reinesius volebat *arculatis, circulis.*

130. *Arenacia,* et melius *arenacea* differt ab *arenaria,* seu arenæ fodina.

131. Vide, infra, *pulvinceria.*

133. *Armilausa,* quasi in armos, vel armis clausa. Vide Etym. lib. XIX, c. 22, n. 28.

134. *Armillum,* quod armis, hoc est, humeris deportetur. Festus, Nonius, etc.

136 Semlerus, *arietem, instrumentum arietis,* ut ab animali distingueretur. Alii *ratis,* pro *arietis.*

137. *Artificina.* Sic *restificina* apud Tertullianum.

[140] Arvinulis, *adipibus*.
Arula, *craticula*.
Ascicultis, *asciola*, *dolabra*.
Ascios, *exumbres*.
Aspita, *ruina*.
[145] Asserla, *buccellarius*.
Asserula, *buccellarius homo*.
Assentaneum, *consentiens*.
Astarium, *ubi venduntur bona proscriptorum*.
Astraba, *tabella*, *ubi pedes requiescunt*.
[150] Astrosus, *malo sidere natus*.
448 Astrosus, *lunaticus*.
Atanulum, *genus vasis*.
Atta, *qui primis plantis ambulat*.
Attaminat, *inquinat*.
[155] Attanabo, *genus vasis*.
Attibernalis, *vicinus*.
Aucella, *ortygometra*.
Aucones, *incantatores*, *vel vicini*.
Auctare, *constringere*.
[160] Auctionarius, *qui pluris emit*.
Auctoramentum, *ipsa res vocatur venditionis*.
Auctoratio, *venditio*. *Nam sub auctoratione sunt gladiatores*, *qui se vendunt*.
Augumentum, *profectus*.
Augusta, *uxor imperatoris*.
[165] Aularius, *aulicus*, *Palatinus*.
Aunicula, *auctio minor supra fundum*.
Aureax, *equus solitarius*.
Auricularius, *asculator*.
Aurorans, *illuminans*.
[170] Auruginosos, *arcuatus*.
Auteritas, *antiquitas*.
Auxinium, *Romanum*, *Latinum*.

B

Babiger, *stultus*.
Babigera, *stulta*.
[175] Baburrus, *stultus*.
Baccal, *in quo mortui deferuntur*.
Baccapulus, *in quo mortui deferuntur*.
Baccarium, *vas aquarium*.
Baccatum, *margaritatum*.
[180] Bacchanal, *sacrarium Liberi Patris*.
Bacerus, *barefactus*.
449 Baen, *est lamina auri ab aure ad aurem*, *qua familiares regum utebantur*. *Ornamentum colli ex auro*, *et gemmis*, *quod alio nomine torques potest dici*.
Bagario, *orceoli.genus*.
Balastrum, *balneum*.
[185] Baldiosus, *affabilis*.
Balio, *manus*, *palma*.
Balteat, *cingit*.
Bambes, *arena*.
Bambis, *aranea*.
[190] Banadola, *lectus*, *qui in itinere fertur*. *In alio Gloss*. Baniola.
Barbarica, *opera de auro*.
Barbarica, *opera*, *subtiliter ornata*.
Barbastereli, *duribuccius*.
Barbatus, *operarius*, *intimidus*.
[195] Barbustinus, *homo*, *qui fert barbam plenam porriginis*.
Barcanda, *concha ærea*.
Barciæ, *barbari*.
Bargines, *fortes in bello*.
Barria, *regula*, *norma*, *rubrica*.
[200] Barrigenæ, *peregrinæ*.
Bario, *genus organi*.
Barvo, *barunculus*.
Basilides, *palatinus homo*, ἀνὴρ τῆς βασιλίδος, *id est*, *de aula regia*.
Bassatum, *terræ hiatus*.
[205] Bassus, *crassus*.
Bassus, *pinguis*, *obesus*.
Basterna, *tecta manualis*.
Batiotica, *patera*.
Batinius, *rusticus*, *agricolanus*.

140. Vide Etym. lib. XI, cap. 1, n. 81, ubi agitur de arvina, ex Suetonio, de vitiis corporalibus. Grævius corrigebat, *arvillis*.

141. In ara ignis flebat.

142. Vera lectio, *asciscukus*, et *asciscius* ex *ascia*.

144. Semlerus, *adeps*, *arvina*, seu *absida*, *trivia*. Sed reponendum cum Cerda et Rosweydo, *aspita vervina*; Hispanis *espetera*. *Spitum* est veru.

145. Etym. lib. X, n. 16, et n. 255.

149. Nonnulli, *astrabat*. Salmasius ad Ælium Spartianum, pag. 5, vers. 33, intelligit scalas ferreas scandendis equis, a sella pendentes. Hinc puto Hispanice dici *estribos*.

150. Etymol. lib. X, num. 13.

152. Legendum, *attanuvium*, ex Festo.

153. Ex Festo. Aliter *atta* est nomen honorificum senioribus inditum. Hinc *tata* puter Italis, vel contra *atta* ex *tata*.

154. *Attaminat*. Legitur in versibus de ventis, cap. 37, de natura rerum, in nota. Alii, *usurpat*, pro *inquinat*.

157. Putat Semlerus id pertinere ad litteram O, scilicet inverso ordine, *ortygometra*, avicella, aucella. Vide Etym. lib. XII, cap. 7, num. 65.

158. Fortasse, *ancones*, *incastraturæ*, *uncini*.

161. *Ipsa res*, scilicet pretium venditionis. Ex Breviloquo *auctoritio* dicitur illud quod additur rei mensuratæ, cum venditur. Fortasse huc pertinet quod n. 163 additur, *augmentum*, *profectus*. Vide num. 166.

166. Verum videtur *auctiuncula*. Alii Editi, *aunicula*.

167. *Equus*. Grævius *Eques*. Vide Festum.

170. Confer lib. IV Etymol., cap. 8 num. 13. *Icteris*, etc.

171. *Auteritas*. Lege, *anteritas*.

172. *Auxinium*. Legendum videtur *Ausonium*.

173, 174, 175. Hæ tres voces eodem pertinent. Scriptio varia est, *babosus*, *babugus*, *babustus*, *babucus*, *baburus*, *baburrus*. Vide lib. X Etymol., verbo *Baburrus*. Barthius, lib. XIX Adversar., c. 8, hujusmodi glossas *copiæ bonarum rerum cornua* dicit esse; sed hoc loco putat legendum *babuinus*, quod Italis simiam significat facetiorem.

176, 177. *Baccal*, *baccaulium* in Pithœanis, et *baccapulus*, eadem vox. Consule Ducangium.

178. Forte, *bacchar*, a Baccho. Inde Germanicum *becher*, et Italicum *bicchiere*. Pro *vinarium*, minus recte, alii, *aquarium*.

179. *Bacatum*. Ita scribendum a *baca*, gemma, non *baccatum*.

180. Semlerus *sacrum*, pro *sacrarium*: alii, *sacra ritu*, vel *sacra rituum*.

181. Conjiciunt aliqui *babiger baro*, *fatuus*, vel *baverus*, *baro*, *fatuus*.

182. Ex Breviloquo, *bahen Græce*, *corona Latine dicitur*.

184. Retinendum *badastrum*, ex Ducangio.

185. Legendum *blandiosus* ex Pithœanis, et Ducangio.

186. Reponendum videtur *bola*, seu *vola*, quæ est palma manus, et ita legit Salomon Constantiensis. Barthius, in *balio* vocem Germanicam agnoscit.

188. Jansonius, *bamber*, *aranea*, ex Germanica lingua. Non placet Semlero.

190. Vide lib. XX Etym., cap. 11, num. 2. *Bajonola*, etc., vel, ut aliqui malunt, *bajulona*. Alii, *bariola*; Italice, *barella*.

191. *Barbaricarii* dicebantur, qui auro et filis varias figuras acu exprimunt.

193. Semlerus, *barbasterilis*, seu *sterilibarbis*; et rejicit Jansonium, qui vult *puribuccius* pro *duribuccius*.

194. Semlerus, *barbaricus*, *operarius* (hoc est, *acu pictor*). *Barbatus*, *intimidus*.

195. *Porriginis*. Sic Cerda. Editi, *prorisinis*.

196. Forte, *bascanda*. Vide *Candes*, lit. C. Pro *ærea*, alii malunt *urna*. Nonnulli scribunt *bascauda*.

197. et seqq. *Barciæ*, *bargines*, et *barrigenæ* a *barone* venire aliqui putant. Alii a *barbaris*, et legunt *barcines*, seu *barcinæ* pro *bargines*.

198. Suspicabatur Semlerus *barria* esse a *barro*; nam de elephantis dentibus regulæ istæ conficiebantur.

201. Forte, *barbiton genus organi*.

202. *Barbo* potius legendum pro *barvo*; et sic Pithœana. Sunt duo nomina piscis.

204. *Bassatum* pro humili et depresso accipit Reinesius. Gœsius conjicit *fossatum*; alii, melius, *barathrum*.

207. Intelligitur *basterna* esse lectica, tecta *manualis*, quæ manibus fertur, vel *mannalis* quæ portatur a *mannis*.

208. Alii, *botiola*, alii *batiaca* ex Græco. *Baccer*, ut ait Barthius, Germanis pateram denotat.

209. Pro *batinius*, alii conjiciunt *balinius*, ex *balia*,

450 [210] Batis, *nomen serpentis.*
Batus, *genus oleris.*
Baucatem, *gellonem.*
Bellicerpa, *quoddam genus ludorum cum armatis.*
Belluus, *moribus bestiarum*
[215] Belues, *egestas, quia solet contingere per vastationem.*
Beue linguatus, *eloquens.*
Bestemiæ, *Trojæ.*
Bestiarius, *venator bestiarum.*
Bestiones, *Tiraces.*
[220] Bibitor, *potator.*
Bibleis, *duplicibus linteis.*
Bibliothecarius, *qui Codices secat.*
Bibuscus, *morsus bestiarum.*
Bidellium, *aqua ex vesicis de ulmo confecta, et proficit ad vulnera in corpore medenda.*
[225] Bidens, *anchora.*
Bifax, *duos habens obtutus.*
Bigera, *vestis, gufa, vel villata.*
Billa, *jumentum, asinus.*
Biluus, *morbus bestiarum.*
[230] Bimaritus, *iterum maritus.*
Biplex, *duplex.*
Biplicitas, *duplicitas, alterplicitas.*
Birrus, *rufus.*
Bistimiæ, *Trullæ.*
[235] Bitidum, *informe.*
Bivira, *secundo conjux.*
Blandiosus, *affabilis.*
Blato, *cubicularius, hospitalarius.*
Blenones, *puditi hircorius.*
[240] Blini, *tetri.*
Blitea, *stulta.*
Bobinatores, *inconstantes.*
Boeter, *verum, veranum.*
Boia, *torques damnatorum.*
[245] Bolonæ, *ipsi cetarii, qui diversa genera piscium emunt.*
451 Bombum, *sorbellum.*
Bombycinare, *purpuram facere.*
Bombycinatores, *purpuram facientes.*
Bona caduca, *quibus nemo succedat hæres.*
[250] Bona caduca, *res damnatorum.*
Bortanea, *tecta manualis.*
Bostar, *locus ubi stant boves.*
Boteonem, *juvenem.*
Botriones, *latices.*
[255] Branfia, *vel* Branzia, *tenuis auri lamina.*
Brasbrat, *lucubro.*
Brevigerulus, *qui breve gerit.*
Brj... *de tesseris.*
Britanium, *marmoricum.*
[260] Britanniaca, *flos qui in sinua nascitur.*
Broia, *ulva marina.*
Bromosa, *immunda.*
Brumalia, *resinosa pluvia.*
Brumosus, *annosus, resinosus.*
[265] Brunda, *solida.*
Brustum, *materiæ genus.*
Brutus, *gurdus.*
Bubis, *barba.*
Bucco, *garrulus, quod cæteros oris loquacitate, non sensu, superat, rusticus, stultus.*
[270] Bucinaria, *voces.*
Buceta, *pascua.*
Bucita, *pascua, ubi cientur boves.*
Bucula, *pascua.*
Buda, *historia.*
[275] Buda, *ornamenta regalia vel camelorum.*
Bullæ, *stramenta regalium camelorum.*
Bullum, *baculum pastoris.*
Burbalia, *intestina.*
Burga, *cloaca.*
[280] 452 Burgones, *combo.*
Burgos, *castra.*
Bursa, *cloaca.*
Bustantes, *sepelientes.*
Busticeta, *sepulcra in agro.*
[285] Bustuarius, *qui corpora comburit humana.*
Butis, *stella cometes, quæ quasi comas habet.*
Butum, *imbutum, imbuendum.*
Buvinare, *sanguine inquinare mulieris menstruæ.*

C

Caballarius, *alaris.*

seu *ballia*, prædio rustico; alii *bestangarius*, ex *angariare* bestias; alii *pastinus*, ex *pastinare*, colere.

210. *Serpentis*. Semlerus conjicit, *piscis*.

213. *Cum armatis*. Forte, *cum armis*. Vide Festum, *vellicrepa armilustrium*.

214. Ad hanc glossam fortasse restituendæ aliæ duæ infra, *bibuscus*, et *biluus*.

215. Legendum *bellues*, vel a *bello*, vel a *belluis*.

217 et seqq. Semlerus conjicit, *Bistonia*, *Thracia*. *Bistones Thraces*. *Bistoniæ Thraciæ*. Favet Salomon Constantiensis.

222. *Secat*. Reponendum, *servat*. Semlerus mallet *tegat*, ex etymologia *thecæ*, lib. VI Etymol., cap. 3, num. 1.

224. Confer lib. XVII Etymol., cap. 8, num. 6, *Bdellium*.

227. Forte huc spectat glossa paulo post *birrus*, *rufus*, et pro *gufa* legendum erit *rufa*. De *birro*, *byrrheo*, aut *byrreo* multa Rosweydus, in Onomastico. Becmanus observat, *birrum* et *burrum* dici rubentem cibo, vel potione, unde ebrios Hispani *borrachos* appellant. Semlerus pro *bicerra*, intelligit *bicirra*, cirros utrinque habens.

228 et 229. Mutandum *i* in *e*, *bellua*, *belluus*.

234. Corrige ex dictis n. 217.

235. Forte *bividum*, aut *bicium*, *biforme*.

238. Semlerus tentabat *blato* (id est, *blatero*) *cupidiloquus*, *blaterarius*.

239. In Excerptis Pithœanis, recte, *putidi hircosi*. Jansonius volebat *pudendum hircorum*.

240. Pro *blini*, repone *blenni*.

241. *Blitum* est olus vile. Etymol. l. XVII, c. 8, n. 15. Semlerus mutat *stulta* in *lutea*.

242. Confer Festum et Nonium.

243. Semlerus conjicit *ber* (pro *ver*) *vernum*, *verinum*. Hispanis æstas *verano* dicitur.

245. Vide num legendum *balænarii*, *cetarii*.

246. *Sorbellum*, scilicet *sorbitium* medicinæ bombos, seu crepitus ventris cientis, ut Semlerus interpretatur. Adisis Barthium, col. 768, et miscellaneas observationes ab eruditis Britannis cœptas, vol. II, tom. II, pag. 301.

251. Emenda *basterna*; de qua supra.

252. Versus Abbonis:

Efficitur bostar Germani antistitis aula.

255. Forte, *boethon*, quod Græce juvantem sonat.

256. Semlerus haud inepte putat, ex *lucubro*, *lucubras*, *lucubrat*, seu, ut scribi solet, *lucubro*, *bras*, *brat*, aliquem annotasse *bras*, *brat lucubro*, inverso ordine.

257. Forte, *Prytaneum marmoricum* addito *deambulatorium* ex Papia.

260. Alii *Britannica*; pro *sinua*, alii *silva*, alii *Frisia*, alii *insula*, hoc est, Britannica.

261. Constantiensis, *broca bellua marina*.

262, 263, 264. *Bromosus*, *bramosus*, *brumosus* ex multorum sententia non differunt. Pro *resinosa*, *resinosus*, Semlerus vult *hiemosus*, *hiemosa*. Adisis Rosweydum.

265. Rutgersius, *bruta*; *stolida*; Barthius *grunda*, et Jansonius *bunda*, ex idiomate Germanico.

266. Pithœus, *bruscum*, aceris species.

268. *Bubis*; vel scribendum est, vel intelligendum *pubis*.

270. Forte, *bucinari*, *a voce*, vel *bucinariæ voces*, vel *bucina vocina*.

273. Barthius, *bucula*; Semlerus ex *bucela* corruptum putat.

274. Rosweydus *storea*, vel *storia*. Barthius *bugia* (Italis fabula) *historia*.

275. *Buda*. Forte, *buclæ*, vel quod sequitur, *bullæ*.

277. Grævius, *bacillum*, *baculum*. Martinius, *bullatum*, *baculum*. Semlerus, *baclum*, vel *bullum* contractum dicit ex *bucolion*.

279. Breviloquus, *burgulium*, *crinis genitalium*. An ergo *burgulia*? an *buris*, *bura stiva*, pars aratri?

279. *Burga*; alii, *burda*. Vide num. 409.

282. Lege, *burca*.

286. Nonnulli sic distinguunt, *butis*, *bootes*, *stella*...; *cometes*, *quæ*, etc.

289. Pro *alaris*, alii *sellaris*, alii *alaeris*; alii retinent *alaris*, hoc est, eques, qui alas in exercitu constituebat. Semlerus legit *Caballarius*, *allaris*; hoc est, *caballarius*, *caballaris*.

[290] Caballus, *cabo, equus.*
Cabo, *caballus, sonipes, equus.*
Cadax, *claudus, qui sæpe cadit.*
Cadicarius, *ad quem pertinent quæ cadunt defuncto aliquo, cui non est qui succedat.*
Cæca vestigia, *ratione carentia.*
[295] Cadurda, *labra pudendi muliebris, vel sponda lecti.*
Cæruleus, *bestia marina.*
Cærulus, *cruciatus.*
Calabri, *versus obsceni.*
Calabris, *ventris siccis.*
[300] Calator, *minister sacrorum.*
Calces, *galliciæ militum.*
Calcitio, *rusticus, eo quod dure calcet, Plaut.*
Cleonas, *si quid videt ab se ire calcitionem.*
Caldicum, *foris deambulatorium; quod et peribulum dicitur, et iterum.*
[305] Calestra, *genus mitræ.*
Caleira, *ubi vespæ nutriuntur.*
Callas, *fabrorum foramina.*
Calles, *viæ tritæ pecorum vestigiis.*
453 Callicularium, *medium æstatis, vel hiemis.*
[310] Callithrix, *simul producta barba.*
Callorus, *malitiosus.*
Calones, *galearii militum.*
Calonica.
Calpes, *galeæ militum.*
[315] Calvitio, *memor.*
Calator, *minister sacrorum.*
Camasus, *amfimallus.*
Campiones, *gladiatores, pugnatores.*
Campsat, *flectit.*
[320] Canava, *camea, post cœnaculum.*
Cancellat, *concidit, batuit.*
Cancer, *forceps.*
Candes, *vasa fictilia.*
Candomina.
[325] Canier, *levo.*
Cantabulum, *stabulum.*
Cantricula, *fucus.*
Caparcus, *pistor.*
Capite census, *coronam qui in capite gerit.*
[330] Capite census, *taxatio possessionis.*
Caplum, *funis.*
Caprioli, *botriones, latices.*
Capsis, *galea de corio.*
Captentula, *captio.*
[335] Captura, *deceptio, vel locus piscosus; et ubi sedet actuarius, qui balneare exigit.*
Carabus, *parva scapha ex vimine, et corio.*
Candulum, *membrum feminæ.*
Carinantes, *illudentes.*
Carissa, *lena vetus, et litigiosa;*
454 *ancilla dolosa, fallax.*
[340] Carrio, *divido.*
Cartilagini, *lardo bradone.*
Casona, *acus qua mulier scalpit caput.*
Casorum, *vetustum.*
Cassatur, *castratur.*
[345] Cassiculum, *rete, jaculum.*
Cassidilis, *pera, marsupium.*
Castiferum, *qui flagellum portat.*
Castipulum, *mensa quadrata.*
Castorinum, *vebrinum.*
[350] Catadocta, *multorum cantica.*
Catamaiti, *ergastulum.*
Catamontem, *cœli aspectum.*
Cataplus, *adventus navis.*
Catasta, *eculeum, genus pœnæ.*
[355] Catasta, *lectus ferreus.*
Catax, *claudus, coxus.*
Catervarius, *qui in catervas populi est.*

290. Barthius, *caballus, capo equus*, hoc est, castratus.

292. Infra *catax* eodem sensu.

294. *Ratione*; forte, *ratiocinatione*.

295. Ita fere Breviloquus; scribe *cadurca*.

296, 297. *Cærulus*; alii, *cæruleus*, alii *celus*. Ad colorem quod attinet, *cæruleum* est viride sub nigro, ut est mare. Vide differentias verborum, tom. V, n. 115, et alias Differentias inter appendices, tom. VII, num. 173.

298. Semleri conjectura est *calabri, hydri obsceni*, quibus Calabria abundat.

299. Constantiensis, *flatilis, ventis siccis*. Hinc fortasse corruptum *calabris*; nisi legas *cantabris, vexillis, signis*.

300. Calatores populum præcipue ad sacra convocabant a Græco *calo*.

301. Alii *caligæ, gallicæ militum*; alii, *caligæ, calcei militum*. Vide l. XIX Etymol., cap. 34, n. 2 et 12. Semlerus, *calones, galearii militum*.

302. Alii, *calcitro*, etiam apud Plautum.

304. Plerique, *chalcidicum... quod et peribulum*, pro mœniano, seu projecto. Semlerus, *calcicum* (a *calx*), *quod et periculum dicitur, et caterium* (pro *quaterio a quater*), quia eminentiæ ædificiorum tutelares pericula dicebantur, et erant figura quadrata. In Pithœanis additur *canadium*, pro *cavadium*, seu *cavædium*.

305. Forte, *calystra* e Græco.

306. Scribendum videtur *calletta*, a *calle*.

308. Jansonius, *scalle*, *fabarum putamina*; Semlerus, *calles crabronum foramina*.

309. Reinesius, *canicularium*.

310. Lege *simia*, pro *simul*, ut in Excerptis Pithœi. Vide Etymol. lib. XII, cap. 2, n. 33.

311. Martinius, *maculosus*, pro *callorus*; Semlerus, *callosus*.

312, 313. Vegetius, l. III, c. 3, *Calones, quos galearios vocant*. Melius *calearios*. Hinc *calonica*; forte addendum *servitia militum*.

314. Vide *calces*, n. 301. Alii legunt *calbei*, aut *galbei*; alii deducunt a *calones*.

315. *Calvisio*; forte, a *calator*, *minister*.

*318. Salmasius, in Lampridium, pag. 132, observat *campum* locum esse in quo exercentur milites, et in quo prælium committitur. Hinc *campiones*. Scioppius, in Infamia Famiani, pag. 1, Famianum Stradam inepte reprehendit, quod *campum* ad locum pugnæ retulerit, et in limine ipse offendit.

320. *Canava*. Utuntur hac voce Ennodius et sanctus Augustinus; inde Itali *canevaro*. Pro *camea* repone *camera*, alii volunt, *cama*, aut *chama*, aut *cavea*.

321. Grævius, *cancellat, inducit, expungit*.

323. Forte *bascandæ* pro *candes*.

324. Alii, *condamina*. Corruptum videtur ex *canda, bascanda*.

325. Martinius, *canis, leno*. Semlerus, *ganeo, leno*, vel *canities, albedo*.

326. Pro *cantabulum* legendum *catabulum*.

327. Forte, *craticula, focus*.

332. Grævius, *bicornes, latices*.

333. Legendum *cassis*.

335. Semlerus dividit, *et ubi aves sedent. Capturius, qui balneare exigit*. Pretium balnei, lenocinii, et cujusvis ministerii sordidi *balneare* dicebatur. Asse æreo constabat lavatio balnearis, exceptis pueris, ex Juvenale, *qui nondum ære lavantur*.

336. Adisis Ducangium, et Etymol. l. XIX, c. 1, n. 26.

338. *Carinantes*; vel a *carina* dicti, vel a *Caria*, vel a *carere*, vel a *cartes*. Vide num. seqq.

339. Hinc forte Itali, *carogna*.

340. Grævius, *carpo*; Semlerus, *careo*, quod est *divido lanam*; unde *carminari*.

341. *Bradone*; forte, *brodone*. *Lardum* fuit cibus mollior jusculi in modum: et Italis *brodo* jusculum est. Alii deducunt ex Germanico *braten*, certa lardi specie.

342. *Cason, casonis*; inde postea *casona*.

343. Pro *casorum* legendum *cariosum*, vel *cascum*.

347. Alii, *cæstiferum*. Vulcanius, *cistiferum, qui cistellam portat*.

348. Apud Varronem, *cartibulus*.

349. Lege, *bebrinum*; fiber *beber* etiam dicebatur.

350. Distinguendum *cata, docta*. Pro *multorum cantica*, alii *mulierum*, omisso cantica. Alii adduut, *cata docta, catalecta, multorum cantica*.

351. Forte, *latomia, ergastulum*.

352. Divide *cata montem*, hoc est, juxta montem. Sic *cata Lucum*, etc.

357. *Catervas*, melius *caterva*, scilicet *populi est*.

Catomain, *ergastulum.*
Catricula, *fucus.*
[360] Cavillator, *mendator, calumniator.*
Caules, *cancelli tribunalis, ubi sunt advocati.*
Caupilus, *navicula brevis.*
Caupulus, *navis.*
Cauriones, *festa, officia.*
[365] Causarius, *litis amator.*
Causarius, *reus.*
Cautos, *sacerdos.*
Cautumne, *citanæ.*
Cecua, *noctua.*
[370] Cecuma, *noctua.*
Censitores, *agrimensores.*
Ceptio, *commercia.*
Ceruchi, *navium funes.*
Cerealis, *qui ad sacra stat.*
[375] Cerniculi, *catamites recrementorum.*
Cernuare, *præcipitare.*
Cernulus, *in capite ruens.*
455 Cervida, *lignum, super quod ducitur taratantara.*
Cessiosus, *qui sæpe cedit.*
[380] Cessit, *nupsit.*
Celes, *oves, aves.*
Charaxatis, *scriptis.*
Choraula, *princeps chori ludorum, quo nomine potest dici totus chorus.*
Choreis *ballationibus.*
[385] Ciccum, *mali granati membrana.*
Cidones, *puerorum amatores.*
Cilindrum, *semicolumnium.*
Cima, *cocumula.*
Cinnes, *cinni.*
[390] Circat, *circumvenit.*
Circellio, *monachus per cellas vagans.*
Augustinus.
Circiliones, *falsi anachoretæ.*
Circio, *pars inter Aquilonem et Occidentem.*
[395] Circitorum, *circantium.*
Circulator, *qui fumat.*
Cirrus, *cirritus, cirritudo.*
Citaxus, *similis taxo.*
Citenæ, *cautumniæ.*
[400] Citix, *pi ata.*
Civica, *civem facit.*
Civitare, *civitatem colere, vel civem facere.*
Clacindex, *concha.*
Clamnum, *clarissimum.*
[405] Clanculare, *occultare, palliare, subacellare.*
Clanculat, *celat, abscondit.*
Claredines, *claritudines.*
Claudire, *claudicare.*
Clavia, *borda.*
[410] Clavosum, *inæquale.*
Clibanarii, *quasi tunici ferrei.*
Clingit, *eludit.*
Clipei (clypei), *ubi imagines proponuntur.*
Clitellæ, *cretellæ.*
[415] Clivior, *nobilior.*
Cloaca, *burca.*
456 Cloes, *pluvia, vel navigium.*
Cnios, *tortiones, indecentes.*
Coactores, *argentarii.*
[420] Coarcuatio, *concameratio, conjunctio arcuum.*
Cocio, *arilator.*
Cocistro, *prægustator cocinæ.*
Cocula, *ligna arida, vel vasa ærea.*
Cognitor, *a conoscenda causa dictus, vel executor curiosus.*
[425] Cohibentia, *conclusio.*
Cohibuli, *concordes, conjuncti.*
Colifarius, *bos operarius.*
Colimbus, *locus, ubi mundantur vestimenta.*
Colitor, *dominus fundi.*
[430] Collegarius, *unus ex collegis.*
Collianorum, *publicanorum, vel impiorum.*
Collybum, *κερμάτιον.*
Colume, *sanum.*
Columes, *salvos.*
[435] Comat, *frondet.*
Comitare, *loqui in conventu, eundo, redeundo, ambulando.*
Comites, *socii.*
Comitiæ *dicuntur tempora bonorum, quando dant honores, item ubi milites sunt.*
Comixius, *verbosus, loquax.*

359. Emenda, *craticula, focus.*

360. Pro *mendator* Grævius *mendax*, vel *mentitor.*

361. Melius *caulæ;* nam septa tribunalis instar caularum erant.

363. Gellius, l. x, cap. 25.

364. Semlerus, ex Festo, *caviares hostiæ, sacrificia.*

367. *Cautos;* alii *cautus*, alii *castus:* malim *custos*, scilicet templi.

368. Semlerus vult *lautumæ, lautomiæ*, ut secundum verbum sit varia lectio. Vide n. 358.

370. Festus, *cicuma.*

372. Melius, *commercium. Ceptio* etiam verti posset in *captio.*

373. Rectius *ceruchi*, qui sunt antennæ, vel antennarum funes, aut cornua.

375. Semlerus, *cerniculi excrementorum*, deleto *catamites.*

378. Alii, *cernicula*, pro *cervida*, aut *cernida.* Catholicon: *Taratantara est instrumentum quo farina colatur*, etc.

380. *Cessit.* Intellige *Titio, nupsit.*

381. Minus bene *celes* in Excerptis. *Oves, aves* fortasse non sunt glossæ: Latinus interpres Bibliorum, *celes, oves, aves* subjecta Messiæ esse dixit. Inde id sumptum putat Semlerus.

383. *Quo nomine*, etc. Hæc falsa. Excerpta, *choraula, jocularis.*

386. Cretenses puerorum amatores erant, et *cydones* dicebantur.

388. Scribitur *cyma*, vel *cuma*, et *cumula.*

389. Semlerus, *cincinni*, sine interpretatione.

391, 392, 393. De monachis *circumcellionibus*, vide lib. II de Officiis, cap. 16. Augustini nomen interjectum est, ut indicetur, eum de circellionibus agere.

394. Melius, *circius.* Vide cap. 37 de natura rerum, n. 1.

395. Vegetii est *circitores* circumeuntes.

396. In Excerptis *fumat*, fumos vendit. Semlerus, *funat*, hoc est, funes scandit, funambulus.

397. *Cirritus, cirritudo*, voces a *cirro* derivatæ, non glossæ.

398. *Citaxus.* Forte, *ceu taxus.*

400. *Citis.* Repone *cilix.*

401. *Civica.* Lege *civitat*, seu *civicat.*

404. Grævius, *clarissimatum*, qui est honor clarissimorum, pro *clamnum;* alii, ex Papia, *clarimum* contracte.

405. Pro *subacellare*, legendum *subcelare*, vel *seu celare.*

409. *Borda.* Inde *bordare* Hispanis et Gallis; Romanis, *laticlavia.* Alii, *cloaca, burca.* Vide num. 279.

412. Pro *eludit*, alii *claudit*, alii *excludit.*

413. Vide Differentias verborum.

414. Forte, *cletelle*, pro *cretellæ.*

415. *Clivior;* imo *cluior.*

417. Semlerus, *cloiæ, vel claiæ navigia;* al., *clues polles.*

418. Alii, a Græco, *cnyos, scabies;* alii, *cinnus*, vel *cincinnus*, et *torti crines*, pro *tortiones.*

419. Grævius conjungit voces *coactores argentarii* sine glossa.

421. *Arilator* et *cocio* dicitur a Festo, qui sequitur merces, ex quibus quid cadens possit lucri tollere, et qui in vendendis emendisque mercibus tarde pervenit ad justi pretii finem.

422. Forte, *cocistrio.* Is *tabernarius* alibi dicitur. Culina Hispanis est *cocina.*

425. Ducangius conjicit, *connirentia, collusio.* Semlerus retinet, *cohibentia, conclusio.*

426. Forte, *cohibiles*, a *cohibendo*, vel *connivuli* potius, a *connirendo;* vel retinendum *cohibuli*, a *cohum*, jugum.

427. Reinesius, *colipha, cibus operarius.*

428. Scribendum *colymbus*, pro *colimbus.* Pro *locus*, melius esset *lacus.* Vide comment. ad Prudentium, Peristeph. hymn. 12, vers. 36.

431. *Collianorum;* al., *collybariorum;* al., *teloniariorum.*

433, 434. Forte, *inc lume, incolumes.*

436. Rectius, *comitiare.*

438. Pro *bonorum*, Grævius *honorum.*

439. *Commixius;* al., *comitiosus*, a *comitiari;* al., *comiosus;* al., *curiosus.*

[440] Comma, *brevis dictio*
Commanipularis, *conscius, collega.*
Commatibus, *disciplinis.*
Commaticus, *versificator.*
Comminando, *in entando.*
[445] Commolunt, *dentibus compriment.*
Commulcare, *complodere.*
Commulcat, *conculcat.*
Communicarium, *partiarium.*
Commodia, *hostiaria.*
[450] Complex, *qui in uno peccato, vel crimine alteri est applicatus ad malum, ad bonum vero nunquam dicitur.*
Concibiones, *quædam stellæ* **457** *quæ per astrologiam concipientibus optantur.*
Concilıabulum, *ubi plures sui juris sedent.*
Conclassare, *conclamare.*
Conclassare, *conjungere classes.*
[455] Concubium, *pellicatus.*
Conditorium, *ærarium.*
Conditura, *impensa.*
Condones, *gladiatores.*
Confarreatio, *consacrorum communicatio.*
[460] Confarreatus, *consociatus.*
Conferentia, *collatio.*
Conferiatus, *sociatus.*
Conferui, *cognovi, comperi.*
Confida, *dubitator.*
[465] Conflatim, *copulatim, contexte.*
Conforaneus, *unius fori.*
Contragmentum, *simul rugosum, ut mons.*
Conjecit jaculum, *augmentavit.*
Convoli, *concordes, juncti.*
[470] Connixa, *partu liberata.*
Consæpe, *ut adsolet.*
Consipit, *saporem habet.*
Consponsores, *alterutri fidem dicentes.*
Contra fœdus, *contra pactum*
[475] Contribules, *consanguinei, quasi ex eadem tribu.*
Contribuni, *consanguinei, parentes.*
Contumia, *contumelia.*
Coraula, *jacularius.*
Corimbata, *navis.*
[480] Corugio, *puer; est ludus, quando proverbia dicunt.* Alibi igitur : *corugium pars est in ludis, quando proverbia dicuntur*
Coruscatio, *vibrat hiems.*
Cracat, *craceral.*
Cracentes, *graciles.*
Craceral, *cracat.*
[485] Crea, *stercus, spurcitia, unde excreare, dicimus, spurcitias ejicere.*
Creagras, *tridentes.*
Crebro, nis, *porca, terra inter duos sulcos eminens.*
Creditaria, *cameraria.*
Creditarius.
[490] Crematom, *collybum.*
Crematium, *holocaustum.*
Creporem ferri, *sonum catenæ.*
Crepundiis, *initiis.*
Cretellæ, *clitellæ.*
[495] Cristatus, *honestus, decens.*
Cruminat, *ruminat.*
458 Crustaria, *taberna a vasis crustulis.*
Cubio, *masculus.*
Cucier, *Ponticum sacerdos.*
[500] Culina, *latrina secessum.*
Culit, *vehementer percussit.*
Culleus, *tunica ex sparto in modum crumenæ facta, quæ liniebatur a populo pice et bitumine, in qua includebantur parricidæ cum simia, serpente et gallo : insuta mittebatur in mare; et contendentibus inter se animantibus, homo majoribus pœnis afficiebatur.*
Culpa piabunt, *peccatum solvent.*
Cuma, *poma silvestria.*
[505] Cumerus, *urbanus.*
Cuppes, *fastidiosus, cupidus.*
Curagulus, *id est, curiosus, curaculus, curiosus.*
Curcilla, *oppilago.*
Curio, *sanguis.*
[510] Curustus, *magnus.*
Cusire, *consuere.*

D

Dalmata, *vestis sacerdotalis candida, cum clavis purpureis.*
Dalum, *minimum velum navis.*
Damnatitius, *dedititius.*
[515] Damus, *fenerator.*
Datitius, *Latinum non est, sed Dedititius is est : si barbarus dedat se Romanis, dedititius is est.*
Dativa, *donativa.*
Decaleo, *dealbo.*
Decentarius, *promptus, paratus, ingeniosus.*
[520] Decluere, *decorari.*
Decardo, *occupatio.*
Delticus, *litteratus doctor.*
Demundinat, *omnibus notum facit.*
Depalata, *manifestata.*
[525] Depanare, *dilacerare.*
Deplicare, *decedere, devitare.*
Depubis, *porcus sugens q... a setis.*
459 Derarat, *torpet, frigidum est.*
Desiduus, *ignavus, impiger.*
530 Desolanus, *subsolano.*
Destitudo, *destructio.*

442, 443. *Disciplinis.* Semlerus, *descriptiunculis.* Commata sunt interpunctiones.

449. *Hostiaria.* Hinc Italice *hosteria*, diversorium.

450. *Nunquam*, hoc est, fere nunquam.

452. Etymolog. lib. VI, cap. 16, n. 12, explicatur quid sit *concilium*. Pro *sui juris* forte *unius juris*, aut *sub jure*.

458. *Condones.* Semlerus, *campiones.*

459. Lege *sacrorum*, vel *consociatio, sacrorum communicatio.*

462. *Conferiatus*; al., *conferreatus.*

463. *Conferui.* Semlerus, *comperui.*

464. *Confida*, ut *advena, incola scriba.* Semlerus, *convicia, viciator*; id est, *conviciator.* In aliis lexicis, *dubitator, diffida.*

467. Grævius, *confragosum, simul fragosum, ut mons.* Semlerus, pro *contragmentum*, conjicit *confrages montium*, scilicet sunt, omissis aliis.

468. Lege, inverso ordine, *amentavit* (pro *augmentavit*), *conjecit jaculum.*

469. Supra, *cohibuli.*

480. *Corugio*; forte, *coragium.*

481. Melius *vibrans*; vel *vibrat hiems, coruscat.*

482. Infra, *craceral.*

487. Festus : *Porcæ appellantur rari sulci; nam crebriores sulci limi vocantur.* Hinc putat Semlerus glossam *crebro*, etc., confictam fuisse.

491. *Crematium. Crematium*, vel *crematum.* Martinius, *hypocaustum*, pro *holocaustum.*

494. Supra, *clitellæ.*

499. *Cucier.* Repone, *curio.*

502. Vide comment. ad Prudentium, pag. 1016, et not. Lebruni ad Lactant. lib. III, cap. 4.

504. *Cuma.* Lege *corna.*

505. Alii, *camerus, curvatus*; al., *comis, urbanus.* Semlerus, ex Festo, *cumerus, vannus.*

508. Vide, infra, *oppilago, curcilla.*

509. *Curio*; imo, *cruor.*

510. In Excerptis, *coruscus.* Cerda, *grossus*, vel *crassus.* Alii, *ceruses.* Alii, ex Festo, *cerus, manus.*

511. *Cusire.* Ita hodie Itali. Alii mallent *cusuere*, aut *cossuere*, pro *cusire.*

512. Grævius, *dalmatica.*

514, 515, 516. Grævius, *damnatitius, dedititius, addictus, feneratori. Datitius Latinum non est*, etc... Semlerus, *damus* [Corrige, *danista*] *fenerator. Datitius, dedititius. Datitius Latinum non est*, etc.

519. Melius, *dicenturius*, a *dicendo.*

520. Restitue *deglubere, decoriare.*

521. Grævius, *distentio, occupatio.* Semlerus, *decurio, optio.*

522. Becmanus, *delticum litteratum* dici putat ab Hebræo *daleth*, tabula, pagina libri.

526. *Deplicare.* Contraria significatione, *applicare.* Semlerus existimat interpretationem deesse, pro *deplicare*, et incipere aliam glossam *decedere, devitare*, seu de vita excedere. Sic melius esset *devitare, decedere.*

527. Festus, *qui prohibitus est pubes fieri a setis.* Breviloquus, *quasi deorsum a setis.*

528. *Derarat.* Semlerus putat id appositum, ubi aliqua vox rara inveniebatur, vel legendum *derorat, ros decidit, friget.*

529. Lege *piger* pro *impiger*; vel *deassiduus, gnavus, impiger.*

530. *Subsolano.* Rectius, *subsolanus.*

531. Malim *destitutio, desertio.* Alii, *destitudo, destitutio.*

Destricare, *consummare.*
Delectus, *agitur modo, id est, probatio fit tironum.*
Devibiæ, *vigiliæ vulgo paleæ mulieris.*
[535] Devirginat, *corrumpit.*
Devoratores, *ambrones.*
Devoto, *accuso.*
Dextralia, *brachialia.*
Dialapis, *constitutum imperatorum.*
[540] Diale, *diurnum, meridiale.*
Ex Diametro annus sumptus, *hoc est, non a principio signiferi, sed a medio.*
Diaria, *cibus unius diei.*
Diaria, *quotidiana salaria.*
Diatim, *de die in diem.*
[545] Dictatorius. *Ex dictatore.*
Didatim, *divisim.*
Diditum, *percrebatum, divulgatum.*
Diennium, *biennium.*
Diescit, *dies fit.*
[550] Diet, *nunc dies fit.*
Diffarreatio, *dissolutio inter virum et feminam.*
Differentior, *eminentior.*
Diffitiscit, *dissolvitur.*
Dilargus, *multum donans.*
[555] Dimus, *bimus.*
Dinidor, *malus odor.*
Diplomatarius, *duplicator.*
Diplomum, *gubernatum.*
Diptycha, *tabellæ, quas ferimus.*
[560] Dique, *denique.*
Diribere, *dinumerare.*
Diribitorium, *locus contubernii.*
Discipulati, *edocti.*
Discussor, *examinator.*
[565] Disdonat, *diversa donat.*
Disgrex, *segregus.*
Dispecatis, *decoriatis.*
Displatidus, *morosus.*
Dispunctores, *qui dona militibus erogant.*
460 [570] Dispungere, *donare.*
Dissultores, *singulares.*
Distatio, *occupatio.*
Distrigare, *consummare.*
Divale, *diurnum.*
[575] Diversiclinia, *heteroclita.*
Divomerat, *aperuerat.*
Divus, *imperator, qui post mortem Dei nomen accepit.*
Doctitat, *frequenter docet.*
Dolumen, *delubrum.*
[580] Dorsennus, *persona parasitorum.*
Dosius, *vel* Dosinus, *equus asinini pili.*
Dramea, *post frameam.*
Draquiti, *manus invidi.*
Drusus, *patiens, rigidus.*
[585] Dualis, *divisa femina.*
Duellio, *rebellis.*
Durica castra, *stationes navium.*
Dusius, *dæmon.*

E

Eccitum, *periculum.*
[590] Ecloga, *pars carminis.*
Econes, *sacerdotes rustici.*
Eda, *basterna.*
Edentat, *dentes excludit.*
Edituus, *qui ex ædile est scriba.*
[595] Editius, *custos ædis.*
Eduli, *voratores, degulantes.*
Effatui, *vaniloqui sine effectu.*
Efficabilis, *in omnibus expeditus.*
Effeminatorium, *domus meretricum.*
[600] Egeator, *hortator navis, a mari Ægeo.*
Egeria, *noxia.*
Egestio, *necessus.*
461 Egestuosus, *mendicus.*
Egones, *sacerdotes rusticorum.*
[605] Egrex, *eximius, eminens.*
Egrotatitius, *qui frequenter ægrotat.*
Elegiis, *criminibus, vel carminibus malis.*
Elogium, *narratio numerantis, vel ordo criminum.*
Elogium, *responsum aliquod, ubi ratio redditur, tanquam si dicat aliquis de quoque, Exhæredabo eum; quare? quia mihi insolens fuit.*
[610] Elogium, *textum malorum dictorum, quod materiam dicunt.*
Emacitas, *emendi aviditas.*
Emancups, *famulus a servitute liberatus.*
Emedium, *vehiculum.*
Ementum, *excogitatio.*
[615] Eminiscitur, *in memoriam reducit.*
Emissarius, *percussor.*
Enussarius, *sanguinarius.*
Enica, *adultera, mœcha.*
Enigma, *obscuriloquium.*
[620] Enormate, *cui addi minus nihil potest.*

532. Idfra, *distrigare.* Utrumque ab extrico.
534. *Devibiæ* mutandum in *decubiæ.* Reliqua post *vigiliæ* alio pertinent.
539. Al., *dialabis;* al., *dialepsis;* al., *dialabe.* Semlerus, *dilia, bis. Diathecæ, constitutum imperatorum.*
556. *Dinidor.* A *nidor,* et Græco *dys.*
557. Alii, *duplomatarius. Diplomatarius* intelligitur qui duplatam chartam vendit et compingit.
558. *Gubernatum;* al., *duplicatum;* al. *quaternatum.*
559. Vide prolegom. ad Prudentium, pag. 565 seq.
560. *Dique;* forte, *deinque.*
562. Grævius, *diribitorium, locus campi Martii.* Semlerus retinet *contubernii* pro ædificio militari, ubi stipendia, vel alia militibus distribuebantur.
565. *Disdonat,* ut *distribuit,* etc. Grævius, *dissonat, diversa sonat.*
567. *Dispecatis.* A *pecus.* Editi, *dispeccatis.*
569, 570. *Dona,* etc. Forte quia is qui dispungit nomina debitorum in tabulas relata debitum condonare videtur; vel quia dum militum emeritorum nomen dispungebatur, aliquid eis donabatur.
571. Semlerus, duo militum genera annotari ait, quorum alii dissultores, alii singulares. *Dissultores* et *desultores* iidem sunt.
572. Vide, supra, *decardo.*
573. *Distrigare.* Potius, *districare.* Supra, *destricare.*
576. Alii, *dimoverat, separaverat;* al., *divomerat, aperit, arat.* scilicet, a *vomer.*
580. *Dorsennus.* Ex epist. 17 Horatii, ubi alii, *Dossenus.*
582. Grævius, *aramea. Vide post Framea.* Deest tamen *framea* in littera f.
583. Papias, *draquiti.* Semlerus, *dragmitæ uniones inclusi,* vel *draconteæ manus invidæ. Dragma* est reticulum gemmarum.
584. Grævius intelligit *Drusum* nomen imperatoris a Druso victo. Semlerus, melius, *durus.*
585. *Femina.* Lege, *gemina;* etsi alii de adultera dictum id putant.
586. *Duellio.* Forte, *duellis.* Breviloquus, *duellio, duellionis.*
587. Restitue *Dorica,* etc. Ex Servio, ad Virgilium, lib. III Æneid.
588. Vide lib. xiv Etymol., cap. vi, in fine.
589. Forte, *exitium.*
591. Inferius, *egones.* Forte, *ægones, pastores, rustici.* Ex *pastores* aliquis fecerit *sacerdotes,* qui a Christianis pastores vocantur.
592. Alii, *sedea;* al., *edea;* al., melius, *esseda.*
593. *Excludit;* al., *exuit.*
595. Corrige *ædituus.*
597. *Effatui.* A *Fatuus.* Pro *sine effectu,* alii, *sive effati.*
600. *Egeator;* imo *egeter,* ex Græco, non ex mari Ægeo. Fortasse hæc facit locus Etymol. lib. xix, cap. 2, n. 4. *Agea, viæ sunt,* etc.
601. Festus, *Egeriæ nymphæ,* etc. Reinesius, *nixia,* pro *noxia.* Barthius, col. 2048, *egerum* a Paulino vocari notat, quod superfluum a cibis digestis egeritur.
602. Forte periit interpretatio. Semlerus putat *egestio, egens,* ab *egendo,* vel corruptum, pro *egestuosus.*
607. Grævius, *elogiis, carminibus. Elogium* plerumque ad laudem, aliquando malo sensu est. Proprie *ellogium* scribendum ait Semlerus.
613. *Emedium;* al., *epirhedium;* al., *essedum.*
614. *Ementum.* Ab *eminiscor.*
618. *Enica;* al., *ethnica,* et sensu spirituali *adultera;* al., *meca* pro *mœcha.*
620. *Minus.* Grævius, *minuive.* Scilicet *enormis* est, aut ita magnus, ut major esse nequeat, aut ita parvus, ut minor esse non possit.

Enulum, *caldarium.*
Ephebion, *locus constuprationis puerorum imberbium.*
Epibatæ, *laici.*
Epigri, *clavi., quibus lignum ligno adhæret.*
[625] Epimenia, *xenia, quæ dantur per singulos menses.*
Epulatitius, *qui epulis dat operam.*
Equotus, *privatus.*
Ereptoria, *adimenda, reddenda.*
Ergastulum, *carcer, vel locus, ubi damnati marmora s cant, vel aliquid operantur, quod Latine* talentum *dicitur, sub privata custodia, ubi non sunt tenebræ.*
[630] Ergat, *circat.*
Erranei, *errantes.*
Error, *vaticinatio.*
Erugat, *planum facit.*
Eruli, *domini.*
[635] Escit, *lentus.*
Esculentia, *pinguedo.*
Etica, *proprietas.*
Eticon, *proprium.*
Evadatur, *reposcit, flagitat.*
[640] Eubo, *oleo.*
462 Eviscerat, *excomedit.*
Evitaneus, *qui in ævo durat.*
Exadituat, *excludit ab aditis.*
Exapla, *exempla.*
[645] Excastratus, *excoleatus.*
Excavet, *præcavet.*
Excellare, *cum uxore esse.*
Exceptoria, *cisterna.*
Excilare, *cum uxore esse in libertate.*
[650] Excipulum, *venabulum.*
Exdorsuandum, *judicandum.*
Exenim, *valde.*
Exfretat, *navigat.*
Exibus, *pinguedo.*
[655] Exilia, *erronum marinus.*
Eximequi, *proxenetæ.*
Eximietas, *sublimitas.*
Exippitare, *vare excitare.*
Exminutiare, *pauperem facere.*
[660] Exundat, *repluit.*
Exodium, *cantio in theatris ludicra, et scurrilis.*
Exornis, *immanis.*
Expalmare, *depellere.*
Exparta, *partu vacua.*
[665] Expartoa, *patula aqua.*
Experti, *extranei, extra partem notitiæ.*
Expilatores, *alienæ hæreditatis subreptores.*
Expotata, *hausta.*
Exprodita, *exclusa.*
[670] Expudoratus, *impudicus.*
Expuncta, *fibras pectorum.*
Exsumptuavit, *pauperavit.*
Extensio, *regio.*
Externavit, *extraneum fecit.*
[675] Extestinum, *extraneum.*
Extispices, *aruspices.*
Extracautis, *foris versos.*
Extraculas, *foris versos.*
Extromis, *extremus.*
[680] Extruncis, *arbor truncata.*
Exuito, *depello, evito.*
Exundantibus, *repluentibus.*
Exundat, *prorogat.*

F

Fabarii, *cantores.*
[685] Fabarius, *cantor.*
Fabulo, *fabulas componens.*
Fabulones, *fabularum inventores.*
463 Falangarius, *ut gladius.*
Falcarius, *gladiator falsam gerens.*
[690] Falcitat, *putat, secat, æstimat.*
Falcones, *qui pollices pedis intra cervos habent.*
Falsatus sum, *deceptus sum.*
Falsosum, *circumventosum, deceptosum.*
Famis, *contusio faucis.*
[695] Famulosus, *serviens.*
Fanculum, *feniculum.*
Faria, *verba multa.*
Farrago, τραστις.
Fascemina, *clausibilis vallatio circa castra*
[700] Fascinat, *gravat.*
Fasculum, *discum.*
Favitor, *piscator, fautor.*
Favonium, *odium lene, et sine causa, vel ut a vento collectum.*
Fecundispices, *fertiles deæ.*
[705] Feliatum, *curvatum.*
Fellebrem, *adhuc lactum viventem.*
Feltimt, *sugit.*
Femellarius, *feminis deditus, quem antiqui mulierarium vocant.*
Fensus, *iratus.*
[710) Feriferus, *furens.*
Feronia, *dea agrorum,*
Fertores, *ferto libantes.*
Ferula, *palmatoria, volaria.*
Festalis, *dies solemnis.*
[715] Festilia, *dies festi.*
Ficarius, *faunus.*

621. Lege *æneolum*, aut *ahenum*. Confer lib. XVI Etym., c. 20, n. 8. *Hoc et caldarium*, etc.
622. Alii, *epibata*, *Latine superveniens.*
624. Lib. XIX Etym., c. 19, n. 7. *Epigri*, etc. Alii *epiuri*; al. *epiri.*
628. Semlerus, *evitatus*, *vita privatus.*
629. *Talentum*; al., *metallum*; al., *tullianum*; alii, *latomium*. Pro *sub*, forte *seu.*
630. *Ergat*; al., *errat*; al., *gyrat*; al., *aerat*, *circumdat*, scilicet, aere.
632. *Vaticinatio*; forte, *hallucinatio*. Vel *furor*, pro *error.*
635. Restitue *esculentus*, pro *escit lentus*, et adde, si placet, *pinguis.*
637. Forte, *ethica*, vel *edica*, pro *idica*, ex Græco.
640. Semlerus conjicit, *exudo*, *oleo*; vel *evaporo*, *oleo.*
644. Repone *hexapla*, *secupla.*
645. Editi, *excoliatus.*
647. *Excellare* et *excilare*, quasi cellam et monasterium deserere.
651. *Judicandum*; forte, *nudandum.*
652. Lib. X Etymol., n. 83, *exornatus, valde ornatus.* Ex ENIM *pro* VALDE *ponitur.* Hinc conflictum *exenim.*
654. *Exibus*; al., *axungia*; al., *sebum.*
655. Cerda, *manus*, pro *marinus*: Semlerus, *exsilia*, *errores maris*, ex Virgilio, Æn. III, init.: *Diversa exsilia.*
656. Putant aliqui, ex *proxeneta* factum *exeneta*, inde corruptum *eximequi.*
658. Tollendum *rare*, natum ex *are* repetito, *exippito*, *as*, *are*. Etymologia incerta est.
661. *Cantio*, etc. Scilicet, in fine comœdiæ.
662. Lege, *enormis*, vel *exnormis.*
663. *Depellere*; forte, *alapare*, alapis cædere.
665. Videtur repetitio glossæ præcedentis corruptæ, *exparta*, *partu vacua*, *enixa*. Grævius *expatata*, *patula loca.*
666. *Experti*; imo, *expertes.*
671. Semlerus, *expuncta* sine interpretatione. Tum nova glossa, *exta*, *fibras pectorum.*
675. Alii, *extrarius*, *foris versantes*; al., *extraculis*, ut statim sequitur *extraculas.*
679. *Extromis*; imo *extrimus.*
683. *Prorogat*; forte, *irrigat.*
685. Isidorus, lib. II de Offic., c. 12: *Antiqui*, etc.
688. *Ut gladius*. Al., *ut bajulus*; al., *vir bajulus*, al., *bajularius*. *Phalangæ*, *palangæ*, et inde *falangæ* (Hispanice *paluncas*, Italice *stanghe*) sunt vectes, quibus onera majora a bajulis portantur. Semlerus volebat *falcarius*, ut num. seq.
690. *Æstimat*. Adjectum ab aliquo.
694. *Famis*; al., *fames*; al. *famix*; al., *tumex* et *vibex*, pro *faucis.*
695. Grævius, *famul*, *oscis serviens* ex Festo, et Nonio. Alii retinent, *famulosus.*
697. Forte delendum *verba.*
698. Corrige γράστις. Hispani dicunt *forrage*. Varro, *Far ferro cæsum farrago.*
701. Etymol. l. XX, c. 6, n. 2. *Phasculæ*, etc. Semlerus opinabatur, *fasciculum*. Potius a *vasculo.*
702. Grævius delet *piscator*; al., *priscis* pro *piscator.*
703. Breviloquus, *leve odium*, *quod cito transiit*, *et cadit ad modum illius venti.*
704. Grævius, *fecundispices*. Pithœus, *felices deæ*. Semlerus, *fecundi cespites*, *fertiles glebæ.*
705. Alii scribunt, *filiatum*, et *foliatum*. Grævius, *foliatum*, *nardinum*, Semlerus, *falcatum*, *curvatum.*
706. Legendum *fellebrem*, *adhuc lacte viventem*, ex *fello*, sugo.
707. *Sugit*. Male Editi, *fugit.*
715. *Festilia*. Forte, *festalia.*
716. Vide Etym. lib. VIII, c. 11, in fin.

Ficatum, quod Græci συκωτὸν vocant.
Ficte habet, cavillat.
Fictura, sectura.
[720] Filiaster, privignus, qui ante natus est.
Finctus fuerit, apicem obtinuit dignitatis, et dicitur flaminalis.
Fiscella forma, ubi casei exprimuntur.
Fiscellus, mollis casei appetitor.
464 Fiscos, siccos grossos.
[725] Fistulor, sibilo.
Flabarius, custos porcorum.
Flabri, flabulosi, ventosi, perfecti.
Flabrum, perfectum.
Flamineum, Babylonicum.
[730] Flaminor, incendor.
Flavus, genus vestis.
Flegua, Martis filia.
Folonitia, vanitas.
Forago, trames diversi coloris.
[735] Forceps, fabricæ corruptæ fortices dicuntur.
Foria, latrina, secessus.
Foris facio, offendo, noceo.
Formastrum, opus pistorium.
Fractillum, ad frangendum piper.
[740] Fractior, difficilior.
Fragus, recurvatio poplitis, quæ et suffraginatio.
Fraternus, fratris filius.
Fratruelis, materteræ filius.
Frea, æ, vel mundiana de parente suo relicta.

[745] Fretat, regit, coercet.
Frigiones, genus vestimenti.
Frigium, mitra. Constantini imp. Frigium candido splendore ejus sacratissimo capiti imposuimus.
Fritellum, stillicidium stercoris in sterquilinium.
Fudibulum, trajectorium.
[750] Fuginat, adulando impedit, laudando decipit.
Fulcralia, lecti ornamenta.
Fulguratores, rustici aruspices.
Fulina, culina.
Fulinare, coquinare.
[755] Fullo, decorator.
Fungitur, solvit.
465 Funus imaginarium, dicitur tumulus sine cadavere, id est, inane sepulcrum.
Furabula, tenebræ.
Furfuraculum, tenebræ.
[760] Futis, quoddam vas in templo Vestæ, ubi reponebantur quædam sacrificia.
Futo, ἐλέγχω.

G

Gabarus, insulsus, barbarus, unde gabares mortuorum.
Gaberina, arca.
Galbares, mortuorum condita corpora.
[765] Galenum, vas vinarium. Romani antiqui dixerunt calenum vinum.
Galera, stricta glutino.
Galeros, calamancos.
Galerum, pileum pastorale, quod de junco fit.
Galgulus, baca, πυρήν.
[770] Galivit, peribit.
Gallarius, cerdo.
Gauzia, occulta loca, et subterranea.
Gaunaca, gausapa.
Gaunatrices, duorum fratrum uxores.
[775] Gellonem, baucalem.
Gemina, peristromata.
Gemini, aquigeni.
Gemmades, id est, mulieres lucæ dominicæ, lingua Gallica.
Gemmatum, baccatum.
[780] Genialis lectus, quod nuptiarum die sternatur.
Geniatus, genialis, gratus.
Genubium, intimum, interiorem, domesticum.
Gessiæ, divitiæ.
Gestiuncula, res minuta.
[785] Gesum, hasta, jaculum, βολίς.
Geta, Gothus.
Getage, garrit, Gothice loquitur.
466 Geti, Gothi.
Geminarium, lavacrum.
[790] Girgillius, rota hauritoria.
Gisma, angulus.

719. Fictura; al., fissura; al., sictura; et inde fictura.
721. Alii, junctus, pro finctus; al., vinctus, vel cinctus, scilicet, filo; et mox, dignitatis, quæ dicitur flaminalis.
724. Forte, ficos grossos. Corrupta fiscos et siccos.
726. Semlerus, suarius, vel subarius, pro flabarius. Alii, flabarius, custos lororum, vel mortuorum, quia flabello muscas abigebant a toris et a mortuis expositis.
727, 728. Tres videntur glossæ: flabri, flabulosi, ventosi. Fabri, perfecti. Fabrum, perfectum. Pro flabrum, Reinesius, Cerda et Grævius legunt fabrum; unde affabre. Ac fortasse glossatores decepti fuerunt ex præfectum fabrum.
729. Legendum flameum, vel flammeum.
730. Flaminor; imo, flammor.
731. Cerda, latus clavus, genus vestis.
732. Semlerus, Phlegyas, Martis filius
733. Cerda, philonichia, vanitas.
734. Trames; al., trama. Symmachus, in epist.: Inter pensa et foragines puellarum.
735. Corrigi potest forcipes fabrorum, sartorum forfices dicuntur. Vide Etymol. lib. xx, cap. 13, n. 3.
736. Melius, forica.
737. Forte, foro, hoc est, perforo. Editi, nec eo, pro noceo, aut neco.
740. Difficilior. Repone debilior.
741. Forte, fraginatio.
745. Fretat. Repone frenat.
746, 747. Scribe phrygiones, phrygium; et confer Nonium in vestis Phrygia.
748. Fritillum est vasculum perforatum vario usui et tesseris.
749. Lege fundibulum, seu fundibalum. Etymol. l. xiv, c. 6, num. fin., et l. xviii, cap. 10.
750. Intellige fucinat, a fuco. Papias, fascinat. Pro impedit, al., impetit.
751. Semlerus, fulcra, cubilia, sunt, etc.
752. Rustici; forte, Etrusci.
753, 754. Semlerus, culina, culinare, omissis aliis. Sed bene est fucina, aut focina, a foco. Itali fornacem vocant fucina.
758. Forte, furaculum; al., foraculum, ut n. seq.
759. Alii, perforaculum terebra.
760. Melius, futilis, vel futile.
761. Festus, futare, arguere, unde confutare.
762, 763, 764. Hæ tres glossæ eodem pertinent. Vide Rosweydum in Onomast. Semlerus accipit insulsus pro salitus, et delet barbarus. Scribitur etiam gabbarus, gabbares. In glossis mss. gabator, homo jocosus. Fortasse hinc Itali gabbare pro decipere dicunt.
765. Galenum, vel calenum potius.
766. Forte, galea. Itali et Hispani triremes vocant galeras.
767. Rosweydus, galeros, camelauchios. Hinc camauro. Adisis Macrum in Lexic.
770. Grævius, gallulat, pubescit.
771. Galla coria perficiuntur.
772. Scribe, ganea, ex Etym. l. x, ganeo, etc.
773. Forte galnapis, pro gaunaca, ex regula Monach., cap. 13.
774. Corrige janitrices, ex Etym. lib. ix, cap. ult., num. 17, et infra, num. 844.
775. Gellonem, seu gillonem, Hispani vocant cangilon. Vide Rosweydum. Est vasis genus.
776. Forte, gemmata peristromata.
777. Aquigeni; rectius, æquigeni.
778. Grævius, gymnades, mulieres Lacedæmoniæ, lingua Græca.
781. Geniatus. Hinc Barthius, p. 1425, apud Statium reponit moles geniata, pro moles gemmata. Alii, moles geminata.
782. Restitue genuinum, intimum, interiorem, etc.
783. Gessiæ. Scribe, Gazæ.
786. Vide Historiam Gothorum, initio.
787. Alii, Getice garrit; al., getat, garrit.
789. Loco suo mota est glossa. Grævius putat gemina lavacra, virorum et mulierum, gem narium dici; Semlerus, ænarium, pro geminarium.
790. Gyrgillus scribendum, ex Etym. l. xx, c. 15, n. 2. Vide infra, n. 818.
791. Grævius, gonia; alii alia, ut n. seq.

Glssium, *labium, terminus, finitio.*
Glaucia, *viridis.*
Glebo, *rusticus, arator.*
[795] Glirium, *torpentem, stupidum.*
Glirius, *somnolentus.*
Glis, glitis, *humus tenax.*
Gnabat, *natus, generatus, filius, creatus, vel enixus, lingua Gallica.*
Gnavat, *fortiter exsequitur.*
[800] Gorriones, *cum errore sonantes.*
Grandias, *offas carnis.*
Grasseus, *setosus, pilosus.*
Gremia, *siccamina lignorum.*
Grippus, *superbus, cervicosus.*
[805] Grumulus, *ager tractus.*
Gulosus, *tabernio, popinator.*
Gumba, *cuneus, cripa.*
Gumma, *tegorium.*
Gurdus, *lentus, inutilis.*
[810] Guttur, *glutum.*
Gutturnia, *gutturis inflatio.*
Guva, *ventuosa.*

H

Hamatores, *piscatores.*
Hapsum, *vellus lanæ.*
[815] Hareolus, *jucundus.*
Harpyiæ, *virgines volaticæ.*
Hause, *sine circuitu.*
Haustrum, *rota, hauritorium, qui et gyrgilius.*
Hebira, *lorica.*
[820] Hemosus, *odium.*
Herbitium, *locus in quo herbæ nascuntur.*
Herculaneus, *eunuchus.*
467 Hercule, *salvum.*
Herenicas, *antiquas.*
[825] Herma, *proditus, castratus.*
Hernia, *castratio.*
Hernia, *ratio.*
Herniæ, *castratio.*
Heti, *folia quatuor fuere de exemplari.*
[830] Hidrinis, *serpentinis.*
Hilo, *aquilo.*
Hippitare, *oscitare, badare.*
Hirigis, *funibus.*
Hirnia, *ramex.*
[835] Hiscire, *desinere.*
Holitor, *horticola.*
Hormula, *statua sine manibus.*
Horripilatur, *horret.*
Hortilio, *horti custos.*
[840] Hostit, *æquat, adplanat.*
Hostitor, *janitor, portitor.*

I

Jacentia, *subciva, reliqua.*
Jactuarius, *qui frequenter jacturam patitur, id est, damnum.*
Janitrices, *duorum fratrum uxores.*
[845] Ibalia, *maris habentia.*
Icium, *quasi exitus nullo remanente.*
Igniarius, *ignem continens.*
Ignitior, *ignitus.*
Ilis, fas, *ilicet.*
[850] Imbulus, *ab ambulando, ambulatorium.*
Immadescit, *bibendo totus infunditur.*
Immorsus, *jejunus.*
Imo Hercule, *imo salvo.*
Impartes, *expertes, sine parte.*
[855] Impetibile, *improbum, sævum.*
Implisceret, *implicaret.*
Inabstinentes, *impatientes.*
In ante diem, *in ipso die.*
468 Inasta, *sancta, pulchra, clara, splendida.*
[860] Incæniare, *stupere, cessare.*
Incenis. Plaut. Catina. *Incenem ex ædibus.*
Incentiva, *aculei vitiorum.*
Incippat, *illudit.*
Incitæ, *ultima conditio fortunarum.*

793. *Glirium*. A *glire*.
798. Forte, *gnabat, generabat, gnatus, natus*, etc.
800. Grævius, *gorgones cum terrore spectantes*. Semlerus, *Gorgones terrorem sonant*. Hispanice *gorriones* sunt passeres, de quibus fortasse glossa.
803. *Gremia*. Lege *cremia*, ligna siccata.
804. *Cervicosus*. Al., *conviciosus*. Sed *cervicosus* videtur sumptum ex dura cervice, quæ pro superbia accipitur.
805. Forte, *agger, strues*, pro *ager, tractus*.
807. *Gumba*, lege vel intellige *cumba, catacumba*; et *crypta* pro *cripa*. Grævius, *cuniculus*, pro *cuneus*.
808. Al., *guma tectorium.*; al., *gumba, tugurium*.
809. Nunc Hispanis *gurdus* (*gordo*) est crassus, olim erat stolidus; convicium in hostes. Barthius, col. 1667.
810. Forte, *glutus, guttur*. Inde *glutire*. Scribitur etiam *gluttus*.
812. Al., *gutteria*; al., *gutturna*. Guttus est vas angusto collo. Hinc *gotto* apud aliquos Italos pro vase.
813. *Ventuosa*. Melius, *ventosa*. Vide Etymol. l. IV, c. 11, n. 4. *Guva*, etc.
814. Supra *apsum*, n. 120. Forte, *agni* pro *lanæ*.
815. Scribe, *hariolus jucundus*.
817. Semlerus, vel *ause* ab *audendo*, vel *reapse*.
818. Supra, n. 790.
819. Forte, *herbida loca*, sine interpretatione.
820. Forte, *exosus*, pro *hemosus*, vel *hainosus*, unde Gallicum *haine*. Vel conjungendæ glossæ, *herbida, herbosa, herbosus, herbitium*, omisso *odium*.
822. *Eunuchus*; al., εὔνιχος; al., εὔνοιχος; al. *nodus*, sine explicatione.
823. *Salvum*; malim, *sane*, aut *salvus sim*.
824. *Herenicas*. Melius excerpta, *heroicas*.
825. Forte, *hermaphroditus, castratus*.
825. Seqq. Hæ glossæ ex præcedenti corruptæ videntur.
829. *Heti* corrupta vox; reliqua librarii verba sunt, qui lacunam indicavit.
830. Scribe *hydrinis*.
831. *Hilo*; al., *hierax*; al., *hilio*, sive *helluo*, vel *aquilo, gulo*.
832. Supra, *exippitare*. Pro *badare*, Semlerus *hiare*. Sed *badare* comprobatur ex Italico *sbadigliare*.
833. Alii, *hirritus*, de canibus; al., *harpagis, funibus*.
834. *Hirnia*. Scribe *hernia*.
835. Grævius, *herciscere, dividere*. Semlerus, *hiscere*, discedere.
837. Lege *hermula*.
840. *Hostire* proprie est gratiam referre, rependere. *Adplanat* fortasse ab alio adjectum fuit.
841. Rectius, *hostiator*.
842. *Subciva*. Repone, cum Excerptis, *subseciva*; lib. XV Etymol. cap. 13, num. 15.
843. Melius Excerpta, *jacturarius*.
844. Vide num. 774.
845. Grævius, *Ibis, avis Ægyptia*. Semlerus, *Halcion, maris avicula*. Omitto plures hujusmodi divinationes.
846. *Icium*. Cerda, *exitium*.
847. Joannes de Janua exponit *focarium*.
849. Grævius, *ilicet, ire fas*.
850. Etymol. l. XV, cap. 2, n. 26. *Imbou*, etc.
852. *Immorsus*. Ex Horatio, sat. 4 lib. II. *Flagitat immorsus refici*, ubi alii aliter legunt.
853. Legendum, *Hercule, imo, salvus sim*. Supra, num. 823.
857. Al., *impatientes, inabstinentes*, vel *impotentes, inabstinentes*.
858. Muretus, lib. II variar. lect. conjungi vult *inante*. Inde Itali *innanzi*. *Inante diem* IV Kalend. est in ipsum diem IV Calend. Vide lexica.
859. *Inasta*. Excerpta, *inacta*. Alii corrigunt *inclyta*.
860. Al., *incæniari*; al., *incænare*. Cerda *stupere* explicat de stupiditate ex delirio, quod ex eo eveniat, si quis jejunet. Semlerus hic *stupere* et *cessare* dentium esse ait. Scribitur cæna, cœna, et cena. Hinc illico *incenis*, pro *incenato*.
862. Lib. X Etymol., num. 131. Est autem *incentivum* ab *incendo*, etsi alii malunt ab *incitando*.
863. *Illudit*. Lege *includit*. Hispani *cepo, a cippo*
864. Lib. XVIII Etymol. cap. 67. *Calculi partim*, etc.

[865] Inclinis, *incumbens.*
Incoma, *mensura militum.*
Inconcessum semen, *illicitas nuptias.*
Incuba, *qui res alienas tenet.*
Indoles, *spes in puero.*
[870] Indubiæ, *indumentum.*
Indubias, *belli intervallum, id est, pax bello manente.*
Indubies, *pax bellum manens.*
Induciarii, *vestiarii.*
Inducit, *charaxat.*
[875] Industriare, *decere.*
Inesis, *segnis, piger.*
Infula, *sacerdotalis vitta, et administratio judicialis.*
Infaria, *non fatua, falsa, aut fatuum efficit.*
Infelicare, *affligere.*
[880] Infiduciare, *impignerare.*
Inforare, *in foro placitare.*
Infulat, *propitiat.*
Ingraminat, *in gramina rumpit.*
Inivum, *injurium, vel contrarium.*
[885] Injux, *bos, nundum jugo junctus.*..
Initiabunt, *nomen dabunt.*
Inlethales, *immortales.*
Inlugiem, *in luctus.*
469 In palam, *aperte.*
[890] Inpopularis, *inusitata.*
Insiciale, *jus.*
Institæ, *gravatæ, resticulæ.*
Intellonem, *folles lucernarum.*
Interamnia, *chorda, qua frequentius est inter amnes.*
[895] Interlectus, *interfedatus, varie per intervalla fuscatus.*
Internecies, *mors, jactura.*
Interpolis, *vestis quæ ex vetusta fit quasi nova.*
Intervallum, *medium inter fossam et murum.*
Inventria, *facilis ad inveniendum res.*
[900] Jocista, *qui verbum jocatur.*
Inguvium, *servitus, captivitas.*
Ipparius, *aurigarius.*
Istre, *secte.*
Jugit, *milvus cum vocem emittit.*
[905] Iulca, *fissilia.*
Junceum, *lectile.*
Juraticus, *scholasticus, legisperitus.*
Juris, *juramen.*
Jussorianem, *præceptio.*
[910] Jutia, *lactare.*
Juvenestres, *fortes viri.*

K

Kære Cæsar, *amicos.*
Kai, *cancellæ.*
Kaii, *cancelli.*
[915] Kalones, *galliccæ militum.*
Kaniser, *senex.*
Kapax, *memoriosus.*
Karibs, *furca pœnalis, alias* Kalibs.
Karulum, *quo mortui efferuntur alibi.*
[920] 470 Katulum, *in quo mortui deferuntur, investitum, detritum, seu lintea.*
Kuppedinarius, *voluptarius.*

L

Laberna, *ferramentum latronum, vel grassatorum, vel furum.*
Laberna, *gladiator.*
Laberna, *latro, aut qui filios alienos seducit.*
[925] Labina, *labrum inferius.*
Lacatismus, *laqueus, decipula.*
Laciniosum, *pannosum, laceratum.*
Lactena, *malleum.*
Lamiro, *blandus.*

866. *Incoma, incomæ.* Scribitur etiam *encoma.*

867. Græsius restituit, *inconcessos hymenæos*, ex Virgilio.

868. Semlerus legit, *incubat, qui*, etc.

870. Scribendum, *induviæ*; lib. XII Etymol., cap. 4, n. 47.

872. Recte Grævius, *induciæ, pax bello manente*; lib. XVIII Etymol., cap. 1, num. 11.

873. Lege *indusiarii.*

874. *Charaxat*; id est, *delet.*

875. Forte, *docere.*

876. *Inesis*; al., *iners*; al., *inertiosus*; al., *inses* ut *deses*; al., *inesus*; al., *inertiens.*

877. *Et administratio judicialis.* Deleri hæc jubebat Grævius, quæ recte Semlerus exemplis tuetur.

878. Videtur legendum *infatua, non fatua, salsa.*— *Infatuat, fatuum efficit.* Ut ejusdem verbi duæ exprimantur contrariæ significationes.

879. Forte, *infelicitare*, hic, et apud Plautum.

881. *Inforare.* Simile est *incomitiare, implacitare*, pro *in conventu dicere.* Ab *incomitiare* fortasse Italicum *incominciare*, et Hispanicum *comenzar.*

882. *Infulat*, in infulis est, de sacerdotibus. Vel *infulat hostiam.*

883. *Rumpit.* Papias, *erumpit.*

884. *Inivum.* Semlerus, *iniquum.* Fortasse *inhibum*, ab *inhibeo.*

885. Editi, *juga*, pro *jugo.*

886. Grævius, *initiabunt, consecrabunt*; al., *encæniabunt* pro *initiabunt.*

888. Grævius, *illuviem, squalorem in luctu.* Posset omitti *squalorem.* Alii, *illugies in luctu.*

890. Editi, *in popularis.*

892. Corrige, *institæ, grabati resticulæ.*

893. Forte, *infullonem, fullonem lacernarum.*

894. Pro *chorda* Grævius *chora*, χώρα, *regio*, et rejicit *qua frequentius est*: pro his Semlerus, *quæ Græcis terra est. Interamnæ* (Terni) in Italia civitas est ita dicta, quod existat inter duos amnes. Grævius intelligit de parte Ægypti circa Alexandriam.

895. *Interlectus.* Lege, *interpolatus*, vel *interlutus.*

898. Lib. XV Etymol., cap. 9, n. 2. *Intervalla sunt*, etc.

899. Semlerus, *inventaria*, scilicet tabula, aut simile.

900. *Verbum.* Grævius, *crebro*; Barthius, *versum*, vel *verum.* A *Jocista* Hispani dicimus *juglar.*

901. *Inguvium.* Grævius, *jugum*; Semlerus, *injugium.*

902. *Hipparius* esset scribendum.

903. Alii, *illustre, sanctum*; al., *hirsute*; *setose*, al., *Ister, Scythiæ.*

905. *Iulca.* Scribe, *iuncea.*

906. *Lectile*, Grævius, *flectile*; al., *juncata, lac*; ex aliis lexicis, *juncata, lac coacretum.* Itali dicunt *giuncata.*

908. *Juris juramen*; forte pro *jusjurandum.*

909. Semlerus, *jussa, jussorum*, pro *jussorianem*; al., *jussoriamen.*

910. Hic, ut n. 906, *juncea*, vel *juncata, lactaria.*

912. Forte, χαῖρε, ex illo: *Cæsar, ave.* Pro *amicos* substitui poterit *ave.*

913, 914. *Kai, kari*, seu *kæ* adbuc in usu est apud Belgas, et Germanos. Semlerus suspicatur hæc omnia a *k* incipientia compendia esse scribendi.

915. Lege, *kalones* seu *calones, galearii militum.*

916. Festus, *Casnar, senex Oscorum lingua.*

917. Videretur legendum *capax.*

918. Forte, *chalybs* pro *furca ferrea.*

919. Alii, *chartallum*; al., *capulum*, ex lib. XX Etymol., cap. 11, n. 7. Editi, *afferuntur.* Quod additur, *alibi*, innui videtur quod alibi scribitur *katulum*, ut n. seq.

920. Post *deferuntur* excidisse putat Semlerus vocabulum francicogermanicum *kittulus, vestimentum*, etc.

921. Al., *cupedinarius.*

922. *Ferramentum*; al., *furantium.* Melius est *laverna*, scilicet dea furum, pro *laberna.*

924. *Latro*; forte, *lavernio*, ex Festo.

925. Restitue *labina, lapsum inferens*, ex l. XVI Etym., c. 1, n. 4.

926. Alii, *lactucismus*, ab *alliciendo*; al., *laccus*, quod ita scriberetur pro *laqueus.*

928. Alii, *mactena*, a *macto*; al., *mactena, macellum*; al., *lacerna, pallium*, ex l. XIX Etym., c. 24, num. 14.

929. Barthius, *lambrio*, vel *lamurio, claudus*; al., *lampiris, splendens*; al., *lambo, blandior*; al., *lanio. lanius.*

[930] Lampium, *pulpitum, analogium.*
Lancibus, *missoriis.*
Lanistra, *lanarius.*
Largens, *domesticus.*
Larno, *rasorium.*
[935] Latoroium, *genus navis, sed latrociniorum.*
Latos, *navis.*
Latrunciat, *per navis pugnat.*
Lautitia, *aqua farina consperea.*
Laxamina, *habenæ.*
[940] Lecator, *gulosus.*
Lecticalis, *qui lectulos facit.*
Lectistium, *statio lecti.*
Lectrum, *analogium super quo legitur.*
Leilo, *maris æstuatio.*
[945] Leno, *lecator, mediator.*
471 Lenociuator, *turpi adulatione famulatur.*
Lenocinils. Donatus : *Pronuntiabat autem cum suavitate cum lenociniis miris.*
Lenocinium, *lecacitas.*
Lentandus, *flectendus.*
[950] Lenulus, *parvus lecator.*
Levisata, *tunica militaris.*
Levitonarium, *colobarium, lineum, sine manicis.*
Libatorium, *coxale.*
Libitina, *unde mortui tolluntur.*
[955] Licercaris, *centurio.*
Liciani, *prophetæ.*
Licini, *candelæ, lucernæ, vel cicindilia.*
Licitator, *gladiator, apparitor, orcisor, cui multa licent.*
Licius, *negotiator.*
[960] Limbo, *alibi pro invenit.*
Limbus, *navis piratica, vel clavus in veste regia, sive ipsa vestis.*
Limfaticus, *quod aquam timeat, quem græci ὑδροφόβον dicunt.*
Liniarius, *retiarius.*
Limina portarum, *loca mortuorum.*
[965] Limininm, *servitium mortiferum, captivitas.*
Limula, *larva.*
Linarius, *retiarius.*
Linguiscisiaus, *ferrum, quo virga et frutices reciduntur.*
Linguitri, *sulcis trifariam divisis.*
[970] Linivia, *retia.*
472 Lintres, *naviculæ modicæ in Nilo.*
Litarius, *gladiator.*
Lix, *cinis.*
Lixabundus, *ambulat, qui voluptatis causa ambulat.*
[975] Lixe, *aquam quæ per milites ambulant, antiqui lixum dixerunt.*
Lixiones, *aquarum portitores.*
Locar, *locus apud urbem Romam.*
Lubrica, *vallum, imo fossa.*
Lubricum, *lutum cum labina.*
[980] Lucar, *vectigal, erogatio, quæ fiebat in lucis.*
Lucerna, *genus cocullæ.*
Ludarius, *locus deceptorius, ubi quis cito labitur.*
Ludrces, *meretrices.*
Luecula, *parva lues.*

930. Alii, *lampium* ex lampadibus; al. *lectorium.*

932. *Lanistra* pro *lanista*, ut *balistra*; sed alii legunt vel *lanistio*, *lanarius*, a *lana*, vel *lanista*, *carnarius*, aut *laniarius*, a *laniando*. Vide l. x Etym. num. 160.

933. Forte, *larigena*, *domesticus*, vel *lar*, *genius domesticus.*

934. Alii, *larva*, *rasorium*, a voce germanica *rasen*, *insanire*; al., *larva*, *dæmonium*; al., *lar*, *laris*, *larium*; al., *larva*, *monstrum*; al., ex n. 966, *limula*, *larva* (pro *parva*) huc adductum putant *larva*, *rasorium*, seu lima.

935. Barthius *latrovonum* ex germanico *con*, navi expedita; al., *latona*; al., *latrocinatorium*, vel *latronium*, vel *littorarium.*

936. Hic etiam Semlerus, *litteraria navis*, sine explicatione. Vide l. xix, Etym., c. 1, n. 27, *Trabariæ*, etc.

938. Ex Festo, *lautitia* farina appellabatur ex tritico aqua consperso.

939. Ex *laxare habenas* factum *laxamina.*

940. Mox, n. 945, *leno*, *lecator*. Itali *leccare* lambere, *lecconem* gulosum dicunt. Etiam germanice ganeo *lecator* dicitur ex Barthio.

943. *Lectrum*, ex *lectorium.*

944. Vide lib. de ordine creatur., cap. 9, cap. 4 seq., cum nots.

945. Supra, num. 940. Aliqui volunt *locator*, pro *lecator*. Mediator hic est conciliator stupri.

946. Forte, *lenocinatur.*

950. Apud Plautum *lenullus*, apud Priscianum etiam alterum diminutivum *lenunculus.*

951. Barthius *levisatam* vestem militarem intelligit, a *levi actu*; alii legunt *lacerna*; Semlerus, *levidensata*, ex lib. xix Etym., c. 22, n. 10.

952. *Lebitonarium* scribitur l. xix Etymol., c. 21, num. 24.

953. Repone *lumbatorium.*

954. *Libitina* pro feretro et morte accipi solet.

955. Al., *licens oneris*, vel *operis*, pro *liber*; al., *imicerius* corruptum ex *primicerius*; al., *lucernarius*, *candelabrum*; al., *licini*, *candidæ lucernæ*, ut infra.

956. Alii, *liniani*; al., *linigeri*, quia sacerdotes Ægyptiorum lino amiciebantur; al., *vaticinia*, *prophetiæ.*

957. *Licini* vocem germanicam Barthius putat esse; sed conferendus potius Isidorus, l. xvii Etym. cap. 6, n. 25, *ligna dicta*, etc. Et alibi.

958. Fortasse ita hæc concinnanda : *licitator*, *gladiator*. — *Lictor*, *apparitor*, *occisor*. — *Licentiosus*, *cui multa licent.*

959. *Licius*; al., *licitator*; al., *licitarius*

960. Barthius scribit *linque*, pro aliis, *inventui*. Res pro derelicta habita *linqui* dicitur, et fit occupantis. Alii, *limbo alibi pro limbus invenitur*; al., *limbo alibi purpura invenitur.*

961. Pro navi *lembus* scribitur, alio sensu *limbus.*

963. Infra, *linarius.*

964. Grævius, *loca martyrum*. Si retineatur *mortuorum*, intelligendum de sepulcris, quæ extra portas urbium in viis publicis locabantur. Semlerus conjicit *limina ostiorum*, sine explicatione. Tum *loca mortuorum*, quasi exciderit *libitina*, seu *libitina.*

965. Grævius expungit *mortiferum*; Semlerus legit *libitinium*, vel *illicium*, vel *liminium*, quasi sejunctum a limine. Alii ex voce *postliminio* conjecturas afferunt.

966. Alii, *lingula parva*, scilicet parva lingua; al., *limula*, *parva*; al., *lamia*, *larva*. Vide supra, *larva*, *rasorium.*

968. Alii, *lignicisivus.*

969. Corrige *linguis trisulcis*, ex Virgilio.

970. *Linivia*. Papias, *linaria.*

972. Vel *litiarius*, a lite, vel *licitarius*, ut supra *licitator.*

973. Ex Nonio. Inde *lixivium*; Hispanice, *lexia*. Barthius, ex Papia *lix*, *caper*, colligit *lix*, *hircus.*

974. Ex Festo, *lixabundus*, iter libere ac prolixe faciens. Alii, *luxabundus*, quasi *luxu ambulans.*

975. Alii, *lix*, *aqua*. *Lixæ*, *qui per milites ambulant*. *Aquam antiqui*, etc.; al., *lixæ*, *aquarii*, *qui per*, etc.; al., *lixæ agmen*, *quod per milites ambulat*, *antiqui lixum dixerunt*; al., *liquis*, *angulus*, *qua per limites ambulatur*, *antiqui lixum dixerunt*. Al., *lixa*, *aquam qui portat militibus*. *Aquam antiqui lixam dixerunt.*

976. Breviloquus, *lixor*, *oris*, *portitor aquæ.*

977. Grævius, *lucar*, *æs*, *quod ex luco captatur apud urbem Romanam*, Semlerus, *lucar*, *lucus*, *vel a lucis apud urbem Romam*. Ex *lucar* est *lucrum*. Infra, n. 980.

979. *Imo*, Excerpta *sine*. Cerda, *ludicrum*, *vallum*. Semlerus, *lubicrum*, *vanum*; inde corruptum *vallum*, et postea additum *sine fossa.*

981. Alii, *lucerna*, *genus cerillæ*, vel *candelæ*; al., *lacerna*, *genus cucullæ.*

982. *Ludarius*. A *luto*. Hispani dicunt *lodo*, *lodazal*. Cerda, *lutosus locus deceptorius*; al., *lubricus*; al., *volutarius* pro *ludarius.*

983. Barthius, vel *lustrices* a *lustris*, vel *lodices*,

[985] Lugues, *lugdinenses.*
Luitio, *juris verbum.*
Luma, *sagum quadrum.*
Lumbare, *subligar.*
Lumbones, *cingula circa lumbos.*
[990] Lumentum, *nitrum.*
Luna semenstris, *luna medii mensis.*
Lunatica, *quod fit plenilunio.*
Lupal, *lupanar.*
Lusores, *falsi testes.*
[995] Lustramentum, *fetor, putor, oleum, fetulentia.*
Lustro, *vagatur.*
Lurore, *colore luteo.*

M

473 Macere fallio, *locus circumveniendi.*
Mænit, *struit, ædificat.*
[1000] Mafories, *operimentum capitum mulierum.*
Magister, *ludi, calculo.*
Maia, *media, obstetrix.*
Maialis, *porcus pinguis, quod deæ Maiæ sacrificabatur, quasi matri Mercurii.*
Malarium, *pomarium.*
[1005] Malee, *popino, qui amat in popinas ire.*
Manda, *deceptio, fraus.*
Mandones, *ambrones ardeliones.*
Mandratur, *cavillatur.*
Mandus, *vestis virginalis.*
[1010] Maniæ, *formidinum imagines.*
Manifex, *monum dans.*
Manipulum, *qui auxilium dat in bello.*
Manius, *burceus.*
Mannulus, *caballus, buricus.*
[1015] Mansionarius, *ostiarius.*
Manticulare, *fraudare vel decipere.*
Manucalis, *porta.*
Manua, *manipuli.*
Manuale, *liber ad gerendum aptus, qui enchiridion dicitur.*
[1020] Manuale, *orarium.*
Manubia, *iteratio doctrinæ.*
Manubiare, *vigilare, pernoctare.*
Manutius, *magnas manus habens.*
Mappa, *gausape, tegilla, expiarium.*
[1025] Marsiculus, *qui cito movetur ad iram.* Plautus, *quid ais, homo marsicule?*
474 Masortia, *marsupium.*
Masticina, *crocea.*
Matapontum, *metabula matris.*
Marticularius, *pauper, inops.*
[1030] Matum est, *humectum est, emollitum, infectum.*
Meatim, *meo more.*
Mediastinus, *balneator.*
Mediastinus, *in media auctione positus.*
Mempanis, *torporibus.*
[1035] Meraria, *popina.*
Mercedarius, *qui dat mercedem pro labore sibi impenso.*
Mercedonius, *qui solvit mercedem.*
Mercurius, *lapidum congeries in cacumine collium.*
Mergi, *corvi marini, fustes, serræ.*
[1040] Mergoræ, *situlæ, quibus aqua de puteo trahitur.*
Meritoria, *loca tabernaculorum.*
Mesillus, *parvus mos.*
Mesopicatum, *medium picatum.*
Metabulum, *prospera Navigatio.*
[1045] Metaplum.
Metatores, *mansionum præparatores.*
Metreta, *amphora dimidia.*
Militaris, *opinatus, id est, vetus miles.*
Millum, *collare canis.*
[1050] Minnarius, *morio, stultus, malus.*
Mincius, *ericius.*
Miniculo, *auxilio.*
Minicus, *ericius.*
Miridicus, *mira dicens.*

ut *culcitæ* etiam meretrices dicuntur. Confer lib. XIX Etymol., cap. 26, n. 2.

985. Grævius, *ligues, ligures*; al., *lugdunès, lugdunenses*; al., *luceres, lucerenses.*

987. Dicitur *hoc lumum*, et *hæc luma.* Pro *lenæ*, lib. IX Etym. cap. 23, n. 3. Alii legunt *lumæ*; al., *linnæ.* Martinius, *lurica, sagum equorum.*

990. *Lumentum*; imo *lomentum.*

992. Indicatur passio lunatica. Barthius vult *quod fluit*; pro *quod fit*, ut de menstruo mulierum intelligatur.

993. *Lupal*; al., *lupar.*

995. *Oleum.* Lege *olidum*, vel *oletum.*

996. *Vagatur.* Corrige *vagator.*

998. Semlerus tentat, *macera, macellum, locus, circus væniendi*, seu venundandi.

999. *Mœnia* pro quibuslibet ædificiis sumi hinc colligitur.

1000. De *maforte*, seu *mavorte* conferendus Rosweydus, in Onomastico, et Isidorus, lib. XIX Etymol., cap. 25, n. 4.

1001. *Calculo* pro *calculator*, nisi hoc reponendum. Vide epigramma Martialis 2 lib. x : *Ludi magister*, etc.

1002. *Media*; forte, *medica.*

1005. Pro *malee*, alii *malacus*, vel *malcus*, vel *malcio*; al., *macello*, a *macellum*, ut *ganeo*, a *ganeum.*

1006. Martinius, *mandra*, Semlerus, melius, *menda.*

1007. *Madones*, ex *mandendo.* Vide Nonium.

1008. *Mandratur*; forte, *mendatur*, ex *menda.*

1009. *Mandus.* Scribitur etiam *manius.* Vide lib. XIX Etymol., cap. 24, n. 15.

1010. Ex Festo, *Minæ turpes*, etc.

1011. *Manifex.* Imo, *manifer.*

1012. *Qui auxilium dat.* Semlerus, *qui vexillum gestat*, ex aliis lexicis.

1013. Ex lib. XII Etymol., cap. 1, n. 55. Legendum, *mannus burricus*, vel *buricus.*

1016. Rectius, *manticulari*, ex Festo.

1017. Semlerus, *manualis, sporta.*

1018. *Manuæ* melius, quam *manua.*

1020. *Orarium*, pro sudario.

1021. Grævius, *manubiæ, spoliatio, rapinæ.* Semlerus, *manuale, litteratio, doctrinale*; vel *manuale, iteratio doctrinæ.*

1022. *Manubiare.* Martinius, *manicare.* Grævius, *manere.* Forte *manubiare*, a *mane*, pro pernoctare dixerunt.

1023. Alii, *manutus.*

1024. *Expiarium.* Vocabatur etiam *manupiarium.* Grævius nihilominus reponebat *sudarium.*

1025. Alii, *momarsiculus.* Al., *momar, Siculis*, hoc est, apud Siculos, ex Festo. Infra, n. 1058. *Momar, Siculus.*

1026. Semlerus, *masortia* sine interpretatione, pro *mafortia.* Tum *marsupium*, sine interpretatione.

1027. Lib. XIX Etymol., cap. 28, n. 8, *Masticinum*, etc.

1828. Semlerus, *metapontus, metabole maris*; et corrigit *metaplus, us*, pro *metapontus.* Vide n. 1044.

1029. *Pauper*, hoc est in matriculam pauperum redactus.

1030. Salmasius, in not. ad Vopiscum, legit *via matta* apud Ciceronem, pro via aperta, et intelligit *humecta.*

1032. *Balneator.* Ex Nonio et aliis.

1033. Grævius, *in medio astu*, hoc est, in media civitate; al., *in media actione*; al., *medinstinus, in media ustione.*

1034. Excerpta Pithœi, *membranis, tergoribus.*

1035. *Popina*, scilicet ubi merum væniebat.

1037. *Fustes, serræ*; Grævius, *fasces messorii.* Martinius, *fustes ferrei.* Mergus est corvus marinus, et marculus ferreus.

1040. *Mergoræ.* Rectius, *mergora.*

1041. Semlerus legit *meraria*, ut n. 1035. Sed recte est *meritoria* pro taberna meretricum, aut taberna locanda.

1042. Alii, *mosculus*; alii, *mosillus*; alii, *musculus*, pro *mesillus.*

1044. *Metabulum.* Semlerus, *metaplus.*

1048. Conjungi potest, *militaris opinatus, vetus miles.* Dicitur *opinatus*, quia probatus, vel quia refertur ad *opinatores*, de quibus infra.

1049. *Millum*, etc., ex Festo.

1050. *Minnarius.* Corrige, *mimarius.*

1051. Mox, n. 1053, *minicus.* Utrobique Grævius,

[1055] Miriones, *fantasiarum inanium numeratorum.*
Miriones, *miratores.*
Missilius, *qui missilia exhibet.*
Momar, *Siculus, stultus, qui cito movetur ad iram.*
475 Plautus, *Quid tu, o Momar Sicule homo, præsumis?*
[1060] Momentanea, *duabus lancibus, et uno in medio stylo æqualiter constat. Est trutina modica pecuniæ.*
Momentum, *stylus quo momentaria inclinatur.*
Monacosmum, *quod ab uno jumento ducitur, genus vehiculi.*
Monopolium, *statio, ubi una res venditur.*
Monopticus, *mimus...*
[1065] Monotonus, *rigidus.*
Moratores, *advocati.*
Morificando, *moram faciendo.*
Muginatur, *causatur.*
Mulcat, *percutit.*
[1070] Mullitiones, *ardianum secretum sive constitutionis.*
Mulosus, *cariculus rusticus.*
Mulsitanter, *leniter.*
Muna, *munera quæ militibus dantur.*
Mundialis, *homo mundi statu.*
[1075] Munia, *officia salvationis, vel munera.*
Munifer, *qui munera fert.*
Munificentia, *publicum opus.*
Munitoria, *præcinctoria.*
Munitoria, *succinctoria.*
[1080] Munuscularius. Augustin. de Civit. Dei c. 7.
Murcinarius, *mutilius.*
Murgiso, *callidus murmurator.*
Murilegus, *catus.*
Murrat, *murmurat.*
[1085] Murrire, *clamare, proprie murium.*
Musarum, *divinantium.*
Muscarde, *sunt cusmorinum.*
Muscipula, *captentula.*
Muscipulator, *deceptor, alterplex.*
[1090] Musculus, *parva navis.*
Musea, *nidi soricum.*
476 Musiæ, *nidi soricum.*
Musiarius, *quia per musia quærit.*
Mustricola, *machina ad stringendos mures.*
[1095] Mutelus, *post Ruffus, ante Rubrum.*

N

Nabita, *nancta.*
Nagare, *vacillare, huc et illuc fluctuare.*
Nardum *pisticum, chrisma sine impostura.*
Narici, *bruti.*
[1100] Nario, *subsannans.*
Nasale, *ornamentum equorum.*
Natinari, *negotiari.*
Naucupes, *ad eumdem acutum habent pedem.*
Nauficus, *navis factor.*
[1105] Nauregus, *navareticus.*
Nauricus, *navis princeps.*
Nebris Dianæ, *corium Dianæ, quæ cum cervo pingitur.*
Nec nocte, *nec simulate.* Pers... *Nec nocte pater plorabit.*
Necolatum, *stultum et elanguentem.*
[1110] Nefandarius.
Nefrenditium, *annuale tributum, quod certo tempore rustici dominis, vel discipuli doctoribus afferre solent, duntaxat sit carneum, ut porcellus.*
Nervicus, *nervicosus, fortis.*
Netorsum, *fusum, fusile.*
Nibarus, *splendidus.*
[1115] Nibita, *aqua ex nubibus facta.*
Nicolaum, *stultum.*
Nicolaus, *dactylus.*
Nictit canis, *cum acute gannit.*
Nihil censi, *nihil judicati.*
[1120] Niniticus, *nimius, eximius, immanis.*
477 Niniosus, *garrulus.*
Ninnarius, *cujus uxor mœchatur, et tacet.*
Nitellæ, *neutrones, parunitores, deminuti.*
Nitura, *genitura.*
[1125] Nixe, *munite.*

erinacius. Semlerus, *mimicus*; et *histricus*, pro *ericius.*

1055. *Numeratorum.* In Excerptis, *imitatores*; forte, *miratores*, ut statim.

1057. Alii, *missitius, qui militia exiit.*

1060. Emenda *momentana*, ex lib. XVI Etymol., cap. 25, n. 4.

1061. Rursus, *quo momentana movetur.* Grævius, *quo movente, trutina movetur.*

1062. Melius, *monocosmum.* Schefferus, *monachus.*

1064. Ex aliis lexicis, *monopticus*, unico casu.

1066. *Meratores*; forte, a litibus protrahendis: vel legendum *muginatores*, ex n. 1068, ex quo factum *causatores*, pro quo *advocati* positum.

1068. Ex Nonio et aliis *muginari, murmurare*, etc.

1069. *Mulcare* cum *mulctare* confunditur; ab aliis distinguitur.

1070. Cerda, *molitiones, arcanum, secretum, constitutiones.* Alii, *moles Adriani, secretum Adriani, constitutiones.* Alii, *munitiones, archivum secretum, constitutiones.* Pro *constitutiones*, alii, *sive constructiones.*

1071. Excerpta *molossus, caniculus.*

1072. Lege, *mussitanter.*

1073. *Muna.* Imo *munia*, ut n. 1075.

1074. Forte, *homo mundi a statu.*

1075. *Salvationis. Salutationis*, potius.

1080. *Cap.* 7. Imo *lib.* VII, *cap.* 4. Maurini legunt *minuscularius*, alii *minutularius*, hoc est, tenuis, et minutus publicanus.

1081. *Murcinarius*, a dea *Murcia.* Idem *murcidus*, *murcus* dicebatur. Confer lexica.

1082. Semlerus distinguit, *callidus, murmurator.*

1086. Forte, *mussitantium, dubitantium.* In Excerptis, *mussitat, dubitat, murmurat.*

1087. Semlerus, *muscerda, stercus murinum.*

1090. *Parva navis.* Semlerus, *parva mus*, vel *parvus mus.* Vide lib. Etym. XVIII, cap. 11, n. 4. *Musculus*, etc.

1091. A *mus* est *musio*, felis, *musiarius, musea, musia, musiæ*, etc., ut num. seqq.

1094. Alii, *mustricula.* Supra, *muscipula.*

1095. Quid hic glossator annotaverit, incertum. Fortasse innuit *mutelum* esse ruffum, quod ante fuit rubrum.

1096. Forte, *navita, nauta.*

1097. Semlerus, *naçare*, seu *naccare*, a *naca* fullone, qui laborans fluctuare videtur, vel *nacare*, vel *nutare.*

1098. *Sine impostura*, hoc est, sine admistione alterius, ideo *pisticum*, sive fidele.

1099. Grævius, *Naryci, Brutii*, quia Narycii ad Brutios venerunt; alii, *narici, bruci*, vel *brucosi*, quorum nares semper stillant, ex Joanne de Janua.

1100. *Subsannans*; al., *subsannator.*

1101. *Ornamentum*, quod nasum protegit.

1102. Forte, *aginari*, aut *agginari*, ut supra *agginantes.*

1104. Alii, *naupegus.*

1105, 1106. Hæc et sequens glossa ex *navarchus* corrupta.

1107. *Dianæ*; alii, *damæ*; alii, *Dianæ, quæ cum cervino* (corio) *pingitur*, ex Servio et Virgilio.

1109. Semlerus, *necolatum, semivivum*, vel *necoleatum sine coleis*, vel *Nicolaum, crustulum*; quia Augustus *Nicolai* nomine appellabat quoddam placentæ genus, quod Nicolao Damasceno placebat.

1110. Grævius, *nefandus, nefarius.*

1111. Consentiunt alia lexica; a *nefrendes*, porci vix a lacte amoti.

1112. *Nervicus*; al., *nerviceus.*

1113. Alii, *netorium*, et *fusillus*, pro *fusile.*

1114, 1115. Corrige, *nivatus, nivata.*

1116. *Nicolaus*, an *mimulus?* Vide, supra, *Necolatum.*

1117. Augustus dactylum palmarum fructum *nicolaum* vocavit.

1120. *Niniticus*; forte, *nimius.*

1121. Grævius, *næniosus.* Hispanice *niño* puer dicitur.

1122. Legendum, *nimarius.*

1123. Semlerus, *nitellæ, nitores, parvi nitores, diminutivum.*

1124. *Nitura*; al., *gnatura*, vel *natura*; al., *nixura.*

1125. Forte, *nexe, unite.*

Nonicolæ, *tubercula quæ sub mento capræ sunt.*
Nominosus, *famosus, celeber.*
Nonnula, *rete ad capiendas aves.*
Non putativum, *non est dubium.*
[1130] Norax, *peccator, criminosus.*
Notarius, *scriptor, charaxarius.*
Noxilis, *nocens.*
Nugigerulus, *turpis nuntius.*
Nugiparus, *qui parit nugas.*
[1135] Nullatenus, *nulla ratione.*
Numida, *qui vendit herbas, vel qui alit pecora ad vendendum.*
Numeria, *dea numeri.*
Nuptant, *nubunt.*
Nuptorium, *domus, et locus nubentium.*
[1140] Nutinare, *corpus, ingenium, genitura.*

O

Obfibulare, *concludere, circumdare.*
Obicula, *parvus obex.*
Obilat, *limpidat.*
Oblogat, *increpat.*
[1145] Obsillas, *marsus.*
Obsolitatus, *pollutus, inquinatus.*
Obtundit, *obcæcat.*
Obtunsa, *stulta, vel stolida.*
Obtunsus, *obcæcatus.*
[1150] Obvallum, *undique munitum.*
Occa, *rastrum.*
Occamen, *contisio.*
Occentare, *male ominari.*
Oœristrio, *tabernarius.*
[1155] 478 OEs, *insania.*
Offendices, *nodi quibus libri signantur.*
Offex, *impeditor.*
Officialis, *sacrorum minister.*
Officiperdi, *qui sui laboris non habeant remunerationem. Catoni quoque dicuntur* Officiperdi.
[1160] Ogit, *moritur.*
Olacitas, *fetulentia, olor.*
Olax, *olidus.*
Olerare, *olera plantare.*
Olographa, *omnem rem propriam.*
[1165] Olovitreum, *totum vitreum.*
Omentum, *mappa ventris.*
Opersolatio, *clusis a persolis dictum.*
Opinatores, *existimatores, vel arte militares.*
Opinax, *manifestus.*
[1170] Opinosa, *ingentia certamina.*
Opillago, *curcilla.*
Oppito, *sospito, valde saluto.*
Orcinus, *morte manumissus.*
Ordinarius miles, *qui in integro ordine est, vel numero.*
[1175] Orge, *occide.*
Oricus, *loquax, qui magnum os habet.*
Originarii, *vernaculi.*
Oripta, *amens, turba hominum.*
Orispex, *orarum inspector.*
[1180] Ovispex, *ovium inspector.*

P

Pabo, *vehiculum unius rotæ cum b.*
Pabulator, *pastor, qui bubus pabula præbet.*
Pabulator, *pater, qui præbet pabula.*
Pactario, *plantario.*
[1185] Paculum, *sacculum, pasceolum.*
Pagæ, *memoriæ sine idolis.*
479 Paganitius, *ut occultus.*
Pagit, *aut palam agit, aut citharam tangit.*
Pagula, *frena.*
[1190] Pagus, *collegium, curiæ.*
Παλαιὸς μωρὸς νέον φρόνιμον οὐ ποιεῖ.
Palax, *dolosus, fallax.*
Palla, *latubres.*
Palmosus, *victoriosus.*
[1195] Palpones, *qui ducunt cæcos.*
Palteum, *murum, vel fastigium.*
Paludatis, *mantuatis.*
Pamæum, *vestis pastoralis.*
Panarium, *excipulum.*
[1200] Panchra, *rapina.*
Pandex, *qui semper pandit ora ad potandum.*
Panegyricis, *laudabilibus.*
Panegyricus, *laus in promptu dicta.*
Panera, *rapina.*
[1205] Pangitare, *laudare.*

1126. Apud Festum, *noneolæ*, vel *noneoleæ*; forte, *nuculæ*. Pro *capræ* Editi, *captæ*.

1128. Semlerus, *nassicula*, a *nassa*, vel *nubecula*, quia νεφέλη *nubes* Græce est rete pro avibus.

1130. *Norax*. Corrige, *noxax*. vel *noxius*.

1132. *Noxilis*; forte, *noxialis*, aut *noxius*. In Excerptis, *noxit*, *noceat*.

1136. *Qui vendit*; forte, *qui mandit*, vel *vescitur*, et *ad mandendum*, pro *ad vendendum*.

1137. *Dea numeri*, quæ pueros numerare docet.

1139. Ædificia nuptiis destinata *nymphæa* Romæ vocabantur.

1140. *Nutinare*. Cerda, *natura*. Semlerus, *complexio*, pro *corpus*. Grævius, *genitalia*, pro *genitura*.

1143. Grævius, *oblimat*, ex Constantiensi.

1144. *Oblogat*; al., *oblegat*; al., *objurgat*; al. retinent, *oblogat*, a *logos*.

1145. Videtur legendum *psillus*, *marsus*. De his duobus populis Plinius, et lexicographi. Eis serpentes non nocebant.

1146. Melius *obsoletatur*, cum Excerptis.

1148. *Obtunsa*; ita nonnulli, pro *obtusa*.

1150. Grævius restituit, *obvallatum*.

1152. *Contisio*. Martinius, *contusio*, scilicet glebarum.

1154. Cerda, recte, *concistrio*.

1155. *OEs*. Grævius, *œstrum*.

1156. *Signantur*. Cerda, *ligantur*.

1158. *Offex*. Ab *officiendo*. Alii, *officiens*; al., *obex*.

1159. *Sacrorum*. Semlerus. *officiorum*, vel *sacrorum*, ob ecclesiastica officia.

1159. Alii, *Officiperdæ*.

1160. *Ogit*. Corrige *obit*.

1164. Martinius, recte, *omnia manu propria*; sic lib. v Etymol., cap. 24, n. 7, *Holographum*, etc.

1166. *Mappa*. Alii, *membrana*. ex l. xi Etymol., c. 1, n. 130, *Omentum*, etc.

1168. Cerda, *oppessulatio*, *clusio*, *a pessulis dictum*. Grævius, *operculatis, clusis, ab operculis dictum.* Alii, *oppessulatis, clusis, a pessulis dictum.*

1168. *Vel arte*. Semlerus, *vide ante*, ut remittamur ad litteram M verbo *Militaris*.

1170. Forte, *opinosa certamina, ingentia.*

1171. Supra, n. 508. *Curcilla, oppilago*. Semlerus, pro *curcilla*, reponit *furcilla*, hoc est, juncta aliquot minora ligna mercimoniis oppilata, impleta.

1172. *Oppito*. Lege *oppido*, et dele *sospito, saluto*, aut alio transfer.

1175. Reinesius, *urge, occide; ut sit clamor militum irruentium*. Semlerus, *orce*, vel *orcus*, sine interpretatione; et *occidit*, pariter sine interpretatione.

1176. Forte, *oritus*.

1178. Legendum videtur *crypta*, *cuneus*. Additum *turba hominum*, quia hæc est alia significatio verbi *cuneus*. Vide supra, *gumba*.

1179. Intellige *horispex*, *horarum*.

1181. Intellige *pavo*.

1184. Grævius, *pactorio*, *plantatorio*. Semlerus, *pagatio*, *plantatio*.

1185. *Paculum*. Rutgerius, *phasculum*.

1186. Semlerus, *pagæ*, *marmoreæ statuæ*, *idola*; quia *pago* idem est ac *figo*. Vel potius, *pagani a nemore, vel idolis*.

1187. Alii, *vir* pro *ut*. Semlerus, *paganitius cultus* sine interpretatione.

1188. Semlerus, *aut cithara pangit*, videlicet versus.

1189. Alii, *repagula*, *frena*; al., *sera* pro *frena*.

1192. Lege *pellax*, cum Excerptis.

1193. Grævius, *pullæ lugubres*; forte, *pallæ pullæ*, *lugubres*. Ex Nonio.

1196. Corrige, *pluteum*, pro *palteum*.

1197. Vide lib. xix Etymol., cap. 24, n. 15. *Mantum*, etc.

1198. Alii, *pœmenicum*; al. *pœmæum*.

1199. *Excipulum*, quia panes excipit.

1200. *Panchra*; infra *panera*, et *panora*, mendose. Vide Nonium et lexica, verbo *impancrare*. Semlerus hue trahit ex Festo, *pancarpiæ coronæ*.

1201. Alii, *pandox*, alii *pando*, alii *pantices*, ex Plauto, pro intestinis; unde Hispani, *panza*; alii, *pandax*.

1204. *Panera*. Imo *panchra*, ut supra, vel *panora*.

Pañera, *rapina.*
Pansa, *qui ambibat pedibus in diversa tendentibus.*
Pantapola, *simplasiarius.*
Pappas, *pædagogus, qui sequitur studentes.*
[1210] Parapsides, *suffusoria.*
Parapsis, *granata, vel catunis.*
Particus, *negotiator, qui partes vendit, qui institor et agomanus dicitur, eo quod in diversa manus agat.*
Partiliter, *divise, per partes, distribute.*
Pastam, *præclaram.*
[1215] Pastoforium, *atrium templi, aut sacrarium.*
Pastorium, *alviale templi, vel safarium.*
480 Patago, *genus morbi.*
Patercularius, *a paterculo.*
Patibulum, *res patens.*
[1220] Patravit, *patrem fecit.*
Patres, *patriæ.*
Patreus, *vitricus.*
Paximatum, *panis subcinericius.*
Pecuosus, *qui multa pecora habet.*
[1225] Pedana, æ, *pedales novus, qui caligæ assuitur.*
Pegaso, *homo jocularis.*
Pelagus, *prælubium.*
Pelops, *qui habet uxorem et amicam.*
Pencina, *lacinia, vel stola.*
[1230] Penita, *aula regia.*
Pennum, *bis acutum.*
Percartapsere, *valde dividere.*
Percatapral, *valde tædet.*
Peripsima, *media planta pedis.*
[1235] Pero, *calceamenta pilosa*
Persolenter, *assidue.*
Perula, *extrema pars nasi.*
Pessimus, *verbosus.*
Pestincius, *violentius.*
[1240] Pestinuntium, *qui pestem nuntiat.*
Pestiliter, *demisse, divise.*
Petilius, *qui frequenter petit.*
Petulus, *equus, qui habet albos pedes.*
Phaculla, *perna, pelaso, petasunculus.*
[1245] Phago *cibus; unde* φάγος ἡμερινὸς, ἄρτος καὶ τυρὸς καὶ οἶνος, *in vita monachorum.*
481 Phylacteria, *carmina.*
Pictatium, *epistola brevis, et modica.*
Pictatiuncula, *membrana.*
Pictiones, *qui vendentes vincere in pictura.*
[1250] Pigella, *artopta, genus vasis.*
Pilasca, *vas vinarium ex corio.*
Pilax, *murilegus, catus.*
Pileum, *calamaucum.*
Pilicrepus, *qui pila ludit.*
[1255] Piludius, *qui polotello ludit.*
Piliones, *portitores mortuorum.*
Pilumen, *quidquid in pila tunditur.*
Pindæ, *pinnæ dictæ sunt a pendendo, sed usus obtinuit, ut pinnæ dicantur.*
Pinnirapi *sectatores, gladiatores, quod pinnas rapiunt.*
[1260] Pipilare, *resonare.*
Pipiunculus, *accipiter, acceptor.*
Pipuli, *convicio plorati.*
Pissago, *pix liquida.*
Pisseima, *speculor.*
[1265] Pitigmata, *causiæ.*
Placor, *tranquillitas.*

1206. *Panera*. Lege ut supra, *panchra*.
1207. *Ambibat*. Corrige *ambulat*.
1208. Emenda *pantapola, seplasiarius*.
1209. Alii, *papas*. Etiam in Actis martyrum hoc sensu occurrit.
1210. *Suffusoria*. Grævius exponit jus, condimentum, obsonia. Semlerus vasa, unde suffunditur jusculum ad cibos inter cœnandum. Alii scribunt *paropsides*.
1211. Sirmondus et alii legunt, *paropsis gavata, vel catinus*. Vide lib. xx. Etymol., cap. 4, num. 10.
1212. *Particus*; alii, *partiarius*; al., *particularius*; al., *pararius*. Pro *qui partes*, Grævius, *qui per partes*. Pro *agomanus*, Reinesius *dragomanus*. Semlerus, *aginans*, seu *aginator*, ut supra verbo *mercator*.
1214. *Præclara*. Grævius, *aprugna*, ex Scholiaste Juvenalis. Semlerus corruptam glossam putat ex *pastophorium, atrium*.
1216. Legendum *pastoforium*, seu *pastophorium, alveale templi, vel safarium*. Infra occurrit *sofarium, atrium*.
1217. Festus, *patagus, genus morbi*. Sic etiam Excerpta Pithœi, ubi allegantur Theophrastus et Plinius. Reinesius volebat *petigo*.
1219. Forte *propatulum*, vel *peribulum*, ex notatis ad num. 304. Salmasius suspicatur olim scriptum *pætibulum*, ex quo alibi mansit *patibulum*, alibi *peribulum*; sed præfert *peribulum*.
1220. *Fecit*. Grævius, *egit*.
1221. Forte, *pater patriæ*, sine interpretatione.
1222. *Patreus*; alii, *patrous*, ex Græco.
1223. *Paximatum*; alii, *paxamatum*; al., *paximatium*. Plura neque alibi obvia de hoc pane Rosweydus in Onomastico.
1225. *Pedalis*. Rosweydus, *pedulis*. Alii, *pedalis nodus*; al., *pedica, laqueus*, pro *pedalis novus*. Confer lexica.
1226. *Pegaso*; alii, *petaso*, ut fuerit *perna, petaso*; tum corruptum, *verna, petaso, jocularis*.
1227. Alii, *proluvium*; al., *perluvium*; al., *præluvium*.
1228. *Pelops*; forte, *pellicator*, vel *pellicatus*. Vel *pelops* sine interpretatione; tum *pellex, viri, qui habet uxorem, amica*.
1229. Alii, *pænula, lacerna, vel stola*.
1230. Semlerus distinguit, *aula, regia*.
1231. Videtur supplendum, *pennum, acutum, bipennum, bis acutum*.
1232 et 1233. Semlerus has glossas enatas arbitratur ex hac unica, *pertædet, valde tædet*.
1234. *Peripsima*; al., *peripsema*; quod alii *calceamentum* dicunt, alii *tersorium*.
1235. *Pero*. Melius, *perones*.
1237. Lege *pirula*, ex lib. xi Etym., cap. 1, n. 43. Margaritæ etiam vocantur pirulæ, aut *perulæ*, Hispanice *perlas*, ex pilula, parva pila.
1238. Martinius *verbosus* mutat in *perversus*. Semlerus supplet ex glossa, littera *V*: *Verbosus, nugator pessimus*.
1239. *Pestincius*. Emenda *pertinacius*, ex Excerptis.
1240. Alii, *pestinuntius*.
1241. Semlerus, *partiliter, divise*, rejecto *dimisse*.
1243. Alii, *petilus*. Vide Festum et Nonium.
1244. Grævius, *phascola, pera*.— *Perna, petaso*.
1245. Corrige *phagos* pro *phago*.
1246. *Carmina*, hoc est, incantationes.
1247. Scribitur etiam *pitacium, pittacium*, et *pyctacium*, posteriori ævo *petia*. Inde Hispanice *pedazo*. Vide Rosweydum, in Onomast.
1249. Semlerus, *pictores, qui videntur vincere in pictura*.
1250. Semlerus legit *tigella, artopta*, germanico idiomate.
1251. *Pilasca*; lib. xx Etymol., cap. 6, n. 2. *Phluscæ*, etc.
1253. *Pilax*, a *pilo, furor*, a *pilo*; Hispanice, *pillar, pillo*.
1253. *Calamaucum*; alii, *camelaucium*; Itali *camauro*. Consule Macrum in Hierolexico.
1254. De *pilicrepo*, multa Lipsius ad Senecæ epist. 56, et alii.
1255. *Polotello*; imo *pilotello*, a *pila*.
1256. *Pilliones*. Corruptum ex *vespillones*, vel ex *pollinctores*.
1258. Pro *pindæ* reponendum *pennæ*.
1259. *Sectatores*. Emenda *secutores*, et confer lib. xviii Etymol., cap. 55. Nonnulli gladiatores pinnas, ut milites in galeis, gestare solebant; hinc *pinnirapus*.
1260. De gallinis dicitur *pipare, pipire, pipiare*, et forte etiam *pipilare*.
1261. Carmen de philomela. *Accipiter pipat*. De accipitre, seu acceptore, Isidorus, lib. xx Etymol., cap. 7, num. 55, cum nota.
1262. Semlerus, *pipulo, convicio, ploratu*.
1263. In aliis lexicis rectius *pissasphaltos* ex Græco.
1264. Vetus lexicon, *pisema, specular*. Semlerus conjicit, *pissaxera, pix siccata*, vel *pissumer, pice linor*, vel *pissacium, e pice tabula*.
1265. Variæ sunt conjecturæ. In Excerptis, *pitig*

Plautos, *auribus gracili corpore.*
Plaria, *dilucida.*
Plaustri, *quod plaustro sonat.*
[1270] Plebescere, *plebem alloqui.*
Plebiscitari, *plebem imitari.*
Plebiscitat, *plebem alloquitur.*
Plemina, *cum in manibus et pedibus calusi sulci sunt.*
482 Plotei, *proprii.*
[1275] Plumbum *in oculis, macula coloris plumbei.*
Podiarius, *inter mimos.*
Poliagon, *ubi cadavera ponuntur.* Græcum.
Polluctare, *consecrare.*
Polose, *alte.*
[1280] Polosus, *altus.*
Pomatium, *mollis et liquidus cibus ex pomis.*
Poneprope, *juxta, et propter.*
Popina, *meraria, crustaria.*
Porrum, *basum.*
[1285] Portemia, *navicula.*
Portitorium, *porticulum, baculus lixarum.*
Positiones, *ædificia.*
Postifices, *judices.*
Postilio, *postulatio.*
[1290] Posmurium, *insertorium.*
Postpridie, *hodie.*
Postulatitius, *ille qui postulat.*
Postumus, *ultimus, novissimus.*
Præclues, *valde clarus et inclytus.*
[1295] Prædarius, *præbens auxilium.*
Prælubium, *pelagus.*
Prærogator, *dispensator.*
Prætenta, *anteposita.*
Prætoriola, *domuncula in navi.*
[1300] Prandeum, *genus zonarum.*
Pransorium, *promulsarium.*
Prima porta, *primum locum, vel grecia expositio.*
Prima terra, *littore.*
Primivirgius, *caballarius, quod primus est militiæ in virgines.*
[1305] **483** Privignus, *vulgo ante natus.*
Procapibus, *proximis.*
Procapis, *proximus.*
Procivimus, *probavimus.*
Proculprocul, *longe longius.*
[1310] Proculum, *abominatio.*
Proculus, *qui patre longe peregrinante nascitur, vel longe a patre natus.*
Prodactis, *consumptis.*
Profecta sunt, *promoverunt.*
Proficiens, *antepositus, provectus.*
[1315] Prolicere, *emanare, effluere.* Varro: *Demum ubi prolicuit dulcis unda.*
Polumum, *locus sacrorum.*
Promptria, *cubilia.*
Promulare, *murus ante murum.*
Pronefas, *antefas, contralicentia.*
[1320] Pronefas, *plusquam nec dicendum, vel quam illicitum.*
Pronefas, *scelus, incontinentia.*
Pronostra, *antenostra.*
Propagando, *protelando.*
Propala *vendenda proponens.*
[1325] Propedat, *impedit, cohibet.*
Propii, *legati matri muneribus.*
Propolæ, *tabernarii.*
Propos, *valde potens.*
Proposcit, *petit.*
[1330] Propudorio, *contressio.*
Prosatrix, *genitrix.*
Protelat, *differt, prolongat.*
Proxeneta, *homo præcurrens quodcunque negotium.*
Proxeneta, *quasi inter emptorem et venditorem, vel anteambulo.*
[1335] Prurientes auribus, *qui libenter desiderant de alio mali aliquid audire.*
Pubeta, *vel pubeda, adolescens.*
Pugillones, *pugillatores.*
Pulpidinem, *colophia.*
Pulpitum, *analogium lectrum.*
[1340] Pulvicinare, *pluitare, sæpe pluere.*
Pulvinceria, *area mortuorum.*
Punicani, *lecti parvi.*
Purpurilla, *locus extra portam, quo purpurea veste uterentur.*
Puteal, *sedes prætoris.*
[1345] Puticuli, *quo cadavera projiciuntur.*

Q

484 Quadrans, *duo minuta.*
Quæstuarius, *qui quæstu corporis vivit.*
Quæstuosus, *ποριστής.*

mata, causæ; Grævius, *pili Macedonum causiæ.* Semlerus, *pitisma, gustatio;* vel *aigmata, inustio.* Jansonius, *aigmata, caustica.*

1267. Forte, *auribus gracilioribus.* Vide Festum, de plaudis, seu plautis canibus.

1268. *Plaria; plana,* potius.

1269. *Plaustri.* Legendum *plaustrit,* a *plaustrio, palustris,* quod in aliis lexicis affertur.

1270, 1271. Inverte explicationem, *plebescere, plebem imitari, Plebiscitari,* vel *plebiscitare, plebem alloqui.*

1273. *Calusi.* Lege *callosi,* et confer differentias verborum inter appendices, n. 105: *Inter flemma et plemma,* etc.

1274. Semlerus, *ploti* pro *plauti;* alii, *plocei,* stupei.

1276. Semlerus, *pædarius, puer minimus,* vel *podagricus, infirmus* (pedibus).

1277. Repone, *polyandrion,* ex aliis lexicis.

1279, 1278. A *polo* factum *polose, polosus.*

1283. Popinarum diversæ species, meraria, seu vinaria, crustaria, etc.

1284. *Basum;* emenda *prasum,* ex Græco.

1285. *Portemia,* seu *porthmia* aut *porthmium.* Vide lib. XIX Etymol., cap. 1, n. 26, ubi pro *Syriaci generis* legi vult Semlerus *scythici,* vel *sarmatici.*

1287. Pro architecto Abbo Cernuus adhibet *positorem.*

1288. Grævius, *pontifices.*

1289. *Postilio, postulio, postulatio* verba augurum, de quibus dissident interpretes, ad sacrificium humanum pertinere dicuntur.

1290. Forte, *pomarium.*

1291. Grævius, *postridie, altero die.* Semlerus annotata fuisse ait hæc, *heri, postridie, hodie;* ex quibus deceptus glossator. Sed fortasse retinendum *postpridie, hodie.* In Missali Gothico una ex orationibus quæ quotidie dicuntur inscribitur *postpridie.*

1295. *Prædarius.* Excerpta *pedarius.* Cerda et alii, *præbendarius.* Semlerus, *prædiarius, præbens prædem,* vel *auxilium.*

1296. *Præluvium,* legendum.

1297. *Dispensatores* dicti *prærogatores* ex Scholiaste Persii, quia solebat pensari potius æs quam numerari.

1299. *In navi;* forte ex navi prætoria factum *prætoriola.*

1300. Rutgersius, *prandium, genus obsoniorum.* Nihil mutes.

1301. Alii, *promulsidarium.*

1302. Restitue ex Constantiensi, *prima peto, primum locum, vel egregia exposco.*

1303. Servius ad I Æneid. *primæque velant consistere terræ;* id est, *in littore.*

1304. Cerda, *clavarius, qui primus est militiæ in virgis.* Semlerus retinet *caballarius.*

1308. *Probavimus,* lege *provocavimus,* ex Festo verbo, *procitum.*

1310. Ex, *procul, o procul este profani.*

1313. *Profecta sunt;* an *provecta sunt?*

1315. Scribe, *proliquere... proliquit.*

1317. Alii, *promptuaria, cubicula.*

1319. Ex, *pro nefas, contra fas, contra justitiam.*

1320. *Vel quam;* alii, *vel etiam.*

1321. Forte, *prorostra, ante rostra.*

1324. Scribe *propola.*

1325. Lege *præpedit, impedit.*

1326. Semlerus, *Prætorii, legati, ministri, magistratus.*

1328, 1329. Alii, *præpos,* et *præposcit.*

1330. Lege, *pro! pudor, contestatio,* vel *confusio, interjectio.*

1333, 1334. *Præcurrens;* al., *procurans,* omisso *et anteambulo.*

1338. Legi poterit, *pulpido, colyphia,* aut *coliphia.*

1340. *Pulvicinare;* alii, *pluvitare:* alii omittunt.

1341. Lege *pulvinaria, areæ;* vide supra, *Ariæ.*

1342. Lib. XX Etymol., c. 11, n. 3, *Punicani,* etc.

1343. Conjicitur, *purpur, ille locus, extra portam, quo purpurati nascerentur;* vel, *purpura, aulæ locus, quo puerperæ Augustæ utebantur.*

1346. *Duo minuta.* Ex Hieronymo, c. 5, in Matth.

Quantocius, *quanto velocius.*
[1350] Querelantem, *querelas afferentem.*
Quinquatria, *ambitus quinque porticorum*

R

Rallum, *rasorium.*
Randum, *arbitrandum.*
Raricent, *patricent.*
[1355] Ratiscunt, *adæstimaverunt.*
Rator, *judex.*
Ravit, *ravie loquitur.*
Reburrus, *hispidus.*
Receptor, *actor concordiæ medius.*
[1360] Recidua, *ex ruina renascentia.*
Recitabulum, *ubi recitatur.*
Recognatus, *filius patris.*
Rectitas, *justitia, æquitas et veritas.*
Redandruare, *gratiam referre.*
[1365] Redhibere, *reddere.*
Redimiæ, *res a prædonibus redemptæ.*
Redimicula, *vittæ quibus mitra ligatur.*
Redubias, *reliquias.*
Reducta *concava, depressa.*
[1370] Redulus, *strues lignorum ardentium.*
Refrontat, *repellit a fronte.*
Regillus, *regulus.*
Regimonium, *gubernationem.*
Remasculata, *virili virtute resumpta.*
[1375] Remilicines, *remoratrices.*
Remillo, *repando, pronullo.*
Remillus, *repandus.*
Remotum.
Rendis, *requies otiosa.*
[1380] Repatriat, *ad patriam redit.*
Repelta, *lapis excelsus.*
Repignerat, *pignus recipit.*
Repluentibus, *exabundantibus.*
Replum, *species mulieris.*
[1385] **485** Retanda, *purganda.*
Retica ligna, *quibus ligna sublimantur.*
Revidare, *reverti, redire, repedare.*
Rheuma, *effusio maris, quando accessione maris in fossis colligitur, et remanet aqua.*
Rimidia, *crepido.*
[1390] Rinas, *naves, vel massa.*
Roga, *eleemosyna.*
Rogatarius, *petitor.*
Ructa, *vel rumen in homine, tumen in bestia, pars gutturis gurgulioni proxima.*
Rues, *ruina.*
[1395] Ruffatus, *sanguine cruentus.*
Rumare, *rumores afferre.*
Runa, *pugna.*
Runata, *præliata.*
Rupa, *ex utraque parte acuta.*
[1400] Rupinas, *abrupta montium.*
Ruspantur, *perquirunt anxie.*

S

Sabarium, *atrium templi. Chald.*
Sabbatini, *aranearum.*
Sacra, *non idoneus artis suæ professor.*
[1405] Safarium, *atrium templi.*
Saga, *nomen gemmæ.*
Salatarius, *portator armorum.*
Salmentum, *salsamentum.*
Sambuciarius, *ipse qui dicit.*
[1410] Sambucistria, *quæ citharista canit.*
Sambucistrio, *saltator.*
Sambucus, *saltator.*
Samelubro, *artificio.*
486 Samica, *pulvis.*
[1415] Sancenissat, *lætatur, triumphat.*
Sappappa, *quasi sarculo.*
Sarapia, *rapinæ.*
Sarcitator, *qui tecta resarcit.*
Sardius, *sacella, loca sacra.*

1351. Festivitas Minervæ *quinquatrus* dicebatur, ab aliis *quinquatria*, et *quinquatriæ*. Glossator fortasse ex Scholiaste Juvenalis sumpsit quod Minerva in ambitu quinque atriorum seu porticorum fuerit.

1352. Lib. XIX Etymol., cap. 22, n. 23, *Ralla*, etc., Creditur diminutivum vocis *radula*. Vide etiam Regulam monachor., cap. 18. *Amictus autem tegmen asum*, etc.

1353. *Randum*. Lege *rendum*, a *reor*.

1354. Fortasse, *ratificent, pronuntient.*

1355. Scribendum *rati sunt* pro *ratiscunt.*

1357. *Ravie;* imo *rauce.*

1358. *Reburrus*; an a *birrus?*

1360. *Recidua*; melius *recidiva.*

1361. Grævius, *recognitus filius*; quem pater pro filio agnovit.

1364. Ex Festo, Nonio et aliis.

1366. Scribe *reduvias*, ut *exuvias.*

1370. Semlerus, *rogulus* pro *redulus.*

1371. Semlerus, *repellit fronte.*

1375. Repone ex Festo, *remiligines.*

1376. Festus, *remillum dicitur quasi repandum.* Pro *pronullo*, Grævius *prominulo.* Fortasse a *remo* est *remillo*, et, num. seq., *remillus.*

1378. Forte, *remoramentum*, ut in aliis lexicis.

1379. Videtur legendum, *resides, requiescentes, otiosi.*

1381. *Repelta.* Papias, *repeta.* Semlerus, *rupella*, vel *rupicula.*

1383. Vide num. 682, *exundantibus.*

1384. Pro *species*, lege *vestis*, aut *species vestis.*

1385. *Retanda.* Ex Aulo Gellio, Attic. Noct. cap. 17.

1386. Martinius, *Ridica, quibus ligna sublimantur*; al., *redica*; al., *retica, ligna quibus ligata sublimantur.* Retica est pedamentum ad statuminandas vites.

1387. *Revidare*; al., *rebitere*; al., *reviare.*

1388. Scribe *rheuma.*

1389. *Remidia, trepido*; Semlerus totum id corruptum ex *repedo* putat.

1390. Martinius, *rinas, nares, vel nasa*, ex Græco.

1391. *Roga.* Exempla profert Ducangius.

1393. *Ructa.* Inde *ructare.* Vide *rumen* in lexicis. Editi hic, *ructa, vel frumen.*

1394. *Rues*, ut *labes, lues, strues.*

1397. Videtur id corruptum ex *runa, pilum, runata, pilata.*

1399. *Rupa.* Martinius, *rupta*, id est, *abrupta* montium.

1400. *Rupina.* Occurrit apud Apuleium.

1401. *Ruspantur.* Ex Nonio et Festo.

1402. *Sabarium.* Paulo post, *safarium.* Nonnulli reponunt *pastophorium*, alii *sabarium, armarium templi.*

1403. Semlerus hic rursus, *sabarium, armarium.* Barthius ex Germanico, *Saba, tinea, araneatum*, vel *aranea.*

1404. *Sacra*; forte, *sarga*, ex Lombardico, *arga*, inutilis. Alii, *sargo*, aut *sarco*, a *sarciendo*, ut *sarco sutorius, sarco sartorius*, qui resarcit, ad nova opera inutilis. Barthius, *scurra* pro *sacra.*

1406. Grævius, *sagda*; Semlerus, *saga, nomen feminæ.* In Excerptis, *nomen genii.*

1407. Alii, *soldarius*; al., *salariarius*; al., melius, *spatharius.*

1408. Barthius, *sambucinarius, ipsam* (sambucam) *qui ducit*, vel *sambucinarius, species tibicinis.* Alii, *canit* pro *dixit.*

1409. Papias, *Sambucistria, quæ cithara rustica canit.*

1410. Grævius, *sambucista*; Semlerus, *sambucer, histrio, saltator.*

1413. *Samelubro.* In Excerptis, *saurilubro, saurilubre.* Barthius, *sat elaboro, artifico.* Semlerus, *samia, labra testacea.*

1414. *Samica; samia* potius.

1415. Reinesius, *sicinissat*, ex Græco, *scinis* species saltationis. Cerda, *encænissat*, ut *encæniat.* Semlerus, *sambucissat.* Barthius, *saracenissat*, scilicet triumphans de Saracenis.

1416. Barthius, *sappa, vappa.* Semlerus, *sappa quasi sarcula*, vel *sappa, qua sarculo*, id est, fodio; vel *sarpa, sarculus.* Inde *sarpo, sarpere.*

1417. Barthius, *subripia*; alii, *subreptio.* Semlerus putat hanc glossam ex præcedenti *sarpa* enatam.

1418. *Sarcitator*; imo *sarcitector*, ex lib. XIX Etymol., cap. 19, n. 2.

1419. *Sardius*, sine interpretatione. Tum alia glossa huc translata, *sacella, olea sacra.*

[1420] Sarge, idoneus, qualibet arte, alias sarga non idoneus cujuslibet artis professor.
Sario, sarculo.
Savium, osculum uxoriosum.
Saures, sorices.
Scabra, pumicia aspra.
[1425] Scævitas, iniquitas.
Scamellum, simfoniaci.
Scammata, arenæ, ubi athletæ luctant.
Scana, arborum densitas nimia.
Scansuæ, ferrum, per quod equus scandit.
[1430] Scapolum, fustis longus.
Scapus, certus numerus tomorum chartæ scriptæ.
Scaturrio, lepra.
Scatus, impetigo, sicca scabies.
Sceptoriæ, cisternæ.
[1435] Scillæ, saxa latentia in mari.
Scinthiæ, nævus, macula.
Scipio, virga ante triumphantes delata.
Scipiones, virgæ consulum.
Scispadum, jupatum.
[1440] Scolaces, quod nos funalia dicimus, eo quod sint scoliæ, hoc est, intorti, hos Romani funes et funalia nominabant.
487 Sconna, sponsus.
Scordalus, ferox.
Scordiscum, corium crudum.
Scordiscum, scortum.
[1445] Scories, stulti, stolidi, fatui.
Scorio, stultus, fatuus.
Screa, pituita.
Scriba ædilitius, qui ex ædile est, sic vocatur ex ædilitate.
Scribula, epistola.
[1450] Scripula, epistola, item scripula sollicitator.
Scrutinium, quod infantes scrutantur.
Scrutitum, pellica.
Scrutulus, ventriculus fartus.
Scurra, parasitus, buccellarius.
[1455] Scurra, qui incopriatur.
Sebra, vetusta.
Sector, usurpator, vel bonorum vindicta.
Securicularius, qui secures fert.
Secus, malum.
[1460] Semestria, liber in quo actiones sex mensium continentur.
Semiermis, sine armis.
Semijustus, dimidium justi.
Semivecors, minimus a vecorde.
Senmunia, tristitia.
[1465] Sementia, ἀπόφασις.
Sentes, sententia firma, et indubitata responsio, ἐπιφώνημα.
Sensio, sententia.
Sentitare, in animo sensim adjudicare.
Separ, seorsum a parte.
[1470] Sepia, incaustum. Persius.
Sequela, exemplum.
Servitium, multitudo servorum, et ingenuorum obsequium.
Sextertiarius, ipse qui erogat.
Sica, cluniculus, machæra, splendona.
[1475] Sica, genus ramorum est, simile vidubii. Hoc maxime
488 utuntur, qui apud Italos latrocinia exercent.
Silo, naso inciso, vel reducto.
Simfoniaci, cantatores musici.
Simplagium, minus rete.
Simpulator, amicus sponsi assiduus cum eo in convivio.
[1480] Simpulator, conviva.
Simultum, vermis in cornu arietis.
Singultim, qui loquitur per gluttuos.
Siuum, vas in quo butirum conficitur.
Siraculo, vas aquarium.
[1485] Stringina, restrictio urinæ.
Sispes, sospes, sanus.
Solerare, id est, solidare: a solus, solers, id est, solidum.
Sonticus, verax.
Sortillator, degulator.
[1490] Sortiundus, qui judet per

1420. Sarge. Vide sacra, n. 1404. Barthius originem Germanicam in sorge investigat.

1422. Uxoriosum; forte, luxoriosum. Vide lib. II Different., t. V, n. 398.

1423. Saures; forte, saurices.

1424. Distingue pumicea, aspera.

1425. Scævitas. Apuleii vox.

1426. Grævius, scabillum, instrumentum symphoniaci. Semlerus, scabillum symphoniaci, sine interpretatione. Forte ex scabillum Hispani dicunt cascabel. Salmasius, scabillum, symphonia: quod est genus instrumenti, ex l. III Etym., cap. 22, n. 14. Barthius, scamellum, ubi symphoniaci.

1428. Emenda scena, pro scana.

1429. Martinius, scansile, pro scansuæ.

1430. Alii, scapulium.

1431. Scapus. Vide Nonium, cap. 2.

1432 et seq. Semlerus, scabies sicca, impetigo, pruritus, lepra. Forte, sarna, pro scaturrio, scatus, ex lib. IV Etym., cap. 8, num. 6, Impetigo, etc.

1434. Lege exceptoria, ut supra.

1435. Scillæ. Ex Scylla, quæ aliquando latet. An scopuli?

1436. Scinthiæ; forte, stigmatia. Vel cymbia, naves, naviculæ.

1439. Barthius, scissiatum, instratum, lithostratum, lupatum, vel lapidatum. Reinesius, licospadum, vel lycospadum, lupatum; alii, crispatum, jubatum.

1440. Scolaces. Vide lib. XX Etymol., c. 10, n. 5. Funalia, etc.

1441. Recte, in Excerptis, sculna, sponsor, ex Gellio, l. XX, c. 10.

1442. Scordalus. Vox Senecæ et aliorum.

1443 et seq. Forte, scortiscum.

1445. Forte, scoriones, aut scurræ.

1447. Screa; inde excreare.

1448. Scriba. Vide supra, Edilitius.

1449. Scribula; forte, schedula.

1450. Grævius, item scripulatur, vel scrupulatur, sollicitatur.

1451. Feria quarta ante pascha erat scrutinii dies, sive examen catechisticum.

1452. Scrutitum. Lege scorteum, vel scortisca, pellicea.

1453. Apud Festum, scrutillus.

1455. Incopriatur. Scurra coprea dicebatur. Vide Becmanum, pag. 1026.

1456. Sebra. Corrige, ex aliis lexicis, scabra.

1457. Vel bonorum vindicta. Grævius, sectio, bonorum venditio. Forte, vel bonorum venditor.

1458. Fert. Melius Excerpta, facit.

1460. Semestria; forte, semestris.

1462. Emenda, semiustus, dimidium usti.

1464. Excerpta, semunia, tristitia. Martinius, senium, tristitia. Semlerus, semnia, asceteria.

1467. Sensionis vocabulo usus est Alvarus Cordubensis, in Indiculo luminoso, num. 25: Nullus audax præsumptor, nisi pretio soluto, sensionem mercandi, quæ propria necessitas exigit, quocunque casu præsumat; ubi sensio facultatem innuere videtur, nisi reponendum sit sessio; sermo enim est de locis patentibus, in quibus nundinæ exercebantur, quæ Mahumetani vendebant.

1470. Persius, sat. 3, vers. 12.

1474. Alii, clunaculum pro cluniculus; et spathona pro splendona.

1475. Ramorum. Lege armorum. Pro vidubii, forte venabuli, vel sibunæ, quod genus est venabuli.

1476. Silo vox Plauti. Dicitur etiam silus.

1478. Corrige semiplagium, ex aliis lexicis.

1479. Convivæ dicebantur etiam simplones. Simpulum est vas cujus usus erat in sacrificiis.

1481. Simultum. Alii, simulta. De isto verme, lib. XII Etymol., cap. 1, n. 10. Vervex, etc.

1482. Supple: Singultim loquens, qui loquitur quasi per gutti os.

1484. Sirascula; alii, situla; al., sitiscula; al., siticula; al., sitella. In Catholico, soriscula. Rosweydus, in Onomastico, voce Suriscula, aut Syriscula, pro vase plurimos usos fuisse affirmat.

1485. Stringina. Grævius mutat in stranguria, repugnantibus aliis. Ordo litterarum posceret stringina.

1486. Ex Festo sispes, pro sospes.

1488. Sonticus. Ex Nonio, Festo et aliis.

1489. Forte, sorbillator, degustator.

1490. Reinesius, qui judicat per sortem; Semlerus, qui videt per sortem.

sortem.
Sosii, *duo fratres qui bonos libros emebant, et eos postea præparando, multum lucrabantur in vendendo.*
Spargana, *initiarum, infantia.*
Spoliaris, *exteriores balneorum cellulæ.*
Sputarium, *sputum.*
Stagnare, *secernere metalla mista.*
Stamio, *partus.*
Stater, *duo didragma.*
Stellionatus, *crimen, cum una res duobus venditur.*
Sternaces, *pavidi.*
Stica, *tunica.*
Stigia, *tunica.*
Stigina, *ornamenta regia.*
Stigium, *genus vestimenti.*
Stiliquadrum, *id est, quadrum.*
489 Stlataris, *vestis piratica.*
Strauaces, *cupidi.*
Strigio, *mimarius scenicus.*
Strofarius, *strofosus, impostor, fraudator.*
Stultomalus, *stultus malus.*
Subcensia, *fomenta.*
Subcenturiatus *dicitur, qui in numero priore quasi per centuriæ suæ vicem succedat.*
Subcisivus, *malus interpres.*
Subcus, *subcutaneus, subcirratus, intercus, intercutatus, subtercus, subtercutaneus.*
Sublestia, *infirmitas, tristitia.*
Sublestis, *infirmus, tristis.*
Submeles, *qui in lectulo mingit, meles.*
Subles, *qui subtus sedet.*
Sububeres, *infantes qui adhuc sunt sub ubere.*
Suffraginatus, *fractis auribus, vel substitutus in locum succidentis.*
Sugrudia, *fundamenta.*
Sugrundaria, *sepulcra.*
Sultor, *cultor.*
Sumptuarius, *qui erogat sumptus.*
Supedium, *refugium.*
Supera, *navis.*
Superaria, *vestis, quæ superinduitur.*
Supparant, *supplent.*
Suppararia, *vestis, quæ superinduitur.*
Supes, *supumpis, hoc est, supinis pedibus.*
Suprema, *quando sol supprimitur.*
Surcetur, *irascitur.*
Surus, *musculus brachiorum.*
Surus, *surculus.*
Susses, *qui habilis ad substendum.*
Susurrio, *senillosus, bilinguis.*
490 Sutela, *corrigia, quæ tenditur sub cauda equi.*
Sutrium, *locus ubi sumuntur species aliquæ.*

T

Tabæ, *mutiæ.*
Tabernio.
Tagax, *furunculus.*
Talax, *scaurus.*
Talitius, *colafus in talo.*
Tallus, *calculus, tabula.*
Tam nefas, *tam detestabile factum.*
Tames, *cruor, sanguis.*
Tarmus, *vermes in carne.*
Tartarium, *horribile.*
Tautones, *palpebræ.*
(In aliis) Tegellaria *venefica.*
Tegora, *tegus, coria, vel posteriora jumentorum.*
Telonem, *quasi omnium littorum fiscalis conductio.*
Tenilis, *qui potest tenere.*
Terimentum, *nutrimentum.*
Terrale, *genus vestis.*
Terrigiponæ, *quæ terra capiunt, id est, piscinæ quas et lacus rustici vocant.*
Testinium, *opportunum.*
Thoca, *flavus, vel vestis.*
Tiaries, *portiones signorum.*
Tinctorium, *gladius.*
Tironatum, *rudinem.*
Tironicare, *militare.*
Titiensis clangor, *id est, sonitus cum tumultu.*

1491. De *Sosiis*, Horatius non semel.
1492. Martinius correxit *spargana, initia infantiæ.* De crepundiis fortasse id intelligitur.
1493. *Spoliaria.* Vide lib. xv Etym., cap. 2, n. 41. *Apodyterium*, etc.
1495. Semlerus conjicit *stannare*, ex lib. xvi Etymol., cap. 22, num. 1. *Stanni etymologia*, etc., ut ad eum locum annotavi.
1496. Verum videtur, *statio, portus.* Sed Barthius putat *stamio, pannus*, a *stamine.* Inde *stamina*, Hispanice *stameña.*
1497. Vide lib xvi Etymol., cap. 25, num. 16, *Stater*, etc.
1500. Scribitur *stigia, stichia, striga, sticia*, et hinc *stica.* A Græco est *stichia*, aut *stichium.* Hinc sequentes glossæ.
1504. Semlerus, *stliquadrum, quadrum*; quia *st*, et *stl* sæpe præponebantur, ut *stlocum* pro *locum*, et *stlitem* pro *litem.*
1505. Festo *stlataria est genus navigii* LATUM; ex quo dictum, præposito *st*, ut in glossa præcedenti. Hic pro *vestis* legi poterit *navis.*
1506. Lege *sternaces, pavidi*, ut supra, a *sterno*; sic *sternaces equi.*
1507. Lege *strio* pro *histrio*, ut *Spania* pro *Hispania.*
1510. Grævius, *succendia.* Semlerus, *succensiva*; alii, *subcentia.* Vide supra, *Fomenta.*
1512. *Subcisivus.* Semlerus, *succensivus*, vel *suggestivus.* Vide lib. x Etym., num. 131. *Incentor*, etc.
1513. *Subcus*; forte, *subcutitus*, et *intercutitus*, pro *intercus.*
1514 et seq. Vide Becmanum, p. 1036, præter Festum et lexica.
1516. Scribe *submeles*; dicitur etiam, *submeiulus.*
1519. *Auribus.* Lege *cruribus.* Tum, *subrogatus*, vel potius *suffragatus, substitutus*, etc.
1520. *Sugrudia*; forte, *suggrundia*, quæ sunt extremitates tecti, pluviam a pariete arcentes.
1521. *Suggrundaria* dicebantur sepulcra infantium.
1522. Semlerus, *saltor, sultor*, vel vice versa.
1524. Forte, *suppetium.*
1525. Grævius, *suppara, navis velum.*
1528. Lege *superaria*, ut supra.
1529. Alii, *supes, suppis, hoc est*; al., *supes, suppes, hoc est, sub imis pedibus.*
1530. *Suprema*, hoc est, *suprema tempestas*, ex Festo.
1531. Cerda, *succenset*; alii, *surculatur, nascitur.*
1532. Grævius, *surus, surculus arborum.*
1534. Lege *subses, habilis ad subsidendum.*
1535. Melius, *susurro*; pro *senillosus*, alii *sententiosus*, alii *senticosus.*
1536. Rectius, *subtella*, ut *postella, antella.*
1537. Corrigendum, *subtrinum.* Pro *species*, forte *vestes.*
1538. Semlerus, *tabani, muscæ.*
1541. *Talax*; ex scholiaste Horatii lib. I, sat. 3.
1542. Vulcanius, *talitrus, callus*, vel *clavus in talo.*
1543. Lege *calculus tabulæ.*
1545. *Tames*; imo *tabes*, vel *tabus.*
1546. Dicitur etiam *tarmes, termes, termus.*
1547. Alii, *tartareum*, vel *tartarinum.*
1549. Vide infra, *tegellaria.*
1550. Melius, *tergora, tergus.*
1551. Forte, *telonium.* Vide lib. xv Etymol., c. 2, n. 45. Grævius, *telones . . . conductor.*
1552. *Tenere*, rectius *teneri.*
1553. *Terimentum.* Semlerus *intertrimentum*, ex Plauto.
1554. Grævius, *toral*, vel *torale*; Semlerus *talare.*
1555. Pithœus suspicatur *terripiscinæ.* Semlerus, *terricipinæ*, aut *terricipia*, nisi corrupta fuerit vox ex *terrigenæ* sine interpretatione, et tum conficta glossa ab aliquo sciolo.
1556. *Testinium.* Emenda, *tempestivum.*
1557. Forte, *togæ, stavus, vestis*, vel *tunicæ, clavus, vestis.*
1558. Grævius, *triarii.*
1559. Forte, *cinctorium gladii*, scilicet balteus.
1560. *Rudinem.* Corrige *rudimen*, vel *rudimentum.*
1561. Excerpta, *tironizare*; emenda *tirocinari.*
1562. Forte, *titinnitus, clangor*, etc. Grævius *titinniens clangor.*

Tocuis, *calculus dictus est compito solo pilis, quod sibi componunt. Calx enim lapis est, calculus diminutivum.*
Togillatim, *sigillatim.*
[1565] Togipurium, *toga pura.*
Tollerunt, *genuerunt.*
491 Tongillatim, *singillatim.*
Tongillatim loqui, *pravis verbis, a Tongilio parasito, qui in hoc invenerat risus aucupium, ut salutatus convicio responderet, et maledicentem salutaret blandissime.*
Tragum, *genus piscatoriæ.*
[1570] Tragum, *inter legumina.*
Tragum, *verriculum.*
Trictilia, *ubi pendent vaciæ.*
Trimitat, *posturna.*
Tritile, *quod teri potest.*
[1575] Trochus, *rota ludentum.*
Trocinus, *sectæ genus arduum.*
Tuber, *siti subterranei.*
Tucetum, *bula condita apud Gallos Alpinos.*
Tugellaria, *maleficia, eo quod supra tegulas sacrificent.*
[1580] Tuligatum, *carpitum.*
Tullia, *media, vel regia.*
Tuore, *visu.*
Turturilla, *ita dictus locus in quo corruptelæ fiebant, quod ibi turturi opera daretur, id est, panem.*
Tuspollem, *manna, vel genus pigmenti.*

V

[1585] Vabra, *callidus, artificiosus.*
Vabrum, *varium, multiforme.*
Vadatur, *promittit, pollicetur, fide dicit.*
Vadimonia, *judicia, unde apud judicem per fidejussorem vadere liceat.*
Vadimonium facit, *fidejussorem dat.*
[1590] Vaginatus, *exagitatus.*
Vagitatur, *violenter flet.*
Vagurrit, *per otium vagatur.*
492 Valgis, *foras versi tumentibus.*
Valitant, *valent.*
[1595] Vallemac pia, *inhonestæ cantationes, et carmina, jocaque turpia.*
Vani parentes, *inanes, mendaces, inutiles, pellaces.*
Varam tibiam janam, *perticæ duæ sunt inter se colligatæ, quæ asserem sustinent. Unde prov.:* Vibia varam sequitur.
Ventriloqui, *præcantatores.*
Varicat, *aivertit, ambulat.*
[1600] Varicavit, *ambulavit.*
Vascillum, *parvum vas. Macrob.:*
Solvens radus, in aqua subjecta vascillo.
Vatia, *diversis plantis.*
Vefaba, *parva faba.*
Vebigelorum, *genus fluvialium navium apud Gallos.*
[1605] Veneripeta, *luxuriosus.*
Venitia, *maris exæstuatio, quæ ad littus venit. Varro:* Venitia, unda quæ ad littus venit. Salatia, quæ ad mare redit.
Vepra, *callidus, testificator, diversipellis.*
Verax, *sonticus, fidelis.*
Verbosus, *nugator pessimus.*
[1610] Verbo tenus, *verbi gratia.*
Vernacellus, *qui suscitat per dies festos.*
Vespeliones, *fossarii, qui mortuos sepeliunt.*
Vespertilio, *serotinus.*
Vespilla, *sepulcrorum visitator.*
[1615] Vestiæ, *balbæ.*
Vestiarium, *erogatorium.*
Vestiplica, *femina quæ vestes plicat.*
Vestis ludiaria, *histrionica, tonis.*
Veteratricem, *id est, callidam, incircumscribendam.*
[1620] **493** Vexillaia, *impetus fortis carrorum.*
Victimo, *immolo.*
Vidubium, *qui duos maritos amisit.*
Viduvium, *viduitas.*
Villaturia, *territoria.*
[1625] Vioturus, *et statim cestifer.*

1563. Semlerus, *tatus calculus dictus est computus e lapillis, quod ibi componuntur; calx enim*, etc.
1566. *Tollerunt*. Lege *tulerunt*.
1567 et 1568. Semlerus corrigit, *suggillatim* pro *sigillatim*, quia *Tongilius*, a quo hæc adverbia, *suggillabat* eos qui ei occurrebant.
1569 et seq. Cum de *reti* et *verriculo* est sermo, melius est *trahum* a *traho*, cum de *oleribus* tragus.
1572. Alii legunt *trichile*, aut *trichilia*, num. plur. Al., *trichila*, num. sing. Confer Forcellinum. Semlerus, *vites;* alii, *uvæ* pro *vaciæ*.
1573. Grævius, *trepidat, tremiscit, horret*. Semlerus, *Trivia, Proserpina*, vel *trimata post tres annos*.
1576. *Trocinus;* alii, *trochiscus*, vel *trocisus*. Vide lib. IV Etymol., cap. 9, num. 16, ex quo hic legendum *succi genus aridum*.
1577. Reinesius emendat *tubi, sili subterranei*. Grævius, *tuberes* aut *tubera, cibi subterranei*.
1578. Scholiastes Persii, ad sat. 2: *Tucetum bubula condita apud Gallos Alpinos*. Semlerus ex aliis Lexicis colligit legendum *edulia* pro *bubula*, et *bula*.
1579. Lege *tegularia, malefica*.
1580. Forte corruptum ex *tongillatim, carptim*, hoc est, *sigillatim*, de quo num. 1566. Alii, *falcatum, carptum;* al., *titulatum coopertum;* al., *tilpalium, carptum* (linteolum). Vide Ducangium, verbo *tilpatalium*.
1581. Semlerus, ex Constantiensi, restituit, *meditullia, media loca terræ*.
1583. Vulcanius, *gutturilla*, et *gutturi* pro *turturi;* et *pani* pro *panem*. Alii retinent *turtur illa*, et in fine legunt, *id est, ganeæ*, vel, *id est, peni*.
1584. Legi poterit *tus, pollen, manna*.
1785. *Vabra*, emenda *vafer*, et, num. seq. *vafrum* pro *vabrum*.
1588. Pro *vadere* præstiterit legere *vadare*, aut *vadari*, quod secundum melius est.
1590. *Vaginatus*. Forte, *evaginatus*.
1591. *Vagitatur;* al., *vagitat*.
1593. Vulcanius, *versis eminentibus pedibus*. Semlerus, *versis tibiis*.
1595. Semlerus conjiciebat *vallica, id est, phallica, ithyphallica*. Sed genuina lectio est *vallematia*, aut *ballematia*, aut *ballimatia;* de quo verbo agit Ducangius post *balare*, et scribendum censet *ballismatia*. Vide not. ad lib. III Etymol., cap. 22, num. 11.
1596. *Vani parentes;* ex Servio ad Æneid.
1597. Legendum *vara vibia perticæ*, etc. Pro *vibia varam sequitur*, in Ausonio est *vara vibiam;* sed Scaliger præfert scripturam glossæ, quia vara stans est pertica, vibia transversa.
1601. *Vascillum*. Glossator voluit *vasillum*, ex versu citato non Macrobii, sed Marbodæi, cap. 18 de heliotropia:

Quæ solis radiis in aqua subjecta vasillo.

Marbodæus vixit circa annum 1123, ex quo de additamentis ad has glossas nonnullum indicium ferre licet.
1603. *Vefaba*: hic *ve* significat *parvum;* alibi, *male*.
1604. Lege *vehiculorum*, aut *vehiculum*, ex aliis Lexicis.
1606. *Venitia*. Imo, *venilia*.
1607. Lege *vafer, callidus, versicolor, versipellis*.
1608. Forte, *sonticus, verax*. Vide num. 1483.
1611. Semlerus, *verna cellarius, qui suscitat* (monachos) *per dies festos*. Cerda, *vernacellus* (vernaculus), *qui lustrat per dies vernos*.
1612 et 1614. Quasi *vespelio* sit a *sepeliendo, vespilo* a *spoliando*, aut *expilando*.
1615. Forte, *vestis, barba*, ex Servio ad Virgilium:

Aurea cæsaries ollis, atque aurea vestis.

Vel vestibula, valvæ.
1616. *Erogatorium*, scilicet ubi vestes erogantur.
1618. *Tonis;* Cerda, *histrionis*.
1619. Semlerus, *callidam in circumscribendo*.
1620. *Vexillaia*. Semlerus, *vexillatio*. Pro *carrorum*, Grævius, *castrorum*.
1624. Forte, *territoria, villæ, terræ;* aut *villatoria* pro *villaturia*.
1625. Martinius, *viocurus, viæ strator, cæstifer*. Semlerus, *viocurus*, sine interpretatione; tum *virgo, cæstifera*, a *cæstu*, hoc est, zona, qua recens nupta cingebatur.
1626. Alii, *membrana virginis, in qua habitat;* alii,

Virginal, *membra virginis, in quo habitat.*
Virgobretus, *nomen magistratus.*
Viria, *viriola, brachiales.*
Viriosus, *austerus.*
[1630] Virops, *quæ jam opus habet viro.*
Visor, *videntes.*
Viticus, *actor, exactor villæ pensionum, insularius.*
Vitricus, *patricus.*
Unca manu, *stricta manu*, μυλλᾶ.
[1635] Unicuba, *unius viri uxor.*
Unorum, *multorum.*
Votificantibus, *dona libantibus.*
Utensilia, *viatici sumptus.*
Vultuosus, *tristis.*

Z

[1640] Zanga, *pellis. Acro : Nigris* medium impediit crus pellibus.

membrum virginitatis, in quo habitat. Vide Prudentium cum comment., pag. 1214.

1627. *Virgobretus.* Apud Æduos. Ex Julio Cæsare.

1628. Forte, *viriæ, viriolæ;* lib. XIX Etymol., cap. 31, num. 16.

1629. Alii, *virosus;* al., *vultuosus*, quod præferendum.

1630. *Virops*, ex *viripos*, hoc est, *viripotens.*

1632. *Viticus;* imo *villicus*, ex aliis glossis.

1633. *Patricus;* rectius, *patrinus.*

1635. *Unicuba* aliis dicitur, quæ sola cubat, licet nupta.

1636. *Unorum;* Grævius, *uno ore;* alii, *unitorum.*

1640. Acro, ad Horatii sat. 6 lib. I, *pellibus* exponit *zangis*. Vide Ducangium.

MONITUM

*De nonnullis prætermissis, et de indicibus qui sequuntur *.*

494 *Pauca quædam, ne magnæ quidem molis opuscula supererant, quæ olim in animum induxeram inter appendices collocare; sed cum sint magna ex parte fragmenta ex aliis operibus Isidori desumpta, et non semel repetita in Synonymis, in Conflictu virtutum et vitiorum, in Norma vivendi, nonnulla quoque minus digna, quæ etiam inter appendices recensentur, satius visum fuit nihil ultra addere iis quæ in Isidorianis tertia potissimum parte explicata sunt.*

In Indice sacræ Scripturæ præ oculis habendum Isidorum sæpe versioni Vulgatæ adhærere, interdum versionem antiquam sequi, nonnunquam sensum, non ipsa verba Bibliorum exprimere, aliquando etiam unum pro altero Scriptorem sacrum nominasse.

Præter ea quæ ex Indice rerum constant, observandum canones ex Isidori operibus indicatos et correctos exstare tom. I, pag. 206 et seqq., indicem Scriptorum in Etymologiis et libris Differentiarum laudatorum describi eodem tom. I, pag. 431 et seqq., ut nihil jam dicam de Glossario quod modo exhibui.

* Illos indices ad calcem tomi LXXXIV rejecimus. EDIT.

ORDO RERUM

QUÆ IN SEPTIMO S. ISIDORI OPERUM TOMO CONTINENTUR.

FINIS TOMI OCTOGESIMI TERTII.

ÉTAT DES DIVERSES PUBLICATIONS DE L'IMPRIMERIE CATHOLIQUE AU 1er DÉCEMBRE 1849.

COURS COMPLET DE PATROLOGIE, ou Bibliothèque universelle, complète, uniforme, commode et économique de tous les saints Pères, docteurs et écrivains ecclésiastiques, tant grecs que latins, tant d'Orient que d'Occident; reproduction chronologique et intégrale de la tradition catholique pendant les douze premiers siècles de l'Église. 300 vol. in-4°. Prix : 1,000 fr. pour les mille premiers souscripteurs; 1,300 fr. pour les autres. Le grec réuni au latin formera 500 vol. et coûtera 1,800 fr. 95 vol. ont paru.

Les Pères suivants sont en vente, Tertullien, 3 vol. Prix : 20 fr. — Saint Cyprien, 1 vol. 7 fr. — Arnobe, 1 vol. 7 fr. — Lactance, 2 vol. 14 fr. — Constantin, 1 vol. 8 fr. — S. Hilaire, 2 vol. 14 fr. — S. Zénon et S. Optat, 1 vol. 8 fr. — S. Eusèbe de Verceil, 1 vol. 8 fr. — S. Damase, 1 vol. 7 fr. — S. Ambroise, 4 vol. 28 fr. — Ulphilas, 1 vol. 10 fr. — Poëtes chrétiens, 1 vol. 8 fr. — Écrivains du Ve siècle, 1 vol. 7 fr. — Rufin, 1 vol. 8 fr. — S. Jérôme, 9 vol. 60 fr. — Dexter et Orose, 1 vol. 8 fr. — S. Augustin, 16 vol. 96 fr. — Marius Mercator, 1 vol. 7 fr. — Cassien, 2 vol. 14 fr. — S. Prosper, 1 vol. 6 fr. — Salvien, 1 vol. 7 fr. — S. Léon, 3 vol. 21 fr. — Maxime de Turin, 1 vol. 7 fr. — S. Hilaire, pape, 1 vol. 8 fr. — Prudence, 2 vol. 14 fr. — S. Paulin, 1 vol. 7 fr. — Symmaque, 1 vol. 8 fr. — Boëce, 2 vol. 16 fr. — S. Fulgence, 1 vol. 7 fr. — S. Benoît, 1 vol. 8 fr. — Denis le Petit, 1 vol. 7 fr. — Arator, 1 vol. 7 fr. — Cassiodore, 2 vol. 14 fr. — Grégoire de Tours, 1 vol. 7 fr. — S. Germain, évêque de Paris, 1 vol. 6 fr. — Vies des Pères, par Rosweyd, 1 vol. 7 fr. — S. Grégoire Legrand, 5 vol. 35 fr. — S. Chrysostome, 9 vol. 30 fr. — S. Thomas, 4 vol. 21 fr.

DOUBLE GRAMMAIRE et DOUBLE DICTIONNAIRE HÉBRAIQUES, 1 vol. in-4°. Prix : 15 fr.

COURS COMPLET D'ÉCRITURE SAINTE ET DE THÉOLOGIE, 1° formés uniquement de Commentaires et de Traités partout reconnus comme des chefs-d'œuvre, et désignés par une grande partie des évêques et des théologiens de l'Europe, universellement consultés à cet effet; 2° publiés et annotés par une société d'ecclésiastiques, instituteurs ou directeurs de séminaires dans Paris et par 12 séminaires de province. Chaque Cours forme 27 vol. in-4° à 2 col. On souscrit aux deux Cours à la fois ou à chacun d'eux en particulier. Prix : 5 fr. le vol. — TABLES ANALYTIQUES des Cours, 2 forts demi-volumes in-4°. Prix 3 fr. chacun.

ATLAS géographique et iconographique de l'Écriture sainte 1 vol. in-fol. Prix : 6 fr. pour les souscripteurs aux *Cours*, 8 fr. pour les non-souscripteurs.

COLLECTION INTÉGRALE ET UNIVERSELLE DES ORATEURS SACRÉS DU PREMIER ET DU SECOND ORDRE, ET DE LA PLUPART DES ORATEURS SACRÉS DU TROISIÈME ORDRE, 60 vol. 300 fr. — Sont en vente les orateurs suivants : Camus, 1 vol. 6 fr. — De Lingendes, 1 vol. 6 fr. — Lejeune, 3 vol. 18 fr. — Bourzeis, 1 vol. 6 fr. — De La Colombière, 1 vol. 6 fr. — De Fromentières, 2 vol. 12 fr. — Maimbourg, 1 vol. 6 fr. — Texier, 1 vol. 6 fr. — Cheminais, 1 vol. 6 fr. — Giroust, 1 vol. 6 fr. — Bourdaloue, 3 vol. 18 fr. — Richard l'avocat, 3 vol. 18 fr. — Anselme, 2 vol. 12 fr. — De La Pesse, 2 vol. 12 fr. — Fléchier, 1 vol. 6 fr. — Bossuet, 2 vol. 12 fr. — De La Roche, 1 vol. 6 fr. — Hubert, 1 vol. 6 fr. — Fénelon et la Rue, 1 vol. 6 fr. — Les deux Terrasson, 1 vol. 6 fr. — Dom Jérôme, 1 vol. 6 fr.

QUATRE ANNÉES PASTORALES ou **PRONES**, par Badoire. 1 vol. in-4°. Prix : 6 fr.

ENCYCLOPÉDIE THÉOLOGIQUE, ou série de dictionnaires sur chaque branche de la science religieuse, offrant en français la plus claire, la plus variée, la plus facile et la plus complète des Théologies. Ces Dictionnaires sont : de la Bible, — de Philologie sacrée, — de Liturgie, — de Droit canon, — d'Hérésies, — des Schismes et des livres Jansénistes, — de Conciles, — des Rites, des Cérémonies et de Discipline, — des Cas de conscience, — des Ordres religieux (*hommes et femmes*), — des diverses Religions, — de Géographie sacrée, — de Théologie dogmatique et morale, — de Jurisprudence religieuse, — des Passions, des Vertus et des Vices, — de Géologie, — de Chronologie religieuse, — d'Histoire ecclésiastique, — d'Héraldique et de Numismatique, — d'Archéologie, — de Diplomatique, — de Philosophie et de sciences occultes, et plusieurs autres dont les titres seront donnés ultérieurement. 30 vol. in 4°. Prix : 6 fr. pour le souscripteur à la collection entière, 7 fr., 8 fr., et même 10 fr. pour le souscripteur à tel ou tel dictionnaire en particulier. 36 vol. ont paru.

Sont en vente : Dictionnaire de la Bible, 4 vol. Prix : 28 fr. — De Philologie sacrée, 4 vol. 28 fr. — De Liturgie, 1 vol. 8 fr. — De Droit canon, 2 vol. 14 fr. — Des Rites, 3 vol. 21 fr. — Des Conciles, 2 vol. 14 fr. — Des Hérésies, 2 vol. 16 fr. — Des Cas de conscience, 2 vol. 14 fr. — Des Ordres religieux, les 2 premiers vol. 20 fr. — Des diverses Religions, les 2 premiers vol. 16 fr. — De Géographie sacrée, les 2 premiers vol. 16 fr. — De Théologie morale, 2 vol. 14 fr. — De Jurisprudence religieuse, 3 vol. 21 fr. — Des Passions, des Vertus et des Vices, 1 vol. 8 fr. — De Diplomatique, 1 vol. 8 fr. — De Géologie et de Chronologie, 1 vol. 8 fr. — Des Sciences occultes, 2 vol. 16 fr.

DÉMONSTRATIONS ÉVANGÉLIQUES de Tertullien, Origène, Eusèbe, S. Augustin, Montaigne, Bacon, Grotius, Descartes, Richelieu, Arnauld, de Choiseul du Plessis-Praslin, Pascal, Pélisson, Nicole, Boyle, Bossuet, Bourdaloue, Locke, Lami, Burnet, Malebranche, Lesley, Leibnitz, la Bruyère, Fénelon, Huet, Clarke, Duguet, Stanhope, Bayle, Leclerc, Dupin, Jacquelot, Tillotson, De Haller, Sherlock, Le Moine, Pope, Leland, Racine, Massillon, Ditton, Derham, d'Aguesseau, de Polignac, Saurin, Buffier, Warburton, Tournemine, Bentley, Littleton, Fabricius, Addison, De Bernis, Jean-Jacques Rousseau, Para du Phanjas, Stanislas Ier, Turgot, Statler, West, Beauzée, Bergier, Gerdil, Thomas, Bonnet, de Crillon, Euler, Delamarre, Caraccioli, Jennings, Duhamel, S. Liguori, Butler, Bullet, Vauvenargues, Guénard, Blair, De Pompignan, de Luc, Porteus, Gérard, Diessbach, Jacques, Lamourette, Laharpe, le Coz, Duvoisin, De la Luzerne, Schmitt, Poynter, Moore, Silvio Pellico, Lingard, Brunati, Manzoni, Perrone, Paley, Dorléans, Campien, Pérennès, Wiseman, Buckland, Marcel de Serres, Keith, Chalmers, Dupin aîné, S. Sainteté Grégoire XVI, Cattet, Milner, Sabatier, Morris, Bolgeni, Lombroso et Consoni. Traduites, pour la plupart, des diverses langues dans lesquelles elles avaient été écrites; reproduites intégralement, non par extraits. Ouvrage également nécessaire à ceux qui ne croient pas, à ceux qui doutent et à ceux qui croient. 18 vol. in-4°, de plus de 1,300 col., l'un dans l'autre. Prix : 108 fr. Les œuvres complètes de Wiseman, lesquelles n'ont jamais été traduites en entier, valent seules au delà de cette somme.

ORIGINES ET RAISON DE LA LITURGIE CATHOLIQUE TOUT ENTIÈRE, ou Notions historiques et descriptives sur les rites et le cérémonial de l'office divin, les sacrements, les fêtes, la hiérarchie, les édifices, vases, ornements sacrés, et en général sur le culte catholique, tant en Orient qu'en Occident, par M. Pascal. 1 vol. in-4°. Prix : 8 fr.

COURS ALPHABÉTIQUE ET MÉTHODIQUE DE DROIT CANON mis en rapport avec le droit civil ecclésiastique, ancien et moderne, par M. André. 2 vol. in-4°. Prix : 14 fr.

DISSERTATIONS SUR LES DROITS ET LES DEVOIRS RESPECTIFS DES ÉVÊQUES ET DES PRÊTRES DANS L'ÉGLISE, par le cardinal de la Luzerne. 1 vol. in-4° de 1,800 col. Prix : 8 fr.

HISTOIRE DU CONCILE DE TRENTE, par le cardinal Pallavicini, accompagnée du Catéchisme et du texte du même concile, ainsi que de diverses dissertations sur son autorité dans le monde catholique, sur sa réception en France, et sur toutes les objections protestantes, jansénistes, parlementaires et philosophiques auxquelles il a été en butte. 3 vol. in-4°. Prix : 18 fr.

PERPÉTUITÉ DE LA FOI DE L'ÉGLISE CATHOLIQUE, par Nicole, Arnauld, Renaudot, etc., suivie de la Perpétuité de la Foi sur la confession auriculaire, par Denis de Sainte-Marthe, et des 13 Lettres de Scheffmacher sur presque toutes les matières controversées avec les Protestants. 4 vol. in-4°. Prix : 24 fr.

ŒUVRES TRÈS-COMPLÈTES DE SAINTE THÉRÈSE, entourées de vignettes à chaque page; précédées du portrait de la sainte, du fac-simile de son écriture, de sa Vie par Villefore, et de la bulle de sa canonisation par Grégoire XV; suivies d'un grand nombre de lettres inédites, des méditations sur ses vertus par le cardinal Lambruschini, de son éloge par Bossuet et par Fra Louis de Léon, du discours sur le non-quiétisme de la sainte par Villefore; des Œuvres complètes de S. Pierre d'Alcantara, de S. Jean-de-la-Croix et du bienheureux Jean d'Avila; formant ainsi un tout bien complet de la plus célèbre École ascétique d'Espagne. 4 vol. in-4°. Prix : 24 fr.

CATÉCHISMES philosophiques, polémiques, historiques, dogmatiques, moraux, disciplinaires, canoniques, pratiques, ascétiques et mystiques, de Feller, Aimé, Scheffmacher, Rohrbacher, Pey, Lefrançois, Alletz, Almeyda, Fleury, Pomey, Bellarmin, Meusy, Challoner, Gother, Surin et Olier. 2 forts vol. in-4°. Prix : 13 fr. les deux.

PRÆLECTIONES THEOLOGICÆ, auctore PERRONE e societate Jesu. 2 vol. in-4°. Prix : 12 fr. les deux volumes.

ŒUVRES TRÈS-COMPLÈTES DE DE PRESSY, évêque de Boulogne. 2 vol. in-4°. Prix : 12 fr. les deux volumes.

ŒUVRES DU COMTE JOSEPH DE MAISTRE, 1 faible vol. in-4°. Prix : 5 fr.

MONUMENTS INÉDITS SUR L'APOSTOLAT DE SAINTE MARIE-MADELEINE EN PROVENCE, et sur les autres apôtres de cette contrée, S. Lazare, S. Maximin, Ste Marthe et les saintes Maries Jacobé et Salomé, par l'auteur de la dernière *Vie de M. Olier*. 2 forts vol. in-4° enrichis de près de 500 gravures. Prix : 20 fr.

INSTITUTIONES CATHOLICÆ IN MODUM CATECHESEOS, ou grand Catéchisme de Montpellier, 12 vol. Prix : 25 fr.

HOMÉLIES de Monmorel, 6 vol. Prix : 16 fr.

DEVOIRS DU SACERDOCE, 5 vol. Prix : 9 fr.

VIE SACERDOTALE, 1 vol. Prix : 3 fr.

LETTRES DE S. FRANÇOIS DE SALES, 2 vol. Prix : 4 fr.

BULLARIUM MAGNUM, 2 f. 50 c. la livraison in-8°. 180 ont paru.

RÉFORME, 1 vol. Prix : 5 fr.

PÈLERINAGE, 1 vol. in-12. Prix : 60 c.

LE PROTESTANTISME, 1 vol. Prix : 1 fr.

LE CŒUR ADMIRABLE DE MARIE, 2 vol. in-8°. Prix : 4 fr.

BIAMBOURG, nouvelle édition, 1 vol. 7 fr.

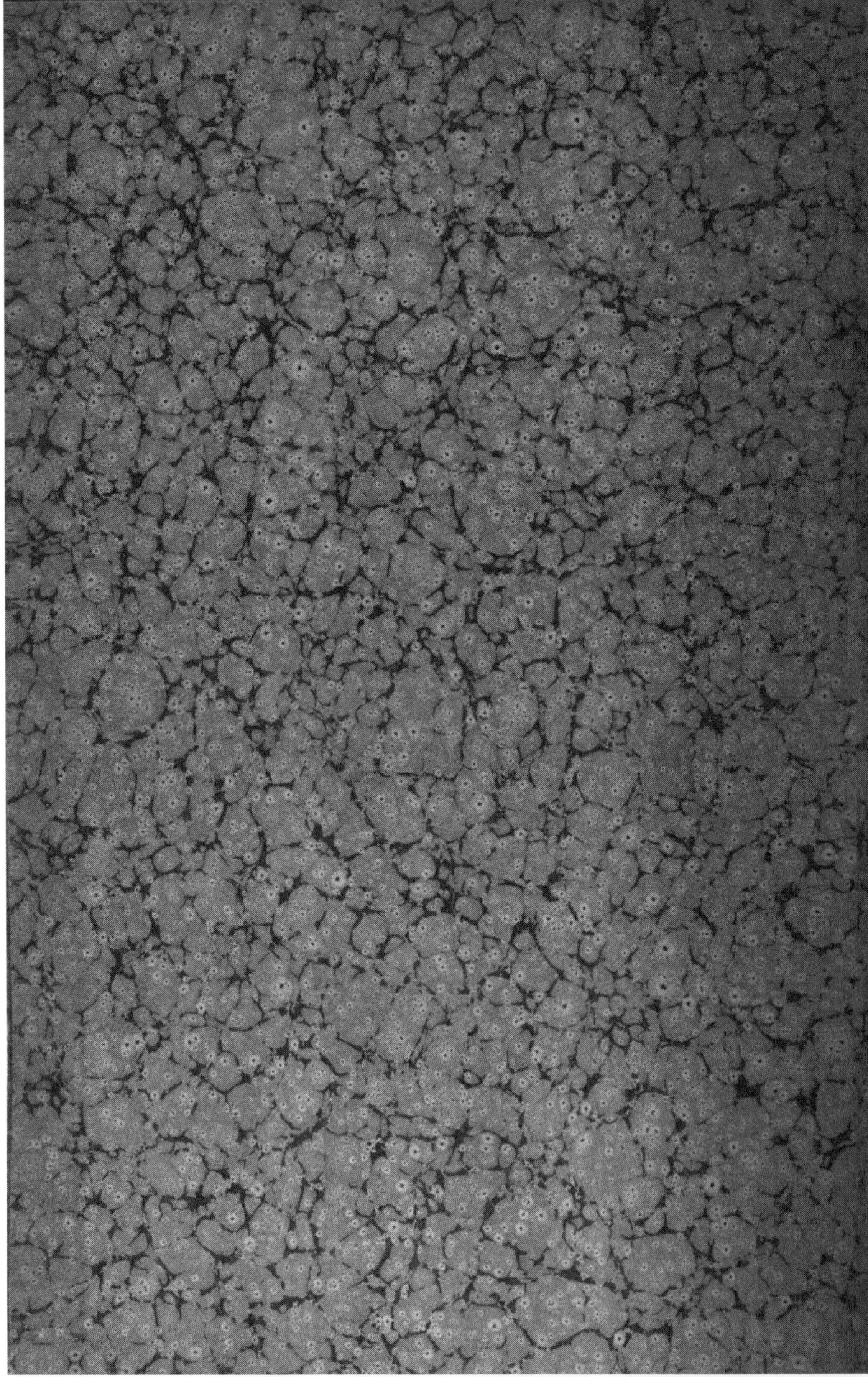

Lightning Source UK Ltd.
Milton Keynes UK
UKHW030622080419
340664UK00006B/832/P